LEXIKON DER ÄGYPTOLOGIE

Begründet von

Wolfgang Helck und Eberhard Otto

Herausgegeben von Wolfgang Helck und Wolfhart Westendorf

BAND VI

Stele – Zypresse

1986

OTTO HARRASSOWITZ · WIESBADEN

Redaktion: Christine Meyer

Redaktionsassistent: Robert Schlichting

Gesamtherstellung: Buchdruckerei Hubert & Co., Göttingen
Printed in Germany
ISBN 3447-02663-4

Liste der Autoren von Band VI

Schafik Allam, Tübingen	S. A.
Hartwig Altenmüller, Hamburg	H. A.
Dieter Arnold, New York	D. A.
Dorothea Arnold, New York	Do. A.
Jan Assmann, Heidelberg	J. A.
John R. Baines, Oxford	J. R. B.
Winfried Barta, München	W. B.
Jürgen v. Beckerath, Schlehdorf	J. v. B.
Peter Behrens, Köln	P. B.
Horst Beinlich, Würzburg	H. Be.
Robert S. Bianchi, Brooklyn	R. S. B.
Morris L. Bierbrier, London	M. L. B.
Manfred Bietak, Wien–Kairo	M. B.
Wolfgang Boochs, Köln	W. Bo.
Edward Brovarski, Boston	E. Br.
Hellmut Brunner, Tübingen	H. B.
Emma Brunner-Traut, Tübingen	E. B.-T.
Hannes Buchberger, Tübingen	H. Bu.
Karl W. Butzer, Austin (Texas)	K. W. B.
Ricardo A. Caminos, London	R. A. C.
Wendy Chechire, Würzburg	W. Ch.
Elvira D'Amicone, Turin	E. D'A.
Wolfgang Decker, Köln	W. D.
Philipp Derchain, Köln	Ph. D.
Maria-Theresia Derchain-Urtel, Köln	M.-Th. D.-U.
Didier Devauchelle, Amiens	D. D.
Jacobus van Dijk, Groningen	J. v. D.
Rosemarie Drenkhahn, Hannover	R. D.
Günter Dreyer, Berlin	G. D.
Elmar Edel, Bonn	E. Ed.
M. Hildo van Es, Hoofddorp (NL)	M. H. v. E.
Erika Feucht, Heidelberg	M.-Th. D.-U.
Henry G. Fischer, New York	H. G. F.
Hans-Werner Fischer-Elfert, Hamburg	H.-W. F.-E.
Paul J. Frandsen, Kopenhagen	P. J. F.
Detlef Franke, Heidelberg	D. F.
Robert Fuchs, Göttingen	R. Fu.
Ingrid Gamer-Wallert, Tübingen	J. G.-W.
Renate Germer, Hamburg	R. Ge.
Raphael Giveon (†)	R. G.
Hans Goedicke, Baltimore	H. Goe.
Farouk Gomaà, Tübingen	F. G.
Erhart Graefe, Münster	E. G.
Reinhard Grieshammer, Heidelberg	R. Gr.
John G. Griffiths, Swansea	J. G. G.
Waltraud Guglielmi, Tübingen	W. G.
Rolf Gundlach, Mainz	R. Gu.
Adolphe Gutbub, Straßburg	A. G.
Wilfried Gutekunst, Trier	W. Gu.
Manfred Gutgesell, Hannover	M. Gut.
Sabine Hagemann, Göttingen	S. Ha.
Rosalind Hall, London	R. Hall
Matthieu Heerma van Voss, Voorschoten (NL)	M. H. v. V.
Wolfgang Helck, Hamburg	W. H.
Edwin Henfling, Göttingen	E. He.
Ellen Hickmann, Hannover	E. Hi.
Günther Hölbl, Wien	G. Hö.
Inge Hofmann, Wien	I. H.
Ulrich Hofmann, Bonn	U. H.
Johanna Holaubek, Wien	J. Ho.
Torben Holm-Rasmussen, Kopenhagen	T. H.-R.
Wilhelm Hornbostel, Hamburg	W. Ho.
Erik Hornung, Basel	E. H.
Werner Kaiser, Kairo	W. K.
Lászlo Kákosy, Budapest	L. K.
Frank Kammerzell, Göttingen	F. K.
Peter Kaplony, Zürich	P. K.
Barry J. Kemp, Cambridge	B. J. K.
Ebba Kern-Lillesø, Klamnenborn	E. K.-L.
Dieter Kessler, München	D. K.
Kenneth A. Kitchen, Liverpool	K. A. K.
Rosemarie Klemm, München	R. Kl.
Marianne Eaton-Krauss, Berlin	M. E.-K.
Hans Martin Kümmel, Marburg	H. M. K.
Klaus P. Kuhlmann, Kairo	K. Ku.
Dieter Kurth, Hamburg	D. Ku.
Günther Lapp, Basel	G. L.
Hans-Peter Laubscher, Hamburg	H. P. L.
Jean Leclant, Paris	J. L.
Christian Leitz, Göttingen	Ch. L.
Antonio Loprieno, Perugia	A. L.
Heike Loprieno-Behlmer, Perugia	H. Beh.
Erich Lüddeckens, Veitshöchheim	E. L.
Jaromir Málek, Oxford	J. M.
Eva Martin-Pardey, Gehrden	E. M.-P.
Karl Martin, Gehrden	K. M.
Herman De Meulenaere, Gent	H. De M.
Christine Meyer, Hamburg	Ch. Me.
Christa Müller, Göttingen	Ch. M.
Claudia Müller-Winkler, Zürich	C. M.-W.
Renate Müller-Wollermann, Tübingen	R. M.-W.
Ingrid Nebe, Göttingen	I. N.
Hans-Åke Nordström, Stockholm	H.-Å. N.
Jürgen Osing, Bonn	J. O.
Wolfgang M. Pahl, Tübingen	W. M. P.
Helmut Pitsch, Tübingen	H. P.
Mu-Chou Poo, Taiwan	M.-Ch. P.
Paule Posener-Kriéger, Kairo	P. P.-K.
Edward B. Pusch, Salzdetfurth	E. B. P.
Jan Quaegebeur, Wilsele	J. Q.
Donald B. Redford, Toronto	D. B. R.
Alessandro Roccati, Turin	A. R.
Malte Römer, Berlin	M. R.
Ursula Rößler-Köhler, Göttingen	U. Kö.
Beno Rothenberg, London	B. R.
Edna R. Russmann, New York	E. R. R.
Wolfgang Schenkel, Tübingen	W. Sch.
Robert Schlichting Göttingen	R. Sch.
Hermann Schlögl, Ebringen	H. Schl.
Bettina Schmitz, Hildesheim	B. Sch.
Sylvia Schoske, München	S. Sch.
Karl-Joachim Seyfried, Bonn	K.-J. S.
William K. Simpson, Boston	W. K. S.

Marc J. Smith, London	M. J. S.
Georges Soukiassian, Kairo	G. S.
Hourig Sourouzian, Kairo	H. Sou.
Anthony Spalinger, Auckland (NZ)	A. Sp.
A. Jeffrey Spencer, London	A. J. Sp.
Rainer Stadelmann, Kairo	R. St.
Elisabeth Staehelin, Basel	E. St.
Lothar Störk, Hamburg	L. St.
Christine Strauß-Seeber, München	Ch. St.
Eugen Strouhal, Prag	E. Str.
Heinz-Joseph Thissen, Köln	H.-J. Th.
Herman te Velde, Groningen	H. te V.
Claude Vandersleyen, Brüssel	C. V.
Ursula Verhoeven, Köln	U. V.
Pascal Vernus, Paris	P. V.
Günther Vittmann, Würzburg	G. V.
Baudouin van de Walle, Brüssel	B. v. d. W.
Steffen Wenig, Berlin	St. W.
Wolfhart Westendorf, Göttingen	W. W.
Karl-Theodor Zauzich, Würzburg	K.-Th. Z.
Dietrich Wildung, München	D. W.
Karola Zibelius-Chen, Tübingen	K. Zi.
Alain-Pierre Zivie, Paris	A.-P. Z.
Christiane M. Zivie, Paris	C. M. Z.

Zusätzliche Abkürzungen

Allgemeine Abkürzungen

abbr.	abbreviation
akk.	akkadisch
Bibl. nat.	Bibliothèque Nationale, Paris
C	Celsius
ch.	chapter
Copenhague, NCC AEIN	Glyptothek Ny Carlsberg, Inventar-Nummer der ägyptischen Sammlung
doc.	document
eds.	editors
geb.	geboren
ICCROM	International Centre for Conservation and Restauration of Cultural Porperty in Rome
ICE	International Congress of Egyptologists
Inv.	Inventar
Kap.	Kapitel
l.-p.-h.	may he live, be prosperous, be healthy
lat.	= lateinisch
MRAH	Musées Royaux d'Art et d'Histoire, Brüssel
NASA	National Aeronautics and Space Administration (USA)
neg.	negative (Photo)
NN	nomen nominandum
n. p.	nomen proprium
ÖAW	Österreichische Akademie der Wissenschaften
o. Nr.	ohne Nummer
PhD	Dissertation der Philosophischen Fakultät
Ps.	Person
REM	Répertoire d'Epigraphie Méroitique
Suppl.	Supplement
unpubl.	unpubliziert
Var.	Variante
V. S. F.	vie, santé, force
viz.	(in englischem Kontext) nämlich

Liste der abgekürzt zitierten Zeitschriften und Reihen

BSEG	Bulletin de la Société d'Egyptologie de Genève, Genf
Bulletin Epigraphique	Bulletin épigraphique, in: Revue des études grecques, Paris
Cahiers du CEPOA	Les cahiers du Centre d'Étude du Proche-Orient Ancien, Université de Genève, Löwen
EAZ	Ethnographisch-Archäologische Zeitschrift, Berlin
GEC Journal	General Electric Company Journal, London
HÄS	Hamburger Ägyptologische Studien, Hamburg
Hermes	Hermes. Zeitschrift für klassische Philologie, Wiesbaden
Numen	Numen. International Review for the History of Religions, Leiden
ÖJh	Jahreshefte des Österreichischen Archäologischen Instituts in Wien
SDAIK	Sonderschrift des Deutschen Archäologischen Instituts, Abteilung Kairo, Wiesbaden
SMA	Studies in Mediterranean Archaeology, Göteborg
StBo	Studien zu den Boğazköy-Texten, Wiesbaden
TUAT	Otto Kaiser (Hg.), Texte aus der Umwelt des Alten Testaments, Gütersloh

Liste der abgekürzt zitierten Monographien

Borghouts, pLeiden I 348 = Joris Borghouts, in: OMRO 51, 1971

Dunham, Second Cataract Forts II = Dows Dunham, Second Cataract Forts II. Uronarti, Shalfak and Mirgissa, Cambridge, Mass. 1967

Fs Bothmer = Artibus Aegypti. Studia in honorem Bernardi V. Bothmer, Hg. H. De Meulenaere und L. Limme, Brüssel 1938

Fs Gordon = Orient and Occident. Essays presented to Cyrus H. Gordon, AOAT, Kevelaer 1973

Fs Gutbub = Mélanges Adolphe Gutbub, Montpellier 1984

Fs Lüddeckens = Grammata Demotica. Festschrift für Erich Lüddeckens zum 15. Juni 1983, Hg. Heinz-J. Thissen und Karl-Th. Zauzich, Würzburg 1984

Fs Mokhtar = Mélanges Gamal Eddin Mokhtar, IFAO, Kairo 1985

Fs Orsolina Montevecchi = Edda Bresciani u. a. (Hg.), Scritti in onore di Orsolona Montevecchi, Bologna 1981

Fs Otten = Festschrift für Heinrich Otten, Hg. Erich Neu und Christel Rüster, Wiesbaden 1973

Fs Papyrussammlung Wien = Festschrift zum 100jährigen Bestehen der Papyrissammlung der Österreichischen Nationalbibliothek. Papyrus Erzherzog Rainer (pRainer cent.), Wien 1983

Fs Zucker = Festschrift für Friedrich Zucker zum 70. Geburtstag, Hg. Wolfgang Müller, Berlin 1954

Helck, Wirtschaftsgeschichte = Wolfgang Helck, Wirtschaftsgeschichte des Alten Ägypten im 3. und 2. Jahrt. v. Chr., HdO I. 1.5, 1975

Heliopolis s. Heliopolis, Kafr Ammar and Shurafa

Kamosestele = Labib Habachi, The Second Stela of Kamose, ADAIK, Ägyptologische Reihe 8, 1972

Mattha, Ostraca = Girgis Mattha, Demotic Ostraca from the Collections at Oxford, Paris, Berlin, Vienna and Cairo, Kairo 1945

Meeks, Année lexicographique = Dimitri Meeks, L'année lexicographique, Tome I (1977), Paris 1980; Tome II (1978), 1981; Tome III (1979), 1982

Meyer, Fremdvölker = Photos, numeriert nach Eduard Meyer, Bericht über eine Expedition nach Ägypten zur Erforschung der Darstellung der Fremdvölker, SPAW 1913. 38, 769–801

pMag Harris 501 (H. O. Lange) = Hans O. Lange, Der magische Papyrus Harris, Kopenhagen 1927

pHolm. = O. Lagercrantz (Hg.), Papyrus Graecus Holmensis, Rezepte für Silber, Steine und Purpur, Uppsala-Leipzig 1913

pLeiden T 3 = Matthieu Heerma van Voss, Zwischen Grab und Paradies, Basel 1971

pTurin (jud.) bzw. Papyrus judiciaire Turin = Théodule Deveria, Le papyrus judiciaire de Turin, Paris 1865–7

Pleyte-Rossi, Papyrus de Turin s. pTurin

Sethe, Demot. Bürgerschaftsrecht = Kurt Sethe, Demotische Urkunden zum ägyptischen Bürgschaftsrechte, ASAW 32, 1920

Setne II = Francis Ll. Griffith, Stories of the High Priests of Memphis (I. Kh.-II. Kh.), Oxford 1900

Triadon = Oskar von Lemm, Das Triadon, St. Petersburg 1903

Turiner Liebeslieder = Ernesto Scamuzzi, Museo egizio di Torino, Turin 1963, Tf. 39

Waddell, Manetho = William G. Waddell, Manetho, Loeb Classical Library, London 1940

Abbildungsnachweis

Sp. 51–52: Fig. 1. Sticks and staves: (a) After Petrie, Medum, pl. 11; (b) From Fischer, in: MMJ 13, 1978, 6, fig. 2 (a, b); (c) Ibid., 19, fig. 27; (d) Ibid., 28, fig. 45; (e) Ibid., 14, fig. 17; (f) Ibid., 16, fig. 22 (b); (g) Ibid., 17, fig. 23 (c); (h) Ibid., 10, fig. 8; (i) Detail of MMA 16. 10. 333; cf. ibid., 10, fig. 9.

Sp. 53–54: Fig. 2. Sticks for policing and combat: (a) From Fischer, in: MMJ 13, 1978, 19, fig. 30; (b) Ibid., 20, fig. 31 (b); (c) Detail from TT 19, after facsimile by Davies, MMA 32. 6. 1.

Sp. 95 Fig. 1 a. Back of chair of Hetepheres, after Reisner, Giza II, fig. 32.
b. Side and rear views of Dyn. XVIII chair, after Baker, Furniture, p. 314, by permission of Giniger Co.
c. Dyn. XIX representation of chair, after Davies, Two Ramesside Tombs, pl. 36.

Sp. 129–130: Abb. 1: Zierinschrift Amenemhets III. (Zeichnung A. Brodbeck nach Hellmut Brunner, Hieroglyphische Chrestomathie, Wiesbaden 1965, Tf. 12)

Sp. 131–132: Abb. 2: Türsturz Thutmosis' I, Kairo 26 1|11 / 26|3 (Zeichnung A. Brodbeck nach Naqada and Ballas, Tf. 77)

Sp. 197–198: Plan von Tanis, nach Lézine, in: Kêmi 12, 1952, Tf. 1

Sp. 218: Abb. 1: Paartanz, nach Emma Brunner-Traut, Der Tanz im Alten Ägypten, ÄF 6, ²1958, 21 Abb. 6 (Ausschnitt)
Abb. 2: „Jagd"-Tanz, nach ebd., 29 Abb. 11 (Ausschnitt)
Abb. 3: Muu-Tanz, nach ebd., 56 Abb. 29 (Ausschnitt)

Sp. 222: Abb. 4: nach Grab des Nacht (TT 52); aus Emma Brunner-Traut, Tanz, 65 Abb. 32

Sp. 224: Abb. 5: nach Emma Brunner-Traut, a.a.O., 73 Abb. 40 unten (Ausschnitt)

Sp. 249: Abb. 1: Mehlreibsteine nach Borchardt, Neferirkere, 36 Abb. 40

Sp. 250: Abb. 2: Saugheber, nach John G. Wilkinson, Manners and Customs of the Ancient Egyptians II, London 1837, 314.

Sp. 259: Abb. 3 a: Holzbearbeitung nach Deshasheh, Tf. 21.
Abb. 3 b: Sägen, nach Joachim Sliwa, Studies in Ancient Egyptian Handicraft, Woodworking, Warschau 1975, Abb. 13 a

Sp. 261: Abb. 4: Bohrer nach Georges Goyon, Die Cheopspyramide, Bergisch-Gladbach 1979, Abb. 38
Abb. 5: Lote und Winkel, nach Petrie, Tools and Weapons, Tf. 47
Sp. 262: Abb. 6a: Seilerei nach Davies, Rekh-mi-Rēᶜ II, Tf. 52
Sp. 263: Abb. 6b: Seilerei nach Charles Singer, E. J. Holmyard and A. R. Hall, A History of Technology I, Oxford 1958, Abb. 285 rechts
Sp. 311–312: Plan von Tell el-Amarna, Zeichnung des Verf.
Sp. 325–326: Plan von Tell Edfu, Zeichnung des Verf.
Sp. 337–338: Abb. 1: Tell el-Jehudija-Keramik; frühe palästinensische Gruppe, Zeichnung des Verf.
Sp. 339–340: Abb. 2: Syrisch-ägyptische Gruppe, Zeichnung des Verf.
Sp. 341–342: Abb. 3: Späte ägyptische Gruppe, Zeichnung des Verf.
Sp. 343–344: Abb. 4: Späte palästinensische Gruppe, Zeichnung des Verf.
Sp. 361–362: (a) Totentempel des Königs Ramses III. in Medinet Habu, nach Kurt Lange und Max Hirmer, Ägypten, München [4]1967, 159–160
(b) Chons-Tempel in Karnak, nach Kazimierz Michalowski, Ägypten. Kunst und Kultur, Freiburg 1969, 571
Sp. 375–376: Tempelbezirke von a. Sais (nach Herodot), b. Medinet Habu, c. Tanis, nach Stadelmann, in: MDAIK 27, 1971, 113.
Sp. 437: Abb. 1: Isis-Terrakotte aus dem Museum für Kunst und Gewerbe, Hamburg, Photo des Verf.
Sp. 438: Abb. 2: Harpokrates-Terrakotte aus dem Museum für Kunst und Gewerbe, Hamburg, Photo des Verf.
Sp. 469–470: Plan von Theben, Zeichnung des Verf.
Sp. 695: Abb. 1: Totentempel des Qa-a, S 3505 Saqqara, nach Lauer, in: BIFAO 80, 1980, 56
Sp. 696: Abb. 2: Totentempel des Djoser, nach Step Pyramid, Tf. 27
Sp. 697: Abb. 3: Totentempel des Cheops in Gisa, Zeichnung des Verf.
Sp. 698: Abb. 4: Totentempel des Chephren, nach Ricke, Bemerkungen AR II
Sp. 790: Abb. A: Totentempel des Sahure, Zeichnung des Verf.
Sp. 701: Abb. B: Totentempel des Pepi II., Zeichnung des Verf.
Sp. 702: Abb. C: Totentempel Sesostris' I., Zeichnung des Verf.
Sp. 707–708 und 709: NR-Totentempel, Pläne nach Stadelmann, in: MDAIK 35, 1979, 307 und 311
Sp. 799–800: Pläne der Katakomben von Tuna el-Gebel, nach Sami Gabra
Sp. 806: Lageskizze von Tunip, Zeichnung des Verf.
Sp. 846: Umm er-Raham, Plan nach Habachi, in: BIFAO 80, 1980, Abb. 3 zu S. 14–19
Sp. 923–930: Karten zur Verbreitung der Isis-und-Serapis-Religion, nach Zeichnungen des Verf.
Sp. 931–932: Abb. 1: Relief der Isis-Sothis und des Mars vom Iseum in Savaria, Photo Archäologisches Museum in Szombathely.
Sp. 935–936: Abb. 2: Isis und Sarapis aus dem Tempel der äg. Gottheiten in Gortyn, Photo Scuola Archeologica Italiana di Atene
Sp. 943–944: Abb. 3: Fresko aus Herculaneum, Photo Museo Archeologico Nazionale, Neapel
Sp. 1040: Vierhundertjahrstele, nach Montet, in: Kêmi 4, 1931 (1933), Tf. 11
Sp. 1072: Vorgeschichtliche Fundorte, Zeichnung des Verf.
Sp. 1089: Bienenzucht, nach Percy E. Newberry, The Life of Rekhmara, Westminster 1900, Tf. 14
Sp. 1101–1102: Skizze 1: Wadi Hammamat von Koptos bis Kosseir, nach Hans A. Winkler, Rock Drawings of Southern Upper Egypt I, London 1938; LD I, 4 und Goyon, in: ASAE 49, 1949, 387 Abb. 15.
Skizze 2: Wadi Hammamat, Haupttal, nach Goyon, Nouvelles Inscriptions, Plan o. Nr.
Sp. 1115–1116: Plan des Wadi 'n-Natrun, Zeichnung des Verf.
Sp. 1160: Abb. 1: Horizontaler Webstuhl nach Beni Hasan II, Tf. 4;
Abb. 2: Vertikale Webstühle in TT 133 nach Carl H. Johl, Altägyptische Webstühle, UGAÄ 8, 1924, Abb. 39
Sp. 1161: Abb. 3: Vertikaler Webstuhl in TT 49 nach Davies, Neferhotep, Tf. 60
Bei Sp. 1176: Falttafel: Weingarten in Tell ed-Dabᶜa, nach Bietak, in: AnzÖAW 122, 1985, Abb. 3
Sp. 1183–1184: Weinkrüge, Abb. 1: Weingefäß des AR nach Emery, Tombs of the First Dynasty I, 148, fig. 80 A 1
Abb. 2: Syrischer Weinkrug des AR nach Helck, Beziehungen², 32 Abb. Q
Abb. 3: Weinkrug aus Gaza, MR, nach Virgina R. Grace, in: The Aegean and the Near East. Fs Hetty Goldman, Locust Valley 1956, 89 Abb. 6 Nr. 1
Abb. 4: Syrischer Weinkrug des NR, schematische Zeichnung des Verf.
Abb. 5: Ägyptischer Weinkrug des NR, schematische Zeichnung des Verf.
Abb. 6: Äg. Weinkrug mit Verschluß des NR, nach Davies, Two Officials, Tf. 30
Abb. 7: Syrischer Weinkrug aus Menidi (Griechenland), nach Virgina R. Grace, a.a.O., 89 Abb. 6 Nr. 4
Abb. 8: Syrische(?) Weinkanne, schematische Zeichung des Verf.
Sp. 1241: Wetzstein, nach Montet, in: BIFAO 7, 1910, 46.
Die Abb. in den Sp. 607. 824. 1356 und 1428 sind Skizzen der Verf.

Addenda et Corrigenda zu Band VI

Sp. 183 Anm. 253: korrigiere in „Strabon I, 3, 21" (statt 321).
Sp. 590 füge hinzu: "Another dog's name, dating to the very end of the OK or only slightly later, is *Mdt-nfrt* "Good-speech" (Jürgen Osing et al., Denkmäler der Oase Dachla, AV 28, Mainz 1982, 29 (26), Tf. 6, 59). Cf. *Mdw-nfr*: PN I, 167 (27); II, 363; *Mdw-nfrt-ḥmt*: PN I, 422 (10), corrected in: MMJ 8, 1973, 21" (H. G. F.)

Stele. Von griech. στήλη (hergeleitet von στέλλω)[1] wird die Bezeichnung St. allgemein für ein (frei) hochragendes Mal gebraucht. Der in erster Linie[2] verwendete altäg. Terminus *wḏ*[3] scheint – im Gegensatz etwa zu *ʿḥʿw*[4] – weniger formale Kriterien und solche der Aufstellungsart zum Ausdruck zu bringen, sondern inhaltliche[5]. Er steht für Gedenk-Male unterschiedlichster Art (wie inschriftlose Begrenzungssteine, Grabsteine, Felsinschriften, kleine oder große Denksteine, freistehend, angelehnt an oder eingelassen in Gebäude, gemalt auf oder eingehauen in Wände) – vom Oberbegriff *mnw* dadurch unterschieden, daß er nicht für vielteilige, sondern für einzelne Gegenstände gebraucht wird. Ähnlich wird in der ägyptologischen Terminologie der Ausdruck St. sowohl für ein frei aufgestelltes Mal verwendet wie für Denkmäler, die eingebunden in architektonische oder natürliche Gebilde sind, aber auch für zusammengesetzte Monumente.

Der häufig bogenförmige obere Abschluß der St. ahmt das Himmelsgewölbe nach[6]. Das wird deutlich dadurch, daß zunächst nur bei kgl., später auch bei privaten St., der obere Dekorationsabschluß (auch bei waagerechter Oberseite) von einer Himmelsdarstellung gebildet wird und als seitliche Begrenzung häufig Himmelsstützen fungieren. Dies zeigt sinnfällig, daß solch eine St. nicht ein rein irdisches Denkmal sein sollte, sondern eines, das Geltung beansprucht im Diesseits und Jenseits, in Zeit und Ewigkeit.

Die St. lassen sich einteilen in (A) Gedenk-Male für Personen und (B) solche für eine Sache oder ein Ereignis (wobei bei letzteren auch wieder der Personenkult eine Rolle spielen kann) sowie (C) weitere, die in keine der beiden Kategorien passen.

A. Die große Masse der St. nehmen die Totengedenksteine ein. Die frühesten bekannten Exemplare stammen aus der 1. Dyn. und dienten als Grabsteine (*Grab). Dabei weisen sie nicht nur auf die Grabstätte hin – und zwar, da sie Titel und Namen des Bestatteten tragen, auf die eines ganz bestimmten Individuums –, sondern treten geradezu an die Stelle des Toten und bezeichnen die Totenopferstätte[7]. Während die kgl. St. oben abgerundet, künstlerisch vollendet durchkomponiert und offensichtlich immer paarweise auftreten, sind St. der Privatleute von unregelmäßiger Form, geben in recht roh ausgeführten Hieroglyphen zunächst nur Titel und Namen der Toten wieder und kommen stets nur einzeln vor (und waren möglicherweise keine „richtigen" St., sondern in den Oberbau der Gräber eingesetzt)[8].

Seit mit der Monumentalisierung des Graboberbaus (*Grabbau) seit dem frühen AR die Kultstelle in eine Nische der nischengegliederten Außenwand verlegt wird, aus der sich die (immer an ein Bauwerk gebundene und die Funktion einer Tür habende[9]) *Scheintür[10] entwickelt, treten die Totengedenksteine, zumindest als Hauptkultstelenmarkierung, zurück[11]. Die Funktion (Art *Kenotaph?) der wenigen, nur bedingt als St. zu bezeichnenden „stèles-maison"[12] aus *Saqqara vom Ende des AR ist unklar.

Gegen Ende des AR und in der 1. ZwZt besteht in Lehmziegelmastabas in der Provinz der ganze Reliefschmuck oft nur aus im Ziegelmassiv eingelassenen Steintafeln[13], die durch ihre Rahmung als selbständige Gebilde gekennzeichnet sind und die in der ägyptologischen Literatur ebenfalls als St. bezeichnet werden. Sie stellen zumindest eine der Wurzeln dar, die zu den klassischen MR-Stelen[14] führen. Letztere sind sehr häufig von hochrechteckiger Form mit meist oberem bogenförmigem (s. dazu oben) Abschluß[15]. Dabei befinden sich in der Regel wenigstens der Haupttext im oberen Teil und die Darstellungen – nur selten kommen St. ohne Darstellungen vor – im unteren Teil. An inschriftlichen Elementen begegnen: Datierung, *Opferformel, „Abydosformel", Gebete zu Göttern, der „*Anruf an Lebende", autobiographische und genealogische Angaben sowie die Stelenerrichtung betreffende. An Darstellungen kommen vor: der Stelenerrichter (vor dem Speisetisch sitzend, stehend oder betend) sowie dessen Verwandte und Bekannte[16], außerdem Dienerfiguren und Götter[17]. Im oberen Stelenrand befinden sich häufig ein *Udjat-Augenpaar (auch bei waagerechtem oberen Abschluß vorkommend und nicht selten einen *Schen-Ring einfassend), bisweilen die geflügelte Sonnenscheibe, zwei Schakale, auch manchmal Götterfiguren[17], später auch die *Sonnenbarke(n). Schon im MR, vor allem seit der 2. ZwZt, wird es immer breiteren Schichten möglich, solche St. aufstellen zu lassen, wobei z. T. auf einer einzigen St. eine große Anzahl von Personen erscheint[18]. Obgleich der größte Teil der MR-Stelen aus *Abydos stammt, ist wegen mangelnder archäologischer Sorgfalt wenig über den Fundkontext bekannt. Es steht jedoch fest, daß St. an die Tempelumfassungsmauer gelehnt waren, daß es frei stehende St. innerhalb und außerhalb eines Gebäudes gab, daß St. in wirklichen und Schein-Gräbern aufgestellt waren und daß es kleine Stelen-Kapellen gegeben hat[19].

Auch aus dem NR ist eine große Zahl von St. (in dieser Zt erstmals Holzstelen, die in der SpZt sehr häufig auftreten) aus dem funerären Bereich erhalten. Die Hauptinschrift befindet sich von nun ab meist im unteren Teil und die Darstellungen im oberen. Neben der *Speisetischszene begegnet immer häufiger der Stelenerrichter vor Gottheiten, zunächst noch mit dem König als Mittelsperson, später meist direkt. Während die selbständigen St.[20] im äußeren Erscheinungsbild stark variieren[21], weisen die in die Wände eingearbeiteten Felsgräberstelen[22] eine weitgehende Einheitlichkeit auf. Die Darstellung ist antithetisch aufgebaut. Sie stellen eine Nebenkultstelle dar, sind im Hof angebracht (wo sie meist nicht mehr erhalten sind) und fast immer an einer oder beiden Schmalseiten des Querraumes. Nur ganz selten befinden sie sich an der Hauptkultstelle in der Statuennische.

In der SpZt befinden sich die Totenstelen[23] (jetzt sehr oft aus Holz) häufig in der *Sargkammer. Das Bildgeschehen, der (jenseitige) Tote vor Göttern oder vor einer Barke[24], hat sich meist ganz ins Jenseits verlagert. Schon in ptol. Zt kommen St. mit griech. Text, aber noch altäg. Darstellungen vor, die immer hellenistischer werden und nur noch altäg. Anklänge zeigen. Die scheintürartigen „Türstelen" (zum Verschließen von Gräbern, mit Auferstehungssymbolen)[25] stehen ebenso in altäg. Tradition wie Grabstelen, wie sie aus Kom Abu Billu[26] (*Terenuthis) bekannt sind, ja letztlich auch noch die (christlich-)koptischen Grabsteine[27].

B. Wie in allen Kulturen wurden auch in Ägypten Flächen (Wege, Felder, Friedhofsbezirke, Territorien) durch Male markiert und magisch gesichert, die sich in situ nur äußerst selten (z.B. als *Felsstelen) erhalten haben (*Grenze, *Grenzsteine, *Namensteine). Gefunden wurde der Großteil der St. im Tempelbereich (*Tempelarchitektur). Neben bestimmten Heiligtümern architekturimmanenten (?) Elementen wie etwa den *Schlangensteinen, der Stelensonderform der *Obelisken oder z.B. den dreiteiligen St. vor der Kapelle im *Sonnenheiligtum des *Niuserre[28] waren die Tempel voll von St. von privaten und offiziellen (königlichen) Stiftern[29]. Erstere ließen neben den unter A erwähnten, meist als Kenotaph fungierenden Totengedenksteinen sehr häufig Votivstelen aufstellen (zu den Hauptgründen dafür s. *Gelübde). Spezielle Arten von Votivstelen (*Votivgaben) bilden die *Ohrenstelen sowie die Schenkungsstelen[30] (*Opferstiftung). Neben der klassischen, hochrechteckigen, oben abgerundeten Stelenform begegnen die verschiedensten Varianten[31]. Im NR tritt auch erstmals ein Statuentyp auf, der in der SpZt häufig anzutreffen ist: eine kniende Person, die eine St. vor sich hält (*Stelophor), meist mit einem *Gebet an den *Sonnengott[32]. In all diesen Fällen steht zwar (scheinbar) ein bestimmter Anlaß im Vordergrund, letztlich aber spielt meist dabei der private Personenkult eine nicht unerhebliche Rolle.

Zahlreich sind die Motive, die kgl. Auftraggeber veranlaßten, St. errichten zu lassen. Eine häufige Ursache bilden historische Ereignisse, die das maatgemäße Handeln des Königs dokumentieren: siegreiche Feldzüge, außergewöhnliche Jagderfolge, dynastische Heiraten (*Heiratsstele), religiöse Feste, Steinbrucharbeiten, Bautätigkeiten, Landerschließung (ein Beispiel dafür ist möglicherweise der sog. Obelisk von *Begig) u.ä. (s. *Bentresch-Stele, *Satrapenstele, *400-Jahrstele, *Nahr el-Kelb). St. konnten auch der königlichen Propaganda dienen[33]. Häufig wurden *Dekrete[34] auf St. „veröffentlicht" in dauerhaftem Material zu ewiger Geltung. Erlassen wurden solche Sonderverordnungen zu Steuerbefreiungen, wirtschaftlichen, politischen und religiösen Neuordnungen oder Wiederherstellungen vom König, von einer Tempelinstitution (*Tempeldekret C) oder von den Göttern selbst (*Götterdekret), um sie noch sakrosankter zu machen (s. *Verbanntenstele, *Hungersnotstele). Auch anläßlich der Einsetzung neuer heiliger Tiere wurden St. errichtet (*Mendesstele), ebenso bei ihrem Tod[35] (s. *Tiere, heilige, *Tierbestattung).

C. In gewisser Weise kann man auch von St. sprechen bei Kultobjekten wie dem *Benben, der ja bisweilen mit der Stelenhieroglyphe determiniert wird. Als St. bezeichnet werden auch die „Hausaltäre" mit einem Götterbild oder dem Bild der Herrscherfamilie, wie sie vor allem aus *Tell el-Amarna bekannt sind[36], die als „Andachts-" bzw. „Souveränsbild" fungierten. Eine ganz anders geartete Gruppe von St. bilden die *Magischen Stelen, deren bekannteste die *Horusstelen sind (*s. Metternichstele). Sie haben meist ein kleines Format, fanden sich in Gräbern und Häusern und dienten der magischen Übelabwehr. Und schließlich bleibt noch zu erwähnen, daß es, wenn auch offensichtlich sehr selten, Miniaturstelen gibt, die als *Amulette gebraucht wurden[37].

[1] Nicht von ἵστημι, nach Emile Boisacq, Dictionnaire étymologique de la langue grecque, Heidelberg [4]1950, 908. – [2] Neben *ꜥbꜣ* (Wb I, 177, 8; ursprünglich Opferstein) und *srẖ* (Wb IV, 200, 15; Kausativ von *rẖ*). – [3] Wb I, 398, 15 ff. – [4] Wb I, 221, 11–13. – [5] Vielleicht abgeleitet von *wḏ* (Wb I, 394, 10 ff.), eine in dauerhaftes Material umgesetzte Abmachung; s. dazu auch Žába, in: ArOr 24, 1956, 272–275, der *wḏ* (Befehl) und *wḏ* (Stele) für identisch hält (vgl. die „Stelenpersonifikation" im Amduat, Hornung, Amduat II, 23–24). – [6] Dies gilt auch für Hohlkehlen- und Rundstababschluß: s. Westendorf, Darstellungen des Sonnenlaufes, 74–75. Die Rundung des unteren Stelenabschlusses mag auf den Nachtlauf der Sonne hindeuten, ibid., 27–29. Ein spitzer oberer Abschluß, wie er später bisweilen vorkommt, leitet sich her von der Obelisken- bzw. Pyramidenform, die später

zumindest eindeutig solare Aspekte verkörpert. – [7] S. dazu Ricke, in: BeiträgeBf 5, 1950, 14–17. – [8] S. dazu auch Shoukry, in: MDAIK 16, 1958, 292–297, der all diese St. für Türwiedergaben ansehen möchte (vgl. auch Badawy, in: ASAE 48, 1948, 213–243). – [9] Wie auch die altäg. Bezeichnungen für Scheintür, *rwt* (Wb II, 403, 13) und *rꜣ-pr* (Wb II, 397, 8), zeigen. – [10] Die oft als widersinnig verurteilte Bezeichnung „Scheintürstele" ist als Verbindung zweier ganz verschiedener Elemente natürlich formal unrichtig. Es geschieht jedoch vor beiden dasselbe: sie bezeichnen die Opferstelle, die magische Nahtstelle zwischen Diesseits und Jenseits, und manche späteren St. ahmen geradezu Scheintüren nach. – [11] Zu den wenigen Grabstelen, die aus dem AR bekannt sind, und ihrer Funktion s. Karl Martin, Ein Garantsymbol des Lebens, HÄB 3, 1977, 55–58 und ibid., 48–55.58–62 zu den in dieser Funktion verwandten Grabobelisken. Im kgl. Bereich begegnen noch in der 17. Dyn. Stelenpaare (bzw. Obeliskenpaare, *Antef V) vor dem Grab. – [12] S. dazu Gustave Jéquier, La pyramide d'Oudjebten, Kairo 1928, 25–31, Abb. 34.36–37; auch Müller, in: MDAIK 4, 1933, 180. Eine Bezeichnung dieser Denkmäler als Miniaturmastaba beinhaltet keine Klärung ihrer Funktion. – [13] Am bekanntesten sind die von *Naga ed-Dêr; s. Dows Dunham, Naga-ed-Dêr Stelae of the First Intermediate Period, Oxford 1937. – [14] Zu diesen s. Müller, op. cit., 165–206. – [15] Seltener von *Rundstab und *Hohlkehle eingefaßt (beeinflußt von späten AR-Scheintüren), manchmal auch mit einem richtigen Türschlitz, in dem sich eine Statue befindet. – [16] Steleninhaber wie Angehörige erscheinen bisweilen halb plastisch. – [17] Die St. des MR mit Darstellungen von Göttern sind zusammengestellt von Malaise, in: SAK 9, 1981, 259–283. – [18] Zu diesem „Demokratisierungsprozeß" in der äg. Religion s. z.B. Szafrański, in: ET 12, 1983, 53–66. – [19] Zu dem ganzen Fragenkomplex s. William Kelly Simpson, The Terrace of the Great God at Abydos: The Offering Chapels of Dynasties 12 and 13, PPYE 5, 1974. – [20] Vgl. auch *Architekturdarstellung mit Abb. 3, die die St. als signifikantes Element des Grabes zeigt. – [21] Vgl. etwa die naosförmige St. des Bak mit gerundetem Abschluß darüber (Berlin 1/63) mit fast rundplastischen Figuren oder eine obeliskenförmige St. wie die des Seti (Kairo JE 54155) mit einer Art *Pyramidion und einer in den „Schaft" eingearbeiteten schlanken, oben abgerundeten Stele. – [22] Wie sie vor allem aus Theben bekannt sind, denen Hermann, Stelen eine umfassende Untersuchung gewidmet hat. – [23] Auch für diese Gruppe von St. liegt eine ausführliche Bearbeitung vor: Peter Munro, Die spätägyptischen Totenstelen, ÄgFo 25, 1973. – [24] Einer offensichtlich spezifisch assuanischen Variante, s. Munro, op. cit., 77–79. – [25] Le Corsu, in: RdE 20, 1968, 109–125; zu ähnlichen St., auch zum Verschließen der cubiculi in den Ibisgrüften in *Hermupolis, s. Badawy, in: BIE 35, 1954, Abb. 4. – [26] Zu diesen St. s. Parlasca, in: MDAIK 26, 1970, 173–198 mit der älteren Literatur. – [27] CG 8319–8727; Zuntz, in: MDAIK 2, 1932, 22–38. – [28] Borchardt, in: v. Bissing, Re-Heiligtum I, 50 mit Abb. 41–2. – [29] Daß diese St. zumindest z.T. frei aufgestellt waren, zeigen unzweifelhaft St., die an allen vier Seiten dekoriert sind, s. Zayed, in: RdE 16, 1964, 193–208. Als St. bezeichnen kann man auch freistehende Pfeiler, wie sie sich z.B. von *Thutmosis III. in *Karnak (PM II², 91) und *Ramses II. in *Tanis (Petrie, Tanis I, 18–19, Tf. 11) fanden. – [30] Zu diesen s. Meeks, in: State and Temple Economy in the Ancient Near East (Hg. E. Lipiński), OLA 6, 1979, 605–687. – [31] Z.B. einfach rechteckige, aber auch naosförmige, von Pyramidien bekrönte, von obeliskenartigen Gebilden seitlich eingefaßte St. (vgl. die die Form eines Schakalkopfes zeigende St. Moskau I. 1. a. 5630, Svetlana Hodjash and Oleg Berlev, The Egyptian Reliefs and Stelae in the Pushkin Museum of Fine Arts, Moscou, Leningrad 1982, Nr. 60); auf einer kaiserzeitlichen Totenstele (CG 22197) befindet sich auf der gerundeten Stelenoberseite ein vollplastischer hellenistischer Kopf des Toten. Bisweilen werden auch Ostraka als billiger Ersatz für St. gebraucht. – [32] Diese Stelophoren (vgl. zu ihnen Stewart, in: Bulletin of the Institute of Archaeology, Univ. of London 4, London 1964, 165–170) waren ursprünglich in Nischen an der Ostseite der Ziegelpyramiden des Grabes aufgestellt; später ein geläufiger Tempelstatuentyp. – [33] Dazu s. Nicolas-Christophe Grimal, Etudes sur la propagande royale égyptienne I–IV (bisher erschienen I, MIFAO 105 und II, MIFAO 106, Kairo 1981). – [34] Zur etymologischen Verwandtschaft mit *wḏ* (Stele) s.o. Anm. 5. – [35] Der Großteil dieser Tierstelen gehört jedoch zu den Votivstelen bzw. zu den Totengedenksteinen. – [36] Vielleicht gehören in diese Kategorie auch St. mit Götterbildern, wie Hayes, Scepter II, Abb. 242, oder Mario Tosi und Alessandro Roccati, Stele e altre epigrafi di Deir el Medina n. 50001–n. 50262, Turin 1972, n. 50027. – [37] Z.B. Bucheum I, 127; III, Tf. 95,7.

Lit.: Vandier, Manuel I, 724–774; II, 389–522; und der Großteil der in den Anm. zitierten Literatur (vor allem Müller, Dunham, Simpson, Hermann, Munro, Meeks, Hodjash und Berlev, Tosi und Roccati) sowie eine Vielzahl von Stelenpublikationen, von denen einige der bedeutendsten Sammlungsveröffentlichungen sind: Thomas G. Allen, Egyptian Stelae in Field Museum of National History, Chicago 1936; BM Stelae; Boeser, Leiden II. VI. VII; Sergio Bosticco, Le stele egiziane I–III, Rom 1959–1972; CG 20001–20780; CG 22001–22208; CG 34001–34068; CG 34087–34189; Jaroslav Černý, Egyptian Stelae in the Bankes Collection, Oxford 1958; Otto Koefoed-Petersen, Les stèles égyptiennes, Publ. de la Glyptothèque Ny Carlsberg 1, Kopenhagen 1948; Michel Malinine, Georges Posener und Jean Vercoutter, Catalogue des stèles du Sérapéum de Memphis, Paris 1968; Pierre Ramond, Les stèles égyptiennes du Musée G. Labit à Toulouse, BdE 62, Kairo 1977; H. M. Stewart, Egyptian Stelae, Reliefs, and Paintings from the Petrie Collection I–III, Warminster 1976–1983. K. M.

Stèle juridique. During Chevrier's work in consolidating the Great Hypostyle Hall at *Karnak, he found a limestone stela employed as foundation material by *Amenhotep III,[1] containing 25 lines of text which deals with the sale of the office of provincial governor of *Elkab between two members of a military family whose origins lay in that locality.[2] It had been originally erected by the permission of the then reigning Pharaoh, king

Swꜣḏ.n-Rꜥ Nb-jrj-r-ꜣw (*Nebirierau I.) whom v. Beckerath places as the sixth Pharaoh of the XVIIth dyn. (c. 1626–1607 B.C.), when the north of Egypt was run by the *Hyksos and the south controlled by a native rump government with its capital at Thebes.[3]

The first section (1.4 sq.) is the copy of a will made by *Kbsj*, a military man (*ꜣtw n tt ḥqꜣ*),[4] in favor of a "man of his family" (later called "brother" once) *Sbk-ḥtp*, dated to year 1 of *Nb-jrj-r-ꜣw*. *Sbk-ḥtp* is called "king's son", which had a military significance at this date,[5] as well as *jmj-rꜣ gs-pr* with the rank of *ḫtmtj-bjt*. *Kbsj's* office as governor derived from his father *Jj-mrw*, who in turn had received it from his brother Ay "junior", the latter having died without an heir. The will itself concludes with a list of witnesses and a notice that the original document was placed in the bureau (*ḫꜣ*) of the Reporter (*wḥmw*) of the Northern Waret; the witnesses included the vezier *Sbk-nḫt*, a priest of the temple of Elkab and an official (*zꜣb*). The document was effected by the *zꜣb Rn.j-snb*, the will was drawn up by the Scribe of the Great Prison (*zš n ḫnrt wrt*) Amenhotep, who at this time was connected with the office of the vizier;[6] he acted, however, temporarily as the deputy (*jdnw*) to the scribe of the Reporter of the Northern Waret.

The will of *Kbsj* contains striking parallels with other *jmjt-pr* (*Imet-per) of the NK; in particular, the clauses referring to contestations by third parties are paralleled by passages in the will of Senimose, the fragmentary will contained on the walls of the funerary temple of *Amenophis son of Hapu, and the *Bilgai stela.[7]

The second section presents a copy of the original sales document:[8] *Kbsj* had sold his office for the equivalent of 60 *dbn* of gold, the payment including gold, copper, grain, and clothing. This document was kept in the office of the vizier. In this connection, *Kbsj* states that Ay "junior" had received the governorship of Elkab from his father, the vizier Ay, when Ay "junior" was still "chief of the altar" of *Amun at Thebes, in year 1 of king *Mr-ḥtp-Rꜥ* (*Sobekhotep VI) of dyn. XIII, i.e. approximately 75 years before *Nb-jrj-r-ꜣw*.

The final lines attest that the transaction was legal and that both parties took an oath of assent which was confirmed by the Eldest of the Hall (*smsw hꜣjt*) *Rn.j-snb*.

The persons named by the St. J. belonged to one of the most important families of their time being related to different Pharaohs of the XIIIth and XVIIth dyn.[9] Moreover, the text demonstrates the principle of inheritance that kept this family in the office of vizier and that of provincial governor of Elkab for a very long time.

[1] Now Cairo JE 52453; cf. Chevrier, in: ASAE 28, 1928, 123; Gunn, in: ASAE 29, 1929, 94; Kees, in: ZÄS 70, 1934, 89; Vandier, in: Journal des Savants, Paris 1944, 167; Pierre Lacau, Une stèle juridique de Karnak, SASAE 13, 1949; text now in Wolfgang Helck, Historisch-biographische Texte der 2. ZwZt, KÄT, [2]1983, 65–69. – [2] Studies: Bernadette Menu, in: RdE 23, 1971, 155–163; Pirenne and Stracmans, in: RIDA 2, 1953, 25–44; Hayes, in: JNES 12, 1953, 33; Weill, in: BIFAO 32, 1932, 28–33; Berlev, in: ВЕСТНИК 3 (77), 1961, 100–107; v. Beckerath, 2. ZwZt, 181–183; Théodoridès, in: RIDA 4, 1957, 33–52; 5, 1958, 33–64; 6, 1959, 107–130; 9, 1962, 45–135; 21, 1974, 31–74; Helck, Aktenkunde, 111 ff. passim. – [3] v. Beckerath, 2. ZwZt, 181–183. 224. 288–289. – [4] Berlev, in: Palestinskij Sbornik 17 (80), 1967, 6–20; id., in: RdE 23, 1971, 23–38. – [5] Winlock, Rise and Fall, 110 sq.; Bettina Schmitz, Untersuchungen zum Titel *sꜣ-njśwt* "Königssohn", Bonn 1976, 245–261; Spalinger, in: RdE 32, 1980, 114. – [6] Helck, Verwaltung, 20–21. 58–60; Drioton-Vandier, Egypte[4], 307 sq. – [7] In general: Lacau, Stèle juridique (v.n. 1), 14–27; Gardiner, in: ZÄS 50, 1912, 49–57; Théodoridès, in: RIDA 9, 1962, 65; Allam, in: BiOr 24, 1967, 19 and n. 39; id., in: OrAnt 16, 1977, 95; Alexandre Varille, Inscriptions concernant l'architect Amenhotpe fils de Hapou, BdE 44, 1968, 88–89; CG 34016 = Urk. IV, 1006–1070 (Senimose); Gardiner, in: JEA 26, 1940, 23–24, pls. 5. 7 (= Adoption Pap. rto, 5–7; vso, 3–4); Helck, Materialien, 527–529; Allam, in: BiOr 24, 1967, 18 sq.; id, in: OrAnt 11, 1972, 277–295; id., in: Das Altertum 19, 1973, 3 ff. – [8] Théodoridès, in: RIDA 6, 1959, 107–130. – [9] Genealogy discussed by Spalinger, in: RdE 32, 1980, 95–116; add id., in: LÄ V, s. v. *Sobekhotep II–VI. In the genealogy of *Rn.j-snb* of Tomb no. 9 at Elkab, Baer now reads "*šmt*" = "mother-in-law" instead of "*ḥmt*" = "wife" in connection with *Zꜣt-jn Ḥꜣt-špswt*, so that earlier chronological difficulties in identifying the grandmother of this female with the wife of king Neferhotep I can be set aside. A. Sp.

Stelophor. Seit der 18. Dyn. belegter, auf männliche Privatpersonen beschränkter Statuentyp eines Knienden[1], der mit erhobenem Kopf beide Hände in Beterhaltung auf eine stelenartige Steinplatte legt, die mit einem Sonnenhymnus[2] (*Hymnus) beschrieben ist; entstanden unter dem wachsenden Einfluß des Sonnenglaubens in der 18. Dyn. Aufstellung mit Sicherheit in den Nischen der kleinen Grabpyramiden[3]; wenige Beispiele auch aus dem Karnaktempel bekannt[4]. Unter *Amenophis IV. außerhalb des Totenkultes für Standfiguren des Königs und der *Nofretete belegt[5].

Frühe Beispiele (frühe 18. Dyn. – *Thutmosis III.) zeigen den Adoranten ohne Stele, bei denen ein verkürzter Text auf der Füllung zwischen den erhobenen Armen und auf dem Schurz steht[6]. Aus dieser Füllung entwickelt sich die stelenartige Steinplatte, die zunächst auf den Knien des Betenden (Thutmosis III.–IV.)[7], seit ca. *Amenophis II. (häufig dann unter *Amenophis III. und in der frühen Ramessidenzt; belegt bis SpZt) vor ihm auf der Erde steht[8]. Dabei übernimmt die Stele in ihrem Giebelfeld die übliche Dekoration der Totenstelen wie *Udjat-Auge und *Schen-Ring, die in der 19. Dyn. von Sonnenbarke, Sonnenscheibe u.ä. abgelöst werden[9]. In der Vorderansicht ist nur der erhobene Kopf des Grabherrn sichtbar, der der morgendlichen Sonne gleich seinen Kopf aus der Unterwelt, angedeutet durch die oben abgerundeten Stele als Hügel, hervorhebt[10]. Wegen der Haltung der Hände, die die Stele nur berühren, nicht umfassen, nicht als Votivstatue (*Votivgaben) eines eine Stele weihenden Mannes zu deuten[11].

[1] Äußerst selten auch Standfiguren, vgl. Stewart, in: JEA 53, 1967, 35; einmalig ist die Doppelstatue zweier Männer mit nur einer Stele (Louvre A 63), s. Vandier, Manuel III. 2, Tf. 160, 5. – [2] ÄHG, Nr. 51–55; Stewart, in: Bulletin of the Institute of Archaeology 6, Univ. of London, London 1967, 29–74; ders., in: JEA 46, 1960, 83ff. Vgl. Jan Assmann, Sonnenhymnen in thebanischen Gräbern, Mainz 1983. – [3] Keine Funde in situ. Deir el Médineh 1923–1924, 12f., Tf. 30, 6. 7; Nina M. Davies, in: JEA 24, 1938, 25ff., Abb. 9. 10; Hermann, Stelen, 20f.; Alliot, in: BIFAO 32, 1932, 74ff., Abb. 13. – [4] Winlock, in: JEA 6, 1920, 2. – [5] Berlin 21835 (Amenophis IV., unbeschriftet); Doppelgruppen des Königs und der Königin bei den Grenzstelen von Amarna (Davies, Amarna V, Tf. 40), beschriftet nur mit dem Atonnamen und Kartuschen des Königs bzw. der Königin. Vgl. auch die kniende (kriechende) Statue Osorkons II. mit Stele (Bothmer, in: JEA 46, 1960, 3ff.). – [6] Stewart, in: JEA 53, 1967, 34. – [7] Stewart, op. cit., 34. – [8] Stewart, op. cit., 34f.; Vandier, Manuel III. 1., 471f. – [9] Stewart, op. cit., 34f. – [10] Vandersleyen, in: Propyläen Kunstgeschichte 15, 1975, 251 (Nr. 195b). – [11] Winlock, op. cit., 2ff.; Drioton, in: Fs Rosellini, Studi I, 255ff.

Lit.: Vandier, Manuel III. 1., 471ff.; Stewart, in: Bulletin of the Institute of Archaeology 4, Univ. of London, London 1964, 164ff.; 5, London 1965, 67ff.; ders., in: JEA 53, 1967, 34ff.; Claire Lalouette, unveröffentlichte Diss. der Sorbonne, Paris; dies., Fidèles du soleil, Paris 1963 (mit einer Liste von 48 S.).
Ch. Me.

Stelzvögel. Die Ordnung Ciconiiformes (Stelzvögel) gliedert sich in folgende Familien (*Fauna): 1. Ardeidae (Reiher), 2. Balaenicipitidae (Schuhschnäbel), 3. Scopidae (Hammerköpfe), 4. Ciconiidae (Störche), 5. Threskiornitidae (*Ibis-Vögel).

An Reihern[1] trifft man im heutigen Ägypten: Ardea cinerea (Graureiher oder Fischreiher), Ardea goliath (Goliathreiher), Egretta alba (Silberreiher), Egretta garzetta (Seidenreiher), Egretta gularis (Küstenreiher), Ardeola ibis (Kuhreiher), Ardeola ralloides (Rallenreiher), Nycticorax nycticorax (Nachtreiher), Botaurus stellaris (Große Rohrdommel), Ixobrychus minutus (Zwergrohrdommel).

Für Altägypten lassen sich an Reihern (*ʿḥʿw, nwrw, sdꜣ, šntj*, ϭⲁⲗⲱⲃ) nachweisen: Ardea cinerea, Egretta alba, Egretta garzetta, Ardeola ibis, Nycticorax nycticorax (*šꜣw*[?])[2] sowie Botaurus stellaris (*kꜣpw*)[3]. Nach den Ibissen kam den Reihern die größte Bedeutung unter den Stelzvögeln in Religion und Alltag zu. In *Djebaut (*Buto) wurde ein heiliger Reiher verehrt. Gewöhnlich stellte man den *Phönix als Reiher dar. In Gestalt eines Reihers konnte der König seinen *Himmelsaufstieg vollziehen (*Kranich). Sargtexte und Totenbuch belegen den Wunsch des Verstorbenen nach Verwandlung in diesen Vogel (CT Spr. 703; Tb 84). Schließlich fanden die Tiere auch in der *Medizin[4] sowie als Lockvogel beim *Vogelfang Verwendung (*Domestikation).

Der einzige Vertreter der heute nicht mehr in Ägypten vorkommenden Schuhschnäbel, Balaeniceps rex, ist noch im AR dargestellt[5].

Wenig bedeutend zeigen sich die Störche. Dargestellt ist der Schwarzstorch (*mrwrjt*)[6], nicht dagegen bislang der Weißstorch. Letzteres könnte nach dem Ornithologen E. Schüz[7] auf ein Tabu deuten oder aber in der Route, die von den ihre Winterquartiere aufsuchenden Störchen befolgt wird, seine Erklärung finden. Dabei lassen die Störche Unterägypten aus und kommen erst bei *Qene wieder in das Niltal. Der nur unwesentlich erweiterte Darstellungskanon wurde aber im AR in dem vom Storchenzug ausgesparten Teil des Landes geschaffen. Da sich inzwischen in *Assuan Weißstorchreste unter Küchenabfällen gefunden haben[8], ist letzterer Deutung der Vorzug zu geben. An weiteren Storchenarten sind für die altägyptische Zeit zu reklamieren: Ephippiorhynchus senegalensis (Afrika-Sattelstorch, cf. *bꜣ*)[9], Ibis ibis (Afrika-Nimmersatt)[10] und vielleicht Leptoptilos crumeniferus (Afrika-Marabu)[11].

[1] James Hancock und Hugh Elliot, The Herons of the World, London 1978. – [2] Edel, in: NAWG 1963. 5, 138. – [3] Ebd., 198. – [4] Grundriß der Medizin VI, 298. – [5] Störk, in: LÄ II, 137 Anm. 20; R. E. Moreau, The Bird Faunas of Africa and its Islands, New York–London 1966, 69. – [6] Davies, in: JEA 35, 1949, 16; Tf. 2 Nr. 7; Guglielmi, in: Acts 1st ICE, 255ff. – [7] Schüz, in: Vogelwarte 23, Stuttgart 1966, 2; ders., in: Vogelkosmos 11, Stuttgart 1967, 373f. – [8] Joachim Boessneck und Angela von den Driesch, Studien an subfossilen Tierknochen aus Ägypten, MÄS 40, 1982, 30. 98. – [9] Keimer, in: ASAE 30, 1930, 1ff. – [10] Kumerloeve, in: Bonner zoologische Beiträge 34, Bonn 1983, 220f. – [11] F. S. Bodenheimer, Animal and Man in Bible Lands, Leiden 1960, 124.
L. St.

Stempeln s. Brandstempel, Siegelung

Sterblichkeit. A. *Menschen:* *Altersangaben (Todesdaten) treten erst ab SpZt auf; davor gibt es nur spärliche Ausnahmen. Der *Pap. Dem. Insinger legt die gesamte Lebenszeit auf 100 Jahre fest; eine Zulage von 10% ergibt das Idealalter von 110 Jahren[1]: „Aber nur einer unter Millionen, die Gott segnet, erlebt sie, wenn das Schicksal gnädig ist." Nach den *Mumien (*Palaeopathologie) zu urteilen, muß sowohl die St. der *Kinder erheblich gewesen sein als auch die der Frauen, die bei der *Geburt gestorben sind (Sandison, in: LÄ II, 295–296). Doch auch die erwachsenen Männer blieben hinsichtlich ihrer Lebenserwartung weit hinter dem Idealalter zurück: Die wenigen überlieferten Daten[2], die natürlich keine sichere Statistik abgeben, schwanken zwischen 33 und 80 Lebensjahren (und ergeben somit ein Durchschnittsalter von 54 Jahren, bei Frauen von 58 Jahren). Doch muß bei diesem relativ hohen Alter bedacht werden, daß zur Hinterlassung einer solchen Biographie zunächst die Jahre der Ausbildung und der Laufbahn überlebt werden müssen (von den früh Verstorbenen wissen wir in der Regel nichts)[3]. – Erhebliche Verluste unter den Menschen aller Altersklassen werden die Hungersnöte (*Hunger) und die *Seuchen[4] verursacht haben. – Der physischen St. setzte der Mensch die Hoffnung bzw. Gewißheit entgegen, daß der Tod nur ein Übergang zu neuer Geburt sei (*Leben und Tod; *Selbstmord).

B. *Götter:* Sofern sie der Neheh-Ewigkeit zuzuordnen sind[5], unterliegen auch die Götter dem Zyklus von *Geburt, *Tod und *Wiedergeburt (Assmann, in: LÄ II, 757 und Hornung, ebd., 632–633).

[1] Emma Brunner-Traut, Das Alte Ägypten, Stuttgart 1974, 22–23. – [2] Hermann Grapow, Lebensläufe; Lebensalter, in: Grundriß der Medizin III, 17–18. – [3] Siehe dazu auch Baines, in: LÄ V, 695 s.v. *Schreiben, Anm. 8. – [4] Zuletzt: Westendorf, in: GM 49, 1981, 77–83. – [5] Zu dieser Einschränkung vgl. Westendorf, in: Fs Brunner, 423.

W. W.

Stern, äg. zumeist *sbꜣ*[1], kopt. **ⲥⲓⲟⲩ**. Andere Bezeichnungen für St. sind *ḥrjw* „Obere"[2], *sḥḏw* – ausgehend von ihrer Eigenschaft, den Nachthimmel zu erhellen –, *ꜥnḫw, nṯrjw*[3] oder *ḫbsw* „Lampen"[4]. Die St. gelten als Kinder der Himmelsgöttin *Nut, die oft mit sternenbedecktem Leib dargestellt wird. Der Lauf der St. – ihr Aufgang und Untergang – wird in einem mythologischen Text dadurch erklärt, daß die Göttin sie in Gestalt einer Muttersau verschlinge und jeden Tag neu gebäre[5].

Die äg. Sternbilder lassen sich nach den astronomischen Darstellungen (Deckenbildern, Sargdeckeln u.a.) in eine nördliche und eine südliche Gruppe einteilen, wobei die Trennungslinie in etwa der Ekliptik entspricht[6]. Unter den Sternbildern des Nordhimmels ist nur das des Großen Bären (*msḫtjw/ḫpš*)[7] einwandfrei identifiziert[8]. Unter den anderen Konstellationen treten hervor: ein Nilpferd, mit oder ohne Krokodil auf dem Rücken (*ꜣst*, Variante *ḥzꜣ-mwt*, auch *jpt* oder *wrt* genannt)[9], *ꜥn*, ein falkenköpfiger Gott, der häufig mit einer Lanze das *msḫtwj*-Sternbild durchbohrt, die Göttin *Srqt*, ein Löwe, zwei weitere Krokodile mit geradem bzw. gebogenem Schwanz u.a. Flankiert werden die Sternbilder der nördlichen Gruppe von zwei Reihen Göttern, die ursprünglich die Tage des Mondmonats darstellten. In der südlichen Gruppe dagegen findet man die *Dekan-Sterne[10], unter ihnen *Orion und Sirius (*Sothis) sowie die Planeten.

Seit dem MR[11] erscheinen auf den astronomischen Bildern fünf Planeten[12], Jupiter (*Ḥrw tꜣš tꜣwj*, Variante *Ḥrw wpš tꜣwj, Ḥrw wp štꜣ*, dem. *Ḥrw [pꜣ] št*), Saturn (*Ḥrw kꜣ pt*, Var. *Ḥrw [pꜣ] kꜣ*), Mars (*Ḥrw ꜣḫtj*, später *Ḥrw dšr*), Merkur (*Sbg[w]*, später *Sbk[w]*, dem. *Swgꜣ*) und Venus (*sbꜣ ḏꜣj*, in späteren Texten *nṯr dwꜣj*, „*Morgenstern"[13]). Die Planeten treten zumeist in dieser Reihenfolge auf, wobei Merkur und Venus von den drei anderen Planeten durch eine Reihe Dekangestirne getrennt werden[14]. Die äußeren Planeten als Formen des *Horus werden gewöhnlich als falkenköpfige Götter in einer Barke stehend dargestellt, oft mit einem St. auf dem Haupt. Merkur, in einigen Texten auch *Stš* genannt, erscheint häufig in einer kleinen Seth-Figur, Venus dagegen als Reiher (*Bꜥḥ/Wsjr*, später *Bnw* „*Phönix").

Erst in der griech.-röm. Zt findet der Tierkreis Aufnahme in Ägypten[15], ebenso kennen wir astrologische Zeugnisse (*Astronomie und Astrologie), die unter babylonischem Einfluß entstanden sind, nur seit Beginn der hellenistischen Zt (*Horoskop).

Im Bereich der angewandten Astronomie dienten die St. den Ägyptern 1. zur nächtlichen Zeitmessung. Die Sternuhren des MR[16] arbeiten mit dem Aufgang oder der Kulmination der Dekane, während die nachfolgenden ramessidischen Sternuhren den Durchgang der St. durch ein Koordinatensystem zur Zeitbestimmung benutzen[17]. Überreste dieser Dekanuhren finden sich als Dekoration bis in die röm. Tempel. 2. zur *Orientierung von Bauwerken[18].

Auch auf dem Gebiet der *persönlichen Frömmigkeit[19] und der religiösen Literatur spielen die St. als Gottheiten eine bestimmte Rolle. Dabei treten, vor allem in der Totenliteratur, die Zirkumpolarsterne (*jḫmw-sk*) hervor[20]. Sie dienen zusammen mit den Nicht-Zirkumpolarsternen (*jḫmw-wrḏ*,

Dekanen und Planeten) als Besatzung der Sonnenbarke[21], wobei die *jḫmw-sk* den *Sonnengott in seiner Tagesbarke, die *jḫmw-wrḏ* ihn in seiner Nachtbarke begleiten. Die Dekansterne und Planeten gewinnen in der SpZt an Bedeutung[22], erstere werden mit den Dekaden des Tierkreises in Beziehung gesetzt und leben, z.T. mit ihren altäg. Namen, bis in die Neuzeit weiter[23], letztere finden ihren Platz in der hellenistischen Astrologie.

[1] Seit dem MR auch *gnḫt*, Urk. VII, 3, 15; Urk. VIII, Nr. 50n; De Morgan, Cat. des Mon. 2, 13; Esna IV, Nr. 450. – [2] Des öfteren im Gegensatz zu den *ḫrjw*, den Menschen, so genannt, z.B. *pBoulaq 17 (Kairener Amunshymnus), 2, 1. – [3] Ebenso wie *ꜥnḫw* nur in späteren Texten, z.B. LD IV, 69a (*nṯrjw*); Edfou I, 59, 12 (*ꜥnḫw*). – [4] Ursprünglich eine Bezeichnung für den Himmel, z.B. Pyr. 785b. 1285a. 1303c: *ḫꜣ-bꜣ(w).s* „Tausend sind ihre (der Himmelsgöttin) *Bas". Vgl. Elske-M. Wolf-Brinkmann, Versuch einer Deutung des Begriffes „*bꜣ*" anhand der Überlieferung der Frühzeit und des Alten Reiches, Freiburg 1968, 46. S. auch Louis V. Žabkar, A Study of the Ba Concept in Ancient Egyptian Texts, SAOC 34, Chicago 1968, 14f. In der SpZt werden die St. als Bas der Götter bezeichnet; Žabkar, loc. cit.; De Morgan, Cat. des Mon. 2, 254; Orion als Seele des Osiris: Junker, Philae I, 279. Vgl. auch Plutarch, De Iside, 21. – [5] Diese Vorstellung wird behandelt in *pCarlsberg I, 3, 31/38. Vgl. Neugebauer–Parker, Astronomical Texts I, 60f. S. auch Grapow, in: ZÄS 71, 1935, 45–47. – [6] Zur Lokalisierung der Dekane s. Neugebauer–Parker, op. cit. I, 97–100. – [7] Ursprünglich als Mundöffnungswerkzeug gedacht, erscheint es in den astronomischen Darstellungen als Rinderschenkel, mit oder ohne Stierkopf, oder als stehendes Rind. – [8] Neugebauer–Parker, op. cit. III, 3 äußern sich skeptisch zur Möglichkeit der Identifizierung weiterer Sternbilder, obwohl man außer den bekannten noch andere St. zu erkennen geglaubt hat. So sehen z.B. Casanova, in: BIFAO 2, 1902, 1–39 und nach ihm Briggs, in: Mercer, Pyr. IV, 41 in dem Sternbild *sꜣḥ*, das allgemein mit Orion identifiziert wird, den Einzelstern Canopus (widerlegt von Neugebauer–Parker, op. cit. I, 24f.) oder Faulkner, in: JNES 25, 1966, 158 in der Stelle Pyr. 882–883 einen Hinweis auf Procyon oder Aldebaran. Eine Identifikation wird jedoch dadurch vor allem erschwert, daß die Sternbilder auf den astronomischen Bildern besonders in ihrer Position zueinander sehr unterschiedlich auftreten. S. auch Neugebauer–Parker, op. cit. III, 200–202. – [9] Die Beziehung zwischen dem Sternbild *msḫtjw* (= *Seth) und *Isis (*rrt* genannt) spielt eine Rolle in einigen Texten mythologischen Inhalts, so *pJumilhac XVII, 11–12; Esna IV, Nr. 400 und 450 (zur Übersetzung dieser beiden Texte s. zuletzt Kurth, in: Fs Gutbub, 135–143); Piankoff, Livre du Jour et de la Nuit, 22–25 und 95–96; Neugebauer–Parker, op. cit. III, 67. Ausführlich diskutiert wird diese Beziehung bei Neugebauer–Parker, op. cit. III, 190f. – [10] In den astronomischen Darstellungen werden den Dekansternen Götter(-gruppen) zugeordnet. Besonders häufig erscheinen dabei Isis, Osiris, Seth, Horus, das *Horusauge und die *Horuskinder. – [11] Sarg des Heni aus Assiut, XI. Dyn. (?), vgl. Neugebauer–Parker, op. cit. III, 8–10. – [12] Zusammenfassende Darstellung bei Neugebauer–Parker, op. cit. III, 175–182. – [13] Zur Rolle des Morgensterns in den Pyramidentexten vgl. Faulkner, op. cit., 159–161. – [14] Das sog. Epagomenendreieck, s. Neugebauer–Parker, op. cit. III, 116f. 175. – [15] Zuerst in Esna, um 200 v. Chr., vgl. auch Neugebauer–Parker, op. cit. III, 203–212. – [16] Neugebauer–Parker, op. cit. I, 95–121. Die Funktion einer solchen Dekanuhr wird auch von Schramm, in: Emma Brunner–Traut und Hellmut Brunner, Die ägyptische Sammlung der Universität Tübingen, Mainz 1981, 219–227 anhand des Sarges des Idi aus Tübingen astronomisch erläutert. – [17] Zu den Instrumenten, die für eine solche Zeitmessung benutzt wurden, s. Borchardt, in: ZÄS 37, 1899, 10–17. – [18] S. Žába, in: ArOr Suppl. 2, 1953, 9–74; Lauer, in: BIFAO 60, 1960, 171–183. – [19] Maria Cramer, in: ZÄS 72, 1936, 95f. und Tf. 8. – [20] Barta, in: ZÄS 107, 1980, 1–4; Faulkner, op. cit.; Briggs, op. cit. – [21] Als *jztj* „die beiden Mannschaften", Pyr. 1171c–d. 1439a. 2173a–b; vgl. Barta, op. cit., 2, dort S. 4 Beispiele aus den CT; Kurt Sethe, Altägyptische Vorstellungen vom Lauf der Sonne, SPAW 1928. 22, 26–27. – [22] Schott, in: Wilhelm Gundel, Dekane und Dekansternbilder, Studien der Bibliothek Warburg **19**, Glückstadt und Hamburg 1936, 14–17. – [23] W. Gundel, op. cit., bes. S. 37–81.

H. Beh.

Sternschnuppe s. Meteor

Steuern s. Abgaben und Steuern

Stier s. Rind

Stier, Einfangen mit dem Lasso, s. Rituale 4

Stiergott. Es ist auffällig, daß einmal in Äg. Hinweise auf St. zahlenmäßig beschränkt sind und andererseits verschiedene Vorstellungen zugrunde zu liegen scheinen.

1. Der Wildstier, der ja auch in Jagddarstellungen immer den Jäger angreifend dargestellt wird, konnte wie der *Löwe schon in ältester Zt als Erscheinungsform des Königs angesehen werden[1], was dann in der 18. Dyn. durch Aufnahme des Titels „Starker Stier" in die *Königstitulatur erneut betont wurde. Doch hat diese Gestalt des Königs nicht, wie die des *Falken, auf die Gestaltung lokaler Numina eingewirkt, so daß wir kaum stiergestaltige Lokalgottheiten antreffen. Der „Wüstenstier", dessen Einfangen und Speeren durch den *Sem ein Täfelchen des Horus *Aha meldet[2] und der dort mit *Ḏbꜥt* (*Buto) verbunden ist, gehört vielleicht in den Kreis der ostmittelmeerischen Kulturen mit ihrer Verehrung des Gewitterstieres. Ist doch sein Auftreten mitten in den Marschen des Deltas, wo er später das Gauzeichen für *Xois abgibt, recht überraschend. Auch die Erscheinungsform des *Seth als Stier[3], der dem Löwen (!) *Horus sein Auge entreißt, gehört in diesen Kulturkreis; erst die von Süden gekommene Herrscherschicht des Einheitsreiches hat diesen

beiden Gestalten die ihnen als numinos erscheinenden Formen des Sethtiers und des Falken gegeben (*Mond).

Es ist wahrscheinlich, daß der Stier des *Month in *Armant und et-*Tod *Buchis auf einen alten Wildstier zurückgeht, aber nicht belegbar.

2. Der Herdenbulle. Anders verhält es sich wahrscheinlich mit den Stiergottkulten, die im Delta z.T. noch aus den *Gauzeichen erkennbar sind: Der „schwarze Stier" (*Km-wr*) in *Athribis und der „geschlachtete"(?) (*Ḥsbw*) Stier im 11. u. äg. *Gau. Diesen möchte ich auch den Stier *Bata[4] im Kynopolites sowie *Apis und *Mnevis zurechnen. Es sind dies die Herdenbullen, die „vor ihren Schwarzen Kühen stehen" und deren „Herauskommen" die Befruchtung der Kühe einleitet. Sie werden dann zum Träger der Fruchtbarkeit, die man in geschichtlicher Zt besonders in der Nilüberschwemmung erkannte[5]. Der Apisstier aus dem Westgau, wo früh die Verwaltung für die Rinderherden lag (*Ḥwt-jḥw*), ist an die Residenz gezogen und in den Kreis der Königshandlungen einbezogen worden, indem das Herauskommen des Apis im Beisein des Herrschers die Herdenfruchtbarkeit und bald jegliche Fruchtbarkeit im ganzen Lande garantierte.

In wieweit der Mnevis von *Heliopolis nach dem Vorbild des Apis gebildet wurde, ist nicht belegbar, doch sind immer sehr enge Verbindungen zwischen beiden Gestalten erkennbar gewesen[6]. Vielleicht entwickelte sich der Mnevis aus dem Pfeiler mit Stierkopf, der aus Heliopolis belegt ist[7]. Dabei dürfte der auf ein numinoses Gebäude[8] oder einen heiligen Gegenstand aufgepflanzte Stierkopf zunächst apotropäische Wirkung gehabt haben wie die Stierköpfe um die Mastaben der 1. Dyn. in Nord-*Saqqara. Da in der 3. und 4. Dyn. mit einem „weißen Stier" der gleiche Titel eines „Stabes" (d.h. Hüters) wie mit dem Apis verbunden wurde[9], so dürfte auch dieser St., von dem wir sonst nichts wissen, zu den Herdenbullen gehört haben. Vielleicht gilt dies auch von dem „Großen Stier an der Spitze von *Sṯpt*", der im Titel des Kleiderzwerges Seneb der 6. Dyn.[10] genannt wird, der aber ebenso unbekannt bleibt.

3. Der Dreschstier. Die Darstellungen und Beischriften zum *Min-Fest machen deutlich, daß der dabei mitgeführte weiße Stier zum Dreschen des Getreides benutzt wurde (*Rituale 9); ob er mit dem eben erwähnten „weißen Stier" des AR identisch ist, läßt sich nicht sagen. Er dürfte aber dem *ṯ3j-zp.f*, dem „Männlichsten(?) seiner Tenne", nahe stehen, der schon früh in den Bereich der Königsvorstellungen einbezogen wurde (*Tjai-sepef)[11] und im AR im Titel einer „Gottesdienerin des Tjai-sepef" bei *Königinnen erscheint. Der „gesalbte" St. (*Mrḥw*) hingegen, als dessen Töchter Königinnen der 6. Dyn. wie *Gottesgemahlinnen der 26. Dyn. oder *Arsinoe II. erscheinen (später in Athribis lokalisiert), mag eher ein „Königsstier" (= Wildstier) gewesen sein.

4. Der „Himmelsstier" (*Gȝswtj*), Pyr. 332a.b. 397a. 470a–c genannt, ist mit Wahrscheinlichkeit als Sternbild anzusehen; er „neigt sein Horn" (470c), wenn der tote König zum Himmel steigt. Seine Bedeutung in frühester Zt könnten die sternengeschmückten Stierköpfe der ausgehenden Vorgeschichte anzeigen[12].

Die theologischen Entwicklungen der einzelnen St. sind bei diesen abgehandelt.

[1] Sog. „Schlachtfeldpalette". – [2] Petrie, RT II, Tf. 10 Nr. 2. – [3] Vgl. Wainwright, in: JEA 19, 1933, 45ff. – Zum stierköpfigen Seth als Bekämpfer des *Apophis s. Maria Mogensen, La collection égyptienne de la Glyptothèque Ny Carlsberg, Kopenhagen 1930, Tf. 103. – [4] Zum Stier als Herrn von Sako s. pJumilhac. – [5] Zum spätzeitlichen stierköpfigen „Großen Nun in Edfu" s. Edfou I, 491, Tf. 30b. – [6] So sind die Priester des Apis immer auch Priester des Mnevis. – [7] Vgl. Naville, Festival Hall, Tf. 9. Vgl. Pyr. 486b „W ist der Stier mit dem großen Kopf, der aus der Pfeilerstadt (*Jwnw*) hervorging", worin Otto, Stierkulte (s. Lit.), 37 mit Recht eine Anspielung auf den Stierkopf auf dem *jwnw*-Pfeiler sah. – [8] Tarkhan I, Tf. 2 Nr. 4. – [9] Titel bei Sepa (Louvre Statuen 36. 37), Helck, Beamtentitel, 53; s. auch Urk. I, 245 (Annalen). – [10] Junker, Gîza V, 3ff. – [11] *Ḥtp-ḥr.s* II. (Dows Dunham und William K. Simpson, The Mastaba of Queen Mersyankh III, Giza Mastabas 1, Boston 1974, Tf. 15c); *Mrj.s-ꜥnḫ* IV. (Mariette, Mastabas, D 5); *Ḫꜥ-mrr-nb.tj* (Urk. I, 155, 13); *Bw-nfr* (Hassan, Gîza III, 190, Abb. 152); *Sšsšt* (?) (Jean-Philippe Lauer und Jean Leclant, Le temple haut du complexe funéraire du roi Téti, BdE 51, 1972, 95f., Tf. 35 G). – [12] Gerzeh and Mazghuneh, Tf. 6–7; Hierakonpolis II, Tf. 59, 5.

Lit.: RÄRG, 751; Eberhard Otto, Beiträge zur Geschichte der Stierkulte in Aegypten, UGAÄ 13, 1938.

W.H.

Stierkampf. A. Tauromachie als heute nur noch profan-ritualisierter Kampf zwischen einem Menschen und einem Stier ist für die äg. Kultur nicht belegt. Man hat jedoch im Topos zweier miteinander kämpfender Stiere Züge eines quasi-kultischen Geschehens oder sogar einen Ritus erkennen wollen und bezeichnet diesen als Stierkampf[1].

B. Das Motiv „zwei miteinander kämpfende Stiere" ist vor allem in den Gräbern des MR belegt, kommt aber bereits im AR und auch noch im NR vor[2]. Folgende Elemente erweisen sich als charakteristisch: die Tiere stehen einander gegenüber, die Hörner sind gesenkt, die Stirnen werden gegeneinander gepreßt[3], und häufig durchbohrt eins der Hörner Nacken oder Halspartie des Gegners[4]; in einigen Darstellungen wird das unterliegende Tier zur Seite (im Bild nach oben) geschleudert[5]; immer versuchen Hirten, die Tiere zu trennen, feuern sie aber auch – nach Meinung einiger Autoren – an[6]; in den Beischriften werden die Stiere durchgehend als *kꜣ nḫt* („starker Stier") apostrophiert[7], manchmal auch mit Göttern (*Uch, *Apis) verglichen[8].

C. Es ist nur natürlich, daß die in derartigen Kämpfen demonstrierte Kraft und Hitzigkeit metaphorische Übertragung fand: der König ist „ein Stier, der festen Herzens ist, wenn er den *mṯwn* (Arena?) betritt"[9], er ist „ein starker Stier gegen das elende Kusch, der Gebrüll gegen das Land der *nḥsjw* ausstößt, dessen Hufe *jwntjw* zertrampeln, während sein Horn in ihnen wütet"[10], und vom Gott (*Amun) wird gesagt: „schlecht geht es jedem, der ihm zu nahe kommt, der schmeckt seine beiden Hörner, der wird durchbohrt von seinen beiden Hörnern"[11].

D. Ob St. in Ägypten als quasi-kultisches oder rituelles Geschehen verstanden werden darf, wird in jüngeren Arbeiten kritischer betrachtet. So möchte Lloyd (1978) in einer Untersuchung des relevanten Materials ikonographische Daten (vgl. B) als Belege für kultischen St. ausklammern[12]. Diese Szenen müßten dann als durch Freilandhaltung (*Weidewirtschaft) bedingte völlig natürliche Auseinandersetzungen zwischen einzelnen Herdenstieren interpretiert werden. Behrens (1984) glaubt, das gesamte relevante Material werde mißverstanden, rituellen oder quasi-kultischen St. habe es in Ägypten nie gegeben[13].

[1] Meir II, 25; Wreszinski, in: OLZ 35, 1932, 521; Eberhard Otto, Beiträge zur Geschichte der Stierkulte in Aegypten, UGAÄ 13, 1938, 45; Waltraud Guglielmi, Reden, Rufe, Lieder, 99. 110ff. – [2] Darstellungen mit Beischriften: im AR Deshasheh, Tf. 18; im MR El Bersheh I, Tf. 18; Meir I, Tf. 11; Meir II, Tf. 15; Beni Hasan I, Tf. 13. 30; Beni Hasan II, Tf. 7. 31. 32; Deir el-Gebrâwi I, Tf. 11; im NR (ohne Beischrift) Davies-Gardiner, Amenemhēt, Tf. 6. – [3] Beni Hasan I, Tf. 30. – [4] Meir I, Tf. 11; Meir II, Tf. 15. – [5] Deshasheh, Tf. 18; El Bersheh I, Tf. 18. – [6] Zuletzt Guglielmi, a.a.O., 99. 111. – [7] Vgl. Beischriften der Belege in Anm. 2. – [8] Meir I, Tf. 11 (Apis); Meir II, Tf. 15 (Uch). – [9] Kitchen, Ram. Inscr. II, 285, 1. – [10] Ibd., 354, 8 f. – [11] pLeiden I 350, Tf. 5, 14 ff. – [12] Alan B. Lloyd, Strabo and the Memphite Tauromachy, in: Hommages Vermaseren II, EPRO 68, 1978, 621 f.; der Verfasser geht in seiner Analyse der Beischriften allerdings nicht auf *hꜣ sw* = „greif ihn an" (Wb II, 475, 2) ein, das sich in *Beni Hasan mehrfach findet (Beni Hasan I, Tf. 13. 30) und auf intendierte Auseinandersetzungen hinweist. – [13] Behrens, in Vorbereitung.

P. B.

Stierkult s. Apis, Buchis, Mnevis

Stiftung s. Opferstiftung, Tempelwirtschaft

Stilkriterien (Statue). Neben nur begrenzt anwendbaren naturwissenschaftlichen Methoden (z. B. Untersuchung von organischem Material, von Keramik und Fayence, von Metallen, bes. Bronze) stehen für die Datierung von rundplastischen Werken sechs Kriterien zur Verfügung, die sich gegenseitig ergänzen und im Gesamtergebnis eine relativ gesicherte Zuweisung eines Bildwerks in eine bestimmte Epoche gestatten. Es handelt sich dabei um archäologische, technologische, typologische, epigraphische, ikonographische und stilistische Merkmale, die jeweils für sich eine Eingrenzung des zu untersuchenden Gegenstands gestatten.

1. Fundumstände (archäologische Kriterien): Bei primärer Fundlage (z. B. Serdab in einem Grab des AR) läßt sich die Zuweisung eines plastischen Werks ohne Schwierigkeit vornehmen. Bei der Datierung nach Fundumständen muß allerdings berücksichtigt werden, daß Statuen verschleppt (z. B. *Tanis, *Bubastis), verhandelt (z. B. *Kerma, *Byblos) oder wiederverwendet (z. B. usurpiert) bzw. einige Zeit nach ihrer Aufstellung in Depots (z. B. *Hierakonpolis) oder *Cachettes (z. B. *Karnak) niedergelegt werden konnten.

2. Material und Technik (technologische Kriterien): Bestimmte Epochen entwickeln eine Vorliebe für bestimmte Materialien bei der Statuenherstellung (z. B. FrZt: *Granit; AR: *Kalkstein; SpZt: Hartgesteine: vgl. *Privatplastik), bestimmte Materialien werden erst ab bestimmten Epochen zur Statuenherstellung verwendet (z. B. *Sandstein hauptsächlich erst seit der 1. ZwZt[1], *Bronze seit NR[2]). Auch die Technik der Stein- bzw. Metallbearbeitung läßt Rückschlüsse auf die jeweilige Entstehungszeit der Skulptur zu. So ist z. B. die spiegelnde Politur bei Hartgesteinen vorwiegend erst während der SpZt zu beobachten[3]. Kompositfiguren aus verschiedenen Materialien sind erst seit der Amarnazeit bekannt[4].

3. Statuentypen (typologische Kriterien): Das äg. Rundbild hat im Lauf seiner Geschichte einen reichen Formenschatz entwickelt (*Privatplastik, *Königsplastik, Götterplastik) und erweitert in allen Epochen den bestehenden Typenkatalog[5]. Das Aufkommen (z. B. seit MR: *Würfelhocker, Mantelfigur, Figur mit brusthohem langem Schurz; seit NR: *Naophor, *Sistrophor, *Stelophor, Pastophor[6]; 3. ZwZt: Großbronzen) und Verschwinden (z. B. *Ersatzkopf, Büste als Halbfigur nur im AR, Kopfbüste nur im NR) bestimmter Statuentypen engt in manchen Fällen den Zeitraum ihrer Entstehung ein und kann als Grobraster für die Datierung verwendet werden.

4. Beschriftung (epigraphische Kriterien): Neben der Namensaufschrift, die die Identifikation der dargestellten Persönlichkeit und häufig auch deren

Zuweisung in eine bestimmte Epoche gestattet, können Stiftungsformeln (z. B. *djw m ḥzwt nt ḫr njswt* seit dem MR[7]) oder der Aufbau der Opferformel[8] Datierungshinweise geben. Die Form der Hieroglyphen liefert zusätzliche paläographische Datierungskriterien. Aus der Beschriftung sind allerdings nicht immer sichere Rückschlüsse zu ziehen, da Inschriften erst nachträglich auf ursprünglich anepigraphe Statuen oder nach einer Usurpation als Palimpsest angebracht werden konnten. Auch geben Königsnamen auf Schultern, Armen oder Brust von Privatfiguren[9] nicht immer einen Synchronismus an. Figuren von vergöttlichten Königen (z. B. *Amenophis I.) oder von Heiligen (z. B. *Imhotep, *Amenophis, Sohn des Hapu) können postum entstanden sein[10].

5. Ikonographie: Die ikonographischen Kriterien beziehen sich weitgehend auf den kulturgeschichtlichen Raum, in dem das Bildwerk entstanden ist. Mit ihrer Hilfe können die Akzidenzien des jeweiligen Bildwerks auf ihre zeitliche Stellung hin untersucht werden. Wertvolle Vergleichsmöglichkeiten bietet das Flachbild (*Relief, *Malerei)[11]. Neben den Sitzmöbeln bei Sitzfiguren (*Stuhl, *Thron)[12] zählen zu den ikonographischen Kriterien erster Ordnung vor allem die Kleidung und die *Haartracht. Unterschiedliche *Schurztrachten zu verschiedenen Zeiten der äg. Geschichte (kurzer Schurz vor allem im AR, brustlanger Schurz seit MR, plissierter Langschurz mit Vorbau und Hemd seit NR), verschiedene Formen des Mantels seit dem MR (SpZt: Persermantel, makedonischer Mantel), die Art der Sandalen (seit MR)[13] usw. geben wichtige Datierungshinweise. Auch ist die Haartracht zeitbedingten Strömungen unterworfen. Löckchenperücke und Strähnenperücke sind Kennzeichen des AR, werden aber zu allen Zeiten getragen; die dreigeteilte Perücke und die Beutelperücke erscheinen erstmals im MR, die Perücken mit parallel angeordneten langen Lockensträhnen und die dreigeteilten Perücken mit Lockeneinsatz sind erst seit dem NR belegt[14]. Kahlschädel sind zwar zu allen Zeiten, aber besonders häufig in der SpZt zu finden.

Als ikonographisches Kriterium bietet außerdem der Schmuck (*Ohrring, Hals- und Brustkragen, *Amulett, *Pektorale, Arm- und Fuß-*Ringe) wertvolle zeitliche Anhaltspunkte. Das Amulett begegnet in der Königsplastik nur im eng begrenzten Zeitraum des MR[15], der Ohrring ist vor dem NR im Rundbild nicht belegt.

In der Königsplastik stellen die Kopfbedeckung und der Kronenschmuck zusätzliche Kriterien zur Verfügung. Das *ḫ3t*-Kopftuch erscheint erst seit dem MR[16], das *nms*-Kopftuch wird im AR häufig glatt[17], später mit unterschiedlichen Streifen (Zweistrich, Dreistrich)[18] wiedergegeben und wird erst seit dem hohen NR mit der Doppelkrone kombiniert[19]. Das Aufkommen der Blauen Krone ist mit dem NR verbunden, ebenso die uräusbestückte Löckchenperücke als Kopfbedeckung des Königs[20]. Charakteristisch für die Amarnazeit ist der Helm der Königin und für die Äthiopenzeit der kappenartige Kronenschmuck[21]. Als Accessoire der Kronen begegnet die Uräusschlange erst seit dem MR (Kronen des AR ohne *Uräus[22]), die Verdoppelung des Uräus ist bei Königinnen seit dem NR[23], bei Königen allerdings nur in der Äthiopenzeit zu beobachten[24]. Die Windungen des Schlangenleibs können wichtige Datierungskriterien liefern[25].

Zusätzlich zu Kleidung, Haartracht und Kopfbedeckung geben seit dem NR die gehaltenen oder getragenen Gegenstände bei Trägerstatuen einen Datierungshinweis. Auch aus der Handhaltung können – zumindest bei Sitzfiguren – Rückschlüsse auf die jeweilige zeitliche Entstehung gezogen werden[26]. Großformatige Ohren sind kennzeichnend für das MR, durchbohrte Ohrläppchen setzen einen Ohrschmuck voraus, der erst seit dem NR belegt ist.

6. Stil. Da beim äg. Rundbild feste Grundstrukturen beachtet werden (achsenbezogener lotrechter Aufbau, Proportionskanon), sind dem Stil Grenzen gesetzt[27]. Abweichungen vom Formenkanon sind bei Dienerfiguren (AR, MR, NR) zu erkennen, sonst aber selten. Eine Streckung der Proportionen erfolgt in der SpZt („tripartition" des Oberkörpers)[28]. Trotz der Beachtung der Vorgaben des Formenkanons zeigt sich innerhalb der äg. Geschichte auch ein Wandel des Stils, der seine deutlichsten Spuren im Aufbau des menschlichen Gesichts hinterlassen hat. Signifikative Merkmale aus verschiedenen Zeiten hat Cl. Vandersleyen zusammengestellt (*Porträt)[29], eine mehr methodische Untersuchung des Stils haben für das MR H. G. Evers[30], für das NR vor allem H. W. Müller[31], für die Äthiopenzeit E. Russmann[32] und für die SpZt H. W. Müller[33] und B. V. Bothmer[34] geleistet. Grundvoraussetzung für das Erfassen des Stils ist ein standardisierter Vergleich von einzelnen Bildwerken. Die Stilentwicklung läßt sich dabei im wesentlichen an den Veränderungen von Einzelelementen des Bildwerks beschreiben. Die durch die Modifikation von solchen Einzelelementen neu auftretenden Phänomene müssen dabei meßbar gegeneinander abgegrenzt werden und sollten nicht allein durch ein subjektives Urteil auf visueller Basis begründet werden. Paradigmatisch ist in dieser Weise nur die Stilentwicklung der 18. Dynastie, von *Thutmosis I. bis *Amenophis IV., dargestellt worden[35].

Die Entwicklung des Stils zeigt sich zunächst im Gesamtaufbau der Figur und in den Einzelformen des Gesichts. Die vier großen geschichtlichen Zeiträume des AR, MR, NR und der SpZt gehen dabei jeweils im Rahmen der Grundstrukturen des Formenkanons eigene Wege, doch zeigt sich bei ihnen stets eine vergleichbare Tendenz. Als anfänglich ist die Blockhaftigkeit der Figur, ihr streng linearer Aufbau, die Verwendung von ornamentalen Formen zu bezeichnen (FrZt bis 3. Dyn., 11. Dyn., 17. – frühe 18. Dyn.). Nach der Zeit des Aufbaus folgt die Zeit der Reife mit der Lösung vom Block und der Einbindung von organischen Formen in die Darstellung des Körpers (4.–5. Dyn., 12. Dyn., 18. Dyn.). Auf der Höhe der Entwicklung beginnt eine Erstarrung der Formen. Formalismus und Manierismus kennzeichnen den Gesamtaufbau der Figur (6. Dyn., 13. Dyn., 19. Dyn. ff.).

Die internen Merkmale der Stilentwicklung lassen sich am besten an den Einzelformen des Gesichts meßbar ablesen. Augenlage: horizontale Lage > Schrägstellung der Augen zur Nasenwurzel hin; Augenform: aufgerissene ideographische Augen > mandelförmig verengte Augen; Wangenpartie im eingeschriebenen Dreieck mit den Eckpunkten Jochbein, Ohransatz und Kinnspitze: stumpfwinkliges Dreieck > spitzwinkliges Dreieck; Kinn: breites Kinn > spitzes (kugeliges) Kinn; Form des Mundes ist abhängig von der jeweiligen Wangenpartie und der Form des Kinns: breiter und geschlossener Mund > vorgestellter, leicht geöffneter, fülliger Mund; Verlauf der Stirn-Augenlinie: leicht gekrümmte Linie > gebrochene Linie durch Verlagerung des Auges in die Tiefe der Augenhöhle.

Die Meßbarkeit der stilistischen Phänomene hat innerhalb der äg. Geschichte immer wieder zu Arbeiten im „alten Stil" geführt (*Archaismus). So zeigen sich Anleihen aus dem AR während des MR, der Äthiopenzeit und der Spätzeit; Anleihen aus dem MR sind im NR (vor allem in der frühen 18. Dyn.) und in der Spätzeit zu erkennen; Anleihen aus dem Formenschatz der 18. Dyn., speziell der Zeit um Amenophis' III. sind seit der 19. Dyn. bis in die Spätzeit hinein spürbar. In dieser Art von Eklektizismus zeigt sich die besondere Haltung des Ägypters zu seiner Vergangenheit. Trotz aller Übernahmen aus älterem Formengut besitzt jedoch jede Epoche der äg. Kunstgeschichte ihr eigenes, unverwechselbares Gepräge, so daß nur in seltenen Fällen die Datierungsfrage mit stilistischen Mitteln unbeantwortet bleiben muß.

[1] Das weitgehende Fehlen von Sandsteinfiguren aus der Zeit des AR wird mit der Lage der Handwerkerstätten in der Nähe der Residenz zu erklären sein. Unter den Figuren des *Djedefre, die in der Mehrzahl aus Quarzit bestehen, könnten sich auch Sandsteinfiguren befunden haben: Chassinat, in: MonPiot 25, 1921–1922, 56 ff. – [2] Aldred, in: JEA 42, 1956, 6 ff. – [3] Vandersleyen, in: Propyläen Kunstgeschichte 15, 1975, 259. – [4] Vandier, Manuel III, 333 ff. – [5] Bodil Hornemann, Types of Ancient Egyptian Statuary I–VII, Kopenhagen 1951–1969; Jan Assmann und Günter Burkard, 5000 Jahre Ägypten. Genese und Permanenz pharaonischer Kunst, Heidelberg 1983, 11 ff. – [6] Marianne Eaton-Krauss, in: SAK 4, 1976, 69 ff. – [7] Wb III, 158, 7; Hans Kayser, Die Tempelstatuen ägyptischer Privatleute im mittleren und im neuen Reich, Diss. Heidelberg 1936, 9 ff.; E. Otto, in: Or 17, 1948, 448 ff. – [8] Barta, Opferformel, passim. – [9] Vgl. bei Königsfiguren: Maya Müller, in: Geschenk des Nils. Ägyptische Kunstwerke aus Schweizer Besitz. Katalog Basel 1978, 53 f. Nr. 173. – [10] Dietrich Wildung, Imhotep und Amenhotep, MÄS 36, 1977. – [11] Vgl. Karol Myśliwiec, Le portrait royal dans le bas-relief du Nouvel Empire, Warschau 1976. – [12] Evers, Staat II, 42–65, § 300–420. Vgl. Fetten, in: z. B. Stühle. Ein Streifzug durch die Kulturgeschichte des Sitzens, Gießen 1982, 218–228. – [13] Evers, Staat II, 55 § 383. – [14] Vandier, Manuel III, 102 ff. (AR); 251 ff. (MR); 480 ff. (NR). – [15] Evers, Staat II, 33, § 221. – [16] Marianne Eaton-Krauss, in: SAK 5, 1977, 21 ff. – [17] Evers, Staat II, 11, § 52. – [18] Op. cit., 11–16, § 52–92. – [19] Op. cit., 20, § 122. – [20] Wildung, in: Münchner Jahrbuch der Bildenden Kunst 1983, 204–206 mit Verweisen. Es ist hier nicht an Frisuren wie bei Boston, MFA 09.203 gedacht (AR). – [21] Edna R. Russmann, The Representation of the King in the XXVth Dynasty, Brüssel 1974, 32 ff. – [22] Evers, Staat II, 21 f., § 130–133. – [23] Russmann, op. cit., 39 f. – [24] Op. cit., 35 ff. – [25] Evers, Staat II, 21–28, § 130–179; H. W. Müller, in: Fs Rosellini, Studi II, 1955, 214. – [26] Evers, Staat II, 38–40, § 262–282. – [27] H. W. Müller, in: Der „vermessene" Mensch, München 1973, 9–31; Erik Iversen, Canon and Proportions in Egyptian Art, Warminster 1975. – [28] H. W. Müller, a.a.O., 21 ff.; Iversen, a.a.O., 75 ff. – [29] LÄ IV, 1076–1078. – [30] Evers, Staat II, passim. – [31] H. W. Müller, in: Münchner Jahrbuch der Bildenden Kunst, München 1952–1953, 67–84; Roland Tefnin, La statuaire d'Hatshepsout, Brüssel 1979. – [32] S. Anm. 21. – [33] H. W. Müller, in: Fs Rosellini, Studi II, 1955, 214; ders., in: ZÄS 80, 1955, 46–68. – [34] B. V. Bothmer, Egyptian Sculpture. – [35] H. W. Müller, in: Münchner Jahrbuch der Bildenden Kunst, München 1952–1953, 67–84.

Lit.: Evers, Staat II. H. A.

Stilmittel (sprachliche). Bei der Darstellung der St. in äg. Texten stößt man auf drei grundlegende Probleme, einmal ein allgemein textwissenschaftliches: den Umfang des Begriffs „Stil". Er reicht von Stil als sprachlichem Schmuck, als individueller Eigenart des Sprachausdrucks (Individualstil eines Autors oder Werkes), als Einheit der künstlerischen oder – im weiteren Sinn – sprachlichen Gestaltung über Stil als Spiegelung psychischen Erlebens und durch die Sprache bewirkter Gemüthaftigkeit bis zum Stil als zeit- oder gruppengebundenem Sprachausdruck, als gattungsgebundener Ausdrucksweise, als Abweichung von einer Norm, als funktionaler Redeweise (Funktionsstil mit seinen Subnormen), als Gesamtheit quantitativer Merkmale und Stil als Auswirkung grammatischer Regeln[1]. Wenn man der mit dem Ausbau der modernen Linguistik einhergehenden Ausweitung des Begriffs Rechnung trägt[2], ist die ganze Weite sprachlicher Erscheinungen (nicht nur des Sprachkunstwerkes) einzubeziehen; alle Möglichkeiten mündlicher und schriftlicher Äußerungen und alle Aspekte der Grammatik (phonologische, morphologische, syntaktische und die über den Satz hinausgehenden Zusammenhänge und Strukturen, für die die Textlinguistik zuständig ist[3]) sind dann Mittel des Stils. Ein zweites Problem bildet der ägyptologische Forschungsstand, der die Forderungen der Stilanalyse mit ihren vielfältigen Methoden (von Intuition, Hermeneutik über strukturale Stilistik, Herausarbeitung markierter Stellen bis zur komputergelenkten Datenverarbeitung) nur in geringem Maße erfüllt und bei dem etwa die Bestimmung konstitutiver Merkmale einzelner Gattungen (Textsorten) noch in den Anfängen steckt[4]. Ein drittes Problem stellt die noch fortdauernde Auseinandersetzung darüber dar, welches das grundlegende Prinzip äg. Poetik und gebundener Rede überhaupt bildet, die *Metrik oder der *Parallelismus membrorum (Gedankenverspaar- oder Thought-Couplet-Struktur)[5]. Gegenüber diesem Strukturprinzip nehmen die St. zumeist eine untergeordnete Rolle ein, indem sie die Versgliederung betonen und gleichartige Konstituenten durch zusätzliche Mittel aneinander binden.

Im engeren Sinn sind sprachliche St. die aus der antiken *Rhetorik überkommenen Rede- oder Stilfiguren, deren System Heinrich Lausberg, Handbuch der literarischen Rhetorik[6], entfaltet hat und die auch in die verschiedenen Modelle der Textanalyse eingegangen sind[7]. Entsprechend dem Forschungsstand werden hier die in äg. Texten erkennbaren Stilfiguren aufgeführt, wobei sich die Einteilung an Bühlmann und Scherer, Stilfiguren der Bibel[8], orientiert.

A. *Figuren der Wiederholung:*

Auf der phonologischen Ebene sind vor allem **Alliterationen* häufig belegt, nicht nur in griech.-röm. Zt, sondern von den Pyr. an[9]. Im Unterschied zum schwer erkennbaren **Reim* (End- und Binnenreim)[10] und zur *Assonanz*[11] sind sie ohne weiteres im Ägyptischen beschreibbar; sie lassen sich hauptsächlich von den Konsonanten feststellen und unterstützen syntaktische oder prosodische Entsprechungen in Verseinheiten[12]. In Tempelinschriften griech.-röm. Zt sind sie auch textbildend und verbinden ganze Texte zu einer Einheit[13].

Paronomasie, eine Erweiterung der Alliteration in dem Sinne, daß ganze Wörter (und nicht nur einzelne Buchstaben oder Silben) aus gleichen oder ähnlichen Lauten gebildet werden, ist ungemein häufig und wird zumeist mit dem *Wortspiel vermengt[14]. Diesem weiten Gebrauch des Begriffs steht ein engerer entgegen, der auf Wörter gleicher Wurzel oder gleichen Stammes in verschiedener Funktion oder Bedeutung eingeengt ist[15]. Einen Sonderfall der Paronomasie stellt die *Figura etymologica* dar, bei der das Verb mit einem Nomen derselben Wurzel, zumeist dem *Komplementsinfinitiv*, verbunden wird[16]. Solche Figuren finden sich hauptsächlich in den Pyr., der klassischen MR- und der sie imitierenden Literatur der Äthiopenzeit[17]. Auch andere Variationen bei Identität der Wurzel wie *Polyptoton* (gleiches Paradigma in verschiedenen Flexionsformen)[18] und verschiedenartige Wortableitungsmuster (*m*-Bildungen, Kausative, Reduplikationen)[19] werden als St. eingesetzt.

Wortspiele, bei denen zum Klangspiel der Paronomasie das Sinnspiel hinzutritt, verwendet man vor allem in der *Namensformel* (Namens-*Ätiologie) als gängiges Instrument zum Aufzeigen von Sinn- und Wesensbezügen[20]; sie dienen aber auch in Form des Zahlenwortspiels[21] und des Wortspiels mit Blumennamen[22] als Textklammer (Inclusio) sowie beim ramessidischen Streitwagenlied[23] zusammen mit der Versgliederung als textkonstituierendes Element.

Wortwiederholungen (Wiederholungsfiguren) realisieren sich auf vielfältige Weise in den Texten und werden in der Textwissenschaft nach den Kriterien Position, Frequenz, Similarität, Extension und Funktion klassifiziert[24]. Für die verschiedenen Variationen der Position existieren nicht immer adäquate Bezeichnungen in der klassischen Rhetorik; auch können hier nicht alle Möglichkeiten aufgeführt werden.

Gemination (der unmittelbare Kontakt der Wiederholungsglieder) in Anfangsstellung kommt etwa in der Totenklage[25] oder – verbunden mit Wiederholung auf Distanz – im Preis der Königstochter Mutirdis[26] vor. *Repetition* (Wiederholung einer Wortgruppe), eine Untergruppe der Gemination, erscheint z. B. im Hathor-Hymnus des Cheruef[27], in mehrfacher Wiederholung im Drescherlied des Paheri[28] und bei dem von Grapow entdeckten „*Zwei-plus-Eins-Schema*", das häufig aus (negiertem) Imperativ, Wiederholung des Imperativs + Anrede und Wiederholung des Imperativs besteht[29]. Bei Wortwiederholung auf Distanz in zwei oder mehreren Verszeilen kommen sehr verschiedene Varianten vor; am häufigsten belegt ist der Typ der *Anapher*, bei der die Wiederholungsglieder am Anfang stehen[30]. Litaneien, Morgenlieder und Sprüche in magischen Texten können eine hohe Frequenzzahl aufweisen, so etwa der Spruch zum „Versiegeln des Mundes von Feinden", bei dem ein anaphorisches *ḫtm* fünfzehnmal wiederholt wird[31]. Die Endwiederholung, die *Epipher*, ist verhältnismäßig selten[32], kann aber wie etwa *mꜣʿt* im „Spruch zum Darbringen der Maat" (pBerlin 3055, XXI,7–XXII,5) über eine lange Distanz fortgeführt werden; im Unterschied zur Anapher scheint sie bei *Litaneien graphisch nicht abgesetzt worden zu sein[33]. Anaphorische und epiphorische Repetitionen sind häufig kombiniert und in zahlreichen Mustern überliefert; so sind etwa im Hymnus an die Krone Unterägyptens in 16 nach dem gleichen Rekurrenzmuster (dreimalige anaphorische Wiederholung der Verbalwurzel *rs* und dreimalige epiphorische Wiederholung der Verbalwurzel *ḥtp*) gebildeten Strophen 16 Namen der Kronengöttin eingefügt[34]. Dieser kombinierte Wiederholungstyp von Anapher und Epipher heißt als Stilfigur *Symploke* oder *Complexio*[35]. Die Anapher wird gelegentlich auch außerhalb von Litaneien über eine lange Distanz hinweg zur Strukturierung von Texten verwendet, wie etwa das *jw-ms*-Korpus in den Admonitions 1,9–6,14[36].

Eine nur semantische Sonderform der Anapher stellt die *Priamel* („Vorauslauf mit Schlußpointe") dar[37], die vor allem in mit *jn jw* eingeleiteten rhetorischen Frageketten recht verbreitet war[38]; solche Priameln oder *Beispielreihungen* müssen jedoch nicht notwendigerweise anaphorisch sein[39]. Bei zahlreichen aus drei Syntagmen bestehenden Gruppen, deren inhaltliche und formale Zusammengehörigkeit deutlich ist, bilden die zwei ersten Glieder ein Paar. Hinter diesen erscheint das dritte Glied mit einem Zusatz, der sich von den vorhergehenden als *Schwerer Schluß* durch Länge und Bau unterscheidet; er muß jedoch nicht notwendigerweise eine wörtliche Wiederholung darstellen[40].

Anadiplosis („Rückkehr"), die Wiederholung des letzten Wortes oder der letzten Wortgruppe eines Satzes oder Verses am Anfang des nächsten Satzes oder Verses, ist gelegentlich bezeugt und bewirkt häufig chiastische Verschränkung, so etwa *jt* „Gerste" in Weiterführung einer impliziten Disjunktion in Pyr. 1879f.[41] Wortwiederholungen in Mittelstellung kommen z.B. in Pyr. 473b.c und im Refrain des *mnw*-Liedes[42], kombiniert mit einer Anapher in den „Sieben Aussprüchen" (CT VI, Spr. 691)[43], vor. Das Schema, bei dem der Vers mit dem gleichen Wort beginnt und endet, trägt auf der Satz- oder Verszeilen-Ebene den Namen *Kyklos* oder *Ploke*[44]. Auf satzübergreifender Ebene sei dafür, da eine Bezeichnung in der Rhetorik fehlt, der Name *Ringkomposition* oder *Textklammer* vorgeschlagen[45]. Für den Sonderfall, daß ein markantes Wort oder eine Wortgruppe nicht unbedingt am Anfang oder Schluß, aber in der ersten und letzten Verszeile eines Abschnittes vorkommt, existiert die Bezeichnung *Inclusio*[46]. Das Prinzip, einen Abschnitt oder ein „Kapitel" (Stanze)[47] durch ein und dasselbe Wort (oder durch Wortspiel und Paronomasie) einzurahmen, läßt sich nicht nur beim Zahlenwortspiel und Wortspiel mit Blumennamen nachweisen, sondern auch bei „gewöhnlichen" Wortverwendungen wie in Admonitions 4,5–4,8, wo *jdḥw* „Delta" den mehrere Sätze umfassenden Abschnitt verklammert. Eine Inclusio stellt etwa *kꜣt* „(körperliche) Arbeit" im ersten und letzten Verspaar der „Mühsale des Soldatenlebens" (pChester Beatty IV vso 5,6–6,3) dar[48].

Über Satz- und Abschnittsgrenze hinausgehende Wortwiederholungen bei uneinheitlicher Position und nicht klar erkennbarer semantischer Kohärenz sind unter der Bezeichnung *Stichwortdisposition* und *Stichwortassoziation* bekannt[49]. Als stilistisches Kunstmittel kommen sie in den Admonitions vor[50]. Bei der Stichwortassoziation baut man Sätze, auch über die Abschnittsgrenze hinaus, gleichsam von Wort zu Wort, ohne daß die Wörter Leitwortfunktion hätten, nach dem Assoziationsprinzip[51].

Einen Grenzfall des Parallelismus membrorum stellt die wörtliche Wiederholung desselben Syntagmas in gleicher Umgebung dar. In der abendländischen Tradition ist dieses Muster als (anaphorischer) Refrain in Anfangsstellung und als (epiphorischer) *Refrain* oder *Kehrreim* am Vers- oder Strophenende geläufig[52]. Anaphorischen Refrain verwendet man vom AR an häufig, etwa im Siegeslied des *Uni[53] oder den Schilfbündelsprüchen der Pyr.[54] Wie die Anapher ist er gelegentlich graphisch abgesetzt. Mit anaphorischem Refrain kombiniert man alle möglichen St., etwa anaphorisches *mj* in jeder Verszeile mit Normdurchbrechung am Schluß im 3. Gedicht des Lebensmüden[55], mit epiphorischem Refrain im antiphonischen Strophenlied wie dem späten *Sobek-Re-Hymnus[56]. Im Unterschied zum anaphorischen oder Gegen-Refrain ist der epiphorische verhältnismäßig selten. Er wird vor allem bei den aus der Litanei hervorgegangenen Formen mit dem anaphorischen verbunden[57]. Der *flüssige epiphorische Refrain*, bei dem im Gegensatz zum *festen* die Wiederholung nicht wörtlich ist, sondern der jeweiligen Strophe angepaßt wird, kommt z.B. im Lied der vier Winde vor; bei ihm variieren die Namen der vier Winde[58]. Er ist auch dort mit einem festen anaphorischen Refrain kombiniert

und offenkundig aus dem Wechselgesang hervorgegangen[59]. Ein fester Refrain ohne Gegenrefrain erscheint bei dem in mehreren Varianten erhaltenen Lied zum *mnw*-Opfer[60].
Eine besonders kunstvolle Wiederholungsart bildet die bei den Hymnen verwendete *auf- und absteigende Formung*[61]. Bei ihr sind die Wiederholungsglieder nach dem Schema ABCCBA angeordnet[62].

B. *Figuren der Wort- und Satzstellung:*
Ihr stilistischer Wert wurde bislang kaum untersucht; zumeist hat man sie nach grammatikalischen Gesichtspunkten berücksichtigt, so die *Prolepsis* („Vorwegnahme", anticipatio), die Vorausnahme des Subjekts oder Objekts in den übergeordneten Satz[63], die *Parenthese* („Einschiebung")[64] oder den *Anakoluth*. Die Figuren der Umstellungen der Wortfolge wie *Anastrophe*, *Hysteron proteron*, *Hyperbaton* und *Synchysis* wurden bislang nicht beobachtet. Lediglich der *Akrostichie*, die in Äg. zumeist auch eine *Meso-* und *Telestichie (crossword)* ist, wurde Aufmerksamkeit geschenkt, aber nicht aus Gründen der Stilistik, sondern wegen der Schriftspielerei[65]. Bei der Akrostichie bilden die Anfangsbuchstaben oder -wörter aufeinanderfolgender Verse ein Wort oder einen Vers. Im Unterschied zur altorientalischen, hebräischen, griech. und lat. Dichtung ist sie in Äg. als literarisches Formungsprinzip nicht in Erscheinung getreten. Da ein regelmäßiges Netz von Linien die doppelt (waagrecht und senkrecht) zu lesenden Schriftquadrate umgibt, mangelt ihr der Reiz der Verborgenheit der alphabetischen Schriftsysteme[66]. Einige Texte sind nach Art von Kreuzworträtseln vollständig waagrecht und senkrecht zu lesen.

C. *Figuren der Abkürzung:*
Nur gelegentlich sind die *Ellipse*[67], die *apokoinou-Konstruktion*[68], das *Zeugma*[69] und das *Asyndeton*[70] Gegenstand stilistischer Untersuchungen; zumeist betrachtet man auch sie unter grammatikalischen Kategorien. Eine besondere Form der Abkürzung stellt in Äg. die *implizite Disjunktion* dar[71]: Bei ihr erscheint die wörtliche Aussage der beiden Satzpaare unlogisch, weil bestimmte Teile implicite aufeinander zu beziehen sind, z.B. Pyr. 1748b: „Ich habe Gerste gepflügt, ich habe Weizen gemäht" oder Pyr. 2017b.c: „Du rufst das o.äg. Landesheiligtum; zu dir kommt das u.äg. Landesheiligtum in Verehrung." Der Vorstellung nach wurde im ersten Fall selbstverständlich auch Weizen gepflügt und Gerste gemäht und im zweiten Fall ist das jeweils nicht angeführte Landesheiligtum miteinzubeziehen.

D. *Figuren der Häufung:*
Zu ihnen gehört vor allem die schlichte *Aufzählung* von Begriffen, die zumeist Beispielcharakter haben. Wenn polare Ausdrücke eine Totalität beschreiben, spricht man von *Merismus*. Eine besondere Form der Aufzählung ist die *Prädikation*, bei der durch Epitheta, Relativsätze oder Partizipien die Eigenschaften einer Person oder Sache beschrieben werden, um sie zu preisen. Sie ist in eulogischer Rede (*Aretalogie, *Eulogie, Königs-; *Hymnus) ungemein verbreitet. Neben dem „Nominalstil" gibt es auch einen „Verbalstil" der Prädikation[72], ebenso eine (negative) Umkehrung[73] und einen ironisch-parodistischen Gebrauch. Der *Zahlenspruch*, eine spezielle Form der Häufung mit steigernder Wirkung, ist lediglich in Ansätzen in der biographischen Formel des *Sarenput I. („Ich bin geworden zum Zweiten von Zweien, zum Dritten von Dreien in diesem Lande")[74] oder in theologischer Aussage bezeugt, wo sich der Tote als Pluralität von acht Urgöttern manifestiert: „Ich bin Einer, der zur Zwei wird; ich bin Zwei, der zur Vier wird; ich bin Vier, der zur Acht wird; ich bin der Eine, der sein (eigener) Schutz ist."[75]

E. *Tropen:*
Jeder Text besteht aus einer Reihe semantischer Einheiten, die gegen andere austauschbar sind. Die verschiedenen Formen eines solchen Austausches sind unter die St. subsumiert, die die Bezeichnung Tropen „Wendungen" oder verba translata „übertragene Ausdrücke" tragen[76]. Ihre allgemeine Struktur sei am Beispiel „Achill ist ein Löwe" verdeutlicht: „Löwe" bildet das tropische Substituens (verbum translatum), während das Substituendum (verbum proprium) etwa „wilder Krieger" heißt. Wird ein Tropus kaum noch oder nicht mehr als solcher erkannt, ist er „konventionalisiert", „lexikalisiert" oder „tot"; er dient nicht mehr dem Redeschmuck (ornatus), sondern ist eine Bezeichnungsnotwendigkeit. Das andere Extrem liegt in der Kühnheit und Obskurität: Das Substituendum ist schwer oder gar nicht mehr auffindbar, d.h. etwas für unvereinbar Geltendes wird kombiniert. Dazwischen gibt es alle möglichen Habitualisierungsgrade. Der Tropus beinhaltet nicht nur eine interpretatorische Leistung, weil er Realität in bestimmter Weise auslegt, sondern hat auch eine ornative Funktion und trägt zur Ästhetizität von Texten bei, indem er Gedankenkonstellationen prägnant verdichtet. Die bewußte Anwendung von Tropen, vor allem in Form der *Metapher* (*Bildliche Ausdrücke und Übertragungen) und des **Vergleichs*, ist in äg. Texten weit verbreitet, Bildhaftigkeit und Anschaulichkeit

gelten als Hauptmerkmal äg. Stils[77]. Metaphern kommen in verschiedenen Geläufigkeitsgraden, als Nahmetapher (z.B. „Stab des Alters“, „Vater der Waise“) oder Fernmetapher (z.B. „Windhund des Bettes“ für einen Getreuen und „Gärtner der Gemeinheit“ für einen ungerecht handelnden Beamten)[78] und in unterschiedlichen grammatischen Formen (Nominal-, Verbalmetaphern und mit prädikativem *m* gebildeten Metaphern[79]) besonders in den Biographien von der 1. ZwZt an bis zur SpZt, in der *Bauerngeschichte und in ramessidischen Königsinschriften vor, während Vergleiche in der Schulliteratur die bevorzugte Art von Bildlichkeit darstellen[80]. „*Vergleich*“ und „*Gleichnis*“ werden meist synonym verwendet, allenfalls gilt das Gleichnis (Parabel) als detailliert durchgeführtes Vergleichen. „*Bild*“ wird als Oberbegriff zu „Metapher“ und „Gleichnis“ verstanden. Während Metaphern suggestive Direktfügungen sind, meint Vergleich und Gleichnis eine bildhafte Wendung, die mit Hilfe von Verben, Adverbien, Präpositionen u.ä. (ähneln, gleichsam, wie, als ob etc.) konstruiert wird. Im Unterschied zur Metapher, bei der zwischen dem verwendeten Wort und seiner tatsächlichen Bedeutung kein realer Zusammenhang besteht (Stier = König), ist er bei der *Metonymie* vorhanden[81]. Bei ihr wird ein Ausdruck (z.B. Wein) durch einen anderen ersetzt, der mit ihm in einem vordergründigen und realen Zusammenhang steht; also: „Ich liebe die Flasche (d.h. den Wein).“ So steht im Ägyptischen sehr häufig das Gefäß oder der Raum für Inhalt respektive Bewohner, z.B. pAnast. IV, 12,1: „Wenn du doch nur wüßtest, daß der Wein verabscheuungswürdig ist, und dem Granatapfelwein abschwörtest, den *tb*-Krug (d.h. Bier) nicht in dein Herz setztest und das *tlk* vergäßest“; Amenemope 26,11f.: „Übergehe nicht den Fremden mit dem Bierkrug, verdopple ihn vor deinen Brüdern!“[82]; Sinuhe B 66f.: „Seine Stadt (d.h. die Einwohner) liebt ihn mehr als sich selbst, sie jubelt über ihn mehr als über ihren Gott“; pSallier I rto, 8,7: „Freue dich, du ganzes Land!“[83]

Das *Abstractum pro concreto* ist verhältnismäßig selten und z.B. in der 5. Maxime Ptahhoteps bezeugt: „Man straft den, der ihre Gesetze übertritt, (doch) dem Habgierigen ist das unbekannt. Die Bosheit (d.h. der Böse) (zwar) rafft Schätze zusammen, (doch) nie hat das Vergehen (d.h. der sich gegen die Maat Vergehende) seine Sache (glücklich) gelandet.“[84] Das *Concretum pro abstracto* dagegen erscheint vor allem in Form von Ausdrücken für Körperteile und Organe, die für abstrakte Begriffe verwendet werden, außerordentlich häufig, z.B. „Herz“ für „Verstand“, „Zunge“ für „Rede“, „Arm“ für „Tatkraft“; die meisten dürften bereits lexikalisiert sein[85]. Die *Personifikation* oder *Prosopopoeie*, in der leblose Wesen oder abstrakte Begriffe als lebende oder handelnde Personen dargestellt werden, ist teilweise aus dem Abstractum pro concreto hervorgegangen[86]; eine vollständig ausmalende Darstellung wie bei den mittelalterlichen Personifikationen läßt sich nicht nachweisen, Ansätze dazu bilden die poetische (?) Personifikation des Todes als Räuber[87] oder die des Reichtums im 7. Kap. des Amenemope[88]. Der zur Metonymie gehörende *Merismus*, bei dem eine Ganzheit durch zwei oder mehrere ihrer wesentlichen, oft polaren Teile beschrieben wird (deshalb auch: *Polarer Ausdruck*), ist in Äg. ungemein häufig; er gehört aber weniger zur poetischen Sondersprache als zur allgemeinen Begriffswelt[89]. Im äg. Denken wird die Ganzheit mit Vorliebe als Zweiheit ausgedrückt: „Himmel“ (*pt*) und „Erde“ (*tꜣ*) realisieren z.B. den Begriff „Welt“[90]. Neben diesem (häufigen) „*Dualismus“, mit dem man auch fehlende Oberbegriffe ausdrücken kann, gibt es gelegentlich auch die Stilfigur Merismus, so z.B. im Amun-Hymnus des Nebre: „Verkündet ihn Sohn und Tochter, Großen und Kleinen (*ꜥꜣj[w] šrj[w]* = allen Generationen)!“[91] Bei der *Hyperbel* („Übermaß“) ersetzt man einen dem Gegenstand „angemessenen“ durch einen übertreibenden Ausdruck[92]. Die Übertreibung kann in zwei Richtungen, Vergrößerung und Verkleinerung, erfolgen. Die dadurch bewirkte Über- und Unterbewertung der Wirklichkeit löst den Gegenstand aus seinen lebensweltlichen Bezügen und versetzt ihn in eine imaginäre Vorstellungswelt („Balken im Auge“). An Stelle der (im alltäglichen Sinn) eingebüßten Glaubwürdigkeit tritt eine Steigerung des Ausdrucks und der poetischen Kraft. Sie macht die Hyperbel besonders für pathetische Effekte sowohl im Bereich der Dichtung als auch der literarisch-propagandistischen Zweckliteratur wie Berufs-(*Satire), Streitschrift des pAnastasi I u.ä. geeignet[93]. Sie ist aber auch eine Lieblingsfigur der komischen Dichtung und wegen ihrer eingängigen Anschaulichkeit häufig in der Umgangssprache (*Reden und Rufe)[94]. Herrscht zwischen dem dargestellten Gegenstand und aufgewendeter Hyperbolik eine „unangemessene“ Diskrepanz, spricht man von Schwulst und Bombast. Funktional kann diese wiederum zur *Parodie benutzt werden[95]. Häufig drückt sie sich in Zahlen und Zeitverhältnissen aus[96].

F. *Figuren der Umschreibung und Verschleierung:*

Die Figuren der Umschreibung (*Periphrase*) gehören zu den Tropen; bei ihnen wird die unmittelbare Bezeichnung durch eine umschreibende ersetzt, die in der Regel zu einer Ausweitung des Textes führt[97]. Die Gründe für Periphrase sind zahlreich: Vermeidung von Tabuwörtern (*Sprachtabu), Wiederholungen alltäglicher oder abgenützter Ausdrücke. Periphrasen haben häufig eine beschönigende, variierende, schmückende oder auch erklärende Funktion. Formen ihrer Realisierung sind u.a. Antonomasie, Euphemismus, Personen-Umschreibung u. a.[98]

Die *Antonomasie* („anstelle des Namens"), die sich z.T. mit der Metonymie deckt, wird in zwei Formen verwirklicht: als Substitution eines bekannten (mythologischen, historischen) Eigennamens durch ein charakteristisches Merkmal (z.B. „der Galiläer" = „Jesus", „der Ritter mit der eisernen Faust" = „Götz von Berlichingen") oder als Substitution eines Appellativs durch den Eigennamen eines hervorragenden Repräsentanten („ein zweiter Paris" = „ein schöner junger Mann")[99]. Im zweiten Fall wird der Eigenname verallgemeinert, im ersten das Appellativum spezifiziert. Antonomasien setzen historisches und mythologisches Wissen voraus. Sie sind bislang im Ägyptischen nicht untersucht; lediglich die Tatsache, daß der Eigenname eines Gottes als Appellativ verwendet werden kann, fand als Form höfischer Rhetorik Beachtung[100]. Diese „metaphorische" Verwendung von Götternamen, wo sich Privatleute als *Neper, *Tait, *Mesechenet, *Chnum oder „*Thot im Gericht" bezeichnen oder Könige als Chnum, *Bastet und *Sachmet (Loyalistische Lehre) und als „Du unser *Ptah" gepriesen werden, stellt die zweite Form der Antonomasie (sog. Vossianische Antonomasie) dar. Eine Sonderform der Antonomasie respektive der Periphrase ist die *Personen-Umschreibung*. Als Ersatz der 1. oder 2. Person verwendet man eine bestimmte Wendung, z.B. „der Diener da"[101].

Beim *Euphemismus* werden anstößige Wörter durch harmlose oder durch Wörter von entgegengesetzter Bedeutung umschrieben (*Sprachtabu). Sie betreffen, auch im Ägyptischen, zumeist die Themenbereiche: Tod, Sexualität und Ausscheidung (z.B. „Krokodilserde" = „Krokodilskot"[102]; „Was den Ka befriedigt" = „Kot, Unrat"[103]). Euphemismen für Krankheit, Blut, Gewalttat u.ä. sind dagegen selten und z.T. ad-hoc-Prägungen[104]. Die beschönigende Ausdrucksweise kommt überaus häufig bei Wörtern für „sterben", „Tod" und „Tote" vor[105], wobei eine große Anzahl mit der Zeit lexikalisiert gewesen sein dürfte. Ähnliches gilt für Wörter wie *Phallus, Vulva („Fleisch"[106]) oder den Geschlechtsakt. Weitere Themenbereiche wie etwa die Jagdsprache mit ihren Tabu-Wörtern sind noch nicht untersucht[107]. Der Gebrauch der Euphemismen überschneidet sich gelegentlich mit dem der Metapher (z.B. *zꜣb šw* „Vogelteiche durchziehen"[108]) und des Wortspiels („Tag des ‚Komm!'"[109]).

Die *Litotes* („Schlichtheit", „Verkleinerung") ist der Tropus des verneinten Gegenteils[110]; bei ihr wird scheinbar milder eine Eigenschaft ausgedrückt, wo in Wirklichkeit ein sehr hoher Grad gemeint ist (z.B. „keine leichte [= sehr schwierige] Aufgabe"). Infolge ihres kompositorischen Charakters enthält sie Elemente dreier anderer Tropen: der Periphrase (wegen ihrer Indirektheit), der Hyperbel (wegen ihres „understatement") und der *Ironie (wegen der konträren Bedeutung des Substituendum). Obwohl sie bislang für das Ägyptische nicht untersucht worden ist, lassen sich unschwer Beispiele finden, vor allem die mit *nn šr(r)* gebildeten Ausdrücke: „Es wird keine geringe Sache sein, das Bestatten deines Leichnams" (Sinuhe B 259f.); „Nicht ist es etwas Geringes, was ich auf Erden getan habe"[111]; „Nicht ist es eine kleine Sache, was dieser Fürst gesagt hat!"[112]

Die **Ironie*, die als Stilfigur besonders eng mit *Spott und Satire verbunden ist, stellt eine extreme Form der tropischen Substitution dar[113]. Zwar trifft ihre Minimaldefinition („Ironie ist eine Redeform, mit der das Gegenteil von dem ausgesagt wird, was man meint") lediglich auf ironische Banalitäten zu, die im Bereich der *Reden und Rufe und der ironischen Briefe (*pAnastasi I) zahlreich vertreten sind, jedoch läßt sich differenziertere Ironie, die bis zum Sarkasmus gehen kann, häufig belegen. Ihr Platz ist vor allem die demagogische Rede, so z.B. in den Admonitions 6,4: „Das Vorratshaus ist leer, und sein Wächter liegt ausgestreckt am Boden. Welch glücklicher Zustand für mein Herz (*mꜥr pw n jb.j*)!" Neben der simulatorischen Ironie, bei der der Benutzer die Position des Gegners übernimmt, gibt es eine dissimulatorische, bei der der Benutzer seine eigene Haltung verbirgt, so daß sich der Gegenspieler des Sprechers über dessen wahre Intention täuscht. Typische Ausformungen dissimulierender Strategie sind der *Topos der Selbstverkleinerung* („Du, der du größer bist als ich"[114]), die Litotes und *rhetorische Fragen*, z.B. Bauer B 1,148ff.: „Weicht etwa ab die Waage? Urteilt etwa parteiisch die Standwaage? Ist etwa milde Thot? Dann magst du (weiterhin) Unrecht tun, indem du dich zum Genossen dieser Drei machst."[115] Beim *Paradoxon* („wider die Erwartung") setzt man auf effektvolle Art zwei Größen in eine verblüffende, scheinbar widersinnige Beziehung, um einen mehr oder weniger verborgenen Sachverhalt ins Licht zu rücken[116]. Die „Pointe" liegt dabei im logischen Kurzschluß; damit rückt es in die Nähe des Witzes, der ebenso auf der Mehrdeutigkeit eines Textes, der linguistischen Ambiguität (Amphibolie) beruht. Wie im Christentum wird die Figur auch in der äg. Literatur dazu verwendet, Glaubenswahrheiten zu artikulieren und den Widerspruch zwischen Logik und Glauben sowie das Irrationale der numinosen Erfahrung aufzudecken[117]. Gelegentlich kommt es im Sinuhe (B 269: „der Asiat, der in Ägypten geboren ist") und in rhetorisch gestalteten Reden[118] vor, häufiger in den Lehren, z.B. der des Djedefhor („Das Haus des Todes ist für das Leben"[119]), der des Cheti („Sein Vorratshaus ist wohlversehen mit Kadavern [*wḏ3.f wḏ3w m ẖ3wt*]")[120] und denen des Anch-Scheschonki und pInsinger, wo man es benutzt, um Gottes Unerforschlichkeit und die Unberechenbarkeit des menschlichen Schicksals zu artikulieren[121].

Auf dem Prinzip der *Ambiguität* von Wörtern und Sätzen basiert auch die von Fecht entdeckte *Amphibolie* („Zweideutigkeit"), die – anders als in der klassischen Rhetorik, wo sie wegen ihrer Obskurität auch als vitium gegen die Klarheit eine negative Bedeutung hat[122] – in der Ägyptologie als ingeniöses Spiel mit einem vorder- und hintergründigen Sinn verstanden wird[123]. Die Textoberfläche bietet dabei die „harmlosere", der decodierte Text die esoterische, bedrohliche (*Totengericht) oder sexuell-obszöne Lesart[124].

[1] S. dazu die Aufstellung bei Bernhard Sowinski, Deutsche Stilistik, Frankfurt 1978, 12ff. und die bei Herbert Seidler, in: Reallexikon der Deutschen Literaturgeschichte IV, begründet von Paul Merker und Wolfgang Stammler, hg. von Klaus Kanzog und Achim Masser, Berlin–New York ²1980, 199f. genannte Literatur. – [2] S. Herbert Seidler, a.a.O., 203. – [3] In der Ägyptologie kommt Fritz Hintze, Untersuchungen zu Stil und Sprache neuägyptischer Erzählungen, Berlin 1950, mit den Distributionsmustern von Rede und Erzählung textlinguistischen Fragestellungen nahe; darauf baut Hannig, in: GM 56, 1982, 38ff. mit dem Begriff der Sprechhaltung auf. Zur Forderung, stilistische Regelhaftigkeiten in satzübergreifenden Einheiten aufzudecken, s. Seibert, Charakteristik, 32; Jan Assmann, Re und Amun, OBO 51, 1983, 66. 81f. – [4] S. Seibert, Charakteristik; Assmann, Liturgische Lieder; ders., in: LÄ, s.v. *Eulogie, Königs-, *Hymnus, *Litanei. – [5] Fecht, *Prosodie, in: LÄ IV, 1138 (Auseinandersetzung mit Miriam Lichtheim, in: JARCE 9, 1971–1972, 103ff.); zu den Thought-Couplets s. John L. Foster, Thought Couplets and Clause Sequences in a Literary Text: The Maxims of Ptah-hotep, Toronto 1977; ders., in: JNES 34, 1975, 1ff.; ders., in: JNES 39, 1980, 89ff.; ders., in: JEA 67, 1981, 36ff.; eine Synthese zwischen Metrik und Parallelismus membrorum sowie eine Aufstellung „rhythmischer Muster" für bestimmte Motive versucht Irene Shirun-Grumach, Bemerkungen zu Rhythmus, Form und Inhalt in der Weisheit, in: Erik Hornung und Othmar Keel, Studien zu altägyptischen Lebenslehren, OBO 28, 1979, 318ff.; dies., in: Gs Otto, 463ff.; dies., in: L'Egyptologie en 1979 I, Paris 1982, 61ff. – [6] Heinrich Lausberg, Handbuch der literarischen Rhetorik, München ²1973. – [7] S. die Aufstellung bei Heinrich F. Plett, Textwissenschaft und Textanalyse, Heidelberg 1975, 139ff. – [8] Walter Bühlmann und Karl Scherer, Stilfiguren der Bibel, Biblische Beiträge 10, Fribourg 1973. – [9] Otto Firchow, Grundzüge der Stilistik in den altäg. Pyramidentexten, Berlin 1953, 217ff.; häufig tritt Alliteration in Verbindung mit Paronomasie auf, CT IV, 66a–b (Spr. 310; Variante: Spr. 311), s. Zandee, in: BiOr 10, 1953, 109; Gerhard Fecht, Der Vorwurf an Gott in den „Mahnworten des Ipu-wer", AHAW 1972. 1, 95; Cha-cheper-re-seneb rto 10 (*ḫ* und *ḫpr; snf/snnwt.s*); Poetische Stele Thutmosis' III.: Urk. IV, 618 (fünfmal *ḥ* im Wortanlaut, einmal im Kausativ *sḥrj*) = Erman, Lit., 322; Lied auf die Nilüberschwemmung: BM 37984; Lichtheim, in: JNES 4, 1945, 184 (g) (Alliterationen mit *m* und *b*); zu versanlautenden Alliterationen im Großen Amarna-Hymnus (mit *w*) s. Fecht, in: HdO I. 1. 2, ²1970, 44. – [10] Fecht, a.a.O.; Pyr. 995d; Triadon. – [11] Heinrich F. Plett, Einführung in die rhetorische Textanalyse, Hamburg ⁴1978, 40 („Gleichklang von Vokalen in differierender konsonantischer Umgebung"); Osing, in: Gs Otto, 380f. – [12] Fecht, in: LÄ IV, 1134 (*Prosodie). – [13] Zu der von Osing (*Alliteration) aufgeführten Lit. sind noch Dieter Kurth, Den Himmel stützen, Rites Egyptiens II, Brüssel 1975, 122ff., Watterson, in: Fs Fairman, 167ff. und Barguet, in: BSFE 61, 1971, 30f. zu nennen; zur textbildenden Funktion s. die Beischriften der die 15 Götterstandarten tragenden Priester mit nur einem anlautenden Konsonanten oder Halbvokal je Inschrift in Edfou I, 538–539. 542–543; zur Ausweitung des Wortschatzes um altertümliche oder Kunst-Wörter, die sich zur Alliteration eignen, s. Adolf Erman, Zur ägyptischen Wortforschung I, SPAW 1907, 405. – [14] Fecht, in: HdO I. 1. 2, ²1970, 40ff.; Firchow, Stilistik (s. Anm. 9), 220ff.; Roquet, in: BIFAO 78, 1978, 477ff.; Hermann Grapow, Untersuchungen zur ägyptischen Stilistik I, Der stilistische Bau der Geschichte des Sinuhe, Berlin 1952, Reg. 117f. – [15] Lausberg, a.a.O. (s. Anm. 6), § 637; die verschiedene Bedeutung kann bis ins Paradoxe gesteigert werden. – [16] Edel, Altäg. Gramm. I, § 723–729; Gardiner, EG, § 298 Obs.; Fecht, in: HdO I. 1. 2, ²1970, 41; Firchow, a.a.O., 220, Anm. 6; Westendorf, Med. Gramm., § 472; bei Grapow, a.a.O. unter „Paronomasie" mitaufgenommen. – [17] Pyr. 350b.c; Sinuhe B 149–151; Caminos, LEM, 309f.; auf der Pi(anchi)-Stele kommt ungemein häufig die Figur Subjekt und Verb vor, z.B. Z. 5. 9. 23. 24. 32. 80. 85. 86. 99. Es wäre zu erwägen, ob nicht die Figura etymologica gelegentlich wie im Lateinischen eine prägnante und pejorative Bedeutung hat wie etwa dicta dicere „Witzworte sagen", acta agere „Unnützes tun", s. Guglielmi, Reden, Rufe, Lieder, 90: *qd qdt* „ein (verbotenes) Schläfchen machen" oder *dp dpt*, Pi(anchi) Z. 26 „damit ich Unterägypten den (verderblichen) Geschmack meiner Finger kosten lasse". – [18] Bühlmann und Scherer, Stilfiguren der Bibel (s. Anm. 8), 20; Plett, Einführung in die rhetorische Textanalyse (s. Anm. 11), 37; die bekanntesten Beispiele für Variation bei Identität der Verbalwurzel stellen das „Lob des Hörens" im Epilog Ptahhotep 534–563; Gerhard Fecht, Literarische Zeugnisse zur „Persönlichen Frömmigkeit" in Ägypten, AHAW 1965. 1, 125ff. und Ableitungen des Wortes *ḫpr* im pBremner Rhind 26,21–24; 28,20–25 dar; Faulkner, in: JEA 23,

1937, 181ff.; Vernus, in: RdE 28, 1976, 139ff.; Posener, L'Enseignement loyaliste, 47ff., § 14 (*jrr*); Einsetzung des Veziers: Faulkner, in: JEA 41, 1955, 18ff.; Fig. 2, 15f. (*3d*); Bauer B 1, 88ff. (*wr, ḫwd*). – [19] Lied von der Trinkstätte: Sethe, in: ZÄS 64, 1929, 2f. (*mzwr/zwr*); Hatschepsut-Obeliskeninschrift: Urk. IV, 361 (Kausativ *sḫpr/ḫpr*; Ableitungen von *ḫʿj* kombiniert mit Alliterationen von *ḫ*); Antef-Stele: BM 581, Z. 26 (Reduplikation *ndnd/nd*); Miriam Lichtheim, Ancient Egyptian Literature I, Berkeley 1973, 120ff. – [20] Sander-Hansen, in: AcOr 20, 1946, 1ff.; Morenz, in: Fs Jahn zum 22. Nov. 1957, Leipzig 1957, 23–32; wieder abgedruckt in: Elke Blumenthal und Siegfried Herrmann (Hg.), Siegfried Morenz, Religion und Geschichte des alten Ägypten, Köln–Wien 1975, 328–342; Schott, Mythe und Mythenbildung, 59ff.; Eberhard Otto, Das Verhältnis von Rite und Mythos im Ägyptischen, SHAW 1958. 1, 14f.; Altenmüller, in: MDAIK 22, 1967, 9ff.; Assmann, in: GM 25, 1977, 7ff.; ders., Liturgische Lieder, Reg. B. s. v. Wortspiel; Firchow, Stilistik, 223ff.; Fecht, in: HdO I. 1.2, ²1970, 47ff.; Hermann Grapow, Sprachliche und schriftliche Formung äg. Texte, LÄS 7, 1936, 17f.; Waltraud Guglielmi, in: Fs Westendorf I, 491–506. – [21] Morenz, in: Blumenthal und Herrmann, a.a.O., 334f.; Jan Zandee, De Hymnen aan Amon van Papyrus Leiden I 350, in: OMRO 28, 1947, 129 = Leiden 1948; im NR häufig in Amun-Hymnen und Liebesliedern, oCG 25220, oGardiner 314, oDeM 1408, „Tausendstrophenlied"; pChester Beatty I, 27ff., Tf. 22–26. – [22] pHarris 500; Schott, Liebeslieder, 56f.; Alfred Hermann, Altägyptische Liebesdichtung, Wiesbaden 1959, 79. 120f.; Daumas, in: Fs Edel, 66ff., bes. 82f. – [23] oEdinburgh 916; oTurin 9588; Dawson und Peet, in: JEA 19, 1933, 167ff.; zum seltenen Gebrauch des Wortspiels als Euphemismus („Komm" = „Tod") s. Waltraud Guglielmi, a.a.O. – [24] Heinrich F. Plett, Einführung in die rhetorische Textanalyse (s. Anm. 11), 33; ders., Textwissenschaft und Textanalyse (s. Anm. 7), 210ff. – [25] Lüddeckens, in: MDAIK 11, 1943, 161, Nr. 82 (*jtḥw jtḥw*). – [26] Louvre C 100; Schott, Liebeslieder, 100; ders., in: ZDMG 106, 1956, 364 (*bnr bnr mrwt*); Stricker, in: OMRO 29, 1948, 64 (*ʿnḫ ʿnḫ rnpt*). – [27] Epigraphic Survey, The Tomb of Kheruef, OIP 102, Chicago 1980, Tf. 34–40; Wente, ebd., Translations, 47f.: „Hathor, du bist erhoben im Haar des Re, im Haar des Re (Abendrot?)." – [28] Taylor-Griffith, Paheri, Tf. 3; LD III, 10d; Guglielmi, Reden, Rufe, Lieder, 66ff. – [29] Hermann Grapow, Wie die Alten Ägypter sich anredeten etc. IV, APAW 1942. 7, 31ff.; Lüddeckens, in: MDAIK 11, 1943, 174ff. („Aufforderungsstilform"). – [30] Vom rhetorischen ist der textlinguistische Gebrauch des Wortes Anapher (versus: Kataphora) zu unterscheiden. Während er hier identischen Zeilenbeginn auf Wortebene meint, bedeutet er dort ein Textelement, das eine rückweisende Funktion hat und auf bereits Erwähntes hinweist, s. Wolfgang Dressler, Einführung in die Textlinguistik, Tübingen ²1973, 25ff. 57ff. – [31] Schott, in: ZÄS 65, 1930, 36f.; zum Weiterleben solcher hohen Frequenzzahlen in der kopt. Zauberliteratur, s. Erman, in: ZÄS 33, 1895, 132ff.; in den „Mühsalen des Soldatenlebens", pAnast. III, 5, 5ff., dient die dreifache Wiederholung des anaphorischen *zḫt* „Schlag" als Pathosformel und hat eine affektisch-vereindringlichende Funktion, s. Lausberg, a.a.O. (s. Anm. 6), 311, § 612; anaphorisches *šzp* mit inhaltlicher Antithese im Parallelismus membrorum s. Gerhard Fecht, Der Vorwurf an Gott in den „Mahnworten des Ipu-wer", AHAW 1972. 1, 135, Anm. 18: „Nimm (das) an, (denn) erbärmlich ist für uns der Tod.// Nimm (das) an, (denn) erhaben ist für uns das Leben!" in der Lehre des Djedefhor. – [32] Lied an die sargziehenden Rinder (*jb.tn*), Lüddeckens, in: MDAIK 11, 1943, 75; Pyr. 992a–b (*m3w, pt*); Firchow, Stilistik, 30. Epiphorisches *ḥknw* und *m3ʿ ḫrw* mit Schwerem Schluß (*t + r dt*), s. Jean-Claude Goyon, Confirmation du pouvoir royal au nouvel an, BdE 52, 1972, Tf. 4f. – [33] Z. B. Sesostrishymnus Kahun: Hermann Grapow, Sprachliche und schriftliche Formung äg. Texte, LÄS 7, 1936, 43, Tf. 10; pGreenfield passim; Goyon, in: RdE 20, 1968, 64ff., Tf. 4; anaphorisch gegliederte Texte in Zeilen geschrieben, s. die Aufstellung bei Fecht, in: HdO I. 1.2, ²1970, 46. – [34] Adolf Erman, Hymnen an das Diadem der Pharaonen, APAW 1911. 1, 24; ÄHG, 27f. – [35] Bühlmann und Scherer, Stilfiguren der Bibel (s. Anm. 8), 29f.; Plett, Einführung in die rhetorische Textanalyse (s. Anm. 11), 35f.; z. B. „Hymne saisonnier" an Hathor in Dendara, Sauneron, in: BIFAO 60, 1960, 12f.; Dendara III, 54, 2–9: „Du läßt sie es (das Land) in Freude pflügen,// du läßt sie es in Freude ernten" (anaphorisches *jw.t* ⟨*ḥr*⟩ *djt* und epiphorisches *m nḏm-jb*); Wenamun 1, 51f.; 2, 21f. – [36] Fecht, Der Vorwurf an Gott in den „Mahnworten des Ipu-wer" (s. Anm. 31), 28ff., *mtn js* leitet die Abschnitte 7, 1–9, 8, *ḥd* 9, 8–10, 12 ein usw. – [37] Die Priamel, die zu den Figuren der Häufung gehört, ist häufig formal eine Anapher, s. Bühlmann und Scherer, a.a.O., 61f. – [38] Bislang als Stilfigur nicht erkannt, s. die Beispiele Bauer B 1, 148–150 in der ironischen Aufzählung, Fecht, a.a.O., 85; ders., in: ZÄS 105, 1978, 30ff. § 4 (Lehre eines Mannes für seinen Sohn); ders., in: ZÄS 100, 1973, 9; Admonitions 5, 7–9; Wolfgang Helck, Der Text der „Lehre Amenemhets I für seinen Sohn", KÄT, 1969, 61ff. (IX); pChester Beatty IV vso, 3, 5 (Ruhm der Dichter); 1. Lied des pHarris 500; Osiris-Hymnen im Dachtempel von Dendara, wobei der ausführlichere Text 19 mit *jn jw.k* eingeleitete Strophen aufweist, s. Mariette, Dend. IV, Tf. 73–75; Junker, Onurislegende, 106; kürzere Variante: Dendara II, 131–134. Anaphorische *jn-jw*-Frage und (anaphorische) Antwort wird in magischer Literatur bei Anrufungen verwendet, Mutter und Kind 2, 1. 3. – [39] Z. B. *Quban-Stele, Z. 15f.; ÄHG, 494: „Gibt es ein fernes Land, das du nicht kennst? Wer ist so kundig wie du? Wo ist der Ort, den du nicht gesehen hast? Kein Fremdland gibt es, das du nicht betreten hast!"; sie muß auch nicht notwendigerweise in die Form einer Frage gekleidet sein, s. das bei Bühlmann und Scherer, a.a.O. (s. Anm. 8), 28 aufgeführte Beispiel aus Anch-Scheschonki 5, 1ff.: „Wenn Re einem Lande zürnt, läßt er die Worte in ihm zugrunde gehen; wenn Re einem Lande zürnt, setzt er die Toren über die Weisen; wenn Re einem Lande zürnt, ernennt er die Schreiber zu seinen Herrschern ...". – [40] Z. B. Pyr. 2050: „Heil ist NN; heil ist NN; heil ist das Auge des Horus in Heliopolis"; Pyr. 473b.c: „Bleib, o NN, sagt Horus; setz dich, o NN, sagt Seth; nehmt seinen Arm, sagt Re!"; s. Firchow, Stilistik (s. Anm. 9), 158ff.; Grapow, Untersuchungen zur Ägyptischen Stilistik I: Der stilistische Bau des Sinuhe (s. Anm. 14), Reg., 119; Westendorf, Med. Gramm.,

§ 477; Grapow, in: HdO I. 1.2, 1952, 29. – [41] Plett, Einführung in die rhetorische Textanalyse (s. Anm. 11), 34; Firchow, Stilistik, 95. 146: „Ich habe dir Spelt gehackt (*bȝj.n.j n.k bdt*); ich habe dir Gerste bestellt (*skȝ.n.j n.k jt*); die Gerste (*jt*) für dein Wag-Fest; den Spelt für dein Jahresfest"; Sinuhe B 216f.: *nb sjȝ sjȝ rḫjt*; Einsetzung des Vezirs Z. 15 (*snḏ*): Faulkner, in: JEA 41, 1955, 18ff. – [42] S. Anm. 40; Junker, in: ZÄS 43, 1906, 102f. 107ff.; Dendara VII, 39ff.; Variante Ptah-Tempel, Urk. VIII, 134: „Oh seine Gebieterin, sieh (*mt*), wie er tanzt; Frau des Horus, sieh (*mt*), wie er springt!". – [43] Fecht, Der Vorwurf an Gott in den „Mahnworten des Ipu-wer" (s. Anm. 31), 233f. (anaphorisches *rḫ* und *rḫ* in Mittelstellung). – [44] Bühlmann und Scherer, Stilfiguren der Bibel (s. Anm. 8), 29; Plett, Einführung in die rhetorische Textanalyse (s. Anm. 11), 34f.; z. B. aus den Stundenwachen, Hermann Junker, Die Stundenwachen in den Osirismysterien, DAWW 54. 1, 1910, 112, Z. 152. 159: „Weinet, weinet, wir wollen ihn beweinen (*rmj rmj jrj.n n.f rmjt*)!". – [45] Dressler, Einführung in die Textlinguistik, 21; im AT wird die Ringkomposition häufig zum Einbau von Zusätzen verwendet. Ein Prinzip ist es jedoch nicht, sondern nur ein literarisches Kriterium; die Uneinheitlichkeit eines Textes ergibt sich aus anderen Kriterien, s. Wolfgang Richter, Exegese als Literaturwissenschaft, Göttingen 1971, 70f. 168. – [46] Bühlmann und Scherer, a.a.O. (s. Anm. 8), 30. – [47] Zur Stanze (*ḥwt*) s. Blackman, in: Or 7, 1938, 64ff.; Hickmann, in: BIE 36, 1955, 500ff. – [48] Weitere Beispiele: *ḥr bn(j)wt* „über den Mahlsteinen" im längeren Abschnitt Admonitions 4,8–4,13; *ḥnj.f* am Ende der 2. Strophe des Abschnittes d des *mnw*-Liedes verklammert den anaphorischen Refrain der 1. und 2. Strophe mit dem Liedende (s. Anm. 42), *nbw* „die Goldene" den Wechselgesang auf Hathor in Mêr, s. Meir I, Tf. 2; Schott, Liebeslieder, 74, Nr. 5. – [49] Siegfried Herrmann, Untersuchungen zur Überlieferungsgestalt mitteläg. Literaturwerke, Berlin 1957, 32; Fecht, in: HdO I. 1.2, ²1970, 27; A. Hermann, in: OLZ 54, 1959, 254f. nennt sie in der Besprechung der Arbeit Herrmanns „Stichwortanordnung". – [50] Gardiner, Admonitions, 8; in 4,2ff. bilden *ẖrdw* „Kinder" des 1. Verspaares, das im 2. wieder aufgenommen wird, und *qȝnr* „Wüstenboden" des 2. Verspaares, das im 3. wieder aufgenommen wird, die Assoziationswörter; in Admonitions 6,7–6,8 sind *šdj* „herausziehen", „fortnehmen" und *zšw* „Schriften" die Stichwörter. – [51] Häufig ist nicht auszumachen, ob es sich um ein bewußtes St. oder um eine unbewußte Aneinanderreihung handelt, da auch Schulübungen wie die des pBM 10298, Z. 9–14 sie aufweisen, s. Caminos, in: JEA 54, 1968, 114ff.; s. auch *ṯȝw* im pAnast. IV 10,1–10,5; zur Gedankenassoziation in Liebesliedern und bei Jenseitswünschen, s. Alfred Hermann, Altägyptische Liebesdichtung, Wiesbaden 1959, 144f.; ders., Stelen, 109f. – [52] Bühlmann und Scherer, Stilfiguren der Bibel (s. Anm. 8), 24; Grapow, Sprachliche und schriftliche Formung ägyptischer Texte (s. Anm. 20), 32; Spiegel, in: HdO I. 1.2, ²1970, 191ff. – [53] Lichtheim, Ancient Egyptian Literature I (s. Anm. 19), 20; Osing, in: Or 46, 1977, 170ff. – [54] Fecht, in: SAK 1, 1974, 179f.; 3. Lied des Liederkranzes zu Ehren Sesostris' III., s. Grapow, in: MIO 1, 1953, 201ff.; ÄHG, 478f., wo dem anaphorischen Refrain eines jeden Verses: *wr wj nb n nwt.f* eine aus Nomen *pw* + Erweiterung bestehende Verszeile folgt, so daß die 2. Verszeilen, die allein in der Niederschrift erscheinen, jeweils syntaktisch parallel sind. Der Refrain wird von der 2. Strophe an mit *jsw* abgekürzt, was wohl „dergleichen", „dito" bedeutet. Andere Rezitationsvermerke sind im 1. Lied *jnjt.f* „sein zu (Wieder-)Holendes" und im Antef-Lied *mȝwt* „Erneuerung", „Wiederholung", s. Assmann, in: Gs Otto, 56 Anm. 3. – [55] S. Fecht, in: LÄ IV, 1139 (*Prosodie); am Ende des Gedichts ist das Muster der *mj*-Erweiterungen abgewandelt, wodurch der Leser den Automatismus der vorhergehenden Strophen erkennt; diese Durchbrechung der etablierten Form in der letzten Strophe verleiht dem Gedicht Spannung; allgemein zum stilistischen Mittel der *Normdurchbrechung*, zu der auch der Schwere Schluß gehört, s. Rolf Kloepfer und Ursula Oomen, Sprachliche Konstituenten moderner Dichtung, Entwurf einer deskriptiven Poetik – Rimbaud –, Bad Homburg 1970, 81. 91. – [56] ÄHG, 339, Nr. 144C; s. auch Berliner Ptahhymnus, ÄHG, 328, Nr. 143. – [57] Z. B. der bei Fecht, in: HdO I. 1.2, ²1970, 45 zitierte Pyr. 843ff.: „Du sollst nicht in Not sein" mit Normdurchbrechung am Schluß: „(Sie bewahrt dich und verhindert,) daß du in Not seist." Sehr selten ist ein epiphorischer Refrain abgesetzt, etwa in der litaneiartigen Inschrift des „much-travelled Theban official", s. Gardiner, in: JEA 4, 1917, 32, wo hinter zwei Zeilen eines horizontal geschriebenen Textes der vertikal geschriebene Refrain steht. – [58] CT II, Spr. 162: „Das ist der Wind des Lebens, der Nordwind (bzw.: Ostwind, Westwind, Südwind); damit ich durch ihn leben kann, ist er mir gegeben!" – [59] Nach seiner abgekürzten bildlichen Version in Beni Hasan zu schließen, ist es „dramatisch" im Wechselgesang von vier, die Winde verkörpernden Mädchen und einer Gegenspielerin vorgetragen worden, s. Etienne Drioton, Pages d'Egyptologie, Kairo 1957, 363ff. – [60] Junker, in: ZÄS 43, 1906, 102f. 107ff.; Dendara VII, 39ff.; Urk. VIII, 134. – [61] Grapow, in: ZÄS 79, 1954, 19ff. – [62] So auf der Stele des Nebre, Berlin 20377; Fecht, in: LÄ IV, 1139f.; Pierre Auffret, Hymnes d'Egypte et d'Israel, OBO 34, 1981, 28ff.; zu einem weiteren Beispiel, dem Osiris-Hymnus Louvre C 30, s. Grapow, a.a.O.: ABCDEFFEDCBA; Lichtheim, Ancient Egyptian Literature I (s. Anm. 19), 202ff. – [63] Fritz Hintze, Untersuchungen zu Stil und Sprache neuägyptischer Erzählungen, VIO 6, 1952, 281ff.; Assmann, Liturgische Lieder, 107. 237. 354; Vernus, in: RdE 32, 1980, 121ff.; Edel, Altäg. Gramm., § 873ff.; Westendorf, Med. Gramm., § 480. – [64] Grapow, Untersuchungen zur ägyptischen Stilistik I, Der stilistische Bau der Geschichte des Sinuhe (s. Anm. 9), Reg. 117; Hintze, Stil und Sprache (s. Anm. 3), 135ff. – [65] Clère, in: CdE 13, Nr. 25, 1938, 35ff.; Jan Zandee, An Ancient Egyptian Crossword Puzzle, Mededelingen en Verhandelingen van het Vooraziatisch-Egyptisch Genootschap „Ex Oriente Lux" 15, Leiden 1966; Steward, in: JEA 57, 1971, 87ff.; The Epigraphic Survey, The Tomb of Kheruef, OIP 102, Chicago 1980, Tf. 14. 15, Translations, 35ff.; demot.: Bresciani, in: Egitto et Vicino Oriente 3, 1980, 117ff. – [66] Marcus, in: JNES 6, 1947, 109ff.; z. B. im kopt. Seth: Herman te Velde, Seth, God of Confusion, PÄ 6, Leiden ²1977, Tf. 12. – [67] Hintze, a.a.O. (s. Anm. 3), 149ff., 306ff.; Grapow, a.a.O. (s. Anm. 9), Reg. 112; ders., Sprachliche und schriftliche Formung äg. Texte (s.

Anm. 20), 29f.; Gardiner, EG, § 506. – [68] Schenkel, in: JEA 52, 1966, 53ff. – [69] Sonderform der Ellipse, bei der das Verbum, das auf zwei Objekte oder Subjekte bezogen ist, nur zu einem paßt, s. Bühlmann und Scherer, Stilfiguren der Bibel (s. Anm. 8), 53; Plett, Einführung in die rhetorische Textanalyse (s. Anm. 11), 57f. – [70] Bühlmann und Scherer, a.a.O., 54; Plett, a.a.O., 58; Hintze, a.a.O., 140ff. – [71] Firchow, Stilistik (s. Anm. 9), 146ff.; Brunner, in: ZDMG 104, 1954, 484f.; Westendorf, Med. Gramm., § 476. Obwohl keine Stilfigur, ist hier auch der Rezitationsvermerk *tz-pḫr* zu nennen, der einen Kehrsatz, eine chiastische Form des *Parallelismus membrorum, bewirkt, s. Westendorf, in: Fs Grapow, 383ff.; ders., Med. Gramm., § 478. – [72] Assmann, in: LÄ III, 106f.; zur Unterscheidung zwischen expliziter Prädikation durch Nominalsätze mit Pronomen (*jnk* X, *ntk* X, X *pw*) und impliziter Prädikation durch Apposition s. Assmann, in: LÄ II, 42. – [73] Urk. VI, 1–2. – [74] Bühlmann und Scherer, a.a.O. (s. Anm. 8), 60; z.B. Sirach 26,28: „Über zweierlei ist mein Herz betrübt, aber um des dritten willen steigt Zorn in mir auf: Wenn ein vermögender Mann verarmt und darben muß, wenn berühmte Leute in Schande geraten ...“; Urk. VII, 3 Z. 9f. (mit Var.). – [75] Gaston Maspero, La progression numérique dans l'Enneade Héliopolitaine, BE 8, 1916, 165; ders., in: RecTrav 23, 1901, 196f.; Piankoff, Myth. Pap., 12. – [76] Plett, Einführung in die rhetorische Textanalyse (s. Anm. 11), 70ff.; Bühlmann und Scherer, a.a.O. (s. Anm. 8), 64ff.; J. C. Thöming, Bildlichkeit, in: Heinz Ludwig Arnold und Volker Sinemus (Hg.), Grundzüge der Literatur- und Sprachwissenschaft I, München [5]1978, 194ff.; Lausberg, Handbuch der literarischen Rhetorik (s. Anm. 6), §§ 552–598. – [77] Z.B. Fecht, in: Fontes atque Pontes, Fs Brunner, Ägypten und Altes Testament 5, Wiesbaden 1983, 137. – [78] CG 20506; Schenkel, Memphis, Herakleopolis, Theben, 229f.; Bauer B 1, 263. – [79] Sie stehen dem (verkürzten) Vergleich nahe, z.B. Bauer B 1, 189ff.: „Du bist (fungierst als) Stadt ohne ihren Bürgermeister“, es folgen mit *mj* eingeleitete Vergleiche; pTurin A vso 1,10: „Du bist (wie) (*jw.k m*) ein Vogel, der sich paart“, s. Caminos, LEM, 451.507f. – [80] Brunner, Lehre des Cheti, 58; Guglielmi, in: GM 36, 1979, 78ff.; die hyperbolische Durchführung von Metaphern und Vergleichen kommt häufig in den Schultexten des NR vor, z.B. im überbietenden Vergleich pLansing 2,4ff.: „Dein Herz ist schwerer als ein großes Denkmal ...“ – [81] Bühlmann und Scherer, a.a.O. (s. Anm. 8), 67ff.; Plett, Einführung in die rhetorische Textanalyse (s. Anm. 11), 77ff. – [82] Irene Grumach, Untersuchungen zur Lebenslehre des Amenope, MÄS 23, 1972, 170. – [83] ÄHG, 496. – [84] Fecht, Habgierige, 33. – [85] Bühlmann und Scherer, a.a.O., 71f.; z.B. „den sein Herz gebar und seine Zunge erzeugte“, d.h. den sein Verstand und kluge Reden vorwärtsbrachten, s. Grapow, Bildl. Ausdrücke, 136; Irene Grumach, a.a.O., 75. 79. 100. 129 („Zunge“ statt „Rede“); 100. 108 („Feder“ statt „Schrift“). – [86] Bühlmann und Scherer, a.a.O., 70; Grapow, Untersuchungen zur äg. Stilistik I (s. Anm. 14), 118 (Reg. s.v. Personifikation); Guglielmi, in: LÄ IV, 979. – [87] Grapow, in: ZÄS 72, 1936, 76f.; Derchain, in: CdE 33, Nr. 65, 1958, 29ff.; möglicherweise liegen jedoch dämonische Vorstellungen vor. – [88] Grumach, a.a.O., 64ff. – [89] Bühlmann und Scherer, a.a.O., 79 f.; J. Krašovec, Der Merismus im Biblisch-hebräischen und Nordwestsemitischen, Rom 1977; E. Otto, in: StudAeg 1, 1938, 10ff. – [90] Assmann, in: LÄ IV, 902f. – [91] A. Massart, L'emploi, en égyptien, de deux termes opposés pour exprimer la totalité, in: Mélanges A. Robert, Paris 1957, 38ff.; Pierre Auffret, Hymnes d'Egypte et d'Israel, OBO 34, 1981, 25f.; Ockinga, in: Biblische Notizen 10, Bamberg 1979, 31ff.; Shupak, Stylistic and Terminological Traits Common to Biblical and Egyptian Literature, in: WdO 14, 1983, 216ff. – [92] Bühlmann und Scherer, a.a.O. (s. Anm. 8), 78; Plett, Einführung in die rhetorische Textanalyse (s. Anm. 11), 76f.; zur weiteren Differenzierung s. Lausberg, Handbuch der literarischen Rhetorik (s. Anm. 6), § 579. 909f. – [93] Z.B. die Vergleichshyperbeln in den Beschreibungsliedern und die Travestien der Liebesdichtung, s. Alfred Hermann, Altägyptische Liebesdichtung, Wiesbaden 1959, 116ff. 124ff.; ähnlich: 2. Stanze des Tb 172, s. Tb (Hornung), 353: „... dein Gesicht ist leuchtender als das Haus des Mondes. Dein Oberteil ist (aus) Lapislazuli; deine Locken sind schwärzer als die Türen am Tage der Verfinsterung.“ – [94] Als Mittel jedes Sternes sprachlicher Komik s. Seibert, Charakteristik, 46; Waltraud Guglielmi, in: GM 36, 1979, 72ff.; z.B. in Briefen: „Laß mich dir nicht Millionen Worte schreiben!“, LRL, 62,6–8; „Meine Augen sind so groß wie Memphis“, Barns, in: JEA 34, 1948, 35ff.; „Ganz Oberägypten stirbt vor Hunger; jedermann ißt seine Kinder“, Hekanakhte Papers, 32.35; in Reden und Rufen: „Ich bin schon seit der Urzeit über dem Bratspieß, aber ich habe noch keine Gans wie diese gesehen!“, Meir III, Tf. 23. – [95] Z.B. pChester Beatty IV vso, 5,9–10, s. Fischer-Elfert, in: GM 66, 1983, 59f. – [96] Z.B. pLansing 8,2: „Du rufst einen, und tausend antworten dir“; Hayes, Ostraka, 23 (o 78): „Zahlreicher sind die, die befehlen, als die Früchte des Persea-Baumes.“ – [97] Plett, Einführung in die rhetorische Textanalyse (s. Anm. 11), 71f. – [98] Die *Synekdoche*, die Ersetzung eines semantisch weiteren durch einen engeren Ausdruck (*Pars pro toto*) und umgekehrt (*Totum pro parte*), ist im Ägyptischen bislang nicht untersucht. – [99] Plett, a.a.O., 73ff.; Bühlmann und Scherer, a.a.O., 84f. – [100] Assmann, Primat und Transzendenz, in: Westendorf, Aspekte der spätägyptischen Religion, GOF IV. 9, Wiesbaden 1979, 36, Anm. 122. – [101] Bühlmann und Scherer, a.a.O., 86; zu *bꜣk jm* s. Drioton, in: RdE 11, 1957, 39ff.; Blumenthal, Königtum, 3.40. – [102] Grundriß der Medizin VI, 544f. – [103] CT, Spr. 173; Tb (Naville), Kap. 51; Grapow, in: ZÄS 47, 1910, 101ff. – [104] I. Opelt, in: RAC VI, 947–964; Buchberger, in: GM 66, 1983, 36f.; zur Umschreibung durch Wörter von entgegengesetzter Bedeutung, s. Posener, in: ZÄS 96, 1970, 30ff. (*ḫftj*). – [105] S. die in Wb VI aufgeführten Bezeichnungen für „sterben“, „Verstorbener“, „Toten“, „Tod“, „Sarg“ oder z.B. *wn ḥr gs.sn* „die auf ihrer Seite liegen“, George, in: Medelhavsmuseet Bulletin 14, Stockholm 1979, 17. – [106] Grundriß der Medizin VII, 31 B II und Anm. 3; s. auch Grundriß der Medizin III, 9. – [107] Vgl. Lutz Röhrich, Gebärde, Metapher, Parodie, Studien zur Sprache und Volksdichtung, Düsseldorf 1967, 48ff. („Schweiß“ für „Blut“, „Gevatter“ für „Wolf“). – [108] Assmann, in: Gs Otto, 62 Anm. 16; zur erotischen Metaphorik s. auch Derchain, in: SAK 2, 1975, 55ff.; ders., in: RAIN 15, 1976, 7–10. – [109] Guglehn, in: Fs Westendorf I, 491–506. — 110 Lausberg, Handbuch der Rhetorik, §§ 586–588; Bühlmann und Scherer, a.a.O., 89ff.; Plett, Einführung in die rhetorische Textanalyse, 75ff. — 111 Ptahhotep (pPrisse) 19,7; s. auch Wolfgang Helck, Die Lehre für König Merikare, KÄT, Wiesbaden 1977, 66 (XXXVIII): „Nicht gering sein wird der Name eines Mannes wegen dessen, was er getan hat." — 112 pAbbott 6,8ff. — 113 Plett, Einführung in die rhetorische Textanalyse (s. Anm. 11), 93ff. — 114 pAnastasi I, 5,3 mit Varianten, s. Posener, in: Mél. Masp. I, 328ff.; oGardiner 25; Černý–Gardiner, Hierat. Ostraca I, Tf. 38,1; Posener, in: RdE 16, 1964, 40ff. — 115 Gerhard Fecht, Der Vorwurf an Gott in den „Mahnworten des Ipu-wer", APAW 1972. 1, 85ff. — 116 Bühlmann und Scherer, a.a.O. (s. Anm. 8), 93. — 117 Assmann, Liturgische Lieder, 65ff.; 305; ÄHG, 80 mit Anm. 74. — 118 Vernus, in: RdE 32, 1980, 124. — 119 Kitchen, The Basic Literary Forms and Formulations of Ancient Instructional Writings in Egypt and Western Asia, in: E. Hornung und O. Keel, Studien zu altägyptischen Lebenslehren, OBO 28, 1979, 280. — 120 Wolfgang Helck, Die Lehre des Dw3-Htjj, KÄT, Wiesbaden 1970, 104ff. (XVIII). — 121 Lichtheim, Observations on Papyrus Insinger, in: E. Hornung und O. Keel, Studien zu altägyptischen Lebenslehren, OBO 28, 1979, 297ff.; dies., Ancient Egyptian Literature III, 185. — 122 Lausberg, Handbuch der literarischen Rhetorik (s. Anm. 6), §§ 222. 223. 1068–1070; Bühlmann und Scherer, a.a.O. (s. Anm. 8), 88f.; William Empson, Seven Types of Ambiguity, Harmondsworth 1961. — 123 Fecht, in: HdO I. 1.2, ²1970, 37ff. — 124 Fecht, Habgierige, 33ff.; Alfred Hermann, Altägyptische Liebesdichtung, Wiesbaden 1959, 147. 153; Westendorf, in: ZÄS 94, 1967, 140; Buchberger, in: GM 66, 1983, 36.

Lit.: Firchow, Stilistik; Hermann Grapow, Sprachliche und schriftliche Formung ägyptischer Texte, LÄS 7, 1936; ders., Untersuchungen zur ägyptischen Stilistik I, Der stilistische Bau der Geschichte des Sinuhe, Berlin 1952; Gerhard Fecht, Stilistische Kunst, in: HdO I. 1.2, ²1970, 19ff.
W. G.

Stilwandel. Im zugemessenen Raum über das Stichwort referieren zu wollen, wäre Hochstapelei, es können nur allgemeine Linien gezogen, keine Details verfolgt werden[1].

Kunst ist die Ermöglichung des Geistes, sich in Gestalten auszusprechen. Der Geist der Äg. wird von der Religion getragen, ihre Kunst muß daher in dem Dreieck: Mensch-Religion-Kunst betrachtet werden. Wenn der Stil der äg. Kunst allgemein durch Strenge, Klarheit, Beherrschtheit, Ordnung, Richtigkeit, typisierende Raffung und formulare Normen gekennzeichnet ist, so kreist er um den religiös zentralen Begriff der *Maat. Von der aspektivischen Grundhaltung der Darstellweise (*Aspektive) ist dabei abgesehen, weil sie in eine mit der Ebene des Stiles nicht zu vereinbarende Tiefe führt, obwohl sie für den unbelehrten Beschauer den „steifen Stil" zu bestimmen scheint. Tatsächlich fordert sie etwa die zur Klarheit beitragende Konturierung ebenso heraus wie die Richtigkeit innerhalb der Zweidimensionalität oder nicht minder *Standlinie, *Staffelungen, Profilansichten der Figuren im *Flachbild und bei der Rundplastik die „kubische" Formgebung. Daß sie sich in der *Architektur gleichermaßen auswirkt, sei nur am Rande bemerkt.

Aber was Stil und Stilwandel auf der ästhetischen Ebene sind, das betrifft die kompositorische Ordnung, die Gewichtung der Teile, die *Proportionen der Figuren, die Linienführung im Detail, bei der *Malerei die Wahl und Anwendungsweise der Farben und bei der Skulptur Aufbau, Modellierung und Ausarbeitung im einzelnen. Auch Material und technische Bearbeitung, dazu äußere Zutaten wie Tracht, Frisur und Beiwerk wirken als Stilelemente.

Bei großzügigstem Überblick hat sich der erste entscheidende Stilwandel der äg. Kunst an der Wende von der Vorgeschichte zur Geschichte vollzogen, als – gleichzeitig mit einer umfassenden Geisteswende – die Figuren geordnet wurden vom gedankengesellenden Streubild zur Aufreihung auf einer Standlinie mit den damit verbundenen Konsequenzen. Der nächste Einschnitt liegt – im Zusammenhang mit der religiös allein greifbaren Tatsache der veränderten Stellung Pharaos – zu Beginn der 4. Dyn. Der Skulptur abzulesen ist ein daseinsfroher, offener Mensch, der zugleich sicher in sich ruht und durch seinen Fernblick den Betrachter in Distanz verweist. Sind die großen frühzeitlichen Plastiken so sehr mit Energie geladen, daß man jeden Augenblick mit ihrem Bersten rechnet, so besitzen die Statuen des AR jene Spannung, die zwischen einem Zuviel und einem Zuwenig genau die Mitte hält und ihnen die stolze Würde verleiht.

Die künstlerischen Errungenschaften sind auch im Flachbild derart gemeistert, daß sie mit unübertrefflicher Sicherheit zur Darbietung kommen. Der Kanon hat sich zu bestimmten Mustern gefestigt, die zugleich eine Art thematischen Repertoires darstellen. Der weiterhin strenge Stil läßt von dem Element der Symmetrie nicht ab, wobei diese Gegengleiche in äg. Kunstwerken niemals eine mathematische ist, sondern eine mehr kompositorische. Selbst bei großer Annäherung der symmetrischen Teile sorgt zumindest eine abweichende Einzelheit für klingendes Leben. Niemals Erstarrung, Klügelei, Mechanisierung, immer Atem und Puls. Ist Eindeutigkeit auch ein Grundton der Aussage, so ist äg. Kunst immer meilenfern von Trivialität; ist sie auch lebensnah, so doch zugleich von der Realität abgehoben, die Figuren sind prinzipiell frei von Zeichen der Vergänglichkeit. Abstraktion und Naturtreue sind ausgeglichen zu einem Gebilde, das in hieroglyphischer Kürze wie Ausführlichkeit die Essenz einer Erscheinung bietet.

Nach dem Niedergang am Ende des AR, der parallel mit den politischen Erscheinungen verläuft, verfällt die Kunst in der 1. ZwZt (Moalla) zu kindhaftem Gestammel. Die skeptisch gestellten Urfragen nach Theodizee und Prädestination, die Anklagen gegen Gott und die in vielen Schriften niedergelegte Lebensmüdigkeit der Menschen sprechen den Vertrauensverlust aus, der zu dem totalen Zerfall auch der Kunst geführt hat.

Im MR erreichen die Gestalten neue Festigkeit, aber sie werden verschlossener. Die im Durchschnitt übergroßen Ohren der Statuen geben der Angst und dem Mißtrauen Ausdruck, das jene zu lauschen aufrief, die gestern die „kopfstehende Welt" durchlitten haben. Halb geschlossene Augen unter gesenkten Lidern, hängende Mundwinkel – so verschieden sie technisch gebildet sein mögen – resultieren aus dem Schwund des Gefühls letzter Geborgenheit. Pharao ist nicht mehr nur strahlende Gottheit, er ist zugleich leidender Mensch. Seine Verbundenheit mit den Göttern wie bei *Chephren mit dem Falken oder den Mykerinostriaden wird nicht mehr durch schlichte Addition ausgedrückt, sondern durch Hoheit.

Man hüllt sich in längere Gewänder ein, verbirgt den Körper sogar hinter einem eng schließenden Mantel. Die im AR schlicht hängenden Arme werden nunmehr an den Körper mit flach anliegenden Händen angepreßt oder vor die Brust gehalten. Die geschlossenste Form der Plastik ist der (seit Ende des AR aufkommende) *Würfelhocker. Der Typenschatz weitet sich aus, die im späteren AR aufkommenden *Dienerfiguren werden kultiviert, da auch der Mann aus dem Volk in der Hierarchie religiöser Würdigung aufgerückt ist. Der stärkeren Beachtung des Individuums entspricht die größere Entfaltung der mimischen Gestaltung, die Charakterköpfe schafft bis hin zur Grenze des *Porträts. Sogar Groteskfiguren sind ins Bildprogramm einbezogen, und der Künstler scheut sich nicht, selbst Krüppel zu gestalten.

Dieselbe Verschiebung zugunsten eines erweiterten Themenschatzes, einer Einbeziehung von idealfernen Gestalten (Fettbauch, Knochenmann) und von Szenen aus dem Volksleben (Sport, Spiel) erfährt der Betrachter der Flachbilder. Er bemerkt auch, daß die Figuren eckiger, schlanker bis hager (wenn nicht bewußt fett) sind, die Gebärden oft der Gelenkigkeit mangeln, die Linie weniger fließt als im AR, soweit nicht Künstler ersten Ranges, wie die am Königshof, am Werke waren oder aber altüberlieferte Zeremonialszenen ins Bild gesetzt sind (Speisetisch, Verknoten der Länder). Sogar „umgeklappte Schultern" begegnen ihm gelegentlich noch einmal.

Nach der 2. ZwZt setzt das NR mit neuen Formidealen ein. Die beiden Königinnen *Tetischeri und später *Hatschepsut entlocken den Händen der Bildhauer weiche, anmutige bis subtile Formen, die die Kunst Ägyptens bis dahin nicht kannte. Die Unschuld und Keuschheit der Londoner Tetischeri-Plastik wird durch kein mittelalterliches Madonnenbild überboten. Diesem weiblichen Idealbildnis steht der heldische Pharao gegenüber, aber auch er ist feiner gegliedert und schlanker und wirkt höfisch neben dem bäuerlichen Ideal des AR. Die Ägypter verstanden sich wieder unter dem Segen des Himmels, ihre Kunst blüht im Reichtum innerer Freiheit. Die neuen plastischen Formen überschlagen sich (*Privatplastik), *Senenmut trägt Neferure auf seinen Armen, *Tempelstatuen, die die *Grabstatuen immer mehr verdrängen, präsentieren Götter, *Naoi oder Opfertafeln, Könige gruppieren sich wieder mit Gottheiten, selbst mit dem krokodilköpfigen *Sobek – eine schwierige plastische Aufgabe.

In der Flachkunst äußert sich die Weitung des Horizontes durch raumhaltige Darstellungen und die ins Land fließenden Tribute in hochpräziser bis raffinierter kostspieliger Ausarbeitung der an Dekadenz grenzenden Feinheiten. Haltungen werden graziler, Gewänder durchsichtiger, Linien geschmeidiger. Der Wohlstand des Landes schuf eine unübersehbare Fülle von Werken, besonders unter *Amenophis III., bis sein Sohn die Entwicklung jäh unterbrach.

Der überfeinerten, die Grenzen des Formalismus streifenden Kunst seines Vaters müde und der Erschlaffung in Wohlleben überdrüssig, bricht *Amenophis IV.-Echnaton radikal mit der Tradition auf allen Ebenen, besinnt sich auf einen Neuansatz und erdenkt seinen einzigen Gott, den *Aton, verläßt sogar den in seinen Augen verbrauchten Residenzboden und schwelgt in dem Gefühl endlich gefundener Wahrheit bis zum Exzeß. Seine neu berufenen Künstler sind ihm, dem religiösen Machtherrn, sklavisch untertan, schaffen bis zur Verzerrung der Realität expressive „Porträts" des Königs und seiner Familie, belauschen in nie gekanntem Maße Innenräume, ehren Gassenbuben der Aufnahme ins Bildprogramm und bringen Intimszenen auf Grab- und Tempelwände. Nachdem die mythischen Themen ausfallen, sind es immer wieder Aton und die Königsfamilie, die in den Mittelpunkt rücken und den Stoff hergeben für die Plastik, Altarbilder und Wandreliefs. An die Stelle der ehrerbietig sich vor Gott und Pharao neigenden Beamten huschen nun katzbuckelnde Untertanen nervös an dem Gott unter der Pharaonenkrone hastig vorbei oder verharren wurmgekrümmt.

Da der Religionsstifter seine neue Stadt (*Tell el-Amarna) mit den weitläufigen Tempelanlagen in kürzester Zeit aus dem Boden stampfen mußte, sind die Architekturblöcke kleinkalibrig (*Talatat), und die meisten Reliefs flüchtig gearbeitet, die Malereien ohne Vorzeichnung hingeworfen, für die Plastik Modelle zu Hilfe genommen. Diese mehr aus der Not als dem Ideal entsprungenen Techniken bedingen den unkonventionellen und ungebundenen Stil, der heute entzückt. Im Laufe der Regierungszeit des Neuerers beruhigt sich die Überschreitung der künstlerischen Normen im Sinne des Hergebrachten, und unter *Tutanchamun gelingt die Synthese zwischen kanonischen Formen und beherrschtem Gefühl zu beseelten Werken, in denen zu guten Maßen zurückgefunden ist.

Aus dem auch im folgenden recht differenzierten St. sei lediglich hervorgehoben, daß die Sargkunst mit dem späten NR beachtlichen Aufschwung nimmt, daß die *Gottesgemahlinnen sich mit Vorzug in Großplastiken aus Bronze darstellen lassen, sich in der SpZt der „*Naophor“ in vielen Varianten weiterentwickelt, die Äthiopen in Anlehnung an ihr Schönheitsideal plumperen Formen zuneigen, die Saïten einerseits geschliffene bis abgeschliffene Idealbildnisse formen und daneben um porträthaltige Charakterköpfe ringen. Zugleich ist, besonders in der Flachkunst, die in der 19., 20. Dyn. gewaltige Schlachtenbilder zeitigt, der Rückgriff auf frühere Formgebung zu beobachten (*Archaismus), bis die Kunst in der 30. Dyn. zwar ermüdet, aber noch die Kraft behält, Ptolemäer und Römer unter ihre Diktion zu zwingen.

[1] Die Skizze kann allenfalls den Höhenweg äg. Kunst andeuten, d.h. ohne die minderen Stücke zu beachten; weder lokale Unterschiede noch phasenverschobene Wandlungen einzelner Themen können verfolgt werden. Beispiele zu zitieren, hieße unförmig aufblähen, man blättere zur Verfolgung der ausgewählten sujets, deren exakte Darbietung eine Kunstgeschichte in nuce hätte bieten müssen, die einschlägigen Kunstbücher durch wie: Kurt Lange und Max Hirmer, Ägypten[4], München 1967; Wolf, Kunst; Claude Vandersleyen, Das Alte Ägypten, Propyläen Kunstgeschichte 15, Berlin 1975; Jean Leclant, Ägypten I–III, München 1979–1981. E.B.-T.

Stimmfarbe s. Gesang

Stirnband und Diademe, Headbands or fillets: *mḏẖ, ẖn-sd, sỉꜣt, sšnn, ssd, s(š)dw-n-ẖn*. Diadems: *ꜣẖt, ỉꜣbt, nfr-ḥꜣt*.

Headbands: non-metallic materials: Diadems: precious metal and other materials.

Headbands or fillets of water-weeds were used to confine the hair. They were worn by men and women engaged in work in the fields, house or on the river.[1] St. are also worn by hunters and soldiers often with a feather stuck into it. St. are also shown on representations of foreigners. They are rendered as a narrow band tied at the back of the head in a bow-tie or a simple knot with the ends hanging down, they were probably made of linen.[2] Simplified versions show only the knot and the band ends.[3] The *ḏrtj* (*Isis and *Nephthys) wear simple white headbands at funeral ceremonies, on short hair in OK and MK and on long hair or wigs in NK, when such St. were adopted by other participants in funeral processions. Other goddesses are shown with red, red/yellow St. at other functions in the NK. Deities wearing feathers, feather-crowns (*Amun, *Maat, *Sopdu) or other symbols (*Seschat) are shown with headbands.[4]

A plain gold circlet from a 1. dyn. tomb[5] formed part of the funeral parure. A fillet rendered as a zigzag line on a niche stone from a 2. dyn. tomb[6] may have been made like the goldspacers. St. were among the valuable gifts bestowed on favoured persons (*Gold, Verleihung des)[7] from the 5. dyn. onwards. Fresh flowers could be tucked into the hair or St. as seen on representations of boatmen fighting on the river.[8] St. or chaplets with lotus flowers (*zšnn?*) were worn by singers and dancers[9] and were favorite ornaments on festive occasions,[10] representations of men show them wearing short hair, women short or long hair or wigs when using St. The simple St. with flowers were translated into circlets of gold or gold-covered material with rosettes, stylized flowers and *ꜣẖ*-birds in the OK.[11] The diadem worn by Nofret (CG 4) probably represents a silver circlet with inlays.

The simple St. with a bow-tie and short band-ends may have been the prototype of the so-called "boatman's fillet" (*sšd/s(š)dw-n-ẖn or ẖn-sd*, MR) of metalwork with coloured sections on the circlet, the bow-tie at the back was transformed into papyrus umbels on each side of a circular boss during the OK. Two long and two shorter streamers descend from the back, apparently made in a similar way as the actual circlet with inlaid sections. The fillet was worn by men hunting in the marshes, on the river or inspecting cattle; by women in similar open-air scenes and other festive occasions.[12]

With an *uræus added at the brow the fillet became a royal diadem, the snake's body is shown twisted round the circlet from the reign of *Snofru[13] on reliefs. From the 11th dyn. an uræus may be added to the lower end of the short side-streamer in relief representations of the king,[14] this detail is common on reliefs from the NK; the short side-streamers pointing toward the cheek were usually omitted in the ptol. and gr.-rom. Period.[15] The short streamers with uræi were common on statues from the time of *Amenophis III[16] and in the Ramesside Period. Actual finds: *Tutanchamun's diadem. The diadem was rarely used in connection with the crowns except during the Amarna Period, where it is found on Nefertiti's (*Nofretete) tall crown[17] and on the cap-crown in the Third I.P.,[18] on the royal skullcap in the 25. dyn.[19] Kings and men wore it on the short valanced wig at all periods. The royal diadem was also used by queens and princesses, in the MK[20] and the 18. dyn with a single circlet on short or long wigs and occasionally with a double circlet in the Ramesside Period.[21] It was still in use in the LP.[22]

Actual finds of the royal diadem: *Hor, 13. dyn.;[23] *Antef, 17. dyn.;[24] Tutankhamun, 18. dyn.[25]

A circlet of uræi was worn round the Blue Crown (*ḫprš*) by Akhenaten (*Amenophis IV)[26] and round the Doublecrown in the Ramesside Period[27] as well as on the skullcap in the 25. dyn.[19]

In the MK the "boatman's fillet" was used by women in connection with the "Hathor-hairdress", rendered as an elaborate diadem in metal work with inlays.[28] The actual finds of this period give some of the best examples of the goldsmiths' art: The royal diadem which belonged to Princess Khnumet (CG 52860)[29] is a stylized development of Nofret's diadem, it has a vulture over the front of the head and there was a tall gold foil ornament at the back.

A royal diadem belonging to Princess Sit-Hathor-Yunet (CG 52641)[30] consists of a circlet with rosettes and the uræus at the front. There is a close affinity between the old St. and this diadem, even if the umbels have been translated into a vertically placed element at the back. It is made of gold in the round and supports a tall plume; the original band-ends are replaced by split gold streamers hanging down, one at the back and two on each side of the head. The light fillets of vegetable origin were reproduced in gold wire work. Princess Khnumet's diadem (CG 52859) has a multitude of tiny flowers and buds attached to the wires which are caught together at six points by a circular boss with four umbels around it.[31] Another diadem in plain gold wire made up in three tiers of loops belonged to *Senebtisi.[32] An electrum diadem from the Delta[33] from the Second I.P. or early NK shows decided Syrian/Hyksos (?) influence in the stag element. It is mounted with four gazelle heads and four octafoil rosettes. The ends of the diadem are perforated and it was probably tied together with a string and belonged to a royal lady. A diadem belonging to one of *Thutmosis III's lesser queens was made of gold, it was also decorated with two (detachable) gazelle heads at the front and has inlaid rosettes. From the front of the diadem a band runs over the top of the head. The three ends are pierced to take tie-strings.[34] The body of the uræus on Tutankhamun's diadem forms a similar sagittal band.

A solid gold circlet of the late NK[35] has rigid stylized papyrus umbels and stems whereas Queen Twosret's (*Tausret) diadem is of a light and naturalistic design recalling the vegetable fillets. It consists of a gold circlet perforated with holes holding sixteen flowers, some of which seem to have been made of coloured gold.[36]

During the NK there are few representations of the ornamental diadems in metalwork; these seem to have been replaced by wreaths made of flower petals and beads sewn on vegetable material and tied at the back with a string as were the diadems. On representations these fillets are shown to end before the contour of the wigs; the same may be noticed on presumably metal fillets.[37]

[1] Ebba Kerrn, in: AcOr 24, 1959, 161–188; Addendum in AcOr 26, 1961, 93–95. – [2] Staehelin, Tracht, 144 sq.; Hans Kayser, Äg. Kunsthandwerk, Braunschweig 1969, 206 sq. – [3] Ahmed Fakhry, Denkmäler der Oase Dachla, AV 28, Mainz 1982, pl. 2 no. 13. – [4] Borchardt, Sahure II, pl. 1. – [5] George A. Reisner, The early dynastic cemeteries of Naga-ed-Dêr I, Leipzig 1908, pl. 5. – [6] Walter B. Emery, A Funerary Repast, Leiden 1962, pl. 3 a. – [7] Borchardt, Sahure II, pls. 53. 54. – [8] Kerrn, in: AcOr 24, 1959, 164. – [9] Junker, Gîza X, 132; Kerrn, op. cit., 167. – [10] Ahmed Moussa und Hartwig Altenmüller, The Tomb of Nefer and Ka-Hay, AV 5, Mainz 1971, pl. 27. – [11] Kerrn, op. cit., 168 sq.; Staehelin, Tracht, 146 sq. – [12] Staehelin, Tracht, Liste 4. – [13] Fakhry, in: ASAE 52, 1954, 584, pl. 11 A. – [14] Jean Leclant, Ägypten I, München 1979, fig. 321. – [15] NK: Karol Myśliwiec, Le portrait royal dans le bas-relief du Nouvel Empire, Warsaw 1976. To the rarely represented short side-streamers with uraeus at the end in the Graeco-Roman Period, cf. Dendara V, pl. 432. – [16] Karnak-Nord IV, pl. 140. – [17] Cyril Aldred, Akhenaten and Nefertiti, London 1973, no. 16. – [18] Cooney, in: RdE 27, 1975, 91–92. – [19] Leclant, Mon. Thébains, 323–324; Edna R. Russmann, The Representation of the King in the XXVth Dynasty, Brussels 1974, 28 sq. – [20] Brooklyn Museum Collection no. 43. 137. – [21] CG 600. – [22] Bothmer, Egyptian Sculpture, 42. 116–117. 133. 156–157. 163. 176–177. – [23] Dahchour, pl. 38. – [24] Leiden AO 11 a; Cyril Aldred, Jewels of the Pharaohs, London 1971, pls. 82–83. – [25] Alix Wilkinson, Ancient Egyptian Jewellery, London 1971, pls. 42–43. – [26] Aldred, Akhenaten and Nefertiti (v. n. 17), no. 16. – [27] LD III, 162. – [28] El Bersheh I. – [29] Dahchour II, pl. 11; Vernier, Bijouterie et Joaillerie, pl. 67; Aldred, Jewels (s. n. 24), pl. 27. – [30] Lahun I; Herbert E. Winlock, The Treasure of el Lāhūn, MMA 4, New York 1934. – [31] Dahchour II,

pl. 9; Aldred, Jewels (v. n. 24), pl. 28. – [32] Arthur C. Mace and Herbert E. Winlock, The Tomb of Senebtisi at Lisht, PMMA 1, New York 1916, pl. 21; Aldred, Jewels, pl. 6. – [33] MMA 68.136; Aldred, Jewels, pls. 59. 60. – [34] Herbert E. Winlock, The Treasure of three Egyptian Princesses, PMMA 10, New York 1948, pls. 6. 7. – [35] Caroline R. Williams, Gold and Silver Jewelry and Related Objects, New York 1924, no. 2; Brooklyn Museum 37.702 E; Wilkinson, op. cit. (v. n. 25), pl. 59 A. – [36] Theodore M. Davis, The Tomb of Siptah, London 1908; Aldred, Jewels (v. n. 24), pl. 131. – [37] Cairo 10/11/26/1; Aldred, Akhenaten and Nefertiti (v. n. 17), fig. 5.

Lit.: Cyril Aldred, Jewels of the Pharaohs, London 1971; Jequier, Frises d'objets; Georg Möller, Die Metallkunst der Alten Ägypter, Berlin 1925; Alix Wilkinson, Ancient Egyptian Jewellery, London 1971. E. K. L.

Stirnlocke, Machtzeichen der *ḥꜣtjw-ʿ* von *Tḥnw* im AR (*Libyer), deren Tracht weitgehend mit dem *Ornat des äg. Königs identisch ist, da die *ḥꜣtjw-ʿ* und die Oberschicht Äg. zu Beginn der Geschichte (Naqada II) eng verwandt waren. Beim König ist die St. dann zum feuerspeienden *Uräus geändert und damit in ihrer numinosen Wirkung verdeutlicht worden.
Machtzeichen war nach Pyr. 724 c auch die Seitenlocke (*ḥnskt*) (*Jugendlocke), dort den *Mnṯw* (Asiaten) zugewiesen und mit den äg. Kronen gleichgestellt. W. H.

Stöcke und Stäbe. Throughout the Dynastic Period, and probably earlier, staves, canes, and sticks of one kind or another were commonly used by men (rarely by women) of virtually every station of life. Even in the OK, when scarcely any personal belongings were placed with burials (*Ausstattungsopfer), the staff was often included, usually placed in front (or on the left) of the body, as also in later periods. [1] In the MK, as a result of the identification of the deceased with *Osiris, other varieties of staves, associated with royal regalia (*Ornat), were introduced into the burial equipment, [2] and often pictured in the frieze of offerings (*Gerätefries) within coffins. [3] These emblems of the Osirian hereafter also appear on stelae and in tomb chapels of the MK and NK. Thus a late Dyn. XII stela shows its owner holding a *mks*-staff, [4] while NK tombs frequently display the *wꜣs*-staff (*Was[-Zepter]) in the hands of the deceased in funerary contexts. [5] Staves were infrequently inscribed before the NK, [6] from which period a great many examples have survived from burials; [7] several of these begin with the formula *šzp jꜣwt (nfrt)* "receiving (a good) old age". OK scenes show *mdw*-staves being sold or bartered, [8] while Ramesside papyri record the price of various kinds (the terms used are *šbd*, *ḥʿw* and *ʿwn*). [9] Two MK texts use other terms referring to staves: *ꜣrjt* and *sṯs*, the latter a gift from the king. [10] Both these texts also show that, from the MK onward, staves were sometimes made of costly materials such as electrum (*Elektrum), or ebony (*Ebenholz) embellished with *gold. NK staves also show an increased amount of decoration, often using bands of the original bark of imported wood, parts of which have been stained or cut away in openwork patterns. [11]

A. *Straight staves.* (1) The most common type in all periods was  (*mdw*). The hieroglyph, with knobbed end downwards, retains the original position of the staff, as it was shown in the hands of officials down to the time of *Cheops (Fig. 1 a); in his reign it began to be represented with the larger end upward. [12] Only occasionally, during the Heracleopolitan Period, was the hieroglyph turned around (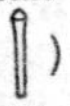) in accordance with current usage. [13] Presumably the *mdw*-staff was held in the right hand, although statues shows it in the left, conforming to two-dimensional representations facing rightward. [14] The preparation of *mdw*-staves, as represented in OK tomb scenes, shows a process of bending or pressing (*ḫnd*) which must be for the purpose of straightening out curves or irregularities; the MK terms for this process are *smjtj* "make uniform" and *ʿqꜣ* "make straight." [15] Occasionally another term is used in place of *mdw* at the end of the OK, namely *jmjt-r*, [16] but *mdw* is the word used in a number of OK titles, some of which survived into the MK. [17] The term *ẖrj(t)-mdw* „under control" is applied to fields and herds in the OK, [18] while the same idea is later (MK, NK) conveyed by *r-ḫt*. [19]

A (2) *Forked staves.* Forks appear at the bottom of staves in the OK hieroglyphs  (aged man),  (determinative of *sr* "official," *ʿḥʿ* "to stand," *jt* "father," *jtj* "master"), but not on large-scale representations of old men or officials. [20] On the other hand, forked punting-poles (*smʿ*) are conspicious in OK boating scenes. [21] Some forked ends of staves have been recovered from the Protodynastic Period, [22] and a few complete examples, of greater or shorter length, have been found in MK and NK burials. [23]

A (3) *Reed staves*, usually imitated in wood, have been found in tombs of the Protodynastic Period and of the MK and NK. [24] Representations of the OK, MK and NK likewise show such reeds, and these too probably represent wooden imitations in many cases. [25]

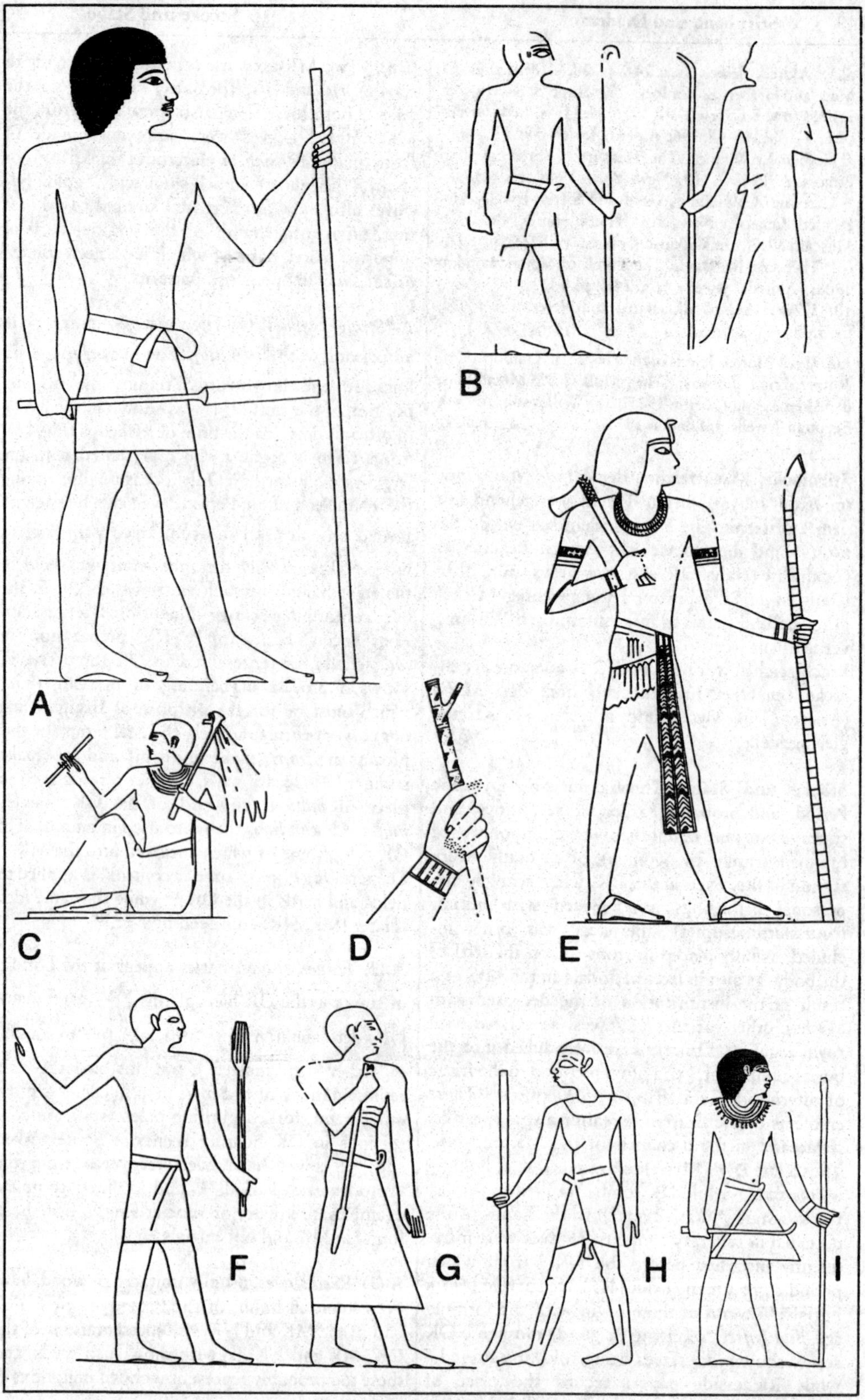

Fig. 1. Sticks and staves: (a) After Petrie, Medum, pl. 11; (b) From Fischer, in: MMJ 13, 1978, 6, fig. 2 (a, b); (c) Ibid., 19, fig. 27; (d) Ibid., 28, fig. 45; (e) Ibid., 14, fig. 17; (f) Ibid., 16, fig. 22 (b); (g) Ibid., 17, fig. 23 (c); (h) Ibid., 10, fig. 8; (i) Detail of MMA 16. 10. 333; cf. ibid., 10, fig. 9.

Fig. 2. Sticks for policing and combat: (a) From Fischer, in: MMJ 13, 1978, 19, fig. 30; (b) Ibid., 20, fig. 31 (b); (c) Detail from TT 19, after facsimile by Davies, MMA 32. 6. 1.

A (4) *Dummy staves*, designed as burial equipment, are sometimes recognizable as such because, in the MK, and perhaps also in the OK, pegs were inserted, imitating joins. These pseudo-repairs, as well as some actual tenoned joints, are doubtless related to the custom of breaking staves and bows before their interment, for they weaken the staff rather than reinforce it.[26]

A (5) New Kingdom staves are often decorated, and sometimes show a curved projection at the top (Fig. 1 d);[27] at least one example of rather similar form is mentioned in an OK text, there designated *mꜣtj*.[28] The name of the NK type is not known.[29]

A (6) Ordinary staves were rarely placed in the hands of women[30] aside from feminine examples of the hieroglyph, depicting age, and the cases where Osirian staves and scepters were placed in female burials. But during a brief period, from the end of the Sixth Dynasty to the beginning of the MK, women were depicted carrying a lotiform staff, i. e. a long staff topped by a lotus bud.[31]

B. *Curved sticks and staves.* (1) Staves resembling (*ʿwt* or *ḥqꜣ*) (*Krummstab) were used by herdsmen of fowl and cattle in the OK, MK and NK,[32] occasionally also (*wꜣs*) (*Was-Zepter).[33] A Dyn. XII boat scene also shows a sounding-pole in the form of .[34]

B (2) Curved staves, the upper end of which more approximately resembles the sign  (*ʿwt*), are carried in several representations of OK attendants (Fig. 1 b).[35] In at least some cases, these are actually long sacks. Long staves with a less pronounced curve have been found in OK and Dyn. XI tombs,[36] and a Dyn. XI stela shows such a staff held with the curved end downward (Fig. 1 h).[37]

B (3) Canes with a slightly curved end are held horizontally, in place of the *ʿbꜣ*-scepter (*Zepter) in representations dating to Dyn. XI and early Dyn. XII (Fig. 1 i);[38] actual examples are known from tombs of Dyn. XI and the early NK.[39] Herdsmen of Dyn. XI are also shown wielding such implements.[40] The greater use of curved sticks in the MK seems to be reflected in contemporary forms of the hieroglyphs  and 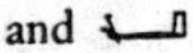.[41]

B (4) In NK representations of canes and staves like the preceding, the curve is usually more gradual and the curved end is held upward (Fig. 1 e).[42] In one case it is termed *tj-sw*.[43] The NK examples, like other staves of the same period, are often highly decorated.[44]

C. *Other short sticks.* (1) Dignitaries of the OK, when seated, are often shown holding a short baton like the present-day swagger stick of military officers (Fig. 1 c).[45] Although this does not appear in later representations, it probably continued in use at least until Dyn. XI, for some actual examples have been found in a Theban tomb of that date.[46]

C (2) Non-royal batons of authority that vaguely resemble the *ʿbꜣ*-scepter, but are clearly to be distinguished from it, appear in tomb scenes of the OK and MK. In the OK form the enlargement at the end of the object is striated and resembles a brush or tassel. It is frequently seen in the hands of those who command boats, but also by a man who oversees the manufacture of boats, and by a baboon who apes the gestures of a pilot.[47] The same implement is used by an "overseer of troops" who directs the progress of a carrying chair (Fig. 1 f).[48] In the MK the terminal enlargement is narrower and more pointed (Fig. 1 g). It is again held by pilots,[49] as well as by other supervisors.[50]

C (3) Short sticks for policing men and animals were used in the OK, MK and NK. In the OK the stick sometimes terminates in an open hand, in which form it was used to administer beatings (Fig. 2 a), or to police apes, and the latter use is also attested for the MK.[51] One NK scene shows a tax collector holding a short stick with a loop at one end, like the police truncheon of recent times.[52]

C (4) Implements of tapering form were carried by police of the late NK, from the Amarna Period onward. They were evidently not sticks in the true sense of the word, but a leather strap that was rolled up at one end to provide rigidity, and left flat at the other (Fig. 2 b).[53]

C (5) Sticks for fencing were also represented in the late NK. They were usually short but otherwise variable in form, some being equipped with a hand guard (Fig. 2 c).[54]

[1] OK: Ali Hassan, Stöcke und Stäbe, MÄS 33, Munich 1976, 66. MK: Hassan, o. c., 72–80. NK: Fischer, in: JEA 64, 1978, 161 and n. 1. – [2] Hassan, o. c., 78–88. 95–122; Fischer, o. c., 160, referring to Williams, in: Serapis 3, 1975–6, 41–57. – [3] Hassan, o. c., 98–109. – [4] CG 20562: Fischer, o. c., 24 and fig. 39. – [5] Hassan, o. c., 191–192; cf. also Fischer, o. c., 23. 25. – [6] Hassan, o. c., 71 (King *Ḫtj*). 75–76 (*Ḫnw*). In both cases the transcriptions are to be corrected: Fischer, o. c., 159. – [7] Sami Gabra, in: Mél. Masp. I, 573–577; Hassan, o. c., 132–161; Fischer, in: MMJ 13, 1978, 29–31; Ruffle, in: JEA 64, 1978, 132; see also PM I². 2, 843. – [8] In the tombs of *Ṯj* and *Kꜣ.j-gm.n.j*: Hassan, o. c., 38–45. – [9] Hassan, o. c., 45–49; Fischer, in: JEA 64, 1978, 158–159; Janssen, Prices, 382–385. – [10] Hassan, o. c., 51, the second term misread *qmꜣ*: cf. Fischer, o. c. – [11] Fischer, in: MMJ 13, 1978, 29–30, and fig. 48. – [12] Henry G. Fischer, Varia. Egyptian Studies II: The Orientation of Hieroglyphs, Part I: Reversals, New York 1977, 131–133. – [13] Ibid., 133. 146 (i). – [14] Ibid., 7 n. 22; H. G. Fischer, in: LÄ V, 190 and n. 19. – [15] Fischer, in: MMJ 13, 1978, 15–16. – [16] Seyfried, in: GM 23, 1977, 65–70; Fischer, o. c., 5–7. 32 (Addenda). – [17] Wb II, 178: *mdw rḫjt* "staff of the commoners;" *mdw Ḥp* "staff of Apis," and (OK only) *mdw Kꜣ-ḥḏ* "staff of the white bull;" *ẖrj-mdw* "holder(?) of the staff." For the last see Fischer, in: JEA 64, 1978, 162 and n. 3. – [18] Fischer, in: MDAIK 16, 1958, 137 and n. 4. – [19] Wb III, 340. – [20] Fischer, in: MMJ 13, 1978, 17. – [21] Ibid., 18. – [22] Loc. cit. and n. 86. There the reference to Jacques de Morgan, Recherches sur les origines de l'Egypte II, Paris 1897, fig. 866, p. 268 should be augmented by one to fig. 474, p. 141, which evidently shows the forked butt *in situ*. – [23] Fischer, o. c., 18. 32 (Addenda). – [24] Hassan, o. c., 33–36; Fischer, o. c., 20–21 (pointing out the imitation of reeds in wood). – [25] Ibid. – [26] Ibid., 25–27. – [27] Hassan, o. c., 32 and pl. 2, no. 3; 131, pl. 3 (Tutankhamun); Fischer, o. c., 30, fig. 48 a. – [28] Ibid., 28, referring to Urk. I, 216 (11). – [29] The term *ʿwnt* does not apply to this type of staff, as Hassan assumes, but rather to a kind of wood: see Fischer, o. c., 28–29. – [30] Hassan, o. c., 200–201, citing a MK example from Beni Hasan and a NK one from the tomb of *Ḥwj*. – [31] Hassan, o. c., 197–200; Fischer, in: JEA 64, 1978, 161. Goddesses often hold papyrus staves (Hassan, o. c., 199), and so too the wife of a Dyn. VI tomb owner (Deir el Gebrâwi II, frontispiece and pl. 6). – [32] Fischer, in: MMJ 13, 1978, 8–9. – [33] Ibid., 8, n. 26; 22 fig. 35 (b); Hassan, o. c., 193 fig. 43. – [34] Fi-

scher, o.c., 8 fig. 4. – [35] Ibid., 7–8. – [36] Ibid., 9. 26, figs. 43–44. – [37] Ibid., 10 fig. 8. – [38] Ibid., 10 fig. 9. – [39] Ibid., 13 figs. 14–15. – [40] Ibid., 10–11, and fig. 10. – [41] Ibid., 11–12. – [42] Ibid., 13–14. – [43] Ibid., 13 fig. 16, after Davies, Ḳen-Amūn I, pl. 18. – [44] E.g. those of Tutankhamun, best illustrated in: ILN, Sept. 19, 1925, 524–525. – [45] Fischer, o.c., 18–19, and fig. 27. – [46] Ibid., 19, and fig. 28. – [47] Ibid., 16–17. – [48] Ibid., 16 fig. 22 (b). – [49] Ibid., 17 fig. 23 (b). – [50] Ibid., 17 fig. 23 (c). – [51] Ibid., 19 fig. 30. This implement also appears in the hand of a portly figure with leonine mask temp. Amenophis III (University of Chicago Epigraphic Survey, The Tomb of Kheruef, OIP 102, Chicago 1980, pl. 40). – [52] Ibid., 19 fig. 29. – [53] Ibid., 20–21, and fig. 31. – [54] Ahmed el-Demerdash Touny and Steffen Wenig, Der Sport im Alten Ägypten, Leipzig 1969, 25–29, pls. 14–18.

Lit.: Ali Hassan, Stöcke und Stäbe im Pharaonischen Ägypten, MÄS 33, Munich 1976; Henry G. Fischer, Notes on Sticks and Staves in Ancient Egypt, in: MMJ 13, 1978, 5–32.
H. G. F.

Stoffe und Webarten. Die Ursprünge der *Weberei sind in Ägypten wie in den meisten antiken Kulturen untrennbar verbunden mit der allmählichen Entwicklung immer höher entwickelter Organisationsformen der handwerklichen Produktion seitens der prähist. Niederlassungen und der Dorfgemeinschaften. Die lange Erfahrung in der Flechtarbeit bei der Anfertigung von *Körben und *Matten ermöglicht ein fruchtbares Experimentieren in der Verarbeitung von Pflanzenfasern und bereitet die darauffolgende Neuerung vor, für die sich die Erkenntnis, daß die Faser nach dem Zwirnen eine höhere Elastizität und Widerstandsfähigkeit annimmt, als grundlegend erweist[1]. Die älteste Webstuhlart besteht aus zwei Stöcken (Kettbäumen), die sich auf vier in den Boden eingerammte Pflöcke stützen[2]. Das Schergarn wird von den Kettbäumen, deren Länge die Breite (Höhe) des gewebten Tuches bestimmt, straff gehalten. Der gebäumte Schußfaden läßt dadurch, daß er das Schergarn kreuzt, ein Gitter entstehen, dessen Webkante ein Auflösen der Maschen verhindert. Ein später durch einen Kamm ersetzter, gebogener Stock schiebt Einschuß um Einschuß zusammen und bildet so ein dichtes Gewebe. Der Gebrauch von Rollen anstelle der unbeweglichen Weberbäume erlaubt es, Tuch in größerer Breite, als es der Abstand der Weberbäume zuließ, herzustellen. Die Verwendung solch primitiver, horizontaler Webstühle, an denen die Weber zusammengekauert arbeiteten, zog sich in Ägypten über lange Zeit hin und war noch im MR üblich. Der Gebrauch von Stöcken (Schäften) erlaubt das wechselweise Anheben der Kettfäden und dadurch die Verwirklichung von Variationen in der Tuchweberei[3]. Im NR wird der vertikale Webstuhl, der mit Spindeln versehen ist, die die Weberbäume stützen, eingeführt; er verbessert die Arbeitsbedingungen der Weber, die jetzt auf Bänken sitzen, und bildet die Grundlage der wertvollen Textilproduktion der 18. und 19. Dynastie[4]. Die in der äg. Textilmanufaktur meistgebrauchte Faser ist das *Leinen (Linum usitatissimum), eine einjährige Grünpflanze, aus deren Stengeln man ausgesprochen widerstandsfähige Gewebefasern erhält[5]. Der Gebrauch von Hanf und anderen noch nicht genau identifizierten Fasern kommt nur sporadisch vor[6]. *Baumwolle und Seide werden in ptol. Zt eingeführt[7], und der Gebrauch der *Wolle nimmt erst in röm. Zt beim Weben farbiger Muster einen großen Raum ein[8]. Garnqualität und Webart bestimmen den Wert der Gewebe, deren Vielfalt ein reichhaltiges Vokabular und die zahlreichen Exemplare bezeugen, die sich dank der außergewöhnlichen Klimabedingungen Ägyptens bis heute erhalten haben. Neue Analysen über die Arten der verwandten Fasern werden z. Z. in den Museen von Berlin, Lyon und Washington durchgeführt[9].

Die ältesten St. sind mit einfacher Bindung 1 : 1 hergestellt, d. h. mit einem Schußfaden pro Kettfaden[10]. In dieser Technik ist das Gewebe eines der Hauptexemplare der Textilproduktion aus der prädyn. Zt gearbeitet: das im Ägyptischen Museum Turin aufbewahrte, bemalte *Leichentuch, das in der Nekropole von *Gebelein aufgefunden wurde[11]. Die St. des AR weisen bei verbesserter Garnqualität die gleiche Arbeitstechnik auf. Beispiel sind die bei Ausgrabungen der British School of Archaeology in *Kafr Ammar und *Tarchan entdeckten Überreste[12], unter denen die Exemplare mit Fransen, die in die Webkanten des Tuches eingewebt sind, besonders erwähnenswert erscheinen. Diese Technik, die darin besteht, daß um den Schußfaden Gruppen von 3 oder 5 Fäden geschlungen werden, wird oft zur Verschönerung von Laken und Handtüchern angewandt, und zwar gleichzeitig mit einem anderen Verfahren, das aus dem Herstellen der Fransen aus freigelassenen Kettfäden besteht[13]. Zwei aus der *Unas-Pyramide stammende Stofffragmente bezeugen die Existenz farbigen Garns, das, wie bereits aus den Darstellungen von Kleidungsstücken (*Tracht) im AR ersichtlich, zum Einweben von Motiven diente[14]. Beachtliche Mengen an Kleidungsstükken und anderen Textilien wurden in Grabausstattungen der 6. Dyn. gefunden. Laken und Binden hüllten den Körper eines Verstorbenen in seiner Grabstätte in *Saqqara ein[15]; einige Laken und eine Tunika waren in einem Grab in *Gisa als Ausstattung beigegeben worden[16]; andere Tuniken (viele davon plissiert) wurden während der Ausgrabungen in *Deschasche[17], *Meir[18], *Assiut[19] und *Naga ed-Deir[20] aufgefunden. Textilienverzeichnisse informieren uns über das Vokabular, das die verschiedenen Stoffqualitäten und -arten bezeichnet. Die ältesten Exemplare gehen auf die frühdyn. Zt[21] und auf die 3. Dyn.[22] zurück; jünger (4. und 5. Dyn.) sind die in Gebelein[23] und *Abusir[24] entdeckten Archivdokumente. Das Stofffragment mit dem Namen *Pepis I.[25] und ein Textilienverzeichnis auf der Innenseite einer kleinen Truhe, die in einem Grab in Gebelein entdeckt wurden[26], gehören der 6. Dyn. an. Die Wichtigkeit der Textilien in den Grabausstattungen wird durch ihr ständiges Auftreten in den *Opferlisten für die Verstorbenen bezeugt[27] (*Gerätefries). Trotz der großen Anzahl der erhalten gebliebenen Exemplare und der schriftlichen Quellen ist es bis heute unmöglich, einen Zusammenhang zwischen Stoffqualität und Nomenklatur festzustellen. Als noch komplizierter erweist sich die genaue Kenntnis der gebräuchlichen Maße und der jeweils verwandten Gewebeart und -menge[28].

Die Quellen des MR sind ebenso reich an Informationen über die äg. Textilproduktion. Bei Ausgrabungen in *Deir el-Bahari wurde neben einer beachtlichen Anzahl von *Leichentüchern ein Leinentischtuch aufgefunden, das mit Bändern versehen ist, die in der für türkische Handtücher typischen Schlaufentechnik gearbeitet sind[29]. Die Ausgrabungen in *Lischt haben uns weiteres Material an Leichentüchern und -binden gegeben[30]; ein reiches lexikalisches Inventar bezüglich der im Totenkult auftretenden St. wurde von Jéquier[31] und Barta[32] in ihren Studien gesammelt. Abbildungen und hölzerne Modelle bezeugen das Vorhandensein sowohl männlicher als auch weiblicher Arbeitskräfte[33].

Obwohl die Stoffe für den Hausgebrauch in den Privathäusern gewebt wurden, mußte der größte Teil der Textilherstellung in entsprechenden Werkstätten vorgenommen werden. Ein im Brooklyn Museum aufbewahrter Papyrus verzeichnet unter den Webern auch zahlreiche Frauen asiatischer Abstammung[34].

Aus dem NR sind uns zahlreiche Exemplare unterschiedlicher Textilien überliefert. Bemerkenswert ist die Anzahl der Laken aus der Grabausstattung der Familie *Senenmuts in Deir el-Bahari[35], und ebenso kostbar sind die mit Fransen fein gesäumten Schale, Tisch- und Handtücher wie auch die Tuniken aus unterschiedlichem Gewebe, die als Ausstattung dem Grab des Architekten Cha und seiner Frau Merit beigegeben wurden[36]. Ein fransengesäumter St., der während der Ausgrabungen Bruyères in *Deir el-Medineh aufgefunden wurde, gehört zur Ausstattung von Madja[37], und ein nach der Mode der Epoche gefaltetes Stofffragment wird im Ägyptischen Museum Kairo aufbewahrt[38]. Im Laufe der Ausgrabungen Bruyères in Deir el-Medineh[39] und Navilles in Deir el-Bahari[40] wurden Teile von Leinentüchern, die mit Szenen der rituellen Überbringung von Gaben bemalt sind, ans Licht gebracht. In diesen Zeitraum gehören außerdem die ersten *Leichentücher, die mit den ältesten Fassungen des *Totenbuchs beschriftet sind[41]. Die typischste Produktion der Epoche besteht jedoch aus wertvollen *Teppich-Webereien. Es ist anzunehmen, daß die Einführung des senkrechten Webstuhls die Voraussetzungen schuf, die zur Verwirklichung einer solch reichhaltigen Auswahl an gemusterten St., in die beim Weben farbige Schußfäden eingefügt wurden, die die Kette völlig verdeckten, nötig waren. Zur Herstellung mehrfarbiger Muster werden die verschiedenen Schattierungen von rot, blau, grün und schwarz benutzt[42] (*Färberei), und das Ornamentrepertoire weist sowohl geometrische als auch Blumenmotive auf. Diese Herstellungsart zeigen auch die Satteldecke Senenmuts[43], die Teppiche Chas[44], die Stofffragmente Thutmosis' IV.[45], die St. *Tutanchamuns[46], der Gürtel Ramses' III.[47] und andere Textilfragmente, die im Victoria und Albert Museum[48], im Musée Trocadero[49] und in privaten Sammlungen[50] aufbewahrt werden. Auch Carter beschreibt in seinem Buch über die Ausgrabungen in Theben Gewebefragmente, die wie Teppiche gearbeitet waren[51]. Die Tunika Tutanchamuns weist, abgesehen von den eingewebten Mustern, ein mit Ornamenten, die syrisch-palästinensischen Einfluß zeigen, besticktes Band auf[52]. Archivdokumente, die den Warenaustausch und die Bezahlung in Naturallohn betreffen, erlauben es, den Wert der in ihnen genannten St. zu erschließen[53]. Die Wichtigkeit dieser St. in den Grabausstattungen wird auch weiterhin durch ihr Vorhandensein unter den für den Verstorbenen bestimmten Gaben bestätigt[54].

Die Fortdauer dieses Brauches wird auch in der SpZt dokumentiert, sowohl in den Opferlisten[55] als auch in den Dekorationen der Kapellen[56]. Das Material an Leichenbinden aus dieser Epoche, die mit Texten aus dem Totenbuche beschriftet sind, ist sehr umfangreich[57]. Weniger wertvolle Stoffe werden zur Herstellung von *Kartonagen sowie in der Bearbeitung hölzerner Objekte, die stuckiert und bemalt werden sollten, verwendet[58].

Die Gewohnheit, die Gräber mit Laken (Leichentüchern), die mit religiösen Motiven bemalt waren, auszustatten, geht auf die ersten Jahrhunderte n. Chr. zurück[59]. Die für diese Periode typische Textilproduktion besteht jedoch aus den spätantiken („koptischen") Stoffen. Mit dieser Produktion wendet man sich an eine heterogene (ägyptische, griechische oder römische) Kundschaft. Die Herstellungsart der Kleidungsstücke und Aussteuerteile aus Stoffen, in die mit farbigen Wollfäden dekorative Motive eingewebt sind, ist sehr charakteristisch. Das ikonographische Repertoire ist abwechslungsreich und beinhaltet geometrische Darstellungen sowie komplexere Szenen aus der klassischen Tradition (nackte oder in Stoffe eingehüllte menschliche Gestalten, Nereiden, Putten, Helden des Mythos) oder den orientalischen Traditionen, dabei besonders der sassanidischen (kgl. Jagdszenen, exotische Tänzer usw.). Obwohl eine genaue Dokumentation über die zu jener Zeit in den Werkstätten gebräuchlichen Produktionsweisen fehlt, ermöglicht das Auffinden von Motivzyklen auf Papyrus, die eingewebten Darstellungen ähneln, als Grundlage für die Stoffdekoration Papyrusvorlagen anzunehmen[60]. Textilfragmente dieser Art befinden sich in fast allen öffentlichen[61] und privaten altäg. Sammlungen; die Anzahl der Exemplare mit sicherer Herkunft ist gering[62]; groß dagegen die der im Kunsthandel erworbenen. Die große Zahl solcher Textilerzeugnisse macht sie zu einer der Hauptquellen für die Kenntnis der äg. Bildsprache des späten Altertums.

Trotz des hervorragenden Erhaltungszustandes der äg. Textilien, denen das trockene äg. Klima – im Gegensatz zur Textilproduktion anderer antiker Kulturen – ermöglichte, bis zum heutigen Tage erhalten zu bleiben, sind die Konservierungs- und Restaurierungsarbeiten hier ebenso notwendig: Reinigung und Verstärkung der Fasern und Farben, Wiederzusammenfügung erhalten gebliebener Stoffteile, Schutz vor Lichteinfall durch Gebrauch von Filtern und Aufbewahrung in geeigneter Umgebung mit gleichbleibender Raumtemperatur (20° C) und relativer Luftfeuchtigkeit (50–55%), die die Schimmelbildung, den Befall mit Mikroorganismen und die übermäßige Austrocknung verhindern[63].

[1] Lucas, Materials[4], 128–154; Grace M. Crowfoot, Textiles, Basketry and Mats, in: Ch. Singer, E. J. Holmyard und A. R. Hall (Hg.), A History of Technology I, Oxford 1956, 413–431. – [2] Badarian Civilisation, 53–55. – [3] Carl H. Johl, Altägyptische Webstühle und Brettchenweberei, UGAÄ 8, 1924 (Neudruck Hildesheim 1964), 8–31. – [4] Ebd., 39–57. – [5] Lucas, Materials[4], 142–146; Vandier, Manuel VI, 58–79. 242–4. 262–3. – [6] Lucas, a.a.O., 149–150. – [7] Ebd., 147–8. 148–9. – [8] Ebd., 146–7. – [9] Lyon, Centre International d'étude des textiles anciens, Vocabulary of Technical Terms: Fabrics. English, French, Italian, Spanish, Lyon 1964; Irene Emery, The Primary Structures of Fabrics, Washington D.C. 1966. – [10] Crowfoot, op. cit. (s. Anm. 1), 428. 431–2. – [11] Farina, in: Aegyptus 10, 1930, 291–4; Roccati, in: Bolletino della Società Piemontese di Archeologia e Belle Arti, N.S. 27–29, 1973–75, 27. – [12] Heliopolis, 8. 48–50. – [13] August Braulik, Altägyptische Gewebe, Stuttgart 1900. – [14] Elizabeth Riefstahl, Patterned Textiles in Pharaonic Egypt, Brooklyn 1944, 2–6; Elisabeth Staehelin, Tracht. – [15] Quibell, Archaic Mastabas, 11, Tf. 29,3. – [16] Reisner, Giza, 450–453, Abb. 42 a–d. – [17] William M. Flinders Petrie, Deshasheh, London 1898, 31, Tf. 35; Rosalind Hall, in: JEA 67, 1981, 168–171. – [18] Spiegelberg, in: ASAE 27, 1927, 154–5; Elizabeth Riefstahl, in: BMFA 68, 1970, 250. – [19] Assiout, 163, Tf. 33; B. Letellier, in: Christiane Desroches-Noblecourt und Jean Vercoutter, Un siècle de fouilles françaises en Egypte (1880–1980), Paris 1981, 135. – [20] E. Riefstahl, in: BMFA 68, 1970, 244–259. – [21] Kaplony, Beitr. Inschriften, 262–269. 271. – [22] Helck, in: Fs Junker, 72. – [23] Paule Posener-Kriéger, in: Textes et langages II, BdE 64. 2, 1974, 28–29; ead., in: RdE 27, 1973, 211–221; ead., in: Acts of the First International Congress of Egyptology Cairo 1976, Berlin 1979, 523–4; ead., in: RdE 29, 1977, 86–96. – [24] Paule Posener-Kriéger, Les archives du temple funéraire de Néferirkarê-Kakaï II, BdE 65.2, 1976, 341–367. – [25] Urk. I, 97, 16. – [26] Roccati, in: RSO 45, 1971, 1–10 (Gebelein); Ahmed Moussa und Hartwig Altenmüller, The Tomb of Nefer and Ka-Hay, AV 5, 1971, 43–45 (Saqqara). – [27] W. S. Smith, in: ZÄS 71, 1935, 134–149; Barta, Opferliste, 5–89. – [28] Paule Posener-Kriéger, in: RdE 29, 1977, 86–96. – [29] Herbert Winlock, Excavations at Deir el Bahri 1911–1931, New York 1942, 206, Abb. 37; Elizabeth Riefstahl, Patterned Textiles (s. Anm. 14), 17, Abb. 19. – [30] Hayes, Scepter I, 303–306. – [31] Jéquier, Frises d'Objets, 31–39. – [32] Barta, Opferliste, 90–103. 111–116. – [33] Beni Hasan I, 30–31. 68, Tf. 11. 29; II, 45–47. 55–57, Tf. 4. 13; Bersheh I, 35–39, Tf. 24. 26; Breasted, Servant Statues, 52–55, Tf. 47–8; Johl, Webstühle (s. Anm. 3), 8–31. – [34] pBrooklyn 351446, 105–8. – [35] Hayes, Scepter II, 187–8. – [36] Schiaparelli, Cha, 90–100. 129–130. – [37] R. Schumann-Antelme, in: Christiane Desroches-Noblecourt und Jean Vercoutter, Un siècle (s. Anm. 19), 194. – [38] Spiegelberg, in: ASAE 27, 1927, 154–156. – [39] Deir el-Médineh IV. 4, 1926, 11, Abb. 3; VI. 2, 1928, 47–8, Tf. 2–3. – [40] Deir el-Bahari III, 15–16, Tf. 33. – [41] Nagel, in: ASAE 49, 1949, 317–335; Ronsecco, in: OrAnt 14, 1975, 147–152; McDonald, in: JEA 67, 1981, 56–60. – [42] Lucas, Materials[4], 150–154; J.-C. Goyon, in: Livre du Centenaire IFAO 1880–1980, Kairo 1980, 25–35. – [43] Elizabeth Riefstahl, Patterned Textiles (s. Anm. 14), 20. – [44] Schiaparelli, Cha, 129–130; E. Riefstahl, op. cit., 21–22. – [45] Howard Carter und Percy E. Newberry, The Tomb of Thoutmosis IV, Westminster 1904, 143–4, Tf. 28; E. Riefstahl, op. cit., 20–21. – [46] Grace M. Crowfoot und Nina de Garis Davies, in: JEA 27, 1941, 113–130; E. Riefstahl, op. cit., 24–26; Larson, in: JEA 67, 1981, 180–1. – [47] Peet, in: JEA 19, 1933, 143–149; Arnold van Gennep und Gustave Jéquier, Le tissage aux cartons et son utilisation décorative dans l'Egypte ancienne, Neuchatel 1916; E. Riefstahl, op. cit., 26–27. – [48] E. Riefstahl, op. cit., 26. – [49] Ebd., 27. – [50] Ebd., 28. – [51] Ebd., 27–28. – [52] Grace Crowfoot und Nina de G. Davies, in: JEA 27, 1941, 125–130. – [53] Janssen, Prices, 249–298. – [54] Barta, Opferliste, 104–107. 127–135; Wresz., Atlas I, 324–330. – [55] Barta, Opferliste, 107–110. 128. 135–152. – [56] Klaus Kuhlmann und Wolfgang Schenkel,

Das Grab des Ibi. Theben Nr. 36, I, AV 15, 1983, 159–160, Tf. 53. – [57] Ernst A. Akmar, Les bandelettes de momie du Musée Victoria de Uppsala I–IV, Uppsala 1932–39; Traunecker, in: Kêmi 19, 1969, 71–78; Caminos, in: JEA 56, 1970, 117–131; Pernigotti, in: Egitto e Vicino Oriente 3, 1980, 99–115; 4, 1981, 125–141; id., in: Edda Bresciani, Sergio Pernigotti, Salah el-Naggar und F. Silvano, Saqqara I. Tomba di Boccori. La Galleria di Padineit, Pisa 1983, 93–102. – [58] Peter Munro, Die spätägyptischen Totenstelen, ÄF 25, 1973, 39ff. – [59] Parlasca, Mumienporträts, 152–192; Edda Bresciani, in: BSFE 76, 1976, 5–24. – [60] Maurice Dimand, Die Ornamentik der ägyptischen Wollwirkereien, Leipzig 1924; P. Pfister, Teinture et alchimie dans l'Orient hellénistique, in: Récueil d'études, archéologie, histoire d'art, études byzantines 7, Prag 1935, 1–59; Egger, in: Jahrbuch der Kunsthistorischen Sammlungen in Wien 52, Wien 1956, 7–32; Ewa Wipszycka, L'industrie textile dans l'Egypte romaine, Breslau 1965; Ludmila Kybalová, Die alten Weber am Nil. Koptische Stoffe, Prag 1967; Anna Maria Donadoni Roveri, in: Actes of the First International Congress of Egyptology, Berlin 1979, 181–187, Abb. 9–11. – [61] Berlin: Günther, Bröker, Koptische Stoffe, Berlin 1966; Hildesheim: Eva Eggebrecht, Spätantike und Koptische Textilien 1, CCA Hildesheim 2, Mainz 1978; Mainz: Wolfgang F. Volbach, Spätantike und frühmittelalterliche Stoffe, Mainz 1932; Wien: Alois Riegl, Die ägyptischen Textilfunde im K. K. Österreichischen Museum, Wien 1889; Gerhard Egger, Koptische Textilien, Wien 1967; Paris: Pierre du Bourguet, Musée National du Louvre, Catalogue des étoffes coptes I, Paris 1964; London: Victoria and Albert Museum: Albert F. Kendrick, Catalogue of Textiles from Burying-Grounds in Egypt I–III, London 1920–22; Vatikan: Wolfgang F. Volbach, I tessuti del Museo Sacro Vaticano, Vatikanstadt 1942; Dorothee Renner, Die koptischen Textilien in den Vatikanischen Museen, Wiesbaden 1982; New York: Deborah Thompson, Coptic Textiles in the Brooklyn Museum, Brooklyn 1971. – [62] Oskar Wulff und Wolfgang F. Volbach, Spätantike und koptische Stoffe aus ägyptischen Grabfunden, Berlin 1926; Donadoni, in: Fs Rosellini, Scritti, 111–155; Lucia Guerrini, Le stoffe copte del Museo Archeologico di Firenze, Rom 1957. – [63] J. E. Leene, Textile Conservation, London 1972; G. Fanfoni, Appunti per un corso sulle tecniche di restauro, Istituto Italiano di cultura Cairo, Kairo 1976, 50–58; M. Bogle, Bibliography of Textile Conservation, in: Bulletin ICCROM 8. 1–2, 1982, 33–53. E. D'A.

Stoffliste s. Opferliste

Stoffmaße s. Maße und Gewichte

Stolist. στολισταί [1], ἱεροστολισταί [2] und ἱεροστόλοι [3] nannten die Griechen jene in der SpZt herausgebildete Priesterklasse [4], die vornehmlich für Bekleidung, Salbung und rituelle Reinigung der Kultbilder [5] zuständig war [6]. Im Ägyptischen entspricht der griech. Bezeichnung sinngemäß der Doppeltitel *ḥrj-sštꜣ ꜥb-nṯr* [7], was in den ptol. Priesterdekreten [8] hieroglyphisch mit „die die Götter mit ihren Kleidern schmücken" [9], dem. mit „die Priester, die in das Allerheiligste gehen, um die Bekleidung der Götter durchzuführen" [10] paraphrasiert wird.

Weitere Titel aus früherer Zt können begrenzt mit der Tätigkeit der späteren St. in Verbindung gebracht werden [11].

Den an einem Tempel angestellten St. [12] war ein Archistolist [13] (äg. *ḥrj-mnḫt* [14]) übergeordnet. In der priesterlichen Hierarchie rangierten die St. unmittelbar nach den Propheten [15], deren Dienste sie in Vertretung übernehmen konnten [16], und vor den *Hierogrammaten und *Pterophoren (*Priester).

Zusammen mit anderen höheren Priestern war der St. an der magisch-rituellen Belebung der Götterstatuen im *Goldhaus beteiligt [17]. Als *ḥrj-sštꜣ* hatte er auch höhere Funktionen bei der Bestattung inne [18] und war dabei Vorgesetzter der *Taricheuten (*Balsamierer) [19]. Mit den Propheten teilten sie das Vorrecht, die von Plutarch [20] bezeichnenderweise στολιστήρια genannten Krypten betreten zu dürfen [21].

Spätestens in der Kaiserzeit waren Stolistenstellen (ver)käuflich [22].

[1] Vgl. Clemens Alexandrinus, Stromata VI, § 4, 36, 2 (= Hopfner, Fontes, 373, 2); Walter Otto, Priester und Tempel im hellenistischen Ägypten I, Leipzig 1905, 83 Anm. 6; Friedrich Preisigke, Wörterbuch der griechischen Papyrusurkunden III, Berlin 1931, 384. – [2] Porphyrius, De abstinentia IV, 8 (= Hopfner, a.a.O., 182, 23). – [3] Plutarch, De Iside et Osiride, 3 (= John G. Griffiths, Plutarch's De Iside et Osiride, Cardiff 1970, 120, 21). In Kap. 39 (Griffiths, a.a.O., 180, 8) gebraucht Plutarch die übliche Bezeichnung στολισταί. – [4] Die Belege der ptol. Zt aus griech. und äg. Quellen sind zusammengestellt bei Willy Peremans et alii, Prosopographia Ptolemaica III, Löwen 1956, 122 ff.; dazu Korrekturen und Ergänzungen von Willy Clarysse, Prosopographia Ptolemaica IX, Löwen 1981, 131 ff. – [5] Für die betreffenden Episoden des Tempelrituals vgl. Alexandre Moret, Le rituel du culte divin journalier en Egypte, Paris 1902, 178 ff. 238; Maurice Alliot, Le culte d'Horus à Edfou au temps des Ptolémées I, BdE 20, 1949, 89 ff. Vgl. auch die bündige Darstellung von Serge Sauneron, Die letzten Tempel Ägyptens, Zürich–Freiburg i. Br. 1978, 46 f. – [6] Zu bildlichen Darstellungen von St. vgl. die Angaben bei Adolph Gutbub, Textes fondamentaux de la théologie de Kom Ombo I, BdE 47, 1973, 155 (k); ferner Dendara VII, 184, 14–15, Tf. 671; S. 197, 10–14, Tf. 686 (jeweils 1. bzw. 2. Figur von links). Die zugehörigen Texte beziehen sich auf die Tätigkeit des Stolisten. Was die griech. Quellen betrifft, so wird die Hauptfunktion des St. außer durch den Namen an sich schon besonders durch die Formulierung der Dekrete (s. Anm. 8) οἱ εἰς τὸ ἄδυτον εἰσπορευόμενοι πρὸς τὸν στολισμὸν τῶν θεῶν verdeutlicht. Vgl. ferner Firmicus Maternus, Mathesis III, 9, 9; 12, 5 (nach Otto, a.a.O., 84

Anm. 1), der die vestitores divinorum simulacrorum bzw. vestitores deorum erwähnt. – [7] Vgl. dazu Prosopographia Ptolemaica III, S. XXII; Gutbub, a.a.O. Auch ohne den Zusatz *ʿb-nṯr* „der den Gott reinigt" kann *ḥrj sšt3* den Stolisten bezeichnen (vgl. auch Anm. 11. 18), doch ist der Verwendungsbereich dieser seit dem AR belegten Bezeichnung (vgl. Helck, Beamtentitel, 43 f.) viel umfassender. Für *ḥrj-sšt3* und damit zusammengesetzte Titel in der SpZt vgl. zuletzt Erhart Graefe, Untersuchungen zur Verwaltung und Geschichte der Institution der Gottesgemahlin des Amun II, ÄA 37, 1981, 60 ff. S. auch Anm. 4. – [8] Urk. II, 126, 9 (= Kanopus 2–3); Urk. II, 172, 4 (= Rosettana N 7). – [9] *smʿr nṯrw m sṯt.sn.* – [10] *n3 wʿbw ntj šm r p3 ntj-wʿb r jrj mnḫt n n3 nṯrw*, s. Wilhelm Spiegelberg, Der dem. Text der Priesterdekrete von Kanopus und Memphis, Heidelberg 1922, 4 (Kanopus) und 41 (Rosettana). Vgl. auch die in Anm. 6 zitierte griech. Übersetzung sowie *wʿb ntj ʿq* (u. ä.), was eine allgemeine Bezeichnung für Priester, die Zutritt zum Sanktuar haben – also auch die St. –, ist, s. dazu De Meulenaere, in: BiOr 8, 1951, 222 und Gutbub, a.a.O. (s. Anm. 6), 156 f. (vgl. dort auch die Ausführungen zum *wʿb ʿ3*). – [11] Außer *ḥrj-sšt3* (ohne *ʿb-nṯr*) vor allem der vom AR bis zur SpZt belegte Titel, dessen Lesung *sm3* (Variante *sm3tj*) Grdseloff, in: ASAE 43, 1943, 357 ff. nachgewiesen hat. Trotz der Untersuchungen von Montet, in: JNES 9, 1950, 18 ff. ist „Stolist" eine mögliche Bedeutung von *sm3(tj)*, vgl. in diesem Sinne die von Grdseloff, a.a.O., 359 f. beigebrachten eindeutigen MR-Belege für *sm3* und *ḥrj-sšt3*. Für *sm3(tj)* in der Ptolemäerzeit vgl. Prosopographia Ptolemaica IX, S. XVIII (Index zu Band III und IX). – Einen vereinzelt im MR belegten Titel *šnḏwtj* (Siut I, 283. 296) hat Serge Sauneron, Les prêtres de l'ancienne Égypte, Paris 1962, 61 ebenfalls auf die Tätigkeit des St. beziehen wollen. – [12] Zur Zahl der St. vgl. die Überlegung von Alliot, a.a.O. (s. Anm. 5), 396 Anm. 2. – [13] ἀρχιστολιστής, s. Otto, a.a.O. (s. Anm. 1), 83; Preisigke, a.a.O. (s. Anm. 1), 371. Davon zu unterscheiden ist der πρωτοστολιστής (Belege bei Preisigke, a.a.O., 383), nach Otto, a.a.O., 86 nur ein Ehrentitel des Stolisten. – [14] Ptolemäische Belege in Prosopographia Ptolemaica IX, S. XVII (Index zu Band III und IX). – [15] Vgl. die Priesterdekrete (s. Anm. 8) und schon Otto, a.a.O., 83. – [16] Vgl. Otto, a.a.O., 83 mit Anm. 5; Griffiths, a.a.O. (s. Anm. 3), 267 und Anm. 1; Woldemar Graf Uxkull-Gyllenband, Der Gnomon des Idios Logos II, BGU V. 2, Berlin 1934, 88 f. – [17] Daumas, in: Livre du Centenaire, MIFAO 104, 1980, 109 ff. passim. – [18] Prosopographia Ptolemaica III, S. XXII; R. L. Vos, in: Ernst Boswinkel und Pieter W. Pestman (Hg.), Textes grecs, démotiques et bilingues, Leiden 1978 (Papyrologica Lugduno-Batava 19), 262 ff. – [19] Edgar, in: AfP 13, 1939, 77; Vos, a.a.O., 264. – [20] De Iside et Osiride, 20, s. Griffiths, a.a.O. (s. Anm. 3), 148, 12–13 und Kommentar auf S. 358 ff. – [21] Dendara V, 118, 9; dazu Dendara VI, S. XXII. – [22] Uxkull-Gyllenband, a.a.O. (s. Anm. 16), 82. 88 f.

Lit.: Walter Otto, Priester und Tempel im hellenistischen Ägypten I, Leipzig 1905, 83 ff.; Franz Cumont, L'Egypte des astrologues, Brüssel 1937, 121; RÄRG, 753; François Daumas, Les moyens d'expression du grec et de l'égyptien, CASAE 16, 1952, 182 f.; Serge Sauneron, Les prêtres de l'ancienne Egypte, Paris 1962, 61. 162.

G. V.

Stopfen und Nähen. The Egyptian word for darning and sewing was *tp* [1], which also occurs in Demotic [2] and Coptic (ⲧⲱⲡ)[3]. A specific word for mending seems to be unknown.[4] Coptic ⲧⲱⲣⲡ[5] and ϫⲱⲗⲕ[6] are Semitic loan words.[7] Mending and sewing require scissors (*Schere) and cutting knives, needles (*Nadeln) or bodkins threaded with flax thread (coloured for embroidery), pins, thimbles (MMA 11.151.634), and needle cases (London, U.C. 7721; Manchester 97).[8] Funerary textiles (*Stoffe), both garments and mummy wrappings, show extensive wear with frequent repairs, so were adapted and torn from household linen (*Leinen)[9]. Frayed edges on worn garments (Cha),[10] often heirlooms (CG 46526. 46529),[11] and cloths (MMA 27.3.616; 31.3.62)[12] are mended by trimming warp ends and whipping the raw edges. Darning resembles a modified couching: supplementary warps are laid prior to wefts, the weft picks being stitched. Four techniques appear: on solid fabric, close whipping over the laid weft (MMA unaccessioned)[13], on open fabric, a turned chain stitch (København 1038)[14] or a cross stitch (Leiden E 1)[15] is used, or only the warp is laid with weft picks sewn in back stitch (Leiden E 95/8.9).[16] Patching is known on an OK sheet from *Deschasche;[17] by the Coptic Period it is more common than darning.[18] Both seams and hems are rolled and the fabric then whipped from back to front (CG 43684; London, U.C. 28614 B^{i}).[19,20] Run and fell, on children's sleeves (London, U.C. 8980; Manchester 494)[21]; and faggoted (London, U.C. 31182)[22] seams appear, plus (Coptic) buttonholed hems.[23] Embroidery stitches comprise:[24] running, straight, chain, arrowhead, and stem (*Tutanchamun)[25]; cross and stem stitch for couching (London, U.C. 28616 C^{i})[26]; coral, and overcast (on a running stitch base) for laundry marks (Cha).[27]

[1] Černý, in: Fs Grapow, 33. See also e.g., oCairo 25231, 7 (Erman, in: ZÄS 38, 1900, 37), and oCairo 125619, 6. – [2] Wolja Erichsen, Demotisches Glossar, Kopenhagen 1954, 625. – [3] Crum, CD, 422 b. – [4] *ʿn* seems to apply only to basketry and wood: Jacobus J. Janssen, Commodity Prices from the Ramessid Period, Leiden 1975, 155. – [5] Crum, CD, 431 a. – [6] Crum, CD, 767 b. – [7] Jaroslav Černý, Coptic Etymological Dictionary, Cambridge 1976, 194. 313. – [8] Petrie, Tools and Weapons, passim. – [9] The Earl of Carnarvon and Howard Carter, Five Years' Excavations at Thebes, London 1912, 25 f.; Hayes, Scepter I, 260. – [10] Ernesto Schiaparelli, Relazione II, Torino 1927, fig. 71 on p. 99. – [11] CG 46001–46529, pls. 1. 28. – [12] Herbert E. Winlock, Excavations at Deir el Baḥri 1911–1931, New York 1942, 206, pl. 37; id., The Slain Soldiers of Neb-ḥepet-Rēʿ, PMMA 16, New York 1945, pl. 20 B. – [13] Winlock, in: BMMA 21 (3, II), 1926, fig. 29 on p. 25. – [14] Buhl, Møller and Støvring Nielsen, in: Nationalmuseets Ar-

bejdsmark, Copenhagen 1982, fig. 13 on p. 164. – [15] Leemans, Mon. Eg. II, pl. 28. – [16] Unpublished. From the mummy of Estanebasher (Deir el Baḥri Royal Cache). – [17] Deshasheh, 32. – [18] Rosalind Hall, in: GM 41, 1980, 51–58, pl. 2. – [19] Spiegelberg, in: ASAE 27, 1927, 154–156, pl. 1. – [20] Landi and Hall, in: Studies in Conservation 24, London 1979, 141–152. – [21] Hall, in: GM 40, 1980, 29–38, pl. 1; Janssen and Hall, in: GM 45, 1981, 21–25, pl. 1. – [22] Hall, in: JEA 67, 1981, 168–171, pls. 19–20. – [23] Ingrid Bergman, Late Nubian Textiles, Stockholm 1975, 40. – [24] Merely the ones I have recognized. – [25] Pfister, in: Revue des Arts Asiatiques 11, Paris 1937, 207–218; Crowfoot and Davies, in: JEA 27, 1941, 113–130, pls. 14–22. – [26] Hall, in: GM 43, 1981, 29–37, pl. 1. – [27] Schiaparelli, op. cit., fig. 71 on p. 99.

Lit.: Carter, in: Embroidery 1, London 1932, 7–10; Hall, in: Textile History 13, Guildford 1982, 27–45.

R. Hall

Storch s. Stelzvögel

Strabo (64–63 B.C.–c.21 A.D.) is the classical author least well-known to Egyptologists. An historian and geographer, this Greek from Amaseia in Pontus visited Egypt between 25–19 B.C. collecting material for his Geography, of which Chapter 17 is devoted to Egypt. Since a systematic study of that work from an Egyptological perspective has yet to appear, the following serves as a brief catalogue of some of the topics with which St. concerned himself.

As an historian, St. records the events surrounding the quelling by Gallus of the Egyptian revolt in 29 B.C.[1] He occasionally speculates about remote peoples and places. So, for example, he tries to see Egyptian influence on the cults of the Druids and Celts because of the correspondences between these cultures and Egypt in terms of the mythological destruction of the sun during its nocturnal journey.[2] In dealing with the Meroites (*Meroe) St. speculates on the nature of the ritual killing of the king[3] and on the actual source of the Nile.[4] His view regarding the interaction of the Meroites and Augustus at Thebes is interesting.[5]

St. selectively employed the earlier traditions regarding Egypt's history and monuments. He occasionally lapses into error. His account of Rhodopis, for example, is basically that preserved for us by *Herodotus[6] whereas his discussion on the Theban Memnoneion[7] is garbled as are, perhaps, certain elements in his discussion of the *pyramids.[8] St. is more valuable for his description of the Egyptian sites which he seems to have visited first-hand. He describes *Alexandria[9] and seems to have been fond of her theater.[10] He records the presence of a lion-cult at *Bubastis[11] and discusses the σηκος of the *Apis Bull at *Memphis.[12] He considered the site of Kerkasore (*Kerkeosiris) as the place at which Eudoxus conducted astronomical observations[13] and comments on the low level of esteem held by people of his day for the oracle at *Siwa.[14] His knowledge of the *Fajjum[15] and other features of the Egyptian landscape appear to have been limited.[16]

He shows a great deal of interest in the city of *Sais and her monuments. He apparently saw the tomb of a king Psametik there,[17] knew about the cults of the Saite kings,[18] and was familiar with the hemag (*ḥmꜣg*) within the city as well.[19]

[1] (Anonymus), in: CdE 8, Nr. 16, 1933, 109 ff.; Legrain, in: ASAE 17, 1917, 49 f. – [2] Duval, in: CRAIBL, April–June 1981, 376 ff. – [3] Katznelson, in: Klio 50, 1968, 29 ff. – [4] Wainwright, in: SNR 28, 1947, 11 ff. – [5] Michalowski, in: BIFAO 35, 1935, 73 ff. – [6] Christiane Coche-Zivie, in: BIFAO 72, 1972, 119. – [7] Haeny, in: BIFAO 64, 1966, 203 ff. – [8] Borchardt, in: ZÄS 35, 1897, 87 ff. – [9] Botti, in: BSAA 4, 1902, 85–107. – [10] Ibd.; Gauthier, in: RdE 1, 1933, 301 ff. – [11] Perdrizet, in: MonPiot 25, 1921–22, 355. – [12] El-Amir, in: JEA 34, 1948, 51 f.; Maspero, in: RecTrav 36, 1914, 16. – [13] Goyon, in: BIFAO 74, 1974, 139. – [14] Fakhry, Siwa, 89. – [15] Jouguet, in: BIFAO 2, 1902, 93. – [16] Dussaud, in: MonPiot 25, 1921–22, 133 ff.; van de Walle, in: Hommage à Waldemar Deonna, Collection Latomus 28, Brussels 1957, 480 ff. – [17] W. Davis, in: JEA 67, 1981, 79. – [18] Ramadan El-Sayed, Documents relatifs à Sais et ses divinités, BdE 69, 1975, 135. – [19] Ibd., 213.

R. S. B.

Strafen bestanden in der Zufügung von Übel zur Vergeltung von Verstößen gegen die durch die Göttin *Maat verkörperte Weltordnung. Zweck der Strafe war es, die gestörte Ordnung wiederherzustellen und die durch die Straftat beleidigten Gottheiten zu versöhnen[1]. Die reinste Form des Vergeltungsgedankens findet man in der Talion[2], der Zufügung von gleichartigem Übel nach dem Grad des Schadens. Je nach Art des Verstoßes lassen sich Rechtsstrafen, Sündenstrafen und Zwangsstrafen unterscheiden.

Strafgrund der Rechtsstrafen war ein Verstoß gegen die irdische Friedensordnung durch die Verletzung von öffentlichen Rechtsgütern wie des Bestandes der staatlichen Ordnung und des Königtums oder von privaten Rechtsgütern wie der körperlichen Unversehrtheit oder des Vermögens von Privatpersonen.

Während die Bestrafung von Verletzungen öffentlicher Rechtsgüter Sache des Staates war, blieb die Verfolgung von Verletzungen privater Rechtsgüter dem Verletzten selbst oder dessen Angehörigen überlassen. Bei der Strafbemessung stellten die Ägypter weder auf die Schuld[3] noch auf die gesellschaftliche Stellung[4] des Täters ab. Entscheidend war allein der Erfolg der Tat, d.h. der nach außen sichtbar gewordene Schaden. Eine an den

Schuldvorwurf anknüpfende Strafbarkeit der Teilnahme und des Versuchs war unbekannt.
Aus Dekreten und Prozeßakten, dort vor allem aus Eidesformeln[5], sind uns folgende Rechtsstrafen überliefert: Körperstrafen, als schwerste für todeswürdige Verbrechen (*btȝw ꜥȝ n mwt*)[6] die Todesstrafe durch Pfählen[7], Verbrennen[8], Ertränken[9], Köpfen[10] oder Gefressenwerden durch wilde Tiere[11]. Ihre Verhängung blieb allein dem König oder dem *Wesir vorbehalten[12]. Hochgestellten Persönlichkeiten gestattete der König den *Selbstmord[13].
Körperstrafen waren auch die Verstümmelungsstrafen durch Abschneiden von Händen[14], Zunge[15], Nase und/oder Ohren[16], Kastration[17] sowie die Prügelstrafen in Form von 100[18] oder 200[19] Schlägen, vielfach mit 5 blutenden Wunden[20], gelegentlich mit 10 Brandmalen[21]. Manchmal war auch die Körperstelle, z.B. Fußsohlen[22], angegeben, auf die zu schlagen war.
Als Nebenstrafe zu einer Körperstrafe traten vielfach Freiheitsstrafen, wie die Verbannung nach *Kusch[23], zur Großen *Oase[24] oder nach *Sile[25], die mit der Verpflichtung zur Zwangsarbeit als Minenarbeiter oder Steinbrecher sowie dem Verlust des Vermögens verbunden waren. Frauen wurden zur Unterbringung im Hinterhof des Hauses verurteilt[26]. Gefängnisstrafen in unserem Sinne waren unbekannt. Es gab lediglich eine Untersuchungshaft für Angeklagte und Zeugen bei schweren Straftaten vor und während des Strafverfahrens[27]. Amtsdelikte wurden mit Amtsverlust und Versetzung in den Arbeiterstand bestraft[28].
Nebenstrafen waren auch die *Namenstilgung[29] und die Vermögensstrafen wie die Einziehung des gesamten Vermögens[30] oder eines Vermögensteils wie eines Hauses[31], von Grundbesitz[32], Zugewinn[33], *Sklaven[34] oder sogar von Frau und Kindern[35].
Schutz vor Bestrafung gewährten Immunität[36], Amnestie[37], Asyl[38] und Begnadigung[39].
Im Vordergrund der privaten Strafen stand der Gedanke an Schadensersatz durch Wiederherstellung des früheren Zustandes. Daneben findet man auch den Vergeltungsgedanken in Form einer Buße (*tȝwt*)[40] in Höhe eines Vielfachen, zumeist Zweifachen des Sachwertes oder der Sachanzahl[41]. Oft wurde dazu eine Prügelstrafe, zumeist 100 Schläge[42], verhängt. Diese Strafen wurden auch als Vertragsstrafe[43] bei der Nichteinhaltung eines privaten Leistungsversprechens oder als Strafe für die bei einer wiederholten Klage unterliegende Prozeßpartei[44] ausgesprochen.
Sündenstrafen findet man in der Mythologie als Bestrafung von Götterfeinden[45] und politischen Feinden[46] sowie als Strafe für die Übertretung von ethischen Geboten[47] oder religiösen Verboten (*Tabu)[48]. Die Sündenstrafen bestanden auf Erden in der Zufügung eines Mißerfolges, insbesondere von Armut[49], einer Krankheit[50], zumeist Erblindung oder Taubsein, sowie des Todes[51]. Strafzweck war der Sühnegedanke. Darüber hinaus sollte der Sünder zur Einsicht gebracht werden, was eine Heilung ermöglichte[52]. Strafende waren die Götter, bei Grabschändungen, für die Genickumdrehen und Auslöschung der ganzen Familie angedroht waren[53], der Tote selbst.
Nach dem Tod erfolgte eine Bestrafung durch einen Urteilsspruch des Jenseitsgerichtes[54], dessen Strafen vielfach der Alltagswelt entnommen waren[55].
Die Zwangs- und Beugestrafen waren keine Vergeltungsmaßnahmen, sondern Disziplinarmaßnahmen. Sie wollten ein bestimmtes Verhalten in der Zukunft erzwingen und dienten daneben der Wahrung der Autorität einer übergeordneten Person oder Stelle. Disziplinarmittel war in erster Linie die Prügelstrafe in den Schulen und beim Militär[56]. Eine Beugungsmaßnahme war auch die an Prozeßparteien oder Zeugen zur Urteilsfindung vollzogene Prügelstrafe[57].

[1] Vgl. Goedicke, in: JEA 49, 1963, 89 Anm. 5. – [2] Nach Diodor I, 78 auch in Äg. üblich; Abschneiden der Hände für Diebstahl im Pap. Salt 124 oder der Zunge beim Meineid in Lederhandschrift Louvre AF 1577, 3–6 (= Černý, in: Mél. Masp. I, 233f.). – [3] Vgl. Robert Parant, Recherches sur le droit penal égyptien, in: Colloque organisé par l'Institut des Hautes Etudes de Belgique 1974, Brüssel 1976, 29ff.; A.M. Bedell, Criminal Law in the Egyptian Ramesside Period, Diss. Brandeis University 1973, 169f.; Isidor M. Lurje, Studien zum Altägyptischen Recht, Forschungen zum Römischen Recht 30, Weimar 1971, 157. – [4] Lurje, a.a.O., 156f. – [5] In der Eidesformel wurde im voraus eine bestimmte Strafe als Vertragsstrafe für die Fälle sanktioniert, daß sich die Aussage als falsch erweisen oder ein beeidetes Versprechen nicht erfüllt werden sollte; vgl. Kaplony, in: LÄ I, 1191; Lurje, a.a.O., 144; Seidl, Äg. Rechtsgeschichte, 54. Die Eidesformel wurde nicht nach dem Willen des vereidigten Angeklagten, der Partei und des Zeugen, sondern nach dem Willen des Richters ausgesucht, vgl. Lurje, a.a.O., 156; Pap. BM 10052 = Peet, Tomb Robberies, 7,2; 10,2. 12. Die St. hing von der Tat ab, dessen der Schwörende angeklagt war. – [6] Vgl. Wb I, 484,11; Pap. Rollin und Lee: Goedicke, in: JEA 49, 1963, Tf. 10,4–5; 11,2. 3; Pap. Abbott: Peet, Tomb Robberies, 6,13; Pap. Anastasi IV, 11,7: Caminos, LEM, 181. – [7] Zur Art der Pfählung vgl. Brunner, in: MDAIK 8, 1939, 162 Anm. 2; Bedell, a.a.O. (s. Anm. 3), 153ff.; Lurje, a.a.O., 146; Peet, a.a.O. I, 27. – [8] Grieshammer, in: LÄ II, 206. – [9] Christine Strauss, in: LÄ II, 18. – [10] Als St. bereits im AR belegbar, vgl. Bedell, a.a.O., 157f.; Capart, in: ZÄS 36, 1898, 125f.; Helck, in: LÄ II, 1219, Hinrichtungsgerät zum Abschneiden der Köpfe. – [11] Pap. BM 10355 vso, 16–17: Blackman, in:

JEA 11, 1925, 252, Tf. 38; vor allem auch als St. in Erzählungen wie Pap. Westcar und „Wahrheit und Lüge" (Pap. BM 10682). – [12] Bedell, a.a.O., 147f.; Lurje, a.a.O., 23; Seidl, Äg. Rechtsgeschichte, 32. – [13] Černý, in: JEA 15, 1929, 247; de Buck, in: JEA 23, 1937, 154. 158. – [14] Pap. Salt 124: Černý, in: JEA 15, 1929, 245f., Tf. 42 rto, 7; Lurje, a.a.O., 155. – [15] Lederhandschrift Louvre AF 1577, 3–6: Černý, in: Mél. Masp. I, 233f. – [16] Westendorf, in: LÄ I, 517; Grieshammer, in: LÄ IV, 350; Störk, in: LÄ IV, 561. – [17] Störk, in: LÄ III, 355. – [18] oBerlin 10655 (= Allam, Urkunden, 30 Nr. 10); oBerlin 12654 (= Allam, a.a.O., 34 Nr. 13); oBM 5625 (= Allam, a.a.O., 46 Nr. 21); oBodleian 253 (= Allam, a.a.O., 40 Nr. 18); oKairo 25556 (= Allam, a.a.O., 61 Nr. 30); oDeM 133; oNash 2 (= Allam, a.a.O., 217 Nr. 218 = Černý-Gardiner, Hier. Ostraca, 47, 1); Nauridekret Z. 93. 117. – [19] Nauridekret Z. 47. 50. 71. – [20] Pap. Berlin 10496, 12–13 (= Allam, Urkunden, 277 Nr. 265); Pap. DeM 26 (= Allam, a.a.O., 297 Nr. 271); Nauridekret Z. 53. 55. 82. 103; Urk. IV, 2149, 10ff. (Haremhebdekret). – [21] oBerlin 12654 (= Allam, Urkunden, 34 Nr. 13); Eggebrecht, in: LÄ I, 851. – [22] Pap. Leiden V 350 vso I, 9. – [23] Wenig, in: LÄ IV, 531; Pap. BM 10052: Peet, Tomb Robberies, 3, 23; 4, 22; 5, 4. 27; 7, 10; 8, 1; 9, 2; 11, 4. 10. 23; 12, 8; Pap. BM 10053: Peet, a.a.O., 2, 18; Gardiner, Inscr. of Mes, N 22. 28. 31. – [24] Heinrich Brugsch, Reise nach der großen Oase El Khargeh in der libyschen Wüste, Leipzig 1878, 83ff. – [25] Urk. IV, 2144, 17; 2146, 15; [2147, 15] (Haremhebdekret). – [26] Gardiner, Inscr. of Mes, N 35–36. – [27] Bedell, a.a.O., 183ff.; Theodoridès, in: LÄ II, 301. – [28] Helck, in: LÄ I, 377. 637; Urk. I, 171, 15; oAshmolean 1945. 37 (= Allam, Urkunden, 20 Nr. 3); Pap. Salt 124 (s. Anm. 14); Nauridekret Z. 52. 118. – [29] Emma Brunner-Traut, in: LÄ IV, 340. – [30] oBM 5625 (= Allam, Urkunden, 46 Nr. 21); Pap. Kairo 65739, 16–17. – [31] oNash 2 (s. Anm. 18). – [32] Gardiner, Inscr. of Mes, N 5–6. 26–27. – [33] oBodleian 253 (= Allam, Urkunden, 40 Nr. 18). – [34] Pap. Kairo 65739, 18–19. – [35] Nauridekret Z. 74 (als Sklaven des Domänenverwalters). 78. – [36] Brunner, in: LÄ III, 151. – [37] v. Beckerath, in: LÄ I, 224–5. – [38] Lüddeckens, in: LÄ I, 514. – [39] oBerlin 12654 (= Allam, a.a.O., 35 Nr. 15). – [40] Nach Wb IV, 350, 11 umfaßt *t3wt* die Rückgabe der gestohlenen Sache und die Buße, vgl. Bedell, a.a.O., 181. Die privatrechtliche Buße stand dem Verletzten zu. Dieser konnte auch auf die Buße verzichten, vgl. Lurje, a.a.O., 154. – [41] Sog. poena dupli, vgl. oDeM 61; oKairo 25553; oPetrie 67 (= Černý-Gardiner, Hier. Ostraca, 20, 1 = Allam, a.a.O., 244 Nr. 245); Pap. Berlin 9784, 25–27; Pap. Berlin 9785, 16; Pap. Gurob II, 1, 7 und 2, 17–20. – [42] oAshmolean 1933. 810 (= Allam, a.a.O., 18 Nr. 2); oBerlin 10655 (ebd., 30 Nr. 10); oBodleian 253 (= ebd., 40 Nr. 18); oKairo 25572 (= ebd., 63 Nr. 31); oDeM 133 (= ebd., 100 Nr. 71); oGardiner 196 (= ebd., 188 Nr. 188); oMichaelides 1 (= ebd., 204 Nr. 207); Seidl, Äg. Rechtsgeschichte, 54f. – [43] Die Vertragsstrafe wurde im voraus durch Leistung eines Eides vereinbart, vgl. Lurje, a.a.O., 164f.; Seidl, a.a.O., 54f. – [44] Vgl. Seidl, a.a.O., 38; Pap. München : Spiegelberg, in: ZÄS 63, 1928, 105. – [45] Vgl. Altenmüller, in: LÄ IV, 583. – [46] Vgl. Hornung, Fest, 17 Anm. 24. – [47] Otto, in: LÄ II, 37ff.; Westendorf, in: LÄ III, 758; Barta, in: LÄ III, 981. – [48] George Posener, Knaurs Lexikon der äg. Kultur, München, 257. – [49] Brunner, in: LÄ I, 445. – [50] Brunner, in: LÄ I, 828. 830. – [51] Westendorf, in: LÄ III, 758. – [52] Otto, in: LÄ II, 37–38; Brunner, in: LÄ IV, 957f. – [53] Christa Müller, in: LÄ I, 294; Waltraud Guglielmi, in: LÄ I, 1146. – [54] Christine Seeber, in: LÄ III, 250; Grieshammer, in: LÄ II, 206; Christine Seeber, in: LÄ II, 328; Erik Hornung, Altäg. Höllenvorstellungen, ASAW 59. 3, 1968, 12ff. – [55] Brunner, in: LÄ I, 139. – [56] Altenmüller, in: LÄ II, 940; vielfach durch Schlagen auf die Hand, vgl. Brunner, in: LÄ I, 574. – [57] Seidl, a.a.O., 37.

W. Bo.

Strauß. A. Zoologisch rechnet man den nordafrikanischen St. (Struthio camelus camelus Linné, 1758) zur Ordnung der Laufvögel[1]. Als herausragende biologische Merkmale, die sich dem frühhistorischen Jäger zur metaphorischen oder sogar symbolischen Übertragung anboten, erweisen sich folgende Charakteristika: ein ausgeprägt gutes Sehvermögen[2], die Schnelligkeit des flugunfähigen Vogels, die auf der Flucht – auch über größere Distanz – bis zu 70 km pro Stunde beträgt[3], die beeindruckende Schlagkraft seines Beins, das bei Paarungskämpfen einen konkurrierenden – 150 kg schweren – Hahn mehrere Meter weit weg und zu Boden schleudern kann[4], ein als „Tanz der St." bezeichnetes Verhalten des Vogels am frühen Morgen, bei dem er flügelschlagend herumläuft, plötzlich stehen bleibt und sich mehrfach im Kreise dreht[5], die Größe des *Straußeneis – es ist mit Abstand das größte Vogelei überhaupt – und die Schönheit der schneeweißen Flügel- und Steuerfedern des Hahns (*Straußenfeder).

Im Gegensatz zur verschiedentlich geäußerten Meinung, der St. sei in Ägypten bereits im Altertum ausgestorben[6], läßt er sich in den an die Flußoase grenzenden Trockenwadis und Wüsten bis ins 19. Jh. hinein nachweisen[7].

Als etikettierender Name ist für den St. *njw* belegt[8].

B. Typologie der Strauß-Darstellungen: 1. Der St. als Jagdtier: Das Motiv des Jägers mit *Pfeil und *Bogen, der einzelne St. jagt, wird vor allem auf Felsbildern der FrZt angetroffen[9]. Dabei stellt sich allerdings die Frage, ob derartige Darstellungen als realistisch gelten können, denn nach Ansicht klassischer Schriftsteller[10] wie auch nach den Aussagen heutiger Kxoe-Buschmänner[11] kann ein St. aufgrund des exzellenten Sehvermögens und der hohen Fluchtgeschwindigkeit nicht mit Pfeil und Bogen gejagt werden. Es gibt Hinweise, hinter diesen, der Realität nicht kongruenten Jagdszenen Darstellungen mit sexueller Konnotation zu vermuten[12].

Anders verhält es sich mit dem vor allem im MR und NR belegten Topos Wüstenjagd (*Jagddar-

stellungen), bei dem der St. mit zu den gejagten Tieren zählt[13]. Bei dieser ursprünglich wohl kgl. Treibjagd[14] werden die Tiere in einen umzäunten Bezirk getrieben, wo man sie bequem im Stile heutiger „Diplomatenjagden" abschießen kann. Die Jagdart, die dem abgebildeten Wild nach kaum in einem Flußoasenbiotop entstanden sein dürfte, mag auf von vorägyptischen Häuptlingen veranstaltete zeremonielle Treibjagden in einem Savannenbiotop zurückgehen.
Ebenfalls problematisch ist die Darstellung einer Straußenjagd auf einem Straußenfederwedel, der aus dem Grab *Tutanchamuns stammt[15]. Einmal dürfte es unmöglich sein, einen St. in freier Wildbahn per Streitwagen zu erlegen[16], des weiteren dürfte kaum jemand in der Lage sein, die 150 kg eines ausgewachsenen Hahns auf dem Rücken zu tragen. Der Texthinweis auf *Heliopolis verleiht auf der anderen Seite der pseudorealistischen Dekoration einen „gewissen" Realitätsgehalt[17].
2. Der St. als Adorant der aufgehenden Sonne: Mit Beginn des NR finden sich Belege, in denen die Beobachtung des morgendlichen Tanzens der St. (vgl. A.) als feierliche Begrüßung der Sonne interpretiert wird[18]. In bildlichen Quellen treten sie dabei zusammen mit den als Adoranten häufiger zu findenden Sonnenaffen (*Pavian) auf[19], sie werden aber auch in Gesellschaft anderer Tiere abgebildet[20]. Mythologisch s. Pyr. 469 a.
3. Der St. als Tributgabe: Da der St. sich, wenn man ihn als Küken aufzieht, leicht zähmen und wie ein Haustier halten läßt[21], ist es nicht verwunderlich, ihn unter den Abgaben der Südlande aufgeführt zu finden[22]. In bildlicher Darstellung wird er als Tributtier nur im Tempel von *Beit el-Wali belegt[23].
4. Der St. in sonstigen Kontexten: Zusammen mit anderen Tieren finden sich Abbildungen des St. – darunter ein brütendes Tier – im *Sonnenheiligtum des *Niuserre[24], in dem Jahreszeiten mit den sie charakterisierenden Zügen dargestellt sind. Die Rolle der Einzeltiere und Reihungen von St. im Ensemble von Schiffen, Menschen, Tieren und Pflanzen sowie sonstigen Symbolen auf der dekorierten *Naqada-D-Keramik[25] ist nach wie vor ungeklärt. Die in der ägyptologischen Literatur heute durchweg zu findende Ansicht, es seien auf dieser *Keramik gar keine St., sondern „Flamingos" dargestellt[26], weist einen entscheidenden Schwachpunkt auf: der Flamingo ist aufgrund seiner Nahrungsspezialisierung an ganz bestimmte Biotope gebunden, die in Ober- und Mittelägypten, dem Ursprungsgebiet der Naqada-D-Keramik, kaum angetroffen worden sein dürften[27].

C. Soweit verfolgbar sind die *Straußenfeder und das *Straußenei bereits in der FrZt als pars-pro-toto-Symbole Ausdruck bestimmter weiterer Charakteristika des St. gewesen (z. B. Kampfkraft, vgl. A.).

[1] Grzimeks Tierleben VII, München 1980, 490. – [2] Ebd., 93; Handbuch der Biologie VI. 2 (Hg. F. Gessner), Konstanz 1965, 57; in temporärer Vergesellschaftung mit Antilopen-, Gazellen- und Zebraherden übernehmen Giraffen- und Straußentrupps aufgrund ihres hervorragenden Sehvermögens quasi „Wächterfunktion" gegenüber Raubtieren (Grzimeks Tierleben VII, 93; XIII, München 1979, 268). – [3] Grzimeks Tierleben VII, München 1980, 94; 60 km pro Stunde nach mündlicher Mitteilung von Bernd Heine, Institut für Afrikanistik, Köln (Massai-Strauß in Kenia). – [4] Handbuch der Biologie VI. 2, 58; Grzimeks Tierleben VII, 94; vgl. hierzu Keimers Vorschlag, nach dem die Hieroglyphe Gardiner, EG^3, Sign-list D 41 keinen menschlichen Unterarm, sondern das Straußenbein darstellt (Keimer, in: BIFAO 56, 1957, 97 ff.). – [5] Handbuch der Biologie VI. 2, 57; Dautheville, in: BIFAO 20, 1922, 227; in Südafrika auch als *waltzing* bekannt. – [6] Alfred Wiedemann, Das Alte Ägypten, Heidelberg 1920, 255; Karl W. Butzer, Studien zum vor- und frühgeschichtlichen Landschaftswandel der Sahara. I. Die Ursachen des Landschaftswandels der Sahara und Levante seit dem klassischen Altertum. II. Das ökologische Problem der neolithischen Felsbilder der östlichen Sahara, AAWLM, Math.-Naturwiss. Klasse, 1958. 1, 26. 41. – [7] Oric Bates, The Eastern Libyans, London 1970, 29 Anm. 3; Georges Goyon, Nouvelles inscriptions rupestres du Wadi Hammamat, Paris 1957, 159. – [8] Wb II, 202. – [9] Z. B. Pavel Červíček, Felsbilder des Nord-Etbai, Oberägyptens und Unternubiens, Wiesbaden 1974, Abb. 219. 322; Goyon, a.a.O., Abb. 229. 235. – [10] Oppian, De venatione 4, 482 sqq.: man kann den St. „mit Pfeilen nicht schießen, wohl aber durch schnelle Pferde und Hunde oder durch Schlingen seiner habhaft werden" (zitiert nach: H. O. Lenz, Zoologie der alten Griechen und Römer, 1856, Nachdruck Wiesbaden 1966, 364); Aelian (14, 7) erwähnt als eine Jagdart, daß man rings um das Nest Spieße mit dem Schaft in den Boden stecke, so daß der St. sich selbst „jämmerlich" aufspieße, wenn er zum Brüten zum Nest zurückkehre (Lenz, a.a.O., 365). – [11] Nach Auskunft eines Informanten der Kxoe-Buschmänner, die bis vor kurzem noch in Nordost-Namibia jagten, kann man den St. nicht mit Pfeil und Bogen, sondern nur mit Schlingen oder mit vergifteten spitzen Hölzern, die man zwischen das Gelege steckt, erlegen (Mündliche Mitteilung von Oswin Köhler, Institut f. Afrikanistik, Köln). – [12] Leo Frobenius und H. Obermaier, Hadschra Maktuba, Graz 1965, Tf. 78; der sexuelle Charakter dieser Straußenjagd mit Pfeil und Bogen dürfte kaum bestreitbar sein. – [13] Im MR z. B. El Bersheh I, Tf. 7; Beni Hasan II, Tf. 4; im NR z. B. Davies, Rekh-mi-Rēʿ, Tf. 43; Keimer, in: RdE 4, 1940, Tf. 3 = Grab des Neferhotep (Theben-West A. 5). – [14] Als älteste Darstellung dieses Topos ließe sich die Löwenjagd-Palette auffassen (vgl. auch Vandier, Manuel I. 1, 578), bei der die Treiber am Rande dargestellt werden, die später klassischen Beutetiere der Wüstenjagd hingegen in der Mitte zusammengetrieben sind; der ursprünglich kgl. Charakter dieser Jagdart scheint durch die Darstellung bei *Sahure

demonstriert zu sein (Borchardt, Sahure II, Tf. 17). – [15] Beste Abb. mit Text des Wedelstabs: Ausstellungskatalog Toutanchamoun et son temps, Paris 1967, 188ff. – [16] Zum einen übersteigt seine Schnelligkeit (s. A.) bei weitem die Geschwindigkeit eines Streitwagens, zum anderen stellt sich die Frage nach der Geländegängigkeit eines solchen Fahrzeugs, vgl. hierzu Schulman, in: JNES 16, 1957, 264. – [17] Vgl. Text des Wedelstabs (Anm. 15). In *Heliopolis gibt es noch heute eine arabische Flurbezeichnung arḍu'l-na''ām = „Land der St."; zudem sollen dort zwei mumifizierte St. bei Ausgrabungsarbeiten gefunden worden sein (Bakry, in: CdE 47, Nr. 93, 1972, 65). – [18] Urk. IV, 19; zu *jbꜣ* = „feierlicher Tanz" vgl. Emma Brunner-Traut, Der Tanz im Alten Ägypten, ÄF 6, 1958, 77. – [19] Medinet Habu VI, Tf. 430B; die hier bei der untergehenden westlichen Sonne dargestellten St. sind natürlich ein Vorverweis auf den morgendlichen Aufgang; Siegfried Schott, Wall Scenes from the Mortuary Chapel of the Mayor Paser at Medinet Habu, Chicago 1957, 20 mit Abb. 5. – [20] Echnaton-Grab bei Amarna (Urbain Bouriant, Georges Legrain und Gustave Jéquier, Monuments pour servir à l'étude du culte d'Atonou en Egypte, MIFAO 8, 1903, Tf. 1). – [21] Handbuch der Biologie VI. 2, 63f. – [22] LEM, 119, 3. – [23] Herbert Ricke, George Hughes und Edward Wente, The Beit el-Wali Temple of Ramesses II., Chicago 1967, Tf. 7; den von Wüstenjägern gefangenen St. im Grab des Mencheperreseneb kann man kaum als Tributgabe auffassen (Davies, Menkheperrasonb, Tf. 9). – [24] Elmar Edel und Steffen Wenig, Die Jahreszeitenreliefs aus dem Sonnenheiligtum des Königs Ne-user-Re, Berlin 1974, Tf. 13. 14. – [25] Z. B. William M. Flinders Petrie, Corpus of Prehistoric Pottery and Palettes, BSAE 32, 1921, Tf. 34 Nr. 43c. 44d. 45m. 46d. 54. 55. 55b; Tf. 37 Nr. 78f.; vgl. auch Vandier, Manuel I. 1, 329ff., insbesondere 342ff. – [26] Vandier, Manuel I. 1, 342 Anm. 3. 4; Emma Brunner-Traut, in: RdE 27, 1975, 53f.; 53 Anm. 40. – [27] Aufgrund der Nahrungsspezialisierung ist der Flamingo auf das Vorhandensein von Salzseen, küstennahen Brackgewässern oder alkalinen Seen (z. B. im Grabenbruchgebiet von Kenia) angewiesen; s. dazu: Grzimeks Tierleben VII, 240; Handbook of the Birds of Europe, the Middle East and North Africa 1, Oxford 1977, 358ff. P. B.

Straußenei. A. Ein St. – das größte Vogelei überhaupt – hat mit den Außenmaßen 15 × 13 cm ein Gewicht von rund 1,5 kg und entspricht damit dem Gewicht von 25–30 Hühnereiern. Die sehr harte weiße Kalkschale von 2 mm Wandstärke läßt sich nur mit schweren Gegenständen (Stein, Hammer) zertrümmern[1]. Als Bezeichnung des St. finden sich *swḥt* (= „Vogelei")[2] oder spezieller *swḥt nt njw* (= „Ei des Straußes")[3].

B. Während das St. in Äg. als Nahrungsmittel keine Rolle zu spielen scheint, kann es in anderen Kulturen durchaus dem Verzehr dienen. So lassen sich z. B. im sumerischen Mesopotamien St. als Bestandteil des Speiseopfers für Götter belegen[4]. Uralt und zahlreich hingegen sind Funde, die den Gebrauch der Straußeneischale bezeugen: (1) aufgebohrt und entleert dient das St. seit dem akeramischen Epipaläolithikum in ganz Nordafrika als Vorratsbehälter für Wasser[5]. Im eigentlichen Niltal sind Straußeneigefäße, die mitunter verziert sein können[6], seit der Badari-Kultur als Grabbeigaben nachgewiesen[7]; (2) aus Teilchen der zertrümmerten Schale rundgeschliffene und zu *Amuletten (*Schmuck) verarbeitete Straußenei-Scheibenperlen scheinen in Äg. bereits in ältester Zt durch andere Materialien (farbige Steine etc.) verdrängt worden zu sein[8]; in Nubien[9] und in den äg. Gräbern ausländischer *Söldner (*Pfannengräber)[10] sind sie hingegen noch belegbar; (3) die zermahlene Schale des St. ist Bestandteil verschiedener *Heilmittel. Während in einigen Fällen das kalkhaltige Mehl Trägersubstanz für die anderen Ingredienzien der jeweiligen Medizin zu sein scheint[11], dürfte bei ihrer Verwendung einmal ein „Analogie-Heilverfahren" vorliegen[12].

C. Die Versorgung mit St. wird nach Ausweis von Grab- und Tempeldekorationen[13] durch Importe aus dem Süden (*Tribut, *Tributbringer) gedeckt. Fallweise mag sie durch Lieferungen aus der Ostwüste ergänzt worden sein[14]. Auffällig ist, daß – im Gegensatz zu anderen Gütern der Südlande – schriftliche Belege für den Import von St. bisher völlig fehlen. Im Bereich der Mittelmeer-Kulturen entdeckte *Straußeneigefäße[15] werden im allgemeinen als äg. Exporte gewertet[16]. Angesichts der mesopotamischen und punischen Handelsaktivitäten scheint jedoch auch hier eine gewisse Skepsis angebracht[17].

D. Der *Straußenfeder vergleichbar[18], dürfte auch das aus dem St. gefertigte Scheibenperlenamulett seinem Träger die Kampfaspekte des *Straußes[19] und somit „Schutz" verliehen haben. Die vorliegenden Aussagen über den Symbolgehalt ganzer St., die noch heute in kopt. Kirchen und islamischen Moscheen hängen, pauschalisieren es als Symbol der „Wiederauferstehung" oder des „Lebens"[20]. Eine Untersuchung dieser Ansichten steht aus[21].

[1] Grzimeks Tierleben VII, München 1980, 92; André Finet, L'œuf d'autruche, in: Studia Paulo Naster Oblata II, Orientalia Antiqua, Löwen 1982, 71. – [2] Urk. IV, 949 (= TT 84). – [3] Grundriß der Medizin V, 65. 73. 362. – [4] André Finet, a.a.O., 74. – [5] André Finet, a.a.O., 71, besonders Anm. 20; Vandier, Manuel I. 1, 54. – [6] Kantor, in: JNES 7, 1948, 46ff.; für Nubien (Dakke) vgl. Arch. Survey of Nubia 1909–1910 (C. M. Firth), Kairo 1915, Tf. 11. – [7] Badari: Badarian Civilisation, 3 (Grab 1414); Naqada: Naqada and Ballas (Nachdruck 1974), 19 (T. 4); 28 (Grab 1480). – [8] Während Straußenei-Scheibenperlen in der Unterschicht von Merimde-Benisalame noch gefunden werden (vgl. Josef Eiwanger, Merimde-Benisalame I, AV 47, 1984, 115 u. Tf. 64), verzeichnen die Perlen-Inventare der Badari-Kultur sie

nicht mehr (vgl. Badarian Civilisation, 27). – [9] Arch. Survey of Nubia, a.a.O., 55. 80. – [10] Gerald A. Wainwright, Balabish, EES 37, 1920, 22; Guy Brunton, Mostagedda, BME Years 1/2, 1937, 126. – [11] Grundriß der Medizin IV. 1, 37. 42. 208. – [12] Grundriß der Medizin IV. 1, 180; vgl. dazu Westendorf, in: *Heilmittel = LÄ II, 1100. – [13] Z.B. Davies, Puyemrê I, Tf.34; Annelies und Artur Brack, Das Grab des Haremheb, AV 35, 1980, Tf.41a; Wresz., Atlas I, Tf.270; Herbert Ricke, George Hughes und Edward F. Wente, The Beit el-Wali Temple of Ramesses II., Chicago 1967, Tf.7. – [14] Davies, Menkheperrasonb, Tf9. – [15] Fritz Schachermeyer, Ägäis und Orient, DÖAW 93, 1967, Abb.204; André Finet, a.a.O., 74. – [16] Fritz Schachermeyer, a.a.O., 58. – [17] Mesopotamien nach Luristan (vgl. André Finet, a.a.O., 74), Karthago nach Balearen, Spanien (vgl. André Finet, a.a.O., 74). – [18] *Straußenfeder, B (8) und C. – [19] *Strauß, A. – [20] André Finet, a.a.O., 76f. – [21] Vgl. Westendorf, in: SAK 6, 1978, 204–5. P.B.

Straußeneiergefäß. Aus einem Grab in *Abydos stammt ein St.[1], das, wie die meisten anderen Belege aus Mykenai[2], aus Dendra bei Midea[3], von Thera[4], Kreta (Palaikastro)[5] und Zypern[6], ein besonderes Mundstück (hier aus Stein wie die mykenischen Belege, die aus Thera aus Fayence bzw. Silber) und ein mit einer Metallplatte (Silber oder Gold belegt) verschlossenes Loch im Boden hat. Es ist wohl ägäische Einfuhr und nicht in Äg. hergestellt[7]. – Im übrigen s. *Straußenei Sp.76.

[1] Aus Grab 113 A 09 der Nekropole nördl. des „Forts" (Garstang-Grabung), nie publiziert, nur abgebildet bei Sir Arthur Evans, Palace of Minos II, London 1921ff., 222; jetzt in den Musées Cinquantenaire, Brüssel. – [2] ANE 552. 828. 832 (vgl. G. Karo, Die Schachtgräber von Mykenai, München 1930, 114. 239f. Tf. 141–2). – [3] A.W. Persson, Royal Tombs at Dendra near Midea, Lund 1931, Tf.3. – [4] Marinatos, in: ΠΡΑΚΤΙΚΑ, Athen 1971, Tf.296–298. – [5] Dawkins, in: ASA 10, 1903–4, 202. – [6] Vgl. Leclant, in: Or 39, 1970, 362; 43, 1974, 221; Pecorella, in: Acts of the Symposium "The Mycenaeans in the Eastern Mediterranian", Nicosia 1973, 23; Vermeule, in: ebd., 32. – [7] Vgl. Wolfgang Helck, Die Beziehungen Ägyptens und Vorderasiens zur Ägäis, Darmstadt 1979, 98–99. W.H.

Straußenfeder. A. Die St. gehört zum Kreis jener *Symbole, die sich zu allen Zeiten und überregional auf äg. Denkmälern finden. In der Darstellung sind zwei Arten von Federn zu unterscheiden: (1) Schwungfedern der Flügel (z.B. Emblem der *Maat, des *Schu) oder (2) Schwanzfedern (z.B. in *Kronen des *Bes[1] oder Kompositkronen der *Isis[2]). Der äußeren Form nach sind die Schwanzfedern nicht von einem anderen Kronensymbol, der Falkenfeder, zu unterscheiden. Die jeweilige Innenzeichnung zeigt jedoch die distinktiven Merkmale deutlich: hier die vom Schaft ausgehende, nach beiden Seiten hin gleichmäßige feine Fiederung, dort gleichmäßig feine Schaftfiederung, die aber durch breite Bänder unterbrochen wird[3], der für die meisten Falkenarten charakteristischen braun- bis schwarzbänderigen Querzeichnung ihrer Steuerfedern[4].
Im allgemeinen bezeichnet man die St. einfach als *šwt* (= „die Feder")[5], obwohl die spezifizierende Benennung *šwt* (*nt*) *njw* (= „Feder des Straußes")[6] ebenfalls belegt ist. Dazu tritt vom NR an noch der Name *mḥt*[7].

B. Kontexte des St.-Emblems: (1) Aus vordynastischer Zt stammt ein Beleg – die Löwenjagd-Palette[8] –, der die St. als Abzeichen des Jägers ausweist[9], ein Sachverhalt, der durch ethnologische Parallelen bestätigt wird[10].
(2) Die St. als ursprüngliches Abzeichen der Krieger oder deren Anführer ist seit der 3.Dyn.[11] durch die Hieroglyphe *mšʿ* nachgewiesen[12], die einen Soldaten mit einer vom Stirnband gehaltenen St. zeigt[13]. Daß die St. konkret noch bis ins MR hinein als Soldatenemblem verwendet wurde, belegen – zumindest regional – Darstellungen aus El-*Berscheh[14]. Auch bei den Ägyptern sprachlich und ursprünglich auch kulturell verwandten Völkern, Libyern und *nḥsj* der C-Gruppen-Temehu-Tradition[15], charakterisiert sie militärischen Rang[16].
(3) Die St. als eines der königlichen Herrschaftssymbole zeigen vor allem die Mythenfragmente aus dem Korpus der Totentexte, die allerdings zum Gebrauch für den Verstorbenen redigiert sind. So heißt es z.B.: „Osiris N. N. (= ursprünglich *Horus) steht vor *Geb, die St. auf seinem Kopf, die Maat (= Uräus) an seiner Stirn"[17].
(4) Götter werden seit ältester Zeit mit der St. abgebildet: *Asch (2.Dyn.)[18], Maat (5.Dyn.)[19], *Anedjti (Doppel-St., 6.Dyn.)[20], *Schu (18.Dyn.)[21], *Osiris (Doppel-St., NR)[22]. Daneben findet sie sich bei einigen kleineren Gottheiten[23]. In detailreich ausgeführten Darstellungen erkennt man, daß die St. in der Mehrzahl aller Fälle auch bei Göttern in das Stirnband gesteckt wird[24].
(5) Kompositkronen, in denen sich die St. mit einer Reihe anderer Symbolträger (Widdergehörn, Stierhörner, Kuhhörner, Schilfbündelkrone, Weiße Krone und Sonnenscheibe) kombiniert findet, sind seit der 4.Dyn. als Königskronen belegt[25] und später auch als Götterkronen bezeugt[26]. Als verbreitetster Typus dieser Gattung, für den auch ein Name bekannt ist, darf die Atef-Krone gelten, die zur traditionellen Ikonographie des Osiris gehört[27]. Bei den Kompositkronen wird erstmals auch die Straußenschwanzfeder verwendet[28].
(6) Ein vom menschlichen oder göttlichen Träger losgelöster Gebrauch der St., bei dem sie als eine Art „Determinativ" fungiert und durch graphi-

sche Addition Tiere oder Gegenstände aus dem profanen Bereich heraushebt und als „besonders oder göttlich“ klassifiziert, ist seit der 1.Dyn. zu beobachten. Während es ursprünglich Tiere sind, denen auf diese Art ein spezieller Status verliehen wird (*Widder[29], *Schakal[30]), überträgt man das Verfahren schon bald auf Gegenstände aller Art[31].
(7) Zu Beginn der 12.Dyn. findet sich eine Inschrift, in der die Straußenfeder-Hieroglyphe als Phonogramm neben dem bekannten Lautwert *šwt* erstmals auch den Lautwert *mꜣʿt* repräsentiert[32]. Als *mꜣʿt* zu lesendes Ideogramm taucht sie zum erstenmal gegen Ende der 12.Dyn. in Schreibungen des Königsnamens *Nj-mꜣʿt-Rʿ* auf[33]. Diese Neuerung findet sich dann regelmäßig im NR in den Szenen des *Totengerichts, in denen die Straußenfeder-Hieroglyphe = Ideogramm für *mꜣʿt* = „Ethische Norm“ gegen die Herz-Hieroglyphe = „Individuelles Handeln“ aufgewogen wird. Die in den „Händen“ der kgl. *Ka-Namen abgebildete St. sollte hingegen nicht – im Gegensatz zur gängigen Meinung[34] – als „Feder der Wahrheit“ apostrophiert, sondern als „vergöttlichendes Determinativ“ (siehe [6]) verstanden werden, da ihre ersten Belege wesentlich älter sind[35] als die Neuerung, die St. ideographisch *mꜣʿt* zu lesen.
(8) Im *Mundöffnungsritual (Szene 39)[36] wird der zu belebenden, ursprünglich kgl. Statue durch eine St. *ḫww* (= „Schutz“[37], „Status des Heiligen [?]“) verliehen[38]. Ob die im *Sedfest belegten, St. in den Händen haltenden *ḥmw nṯr* vergleichbare Funktion ausüben, ist ungeklärt[39].

C. Interpretation: Die St. stellt – als pars-pro-toto-Symbol – wichtige Aspekte des *Straußes dar: seine Kampfkraft, seine Schnelligkeit, sein beeindruckendes Sehvermögen. In Übertragung dieser Qualitäten auf ihren Träger wird die St. so zum Emblem des Jägers, Kriegers, Anführers, Häuptlings, Königs und letztlich zu dem des unspezifiziert Göttlichen. Sekundär findet sie sich dann als Bestandteil des Herrschaftssymbols Krone und als „Determinativ“ des Göttlichen, das Wesen oder Gegenstände als „besonders“ charakterisiert.
Gleichfalls sekundär dürfte eine Entwicklung sein, die auf graphischer Ebene zum Symbolwert St. = Maat führt. Der grammatisch feminine Begriff *mꜣʿt* erhält im AR als Determinativ eine Göttin, die ein Anch-Zeichen, ein Was-*Zepter und eine St. trägt (vgl. die identische Darstellung des Gottes Asch, Abschnitt B [4])[40]. Zuerst stehend, dann sitzend[41] und vom MR an hockend dargestellt, findet sich das Maat-Determinativ in den *Sargtexten sporadisch auf die St. reduziert[42]. Aus dieser Graphie des Maat-Determinativs entwickelt sich ein Phonogramm St. = *mꜣʿt* und danach ein Ideogramm St. = *mꜣʿt* (vgl. Abschnitt B [7]).
Eine Herkunft der „Maat-Feder“ aus dem allgemeinen Symbol für Heiligkeit wurde bereits von Sethe[43] und von Helck[44] vermutet. Andere Ansichten über den Ursprung der „Maat-Feder“ vertreten Erman[45], der in ihr eine Geierfeder sehen möchte, sowie Assmann und andere[46], die sie für ein Symbol der Luft halten. S. auch *Sonnenlauf (LÄ V, 1101 mit Anm. 4).

[1] Sie besteht aus einem Kreis hochragender, an einem Reif befestigter Schwanzfedern. – [2] Vgl. Calverley–Gardiner, Abydos I, Tf. 17. 19. 20; hier sind die Schwanzfedern mit der Sonnenscheibe kombiniert. – [3] So z.B. beim „Falken von Hierakonpolis“ (Rössler–Köhler, in: MDAIK 34, 1978, 117 mit Abb. 1); *Horus (Calverley–Gardiner, a.a.O., Tf. 26 unten rechts); *Amun-Re (Calverley–Gardiner, Abydos II, Tf. 4. 5.); Amun in *Min-Gestalt (Lacau–Chevrier, Sésostris Ier, Tf. 18. 20. 21. 22 etc.); vgl. auch *Federn und Federkrone, Anm. 15. – [4] Grzimeks Tierleben VII, München 1980, 403. 404. 417. 418. 423. – [5] Wb IV, 423; bei der Verwendung des Duals *šwtj* (Wb IV, 425), der das Kronensymbol Doppelfeder bezeichnet, muß zwischen St. und Falkenfedern unterschieden werden, was aufgrund des Determinativs oder kontextuell in den meisten Fällen möglich ist; abzusetzen von der Bedeutung *šwt* (= „Feder“) ist *šwt* (= „Gefieder, Flügelfedern“), das erst in späteren Texten als spezifizierendes Determinativ den Vogelflügel (Gardiner, EG³, Sign-list H 5) erhält; vgl. Pyr. 546b und pSalt 825 (Derchain), Fig. 9b oder Edfou IV, 56, 6. – [6] Wb IV, 424. – [7] Wb II, 123. – [8] William M. Flinders Petrie, Ceremonial Slate Palettes, BSEA 66 (A), 1953, Tf. A 3. – [9] Der Einwand, es handele sich bei den Jägern um „Libyer“, ist schwerlich zu akzeptieren, denn für die „Libyer“ jener Zeit, die *Ṯḥnw*, sind St. als Emblem nicht belegt (Wilhelm Hölscher, Libyer und Ägypter, ÄF 4, 1955, 18); zudem scheint wenig plausibel, daß die *Ṯḥnw* als Feinde Ägyptens (der wohl ungefähr zeitgleiche König *Narmer führt gegen sie Krieg; vgl. Hierakonpolis I, Tf. 15, Nr. 7) auf einer äg. Zeremonialpalette als Jäger dargestellt werden. – [10] So binden sich z.B. die Wata – die Jägerkaste der Kuschitisch sprechenden Oromo (Galla) – vor der Jagd eine St. ins Haar (Eike Haberland, Galla Südäthiopiens, Stuttgart 1963, 139). – [11] Im Titel *mr mšʿ* (3. Dyn. unter *Sḫm-ḫt*, vgl. Inscr. Sinai, Part II, 53 (Postscript); 4. Dyn. unter *Snfrw* (?), vgl. Petrie, Medum, Tf. 9 oben und unten). – [12] Gardiner, EG³, Sign-list A 12; der Determinativgebrauch bei *Wnj* (*Uni) (6. Dyn.), wo neben dem mit der St. geschmückten Anführer (?) federlose Soldaten abgebildet werden, könnte darauf schließen lassen, daß die St. hier als Rangabzeichen verstanden wird, vgl. Urk. I, 102, 2; 103, 6. 8. 11 etc., etc.; vgl. hierzu Anm. 14. – [13] Vgl. Petrie, Medum, Tf. 9; Beni Hasan I, Tf. 47, unteres Register. – [14] El Bersheh I, Tf. 15, 3. Register von oben; hier kann es sich nicht um „Libyer“ handeln, denn die Beischrift sagt: *ḏꜣm n ʿḥꜣwtjw n Wnt* (= „Die Altersklasse der Krieger des Hasengaus“); da nicht alle Soldaten eine St. tragen, könnte die St. auch hier als Rangabzeichen aufgefaßt werden. – [15] Sowohl Libyer wie auch C-Gruppen-*Ṯmḥw* dürften linguistisch der Familie der Berber-Sprecher zuzuordnen sein; vgl. Behrens, in: Sprache und Geschichte in Afrika (SUGIA)

3, Hamburg 1981, 17ff.; dazu mit erweitertem Material Behrens in: SUGIA 6, Hamburg 1985, im Druck. – [16] Für *nḥsj*: Davies–Gardiner, Huy, Tf. 27; Helck, in: JARCE 6, 1967, 140. 148 (Brief an Nehesi, die die St. tragen); für Libyer: Kitchen, Ram. Inscr. IV, 14, 10 (der geschlagene Anführer flieht, „ohne die St. auf seinem Kopf"). – [17] CT I, 26b (M.C. 105, T9C); vgl. hierzu CT I, 47b–d, wo der Tote vor Geb sitzend das Abbild des Horus ist und – anstelle der St. – die Weiße Krone auf dem Kopf und die Maat (= Uräus) an der Stirn trägt; ferner Tb (Naville) I, 166,44 (Kapitel 173), wo Horus dem Osiris (= dem Verstorbenen) zwei Augen (!) gibt und die Doppel-Straußenfeder auf seinen Kopf setzt. – [18] In der ägyptologischen Literatur wird seine Zugehörigkeit zum äg. Pantheon bestritten (Borchardt, Sahure II, 74) oder zumindest in Zweifel gezogen (*Asch). Dem ist entgegenzuhalten: alle Darstellungen der FrZt zeigen Asch mit *wꜣs*-Szepter und *ꜥnḫ*-Zeichen, als Kronensymbole trägt er zweimal die *ḥdt*-Krone und einmal die St. (vgl. Anm. 17), *Chasechemui und *Djoser werden von ihm mit *wꜣs* und *ꜥnḫ* beschenkt (Kaplony, Inschriften III, Abb. 283. 286. 303. 304; in letzterer ist die Beischrift nicht *Ḥr-ꜣḫtj*, sondern *ꜣš* zu lesen). „Ägyptischer" – so scheint es – kann ein Gott kaum dargestellt werden. Und ebenso wenig wie *Hathor durch ihr Epitheton *nbt Pwnt* (= „Herrin von Punt") zur „puntischen" Göttin wird, sollte Asch, wenn man ihn *nb Ṯḥnw* (= „Herr der Tehenu") nennt, einen „libyschen" Gott repräsentieren (so Sethe, in: Borchardt, a.a.O., 74). – [19] Junker, Gîza III, Abb. 21. 46; VII, Abb. 89. – [20] Pyr. 220c. 614a. 1833d. – [21] Van de Walle, in: CdE 55, Nr. 109, 1980, 27 mit Abb. 1. – [22] Calverley–Gardiner, Abydos I, Tf. 4. – [23] Lokalgöttin aus dem Gau von Beni Hasan (Beni Hasan I, Tf. 32); Göttin im Amduat (Hornung, Amduat I, Göttin 329 [5. Stunde], vgl. II, 94); Neunheit in Medinet Habu (Medinet Habu VI, Tf. 469); Neunheit im Totenbuch (Totenbuch [Lepsius], LI). – [24] Vgl. Anm. 21. 22; dazu Calverley–Gardiner, Abydos IV, Tf. 7; Gertrud Thausing und Hans Goedicke, Nofretari, Graz 1971, Tf. 5. 8. – [25] Reisner, Giza II, Tf. 8; eine Zusammenstellung einer ganzen Reihe dieser Kompositkronen zeigt der Obelisk der Hatschepsut (LD III, 22. 23). – [26] Vgl. Belege Anm. 2. – [27] Vgl. *Osiris, Abschnitt V. – [28] Inscr. Sinai I, Tf. 2; Borchardt, Ne-user-reꜥ, Tf. 16. – [29] Kaplony, Inschriften III, Abb. 301, wo die Doppel-Straußenfeder aus einem Widder einen Gott mit Widder-Aspekt macht. – [30] Kaplony, a.a.O., Abb. 42. – [31] Vgl. Pierre Lacau, Sur le système hiéroglyphique, BdE 25, Kairo 1954, 112ff. – [32] CT VII, 2f. (L2Li); vgl. Joseph E. Gautier und Gustave Jequier, Memoire sur les fouilles de Licht, MIFAO 6, 1902, Tf. 25, Mitte der horizontal laufenden Zeile, Grab des *Ssnb.n.f* neben der Pyramide *Sesostris' I. (vgl. Tf. 3). – [33] LD II, 139d und o; interessant sind auch die Schreibungen e, g, h, r; daneben die Schreibung der Saqqara-Liste (Emmanuel de Rougé, Œuvres diverses, BE 26, 1918, Tf. 1), Nr. 36; der auf derselben Liste als Nr. 28 erscheinende König *Mꜣꜥt-kꜣ-Rꜥ*, der *mꜣꜥt* ebenfalls ideographisch mit der St. schreibt, ist nach Meinung Gauthiers nicht existent. Es soll sich um eine Verschreibung des Namens *Ḏd-kꜣ-Rꜥ* handeln (St. für Djed-Zeichen), vgl. LR I, 137. – [34] Ursula Schweitzer, Das Wesen des Ka, ÄF 19, 1956, 55; Derchain, in: BiOr 14, 1957, 215. – [35] Jéquier, Pepi II, II, Tf. 8 (10). 36. – [36] Otto, Mundöffnungsritual I, 92f.; II, 99. – [37] Wb III, 244f. – [38] Der Einwand Helcks (MDAIK 22, 1967, 40f.), die in den klassischen Texten dargestellte Szene 39 sei aus der Verlesung eines Pyramidentextes entstanden, ist zwar nicht ausschließbar, scheint jedoch deswegen wenig wahrscheinlich, weil sie die Existenz *eines einzigen* Vorlagenmanuskripts für alle späteren Darstellungen des Rituals postuliert. – [39] Bissing, Re-Heiligtum II, Tf. 4. – [40] Vgl. Belege Anm. 19. – [41] Scheintür des *Mrj* in: Hieroglyphic Texts from Egyptian Stelae Part I, ed. T. G. James, London 1961, 37, Tf. 35 (Nr. 1191). – [42] CT I, 26b (T9C). 51c (M.C. 105). 79b (M.C. 105); CT III, 44b (M2NY). 297e (G1T) etc. – [43] Sethe, in: ZÄS 56, 1920, 54. – [44] Helck, in: *Maat, LÄ III, 1111. – [45] Adolf Erman, Die Religion der Ägypter, Berlin und Leipzig 1934, 57f. Die leicht befremdende Ansicht beruht auf einem Textmißverständnis, die „Maat-Feder" ist keineswegs eine Geierfeder. Das Maat-Opfer, um das es in den Belegen geht, hat in diesen Kontexten unspezifischen Charakter. Konkret wird *šwt n štꜣt* dargebracht (= „das Flügelgefieder der *štꜣt*-Geierin"), ein Schutzopfer, für das der König reziprok Schutz erhält, der sich auf ganz Ägypten erstreckt. – [46] Assmann, in: *Gott, LÄ II, 759; Grumach–Shirun, in: *Federn und Federkrone, LÄ II, 143; hier stellt sich die Frage, warum ausgerechnet die Feder eines *flugunfähigen* Vogels zum Symbol für „Luft" oder „Lufthaftigkeit" geworden sein soll. P. B.

Streik. Unter St. versteht man die organisierte oder spontane Arbeitsverweigerung von lohnabhängigen Arbeitern zur Durchsetzung ökonomischer, aber auch sozialer und politischer Forderungen.

Der äg. Ausdruck für St. ist im „Passieren der Mauern" (*zš nꜣ jnbw*) zu sehen [1].

Bisher sind St. nur in der 20. Dyn. für die Arbeiter von *Deir el-Medineh belegt. So beklagt sich der Nekropolenschreiber *Nfr-ḥtpw* in einem Brief an seinen Vorgesetzten, den Wezir *Ta (*Tꜣ*)[2], darüber, daß weder *Scheune noch *Schatzhaus die notwendigen Versorgungsgüter für die Arbeiter geliefert hätten. Daher seien die Handwerker schon am „Sterben" [3]. Dieser Brief dürfte in die Zt kurz vor den St. des Jahres 29 *Ramses' III. zu datieren sein [4].

Wenig später klagt der Schreiber *Jmn-nḫt* erneut über das Ausbleiben der Rationen [5] (im Jahr 29, 2. *ꜣḫt* 21), doch wird ein St. vorerst durch eine Teillieferung am 2. *ꜣḫt* 23 abgewendet. Außerdem wird, sicher als vorbeugende Maßnahme auf zu erwartende Unruhen, der Wezir *Tꜣ* zum Wezir von O. und U.Äg. befördert. Als dann jedoch die Rationen für die Arbeiter endgültig ausbleiben, kommt es am 2. *prt* 10 des Jahres 29 Ramses' III. zum ersten großen St. [6], und die Streikenden setzen sich am *Totentempel *Thutmosis' III. nieder [7], um ihren Forderungen Nachdruck zu verleihen. Auch am darauffolgenden Tag wird der St. noch fortgesetzt [8]. Am 12. ziehen die Arbeiter schließlich zum *Ramesseum[9], wo ihnen Abhilfe versprochen wird. Am 2.*prt* 13 spricht der Oberpolizist *Mnṯw-msjw* zu ihnen[10] und sagt, daß er persönlich bereit sei, mit ihnen zusammen und ihren Frauen und Kindern zum Totentempel *Sethos' I. zu ziehen, und er erlaubt ihnen, dort zu bleiben. Noch am 2.*prt* 16 wird nach der Angabe des *Pap. Turin 2006 + 1961 in Theben-West gestreikt[11]. Da am 2.*prt* 17 die Rationen schließlich doch noch geliefert werden[12], kehrt vorerst Ruhe ein.

Als Gründe für die Arbeitsniederlegungen werden ausschließlich ökonomische Schwierigkeiten angegeben: es fehlt an Nahrungsmitteln und Getränken, an Kleidung, Öl, Fisch und Gemüse[13].

Im 3. *prt* desselben Jahres[14] wird wieder gestreikt, und die Arbeiter weigern sich entschieden, den St. abzubrechen[15], bis ihre Forderungen erfüllt sind. Schließlich kommt am 3.*prt* 28 der Wezir *Tꜣ* nach Theben, um die Götterstatuen des südlichen Landesteils für das *Sedfest zu holen. Bei dieser Gelegenheit weist er in einem Schreiben an die Streikenden Anschuldigungen, er hätte die Rationen fortgenommen, zurück und veranlaßt, daß wenigstens die Hälfte der Rationen an die Arbeiter ausgegeben werden soll[16].

Am 1.*šmw* 13 streiken die Arbeiter erneut, diesmal ziehen sie zum Totentempel des *Merenptah[17]. oTurin 57072 läßt jedoch erkennen, daß die aufgetretenen Fehlbeträge im Laufe der Zeit ausgeglichen worden sind, besonders hohe Nachlieferungen werden im 2. *šmw* genannt[18].

Bald darauf waren die Lieferungen aber wieder im Rückstand, so daß die Handwerker im Jahr 31, 2.*prt* 15[19] und auch im Jahr 32, 2.*šmw* 29[20] wieder in den St. traten. Auch nach dem Tode Ramses' III. wurden diese Unruhen fortgesetzt. So ist in der Zt *Ramses' IV. im Jahr 1, 4.*šmw* 17[21] gestreikt worden. In dieselbe Zt gehört auch die Nachricht von einem elftägigen St. in der Zt vom 4.*šmw* 10–4.*šmw* 21[22]. Die letzten St. in Deir el-Medineh datieren in die Zt *Ramses' IX. und *Ramses' X. Im Jahr 9, 4.*šmw* 26 Ramses' IX. wird gestreikt[23]. Auch die Notizen im „Giornale", daß die Arbeiter in den Jahren 13 und 17 Ramses' IX. gehungert hätten[24], könnten als indirekte Hinweise auf St. angesehen werden. Etwa in diese Zt gehört auch das oSydney[25], in dem ebenfalls von Arbeiterunruhen gesprochen wird.

Die letzten St. sind im Jahr 3 Ramses' X. belegt[26], wo die Arbeiter wiederum die Arbeit niederlegen und im Tempel (= *Medinet Habu) sitzen[27].

[1] Z.B. Streikpapyrus RAD, 49,15; eine Variante ist in oSidney belegt, wo es heißt: „Passieren nach draußen". Vgl. Eyre, in: Fs Fairman, 80ff. – [2] oChicago 16991; vgl. Wente, in: JNES 20, 1961, 252ff.; Allam, Ostr. u. Pap., 76f. – [3] Von vor Hunger sterbenden Arbeitern spricht auch oDeM 607. – [4] Vgl. Manfred Gutgesell, Die Datierung der Ostraka und Papyri aus Deir el-Medineh, HÄB 18–19, Hildesheim 1983, 447. – [5] oBerlin 10633, übersetzt bei Edgerton, in: JNES 10, 1951, 137 und Allam, op. cit., 29. – [6] RAD, 49, 15; dazu auch oIFAO 1255 (unpubl.) und oKairo 25530. – [7] RAD, 49, 17f.; 52, 16; oIFAO 1255. – [8] oIFAO 1255; oKairo 25530. – [9] RAD, 53,6; oIFAO 1255. – [10] RAD, 54,6ff.; oKairo 25530, während oIFAO 1255 die Rede des Oberpolizisten nicht erwähnt. – [11] Zur Einordnung dieses Pap. in die Streikliteratur vgl. Gutgesell, op. cit., 309ff. – [12] RAD, 50,3ff. – [13] RAD, 53,14–54,4. – [14] RAD, 54,13–55,3. – [15] RAD, 55,5ff. – [16] RAD, 55,15–56,7. – [17] RAD, 57,1ff. – [18] 22 Sack erhalten die Vorgesetzten und sogar 35 Sack jeder einzelne Arbeiter. – [19] oDeM 36 rto, 9. – [20] oDeM 38 II, 22. – [21] oBerlin 12631 (unpubl.). – [22] oKairo 25533 vso, 9. – [23] oDeM 571. – [24] Jahr 13 = Giornale vso, 1,4 (Tf.4); Jahr 17 = Giornale rto 1,6. 13–15 (Tf.14–15). – [25] Eyre, in: Fs Fairman, 80ff., wo er den Text in die Zt Ramses' IV. datiert (bes. 84). Zur späteren Datierung vgl. Gutgesell, op. cit., 357f. – [26] Giornale rto, 2,16 (Tf.53). – [27] Vgl. Anm.6.

M. Gut.

"Streit des Horus und Seth". *Pap. Chester Beatty I[1], der Papyrus aus der Zt *Ramses' V., Ort der Abfassung *Theben.

Der St. des *Horus und *Seth bzw. die Auseinandersetzung der beiden Anwärter auf den vakanten Thron des *Osiris werden dargestellt anhand einer Art Gerichtsverhandlung, deren Vorsitz der Göttervater *Re-*Harachte innehat.

Entsprechend einer gerichtlichen Verhandlung treten verschiedene Parteien auf: die Kläger selbst; verschiedene andere Götter, die in der Art ihrer Aussagen (und Parteinahme) Zeugen gleichen; „höher gestellte" Götter, die nicht anwesend sind, können als eine Art Sachverständige betrachtet werden, da ihr schriftliches Eingreifen manche festgefahrene Situation, wenn auch nur kurzfristig, zu klären vermag. Neben dem Vorsitzenden tritt eine Kommission auf, die *Neunheit, die man vielleicht mit Geschworenen vergleichen kann, da auch sie die Möglichkeit haben, endgültig zu entscheiden.

Die Gerichtsverhandlung oder die Auseinandersetzung bildet jedoch eine Rahmenerzählung, von der Feststellung des Streitwertes bis hin zur Verkündigung des Urteils, die verschiedene Binnenerzählungen enthält, die zyklisch angeordnet sind und mehr oder weniger auf die Gerichtsverhandlung Bezug nehmen. Innerhalb der aneinandergereihten Episoden finden Ortswechsel statt, wobei die Hauptpersonen sich in immer neuen Kontexten gegenüberstehen. Am Ende der eingeschobenen Episoden stehen *Ätiologien, z.B. die Bestrafung des Nemti (*Anti).

Der St. des Horus und Seth gehört zu den literarischen Erzählungen mythologischen Inhalts, die seit der Ramessidenzeit auftreten. Sie gehören ihrer Struktur nach zum Typ mythischer Aussagen, die Entsprechungen in der alltagsweltlichen Praxis finden, z. B. bei magischen Handlungen, und daher handlungsbezogen zu nennen sind[2]. Hier sind zu erwähnen der Nilpferdkampf[3] oder die homosexuelle Episode[4], die aus anderen Kontexten bekannt sind. So sind die Erzählungen des NR, besonders der St. des Horus und Seth, als Verknüpfungen derartiger Episoden zu verstehen, die ihre Entstehung und ihre Prägung alltagsweltlicher Praxis verdanken. Die Erzählung gehört in den Bereich der profanen Unterhaltungsliteratur. Als literarischer Text wird er von Assmann[5] als situationsabstrakt bezeichnet, da er nicht auf bestimmte Handlungen bzw. Verwendungssituationen bezogen ist.

Durch das Eingliedern dieser Binnenerzählungen ergibt sich aber auch eine Verschiebung des Handlungsbewußtseins[6], die im Sinneswandel der einzelnen handelnden Personen zu sehen ist, z. B. die unsichere Haltung der *Isis während des Nilpferdkampfes.

Ebenso tritt eine Veränderung in der Konstellation der streitenden Parteien ein: am Anfang stehen sich *Harsiese und Seth gegenüber, Kind und Erwachsener, während im weiteren Handlungsverlauf, nachdem Harsiese zum ersten Mal die weiße *Krone empfangen hat, sich zwei gleichwertige Kampfgefährten gegenüberstehen. Vielleicht ist auch eine Veränderung im Verwandtschaftsverhältnis der beiden anzusetzen[7]. Deutlich wird auch, daß eine Abweichung von dem üblichen Verwandtschaftsmuster vorliegt: so erscheinen *Ptah als Vater des Osiris und *Neith als Mutter der Isis.

Merkmal dieser Unterhaltungsliteratur sind auch die nicht zu Ende gebrachten Handlungen der eingeschobenen Passagen[8], dort wo eine Fortführung angebracht wäre: nach der Enthauptung der Isis soll Horus für dieses Vergehen bestraft werden; diese Bestrafung findet nicht statt. Auch die Vergehen des Seth werden nicht verfolgt.

Die Gerichtsverhandlung, die nach den eingeschobenen Episoden wieder fortgesetzt wird, findet ihr Ende mit dem Eingreifen des Osiris. Nun sind die Parteien bereit, den Streit zu beenden. Beide sind gerechtfertigt. Horus erhält das Amt seines Vaters, Seth behält seine Machtposition in der *Sonnenbarke als „Sohn" des Re-Harachte.

Bewertet man auch den St. des Horus und Seth als profane Unterhaltungsliteratur, die wohl keinen politischen Urkampf um die Herrschaft Ägyptens widerspiegelt[9], so zeigt sie dennoch Tendenzen ihrer Zt, wenn auch keine politischen, sondern religiöse: die Erzählung liefert Hinweise auf die Stellung des Seth innerhalb der äg. Götterwelt. Von einer Verfemung, wie sie später immer mehr in den Vordergrund rückt, kann hier noch nicht die Rede sein. Seine Macht in der Sonnenbarke bleibt unangetastet. Ebensowenig erscheint er als Mörder des Osiris. Mag die Erzählung auch profane Unterhaltungsliteratur sein, so zeigt sie vielleicht gerade deswegen einen Blick auf die alltagsweltlichen, religiösen Gegebenheiten.

[1] pChester Beatty I, 8–26, Tf. 1–16. – [2] Assmann, in: GM 25, 1977, 32. – [3] Abd el-Mohsen Bakir, The Cairo Calendar, No. 86637, Kairo 1966, 17 f., Tf. 7–8; Pap. Sallier IV, 2, 6–3, 5. – [4] Herman te Velde, Seth, God of Confusion, PÄ 6, 39–46. – [5] Assmann, op. cit., 33. – [6] Assmann, op. cit., 33. – [7] Anders: Detlef Franke, Altägyptische Verwandtschaftsbezeichnungen des Mittleren Reiches, Hamburger Ägyptologische Studien 3, 1983, 105. – [8] Assmann, op. cit., 33. – [9] Gegen Spiegel, Horus und Seth, passim.
R. Sch.

Streitwagen s. Wagen, Rad, Zaumzeug

Streitwagenfahrer, äg. *kú-ši(-n)* (*kṯn*) bzw. *kú-si* (*kḏ[n]*) (seit Amarna) = hurritisch ^{LÚ}ku-si (Alalach[1]); der neben ihm stehende Kämpfer heißt *snn* = hurritisch šananu (Alalach), ugaritisch ṯnn[2]. „Erste Streitwagenfahrer Seiner Majestät vom Stall des Königs" sind häufig als diplomatische Boten eingesetzt worden (*Stall)[3]. Hethitische Streitwagen hatten drei Mann Besatzung.

[1] Goetze, in: JCS 13, 1959, 35; Ward, in: JNES 20, 1961, 39 (mit Hinweis auf Darstellung bei Davies, Amarna V, Tf. 22); Helck, Beziehungen², 524 (Nr. 267). – [2] Ward, in: JNES 20, 1961, 39. – [3] Helck, Beziehungen², 440 ff.
W. H.

Stroh. 1. äg. *rwjt*, neuäg. *ru-wi-ja*, ^{S}(ⲁ)ⲣⲟⲟⲩⲉ, ^{B}(ⲁ)ⲣⲱⲟⲩⲓ, ^{A}(ⲁ)ⲣⲉⲓⲟⲩⲉ (ⲣⲁⲩⲉ), ^{F}ⲗⲁⲟⲩⲓ, in medizinischen Texten und im Vergleich „wie Feuer im Stroh" (Amenemope 5, 14)[1].

2. äg. *dḥ3*, im AR *ḏḥ3*, ^{S}ⲧⲱϩ, ^{B}ⲧⲟϩ (ⲑⲟϩ)[2], besonders „Häcksel" als Futter für Rinder[3], Pferde[4] und allgemein zum Mästen[5], als Zusatz zum Lehm bei der Ziegelproduktion[6] und zum Ausstopfen von Puppen[7] sowie auch für die Feuerung, wobei in Eselslasten abgerechnet wird[8]. Literarisch gilt St. als Bild der Trockenheit[9] und der Nichtigkeit[10], aber auch als Material „Lehm und Stroh", aus dem Gott den Menschen bildete[11].

[1] Wb II, 408, 2; Med. Wb, 525; KoptHWb, 169. – [2] Wb V, 481, 1–7; 605, 7; KoptHWb, 257. – [3] Tylor–Griffith, Paheri, 3. – [4] pKoller 1, 2; pAnast. II vso, 8, 2. – [5] Pietsch, in: LÄ III, 1131 Anm. 17 mit Lit. – [6] pAnast. IV, 12, 6, cf. Caminos, LEM, 190; Amenemope 24, 13. Vgl. Exodus 5, 11. – [7] S. Feucht, in: LÄ IV, 551. – [8] oDeM 131 rto, 2; 297 rto, 3; 557 rto, 9; 589; CG 25727; Černý–Gardiner, Hier. Ostraca, Tf. 32, 1

rto, 1. – [9] Tylor–Griffith, Paheri, 7. – [10] LD III, 166; Kitchen, Ram. Inscr. II, 72,11–15 (Qadesch–Schlacht). – [11] pBM 10474 rto, 24,13: *ʿmʿ-dḥꜣ* = kopt. ⲁⲙⲧⲱϩ zum Verstopfen von Deichlöchern (KoptHWb, 257). – Gesiebtes St. in der Medizin: pEbers 76,21. W.H.

Stromschnellen s. Katarakt

Stuck. St.[1] wird je nach Verwendung aus einem Gemisch unterschiedlicher Teile von *Gips[2], *Kalk[3], Sand (Quarz) und Wasser, evtl. auch unter Zusatz eines *Bindemittels[4] (*Harze, *Leim, *Wachs) gemischt. Zur mechanischen Verstärkung größerer Teile werden der Stuckmasse *Papyrus, *Stoff, *Stroh[5] zugegeben, oder sie wird über ein Gerüst aus *Holz oder *Metall modelliert. St. läßt sich feucht leicht formen, wird aber bald sehr hart. Danach kann er leicht weiter bearbeitet werden. Die Zusammensetzung des in Äg. verwendeten St. variiert sehr stark[6]. Man findet fast reinen Gips-Stuck, reinen Kalk-Stuck, aber auch Lehm-Stuck[7]. St. wird als Mörtel, Verputz oder verdünnt als Tünche[8] verwendet.

A. *Name:* Das äg. Wort *qḏ* bezeichnet wahrscheinlich sowohl Gips als auch St.[9]; *qḥ* ist wohl verschrieben (?)[10]. Für Kalk gibt es nur die Bezeichnung für den *Kalkstein: *jnr ḥḏ*[11], *ʿjn*[12], *ʿnw*[13].

B. *Vorkommen:* Kalk als Bestandteil des St. kann gewonnen werden aus *Kalkstein, Calzit oder Travertin[14]. Die Kalksteingebirge ziehen sich das Niltal aufwärts von *Heluan bis zum nubischen *Sandstein bei *Esna[15] hin. Daneben findet man Kalkstein am Ras Benas[16], bei Bir Ranga[17], im Wadi Igli[18], bei Ti Kureita[19] und bei Halaib[20]. Travertin bei Gebel Kurkur[21], *Sohag[22], Bir Nakheila[23], Nag Bulâq[24], beim Wadi Qasab[25] und Gebel Ghuel[26]. Gips am Roten Meer[27], im *Fajjum[28], am Gebel Mariyut[29], bei Heluan[30], am Menzalasee[31], im *Wadi Natrun[32], am Golf von Suez[33] und auf der *Sinai-Halbinsel im Wadi Firam/Wadi Gharandel[34]. Häufig findet man Gips in der Wüste in Form von Sandrosen[35].

C. *Anwendung:* a) Mörteln und Verputzen: Gemauerte und behauene Wände wurden vor der Bemalung mit einer Stuckschicht überzogen[36] (*Tempelbau).

b) Ausbessern und Glätten: Materialien mit grober Oberfläche (Holz[37], Leinwand[38], Sandstein[39], behauene oder gemauerte Wände[40], Korbgeflecht[41], *Leder[42]) wurden, um eine ebene Oberfläche zu erzielen, mit St. bestrichen und anschließend mit *Bimsstein geglättet.

c) Stuckieren: Reliefartig hervortretende Teile werden aus Stuckmasse aufmodelliert oder zuvor gegossene aufgesetzt und bearbeitet. Diese Teile mußten zum Teil verstärkt werden (*Kartonage). Ab der Herakleopoliten-Zt werden so *Mumienmasken gefertigt[43].

d) Grundieren: Um für die *Malerei einen weißen Untergrund zu erzielen, wurden Gegenstände aus *Stein (*Statuen, *Modelle) und Holz (*Möbel, *Sarkophage) oder sogar aus St. selbst zuerst mit einer mehr oder weniger dicken Schicht von feinem St. (meist Kalk-St.) überzogen, um dann mit feinerem St. grundiert (übertüncht) zu werden[44].

e) Vergolden: *Gold- (oder *Silber-)Plättchen wurden auf einen Untergrund aus Leim-Stuck oder Bolus[45] geklebt (*Bindemittel) und geglättet.

f) Stuckformen: Gußteile aus Metall wurden vor dem Gießen in Ton modelliert und im Wachsausschmelzverfahren hergestellt. Eine größere Produktion dieser Teile erforderte eine große Anzahl dieser *Model. Diese konnten von Gips-Stuckmodeln abgeformt werden (s. *Wachs).

Schon im AR wurden aus St. Figuren, Vasen oder Teile von Statuen gefertigt[46], mit St. Wände verputzt, Wandreliefs und Holzfiguren ausgebessert und grundiert[47]. Bei der Mumifizierung (*Balsamierung) wurde im AR den *Mumien eine menschenähnliche Gestalt gegeben, indem die Mumienbinden mit St. bestrichen und diese Masse modelliert wurde[48]. In der weiteren Entwicklung führte dies dann zu Mumienmasken. Bei immer weiter verbesserten Mumifizierungsmethoden wurden eingefallene Hautpartien mit St. (oder Lehm) unterlegt und Augäpfel aus St. eingesetzt[49].

Im NR erlebt die Stuckverarbeitung einen Höhepunkt. Durch die sehr rege Bautätigkeit der Pharaonen *Amenophis III, *Amenophis IV. und später unter den Ramessiden werden für die schnell hochgezogenen Palast- und Tempelwände poröser Sandstein oder sogar nur einfache Lehmziegel verwendet, die vor dem Bemalen mit St. verputzt und grundiert werden mußten[50]. Unter Echnaton in der Amarna-Zt wird versucht, Statuen mehr Portraitcharakter zu geben. Dies führt dazu, daß von Modeln mehrere Stuckabgüsse gemacht werden, die verschiedentlich bearbeitet werden, bis sie dem Empfinden des Künstlers entsprechend am realistischsten wirken[51].

Die Herstellung von Stuckmodeln für Gußteile lebt noch einmal in griech.-röm. Zt auf[52]. Sowohl Gips, Kalk als auch St. oder mineralogisch verwandte Verbindungen[53] kamen als weiße *Farbe oder als Beischlag[54] zur Verwendung. Stuckfiguren kommen auch als *Gründungsbeigaben vor[55].

[1] St. bezeichnet ein aus Stuckmasse modelliertes Gebilde. Die Zusammensetzung dieser Stuckmasse ist je nach

Verwendung sehr unterschiedlich und heterogen und kann als Verputz, Mörtel oder Tünche dienen. Daher bekommt St. bei verschiedenen Autoren und in den verschiedenen Sprachen unterschiedliche Bezeichnungen, die auch falsch sein können: plaster (plâtre), gesso (gypse), stucco (stuc), lime (chaux), whitewash. Selbst in einer neueren Literatur: Geoffrey Beard, Stuck, Herrsching 1983 wird durch eine nicht fachkundige Übersetzung neben „Stuck“ der Ausdruck „plaster“ verwendet. Diese Situation der Begriffsverwechslungen versuchte schon Lucas, in: JEA 10, 1924, 128–132 zu klären. Im Folgenden wird der besseren Verständlichkeit wegen nur dann „Stuck“ verwendet, wenn er nicht näher untersucht oder im allgemeinen gemeint ist. Auch die antiken Autoren hatten schon Schwierigkeiten bei der Differenzierung zwischen Kalk und Gips: s. Earle R. Caley und J. F. C. Richards, Theophrastus on Stones, Colombus, Ohio 1956, 214–216. – „Gips-Stuck“ bezeichnet eine Stuckmasse mit hohem Gipsanteil, „Kalk-Stuck“ mit hohem Kalkanteil, „Lehm-Stuck“ mit hohem Lehmanteil. – [2] Calciumsulfat ($CaSO_4 \cdot 2H_2O$) wird bei ca. 100° C zu gebranntem Gips ($CaSO_4 \cdot 1/2H_2O$) verwandelt (kalziniert), wobei er sein Wasser verliert. Dieser gebrannte Gips kann die verlorene Wassermenge wieder aufnehmen und wird dabei unter schwacher Wärmeentwicklung sehr hart. Vgl. El D. Hamad, in: Transactions of the British Ceramic Society, 80. 2, Stoke-on-Trent 1981, 51–59. – [3] Calciumcarbonat ($CaCO_3$) wird bei ca. 900° C gebrannt zu Ätzkali ($Ca(OH)_2$). Dieser bildet nach Wasserzugabe an Luft unter Aufnahme von Kohlendioxid (CO_2) wieder Kalk, wobei er unter starker Wärmeentwicklung fest wird. Vgl. Kurt Wehlte, Werkstoffe und Techniken der Malerei, Ravensburg 1967, 267ff. Der in Äg. verwendete, dem St. zugemischte Kalk ist wegen der hohen Temperaturerfordernisse meist viel zu schwach gebrannt. Reiner Kalk-Stuck hat dadurch aber eine geringere Bindekraft und wird so fast nur zur Grundierung verwendet. S. auch Anm. 8 zu Tünche und Anm. 7 zu Stuckanalysen. – [4] St. mit alkalischen Ölen versetzt kann poliert und gebügelt werden, wobei er sehr glänzend wird (Stuccolustro-Technik). Vgl. Wehlte, a.a.O., 303f. Gefärbter St., nebeneinander gelegt und poliert, dient als Marmornachahmung (Scagliola-Technik). Vgl. Wehlte, a.a.O., 317. Es wird zwar mancherorts behauptet, daß diese Techniken im Ansatz in Äg. zu finden seien (s. Beard, a.a.O. [s. Anm. 1], 19), jedoch sind Analysen von Ölen, Harzen, Leimen zu schwierig, als daß man den früheren Untersuchungen trauen könnte. Heutige erfolgversprechende Methoden sind bisher nicht angewandt worden. Gefärbter St. wurde in *Lischt gefunden: Lucas, Materials[4], 77. Harze und Leime im Putz beschreiben Montet, in: ASAE 39, 1939, 530; Pillet, in: ASAE 24, 1924, 243–245; Goneim, Horus Sekhemkhet, 36. – [5] Papyrus oder Leinen s. *Kartonage, *Stroh: s. Mackay, in: JEA 7, 1921, 159. – [6] Da alle Baumörtel aus einem Gemisch der genannten Bestandteile von St. bestehen, kann man sie auch selbst als St. bezeichnen. Selbst Lehmmörtel, der unvermischt verwendet werden könnte, wird oft mit Gips und/oder Kalk vermengt. – [7] Stuckanalysen: Lucas, Materials[4], 76–79. 469–472; Lucas, in: JEA 10, 1924, 128–132; Zaky Iskander, in: Adli Bishay (Ed.), Recent Advances in Science and Technology of Materials III, Cairo Solid State Conference, 2nd, 1973, Kairo 1974, 6. – [8] Mörtelanalysen: Lucas, in: ASAE 7, 1906, 4–7; Iskander, in: ASAE 52, 1954, 271–274; Iskander, in: Mohammed Zaki Nour, The Cheops Boats, Kairo 1960, 33, Tf. 2; Lucas, Materials[4], 75–76. 472. – Tünche ist meist Ätzkali (s. Anm. 3), da Kalk einen höheren Brechungsindex als Gips hat und somit für einen Malgrund reineres Weiß ergibt, daneben aber auch die Bindemittelresorption reduziert. – [9] Wb V, 82,7. Das ist das Material, das die Arbeiter auf die Wand bringen, vgl. Černý, in: BE 61, 1973, 35–42. Das Wort *qḏ* (oder *qa-ṣ*) kommt sehr wahrscheinlich von akkadisch gaṣṣu. Daraus leitet sich dann griech. γύψος, arabisch جبس, lateinisch gypsum, italienisch gesso und unser Wort Gips ab. Vgl. Dietlinde Goltz, Studien zur Geschichte der Mineralnamen, Sudhoffs Archiv, Beihefte 14, Wiesbaden 1972, 172–3.255. Das äg. Wort erscheint erst im NR, was eine Beeinflussung durch Vorderasien nahelegt. S. auch Helck, Materialien, 1009f.; Harris, Minerals, 90f.; Spiegelberg, in: ZÄS 58, 1923, 51f. – Auch das im Griech. verwendete Wort κονία bezeichnet nicht nur St., sondern auch Kalktünche, Mörtel (von κονιάω = kalken, verputzen, mörteln). – [10] Harris, a.a.O., 90f., vgl. aber Helck, a.a.O., 1008f. – [11] Wb I, 97, 12; Harris, a.a.O., 69–71; Helck, a.a.O., 1004f. – [12] Wb I, 191, 4–5; Harris, a.a.O., 70f. – [13] Wb I, 191, 1–3; Harris, a.a.O., 84. Griech. χάλιξ bezeichnet auch Kalkstein, Mörtel, Kies. Daraus entwickelt sich arabisch كلس, lateinisch calx, französisch chaux und unser Wort Kalk. Vgl. Goltz, a.a.O., 261f. – [14] Calzit ist ein kristalliner Kalkstein (sog. äg. *Alabaster); Travertin (Kalktuff) ist ein durch Ablagerungen entstandener Kalkstein. Im Altertum wurde auch Kreide oder Marmor verwendet. Beide Minerale gibt es aber in Äg. kaum. – [15] S. William F. Hume, Geology of Egypt II. 1, Kairo 1934, Tf. 9. – [16] 23° 57′N, 35° 42′O; John Ball, The Geography and Geology of South-Eastern Egypt, Kairo 1912, 257, Tf. 21. – [17] 24° 25′N, 35° 15′O; Ball, op. cit., 257, Tf. 1.20. – [18] 25° 08′N, 34° 50′O; Ball, op. cit., 258, Tf. 20. – [19] 22° 15′N, 36° 40′O; bei Halaib; Ball, op. cit., 257, Tf. 19.20. – [20] 22° 05′N, 36° 45′O; Ball, op. cit., 257, Tf. 19.20. – [21] 23° 50′N, 32° 20′O; bei der Oase Dungal, Hume, op. cit. I, 99f., Tf. 65; Ball, op. cit., Tf. 3. – [22] Am Nil bei 26° 30′N; Hume, op. cit., 100; Karte in: David Meredith, Tabula Imperii Romani, Coptos, Society of Antiquaries of London, Oxford 1958. – [23] 24° N, 30° 52′O; Hume, op. cit., 98; Karte, in: Meredith, op. cit. – [24] 25° 18′N, 30° 48′O; Hume, op. cit., 98; Karte, in: Meredith, op. cit. – [25] 26° 30′N, 32° 10′O; Hume, op. cit., 100; Karte in: Meredith, op. cit. – [26] Am Roten Meer: 24° 53′N, 34° 38′O; Hume, op. cit., 101; Ball, op. cit., 257, Tf. 6. – [27] Von Ras Benas (s. Anm. 16) bis Bir Ranga (s. Anm. 17); Ball, op. cit., 257. Am Gebel Zeit (33° 30′N, 27° 55′O); Hume, op. cit. II. 2, 394–395. 557f., Tf. 119, 1–2; Karte in: Meredith, op. cit. Bei Hurghada (27° 15′N, 33° 50′O); Hume, op. cit. I, 213; Karte in: Meredith, op. cit. und bei Gamsa (27° 40′N, 33° 35′O); Hume, op. cit. I, 213; II. 1, Tf. 9. – [28] Bei Lischt el-Mus; Max Blanckenhorn, Handbuch der regionalen Geologie, Heidelberg 1921, 203, Tf. 2. – [29] Im Wadi el Gips bei Karm el Gattaf, 7 km südlich von Abusir am Mareotis-See; Blanckenhorn, op. cit., 203, Tf. 2; Hume, in: Cairo Scientific Journal 6, Kairo 1912, 43–45. – [30] Blanckenhorn, op. cit., 204. – [31] Blanckenhorn, op. cit., 204; Hume, a.a.O., s. Anm. 29. – [32] Hume, a.a.O. (s. Anm. 15) I, 169 f. – [33] Beim Gebel Atâqa: Blanckenhorn, op. cit., 203; Hume, op. cit. I, 138. – [34] Blanckenhorn, op. cit., 203. – [35] Oder Wüstenrose, vgl. Hans Lüschen, Die Namen der Steine, Thun 1979, 308 f. – [36] Der Tempel von *Gerf Hussein besteht aus schlechtem Sandstein und wurde dick mit St. verputzt: Hayes, Scepter II, 76. Auch Lehmmauern müssen verputzt werden: Hayes, Scepter I, 183. S. auch den Palast von *Malqata und *Tell el-Amarna. – [37] Äg. Holz ist meist von schlechter Qualität und läßt sich selbst schlecht glätten. Besseres, importiertes Holz aber ist so wertvoll, daß selbst noch kleinste Teile zusammengefügt werden. Die Oberfläche dieser *Möbel, Kästchen, *Sarkophage oder auch *Sandalen werden mit St. bestrichen und geglättet, danach grundiert und bemalt. Vgl. Quibell, Excav. Saqq. (1906–7), 72, Tf. 5, 2. 29; Hayes, Scepter I, 194. 227. 246. 257. 318. 348; II, 32. 54. 70. 175. 419; John Garstang, The Burial Customs of Ancient Egypt, London 1907, 62; CG 27608. 27515; Ausstellungskatalog: Osiris, Kreuz, Halbmond, Stuttgart 1984, Mainz 1984, Nr. 109 (= Tübingen, ÄS 1154). – [38] Hayes, Scepter I, 309; II, 227; aber auch schon in prähist. Zt: Petrie, Prehistoric Egypt, 43; Klaus Parlasca, Mumienportraits und verwandte Denkmäler, Wiesbaden 1966, 99 ff.; Günter Grimm, Die römischen Mumienmasken aus Ägypten, Wiesbaden 1974, 14–21; CG 51008–51011. – [39] Die von Echnaton schnell hochgezogenen Mauern der Sonnentempel von Karnak und Amarna sind aus Sandsteinblöcken (*talatat) aufgemauert, die mit einer Stuckschicht überzogen sind. Vgl. Luxor, J. 206. 150. – [40] Das Grab von *Haremheb im Tal der Könige blieb unfertig. Dort läßt sich der Arbeitsablauf der Felswandbearbeitung gut verfolgen: s. Teichmann, in: Erik Hornung, Das Grab des Haremhab, Bern 1971, 32–37, Abb. 7–14. 34–37. 47. 57. Ebenso in AR-Gräbern: Smith, Sculpture, 244–272, Abb. 58–60. – [41] Junker, Gîza I, 8. 54, Nr. 2; Carter, Tut-ench-amun I, 110–111, Tf. 21. – [42] Weiße Sandalen: Elisabeth Staehelin, Untersuchung zur äg. Tracht im AR, MÄS 8, Berlin 1966, 94 ff. – [43] Erhabene Teile an Statuen (z. B. Haare, Schmuck etc.) wurden mit St. reliefiert, vgl. Hayes, Scepter I, 317; II, 420–421; Osiris, Kreuz, Halbmond (s. Anm. 37), Nr. 97 (= Tübingen, ÄS 341). Auf Sarkophagen werden in griech.-röm. Zt ganze Köpfe herausmodelliert bzw. gegossen und aufgesetzt. Vgl. Hayes, Scepter II, 137. 222. 303; Cyril Aldred, Akhenaten and Nefertiti, London 1973, 19 (= Berlin-West, ÄS 21834). – [44] Lucas, Materials[4], 77. Zahlreiche Gräber in Theben, deren Wände in den schlechten Mergel gehauen wurden, haben einen einfachen Lehm/Strohverputz mit Stuckgrundierung. S. Kazimierz Michailowski, Ägypten, Kunst und Kultur, Freiburg [2]1971, Abb. 110 (= TT 2). 114 (= TT 40). 113. 118 (= TT 270); Kurt Lange und Max Hirmer, Ägypten, München 1967, Abb. 221 (= TT 151). XXVIII (= TT 181); Osiris, Kreuz, Halbmond (s. Anm. 37), Abb. 65 (= TT 181, Hannover, ÄS 70). – [45] Bolus bzw. Poliment ist St. mit *Ocker gemischt, auf den Goldblättchen aufgeklebt und geglättet werden können. S. auch Plinius, Hist. nat. XXXV, 36; Parlasca, a.a.O. (s. Anm. 38), 197 f.; Petrie, Abydos, Tf. 11. 21; Osiris, Kreuz, Halbmond, Nr. 133 (= Wien, ÄS 296). Versilbert: CG 51002. 51004. 51007. 51109. – [46] CG 47673; Smith, Sculpture, 59. 107 als Beispiele. – [47] Smith, Sculpture, 29. 39. 205. 245. – [48] Smith, Sculpture, 23 f. – [49] Lucas, Materials[4], 98 ff. – [50] Die Wände des Palastes und Totentempels Amenophis' III. in Malqata und Theben sind aus Lehmziegeln, die mit St. verputzt und grundiert worden sind, errichtet worden. S. auch Anm. 39. Vom Palast in Amarna sind noch Fußböden erhalten, die aus bemaltem St. gemacht sind: Friedrich W. von Bissing, Fußboden aus dem Palaste des Königs Amenophis IV. zu El Hawata, München 1941, 11–15. – [51] Osiris, Kreuz, Halbmond (s. Anm. 37), Nr. 70 (= Berlin-West, ÄS 21340). 75 (= Berlin-West, ÄS 21351); Cyril Aldred, Akhenaten and Nefertiti, London 1973, Nr. 27 (= Berlin-West, ÄS 21261). 107–109 (= Berlin-West, ÄS 21228. 21350. 21356). – [52] Die Stuckformen für Wachsmodel zum Herstellen von Statuen oder Metallteilen wurden vor allem in Memphis und Alexandria gefunden, was zu der Spekulation Anlaß gab, daß dort die Zentren der damaligen Stuckproduktion seien, vgl. Wheeler, in: Antiquity 23, Cambridge 1949, 15; s. dazu aber auch *Wachs. Stuckmodel: Figurenteile: CG 32001–223. 32336–41. 32360–62. 32366–7; Ornamente: CG 32317–335. 32347–59. 32363–65; Möbelteile: CG 32223–84. 32342–45. – [53] Huntit, i. e. Magnesium-Calciumcarbonat ($CaCO_3 \cdot 3MgCO_3$), Dolomit ($CaCO_3 \cdot MgCO_3$). Über die Verwendung dieser Mineralien s. auch Fuchs, Chemische Rohstoffindustrie in Altägypten, in Vorbereitung. – [54] Noll, in: Dorothea Arnold, Altägyptische Keramik, Mainz 1982, 255 ff. – Organische Farbstoffe lassen sich auf Gips, Kalk bzw. St. niederschlagen und so als Farbe verwenden. Vgl. Indigo auf Attapulgit in Mesoamerika: Kleber, in: Studies in Conservation 12, Aberdeen 1967, 41–55. – Indigo von Waidpflanzen und *Saflor von der Färberdistel wurden in Äg. zum Färben von Textilien benutzt. Bei der Buchherstellung werden diese Pflanzen (Waid) bzw. deren Farbe erwähnt, so daß es naheliegt, daß sie bei der Illustrierung dieser Bücher gedient haben konnten. S. Helck, in: Fs Spuler, 167–170. Dies wäre aber nur möglich, wenn die pflanzlichen Farblacke auf ein Substrat (z. B. St.) gefällt worden wären. Bei den röm. Mumienporträts wurden pflanzliche Farben im (?) Gips (bzw. St.) der Masken festgestellt, allerdings ohne genaue Angaben. S. Arthur F. Shore, Portrait Painting from Roman Egypt, London 1962, 21. – [55] Tôd, Tf. 29, Nr. 1; Tf. 24, Nr. 2. Sind die Gipsproben aus Amarna als Materialproben für Gründungsbeigaben zu deuten? Vgl. Spiegelberg, in: ZÄS 58, 1923, 51 f. R. Fu.

Stuhl. A. *Terminology*. In the OK the word *st* "seat" or "place," referred to any piece of furniture on which one rested, whether seated or reclining.[1] It is difficult to explain the hieroglyph with which this word is written (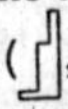, archaic ); possibly it represents a legless seat (such as could be carried as a palanquin), with armrest and high back.[2] Another generic term for "seat" is *nst*, which has a ringstand as determinative.[3] A more specific word for "chair" or "throne" (*Thron), which remained in use down to the NK, is *ḫndw*.[4] Of the several other terms that were applied to seats in the NK, only one clearly refers to a backed chair–*pḏw*, a hapax legomenon referring to the seat in which the vizier officiates.[5] The common NK word for "stool," attested from the Amarna Period onward, is *jsbt*, in at least some cases designating a folding stool.[6] *qnj*, normally "palanquin" from the MK onward, also referred, in the NK, to a chair, since it is sometimes provided with a footstool (*hdmw*).[7]

Although chairs are not frequently mentioned in texts, apart from early lists of funerary equipment or Ramesside records of purchases, their importance is obvious from the fact that the term *špss* "be noble/wealthy," is written with a hieroglyph representing a seated man, and that this hieroglyph was sometimes reduced to the chair alone.[8] The same conclusion is supported by the mention, in a Dyn. XIII papyrus, of a specialized *mḏḥ ḫnd(w)* "carpenter of chairs."[9] And this specialization may have been carried even further in the MK title *jrw wḥmt*, which has been plausibly interpreted as "maker of furniture legs."[10]

B. *Primary and secondary evidence.* Of the chairs themselves we have relatively little evidence before the NK. Numerous bulls' legs, carved in ivory, are known from the First Dyn., but we rarely know whether they belonged to seats or beds (*Bett).[11] Only two chairs survive from the OK, both from the tomb of *Hetepheres, and only one of these has been fully restored,[12] while the reconstruction of the other remains on paper.[13] Another fairly well-preserved chair has been dated to the early OK, but actually comes from one of the Dyn. XI tombs at Naga-ed-Deir.[14] From the same period, and somewhat later, we have only models, such as those of *Mkt-Rʿ*.[15] NK tombs, which were more abundantly stocked with furniture than those of earlier times, are the principal source of the numerous surviving examples. The dearth of earlier evidence is compensated by the detailed offering lists of the early OK and by reliefs and paintings throughout the periods in question. Remarkably little help is provided by statuary, however. Archaic statuary shows the deceased seated upon a simple rectangular stool (usually backless) with bentwood reinforcements running continuously beneath the rails and down the legs. From the beginning of Dyn. IV, down to the later part of Dyn. XVIII, this stool was replaced by a simple block, to which, in Dyn. XII, a low, rounded backrest was sometimes added;[16] this addition evidently goes back to a royal prototype, for it first occurs on a statuette of *Pepy II and his mother.[17] More detailed representations of chairs or stools are extremely rare in statuary before the Amarna Period.[18]

C. *Chairs.* As noted above, the most elegant form of seat had, in common with beds, a set of animal legs, distinguishing the front and rear quarters and sometimes the left and right. These were initially bovine, and bulls' legs continued to be used down into the NK.[19] But lions' legs gradually began to be preferred by commoners from Dyn. V onward.[20] Such legs may initially have been associated with royalty, as attested, for example, by the furniture of Queen Hetepheres in Dyn. IV;[21] and royal thrones often represent the leonine element more completely, adding a head in front, on either side.[22] A high back is represented on a chair with bulls' legs as early as Dyn. III,[23] and on chairs with plain legs even earlier.[24] The chairs of Hetepheres, dating to Dyn. IV, have backs with three vertical reinforcements at the rear (Fig. 1 a).[25] From Dyn. XI onward these became a detached set of stiles that supported a sloping back, the two elements being reunited in a single curved headrail[26] (Fig. 1 b). The backrest and stiles were treated as a separate addition, both being tenoned to the rails and reinforced by braces made of naturally bent wood. Where animal legs were used, they too were tenoned and braced; no structural elements, such as stretchers were allowed to violate their integrity, nor did the rear legs form a continuation of the back.[27] This proscription is all the more apparent since stretchers were used on stools and chairs with plain legs from Dyn. II onward,[28] and on those which had legs with curved feet only vaguely resembling those of lions, as attested from Dyn. XI[29] and the early NK.[30] In the reigns of *Thutmosis IV and *Amenophis III, and the succeeding Amarna Period, the old reservations were gradually broken down and stretchers were introduced between animal legs, initially at the front and back only,[31] then on all four sides,[32] and ultimately with the addition of diagonal braces[33] of a type that had been used to lend rigidity to stands, tables and plain-legged chairs as early as the reign of *Thutmosis III[34] (Fig. 1 c). The back was still kept separate from the rear legs of theriomorphic chairs, but in the case of plain-legged chairs of the NK, the outer stiles and rear legs were often made from one piece of wood.[35] It should be added that composite sloping backrests did not entirely supplant simple vertical ones, which were still used in the NK.[36] Although armrests may have been restricted to the chairs of royalty in the NK, they are well attested for non-royal persons in the OK[37] and, to a lesser extent, the MK.[38] Another development of the NK is the use of curved seats, which is attested in stools and beds of the first half of Dyn. XVIII,[39] and occasionally applied to backed chairs from the end of the Amarna Period onward, perhaps less often to

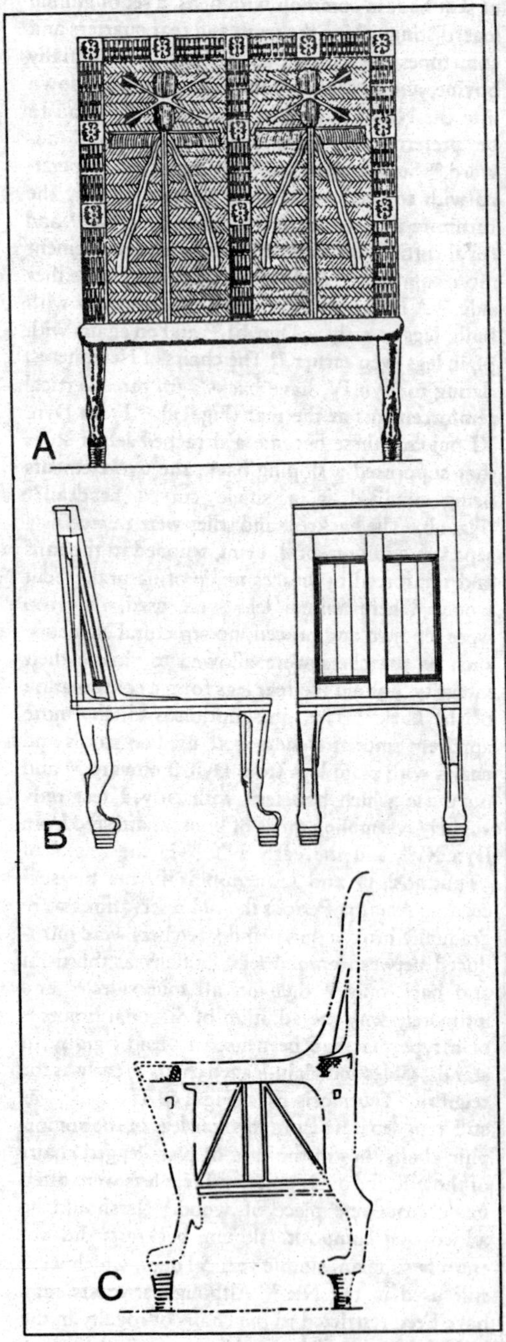

Fig. 1

a. Back of chair of Hetepheres, after Reisner, Giza II, fig. 32.

b. Side and rear views of Dyn. XVIII chair, after Baker, Furniture, p. 314, by permission of Giniger Co.

c. Dyn. XIX representation of chair, after Davies, Two Ramesside Tombs, pl. 36.

those of commoners[40] than those of kings.[41] One also becomes aware, from the evidence of the NK, that women frequently used much lower seats than those used by men, and this distinction may go back to earlier times, although it is not emphasized in contemporary representations.[42] Little is known about the decoration of chairs before the NK apart from those of Hetepheres, which were sheathed in gold, the back in one case elaborately incised with the emblems of the goddess *Neith, and the armrests filled with openwork emblems of royalty in both cases.[43] At least two representations in private tombs similarly show openwork–in both cases representing the so-called "Isis-knot (*Isisknoten)."[44] The many chairs that have survived from the NK show a variety of decoration, again utilizing openwork,[45] including figures of the demons later known as *Bes and *Thoeris, but more often confined to inlay patterns of ivory and various types of wood.[46] Few nonroyal examples are inscribed[47] apart from those expressly designed as tomb furniture.[48]

D. *Stools.* Apart from the stools of archaic statues mentioned earlier, backless seats are often quite low and are more often equipped with plain legs or with curved feet, rather than theriomorphic ones.[49] Very high stools are also known from scenes in OK tomb chapels showing sculptors at work, and these have splayed legs to provide greater stability.[50] Many squat three-legged examples are known from the NK,[51] and representations of them in tomb chapels show that they were often used by workers.[52] The most interesting variety is the folding stool, which is first attested at the end of the MK, on a stela from *Serabit el-Chadim, in the Sinai, dating to *Amenemhet IV.[53] In NK examples of such stools the legs frequently terminate in the heads of geese, and the transverse bars on which these rest often have similar terminals.[54] A tomb painting, probably dating to the reign of *Amenophis III, shows a more simple folding stool which is oddly transformed into a chair by the addition of a slanting backrest,[55] and an actual example of a similar kind from the tomb of Tutankhamun, but supplied with goose-head terminals, carries the supporting stiles of the back down to the transverse bar at the rear.[56]

E. *Appurtenances.* Footstools are attested by representations from the reign of Amenophis III onward, and for both commoners[57] and kings,[58] although they evidently became more usual thereafter.[59] The NK term *hdmw* also means box,[60] and the footstools of Tutankhamun are, in fact, boxlike.[61] In the Amarna Period the top was sometimes cushioned.[62] Cushions (*Kissen) were placed on the seats of chairs in the NK,[63] while the hardness of chairs was sometimes softened by one or more thicknesses of cloth in earlier times.[64]

F. *Backrests*. Made of reed-matting, they gave the occupant some support while sitting on the ground, and perhaps also offered protection from the wind.[65] Although frequently shown in OK scenes of country life, they were rarely represented thereafter.[66]

[1] As a piece of furniture it is more usually "chair" or "throne" (Wb IV, 2; also Junker, Gîza IV, pls. 9–10, etc.); for the meaning "bed" see Wb IV, 6 [21] and BM Stelae I², pl. 29. – [2] Other explanations are given by Klaus P. Kuhlmann, Der Thron im Alten Ägypten, ADAIK 10, 1977, 20–21. – [3] Wb II, 321; Gardiner, EG³, 529 (W11–12); Kuhlmann, o. c., 34 ff. – [4] Wb III, 314; Kuhlmann, o. c., 9–10; cf. n. 9 below. – [5] Davies, Rekh-mi-Rēꜥ, pl. 26. – [6] Janssen, Prices, 191–192; in one case an "*jspt* of gold" has a determinative resembling a cubical stool (Urk. IV, 1837 [14]), and *jspt* is apparently a variant of the same term (Wb I, 132). – [7] Janssen, o. c., 187–191. – [8] Fischer, in: ZÄS 100, 1973, 19 (L). – [9] Gardiner, in: JEA 41, 1955, 14, pl. 5 (81). – [10] Geoffrey T. Martin, Egyptian Administrative and Private-Name Seals, Oxford 1971, nos. 281. 614. 1651. He has suggested the present translation to me by letter and has added another example, CG 23022. Yet another is to be found in Walter Wreszinski, Aegyptische Inschriften aus dem K. K. Hofmuseum in Wien, Leipzig 1906, 10. A related title is *jmj-rꜣ wꜥrt n jrw wḥmt* "overseer of the guild of makers of furniture legs": Martin, o. c., nos. 193. 875. – [11] E. g. Amélineau, Abydos 1895–1896, pl. 32; Hayes, Scepter I, 41, fig. 29 (none identical to foregoing). – [12] Reisner, Giza II, 28–29, fig. 31, pls. 15–16. – [13] Ibid., 29–30, fig. 32, pls. 17–24. Note also that fragments of an animal-legged chair from Anatolia, bearing the name of King *Sahure, are reported by James Mellaart in: ILN, Nov. 28, 1959, 754. – [14] Lowie Museum of Anthropology, University of California, Berkeley, 6–2062, illustrated by Geoffrey Killen, Ancient Egyptian Furniture I, Warminster 1980, pl. 85, but mistakenly dated (p. 51) to "2nd or 3rd Dynasty," with an erroneous tomb number. It actually comes from tomb N 3765, as I learned by enlisting the diligent help of Dr. Frank A. Norick. A high-backed animal-legged chair of the MK was found by Petrie at El-Lahun (Kahun, Gurob, Hawara, 24) but he does not illustrate it or tell what became of it. – [15] Herbert E. Winlock, Models of Daily Life in Ancient Egypt, PMMA 18, Cambridge, Mass. 1955, pl. 38. – [16] Evers, Staat II, § 347–351. – [17] Wolf, Kunst, 175, fig. 147. – [18] OK: a debatable example is discussed and illustrated by H. G. Fischer, Dendera in the Third Millennium B. C., Locust Valley, New York 1968, 103, pl. 7; a clearer case, showing an animal-legged stool, is shown by Silvio Curto, Gli Scavi Italiani a el-Ghiza (1903), Rome 1963, pls. 10–11; also, from the very end of the OK, BM E 4357 (with back). MK: similar stools with bovine legs from fragmentary statues found at Lisht: MMA neg. no. L 13–14/333. Cf. also the representation of a colossal statue in El Bersheh I, pl. 15. – [19] This late a date is shown by a fragmentary royal bed from Deir el-Bahari in the BM (21574): Hollis Baker, Furniture in the Ancient World, New York 1966, 62, figs. 64–65. Also a bovine-legged stool with stretchers in Chicago, OrInst 10550. – [20] At least one example is as early as Dyn. III: Murray, Saqqara Mastabas I, pl. 2 (while this woman's husband has a bovine-legged chair), and another (BM Stelae I², pl. 3) looks as though it might be as early as Dyn. IV. More typical is the case of BM 1223 (ibid., pl. 8), which shows a chair with leonine legs, while the father of the same individual has a chair with bovine legs (Junker, Gîza III, figs. 27 and 30). – [21] See notes 12–13 above. – [22] Kuhlmann, o. c., 61–69. The most familiar case, the diorite statue of Chephren (CG 14) provides a set of four legs for each head. – [23] James E. Quibell, Excavations at Saqqara (1911–1912): The Tomb of Hesy, Cairo 1913, pl. 18 (38). – [24] Zaky Saad, Ceiling Stelae, CASAE 21, 1957, pls. 4–5; Quibell, Archaic Mastabas, pls. 26–27. – [25] The same feature occurs in the carrying chair (*Sänfte): Reisner, Giza II, pl. 28. – [26] See n. 14 above. – [27] Cf. Fischer, in: MMJ 12, 1977, 17. – [28] Zaky Saad, o. c., pl. 4; Quibell, o. c., pls. 26–27. – [29] A fragmentary example from Naga ed-Deir: Lowie Museum of Anthropology, University of California, Berkeley 6–1824. For other early examples of curved feet (with those at front usually turned backward) see H. E. Winlock, l. c. (v. n. 15); Naville, Deir el-Bahari, XIth Dyn. Temple I, pl. 20; Fischer, Coptite Nome, no. 45, line x + 9 (determinative of *kḥss*). – [30] Cairo JE 43165 (Earl of Carnarvon, Howard Carter et alii, Five Years' Explorations at Thebes, London 1912, 72–73, pl. 71 [1]). – [31] A date as early as Tuthmosis IV seems probable on the basis of fragments in Davies, Nakht, 40–41, pl. 29. Reign of Amenophis III: chair of Sit-Amoun (*Satamun II), CG 51113; bed from same tomb (TT 46) CG 51110; stool and bed from TT 8 (Baker, o. c. [v. n. 19], 118, fig. 158; 123, fig. 170). – [32] Statuette Cairo JE 53249 (CoA II, pl. 37). – [33] Stelae Cairo JE 29745 and 29749 (Davies, Amarna V, pls. 21. 23). – [34] For tables see H. G. Fischer, in: LÄ IV, 184 and fig. 3 (d); for a plain-legged chair, temp. Tuthmosis III, see Tylor-Griffith, Paheri, pl. 3; stools of same date: Baker, o. c., 115–116, figs. 154–155. – [35] E. g. Cairo JE 43164 (Carnarvon and Carter, l. c. [v. n. 30]) and 63785; BM 2479 (Baker, o. c., 133 and fig. 187); Florence 2580 (ibid., 134, fig. 188; also drawing, 315, where a division is mistakenly indicated). – [36] Illahun, Kahun, Gurob, pl. 27; Marquis of Northampton, Spiegelberg and Newberry, Theban Necropolis, London 1908, 10, pls. 5–6; MMA 36. 3. 152 (Baker, o. c., 131, fig. 182); MMA 12. 182. 28 (ibid., fig. 183); BM 2480 (ibid., 132, fig. 184, drawings on p. 313). – [37] E. g. Baker, o. c., 48–49, figs. 40–42; also Junker, Gîza IV, figs. 9–10; Murray, Saqqara Mastabas I, pl. 18. – [38] Dahchour II, pl. 14; Beni Hasan I, pl. 29. – [39] MMA 14. 10. 4 (Baker, o. c., 140, fig. 207, from Dra abu'l Nagꜥa, Dyn. XVII–XVIII); stools temp. Thutmosis III, Baker, o. c., 115, fig. 154. – [40] Davies, Amarna V, pl. 9; Cairo JE 27256 (funerary chair: Baker, o. c., 130, fig. 179); Ramesside statue in Baltimore, Walters Art Gallery 106 (Steindorff, in: Journal of the Walters Art Gallery 5, Baltimore 1942, 8, fig. 1; 10, 1947, 52, fig. 1). – [41] Chairs of Tutankhamun: Baker, o. c., 84, fig. 95; 86, figs. 97–98; 87, fig. 99. Also Davies, Two Ramesside Tombs, pl. 5 where the king's throne has a curved seat,

but not the chairs of the deceased and his wife. – [42] Discussed in: Considérations sur la paléographie et l'épigraphie de l'Egypte ancienne, 7ème partie: Les meubles égyptiens (Paris, in press). – [43] See notes 12–13 above. – [44] Baker, o.c., 48, fig. 40; Junker, Gîza IV, fig. 9, following p. 36. – [45] Notably chairs of royalty: CG 51111–51112; chairs of Tutankhamun: Baker, o.c., 80, fig. 89; 84–85, figs. 95–96; 86, figs. 97–98. Chair from a private tomb, MMA 36. 3. 152 (ibid., 131, fig. 182). – [46] E.g. ibid., 126, figs. 173. 176; 132, fig. 184; 120, fig. 160. A broader use of ivory is exemplified by MMA 68.58 (Fischer, BMMA Annual Report 1968, 90; fuller publication in progress), also Marquis of Northampton, Spiegelberg and Newberry, o.c. (v.n. 36), 10, pl. 6. – [47] Fischer, l.c.; cf. also n. 54 below. – [48] E. g. Baker, o.c., 130, fig. 179; Louvre AF 538 = N 3312, – [49] Low plain-legged stools: BM 46705 (Baker, o.c., 136, fig. 194); MMA 12.182.57 (Hayes, Scepter I, 259, fig. 166; probably not from Meir but from Rifa, corresponding to dimensions given by Kamal, in: ASAE 14, 1914, 72, no. 44, and therefore perhaps NK); MMA 12. 181.319, from Thebes; MMA 14.10.3, from Thebes (Baker, o.c., 142, fig. 216); Berlin 791 (ibid., fig. 215); also some stools, including low ones, from Deir el-Medina (ibid., fig. 214). With curved feet: Lowie Museum of Anthropology, Berkeley, 6–1824 (v.n. 29 above); Cairo JE 43165 (v.n. 30 above); Egyptian Museum, Stockholm, MM 10122 (Baker, o.c., 139, fig. 203). With animal legs: Baker Museum, Grand Rapids, Michigan (ibid., fig. 201); OrInst, Chicago, 13694 (ibid., fig. 202); Turin 8614 (ibid., 118, fig. 158); stool of Tutankhamun (ibid., color pl. VIII facing p. 128). Higher plain-legged stools: Turin 8510–8512 and 8468 (Baker, o.c., 115, fig. 154); Turin 8507 (ibid., 118, fig. 157); stools from Deir el Medina, (ibid., 142, fig. 214, etc.). – [50] Epron-Wild, Tombeau de Ti III, pl. 173. – [51] Turin 8505–8506 (Baker, o.c., 119, fig. 159), two from Deir el-Medina (ibid., 142, fig. 214); of Tutankhamun (ibid., 91, fig. 105). – [52] Davies, Rekh-mi-Rēʿ, pls. 49. 52–55; Davies, Menkheperrasonb, pls. 11–12; Davies, Tombs of Two Officials, pls. 8. 10; Davies, Two Ramesside Tombs, pls. 30. 40; Davies, Two Sculptors, pl. 11. – [53] Cairo JE 38547 (Inscr. Sinai I, pl. 48, no. 121). An actual example said to come from Meir, MMA 12. 182. 58 (Hayes, Scepter I, 259, fig. 166) actually was found at Rifa (Kamal, in: ASAE 14, 1914, 72, no. 43), and therefore may well date to the NK. – [54] BM 2477 (Baker, o.c., 136, fig. 195 and drawing, 317); BM 29284 (ibid., 137, figs. 197–198); Turin stool (ibid., 116, fig. 156); MMA 12. 182. 49 (Hayes, Scepter II, 202, fig. 116); stools of Tutankhamun (Baker, o.c., 88, figs. 102–103). J.R. Harris, in: AcOr 37, 1976, 21–25, discusses legs of such stools, in the Louvre and Leiden, that are inscribed with the name and titles of the owner. – [55] BM 37979 (Wresz., Atlas I, pl. 424 [B]). – [56] Baker, o.c., 81–82, figs. 91–92. – [57] Davies, Two Sculptors, pl. 5. – [58] University of Chicago Epigraphic Survey, The Tomb of Kheruef, OIP 102, Chicago 1980, pls. 24–26. 47–49; Davies, Ramose, pl. 29. – [59] Davies–Gardiner, Ḥuy, pl. 36; Davies, Neferhotep I, pls. 19. 25. 33; Davies, Two Ramesside Tombs, pls. 9. 25; Jeanne Vandier d'Abbadie and Geneviève Jourdain, Deux Tombes de Deir el-Médineh, MMAF 73, Cairo 1939, pl. 13. – [60] Janssen, Prices, 185. – [61] Baker, o.c., 81, fig. 91; 83, figs. 93–94. – [62] Berlin 14145 (ibid., 77, fig. 86). – [63] Davies, Ramose, pl. 26; James E. Quibell, The Tomb of Yuaa and Thuiu, CG Cairo 1908, 52, referring to CG 51111. In some cases the same purpose seems to have been served by a bolt of cloth: Berlin 6910, illustrated in J. Vandier d'Abbadie and G. Jourdain, o.c., pl. 29. – [64] Cf. notes 16–17 above. – [65] Fischer, in: JNES 18, 1959, 242 and notes 24–25; see also Meir V, pl. 32; Epron-Wild, o.c., pls. 121–124, etc. – [66] An exceptional NK example in Davies, Rekh-mi-Rēʿ, pl. 111.

Lit.: Hollis S. Baker, Furniture in the Ancient World, New York 1966; Geoffrey Killen, Ancient Egyptian Furniture I, Warminster 1980; Ole Wanscher, Sella curulis. The Folding Stool. An Ancient Symbol of Dignity, Copenhagen 1980, 1–60. H.G.F.

Stundeneinteilung, -beobachter. Nach dem älteren, bis in die späteste Zt stets dominierenden System der Zeiteinteilung (*Zeitbegriff) sind die beiden Tageshälften des lichten Tages und der Nacht in je 12 Stunden [1] (*wnwt* [2], kopt. ⲟⲩⲛⲟⲩ [3]), eine jede mit spezifischem Namen [4], unterteilt. Die Länge der Stunden ändert sich dabei im Laufe des Jahres mit der zu- oder abnehmenden Länge der beiden Tageshälften.

Bei der Nacht geht jene 12-Teilung schon in die 1. ZwZt zurück, und zwar als konsequente Ableitung aus der Einteilung des Jahres in 36 *Dekaden und deren Verbindung mit den 36 am Nachthimmel beobachteten Dekansternen [5]. Von der Nacht ist die 12-Teilung dann offenbar analog auf den lichten Tag übertragen worden (dort nachgewiesen seit der 18. Dyn.).

Gemessen wurden die Stunden – mit beträchtlichen Toleranzen – am Tage mit der *Sonnen- oder Schattenuhr, in der Nacht mit der *Wasseruhr oder durch astronomische Bestimmung mit Hilfe von vorgegebenen Sterntabellen (Sternenuhr). Zumindest die astronomische Bestimmung lag an Tempeln und am kgl. Hof in der Hand von „Stundenbeobachtern" (*wnwtj, jmj-wnwt*? = ὡρολόγος, ὡροσκόπος) [6], die mit dem Visierstab (*bʿj n jmj-wnwt* = φοῖνιξ ἀστρολογίας) und Lotinstrument (*mrḫjjt* = ὡρολόγιον) sowie den Sterntabellen arbeiteten.

Ein jüngeres System, für das sich bisher erst ein Zeugnis aus der 19. Dyn. (*Ramses II.?) gefunden hat [7], teilt den gesamten Tag in 24 gleich lange Stunden ein, womit sich im Laufe des Jahres bei zu- oder abnehmender Länge von Nacht und lichtem Tag unterschiedlich viele Stunden auf die beiden Tageshälften verteilen.

[1] Die Nacht kann dabei noch in die beiden Abschnitte *grḥ*? „Nacht" (5 Stunden) und *wšꜣw* „tiefe Nacht" (7 Stunden) unterteilt sein: Cenotaph of Seti I, II, Tf. 82, sowie TPPI, 10. – [2] Belegt erst seit der 1. ZwZt: TPPI, 10; CT VI, 62b. 296p. Wegen der übereinstimmenden,

gleichfalls mit „Stern“ determinierten Schreibung von *wnwt* „Dienstleistung“ schon im AR dürfte das Wort jedoch schon für das AR anzunehmen sein. – [3] Im Kopt. daneben noch das etymologisch unklare B ⲁϫⲡⲓ, B ⲁϫⲡ-, SA_2F ϫⲡ- „(x.te) Stunde“. – [4] Es sind mehrere Namensserien im Gebrauch (*Stundengötter). – [5] Neugebauer–Parker, Astronomical Texts I, 116. – [6] AEO I, 61* f.; Spiegelberg, in: ZÄS 53, 1917, 113f. – [7] pKairo 86637, vso XIV; Černý, in: ASAE 43, 1943, 179f.; Neugebauer–Parker, Astronomical Texts I, 119ff.

Lit.: Neugebauer–Parker, Astronomical Texts I, 95–121; II, 3ff.; Ludwig Borchardt, Altägyptische Zeitmessung, Berlin–Leipzig 1920 = Ernst von Bassermann–Jordan, Die Geschichte der Zeitmessung und der Uhren I, Lfg. B; Kurt Sethe, Die Zeitrechnung der alten Aegypter im Verhältnis zu der der anderen Völker III, Einteilung des Tages- und des Himmelskreises, NGWG 1920, 28–55. 97–141; R. W. Sloley, in: JEA 17, 1931, 166ff. J.O.

Stundengötter. Pour définir le terme Stundengötter, il faut d'emblée établir une distinction entre les déesses des heures du jour et de la nuit, femmes coiffées d'une étoile qui personnifient une fraction de temps dans les textes funéraires et les compositions de cosmographie mythique, et, d'autre part, des dieux qui jouent un rôle dans des textes à structure horaire comme les *Stundenwachen, mais pour qui cette attribution n'est qu'épisodique. On saisira la nature de ces deux catégories de divinités horaires dont la première est nettement la plus importante en suivant le développement historique du thème religieux des heures.

A l'Ancien et au Moyen Empire, il n'est question que des heures de la nuit qui se confondent presque avec les étoiles et sont considérées comme un ensemble, sans porter de noms individuels[1]. On note aussi une allusion à des dieux gardiens (*Schutzgottheit) du défunt qui accomplissent un service horaire[2].

C'est sous la 18ème dyn. que les déesses des heures sont clairement représentées et nommées. Dans le Livre de l'Amdouat (*Amduat), elles apparaissent individuellement comme divinités éponymes et tutélaires des douze divisions traversées par le soleil nocturne. Groupées, elles halent la barque solaire, de même que dans le Livre des Portes (*Pfortenbuch) où elles demeurent cependant anonymes. Dans une composition liturgique du temple funéraire d'*Hatschepsut à *Deir el-Bahari, chaque heure du jour et de la nuit est nommée et représentée en train de recevoir du souverain l'hommage d'un hymne[3]. Le Livre du Jour et de la Nuit (*Tag und Nacht, Buch von) qui apparaît sous la 19ème dyn. confère aussi un rôle structural déterminant aux heures; ce dernier texte aura une postérité considérable dans la tradition des listes horaires. Presque toujours imagés, les noms des heures illustrent deux grands thèmes: la nature de la lumière – éclat ou obscurité, et le rôle de sentinelle combattant pour la défense de *Rê ou d'*Osiris. Elles y sont parfois aidées par les dieux qui composent l'équipage de la barque solaire (*Hu, *Sia, *Seth etc.), chacun d'entre eux étant systématiquement associé à une heure précise[4], ou, dans le même esprit, par des dieux qui se relaient pour guider la barque dans chaque heure[5]. Dans les reproductions tardives des listes horaires, ces associations survivront, en l'absence de la mise en scène explicite des livres funéraires royaux.

L'archétype de la liste des heures du jour se trouve au temple d'Hatchepsout. Reprise dans le Livre du Jour, cette liste est connue des temples ptolémaïques[6]. Il y a trois grandes listes d'heures de la nuit: l'archétype de la première est le texte d'Hatchepsout[7], celui de la seconde est l'Amdouat repris par le Livre de la Nuit[8], celui de la troisième est la liste des *sbḫt* ou portes du Livre de la Nuit qui, par une confusion compréhensible, s'est appliquée aux heures elles-mêmes; c'est la plus répandue jusqu'à l'époque romaine[9].

Au dernier millénaire av. J.-Chr., les heures sont souvent représentées sur les monuments funéraires: sur les parois de la tombe ou les longs côtés du sarcophage, parfois sur le couvercle, les déesses des heures, associées aux habituels dieux gardiens du mort (fils d'Horus [*Horuskinder], *Anubis, *Geb etc.) ou à des génies porteurs de couteaux, montent la garde sur le défunt-Osiris[10]; sur le couvercle ou la voûte, elles entourent le corps de Nout[11] (*Nut), accompagnent la barque solaire[12] ou rendent hommage à Rê[13]. Ainsi, tout en restant liées au voyage solaire, selon la tradition des livres funéraires royaux, elles jouent de plus en plus le rôle de divinités gardiennes qui veillent l'Osiris; loin d'être exclusifs l'un de l'autre, les deux aspects s'harmonisent[14]. On voit apparaître une seconde grande liste d'heures du jour[15], et l'existence de créations isolées manifeste la vivacité du thème[16].

Les *Stundenwachen ptolémaïques qui ne sont pas sans précédent[17], organisent un service divin autour de l'Osiris et représentent l'aboutissement d'une conception qu'on voyait poindre dans les Coffin Texts (*Sargtexte) et se développer à travers l'association des dieux gardiens et des heures. Par ailleurs, les temples ptolémaïques multiplient les représentations des déesses des heures, le plus souvent intégrées à des compositions cosmographiques.

Ainsi, les divinités horaires en tant que telles font partie de l'immense cortège de figurants qu'utilisent les grandes compositions religieuses: leur personnalité est simple et ne permet pas de définition allant au-delà du sens de leur nom ou du rôle ponctuel qu'elles accomplissent pour le service de Rê ou d'Osiris; elles sont indissolublement liées à un contexte.

[1] Pyr. 515 a, cf. CT VI, 296 o–p. Pyr. 269 est moins explicite. – [2] CT I, 216 e–217 a. – [3] Deir el-Bahari IV, 114–116; Assmann, Liturgische Lieder, 159–163. – [4] Texte d'Hatchepsout; jour et nuit; Livre du Jour. – [5] Livre de la Nuit. – [6] Thoutmosis III (Herbert Ricke, Der Totentempel Thutmosis' III., Beiträge Bf 3.1, 1939, pl. 10); Anlamani (Soukiassian, dans: BIFAO 82, 1982, 342–347); Aspalta (RCK II, fig. 58); Bakenrenef (LD III, 259); sarcophage de *Pꜣj.f-ṯꜣw(-m)-ꜥwj-Nt* Leiden M 13 (Leemans, Mon. Eg. III. 2, pl. 5–6); sarcophage de *Pꜣj.f-ṯꜣw(-m)-ꜥwj-ꜣst* (Levi, dans: Atti della Reale Academia dei Lincei, serie 3. XII, 1884, 560–565); sarcophage de *Jꜥḥ-ms* (Edouard Naville, Ahnas el Medineh, Londres 1894, pl. 3 A); sarcophage de bélier de Thmouis (Mariette, Mon. div., pl. 46); Edfou III, 213–229; Dendara (Dümichen, dans: ZÄS 3, 1865, pl. 1 III B, 1–4; Brugsch, Thes., 31, B 1–4). – [7] Thoutmosis III (Ricke, op. cit., pl. 1); CG 41010; Bakenrenef (LD III, 259). – [8] Seule autre attestation: Petosiris II, 47; III, pl. 43. – [9] TT 132 (inédite); CG 41001 bis. 41003. 41004; Anlamani (Soukiassian, dans: BIFAO 82, 1982, 336–341); *Pꜣj.f-ṯꜣw(-m)-ꜥwj-Nt* (v. n. 6); *Pꜣj.f-ṯꜣw(-m)-ꜥwj-ꜣst* (Levi, op. cit. [v. n. 6], 556–560); Panehemisis (Marie-Louise Buhl, The Late Egyptian Anthropoid Stone Sarcophagi, Copenhague 1959, 133–134); CG 29301. 29305; bélier de Thmouis (v. n. 6); tombe de Senousret à Atfih (Daressy, dans: ASAE 3, 1902, 174–175); tombe "du zodiaque" à Athribis (Athribis, pl. 40); Dendara (Dümichen, dans: ZÄS 3, 1865, pl. 1, I A–F; Brugsch, Thes., 28); Philae (Dümichen, op. cit., I G–H); Kom Ombo (De Morgan, Cat. des Mon. II, 251. 253). – [10] CG 41001 bis. 41003. 41004. 41010; sarcophage de *Jꜥḥ-ms* (v. n. 6); Petosiris (v. n. 8); tombe d'Atfih (Daressy, dans: ASAE 3, 1902, 171–175); tombe "du zodiaque" (v. n. 9). – [11] CG 41001. 41009. 41017; *Pꜣj.f-ṯꜣw(-m)-ꜥwj-Nt* et *Pꜣj.f-ṯꜣw(-m)-ꜥwj-ꜣst* (v. n. 6); CG 29306. 29307; bélier de Thmouis (v. n. 6); sarcophage de Sôter, Kléopatra, Sensaos, Pétaménophis, Héter (Neugebauer–Parker, Astronomical Texts III, doc. 67–71). – [12] TT 132; tombe de Moutirdis, sans représentation de la barque (Jan Assmann, Das Grab der Mutirdis, Grabung im Asasif 1963–1970 VI, AV 13, 1977, 83, fig. 31); Anlamani (v. n. 6); Aspalta (v. n. 6); CG 29315. – [13] CG 29301. 29305. – [14] La synthèse est nette à l'époque éthiopienne et saïte: TT 132; CG 41001 bis, et le groupe Anlamani, Aspalta, *Pꜣj.f-ṯꜣw(-m)-ꜥwj-ꜣst* qui présente une composition originale (Soukiassian, dans: BIFAO 82, 1982, 333–348). – [15] Règle Berlin 19743 (Borchardt, dans: ZÄS 48, 1911, 10, pl. 1); TT 132; CG 41001 bis. 41003. 41004; CG 29301. 29305. 29315; tombe d'Atfih (Daressy, dans: ASAE 3, 1902, 172–173); Héter (v. n. 11); Edfou III, 213–219; Dendara (Dümichen, dans: ZÄS 3, 1865, pl. 1 III A. B 5–12. C. D. E. F; Brugsch, Thes., 31 A); Kom Ombo (De Morgan, Cat. des Mon. II, 256). – [16] CG 29315. – [17] Constantin E. Sander-Hansen, Die religiösen Texte auf dem Sarg der Anchnesneferibre, Copenhague 1937, 66–84.

Lit.: RÄRG, 753–754. G. S.

Stundenpriester s. Priester

Stundenwachen. Ritual stündlicher Rezitationen und Kulthandlungen im *Osiris-Kult, überliefert in inschriftlichen Fassungen griechisch-römischer Tempel (*Dendara[1], (*Tell) Edfu[2] und *Philae[3]). Der Sinn des Rituals ist der Schutz, die Verklärung und Beweinung des einbalsamierten und in der „*Balsamierungshalle" (*wꜥbt*[4]) aufgebahrten Leichnams durch Schutzgottheiten (*Schutzgott), die sich im 24-Stundenzyklus stundenweise ablösen, *Klagefrauen und *Priester. Bei den 12 Tagesstunden tritt jeweils der Schutzgott der einen Stunde in der folgenden als Offiziant auf, so daß sich der Kreis der Aktanten hier (abgesehen von Priestern und Klagefrauen) auf die 12 Schutzgötter beschränkt[5]. Das Schema der ersten 6 Tagesstunden umfaßt 1. eine kurze Stundenbeschreibung[6], 2. eine als „erste, zweite usw. *ḥwt*"[7] überschriebene längere Rezitation (*Verklärung)[8] durch den *Cheriheb, mit einem in jeder Stunde wiederkehrenden Refrain, 3. einen kurzen Opferspruch zur Darreichung des Offizianten und 4. ein Klagelied[9] der „Weihe" (*ḏrt*). Die Stunden 7–12 sind in abgekürzter Form aufgezeichnet. In den 12 Nachtstunden agiert derselbe Schutzgötterkreis, zusammen mit anderen Göttern, in stündlich wechselnden Konstellationen (z. B. *Thot und *Anubis, Anubis und *Upuaut, *Horus und Thot usw.; besonders charakteristisch die „4 Anubis" in der 7. Nachtstunde). Das Schema der ersten 6 Nachtstunden umfaßt 1. eine kurze Stundenbeschreibung, 2. Rezitationen zu *Libationen und *Räucherung, 3. „erste ... usw. *ḥwt*" mit Verklärung durch den Cheriheb, 4. „erste ... usw. *ḥwt*" mit Rezitation (Klagelieder in dramatischer Form) durch den Cheriheb und die beiden „Weihen". Die Riten bestehen tagsüber in Darreichungen von *Salbe und *Weihrauch, nachts in Libationen und Räucherungen. Dazu Schlachtungen in der 5. und 6. Tages- sowie in der 8.–10. Nachtstunde.

Textliche[10], inhaltliche[11] und stilistische Anklänge verweisen eine Reihe von in ptolemäischen Papyri überlieferten Zeremonialien in den engeren oder weiteren Kontext der St.: die „Klagelieder von *Isis und *Nephthys"[12] und die Zyklen *sꜣḫw* I[13], II[14] und III[15]. Entsprechende Liturgien sind bereits in den *Sargtexten belegt und offenbar mit einer als St. organisierten Nachtwache in der Balsamierungshalle verbunden. So heißt es in einer Aufforderung an die Schutzgötter: „teilt die Stunden ein für den Herrn der Weißen Krone" (CT I, 217 a)[16], im Zusammenhang eines Zyklus von Verklärungen und Klageliedern. Auch die Spruchfolge CT 63–74 enthält nach den Verklärungen und Opfersprüchen eine Komposition von Klageliedern (Spruch 74), die durch Refrain in 6

Gesänge gegliedert sind[17]. Die Spruchfolge 1–26 geht als Kap. 169 „Spruch zum Aufstellen der Totenbahre" ins Tb ein. Aus diesem Kapitel schöpfen vorzugsweise die Götterreden auf Särgen des NR und der SpZt, als deren Sprecher Mitglieder des aus den St. bekannten Zyklus auftreten[18]. Die Sargdekoration versteht sich als eine Verewigung der nächtlichen St. in der *wꜥbt*[19]. In der SpZt wird dieser Gedanke auch auf die Dekoration der Sargkammer ausgedehnt[20]. Die St. sind demnach nicht nur im Osiriskult der SpZt bezeugt, sondern spielten auch im *Totenkult mindestens seit dem MR eine bedeutende Rolle.

Von den St. zu trennen sind andere auf der Stundeneinteilung beruhende Rituale, so das Stundenritual im Sonnenkult[21], das Ritual „Schutz des Bettes", eine Liturgie stündlicher Anrufungen zum Schutz der Nachtruhe Pharaos[22], und die nach Stunden gegliederte Opfer-*Litanei des pBM 10569[23].

[1] Dach, östl. (südl.) Osiriskapelle: PM VI, 98f. (56); (58); (61)–(62); (64)–(75). – [2] Raum H (Chassinat): PM VI, 150 (260)–(263). – [3] Architrave im Hypostyl: PM VI, 237. – [4] Junker, Stundenwachen (s. Lit.), 8f. – [5] Vgl. Altenmüller, in: LÄ II, 639 Anm. 26. – [6] Entsprechend dem „Stundenritual" im Sonnenkult, ÄHG, Nr. 1–12. – [7] Vgl. hierzu Assmann, Liturgische Lieder, 246 Anm. 5. – [8] Kennzeichen ist die den Toten anredende Du-Form ohne Bezug auf den Sprecher. – [9] Kennzeichen ist das starke, die emotionale Beteiligung des Sprechers zum Ausdruck bringende Hervortreten der 1. Ps. – [10] Z. B. Stundenwachen, ed. Junker, 85–108 kommen im ersten, S. 116 im dritten Spruch der Liturgie *sꜣḫw* I (J. C. Goyon, in: Textes et Langages III, BdE 64. 3, 1974, 79f.) vor. – [11] Vgl. besonders die 4 Anubis in der 7. Nachtstunde und in *sꜣḫw* I. – [12] pBremner Rhind 1, 1ff., Übersetzung Faulkner, in: JEA 22, 1936, 121ff.; pBerlin 3008 = Faulkner, in: Mél. Masp. I, 337ff. – [13] Goyon, a.a.O., 79f. „premier livre" (bezeugt in 7 Papyri und auszugsweise auf zahlreichen Särgen usw.). – [14] Goyon, a.a.O., 80: „second livre"; Hartwig Altenmüller, Die Texte zum Begräbnisritual der Pyramiden im AR, ÄA 24, 1972, 49ff. D–F: diese aus Pyramidentexten bestehende Spruchfolge kommt schon auf Särgen des MR vor. – [15] Goyon, a.a.O., 80 „troisième livre". – [16] Vgl. Sinuhe B 191: *wḏꜥ ḫꜣwj* „die Nacht einteilen", s. Assmann, in: Fs Brunner, 29 Anm. 24. – [17] Im NR im Grab des Senenmut TT 353 belegt. – [18] Vgl. besonders CG 41001–41041 und CG 41042–41072 sowie CG 61001–61044. – [19] Vgl. Assmann, in: MDAIK 28, 1972, 127ff. – [20] Z. B. TT 34 und TT 410, vgl. Leclant, in: Fs Struve, 1962, 104–129; Jan Assmann, Das Grab der Mutirdis, AV 13, 1977, 14f. 90–102. – [21] Assmann, Liturgische Lieder, 113–163; ÄHG, Nr. 1–12; Jan Assmann, Re und Amun. Die Krise des polytheistischen Weltbilds im Ägypten der 18.–20. Dyn., OBO 51, 1983, 33–39. Edition von E. Graefe in Vorbereitung. – [22] pKairo 58027, ed. Golénischeff, Papyrus hiératiques, CG, 114–131; vgl. Sarg Kairo 41047, ed. Gauthier, CG 41042–41072, S. 127. 134–135; Edfou VI, 144–152. – [23] Raymond O. Faulkner, An Ancient Egyptian Book of Hours, Oxford 1958.

Lit.: Hermann Junker, Die Stundenwachen in den Osirismysterien, DAWW 54, 1910. J. A.

Su (*Sw*). Archäologisch nicht lokalisierte Stadt im 20. o. äg. *Gau, laut *Denkmal memphitischer Theologie Geburtsort des *Seth. Spärlich, aber kontinuierlich belegt – als Kultort des Seth *ḫntj-Sw, nb-Sw, Sw(j)* (*sw*) – im AR (Pyramidentempel der Könige *Unas[1], *Teti[2] und *Pepi II.[3]), MR (Pyramidentempel des Königs *Sesostris I.[4], *Sargtexte[5], magischer Pap.[6]) und in der 18. Dyn. (Festtempel *Thutmosis' III.[7]). In CT II, 158a scheint *Horus der Gott von S. zu sein. Tempel und Priester des Seth von S. lassen sich in der Ramessidenzt[8] und in der 22. Dyn.[9] nachweisen. Damals gibt es wohl auch einen Tempel der *Nephthys in S.[10] In der SpZt ist S. nicht nur Kultort des verfemten Seth[11], sondern auch eines Symbols „*sḫm* des *Anubis"[12], was wohl auf alte Beziehungen der Stadt zum 18./19. o. äg. Gau weist[13]. Die ungewöhnliche Wiedergabe von S. mit drei *s* läßt die Etymologie des Namens mit Absicht offen[14]. M. E. ist S. die „Stadt des Wildesels (*sw*)", dessen verdächtiges Symbol, die Hieroglyphe des Eselskopfes, gemieden wird[15]. *sw* „Wildesel" gehört zu *sr* „*Giraffe"[16] und *sr(j)* „verkünden"[17]. Durch die drei *s* will man auch eine Assoziation mit *swt*, der o. äg. *Wappenpflanze = dem eigentlichen Phonogramm *sw*, verhüten (vgl. die *swt*-Pflanze im Namen der S. benachbarten Stadt *Herakleopolis)[18]. Hingegen ist das mit drei *s* geschriebene *sw(j)*-Öl (AR) sicher „Öl aus der Stadt S."[19]. Die drei *s* in *zw* > *sw* „Monatstag" erscheinen nicht vor der 18. Dyn.[20].

[1] A. Labrousse, Jean Ph. Lauer und Jean Leclant, Le temple haut du complexe funéraire du roi Ounas, Mission archéologique de Saqqarah II, BdE 73, 1977, 96f. – [2] Jean Ph. Lauer und Jean Leclant, Le temple haut du complexe funéraire du roi Téti, Mission archéologique de Saqqarah I, BdE 51, 1972, 72. – [3] Jéquier, Pepi II, II, 39, Tf. 47. – [4] Licht, Abb. 34. 36. 37 = CG 416. 412. 414. – [5] CT II, 158a. 173c; IV, 41b = Kaplony, Beitr. Inschriften, Anm. 287. 313. Vgl. bes. Kees, in: ZÄS 60, 1925, 7. – [6] Ḥekanakhte Papers, 75. 77. 132, Tf. 19. – [7] Barguet, Temple d'Amon-Rê, 160 (LD II, 33g = PM II², 114); 187 (LD II, 35a = PM II², 117). – [8] *pr-Stḫ nb-Sw*: pHarris 61b, 15 = Helck, Materialien, 183. 522; Herman te Velde, Seth, God of Confusion, PÄ 6, 1967, 134; *ḥm-nṯr Jmn-m-jpt n pr-Stḫ nb-Sw* (ferner *swꜣ mḥtj jmntj Sw*): pWilbour B, § 52 = Helck, a.a.O., 183; te Velde, a.a.O., 135. – [9] *pꜣ ḥm-nṯr n Stḫ nb-Sw* (ferner *dmj(t) / tꜣ wḥjt* von S.): Tresson, in: Mél. Masp. II, 820ff.; te Velde, a.a.O., 139 Anm. 3. – [10] *pr-Nbtḥwt n Rꜥ-ms-sw mrj-Jmn ꜥnḫ wḏꜣ snb ntj m pr-Stḫ* (sc. von S.?): pWilbour A, § 28; Helck, a.a.O., 183 = LÄ IV, 460

Anm. 28. Eine Nephthys anscheinend ohne Beinamen neben Seth *nb-Sw*: Medinet Habu VII, Tf. 582 (LD II, 214e). – [11] Urk. VI, 15, 18; pSalt 825 (Derchain), 5, 1 (*tꜣ n Sw*; vgl. oben Anm. 8 zu *swꜣ*); 18, 7 (Akazienholz von S.). – [12] Edfou I, 539. Vgl. Wb IV, 244, 19f. zu PM VI, 91f. *srf ḥr zpꜣ.k* hat wohl mit dem Anubisbeinamen *ḫntj-Spꜣ*, Kees, in: ZÄS 58, 1923, 79ff.; Kaplony, Die Rollsiegel des AR II, MonAeg 3, 1981, 245 nichts zu tun. Anubis als Sethfeind: Kees, in: MIO 6, 1958, 175; pJumilhac, 113ff.– [13] Vgl. Kaplony, Beitr. Inschriften, 78ff. und unten Anm. 15f. – [14] In Urk. VI, 15, 18 schreibt man fehlerhaft zwei *s*, wohl analog zur Wiedergabe „*Ssnw*" von *Ḫmnw* „*Hermupolis". Vgl. damit Edfou I, 539, aus der 18. Dyn. (!) unten Anm. 20. In CT VI, 285c = Kaplony, a.a.O., Anm. 313 lies *Wr-jt-sw*: Raymond O. Faulkner, The Ancient Egyptian Coffin Texts II, Warminster 1977, 231. – [15] Dies gilt, wie man auch immer den Ortsnamen *Ḥwt-ḥrw* oder *Ḥwt-sw* Kaplony, a.a.O., Anm. 316 versteht. – [16] Als Ideogrammwort jetzt in der MR-Inschrift bei S. Farag, in: RdE 32, 1980, 78 nachgewiesen. *sr* > *sw* bezeichnete wohl Giraffe (vgl. Kaplony, a.a.O., Anm. 312) *und* Wildesel, eine Differenzierung zwischen *sr* „Giraffe" und *sw* „Wildesel" konnte kaum Bestand haben und führte zum Schwinden von *sr* „Giraffe". Als Hieroglyphe hatte die Giraffe als Ideogramm für *sr(j)* „verkünden" Bestand. – [17] Vgl. *Sr-ḫrw pr m Wns* (Sethkultort im 19. o. äg. Gau), Charles Maystre, Les déclarations d'innocence (Livre des morts, chapitre 125), RAPH 8, 1937, 87; Montet, Géographie II, 182. Zu „Verkünden" gehört *sr* „Beamter", der im Kopt. wie Seth zum Kastraten wird, Störk, in: LÄ III, 356 Anm. 3. – [18] *sw* „schädlich, gefährlich" schreibt man bedenkenlos mit der *swt*-Pflanze. Das Wort (vgl. auch das Flammenzeichen CT VI, 342h) gehört kaum zu *sw* „Wildesel"; es hat im Unterschied zu ähnlichen Appellativen (Kaplony, in: Or 34, 1965, 140 Anm. 1; Simpson, in: JEA 52, 1966, 44f.) nie ein Sethdeterminativ. Allerdings kann das von *sw* „schädlich, gefährlich" abgeleitete *Swtj* schon im MR Seth bezeichnen (neben Krokodilen), vgl. te Velde, a.a.O., 1 und Anm. 1; 2 und Anm. 2; Dimitri Meeks, Année lexicographique 2 (1978), Paris 1981, 311f. – [19] Kaplony, a.a.O., 77 und Anm. 314; H. Altenmüller, in: SÄK 4, 1976, 26; Ahmed M. Moussa und Hartwig Altenmüller, Das Grab des Nianchchnum und Chnumhotep, AV 21, 1977, 108. Vgl. Gérard Charpentier, Recueil de matériaux épigraphiques relatifs à la botanique de l'Egypte antique, Paris 1981, §917. Die drei *s* mit Pflanzendeterminativ der SpZt Wb V, 58, 5f. = Daressy, in: ASAE 16, 1916, 223. 227 stellen schon wegen der Zusätze *šw* „trocken" und *Kbn* „Byblos" dieses Öl bzw. dieses Harz dar, vielleicht der Akazie, oben Anm. 12 (so nach Helck, in: LÄ I, 113 und Anm. 9?). – Im Ölnamen ist das Stadtdeterminativ entbehrlich; es fehlt auch unter den Belegen oben Anm. 4–6 dreimal. An die Schreibung des *swj*-Öls mit drei *s* – schon in der 3. Dyn. – erinnert die des *šmꜥj*-Öls mit drei o. äg. Wappenpflanzen = Kaplony, Inschriften, 309. 314f.; ders., Beitr. Inschriften, 22. Die Namen *swj* u. *šmꜥj* scheinen typische o. äg. Steuerabgaben (Ölabgaben) zu beschreiben. – [20] Vgl. Gardiner, in: JEA 32, 1946, 51; Edel, Altäg. Gramm., § 420; Schenkel, Memphis, Herakleopolis, Theben, 113 und Anm. 2; Urk. IV, 112, 12; 390, 17; 1294, 1/2; ÄIB II, 135 (Datierung nach Helck, Verwaltung, 392); Gardiner, EG³, 203; Faulkner, CD, 215; Kaplony, a.a.O., Anm. 315. 341. Die vermeintlichen frühen Wb-Belege IV, 58, 2f.: Urk. I, 108, 6; CG 28118 erscheinen ohne Phonogramme. Der ÄIB-Beleg setzt fehlerhaft nur zwei *s*-Zeichen (vgl. oben Anm. 14).

Lit.: Brugsch, DG, 752ff.; Roeder, in: Roscher, Lex. Myth. IV, 731f.; Hermann Kees, Horus und Seth als Götterpaar II, MVAeG 29, 1924, 46f.; Gauthier, DG V, 61; AEO II, 117*; Montet, Géographie II, 190; Kaplony, Beitr. Inschriften, 72ff. Das Wort *sw* „(ein Tuch) falten" (a.a.O., 247) entfällt für die Etymologie des Stadtnamens.

Korrekturzusatz: Die Sethbeinamen *ḫntj-Sw* und *nb-Sw* erscheinen schon auf den Fayenceeinlagen des Pyramidentempels von König *Neferefre in *Abusir. Auf diesen jetzt ältesten Nachweisen von *Sw* wird der Stadtname mit und ohne Stadtdeterminativ geschrieben (425. 507. 689/I/82, Mitteilung mit freundlicher Erlaubnis von M. Verner und der Tschechoslowakischen Expedition des Ägyptologischen Instituts der Karls-Universität Prag). Die Herkunftsangabe „Byblos" beim Ölnamen oben Anm. 19 ist natürlich sekundär. P. K.

Suchos s. Sobek

Süden s. Himmelsrichtungen

Sünde und Schuld (Sündenbekenntnis). Das Bewußtsein des Menschen, daß er durch seine Sünde in eine Situation der Schuld geraten kann, wobei seine Beziehung zu Gott gestört und sein Leben in Todesgefahr ist, läßt sich besonders in der Literatur des NR nachweisen [1]. Es manifestiert sich dann in zwei Formen, die nur augenscheinlich [2] miteinander in Widerspruch stehen: a. im offenen Geständnis der Schuld, meistens verbunden mit dem Appell an Gottes Gnade, wie es uns aus den Texten der *Persönlichen Frömmigkeit bekannt geworden ist; und b. in der nachdrücklichen Erklärung, daß man sich bestimmter Sünden NICHT schuldig gemacht hat, wie man sie gleichzeitig [3] und am ausgeprägtesten im *Totenbuch antrifft, und zwar in zwei Versionen innerhalb des Spruches 125 [4]. Der „Sitz" der unter a. angedeuteten Aussagen ist buchstäblich „im Leben" zu suchen: hier spricht ein Glaubender auf Erden, sei es in aktueller Not, sei es stärker stilisiert im Kontext der *Hymnen oder beim Unterricht. Die unter b. gemeinten „Negativen Bekenntnisse" [5] versetzen uns ins *Jenseitsgericht [6]: hier spricht ein Verstorbener bei der letzten Entscheidung über Leben und Tod. Daß er sich jetzt zurückhaltend bzw. verneinend über seine Sündhaftigkeit äußert, ist mit dem magischen Charakter (*Magie) dieser Totentexte in Übereinstimmung [7], nimmt den Aussagen aber nicht wirklich ihren ethischen (*Ethik) Grundton [8].

Die beiden „Konfessionen" (A, B) bieten keine vollständige Liste aller damals als S. aufgefaßten Taten: A nennt nur deren 36, B hat 42/43[9]; darunter sind manche Duplikate und sekundäre Erweiterungen[10]. Wir haben es also mit einer Auswahl zu tun. Undeutlich ist immer noch, nach welchen Kriterien diese erfolgt ist[11]. Nach Maystre sei A nicht nur die älteste, sondern auch die theologisch meist unabhängige; B trage die Spuren heliopolitanischer Herkunft[12]. Als A und B im Rahmen des Spr. 125 zusammengefügt wurden, erfuhren sie eine zweite Redaktion, eine „Osirianisierung"[13]. Diese Einsicht bringt m.E. nicht völlig zur Geltung, daß eben A ein Übergewicht kultischer S. zeigt[14] und in B der Hauptakzent auf Verbrechen wider die menschliche Gesellschaft zu liegen scheint[15]. Auch in B fällt die unbestimmte Formulierung vieler S. auf[16]: die Endredaktion hat sich wohl darum bemüht, jedermann die Anwendung der II. Konfession in seinen eigenen Lebensumständen möglich zu machen[17].

[1] Die Wurzeln greifen tiefer in die Geschichte, s. Christine Seeber, Totengericht (s. Lit.), 2–4 und Anm. 20; Bleeker, in: Numen 13, 1966, 81 ff. – [2] Hier ist nicht nur vom Nebeneinander zweier verschiedener Auffassungen zu sprechen; in beiden Situationen steht die Verbindung „Wissen = Gerechtigkeit" einerseits und „Nichtwissen = Schuld" im Zentrum. – [3] Der meines Wissens älteste Zeuge für Konfession II ist der hierat. Pap. Louvre 3245 (Catalogue Dévéria III, 90) des *Ḏḥwtj* aus den letzten Jahren Tuthmosis' I., cf. Urk. IV, 130–135. Über die ersten Anfänge der „Persönlichen Frömmigkeit" s. Posener, in: RdE 27, 1975, 195–210. – [4] Sonst im Tb, s. Spr. 18. 29 A. 40. 183; außerhalb z.B. Stele des Baki (Übersetzung bei Roeder, Die ägyptische Religion in Text und Bild IV, Zürich–Stuttgart 1961, 243 ff.); Abydos-Stele Ramses' IV, Kitchen, Ram. Inscr. VI, 23, 8–15. – [5] Terminus schon von James H. Breasted, Development of Religion and Thought, New York 1912, angefochten, aber immer noch als „confession négative, negative confession" usw. in der Fachliteratur verbreitet. Der von Maystre u.a. bevorzugte Ausdruck „déclaration d'innocence" wäre wohl am besten mit „Unschuldsbeteuerung" zu übersetzen. – [6] Zum „Sitz im Leben" womöglich größerer Teile in Torliturgien lokaler Heligtümer s. Grieshammer, in: ZDMG Supplement II, 1974, 19 ff., und die von Seeber, op. cit., Anm. 16 genannte Literatur. Dazu: Merkelbach, in: ZPE 2, 1968, 7–30. – [7] Seeber, op. cit., 3–4. 80 und passim; Tb (Hornung), 492. – [8] In den Beteuerungen wechseln rein kultische Sünden mit ethisch-humanitären, ethisch-religiösen, charakterologischen und „kosmischen" ab. Das alles steht unter der einen Norm der *M3ʿt*; cf. Claas Bleeker, Het oord van stilte, Leiden 1979, 98 ff. – [9] Zur Zahl 42 zuletzt Seeber, op. cit., 136 ff. Gewöhnlich werden beim 34. Richter (*Nefertem) 2 Sünden genannt, öfters auch beim 27. Richter (Hintersichschauer). In der Überlieferungsgeschichte sind bei den einzelnen Mss. viele Änderungen bezüglich der Anzahl der Richter und der Sünden festzustellen. – [10] Konfession A 1 = B 1, A 13 = B 26, A 20 = B 27 b (Zählung nach Maystre); fast identisch sind: A 3/B 34 a, A 22/B 6. In B die gleiche Sünde (*thj*) bei Richter 12 und 22. Seit 19. Dyn., besonders während 21. Dyn. in Mss. aus dem Kreis der Amunspriester werden die letzten 9 oder 10 S. der Liste B an verschiedenen Stellen aus der Liste A entnommen, cf. Pap. Leiden T 3, ed. M. Heerma van Voss, Zwischen Grab und Paradies, Basel 1971, Tf. 17. – [11] S. Anm. 8 und Yoyotte, in: SourcesOr IV, 1961, 58–65. – [12] Maystre, Les Déclarations (s. Lit.), 125. 136. 141–143. – [13] Ibid., 116. 122. 143. Die These hat unter den französischen Ägyptologen fruchtbar gewirkt, cf. Etienne Drioton, Pages d'Égyptologie, Kairo 1957, 195 ff.; Daumas, in: Etudes Carmélitaines. Magie des Extrêmes, [Paris] 1952, 92–141; ders., in: OrAnt 1, 1962, 155 ff. – [14] Liste A 7. 8. 10. 17–19. 21. 29. 30. 33–36, wohl auch 3. 5. 20. 27. 28. – [15] Ausgesprochen kultisch m.E. nur B 8. 38. 42, wohl auch 10. 11. 15. 32. – [16] So z.B. B 1. 7. 9. 34; nur selten sind ganz konkrete Vergehen genannt, z.B. B 5. 6. 19. – [17] So ist der Zirkel wieder geschlossen: was wohl einmal als spezielles Tabu geographisch beschränkt vorkam, kann wegen seines allgemeinen Wortlauts immer wieder benützt werden.

Lit.: Charles Maystre, Les Déclarations d'Innocence, RAPH 8, 1937; Christine Seeber, Untersuchungen zur Darstellung des Totengerichts im Alten Ägypten, MÄS 35, 1976; Erik Hornung, Das Totenbuch der Ägypter, Zürich–München 1979. M.H.v.E.

Sukzessionsmythos. Die Historisierung der Götter, verbunden mit der Bildung von *Götterdynastien, führt zur Übertragung weltlicher Verhältnisse in die mythologische Darstellung von Götterfolgen. Hauptbeispiel ist die Schilderung vom Naos von *Saft el-Henna[1], in der der Tod des *Schu geschildert wird und die Thronbesteigung seines Sohnes *Geb, der seine Mutter *Tefnut vergewaltigt (*Kamutef). Am Ende des S. steht der König, wenn er den „Thron des Geb" erringt.

[1] Naville, Saft el-Henneh, Tf. 25. W.H.

Sumenu (*Sw-mnw*), Ort zwischen Pathyris (*Gebelein, Aphroditopolis) und *Jw-m-jtrw*[1] (j. el-Maḥâmid el-Giblija)[2] auf dem westlichen Nilufer, also etwa bei Nagʿ el-Gharîra. Kultort des *Sobek, ferner *Ibis-Nekropolen und Baureste *Amenophis' III.[3]

[1] Nach RAD, 45. – [2] Bakry, in: MDAIK 27, 1971, 131 ff. – [3] Sauneron, in: Kêmi 18, 1968, 71–72. – Zu überholten Lokalisierungen s. Kuentz, in: BIFAO 28, 1928, 123; AEO II, 22*; Otto, Topographie, 93. W.H.

Suppiluliuma I. (äg. Ša-pá-lú-lú[1]), hethitischer König, der noch in der Zt Amenophis' III.[2] durch Mord am rechtmäßigen Thronfolger Tudhalijas auf den Thron kam. Sein erster Zug gegen *Tusratta von *Mitanni, ebenfalls noch z. Zt Amenophis' III.[3], scheiterte. Während der Regierung

*Amenophis' IV. eroberte er die syrischen Besitzungen Mitannis und brachte auch *Qadesch, obwohl äg. Territorium, unter seine Gewalt[4]. Auch das bisher zum äg. Verband gehörige *Ugarit schloß sich ihm unter Niqmadu an[5]. Endlich fiel auch *Aziru von *Amurru von Äg. ab und unterstellte sich dem S. Diese Vorgänge gehören etwa in die Zt um Jahr 12 Echnatons. Am Ende von dessen Regierung sind Abfallbewegungen von Qadesch (unter Aitakama) und Nuhasse-Städten erkennbar, gegen die S. zusammen mit dem Thronfolger Arnuwanda und den Generälen Lupakku und Zita vorgeht. Gleichzeitig griff S. das noch mitannische *Karkemisch an. Damals geschah die berühmte Dahamunzu-Affäre: Die „Königsfrau" (Daḫamunzu = *T3-ḥmt-nswt*[6]) erbittet sich beim Tod ihres Gatten einen hethitischen Prinzen, um ihn zum König von Äg. zu machen. Nach fast einjährigem Zögern und Rückfragen schickt S. seinen Sohn Zananza, der aber ermordet wird, was zu Rachezügen S. gegen das äg. Amqa (Damaskus-Gebiet) führt[7]. Diese Vorgänge deutet sein Enkel Mursilis II. als Bruch eines alten ägypto-hethitischen Vertrags wegen der ausgewanderten Leute von Kurustama und damit als Grund für die von den beleidigten Göttern geschickte 30jährige Epidemie in Hatti.

Der Name S. („Der von der reinen Quelle") wird in äg. Texten nur in der äg. Fassung des sog. Hethitervertrags *Ramses' II. erwähnt[8]. Die Nennung eines „Großen von Hatti Su-baᶜal" auf einem unklaren behauenen Kalksteinstück ist mit S. in Verbindung gesetzt worden[9].

[1] Kitchen, Ram. Inscr. II, 226, 12; 228, 1. Es ist anzumerken, daß *Salmanassar III. (858–824 v.Chr.) den gleichen Namen auch Sapalulme schreibt (König von Hattina, vgl. ANET, 277). – [2] S. erwähnt in EA 41, dem Brief zur Thronbesteigung Amenophis' IV., seine Beziehungen zu dessen Vater. – [3] Tusratta schickt aus der Beute seines Sieges gegen S. ein Gespann, einen Jungen und ein Mädchen an Amenophis III. (EA 17). – [4] Tette-Vertrag KBo I, 4. – [5] PRU IV, 40ff. – [6] Federn, in: JCS 14, 1960, 33. – [7] Diese Vorgänge stehen in den „Mannestaten Suppiluliumas", die sein Enkel Mursilis II. verfaßt hat, vgl. Güterbock, in: JCS 10, 1956, 41ff.; 75ff. Über die Identifikation der Daḫamunzu ist viel geschrieben worden; dabei wurde meist davon ausgegangen, daß der äg. König Nibḫururijas heißt, was nach Edel, in: JNES 7, 1948, 14f. „absolut einwandfreie Umschreibung des Namens *Tutanchamuns" (*Nb-ḫprw-Rᶜ*) ist; vgl. auch Kitchen, in: CdE 43, Nr. 86, 1968, 318f.; Jozef Vergote, Toutankhamon dans les archives hittites, Istanbul 1961. Nach Fecht bei Rolf Krauss, Das Ende der Amarnazeit, HÄB 7, 1978, 11 ist aber „unter gewissen Bedingungen, die für die Šuppiluliuma-Annalen gegeben sind, die Enttonung von naf- zu nef- schon für die Amarnazeit anzusetzen", wodurch die Gleichsetzung von Nibḫururija mit *Nfr-ḫprw-Rᶜ* (Echnaton) wieder möglich wird (nef- kann in Keilschrift nur ni-ib- geschrieben werden). Ausschlaggebend scheint aber, daß die Daḫamunzu-Episode in den „Mannestaten" auf der 7. Tafel des aus *kurzen* Tafeln bestehenden Korpus (vgl. Güterbock, in: JCS 10, 1956, 47) steht, aber auch das Kolophon einer 12. Tafel belegt ist (KBo XIX 48). Selbst wenn diese auch der „kurzen" Serie angehört, fällt damit die Episode in die Mitte der Schilderung, wobei zu bedenken ist, daß Tafel 1 und 2 S. noch als Prinzen schildern. Aus chronologischen Gründen kann dann aber die Episode nur mit der ersten möglichen Gelegenheit verbunden werden, also mit dem Tod Echnatons, da sonst die geschilderte Regierungszeit des S. zu lang wird (Tafel 3–7 = Ende Amenophis' III. bis Tod Echnatons = ca. 20 Jahre mindestens; aber bis Tod Tutanchamuns mindestens 33 Jahre, welche Zeitspanne dann für Tafel 8–12 in etwa auch gerechnet werden müßte!). Da *Nofretete bereits beim Tod Echnatons verschwunden und diplomatisch durch die Tochter *Meretaton, menschlich durch die „Gemahlin und Große Geliebte" Echnatons *Kije ersetzt war, letztere aber nach dem Tode Echnatons durch Meretaton gestürzt und auf Denkmälern ersetzt wird, dürfte Kije die Daḫamunzu sein, die gleichzeitig mit Zananza durch Staatsstreich beseitigt wird. Da Meretaton sogar kurze Zeit als König geherrscht zu haben scheint, dann aber durch Heirat mit *Semenchkare als Königin fungiert, kann sie nicht die „Staatsverräterin" sein. – [8] S. Anm. 1. – [9] Černý, in: Charistaria Orientalia Ioanni Rypka, Prag 1956, 72–75 (ehemals Sammlung Michaelides).

W.H.

Sutarna II., König von *Mitanni, erwähnt als Vater der *Giluhepa auf Gedächtnis-*Skarabäus *Amenophis' III.[1] vom 10. Jahr. S. war Vater des *Tusratta[2]. Er schickte Amenophis III. die Statue der *Ischtar von Niniveh als Heilgöttin, was Tusratta dann wiederholte[3].

Ein S. von Musiḫuna südl. Damaskus wird in EA 182–184 erwähnt.

[1] Urk. IV, 1738, 13; vgl. EA 17, 26; 19, 6; 29, 18ff. – [2] EA 17. – [3] EA 23.

W.H.

Sutech s. Seth

Suwardatta (akk. Šuwardatta), Fürst in Hebron z.Zt der *Amarnabriefe, der zusammen mit *Abdi-Ḫepa von *Jerusalem und *Zaruta von Akschaf gegen *Labbaja von *Sichem und die ḫapiru vorgeht[1], sich später aber mit Abdi-Ḫepa verfeindet[2]. In EA 283 und 284 fordert er die Entsendung des *Janhamu.

[1] EA 279–280; Thureau-Dangin, in: RA 19, 1922, 91ff. – [2] S. erobert dabei Bethlehem: EA 290, 15.

W.H.

Syene s. Assuan

Syenit. In der heute gültigen petrographischen Klassifizierung ist S. ein dunkles kristallines Gestein, bestehend aus *Feldspat (vorwiegend Kalifeldspat und untergeordnet Plagioklas), Biotit und

Hornblende. Kaum Quarz, der Quarzanteil darf nicht höher als ~ 5 Vol. % sein[1]. Ursprünglich benannt nach Syene (*Assuan)[2], wo dieses Gestein jedoch abbauwürdig in den pharaonischen *Steinbrüchen nicht vorkommt. Durch die irrtümliche Übertragung der Bezeichnung S. auf ein dem dunklen *Granit von Assuan äußerlich ähnliches Gestein bei Dresden hat A.G. Werner den Begriff S. in die Petrographie eingeführt[3]. Aufgrund der antiken Überlieferung wird in der Ägyptologie gelegentlich immer noch der Granit aus Assuan als S. bezeichnet. Vereinzelt tritt S. in der Ostwüste auf.

[1] S.R. Nockolds et alii, Petrology for Students, Cambridge 1978, 57ff. – [2] Plinius, Hist. nat. XXXVI, 13 beschrieb erstmals den roten Granit von Assuan als „syenites". – [3] A.G. Werner, in: Bergmännisches Journal 1, Freiberg 1788, II, 824.

Lit.: Lucas, Materials[4], 58. R. Kl.

Sykomore (Ficus sycomorus, Maulbeerfeigenbaum). Die S. war ein vielfach genutzter Kulturbaum des Alten Äg., es ist aber bisher nicht gelungen festzustellen, ob die S. zur ursprünglichen Flora Äg. gehörte. Heute geschieht ihre Vermehrung dort rein vegetativ durch Stecklinge, da die für die Befruchtung der S.-Früchte nötige Gallwespenart Ceratosolen arabicus Mayr in Äg. nicht vorkommt. Hier legt die Gallwespenart Sycophaga sycomori L. ihre Eier in die S.-Früchte, sie kann aber keine Befruchtung bewirken, die Früchte bleiben also steril. Untersuchungen[1] an S.-Früchten aus dem MR[2] zeigten, daß schon in pharaonischer Zt in Äg. Sycophaga sycomori L. in den S. vorkam, also die Bäume auch damals keine fertilen Früchte hervorbringen konnten. Bis jetzt gibt es nur zwei Theorien, die das Vorhandensein der S. im Niltal zu erklären versuchen: 1. Die S. gehörte zur ursprünglichen Flora Äg., durch Klimaveränderungen in vordyn. Zt verschwand die Gallwespenart Ceratosolen arabicus Mayr, ihren Platz nahm Sycophaga sycomori L. ein, und der Mensch übernahm Pflege und Verbreitung des Baumes.
2. Die S. wurde in prädyn. Zt durch den Menschen aus südlich von Äg. liegenden Gebieten, in denen Ceratosolen arabicus Mayr lebt und der Baum fertile Früchte hat, in Form von Stecklingen nach Äg. gebracht.
Die S. ist ein vielfach verzweigter, bis 15 m hoher, milchsaftführender Baum mit ovalen, ganzrandigen Blättern. Die fleischigen, wäßrig-süßen Scheinfrüchte entwickeln sich aus einer krugförmigen Blütenstandsachse und sitzen zu mehreren zusammen an einem Stiel am Stamm oder den Ästen.
In Äg. ist die S., äg. *nht*, durch Funde seit vorgesch. Zt belegt[3]. An den Darstellungen der Früchte in den Gräbern unter den Opfergaben läßt sich häufig der typische Einschnitt erkennen, durch den der Mensch die Reife der Frucht beschleunigte, damit diese vor der Entwicklung der in ihr enthaltenen Gallwespeneier eintrat. Vielfältig waren die Nutzungsmöglichkeiten der S. Man pflanzte sie als Obst- und Schattenbaum (*Schatten) in den Gärten (*Garten) der Häuser, Gräber[4] und Tempel[5], verwendete das *Holz für Möbel[6] (*Möbelherstellung), *Statuen[7], *Särge[8] und im *Schiffsbau[9]. In der *Medizin dienten vor allem die Blätter, der Milchsaft und die Früchte (geritzt *nqʿwt nt nht* und ungeritzt *kꜣw šww n nht*) als *Heilmittel[10].
Vom AR an läßt sich die S. auch als Baumgottheit nachweisen, und zwar wurde *Hathor in *Memphis als Herrin der südlichen S. verehrt. In den Privatgräbern der 18. und 19. Dyn. ist des öfteren eine S.-Göttin, meist eine Darstellungsform der *Nut, abgebildet, die dem Toten Wasser und Schatten spendet, oder die S. ist Ruheplatz der Seelenvögel (*Totenglaube). Weiterhin erwähnt Tb 109 zwei S. aus *Türkis neben dem östlichen Himmelstor, Pyr. 916b eine S., auf der die Götter sitzen, und Pyr. 1485a–b eine, unter der die Götter der Unterwelt stehen (*Baum, heiliger).
Die Früchte erscheinen bei Diodor I, 34,8 als Nahrungsmittel.

[1] Galil, Stein und Horovitz, in: Garden's Bulletin, Singapur 1976, 191–205. – [2] Die zahlreichen vegetabilischen Reste aus dem Grab eines Ani in *Gebelein stammen nicht wie zuerst angenommen aus der 20. Dyn., sondern aus dem MR; s. dazu Schweinfurth, in: BIE 7, 1886, 419; ders., in: Heinrich Schäfer, Priestergräber und andere Grabfunde vom Ende des Alten Reiches bis zur griechischen Zeit vom Totentempel des Ne-user-Rê, WVDOG 8, Leipzig 1908, 152. – [3] Debono, in: ASAE 48, 1948, 568; Guy Brunton, Mostagedda, London 1937, 91; Robert Mond und Oliver H. Myers, Cemeteries of Armant I, EES, London 1937, 7 und 138. – [4] Urk. IV, 73. – [5] Winlock, in: BMMA pt. II, 1921–1922, 26. – [6] Lucas, Materials[4], 440. – Helck, Materialien, 907. – [8] S. Anm. 6. – [9] Helck, op. cit., 881ff. – [10] Renate Germer, Untersuchungen über Arzneimittelpflanzen im Alten Ägypten, Diss. Hamburg 1979, 113ff.

Lit.: Keimer, in: BIFAO 28, 1929, 50ff.; id., in: Egypt Travel Magazin, Kairo 1957, 22ff. R. Ge.

Sykomorengau, hinterer s. Gaue, 14. o. äg.

Sykomorengau, vorderer s. Gaue, 13. o. äg.

Syllabische Schreibung, ein Subsystem der äg. Hieroglyphen-*Schrift zur Notation von Silben unter weitgehender Festlegung auch der Vokale, angewandt hauptsächlich im NR für die Schreibung vorderasiatischer Wörter.

A. Prinzipien. A. 1 Silbenschreibung nach dem Devanāgarī-Prinzip[1].

a) Die Zeichen der s. Sch. sind in der Mehrzahl der Fälle Zeichen(gruppen) für Silben des Typs Konsonant + Vokal (*KV*) aus einem bestimmten Konsonanten + einem beliebigen folgenden Vokal, wobei fallweise dieser Vokal durch ein folgendes Zeichen bzw. eine folgende Zeichengruppe als ein bestimmter Vokal spezifiziert wird. Das Silbenzeichen sei „Grundzeichen", die Spezifikation des Vokals sei „Kennzeichnung" genannt.

b) Grundzeichen sind (als Lautwert nur der konsonantische Bestandteil der Silbe angegeben):

[Die Umschrift entspricht hier nicht in allen Fällen der sonst im LÄ üblichen]

ꜣ
y (j)
w
ꜥ
b (1)
p
f
m
n
r/l (1)
h
ḥ
ḫ
ś
š
q
k
g
t
ṡ (1)
d
ṣ

c) Kennzeichnungen sind:

i (e)
u
e
o

d) Grundzeichen ohne Kennzeichnung stehen für
(1) Silben mit dem Vokal *a*
(2) unbetonte Silben mit dem Reduktionsvokal *ə* (o. ä.)
(3) „Sprechsilben"-schließende Konsonanten, d. h. für die „Buchstabiersilbe" bestimmter Konsonant + ∅-Vokal[2].

Grundzeichen mit Kennzeichnung stehen für Silben mit dem durch die Kennzeichnung spezifizierten Vokal; z. B. + für *yi*, + für *yu*. Für *e* findet sich auch die Doppelkennzeichnung + *i* + *e*, die man wohl als eine in *e* „präzisierte" Kennzeichnung *i* verstehen darf; z. B. + + *„bie"* für *be*. Die Kennzeichnung *o* ist rar.

e) Bei der Verbindung von Grundzeichen und Kennzeichnung tritt bisweilen Zeichendissimilation ein. So steht immer haplographisch *ꜣe* für * + , *te* für * + . Ferner entfällt bei Zufügung der Kennzeichnung teilweise ein am Ende des Grundzeichens; so in für *be*; vgl. auch für *ḥe*, für *še* (daneben aber für *me*, für *ge* u. a. mehr). – Die Auswahl eines Grundzeichens aus den homophonen Alternativen hängt z. T. von Erwägungen zur guten Zeichengruppierung ab. Z. B. steht für *na*, wenn das folgende Silbenzeichen das darunter noch fehlende „Halbquadrat" füllt, andernfalls kann man das „quadrat"-füllende verwenden. Für Silben auf *a* verwendet man gerne Gruppen mit am Ende, das man bei

Zufügung der Kennzeichnungen für *u* und *i* lieber wegläßt, da diese mit dem -losen Zeichen gute Gruppen bilden; z.B. für *ta*, aber für *ti* und für *tu*[3]. – Für alle Einzelheiten der Kombinationsmöglichkeiten zwischen Grundzeichen und Kennzeichnungen sei auf die Zeichenlisten in der Sekundärliteratur verwiesen[4].

A.2 Silbenschreibung nach dem Keilschrift-Prinzip[5]. – Die Silbenzeichen der s.S. sind seltener Zeichen(gruppen) für Silben des Typs Konsonant + Vokal aus einem bestimmten Konsonanten + einem bestimmten Vokal (*KV*) bzw. auch des Typs Konsonant + Vokal + Konsonant (*KVK*) aus einem bestimmten Konsonanten + einem bestimmten Vokal + einem bestimmten Konsonanten. Die Zeichen für den Silbentyp *KV* sind entweder ehemalige „Zweikonsonantenzeichen" (z.B. *iw für ꜣu*) oder ehemalige Schreibungen für (kurze) Wörter (z.B. *iw* „Insel" für *ꜣi*). – Bei den ehemaligen „Zweikonsonantenzeichen" handelt es sich ausschließlich um solche, die auf *w* endigen bzw. jetzt für Silben auf *u* stehen[6]; etwa: für *ꜣu*, für *mu*, für *nu*, (1) für *ru*; (mit Anfangs-Komplementierung) für *nu*; (mit End-Komplementierung) für *nu*, für *ru*, , für *śu*; (mit Anfangs- und End-Komplementierung) , , für *nu*. – Ehemalige Schreibungen für Wörter sind etwa: (für Silben des Typs *KV*) („Insel") für *ꜣi*, (1) (**bꜣ* „Ba") für *bi*, (Fragepartikel *in-iw*) für *nu*, (**ḫǒ* < **ḫꜣ* „tausend") für *ḫu*, (**kǒ* < **kꜣ* „Ka") für *ku*, („Brot") für *ti*, (|)(„Junges") für *ši*; (für Silben des Typs *KVK*) (**wăn* „seiend") für *wan*, (**mĭn* „bleibend") für *min*, (**săp* „Mal") für *sap*. – Der Lautwert von Silbenzeichen nach dem Keilschrift-Prinzip läßt sich naturgemäß nicht ebensogut absichern wie der der Silbenzeichen nach dem Devanāgari-Prinzip, da bei diesen im Gegensatz zu letzteren eine „innere" Überprüfungsmöglichkeit aus dem systematischen Aufbau des Silbenzeichen-Inventars fehlt; jedes Silbenzeichen nach dem Keilschrift-Prinzip ist individuell zu begründen. Infolge dieses Sachverhalts bieten solche Zeichen den weitesten Spielraum für Kontroversen[7].

A.3 Schreibungen nach dem Standard-Hieroglyphenschrift-Prinzip. – Zeichen(gruppen) mit Lautwerten nach dem Devanāgarī-Prinzip und nach dem Keilschrift-Prinzip werden mit Zeichen(gruppen) mit Lautwerten nach dem Standard-Hieroglyphenschrift-Prinzip (s.*Schrift) gemischt; einige Einzelheiten:

a) „Sprechsilben"-schließende Konsonanten können nach dem Devanāgarī-Prinzip mit Grundzeichen ohne Kennzeichnung (s.o. A.1) wiedergegeben werden. Daneben werden Spezialzeichen verwendet; so für *r/l*, für *b*, für *p*, für *n*. Zeichen wie die für *b*, *p*, *n* gehen offensichtlich auf Schreibungen von Wörtern zurück, deren letzter, schwacher Konsonant *w* abgefallen ist.

b) Auf die Phonem-Folge ꜣ + Vokal wird das Devanāgarī-Prinzip erst mit Verzögerung angewandt. In der 18.Dyn. steht das Grundzeichen noch ohne vokalische Kennzeichnung, unabhängig davon, welcher Vokal folgt. So steht nicht nur für *ꜣa*, sondern auch für *ꜣi*; besser gesagt: für *ꜣx*, wobei *x* für einen beliebigen Vokal steht.

c) Alle Zeichen(gruppen) mit Lautwert, die nicht als Silbenschreibungen nach dem Devanāgarī-Prinzip oder nach dem Keilschrift-Prinzip anerkannt werden, fallen automatisch unter die Zeichen(gruppen) mit „konsonantischem" Lautwert gemäß dem Standard-Hieroglyphenschrift-Prinzip.

d) Wörter mit syllabischer Komponente werden nach dem Standard-Verfahren „determiniert".

A.4 Mehrdeutigkeiten infolge der Prinzipien-Vielfalt. – Die Wörter mit syllabischer Schreibung verwenden Schreibungen nach drei Prinzipien: nach dem Devanāgarī-Prinzip (s. o. A. 1), nach dem Keilschrift-Prinzip (s.o. A. 2) sowie nach dem „konsonantischen" Standard-Prinzip der Hieroglyphenschrift (s.o. A. 3). Je nach zugrundeliegendem Prinzip kann ein(e) Zeichen(gruppe) fallweise unterschiedlichen Lautwert besitzen:

a) Devanāgarī- vs. Keilschrift-Prinzip:

Zeichen(gruppe)	nach Devanāgarī-Prinzip	nach Keilschrift-Prinzip
(1)	*ba/ə/∅*	*bi*
	ḫa/ə/∅	*ḫu*
(|)	*ša/ə/∅*	*ši*

b) Devanāgarī- vs. „konsonantisches“ Prinzip:

Zeichen(gruppe)	nach Devanāgarī-Prinzip	nach „konsonantischem“ Prinzip
𓃀𓅱, 𓃀𓏲	*bu*	*b*
𓊪𓅱, 𓊪𓏲	*pu*	*p*
𓆑𓏭	*fi*	*f*
𓈖𓏭	*ni*	*n*

(Statistisch gesehen, verwendet man für Zeichengruppen nach dem Devanāgarī-Prinzip eher das Zeichen 𓅱, für solche nach dem „konsonantischen“ Prinzip eher das Zeichen 𓏲.)

B. Entwicklung. **B. 1** Ansätze zur s.S. finden sich in der Wiedergabe von Fremdwörtern bereits im MR[8]. Es finden sich hier erstens Schreibungen, die nach den Prinzipien der gewöhnlichen Hieroglyphen-Schrift als Folge Konsonant $K + w$ (bzw. als die Folge „Buchstabiersilbe“ K^x + „Buchstabiersilbe“ w^x, s.u.) zu interpretieren wären, tatsächlich jedoch als eine Silbe aus Konsonant $K + u$ zu verstehen sind[9]; z.B. 𓆄𓅱 *šw* für *šu*, 𓈗 *mw* für *mu*. Zweitens zeichnet sich die Schreibung von Silben mit (kurzen) Wörtern ab (Problematik der Bestimmung der Vokalqualitäten wie oben A.2).

B. 2 MR-Schreibungen nach B. 1 (bzw. deren NR-Nachfolger nach A. 2) lassen sich unproblematisch aus der gewöhnlichen Hieroglyphen-Schrift herleiten, wenn man diese, der Theorie I. J. Gelbs folgend, als Silbenschrift auffaßt (s. *Schrift, B. 1. 2). Infolge der (sekundären) Realisierung der Phonemfolge */Kuw/* als [*Kū*][10] kann eine Schreibung, die zunächst als Notation für *Kuw* verstanden wird, sekundär als Notation für *Kū* stehen.

B. 3 Das Devanāgarī-Prinzip läßt sich dann aus der Reinterpretation von solchen Schreibungen nach B. 2 erklären, bei denen das „Zweikonsonantenzeichen“ durch ein folgendes „Einkonsonantenzeichen“ komplementiert ist. Wird nämlich die Schreibung, die zunächst für *Kuw* stand, als *Kū* aufgefaßt, so hat das komplementierende „Einkonsonantenzeichen“ keinerlei konsonantisches Äquivalent mehr in der Sprache und ist somit für die Interpretation als der Vokal *u* „frei“. – Analog, erst im NR belegt, ist die Genese des Vokalzeichens für *i* zu verstehen (*/Kii/* realisiert als [*Kī*]). Entsprechende Befunde, aus denen sich ein Vokalzeichen *a* oder ein Zeichen für den unbetonten Vokal *ə* entwickelt haben könnten, sind nicht nachweisbar – woraus sich das Fehlen einer expliziten Notation dieser Vokale noch im NR erklären dürfte. – Anmerkung: Ansätze zur Schreibung aller Vokale finden sich in griech.-röm. Zeit; die Vokalschreibung folgt hier jedoch nicht mehr den Prinzipien der s. S., sondern denen der griech. Schrift.

B. 4 Auch wenn die s. S. aus der gewöhnlichen Hieroglyphen-Schrift entwickelt worden ist, könnte die international verbreitete Keilschrift bei ihrem Ausbau im NR Pate gestanden haben.

B. 5 Die s. S. ist das älteste Schriftsystem, in dem sich das Devanāgarī-Prinzip abzeichnet. Es liegt auf der Hand, daß die meroitische Schrift[11], die dieses Prinzip in einer entwickelteren Form anwendet (Vokalzeichen für alle Vokale einschließlich des Ø-Vokals[12], Nicht-Schreibung also nur noch des *a*), an das System der s. S. des Äg. anknüpft. Über Meroe wäre dann das Prinzip weiter gewandert nach Indien und Äthiopien.

C. Wissenschaftsgeschichtliche Aspekte. – In der Sekundärliteratur wird die Frage der Existenz einer besonderen s.S. kontrovers diskutiert. Mit der Frage der Schreibung von Vokalen beschäftigt man sich, solange es eine Ägyptologie gibt. Die Frage einer besonderen s. S. konnte jedoch erst in dem Augenblick spruchreif werden, als man sich zu der Einsicht durchgerungen hatte, daß die gewöhnliche Hieroglyphen-Schrift keine Vokale schreibt[13]. Die Pole der frühen Diskussion sind W.M. Müller (1893), der entschieden die Existenz einer Silbenschreibung (nach dem Keilschrift-Prinzip) vertrat[14], und M. Burchardt (1909)[15], der sie in einer umfassenden Analyse des Materials nicht erkennen konnte (Interpretation nach dem „konsonantischen“ Standard-Prinzip). Die aktuelle Diskussion wurde durch W.F. Albright (1934) in Gang gesetzt, der aufgrund einer erneuten Aufbereitung des Quellenmaterials wieder einen entschiedenen Standpunkt pro s. S. bezog[16]. (Auf Albright geht u.a. die Begründung der Lautwerte eines Teils der Zeichen[gruppen] nach dem Keilschrift-Prinzip aus ehemaligen [kurzen] Wörtern zurück.) Albrights Neuansatz erfuhr eine scharfe Kritik durch W.F. Edgerton (1940), dessen Einwände jedoch in Anbetracht der unbestreitbaren Fortschritte der Albrightschen Analyse des Materials nur als hyperkritisch eingeschätzt werden können[17]. In der Folgezeit hat man sich im Streit der Meinungen mehr in der Mitte eingependelt, näher wohl bei W.F. Albright als bei W.F. Edgerton. Es bestehen jedoch immer noch erhebliche Unterschiede zwischen den von den einzelnen Forschern vertretenen Standpunkten. Vorreiter der Skeptiker ist E. Edel [18]. Sein – hier abgelehnter – Standpunkt resultiert daraus, daß er stets nur die Einzelbefunde und deren Beweiswert im Auge hat, die Schrift aber als Ganzes – als System, dessen Teile sich gegenseitig stützen – nicht in das Blickfeld bekommt. Infolge seines mechanistischen Vorgehens erwächst ihm aus jeder Vokal-Divergenz zwischen den verschiedenen Belegen eines Wortes, aus jeder Vokal-Divergenz zwischen äg. und vorderasiatischen Belegen eines Wortes und unvermeidlich auch aus bloßen Schreibfehlern ein Indiz gegen die Vokalwiedergabe der s.S., obwohl all dies das Natürlichste von der Welt ist [19]. Systematische Aspekte kommen dagegen, obwohl nur beiläufig angesprochen, bei dem Antipoden W. Helck zum Tragen [20]. Nicht zuletzt hat Helck als erster das Devanāgarī-Prinzip beim Namen genannt und durch Interpretation einzelner Befunde der Deutung einer Komponente der s.S. als Frühstufe einer Schrift des Devanāgarī-Typs vorgearbeitet. Über so manche Detailfrage läßt sich freilich auch so noch streiten.

[1] Devanāgarī-Prinzip: Das Silbenzeichen steht in seiner Grundform für Konsonant + Vokal *a*; zum Ausdruck der Verbindung des Konsonanten mit einem anderen Vokal, ∅-Vokal eingeschlossen, wird der Grundform ein Kennzeichen hinzugefügt, das einen bestimmten anderen Vokal anzeigt. – [2] Streng genommen zeigt also die s. S. (noch) nicht das vollentwickelte Devanāgarī-Prinzip, sondern eine Vorstufe hierzu; sie zeigt jedoch bereits das auffälligste Charakteristikum des Prinzips, die Nicht-Schreibung des Vokals *a* (zur entwicklungsgeschichtlichen Stellung der s.S. als Vorstufe des voll-entwickelten Devanāgarī-Prinzips s.u. B). – [3] In der häufigeren Verwendung der mit 𓄿 endenden Gruppen in der Schreibung der auf *a* auslautenden Silben dürfte der Ausgangspunkt für die Verwendung dieses Zeichens für den Vokal *a* in ptol.-röm. Zeit liegen (hierzu s.u. B.3, Anm.). – [4] Ausführlichste Darstellung: Helck, Beziehungen², 539–575. – [5] Keilschrift-Prinzip: Das Silbenzeichen steht für die Verbindung aus einem bestimmten Konsonanten + einem bestimmten Vokal (bzw. Verbindungen von mehreren bestimmten Konsonanten/Vokalen). – [6] Zur Beschränkung auf *w/u* vgl. unten B. 1. – [7] Aktuell die Helck–Edel-Kontroverse (vgl. u. C): Edel, Ortsnamen, 61–91; Helck, Beziehungen², 539–575. – [8] Helck, Beziehungen², 84–86. – [9] Zur Beschränkung auf *w/u* vgl. oben A. 2. – [10] S. Wolfgang Schenkel, Aus der Arbeit an einer Konkordanz zu den altägyptischen Sargtexten, GOF IV. 12, 1983, § II 5. – [11] S. Hintze, in: Meroitica 1, 1973, 322f. 329f.; s. auch *Meroe, Schrift und Sprache. – [12] Unter Vernachlässigung freilich des Unterschieds zwischen *e* und ∅. – [13] Was heute in Anbetracht der Gelbschen Theorie (s. o. B. 2) cum grano salis zu nehmen ist. – [14] W. Max Müller, Asien und Europa nach altägyptischen Denkmälern, Leipzig 1893, 58–91. – [15] Max Burchardt, Die altkanaanäischen Fremdworte und Eigennamen im Aegyptischen, Leipzig 1909. – [16] William Foxwell Albright, The Vocalization of the Egyptian Syllabic Orthography, American Oriental Series 5, New Haven, Conn. 1934. – [17] Edgerton, in: JAOS 60, 1940, 473–506. – [18] Edel, Ortsnamen, 61–91. – [19] Vgl. Kitchen, in: BiOr 26, 1969, 198–202, bes. 201f. – [20] Helck, Beziehungen², 539–575.

[Korrektur-Zusatz: Zu mutmaßlicher s. Sch. im AR s. Osing, in: MDAIK 32, 1976, 166–168]

Lit.: Zur Grundlegung: William Foxwell Albright, The Vocalization of the Egyptian Syllabic Orthography, American Oriental Series 5, New Haven, Conn. 1934. Zur aktuellen Diskussion: (zurückhaltend-skeptisch:) Edel, Ortsnamen, 61–91; Manfred Görg, Untersuchungen zur hieroglyphischen Wiedergabe palästinensischer Ortsnamen, Bonner Orientalistische Studien 29, Bonn 1974; (ausgreifend-zuversichtlich:) Helck, Beziehungen², 539–575.

W. Sch.

Symbol, Symbolik. **A.** Definition: Durch S. versucht der Mensch, eine (transzendentale) Idee und eine irdisch-reale Erscheinung (als Lebewesen, Gegenstand, Bild oder Wort) zum „Zusammen-Fall" zu bringen und so die Idee verständlich und erlebbar zu machen. Die vielfältigen Bezüge zwischen dem Zeichen und dem Bezeichneten sind dabei wesenhaft (also nicht willkürlich oder künstlich festgelegt und definiert) und somit sinnenhaft zu erfassen. Ein und dasselbe S. kann viele (sich mitunter widersprechende) [1] Inhalte ausdrücken, wie umgekehrt ein Inhalt mehrere S. als Kennzeichen haben kann.

B. Anwendung in der Ägyptologie: Die Grenzen zwischen dem begrifflich unbegrenzten S. und den Abbildungen, Zeichen und Emblemen im strengeren Sinn, bei denen eine adäquate Übereinstimmung mit dem Bezeichneten angestrebt bzw. definiert ist, bleiben fließend, und zwar sowohl in der ägyptologischen Literatur als auch offensichtlich in der äg. Sprache selbst (am nächsten kommen die Wörter für „Abbild", wie z.B. *tjt*) [2]. – Bei der starken Bildhaftigkeit der äg. Kultur in allen ihren Äußerungen (vornehmlich in der *Sprache, der *Schrift und der Kunst) ist die Fülle der S. kaum überschaubar. Da in den wenigsten Fällen [3] erklärende Auskünfte über die Bedeutung der verwendeten S. gegeben werden (weil für die Mitglieder dieser Kultur- und Kultgemeinschaft selbstverständlich), sind wir hinsichtlich der Ausdeutung auf eine breite Skala von Möglichkeiten verwiesen, die von allgemeiner Übereinstimmung bis zu subjektiv gefärbten (und entsprechend kontrovers behandelten) [4] Vorschlägen reichen. – Ein Corpus der altäg. S. ist bisher nicht zusammengestellt worden; lediglich die bekanntesten und gebräuchlichsten sind erfaßt worden (s. Lit.). – In der folgenden Übersicht können nur ausgewählte Beispiele das Allgemeine deutlich machen; Überschneidungen innerhalb der folgenden Einzelgebiete sind wegen der komplexen Materie unvermeidbar.

1. Staat und Königtum: a) Erscheinungsformen des Königs: *Falke, *Stier, *Löwe; b) Ornat und Attribute: *Thron, *Kronen, *Tierschwanz, Machtzeichen (*Sechem, *Zepter), *Mekes; c) *Landessymbole: *Lotos und *Papyrus, Doppel-Krone.

2. Kult (*Kultsymbolik) und Ritual: a) *Vereinigung der beiden Länder, fiktives *Sedfest durch „bloße Bild- und Wortsymbolik", *Erschlagen der Feinde (*Feindsymbolik, *Ächtungstexte, *Zerbrechen der (roten) Töpfe, *Neunbogen, *Kriegsgefangene); b) *Opfer-Symbolik: *Opfertier als Feind, *Horusauge als Opfergabe schlechthin, *Wein-Opfer als S. für das *Blut der Feinde; *Wasser für Reinheit und Lebenskraft (*Libation).

3. Religion, Mythologie, Kosmologie: a) Erscheinungsformen der Götter (Assmann, in: LÄ II, 760ff.: Symbolstruktur des Heiligen); b) bestimmten Göttern zugeordnete *Göttersymbole: *Imiut für Anubis, *Pfeile für Neith, *Djedpfeiler für *Osiris, *Isisknoten, *Min-S.; c) Symbolische Prozesse: Aussaat und Aufsprießen der Gerste beim *Choiakfest bzw. Aufrichten des Djedpfeilers (= Auferstehung des Osiris); Übeltaten des *Seth gegen *Horus (te Velde, in: LÄ III, 26) bzw. andere Götter (*Isis oder Osiris) (= das Böse, der Streit, die Unordnung); d) Kosmische S.: *Himmelsvorstellungen; *Horizonte (ABA-Schema – d.h. Flankierung der Sonne bzw. des Sonnengottes durch zwei gleiche Elemente, z.B. die sogenannten Horizont- oder Sonnentiere oder Isis und *Nephthys zur symbolischen Darstellung [Assmann, in: LÄ III, 5]); Phasen des *Sonnenlaufes[5]: Auf- und Untergang, Durchgang durch das Jenseits (*Jenseitsvorstellungen) zum Zwecke der Verjüngung; *Schen-Ring und *Uroboros als S. für die Vereinigung der beiden Ewigkeiten Djet und Neheh[6].

4. *Zauber: Da es zu seinem Wesen gehört, die menschlich-irdische Ebene und die außermenschliche der Götter und Dämonen in Übereinstimmung zu bringen, gehören symbolische Praktiken und die Verwendung von S. zum Grundbestand der *Magie (Borghouts, in: LÄ III, 1137–38).

5. Anthropologie: a) Lebenskräfte: *Anchzeichen[7], *Was-Zepter[8], *Ka[9], Djedpfeiler und Isisknoten; b) *Gesten und Gebärden als mimische S. von Emotionen; c) *Zeugung und (*Wieder-)Geburt: Phallus- und Vulva-S. (Sechem-Zepter, Keule, Pfeil; – Lotosblüte)[10]; Zeugung (Schießen und Gießen, Kahnfahrt, *Jagd, *Toilettenszenen und -gegenstände, *Brettspiel *Senet)[11]; *Kind als S. der Wiedergeburt; *Rechts und Links (Symbolik).

6. *Tracht und Ikonographie: a) *Schmuck primär nicht zum Schmücken, sondern durch Gestalt, Farbe und Material als S. dienend (*Amulett, *Apotropaikon); b) *Panther-Fell und sogenanntes „*Taschentuch" als S. der Wiedergeburt[12]; c) *Schurz mit „Vorbau" als Kennzeichen der Potenz[12]; d) *Stäbe und *Zepter als S. der Würde und der Macht.

7. *Architektur[13]: a) Bauwerke mit vielfältiger Symbolik (Wildung, in: LÄ I, 398): Tempel und Palast als Abbild des Kosmos[14]; *Königsgrab als Unterwelt, *Pyramide und *Osireion (*Insel) mit der Symbolik des *Urhügels; b) Einzelheiten: *Säulen (Lotos, Papyrus, *Palme[15]) als Himmelsstützen; *Hohlkehle[15] als Himmelsdach; *Flaggenmasten als Gottes-S. (Arnold, in: LÄ I, 663–664); *Tür, *Scheintür (*rwt*) als „Horizont" (*rwtj*); Deckenbemalung kein Ornament, sondern S. des kosmischen Zyklus, in den sich der Tote einbezieht[16]; Becken in den *Mastabas als Jenseits-Gewässer[17]: c) Sonnenlauf[18] in der Architektur[19]: ABA-Schema der *Säulen[20]; *mꜣꜥt*-Steine in der Deckenkonstruktion[21].

8. Fauna und Flora: a) Fast kaum ein Tier der altäg. Fauna ist davon unberührt geblieben, als S. für eine Gottheit, eine kosmische oder mythologische Größe, für eine Qualität, eine Emotion oder eine Idee zu dienen; z.B. der *Pavian oder der *Ibis für *Thot; die Kuh oder die Pantherkatze für den Himmel; der Stier für Stärke und Zeugungskraft (Derchain–Urtel, in: LÄ III, 129); das *Krokodil für Zeit und Ewigkeit (Kákosy, in: LÄ III, 808); *Kröte und *Frosch für die Auferstehung; der *Affe für den Zorn[22]; vielseitig ist der *Phönix (Verjüngung und Auferstehung, Zeit und Zeitperioden; *Reinheit). Selbst unbedeutend erscheinende Tiere sind S.-Träger (z.B. die *Fliege für die Tapferkeit; vgl. auch *Spitzmaus und *Ichneumon) oder deuten durch ihr Auftreten in bestimmten Konstellationen oder als *figürliche Formen an Gebrauchsgegenständen darauf hin, daß ihnen ein (uns bislang unbekannter) S.-Gehalt innewohnt (z. B. *Mantis, *Igel). – Teile von Tieren können das ganze ersetzen, z.B. die Stierhörner für den Stier, das Pantherfell für die Pantherkatze. – b) Zu den Bäumen als „Himmel" s. *Himmelsvorstellungen und Anm. 15. – Der Lotos wird (Brunner-Traut, in: LÄ III, 1092) „die bedeutendste äg. Symbolpflanze überhaupt" und „Schoß[23] der Sonne" genannt; er symbolisiert Schöpfung aus dem Urelement, Wiedergeburt und Lebenskraft. Das „dreifache Lotosgebinde" mit

zwei geschlossenen Knospen, die eine geöffnete Blüte flankieren, ist nach dem ABA-Schema gebildet und weist auf den kosmischen Zyklus[24]. Siehe ferner *Blüten[25] und *Blumenstrauß sowie Papyrus; zu *Gerste = Osiris s. unten Nr. 9. – Unter den Früchten ist die Mandragora als S. hervorzuheben: Potenz und Lebenskraft[26].

9. Farbensymbolik (Brunner-Traut, in: LÄ II, 122–125). – Wahrscheinlich gehört hierher auch die Verwendung von schwarzer und roter (typhonischer) Tinte bei der Abrechnung von Gerste und Emmer[27]: Nach dem *Dramatischen Ramesseumspapyrus (Z. 29–33) und dem *Choiakfest (Daumas, in: LÄ I, 959) symbolisiert die Gerste den Osiris. Die Bezüge des Seth zum Emmer sind dagegen nicht so eindeutig[28]; doch dürfte auch hier das Choiakfest die Lösung bieten: Die zur Herstellung des „Osirisbettes“ (Griffiths, in: LÄ IV, 630 X; vgl. auch *Kornosiris) verwendete Form heißt *btj* < *bḏꜣ* (Wb I, 483,9; 488,9; Osing, Nominalbildung, 789). Die Bezüge zu Seth gehen jedoch über das Wortspiel[29] *btj* < *bdt* „Emmer“ hinaus, denn Seth ist ja nicht nur der Mörder des Osiris, sondern in einigen Varianten auch dessen Erneuerer, vergleichbar dem Djedpfeiler, der „Seth, den Osiris tragend“ bedeutet, oder dem Imiut als S. für *Anubis-Seth[30], der Osiris (wie die *btj*-Form) umhüllt und erneuert. Ein weiterer Hinweis auf Seth findet sich in der Verwendung von Emmer als Futter für *Schweine.

10. *Materialsymbolik (Barta, in: LÄ III, 1233–1236). – Hierher gehört auch der *Alabaster, „Stein der Bastet“[31]. Der goldgefleckte Stein aus Hatnub „Gold-Haus“ entspricht dem goldgefleckten Fell der Raubkatze (vgl. Hathor als „das Gold“, eine Bezeichnung, die auch der Panther trägt); Alabaster wird bevorzugt in der FrZt und dem AR verwendet: Der von diesem Stein in der Grabkammer oder im Sarg umgebene tote König befindet sich (wie der im Pantherfell eingehüllte) auch materiell im Leib seiner himmlischen Mutter. – Von besonderem Interesse sind solche Fälle, in denen in einem Denkmal mehrere Gesteinssorten[32] auftreten: Die Verkleidung der *Pyramiden des *Chephren und des *Mykerinus (unten mit dunklem Granit, oben mit weißem Kalkstein) scheint auf zwei Ebenen (Unterwelt und Himmel?) hinzudeuten. Ähnlich verhält es sich mit dem *Naos *Sethos' I. in Turin, aus einem Stück Granit gearbeitet, der in zwei Lagen auftritt: „la parte superiore rossa e l'inferiore nera“[33]. Zwei *Würfelhocker desselben Grabherrn aus Granit und Kalkstein bzw. Sandstein und Alabaster sind mit den beiden Phasen des Sonnenlaufes zusammenzubringen[34].

11. Sprache und Schrift: a) Sofern keine künstlichen oder willkürlichen Wortschöpfungen vorliegen, kann jedes Wort, bei dem eine Wesensbeziehung zwischen dem Bezeichnenden und dem Bezeichneten vorliegt, als S. bezeichnet werden (besonders deutlich noch bei der *Onomatopöie). *Bildliche Ausdrücke können das Wesen des zu Kennzeichnenden direkt ansprechen und somit als S. dienen. – b) Zum S.-Charakter der *Hieroglyphen[35] s. *Schrift B 1. 1b, *Schreiben C und *Ornamentik (R. Drenkhahn, in: LÄ IV, 612).

12. Zahlensymbolik s. *Symbolische Zahlen.

[1] So ist z. B. das Krokodil zugleich S. für die Vernichtung wie für die Regeneration (Emma Brunner-Traut, in: LÄ III, 796ff.). Der scheinbare Widerspruch liegt in der „Tatsache“, daß vor der Wiedergeburt der Tod erfolgen muß, beides von ein und derselben mythologischen Größe (ursprünglich) durchgeführt. Wenn es wie der Djedpfeiler (Kákosy, in: LÄ III, 802) zugleich Seth und Osiris sein kann, so kommt darin die Gemeinsamkeit der beiden ursprünglich universalen Gottheiten zum Ausdruck (Westendorf, Darstellungen des Sonnenlaufes, 84–85). – [2] Wb V, 240, 6 (Von Symbolen als Abbildern eines Gottes, z. B. der geflügelte Sonnenkäfer als „Abbild des Horus“). – [3] Z. B. die Deutung des Djedpfeilers als Osiris im Dramatischen Ramesseumspapyrus (Altenmüller, in: LÄ I, 1138). – [4] Vgl. z. B. AEB, Indexes 1947–1956 (1960), 473 s. v. Symbolism, controversy about. – [5] Natacha Rambova, Symbols of the Cosmic Circuit, in: Piankoff, Myth. Pap., 29ff. – [6] Westendorf, Darstellungen des Sonnenlaufes, 27 Anm. 20; 43 Nr. 9; ders., in: GM 63, 1983, 75. – [7] Ein Gürtel mit schurzartigen Bändern zum Schutz der Genitalien? (Westendorf, in: ZÄS 92, 1966, 144ff.). – [8] Zum *wꜣs*-Szepter als stilisierter Giraffe (analog zum *ḏꜥm*-Szepter = Schlangenhalspanther): Westendorf, in: ZDMG 118.2, 1968, 252. Zur Giraffe als S. des Überflusses und Reichtums: Robert Schlichting, Untersuchungen zu den Giraffen in den Felsbilddarstellungen Afrikas und zu ihrer Darstellung in Ägypten, Göttingen 1979, 45, nach Debono, in: Gs Sauneron II, BdE 82, Kairo 1979, 430ff. – [9] „Hebe-Kraft“ (für die Sonne, dann auf den König und die Menschen übertragen): Westendorf, in: Fs Vycichl, Bulletin Société d'Égyptologie 4, Genf 1980, 99ff. – [10] Westendorf, in: Fs Anthes (ZÄS 94, 1967), 139–150; Derchain, in: RAIN 15, 1976, 7–10. – Zur Lotusblüte als Vulva: Westendorf, a.a.O., 142 Anm. 11; Barguet, in: BIFAO 52, 1953, 104. – [11] Westendorf, a.a.O.; Derchain, a.a.O.; Westendorf, Schießen und Zeugen, in: Fs Hintze, 481–486. – [12] Ein Teil des Isisknotens: Westendorf, in: ZÄS 92, 1966, 151 Anm. 3. Zum Schurz mit „Vorbau“: ders., in: ZÄS 94, 1967, 143 Anm. 21. – [13] Plastik, Relief und Malerei sowie Kleinkunst sind hier nicht erfaßt, da ihr symbolischer Gehalt mit dem der Hieroglyphen (unten Nr. 11) übereinstimmt. Beispiele bei Wolfhart Westendorf, Das Alte Ägypten, Baden-Baden 1968, 85. 148; s. auch ebd. 259 Register s. v. „Symbol“. – [14] Garnot, in: Symbolisme cosmique et monuments religieux, Musée Guimet, Paris 1953; Baines, in: RAIN 15, 1976, 10–15. – [15] Zur

Palme als „Himmel“ s. Westendorf, Darstellungen des Sonnenlaufes, 74–75; ders., in: Frühe Schriftzeugnisse der Menschheit, Göttingen 1969, 66–68; daraus erklärt sich auch der „Symbolwert der Palmsäule“ (Jaroši und D. Arnold, in: LÄ V, 345). – [16] Wolfhart Westendorf, Das Alte Ägypten, Baden-Baden 1968, 130f.; vgl. auch Marcelle Werbrouck, in: Egypt Travel Magazine 10, Kairo 1955, 44–45. – [17] Junker, in: ArOr 20, 1952, 185–189. – [18] „Die Sonnenbahn ist zur maßgebenden Hoffnung für das postmortale Fortleben geworden ... das wichtigste Hoffnungssymbol – wenn wir das Wort „Symbol“ in seiner ganzen Bedeutungsfülle nehmen, also als ein über sich hinausweisendes, kraftspendendes, ja etwas bewirkendes Zeichen, nicht nur als Wort, das Assoziationen hervorruft“ schreibt Hellmut Brunner, Grundzüge der altägyptischen Religion, Darmstadt 1983, 128f. – [19] Westendorf, Darstellungen des Sonnenlaufes, 67–75; die dort S. 68 behandelte Querhalle des Luxor-Tempels ist von Brunner erneut vorgestellt worden in: Fs Galling, 27–34. – [20] Die hohen Säulen mit geöffnetem Kapitell werden von den kleineren mit geschlossenem Kapitell flankiert; diese Anordnung entspricht dem „dreifachen Lotosgebinde“ (unten Nr. 8) und symbolisiert das Aufblühen und Absterben der Natur beim Durchzug des Sonnengottes durch den Tempel-Kosmos (Westendorf, Das Alte Ägypten, 103). – [21] Westendorf, in: Fs Wolf (ZÄS 97, 1971, 143–146). – [22] Vycichl, in: RSO 41, 1966, 185–187; ders., in: GM 2, 1972, 45. – [23] Vgl. oben Nr. 5: Lotosblüte als Vulva-Symbol. – [24] Z.B. Westendorf, in: ZÄS 94, 1967, 141; ders., Das Alte Ägypten, 123; seltener die Umkehrung zum BAB-Schema: a.a.O., 119. – [25] Zur Symbolik: Leclant, in: MDAIK 14, 1956, 132 Anm. 3; Chr. Desroches-Noblecourt, Le Petit Temple d'Abou Simbel I, Kairo 1968, 74. 199 Nr. 305ff. – [26] Derchain, in: CdE 50, Nr. 99, 1975, 65–86. – Daß die Mandragora als Aphrodisiakum in den Szenen des Königspaares von Amarna eine Rolle spielt (Westendorf, Das Alte Ägypten, 141), die Schaffung neuen Lebens aber über das Königspaar hinausweist und das Fortleben der Dynastie bedeutet (a.a.O., 154f.), ist kürzlich von Kate Bosse-Griffiths wiederaufgegriffen worden (Fs Brunner, 72). – [27] Helck, in: LÄ I, 121 (s.v. Akten). – [28] In der entsprechenden (zerstörten) Szene des Dramatischen Ramesseumspapyrus (Z. 15–17) ist offenbar vom Auge des Horus die Rede (Sethe: „das ihm nicht von Seth geraubt war“). Die *Sargtexte verhalten sich indifferent: CT IV, 169g (S1C^{b}, B2Bo und B4Bo) haben zwar das zu erwartende *jtj* „Gerste“, zwei weitere Varianten schreiben jedoch *bdt* „Emmer“; die Spruchüberschrift verwendet das allgemeine *npr* „Getreide“. – [29] Ob auch die sprachliche Angleichung von *bdt* „Emmer“ > ⲂⲰⲦⲈ : ⲂⲞϮ an den Stamm *bt3w* „Abscheu, Frevel, Greuel, Verbrechen“ > ⲂⲞⲦⲈ : ⲂⲞϮ eine Rolle gespielt hat? – [30] Ursula Köhler, Das Imiut. Untersuchungen zur Darstellung und Bedeutung eines mit Anubis verbundenen religiösen Symbols, GOF IV. 4 B, 399–401. – Zu Gemeinsamkeiten zwischen *Mafdet und Seth vgl. auch Westendorf, in: ZÄS 92, 1966, 128–143. – [31] Fecht, Wortakzent, 209 Anm. 598; Westendorf, in: ZDMG 118.2, 1968, 256. – [32] Vgl. Arnold, in: LÄ I, 664 C: „nicht symbolfrei“. – [33] Curto, in: OrAnt 13, 1974, 40 mit Tf. 1–2. – [34] Westendorf bei Eggebrecht, in: Fs Will, 158 Anm. 49; 159 Anm. 50. – [35] Garnot, in: Les Études Carmélitaines 39, Paris 1960, 103–108. – Zu den Hieroglyphen als „Götter“ als „Symbole, die Göttliches zur Erscheinung bringen“ vgl. auch Assmann, in: LÄ II, 756 mit Anm. 9.

Lit.: Siegfried Schott, Symbol und Zauber als Grundform altägyptischen Denkens, in: StG 6, 1953, 278–288; Rudolf Anthes, Altägyptische Mythologie, Symbolon und Symbolik, in: Grüne Blätter. Mitteilungen und Aufsätze, herausgegeben vom Innersten Orient der Großen Loge Royal York, Nr. 23/24, 1967, 1–20. – Manfred Lurker, Symbole der Alten Ägypter, Weilheim/Obb. 1964; Beatrice L. Goff, Symbols of Ancient Egypt in the Late Period. The Twenty-first Dynasty, Den Haag–Paris–New York 1979; dazu die kritischen Bemerkungen von U. Rößler-Köhler, in: BiOr 39 No. 5–6, 1982, 529–533; Erik Hornung und Elisabeth Staehelin, Symbolische Zeichen, in: dieselben, Skarabäen und andere Siegelamulette aus Basler Sammlungen, Mainz 1976, 168–172; Gerd Heinz-Mohr, Lexikon der Symbole, Düsseldorf–Köln 1981. W. W.

Symbolische Zahlen. Die Ägypter benutzten Zahlen nicht nur für quantitative, sondern auch für strukturelle Angaben, z.T. mit graphischen und lautlichen Spielereien aufgrund von Homophonie[1]. Eine strenge Scheidung zwischen den verschiedenen Anwendungsarten ist meist unmöglich. Da im Ägyptischen keine direkte Verbindung zwischen Schrift- und Zahlenzeichen wie in anderen Schreibsystemen bestand, war die Basis für eine Ausbildung von Symbolwerten gering.

Als Strukturwerte dienen fast alle Grundzahlen. „1“ findet sich als Gottesbezeichnung; vgl. Wb I, 275, 10. „2“ als Ausdrucksform des *Dualismus der immanenten Welt bestimmt insbesondere die Götterpaare, wie *Horus und *Seth etc[2]. „3“ ist die Ausdrucksform der Vielzahl[3]. „4“ ist mit der Materie verbunden, insbesondere in den 4 Kardinalpunkten[4]. Die Bedeutung von „5“ ist nicht deutlich, wenngleich 5-Strukturen vorkommen[5]. „7“ ist trotz mehrfacher Nachweise, z.B. als 7 *Hathoren, 7 *Maats, 7 *Uräen, 7 Verklärte etc., in seiner Bedeutung nicht geklärt; eine Beeinflussung aus dem semitischen Raum ist möglich[6]. „8“ ist als Verdopplung von „4“ vor allem ein Ausdruck für die Struktur der Materie, wie sie insbesondere in der hermupolitanischen *Achtheit konzipiert ist[7]. „9“ als Plural des Plurals (d.h. „3“) ist die Strukturform der Totalität[8], wie z.B. als *Neunheit der Götter oder als „Neun-Bogen-Völker“, d.h. als Summe aller Ausländer[9].

Die Anwendung von numerischen Strukturen als Ausdrucksmittel in der Literatur ist ungenügend erforscht[10].

[1] Sethe, in: ZÄS 47, 1910, 32; Siegfried Morenz, Religion und Geschichte des alten Ägypten, Köln–Wien 1975, 335. – [2] E. Otto, in: AnOr 17, 1938, 10ff.; Westen-

dorf, in: LÄ II, 705 ff. – [3] Gardiner, EG[3], § 73; Raymond O. Faulkner, Plural and Dual, Brüssel 1929, § 5. – [4] Dies spiegelt sich insbesondere in den häufigen Ritualvorschriften „vier Mal" wider: Wb III, 437, 10. Sie sind grundsätzlich mit den vier Himmelsrichtungen verbunden: vgl. Kessler, in: LÄ II, 1213 ff.; als Reinigungshandlung vgl. Sethe, Pyr., Übers. V, 16; Philippe Derchain, Hathor Quadrifrons, Istanbul 1972, 11 ff.; Dieter Kurth, Den Himmel stützen, Brüssel 1975, 90 ff. Hierher gehören auch die vier *Horussöhne, das „*Treiben der vier Kälber", die „Entsendung der *Vögel" und vierfache *Altäre. – [5] Hier ist insbesondere der fünfgliedrige Königsname zu nennen. Inwieweit der Titel des Hohenpriesters des *Thot in diesen Zusammenhang gehört, ist nicht eindeutig. – [6] Vgl. Moftah, in: CdE 39, Nr. 77, 1964, 54 f.; William B. Kristensen, Het leven uit de dood, Haarlem 1949, 168. Darüber hinaus kommen auch Erweiterungen als 70 u. ä. vor. – [7] Trotz der offensichtlichen Verbindung mit *Hermupolis, das bereits im AR als „Acht-Stadt" (*Ḫmnw*) belegt ist (Borchardt, Sahure II, Tf. 21), muß die „Achtheit" in erster Linie als eine theologische Konzeption gesehen werden, s. auch Altenmüller, in: LÄ I, 56 f. – [8] Vgl. Winfried Barta, Untersuchungen zum Götterkreis der Neunheit, MÄS 28, 1973; Griffiths, in: Or 28, 1959, 34 ff.; Brunner, in: LÄ IV, 473 ff. – [9] Brunner, in: LÄ IV, 472 f. – [10] John L. Foster, Thought Couplets and Clause Sequences in a Literary Text, Toronto 1977; Gerhard Fecht, Literarische Zeugnisse zur „Persönlichen Frömmigkeit" in Ägypten, AHAW 1965. 1, 28 ff.; Hans Goedicke, The Report about the Dispute of a Man with his Ba, Baltimore 1970, 143 ff.

Lit.: Ramses Moftah, Ära-Datierungen, Regierungsjahre und Zahlenwortspiele, in: CdE 39, Nr. 77, 1964, 44 ff. H. Goe.

Symmetrie. In der äg. Kunst tritt S. (im Sinne einer spiegelbildlichen Entsprechung gleichartiger Elemente) schon früh in der *Architektur auf, dazu bei den Grabstelen der Könige der FrZt[1]. Seit Beginn des AR ist die Gestaltung der *Scheintür ein besonders deutliches Beispiel dafür, wie S. Richtung der Schriftzeichen und Orientierung der Figuren bestimmt. In den senkrechten, aufeinander bezogenen Schriftzeilen werden meist verschiedene *Titel und Totenwünsche verwendet, so daß sich eine ausgewogene Komposition, aber keine strenge S. ergibt. Wo der Text links und rechts identisch ist, bemüht man sich, in der Orthographie oder Zeichenstellung Unterschiede herzustellen und so, im Sinne größerer Lebendigkeit, die strenge S. bewußt und gezielt zu durchbrechen[2].

Vor allem im MR, aber in das NR fortwirkend, begegnen wir einem ausgeprägten Sinn für feinste, fast unmerkliche Abweichungen vom Prinzip der S. Bekanntestes Beispiel ist die „Zierinschrift" *Amenemhets III. (Berlin 16953: Abb. 1), deren vollkommene S. nur in der Anordnung der Zeichengruppe *mrj* „geliebt" aufgehoben wird; solche Kunstgriffe als zufälligen „Fehler" des Künstlers deuten zu wollen, ist völlig abwegig[3], denn sie finden sich auch im NR gerade bei offiziellen kgl. Denkmälern, so auf einer Stele im *Totentempel *Amenophis' III.[4], auf der Rückenlehne des Sessels seiner Tochter *Satamun[5] oder auf einem Türsturz *Thutmosis' I. (Abb. 2). Zahllose Beispiele bieten überdies die *Tempel mit ihrer betonten Symmetrie-Achse, sei es in der Anordnung der Bildszenen[6], im Wortlaut oder in der Orthographie der Beischriften. Auch bei Türumrahmungen und bei aufeinander bezogenen Grabszenen lohnt sich ein Vergleich, wie weit die S. verwirklicht ist. Königliche wie nichtkönigliche *Stelen neigen im Tympanon zu antithetischen Darstel-

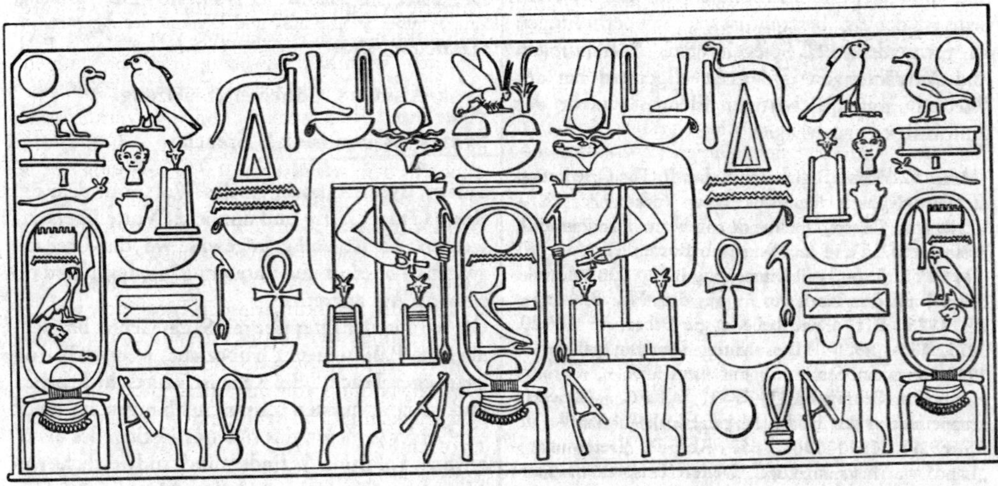

Abb. 1: Zierinschrift Amenemhets III. (Zeichnung A. Brodbeck nach Hellmut Brunner, Hieroglyphische Chrestomathie, Wiesbaden 1965, Tf. 12)

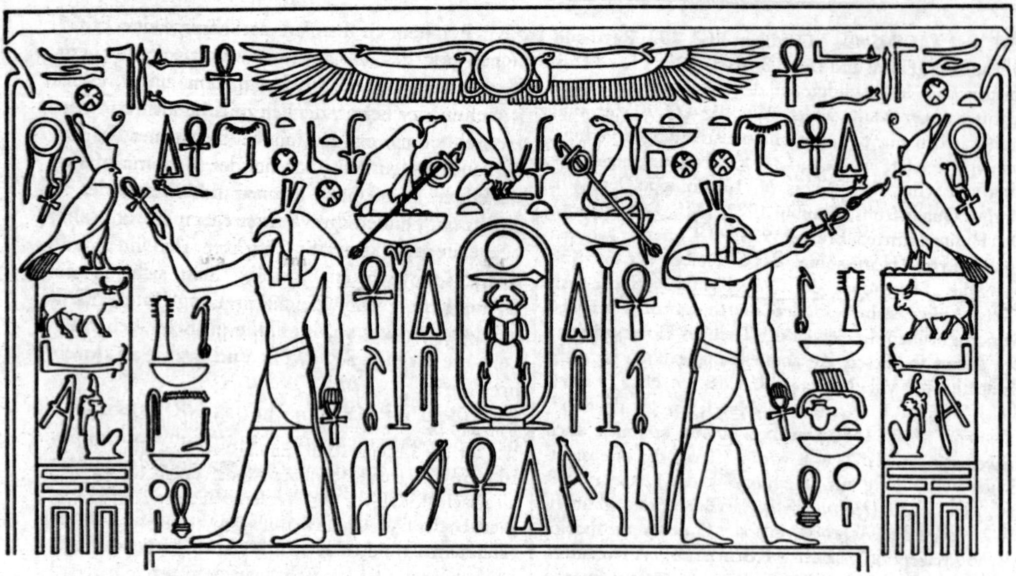

Abb. 2: Türsturz Thutmosis' I., Kairo $\frac{1|11}{26|3}$ (Zeichnung A. Brodbeck nach Naqada and Ballas, Tf. 77)

lungen, vermeiden aber starre S., und gleiches gilt für die reich verzierten Sargdeckel der 21. Dyn. Selbst bei Statuengruppen sucht man genaue Entsprechungen zu vermeiden[7]; die in Vorderasien beliebte heraldische S. wird allenfalls bei *Pektoralen oder ähnlichen Schmuckgebilden verwirklicht[8].

Der *Dualismus äg. Denkens führt immer wieder zu Entsprechungen, die sich gern der S. annähern – nicht nur in der Kunst, sondern auch in der Metrik (*Parallelismus membrorum), in der Topographie (Entsprechungen o. und u. äg. Orte) und im *Weltbild überhaupt. Auf der anderen Seite ist der Äg. bestrebt, starre Wiederholungen zu vermeiden, bei Spiegelungen, Aufreihungen und Aufzählungen und ganz allgemein bei der Wiederholung gleichartiger Elemente nicht der Einförmigkeit zu erliegen.

[1] Henry G. Fischer, Egyptian Studies II: The Orientation of Hieroglyphs I: Reversals, New York 1977, 14. – [2] Z. B. Jean Capart, Une rue de tombeaux à Saqqarah II, Brüssel 1907, Tf. 11 und Scheintür Boston MFA 31.781 (PM III², 203: *Jntj*) mit Umstellung in *ḥtp*. Ein evidentes Beispiel auf dem Naos des *Jnj* aus dem NR: BM Stelae VII, 1925, Tf. 1–4 und bei Maggie Debot, in: AIP 20, 1973, 175–189. – [3] Die richtige Deutung gab schon 1940 Hermann, Stelen, 37 mit Anm. 149. – [4] Gerhard Haeny, in: BeiträgeBf 11, 1981, Falttafel 5 (Zeichengruppe *snb* in den beiden Mittelzeilen). – [5] Varille, in: ASAE 40, 1940–1941, 652 Abb. 68 (Determinativ „Land" nur links zugefügt). Weitere Beispiele bei Hornung, Zur Symmetrie (s. Lit.). – [6] Edfou VII, 13, 2 wird das Streben nach S. im Text betont, jedoch wieder nur in Form von Entsprechungen verwirklicht, s. Sylvie Cauville, La théologie d'Osiris à Edfou, BdE 91, 1983, 69 f. Zu Abweichungen bei der Orientierung des Königs vgl. Fischer, Orientation (s. Anm. 1), 41 ff.; zu einer typischen Durchbrechung in der S. der Säulenkapitelle s. Dieter Kurth, Die Dekoration der Säulen im Pronaos des Tempels von Edfu, Wiesbaden 1983, 8 Abb. 4. – [7] Das Alte Ägypten, Propyläen Kunstgeschichte 15, Berlin, 1975, Tf. 170 (Senpu, 12. Dyn., Abweichung nur durch schräge Scheitellinie, wie die bewußte Schrägstellung bei Himmelsvorstellungen). – [8] Vgl. aber auch bei Lange–Hirmer, Ägypten, Tf. 40, die Abweichung in der Farbe des mittleren *nfr*!

Lit.: Balcz, in: MDAIK 1, 1930, 137–152; Hornung, Zur Symmetrie in Kunst und Denken der Ägypter, in: SDAIK 18 (i. Dr.). E. H.

Synkretismus s. Götterverschmelzung

Syntax s. Grammatik B, Sprache

Syrien, Syrer, syrisch, ist das Wort, mit dem äg. *Rṯnw* (*Ṯnw*), *Ḫ3rw* und ähnliche Worte übersetzt werden. Es ist völlig ungewiß, wo die Grenzen zwischen oberem und unterem *Rṯnw* lagen und ob eines an Äg. angrenzte.

Oft wird in der Literatur mit S. ein Gebiet bezeichnet, das Palästina mit einbezieht, wenn z. B. von „syrischer Tracht" die Rede ist. In geschichtlichen und geographischen Zusammenhängen ist meist ein Gebiet gemeint, das sich nordöstlich des historischen Palästina befindet und südwestlich von Mesopotamien. Siehe: *Aleppo, *Alalach, *Karkemisch, *Damaskus.

Lit.: Honigman, in: RE 2. Reihe IV, 1549–1727; Tvedtnes, in: JNES 40, 1981, 139–140; Rainey, in: Tel Aviv 8, Tel Aviv 1982, 130ff. R.G.

Szepter s. Zepter

Ta war thebanischer *Wesir[1] unter *Ramses III. und damit Amtsnachfolger des *Hori (I.), der bis um das Jahr 10 Ramses' III. amtiert hatte[2]. Memphitischer Kollege des Ta dürfte ein *Nḫj* gewesen sein, den eine Inschrift aus der Zt Ramses' III. erwähnt[3].

Über die Herkunft des Ta ist nichts bekannt. Spekulationen, die ihn zu einem Sohn des Nekropolenschreibers *Jmn-nḫt* machen wollten, entbehren jeder Grundlage[4]. Zwar heißt einer der Söhne dieses Schreibers *Tꜣ* (oft auch ausführlicher *Tꜣ-šrj*), doch ist dieser Arbeiter erst seit der Zt Ramses' IV. belegt, während der gleichnamige Wesir in eben dieser Zt nicht mehr genannt ist[5]. Auch die von Wente[6] geäußerte Vermutung, Ta sei Schreiber gewesen, bevor er zum Wesir befördert wurde, läßt sich nicht beweisen[7]. Somit kann über Herkunft und Laufbahn dieses Wesirs nichts ausgesagt werden. Auch seine Familie ist weitgehend unbekannt[8].

Die vielleicht älteste Inschrift, die Ta als amtierenden Wesir nennt, befindet sich im *Maat-Tempel von *Karnak[9] und belegt Erneuerungsarbeiten an diesem Tempel durch den Wesir im Jahr 12(?) Ramses' III.[10]. Seit Mitte der Regierungszeit dieses Königs begegnet Ta als zuständiger Wesir recht häufig in den Texten aus *Deir el-Medineh. Im Jahr 16,3. *ꜣḫt* setzt er *Jmn-nḫt* zum Nekropolenschreiber ein[11] und wird in den folgenden Jahren in den Texten sehr oft zusammen mit diesem Schreiber erwähnt[12]. Nur wenige Graffiti nennen ihn ohne den Schreiber[13].

Mehrfach ist Ta in seiner Eigenschaft als direkter Vorgesetzter der Arbeiterschaft von Deir el-Medineh belegt. Er leitet Inspektionen, überwacht den Fortgang der Arbeiten am *Königsgrab[14] und ist natürlich auch für die Versorgung der Handwerker zuständig, wie der Streikpap. erkennen läßt. Im Jahr 26 Ramses' III. begann am 3. *ꜣḫt*, 18 eine mehrwöchige Überprüfung der Arbeiter durch Ta zusammen mit dem *Hohenpriester des Amun *Wsr-mꜣꜥt-Rꜥ-nḫt*, dem *Schatzhausvorsteher *Ḫꜥj-m-tr* und dem *Bürgermeister von Theben[15]. Im Jahr 28 wird Ta wiederum in Deir el-Medineh erwähnt[16]. Recht häufig erscheint er in Theben vor[17] und während der großen *Streiks des Jahres 29. Ein Brief an den Wesir[18], der kurz vor Beginn der Arbeiterunruhen datiert, schildert eindringlich die Versorgungsschwierigkeiten in der Siedlung. Wohl als vorbeugende Maßnahme gegen die sich anbahnenden Unruhen wird Ta im Jahr 29,2. *ꜣḫt*, 23 zum Wesir von O. u. U.Äg. befördert[19], die übliche Teilung des Wesirats wird demnach – wohl kurzfristig – aufgehoben[20]. Während des Streiks reist Ta auf Befehl des Königs nach O.Äg., um die Götterbilder der südlichen Landeshälfte für das *Sedfest zu holen[21]. Doch noch bevor er diesen Auftrag ausführen kann, muß er sich gegen Anschuldigungen seitens der Arbeiter, er hätte ihre Rationen fortgenommen, verteidigen[22].

Die Länge der Amtsdauer des Ta ist nicht sicher zu ermitteln. Nach dem Jahr 29 Ramses' III. ist er nicht mehr in Theben belegt. Sein Amtsnachfolger war dann *Nfr-rnpt* II., der seit dem ersten Jahr Ramses' IV. amtiert hat[23], so daß Ta wahrscheinlich nach dem Tode Ramses' III. aus dem Amt geschieden ist[24].

[1] Zu den Titeln des Ta s. Helck, Verwaltung, 463. – [2] Hori wird u.a. in oIFAO 182 (unpubl.) erwähnt, das aufgrund der genannten Personen um das Jahr 10 Ramses' III. zu datieren ist. – [3] Vgl. Černý, in: JEA 44, 1958, 32 und in seiner Rezension zu Helck, Verwaltung, in: BiOr 17, 1962, 140ff. – [4] So Edgerton, in: JNES 10, 1951, 138 mit älterer Lit. – [5] Berechtigte Zweifel an dieser Filiation äußerten schon Helck, Verwaltung, 333 und Janssen, Prices, 74 Anm. 140. – [6] Wente, in: JNES 32, 1973, 225. – [7] Wente, loc. cit. führt als Beleg Černý–Gardiner, Hier. Ostraca, 39,2 aus dem Jahr 15 Ramses' III. an. In diesem Text ist jedoch weder ein Schreiber noch Wesir oder Arbeiter dieses Namens genannt: vso. 9 ist 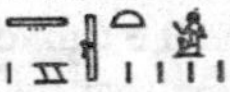 wie in vso 6 (von Wente nicht vermerkt) *tꜣ-jst* zu lesen ( steht für ). – [8] Seine namentlich nicht bekannten Kinder nennt der Streikpapyrus (RAD, 56,8); sein Haus dürfte sich nach Ausweis dieser Textstelle wie des Fundes eines Türsturzes mit dem Namen des Ta (aus Theben-West: Anthes, in: MDAIK 12, 1943, 22) in Theben-West befunden haben. – [9] Karnak I, 25. – [10] Helck, Verwaltung, 330. Leider ist die Inschrift an dieser Stelle beschädigt, so daß die Jahreszahl nicht sicher ist – denkbar wäre auch eine Ergänzung zu Jahr 22. – [11] Graffiti 1143. 1111. – [12] Im Jahr 18: Graffiti 1149. 2548 + 524/5. 508; im Jahr 20: Graffito 1928; im Jahr 21: Graffiti 99. 100. 245, dazu oBerlin 10496 (unpubl.), das einen Wesirschreiber *Jmn-nḫt* nennt, der Schreiber des Ta gewesen sein könnte und vielleicht mit dem gleichnamigen Nekropolenschreiber zu identifizieren ist; im Jahr 23: oLouvre 696; ohne Datum: Graffiti 24. 82. 84. 87. 93. 96. 524. 545. 646. 1140A. 1141. 1142. 1146. 1170. 2015. 2116; Černý–Gardiner, Hier. Ostraca, 50,3 nennt aus dieser Zt einen Wesirboten *Pꜣ-sn*, der vielleicht Bote des Ta gewesen ist. – [13] So in den undatierten Graffiti 88a. 92. 528. – [14] oTurin 57047 im Jahr 22,3. *ꜣḫt*, 25 und oStraßburg H 112 (unpubl.) aus gleichem Jahr. – [15] oDeM 148, eine Wachhabendenliste, die aufgrund des Turnus der Wachhabenden ins Jahr 26 Ramses' III. datiert werden kann. Die Liste wird von oBerlin 12629 (unpubl.) fortgesetzt, in der am 4. *ꜣḫt*, 10 erneut ein namentlich nicht genannter Wesir tätig ist, in dem mit einiger Sicherheit ebenfalls Ta erkannt werden kann. So auch in oTurin

57123 vso, in dem am 4. *prt*, 26 ein Wesir nach Theben kommt. – [16] oBerlin 10663, vgl. Wente, in: JNES 32, 1973, 223ff. mit älterer Lit. Dazu gehört auch oDeM 427 vso, 11, das im Jahr 28, 1. *šmw*, 5 einen Wesir nennt, in dem ebenfalls Ta erkannt werden dürfte. In diese Zt gehört auch Černý–Gardiner, Hier. Ostraca, 72,4 mit der Nachricht des Kommens eines Wesirs. – [17] In der Wachhabendenliste oDeM 284 wird am 1. *ȝḫt*, 24 ein Wesir erwähnt, in dem Helck, Verwaltung, 331, Anm. 3 ebenfalls Ta sieht. – [18] oChicago 16991, publiziert durch Wente, in: JNES 20, 1961, 252ff. – [19] oBerlin 10633. Helck, Verwaltung, 331 bringt diesen Tatbestand mit einer Notiz des Pap. Harris I in Zusammenhang, wonach der u. äg. Wesir wegen Unregelmäßigkeiten im Tempel von *Athribis abgesetzt worden war. – [20] Zur Teilung des Wesirats vgl. Helck, Verwaltung, 21ff. – [21] RAD, 55, 15ff. Dieser Vorgang ist auch im Grab des Hohenpriesters von *Elkab *Sṯȝw* dargestellt: Gardiner, in: ZÄS 48, 1911, 47ff. – [22] RAD, 56, 1ff. – [23] Helck, Verwaltung, 333. – [24] Einige undatierte Belege aus der Zt Ramses' III. nennen ebenfalls den Wesir Ta: oDeM 673; oGardiner 192 (unpubl.). PM III^2, 861 wird ein unpubl. Block mit dem Namen des Ta erwähnt, der aus dem Palast des *Merenptah in *Memphis stammt. Eine Stelle im Pap. Harris I, 10, 10 erwähnt den südlichen Wesir, also vielleicht Ta, als Verwalter einer Rinderherde. Zwei Stelen zeigen den Wesir im Adorationsgestus vor verschiedenen Gottheiten: Bruyère, Mert Seger, 14, Abb. 10; 15, Abb. 11. M. Gut.

Tabu. In a paper entitled Le fruit défendu,[1] Montet reached the conclusion that the proper rendering of the word *bwt* was taboo. This inference was based chiefly on an analysis of the occurrences of *bwt* in the cult-topographical lists of the Late Period, and, although he made no attempt to work out a proper definition of the concept of T., he did suggest to what use it was put: "Proclamer un tabou dans un nome, dans une maison royale, dans une nécropole, c'était pour un groupe d'Egyptiens le moyen de reconnaître les siens et de pouvoir vivre entre soi".[2] Today, probably few Egyptologists would subscribe to this formulation, but the proposed translation seems to have met with general acceptance; and, with one or two exceptions, the word T. is still used in a loose sense, that is, without any attempt to articulate the phenomenon thus labelled (whether, if in a text, it is denoted *bwt* or not) into the social (conceptual) and symbolic classification systems of the Egyptians.

Of the various uses to which symbolic classifications may be put, that of order seems to be of paramount importance. Man cannot think about the world, let alone act within it, unless he divides it into classes. Logically, a symbolic classification need not be superimposed upon the practical one, but it seems nevertheless to be a universal feature of all cultures that they do focus attention on their conceptual and social categories by means of symbolism. *Symbols add to the importance of what is symbolised:[3] "The drawing of symbolic lines and boundaries is a way of bringing order into experience";[4] (...) symbolic enactment (...) provides a focusing mechanism, a method of mnemonics and a control for experience.[5]

Following the tradition of Durkheim, for whom symbolism was a means of controlling, reinforcing and creating the social values shared by the members of a given social group, Radcliffe-Brown treated the concept of T. in a somewhat similar manner.[6] Unlike Durkheim, however, he found it impossible to draw a rigid distinction between religious ritual and secular ritual,[7] but in "practical terms" the implications of his use of "ritual" came very close to those embodied in the former's concept of the sacred.[8] Both wanted to do away with the term taboo. Radcliffe-Brown proposed "to refer to the customs we are considering [sc., instances of T.] as 'ritual avoidances' or 'ritual prohibitions' (...)",[9] while Durkheim talked about interdictions: "Les choses sacrées sont celles que les interdits protègent et isolent; les choses profanes, celles auxquelles ces interdits s'appliquent et qui doivent rester à distance des premières".[10]

If we try to summarize the wider conceptual framework into which the concept of T. has so far been articulated, we may do so by presenting a set of binary oppositions, based on the principle of analogy; religion : magic; sacred : profane; pure : impure; irrational : rational; taboo : not-taboo. The contradictions and flaws inherent in this "system" are many and complex, and this may be the reason why most scholars seem content to talk about avoidance, prohibition, and so forth.

In recent years, however, another approach has been advanced by Mary Douglas[11] and E.R. Leach.[12] Cutting across the framework outlined above, T. is seen as a universal and indispensable means of establishing classificatory systems. In its most concise formulation the argument goes as follows: "The general theory is that T. applies to categories which are anomalous with respect to clear-cut category oppositions. If A and B are two verbal categories, such that B is defined as 'what A is not' and vice versa, and there is a third category C which mediates this distinction, in that C shares attributes of both A and B, then C will be taboo".[13]

Mary Douglas has expounded her views in several books and articles, and it would be a hopeless task to try in a few lines to do justice to her subtle, elaborate and very comprehensive treatment of the concepts of pollution and taboo. The basic idea is that these notions are means of protecting people and societies from anomalies, ambiguities and marginal states. It is dangerous to be outside the categories and boundaries that create and uphold moral and social order, and it is dangerous to be at a boundary of symbolic classification, to defy classification.[14]

This approach has turned the discussion about the properties and status of T.s into a different channel, and a most promising one indeed. Among the phenomena that Egyptologists have recognized as instances of T., some would seem easily to lend themselves to an interpretation along these lines, e.g. homosexuality[15] and prohibitions aimed at foreigners' contacts with the sacred,[16] but in the present state of our knowledge the matter as such is not very clear. The fact that in LÄ there is no entry "Klassifikation"[17] may be seen as reflecting the state of affairs with regard to the question at issue. Moreover, from what has been written above it should be obvious that any piecemeal interpretation of a particular T. will not suffice,[18] and neither will attempts to trace its mythological pedigree.[19] In what follows, therefore, we shall limit ourselves to enumerating such categories as have, with varying degrees of justification, been referred to by the word taboo.

Within the conceptual framework of pollution, thresholds of buildings, the body's orifices and the boundaries of a state and of status are marked by taboos. Throughout the history of Egypt, access to temples, tombs and palaces were restricted by rules of purity (*Reinheit). Ample documentation is available only in the Late Period, and it is uncertain to what extent this corpus of rules was applied in the older periods. Among the prohibitions relating to access to temples we find abstinence from sexual activity (*Keuschheit) and forbidden food (*Speisege- und -verbote); and, conversely, only those who had cut their nails, shaved their hair and beard, and had used *natron were permitted to enter the temple. In addition to these general rules, there are scores of prohibitions with a more limited application.[20]

The body is subject to several rules of purification. Bodily refuse was seen to be a symbol of power and danger, but concern about the orifices[21] is equally well attested.

T.s relating to food are numerous, complex and obscure. They are chiefly recognised by being identified with *bwt*, and, with this proviso, it appears that they are never absolute. They always have a restricted distribution in terms of space, time and circumstances. The most extensive T. concern pigs (*Schwein)[22] and fish (*Fisch),[23] but items such as honey[24] and mice[25] are also attested.[26]

T. (*bwt*) relating to faeces are known only from religious texts.[27] The distinctive feature of these is that the anxiety about faeces is constantly associated with a concern about walking upside down. Against the prevailing rationalistic interpretation of this material Drioton[28] raised the objection that it failed to account for the incomprehensible association of such widely-differing categories. In his opinion these texts reflected the antagonism between the Heliopolitan theological system and that of *Osiris; but an interpretation in terms of the Leach/Douglas concept of T. seems much more promising.

There is no evidence that sexual activity as such was ever taboo. As noted above, T. on intercourse occur as an element in the rules regulating access to sacred areas,[29] and, although it is highly probable that *homosexuality and unnatural intercourse[30] (including incest) were under T., the evidence is by no means conclusive.[31] Pictorial representations of sexual acts are avoided in formal and official contexts,[32] but a ban is not a T., and the countless instances of pictorial evidence from the "private sphere"[33] seem to call for a balanced and cautious approach to the problem.

Menstrual T. are found in nearly all human societies,[34] and the few indications in the Egyptian material appear to point in the same direction. Thus, in the "Satire on Trades", in a section deploring the miserable lot of the washerman, it is said that he (even) has to clean the clothes of a woman in menstruation.[35] There is evidence too that contact with menstruation or a menstruating woman is contagious. In the absentee-lists from *Deir el-Medineh it seems to be a sufficient reason for a man to be absent that his wife and/or daughters are menstruating.[36] The origin and nature of this T. – if such it be – is unknown, but the fact that the Egyptian term for "menstruation" is the same as the word meaning "purification", *ḥzmn*[37], is very suggestive. On the one hand, it might be no more than a euphemism (for which see below); on the other, it is tempting to infer that what is tabooed is actually bodily refuse in the form of blood (*Blut); the woman rids herself of the blood and is thereby purified, i.e., restored to her normal status.

Menstrual T. might also be included among T. concerning transitional and marginal states, and change of status, for which, however, the evidence is equally sparse and equivocal. In the Late Period there is evidence of (positive) rites of purification being performed on a new-born (royal) child,[38] but an actual T. on a woman who has given birth can be inferred only from the well-known passage in *Pap. Westcar XI, 18–19.

That the Egyptians feared death and regarded the decomposition of the corpse as a disaster is well

known,[39] but no T. whatsoever relating to this have been noted.[40] Killing and murder are *bwt*, but not necessarily taboo.[41] If, on the other hand it could be shown that a change of status took place when the body was actually being buried, then two examples would be suggestive: BD spell 85, 4–5, "I am the Lord of Light, being buried is my *bwt*";[42] and Edfou I, 39 where Horus is called "the Lord of Life, whose *bwt* is being buried."[43]
The passing of time, the seasons of the year, etc., might be expected to give rise to taboos. As it happens the evidence is ambiguous. The Calendars of Lucky and Unlucky Days[44] abound in prohibitions and avoidances, some of which undoubtedly have the status of short-range taboos.[45] By its very nature the content of these texts lends itself to aetiological interpretations, the explanatory value of which, unfortunately, is very small. A clear case, on the other hand, is the five *epagomenal days. This is a time of mortal danger, the days are *bwt*, and one must know their names in order to survive.[46]
In conclusion, we must offer a few remarks on what passes under the labels of name-taboo and language-taboo (*Sprachtabu). T. is here used in an extended, loose, sense, which has led to some confusion. This is the more remarkable in that the correct understanding of the phenomenon was advanced as early as 1910 by Grapow, in a paper dealing with some of the versions of the abovementioned spells condemning faeces as *bwt*. In these spells (and not only the few known to Grapow), the expression *ḥtp-kꜣ* often substitutes for words meaning faeces, "Eigtl.: 'womit der *kꜣ* zufrieden ist', wohl ein Euphemismus für 'Unrat', 'Kot'; in der Bildung entspricht es genau einem *bwt kꜣ.j* 'was mein *kꜣ* verabscheut'".[47]
Other instances of this pratice of describing something by its exact opposite can be adduced, and it will suffice to mention but two: *nb ꜥnḫ* "possessor/lord of life" = sarcophagus, and, by a further extension, also "necropolis";[48] and "l'emploi euphémique de *ḫftj(w)* 'ennemi(s)'", as explained by Posener.[49] In a paper on "die Bezeichnungen der menschlichen Körperteile", Till[50] discusses Sprachtabu in terms that range from euphemism through "Gefühlstabu", to nicknames, which is admissible. But when Helck says that a knife could be denoted by a "Tabuwort wie *njkt*, das 'Strafende'",[51] the use of the word T. is misleading: the name as such is surely appropriate.
A similar "misunderstanding" seems to be at the bottom of the name-taboo controversy.[52] We can do no better than quote from Morenz's fine discussion of the problem: "So können wir uns der These von den tabu-Namen jedenfalls in ihrer allgemeinen Geltung nicht anschließen; wir glauben vielmehr, daß die ägyptischen Götter in der Regel, sei es bei ihrer Konzeption, sei es bei ihrer Einordnung ins Pantheon, den Namen erhielten, den sie in unseren Quellen zu tragen pflegen; er bestimmte und differenzierte sie genauso, wie es ihre Gestalt tat".[53]
Finally, it should be pointed out that not all the categories mentioned here are actually classed as *bwt* in Egyptian texts. And a preliminary analysis of what it is hoped will be an exhaustive list of occurrences, some 500 examples in all, makes it very doubtful that *bwt* means simply taboo.

[1] Montet in: Kêmi 11, 1950, 85–116. – [2] Montet, op.cit., 115, cf. also 116: "Les *bwt* ont été dictées, en somme, pour inspirer à chaque Egyptien l'amour de sa ville et de son temple et le faire participer selon ses moyens aux plans excellents élaborés par Pharaon toujours empressé à faire ce qui plaît aux dieux." – [3] Cf. Alfred N. Whitehead, Symbolism, its Meaning and Effect, Cambridge 1927. – [4] Mary Douglas, Natural Symbols, Penguin Education 1978, 73. – [5] Mary Douglas, Purity and Danger, An Analysis of the Concepts of Pollution and Taboo, London 1966, 63. – Within the space alotted to this discussion we must leave aside the interesting question of why societies possess the specific systems of classification they have. Cf. Emile Durkheim and Marcel Mauss, Primitive Classification, London 1963, with the very important introduction by R. Needham, especially pp. XI-XXIX. And also Mary Douglas, Natural Symbols (v.n.4). – [6] Alfred Radcliffe-Brown, Taboo. The Frazer Lecture 1939. Here quoted from id., Structure and Function in Primitive Society. Essays and Addresses, New York 1952, 133–152. "By this theory the Andamanese taboos relating to childbirth are the obligatory recognition in a standardised symbolic form of the significance and importance of the event to the parents and to the community at large" (150–151). – [7] Op.cit., 136 sq. – [8] Cf. Mary Douglas, Purity and Danger (v.n. 5), 65; Geo Widengren, Religionsphänomenologie, Berlin 1969, 28. – [9] Radcliffe-Brown, op.cit., 134: "A ritual prohibition is a rule of behaviour which is associated with a belief that an infraction will result in an undesirable change in the ritual status of the person who fails to keep the rule". – [10] Emile Durkheim, Les formes élémentaires de la vie religieuse, Paris [4]1960, 56. – [11] Op.cit. – [12] Edmund Leach, Anthropological Aspects of Language: Animal Categories and Verbal Abuse, originally published in 1964, but quoted here from William A. Lessa and Evon Z. Voght (eds.), Reader in Comparative Religion, An Anthropological Approach, New York [3]1972. – [13] Leach, op.cit., 212. – [14] Cf. e.g. Douglas, op.cit., 122: "Four kinds of social pollution seem worth distinguishing. The first is danger pressing on external boundaries; the second, danger from transgressing the internal lines of the system; the third, danger in the margins of the lines. The fourth is danger from internal contradiction, when some of the basic postulates are denied by other basic postulates, so that at certain points the system seems to be at war with itself." – [15] Cf. Westendorf, in: LÄ II, 1273; Lise Manniche, in: AcOr

38, 1977, 14 sq. – [16] Cf. e.g. Pap. Salt 825, VII, 5; Wenamun, 1 (x + 7) = LES, 65,9; see also Esna V, 347 n.o. and Montet, op.cit., 115. – [17] The closest seems to be *Abstraktionsvermögen. – [18] We refer to the ubiquitous practise of searching for a rational basis underlying taboos – be it medical (cf. Douglas, op.cit., 29–40 for some useful remarks) or ecological (e.g. the cultural materialist school of Marvin Harris). – [19] Cf. Needham, op.cit. (v.n. 5), pp. XVI, XXVI and XXXVIII. – [20] Cf. Sauneron, in: BIFAO 60, 1960, 111-115; Esna V, 340 sq.; Junker, in: Analecta Biblica 12, 1959, 151–160; Maurice Alliot, Le culte d'Horus à Edfou, BdE 20, 1949, 181 sq. et passim; Fairman, in: MDAIK 16, 1958, 86–92 and Weinfeld, in: Scripta Hierosolymitana 28, Jerusalem 1982, 224–250; cf. also RAD, 75, 4–8 where what seems to be an infraction of a T. is lumped together with an interesting selection of more ordinary offences and crimes. – For access to tombs, cf. e.g. Edel, in: MDAIK 13, 1944, 4 sq. and Jean Saint Fare Garnot, L'appel aux vivants, RAPH 9, 1938. – For access to the palace see Urk. III, 54, l. 150–152; De Morgan, Cat. des Mon. II, Kom Ombos I, pl. 196/263. – This is also the place to mention the instances of *bwt* in the cult-topografical lists of the Late Period. New material has been published since Montet's article appeared, but his material is fully representative. Cf. n. 1; Beinlich, in: LÄ III, 1061; Ursula Rössler-Köhler, in: LÄ IV, 710 (pJumilhac XVIII). – [21] The state of the mouth is that of the mouth of a sucking calf (litt., calf of milk) on the day where its mother gave birth to it, Philä, Col. II, East Wall = PM VI, 221 (138). The same phrase occurs also in Pyr. 27d. – [22] BD, spell 112. Cf. also Erik Hornung, Buch von den Pforten I, AH 7, 1979, 196 (scene 33); Vernus, in: RdE 33, 1981, 94 n.f.; Newberry, in: JEA 14, 1928, 211–225; Dawson, in: JRAS 1928, 597–608; William Darby et alii, Food: The Gift of Osiris, London 1977, 173 sq. – [23] See the excellent discussion in Gamer-Wallert, Fische, 75–85. – [24] Dendara VII, 140, pl. 613. Cf. also Pap. Berlin 3055, 7,6 = Hierat. Pap. Berlin I, pl. 7. – [25] Pap. Sallier IV rto, 14, 3; Pap. Cairo 86637 rto II, 2. – [26] Cf. also Serge Sauneron, Les prêtres de l'ancienne Egypte, Paris 1957, 35 sq. – The reference (*bwt*) to *šdḥ*, LEM, 47, 10–12 is uncertain. – [27] E.g. CT, spells 173. 174. 184–192. 195. 199. 201–205. 208. 211. 213. 217–8 and 220; BD, spells 51–53. – [28] Drioton, in: BiOr 6, 1949, 140–142; cf. also Jan Zandee, Death as an Enemy, Leiden 1960, 73–78. – [29] For another short-range prohibition on intercourse see Pap. Cairo 86637 rto IX, 3, and cf. Posener, in: ZÄS 96, 1969, 33 n. 26. – [30] For the material, see Lise Manniche, op.cit. (s.n. 15), 15 sq. – [31] Such acts were condemned and punished, and so were adultery and extra-marital intercourse. – [32] See Westendorf, in: ZÄS 94, 1967, 139–150. – [33] Cf. e.g. Manniche, loc. cit. – [34] Cf. e.g. Montgomery, in: Ethos 2, Berkeley 1974, 137–170. – [35] Wolfgang Helck, Die Lehre des Dwꜣ-Ḫtjj, KÄT, Wiesbaden 1970, 108, XIX f. – [36] Cf. e.g. the famous list Černý-Gardiner, Hier. Ostraca, 83–84, 4, et passim. – [37] Wb III, 163, 3–6. 8–9; cf. Osing, Die Nominalbildung des Ägyptischen, Mainz 1976, 563. – [38] Cf. Brunner, Geburt des Gottkönigs, 140 sq. – [39] Cf. Zandee, op. cit. (s.n. 28). – [40] Among the innumerable euphemisms and metaphors on death (cf. Zandee, op. cit.) a few are occasionally characterized as being *bwt*: sleep, mourning and darkness. In the entire material only 16 reasonably clear instances have been noted (none of them to be found in Zandee's book), but that does not mean that any form of death is under taboo! – [41] Cf. e.g. William M. Flinders Petrie, Dendereh 1898, EEF 17, 1900, pl. 8c = Schenkel, Memphis, Herakleopolis, Theben, 129; Louvre no. 2 = "Ehepaar, 18 Dyn." (Wb Zettel); Chassinat, Mammisi d'Edfou, pl. 11, 1 and p. 47. – [42] *bwt.j pw mnjt*. – [43] *bwt.f mnj*. Cf. also BD, spell 28, 1–7. – [44] For the material and a discussion of the different operational characteristics of the texts see Vernus, in: RdE 33, 1981, 89–124, esp. 101 sq.; cf. also the excellent article by Emma Brunner-Traut, in: Antaios 12, Stuttgart 1971, 332-347, reprinted in ead., Gelebte Mythen, Darmstadt 1981, 18–33. – [45] See nn. 25 and 29. – [46] Pap. Leiden I 346,8; cf. also Vernus, op. cit., 105 sq. – [47] Grapow, in: ZÄS 47, 1910, 101. – [48] Gauthier, DG III, 82. – [49] Posener, in: ZÄS 96, 1969, 30–35. – [50] Till, in: Fs Grapow, 322–337. – [51] Helck, in: LÄ IV, 111; id., in: LÄ II, 1219. – [52] Cf. Helck, in: ZÄS 80, 1955, 144–5. – [53] Morenz, Religion, 23. Cf. also Erik Hornung, Ägyptische Unterweltsbücher, Zürich–München 1972, 18–19. – For discussions of related topics see Lacau, in: ZÄS 51, 1914, 1–64; id., in: ASAE 26, 1926, 69–81; Fecht, Wortakzent, 21–22; Edel, Altäg. Grammatik, 31 sq.; Gamer-Wallert, Fische, 80 sq.; ead., in: LÄ II, 1195.

P. J. F.

Tachos or Teos (*Ḏd-ḥr*),[1] second king of the 30th Dyn. and son of his predecessor, *Nektanebos I,[2] reigned 363/2-362/1 B.C.[3] T. took an active part in the foreign policy towards the end of his father's reign, in all probability being coregent (*Mitregentschaft) from 365 B.C.[4] As sole king he supported the Great Satraps' Revolt against *Artaxerxes II and he aimed at conquering Syria (*Syrien) for Egypt. T., instigated by the Athenian general *Chabrias, introduced hard fiscal measures; thereby he was able to strike coins to pay the indispensable Greek mercenaries (*Söldner).[5] During the Syrian campaign in 360 B.C. the aged king Agesilaos of Sparta commanded the Greek mercenaries, Chabrias the fleet, while T. was commander-in-chief. T.'s brother, who was regent in Egypt during his absence, took advantage of widespread discontent among the heavy taxburdened Egyptians and sent for his son, who was with the army in Syria.[6] Agesilaos and the majority of the soldiers sided with the young prince, who in summer 360 B.C. became king (*Nektanebos II). T. fled via Sidon to Artaxerxes II, who received him hospitably.

Due to his short reign, only few monuments of T. are known.[7] The Demotic Chronicle (*Demotische Chronik) is pretended to have been written during the reign of T.[8]

[1] Fecht, Wortakzent, 84 n. 254; Quaegebeur, in: OLP 4, 1973, 92–93; id., in: Enchoria 7, 1977, 103–104. – [2] The possible identity of his mother is discussed by

Kuhlmann, in: MDAIK 37, 1981, 267–279. – [3] Kienitz, Geschichte, 175–178. – [4] Ibd., 95; Johnson, in: Enchoria 4, 1974, 13–16. – [5] On Egyptian coinage during the 30th Dyn., s. Daumas, in: Mélanges de l'Ecole française de Rome. Antiquité 89, Rome 1977, 431–435; Bogaert, in: Tijdschrift voor Numismatiek 30.1, Brussels 1980, 19–27. – [6] De Meulenaere, in: ZÄS 90, 1963, 90–93. – [7] To the list in Kienitz, op. cit., 212–214 can be added Corteggiani, in: BIFAO 75, 1975, 156–157. See now also Traunecker, in: Karnak VI, Kairo 1980, 179–181. – [8] Johnson, op. cit., 5. His short reign is described in column IV, 16–17, cf. Johnson, op. cit., 16. T.H.-R.

Tachos (Heilgott) s. Teephibis

Tachsi, akkadisch Taḫši, hebräisch תחש, äg. *Tḫsj*, ein Gebiet südlich *Qadesch, zuerst erwähnt unter *Thutmosis III.: Amenemheb[1] berichtet Siege im Lande T., Minmose[2] erwähnt 30 Städte im Bezirk von Tachsi. Eine Tat von für Äg. außergewöhnlicher Grausamkeit berichtet die *Amada-Stele *Amenophis' II.[3], doch hatte sie politisch-propagandistische Gründe: 7 Fürsten von T. wurden im Jahr 3 dieses Königs getötet, 6 davon an der Mauer von *Karnak, einer an der Mauer von *Napata kopfunten aufgehängt. Eine Stele des *Usersatet aus Jahr 23 Amenophis' II. aus *Semna erwähnt – in Erinnerung schwelgend – gemeinsame Erfahrungen des Königs und des Adressaten, worunter sich eine abfällige Bemerkung über die Leute von T. befindet[4]. Unter *Thutmosis IV. wird T. mit wichtigen anderen Mächten auf dem Wagen des Königs genannt[5]. In *Ortsnamenlisten *Amenophis' III. erscheint T. zweimal: in einer Liste in Karnak[6] (später durch *Taharqa kopiert[7]) und in den Listen seines Totentempels[8]. Eine Urkunde der 18. Dyn. spricht von einem Regiment namens „Das Überwältigen von Tachsi"[9]. In den *Amarna-Briefen erscheint T. zweimal: Der Fürst von Qadesch berichtet, daß T. den *Hapiru übergeben worden sei, er aber habe die Städte in T. für den Pharao zurückerobert[10]. Ein anderer Brief enthält den teilweise zerstörten Namen T., auch hier ist von Hapiru die Rede[11]. In einer Toponymen-Liste *Sethos' I. wird T. ebenfalls aufgezählt[12]. Wesentlicher ist die Rolle von T. zur Zt *Ramses' II.: Im Bericht über die *Qadesch-Schlacht in Pap. Chester-Beatty III wird T. als Ziel des Feldzuges im Jahr 5 angegeben[13]. Drei stereotype Ortsnamenlisten enthalten den Namen T.[14], in einer Liste in *Amara-West erscheint es[15], doch scheint diese Liste eine Abschrift einer Liste aus einem nubischen Tempel Amenophis' III. zu sein (*Soleb?). Der Pap. Anastasi I zählt T. mit anderen nördlichen Städten auf[16]. Die letzte Erwähnung von T. in äg. Urkunden ist im Pap. Anastasi IV[17] unter *Sethos II, wobei ein *Öl *gt* als Produkt dieses Landes aufgezählt wird zusammen mit anderen Dingen, die für einen Besuch Pharaos vorzubereiten sind.

[1] Urk. IV, 893,6. – [2] Urk. IV, 1442. – [3] Urk. IV, 1297. – [4] Urk. IV, 1344, vgl. Helck, in: JNES 14, 1955, 23. 25. – [5] Urk. IV, 1559. – [6] Simons, Topographical Lists, XII, 12. – [7] Ibd., XXXVI, 12 (in beiden Fällen zu *tḫt* verschrieben). – [8] Edel, Ortsnamen, 11 (B_N re. 1). – [9] v. Bergmann, in: RecTrav 9, 1887, 38 (Stele Wien 66). – [10] EA 189, Rs. 12. – [11] EA 197, 19. – [12] Simons, Topographical Lists, XV, 33. – [13] Edel, in: ZA 16, 1952, 256–8. Es scheint, daß diese Zielsetzung des Feldzugs – in anderen Berichten der Qadesch-Schlacht ausgelassen – nicht nur durch den Verlust von Qadesch zu erklären ist. Sie ist sinnvoll, wenn Qadesch im Lande von T. lag, eine politische und geographische Situation, die auch aus der Erwähnung von T. im Pap. Anastasi I geschlossen wurde. – [14] Simons, Topographical Lists, XXI, 26; XXIIg, 2; Kitchen, in Or 34, 1965, 6 Abb. 5. – [15] Kitchen, Ram. Inscr. II, 216. – [16] pAnastasi I, 22, 3. – [17] LEM, 15,4.

Lit.: AEO I, 150*; Gauthier, DG VI, 46. R.G.

Taduhepa[1], Tochter des *Mitanni-Königs *Tusratta, von *Amenophis III. im Jahr 36(?)[2] geheiratet und nach seinem Tod von *Amenophis IV. übernommen[3]. Einzige Quelle ist das Mitanni-Dossier[4] der *Amarnabriefe, das mit der Thronbesteigungsanzeige des Tusratta (EA 17) beginnt und größtenteils den Heiratsverhandlungen und der Übersiedlung der T. nach Äg. gewidmet ist: den Mitanni-Wunsch nach Erneuerung der Freundschaft mit Äg. beantwortet Amenophis III. nach einigem Zögern mit der Bitte um Übersendung einer Tochter des Tusratta[5]. Die Verhandlungen zogen sich, letztlich wegen Tusrattas Goldforderungen (10facher Brautpreis[6]) über die Jahre 32–36(?) hin[7]. Mit wertvollen Geschenken für Amenophis III.[8] und vielleicht auch der Mitgift[9] übersiedelte T. nach Äg.; dort erstmalig im Jahr 36 belegt[10]; als Frau Amenophis' IV. noch in dessen Jahren 4–6 erwähnt[11].

Im Mitanni-Dossier wird T. vor dem Tode Amenophis' III. als *bēlet miṣri* („Herrin von Ägypten") bezeichnet[12] (nach seinem Tode führt *Teje diesen Titel[13]). T. und ihre Tante *Giluhepa spielten eine wesentliche Rolle in der *Heiratspolitik Amenophis' III., deren machtpolitischer Aspekt[14] wohl weniger einem Prestigebedürfnis[14] genügte, sondern vielleicht eher mit der spezifisch äg. Auffassung von der Erbmittlereigenschaft von Töchtern (zugunsten des Ehemannes) zusammenhängt[15].

[1] Zum Namen s. Cord Kühne, Die internationale Korrespondenz von El-Amarna, AOAT 17, 1973, Anm. 150. – [2] Kühne, a.a.O., 38. – [3] Vgl. Allam, in: LÄ II, 110. – [4] Ausführliche Behandlung bei Kühne, a.a.O., 17–48

und Schaubild I. – [5] EA 19, 18–19. – [6] Vgl. Helck, in: LÄ I, 453. – [7] Hierzu s. neben Kühne, a.a.O., Helck, Beziehungen[2], 168–170. 351. – [8] Liste: EA 22. – [9] Liste: EA 25, vgl. Kühne, a.a.O., 35: Mitgift wurde wahrscheinlich vor dem Tod Amenophis' III. übergeben. – [10] EA 23. – [11] EA 29; zur Datierung s. Kühne, a.a.O., 47. – [12] Ohne namentliche Nennung von Teje. – [13] EA 26 und 28. – [14] Vgl. Seipel, in: LÄ II, 1106. 1107 Anm. 25. – [15] Grundsätzliche Ausführungen zur Erbmittlereigenschaft kgl. Gemahlinnen bei Tanner, in: ZÄS 101, 1974, 124–125. R. Gu.

Tägliches Ritual s. Kult B.

Tänzer(in) s. Tanz

Tätowierung (Tatauierung, Tattoo). The evidence for the existence of the T. in the Predynastic and Archaic Period is limited to the decoration found on statuettes.[1] That decoration has been regarded by some as a reflection of actual T., whereas other scholars maintain that clothing (*Kleidung) is represented. Whatever the resolution of this moot point, there is no hard evidence for the T. in ancient Egypt until the time of Dyn. XI, from which period female mummies with preserved T. are known from Thebes.[2] The T. on these mummies conform to that found on a mummy from the Nubian C-Group[3] (*Nubien). As a result, some ascribe the introduction of the T. into Egypt as a Nubian contribution to Egyptian culture. The context of the female mummies from Thebes suggests an erotic interpretation (*Erotik) for the presence of the T. This observation is confirmed by similarly distributed patterns on some of the so-called "Brides of the Dead" (*Beischläferin) from the MK.[4] This Nubian tradition was maintained into the Meroitic Period as the T. on the preserved mummies from Aksha (*Akscha) reveals. One of these T. represents the god *Bes.[5]

During the NK representations of female dancers and musicians are often decorated with the image of Bes on their thighs.[6] These depictions are now regarded as representations of T. which have erotic overtones and may be compared to the *carpe diem* themes of the Love Poems (*Liebeslieder). With the rise of the *bronze casting industry at the close of the NK Egypt produced a series of statuettes some of which were decorated with representations of specific deities.[7] In this connection one must mention the representations of *Libyans on glazed tiles of the Ramesside Period who seem to be decorated with T., some of which appear to be the hieroglyph for the goddess *Neith.[8] Concomitant with these phenomena was the wide-spread practice of including the cartouches of reigning monarchs on the statuary of the period. These trends might be tentatively linked to the passages in the *Pap. Bremner-Rhind and the *Pap. Anastasi I.[9] Such correspondences must, however, be more fully explored.[10]

The color used for Egyptian T. was a dark, blackish-blue pigment applied with a pricking instrument, perhaps consisting of one or more fish bones set into a wooden handle.[11] Tattooing should be regarded as separate and distinct from branding, a practice usually reserved for identifying cattle, slaves, and prisoners of war[12] (*Brandstempel, *Kriegsgefangener).

[1] Hornblower, in: JEA 15, 1929, 29ff.; Louis Keimer, in: MIE 53, 1948, 1ff. – [2] Winlock, Rise and Fall, 43.74.129; Keimer, op. cit., 13f. – [3] Ibid., 16f.; André Vila, Aksha II, Paris 1967, 368ff. – [4] Deir el Médineh 1934–35, FIFAO 16, 1939, 109ff.; Derchain, in: Geoffrey T. Martin, The Sacred Animal Necropolis at North Saqqâra, EES 50, London 1981, 168; Christiane Desroches–Noblecourt, in: BIFAO 53, 1953, 7ff.; Joseph A. Omlin, Der Papyrus 55001 und seine satirisch-erotischen Zeichnungen und Inschriften, Turin 1973, 22. – [5] Vila, op. cit.; Schuster, in: SNR 29, 1948, 71ff. On the basis of more recent investigation one can dismiss the theory of Keimer, in: ASAE 42, 1943, 154ff.; s. Romano, in: Bulletin of the Egyptological Seminar 2, New York 1980, 39ff. – [6] Keimer, in: MIE 53, 1948, 40ff.; Vandier–d'Abbadie, in: RdE 3, 1938, 27ff.; Marianne Eaton-Krauss, in: Berlin, Ägyptisches Museum der Staatlichen Museen Preußischer Kulturbesitz, Ägyptische Kunst aus dem Brooklyn Museum, Berlin 1976, no. 47. – [7] Keimer, in: MIE 53, 1948, 46ff. 64ff. – [8] Keimer, op. cit.; id., in: AJSL 41, 1925, 146; Vandier–d'Abbadie, op. cit. – [9] Keimer, in: MIE 53, 1948, 47ff. – [10] Yoyotte, in: BIFAO 57, 1958, 81. – [11] Keimer, op. cit., 55ff., but the theory he advances for interpreting an implement from the Archaic Period (60, fig. 42) as one used for T. must be dismissed. – [12] Keimer, op. cit., 52f. R. S. B.

Tafel, Opfer-. Unter T. soll hier der Gegenstand verstanden werden, auf dem die *Opfer dargebracht wurden (in seiner Funktion also weitgehend der eines *Altars entsprechend), nicht ein Gegenstand, der als Bildträger der Opfertischszene (*Speisetischszene) dient[1].

Da dergleichen Objekte aus dem Grab- und Tempelbereich stammen und dort zu immerwährender Wirksamkeit bestimmt sind, hat man sie aus dauerhaftem Material, meist aus Stein[2], hergestellt. Unter dem Oberbegriff T. lassen sich wenigstens drei, zunächst eigenständige Objektgruppen zusammenfassen, die später z. T. miteinander kombiniert werden und sich unterschiedlich weiterentwickeln.

1. *Opfertische* bzw. *Opfertischplatten*. Schon in den Gräbern der FrZt finden sich in der Sargkammer neben realen und Scheinbeigaben (*Scheingaben) Tische des *ḫꜣwt*-Typs (Tisch mit einem

Bein und runder Platte)[3]  bzw. runde Platten, wobei das Material meist *Alabaster ist. Diese Sitte ist auch in der 4. Dyn. belegt. In dieser Zeit lassen sich archäologisch darüber hinaus runde oder rechteckige Platten (z.T. mit runden Scheiben darauf) an der *Opferstelle des *Grabes nachweisen, die lediglich die Tischplatte, d.h. den Tisch in Draufsicht, wiedergeben[4]. Neben den einbeinigen Tischen begegnen zu allen Zeiten vierbeinige Tische vom *wdḥw*-Typ[5] .

2. *Opfermatten.* Das normale tägliche Mahl nahmen die Ägypter vor einer geflochtenen Matte hockend ein. Die Verbindung der Matte mit einem Brot ergibt die *ḥtp*-Hieroglyphe (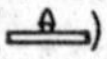) mit der Bedeutung „gesättigt", „zufrieden". Bei den Domänenaufzügen in den Königstempeln werden neben realen Opfergaben auch abstrakte Begriffe wie *ḥtp* bildlich wiedergegeben. Auf dem Opfertafelaltar im *Sonnenheiligtum des *Niuserre bilden vier *ḥtp*-Zeichen die Umrahmung[6], und in der Folge erscheint dieses Zeichen auf den T., bis es in der 6. Dyn. schließlich auf den *ḥtp*-Opfertafeln die dominierende Rolle spielt[7], wobei stets die T. so ausgerichtet ist, daß die Matte die *Scheintür berührt und das Brot sich auf der von der Scheintür abgewandten Seite befindet, die Hieroglyphe also von dem aus der Scheintür tretenden Toten zu lesen ist[8].

3. *Opferbecken oder -tröge.* Schon in der 4. Dyn. findet sich an der Opferstelle vor der Scheintür des öfteren ein rechteckiges Becken. In der Folgezeit wird es häufig in den runden oder rechteckigen Opferstein integriert, wobei auch eine Vielzahl solcher Becken auftreten kann. Eine vordergründige Funktion dieser Becken[9] ist es, das Trankopfer aufzunehmen, und ebenso augenfällig ist ihre Bestimmung, das Reinigungswasser aufzufangen[10]. Eine weitere Bedeutung hat das Becken als *Symbol eines Teiches[11] und später des Heiligen Sees (*See, heiliger), wie spätere Wiedergaben, z.B. mit Treppen, die ins Becken führen, deutlich zeigen[12].

Alle diese drei Grundformen kommen unvermischt und auf die unterschiedlichsten Weisen miteinander kombiniert in der Folgezeit vor, wobei gewisse Formen zu bestimmten Zeiten vorherrschen. Seit dem frühen (?) MR begegnet ein neues Formelement, das von nun ab viele T. aufweisen: ein über die eigentliche T. hinausragender „Zapfen" (fast immer mit einer Ausflußrinne)[13]. Als weiteren Zusatz weisen einige T. einen Treppenanbau auf[14].

Schon im Laufe des AR werden Inschriften und Darstellungen auf den T. ausführlicher. Nachdem zunächst nur Name und Titel erscheinen, kommen seit der 5. Dyn. eine *Opferformel und *Opferlisten vor, später auch Libationssprüche[15]. An Darstellungen begegnen neben Speisen hauptsächlich Getränke- und Waschgefäße, später auch Reinigungsgefäße, manchmal auch die Speisetischszene[16]. In später Zeit, häufig in der ptol. Zt, kommen auf T. Garantsymbole des Lebens vor, wie Lotosblüten, auch das *ʿnḫ*-Zeichen selbst. Vertiefungen sind später auch rund oder oval und haben des öfteren die Form eines *Königsrings[17]. Der *Ba des Toten wird wiedergegeben, das (Lebens-)Wasser auffangend[18] bzw. von Göttinnen in Empfang nehmend[19], oder der sitzende oder stehende Tote wird von der *Baumgöttin[20] mit Speise und Trank und vor allem dem lebensspendenden Wasser versorgt[21]. In ptol. Zt befinden sich auch sehr häufig nur auf der Oberseite der T. Darstellungen[22] und Inschriften auf den seitlichen Flächen. Auf den Seitenflächen finden sich auch bisweilen Opfer- und Libationsszenen, auf königlichen T. Gau- und Nilgötteraufzüge. Manchmal sind T. an den Seiten mit Löwenköpfen versehen[23], auch Hathorköpfe erscheinen[24]. In den Becken und an den Rändern bzw. der Ausflußrinne befinden sich bei ganz späten T. bisweilen Wiedergaben von Wassergetier[25].

Über die Riten, die an den T. vollzogen wurden, sind wir z.T. anschaulich unterrichtet durch Darstellungen auf Grabwänden von dem vor dem Speisetisch sitzenden Toten[26]. Eine Hauptrolle spielt dabei die *Libation. Neben Trank- und Reinigungsspende ist die lebensspendende Kraft des Wassers (*Kebehut) die Verursachung dafür. Wasserspender (*wꜣḥ-mw*) ist seit dem Ende des NR der Titel desjenigen, der diese Riten ausführt. Neben dem Grabbereich, wo viele T. noch in situ an der Opferstelle gefunden wurden, stammen zahlreiche T. aus dem Tempelbereich, wo sie neben Stelen, Statuen und dgl. im Vorhof aufgestellt waren[27] bzw. im Tempelkult Verwendung fanden[28].

Die T. erscheint auch häufig in Darstellungen im Flachbild[29] und in der Rundplastik[30]. Als wichtiges Utensil bei den Bemühungen zur Sicherung des wohlversorgten Weiterlebens ist die T. auch zu einer nicht unverbreiteten *Amulettform geworden[31].

Zu den tönernen T., oft verbunden mit einem Gebäude, wie sie häufig im MR auftreten, siehe *Seelenhaus.

[1] Sehr häufig wird in der Literatur, meist innerhalb ein und desselben Werkes, das eine wie das andere wechselweise Opfertafel oder Opferplatte bezeichnet. Die ebenfalls für T. vorkommenden Benennungen Opfertisch, Opferstein sind nicht umfassend genug und treffen nicht für jedes Objekt zu. Das äg. Wort *ʿbꜣ* (Wb I, 177,7–10), das ursprünglich wohl so etwas wie Steinplatte bezeichnet und als Terminus für T. verwendet wird, hat vor allem später eine sehr viel weiter gefaßte Bedeutung. –

[2] Zu einigen Beispielen aus anderem Material s. Mostafa, Opfertafeln (s. Lit.), 1 Anm. 8. – [3] Diese Tische sind es, vor denen der *Tote am Opfertisch sitzt. Frühe Wiedergaben im Relief geben manchmal eine leichte Wölbung der Tischplatte an, was zeigt, daß eine leicht gewölbte Opferschale gemeint ist. Da das Flachbild den Tisch im Schnitt zeigt, entsteht immer mehr der Eindruck einer rechteckigen Tischplatte, einer Form, die sich besser zur üblichen Form der Darstellung und zur Anbringung an der Opferstelle vor der Scheintür eignete und somit im Laufe der Zeit die runden Platten weitgehend ablöste. Eine rundplastische Wiedergabe eines rechteckigen *ḫ3wt*-Tisches stellt die T. des *Snb* dar (CG 57026; s. Junker, Gîza V, 100–104). Opfertische mit runden Platten kommen auch später noch vor (z. B. Habachi, Tavole d'offerta (s. Lit.), Nr. 22054. 22055), ebenso Opferständer (z. B. Habachi, op. cit., Nr. 22018. 22053 oder Svetlana Hodjash and Oleg Berlev, The Egyptian Reliefs and Stelae in the Pushkin Museum of Fine Arts, Moscow, Leningrad 1982, Nr. 50. 105 (alle mit rundem Querschnitt) oder (mit kantigem Querschnitt) Habachi, op. cit., Nr. 22026). – [4] Sie zeigen ursprünglich die runde Tischplatte, später mehr die rechteckige (s. Anm. 3), wobei nicht vergessen wurde, daß sie einst rund war, und deshalb auf der rechteckigen Platte noch längere Zeit eine runde Platte angegeben ist (Typ A + B bei Mostafa, op. cit.). – [5] Meist in der Sargkammer und als Scheingabe (mit Scheingefäßen), wobei die Tischplatte häufig als *ḥtp*-Zeichen gebildet ist, hergestellt aus Kupfer/Bronze (z. B. Ali Radwan, Die Kupfer- und Bronzegefäße Ägyptens (Von den Anfängen bis zum Beginn der Spätzeit), Prähistorische Bronzefunde Abt. II Bd. 2, München 1983, Nr. 153 B. 155 A. 160 A–Z. 490–498), aus Holz (z. B. Borchardt, Ne-user-reʿ, 130, Abb. 110; Eva Martin-Pardey, Grabbeigaben, CAA Hildesheim 6 (im Druck), 43–46); ein steinerner noch in kopt. Zt (Benoît Fayolle, Le Livre du Musée Guimet de Lyon, Lyon 1958, 68–69). – [6] Solche in die vier (Himmels-)Richtungen weisende T. kommen als Altar auch später vor; s. Drioton, in: Misc. Gregoriana, 73–81. – [7] Diese Entwicklung, die die eigentlichen *ḥtp*-Opfertafeln an einen relativ späten Platz stellt, hat Mostafa, op. cit., 40–54. 81–94. 116–118. 127–134 wahrscheinlich gemacht. – [8] Bei den von Mostafa, op. cit., 40–54, als T. einer Kultanlage für den vergöttlichten *Snofru und nicht seines Totentempels interpretierten ist die Ausrichtung anders, nämlich vom Opfernden aus zu lesen. – [9] Später kommen auch runde vor (z. B. Habachi, op. cit., Nr. 22030–22033. 22049–22051. 22058–22059). – [10] Bei T. mit mehreren Becken steht an den einzelnen Becken häufig die Bezeichnung der Flüssigkeit, für die es bestimmt ist (z. B. CG 57016. 57026. 57028; Fischer, in: ZÄS 105, 1978, 47–52). Oft ist auf dem Opferstein ein Handwaschgerät dargestellt, wobei der Schnabel des Kruges in das Becken ragt. – [11] Zu den verschiedenen Bedeutungen dieser Becken s. Junker, in: ArOr 20, 1952, 185–189. – [12] Zu diesen T. s. Kuentz, Bassins (s. Lit.); Beatrix Geßler-Löhr, Die heiligen Seen ägyptischer Tempel, HÄB 21, 1983, 492 (Index s. v. Opfertafel). – [13] Zu einer Datierung der ersten dieser T. vor der 12. Dyn. s. Martin-Pardey, op. cit., 49. – [14] Ähnlich wie in den Tempelaltären für den Sonnengott dürfte hier ein Himmelsaufstieg angedeutet sein; s. auch Mostafa, op. cit., 131–132. – [15] Häufig z. B. Pyr. 22–23. – [16] Der Hauptgrund für die Anbringung dieser Darstellungen ist natürlich, vom täglichen Kult im Notfall unabhängig zu sein. – [17] Zeichen für den Namen, der durch Libation am Leben erhalten werden sollte; s. auch Anm. 22. – [18] Z. B. CG 23165, doppelt bildhaft an der Vorderseite der Abflußrinne, z. B. CG 23240 oder Habachi, op. cit., Nr. 22062. – [19] Z. B. CG 23126. – [20] Z. B. CG 23160–23163. 23165–23172. – [21] Auf den zuletzt genannten T. befinden sich meistens auch noch ein oder mehrere Tb-Kapitel (59. 60. 62); zur Baumgöttin auf T. s. auch Marie-Louise Buhl, in: JNES 6, 1947, 93–94. – [22] Neben den schon erwähnten nicht selten die bildlich-hieroglyphische Darstellung der *sn-qbḥ*, der u. äg. Nilquellen. – [23] Z. B. CG 23245. 57049 oder Habachi, op. cit., Nr. 22059; vgl. auch Ursula Schweitzer, Löwe und Sphinx im alten Ägypten, ÄF 15, 1948, 30–32. – [24] Z. B. Habachi, op. cit., Nr. 22049. 22051; Berlin, Ausf. Verz., 335 (Inv.-Nr. 11592). – [25] Krokodile, Fische, Frösche (z. B. CG 23214–23216. 23245; Berlin, Ausf. Verz., 303. 334–335 [Inv.-Nr. 2747–2749. 2305. 13250]). Zum *Frosch (Auferstehungssymbol) als Wasserspender s. Egger, in: Mitteilungen der Geographisch-Ethnologischen Gesellschaft in Basel 4 (1931–1934), Aarau 1936, 18–21. – [26] S. dazu Junker, Gîza III, 103–115. – [27] Eine Verbindung von T. und Stele bildet das Denkmal des *Snpw* (Louvre E 11573; s. dazu Boreux, in: MonPiot 25, 1921–1922, 43–51). Zu Statuen mit T. s. auch Anm. 29. Die Statue des hockenden *Nfr-rnpt* hat vor sich ein Becken (Louvre E 14241; s. dazu Boreux, in: MonPiot 33, 1933, 11–26). Eine ganz andere Funktion hat das Becken bei den sog. statues „guérisseuses" wie der des Djedhor (Teephibis). – [28] Z. B. im Abaton des Osiris, s. Hermann Junker, Das Götterdekret über das Abaton, DAWW 56.4, 1913, 18 und öfter (§ 3). – [29] Auf unzähligen Tempelreliefs sind der Pharao sowie Nilgötter und andere Personifikationen dargestellt, wie sie gefüllte T. darbringen. – [30] In der Königs- (z. B. CG 550. 42142) wie in der Privatplastik (z. B. CG 619. 42182) gibt es Statuen, die eine T. vor sich halten. – [31] Z. B. Griffith, in: AAA 10, 1923, Tf. 60, 1–3; Berlin, Ausf. Verz., 284.

Lit.: Maspero, in: RHR 35, 1897, 275–330; 36, 1897, 1–19; CG 1295–1307. 1316–1376, Berlin 1937; CG 1761–1767; Ahmed Bey Kamal, Tables d'Offrandes, CG 23001–23256, Kairo 1906–1909; RÄRG, 557–559; Vandier, Manuel II, 523–534; Labib Habachi, Tavole d'offerta, are e bacili da libagione n. 22001–22067, CGT, Serie seconda, vol. II, Turin 1977; Jerzy Rekucki, Egipskie stoły ofiarne, in: Rocznik Muzeum Narodowego w Warszawie 21, Warschau 1977, 19–74; idem, Meroickie stoły ofiarne, in: ibid. 24, 1980, 101–122 (speziell zu den meroitischen T.); Diaʿ Abou-Ghazi, Denkmäler des Alten Reiches III, CG 57001–57100 (bisher erschienen: Fasc. 1, Nos. 57001–57023, Kairo 1978, und Fasc. 2, Nos. 57024–57049, Kairo 1980); Charles Kuentz, Bassins et tables d'offrandes, in: Bull. du Centenaire (= Supplément au BIFAO 81), 243–282; Maha M. F. Mostafa, Untersuchungen zu Opfertafeln im Alten Reich, HÄB 17, 1982; Vivian A. Hibbs, The Mendes Maze: A Libation Table for the Genesis of the Inundation of the Nile (II–III A. D.), Dissertation New York University 1979, Microfilms International, Ann Arbor 1983.

K. M.

Taffl, arabisch für Tonschiefer, s. Schist 2

Tag und Nacht, Buch von. Zwei Texte, der eine die nächtliche Fahrt der Sonne durch den Leib der Nut, der andere die des falkenköpfigen Re am Tage über den Himmel beschreibend[1]. Der Text des Buches der Nacht ist zuerst im Kentoph Sethos' I. in Abydos aufgezeichnet, der des Buches vom Tag im Grab Ramses' VI. Beide haben die gleiche Stundeneinteilung wie die sonstigen *Jenseitsführer, denen sie auch inhaltlich ähneln. Das Erscheinen der Sonne wird als echte Geburt dargestellt. Das Buch vom Tage ist als kosmographischer Begleittext zu einem Ritual gedeutet worden[2].

[1] Publikation: Alexandre Piankoff, Le livre du jour et de la nuit, Kairo 1942. – [2] Assmann, Sonnenpriester; vgl. Erik Hornung, Ägyptische Unterweltbücher, Zürich–München 1972, 24–25. 486–493. W.H.

Tagebuch. Egyptian *hrwjt*,[1] *hȝrj*,[2] *hȝjw*,[3] and variants, and the circumlocution *ʿrt hȝw* (roll of days);[4] the "journal" of pharaonic administration, attested from the MK,[5] and probably originating no earlier than the First Intermediate Period. The *hrwjt* was a notebook and list of memoranda, ordered strictly chronologically by month and day, in which the calendric notation was of paramount importance. In style given to laconic expression and tabulation where necessary, this genre (like administrative documents in general) showed a preference for infinitival forms when narrative was required.[6] Journals were kept by institutions, such as temples,[7] the king's-house,[8] the necropolis administration,[9] and the judiciary,[10] or by private individuals. (No example to date yields a **hrwjt nt mšʿ*,[11] the sources named in the "annals" of *Thutmose III being the day-book of the king's-house for the stocking of the harbours,[12] a treasury document for the harvest of south and north,[13] and a temple scroll for an epitome of the events during the siege of *Megiddo[14]). The few surviving contexts in which the word occurs indicate the content to have comprised letters, ration-lists, daily work memoranda, accounts, inventories and brief notices of events. Thus in origin a practical record of the day-to-day business of offices arranged chronologically, the day-books of the king's-house and the judiciary, like the *commentarii principis* of the Roman empire to which they bear a striking comparison,[15] had legal force, and probably included rescripts, edicts and precedents[16] as well as accounts. In addition the day-book of the king's-house was used as a source for royal inscriptions (albeit embellished along literary lines),[17] a practice which made popular the characteristic "journal" style in inscriptions of pseudo-annalistic import whose sources were of a wholly different order. It has been suggested that New Kingdom toponym lists (*Ortsnamenlisten) (or at least those of *Thutmose III) derive ultimately from day-book records of military campaigns;[18] but the problem remains moot.[19] The identity of those few examples of the term in private documents is less certain, though in all cases it may aptly be rendered "dated declaration," and construed as writings employed to substantiate a case in court, in which the calendric heading was the prime mark of identification.[20] It may well be the case that *hrwjt* became in time a loosely-applied term, which was extended to include such documents as tax-assessors reports, ships' logs (*Logbuch), despatch files and even account papyri, simply through the overriding importance of calendric notation as an organizing principle.

[1] Wb II, 500,26. For detailed discussion and bibliography, see Donald B. Redford, King Lists, Annals and Daybooks: a Contribution to the Study of the Egyptian Sense of History, Toronto 1984, ch. 3. – [2] Černý, in: JEA 31, 1945, pl. 8, I, 4. – [3] Wb II, 476,2. – [4] Wenamun II, 8–9. Hans Goedicke, The Report of Wenamun, Baltimore 1975, 76f. suggests "records of time ..." (reading *hȝw:* Wb II, 478). – [5] Pap. Berlin 10012. – [6] Hermann Grapow, Studien zu den Annalen Thutmosis' des Dritten, ADAW 1947.2, Berlin 1949, 48ff.; Helck, Beziehungen², 119f.; cf. Hermann Grapow, Sprachliche und schriftliche Formung ägyptischer Texte, LÄS 7, Glückstadt 1936, 22f. – [7] Pap. Berlin 10012; Sethe, Lesestücke, 96f., no. 32b; see Černý, in: Sergio Donadoni (ed.), Le fonti indirette della storia egiziana, Rome 1963, 35; cf. also Pap. Berlin 10044 from Illahun: Ursula Kaplony-Heckel, in: Erich Lüddeckens (Hg.), Ägyptische Handschriften I. Verzeichnis der orientalischen Handschriften in Deutschland XIX. 1, Wiesbaden 1971, 20f., no. 34. – [8] Urk. IV, 693,11. Surviving examples include Pap. Boulaq 18 (Scharff, in: ZÄS 57, 1922, 51ff.), and possibly the Rhind fragment (cf. Claude Vandersleyen, Les guerres d'Amosis, MRE 1, Brussels 1971, 34ff.; Helck, in: GM 19, 1976, 33f.). To be compared are the papyri from Sety I's palace administration: Willem Pleyte, Les papyrus Rollin de la Bibliothèque Impériale de Paris, Leiden 1868, pls. 1–14. 17–20; Spiegelberg, Rechnungen. – [9] Pap. Berlin 10496: Erman, in: SBAW 1910, 333; cf. RAD, 64ff. – [10] Urk. IV, 2156, 6 (*hpw m hrwjt*); see Dimitri Meeks, Année lexicographique I, Paris 1980, 228. – [11] On the alleged "Kriegstagebuch" see inter alia Albrecht Alt, Kleine Schriften zur Geschichte des Volkes Israel I, München 1959, 97ff.; Martin Noth, in: ZDPV 61, 1938, 50, n. 4; id., in: ZDPV 66, 1943, 156ff.; Grapow, Studien (v. n. 6), 50; Spalinger, in: JARCE 14, 1977, 41ff. – [12] Urk. IV, 693. – [13] Urk. IV, 694, 7–8. – [14] Urk. IV, 661f. – [15] On the *commentarii* and the *acta diurna* see RE IV, 1900, 726ff. s.v. Commentarii; John B. Bury, The Ancient Greek Historians, London 1909, 232ff.; Bömer, in: Hermes 81,

1953, 210ff. It is quite likely that the ἐφημερίδες of the Ptolemaic court owed as much to the pharaonic practice as to imitation of the custom of Alexander's court. – [16] Cf. e.g. Černý–Gardiner, Hier. Ostraca, 46,2, where a precedent is cited. The present transcript itself would have been the raw material for the *hpw* in a *hrjt*: cf. Théodoridès, in: RIDA 16, 1969, 129; Sarah Groll, in: Fs Gordon, Leiden 1973, 67ff. – [17] Thutmose III "annals": Urk. IV, 645ff. (see sources quoted in n. 6 and 18); Amenophis II Memphis and Karnak stelae (Urk. IV, 1299ff.; Helck, in: Gs Otto, 250); Thutmose IV Bubastide fragment (Naville, Bubastis, pl. 34A; Redford, in: SSEAJ 12, 1982, 58). Other pieces, such as the et-Tôd inscription of Senwosret (Sesostris) I, the biographical statement of the high-priest Osorkon and the Kushite "historical" stelae, though they display upon occasion day-book style, are based on sources of a different nature. – [18] Maspero, Et. myth., 84f.; Alt, Kleine Schriften (v.n. 11) I, 101, n. 3; M. Noth, in: ZDPV 61, 1938, 50f. 54; Helck, Beziehungen², 127ff.; Giveon, in: Gs Otto, 172f. – [19] See Redford, in: SSEAJ 12, 1982, 56ff. – [20] Černý, in: JEA 31, 1945, pl. 8, I, 1ff.; vso (docket); Pap. Louvre 3228, 8 (Michel Malinine, Choix de textes juridiques I, BEHE 300, 1953, 48 n. 20); possibly LD III, 255; cf. Amenemope XXI, 9ff. D.B.R.

Tagewählerei. Die Praktik der T. an Hand von Loskalendern beruht auf dem äg. Glauben, daß das *Schicksal des Menschen mit den Ereignissen der Götterwelt in Zusammenhang stehe. Darüber geben zumindest neun Dokumente Auskunft, in denen kalendarisch die „guten" und die „schlechten" Tage (dies fasti et nefasti) des Jahres aufgeführt sind:

1. pKahun XVII, 3 (= LÄ IV, 713), MR. Der Kalender läßt die Schicksalstage durch alle Monate einheitlich unverändert durchlaufen als „gut" oder „schlecht"; der 16., 22. und 23. Tag sind jeweils halb gut, halb schlecht, die *Epagomenen bleiben unberücksichtigt.

2. pBM 10474 vso = pHier. BM (Budge) I, Tf. 31/32. Der ramessidische Text gibt in tabellarischer Anordnung für jeden Tag des Jahres getrennte Prognosen, einschließlich der Epagomenen; die Tage werden gedrittelt in Morgen, Mittag und Abend, jedes Drittel mit eigener Prognose versehen, die Nacht ist von vornherein „schlecht" [1].

3. pLeiden I 346, (= LÄ IV, 718), NR. Führt nur die Epagomenen auf. Vgl. dazu unten Nr. 8.

4. Ostrakon aus Deir el-Medîneh, ramessidisch, Malinine, in: Mél. Masp. I, 879ff. Enthält außer der Qualifikation der Tage Anweisungen zum rechten Verhalten und genaue Prognosen.

5. pGolénischeff (Malinine, a.a.O., 883ff.) ist nicht mehr viel zu entnehmen.

6. oTurin CGT 57304, NR. Nur die ersten 14 Tage des Jahres sind anschließend an eine Überschrift erhalten, jeder Tag hat nur ein oder zwei Qualifikationen.

7. pBM 10184 rto = pSallier IV rto, pHier. BM (Budge) 2. Serie, ramessidisch (s.u.).

8. pKairo 86637 (= LÄ IV, 714), ramessidisch (s.u.).

9. pTurin CGT 54016 vso (= LÄ IV, 735, Nr. 17), ramessidisch.

Die bedeutendsten Dokumente sind Nr. 7 und 8, Nr. 7 mit einem Loskalender für 235 Tage (Anfang und Ende fehlen), den Prognosen und dazu den mythologischen Kommentaren einschließlich der Folgerungen für das rechte Verhalten [2]. Nr. 8 aus dem Jahre 9 Ramses' II. enthält zwei Kalenderfragmente in Buch 1 und 3 und eine Parallele zu Nr. 7 im zweiten Buch. Dieser vollständigste aller Kalender, in dessen 2. Buch die Tage durch das ganze Jahr hindurch gezählt (und gedrittelt) sind einschließlich der Epagomenen, hat den Titel „von Ewigkeit zu Ewigkeit" *ḥ3t nḥḥ pḥwj ḏt* Außerdem enthält er einen 13. Monat, womöglich für das „lange Jahr" des Mondkalenders, der neben dem (bis auf die Julianischen und Gregorianischen Feinkorrekturen bis heute gültigen) bürgerlichen *Kalender hergelaufen ist.

Die beiden Kalender Nr. 7 und 8 als die entscheidend aufschlußreichen bieten ausgebreitete mythische Kommentare, darunter einige sonst kaum oder schlecht bekannte Göttergeschichten, und machen damit den Zusammenhang zwischen Prognose, Anweisung zum rechten Verhalten und mythischem Geschehen verständlich. Nach den allgemeinen Prognostika für die Tagesdrittel „gut" oder „schlecht" sind in den Aufstellungen die Jahrestage zumeist mit Götterfesten (*Feste) verbunden, danach wird das begründende mythische Ereignis genannt, zuletzt die Anweisung für das rechte Verhalten (etwas zu tun oder zu unterlassen) bzw. die Vorhersage, daß jemand an diesem Tage dies oder jenes Schicksal erleiden werde u.ä. (*Orakel).

„Gut" ist *nfr* für alle Kalender, „schlecht" im pKahun (Nr. 1) *dw*, in den Kalendern des NR *ᶜḥ3* [3] oder *ᶜḥᶜ* mit dem milderen Sinn von „ungewiß" [4] oder sogar euphemistisch *nfr* [5], jedoch – abweichend von der gleichen Vokabel im Sinne „gut" – mit roter *Tinte geschrieben wie auch die übrigen Bezeichnungen für „schlecht" [6] (*Farbe). Wenn von den Göttern etwas für sie Schädliches ausgesprochen wird (so, daß *Sobek die Zunge herausgeschnitten wurde), fügt man vor den Götternamen „Feind des" ein, so daß die Handlung von dem Gotte abgelenkt wird [7]. Den Mechir ausgenommen, ist der letzte Tag aller Monate durchweg gut, im übrigen ziehen durch die Tradierung bedingte Fehler einige Disharmonien zwischen den verschiedenen Kalendern nach sich [8].

An Übel verursachen können die schlechten Tage vor allem: Hunger und Durst, Krankheit, Gericht und Gewalten von Staat und Natur; als gutes Los stehen gegenüber: Wohlergehen, Gesundheit, hohes Alter, Zufriedenheit und Ansehen. Die abstrakt formulierten Übel werden für die Schalttage prognostiziert, gegen deren Einwirkungen magische Schutzhandlungen und Anrufe an die Götter helfen.

Die Prognosen und die daraus resultierenden Imperative zum rechten Verhalten im Alltag beziehen sich auf Geschehnisse um die großen und kleinen Götter[9]. In die Paradigmen sind selten auch die Toten einbezogen (7. Mechir, 11. Phamenoth), außerdem die „Stürme" als die numinosen Künder göttlichen Willens (19. Athyr)[10].

Die dies nefasti machen etwa ein Drittel der Tage im Jahr aus und enthüllen viel Lebensangst. Gegen sie helfen *Gebete wie *Zauber.

Die Belege für T. und *Magie steigen in der 19. Dyn. ebenso an wie die zur Frömmigkeit, doch auf die Arbeitstage scheinen die dies nefasti wenig Einfluß gehabt zu haben, auch wenn sie, wie heute, gescheut waren. Nur die Epagomenen waren als ungünstige Tage immer arbeitsfrei[11].

Mit der Einführung des Christentums treten an die Stelle von äg. Gottheiten koptische Heilige und mit dem Islam muslimische Gestalten. Auch späte äg. *Astrologie sickert in die Loskalender ein und aus dem bürgerlichen Kalender landwirtschaftliche Merktage. Daneben hält sich altäg. Mythenweisheit in verballhornter Form[12].

Während sich die altäg. Kalender naturhaft-rhythmisch jedes Jahr gleichermaßen wiederholten (im MR sogar alle Monate sich glichen), werden die späten Kalender jedes Jahr neu erstellt. In das historisch-lineare Denken fügt sich, daß die römischen Staatskalender politische Ereignisse aufnahmen.

Hellas und Rom[13] haben die „verworfenen", „schwarzen" oder „Schwendtage" ins christliche Abendland vermittelt[14], und die in der Regel 24 Unglückstage der mittelalterlichen Kalender laufen noch unter der Bezeichnung dies aegyptiaci[15].

[1] Die Erkenntnis der Drittelung geht schon auf Maspero zurück (1886): Études égyptiennes I, 30, Anm. 2; ausführlich jetzt Malinine, in: Mél. Masp. I, 886ff. – [2] Bearbeitet von François Joseph Chabas, Le calendrier des jours fastes et néfastes de l'année ég., Châlon-s. S. o. J., abgedruckt in: Chabas, Œvres diverses 4, BE 12, 1905, 127–235. – [3] Also „kämpferisch, feindlich"; so in Nr. 4 und 8 der Liste. – [4] So in Nr. 2. „Stehend" bedeutet wohl gleichgewichtig zwischen gut und schlecht. – [5] In Nr. 4. – [6] Vgl. die Liste bei Malinine, in: Mél. Maspero I, 884f. – [7] Posener, in: ZÄS 96, 1970, 30ff. So auch zur Entlastung des Königs in Nr. 8 vso X, 2. – [8] Vgl. die Liste der Abweichungen bei Bakir, Calendar, 140f. – [9] Ein Geschehen aus einem sonst kaum bekannten Mythos bestimmt den 5. Tag des Paophi, da *Hedj-Hotep, der Gott der Webkunst, dem Month, vielleicht durch Ehebruch mit einer seiner Frauen, etwas angetan hat; s. Borghouts, in: RdE 33, 1981, 19ff. – [10] Zu Windorakel s. Brunner, in: Wort und Geschichte, Fs Karl Elliger, AOAT 18, 1973, 25ff. Nach Herodot II, 82 gab es in Ägypten „Wunderzeichen mehr als bei allen Völkern". – [11] Dazu Drenkhahn, in: MDAIK 28, 1972, 85ff. – [12] So, wenn man am 3. Januar 1879 = 26. Kyhak 1596 = 11. Moharram 1296 Tauben essen soll, aber nicht Fische, welche Anweisung sich aus der Erschaffung von Fischen und Vögeln am 22. des Thoth durch Re herleitet: Roland L. N. Michell, Egyptian Calendar for 1195 A.H., Alexandrien 1877 und ders., Eg. Calendar for the Coptic Year 1617, London 1900. – Zum Nachleben altäg. Kalender in koptischen s. Daressy, in: BIE 5ᵉ série VI, 1912, 153ff. und die bei Alfred Wiedemann, Das Alte Ägypten, Heidelberg 1920, 410, Anm. 6 genannte Literatur. – [13] Hopfner, Fontes, 521ff.; 561ff.; 647. – [14] Die im Deuteronomium 18, 9–11 und Leviticus 19, 26 verurteilten Loskalender gehen auf babylonische Kalenderpraktiken zurück. Deren T. basiert nicht auf mythischen Vorstellungen, sondern auf praktischen Beobachtungen von Unheil und der Festlegung solcher Ereignisse auf entsprechende Kalendertage. Sie beeinflußt die äg. Praxis erst in der SpZt, so daß Herodots Behauptung (II, 82) zu Recht besteht. – Der Abscheu des Alten Testaments basiert auf der Wehr gegen fremde Götter und zudem auf der Sorge, daß die T. ebenso wie Sterndeutung und Wahrsage, welche Praktiken in einem Atemzug mit der T. genannt werden, Gottes Willen eingeengt verstehe, indem Gott sich durch Zeichen festlegen würde. Vgl. auch Dt. 18, 10. – [15] Die „ägyptischen Tage" sind untersucht von X. Webster, The Rest Days, 1916, 195ff.; Lynn Thorndike, A History of Magic I, London 1923, 685ff. – Synesios (um 400 n. Chr.), Prov. I, 16, gedenkt noch der „Unglückstage der heiligen Tränen" zur Zeit der Osirisfeiern.

Lit.: Wreszinski, Tagewählerei im alten Ägypten, in: ARW 16, 1913, 86–100. – Emma Brunner-Traut, Mythos im Alltag, zum Loskalender im alten Ägypten, in: Antaios 12, 1970, 332–347; dies., Gelebte Mythen, Darmstadt ²1981, 18ff. E.B.-T.

Taharqa, le troisième souverain – et assurément le plus grand[1] – de la XXVème dyn., dite "éthiopienne" par *Manéthon[2], a régné de 690 à 664 av. J.-Chr.[3]. Fils de Péyé (*Pi[anchi])[4], il fut choisi par son prédécesseur *Schabataka "parmi ses fréres"[5]. Le nom personnel du souverain, T., est koushite[6]; son nom de couronnement[7] est *Nfrtm-ḫwj-Rꜥ*, faisant référence à Néfertoum, le dieu jeune de *Memphis; son nom d'Horus, qui est identique à son nom de Nebty, *Qꜣj-ḫꜥw*, "exalté d'apparitions", lui est particulier, mais il est formé de la même façon que le nom d'Horus usuel de Schabataka, *Ḏd-ḫꜥw*, lui-même porté par Isési (*Asosi) de la Vème dyn.[8]; son nom d'Horus d'or, *ḫwj-tꜣwy*, "qui protège le Double-Pays", est un qualificatif de Néfertoum[9]. Les monuments de T. sont

fort nombreux et souvent d'une exceptionnelle qualité[10]. Ils fournissent plus d'une quarantaine de dates[11], la plus haute étant l'an 26[12].
L'iconographie de T. est particulièrement riche[13], tant pour la statuaire[14] que pour les reliefs. La brachycéphalie éthiopienne est accentuée par la "coiffe" qui enserre étroitement les tempes[15]; le style est complexe: les traits soudanais du roi s'accordent à la tendance au réalisme, tandis que l'idéalisation participe à la fois de l'idéologie royale et d'une inspiration archaïsante (modèles de l'AE et du ME); parmi les ornements, le double-uraeus (martelé à l'époque de *Psammétique II)[16] et les pendeloques de têtes de bélier sont les plus caractéristiques[17]. Un exemplaire admirable, de dimensions majestueuses, a été trouvé au *Gebel Barkal[18]: le roi, dans l'attitude de la marche, foule aux pieds huit arcs; la face est d'une puissance rude: nez charnu, large bouche aux lèvres épaisses, menton court et fort. Les mêmes traits se retrouvent dans des œuvres beaucoup plus célèbres, parce que d'accès plus aisé: la célèbre tête en granit noir du Musée du Caire[19] qui porte au pilier dorsal le nom de couronnement du roi, la tête de Copenhague anépigraphe[20] ou celle en granit rose bigarrée, également au Musée du Caire, pour laquelle certains ont proposé le nom de Schabataka[21]. On a également été tenté d'attribuer à T. une tête de statuette en calcaire peinte à couronne blanche avec deux uraei[22]. Bien entendu, des portraits expressifs du roi doivent être cherchés dans les oushebtis (*Uschebti): plus de 1070 ont été dénombrés lors de la fouille de la tombe de *Nuri[23], de diverses roches: serpentine, granit, calcite (= albâtre), syénite, ankérite, de dimensions multiples (entre 17 et 60 cm) et de types iconographiques (visages, coiffures, vêtements, attitudes, attributs) variés. Dans la statuaire, les qualités de modelé du corps caractérisent un certain nombre de statues dont les têtes n'ont pas été retrouvées: une statue dans l'attitude de la marche, de grande taille, découverte en fragments au Nord de la *cachette de Karnak[24], deux beaux torses de Karnak-Nord[25] et une statue du roi tenant devant lui une table d'offrandes du temple T de *Kawa[26], tous en granit gris; le torse de *Tanis est en granit rose[27]. On ne possède encore guère d'indications sur les statues du roi retrouvées dans le palais assyrien de Tell Nebi Yunis près de Mossoul[28]. Le sommet fragmentaire d'un pilier dorsal en basalte vert est gravé du serekh du roi[29]. C'est également en basalte vert qu'est la base d'une statuette découverte autrefois dans le temple de Mout (*Mut) à *Karnak; elle présente une liste traditionnelle de peuples soumis[30]. De façon purement hypothétique on a attribué à T. (ou à Tanoutamon [*Tanutamun]) une statue colossale des carrières de Tombos[31]. L'image du roi apparaît encore lorsqu'il est "présenté" vers l'avant, debout entre les larges pattes d'un bélier qui le protège de son mufle puissant, comme dans la magnifique série des statues trouvées les unes à l'avant du temple T de Kawa, les autres devant l'entrée de la salle hypostyle[32]. Le roi lui-même est figuré en *sphinx: telle la statue recueillie dans la "salle du dais", dans le même temple T de Kawa[33]. Parmi les petits bronzes de l'époque éthiopienne, qui représentent le roi debout ou agenouillé, dans l'attitude de la prière ou de l'offrande, deux sont explicitement désignés comme figurant T. par le cartouche gravé sur leur ceinture[34]. Les traits du roi se retrouvent sur une figurine de sphinx dressé sur un pavois, encadré de deux uraei, qui est également une pièce d'équipement de barque processionnelle[35]. Les reliefs[36] enfin offrent une vaste collection de portraits, où l'on pourrait distinguer diverses écoles, tant au Soudan qu'en Egypte, en particulier à Karnak et à Memphis.
T. a été maître d'un très vaste Empire, tout au long du Nil, vraisemblablement depuis le Sud de Khartoum jusqu'au Delta. Certes, le nom de T. ne figure sur aucune construction de *Méroé[37], mais des tombes de son époque ont été fouillées dans les cimetières Sud et Ouest; une bague[38] en or, dont le cachet est en forme de cartouche, avec la légende "T. aimé d'Amon", a été trouvée à l'index de la main gauche d'un squelette de femme; dans la ville, des niveaux, qui semblent contemporains du VIIème siècle, ont été atteints[39]. A *Napata, T. est très présent. Selon certains[40], la falaise du Gebel Barkal[41] aurait compté, taillées dans le roc, quatre gigantesques statues dressées du roi. Au pied de la falaise, en son centre, il a effectué des réfections au Grand temple d'Amon B 500[42]; dans le vestibule qui précède le sanctuaire (B 506), un support de barque (plutôt qu'un autel)[43] montre T. soutenant le ciel. A l'extrêmité Ouest de la rangée des temples, T. a ajouté deux hémispéos: l'un (B 200), de dimensions réduites[44], et, sur le site d'un temple antérieur, le "Typhonium" (B 300) avec des colonnes hathoriques ainsi que des colonnes et des piliers à images de *Bès[45]. Le matériel très divers, épigraphe ou anépigraphe, recueilli depuis plus d'un siècle, mériterait assurément une étude précise[46]; il s'y distingue une splendide statue[47] du roi dans l'attitude de la marche triomphante[48]. Sur la rive gauche du Nil, à *Sanam, T. édifia un temple à *Amun-*Rê, "taureau de la Nubie"[49]; on y lit un long texte relatant la construction et la consécration du temple[50]; on y voyait aussi une procession avec des barques portées sur des brancards, des musiciens, des chariots à six roues, des mules montées,

acec les dignitaires et la reine-mère Abalé[51]; les dégagements ont livré deux dépôts de fondation avec plaquettes au nom du roi[52]. Au cimetière de Sanam, le nom de T. se lit sur un scarabée[53] et une plaquette[54]. C'est sur la rive gauche également, à Nuri, que T., délaissant la nécropole familiale d'El-*Kurru, édifia une installation funéraire remarquable[55]; la pyramide (*Pyramiden, MR und später)[56] témoigne de deux étapes d'élaboration: l'état définitif, aujourd'hui fort ruiné, englobe une structure pyramidale antérieure de plus petites dimensions; la partie souterraine évoque l'*Osireion d'*Abydos: un couloir entoure la chambre funéraire; la nappe aquifère occupe tout le niveau inférieur de la sépulture; les vestiges recueillis sont restreints en dehors d'un lot très important d'oushebtis[57]; "burial, no trace"[58]: serait-ce une sorte de cénotaphe (*Kenotaph)[59]?
Alors que les souverains koushites précédents étaient quasi-absents de Nubie, T. y est attesté sur de nombreux sites. A Kawa (Gem[p]aton, fondation sans doute d'*Aménophis III), T. compléta le temple A de Toutankhamon (*Tutanchamun)[60] et surtout construisit le temple T dédié à Amon. Ce dernier était précédé par une avenue processionnelle[61]; près de l'autel a été recueilli un gond de porte aux noms de T. "aimé d'Amon-Rê de Gempaton"[62]; devant le pylône, des socles de grès supportaient des statues de granit de béliers protégeant l'image du roi; deux d'entre elles ont été retrouvées[63]. Le temple T[64] est l'œuvre de T. qui construisit en pierre une structure qu'il avait trouvée de brique; cinq stèles découvertes sur le site renseignent, entre autres, sur les étapes de sa construction, sa consécration et les dotations qui lui furent attribuées[65]; devant l'entrée de la salle hypostyle se trouvait une autre paire de statues de béliers "présentant" la statue du roi[66]; dans la partie Nord-Est de la salle hypostyle était aménagée une petite chapelle sur les murs extérieurs de laquelle sont figurés la triade thébaine avec Montou (*Month), celle de Memphis, Amon de Gematon, Satis (*Satet) et des formes locales d'Anoukis (*Anuket)[67]; au Sud-Ouest du sanctuaire, dans la "salle du dais", ont été recueillis une statue de T. tenant une table d'offrandes[68], un sphinx en granit[69] et deux statues en granit de singes dans l'attitude de l'adoration[70]. Pendant les fouilles on a découvert plusieurs statuettes en bronze du roi debout ou agenouillé anépigraphes[71] et les fragments de plaquettes en faïence gravées de cartouches au nom personnel[72] ou au nom de couronnement du roi[73]. C'est évidemment aussi à Kawa qu'il faut rapporter un bloc cubique (autel?) trouvé à Old *Dongola, où T. est dit aimé d' "Amon maître des Trônes du Double-Pays" et d' "Amon-Rê de Gematon"[74]. A Tabo (l'antique Pnoubs [*Pnubs], dans l'île d'*Argo), T. édifia un temple[75] comparable à celui de Sanam et au temple T de Kawa. En aval de la IIIe cataracte, à *Sedeinga, les fouilles 1963–1964 de la nécropole dite de l'Ouest ont mis en évidence les restes d'une importante pyramide (W T 1) en blocs de schiste, de 9 m 80 de côté; dans les déblais de la descenderie ont été retrouvés des blocs gravés d'une image du roi avec les vestiges de deux éléments de sa titulature[76]; l'intérieur de la tombe avait été minutieusement vidé à l'exclusion de nombreux lambeaux de feuilles d'or et de débris osseux réduits en miettes, ceux d'un individu mâle d'une cinquantaine d'années, aux pommettes marquées et à la forte mâchoire; en Janvier 1983, on a recueilli en remploi dans une sépulture méroïtique tardive un bloc de grès de même style[77]; ainsi W T 1 pourrait être une tombe avec le nom de T., ou simplement une tombe comportant des blocs d'un monument de Taharqa. A *Semna-Ouest[78] se trouvait un temple en briques crues au nom de T.; il y dédia un support de barque qui se réfère à la tradition de *Sésostris III divinisé[79]. Il fit des adjonctions au temple Sud de *Buhen: scènes gravées sur des portes[80], deux colonnes dans l'avant-cour[81] et une chapelle[82] avec murs d'entrecolonnement[83]. A Gezira-Dabarosa, deux blocs portent des fragments de cartouche de Taharqa[84]. A *Faras, un bloc avec élément de cartouche indique aussi la présence du roi[85], faisant regretter que les niveaux anciens n'aient pu être dégagés avant la submersion. Un nombre considérable de fragments au nom de T. témoignent de son importance à *Qasr Ibrim[86]; le roi figure sur une scène peinte dans le temple koushite qui fut réadapté en église chrétienne[87]. En face, sur la rive gauche du Nil, a été recueillie une plaquette en forme de cartouche[88]. On s'interroge aujourd'hui[89] pour savoir si "Amon de Takompso", mentionné sur un support de barque en granit trouvé dans la seconde cour du temple d'*Isis à *Philae[90], se rapporte à une île proche de Maharraqa, ainsi nommé par les textes ptolémaïques, ou à Philae même. Enfin, dans la zone de Bab Kalabsha, trois inscriptions datées de l'an 19 marquent une piste pour le passage du bétail[91].
Aux confins de la Nubie et de l'Ethiopie, l'île de Philae a été l'objet de l'attention de T.; lors du démontage des monuments avant leur transfert dans l'île d'Agilka, des fondations ont livré 18 blocs de remploi[92] au nom de T., qui était déjà connu par le support de barque avec mention d' "Amon de Takompso"[93]; certains de ces blocs proviennent de scènes figurant Amon, qui aurait été alors le dieu, honoré d'un temple par T., de l'île désignée comme Takompso et plus tard seulement comme Philae. En H.E., à El-Kab

(*Elkab), a été recueilli un fragment d'amulette-talisman en forme de croix ansée en faïence émaillée de grandes dimensions, aux noms de "T. aimé d'Amon-Rê, taureau de sa mère"[94]. Le roi est également attesté à Asfun-Mataʿna (l'antique Hefat [*Hut-Snofru], entre *Esna et *Gebelein), en liaison avec le dieu-faucon *Hemen: le roi lui offre la prairie au cintre d'une stèle relatant la "haute crue" de l'an 6[95]; un groupe prestigieux du Musée du Louvre montre, sur un socle de bois plaqué d'argent, la statuette en bronze du roi agenouillé faisant l'offrande devant le dieu-faucon en schiste plaqué d'or[96].

Les témoignages de l'activité de T. sont nombreux dans la région thébaine; il faut y inclure certains documents au nom des Divines Adoratrices (*Gottesgemahlin) ses contemporaines ou de hauts dignitaires, tels que Montouemhat (*Monthemhet). Les inscriptions de crues (*Nilstandsmarken) du "quai" de Karnak[97] montrent que, comme ses prédécesseurs *Schabaka et Schabataka, T. fut particulièrement attentif à la crue du Nil: s'il n'y a aucune marque pour les cinq premières années du règne, la 6e est marquée par deux inscriptions qui attestent la hauteur exceptionnelle des eaux; le niveau est donné également pour les ans 7, 8 et 9. L'importance des rites de l'eau est soulignée par la rampe en pente douce aménagée par T. au Sud de la tribune et menant au plan de l'eau primordiale, où la procession venait puiser l'eau sacrée au cours des fêtes du Nouvel An (*Neujahr)[98]. D'un édifice élevé en ce point par le roi éthiopien ne subsistent que des reprises dans l'actuelle chapelle d'Achôris (*Hakoris)[99]. De façon remarquable, T. dota le grand ensemble de Karnak de quatre colonnades propylées, aux quatre points cardinaux[100]: à l'Ouest, la colonnade monumentale de la grande cour du temple d'Amon est universellement connue[101]; les dispositifs de l'Est[102], du Sud[103] et du Nord[104], avec quatre files de cinq colonnes chacune et des entrecolonnements de même type, étaient de proportions plus modestes. A Karnak-Nord, T. procéda à des aménagements dans l'ensemble de l'entrée du temple de Montou (*Month)[105]; nous y avons retrouvé des dépôts de fondation, avec plaquettes au nom du souverain. A l'Est de la façade du temple d'Amon-Rê-Montou, l'"édifice secondaire" en l'honneur d'Harprê (*Harpare) et de Rattaoui (*Rat-taui) reçut une façade décorée au nom de T.[106]. Les cartouches du roi se lisent aussi sur la plus orientale des petites chapelles du mur Sud de l'enceinte de Montou[107]. A l'Ouest de la porte de Thoutmosis (*Thutmosis) Ier, T. s'associa Schepenoupet (*Schepenupet) II pour dédier une chapelle à *Osiris-Nebdjet[108]. Dans ce secteur ont été retrouvés deux beaux torses de statues du roi[109]. Dans le grand temple d'Amon, outre les colonnades, T. travailla sans doute à l'avant-porte du IIe pylône[110] et à celle du Xe pylône[111]. A proximité du sanctuaire, dans la cour Nord qui précède le VIe pylône, T. avait fait graver trois grands tableaux et de longues inscriptions: accomplissant la "grande offrande", le roi supplie Amon de l'aider à recouvrer le tribut d'un pays soustrait à sa domination[112]. Le long de l'allée conduisant au temple de *Ptah, T., en association avec la Divine Adoratrice Schepenoupet II, consacra la toute petite chapelle en l'honneur d'Osiris-Nebankh ou Paouchebiad, "celui qui répond à l'affligé"[113]. Pour construire son célèbre Edifice près du Lac Sacré de Karnak (*See, hlg.)[114], T. réutilisa des blocs de Schabaka[115]. Au Sud-Est du Lac sacré, on a découvert un fragment de montant de porte avec les deux cartouches du roi[116]. Au temple d'Opet, plusieurs blocs de remploi portent son nom[117]. Au Sud de la grande enceinte d'Amon, non loin du dromos menant vers le temple de Mout, T. édifia en l'honneur d'Osiris-Ptah-Nebankh une chapelle où son nom alterne avec celui de Tanoutamon[118]. Dans le temple de Mout on avait autrefois découvert la base d'une statuette du roi en basalte vert, avec copie d'une liste traditionnelle de peuples soumis[119]; sur la paroi du fond de la crypte de Montouemhat, T., en adoration devant la déesse Mout, était figuré précédant le "quatrième prophète d'Amon" que suivaient le père et le fils de ce dernier[120]; les récentes fouilles américaines ont révélé que la partie Nord de l'enceinte de Mout comportait des constructions de T., en particulier une porte d'axe Ouest – Est à l'avant du temple A[121]. Plusieurs blocs épars attestent que T. construisit à Karnak un édifice en calcaire fin, mais il demeure impossible d'en deviner l'emplacement[122]. Enfin au Nord de la cachette ont été retrouvés les restes d'une statue en granit gris[123], dans l'attitude de la marche, de grande taille; le roi est dit "aimé d'Amon-Ra-sonther".

Dans l'avant-cour du temple de Louxor (*Luxor) ont été dégagés les vestiges d'une chapelle au nom de T. dont la façade présentait plusieurs colonnes hathoriques engagées[124]; on y a trouvé une stèle de l'an 13 du roi[125].

Sur la rive gauche thébaine, dès l'an 3, T. refait le mur d'enceinte du Petit temple de *Medinet-Habou, comme l'indiquent deux stèles portant un texte identique[126]. Son cartouche se lisait sur une petite porte[127]. Quant au pylône du Petit temple, T. en acheva la décoration, en honorant la mémoire de Schabaka[128]. Des fragments de vases ont été recueillis lors des dégagements des déblais du Grand temple de Medinet Habou[129]. Nous n'avons personnellement trouvé aucun vestige de travaux de T. à *Deir el-Bahari[130]. Des blocs de

grès provenant d'une construction de T. ont été remployés dans le puits 2003 de Deir el-Medineh qui a livré aussi le sarcophage d'Ankhnesneferibrê (*Anchnesneferibre)[131]. Le nom du roi figure dans les tombes et sur l'équipement funéraire de son "préposé au trésor" Ramosé[132] et de Tjesrêperet, nourrice de sa fille[133]; deux fragments de lin, provenant vraisemblablement d'un mobilier funéraire, portent la titulature du roi[134].
C'est de la région thébaine, sans qu'on puisse préciser davantage, que provient la tête de T. en granit noir du Musée du Caire[135]; on peut signaler aussi, près du Louxor Hôtel, un fragment remployé avec le nom de couronnement du roi[136]; enfin, un fragment de sceau, également avec le nom de couronnement, a été acquis à Louxor[137].
A Qous (*Qus) (ou à Coptos [*Koptos]) aurait été découvert un lion assis en granit rose, avec cartouche de Taharqa[138]. C'est à Coptos qu'a été trouvée autrefois une stèle portant une version de la "haute crue" de l'an 6[139]. Dans le désert oriental, au ouadi (*Wadi) Hammâmât, deux tout petits graffiti bien gravés présentent le cartouche de T., avec une orthographe plus proche de celle des documents en cursive (stèles ou papyri) que des documents monumentaux[140]. D'Akhmim (*Achmim) pourrait provenir une tête de statuette en calcaire peinte, avec deux uraei, où l'on a voulu reconnaître T.[141]. Les fouilles menées à Ashmounein (*Hermupolis magna) ont livré une stèle d'offrande des champs datée de l'an 7[142].
Sur la piste qui, à partir de Dahshur (*Dahschur), s'enfonce dans le désert, à environ 5 km de la vallée, a été découverte en 1977 une stèle de T.[143] de la saison Shemou d'une année dont la date est détruite: elle relate une course de compétition des troupes, particulièrement entraînées, et leur récompense par le roi. T.[144], qui a été couronné[145] et a résidé à Memphis[146], y a fait des consécrations et des constructions[147]: dans les adjonctions de la petite chapelle de Séti (*Sethos) Ier se trouvait remployé un bloc en calcaire[148] conservant les vestiges du nom personnel de "T. aimé de Ptah"[149]; le roi reconstruisit un modeste sanctuaire d'"Amon qui préside aux temples" (*Jmn-Rʿ ḫntj ḥwt-nṯrw*) dans le secteur Sud du grand téménos de Ptah[150]; sur un gond de porte en bronze[151] recueilli à Memphis (mais provenant peut-être de *Saïs), la titulature de Psammétique II recouvre celle de T.; un énorme poids de 26 kg 880 aux noms de T. "aimé de Ptah" (avec diverses épiclèses) a été trouvé à *Mitrahineh[152]; les stèles du Serapeum prouvent que T. exerçait directement son pouvoir dans la vieille capitale, en particulier en l'an 26[153].
Dans le Delta, T. édifia un sanctuaire à Tell Atrib[154]; un contrepoids de menat[155], symbole d'investiture monarchique, montre face à face T. et *Horus Khenty-khety, le dieu d'*Athribis[156]. Il n'y a pas de témoignage certain pour *Bubastis[157]. T. est dit "aimé d'Osiris qui réside à Saïs"[158] sur un poids en serpentine, de 83 gr 07. A Tanis, où le roi édifia au moins une statue[159], une version du Grand texte de l'an 6 fut gravée dans le temple d'Amon[160].
Dans les oasis, si aucun bloc n'a été retrouvé au nom de T.[161], celui-ci dut pourtant être actif: transplantation en Nubie des enfants des princes des Tjehenou et des gens de Bahrieh (*Bahrija)[162], mention de "l'oasis" dans une liste géographique[163] et des Tjehenou dans une liste archaïsante de peuples soumis[164]; on a voulu associer T. à la fondation de l'oracle d'Amon à Siouah (*Siwa)[165]. Du côté de l'Asie, des vestiges témoignent de la fortune diverse des Ethiopiens: échanges commerciaux, revers militaires plutôt que victoires: un sceau de T. à Palmyre[166], un grand scarabée d'ivoire à Nimrud[167], des fragments de vase à Ashur[168], des statues à Tell Nebi Yunis, près de Mossoul[169].
En dehors des documents pour lesquels une date précise peut être assignée[170], des statues et statuettes[171], des monuments et objets dont l'origine topographique peut être assurée[172], il faut encore signaler, aux noms de T.[173], des papyri et des tablettes avec textes en démotique[174], une stèle dont le cintre présente l'Horus sur le serekh au nom de *Qȝj-ḫʿw* face à la déesse Nout (*Nut)[175], un fragment de vase en argile cuite[176], un contrepoids de menat en faïence[177], portant d'un côté la titulature de T. "aimé d'Oubastet", de l'autre un décor en rapport avec la thématique royale (allaitement de couronnement par Oubastet, Horus sur le serekh), de petits éléments de bronze qui pourraient provenir d'équipements en rapport avec l'accouchement[178], de grandes amulettes-talismans en faïence bleue associant le ankh et le ouas[179], de petits blocs-amulettes en feldspath vert (amazonite)[180], un fragment de sceau en terre cuite[181].
Les scarabées au nom de T. sont beaucoup moins nombreux que ceux de Schabaka. Exceptionnels sont les scarabées présentant les deux cartouches de T.[182]. Très rares aussi sont ceux qui portent le nom de couronnement *Nfrtm-ḫwj-Rʿ*[183]. La plupart donnent le nom personnel du roi. Avec T. apparaît un type de légende, où les quatre signes du nom personnel sont gravés sans être entourés du cartouche. Ainsi, ils figurent en colonne verticale, à l'exclusion de tout titre, sur des scarabées de disposition verticale[184]; certains de ceux-ci sont bordés d'entailles en biais évoquant une sorte de cordelette[185] caractéristique de l'époque[186]; un scaraboïde en forme de canard présente le même

décor[187]. Les quatre signes du nom personnel, assez mal gravés, peuvent être en disposition horizontale[188]. Ailleurs, le décor, en disposition horizontale, comporte une colonne de quatre signes encadrés de deux uraei[189], flanqués de deux serpents ailés[190], accompagnés d'éléments de titulature[191] ou de signes propitiatoires[192]. En disposition verticale, on trouve les quatre signes précédés d'un ankh[193] au milieu d'éléments de titulature[194]; encadrés d'uraei, ils peuvent être surmontés d'une barque avec disque solaire[195]; ils figurent aussi face à la légende *tjt Rᶜ mrj*, avec, au-dessus, la barque à disque solaire (qui peut avoir la valeur cryptographique *Jmn-Rᶜ*)[196]. Sur plusieurs exemplaires, le nom personnel figure dans un cartouche; certains sont de disposition verticale, avec des éléments de titulature[197] ou des symboles divers[198]; un exemplaire, à décor de disposition horizontale, offre une titulature simple[199]. Le décor de plusieurs scarabées comporte à la partie supérieure un sphinx couché surmonté du soleil[200]; sur des exemplaires de disposition verticale, les quatre signes du nom personnel sont gravés sans cartouche: à l'arrière de l'un d'eux se trouve un serpent ailé[201]; à l'arrière d'un autre, le roi, à couronne blanche, est agenouillé, les bras dressés en adoration[202]; on rencontre aussi le nom personnel entouré d'un cartouche dans un décor de disposition verticale où il est suivi de l'épithète *mr(j)-Jmn*[203]. Un scaraboïde à tête de bélier, à décor en disposition horizontale, montre, à l'arrière du sphinx couché que surmontent le disque et *nswt-bjt*, le cartouche du nom personnel[204]. Un scarabée associe les cartouches de Péyé et T.[205]; en revanche, il n'existe pas de scarabée associant les noms de T. et d'*Harwa[206]. Un scarabée historique mineur au nom de T. commémore la crue du Nil[207]; une autre émission célèbre "*Nfrtm-ḫwj-Rᶜ* aimé d'Oubastet"[208]. L'existence d'un véritable scarabée historique majeur, de petites dimensions, peut être induite d'une empreinte sur argile cuite retrouvée à Palmyre[209]: son texte, écrit selon une cryptographie par perturbation aisée à déchiffrer, notifiait l'avènement de T.: "Amon a fait qu'apparaisse T., pour qu'il soit doué de vie, éternellement." Exceptionnel demeure un grand scarabée en ivoire, où le cartouche vertical du roi fait face à un serpent à ailes ouvertes en protection[210], retrouvé en Assyrie à Fort Shalmanasar[211]. – Une plaquette rectangulaire très bombée (difficile à considérer comme un "scaraboïde") porte sur sa face convexe un poisson et présente au plat le nom de couronnement de *Nfrtm-ḫwj-Rᶜ*[212]. Le nom personnel de T. encadré de petits cercles ponctués se lit sur une plaquette peu épaisse, dont l'autre face est ornée d'un œil-oudjat (*Udjatauge)[213]. On a signalé autrefois une plaquette bombée au nom de T., dont le dos est décoré d'un oudjat[214]. On trouve aussi ce nom sur une petite plaquette à glaçure verte du cimetière de Sanam[215]. Deux fragments de plaquettes recueillis à Kawa[216] portent l'un le nom personnel, l'autre le nom de couronnement du roi, entourés de ce qui pourrait être un cartouche. Enfin, le nom de T. figure sur quelques rares perles fuselées[217], d'un type qui, en revanche, est si fréquent pour Schabaka[218].

Sur la famille de T., on dispose d'une assez ample documentation, tant en Egypte qu'au Soudan. Il est le fils de Péyé[219] et de la reine Abalé (*Abiru, Ibart)[220], fille (adoptive) de Kasaqa, sœur d'Alara[221]; l'importance de son rôle auprès de T. peut être liée à la fois aux mœurs de la cour soudanaise et à la montée de la théologie d'Isis mère d'Horus[222]. Si des martelages[223] ou des destructions[224] nous privent d'indications sur certaines épouses de T., on peut lui attribuer plusieurs de ses sœurs, filles de Péyé: Tekahatamani[225], Naparaya[226], peut-être Tabekenamon[227]; il faut y ajouter la reine Atakhebaskeñ[228] et une autre dont le nom se terminerait en ... salka[229]. Plusieurs fils de T. sont connus. On suppose que son fils aîné s'appelait Nesonouris (*Nj-sw-Jnḥrt*) d'après la transcription "Ushanakhuru" des documents assyriens[230]; sur la stèle de Zendjirli[231], il est représenté agenouillé, les bras levés en supplication, vers le roi Assyrien *Assarhadon, qui le tient en laisse par une corde attachée à sa face. Une statue en granit montre le prince Nesshoutefnout[232], "second prophète d'Amon à Karnak", dans la pose du scribe accroupi. Un autre fils devint le roi Atlanersa[233] qui inaugura la Ière dyn. de Napata. T. eut pour filles *Amenirdis la jeune[234], Divine Adoratrice adoptée par sa tante Shepenoupet II, Yeturow[235], sœur et épouse d'Atlanersa, et Peltaseñ[236].

L'œuvre de T. apparaît puissante. C'est le plus grand constructeur de la XXVe dyn. Dans une vallée du Nil totalement unifiée, il dut procéder en particulier à l'organisation de la Nubie[237]; de nombreux témoignages subsistent de la vie juridique à son époque[238]. Vis-à-vis des temples, T. se montre, comme les autres Ethiopiens, un souverain fort pieux: fondations et réparations au Soudan, dans la région thébaine, à Memphis, dans le Delta. Un soin particulier fut apporté à l'armée[239]. Conscient de la grandeur pharaonique, T. honora la mémoire de *Sésostris III à *Semna même[240], sur ce qui fut longtemps la zone-frontière entre l'Egypte et les pays de Sud. Il fut présent dans les Oasis[241]. Sa politique extérieure fut active. C'est sous le nom de T. que la Bible (Isaïe 37, 9; II Rois XIX, 9) résume la crainte éprouvée devant les guerriers koushites[242]. T. s'opposa délibérément aux Assyriens[243]; la lutte fut vive[244]; il laissa à Tanoutamon une situation[245] qui se termina par la défaite des Ethiopiens et le sac de Thèbes. En dépit du retrait des Koushites vers le Sud et de la promotion d'une nouvelle dyn., celle des Saïtes, on continua en Egypte à faire référence à T.: une stèle épitaphe de l'*Apis enterré au Serapeum la 20ème année de Psammétique Ier indique que cet animal était né en l'an 26 de T.[246]; la titulature de T. se lit sur le montant du naos de la barque oraculaire dans la procession du 5e jour de 1er mois de Shemou de l'an 14 de Psammétique Ier (4 Octobre 651)[247]; son nom figure dans les intitulés de filiation de sa fille la Divine Adoratrice Amenirdis la Jeune, coadoptante de *Nitokris[248]. C'est seulement sous Psammétique II (591 av. J.-Chr.) qu'il y aura martelage systématique des noms des Ethiopiens et de leur attribut du double-uraeus[249]. Mais à l'époque ptolémaïque, en certains cas, le nom de T. a été rétabli, la réfection pouvant aboutir à un non-sens[250]. Chez les auteurs classiques[251], Mégasthène[252] puis Strabon[253] l'ont rangé au nombre des grands conquérants. C'est que sous son nom a été réunie toute la gloire de la conquête koushite et, à plus basse époque, sans doute, le mirage de la puissance de Napata et Méroé.

[1] Le renom de T. a traversé les siècles: pour les Anciens, c'était T. le conquérant (v. n. 251–253); dans le Soudan contemporain, des timbres postaux, des émissions de radio perpétuent son souvenir. – [2] Manéthon, Aegyptiaca, Epitome, fragments 66–67, éd. William M. Waddell, London 1940, 166–169; v. n. 12. – C'est la génération 5 de D. Dunham. – [3] Ce sont les plus anciennes dates assurées en chronologie absolue de l'histoire égyptienne; Parker, dans: Kush 8, 1960, 267–268; Baer, dans: JNES 32, 1973, 4–25. – [4] V. n. 219. – [5] T. a justifié son droit au trône à plusieurs reprises dans les textes de Kawa: en tant que frère "affectionné" du roi (stèles de *Kawa IV et V) ou par la lignée de sœurs royales (stèle de Kawa IV, l. 16–19; VI, l. 22); cf. Priese, dans: ZÄS 108, 1981, 51–52. – Il faut rejeter l'hypothèse d'une corégence entre Schabataka et T.; William J. Murnane, Ancient Egyptian Coregencies, SAOC 40, 1977, 190 sq.; Helck, dans: LÄ IV, 158. – [6] La graphie cunéiforme est Tarkû (Arthur C. Piepkorn, Historical Prism Inscription of Ashurbanipal, Assyriological Studies 5, Chicago 1933; Riekele Borger, Die Inschriften Asarhaddons, AfO Beiheft 9, 1956; cf. Daniel D. Luckenbill, Ancient Records of Assyria and Babylonia II, Chicago 1927, Index, p. 486–487). L'hébreu écrit son nom Tirhâkah (II Rois XIX, 9; Isaie 37, 9). Chez les Septante et dans la Vulgate, on trouve Θαρακα (avec des variantes) et Tharaca, dans Manéthon Ταρκος et Ταρακος, chez Strabon Τεαρκων. – La translitération habituelle des signes égyptiens *t-h-rw-q* est trompeuse; en fait les deux premiers signes doivent être pris en bloc avec la valeur *te* qu'ils ont en méroïtique (Leclant, Mon. Thébains, 344, en note). – Pour la graphie dans les papyri en hiératique anormal (v. n. 174), cf. Michel Malinine, Choix de textes juridiques I, BEHE 300, 1953, 44; ajouter les graffiti du Ouadi Hammâmât (v. n. 140). – Dans le cartouche de T. peut être insérée l'épithète: "aimé d'Amon": porte de Medinet Habou (v. n. 127), bague Méroé W 585 (v. n. 38). Sur l'emploi de *pr-ˁ3*, "Pharaon" devant le cartouche: stèle de l'an 21, l. 1 (v. n. 11) et dans les papyri en hiératique anormal, qui utilisent aussi *bjt*, cf. Schwab, dans: ZÄS 104, 1977, 139 n. 24. – [7] Interprété comme *ḫwj w(j) Rˁ Nfrtm*, "Rê and Nefertoum protect me" par Macadam (Kawa I, 9), il devrait être lu *Ḫwj Nfrtm Rˁ*, "Rê est le protecteur de Néfertoum" selon Clère, dans: BiOr 8, 1951, 176. – [8] Leclant, dans: LÄ V, 514. 516 n. 5. – [9] Leclant, Mon. Thébains, 343–344, n. 1; dans un cas le nom d'Horus d'or adjoint à *Ḫwj-t3wj* l'épithète *ḥknw*, autre qualificatif de Néfertoum. Le nom de *Ḫwj-t3wj* avait été porté par *Sobekhotep III de la XIIIe dyn.; cf. Kaplony, dans: LÄ III, 562. – [10] Dans la partie soudanaise de l'Empire, la présence d'artistes égyptiens est maintes fois attestée. – [11] Les dates connues de T. ont été l'objet d'une liste dressée par Spalinger, dans: CdE 53, no. 105, 1978, 44–47, à complèter; certaines dates nécessiteront sans doute une relecture, en particulier celles fournies par les papyri (pour lesquels les transcriptions jadis proposées par Revillout sont le plus généralement abandonnées). – An 2: stèle de Kawa III, col. 1–4; Macadam, Kawa I, 5, pls. 5–6; Leclant et Yoyotte, dans: BIFAO 51, 1952, 10 sq.; Kitchen, Third Interm. Period, 388 n. 837. – An 3: stèle de Kawa III, col. 5–6. – An 3: stèle de Medinet Habou relative à des travaux à la "butte de Djamé", Caire JE 36410; Carter, dans: ASAE 4, 1903, 178–180, fig. 4; Leclant, Mon. Thébains, 154, § 42F; 346–347; Kitchen, Third Interm. Period, 388 n. 836. – An 3: autre stèle similaire de Medinet Habou, AM 1941. 1132; Gauthier, dans: ASAE 18, 1919, 190. – An 3, mois de Tybi, jour 10: papyrus en hiératique anormal Louvre E 3228 d; vente d'esclave; Abd el-Mohsen Bakir, Slavery in Pharaonic Egypt, CASAE 18, 1952, pls. 5–7; Michel Malinine, Choix (v. n. 6), 43–49, no. 7; Vleeming, dans: OMRO 61, 1980, 4. – An 3, 1er mois de Shemou, jour 11 d'un Pharaon non nommé, qui pourrait être T.: tablette en hiératique anormal du MMA 35.3.318 vso, l. 1, prêt d'argent; Černý et Parker, dans: JEA 57, 1971, 128, pl. 35; Malinine, dans· Textes et Langages I, 35; Vleeming, dans: OMRO 61, 1980, 5; Thissen, dans: Enchoria 10, 1980, 106. 125. – An 4: stèle de Kawa III, col. 7–8. – Pour trois stèles du Serapeum de Memphis de l'an 4, mais sans nom de souverain, v. n. 15. – An 5: stèle de Kawa III, col. 9. – An 5: papyrus en hiératique anormal CG 30884; comptes; Wilhelm Spiegelberg, Demotische Denkmäler II: Die demotischen Papyrus, CG, Straßburg 1908, 194, pl. 67. – An 5: papyrus en hiératique anormal Louvre E 3228 f.; décharge; Thissen, dans: Enchoria 10, 1980, 106. 124. – An 5, 1er mois de Shemou, jour 2 d'un Pharaon non nommé, qui pourrait être T.: tablette en hiératique anormal MMA 35. 3. 318 rto, l. 1; prêt de céréales; Černý et Parker, dans: JEA 57, 1971, 127–128, pl. 35; Malinine, dans: Textes et Langages I, 35; Vleeming, dans: OMRO 61, 1980, 5; Thissen, dans: Enchoria 10, 1980, 106. 125. – An 6: stèle de Kawa III, col. 10. – An 6: stèle de Kawa IV; Macadam, Kawa I, 14–21, pls. 7–8; Leclant et Yoyotte, dans: BIFAO 51, 1952, 15–20. – An 6: stèle de Kawa V; texte

dit "Grand texte de l'an 6", comportant la date et le protocole royal (a), un long récit de la prospérité du pays et de la haute crue du Nil (b), un discours où le souverain fait allusion à quatre "merveilles" survenues en l'an 6 et, rappelant les circonstances de son avènement en Egypte, raconte la venue de sa mère Abalé (c), la description des sentiments manifestés par la princesse (d) et les gens (e) après la rencontre; Macadam, Kawa I, 22–32, pls. 9–10; Leclant et Yoyotte, dans: BIFAO 51, 1952, 16–24. – An 6: stèle de Mataʿna; Caire JE 38269; après un protocole royal enrichi d'épithètes (a')vient le récit de la haute crue (b); Vladimir Vikentiev, La haute crue du Nil et l'averse de l'an 6 du roi Taharqa, Le Caire 1930, pls. 2.5–7. – An 6: stèle de Coptos, Caire JE 48400; protocole enrichi d'épithètes (a') et récit de la haute crue (b); Vikentiev, o.c., 15–49, pls. 1.3.4. – An 6: stèle de Tanis, Caire JE 37488 avec divers fragments (retrouvés en 1937 par P. Montet); version la plus développée du "Grand texte" avec l'ensemble des éléments (a, a', b, c, d, e); Leclant et Yoyotte, dans: Kêmi 10, 1949, 28–37. – An 6: inscription de "crue" du quai de Karnak no. 34; Legrain, dans: ZÄS 34, 1896, 115–116; Leclant, Mon. Thébains, 5–6, § 1 E; v. Beckerath, dans: JARCE 5, 1966, 47–48. 53; Kitchen, Third Interm. Period, 388 n. 389. – An 6: autre inscription de "crue" du quai de Karnak no. 35; Legrain, dans: ZÄS 34, 1896, 116; Vikentiev, o.c., 32–33; Leclant, Mon. Thébains, 6, § 1 F; 243. – An 6: papyrus en hiératique anormal Louvre E 3228c, l. 1; acte judiciaire relatif à une vente d'esclave; Abd el-Mohsen Bakir, Slavery in Pharaonic Egypt, CASAE 18, 1952, pls. 8–11; Malinine, dans: RdE 6, 1951, 157–178, pls. 1–6; Vleeming, dans: OMRO 61, 1980, 4; Thissen, dans: Enchoria 10, 1980, 107. 124. – An 7: stèle de Kawa III, col. 11–13. – An 7: inscription de "crue" du quai de Karnak no. 36; Legrain, dans: ZÄS 34, 1896, 116; Leclant, Mon. Thébains, 6, § 1 G; 243; v. Beckerath, dans: JARCE 5, 1966, 48. 53. – An 7: stèle d'offrande de champs d'Ashmounein; Meeks, dans: State and Temple Economy in the Ancient Near East II, Louvain 1979, 673; cf. 611, n. 19; 613, n. 25. – An 7: fragment de papyri en hiératique anormal CG 30841–30864. 30866–30870; livre de comptes; Spiegelberg, Die demotischen Papyrus (v. n. 11, An 5), 190, pl. 55; Thissen, dans: Enchoria 10, 1980, 107. 122. – An 8: stèle de Kawa III, col. 15–22 (ou 25). – An 8: stèle de Kawa VI, col. 1–7; Macadam, Kawa I, 33–34, pls. 11–12; Leclant et Yoyotte, dans: BIFAO 51, 1952, 10sq. – An 8: inscription de "crue" du quai de Karnak no. 37; BAR IV, 453, n. a; Leclant, Mon. Thébains, 6, § 1 H; 243; v. Beckerath, dans: JARCE 5, 1966, 48. – An 9: stèle de Kawa VI, col. 8–11. – An 9: inscription de "crue" du quai de Karnak no. 38; Leclant, Mon. Thébains, 6, § 1 I. – An 10: stèle de Kawa VI, col. 12–21. – An 10: stèle de Kawa VII; Macadam, Kawa I, 41–44, pls. 13–14. – An 13: stèle de Louxor; Abdel-Quader Muhammad, dans: ASAE 60, 1968, 246–247, pls. 17–18. – An 13: papyrus en hiératique anormal CG 30886; comptes; Spiegelberg, Die dem. Papyrus, 194, pl. 67; Thissen, dans: Enchoria 10, 1980, 107. 123. – An 13: papyrus en hiératique anormal CG 30907 + 909; contrat de mariage; Spiegelberg, o.c., 196, pl. 69; Thissen, dans: Enchoria 10, 1980, 107. 123. – An 14 (?): tablette Leiden I 431 (attribution proposée également au règne de Psammétique Ier, voire d'Amasis); Černý, dans: Fs Griffith, 46–56, pls. 2–3; Caminos, dans: LÄ I, 861, n. 39; Vernus, dans: BIFAO 75, 1975, 63 n. 3; id., dans: GM 29, 1978, 147; id., dans: LÄ V, 709 (no. 45); cf. FitzPatrick, dans: JEA 69, 1983, 164. – Pour deux stèles du Serapeum que l'on a proposé d'attribuer à l'an 14 de T., v. n. 153. – An 16: papyrus en hiératique anormal Louvre E 3168; contrat de vente; Malinine et Pirenne, dans: Archives d'histoire du droit oriental 5, Anvers 1950–1951, 54–55; Thissen, dans: Enchoria 10, 1980, 107. 124. – An 17: linceul (avec le nom et les titres de Montouemhat) seulement mentionné autrefois par Golénischeff et Touraïeff; comm. orale d'Oleg Berlev, Lepsius-Tagung, Halle-ander-Saale, 12 Juillet 1984. – An 19, 3ème mois d'Akhet, 1er jour; trois inscriptions marquant une piste pour bétail entre Taffeh et Kalabschah; Arthur Weigall, A Report on the Antiquities of Lower Nubia, SAE, 1907, 68, pls. 22, 4; 27, 4; id., dans: ASAE 9, 1908, 105; Günther Roeder, Debod bis Bab Kalabschah, Le Caire 1911, 211–212. 215–216, pls. 93 a. 94. 127 a. b; Hintze, dans: MIO 7, 1960, 330–333, fig. – La mention faite parfois d'une année 20 sur une statue de Tanis (Spalinger, dans: CdE 53, no. 105, 1978, 46, no. 39) provient d'une confusion (Leclant et Yoyotte, dans: Kêmi 10, 1949, 42 n. 2). – An 21: stèle de donation de Louxor; Graefe et Wassef, dans: MDAIK 35, 1979, 103–118, pl. 17, fig. 1; Meeks, dans: State and Temple Economy, 673; cf. 611, n. 19; 612, n. 23. – An 23 (?): papyrus en hiératique anormal CG 30878; reçu; Thissen, dans: Enchoria 10, 1980, 107 n. 3; 123 (l'attribution est incertaine, cf. Malinine, dans: JEA 54, 1968, 188 n. 4). – An 24, 4ème mois de Peret, 23ème jour: stèle du Serapeum de Memphis SIM 2640; en hiéroglyphique; PM III. 2^2, 791; Auguste Mariette, Le Sérapéum de Memphis, Paris 1857, pl. 35; Auguste Mariette et Theodule Devéria, Description des fouilles du Sérapéum, 1863, pl. 46; BAR IV, 465–466, § 917–918; Vercoutter, dans: Kush, 8, 1960, 71; Michel Malinine et alii, Catalogue des stèles du Sérapéum de Memphis I, Paris 1968, 99–100, no. 125, pl. 35. – An 24: stèle du Serapeum de Memphis SIM 2675; en hiéroglyphique et en cursive; PM III. 2^2, 791; Malinine et alii, Catalogue, 100–101, no. 126, pl. 35. – An 24: stèle du Serapeum de Memphis SIM 2705; en cursive; PM III. 2^2, 791; Malinine et alii, Catalogue, 101–102, no. 127, pl. 35; on ne retiendra pas l'attribution à l'an 2 (ou l'an 5) donnée par Vercoutter, dans: Kush 8, 1960, 68–69, pl. 21b. – An 24, 2ème mois de Peret, 10ème jour; stèle du Serapeum de Memphis SIM 2707; en hiéroglyphique et cursive; PM III. 2^2, 791; Vercoutter, dans: Kush 8, 1960, 71 n. 53; Malinine et alii, Catalogue, 122–123, no. 158, pl. 43. – An 24: stèle du Serapeum de Memphis SIM 2746; en cursive; PM III. 2^2, 791; Malinine et alii, Catalogue, 102–103, no. 128, pl. 36. – Pour trois stèles du Serapeum de Memphis que leurs affinités de style ont fait attribuer parfois à l'an 24 de T., v. n. 153. – An 26: stèle du Serapeum de Memphis SIM 3733; en hiéroglyphique; cette stèle-épitaphe de l'Apis mort en l'an 20 et enterré en l'an 21 de Psammétique Ier indique que cet animal était né en l'an 26 de T.; Mariette, dans: Bulletin archéologique de l'Athenaeum français, Paris 1855 (= BE 18, 1904, 236–243); id., Le Sérapéum, pl. 36; Mariette et Devéria, Description, pl. 47; BAR IV, 492, § 959–962; G. Schmidt, dans: Kush 6, 1958,

121–123. 128; Parker, in: Kush 8, 1960, 267–269, pl. 38; Malinine et alii, Catalogue, 146, no. 192, pl. 52; Kitchen, Third Interm. Period, 161–163. – [12] Dans la tradition manéthonienne (v. n. 1), le règne de T. est compté pour 18 ans par l'Africanus, 20 ans par le Syncelle et Eusèbe; pour un essai d'explication des 18 ans de l'Africanus, cf. Barta, dans: RdE 32, 1980, 17. – [13] Leclant, dans: Mél. Mar., 258–259; Edna R. Russmann, dans: BMA 10, 1968–1969, 95–96; ead., The Representation of the King in the XXVth Dynasty, Bruxelles–Brooklyn 1974, 47–51; Altenmüller, dans: LÄ III, 578, n. 491–497. Cf. Gisela M. A. Richter, dans: The Journal of Roman Studies 45, Londres 1955, 42. – [14] Sur les supposées statues colossales de la falaise du Gebel Barkal, v. n. 41. – Contrairement à ce qui a pu être écrit, T. n'est pas concerné par la statue assise de Mitrahineh (CG 655), qui est au nom de Schabataka, cf. Leclant, dans: LÄ V, 515. 517–518, n. 25. – [15] Leclant, Mon. Thébains, 323–324; Russmann, Representation, 27–33; sur la coiffure à plumes d'Onouris, cf. Leclant et Yoyotte, dans: BIFAO 51, 1952, 29 n. 3. – [16] Cf. sur le double-uraeus Leclant, dans: Mél. Masp. I, 79; id., Mon. Thébains, 325–326. Il y a cependant des exceptions: id., ibid., 325, n. 2; relief de Sedeinga id., dans: CRAI 1970, 250 (v. n. 76), stèle Caire JE 36861 (v. n. 150); Russmann, Representation, 35–36; Wenig, dans: Africa in Antiquity II, Brooklyn 1978, 49. – Sur le martelage des uraei contemporain de celui des cartouches des Ethiopiens, cf. Yoyotte, dans: RdE 8, 1951, 215–239; Leclant, Mon. Thébains, 325–326. – [17] Georg Moeller, Die Metallkunst der alten Ägypter, Berlin 1924, 45 (n. 162–163); 53–54 (n. 231–232); Leclant, Mon. Thébains, 329–330; Edna R. Russmann, dans: BMA 10, 1968–1969, 91 n. 11; ead., Representation, 26–27. – [18] Musée de Khartoum 1841 (auparavant au Musée de Merawi 11); hauteur: 4 m 18, granit noir; primitivement rehaussé de placages d'or sur des zones laissées en piquetage (coiffure, bracelets, sandales); PM VII, 221; Reisner, dans: JEA 6, 1920, pl. 33; Dows Dunham, The Barkal Temples, Boston 1970, 17, fig. 6, pls. 7. 8; Russmann, Representation (v. n. 13), 49 (no. 16), fig. 11; Leclant, dans: L'Image du Noir dans l'art occidental, Publications de la Menil Foundation, Fribourg 1976, 97–98. 294 (n. 37), figs. 79–80; Wenig, dans: Africa in Antiquity II, 52, fig. 27. – [19] CG 560; hauteur: 35 cm; PM II², 533–534; Ludwig Borchardt, Statuen und Statuetten von Königen und Privatleuten II, CG, Berlin 1925, 108, pl. 94; Leclant, Mon. Thébains, 183–184, § 49 a, pl. 88; Russmann, Representation, 16–17. 47, figs. 8–9; Wenig, dans: Propyläen Kunstgeschichte 15 (Claude Vandersleyen éd.), Berlin 1975, 409, pl. 408; Leclant, dans: L'Image du Noir, 98. 295 (n. 40), fig. 81; Wenig, dans: Africa in Antiquity II, 167, no. 76; Aldred, dans: L'Egypte du crépuscule (Jean Leclant éd.), Paris 1980, 132, fig. 134. – [20] Copenhague, NCG, AEIN 1538; basalte noir; hauteur: 14 cm; Käthe Bosse, Die menschliche Figur in der Rundplastik der äg. Spätzeit, ÄF 1, 1936, 77, no. 212; Otto Koefoed-Petersen, Catalogue des statues et statuettes égyptiennes, Copenhague 1950, 53, no. 87, pl. 99; Russmann, Representation, 53–54 (no. 30); Wenig, dans: Propyläen Kunstgeschichte 15, 409, pl. 409; Leclant, dans: L'Image du Noir, 98. 245 (n. 41), fig. 82; Wenig, dans: Africa in Antiquity II, 51, fig. 26. – [21] CG 1291; Leclant, dans: LÄ V, 515. 518, n. 29. – [22] Musée de Florence 7655; hauteur: 15 cm; Friedrich v. Bissing, Denkmäler äg. Sculptur, Munich 1911, Text, no. 64, n. 8; Russmann, Representation, 54 (no. 31), fig. 10; v. n. 141. – [23] La plupart des oushebtis de T. ont été partagés entre les Musées de Khartoum et des USA (MFA, Boston, MMA, Brooklyn Museum, Institute of Art de Detroit), mais il s'en trouve aussi, entre autres, au Musée du Caire, au BM, au Fitzwilliam Museum, dans les collections de Bruxelles, de l'Université de Lille, au Musée d'Anthropologie de Mexico. – Dans l'immense bibliographie, on notera Dunham, dans: BMFA 49, 1951, 47; RCK II, 10. 257, pl. 140, figs. 197. 199; Leclant, dans: L'Image du Noir I, 106. 108. figs. 93–95. 97; 296, n. 57; Wenig, dans: Africa in Antiquity II, 169–170, nos. 78–79; Myśliwiec, dans: MDAIK 39, 1983, 151–157, pls. 36–44. – [24] CG 42202; il manque la tête et le bas des jambes; PM II², 135; Georges Legrain, Statues et statuettes de rois et de particuliers III, CG, Kairo 1925, 10–11, pl. 10; Leclant, Mon. Thébains, 125, § 33 bis; Russmann, Representation, 48 (no. 11); v. n. 123. – [25] Caire JE 39403. 39404; PM II², 18; Leclant, Mon. Thébains, 102–103, § 28 A 7. 8, pls. 64. 65; Russmann, Representation, 48 (nos. 12–13); v. n. 109. – [26] Copenhague, NCG, AEIN 1706; PM VII, 190; Otto Koefoed-Petersen, Catalogue (v. n. 20), 53–54, no. 88, pl. 100; Macadam, Kawa I, 87–88 (no. XXXV); II, 97. 242 [0730]; Russmann, Representation, 49 (no. 14); Dittmar, dans: GM 41, 1980, 24. 29 (n. 35). 32, fig. 17; v. n. 68. – [27] Pierre Montet, Le drame d'Avaris, Paris 1942, 203 n. 1; Leclant et Yoyotte, dans: Kêmi 10, 1949, 37; Yoyotte, dans: RdE 8, 1951, 229 n. 3; v. n. 159. – [28] Naji al Asil, dans: Sumer, A Journal of Archaeology in Iraq 10, Baghdad 1954, III et 110; Simpson, dans: Sumer 10, 1954, 193–194; Vikentiev, dans: Sumer 11, 1955, 111–114, fig.; Russmann, Representation, 47 (nos. 7. 8). – [29] Copenhague, NCG, AEIN 738; Otto Koefoed-Petersen, Catalogue (v. n. 20), 55, no. 92, pl. 102. – [30] CG 770; PM II², 269; Mariette, Karnak, pl. 45, texte (Maspero) p. 66–67; Borchardt, Statuen III (v. n. 19), 81–82; Leclant, Mon. Thébains, 116, § 32 D 1; Russmann, Representation, 48 (no. 10); v. n. 119. 251. – [31] PM VII, 221; Frédéric Cailliaud, Voyage à Méroé II, Paris 1826, pl. 6; Dunham, dans: JEA 33, 1947, 63–65, pl. 2, 1; Russmann, Representation, 54 (no. 32). – [32] PM VII, 185. 187; Macadam, Kawa I, 88–89; II, 138–139, pl. XLIV g: ils forment deux paires: Kawa [0336] et [0337], Kawa [0463] et [0497]; v. n. 63. 66. Ils ont été répartis entre plusieurs Musées: Kawa [0336] est au BM 1779 (Macadam, Kawa I, 88, inscr. XXXVIII; Russmann, Representation, 50, no. 19, fig. 13; Anthony J. Arkell, A History of the Sudan, Londres ²1961, fig. 12 b l'a attribué par erreur au Gebel Barkal). – Kawa [0337] est au Musée de Khartoum 2682 = autrefois Merawi Museum 56 (Macadam, Kawa I, 88, inscr. XXXVII; Russmann, Representation, 50, no. 17); Kawa [0463] est au Musée de Khartoum 2681 (et non pas 1581) = autrefois Merawi 55 (Macadam, Kawa I, 89, inscr. XL; II, pl. L a. c; Russmann, Representation, 49, no. 15; Leclant, dans: L'Image du Noir I, fig. 87; id., dans: L'Egypte du crépuscule, fig. 223). – Kawa [0497] est à l'AM 1931. 553 (Macadam, Kawa I, 88–89, inscr. XXXIX, pl. 37; II, pls. XLVII b. L b; Russmann, Representation, 50–51, no. 20). – [33] BM 1770; longueur: 0 m 74; PM VII, 190; Macadam, Kawa I, 87, inscr. XXXIV; II, 97. 139 [0732], pl. LXXIV; Russmann, Representation, 18. 24. 50, no. 18, fig. 12; Wenig, dans: Propyläen Kunstgeschichte 15, 411, pl. 58; Leclant, dans: L'Image du Noir I, 98, n. 44 (p. 295), figs. 85. 86; Wenig, dans: Africa in Antiquity II, 50 (fig. 24), no. 77; 168; Aldred, dans: L'Egypte du crépuscule (v. n. 19), 132. 135, fig. 116. – [34] Copenhague, NCG 1595; ancienne collection MacGregor; hauteur: 14 cm; Schäfer, dans: ZÄS 33, 1895, 114, pl. 6; Bosse, Die menschliche Figur (v. n. 20), 56, no. 147, pl. 8 a; Koefoed-Petersen, Catalogue (v. n. 20), 54, no. 89, pl. 101; Günther Roeder, Ägyptische Bronzefiguren, Berlin 1956, § 356 d; Edna Russmann, dans: BMA 11, 1969–1970, 154–155; ead., Representation, 20. 57–58 (no. 2). – Ajouter la statuette du groupe de T. et du dieu-faucon Hemen Louvre E 25276 (v. n. 96). – Sur les bronzes anonymes, cf. Terrace, dans: BMFA 57, 1959, 48–53; Russmann, Representation, 59–69 (en particulier les pièces de Kawa p. 63–64, nos. 18–23); Leclant, dans: L'Image du Noir I, 295. – [35] Louvre E 3916; Paul Pierret, Catalogue de la salle historique, Paris 1873, 56, no. 265; Maspero, dans: Gazette Archéologique 9, Paris 1883, 185 (= BE 8, 1900, 259); Constant de Wit, Le rôle et le sens du lion dans l'Egypte ancienne, Leiden 1951, 51; Vandier, dans: RdE 10, 1955, 78, fig. 4; Russmann, Representation, 19. 58 (no. 3), fig. 14. – [36] On se reportera aux monuments dont l'inventaire est présenté ci-après selon l'ordre topographique: cf. un choix de portraits par Leclant, dans: L'Image du Noir I, 104–105, figs. 88–92. Les fouilles de Qasr Ibrim (v. n. 86) ont récemment fait connaître un portrait peint de T.; cf. Leclant, dans: Or 43, 1974, 204; Plumley, dans: JEA 61, 1975, 20, pl. 12; Wenig, dans: Africa in Antiquity II, 48; James, dans: JEA 68, 1982, 165 n. 34. – [37] Il faut abandonner l'appellation non justifiée "Taharqa Building" donnée par Garstang, dans: AAA 5, 1913, 77, no. 296; 6, 1914, 5 à un groupe de colonnes au centre de la cité royale de Méroé (cf. PM VII, 240). – [38] Musée de Khartoum 2212; tombe de Méroé W 585; RCK V, 49, fig. 34 c–d (23-M-198). – [39] Leclant, dans: Or 40, 1971, 257; Bradley, dans: Meroitica 7, Berlin 1984, 199–203. – [40] Arkell, dans: ILN 15 Février 1947; id., dans: JEA 36, 1950, 36; id., A History of the Sudan, Londres 1955, 131; même avis de Chittick, dans: JEA 43, 1957, 42–44, 1 fig. (avec note d'Arkell); Wenig, dans: LÄ II, 436. – [41] Excellentes vues dans Georg Gerster, Nubien, Goldland am Nil, Zürich–Stuttgart 1968, pls. 85. 87; Wenig, dans: Propyläen Kunstgeschichte 15, 406–407, pl. 403. – [42] PM VII, 215–221 (plan p. 210); vue aérienne dans: Gerster, o. c., pl. 86; Frédéric Cailliaud (Voyage à Méroé III, Paris 1826, 215), "d'après l'importante découverte de M. Champollion le jeune", y avait reconnu les cartouches de Taharqa. – [43] PM VII, 220 no. 43; Schäfer, dans: ZÄS 35, 1897, 98–99; LR IV, 35, XVII; Smith, Art and Architecture, 238–239, pl. 175 A; Dows Dunham, The Barkal Temples, Boston 1970, 21 (no. 14). 91, pls. 19. 29; Myśliwiec, dans: MDAIK 39, 1983, 152. 156–157, pls. 45–46. – Sur une paroi du vestibule était gravée une représentation de ce support de barque (PM VII, 220 no. 40). – [44] PM VII, 208; Dunham, o. c., 10, fig. 2, plan III–IV. – [45] PM VII, 208–211 (plan p. 210); LR IV, 34–35, XVI; Dunham, o. c., 12, fig. 3, plan III–IV. – [46] Ainsi une grande amulette associant ankh et ouas au BM, L'Egypte du crépuscule (v. n. 19), fig. 230. – [47] A Napata, les statues des souverains de la XXVe dyn. et de la Iere dyn. de Napata ont été retrouvées cassées en pièces, lors de rivalités au sein même des dyn. koushites (Sauneron et Yoyotte, dans: BIFAO 50, 1952, 203 n. 6). – [48] Musée de Khartoum 1841, v. n. 18. – [49] PM VII, 198–203 (plan p. 200); Griffith, dans: AAA 9, 1922, 79–107, pls. 5–43. 48–49. – [50] Griffith, dans: AAA 9, 1922, 101–104, pls. 38–40; Priese, dans: ZÄS 98, 1972, 99–121. – [51] PM VII, 201–202, nos. 36–37; blocs AM 1922. 153–156 et Berlin 7878–7884. – [52] AM 1921. 1003–1009; Griffith, dans: AAA 9, 1922, 81–82, pls. 5. 7. 21. 22; PM VII, 198. – [53] V. n. 190. – [54] V. n. 215. – [55] Nuri 1; RCK II, 6–16, fig. 1, pl. 3 A; Leclant, dans: Annuaire du Collège de France 1983–1984, 84e année, Paris (sous presse). – [56] Sur les dimensions exceptionnellement grandes de cette superstructure cf. Hintze, dans: Studies in Ancient Egypt, The Aegean and the Sudan, Boston 1981, 93. 96 (tableau A 1). – [57] Sur les oushebtis de T., v. n. 23. – [58] RCK II, 9; dans le rapport préliminaire publié dans: BMFA 16, 1918, 72 Reisner signalait "a few fragments of bones", mais ceux-ci ne figurent pas dans HAS 2, 1918, 45–46. – [59] Sur la tombe avec nom et image de T. à Sedeinga, v. n. 76. – [60] PM VII, 181–182; Macadam, Kawa II, 28–44, pls. 4. XXXVII. – [61] PM VII, 185; Macadam, Kawa II, 53–60, pls. 6. 10. XLIII. XLIV. – [62] Musée de Khartoum 2693; PM VII, 185; Macadam, Kawa I, 88 (inscr. XXXVI); II, 16. 57–58. 171, fig. 64 [0353]. – [63] V. n 32; Kawa [0336] (BM 1779); [0337] (Musée de Khartoum 2682). – [64] PM VII, 184–191 (plan p. 186); Macadam, Kawa II, 61–113, pls. 12–15. IX–XXVIII. XLV–LXVI. – [65] V. n. 11: la stèle III de Kawa énumère les dons des années 2 à 8; la stèle IV a trait à la reconstruction du temple; la stèle V est le Grand texte; la stèle VI donne la suite des offrandes des ans 8 à 10; la stèle VII (an 10) commémore la construction du temple T. – [66] V. n. 32: Kawa [0497] (AM 1931. 553); [0463] (Musée de Khartoum 2681). – [67] AM 1936. 661; PM VII, 188 no. 39; Leeds, dans: The Museums Journal 41, Londres 1942, 228–230, pl. 31; Macadam, Kawa II, 83–89, pls. 16. XVII. LV c. LVI. – [68] Copenhague, NCG, AEIN 1706, v. n. 26. – [69] BM 1770, v. n. 33. – [70] Musée de Khartoum 2689 et Copenhague, NCG, AEIN 1705; PM VII, 190; Macadam, Kawa I, 87 (inscr. XXXII. XXXIII), pl. 35; II, pl. LXX a. b [0729. 0731]; Koefoed-Petersen, Catalogue des statues (v. n. 20), 55, no. 93, pl. 103. – [71] V. n. 34. – [72] AM 1932. 750 b; Macadam, Kawa II, 198 [0842], pl. CIII a. – [73] AM 1932. 750 a; Macadam, Kawa II, 198 [0383]. – [74] Jakobielski et Krzyzaniak, dans: Kush 15, 1967–1968, 161–162, pl. 32 b; Leclant, dans: Or 38, 1969, 293, figs. 65–67. – [75] Maystre, dans: BSFE 55, 1969, 9, pl. 3 B; Helen Jacquet-Gordon, Bonnet et Jacquet, dans: JEA 55, 1969, 103–111, pls. 22–23. – [76] Michaela Schiff Giorgini, dans: Kush 13, 1965, 116–123, figs. 2–5; Leclant, dans: Or 44, 1965, 218, pls. 48–50; id., dans: CRAIBL 1970, 250, figs. 2. 3; id., dans: Annuaire du Collège de France 1983–1984, Paris 1984 (sous presse). – [77] Leclant, dans: Or 53, 1984, pls. 31–32. – [78] E. A. Wallis Budge, The Egyptian Sûdân I, Londres 1905, 483; PM VII, 149–150; Dunham et

Janssen, Semna–Kumna, 12–13. 32–45, pls. 35–38; les éléments épigraphes de la porte d'entrée sont au Musée de Khartoum 449 (Frank Addison, A Short Guide, Khartoum ²1934, 31). – [79] Aujourd'hui au Musée de Khartoum, LR IV, 35, XVIII; Yoyotte, dans: RdE 8, 1952, 226 n. 7; Dunham–Janssen, o. c., pls. 36 D. 37 B. 38 A. – [80] David Randall-MacIver et C. Leonard Woolley, Buhen I, Philadelphia 1911, 17. 50 (nos. 37–38); Ricardo A. Caminos, The New-Kingdom Temples of Buhen, ASE 33, 1974, 57–59, pls. 12. 69–70. – [81] Thomas G. H. James, dans: JEA 47, 1961, 2; Caminos, o. c., 59–60, pls. 12. 71. – [82] Pour les fragments d'un mur d'entrecolonnement, cf. Randall-MacIver et Woolley, o. c., 17. 66, no. 90, pl. 24; Leclant, dans: Or 33, 1964, 376; Caminos, o. c., 82–83, pls. 99. 100, fig. 1; sur la scène peinte montrant un roi de couleur noire harponnant ses ennemis face à Isis, cf. Henry S. Smith, The Fortress of Buhen. The Inscriptions, EES 48, 1976, 131, no. 1613. – [83] Il faut ajouter un fragment de montant de porte; Caminos, o. c., 86, pl. 103, figs. 2.3; H. S. Smith, o. c., 139, no. 1723. – [84] Verwers, dans: Kush 10, 1962, 33; Adams, dans: Mélanges offerts à K. Michalowski, Warszawa 1966, 21 n. 77. – [85] Michalowski, dans: Kush 13, 1965, 179–180. – [86] John G. Wilkinson, Modern Egypt and Thebes II, Londres 1843, 323; LD, Text V, 129–132; John Murray, A Handbook for Travellers in Egypt, Londres ⁴1873, 484; Griffith, dans: AAA 9, 1922, 68; PM VII, 94; Edwards, dans: JEA 51, 1965, 28 (no. 13), pl. 12, 2; Bruce G. Trigger, History and Settlement in Lower Nubia, New Haven 1965, 50; Ricardo A. Caminos, The Shrines and Rock-Inscriptions of Ibrim, ASE 32, 1968, 7. 13, n. 2. 5; 24, n. 4; Plumley, dans: JEA 56, 1970, 17–18, pl. 25, 3; 61, 1975, 16, pl. 9; 63, 1977, pl. 6, 3. – [87] V. n. 36. – [88] V. n. 215. – [89] Winter, dans: Antike Welt 7.3, Küsnacht–Zürich 1976, 11; id., dans: LÄ IV, 1025. – [90] PM VI, 256; Arthur Weigall, A Report on the Antiquities of Lower Nubia, Oxford 1907, 49; Griffith, dans: BIFAO 30, 1930, 128–129. – [91] V. n. 11. – [92] Farag, Wahba et Farid, dans: OrAnt 18, 1979, 281–289, pls. 18–20; Winter, dans: LÄ IV, 1025. – [93] V. n. 90. – [94] Fouilles d'El-Kab K 127 b; Capart, dans: ASAE 38, 1938, 634; Fouilles de El Kab. Documents I, Bruxelles 1940, 25–29, pl. 27; Jean Capart, Quelques observations sur la déesse d'El-Kab, Bruxelles 1946, 11; Leclant, dans: RdE 8, 1951, 119 n. 3; Fouilles de El Kab. Documents III, 1954, 88. 110–111. – [95] Caire JE 38269; v. n. 11. – [96] Louvre E 25276; Vandier, dans: RdE 10, 1955, 73–79, pl. 5; Russmann, Representation (v. n. 13), 19–20. 58 (no. 4), fig. 15; Leclant, dans: L'Image du Noir (v. n. 18), 98, n. 47, figs. 83. 84; L'Egypte du crépuscule (v. n. 19), figs. 3. 224. – [97] Leclant, Mon. Thébains, 5–6, § 1 E–I; 243. 349, pls. 2. 3; v. Beckerath, dans: JARCE 5, 1966, 43–55; pour les inscriptions datées, v. n. 11. – [98] Traunecker, dans: BIFAO 72, 1972, 195–236; cf. Lauffray, dans: Kêmi 21, 1971, figs. 15. 16. 18. 19; Traunecker, dans: Karnak V, 1975, 58–63. – [99] Claude Traunecker, Fr. Le Saout et O. Masson, La chapelle d'Achôris à Karnak II, Paris 1981, 17–18. 25–26. 61–65. 90, pl. 2 (inscr. no. 3). – [100] Leclant, dans: Les cahiers techniques de l'art 10, Strasbourg 1957, 28; id., Mon. Thébains, 200–216. 345–346, fig. 32. – [101] Leclant, Mon. Thébains, 8–13, § 3, pls. 1. 5; Barguet, Temple d'Amon-Rê, 50–51; Lauffray, dans: Kêmi 20, 1970, 111–164; L'Egypte du crépuscule, 230, figs. 52. 265. – [102] PM II², 209–210; Leclant, dans: BIFAO 53, 1953, 113–172, 28 figs., 17 pls.; id., Mon. Thébains, 56–58, § 14, pls. 31–35; Barguet, Temple d'Amon-Rê, 225–226. 306; Lauffray, dans: Karnak VI, 1980, 28. – [103] PM II², 227; Leclant, Mon. Thébains, 84, § 21; Lauffray, dans: Karnak VI, 1980, 54–55; Françoise Laroche-Traunecker, dans: Karnak VII, 1982, 313–337; vestiges de la colonnade et dépôts de fondation. – [104] Les éléments de cette colonnade (tambours et entrecolonnements) ont été remployés dans les fondations de la colonnade ptolémaïque du temple de Montou; Karnak-Nord IV, 68–106, pls. 61–91; Leclant, Mon. Thébains, 85–86, pls. 50–53. – [105] Karnak-Nord IV, 6. 36 sq. 68, figs. 69–71. 110, pls. 38–40; Leclant, Mon. Thébains, 87–88, § 23 A. B., pl. 54. – [106] Karnak-Nord IV, 6. 106–109. 116, figs. 114. 116, pls. 92–95; Leclant, Mon. Thébains, 88–89, § 24, pl. 55; Edna Russmann, dans: BMA 11. 2, 1969–1970, 149. – [107] Leclant, Mon. Thébains, 99, § 27 C. – [108] Legrain, dans: ASAE 4, 1903, 181–184; Leclant, Mon. Thébains, 99–105, § 28, 267–268; Pour la distinction qu'il convient d'établir entre les chapelles consacrées respectivement à Osiris-Nebdjet et à Osiris-Padedankh, cf. Dewachter, dans: CdE 54, no. 107, 1979, 20–22. – [109] Caire JE 39403. 39404, v. n. 25. – [110] PM II², 38–39; Leclant, Mon. Thébains, 15, § 4 G. – [111] PM II², 188–189; Leclant, Mon. Thébains, 80–82, § 19 B, fig. 20. – [112] PM II², 92 (nos. 262–264); Leclant, Mon. Thébains, 18, § 6 A; Barguet, Temple d'Amon-Rê, 122–124; Vernus, dans: BIFAO 75, 1975, 1–12. 26–66, fig., pls. 1. 3–5; Spalinger, dans: CdE 53, no. 105, 1978, 28–33. – [113] PM II², 194–195; Legrain, dans: RecTrav 24, 1902, 208–214; Leclant, dans: Fs Grapow, 197–204, 4 figs; id., Mon. Thébains, 25–36, § 9; 269–273, figs. 2–12. 35, pls. 8–11. – [114] Leclant, Mon. Thébains, 62–76, § 17, pls. 38–44. 46–49; Barguet, Temple d'Amon-Rê, 16–17; Richard A. Parker, Jean Leclant et Jean-Claude Goyon, The Edifice of Taharqa by the Sacred Lake of Karnak, Brown Egyptological Studies 8, Providence 1979. L'interprétation de ce monument demeuré énigmatique a été donnée par J.-Cl. Goyon: on y célébrait des rites ayant trait à la grande union d'Amon-Rê-Horakhty avec Osiris, lors du retour de la statue d'Amon à l'issue de la fête de la Décade; l'édifice jouait un rôle notable pour le maintien et la transmission du pouvoir royal. – [115] Leclant, dans: LÄ V, 501, n. 45. – [116] Anus et Saᶜad, dans: Kêmi 21, 1971, 237; Photo Archives du Centre Franco-Egyptien, Négatif no. 5321. – [117] PM II², 251; Leclant, Mon. Thébains, 82, § 20 A. B. – [118] PM II², 278; Leclant, Mon. Thébains, 110–113, § 31, fig. 23, pls. 68–70; id., dans: L'Image du Noir I (v. n. 18), 112, fig. 104. – [119] CG 770; Borchardt, Statuen III (v. n. 19), 81–82, no. 770; Leclant, Mon. Thébains, 116, § 32 D 1; v. n. 30. 25. – [120] Leclant, Montouemhat, 230–231. 236, pl. 70 B; PM II², 258. – [121] Fazzini et Manning, dans: NARCE 101–102, 1977, 18–19. 22–23; Fazzini et Peck, dans: NARCE 112, 1980, 39–44; id., dans: SSEAJ 11. 3, 1981, 115–126, 3 figs.; Fazzini, dans: LÄ IV, 250–251 (avec mention de colonnes remployées). – [122] Leclant, Mon. Thébains, 126, § 35, pls. 72–73; id., dans: MDAIK 37, 1981, 291 n. 16. – [123] CG 42202; v. n. 24. – [124] Leclant, Mon. Thébains, 143, § 41 bis;

Abdel-Qader Muhammad, dans: ASAE 60, 1968, 244–247, pls. 14. 19; PM II^2, 336. 539–540. – [125] V.n. 11. – [126] Caire JE 36410 et AM 1941. 1132; v.n. 11. – [127] Jadis dégagée par J.B.Green, elle est aujourd'hui détruite; PM II^2, 474; Leclant, Mon. Thébains, 153–154, § 43 E. – Sur une autre porte, les cartouches sont à ce point arasés qu'une attribution précise à un des rois éthiopiens est impossible, Leclant, o.c., 153, § 43 D. – [128] PM II^2, 464–465; Leclant, Mon. Thébains, 145–151, § 42; 346; id., dans: RdE 8, 1951, 117–120, pl. 5 A; Yoyotte, dans: RdE 8, 1951, 226–227; v.n. 250. – [129] PM II^2, 527; Leclant, Mon. Thébains, 171. – [130] Leclant, Mon. Thébains, 173–174, § 47 A. – [131] Leclant, Mon. Thébains, 172, § 46 A; Dominique Valbelle, dans: LÄ I, 1031; PM I. 2^2, 686. – [132] TT 132 et nombreux cônes funéraires; Leclant, Mon. Thébains, 175–176, § 48 B 1; PM I. 1^2, 247 (plan p. 238). – [133] Sarcophages au Musée de Florence 2159–2161; collier large de perles de faïence disparu; Leclant, Mon. Thébains, 179, § 48 C 5; PM I. 2^2, 674. – [134] Caire JE 65758–60; Fakhry, dans: ASAE 43, 1943, 412 (25); Leclant, Mon. Thébains, 180, § 48 C 7; PM I. 2^2, 677. – [135] CG 560; v.n. 19. – [136] Leclant, Mon. Thébains, 190, § 49 C k. – [137] München, ÄS 2939; Leclant, op. cit., 192, § 49 D e. – [138] Nous n'avons pu retrouver ce document, que nous avions autrefois signalé à de Wit, Le rôle (v.n. 35), 475. – [139] Caire JE 48400; v.n. 11. – [140] LR IV, 37, XXVI; PM VII, 335; Couyat – Montet, Inscr. du Ouâdi Hammâmât, 95 (no. 176). 97 (no. 181). – [141] Musée de Florence 7655; v.n. 22. – [142] Stèle de l'an 7, v.n. 11. – [143] Moussa, dans: MDAIK 37, 1981, 331–337, 1 fig., pl. 47; Altenmüller et Moussa, dans: SAK 9, 1981, 57–84, 2 figs., pl. 1. – [144] La titulature de T. le met en communion avec le dieu jeune de la triade de Memphis (v.n. 7. 9); nom de couronnement (*Nfrtm-ẖwj-Rꜥ*), nom d'Horus d'or (*Ḫwj-tꜣwj*), épithète *ẖknw*, son nom d'Horus (*Qꜣj-ẖꜥw*) suit un schème fréquent à l'AE. – [145] Stèle de Kawa V, l. 15 et stèle de Tanis, B. l. 8–9; pour ces deux documents, v.n. 11; pour l'enchaînement chronologique, cf. bibliographie de Leclant, dans: Mél. Mar., 279. – [146] Stèle de Kawa IV, l. 22 (v.n. 11) et inscription de Sanam (Griffith, dans: AAA 9, 1922, pl. 40,5; v.n. 50). – [147] Sur l'importance de Memphis à l'époque éthiopienne, cf. en dernier lieu la bibliographie par Leclant, dans: MDAIK 37, 1981, 294 n. 35. – [148] Leclant, dans: Or 20, 1951, 346; Habachi, dans: GM 31, 1979, 50. – [149] Ptah, le dieu de Memphis, est associé à T. sur les monuments et divers objets: un gros poids (v.n. 152), un fragment de feldspath (Caire JE 67991; v.n. 180). – Quant à la déesse Oubastet, il est souvent difficile de décider s'il s'agit de la déesse memphite ou de la dame de Bubastis; c'est aussi la déesse du couronnement; cf. le contrepoids de menat MMA 41. 160. 104 (v.n. 177). – Le lien avec le dieu-jeune Néfertoum est affirmé par la titulature de T. (v.n. 7. 9). – [150] Stèle en calcaire Caire JE 36861; Meeks, dans: Hommage à S. Sauneron I, BdE 81, 1979, 221–259, fig. 1, pl. 38. – [151] Meydum and Memphis III, 40, pl. 33; Yoyotte, dans: RdE 8, 1951, 223. 230. 235. – [152] CG 31652; LR IV, 37, XXVII; Arthur Weigall, Weights and Balances, CG, Le Caire 1908, 10, pls. 5. 6; 270 deben. – [153] Vercoutter, dans: Kush 8, 1960, 62–76, 4 ill. – Pour des raisons de style essentiellement, on a attribué au règne de T. trois stèles du Serapeum de Memphis, qui portent la date de l'an 4, mais sans nom de souverain; il s'agit d'une simple conjecture (Malinine et alii, Catalogue [v.n. 11, An 24], XIII); pour ces trois documents (SIM 3019. 3146. 3440), cf. PM III. 2^2, 807; Vercoutter, dans: Kush 8, 1960, 68 n. 35. 36. – On a également été tenté d'attribuer à l'an 14 de T. deux stèles du Serapeum. Sur SIM 2686, sans nom de souverain, on pouvait lire "an 14"; PM III. 2^2, 807; Vercoutter, dans: Kush 8, 1960, 69–70, pl. 22 a (attribuable plus probablement à Schabaka); Malinine et alii, Catalogue, 98, no. 123, pl. 34, (p. 98, n. 2 "à l'extrême rigueur on pourrait proposer '24' pour obtenir la date de l'Apis mort en l'an 24 de T."). De la même main semble la stèle SIM 3117, sans date ni nom de roi (Vercoutter, dans: Kush 8, 1960, pl. 22 b; Malinine et alii, Catalogue, no. 124, pl. 35). – Pour l'inhumation d'un Apis en l'an 24, cf. les stèles SIM 2640. 2675. 2705. 2707. 2746 citées supra n. 11. Pourraient être également de l'an 24, en raison de leur style apparenté aux documents précédents, trois autres stèles (PM III. 2^2, 791): SIM 2732 (?) (Malinine et alii, Catalogue, 123, no. 159, pl. 44). 2763 (id., ibid., 124, no. 160, pl. 44). 3306 (id., ibid., 136, no. 178, pl. 48). – L'an 26 de T. figure sur la stèle SIM 3733, épitaphe de l'Apis mort en l'an 20 et enterré en l'an 21 de Psammétique, v.n. 11. – [154] Leclant, dans: Or 30, 1961, 100; Ruszczyc, dans: Fs Hintze, 391–395, pls. 59–64; Pascal Vernus, Athribis, BdE 74, 1978, 63 no. 72; 473; Habachi, dans: BIFAO 82, 1982, 216. 230. – [155] CG 12913; George A. Reisner, Amulets II, CG, Le Caire 1908, 50, pls. 12. 26; Leclant, dans: Mél. Mar., 272–273, fig. 6, c. b; Vernus, o.c., 62, no. 71. – [156] Il n'est pas sûr qu'il faille assimiler à un dignitaire connu d'Athribis (Vernus, o.c., 63–65, no. 73; 473) un vizir Montouhotep, en qui Labib Habachi a voulu voir, de façon hypothétique, le gendre de T. (v.n. 234). – [157] V.n. 148. – [158] London, U.C. 2398; Petrie, Weights and Measures, X, pl. 29. – Pour un gond de porte mentionnant T. "aimé de Neit, dame de Sais", v.n. 151. – [159] Leclant et Yoyotte, dans: Kêmi 10, 1949, 37. – [160] Caire JE 37488 et fragments, v.n. 11. – [161] Mention erronée de PM VII, 311; il s'agit en fait de Schabaka (Leclant, dans: LÄ V, 502, n. 65) et de Schabataka (Leclant, dans: LÄ V, 515, n. 33). – [162] Stèle de Kawa III, l. 22; stèle de Kawa VI, l. 15; cf. pour Sanam, Griffith, dans: AAA 9, 1922, pl. 26 (8). – [163] A Sanam, Griffith, dans: AAA 9, 1922, pl. 23 a. – [164] A Sanam, Griffith, dans: AAA 9, 1922, pl. 41. – [165] Georg Steindorff, Durch die libysche Wüste zur Amonsoase, Bielefeld 1904, 69–70; id., dans: ZÄS 69, 1933, 22–24; cf. Lepsius, dans: ZÄS 15, 1877, 16 sq.; Helene von Zeissl, Äthiopien und Assyrer in Ägypten, ÄF 14, 32 n. 150. – Selon Hérodote II, 42 "les Ammoniens sont des colons des Egyptiens et des Ethiopiens". On a voulu rapprocher le nom d'"Etearchos, roi des Ammoniens" (Hérodote II, 32) de celui de T. (Karl A. Wiedemann, Aegyptische Geschichte, Gotha 1884, 593 n. 2). Megasthène (Fragment 20, Müller II, 416), puis Strabon I, 3, 21 (= C 61) et XV, 1, 6 (= C 687) ont rapporté les conquêtes lointaines de "Tearkon" vers l'Ouest. – [166] BM 48116, v.n. 209. 243. – [167] Musée de Baghdad, v.n. 210. 243. – [168] Musée d'Istanbul 9583–9584: "zwei Fragmente von Alabastergefäßen", selon Weidner, dans: AfO 10, 1935, 94; "fragment of granite vase, probably from Palace of Esarhaddon,

Qala'at Shergat, Ashur", selon PM VII, 397. – [169] Naji al Asil, dans: Sumer, A Journal of Archeology in Iraq 10, Baghdad 1954, III et 110; Simpson, dans: Sumer 10, 1954, 193–194; Vikentiev, dans: Sumer 11, 1955, 111–114, fig.; Russmann, Representation (v.n. 13), 47 (nos. 7. 8). – [170] V. n. 11. – [171] V. n. 18–35. – [172] V. n. 37–169. – [173] Pour les documents où Amenirdis la Jeune est donnée comme "fille de T.", v.n. 234. 248. – [174] Ces papyrus ou tablettes avec textes en hiératique anormal ont été inventoriés (avec bibliographie) dans Erwin Seidl, Ägyptische Rechtsgeschichte der Saiten- und Perserzeit, ÄF 20, 1956, 74; Vleeming, dans: OMRO 61, 1980, 4–5; Thissen, dans: Enchoria 10, 1980, 105–107; Vittmann, dans: LÄ IV, 748–750. – Pour les papyrus comportant des dates, v.n. 11; on y adjoindra les documents non datés en hiératique anormal CG 30865 (une lettre; Caminos, dans: LÄ I, 861, n. 39). 30894. 30906. – [175] Copenhague, NCG, AEIN 71; LR IV, 38, XXXI; Koefoed–Petersen, Stèles, 41, pl. 55, no. 55; Yoyotte, dans: RdE 8, 1951, 223 n. 1. – [176] Ancienne collection Chester; Karl A. Wiedemann, Äg. Geschichte, Gotha 1884, 596 n. 15; LR IV, 40 n. 1. – [177] MMA 41. 160. 104; Leclant, dans: Mél. Mar., 251–259, pl. 1, A. B. – Cf. le contrepoids de menat CG 12913 montrant face à face le roi et Horus Khenty-khety, le dieu d'Athribis, v.n. 155. – [178] BM 5310. 5311; Conradus Leemans, Lettre à M. F. Salvolini, Louvain 1838, 118, pl. 23, nos. 230–231; Birch, dans: TSBA 7, 1882, 203; Guide British Museum, 1909, 257; LR IV, 39, XXXVIII. – Brooklyn Museum 37. 1792 E; Catalogue of the Egyptian Antiquities of the New York Historical Society, New York 1915, 54, no. 852. – [179] Caire JE 46791; Engelbach, dans: ASAE 21, 1921, 70–71 (8), fig. 4. – BM 49726; John A. Hammerton, Universal History of the World II, New York 1927–1930, 1011. – Croix ansée d'El-Kab, v.n. 94. – Amulette ankh-ouas de Gebel Barkal, cf. n. 46. – Sur ce type d'objets, cf. Leclant, Montouemhat, 151–152; Jean-Claude Goyon, Confirmation du pouvoir royal au Nouvel An, BdE 52, 1972, 20. 54. 86. 128. – [180] Brooklyn Museum 51. 134; le caillou de pierre semi-précieuse est "lié" par des cordelettes nouées constituées de fils de métal enrobés de cire; The Brooklyn Museum, Five Years of Collecting Egyptian Art 1951–1956, Brooklyn 1956, 57, no. 72, pl. 90. – Caire JE 67991; avec mention de "Ptah, le dieu grand, maître du ciel"; don du roi Fouad Ier; Engelbach, dans: ASAE 41, 1942, 227; Leclant, dans: BiOr 16, 1959, 212–213. – [181] München, ÄS 2939; Leclant, dans: Mél. Mar., 252–253, fig. 1. – [182] Caire JE 45742 (inédit; comm. B. Jaeger, v.n. 206); ancienne collection Duke of Northumberland (vente Sotheby 21 Avril 1975, 21, no. 78; vente Sotheby 11 Juillet 1983, 42, no. 151). – [183] Petrie, Scarabs, pl. 52 (25. 5. 1 = London, U.C. 13162); Berlin-Ouest 1793/73, ancienne collection Michaelidis (comm. B. Jaeger); collection Fouad Ier, Caire JE 74763. Aux signes du nom de couronnement peut être jointe une formule propitiatoire (collection Fouad Ier, Caire JE 74766). Le nom de couronnement du roi se lit aussi sur des scarabées historiques mineurs (v.n. 207) et sur une plaquette bombée (v.n. 212). – [184] Newberry, Scarabs, 187, pl. 38, no. 2; Petrie, Scarabs, pl. 52 (25. 5. 7 = London, U.C. 13168); MMA 10. 130. 158 (The Murch Collection of Egyptian Antiquities, 1916, fig. 4. 9); scarabées de la collection Fouad Ier (Caire JE 74760. 74762); Erik Hornung et Elisabeth Staehelin, Skarabäen und andere Siegelamulette aus Basler Sammlungen, Mayence 1976, 284, pl. 50, no. 465 (Fraser 370); un scarabée de l'ancienne collection R. H. Blanchard, de localisation actuelle inconnue (album de dessins du Séminaire d'Egyptologie de Bâle, feuillet 197, comm. B. Jaeger). – [185] Percy E. Newberry, Scarab-Shaped Seals, CG, London 1907, 76, pl. 6, no. 36301; Petrie, Scarabs, pl. 52 (25. 5. 6 = London, U.C. 13167); Brooklyn Museum 37. 504 E (Catalogue of the Egyptian Antiquities of the New York Historical Society, New York 1915, 90, no. 216). – [186] Bertrand Jaeger, Essai de classification et datation des scarabées Menkhéperrê, OBO, series Archaeologica, 2, 1982, 250, § 1518, no. 2779; 354 n. 932. – [187] BM 52802; Harry R. Hall, Scarabs, British Museum, Department of Egyptian and Assyrian Antiquities, Londres 1929, pl. 2, 2, Iere rangée, milieu; cf. BM, Guide to the 4th–6th Egyptian Rooms, Londres 1922, 46 (comm. B. Jaeger). – [188] Fouad Matouk, Corpus du scarabée égyptien I, Beyrouth 1971, no. 819 (p. 140, dessin p. 199, photo p. 221); Berlin-Ouest 19297, ancien fonds (comm. B. Jaeger). – [189] Petrie, Scarabs, pl. 52 (25. 5. 8 = London, U.C. 13169); collection Duke of Northumberland (vente Sotheby, 21 Avril 1975, 21, lot 77, no. 76), depuis au Manchester Museum 1975. 9 (Janine Bourriau, dans: JEA 63, 1977, 172, no. 45); Berlin-Ouest 456/73, ancienne collection G. Michaelidis (comm. B. Jaeger). – [190] Cimetière de Sanam, Griffith, dans: AAA 10, 1923, 113–114, pl. 43, 2. – [191] Matouk, Corpus, no. 820 (p. 140, dessin p. 199, photo p. 221). – [192] Collection Fouad Ier, Caire JE 74761. – [193] Berlin-Ouest 1155/73, ancienne collection R. H. Blanchard (album de dessins au Séminaire d'Egyptologie de Bâle, feuillet 197), puis G. Michaelidis (comm. B. Jaeger). – [194] Petrie, Hist. Scarabs, no. 1893 = id., Scarabs, pl. 52 (25. 5. 2 = London, U.C. 13163); Matouk, Corpus, no. 822 (p. 140, dessin p. 199). – [195] Cité par Jaeger, Essai (v.n. 186), 250, sub no. 2782. – [196] Ancienne collection R. H. Blanchard, de localisation actuelle inconnue (album de dessins au Séminaire d'Egyptologie de Bâle, feuillet 197, comm. B. Jaeger). – [197] Matouk, Corpus, no. 821 (p. 140, dessin p. 199, photo p. 221). – [198] Daninos Pacha, Collection d'antiquitiés égyptiennes de Tigrana Pacha, Paris 1911, 15, pl. 43, 15e rangée, 1er document; Raphael Giveon, The Impact of Egypt on Canaan, OBO 20, 1978, 124, fig. 72a–c; Petrie, Scarabs, pl. 52 (25. 5. 5. = London, U.C. 13136). – Sans doute faut-il voir un faux dans le scarabée Moskau GMII 2179 (= ancienne collection Golénischeff no. 230; Hodjasch, dans: Vestnik Drevnej Historii 3 (145), 1978, 62, no. 7). – [199] R. W. Reid, Illustrated Catalogue of the Anthropological Museum of Aberdeen, Aberdeen 1912, 153, no. 1034 (comm. B. Jaeger). – [200] Jaeger, Essai, 162, § 1185; pour un exemplaire acheté par G. D. Nash à la vente Sotheby du 18 Juin 1930, on possède seulement l'indication "un scarabée de T. avec sphinx" (comm. B. Jaeger). – [201] Alice Grenfell, dans: AE 1916. 1, 28. 31, no. 144, Caire JE 37643 (comm. B. Jaeger). – [202] Petrie, Scarabs, pl. 52 (25. 5. 3 = London, U.C. 13164); Constant de Wit, Le rôle et le sens du lion, Leiden 1951, 30 n. 101. – [203] Collection Fouad Ier, Caire JE 74762. –

[204] Petrie, Scarabs, pl. 52 (25. 5. 4 = London, U.C. 13165); Jaeger, Essai, 143, § 1088; 309 n. 419; 179, § 1246; 203, § 1356. – [205] MMA 0. 3. 395; John Ward, The Sacred Beetle, Londres 1902, pl. 7, no. 54; LR IV, 24. 39 n. 2; Anthes, dans: MDAIK 12, 1943, 48 n. 2; Hornung et Staehelin, Skarabäen (v. n. 184), 86 n. 15; Leclant, dans: LÄ IV, 1050, n. 33. – [206] Comme a bien voulu me l'indiquer B. Jaeger, c'est sur une confusion que repose l'indication de Jacques F. et Liliane Aubert, Statuettes égyptiennes, chaouabtis, ouchebtis, Paris 1974, 199, reprise par De Meulenaere, dans: LÄ II, 1022; Erhardt Graefe, Untersuchungen zur Verwaltung und Geschichte der Institution der Gottesgemahlin, ÄA 37. 1, 1981, 131–132: dans un même sarcophage (Caire Temp. 6. 9. 16. 15) ont été retrouvés un scarabée avec deux cartouches de T. (Caire JE 45742, v. n. 182) et six scarabées au nom d'Harwa (Caire JE 45744–45749). – [207] Louvre N 632; Petrie, Hist. Scarabs, no. 1894; LR IV, 39, XXXVI; Leclant et Yoyotte, dans: Kêmi 10, 1949, 37–42. – [208] Newberry, Scarab-Shaped Seals (v. n. 185), 74, no. 36291, pl. 5; collection Fouad Ier, Caire JE 74764. 74765; Leclant, dans: Mél. Mar., 275. – [209] BM 48116: Birch, dans: TSBA 7, 1882, 208; Harry R. Hall, Catalogue of Egyptian Scarabs, etc. in the British Museum I, Londres 1913, 291, no. 2780; LR IV, 38, XXIX; PM VII, 39; R. Giveon, Impact (v. n. 198), 124; il y aurait un exemplaire à Copenhague: H. Ingolt, H. Seyrig, J. Starcky et A. Caquot, Recueil des tessères de Palmyre, Paris 1955, 125, no. 988, pl. 45. Pour l'interprétation, cf. Yoyotte, dans: Biblica 37, 1956, 463. 469. – [210] Max E. L. Mallowan, Nimrud and its Remains, Londres 1966, 441. 472–473. 478. 583. 598 (ND 7624, no. 583). – [211] Pour clore la liste des scarabées de T., indiquons que nous ne possédons pas de précisions sur le scarabée du Musée de Zurich (Karl A. Wiedemann, Äg. Geschichte, 596 n. 13), non plus que sur celui du Musée de Rio de Janeiro 476 (Alberto Childe, Guia das Collecções de Archeologia Classica, Rio de Janeiro 1919, 38); il faudrait également retrouver ce qui figurait dans la vente Sotheby du 18 Juin 1960, no. 16 ainsi que deux scarabées provenant de l'ancienne coellection Lady Meux et vendus chez Sotheby le 23 Octobre 1961, no. 30 (comm. B. Jaeger). – On peut sans doute considérer comme un faux le scaraboïde à tête humaine, en ivoire (?), signalé au Musée de Dresden (Wiedemann, Äg. Geschichte, 596 n. 13; Ägyptische Altertümer aus der Skulpturensammlung, Dresden 1977, no. 246, fig. 69; Jaeger, Essai (v. n. 186), 330, n. 694; 345, n. 856). – [212] Collection Duke of Northumberland (vente Sotheby 21 Avril 1975, 10, no. 19; vente Sotheby 11 Juillet 1983, 37, no. 134; Jaeger, Essai (v. n. 186), 336, n. 765). – [213] Matouk, Corpus I (v. n. 188), no. 818 (p. 140, dessin p. 199, photo p. 221); Jaeger, Essai, 219, § 1411; 350, n. 901. – [214] François Lenormant, Description des antiquités égyptiennes composant la collection de feu M. A. Raifé, Paris 1867, no. 303; Jaeger, Essai, 176, § 1235; 328, n. 674. – [215] Griffith, dans: AAA 10, 1923, 113–114, pl. 43, 7. – Il est difficile de préciser la nature de l'"upper part of a plaque of burnt clay in the form of a cartouche", signalée sur la rive gauche du Nil face à Qasr Ibrim par Walter B. Emery et Laurence P. Kirwan, Arch. Survey of Nubia, Report on 1929–1931, The Excavations and Survey between Wadi es-Sebua and Adindan I, Le Caire 1935, 532, pl. 78, no. 34; v. n. 88. – [216] AM 1932. 750 a. b; Macadam, Kawa II, 198, pl. CIIIa, nos. 0383. 0842. – [217] Petrie, Hist. Scarabs, no. 1892; Hall, Catalogue I (v. n. 209), 250, no. 2502; Jaeger, Essai, 252, § 1520; 361, n. 1010 (= collection Drovetti, Louvre N 2244, comm. B. Jaeger). – [218] Leclant, dans: LÄ V, 509–510. – [219] D'après la Stèle de l'adoption (l. 3), T. est le frère de Schepenoupet II, elle-même fille de Péyé; Leclant, dans: LÄ IV, 1046. 1050–1051, n. 37. 42; Macadam, Kawa I, 121–122. – [220] Le nom a été tenu longtemps pour "Aqeleq" (fausse lecture de Lepsius; cf. LR IV, 40). – Sur le nom d'"Abalé", cf. Leclant et Yoyotte, dans: BIFAO 51, 1952, 8 n. 4; Hintze, dans: Afrikanistische Studien D. Westermann, Berlin 1955, 360 (rapprochement avec méroïtique *abar*, "homme"). – La reine est attestée par plusieurs documents (Dunham et Macadam, dans: JEA 35, 1949, 141; Rosemarie Drenkhahn, dans: LÄ I, 13): Grand texte de l'an 6 (stèle de Kawa V, cintre et l. 16; stèle de Tanis, B, l. 1. 11), temple B 300 du Gebel Barkal (LD V, 7c; Text, 261), temple de Sanam (Griffith, dans: AAA 9, 1922, 97, pl. 28). Il faut supprimer l'identification avec la reine de la princesse tirant à l'arc d'une scène de l'Edifice de T. du Lac (Parker et alii, Edifice of Taharqa (v. n. 114), 61 n. 2). La tombe d'Abalé n'a pas été repérée (G. A. Reisner avait proposé Nuri 35). – [221] Sur la transmission matrilinéaire des droits dynastiques, cf. Priese, dans: ZÄS 108, 1981, 52. – [222] Forgeau, dans: GM 60, 1962, 24 n. 69. – [223] CG 42203; George Legrain, Statues et statuettes de rois et de particuliers III, CG, Le Caire 1914, 11–12, pl. 6; Macadam, Kawa I, 124; Yoyotte, dans: RdE 8, 1951, 223. 228. – [224] Partie supérieure du mur Ouest de la cour du temple T de Kawa; Macadam, Kawa II, 112. – [225] Dunham et Macadam, dans: JEA 35, 1949, 147 (no. 77); on a proposé de lui attribuer la tombe Nuri 21. – [226] Dunham et Macadam, dans: JEA 35, 1949, 145 (no. 48); tombe Kurru 3 (RCK I, 27–29); table d'offrandes au Musée de Khartoum 1911. – [227] Dunham et Macadam, dans: JEA 35, 1949, 147 (no. 71); statue Caire JE 49157. – [228] Dunham et Macadam, dans: JEA 35, 1949, 143 (no. 19); tombe Nuri 36; oushebtis; canopes (Musée de Boston 23. 744–745); autel au Musée de Khartoum 1860. – [229] Macadam, Kawa I, 129. 131. – [230] La documentation égyptienne ne fournit aucun document sur ce prince dont la tombe n'est pas connue; Macadam, Kawa I, 124; Dunham et Macadam, dans: JEA 35, 1949, 143 (no. 25). – [231] Luckenbill, Ancient Records II (v. n. 6), 224–227 (§ 573–581); André Parrot, Assur, Munich 1961, 34–35, fig. 39C; 366; Jean Leclant, The Role of the Phoenicians in the Interaction of Mediterranean Civilizations, Papers Presented to the Archeological Symposium at the American University of Beirut, Beirut 1968, 16, pl. 9b. – [232] Statue CG 42203; Legrain, Statues III (v. n. 223), 11–12, pl. 6; Leclant, dans: MDAIK 15, 1957, 171; PM II², 151. – [233] Dunham et Macadam, dans: JEA 35, 1949, 143. – [234] Leclant, dans: LÄ I, 199–201; II, 805 (no. 28); c'est par simple hypothèse que Habachi (dans: Fs Hintze, 166. 169; id., dans: BIFAO 82, 1982, 234) en a fait l'épouse du vizir Mentouhotep, devenu ainsi "son-in-law of Taharqa". Amenirdis II étant encore Divine Adoratrice d'Amon en 656 av. J.-Chr., lors de l'adoption de Nitocris, fille de Psammétique Ier, un tel mariage n'aurait pu avoir lieu qu'à une date postérieure.

– [235] Dunham et Macadam, dans: JEA 35, 1949, 148, no. 79; Macadam, Kawa I, 129; tombe Nuri 53, avec peintures dans la chapelle sépulcrale; scarabée de cœur, (Michel Malaise, Les scarabées de cœur, Bruxelles 1978, 76); pylône détruit du temple du Gebel Barkal B 700. – [236] Dunham et Macadam, dans: JEA 35, 1949, 146. – On attribue quelque peu arbitrairement à une épouse de T. la statue de princesses de la collection Sir Ch. Nicholson à Sydney; Günther Roeder, Statuen aegyptischer Königinnen, MVAeG 37.2, 1932, no. 42, p. 5–10. 42. 82; Leclant, Mon. Thébains, 364, n. 1; A. Cambitoglou (Nicholson Museum, Egyptian Collection, Sydney [5]1981, 28, no. R 41) en fait plutôt une épouse de Taharqa. – [237] La Nubie fut divisée en nomes: *spꜣt* d'Amon de Gematon mentionnée dans la stèle de Kawa IV, l. 9; Török, dans: ZÄS 111, 1984, 56. – [238] Cf. les documents en hiératique anormal (v. n. 174). – [239] Spalinger, dans: SSEAJ 11, 1981, 52–58; inscription de la piste de Dahshur (v. n. 143). – [240] V. n. 79. – [241] V. n. 161. 165. – [242] Pour rendre compte de la mention de T. dans le contexte chronologique de la campagne de Sennachérib, on a proposé diverses solutions; cf. Janssen, dans: L'Ancien Testament et l'Orient I, Orientalia et Biblica Lovaniensia, Louvain 1957, 36; Avoux, dans: AIP 20, 1968–1972, 31–43; Kitchen, dans: JANES 5, 1973, 225–233. – [243] Le sceau de Palmyre (v. n. 209), le scarabée d'ivoire de Nimrud (v. n. 167. 210), les fragments de vase d'Ashur (v. n. 168) peuvent témoigner de relations d'échange pacifiques, tandis que les statues de Tell Nebi Yunis (v. n. 28. 169) seraient plutôt des prises de guerre. – [244] Kitchen, Third Interm. Period, 391–393, § 352–354; Tadmor, dans: BiOr 29, 1966, 99 sq.; Spalinger, dans: CdE 53, no. 105, 1978, 22–43; id., dans: Or 43, 1974, 295–326; id., dans: JAOS 94, 1974, 316–318; id., dans: LÄ V, 383–384; Jean Leclant, The Role of the Phoenicians (v. n. 231), 15–16. – [245] Les Assyriens s'emparèrent en particulier du harem éthiopien, avec le prince Nesonouris; les victoires d'Assarhaddon sont commémorées par la stèle de Zendjirli (v. n. 231), les stèles de Til-Barsib (André Parrot, Assur, Munich 1961, 35. 76. 77. 368, fig. 86; Leclant, dans: The Role, 16, n. 68, pl. 10 b) et celle de Nahr el Kelb (Giveon, dans: LÄ IV, 320). – [246] Stèle du Serapeum SIM 3733 (v. n. 11). – [247] Richard A. Parker, A Saite Oracle Papyrus from Thebes, Providence 1962, 3, pl. 1. – [248] Barguet, Leclant et Robichon, dans: Karnak-Nord IV, 1954, 112 n. 4; 128; v. n. 234. – [249] Yoyotte, dans: RdE 8, 1951, 222–223. 225–227. – [250] Ainsi au pylône du Petit temple de Médinet Habou, v. n. 128. – [251] Sur la tradition de T. le conquérant, cf. Goossens, dans: CdE 22, no. 44, 1947, 239–244; J. Janssen, dans: Biblica 34, 1953, 34. On doit lever l'accusation portée contre T. de l'affirmation présomptueuse d'imaginaires conquêtes (William M. Flinders Petrie, History III, Londres [2]1923, 297; Lagier, dans: Dictionnaire de la Bible V, Paris 1912, col. 2054): l'image du triomphe au revers du pylône du Petit temple de Médinet Habou (v. n. 128) et la liste de la base de statuette du temple de Mout (v. n. 30. 119) relèvent de la tradition pharaonique la plus courante. – [252] Fragment 20, Müller II, 416. – [253] Strabon I, 321 (C 61); XV, 1,6 (C 687).

Lit.: LR IV, 31–40; Helene v. Zeissl, Äthiopien und Assyrer in Ägypten, ÄF 14, 1944, 30–34; Dunham et Macadam, dans: JEA 35, 1949, 147, pl. 16, no. 74; tableau p. 149: no. 5; Kitchen, Third Interm. Period, 522 (Index), en particulier 157–172, § 127–137; 387–393; tableau 11, p. 478. J. L.

Tahta (طهطا, Karte 3 g), moderner Ort in Mittelägypten., 37 km stromab von Sohag. In der Nähe liegen Ruinen eines Tempels der röm. Zt des *Horus von *Ḥwt-tjt*, erbaut von Aurelius *Commodus (180–192 n. Chr.)[1]. In die Gegend von T. wird auch der „Lustsee" verlegt, den *Amenophis III. für *Teje anlegen ließ[2].

[1] So sicher richtig Bouriant, in: RecTrav 18, 1896, 150 (22) und Wiedemann, in: RecTrav 18, 1896, 122 gegen Golenischeff, in: RecTrav 11, 1889, 96 und Daressy, in: RecTrav 20, 1898, 80 (CLVIII). – [2] Yoyotte, in: Kêmi 15, 1959, 23–33, der Tahta von *Tꜣ-ḥwt-Tjj* ableiten möchte. Red.

Taimhotep. Ce nom propre signifiant "Celle d'Imhotep" [1] se rattache en premier lieu à l'épouse du grand-prêtre memphite *Pꜣ-šrj-n-Ptḥ* (*Hoherpriester von Memphis)[2]. Elle est célèbre par l'inscription, longue et originale, de sa stèle funéraire hiéroglyphique (BM 147)[3]. L'importance de la partie biographique (*Königsnovelle) de l'inscription dépasse celle des biographies de femmes privées (*Biographie; *Frau). On y trouve des informations précises sur sa date de naissance (17 décembre 73 av. J.-Chr.), son mariage à 14 ans (*Mutter) et sa mort le 15 février 42 av. J.-Chr. (*Altersangaben). Elle raconte comment, après avoir donné naissance à trois filles, elle s'est adressée au dieu *Imhotep pour avoir un fils (*Kinderlosigkeit und -wunsch). Le dieu apparaît en songe (*Orakel; *Traum) au grand-prêtre et lui dit de construire un sanctuaire à l'emplacement de sa tombe vénérée. L'édifice terminé, un enfant mâle est né le 15 juillet 46. Il reçoit à côté du nom Petobastis, traditionnel dans la famille, celui d'Imhotep (*Namengebung)[4]. Dans cette inscription funéraire, rédigée au moment de sa mort quelques années plus tard, T. recommande à son mari de jouir de la vie. Elle se plaint de sa mort prématurée en exprimant son incertitude au sujet de l'au-delà. Ce scepticisme paraît surprenant pour une personne ayant fait preuve d'une grande piété personnelle (*Persönliche Frömmigkeit).

[1] Ranke, PN I, 357,21. – [2] Voir Prosopographia Ptolemaica (Ed. W. Peremans et E. van 't Dack) IX, Stud. Hellen. 25, 1981, no. 7231 a Taimouthês; no. 5376 Psenptais. – [3] Voir maintenant Eva A. E. Reymond, From the Records of a Priestly Family from Memphis I, ÄA 38, 1981, 165–177 no. 20 (la stèle démotique BM 377 = no. 21 ne mérite pas ici une attention spéciale). Traduction de BM 147 dans Miriam Lichtheim, Ancient

Egyptian Literature III. The Late Period, Berkeley–Los Angeles–London 1980, 59–65 (avec bibliographie). Pour le songe de Pchérenptah, voir Serge Sauneron, Les songes et leur interprétation, SourcesOr 2, 1959, 42–43. – [4] Prosopographia Ptolemaica IX, no. 5372. J.Q.

Tait. Als „Herrin der Gewebe und Stoffe" (*Götter, Berufs-) hat T., aus einer u. äg. Stadt, Zentrum der Weberei, stammend, eine wichtige Funktion bei der *Balsamierung durch die ganze äg. Geschichte hindurch inne. Im AR [1] wird der König von seiner „Mutter T. bekleidet", die erst als *ḏrt*, danach ausdrücklich als „*Isis" benannt wird. Hier bahnt sich bereits die enge Verbindung bes. der griech.-röm. Zt von Isis und *Nephthys zu T. an. – Ein kultisch richtiges und standesgemäßes Begräbnis mit Mumienbinden soll auch Sinuhe [2] zuteil werden, wobei der Hinweis auf dazugehörige Öle dieses komplementäre Paar, in späterer Zeit in Form von T. und *Schesemu, vorwegnimmt.

Der Tempel des *Osiris *ḥqꜣ-ḏt* in *Karnak aus der SpZt verweist nur ohne weitere Ausführungen auf die Kleider, die T. dem Verstorbenen gibt [3].

Die griech.-röm. Zt differenziert des öfteren zwischen den Stoffen, die zum Schmuck der Götterstatue oder aber zur Balsamierung dienen. Die Prozession auf einer Treppe in *Dendara (s. auch *Hathor) zur Begleitung des Götterbildes läßt T. wiederum in Verbindung mit Schesemu, gleich hinter ihm, erscheinen, wobei die Zeugstreifen in ihren Händen ausdrücklich zum Schmuck dieses Götterbildes bestimmt sind [4]. Zumeist aber dienen die Stoffe, hergestellt von den „Weberinnen, die die Arbeit der T. tun" [5], auch in griech.-röm. Zt als Mumienbinden; zumindest lassen sie diesen funerären Charakter auch in der Gabe eines Kleides an Isis, „welches aus dem Haus der *Neith kommt", durchschimmern [6]. Gleicher Herkunft sind ja auch, nach den „Osirismysterien des Monats *Choiak", die Mumienbinden und Stoffe für Osiris, die von Isis und Nephthys gewebt sind [7]. Auch ein Text aus der Sokarkammer in Edfu [8], der „die Arbeit der T." zusammen mit dem *Horusauge als Bezeichnung dieses Gewebes selbst nennt [9], betont diese Herkunft aus *Sais. Neith, in griech.-röm. Zt selbst Weberin im *Rs-Nt* [10], hat T. dort in ihre Funktion aufgenommen.

Die Schutz bewirkenden Königsgewänder vermitteln T. selbst eine Schutzfunktion, die sie ganz in die Nähe des Königsdiadems, der Uräusschlange *Uto, rückt [11], wobei diese Verbindung durch den Namen *Wꜣḏt* „das Grüne (Horusauge)" [12] begünstigt gewesen sein mag.

Als Genosse der T. wird *Hedjhotep genannt, so u. a. auf einem Sarg aus röm. Zt [13] in funerärem Kontext; und *Ptolemaios VI. heißt beim Empfang zweier Mumienbinden „aus dem Haus der Neith" ... „Sohn des H., ... genährt von der Milch der T." [14]. Die spezifische Balsamierungsfunktion der T. ist hierbei zwar aufgegeben, die Gegenwart von Isis und Nephthys halten jedoch den Gesamtbezug aufrecht.

[1] Pyr. 741 b; s. auch 738 a. – [2] Sinuhe B 192. – [3] Legrain, in: RecTrav 22, 1900, 134. – [4] Dendara VIII, 91, 9 ff., Pendant dazu ibd., 109, 1 ff. – [5] Ramadan el-Sayed, La déesse Neith de Sais, BdE 69, 1975, 491 = Dokument 704; im gleichen Sinn op. cit., 500 = Dok. 718. – [6] Op. cit., 587 = Dok. 941. – [7] Emil Chassinat, Le Mystère d'Osiris, Kairo 1966–1968, 477. 487. 649. – [8] el-Sayed, op. cit., 572 = Dok. 908 d. – [9] So auch schon Pyr. 56 a. – [10] el-Sayed, op. cit., 76 ff. – [11] Alexandre Moret, Le rituel du culte divin journalier, Paris 1902, 232. – [12] Pyr. 1642. – [13] el-Sayed, op. cit., 478 = Dok. 670. – [14] Op. cit., 588 = Dok. 943. M.-Th. D.-U.

Takelot I–III. (*Tklt*). Takelot I, son of *Osorkon I and Tashedchons. Prenomen: uncertain. He possibly reigned up to a year 14 on the *Karnak quay (*Nilstandsmarken). He was succeeded by his son *Osorkon II.

Takelot II, son of Osorkon II and Djed-Mutesanch. Prenomen: *Ḥḏ-ḫpr-Rꜥ stp.n-Rꜥ*. He married his niece *Karomama, daughter of *Lamintu, by whom he had a son Osorkon named as high priest of *Amun (*Hoherpriester des Amun). This selection appears to have led to civil unrest at *Thebes. An *Apis bull died at *Memphis in his reign. His highest year is 25 and he ruled c. 850–825 B. C. He was buried at *Tanis and succeeded by *Scheschonq III.

Takelot III, son of *Osorkon III and Tentsai. Prenomen: *Wsr-mꜣꜥt-Rꜥ*. Co-regent (*Mitregentschaft) with his father in the temple of *Osiris Heqadjet at *Karnak and on Nile level texts (*Nilstandsmarken).

Lit.: Kitchen, Third Interm. Period. M. L. B.

Takompso (*Tꜣqmps*, Herodot II, 29: Ταχομψώ; Ptolemaios IV, 5, 33: Μεταχομψώ; Plinius, Hist. nat. VI, 178. 180: Tacompsos), die (bereits im alten Staudamm von *Assuan versunkene) Insel Gerar (Djerar) knapp n. *Hierosykaminos, Südende des *Dodekaschoinos; auch im Tempel von Maharraqa (= Hierosykaminos) genannt [1]. In T. wurde *Amun verehrt [2].

[1] LD, Text V, 79. – [2] Opferständer des *Taharqa aus *Philae: Griffith, in: BIFAO 30, 1930, 127.

Lit.: Gauthier, DG VI, 36; Kees, in: RE 2. Reihe, IV, 1978 ff.; zur Etymologie (= nubisch *kamsu* „vier") Schäfer, in: ZÄS 41, 1904, 147. W. H.

Talatāt, Bezeichnung der typischen kleinen Steinblöcke, aus denen die Tempel *Amenophis' IV.

gebaut sind, weil sie 3 (= arab. talāta) Handspannen breit sind[1].

[1] So nach Emma Brunner–Traut, Ägypten. Kohlhammer Kunst- und Reiseführer, Stuttgart ³1978, 554. Es gibt jedoch eine alte mündliche Überlieferung, der Name käme daher, daß man die Steine in Dreiergruppen aufgeschichtet hätte (H.-W. Müller, in: Ausstellungskat. Echnaton-Nofretete-Tutanchamun, auf S. mit Abb. 3).

Red.

Talfest. Das „Schöne Fest vom (Wüsten)tal" (*ḥ3b nfr n jnt*)[1], entstanden aus einer Fahrt zum Tal des Königs Neb-hepet-Re (*ẖnj r jnt Nb-ḥpt-Rˁ*)[2], wurde spätestens seit dem MR[3] als thebanisches Totenfest im 10. Monat gefeiert. Es war ein sog. „Fest des Himmels"[4] und begann am Neumondstag[5]. Nach dem Fest erhielt der Monat II. *šmw* den Namen *P3-n-jnt* „Der-des-Tales" (ⲡⲁⲱⲛⲓ/ⲡⲁⲱⲛⲉ)[6]. Dabei zog *Amun von Karnak in einer Wasser-Landprozession aus, um die Götter der Westseite Thebens zu besuchen. Ob das Sanktuar des *Mentuhotep-Tempels das Ziel sein konnte, ist fraglich[7], vielleicht war es ein in der Mitte des Talkessels von *Deir el-Bahari liegendes *Hathor-Heiligtum[8]. Später galten die Königstotentempel als „Raststätten des Götterherrn", d.h. endete die *Prozession jeweils im Totentempel des regierenden Königs. Seit der 19. Dyn. nahmen auch die Barken der *Mut, des *Chons und der *Amaunet an der Prozession teil[9]. Außerdem wurden Statuen verstorbener Könige mitgeführt, wohl auch eine der *Ahmose-Nofretere[10] und eventuell solche hervorragender Privatleute[11]. Über Einzelheiten unterrichten uns Bilder und Inschriften in Gräbern und Tempeln des NR, aber jeweils nur in unterschiedlicher Auswahl aus dem Ablauf der Riten und Festbräuche[12]. Offensichtlich wurde in den Darstellungen der Gräber der 18. Dyn., die das einleitende *Brandopfer an den *Sonnengott, Schlacht- und Speiseopfer, Festzug zum Grab (bzw. Teilnahme an der Prozession), Reichen von *Blumensträußen, Kommen von Priestern und Sängern/Sängerinnen und schließlich das *Gastmahl im Verein von Lebenden und Toten darstellen, die Grenze zwischen tatsächlicher Teilnahme im Leben und ewiger im Geist verwischt: Man kann sie als Erinnerung an die Präsenz des Grabherrn zu Lebzeiten verstehen, aber auch als Wunsch für die Zeit nach dem Tode. Daher endeten z.B. die Lieder, die gesungen wurden, sowohl mit guten Wünschen für das Diesseits als auch mit *Verklärungen für den Toten. Was auch ursprünglich der Sinn der Überfahrt des Amun gewesen sein mag[13], in den Inschriften der Gräber ist es der, Amun zu sehen bzw. ihm zu folgen und an den Opfern teilzuhaben. Nach Schott ist seit der Zt *Thutmosis' III. eine starke „Verweltlichung" im Charakter des T. eingetreten, insofern die reale, diesseitige Bedeutung gerade des Totenfestmahles überhandnahm[14]. Flußfahrt und Prozession wurden als „offizielle" Teile des T. nur in Tempeln dargestellt bzw. erst in Gräbern der 19. Dyn.[15]. Daß in der SpZt der Aufweg der *Hatschepsut im Tal von el-Asasif ganz frei von Überbauung blieb und die großen Gräber südlich von ihm, falls von der Geländesituation her möglich, einen zweiten direkten Zugang von der Prozessionsstraße her besaßen, ist mit Bietak kaum anders zu erklären, als daß das T. damals noch gefeiert wurde oder zu neuer Blüte kam[16]. In der Ptol. Zt nannte man es διάβασις τοῦ μεγίστου θεοῦ Ἄμμωνος εἰς τὰ Μεμνόνεια[17], und es gibt einen Totenpapyrus mit am T. zu rezitierenden Verklärungen aus der röm. Zt[18]. Allerdings wird darin Amun nicht erwähnt; möglicherweise war der Sinn des T. auf den vorherrschenden Osirisglauben hin umgedeutet worden, auch wenn Amun der Besucher blieb[19]. Ein wichtiges Element bei den Festbräuchen scheint der Ausguck nach dem Nahen der Prozession gewesen zu sein[20]. Der von Bietak festgestellte Kreuzungspunkt der Achsen der SpZt-Gräber ca. 75 m östlich der Stelle, an der einmal ein *Stationsheiligtum der Hatschepsut stand, liegt nun da, wo wegen der den Aufweg verdeckenden „Höhe 104" die Prozession zum ersten Mal von den *Pylonen der Gräber her sichtbar werden konnte[21]. Da wenigstens zwei der Ziegelpylone (TT 34 und 197) mit einer nach oben führenden Innentreppe versehen waren[22], glaube ich, daß man in der SpZt von dort oben die Ankunft der Prozession erwartet und deswegen die Oberbauten auf den Punkt der frühestmöglichen Sichtbarkeit ausgerichtet hat.

[1] Schott, Das schöne Fest, 94 (Zt Amenophis' III.). – [2] Ältester Beleg dieser Bezeichnung aus der Zt *Amenemhets I.: Graffito über dem Tempel des Mentuhotep-Nebhepetre: Winlock, Rise and Fall, 84, Tf. 40, 1; Schott, Das schöne Fest, 94 (858). – [3] Möglicherweise ältester Beleg für das Fest überhaupt ist die Darstellung des Stakens eines Schiffes des Amun durch den König im Tempel des Mentuhotep-Nebhepetre (11. Dyn.): Dieter Arnold, Der Tempel des Königs Mentuhotep von Deir el-Bahari II, AV 11, 1977, 33, Tf. 22–23. Der Name des Schiffes lautete allerdings noch nicht Weserhat (*Amunsbarke) wie der des Flußschiffes des NR, sondern [///] *t nfrt*. Vgl. Anm. 7. – [4] S. Altenmüller, in: LÄ II, 173. – [5] Schott, Festdaten, 107 (987). – [6] S. v. Beckerath, in: LÄ III, 299. – [7] Die Barke des Amun konnte nach den Feststellungen von Arnold kaum in das Sanktuar gebracht werden: Dieter Arnold, Der Tempel des Königs Mentuhotep von Deir el-Bahari I, AV 8, 1974, 19 Anm. 30; 22. 73. – [8] Manfred Bietak und Elfriede Reiser–Haslauer, Das Grab des ˁAnch-Hor I, Wien 1978, 19 ff. – [9] Schott, Das schöne Fest, 6 (770). – [10] Gitton, in: LÄ I, 105–106. – [11] Schott, Das schöne Fest, 33 (797). – [12] Zum besonde-

ren Ritus des *Löschens der Fackeln in Milch s. Altenmüller, in: LÄ III, 1078–79. – [13] S. Anm. 3. 7. 8. – [14] Schott, Das schöne Fest, 86 (850). – [15] Schott, a.a.O., 8 (772). – [16] Bietak, a.a.O. (Anm. 8), 29. – [17] André Bataille, Les Memnonia, RAPH 23, Kairo 1952, 89. – [18] pBM 10209: Fayza Mohamed Hussein Haikal, Two Hieratic Papyri of Nesmin I–II, Brüssel 1970–1972. – Im Zusammenhang mit dem T. steht seit nicht bestimmbarer Zt die „Deutung des Geheimnisses [des Bösen?]" nach dem pLeiden T 32: Siegfried Schott, Die Deutung der Geheimnisse des Rituals für die Abwehr des Bösen, AMAW 1954. 5, 156–157. – [19] Auch in der *Petubastis-Erzählung (Handschrift römerzeitlich, Entstehung des Textes in der Ptol. Zt?) ist von der thebanischen Amunsbarke die Rede. Nach einer Vermutung Spiegelbergs wird sie an einem Tag des T. von Feinden erobert. – [20] Winlock, a.a.O. (Anm. 2); Bietak, a.a.O. (Anm. 8), 26. – [21] Bietak, a.a.O., 32, Abb. 1. – [22] Die Pylone der anderen SpZt-Gräber sind zu tief zerstört. E. G.

Talisman s. Amulett

Talmis s. Kalabsche

Taltamanu s. Tanutamun

Taltempel sind funktionell gesehen Kaianlage und Torbau zu dem *Pyramiden-Bezirk, mit dem sie durch den Aufweg verbunden sind. Ein eigener Name für die T. ist nicht gesichert. Die Bezeichnung des T. als *mrt* ist möglich [1] im Hinblick auf *mrwt*, „Ufer, Hafen" [2], schließt aber nur einen Teilaspekt ein [3]. Sicher ist der T. aber nicht *rꜣ-š* [4], was vielmehr die Gesamtheit des Pyramidenbezirkes umfaßt [5].

T. sind nicht zufällig erst seit *Snofru in *Meidum im Rahmen des neugestalteten, ost-westlich orientierten Pyramidenbezirkes bezeugt, da der ältere, nord-südlich orientierte Pyramidenbezirk der 3. Dyn. aufgrund der Torgestaltung und der nischengegliederten Umfassung mit 14 (+1) *Scheintüren keinen äußeren Aufweg hatte [6]. Desgleichen können die T. sich nicht aus den abydenischen Talbezirken entwickelt haben [7].

Von den etwa 16 zu erwartenden T. des AR und den mindestens 10 T. des MR sind bisher ohne systematische Wahl 6 des AR und 1 des MR ausgegraben, gewiß keine repräsentative Grundlage für eine gründliche Analyse und Baugeschichte. Am besten sind noch die T. der 4. Dyn. dokumentiert. Der älteste davon, der T. von Meidum, ist nur angegraben: er bestand offensichtlich nur aus einem Ziegeltorbau [8]. In *Dahschur ist der eigentliche T. der Knickpyramide, wahrscheinlich nur ein Tor, noch nicht festgestellt. Der sog. T. der Knickpyramide [9], mittwegs in einem Wüstental gelegen, enthält bauliche Elemente, die später zwischen Verehrungstempel im Pyramidentempel und dem T. aufgeteilt wurden: Ein Torbau mit Magazinräumen (?) nimmt das vordere Drittel ein; darauf folgt ein offener, dekorationsloser Hof; an dessen Nordseite steht ein doppelter Pfeilerportikus mit einer Reihe von 6 Kapellen dahinter, in denen Königsstatuen als Kultempfänger standen. Gaudarstellungen ziehen sich durch die gedeckten Teile des Torbaues und des Portikus hin. Die Kultrichtung ist eindeutig nach Norden, also auf die endgültige Grabpyramide von Dahschur-Nord ausgerichtet. Der T. dieser *Pyramide, der sog. Roten Pyramide, ist nur im Umriß bekannt; er bestand aus Kalkstein und hatte die Maße von ungefähr 60 × 100 m (?) [10].

In *Gisa ist der T. der *Cheops-Pyramide bisher nicht ausgegraben [11]. Nach Analogie zum Pyramidentempel darf man im wesentlichen einen großen Hof mit Pfeilerumgang erwarten, ähnlich wohl dem sog. *Harmachis-Tempel, der vielleicht das südliche Pendant des T. des Cheops war. Dagegen weist der T. des *Chephren [12], der besterhaltene Tempel des AR, ein vollkommen geschlossenes Raumprogramm auf, bestehend aus einem großartigen T-förmigen Pfeilersaal mit 23 Königsstatuen, dazu Magazine und eine seitliche Passage für den Aufweg, der den Pfeilersaal jedenfalls nur tangiert. Vor den seitlich versetzten T.-Eingängen, den Torflügeln des Himmels, wurden Sphinxpaare rekonstruiert [13]; die Torinschriften nennen *Hathor und *Bastet als Gottheiten [14] des T.; in der Mitte der Fassade stand ein kioskartiger Bau [15], vielleicht das *Reinigungszelt(?). Der T. des *Mykerinos [16] greift in seinem Grundplan und bei allen späteren Änderungen wieder auf die Idee eines zentralen, offenen Hofes und einer westlichen Hauptnische zurück. Bemerkenswert sind die Triaden des Königs mit einer Gaugottheit und Hathor [17], die damit wieder sehr auffällig mit dem T. und dem Königskult dort verbunden ist. Der Aufweg tangiert wiederum den T. nur und führt bewußt nicht durch den Hof. Spätestens in der 6. Dyn. ist die *Pyramidenstadt in den T. hineingewachsen und hat auch den Hof überwuchert, während die westliche Nische durch einen kleinen Vorbau offensichtlich zu einem „Stadttempel" ausgebaut worden ist.

Die T. der 5. und 6. Dyn. in *Abusir und *Saqqara knüpften eher an die Tradition des geschlossenen T. des Chephrenmusters an, wobei die Fassade allerdings durch einen Säulenportikus aufgelockert wird; das Prinzip der zwei Eingänge, bei Chephren an der Ostseite, wird in Abusir beibehalten, jedoch mit deutlicher Betonung eines Hauptportals mit doppeltem Portikus und eines Nebenportals mit einem einreihigen auf der Süd- oder Westseite. Der Portikus des *Sahure [18] hat Palmsäulen, der des *Neferirkare und *Niuserre[19] dagegen gebündelte Papyrussäulen, der des *Pepi II. verwendet wieder eine doppelte Pfeilerstellung[20]. Der Aufweg passiert die T. direkt, wobei die Innenräume auffällig gegenüber dem Torbau reduziert sind und eigentlich nur Raum für eine oder mehrere Statuennischen und – allein bei Pepi II. – für Magazine bieten. Die erhaltenen Reliefs zeigen *Sachmet, den König säugend[21], Fahrt und Jagd im Papyrusdickicht, Unterwerfung der Umwelt durch den König als *Sphinx, der die Feinde zertritt.

Der einzige T. des MR, der ausgegraben ist, beschränkt sich auf weite, terrassenartige Höfe[22]; im NR haben allein die Tempel der *Hatschepsut und des *Thutmosis III. in *Deir el-Bahari noch T. in Form eines Pfeilerportikus vor einer Terrasse[23]. Die späteren *Totentempel der 18. und 19. Dyn. sind selbst teilweise T., wobei in der 19. Dyn. der Tempelpalast eingeschränkt Funktionen des T. auszufüllen scheint.

Während die äußerliche Funktion des T. als Torbau des Pyramidenbezirkes architektonisch und durch die Anbringung von *Festkalendern und Erneuerungsdekreten[24] am T. offensichtlich ist, sind die Meinungen über die kultische Funktion und die dort vollzogenen Riten widersprüchlich. Inschriften und Darstellungen verbinden den T. mit einer weiblichen Gottheit, Hathor, Bastet oder Sachmet, deren Funktion als göttliche Mutter durch die Szene des Säugens beleuchtet wird[25]: im T. wird der König durch die *Muttergöttin wiedergeboren und unter die Götter aufgenommen[26]. Geschah dies unmittelbar nach dem Tod, nach der *Reinigung, aber noch vor der *Balsamierung, oder beim Bestattungsritual mit der Mumie, oder ist dies eine Verewigung, die an Statuen vollziehbar war? Ricke und Schott haben[27] in den T. die Stätte der Reinigung, Balsamierung und *Mundöffnung, letztlich die Orte des „*Butischen Begräbnisses", verlegt; Grdseloff[28] hat ihn schon vorher als das „Reinigungszelt" bezeichnet, in dem die wirkliche oder auch nur rituelle *Mumifizierung des toten Königs erfolgte. Dagegen bezweifeln Bonnet[29] und Arnold[30], daß der Bestattungszug überhaupt durch den T. und den Aufweg in den Pyramidenbezirk gelangt ist, dessen Bauten und Räumlichkeiten – den Taltempel mit eingeschlossen – allein der Erhaltung und Darstellung der göttlichen Existenz des Königs gedient hätten. Andererseits ist jedoch nicht zu bestreiten, daß die rituelle Reinigung und die Balsamierung spätestens seit der 1. Dyn. eine große Rolle bei der *Bestattung gespielt haben und daß dafür zumindest zeitweilige Bauten errichtet werden mußten. Wenn der Mumifizierungsvorgang 70 Tage oder nach Urk. I, 156–7 sogar 272 Tage gedauert haben kann, ist für die *Balsamierungshalle ein festes und sicheres Gebäude zu erwarten bzw. Räumlichkeiten in einem solchen. Ob dieses letztere im T.[31] oder doch eher im Totentempel zu suchen ist, kann aufgrund des ungleichen Raumschemas nicht sicher gemacht werden. Dabei stellt sich auch die Frage, wo die entsprechenden Riten bei Königen vollzogen worden sind, deren T. nicht vollendet waren[32] – wenn diese dort stattgefunden hätten –, desgleichen wie man bei Königinnen verfahren hat, deren Pyramidenanlagen ab der späten 5. Dyn. weitgehend denen der Könige angeglichen waren, selbst mit einer Nebenpyramide, aber ohne Aufweg und ohne Taltempel. Daß die T. den Rahmen und die Lokalität für das Reinigungszelt und die Balsamierungsstelle der zeitgenössischen Privatleute abgegeben hätten[33], muß m. E. aufgrund der kgl. Darstellungen und der Symbolik der ausschließlich kgl. Vergöttlichung strikt abgelehnt werden. Die spätere Entwicklung der T. zu einer Art Stadttempel der Pyramidenstädte könnte allerdings zu einer späteren Mitbenutzung geführt haben.

[1] Helck, in: RE XXIII, 2207–08 unter Berufung auf ein ergänztes *mrt* bei Urk. I, 210,16. – [2] Jürgen Osing, Die Nominalbildung des Ägyptischen, Mainz 1976, 265. 337. 839 Anm. 1130. – [3] Ricke, Userkaf-SH I, 46–47. Weitere Bezeichnungen könnten *pr-šnḏt* „das Akazienhaus" oder noch allgemeiner *wꜥbt* „Balsamierungshalle" einschließen, vgl. Elmar Edel, Das Akazienhaus, MÄS 24, 1970; Arnold, Balsamierungshalle, in: LÄ I, 614–15 und *ibw* „Reinigungszelt", ders., in: LÄ V, 221–2 oder *pr-nfr*, Balsamierungsstätte, vgl. Donohue, in: JEA 64, 1978, 143–148. – [4] So Goedicke, Königliche Dokumente, 71; dagegen Paule Posener-Kriéger, Les archives II, BdE 65.2, 1976, 617. – [5] Stadelmann, in: Supplément au BIFAO 81, 1981, 153–164. – [6] Vito Maragioglio und Celeste Rinaldi, L'architettura delle piramidi menfite III, Rapallo 1966, 52; Lauer, in: Or 36, 1967, 245–6. – [7] Helck, in: RE XXIII, 2207 bringt den T. in Zusammenhang mit dem abydenischen Tempel des „Ersten der Westlichen", Altenmüller, in: JEOL 22, 1971–72, 307–313 mit *Anubis und dem *zḥ-nṯr*, dagegen Arnold, in: MDAIK 33, 1977, 12 Anm. 68. – [8] Meydum and Memphis III, 2, 8. – [9] Ahmed Fakhry, The Monuments of Sneferu at Dahshur II. The Valley Temple, Kairo 1961. – [10] Borchardt, in: ZÄS 42, 1905, 1–11; Fakhry, op. cit. I, 9; Stadelmann, in: RdE 33, 1981, 69–71. – [11] PM III², 11. – [12] PM III², 19–20. – [13] Uvo Hölscher, Das Grabdenkmal des Königs Chephren, Leipzig 1912, 15–16 und Abb. 5. – [14] Ibid., Abb. 7. 8. – [15] Ibid., 15 und Abb. 5. – [16] George A. Reisner, Mycerinus, Cambridge, Mass. 1931, 34 ff. Zu den Bauphasen Ricke, Bemerkungen AR II, 101. – [17] Reisner, op. cit., 109 ff. Zu einer anderen Anordnung und Verteilung siehe Wood, in: JEA 60, 1974, 82–93. – [18] Borchardt, Sahure I, 7–9. 31–39. – [19] Borchardt, Neuserre, 10–12. 35–42; dabei ist auch der Torbau – kein Taltempel! – des *Sonnenheiligtums zu erwähnen; v. Bissing, Re-Heiligtum I, 19–24. – [20] Jéquier, Pepi II, III, 1–8. Einen ähnlich langgezogenen Grundriß, aber mit einem Säulenportikus, scheint der

nur teilweise freigelegte und unveröffentlichte T. des *Unas gehabt zu haben. – [21] Borchardt, Neuserre, Abb. 21–23. – [22] Arnold und Stadelmann, in: MDAIK 33, 1977, 15–20 und Abb. 1. Zu den älteren Talbauten der Saffgräber der Intefkönige in Theben vgl. Dieter Arnold, Gräber des Alten und Mittleren Reiches in El-Tarif, AV 17, 1976, 25–31. – [23] Earl of Carnarvon and Howard Carter, Five Years' Excavations at Thebes, London 1912, 38 ff. Tf. 31. – [24] Erneuerungsdekrete für Snofru: Urk. I, 209 ff.; für Mykerinus: Urk. I, 277; für Sahure: Borchardt, Sahure I, Abb. 122; Opferlisten: Borchardt, op. cit., 119; Kalender: Sahure: Borchardt, op. cit. II, 131; Kalender im Torbau des Sonnenheiligtums: v. Bissing-Kees, Re-Heiligtum III, 47–55. – [25] Helck, in: RE XXIII, 2207. – [26] Urk. I, 247 vermerkt die Herstellung und Mundöffnung einer Statue des *Jḥj* und deren Geleiten in die *mrt* der Hathor des Snofru. Ist dies die Kultstatue des wiedergeborenen Königs im Taltempel in der Kultgemeinschaft mit der Hathor? – [27] Ricke, Bemerkungen AR II, 86 ff. – [28] Bernhard Grdseloff, Das ägyptische Reinigungszelt, Kairo 1941, 42–49; Drioton, in: ASAE 40, 1940, 1007 ff. und kritisch Jean-Philippe Lauer, La Mystère des pyramides, Paris 1974, 179–183. – [29] Bonnet, in: JNES 12, 1953, 257–273, bes. 263. – [30] Arnold, in: MDAIK 33, 1977, 1–14, bes. 12–13; in „*Balsamierungshalle" (LÄ I, 614) konzediert Arnold jedoch, daß die Riten der Reinigung und Balsamierung im T. stattgefunden haben, vgl. auch Kurth, in: LÄ V, 221 s. v. „Reinigungszelt". – [31] Arnold, in: LÄ I, 614; Browarski, in: Or 46, 1977, 109–110. – [32] Der Talbau des Sahure wurde im 12. Jahr als letzter Bau vollendet, Borchardt, op. cit., 96. Der des Neferirkare war vielleicht begonnen und wurde dann von Neuserre übernommen. – [33] Siehe dazu Kurth, in: LÄ V, 221. R. St.

Tamariske. Zwei T.-Arten, T. aphylla (L.) Karst. (= T. articulata Vahl[1]) und T. nilotica (Ehrenb.) Bge., gehören zur natürlichen Flora Äg. Durch Pollenanalyse[2] ließen sich T. im Nildeltagebiet schon für das 12. Jt. v. Chr. nachweisen. Meist wachsen T. als große Büsche am Wüstenrand, T. nilotica aber auch am Nilufer oder seinen Kanälen. Einzelne Bäume können jedoch auch eine Höhe bis zu 10 m erreichen. Vielfach sind die heutigen Verwendungsmöglichkeiten der Tamariske: Die jungen biegsamen Zweige dienen als Viehfutter, aus dem *Holz können kurze Bretter oder Haushaltsgeräte sowie *Holzkohle hergestellt werden. Wegen ihres hohen Gehaltes an Tannin nutzt man die Rinde und Gallen zum Gerben und als *Heilmittel. Im Alten Äg. fand die T. in gleicher Weise Verwendung. Geräte aus T.-Holz sind von vorgesch. Zt an belegt[3], auch Teile des im Grab *Amenophis' III. gefundenen *Rades waren aus T.-Holz gefertigt[4]. Die Ägypter pflanzten T. in ihren *Gärten an, wie Holz- und Wurzelreste aus den Baumgruben vom *Totentempel *Mentuhoteps III., 11. Dyn., in *Deir el-Bahari[5] und ihre Erwähnung in der Gartenbeschreibung des *Ineni[6], 18. Dyn., zeigen. Der äg. Name der T., vermutlich der T. nilotica[7], war *jzr*, eine seit den Pyr. belegte Bezeichnung[8]. Die medizinischen Texte führen verschiedene Produkte der T. als *Heilmittel auf[9]. In einigen *Gauen wurden T. als heilige Bäume (*Baum, heiliger) verehrt[10].

[1] In LÄ II, 1265 durch einen Schreibfehler fälschlich T. certiculata genannt. – [2] Saad und Sami, in: Pollen et Spores 9, Paris 1967, 480. – [3] Lucas, Materials[4], 440–441. 447. – [4] Western, in: JEA 59, 1973, 93; die genaue Art der T. ließ sich nicht mehr feststellen. – [5] Dieter Arnold, The Temple of Mentuhotep at Deir el-Bahari, PMMA 21, New York 1979, 21. – [6] Urk. IV, 73. – [7] In den medizinischen Texten werden die Blätter von *jzr* aufgeführt. T. aphylla hat aber nur winzige, kaum erkennbare Blattschuppen. – [8] Wb I, 129–130. – [9] Renate Germer, Untersuchungen über Arzneimittelpflanzen im Alten Ägypten, Diss. Hamburg 1979, 54 ff. – [10] Ingrid Gamer-Wallert, in: LÄ I, 655.

Lit.: Keimer, Gartenpflanzen I, 55 ff. R. Ge.

Tamburin s. Trommel

Tanaja, mit Kaftu (Kreta) zusammen genanntes Land[1], das unter Thutmosis III. u. a. ein „Gefäß in kretischer Arbeit" liefert[2], wohl sicher mit den Danaoi, den Bewohnern der Peloponnes zu verbinden[3]. Später noch ab und zu in stereotypen Ortsnamenlisten aufgeführt[4].

[1] Als Überschrift über Orte des Peloponnes und Kretas auf Sockel aus Totentempel Amenophis' III., vgl. Edel, Ortsnamenlisten, 37. – [2] Urk. IV, 732. – [3] Früher in Syrien angesetzt, vgl. Gauthier, DG VI, 42; Vercoutter, L'Egypte, 56; Hall, in: Fs Champollion, 302 sah in T. Zypern. – [4] Simons, Topographical Lists, XII (Haremheb); Kitchen, Ram. Inscr. II, 217 Nr. 85 (Amara-West, Ramses II.). W. H.

Tanis (Karte 1 c). **A.** *Name und Lage.* Tanis, äg. *Ḏʿnt*, assyrisch Ṣa'nu, Variante Ṣe'nu, hebräisch צֹעַן, griech. Τάνις, kopt. [S]ϫⲁⲁⲛⲉ, [B]ϫⲁⲛⲏ/ⲓ, arab. صان الحجر[1], Residenzstadt der 3. ZwZt im Ost-Delta, östlich des Tanitischen Nilarmes im Gebiet des 19. u. äg. *Gaues gelegen, dessen Hauptstadt sie in der SpZt offenbar gewesen ist[2].
Der Ausdruck *sḫt-Ḏʿ(nt)*, „Feld von Tanis", ist zuerst auf einer Tempelwand in *Memphis aus der Zt *Ramses' II. belegt[3]. Der eigentliche Stadtname *Ḏʿnt*, der sich auf dem Tell von T. gelegentlich in SpZt-Inschriften gefunden hat, ist zuerst im Onomastikon des Amenope[4] (*Onomastika) sowie im *Wenamun-Bericht[5] belegt, dort als Sitz des *Smendes und der Tentamun.
Für die Identität von T. mit der *Ramsesstadt, die zuerst von Brugsch[6] gefordert wurde, trat auch

noch der Ausgräber von T., Pierre Montet, ein, vor allem aufgrund der zahlreichen Denkmäler, die sich dort, usurpiert oder original mit dem Namen Ramses' II. und *Merenptahs versehen, fanden (s. Lit.). Für eine Gleichsetzung der Stadt auch mit der *Hyksos-Residenz *Auaris schien zunächst der Fund in T. der – jedoch dorthin verschleppten → *Vierhundertjahrstele zu sprechen [7] wie auch ein ebenfalls dort gefundenes Obelisken-Fragment des Kleinkönigs *Nehesi [8], von dem sich auf einer in *Tell el-Moqdam gefundenen Sitzfigur eine Aufschrift befindet, die ihn als geliebt von *Seth von Auaris bezeichnet [9]; schließlich die Usurpationsaufschriften des Hyksos *Apophis auf in T. gefundenen Bildwerken der 12. und 13. Dynastie.

Da die Untersuchungen auf dem Tell von T. bislang keine in situ befindlichen Reste älter als die 3. ZwZt erbrachten, während die Ausgrabungen in Qantir und *Tell ed-Dabʿa bedeutsame und vermutlich mit der Ramsesstadt identische Reste von Tempeln, Palästen und Wohnvierteln zutage förderten, gilt es als gesichert, daß T. weder mit Auaris noch mit der Ramsesstadt gleichzusetzen ist, alle ramessidischen und früheren Zeugnisse also dorthin verschleppt sein müssen [10].

B. *Geschichte*. Obwohl davon auszugehen ist, daß keines der in situ befindlichen Denkmäler von T. mit Sicherheit älter ist als die Zeit *Psusennes' I. [11], sind im Wenamun-Bericht bereits Smendes und Tentamun als die Herren von T. genannt; sie sind jedoch noch nicht mit kgl. Titeln ausgestattet, sondern mit dem seltsamen Epithet *znntjw-tꜣ*, und sind nach der Erzählung vom Gott *Amun selbst im Norden seines Landes eingesetzt [12]. Damit wird schon für das Ende der 20. Dyn. für T. eine vom letzten Ramessiden relativ unabhängige Machtstellung im Delta behauptet. Daß die in der Nähe der Mündung des Tanitischen Nilarms gelegene Stadt auch ein wichtiger Platz für den Handel mit *Syrien-*Palästina war, geht ebenfalls aus dem Wenamun-Bericht hervor [13]. Die Gründe, die zur Verlegung der *Residenz von der Ramsesstadt nach T. führten, sind noch nicht eindeutig geklärt.

Habachi [14] bringt diesen Tatbestand in Zusammenhang mit der Ächtung des Gottes Seth am Ende des NR, die zur Aufgabe der Residenz in dem ihm geheiligten Gebiet von Auaris geführt habe. Eine andere Erklärung wurde von Bietak vorgeschlagen [15], der aus Untersuchungen über die Aktivitäten der Nilarme im Altertum eine Einmündung des pelusischen Nilarms in das Bett des Tanitischen bei *Bubastis seit dem Ende des NR annimmt, wodurch die Ramsesstadt vom Wasser und vom Zugang zum Meer abgeschnitten worden wäre.

Mit *Psusennes I. läßt sich der Abtransport von Denkmälern aus der Ramsesstadt, der später vor allem in der 22. Dyn. zur Gewinnung von Baumaterial im steinarmen Delta in großem Stil betrieben wird, sowie die Bautätigkeit in T. selbst bezeugen. Inschriftlich belegt ist seit diesem König der Kult der thebanischen Trias [16]; Psusennes I., der sich als König, wie die verschwägerten Machthaber im Süden, „Hoherpriester des Amunrasonther" nennt [17], baute an dem Großen (Amun-)Tempel, und *Siamun, einer seiner Nachfolger, an einem Heiligtum für *Mut, Herrin von *Ascheru, und *Chons (*-pꜣ-ẖrd*) im Südwesten desselben (s. u.), vielleicht in Entsprechung zur Lage des thebanischen *Mut-Tempels. Somit war T. in der 21. Dyn. das nördliche Gegenstück zu Theben [18] als Sitz einer Herrscherfamilie, die wie die thebanische Teildynastie selbst die wichtigsten Priesterämter innehatte. Darüber hinaus ist für die 21. und 22. Dyn. T. und nicht mehr *Theben der königliche Bestattungsort.

T. behielt also auch in der 22. Dyn. neben *Bubastis seine Funktion als Deltaresidenz. Abgesehen von den kgl. Bestattungen (s. u.) sind durch ihre Bautätigkeit an den Heiligtümern von T. der Dynastiegründer *Scheschonq I. [19], vor allem aber *Osorkon II. [20] und *Scheschonq III. [21], daneben *Pami [22] und *Scheschonq V. [23] vertreten. Dagegen ist die von *Manetho als *Tanitendynastie bezeichnete 23. Nebendynastie bis heute nicht sicher in T. nachzuweisen [24].

Die Zeit zwischen dem Ende der Libyerdynastien und dem Beginn der 26. Dyn. ist für die Geschichte von T. nicht sehr gut dokumentiert. Auf der Stele des Königs *Pi(anchi), als der wichtigsten Quelle für die Aufteilung des Deltas vor dem Beginn der Kuschitenherrschaft, wird T. nicht genannt; eventuell gehörte es zum Herrschaftsbereich des „Königs" Osorkon IV. von Bubastis [25]. Als eine der traditionellen libyschen Königsstädte scheint T. jedenfalls niemals durch einen „Großen der *mšwš*" beherrscht worden zu sein [26]. Greifbar ist vor allem noch der in T. durch wiederverwendete Blöcke aus dem Heiligen See (*See, heiliger) belegte König *Petubastis II. (Seḥetepibre) [27], der mit dem Putubišti identisch sein dürfte, den *Assurbanipal anläßlich seines Feldzuges gegen *Taharqa als „König von Ṣa'nu" unter den Fürsten aufzählt, die von seinem Vater *Assarhaddon eingesetzt wurden [28]. Auch Taharqa selbst ist in T. unter anderem durch eine Stele aus dem Jahre 6 vertreten, aus der sich jedoch nichts über die Bedeutung der Stadt für diesen König ergibt [29].

In der SpZt und der Ptolemäerzeit ist T. von einer kgl. Residenz zur Gaumetropole des 19. u.äg. Gaues geworden, wird aber von Hesekiel (30,14) zur Zeit der 26. Dyn. immer noch unter den ersten

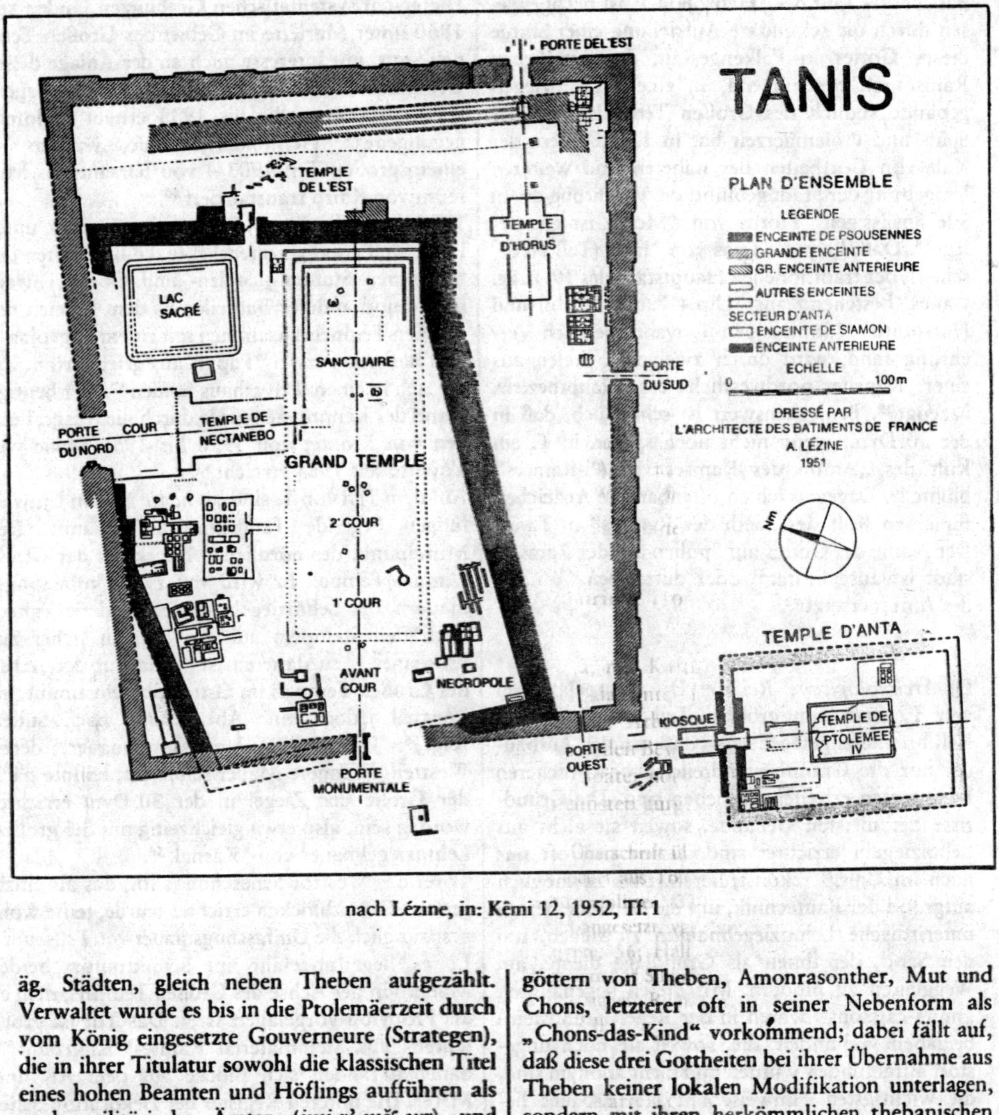

nach Lézine, in: Kêmi 12, 1952, Tf. 1

äg. Städten, gleich neben Theben aufgezählt. Verwaltet wurde es bis in die Ptolemäerzeit durch vom König eingesetzte Gouverneure (Strategen), die in ihrer Titulatur sowohl die klassischen Titel eines hohen Beamten und Höflings aufführen als auch militärische Ämter (*jmj-rꜣ-mšꜥ-wr*) und außerdem die Priesterstellen der wichtigsten Götter von T. und der Region bekleideten. Ihre Zuständigkeit scheint außer dem Tanitischen Gau auch *Sile und das Gebiet des 14. u.äg. Gaues eingeschlossen zu haben[30].

Die Könige der 26. Dyn. *Psammetich I. (s.u.), *Necho[31], *Psammetich II.[32], *Apries (s.u.) und *Amasis[33] sind in T. durch Bauten, Inschriften und andere Zeugnisse vertreten. Vor allem aber war die Zeit der 30. Dyn. für T. noch einmal eine Periode großer baulicher Erweiterungen, die auch noch von den Ptolemäern fortgeführt wurden (s.u.).

C. *Die Götter und ihre Kulte*. Die wichtigsten Gottheiten von T. sind identisch mit den Hauptgöttern von Theben, Amonrasonther, Mut und Chons, letzterer oft in seiner Nebenform als „Chons-das-Kind" vorkommend; dabei fällt auf, daß diese drei Gottheiten bei ihrer Übernahme aus Theben keiner lokalen Modifikation unterlagen, sondern mit ihren herkömmlichen thebanischen Epitheta erscheinen, wie überhaupt thebanische Ortsbezeichnungen in T. viel häufiger belegt sind als der Name T. selbst. Der Kult dieser Trias ist belegt von der 21. Dyn. bis in die Ptolemäerzeit[34].

Ein Kult der *Anat in T. ist nur durch zwei Statuengruppen belegt, die die Göttin zusammen mit Ramses II. zeigen und aus der Ramsesstadt verschleppt sein dürften[35]. Der Fundort der Statuen, der der Göttin Mut zuzuschreibende Südbezirk, dürfte auch den Grund für ihre Aufstellung in T. liefern; ebenso wie die in den Mut-Bezirken von Theben und T. durch Statuen häufig vertretene *Sachmet galt Anat nach pChester Beatty I, 3, 4[36] als Tochter des *Re und stand damit für diesen Aspekt der Mut, wird also in T. sicher nur eine dieser Göttin untergeordnete Stellung gehabt haben. Der Kult des *Hauron in T. ist nachgewiesen durch die sekundäre Aufstellung einer Statue dieses Gottes in Falkengestalt, den kindlichen Ramses II. beschützend, in einem Lehmziegelgebäude südlich des Großen Tempels[37]. In der Spät- und Ptolemäerzeit hat in T. außerdem der Kult von Gottheiten der näheren und weiteren Umgebung der Stadt geblüht: die Verehrung des in Sile ansässigen *Horus von *Mesen ist gut belegt[38]. Daß die ptol. Trias von *Imet (Tell Nebescheh), der traditionellen Hauptstadt des 19. u. äg. Gaues, bestehend aus *Uto (Wadjit), *Min und Harsomtus (*Somtus), in T. wahrscheinlich Verehrung fand, wird durch zwei ptol. Stelen aus einer Kapelle nordwestlich des Hauptbezirks bezeugt[39]. Bemerkenswert ist schließlich, daß in der 30. Dyn., wenn nicht noch später, in T. ein Kult des „Amun des Ramses von Pi-Ramses" blühte[40]. Dagegen fehlen offenbar alle Anzeichen für einen Kult des „Seth des Ramses" in Tanis. Der Name des Gottes auf Spolien aus der Ramsesstadt ist ausgekratzt[41] oder durch den *Widder des Amun ersetzt[42].

D. *Archäologische Relikte.* Die Tempelanlagen von T. sind zum größten Teil das Opfer der Kalkbrennerei geworden, so daß von den Aufbauten nur die Granitbestandteile in beachtlicheren Fragmenten erhalten geblieben sind. Die Grundrisse der meisten Gebäude, soweit sie nicht aus Lehmziegeln errichtet sind, lassen sich oft nur noch im Umriß rekonstruieren. Dies ist möglich aufgrund der Bautechnik, um die Gebäude herum unterirdische Lehmziegelmauern zu ziehen, um den Sand, der ihnen als Grundlage diente, am Weggleiten zu hindern. Mit diesen sogenannten „murs-caissons" waren in der Regel Grundsteinbeigaben verbunden, die, soweit sie noch ungestört aufgefunden wurden und nicht anonym sind, die wichtigsten Hinweise auf den Erbauer liefern[43]. Ein weiteres, allerdings noch nicht endgültig gesichertes Kriterium[44] für das Alter der Gebäude liefert die, nach den sicher zuzuweisenden Anlagen zu urteilen, abnehmende Größe der von Psusennes I. bis zu den Ptolemäern verwendeten *Ziegel[45].

Zum ersten Mal wurde der Tell von T. durch europäische Gelehrte anläßlich der Expedition Napoleons I. untersucht. Die Resultate wurden im Band VIII der Déscription de l'Egypte durch Dolomieu und Cordier niedergeschrieben, dazu von Jacotin im Band V[46] der erste Plan des Tells veröffentlicht, der die Umfassungsmauer Psusennes' I. erkennen läßt. 1825 arbeitete Rifaud in T., in erster Linie um dort Statuen zu finden, die nach Paris, Leningrad und Berlin gelangten[47].

Die ersten systematischen Grabungen fanden seit 1860 unter Mariette im Gebiet des Großen Tempels statt, mit Interesse auch an der Anlage dieses Gebäudes[48]. Die von ihm entdeckten Gegenstände, darunter die bis 1933 erneut verlorengegangene[49] Vierhundertjahrstele, wurden zu einem großen Teil 1903/4 von Barsanti ins Museum von Kairo transportiert[50].

1884 grub die Egypt Exploration Society unter Petrie in T. und veröffentlichte die Inschriften der bekannten Statuen-, Stelen- und Obeliskenfragmente und anderer Bauteile aus dem Bereich des Großen Tempels zusammen mit einem Lageplan[51] und außerdem zwei *Papyri aus griech.-röm. Zt, die sich in einem Privathaus fanden[52]. Der heutige Stand der Kenntnisse wurde durch die Ausgrabungen von Montet von 1928 bis 1956 sowie von Yoyotte seit 1965 erreicht[53].

Auf dem Tell von T. sind bis heute zwei in Umwallungen liegende Tempelbezirke bekannt. Der Mittelpunkt des nördlichen Bezirks ist der Große (Amun-)Tempel. Er wird von zwei Umfassungsmauern aus Lehmziegeln umgeben, deren innere nach den Stempeln auf den Ziegeln sicher auf Psusennes I. zu datieren ist[54] und mit der Achse des Großen Tempels im Ostteil übereinstimmt, im Westteil jedoch eine Abweichung nach Süden zeigt[55]. Die äußere Umfassungsmauer, deren Westteil die innere Mauer schneidet, könnte nach der Größe der Ziegel in der 30. Dyn. errichtet worden sein, also etwa gleichzeitig mit der großen Lehmziegelmauer von *Karnak[56].

Tore: das Westtor Scheschonqs III., das als einziges aus Granitblöcken errichtet wurde, teilte wohl ursprünglich die Umfassungsmauer von Psusennes I.; es liegt ungefähr im Schnittpunkt beider Mauern in der Achse des Großen Tempels, dem es als Propylon vorgelagert ist[57]. Das Tor ist größtenteils aus Steinmaterial Ramses' II. erbaut[58], daneben fanden sich Blöcke aus dem AR und MR[59]. Die unteren Register der Dekoration Scheschonqs III. sind rekonstruierbar; sie zeigen den König vor der Trias von Theben, vor den Hauptgottheiten von Memphis, *Ptah, *Sachmet und *Hathor, sowie vor Gottheiten des *Osiris-Kreises. Sicher zuzuweisen ist auch das Tor des *Ptolemaios I. Soter in der Ostmauer der großen Umfassung, das auf die Achse des „Horustempels" bezogen ist[60]. Zwei weitere, nicht sicher zu datierende Tore, eines in der Ostmauer der Umfassung Psusennes' I. liegend, das andere in der Nordwand der großen Umfassung, zeichnen sich dadurch aus, daß sich bei ihnen die Eigentümlichkeit einer rituellen Bestattung, wenn nicht eines *Menschenopfers, in länglichen Tonkrügen fand[61].

Heiligtümer: der Große (Amun-)Tempel östlich des Tores Scheschonqs III. gelegen, die Hauptfundstätte der verschleppten Statuen (s.u.), *Obelisken und Stelen, ist nur noch durch spärliche Reste seiner Grundmauern in Umriß und innerer Aufteilung zu bestimmen. Den Abschluß im Osten bilden die Reste einer direkt an der Umfassungsmauer Psusennes' I. entlanglaufenden Kalksteinmauer *Nektanebos' I.[62], deren Nord- und Südecke und damit auch die Mittelachse des Tempels gesichert sind. Die Nordwest- und Südwestecke des Tempels und damit seine Fassade lassen sich durch den Fund zweier Grundsteinbeigaben Osorkons II. in situ fixieren[63]. Innerhalb dieses Innenraums von etwa 220 m Länge und 72 m Breite fanden sich an weiteren festen Punkten u.a. eine Grundsteinbeigabe Psusennes' I. in situ (a)[64] und zwei Säulenbasen des *Siamun zu beiden Seiten der Mittelachse (b)[65]. Der westliche Teil des Tempels ist der Fundort von vier Paaren großer Obelisken Ramses' II.; die Lage ihrer Bruchstücke ließ noch ihre paarweise Aufstellung zu beiden Seiten der Achse des Tempels erkennen und erlaubte den Schluß auf drei *Pylone, vor denen sie einmal standen[66]. Im mutmaßlichen zweiten Hof fanden sich die Reste von vier Sandsteinkolossen Ramses' II., die dort zusammen mit vier Obelisken gestanden haben dürften[67]. Im Bereich des „zweiten Hofes" wurden auch die Mähnensphingen (*Sphinx) *Amenemhets III. aufgefunden. Ein fünftes Obeliskenpaar stand am Ostende des Tempels. Im ganzen ließen sich jedoch 26 Obelisken identifizieren, die bis auf einen alle von Ramses II. stammen. Die kleineren von ihnen dienten im Zentralbereich des Tempels z.T. als Baumaterial[68]. Dieser Zentralbereich östlich der großen Obelisken war der Hauptfundort kgl. Skulpturen aus dem MR (s.u.) sowie der 13 Stelen Ramses' II., darunter der Vierhundertjahrstele, aus der Ramsesstadt[69]. Daneben fanden sich hier Bruchstücke von Bauelementen z.T. mit Aufschriften Siamuns, wie z.B. Pfeiler, Säulen und Tür-Architrave[70].

Von einem Gebäude, welches östlich des Großen Tempels zwischen den beiden Umwallungen lag, dem sog. „Osttempel", ist fast nichts erhalten geblieben als die Bruchstücke von 10 Palmkapitellsäulen aus Granit, einstmals 7 m hoch, die ursprünglich aus einem Tempel des AR stammen dürften und von Ramses II., dann von *Osorkon II. usurpiert wurden, der auch als der Erbauer des Osttempels anzusehen ist[71]. Säulen dieses Typs fanden sich außerdem noch im sogenannten „Anattempel" (s.u.) mit der gleichen Höhe und westlich des Großen Tempels (11 m hoch), wo sie vielleicht eine Kolonnade zwischen Westtor und Tempel bildeten[72].

Nur noch aus dem Verlauf der „murs-caissons" zu erschließen ist der Grundriß eines Tempels, der sich nördlich an den Großen Tempel mit einer Nord-Südachse anschloß[73]. Ziegelgröße[74] und dekorierte Kalksteinreste[75] deuten auf seine Erbauung durch Nektanebos I. und seine Nachfolger hin. Daß es sich wohl um einen Tempel des Chons gehandelt hat, wird durch den Fund von Pavianstatuen, teilweise mit Weihinschriften von Psusennes I. an diesen Gott, nahegelegt[76]. Daß dieser Chonstempel schon einen älteren Vorläufer hatte, ergibt sich aus im heiligen See (s.u.) verbauten Blöcken Scheschonqs V.

Neben einem in einer Achse mit dem Osttor Ptolemaios' I. liegenden, nur noch im Umriß bekannten Heiligtum, welches aus der Ptolemäerzeit stammt (und wohl einen älteren Vorläufer hatte) und offenbar dem Horus von Mesen geweiht war[77], ist unter den Kultbauten des nördlichen Bezirks vor allem noch der heilige See zu nennen[78], der selbst in der Ptolemäerzeit errichtet worden sein dürfte[79] und dessen Beckenwände aus Kalksteinblöcken älterer tanitischer Gebäude bestehen, die der Kalkbrennerei entgangen sind. Die Blöcke, die Montet vor allem aus der Ostwand gewann, datieren vom MR bis in die 26. Dyn., sind also zumindest teilweise schon zum zweiten Mal wiederverwendet[80]. Ein großer Teil von ihnen gehört zu dem schon genannten Chonstempel Scheschonqs V. sowie einer Jubiläumshalle desselben Königs[81]. Von Psammetich I. stammen zahlreiche Blöcke, die in archaisierendem Stil eine Prozession der Gaue von O. und U.Äg. (*Gauprozession) zeigen, die wohl vom König angeführt wurde und dem Amun galt[82].

Abgesehen von den *Königsgräbern (s.u.) finden sich im nördlichen Bezirk noch: ein großes Lehmziegelgebäude im Norden des Großen Tempels unklaren Zwecks[83], Brunnenanlagen[84], eine Bronzegießerei[85], Töpferöfen[86], spätzeitliche Lehmziegelhäuser südlich des Großen Tempels, die bis über die kgl. Nekropole gebaut waren[87].

Eine weitere, rechtwinklige Umfassungsmauer aus Lehmziegeln umgibt den südlichen Bezirk des sog. „Anattempels", bei dem es sich in erster Linie um ein Heiligtum der Mut und des Chons (*pꜣ-ẖrd*) nach Auskunft der nach-ramessidischen Denkmäler[88] handeln dürfte, denen ein größerer Informationswert zuzuweisen ist als den sekundär dort aufgestellten Statuengruppen Ramses' II. mit Anat, Uto und Sachmet[89]. Damit wäre der Südbezirk von T. das Gegenstück desjenigen von *Karnak, in dem sich neben dem Muttempel ein Heiligtum des Kindgottes Chons fand. Das in Resten erhaltene Nordtor des Bezirks stammt von Siamun[90]. Ihm vorgelagert fanden sich die Grundmauern eines wahrscheinlich kiosk-artigen Gebäudes aus der Ptolemäerzeit[91]. Vom eigentlichen, in Nord-Süd-Richtung angelegten Tempelgebäude sind die Reste einer Säulenhalle feststellbar, gebildet aus sechs der schon genannten Palmkapitellsäulen des AR, unter deren Grundmauern sich Grundsteinbeigaben des *Apries fanden[92]. Im Süden schließt sich ein in derselben Achse liegender Bauteil Ptolemaios' IV. an, von dem noch Teile des Kalksteinunterbaus erhalten blieben[93].

Die Königsgräber: die 1939 von Montet an der Südwest-Ecke des Großen Tempels entdeckten Gräber von Königen und Würdenträgern der 21. und 22. Dyn. gehören zum spätzeitlichen Typus des „Grabes im Tempelhof" (s. *Grab; *Tempelbestattung)[94]. Die sechs bekannten Gräber sind unterirdische[95], aus, größtenteils wiederverwendeten, Kalksteinblöcken errichtete Anlagen, von denen Nr. 3 und Nr. 1 aus Vorraum, Nebenkammern und mit Granitblöcken verkleideten Grabkammern bestehen, Nr. 2 und Nr. 5 aus der Grabkammer und einem davorliegenden Schacht, Nr. 4 und Nr. 6 nur aus einer einzigen Kammer. Die beiden erstgenannten Gräber haben als Familiengräber gedient. So wurde die Anlage Psusennes' I. (Nr. 3) nicht nur für den König allein gebaut, sondern sollte auch die Königsgemahlin Mutnedjemet[96] sowie den hohen Würdenträger *Wn-ḏbꜣw-n-Ḏdt*[97] aufnehmen. In einer Seitenkammer des Grabes wurde der Königssohn Anchefenmut[98] beigesetzt; nachträglich dort bestattet wurden die Könige *Amenemope (in der für Mutnedjemet bestimmten Kammer) und *Scheschonq II.[99] (im Vorraum in einem falkenköpfigen Silbersarg); für ersteren war ursprünglich ein eigenes Grab in T. (Nr. 4)[100] vorgesehen. Im Grab Nr. 1 Osorkons II. wurde dessen acht oder neun Jahre alter Sohn, der „Hohepriester des Amunrasonther" Hornacht[101], hinter dem Sarkophag seines Vaters bestattet, ferner wurde der König *Takelot II. in einer Seitenkammer beigesetzt[102]. Im Grab Nr. 5 Scheschonqs III. fanden sich die Reste der Grabausstattung Scheschonqs I., woraus Montet[103] auf die Möglichkeit geschlossen hat, daß dieser König, dessen Grab bislang nicht gefunden wurde, zeitweise im Grab Nr. 5 beigesetzt war. Weitere Bestattungen und Nachbestattungen in den Gräbern Nr. 1 bis 3 sind namentlich nicht mehr identifizierbar. Die Kammerwände der Gräber Psusennes' I., Osorkons II. und Scheschonqs III. tragen z.T. Reliefs mit Darstellungen aus den *Unterweltsbüchern[104] und Inschriften mit hymnischen Anrufungen an Amun- (oder Atum-)Re-Harachte, Mut, Chons, Osiris und (Ptah-)*Sokar[105]. Das Grab Osorkons II. ist erst nach der Ptolemäerzeit und nicht vollständig geplündert worden[106], das Psusennes' I. ist nach der letzten sekundären Bestattung unberührt geblieben[107]. Sowohl bei ihm als auch bei dem im Nebenraum bestatteten Amenemope fanden sich in den *Sarkophagen Innensärge, ganz oder teilweise aus Edelmetall, und Goldmasken; von den *Mumien dagegen waren nur noch die Knochen erhalten[108]. Gerätschaften (v.a. Gefäße) und *Schmuck aus Bronze, Silber und Gold tragen teilweise Widmungen von Familienmitgliedern und hochstehenden Zeitgenossen, darunter thebanischen *Hohenpriestern des Amun[109]. Fast alle Bestandteile der 13 in der Nekropole von T. bislang gefundenen Steinsarkophage haben sich als Usurpationen erwiesen[110]. So war der äußere Sarkophag Psusennes' I. aus Rosengranit ursprünglich für Merenptah bestimmt[111], der untere Teil des Sarkophages Scheschonqs III. ist aus einem Architrav gehauen, der noch Reste der Namen der Könige *Hor und Sechemre Chutaui aus der 13. Dyn. trägt[112].

Die Region südlich des bisher besprochenen Stadtzentrums, für die schon die Karte in der „Déscription de l'Egypte" (s. Anm. 46) antike Reste verzeichnet („Avenue de Colonnes"), ist bislang noch wenig erforscht. Erste Sondierungen haben ergeben, daß es sich um eine Nekropole aus dem ersten vorchristlichen Jt. handeln könnte[113].

E. *Verschleppte Königsskulpturen in T.:* Die Tatsache, daß in T. seit der ersten Hälfte des letzten Jh. in großem Umfang *Königsplastik vor allem aus der 12., 13. und 19. Dyn. gefunden wurde[114], hat wesentlich zu den Mißverständnissen über die Identität von T. beigetragen; sie führte jedoch auch zu einer Überbewertung der Rolle von T. in der Geschichte der äg. Kunst. Die konsequentesten Vertreter der Theorie einer ursprünglichen Aufstellung dieser Statuen in T. nahmen daher die Existenz einer „Tanitischen Kunstschule" an[115], die vom MR bis in die SpZt hinein geblüht habe; dagegen erhoben vor allem Daressy[116] und Kees[117] den Einwand, daß die Original-Aufschriften der MR-Skulpturen einer ursprünglichen Aufstellung in dem mit dem historischen Vorläufer der Ramsesstadt identifizierten T. widersprächen, von dem im MR auch nicht die Bedeutung nachzuweisen ist, die eine solche Ansammlung von Spitzenwerken der äg. Rundplastik rechtfertigen könnte[118]. Seitdem sich aus den Untersuchungen der baulichen Reste von T. ergeben hat, daß sie nicht älter als die 21. Dyn. sind, ist nicht nur bezüglich der MR-Plastik, sondern auch der ramessidischen davon auszugehen, daß sie sich in T. in sekundärer Lagerung befinden; für die Werke des MR heißt dies, daß sie zuerst von Ramses II. aus den Zentren der 12. und 13. Dyn. in die Ramsesstadt gebracht wurden, dann aber in der 21. und 22. Dyn. ein zweites Mal, nun zusammen mit ramessidischer Plastik, verschleppt wurden.

[1] S. Gauthier, DG VI, 111; AEO II, 199* ff.; Montet, Géographie I, 192 ff.; zur Aussprache des Namens s. Jürgen Osing, Die Nominalbildung des Ägyptischen, Mainz 1976, 376 ff. – [2] Vgl. Helck, Gaue, 196 f. – [3] Mariette, Mon. Div., Tf. 31; zum Ausdruck vgl. Gardiner, in: JEA 5, 1918, 246 ff.; Gauthier, DG V, 59 f.; Bietak, Tell el-Dab^ca II (s. Lit.), 136 f. – [4] Golenischeff-Onomastikon, V, 12 (AEO III, Tf. 11). – [5] Wenamun I, 3.6 (= LESt, 61, 4.8). – [6] Brugsch, in: ZÄS 10, 1872, 18; zur Debatte über die Identität von T. mit der Ramsesstadt s. zusammenfassend Bietak, in: LÄ IV, 128 f. – [7] Kees, Tanis (s. Lit.), 153 f.; Gardiner, in: JEA 19, 1933, 124. – [8] Petrie, Tanis I, Tf. 3, 19 A; Leclant und Yoyotte, in: Kêmi 14, 1957, 50–54; vgl. Montet, Nouvelles fouilles (s. Lit.), 28; ders., Douze années (s. Lit.), 83. – [9] CG 538, vgl. auch v. Beckerath, 2. Zwischenzeit, 83 f. – [10] Vgl. Bietak, Tell el-Dab^ca II, 179 ff.; so auch Yoyotte, der jetzige Grabungsleiter in T., in: CRAIBL 1970, 38; ders., in: BIFAO 78, 1978, 104. – [11] Jedoch mit der Ausnahme des Grabes Nr. 1 Osorkons II., s. u. – [12] Wenamun II, 35 (= LESt, 70, 10 f.); der Deutung von Wb IV, 166 wäre als andere Erklärungsmöglichkeit eine Verbindung mit *sntj* „gründen" zur Seite zu stellen, das sich in ähnlicher Schreibung findet, s. Wb IV, 177. – [13] Wenamun I, x + 23 – II, 2 (= LESt, 67, 3 ff.). – [14] Habachi, in: ZÄS 100, 1974, 102. – [15] Bietak, a.a.O. II, 109. 215–217. – [16] Vgl. die Priestertitel in der Familie Psusennes' I.: Kitchen, Third Interm. Period, § 221. – [17] Ebd., § 220 und Anm. 114. – [18] Vgl. den Nebti-Namen Psusennes' I. „Groß an Denkmälern in Karnak": Montet, Tanis II, Abb. 51, obgleich dieser König nicht dort, sondern in T. als Bauherr hervorgetreten ist; zu einem möglichen Zuzug von Thebanern nach T. s. Habachi, in: ASAE 47, 1947, 276; Kitchen, Third Interm. Period, § 222 und Anm. 129. – [19] Goyon bei Montet, Tanis III, 48–50; Montet, Énigmes (s. Lit.), 35; Petrie, Tanis I, 8, Tf. 2, 14 A. B. E; 15 C. – [20] Montet, Tanis I, 23 ff. – [21] Goyon bei Montet, Tanis III, 13 ff. – [22] Montet, Lac Sacré (s. Lit.), 44. – [23] Montet, a.a.O., 44 ff. (dort Scheschonq IV. genannt). – [24] Kitchen, Third Interm. Period, § 102; Montets Zuweisung von Blöcken aus dem heiligen See an Petubastis I. beruht auf einer Verwechslung Petubastis' II. mit jenem. – [25] So Yoyotte, in: Mél. Masp. I. 4, 129 und Anm. 2; ähnlich Kitchen, a.a.O., § 328 und Karte p. 367; Helck, Gaue, 196 überlegte eine Identifizierung von *Tnt-rmw* mit T., vgl. jedoch ders., in: LÄ IV, Sp. 355 s. v. *Natho, Anm. 6. – [26] Yoyotte, a.a.O., 133 f.; Farouk Gomaà, Die libyschen Fürstentümer des Deltas, TAVO Beiheft B 6, 1974, 140; zur Geschichte von T. während der 24.–25. Dyn. s. auch Yoyotte, in: Kêmi 21, 1971, 35–45. – [27] Montet, Lac Sacré, Nr. 230–238; s. Anm. 24. – [28] Maximilian Streck, Assurbanipal II, Vorderasiatische Bibliothek 7, Leipzig 1916, 10. 96. – [29] Leclant und Yoyotte, in: Kêmi 10, 1949, 28–37. 90; Statue aus dem Großen Tempel: s. Edna R. Russmann, The Representation of the King in the XXVth Dynasty, Brüssel 1974, 51, Nr. 21. – [30] Montet, in: Kêmi 7, 1938, 123 ff.; ders., in: Kêmi 8, 1946, 29 ff. (D 87. D 88. D 26. D 3); ders., in: Kêmi 15, 1959, 61 f. (D 109); Yoyotte, in: Kêmi 15, 1959, 65 ff. – [31] Montet, in: Kêmi 8, 1946, 35 ff. – [32] Fragment einer Stele über Unternehmungen in Nubien, s. Sauneron und Yoyotte, in: BIFAO 50, 1952, 173 ff. – [33] Stelenfragment über Bauunternehmungen (in Tanis?), s. Montet, in: Kêmi 8, 1946, 40 ff., Tf. 4–6. – [34] S. Anm. 30. – [35] Montet, Nouvelles fouilles (s. Lit.), 107 ff., Tf. 47. 54. 55; 125 f., Tf. 70–72. – [36] LESt, 40, 4 f.; vgl. auch das von Roccati, in: RdE 24, 1972, 152 ff. edierte Turiner Papyrusfragment, Z. 4 f. – [37] Montet, in: Kêmi 5, 1935–37, 10 ff., Tf. 10–11; ders., Douze années (s. Lit.), 96 ff., Tf. 4; ders., in: Mél. Masp. I, 3, 501 f. (mit Inschriften). – [38] Montet und Lézine, in: RAr 1949 (Mélanges Picard II), 758 ff.; vgl. auch Gutbub, in: Kêmi 16, 1962, 42 ff.; ders., in: Kêmi 17, 1964, 35 ff. – [39] Petrie, Tanis II, Tf. 10, Nr. 164–5; ders., Tanis I, Tf. 15, 2. 3; PM IV, 23 f. – [40] CG 689. 700; Montet, in: Kêmi 7, 1938, 136. 141. 157; Yoyotte, in: EPHE 79, 1971–72, 172 f. – [41] Montet, in: Fs Griffith, 407 f. – [42] Montet, Douze années, 181 f., Abb. 51. – [43] Zusammenstellung der in T. gefundenen Grundsteinbeigaben: Montet, Enigmes (s. Lit.), 134–143, dazu noch Brissaud, in: BIFAO 78, 1978, 130. – [44] Yoyotte und Brissaud, in: BIFAO 78, 1978, 118 Anm. 1; 120 Anm. 1. – [45] Lézine bei Montet, Lac Sacré, 33 ff. – [46] Dort auf Tf. 28; s. Montet, Nouvelles fouilles, Tf. 2; auf dem Plan LD I, 55 und LD, Text I, 218 ist bereits die Existenz einer zweiten Umfassungsmauer erkennbar, vgl. Fougerousse, in: Kêmi 5, 1935–37, 23 f. Zusammenfassend zur Vorgeschichte der Grabungen vgl. Pillet, in: BIFAO 30, 1931, 694 ff.; Montet, Nouvelles fouilles, 1 ff. – [47] Montet, a.a.O., 5 f. – [48] Mariette, in: RecTrav 9, 1887, 2–20; ders., Mon. Div., Tf. 103, 104, 107. – [49] Montet, in: Kêmi 4, 1931 (1933), 191 ff.; ders., Douze années, 89 ff. – [50] Barsanti, in: ASAE 5, 1904, 203–214; vgl. auch die Fundliste bei Montet, Nouvelles fouilles, 10–12. – [51] S. unter Literatur. – [52] Francis Ll. Griffith und William M. Flinders Petrie, Two Hieroglyphic Papyri from Tanis, London 1889; vgl. auch Yoyotte, in: Bulletin de la Société Ernest Renan, N. S. 9, Paris 1960, 13 ff.; zu einem weiteren Papyrusfund vor dem Tor des Südbezirks s. Montet, Douze années, 196. – [53] S. Lit. – [54] LD III, 255 d; Montet, Tanis II, Abb. 1. – [55] Zur Konstruktion s. Fougerousse, in: Kêmi 5, 1935–37, 29 ff.; zum Verlauf s. Montet, Tanis II, 10 ff.; auch dort noch das Urteil, diese Mauer sei später als die große Umfassungsmauer, obgleich sie im Westen unter jener verschwindet: Montet, a.a.O., 12 f. – [56] Lézine bei Montet, Lac Sacré, 35; zur Konstruktion s. Fougerousse, a.a.O., 31 ff.; zu weiteren, noch nicht sicher datierten und vollständig ausgegrabenen Resten weiterer Umfassungsmauern s. Montet, Énigmes, 23–25. – [57] Montet, Nouvelles fouilles, 45 ff., Tf. 10–21; ders., in: Kêmi 5, 1935–37, 3 ff.; Goyon bei Montet, Tanis III, 13 ff., Tf. 1–23. – [58] Blöcke, aus einer ca. 20 m hohen Statue Ramses' II. gehauen: Montet, in: Mél. Masp. I. 2, 498 mit Verweisen. – [59] Zusammengestellt von Goyon, a.a.O., 23–28. – [60] Grundsteinbeigaben, s. Montet, Énigmes, 140 ff.; zur Konstruktion s. Fougerousse, a.a.O., 44 ff. – [61] Fougerousse, a.a.O., 31. 40; Montet, Tanis II, 10 f.; ders., Énigmes, 22; zu ähnlichen Bestattungen unter den Ecken des großen Lehmziegelgebäudes: Fougerousse bei Montet, Nouvelles fouilles, 78; zu neuen Ausgrabungen am Nordtor s. Brissaud, in: BIFAO 78, 1978, 125 ff. – [62] Fougerousse, in: Kêmi 5, 1935–37, 58 ff.; Montet, Énigmes, 139; Lézine, in: Kêmi 12, 1952, 53 f. zum weiteren Verlauf der Mauer. – [63] Montet, Énigmes, 29. 136 ff.; ders., Tanis I, 25 f.,

Tf. 2. – [64] Montet, Énigmes, 29. 134f.; ders., Tanis II, 14f. – [65] Petrie, Tanis II, 12. 29, Tf. 8, Nr. 146. – [66] Fougerousse, a.a.O., 48ff., Abb. 12–14; Montet, Douze années, 65ff., Abb. 11. 12. 14. 16. – [67] PM IV, 16; Montet, in: Mél. Masp. I. 2, 500. – [68] Zu den Obelisken von T. s. Montet und Goyon, in: Kêmi 5, 1935–37, 105–114; Leclant und Yoyotte, in: Kêmi 11, 1950, 73–84; dies., in: Kêmi 14, 1957, 43–80; zu den Inschriften s. auch Kitchen, Ram. Inscr. II, 408–428. – [69] Zu den Stelen Ramses' II. in T. s. Yoyotte, in: Kêmi 10, 1949, 58–74; 11, 1950, 47–62; 12, 1952, 77–89; 13, 1954, 77–86; Kitchen, Ram. Inscr. II, 287–300. 407–408. – [70] PM IV, 20f. – [71] Montet, Douze années, 178ff., Tf. 16; ders., Tanis I, 29ff., Tf. 3.4; Christiane Coche-Zivie, in: BIFAO 74, 1974, 93–121; Vernus, in: Kêmi 19, 1969, 93ff. (zu einem wiederverwendeten Block aus dem Osttempel). – [72] Montet, Douze années, 57ff.; Goyon bei Montet, Tanis III, 42–46, Tf. 24; vgl. Montet, Nouvelles fouilles, Tf. 28–31; zu den Palmkapitellsäulen von T. und ihrer Datierung s. auch Lézine bei Montet, Lac Sacré, 21ff.; zu ihrer Herkunft s. auch Hermann Kees, Das alte Ägypten, eine kleine Landeskunde, Berlin [3]1977, 99. 110. – [73] Lézine, in: Kêmi 12, 1952, 46–58; Yoyotte und Brissaud, in: BIFAO 78, 1978, 105ff. 115ff. 125ff., Tf. 39–41. – [74] Lézine bei Montet, Lac Sacré, 35. – [75] Lézine, in: Kêmi 12, 1952, 51; Brissaud, in: BIFAO 78, 1978, 132; außerdem Bruchstücke eines Basaltnaos Nektanebos' II.: Yoyotte, in: BIFAO 78, 1978, 105 mit Verweisen. – [76] Montet, in: Kêmi 12, 1952, 59ff., besonders 63–65; Brissaud, in: BIFAO 78, 1978, 140 und Anm. 1; Posener, in: Annuaire du Collège de France 68, 1968/69, 403ff. – [77] Montet und Lézine, in: RAr 1949 (Mélanges Picard II), 752–765; Montet, Énigmes, 46ff., Tf. 11. – [78] S. u. Lit.; ferner: Montet, Énigmes, 37–45, Tf. 5; Yoyotte und Brissaud, a.a.O., 117f. 132ff., Tf. 42–48. – [79] Lézine bei Montet, Lac Sacré, 34f. – [80] Weitere dekorierte Blöcke und Fragmente: Yoyotte und Brissaud, a.a.O., 110 und Anm. 3, mit Tf. 47 sowie S. 132f. und Abb. 11. – [81] Montet, a.a.O., Nr. 26–229. – [82] Montet, a.a.O., Nr. 310–323. – [83] Fougerousse bei Montet, Nouvelles fouilles, 76–88, Tf. 35–38. – [84] Fougerousse, in: Kêmi 5, 1935–37, 71–103; Montet, Énigmes, 123–132, Tf. 13. – [85] Lézine, in: Kêmi 12, 1952, 48 und Abb. 2. – [86] Fougerousse, in: Kêmi 8, 1946, 1–28. – [87] Montet, Douze années, 95ff.; weitere Lehmziegelhäuser s. Montet, a.a.O., 185f.; zu dort gefundenen Stelen von Privatleuten s. Bucher, in: Kêmi 5, 1935–37, 64–70. – [88] Grundsteinbeigaben Ptolemaios' IV., die ihn als „geliebt von Mut und Chons-dem-Kind" bezeichnen: Montet, Énigmes, 140ff. und Abb. 33; die dort gefundene Statue des Pichaas (*P3-ḫ3ʿ-s[w]*) mit einem Bild des Chons-*p3-ḫrd*: Montet, Nouvelles fouilles, 110ff., Tf. 57. 58; ders., in: Kêmi 8, 1946, 69f., Tf. 21–25. – [89] Auflistung der im Südbezirk gefundenen Statuen bei Montet, a.a.O., 107–118; Lageplan der Reste des Südbezirks (Stand: 1932) bei Montet, a.a.O., Tf. 39; vgl. auch Montet, Douze années, Abb. 53–55 wegen der mittlerweile gefundenen Grundsteinbeigaben. – [90] Grundsteinbeigaben s. Montet, Énigmes, 25ff. 135f.; ders., Douze années, 187f. – [91] Montet, Nouvelles fouilles, 118ff.; ders., Douze années, 192ff. – [92] Montet, Énigmes, 138f.; zu den Säulen s. Montet, Nouvelles fouilles, 95–107, Tf. 40. 45–53; Montet, in: Fs Griffith, 406–411; zum Bau s. Montet, Douze années, 203ff. – [93] Fougerousse bei Montet, Nouvelles fouilles, 135ff.; zu den Grundsteinbeigaben s. Anm. 88. – [94] Vgl. Stadelmann, in: MDAIK 27, 1971, 111–123. – [95] Zur Frage von Oberbauten in T. s. Stadelmann, a.a.O., 117. – [96] Schwalbenschwänze mit den Namen und Titeln von beiden, s. Montet, Tanis II, Abb. 6. – [97] Lézine bei Montet, Tanis II, 32; zur Person s. Kitchen, Third Interm. Period, § 222. – [98] S. Kitchen, a.a.O., § 221. – [99] Zur Mumie Scheschonqs II. s. Derry, in: ASAE 39, 1939, 549ff. – [100] Montet, Tanis II, 173–175. – [101] S. Kitchen, a.a.O., § 282 und Anm. 447; zur Mumie s. Derry, in: ASAE 41, 1942, 150. – [102] Das Grab Osorkons II. ist vermutlich das älteste der Nekropole und war vielleicht ursprünglich für Smendes bestimmt: Montet, Tanis I, 46. 54; ders., Énigmes, 113f.; ders., in: ASAE 47, 1947, 254ff. – [103] Montet, Tanis III, 76, Tf. 49. – [104] Eine Version des Buches von der Nacht im Grab Scheschonqs III., s. Montet, Tanis III, 61–68, Tf. 29–32. 34–42; Auszüge aus dem Amduat im Grab Osorkons II., s. Montet, Tanis I, Tf. 33.34. Zu einer kryptographischen Inschrift im Grab Scheschonqs III. s. Drioton, in: Kêmi 12, 1952, 24–33. – [105] ÄHG, Nr. 49. 50. – [106] Montet, Tanis I, 94. – [107] Montet, Tanis II, 7. – [108] Zur Mumie Psusennes' I. s. Derry, in: ASAE 40, 1941, 969f.; zur Mumie des Amenemope s. ders., in: ASAE 41, 1942, 149. – [109] Abbildungen außerhalb der Publikation von Montet: Jean Yoyotte, Les trésors des Pharaons, Genf 1968, 181–183; Cyril Aldred, Die Juwelen der Pharaonen, Zürich 1972, Tf. 135–141; Jean-P. Corteggiani, Das Ägypten der Pharaonen – Museum Kairo, Köln o. J., 197–203; Stierlin, in: Art 4, Hamburg 1982, 54ff.; Christiane Desroches-Noblecourt, Ramsès le Grand, Paris 1976, 304–310; Milada Vilímková und M. Abdul-Rahman, Altägyptische Goldschmiedekunst, Prag 1969, Nr. 74–82. – [110] Lézine bei Montet, Tanis III, 73f. – [111] Montet, Tanis II, 111–126, Tf. 75–94; ders., Énigmes, 116f. – [112] Montet, Tanis III, 71ff., Tf. 28. – [113] Yoyotte, in: CRAIBL 1967, 594f.; 1970, 37f.; ders., in: BSFE 57, 1970, 26ff.; ders., in: ASAE 61, 1973, 84f.; Leclant, in: Or 39, 1970, 328f. – [114] S. Anm. 47. 50. 89. Die in T. gefundenen Skulpturen des MR sind aufgelistet bei Montet, Énigmes, 53ff., ausführlich behandelt und abgebildet von Evers, Staat I und II, allerdings mit überholter Auffassung bezüglich der Herkunft dieser Werke (s. u.). Die Rundbilder Ramses' II. hat inventarisiert Montet, in: Mél. Masp. I. 2, 498ff.; ders., Énigmes, 66ff.; dort auch die anderen Werke des NR und der späteren Epochen. Vgl. auch PM IV, 13ff. für die bis 1934 bekannten Stücke. – [115] So Gaston Maspero, Geschichte der Kunst in Ägypten, Stuttgart 1925, 118f.; Evers, Staat II, 117ff.; Montet, in: Mél. Masp. I. 2, 497f. – [116] Daressy, in: ASAE 17, 1917, 164ff. – [117] Kees, Tanis, 156. 158ff.; vgl. auch v. Beckerath, Tanis und Theben, 41ff.; ähnlich auch schon Griffith bei Petrie, Tanis II, 35. – [118] Daressy, a.a.O., 167.

Lit.: Mariette, in: RecTrav 9, 1887, 2–20; Petrie, Tanis; Daressy, in: ASAE 17, 1917, 164–176; Pierre Montet, Les nouvelles fouilles de Tanis (1929–1932), Paris 1933; ders., in: Fs Griffith, 406–411; ders., in: Mél. Masp. I. 2, 497–508; Gardiner, in: JEA 19, 1933, 122–128;

Raymond Weill, in: JEA 21, 1935, 10–25; Pierre Montet, Le drame d'Avaris, Paris 1941; ders., Tanis, douze années de fouilles dans une capitale oubliée du delta égyptien, Paris 1942; ders., in: Kêmi 9, 1942, 1–106 mit 31 Tf.; ders., Tanis; Kees, Tanis, NAWG 1944. 7, 146–182; v. Beckerath, Tanis und Theben, bes. 28–47; Pierre Montet, Les énigmes de Tanis, Paris 1952; ders., Le Lac Sacré de Tanis, Paris 1966; Uphill, in: JNES 27, 1968, 304–308; Yoyotte, in: CRAIBL 1965, 391–398; 1967, 590–601; 1970, 32–40; ders., in: BSFE 57, 1970, 19–30; Kitchen, Third Interm. Period, bes. 426–430; Manfred Bietak, Tell el-Dabʿa II, DÖAW 4, 1975, bes. 180ff.; Yoyotte und Brissaud, in: BIFAO 78, 1978, 103–140; Brissaud und Yoyotte, in: L'Egyptologie en 1979 I, Paris 1982, 195–201. M. R.

Tanitendynastie. *Manetho describes his 21st Egyptian dyn. as "seven kings of *Tanis", beginning with *Smendes [1]. Tanis already replaced Pi-Ramesse (*Ramsesstadt) as main northeastern Delta seaport for the Mediterranean in the closing years of *Ramses XI, when Nesubanebded governed there [2]. The latter succeeded Ramses XI as king (Manetho's Smendes)–hence the Tanite origin of this dynasty. *Memphis continued as the real administrative capital [3], with Tanis as dynastic seat, key seaport and summer residence.

Smendes was followed briefly by *Amenemnesut, then by *Psusennes I who built a considerable temple for *Amun in Tanis, within a massive brick precinct that also protected the tombs of himself and his successors, notably the short-reigned *Amenemope. After him and *Osochor (Osorkon the Elder [4]), *Siamun was an active builder, and may have intervened militarily in Philistia; the dynasty ended with *Psusennes II (ca. 945 B.C.).

Like Pi-Ramesse, Tanis was on Amun's lands; so, the Theban Triad were the dynasty's chief gods, and both Psusennes I and Amenemope bore the title "High Priest of Amun" (*Hoherpriester des Amun), while their family and chief officials held posts in the cult and administration of Tanite Amun, *Mut and Khons (*Chons) (*Gottesstaat) [5]. In Manetho, the Dynastic total is given as 130 years in all versions, agreeing with the individual figures in Eusebius but not in Africanus (114 years); adjustment to firsthand monumental evidence favours 125 years [6] (ca. 1070/69–945 B.C.), although the 130-year figure has been advocated [7] (ca. 1075–945 B.C.).

[1] Waddell, Manetho, 154–157. – [2] S. *Wenamun. – [3] Smendes ruling in Memphis: Dibabia stela, Daressy, in: RecTrav 10, 1888, 133–139. – [4] Yoyotte, in: BSFE 77–78, 1977, 39–54. – [5] Kitchen, Third Interm. Period, 426–430. – [6] Hornung, Chronologie, 101–106. 109; Kitchen, Third Interm. Period, 72 sq. – [7] Barta, in: MDAIK 37, 1981, 35–39.

Lit.: Kitchen, Third Interm. Period; id., in: RdE 34, 1983, 67–68; Niwinski, in: JARCE 16, 1979, 49–68.

K. A. K.

Tanites s. Gaue, 19. u. äg.

Tanne. In Äg. wuchsen nie T., aber das Holz der T. Abies cilicica Carr. und ihre Harzprodukte wurden schon in sehr früher Zeit von den Bergen des *Libanon nach Ägypten exportiert. Funde von Tannenholz liegen zwar erst von der 5. Dyn. an vor [1] und sind auch nur sehr selten. Dies liegt vermutlich an der Tatsache, daß nur wenige Koniferenholzobjekte bisher genau untersucht wurden, um die botanische Art festzustellen. Die schriftlichen Quellen belegen aber, daß Tannenholz, äg. *ʿš* [2], spätestens zu Beginn des AR [3] und Harzprodukte der T. von frühgesch. Zt an [4] nach Ägypten kamen. Besonders für das NR sind große Tannenholzimporte für *Tempelbauten und für den *Schiffsbau genannt [5]. Durch ihre schlanke, hohe Wuchsform eignen sich die Stämme dieser Tannenart besonders gut für Masten, Flaggenstangen und zum Zusägen langer, gerader Bretter [6]. In Karnak sind Holzfäller abgebildet, die im Libanon Bäume schlagen [7]. Die sehr schematisierten, geraden, schlanken Bäume sollen vermutlich T. darstellen. *Harz-Produkte der T. waren *ʿḏ n ʿš*, *ḥ3t n ʿš* und *sfṯ*, die auch als *Heilmittel Verwendung fanden [8]. Es ist allerdings unklar, ob diese Namen wirklich nur Substanzen der T. Abies cilicica bezeichneten oder Koniferenharze im allgemeinen.

[1] Lucas, Materials⁴, 430. – [2] Loret, in: ASAE 16, 1916, 33ff. – [3] Palermostein Vs. 6, Nr. 2–4. – [4] Kaplony, Inschriften I, 306. 310. – [5] Helck, Materialien, 873ff. – [6] Wb, Belegst. I, 228. – [7] Jacquemin, in: Kêmi 4, 1931 (1933), 117. – [8] Renate Germer, Untersuchungen über Arzneimittelpflanzen im Alten Ägypten, Diss. Hamburg 1979, 12ff. R. Ge.

Tanta (طنطا, Karte 1b), kopt. ⲦⲀⲚⲦⲀⲐⲞ, griech. Ταύα/Ταούα [1], Stadt im Zentraldelta, ca. 8 km n. von Kairo, seit dem letzten Jahrhundert die Hauptstadt der Provinz Gharbiya, zählt zu den größten Städten Ägyptens, bekannt durch das Grabmal und die Moschee von Sidi Ahmed El-Badawi [2], in dessen Nähe ein Granitblock mit dem Namen des Königs *Amasis entdeckt wurde [3]. N. von T. verlief vermutlich die Grenze zwischen dem 4. und 5. u. äg. Gau [4].

[1] Emile Amélineau, La Géographie de l'Egypte à l'Epoque Copte, Paris 1893, 480; Daressy, in: ASAE 22, 1922, 188ff. – [2] Zu Tanta s. auch Mohamed Ramzi, Das geographische Wörterbuch der ägyptischen Städte und Dörfer II, Kairo 1958, 102f. (arabisch). – [3] Gauthier, in: ASAE 23, 1923, 71; PM IV, 45; ein anderer Block

desselben Königs wurde bei dem 3 km n.-w. von T. gelegenen Maḥallat Marḥum gefunden; Gauthier, a.a.O., 72; PM IV, 46; vermutlich lag an dieser Stelle die antike Stadt von T., dazu s. Daressy, a.a.O.; Gauthier, a.a.O., 71 f. – [4] Helck, Gaue, 163; ders., in: LÄ II, 396.

F. G.

Tanutamun (Tanoutamon)[1], dont le nom de couronnement est Bakarê[2] et celui d'Horus *wȝḥ-mrwt* ("constant d'amour")[3], ne figure dans aucune des versions de *Manéthon[4] consacrées à la XXVe dynastie "éthiopienne". Sa position dans la famille royale koushite est loin d'être fixée[5]. Il a succédé[6] à *Taharqa en 664 av. J.-Chr., son pouvoir théorique sur la Haut-Egypte étant reconnu jusqu'en 656[7], tandis qu'il continuera à régner sur Koush jusqu'à une date encore inconnue (*Nubien).

La présence conjointe de Taharqa et de T. dans la chapelle d'*Osiris-*Ptah-Nebankh à *Karnak-Sud[8] peut être due à ce que le bâtiment a été décoré lors du passage d'un règne à l'autre; s'il y a eu association des deux pharaons, celle-ci n'a été que de courte durée, moins d'une année. Au début de son règne, T. rêve d'un grand dessein, la reconquête de l'Egypte. Dans une stèle célèbre de l'an 1[9], il relate un "songe", l'apparition de deux serpents – ce qui est approprié pour un roi aux deux *uraei, du Nord et du Sud –, et l'interprétation qu'il en fait. Après s'être rendu à *Napata pour le couronnement, avoir sacrifié à *Eléphantine et à *Thèbes, repris *Memphis, T. envahit le Delta, abat Nechao (*Necho I.) de *Saïs[10] et reçoit la soumission de certains chefs. Mais averti de cette agitation, *Assurbanipal attaque immédiatement[11]; il conquiert Memphis, puis Thèbes qui est sévèrement pillée[12]. T. s'enfuit dans le Sud, vers "Kipkipi". Le désastre de 663 eut un écho terrible dans le Proche-Orient. Il marque aussi la fin de la domination éthiopienne en Egypte. Les Assyriens installèrent des roitelets vassaux dans le Delta, en particulier à Saïs. La Haute-Egypte refusa de reconnaître leur allégeance; demeurant indépendante de fait sous le pouvoir de son "prince de la ville" Montouemhat (*Monthemhet) et des Divines Adoratrices (*Gottesgemahlin) *Schepenoupet, fille de Peyé (*Pianchi), et *Amenirdis, fille de Taharqa, elle conserva l'éponymie de Tanoutamon. Ainsi[13], quelques blocs de grès[14] à son nom, retrouvés à Karnak, pourraient être les vestiges d'un édifice ou partie d'édifice, dont il n'y aurait plus aucun élément en place. Une plaquette en faïence verte qui figure le signe *kȝ* encadrant de ses deux bras le cartouche de T.[15] a été recueillie au Nord du grand temple. Un dignitaire, Akhamenrou, fait graver le cartouche de T. conjointement à celui de la Divine Adoratrice Schepenoupet sur l'épaule d'une de ses statues[16]. Plusieurs inscriptions du temple de Louxor (*Luxor), d'une gravure assez sommaire, relatent "l'installation" (*hrw n bs*) de prêtres sous T.: en l'an 3, Pedikhonsou[17] et Pedimenope[18]; en l'an 4, Ankhpakhered (?)[19]; l'installation du prêtre Horsiesé[20] est datée d'une année 9 qui peut être aussi bien celle de T. que de Psammétique (*Psammetich) Ier. L'an 8 de T. était attesté depuis longtemps par une stèle[21] ayant trait à une transaction faite par une chanteuse d'Amon sur une parcelle de dix aroures. C'est un des derniers documents "éthiopiens" de Thèbes, car, peu après, le 14 du deuxième mois de l'inondation de la 9e année de Psammétique Ier, *Nitocris, fille de celui-ci, aborde à Thèbes pour se faire adopter comme Divine Adoratrice[22].

Il est difficile d'assigner des dates aux divers monuments de T. retrouvés au Soudan. Dès le début de son règne, T. projetait une politique de constructions à Napata[23]. Si aucun vestige n'en a été retrouvé, en revanche sa présence est attestée par la Stèle du songe[24] et, dans le grand temple d'Amon du *Gebel Barkal[25], par deux magnifiques statues[26] en granit, de plus de 2 m, dont les têtes sont malheureusement disparues. On a proposé de reconnaître éventuellement T. dans une statue demeurée dans la carrière de *Tombos[27]. Dans le temple de *Sanam a été recueillie une belle tête du dieu Amon (*Amun) en quartzite[28] portant sur son pilier le nom d'Horus du roi; le style est assez idéalisé et ne fournit pas d'indications sur les traits du souverain[29]. Ceux-ci sont en revanche connus par les ouchebtis (*Uschebti)[30], une tête de canope (*Kanopen) en albâtre[31] et une peinture[32] dans sa tombe[33] à el-*Kurru (Ku 16). La superstructure de celle-ci est totalement détruite; elle devait mesurer environ 8 m 25 de côté. Les deux chambres voûtées avaient été décorées de peintures murales partiellement conservées; la tombe a été pillée et a reçu des inhumations postérieures[34]; outre les ouchebtis et les canopes déjà signalés, on y a recueilli une table d'offrandes en granit[35], les fragments d'une petite table d'offrandes en faïence bleue[36] et un scarabée de coeur (*Herzskarabäus)[37] avec 11 lignes de texte, sans nom mais attribuable au roi.

On ne possède pas de scarabées de T.; cependant des empreintes de sceaux d'un type original portant les noms de T. et de Bakarê ont été retrouvées sur des bouchons de jarres[38] dans la tombe de Qalheta. Celle-ci est considérée comme la mère de Tanoutamon[39]. Une de ses épouses se nommait Peyé-arty[40]; on a proposé[41] aussi de lui joindre la reine Malaqayé[42].

[1] Le nom de T. est évidemment koushite. Les textes assyriens en donnent la transcription cunéiforme; pour la

lecture, cf. Steindorff, dans: Beiträge zur Assyriologie I, Leipzig 1890, 356–7; Struve, dans: ZÄS 62, 1927, 65–66; Vycichl, dans: Kush 6, 1958, 177; Kitchen, Third Interm. Period, 149 no. 276. – Au sujet de l'antéposition honorifique du nom d'Amon dans les graphies des rois napatéens, cf. Monnet, dans: RdE 9, 1952, 96 n. 1. – Les cartouches de T. sont martelés à la chapelle d'Osiris-Ptah-Nebankh (infra n. 8; Yoyotte, dans: RdE 8, 1951, 224). – [2] *Bꜣ-kꜣ-Rꜥ* est un nom original qui peut s'interpréter à l'égyptienne. Manéthon connaît à la fin de la IVe dyn. un souverain Bikheris (Kaplony, dans: LÄ III, 655); Drioton l'a rapproché de *Bꜣ.f-Rꜥ* (dans: BSFE 16, 1954, 46–47); un fils de Didoufri (*Djedefre) s'appelait *Bꜣ-kꜣ* (Kaplony, dans: LÄ III, 615–6). – [3] Ce nom d'Horus, original lui aussi, se lit dans la chapelle d'Osiris-Ptah-Nebankh (infra n. 8), sur les statues du roi du Gebel Barkal (infra n. 26) et sur la tête d'Amon de Sanam (infra n. 28). Pour d'autres noms royaux composés avec *wꜣḥ*, cf. Gauthier, dans: BIFAO 15, 1918, 23. – Une titulature avec un nom de *nbtj sꜥnḫ-tꜣwj* et un nom d'Horus d'or *Ḫw-tꜣwj ḥkn*....., gravée sur un bloc du temple de Sanam (Griffith, dans: AAA 9, 1922, 111, pl. 26 no. 13; PM VII, 201), a été attribuée a T. par Dunham et Macadam, dans: JEA 35, 1949, 147, pl. 16 no. 76e de façon purement arbitraire. – [4] Sur "Ammeris (Ameres) le Nubien" par lequel Eusèbe et sa version arménienne ouvrent la XXVe dyn., cf. Kitchen, Third Interm. Period, 145 § 116, n. 258–259. – [5] Selon les sources koushites, il est le fils de Qalheta, celle-ci étant vraisemblablement l'épouse de *Schabataka. Le Cylindre Rassam l'appelle "fils de Schabaka" (les historiens modernes proposent de corriger en *Schabataka), tandis que les autres versions assyriennes des Annales d'Assurbanipal en font "le fils de la sœur de Taharqa"; cf. Kitchen, Third Interm. Period, 150, § 121. – [6] La succession directe ressort clairement des faits relatés par les Annales d'Assurbanipal. – [7] Les dates connues de T. sont: An 1: "Stèle du Songe", infra n. 9. – An 3, second jour épagomène: bloc de Louxor au Musée de Berlin 2096 (infra n. 17); sur le bloc 2097 (infra n. 18), l'année manque, mais le jour est le même. – An 4, le mois et le jour sont détruits: graffite de Louxor relatant également l'installation d'un prêtre (infra n. 19). – An 8, 3e jour de Peret: stèle de transaction de la région thébaine (infra n. 21). – An 9, de T. ou de Psammétique: installation du prêtre Horsiesé (infra n. 20). – La stèle du *Serapeum Cat. 192 (anc. 190, IM 3733) montre que Psammétique Ier fit partir ses années de règne en succession directe de Taharqa, 664 av. J.-Chr. étant aussi la date de la mort de Nechao Ier, son père et prédécesseur. – [8] Leclant, Mon. Thébains, 111–113, § 31, fig. 23, pls. 68–70; PM II², 278; Leclant, dans: L'image du Noir, Fribourg 1976, 112, figs. 103–105; id., dans: MDAIK 37, 1981, 297, pl. 46a. b. Sur le problème de la "corégence", cf. Helck, dans: LÄ IV, 158. – [9] Musée du Caire JE 48863; trouvée dans le temple d'Amon du Gebel Barkal en 1862; PM VII, 217–218; Mariette, Mon. div., pls. 7–8; Urk. III, 55–57; Serge Sauneron, Les songes et leur interprétation, SourcesOr 2, 1959, 26–27; Leclant, dans: A. Caquot et M. Leibovici (éd.), La divination, Paris 1968, 18; Nicolas-Ch. Grimal, Quatre stèles napatéennes au Musée du Caire, MIFAO 106, 1981, p. VII–VIII. 3–20, pls. 1–4; traduction dans BAR IV, 467–473, §§ 919–934. – [10] Yoyotte, dans: Supplément au Dictionnaire de la Bible VI, Paris 1958, 365; Kitchen, Third Interm. Period, 393–4, § 354. – [11] Cf. les diverses versions des Annales d'Assurbanipal, en particulier le Cylindre Rassam: Donald D. Luckenbill, Ancient Records of Assyria II, Chicago 1927, 295–6, § 776–778; ANET³, 294; Jeanne-Marie Aynard, Le prisme du Louvre AO. 19. 939, BEHE 309, 1957, 19. 23. – [12] Au sujet du butin, cf. Kitchen, Third Interm. Period, 394, n. 890. 891; Leclant, dans: William A. Ward, The Role of the Phoenicians in the Interaction of Mediterranean Civilizations, Beirouth 1968, 13–15 et n. 34a. 54. – [13] On ne peut suivre Daressy, dans: Sphinx 17, 1913, 106, attribuant à T. des fragments trouvés par Schweinfurth au Nord de l'entrée de la Vallée des Reines (Leclant, Mon. Thébains, 181–182, § 48 E 3). – C'est de Thèbes que peut provenir un petit portant en bronze avec les deux cartouches du roi, vu autrefois dans la collection G. Michaelides, inédit. – [14] Leclant, Mon. Thébains, 126–7, § 36 B–E et pl. 74; ces blocs sont conservés dans le magasin Sud de Karnak; on peut y joindre un fragment de montant de porte du Musée de Turin (Cat. Supplément 1312); ces documents peuvent éventuellement provenir d'annexes de la chapelle d'Osiris-Ptah-Nebankh (supra n. 8). – [15] Musée du Caire JE 43600, inédit. – [16] Musée du Caire JE 37346; cachette de Karnak no. 471; Leclant, dans: JNES 13, 1954, 155–156, pls. 2–3; id., Mon. Thébains, 122. – [17] Musée de Berlin no. 2096; Champollion, Mon. IV, pl. 349; Leclant, Mon. Thébains, 141, § 41 B a; PM II², 336; Hellmut Brunner, Die südlichen Räume des Tempels von Luxor, AV 18, 1977, 88–89. – [18] Musée de Berlin no. 2097; Leclant, Mon. Thébains, 141–142, § 41 B 2; PM II², 336; Hellmut Brunner, op. cit.; Vittmann, dans: SAK 10, 1983, 331–2; dans la date, l'année est perdue (peut-être "an 3"); même 2e jour épagomène (*ms Ḥr*) que l'inscription précédente Berlin no. 2096, avec laquelle elle a été l'objet de diverses confusions. – [19] Graffite à l'extrémité Ouest de l'architrave Sud de la pièce XVII, à Louxor: Brunner, op. cit., 87–89, fig. 45, pl. 186c–d; rectification de lecture par Vittmann, dans: SAK 10, 1983, 329 n. 11. – [20] Bloc "errant" du temple de Louxor: Vittmann, dans: SAK 10, 1983, 324–332, pl. 20a; la date est en fin d'inscription, le nombre d'années étant un peu à l'écart. – [21] Musée du Caire JE 37888; Legrain, dans: ASAE 7, 1906, 190. 226–7; Leclant, Mon. Thébains, 187–8, § 49 B c; Meeks, dans: State and Temple Economy, Louvain 1979, 612 n. 22; 673 (25. 7. 8). Sur cet an 8 de T., cf. Kienitz, Geschichte, 14–15; De Meulenaere, dans: BIFAO 63, 1965, 30 n. 5. – [22] Caminos, dans: JEA 50, 1964, 71–101; pour la date, cf. Schott, Festdaten, 87 no. 49. – [23] Stèle du Songe (supra n. 9), l. 18–24; cf. Grimal, op. cit. (v. n. 9), 12–13, pls. 2–3; BAR IV, 471, § 929. – [24] Supra n. 9; pour les deux représentations du cintre de la stèle qui montrent le roi officiant, voir en particulier Grimal, op. cit., pl. 1a. – [25] PM VII, 221. – [26] Musée de Toledo (USA) 49. 105 (inventaire fouilles 16-4-29); Russmann, dans: BMA 10, 1968–69, 104, fig. 17; Dows Dunham, The Barkal Temples, Boston 1970, 17 no. 4, fig. 7, pls. 9–10; Edna R. Russmann, The Representation of the King, MRE 3, 1974, 51, fig. 21; Aldred, dans: L'Egypte du crépuscule, Paris 1980, 132 et fig. 282. – Musée de Khartoum 1846 (inventaire fouilles 16-4-31): Dunham, op. cit., 17 no. 5, fig. 8, pl. 11. – [27] Dunham, dans: JEA 33, 1947, 64, pl. 12, 1; PM VII, 174. – [28] Ashmolean Museum, Oxford 1922, 157: Griffith, dans: AAA 9, 1922, 86, pl. 13, 1–2; PM VII, 202; Russmann, dans: BMA 10, 1968–69, 106 no. 43, fig. 18; Wenig, dans: Propyläen Kunstgeschichte 15, Berlin 1975, 405; id., dans: Africa in Antiquity II, Brooklyn Museum 1979, 173 no. 84. – [29] C'est par élimination seulement qu'on a proposé d'attribuer au roi une petite tête de sphinx en basalte noir du Musée de Brooklyn (05-316): Russmann, dans: BMA 10, 1968–69, 101–104, figs. 15–16. – [30] Kurru (= Ku) 16, 19-4-142: RCK I, 61, pl. 45 C. D; quelques ouchebtis ont également été retrouvés dans la tombe de Schabaka: ibd., 57; voir aussi RCK II, 256, fig. 200. – [31] Ku 16, 19-3-573; Museum of Fine Arts Boston 21. 2801; RCK I, 61, pl. 37 E 2 et F; Leclant, dans: L'image du Noir, Paris 1979, p. 111, figs. 101–2; un fragment de jarre canopique porte le cartouche du roi (RCK I, 63, fig. 21 e). – Un fragment de vase d'albâtre au nom de T. a été retrouvé dans la tombe 20 de Nuri (probablement d'Atlanersa): 17-2-1; RCK II, 34, fig. 20, pl. 79 B. – [32] Africa in Antiquity II (v. n. 28), fig. 21 (p. 47). – [33] RCK I, 60–63, fig. 21, pls. 17–20; ajouter le portrait du roi cité à la note précédente. – Une étude minutieuse de la décoration murale de la tombe de T., dont les scènes et les textes peuvent être comparés à ceux de la tombe de sa mère Qalheta (Ku 5), a été effectuée par Ali Ahmed Gasm el-Seed (à paraître). – [34] On y a recueilli aussi du matériel provenant de la tombe Ku 15 (Schabaka). – [35] 19-4-200; RCK I, 62, pl. 32 A (photographie difficilement lisible). – [36] 19-4-176; RCK I, 61, fig. 21 d, pl. 32 B. – [37] RCK I, 62, pl. 48 D–F; Michel Malaise, Les scarabées de cœur, MRE 4, 1976, 69. 76. – [38] Tombe Ku 5, 19-2-647 et 19-2-648; RCK I, 39 et fig. 12 f. – [39] Cf. supra n. 5 et Leclant, dans: LÄ V, 519, n. 47: Tombe Ku 5 et Stèle du Songe, cintre (supra n. 9 et 24), où elle est dite "sœur royale, maîtresse de la Nubie". – [40] Au cintre de la Stèle du Songe, en parallèle avec la princesse précédente, Peyé-arty est dite "sœur et épouse royale, maîtresse de l'Egypte"; étant donné la différence de génération, il conviendrait de la distinguer de l'épouse de Schabataka (Leclant, dans: LÄ V, 519 n. 46). – [41] Dunham et Macadam, dans: JEA 35, 1949, 144, pl. 16 no. 39. – [42] On a attribué à Malaqayé la tombe Nuri 59 (RCK II, 25–27, figs. 13. 14), où a été retrouvé un scarabée de cœur à son nom (Musée de Boston 20.646; RCK II, 18-2-277, p. 26, fig. 14, pl. 123 A; Malaise, op. cit., 76 n. 18) et de petits ouchebtis anépigraphes (RCK II, 27, fig. 198, pl. 141).

Lit.: LR IV, 42–45; Dunham et Macadam, dans: JEA 35, 1949, 147, pl. 16 no. 76; tableau p. 149: no. 6 dans la suite chronologique des souverains koushites; Kitchen, Third Interm. Period, 172–173, §§ 138–139; 394–398, §§ 355–358; tableau 11 (p. 478). J. L.

Tanz. Die Ägypter waren ein tanzfreudiges Volk. T. werden dargestellt oder textlich erwähnt seit der Vg. bis in späteste Zeit. Ihrer Intention nach sind die T. magisch-apotropäisch, rites de passage, ob ekstatisch (?), programmatisch (Mimen)[1], huldigend, erheiternd-unterhaltsam bis erotisierend. Sie begleiten den alten Ägypter während seines ganzen Lebens und über den Tod hinaus (beim Schönen Fest vom Wüstental)[2].

A. Die wichtigsten *Vokabeln* für den T. sind: *jbꜣ* (sowohl gemessene wie akrobatische T.); *jbꜣ* ist die älteste und später übergeordnete allgemeine Bezeichnung für Tanzen; *rwj* für den Lauftanz (später auch für laufen)[3]; *ẖbj* (T. der *Muu, aber auch akrobatische T.); *ksks* (Sprungtanz, lebhaft bis wild, besonders für nubische und Negertänze, libysche T.) und *ṯrf* (Paartanz, in der Regel für Männer, gelegentlich auch für ein Frauenpaar), *ṯnf* (SpZt)[4]. Weitere Vokabeln, in ptol. Zt mehr und mehr, sind vereinzelt[5]. Da Vokabel und Tanzfigur nicht konsequent zur Deckung kommen, lassen sich die T. nicht etwa nach äg. Termini klassifizieren (s. u.).

Ausführende. Es tanzen *Kinder[6] (*Initiationsriten), Männer und Frauen (auch berufsmäßig), Götter (*Bes, *Ihi, *Schu, *Thot, *Horus und *Isis), es tanzt der König[7] – der nubische einen nubischen T. vor *Mut und *Nechbet[8], *Augustus vor *Amaunet und *Nut, *Trajan vor *Menhit-Nebet[9]; Priester[10] tanzen vor *Hathor, *Zwerge führen „Gottestänze" auf, Tiere tanzen aus Jubel (*Strauße[11], *Paviane[12] und Wüstenwild), besonders aus Freude bei Sonnenauf- (und -unter)gang, an *Neujahr und bei der Heimkehr der *Tefnut aus Nubien. In Tiergeschichten sind Meerkatzen und Ziegen die exemplarischen Tänzer[13]. – Ausländer (oder als Ausländer verkleidete Ägypter), d. h. Neger, Nubier und Libyer, haben ihre eigenen T.[14], während die asiatischen, da kultiviert, in die äg. integriert worden sind bzw. die äg. mitbestimmt haben.

Tänzer[15] wurden berufsmäßig ausgebildet (*Ausbildung). Tanz- (und *Musik-)Unterricht an Mädchen wird zweimal dargestellt[16]. Tänzerinnen (*ẖbjt*) gehören zu jedem *Harim des Königs (*Palastverwaltung) und höherer Würdenträger[17] (es mögen Töchter oder Dienerinnen des Hauses sein) und der Tempel (*Gottesharim, *Kult). Sie sind bestimmten Göttern zugeordnet, „erfreuten das Herz ihres Herrn" (*sẖmẖ-jb*)[18] und unterstanden einem „Unteraufseher der T."[19] und Aufseher[20] bzw. der Harimsdame (*mrt ẖnrw*). Der Große Harimsschreiber des kgl. Palastes „sah den T. am abgesperrten Ort (*ḏsrw*)"[21].

Adressaten. Die Gottheiten, vor denen kultische T. aufgeführt wurden, sind in erster Linie Hathor – sie ist die „Herrin des Tanzes" – und die ihr verbundenen Göttinnen wie Tefnut, außerdem *Bastet, Isis, Mut und *Rat-taui, seltener Götter, ihnen voran *Amun, aber auch *Min, *Month, *Osiris und *Ptah.

Weltliche Adressaten sind der König, die Herren, die Verstorbenen (*Klagefrau), d.h. man tanzte vor einem Ranghöheren, nicht tanzte eine Standesperson zu ihrem Vergnügen. T. rückt damit in die Kategorie des Schauspiels, wenn er nicht spontaner Ausdruck von Freude war. Einen Gesellschaftstanz von geschlechtlich Unpaarigen kannte Äg. nicht[22].

Arten. Die T. werden selten solistisch aufgeführt, oft paarweise reigenartig, meist aber in Gruppen; im AR überwiegend streng und gemessen, ruhig schreitend, im MR mit Sprungtechnik, vielfach stampfend, d.h. mit der Fallrichtung; im NR dagegen auch in Ansätzen mit dem Ziel des Schwebens, graziös-geschmeidig, fließend, trippelnd. Deutliche Verlagerung vom Ernst zum Spiel (*Gesten, *Hand).

Fast stets sind die Tänzer(innen) begleitet von Handklatschen (*Körperschlag), rhythmischen Instrumenten (*Klappern, Tamburin, *Trommel, *Gabelbecken), Klanginstrumenten (*Flöte[23], *Oboe, *Klarinette[23], *Laute, *Leier, *Harfe, *Chor) und auch Liedern. Im NR begleiten sich die Tänzerinnen häufig selbst, T. der SpZt sind fast nur aus Texten (nicht Darstellungen) bekannt.

Die aspektivische Darstellweise (*Aspektive) läßt die Anordnung der Tänzer nur bedingt ermitteln[24], bei ähnlicher Haltung kann kaum entschieden werden, ob verschiedene Tanzfiguren verschiedene Phasen ein und derselben Tanzfigur oder verschiedene Tanzfiguren bezeichnen oder ob nur künstlerische Varianten vorliegen.

Angesichts der vielen sich kreuzenden Gesichtspunkte, die sich bei Betrachtung der T. ergeben, kann keine Gliederung des schier unerschöpflichen Belegmaterials den Anspruch auf die einzig richtige erheben. Ich bevorzuge die zeitliche, da T. zwar tradiert, aber doch in den einzelnen Epochen verschieden akzentuiert werden und somit das Lebensgefühl im Wandel der Zeiten ausdrücken[25].

B. Vg. und FrZt. Aus der 1. *Naqada-Kultur sind einige Frauenfiguren mit erhobenen Armen (und geschlossenen! Beinen) erhalten[26], aus der 2. Naqada-Kultur (Staffeldaten 36–55) eine große Zahl von bemalten Töpfen mit gleichartigem Bildprogramm, in dem Frauen mit erhobenen Armen – meist neben Männern mit Klappern – auftreten[27]. Sie wurden früher als „Tanzende" gedeutet, inzwischen aber als „Klagende" interpretiert[28], die eine Totenprozession zum Nekropolenort begleiten, wie von da an bis zum Ende der äg. Geschichte. – Daß es in der Vg. aber auch T. gegeben hat, vor allem Freuden-, Kult- und Jagdtänze, ist keine Frage[29]. – In der FrZt treten bei einigen Votivkeulenköpfen in Szenen des Königsfestes tanzende Männer auf[30].

AR. Im AR lassen sich folgende T. nachweisen (wobei die Determinanten der Termini verschiedenartig sind und keine äg. Äquivalente haben; sie greifen dieses oder jenes Charakteristikum heraus und dienen hier lediglich zur Verständigung).

Lauftanz (*rwtj*)
Rauten-Schreittanz (meist *jbꜣ*)
Schwingtanz (meist *jbꜣ*)
Paartanz (*trf*) (Abb. 1)
akrobatischer Tanz (*jbꜣ*, später *ḫbj*)
Spiegeltanz
„Jagd"-Tanz (Abb. 2)
Gottestanz
Muu-Tanz (Abb. 3)

Abb. 1

Abb. 2

Abb. 3

Der *Lauftanz* ist fürs AR ausdrücklich nur durch die Pyr. belegt[31].

Seit der 4. Dyn. vor allem der *Rauten-Schreittanz*[32], bei dem sich Mädchen (auch mit Kreuzband und langem Schurz über dem kurzen)[33] mit rautenförmig über dem Kopf erhobenen Armen im Rhythmus von Handklatschen und musikalischer Begleitung in größeren Gruppen gleichförmig bewegen. Welche Figuren sie abschreiten, bleibt unbekannt. Der T. wird sowohl beim (kultischen) Mahl[34], bei der Überführung der Statuen ins Grab[35] und bei der Totenprozession getanzt[36] sowie auch zu Ehren Hathors[37]. – Eine andere Phase desselben T. (oder auch einen anderen T.) zeigt die (auch mit Diadem und Blumen geschmückten) Tänzerinnen mit vorhoch gestrecktem Arm, die andere Hand auf der Hüfte[38]. Die Tanzfigur steht bereits in der ältesten bisher bekannten geschichtlichen Tanzszene (Meresanch III.)[39] neben der im folgenden „Schwingtanz" genannten Tanzfigur. – In der späten 6. Dyn. (Kaiem-anch), da bewegte Szenen häufiger werden, hebt sich aus der Gruppe eine (nackte) Solistin heraus, die eine entwickeltere Form (Vor- und Rückwärtsschwingen des Beines) vorführt[40].

Daß die Tracht der Tänzerinnen von Bedeutung war, beweist allein die Gegenwart der den Kleidersack hütenden Zwergin[41]. Allgemein gilt, daß hervorgehobene Tänzerinnen entweder weniger bekleidet bzw. nackt sind oder andere Tracht-Merkzeichen tragen, insbesondere den Kugelzopf (s. u.).

Der *ṯrf*-Paartanz[42] bietet – entweder in kinematographischer Abfolge oder nebeneinander[43] – verschiedene lebhaft bis wirbelnd getanzte Figuren. Sein dramatisch erzählender Charakter rückt die Akteure[44] vor den Hintergrund der chorisch auftretenden Mädchen, wenn sie gleichzeitig (beim Kultmahl) auftreten[45].

Der akrobatische T., in der 6. Dyn. aufkommend, ist lebhaft bis rauschartig, wird vorwiegend für Hathor getanzt, aber dann auch für andere Gottheiten und schließlich auch für den Herrn. Er ist frei von musikalischer Begleitung, wird allein durch Handklatschen, später durch rhythmische Instrumente geregelt, im AR noch mit *jbꜣ*, später mit *ḫbj* bezeichnet (und dadurch spezifiziert), und gibt durch die Tracht, bei der die Scham nur durch ein flatterndes Tuch bedeckt ist, und durch das hochgerissene Bein sein erotisches Wesen zu erkennen[46].

Für Hathor wurde außerdem (in der 6. Dyn.) der Spiegeltanz entwickelt, bei dem die Mädchen einen langen Kugelzopf tragen[47]. Der *Spiegel ist in Äg. der Liebe und Schönheit zugeordnet, die beide in Hathor ihre Herrin sehen. Die Kugelzopftracht (aus dem eingerollten Kinderzopf entwickelt) gehört auch zur Tracht der Akrobatinnen, deren Bewegungen durch das Zopfgewicht verdeutlicht und ergänzt wurden[48]. Der T. ist wie der vorige ohne Musikbegleitung.

Es fällt auf, daß die T. in der Provinz allgemein lebhafter sind, variabler und progressiver. Beispielsweise findet sich bei der Totenprozession ein Paartanz von nackten Mädchen mit Kugelzöpfen zusammen mit akrobatischen (ekstatischen?) Tänzerinnen neben (im Register darunter) männlichen Paartänzern, die klatschend begleitet werden[49]. – Ob bei solchen „ekstatischen" T. die Tänzer im Wortsinn „außer sich" gerieten, läßt sich nicht ausmachen, Texte geben darüber keine Auskunft.

In der Residenz in Zucht genommen, in der Provinz choreographisch reich entfaltet und mit lebhaften Gebärden, findet sich in verschiedenen kultischen Zusammenhängen ein T., der sich von alten Jagdritualen herleiten könnte[50] und darum „Jagdtanz" genannt sei. Er zeichnet sich dadurch aus, daß die Tänzerinnen Sistren, Wurfhölzer oder Gazellenstäbe schwingen. Die Mädchen sind wenig bekleidet, meist mit einem vorn offenen Schurz und mit Kreuzbändern. Der T. war offensichtlich von rhythmischem Lärm begleitet, teils auch von Musik, scheint mit Körperschlag verbunden gewesen zu sein, auf jeden Fall mit Klatschen[51]. Das Ensemble war fast immer durch eine burleske Zwergin oder Äffin parodistisch aufgefüllt. Kreuzbänder und Wurfholz weisen den „Jagdtanz" nach Libyen (wo man ihn zur Beschwörung des Wüstenwildes aufgeführt haben könnte).

Der „Gottestanz" wird ausschließlich von Zwergen getanzt, den Tänzern aus dem „Gotteslande", daher „Gottes"tanz, also nicht f ü r einen Gott und nicht d u r c h einen Gott (= König)[52]. Ein solcher Gottestänzer belustigte *Pepi II. am Königshof[53], andere tanzten im Tempelkult[54]. Als Ersatz der importierten Rassenzwerge (*dng*) tanzten chondrodystrophische (Krüppel-)Zwerge (*nmw*) aus Ägypten[55]. Die kleinwüchsigen Groteskfiguren haben offensichtlich Kinderherzen besonders angesprochen und scheinen, in bewegliche Elfenbeinfigürchen übersetzt, einem Mädchen als *Spielzeug mit ins Grab gegeben worden zu sein[56].

Zum Muu-Tanz s. MR.

MR. *Muu-Tanz. Seine Entstehung datiert zumindest in die Pyr.Zt[57], im AR ist er seltener, später recht häufig belegt und nach dem ersten Interpretationsversuch[58] seine Deutung aufgrund neuer Funde von Junker vervollkommnet und präzisiert worden und bislang nicht überholt[59]. Danach sind Muu-Tänzer ursprünglich die Geister der verstorbenen Könige von Buto gewesen, die, dem Jenseits entsteigend, den damals jüngst verstorbenen König abholten und ihn auf seiner Fahrt begleiteten. Bei der Wiederholung dieses Ritus, schließlich prinzipiell im ganzen Lande und bei allen Verstorbenen, fungieren sie in derselben Weise und de facto so, daß sie die Mumie vor ihrem Begräbnis in der Nekropole von einer Ritual-Station zur nächsten und endlich zum Grab geleiten. Sie klatschen in die Hände (*zẖ ꜥwj*), lassen ihre Haare vornüber fallen und bewegen sich rhythmisch hin und her (*nwn* und *wnwn m šmꜥw*), in gemessenem (Tanz-)Schritt (in einer Reihe) vorwärts (*rwj*), schlagen sich (paarweise) mit den Fäusten die Brust (*ḥwj jwf*) und, beim Haarschütteln gebeugt stehend, mit den Händen über Kreuz auf die Oberschenkel (*zẖ mntj*). – Dieser T. ist wohl am stärksten von allen kanonisiert und hat entsprechend unverändert die Geschichte durchlaufen. Zu Tracht und weiteren Einzelheiten s. *Muu.

Im übrigen bietet das MR vergleichsweise *wenige Tanzdarstellungen*, dagegen treten *Sport-Übungen in den Vordergrund. Die T. sind allgemein rhythmisch betont und stark akrobatisch durchsetzt, also mehr Kunstfertigkeit als Kunst. Selbst der strenge Rauten-Schreittanz des AR bekommt Sprungcharakter, oder es wirbeln gleichzeitig Männer nebenher[60]. – Diesem *ksks*-Charakter fügen sich die eingebauten Figuren von Radschlagen, Überschlag, Brücke und Bibasis (*Akrobaten). Schnalzen (*Finger) und Klatschen, zweifellos auch Stampfen werden zu einem weiteren wichtigen Element. Rassel- und Klapperinstrumente verstärken den Lärm. Die musikalische Begleitung ist sparsamer, neu das Fingerschnippen. Daß sich mit den Sprüngen etwa wie im Deutschen Mittelalter irgendwelche Fruchtbarkeitsriten verbänden, läßt sich nicht entnehmen, eher kann – wenn die Schilderung des Bastet-Festes durch Herodot (II, 59 und 60) rückbezogen werden darf – an entfesselte „Baubo"-Tänze gedacht werden (*Bubastis). Dazu paßt die höschenartige Bekleidung der Mädchen; Kugelzopf und hochgebundener Haarschopf unterstreichen die Lebhaftigkeit der Tanzfiguren.

Daneben treten vor dem Herrn erstmals leicht trippelnde und wiegende Solotänzerinnen (mit Musikinstrumenten) auf, wie sie für das NR charakteristisch werden[61]. – Ein pantomimischer T. von Mädchen und Jungen könnte die Vereinigung von Hathor und Re ausdrücken[62], auch die Hathorsöhne *Jḥwjw* erscheinen[63]. Grundsätzlich sind es die gleichen Gelegenheiten, bei denen früher schon getanzt wird, doch tritt Hathor immer mehr in den Mittelpunkt[64].

NR. Die bisherigen Tanzformen leben weiter, so der strenge Rauten-Schreittanz, aber fast nur in sakralem Zusammenhang[65], der akrobatische beim Götterkult[66], beim Aufrichten des *Djed-Pfeilers[67] und auch bei Privatfesten[68], der Muu-Tanz in tradierter Weise[69]; doch dominiert der im MR sich zaghaft anbahnende, nun aber sich voll entfaltende wiegende T., der der „Schöne T." genannt sei[70]. Indizien, so das begleitende musikalische Ensemble, legen es nahe, daß dieser T. asiatisch beeinflußt oder doch begünstigt ist. Frauen bewegen sich anmutig und zierlichen Schrittes, zweifellos auch mit bewegten Hüften, reizen ihre Zuschauer außerdem durch transparente Gewänder; junge Mädchen tragen nur einen Hüftgürtel auf dem nackten Körper. Die Tänzerinnen begleiten sich musikalisch meist selbst, ohne deshalb auf Klatscherinnen und weitere Musikantinnen zu verzichten. Der Fluß der Linie, dem der Geschmack des NR huldigt, ist der kennzeichnende Liebreiz auch des Schönen Tanzes[71]. Er wird bei den in thebanischen Gräbern häufig dargestellten Festmählern (Abb. 4), aber auch bei

Abb. 4

einer Barkenprozession getanzt[72] und wohl auch beim Begräbnis[73]. Eine tanzende Schöne ziert die Wand eines Hauses in *Deir el-Medîneh[74]. In (*Tell el-)Amarna üben ihn die Mädchen im Harim ein[75]. Beischriften fehlen fast ganz[76], dagegen sind T. genannt in *Hymnen, Liedern, *Schülerhandschriften, allerdings ohne Bezeichnung der Figuren.

Die Herrin der Tänze bleibt Hathor, die T. für sie sind meist akrobatisch bis rauschhaft[77]. Ein Mann rühmt sich, im Vorhof des Tempels *Thutmosis' III. in *Deir el-Bahari getanzt (*jbꜣ*) zu haben[78]. In der 3. Episode des *Minfestes „verlas der oberste *ẖrj-ḥbt* den Tanzhymnus". – Einen Hinweis verdienen die spontanen ***Freudentänze***, mit Vorzug in Amarna wiedergegeben [79]. Schließlich tanzt „alle Welt", Mensch und Tier, bei Sonnenauf- und -untergang, wie zahlreiche Hymnen besingen [80] – die Paviane „machen für ihn (den Sonnengott) *ḥbj*, sie machen für ihn *jb3*, und sie singen (*šmʿ*) für ihn" [81] an *Neujahr, wenn der Vorhang des Tabernakels zurückgezogen wird und der Gott zu erblicken ist.

Daß Tänze erotisch ausschweifend werden konnten, bezeugt ein Bildchen auf einem Lederstück [82]. In den Vermahnungen des Schülers wird der T. neben Biergenuß und Jagdvergnügen jedoch nicht aus sittlichen Gründen verwiesen, sondern weil er vom Lernen abhält [83].

Mit der imperialen Ausdehnung Äg. im NR kommen die *T. der Ausländer*, der Neger (Nubier) und Libyer verstärkt ins Blickfeld [84]. Ausländer selbst wie auch als Ausländer verkleidete Ägypter tanzen neuartige T. (*Libyer-Tänze*) [85], die Libyer nach Art ritueller „Jagd"-Tänze, die Neger lebhaft-spontan. Als *ṯmḥw* verkleidete Ägypter treten auf beim T. in Deir el-Bahari, beim *Opetfest in *Luxor wie im abydenischen Tempel *Ramses' II. Sie tragen eine Straußenfeder im Haar, z.T. einen Fellumhang, und schwingen in den Händen *Wurfhölzer oder schlagen Takt [86]. Im Mut-Ritual könnte sich darauf der Spruch beziehen: „Darum wollen wir Federn vom Rücken des Straußes nehmen, den dir die *ṯmḥj* mit ihren Wurfhölzern erlegt haben, und den ... Fell (*ḥnt*)-Umhang, damit wir dir das *ṯmḥ*-Ritual *jb3jj(b)* machen und tanzen und jubeln für unsere Herrin ...". – Diese T., besonders auch der T. des libyschen Fürsten im Mutritual [87], sind Kultspiele ebenso wie der T. der Neger bei der Opetprozession [88].

Die *Neger* haben aber wie die Libyer auch ihren Nationaltanz [89]: Sie drehen bei senkrechter Haltung den Oberkörper und trippeln dabei ganz rasch mit den Füßen an der gleichen Stelle. Seit Thutmosis III. wird die Szene gefüllt mit wilden bis rasenden Negertänzen. Soweit es die großen Faßtrommeln, Holzkeulen und *Tierschwänze in den Armen zulassen, machen die Neger lebhafte Sprünge und ausfahrende Gesten [90], z.B. während der Tributübergabe, unter *Thutmosis IV. [91], bei Ramses II. in *Beit el-Wâli [92], sie tanzen vor *Haremheb, als er von *Kusch heimkehrt [93]; schließlich machen sie einen Zaubertanz gegen Löwen [94]. Negertänze sind durch ihre Instrumente und Schmuckgeklirr lärmvoll (Abb. 5). – Ein Neger mit einer Feder im Haar läßt (auf einem Ostrakon) eine Meerkatze mit Oboe tanzen [95]. Nur ausnahmsweise tanzen auch Negermädchen, aber in einer der äg. Kultiviertheit angeglichenen Weise [96].

SpZt. So wie sich der T. im NR als weltlicher Sinnengenuß bei fröhlichen Festen in den Häusern, zumindest der Vornehmen (und entsprechend auf den Grabwänden) ausgebreitet hat, so gehört er in der SpZt zum religiösen bzw. öffentlichen Fest, wird allerdings – wenn nicht retrospektiv [97] – so gut wie nicht mehr dargestellt, doch häufig in den Texten erwähnt, in Liedern, Mythen, auch Titeln, besonders in den Tempeln von *Esna, (*Tell) Edfu, *Philae und vorrangig im Tempel der *Hathor* [98] in *Dendara und für Hathor-Tefnut [99], zu ihrer *Besänftigung auf der Heimreise aus dem Süden sowie zum Ausdruck der *Freude an den Empfangstempeln auf ihrem Weg [100]. In welchen Figuren der T. verlief, muß mangels bildlicher Wiedergabe offenbleiben [101], doch scheinen die Freudentänze, wenn auch ritualisiert, ähnlich getanzt worden zu sein wie im NR, wenn die Tänzerinnen in Philae mit Blumen bekränzt waren, *Sistrum schüttelten, Tamburin schlugen, sangen und zugleich tanzten [102] (*Hathor, *Kultspiele).

Abb. 5

In Edfu zieht *Nebet-uu, die hier mit der aus dem Süden heimgekehrten Hathor-Tefnut identifiziert wird, einmal jährlich auf die Felder und trifft dort ihren Gemahl Schu (= *Chnum), der ihr die Hand reicht und sie für sich tanzen läßt. Nachdem die Göttin der Flur die neue Vegetation gegeben hat und in die Stadt zurückkommt, tanzt der König diesen „T. des Schu" für sie [103], und das Volk schließt sich diesem Freudentanz an.

In Edfu wird Hathor, die durch ein besonderes Tor einzieht, von zwei Tänzern und einem tanzenden Affen willkommen geheißen [104]. Im römischen Mammisi von Dendara bringen die sieben Hathoren dem neugeborenen Kind ihre Wünsche, die siebte tanzt [105]. Beim Wein- und Bieropfer – allerdings nur in ptol.-röm. Zeit – tanzt der König für eine Göttin, insbesondere vor Hathor von Dendara [106]. Selbst Göttinnen tanzen für Hathor [107], ebenso ihr Sohn Ihi. – Götter tanzen selten, aber z.B. tanzt (*jb3*) Isis aus Freude über ihren neuen, gut gelungenen Tempel (Philae), und das sogar „täglich" [108].

In Edfu wird *Horus*, wenn er zu Schiff gegen die Feinde fährt, von singenden und tanzenden Harpunierern (unter der Leitung von *Thot) begleitet; Isis leitet die Sängerinnen [109]. Ein Säulenfragment aus Edfu zeigt zwischen zwei Musikantinnen (mit Tamburin bzw. Sistrum und Menit) den jugendlichen Sonnengott auf einer Lotosblüte tanzend [110].

In anderen Tempeln wird für den *jeweiligen Tempelherrn* bzw. für dessen Gemahlin getanzt (Es fällt auf, daß vorzugsweise weibliche Gottheiten mit T. bedacht wurden). Solche Tempelherren sind: Bastet [111], Isis, Mut und die Götter Amun (er voran, aber nur im NR) [112], Min (*Minfest) [113], *Osiris, Ptah und *Month. In dem Lied, das beim Fest des Month und der Rat-taui in *Medamud gesungen wurde [114] (griech.-röm.), „sättigt sich das Herz der Göttin an Tänzen", und „die Tänze erfreuen sie zur Zeit der Nacht" [115]. Auch spontane T. werden für Month aufgeführt, wenn man nur „seinen schönen Namen liest" [116]. Daß die Festtänze orgiastische Züge annehmen konnten, wurde für das Bastet-Fest erwähnt.

Um noch eine andere Ecke des weltweiten Tanzraumes der Ägypter anzuleuchten, seien die beiden tanzenden Männer beim Fest des Weißen **Nilpferdes* erwähnt [117] und der T. eines Zwerges bei den Bestattungsritualen für **Apis* und **Mnevis* [118].

Der Zwerg lenkt den Blick auf die einander verwandten Zwergengötter **Aha und *Bes*, die als Musikanten und Sänger schon früh in kgl. Ritualen erscheinen. Bes und Zwerge tanzen nicht nur zur Belustigung, sondern auch, um böse Kräfte abzuwehren (*Magie, *Apotropaion) [119]. Tanzende Bese sind in den Häusern von Deir el-Medineh und auch in *Malqata im Palast *Amenophis' III. Motiv von Wandmalereien [120]; begegnen noch, mit Tamburin, ptol.-röm. [121] und auch mit einer Beset vereint [122]. Bese sind u.a. *Tätowierungs-Motiv von Tänzerinnen [123]. Es mutet kulturharmonisch an, wenn vier Bese oder satyrähnliche Gestalten schließlich auf einem meroïtischen Gefäß in afrikanisch-wilder Enthemmtheit tanzen [124].

[1] Sie sind hier, weil nicht im strengen Sinne T., nur erwähnt. Mimisch-tänzerische Darstellungen können von Worten begleitet sein (wenn diese nicht das Primäre sind), so die Szene von den vier Winden, die in Beni Hasan beim Statuentransport zum Grabe aufgeführt wird (Beni Hasan I, Tf. 29) und zu der Drioton den Text in den Sargtexten (CT II, 389–405) gefunden hat: Étienne Drioton, Pages d'Égyptologie, Kairo 1957, 363–372. – Die Mädchen auf einer thebanischen Wandmalerei im British Museum (37984) ahmen zu ihrem Lied von den Wellen der Überschwemmung diese Wellen tänzerisch nach: PM I. 2², 818 (i). – Lukian von Samosata (2. Jh. n. Chr.) ist der Meinung, daß die äg. mimischen Tänzer „das Geheimnisvollste auf symbolische Weise darzustellen vermögen ..." (Hopfner, Fontes, 310f.). – Die Vokabel für solche Mimen (nicht Pantomimen!) lautet: *jh(3)b/jh(3)m*; s. Brunner-Traut, Tanz, 80f.; Wild, Danses (s. Lit.), 92f.; Wente, Text zu Kheruef (hier Anm. 67), 48 mit Anm. e. In Kitchen, Ram. Inscr. II, 845, 15/16 wird die Königin als *jhbt-Ḥr* bezeichnet. – [2] Die Vermutung Altenmüllers, in: SAK 6, 1978, 23f. entbehrt der Begründung. – [3] Brunner-Traut, Tanz, 74. – [4] Schon im NR belegt: oDeM 2061; oDeM 1038 Rs. 5; SpZt: Bakry, in: MDAIK 23, 1968, 71f.; Kitchen, in: JARCE 8, 1969–70, 64, Z. 4; vgl. Daumas, in: ZÄS 95, 1969, 5, Anm. 30; 10, Z. 5. – [5] S. Brunner-Traut, Tanz, 76ff.; L. Green versucht, die Bedeutung der Vokabeln aus den Determinativen zu erschließen, ohne aber die Aussagen der Textzusammenhänge oder der Darstellungen zu berücksichtigen (Eg. Words for Dancers and Dancing, in: The Ancient World, Egyptological Miscellanies, 1983, 29–38). Ihre Liste ist keineswegs vollständig. – [6] Z.B. in Amarna vor Freude über die Belohnung großer Herren springen Gassenjungen: Davies, Amarna II, Tf. 38; VI, Tf. 29; so auch Edfou IV, 11, 9f.; Mädchen hüpfen zusammen mit Frauen, die aus gleichem Anlaß die Rahmentrommel schlagen: Davies, a.a.O. II, Tf. 36; I, Tf. 9. – [7] Junker, in: ZÄS 43, 1906, 102. 104. – [8] Wild, in: Kush 7, 1959, 86f. – [9] Esna III, Inschrift 380 und 382 mit Abb. auf S. 359. – [10] Die Bronzefigur eines tanzenden Priesters („Gottesvaters") des Ptah im Louvre (Wild, Danses, 74) ist offensichtlich singulär. – [11] Kuentz, in: BIFAO 23, 1924, 85–88. Zum T. bei Sonnenuntergang (Medinet Habu VI, 430) s. Derchain, in: BSFE 46, 1966, 19f.; s. auch hier Anm. 67 und 80. – [12] Oft, z.B. Medinet Habu VI, 420, 17; Keimer, in: BIFAO 55, 1956, 9; Hornung, Amduat II, 28 (stellvertretend für die ganze Schöpfung); Richard A. Parker, The Edifice of Taharqa by the Sacred Lake, Providence 1982, Tf. 21, Z. 14f.; zum „Wüstenwild, das Du (Sonnengott) geschaffen hast": Jan Assmann, Sonnenhymnen in Thebanischen Gräbern I, Mainz 1983, Register s. v. *jb3*. Ein Affe tanzt beim Gastmahl: Säve-Söderbergh, in: MDAIK 16, 1958, 285, Abb. 3. – [13] Emma Brunner-Traut, Tiergeschichte und Fabel, Darmstadt ⁷1984, 9f. (Motiv 5). – Zum metaphorischen Gebrauch von „tanzen" s. Grapow, Bildliche Ausdrücke, 148; Brunner-Traut, Tanz, 77. – [14] Nubier: s. Wild, a.a.O. (s. Anm. 8); auch Emma Brunner-Traut, Tiergeschichte und Fabel (s. Anm. 13), Abb. 25. Libyer bzw. als Libyer verkleidete Ägypter: Deir el-Bahari IV, Tf. 90 (Neujahrsfest), dazu die klärenden Bemerkungen von Wilhelm Hölscher, Libyer und Ägypter, ÄF 4, Glückstadt–Hamburg–New York 1937, 30f.; beim *Opetfest; Neger beim Opetfest: Walther Wolf, Das Schöne Fest von Opet, Sieglin-Exp. 5, 1931, 34. Beduinen und Nubier genannt: Drioton, in: FIFAO 3.2, Inschrift 105 (Medamud). – Daß äg. Soldaten zur Trompete getanzt hätten (*Musik, Militär-), fand sich nicht bestätigt. – [15] Titel sind nicht häufig: AR: z.B. Paule Posener-Kriéger, Les archives du temple funéraire de Néferirkarê-Kakaï, BdE 65.2, 1976, 606; ein „Unteraufseher der Tänzer": Henry G. Fischer, The Orientation of Hieroglyphs, Egyptian Studies II, New York 1977, 55;

eine „Vorsteherin der Tänzer(innen) des Königs": Hassan, Gîza II, 211. 204; im übrigen Brunner-Traut, Tanz, 30ff. und Junker, Gîza VII, 37; X, 133. – MR: Brunner-Traut, Tanz, 45f. (darunter auch Asiaten). – Ptol.: „Tänzerin (*ḫbjt*) des Amun-Re-Kamephis": Fairman, in: JEA 20, 1934, 3, Tf. 1, 2. – Kaiserzeit: Scharff, in: ZÄS 62, 1926, 94f. („Tänzerin des Min"). Zu weiteren Tänzern oder Mimen des Min s. Henri Gauthier, Le personnel de dieu Min, RAPH 3, 1931, 92ff. und 113f. – [16] Brunner, Erziehung, 47f. mit Abb. 3 und 4. – [17] S. dazu Elfriede Reiser, Der kgl. Harim im Alten Ägypten, Wien 1972, 14ff., dazu Nord, in: JNES 34, 1975, 143f.; wenig überzeugend möchte Betsy M. Bryan, in: BES 4, 1982, 35ff. *ḫnr/j* nicht mehr als „Harim", sondern als „Musikantengruppe" verstehen. – [18] Brunner-Traut, Tanz, 30f. – [19] S. Anm. 15. – [20] Bei der Frage der Titel gilt es zu berücksichtigen, daß „Harimsvorsteher" oder „Vorsteher der Vergnügungen" o. ä. offenbar auch für die T. zuständig sind: Brunner-Traut, Tanz, 30–32, und daß daher T. nur selten in Titeln eigens erwähnt wird. – [21] El Bersheh II, Tf. 21, oben, Z. 13f. – [22] Nur ein einziges Mal tritt eine Frau (Finger schnippend) bei einem Männertanz auf: Davies-Gardiner, Amenemhēt, Tf. 20, sonst sind bei den einzelnen Tanzgruppen nur Männer oder Frauen gezeigt. – [23] Zur Unterscheidung der frühen Blasinstrumente s. Brunner-Traut, Tanz, 17f. – [24] Schäfer, Kunst, 178f. – [25] Dazu Brunner-Traut, Tanz, passim, und Schäfer, Kunst, 28f. – [26] Z. B. Kasimierz Michałowski, Ägypten, Freiburg 1969, Tf. 55. 343, Nr. 145. – [27] Brunner-Traut, Tanz, 11f.; Wild, Danses, 39ff.; Vandier, Manuel I, Reg. S. 1003 s. v. Danse. – [28] Emma Brunner-Traut, in: RdE 27, 1975, 53 (Motiv 5). – [29] Z. B. Felszeichnungen: Alexander Winkler, Rock Drawings of Southern Upper Egypt II, London 1939, Tf. 55, 1; Tf. 31, 1; I, 1938, Tf. 24, 1; ders., Völker und Völkerbewegungen, Stuttgart 1937, Abb. 25 (?). 26. 28. Zum angeblichen T. im Gemälde von Hierakonpolis s. Case und Payne, in: JEA 48, 1962, 15. – [30] Hierakonpolis I, Tf. 26 A; Baumgartel, Prehistoric Egypt II, Tf. 9 und 8, 2–3. – [31] Pyr. 884 a wird ein *rwtj*-Tanz beim Begräbnis erwähnt; Pyr. 743 d eben dieser T. bei der Ankunft des Königs im Osthimmel, Pyr. 1947 + Nt 780 und 489 ein T. der Wächter für den König, der auf dem Himmelsthron sitzt. – [32] Brunner-Traut, Tanz, 13–21; dazu viele neue Belege, z. B. Baudouin van de Walle, La chapelle funéraire de Neferirtenef, Brüssel 1978, Tf. 6; Emma Brunner-Traut, Die altäg. Grabkammer Seschemnofers III. aus Gisa, Mainz [2]1982, Farbtf. 1, Tf. 27 und Beilage 4; Ahmed M. Moussa und Hartwig Altenmüller, Das Grab des Nianchchnum und Chnumhotep, AV 21, Mainz 1977, Tf. 69, Abb. 25 (Die Kleidung der Vortänzerin mit Kreuzband und Kugelzopf weicht von der ihrer Gefährtinnen ab); Selim Hassan, The Mastaba of Neb-Kaw-Her I, Excav. Saqq. 1937–38, 1975, Abb. 2, Tf. 11 A. 12. 13 (es wird getanzt „für deinen Ka täglich"); Alexander Badawy, The Tombs of Iteti, Sekhemʿankh-Ptah and Kaemnofret at Gîza, Berkeley–Los Angeles–London 1976, Abb. 27; Vandier, Manuel IV, 394f. – [33] Grab des Ti: PM III[2], 471 (25). – [34] Oft, z. B. Junker, Gîza IV, Abb. 9; VII, Abb. 71. – [35] Georg Steindorff, Das Grab des Ti, Leipzig 1913, Tf. 60; Herta Th. Mohr, The Mastaba of Hetep-her-akhty, MVEOL 5, 1943, 39, Abb. 3 („Trauertanz"); Wild, in: Mél. Mar., 137–157. – [36] Brunner-Traut, Tanz, 20f.; eine (unvollständige) Liste von Junker, in: MDAIK 9, 1940, 5. Eine besondere Rolle spielt der T. der Mädchen des Akazienhauses (*Akazie): Elmar Edel, Das Akazienhaus und seine Rolle in den Begräbnisriten, MÄS 24, 1970, Abb. 3. 4. – Nicht bei der Ernte, s. Ahmed M. Moussa und Hartwig Altenmüller, Das Grab des Nianchchnum und Chnumhotep, AV 21, Mainz 1977, 146; widerrufen in: SAK 6, 1978, 23. – Auch der Hinweis unter *Ernte überzeugt nicht. – [37] Hickmann, in: ASAE 54, 1957, Tf. 5 zu S. 213ff. – [38] Die Mädchen scheinen sich dabei aufs Gesäß zu klatschen. Auch in der Provinz belegt: Mohammed Saleh, Three Old-Kingdom Tombs at Thebes, AV 14, 1977, Tf. 3 und Abb. 7. – [39] Dows Dunham und William Kelly Simpson, The Mastaba of Queen Mersyankh III, Giza Mastabas 1, Boston 1974, Tf. 12a und Abb. 11; Brunner-Traut, Tanz, 19f. – [40] Kai-em-anch (Junker, Gîza IV, Tf. 15) hat in seiner Sargkammer (!) diese Szene wohl von Ka-dua (Hassan, Gîza VI. 3, Tf. 39a) übernommen. – [41] Brunner-Traut, Tanz, 32, Abb. 4. – [42] Brunner-Traut, Tanz, 21ff., dazu Smith, Sculpture, Abb. 76. Moussa und Altenmüller, Nianchchnum (s. Anm. 32), Tf. 68, Abb. 25 (Szene 31, 3); Naguib Kanawati, The Rock Tombs of El-Hawawish. The Cemetery of Akhmim I, Sydney 1980, Abb. 12; II, 1981, Abb. 22 (voneinander abhängig); vielleicht auch Baudouin van de Walle, La chapelle funéraire de Neferirtenef, Brüssel 1978, Tf. 12 (bei der Ernte). – [43] Nach Wild, Danses, 72, aufeinanderfolgende Figuren desselben Tanzes. – [44] Mit zwei Ausnahmen (Wresz., Atlas III, Tf. 29 [Mereruka] und Saleh, op. cit. [s. Anm. 38], Tf. 18) immer Männer. – [45] Grab des Ii-meri in Gisa (G 6020): PM III[2], 172 (8 IV); Ni-anch-Chnum und Chnumhotep in Saqqara, s. Anm. 32. [46] Brunner-Traut, Tanz, 23f.; Anch-ma-Hor jetzt: Alexander Badawy, The Tomb of Nyhetep-Ptah at Giza and the Tomb of ʿAnkhmʿahor at Saqqara, Berkeley–Los Angeles–London 1970, Abb. 51, Tf. 67; Grab des Mehu: PM III[2], 621 (17); zweimal in el-Hawawisch: s. Anm. 42; Firth-Gunn, Teti Pyramid Cemeteries II, Tf. 53 (ausführliche Beschreibung der Figuren bei Wild, Danses, 70). – [47] Brunner-Traut, Tanz, 22f.; Hickmann, in: BIE 37, 1956, 151ff. Anders bei Wild, Danses, 71. Auch in der Provinz: Saleh, op. cit. (s. Anm. 38), Tf. 3 und Abb. 7. – Waley el-dine Sameh, Alltag im Alten Ägypten, München 1963, 113. 115 = Grab des Mereruka, PM III[2], 533 (78), V. – [48] Brunner-Traut, Tanz, 24f. – [49] Deir el-Gebrâwi II, Tf. 7; im übrigen s. Brunner-Traut, Tanz, 28ff. – [50] Brunner-Traut, Tanz, 28ff.; Junker, Gîza X, 134, Abb. 46, Tf. 18, c. d. – [51] Deshasheh, Tf. 12. – [52] In Pyr. 1189 a nimmt sogar der König im Jenseits die Gestalt eines Zwerges an, um diesen Tanz zu tanzen. – [53] Urk. I, 128ff. – [54] S. Anm. 118. – [55] Zu den beiden Zwergarten und ihren äg. Bezeichnungen vgl. Brunner-Traut, Tanz, 34ff. Dort weitere Belege. – [56] Lansing, in: BMMA Nov. 1934, Egyptian Expedition, 30ff.; Encyclopedie photographique de l'Art, Le Musée du Caire, Kairo 1949, Abb. 77; Hayes, Scepter I, 222, Abb. 138. – [57] Junker, in: MDAIK 9, 1940, 1–39; die von Selim Hassan, The Mastaba of Neb-Kaw-Ḥer I, Excav. Saqq. 1937–38, 1975, 26, Abb. 3. 9, Tf. 17 A neu veröffentlichte Szene findet sich bei Junker vollständig und besser. – [58] Brunner-Traut, Tanz, 43. – [59] Die von Altenmüller vorgeschlagene Deutung (in: SAK 2, 1975, 1ff.) überzeugt nicht. Bei „Fährleuten“ sollte man irgendwelche Abzeichen erwarten, die auf ihre Funktion hinweisen (Ruder o. ä.) – [60] Brunner-Traut, Tanz, 37ff., Abb. 13 und 14. – [61] Meir VI, Tf. 12; auch a.a.O., Tf. 10. – [62] Davies–Gardiner, Antefoḳer, Tf. 23. 24. Dazu Wild, Danses, 65f., der auf die „Vereinigung mit der Sonnenscheibe“ in den Tempeln der SpZt hinweist. – [63] Benannt nur in der Kopie (?) aus dem Grab des Anetefoker (Tf. 15) im Grabe des Amenemhet (Zt Thutmosis' III.): Davies–Gardiner, Amenemhēt, Tf. 20. – [64] Nicht nur in *Meir, dem der Hathor-Kultort *Qusae benachbart lag und an dessen Kult Herren wie Dienerinnen beschäftigt waren. Zu Meir vgl. Meir VI, Tf. 19 und auch Tf. 12; Allam, Hathorkult, MÄS 4, 1963, 27f. und 123 (Sargtexte). Wild, Danses, 68ff.; Meir I, Tf. 2. 3. 19 (und S. 26), wo ein Tänzer seine Kriegsaxt einem Jungen zum Halten gegeben hat, ist vielleicht ein Kriegstanz. – [65] Davies, Ḳen-Amun I, Tf. 39f. (einziger Beleg). – [66] Brunner-Traut, Tanz, 48ff.; Vandier, Manuel IV, 446–454; die beiden parallelen Tanzszenen aus der Roten Kapelle der Hatschepsut jetzt bei Lacau–Chevrier, Hatshepsout, 198f., Blöcke 61 und 66, Tf. 9. – Zu Cheriuf s. Kazimierz Michalowski, Ägypten, Freiburg 1969, Tf. 99. – Zu den *dḥn*-Priestern Brunner-Traut, Tanz, 52f. – [67] Cheriuf (TT 192). In diesem Grab wird sowohl beim 1. wie beim 3. Hebsed-Fest getanzt; beim 1. die akrobatischen T. in stark entwickelter Form, mit einem löwenköpfigen Regisseur und unter Beteiligung der Kreatur (in Kurzform angedeutet): The Tomb of Kheruef, Epigraphic Survey, OIP 102, Chicago 1980, Tf. 24. 33–40; beim 3. altertümliche *jbꜣ*-Tänze von Frauen- und von Männerchören: a.a.O., Tf. 47. 59–63. – [68] TT 53: Wresz., Atlas I, 179, gute Umzeichnung bei Davies, in: BMMA 1928, Egyptian Expedition 1925–1927, 62. – [69] Brunner-Traut, Tanz, 53–59. Daß beim Begräbnis auch andere T. getanzt wurden, ist möglich (viele sind nur bei PM erwähnt, aber nicht veröffentlicht). So ist ein Kindertanz beim Begräbnis bekannt: Marcelle Baud, Le caractère du dessin en Egypte ancienne, Paris 1978, Abb. 17 (TT 13, Schuroi, ramessidisch). Vgl. auch hier Anm. 11 und 12; wohl auch Mariette, Mon. Div., Tf. 51 (17. Dyn.). – [70] Eine Liste der Darstellungen mit 25 Belegen bei Vandier, Manuel IV, 457, Anm. 2. Dazu aus Gebel es-Silsile: Ricardo A. Caminos u. Thomas G. H. James, Gebel es-Silsilah I, ASE 31, 1963, Tf. 23. – [71] Er bildet auch ein beliebtes Thema bei figürlichen Ostraka: oDeM 2399–2403. 2868 (beide Seiten!) – 2871, und bei verzierten Löffeln: Wallert, Verzierte Löffel, 26f., Tf. 21. – [72] Brunner-Traut, Tanz, 70, Abb. 37. – [73] A.a.O., 70ff. – [74] Jeanne Vandier d'Abbadie, in: RdE 3, 1938, 27ff., Tf. 3. – [75] Brunner-Traut, Tanz, 70–72. – [76] Davies, Rekh-mi-Rēʿ, Tf. 63 vergnügt sich der Grabherr, „gute Speisen zu sehen, Musik, Gesang, Tanz, Salbung ...“. – [77] Brunner-Traut, Tanz, 48ff. – [78] Marek Marciniak, Les inscriptions hiératiques du temple de Thoutmosis III, Deir el-Bahari I, Warschau 1974, Nr. 12. – [79] Brunner-Traut, a.a.O., 68ff. (Amarna und Theben). Auch das Relief Kairo 4872, das bei Brunner-Traut, Tanz, 61 noch als T. bei Trauerfeierlichkeiten gedeutet wurde, gehört zu einem Jubeltanz, wohl bei der Auszeichnung des Herrn. Zur choreographischen Deutung s. Hickmann, in: CHE, série V, 1953, 171. – Bei der Krönung der Hatschepsut mag es ähnlich zugegangen sein: Urk. IV, 259, 8. – Solch spontaner Freudentanz wird noch in Edfu erwähnt: Edfou IV, 11, 9f. – [80] Jan Assmann, Sonnenhymnen in Thebanischen Gräbern, Mainz 1983, Register S. 376 s. v. *jbꜣ*; „Alt und Jung“ tanzen: oDeM 1038 rto Z. 5, ältester Beleg für *ṯnf* (so auch oDeM 2061); Sandman, Texts from Akhenaton, 14, 5. Auch vor dem Mond tanzt „die ganze Menschheit“: pChester Beatty IV, 8, 7; 10, 7. S. auch Anm. 67. – [81] Medinet Habu VI, 420, 17f.; vgl. auch hier Anm. 12. – [82] MMA 31.3.98 = Fischer, in: MMJ 9, 1974, 11, Abb. 8. – [83] Brunner, Erziehung, 20. – [84] Zum MR s. Brunner Traut, Tanz, 46. Fürs NR: a.a.O., 72–75; Vandier, Manuel IV, 473–478, (s. Anm. 14). – [85] AEO I, 95* (Nr. 217). – [86] Deir el-Bahari IV, 90; Wresz., Atlas II, 185 (Tempel Ramses' II. in Abydos); a.a.O., 189ff. = Walther Wolf, Das Schöne Fest von Opet, Sieglin Exp. 5, Leipzig 1931, Bl. 1–2. – [87] pBerlin 3014 + 3053, 14, 6–17, 2. – [88] S. Anm. 86. – [89] Wild, in: Kusch 7, 1959, 76–90. – [90] Robert Mond und Oliver H. Myers, Temples of Armant, London 1940, Tf. 8. 9 = Brunner-Traut, Tanz, 72, Abb. 39. – [91] TT 78, Haremheb: Annelies und Artur Brack, Das Grab des Haremheb, AV 35, 39f., Tf. 12. 47b. 51a und c. – [92] Bet El-Wali, Tf. 33. – [93] Gebel es-Silsila: Wresz., Atlas II, 161. – [94] A.a.O., links unten; Brunner-Traut, Tanz, 75 u.a. – [95] Emma Brunner-Traut, Die altäg. Scherbenbilder, Wiesbaden 1956, Nr. 100, Tf. 3. – [96] TT 113, Kinebu (heute zerstört): PM I. 1², 231 (4, III, 3); TT 22, Wah: PM I. 1², 37 (4, III): auch Hans Hickmann, Ägypten, in: Musikgeschichte in Bildern II. 1, hg. v. Heinrich Besseler und Max Schneider, Leipzig 1961, 106, Abb. 70. – [97] So im Grab des Ibi (TT 36): Klaus P. Kuhlmann und Wolfgang Schenkel, Das Grab des Ibi, AV 15, Mainz 1983, 85–88, Tf. 28. 98. 100. – [98] Daumas, in: LÄ II, 1026. – [99] Hermann Junker, Der Auszug der Hathor-Tefnut aus Nubien, Anh. APAW 1911. 3, 68–73; Wild., a.a.O., 59ff. – [100] S. vorige Anm., dazu für Edfu: Maurice Alliot, Le culte d'Horus à Edfou, BdE 20, 1949, 216. 228. – [101] Die Darstellung Edfou V, 371 und X, Tf. 141, da hieroglyphisch typisiert, besagt nichts. – [102] Daumas, in: LÄ II, 1026. – [103] Esna V, 60–62. – [104] S. Anm. 101; dazu Wild, Danses, 63 mit Hinweisen auf weitere T. in Edfu. – [105] Daumas, Mammisis, 418. – [106] Junker, in: ZÄS 43, 1906, 101ff.; Wild, Danses, 62. – [107] Edfou I, 154 (32). – [108] Christophe, in: ASAE 53, 1956, 65ff. – [109] Alliot, Culte d'Horus (s. Anm. 100), 701f. – [110] Kazimierz Michałowski, Ägypten, Freiburg 1969, Tf. 131 (Er hält den kindlichen Gott für Nefertem). – [111] Herodot II, 59f. – [112] Man wünscht Amun alles, was er geschaffen hat, darunter „Sängerinnen und Tänzerinnen Ägyptens“: Kitchen, Ram. Inscr. II, 626, 14. – [113] Wild, Danses, 51ff.; zu Min s. Gauthier, a.a.O. (Anm. 15). – [114] Wild, Danses, 57f. – [115] Drioton, in: FIFAO 3.2, 1925, Inschrift 105; vgl. auch Inschrift 327. – [116] Friedrich Preisigke und Wilhelm Spiegelberg, Ägyptische und griech. Inschriften und Graffiti aus den Steinbrüchen des Gebel Silsile, Straßburg 1905, Nr. 282. – [117] Torgny Säve-Söderbergh, On Eg. Representation of Hippopotamus Hunting as a Religious Motive, Horae Soederblomianae 3, 1953. – [118] Teos, 30. Dyn.: Spiegelberg, in: ZÄS 64, 1929, 76–83; Abb. des Sargdeckels mit dem Zwergen z. B. Encyclopédie photographique de l'Art, Le Musée du Caire, Kairo 1949, 180. – [119] Hölscher, Medinet Habu V, Tf. 6 F (22.–24. Dyn.). – [120] Smith, Art and Architecture, 165 f., Abb. 56 f. – [121] Oft, z.B. Holzfigur, bemalt, im British Museum, 20 865, unveröff. – Tanzender Bes mit Schwert: Württembergisches Landesmuseum Stuttgart 2.812 = Emma Brunner-Traut u.a., Katalog: Osiris, Kreuz, Halbmond, Mainz 1984, Nr. 118, Abb. S. 185. – Geflügelter tanzender Bes: Äg. Museum Berlin 19586 = Hanna Philipp, Terrakotten aus Ägypten, Berlin 1972, Nr. 20, Tf. 1. – Weitere Beispiele, auch aus dem MR und NR: Brunner-Traut, Tanz, 35 f.; Wild, Danses, 78 f. 81 f.; Daumas, Mammisis, 139 ff. – [122] Charles Boreux, Antiquitées égyptiens du Louvre II, Paris 1932, 510 f. – Tanzende Beset in Kopenhagen, Ny Carlsberg Glyptothek AEIN 466 = Maria Mogensen, La collection égyptienne, Kopenhagen 1930, Nr. A 287, Tf. 44. – [123] Brunner-Traut, Tanz, 46; Jeanne Vandier d'Abbadie, in: RdE 3, 1938, 31 f., Tf. 3. – [124] Leonard Woolley und David Randall-Maciver, Karanòg, The Romano-Nubian Cemetery, Philadelphia 1910, 54, Tf. 45.

Lit.: Emma Brunner-Traut, Der Tanz im Alten Ägypten, ÄF 6, Glückstadt–Hamburg–New York ²1958; Henri Wild, Les danses sacrées de l'Egypte ancienne, in: Les danses sacrées, SourcesOr 6, Paris 1963, 33–117; Vandier, Manuel IV, 391–486. E. B.-T.

Tao s. Seqenenre

Tapferkeit. Der Sinnbereich des Begriffes T. findet sich in mehreren Wörtern und Wortverbindungen angesprochen: *nḫt*: „stark, siegreich“ (seit AR); *qnj*, *qnt*: „stark, tüchtig, tapfer“ (seit MR/NR); *mꜥkꜣ*: „kühn“ (Lit. MR); *hꜣw-tm*: „mutig“ (Dyn. 20); *ṯnr*: „stark“ u.ä. (neuäg.), sowie in den Phrasen und Bildern, in denen das Herz als „Sitz/Organ“ der T. bezeichnet wird [1]. Dazu kommen noch Bezeichnungen wie: *prj-ꜥ* und *mhr*: „Tapferer, Held“; *mn-ṯb*: „mit festem Tritt“ u.ä. Ist zunächst dabei der Bezug zur „physischen Stärke“, die demgemäßes „tapferes Handeln“ ermöglicht, deutlich, so zeichnet sich doch bei der Aufnahme des Beiwortes „Tapferer“ u.ä. in die *Biographien [2] mit dem Beginn der 18. Dyn., vor allem in den Schilderungen erhaltener *Auszeichnungen und *Ehrungen, ein Wandel ab. So ist der Wunsch nach „Unsterblichkeit“ im AR nur durch den König erfüllbar und zwar nach erfolgreicher Durchführung seiner Aufträge. Im Zuge des MR tritt die Eigenleistung und die Verantwortlichkeit des handelnden Individuums als „Verewigungsmittel“ hinzu [3]. Durch die Bewertung militärischer Leitungen im NR ist nun auch die T. eine der möglichen Tugenden, die das Gedächtnis und den Fortbestand des NN sichern helfen: *jw rn n qn m jrt.n.f nn ḥtm m tꜣ pn ḏt* „Der Name (= Gedächtnis an) des Tapferen besteht in dem, was er leistet. Es gibt kein Vergehen (= Vergessen) in diesem Land ewiglich“ [4]. Das Vorbild der Tapferen war der als oberster Kriegsherr (*Krieg, *Kriegsgott) am Kampf oft aktiv teilnehmende König [5] (*Königsideologie). In den darauf vorbereitenden sportlichen (*Sport) Betätigungen wie Waffenübungen und *Jagd findet sich eine an T. erinnernde Beschreibung des heldenhaften Königs [6]. An „verdiente Tapfere“ [7] verleiht der König neben *Sklaven und anderen Werten vor allem das sog. „Gold der Gunst“ *-n/ḥr qnt-* wegen T. [8] (*Gold, Verleihung des).

[1] Alexandre Piankoff, Le „cœur“, Paris 1930, 34 ff.; vgl. ferner Wb, Belegstellen I, s.v. *jb*. – [2] So steht neben der Schilderung der „Stärke im Kampf“ (vgl. z.B. Ahmose, Urk. IV, 1–6; Pennechbet, Urk. IV, 35 ff. und ähnliche Berichte in Urk. IV, passim) die Bezeichnung *qn* in Verbindungen wie: *jw.j m ḥꜣwtj n qn nb* „… da ich der Erste aller Tapferen war“ (Urk. IV, 895, 2), *qn rs-tp n nb ꜥḥ* „Ein aufmerksamer ‚Tapferer‘ für den Herrn des Palastes“ (Urk. IV, 984, 5), *qn n ḥm.f m tj-nt-ḥtrw* „Ein ‚Tapferer‘ seiner Majestät in der Streitwagenabteilung“ (Urk. IV, 2074, 13) u.ä. *Streitwagenkämpfer. – [3] Aus einem Weisheitstext des MR: *mnw pw n z nfrw.f* … „Das Denkmal eines Mannes sind seine Wohltaten, vergessen ist der mit schlechtem Charakter“, Stele des Gaufürsten Mentuhotep: H. M. Stewart, Egyptian Stelae, Reliefs and Paintings II, Warminster 1979, Tf. 18, Z. 16. – [4] Urk. IV, 2, 5. In diesem Zusammenhang sei auf das weite Spektrum des Eigenschaftsverbums *qnj* verwiesen, das es dem Griechischen erlaubt, *spw qnw* „tapfere o.ä. Taten“ mit ἀρετή (Kanopusdekret 10 = Urk. II, 132, 3) zu übertragen. Diese Gleichung, die dem lateinischen virtus sehr nahekommt, erlaubt es m.E., dem äg. terminus *qnt* = T. die Qualität einer Tugend zumindest in Andeutung zuzuschreiben, zumal wenn man die enge Verbindung zwischen T., Stärke und „Schrecklichkeit“, die ein Großteil der *šfjt* (Ansehen) des Königs bilden, betrachtet. – [5] Erwähnt seien nur: *Kamose, *Thutmosis III., *Ramses II. und III. – [6] Vgl. die Zusammenstellung der Texte bei: Wolfgang Decker, Quellentexte zu Sport und Körperkultur im alten Ägypten, St. Augustin 1975, vor allem Dokument 38; von besonderem Interesse ist in Dokument 39 die Verwendung des Wortes *qnw*, das Decker mit „Athleten“ überträgt, vgl. dazu auch Decker, in: SAK 2, 1975, 50 ff.; Urk. II, 171, 6 (Rosettana). – [7] Z.B. Urk. IV, 892, 2 ff.: *nbw n ḥswt* im militärischen Kontext; Urk. IV, 892, 12; 995, 14; 1371, 15: *fqꜣ(w) m nbw n dd njswt ḫft ḥr m tꜣ r ḏr.f ḥzj.n wj nb.j ḥr qnn.j* … „Beschenkt mit dem Gold, das der König gibt, im Angesicht des gesamten Landes, nachdem mich mein Herr wegen meiner T. gelobt hatte und nachdem er erfahren hatte, daß ich nützlich für ihn war“. Vgl. ferner *Auszeichnung, *Ehrung u. *Krieg (Sp. 775). – [8] v. Deines, in: ZÄS 79, 1954, 83 ff., ferner die Auszeichnungen mit der „Goldenen Fliege“, wobei allerdings die Trennung vom Amulettcharakter dieses Objektes (zumindest vor dem NR) zu beachten ist: v. Bissing, in: Prähistorische Zeitschrift 34/35, Berlin 1949–1950, 217 ff.; Urk. IV, 892, 15. K.-J. S.

Taposiris Magna, j. Abusir (Karte 1 a), Ort 45 km westlich Alexandria, auf einem Kalksteinrücken zwischen Meer und früherem Mareotissee gelegen

(Taenia), bekannt durch die Reste des Osiristempels, von dem Pylone und Umfassungsmauer (84 × 84 m) erhalten sind, während innerhalb dieser eine frühchristliche Kirche und Mönchszellen eingebaut erkennbar sind. Nördlich davon liegt ein röm. Leuchtturm. Reste der Stadt mit Verwaltungsgebäude und Bad aus der Zt Justinians sowie die Hafenanlagen am Meer wie am alten Seeufer mit verbindender Straße, die 50 m westlich des Tempels vorbeiführte, sind erkennbar. Auch Nekropolen, darunter eine Tiernekropole, wurden ausgegraben. Eine auf dem Gegenufer des Mareotissees bei Burg el-Arab gefundene *Sachmet(?)-Statue mit Nennung der *Berenike II.(?) wird als aus dem Tempel stammend angesehen[1]. Westlich der Stadt befand sich ein weiterer Kirchenkomplex[2]. Der Ort war in frühchristlicher Zt bedeutsam als Umsteigeort für die Pilger nach Abu Mena.

[1] PM VII, 369 (Kairo JE 64824). – [2] Grossmann, in: MDAIK 38, 1982, 152–154.

Lit.: Ausgrabungsvorbericht: Ochsenschlager, in: Acts 1st ICE, 503 ff. W. H.

Tarchan (طرخان, Karte 2b). Nekropole im NW des Dorfes Kafr Tarchan al-Gharbi, 6 km nördlich von el-*Gerzeh zwischen *Lischt und *Meidum. Über 1 km² verteilt auf den Hügeln des westlichen Wüstenrands mehr als 2000 Gräber aus dem kurzen Zeitraum von Dyn. „0" bis Ende Dyn. I, vereinzelt bis in die III. Dyn.; von Fl. Petrie 1911–1913 völlig ausgegraben.
Grabgruben mit Hockerbestattungen; Holz-, Ton- und Mattensärge; Skelett teils auf Holzbett mit Stierfüßen. Als Oberbau einfache *Mastabas mit Nischen und Opferhof an der O-Seite; mehrere große Ziegelmastabas mit *Nischengliederung. Reiche Beigaben, die eine Erweiterung und Revision der Petrieschen Keramik- und Steingefäßtypologie nötig machten. Auf einem Steingefäß früheste Abb. der klassischen Gestalt des *Ptah. *Rollsiegel mit Namen des Ka (*Sechen) und *Narmer. Formale Vielfalt von Schminklöffeln.
Petrie hält T. für den Friedhof einer Königsresidenz, der bereits kurz nach *Narmer verlassen wurde, als die Hauptstadt entgültig in *Memphis angesiedelt wurde.

Lit.: Tarkhan I and Memphis V, 1–31, Tf. 1–76; Tarkhan II; PM IV, 85–86; Vandier, Manuel I, 798–914. D. W.

Taricheut (ταριχευτής). Diodor[1] unterscheidet zwei Klassen von *Balsamierern: den *Paraschisten, der die Leiche aufschneidet, und den T.[2], der die eigentliche *Balsamierung vollzieht und darum im Gegensatz zum ersteren hoch geachtet wird. Der Ausdruck kommt auch sonst in griechischen Quellen vor[3] ebenso wie das seltenere παρασχίστης[4], das dann aber keineswegs den *Paraschisten im Sinne Diodors, sondern ebenfalls einen „höheren" *Balsamierer bezeichnet, also eigentlich einen Taricheuten. Die Diodorsche Klassifizierung läßt sich nicht eindeutig mit der ägyptischen Terminologie parallelisieren; es gibt keine festen Bezeichnungen, die dem griechischen παρασχίστης und ταριχευτής entsprechen. Während es für Paraschist (im Sinne Diodors) überhaupt keine ägyptische Parallele gibt[5] – die durch Diodor bezeugte Geringschätzung dieses Amtes könnte das Fehlen von Dokumenten erklären –, existiert eine Reihe von Titeln, die sich auf Balsamierer beziehen und in bilinguen Texten mit ταριχευτής wiedergegeben werden, auch wenn ihr ursprünglicher Verwendungsbereich z. T. weiterreicht: *ẖrj-ḥb*[6], *wtj*[7], *ḫtm(w)-nṯr*[8], *sjn*[9].
Es gab auch Taricheutinnen, denen wohl die *Balsamierung weiblicher Leichname oblag[10]. Mögliche medizinische Kenntnisse der T. legt die fallweise Bezeichnung derselben als *sjn* „Arzt" (s. Anm. 9) nahe, vgl. auch Gen. 50, 2[11]. –
Die T. waren in Gilden organisiert[12], ihre Pflichten und Kompetenzen nach dem „Recht der *Cheriheb"[13] festgelegt. –
Die T. arbeiteten in der Wabet (*wʿbt*)[14], einem Ort, der unter anderem Balsamierstätte war und als solche von Diodor bezeichnenderweise ταριχεία[15] genannt wird. –
Wurden die Pflichten des T. nicht vorschriftsgemäß ausgeführt, sprach man von der „Sünde der Taricheuten"[16]. –
Vorgesetzter des T. war den demotischen Urkunden aus ptolemäischer Zt zufolge der *mr ḫtm-nṯr*[17]. Ein anderer Titel des Chefs der T. ist *ḥrj-sštꜣ*[18], der auch in diesem Zusammenhang mit dem *Stolisten zu identifizieren sein wird[19].

[1] Diodor I 91, 4–5; in extenso zitiert und besprochen bei Pieter W. Pestman, L'archivio di Amenothes figlio di Horos, Mailand 1981, 4 f. – [2] Das Wort bedeutet „Pökler, Einsalzer", vgl. Liddell–Scott, Greek – English Lexicon, 1758 sowie die folgende Anm. (Preisigke). – [3] Belege nennen Walter Otto, Priester und Tempel im hellenistischen Ägypten I, Leipzig 1905, 105 Anm. 6; André Bataille, Les Memnonia, Kairo 1952, 204; Friedrich Preisigke, Wörterbuch der griechischen Papyrusurkunden II, Berlin 1927, 578; Ulrich Wilcken, Urkunden der Ptolemäerzeit II, Berlin 1957, 330 (Index). – [4] Vgl. Otto, a.a.O.; Preisigke, a.a.O., 257; Wilcken, a.a.O., 325 (Index). – [5] Zur Wiedergabe von *ẖrj-ḥb tpj* mit παρασχίστης s. Pestman, a.a.O., 7 f. (es handelt sich aber eben nicht um einen Paraschisten im Sinne Diodors). – [6] Pap. dem. Berlin P 3116, II 23 (*nꜣ ẖrj-ḥbw*), entspricht Pap. Casati, III 9 (ταριχευτῶν) (die demotische Passage transkribiert bei Erichsen, in: Aegyptus 32,

1952, 23; für das Griechische s. Wilcken, a.a.O., 151). Zum *ḥrj-ḥb* allgemein vgl. LÄ s. v. Cheriheb. – Während von Haus aus *ḥrj-ḥb* und *ḫtm(w)-nṯr* unterschiedliche Aufgaben haben („Vorlesepriester“ : „Balsamierer“) – vgl. Anm. 8 –, sind in manchen Texten, die das Bestattungspersonal erwähnen, die letzteren gar nicht vorgesehen, sondern die *ḥrj-ḥbw* sind als Gruppe ihrem Chef gegenübergestellt, vgl. Belege Anm. 18. – [7] *wtj* steht oft in Verbindung mit *ḫtm(w)-nṯr*, dessen Spezialbedeutung „Taricheut“ gesichert ist, vgl. die folgende Anm. Zum anderen entspricht in dem hieratisch-demotischen Papyrus Rhind hieratischem *wtj* demotisches *ḥrj-ḥb*, vgl. Georg Möller, Die beiden Totenpapyrus Rhind des Museums zu Edinburgh, Leipzig 1913 (Dem. Stud. 6), 48*, Nr. 316. – [8] Eine nähere Begründung der Lesung *ḫtm(w)* (gegenüber *sḏ3wtj*) steht noch aus. Der diesbezüglich in BIFAO 51, 1952, 137 Anm. 5 angekündigte Aufsatz von Sauneron ist nie erschienen. – *ḫtm-nṯr wjt* (so demotisch für *wtj*) und die griechische Übersetzung ταριχευτής finden sich in Pap. Hamburg D 2, vgl. C. F. Nims, in: MDAIK 16, 1958, 240. In ihren ursprünglichen Funktionen sind *ḥrj-ḥb* und *ḫtm-nṯr* voneinander zu unterscheiden; vgl. dazu Sauneron, in: BIFAO 51, 1952, 137 ff. (mit reichem Material zum Titel *ḫtm(w)-nṯr*). Dies trifft auch noch auf das späte Balsamierungsritual zu, wo der *ḫtm(w)-nṯr* den Vortritt vor dem *ḥrj-ḥb* hat, s. Sauneron, a.a.O., 153 (Balsamierungsritual IV, 7–8). – Innerhalb des demot. Urkundenmaterials begegnet der *ḫtm-nṯr* lediglich in U. Äg., vgl. Prosopographia Ptolemaica (s. Lit.) IX, Index s. v. und Revillout, in: ZÄS 18, 1880, 72. – Die Titelverbindung *ḫtm-nṯr wjt* ist besonders häufig in den demot. Hawara-Urkunden belegt, vgl. Eve A. E. Reymond, Embalmers' Archives from Hawara I, Oxford 1973, passim (mit ausführlichen Erörterungen über die T.) und die in Vorbereitung befindliche Hawara-Publikation von Erich Lüddeckens. Der früheste demot. Beleg für *ḫtm-nṯr wjt* stammt aus der 30. Dyn., s. Nims, in: MDAIK 16, 1958, 239 (Pap. Chicago OrInst 17481, passim). Saitische Belege für *ḫtm(w)-nṯr* (ohne *wtj* bzw. *wjt*) bei Günther Vittmann, Priester und Beamte im Theben der Spätzeit, Wien 1978, 70. 72. 74. 80. 83 (alle Belege betreffen Angehörige derselben Familie Dritter Amunpropheten). Vgl. auch Sauneron, in: BIFAO 51, 1952, 137 ff. – [9] *p3 sjn* = [τ]αριχευτοῦ Pap. dem. Berlin P 5507, 7, s. Griffith und Wilcken, in: ZÄS 45, 1908, 107.– [10] Pap. dem. BM 10074, 3, s. Nathaniel Reich, Papyri juristischen Inhalts, Wien 1917, 43, Tf. 7 oben (vgl. auch Lüddeckens, in: LÄ IV, 842), dazu Kommentar S. 49 ad III 2; Bataille, Memnonia (s. Anm. 3), 219. – [11] Françoise de Cenival, Les associations religieuses en Egypte d'après les documents démotiques, BdE 66, 1972, 123 f.; Paul Ghalioungui, The Physicians of Pharaonic Egypt, Mainz 1983, 6 f. – [12] Pestman, in: OMRO 44, 1963, 16 (i). – [13] Ibd., 16 (j) (*p3 hp n n3 ḥrj-ḥbw*). Ein Abkommen unter T. betrifft Pap. dem. BM 10561, s. Shore und H. S. Smith, in: AcOr 25, 1960, 277 ff. – [14] Lit. dazu bei Vittmann, in: WZKM 75, 1983, 205. Vgl. auch Bataille, a.a.O. (s. Anm. 3), 206. – [15] Diodor I, 83, 5, vgl. Hopfner, Fontes I, 125, 18. Auf diese bisher kaum beachtete Entsprechung hat Spiegelberg bei Quibell, Exc. Saqq. (1907–1908), 1909, 93 hingewiesen. – [16] Pap. dem. BM 10077 a, 10–11 (*nbj ḥrj-ḥbw*), s. Spiegelberg, in: ZÄS 54, 1918, 112. – [17] Belege mehrfach in den Anm. 8 genannten Hawara-Papyri; vgl. Reymond, a.a.O. (s. Anm. 8), 25 f. Sinngemäß entspricht *mr ḫtm-nṯr* dem griechischen ἀρχενταφιαστής, doch ist dieser Titel verwirrenderweise nur als Übersetzung von einfachem *ḫtm-nṯr* belegt, und zwar (oft übersehen, aber prosopographisch gesichert) in griechischen und demotischen Urkunden, die sich auf den Archentaphiasten Petesis, Sohn des Chenuphis (Var. Chonuphis; demotisch *P3-dj-js* bzw. *K3-nfr*), beziehen, vgl. Ulrich Wilcken, Urkunden der Ptolemäerzeit I, Berlin–Leipzig 1927, 453 ff. Ob diese Übersetzung einfach ungenau oder in bestimmter Hinsicht nicht doch zu rechtfertigen ist (wenn man etwa an den Vorrang des *ḫtm-nṯr* vor dem *ḥrj-ḥb* denkt, vgl. Anm. 8), ist schwer zu beurteilen. – [18] Der *ḥrj-sšt3* als Vorgesetzter der *ḥrj-ḥbw*: Spiegelberg, in: ZÄS 53, 1917, 118 f. (Bestattung eines Falken); ders., in: ZÄS 56, 1920, 3 (Bestattungsritual des *Apis). Spiegelberg hat darum treffend den *ḥrj-sšt3* als „Ritualleiter“ bezeichnet und seine Identifizierung mit dem Archentaphiasten vorgeschlagen. Zum *ḥrj-sšt3* als Balsamierer vgl. auch R. L. Vos, in: Ernst Boswinkel und Pieter W. Pestman, Textes grecs, démotiques et bilingues, Papyrologia Lugduno–Batava 19, Leiden 1978, 262 f. *ḥrj-sšt3* ist ein geläufiges Beiwort des *Anubis als Balsamierer, vgl. dazu und zu der Schreibung des Titels mit dem auf dem Schrein liegenden Anubis Derchain, in: RdE 30, 1978, 59 f. (Anubis wird nicht nur als *ḥrj-sšt3*, sondern auch als *ḥrj-ḥb* und *wtj* bezeichnet, woraus man deutlich die Neutralisierung des Bedeutungsinhaltes verschiedener ursprünglich differenzierter Bezeichnungen, die in der Spätzeit oft ganz allgemein „Balsamierer“ bedeuten können, ersieht, vgl. die Anm. 7 zitierte Stelle bei Möller). – [19] Vgl. Edgar, in: Archiv für Papyrusforschung 13, 1939, 77.

Lit.: Revillout, in: ZÄS 17, 1879, 83 ff.; ders., in: ZÄS 18, 1880, 70 ff. 103 ff. 136 ff.; Walter Otto, Priester und Tempel im hellenistischen Ägypten I, Leipzig 1905, 105 ff.; RÄRG, 768 f.; André Bataille, Les Memnonia, RAPH 23, Kairo 1952, 204 ff.; Sauneron, in: BIFAO 51, 1952, 137 ff.; Erich Lüddeckens, Ägyptische Eheverträge, ÄA 1, Wiesbaden 1960, 243; Pestman, in: OMRO 44, 1963, 8 ff.; Seidl, in: Aegyptus 49, 1969, 43 ff.; Eve A. E. Reymond, Embalmers' Archives from Hawara, Oxford 1973 (zu den Titeln s. S. 23 ff.); Alan B. Lloyd, Herodotus Book II, Commentary 1–98, EPRO 43.2, Leiden 1976, 355; Pieter W. Pestman, L'archivio di Amenothes figlio di Horos, Mailand 1981, 4 ff.; Willy Peremans und E. Van't Dack, Prosopographia Ptolemaica IX: Willy Clarysse, Addenda et Corrigenda au volume III (1956), Stud. Hellen. 25, Löwen 1981, Index s. v. *wtj*, *ḥrj-sšt3*, *ḫtmw-ntr*, *mr ḫtmw-ntr*, *ḥrj-ḥb*, *sjn*.

G. V.

Taʾrif (Taref) s. Qurna A

Tasa (Deir [1], Karte 3 g), Dorf am ö. Nilufer, ca. 13 km w. von Abu Tig, im ehemaligen 10. o.äg. *Gau [2]. Das Gebiet von T. scheint von der Vorgesch. bis in kopt. Zt durchgehend besiedelt gewesen zu sein [3].

Von Bedeutung ist der Friedhof der *Badari-Zt, darunter ca. 40 Gräber, die, nach dem Fundort benannt, einer eigenen Tasa-Kultur angehören[4], der wohl ältesten neolithischen Kultur in O. Äg.: Friedhofsbestattung, Gräber mit Flechtwerkauskleidung, Körper in Hockerstellung auf der linken Seite, Blick nach Westen, mit Matten, Fellen, Stoffen; Beigaben: Keramik („Tulpenbecher"), Schminkpaletten, Löffel, Angelhaken, Ahlen, Feuersteingeräte, Steinäxte, Schmuck aus Muscheln, Bein, Straußeneiern, Federn, Tierknochen.

Wegen der Ähnlichkeit des Befundes mit dem der Badari-Kultur ist die Existenz der Tasa-Kultur umstritten[5].

[1] Deir Tasa in der Literatur auch er-Ruweiqat genannt. – [2] Zur geographischen Situation s. Kaiser, in: MDAIK 17, 1961, 22f.; Butzer, ebd., 58. – [3] Brunton, Mostagedda (s. Lit.). – [4] Brunton, a.a.O., 5ff.; Gabra, in: ASAE 30, 1930, 147ff. – [5] Baumgartel, Prehistoric Egypt II, 20f.

Lit.: Guy Brunton, Mostagedda and the Tasian Culture, BME, London 1937. Ch. St.

Taschentuch. Als T. bezeichnet man gewöhnlich[1] die Darstellung eines Stoffstreifens in der Hand von Personen, wenn sie im Relief abgebildet sind[2]; dieser erscheint auch in der rechten Hand sitzender Personen[3], wo er jedoch wie bei stehenden Gestalten von einem länglichen Gebilde mit abgerundeten Schmalseiten abgelöst werden kann[4], das dem Zeichen ⊂⊃ ähnelt. Letzteres wurde lange Zeit als „Schattenstab" bzw. „negative space" angesehen, d.h. als Darstellung eines nichtvorhandenen Raumes[5], manchmal aber auch als Papyrusrolle[6] oder abgekürzte Darstellung eines *Zepters[7], jedoch dürfte es nach H.G. Fischer[8] eher ein zusammengefaltetes Stoffstück sein, eben ein T., das zum Abwischen des Schweißes benutzt wurde und zu einem Würdezeichen wurde.

Das kgl. T. wurde wie der Kinnbart oder die Wedel am Thron zu kgl. *Schutzgottheiten[9] (*Jꜣqs*)[10].

[1] Zuletzt H.G. Fischer, in: Ancient Egypt in the Metropolitan Museum Journal 1–11 (1968–76), New York 1977, 148: „a handkerchief in the form of ʃ...". Eine andere Deutung gibt Westendorf, in: ZÄS 92, 1966, 151 Anm. 3; 94, 1967, 148 Anm. 56, der hierin einen Teil des Schulterknotens (*sṯt*) sieht, den er als „Schleife der Wiedergeburt" erklärt. – [2] Ahmed Moussa und Hartwig Altenmüller, Das Grab des Nianchchnum und Chnumhotep, AV 21, 1977, Tf. 87. 88 (im Text S. 164. 167 als „gefaltetes Schweißtuch" bezeichnet). – [3] Belege bei Fischer, op. cit., Anm. 44. – [4] Ältester Beleg für Sitzstatue bei der Statue des *Hemiunu in Hildesheim; für Standstatue s. die des Babaef im Metropolitan Museum New York (Fischer, op. cit., Abb. 2). Dieses Gebilde bleibt bei äg. Statuen üblich und setzt sich sogar in den ältesten griech. Kuroi fort. Ab und zu ist es auch im Relief vorhanden, wie bei Fischer, op. cit., Abb. 13, wo es unter der Achsel getragen wird, da die Hand durch das Tragen eines Zepters besetzt ist. – [5] So Borchardt, Statuen, CG; v. Bissing, Denkmäler, zu Nr. 4 u. a. (vgl. Fischer, op. cit., 145 Anm. 4). – [6] Georges Perrot und Charles Chipiez, Histoire de l'art dans l'antiquité I, Paris 1882, 655; Wild, in: BIFAO 54, 1954, 174. – [7] Spiegelberg, in: RecTrav 28, 1906, 174–6; B. V. Bothmer, in: BMFA 46, 1948, 34; 48, 1950, 15; vgl. Vandier, Manuel III, 19; Staehelin, Tracht, 161. – [8] Fischer, op. cit. (s. Anm. 1). – [9] Jéquier, Pepi II, II, Tf. 60. – [10] Kees, in: ZÄS 77, 1941/42, 24ff., der allerdings nur von einem „Gewandstück" spricht.

W. H.

Tasenetnefret s. Sent-Nofret

Ta-seti s. Gaue, 1. o. äg.

Tatenen A. (*Tꜣ-ṯnn*; *Tꜣ-nn*; *Tnn*), Gott der Urerde und des Urgesteins[1]. In der Zt des AR unbekannt[2], manifestiert sich T. im MR als Erdgott auf einer Gruppe von Särgen, die alle aus der *Nekropole von *Assiut stammen[3]. Außerdem tritt er in Stelentexten vom *Sinai und *Wadi Gawasis (Gasus) als Spender von Erzen und Mineralien auf[4]. Belegbar seit der frühen 19. Dyn. ist seine Mitwirkung bei der Gründung von Tempeln[5].

B. Seine große Bedeutung erhält der Gott in den kgl. Jenseitstexten des NR: Im *Amduat sind ihm wesentliche Bereiche des unterirdischen Raumes zugeordnet (Gewässer des T.)[6], und in der 6. Nachtstunde steht er an der Spitze einer Götter-*Neunheit[7]. Seine enge Beziehung zum *Sonnengott zeigt sich in der 8. Stunde, wo die vier *Widder des T. den vier Sonnenwiddern gegenübergestellt werden[8]. In der Sonnenlitanei wird T. bereits im dritten Anruf mit *Re gleichgesetzt[9]; an anderer Stelle wird er als Regenerationsgott bezeichnet, in dessen Leib der Sonnengott allnächtlich neu geboren wird[10]. Im *Pfortenbuch erscheint T. als *Personifikation der ganzen Unterwelt[11] und er gehört nun wie die Himmelsgöttin *Nut zu den Gottheiten der kosmischen Räume, welche die Sonne bei ihrem Lauf (*Sonnenlauf) durchzieht[12].

In der Zt *Amenophis' III. wird T. in Texten aus Gräbern von Privatleuten als *Ur- und *Schöpfergott angesprochen[13], und seine enge Beziehung zum Königtum dokumentieren die Verbindung *Horus-Tatenen sowie seine Nennung beim *Sedfest und als Zusatz in der Titulatur des Königs (*Königstitulatur)[14]. Am Ende der 18. Dyn. erscheint T. dann mit *Osiris gleichgesetzt[15], und am Anfang der 19. Dyn. findet sich die Formel *Ptah-*Sokar-Osiris-Tatenen[16]. Auch mit *Amun geht der Gott jetzt eine Verbindung ein[17], aber von größerer religiöser Bedeutung ist die *Götterverschmelzung Ptah-Tatenen, die während der

Regierungszeit *Ramses' II. entsteht[18]. Sie schafft die Voraussetzung, daß *Memphis, die Heimat des Ptah, von nun an auch als Stadt des T. angesehen wird[19]. Ebenfalls zum theologischen Denken der Ramessidenzeit gehört die Verbindung des T. mit *Nun, dem Gott des *Urgewässers[20], und die Vorstellung von T. als personifiziertem *Urhügel[21]. Obwohl in der Folgezeit in zahlreichen religiösen Texten die Erscheinungsform Ptah-Tatenen dominiert, tritt der Gott in den ramessidischen Unterweltsbüchern (*Höhlenbuch, Buch von der *Erde) im Charakter der königlichen Jenseitstexte der 18. Dyn. auf[22]. Die meisten Epitheta des Gottes werden im Höhlenbuch in der sog. Tatenen-Litanei aufgezählt[23].

C. In der SpZt wird T. (jetzt häufig in der Schreibweise *Tnn*)[24] als Ur- und Schöpfergott angesehen[25]. In dieser Rolle wird er auch als „Fürst der Töpferscheibe"[26] bezeichnet und mit *Chnum verbunden[27]. Andererseits betont die Gleichsetzung mit der Irta-Schlange[28] den Charakter des Erdgottes.

D. Das chthonische Wesen des T. zeigt sich auch in der ältesten Bildwiedergabe: Im Amduat ist er als feuerspeiender Schlangenstab dargestellt[29]. Unter den Figuren der Sonnenlitanei tritt T. dann als menschliche Mumie auf, welche ein Widdergehörn mit zwei Federn als Kopfschmuck trägt[30]. Erst in den Bildern der ramessidischen Unterweltsbücher zeigt sich der Gott mit gegliedertem Körper, jedoch trägt er dort niemals ein Widdergehörn als Bekrönung[31]. Die Verbindung Ptah-Tatenen bewirkt die Entstehung eines eigenen Bildtypus: Der gegliederte menschengestaltige Gott trägt einen kurzen Schurz, und als Kopfschmuck erscheint über der Strähnenperücke ein Widdergehörn mit Sonnenscheibe, welche von zwei Federn umrahmt wird[32].

[1] So treffend bezeichnet von Siegfried Schott, Zum Weltbild der Jenseitsführer des Neuen Reichs, NAWG 1965. 11, 190. – [2] Die Gleichsetzung der anonymen Gottheit *Ḫntj-tnnt* mit T. (z. B. RÄRG, 769) ist abzulehnen. Vgl. Maj Sandman-Holmberg, The God Ptah, Lund 1946, 61 Anm. 22; 218 Anm. 73 a; Hermann Alexander Schlögl, Der Gott Tatenen. Nach Texten und Bildern des Neuen Reiches, OBO 29, 1980, 105ff. – [3] Die Texte zusammengefaßt bei Schlögl, op. cit., 13ff. – [4] Schlögl, op. cit., 16f. – [5] Kitchen, Ram. Inscr. I, 186, 5–6. – [6] Hornung, Amduat I, 103 (Nr. 415). – [7] Hornung, Amduat I, 115f. (Nr. 477–486). – [8] Erik Hornung, Ägyptische Unterweltsbücher, Zürich–München 1972, 148. – [9] Erik Hornung und Andreas Brodbeck, Das Buch der Anbetung des Re im Westen (Sonnenlitanei) I, AH 2, 1975, 7. – [10] Hornung und Brodbeck, op. cit., 229. – [11] Erik Hornung unter Mitarbeit von Andreas Brodbeck und Elisabeth Staehelin, Das Buch von den Pforten des Jenseits I, AH 7, 1979, 106. 285. 303. – [12] Vgl. Assmann, in: Saeculum 23, 1972, 113. – [13] Urk. IV, 1850, 2–3. – [14] Urk. IV, 1860, 9ff.; 1865, 10ff. – [15] ÄIB II, 134f. (Stele des *Wp-wȝwt-msw*, Berlin Ost, Inv. Nr. 7316). – [16] Mariette, Abydos I, Tf. 16c. – [17] Jan Assmann, Re und Amun. Die Krise des polytheistischen Weltbilds der 18.–20. Dyn., OBO 51, 1983, 208ff. – [18] Schlögl, op. cit., 54f. – [19] Schlögl, op. cit., 79ff. – [20] Kitchen, Ram. Inscr. II, 392, 7. – [21] Assmann, op. cit., 220f. – [22] Schlögl, op. cit., 83ff. – [23] Assmann, Liturgische Lieder, 62f. – [24] Vgl. Sethe, Dramatische Texte, 33; Dietrich Wildung, Imhotep und Amenhotep, MÄS 36, 1977, 138; Swetlana Hodjash und Oleg Berlev, The Egyptian Reliefs and Stelae in the Pushkin Museum of Fine Arts, Moscow, Leningrad 1982, 107. – [25] Vgl. pBremner-Rhind 16, 24; Reymond, in: ZÄS 92, 1966, 116–128; 96, 1970, 36–47; ÄHG, 290 (128), 60f.; 307 (130), 201f.; 345 (145), 7; Wildung, op. cit., 162f. 209f. – [26] Assmann, ÄHG, 345 (145), 6. – [27] Assmann, op. cit., 344f. (145). 346 (146). – [28] Sethe, Amun, 38; Edfou I, 329. – [29] Vgl. Bucher, Tombes de Thoutmosis III et d'Amenophis II, Tf. 1. 33. – [30] Schlögl, op. cit., Abb. Nr. 2. 3. 4. 5. 6. – [31] Erik Hornung, Ägyptische Unterweltsbücher, Zürich–München 1972, 404f. Abb. 80; 444 Abb. 92; 479 Abb. 110. – [32] Schlögl, op. cit., 54f.

Lit.: Assmann, Liturgische Lieder, 60ff.; Hermann Alexander Schlögl, Der Gott Tatenen. Nach Texten und Bildern des Neuen Reiches, OBO 29, 1980. H. Schl.

Taube (*mnwt*; *grȝ n pt* > ϭⲣⲟⲟⲙⲡⲉ u. ä.). Die Familie der Columbidae (Tauben; *Fauna) ist im heutigen Ägypten mit folgenden Arten vertreten[1]: Columba livia (Felsentaube: Sollum–Marsa Matruh, Delta, unternubisches Niltal, *Charga Oase, *Dachla Oase); Streptopelia turtur (Turteltaube: Delta); Streptopelia senegalensis (Palmtaube: ganz Äg.); Streptopelia decaocto (Türkentaube: Gebel Elba). Obwohl Tauben häufig dargestellt[2] und inschriftlich erwähnt werden, sind Speciesbestimmungen nur selten möglich. Als gesichert kann lediglich Streptopelia turtur gelten[3]. T. dienten in erster Linie der *Ernährung von Mensch und Gott (*Opfer, *Opfertier)[4]. Sie wurden beim *Vogelfang erbeutet und auf *Geflügelhöfen (*Domestikation, *Geflügelzucht) gehalten, wobei gelegentlich wie bei anderem *Geflügel auch das *Mästen gezeigt wird. Die Taubenhaltung, die in altäg. Zt noch eine untergeordnete Rolle spielte, wurde seit den Ptolemäern intensiviert. T. sind nun nicht mehr nur Fleischlieferanten, wird jetzt doch auch ihr Mist zur *Düngung von Gartenkulturen herangezogen, scheinen erstmalig die das heutige Landschaftsbild charakterisierenden Taubentürme errichtet worden zu sein[5], auf die in röm. Zt eine Steuer (*dnj st mnt*) erhoben wurde[6].
Bei Krönung und *Minfest wurden vier T. als Boten ausgesandt, woraus aber wohl noch nicht auf Verwendung von Brieftauben zu schließen ist. Dies dürfte erst in röm. bzw. frühislamischer Zt

der Fall gewesen sein[7]. Othmar Keel, Vögel als Boten, OBO 14, 1977, 133ff. identifiziert die Botenvögel beim Minfest jedoch als Blauracken (Coracias garrulus – Zugvögel!). In altägyptischer Zt galten Tauben auch als *Lieblingstiere, was auch in Personennamen zum Ausdruck kam[8]. Die in anderen Kulturen so prononcierte Bedeutung der T. als Begleiterin von Liebesgöttinnen[9] ist für Äg. bislang nicht zu erweisen. Vgl. *Fauna.

[1] Robert D. Etchécopar und François Hüe, Les oiseaux du Nord de l'Afrique, Paris 1964, 307ff. – [2] William H. Peck, Ägyptische Zeichnungen aus drei Jahrtausenden, Bergisch-Gladbach 1979, Tf. XI; Keimer, in: Bulletin of the Faculty of Arts, Fouad I University 14.2, Kairo 1952, 89ff. – [3] Joachim Boessneck, Die Haustiere in Altägypten, Veröffentlichungen der Zoologischen Staatssammlung 3, München 1953, 35. Weitere Bezeichnungen wie *ʿbꜣ, bḏw, ẖsf, šm, šzmtj, sꜣbw* bei Elmar Edel, Zu den Inschriften auf den Jahreszeitenreliefs der Weltkammer aus dem Sonnenheiligtum des Niuserre, NAWG 1961. 8, 254f.; 1963. 5, 213. Als T. gilt auch *ʿšꜣ*: Paule Posener-Kriéger, Les archives du temple funéraire de Néferirkarê-Kakaï, BdE 65.1, 1976, 249. S. aber Helck, in: LÄ IV, 594f. Bei Bestimmungsversuchen solcher Wörter gilt es zu bedenken, daß Distributions- und Migrationsverhältnisse früher anders ausgesehen haben können. – [4] William J. Darby, Paul Ghalioungui und Louis Grivetti, Food: The Gift of Osiris I, London–New York–San Francisco 1977, 286ff.; Helck, Materialien, 507; Cérès Wissa Wassef, Pratiques rituelles et alimentaires des Coptes, BdE 9, 1971, 380f. – [5] Michael Schnebel, Die Landwirtschaft im hellenistischen Ägypten, München 1925, 341f.; Dorothy J. Crawford, Kerkeosiris, Cambridge 1971, 47; Edward Rochie Hardy, The Large Estates of Byzantine Egypt, New York 1931, 119; Allan Chester Johnson und Louis C. West, Byzantine Egypt: Economic Studies, Princeton 1949, 211; Herbert E. Winlock, The Monastery of Epiphanius at Thebes I, PMMA 3, 1926, 53. – [6] Miriam Lichtheim, Demotic Ostraca from Medinet Habu, Chicago 1957, 110. – [7] Frederick E. Zeuner, Geschichte der Haustiere, München–Basel–Wien 1967, 385; Müller-Wodarg, in: Der Islam 32, Berlin 1957, 163. – [8] Ranke, in: ZÄS 60, 1925, 79. 81. – [9] Emil Werth, Grabstock, Hacke und Pflug, Ludwigsburg 1954, 325ff.

Lit.: Edmund Zurth, Welt der Tauben, Reutlingen 1984.

L. St.

Taubheit. Zum Ausdruck von T. werden in der Regel die ägypt. Wortstämme *jdj*[1] und *zẖj*[2] verwendet. Daneben ist *jmr* einmal bezeugt[3]. T. spielt neben anderen Erkrankungen des *Ohres im Gegensatz zur *Blindheit, sowohl im *medizinischen Schrifttum[4] als auch in der *Literatur, eine geringe Rolle. Für T. sind die *mt*-„Gefäße" der *mꜣʿ*-„Schläfe" verantwortlich, die nach Meinung der Ägypter *Auge und Ohr miteinander verbinden (*Krankheitsbeschreibung und -darstellung)[5]. Ptahhotep vermerkt die T. als Alterserscheinung[6]. Auch der *Tod bewirkt neben Blindheit T.[7], deren Überwindung angestrebt wird[8]. Als Strafe wird T. *Apophis und *Seth angedroht[9]. T. wird auch auf dämonischen Einfluß zurückgeführt[10].

Im übertragenen und metaphorischen Sinn (*Metapher) wird T. zum Ausdruck eines moralischen Defizits, nämlich der Nachlässigkeit, Verstocktheit und Rohheit, verwendet[11].

[1] Wb I, 151, 13. 14. – [2] Wb III, 473, 16–474, 12. – [3] Wb I, 87, 18. – [4] Grundriß der Medizin I, 29. 31; III, 51. 53; VII, 845. – [5] pEbers 99, 14. 15; vgl. Erman, Zaubersprüche für Mutter und Kind, 4, 2. – [6] pPrisse 4, 4. – [7] CT V, 223g; Tb 154. Die Vorstellung ist noch den Kopten geläufig gewesen, vgl. Maria Cramer, Die Totenklage bei den Kopten, SAWW 219.2, 1941, 25f. und Siegfried Morenz, Die Geschichte von Joseph dem Zimmermann, Texte und Untersuchungen zur Geschichte der altchristlichen Literatur 56, Berlin–Leipzig 1951, 22. – [8] Pyr. 712b. 788c. 1673b; CT III, 14a. 174g; Tb 178; Assmann, Liturgische Lieder, 155; Junker, Stundenwachen, 40. – [9] pBremner-Rhind 31, 17; Fairman, in: JEA 21, 1935, 28. – [10] Erman, a.a.O. – [11] Material bes. bei *zẖj*: Wb III, 473, 16–474, 12; vgl. auch Grapow, Bildliche Ausdrücke, 117. 159.

R. Gr.

Tauschhandel. A. *Prinzipielles.* Im Gegensatz zum Markthandel dient T. nicht zur Erwirtschaftung von Gewinn, sondern ist objekt-orientiert[1]. Für die am Tausch beteiligten Personen ist lediglich der Gebrauchswert der getauschten Güter wichtig, nicht jedoch ihr Marktwert. Bei T. im engeren Sinn werden die zum Tausch gelangenden Waren nicht speziell für den Markt produziert, sondern stammen aus der Überschußproduktion. Die jeweiligen Güter werden nur innerhalb bestimmter Personengruppen getauscht und sind deshalb im Binnen- und Außenhandel nicht identisch. Aufgrund der sozial und politisch stabilisierenden Funktion von T.[2] kommt beiden Arten des Handels auch unterschiedlicher politischer Stellenwert zu.

B. *Binnenhandel.* Die innerhalb Ägyptens getauschten Güter sind hauptsächlich handwerkliche Erzeugnisse sowie Lebensmittel. Letztere bestehen meist aus Erträgen des Gartenanbaus (*Gemüse, Obst), verarbeiteten Produkten (Brot, Kuchen, Bier) sowie Fisch (Belege s. v. *Markt). *Preise sind bisweilen durch Rekurs auf einen Wertmesser (*šʿt/šnʿ(tj), dbn*) belegt. Die im AR und NR dargestellten Marktszenen dürften den T. der Residenz zeigen[3], als Tauschplätze in der Provinz fungieren Ufer[4] und *Hafen.

C. *Außenhandel.* Da in nicht-marktorientierten Gesellschaften Außenhandel, abgesehen von politischen Zielsetzungen, nur betrieben wurde, um im eigenen Land nicht vorhandene Güter zu erhalten, nicht aber, um eigene Produkte abzusetzen oder Waren billiger als im eigenen Land zu erwerben, bestehen die Güter fast ausschließlich aus Luxusgütern; die ausgeführten Waren sind hingegen selten belegt[5]. Der T. erfolgte zumeist als Geschenkaustausch zwischen Herrschern, der oft ideologisch als *Tribut verbrämt wurde. Die Belege für die archaische Form des Stummen Handels[6] sind problematisch. Umschlagplätze für den Außenhandel bilden die Häfen an der syrisch-palästinensischen Küste[7] sowie Festungen[8]. Diplomatische Hochzeiten, Thronbesteigungen und Expeditionen stellten geeignete Gelegenheiten für T. dar[9].

[1] Janssen, Prices, 540f. – [2] Marshall Sahlins, Stone Age Economics, London 1978, 302f. – [3] Hodjash und Berlev, in: AoF 7, 1980, 44. – [4] Jacobus J. Janssen, De markt op de oever, Leiden 1980. – [5] Helck, in: LÄ II, 946. – [6] Alfred Hermann, in: Fs Werner Caskel (hg. von Erwin Gräf), Leiden 1968, 184–195. – [7] Helck, in: LÄ II, 947. – [8] Smither, in: JEA 31, 1945, 3ff.; Harry S. Smith, The Fortress of Buhen. The Inscriptions, EES, EM 48, London 1976, 66. – [9] Helck, in: LÄ I, 1097.

Lit.: Müller–Wollermann, Warenaustausch im Ägypten des Alten Reiches, in: JESHO (im Druck). R. M.-W.

Tauschieren. Technisches Verfahren der Verzierung von Metalloberflächen (*Bronze, *Kupfer, *Niello) durch Einlegetechnik (*Einlegearbeiten). Der Ziseliermeißel wird entlang der Vorzeichnung abwechselnd schräg nach links und nach rechts geführt, so daß eine Furche entsteht, die sich nach innen verbreitert und leicht aufgebogene Ränder besitzt. Bei breiteren und bei flächigen Einlagen wird das Muster bereits beim Guß im Negativ mitgegossen und dann in der beschriebenen Weise weiter bearbeitet.

In die vorbereiteten Furchen und Flächen wird *Gold, *Elektrum oder *Silber als Draht, Blech oder Kügelchen eingelegt und eingehämmert, verspreizt sich unter dem unterhöhlten Rand der Vertiefung und wird zusätzlich durch die flachgehämmerten Grate festgehalten. Die Oberfläche wird abschließend überschliffen.

Bislang früheste Beispiele für T.: Bronzekrokodil München ÄS 6080 (MR) und *Krummschwert München ÄS 2907[1] (2. ZwZt). Dann mit rasch zunehmender Häufigkeit bei Bronzefiguren[2], Bronzegeräten und Bronzegefäßen, besonders seit der 3. ZwZt. Eines der zugleich spätesten und aufwendigsten Beispiele für T. ist die Mensa Isaica im Turiner Museum.

[1] Bibliographie bei *Niello, Anm. 1–2. – [2] Selten auch T. auf Silberfiguren: Falkenstatue München: Wildung, in: MJbK Dritte Folge, Band 33, 1982, 196–197; Silvia Schoske und Dietrich Wildung, Ägyptische Kunst München, München 1984, 123.

Lit.: Emile Vernier, La bijouterie et la joaillerie égyptiennes, MIFAO 2, 1907, 123–126; Georg Möller, Die Metallkunst der alten Ägypter, Berlin 1925, 25–26; Günther Roeder, Ägyptische Bronzewerke, Hildesheim 1937, 207–208, §604; ders., Ägyptische Bronzefiguren, Berlin 1956, 527, §708. D.W.

Tausendfuß, *zpꜣ*. Klasse Myriapoda, Unterklasse Centipoda, Ordnung Skolopender. In Ägypten waren und sind mehrere Familien und Arten heimisch, von denen Scolopendra adhaerens Forsk. die häufigste ist. Diese T. werden etwa 25 cm lang und fügen schmerzhafte, aber nicht tödliche Bisse zu. Sie leben im Feuchten, also meist im Dunklen, unter Steinen und sind in der Regel Nachtjäger[1].

Über die Gottheit *Sepa, die Gestalt und Namen des T. trägt, ist hier nicht zu handeln. Äg. Darstellungen treten meist als Determinativ oder Ideogramm des Gottesnamens auf[2].

In der Medizin wird das Fett des T. verwendet[3]. Der Vorschlag Victor Lorets, die Bezeichnung einer *Sänfte als *zpꜣ* mit dem Namen des T. zusammenzubringen[4], ist umstritten, zumal durchaus nicht alle Sänften von 42 Füßen getragen werden und das von Loret vorgeschlagene Bindeglied der 42 Gaue für die ältere Zeit ausscheidet[5]. Die Gleichsetzung des T. mit dem „Fisch-" oder „Mugilidenvernichter" (*sẖr-rmw* bzw. *sẖr-ꜥḏw*)[6], wie sie Faulkner erwogen hat[7], ist trotz der Ähnlichkeit der Darstellung auszuschließen, da der Fischfeind ein Wassertier ist[8]. Beide, T. wie Fischvernichter, werden in Darstellungen gelegentlich in eine Höhle eingeschlossen, wohl wegen ihrer Bedrohlichkeit.

[1] Kurze Beschreibung bei Loret, in: RdE 6, 1951, 5ff. – [2] Älteste Hieroglyphe: Borchardt, Sahure II, Bl. 25; weitere Belege *Sepa. – [3] pRam. V, Z. 15 (nicht ganz sicher). – [4] Loret, in: RdE 6, 1951, 3ff. – [5] Ablehnend z. B. Klaus Kuhlmann, Der Thron im alten Ägypten, ADAIK 10, 1977, 14; das von U. Rößler-Köhler in: LÄ V, 859 mit Anm. 3 vorgeschlagene tertium comparationis, die „Kräusel- und Windebewegungen" bei der Fortbewegung, ist wenig wahrscheinlich, da solches Schwanken bei der Sänfte unerwünscht war, wie schon der Zuruf *jr.k tp-rd* zeigt: Wresz., Atlas III, 9, dazu Loret, a.a.O., 9f. Der sprachliche Zusammenhang zwischen T. und Sänfte bleibt auffallend und ungeklärt. – [6] Zu diesen s. Gamer–Wallert, Fische und Fischkulte, 133f. – [7] Raymond Faulkner, The Book of the Dead, New York 1972, 149. – [8] Gamer–Wallert, a.a.O.; Karol Myśliwiec, Studien zum Gott Atum I, HÄB 5, 1978, 135f. H.B.

Tausret (*Tꜣ-wsrt*), queen, late 19th Dyn., who became pharaoh als *Zꜣt-Rꜥ-mrt-Jmn Tꜣ-wsrt stp. n-Mwt* at *Siptah's death in his 6th year. She reigned all of Year 7, probably dying in Year 8.[1] She had been consort of *Sethos II, and was regent to Siptah, aided by the powerful official Bay (*Bai)[2]. Their tombs (KV 13 and 14) were begun in Years 2 and 3 of Siptah.[3] Her few royal monuments come from Palestine[4] and Sinai[5] as well as Egypt. A statue from *Heliopolis,[6] her tomb[7] and her unfinished funerary temple (*Totentempel)[8] alone merit mention. An interruption in the cult of a royal statue at *Deir el-Medineh in the time of T. is mentioned under Ramesses (*Ramses) VI.[9] A mummy in Cairo has been attributed to Tausret.[10]

[1] Year 7 of T.: Deir el-Bahari Graffito Nr.3 (Kitchen, Ram. Inscr. IV, 376–7) and in tomb KV 14 (ibd. IV, 407, 13–14). Year 8: ibd. IV, 407–8; cf. Manetho's Thuoris, 7 years. – [2] His monuments: Kitchen, Ram. Inscr. IV, 369–371, with cross-references. – [3] oCairo JE 72451–72452: ibd. IV, 404. – [4] Tell Deir ʿAlla, vase: Yoyotte, in: VT 12, 1962, 264–269; cf. Kitchen, Ram. Inscr. IV, 351 and Franken, in: VT 11, 1961, pls. 4. 5. – [5] Kitchen, Ram. Inscr. IV, 351 with references. – [6] Bakry, in: RSO 46, 1971, 17–26, pls. 1–8; Kitchen, Ram. Inscr. IV, 352. – [7] PM I².2, 527–532. – [8] William M. Flinders Petrie, Six Temples at Thebes 1896, London 1897, 13–16. 29, pls. 16. 17. 19. 26; PM II², 447; texts: Kitchen, Ram. Inscr. IV, 353–355. – [9] Pleyte–Rossi, Papyrus de Turin, pl. 33, 8; cf. Helck, Materialien, 197; text: Kitchen, Ram. Inscr. VI, 335–7. – [10] So, James E. Harris and Edward F. Wente, An X-Ray Atlas of the Royal Mummies, Chicago 1980, Index (body 01; R 39).

Lit.: Rosemarie Drenkhahn, Die Elephantine-Stele des Sethnacht und ihr historischer Hintergrund, ÄA 36, 1980, 16–38. 52. K. A. K.

Tawer s. Gaue, 8. o.äg.

Tebtynis, j. Umm el-Baragât (Breigât), auch Tell Umûm, äg. als aus *Tp-dbn* bzw. *Tȝ-nbt-Tn* entstanden erklärt[1], Siedlung der ptol. Zt am Südrand des *Fajjum (s. Karte in: LÄ II, 89–90), im Distrikt Polemon des Arsinoites gelegen, Fundort zahlreicher demotischer[2] und griechischer[3] Papyri. Hier wurde der Krokodilsgott Soknebtynis (eine Sonderform des *Sobek) verehrt, weshalb ausgedehnte Krokodilnekropolen gefunden wurden. Ferner wurde dort *Harpokrates verehrt[4] sowie Mestasytmis (*msḏr-sḏm*)[5]. Eine weitere Erscheinungsform des Sobek war in T. Sokopichonsis (*Sbk-Ḫnsw*)[6].

[1] So Arnold, in: LÄ II, 92 gegen Spiegelberg, in: ZÄS 49, 1911, 130. – [2] Lit. s. Lüddeckens, in: LÄ IV, 758 (Pap. dem. Anti); 759 (Berkeley); 775 (v) (Berlin); 790 (1). (2) (Florenz); 792 (1) (Hamburg); 803 (2a). 804 (2b–d. f–g). 806 (d). 808 (4b. 5a–e). 809 (t). 810 (6a–c. e. h. i). 812 (7a–b. 9a–c). 815 (12). 816 (13b–f). 820 (F2). 821 (F18–24). 823 (3a–g) (Kairo); 832 (5) (Köln); 833 (7. 10–14) (Kopenhagen); 851 (Mailand); 852 (1) (Pap. Merton); 853 (1) (Michigan); 860–1 (II 1–23) (Oxford); 876 (Prag); 897 (B1–4) (unlokalisierbar). – [3] Bernhard P. Grenfell, Arthur S. Hunt, J. Gilbart Smyly und Edgar J. Goodspeed, The Tebtunis Papyri I–II, London 1902–7; W. J. Tait, Papyri from Tebtunis in Egyptian and Greek, EES, London 1977. S. ferner Lori R. Toepel, Studies in the Administrative Economic History of Tebtunis in the First Century A.D., Durham Dissertation 1973, Ann Arbor Microfilms 1975. – [4] Vgl. Meeks, in: LÄ II, 1010 Anm. 54. – [5] S. Schlichting, in: LÄ IV, 564. – [6] BGU IV, 1023.

Lit.: Zu Grabungen s. Anti, in: Aegyptus 5, Mailand 1936, 473–478; Bagnani, in: Bolletino dell'arte, serie 3, anno 27, Rom 1933, 119–134. W. H.

Technik.

1.1 Nahrungsproduktion
1.2 Verarbeitung der Nahrungsmittel
2. Kleidung, Körperpflege
3. Haus, Haushalt
4. Bautechnik, Städtebau
4.1 Baumaterial
4.2 Pyramidenbau
4.3 Tempelbau
4.4 Hausbau
4.5 Obelisken
5. Werkzeug, Handwerk
5.1 Holz
5.2 Keramik
5.3 Stein
5.4 Leder
5.5 Seile und Stoffe
5.6 Metall
6. Rohstoffe
6.1 Metalle
6.2 Stein und mineralische Rohstoffe
6.3 Organische Rohstoffe
7. Transport, Handel, Verkehr
7.1 Wasserweg
7.2 Landweg
7.3 Handel
8. Schrift, Nachrichtenverkehr
9. Kriegswesen
10. Sport, Musik
11. Kult, Kunst
11.1 Kult
11.2 Bestattung
11.3 Malerei
11.4 Statuen
12. Medizin, Naturbeobachtung
12.1 Medizin
12.2 Naturbeobachtung
13. Chemische Technologien
13.1 Härten und Schärfen von Materialien
13.2 Glasur, Glas, Fayence
13.3 Überzüge von Keramik
13.4 Metallüberzüge
13.5 Farbenherstellung
13.6 Chemische Rohstoffe

Für uns heute, die wir mit T. eine Welt von Maschinen und Automaten verbinden, fällt es schwer, die ursprüngliche Bedeutung von „Technik“ zu erfassen. Das Wort „Technik" stammt vom griechischen Wort τέχνη ab, das die folgenden Bedeutungen hat: Handwerk, Kunst, Wissenschaft, im Sinne von: sich auf etwas verstehen, etwas schaffen. Am ähnlichsten ist im Ägyptischen das Wort für Handwerker *ḥmww* (Wb III, 83) im Sinne von Kunstfertiger, Kundiger[1].

1.1 Nahrungsproduktion: Seit frühester Zt wurden beim *Ackerbau die natürlichen Uferstreifen des Nils und das Delta durch *Bewässerung[2] (Bassinbewässerung) fruchtbar gemacht. Seit der 1. ZwZt ist der Bau von *Kanälen, Dämmen (*Damm), *Deichen zur Vergrößerung des fruchtbaren Ackerlandes bzw. zur Regelung der jährlichen Nilflut (*Überschwemmung) belegt. Um auch höher gelegene Felder bewässern zu können, wurden Wasserhebegeräte eingesetzt: ab dem MR (zumindest für den *Gartenbau) das *Schaduf, ab der röm. Zt die *Sakijeh und die archimedische Schraube. Die Gärten (*Gartenanlagen) bewässerte man mit zwei am Joch getragenen Wasserkrügen. Um Land zu gewinnen, wurden schon früh Schutzdämme aus Steinen angelegt. So bei *Memphis, *Assiut (*Schleuse) und im *Fajjum. Durch Regelung des Zuflusses (*Bahr Jussuf) und durch Schutzdämme gegen die Nilflut konnte der Wasserspiegel des *Birket Qarun, eines Sees in der geologischen Depression des Fajjum, gesenkt werden. Dadurch verkleinerte sich die Wasseroberfläche, wodurch mehr als 20000 ha Fruchtland gewonnen werden konnte. Diese unter *Sesostris II. begonnene und unter *Amenemhet III. vollendete Maßnahme wurde unter *Ptolemaios II. erweitert, wodurch sich die Fruchtlandfläche weiter verdoppelte[3]. Aus dem AR ist ein Flutenschutzdamm im *Wadi Garawi belegbar, der die davor gelegenen Transportrampen und Verladeanlagen des nahe gelegenen *Steinbruches vor Sturzfluten schützen sollte. Er hatte aber, obwohl aus Stein, jedoch schlecht fundamentiert, offensichtlich den ersten Fluten nicht standgehalten[4]. (Über Staudämme zur Vertiefung von Wasserstraßen und über einen Verbindungskanal Nil–*Rotes Meer s. 7.1.)

Den Wasserstand des Nils bestimmte man mit Hilfe der am Ufer erstellten *Nilmesser. Nach der Nilflut, die die Feldergrenzen verwischte, mußten sie durch *Landvermessung mit der *Meßschnur neu festgelegt werden. Die Berechnung der Flächenmaße (*Mathematik) war ungenau, sie stimmte nur bei Rechtwinklichkeit der Felder.

In der *Landwirtschaft herrschte in frühester Zt der *Hackbau (*Hacke), etwa ab *Naqada II der Pflugbau. Der *Pflug (seit der 2. Dyn. belegt) wurde von *Rindern gezogen. Nach der *Aussaat des *Getreides und nach dessen Reife (*Ernte) schnitt man es mit einer *Sichel aus Holz mit eingesetzten Feuersteinklingen (vgl. *Teer) hoch ab, band es zu *Garben und sammelte es in flachen Korbtaschen (*Korb). Diese trug man an Tragestangen oder lud sie auf den Rücken von *Eseln (*Maultieren?) und brachte sie zur *Tenne. Dort drosch man mit Tieren oder Keulen (*Dreschen) und warf das Korn zur Abtrennung der Spreu mit Holzschalen gegen den Wind (*Worfeln). Danach kam das Korn in die *Speicher (*Vorratswirtschaft).

Im *Gartenbau kultivierte man Datteln durch künstliche *Bestäubung. *Affen halfen bei der Dattel- und Feigen-Ernte (?).

Schon die frühen nomadisierenden *Jäger und Sammler domestizierten (*Domestikation) allerlei Wildtiere und leiteten so die *Viehzucht ein. In der Vieh- und Geflügelzucht standen Aufzucht und Mast (*Mästen) im Vordergrund. Bei der Aufzucht von *Geflügel (das *Huhn wurde erst im NR aus dem Vorderen Orient eingeführt) wurden *Eier in Dung oder Kompost künstlich bebrütet. Bei der Mast stopfte (nudelte) man *Gänse, *Hyänen und *Reiher. Wildtiere wurden dressiert, *Fische in *Teichen gezüchtet. Zur Gewinnung von *Honig und *Wachs hielt man *Bienen (*Imker) in Bienenkörben, in Form von liegenden Tongefäßen. *Rinder kennzeichnete man durch Einbrennen von Brandmalen mit dem Brenneisen (*Brandstempel)[5].

Zur *Jagd entwickelte man schon in der Vorgeschichte die verschiedensten *Jagdmethoden. Beim Wüstenwild sind folgende drei Arten zu unterscheiden: Fangjagd, Treibjagd und Hetzjagd. Bei der Fangjagd werden die Tiere in *Fallen (Tritt-, Tret-, Schlag- und Biegungsfallen), *Netzen, Gruben oder dichten Umzäunungen (Fanggärten) tot oder lebendig gefangen. Lebendig gefangene Tiere werden in Käfigen, an Leinen gebunden oder verschnürt[6], am Joch getragen oder in einer *Sänfte auf dem Rücken eines Esels (belegt bei *Gazellen)[7] transportiert. Bei der Treibjagd trieb man die Tiere durch Geschrei und Stockklopfen in künstlich aufgestellte Gatter oder Netze, die auf einer Seite offen waren. Das Wild wurde dann mit gekrümmten *Keulen, *Äxten, vom König aber mit *Pfeil und *Bogen erlegt. Das *Lasso diente dem Lebendigfang. Mit dem Aufkommen von *Pferd und Streitwagen im NR trat daneben noch die Hetzjagd auf. Der Jäger fuhr dem davongaloppierenden Wild nach, das dem Pfeilhagel und den *Hunden zu entkommen suchte. Der König setzte bei der Löwen- und Wildstierjagd auch die *Lanze ein (größere Durchschlagskraft). *Vögel fing man in Schlingen oder in Schlag- bzw. Klappnetzen (*Netz) oder beim *Sport (s. 10) mit dem bumerangartigen *Wurfholz. Der in einer

Schutzhütte sitzende Vogeljäger wartete, bis die von einem Lockvogel (?) angezogenen Vögel im Netz saßen, und zog dann das Netz zu[8]. Fische fing man mit *Angelhaken, mit Schlepp-, Zug- oder Strauchnetz (*Netz), mit Fischspeer (*Harpune), *Reusen und Setzkörben. Die Harpune diente im Gegensatz zum Fischspeer eher zum Erlegen von Großwild wie *Nilpferd und *Krokodil.

1.2 Verarbeitung der Nahrungsmittel: Das Korn wurde erst im Mörser zerstampft (Trennung der Hülsen von den Körnern), dann mit dem Reibestein (*Mühlstein), meist von Frauen, gemahlen. Dabei nimmt die *Müllerin den Reibestein mit beiden Händen und reibt das Korn auf einer länglichen Steinplatte, die zum Auffangen des Mehles um die Mahlfläche herum Vertiefungen aufweist (s. Abb. 1). Aus dem Sack zwischen ihren Knien drückt sie neues Korn auf die Mahlfläche. Aus dem Mehl verschiedener Kornarten (*Getreide) buk man schon im AR bis zu 16 Sorten *Brot und Kuchen. Der Teig (vgl. *Hefe) wurde mit beiden Händen geformt oder in Backmodel (*Model) gedrückt und am Feuer, auf einer erhitzten Steinplatte, an die Außen(?)-Fläche eines Ofens angeklatscht[9] oder im gemauerten Ofen gebacken (*Backen). Man buk auch in erhitzten Tontöpfen. Aus zerkleinerten und nur leicht angebackenen Broten (oder Weizenkeimen) und *Datteln (oder anderen Körnerfrüchten) wurde *Bier gebraut. Mit Wasser zusammen bildeten die Brotkrümel eine Maische, die durch ein *Sieb gefiltert und vergoren wurde. In einem spitzförmigen *Gefäß, das zum Klären des Bieres mit frischem Lehm

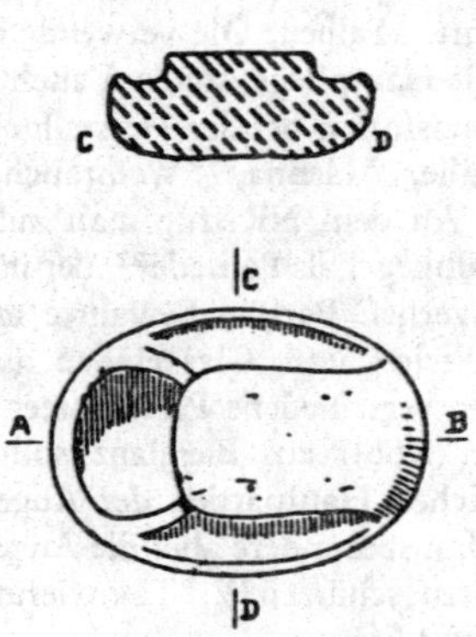

Abb. 1: Mehlreibestein (Borchardt, Neferirkere, 36 Abb. 40)

(nicht ausgepicht! vgl. *Teer) ausgestrichen wurde, war das Bier nur kurze Zeit haltbar. Als *Presse diente bis zur röm. Zt eine Sackpresse. Dazu wurden durch die Enden eines Sackes zwei Stangen gesteckt, die, gegeneinander gedreht, die Substanzen in dem Sack auswrangen. Dadurch konnte nur ein geringer Druck auf das Sackgut ausgeübt werden, deshalb eignete sich die Sackpresse auch nur für weiche Substanzen wie: Traubentrester (*Wein), Blüten (*Parfüm) und Bienenwaben (*Honig). Zur Gewinnung von *Öl mußten die Samen mit Wasser ausgekocht werden. Dadurch aber konnte man das beliebte Rizinusöl gefahrlos[10] gewinnen.

Weintrauben wurden an laubenartigen Gerüsten gezogen. Zur Gewinnung von *Wein trat man die Weintrauben in gemauerten Wannen (*Kelter). An einer Querstange über der Wanne waren Stricke befestigt, an denen sich die Männer festhalten konnten. Die Reste des Tresters preßte man in Sackpressen. Danach wurde der Saft durch ein Tuch gefiltert und zur Gärung in Gefäße gefüllt, die mit Stöpseln aus rohem Nilschlamm verschlossen wurden. Zum Entweichen der Kohlensäure bohrte man kleine Löcher hinein, die dann aber nach der Gärung wieder versiegelt werden konnten. Es gab roten, weißen und mit *Kyphi geharzten Wein. Die Gefäße wurden genau nach Lage, Art und Datum gekennzeichnet. Zum Abfüllen von Wein oder Traubensaft benutzte man Flüssig-

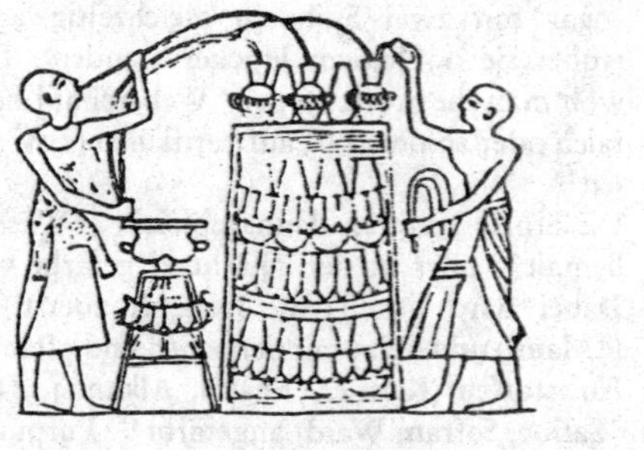

Abb. 2: Saugheber (John G. Wilkinson, Manners and Customs of the Ancient Egyptians II, London 1837, 314)

keitsheber (s. Abb. 2) aus Pflanzenrohren (?)[11] (Eß- und Trinkgeräte s. 3).

Größere Tiere wurden im *Schlachthof nach Fesseln und Niederwerfen geschächtet (*Schlachten) und traditionell mit dem Feuersteinmesser zerlegt. Dieses wurde nicht mit dem *Wetzstein geschärft, sondern durch Absplittern mit einer speziellen Handkeule (Schärfer). S. auch 13.1. Man konservierte (*Konservierung) Fleisch, Fische, Obst (Weintrauben, Datteln) durch Trocknen (Dörren) oder pökelte Fisch, Fleisch und *Geflügel mit *Salz in Krüge ein. Eine besondere Delikatesse war der gesalzene und gepreßte Rogen der Meeräsche (*Kaviar). In der *Milch-Wirtschaft wurden die Kühe im Freien an den Beinen gefesselt und von Männern gemolken. Aus der Milch stellte man durch Selbstgärung (Stehenlassen) oder Salzen *Sauermilch (Joghurt, Dickmilch) und *Käse her. *Butter konnte in dem heißen Klima nur als Schmalz (zerlassen) verwendet werden. Man süßte mit Honig oder süßen Säften; Zucker aus Zuckerrohr ist erst aus röm. Zt belegbar; er kam aus Arabien oder Indien [12].

2. Kleidung, Körperpflege: Als *Stoff für die äg. Kleidung (*Amtstracht, *Arbeitstracht, *Göttertracht, *Jagdtracht, *Mantel, *Ornat, *Pantherfell, *Tracht) wurde fast nur *Leinen verwendet. *Wolle war wohl tabuisiert (*Verfemung) (?), *Baumwolle brachte wahrscheinlich erst *Alexander der Große aus Indien, die Römer Seide aus China. Man gewann Leinen aus *Flachs. Dazu raufte man die reifen Stengel aus, klaubte die schlechten Halme aus, bündelte die Stengel zu Garben und trocknete sie. Danach kämmte man den Samen mit dem Riffelkamm aus (Riffeln) und hechelte die Stengel mit einem *Kamm, d.h. man löste sie in einzelne Fasern auf. Diese Fasern wurden in der Spinnerei, bis zum MR von Männern, danach von Frauen, zu Fäden versponnen und auf eine *Spindel gewickelt (die Äg. konnten sogar mit zwei Spindeln gleichzeitig arbeiten, wobei sie auf einem Hocker standen). Danach wob man die Stoffe in der *Weberei auf horizontalen oder ab dem NR auf vertikalen (?) Webstühlen [13].

Die Stoffe konnten dann gebleicht (*Wäscherei), bemalt [14] oder in der *Färberei gefärbt werden. Dabei wird das Textil (selten!) zuerst gebeizt (*Alaun) und dann mit tierischen und pflanzlichen Farbstoffen (Kermes, Krapp, Alkanna, *Henna, *Saflor, Safran, Waid) angefärbt [15]. Purpur hat in Äg. erst in ptol. Zt Bedeutung [16]. Vor der kopt. Zt sind gefärbte Textilien nur sehr selten nachzuweisen [17]; weißes Leinen wurde bevorzugt. Allerdings scheinen schon Textildruck und Reservedruck (Batik) bekannt gewesen zu sein [18]. Beim Waschen wurde die nasse Wäsche auf Steine gelegt und mit Schlegeln geklopft. Seifenersatz war *Natron oder Pflanzenasche.

In der Schneiderei (*Schneider) nähte man die Kleidung mit *Nadeln aus Knochen oder *Metall (*Stopfen und Nähen) und bügelte sie in Form (*Plissee). Es sind raffiniert genähte Kleider überliefert: auf der Innenseite eines Lederschurzes ist die Sitzfläche mit einer zweiten Lederlage verstärkt und ringsherum mit einem „atmungsaktiven" Netz gefüttert [19]. Knöpfe gab es in Äg. nicht, die Kleider wurden mit Bändern verschnürt [20] und mit *Gürteln gehalten.

Zur *Tracht gehört auch die *Perücke. Sie wurde aus echtem Haar, selten aus Tierhaar oder Pflanzenfasern vom *Friseur und Perückenmacher hergestellt und gerichtet. Man flocht zuerst ein Netz aus Haar, an dem die Locken befestigt wurden. Das Haar konnte man mit Haarklammern aufwickeln, mit Haarnadeln feststecken und mit *Wachs festigen. Es wurde mit dem *Messer oder der *Schere geschnitten. Der *Barbier verwendete zum *Rasieren bis zum MR ein Rasiermesser aus *Feuerstein, danach aus Metall (*Bronze, *Gold). *Handschuhe wurden wahrscheinlich nur beim *Sport (s. 10 und 11) getragen (?). Die *Sandalen bestanden meist aus *Leder (gefärbt), *Holz (manchmal weiß bemalt, *Stuck) oder verschiedenen Gräsern (Halfa, *Papyrus). Als Ehrengabe an Priester wurden im NR sogar silberne Sandalen vergeben.

Den *Halsschmuck (*Schmuck) trug man mit Gegengewicht (*Menit), wodurch er nicht am Hals anlag, sondern auf den Schultern. Der äg. Siegelring (*Ring) bestand aus einem *Skarabäus, der drehbar am Ring angebracht war. Beim Siegeln wurde die Unterseite nach außen gedreht.

Zur täglichen *Körperpflege gehörte das *Bad (*Hygiene, Badeeinrichtung s. 3). Als Seife diente Natron oder eine Paste aus Asche und Tonerde [21]. Damit wurde auch der Mund gespült. Waschgeschirr s. *Gefäße. Zahlreiche Utensilien wie: Schmink-*Palette, Griffel, Haarnadeln, Kämme, *Löffel, *Pinzette (zum Entfernen der Haare, siehe auch *Reinheit), *Spiegel, Messer, Schere werden in eigenen Toilettenkästchen (*Möbel) aufbewahrt. *Salben, Öle verwendete man nicht nur für die Hautpflege, sondern auch zum Binden von Aromastoffen bei der Herstellung von *Parfüm (*Lilie, *Henna, *Weihrauch, *Myrrhe, *Kyphi). Ab dem NR trug man auf dem Kopf einen *Salbkegel als Pomade [22], der in der Wärme langsam zerlief. Parfüm bewahrte man ab dem NR in Stein- und Glasgefäßen (verschiedene Farben = verschiedene Parfümarten?). *Augenschminke (Koḥl) aus Bleiglanz sollte wohl die empfindlichen Hautpartien der Augen vor Sonnenbrand, insbesondere aber die Augen selbst vor Krankheiten schützen [23]. *Tätowierungen tragen Männer und Frauen.

3. Haus, Haushalt: Der äg. Haustyp hatte viele Entwicklungsstufen. Aus runden, ovalen Mattenhäusern im Skelettbau und Rohrhäusern der FrZt entwickelte sich allmählich ein rechteckiges Einraumwohnhaus aus Stein oder gebrannten oder ungebrannten Ziegeln (*Ziegelarchitektur, *Zie-

gelmauerbau), daraus schließlich mehrräumige, mehrstockige Wohnanlagen mit Zimmern, Säulensälen und Höfen. Neben den sanitären Anlagen *Bad und *Toilette (Toilettensitz mit schlüsselförmigem Einschnitt)[24] sind *Küche, Schlaf- und Wohnraum vorhanden. Im halbhoch ausgekleideten Baderaum (ab 2. Dyn.), der oft durch eine Wand von der Toilette abgetrennt war, wurde das schmutzige Wasser durch eine Rinne im Steinfußboden in ein Schöpfbecken oder einfach ins Freie (belegt in *Tell el-Amarna) geleitet. Man konnte ein Brausebad nehmen, indem man sich aus einem Krug durch ein *Sieb oder *Korb übergießen ließ. Ursprünglich bildeten einfache aufrollbare *Matten die *Türen und *Fenster. Später waren der Türflügel und -pfosten aus Holz, selten aus Metall (*Kupfer, *Bronze). Die Türzapfen (manchmal mit Metall verstärkt) drehten sich in einer Drehpfanne und einem Drehlager aus hartem Material (Stein, Metall). Im einfachen Fall bildeten halbe Palmstämme den Türsturz, Stein das Gewände oder zumindest die Schwelle. Als *Schloß diente ein einfacher *Riegel[25] (Blattriegel innen am Türblatt, Wandriegel innen im Türgewände), der ab dem NR auch von außen verschlossen und geöffnet werden konnte: mit zwei Schnüren (Blattriegel), mit einem Stoßschlüssel (Wandriegel wird beim Öffnen in das Gewände zurückgestoßen) und ab dem 5. Jh. auch mit dem Fallzapfenschloß (Blattriegel wird mit Zapfenschlüssel bewegt).

Die Wände waren verputzt, getüncht und manchmal bemalt, vielleicht sogar mit einem Tafelbild (?) oder *Wandbehang verziert[26]. Die Zimmer besaßen gemauerte Bänke (auch als Bett) und aus Lehm gestampfte Fußböden (selten bemalt, vgl. *Stuck). In der Küche war ein Ofen (kein Kamin!) zum *Backen, eine Feuerstelle zum Kochen und große Vorratsgefäße, die in den Boden eingelassen wurden. (Vgl. *Gefäße, Krug [*Krugverschluß], *Wassersack, *Weinkrug, *Korb, *Sieb, *Horn-Gefäß, *Messer, *Löffel, *Brennmaterial, *Müllbeseitigung). Im Schlafzimmer findet man als *Möbel: *Bett (auch gemauert), verschiedene *Kästen und *Truhen, sonst auch *Sessel, *Stuhl (auch Klappstuhl) evtl. mit *Kissen und *Tische. Geschlafen wurde mit *Kopfstütze, manchmal unter einem *Moskitonetz.

Ausländer tranken Bier und Wein mit einem Saugröhrchen. Dies war zusammengesetzt aus zwei Pflanzenröhrchen, die über einen Winkel aus Blei verbunden waren. Am unteren Ende steckte ein Bleisieb, damit nicht die Hefe oder andere Schwebstoffe mit angesaugt wurden (*Eß- und Trinksitten).

Als Beleuchtungsmittel dienten einfache *Lampen in Form von flachen Öl- bzw. Fett-Schälchen (aus Stein, Keramik oder Metall) mit darinliegendem Docht. Daneben wurden vor allem für rituelle Zwecke einfache *Fackeln verwendet, die aus zusammengedrehten, wachsgetränkten Flechten bestanden. Diese konnten in der Hand nach unten gehalten werden, an speziellen Haltern oder an die Spitze von Stäben gesteckt sein. Daraus entwikkelte sich in röm. Zt die *Kerze. Um *Feuer zu machen, quirlte man einen *Feuerbohrer zwischen den Handflächen oder mit der Bogensehne auf einer Holzplatte derart, daß die durch Reibung erzeugte Wärme den an das Bohrloch gelegten Zunder (leichte Holzspäne, Flechten) entzündete. Die Häuser wurden manchmal gekühlt durch das Einfangen von Wind mit den aufgestellten Windöffnungen (malfaqa) in den Dächern[27]. Zu den vornehmen Hausanlagen gehörte auch ein Garten mit Teich.

Vor der Niederkunft wurde für die Gebärende aus Reinheitsgründen im Garten oder auf dem Dach ein zeltartiger Pavillon (*Wochenlaube) errichtet. Zum Wirtschaftsteil zählten *Speicher und Magazin.

4. Bautechnik, Städtebau: Die Baukunst Äg. ist bestimmt durch die Funktionalität der Bauten und deren Nutzung. Die Sakral- und Grabbauten wurden für die Ewigkeit in Stein, Profanbauten (Wohnhäuser, *Paläste) für die Zeit aus Lehmziegeln (gebrannt und ungebrannt, vgl. *Ziegelarchitektur), Holz und *Matten errichtet. In Siedlungen tendiert man durch die Knappheit des bebaubaren Bodens zum Bau von Reihenhäusern. Sie stehen im Fruchtland auf überschwemmungssicheren Hügeln, die nichtprofanen Bauten meist am Rande des Fruchtlandes in der Wüste. Der Städtebau (*Stadt) richtet sich in der Regel längs des Nilufers (N-S) aus. Die Tempel und Paläste befinden sich in Schwerpunktlage[28]. Um die Stadt verlaufen oft dicke und hohe Mauern (*Elkab, *Amara West etc.) mit großen Toren (*Tür und Tor). Da sich der Handel und Verkehr hauptsächlich auf Wasserstraßen abwickelten, hatten alle wichtigen Orte (Städte, Tempel, Paläste) eine *Hafen-Anlage (s. 7.1).

4.1 Baumaterial: In der FrZt wurden große *Ziegelarchitekturen errichtet, ab dem AR (3. Dyn.) nahm mit zunehmender Entwicklung der Metallwerkzeuge die Verwendung von (*Kalk-)Stein zu. Anfänglich wurden kleine Steinformate (Djoserbezirk) verbaut, mit zunehmender Größe der Bauten jedoch große Quader (*Cheops), meist aus Kalkstein, aber auch Granit (*Totentempel des *Chephren, Verkleidungsblöcke der *Pyramiden usw.). Im MR wurde die Verwendung von Stein wieder sparsam. Im NR entstanden große Tempel aus Sand- und Kalkstein. Aber auch die Ziegelarchitektur entwickelte sich wieder bei gewölbten Palasthallen und Speichern (*Gewölbe, *Kuppel). In der 25.–30. Dyn. bestand eine Vorliebe für Hartgestein, wahrscheinlich durch verbesserte Werkzeuge aus Hartmetallen (*Eisen, arsenhaltige *Bronze, s. auch 13.1).

4.2 Pyramidenbau: Der *Pyramidenbau stellte die Ägypter vor schwierige technische Anforderungen: Transport und Aufbau der riesigen Steinmassen, Organisation der Arbeiter, Statik und Vermessung der Steinmonumente. – So wenig über die Vermessungstechnik Äg. bekannt ist, so gut mußten sie sie beherrscht haben. Die Ausrichtung der Pyramiden nach den *Himmelsrichtungen beträgt im schlechtesten Fall (*Djoser) 3°, im besten Fall (Cheops) 5′30″. Meßpunkte (kleine Ziegeltürmchen) und Höhenmarken sind nachweisbar, astronomische *Orientierung sehr wahrscheinlich. Aufgemauerte Meßecken mit Ritzlinien sind wohl abzulehnen, da man darin stehend über die geritzten Meßlinien selbst mit Abstandshölzchen nicht peilen kann[29]. Die Orientierung der Pyramidenkanten muß während des ganzen Aufbaues kontrollierbar sein. Die Kanten sind zumindest dann teilweise verdeckt, wenn der Steintransport über spiralige Rampen geführt wird. Dann aber könnte man die Flucht der Kanten mit exakt aufgesteckten Stäben kontrollieren. – Um statischen Problemen, vor allem bei den Pyramiden der 4. Dyn. (Cheops, *Chephren), aus dem Wege zu gehen, wechseln sich beim Pyramidenbau in schräg vertikaler Anordnung grob behauene Steinlagen (mit Mörtel) mit gut behauenen Steinlagen (ohne Mörtel) ab. (Zu den Steinbrucharbeiten s. 5.3.) Den immensen Druck auf die im Innern liegenden Grabkammern leitete man durch dachförmig aufgestellte riesige Steinblocklagen ab. Bei *Niuserre waren sie so groß (90t), daß sie unter ihrem eigenen Gewicht brachen. Zur Sicherung unterirdischer Grabräume s. 11.2. Bauschäden, die während oder kurz nach dem Bau der Pyramide *Amenemhets III. in *Dahschur auftraten (Risse in den unterirdischen Gängen, da der schlechte Untergrund unter dem Gewicht der Steinmassen nachgab), versuchte man noch während der Baumaßnahme mit Stützen und Stützmauern zu beheben, dennoch wurde die (vollendete!) Pyramide schließlich aufgegeben und eine neue in *Hawara gebaut[30]. – Bis in die 4. Dyn. verwendete man aus statischen Gründen immer besser behauene Steinblöcke für die immer höher werdenden Pyramiden (Cheops 146 m hoch); danach errichtete man wieder niederere Pyramiden mit immer schlechter behauenen Steinquadern. Im MR mauerte man sternförmige Steinrippen, die mit Schotter/Sand aufgefüllt und mit Kalkstein verkleidet wurden. Später finden sich nur Ziegelbauten mit Kalksteinverkleidung. – Noch ungelöste Probleme bei der Rekonstruktion der Pyramidenbautechnik sind 1) Verlegen der Verkleidungsblöcke, die während des Aufbaues verlegt werden mußten, dann aber für die Transportrampen keinen guten Untergrund abgaben, 2) Verlegen des *Pyramidions, 3) Anlegen der Transportrampen und die Unterbringung der Arbeiter am Bauplatz während der verschiedenen Bauphasen (am Anfang große Baufläche, viele Arbeiter; am Ende kleine Baufläche, wenige Arbeiter), 4) Vermessen der Pyramidenkanten und Orientierung (s. o.). – Sicher erscheint heute, daß Steinlage für Steinlage verlegt worden ist, von unten nach oben. Nach Anbringen der Pyramidions wurden die Baurampen abgebrochen und dabei die Verkleidungsblöcke geglättet. Ob dabei Feuer angewendet werden konnte, ist sehr fraglich[31]. Verkleidungsblöcke aus Kunststein sind abzulehnen[32]. – Zu den Baurampen gibt es drei Theorien: a) zwei senkrecht auf die Seitenmitten gerichtete, gerade *Rampen, wobei eine hinauf und eine hinunter führt (dies wurde wohl bei allen kleineren Pyramiden angewendet), b) eine oder zwei spiralig sich um die Pyramide hochschraubende Rampen und c) eine Rampe, die durch die Mitte des Pyramidenstumpfes hindurchgeht und dann wieder zurück[33]. Für hohe Pyramiden (Cheops, Chephren) mußte wegen der aus der Höhe und einer maximal für den Steintransport zulässigen Steigung resultierenden Länge (für Cheops ca. 2617 m!)[34] wahrscheinlich eine der beiden letzten Rampenkonstruktionen (b oder c) angewandt worden sein. Problematisch ist bei den Rampen die Richtungsänderung der darauf gezogenen *Schlitten an Rampenknicken. Besonders eng gelegte, stark befeuchtete Palmstämme oder polierte Steinplatten als Wendeplattform können dabei behilflich gewesen sein (Aufbau der Rampen und Transport s. 7.2). – Kräne und Flaschenzüge kannten die Ägypter nicht. Transporthilfen über Rollenzüge erscheinen unwahrscheinlich[35]. Allenfalls konnten Wiegeschlitten (rocker) zur Überwindung geringer Höhen eingesetzt werden.

4.3 Tempelbau: Der Bau von Tempeln bereitete keine vergleichbar großen Schwierigkeiten, mußte doch hauptsächlich nur die Statik des *Fundaments, der Mauern und der Decke gelöst werden. Dabei ist allerdings festzustellen, daß die Äg. sehr nachlässig vorgingen. Die Fundamente sind meist gerade noch hinreichend konstruiert: kaum breiter als die Mauer/Säule selbst, im Lehmboden maximal 3 m, auf einigermaßen festem Untergrund selten mehr als 50 cm tief, aus Steinschutt oder Ziegelsteinen[36]. Die Wände oft nur eine

Steinlage breit oder bei zwei auseinanderliegenden Steinlagen nur mit Querstützmauern und Schotterfüllung[37]. Die Steinlagen sind der Regel monolithisch (d.h. unregelmäßig), um möglichst wenig Material zu verschwenden (besonders bei Hartgesteinen), da die Steine vom Steinbruch in unterschiedlicher Größe geliefert werden (Zum Verlegen der Mauersteine und Verputzen und Glätten der Wände s. 4.4.). Zum Aufrichten der Wände und Decken schüttete man Rampen auf (s. 7.2). Nach Vollendung des Rohbaues brach man die Rampen wieder ab und reliefierte, stuckierte und bemalte dabei die Wände von oben nach unten. In der Amarna-Zt wurden die schnell aufzurichtenden Bauwerke mit vorgefertigten, in der Größe genormten Steinquadern (*Talatat) errichtet. – Sehr starke *Säulen setzte man aus mehrfach geteilten Säulentrommeln zusammen[38] (*Hypostylensaal). Für Edelmetallverkleidungen (*Goldverkleidung) wurden Rinnen oder Dübellöcher in die Oberfläche der Wände oder Säulen gebohrt[39]. Der *Fußboden konnte vor oder nach dem Hochziehen der Wände gepflastert werden. – Der Dachkonstruktion der Tempel wurde meist große Sorgfalt geschenkt. Säulen tragen *Abaki, auf denen *Architrave ruhen und senkrecht dazu Deckenplatten, die noch einmal gepflastert sein konnten. Die Spannweite der Deckenplatten wird durch ihr Gewicht und ihre spezifischen Materialeigenschaften begrenzt: Bei Kalkstein 3m, bei Sandstein ca. 10m[40]. Größere Spannweiten wurden mit einer Holzdecke oder Sonnensegeln überbrückt. Echtes Gewölbe war in der Ziegelarchitektur schon in protodyn. Zt bekannt und wurde vollendet angewandt, indem man die Ziegelsteine in fischgrätenähnlichen Schräglagen übereinander legte. Dieses Konstruktionsprinzip findet man aber nie im Steinbau. Dort wurde entweder eine Art falsches Gewölbe aufgerichtet oder zwei Steinplatten V-förmig gegeneinander gestellt und ev. die Platten auf der Unterseite gewölbeähnlich ausgehöhlt (vgl. auch *Kuppel). – Der in Äg. zwar seltene *Regen konnte andererseits aber auf den sorgfältig bemalten Wänden häßliche Schäden anrichten, daher wurden in den Dachplatten Regenrinnen, die in *Wasserspeiern enden, eingelassen[41]. In der 5.Dyn. kanalisierte man den Totentempel *Niuserres mit Kupferrohren[42]. – Mit Lichtschlitzen oder Obergaden leitete man das Licht in die Räume und inszenierte so bewußt die Beleuchtung des Raumes[43]. – Baupläne sind ab der 3.Dyn. belegt[44]. In röm. Zt werden sie auch auf Wänden oder Fundamenten eingeritzt gefunden (*Plan, *Musterbuch)[45].

4.4. Hausbau: Häuser werden in der Regel aus gebrannten oder ungebrannten Lehmziegeln errichtet; die Decken und Türstürze meist aus halbierten Palmholzstämmen. Über das Ausrichten von Mauern, Prüfen von Neigung und Oberfläche und Nivellieren s. 5.3.

4.5 Obelisken: *Obelisken stehen mit ihrer im Verhältnis zur Größe kleinen Grundfläche auf einem kaum größeren Steinsockel[46]. Über das Aufrichten der Obelisken (*Obelisken, Aufrichten des) gibt es drei verschiedene Theorien: 1) Mit Hilfe einer Sandrampe, die beim Ablassen des Sandes den horizontal herbei transportierten Obelisken auf den Fuß absenkt. Eine Rinne in der Basis wirkt als Drehlager[47]. 2) Mit Hilfe einer Hebelvorrichtung, wobei sich die Obeliskenfußkante auf einer Walze dreht, die in der Rinne der Basis liegt[48]. 3) Der Obelisk wird auf einem Schlitten liegend gedreht und abgesenkt (ganz unwahrscheinlich)[49]. – Die in manchen Obeliskenbasen gefundene Rinne soll im Falle 1) verhindern, daß einerseits der Obelisk beim Aufrichten von der Basis gleitet und daß andererseits die Fußkante beim Aufrichten durch das Gewicht des Obelisken zertrümmert wird. Da die Rinne aber nicht immer nachzuweisen ist, scheint sie auch keine übergeordnete Rolle gespielt zu haben. Für den Fall 2) müßte die Rinne durchgehend durch die gesamte Breite der Basis eingeschnitten sein, was allerdings meist nicht der Fall ist. Zum Transport von Obelisken s. 7. Zum Verlegen, Bearbeiten von Steinquadern s. 5.3.
Früh schon floß in die Architektur eine für Äg. typische Ästhetik und *Symbolik ein. Harmonie, Maß und Proportion, strenge Axialität, Stilisierung und Abstraktion führten zu typischen äg. Bauformen: *Hohlkehle, *Hypostylensaal, *Kiosk, *Mastaba, *Nischenarchitektur, *Obelisk, *Pyramide, *Pflanzensäule, *Scheintür, *Sedfest-Halle, *Wasserspeier, *Raumfunktion.

5. Werkzeug, Handwerk: Die *Werkzeuge äg. *Handwerker waren einfach, aber praktisch. Häufig blieben sie in Form und Funktion über Jahrtausende hinweg unverändert. Die dazu verwendeten Materialien wie Holz, Feuerstein und Kupfer konnten erst spät durch härtere Metalle wie Bronze (belegt ab 12.Dyn. als Import, selbst hergestellt aber sicher sehr viel später) und *Eisen (ab 25.Dyn.) bereichert werden. Über Härten von Kupfer- und Schärfen von Feuersteinwerkzeugen s. 13.1.

5.1 Holz: Bei der *Holzverarbeitung[50] wurden *Bäume mit *Äxten gefällt und in der Werkstatt von der Rinde befreit. Man spaltete sie der Länge nach mit Keilen oder sägte (*Säge aus Kupfer oder Bronze) sie, aufrecht stehend an einen Pfahl gebunden, von oben nach unten durch. Dabei trieben ein Keil und ein Hebelgewicht die beiden Teile auseinander, damit sich das Sägeblatt nicht verkeilen konnte (s. Abb. 3). Die Bretter glättete man mit dem *Dächsel; Löcher wurden mit dem *Bohrer (s. 5.3) oder dem Stemmeisen (*Meißel) gemacht. Da Holz teuer war, wurden selbst kleinste Teile verwendet und in einer Art „patchwork" mit Dübeln, *Nägeln oder Pflöcken (nie Schrauben!) zusammengefügt, geleimt oder zusammengenäht. Möbel konnten auf komplizierte Art verzapft sein (vgl. *Möbel, Abb. 1). Zum Transport zerlegbare Möbel waren so gestaltet, daß die Zapfen in mit Metall ausgekleidete Buchsen gesteckt und über Metallösen zusammengebunden werden konnten (s. *Baldachin, *Zeltstange). *Stühle waren auch zusammenklappbar. Bekannt war sogar das Spannen und Verformen von Holzplanken (*Holzverarbeitung 5). Einlegearbeiten aus Holz, *Fayence, Halbedelsteinen leimte man, solche aus *Elfenbein und Metall befestigte man mit Spreizdübeln oder angelöteten Schwalbenschwänzen. Als *Schloß dienten komplizierte Verschlüsse aus Metall. *Schnitzereien wurden mit dem *Messer ausgeführt.

5.2 Keramik: Zum Herstellen von *Keramik[51] wurde Nilton mit Wüstensand und häufig auch mit organischen Materialien (*Stroh-/Pflanzen-

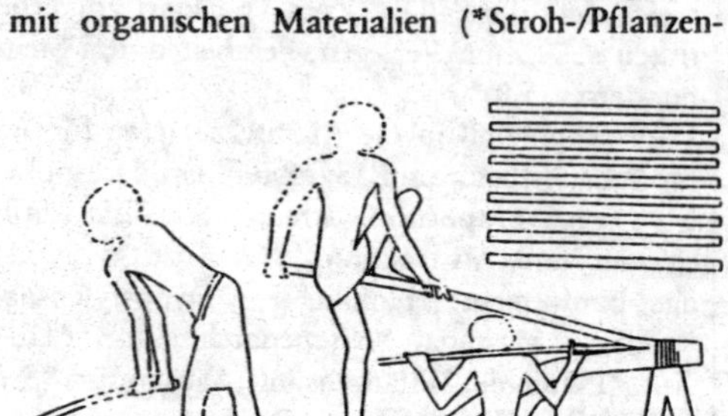

Abb. 3 a: Holzbearbeitung (Deshasheh, Tf. 21)

Abb. 3 b: Sägen (Joachim Sliwa, Studies in Ancient Egyptian Handicraft. Woodworking, Warschau 1975, Abb. 13 a)

häcksel) oder zerkleinerten Keramikscherben, selten *Kalkstein, gemagert. Das organische Magerungsmaterial erhöht die Festigkeit, aber auch die Porösität, was bei Wassergefäßen erwünscht war (Kühlung durch Verdunstung). Der gestampfte Lehm wurde entweder frei mit der Hand oder ab der 4. Dyn. auf der *Töpferscheibe geformt. Sie bestand aus einer einfachen Scheibe, die auf einem feststehenden Mittelpflock gedreht werden konnte. Etwa ab dem 1. Jt. v. Chr. ist die Fußdrehscheibe belegbar. Man brannte die Keramik in zweistöckigen Öfen (unten Feuerung, oben davon abgetrennt die eingesetzte Tonware), die von oben be- und entladen werden können. Darin konnten bis zu 1100° C erzeugt werden. Die Keramik wurde unterschiedlich verziert: poliert, bemalt, geschmaucht oder glasiert (*Gefäßdekor). Glasur, Glas, Fayence s. 13.2.

5.3 Stein: Bei der *Steinbearbeitung wurden die Gesteine schon in prähist. Zt mit Flintwerkzeugen (Feuerstein) bearbeitet. Mit Einführung der Metallwerkzeuge im AR konnten weiche Gesteine (Kalkstein, Sandstein) mit Kupfermeißel und Holzschlegel bearbeitet werden (Härten von Kupfermeißel s. 13). Hartgesteine hingegen konnten bis zur Einführung von Eisen nur mit Steinhämmern (meist *Dolerit, *Quarzit) bearbeitet werden[52]. – In den Steinbrüchen brach man die Blöcke durch Herausschlagen von Trennfugen, die so breit waren, daß darin ein Mensch sitzen konnte. Erst in röm. Zt konnten Steinblöcke durch Eintreiben von Eisenkeilen in vorgeschlagene Fugen abgesprengt werden (kein quellendes Holz!)[53]. Mit Polierstein (*Bimsstein) und Schmirgelmaterial (Quarz, zerstoßener Sand) polierte man die Oberfläche. – Zum Versetzen der Steine (Transport s. 7) verwendete man wahrscheinlich Hebel und Wiegeschlitten[54]. An Bausteinen sind Versatzlöcher und Bosse nachzuweisen, in/an die Hebel zum Versetzen der Steinblöcke angreifen konnten. Kräne oder Holzgerüste mit Rollen (Flaschenzug gab es nicht!) sind abzulehnen[55]. Geringere Höhen konnten mit Wiegeschlitten überbrückt werden (Rampen s. 7). Beim Anpassen und Versetzen monolithischer Steinquader bewegte man die Blöcke wohl auf Wiegeschlitten (*Bautechnik, Abb.). – Bohren konnte man mit drei verschiedenen Bohrertypen (s. Abb. 4)[56]: 1)Drillbohrer mit Bogen: An einem Holzstab ist eine Spitze aus Feuerstein oder Metall befestigt. Um den Holzstab ist die Sehne eines Bogens gewickelt. Als Drehlager dient eine Nuß der Dumpalme oder ein Stein. Durch Hin- und Herbewegen des Bogens wird der Holzstab (manchmal mehrere[57]) in Drehung versetzt und so gebohrt. 2) Handkurbel mit Feuersteinspitze. 3) Kurbel

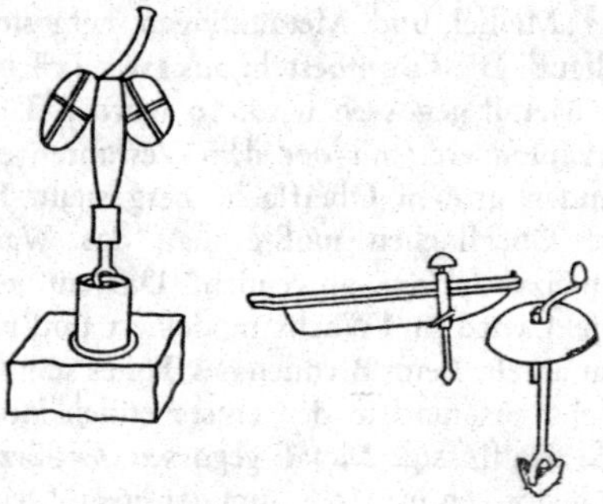

Abb. 4: *Bohrer (Georges Goyon, Die Cheopspyramide, Bergisch-Gladbach 1979, Abb. 38)

mit Schwungsteinen, mit der man eine Kupferhülse in feuchtem Schmirgelmaterial drehte. Die spitzen Quarzkristalle des Schmirgelmaterials setzen sich immer wieder im weichen Kupfermetall fest und fräsen so Rille für Rille in das härteste Material. Die Schwungsteine dienen nicht nur als Schwungmasse, sondern auch, um durch ihr Gewicht größeren Druck auf die Bohrhülse auszuüben.

Als Lot dienten drei verschiedene Instrumente: 1) das Horizontallot, 2) das Vertikallot (s. Abb. 5) und 3) das Oberflächenlot. Das Oberflächenlot

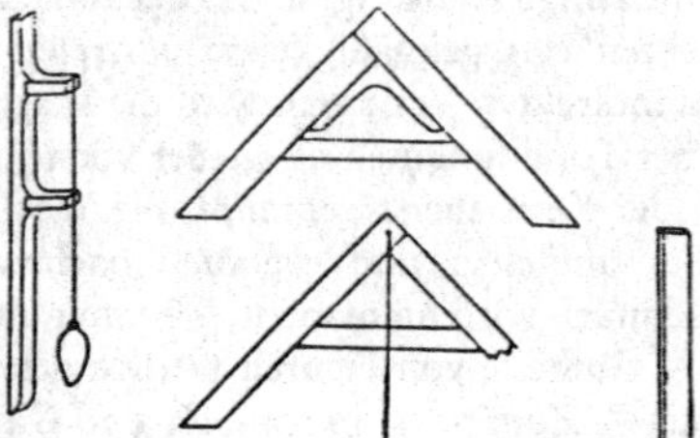

Abb. 5: Lote und Winkel (Petrie, Tools and Weapons, Tf. 47)

besteht aus zwei gleich hohen Hölzchen, die an ihrem oberen Ende mit einer Schnur verbunden sind. Diese Hölzchen wurden nun auf die Oberfläche aufgesetzt und die Schnur gespannt. Mit einem Prüfhölzchen derselben Höhe konnte man nun unter der Schnur entlang streichen und prüfen, ob die Oberfläche parallel zur gespannten Schnur ist[58]. Zum Ausrichten der Mauersteine verwendete man auch Winkel und Nivelliergerät (?), eine Art Wasserwaage[59]. Ziegel wurden beim Mauern vorab mit der einfachen Hacke grob ausgerichtet; Verputz glättete man mit der hölzernen Kelle (Glättholz)[60]. – *Steatit wurde feuergehärtet (s. 13) und zu kleineren Figuren verarbeitet, die heute oft mit Stein verwechselt werden. Da Fayence besser zu verarbeiten war, verwendete man sie gerne als *Imitation edlerer Steine bei Einlegearbeit (s. *Türkis).

5.4 Leder: Der äg. *Lederhandwerker bearbeitete die Lederstücke mit Messern aus Feuerstein oder Metall, mit *Schere, Ahle und Pfriem. Leder wurde mit *Perlen bestickt und mit Mustern bedruckt (*Mumienetiketten). Herstellen von Leder s. 6.3.

5.5 Seile und Stoffe: In der *Seilerei drehte man Seile aus Pflanzenbast (*Papyrus, *Flachs, Gras und Palmfaser) oder Tierhaaren. Seile sind bis zu einem Durchmesser von 6 cm überliefert. Sie wurden zum Transport von Riesenstatuen und Obelisken und in der *Schiffahrt gebraucht (s. 7). Es sind Seile gefunden worden, die aus bis zu 3 Strängen bestehen, die Stränge aus bis zu 40 Litzen und diese wiederum aus bis zu 7 Fasern[61]. Die Teilstränge erhält man durch Zusammenlegen der gedrehten Litzen. Zum Drehen der Litzen befestigt ein Helfer eine Metallhülse mit einem Riemen an seiner Hüfte. In dieser Metallhülse läuft ein Zapfen mit Schwunggewicht. An diesem Zapfen werden die ersten Fasern festgebunden. Der Helfer versetzt durch entsprechende Bewegung der Hülse den Zapfen bzw. das daran befestigte Gewicht in Rotation. Dadurch werden die Fasern verzwirnt. Der Seiler am anderen Ende der Faser gibt immer wieder neue Fasern zu der Litze, während der Helfer beständig rückwärts geht und so eine Seillitze der gewünschten Länge bildet (s. Abb. 6). Diese Litzen werden zu Seilen zusammengelegt, wobei sie sich zusammendrehen und der Seiler mit einem Stab kontrolliert, daß die Litzen gleichmäßig zusammengehen[62]. Spinnen von Fäden und Weben von Stoffen s. 2. – Aus Leinenfäden, Seilen oder Bastmaterial flocht man Matten, Körbe, Netze, Taschen (*Flechten). Oft werden auch Fayencekacheln oder Metallplätt-

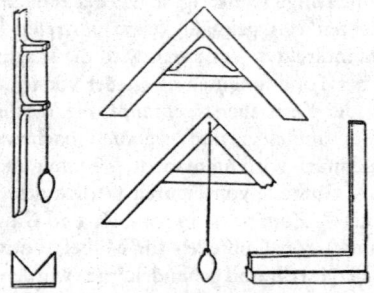

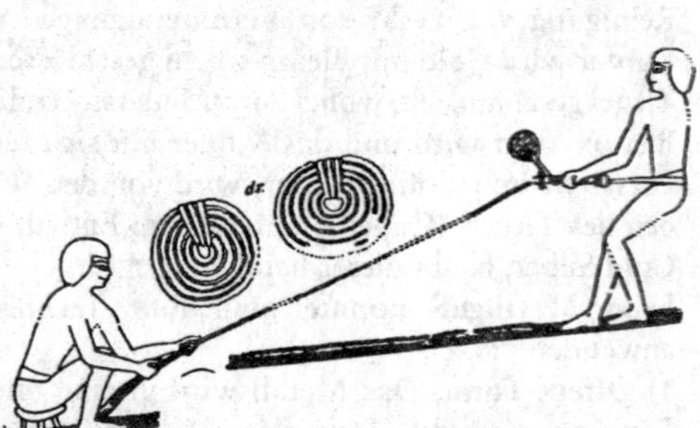

Abb. 6 a: Seilerei (Davies, Rekh-mi-Rēʿ II, Tf. 52)

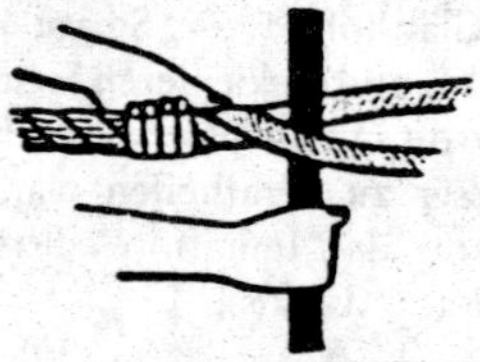

Abb. 6 b: Seilerei (Charles Singer, E. J. Holmyard und A. R. Hall, A History of Technology I, Oxford 1958, Abb. 285 rechts)

chen an die Wände „genäht" (Djoser Südgrab, Memphis: Ptahtempel).

5.6 Metall: In der Metallverarbeitung lieferte man nach der Erzgewinnung (s. 6) das Roherz an die Metallwerkstätten und läuterte es dort in einfachen Tiegelöfen. Das Feuer unter den Tiegelöfen konnte man mit *Blasrohren oder *Blasebälgen (ab dem NR belegbar), die mit den Füßen getreten wurden, anfachen. Goldschmiede (*Goldarbeiter) schmelzen kleine Mengen des Edelmetalles in kleinen zipfelmützenartigen Tiegeln über Holzkohlefeuer[63]. Die Blasrohre werden dabei auf Gestelle abgestützt bzw. auf die Tiegel selbst gelegt. Sie bestehen aus Schilfrohren, die zum Schutz vor der Hitze in Tonpfeifen ausliefen. Das Reinigen von *Gold und *Silber[64] bzw. das Trennen (?) von Gold und Silber im *Elektrum muß nach antikem Verfahren mittels Zementation und Kupellation vollzogen worden sein, was allerdings von den Ägyptern selbst nicht berichtet wird. Bei der Zementation wird ein Gemisch aus Gold und Silber oder Elektrum mit Salz (NaCl) oder *Schwefel erhitzt, wobei sich mit Salz Silberchlorid (AgCl) bildet, das auf der Goldschmelze schwimmt und abgeschöpft werden kann, mit Schwefel aber Silbersulfid (AgS), das flüchtig ist und im geschlossenen Gefäß vom Deckel abgekratzt werden kann. Die Kupellation dient der Reinigung von Gold oder der Gewinnung von Silber aus silberhaltigem Blei[65] (s. 6.1). Bei der Reinigung von Gold von Verunreinigungen wie Kupfer wird Gold mit Blei in einem geschlossenen Tiegel geschmolzen, wobei durch Sauerstoffzufuhr Blei oxydiert wird und das Kupfer mit sich reißt. Dieses Bleioxyd (mit Kupfer) wird von den Wänden des Tiegels (Cupelle) aufgesogen. Enthält das Gold Silber, bleibt dieses beim Gold[66].
Beim Metallguß konnte man fünf Techniken anwenden[67]:
1) Offene Form: Das Metall wird in eine offene Form aus Keramik, Stein oder *Steatit (?) gegossen. So wurden Barren oder flache Metallstücke, die zu Blech weiterverarbeitet werden konnten, oder Meißel und Metallklingen hergestellt. 2) Vollguß: Die Form besteht aus zwei Teilen, in die das Metall gegossen wird. So wurden Türflügel, Türzapfen etc. mit der dem Verfahren entsprechenden groben Oberfläche hergestellt. Für feinere Oberflächen mußte man das Wachsausschmelzverfahren anwenden. Das zu gießende Objekt wird in *Wachs modelliert und mit Ton ummantelt. Beim Brennen des Tones schmilzt das Wachs aus, und in den entstehenden Hohlraum wird das flüssige Metall gegossen. Größere Figuren benötigen im Hohlraum der Form Metallstiftstützen, die beim Gießen mit eingegossen werden. In Wachs vorgebildete Luftkanäle lassen die beim Eingießen verdrängte Luft entweichen. Die meisten äg. Gußfiguren sind vom Sockel her gegossen. Dadurch bleibt ein Stift stehen, an dem der Sockel befestigt werden kann. Mit diesem Wachsverfahren können drei weitere Gußtechniken ausgeführt werden: 3) Wachsvollguß: Die ganze Figur wird aus Wachs gebildet und ist nach dem Gießen vollständig aus Metall. Dies wird bei kleinen Figuren oder Figurenteilen (Arme, Beine etc.) angewendet (Ptol. Münzen)[68]. 4) Direktes und 5) indirektes Wachshohlgußverfahren (in Äg. noch nicht belegt). Beim direkten Verfahren wird über einem Tonkern eine Wachsschicht aufmodelliert und diese wieder mit Ton ummantelt. Bei größeren Figuren schrumpft der innere Kern beim Brennen ungleichmäßig, so daß bei dünnen Metallschichten Unregelmäßigkeiten auftreten können. Beim indirekten Verfahren wird die Wachsschicht vor der Tonummantelung wieder vorsichtig abgelöst, der Kern zuerst gebrannt, die Wachsschicht wieder aufgelegt und eventuell nachmodelliert. Erst danach wird ummantelt, gebrannt und gegossen. – Gußteile von Figuren werden genietet und gelötet[69]. Zumindest in röm. Zt sind Gipsformen (*Stuck) von Gußteilen für Möbel, Votivfiguren etc. hergestellt und gehandelt[70] (?) worden, so daß nach diesen Formen Figuren je nach Wunsch des Kunden aus verschiedenen Teilen zusammengesetzt und nach obigen Verfahren gegossen wurden. – Bleche trieb man aus gegossenen Metallplatten (mit dem *Hammer über dem *Amboß). Aus Metallstäben zog man Drähte. Metallverarbeitungstechniken[71]: *Treiben, *Gravieren, *Tauschieren, Punzen, Ziselieren, *Granulation[72], *Löten (s. auch *Einlegearbeiten). Stein, Holz oder Metall konnte man mit anderen Metallen überziehen, durch Dübeln, Kleben oder Tauschieren. Bisher konnte weder Feuervergoldung[73] noch Platierung (Kaltwalzen) von Edelmetallen auf anderen Metallen festgestellt werden. In der Regel klebte man die bis zu 0,001 mm dünnen Folien mit einem *Bindemittel auf den Untergrund (eventuell zuvor mit Stuck überzogen) fest. –

Metallischer Überzug durch Zementation s. 13.4.
Vor der Erfindung von Zahnrädern konnten keine komplizierten mechanischen Geräte entwickelt werden. Erst im 3. Jh. v. Chr. konstruierte Ktesibios, der Sohn eines Friseurs in *Alexandria, Automaten und Maschinen (Pumpe, Wasserorgel, mechanische Wasseruhren)[74]. Weitere mechanische Entwicklungen sind 50 Jahre später, von Heron von Alexandria und Philon von Byzanz durchgeführt, bekannt. Diese eindeutig in dem griech. Denken wurzelnden Erfindungen finden erst spät Eingang in die äg. Kultur (*Archimedische Schraube etc.).

6. Rohstoffe: Bei der Gewinnung und Förderung von Rohstoffen richteten sich die Ägypter nach den natürlichen Gegebenheiten. Es waren häufig *Expeditionen in ferne Länder nötig (s. 7.2).

6.1 Metalle: Erze (Kupfer, Gold) für die Metallgewinnung förderte man in bis zu 100m tiefen Stollen. Das Gestein brach man je nach Härte mit Dolerithämmern oder Kupfer- oder Feuersteinmeißeln. Auch Sprengung durch Feuer ist belegbar (*Goldgewinnung, C.I). Das erzhaltige Gestein wurde in Mörsern zerkleinert und auf Waschsteinen ausgewaschen. Für letzteres mußten Brunnen gegraben oder Wasser herbeigebracht werden. Um möglichst wenig Material transportieren zu müssen, wurde die Verhüttung möglichst vor Ort durchgeführt. Es sind *Schmelzöfen in Form von Schüsselöfen bekannt[75]. Die Rohmetalle handelte man in Form von Barren (Kupfer), Ringen (Gold) oder als Gries (Gold) in Säckchen. Über die Metall-*Verhüttung und -gewinnung ist kaum etwas bekannt, die äg. Quellen schweigen darüber. Manche Metalle (Kobalt[76], Eisen, Silber, Zinn, Zink) mußten wahrscheinlich importiert werden, obwohl die technischen Kenntnisse über deren Gewinnung hätten vorhanden oder wenigstens gelernt worden sein können. Metalle wie Arsen (s. 13.4) oder Platin[77] scheinen wohl eher Zufallsfunde gewesen zu sein, ohne daß man über ihre besonderen Eigenschaften allzuviel gewußt hätte. Metallverarbeitung s. 5.6.

6.2 Stein und mineralische Rohstoffe: In Steinbrüchen brach man als Baustoffe verschiedene Gesteinsarten: *Kalkstein, *Sandstein oder härtere Gesteine: *Basalt, *Diorit, *Dolerit, *Granit, *Porphyr, *Quarzit oder edlere Gesteine: *Alabaster, Amazonenstein, *Serpentin, *Syenit, *Schist/Schiefer, selten *Marmor, *Dolomit. – Die Steinblöcke wurden in Schichten herausgelöst. Zum Stützen der entstehenden Höhlungen ließ man freie Säulen stehen. Über die Technik dieser *Steinbearbeitung s. 5.3. – Seltenere Mineralien sammelte man meist im Tagebau vom Boden auf: *Alaun, *Bimsstein, *Feuerstein[78], *Glimmer, *Graphit (?), *Natron, *Obsidian, *Salz, *Schwefel, *Steatit. Ebenso Halbedelsteine wie: *Achat, *Amethyst, Anhydrid, Apatit, Azurit, *Bergkristall, *Beryll, *Chalzedon, *Chrysocolla, *Granat, *Haematit, *Jaspis, *Karneol, *Malachit, *Nephrit, *Onyx, Sardonyx, *Türkis. – Asphalt (s. *Bitumen, *Teer), *Bernstein, *Jade, *Lapislazuli mußten importiert werden. Mineralien waren Grundstoffe für die Herstellung von *Glas, *Glasur, *Fayence, *Niello, *Stuck(-Mörtel) oder *Farb-Pigmente. Vgl. auch 13.2 und 13.5. Unterschiedlich gemagerter Nilschlamm bzw. -ton war Grundstoff für Keramik und Ziegel. S. 5.2.

6.3 Organische Rohstoffe: Organisches Material wurde aus Pflanzen, Bäumen (Hölzern) und Tieren gewonnen: Aus Wurzeln, Blüten und Rinden die Farbstoffe für die Färberei (*Henna, Krapp, Kermes, *Saflor, *Safran, Waid); aus Bäumen, Früchten und Samen die *Öle, *Harze (*Terpentin, *Teer, s. auch 1.2) und Gummiarten; aus *Knochen und tierischen Abfällen *Leim, (*Bindemittel); aus Pflanzenasche ein Gemisch von verschiedenen Salzen (*Pottasche) und Ruß als schwarze Farbe (*Tinte); Pech (*Teer) durch Holzdestillation. Zur Gewinnung von Leder schabte man das durch Gerben (*Alaun) vorbereitete *Fell eines Tieres (*Antilope, *Gazelle, *Rind, *Schaf, *Ziege), entfernte die Haare und spannte die Haut zum Trocknen auf. Dickes Leder wurde durch Recken über einem Holzbock weich gemacht. Aus Häuten konnte man auch *Pergament herstellen (s. auch 5.4 und 8). – Weiterhin: *Elfenbein, *Honig, *Horn, *Kohle, *Parfüm, *Wachs (s. auch 1.2). Zucker s. 1.2.

7. Transport, Handel, Verkehr: Der Nil war der in Äg. am meisten benutzte Transportweg. Straßen waren im Gegensatz zu Prozessionswegen schlecht befestigt.

7.1 Wasserweg: Boote (*Papyrusboot) und *Schiffe konnten stromauf meist mit dem Nordwind segeln, sonst fuhr man durch *Treideln oder *Rudern. Die Form der *Segel veränderte sich im Laufe der Zeit: im AR und noch MR waren sie vertikal rechteckig, am hohen Mast, der im vorderen Teil des Schiffes stand und abmontiert werden konnte; im NR waren sie größer, horizontal rechteckig, am niedrigen Mast, der in der Mitte des Schiffes stand. Dreiecksegel sind selten belegt. Die unteren Rahen der Segel sind am *Mast befestigt, während durch Hochziehen der oberen

Segelrah das Segel gehißt wurde. Bei den Kriegsschiffen *Ramses' III. fehlt offensichtlich die untere Rah. – Stromab konnte man sich treiben lassen. Bei Gegenwind hing man vor das Schiff eine Treibplatte (*Schiff, Last-, Abb. 1) zum Ausgleich des Windwiderstandes. Gegen das Ausgieren bei Wasserwirbeln zog man einen Treibanker nach[79]. Die äg. Rudertechnik unterscheidet sich von unserer heutigen (vgl. *Rudern). Der Verkehr lief zwischen den Nilufern über *Fähren. Bei einem größeren Schiffskonvoi war immer ein Küchenboot (*Küche) dabei. Für sperrige Lasten konstruierte man spezielle Lastschiffe (Obeliskentransport), die von anderen Schiffen gezogen werden konnten. Das Staken von Schiffen ist kaum belegt und nur in Ufernähe möglich. –
Beim *Schiffsbau verwendete man *Sykomoren- und *Akazien-Holz, hauptsächlich aber importiertes Koniferenholz. Die Planken verband man mit Schwalbenschwänzen bzw. sie wurden mit Seilen zusammengebunden. Das Quellen des Holzes im Wasser verhinderte ein Eindringen des Wassers. Die Seile wurden beim Zusammenbinden so geführt, daß sie nur im Innern des Bootes zu liegen kamen und so durch das Wasser nicht angegriffen werden konnten. Um ein wechselseitiges Bewegen der Planken untereinander zu verhindern, waren sie kunstvoll verzahnt[80]. Decksbalken und Tauumwicklungen am Vorder- und Achterschiff gaben dem Schiff zusätzlich Stablität. Ein am Heck mittig oder zwei seitlich davon angebrachte Steuerruder[81] konnten durch einen quer dazu abgehenden Hebel bedient werden. An Bord waren bei Reiseschiffen zeltartige Aufbauten oder *Baldachine (Kajüten). – Die Schiffe wurden am *Landepflock festgemacht, Anker sind selten (*Schiffahrt). Die Schiffe legten meist einfach längs des Nilufers an. Orte, die nicht direkt am Ufer lagen (*Tempel, *Paläste oder Pyramidentempel)[82], besaßen eine *Kai-Anlage. Diese waren T-förmig gestaltet und maßen in *Malqata sogar 1 × 2,4 km. Meereshäfen (*Hafen) wurden im MR bei Sawu und Alt-*Qosseir angelegt, weitere erst in ptol. Zt. Erster Mittelmeerhafen war *Alexandria (im 4. Jh. v. Chr.): geschütztere Häfen vor dieser Zt im *Delta: *Tanis, *Pelusium. Ein in der 19. Dyn. angefangener Bewässerungskanal im Delta in das *Wadi Tumilat wurde von *Darius I. zu einem Verbindungskanal (45 m breit, 5 m tief) zwischen Nil und Rotem Meer erweitert, der noch 767 n. Chr. benutzt werden konnte (*Kanal, Nil–Rotes Meer). Zuvor hatte dies schon *Necho II. vergeblich an einer anderen Stelle versucht. Mit diesem Kanal war der Handelsweg zum Roten Meer offen. Unter Necho II. sind sogar Handelsbeziehungen bis nach Indien nachzuweisen[83], die allerdings nicht von Ägyptern durchgeführt wurden. Ebenfalls unter *Necho II. soll eine Afrikaumsegelung stattgefunden haben. – Die äg. Schiffe taugten im allgemeinen zur Meeresschiffahrt nicht. Der Transport über das Meer wurden von fremden Seeleuten (im Mittelmeer meist von Syrern, vgl. *Meer) durchgeführt. Als Navigationshilfe auf See dienten *Zugvögel und astronomische Beobachtungen[84]. Auf dem Nil reichten Senklot oder Lotstab. – Im Bereich des 2. *Katarakts sind, um auch bei Trockenperioden die Fahrspur benutzen zu können, Fahrspurvertiefungen und Staudämme an Seitenkanälen nachzuweisen[85]. Um die Stromschnellen dort umgehen zu können, legte man Lehmbahnen an, um auf ihnen Schiffe über Land ziehen zu können (*Mirgissa-Matuka)[86]. – Transport von Obelisken: s. *Schiff, Last-.

7.2 Landweg: Gepflasterte Straßen findet man in Äg. nur im Zusammenhang mit religiösen Bauten (Prozessionsstraßen, Pyramidenaufweg). *Karawanenwege sind natürliche Wege, die allenfalls mit *Brunnen- und Wachstationen versehen werden. Das Fehlen gut befestigter Straßen mag der Verwendung von Rädern zu Transportzwecken hinderlich gewesen sein. So ist zwar das *Rad seit der 6. Dyn. belegbar (s. auch 9), ein *Wagen seit der 13. Dyn., aber erst im NR wurden aus Asien Streitwagen mit Speichenrädern eingeführt, die bald auch in Äg. gefertigt wurden. Das Rad entwickelte sich aus einem Scheibenrad zu einem 4- bis 6-Speichenrad. Die Nabe mußte der hohen Belastung wegen aus hartem Holz (Ulme) hergestellt werden. Die Räder wurden mit ungegerbtem Leder bereift. – Hochgestellte Personen ließen sich in *Sänften (Hock- oder Sitzsänfte) tragen, meist von Menschen, selten von einem Esel.
Schwere Lasten (Statuen, Steinblöcke, Oblisken) transportierte man auf *Schlitten über Rampen zur Baustelle[87]. Der Schlitten wurde von Mensch oder Rind gezogen. Die Bahnen bestanden aus aufgeschütteten Rampen aus ungebrannten Lehmziegeln, Sand und Schotter. Zur Verstärkung dienten Matten und Palmstämme. Die Oberfläche konnte mit nassen Palmstämmen und feuchtem Lehm gleitfähig gemacht werden[88]. Zum Richtungswechsel des schwer beladenen Schlittens benötigte man einen besonders stabilen und glatten Untergrund. Eine Wendeplatte mit Drehachse[89] ist wegen der zu hohen Belastung auszuschließen, eher eine glatte (polierte?) Stein- oder Palmstammplatte. Hebel wurden sicherlich benutzt (s. auch 5.3). Leichtere Lasten konnten am Joch allein oder zu zweit getragen werden.

7.3 Handel: In Äg. basierte der *Handel bis in ptol. Zt auf *Tauschhandel. Erst im 6. Jh. v. Chr.

wurden Münzen als *Zahlungsmittel eingeführt. Zum Abmessen der Waren dienten Hohlmaße, Zollstock oder *Waagen (*Maße und Gewichte). Die Waagen hatten einen Hängebalken mit oder ohne Zunge. Die Gewichtsteine waren aus Stein oder Metall und hatten häufig die Form von Tieren oder Tierköpfen. (Vgl. auch *Mathematik [90].)

8. Schrift, Nachrichtenverkehr: Etwa um 3000 v. Chr. entwickelte sich in Äg. die *Schrift. Erstes *Schreibmaterial war wohl das Palmblatt (*Palme, *Annalen, *Seschat). Geschrieben werden konnte auf den verschiedensten Materialien (*Beschriftbarkeit): Stein, Holz, Metall, Keramik, Fayence, Elfenbein, Kalk- und Keramikscherben (*Ostrakon), *Schreibtafeln (aus Holz mit *Stuck oder *Wachs beschichtet), *Leder, *Leinwand, *Papyrus und *Pergament. Schreibtafeln sind vor allem in der *Schule benutzt worden, da man die Schrift auf Stuck oder Wachs wieder auslöschen konnte. – Papyrus wurde hergestellt [91], indem der Stengel von Cyperus papyrus L. geschält und das Mark in feine Streifen geschnitten wurde. Dann legte man die Streifen in zwei Lagen rechtwinklig aufeinander, preßte und klopfte sie. Beim Trocknen verklebten die Lagen durch den eigenen Stärkesaft und bildeten so den Beschreibstoff. Dieser wurde mit der Kante eines Glättinstruments [92] oder mit dem Glättstein [93] poliert und konnte dann beschrieben werden. Die Papyrusblätter schnitt man in bestimmte Formate (10–47 cm hoch, 16–42 cm lang) und leimte diese in Faserrichtung überlappend zu bis zu 40 m langen waagerechten Rollen zusammen. So konnte der *Schreiber die Rollen waagerecht auf seinen Schenkeln in der Regel von rechts nach links beschreiben. Als Schreibinstrument diente meist eine schräg geschnittene und zum Pinsel angekaute *Binse, die erst in ptol. Zt durch die griech. Rohrfeder verdrängt wurde, bei Wachs ein Bronzegriffel. Geschrieben wurde mit roter (*Ocker) und schwarzer (Ruß, *Holzkohle) Tusche (s. *Tinte). Selten fanden Farben Verwendung (Illustration [94], *Vignette). Das Schreibgerät eines Ägypters bestand aus einem Griffelkasten mit mehreren Binsen, einer Palette mit zwei oder mehreren Farbtöpfchen mit den getrockneten Farb-/Tuschepasten und einem Wassernapf oder Lederbeutel mit Wischlappen [95]. – Die Papyrusrollen beschrieb man erst auf der Innenseite (recto), d.h. auf der Seite, auf der die Fasern horizontal verlaufen, in Schreibrichtung (diese Seite kam beim Zusammenrollen nach innen und war so geschützt), in späterer Zt wurde wegen Papyrusmangel auch die Rückseite (verso) beschrieben. Da nur Tusche verwendet wurde, konnte die Schrift wieder weggewaschen und der Papyrus wiederverwendet werden (*Palimpsest). An den Anfang außen (verso) kam häufig ein Inhaltsverzeichnis. Aufbewahrt wurden die Papyri in Holzkästchen, Krügen, Säckchen oder Ledereutis. – Alte Papyri dienten später als Pappmaché zum Herstellen von *Kartonage [96]. Daraus wurden Mumienmasken, ja ganze *Särge hergestellt, die stuckiert (*Stuck) und bemalt wurden. Aus diesen Kartonagen lassen sich heute leicht die Papyri wiedergewinnen. Lederrollen verwendete man wohl für häufig benutzte Dokumente wie z.B. Architekturpläne etc. – Pergament, d.h. nicht gegerbte Tierhaut, die nach einem Kalkbad nur gespannt getrocknet wurde, gebrauchte man selten. Doch setzte sich bei den Juristen der Brauch durch, in Analogie zu den Wachstafeln mehrere gefaltete Blätter übereinander zu legen und zu heften. So entstand der Codex. Papyruscodices konnten sich in der Spätantike nicht durchsetzen, da sie gegenüber dem Pergament außerhalb des trockenen äg. Klimas nicht haltbar waren [97]. – Steine in den Steinbrüchen beschriftete man mit Versatzmarken (mit Tusche). Ostraka dienten als Gedächtnisstütze oder im privaten Briefverkehr. Ein reguläres *Postwesen gab es erst in ptol. Zt, davor *Boten, die im Diplomatenverkehr (NR) die Briefe in Form von Keilschrifttafeln um den Hals trugen. Brieftauben finden sich erst ab röm. Zt [98]. Briefe und Dokumente wurden häufig mit Lehmziegeln (*Siegelung) versehen. – Papyrus war wichtiges Ausfuhrprodukt von Äg. und wurde in ptol. Zt monopolisiert (*Monopol). Dokumente und Akten bewahrte man in *Archiven der Tempel und Verwaltungen der Residenzen auf. Paläste und Tempel, später aber auch private Leute, besaßen *Bibliotheken. Die größte Bibliothek des Altertums in *Alexandria enthielt 500000 Papyrusrollen, als sie 47 v. Chr. zerstört wurde, und 40000 Rollen, als sie der Patriarch Theophilos 389 n. Chr. vernichtete. – Aus der äg. Schrift entwickelte sich über die Phönizische Schrift unser heutiges Alphabet (vgl. *Kultureinfluß nach außen).

9. Kriegswesen: Trotz seiner geographisch von äußeren Einflüssen weitestgehend geschützten Lage längs des Nils und den sich links und rechts daran anschließenden Wüsten konnte Äg. doch von Feinden bedroht werden, vor allem von Süden (*Nubien) und im Osten und Westen des Deltas. Auch gab es Zeiten einer Expansionspolitik. – Schon in protodyn. Zt wurden befestigte Städte dargestellt. Neben reinen *Festungsanlagen (vor allem in Nubien) wurden im Wandel der Zeit auch Städte, Tempel und Paläste mehr oder minder stark zu Festungen ausgebaut. Festungsanlagen mit Höfen, Wällen und Gräben, in Ziegelbauweise (verstärkt mit Holzbalken und Matten,

Stein nur als Türschwellen, Drainagen und in Fundamenten), bekamen einen geböschten Mauerfuß und einen hervorkragenden Mauerumgang, um das Erklettern zu erschweren. An Land viereckig, baute man sie auf Inseln gerne dreieckig. Im *Delta sicherte man die *Grenze (*Horusweg) mit Türmen und Gräben (*Küstenverteidigung), die Städte durch hohe Mauern (vgl. *Krieg, C). – Im AR bestanden Festungen in *Abydos, *Hierakonpolis und *Memphis. Im MR bauten *Sesostris I. und III. in *Wadi Halfa eine große Wehranlage, bestehend aus einer Vorfestung, zwei Sperrfestungen links und rechts des Nils, einer weiteren Anlage auf einer Nilinsel und einer rückwärtigen Festung. Die Paläste von *Deir el-Ballas konnten nur durch einen langen, abgeknickten und sehr schmalen Treppenkorridor betreten werden. Dieser war durch seine Form sehr leicht zu überwachen und zu verteidigen. Im NR Bau des befestigten Tempelpalastes *Medinet Habu, bei dessen „Hohem Tor" das aus Palästina (vgl. *Qadesch, *Megiddo) übernommene Prinzip des *Migdols verwendet wurde. Die Sicherung bestand darin, daß das Haupttor in den Befestigungsring zurückgenommen wurde, so daß davor eine Gasse entstand, die von daneben stehenden Türmen und Mauerzinnen bewacht und verteidigt werden konnte. Das Erdgeschoß war zudem völlig massiv gebaut. Eine zusätzliche psychologische Abschreckung mag in dieser Gasse dadurch beabsichtigt worden sein, daß man die Flucht der Türme und Fenster und der in den Mauern eingelassenen Feindköpfe aus Stein so anlegte, daß der Eindruck einer perspektivischen Vergrößerung entstand (*Perspektive).

Im AR wurden lokale Militäreinheiten gebildet, die sich aus Kriegern und Bogenschützen zusammensetzten. Im MR entstand aus der Zusammenziehung dieser kleineren Einheiten das kgl. Heer, dessen Kern aus Berufssoldaten gebildet war (Spähtrupp, Vorhut, Gros, Nachhut). Im NR wurde dieses Heer durch Streitwagen- und Sondereinheiten, die die Leibwache des Königs, Nachrichtendienste etc. übernahmen, vergrößert.

Die Bewaffnung (*Waffen) der Armee wandelte sich im Laufe der Zeiten. In vorgesch. Zt wurde die teller-, dann birnenförmige Stein-*Keule verwendet, die durch das Kriegs-*Beil (zuerst viereckig länglich, dann rund) allmählich ersetzt wurde. Daneben Dolche, Messer, *Lanze, Schlaghölzer, Pfeil und Bogen aus einem Rinder-*Horn und *Schilde aus einer mit Tierfellen bespannten, rechteckigen Holzplatte. Zuerst bestanden die Klingen aus Feuerstein, später aus Kupfer, wobei anfänglich die Lanzenspitzen aus Kupfer die schwalbenschwanzartige Form der Feuersteinspitzen nachahmten. Aus dem MR sind auch Wach- und Militärhunde bekannt[99]. Im AR änderte sich die Form der Schilde zu einem Spitzoval. Pfeile trug man in *Köchern (*Leder, *Holz).

Im MR (und im NR) entwickelte sich die Bogentechnik: Die mit Hörnern erzielte Elastizität war gering, folglich auch die Reichweite und Durchschlagskraft der Pfeile. Bögen aus Holz waren sehr viel elastischer, allerdings mußten sie, damit ihre Elastizität nicht nachließ, nach Gebrauch wieder entspannt werden (zum Spannen des Bogens nahm man das Knie zur Hilfe). Das Handgelenk des Bogenschützen schützte man mit Lederfutteralen und *Handschuhen (?). Beim Stürmen von Festungen führte man kuppelförmige, tragbare Schutzdächer aus Holz und Fell (ohne Räder wie in Vorderasien!), unter denen 2–3 Soldaten mit Lanzen vor dem feindlichen Pfeilhagel Schutz suchen konnten[100]. Abbildungen zeigen auch Belagerungsleitern und -türme mit Rädern (?)[101]. – Im NR kamen zu den weiter entwickelten Beilen, Schilden (jetzt rund) und Bögen (jetzt aus Gründen besserer Elastizität und größerer Reichweite aus verschiedenen Hölzern zusammengeleimt), Beilkeulen, Schwerter (*Krummschwert) und vor allem Streitwagen hinzu. Der von den Asiaten übernommene schwere Streitwagen mit 3 Soldaten (Wagenlenker, Schildträger, Kämpfer) wurde in Äg. weiterentwickelt, ebenso das *Zaumzeug[102], und zu einem Wagen mit 2 Personen (Wagenlenker, Kämpfer) umgebaut. Die Soldaten trugen jetzt Lederkappen, Panzerhandschuhe und Panzerhemden (*Panzer) aus mit Bronze beschlagenem Leder; die Bogenschützen große Handgelenkschützer (aus Leder mit Daumenschutz), in meroitischer Zt Daumenschutz aus *Steatit[103]. Ob *Schleudern als Waffen gebraucht wurden, ist nicht gesichert (eher Jagdwaffe?). Dagegen wurden die Angreifer von einer Festung herunter aus der freien Hand heraus mit Steinen beworfen. – Um die Zahl der Getöteten nachzuweisen, wurden unbeschnittenen gegnerischen Gefallenen der Phallus, den anderen die Hand abgeschnitten und vor dem König abgeliefert (für eine Belohnung?). Gefangene fesselte man an den Ellenbogen oder mit einer Halsgeige (*Fesseln).

Seekämpfe fanden selten statt (*Küstenverteidigung). Die Militärflotte war hauptsächlich damit betraut, Steintransporte von Nubien durchzuführen und zu bewachen. – An erfolgreiche Soldaten wurden *Orden in Form von goldenen Anhängern (*Fliegen oder *Löwen), *Prunkwaffen, Grundstücke, Juwelen und bisweilen auch Gefangene (*Kriegsgefangene) verliehen (*Auszeichnung, *Gold, Verleihung des). Kriegstaktik s. *Krieg, C.

10. Sport, Musik: *Sport konnte in Äg. verschiedene Aspekte annehmen. Er war nicht nur *Leibes-

erziehung oder Zeitvertreib, sondern er spielte auch eine gewisse kultisch-religiöse Rolle (vgl. auch *Feste, *Kultspiele, *Osiris-*Mysterien, *Theater). Zum letzteren zählt der *Stierkampf, das *Klettern für Min, das Schlagen des Balles (?) (*Ball, Schlagen des), manche Aspekte der *Jagd (*Harpunieren des Nilpferdes), der kultische *Lauf (*Sedfest) und manche Tänze (*Akrobaten, *Tanz). Bei der *Erziehung der Kinder spielte das Erlernen von *Schwimmen (Kraulschwimmen) eine große Rolle. Beliebt als Sport war auch das *Boxen, *Ringen, *Fischerstechen, Stockfechten, der Hochweitsprung (khazza lawizza), Gleichgewichtsübungen (Kopfstand, Balancieren), das *Wettschießen, die *Jagd (*Angeln, Fischstechen, Großwildjagd, Vogeljagd) und *Reiten. Spiele zum Kräftemessen: *Rudern, das um die Wette Laufen (belegt bei Soldaten), Gewichtheben, Ellenbogenhakeln, Fliegender Fisch (eine Person wird von mehreren anderen horizontal liegend getragen). *Spiele waren seit jeher bekannt. So das *Ballspiel mit einem Ball (Durchmesser 3–9 cm) aus Leder (gefüllt mit Haaren, Stroh oder Schilf), Holz, Lehm, Papyrus oder *Palmblättern. Mit Bällen wurde jongliert, sie wurden einander zugeworfen oder es wurde Reiterball gespielt (ein Kind reitet auf dem Rücken eines anderen, diese „Reiter" werfen sich den Ball zu). Auch *Brettspiele [104] (*Schlangenspiel) mit verschiedenartigen Spielbrettern mit meist 3 × 10 oder 20 Feldern oder Löchern (als Positionsspiel in der Regel für 2 Personen) finden sich. Die *Spielsteine aus Knochen, Fayence, Elfenbein oder Holz wurden nach Wurf von Wirbelknochen oder Wurfstäbchen, später auch nach Wurf von *Würfeln, bewegt. *Spielzeug waren *Puppen (aus Holz oder Stoff und echtem Haar, teils bekleidet), bewegliche Tiere (zum Teil mit Rädern), Reifen aus Metall oder Holz, die beim Reifspiel mit Stöcken geschlagen werden. Ab dem NR sind auch Wettkämpfe mit Ausländern belegbar.

Musik war im alten Äg. äußerst beliebt. Daher sind eine Vielzahl von *Musikinstrumenten überliefert. Alle vier Hauptgattungen sind belegt: *Idiophone (*Becken, *Gabelbecken, *Glocke, *Klapper/Kastagnette, *Rassel, *Schelle, *Sistrum), *Aerophone – *Blasinstrumente (*Cornu, *Flöte, *Gefäßflöte, *Horn, *Klarinette, *Oboe, *Panflöte, *Querflöte, Sackpfeife, Schneckenpfeife, Schwirrholz, *Trompete, *Tuba), Chordophone – Zupfinstrumente (*Harfe, *Laute, *Leier) und Membranophone (*Darabukkah, *Tamburin, *Trommel). Trotz dieser Vielfalt ist uns keinerlei Notation von Melodie und Gesang überliefert. Die unterschiedlichen Musikinstrumente tauchen im *Musikleben Äg. zu bestimmten Zeiten auf und verschwinden wieder. Nur bei der Harfe lassen sich Entwicklungen ableiten. Die Saiten der Harfen konnten nicht an Wirbeln verstellt werden, sondern waren verknotet. Gestimmt werden konnte nur durch Lockern oder Spannen eines beweglichen Stimmstockes, der an der verknoteten Saite befestigt war. Zum Spielen der Saiteninstrumente verwendete man ein unterschiedlich geformtes *Plektrum aus verschiedenen Materialien. Manche Musikinstrumente wurden nur bei kultischen Handlungen verwendet, manche nur bei Gesang, manche nur bei Militärmusik. Im *Orchester begleitete man die Musik durch Gebärden und Gesten (*Cheironomie), wobei in der *Musizierpraxis vermutlich der *Heterophonie gefolgt wurde.

11. Kult, Kunst: 11.1 Kult: Im Leben der Ägypter spielte der *Kult eine große Rolle. Man vollzog *Rituale im Tempel, bei *Festen und beim *Begräbnis (*Totenkult). In bestimmten Teilen der Tempel bewahrte man *Kultstatuen im *Naos oder in einer *Barke auf (s. auch *Prozession). Man vollzog *Reinigungen und *Opfer mit Reinigungs- und Libationsgefäßen (*Gefäße) auf *Altären (s. auch *Opferstelle, *Scheintür und Opfertafel), räucherte mit einem *Räucherarm. An dessen vorderem Teil befindet sich in der geformten offenen Hand ein Holzkohlefeuer, in das man den aus einem Kästchen am Ende des Armes zu entnehmenden *Weihrauch (*Myrrhe) hineinwirft. Man belebte kultisch *Statuen, *Mumien und andere kultisch und jenseitig bedeutsamen Dinge mit einem speziellen Fischschwanzmesser oder einem dächselartigen Instrument (*Mundöffnungsritual). Andere Geräte wie *Stäbe, *Götterstäbe, *Zepter und *Krummstab oder Insignien (*Geißel) und *Ornate wurden bei bestimmten *Festen (Sedfest, Osiris-Mysterien, *Thronbesteigung) verwendet. Auch *Masken sind überliefert. Heilwasser gewann man durch Übergießen heilkräftiger Figuren [105] (*Heilschlaf s. 12). Beim *Orakel sprach das bei einer Prozession in einer Barke herumgetragene *Götterbild durch Verneigung oder das Wenden nach Osten (= Zustimmung). In röm. Zt sind auch „sprechende Statuen" belegt. Sie sind hohl und durch ein Sprachrohr mit einem in einem verborgenen Raum befindlichen Priester verbunden, der so unsichtbar Antwort geben kann [106]. Durch *Magie beschwor man geheime Wünsche durch Stechen, Zerschneiden oder Verbrennen von Wachsfigürchen (s. *Wachs).

11.2 Bestattung: In der zum *Totenkult gehörenden, in Äg. oft sehr aufwendigen Betattung drükken sich die *Jenseitsvorstellungen der Ägypter aus. Fast immer sind die Toten auf Friedhöfen, seltener in Siedlungen (*Merimde – Beni Salame, el-*Omari) bestattet worden; in ältester Zt als Hockerleichen (*Hockerbestattung), wobei die Leichen in Felle, später in Matten, Körbe oder Rohrkästen gesteckt, anfänglich nach Westen, später nach Osten blickend beigesetzt worden sind. Die Orientierung wechselt anfänglich je nach Friedhof (*Bestattung). Im AR setzt sich die Blickrichtung nach Osten durch, so wie die schon früher belegte Bestattung in einem *Sarg (*Sarkophag). Im Laufe der Zeit verfeinern sich die Bestattungsbräuche. So wird es üblich, Leichen zu mumifizieren (*Balsamierung, s. aber auch *Teer). Ursprünglich wohl zufällig beobachtet, daß durch natronhaltigen Sand Leichen konserviert blieben, wurden ab dem AR immer aufwendigere Mumifizierungstechniken angewendet: Die Leichen wurden auf einen Mumifizierungstisch aus Holz oder Stein [107] gelegt und alle stark wasserhaltigen Organe (Hirn, Innereien außer Herz und Nieren) aus dem Körper entfernt. Das Hirn entfernte man ab dem NR mit einem langen Haken durch die Nase. Die anderen Organe wurden aus einem an der Seite der Bauchdecke angebrachten Schnitt mit verschiedenen gebogenen *Instrumenten und Messern herausgeholt. Dann wusch man den Leichnam und legte ihn für ca. 35 Tage in trockenes Natron. Dieses konnte mit Salz rieselfähig gehalten werden (s. 13.6). So trocknete das Muskelgewebe aus und hinterließ eine haltbare Mumie aus lederartiger Haut und Knochen. Die herausgenommenen Organe wurden in 4 Kanopenkrügen (*Kanopen, II) oder gesondert verpackt wieder in die Bauchhöhle gelegt. Eine andere Mumifizierungstechnik bestand darin, daß sich die inneren Organe nach Einführen von Ölen durch den After in den Bauchraum während der Trocknungsphase auflösten und danach in flüssiger Form wieder abgelassen werden konnten. Die Mumie wurde danach gewaschen und in Binden gewickelt. Hohlräume (Bauch, Augenhöhlen, Wangen etc.) stopfte man mit einer Stuckmasse aus, den Schnitt in der Bauchdecke deckte man mit einer Goldfolie ab. In und auf die Binden wurden viele verschiedene *Amulette, *Pektorale etc. gelegt. Abschließend behandelte man die Mumie mit Ölen und Harzen. Diese sich im Laufe von Jahrhunderten zersetzenden Öle bilden eine schwarze Masse, die heute noch häufig mit Asphalt (*Bitumen) verwechselt wird. Über die Wiederverwertung des Natrons s. 13.6. Bei Königsbestattungen werden alle Mumifizierungsinstrumente und -materialien ebenfalls, aber gesondert beigesetzt. – In kopt. Zt wurden Leichen auch gepökelt. Ab der ptol. Zt werden Mumien mit *Mumienporträts und *Mumienetiketten (*Kopftafel) versehen. Die Särge fertigte man aus Holz, Stein (*Sarkophag), Kartonage. Sie unterliegen einem zeitlichen Stilwandel. Die *Gräber wandeln sich von Körpergräbern, Ziegelgräbern, Mastaben zu Felsengräbern. – Aus Angst vor Grabräubern wurden in den Gräbern komplizierte Blockierungs- und Täuschungseinrichtungen ersonnen: Scheintüren, schwere Fallsteine, tiefe Schächte, tote Gänge. Aus persischer Zt sind auch tiefe Schachtgräber (25 m tief) bekannt, in deren Decken Löcher eingelassen waren, durch die sich nach der Bestattung nach Lösen von Stöpseln das Grab mit Sand füllte [108]. Um Räubern das Erbrechen der Sarkophage zu erschweren, wurden sie aus tonnenschweren Steinen (oft Hartgestein und monolithisch) gefertigt. Die Deckel ruhten vor der Bestattung auf Holzstützen, die ihrerseits in einem mit Sand gefüllten Kasten standen. Nach dem Hineinlegen der Mumie ließ man den Sand aus den Kästen herauslaufen, wodurch sich der Deckel langsam absenkte [109]. Aus Vorsicht vor dem Verlust des Kopfes wurden dem Grab *Ersatzköpfe beigelegt (vgl. auch *Grabausstattung, *Grabbau). Kultisch verwendete Statuen konnten nicht einfach beseitigt werden, sie wurden ebenfalls beerdigt (*Cachette, *Statuenbegräbnis).

11.3 *Malerei: In Äg. wurden Wände meist dekoriert, sei es aus ästhetischen, sei es aus magisch-religiösen Gründen. Bei Felswänden mußten zuerst mit dem Meißel und dem Oberflächenlot ebene Flächen geschaffen werden. Geräte hierzu s. 5.3. Unebenheiten besserte man mit Mörtel (*Stuck) aus. Ziegel- und rauh gemauerte Wände erhielten einen Verputz, der oft mit Strohhäckseln vermischt wurde. Auf die Wände brachte man nun ein Netz von waagerechten und senkrechten *Hilfslinien auf, indem man eine mit *Ocker gerötete Schnur spannte und an die Wand schwirren ließ. Sie ermöglichten bei der Übertragung einer Vorlage das Vergrößern und Verkleinern (*Plan, *Musterbuch).

Figuren und Beschriftungen wurden erst mit roter *Farbe in Umrissen aufgemalt, danach mit schwarzer Farbe freihändig korrigiert. Der Beschriftungstext wurde von einem Vorzeichner aus einer in der Regel hieratischen Vorlage hieroglyphisch umgesetzt und mit dem Pinsel auf die Wand gemalt (erst rot, dann schwarz). Danach konnte man die Reliefs einschneiden und glätten. Die so bereiteten Wände (mit und ohne Relief) grundierte man mit einer Tünche. Dies hatte einerseits den Zweck, daß ein reiner, weißer Untergrund vorhanden war, andererseits, daß der Untergrund weniger Bindemittel absorbierte. Der Maler entnimmt die Farben aus Farbtöpfchen [110] und mischt sich seine Farbtöne mit einem Bindemittel in einer flachen

Schüssel[111]. Die Farben werden mit einem *Pinsel aus Pflanzenfasern, Seil oder aufgefasertem Holz[112] vermalt. Das Arbeiten an der *Staffelei und die *Tafelmalerei[113] sind so wie bemalte Wandteppiche[114] nur selten belegt. Der äg. Maler war im heutigen Sinne eher Handwerker als *Künstler. Die äg. Kunstwerke sind fast nie signiert (*Signatur)[115]. Um die gemalte Grabdekoration, die magisch-religiösen Nutzen hat, vor dem Vergehen zu schützen, verwendete in der 4. Dyn. *Nefermaat eine von ihm erfundene Farbpaste (*Pastenfüllung, *Neuerungen, technologische). Die äg. Malerei ist meist in Temperatechnik (Bindemittel: Eiweiß, Leim) ausgeführt, erst ab ptol. Zt wird mit Wachs auf Holz gemalt (*Mumienporträts). In der Regel waren äg. Objekte polychrom bemalt, selten monochrom (*Deir-el-Medineh-Gräber). Die Farbpalette entwickelte sich im AR von vier reinen unvermischten Farben zu mehreren reinen Farben, die aber erst im NR durch Vermischung weiter differenziert werden[116].

11.4 Statuen: Die *Bildhauer fertigten Statuen nach *Modellen aus Stein oder Stuck, bei denen Hilfslinien zum Abnehmen der Proportionen aufgezeichnet sind. Aus einer Amarna-Werkstatt ist eine Reihe von Stuckköpfen überliefert, die der Künstler immer wieder abänderte, um schließlich ein Modell für einen dem Zeitgeschmack entsprechend realistischen Kopf zu erhalten. Bearbeiten von Holz, Stein oder Metall s. 5.

12. Medizin, Naturbeobachtung: 12.1 Medizin: Das Bewußtsein um die Bedrohung der *Gesundheit durch *Krankheit (*Gefährdungsbewußtsein) beeinflußte die äg. *Medizin und *Heilkunde. So findet man als *Heilmittel sowohl magisch (*Amulett, Wachsfigürchen, *Zaubermesser) als auch pharmazeutisch wirksame Mittel: Aphrodisiaka, Heilkräuter[117], aseptische Mittel (*Silber), *Empfängnisverhütungsmittel, Schlaf- und Räuchermittel (gegen Husten). Daneben ist aber auch die medizinische Dreckapotheke (*Kot, Dreck, etc.) vertreten. Heilmittel wurden verabreicht in Form von: Absud, Öl, Saft, Grütze, Gebäck, Pulver, Salbe, Zäpfchen oder Sägemehl (vom Holz einer Heilpflanze). Als Brech-, Kau-, Inhalations- oder Räuchermittel, als Rectaltampon oder Genitaleinguß. – Eine genaue Beobachtung der Krankheit, der *Mißbildungen, der *Gefäße (med.) führten zu genauen *Krankheitsbeschreibungen (*Beschreibung körperlicher Zustände) und zu einer gewissen Kenntnis der *Anatomie. Dies ermöglichte ärztliche Hilfe durch die *Chirurgie (*Trepanation), in der *Frauenheilkunde, bei der *Geburt, in der *Augenheilkunde (*Blindheit) und bei Krankheiten am *Ohr (*Taubheit). Tägliche *Körperpflege und *Hygiene (*Bad, *Toilette) waren üblich. Die in der Pubertät ausgeführte *Beschneidung von Jünglingen mit dem Feuersteinmesser scheint aus religiösen Reinheitsgründen vollzogen worden zu sein. Noch heute kann die *Paläopathologie frühere Krankheiten durch Untersuchungen der Mumien nachweisen. Der teilweise schlechte Zustand mancher Mumien kann jedoch zu Fehlinterpretationen führen. So kann eine nachgewiesene Beinamputation oder Beinschienung auch nach oder während der Mumifizierung durchgeführt worden sein[118]. Die mit Golddraht befestigten Zähne stellen sicher keine Zahnprothese dar, da damit nicht gekaut werden konnte. So sind die beim Mumifizieren locker gewordenen Zähne wieder befestigt worden. Über Zahnfüllung, -extraktion und -prothese vgl. *Zahnbehandlung[119]. Neben den verschiedenen medizinischen *Instrumenten (Haken, Messer, Lanzette, Pinzette etc.) für Operationen, *Kastration, Wund- und Zahnbehandlung wurden *Verbände und *Salben zur Heilung angewendet. Aderlaß und Kauterisation zum Blutstillen (heißer Feuerbohrer wird in die Geschwulst gelegt) sind gebräuchlich. Die Anleitung für den *Arzt findet sich in medizinischen Lehrtexten und *Rezepten. Unerklärliche Krankheiten wie *Geisteskrankheiten und *Seuchen werden mit *Zauber und *Magie behandelt. In *Sanatorien, die im Tempelbezirk lagen, konnten Kranke auch stationär behandelt werden. Eine große Rolle spielten dabei der Heilschlaf (*Tempelschlaf), die Heilkraft von geweihtem Wasser (s. 11.1) und die der Götter des Tempels.

12.2 Naturbeobachtung: Die genaue Kenntnis des *Kalenders läßt auf eine genaue Beobachtung der Naturvorgänge (Nilüberschwemmung und *Sterne) schließen. Der Kalender war in drei *Jahreszeiten zu je vier Monaten, jeder zu je 30 Tagen (= 360 Tagen) eingeteilt. Zusätzliche 5 Tage wurden als *Epagomenen eingeschoben. Dieser Kalender berücksichtigt aber die Schaltjahre nicht (es fehlt ¼ Tag pro Jahr), so daß er im Vergleich mit dem natürlichen Kalender, der sich nach Sonne und Mond richtet (Lunisolarkalender) und somit automatisch schaltet, zu Abweichungen kam. Eine Verbesserung wurde in pharaonischer Zt nicht versucht, da der Kalender inzwischen durch Tradition geheiligt war. Besonders ausgebildete Priester beobachteten mit astronomischen Instrumenten die Sterne (*Orion), aber auch mit *Nilmessern die Nilhöhe, um so den Anfang der Nilüberschwemmung voraussagen zu können. Auch das Auftreten einer bestimmten Fischsorte (Kugelfisch)[120], die vom oberen Nillauf mit den

Wassermassen mitgerissen wurde, ist als Indikator für die Nilüberschwemmung gewertet worden (s. *Überschwemmung). Aus der Lage der *Dekane wurden sogenannte „Dekanuhren", das sind Tafeln, die jeweils 10 Tage (eine Dekade) umfassen, aufgestellt, nach denen die Nachtstunden bestimmt werden konnten. An astronomischen Instrumenten wurden bisher nur einfache Peilstäbe mit Kerben gefunden. Damit konnte auf einer Meßplatte (?) die genaue Richtung des Standortes eines Sternes bestimmt werden (Inklinationsmeßplatte?)[121]. – Als Zeitmesser sind *Sonnenuhren belegbar. Diese maßen entweder nur die Höhe der Sonne (Streiflicht, Treppensonnenuhren) oder auch ihre relative Stellung am Himmel (Stabsonnenuhr). Ab der 18. Dyn. waren *Wasseruhren im Gebrauch. Diese bestanden aus einem konischen, sich nach unten verengenden Gefäß aus Stein mit einer metallenen Ausflußröhre. Der Querschnitt dieser Röhre und die Wasserhöhe in dem Gefäß bestimmten die Ausflußzeit. Die konische Form glich die durch die Wasserhöhe bestimmte Ausflußzeit aus (höherer Wasserstand = größere Ausflußgeschwindigkeit: Ausgleich durch größere Wassermenge = oben weiterer Gefäßdurchmesser). Da die Stunden je nach Jahreszeit länger oder kürzer waren (Tag und Nacht haben immer je 12 Stunden), wurden an den Uhren häufig für die verschiedenen Monate verschiedene Skalen angebracht. Eine große Verbesserung der Wasserauslaufuhr brachte die Wassereinlaufuhr, die aber erst in griech. Zt erfunden wurde. Bei der Einlaufuhr wurde der Wasserstand des Auslaufbeckens durch ständige Wasserzufuhr auf gleicher Höhe gehalten. Eine Einlaufuhr ist die „automatische" Wasseruhr des Ktesibios von Alexandria (s. auch 5.6) oder die einfache griechische Klepsydra[122].

13. Chemische Technologien: Man kann bei den alten Ägyptern wenig exaktes Wissen um chemisch-technische Vorgänge (*Chemie) erwarten. Voraussetzen darf man aber empirisch erworbene Erfahrungen, die sie aus einer langen handwerklichen Tradition (*Berufswissen) erlangt haben. Heute weiß man aber auch, daß es mehr Technologietransfer zwischen Äg. und den um Äg. herum gelegenen Kulturen gab (*Kultureinfluß, von und nach außen) als gemeinhin angenommen. Frappierend ist immer wieder, daß viele technische Entwicklungen in Äg. zwar vorhanden waren, ohne daß man aber weiß, wie sie durchgeführt worden sind. Die Quellen schweigen sich darüber häufig aus. Bis heute werden inzwischen unhaltbar gewordene Behauptungen über die technischen Kenntnisse der Ägypter weiter verbreitet, obwohl langsam durch sorgfältige und kritische Untersuchungen alte Technologien rekonstruiert werden[123].

13.1 Härten und Schärfen von Materialien: Das Härten von *Steatit ist schon in frühester Zt in Äg. bekannt[124]. Das sehr weiche, mit dem Fingernagel ritzbare Material konnte leicht geschnitzt werden (zu *Skarabäen etc.) und wurde nach dem Erhitzen im Ofen bei etwa 900° C so hart wie Glas. Da bei größeren Stücken beim Abkühlen Spannungen auftreten können, wurden nur kleine Objekte (bis maximal 17 cm) hergestellt, die man aber auch gleichzeitig glasieren konnte (s. 13.2). Durch Kalthämmern von Kupfer wird dessen Metallgefüge kurzfristig (etwa 2–3 Stunden) verdichtet, wobei seine Härte auf das Doppelte ansteigt[125]. Erst seit neuerer Zt ist bekannt, daß Kupfer durch einen Überzug oder durch eine Beimengung von Arsen oder Mangan härter gemacht werden konnte. Dies geschah am einfachsten mittels Zementation (vgl. 5.6) mit arsenhaltigem Material, in röm. Zt wohl auch mit Zink zu *Messing oder mit Eisen und Kohlenstoff zu Stahl (?)[126]. Erst nach der Arsen-Bronze-Zt konnte man durch Legieren von Zinn und Kupfer Bronze herstellen[127].
Feuersteinklingen wurden durch Abschlagen der Kanten geschärft. Bei anderen Kulturen kennt man eine Bearbeitung des Feuersteins mit Hitze. Dabei werden die Ränder der Klingen durch innere Spannungen, die durch einen Hitze-Kälte-Wechsel entstehen, einfach weggesprengt[128]. Dies ist in Äg. denkbar, aber noch nicht sicher belegt.

13.2 Glasur, Glas, Fayence[129]: Da *Fayence in Äg. erst nach den glasierten Steatitobjekten belegbar ist, ist anzunehmen, daß sich aus den Kenntnissen des Glasierens die der Fayence- und der *Glasherstellung entwickelt haben (wie auch die Herstellung von Äg. Blau, vgl. 13.5). Glasuren sind im Prinzip weiche, leicht schmelzbare Gläser, mit denen Keramik, Fayence, Steatit überzogen werden können. Das Auftragen von Glasuren kann auf 3 Arten erfolgt sein[130]: 1) Mal- oder Tauchglasur, 2) Effloreszenzglasur und 3) Zementationsglasur. Beim ersten Verfahren wurde das Glasurpulver mit Wasser aufgeschlämmt und das Objekt damit bemalt oder es hinein getaucht. Im Ofen mußten die Objekte auf kleine Auflageständerchen (Brennhilfen) gestellt werden, da die Glasur beim Brennen erweicht und zu einer geschlossenen Oberfläche verschmilzt und dadurch mit dem Untergrund verkleben würde. Die Spitzen der Ständerchen hinterlassen dann nach dem Brand in der Glasuroberfläche Eindrücke. Bei der zweiten Methode wird das Objekt mit einer Lösung der Glasurrohstoffe getränkt und getrocknet. Durch

Verdunsten entsteht in der Keramik ein Ionenstrom zur Oberfläche, wo sich die Glasurteilchen wieder auskristallisieren. Beim Brand entwickelt sich eine ungleichmäßige, aber dünne Glasuroberfläche, die aber wieder Eindrücke der Auflageständerchen zeigt. Dort, wo durch viel Wind auch viel verdunsten konnte, entsteht eine dickere Glasur als dort, wo wenig verdunsten konnte [131]. Die dritte Methode findet man noch heute in Persien [132]. Der Quarzfayencekörper wird in eine kalkhaltige Glasurmasse eingebettet und gebrannt. Beim Brand diffundieren die Glasursalze, die erst vom Kalk aufgesogen werden, zur quarzhaltigen Fayenceoberfläche und erzeugen dort eine allseitig geschlossene Glasuroberfläche. Nach dem langsamen und langen Brand wird die Masse abgekühlt und aufgeklopft [133]. Die glasierten Teile liegen jetzt in der stark aufgeschäumten Glasurmasse und können daraus entnommen werden, ohne mit der umliegenden Masse zu verkleben. In Äg. gab es sowohl glasierte Objekte mit und ohne Verletzungen der Glasuroberfläche, daher ist noch nicht geklärt, wie die Glasur angebracht wurde. Um gleichmäßigere Glasuren und blasenfreies Glas zu erhalten, mußte die Masse mehrmals geschmolzen und wieder zerkleinert werden. Diese für die weitere Verarbeitung nötige Rohstoffindustrie war sicher dort angesiedelt, wo einerseits die chemischen Rohstoffe und andererseits das Brennmaterial vorhanden waren. Dies läßt sich zumindest für die röm. Zt zeigen [134]. Die erste (blau) gefärbte Glasur erhielt man dadurch, daß man zu der Glasurgrundmasse Abfälle der Kupferverarbeitung bzw. der Kupferwerkzeugbearbeitung dazumischte. Da ab dem Ende des MR, vor allem aber ab dem NR, anstatt Kupfer eine Arsenbronze oder Zinnbronze zur Herstellung von Werkzeugen verwendet wurde, müßte man auch in den Glasuren Arsen und Zinn finden. Dies ist teilweise auch der Fall, läßt sich aber besser bei der Herstellung von Ägyptisch Blau (s. 13.5) verfolgen.

13.3 Überzüge von Keramik: Eine seit frühester Zt (Naqada I) bekannte Keramikveredelung stellt das „Schmauchen“ und Ritzen von Keramik dar. Geschmauchte (blacktopped) Ware weist eine hochglänzende, tiefschwarze Schicht am oberen Rand und oft auch im Innern auf. Diese Schicht besteht aus in die Oberfläche diffundiertem Kohlenstoff. Man konnte dies erzeugen, indem man die noch heiße Keramik auf Grasmatten oder auf fetthaltige Samenkörner stellte, die durch die Hitze verkohlten [135]. Noch wahrscheinlicher brannte man die Keramik in einem primitiven Ofen aus um die Keramik aufgeschichtetem Brennmaterial, das derart abbrannte, daß die gebrannte Keramik in einer stark kohlehaltigen Ascheschicht erkaltete. Wichtig ist, daß der eindiffundierte Kohlenstoff beim Abkühlen nicht wieder oxydierte. Zur Verstärkung des Glanzes konnte die Oberfläche der Keramik vor dem Brand poliert werden. Weiterhin verzierte man die Keramik mit Ritzdekors (Gravieren, Punktieren, *Gefäßdekor) und Bemalung vor und nach dem Brand. Eine besondere Erfindung stellt das auf der Keramik erzeugte Kobaltblau (Thenards Blau) dar (s. 13.5).

13.4 Metallüberzüge: Kupfer überzog man durch Zementation mit Arsen (nicht Antimon!) [136]. Es erhielt dadurch eine silberne Oberfläche. Dazu erhitzte man das Kupferobjekt in einem geschlossenen Tiegel zusammen mit einem arsenhaltigen Material (Auripigment, Realgar?). Das Arsen, das als Arsentrioxyd schon bei 193° C flüchtig ist, schlägt sich auf der Oberfläche nieder und diffundiert als Arsen langsam in das Metallgefüge. Diese Technik ist schriftlich seit dem 3. Jh. v. Chr. belegt [137]. Ebenfalls durch Zementation mit Salz oder Schwefel konnte bei Elektrum die Oberfläche silberarm, d.h. goldreich und damit goldfarbig gemacht werden. Vergoldungen im Amalgamverfahren sind aber erst in röm. Zt bekannt. *Niello, ein Silber/Schwefelgemisch, wurde in Äg. nicht als dünner Überzug, sondern als schwarze Paste verwendet [138] (s. auch *Schwefel).

13.5 Farbenherstellung: Die meisten in Äg. verwendeten *Farben sind durch Sammeln und Verreiben von Mineralien gewonnen worden. Hierbei wird nicht unterschieden zwischen chemisch verwandten Mineralien gleicher Farbe (z.B. Calzit, Huntit, Dolomit). Sie hätten sich auch allenfalls durch ihren Brechungsindex, d.h. durch ihre Deckkraft, unterscheiden lassen [139]. Schon im AR konnte man das erste künstlich erzeugte Farbpigment der Menschheit, das Ägyptisch Blau ($CaCuSi_4O_{10}$), herstellen. Es wurde, wie schon Vitruv beschrieb, aus Sand, Kupferabfällen und Natron durch Erhitzen auf ca. 850° C erzeugt [140]. Nach der Verwendung von Bronze anstatt Kupfer hat man im Ägyptisch Blau mit einem Gehalt an Zinn zu rechnen, was heute auch bestätigt werden konnte [141]. Ein anderes künstliches Farbpigment, das Kobaltblau (Thenards Blau), erzeugte man autogen beim Brand auf der Keramik selbst. Da es anscheinend nicht als Pigment selbst hergestellt werden konnte, findet man es auch nur auf Keramik und in Glasur, nie auf Wandmalerei. Auch konnte man kein Ultramarin aus *Lapislazuli gewinnen [142].

13.6 Chemische Rohstoffe: Die vielen unterschiedlichen z.B. im *Wadi Natrun vorkommenden Salze konnten von den Ägyptern anhand ihrer unterschiedlichen Kristallformen unterschieden werden[143]. So gibt es bei Salz und Natron unterschiedliche Bezeichnungen für unterschiedliche Qualitäten. Da das Löslichkeitsverhalten der verschiedenen Salze unterschiedlich ist, können je nach Tageszeit und Wärme der Salzseen unterschiedliche Salze bevorzugt auskristallisieren (fraktionierte Kristallisation)[144]. Dadurch und durch die verschiedenen Kristallformen können selbst farblose Salze getrennt werden (wichtig für die Glas- und Fayenceherstellung). Dies machte man sich bei der Natronzubereitung für die Mumifizierung zunutze. Das beste Natron wurde dafür mit Salz rieselfähiger gemacht, damit bei der Mumifizierung das Natron gut an der Leiche anlag und durch die Wasseraufnahme nicht verklumpte[145]. Für Balsamierungen zweiter und dritter Klasse wurde das einmal verwendete Natron immer wieder benutzt. Für viele chemische Grundstoffe ist die Herkunft und Gewinnung noch nicht geklärt (Kobalt, Mangan, Silber, Zinn, Zink).

[1] Zur Geschichte des Wortes Technik s. Heyde, in: Humanismus und Technik 9, Berlin 1963, 25–43. In den folgenden Anm. wird die weiterführende Lit. nur dann aufgeführt, wenn sie nicht schon unter den zitierten Stichwörtern im LÄ erscheint. – [2] Erika Endesfelder, in: ZÄS 106, 1979, 37–51. – [3] Froriep, in: Antike Welt, 12.2, Feldmeilen 1981, 27–38. – [4] Schweinfurth, in: BIE 2ème série, 6, 1885, 139–145; ders., in: Westermanns Illustrierte deutsche Monatshefte 78, Berlin 1895, 35–44; Heliopolis, Kafr Ammar and Shurafa, 38–40; Murray, in: BIE 28, 1947, 33–46; Hellström, in: Betong, Svenska Betonföreningens Tidskrift 36.4, Stockholm 1951, 181–185; Hathaway, in: American Society of Civil Engineers 28, New York 1958, 58–63; Vercoutter, in: Kush 14, 1966, 148 mit Anm. 71; D. und R. Klemm, in: SAK 7, 1979, 123–125; R. Klemm, in: Die Technik, Hg.: Troitzsch und Weber, Braunschweig 1982, 58–73; neueste und umfassende Darstellung bei Garbrecht und Bertram, in: Mitteilungen des Leichtweiss-Instituts für Wasserbau der Technischen Universität Braunschweig 81, Braunschweig 1983. – [5] München ÄS 5520 = Rita E. Freed, Egypt's Golden Age, Museum of Fine Arts, Boston 1982, Nr. 19. – [6] Mastaba des Hetepher-achti, Leiden ÄS F 1904/3.1 (Türgewände links). – [7] Hartwig Altenmüller, Das Grab des Nianchchnum und Chnumhotep, ÄV 21, 1977, Tf. 8. – [8] Lebendige Lockvögel oder Attrappen? Darstellungen s. Beni Hasan I, Tf. 8. 12; II, Tf. 12A. – [9] Emma Brunner-Traut, Die altäg. Scherbenbilder (Bildostraka) der deutschen Museen und Sammlungen, Wiesbaden 1956, 66, Nr. 62. – [10] Der Rizinussamen enthält zwei hochtoxische Substanzen: Ricin und Ricinin; vgl. Horst Böhme und K. Hartke, Deutsches Arzneibuch, Stuttgart [8]1978, 713–714. Bei der Pressung besteht immer die Gefahr, daß diese Substanzen in das Öl gelangen (vor allem bei Wärme). Da beide Substanzen sich in heißem Wasser zersetzen, wird heute zur Sicherheit nach der Pressung heißer Dampf durchgeleitet. Die Ägypter sind dieser Gefahr dadurch unbewußt aus dem Weg gegangen, daß sie das Öl mit kochendem Wasser extrahierten. Die toxische Wirkung war jedoch im Altertum bekannt; so beschreibt Dioscorides, De mat. med. IV, 161: „Wurden 30 Stück Samen gereinigt, fein gestoßen, so führen sie Schleim, Galle und Wasser ab, bewirken aber auch Erbrechen. Ein solches Purgieren ist jedoch nicht empfehlenswert, weil der Magen stark erschüttert wird ...". – [11] Die Abb. zeigt gebogene Rohre, die m. E. nur aus zusammengesteckten einzelnen Pflanzenrohren bestehen können. – [12] Plinius, Hist. nat. XII, 17; Dioscorides II, 104; Strabo XV, 1, 20; Lucas, Materials[4], 25. Über ein ägyptisches Wort *škr*, das „Zucker" (lat. sacharum) heißen könnte, vgl. Aufrère, in: BIFAO 83, 1983, 1–31. – [13] Spinnerinnen mit zwei Spindeln: Beni Hasan II, Tf. 13. S. auch Charles Singer, E. J. Holmyard und A. R. Hall, A History of Technology I, Oxford 1958, 413–447. – Vertikale Webstühle sind nur auf Darstellungen zu finden. Da der Weber aber immer von hinten gezeigt wird, könnte es sich dabei auch um eine aspektivische Verzerrung, indem nämlich der Webrahmen nach oben geklappt gezeichnet wird, handeln. Vgl. Carl H. Johl, Altägyptische Webstühle und Brettchenweberei in Altägypten, UGAÄ 8, 1924, 49–58, Abb. 34–39; Egypt's Golden Age (s. Anm. 5), 180f. und dort zitierte Lit. – [14] Segel und Stoffbezüge (?) sind bemalt, vgl. Gardner Wilkinson, Manners and Customs of the Ancient Egyptians II, London 1847, Tf. 12; III, Tf. 16. – [15] Vogler, in: Deutscher Färberkalender 1975, Stuttgart 1975, 369–401. – [16] Meist sind nur Borten gefärbt bzw. farbig gewoben; s. Pfister, in: Revue des Arts Asiatique 11, Paris 1937, 207–218. – [17] Meyer Reinhold, History of Purple as a Status Symbol in Antiquity, Brüssel 1970; Bruin, in: Sociétés et Compagnies de Commerce en Orient et dans l'Océan Indien, Actes du Huitième Colloque International d'Histoire maritime, Beyrouth 5.–10. 9. 1966, Paris 1970, 73–90. – [18] Baumann, in: Proceedings of the Perkin Centennial, American Association of Textile Chemists and Colorists, New York 1956, 225–231. – [19] Egypt's Golden Age (s. Anm. 5), 175, Nr. 199. – [20] Staehelin, Tracht, 16ff., Abb. 16ff. – [21] Schmauderer, in: Technikgeschichte 34, Düsseldorf 1967, 300–310. – [22] Barthoux, in: 11. Congrès International de Géographie, Le Caire Avril 1925, Kairo 1926, Vol. III, IVeme Session, 251–262. – [23] Ob es sich hierbei nicht auch um einen Schutz vor Augenkrankheiten handelt, wird noch diskutiert: Feigenbaum, in: Janus 46, Leiden 1957, 165–172; id., in: Acta Medica Orientalia 17, Jerusalem 1958, 130–141. – [24] Egypt's Golden Age (s. Anm. 5), 31, Abb. 12. – [25] Einfache Riegel s.: Nancy Jenkins, Das Schiff in der Wüste, Frankfurt 1980, 14, Abb. 5–7. – [26] Thurman, in: Acts of the Tapestry Symposium, November 1976, The Fine Arts Museum of San Francisco, San Francisco 1979, 3–19, Abb. 4 (= August Heckerscher Collection Nr. 1959.294). – [27] TT 90 (Nebamun); Rita E. Freed, Egypt's Golden Age, Museum of Fine Arts, Boston 1981, 9 Abb. 10. – [28] Ernst Egli, Geschichte des Städtebaues I: Alte Welt, Erlenbach–Zürich 1959; Edmund Gassner, Geschichte des Städtebaus, Materialiensammlung Städtebau I, Bonn 1972, 3–6. – [29] Badawy, in: JEA 63, 1977, 52–58. – [30] Arnold, in: MDAIK 38, 1982, 17–23, Tf. 4–9. – [31] Goyon, in: RdE 28, 1976, 76–86. – [32] Davidovits, in: Preprints of the International

Congress of Archaeometry, Washington D.C. 1984. – [33] Arnold, in: MDAIK 37, 1981, 15–28, Abb. 3. – [34] Vgl. Georges Goyon, Die Cheops Pyramide, Bergisch Gladbach 1979, 54 ff. Wenn man davon ausgeht, daß die größte Menge der Steinblöcke auf dem umliegenden Wüstenplateau gebrochen wurde, ergibt sich aus der Forderung einer maximalen Steigung für die Rampen diese Länge. Nimmt man an, daß die Rampe in dem 40 m tiefer liegenden Niltal begann, müßte die Rampe sogar 3332 m lang gewesen sein, vgl.: Goyon, op. cit., 57, Abb. 21. – [35] Isler, in: JARCE 13, 1976, 31–41, Abb. 22–23; Paulisch, in: Das Altertum 24, Berlin 1978, 242–246, Abb. 1. – [36] Chevrier, in: ASAE 27, 1927, 140, Abb. 2. – [37] Auguste Choisy, L'art de bâtir chez les Egyptiens, Paris 1904, 63, Abb. 52. – [38] Auch bei der Säule des Taharka: Chevrier, op. cit., 141, Abb. 3. – [39] Lacau, in: ASAE 53, 1956, 212–249. – [40] Jean-Louis de Cenival, in: Ägypten, Weltkulturen und Baukunst (Hg. Henri Stierlin), München 1966, 138. – [41] Cenival, op. cit., 139; Chevrier, in: RdE 23, 1971, 96, Abb. 7. – [42] Borchardt, Sahure I, 75–83; Tonrohre: Borchardt, Neuserre, 120, Abb. 100. – [43] Cenival, op. cit., 139; Chevrier, op. cit., 107 ff. – [44] Gunn, in: ASAE 26, 1926, 197–202. – [45] Karl Georg Siegler, Kalabsha, ÄV 1, Berlin 1970, 16–22; Hinkel, in: Das Altertum 26, Berlin 1980, 27–33. – [46] Über die Berechnung des Gewichts von Obelisken s. Krebs, in: Das Altertum 13, Berlin 1967, 205–213. – [47] Chevrier, in: RdE 22, 1970, 34–39, Abb. 8; Labib Habachi, The Obelisks of Egypt, New York 1977, Abb. 13, Tf. 5; Isler, in: JARCE 13, 1976, 31–41, Abb. 5–7. – [48] Ebd., Abb. 8–16. – [49] Choisy, L'art à bâtir (s. Anm. 37), 124–127, Abb. 95–97. – [50] Aldred, in: Singer, op. cit. (s. Anm. 13), 684–703. – [51] Riederer, in: Keramik Magazin 2, Selb 1981, 34–37. – [52] Zuber, in: Techniques et Civilisation 5, St.-Germain-en-Laye 1956, 161–180. – [53] Zuber, op. cit., 195–215. – [54] Clark–Engelbach, Masonry, 84–95; Chevrier, in: RdE 23, 1971, 88 f., Abb. 4; kaum wie bei Uvo Hölscher, Das Grabdenkmal des Königs Chephren, Sieglin Exp. 1, 1912, 69–76. – [55] S. Goyon, op. cit. (s. Anm. 34). – [56] Petrie, Tools and Weapons, Tf. 48; Goyon, in: JEOL 21, 1969–70, 154–163. – [57] Vgl. Darstellungen aus dem NR, z. B. in: TT 39. 75. 178. – [58] Freed, Egypt's Golden Age (s. Anm. 5), 55 Nr. 27; Teichmann, in: Erik Hornung, Das Grab des Haremhab im Tal der Könige, Bern 1971, 33, Abb. 10. – [59] Goyon, Cheops Pyramide (s. Anm. 34), 127, Abb. 70. – [60] Freed, Egypt's Golden Age (s. Anm. 5), 56 Nr. 28 (= MMA Nr. 11. 150. 34). – [61] Greiss, in: BIE 31, 1949, 249–277, Abb. 10. – [62] Gilbert, in: Singer, Technology (s. Anm. 13), 451–455. – [63] Qau and Badari I, Tf. 41, Nr. 29; Brandys, in: Rocznik Muzeum Narodowego w Warszawie 9, Warschau 1965, 7–53; Curto, in: MDAIK 18, 1962, 59–69. – [64] Mishara und Meyers, in: Recent Advances in Science and Technology of Materials III, Adli Bishay (Hg.), 2nd Cairo Solid State Conference, 21.–26. 4. 1973, New York 1974, 29–45; Na'aman, in: JNES 40, 1981, 47–48. – [65] Halleux, in: Revue de Philologie 49, Paris 1975, 72–88. Für Griechenland beschrieben: Constantin E. Conophagos, Le Laurium Antique, Athen 1980, 305–330, Abb. 12, 1–20. – [66] Versehentlich falsch in meinem Artikel *Silber, LÄ V, 942, Anm. 24. – [67] Übersichtsmäßig zusammengefaßt für Griechenland: Formigli, in: Boreas 4, Berlin 1981, 15–24. Frühere Untersuchungen: C. C. Edgar, Greek Moulds, Kairo 1903 (= CG 32001–32367); Roeder, in: ZÄS 69, 1933, 45–67; Günther Roeder, Ägyptische Bronzewerke, Glückstadt 1937, 187–210; Roeder, in: Mitteilungen aus der Ägyptischen Sammlung 6, Berlin 1956, 516–528; Roeder, in: FuF 31, Berlin 1957, 55–59. Allgemein über äg. Metalltechnik: Newell, in: Journal of Chemical Education 10, Washington D.C. 1933, 259–266; Kayser, in: Gießerei 19, Düsseldorf 1958, 582–587; James, in: Gold Bulletin 5, Johannisburg 1972, 38–42; Grothe, in: Erzmetall 28, Stuttgart 1975, 165–172; Healy, in: Journal of Metals 31, New York 1979, 11–16; Wübbenhorst, in: Gießerei 68, Düsseldorf 1981, 751–755; Faraq, in: Bulletin of the Metals Museum 6, Sendai, Honshu 1981, 15–30. – [68] Milne, in: AE 3, London 1931, 73–74. – [69] Roberts, in: Gold Bulletin 6, Johannesburg 1973, 112–119; Jedrzejewska, in: Studies in Conservation 21, Aberdeen 1976, 101–114. – [70] So wie bei den Germanen mit Bleimodellen? Vgl. Foltz, in: Archäologisches Korrespondenzblatt 10, Mainz 1980, 345–349. – [71] Foltz, in: Archäologisches Korrespondenzblatt 9, Mainz 1979, 213–222; Alexander, in: Denise Schmandt-Besserath (Hg.), Early Technologies, Malibu 1979, 65–71. – [72] Jochen Wolters, Granulation, München 1983. – [73] Vittori, in: Gold Bulletin 12, Johannesburg 1979, 35–39. – [74] Aage Gerhardt Drachmann, Ktesibios, Philon und Heron, Acta Historica Scientiarium Naturalium et Medicinalium 4, Kopenhagen 1948. – [75] Bei Buhen: Emery, in: Kush 11, 1963, 116–120, Abb. 1. Im Sinai: Tylecote, in: Journal of the Institute of Metals 95, London 1967, 235–243. – [76] Da Kobalt für das Kobaltblau (Thenards Blau) und für Glasuren verwendet wurde, muß den Äg. auch Kobalt als Grundstoff bekannt gewesen sein. Bis heute hat man noch keine Kobaltmineralien in Äg. gefunden, so daß sich verschiedene Autoren darüber Gedanken gemacht haben: Wiedemann, in: PSBA 15, 1893, 113–4; Dayton, Bowles und Shepperd, in: John und Ann Dayton, Minerals, Metals, Glazing and Man, London 1978, 451–462; dies., in: Annali del'Istituto Orientale di Napoli 40, N.S. 30, Neapel 1980, 319–351; Dayton, in: British Museum, London, Occasional Papers 19, London 1981, 129–142; Fuchs, in: Hellmut Engelhardt und Gerda Kempter (Hg.), Diversarum Artium Studia, Fs Heinz Roosen-Runge, Wiesbaden 1982, 195–208; Alexander Kaczmarczyk, The Source of the Cobalt in Ancient Egyptian Pigments, in: Preprints of the International Congress of Archaeometry, Washington D.C. 1984. – [77] Ogdon, in: JEA 62, 1976, 138–144. – [78] Weisgerber, in: Der Anschnitt 5–6, Essen 1982, 186–210. – [79] Edmund Dondelinger, Die Treibtafel des Herodot am Bug des ägyptischen Nilschiffes, Graz 1976. – [80] Jenkins, Das Schiff in der Wüste (s. Anm. 25), 83–109. – [81] Edgerton, in: AJSL 43, 1926/27, 255–265; Björn Landström, Die Schiffe der Pharaonen, München 1974. – [82] Die Taltempel der Pyramiden besaßen Hafenanlagen, vgl. Goyon, in: RdE 23, 1971, 137–153. – [83] Pirenne, in: Sociétés et Compagnies de Commerce en Orient et dans l'Océan Indien, Actes du Huitième Colloque International d'Histoire maritime, Beyrouth 5.–10. 9. 1966, Paris 1970, 101–119. – [84] Othmar Keel, Vögel als Boten, OBO 14, Freiburg (Schweiz)

1977, 104–109. – [85] Vercoutter, in: Kush 14, 1966, 156, Abb. 10; 159 mit Anm. 114, Tf. 15; 162 mit Anm. 127, Tf. 16–18. – [86] Jean Vercoutter, Mirgissa I, Paris 1970, 173–187, Abb. 3–5. – [87] Vandier, in: CdE 18, Nr. 36, 1943, 185–190. – [88] William M. Flinders Petrie et alii, Lahun II, BSAE 33, 1923, Tf. 15. – [89] Choisy, L'art de bâtir (s. Anm. 37), 78, Abb. 61 c. – [90] Reineke, in: Colloques internationaux du CNRS No. 595, L'Egyptologie en 1979, Vol. II, Paris 1979, 159–165. – [91] Plinius, Hist. nat. XIII, 74–82 beschreibt die Herstellung von Papyrus, vgl. Hendricks, in: Zeitschrift für Papyrologie und Epigraphik 37, Bonn 1980, 121–136. – [92] Katalog: „Tutanchamun", München 1980, Nr. 10 (= Kairo JE 62095); Katalog: „Naissance de l'écriture", Paris 1982, Nr. 303 (= Louvre AE/N 1723); Manfred Weber, Beiträge zur Kenntnis des Schrift- und Buchwesens der alten Ägypter, Dissertation Köln 1969, 56. – [93] Egypt's Golden Age (s. Anm. 5), 286, Nr. 395; Weber, op. cit., 57. – [94] Brunner, in: Wort und Bild, Symposion des Fachbereichs Altertums- und Kulturwissenschaften zum 500jährigen Jubiläum der Eberhard-Karls-Universität Tübingen, Tübingen 1977, 201–218, Tf. 22–24. – [95] Oder Radierstein: vgl. Weber, op. cit., 28–41. – [96] Basile, in: Aegyptus 57, 1977, 190–199. – [97] Poethke, in: Das Altertum 13, Berlin 1967, 146–164. – [98] Das Auffliegen der vier Vögel bei der Inthronisation des Pharao wurde als die Aussendung von Brieftauben gedeutet. Darstellung vgl.: LD IV, 57 links. Zwar haben die Tauben Schriftbehälter (?) lose um den Hals gehängt bekommen, diese müßten aber auf Grund ihrer schlechten Befestigung verloren gehen. Wie die Texte und die Darstellung rechts daneben zeigen, handelt es sich um die vier Horussöhne, die als Boten (die ohne bestimmtes Ziel und ohne zurückzukommen) in alle Himmelsrichtungen ausgesandt werden; vgl. Keel, Vögel als Boten (s. Anm. 84), 109–119. 128–130. 132–133. 140. 142 und die dort zitierte Lit. – [99] Anthes, in: ZÄS 65, 1930, 108–114. – [100] Beni Hasan I, Tf. 14; II, Tf. 5. 15. – [101] Robert Fuchs, Gedanken zu den beräderten Befestigungsleitern (in Vorbereitung). – [102] Auch hier entwikkelten die Ägypter die asiatischen Vorbilder weiter, z.B. Halssporen; vgl. Littauer, in: Antiquity 42, Gloucester 1968, 27–31; 48, 1974, 293–295. – [103] Katalog „Funde aus Ägypten", Kunsthistorisches Museum Wien 1979, 30 Abb. 13, Nr. B 3. – [104] Pusch, in: SAK 5, 1977, 199–212. – [105] Günther Roeder, Der Ausklang der ägyptischen Religion mit Reformation, Zauberei und Jenseitsglauben, Zürich 1961, Tf. 9 (= Kairo JE 46341). 10 (= CG 9402). – [106] Vgl. Kákosy, in: LÄ IV, 604, Anm. 17. 18. – [107] Habachi, in: MDAIK 22, 1967, 42–47, Tf. 11–12. – [108] Barsanti, in: ASAE 1, 1900, 230–234; PM III², 648 f. – [109] Choisy, op. cit. (s. Anm. 37), 127 f.; Edda Bresciani, La Tomba di Ciennehebu, Capo della Flota del Re, Pisa 1977, Abb. 1. – [110] Annelies und Artur Brack, Das Grab des Tjanuni, TT 74, AV 19, 1977, 73, Nr. 5, 2; 80 Nr. 5, 29; 69 Nr. 2, 22, Tf. 57 c. d. – [111] Ebd., 62 Nr. 1, 16; 69. – [112] Lucas, Materials⁴, 133 f. – [113] Duell, in: Technical Studies in the Field of Fine Arts 8, Cambridge-Mass. 1939–40, 175–191. – [114] S. Anm. 26. – [115] Ware, in: AJSL 43, 1926/27, 185–207. – [116] Robert Fuchs, Grüne und blaue Fritte (in Vorbereitung). – [117] Renate Germer, Untersuchungen über Arzneimittelpflanzen im Alten Ägypten, Dissertation Hamburg 1979. – [118] Tapp, in: A. Rosalie David (Hg.), The Manchester Museum Mummy Project, Manchester 1979, 19–24; Brothwell und Møller-Christensen, in: Man 244, 1963, 192–194; Ghalioungh, in: James E. Harris und Edward F. Wente (Hg.), An X-Ray Atlas of the Royal Mummies, Chicago 1980, 52–79; Abb. 2. 3 f.; David, in: mannheimer forum 80/81, Mannheim o.J., 173–237, Abb. 14; CG 61080. – [119] Harris und Ponetz, in: Aedan Eve Cockborn (Hg.), Mummies, Disease and Ancient Cultures, Cambridge 1980, 45–51. – [120] Edel, in: MDAIK 32, 1976, 35–43 und die daran anschließende Diskussion um einen Kulttempel für den Kugelfisch: Helck, in: GM 29, 1977, 27–31; Edel, in: GM 30, 1978, 35–37; Helck, in: GM 36, 1979, 31–36. – [121] Meßplatte aber nie gefunden; vgl. Goyon, Cheops Pyramide (s. Anm. 34), 70, Abb. 29. – [122] Sloley, in: JEA 17, 1931, 166–178, Tf. 22; Capart, in: CdE 12, Nr. 23, 1937, 45–49; Michel, in: Physis 12, Florenz 1970, 363–370. – [123] Noch heute liest man von der Steinspaltung mit nassen Holzkeilen. Dies ist wohl endgültig widerlegt: Zuber, op. cit. (s. Anm. 52), 200–202, Abb. 38 f. – [124] Robert Fuchs, Antike Technologien II. Härten von Steatit, Berliner Beiträge zur Archäometrie, in Vorbereitung. – [125] Zuber, op. cit. (s. Anm. 52). – [126] Cyril Stanley Smith, in: William John Young (Hg.), Application of Science in Examination of Works of Art, Boston, Mass. 1973, 96–102. – [127] Charles, in: AJA 71, 1967, 21–26; Coghlan, in: Occasional Papers on Technology 4, Oxford 1975, 27–54; Selimchanov, in: Germania 55, Mainz 1977, 1–6. Zu Weißkupfer (Kupfermanganlegierung) s. Leopold Gmelin, Handbuch der Anorganischen Chemie, System-Nr. 56, A 1, Berlin ⁸1980, 11–12. – [128] Epstein, in: Early Technologies (s. Anm. 71), 27–38. – [129] Nach Angabe von Frau Schlick-Nolte möchte ich hier die neuere Literatur zu ihren Artikeln *Glas, *Glasuren und *Fayence nachtragen: Wulff et alii, in: Archaeology 21, New York 1968, 98–107; Kiefer und Allibert, in: Industrie Céramique 607, Paris 1968, 395–402; Noble, in: AJA 73, 1969, 435–439; Kiefer und Allibert, in: Archaeology 24, New York 1971, 107–117; Müller, in: Pantheon 33, München 1975, 287–292; Dayton, op. cit., (s. Anm. 76); Kleinmann, in: Keramik Magazin 1, Selb 1980, 78 ff.; Vandiver, in: Jacqueline S. Olin und Alan D. Franklin (Hg.), Archaeological Ceramics, Washington D.C. 1982, 167–179; Tite, Freestone und Bimson, in: Archaeometry 25, Cambridge 1983, 17–27; Alexander Kaczmarczyk und Robert E. M. Hedges, Ancient Egyptian Faience, Warminster 1983. – [130] Vandiver, op. cit.; Kaczmarczyk, op. cit. (s. Anm. 76). – [131] Vandiver, op. cit. bringt die Effloreszenztechnik zur Diskussion, da mit ihr dünne Glasurüberzüge hergestellt werden könnten. Dies ist auch mit jeder herkömmlichen Technik zu erreichen. Es ist sehr unwahrscheinlich, daß die Ägypter die Glasurstoffe gelöst vorliegen hatten. Ebensowenig läßt sich damit Steatit glasieren, da dieses Material wasserabstoßend ist. – [132] Wulff, op. cit. (s. Anm. 129); Kleinmann, op. cit. (s. Anm. 129). – [133] Vgl. auch Cyril Stanley Smith, in: Proceedings of the American Philosophical Society 116, Philadelphia 1972, 97–135, speziell 103, Abb. 9. – [134] Am Rande des Wadi Natrun zum Fruchtland des Deltas: Saleh, George und Helmi, in: Studies in Conservation 17, Aberdeen 1972, 143–172. – [135] Lucas, Materials⁴, 377–381; Reisner, in: JARCE 5,

1966, 7–10, Tf. 1–4. Reisner berichtet von der modernen Herstellung von nubischer geschmauchter Keramik. Die Gefäße werden mit einer organischen Masse bestrichen und gebrannt. Diese Masse muß aber unter oxydierenden Bedingungen verbrennen. Es müßte also untersucht werden, unter welchen Bedingungen diese nubische Keramik gebrannt wird. Da organisches Material unter Sauerstoffzufuhr wegbrennt (zu Kohlendioxyd), reicht es auch nicht, zuletzt reduzierende Bedingungen zu haben. Anders ist es, wenn die Tonware beim Abkühlen in Asche oder organischem Material liegen bleibt. Dann zieht der Kohlenstoff beim Abkühlen in die Oberfläche. Dies stellte auch schon Pollard fest: vgl. Pollard, in: Cairo Scientific Journal 6, Kairo 1912, 72–75. – [136] Dies wurde falsch analysiert! S. Colin, Fink und Kopp, in: MMS 4, 1932/33, 163–167. Dagegen: Cyril Stanley Smith, in: Recent Advances in Science and Technology of Materials III (s. Anm. 64), 157–167 mit Anm. 4; Cyril Stanley Smith, in: William John Young (Hg.), Application of Science in Examination of Works of Art, Museum of Fine Arts, Boston Mass. 1973, 96–102. Demgemäß ist auch LÄ V, 943, Anm. 40 zu korrigieren. – [137] pLeiden X. Vgl. Marcellin Berthelot, Archéologie et Histoire des Sciences, Mémoires de l'Académie des Sciences de Paris 49, 1906, 266–307 bzw. Caley, in: Journal of Chemical Education 3, Washington D.C. 1926, 1149–1166. – [138] Thouvenin, in: Revue Archéologique de l'Est et du Centre-Est 31, Dijon 1980, 107–112. – [139] Fuchs, Chemische Rohstoffindustrie im alten Ägypten (in Vorbereitung). – [140] Fuchs, in: Fs Roosen-Runge (s. Anm. 76). – [141] Jaksch et alii, in: Naturwissenschaften 70, Berlin 1983, 525–535. – [142] Fuchs, op. cit. (s. Anm. 76). – [143] S. Anm. 139. – [144] Fuchs, in: LÄ V, 372, Anm. 24; ders., in: Berliner Beiträge zur Archäometrie 1985 (i. Dr.). – [145] Garner, in: The Manchester Museum Mummy Project (Hg. A. Rosalie David), Manchester 1979, 19–24; Rosalie David, in: mannheimer forum (s. Anm. 118), 173–237. R. Fu.

Teephibis. Transcription grecque, connue par l'onomastique, du nom divin *Ḏd-ḥr-pꜣ-hb* "Le visage de l'ibis a parlé" [1] attesté en démotique par des questions oraculaires et en hiéroglyphes dans le petit temple de *Qasr el-Aguz. Il s'agit d'une désignation de *Thot sous sa forme d'*ibis, qui le caractérise comme dieu oraculaire (*Orakel). Un lien avec un personnage historique *Teos peut être définitivement écarté [2].

[1] Quaegebeur, dans: OLP 4, 1973, 93. – [2] La critique non justifiée de Eve Reymond, dans: BiOr 35, 1978, 29 ne se retrouve plus dans son livre From the Records of a Priestly Family from Memphis I, ÄA 38, 1981, 88. Voir aussi A.-P. Zivie, dans: LÄ III, 118; Vernus, dans: RdE 32, 1980, 128.

Lit.: RÄRG, 770; Jan Quaegebeur, Teëphibis, dieu oraculaire?, dans: Enchoria 5, 1975, 19–24. J. Q.

Teer (Pech). A. *Definition:* T. [1] ist eine schwarze, flüssige bis halbfeste Substanz, die durch thermische Zersetzung organischer Naturstoffe entstanden ist. Pech [2] ist der feste, schmelzbare Rückstand, der entweder bei der trockenen Destillation [3] organischen Materials (z. B. *Holz [4]) oder bei der Destillation von Teeren entstanden ist. Davon abzugrenzen ist *Bitumen, *Asphalt: Bitumen [5] ist im Altertum der Oberbegriff für eine natürlich vorkommende Substanzklasse, die sich vom Erdöl ableitet [6]. Wenn Erdöl (Petroleum, Naphtha [7]) immer mehr seine flüchtigen Substanzen verliert, erhält man immer härter und fester werdende Produkte, die als solche auch in der Natur vorkommen können: Mineralwachs (Erdwachs) [8], Asphalt [9] und schließlich die Asphaltit-Minerale [10]. Durch geologische Metamorphose können auch Pyrobitumina (Kohle) [11] entstehen.

B. *Name:* Äg. Namen für T. oder Pech sind nicht gesichert. Vielleicht: *mnnn* [12], *mrḫ* [13], *ḥꜥt* [14], *kj-jrsꜣwj* [15] oder *sfṯ* [16] > *sfj* > ⲥⲓϥⲉ.

C. *Vorkommen:* T. und Pech konnten überall da hergestellt werden, wo Holz vorhanden war. Bitumen/Asphalt findet man im Altertum fast nur in Mesopotamien [17] und am Toten Meer [18]. Bitumenvorkommen gibt es häufig auch bei Schwefellagerstätten (*Schwefel). Das äg. Hauptvorkommen von bituminösem Kalkstein/Gips liegt beim Gebel Zeit [19]. Es ist im Altertum wohl nicht ausgebeutet worden [20].

D. *Nachweis:* Aufgrund ähnlicher Eigenschaften (Aussehen, Schmelzbarkeit, sehr heterogene Zusammensetzung) ist eine analytische Differenzierung von Teer- und Bitumenprodukten vor allem bei alten Materialproben sehr schwierig. Bei der langsamen mikrobiologischen und dadurch auch thermischen Zersetzung von Ölen und Harzen über Jahrhunderte hinweg entstehen schwarze (Teer/Pech)-Produkte, die selbst in chemischen Analysen bisher von Bitumenprodukten kaum zu unterscheiden sind [21].

E. *Verwendung:* Da Mumien bei der Balsamierung mit vielen Sorten von Ölen und Harzen behandelt wurden, sich diese aber im Laufe der Zeit möglicherweise zu Teer/Pech-Produkten zersetzt haben, ist es nicht vollständig geklärt, ob Bitumen bei der Mumifizierung verwendet wurde [22]. Selbst moderne Untersuchungen haben diesen Umstand nicht klären können [23]. Die Verwechslung zwischen Bitumen und Teeren führte im 16.–17. Jh. zu einem lebhaften Mumienhandel. Da Bitumina (auch noch heute) als Heilmittel Verwendung fanden, wurden Mumienstücke als Asphalt verkauft. Die von Paracelsus beeinflußte Vorstellung, daß Substanzen, die einen Körper vor dem Verfall schützen, ihre Kräfte auch an Lebende weitergeben können, führte dazu, daß nur noch sog. „Mumia vera" [24] als Heilmittel akzeptiert wurden. Der

Mumienhandel nahm solche Ausmaße an, daß man Mumia wiederum mit Bitumen fälschte und das Plündern äg. Gräber schließlich verboten werden mußte[25].

Nur ein Land wie Mesopotamien, das reich war an Erdöl und dessen Folgeprodukten, verarbeitete Bitumina als Mörtel und Asphaltite als Material für Gefäße und Statuen[26]. Äg. hatte dafür keinen Bedarf. Das Abdichten von Flußbooten scheint nicht nötig gewesen zu sein (s. auch *Technik, 7.1). Als Klebemittel konnte man ebenso Teer/Pech verwenden: Die Feuersteinklingen der äg. *Sicheln wurden mit einer schwarzen Masse festgeklebt[27]. Erst ab dem NR wird Teer/Pech als Abdichtmittel erwähnt: *Mose wurde in einem mit Pech und Asphalt(?) abgedichteten Körbchen ausgesetzt[28]. Erst ab ptol. Zt bestrich man Tongefäße (auspichen), Körbe, ja Ostraka mit Pech[29]. Teer/Pech tritt selten als schwarze Farbe bei *Uschebtis oder an *Sarkophagen auf[30]. Pechpflaster wurden bei Geschwüren und Wunden oder bei einer Milzerkrankung als *Heilmittel eingesetzt[31].

[1] Griechisch: πίσσα ὕγρα, Dioscurides, De materia medica V, 38; lateinisch pix liquida; koptisch ⲥⲓϥⲉ oder ⲗⲁⲙϫⲁⲧⲡ mit Beiwort: ⲉϥϭⲟⲛ (= weich) oder ⲉϥⲟⲩⲱⲧ (= frisch), arabisch زِفْت, vgl. Walter C. Till, Die Arzneikunde der Kopten, Berlin 1951, 48. Definition s. Fritz Ullmann, Encyclopädie der technischen Chemie 16, München ³1965, 668ff. – [2] Griechisch: πίσσα, πίττα: Dioscurides, De materia medica I, 72; lateinisch: pix; koptisch: ⲗⲁⲙϫⲁⲧⲡ (ⲗⲁⲙϫⲉⲧⲡ, ⲗⲁⲙϫⲡ) mit Beiwort: ⲝⲩⲣⲟⲛ (= trocken), dies entspricht Griechisch: πίσσα ζηρά, zu finden in arabisch: كسيرا بصا, vgl. Till, op. cit. – [3] Die Destillation muß zersetzend sein (Unterschied zu den Bitumina. S. Anm. 5 passim)! Sie kann aber auch durch mikrobiologische Zersetzung und Verdunstung geschehen. – [4] Heute häufig aus Braun- und Steinkohle oder Torf, im Altertum aber nur aus Holz oder Holzkohle; Plinius, Hist. nat. XIV, 122. 127. 135; XVI, 38ff. 52f. 59f.; XXIV, 37. 39. – [5] Von oskisch-umbrisch: bitū-men aus dem Indogermanischen: *guetu = Harz, vgl. Hans Lüschen, Die Namen der Steine, Thun 1979, 189. Definition s. Fritz Ullmann, Encyclopädie der technischen Chemie 4, München ³1953, 412ff. – [6] Eine Übersicht über die Substanzklasse s. Forbes, in: Mnemosyne, Tertia Series 4, Leiden 1936/37, 67–77, Tf. 1; Robert J. Forbes, Studies in Ancient Technology I, Leiden ²1964, 1–124, Tf. 1. – [7] Akaddisch: napṭu = flüssiges Produkt. Wird zu griechisch: νάφθα, lateinisch: naphtha. Petroleum setzt sich zusammen aus griechisch: πέτρος und lateinisch: oleum = Felsöl, Steinöl. Aber auch: bitumen liquidum: Plinius, Hist. nat. VII, 65; XXXV, 178–182. – [8] Mineralogisch: Ozokerite von griechisch: ὄζειν = riechen und κηρός = Wachs. Ozokerite gehören zu den Paraffinen. – [9] Von griechisch: ἄσφαλτος, evtl. verwandt mit ἀσφαλής = sicher, unwandelbar, im Sinne seiner Verwendung als Mörtel in Mesopotamien. Koptisch: ⲁⲥⲁⲗⲧⲟⲛ ; lateinisch: bitumen durum. Synonym dazu: πισσασφαλτος (πίσσα, s. Anm. 2), später als Bezeichnung für den Montanwachs (s. Anm. 8). Vgl. Dioscurides, De materia medica I, 84. 100; Plinius, Hist. nat. XXIV, 41; XXV, 178. Aber keine Mischung aus Asphalt und Teer! Wie bei: Grundriß der Medizin VI, 273. – Hebräische Wörter für verschiedene Bitumina חֵמָר, Gen. 11, 3; Ex. 2, 3; Josephus, Altertümer I, 9; daraus arabisch: حمر . זֶפֶת Ex. 2, 3; Jes. 34, 9; daraus arabisch: زِفْت (heute: Pech, vgl. Anm. 1). כֹּפֶר, Gen. 6, 14; aus akkadisch: kupru von kibrītu = Schwefel, s. Dietlinde Goltz, Studien zur Geschichte der Mineralnamen, Sudhoffs Archiv, Beiheft 14, Wiesbaden 1972, 77 (Bitumina enthalten häufig viel Schwefel und riechen auch danach!). Zu den hebräischen Ausdrücken s. James Orr (Hg.), The International Standard Bible Encyclopaedia, Chicago 1925, s. v. pitch, slime; George Arthur Buttrick (Hg.), The Interpreter's Dictionary of the Bible, New York 1962, s. v. bitumen, pitch; G. Johannes Botterweck und Helmer Ringgren, Theologisches Wörterbuch zum Alten Testament, Stuttgart 1977ff., s. v. חמר, *ḥmr*. – [10] Große Härte und geringer Mineralstoffgehalt, z. B.: Albertit, Gilsonit, Grahamit, Rafaelit. – [11] Wie z. B. Braunkohle (lateinisch: gagat), Steinkohle (griechisch: ἄνθραξ, lateinisch: carbo, aber auch Holzkohle). Die Bezeichnungen wandeln sich allerdings im Laufe der Zeit. – [12] Die Namenszuordnungen stehen und fallen mit der Annahme, daß Bitumina in Äg. nicht als Balsamierungsmittel verwendet wurden. S. Anm. 22 u. 23. Wb II, 82, 9–14; Harris, Minerals, 173. 234; Raphael Giveon, Les bédouins Shosou des documents égyptiens, Leiden 1971, 189. – [13] Wb II, 111, 1–10; 111, 13; Harris, Minerals, 174; aber: *mrḥ(t) ḫ3st* = Pissasphalt? (s. Anm. 9): Janssen, Prices, 215, Anm. 64. – Auf einer Darstellung im Grab des Tui (TT 23) wird *mrḥ* auf die Mumie gegeben, vgl. Dawson, in: JEA 13, 1927, 40–49, Tf. 16–18, bes. Tf. 17. Dies würde mit der Beschreibung bei Plinius, Hist. nat. XVI, 52 übereinstimmen, der erzählt, daß in Äg. der wasserhaltige T. des Zedernholzes zum Balsamieren verwendet wurde. In pRhind I, 3, Z. 6; II, 4, Z. 3 wird *mrḥ* = Teer sogar erhitzt. – [14] Wb III, 40, 1; Harris, a.a.O., 212f. = ζώπισσα (= Wachs vermischt mit Pech), vgl. Dioscurides, De mat. med. I, 72; Plinius, Hist. nat. XVI, 56; XXIV, 41. – [15] Ebbell, in: AcOr 17, 1939, 89–111, bes. 103ff. – [16] Wb IV, 118 (s. Anm. 1), vgl. Helck, Materialien, 506. – [17] S. Forbes, a.a.O. (s. Anm. 6). – [18] Das Tote Meer wurde auch: λίμνη ἀσφαλτῖτις = Asphaltsee genannt: Diodorus Siculus, XIX, 98, 2; Plinius, Hist. nat. XXIV, 41; XXXV, 178; Josephus, Altertümer I, 9; ders., Krieg IV, 8, 2; 8, 4; Vitruv, De architectura VIII, 3, 8. Dort wurden vor allem im Süden (Sodom) Asphaltstücke an das Ufer geschwemmt oder mit Booten eingesammelt. Diese Bitumina nannte man: bitumen judaicum oder Judenleim, Judenpech. Vgl. auch Goltz, a.a.O. (s. Anm. 9), 41; Lüschen, a.a.O. (s. Anm. 5), 178. – [19] Bituminösen Kalkstein/Gips gibt es häufig bei Schwefelvorkommen (s. *Schwefel); vgl. auch Anm. 9. Die nicht sehr ergiebigen Erdölvorkommen am Gebel Zeit (27° 56′ N, 33° 30′ O; vgl. Rushdi Said, The Geology of Egypt, Amsterdam 1962, Tf. 22; David Meredith, Tabula Imperii Romani, Coptos, Society of Antiquaries of London, Oxford 1958) hatten um die Jahrhundertwende

großes Interesse gefunden, da man in Äg. nach Erdöl suchte: Antonio Figari, Studii Scientifici sull'Egitto e sue adiacenze compresa la Peninsola dell'Arabia Petrea, Lucca 1864, 188f.; Schweinfurth, in: Zeitschrift der Gesellschaft für Erdkunde 3, Berlin 1868, 521–527; ders., in: BdE 1° sér. 14, Kairo 1886, 101–103; ders., in: Bulletin de la Société géographique de l'Égypte 11. 1, Kairo 1922, 5–9. – [20] Es sind keinerlei Nachrichten über einen Handel von Bitumenprodukten mit Mesopotamien oder Syrien bekannt, nur Diodorus Siculus, XIX, 98 sagt, daß Asphalt vom Toten Meer nach Äg. verkauft würde zum Balsamieren von Leichen. – Seguin, in: 2ème Congrès mondial du Pétrole, Paris, R 43, Paris 1937, 25–30 versucht, die in den Pyramidentexten und im Totenbuch erwähnten Flammenseen mit Becken voller brennendem Petroleum in Verbindung zu bringen. Er meint dadurch nachweisen zu können, daß Erdöl im alten Äg. bekannt und gebräuchlich gewesen sei. – [21] Die Diskussion rankt sich vor allem um den Nachweis, ob bei der äg. Mumifizierung Bitumen verwendet wurde oder nicht. Daher sind alle Teer/Bitumen-Analysen auf Mumienmaterial beschränkt. S. Anm. 22 u. 23. – [22] Lucas, Materials³, 303–308. Lucas diskutiert die bis 1948 erfolgten Analysenergebnisse und -methoden. Dabei wird deutlich, daß zwischen Teer und Bitumen nicht unterschieden werden kann. – [23] Benson, Hemingway und Leach, in: A. Rosalie David (Hg.), Manchester Mummy Project, Manchester 1979, 119–131, untersuchten Mumienbinden. Sie stellten bei den inneren Schichten einen leichten Gehalt von Molybdän (Mo) und Vanadin (V) fest und schlossen daraus auf Bitumen. Dieser Metallgehalt ist aber nach Lucas (a.a.O.) und Griffiths, in: The Analyst 62, Cambridge 1937, 703–709, bes. in der Diskussion S. 709, nicht signifikant. – [24] Das sind „echte Mumienstücke". – [25] Benno R. Meyer-Hicken, Über die Herkunft der Mumia genannten Substanzen und ihre Anwendung als Heilmittel, Diss. Kiel 1978. – [26] Tribondeau, in: Techniques et Civilisations 3, St.-Germain-en-Laye 1954, 98–103. – [27] Hayes, Scepter II, 408, Abb. 259; Gertrude Caton-Thompson, The Desert Fayum, London 1934, 45, Tf. 28. 30. – [28] Ex. 2,3. Vgl. auch Schmidt, in: Siegfried Herrmann u. Hans Walter Wolff (Hg.), Biblischer Kommentar, Altes Testament II. 1, Neukirchen 1965ff., 69f. S. auch Anm. 9. – [29] Theodor Reil, Beiträge zur Kenntnis des Gewerbes im hellenistischen Ägypten, Diss. Leipzig 1913, 40. – [30] Die Angaben in der Literatur sind sehr widersprüchlich, da auch hier nicht zwischen Teer/Bitumen unterschieden wird. Schwarz überzogene Uschebti: CG 47880–2. 48545–7; Sarkophage: Hayes, Scepter I, 312; II, 24. 54. 228. Nach Plinius, Hist. nat. XXXV, 41 wurde aus Pech und Harz eine schwarze Farbe gewonnen. – [31] Till, Arzneikunde (s. Anm. 1), 83f.

Korrekturzusatz: Zu Anm. 19: Ministry of Finance, Egypt, Mines and Quarries Department, Report on the Mineral Industry of Egypt, Kairo 1922, 8–13. R. Fu.

Tefen gilt zumeist als der „nur wenigen Texten noch geläufige" ältere Partner der Göttin *Tefnut, der entsprechend ihrem Namen benannt (*Dualismus, *Götterpaarbildung) und später von *Schu verdrängt worden sein soll[1]. Die einzige Belegstelle Pyr. 317a (W)[2] schreibt *tfn ḥnꜥ tfnt* (rein konsonantisch, ohne Determinative) in nicht ganz eindeutigem Satzgefüge[3]. Gedeutet wird dieses Paar als „das Waisenkind mit der Schwester"[4], „vaterlose Wesen"[5] oder allgemeiner als „men and women"[6]. Barta möchte in T. und Tefnut „Personifikationen der Feuchte" sehen, die „als Begriffe außerhalb von *Heliopolis geprägt worden sein werden"[7]. Der Name T., den einer von sieben *Skorpionen in späten magischen Texten trägt[8], beruht wohl eher auf einem *Wortspiel als auf einer Verbindung mit dem T. der *Pyramidentexte[9].

[1] Kees, Götterglaube, 162. 220f. (Zitat); RÄRG, 771; Barta, Neunheit, 92f. – [2] Die Parallele CT VI, 186b erfährt in zwei Fassungen Umdeutungen, die dritte (B4C) schreibt *dfn dfnt*; in Pyr. 288a ist bei *Teti noch ein Dual *tfntj* belegt, der aber nicht unbedingt das Paar Tefen-Tefnut beinhalten muß. – [3] Pyr., Übers. I, 398f.: *tfn* als Apposition zum König („Onnos hat als kleines Waisenkind mit der Schwester gerechtet"); Sethe, Amun, 35 Anm. 1: *tfn* als „Objekt richtender Tätigkeit des toten Königs"; eine Diskussion dieser Gerichtsszene ist hier nicht möglich, vgl. Ursula Verhoeven, Tefnut-Studien (in Vorbereitung). – [4] Pyr., Übers. I, 398f.; die angegebene Parallele für diese Bedeutung (Urk. IV, 972, 3.9) ist aufgrund der Determinative und der Tatsache, daß die „Waisenkinder" dort in Z. 2 bereits mit dem üblichen Wort *nmḥw* bezeichnet sind, nicht beweiskräftig genug, vgl. aber Paule Posener-Kriéger, Les archives du temple funéraire de Néferirkarê-Kakaï I, BdE 65. 1, 1976, 201 Anm. 1. Andere Auffassung bei Verhoeven, a.a.O. – [5] Kees, a.a.O., 220f. – [6] Anthes, in: JNES 18, 1959, 199; vgl. auch ders., in: JNES 13, 1954, 35f. – [7] Barta, Neunheit, 92f. Die semantische Ableitung geht über das Verb *tf* = „spucken" plus einem *n*-Suffix. Zur Bedeutung des Namens der Tefnut siehe *Tefnut D. – [8] Sander-Hansen, Metternichstele, 36ff. (Z. 51. 54. 55. 58); Parallelen bei Klasens, in: OMRO 33, 1952, 11f. 52f. (Spr. I). – [9] So aber noch Kees, Götterglaube, 221. U. V.

Tefi-ib[1] (*Gaufürst), Inhaber von Grab III in Siut (*Assiut). Er war Parteigänger der *Herakleopoliten-Könige der 10. Dyn. in ihrem Kampf mit den Thebanern. Er nahm an mindestens zwei Feldzügen teil, bei denen der abydenische Distrikt von den Herakleopoliten erobert wurde[2]. Obwohl nicht genannt, sind die Ereignisse in die späte Regierung von Intef *Wꜣḥ-jb-Rꜥ* (*Antef) bzw. *Mrj-jb-Rꜥ* einzuordnen[3]. Trotz des Erfolgs hoffte T. auf einen friedlichen Ausgleich (Z. 28ff.). Er kam vermutlich während des thebanischen Gegenschlags unter Intef-nacht *Tp-nb-nfr* ums Leben. Sein Sohn *Ḫtjj II.* (Siut IV), der in der väterlichen Grabinschrift als Nachfolger im Kindesalter genannt wird[4], ist vermutlich für die Inschrift verantwortlich. Zu einem späteren Zeitpunkt, wohl nach dem Ausgleich mit den Thebanern im 39. Jahr von *Mentuhotep-*Nb-ḥpt-Rꜥ*[5], wurden die

Kampfberichte mit einer Stuckschicht überzogen, auf die ein moralisierender Text geschrieben wurde.

[1] Schenkel, Memphis, Herakleopolis, Theben, 74 liest den Namen *Jtj-jb.j*(?). – [2] Zur historischen Situation vgl. Stock, 1. Zwischenzeit, 74f.; Barta, in: ZÄS 108, 1981, 123f. weist die Kämpfe in die Regierung von Mentuhotep II. S. auch Hayes, in: CAH I. 2, 468. – [3] Zu *Mrj-jb-Rꜥ* vgl. v. Beckerath, in: ZÄS 93, 1966, 14f. – [4] Siut III, 13f. – [5] Zum Ausgleich vgl. Goedicke, in: SSEAJ 12, 1982, 157ff.

Lit.: PM IV, 263; Siut, Tf. 11f.; BAR I, §§ 393ff.; Montet, in: Kêmi 3, 1930, 89ff.; Hellmut Brunner, Die Texte aus den Gräbern der Herakleopolitenzeit von Siut, ÄF 5, 1937, 17ff.; 42ff.; Schenkel, Memphis, Herakleopolis, Theben, 74ff.; Elmar Edel, Die Inschriften am Eingang des Grabes des „Tef-ib" (Siut Grab III), AKM 39. 1, 1970. H. Goe.

Tefnachte (*Tꜣj.f-nḫtt*) I.–II. T.I.: *Špss-Rꜥ* (ruled 728/7 B.C. – 720 B.C.), son of Re *Tꜣj.f-nḫtt*, son of Neith, was the effective founder of Dyn. XXIV at *Sais.

Inheriting a small kingdom in the western Delta from his predecessor, Osorkon, he managed to solidify his control over the Libyan tribes of this region and became Great Chief of the Libu.[1] Two stelae, dated to years 36 and 38 of the weak *Scheschonq V, witness his rule of the Western Delta and give evidence of his numerous titles and designations.[2] Soon after the carving of the two stelae (c. 732–728 B.C.), he moved both east and south, gaining control over *Memphis but not yet claiming the position of Pharaoh.

T.'s expansion south into Middle Egypt met with a reaction from Piankhy (Piye) (*Pianchi), ruler of Dyn. XXV, whose domain extended into southern Egypt – at least up to and including *Thebes.[3] After T.'s armies had laid siege to *Herakleopolis and *Hermupolis (led by Namlot [*Lamintu]) had defected to him, Piankhy sent an army north to counter this threat. Owing to the, at least, mixed success of this move, the Kushite Pharaoh then went in person, visiting Thebes on his way to Hermupolis. A series of victories by Piankhy centered on the western side of the Nile pushed the forces of T. back to Memphis. Sieges apparently were common in this campaign, as both Memphis and Hermupolis fell to the Kushites after some time.

T. himself left Memphis and retreated into his western domains, while Piankhy was forced to move even further north. Eventually, a modus vivendi was satisfied, leaving T. – who could not be dislodged – in control of his core territory, but minus his Middle Egyptian allies. Piankhy himself left Egypt, not wishing, or not being able, to set up a Kushite administration in the north. Soon after, Tefnachte took upon himself the titles and regalia of Pharaoh, as two extant stelae indicate.[4] Later Greek tradition suggests that he may have moved east and campaigned on the border of the eastern Delta.[5]

At T.'s death, in 720 B.C., his son *Bokchoris became Pharaoh in his own right.

It is during this time that Hoshea, king of Israel, contacted "*So, King of Egypt" (II Kings 17, 4) in an attempt to stave off annexation by Shalmanesser (*Salmanassar) V of Assyria.[6] This brief Biblical passage has been connected by some scholars with Tefnachte, So = Sais. However, this equation is disputed by others, and So = Osorkon IV (Dyn. XXII) seems equally possible.

Tefnachte II of Sais was the successor of Bocchoris, son of Tefnachte I, himself killed by *Schabaka c. 715/713 B.C. He has been equated with Manetho's Stephinatos, who ruled for seven years, but only as a knight of Sais and not as Pharaoh. He was the immediate predecessor of *Necho I and is dated to 695–688 B.C.[7]

Tefnachte III was a contemporary of Necho I of Sais, father of the founder of Dynasty XXVI, *Psammetichus I. T. III appears only in the Annals of *Assurbanipal (Rassam Cylinder) and as ruler over Punubu (*Pr-jnbw*). He was probably related to the family of his two earlier namesakes.[8]

[1] Kitchen, Third Interm. Period, 138–142. 362–366. Osorkon (C): Louvre E 10943 = Yoyotte, in: BSFE 31, 1960, 13–22 = Kitchen, op. cit., 350–351. – [2] Kitchen, op. cit., 354–5. 362; Yoyotte, in: Mel. Masp. I, 144–5. 151–3. – [3] Spalinger, in: SSEAJ 11, 1981, 37–58; id., in: SAK 7, 1979, 273–301 with Nicolas Grimal, La stèle triomphale de Pi(ankhy) au Musée du Caire, MIFAO 105, 1981; Kessler, in: SAK 9, 1981, 227–251. – [4] Ramadan El-Sayed, Documents relatifs à Saïs et ses divinités, BdE 69, 1975, 37–53; Yoyotte, in: Kêmi 21, 1971, 35–44; id., in: BIFAO 58, 1959, 97–98; Kitchen, Third Interm. Period, 371–2. – [5] Yoyotte, in: Kêmi 21, 1971, 40–42 (Diodorus Siculus I, 4, 5, 2). – [6] Goedicke and Albright, in: BASOR 171, 1963, 64–66; Yoyotte, in: Kêmi 21, 1971, 42–44; Spalinger, in: JARCE 10, 1973, 96–101; Kitchen, Third Interm. Period, 372–4; Goedicke, in: WZKM 69, 1977, 1–19; Krauss, in: MDOG 110, 1978, 49–54 (impossible). – [7] Priese, in: ZÄS 98, 1970, 19 and n. 18 with Kitchen, Third Interm. Period, 145–147. 395; William M. Flinders Petrie, A History of Egypt III, London 1905, 317–8; Helck, Manetho, 48. – [8] Priese, loc. cit; Yoyotte, in: RA 46, 1952, 213–4; Kitchen, Third Interm. Period, 397. A. Sp.

Tefnut. A. Der Name der Göttin Tefenet, der seit den Pyr.-Texten in meist konsonantischer Schreibweise belegt ist, dürfte äg. *tfnt* zu transkribieren sein (nicht *tfnwt*)[1] und ist griech. noch in PN als -τφῆνις u.ä. erhalten[2]. Seine Bedeutung ist umstritten: zuletzt wurde er als Ableitung des Verbs *tf* = „spucken" plus *n*-Suffix erklärt („das Ausgespieene" bzw. „die Feuchtigkeit")[3], früher als „die Schwester"[4] oder „das Weib"[5] gedeutet (s. auch *Tefen). Die „Geburt" der T. durch Ausspucken scheint auf einem reinen *Wortspiel *tf/tfnt* (ebenso wie *jšš/šw*) zu beruhen und über die Bedeutung dieser Göttin wenig auszusagen[6].

B. In bezug auf ihr Wesen wurde T. als „leere Person"[7] oder „farblose Gestalt"[8] gesehen. Tatsächlich geben die Texte kaum Auskunft über ihre eigene, charakteristische Person und Funktion. Für T. als Personifikation des Urelements der Feuchtigkeit spricht nicht mehr als die bereits erwähnte Art ihrer Entstehung oder die Verbindung ihres Namens mit dem Verb „spucken". Weitere Aussagen bezüglich der Reinigung des Toten und seiner Versorgung sind nicht typisch für T., sie gelten z.B. auch für *Schu[9] bzw. liegen im Rahmen des allgemein Göttlichen. Das Wesen der T. zeigt sich am ehesten in den Relationen, in denen sie zu einigen Gottheiten steht und über die sie in den meisten Kontexten und Epitheta definiert wird:

a) Partnerin des Schu. Nach der *Kosmogonie von *Heliopolis (*Neunheit) wird T. zusammen mit Schu vom Urgott *Atum hervorgebracht, entweder durch Masturbation[10] oder durch Ausstoßen aus Nase bzw. Mund[11]. Als sich gegenseitig ergänzende Elemente bildet dieses erste Geschwisterpaar „Schu und T." (*šw ḥnꜥ tfnt*) eine enge Gemeinschaft, die so beispielhaft ist, daß andere dualistische Prinzipien (*Dualismus) mit diesen beiden Göttern gleichgesetzt werden können[12]: *jrtj* = „die beiden Augen" (linkes *Auge = Sonne entspricht Schu, rechtes Auge = *Mond entspricht T.)[13], die Tages- und die Nacht-*Barke[14], Osten und Westen[15], Neheh und Djet – die beiden Begriffe der *Ewigkeit[16], Anch und *Maat als Lebens- und Ordnungsprinzipien (auch Anch/Anchet)[17], in „*ꜥnḫ ḏd wꜣs*" die beiderseits des *Osiris (= *ḏd*) stehenden Schutzsymbole, die auch als *Himmelsstützen fungieren[18], sowie andererseits ein männlicher und weiblicher *Djedpfeiler. Schu und T. werden des weiteren gemeinsam als das löwengestaltige Paar *Ruti in *Leontopolis verehrt und haben in Heliopolis eine Doppelkultstätte: die untere und obere Menset[19]. Diese *nṯrwj ꜥꜣwj*, „die beiden großen Götter", wie sie dualistisch genannt werden können[20], spielen zusammengehörige Parts auch in Göttermythen singulärer Tradition: nach *pEbers 95,8 sind sie von *Isis in *Chemmis geboren worden und gelten daher als *Kinder des Biti. In der Erzählung des Naos von El-Arish sind sie Königspaar auf Erden, wobei beider Sohn *Geb nach dem Tode seines Vaters die Herrschaft übernimmt[21]. Die Beziehungen von Schu und T. in den an so vielen Orten Äg. zu belegenden *Augensagen leiten über zu dem zweiten Bereich, über den T. definiert wird und durch den sie ihren später stärker hervortretenden Aspekt der wilden Göttin erlangt:

b) Tochter des *Re (-Atum). Während T. einerseits die erste weibliche Gottheit ist, die vom *Schöpfergott (Atum, dann Re-Atum[22]) hervorgebracht wird und somit seine Tochter ist, die die nachfolgende Göttergeneration gebiert[23], ist sie andererseits auch eine Art Gattin für ihn: beim Selbstzeugungsprozeß des Atum (*Schöpfung) fungiert sie als „*Hand des Atum" (*Götterhand) und erhält damit eine ähnliche Stellung wie *Nebet-hetepet und *Iu(e)s-aes[24]. Vor allem bedingt diese Rolle aber ihre enge Verknüpfung mit den *Gottesgemahlinnen[25]. Als „Tochter des Re", einem häufigen Beiwort der T.[26], gelangt diese Göttin in den Kreis der Gleichsetzungen: Tochter – Auge – Diadem – *Uräus – *Löwin, sie wird „Herrin der Flamme" (*Feuer), die den, der sie an seinem Haupte trägt, beschützt und dessen Feinde sie abwehrt[27]. Diesen Aspekt teilt sie besonders mit *Sachmet[28], er gilt aber fast allgemein für weibliche Gottheiten. Mythologisch verkörpert T. hingegen anscheinend eine spezifische Eigenschaft des göttlichen Auges: die Fähigkeit, sich zu entfernen und wiederzukehren. Bereits in den *Sargtexten wird geschildert, wie T. sich zusammen mit ihrem Bruder Schu vom Vater getrennt hatte und dieser die beiden sucht in der eigenartigen Gestalt des „Einzigen Auges" (*wꜥt*; heißt das, die Dualität = „Schu-Tefnut" fehlt ihm?)[29]. In einem anderen Mythos tritt sie auf in der Verbindung:

c) *Hathor-Tefnut. Seit dem NR faßbar[30] wird der von Junker herausgearbeitete Sagenkreis um den Auszug des zürnenden Auges aus *Nubien: T., die als wütende, löwengestaltige Göttin fern von Äg.[31] haust, wird von ihrem Vater Re vermißt, da er sie liebt und für seinen Schutz benötigt. Schu, der Bruder, und *Thot[32], der Magier, machen sich in Gestalt zweier *Affen auf die Suche und können T., als sie sie aufgespürt haben, nur durch magische Spiele und Versprechungen überreden, sich nach Äg. zu ihrem Vater zu begeben. Dort angelangt, verwandelt sich T. in die schöne, friedliche Frauengestalt der Hathor, die aber stetiger *Besänftigung in Form von *Wein, *Musik, *Tanz und Wüstengetier als Speise bedarf, um nicht wieder die Gestalt der wütenden T. anzunehmen[33]. Zeugnisse dieser Legende finden sich in fast allen späten Tempeln Äg. und Nubiens[34], wobei die Göttin jeweils mit den verschiedenen lokalen Formen des Weiblichen verschmelzen kann, so vor allem: *Pachet im *Speos Artemidos, Hathor und *Repit in *Dendara, *Nebetuu und *Menhit in *Esna, *Nechbet in *Elkab, *Mehit in *Thinis und (*Tell) Edfu[35], *Sent-Nofret in *Kom Ombo, Hathor, T. und *Wepset in *Philae, T. in *Dakke und anderen nubischen Tempeln[36] sowie auch als Djedet[37]. Als Begleiter der Göttin treten ebenfalls verschiedene Götter auf: *Onuris, Schu und *Chnum, letzterer besonders in seiner Form als *Arensnuphis[38]. Die Sage, die als fortlaufende Erzählung nur in einer demot. (*Sonnenauge, Demotischer Mythos vom) und griech. Fassung[39] vorliegt, wurde unterschiedlich gedeutet: Junker bemühte sich vor allem um die Herkunft und Entwicklung des Mythos, den er auf eine alte Jägersage von Onuris und Mehit zurückführt, die sich dann mit den Vorstellungen um Horusauge und Augen des Sonnengottes vermischt habe[40]. Barta und E. Brunner-Traut sehen in der Sage einen „Naturmythos zur Sonnenwende" (*Mythos)[41]. Derchain hat sie als Gleichnis für die Schrecken und Freude verbreitenden Phasen des Mondes interpretiert[42]: T. als linkes Auge des Sonnengottes gilt schon früh (s. o.), aber auch noch in späten Texten[43] als Mond. Ihre Gestalt als Löwin fern von Äg. symbolisiert die Angst und Unsicherheit in der Dunkelheit der Neumond-Nächte, die Wandlung in die schöne Frau die Freude und Gelegenheit zu Festen, Liebe und Gelagen bei Vollmond. Hiermit zu verknüpfen ist eine weitere Deutung der Gottheit Hathor-Tefnut – bzw., wie ein Text in Philä in bezeichnender Weise sagt, „sie ist zornig als Sachmet und friedlich als *Bastet[44] – als die beiden Aspekte des Weiblichen und der Liebe: wild, kämpferisch und verteidigend als Löwin; zart, liebevoll und erotisch als *Katze[45]. Die *Farben Rot und Grün werden außerdem von den Äg. diesen Aspekten zugeschrieben[46].

C. Die Eigenschaften der Göttin in dem zuletzt beschriebenen Mythos bedingen die Ausprägungen ihres Kultes: er hat teilweise orgiastische Züge (bei einem ihrer Feste mit Wein und Gesang verirrt sich ein Priester der T. und gerät in argen Konflikt mit den strengen Bestimmungen über das *Abaton[47]), enthält andererseits aber auch Riten, die auf den kosmischen Charakter der T. hinweisen: das Reichen der sog. „*Wasseruhr" (*wnšb* oder *šbt*) (*Schebet)[48], der *Sistren und des *Menits[49], des oder der Augen (*Udjatauge)[50], Heh- und *Maat-Opfer[51], das Schlachten der *Antilope[52], die alljährliche Wiederholung der Ankunft der T. in Äg. mit neuntägiger Wasserfahrt[53] (*Feste). Zwar ist ein *Priester der T. aus dem Deltagebiet bekannt[54], der in Zusammenhang mit der Verehrung des Götterpaares in Leontopolis oder Heliopolis stehen könnte, ein speziell der T. geltender Kultort ist hingegen nicht zu bestimmen. Das Empfangstempelchen auf Philae, die verschiedenen *Felstempel, wie z. B. der in Elkab[55], dienen eher der Idee der Wandlung der Göttin, die unter lokalen Namen angesprochen wird, als der konkreten göttlichen Person Tefnut.

Merkwürdigerweise existiert auch keine, mit Sicherheit T. darstellende Plastik oder Kultstatue[56], als fraglich können Gruppen aus *Meroe[57] und eine römische aus Dendara[58] gelten. Abbilder der T. an Tempelwänden sind hingegen zahlreich, als kosmische Göttin ist sie ja überall zu Hause. Sie erscheint entweder ganz als Löwin[59] oder als Frau[60], die üblichste Mischform zeigt Frauenkörper mit Löwinnenhaupt, das zusätzlich eine *Schlange[61] oder die Sonnenscheibe[62] tragen kann.

D. Die hier zusammengefaßten Züge der Göttin T. klingen unvereinbar: vom Namen her eine Göttin der Feuchtigkeit (?), in Kult und Mythos mit den Phasen der Gestirne verbunden, von den Pyr.-Texten bis in die *Augensagen der SpZt stets untrennbar mit Schu verknüpft und außerdem von großer Bedeutung für den Sonnengott. Ein neuer Ansatz für die allem zugrunde liegende, ursprüngliche Bedeutung der T. – der zunächst lediglich als Diskussionsbeitrag gewertet werden soll – wird nun möglich durch den in den Abusir-Papyri belegten Terminus *tfn*, der die Deformation von Metallgegenständen bezeichnet[63]. Versteht man den Namen T. dann als „Die sich Verformende", so findet sich darin eine treffliche, deskriptive Bezeichnung des Mondes als dem Gestirn, das par excellence Wandlung und Verformung beinhaltet. T. = „Die sich Verformende" (*Mond*) und Schu = „der Trocknende"[64] (*Sonne*) ergeben in der Vereinigung *Licht und Finsternis, Tag und Nacht*, die Dimension der *Zeit*. Da einer nicht ohne den anderen existiert, Licht sich durch Finsternis definiert, Nacht durch den Tag und umgekehrt, symbolisiert „Schu-Tefnut" die Zusammengehörigkeit sich gegenseitig ergänzender Paare, das Prinzip des Dualismus (s. B. a). Die in der heliopolitanischen Weltschöpfung folgende Generation Geb und *Nut bildet die zweite entscheidende Bedingung des Seins: den *Raum* zwischen Himmel und Erde. Die Rolle der T. im Kosmos wäre somit einerseits das Prinzip des in der Form Wandelbaren (Neumond/Sichel/Vollmond, Löwin/Frau, Ferne/Nähe), andererseits das Prinzip der Ergänzung, das damit einhergeht: keine Sonne ohne Mond, kein Tag ohne Nacht, kein Mann ohne Frau, kein Frieden ohne Gefahr. Die konkrete Erfahrung dieser Prinzipien bezog sich auf den

Mond, dessen deskriptiver Name *tfnt* zur göttlichen Person der T. wurde[65].

[1] Vgl. Zeidler, in: GM 49, 1981, 87; aber auch Osing, Nominalbildung, 472. – [2] Friedrich Preisigke, Namenbuch, Reprint Amsterdam 1967, 109 (s. v. Ἐστφῆνις); vgl. auch die äg. Vorformen Ranke, PN I, 158, 1; 179, 1; 179, 23; II, 361. 365. – [3] Barta, Neunheit, 91. – [4] Pyr., Übers. I, 334f. – [5] Anthes, in: JNES 18, 1959, 198f.; ders., in: MDOG 96, 1965, 20. 28. – [6] Barta, a.a.O., 90. Die späten Schreibungen des Namens der T. mit der Hieroglyphe des spuckenden Mundes für die Radikale *t-f* dürften ebenso als spielerische Graphie aufzufassen sein. – [7] Kees, Götterglaube, 220. – [8] Helck–Otto, Kleines Wb, 365. – [9] Pyr. 552a. 553. 842. 2065; vgl. dazu im allgemeinen Brigitte Altenmüller-Kesting, Reinigungsriten im ägyptischen Kult, Diss. Hamburg 1968. – [10] Pyr. 1248. – [11] Pyr. 1652c; CT II, 3–4. 18e; IV, 174f; pLeiden I 350, 69 (IV, 3); im *Amenophis I.-Ritual: Caminos, LEM, 473 (er gibt die Parallelen zu pTurin B vso 4, 3); A. Rosalie David, Religious Ritual at Abydos, Warminster 1973, 228. 263. – [12] Allgemein zu diesen Gleichsetzungen vgl. Hermann Kees, Horus und Seth als Götterpaar I, MVAeG 28, Leipzig 1923, 52ff.; Eberhard Otto, Gott und Mensch nach den äg. Tempelinschriften der griech.-röm Zeit, AHAW 1964. 1, 91ff. – [13] CT VI, 220; vgl. Kees, in: ZÄS 57, 1922, 108 (die angebliche Vergewaltigung der Kinder durch ihren Vater Atum in diesem Text könnte auch als eine Beschädigung der Augen durch Gift (*mtwt*) statt eines Mißbrauchs der Kinder durch den Samen (*mtwt*) verstanden werden. Die Nennung von Schu und T. ist nur eingeschoben, im nächsten Satz ist wieder von den Augen die Rede); Adolf Erman, Hymnen an das Diadem der Pharaonen, APAW Berlin 1911. 4, 43 (e 6–7); vgl. Junker, Onurislegende, 132; Sander–Hansen, Metternichstele, 57 (Spr. XII, Z. 150). – [14] Z. B. CT VI, 220. – [15] Z. B. Pyr. 1691; CT VII, 42e–f. – [16] CT II, 23a–c. 28d. (39b–d?); vgl. dazu Erik Hornung, Der äg. Mythos von der Himmelskuh, OBO 46, Freiburg/CH–Göttingen 1982, 103f. – [17] CT II, 32a–e. 35f. g. 145b; CT VII, 489c; vgl. auch Jan Assmann, Re und Amun, OBO 51, Freiburg/CH–Göttingen 1983, 113. – [18] Vgl. dazu Kaplony, Beitr. Inschriften, 193 (288). 204 (340); Erich Winter, Untersuchungen zu den äg. Tempelreliefs der griech.-röm. Zeit, DÖAW 98, 1968, 77ff. 85ff.; Assmann, in: MDAIK 28, 1973, 132; Assmann, ÄHG, 35; Tefnut als Himmelsstütze bereits in Pyr. 288. 990. 1405. 1443. – [19] Pyr. 1662a; vgl. Karola Zibelius, Äg. Siedlungen nach Texten des Alten Reiches, Beiheft TAVO B 19, Wiesbaden 1978, 21 mit Anm. 102. – [20] Z. B. Pyr. 1985c; CT VI, 404q–s; Grieshammer, Jenseitsgericht, 82. – [21] G. Goyon, in: Kêmi 6, 1936, 1ff. (Erwähnung der T. ebd., 14. 31 = Text C, Rückseite). Die in der Sekundärliteratur immer wieder zu findende Interpretation der Passage ebd., 14, Z. 8–10 als Vergewaltigung der T. durch ihren Sohn Geb vermag ich nicht zu übernehmen. Zu einer anderen Deutung der Stelle siehe demnächst im einzelnen Ursula Verhoeven, Tefnut-Studien (in Vorbereitung). – [22] Siehe dazu Barta, in: LÄ V, 171 (s. v. *Re E. 1. a). – [23] Vgl. Barta, Neunheit, 94. – [24] Vandier, in: RdE 18, 1966, 79. 125ff. – [25] Leclant, in: MDAIK 15, 1957, 166ff. – [26] Vgl. de Wit, Lion (s. Lit.), 327; z. B. CT I, 63d. – [27] Z. B. Hans O. Lange, Der magische Papyrus Harris, Historisk-filologiske Meddelelser 11. 2, Kopenhagen 1927, 15 (B, Z. 10ff.); pSalt 825 (Derchain) I, 140 (VII, 8–10); Sylvie Cauville, La théologie d'Osiris à Edfou, BdE 91, 1983, 76. – [28] Vgl. Sigrid-Eike Hoenes, Untersuchungen zu Wesen und Kult der Göttin Sachmet, Bonn 1976, 185ff.; Philippe Germond, Sekhmet et la protection du monde, ÄH 9, Genf 1981, passim. – [29] CT II, 5a–b; Otto, in: LÄ I, 566, Anm. 4. – [30] 18./19. Dyn.: pPuschkin Museum Moskau Nr. 167 nach Assmann, in: GM 25, 1977, 32, Anm. 50; 20. Dyn.: oBerlin 21443, siehe Emma Brunner-Traut, Die altäg. Scherbenbilder (Bildostraka) der deutschen Museen und Sammlungen, Wiesbaden 1956, Titelbild und Tf. 33, Nr. 92; 2. Hälfte NR: Bengt E. J. Peterson, Zeichnungen aus einer Totenstadt, Medelhavsmuseum Stockholm, Bull. 7–8, 1973, 81ff., Tf. 28 (jeweils zu Nr. 47, MM 14059); undatiert: Erik Hornung und Elisabeth Staehelin (Hg.), Skarabäen und andere Siegelamulette aus Basler Sammlungen, Äg. Denkmäler in der Schweiz 1, 120. 343., Tf. 86 (jeweils Nr. 773); Anklänge auch bereits in Tb Kapitel 167. – [31] Zu den Ortsbezeichnungen *Knst, Bwgm, Stt, Tꜣ-ztj, Tꜣ-nṯr* vgl. Junker, Auszug (s. Lit.), 24ff.; ders., Onurislegende, 71ff.; zu *šs ḥrt* siehe Karola Zibelius, Afrikanische Orts- und Völkernamen in hieroglyphischen und hieratischen Texten, Beiheft TAVO B 1, Wiesbaden 1972, 157. – [32] Zur Rolle des Thot in dieser Legende: Junker, Auszug, 41ff.; C. J. Bleeker, Hathor and Thot, Studies in the History of Religion, Supplement to Numen 26, Leiden 1973, 127ff.; Hornung und Staehelin, a.a.O., 107; Maria-Theresia Derchain-Urtel, Thot à travers ses épithètes dans les scènes d'offrande des temples d'époque gréco-romaine, Rites égyptiens III, Brüssel 1981, 19. 60. – [33] Zur Rekonstruktion dieses Mythos siehe Junker, Auszug; ders., Onurislegende, bes. 94ff.; Sethe, Sage vom Sonnenauge (s. Lit.); Wolfgang Schenkel, Kultmythos und Märtyrerlegende, GOF IV. 5, 1977, 107ff.; Germond, a.a.O. (s. Anm. 28), 131ff. – [34] Zusammenstellung von Erwähnungen bei Junker, Auszug. – [35] Sylvie Cauville, in: BIFAO 82, 1982, 105ff. – [36] Siehe Junker, Auszug, 47ff. – [37] Ders., Onurislegende, 105ff. – [38] Dazu jetzt De Meulenaere, in: CdE 52, Nr. 104, 1977, 245ff. – [39] Stephanie West, in: JEA 55, 1969, 161ff. – [40] Junker, Onurislegende. – [41] Barta, in: ZÄS 95, 1969, 76ff.; E. Brunner-Traut, in: LÄ IV, 279 (s. v. „Mythos"); Verbindung mit der Überschwemmung: Germond, a.a.O., 227f. – [42] Philippe Derchain, La Religion égyptienne, Histoire des Religions 1, Paris 1971, 82f.; ders., Hathor quadrifrons, Istanbul 1972, 45. – [43] Z. B. Junker, Philae I, 106; vgl. Philippe Derchain, La Lune – mythes et rites, SourcesOr 5, Paris 1962, 52; Junker, Auszug, 22f.; ders., Onurislegende, 103f. (c2); Herbin, in: BIFAO 82, 1982, 264f. (11). – [44] S. Junker, Auszug, 32 (Philä Photo 57/58). – [45] Daumas, in: LÄ I, 725 (s. v. „Besänftigung"); ders., in: LÄ II, 1029 (s. v. „Hathor"); Derchain (s. Anm. 42). – [46] Hermann Kees, Farbensymbolik in äg. religiösen Texten, NAWG 1943. 11, 427. 431ff. 448ff. – [47] Hermann Junker, Das Götterdekret über das Abaton, DAWW 56. 4, 1913, 83ff. (pDodgson). – [48] Z. B. De Morgan, Cat. des Mon. III, 294 (941); Junker–Winter, Philae II, 75 (13); vgl. allgemein Handoussa, in: SAK 7, 1979, 72ff. – [49] Z. B. Junker, Philae I, 132 (6); Junker–Winter, Philae II, 91 (10); de Wit,

Temple d'Opet I, 159 B; II, Tf. 8; de Morgan, Cat. des Mon. II, 117 (152); III, 178 (773); vgl. dazu Marc Swinnen, De Menatofferande in de egyptische tempels van de grieks-romeinse periode (Eindverhandeling Leuven 1982, unveröff.) I, 199. – [50] Z.B. de Morgan, a.a.O. II, 20 (15). 101 (126). 331 (447). – [51] Z.B. ebd. II, 98 (122). 181 (238); ebd. III, 31 (563); Edfou VII, 128 f. 271 f. – [52] Junker, Philae I, 68 (3); vgl. Philippe Derchain, Le sacrifice de l'oryx, Rites égyptiens I, Brüssel 1962, 22 f. 52 f. (13). – [53] Vor allem in Dendara, vgl. Junker, Auszug, 76 ff. – [54] Jacobus J. Janssen, Two Ancient Egyptian Ship's Logs, OMRO Supplement 42, 1961, 18 f. (Ix + 11). – [55] Vgl. im besonderen Philippe Derchain, Elkab I, Les monuments religieux à l'entrée de l'Ouady Hellal, Brüssel 1971, 12 ff. – [56] Vgl. de Wit, Lion, 332. – [57] Fritz Hintze, Musawwarat es Sufra I. 2, Der Löwentempel, Tafelband, Berlin 1971, Titelbild; Tf. 11 c. 12 b. Zur Deutung dieser Plastiken siehe Wenig, in: ZÄS 101, 1974, 134 f.; Louis V. Žabkar, Apedemak, Lion God of Meroe, Warminster 1975, 166 (139); Inge Hofmann, in: GM 23, 1977, 45 ff.; zu T. in Meroe vgl. auch noch Karola Zibelius, Der Löwentempel von Naqʿa in der Butana (Sudan) IV, Die Inschriften, Beiheft TAVO B 48.4, Wiesbaden 1983, 63 (zu Inschrift 14). – [58] Kairo JE 46278, siehe dazu Daressy, in: ASAE 18, 1919, 189 (IX); Philippe Derchain, La Lune – mythes et rites, SourcesOr 5, Paris 1962, 52 f. Mehr zur Deutung bei U. Verhoeven, a.a.O. (s. Lit.). – [59] Dakke II, Tf. 115; Samuel Sharpe, Egyptian Inscriptions from the British Museum I, London 1837–1854, 120; vgl. auch Ostraka und Skarabäus oben Anm. 30. – [60] Z.B. in der wahrscheinlich ältesten Darstellung der Göttin: Lacau–Chevrier, Hatshepsout II, Tf. 10 (271); vgl. ebd. I, 221 f., § 346. – [61] Z.B. Reliefs II, Tf. 121 A; LD IV, 67 a (Philae). – [62] Z.B. Reliefs II, Tf. 99 D. 105 H; Junker, Philae I, 69 (Abb. 35). 130 (Abb. 71). 255 e (Abb. 148); Junker–Winter, Philae II, 90. 146. – [63] Paule Posener-Kriéger, Les archives du temple funéraire de Néferirkarê-Kakaï I, BdE 65.1, 1976, 200 f. (D7). – [64] Zu diesem Aspekt des Schu siehe bereits Barta, Neunheit, 86 ff. 91; *šwj* = „trocken", „trocken werden" siehe Wb IV, 429; das Kausativ *sšwj* = „trocknen" bereits in den Pyr.-Texten, vgl. Wb IV, 281. – [65] Diese neue Deutung von Schu und T. im Rahmen der heliopolitanischen Lehre sowie im äg. Pantheon kann im Rahmen des LÄ hier nicht näher ausgeführt werden. Ihre Argumentation sowie weiterführende, daraus resultierende Ergebnisse für die Rolle der T. bilden den Hauptteil meiner bereits mehrfach erwähnten „Tefnut-Studien" (in Vorbereitung).

Lit.: Roeder, in: Roscher, Lex. Myth. V, 156–176; RÄRG, 770 ff.; Hermann Junker, Der Auszug der Hathor-Tefnut aus Nubien, APAW Anhang, 1911. 3; ders., Onurislegende; Kurt Sethe, Zur altägyptischen Sage vom Sonnenauge, das in der Fremde war, UGAÄ 5, Nachdruck Hildesheim 1964; Constant de Wit, Le rôle et le sens du lion dans l'Egypte ancienne, Luxor 2. Aufl. o. J., 324–332; Winfried Barta, Untersuchungen zum Götterkreis der Neunheit, MÄS 28, München–Berlin 1973, 89–94; Ursula Verhoeven, Tefnut-Studien, in Vorbereitung.

Korrekturzusatz: Zu Anm. 11: Zum Motiv s. jetzt Karola Zibelius, in: Fs Westendorf I, 403. – Zu Anm. 13: Zur Textstelle der Vergewaltigung vgl. jetzt Borghouts, in: Fs Westendorf II, 712 ff. – Zu Anm. 48: füge hinzu Graefe, in: Fs Westendorf II, 895 ff. U. V.

Tehne (Akoris) (Karte 2 g) (= „Ṭihna al-Gabal", aus „*Tꜣ-dhnt*" [die Bergspitze])[1], Ort auf dem östl. Nilufer nördl. von Minia (28° 11′ n. Br.) westl. des Einganges zum Wadi Ṭihnawi mit Siedlungskontinuität seit AR. Südl. von T. als Landschaftsmarke ein aufragender Felskern: Beginn eines sich nach S erstreckenden Höhenzuges.

Im AR Gründung der Domäne *Mr-nfrt*[2]. Der Ort (mit Hafen[3]) an der Stelle des heutigen T.(?)[4] entwickelte sich zu einem Verwaltungszentrum mit einer Felskammernekropole (sie erstreckte sich von unterhalb des Felskernes[5] ca. 2 km nach S mit Einschluß der „Fraser-Tombs"[6]): am bekanntesten die Felsgräber[7] des *Nj-kꜣ-ʿnḫ*[8] und seiner Eltern(?)[9] sowie seines Großvaters *Ḫnw-kꜣ*[10]. *Nj-kꜣ-ʿnḫ* war hoher Gaubeamter (Gutsvorsteher und „Vorsteher der neuen Städte")[11]. Er und sein Sohn *Ḥm-Ḥwtḥrw* waren Priester der *Hathor von *Rꜣ-Jnt*[12]. In *Mr-nfrt* wurde möglicherweise ein Löwengott verehrt[13] (ein Tempel ist nicht erhalten). *Mr-nfrt* gehörte vermutlich wie im MR zum 17. o. äg. *Gau[14] und im NR zum Bezirk von Hermupolis[15].

Ab 18. Dyn. wird in T. *Amun, „der vorderste Löwe", verehrt[16]; die Siedlung heißt jetzt „*Pr-Jmn-mꜣj-ḫntj*"[17]. *Ramses II. erbaute dem Amun einen Tempel[18] (der auch von *Ramses III. ausgestattet wurde)[19]. Im Felskern legten Amun-Priester der 21./22. Dyn. ihre Felsgräber an[20].

Spätestens in der 26. Dyn. tritt neben Amun *Sobek als „Herr von *Bḫt*" (d. h. des Felskernes)[21]; dieser ist in ptol. Zt auch „Herr von *Rꜣ-wꜣt*"[22] und damit der Mündung des Wadi Ṭihnawi[23]. Beide bleiben von nun an die Hauptgottheiten von Tehne[24]. In der 26. Dyn. werden die Priestergräber in Kapellen umgewandelt, insbesondere des Amun und des *Sobek[25]. Der Ortsname ändert sich wohl schon in „*Tꜣ-dhnt*"; ab 27. Dyn. ist daneben auch Akoris anzunehmen[26].

In der röm. Zt wird der Ort auf die Felsterrasse nördlich des Felskernes verlagert[27] (Zentrum des röm. Acoris). Das Gebiet des Felskernes wird ausgebaut: 1. Der Amun-Tempel wird durch Vorbau einer Hypostylen Halle zum Hemispeos (Tempel B oder Nero-Tempel)[28], zu dem von N her ein Prozessionsweg führt; 2. Kapelle C[29]: Der Kaiser erscheint als Kultvollzieher und ist als kultempfangender Pharao mehrfach unter die Ortsgötter (angeführt von Amun und Sobek) eingereiht. Auf den Türpfosten erkennt man u. a. *Imhotep[30]; 3. am Berg nördl. des Einganges zum Wadi Ṭihnawi Kultanlage (Tempel C): wohl Grabkapelle[31].

[1] Kessler, Topographie (s. Lit.), 269. – [2] Namenstypus *Mr-nfr*+ Königsname (Kessler, op. cit., 269). – [3] Wohl schon AR, belegt aber erst in demot. und griech. Texten (Kessler, op. cit., 282). – [4] Ebd., 281. – [5] Diese Gräber sind schlecht datierbar: Walter Wreszinski, Bericht über die photographische Expedition von Kairo bis Wadi Halfa, Halle 1922, 28; Kessler, op. cit., 283. – [6] Kessler, op. cit., 283. – [7] Brunner, Felsgräber, 14–20. – [8] Fraser Nr. 13, s. Anm. 9. – [9] Sog. 2. Grab des *Nj-kꜣ-ꜥnḫ*; wesentliche Teile der Texte beider Gräber neu bearbeitet von Elmar Edel, Hieroglyphische Inschriften des Alten Reiches, 1981, 38–66. – [10] Fraser Nr. 14. – [11] Datierung des *Nj-kꜣ-ꜥnḫ* frühestens Beginn der 5. Dyn. (*Userkaf). – [12] Von Kessler, Topographie, 245 ff. bei Nazlat esch-Schurafa ca. 6 km südl. von T. lokalisiert. – [13] Der dann in der 18. Dyn. von Amun verdrängt worden wäre (s. u.). – [14] Kessler, op. cit., 284. – [15] Ebd., 255–6: Thot wurde daher unter die Götter von T. aufgenommen (Kessler, op. cit., 271). – [16] S. Anm. 13. – [17] Kessler, op. cit., 254. – [18] Blöcke im Tempel B (Nero) verbaut; s. *Felstempel. – [19] pHarris I, 61 b, 9 (Kessler, op. cit., 255). – [20] Kessler, op. cit., 273. – [21] Ebd., 274. – [22] Ebd., 277. – [23] Allgemein zu den Göttern von T. s. ebd., 273–281. – [24] Tiermumien, meist Widder und Krokodile, aus dem 1. Jh. n. Chr. in Grab 3 (Kessler, op. cit., 279). – [25] Frühform des Tempels B und Felsgrab 1 (Kessler, op. cit., 275). – [26] Ebd., 280. – [27] Ebd., 282. – [28] Kartuschen des *Nero, s. Lefebvre und Barry, in: ASAE 6, 1905, 144. – [29] PM IV, 129. – [30] Hierzu s. Dietrich Wildung, Imhotep und Amenhotep, MÄS 36, 1977, § 92. – [31] Rostislav Holthoer und Richard Ahlquist, The „Roman Temple" at Tehna el-Gebel, Studia Orientalia 43.7, Helsinki 1974.

Lit.: PM IV, 127–133; Dieter Kessler, Historische Topographie der Region zwischen Mallawi und Samalut, Beihefte TAVO B 30, 1981, 253–290. R. Gu.

Teje[1] **A.** Königin *Amenophis' III. und Mutter *Amenophis' IV.; ihre Herkunft aus einer „bürgerlichen" Familie von Provinzbeamten ist gesichert durch ausdrückliche Nennung ihrer Eltern *Juja und Tuja. Ihr Bruder *Anen machte unter Amenophis III. Karriere; Versuche, weitere Mitglieder ihrer Familie zu identifizieren oder gar eine nahe Verwandtschaft mit Königin *Mutemwija, Mutter Amenophis' III., zu rekonstruieren, bleiben hypothetisch[2].

Erste datierte Nennung der T., bereits mit dem Titel „Große Königliche Gemahlin" (*ḥmt-njswt-wrt*), ist Jahr 2 unter Amenophis III.[3], die Heirat kann aber auch schon früher stattgefunden haben; das Alter der Beteiligten zu dieser Zeit ist nicht bekannt[4]. T. überlebte ihren Gatten[5] und ist noch in der Regierungszeit ihres Sohnes nachzuweisen[6]. Sie starb nach Jahr 8 Amenophis' IV.[7] und wurde vermutlich zunächst in (*Tell el-)Amarna beigesetzt. Teile ihrer Grabausstattung wurden zusammen mit der Mumie des *Semenchkare in Theben (KV 55) gefunden[8]; aufgrund naturwissenschaftlicher Indizien scheint es neuerdings möglich, die bisher anonyme Mumie CG 61070 mit T. zu identifizieren[9].

Kinder: T. hatte außer ihrem Sohn Amenophis IV.[10] fünf Töchter (*Satamun, *Ḥnwt-tꜣw-nbw, Nbt-ꜥḥ, Jst, Bꜣkt-Jtn*)[11]. Unsicher ist die Zuweisung eines Prinzen Thutmosis, der unter Amenophis III. das Amt eines *Hohenpriesters des Ptah von *Memphis und Priestervorstehers in O. und U. Äg. ausübte[12].

Stellung und Bedeutung: T. war während der ganzen Regierungszeit Amenophis' III. Hauptkönigin (*ḥmt-njswt-wrt*) und trug die in der 18. Dyn. üblichen zu dieser Position gehörigen Begleittitel[13]. Ihre bildlichen Darstellungen dagegen zeigen ein verändertes Bild von der Rolle der *Königin: T. löst die *Königsmutter als wichtigste Frau bei Hofe ab[14], sie sitzt als Personifikation der *Maat neben dem König[15], sie kann wie der König als *Sphinx dargestellt werden, sogar beim Niedertreten von Feinden[16], der Tempel Amenophis' III. in *Sedeinga ist ihr geweiht[17], und sie begleitet den König in *Sedfest-Darstellungen[18] wie bei Festen[19]. Dieser für Amenophis III. charakteristische Bruch mit der Tradition[20] spiegelt sich besonders stark in den Gedenk-*Skarabäen[21], die stets T. als Große Kgl. Gemahlin nennen[22] und ihre nichtkgl. Herkunft nicht nur nicht verschweigen, sondern geradezu als Programm proklamieren. Wie die *Amarna-Briefe zeigen[23], war T. in alle diplomatischen Vorgänge ihrer Zeit eingeweiht, nahm starken Anteil an der Politik und konnte bei besonderen Gelegenheiten auch selbständig mit befreundeten Herrschern korrespondieren. Diese Briefe scheinen auch die Möglichkeit anzudeuten, daß T. kurze Zeit für Amenophis IV. die Regentschaft führte[24].

Diese z. T. sehr detaillierten Informationen geben aber immer noch kein klares Bild von der Persönlichkeit der T., sondern erhellen nur bis zu einem gewissen Grade Rang, Bedeutung und Möglichkeiten der Königin zur Zt Amenophis' III. Alle weiterführenden Interpretationen, die in der ägyptologischen Literatur auftauchen, sich vor allem auf das ihr stilistisch zugeschriebene Berliner Köpfchen aus *Eibenholz stützen und T. als treibende Kraft – energisch, klug, charmant, herrschsüchtig, hochmütig usw.[25] – hinter einem eher gleichgültigen, dem Luxus verfallenen Amenophis III. porträtieren, müssen hypothetisch bleiben[26].

Teje B. Frau des *Eje, von unbekannter Herkunft; in seinem Amarna-Grab ist sie dargestellt, wie sie mit ihm das Ehrengold empfängt[27]. Nach Ausweis ihrer Titel aus dieser Zeit war sie „Große Amme"[28] der Königin *Nofretete und „Hofdame" (*ḫkrt-njswt*)[29] – beides Stellungen, die vermutlich die Karriere des Eje förderten[30]. Nach seiner Thronbesteigung wird T. als „Große Königliche Gemahlin" mit den üblichen Begleittiteln, die im NR zu dieser Position gehören, im Königsgrab KV 23 dargestellt[31], tritt aber – ganz dem Zeitgeist entsprechend – sonst nicht weiter im öffentlichen Leben auf (*Königin).

Teje C. ALs Königin des *Sethnacht und Mutter *Ramses' III. ist eine *ḥmt-njswt-wrt mwt-njswt* Teje-geliebt-von-Isis[32] belegt, über die sonst nichts bekannt ist[33].

[1] Zum Namen vgl. Ranke PN I, 377,22; 377,26; 378,4; bei Teje A herrscht die Schreibung *Tj-jj* vor. – [2] Vgl. dazu Cyril Aldred, Echnaton – Gott und Pharao Ägyptens, Bergisch Gladbach [5]1980, 97ff. sowie James E. Harris und Edward F. Wente, An X-Ray Atlas of the Royal Mummies, Chicago–London 1980, 134. Gardiner, Geschichte, 265f. hält eine Verwandtschaft zwischen T. und *Eje für möglich. – [3] Gedenkskarabäen Wildstierjagd Urk. IV, 1739–40. – [4] Diskutiert bei Harris und Wente, op. cit., 256f. – [5] Sie widmete seinem Andenken (*jrj.s m mnw.s n sn.s mrj.s* bzw. *jrj.n.s m mnw.s n sn mrj.s*) eine Stele (Urk. IV, 1769f., Nr. 616), auf der Amenophis III. als *Wsjr* bezeichnet wird; ebenso auf einer Opfertafel (Urk. IV, 1769, Nr. 615). – [6] T. als *mwt-njswt* mit Amenophis IV. zusammen dargestellt im Grab ihres Vermögensverwalters *Cheriuf, TT 192; ebenso in Amarna-Gräbern: Urk. IV, 2006; Aldred, op. cit., Tf. 103. 104. – Unklar ist, ob T. zeitweise in Amarna lebte oder ständig in *Gurob, wo man ihren „Witwensitz" vermutet. – [7] Echnaton ließ einen Schrein für sie anfertigen (gefunden in KV 55), auf dem die zwischen Jahr 8 und 10 geänderte (vgl. Helck, Geschichte[2], 172) Form des Aton-Namens vorkommt. Obwohl T. (wie auch Amenophis III.) auf Objekten im Grab des *Tutanchamun genannt wird, dürfte sie kaum bis in dessen Regierungszeit gelebt haben. – [8] PM I[2], 565f.; weitere Literatur vgl. *Semenchkare. – [9] Harris und Wente, op. cit., 346. – [10] T. wird auf dem von Echnaton gestifteten Schrein (s. Anm. 7) als *mwt-njswt n Wꜥ-n-Rꜥ* bezeichnet. – [11] In einigen Fällen ist die direkte Filiation „geboren von der Großen Kgl. Gemahlin T." belegt; mehrfach sind Amenophis III. und T. mit Tochter bzw. Töchtern dargestellt oder genannt: Belege bei Bettina Schmitz, Untersuchungen zum Titel s3-njśwt „Königssohn", Bonn 1976, 295. Da *B3kt-Jtn* in Amarna immer in engster Beziehung zu T. (einmal mit T. und Amenophis III.: Aldred, op. cit., Tf. 53) dargestellt wird, ist diese sicher ihre Mutter; der Titel „leibliche Königstochter" bezieht sich dabei natürlich auf Amenophis III., denn mit dem Tode des kgl. Vaters war kein Titelverlust verbunden: vgl. Schmitz, op. cit., 320. – [12] Er wird einmal zusammen mit Amenophis III. bei einer Opferhandlung dargestellt und ist unter Echnaton nicht mehr nachweisbar; vgl. Schmitz, op. cit., 295. 300f. – [13] Dazu gehören v. a.: *jrjt-pꜥt, nbt/ḥnwt-t3wj, ḥnwt-t3w-nbw, wrt-ḥzwt*; diese Titel tragen auch die Königinnen *Ahmose und ihre Tochter *Hatschepsut, die Mütter Thutmosis' III./IV. und Amenophis' II./III. sowie Nofretete, *Anchesenamun und Teje B. Ungewöhnlich ist in der Titulatur der Teje A nur die singuläre Bezeichnung als *jrjt-pꜥt-ꜥ3t* (LD III, 82g, Sedeinga). – [14] Diese Tendenz wird unter Amenophis IV. fortgesetzt: T. tritt kaum noch in Erscheinung, verglichen mit Nofretete; bei gemeinsamem Auftreten (zudem nur in Gräbern von Beamten der T. wie z. B. Aldred, op. cit., Tf. 103) ist Nofretetes Titulatur wesentlich ausführlicher. – [15] Hierzu vgl. im Einzelnen LÄ III s. v. *Königin und *Maat mit Belegen. – [16] Als Sphinx: LD III, 82i; Hayes, Scepter II, Abb. 147; als Sphinx, Feinde niedertretend: Fakhry, in: ASAE 42, 1943, 471f., Tf. 42. Vgl. auch Rolf Krauß, Das Ende der Amarnazeit, HÄB 7, 1978, 101f. – [17] PM VII, 166f., bes. LD III, 82g. h. – [18] Im Tempel von Soleb: PM VII, 170. Auf Armbändern: Hayes, Scepter II, Abb. 147. Im Grab des Cheriuf, TT 192: PM I[2], 299(8). – [19] Im Grab des Cheriuf beim „Aufrichten des Djed-Pfeilers": Fakhry, op. cit., 477ff. – [20] Vgl. Helck, Geschichte[2], 169. Etwas anders gesehen bei Tanner, in: ZÄS 102, 1975, 56f. – [21] Texte: Urk. IV, 1737–41; zusammengestellt bei C. Blankenberg–Van Delden, The Large Commemorative Scarabs of Amenhotep III, Leiden 1969; und dies., in: JEA 62, 1976, 74ff. – [22] Auch wenn es im Text um die Heirat mit der Mitanni-Prinzessin geht: Urk. IV, 1738. – [23] EA 26. 27. 29. Vgl. Edel, in: IF 60, Berlin 1952, 82f. – [24] Hornung, Chronologie, 79. – [25] Vgl. z. B. Steffen Wenig, Die Frau im alten Ägypten, Wien–München 1969, 33; Irmgard Woldering, Götter und Pharaonen, Fribourg [2]1975, 141. 150. 164; Elizabeth Riefstahl, Thebes in the Time of Amunhotep III, Norman 1964, 108ff.; Wolfhart Westendorf, Das Alte Ägypten, Baden-Baden 1968, 137. – [26] Warnend äußerte sich zu einer Überinterpretation schon Ludwig Borchardt, Der Porträtkopf der Königin Teje, WVDOG 18, Leipzig 1911, 29–30. Ebenso Aldred, op. cit., 45f. – [27] LD III, 103. – [28] *mnꜥt-ꜥ3t šdt-nṯrt, mnꜥt n ḥmt-njswt-wrt* Nofretete: Davies, Amarna VI, Tf. 24. 25. 31. – [29] Belege wie Anm. 28 und Urk. IV, 2002, Kasten Berlin 17555. – [30] Helck, Militärführer, 66ff. 73. – [31] LD III, 113c: *jrjt-pꜥt wrt ḥzwt nbt-t3wj*. – Ein *jmj-r3 pr m pr-Tjj m pr-Jmn* namens Eje (Würfelhocker Brooklyn 66. 174. 1: Thomas G. H. James, Corpus of Hieroglyphic Inscriptions I, Brooklyn 1974, 172, Tf. 84) ist durch Kartusche in die Zt König Ejes datiert und nennt seine Mutter „Schwester der Großen Kgl. Gemahlin", wobei es sich ohne weiteres um die zeitgenössische Königin Teje B handeln wird (Helck, in: MDAIK 37, 1981, 215). Das *pr*-Teje läßt sich sowohl Teje A wie B zuweisen, wenn auch die Schreibung eher für Teje A spricht. – [32] Geschrieben *Tj/Tjj-mrj(-n)-Jst*. – [33] Belege: LR III, 156; Helck, Geschichte[2], 195.

B. Sch.

Tekenu (*tknw*, abzuleiten von *tkn* „nahe sein", also ein Tabuwort: der „Nachbar"?), Gestalt beim *Bestattungsritual. Sie wird in der einen Darstellungsgruppe (= AR und von *Amenophis I.–II., sog. „späte Gruppe"[1]) als in ein Fell[2] eingewickelte liegende Figur auf einem *Schlitten gezogen, in der sog. „frühen Gruppe" (MR bis Anfang 18. Dyn. und dann wieder ab Amenophis II.) als sitzende, in ein Fell eingewickelte Figur, deren Kopf herausragt. Es handelt sich ursprünglich um eine in ein Fell gewickelte Hockerleiche[3], die auch als Requisit des Begräbnisvorganges traditionell beibehalten wird, nachdem man in

Särgen begräbt; dies zeigt eindeutig die Begräbnisdarstellung aus dem Grab des Mentuherchopeschef (TT 20), die sehr alte Zustände erhalten hat und keinen Sarg neben dem T. zeigt. Es ist also sicher kein *Menschenopfer[4]. Ob man später die Gestalt als Symbol der *Wiedergeburt angesehen hat oder ob sie gar die Stiergestalt des *Sonnengottes sein sollte (so oben *Bestattungsritual J), läßt sich textlich nicht verifizieren.

[1] Bezeichnung nach Settgast, Bestattungsdarstellungen. Mit Recht betont Settgast, daß diese Darstellungen nicht mehr dem damaligen wirklichen Begräbnisritual entsprochen haben. Daß man unter Amenophis I. die AR-Fassung bevorzugt, dürfte damit zusammenhängen, daß damals wieder Anschluß an die AR-Tradition von *Memphis gefunden wurde. – [2] Zur Fellfarbe vgl. Settgast, op. cit., 28 Anm. 2. – [3] Settgast, op. cit., 114; Kees, Totenglauben[2], 250 ff. – [4] So Wb V, 335, 14.

W. H.

Tell Abu Sefeh s. Sile

Tell el-Amarna (Karte 3 a). A. Modern name for the ancient city (*Stadt) founded by King Akhenaten (*Amenophis IV.) of the 18th Dyn., as a new capital (*Residenz) and centre for the cult of the *Aton. It lies on the east bank of the Nile, in the province of el-Minia, 312 kms. (194 miles) south of Cairo, 402 kms. (250 miles) north of *Luxor. Anciently it lay within the 15th Upper Egyptian nome (*Gau, 15. o. äg.).[1] The name is an artificial creation of 19th century European visitors.[2] It appears to be derived from the name of the principal modern village on the site, et-Till, and the name of an Arab tribe, the Beni Amran, who had earlier settled in and given their name to the district, as well as to a town on the west bank which belonged to it. The name of another village on the site, el-Amariya, may also have contributed to the derivation of the name.[3] Because the ancient site is not a tell (Arabic word for an archaeological mound), many scholars prefer to call it simply El-Amarna.[4] The ancient name was Akhetaten (*ꜣḫt-Jtn*), although this referred not only to the city on the east bank, but also to the fields and villages opposite on the west bank.

B. *Discovery and excavation.*[5] Although the site was briefly visited by Bonaparte's Commission, the first serious exploration was by Wilkinson in 1824. In the course of the next twenty years many of the rock tombs were copied by Wilkinson and Burton, Hay and Laver, Nestor L'Hôte and the Lepsius expedition. Both Wilkinson and the Lepsius team also planned the city.[6] In the last decade of the 19th century several expeditions carried out rapid projects of excavation or copying, the most important being those of Petrie (the first to carry out significant excavations in the city), Bouriant, and Barsanti.[7] The methodical exploration and recording of the site commenced early in this century. The Archaeological Survey of the Egypt Exploration Fund copied all the decorated and inscribed private tombs and the Boundary Stelae between 1901 and 1907.[8] In 1911 a methodical examination of the site was begun by an expedition of the Deutsche Orient-Gesellschaft, directed by Ludwig Borchardt. Its work comprised a fine topographic survey of both east and west banks,[9] and large-scale excavation, concentrated in the southern part of the main city, particularly along the eastern and least-disturbed edges.[10] Four seasons were involved, 1911–1914. Between 1921 and 1936 the Egypt Exploration Society excavated in most parts of the site, concentrating much of its efforts on the public buildings.[11] In the 1960s the Egyptian Antiquities Organization carried out several pieces of work, principally at Kom el-Nana and in the city close to the village of el-Hagg Qandil. The Egypt Exploration Society resumed its fieldwork in 1977.[12]

C. *Earlier history.* On the Boundary Stelae Akhenaten claims that he founded the city on ground which belonged to no one else. Excavation has so far found nothing to dispute this. Although parts of the settlement possess an impressive depth of stratigraphy, it appears to fall entirely within the Amarna Period.[13] Several flint-working sites of the Middle/Upper Palaeolithic period occur on desert terraces behind the city,[14] and since the road to the *alabaster quarries of *Hatnub crossed the Amarna plain towards the direction of the modern village of el-Amariya it is possible that in the OK an installation existed by the river bank.[15] A predynastic sherd and stone vase found in the ancient city remain isolated pieces, no other material of this age having been noted.[16]

D. *History of the city.* The foundation of the city was described by Akhenaten in a decree found on some of the Boundary Stelae (Stelae K, M and X). The date is unfortunately damaged, but is thought to have been his year 4 or more likely 5.[17] Dated material from the city itself seems to imply regular occupation from year 5 onwards.[18] The same material also supports widespread occupation into year 2 of *Tutanchamun. Excavation at the Workmen's Village, however, has provided archaeological evidence for a local occupation perhaps to the end of this king's reign.[19] Later material from within the city is confined to a very few pieces, primarily a sculptured slab and a statue-base of *Haremheb,[20] and a hieratic inscription of Seti (*Sethos) I and Haremheb.[21]

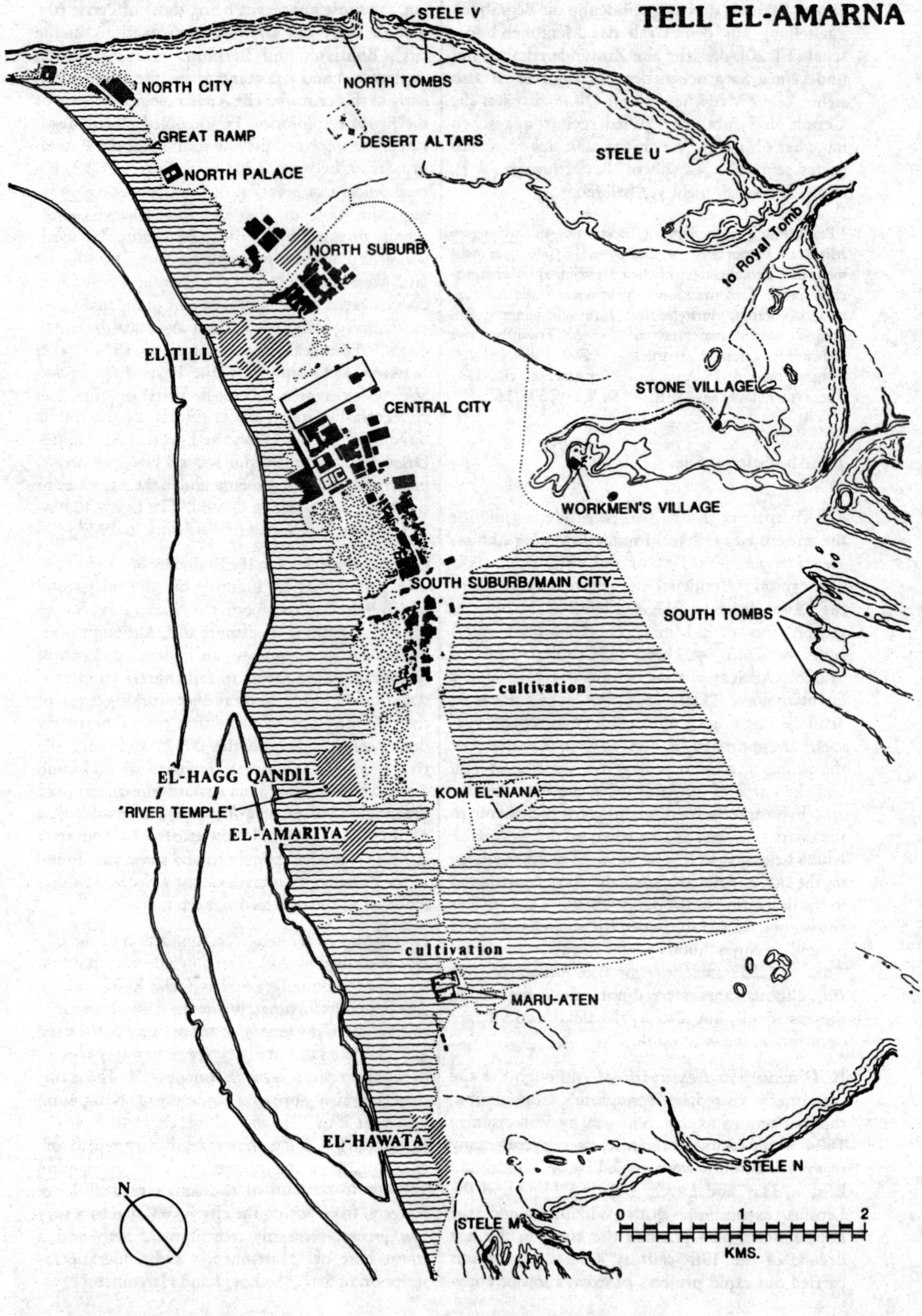
TELL EL-AMARNA
STELE V
NORTH TOMBS
NORTH CITY
GREAT RAMP
DESERT ALTARS
STELE U
NORTH PALACE
NORTH SUBURB
to Royal Tomb
EL-TILL
STONE VILLAGE
CENTRAL CITY
WORKMEN'S VILLAGE
SOUTH SUBURB/MAIN CITY
SOUTH TOMBS
cultivation
EL-HAGG QANDIL
'RIVER TEMPLE'
KOM EL-NANA
EL-AMARIYA
cultivation
MARU-ATEN
EL-HAWATA
STELE N
N
STELE M
0 1 2
KMS.

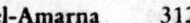

E. *Description of the City* (from north to south).
1. *North City.*[22] An entirely separate part of the city, occupying the narrow strip of desert between the foot of the cliffs and the river bank. Towards the northern end lies the North Administrative Building, a complex of brick courtyards and magazines centred on a rock-cut dais facing a large court.[23] Southwards stretches a large area, containing mainly houses, of which only some portions have been excavated. Some of the houses (*Haus) are very large.[24] The excavated houses at the southern end face westwards towards a broad street, probably the northward continuation of the Royal Road. Running along the west side is the massive double wall of the North Riverside Palace (*Palast).[25] The outer face possessed square towers at regular intervals, and a gateway flanked by massive piers and stone-lined niches. An interior part of the gate had been painted with scenes of the royal family. Most of the building which had lain within the confines of this wall has been lost by river erosion and modern cultivation, but it is possible that it was the principal royal residence at Amarna.
2. *Great Ramp.*[26] An isolated construction aligned east-west, its western end lost beneath the cultivation. It consists of a ramp rising gently from the east, and flanked on each side by brick chambers. It may have formed a bridge across the Royal Road, now beneath the cultivation.
3. *North Palace* (*Palast).[27] This also is an isolated structure, originally facing the Royal Road. It was a self-contained residence built along three sides of a series of courts. The residential part, with gardens and columned reception rooms, lay along the back. Many areas of wall painting were found during excavation, the most famous, the "Green Room" (*Gartenzimmer), depicting the natural life of the marshes. On the north side were animal pens, and a court containing three solar altars (*Altar), perhaps "Sunshades" (*Sonnenschatten). Although built originally for another person, perhaps Nefertiti (*Nofretete) or *Kija, inscriptions show that it had been converted into a palace for *Meretaten.
4. *North Suburb.*[28] A substantial area of housing, now divided into two parts by a shallow watercourse, and almost completely excavated. It contains a mixture of densely packed small- and medium-sized houses, and larger and more widely dispersed houses and estates, particularly in the north part. The outer parts were still under construction when the city was abandoned, and the excavators were of the opinion that the North Suburb was generally a late extension to the city. The ground between the North Suburb and the Great Aten Temple in the Central City bears dispersed patches of ancient material, which may represent more houses, but these have never been investigated.[29]
5. *Central City.*[30] The central area of the city is the only part conforming to an overall grid plan, based on the Royal Road. Its ancient name seems to have been "The Island 'Aten distinguished in jubilees' in Akhetaten." It contains: The Great Aten Temple (*Atonheiligtümer, *Tempel) ("The House of the Aten in Akhetaten"), a huge enclosure containing two separate stone-built temples plus minor structures, including those to which the terms "The Aten is Found" (*Gm pꜣ Itn*) and "The Mansion of the Benben in the House of the Aten" (*Benben-Haus) were given;[31] The Smaller Aten Temple ("The Mansion – *Ḥwt* – of the Aten in Akhetaten") consisting of a stone-built sanctuary within a towered brick enclosure wall; The King's House, a small palace (*Palast) where possibly the Window of Appearance (*Erscheinungsfenster) was located;[32] The Great Palace (*Palast) ("The House of Rejoicing of the Aten"),[33] a huge assemblage of halls and courts (*Audienzhalle) built partly of stone and partly of mud-brick (with painted pavements [*Fußboden]), and joined directly to The King's House by a bridge (*Brücke) over the Royal Road; an addition to the south end was a huge columned hall of brick built in the time of *Semenchkare; also in the Central city were large kitchens (*Küche) and bakeries (*Backen);[34] administrative buildings, including the "Bureau for the Correspondence of Pharaoh" where the Amarna Letters (*Amarna-Briefe; *Archiv; *Bibliothek) were mostly found; the "House of Life" (*Lebenshaus); a brick building housing a statue of the king (R.43.2); a military post with stabling for horses; an official residence for the chief priest, Panehsy. Behind the central area of government offices lay an extensive area of rubbish in which a high proportion of the Mycenaean pottery (*Ägäis und Ägypten; *Mykenai) from Amarna was found. It should be noted that large areas of official buildings as yet unexcavated continue southwards from the Great Palace and Small Aten Temple.[35] Texts make several references to "Sunshades" (*Sonnenschatten) at Amarna, belonging to members of the royal family, such as Queen Tiy (*Teje) and Princess *Meretaten. These appear to have been solar altars (*Altar) in the form of square platforms reached by a flight of steps. A group of three stood within the North Palace, and others were evidently located in the Aten temples in the centre and other parts of the city.[36]
6. *South Suburb/Main City.*[37] Between the Central City and the modern village of el-Hagg Qandil stretches an area of the city composed partly of

administrative buildings and partly of houses (*Haus). Less than half has been excavated. It includes the house of the Sculptor Thotmose, where the famous head of Queen Nefertiti (*Nofretete) was found.

7. "*River Temple*". A small and isolated part of the ancient city lying beside el-Hagg Qandil, and not far from the river bank, was excavated in 1922.[38] It was remarkable in that a stratified building sequence was discovered, extending from the Amarna Period apparently into the 26th Dyn. The identification of one of the excavated buildings as a temple is, however, dubious. Excavation beneath the floors revealed sand.

8. *Kôm el-Nana*.[39] An isolated site behind the village of el-Amariya, of two periods: a Late Roman occupation above a formal building of the Amarna Period. The whole site was formerly identified as a Roman camp.

9. *Maru-Aten* (*Lusthaus).[40] A further isolated site between el-Amariya and el-Hawata, consisting of two enclosures containing shrines with solar altars, perhaps of the Sunshade (*Sonnenschatten) type, gardens (*Garten) and ornamental lake. It has yielded fragments of a painted pavement and much evidence for the substitution of the name Meretaten for that of another queen, perhaps *Kija. The site no longer exists.

10. *El-Hawata Area*.[41] A number of scattered areas of sherds and possible buildings have been noted at the southern end of the Amarna plain. The area of ancient buildings beside el-Hawata marked on Timme's plan has largely disappeared beneath the modern village. There is no sign of a large building in this area.

F. *Separate desert sites.*

1. *Desert Altars* (*Altar).[42] A group of three mud-brick platforms with ramps, originally supporting stone structures, in one case probably a columned pavilion. They stand below the North Tombs, in an area of cleared desert linked to the North Tombs by means of an ancient road. More than one building period appears to have been present, and at one stage they may have served as the platforms for the "Hall of Foreign Tribute" depicted in the tomb of *Hui.[43]

2. *Workmen's Village* (*Arbeitersiedlung).[44] A square, walled village of small houses situated in a valley in a low plateau east of the Central City, and thought to have housed workmen engaged on cutting and decorating the rock tombs. A group of chapels lies beside the village.

3. *Stone Village*.[45] A second and still unexcavated village lying 1 km. east of the Workmen's Village. It appears to have been built largely of stone.

4. *Desert Roads*.[46] The desert plain behind the city is crossed by numerous ancient tracks, some of which run along the top edge of the cliffs. There are two main groups: those which run in straight lines from rock tombs and Boundary Stelae towards the city; others which seem to represent a network of security patrols.

5. *Boundary Stelae* (*Grenzsteine).[47] These are cut into the hills on both sides of the Nile, and define the limits of Akhetaten. They were cut in two groups, to carry the text of two decrees (*Dekret). The first was dated to either year 4 or more likely 5, the second to year 6. Two of the latter bear an additional text of year 8. Some of the stelae were accompanied by rock-cut statues of the royal family. The decrees set the geographical limits of Akhetaten,[48] and list a programme of construction work, including the major temples and palaces, the royal necropolis, tombs for courtiers (*Grablage, Auszeichnung durch), and a tomb for the *Mnevis-bull. The last has never been located.

G. *Rock Tombs* (*Grab; *Nekropolen, New Kingdom).[49]

There are two groups of rock-cut tombs in the cliffs to the east of the city. Many are unfinished and undecorated. The most important are numbered, from 1 to 25. The North Tombs comprise nos. 1 to 6, the South Tombs nos. 7 to 25. The plans of the tombs vary, but most aspired to at least one pillared hall. The decoration was carved partly in rock, partly in a layer of plaster. The subject matter emphasises scenes of the royal family, and includes detailed representations (*Architekturdarstellung) of the temples and palaces in the city. One tomb, no. 25, belonged to the God's Father (later King) Ay (*Eje), and bore the text of the longer hymn to the Aten (*Sonnenhymnus). Nothing significant has been found in the burial shafts.

H. *Royal cemetery* (*Königsgrab).[50]

Akhenaten intended to create a new Valley of the Kings at Amarna. It was located at a site about 6 kms. from the mouth of a major wadi in the eastern desert (Wadi Abu Hasah el-Bahri, or Darb el-Melek). The most important tomb was the Royal Tomb itself, similar in design and proportions to the royal tombs at Thebes. It was intended for Akhenaten, but a separate side-suite was created for the burial of Princess *Meketaton, and a second large side suite was started for another important member of the royal family, perhaps Nefertiti. Much of the decoration has been destroyed, the principal surviving scenes being in Meketaton's chambers. Several other rock tombs had been started in the area, some intended to be of impressive size. None carries any trace of inscription.

I. *Later history.*

In Ramesside times the stone buildings were systematically demolished, and the blocks transported to other sites for use as building stone, most notably to *Hermupolis magna and *Antinooupolis. In the part of the city by the river bank, beside el-Hagg Qandil, occupation also continued into at least the 26th dyn. at the so-called "River Temple" site.[51] In the Workmen's Village a few burials of the 22nd–23rd Dyn. were found.[52] Around the South Tombs are piled large quantities of Late Period pottery, perhaps from secondary burials within the rock tombs, belonging to the community living at the "River Temple" site.[53] A sizable population seems to have returned only in Roman times. Houses and a large cemetery were found in the North Suburb,[54] and pottery and sometimes fragments of walls that are probably late Roman have been observed near el-Till,[55] at the "River Temple" site,[56] and around and to the south of el-Hawata. The site of Kôm el-Nana has a significant late Roman occupation on top of the 18th Dyn. building. A few possible "Romano-Coptic" pieces come from the Royal Tomb,[57] and Roman pottery has been noted around the outside.[58] In Coptic times the North Tombs were used for parts of a Christian settlement, which also consisted of groups of stone houses on the slopes in front. Tomb no. 6 was turned into a church.[59]

[1] For the ancient geographical context, s. Dieter Kessler, Historische Topographie der Region zwischen Mallawi und Samaluṭ, TAVO B 30, 1981, Karte 2. – [2] The name first occurs in John G. Wilkinson, Extracts from Several Hieroglyphical Subjects, Malta 1830, 22; cf. id., Modern Egypt and Thebes II, London 1843, 76. – [3] Petrie, Amarna, 2; CoA I, V. – [4] As already in LD, Text II, 123 ff. – [5] Van de Walle, in: RdE 28, 1976, 7–24; Aldred, in: Thomas G. H. James (Ed.), Excavating in Egypt, London 1982, 89–106; Peterson, in: OrSu 27–28, 1978–79, 31–33. – [6] The city plans are LD I, 63. 64; Wilkinson, Manners and Customs II, pl. 6, opposite p. 106 = ed. Birch I, 350, pl. 7, also reproduced in MMS 3, 1930, 94 fig. 10. – [7] Petrie, Amarna; Urbain Bouriant, Monuments pour servir à l'étude du culte d'Atonou, MIFAO 8, 1903; Friedrich W. v. Bissing, Der Fußboden aus dem Palaste des Königs Amenophis IV. zu El Hawata im Museum zu Kairo, München 1941. – [8] Davies, Amarna I–VI. – [9] Paul Timme, Tell el-Amarna vor der deutschen Ausgrabung im Jahre 1911, WVDOG 31, 1917. – [10] PM IV, 202–208 gives references, to which add Ludwig Borchardt and Herbert Ricke, Die Wohnhäuser in Tell el-Amarna, WVDOG 91, 1980. – [11] PM IV, 193 ff.; Aldred, in: Thomas G. H. James (Ed.) Excavating in Egypt (v. n. 5), 89–106. – [12] Annual Reports in JEA since 1978, see also Barry J. Kemp, Amarna Reports I, EES Occasional Publications I, 1984. – [13] CoA I, 12–14. 129–130; Peet, in: JEA 7, 1921, 172–5; Kemp, in: JEA 69, 1983, 7–14; id., Amarna Reports I, Chapters 1 and 6. – [14] Kemp, op. cit. I, Chapt. 15. – [15] Timme, Tell el-Amarna (v. n. 9), 37–38, although there he describes the site of Kôm el-Nana, cf. also Kessler, op. cit. (v. n. 1), 98–99. 333. 335, on the location of the place *Ṯrtj*. – [16] CoA III, 63 no. 35/2, pl. 74, 2. – [17] See Wenig, in: LÄ I, 218 n. 37. – [18] CoA I, 165; II, 103 f.; III, 159 f. – [19] Kemp, Amarna Reports I, Chapt. 1 and 6. – [20] CoA III, 4. 12, pl. 60, 3. – [21] Newton, in: JEA 10, 1924, 293. – [22] PM IV, 193. 200; Kemp, in: JEA 62, 1976, 93–96; Kemp, in: JEA 69, 1983, 15–21. – [23] Whittemore, in: JEA 12, 1926, 10–12. – [24] Pendlebury, in: JEA 17, 1931, 240–242; id., in: JEA 18, 1932, 145, pl. 15; Kemp, in: JEA 69, 1983, 15–21. – [25] Pendlebury, in: JEA 17, 1931, 242–3; id., in: JEA 18, 1932, 143–5; Kemp, in: JEA 69, 1983, 15–21. – [26] Whittemore, in: JEA 12, 1926, 9–10, there called "Store-houses". – [27] Newton, in: JEA 10, 1924, 294–298; Whittemore, in: JEA 12, 1926, 4–8; Frankfort, in: JEA 13, 1927, 218; Henri Frankfort (Ed.), The Mural Painting of el-ʿAmarneh, EES, London 1929, 58–71. – [28] CoA II. – [29] An exception beside the Aten Temple: CoA III, 21. – [30] CoA III. – [31] Barguet, in: RdE 28, 1976, 148–151. – [32] Kemp, in: JEA 62, 1976, 81–99. – [33] Uphill, in: JNES 29, 1970, 151–166; Assmann, in: JNES 31, 1972, 143–155. – [34] Bakeries: Kemp, in: JEA 65, 1979, 7–12. – [35] Kemp, in: JEA 64, 1978, 22–23. – [36] CoA III, 200–208; Stadelmann, in: MDAIK 25, 1969, 159–178. – [37] Borchardt und Ricke, Wohnhäuser (v. n. 10); CoA I; Newton, in: JEA 10, 1924, 289–294. 299–305; Pendlebury, in: JEA 19, 1933, 117–118; Kemp, in: JEA 69, 1983, 21–23; id., Amarna Reports I (v. n. 12), Chapt. 7; Janssen, in: BiOr 40, 1983, 273–288; Kemp, in: MDOG 113, 1981, 81–97. – [38] CoA I, 125–134; Kessler, Topographie (v. n. 1), 99. 106. – [39] Kemp, in: JEA 64, 1978, 26–34; Timme, Tell el-Amarna (v. n. 9), 24. 38. – [40] CoA I; v. Bissing, Fußboden (v. n. 7); A. Badawy, in: JEA 42, 1956, 58–64. – [41] Timme, op. cit., 22–23; Kemp, in: JEA 64, 1978, 23. – [42] CoA II. – [43] Assmann, in: LÄ I, 546. – [44] CoA I; Kemp, in: JEA 64, 1978, 24–26; Kemp, in: JEA 66, 1980, 5–16; Kemp, in: JEA 67, 1981, 5–20; Kemp, in: JEA 69, 1983, 5–15; id., Amarna Reports I. – [45] Kemp, in: JEA 64, 1978, 26. – [46] No proper survey. See Timme, Tell el-Amarna (v. n. 9), 24 ff. 33 ff.; Petrie, Amarna, 4–5, pl. 35; Davies, Amarna II, 5–6, pl. 1; IV, 11, pl. 13; Kemp, in: JEA 69, 1983, 22, fig. 7 (from old sources only). – [47] Davies, Amarna V; Sandman, Texts from Akhenaten; CoA III, 189–191; Vandier, in: Mon-Piot 40, 1944, 5–22; Leeuwenburg, in: JEOL 9, 1944–48, 39–49; a new collation untertaken by Murnane and Van Siclen 1984. – [48] For the dimensions used see Helck, in: LÄ III, 1205 n. 9. – [49] Davies, Amarna I–VI. – [50] Geoffrey T. Martin, The Royal Tomb at El-ʿAmarna I. The Objects, ASE 35, 1974; Bouriant, Monuments (v. n. 7). – [51] CoA I, 128–129. – [52] CoA I, 76. 129. – [53] Davies, Amarna IV, 10–11. – [54] CoA II, 66–67. 69. 80–81; the Egyptian Antiquities Service also excavated a Roman cemetery in this area in the 1960s. – [55] Kemp, in: JEA 65, 1979, 6. – [56] CoA I, 133. – [57] G. T. Martin, Royal Tomb I, 81. 94. – [58] Ibd., 8. 97 n. 4, pl. 3. – [59] Davies, Amarna II, 11–13; Alexandre Badawy, Les pre-

miers établissements chrétiens dans les anciennes tombes d'Egypte, in: Publications de l'Institut d'Etudes Orientales de la Bibliothèque Patriarcale d'Alexandrie 2, 1953, 67–89; id., Coptic Art and Archaeology, Boston 1978, 62–63.

Lit.: Aldred, in: Thomas G. H. James (Ed.), Excavating in Egypt, The Egypt Exploration Society 1882–1982, London 1982, 89–106; Friedrich W. v. Bissing, Der Fußboden aus dem Palaste des Königs Amenophis IV. zu El Hawata im Museum zu Kairo, München 1941; Ludwig Borchardt und Herbert Ricke, Die Wohnhäuser in Tell el-Amarna, WVDOG 91, 1980; Urbain Bouriant, Georges Legrain and Gustave Jéquier, Monuments pour servir à l'étude du culte d'Atonou, MIFAO 8, 1903; CoA I–III; Davies, Amarna I–VI; Fairman, in: Town Planning Review 20, Liverpool 1949, 32–51; Henri Frankfort (Ed.), The Mural Painting of el-ʿAmarneh, London 1929; Janssen, in: BiOr 40, 1983, 273–288; Barry J. Kemp, Amarna Reports I, EES Occasional Publications 1, 1984; id., in: JEA 62, 1976, 81–99; id., in: MDOG 113, 1981, 81–97; id., in: P. J. Ucko, R. Tringham and G. W. Dimbleby, Man, Settlement and Urbanism, London 1972, 657–680; id., in: World Archaeology 9, London 1977–78, 123–139; Lloyd, in: JEA 19, 1933, 1–7; Geoffrey T. Martin, The Royal Tomb at El-ʿAmarna I. The Objects, ASE 35, 1974; John D. S. Pendlebury, Tell el-Amarna, London 1935; Petrie, Amarna; PM IV, 192–237; Herbert Ricke, Der Grundriß des Amarna-Wohnhauses, WVDOG 56, 1932; Paul Timme, Tell El-Amarna vor der deutschen Ausgrabung im Jahre 1911, WVDOG 31, 1917.

Korrekturzusatz: To nn. 10 and 37 add now Seidlmeyer, in: MDAIK 39, 1983, 183–206. B. J. K.

Tell Balala s. Tell Tibilla

Tell el-Belamun (تل البلمون or تل البلمان [and variants], Karte 1b), also Tell el-Aḥmar, ancient Eg.[1] (*P3-)Jw-n-Jmn* (abbreviated *P3-Jw*), "The Island of Amun," Coptic[2] **ⲡⲟⲩⲛⲉⲙⲟⲩ**, from which the modern name derives, first mentioned[3] in the reign of *Thutmosis III, was also called *W3st-Mḥt*,[4] "Waset of Lower Egypt," *nwt mḥtt*[5] or *pr-Jmn*,[6] hence Διόσπολις ἡ κάτω or Diospolis Inferior of Classical antiquity.[7] It is situated 19 km south of the Mediterranean coast and 5 km west of the Damietta branch of the Nile (31° 15′N, 31° 34′E), certainly in the same area and probably on the same spot as,[8] and identical with, *Bḥdt*,[9] from the Amarna Period *Zm3-(n-)Bḥdt*.[10] This is attested as early as the reign of *Sahure[11] and was the traditional northernmost town of Egypt,[12] as opposed to *Bḥdt* (*Tell Edfu) of Upper Egypt (*Dualismus). The town was the capital of the 17th L. E. nome during the NK.[13]

The main feature of the T. B. mound (some 688,000 square metres, now rising about 5 m above the level of cultivation), in its SW part, is an enclosure (some 425 by 370 m) with massive (5.20 m thick) brick-built walls, probably Roman, containing a temple and other structures, all presumably Ptolemaic or Roman. Some sculptured fragments[14] found in the enclosure may be Ramesside. A broad approach divides the main town remains to the NE of the enclosure. A cemetery seems to be located in the NW part of the mound.[15]

Pharaonic history of the town is little known. A temple for *Amun-*Re existed at *Jw-n-Jmn* in the 18th Dyn.,[16] and there is evidence at *Bḥdt*/*Zm3-(n-)Bḥdt* for the cult of the Theban Triad[17] and Amun/Amun-Re,[18] *Mut,[19] and *Chons[20] in particular, but also of *Osiris,[21] *Ptah-*Sokar-Osiris,[22] and *Onuris-*Schu,[23] with *Horus the Beḥdetite probably being the main deity in the beginning.

A survey of T. B. was carried out by H. Carter[24] in 1913, and an excavation started by Mansura University[25] in 1978. Many small items have been found, including a demotic stela, a fragmentary L. P. statuette, scarabs, plaques, amulets, coins, and bronzes, mostly of the Ptolemaic and Roman Periods. Several statues can be ascribed to this site on internal evidence.[26]

[1] Gauthier, DG I, 44; II, 36; Wilhelm Spiegelberg, Ägyptologische Randglossen zum Alten Testament, Straßburg 1904, 35–36, cf. 32–34. – [2] Emile Amélineau, La géographie de l'Egypte à l'époque copte, Paris 1893, 364–5; KoptHWb, 478; Henri Munier, Recueil des listes épiscopales de l'église copte, Cairo 1943, 48. – [3] Urk. IV, 1443, 18. – [4] Gauthier, DG I, 178. – [5] Ibd. III, 77. – [6] Ibd. II, 54. – [7] References in John Ball, Egypt in the Classical Geographers, Cairo 1942, 193. – [8] Edfou I, 334; cf. also Cairo Temp. No. 3. 6. 24. 7: Legrain, in: ASAE 8, 1907, 272–3, where *Nb-wʿ* is the 1st Prophet of Amun-Re at *Zm3-n-Bḥdt* as well as at *P3-Jw*. A stela which mentions the building of a temple at *Zm3-n-Bḥdt* by Ramses II was found in the neighbourhood (Cairo JE 71302: Farag, in: ASAE 39, 1939, 127–132, pl. 12), and an L. P. statuette, found by H. Carter at T. B., invokes Amun-Re, Lord of *Zm3-Bḥdt* and Osiris of *Bḥdt*. This decisively counters attempts to locate L. E. *Bḥdt* elsewhere, e. g. Alessandra Nibbi, in: GM 65, 1983, 63–74. – [9] Gauthier, DG II, 28–29. – [10] Urk. IV, 1962, 14; Gauthier, DG V, 33–34. – [11] Horus the Behdetite represented among deities of L. E.: Sethe, in: Borchardt, Sahure II, 97, pl. 19. OK instances of U. E. and L. E. *Bḥdt* are listed and discussed by Karola Zibelius, Ägyptische Siedlungen nach Texten des Alten Reiches, Beihefte TAVO B 19, 1978, 79–80. – [12] Adelheid Schlott, Die Ausmaße Ägyptens nach altäg. Texten, Diss. Tübingen 1969, 97–104. – [13] Helck, Gaue, 194–5. The earliest mention in the reign of Hatshepsut: Lacau-Chevrier, Hatshepsout I, 87–88. – [14] But hardly the visible temple remains, as suggested by Edgar, in: ASAE 8, 1907, 277. – [15] According to H. Carter. Communal burials, some with gold-leaf masks, were found in this area: Abd el-Malek Ghattas, in: ASAE 68, 1982, 48, pl. 3. – [16] Urk.

IV, 1443, 18; Legrain, op. cit.; CG 883. – [17] E.g. Farag, op. cit. (v.n. 8); Athens 1880: Balthasar Pörtner, Ägyptische Grabsteine und Denksteine aus Athen und Konstantinopel, Straßburg 1908, pl. 13 (38b). – [18] Often, e.g. Newberry, in: PSBA 27, 1905, 105 (n); CG 883; Edfou II, 57; fragment of statuette found at T.B. by H. Carter, Mss. IV, 14 upper (at the Griffith Institute, Oxford); unpublished. – [19] With Amun-Re, v.n. 18. – [20] John G. Wilkinson (ed. S. Birch), The Manners and Customs III, London 1878, pl. 33 on p. 153. – [21] Statuette found by Carter, v.n. 18. – [22] Legrain, in: ASAE 8, 1907, 272–3. – [23] Brugsch, DG, 30. – [24] Mss. IV, dated April 6, 1915 (at the Griffith Institute, Oxford); unpublished. – [25] Abd el-Malek Ghattas, in: ASAE 68, 1982, 45–49, pls. 1–4 figs. 1.2; Leclant, in: Or 48, 1979, 346 (11). – [26] E.g. statues of *Ḥrw Nfr-jb-Rᶜ-mn*: Turin Cat. 3026 and Lausanne 9, see Herman De Meulenaere, Le surnom égyptien à la Basse Epoque, Istanbul 1966, 17 n. 73. Perhaps also CG 1048 and Turin Cat. 3062: Ariodante Fabretti et alii, Regio Museo di Torino, Turin 1882, 420.

Lit.: Hogarth, in: JHS 24, 1904, 11–12. 19; Gardiner, in: JEA 30, 1944, 23–60; AEO II, 180*–1* (413); Montet, Géographie I, 111–117. J.M.

Tell el-Birka s. Chataᶜna

Tell ed-Dabᶜa (تل الضبعه), Überrest eines etwa 2 km² großen Ruinenfeldes, 7 km n. von Faqûs, gemeinsam mit den benachbarten Weilern *Chataᶜna (Karte 1c), Ezbet Helmi (Tell el-Qirqafa), Ezbet Rushdi es-saghira und Ezzawin jetzt allgemein mit *Auaris und gemeinsam mit dem 2 km n. benachbarten Qantir als Piramesse (*Ramsesstadt) identifiziert[1]. Günstige Lage rings um ein Seebecken östlich des Pelusischen Nilarmes (Hafenfunktion). Strategisch wichtige Position in der NO-Deltapforte zwischen dem Pelusischen Arm und dem Bahr el-Baqar.

Grabungen durch E. Naville und F. Ll. Griffith 1885[2], nach 1940 durch Zaky Zous, L. Habachi[3], Sh. Adam[4] und durch das Österreichische Archäologische Institut[5] seit 1966. Streufunde aus spätvordyn. Zt und aus der frühen 1. Dynastie[6]. Planmäßig orthogonal angelegte Siedlung der 1. ZwZt auf Halbinsel s. des Sees[7]. Vermutlich als Teil der herakleopolitanischen Kolonisationspolitik gegen asiatische Unterwanderung gegründet. Inschriftlich mit der Domäne Rowati (*R3-w3tj*) des *Cheti identifizierbar, die im Tempel der 12. Dyn. von Ezbet Rushdi erwähnt wird[8]. Anschließend Neugründung durch die 12. Dyn. im W-Bereich der späteren Stadt zwischen Chataᶜna und Ezbet Rushdi innerhalb des von Kanälen und Seen im O und N durch den Pelusischen Nilarm im W abgegrenzten Bereiches (s. Plan LÄ V, 137. 138). Zunächst unter *Amenemhet I. Domäne mit dem alten Namen Rowati. Tempel dieses Königs bei Ezbeth Rushdi es-saghira und *d3dw*-Halle bei Ezbet Helmi[9]. Beide Bauten durch *Sesostris III. erneuert. Ab 18. Jh. Ansiedlung von vermutlich vor allem aus Phönikien stammenden Kanaanäern östlich um die MR-Stadt. Sie kamen wohl im Zuge des Seehandels zwischen Phönikien und Ägypten in das NO-Delta. Das Zentrum verlagerte sich bald in den Bereich der Vorstadt. Hier über Siedlung der 1. ZwZt *Palast mit Garten aus der Zeit der frühen 13. Dyn. Darüber mehrere Besiedlungsschichten der Mittleren Bronzezeit II/A (Stratum G-F) und der Mittleren Bronzezeit II/B–C (Stratum F–D/2).

Ab dem Ende des Stratums G und mit Stratum F neue Welle kanaanäisch-phönikischer Zuwanderer mit kriegerischem Einschlag (Waffengräber). Nun verstärkte soziale Differenzierung (Villen und andere Wohnhäuser, Dienerbestattungen). Am östlichen Stadtrand großer Kultbezirk mit Tempeln und ringsumher angelegten Familienfriedhöfen.

Die starke Einfuhr von *Kupfer (Stratum G) und von Amphoren (vermutlich *Olivenöl und *Wein) und der darauf aufgebaute Handel mit Ägypten, Nubien und *Kerma einerseits und Phönikien andererseits führten zu einer Stärkung des Handelsüberschusses und der potentiellen politischen Macht. Unter den stratigraphisch leider nicht gesicherten Königsnamen jener Zt sind in Tell el-Dabᶜa der Asiate ᶜAmun-sa, Ḥor-nedj-herjotef[10] und *Nehesi[11] belegt. Vom ersteren könnte der entdeckte Palast stammen, während Nehesi Angehöriger einer lokalen Ostdelta-Dynastie war, die sich in T. (= Auaris) etablierte und bald von Asiaten abgelöst worden sein dürfte. Auf diese Weise dürfte sich T. als Nukleus der *Hyksos-Herrschaft entwickelt haben.

Die Besiedlungsschichten der Hyksoszeit (Stratum E/2–D/2) zeigen eine immer dichter werdende Verbauung. Friedhöfe wurden zugunsten von Hausgräbern aufgegeben. Zuletzt Häuser mit Stockwerken und Familiengrüften im Erdgeschoß. Nach einem Besiedlungsvakuum erfolgten ab König *Haremheb eine neue Besiedlung und ein Tempelbau für Sutech (*Seth) (Stratum B) mit einem rings umher gepflanzten großen Baumhain. Bau- und Siedlungstätigkeit während der 19. und 20. Dyn. anhand von Inschriftenblöcken *Sethos I., *Ramses' II. und *Ramses' III. (?) nachgewiesen. T. war damals Südteil der Ramsesstadt (Zentrum jedoch bei Qantir). T. fungierte vor allem als Hafenteil („Hafen von Auaris")[12].

Inschriftlich ist eine Bautätigkeit bis unter einem *Psusennes nachweisbar. Anschließend Besiedlungsvakuum. Zur Zt der 26. Dyn. (Stratum A/2) Häuser und große Magazine auf gewaltigen

Fundamentbänken aus Lehmziegeln. Eine begrenzte Siedlungstätigkeit gibt es auch noch in frühptol. Zt (Stratum A/1), die jedoch nichts von der einstigen Bedeutung des Platzes erahnen läßt.

[1] Habachi, in: ASAE 52, 1954, 479–559; John van Seters, The Hyksos, A New Investigation, New Haven–London 1966, 127–151; Manfred Bietak, Tell el-Dab‛a II, DÖAW 4, 1975, 179–220; ders., Avaris and Piramesse, London 1981, 225–290. – [2] Edouard Naville, The Shrine of Saft el Henneh and the Land of Goshen (1885), EEF 5, 1887, 21–23; Francis Ll. Griffith, The Antiquities of Tell el-Yahudiyeh, EEF 7, 1890, 56f., Tf. 19. – [3] Habachi, a.a.O. – [4] Adam, in: ASAE 56, 1959, 207–226. – [5] Bietak, a.a.O.; ders., in: MDAIK 23, 1968, 79–114; 26, 1970, 15–41; laufende Vorberichte in: AfO und Jahreshefte des Österreichischen Archäologischen Instituts. – [6] Steingefäße und Schieferpaletten, noch unpubliziert. – [7] Bietak, in: ÖJh, Beihefte, „Grabungen", 54, 1984, 1ff. – [8] Adam, in: ASAE 56, 1959, 216, Tf. 9, Z. 4. – [9] A.a.O. und Habachi, a.a.O. – [10] Habachi, in: ASAE 52, 1954, 458–470. – [11] Bietak, in: SAK 11, 1984, 59–75. – [12] Moskau GMII a. 4867 (= Sammlung Golenischeff Nr. 3914); vgl. Turajeff, in: Памятники Музея.., Moskau 1913, 43–80; vgl. Yoyotte, in: EPHE 79, 1971–72, 172; Bietak, Tell el-Dab‛a II, 30. 187f. M. B.

Tell Dafana s. Daphne

Tell Edfu (Apollonospolis megalè, Karte 4h), capitale du IIe nome de Haute Egypte[1] (*Gaue), sur la rive ouest, à 835 km du Caire, à mi-chemin entre Louqsor (*Luxor) et Assouan (*Assuan). *Ḏbꜣ*, Copte ⲤⲦⲂⲞ est le nom civil[2]; *Bḥdt*, apparenté à *bḥdw*, "trône", est une appellation religieuse résultant de l'actualisation locale d'une épithète d'*Horus[3]; à l'époque grecque, *Bḥdt*, βαχθις, désigne plus spécialement les lieux saints au pied de la nécropole[4].

La ville moderne a recouvert largement le site antique, ne laissant inhabitée que la partie occidentale, dont le sabbakhin ont rasé, jusqu'au sol originel, une portion, au sud[5]. Le grand temple fut dégagé par Mariette vers 1860. Quant aux kôm de l'ouest et du sud, ils ont été fouillés par l'Institut Français d'Archéologie Orientale de 1914 à 1933, et par la Mission Archéologique Franco-Polonaise de 1937 à 1939[6]. En 1983, le Service des antiquités a entamé la procédure d'expropriation d'une partie des habitations qui surmontent la partie encore inexplorée du site.

Le temple ptolémaïque (*Tempel) actuellement conservé fut fondé en l'an 10 de *Ptolémée Evergète I et achevé sous *Ptolémée XI Alexandre IV et *Ptolémée XIII Néos Dionysos[7]. Le mammisi (*Geburtshaus) ne porte que les cartouches de *Ptolémée VII Evergète II mais aurait été remanié sous Ptolémée XIII Néos Dionysos[8]. Des époques antérieures, subsistent encore le naos de *Nektanébos II[9], des vestiges saïtes[10], et perpendiculaire au pylône ptolémaïque, un pylône du NE[11] aux noms de Séthy (*Sethos) II, *Ramsès II, *Ramsès III, – aux guerres duquel les textes ptolémaïques font réminiscence[12] –, et *Ramsès IV. Proviennent aussi, sans doute, du temple du NE, un bloc de Ramsès II, un fragment d'architrave de *Merenptah, un jambage de *Thutmosis IV[13], une statuette d'*Aménophis III[14], un groupe de *Thutmosis II et de *Thutmosis III[15], et, peut-être, une stèle de Thutmosis II mentionnant la reine *Hatschepsut[16]. Durant la XIIIe dyn. et la Deuxième Période Intermédiaire, le temple vit l'activité des rois *Sobekhotep *S̱ḫm-swꜣḏ-tꜣwj-Rꜥ*, *Znwsrt*[17], et *Mentuhotep VII[18]. Un pharaon *Mn-jb-rꜥ* avait construit un *mꜣrw* (*Lusthaus) encore utilisé à l'Epoque ptolémaïque[19].

Les fouilles des kôm à l'ouest et au sud du temple ont mis au jour les restes de trois enceintes correspondant à trois stades de l'expansion de la ville, chaque enceinte nouvelle traversant les anciennes nécropoles ménagées à l'extérieur de l'enceinte précédente[20]. Car une importante nécropole occupait les abords immédiats de la ville de l'Ancien et du Moyen Empire, avec, en particulier, les mastabas de *Ḥr-nḫt*, *Sꜣbnj*, *Qꜣr*, surnommé *Ppj-nfr*, *Ḫwj.wj*, *Nfr*[21] et surtout la mastaba de *Jzj*[22], qui devint, une fois son propriétaire reconnu comme saint patron local, au ME et jusqu'à la Deuxième Période Intermédiaire, un lieu de vénération où on croyait efficace de dresser un monument commémoratif[23]. Sur la nécropole de l'AE s'établirent plus ou moins anarchiquement les sépultures de la Première Période Intermédiaire et du ME[24]. Et enfin, directement là-dessus, sauf une frange aux abords du temples occupée par des constructions du Nouvel Empire, la ville Gréco-romaine et Byzantine. C'est qu'à la fin de la Deuxième Période Intermédiaire[25], un important changement s'était produit: le transfert de la nécropole à Hagar Edfou, à 4 km à l'ouest dans la chaine libyque[26]. Puis, à la Basse Epoque, derechef une nouvelle nécropole à Nagꜥ el Hassaya, 12 km au sud[27].

Le développement de la ville s'explique par la présence d'un éperon rocheux[28], donc propre à l'établissement d'un site urbain au milieu d'une zone cultivable assez vaste[29], d'une part, et, d'autre part, au débouché d'une piste menant à l'oasis de Kharga (*Charga) et à la *Nubie[30]; par ailleurs, sur l'autre rive, aboutissaient le *Wâdi Abbad et la route des mines d'or de *Barramijé (*Kanais) et de Bérénice (*Karawanen[wege])[31]. L'histoire de T. E. est dominée, à l'échelle régionale par les étroites relations avec *Hiérakonpolis et *Elkâb[32], fort proches, et, sur le plan politique, par les alliances et ruptures successives avec

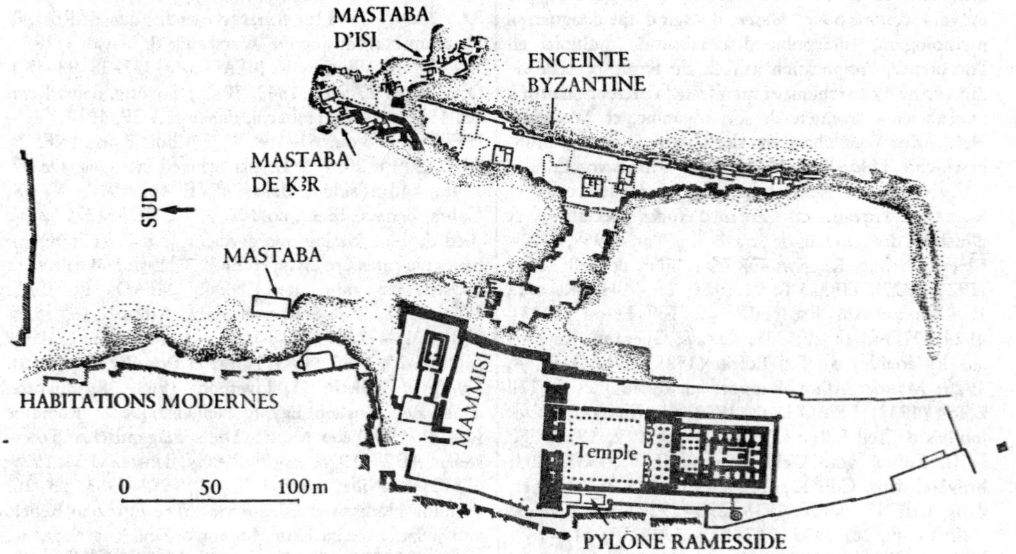

Lageplan von Tell Edfu

Thèbes. L'antiquité de sa fondation est assurée, bien que, hormis quelques tombes prédynastiques[33], aucun monument n'ait été trouvé qui soit sûrement antérieur à la Ve dynastie[34]. On connaît à la fin de l'AE les nomarques *Jzj*, *Qꜣr* et *Ḫwj-wj*[35].

Puis *Anchtifi[36] s'empare de la province de T.E. qui sera ramenée, ainsi qu'*Eléphantine et le IIIe nome, dans la mouvance thébaine sous *Antef II[37]. Si l'histoire de T.E. est pauvrement documentée au début du ME, trois stèles de particuliers[38] et une mention du gouverneur *Jzj* au *Wâdi Hammâmât[39], en revanche, un grand nombre de stèles, statues ou tables d'offrandes attribuables à une période allant du milieu de la XIIIe dyn. à la XVIIe dyn.[40], émanent de fonctionnaires ou de prêtres[41], et font connaître, entre autres, le gouverneur *Ḥrj*, et ses deux fils *Jb.j-jꜥw* et *Ḥr-ḥr-ḫwjt.f* dont la famille comporte plusieurs princesses[42]; c'est de cette famille que descend la reine *Sbk-m-zꜣ.f*, épouse de *Antef V, enterrée à Edfou[43]. Plus encore, Antef-le-victorieux, probablement identique au précédent, place ses prétentions monarchiques sous la garantie de Horus de Behdet et d'*Isis[44]. Tout cela montre clairement l'alliance politique de Thèbes et de T.E. durant la Deuxième Période Intermédiaire. Aussi des hommes de la ville participent aux guerres de libération nationale[45]. D'où, l'intérêt porté par les souverains de la première moitié de la XVIIIe dynastie à T.E.: chapelle funéraire d'Amosis (*Ahmose)[46], statues, avec fondations, des reines *Jꜥḥ-ḥtp* (*Ahhotep) et *Jꜥḥ-ms* (*Ahmose)[47], développement de la ville[48] et prospérité du clergé local[49]. Pendant l'Epoque Ramesside[50] et la Troisième Période Intermédiaire, T.E. demeure un centre provincial notoire, étroitement associé à Thèbes[51]. Sans doute les pharaons saïtes ont-ils cherché à distendre ces liens[52]; en tout cas, jusqu'à la fin de la période dynastique, T.E. est bien traité par le pouvoir: un document cadastral révèle que plus de la moitié du domaine foncier du temple de Horus a été acquis pendant la Basse Epoque[53].

La divinité majeure de T.E. est le dieu faucon Horus, appelé *Bḥdtj*, "celui de *Bḥdt*" (*Horus von Edfu), ou encore, tardivement, "le maître de *Mesen". Dès la XIe dyn., *Hathor de *Dendara est associée au culte de Horus[54]. Par ailleurs, Hathor devient divinité topique au début de la XVIIIe dyn., quand la nécropole est transférée dans la falaise libyque[55]. *Isis est aussi déesse de plein droit à T.E., au moins depuis la Deuxième Période Intermédiaire[56], et Horus envisagé comme fils d'Isis[57]. Un *Osiris "qui réside à *Bḥdt*" est très fréquemment mentionné depuis le ME[58]. Les cultes et la théologie tardive de T.E., bien documentés par les inscriptions du temple, ont suscité une abondante bibliographie[59].

[1] Montet, Géographie II, 30–40; Helck, Gaue, 71–72; Lacau–Chevrier, Sesostris I, 221–222, § 625–629; Fischer, dans: JARCE 2, 1963, 48–49; Gabra, dans: MDAIK 32, 1976, 50m; Farouk Gomaà, Ägypten während der Ersten Zwischenzeit, TAVO Beiheft B 27, Wiesbaden 1980, 16. – [2] AEO II, 6*, no. 318. – [3] Le débat entre Kees et Gardiner (cf. LÄ III, 18) pour savoir si

originellement *Bḥdt* se situe en Haute ou en Basse Egypte est vain; comme pour *Mesen*, il s'agit d'une désignation mythologique susceptible d'actualisation multiple; en l'occurence, l'application à T.E. du terme procède de l'idéologie monarchique et manifeste la présence du roi à une ancienne frontière de son royaume, cf. Wolfgang Helck, Zur Vorstellung von der Grenze in der äg. Frühgeschichte, Hildesheim 1951, 18, et *Horus von Edfu. – [4] Yoyotte, dans: Religions en Egypte Hellénistique et Romaine. Travaux du Centre d'études spécialisées et d'histoire des religions de Strasbourg, Paris 1969, 132. – [5] Henri Henne, Rapport sur les fouilles de Tell Edfou (1921–1922), FIFAO II. 2, 1924, 2. – [6] Henne, o.c.; id., Rapport sur les fouilles de Tell Edfou (1923–1924), FIFAO II. 3, 1925; Octave Guéraud, Rapport sur les fouilles de Tell Edfou (1928), FIFAO VI. 4, 1929; Maurice Alliot, Rapport sur les fouilles de Tell Edfou (1932), FIFAO IX.2, 1933; id., Rapport sur les fouilles de Tell Edfou (1933), FIFAO X. 2, 1935; FFP I–III, Edfou; voir Weill, dans: RdE 1, 1933, 303; Bruyère, dans: CdE 12, no.24, 1937, 185–9; Chevrier, dans: CdE 13, no.26, 1938, 290–292; Bruyère, dans: CdE 14, no.28, 1939, 267–8. – [7] PM VI, 119–168; Edfou I–XIV; Mohiy E. A. Ibrahim, The Chapel of the Throne of Rê at Edfu, BAe 16, Bruxelles 1975; plan du temple: Lacau, dans: ASAE 52, 1954, 215–221; autel au nord du mur d'enceinte septentrional: Leclant, dans: Or 36, 1967, 198 (27); histoire de la décoration du temple: Myśliwiec, dans: ET 3, 1969, 63–79. – [8] PM VI, 169–77; Daumas, Mammisis, 92–97; Ewa Laskowska-Kusztal, dans: ET 7, 1973, 53–79; id., dans: Rocznik Muzeum Narodowego w Warszawie 18, Varsovie 1974, 23–49. – [9] PM VI, 146. – [10] Maurice Alliot, Rapport sur les fouilles de Tell Edfou (1932), FIFAO X. 2, 1935, 24–5; Habachi, dans: OrAnt 13, 1974, 325 n.27; Sauneron et Yoyotte, dans: BIFAO 50, 1952, 201 n.3; Antony Spalinger, Aspects of Military Documents of the Ancient Egyptians, Yale Near Eastern Researches 9, New Haven et Londres 1982, 17 n.27. – [11] PM VI, 168–9; Christophe, dans: ASAE 55, 1958, 1–23; Kitchen, Ram. Inscr. V, 233, no.67. – [12] Yoyotte, dans: Kêmi 12, 1952, 93. – [13] Gabra et Farid, dans: MDAIK 37, 1981, 184–5, fig.3 à 5. – [14] Simpson, dans: BMFA 68, 1970, 260–9; Vandersleyen, dans: OLP 6/7, 1975–1976, 535–42. – [15] PM V, 204. – [16] Berlin 15699 = Wildung, dans: Fs Mus. Berlin, 255–7, pl.34; la provenance de T.E. n'est qu'une hypothèse, au demeurant fort plausible. – [17] Gabra et Farid, o.c., 182–3, figs. 1 et 2. – [18] Le Caire JE 48874 et 48875 = Gauthier, dans: ASAE 31, 1931, 1–6; cf. Christophe, o.c., 4, n.3; v. Beckerath, 2. Zwischenzeit, 288 (3); W.V. Davies, A royal Statue reattributed, dans: British Museum Occasional Papers 28, Londres 1981, 30–31, no.51. – [19] Chassinat, dans: BIFAO 30, 1930, 299–303; id., dans: REA 1, 1927, 298; Maurice Alliot, Le culte d'Horus à Edfou au temps des Ptolémées II, BdE 20.2, 1954, 581–2; Dimitri Meeks, Le grand texte des donations au temple d'Edfou, BdE 59, 1972, 95. – [20] FFP I, Edfou, 10; III, 103; Bietak, dans: Egyptology and the Social Sciences, edited by Kent Weeks, Le Caire 1979, 112–4. – [21] PM V, 200; FFP I, Edfou, 25–48; Sainte-Fare Garnot, dans: ASAE 37, 1937, 116–124. – [22] Maurice Alliot, Rapport sur les fouilles de Tell Edfou (1933), FIFAO X. 2, 1935, 8–40; FFP III, Edfou, 35–50; Edel, dans: ZÄS 79, 1954, 11–17; Ruszczycowna, dans: Rocznik Muzeum Narodowego w Warszawie 3, Varsovie 1958, 53–74. – [23] Alliot, dans: BIFAO 37, 1937–38, 93–160; Otto, dans: ZÄS 78, 1943, 30sq.; Yoyotte, dans: Kêmi 12, 1952, 91–92; Habachi, dans: JEA 39, 1953, 55. – [24] FFP III, Edfou, 61–108. – [25] Alliot, dans: JNES 9, 1950, 209 n.20. – [26] Ursula Schweitzer, dans: Or 17, 1948, 540; Fakhry, dans: ASAE 46, 1947, 47–48; Gabra, dans: CdE 52, no.104, 1977, 207–222. C'est au pied de cette chaîne que devaient se trouver le temple haut et le cimetière divin, cf. Emile Chassinat, Le mystère d'Osiris au mois de Khoiak, PIFAO, Le Caire 1966–1968, 287; Sauneron, dans: MDAIK 16, 1958, 278 n.3. – [27] PM VI, 205–6; De Meulenaere, dans: MDAIK 25, 1969, 90–97; Gray et Dorothy Slow, dans: Liverpool Bulletin 15, Liverpool 1968, 38; Yoyotte, dans: Religions en Egypte Hellénistique et Romaine (v.n.4), 133; Peter Munro, Die spätägyptischen Totenstelen, ÄF 25, 1973, 68–75; Leahy, dans: GM 31, 1979, 67–72; Cauville, dans: RdE 34, 1982–1983, 23–26; Svetlana Hodjash et Oleg Berlev, The Egyptian Reliefs and Stelae in the Pushkin Museum of Fine Arts, Moscow, Léningrad 1982, 175–7, no.117. – [28] FFP III, Edfou, 62; Bietak, o.c., 110. – [29] Nombreux silos trouvés par les fouilles, voir Gabra, o.c., 202; un gouverneur de T.E. de la Deuxième Période Intermédiaire approvisionne sa ville et le pays "tout entier" pendant une époque de famine: CG 20537, l.5–6. – [30] Vernus, dans: BSFE 85, 1979, 8; nombreux indices de contact entre T.E. et la Nubie; par exemple, temple à Horus de *T3-Ztj* élevé par Sésostris I dans le IIe nome, Daressy, dans: ASAE 4, 1903, 102; voyage de *Ḥ3-ʿnḫ.f*, Wolfgang Helck, Historisch-biographische Texte der 2. Zwischenzeit und neue Texte der 18. Dynastie, KÄT, Wiesbaden 1975, 79, no.115; Berlev, dans: ВЕСТНИК 1, Moskau 1966, 28–39; Säve-Söderbergh, dans: JEA 35, 1949, 57–58; arrêt de Thoutmosis IV à T.E., lors d'une expédition nubienne: Urk. IV, 1547, 5; allusion dans le Mythe d'Horus: Gwyn Griffiths, dans: JEA 44, 1958, 83. – [31] Zbyněk Žába, The Rock Inscriptions of Lower Nubia (Czechoslovak Concession), Prague 1974, 223sq. – [32] Horus de Behdet est invoqué dans le formulaire d'une stèle de la XIIIe dyn. provenant de Kôm el Ahmar: CG 20318; un prêtre-ritualiste de Horus de Behdet est mentionné sur la stèle Louvre C 228 (Elkâb); un scribe de Horus de Behdet figure sur un graffito de Elkâb: Petrie, Season, pl.17, no.637. Les liens avec Eléphantine sont plus lâches, mais réels: par exemple, chapelle votive de *Snʿʿ-jb* originaire d'Eléphantine, trouvée à Edfou: Legrain, dans: ASAE 3, 1902, 267–8. – [33] FFP I, Edfou, 2; Leclant, dans: Or 46, 1977, 264 (47). – [34] La mesure attribuée à *Mykerinos (PM V, 205) pourrait bien être un faux. – [35] Eva Martin-Pardey, Untersuchungen zur ägyptischen Provinzialverwaltung bis zum Ende des Alten Reichs, HÄB 1, 1976, 111–3; Gomaà, o. c. (v. n. 1), 16–17. – [36] Vandier, Moʿalla, 20; pour la désignation *Pr-Ḫwj-wj* de la province de T.E. à l'époque, voir Vernus, dans: CdE 58, no.116, 1983, 127. – [37] Gabra, dans: MDAIK 32, 1976, 51–53. – [38] Florence 6364 = Sergio Bosticco, Le stele egiziane d'ell' Antico al Nuovo Regno (Museo Archeologico di Firenze), Rome 1959, 23–24, no.17 = Henry Fischer, The Orientation of Hieroglyphs I. Reversals

(Egyptian Studies II), New York 1977, 68, fig. 71 (fin de la XIe dyn.); Varsovie 141263 MN = Szafranski, dans: Rocznik Museum Narodowego w Warszawie 24, 1980, 43, fig. 10; Maurice Alliot, Rapport sur les fouilles de Tell Edfou (1933), FIFAO X. 2, 1935, 35, 18°, pl. 16, 1 (début de la XIIe dyn.). – [39] Couyat–Montet, Inscr. du Ouâdi Hammâmât, no. 87; cf. Simpson, dans: JNES 18, 1959, 30; Karl-Joachim Seyfried, Beiträge zu den Expeditionen des Mittleren Reiches in die Ost-Wüste, HÄB 15, 1981, 249; des hommes de T.E. sont mentionnés aussi dans pBrooklyn 351446, 31. – [40] PM V, 202–5; Alliot, Rapport (1933) (v.n. 38), 28–38; Szafranski, o.c., 7–61; certains monuments sont datés du roi Sobekhotep *Ḫ*ꜥ*-nfr-R*ꜥ (Helck, Texte [v.n. 30], 38–9, no. 49) et du (ou des) roi(s) *Ddw-ms*, voir El Sayed, dans: BIFAO 79, 1979, 167–207. – [41] L'analyse généalogique et sociologique des documents présentée par Szafranski, dans: L'Egyptologie en 1979. Axes prioritaires de recherches 2, Paris 1982, 173–5 est très discutable; classement chronologique et étude détaillée de tout le corpus dans Pascal Vernus, Les Inscriptions d'Edfou du début de la XIIe dynastie au début de la XVIIIe dynastie, à paraître. – [42] Daressy, dans: ASAE 18, 1919, 51 (XI); Chicago 31664; CG 20329; Alliot, o.c. (v.n. 38), 30 (4°), pl. 16, 3, et 38 (3°), pl. 13, 1; CG 20537; Le Caire JE 46199 = Daressy, dans: ASAE 17, 1917, 240–1 (III); Engelbach, dans: ASAE 22, 1922, 114, pl. 1, no. 4. – [43] Engelbach, o.c., 116, pl. 1, no. 6; CG 34009 = Urk. IV, 29–31; v. Beckerath, 2. Zwischenzeit, 171; Carol A. R. Andrew, Jewellery 1. From the Earliest Times to the 17th Dynasty. Catalogue of Egyptian Antiquities in the British Museum IV, Londres 1981, 80/81, nos. 577. 578. – [44] BM 1645 = Helck, o.c. (v.n. 30), 77, no. 112; la formulation de l'idéologie monarchique utilise des tours proprement néo-égyptiens, ce qui montre qu'elle est contemporaine de la stèle, et non issue des stéréotypes classiques. – [45] Stèles de *Ṯ*ꜣ*w* et de *M-ḥb*, Helck, o.c., 78, no. 114; 97–8, no. 120; voir Hodjache et Berlev, dans: CdE 52, no. 103, 1977, 26. – [46] Gabra, dans: CdE 52, no. 104, 1977, 214, fig. 4. – [47] CG 34009 = Urk. IV, 30, 1. 5–8. 10–11. – [48] Cartouches de Hatschepsut: FFP I, Edfou, 17, pl. 26, n. 9; statue de *Senenmut: Roland Tefnin, La statuaire d'Hatshepsout, MonAeg 4, 1979, VII, n. 3; Christine Meyer, Senenmut. Eine prosopographische Untersuchung, Hamburger Ägyptologische Studien 2, Hambourg 1982, 51, no. 23; alabastron de l'épouse divine *Z*ꜣ*t-Jmn*: FFP II, Edfou, 197. – [49] Beaucoup de leurs monuments ont été malencontreusement attribués au ME. Prophètes: Engelbach, dans: ASAE 22, 1922, 180–1; CG 23015; Baltimore 22. 313 (58). Prêtres-*w*ꜥ*b*: FFP II, Edfou, pl. 8; CG 34009. 34148; Vienne = v. Bergmann, dans: RecTrav 12, 1892, 16–17 (XVII); Birmingham 70'96 = Ruffle, dans: JEA 53, 1967, 42–44 (2), pl. 6; Janine Monnet Saleh, Les antiquités égyptiennes de Zagreb, Paris 1970, 26–27, no. 10; Berlin 3/71 = Wildung, dans: Fs Mus. Berlin, 258, fig. 1. Prêtres ritualistes: famille de *Jwf, Jb, Jd*, sur six générations depuis la fin de la XVIIe dyn.: Daressy, dans: ASAE 17, 1917, 237–243 (I. II. V); id., dans: ASAE 18, 1919, 49–51 (VIII. IX. X); CG 23015; Engelbach, dans: ASAE 22, 1922, 118; prêtre-ritualiste en second: Gabra, o.c. (v.n. 46), 220, fig. 7. Scribe de Horus de Behdet: Petrie, Season, pl. 17, no. 637. Directeur des deux greniers de Horus de Behdet: CG 20623. Voir aussi, Helck, Materialien, 155–6. – [50] PM V, 204–5; Le Caire JE 43925; Ruffle et Kitchen, dans: Fs Fairman, 63, pl. 3 (Turin 1465); grand-prêtre de Horus de Behdet sous Ramsès III: Kitchen et Gaballa, dans: Serapis 6, 1980, 75–76. – [51] Hathor qui réside à Behdet en compagnie de divinités thébaines: Turin 1465; nom propre *Nḏm-Bḥdt* à Thèbes: Deir el Médineh 1922–1923, 41; une suivante de Mout, épouse d'un prêtre d'Edfou: Leclant, Sacerdoces, 69 n. 1; tombe thébaine de *P*ꜣ*-ṯnfj*, gouverneur d'Edfou: Schenkel, dans: MDAIK 31, 1975, 127 sq., cf. Yoyotte, dans: Kêmi 12, 1952, 93–96; *T*ꜣ*-st-(n-)n*ꜣ*j-Njwt*, "La place des Thébains" à Edfou, Meeks, Le grand texte (v.n. 19), 113 (213); Amon-*p*ꜣ*-*ꜥ*ḏr* transplanté de Thèbes à Edfou: Vernus, dans: Hommages à la mémoire de Serge Sauneron 1927–1976 I, Egypte Pharaonique, Le Caire 1979, 474–5. – [52] Berlin 17700, statue du gouverneur de T.E. *Nj-sw-n*ꜣ*-jswt* qui possède des charges en Basse Egypte = Ranke, dans: ZÄS 44, 1907, 42; Graefe, dans: SÄK 1, 1974, 201 n. 2 conteste qu'il en ait été originaire; voir encore Yoyotte, o.c., et Jan Assmann, Das Grab des Basa (Nr. 389) in der thebanischen Nekropole, AV 6, Mayence 1973, 21 (64). A la fin de la période dynastique, la charge de "prophète de Horus de Behdet qui massacre les pays étrangers" figure au milieu de charges de Haute Egypte, voir Wild, dans: BIFAO 54, 1954, 196 (23). Pour le clergé de T.E. à la Basse Epoque, v.n. 27. – [53] Meeks, o.c., 155. Bien entendu, la culture pharaonique survit fort vivacement à T.E. pendant l'Epoque Gréco-romaine; une abondante documentation démotique en est parvenue, voir, e.g., Malinine, dans: Mél. Mar., 152–158; Wångstedt, dans: Fs Mus. Berlin, 322–334; Menu, dans: Hommages à la mémoire de Serge Sauneron 1927–1976 I, Egypte Pharaonique, Le Caire 1979, 261–79. Témoignages archéologiques de cette survivance: Parlasca, dans: Fs Mus. Berlin, 152–168. – [54] Henry Fischer, Dendera in the Third Millennium B.C., New Haven 1968, 125–6. Pour T.E. et Dendera, cf. De Meulenaere, dans: CdE 48, no. 95, 1973, 58 (f); Daumas, dans: LÄ I, 1061; II, 1036. – [55] Hathor qui réside dans la nécropole: FFP II, Edfou, pl. 10, 2; Hathor qui réside à Behdet, maîtresse de cette butte: Gabra, o.c. (v.n. 46), 220, fig. 7; et encore Wildung, dans: Fs Mus. Berlin, 259. – [56] BM 1645; CG 34009; Simpson, dans: BMFA 68, 1970, 260–9; Münster, Isis, 161–2. – [57] Kees, Götterglaube, 425; Ward, dans: JEA 63, 1977, 64 (a). – [58] E.g.: Alliot, Rapport (1933) (v.n. 38), pl. 13, 1. – [59] Principales monographies: Maurice Alliot, Le culte d'Horus à Edfou au temps des Ptolémées, BdE 20, 1954; Eva Reymond, The Mythical Origin of the Egyptian Temple, Manchester 1969; Etienne Drioton, Le texte dramatique d'Edfou, CASAE 11, 1948; H. W. Fairman, The Triumph of Horus. An Ancient Egyptian Sacred Drama, Londres 1974; id., Worship and Festival in an Egyptian Temple, reprinted from the Bulletin of the John Rylands Library 37. 1, Manchester 1954; Dimitri Meeks, Le grand texte des donations au temple d'Edfou, BdE 59, 1972; Sylvie Cauville, La théologie d'Osiris à Edfou, BdE 91, 1983; Dieter Kurth, Die Dekoration der Säulen im Pronaos des Tempels von Edfu, GOF IV. 11, Wiesbaden 1983; bibliographie de détail dans Jean-Claude Grenier,

Temples ptolémaïques et romains. Répertoire bibliographique, BdE 75, 1979, 3–264.
Addition bibliographique: Szafranski, dans: ET 12, 1985, 54–66; Gabra, dans: GM 75, 1984, 7–11; Sylvie Cauville, Edfou, Bibliothèque générale 6, IFAO 1984.

P. V.

Tell el-Farain s. Buto

Tell el-Faraun s. Imet

Tell el-Heir s. Magdola 2

Tell el-Jahudija (تل اليهودية, Karte 1g), dénomination moderne et contemporaine d'un site antique situé à la lisière du Delta, environ à 20 km au nord(-est) d'*Héliopolis (moudiriah de Qalioubiah, à proximité de l'agglomération de Shibîn el-Qanater). Ce nom arabe signifie "La Butte aux Juifs" et il existe du reste d'autres lieux désignés de la même manière en Basse Egypte[1]. Tous semblent avoir un rapport, réel ou légendaire, avec la présence juive dans l'Egypte d'Epoque Tardive et Gréco-Romaine. Pour ce qui est du Tell el-Jahudija évoqué ici, le nom doit faire référence à la colonie judéenne installée dans cette région sur l'initiative du grand-prêtre de Jérusalem, *Onias, et au temple qu'il fit édifier à cette occasion[2].

A. *Désignations antiques*. Diverses désignations antiques de ce lieu sont connues. Certaines du reste suscitent des questions qui restent encore en suspens[3]. Le nom hiéroglyphique courant est *N3j-(n-)t3-ḥwt*[4], qui correspond aux premiers mots d'un toponyme dont la forme complète est *N3j-(n-)t3-ḥwt-Rᶜmssw-ḥq3-Jwnw–ᶜnḫ-wḏ3-snb-m-pr-Rᶜ-(ḥr-)mḥt-Jwnw*, et qui signifie "Les (gens) du château (domaine) de Ramsès-Souverain d'Héliopolis V.S.F. dans le temple de Rê (au) nord d'Héliopolis"[5]. Une autre forme, également abrégée mais plus explicite, est *N3j-(n-)t3-ḥwt-m-pr-Rᶜ-(ḥr-)mḥt-Jwnw*, "Les (gens) du château (domaine) dans le temple de Rê (au) nord d'Héliopolis"[6]. Ce nom fait référence d'une part à un domaine créé à cet endroit par *Ramsès III et d'autre part à un sanctuaire de *Rê situé dans cette localité et mis en relation avec la grande ville voisine consacrée à cette divinité, Héliopolis, au demeurant explicitement mentionnée (*ḥr mḥt Jwnw*).
On notera en passant qu'on ne sait pas comment le site ou les sites correspondant à T. avant le NE, ou plus précisément avant la XXe dynastie, étaient désignés.
C'est probablement la forme très abrégée *N3j-(n-)t3-ḥwt* qu'il faut reconnaître derrière la dénomination grecque Ναθῶ (*Natho) et l'assyrien Natḫū. Mais le lieu est également désigné en grec sous le nom de Λεοντόπολις τοῦ Ἡλιοπολίτου, Léontopolis de l'Héliopolite (= du nome d'Héliopolis). Cependant, cette désignation n'apparaît en fait que chez Flavius Josèphe lorsque celui-ci évoque l'histoire d'Onias et de son temple.
Un fait curieux, qui pose peut-être un problème, est à mettre en relation avec ces diverses désignations toponymiques: *Tell el-Moqdam, autre site de Basse Egypte, était également appelé en grec *à la fois* Ναθῶ (*Natho) et Λεοντοπόλις[7]. En fait, Tell el-Moqdam était bien le centre d'un culte léonin couramment attesté et mérite tout à fait son second nom, tandis que T. n'a fourni que peu d'indices témoignant d'un culte de déesse-lionne (la Βούβαστις ἄγρια dont parle Flavius Josèphe). Quant aux toponymes Ναθῶ, on sait qu'il en existait certainement deux (Hérodote mentionne un Ναθῶ τὸ ἥμισυ, ce qui irait bien dans ce sens[8]) et les Annales d'Assourbanipal (*Assurbanipal) mentionnent du reste deux Natḫū.
Avec la domination romaine en Egypte apparaît enfin une autre désignation du site de T. (ou d'un site très voisin?): Scenae Veteranorum[9].

B. *Situation*. Comme il a été signalé plus haut, le site ou les sites correspondant à T. semblent avoir eu un rapport assez étroit avec Héliopolis. De fait, T. était situé dans le nome d'Héliopolis, connu parfois sous la désignation abusive de 13e nome de Basse Egypte[10] (*Gaue) et correspondant en partie au nome "héliopolite" des Grecs (cf. l'appellation Λεοντοπόλις τοῦ Ἡλιοπολίτου).

C. *Aspects du site*. Le site actuel de T. est extrêmement ruiné et très peu parlant. Il semblerait que cette situation soit déjà assez ancienne. T. a été pillé et exploité par les chercheurs d'antiquités et de sebakh depuis le siècle dernier et n'a fait l'objet que d'assez brèves et peu nombreuses recherches archéologiques proprement dites. On peut essentiellement mentionner les travaux de Brugsch[11], Naville et Griffith[12], Petrie[13], Du Mesnil du Buisson[14] et Shehata Adam[15].
Trois zones principales sont connues et ont été plus ou moins fouillées: un très vaste périmètre délimité par une importante levée de terre en partie conservée; tout près de cette enceinte, vers l'angle nord-est, une sorte de colline sableuse où ont été retrouvées des traces de construction; enfin une zone de cimetières d'époques diverses à quelque distance à l'est de la grande enceinte.

D. *Quelques repères chronologiques*. Une série de trouvailles faites, comme si souvent en Egypte, hors de tout contexte archéologique connu, fournit quelques jalons permettant d'esquisser les bribes d'une histoire schématique du site[16]. Il faut évidemment tenir compte aussi des témoignages apportés par d'autres types de sources, administratives, littéraires, etc.

Les premiers documents pourraient remonter à l'AE, mais c'est surtout avec le ME et la Deuxième Période Intermédiaire que le site semble prendre une importance réelle. La grande enceinte encore en partie conservée pourrait être le vestige d'un établissement *hyksos (un "camp" comme on le dit parfois?). Le fait est souvent tenu pour acquis, encore qu'il soit loin d'être prouvé et qu'il pourrait aussi s'agir de l'enceinte d'un ensemble cultuel. D'autre part, vers les mêmes périodes, le site a produit un certain type de céramique si caractéristique (*Tell el-Jahudija – Keramik) qu'il va servir de référence pour désigner toute une céramique contemporaine trouvée en divers lieux d'Egypte et visiblement en relation assez étroite avec certains types syro-palestiniens [17].

Avec le NE et surtout la XIXe dyn., T. connaît également, semble-t-il, une période brillante. Comme en tant d'autres lieux, ses sanctuaires sont agrandis et embellis ou reconstruits. D'autre part des constructions cultuelles ou palatines sont érigées sur le site. En témoigne le *Papyrus Harris I qui évoque parmi les donations faites par Ramsès III aux temples d'Héliopolis et à ceux qui étaient du ressort de cette ville, celles qui furent attribuées à *N3j-(n-)t3-ḥwt-Rꜥmssw-ḥq3-Jwnw ꜥnḫ-wḏ3-snb-m-pr-Rꜥ-(ḥr-)mḥt-Jwnw* [18]. On pourrait aussi citer, dans un autre contexte, le témoignage du *Papyrus Wilbour [19]. Sur le terrain même deux trouvailles importantes, voire exceptionnelles, sont à signaler parmi toutes celles qui ont pu être faites depuis le siècle dernier. Tout d'abord un modèle de temple qui serait celui d'Héliopolis ou celui de T. lui-même et qui date de Séthi (*Sethos) I [20]. D'autre part, la découverte, essentiellement antérieure ou parallèle aux fouilles archéologiques proprement dites, de très nombreuses tuiles vernissés, de qualité exceptionnelle, qui ont dû constituer le décor d'un palais de Ramsès III construit sur le site [21].

Après le NE, T. reste une localité d'importance moyenne; toutes sortes de trouvailles peuvent l'attester, comme par exemple un support de barque au nom de *Iuput (II), de la IIIe Période Intermédiaire [22], ou bien telle statue de la même époque, au nom d'un médecin par ailleurs connu [23]. Le site dut connaître un déclin progressif avec l'Epoque Tardive (il avait été cependant le siège d'un commandement autonome selon les Annales assyriennes, sous le nom Natḫū/Natho [24]), puisque Flavius Josèphe laisse entendre qu' Onias, vers 160 av. J.-Chr., y trouva un sanctuaire désaffecté et, on peut le supposer à partir de là, des installations diverses plus ou moins abandonnées ou délaissées [25]. La construction d'une temple de YHWH et l'aménagement d'une place-forte judéenne en ce lieu marquèrent sans doute un retour – certes sous une forme particulière – de T. sur le devant de la scène politique, militaire et religieuse. Mais cet épisode pose encore des problèmes de toute sorte, et d'abord archéologiques. La localisation du temple et de la forteresse ne sont pas encore acquises malgré des théories bien structurées [26]. Signalons enfin la trouvaille de nombreuses stèles funéraires gréco-juives [27] qui apportent certains renseignements sur la population du site aux alentours du début de notre ère, et qu'il faut compléter avec les informations fournies par les nécropoles plus proprement indigènes.

La fermeture du temple juif en 71 après J.-Chr. marque sans doute la fin de l'importance historique de T. (voire son extinction?).

[1] Non loin du site en question ici se trouve justement le Tell Jehud (Ghita, dans les environs de Bilbeis), à mettre peut-être en relation avec le Castra ou Vicus Judaeorum des sources classiques; cf. PM IV, 56. – [2] Cf. aussi infra et nn. 25–27. – [3] Pour une discussion complète sur ces questions toponymiques, voir AEO II, p. 146*–149*. Cf. aussi Montet, Géographie I, 168–169; Helck, Gaue, 185. – [4] Gauthier, DG III, 68 (= AEO, no. 401). – [5] On trouve cette forme dans le Pap. Harris I, 31, 5, et 32a, 8. Une forme encore plus complète où il est précisé: "Les (gens) du château de millions d'années de Ramsès (...)", se trouve ibid., 29, 8. – [6] Dans le Pap. Wilbour (A 26, 4). Une forme plus complète en A 34, 1–2. – [7] Cf. Yoyotte, dans: BIFAO 52, 1953, 185. 190–191. – [8] Hérodote II, 166. Natho y est présenté comme un nome des Hermotybies. – [9] Pour les sources mentionnant ce toponyme, voir John Ball, Egypt in the Classical Geographers, Cairo 1942, index, p. 200, s. v. – [10] Cf. A.-P. Zivie, dans: CdE 51, no. 101, 1976, 99–100. – [11] Brugsch, dans: RecTrav 8, 1886, 1–9. – [12] Edouard Naville, The Mound of the Jew and the City of Onias, et Francis Ll. Griffith, The Antiquities of Tell el-Yahûdiyeh, EEF 7, London 1890; cf. aussi Naville, dans: RecTrav 10, 1888, 50–56. – [13] William M. Flinders Petrie, Hyksos and Israelite Cities, BSAE 12, London 1906. – [14] Le Comte Du Mesnil du Buisson, dans: BIFAO 29, 1929, 155–178; 35, 1935, 59–71. – [15] Shehata Adam, dans: ASAE 55, 1958, 301–324. – [16] Voir pour les monuments et objets inscrits PM IV, 56–58, qui doit être completé par les trouvailles faites sur le site depuis 50 ans (elles ne sont pas si nombreuses). – [17] Cf. sur cette céramique la publication récente de Maureen F. Kaplan, The Origin and Distribution of Tell el-Yahudijah-Ware, SMA 52, Göteborg 1980. – [18] Cf. n. 5, et Herbert Schaedel, Die Listen des großen Papyrus Harris, LÄS 6, 1936. – [19] Cf. pWilbour, Comm., 136–7 (§ 77). – [20] Publication récente et complète par Alexander Badawy, A Monumental Gateway for a Temple of King Sety I. An Ancient Model Restored, dans: Misc. Wilb. 1, 1–20 (et Elizabeth Riefstahl, ibid., 20–23). – [21] Cf. PM IV, 57 (supra). – [22] Naville, The Mound of the Jew and the City of Onias, pl. 1. Cf. Helck, dans: LÄ III, 214–215. – [23] Voir Van de Walle et De Meulenaere, dans: RdE 25, 1973, 62. – [24] Helck, dans:

LÄ IV, 354–355 et n. 3. – [25] Flavius Josèphe, Περὶ τοῦ Ἰουδαϊκοῦ πολέμου VII, 420–436; Ἰουδαϊκὴ ἀρχαιολογία XII, 387–388; XIII, 62–73. – [26] Pour Petrie (v. n. 13), ils étaient situés à l'extérieur, à l'angle nord-est de la grande enceinte (et la colline sableuse en serait un vestige); pour Du Mesnil du Buisson (v. n. 14), ils se trouvaient au centre de la grande enceinte. – [27] Voir pour une bonne partie d'entre elles J.-B. Frey, Corpus Inscriptionum Judaicarum II, Rome 1952, 378–438 (1451–1530). A.-P. Z.

Tell el-Jahudija-Keramik: Meist kleine Tonkrüge mit dunkelbraun- bis schwarzpolierter Oberfläche und eingestochenen inkrustierten Musterfeldern, benannt nach einem der ersten Fundorte dieser Keramik bei Shibîn el-Qanâter[1], 33 km n. von Kairo.

Die T. taucht in der zweiten Hälfte des 18. Jh.[2] im n.ö. Nildelta und in der Levante gleichzeitig in Fundzusammenhängen der syrisch-palästinensischen Mittleren Bronzezeitkultur (spät MB II A) auf und bleibt in meist immer kleiner werdenden Formen bis zum Beginn des NR und bis zum Ende der Mittleren Bronze-Zt in Gebrauch. Sie wurde in größter Zahl und Variationsbreite in *Tell ed-Dab^ca gefunden.

Gleich zu Beginn lassen sich zwei in ihrer Verbreitung fast ausschließende Gruppen dieser Ware feststellen (Abb. 1.2). Darüber hinaus gibt es aber noch andere Gruppen der inkrustierten und der bemalten Tell el-Jahudija-Keramik. Es finden sich aber auch unverzierte schwarz-, braun-, rot-, gelb- und naturpolierte sowie tongrundige Krüge, die praktisch in den gleichen Formen in der Levante und Ägypten vorkommen und zur T. im weitesten Sinne zu zählen wären[3]. Die verschiedenen Oberflächengestaltungen sollten wohl verschiedene Sorten kostbarer *Öle oder von *Drogen (?) signalisieren, die verhandelt wurden. Chemische Analysen haben bisher keine eindeutigen Ergebnisse gebracht, außer daß es sich um ein Gemisch auf der Basis von pflanzlichen und tierischen Fetten handelt[4].

Die Herstellungstechnik (Boden auf schnelldrehender Scheibe geformt) ist hoch entwickelt und vorher in Ägypten unbekannt. Auf der Basis der Keramikseriation und Stratigraphie (Tell ed-Dab^ca) wurde für Ägypten eine chronologisch schrittweise Ausbreitung der T. vom Delta ausgehend festgestellt. Das älteste Exemplar aus Stratum d/1 (= H oder älter, ca. ± 1760–1750 v. Chr.) dürfte der Makroanalyse nach aus Red field clay hergestellt worden sein. Es besteht daher kein Zweifel, daß diese Keramik in der Mittleren Bronze-Zt-Kultur wurzelt[5] und auf Grund der rasch ansteigenden Popularität ihres Inhaltes schnell eine weite Verbreitung gefunden hat. Die T. wird fast ausschließlich in Gräbern gefunden, kommt aber auch in Siedlungsmaterial vereinzelt vor.

1. *Die palästinensische Gruppe:* Krüge, häufig mit ovoider Form[6], meist hellrot bis hellbraun, manchmal auch schwarzpolierte Oberfläche (meist ohne Hämatitzusatz). Charakteristisch sind schmale horizontale ungegliederte Musterstreifen, die matt belassen und mit Kammstich- oder Einzelstichmuster gefüllt sind. Die Krüge des Frühstadiums besitzen meist drei bis fünf solcher Musterstreifen; manchmal ist die unterste oder oberste Zone in Dreiecke gegliedert[7]. Möglicherweise handelt es sich hier um einen Einfluß aus der syrisch-ägyptischen Gruppe. Es ist nicht ausgeschlossen, daß die ungegliederten Musterstreifen bereits eine Vereinfachung der gegliederten Musterzonen der syrisch-ägyptischen Gruppe (s. u. Nr. 2) sind. Andere Beispiele haben zwischen den Streifen Zonen aus Kreisen[8].

Die frühesten Exemplare wurden bisher in ^cAfula[9] gefunden; sie haben einen gekröpften Hals und sind zeitgleich mit Stratum G in Tell ed-Dab^ca. Die Fundplätze dieses Frühstadiums konzentrieren sich in N-Palästina mit vereinzelten Ausläufern bis Jericho und *Gezer (vgl. Abb. 1). Zwei Exemplare fanden sich sogar in einem Stratum-F-Zusammenhang in Tell ed-Dab^ca als Importe[10].

In der späteren Phase haben diese Krüge nur mehr 1–2 Streifen. Ihre Verbreitung in Palästina ist ausgeglichen. Sie sind jedoch in S-Palästina nicht vorhanden, wo wir die äg. T. vertreten haben. Die palästinensische Gruppe dürfte ein Indikator für die Entwicklung einer eigenen Kulturprovinz der Mittleren Bronze-Zt sein, die sich gegenüber den gleichzeitigen Provinzen in Phönikien und im ö. Nildelta abhebt[11].

Es gibt noch weitere Subgruppen in Palästina wie Krüge mit zwei Zonen, meist aus inkrustierten Dreiecken auf der Schulter. Dieser Typ dürfte im Inland bei Jericho, ^cAin Samija und Malacha[12] beheimatet sein. Ungeklärt ist die Herkunft der kugeligen bis eiförmigen Krüge mit einfacher Strichverzierung mit Dreieckseffekt in Tell ed-Dab^ca[13].

2. *Die syrisch-ägyptische Gruppe* (z. T. identisch mit der Lischt-Ware von R. Merrillees). Diese besteht aus einer lückenlosen Serie von Krügen, deren waagerechte Musterzonen von vier (oder mehr) bis auf zwei Zonen abnimmt, die dann in direkter Fortsetzung in einer rein äg. Gruppe (s. u. Nr. 3) ihren Weitergang findet. Auch in der Größe nimmt die T. kontinuierlich ab, von Formen mit einer Höhe von über 25 cm bis zu Formen mit einer Größe um 10 cm. Vereinfachungen sind auch in der typologischen Entwicklung der Henkel (von dreigeteilten bis zu einfachen Bandhenkeln) und bei den Bodenformen (vom Ringboden bis zum

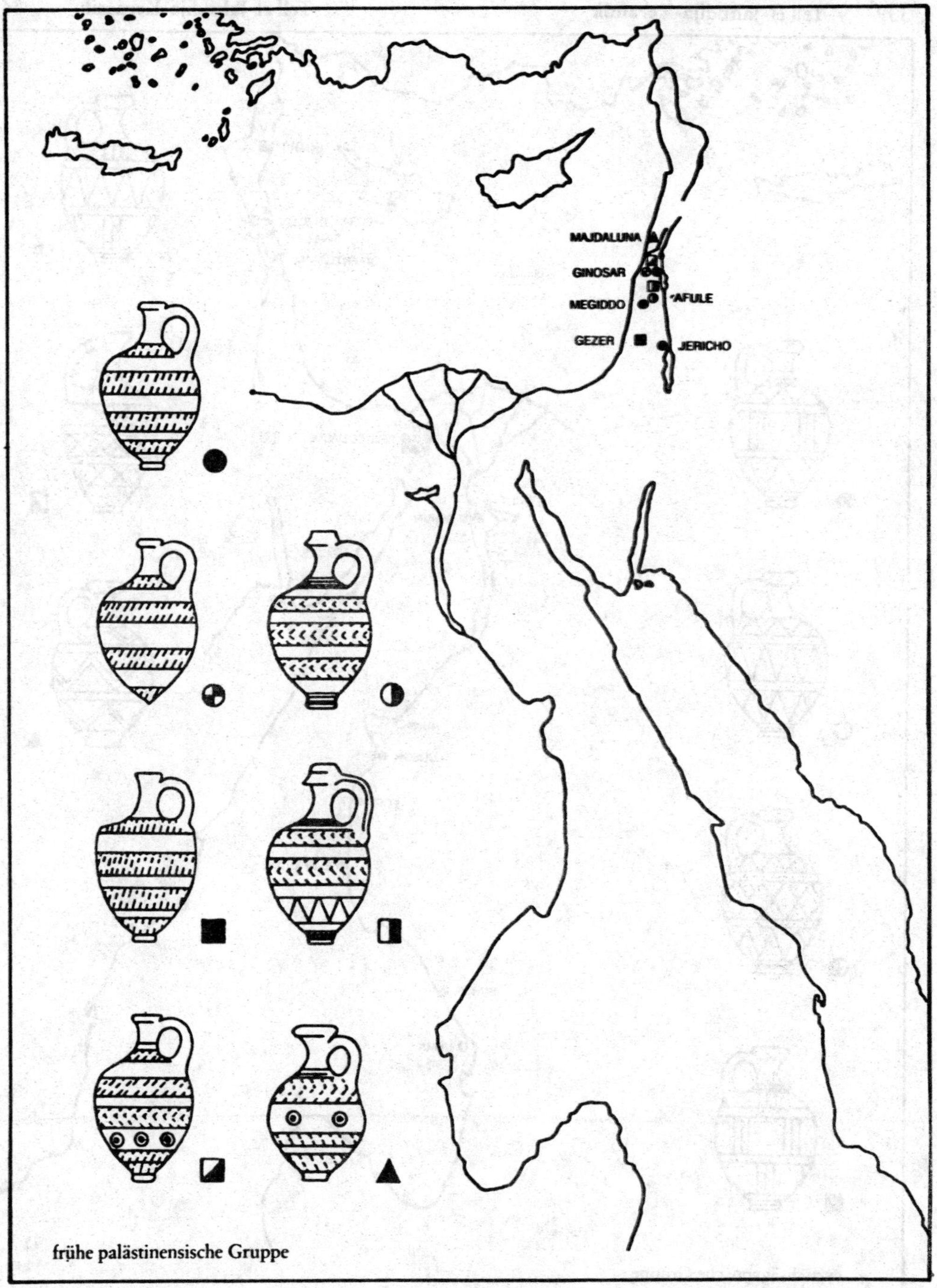

Abb. 1: Situation um 1700 v. Chr. und knapp davor. Die palästinensische Gruppe und die syrisch-ägyptische Gruppe schließen sich fast gegenseitig in ihrer Verbreitung aus. Es gibt intensive Handels- und Kulturbeziehungen zwischen dem Ostdelta und Phönikien.

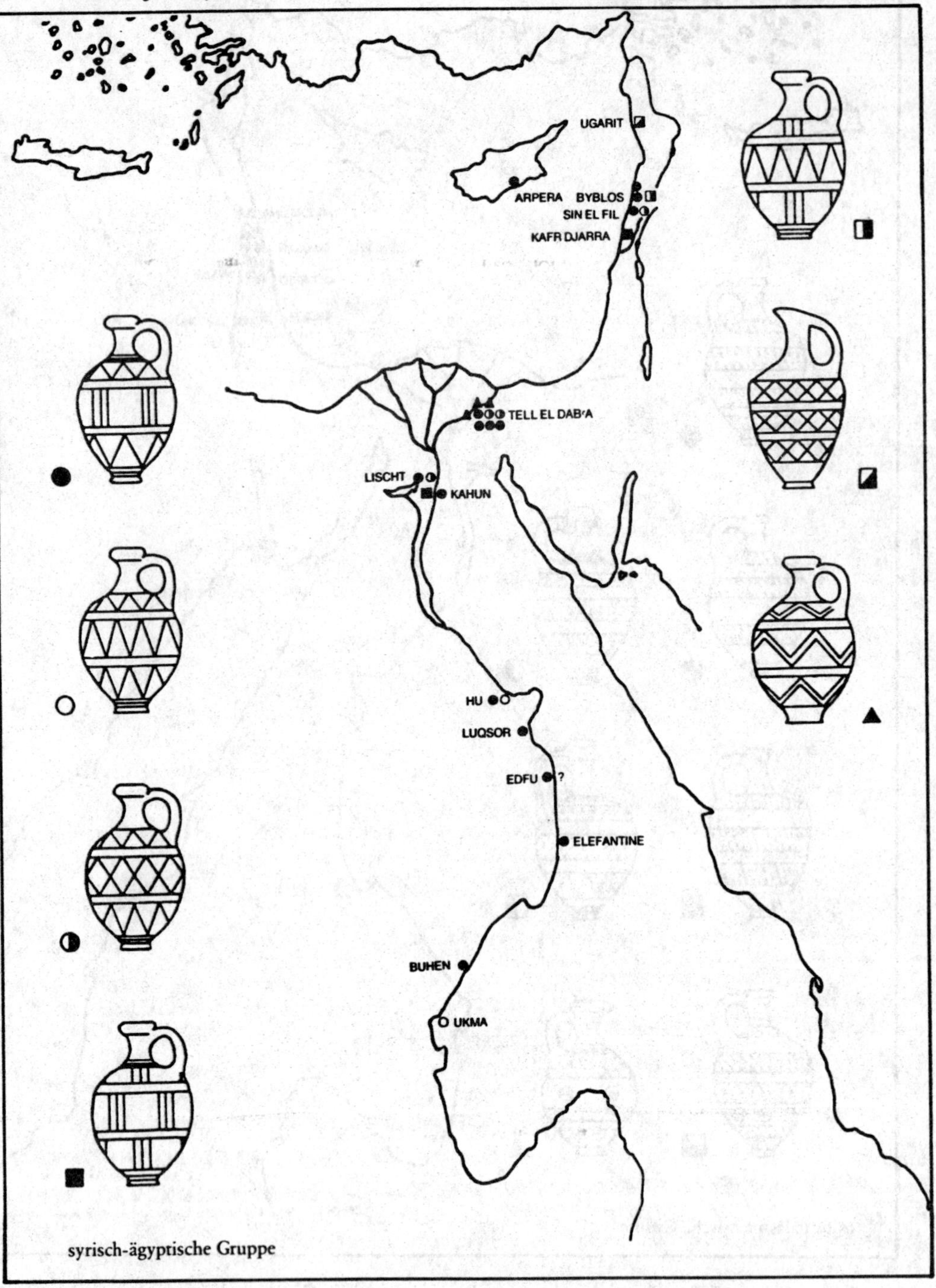

Abb. 2: Situation um 1700 v. Chr. und knapp davor. Die palästinensische Gruppe und die syrisch-ägyptische Gruppe schließen sich fast gegenseitig in ihrer Verbreitung aus. Es gibt intensive Handels- und Kulturbeziehungen zwischen dem Ostdelta und Phönikien.

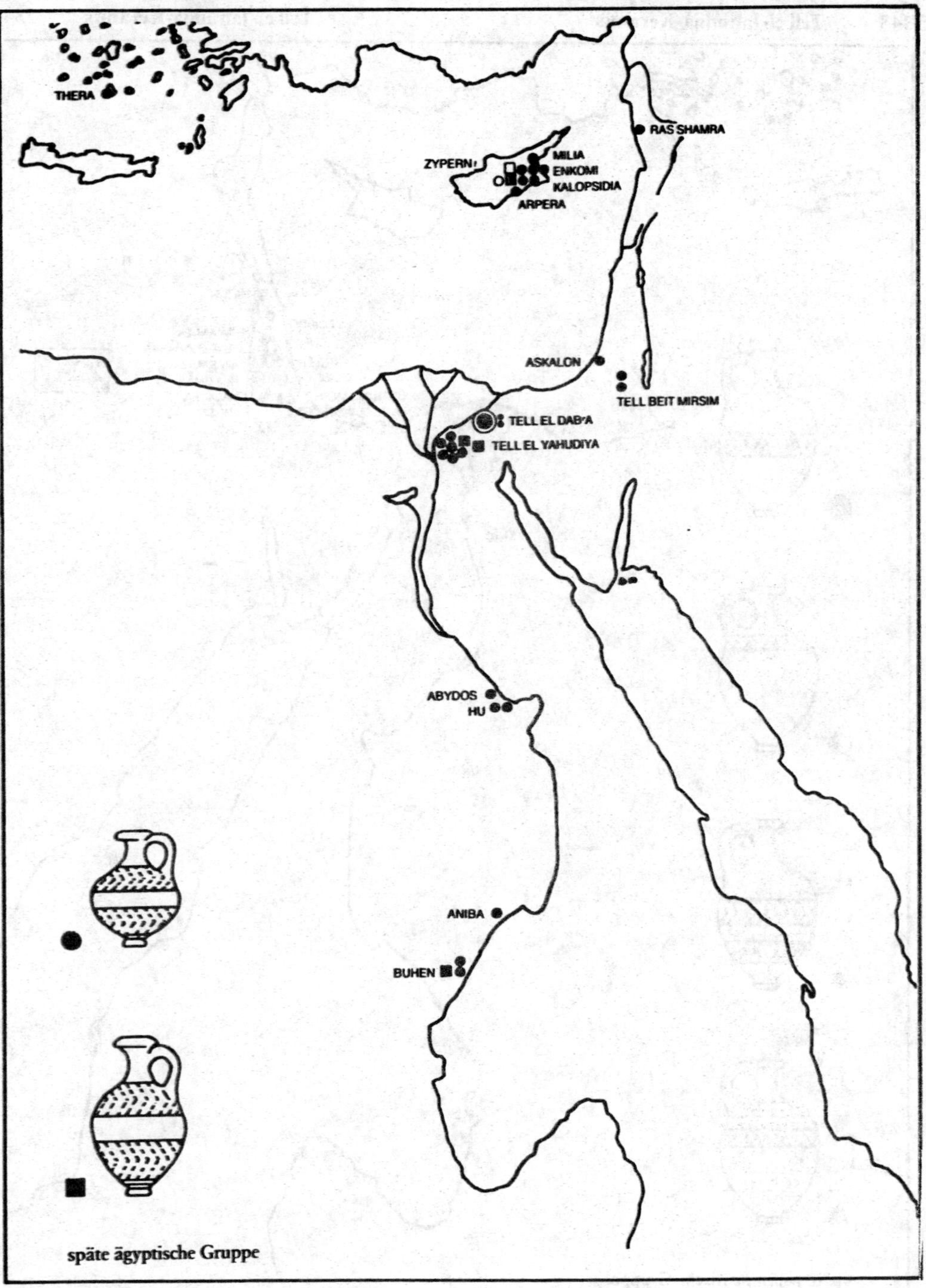

ALLGEMEINE PROVENIENZ MEHR ALS 19 STÜCK (20–29)

Abb. 3: Situation um 1600 v. Chr. Beziehungen zwischen Phönikien und dem Delta fast abgebrochen. Intensive Handelsbeziehungen des Ostdeltas mit Zypern. In Südpalästina grenzt der Bereich, der durch die Hyksos kontrolliert wird, deutlich an eigenständige palästinensische Formen.

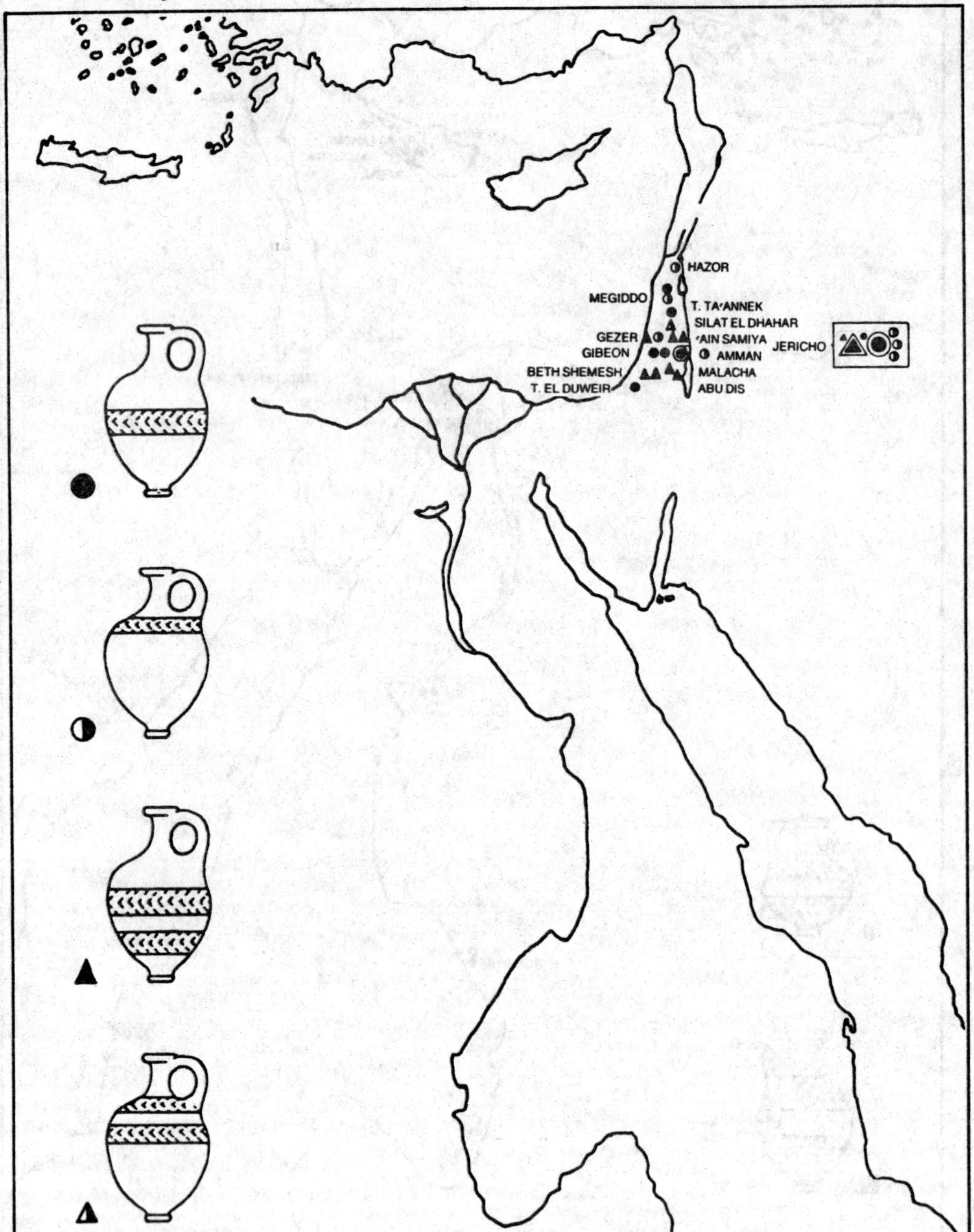

Abb. 4: Situation um 1600 v. Chr. Beziehungen zwischen Phönikien und dem Delta fast abgebrochen. Intensive Handelsbeziehungen des Ostdeltas mit Zypern. In Südpalästina grenzt der Bereich, der durch die Hyksos kontrolliert wird, deutlich an eigenständige palästinensische Formen.

einfachen Bodenknopf) feststellbar. Die normale Form der syrisch-ägyptischen Gruppe ist der birnenförmige Krug mit hochgelagertem Schwerpunkt und entspricht größtenteils Kaplans Form piriform 1 und ovoid 4.

a) Vier Musterzonen oder mehr aus stehenden oder hängenden Dreiecken, Rechtecken, Zickzack-Musterzonen. Die Musterfelder sind auf mattem Grund belassen und mit Einzel- oder Gabelstich gefüllt. Die Henkel sind zwei- oder dreigeteilt, die Innenlippe und der Ringboden typisch, die Politur ist meist dunkelbraun bis schwarz. Diese Frühformen treten in Tell ed-Dabᶜa mit Stratum G (späte Mittlere Bronze-Zt II A) auf. Sie kommen im Delta, *Byblos und N-Palästina vor. Das einzige beprobte Beispiel stammt aus ᶜAfula und ist aus lokalem Ton[14].

b) Drei Musterzonen, ähnlich wie a). Höhe immer noch um 20 cm, aber auch in Kleinformen mit etwa 12 cm, dunkelbraun- bis schwarzpolierte Oberfläche, normalerweise zweigeteilter Henkel; die nach innen gelagerte Lippe kommt noch vor. Vorkommen in Tell ed-Dabᶜa in Stratum F und E/3 in Mittelbronze-II-A- und -II-B/1-Zusammenhängen. Ausbreitung in Ägypten bis nach *Nubien (2. *Katarakt) als Ausdruck eines expansiven Handels; ferner Vorkommen in Phönikien und vereinzelt in *Zypern (Abb. 2), kaum Vorkommen in Palästina, da dort eine eigene Gruppe vorhanden ist (s. o.). Die meisten Exemplare sind aus äg., einige jedoch auch aus anderen *Tonen hergestellt[15].

c) Zwei Musterzonen, aus vier bis fünf oder mehr stehenden und hängenden Dreiecken, mit Kammstichreihen gefüllt, zweigeteilter Henkel, meist noch Standring, Innenlippe kommt vereinzelt noch vor, dunkelbraun- bis grauschwarzpoliert, meist äg. Herkunft; Vorkommen in Tell ed-Dabᶜa, Stratum F, E/3–2 (erste Hälfte 17. Jh.). Form mit größter Ausbreitung. Handel erreicht *Kerma im Sudan, aber auch Palästina wird für kurze Zeit von diesem Typ erfaßt (leider konnten von diesem Typ in Palästina keine Herkunftsbestimmungen mit Neutronenaktivierung durchgeführt werden).

3. *Ägyptische Gruppe:* Entwickelt sich direkt aus der syrisch-ägyptischen Gruppe. Weitere Vereinfachungen der Musterzonen in vertikaler oder horizontaler Ebene.

a) Fünf oder mehr senkrechte Musterstreifen kommen meist noch mit der späten syrisch-ägyptischen Gruppe c) gemeinsam vor, manchmal sogar noch mit archaisierenden Tendenzen wie Innenlippe und Standring. Die Krüge a–d sind birnenförmig (piriform 2a nach Kaplan, a.a.O.). Die ovoiden Krüge mit senkrechten Musterstreifen gehören zu den Sonderformen der palästinensischen Gruppe.

b–d) Normalerweise vier, drei oder zwei matte Segmentmusterfelder mit Kammstichmuster gefüllt, dunkelgrau- bis schwarzpolierte Oberfläche, meist Bandhenkel und Standknopf. Eine Sondergruppe bilden Krüge mit 3 oder 4 Segmentmusterfeldern und zweigeteiltem Henkel (Kaplan: piriform 2b). Sie sind, soweit beprobt, meist aus palästinensischen Tonen hergestellt und kommen vorwiegend in Südpalästina, dem von den Hyksos beherrschten Bereich, vor.

Frühformen mit vier Segmentmusterfeldern sind in Tell ed-Dabᶜa, Stratum E/2–1 belegt. Formen mit drei und zwei Segmentmusterfeldern kommen von Stratum E/2 bis D/2 vor. Kleinformate sind vorherrschend. Diese Gattung und die unter e) genannten sind die eigentliche T. im engeren Sinne. Erst ab diesem Zeitpunkt sind sie auf *Tell el-Jahudija vertreten (Beginn der *Hyksos-Zt). Ausbreitung in Ägypten, Nubien bis Kerma und in S-Palästina. Beziehungen mit Phönikien sind abgebrochen. Ebenso formt sich eine scharfe Abgrenzung zur Kulturprovinz in Palästina mit ihren eigenen Formen heraus (vgl. Abb. 3. 4). Der Außenhandel konzentriert sich auf Zypern.

e) Breite bis doppelkonische Formen mit ringförmigen Musterstreifen je über und unter dem Bauch, Standknopf. Kleinformen vorherrschend. Ausschließlich äg. Fabrikation. Vorkommen in Tell ed-Dabᶜa: Stratum E/2 bis D/3 (D/2?). Ausbreitung nur mehr bis Nubien (nicht Kerma), besonders zahlreich in Zypern. In Palästina auf den Süden des Raumes beschränkt; dort diagnostisch für Ausbreitung des Hyksosreiches. Rundbodenformen der Mustertypen a–d sind nur mehr auf Ägypten und Nubien beschränkt.

f) Horizontal gekämmte Krüge kommen nur im Delta und in Zypern vor.

Darüber hinaus gibt es sackförmige Krüge (Kaplan: globular) mit meist 3 Segmentfeldern sowie Krüge mit viergeteilter Wandung und zylindrische Formen mit Kammstich rundumher. Sie sind alle, soweit nachgeprüft, rein äg. Provenienz.

4. *Sonderformen:* a) Es gibt sowohl in der ägyptisch-phönikischen Gruppe als auch in der ägyptischen Gruppe Keramik mit figural eingeritzten Verzierungen, vor allem Lotosblumen, Wellenbändern, Vögeln, Fischen und anderen Tieren[16]. Soweit nachprüfbar, ist diese verzierte Keramik, vor allem Krüge, in Ägypten entstanden. Diesbezüglich ist auch das Lotosmuster ein Hinweis. Eine Ausnahme bildet der anthropoide Krug mit figuralem Dekor aus Jericho[17]. Der berühmte Lischt-Krug ist schon, was die Herstellungstechnik seines Dekors anbelangt, ein Sonderfall, der aus einer Mischung von Levante, Ägäis und Ägypten geboren wurde[18]. Mit seinen schwarzpolierten Figuren auf naturpoliertem hellen Untergrund

steht er in seiner Zeit als einzigartiges keramisches Kunstwerk da.
b) Tierkörper-, Fruchtkörper- und anthropoide Gefäße: Aus der ägyptischen Gruppe sind Krüge in Fisch-, Falken- und Entenform bekannt[19], aus dem Bereich von Palästina Gefäße in Fisch-, Eichel- und Ziegeneuterform sowie in anthropoider Form[20].
5. *Krüge mit Bemalung:* Bisher wenig analysiert. Große Krüge mit gelblicher Oberfläche und rötlichen Streifen und Wellenbandmuster kommen als Importe schon in Mittelbronze II A und in Stratum d/2 (= vor Stratum H) in Tell ed-Dabᶜa (erste Hälfte 18. Jh.) vor. Aus dieser Tradition dürfte sich die bemalte T. entwickelt haben. Dabei meist auf beigem bis hellgelblichem Grund rote bis braune Streifen und Wellenlinien. Vorkommen in: Phönikien (Südlibanon[21]), N-Palästina und in Tell ed-Dabᶜa, Stratum E/3–2 (zunächst als Importe) und als lokale Fabrikation (vor allem Stratum E/1).
6. *Unverzierte Gruppen:* Über schwarz-, braun-, rot-, gelb- und naturpolierte T. sowie matt belassene Formen sind größere Studien noch ausständig. In Ägypten kommen diese sowohl als bodenständige Fabrikation (wohl des Ostdeltas) und als Importe (vor allem gelbpolierte und matt belassene, aber auch einige rotpolierte Krüge) vor. Auch diese Gruppen sind sicherlich für den großen Handelsaustausch in der Levante vom 18. bis 16. Jh. v. Chr. wichtige, noch unausgewertete Quellen.

[1] Francis Ll. Griffith, The Antiquities of Tell el-Yahûdîyeh, EEF 7, 1890, 16. 46, Tf. 11; William M. Flinders Petrie, Hyksos and Israelite Cities, BSEA 12, 1906, 10. – [2] Nach der herkömmlichen Chronologie. Bei Anwendung der Kurzchronologie nach R. Krauß wäre dieser Zeitpunkt an das Ende des 18. Jh. zu rücken. – [3] In Untersuchungen wurden die verzierten von den unverzierten immer gesondert behandelt. S. zuletzt Maureen Kaplan, Origin (s. Lit.). – [4] Nach einer Untersuchung von R. Rottländer, Universität Tübingen, am Tell ed-Dabᶜa-Material. Diese erscheint voraussichtlich in Tell el-Dabᶜa V oder VI. – [5] Vgl. noch Hermann Junker, Der nubische Ursprung der sogenannten Tell el-Jahudîye-Vasen, SAWW 198.3, 1921. Vgl. auch M. Kaplan, a.a.O. – [6] In der späten palästinensischen Gruppe gibt es birnenförmige Krüge, ebenso wie es bei der äg. Gruppe auch fast ovoide Formen gibt. Die ovoiden Formen häufen sich nur meist in der palästinensischen Gruppe, vgl. M. Kaplan, a.a.O., 5–39. – [7] Ebd., Abb. 76 a. b; 77a; 111. – [8] Ruth Amiran, Ancient Pottery of the Holy Land, Jerusalem – Ramat Gan 1969, Tf. 36 Nr. 16; Epstein, in: ᶜAtiqot (Hebr. Serie) 7, Jerusalem 1974, 27 Abb. 8 Nr. 18; Chéhab, in: Mélanges Dussaud II, Paris 1939, 806 Abb. 6 (B); ders., in: Bulletin du Musée de Beyrouth 4, Beirut 1940, 119f., Tf. 36 Nr. 21. – [9] Ruth Amiran, a.a.O., 118 Photo 115. 118; Tf. 36 Nr. 3; M. Kaplan, a.a.O., Abb. 111 (B). 112 (B). – [10] Ebd., 232 (TD 3). – [11] Bietak, in: Marhaba 3, Wien 1983, 41–43; ders., The Origins of the Asiatics and the Hyksos in the Eastern Nildelta, in: Abstracts of the 3rd International Congress for Egyptology, Toronto, September 5–11, 1982 (im Druck). – [12] Kaplan, a.a.O., Abb. 78. 79 a. – [13] Bietak, in: MDAIK 26, 1970, Tf. 21 c. – [14] Kaplan, a.a.O., 233 Abb. 116 c (dort unverständlicherweise als ovoid 4 klassifiziert). Die übrigen: a.a.O., Abb. 24 a–29 b. 116 a–b; und persönliche Mitteilung M. Artzy. – [15] Kaplan, a.a.O., 230 Kafr Garra und Ras-Schamra. – [16] Ebd., Abb. 35 c. 40/b. 41/a. 126–129/d. – [17] Aström, in: C. F. A. Schaeffer, Alasia I, Paris 1971, 13; Merrillees, in: Levant 10, 1978, 83, Tf. 9. – [18] Lit.: Kaplan, a.a.O., 328 128 c. – [19] Ebd., Abb. 122–124. 125 c–f; Ruth Amiran, in: Israel Museum News 10, 1975, 40–48. – [20] Kaplan, a.a.O., Abb. 129/e.f. 130. 131. – [21] Tufnell, in: Berytos 24, Beirut 1975–76, 8 Nr. 1; 22 Abb. 2.

Lit.: Maureen Kaplan, The Origin and Distribution of Tell el-Yahudiyah-Ware, SMA 52, Göteborg 1980; Manfred Bietak, Tell el-Dabᶜa V, Untersuchungen ÖAI Kairo 8 (in Vorbereitung). M. B.

Tell Mardikh is a huge tell[1] situated about 55 kilometres s.w. of *Aleppo in Syria. The identification with ancient Ebla, first proposed in 1969 after the discovery of a torso of a statue bearing a well-preserved cuneiform inscription, was firmly established by 1974/75 when the Italian mission in Syria found the State Archives.
Digging at Mardikh began in 1964 and in the opinion of the excavators the following chronology has emerged:[2]

Mardikh I	c. 3500–2900 B.C.	
Mardikh II A	c. 2900–2400	Early Bronze I–III
Mardikh II B 1	c. 2400–2250	Early Bronze IV A
Mardikh II B 2	c. 2250–2000	Early Bronze IV B
Mardikh III A	c. 2000–1800	Middle Bronze I
Mardikh III B	c. 1800–1600	Middle Bronze II
Mardikh IV A	c. 1600–1400	Late Bronze I
Mardikh IV B	c. 1400–1200	Late Bronze II
Mardikh V A	c. 1200– 900	Iron I
Mardikh V B	c. 900– 720	Iron II
Mardikh V C	c. 720– 535	Iron III
Mardikh VI A	c. 535– 325	Persian
Mardikh VI B	c. 325– 60	Hellenistic
Mardikh VII	III–VIIth centuries	

Until a few years ago most scholars working on material from Ebla assumed that the bulk of Ebla texts were written in Sumerian, not Eblaite. For the script Ebla was dependent on Southern Mesopotamia, but there are different views on the origin of its actual writing tradition, which has no exact parallel elsewhere.[3] By 1980 opinions have shifted in favour of Gelb's position "that the great majority of Ebla texts are written in Eblaic, not Sumerian."[4]

The original classification of Eblaite as a Paleo-Canaanite language[5] has now been seriously challenged. Opinions range from identifying Biblical Hebrew as "Eblaite's closest kinship"[6] over cautious and sceptical voices such as those of Caplice[7] and von Soden,[8] to Gelb's verdict: "Eblaic is a new Semitic language which has its closest relatives in Old Akkadian and Amorite."[9]

The 17040 tablets and fragments of tablets[10] that make up the State Archives were found in the rooms of the palace G. The destruction of this palace marks the end of Mardikh II B 1, but the dating of this event and of the archives is a matter of considerable controversy. Against the palaeographical, philological and historical arguments of e.g. Pettinato[11] and Gelb,[12] the excavator of Mardikh, P. Matthiae, has argued that the destruction could not have taken place before the Sargonic period.[13] He claims to have found definite support for his dating in the discovery of a large number of fragments of Egyptian stone vessels that were found on the floors of several rooms in the Administrative Quarters.[14] Of the more than 200 fragments, 58 pieces can be shown to come from well defined types of jars whereas 164 fragments cannot be determined with any degree of certainty. The material of 69 pieces is diorite, the remainder being of alabaster. Two vessels bear inscriptions.[15] Ab. 14, an alabaster lamp, has the Nebty and the Golden Horus name of *Chephren;[16] and on the diorite unguent jar, Bg. 38, we find the titulary and name of *Pepi I.[17] The very number of vessels; their typology, which – with the exception of the unguent container Bg (two items) – makes it unlikely that they came to Ebla as containers; and the occurrence of the names of a IV Dyn. king and a VI Dyn. king raise a number of questions concerning the nature of and the chronology of the relationship between Egypt and Western Asia during this period.[18] Comparable material is known from *Byblos, but so far this toponym is not attested in the Ebla texts.[19] And while it is true that the vessel with the name of Pepy I does provide a terminus post quem for the destruction of the palace, it does not contribute, essentially, in our opinion, to the solution of the chronological question at issue, the dating of the archives and the synchronisms with Mesopotamia.

A curious object of Egyptian origin was found in tomb C, Tomba del Signore dei Capridi, in the so-called Princely Burial Area[20] (Mardikh III B), which is lying under the palace Q.[21] The oblong object,[22] which may be a stick or a club, was made of bone and sheathed with a band of gold bearing a representation of two baboons adoring a royal name, which is probably to be read *Ḥtp-jb-Rʿ*.[23] This is undoubtedly the XIII Dyn. king – the "Asiatic" – known, e.g., from objects found in Jericho and *Tell ed-Dabʿa.

Finally, whereas no reference to Egypt has been noted in the Ebla texts, it is possible that Ebla occurs in the Karnak geographical list of *Thutmosis III.[24]

[1] Surface area 56 ha. – [2] Paolo Matthiae, Ebla, An Empire Rediscovered, New York 1980, 52. – [3] Cf. e.g. I. J. Gelb, Ebla and the Kish Civilization, in: L. Cagni (ed.), La Lingua di Ebla, Atti del Convegno Internazionale Napoli, 21–23 aprile 1980, Naples 1981 (= Istituto Universitario Orientale, Seminario di Studi Asiatici, Series Minor, vol. XIV), 9–63; W. G. Lambert, The Language of Ebla and Accadian, in: L. Cagni (ed.), op. cit., 155–160. – [4] Op. cit., 13. – [5] Cf. Pettinato, in: Or 44, 1975, 373; id., in: BA 39, 1976, 50; id., in: Rivista Biblica Italiana 25, Rome 1977, 236. – [6] N. J. Dahood, The Linguistic Classification of Eblaite, in: Cagni (ed.), op. cit., 177–189. – [7] Caplice, Eblaite and Akkadian, in: ibd., 161–164. – [8] W. v. Soden, Das Nordsemitische in Babylonien und in Syrien, in: ibd., 355–361. – [9] Op. cit., 63. – Reference should also be made to the paper by Garbini, Considerations on the Language of Ebla, in: Cagni (ed.), op. cit., 75–81, where the Eblaite and Accadian independent pronouns "kuwati" and "šuwati" are compared with the Old Egyptian dependent pronouns *kw* and *sw* and the independent pronouns *ṯwt* and *swt*. – [10] Matthiae, in: Akkadica 31, Brussels 1983, 7. – [11] Giovanni Pettinato, The Archives of Ebla, S. J. Garden City 1981, 107; id., in: Rivista Biblica Italiana 25, Rome 1977, 227–8. – [12] Op. cit. (v. n. 3), 57. – [13] Cf. e.g. Matthiae, in: Annali di Ebla, Rome 1978 (1979), 3–30; id., Ebla, An Empire Rediscovered, New York 1980, 9; id., in: H. J. Nissen and J. Renger (eds.), Mesopotamien und seine Nachbarn, Berlin 1982, 111–130. – [14] Cf. Gabriella Scandone Matthiae, in: Studi Eblaiti 4, Rome 1981, 99–127; this is a catalogue of the vessels. – [15] These two vessels were published already by Gabriella Scandone Matthiae, in: Studi Eblaiti 1, Rome 1979, 33–43. – [16] Ibd. No facsimile has been published, but the editor reads *Ḥr nbw Sḫm-nbw Ḫʿ.f-Rʿ* and *Nbtj Wsr-m-nbtj Ḫʿ.f-Rʿ*. – [17] Ibd.: [*mr*]*j tȝwj nswt bjtj zȝ Ḥwt-Ḥr nbt Jwnwt Pp*[*j*]. – [18] For a discussion of such problems see the papers by Gabriella Scandone Matthiae (n. 14 and 15) to which may be added ead., in: Nissen and Renger (eds.), op. cit. (v. n. 13), 125–130. – [19] Cf. e.g., ead., in: Studi Eblaiti 4, 1981, 126 n. 38; J. Krecher, Sumerogramme und syllabische Orthographie in den Texten aus Ebla, in: Cagni (ed.), op. cit., 135–154, esp. 136. – [20] Cf. Matthiae, in: ArOr 49, 1981, 55–65. – [21] Matthiae, in: Akkadica 28, Brussels 1982, 41–87. – [22] Gabriella Scandone Matthiae, in: Studi Eblaiti 1, Rome 1979, 119–128. – [23] In its present form the position and "selection" of hieroglyphs is by no means flawless, but Gabriella Scandone Matthiae is probably right in arguing that these pecularities must be due to a later restoration by someone not familiar with Egyptian. – [24] Cf. Helck, Beziehungen², 147 supra, no. 306.

Lit.: Special articles: Paolo Matthiae, The Problems of the relations between Ebla and Mesopotamia in the Time of the Royal Palace of Mardikh II B 1 (ca. 2400–2250 B.C.), in: H. J. Nissen und J. Renger (eds.), Mesopotamien und seine Nachbarn. Berliner Beiträge zum Vorderen Orient 1, Berlin 1982, 111–130; id., A Hypothesis about the Princely Burial Area of Middle Bronze II of Ebla, in: ArOr 49, 1981, 55–65; id., Fouilles à Tell Mardikh-Ebla, 1980: Le Palais Occidental de l'époque amorrhéenne, in: Akkadica 28, Brussels 1982, 41–87; Gabriella Scandone Matthiae, I vasi egiziani in pietra dal palazzo reale G, in: Studi Eblaiti 4, Rome 1981, 99–127; ead., Inscriptions royales égyptiennes de l'ancien empire à Ebla, in: H. J. Nissen and J. Renger (eds.), Mesopotamien und seine Nachbarn, Berlin 1982, 125–130; ead., Un oggetto faraonico della XIII dinastia dalla "Tomba del Signore dei Capridi", in: Studi Eblaiti 1, Rome 1979, 119–128. P. J. F.

Tell el-Maschuta im *Wadi Tumilat, ca. 15 km westlich von Ismailia. 1883 von Edouard Naville ausgegraben und mit dem biblischen *Pithom identifiziert, was weitgehend übernommen wurde; siehe LÄ IV, 1054ff. Später von Gardiner[1] mit Tjeku (Sukkoth) identifiziert.

Nach dem archäologischen Befund erfolgte die Ortsgründung unter Necho II., vermutlich 608 v. Chr. Die Inschriften Ramses' II. sind durchweg nach T.M. verschleppt. Der Ort, der durch eine Verlegung der älteren Siedlung in *Tell er-Retabe entstand, hängt mit dem Kanalbau unter Necho II. zusammen. Eine Neuordnung der Handelswege war die Folge und T.M. wurde Umschlagplatz für die Karawanenroute nach Norden, was sich in den Handelsbauten widerspiegelt. Die erste Blüte endete 486 v. Chr. im Zusammenhang mit der Revolte gegen *Darius. Erneute kommerzielle Tätigkeit in der 30. Dyn. und unter den Ptolemäern und nochmals als Folge von Kaiser *Trajans (98–117 n. Chr.) Kanalerneuerung. Um ca. 150 n. Chr. wird der Ort unbedeutend, da der Anschluß an den Seehandel endet.

Gräber, die typologisch mit palästinensisch Mittelbronze II B zusammenhängen, sind im Bereich von T.M. nachgewiesen, aber keine Besiedlung.

[1] Gardiner, in: JEA 10, 1924, 95f.

Lit.: Edouard Naville, The Store-City of Pithom, EEF 1, 1884; John S. Holladay, Jr., Tell el-Maskhuta, Malibu 1982. H. Goe.

Tell el-Moqdam (تل المقدام, Karte 1 g), Name eines Hügels im Ostdelta bei Kafr el-Moqdam[1], ca. 10 km s.-ö. von Mit Ghamr. An dieser Stelle lag das griech. Leontopolis[2], das von der frühptol. Zt an die Metropole des Leontopolites (*Gaue, 11. u.äg.) bildete und wohl mit dem alten *Tꜣ-rmw* (*Tnt-rmw*) „Stadt der Fische" identisch ist[3], das z. Z. des Pije (*Pianchi) die Residenz des Königs *Iuput II. war[4]. Vermutlich residierte auch *Osorkon III. in T.M.[5], da dort das Grab seiner Mutter, der Königin *Karomama, entdeckt wurde[6]. Hauptgott des Ortes war *Miysis, der in Form eines lebenden Löwen verehrt und auf einem Friedhof bei T.M. bestattet wurde[7]. Die Göttin *Bastet von *Bubastis, die als Mutter des Miysis galt, besaß in T.M. ein Heiligtum[8]. Von Kultbauten in T.M. sind geringe Reste eines von *Osorkon II. errichteten Tempels erhalten[9]. Ebenfalls aus T.M. stammt eine große Reihe von Einzelfunden, darunter eine Statuette des Schatzmeisters *Min[10] und zahlreiche Löwenbilder[11]; andere dort gefundene Denkmäler, u.a. zwei Statuensockel *Sesostris' III. und eine Sitzfigur des Königs *Nehesi der 14. Dyn.[12], wurden nach T.M. verschleppt[13].

[1] Der Ort wird nach dem dort bestatteten Scheich el-Moqdad Ibn El-Aswad genannt und später in el-Moqdam bzw. Kafr el-Moqdam umbenannt, s. Farouk Gomaà, Die Libyschen Fürstentümer des Deltas, TAVO Bh. B 6, 1974, 115 mit Anm. 13. – [2] Daressy, in: BIFAO 30, 1931, 625ff.; Kees, in: RE XII, 2054f.; AEO II, 148*; RÄRG, 423; Helck, Gaue, 178; ders., in: LÄ II, 398; vermutlich bis zum Beginn der ptol. Zt spielte der Ort *Natho, Ναθῶ, assyrisch Nathū, die Rolle der Gaumetropole. Dieser Ort ist nach späten Skalen einem kopt. ⲥⲁϩⲣⲁϣⲧ, heute Sahragt, gleichzusetzen, das 8 km s.-w. von T.M. liegt; s. zuletzt Helck, in: LÄ IV, 354f.; ders., in: LÄ II, 398. – [3] Yoyotte, in: BIFAO 52, 1953, 179ff.; Montet, Géographie I, 131; Gomaà, a.a.O., 114; Manfred Bietak, Tell el-Dabʿa, II, DÖAW 4, 1975, 156; vgl. auch Helck, in: LÄ IV, 355. Das auf Denkmälern aus T.M. genannte *Jꜣt-ḫnw* ist nicht als Name des Ortes aufzufassen, wie z.B. Gauthier, DG I, 31 annimmt, es bezieht sich nur auf den Teil der Stadt, wo sich die Ortsnekropole befindet, dazu s. Yoyotte, a.a.O., 185f.; Montet, a.a.O., 133. – [4] Urk. III, 45, Z. 114; Nicolas-Christophe Grimal, La Stèle triomphale de Pi(ʿankh)y, MIFAO 106, 1981, 150 mit Anm. 465. – [5] Dazu s. Bierbrier, in: LÄ IV, 635. – [6] Zum Grab der Karomama s. Gauthier, in: ASAE 21, 1921, 21ff.; PM IV, 39; Málek, in: LÄ IV, 443. – [7] Blok, in: AcOr 8, 1930, 220ff.; AEO II, 186*f.; Constant de Wit, Le rôle et le sens du lion dans l'Égypte ancienne, Leiden 1951, 276ff.; Yoyotte, a.a.O., 181. 183ff. 191; Montet, a.a.O., 133; Žabkar, in: LÄ IV, 163. – [8] Kamal, in: RecTrav 28, 1906, 24; RÄRG, 423; Yoyotte, a.a.O., 179ff. – [9] Edouard Naville, Ahnas el-Medineh, 1894, 29f.; Kees, a.a.O., 2055; Blok, a.a.O., 221; vgl. auch *ḥwt-nṯr nt Mꜣj-ḥsꜣ*, Gauthier, DG IV, 99. – [10] PM IV, 38; Urk. IV, 1029; Helck, in: LÄ IV, 141. – [11] PM IV, 38. – [12] PM IV, 37f. – [13] Vandier, Manuel II, 604f.; Bietak, a.a.O., 110 Anm. 427; 186 mit Anm. 792; Beckerath, in: LÄ IV, 392. F. G.

Tell Mustai (تل مصطاى, Karte 1 g), auch Tell Umm el-Ḥarb genannt, ist die Bezeichnung eines Hügels im Zentraldelta bei dem jetzigen Dorf Musṭai, ca. 16 km n.-w. von Banha (*Athribis). Er liegt an der Stelle des äg. *Msdt*[1], das in der SpZt den Hauptort eines Bezirkes im S des 9. u.äg. *Gaues, des Busirites, bildete[2]. König *Pi(anchi) nimmt die Oberhoheit dieses Gebiets dem Fürsten des Busirites weg und übergibt sie dem Herrn von Athribis[3]. Hauptgott des Ortes war *Thot, der auf Blöcken des von *Ramses II. erbauten und von *Scheschonq III. erweiterten Tempels in T.M. mehrmals genannt wird[4]. Neben ihm wurden in T.M. auch noch die Gottheiten *Nehemet-awai, *Horus von Athribis, *Atum von *Heliopolis und der Löwengott *Miysis von Leontopolis verehrt[5]. Unter den Funden aus T.M. ist die Statue eines *Nb-mrwt.f* aus der Zeit der 19. Dyn. und die eines *Pavians[6], des heiligen Tiers des Thot, erwähnenswert.

[1] Auf der Adoptions-Stele wird der Ortsname *Mst* geschrieben, s. Caminos, in: JEA 50, 1964, 76, Tf. 10, Z. 26; zu *Msdt/Mst* s. Gauthier, DG III, 62; Montet, Géographie I, 100f.; Giveon, in: GM 17, 1975, 23f. – [2] Helck, Gaue, 174f.; ders., in: LÄ II, 397. – [3] Urk. III, 47f., Z. 122ff.; cf. Farouk Gomaà. Die Libyschen Fürstentümer des Deltas, TAVO Bh. B 6, 1974, 154; Nicolas-Christophe Grimal, La Stèle triomphale de Pi(ʿankh)y, MIFAO 106, 1981, 164 Anm. 488. – [4] Edgar, in: ASAE 11, 1911, 165ff.; Daressy, in: ASAE 12, 1912, 212f.; PM IV, 44. – [5] Edgar, a.a.O., 168f.; Caminos, a.a.O., 93. – [6] PM IV, 44; Jacques Vandier, Les Antiquités égyptiennes au Musée du Louvre, Paris 1973, 104, Tf. 14, 1; Brunner-Traut, in: LÄ I, 85.

Lit.: PM IV, 44. F. G.

Tell en-Naqus s. Baklija

Tell Nebescheh s. Imet

Tell el-Qedah s. Hazor

Tell el-Qirqafa s. Chataʿna

Tell er-Retabe (Tell Artabi, Karte 1 h), im westl. *Wadi Tumilat bei Qassasin. Erste Untersuchungen durch Naville 1894[1], der ein umwalltes spätröm. Militärlager vermutete. 1905–6 acht Wochen Ausgrabungen durch Petrie[2], von ihm als älteste Anlage östl. von *Bubastis beschrieben. Älteste Objekte sind ein *Jaspis-Gewicht des Königs *Cheti Neb-kau-Re (9. Dyn.) und *Skarabäen der 12. Dyn. Die Siedlung ist von 3 Mauern umgeben; unter der ältesten war ein Kinderbegräbnis als Grundsteinopfer[3]. Die Anlage wurde deshalb von Petrie Syrern zugeschrieben, der den Ort mit Raamses (*Ramsesstadt) der Exodus-Tradition identifizierte. Hauptbautätigkeit im NR. Die Tempelanlage des „*Atum, Herrn von *Tjeku" stammt von *Ramses II.[4] Keramikfunde und Kleinfunde der 22. und 23. Dyn.[5] Keine Besiedlung nach 600 v. Chr., als der Ort zugunsten von *Tell el-Maschuta aufgegeben wurde.

Unterschiedliche Identifizierungen mit der Exodus-Geographie als Raamses[6], *Pithom[7] und Tjeku[8], die wenig Rücksicht auf den archäologischen Befund nehmen. Petrie vermutete bereits ein hohes Alter der Siedlung, die mit der im Sinuhe genannten Befestigungsanlage identisch sein könnte.

[1] Edouard Naville, The Shrine of Saft el-Henneh and the Land of Goshen, EEF 5, 1888, 24f. mit einem äußerst unrichtigen Plan (Tf. 11). – [2] William M. Flinders Petrie, Hyksos and Israelite Cities, London 1906, 1f., Plan auf Tf. 35. – [3] Petrie, a.a.O., 28f. – [4] Ebd., 29f., Tf. 29ff. – [5] John S. Holladay, Tell el-Maskhuta, Malibu 1982, 6ff. – [6] Vor allem Petrie, a.a.O., 2. – [7] Gardiner, in: JEA 5, 1918, 268f.; Helck, in: VT 15, 1965, 36f.; Manfred Bietak, Tell el-Dabʿa II, DÖAW 4, 1975, 221. – [8] Caminos, LEM, 256. H. Goe.

Tell er-Rubʿ s. Mendes

Tell Tibilla (تل تبلة, Karte 1 b), also known as Tell Balala, تل بلالة (and varr.), ancient Eg.[1] *R3-nfr*, is situated east of the Damietta branch of the Nile and some 6 km south of Dikirnis. Textually and monumentally documented with certainty only from the 22nd Dyn. onwards, it is archaeologically unexplored.[2]
The large mound contains remains of a temple (?) and a necropolis with brick-built tombs. In addition to the monuments known to have been found there,[3] several others can be ascribed to it on internal evidence.[4] The name of the temple at T.T. was *Ḥwt-Ḫzj* (abbr. *Ḫzj*).[5] The cults of *Osiris (also Osiris-Onnophris, Osiris-*ḫzj*, etc.), *Isis, *Horus, *Sobek, and other deities are attested.

[1] Gauthier, DG III, 121. – [2] Digging carried out in 1908, Chabân, in: ASAE 10, 1910, 28–30. – [3] Block of *Scheschonq I, Cairo Temp. 25. 11. 18. 6, Edgar, in: ASAE 13, 1914, 277, and an LP statue of *Wsjr-nḫt*, Cairo JE 40041, Chabân, op. cit., 29 with pl. – [4] E.g. statues Louvre E. 7689, Lefebvre, in: RdE 1, 1933, 87–94; Cairo JE 65843, Daressy, in: ASAE 30, 1930, 83. – [5] Gauthier, DG IV, 121-2.

Lit.: E. F. Jomard, in: Description IX, 376–7; Daressy, in: ASAE 30, 1930, 78–90; Kees, Mendes, in: RE, 2. Reihe XV, 781; Yoyotte, in: BIFAO 52, 1953, 180 n. 3; Montet, Géographie I, 140–1; PM IV, 39. J. M.

Tell Timai s. Thmuis

Tell Umm el-Harb s. Tell Mustai

Tell Umûm s. Tebtynis

Tell Waqqas s. Hazor

Tell ez-Zereiki s. Baklija

Tementhes. Nach Polyaen 7,3 schlug *Psammetich I. diesen beim Isistempel 5 Stadien vor *Memphis und setzte ihn als König ab. Danach ist T. mit *Tanutamun gleichzusetzen[1].

[1] Lloyd, in: JEA 64, 1978, 107ff. W.H.

Temet. Eine Göttin, nach Name (*Jtmt, Tmt, Tmjt*[1]) und Wesen eng mit *Atum verbunden, oft als seine Tochter bezeichnet und mit *Hathor, ganz prägnant mit der Hathor quadrifrons, identifiziert[2]. Seit ramessid. Zt bekannt, wird T. doch erst in ptol. Zt häufiger erwähnt.

Wie einige Särge[3] und eine Darstellung im Tempel von Edfu[4] zeigen, hat in ptol. Zt[5] das Paar Atum-Temet[6] auch eine Funktion als Schutzgottheiten des Toten[7]. Dargestellt sind die beiden dabei in einigen Belegen als hockende oder stehende Gottheiten in reiner Menschengestalt, in anderen dagegen als stehende Mumien, meist mit menschlichem Kopf, gelegentlich aber auch mit dem Kopf eines *Pavians.

[1] Dendara VII, 72. – [2] Philippe Derchain, Hathor quadrifrons, Publications de l'Institut historique et archéologique de Stamboul 28, Istanbul 1972, 25ff.; H. M. Stewart, in: JEA 57, 1971, 90; Jean Claude Goyon, in: CdE 48, Nr. 96, 1973, 294. – [3] Marie-Louise Buhl, The Late Egyptian Anthropoid Stone Sarcophagi, Nationalmuseets Skrifter, Arkaeologisk-Historiske Raekke VI, Kopenhagen 1959, 42f. (= Piehl, Inscr. I^3, Tf. 58 und II^3, 40). 102f. 129. 133; Gaston Maspero, Sarcophages des époques persane et ptolémaïque, Kairo 1914, 95. 103f. 207 (CG 29303 und 29305); Karol Myśliwiec, Studien zum Gott Atum II: Name–Epitheta–Ikonographie, HÄB 8, 1979, 60. 70f. – [4] Edfou I, 201 = X, Tf. 24a = XI, Tf. 281. Hierzu Derchain, Hathor quadrifrons, 34; Myśliwiec, op. cit., 70. – [5] Buhl, op. cit., 213ff. (Ea 4. Fa 16. H 5); PM III^2. 2, 507. – [6] Geschrieben *Jtm-Jtmt* (Maspero, op. cit., 207) und *Tm-Tmt*. – [7] In dieser Funktion wird das Paar Atum-Temet immer ergänzt durch das Paar *Sbq-Sbqt* (Var. *Sbk-Sbkt*). Die ganze Gruppe kann bezeichnet werden als *pꜣ 4 ꜣḫjw ꜥꜣjw jpw jrjw rs ḥr tp n Wsjr* „die 4 Ach's, diese Großen, die über Osiris wachen" (Maspero, op. cit., 207; auch CG 9405, 13–14; 9410, 10–11). J. O.

Tempel (als Institution). T. sind seit protodynastischer Zt aufgrund von Darstellungen, Abbildungen von Göttern und archäologisch nachweisbar. Die *Kapellen-Typen von O.Äg. und U.Äg., das *Per-wer und *Per-nu, Urformen des Bauens in den beiden Landesteilen, dürften die häufigsten Formen der Heiligtümer wiedergeben, die dann zu Beginn der historischen Zt als die Reichskapellen von *Elkab/*Hierakonpolis und *Buto angesehen wurden. Daneben sind die gewölbten Kapellen (Zelt?), *zḥ*, des *Anubis und die Rundhütte des *Min aufgrund der altertümlichen Formen und des Baumaterials als Zeugnisse frühgeschichtlicher T. anzusehen. Frühe Darstellungen von Göttern, die aufgrund ihrer Erscheinungsformen einen ortsgebundenen Charakter haben wie der mumiengestaltige *Ptah, der Stier *Apis, der Reihergott Djebauti oder der ithyphallische Min, können gleichfalls nur in T. verehrt worden sein. Darstellungen von Götterbesuchen auf der Prunkkeule des Königs *Skorpion, der *Narmer-*Palette und den Elfenbeintäfelchen des Hor *Aha und des *Djer belegen schon eine große Variation von Göttertempeln im ganzen Land. Archäologisch ist ein protodynastischer T. in Form eines Holzmattenbaues (?) auf dem Rundwall (*Urhügel) von Hierakonpolis nachgewiesen. Ebenso alt dürfte die Form des Höhlenheiligtums gewesen sein, die sich archäologisch neuerdings in *Elephantine[1] bis in die frühe erste Dynastie zurückverfolgen läßt. Dagegen kam die Institution der königlichen *Totentempel wohl erst im Lauf der ersten Dynastie auf; der erste T. ist am Grab S 3505 z. Z. des *Qa-a in *Saqqara-Nord bezeugt[2]; *Totenpriester sind zwar schon älter belegt, doch erst für die 2. Dyn. gibt es Propheten am Totentempel (*ḥwt*) eines Königs[3]. Die Göttertempel bleiben im Gegensatz zu den Totentempeln vorwiegend der Ziegelbauweise verhaftet, worin sich die Verbundenheit der Tempelinstitutionen mit der diesseitsbezogenen Architektur der Siedlungen ausdrückt. Ausnahmen sind jedoch der Tempelschrein des *Djoser in *Heliopolis aus Kalkstein[4], die *Sonnenheiligtümer und die *Taltempel, die aufgrund ihrer Lage in den *Pyramidenstädten sehr bald zu Stadttempeln werden. Höfe und Magazine der T. bleiben bis ins NR in Ziegelbauweise.

Tempel wachsen schalenförmig, wobei das Allerheiligste den Kern bildet. Eine Ost-West-Achse, auf den Nil bezogen, ist die Regel.

Mit kgl. Stiftungen auf dem *Palermostein beginnt die wirtschaftliche Eigenstellung der T., die Äcker, Vieh und sogar Minenbesitz einschließt, desgleichen den Personenkreis der Handwerker, Hörigen und niederen Priesterchargen. Der *Tempelbesitz muß durch königliche Dekrete (*Tempeldekrete) jeweils erneuert werden, wobei u. a. ein funktionierender Götterkult oder Totenkult als Voraussetzung erwiesen werden muß. Innerhalb eines T. können Nebenkultstätten, wie z. B. die *Dachtempel, zu eigenen Institutionen mit Opferzuwendungen werden.

Zeitweise scheinen die T. als kgl. Institutionen durch den König mit der Wahrung staatlicher *Monopole, z. B. *Expeditionen zur Rohstoffgewinnung, betraut gewesen zu sein, oder sie erhielten gar die Einkünfte und Verwaltung von Rohstoffgebühren durch Stiftung und Dekrete zugewiesen[5]. Freistellung von Steuerabgaben und Frondienst, sogar *Asylrecht wird seit der 4. Dyn. Tempelinstitutionen und den von ihnen abhängigen Städten gewährt. An den T. können sich Schulen für die Ausbildung der Tempelschreiber einrichten, in der SpZt sogar *Sanatorien, z.B. die berühmten *Ärzteschulen in *Sais und das Sanatorium von *Deir el-Bahari.

[1] Kaiser, in: MDAIK 33, 1977, 64ff. – [2] Lauer, in: BIFAO 80, 1980, 45ff. – [3] Moret, in: MonPiot 25, 1921–22, 273–98: Priester *Šrj* aus der 4. Dyn. am *ḥwt* des *Sened. – [4] Smith, Sculpture, 132–38. – [5] Abydostempel: Siegfried Schott, Kanais, NAWG 1961. 6, 148ff.
R. St.

Tempel, ägyptische, in Kanaan. Der Kult äg. Götter war im allgemeinen auf Ägypten beschränkt; der Tempel der *Hathor in *Serabit el-Chadim (*Sinai) bildet eine Ausnahme. Dort waren die Tempeleinrichtung und der Kult als förderlich für die *Türkisproduktion gedacht. Der Tempel der Hathor in *Timna, n. von Eilat, war der Kupfergewinnung gewidmet. Am Kult in beiden Tempeln waren – zu verschiedenen Zeiten – Asiaten beteiligt.

Tempel äg. Typs wurden in *Beisan ausgegraben (Stratum VII und VI)[1]. In ihnen wurden äg. Beigaben gefunden, doch kein Beweis, daß dort äg. Kult ausgeübt oder äg. Götter verehrt wurden. In Lachisch wurde ein ähnlicher Tempel entdeckt (Späte Bronzezeit)[2]. In Aphek (Ras el-ʿAin) fand sich – ebenfalls im Kontext der Späten Bronzezeit – eine Gründungsplakette mit dem Namen *Ramses' II. und der *Isis (mit Beinamen), jedoch nicht in einem Tempelbau. Diese Plakette diente sicher einem kgl. Isistempel. Dieser anspruchslose Gegenstand könnte ein Ausfuhrartikel sein, aber es besteht auch die Möglichkeit, daß er zu einem asiatischen Isistempel gehörte[3].

Siegel einiger äg. Priester wurden in Kanaan gefunden; diese mögen auf verschiedenem Weg ins Land gekommen sein. Es ist aber nicht auszuschließen, daß sie in Kanaan amtierenden äg. Priestern gehörten[4].

Das älteste Dokument, das einen äg. Tempel in Kanaan erwähnt, ist der Bericht eines Bauleiters Minmose über seine Arbeiten an verschiedenen Tempeln zur Zt *Thutmosis' III.: Die Tempel werden von Süd nach Nord aufgezählt; auf den Tempel der Hathor von *Byblos folgt ein Tempel des *Amun, wobei der Ort nicht erhalten ist. Dieser muß aber nördlich Byblos gelegen haben[5].

pHarris I, 9,1–3 sagt: „Ich erbaute für dich (= Amun) ein geheimnisvolles Haus (*ḥwt*) im Lande Djahi ... (mit Namen) ‚Haus des Ramses, des Herrn von *Heliopolis (Leben, Heil, Gesundheit)' in *Pꜣ-Knʿn*, als Eigentum deines Namens. Ich bildete dein großes Bild, das in ihm aufgestellt ist: ‚Amun des Ramses, Herrscher von Heliopolis'. Die Fremden von Retenu kommen zu ihm und bringen ihm Gaben, denn es ist göttlich". *Pꜣ-Knʿn* ist *Gaza; in dieser Stadt bestand z. Zt *Ramses' III. und wahrscheinlich schon vor seiner Zt ein Amun-Tempel, an dessen Kult Asiaten beteiligt waren[6].

Gleichfalls aus der Zt Ramses' III. stammen beschriftete Elfenbeinschnitzereien, die in *Megiddo ausgegraben wurden. Drei Stücke tragen die Inschrift der *Krkr* (*ku-r-ku-r*), der „Sängerin (*šmʿjt*) des *Ptah, südlich seiner Mauer, des großen Fürsten von *Askalon"[7]. Es kann sein, daß es sich um zwei verschiedene „Anstellungen" der Sängerin handelt, davon eine „private" beim Fürsten von Askalon, was jedoch für den Titel *šmʿjt* einzigartig wäre. Es ist daher eher anzunehmen, daß *Krkr* allein an einem Ptah-Tempel in Askalon gedient hat.

[1] Frances James, The Iron Age at Beth Shean, Museum Monographs, Philadelphia 1966, 178–179 datiert Stratum VI (den frühen Teil) in das Jahr 8 Ramses' III. und das Ende dieses frühen Abschnitts in die Zeit Ramses' VI., das Ende des gesamten Stratums auf das Jahr 1075 v. Chr. Stratum VII ist dann entsprechend früher in die 19. Dyn. zu datieren. Für eine andere, frühere Chronologie und zur Lit. über dieses Problem s. A. Kempinski, in: A. Avi-Yonah (Hg.), Encyclopedia of Archaeological Excavations in the Holy Land I, London 1975, 213–215. – [2] Ussishkin, in: Tel Aviv 5, 1978, 10–25. – [3] R. Giveon, in: M. Kochavi et alii, Aphek-Antipatris 1974–1977, Tel Aviv 1978, 30–32. – [4] Raphael Giveon, The Impact of Egypt on Canaan, OBO 20, 1978, 24. – [5] Urk. IV, 1443, 19. – [6] Die Meinung, dieser Tempel sei eine Art Festung und in Beisan zu lokalisieren (Grandet, in: JEA 69, 1983, 110–112), scheint nicht hinreichend begründet. – [7] Gordon Loud, Megiddo Ivories, Chicago 1939, 12, Tf. 63.

Lit.: Alt, Äg. Tempel in Palästina, in: Kleine Schriften I, München 1953, 216–230; Raphael Giveon, The Impact of Egypt on Canaan, OBO 20, 1978, 22–27; Weinstein, in: BASOR 241, 1981, 19–20.
R. G.

Tempel mit Umgang sind Kultanlagen, die auf allen Seiten von Pflanzensäulen bzw. Pfeilern umgeben sind. Borchardt[1] unterscheidet zwischen Typ 1 Anlagen mit Pflanzensäulenumgang, Typ 2 mit vielkantigen Pfeilern, Typ 3 mit Vierkantpfeilern. Typ 1 zeigt hohe *Schranken zwischen den Säulen und ist bei den *Geburtshäusern der ptol. und röm. Zt belegt (etwa in *Philae, *Tell Edfu, *Dendara, *Armant, *Elkab, südliches *Athribis); Typ 2 ist aus der 18. Dyn. belegt (*Buhen-Süd, *Amada[2]); Typ 3 besitzt niedrige Schranken und erscheint seit MR als Sedfestkapelle (*Sesostris' I. in *Karnak) oder als *Stationsheiligtum.

[1] Ludwig Borchardt, Ägyptische Tempel mit Umgang, BeiträgeBf 2, Kairo 1938. – [2] Unvollendet, vgl. Urk. IV, 1295,15–1296,2. W.H.

Tempelarchitektur. Innerhalb der Sakralarchitektur nur schwer definierbar, da sich einerseits „Tempel" für Götter und Könige von Bauten für den Totenkult nicht deutlich abgrenzen lassen (vgl. den verschwommenen Begriff „*Totentempel") und andererseits enge Beziehungen zwischen der T. und der Palastarchitektur bestehen (vgl. etwa den Palastaspekt früher Pyramidenbezirke, *Pyramidenstädte und „Götterfestungen"[1] oder die Tempelaspekte in der Palastarchitektur der Amarna-Zt[2]).

Zerstörung und mangelhafte Grabungsbeobachtungen erlaubten bisher nicht, früheste T. im Original nachzuweisen. Sie lassen sich nur durch meist spätere Darstellungen und Beschreibungen erschließen[3]. Es waren demnach aus Holz, Matten und Ziegel konstruierte Kultbildschreine mannigfaltiger Form, wie etwa *Per-nu, *Per-wer, *zḥ-nṯr* (Hohlkehlenbau), Hoher Sand[4], *Min-*Kapelle[5] und Bauten des Sonnen- und *Osiris-Kultes. Parallel dazu entwickeln sich im *Grabbau die ersten Kultstellen und Statuenschreine[6].

Ab der 3. Dyn. beginnt im Verlaufe der Monumentalisierung die „Versteinerung" zunächst der funerären Sakralarchitektur, der dann in der 5. Dyn. die *Sonnenheiligtümer folgen und im MR die übrige T. (z.B. der *Amun-Tempel *Sesostris' I. von *Karnak). Diese Transponierung von Bauten, die ursprünglich in vergänglichem Material konzipiert waren, in das fremde Baumaterial *Stein ist eine Wurzel für zwei wesentliche Aspekte äg. T.: Sie fördert einmal die strenge Traditionsgebundenheit, die sich bis in die letzten Phasen der äg. *Architektur auswirkt, und macht diese außerdem zum Träger früher, religiöser Inhalte, prägt die Bausymbolik, die vielzitierte architektonische Zeichensprache[7]. Diese urtümlichen Aspekte der „architektonischen Struktur" brauchen nicht (mehr) immer mit der kultischen „Nutzungsfunktion" übereingestimmt zu haben. So wird man vermuten müssen, daß z.B. im Schlachthaus (*Schlachthof) der Tempel des NR keine tatsächlichen, sondern bestenfalls kultisch umgesetzte „Schlachtungen" durchgeführt wurden[8]. Es bliebe also zu untersuchen, inwieweit die durch Form (auch Material und Farbe) festgelegte und durch ein bestimmtes Text- und Bildprogramm unterstrichene kultische Funktion eines Bauelements in späterer Zeit noch im Ritual zum Ausdruck kam.

Einige solche, durch Form, Bildprogramm und Lage im Tempel erkennbaren und meist auch durch bestimmte Namen definierbare[9] Raumeinheiten sind: Sanktuare (Kultbildschrein, *Allerheiligstes), *Barkenraum, *Opferstelle (Opfertischsaal), Magazine für *Stoffe, *Öle, *Kultgerät (Schatzkammern) und heilige Schriften (*Bibliothek), Reinigungskapellen, Schlachthäuser, Sonnenkultanlagen, Einrichtungen des Dachkultes mit Treppen, Rampen und Dachkiosken, *Krypten, Erscheinungssäle, Festhöfe, Umfassungsmauern und *Pylone.

Auch die Typologie äg. T. ist noch nicht abschließend geklärt. Offenbar wurden schon recht bald die meisten der eingangs genannten urtümlichen Bautypen – wohl in Zusammenhang mit der Monumentalisierung – aus der Reihe der in Stein umzusetzenden Bauten ausgeschieden oder durch den durch *Rundstab und *Hohlkehle gekennzeichneten *zḥ-nṯr*-Typ auf Darstellungen im Relief oder in den Bereich hölzerner Kapellen usw.[10] abgedrängt. Dennoch bleibt die Typenbildung auch in späterer Zeit im Fluß. Durch wechselseitige Beeinflussung entstehen komplizierte Mischtypen, in denen sich auch Elemente des Wohn- und Festungsbaus bemerkbar machen. Auch darf der Einfluß des Felsgrabbaus nicht unterschätzt werden. Der große Typenreichtum entzieht sich daher einer klaren Systematisierung. Typenreich ist bereits die Entwicklung der Pyramidentempel mit ihren *Taltempeln bis hin zu den Millionenjahrhäusern (Totentempel) des NR. In enger Beziehung stehen wohl auch Sonnenheiligtümer, Hohe Sande und *Benben-Häuser bis zu den *Aton-Heiligtümern und dem *Sonnenschatten (*Šwt-Rˁ*)[11] des NR. Weniger wissen wir über reine Statuentempel wie etwa *Biahmu sowie über die nur inschriftlich belegten *mrt*-Heiligtümer des AR[12].

Wenn auch die Typenvielfalt keine Entstehung eines eigentlichen „Standardtempels" erlaubt, wird der im NR vorherrschende, aus *Pylon, Festhof, Erscheinungssaal, Opfertischsaal und meist drei Sanktuaren bestehende Tempeltyp als ein solcher angesprochen[13]. Als Seitenzweig davon sind die *Felstempel zu betrachten sowie die späten Langhausbauten in den *Oasen[14].

In der ptol.-röm. T. überwiegt der Tempel mit frontal geöffnetem *Pronaos (Erscheinungssaal) und dem Sanktuar mit Umgang[15]. Reich ausgebildert sind ab NR die den Prozessionen dienenden Barkenstationen (*Stationstempel) und Kioske[16], Gegentempel[17] und *Terrassen- oder Tribünentempel[18] sowie der in ptol. Zt aufblühende Typ des *Geburtshauses.

[1] Kaplony, in: ZÄS 88, 1962, 5–16; Janine Monnet-Saleh, in: BIFAO 67, 1969, 173–186; Stadelmann, in:

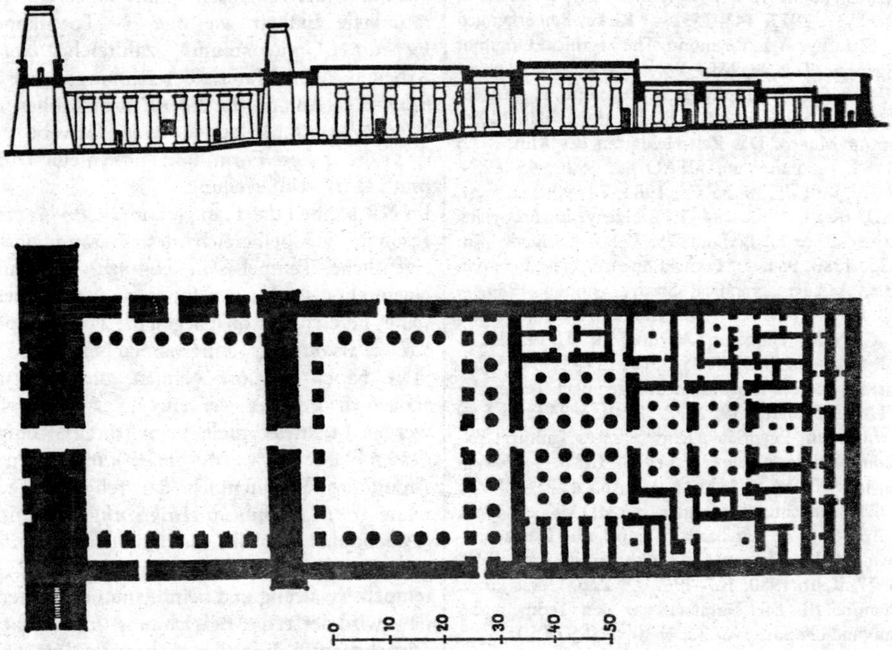

Totentempel des Königs Ramses III. in Medinet Habu
(nach Kurt Lange und Max Hirmer, Ägypten, München [4]1967, 159–160)

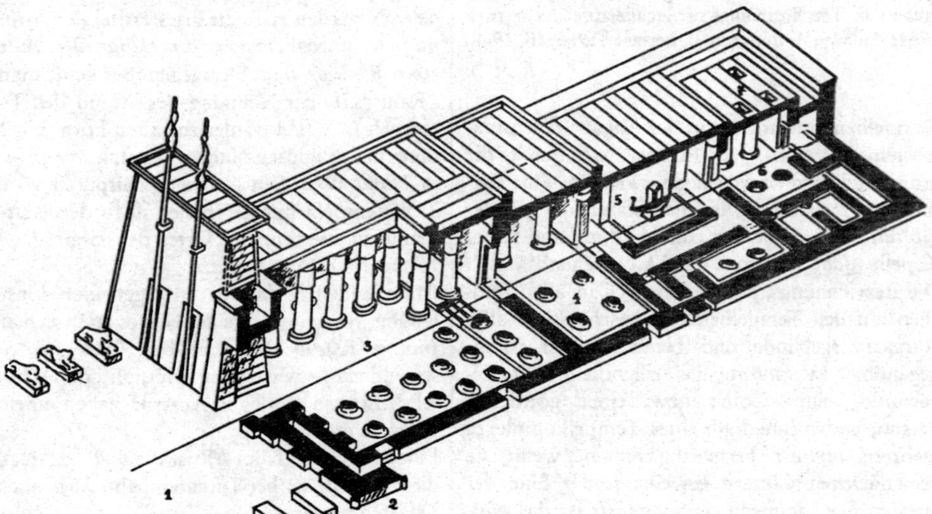

Chons-Tempel in Karnak
(nach Kazimierz Michalowski, Ägypten. Kunst und Kultur, Freiburg 1969, 571)

Supplément au BIFAO 81, 1981, 153–164. – [2] Assmann, in: JNES 31, 1972, 143–155. – [3] Ricke, Bemerkungen AR I, 27ff.; Eve A. E. Reymond, The Mythical Origin of the Egyptian Temple, New York 1969. – [4] Ricke, in: ZÄS 71, 1935, 107–111; Eve A. E. Reymond, in: JEA 48, 1962, 81–88; Saleh, in: MDAIK 25, 1969, 110–120. – [5] Irmtraut Munro, Das Zelt-Heiligtum des Min, MÄS 41, 1983. – [6] Lauer, in: BIFAO 80, 1980, 45–67. – [7] Badawy, in: CdE 38, Nr. 75, 1963, 78–90; Hajnóczi, in: MDAIK 24, 1969, 184–193; Haeny, in: Propyläen Kunstgeschichte 15, Berlin 1975, 171. – [8] Schenkel, in: GM 39, 1980, 95f. – [9] Patricia Spencer, The Egyptian Temple, A Lexicographical Study, London 1984. – [10] Z. B. die Schreine des *Tutanchamun. Im Tempelkult etwa Calverley-Gardiner, Abydos III, Tf. 14. 16. – [11] Stadelmann, in: MDAIK 25, 1969, 159–178. – [12] Vgl. die Liste in: Karola Zibelius, Siedlungen nach Texten des AR, TAVO Beiheft B 19, 1978, 100ff. – [13] Etwa Earl Baldwin Smith, Egyptian Architecture as Cultural Expression, Watkins Glen N.Y. 1938, 152ff. – [14] Naumann, in: MDAIK 8, 1939, 1–16, Abb. 4. 7. – [15] Vgl. etwa die Übersichten bei Siegler, in: MDAIK 25, 1969, 152, Abb. 8f. – [16] Borchardt, Tempel mit Umgang. – [17] Etwa B. F. Laroche und C. Traunecker, in: Karnak VI, 1973–77, Kairo 1980, 167–196. – [18] Z. B. Horst Jaritz, Elephantine III. Die Terrassen vor den Tempeln des Chnum und der Satet, AV 32, 1980, 52ff., Tf. 50f.

Lit.: Allgemein: Gustave Jéquier, L'architecture et la décoration dans l'Ancien Egypte: I. Les temples memphites et thébains; II. Les temples ramessides et saites; III. Les temples ptolémaiques et romains, Paris 1920–24; ders., Manuel d'archéologie égyptienne. Les éléments de l'architecture, Paris 1924; Earl Baldwin Smith, Egyptian Architecture as Cultural Expression, Watkins Glen N.Y. 1938; Vandier, Manuel II. 2; S. Giedion, The Eternal Present II. The Beginnings of Architecture, New York 1964; Badawy, Architecture II, Berkeley 1966; III, 1968.

D. A.

Tempelbenennungen. Aus der Angabe des Annalensteins Urk. I, 241, 13–15 lassen sich bereits die grundsätzlichen Unterschiede erkennen: Eine Stiftung ist registriert „für die Götter des *pr* des *Ḏbꜥwtj*" mit „Errichten eines *ḥwt-nṯr* und seiner Kapelle (*ḏdbt*) in *P* im 6. u. äg. (xoitischen) *Gau". Die Bezeichnung „*pr*" bezieht sich in allen Epochen auf den Tempelbereich, einschließlich aller Wirtschaftsgebäude und Liegenschaften. Demgegenüber ist *ḥwt-nṯr* das eigentliche Tempelgebäude[1] eines Gottes bzw. einer göttlichen Person, wobei innerhalb eines Tempelkomplexes mehrere *ḥwt-nṯr* bestehen können, wenn sie verschiedenen Göttern geweiht sind[2]. Eine der ältesten Erwähnungen eines *ḥwt-nṯr* ist das *ḥwt-nṯr* des Königs *Nb-kꜣ*[3], also sein *Totentempel. Diese werden jedoch meist als *ḥwt* mit dem eingeschriebenen Namen des Königs bezeichnet[4]. Daneben aber besitzen sie noch einen religiösen Namen, während der *ḥwt*-Name die aktenmäßige Nennung ist sowie in Titeln auftritt. *ḥwt* bedeutet außerhalb der religiösen Sphäre meist eine kleine räumliche Einheit wie *ḥwt-kꜣ* „Totenkapelle", *ḥwt-wrt* „Gerichtsraum", zahlreiche *ḥwt* mit Arbeiter- oder Materialbezeichnungen wie *ḥwt-nḏwt-ḥṯꜣ* „Anlage für die *ḥṯꜣ*-Brot-Müllerinnen" oder *ḥwt-šmꜥt* „Anlage für feines Gewebe"[5] (hier ist *pr* die spätere Form) und endlich eine Domäne (mit „Dorf"-Unterteilung).

Im NR bleiben die T. unverändert: *Pr-Jmn* ist der gesamte Tempelbereich des *Amun und der eigentliche Tempel sein *ḥwt-nṯr*, der daneben einen religiösen Namen *Jpt-jswt* besitzt. Innerhalb seines Bereichs (*ḥr sḏfꜣ*) liegen die Totentempel der Könige als *ḥwt* mit Königsnamen bezeichnet; auch diese haben religiöse Namen, die aber unterschiedlich benutzt werden: Bis *Thutmosis III: werden in Priestertiteln beim (toten) König nur dessen Name (*wꜥb n Mn-ḫpr-Rꜥ*), in solchen beim Amun des Totentempels der religiöse Tempelname (*wꜥb n Jmn m Ḥnkt-ꜥnḫ*) genannt. Ab *Amenophis II. bleibt die Titelform bei Königspriestern, jedoch bei Titeln innerhalb der Totentempelverwaltung und beim Amun des Totentempels wird jetzt die Bezeichnung *ḥwt* mit eingeschriebenem Königsnamen benutzt (*mr pr n tꜣ ḥwt-Nb-mꜣꜥt-Rꜥ m pr-Jmn*); dies gilt auch rückwirkend. Nur *Eje fügt dem noch den Tempelnamen hinzu (*mr kꜣt m tꜣ ḥwt-Ḫpr-ḫprw-Rꜥ-jrj-mꜣꜥt Mn-mnw-m-jst-nḥḥ*). Ab *Sethos I. wird die offizielle Bezeichnung eines Totentempels „Haus der Millionen von Jahren", wie bereits im MR belegt[6], auch in Titeln benutzt. In der Ramessidenzeit werden auch die Priestertitel der Form mit *ḥwt*-etc. angeglichen: *wꜥb n tꜣ ḥwt-Wsr-mꜣꜥt-Rꜥ-stp.n-Rꜥ m pr-Jmn*. Demgegenüber kehrt man seit *Ramses II. bei Nennung des Amun des Totentempels in Titeln wieder zur alten Form mit Nennung des religiösen Namens zurück: *mr-pr n Jmn m Ḫnmt-Wꜣst*. Seit gleichem Zeitpunkt wird bei Totentempeln nur in Theben noch der *nswt-bjtj*-Name, in allen anderen Orten der „Sohn-des-Re"-Name des Königs benutzt.

Auffallend ist, daß es entgegen der sonstigen Übung, von einem *pr* eines Gottes zu sprechen (*pr-Jmn, pr-Rꜥ*), in *Memphis bei *Ptah und *Sokar sowohl ein *pr* wie ein *ḥwt* gibt, und dies schon im AR[7]. Ebenso gab es in Amarna neben einem *pr-Jtn* auch ein *ḥwt-Jtn*.

Eine besondere T. im AR ist die *mrt* der *Hathor; diese Anlage ist bei Totentempeln, aber auch bei Palästen genannt.

[1] Vgl. auch Urk. I, 241, 18. – [2] Vgl. Paule Posener-Kriéger, Les archives du temple funéraire de Néferikarê-Kakaï, BdE 65.1, 1976, 41–42. 65 (Anlage der Königsmutter im Totentempel ihres Sohnes). Zu den Bezeichnungen der Einzelteile eines Totentempels s. ead., in: Fs Schott, 112ff. – [3] *ḥm-nṯr*-Titel des *ꜥꜣ-ꜣḫtj* unter *Djoser

(Raymond Weill, Des monuments et de l'histoire des IIe et IIIe dynasties égyptiennes, Paris 1908, Tf. 7). – [4] Cf. Posener-Kriéger, op. cit., 39. – [5] In Titeln des *Pḥ-r-nfr* (Junker, in: ZÄS 75, 1939, 63 ff.). – [6] Mariette, Karnak, Tf. 8 r. – [7] Mariette, Mastabas, C 1 (*ḥwt-Ptḥ*); zum NR vgl. Helck, Materialien, 9. W. H.

Tempelbesitz. A. Zum Tempelbesitz gehört das lebende und tote Inventar jeder religiösen Institution, wie *Tempelpersonal, *Kriegsgefangene, Land- und Werkstattarbeiter, *Kaufleute[1], Fischer[2], Imker, Weber, kurz Leute (*rmṯw*), Hörige (*mrt*), Untergebene (*smdt*), Felder, Weinberge[3], Viehherden, Magazine, Werkstätten, Schiffe, das Kultinventar, das Vermögen (*pr-ḥḏ*) in *Gold, *Silber, *Schmuck etc., auch wenn sie nicht ausschließlich für den Eigenbedarf des Tempels gearbeitet haben oder verwendet wurden. T. ist meist durch Verträge des (oder bei Privatleuten im Namen des) Pharaos mit der Gottheit angehäuft worden. Der T. gehört juristisch zum *pr* eines Gottes oder, meist außerhalb der Akten, zum *ḥwt-nṯr* eines Gottes[4]. Die Vergabe von Feldern, Naturallieferungen, Tempelausstattungselementen an den Gott ist für die Ewigkeit bestimmt, unabhängig von speziellen Abmachungen zwischen Privatmann oder Pharao mit der Tempeladministration. Lieferungen und Felder der Tempel werden mit „Gottesopfer" (*ḥtp-nṯr*) zusammengefaßt[5].

Der T. wird gern dem Staatsbesitz gegenübergestellt. Der Pharao ist zunächst Eigentümer jeden Grund und Bodens[6]. Tempelbeamte und T. unterstehen staatlicher Kontrolle und können zu Leistungen für den Staat herangezogen werden[7]. Zwei grundsätzliche Meinungen stehen sich gegenüber: 1) Der Tempel ist nur ein gesonderter Zweig der staatlichen Organisation, der T. stand dem Pharao zur Verfügung[8]. 2) Der T. ist von dem des Staates und der staatlichen religiösen Institutionen getrennt, der Tempel ist der Eigentümer des ihm geschenkten Bodens und Inventars[9]. Die Akten trennen zwischen a) Eigenbesitz des Königs und der Königin (*pr* + Königsname); b) Staatsbesitz, den der Pharao frei vergeben konnte und aus dem sich de facto ein Privatbesitz entwickeln konnte; c) Tempelbesitz; d) Besitz der Tempel des Pharaos und der Königin innerhalb der Göttertempel (*pr* + Königsname im *pr* eines Gottes), im AR die Ka-Häuser des Königs; Besitz der kgl. Totentempel (*ḥwt* + Königsname im *pr* eines Tempels), im AR die kgl. Pyramidenanlagen; Königsstatuen in den Göttertempeln mit Felderbesitz und kleinere staatliche Göttertempel.

Strittig ist das alleinige Recht des Pharaos, Tempelschenkungen aufzuheben und zu verändern. Der Normalfall ist die Bestätigung früherer Schenkungen. Felder meist großer Tempel wurden besonders im NR an kleinere Provinztempel, kgl. Totentempel, Tempel des Königs und der Königin transferiert, wohl immer mit der juristischen Zustimmung des Gottes und des Pharaos[10]. Der das Feld abgebende Tempel erhielt vom neuen Besitzer feste Abgaben[11]. Häufiger wird der Besitz der kgl. Totentempel verändert[12]. Soweit erkennbar, liegen hinter den Besitzveränderungen ausschließlich ökonomische Überlegungen. Gegen die Ordnung (*Maat) verstieß sicherlich Echnaton durch den Einzug des T. des *Amun, der wohl dem *Aton übertragen wurde[13]. Unklar ist, warum von *Psammetich II. dem *Apis übereignetes Land später dem *Thot von *Hermupolis in *Saqqara gegeben wird[14].

Einzelheiten der Besitzübertragung an den Gott lassen nur die sog. Opferlisten der Tempel erkennen[15]. Naturallieferungen und Felder sind Versorgungsleistungen an die Beamten- (bzw. Priester-) Schicht der Tempel. Die Tempel gaben von ihrem Besitz auch an staatliche Bedienstete ab[16]. Die kgl. Totentempel versorgten z. B. im NR die Handwerker von Deir el-Medineh[17]. Die Tempelwerkstätten produzierten für den Staat (z. B. Waffen). Tempelangehörige wurden zur temporären Arbeitsleistung (*ḥsbw*; *bḥ*) herangezogen, durchreisende Beamte konnten bei den Tempeln requirieren usw., falls dem nicht besondere Tempelbefreiungen entgegenstanden.

Die Kontrolle des T. übernahmen staatliche Kontrolleure, die neben dem Hohenpriester agierten[18]; den Felderbesitz in der Provinz beaufsichtigten kleinere Beamte[19].

B. *Die Entwicklung des Tempelbesitzes (Frühzeit und AR):* Eine *ḏf3w*-Versorgung von Kultstätten mit Naturalien und Kultinventar aus der kgl. Palastverwaltung ist früh nachzuweisen[20]. Sie wird unter *Nj-nṯr* bereits in tägliche Zuwendungen (*ḥtp-nṯr*) und solche für Festtage (*ḥtp-rnpt*?)[21] unterteilt. Eine solche Opferliste, bestehend aus „Portionen (Tagesrationen)" und Festgaben wie *Rind, *Gazelle, *Gans, hatte der Sonnentempel des *Niuserre[22]. Seit *Snofru werden die kgl. Totentempel durch Güter versorgt[23], bald auch die Tempel[24]. Ländereien wurden bis Ende 5. Dyn. nur begrenzt an Tempel gegeben. 2 (Aruren) Felder schenkte *Mykerinos der *Hathor von *R3-jnt* zwecks Versorgung einer Provinzbeamtenfamilie[25]. Die hohen Beamten übernahmen nur selten Priesterstellen an Provinztempeln[26], da die Stellen an den kgl. Institutionen lukrativer waren[27]. Oft waren sie als *ḫntj-š* einer Pyramidenanlage eigenversorgte Grundbesitzer oder (Ende AR) nominelle Gütervorsteher einer kgl. Totenstiftung. Die kgl. *Dekrete, die die Pyramidenanlagen, den *Abydos- und später *Koptos-Tempel von den Arbeitsverpflichtungen, den Eingriffen der Polizisten und Requirierungen ausnahmen, dienten den hohen Beamten. Die kleineren Provinztempel hatten dagegen Expeditionen zu unterhalten und Kontingente für den Kriegsdienst zu stellen[28]. Für die Betreuung des Tanzzwerges des *Pepi I. wurden alle Befreiungen aufgehoben[29].

C. *Tempelbesitz im MR:* Die kgl. *Totentempel sind in der 12. Dyn. bereits einem großen Göttertempel angeschlossen, der *Mentuhoteps III. dem *Amun von *Karnak, der *Sesostris' III. dem *Sobek von *Šdt* (*Medinet el-Fajjum). Die Tempelanlieferungslisten der *Kahunpapyri nennen *Getreide, *Brote, *Weihrauch, *Natron, *Stoffe, *Augenschminke, *Früchte, *Gemüse[30]. Die Einkünfte wurden nach einem bestimmten Schlüssel auf die Tempelbeamten verteilt[31]. Hohe Beamte (*Wesire, *Djefaihapi von *Assiut) stifteten Opfer an ihre Tempelstatuen zwecks Sicherung der Totenopferversorgung von Statue und *Totenpriestern einschließlich Nekropolenvorsteher und Wächtern im Umlaufopferverfahren (*Opferumlauf). Mit Genehmigung *Sesostris' I. durfte der Wesir in Abydos seine Statuen und Opfer installieren[32], in der Folge schlossen Privatleute entsprechende Verträge mit dem Abydostempel wohl mit formaler Zustimmung des Staates. Die Ausstattung von kgl. Totentempeln, Göttertempeln und Statuen aus der Beute von Expeditionen und militärischen Zügen nach Nubien und Syrien-Palästina meldet detailliert eine Inschrift *Amenemhets II.[33]
Über den Umfang der Tempeldomänen wissen wir nichts; in der 2. Zwischenzeit besitzt ein Provinztempel wie der von *ꜥgnj* 140 *ḫ3* Felder[34].

D. *Tempelbesitz im NR:* Landzuweisungen (*3ḥw*; *ḫbsw*-Felder)[35], Gärten für die Gemüseproduktion des Gottesopfers, Kriegsgefangenenkontingente für das Arbeitshaus des Tempels (1588 Asiaten stiftet *Thutmosis III. dem Amun)[36] verändern die Stellung des Tempels von Karnak. Die Folge der Deponierung der Kriegsgewinne am Amuntempel ist die Vermehrung der Tempelbeamtenstellen. Syrische Städte, d.h. ihre Abgaben, werden dem Amun übereignet. *Sobekemsaf I. hatte dem *Month von *Medamud noch 50 (Aruren) Ländereien in Form von Abgabedomänen zukommen lassen[37], Thutmosis III. dem Amun einmal sogar 1800 Aruren[38], 2 × 500 Aruren dem Abydostempel[39], 60 Aruren dem *Mnevis-Stier[40]. *Amenophis II. stiftet in *Achmim 250 + x Aruren[41]. Die Akten unterscheiden im NR Tempelnormaldomänen, neugegründete Tempelnormaldomänen, Abgabedomänen mit 7,5% Steuerertrag, Tempeldomänen, die von nicht dem Tempel angehörigem Personal verwaltet werden, und Domänen der Rindervorsteher, die das Vieh der Tempel versorgten[42]. Stiftungen von Privatleuten für Tempelstatuen und für die Totenstiftung sind recht gering[43]. Die Baumaßnahmen in Karnak, die Puntexpedition der Hatschepsut mit ihren Weihrauchbäumchen, die Tempelausstattung mit Edelmetall kommen alle dem Amun zu, ohne daß ein Gegensatz Tempel–Staat nachweisbar ist, da in erster Linie die staatstragende Beamtenschicht die Nutznießung hat. Die Opferlisten der Tempelwände enthalten zahlreiche Details der Naturallieferungen und der Ausstattung mit Gold, Silber, Halbedelsteinen, die alle als juristisches Dokument der Stiftung für die Ewigkeit zu gelten haben. Der *Hohepriester des Amun stellt eine Arbeitsgruppe zu den staatlichen Baukolonnen des *Senenmut[44]. Der Arbeitseinsatz der Tempelleute scheint aber begrenzt worden zu sein. Eine Gruppe von *h3jjt*-Tempelarbeitern aus dem (königlichen) *Thot-Tempel in *Memphis durfte vom Hohenpriester von Memphis nur für 2–3 Tage für Arbeiten am *Hauron-Tempel ausgeliehen werden, da dies die Scheunenverwaltung nicht vorgesehen hatte[45].
Die Opferliste des Echnaton (*Amenophis IV.) zeigt, welch erhebliche Veränderungen die Übertragung des Amunbesitzes auf Aton mit sich brachte[46]. Aton erhält 6800 *smdt*-Arbeiter; die täglichen Opferbrote betragen 9885. Die Rückübertragung des T. an Amun unter *Tutanchamun brachte Rechtsunsicherheit mit sich, die das Dekret *Haremhebs zu regeln suchte[47]. Das Dekret *Sethos' I. nimmt seinen eigenen Totentempel in Abydos vor dem Arbeitsdienst und den Übergriffen der Beamten und Militärs in Schutz[48].
*Ramses II. folgt ihm mit seinen *ḥwt*-Tempeln und seinen Königsstatuen in den Tempeln des ganzen Landes, die der neuen militärischen Führungsschicht zugute kommen. Soldaten bebauen die Felder unter erheblichem Abgabendruck. Die traditionelle These, daß die neuen Landschenkungen der 19. Dyn. an die Tempel den Ausverkauf des Staatsbesitzes einleiteten und die Machtbasis des Königs verringerten, ist so nicht haltbar. *Ramses III. schenkte dem Amun nach seinem Rechenschaftsbericht (*Pap. Harris I) 864158 von über 1 Million Aruren, d.h. über 80% der Gesamtstiftungen, 15% dem Retempel, 1% dem Ptahtempel und 3,5% den übrigen Provinztempeln. An Personal erhielt der Amuntempel von 107615 Personen 86486 Mann, 12963 Mann der Retempel und 3079 der Ptahtempel, doch sind dabei sicher die königlichen Soldatenbauern mitgezählt[49]. Königsland zur Vergabe stand genü-

gend zur Verfügung, es fehlten nur die Arbeitskräfte (Landflucht), die jetzt die Soldaten stellten; die Ausländer wurden an die königlichen Statuen gebunden und stifteten selbst unter günstigen Bedingungen *ḥnk*-Felder an die Statuen[50]. Allein der Amuntempel besaß mit den Schiffen und Magazinen die nötige Infrastruktur, um im ganzen Land die Verteilung des Saatgutes und die Lagerung zu übernehmen; die Schiffe des Ptah- und Retempels bedienten fast nur Teile des Deltas[51]. Die massenhafte Unterstellung der Felder unter den Amuntempel bedurfte einer scharfen Kontrolle des Amunbesitzes. Entsprechend wuchs der Einfluß des Domänenvorstehers des Amun, der wie der *Königssohn von Kusch die kgl. Schatzhäuser in Theben und Nubien in den kgl. Tempeln überwachte[52].

Kontrovers ist bei der Bestimmung des Staats- und Tempelbesitzes nach Ramses III. die Beurteilung des Felderbesitzes in der Akte des *Papyrus Wilbour[53]. Nach Helck hat der Amuntempel im Bereich von *Hardai 45% aller Felder inne, die Tempel insgesamt über 90%, der Staat aber nur 6,54%. Nach Janssen erscheinen nur 4% allen Landes in der Akte, der hohe Rest müßten staatliche Felder sein, ohne daß exakte Zahlen möglich sind. Der Papyrus trennt nach Tempelland (Teil A) und *ḫ3t3*-Land (Teil B), führt aber nur Felder nahe bestimmten Wasserzügen auf (sharaki-Land und andere spezielle Felder). Die Normalfelder, unter ihnen ein hoher Prozentsatz staatlicher, fehlen[54].

E. *Tempelbesitz in der 3. Zwischenzeit:* Nach den militärischen Wirren am Ende der 20. Dyn. war die Schiffsorganisation des Amun für die Versorgung auch des Nordens lebenswichtig, der Anschluß vieler Felder an Amun blieb im Delta bestehen. Die Schenkungsstelen zeigen, daß insbesondere die Deltaränder neu erschlossen wurden[55], mit Genehmigung der grundbesitzenden Fürstenschicht wurde weiter an die Tempel des Nordens zur eigenen Versorgung gestiftet (häufig 10 Aruren). *Osorkon I. kann den Deltatempeln noch 148 Tonnen Silber, dem Retempel allein 1,5 Tonnen Elektron, zukommen lassen[56]. Für den *Harsaphes-Tempel verfügte *Scheschonq I. 1 Rind täglich; jährlich hatte der Stadtvorsteher 60, die einzelnen Handwerkergilden je 1–2 Rinder aufzubringen[57]. *Herakleopolis und der Harsaphes-Tempel mit seinen Schiffen (Schiffsmeisterstelle) bildete allmählich eine Konkurrenz zur Organisation des Amuntempels, die der Großgrundbesitzerschicht der thebanischen Priesterfamilien Anlaß zu Feindseligkeiten gab. Privatstiftungen der Zeit des *Taharqa an einen thebanischen Osiristempel (10 Aruren)[58], die Einrichtung des Amuntempels in Memphis (467,5 Aruren)[59] durch den König wie die kostbare Tempelausstattung von *Kawa des Amun von Gematon[60] förderten den Süden.

F. *Tempelbesitz ab der 26. Dyn.:* Die Übernahme der Thebais brachte nicht nur den Offizieren des Nordens, sondern auch den Tempeln umfangreiche Zuwendungen. Andererseits mußten auch sie für die Institution der *Gottesgemahlin täglich Brote liefern (200, 100, 50 je nach Größe), noch stärker wurde die alte Herrenschicht der Thebais herangezogen, 400 Brote lieferte allein die Familie des Monthemhet[61]. Ein General *Njsw-Mnw* von *Elephantine kann später, im Namen des *Apries, 1600 Aruren dem Widder von *Mendes schenken, nebst Gänsen und 1 Hin *Wein aus *Chargeh täglich[62]. Der *mr pr wr* des Amasis Pefnefdineith (= Ranke, PN I 128,2: Pef-tjau-em-aui-Neith) erschloß 1000 Aruren Neuland nebst Obst- und Weingärten für den *Osiris-Tempel von Abydos, ließ ihm die Einkünfte der *Karawanen nach den Oasen zukommen und die Fährstelle von *Thinis, die früher Besitz des staatlichen Gouverneurs waren[63]. Die Saiten vermehrten die Zahl der *wʿb*-Priesterstellen, die lebenslange Versorgung bedeuteten; dadurch wurden vermehrt Unterägypter in die Tempel Oberägyptens eingebunden. Die These, daß Ende der 26. Dyn. die Tempel eine größere Selbständigkeit gewannen, ist mit den Schenkungen allein nicht zu begründen[64]. *Kambyses soll die staatlichen Lieferungen von Rindern an die Tempel um 50% gekürzt und die von Gänsen, *Flachs, Brennholz und Schiffsbauholz ganz gestrichen haben[65]. Die Thronübernahme des *Darius I. führte zu einem Ausgleich der Tempel mit dem Staat; das Kataster des *ḥtp-nṯr* von Edfu wurde unter Darius I. und II. aufgestellt[66], die Ländereien wurden aber der Kontrolle des Ackervorstehers unterworfen. *Nektanebos I. ordnete die Finanzen der Tempel[67]. Auf der Naukratisstele erhält der *Neith-Tempel von *Sais $^1/_{10}$ des Einfuhrzolles[68] sowie $^1/_{10}$ aller in *Naukratis hergestellten steuerpflichtigen Produkte. Der Athener Chabrias soll dem Tachos geraten haben, die Einkünfte der Tempel für den Krieg gegen die Priester zu verwenden[69].

Dem königlichen Falkenkult Darius' I. folgend, gründete die 30. Dyn. im ganzen Land Königsstatuen und Sanktuare der heiligen Tiere (mit eigenen Osiris-Kultstellen) bei den großen Landestempeln (z.B. 30 Aruren für die *Ibisse von Armant, je 5 für *Falken und *Katzen)[70], die auch an Griechen verkauft wurden[71]; an sie waren staatliche ägyptisch-griechische Kultgemeinschaften angeschlossen, ihre Mitglieder hatten kräftig zu zahlen[72]. Die Ptolemäer bauten die neuen kgl. (Toten-)Kulte, angeschlossen an die des Osiris-Apis und der übrigen heiligen Tiere, weiter aus. Unter *Nektanebos II. hatte der Edfutempel noch 65% Anteil an 13209 Aruren im Gebiet um Edfu (*Tell Edfu); reichster Tempel im Süden war der des *Chnum von Elephantine (knapp 1000 Aruren allein bei Edfu)[73].

Der Einbruch der griechischen Söldner brachte gewaltsame Aneignungen von Tempelland. Erst durch die Kompromißpolitik Ptolemaios' I. erreichten die Tempel (Djedhor-Statuen [*Tachos] von *Athribis; *Petosiris in Hermupolis) eine neue Klärung ihres Besitzstandes. Mit Hinweis auf Pharao *Chab(a)basch bestätigt Ptolemaios (I.) ein Tempelland des *Horus von *Buto[74]. Im Interesse der großen Tempel wurde zunächst Tempel- und Staatsland sorgfältig auseinandergehalten. Eine staatliche *syntaxis*-Zahlung sicherte die Einkünfte der Priester. Zusätzlich erwuchsen Einnahmen bei der Entgegennahme der Petitionen. Die Pithomstele *Ptolemaios' II. verzeichnet die hohen Geldzahlungen an die Tempel und im Speziellen an den Pithomtempel selbst[75]. Selbst das Kleruchenland hatte für lokale Sanktuare, die für den Staat immer mehr zu einer Einnahmequelle wurden (sie konnten gegen Abgaben vererbt werden und auch Frauen zukommen), zu liefern, kleinere *wʿb*-Priester wurden auch zu Königsbauern. Die wachsende Besteuerung der kleineren Tempelstellen und die strenge Arbeitsdienstverpflichtung der niederen Tempelleute führten wohl mit zu den Aufständen um 200 v. Chr., während die großen Tempel dem Königshaus legal verpflichtet blieben[76]. Der Rosettestein versucht, durch Befreiungen von der jährlichen Reise nach Alexandria und vom Ruderdienst, durch Erlaß von $^2/_3$ der Fiskusabgabe für Byssos-Linnen und durch die Einschränkung der Priestertaxe auf den früheren Stand Mißstände zu beseitigen[77]. Erst mit *Ptolemaios VI. führte das Arrangement zwischen Ptolemäern und Tempeln zu den letzten größeren Besitzzuweisungen und neuen Baumaßnahmen. In *Saqqara wird die Bestattung der Tiere reformiert[78]. Noch *Ptolemaios XI. läßt dem *Chnum-Tempel $^1/_{10}$ der kgl. Steuerabgaben des *Dodekaschoinos zukommen, angeblich aufgrund alter Privilegien[79]. Der Edfutempel bringt das alte Kataster aus der Zeit Ptolemaios' I. bzw. Nektanebos' II. an der Außenwand des Tempels an[80]. Der Gnomon des Idios Logos der römischen Zeit versucht noch einmal unter ökonomischen Aspekten, Priester und Staat auseinanderzuhalten. Die Tempelbauten der römischen Zeit, deren ökonomische Grundlage wenig bekannt ist, umfassen viele Nekropolentempel und Osirisheiligtümer, an die auch der kaiserliche Kult angeschlossen war (besonders unter *Nero und *Hadrian).

G. *Tempelausstattung:* Mangels Vorstudien sind die Listen der Tempel, die fast nie die komplette Ausrüstung oder Stiftung beschreiben, nicht vergleichbar[81].

Die kgl. Stiftungen an den Amuntempel von Kawa[82] umfassen jährlich hohe Gewichtssummen an goldenen, silbernen und bronzenen Kultgeräten, die pro Jahr erheblich schwanken, z. B. im Jahr 2 Taharqas: 1 Silberaltar von 220 Deben, 10 goldene Kultgeräte, 120 Ballen Leinwand, 1200 Zypressensamen, 1 Weihrauchbaum, Trommel, Harfe, Lapislazulifigur; im Jahr 3: 142 verschiedene Gefäße, Wachs (50 Deben), Bitumen (20 Deben), 7 Einheiten Weihrauch, 5 Einheiten Bitumen, eine Trompete usw.

Die Mindestausstattung geht aus einer privaten Stiftung der gleichen Zeit für ein Osirissanktuar, eine Kapelle mit 2 Räumen und 4 Türen, hervor[83]. Zur Versorgung von 5 Personen (mit Familie), davon 3 Türhüter, 1 Landarbeiter, 1 Kleiderfrau, reichen 10 Aruren Felder westlich Koptos, dazu 2 Kühe. Die tägliche Opferlieferung beträgt 1971 gr Brot und 0,51 Milch, dazu ein Bündel Gemüse. Die 11 Kultgeräte aus Bronze von insgesamt 36,4 kg Gewicht umfassen Opfertisch, Lotusgefäß (*ẖ3wj*), *qbḥjt*-Libationsgefäß, *wdḥ*- und *ʿnḫt*-Gefäß, Kultschale (*ṯnj*), 2 Feuerbecken, 2 Ständer als Untersatz dazu, Räucherarm, 15 goldene Amulette u. a. wie Pektorale, Halskragen, 2 menit, 7 Reife und ein Halsband (?), Anubisfigur aus Fayence, Horus- und Amunfigur. Das Kultbild war schon vorhanden, das vielleicht von einem Priester eines nahegelegenen Heiligtums mitversorgt wurde, dessen ökumenische Grundlagen unbekannt bleiben. 10 Gewänder kommen der Kultstatue zu.

[1] Der Pap. Harris I, 46, 1–2 zählt Schiffsmannschaften, Honigsucher, Weihrauchsammler, Träger des Silbers und Kaufleute auf; vgl. Meeks, in: Hommages à Serge Sauneron I, BdE 81, 249–250. – [2] Vgl. Meeks, a.a.O., 240. – [3] Weinberge im NR s. Helck, Wirtschaftsgeschichte (s. Lit.), 212; Abd er-Raziq, in: MDAIK 35, 1979, 229 ff.; Pap. Anastasi IV, 6, 11 ff.: Die Produkte der Winzer des Totentempels Sethos' II. werden auf zwei Viehfähren verladen. – [4] Mit der Ausnahme, daß in Memphis nur *ḥwt*-Tempel vorkommen. Zum Verhältnis *pr* : *ḥwt*(*-nṯr*) s. Patricia Spencer, The Egyptian Temple, A Lexicographical Study, London 1984, 27. 54 f. – [5] Urk. IV, 175; 747, 1 ff. – [6] Vgl. Menu, Recherches (s. Lit.), 2. – [7] Der Tempel zahlt keine Steuern, wie gelegentlich behauptet. – [8] Janssen, The Role of the Temple (s. Lit.), 509; seine These ist nur für das NR aufgestellt worden. Nach Menu, Recherches (s. Lit.), 15, ist der Tempel „Eigentümer zweiten Grades". – [9] Helck, Materialien, passim. – [10] Vgl. Pap. Bibl. nat. 197, zitiert bei Helck, Materialien II, 270. Nach einer Liste der Abgaben der *Hathor von *Gebelein wird in einem Streitfall, ob Felder als Privateigentum an das Schatzhaus oder als Abgabendomäne an

den Tempel zu liefern haben, zugunsten des Tempels entschieden, s. Spiegelberg, in: ZÄS 63, 1928, 105ff. – 11 Verpachtungen von einem Tempel an den anderen mit 7½% Abgabe sind selten, in der Regel geben große Tempel an kleinere Institutionen ab. – 12 Vgl. Janssen, a.a.O.; Helck, Materialien, 222. Der Besitz der älteren Totentempel wird zugunsten der jüngeren Einrichtungen vermindert. – 13 Helck, Wirtschaftsgeschichte, 202. – 14 Meeks, in: State and Temple Economy II, 653. Die Erklärung liegt wohl in der Rolle des (staatlichen) Hermaions von Saqqara-Nord, das innerhalb des Serapeumsbezirkes liegt. – 15 „Opferlisten" oder „Stiftungslisten" der Tempel werden in tägliche und Festtagszuwendungen aufgeteilt, die nutznießende Personengruppe wird nicht genannt. – 16 Vgl. Janssen, a.a.O. – 17 Besonders die Totentempel, wie das Ramesseum und die Thutmosis' I. und IV. – 18 Im AR kontrollierte der *jmj-r3-šmʿw* wichtige Reichstempel (Urk. I, 280 u.a.). Im NR war es der *mr pr* eines Tempels, in der Saitenzeit die saitische Verwaltung in Zusammenarbeit mit dem Lesonispriester (*mr šn*) und dem Kontrolleur des Pharao (*rwḏ n Pr-ʿ3*; griech. Epistates). – 19 Zu den *rwḏ*-Kontrolleuren des NR s. Kruchten, in: State and Temple Economy in the Ancient Near East II, 517–525; Helck, Materialien, 247ff. – 20 Helck, Wirtschaftsgeschichte, 52–53. – 21 Kaplony, Inschriften III, Nr. 593/4. 1198; Helck, Wirtschaftsgeschichte, 29. – 22 Helck, in: SAK 5, 1977, 47–77; ders., Wirtschaftsgeschichte, 54f. – 23 Helck, Wirtschaftsgeschichte, 37ff. – 24 Zu den Domänengründungen des Neferirkare für verschiedene Göttertempel, z.B. 152 Aruren für die *Seelen von Heliopolis im 14. u.äg. Gau, s. Paule Posener-Kriéger, Les archives du temple funéraire de Néferirkarê-Kakaï II, BdE 65.2, 1976, 612f. – 25 Urk. I, 25. – 26 Zum Verhältnis von Gauverwaltung zu Priesterämtern s. Eva Martin-Pardey, Untersuchungen zur ägyptischen Provinzialverwaltung bis zum Ende des AR, HÄB 1, 1976, 126ff., die eine vom König gesteuerte Balancepolitik zwischen Provinztempel und kgl. Gaubeamten annimmt. – 27 Nicht geklärt ist, ob die Tempelstellen nicht lange vorher juristisch bindend in der Hand einer Provinzialenschicht waren, so daß nur in wenigen Fällen bei einem Aussterben dieser Leute die hohen Gaubeamten die Priesterstellen übernehmen konnten. – 28 Urk. I, 102; vgl. Goedicke, Königliche Dokumente, 87ff. – 29 Urk. I, 131. – 30 Helck, Wirtschaftsgeschichte, 167ff. Die sonstigen Opferlisten des MR sind zusammengefaßt bei Helck, Materialien, 451ff. – 31 Helck, Wirtschaftsgeschichte, 164: 10 Anteile für den Tempelvorsteher, 6 für den obersten Vorlesepriester, 4 für den gewöhnlichen Vorlesepriester, 3 für den Phylenvorsteher, 2 für verschiedene Priester, 1⅓ für den Tempelschreiber, 1 für den Polizisten, ⅓ für Türhüter, Wächter, Arbeiter. – 32 Dekret CG 20539, s. Helck, Wirtschaftsgeschichte, 171. – 33 Farag, in: RdE 32, 1980, 75ff. – 34 Helck, Materialien, 217. – 35 Zu den staatlichen *ḫbsw*-Feldern s. Menu, Recherches (s. Lit.), 5. – 36 Urk. IV, 743,8. S. auch Ahmed Sayed Tawfik, Untersuchungen zur großen Liste der Weihgeschenke Thutmosis' III. für Amon von Karnak, Diss. Göttingen 1965. – 37 Fouilles de Médamoud, 1927, 142. – 38 Urk. IV, 172. – 39 Urk. IV, 207. – 40 Urk. IV, 1373 (Stele CG 65830, s. Karol Myśliwiec, Studien zum Gott Atum I, HÄB 5, 1978, Tf. 8). – 41 Urk. IV, 1342. – 42 Helck, Materialien, 240f. – 43 Helck, Materialien, 224ff. – 44 William C. Hayes, Ostraka and Name Stones from the Tomb of Sen-Mūt (No. 71) at Thebes, New York 1942, Nr. 69. 85. – 45 Caminos, LEM, 454ff.; allgemein Helck, Wirtschaftsgeschichte, 226–230. – 46 Urk. IV, 1991; Saad und Manniche, in: JEA 57, 1971, 70ff.; Helck, in: JEA 59, 1973, 95–99. – 47 Zuletzt Jean-Marie Kruchten, Le Décret d'Haremhab, Brüssel 1981. – 48 Kitchen, Ram. Inscr. I, 45–58. Ein Schutzdekret für den Hermopolistempel ebd. I, 125–126. – 49 Nutznießer war besonders der kgl. Totentempel in Medinet Habu. Die Kriegsgefangenenzahlen unter Ramses III. reichen nicht zur Erklärung der hohen Personenzahlen aus, vgl. Helck, Wirtschaftsgeschichte, 241. Die Listen von Medinet Habu s. jetzt Kitchen, Ram. Inscr. V, 115–184. – 50 Helck, Materialien, 228; Menu, Le regime juridique (s. Lit.), 150–155. – 51 Allgemein s. Jacob J. Janssen, Two Ancient Egyptian Ship's Logs. Papyrus Leiden I, 350 verso and Papyrus Turin 200, Leiden 1961. – 52 Vgl. Säve-Söderbergh, Ägypten und Nubien, 194–200. – 53 Helck, Materialien, 222; ders., Wirtschaftsgeschichte, 240ff.; Janssen, Role, 510; Menu, Le regime juridique. – 54 Vgl. Fairman, in: JEA 39, 1953, 119f. Sollten die Hochlandfelder fehlen? – 55 Meeks, Les donations aux temples, in: State and Temple Economy II, Abb. 1 (Karte) und S. 622, Anm. 57. – 56 Naville, Bubastis, Tf. 51; Helck, Wirtschaftsgeschichte, 245. – 57 Tresson, in: Mél. Masp. I, 817ff. – 58 Graefe und Wassef, in: MDAIK 35, 1979, 103–118. – 59 Stele Kairo JE 36861, s. Meeks, in: Hommages à Serge Sauneron I, BdE 81, 221–259. – 60 Kawa I, Tf. 5. 6. 11. 12; vgl. auch Inschr. XV. – 61 Caminos, in: JEA 50, 1964, Tf. 9–10, Z. 21–24. Täglich erhält *Nitokris allein vom Amuntempel in Theben 600 deben Brot, 11 hin Milch, Kuchen usw.; monatlich 3 Rinder, 5 Gänse, 20 heben Bier und den Ertrag von 100 Aruren. Die Institutionen Unterägyptens liefern 2100 deben Brot und den Ertrag von 3300 Aruren. Zur allmählichen Entmachtung des Monthemhet s. Erhart Graefe, Untersuchungen zur Verwaltung und Geschichte der Institution der Gottesgemahlin des Amun vom Beginn des Neues Reiches bis zur Spätzeit II, ÄA 37, 1981, 110f. – 62 Kees, in: ZÄS 72, 1936, 40ff. – 63 Stele Louvre A 93, s. Kees, Zur Innenpolitik der Saitendynastie, NGWG 1935, 103f. – 64 Kees, a.a.O., 102. Tempelschenkungen bedeuten an sich keine Machtminderung, wenn sie die kgl. Kulte mit einschlossen. – 65 Spiegelberg, Dem. Chronik VI, 32–33. – 66 Meeks, Le Grand Texte des Donations (s. Lit.), 135. – 67 Demotische Chronik IV, 3–5; vgl. Johnson, in: Enchoria 4, 1974, 8f.; von Nektanebos I. wird gesagt, „der die Angelegenheiten Äygptens und der Tempel regelte, um Silber zu erwerben", d.h. er richtete auch Kultstellen ein, um dem Staat Einnahmen zu verschaffen! – 68 Anders jetzt Lichtheim, in: Fs Hughes, 138–146 mit Lit. Anm. 1. – 69 Vgl. Johnson, in: Grammata Demotika, Fs Lüddeckens, Würzburg 1984, 119. – 70 Meeks, Le Grand Texte des Donations, 8*, 1. – 71 Wilcken, UPZ II, Nr. 155: Ein (mindestens dem Namen nach) griechischer Toparch hatte ein Sanktuar des Osiris-Ibis inne. – 72 Françoise de Cenival, Les associations religieuses en Egypte d'après des documents démotiques, BdE 46, 1972. – 73 Meeks, a.a.O., 155. – 74 Zur Satrapenstele s. zuletzt Spalinger, in: ZÄS 105, 1978, 142–154; Ritner, in: ZÄS 107, 1980, 135–137;

Johnson, in: Grammata Demotika, Fs Lüddeckens, Würzburg 1984, 111. – [75] Urk. II, 103f. – [76] Vgl. zuletzt W. Peremans, Les revolutions égyptiennes sous les Lagides, in: Das ptolemäische Ägypten, Akten Internationales Symposium Berlin 1976, Mainz 1978, 39–50; Johnson, in: Grammata Demotika, Fs Lüddeckens, Würzburg 1984, 111. – [77] Urk. II, 176ff. – [78] Zur Ökonomie s. John D. Ray, The Archive of Ḥor, London 1976, 145f. – [79] Edition von Barguet, Stèle de la Famine; vgl. Lichtheim, in: Fs Hughes, 142ff. – [80] Meeks, a.a.O., 134. – [81] Helck stellt in Materialien, 754ff., die einzelnen Materialien der NR-Stiftungen zusammen, Materialien, 349ff. die NR-Opferlisten der Tempel. – [82] Vgl. Anm. 60. – [83] Graefe und Wassef, in: MDAIK 35, 1979, 103–118.

Lit.: Sir Alan Gardiner, The Wilbour Papyrus I–IV, Oxford 1941–52; Hans Goedicke, Cult-Temple and 'State' during the Old Kingdom in Egypt, in: State and Temple Economy in the Ancient Near East I, Löwen 1979, 113–131; Helck, Materialien; Wolfgang Helck, Wirtschaftsgeschichte des alten Ägypten im 3. und 2. Jahrtausend v. Chr., Leiden 1975; Jac. J. Janssen, Prolegomena to the Study of Egypt's Economic History during the New Kingdom, in: SAK 3, 1975, 127–185; Jac. J. Janssen, The Role of the Temple in the Egyptian Economy during the New Kingdom, in: State and Temple Economy in the Ancient Near East II, Löwen 1979, 505–515; Meeks, Les donations aux temples dans l'Egypte du 1er millénaire avant J.C., in: State and Temple Economy II, Löwen 1979, 605–687; Dimitri Meeks, Le Grand Texte des Donations aux Temple d'Edfou, BdE 59, Kairo 1972; Bernadette Menu, Le regime juridique des terres et du personnel attaché à la terre dans le Papyrus Wilbour, Lille 1970; Bernadette Menu, Recherches sur l'histoire juridique, économique et sociale de l'ancienne Egypte, Versaille 1982; Paule Posener-Kriéger, Les Papyrus d'Abousir et l'économie des temples funéraires de l'Ancien Empire, in: State and Temple Economy in the Ancient Near East I, Löwen 1979, 133–150; Paule Posener-Kriéger, Les archives du temple funéraire de Néferirkarê-Kakaï, BdE 65, 1976; Claire Preaux, L'économie royale des Lagides, Brüssel 1939; Jan Quaegebeur, Documents égyptiennes et rôle économique du clergé en Egypte hellénistique, in: State and Temple Economy in the Ancient Near East II, Löwen 1979, 707–729; Herbert D. Schaedel, Die Listen des großen Papyrus Harris, LÄS 6, 1936. D.K.

Tempelbestattung. Seit der 22. Dyn. ließen sich die Könige und die *Gottesgemahlinnen des *Amun innerhalb eines Tempelbezirks begraben, was sich von der bisherigen Form des *Königsgrabes stark unterschied. So liegen die Könige der 22. und 23. Dyn. im Tempel von *Tanis, die Gottesgemahlinnen der 25. und 26. Dyn. im Tempel von *Medinet Habu; nach Herodot II, 169 befanden sich die Grabanlagen der Könige der 26. Dyn. im *Neith-Tempel von *Sais, sowie nach Fund eines Sarkophags die der Könige der 29. Dyn. im Tempel des Bockes von *Mendes [1]. Während in Tanis nur die unterirdischen Anlagen, allerdings ungeplündert, gefunden wurden [2], sind wenigstens in Medinet Habu zwei Gräber auch mit den oberirdischen Bauten erhalten geblieben [3], so daß in Verbindung mit Herodots Schilderung eine Rekonstruktion dieses Grabtyps möglich ist: Ein Kultraum mit Gewölbedecke und z.T. mit einer Cella, ein Säulenvorhof mit pylonartiger Verstärkung der Vorderfront und einem Eingangsportikus mit Palmsäulen. Die Gruft liegt unter dem Kultraum [4]; sie ist in Tanis mit Reliefs geschmückt. Nach Stadelmann [5] wurden mit diesen Grabanlagen die vorgeschichtlichen Königsgräber von *Buto nachgeahmt mit ihren mit Gewölbe versehenen Oberbauten und dem Palmenhain, in dem diese nach Ausweis der Darstellungen innerhalb des sog. „butischen Begräbnisrituals" lagen.

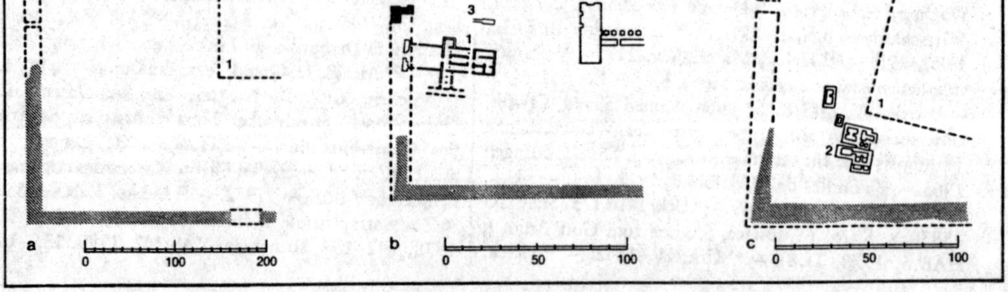

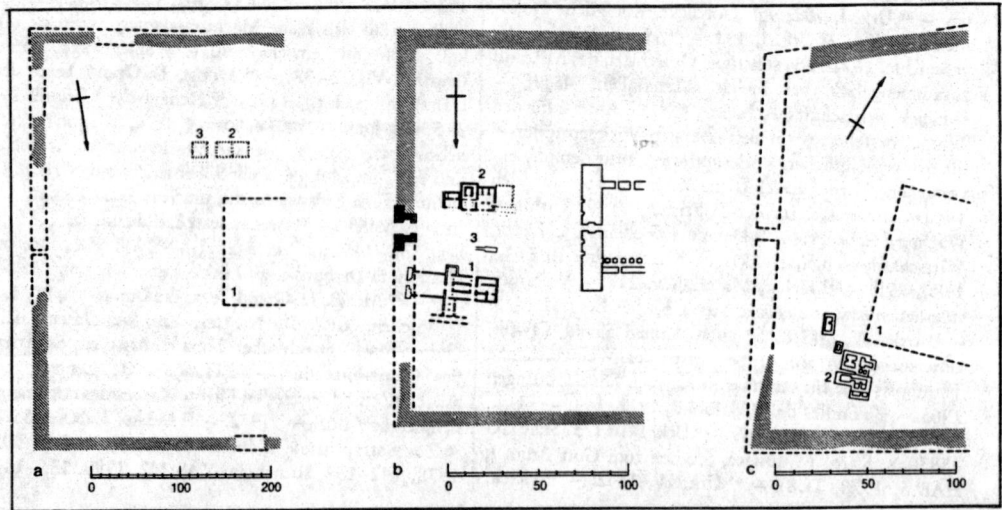

Tempelbezirke von a. Sais (nach Herodot), b. Medinet Habu, c. Tanis (nach Stadelmann, in: MDAIK 27, 1971, 113)

1 Daninos, in: RecTrav 9, 1887, 19. – 2 Montet, Tanis. – 3 Hölscher, Medinet Habu V, 17–30. – 4 Herodots Beschreibung eines in dem Kultraum stehenden Sarges dürfte falsch sein, wie Stadelmann, in: MDAIK 27, 1971, 114 betont. – 5 Stadelmann, op. cit., 122–23.

Lit.: Stadelmann, in: MDAIK 27, 1971, 110–123. W.H.

Tempeldach. Zur Konstruktion s. *Dach, zu den kultischen Bauten, etwa *Pr-Rꜥ* oder dem Kiosk für das Ritual der „Vereinigung des Götterbildes mit der Sonnenscheibe" oder von Osirismysterien, s. *Dachtempel[1]. Daneben ist das T. (*tp-ḥwt*) bereits im AR nach den *Abusir-Papyri[2] der Ort, an dem man Tag und Nacht wacht, d.h. astronomische Beobachtungen durchführt. Titel wie „Sternbeobachter auf dem Dach des Palastes" aus dem NR zeigen, daß allgemein die Dächer dafür benutzt wurden[3]. Dort war auch ein bevorzugter Platz für Betende, die ihre Fußsohlen in den Stein ritzten und datierten (Tag der Einführung als Priester?)[4]. Mythologisch ist das T. dem Himmel gleichgesetzt[5].

1 Ein *Re-Tempel auf dem Dach des Tempels von *Heliopolis in der 5.Dyn. im Annalenstein: Urk. I, 244, 3; 247–48; die Anlage im *Karnak-Tempel, wohl identisch mit dem Sonnenheiligtum am Festtempel *Thutmosis' III. (PM II², 122–23): *pr-Rꜥ tp-ḥwt pr-Jmn*, vgl. Kees, in: Or 18, 1949, 427ff.; Otto, Topographie, 35; Leclant, Mon. Thébains, 307; ein Opfer (*wdn*) dort unter *Amenophis III.: Hayes, in: JNES 10, 1951, 240. *Osorkon-Stiftung: LD III, 258a–b. Zu den Anlagen in *Dendara vgl. François Daumas, Dendara et le temple d'Hathor, RAPH 29, 1969, 65. 69. – 2 Vgl. Paule Posener-Kriéger, Les archives du temple funéraire de Néferirkarê-Kakaï I, BdE 65.1, 1976, 29–33; II, 510–511. – 3 Florenz Inv. 6371 nach Wild, in: BIFAO 69, 1971, 121ff. – 4 PM II², 242. – 5 Grapow, Bildl. Ausdrücke, 27. W.H.

Tempeldarstellungen. Im AR sind besonders in der FrZt T. häufig, die auch weitgehend das tatsächliche Aussehen der Gotteshäuser abbilden, wie etwa das des *Neith-Tempels von *Sais[1], eines Widdertempels[2] oder einer Krokodilskapelle[3]. Hier ist auch die Zelthütte des *Min (*Klettern für Min) zu erwähnen. In späterer Zt erscheinen diese T. manchmal als archaisierende Hieroglyphen für die betreffenden Tempel[4].

Im NR sind T. seit *Thutmosis III. belegt[5]. Dabei finden sich zwei hieroglyphische Darstellungen: einmal ein *Tor mit zwei Pylontürmen mit je 1 Fahnenmast[6] (Typ 1) oder ein breiter Pylonturm mit Tor[7], mit Masten (Typ 2). Daneben gibt es 2 Abbildungen von Privatkapellen: 3 Statuenräume für *Amun, *Mut (?) und König, im Garten eines Beamten neben dem Haus gelegen[8]. Meist handelt es sich um den Amuntempel; einmal ist (in Typ 2) der Tempel von *Busiris abgebildet[9]. Bemerkenswert ist die Vorzeichnung im Grab des *Ramose (TT55)[10], wo neben dem groß dargestellten Amuntempel der kleinere, neu angelegte Atontempel dargestellt ist: mit durchbrochenem Architrav, durch den der *Aton seine Strahlen schickt.

In der Amarna-Zt werden verschiedene Tempel des Aton in *Tell el-Amarna sehr ausführlich und realistisch dargestellt[11]. Dabei betonen 10 Fahnenmasten an den Eingangspylonen die Bedeutung des „Großen" Atontempels[12]. In dieser realistischen Weise wird auch noch unter Eje der Amun-Tempel im Grab des Priesters *Nfr-ḥtp* abgebildet[13], wobei der 3. Pylon mit Fahnenstange und Fahne sowie Türflügel und der eine dahinter stehende Obelisk Thutmosis' I., ferner ein weiterer Pylon mit Vorhalle und Fahne, ein Hof und hinter diesem ein weiterer Pylon (ohne Stange) und das Sanktuar in Seitenansicht gegeben sind. Der vor dem Tempel liegende Kai ist demgegenüber im Grundriß gezeichnet.

Mit der Ramessiden-Zt kehrt man weitgehend zur alten „hieroglyphischen" Darstellung zurück, wobei beide Typen auftreten können. Nebentempel haben dann keine Fahnenmasten[14]; der Amuntempel wird mit 8 Masten hervorgehoben[15]. Wie schon in der 18.Dyn. können ab und zu Bäume mit abgebildet werden, wohl um eine hlg. Straße anzudeuten[16]. Diese scheint auch einmal durch Widdersphingen angegeben gewesen zu sein[17]. Selten ist die Angabe eines Landekais, entweder im Grundriß[18] oder in Seitenansicht[19]. Individuelle Züge werden durch Beifügung der im Tempel verehrten (Königs-)Statue in ihrer *Kapelle[20] oder (in *Armant) durch Abbildung der in natura vor dem Tempel stehenden *Standarte (?) mit dem den König schützenden Falken[21] gegeben; eine wirklich „naturgetreue" Wiedergabe eines Tempeleingangs findet sich nur im *Luxortempel[22].

In der SpZt sind T. sehr selten[23].

In einigen Fällen sind auch Tempelgärten abgebildet[24] (*Garten).

1 Petrie, RT, Tf.10 Nr.2. – 2 Ebd., Tf.7 Nr.8–9; Palermostein vso III, 9. – 3 Weltkammer: Elmar Edel, Jahreszeitenreliefs, NAWG 1961. 8, 219f.; 1963. 4, Abb.4. – 4 Sais, vgl. Gauthier, DG V, 2; vgl. auch Jéquier, in: BIFAO 6, 1908, 31ff. (*Sobek-Tempel). – 5 TT 131 (Wesir User) = PM I².2, 246 (9); TT 65 (*Nb-Jmn*) = PM I².2, 130 (6), beide unpubl. – 6 TT 75 (2. Amunsprophet *Jmn-ḥtp-zꜣ-z*) = PM I².2, 147 (3), Zt Thutmosis' IV., Davies, Two Officials, Tf.14 (zusätzlich je 1 Königsstatue). – 7 TT 90 = PM I².2, 184 (8) (Polizeioberst *Nb-Jmn*), Zt Thutmosis' IV., Davies, Two Officials, Tf.30. – 8 TT 96 = PM I².2, 198 (4) (Bürgermeister *Sn-nfr*), Zt Amenophis' II., Norman de Garis Davies, The Town House in Ancient Egypt, MMS I.2, 1929, 244 Abb.8 (in Seitenansicht); TT 334 = PM I².2, 401 (6) (ohne Namen), Zt Amenophis' III. (?), Davies, a.a.O.,

245 Abb. 9 (als Grundriß). – [9] TT 147 = PM I^2.2, 259 (14) (ohne Namen), Nina de G. Davies, in: JEA 41, 1955, 81 Abb. 1 (mit Bäumen, Typ 2). – [10] TT 55 = PM I^2.2, 106 (11), Davies, Ramose, Tf. 38. – [11] Davies, Amarna I, 10 A. 25 (Merire I.); II, Tf. 18–19 (Atondiener *Pꜣ-nḥsj*); III, Tf. 8–11 (Harimvorsteher *Ḥwjꜣ*); Tf. 30 (Domänenverwalter *Jꜥḥ-msw*); IV, Tf. 5–12 (Atondiener *Pntw*); 12 C. 18–19 (Polizeioberst *Mḥw*). – [12] Ebd. II, Tf. 18. – [13] TT 49 (s. Anm. 24). – [14] TT 19 = PM I^2.2, 33 (4a). (7): Tempel *Amenophis' I. (Typ 1), während die Anlage der *Ahmose/Nofretere (4b) durch 2 Masten gekennzeichnet ist, Wresz., Atlas I, 118–119 (Typ 2); TT 215 = PM I^2.2, 312 (2), Anubistempel, Jeanne Vandier d'Abbadie und L. Jourdan, Deux tombes de Deir el-Médineh, MIFAO 73, 1939, Tf. 23 (mit 2 Bäumen). Ebenso in Armant (s. Anm. 21) und Busiris (s. Anm. 19). – [15] TT 15 = PM I^2.2, 28 (3. 5) (Prophet *Pꜣ-nḥsj*), Zt Ramses' II.: zweimal mit Beischrift *Pr-Jmn-Rꜥ*, Wresz., Atlas I, 113. 114; TT 158 = PM I^2.2, 269 (4) (*Ṯꜣj-nfr*, 3. Prophet des Amun), Zt Ramses' III., Keith C. Seele, The Tomb of Tjanefer at Thebes, OIP 86, Chicago 1959, Tf. 19. – [16] TT 147 (s. Anm. 9); TT 215 (s. Anm. 14); TT 134 (s. Anm. 19). – [17] TT 2 = PM I^2.2, 6 (5) (Arbeiter *Ḫꜥ-bḫnt*), unpubl., Mut-Tempel. – [18] TT 31 = PM I^2.2, 48 (8) (Prophet Thutmosis' III. *Ḫnsw*), Zt Ramses' II., Wresz., Atlas I, 129: Statue Thutmosis' III. wird im Tempel von Armant (so eher als in seinem eigenen *Totentempel) empfangen. – [19] TT 134 = PM I^2.2, 250 (5) (Prophet eines Amenophis *ꜣnj*), Nina de G. Davies, in: JEA 41, 1955, 82 Abb. 4: Tempel von Busiris (Tempel Typ 2). – [20] TT 19 = Wresz., Atlas I, 118. – [21] TT 31 = PM I^2. 2, 221 (6): „Deceased outside temple approves Tf. 13. Das Tempeltor hat die Beischrift „Erstes Tor (*sbꜣ*) des *Month, des Herrn von Armant ‚Schön ist sein Erscheinen'"; an den beiden Pylontürmen steht der Name *Thutmosis' III. – [22] Eberhard Otto und Max Hirmer, Osiris und Amun, München 1966, Tf. 33. – Eine besondere T. findet sich in TT 51 = PM I^2.2, 97 (3) (Hoherpriester Thutmosis' I. *Wsr-ḥꜣt*), z. Zt Sethos' I., Davies, Two Ramesside Tombs, Tf. 3, wo „hinter" 2 Torpfosten (?) eine geschlossene Fassade angegeben ist; „rechts" stehen 4 kgl. Osirisfiguren mit Opferbecken. Ebenfalls besonders ist die Darstellung in TT 135 = PM I^2.2, 250 (6), unpubl. (nach eigenem Photo), wo *Neith vor ihrem weitgehend zerstörten Tempel steht, von dem 3 Fahnen von Stangen wehen. – Unpubliziert sind die T. in TT 41 = PM I^2.2, 79 (20), z. Zt Sethos' I.; TT 106 = PM I^2.2, 221 (6): „Deceased outside temple approves statue of Sethos I"; TT 153 = PM I^2.2, 262 (1), z. Zt Sethos' I. mit Tempel in Typ 2 mit Masten: TT C 7 = PM I^2.2, 459. – [23] TT B 3 = PM I^2.2, 455: „Temple-pylon with door beside it". – [24] TT 49 = PM I^2.2, 93 (15–16) (1. Schreiber des Amun *Nfr-ḥtp*), z. Zt Ejes, der im Tempel des Amun einen Blumenstrauß erhält, den er im Tempelgarten seiner Frau weiterreicht, Norman de Garis Davies, Nefer-Hotep I, PMAA 9, 1933, Tf. 41–49; TT 138 = PM I^2. 2, 252 (1–3) (Vorsteher des Gartens des Ramesseums *Nḏm-gr*), Zt Ramses' II., Marcelle Baud, Le caractère du dessin en Egypte ancienne, Paris 1978, 248–9 Abb. 116. W. H.

Tempeldekrete. A. *Allgemein*. Darunter zu verstehen sind *Dekrete, die als rechtskräftige Erlasse Tempel betreffen, wobei es sich dabei um Göttertempel oder um Kultanlagen für verstorbene Könige oder deren Angehörige handeln kann[1], also um Dokumente mit juristischem Inhalt[2]. Der äg. Terminus für Dekret ist *wḏ-nswt* „Königsbefehl" (*Befehl, Theorie des)[3], der allerdings auch für andere kgl. Befehle verwendet wird[4]. Demgemäß schwankt auch die Verwendung des Begriffes innerhalb der ägyptologischen Literatur, wo er oft sehr weitgefaßt, quasi als allein mögliche Übersetzung des äg. Ausdrucks, benutzt wird. So sind z. B. Opferstiftungen wie der Königsbefehl Sesostris' III. für den Kult in *Deir el-Bahari[5], die Anordnungen der *Nilopfer in Silsila oder die *Stiftungen der Schenkungsstelen, auch wenn sie z. T. rein formal auf das Formular der Dekrete zurückgreifen[6], im eigentlichen Sinn keine Dekrete, da ihnen – wenngleich auch rechtsverbindliche Aussagen enthaltend – der „rechtsschöpferische", „rechtsetzende" Charakter fehlt. Sie sind eher in Verbindung zu bringen mit der Exekutivfunktion des Königsamtes (der König, de iure pontifex maximus, ist der Garant für den ordnungsgemäßen Vollzug des Opferrituales) als mit seiner Legislativ-/Judikativ-Funktion.

Im allgemeinen gelten Dekrete, im Unterschied zu Gesetzen (*hpw*), als Rechtsnormen, die als Sonderbestimmungen auf ganz konkrete Einzelfälle bezogen sind[7]. Dies trifft zumindest auf die kgl. T. in der Regel zu[8]. Verstöße gegen ihre Bestimmungen werden strafrechtlich verfolgt (*Strafen)[9]. Die überlieferten T. sind normalerweise in der Form von *Stelen erhalten (Ausnahmen: Sethos II.; *Kanais auf Tempelwänden), so daß eine Beziehung zwischen der Bezeichnung *wḏ* für Stele und *wḏ-nswt* angenommen wird[10]. Sie stellen Abschriften der Originalurkunden dar[11]. Die wenigen auf Papyri erhaltenen T. sind zeitlich spätere, sekundäre Kopien. Fast alle der erhaltenen Dekrete stellen T. dar. Sie sichern (Vor-)Rechte und Ansprüche einer bestimmten Tempelinstitution bzw. eines ihrer Angehörigen (*Antef V.), sind Schutz- oder Befreiungsdekrete (Ausnahmen: Sethos II.; *Kambyses, *Dem. Chronik vso).

Für die Niederschrift von T. (wie auch bei anderen Dekreten) hat sich ein festes Formular herausgebildet, das besonders deutlich zu erkennen ist bei den Belegen des AR. Als feste Bestandteile können gelten: die Nennung des ausstellenden Königs, des (der) Adressaten, der eigentliche Dekrettext mit häufiger Strafandrohung und später auch *Fluch-Formeln, die Siegelung, oft auch die Datierung (*Akten)[12]. dieses findet sich z. B. auch in dem archaisierenden Dekret des *Apries. Ein T. kann im NR aber auch im Rahmen der *Königsnovelle auftreten[13] (Kanais, später auch in der *Hungersnotstele).

B. *Königliche T.* Das älteste bisher aufgefundene stammt aus der Regierungszeit des *Schepseskaf. Wie bei den übrigen Exemplaren des AR[14], von denen die meisten aus *Koptos (*Koptosdekrete) stammen, handelt es sich dabei um Befreiungsdekrete, durch die die *Immunität der betreffenden Kultinstitution mit ihrer beweglichen und immobilen Habe sowie ihrem Personal vor dem Zugriff staatlicher Institutionen geschützt werden soll (*Abgaben und Steuern, *Arbeitsbefreiung). Ein Hinweis auf ein Befreiungsdekret der Herakleopolitenzeit (*Merikare) für den Tempel in *Assiut findet sich in dem dortigen Grab IV[15]. Aus der Zt des MR stammt ein von *Neferhotep I. erneuertes T., das die Nutzung eines für den *Upuaut-Tempel reservierten Gebietes in *Abydos als Nekropole verbietet[16]. Das T. *Antefs V. aus Koptos beinhaltet eine Ernennungsurkunde (*Amtseinsetzung) für ein Tempelamt – für sich allein genommen wäre dies kein ausreichender Grund, den Text als Dekret zu bezeichnen –, daneben aber vor allem den *Amtsverlust des Amtsvorgängers mit weitreichenden juristischen Konsequenzen[17]. Aus dem NR erhaltene T. sollen die Eigentums- und Nutzungsrechte von Tempeln schützen, so die Inschrift C in Kanais, das *Nauridekret – beide für den Sethos-Tempel in Abydos –, ähnlich auch Fragmente aus *Elephantine[18], *Armant[19], *Hermupolis[20], anders jedoch das T. Sethos' II.[21], das ein Verbot von Ämterkauf an Tempeln enthält. Ein Schutzdekret stellt auch das T. des Apries für den *Ptah-Tempel in *Memphis dar[22] sowie das in einer späteren Kopie des *Pap. Rylands IX erhaltene T. eines lokalen Machthabers Pediese in *Herakleopolis aus der Zt *Psammetichs I.[23] Das auf dem Verso der *Demotischen Chronik in einer späteren Abschrift erhaltene T. des *Kambyses enthält dagegen eine Verringerung der Einkünfte äg. Tempel mit Ausnahme von drei namentlich aufgeführten[24]. Eine andere Einstellung dieses Königs, zumindest dem Tempel von *Sais gegenüber, zeigt ein anderes T. – ein Restaurierungsedikt, das die Funktionsfähigkeit des Tempels wiederherstellt –, auf das in einer der Inschriften der Statue des *Udjahorresnet Bezug genommen wird[25]. Wieweit die ebenfalls dort erwähnte Wiedereinrichtung der „Schule" (*pr-ꜥnḫ*) von Sais unter *Darius I. auf ein T. zurückzuführen ist oder auf einen „einfachen" Königsbefehl an Udjahorresnet[26], läßt sich nicht sicher sagen. Besondere Einkünfte an *Zöllen und Steuern werden dem *Neith-Tempel in Sais durch das auf der Naukratis-Stele aufgezeichnete T. *Nektanebos' I. zugestanden[27]. Da dabei Bereiche des Staatsrechtes tangiert werden, geht dieser Text über eine einfache Opferstiftung hinaus. Im weiteren Sinn als T. zu verstehen ist vielleicht auch das Dekret *Nektanebos' II. mit dem Verbot des Steinebrechens im „heiligen Berg" bei Abydos, wenn auch nicht expressis verbis der Tempel genannt wird, dessen Rechte auf dieses Gebiet wiederhergestellt werden[28]. Ein Schutzdekret stellt der Dekretteil der *Satrapenstele[29] für den Tempel in *Buto und auch der in ptol. Zt verfaßten Hungersnotstele[30] dar, durch das die Rechte der *Chnum-Priesterschaft im Gebiet des 1. *Kataraktes gesichert werden sollten. Rein formal handelt es sich dabei noch um ein Königsdekret mit der fiktiven Zuschreibung an *Djoser, die Initiatoren dürften jedoch die Priester selbst gewesen sein. Ein weiteres ptol. T. beinhaltet die Verleihung des *Asylrechtes an den Tempel in *Athribis durch *Ptolemaios X.[31] (s. auch unten C).

Die Wiedergabe eines T. scheint auch in den Texten zu den *Sedfest-Darstellungen *Osorkons II. enthalten zu sein [die Exemption des Gebietes von Theben und Überweisung an Amun (Naville, Festival Hall, Tf. 6)] sowie in deren stark zerstörter Vorlage (?) bei Amenophis III. in *Soleb (LD III, 86 b). Ersteres stellt eine nahezu wörtliche Wiedergabe des Textes Amenophis' III. dar, vgl. Kitchen, in: BiOr 23, 1966, 277. – Das wohl zumindest in Auszügen wiedergegebene Dekret Sesostris' I. auf der Stele des Mentuhotep (CG 20539 vso; vgl. Helck, Wirtschaftsgeschichte, 170–171) tangiert kaum die Belange des Osiristempels in Abydos. Daß mit der Errichtung des Kenotaphs o. ä. an der „Treppe" (Terrasse) des Gottes eine neue Rechtsnorm (Präzedenzfall) in bezug auf den Tempel geschaffen wurde, läßt sich kaum erweisen; somit ist auch hier kein T. anzunehmen.

C. *Nichtkönigliche T.* Gesetze und juristische Verfügungen können in Ägypten nur vom König ausgehen. In diesem Sinn ist es dann nur konsequent, wenn in der Zt des *Gottesstaates des *Amun Dekrete, auch T., in der Thebais von diesem als dem de iure obersten Herrscher erlassen werden (*Götterdekrete, *Orakel)[32]. Trotzdem gibt es Fälle, in denen T. nicht vom König erlassen wurden. Hier sind zu nennen die mehrsprachigen Priesterdekrete der Ptolemäerzeit: *Kanopusdekret, *Raphiadekret, die Rosettana (*Rosette, Stein von), *Philensis-Dekrete, die – erlassen von einer Priestersynode – sich von der in der voraufgegangenen Zt in der Regel festzustellenden Praxis, durch das T. die Angelegenheiten eines ganz bestimmten Tempels zu regeln, dadurch unterscheiden, daß jetzt die Gesamtheit der äg. Tempel darin erfaßt wird. In den Dekreten kommt die Anerkennung der äg. Priesterschaft als geistige (und politische) Führung des einheimischen Bevölkerungsteiles durch den griech. Herrscher zum

Ausdruck sowie dessen (aus der politischen Situation notwendigerweise resultierenden) Bereitschaft zur Koexistenz mit dem bis zu einem gewissen Grade gleichberechtigten Partner, dessen Unterstützung er bedarf[33]. Diese Priester-Tempeldekrete nehmen dabei durchaus wiederum Bezug auf kgl. T., was besonders deutlich wird im Text der Rosettana. Eine Reihe von Gnadenerweisen und Vergünstigungen für die Tempel und ihre Priester durch *Ptolemaios V. (Steuererlaß und -erleichterungen, Befreiung der Priester von bestimmten Verpflichtungen etc.)[34] stellen ein eigenes T. dar, und dieses T. als Begründung für das der Priester ist in den Gesamttext inkorporiert.

In dem T. für den *Totentempel *Amenophis', Sohn des Hapu[35], aus der Zt der 21. Dyn. bleibt in der Einleitungsformel der Urheber ungenannt, aus den folgenden Zeilen kann aber nur resultieren, daß es Amenophis selbst ist. Die (königliche) Legitimation erhält es durch die Gegenwart des Königs *Amenophis III. Wenn auch hier die Anlehnung an private Totenstiftungen nicht zu übersehen ist, geht der Text doch darüber hinaus und wird in dieser postumen Niederschrift die Überhöhung des Amenophis verdeutlicht.

Eine Besonderheit in pharaonischer Zt scheint das Befreiungsdekret des Prinzen Osorkon aus der Zt *Takeloths II. zu sein, da hier ein T. weder vom König noch dem Gott Amun erlassen wird, sondern von dessen Hohenpriester (Ricardo A. Caminos, The Chronicle of Prince Osorkon, AnOr 37, 1958, 54–57. 69–70, vgl. auch 175–176).

Zu dem Verhältnis von *wḏ-nswt* und *hp* s. jetzt auch Lorton, in: BiOr 40, 1983, 367.

[1] Das T. für den Totentempel des Amenophis, Sohnes des Hapu, auch für einen Günstling des Königs, der außerdem besondere, göttliche Ehren genoß. – [2] Ähnlich wie Erlaß und Edikt hat der Terminus Dekret in unserem Sprachgebrauch eine juristische Bedeutung; vgl. auch die Dekretalen als Bestandteil des Corpus iuris canonici. – [3] Zu einer verbalen Auffassung des Bestandteiles *wḏ* s. Goedicke, Königl. Dokumente, 10–12; dagegen Blumenthal, in: ZÄS 100, 1973, 72–76. – [4] S. Théodoridès, in: LÄ I, 1037–1039. – [5] Naville, Deir el-Bahari, XIth Dyn. Temple I, Tf. 24. – [6] So bei Sesostris III.; s. auch Meeks, in: State and Temple Economy in the Ancient Near East II, OLA 6, 1979, 628 mit Anm. 87 und die Strafandrohungen auf den Schenkungsstelen. – [7] Otto, in: MDAIK 14, 1956, 155; vgl. auch Allam, in: LÄ II, 570. – [8] Anders Jean-Marie Kruchten, Le Décret d'Horemheb. Traduction, commentaire épigraphique, philologique et institutionnel, Brüssel 1981, 214–220, der anhand dieses Dekretes eine Allgemeingültigkeit der dort aufgezeichneten Bestimmungen sieht, was dem Begriff Gesetz entspricht. Das Haremhab-Dekret ist jedoch trotz seiner Aufstellung im Karnak-Tempel kein Tempeldekret! Eine mögliche Ausnahme kann das fragmentarisch erhaltene T. Sethos' II. darstellen, vorausgesetzt man sieht in der Formulierung „der König sei ‚geliebt' von allen Göttern O. und U.Äg." einen ausreichenden Grund, das Dekret auch auf andere Tempel zu beziehen, und darin eine gewisse Allgemeingültigkeit (so Kruchten, op. cit., 219–220). Aber auch dann ist es ein spezielles Tempel- oder Priestergesetz. Weitere Ausnahmen, die sich nicht speziell auf einen ganz bestimmten Tempel beziehen, sind das Kambyses-Dekret auf dem Verso der Dem. Chronik – der hier zur Kennzeichnung des Inhaltes verwendete Terminus ist *hp* (vgl. dazu Nims, in: JNES 7, 1948, 243–260) – und die Benefizien ptolemäischer Könige, auf die in den Priesterdekreten dieser Zt Bezug genommen wird. – [9] Frühester Beleg für Strafandrohungen im T. des *Neferirkare für den Tempel in Abydos: Goedicke, op. cit., 247–8 Abb. 2. – [10] Žába, in: ArOr 24, 1956, 272–275; Kruchten, op. cit., 217–219. – [11] Zu den Gründen für diese offizielle, in Stein verewigte Form der Publikation, begründet in den speziellen Interessen der dadurch Begünstigten, s. Kruchten, op. cit., 219. – [12] Zu Formular und Phraseologie s. Helck, Aktenkunde, 10–18. 117–124. – [13] Op. cit., 123–124. – [14] Zusammengestellt bei Goedicke, Königl. Dokumente. Nicht alle dort behandelten Dokumente sind T., so nicht Koptos G, L, K (Stiftungsurkunden), Koptos J, M, N, O, Q (zumindest teilweise Ernennungsurkunden). – Dem möglichen Einwand gegen die hier zusammengestellte Auflistung, daß dabei der Begriff T. zu eng gefaßt, zu rigoros angewandt wurde, darf entgegengehalten werden, daß der äg. Terminus *wḏ-nswt* durchaus ein breites Bedeutungsspektrum besitzt und für den Ägypter nicht in jeder Beziehung und jeder Verwendung dasselbe bedeuten muß (gleiches gilt im übrigen auch für *hp*, vgl. Wb II, 489, 1). Solange der Begriff „Dekret", der in unserem Sprachgebrauch eine spezielle (juristische) Bedeutung besitzt, Anwendung findet, sollte er für die Texte verwendet werden, die dieser Bedeutung auch inhaltlich entsprechen. – [15] Francis Ll. Griffith. The Inscriptions of Siût and Der Rîfeh, London 1888–1889, Tf. 13, Z. 21–22. – [16] David Randall-MacIver and Arthur C. Mace, El Amrah and Abydos, EEF 23, 1902, Tf. 29. – [17] William M. F. Petrie, Koptos, London 1896, Tf. 8. – [18] De Morgan, Cat. des Mon. I, 118–119. – [19] Robert Mond and Oliver H. Myers, Temples of Armant, London 1940, Tf. 102,7. – [20] Brunner, in: MDAIK 8, 1939, 161–164, Tf. 23. – [21] Helck, in: ZÄS 81, 1956, 82–86. – [22] Gunn, in: ASAE 27, 1927, 211–237, 1 Tf. – [23] Griffith, Cat. of Demotic Pap. III, Col. 22, Z. 3–4; vgl. auch Yoyotte, in: RdE 9, 1952, 150. – [24] Spiegelberg, Dem. Chronik, 32–33, vso Col. d. – [25] Posener, Première Domination Perse, 14–16: Inschrift b, Z. 19–23; s. auch op. cit., 166–171 zu historischer Bedeutung und Wert der Inschriften. – [26] Op. cit., 21–22: Inschrift E, Z. 43–45. – [27] Vgl. dazu Lichtheim, in: Fs Hughes, 139–146. – [28] Burchardt, in: ZÄS 44, 1907, 55–58. – [29] Z. 13–18: Urk. II, 19,3–22,1. – [30] Col. 22–32. – [31] CG 31089: Wilhelm Spiegelberg, Die demotischen Denkmäler I. Die demotischen Inschriften, CG, Leipzig 1904, Tf. 3. – [32] S. auch Vernus, in: Karnak VI, Kairo 1980, 215–233, Tf. 53. – [33] S. dazu Heinz-Josef Thissen, Studien zum Raphiadekret, Beiträge zur klassischen Philologie 23, Meisenheim 1966, bes. 80–84. – [34] Urk. II, 176,3–177,6; 178,1; 183,9–187,3. – [35] Alexandre Varille, Inscriptions concernant l'architecte Amenhotep fils de Hapou, BdE 44, 1968, 67–85 mit Abb. 8. E. M.-P.

Tempeleid s. Eid, demot.

Tempelgericht s. Gerichtsbarkeit B

Tempelgründung. In Darstellung und Text (*Bauinschriften) auf kgl. und privaten Denkmälern von der FrZt bis zum Ende der altäg. Geschichte belegtes und archäologisch nachweisbares *Ritual, das bei der Errichtung von Tempeln vollzogen wurde und symbolisch die Weltschöpfung realisieren soll. Seine Dauer umfaßte wohl insgesamt, aber unter Ausschluß des die T. abschließenden Weiherituals, 7 bis 15 Tage[1]. Die genaue Abfolge der zum Ritual gehörenden Handlungsabläufe ist im einzelnen umstritten[2], dürfte aber wohl folgendermaßen abgerollt sein: Auswahl des Terrains, Festlegung der Nord-Süd-Achse[3] (*Orientierung) und „Spannen des Strikkes", das der König nach den Abbildungen zusammen mit *Seschat vornimmt, in der Realität aber mit einem *ḥm*-Priester der Göttin durchführt[4], sowie das „Streichen der Ziegel" als vorbereitende Maßnahmen. Es folgten die Übertragung des Gebäude-*Grundrisses auf das Gelände mittels Schnüren, das *Erdaufhacken (Ausheben des Fundamentgrabens und der Gründungsgruben) sowie das „Sandschütten" zur Fundamentierung und gleichzeitigen Begründung der kultischen *Reinheit. Daran schlossen sich wohl *ḥnqt*-Opfer und Ablegen der *Gründungsbeigaben in die vorbereiteten Gruben zur magischen Absicherung von Bestand und Funktion des Tempels sowie das Aufmauern der Ziegel bzw. Setzen der Ecksteine. Nach den griech.-röm. Texten vollzieht sich in letzterem das Mysterium der Entstehung eines lebendigen Wesens, abgeleitet von der menschlichen *Geburt auf den 4 *msḫnt*-Ziegeln[5]. Der Reinigung des Bauwerkes mittels *bsn*-*Natron und seiner *Mundöffnung[6] folgt die „Übergabe des Hauses an seinen Herrn". Diese abschließenden Weihezeremonien, bei denen als Höhepunkt das Kultbild des Tempelherrn mit anschließender Proklamation der Königsherrschaft des Pharao installiert wurde, nahmen nach Angaben in *Soleb ungefähr einen Monat in Anspruch[7]. *Gründungszeremonien.

[1] Sanaa el-Adly, Das Gründungs- und Weiheritual des ägyptischen Tempels von der frühgeschichtlichen Zeit bis zum Ende des Neuen Reiches, Diss. Tübingen 1981, 279. – [2] S. im einzelnen S. el-Adly, op. cit., 278–304 und Anm. 1 auf S. 339–341; Montet, in: Kêmi 17, 1964, 74–100; Goyon, in: BiOr 40, 1983, 352f. – [3] In Realität handelt es sich um eine Süd-Nord-Richtung (s. Goyon, op. cit., 352 Anm. 4), jedoch ist eine solche Ausdrucksweise im Deutschen ungebräuchlich. – [4] War der König nicht anwesend, wurde diese Zeremonie von einem *Cheriheb zusammen mit einem Schreiber des Gottesbuches ausgeführt (Berliner Lederhs. 2, 14; s. S. el-Adly, op. cit., 69f.), d.h. von einem Priester und einem Beamten der Staatsverwaltung. – [5] Goyon, op. cit., 353 und Anm. 5. – [6] Nur griech.-röm. belegt. S. Eve A. E. Reymond, The Mythical Origin of the Egyptian Temple, Manchester 1969, 294; Barguet, in: BSFE 72, 1975, 23. – [7] S. el-Adly, op. cit., 191.

Lit.: Sanaa Abd el-Azim el-Adly, Das Gründungs- und Weiheritual des ägyptischen Tempels von der frühgeschichtlichen Zeit bis zum Ende des Neuen Reiches, Diss. Tübingen 1981; Montet, in: Kêmi 17, 1964, 74–100; Jean-Claude Goyon, Les dieux gardiens des temples égyptiens à l'époque gréco-romaine I, Kap. III, 7 (im Druck; hier zitiert nach LÄ III, 858 Anm. 23). K. Zi.

Tempelinspektionen (*sjp[tj]*)[1] gehören wie Inspektionen anderer Institutionen, etwa der kgl. Nekropole[2], während der gesamten äg. Geschichte zu den Aufgaben des „Staates". So läßt bereits eine Eintragung in den *Abusir-Papyri[3] die „Revision von noch nicht verlegten Steinen auf der Terrasse" erkennen, wobei Soll, Vorhandenes und noch Ausstehendes an Hand der Unterlagen (*sḫsf*) der zuständigen *Phyle verglichen werden. In einem *Kahun-Papyrus des MR[4] werden die *wꜥb* des Tempels überprüft – wohl, ob die in den Belieferungslisten aufgeführten Personen auch noch vorhanden sind. Daß sich eine solche T. nicht in der Feststellung etwaiger Fehlposten erschöpfte, zeigt etwa eine Eintragung aus dem sog. „Elephantine-Skandal-Papyrus" (20. Dyn.)[5], wo auch der Schuldige festgestellt wird, oder das *Dekret des Königs *Antef (17. Dyn.)[6], nach dem die Tempelgemeinde von *Koptos um eine „Inspektion" bittet, damit gefährliche politische Umtriebe des Tempelvorstehers untersucht würden. Andererseits schloß eine T. auch die Restaurierung beschädigter Dinge mit ein[7], wodurch *sjp* den Sinn von „restaurieren" annahm[8]. Wo zu erkennen, geht der Befehl zur T. vom König aus[9]. „Große" T. „aller Götter von O. und U.Äg." konnten sich über Jahre erstrecken[10].
In übertragenem Sinn konnte *sjptj wr* auch die gesamten Unterlagen eines Tempels bedeuten[11]; sie lagerten, zusammen mit anderen geheimen Papieren, im „Raum der T." (*ꜥt sjptj*)[12].

[1] Wb IV, 35, 17; 36, 1. 5. 6. 8. – [2] Oft belegt, etwa bei den Wesiren *Tꜣ* oder *Nfr-rnpt* in der 19. Dyn., vgl. Helck, Verwaltung, 330. 334. – [3] pHier. BM (Posener-Kriéger–Cenival), Tf. 71 B, vgl. Paule Posener-Kriéger, Les archives du temple funéraire de Néferirkarê-Kakaï II, BdE 65.2, 1976, 443. – [4] pBerlin P 10052, vgl. Ursula Kaplony-Heckel, Ägyptische Handschriften (Hg. E. Lüddeckens), Verzeichnis der Orientalischen Handschriften in Deutschland XIX. 1, Wiesbaden 1971, 24 Nr. 42. – [5] RAD, 75, 16. – [6] Sethe, Lesetücke, 98, 7–8. – [7] Vgl. ebd., 76, 22, wo auf die T. die „Erneuerung" (*smꜣw*) von Altären folgt. – [8] Wb IV, 36, 12ff. – [9] Sethe, Lesestücke, 76, 22; 98, 7; Kitchen, Ram. Inscr. IV, 26, 4. 8. 13 (Zt

Merenptah). – [10] Kitchen, loc. cit. – [11] Wolfgang Helck, Historisch-biographische Texte der 2. Zwischenzeit, KÄT, Wiesbaden ²1983, 21 Nr. 32, Textzeile 3. – [12] Dort liegen im pWestcar 9,5 die Konstruktionszeichnungen für die „Verschlüsse des Thot"; nur der Oberste der Expeditionsverwaltung (*m3ꜣ wr*) hat Zugang zu dieser Kammer. Vgl. Hornung, in: ZÄS 100, 1974, 33–35.

W.H.

Tempelnamen s. Tempelbenennungen

Tempelpalast s. Palast F

Tempelpersonal. I. AR. From a variety of sources (royal edicts, private biographies, official titularies, etc.), it is clear that certain temples by the late OK possessed a full complement of priests and other officials. In addition to the royal funerary and solar temples, and the sanctuaries of *Ptah at *Memphis and *Re at *Heliopolis, these included provincial temples at *Elkab, *Koptos, *Qus, *Dendara, *Abydos, *Thinis, *Achmim, *Deir el-Gebrawi, *Meir, and *Saujet el-Meitin.

A. *Cult Temples.* The priests (*Priester, Priesterorganisation, Priestertitel) emerge as a distinct social group with their own organization in the mid-Fifth Dynasty.[1] The priests (*ḥmw-nṯr*) had as their superior an "overseer" (*jmj-rꜣ ḥmw-nṯr*), who was assisted by an "inspector" (*sḥḏ ḥmw-nṯr*), more rarely by a "supervisor" (*jmj-ḫt ḥmw-nṯr*) as well.[2]
The title *jmj-rꜣ ḥmw-nṯr* of any god is uncommon; known instances are: *Month(u), Neb-shemau, *Onuris, *Nemti, *Matit, *Hathor, *Chnum, *Sokar, *Schesemtet, and the Ram of *Mendes.[3] Without the addition of the name of a god it is common in the provinces[4] but perhaps indicates the supervision of several cults at once.[5] Exceptionally, the high priests of Ptah at Memphis (*Hoherpriester von Memphis) and of Re at Heliopolis (*Hoherpriester von Heliopolis) bore distinctive titles which alluded to their peculiar position and the antiquity of these cults. At Memphis the high priest was styled "Greatest of those who direct the craftsmen" (*wr ḫrpw ḥmwt*),[6] whereas his counterpart at Heliopolis was called "Greatest of seers" (*wr mꜣ(w)*).[7]
High priests and overseers of priests seem regularly to have been appointed to their offices by the king.[8] In all periods priestly offices tended to become hereditary and seem frequently to have been vested in one family for several generations,[9] although the power of appointment seems to have rested with the sovereign.[10] The overseer of priests appears to have appointed individuals to vacant priesthoods.[11]
The overseers of priests delegated many of their duties to the inspectors of priests.[12] At Meir no fewer than six inspectors of priests are depicted in the chapel of Pepyankh the Middle, including a brother of the tomb owner.[13] On one occasion at Achmim, where the overseer of priests was distinguished by the archaic title "stolist of Min" (*smꜣ(tj) Mnw*) (v. infra), an inspector of priests is himself designated by the analogous title "attendant of Min" (*ḫt Mnw*).[14] The inspector of priests bore a degree of responsibility for the daily operations of the temple as "overseer of a department of the temple" (*jmj-rꜣ st ḥwt-nṯr*)[15] and kept accounts and so forth as "temple scribe" (*zš ḥwt-nṯr*).[16] At Elkab, Abydos, Achmim, *Assiut, *Saujet el-Meitin, and Memphis, inspectors of priests assumed charge of the ka-houses (*Ka-Haus) of *Pepi I and his immediate successors, probably located within the precincts of the main temple.[17]
The priesthood comprised two main classes, the priests (*ḥmw-nṯr*) being the higher and the *wꜥb*-priests (*wꜥbw*) the lower.[18] The word *ḥm-nṯr* (Coptic ϩⲟⲛⲧ) literally means "god's servant."[19] Even holders of the title of overseer of priests were content to be described by the lesser title of *ḥm-nṯr*.[20] The priests derived their income from two sources: the temple lands and allocated income.[21] At the head of the hierarchy, the overseer of priests received the largest stipend and daily rations.[22] Immunity from compulsory state labor was granted to the priests of certain temples by royal decree.[23] In return, they performed various tasks, menial as well as ritual, around the temple.[24] Unlike the *wꜥbw*, they were permitted access to the sanctuary.[25]
Insufficient evidence exists to conclude whether or not the *ḥmw-nṯr* at cult temples were organized in a system of rotating phyles (*Phyle) and sections, as they evidently were at the royal funerary temples (*Totentempel).[26] The arrangements made for the cult of Hathor of Raōnet[27] argue that they were not, at least at that place in Dyn. V.[28] However, the overseer of priests Pepyankh Heny the Black at Meir was both "regulator of a phyle" (*mtj n zꜣ*) and "scribe of a phyle" (*zš n zꜣ*) in the second half of the reign of *Pepi II,[29] while two secondary officials there have the former title.[30] At a somewhat later date (Dyn. VI–VIII), an inspector of priests at Thinis was also "regulator of a phyle."[31] In none of these instances can the offices be associated with the pyramid cult of the Sixth Dyn. kings,[32] and it is possible that they pertain to the local temples.[33]
Although *wꜥb*, literally "pure" or "clean one," was a general term for priest in later times,[34] and was retained in Coptic to designate the Christian priest (^S^ⲟⲩⲏⲏⲃ, ^B^ⲟⲩⲏⲃ),[35] it was used more circumspectly at cult temples in the Old Kingdom.[36] The title "great *wꜥb*" (*wꜥb ꜥꜣ*), occasionally found, apparently distinguishes the head of the *wꜥb*-

priests.[37] In the case of *Sachmet, an additional hierarchy (*jmj-rꜣ wꜥb, ḫrp wꜥb, wꜥb*) is discernible.[38] The verb *wꜥb*, "serve as priest," is used also to denote the service of the highest grades of the hierarchy.[39]

As a priestly title, "god's father" (*jt-nṯr*) in later times occupies an intermediate position between *ḥm-nṯr* and *wꜥb*.[40] In the OK, on the contrary, it is held by three Heliopolitan high priests and a high-ranking member (*wꜥb ꜥꜣ*) of the Memphite clergy.[41]

Since it was his duty to recite the formulas, to the accompaniment of which the rites were performed, the "lector priest" (*ḫrj-ḥb(t)*) (*Cheriheb) was an essential officiant at funeral and temple ceremonies.[42] At *Abusir the "lector" was an important functionary at the funerary temple of *Neferirkare, even though he is not clearly a member of the phyle system.[43] He was a regular member of the staff of cult temples by the MK, but it is not certain this was so in earlier times.[44] Nevertheless, the title was claimed by the high priests at Heliopolis,[45] by nomarchs or overseers of priests who stood at the head of the local priesthoods,[46] by inspectors of priests,[47] and by great *wꜥb*-priests.[48] Length and extent of service rather than degree of command may be reflected in the titles "chief lector priest" (*ḫrj-ḥb(t) ḥrj-tp*) and "senior lector priest" (*ḫrj-ḥb(t) smsw*).[49] The same may be true of the title of a Memphite high priest, "old one of the mansion of Ptah" (*jꜣ(w) n ḥwt Ptḥ*).[50]

A Dyn. VI inscription from Abydos[51] elaborates on the organization of the staff of the temple of *Chontamenti and names, in addition to the overseer of priests and ordinary priests, two little attested divines, the *šzmt*-[52] and *ḏꜣ*-[53] priests. Both are depicted in an Eighteenth Dyn. burial scene,[54] whose context suggests they were funerary priests.[55] In the MK at el-*Lahun, each phyle of priests of the temple of *Anubis appears to have contained one embalmer (*wtw*).[56] Although the embalmers at Meir seem to have formed an organization of their own (*jmj-rꜣ wtw, shḏ wtw, wt*),[57] there is no indication they were attached to the local Hathor temple.[58]

It was the duty of the high priest or overseer of priests as chief officiant to perform the daily rites in the sanctuary of the temple.[59] Thus, Pepyankh the Middle, who spent the better part of his life as overseer of priests of Hathor, Mistress of Cusae, is described as "entering in unto Hathor, Mistress of Cusae, seeing her, performing the ceremonial (*jḫt*) for her with my hands."[60] In the course of the ceremonies the toilet of the god was performed: the robes of the previous day were removed, the statue was ritually purified, clothed and adorned, censed and fed.[61] As "stolist of Min" (*smꜣ(tj) Mnw*), the overseers of priests of the ithyphallic god at Koptos and Achmim saw to the dress and adornment of the divine image.[62] The office of "robing priest" (*ḏbꜣtj*) was a prerogative of the high priest of Memphis,[63] who presented the god with his crown as "keeper of the headdress in adorning Ptah" (*jrj nfr-ḥꜣt m ḫkr Ptḥ*).[64] Even though attendants were undoubtedly on hand, a Memphite high priest claims he was "alone in the sanctuary" (*wꜥ m zḥ-nṯr*).[65] At Meir a "senior lector priest of the robing room" (*ḫrj-ḥb(t) smsw n ḏbꜣt*) was probably present while the overseer of priests prepared for the daily ceremonies.[66] Presumably, the fresh garments required for god and priest were kept in the wardrobe of the temple; at Thinis these were cared for by the "chief of the wardrobe in the temple of Onuris" (*ḥrj-tp ḏꜣt m ḥwt-nṯr nt Jnḥrt*).[67] The sanctuary at Elkab had its own inspector (*shḏ pr-wr*), who was also a lector priest.[68]

The headdress and insignia of the god, his jewelry, the ritual vessels and cult paraphernalia, in all likelihood of precious materials, along with the linen garments, incense, unguents, and eyepaint utilized in the cult, constituted the portable wealth (*sḏꜣwt*) of the temple.[69] They were undoubtedly in charge of the officials who bore the title "master of secrets of the god's treasure" (*ḥrj-sštꜣ n sḏꜣwt-nṯr*), a title first associated with temples toward the end of the Old Kingdom.[70] Often a prerogative of the overseers of priests or high priests,[71] it was also held by inspectors of priests and other functionaries.[72] At Elkab, where there was evidently more than one temple, ordinary priests likewise claimed the title.[73] Two "inspectors of treasurers of the temple" (*shḏ sḏꜣwtj ḥwt-nṯr*) are also known.[74]

The related title "scribe of the god's treasure" (*zš sḏꜣwt-nṯr*) makes its appearance at about the same time.[75] The owner's name on one of a pair of *obelisks from Heliopolis is preceded by the title "scribe of the god's treasure (in) the Great Mansion (at) Heliopolis" (*zš sḏꜣwt-nṯr ḥwt-ꜥꜣt Jwnw*),[76] the "Great Mansion" being the temple of Re-*Atum in that city.[77] A high-ranking member (*wꜥb ꜥꜣ*) of Ptah's clergy is "scribe of the god's treasure in the temple of Ptah" (*zš sḏꜣwt-nṯr m ḥwt-Ptḥ*).[78]

The high priest or overseer of priests was evidently charged with the management of the temple estates. Thus, the overseer of priests at Akhmim was also "steward of Min" (*jmj-rꜣ pr-Mnw*).[79] He was assisted in this capacity by the "inspector of the house of Min" (*shḏ pr-Mnw*).[80] At Memphis the high priest of Ptah managed as well the finances and property of the god Sokar as "steward of Sokar" (*jmj-rꜣ pr-Zkr*) and "overseer of the temple(s) of Sokar wheresoever" (*jmj-rꜣ ḥwt-Zkr m swt nbt*).[81] The title "superintendant of the temple" (*jmj-rꜣ ḥwt-nṯr*)[82] is known in the OK also through the plural form (*jmj-rꜣ ḥwwt-nṯr*) found in the titulary of the overseer of the nomes of Lower Egypt, Userkaf-ankh.[83] The lesser title "supervisor of the temple" (*jmj-rꜣ ḫt n ḥwt-nṯr*) appears at Elkab.[84] Both officials were probably concerned with the secular affairs of the temple, like the "scribe of the temple" (*zš ḥwt-nṯr*) who kept its records.[85]

To provide the offerings the temples were endowed with land (*ꜣḥt-nṯr*),[86] whose proprietary rights were exercised by the priesthood.[87] After the offerings had been laid on the altar and the gods had satisfied themselves therewith, the offerings reverted (*wḏb-rd*) to lesser cults, including the honored dead, and ultimately to the priests and other temple personnel (*Opferumlauf).[88] This economic cycle was no doubt managed by the "overseer of the god's offerings of Onuris" (*jmj-rꜣ ḥtpt-nṯr nt Jnḥrt*) and the "scribe of the god's offerings" (*zš ḥtpt-nṯr*) at Thinis.[89] The latter title occurs likewise at Meir and Memphis.[90] A related title "overseer of apportionment(s?) of the god's offerings" (*jmj-rꜣ wpt ḥtpt-nṯr*) is nowhere directly associated with a temple,[91] although it is held by a Heliopolitan high priest,[92] while the fuller "overseer of apportionment(s?) of the god's offerings from serfs and fields" (*jmj-rꜣ wpt ḥtpt-nṯr m mrt ꜣḥt*) is preceded by "inspector of priests" on a statue from Abydos.[93]

Arable land was foremost among the sources of offerings and revenue but the temples also possessed sizable animals herds.[94] At Thinis a breed of black cattle was sacred to Onuris, and a late OK nomarch and overseer of priests was "herdsman of the black cattle" (*mnjw kmt*).[95] The title "herdsman of the *ṯntt*-cattle" (*mnjw ṯntt*) was held exclusively by the overseer of priests of Hathor at Dendara.[96] At Meir, on the other hand, the office seems to have been a lesser one, for it is held by a relatively unimportant person there,[97] while another, of similar status, has the title "overseer of the *ṯntt*-cattle" (*jmj-rꜣ ṯntt*),[98] and two inspectors of priests are respectively "overseer of cattle of the *ṯntt*-cattle" (*jmj-rꜣ iḥw n ṯntt*)[99] and "overseer of the herd of *ṯntt*-cattle" (*jmj-rꜣ ṯzt nt ṯntt*).[100] A priest of Wer (*ḫt Wr*) buried at Giza acted as "attendant of the *ṯntt*-cattle" (*ḫt ṯntt*).[101] A breed of red cattle was also cared for in the Onuris temple at Thinis and kept in herds of 100 animals in charge of an inspector of priests and "overseer of 100 *mꜣs*-cattle in the temple of Onuris" (*jmj-rꜣ mꜣsw 100 m ḥwt-nṯr nt Jnḥrt*).[102] Temple herds are known at other places. Inspectors of priests and priests of Nechbet at Elkab, for example held the title "overseer of herds of the goddess" (*jmj-rꜣ ṯzt nt nṯrt*).[103]

The royal decrees (*Dekret) of the Sixth Dyn. concerning the temple of Min at Koptos exempt not only the priests (*jmj-rꜣ ḥmw-nṯr, sḥḏ ḥmw-nṯr, ḥmw-nṯr*) from forced labor but other administrative and productive personnel , including the serfs (*mrt*), functionaries (*jmj-st-ꜥ*), retainers (*šmsw*), day attendants of Min (*wršt Mnw*), the people of the workhouse (*šnꜥw*), and builders (*qdw*).[104] In the OK, the "serfs" (*mrt*) cultivated the temple lands (*ꜣḥt-nṯr*) but were also assigned to the "workhouse" (*šnꜥ*) where the produce of the fields, especially grain, was stored.[105] There they helped the "people of the workhouse" (*šnꜥw*)[106] to bake the bread, brew the beer, and weave the cloth for divine offerings and payment in kind for the priests and other temple staff.[107] The title "overseer of the workhouse" (*jmj-rꜣ šnꜥ*) belonged to a Thinite nomarch and overseer of priests of the late Old Kingdom.[108] The governor of a neighboring nome (U.E. 7) is "overseer of the workhouse" in conjunction with the *pyramid of *Merenre.[109] The titles on a stele from Koptos or Achmim connect the owner with Merenre and Pepi II, as "inspector of the workhouse" of these two kings (*sḥḏ šnꜥ Mr-n-rꜥ, Nfr-kꜣ-rꜥ*).[110] The same individual is "washerman of the temple of Min" (*rḫtj n ḥwt-nṯr nt Mnw*).[111] A Thinite "overseer of the workhouse of Onuris" (*jmj-rꜣ šnꜥ n Jnḥrt*) of somewhat later date was also "overseer of sacrificial animals" (*jmj-rꜣ ḫrt*).[112] The title of a Memphite official, "scribe of sacrificial animals of the slaughterhouse of the god" (*zš ḫrt n nmt nṯr*),[113] is an indication that abattoirs existed at other temples.[114]

Not much is known about the duties of the "functionaries" (*jmj-st-ꜥ*) and "retainers" (*šmsw*) of the temple of Min.[115] *Wršt Mnw* is first attested in the Sixth Dyn. Koptos decrees, but is common later at Achmim as a feminine priestly title.[116] Although the building and enlargement of temples was a traditional duty of Egyptian kings, the presence of "builders" (*qdw*) at Koptos suggests temples must have been responsible to some extent for their own maintenance.[117] On-site repairs in the temple at Memphis were perhaps the responsibility of the "journeyman of the workhouse of Ptah" (*ḫnwtj ḥwt-kꜣt Ptḥ*).[118]

Artisans employed by temples include an "outline draftsman of the temple of Matit" (*zš qdwt pr-Mꜣtjt*) at Deir el-Gebrawi.[119] The outline draftsman prepared tomb or temple wall with outline sketches to be carved by the sculptor.[120] It is interesting to learn that at Gebrawi he practised his art in conjunction with this local temple.[121]

It is uncertain whether or not the temple was a locus of specialized craftsmen and a redistribution center for their wares in the OK as later,[122] but raw materials like hides were probably converted into finished products in the temple. The Thinite overseer of *mꜣs*-cattle mentioned above was also "chief of leathercrafts" (*wr ḏhꜥ*). The title is attested contemporaneously at Abydos, where it is associated with a ka-mansion of Pepi II.[123]

B. *Pyramid and Royal Solar Temples.* The personnel of the pyramid temples (especially of *Neferirkare at *Abusir) and of the royal solar temples (*Sonnenheiligtum) erected in the Memphite necropolis by them have been dealt with at some length in recent years, and our discussion is therefore abbreviated.[124] It is of interest to note the absence of an overseer of priests at the pyramid and solar temples. These institutions had their own "overseers" (*jmj-rꜣ* + name of pyramid or solar temple),[125] which may explain the apparent absence of the highest grade in the priestly hierarchy. Inspectors and supervisors of priests are attested at both the pyramid and solar temples[126] and, in the case of the former, this undoubtedly reflects the organization of the priests into phyles and sections commanded by the *sḥḏ* and *jmj-ḫt ḥmw-nṯr*.[127] There is no clear evidence, however, that the phyle system was in use at any of the solar temples.[128] In contrast with the cult temples, the hierarchy of *wꜥb*-priests is well documented at both pyramid (*jmj-rꜣ wꜥbw, sḥḏ wꜥbw, jmj-ḫt n wꜥbw, wꜥb, wꜥb* 200; *ḫrp wꜥbw nswt, wꜥb nswt*)[129] and solar (*sḥḏ wꜥbw, wꜥb*)[130] temples. At the pyramid temples the king's tenants (*ḫntjw-š*) also doubled as priests.[131] Officers of the central government might be assigned to the pyramid temples for a space of time.[132] Otherwise, the administrative organization of the pyramid and solar temples does not appear to have differed greatly from that of the larger cult temples.[133]

C. *Female Personnel.* Women in the OK were commonly priestesses (*Priesterin) of Hathor or *Neith.[134] In Dyn. VI and later, only the titles "overseer of priests" and "inspector of priests" are found for men at Dendara itself, while women are "priestesses of Hathor" (*ḥmt-nṯr Ḥtḥr*).[135] Similarly, "inspector of priests" and "supervisor of priests" are found for men at the *mrt*-sanctuary of Hathor and the king, while women are "priestesses of Hathor".[136] By contrast at *Tehne, the sons and daughters of the overseer of priests Nika(i)anch (*Nj-kꜣ(.j)-ꜥnḫ*) all served as priests of their local divinity, Hathor of Raonet, by rotation, and apparently exercised exactly the same functions.[137]

In the case of royal ladies, the *ḥmt-nṯr* title may also refer to gods such as Thot and *Mwt-Mnw*,[138] Bapef (*Bꜣ-pf*) and *Tjaisepef.[139] Queens and princesses also served the funerary cults of dead husbands and fathers as *ḥmt-nṯr*.[140]

Certain temples had priestesses attached to them, at the head of whom was a chief priestess with a special title.[141] Thus, the foremost of four woman who are associated with the cult of Nechbet and the *Pr-wr* temple at Elkab is called *mnjt wrt*, while the other members of her group are simply *mnjt*.[142] The same woman was "overseer of the acacia house" (*jmjt-rꜣ šnḏt*), perhaps a sanctuary of the goddess *Sachmet.[143] In some cases the chief priestess was the wife of the overseer of priests.[144] This was clearly so at Meir in Dyn. VI, where Pekhernofret (*Pḫr-nfrt*), wife of the Overseer of Priests Pepyankh the Middle, was musician-priestess (*ḫnwt*) and rattled the *sistrum before Hathor, Mistress of Cusae.[145] Insufficient evidence exists to prove that a woman of rank at Achmim, who had the title "wife of Min" (*ḥmt Mnw*), was chief priestess of the ithyphallic god.[146]

Women played an even more prominent role at temples in the succeeding periods.[147]

D. *Temple Musicians and Performers.* Music (*Musik) played an important part in religious ceremonies, and singers, musicians, and dancers are found associated with various temples. At Koptos the second son of the Vizier Shemai was appointed "celebrant" (*jh(ꜣ)bw*) in the temple of Min by King Neferkauhor, in order to dance and recite hymns before the god.[148] Hathor was worshipped in Memphis,[149] and a "musician priest" (*ḫnw*) of Hathor, the male counterpart of her "musician priestess" (*ḫnwt*) at Meir, is known from Gisa.[150] Beginning in the Fifth Dyn., "musical performers" (*ḫnr*) of both sexes performed in ceremonies invoking Hathor.[151] At the end of the OK, a *ḫnr* is explicitly stated to belong to the cult of the goddess Bat, probably located in U.E. nome 7,[152] while in the succeeding First Intermediate Period "musical performers" were attached to various local cults, including those of Hathor, *Upuaut, and (*Horus) Pillar-of-His-Mother.[153] All these musical performers had female overseers (*jmjt-rꜣ ḫnr*).[154]

Singers (*ḥsw*) formed part of the staff of funerary temples.[155] An "inspector of singers" (*sḥḏ ḥsw*) of *Userkaf's pyramid is known.[156] The Abusir archive provides mention of a "flutist" (*zbj*) and a dancer (*jbꜣ*) attached to the funerary temple of *Neferirkare.[157]

[1] Hans Goedicke, "Cult-Temple and 'State' During the Old Kingdom in Egypt," in: Edward Lipinski (ed.), State

and Temple Economy in the Ancient Near East, OLA 5, Louvain 1979, 129. This may be due to the nature of our evidence or, as Goedicke maintains, reflect actual circumstance. Smith (CAH I, part 2A, 183–184) notes a considerable increase in written documentation as the Fifth Dynasty advanced. – [2] E.g., Sayce, in: PSBA 21, 1899, pl. 2 (9), facing p. 114. – [3] Baer, Rank and Title, 46–47; Smither, in: JEA 28, 1942, 16–19 (pBerlin 8869); Fischer, Coptite Nome, no. 4; Peter Kaplony, Die Rollsiegel des Alten Reichs II^B, Brussels 1981, pl. 101 (7); Soghor, in: JARCE 6, 1967, 24; LD, Text II, 62. While the indirect genitive is not infrequent after "overseer of priests" (Fischer, Dendera, 26 with nn. 109. 110), the direct genitive is also employed (ibid.; see, e.g., Sayce, in: PSBA 21, 1899, pl. 2 [7], opposite p. 114). Occasionally, the preposition *m* + place name follows; BM Stelae I^2, 37–38, pl. 35 (3). – [4] E.g.: *U. E. nome 1:* Elmar Edel, Die Felsengräber der Qubbet el Hawa bei Assuan II. I. 2, Wiesbaden 1970, 36 (34), 96 (Grab 92/I β 7); 37 (39), 96 (Grab 92/II 8); Smither, op. cit. – *U. E. nome 2:* Urk. I, 254, 4. – *U. E. nome 3:* Quibell, El Kab, pls. 4 (1). 18 (55); LD II, 117 l. q (= Fraser, in: PSBA 15, 1893, no. I, in the plates following p. 494); u (= ibid., no. IV); Stern, in: ZÄS 13, 1875, pl. 1 d, to pp. 65 ff. – *U. E. nome 4:* Roccati, in: JEA 54, 1968, 14–22, pls. 4. 4 A (?). – *U. E. nome 5:* Goedicke, Königl. Dokumente, figs. 8. 9. 10. [11]. 17. 20. 21. 27. 28; Couyat-Montet, Inscr. du Ouâdi Hammâmât, no. 38; perhaps also Georges Goyon, Nouvelles inscriptions rupestres du Wadi Hammamat, Paris 1957, nos. 24. 27; Fischer, Coptite Nome, nos. 6. 11; University Museum, Grand Forks, North Dakota, fragmentary architrave of anonymous overseer of priests from Qus according to Henry G. Fischer (unpublished, seen in Oriental Institute photo P 1454). – *U. E. nome 6:* Fischer, Dendera, 114. 120. – *U. E. nome 7:* Montet, in: Kêmi 6, 1936, 108. – *U. E. nome 8:* CG 1431. 1457. 1573. 1577. 20106; Goedicke, op. cit., figs. 2. 7; Paul Pierret, Recueil d'inscriptions inédites du Musée Égyptien du Louvre, Paris 1874, 59 (Louvre C 162). 71 (Louvre C 161); Fischer, in: AJA 66, 1962, 65–69; id., in: JAOS 74, 1954, 29–30. 31–32; Caroline Nestmann Peck, Some Decorated Tombs of the First Intermediate Period at Naga ed-Dêr, Ann Arbor, Michigan 1970, pl. 3; Athribis, pl. 13. – *U. E. nome 9:* Newberry, in: AAA 4, 1912, 103. 105. 114 (= Mariette, Mon. Div., pl. 21 b; Naguib Kanawati, The Rock Tombs of el-Hawawish I, Sydney, Australia 1980, 9–11, pl. 1 B, figs. 4). – *U. E. nome 14:* Meir IV, pls. 6. 8. 9. 11. 15. 19; V, 4. 6. 8–10. 15. 16. 19 and passim. – *U. E. nome 15:* Urk. I, 95, 14–96, 3 = Hatnub, Inscr. III. – *U. E. nome 16:* Alexandre Varille, La tombe de Ni-ankh-Pepi à Zâouyet el-Mayetîn, MIFAO 70, 1938, 17. – *U. E. nome 20:* William M. Flinders Petrie, Deshasheh, EEF 15, 1898, pl. 27. – *U. E. nome 21:* Harageh, pl. 65. – [5] Baer, op. cit., 46; Goedicke, in: State and Temple Economy (v. n. 1), 129. For example, the overseer of priests of Hathor at Meir, Pepyankh the Middle, was also responsible for the worship of the Heliopolitan ennead (Meir IV, 2). Similarly, the high priest of Ptah at Memphis held offices in the cult of Sokar (see Brovarski, in: LÄ V, 1059–1060), and was besides priest of several obscure Memphite deities identified in later times with Ptah (Maj Sandman Holmberg, The God Ptah, Lund 1946, 147 ff. 154 ff. 166 ff. 174 ff. 175 ff.). – [6] Sethe, in: ZÄS 55, 1918, 65; AEO I, 38*–39*. 269*; H. G. Fischer, in: ZÄS 93, 1966, 64 n. 27; id., Egyptian Studies I, New York 1976, 66–67. – [7] AEO I, 36*–38*. 267*–268*. Cf. Hermann Junker, Die Götterlehre von Memphis, APAW 1939. 23, 27 ff.; Mohamed I. Moursi, Die Hohenpriester des Sonnengottes von der Frühzeit Ägyptens bis zum Ende des Neuen Reiches, MÄS 26, 1972, 147 ff.; Bettina Schmitz, in: LÄ II, 1249. *Wr djw* was evidently a civil title in the OK, rather than a prerogative of the high priest of Thoth, see Vandersleyen, in: CdE 43, no. 86, 1968, 235 ff., but also Urk. I, 95, 14–96, 3 (= Hatnub, Inscr. III). Archaic titles like *ʿ Nmtj, ʿ3 Dw3w, m3tj Mnw, mdw Ḥp/Ḥz3t/K3-ḥḏ, mḏḥ Jnpw/M3tjt* (? *Mḥjt* ?), *ḥm 3qs/B3w P/B3w Nḫn/Ḥp, ḫt Wr/Mnw/Mnt/Ḥ3/Ḥr/Srqt/Ṯntt, smk J3tt, sḫnw Stḫ, gs Mnw* are discussed by Helck, Beamtentitel, by Barbara L. Begelsbacher-Fischer, Untersuchungen zur Götterwelt des Alten Reiches, OBO 37, Freiburg 1981, and by others, but are beyond the scope of this entry. – [8] Urk. I, 26, 11; 84, 15; 254, 4, cited by Blackman, in: James Hastings, Encyclopaedia of Religion and Ethics X, New York 1918, 300. – [9] Ibid., see also, e.g., Quibell, El Kab, pl. 4 (1); Meir I, 9–11. – [10] Urk. I, 26, 15, cited by Blackman, op. cit. See also, Urk. I, 84, 15–85, 2. – [11] Urk. I, 25–26, cited by Blackman, op. cit.. – [12] According to Fischer, Dendera, 26, n. 109, the direct genitive always seems to be used with *sḥḏ ḥmw-nṯr* during the Old Kingdom. However, "supervisor of priests" is followed by the preposition *m* + place name at Meir in Dyn. VI (Quibell, in: ASAE 3, 1902, 258); cf. n. 3. – [13] Meir IV, 5 (55). – [14] Newberry, in: AAA 4, 1912, 101. The same individual appears to be represented by CG 1669. – [15] LD II, 17 t. A Thinite "overseer of the temple" (*jmj-r3 ḥwt-nṯr*) in Dyn. IX is also "overseer of all the departments of the temple" (*jmj-r3 swt nt ḥwt-nṯr*). The titles appear on fragments of a stele from N 3978 (Museum of Fine Arts negatives B 619–621); the same man is probably represented on Dows Dunham, Naga-ed-Dêr Stelae of the First Intermediate Period, London 1937, no. 34. At an even later date, an Achmim nomarch is "overseer of the secret chambers of the interior of the temple" (*jmj-r3 swt št3t nt ḫnt ḥwt-nṯr*) (Newberry, op. cit., 109; see Fischer, Dendera, n. 313 for the date). – [16] See e.g., LD II, 17 1. q (= Fraser, in: PSBA 15, 1893, fig. 1); Stern, in: ZÄS 13, 1875, pl. 1 i. Cf. AEO I, 58*. – [17] Fischer, in: AJA 62, 1958, 331. – [18] Blackman, op. cit. (v. n. 8), 297. – [19] Ibid.; AEO I, 47*. – [20] E.g., Meir IV, 24. 26, pls. 4. 4 A. The same is true for supervisors of priests; see e.g., Janssen, in: JEOL 12, 1951–1952, 169, pl. 29 (N 5). Cf. Morris L. Bierbrier, The Late New Kingdom in Egypt, Warminster 1975, 7. – [21] Urk. I, 26, 11–13, cited by Blackman, op. cit., 298. See further n. 87. – [22] Urk. I, 26, 6, cited by Blackman, op. cit. (v. n. 8), 299. In fact, the one tenth share is assigned to the priest of Hathor, *Ḥm-Ḥtḥr*, Nika(i)anch's heir and presumed successor in the office of overseer of priests. On the testamentary enactment of Nika(i)anch, see most recently, G. Roquet, in: Hommages à la mémoire de Serge Sauneron I, BdE 81, Cairo 1979, 437–462; Elmar Edel, Hieroglyphische Inschriften des Alten Reiches, ARWAW 67, 1981, 38–65; and Peter Der Manuelian, in: JNES (forthcoming). – [23] Blackman, op. cit. (v. n. 8), 299 with n. 15. See now Goedicke,

Königl. Dokumente, passim. – [24] Cf. Paule Posener-Kriéger, Les archives du temple funéraire de Néferirkarê-Kakaï (Les papyrus d'Abousir) II, BdE 65.2, Cairo 1976, 574–577. According to the decree of Neferirkare for the temple in Abydos (Goedicke, op. cit., 22ff., fig.), it is the duty of the priests to "perform the ceremonial (*jḫt*) for its god in the temple where he is and to maintain (*srwḏ*) the temples in which they are." As priest of Hathor, Mistress of Cusae, Pepyankh the Middle "protected (*stp-zꜣ*) the divinity to her satisfaction" (Meir IV, 26, pls. 4. 4A). – [25] Posener-Kriéger, op. cit., 575–576. – [26] Ibid., 565ff. – [27] Urk. I, 25–26; see the references in n. 22. – [28] See Ann Macy Roth, The Organization and Functioning of the Royal Mortuary Cults of the Old Kingdom, in: The Organization of Power: Aspects of Administration in the Ancient, Mediaeval, and Ottoman Near East, OIC (forthcoming). – [29] Meir V, pls. 37. 39. 40. – [30] Meir IV, pl. 16; Quibell, in: ASAE 3, 1902, 256. A second occurrence of *zš n zꜣ* at Meir (Kamal, in: ASAE 13, 1913, 167) may be later than the Old Kingdom. – [31] *Ppj-snb/Ḫtj* in a coffin from Naga-ed-Dêr tomb N 296 now in Boston (Object Register 24-1-23). – [32] See e.g., Helck, in: MDAIK 15, 1957, 91–111; Baer, Rank and Title, 249ff.; Fischer, Dendera, 98 with n. 447; 170. – [33] It seems less likely that these titles would have reference to the phyles of workmen, on which see Helck, in: WdO 7, 1973, 1–8. – [34] Blackman, op. cit. (v. n. 8), 297; AEO I, 53*. – [35] See last note. – [36] E.g., Mariette, Mastabas, 130. 375. 377 (Ptah); ibid., 88 (Nemti); CG 1540 (*Ḥrj-bꜣq.f*). *Wꜥb*-priests of Re appear at the royal solar temples; see Baer, Rank and Title, 255; PM III. 2², 937. On the functions of the *wꜥbw*, see Paule Posener-Kriéger, op. cit. (v. n. 24), 581–584 and passim. – [37] AEO I, 54*; H. G. Fischer, in: JARCE 3, 1964, 28. The occurences include a *wꜥb ꜥꜣ n Ptḥ* (ibid., 18–29, pl. 15) and two *wꜥb ꜥꜣ n Mnw* (CG 1407; Oscar White Muscarella, Ladders to Heaven, Toronto 1981, no. 2). – [38] Zayed, in: ASAE 55, 1958, 127–137; Mariette, Mastabas, 355. It was the duty of the *wꜥb*-priests of Sechmet to certify the purity of sacrificial animals, see Fischer, Egyptian Studies I (v. n. 6), 98 with n. 14. – [39] E.g., Urk. I, 24–26, cited by Blackman, op. cit. Cf. Junker, Gîza VI, 14. – [40] AEO I, 47*–48*. – [41] Daressy, in: ASAE 16, 1916, 198. 199ff. 209f.; Fischer, op. cit. (v. n. 38), 27, pl. 15. – [42] Wilson, in: JNES 3, 1944, 213ff.; AEO I, 56*–58*. – [43] Posener-Kriéger, op. cit., 583. Although the *ḥrj-ḥb(t)* may not have participated in phyle rotation, another system of rotation is suggested by the title "lector priest who is in (his) year" (*ḥrj-ḥb(t) jmj-rnpt*); Kees, in: ZÄS 87, 1962, 124; H. G. Fischer, in: ZÄS 90, 1963, 38; Posener-Kriéger, op. cit., 584; and especially Roth, op. cit. (v. n. 28). – [44] Blackman, op. cit. (v. n. 8), 301; AEO I, 56*. – [45] Daressy, op. cit. (v. n. 41), 196ff. – [46] E.g., Meir IV, pls. 4. 6. 8; V, 4. 6. 8. 16. 19. 20. 21, and passim. At Gebrawi the Sixth Dyn. nomarchs are not overseers of priests but likewise have the title (Deir el-Gebrâwi I, 8; II, 2). – [47] E.g., Newberry, in: AAA 4, 1912, 101 (= CG 1669); *Ppj-snb/Ḫtj*, N 296 (see n. 31). – [48] S. n. 37. – [49] Cf. Fischer, in: ZÄS 90, 1963, 38. However, the nomarchs and overseers of priests cited in n. 46 are also *ḥrj-ḥb(t) ḥrj-tp*: Meir IV, 2; V, 2. 16; Deir el-Gebrâwi I, 8; II, 2. For the title "greatest of chief lector priests" (*wr ḥrj-ḥb(t) ḥrj-tp*) (Duell, Mereruka II, pls. 201. 203–206), see H. G. Fischer, in: ZÄS 93, 1966, 65 with n. 33. – [50] Mariette, Mastabas, 113 = BM Stelae I², pl. 17. – [51] CG 1431: Henry G. Fischer, Egyptian Studies II, New York 1977, 141–143, figs. 58. 59. – [52] On the *šzmt*-priest, see Wb IV, 538, 10–11; Newberry, in: Fs Griffith, 319–320; Jean Sainte Fare Garnot, L'appel aux vivants, RAPH 9, Cairo 1938, 67; Fischer, op. cit., 143 (n). Wb IV, 538, 10–11 may be incorrect in reading "inspector of *šzmt*-priests" (*sḥḏ šzmt*) on CG 1417 (Mariette, Mastabas, 200); the title is probably *sḥḏ mḥnk(w) Šzmt*, cf. Helck, Beamtentitel, 104. – [53] For the *ḏꜣ*-priest, see Wb V, 515,7, and the references in the last note to *šzmt*-priest. – [54] Davies, Five Theban Tombs, pl. 10. – [55] Cf. Fischer, op. cit. – [56] Borchardt, in: ZÄS 37, 1899, 94, cited by Blackman, op. cit. (v. n. 8), 301. – [57] Meir V, pl. 9. 42. 43. Cf. Blackman, op. cit. – [58] For embalmers elsewhere, see PM III. 2², 935. – [59] Cf. Blackman, op. cit., 300. – [60] Meir IV, 24, pls. 4. 4A. – [61] Alexandre Moret, Le Rituel du culte divin journalier en Egypte, Paris 1902; Paule Posener-Kriéger, op. cit. (v. n. 24), 53–57. 531–543; Hatnub, 80ff.; A. Rosalie David, Religious Ritual at Abydos (c. 1300 B. C.), Warminster 1973, 89ff. 104ff. – [62] Henri Gauthier, Le personnel du dieu Min, RAPH 3, 1931, 38–51; Grdseloff, in: ASAE 43, 1943, 357–366. – [63] E.g., Mariette, Mastabas, 157. 375; Murray, Saqqara Mastabas, pl. 26. – [64] CG 1756: Mariette, Mastabas, 390. Cf. Fischer, in: ZÄS 90, 1963, 38–39. – [65] CG 1701. – [66] Quibell, in: ASAE 3, 1902, 257–258, fig. 3; Kamal, in: ASAE 13, 1913, 138. On *ḏbꜣt* "robing room," see Woolley, in: JEA 7, 1921, 201 with n. 2; Helck, Beamtentitel, 104; Faulkner, CD, 321; Fischer, Dendera, 70, n. 283. – [67] *Jpj : Ḫprj*, owner of a fragmentary stele from Naga-ed-Dêr tomb N 301 has this title among others (seen in Museum of Fine Arts negative B 1160); see n. 112. It is later the exclusive right of overseers of priests; see Fischer, in: JARCE 3, 1964, 26. – [68] LD II, 117 h. k. m. u (= Fraser, in: PSBA 15, 1895, fig. 4). He was, in fact, *ḥrj-ḥb(t) pr-ḏt*. – [69] On the sense of *sḏꜣwt* in this context, see Wb V, 636, 9–637, 3; Fischer, in: JARCE 3, 1964, 26 n. 9. – [70] Ibd., 26; id., Dendera, 116. 123. 138. – [71] Stern, in: ZÄS 13, 1875, pl. 1 d (= Janssen, in: JEOL 12, 1951–52, 169, pl. 31 [N 110]); Fischer, Dendera, 114; Deir el-Gebrâwi II, 20. 33, pl. 21; Murray, Saqqara Mastabas I, pls. 29. 30. – [72] Newberry, in: AAA 4, 1912, 101; Quibell, in: ASAE 3, 1902, 258; Kamal, in: ASAE 13, 1913, 170 (cf. Meir V, 58–59, pls. 3. 46–48); Fischer, Dendera, 119. – [73] Stern, in: ZÄS 13, 1875, pl. 1 e. f. k. q. r; cf. LD II, 117 a. q. v; Janssen, in: JEOL 12, 1951–52, 169, pl. 29 (N 5). The graffiti mention an "upland temple" (*ḥwt-nṯr ḫrt*; cf. Fischer, in: JARCE 3, 1964, 26) which is equated in Janssen N 5 with "this temple on this gebel" (*ḥwt-nṯr tn m ḫꜣst tn*). This temple is probably distinct from the great temple of Nechbet near the river, and may represent the predecessor of the desert temple of Amenophis III at the entrance to the wadi east of the town (PM V, 188–189). – [74] PM III. 2², 448. 449. 935. – [75] Fischer, in: JARCE 3, 1964, 26–27 with nn. 5. 6. – [76] CG 17001: Daressy, in: ASAE 16, 1916, 212; Fischer, op. cit., 26. – [77] E.g., Wb III, 4, 4–5; Gauthier, DG IV, 54. 225; Montet, Geographie I, 159; Kaplony, in: LÄ II, 351–352. – [78] Fischer, op. cit., 26, pl. 15. Cf. the office of *žs n ꜥ nswt m sḏꜣwt nbt* at the royal funerary and solar temples; Baer, Rank and Title, 250. 255. – [79] Newberry, in: AAA 4, 1912, 114 (= Mariette, Mon. Div., pl. 21 b; Kanawati, op. cit. [v. n. 4]). – [80] CG 1407; see n. 37. – [81] Mariette, Mastabas, 375. 377. 390. 392. – [82] E.g., CG 20025. 20030. 20048. 20087. 20091. 20286. 20335. 20520. – [83] Borchardt, Neuserre, 113; PM III. 1², 344. – [84] LD II, 117 v. – [85] Meir V, 22; Kamal, in: ASAE 13, 1914, 176; H. G. Fischer, in: JARCE 3, 1964, 25–26, pl. 15 (*zš ḥwt-nṯr m ḥwt-Ptḥ*); see n. 16. – [86] Goedicke, Königl. Dokumente, 30. 246. – [87] See e. g., Pierce, in: RAIN 15, 1976, 16; Kemp, in: Ucko et alii (ed.), Man, Settlement and Urbanism, London 1972, 658 ff.; Goedicke, in: State and Temple Economy in the Ancien Near East (v. n. 1), 122–123 and passim. – [88] See e. g., Urk. I, 26, 13; 37, 11; 119, 8 (= CG 1431, see n. 51); Paule Posener-Kriéger, op. cit. (v. n. 24), 315. On the term *wḏb-rd*, "reversion offerings," see Firth-Gunn, Teti Pyramid Cemeteries I, 125; Gardiner, in: JEA 24, 1938, 86–89; Junker, Gîza III, 5–6; Clére, in: JEA 25, 1939, 215–216; Hans Goedicke, Die privaten Rechtsinschriften aus dem Alten Reich, WZKM Beihefte 5, 1970, 70. 137. 206. For the "pure bread" (*t wꜥb*) of a god (Anubis, *Ḫrj-bꜣq.f*, Osiris, Ptah, Sokar) or temple brought as an offering to the tomb owner, see e. g., Thomas G. H. James, The Mastaba of Khentika Called Ikhekhi, ASE 30, 1953, 59; William K. Simpson, Giza Mastabas 2, 6 with n. 21. – [89] *Šmꜣ*, the owner of Naga-ed-Dêr tomb N 81 has the first title (seen in Museum of Fine Arts Boston negative EG 485). *Zš ḥtpt-nṯr* is one of the earliest titles to appear at the Naga-ed-Dêr cemeteries; it occurs on a rough flake of limestone found in Cemetery 500–900 and dated by Reisner to Dyns. V–VI: George A. Reisner, A Provincial Cemetery of the Pyramid Age, Naga-ed-Dêr III, Oxford 1932, 160, fig. 59, pl. 45 c. Cf. Brovarski, in: LÄ IV, 305–306. – [90] Meir V, pl. 16; H. G. Fischer, in: JARCE 3, 1964, 27, pl. 15. According to notes made by William Stevenson Smith on file in Boston, it appears in the tomb of Ptahshepses at Abusir (PM III. 1², 340–342). – [91] Fischer, Dendera, 66; Helck, Beamtentitel, 81–82. The office is, however, connected at least once with a royal pyramid, see Baer, Rank and Title, 250. Cf. *ḫrj-sštꜣ n wpt ḥtpt-nṯr*: Hassan, Gîza VI. 3, 207–211. – [92] Daressy, in: ASAE 16, 1916, 210. – [93] CG 219; see CG 1616, a relief of the same man, also from Abydos. – [94] See e. g., Hermann Kees, Ancient Egypt, A Cultural Topography, Chicago–London 1961, 89. – [95] H. G. Fischer, in: JAOS 74, 1954, 29 with n. 29. – [96] Id., Dendera, 26 with n. 112. – [97] Meir IV, pl. 15. – [98] Meir V, pl. 30. – [99] Meir I, 7 = Kamal, in: ASAE 13, 1913, 167. – [100] Meir I, 8 = Quibell, in: ASAE 3, 1902, 258. Cf. Fischer, Dendera, 26–27. – [101] Silvio Curto, Gli scavi italiani a El-Ghiza (1903), Rome 1963, 82–83, fig. 33, pl. 23 (right). – [102] The title belongs to *Ḥnnj*, the owner of Naga-ed-Dêr tomb N 82 (seen in Museum of Fine Arts negative EG 486). – [103] LD II, 117 y (= Fraser, in: PSBA 15, 1895, no. XIII); Stern, in: ZÄS 13, 1875, pl. 1 n. t (= Janssen, in: JEOL 12, 1951–52, 168, pl. 30 [N 93]). Cf. H. G. Fischer, in: Fs Dunham, 60. – [104] Goedicke, Königl. Dokumente, 87–116, fig. 8 (Koptos B); 117–127, fig. 9 (Koptos C). – [105] Abd el-Mohsen Bakir, Slavery in Pharaonic Egypt, CASAE 18, 1952, 22–23. 42; Fischer, Dendera, n. 53; Helck, Beamtentitel, 126–127; Goedicke, Königl. Dokumente, 211–212 and passim. – [106] See Gauthier, Le personnel du dieu Min (v. n. 62), 105; Bakir, Slavery, 43; Goedicke, op. cit., 94. – [107] Bakir, Slavery, 22–23. 42. – [108] Gaston Maspero, Trois années de fouilles dans les tombeaux de Thebes et de Memphis, MMAF I. 2, Paris 1885, 199; H. G. Fischer, in: JAOS 74, 1954, 31–32. – [109] Fischer, in: JARCE 1, 1962, 16, fig. 4, pl. 3. – [110] Fischer, Dendera, 61–62, fig. 13. – [111] A "washerman" (*rḫtj*) was employed by the funerary temple of Neferirkare at Abusir, see Paule Posener-Kriéger, op. cit. (v. n. 24) II, 354. 373. 587. Cf. H. G. Fischer, in: ZÄS 93, 1966, 69 and n. 53. – [112] *Jpj* : *Ḫprj* of N 301, see n. 67. Wb III, 6 gives the meaning "Schlachtvieh" for *ḫrjt*. In Mariette, Mastabas, 229, however, the word is determined with a bound ox and duck which suggests the more general meaning "sacrificial animals." – [113] PM III. 2², 763. 934. – [114] For the slaughterhouse at Abusir, see Paule Posener-Kriéger, op. cit. (v. n. 24), 43. 507–508. – [115] Cf. Gauthier, Le personnel du dieu Min (v. n. 62), 36–38. 53. 76. 77. For *jmj-st-ꜥ*, see Wb I, 75, 12; 157, 4; Gardiner, in: PSBA 34, 1912, 261, n. 14; Firchow, in: ZÄS 79, 1954, 91; Goedicke, Königl. Dokumente, 92; Faulkner, CD, 19; Paule Posener-Kriéger, op. cit. (v. n. 24), 5. – [116] See e. g., Gauthier, op. cit., 77. 118. – [117] Cf. Kemp, in: Ucko et alii (ed.), Man, Settlement and Urbanism, London 1972, 660. – [118] H. G. Fischer, in: MMJ 9, 1974, 26. – [119] Deir el-Gebrâwi II, pl. 10. – [120] See e. g., Carter and Gardiner, in: JEA 4, 1917, 136–137; Wilson, in: JNES 6, 1947, 235; Bogoslovsky, in: ZÄS 107, 1980, 89. 116. – [121] Deir el-Gebrâwi II, 11. – [122] Kemp, op. cit. (v. n. 117), 660–661. – [123] Brovarski, in: JNES 32, 1973, 455, fig. 1. The title *wr ḏḥꜥ* occurs again in the unpublished Ninth Dyn. tomb of *Wsr* at Sheikh Farag (SF 5214), who is also "overseer of sandalmakers" (*jmj-rꜣ ṯbww*) (seen in Museum of Fine Arts negative C 10272). The tomb is described briefly by Smith, Sculpture, 226. A contemporary of *Wsr* on a stele from Naga-ed-Dêr tomb N 3914 is "overseer of sandalmakers in the temple" (*jmj-rꜣ ṯbww m ḥwt-nṯr*) (Dows Dunham, Naga-ed-Dêr Stelae of the First Intermediate Period, Boston 1937, no. 75). Henry G. Fischer has brought to the attention of the writer the occurence of the titles *wr ḏḥꜥ m ḥwt Ḥr* and *wr ḏḥꜥ m ḥwt Zkr* in an unpublished false door of Heracleopolitan date from Saqqara. – [124] Helck, in: MDAIK 15, 1957, 91–111; Baer, Rank and Title, 247–274; Paule Posener-Kriéger, op. cit. (v. n. 24), 565–609 and passim; PM III. 2², 936–937. – [125] Baer, op. cit., 250. 255; PM III. 2², 937. However, note the occurence of the unique title *jmj-rꜣ ḥmw-nṯr nw Bꜣ-Nfr-jr-kꜣ-Rꜥ* discussed by Baer, op. cit., 272, and cf. a questionable occurrence of the title *jmj-rꜣ* [*ḥmw-nṯr*] *Wꜥb-swt-Wsr-kꜣ.f* cited by PM III. 2², 936 (517). – [126] Baer, op. cit., 250. 255; PM III. 2², 936–937. – [127] Paule Posener-Kriéger, op. cit., 566 ff. It is possible a *ḫrp jmjw-zꜣ* commanded the ensemble of two phyles, see ibid., 574. – [128] Baer, op. cit.; PM III. 2², 937. Cf. Posener-Kriéger, op. cit., 524. 572. – [129] Baer, op. cit., 250; PM III. 2², 936–937. – [130] Baer, op. cit., 255; PM III. 2², 937. – [131] Paule Posener-Kriéger, op. cit., 577–581. – [132] Ibid., 589–609. – [133] Parallel offices have been noted above in the footnotes. – [134] PM III. 2², 939; H. G. Fischer, in: LÄ IV, 1100–1101. – [135] Fischer, Dendera, 25. A Dyn. IV–V Denderite, however, is "priest of Hathor," see ibid., 18. Priests of the goddess do occur at other sites (e.g., Meir IV, 26, pls. 4. 4 A; V, 58, pl. 47), including the capital (see e.g., PM III. 2², 926 [629–633]). – [136] Baer, Rank and Title, 256. The titles *sḥḏ* and *jmj-ḫt ḥmw-nṯr* may again reflect the organization of the priests of the *mrt*-sanctuary into phyles and sections, cf. the title *sḥḏ ḥmw-nṯr Ḥtḥr zꜣ wr* (*m*) *mrt Sꜣḥwrꜥ* in Baudouin van de Walle, La chapelle funéraire de Neferirtenef, Brussels 1978, 19, pls. 1. 5. 7. 11. On the *mrt*-sanctuary itself, see Wb II, 108, 9–10; Dimitri Meeks, Année Lexicographique I (1977), Paris 1980, 165; II (1978), Paris 1981, 167; III (1979), Paris 1982, 125; Edel, in: Ricke, Userkaf-SH II, 18–20; Helck, in: LÄ I, 371–374; Allam, Hathorkult, 9–10. 18–19. – [137] Urk. I, 25–26, cited by Blackman, op. cit. (v. n. 8), 298. – [138] Fischer, Coptite Nome, 38; id., Egyptian Studies I (v. n. 6), 69, n. 3. Fischer, ibid., also mentions a *ḥmt-nṯr Ptḥ* from Saqqara, cf. id., in: LÄ IV, 1101 with n. 9. – [139] See Fischer, in: LÄ IV, 1101 with nn. 5. 6. – [140] Ibid., 1101 with nn. 7. 8; also Junker, Gîza II, 115, fig. 7; Reisner–Smith, Giza II, fig. 10; Barsanti, in: ASAE 3, 1902, 202 (references Del Nord). – [141] Cf. Blackman, op. cit. (v. n. 8). – [142] H. G. Fischer, in: Or 29, 1960, 187–189. – [143] Elmar Edel, Das Akazienhaus und seine Rolle in den Begräbnisriten des alten Ägyptens, MÄS 24, 1970, 17; cf. Nord, in: Fs Dunham, 141 with nn. 28–31. – [144] Blackman, op. cit. (v. n. 8). – [145] Meir IV, pls. 4. 7. 9. Cf. Blackman, in: JEA 7, 1921, 8. – [146] Newberry, in: AAA 4, 1912, 103. The woman is the owner of Newberry's tomb no. 4 and bears the titles *ẖkrt nswt wꜥtt* and *špst nswt*. She may be later than the Old Kingdom. Cf. Gauthier, Le personnel du dieu Min (v. n. 62), 109. – [147] See e.g., Fischer, in: JAOS 76, 1956, 99–110, esp. pp. 106–108. – [148] Goedicke, Königl. Dokumente, 190–191, fig. 21; 193–194, fig. 22; Hayes, in: JEA 32, 1946, 19 (2). – [149] Fischer, Dendera, 23 ff. – [150] See id., Egyptian Studies I (v. n. 6), 11, n. 19. The owner's name, however, is *Ṯnꜣ*(*w*), not *Ṯmꜣ*(*w*). Reisner found *Ṯnꜣ*(*w*)'s false door (Register 40-1-5 a) reused in Pit O of G 5233. In Pit P of the same mastaba was found a reused drum (Register 40-1-4) inscribed for the *ḥm-nṯr Ḥtḥr Ṯnꜣ*. Sealed in in a niche in a subsidiary shaft (S 833) of G 5140 nearby, Junker discovered a standing statue (Cairo JE 45106) of the *ḥm-nṯr Ḥtḥr Ṯnꜣ* (Junker, Gîza VII, 85–88, figs. 28. 34, pl. 17 a–c; PM III. 1², 149). It seems likely that the three monuments represent the same individual. – [151] Nord, in: Fs Dunham, 141–142. 145. Nord provides evidence, ibid., 137 ff., that it is incorrect to translate *ẖnr*, which means "musical performers" in the Old and Middle Kingdoms, as "harem" or "harem woman." – [152] Fischer, in: JARCE 1, 1962, 8. 10, fig. 2, pl. 1. – [153] Id., in: JAOS 76, 1956, 108 n. 52. – [154] Nord, op. cit., 142–143. – [155] Paule Posener-Kriéger, op. cit. (v. n. 24), 605–606. – [156] Mariette, Mastabas, 313. – [157] Posener-Kriéger, op. cit.

Korrekturzusätze: note 4, U. E. nome 16 add: LD II, 110 d; LD, Text II, 59. 60. – note 6 add: Cf. De Meulenaere, in: Fs Museum Berlin, 183–184. – note 82 add: See LD, Text II, 62. E. Br.

Tempelpersonal II (MR und NR) umfaßt sowohl die Tempelangehörigen, die den Kult vollziehen (*Priester, *Priesterin), als auch all diejenigen, die durch ihre Tätigkeit das Funktionieren des *Tempels als Institution (wirtschaftliche und administrative) gewährleisten: die Angehörigen der Tempeladministration sowie die Handwerker und Arbeiter, die durch ihre (manuellen) Tätigkeiten für die Existenz und den Unterhalt des Tempels, auch als weitgehend autarke Wirtschaftsanlage, Sorge tragen (*Tempelwirtschaft).

Eine exakte Trennung zwischen T. mit (rein) priesterlicher und nichtpriesterlicher Funktion ist nicht immer eindeutig durchführbar[1]. Zurückzuführen ist dies auf eine nicht immer sichere Interpretation von Titeln des T.: wie weit bezeichnen sie wirkliche Priesterämter bzw. Ämter mit rein priesterlicher Funktion[2]? Die Kombination von priesterlichen und nichtpriesterlichen, „zivilen" Funktionen in einem Amt wird bes. deutlich in der Stellung des „Priestervorstehers" als oberster Tempelinstanz, der in Stellvertretung des Königs Garant für die Durchführung des Kultes ist. Dies geschieht einmal in der Form, daß er organisatorisch für die Existenz und Funktionsfähigkeit der Tempelanlage sorgt[3], andererseits aber auch realiter als Stellvertreter des Königs den *Kult vollzieht. Ein Passus in der Biographie Sarenputs I. deutet darauf hin, daß dies auch während des MR – zumindest bei besonderen Anlässen – der Fall war[4].

A. MR. Die ausführlichsten Angaben zum T. eines Göttertempels – hier werden unter T. die Angehörigen mit (vorwiegend) „zivilen" Aufgaben verstanden – finden sich in den Kontrakten des *Djefaihapi I.[5], an dessen Spitze der Priestervorsteher *jmj-rꜣ ḥmw-nṯr* steht. Daneben werden genannt: Schreiber, der Vorsteher des Magazins (*jmj-rꜣ pr-šnꜥ*), ein *wḥmw* „Sprecher" etc. Sie gehören zur *qnbt* des Tempels[6].

Das T. der kgl. *Totentempel war ähnlich organisiert; die bereits angeführten Titel finden sich auch dort[7]. Die Opferstiftung *Sesostris' III. für den Kult des *Mentuhotep in *Deir el-Bahari[8] führt neben Vorlesepriestern, *wꜥbw* und *wnwt* auch die *ẖntjw-š* des Tempels an. Letztere, auch in Illahun belegt, treten augenscheinlich nur in Verbindung mit kgl. Totenkultanlagen auf.

An der Spitze der Hierarchie steht in Illahun der Tempelvorsteher (*jmj-rꜣ ḥwt-nṯr*), der gleichzeitig, charakterisiert durch den (Amts-)Titel *ḥꜣtj-ꜥ*, das Amt des „*Bürgermeisters" der *Pyramidenstadt innehat[9]. Das Amt bezeichnet die oberste administrative Instanz des Tempels. Bei den täglichen „Gehalts"-Zahlungen bekommt er den größten Anteil, wie aus Pap. Berlin 10005 hervorgeht, der die Besoldungsverhältnisse von T. wiedergibt[10]. Auffallend spärlich sind die Belege für Priestervorsteher an den Pyramidenanlagen. Dem Tempelvorsteher unterstehen einerseits der Hausvorsteher und Tempelschreiber[11]. Diese waren zuständig für die Überwachung der Opferlieferungen und Personalfragen (Registrierung und Kontrolle) und waren den Leitern der einzelnen Gutsanlagen übergeordnet, wie sich aus Briefen in den *Kahunpapyri ergibt[12]. Andererseits unterstehen ihm auch die unmittelbar im Tempelkomplex Tätigen, angefangen von den Priestern in den Phylen, die u.a. für den ordnungsgemäßen Unterhalt und den Zustand des gesamten Tempelinventars verantwortlich sind, wie sich aus den monatlichen Dienstübergabe-Protokollen ergibt[13], bis hin zu den Torhütern, *Mḏ3jw* und „Tempelarbeitern" (*k3wtjw*) usw.[14] – letztere werden auch zu Botendiensten eingesetzt[15]. Die unterste Schicht des T. bilden die *mrt*, die Tempelhörigen; z.T. sind sie direkt speziellen Büros zugeordnet wie dem *pr šnʿ* oder dem *pr ḥtp-nṯr*.

Die später festzustellende größere Differenzierung gerade der administrativen Ämter eines Tempels fehlt während des MR noch weitgehend. So spielen *Scheunenvorsteher und *Schatzhausvorsteher, die im NR eine wichtige Funktion an Tempeln darstellen, noch keine Rolle, worin sich die geringere Bedeutung der Tempel des MR gerade in wirtschaftlicher Hinsicht widerspiegelt. Ein Hausvorsteher der Scheune des Tempels in Medamud ist belegt (CG 20555); Pap. Berlin 10237 nennt das Schatzhaus des Tempels[16]. Ein Schreiber des Schatzhauses der Pyramidenanlage des *Merikare ist auf einer Stele der Herakleopolitenzeit (?) belegt[17]. Vereinzelte Belege für den Schreiber des Gottesschatzes liegen vor[18]. Wie weit die Vorsteher von speziell bezeichneten Rindern[19] als Vorläufer der späteren Rindervorsteher der Tempel anzusehen sind, das Amt also neben der kultischen, religiös bedingten Funktion auch einen ausgeprägten ökonomisch-administrativen Aspekt beinhaltet, bleibt fraglich[20]. Belege für eine Tempel-Handwerkerschaft fehlen weitgehend[21], jedoch scheint in dem Berliner Pap. 10050 ein Hinweis auf die Tempelwerkstatt vorzuliegen[22]. Erwähnt werden auch Sandalenmacher (Lederarbeiter?) in Illahun[23]. CG 20528 nennt einen Schiffsbaumeister des *Ptah. Möglicherweise wurden die anfallenden handwerklichen Arbeiten im Tempel auch von einer nicht expressis verbis als Handwerker bezeichneten Gruppe erledigt[24].

Frauen scheinen als T. keine Rolle gespielt zu haben – abgesehen davon, daß sie zu den Hörigen (*mrt*) gehörten[25]. Ausländer in Tempeldiensten (Asiaten *ʿ3mw*, *ʿ3mt*, *Fremde in Ägypten) sind zumindest in Illahun belegt[26]. Wie weit der Bezeichnung *Mḏ3jw* neben der funktionalen (als Ordnungshüter) auch noch eine ethnische Bedeutung zukommt, bleibt fraglich[27].

B. NR. Im Vergleich mit dem MR ist eine größere Differenzierung der Ämter feststellbar; die wachsende wirtschaftliche Bedeutung dieser Anlagen wird damit deutlich. Dies macht eine stärkere Bürokratisierung und einen personellen Mehraufwand vonnöten. Neben Tempelschreibern (wie im MR gehören dazu u.a. Schreiber des Gottesopfers, Altarschreiber, Schreiber des Gottesschatzes) und den ebenfalls im MR belegten Türhütern verfügen größere Tempel über eigene *Schatzhausvorsteher, *Scheunenvorsteher, Rindervorsteher, (Ober-) *Domänenvorsteher, die wiederum in ihren Büros über einen eigenen Verwaltungsapparat verfügen mit Schreibern, Vorstehern der einzelnen Liegenschaften an Feldern, Weiden, Weinbergen und den dort tätigen *Winzern, *Hirten, *Gärtnern und *Bauern/Feldarbeitern; Rinderzähler, Kornmesser, Kornzähler gehören zum Tempelpersonal. Dem Schatzhaus untersteht auch die Handwerkerschaft. Dazu zählen einmal die *Bauleiter, aber auch *Goldarbeiter, *Bildhauer, Zeichner/Maler etc. Verständlicherweise verfügt es auch über spezielle Wächter oder Türhüter. Mehrere Male ist der 2. Amunspriester gleichzeitig Schatzhausvorsteher des Tempels[28]; jedoch liegt hier nicht eine generelle Verbindung vor in dem Sinne, daß dieses Priesteramt eo ipso dieses Verwaltungsamt beinhaltet, sondern es handelt sich um eine von Fall zu Fall auftretende Ämterkombination in Personalunion[29]. Holz- und metallverarbeitende Werkstätten gehören auch zum Tempel, in denen Angehörige des T. beim Wagenbau und bei der Waffenherstellung eingesetzt waren[30].

In anderen Werkstätten, wie *Webereien und Anlagen zur Lederverarbeitung, wurden landwirtschaftliche Produkte durch das dazugehörige Personal weiterverarbeitet. Der hier und in den anderen Wirtschaftsanlagen erzielte Überschuß konnte veräußert werden (*Handel)[31]; Kaufleute gehören daher augenscheinlich in der Ramessidenzeit ebenfalls zum Tempelpersonal[32]. Da, nachweislich im NR, Tempel über eigene *Schiffe verfügen, umfaßt das T. auch Schiffsbesatzungen mit Schiffskapitänen und Schiffsbauern. In den zum Tempelkomplex gehörenden Wirtschaftsgebäuden arbeiten Schlächter, Brauer, Bäcker. Fischer und Vogelfänger werden unter dem T. aufgeführt. Die Angehörigen des *Arbeitshauses unterstehen eigenen Vorstehern. Vorsteher der *Jäger, Vorsteher der Fremdländer, Vorsteher der Goldwüsten sind belegt. In besonderen Fällen, wo Goldminen zum Tempelbesitz gehören, so zutreffend für den Tempel *Sethos' I. in *Abydos, treten Transportmannschaften der Goldwäscher unter Führung eines *ḥrj pḏt* auf (*Goldgewinnung E, *Kanais). Auch militärische Titel sind genannt in

der Ramessidenzeit: Generale, Rekrutenschreiber, Soldatenschreiber[33].
Kriegsgefangene Ausländer wurden häufig als *Sklaven an die verschiedenen Tempel gegeben; Ausländer kamen durch Sklavenhandel nach Ägypten[34]. Sie wurden gern in der Weberei eingesetzt oder aber als Winzer[35].
Eine Liste von T. ist in den *Onomastika erhalten[36].
Durch *Dekrete (*Nauridekret, *Tempeldekrete) wurde das T. von dem Zugriff staatlicher Institutionen befreit und seine Arbeitskraft allein in den Dienst des Tempels gestellt.
Darstellungen von Angehörigen des T. bei ihren Tätigkeiten, speziell in den dem Tempel unmittelbar angeschlossenen Wirtschaftsgebäuden (Brauer, Schlächter, Bäcker, Holzarbeiter, Stallknechte beim Füttern des Viehs, Opferträger etc.), finden sich auf *Talatât-Blöcken der *Aton-Tempel[37] oder im *Luxor-Tempel[38]. Weitere Darstellungen von Handwerkern der Tempelwerkstätten sind in thebanischen Gräbern erhalten[39].

[1] Vgl. dazu auch Otto, in: MDAIK 14, 1956, 158–159. – [2] Helck, in: LÄ IV, 1084–1097; vgl. dazu Kees, in: Or 17, 1948, 314–321, bezogen auf die *Phylen oder „Stundenpriesterschaft". Dies gilt auch für den *jmj-st-ʿ*. Zum allgemeinen s. Kees, Priestertum, und Serge Sauneron, Les prêtres de l'ancienne Egypte, „Le temps qui court", Paris 1957, 55–71. – [3] Die Bezeichnung „Vorsteher aller Ämter des Amuntempels" macht dies für den Hohenpriester des NR deutlich. – [4] Gardiner, in: ZÄS 45, 1908/9, Tf. 6, Z. 5. Die Tatsache, daß ein Teil des T. seinen Dienst monatsweise ausübte, ist für diese Fragestellung weniger bedeutsam. Ist dieser Dienst ein Priesterdienst, z. B. bei den „Vorlesepriestern", gehören sie zur Kategorie der Priester, wobei es unerheblich ist, was sie außerhalb dieses Zeitraums taten. Hier liegt eine Verbindung von unterschiedlichen Tätigkeiten bezogen auf die Person vor, nicht jedoch eine grundsätzliche, die das Amt an sich berührt. Die in diesem Zusammenhang verwendete Bezeichnung „Laienpriester" (so z. B. AEO I, 58*) ist unglücklich, impliziert sie doch auf der anderen Seite eine fachlich qualifizierte, theologisch ausgebildete Priesterschaft, was für den hier behandelten Zeitabschnitt sehr fraglich ist. – [5] Siût, Tf. 7. – [6] Weitere Einzelbelege finden sich auf Stelen des MR, vgl. z. B. Hans O. Lange und Heinrich Schäfer, Grab- und Denksteine des MR III (CG), Kairo 1925, Index 41–78 (Titel): so z. B. Vorsteher des Hauses der Gottesopfer (CG 20616. 20392. 20336), *jmj-rꜣ šnt* (CG 20373. 20623. 20778) etc. Unergiebig in diesem Zusammenhang sind die Grabanlagen der Priestervorsteher des MR in der Provinz. – [7] Die beste Quelle stellen die z. T. noch unpublizierten „Kahunpapyri" dar. *Jmj-rꜣ šnt* und *wḥmw*, im weiteren Sinne mit juristischen/polizeilichen Funktionen (Helck, Verwaltung, 73–75. 240–241), sonst in bezug auf die Verwaltung von Stadtbezirken vorkommend, sind, wie die Parallelen andeuten, jedoch auch auf die Tempelverwaltung zu beziehen (ein Hinweis auf die enge personelle und administrative Verbindung zwischen Totentempel und Pyramidenstadt). Ein *jmj-rꜣ ww* mit ähnlicher Funktion (Helck, op. cit., 75–76) wird in Pap. Berlin 10232d ausdrücklich als zugehörig zum Tempel (*nj ḥwt-nṯr*) bezeichnet: Ursula Kaplony-Heckel, Ägyptische Handschriften, Teil 1 = Katalog der orientalischen Handschriften in Deutschland 19. 1, Wiesbaden 1971, 125; vgl. auch Meir III, Tf. 14; Meir II, Tf. 15 für Göttertempel. – [8] Naville, Deir el-Bahari, XIth Dyn. Temple I, Tf. 24. – [9] Die enge Verknüpfung von staatlicher und Tempel-Administration gilt auch für die Göttertempel, zumindest in der Provinz (Helck, in: LÄ IV, 1088). – [10] Borchardt, in: ZÄS 40, 1902/3, 113–117; vgl. Gardiner, in: JEA 42, 1956, 119; Helck, loc. cit. Belege für diesen Titel an den Göttertempeln finden sich bei den Priestervorstehern, die dort gleichzeitig ebenfalls das Bürgermeisteramt ausüben, selten, stattdessen bei deren Untergebenen, die für den administrativen Teil der mit dem Tempel verbundenen Aufgaben in besonderem Maße zuständig sind. Das Amt des Priestervorstehers beinhaltet diese Funktion als übergeordnete letzte Instanz eo ipso. Belege für den Titel außerhalb der Totentempel z. B. bei Lange und Schäfer, op. cit., 46. – [11] Wohl kaum identisch mit dem in dem genannten Pap. Berlin 10005. Letzterer ist nur monatlich tätig und vielleicht eher zu vergleichen mit dem *zš n mtj n zꜣ*: Kaplony-Heckel, op. cit., 249. – [12] Scharff, in: ZÄS 59, 1924, 20–45; Francis Ll. Griffith, Hieratic Papyri from Kahun and Gurob, London 1898, Tf. 28–37. – [13] Borchardt, in: ZÄS 37, 1899, 94–98; außerdem scheint der Phylenleiter (*mtj n zꜣ*) für die Sicherheit des Tempelkomplexes zuständig zu sein: Scharff, op. cit., 48–49, Tf. „Anhang", 11–12 (P. 10050). – [14] Helck, loc. cit. Zu den *kꜣwtjw* s. auch AEO I, 59*–60*. – [15] Als Briefüberbringer, Bringer von Opferlieferungen: Scharff, op. cit., 24–25, Tf. „Anhang", 1–2 (P. 10016). Unter den Arbeitern werden auch Gärtner (*kꜣnjw*), *mnjw*, die u. a. zum Steineschleppen herangezogen werden, etc. genannt. – [16] Kaplony-Heckel, op. cit., 129. – [17] Quibell, Excav. Saqq. (1906–1907), Kairo 1908, Tf. 6, 2. – [18] Fischer, in: MMJ 11, 1976, Abb. 3. 4, aus Busiris; CG 20677d auf den Amuntempel bezogen. – [19] Henry G. Fischer, Dendera in the Third Millennium B. C., New York 1968, 172 mit Anm. 730. – [20] Helck, Verwaltung, 171–172, nimmt an, daß die Rinderherden dem Bürgermeister in seiner Funktion als Tempelvorsteher unterstanden. – [21] Rosemarie Drenkhahn, Die Handwerker und ihre Tätigkeiten im Alten Ägypten, ÄA 31, 1976, 154. – [22] Scharff, op. cit., 48. – [23] Borchardt, in: ZÄS 37, 1899, 98; Sethe, Lesestücke, 97, 5. 7. 8. 13; vgl. auch den Beleg eines „Vorstehers der Sandalenmacher" im Tempel in *Naga ed-Deir aus der Zt vor dem MR: Dows Dunham, Naga ed-Dêr Stelae of the First Intermediate Period, Oxford 1937, 88–89, Tf. 27, 1; dort auch ein „Vorsteher der Arbeiten" im Tempel belegt: op. cit., 82–83, Tf. 24, 2. – [24] Kees, in: Or 17, 1948, 315–318, nimmt an, daß dafür auch die Phylen bzw. die „Stundenpriesterschaft" herangezogen wurde mit Verweis auf Louvre C 11 und C 12 (Sethe, Lesestücke, 76–77). Die dort genannten *ḥmww* (op. cit., 76, 8) sind nicht eindeutig als Tempelhandwerker zu erkennen. – [25] Die in Lischt belegten *jrjt-ʿt, wbꜣt* etc. (Licht, 50–55, Abb. 51–63) müssen nicht notwendigerweise, wie von den Ausgräbern angenommen (op. cit., 53–55), mit der Pyramidenanlage Amen-

emhets I. und ihrem Kult in Verbindung gebracht werden, vgl. Henry George Fischer, Varia I, Egyptian Studies 1, Brooklyn 1976, 76–77, wenn auch die Titel in der maskulinen Form in bezug auf Tempel belegt sind, da ein konkreter Hinweis, worauf sich diese Titel beziehen, fehlt. Eine der wenigen eventuellen Ausnahmen, ein möglicher Beleg für weibliches T., mag vorliegen in: Fischer, op. cit., 78 mit Abb. 4 auf Tf. 19: Vorsteherin des Magazins (Arbeitshauses) ... für das (?) Gottesopfer; ein weiterer möglicher: op. cit., 62 mit Abb. 2 auf Tf. 17. – [26] Helck, Beziehungen², 78 Anm. 4. – [27] AEO I, 82*. – [28] Kees, Priestertum, 11. – [29] Vgl. dazu auch Sauneron, op. cit. (s. Anm. 2), 59. Dies und die Verbindung der hohen Priesterämter mit anderen Verwaltungsämtern zeigen letztlich an, daß es sich bei diesen „Priestern" eigentlich um die Angehörigen der Tempeladministration mit zusätzlich kultischem Aufgabenbereich handelt. – [30] Drenkhahn, op. cit., 128–132. – [31] Jacobus J. Janssen, Two Ancient Egyptian Ship's Logs. Papyrus Leiden I 350 verso and Papyrus Turin 2008 + 2016, Leiden 1961. – [32] Op. cit., 101–103. – [33] Eine Übersicht über das T. eines Göttertempels bietet auf Grund der günstigen Quellenlage die Auflistung Helcks (Materialien, 29–51) für den Amuntempel; für das ähnlich organisierte T. eines kgl. Totentempels s. die Aufstellung op. cit., 111–113 für den Totentempel Ramses' III. – [34] Helck, Beziehungen², 345–346. 348–349. – [35] Idem, Verwaltung, 169–170; in Erwägung gezogen wird auch, Rosemarie Drenkhahn, op. cit., 132, daß sie z.B. für den Wagenbau eingesetzt wurden. – [36] AEO I, 47*–66* (Nr. 126–151); Gardiner, AEO I, 47*, hält es durchaus für möglich, daß auch die folgenden Eintragungen, op. cit., 66*–98* (Nr. 152–229), ebenfalls T. bezeichnen. – [37] Jean Lauffray, in: Karnak VI, Kairo 1980, 67–89, Abb. 1–16, Tf. 14–19; vgl. auch Munro, in: LÄ III, 362. – [38] PM II², 314 (80). – [39] Drenkhahn, op. cit., 154–155.

Korrekturzusatz zu Anm. 14: Zum T. von kgl. Totenkultanlagen des MR s. jetzt auch Luft, in: Oikumene 3, Budapest 1982, 101–155, bes. 137–143. 146–150. Der *k3wtj* wird hier (op. cit., 139) nicht als einfacher Tempelarbeiter angesehen, sondern als derjenige, der die konstruktiven Arbeiten an der Anlage beaufsichtigt. Handwerker, die als Türhüter fungieren, werden in Pap. Berlin 10160 und 10162 vso genannt (op. cit., 148–149).

Lit.: (NR) Kees, Priestertum; Helck, Materialien, 25–195. E. M.-P.

Tempelrelief. Das T. kombiniert wie andere *Flachbilder Bild und Text, ist wie sie magisch wirksam[1] und unterscheidet sich von ihnen nur durch die Thematik[2]. Der Unterschied zur *Malerei ist technischer Art.

1. *Tempelrelief und Tempelarchitektur.* Die Tempelarchitektur (unter Einschluß der „mobilen Architektur" wie *Naoi usw.) stellt den Rahmen der Tempeldekoration dar, die sich in Rundbilder[3] und Flachbilder (also T.) gliedert, und ist damit Träger des Tempelreliefs. Die Beschreibungsfunktion der Tempeldekoration wird ergänzt durch die ikonische Funktion der Tempelarchitektur (z.B. Pylonanlage = Bild des Horizontes).

2. *Tempelrelief und Tempelfunktion.* Die Tempeldekoration ist zunächst determiniert durch die Benutzungsfunktion des *Tempels: Wohnung eines oder mehrerer Kultempfänger und Kultbühne für den ritualisierten Kontakt (*Ritual) zwischen Kultvollzieher und Kultempfänger[4]. In der Regel ist (sind) Kultempfänger durch Rundbilder (der eigentlichen Wohnung)[5] und im T. wiedergegeben, der (die) Kultvollziehende(n) und der Kult nur im Tempelrelief[6]. Die Thematik des T. bestimmt sich weiterhin aus der (übergeordneten) Konzeption des jeweiligen Tempels[7].

3. *Die Gattungen der Tempeldekoration.* Da die Rundbilder sich nur noch selten in situ befinden (u.a. abgesehen von *Felstempeln), stellt das T. praktisch die einzige noch am Anbringungsort verfügbare Dekorationsgattung dar. Nur ein Teil der T. reflektiert aber den im Tempel vollzogenen Kult (d.h. ist kultbezogen). Die Mehrheit der T. sind nur kultunterstützend, d.h. sie schildern die Voraussetzungen und Interpretationen des Kultes und die Konzeption des Tempels.

4. *Die kultbezogenen T.* reflektieren die Versorgung des oder der Kultempfänger (in der Kultbildkammer das *Tägliche Ritual, im Opfertischsaal das Opferritual und im Barkenraum das Barkenritual)[8] und vom Festkult (*Feste) Barkenrituale im Erscheinungssaal und in Höfen[9] sowie Beginn und Ende der Festzüge (*Minfest, *Sokarfest, *Talfest, *Opetfest usw.).

5. *Die kultunterstützenden T.* veranschaulichen die Tempelkonzeption (Tempel als Kosmos[10], als mythischer Ort im Jenseits[11], als Kontaktort zwischen Diesseits und Jenseits [*Scheintüren]), bisweilen im Zusammenwirken mit dem ikonischen Aspekt der Tempelarchitektur[12], die Stiftung[13] und Gründung[14] von Tempeln. Die wichtigsten kultunterstützenden T. schildern jedoch in Form ikonisch-textueller dogmatischer Aussagen a) Aspekte des Kultvollziehers (z.B. in Szenen des Krönungszyklus zur Legitimierung)[15], b) der Kulthandlungen (z.B. auszugsweise Wiedergabe von Festabschnitten, die außerhalb des Tempels stattfanden[16], oder auch die Darstellung des regulierten *Sonnenlaufs in *Totentempeln des NR, der durch den Kultvollzug gesichert wird[17]), c) des oder der Kultempfänger: ein göttlicher Kultempfänger wird im Normalfall nur durch Ikonographie, Titel[18] und Namen[19] charakterisiert; in Felstempeln der 18./19. Dyn. weist dagegen der regierende König, der in den Kultbildkammern unter die Götter eingereiht (und damit mittelbarer Kultempfänger) ist, mittels eines Zyklus dogmatischer Aussagen seine *Legitimation (Abstammung und Krönung[20]) und insbesondere seine Idoneität

nach (durch Darstellungen allgemeinen Kultvollzugs und der Errichtung der Weltherrschaft, dieses auch durch Kriegsschilderungen)[21], d.h. daß er seine Aufgaben als König erfüllt hat[22] (Voraussetzung zur Aufnahme unter die Götter)[23].

6. *Die Dekorationssprache.* Die ikonographisch-textuellen Beschreibungsmöglichkeiten, deren Zeugnisse u.a. die T. sind, werden neuerdings unter dem Terminus „Dekorationssprache" zusammengefaßt[24] (nachdem schon früher der Begriff „grammaire du temple" in Vorschlag gebracht worden war)[25]. Deren Morphologie wird repräsentiert durch die Elemente von Rundbild, Flachbild und Einzeltext, die zu Einzeldarstellungen von Personen, Gegenständen usw. und zu Szenen zusammengefügt wurden, diese wiederum zu Aussagekapiteln eines Tempels (Krönung, Feldzug usw.). Die Aussagen können sequentiell angeordnet sein (Szenen, Szenenteile, Einzeltexte), sind aber häufig durch räumliche Entsprechung (u.a. *Symmetrie) oder inhaltlich zweidimensional (auf derselben Tempelwand) oder dreidimensional (von Tempelwand zu Tempelwand oder Tempelraum zu Tempelraum) miteinander verknüpft[26]. Es bestand z. B. die Möglichkeit, durch Verteilung der Aspekte einer Gottheit über den Tempel eine umfassende ikonisch-textuelle Präsenz der Gottheit im Tempel zu erreichen[27] (desgleichen auch in Kultteilen von Gräbern)[28].

7. *Die Bindung der Szene an den Ort*[29]. Die Entscheidung darüber, ob ein T. als kultbezogen oder kultunterstützend zu bezeichnen ist, hängt vom Kontext des T. ab, aber es können schon einige Grundsätze angegeben werden: a) der Kultweg im Tempel verläuft normalerweise gradlinig[30] vom Tempeleingang bis letztlich zur Kultbildkammer: hier liegt handlungsbezogen eine Bindung der Szene (d.h. des T.) an den Ort vor; ein Schlangenlinien- oder Zickzackweg ist unmöglich[31]; b) der Großteil der Opferszenen hat nur kultunterstützende Funktion: eine Opferszene stellt die wichtigste syntaktische Form dar zur Beschreibung des Verhältnisses zwischen Kultvollziehendem und Kultempfangenden[32]. Der Grundsatz der Bindung der Szene (bzw. des Einzeltextes) an den Ort gilt aber auch hier: durch definitorische T. wird z.B. am Eingang zum *Hathor-Tempel der *Hatschepsut in *Deir el-Bahari[33] der Tempel als mythischer Ort *Chemmis definiert; in demselben Tempel werden Aspekte von Geburt (?) und Krönung des Hatschepsut (letztere werden im Säulensaal als Voraussetzung der Chemmishandlung in der Kultbildkammer[34] kultunterstützend geschildert[35]) in Nebenräumen des Säulensaales exkursartig fixiert (Exkurs-Räume)[36]. Damit läßt sich das Mißverhältnis zwischen dem Versuch, die meisten T. als kultbezogen zu interpretieren, und dem Grundsatz von der Bindung der Szene an den Ort beheben[37].

[1] U. a. magische Sicherung des Kultvollzugs durch dessen ikonisch-textuelle Darstellung. – [2] Die starke Parallelen zu Totenkultstätten hat. – [3] *Götterbilder, *Königsplastik, *Privatplastik. – [4] Vgl. Arnold, Wandrelief, 3. – [5] *Kultstatue. – [6] Zur Rundbild-Darstellung von Kultvollziehenden vgl. den Großen *Sphinx von *Gisa (Anthes, in: Fs Ricke, 53–54) und die Statuetten opfernder Könige. – [7] Die Arten der Konzeption eines Tempels lassen sich anhand einer Tempelklassifikation beschreiben (hierzu s. Rolf Gundlach, HÄB 13–14, in Vorbereitung). – [8] Hierzu s. im einzelnen Arnold, a.a.O., 7–56. – [9] Vgl. ebd., 94–97. 99 (Nr. 5). 105 (Nr. 13,7). 106 (Nr. 15). 106–110. 111 (Nr. 1c–e) u. a. – [10] Vgl. ebd., 3. – [11] Z.B. der Hathortempel der Hatschepsut in Deir el-Bahari (vgl. Text zu Anm. 33). – [12] Z.B. durch astronomische Darstellungen an Decken. – [13] Durch Stiftungstexte: z.B. im Südtempel von Buhen: Vorhof, Pfeiler 16, Westseite (s. Ricardo A. Caminos, The New Kingdom Temples of Buhen I, ASE 33, 1974, Tf. 61–62); vgl. auch *Bauinschriften. – [14] Die ja vor der Tempelerrichtung stattfand und schon früh stark typisiert dargestellt wird: Engelbach, in: JEA 20, 1934, Tf. 24 (Chasechemui); Kaiser, in: Fs Ricke, Falttafel 4 (Niuserre); vgl. *Gründungszeremonien und auch Arnold, a.a.O. (s. Anm. 4), 97. – [15] Vgl. *Luxor-Tempel (Hellmut Brunner, Die südlichen Räume des Tempels von Luxor, AV 18, 1977, Tf. 14. 48. 49: Szenen 15. 16). Die Krönung fand z.B. in *Karnak in der Kultbildkammer statt (Helck, Ritualszenen, Text, 78–79). – [16] Beispiele bei Arnold, a.a.O., 98 (Nr. 2b). 105 (Nr. 13,7). 111 (Nr. 1b. 1b'–d'). 112 (Nr. 3); weiterhin Vorhof des *Chons-Tempels in Karnak (OIP 100, 1979, Tf. 20–23. 52–53). – [17] Vgl. hierzu Assmann, Sonnenpriester, 7–8. – [18] *Götterepitheta, *Göttertitulatur. – [19] *Götternamen. – [20] *Thronbesteigung; vgl. auch Anm. 15. – [21] Z.B. die Szenen zur *Qadesch-Schlacht in *Abu Simbel. – [22] Zu den Aufgaben des Königs vgl. u. a. Gundlach, in: Fs Edel, 217. 226; *Königspflichten. – [23] S. Gundlach, a.a.O. – [24] Vgl. ebd. und Dieter Kurth, Den Himmel stützen, Brüssel 1975, 3. – [25] Derchain, in: CdE 37, Nr. 73, 1962, 33 f.; ders., in: BSFE 46, 1966, 17. – [26] Vgl. hierzu die modellhafte Analyse von Erich Winter, Untersuchungen zu den ägyptischen Tempelreliefs der griechisch-römischen Zeit, DÖAW 98, 1968. – [27] Vgl. z.B. die Dekoration der Säulen in der Hypostylen Halle in Karnak: Helck, in: MDAIK 32, 1976, 57 ff. – [28] Z.B. die Göttertopographie im Grab des Tjanuni (Artur und Annelies Brack, Das Grab des Tjanuni, AV 19, 1977, 91–92); Gundlach, in: OLZ 75, 1980, 528–529. – [29] Grundsätzlich hierzu Arnold, a.a.O., 4. 127–129; hierzu auch Winter, a.a.O., 13/14. – [30] Der Kultweg kann innerhalb eines Raumes, markiert durch Säulen- oder Pfeilerstellungen, auch abgeknickt verlaufen (vgl. z.B. die Hypostyle Halle in Karnak). – [31] Z.B. widerspricht der Versuch, aus den Haltungsrichtungen des Königs und der Königin im Kleinen Tempel von Abu Simbel Kultwege zu rekonstruieren (Christiane Desroches-Noblecourt und Charles Kuentz, Le petit temple d'Abou Simbel I, Kairo 1968, 121) dem durch Hathorpfeiler fixierten Kultweg und vermengt kultbezogene und kultunterstützende Tempelreliefs. – [32] Vgl. schon Ar-

nold, a.a.O., 95 unten und 113, Nr. 10. – [33] PM II², 350, (22). (23) u. a.; vgl. Gundlach, op. cit. – [34] PM II², 353, (52). (53). – [35] Insbesondere PM II², 351, (36). (37); vgl. Gundlach, op. cit. – [36] Es handelt sich um die Nebenkammern PM II², 352, (44). (46), in denen m. E. keine Statuetten aufgestellt waren (gegen Arnold, a.a.O., 46), ebensowenig wie in (43). (45). – [37] Hierzu vgl. im einzelnen die differenzierte Aufstellung bei Arnold, a.a.O., 127–129.

R. Gu.

Tempelschlaf. Eine Möglichkeit, die *Gottesnähe provoziert herbeizuführen, war, an heiliger Stätte (*Tempel) in den *Schlaf zu sinken, um so in außermenschliche Bereiche vorzudringen. Im *Traum erhoffte man das Erscheinen der Gottheit (*Theophanie), die den Wünschen des Menschen, insbesondere nach Heilung von *Krankheit oder Gewährung von *Schwangerschaft (*Taimhotep), nachkommen sollte.

Der T. ist also, was Theorie und Praxis anbetrifft, nur eine auf den Tempel als Durchführungsort eingeschränkte Form des *Heilschlafes; s. dort die Zusammenstellung der bedeutendsten Heiligtümer mit Inkubationsbetrieb (*Sanatorium) sowie die der jeweils zuständigen Heil-Götter (*Götter, Heil-).

W. W.

Tempelstatuen. Un temple égyptien abrite essentiellement des statues divines, dont la statue de culte (*Götterbild, *Kultstatue) et les statues royales, par l'intermédiaire desquelles le roi donateur participe aux rituels du temple et reçoit des offrandes (*Königsplastik, *Königskult). Initialement réservé au roi, ce privilège est partagé dès l'AE – dans les temples funéraires royaux (*Totentempel) – par la proche famille du roi. Ainsi le nom d'*Imhotep paraît sur le socle d'une statue de *Djoser (Le Caire JE 49889)[1], *Djedefrê se fait représenter avec les membres de sa famille (groupes et statues individuelles au Louvre et à Munich)[2], *Mykérinos avec sa femme (Boston 11.738)[3] et *Pépi II sur les genoux de sa mère (Brooklyn 39.119)[4]. Vers la fin de la VIe dyn. en province, on trouve près de la statue en cuivre de *Pépi I au temple d'*Hierakonpolis, celle, probablement, de son fils (Le Caire JE 33034–5)[5]. Nous savons enfin par un décret de Pépi II, qu'outre celles du roi et des deux mères royales il y avait dans le temple d'Abydos une statue du vizir *Djau[6]. Bien que beau-frère et oncle de Pépi II, Djau est le premier particulier connu à posséder une statue dans un temple divin, qui plus est temple de sa ville[7].

Avec la baisse de l'autorité centrale, les nomarques (*Gaufürsten) devenus quasi indépendants prennent graduellement la charge des temples, commencent à s'appeler "fils" de leur dieu citadin (cf. *Priester, *Stadtgott) et acquièrent le droit de placer des statues dans les temples. A la IXe dyn. le prince Idi possède des T. qu'un décret royal vise à protéger[8]. Mais déjà au début de la XIIe dyn. le prince de Siout *Djefaihapi s'assure par contrat le culte de ses propres statues dans les deux temples de sa ville[9] et *Chnumhotep à *Beni Hasan se vante d'avoir lui-même dirigé le transport de la sienne vers le temple[10].

On peut considérer comme l'origine ou du moins comme parallèle de cette pratique le culte posthume de certains gouverneurs de province comme *Isi à Edfou (*Tell Edfu) et *Heqaib en *Elephantine (*Heroen) adorés à travers leurs statues, l'un dans une chapelle ménagée près de sa tombe, l'autre dans un sanctuaire important érigé près du temple de sa ville. Là les successeurs de ce dernier, qui lui dédiaient des statues, y déposaient en même temps les leurs (cf. *Heqaib).

Dès la disparition des nomarques au ME, le privilège s'étend définitivement, et par octroi royal, aux grands de ce monde, notamment aux prêtres[11] et persistera, avec quelque évolution de types et de fonction, jusqu'aux Basses Epoques, quand la statuaire privée occupe essentiellement les temples (*Privatplastik).

La T. est une forme d'existence et de survie indépendante de la tombe (*Grabstatuen) et ne représente pas forcément le défunt. Son rôle est d'être près du dieu (*Gottesnähe) déjà en ce monde et pour toujours[12], son souhait, participer aux offrandes.

A la différence des statues royales qui, elles, sont des objets de culte et reçoivent automatiquement les offrandes (*König-Gott-Verhältnis), les T. privées doivent justifier leur position dans le temple par faveur royale ou donation personnelle (*Votivgaben), par la considération ou la protection divine (au NE), et assurer leur existence avec des formules inscrites: appel aux vivants (*Anruf an Lebende), *ḥtp dj njswt* (*Opferformel), au NE: *nṯr njwtj*, formule qui place la statue de l'intéressé sous la protection et devant les offrandes du dieu[13] (*Saitische Formel), et avec une *Biographie avantageuse à même d'attirer la bienveillance du visiteur. Certaines se présentent même comme "gardiennes" de porte du temple ou comme "porte-paroles" (*Mittler) capables d'intercéder auprès de la divinité et de lui transmettre quelque demande ou prière moyennant des offrandes de pain et de bière[14]. Ainsi le culte des statues se répand (*Statuenkult) et va jusqu'à la divinisation de certains "intercesseurs" comme *Amenophis fils de Hapou[15] qui jouit ainsi, et à l'égal des dieux, d'un culte prolongé (*Verehrung verstorbener Privatleute).

Les processions des fêtes sont l'occasion par excellence pour reçevoir les offrandes convoitées; pain, bière mais aussi des fleurs et des bouquets montés (*Blumenstrauß). Les T. sont justement assemblées dans les cours et aux portes des temples, sur de la voie des processions de la barque sacrée. Rappelons ici que le particulier – et encore moins sa statue – n'est pas admis dans le temple proprement dit; il ne peut ni approcher la statue divine ni la voir qu'enfermée dans la chapelle de la barque lors de la procession (*Prozessionen). Les types et les matériaux des T. restent les mêmes que pour les statues de tombe (cf. *Privatplastik). Elles sont debout, assises, en manteau, à genoux ou accroupies au ME. Bien vite l'occasion d'une inscription plus longue favorise l'avènement des statues-blocs (*Würfelhocker) qui présentent aussi l'avantage d'être massives et indestructibles. Le désir de rester près du dieu et d'en être protégé donne lieu aux statues *naophores, statues votives qui représentent le donateur tenant un *naos avec l'image d'une divinité. A cette catégorie appartiennent les statues steléphores (*Stelophor), *sistrophores et celles qui présentent un emblème divin (cf. *Privatplastik)[16].

Avec le temps, les T. se multipliant dans les cours des temples, finissaient par encombrer les passages. Sans vouloir les détruire on avait parfois recours à la "*cachette", c'est le cas de la cour du VIIe pylone à Karnak. Ce qu'elle cachait sous son sol nous donne un aperçu de l'importance des T. Allant de la XIe dyn. jusqu'à l'époque ptolémaïque, plus de deux mille statues et statuettes de rois, de dieux et de particuliers y avaient été déposées pendant des siècles[17].

[1] PM III², 407. – [2] PM III², 2–3. – [3] PM III², 29, on y trouve aussi la statue d'un fils royal. – [4] Provenance inconnue, probablement Saqqara. Cf. Brief Guide, Brooklyn 1970, 31. – [5] Vandier, Manuel III, 34, pl. 7, 1–3. – [6] Goedicke, Königl. Dokumente, 81 sq. – [7] Le cas de Hetepdief n'est pas clair (cf. *Privatplastik). Ce personnage semble bien attaché au culte (funéraire?) de trois rois, d'après les inscriptions. Cependant, l'attitude de la prière et la formule d'offrande se retrouveront au ME avant tout sur les statues de tombe, bien avant d'être reprises par les T. Trouvée à *Mit Rahine, elle peut aussi bien provenir d'une tombe de Saqqara. – [8] Goedicke, op. cit., 214. – [9] Hans Kayser, Die Tempelstatuen ägyptischer Privatleute im MR und NR, Heidelberg 1936, 10. – [10] Ibd., 11. – [11] Otto, dans: Or 17, 1948, 463. – [12] Ibd., 455. – [13] Ibd., 449–455; cf. *Privatplastik, note 43. – [14] Clère, dans: JEA 54, 1968, 143 sq. Comparer les stèles d'intermédiaires, jouant le même rôle (*Stelen). – [15] Dietrich Wildung, Imhotep und Amenhotep, MÄS 36, München–Berlin 1977. – [16] Pour l'attitude en apothéose à Basse Epoque voir Bothmer, dans: Kêmi 20, 1970, 35–48. – [17] PM II², 136–169; ajouter les statues dégagées depuis 1967 par le Centre franco-égyptien de Karnak, dans: Kêmi 18 à 19, 1968 à 1971, et surtout dans Karnak V, 1977 et Karnak VI, 1980. H. Sou.

Tempelverwaltung s. Tempelpersonal

Tempelweihe s. Tempelgründung

Tempelwirtschaft. Grundsätzlich unterscheidet sich zunächst die T. nicht von der Wirtschaft eines Haushaltes eines hohen Beamten: Es handelt sich um die Organisierung, den Anbau und die Anlieferung aller Dinge, die für die Versorgung des Herrn des Tempels und seiner Familie notwendig sind. Darüberhinaus sind die Angestellten des Tempels so wie Haushaltsangestellte im säkularen Leben zu versorgen. Der entscheidende Unterschied besteht darin, daß die angelieferten Speisen vom Tempelherrn nicht konsumiert, die dargebrachten Kleider nicht aufgetragen werden; sie können, „nachdem der Gott sich daran befriedigt hat", bzw. Kleider, nachdem sie eine kurze Zeit vom Götterbild getragen worden waren, weiterverwendet werden. Dadurch können nicht nur mehrere „Scheinkonsumenten" befriedigt werden, sondern es können aus den Anlieferungen endlich die Diener des Gottes und die Angestellten der Tempel versorgt werden. Dabei können auch Personen außerhalb des Tempels, wie etwa private Totenpriester, letztlich in den Genuß dieser Opferverteilung kommen, sofern Lieferungsverträge bestehen.

Soweit es sich aus der Überlieferung erkennen läßt, sind in der *Thiniten-Zt nur wenige bedeutende Gottheiten, wie die *Neith von *Sais, in der Hauptsache aber nur Palastnumina, mit Zuwendungen aus dem kgl. Haushalt bedacht worden. Dies erkennt man an den Gefäßaufschriften, in denen solche Opfer angeliefert wurden[1]. Diese Opfer sind wahrscheinlich von geringer Menge gewesen, da in der Thiniten-Zt wie auch weit ins AR hinein höchstens mit einem einzigen hauptamtlichen Priester zu rechnen ist. Immerhin überstiegen bereits am Ende der 1. Dyn. die Lieferungen an den Tempel der *Neith die für die Versorgung der zuständigen Gottesdiener notwendigen Mengen, so daß man einem der höchsten Beamten, dem Prinzen *Mrj-kꜣ*, die „Versorgungsstelle" eines „Gottesdieners der Neith" verleihen konnte[2]. Aber noch am Ende der 4. Dyn. wurde eine Provinzgottheit nur mit 2 Aruren Feld ausgestattet, wie sie auch für eine Totendienststiftung üblich war; in die Einkünfte dieser Felder mußten sich die Diensttuenden am Heiligtum teilen[3].

Eine Ausnahme bildeten die kgl. *Totentempel, für die seit Beginn unserer Überlieferung größere Anlagen zur Produktion von Lebensmitteln usw. angelegt wurden, weil diese ja nach damaliger Vorstellung nicht für den toten König, sondern auch für alle „Leute seiner Zeit" die Versorgung auf ewig liefern sollten. Das beginnt mit den sog. Versorgungsanlagen der Zeit bis *Djoser[4] und setzt sich in der Anlage von Gütern im Lande seit *Snofru[5] fort, die zunächst für den lebenden, nach dem Tode aber für den verstorbenen König liefer-ten.

Aus dem Beginn der 5. Dyn. liegen uns einige Angaben aus dem *Annalenstein vor, die Hinweise auf die Stiftungen für Tempel erkennen lassen. Auch hier handelt es sich fast durchgehend nur um Palastnumina, sofern man von den „*Seelen von Heliopolis" absieht, d. h. dem Gremium der Götter des geeinten Landes (im Gegensatz zu den alten „Seelen von Pe bzw. von Hierakonpolis", die die Numina der beiden Landesteile beinhalteten); dieses Gremium erhält am meisten Stiftungen. Daraus mag man schließen, daß die Verehrung der Lokalnumina am Ort noch weitgehend Sache der Anwohner war und der König diese in ihrem Wirkungsbereich nur selten unterstützte, sie jedoch gemeinsam in *Heliopolis in einer Art Staatskult ausstattete. Auch lassen die Nennungen von *Domänen, wie sie in dieser Zt besonders in Privatgräbern auftreten, nur sehr wenige Göttertempeldomänen im Gegensatz zu „staatlichen" Domänen erkennen[6].

Gegenüber dieser geringen Ausstattung der Provinznumina zeigt sich eine reiche Versorgung der *Sonnenheiligtümer (d. h. deren Herren *Re und *Hathor) im Annalenstein[7]. Diese Tempel waren die Totentempel des göttlichen Ahnenpaares der Dynastie, die – wie uns nun die Abusir-Papyri (*Pap. Abusir) zeigen – weitgehend auch für die Versorgung der Totentempel der Könige zuständig waren. In den Abusir-Papyri ist auffällig, daß keine eigenen Domänen für den Totentempel des *Neferirkare genannt werden, jedoch dürfte das eine Sonderentwicklung sein, die einen Verlust der eigenen Besitzungen nach sich zog[8]. Denn aus anderen Totentempeln dieser Zt sind Domänenangaben erhalten[9], die den Besitz eigener Liegenschaften ausweisen. Für die Belieferung des Tempels des Neferirkare zeigen aber die Papyri folgenden Ablauf[10]: siehe unten Schema.

Blumen, Fleisch und Kleider kommen aber primär aus dem Sonnenheiligtum, jedoch gibt es kleine Nebenlieferungen, wie Fleisch aus privaten Totenstiftungen oder ab und zu eine *Gans vom *Arzt.

Diese „Opfer" werden nun an die *ḥmw-nṯr*, *wʿbw* und *ḫntjw-š* des Totentempels verteilt, wobei diese Personen mittlere und kleine Beamten sind, die aus Versorgungsgründen diese Stellen erhalten, wofür sie bestimmte Aufgaben im Tempel übernehmen müssen. Die „Gottesdiener" können sich ihren Anteil im *zḥ*, der Opferhalle, selbst aussuchen, die *wʿbw* und die *ḫntjw-š* (Tempelangestellte) jedoch erhalten sie in Kästen (*sṯꜣt*) herausgetragen. Wenn eine Verteilung außerhalb des Tempels besteht, wie etwa an einen Toten, so erhält dessen Totenpriester einen Ausweis, daß er sich seinen Anteil aus einem solchen Opferkasten holen kann[12].

Der seit etwa *Asosi erkennbare Ausbau der kgl. Tempelverwaltung, nachdem die Sonnenheiligtümer nicht mehr errichtet werden, macht die Pyramidenanlagen zum Mittelpunkt der Beamtenversorgung, die nun besonders als *ḫntj-š* des Totentempels Felderzuwendungen bekommen. Daneben werden zahlreiche Domänen und Produktionsanlagen (*pr-šnʿ*) eingerichtet. Gleichzeitig wächst auch die Zahl der Götter-Tempel, die mit Domänen ausgestattet werden, wie sich aus den Domänennamen ergibt. Sie sind wiederum mit kgl. *Ka-Häusern verbunden[13], die ihrerseits im Umlauf

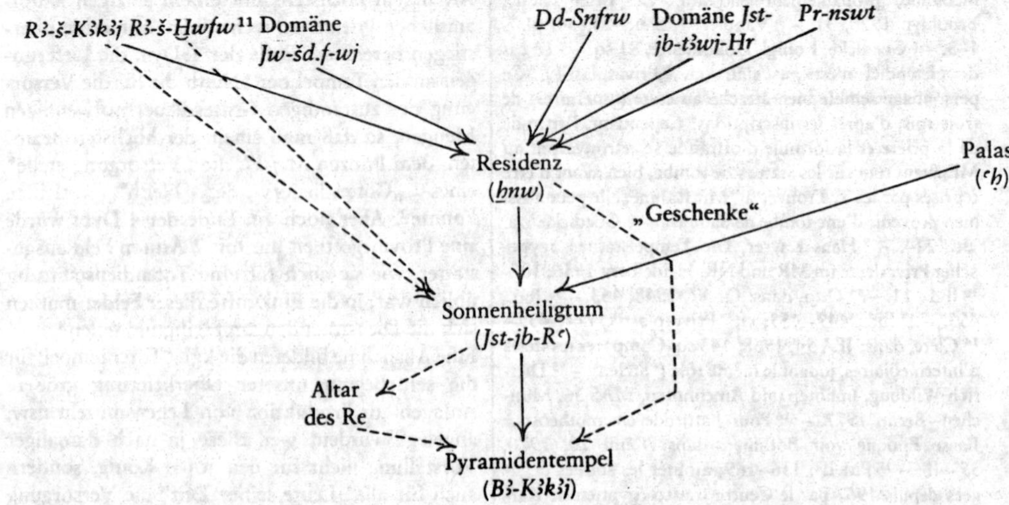

(*Opferumlauf) vom Tempel beliefert werden, wodurch dort beschäftigte „Priester" über die Tempelzuweisungen versorgt werden.

Wichtig für die T. waren auch im AR die großen *Feste, bei denen Sonderzuweisungen die Versorgung größerer Mengen von Personen erlaubten; einige Hinweise über die dabei benötigten Mengen lassen sich aus der Liste vom Sonnenheiligtum des *Niuserre ablesen [14].

Wenn der Gaufürst *Jbj* am Ende des AR seine Einkünfte in „Dörfer des Zugewiesenen (*pr-ḏt*), königliche Zuwendungen und Einkünfte aus Priesterstellen" einteilt, so zeigt dies, daß die Tempel weitgehend die Versorgung der Staatsbeamten übernehmen mußten. Dabei hatten die Beamten, wie die Abusir-Papyri zeigen, selbst oder durch Hausangestellte bestimmte Tätigkeiten im Tempel auszuführen; so spricht ein anderer Beamter [15] von „Dörfern des mir Zugeteilten, die mir der König für meine Versorgung (*jmꜣḫw*) gegeben hat", und von „Dörfern des mir Zugeteilten des Priesterdienstes (*wꜥbwt*), für die ich Priesterdienste tue". Es gibt also keine echte Priesterklasse, sondern der Priesterdienst ist eine Nebenbeschäftigung der Beamten. Je mehr der Staat sich am Ende des AR auflöst, desto wichtiger werden die Tempel als Zentren wirtschaftlichen Lebens und die Einkünfte aus Opfern zur Lebensgrundlage. Daher bedeutet in dieser Zeit Web-Sein, d.h. Zutritt zu Tempelopfern zu haben, „frei" sein.

Mit dem MR beginnen wieder die Zuweisungen an die Tempel, wie aus einigen meist fragmentarischen Aufstellungen zu erkennen ist [16]. Da leider die *Kahunpapyri noch weitgehend unveröffentlicht sind, können die dort zu erwartenden Angaben über die T. eines kgl. Totentempels des MR nicht ausgewertet werden. Es läßt sich aber erkennen, daß auch damals die Opfer zur Versorgung von Zeitpriestern verwendet wurden, die im Hauptberuf staatliche Aufgaben auszuführen hatten; dies entspricht ganz den Zuständen im AR. Eine Verteilungsaufstellung teilt die Anlieferungen nach Anteilen auf; nachdem die Umlaufopfer an Privattotenopfer abgezogen sind, erhält

der Bürgermeister und Vorsteher des Tempels		10 Anteile
der Oberste Vorlesepriester (d.h. der einzig hauptamtliche Priester!)		6 Anteile
der gewöhnliche Vorlesepriester des Monats		4 Anteile
der Phylenvorsteher des Monats		3 Anteile
der *wt*-Priester des Monats		2 Anteile
der *jmj-jst-ꜥ* des Monats		2 Anteile
drei *jbḥ*-Priester des Monats	je	2 Anteile
zwei Königs-Web des Monats	je	2 Anteile
der Tempelschreiber des Monats		1 1/3 Anteil
der Polizist		1 Anteil
vier Türhüter	je	1/3 Anteil
zwei Nachtwächter	je	1/3 Anteil
ein Tempelarbeiter		1/3 Anteil

Dabei ist bemerkenswert, daß der weitaus größte Teil der Opfer an die Privat-Totenpriester geht (von 390 Broten täglich werden 340 für diese abgezweigt). Dabei bleibt unklar, ob es sich um Umlaufopfer auf kgl. Befehl oder um solche handelt, die von Privatleuten an den kgl. Totentempel gestiftet wurden, damit sie dann wieder an deren Opferstelle und zum Verzehr an deren Totenpriester fielen [17].

Auffallend sind auch im MR die zahlreichen durch kgl. Gunst in den Tempeln aufgestellten Statuen hoher Beamter (*Tempelstatuen) [18]. Da auch diese beopfert wurden, ist zu fragen, wer als „Endkonsument" anzusehen ist. Anscheinend sind es wieder die Totenpriester [19].

Während im MR die Texte nicht erkennen lassen, ob die Zuwendungen an die Tempel mehr aus staatlichen Zuweisungen oder mehr aus eigenem Feldbesitz kommen, ist im NR deutlich, daß die Tempel in immer steigenderem Maß Felder besitzen und damit zu eigenen wirtschaftlichen Einheiten werden. Es treten daher auch die ersten „*Domänenvorsteher" (*mr pr*) von Tempeleinheiten auf. In der Ramessiden-Zt stellen die Tempelfelder den größten Teil des bearbeiteten Landes dar [20]. Ebenso besitzen die Tempel eigene Rinder- und Gänseherden sowie sonstige Einkünfte, wie etwa Goldvorkommen; die Tempel besitzen eigene Verarbeitungsbetriebe und Handelskontore, Wälder und Weiden, Jagdkonzessionen und Imkerbetriebe [21]. Die Verwaltung läuft für die Produkte in einem eigenen Tempelschatzhaus zusammen. Ebenso haben sie eine eigene Verwaltung für den Bausektor mit Handwerkern aller Art sowie eine eigene Flotte. Damit bilden wenigstens die Haupttempel des Landes starke Wirtschaftseinheiten, die weitgehend von den „staatlichen" Zuwendungen unabhängig sind, wenn diese auch noch in den Texten erscheinen.

Auffallenderweise tritt aber die Versorgung von Beamten durch Berufung als Zeitpriester wie im AR weitgehend zurück; allein die Zuweisung höherer Tempelstellen als Ehrung und zusätzliches Einkommen an bestimmte Persönlichkeiten [22] läßt sich in der 18. Dyn. noch nachweisen.

Die großen kgl. Totentempel erhalten zwar eigene Stiftungen (*Opferstiftung), unterstehen aber dem lokalen Haupttempel, wie es sich auch in ihren Titeln (*ḥwt*-Königsname-*m-pr*-Gottesname) ausdrückt. Bei der eigenen Anlage dürfte aber der Einfluß des Königs, solange er lebte, größer gewesen sein, so daß damit die sehr schwache wirtschaftliche Stellung der Könige der Ramessiden-Zt etwas gestärkt wurde.

Die Felder der Tempel wurden entweder als echte Domänen verwaltet oder an Soldaten und Arbeiter (wie Hirten, Imker, Handwerker usw.) vergeben, die dafür einen festgelegten Prozentsatz an den Tempel abzuliefern hatten[23]. Da diese Art der „Besteuerung" meist leichter war als die direkte durch den Staat, entwickelte sich besonders in der SpZt dann die Sitte, Eigentum an Land dem „Gott" zu schenken, der dann den Schenkenden wieder als Verwalter einsetzte, wodurch dieser anscheinend mehr Produkte für sich verwenden konnte als vorher[24]. Außerdem führte aber die wachsende Anzahl von Privatstiftungen an Tempel dazu, daß es an jedem Tempel eine große Anzahl von kleinen Stiftungen gab, die nun als „Pfründen" vergeben werden konnten. Daher führen Personen der SpZt häufig lange Ketten von Priestertiteln an z.T. obskuren Kapellen, da sie damit den Anspruch auf die betreffende Pfründe festhielten. Daß damit dann Politik getrieben wurde, zeigt die bekannte Anklageschrift aus den Rylands Papyri[25]. Gleichzeitig entsteht daraus eine eigene Priesterkaste, die durch die wirtschaftliche Überlegenheit der Tempel auch im Lande tonangebend wird.

[1] Vgl. Petrie, RT II, Tf. 7 Nr. 10 (*Mafdet); PD IV, Tf. 11 Nr. 57 (*Bastet). – [2] Emery, Tombs of the First Dynasty III, Tf. 39. – [3] Urk. I, 25 ff. – [4] Vgl. Helck, Wirtschaftsgeschichte, 26–27. – [5] Erste Darstellung im Opfertempel des Snofru bei der Knickpyramide: Ahmed Fakhry, The Monuments of Sneferu at Dahshur II, The Valley Temple, Part I: The Temple Reliefs, Kairo 1961, 17–8. – [6] Göttertempeldomänen nennen im Namen neben dem König auch den betreffenden Gott, kgl. Domänen (auch für den Totentempel) nur den König. – [7] In einem Jahr einmal 1904 Aruren. – [8] Mit dem Verlust der Eigendomänen dürfte die Wegnahme des Taltempels und des Aufwegs durch Niuserre zusammenhängen. Nebenbei haben sich die Akten nur erhalten, weil sie nicht an ihrer eigentlichen Stelle, dem Taltempel, aufbewahrt werden konnten; dort sind sie bei den anderen Anlagen durch die Feuchtigkeit zerstört worden. – [9] Jacquet-Gordon, Domaines, 140–159 für diejenigen Könige der 5. Dyn., die ein Sonnenheiligtum errichteten: Userkaf, Sahure, Niuserre. – [10] Cf. Paule Posener-Kriéger, Les archives du temple funéraire de Néferirkarê-Kakaï II, BdE 65.2, 1976, 611 ff. – [11] *Rꜣ-š* bedeutet anscheinend (vgl. Posener-Kriéger, op. cit., 616–619) eine Zentralerfassungsstelle für die Anlieferungen aus den Domänen. – [12] pHier. BM (Posener-Kriéger-Cenival), Tf. 17 A. B; 58 A. B = Posener-Kriéger, op. cit., 472–478. – [13] Cf. Jacquet-Gordon, op. cit., 185 Nr. 3; Labib Habachi, Tell Basta, SASAE 22, 1957, 11–43. – [14] Helck, in: SAK 5, 1977, 45 ff.: Eine vermutliche Jahresabrechnung gibt 100600 Brotportionen, 7700 Kuchen(?), 1010 Rinder, 1000 Gänse. – [15] Urk. I, 144, 11 ff. (Ibi); 14, 16 ff. – [16] Vgl. die Inschrift *Amenemhets II. aus Memphis: Farag, in: RdE 32, 1980, 75–82. – [17] Zu solchen Opferverträgen im MR vgl. Helck, Wirtschaftsgeschichte, 169 ff., für das NR ebd., 252 ff. – [18] Vgl. den Text von Anm. 16 und die Elephantine-Inschrift: Helck, in: MDAIK 34, 1978, 69 ff. – [19] Vgl. Helck, Wirtschaftsgeschichte, 170. – [20] Hierzu vgl. pHarris I. – [21] Vgl. Helck, Materialien, 258 ff. – [22] Urk. IV, 1447, 13: „Man gab mir die Stellen von Gottesdienern und Web-Priestern in denjenigen Tempelanlagen, in denen ich Bauarbeiten ausgeführt habe". – [23] Hierzu vgl. pWilbour (Helck, Materialien, 254 ff.). – [24] Besonders in der Zt der libyschen Kleinkönige finden sich überraschend viele solcher Stelen, vgl. Meeks, in: State and Temple Economy in the Ancient Near East, Orientalia Lovaniensia Analecta 6 (Hg. E. Lipinski), Löwen 1979, 605–687. – [25] S. *Papyri, Demotische, Rylands A 1 a.

W.H.

Tenemu/Tenemit. Mit diesem Namen werden zwei verschiedene Götterpaare (*Götterpaarbildung) bezeichnet: a) die zur *Achtheit gehörenden *Urgötter, die in CT II, Spr. 76. 79. 80 neben *Heh, *Nun und *Kek als Emanationen des *Schu, aber ohne weibliche Partner, vorkommen und deren Name „Weglosigkeit" o.ä. (von *tnm* „abirren") bedeutet[1], sowie b) die beiden Biergottheiten (*Bier), deren Name wohl vom *ṯnmw*-Getränk oder -Krug abzuleiten ist[2]. Der ebenfalls vom MR an bezeugte Gott *Ṯnm* spielt jedoch gegenüber seinem weiblichen Gegenstück nur eine untergeordnete Rolle[3]. *Ṯnmt* tritt als Pendant zur Biergöttin *Menqet vor allem in den Sockel- und Treppenprozessionen der Ressortgötter[4] und den Bieropfer-Ritualtexten[5] der griech.-röm. Zt häufig auf; gelegentlich ist sie auch für „das Süße" und den *Honig zuständig[6]. In einem vom MR an in mehreren Varianten überlieferten Verklärungsspruch werden sowohl die weibliche als auch die männliche Form in dem der *Reinheit dienenden „Bier der Biergottheit" erwähnt[7]. Gelegentlich wurde auch der für die *Milch zuständige Gott *Ṯnj* als Form des *Ṯnm* betrachtet[8].

[1] Brigitte Altenmüller, Synkretismus, 214; Zandee, in: ZÄS 100, 1973, 60 ff.; 101, 1974, 62 ff.; CT II, 4 d–28 b pass.; Sethe, Amun, 72 § 143. – [2] Wolfgang Helck, Das Bier im Alten Ägypten, Berlin 1971, 86 f. Daneben ist *ṯnmw* noch eine Bezeichnung für die „Schlächter des Osiris" in CT VI, 177 d, s. Dino Bidoli, Die Sprüche der Fangnetze, ADAIK 9, 1976, 79. – [3] CT I, 63 b; Labib Habachi, Tavole d'offerta, are e bacili da libagione, Catalogo del Museo Egizio di Torino, Serie seconda, Collezioni II, Turin 1977, 95 (13). 98 (13); vgl. auch Blackman, in: JEA 13, 1927, 189 f. – [4] Z.B. Edfou III, 92 (X); Daumas, Mammisis de Dendara, 241 (XI); Edfou Mam., 189 (II); De Morgan, Cat. des Mon. II, 61, Nr. 65 (= de Wit, Temple d'Opet, BAe 11, 223 [8]); in der Beischrift zur Menqet: De Morgan, a.a.O., 91, Nr. 112; de Wit, a.a.O., 203 (8); vgl. auch Edfou II, 168, 7. – [5] Z.B. Edfou I, 151; II, 4 („Erzeugnis der T., das Menqet gebraut hat"); Edfou I, 151 (als Beiname der *Nephthys); 460, 1; 462, 15; Dendara II, 216, 10;

Junker, Philae I, 56,8. – [6] Edfou I, 114, 1; 443, 15. – [7] CT, Spr. 21; Tb (Naville), 169; CG 41047; Hermann Junker, Die Stundenwachen in den Osirismysterien, DAWW 54, 1910, 82. – [8] Pascal Vernus, Athribis, BdE 74, 1978, 126.

Lit.: a) Sethe, Amun, § 143. – b) Wolfgang Helck, Das Bier im Alten Ägypten, Berlin 1971, 86f. W.G.

Tenne. Mit T. (*zpt*, *ḫtjw*, *ḏnw*[1]) bezeichnet man vor allem die Dresch-T., d.h. den Platz, wo man das Getreide drosch (*Dreschen) und worfelte, gelegentlich auch den Ort, wo die Flachsgarben gebündelt wurden[2]. *zpt* scheint die ältere Bezeichnung gewesen zu sein, die im MR von *ḫtjw* abgelöst wurde, während *ḏnw* im NR in erweitertem Sinn verwendet wurde und mehrere *ḫtjw* „Plattformen", „Dreschplätze", umfaßte[3]. Nach *pSallier I, 4, 11f. wird ein solcher Dreschplatz für 400 Eselsladungen Korn ausgelegt[4]. Die T. wurde nach dem Abtransport der Garben nach den Grabbildern des AR in der Nähe des Gutshofes errichtet und bestand wohl wie heute aus festgestampftem Lehmboden. Sie war rund, damit die Tiere (*Esel, *Rinder, *Schafe) im Kreis herumlaufen und mit den Hufen das Getreide austreten konnten[5]. Die T. der Tempeldomänen des NR, die auch eigene Silos (*Scheune) besaßen, lagen außerhalb der Siedlungen auf „Inseln" am Flußufer[6]. Kleinere Mengen Getreide wurden auch auf dem Feld ausgeklopft, so von Männern mit Stöcken auf einer singulären Darstellung im Grab des *Petosiris[7]. Dreschflegel, -tafel, -schlitten oder -wagen sind von T. pharaonischer Zt nicht bekannt. T. wird auch metonymisch für den Ernteertrag gebraucht[8]; Schaden wird ihr von Antilopen, Dieben und übersinnlichen Kräften wie ʿafarit zugefügt[9].

Als Abschluß der eigentlichen Erntearbeiten (Getreideanbau) sind auf den Grabbildern des AR neben der T. und Miete kleine, wohl für *Renenutet bestimmte Opferständer[10], gelegentlich auch eine Stele[11], abgebildet, auf denen des NR neben verschiedenen Opfern (Spitzbroten, Ähren-Wachteln-Sträußen[12] und *Ziegen[13]) auch die *Kornbraut und Gefäße auf dem geworfelten Kornhaufen[14]. Als Kultplatz erscheint die T. beim „Austreten des Korns (oder Spelts)" im *Dramatischen Ramesseumspapyrus[15] und beim „*Treiben der 4 Kälber" vor allem in der agrarischen, nichtosirianisierten Fassung des Rituals in griech.-röm. Zt[16]. Beim *Minfest hingegen scheint *ḫtjw* eher eine Plattform mit Stufensockel als eine T. zu bezeichnen. Ob die T. als Abbild des Weltkreises verstanden wurde und den Ursprung des griech. Amphitheaters bildete[17], ist fraglich. Petosiris rühmt sich, den als T. gebrauchten Tempel der *Nehemet-awai („Haus der Herrscherin") erneuert zu haben[18].

[1] Das Wort ist von *ḏn* „dreschen" abgeleitet, s. Osing, in: JEA 64, 1978, 188. – [2] pSallier IV vso, 10,2; pWestcar 12,14. – [3] pSallier I, 4, 12; AEO II, 221*; Gardiner, in: JEA 27, 1941, 63. – [4] Helck, Materialien, 554. – [5] Junker, Gîza VI, 146ff.; Vandier, Manuel VI, 164ff. 250ff. (MR); Waltraud Guglielmi, Reden, Rufe und Lieder, 61ff. Die Arbeit auf der T. wird häufig von Liedern begleitet, von denen das des Paheri-Grabes die Vorlage für das „Ägyptische Bauernlied" (von Franz Baumann) und das Gedicht von Bertold Brecht bildete, s. Guglielmi, a.a.O., 68; Wenig, in: ZÄS 96, 1970, 63ff. *Schafe auf der T. sind bei Ahmed Moussa und Friedrich Junge, Two Tombs of Craftsmen, AV 9, 1975, Tf. 9 dargestellt. – [6] Helck, Materialien, 553. Sie haben eigene Inspektoren. – [7] Petosiris III, Tf. 13. 15. – [8] pAmenemope 19,8f.: „Größer ist die Macht der Korntenne als der Eid beim großen Thron", s. Irene Grumach, Untersuchungen zur Lebenslehre des Amenope, MÄS 23, 1972, 119. 123. – [9] Posener, in: MDAIK 37, 1981, 393ff.; pLansing 3,9f.; pAnast. V, 16,3 = pSallier I, 6,4; pAni VIII, 20 – IX, 3. – [10] Junker, Gîza VI, 150f.; XI, 193; Schäfer, in: Wresz., Atlas III, Tf. 52. 57 (A); Alexander Badawy, The Tomb of Nyhetep-Ptah at Giza and the Tomb of ʿAnkhmʿahor at Saqqara, Berkeley – Los Angeles – London 1978, 15f., Abb. 24, Tf. 26; Baudouin van de Walle, La Chapelle funéraire de Neferirtenef, Brüssel 1978, 61, Tf. 12; Moussa und Junge, a.a.O., Tf. 9; Vandier, Manuel VI, 204. – [11] Chephrenanch, LD II, 9; Vandier, a.a.O., 83, Abb. 49. – [12] Guglielmi, in: ZÄS 103, 1976, 102f., Abb. 3. – [13] Davies, Two Ramesside Tombs, Tf. 30. – [14] Zum Nachleben des Brauches, ein Gefäß für die Geister mit den Überresten des gemeinsamen abendlichen Erntemahls auf dem geworfelten Kornhaufen aufzustellen, s. Winifred S. Blackman, in: JEA 19, 1933, 31ff.; Posener, in: MDAIK 37, 1981, 398. – [15] Sethe, Dramatische Texte, 119. 134. – [16] Blackman und Fairman, in: JEA 35, 1949, 98ff.; 36, 1950, 63ff. – [17] Stricker, in: JEA 41, 1955, 34ff. – [18] Petosiris I, 105; II, 35, Nr. 61; vgl. 2. Sam. 24, wo David eine Dreschtenne kauft, um dort einen Altar zu bauen, s. S. Smith, in: Palestine Exploration Quarterly 78, London 1946, 5–14. W.G.

Tent-ipt s. Gottesgemahlin

Tent-remu s. Tell el-Moqdam

Teos. Cette transcription grecque de *Ḏd-ḥr*, à considérer comme une forme abrégée d'un nom propre plus long[1], est surtout utilisée pour indiquer un pharaon de la 30e dyn., *Tachos, et quelques personnes privées bien connues, entre autres, Teos d'*Athribis appelé souvent Djed-ḥer-le-Sauveur[2], le nain Teos représenté sur son sarcophage[3] et Teos (267–223 av. J.-Chr.), membre de la famille pontificale de Memphis (*Hoherpriester von Memphis)[4].

[1] Quaegebeur, dans: Enchoria 7, 1977, 103–108; cf. Vernus, dans: RdE 32, 1980, 128. – [2] Pascal Vernus, Athribis, BdE 74, 1978, document 160 = 300: statue CG 46341; document 161: Caire 4/6/9/1; document 162:

base OIC 10589 = Sherman, dans: JEA 67, 1981, 82–102. – [3] CG 29307 (PM III. 2[2], 504–505). – [4] Stèle Vienne HM 162 (154): Prosopographia Ptolemaica (Ed. W. Peremans et E. Van 't Dack), vol. IX, Stud. Hellen. 25, 1981, no. 5373; Eva A. E. Reymond, From the Records of a Priestly Family from Memphis I, ÄA 38, 1981, 87–91 no. 7. J.Q.

Teppich. Für Ägypten sind uns, zumeist aus kopt. Zt, Stofffragmente erhalten, von denen angenommen wird, daß es sich um Bruchstücke von Wandbehängen handelt. Die gebräuchlichsten Materialien, *Leinen und *Wolle, sind vorwiegend in Gobelintechnik (*Stoffe und Webarten), meist mit ornamentaler, oft auch menschengestaltiger Motivik, verarbeitet. Daß zu dieser Zeit andere Materialien ebenfalls verwendet wurden, belegt ein Zitat des Athenaeus in den „Deipnosophisten" (V, 196 B), worin er sich von den purpurnen, golddurchwirkten Wandbehängen beeindruckt zeigt[1]. Bei Theokrit finden in den „Idyllen", einer Beschreibung des ptolemäischen Lebensstils, neben der Pracht der Vorhänge die „weichen Teppiche" besondere Erwähnung[2].

Es stellt sich jedoch die Frage, inwieweit die zahlreichen, fragmentarisch erhaltenen Stoffe tatsächlich ursprünglichen Wandbehängen zuzuordnen sind oder ob sie nicht auch als Fußbodenbelag hatten Verwendung finden können. So werden in einigen MR-Texten Beamte erwähnt, die auf einem Stuhl sitzen, unter den ein Teppich gebreitet ist, welchen noch eine Schilfmatte bedeckt[3]. Aufgrund der Darstellungsweise wird vermutet, daß einige dieser „Teppiche" aus Wolle bestanden. Auf eine fremdländische Beeinflussung der „Teppichindustrie" könnte die Motivik der *Deckenornamentik in den Felsgräbern des MR, so den Gräbern des *Uchhotep in *Meir, des Wahka in *Qau el-Kebir und des *Djefaihapi in *Assiut hindeuten[4]. Hinweise dieser Art könnten den Schluß zulassen, daß durchaus schon in pharaonischer Zeit Weberzeugnisse in Nachfolge der meist geflochtenen Matten sowohl als Wandbehänge als auch als Fußbodenbeläge fungiert haben konnten. Unklar ist jedoch bislang, ob eine bestimmte Herstellungstechnik und Verarbeitung einer speziellen Funktionsart vorbehalten blieb.

[1] Hilde Zaloscer, Die Kunst im christlichen Ägypten, Wien–München 1974, 159. – [2] A.a.O., 159. – [3] Robert J. Forbes, Studies in Ancient Technology IV, Leiden 1964, 229. – [4] Wolfgang Helck, Die Beziehungen Ägyptens und Vorderasiens zur Ägäis bis ins 7. Jahrhundert v. Chr., Darmstadt 1979, 23 ff.

Lit.: Arne Effenberger, Koptische Kunst. Ägypten in spätantiker, byzantinischer und frühislamischer Zeit, Wien 1976; Koptische Kunst. Christentum am Nil. Katalog Ausstellung Villa Hügel, Essen 1963; Lucas, Materials[4]; Elizabeth Riefstahl, Patterned Textiles in Pharaonic Egypt, Brooklyn 1944; Textiles from Egypt 4th–13th Centuries C. E., Alisa Baginski und Amalia Tidhar (Hg.), Tel Aviv 1980; Textilien aus Ägypten. Katalog Ausstellung Museum Rietberg, Zürich 1976; Hilde Zaloscer, Die Kunst im christlichen Ägypten, Wien–München 1974; Robert J. Forbes, Studies in Ancient Technology IV, Leiden 1964; Hans Kayser, Ägyptisches Kunsthandwerk, Braunschweig 1969; Klebs, Reliefs I–III. S. Ha.

Terenuthis (Karte 1 g), a town on the western edge of the *Delta near the road which led to the *Wadi Natrûn. It was on the west bank of the most westerly of the Nile branches, which was sometimes named after it,[1] and belonged to the 3rd L. E. nome (*Gaue)[2]. Its importance in the Roman era and earlier was due to its function as the emporium for *natron and salt (*Salz)[3]. T. was the name used by the Greeks,[4] meaning "the (city) of Thermuthis" with reference to the serpent-goddess *Renenutet, who was then probably a major deity of the city;[5] hence the Coptic ⲧⲉⲣⲉⲛⲟⲩⲧ and the modern village Tarraneh.[6] The earlier Egyptian name, however, may have been *Pr-Ḥwtḥr-(nbt)-mfkꜣt*, "House of *Hathor, (Lady) of Turquoise",[7] a name which agrees with *Assurbanipal's allusion in the seventh century to *Piḫattiḫurunpikki*,[8] and which points to the original primacy of *Hathor. Near Tarraneh today is Kôm Abu Billu,[9] and this is the site that has revealed the necropolis of T. and also a temple of Ptolemaic origin as well as numerous stelae of the Roman era.[10]

[1] Ptolemaios, Geographica IV, 17 = Hopfner, Fontes, 340. – [2] Helck, Gaue, 156–7, with pointers to an independant status at times. In the 2nd century A.D. it was reckoned as a part of the 4th L.E. nome, the Prosopite; see Kees, in: RE 2. Reihe V, 718. – [3] Kees, Kulturgeschichte, 102. – [4] Friedrich Preisigke, Wb der griechischen Papyrusurkunden, Heidelberg–Berlin 1924 ff., 333; Kees, loc. cit. – [5] Jan Broekhuis, De Godin Renenwetet, Assen 1977, 62–63. – [6] Francis Ll. Griffith, The Antiquities of Tell el Yahûdîyeh, London 1890, 60–64 ("Work at Tarraneh"). – [7] Cf. Daressy, in: ASAE 12, 1912, 200–201; Edgar, in: ASAE 13, 1914, 281, who compares Atarbêchis in Herodotus II, 41; s. also PM IV, 67. But a place *Pr-Rnnt* occurs: see Broekhuis, op. cit., 62; Gauthier, DG II, 107; its location is uncertain. The goddess had several cult-centres; see Christine Beinlich-Seeber, in: LÄ V, 233–4. – [8] Helck, Gaue, 156. – [9] John Baines and Jaromír Málek, Atlas of Ancient Egypt, Oxford 1980, 168. – [10] Finely A. Hooper, Funerary Stelae from Kom Abou Billou. Kelsey Museum of Archaeology Studies 1, Ann Arbor 1961. Related literature is there cited on p. 31.

Lit.: PM IV, 67–69; Kees, in: RE, 2. Reihe V, 718–9 s. v.; A. Hermann, in: MDAIK 5, 1934, 169–172; RÄRG, 791. J.G.G.

Terrakotten. A. Vorhell. Terrakotten. In der äg. Kunst stellen kleinformatige Bildwerke aus gebranntem Ton, im Unterschied zu Fayencefiguren, eine Seltenheit dar. Wo sie in der SpZt in größerer Zahl auftreten, sind es Zeugnisse fremder, vornehmlich griech. oder griech. geprägter Kultur.
In der Kolonie *Naukratis haben griech. Siedler schon bald nach der Gründung (615 v. Chr.) für den Eigenbedarf T. aus einheimischem *Ton, dem sog. Nilschlamm, gefertigt[1]. Bereits im 6. Jh. lassen diese wachsenden äg. Einfluß erkennen. Aus den beiden folgenden Jahrhunderten fanden sich dort nur wenige Beispiele[2]. Unter den zahlreichen T. aus *Memphis fallen bes. Darstellungen der verschiedensten ethnischen Typen auf; sie spiegeln den kosmopolitischen Charakter der Bevölkerung dieser Handelsmetropole – Hauptstadt der persischen Satrapie – wider[3]. Ein beträchtlicher Teil des im dortigen Ausländerviertel ausgegrabenen oder am Ort erworbenen Materials stammt aus vorhell. Zeit. Die stilistisch sehr uneinheitlichen, oft groben Produkte sind schwer zu datieren. Äg., persische und griech. Elemente erscheinen hier nebeneinander.

B. T. des 3. Jh. v. Chr. Bald nach der Gründung von *Alexandria (331 v. Chr.), der künftigen Metropole des Ptolemäerreiches, siedelte sich dort eine fortan in Äg. führende Terrakottaindustrie an. Die schon bestehenden Werkstätten in Naukratis und Memphis, wo viele hell. T. zutage kamen, haben wohl unter dem Einfluß Alexandrias weitergearbeitet. Frühe alexandrinische T. wurden hauptsächlich in den hell. Nekropolen ö. der Stadt (Schatbi, Hadra und Ibrahimiye) gefunden[4]. Die Funde von Schatbi, der ältesten, reichen vom ausgehenden 4. Jh. bis gegen 200 v. Chr.[5]. Typologisch schließen die T. an mutterländische Vorbilder an; ihre Qualität ist relativ gut. Vermutlich geht die alexandrinische Terrakottaindustrie auf eingewanderte griech. Koroplasten zurück, die die verwendeten Modeln aus ihrer Heimat mitbrachten[6]. Unter den T. aus den frühen Gräberfeldern sind die sog. Tanagräerinnen am zahlreichsten[7]. Sie stellen elegant gekleidete, meist stehende junge Frauen dar und verkörpern einen Typus, der, nach dem Fundort Tanagra in Böotien benannt, im Hellenismus der griech. Koine angehört. Daneben erscheinen v. a. Statuetten von Jungen, Mädchen und Kindern, Themen, die auch an anderen Fundplätzen zusammen mit Tanagrafiguren auftreten[8]. Götterbilder fehlen fast gänzlich.
In Alexandria kamen T. sonst nur noch in Schutthalden und Geländeaufschüttungen zutage, was keinen Hinweis auf ihre ursprüngliche Verwendung gibt. In Analogie zu gesicherten Fundzusammenhängen an anderen Orten kann geschlossen werden, daß sie vornehmlich in Wohnhäusern aufgestellt waren.
Das Material ist häufig feiner, importierter Ton, der bei größeren Formaten mit billigem einheimischem gestreckt wurde[9]. Dank dem trockenen Klima hat sich bei den Grabfiguren die für jene Zeit charakteristische hellfarbige Bemalung weit besser als in anderen Regionen erhalten[10].
Einzelfunde verschiedener und unbekannter Herkunft erweitern das Repertoire der frühen alexandrinischen Terrakotten. Besonders erwähnt sei eine Bildgattung, obgleich sie kein Spezifikum der Koroplastik darstellt: Porträtköpfe ptol. Könige und Königinnen, die vor allem im 3. Jh., aber auch noch später begegnen[11]. Die Statuetten, von denen sie stammen, dienten wie entsprechende Werke aus anderen Materialien dem privaten Herrscherkult; dank ihrer technischen Reproduzierbarkeit waren Tonfiguren die billigsten kleinformatigen Herrscherbilder.
Darstellungen von *Sarapis und *Isis lassen sich im 3. Jh. nicht nachweisen, *Harpokrates hingegen ist im Repertoire vertreten[12]. Vereinzelt innerhalb der frühen alexandrinischen Koroplastik steht ein ungewöhnlich großer, höchst qualitätvoller Dionysoskopf(?) aus Hadra, der der 1. Hälfte des 3. Jh. angehört[13]. Voll modelliert, wahrscheinlich ohne Benutzung einer Matrize, diente er wohl als Modell für ein Bronze- oder Marmorwerk, wozu sonst häufig Stuckarbeiten verwendet wurden.
Unter den T. aus den frühen Nekropolen Alexandrias fehlen noch „realistische" und ägyptisierende Typen, doch scheinen sie schon in der 2. Hälfte des 3. Jh. aufzukommen, wie eine Reihe von Einzelbeispielen, vor allem aber der Fundkomplex von Ras el Soda ö. von Alexandria (Abraum aus der Opfergrube eines Heiligtums?) zeigt[14]. Der Ton entspricht dem der gleichzeitigen T. äg. Provenienz, die handwerkliche Qualität ist häufig vorzüglich. Zu den „realistischen" Typen zählen Genrefiguren ohne karikierende Züge (z. B. Schauspieler), hauptsächlich aber die zahlreichen sog. Grotesken, Gestalten mit übertriebenen körperlichen Mißbildungen und meist riesigem Phallos; als glückbringende Maskottchen erfreuten sie sich größter Beliebtheit. Die lange umstrittene Frage, ob Smyrna oder Alexandria den Typus der Krüppelgrotesken hervorgebracht habe, konnte jetzt zugunsten Alexandrias entschieden werden[15].
„Realistische" und ägyptisierende Darstellungen wurden bisher erst mit der späteren Gruppe der sog. *Fajjum-Terrakotten verbunden, für die sie bes. kennzeichnend sind. Da sie sich aber beide nun schon im 3. Jh. v. Chr. nachweisen lassen,

schließt sich die Lücke, die zwischen der frühen Gruppe der „Tanagräerinnen" und den Fajjum-Terrakotten zu bestehen schien; deren Beginn war erst nach einer Unterbrechung um die Mitte des 1. Jh. v. Chr. angesetzt und auf den Einfluß der Werkstätten von Myrina in Kleinasien zurückgeführt worden[16]. Offenbar hat sich die alexandrinische Terrakottaindustrie kontinuierlich entwickelt, so daß die beiden bisher geschiedenen Gruppen sich nicht klar gegeneinander abgrenzen lassen.

C. Die sog. gräko-äg. T. oder Fajjum-Terrakotten. *Allgemeines.* Das Gros aller aus Äg. stammenden Tonstatuetten stellen die sog. gräko-äg. oder Fajjum-Terrakotten aus griech. und röm. Zt dar[17], benannt nach der gleichnamigen Oase[18]. Sie werden im folgenden – entsprechend der speziellen Ausrichtung dieses Lexikons – ausführlicher als die frühen Tonfiguren behandelt. Die äg. Tonlampen (z. T. mit plastischen Statuetten) kommen, auch wenn sie manche Gemeinsamkeit mit den T. aufweisen, nur beiläufig zur Sprache.

Die Metropole Alexandria wird in der Koroplastik weiterhin führend geblieben sein, doch bilden sich jetzt auch auf dem Land, der Chora, Produktionszentren. Das weitaus reichste Fundgebiet ist seit dem späteren 19. Jh. bis in die Gegenwart die Oase Fajjum, weshalb sich für die ganze Gruppe der Name Fajjum-Terrakotten eingebürgert hat. Der Begriff sollte allerdings primär chronologisch und nicht so sehr geographisch im Sinn einer Unterscheidung zwischen hauptstädtischer und „provinzieller" Produktion verstanden werden; denn ähnliche Statuetten wie im Fajjum fanden sich z.B. auch in Alexandria selbst und im eleganten *Kanopus[19]. Lokalisierung und Bestimmung der verschiedenen Fabrikationszentren sind bislang kaum möglich, da gesicherte Fundzusammenhänge äußerst selten vorkommen und das Material hauptsächlich aus Raubgrabungen stammt.

Einzelne Exemplare von Fajjum-Terrakotten sind bereits im frühen 19. Jh. in öffentliche Sammlungen gelangt[20]. Seitdem ist der Bestand zu kaum vorstellbarer Fülle angeschwollen. Nirgendwo in der antiken Welt und in keiner anderen Periode wurden Tonfiguren in ähnlichen Mengen produziert[21]. Heute über zahlreiche Museen und Privatsammlungen verstreut, ist das Material erst zu einem kleineren Teil publiziert, eine zusammenfassende Untersuchung neueren Datums steht noch aus[22].

Ungeachtet ihres Charakters als seriell produzierte, billige Massenware mit geringem ästhetischem Reiz – es ist vermutet worden, daß die T. die zahlreichen Bronze- und Fayencefiguren der

vorgriech. Zt in Äg. ablösen[23] – handelt es sich bei den oft unscheinbaren Objekten um ein ebenso reichhaltiges wie wichtiges Material, das zum richtigen Verständnis der Kulturgeschichte des ptol.-röm. Äg. unabdingbar ist[24]. Ein Hineindenken in den Glauben und Aberglauben der einfachen Schichten, ein Verstehen der Volksfrömmigkeit im späten Äg. wäre ohne die Berücksichtigung der gräko-äg. T. entscheidend behindert[25]. Vom Delta bis nach O. Äg. verbreitet, spiegeln die T. in anschaulicher Weise das wider, was breiteste Volksschichten des Nillandes bewegte; sie sind für den Assimilationsprozeß zwischen Ägyptern und Griechen, für ikonographische, religions- und stilgeschichtliche Aspekte ein geradezu „unerschöpfliches Quellenmaterial"[26]. Keine andere antike Kunstlandschaft kann ein derartig reichhaltiges Typenrepertoire über annähernd sieben Jh. aufweisen. Dieser Typenreichtum ist in Äg. nur vergleichbar mit dem der alexandrinischen Billon- und Bronzeprägungen seit *Augustus[27], mit denen die T. auch durch andere Gemeinsamkeiten verbunden sind.

Technik und Material[28]. Abgesehen von relativ wenigen massiv modellierten Exemplaren (freihändig oder mit Hilfe einer Matrize) sind die T. als bescheidene, preiswerte Serienware mit Hilfe von Modeln hohl geformt worden. Von den Modeln hat sich eine Reihe erhalten[29]; sie bestehen vornehmlich aus *Gips und waren deshalb leicht herzustellen und im Bedarfsfall – bei abnehmender Schärfe der Ausformung – schnell nachzuschneiden. Daneben haben sich auch aus Ton gebrannte Matrizen gefunden[30].

In der Regel hat man für die Fajjum-Terrakotten nur zwei Modeln (für Vs. und Rs.) verwendet. Um die Anpassung beim Zusammensetzen beider Teile zu erleichtern, versah der Modelleur die Nähte mit Überständen, die Nahtstellen wurden oft nur flüchtig verstrichen. Die Rs. ist vielfach nur summarisch angelegt bzw. glatt gelassen, während die Vs. in einem Stück mit der Basis detailliert durchmodelliert wurde. Auf der flachen Rs. sitzt meist ein rundes Loch, das bislang immer als Brennloch galt, jüngst dagegen von Hanna Philipp[31] als Befestigungsvorrichtung (zum Aufstellen oder -hängen der T.) angesprochen wurde, die mit dem Brennvorgang nichts zu tun habe. Die Frage darf damit nicht als endgültig geklärt betrachtet werden.

Die Wandstärke der gräko-äg. T. ist – im Gegensatz zu den Statuetten aus den griech. Ateliers – relativ dick und sehr ungleichmäßig. Einzelteile wurden – wie auch anderswo – separat geformt, gebrannt und angesetzt (v. a. die zahlreich benötigten Phalloi).

Einzelne Köpfe, Körper und Arme sind des öfteren erst nach dem Brand zusammengefügt worden, und zwar mit Gipsmasse. Gipsreste an den entsprechenden planen Ansatzstellen haben sich in genügender Zahl erhalten. Im Laufe der langen Lagerungszeit im Erdreich auseinandergefallen, sind – bei den zumeist flüchtigen Ausgrabungen – die Einzelteile einer Statuette nur selten zusammengeblieben, so daß sich heutzutage eine große Menge von nicht zusammenfügbaren Einzelteilen in Museumsmagazinen, vor allem aber im äg. Kunsthandel befindet. Gelegentlich begegnen im Handel offensichtlich willkürlich aus zufällig vorhandenen Teilen zusammengesetzte Statuetten, wobei mit einem solchen Vorgehen – unter Berücksichtigung des seriellen antiken Herstellungsprozesses – durchaus auch in bestimmten Situationen im Altertum zu rechnen ist.

Die Fajjum-Terrakotten sind entsprechend ihrer großen Streuung im Nilland aus z.T. weit auseinanderliegenden Werkstätten aus Tonsorten verschiedener Herkunft und Qualität gearbeitet worden. Die Farbskala reicht (im gebrannten, unbemalten Zustand) von einer blaßrosa-hellen, cremefarbigen Tönung bis hin zu einem Rötlich-Braun und Dunkelrotbraun. Je nach Brandbedingung und Tonsorte kommen auch Grautöne vor. Ein Teil des Materials ist – wie angenommen – sicherlich aus dem billigen und fast überall zur Verfügung stehenden Nilschlamm hergestellt worden [32]; eine systematische Analyse von Tonproben, die vor einem halben Jh. von Breccia begonnen wurde [33], steht noch aus.

Einzelne Figurentypen sind nach ihrer ersten Fassung z.T. über längere Zeiträume verwendet worden, wobei nach dem üblichen Verfahren der letzte Ausdruck als Patrize für die neu herzustellende Matrize diente. Bei verschiedenen Figurentypen lassen sich so mehrere „Generationen" von Statuetten (mit abnehmender Größe wegen der Schrumpfung beim Brand) feststellen, was natürlich erhebliche Datierungsprobleme mit sich bringt. Das weiche Material der Modeln führte oft schon nach einem Dutzend Ausdrücken zu verwaschenen Formen [34].

Bemalung [35]. Die Fajjum-Terrakotten waren in der Regel farbig gefaßt, auch wenn sich von der einstigen Bemalung nur noch vergleichsweise wenig nachweisen läßt. Nach dem Brand wurden die Statuetten (oft nur mit der Vs.) in eine weiße, dünnflüssige Engobe getaucht, die für einen hellen Gesamteindruck sorgte; sie diente als Grundierung für die polychrome Bemalung, gelegentlich so dick aufgetragen, daß die Feinheiten des Reliefs restlos verlorengingen. Für manche Details (etwa der Gewandung) rechneten die Koroplasten offenbar schon bei der Herstellung der Matrize mit der späteren Verdeutlichung der entsprechenden Partie durch die Farbe. Die Bemalung ist oft schnell und flüchtig ausgeführt worden: Schwarz für Haare und Augen, Rosa für die Fleischpartien, die Gewänder und Attribute mehrfarbig (an Farben sonst noch Ockergelb, verschiedene Grautöne, Blau und Rot). Einen guten Eindruck vermitteln die Farbtafeln in der Arbeit von Hanna Philipp über T. aus Äg. im Äg. Mus. Berlin. In der Spätphase der T., die mit dem mißverständlichen Begriff „kopt. Zt" bezeichnet wird, kann die Bemalung geradezu die rapide schwindende Plastizität ersetzen [36].

Inschriften [37]. Gemessen an der Gesamtzahl der Fajjum-Terrakotten, sind Statuetten mit einer Inschrift eher rar und bleibt die Produktion in weiten Bereichen anonym. Gleichwohl zählen die äg. Koroplasten zu den mitteilungsfreudigsten unter ihren antiken Kollegen, nur übertroffen von den Modelleuren in Myrina.

Die Inschriften sind bis auf wenige Ausnahmen griech. abgefaßt. Daraus darf gefolgert werden, daß die Produktion der T. bis zu einem gewissen Maße in griechischstämmigen Händen lag; es heißt jedoch nicht, daß die Abnehmerschaft allein im griechisch sprechenden Bevölkerungsteil zu suchen ist, zumal auch gräzisierte Namen von Ägyptern begegnen.

An erster Stelle stehen Signaturen, als die die einzelnen griech. Namen (zumeist auf der glatten Rs.) zu verstehen sind [38]. Aus der zusätzlichen Herkunftsangabe ist zu entnehmen, daß Koroplasten u.a. aus Knidos und Lykien zugereist sind. Um Stifternamen – wie vermutet – kann es sich kaum handeln, denn die Inschriften sind *vor* dem Brand angebracht worden. Die geringe Zahl an Koroplastensignaturen gestattet keinen Einblick in das Gefüge des Werkstattbetriebes. Wir vermögen nicht zu unterscheiden zwischen Besitzern, Meistern und Lehrlingen. Ob herausragende Modelleure eine ähnlich dominierende Stellung wie etwa in Meißen im 18. Jh. besaßen, entzieht sich unserer Kenntnis. Abgekürzte Signaturen und Werkstatt- bzw. Meistermarken, wie sie auf gleichzeitigen äg. Tonlampen vorkommen, fehlen bei den Terrakotten [39].

Eine zweite Gruppe von Inschriften bietet die Erklärung des jeweiligen Gegenstandes. So wird z.B. eine Athenastatuette als solche bezeichnet, oder eine nackte Göttin auf Reliefplaketten trägt die Beischrift Charis [40]. Auch eine Formbezeichnung kommt vor: Lagynos steht erklärend auf einem Gefäß. Ferner wird bei schwierigen Darstellungen dem Verständnis des Betrachters

durch eine Beischrift nachgeholfen, z.B. bei einer phallischen T. gegen den bösen Blick[41].
Schließlich sind noch Dankformeln zu erwähnen[42].
Fehlerhafte Wörter kommen ebenso vor wie seitenverkehrte Inschriften; letzteres ist auf das Umkehrverfahren von der positiven Patrize zur negativen Matrize zurückzuführen.

Datierung[43]. Ein terminus post quem ergibt sich für die Fajjum-Terrakotten durch die Einwanderung der griech. Bevölkerungsschicht im Anschluß an die Gründung Alexandrias und die Installierung der Ptolemäerherrschaft. Hatte G. Kleiner in seiner grundlegenden Arbeit über die „Tanagräerinnen“ den Beginn der gräko-äg. T. in Alexandria in die Mitte des 1. Jh. v. Chr. gesetzt[44], so haben die systematischen Untersuchungen von Genrefiguren und sog. Grotesken durch N. Himmelmann ein entschieden früheres Datum erbracht[45]. Die T. sind ein sehr wichtiger Teil der griech.-hell. Kunst Ägyptens.
Im Einzelfall ist es schwierig, ein genaues Entstehungsdatum anzugeben, weil einzelne Typen über Jahrzehnte, wenn nicht sogar länger verwendet bzw. neu aufgelegt wurden. Erschwerend kommt hinzu, daß T. mit datierenden Beifunden außerordentlich rar sind und stratigraphische Beobachtungen kaum vorliegen. Ein Datierungsgerüst gibt das Büchlein von Hanna Philipp, wobei aber durchaus nicht jedes Datum überzeugt. Viele der in Katalogen und anderen Publikationen genannten Zeitansätze sind als approximativ zu verstehen.
Im Anschluß an eine Reihe späthell. Typen gehört der weitaus größte Teil der T. zweifellos in die röm. Kaiserzeit, präziser: in die Zt vom vorgerückten 1. bis zum 3. Jh. n. Chr., wobei gesagt werden muß, daß aufgrund provinzieller Eigenart manche T. früher als bisher zu datieren sind. Der zeitliche Rahmen fügt sich zu dem der lokal-äg. Tonlampen[46]. Datierungsanhalte können – wie in anderen Denkmälergattungen auch – mit der gebotenen Vorsicht aufgrund der Langlebigkeit mancher Typen aus allgemeinen Proportionen, der Augenformung, Gewandbildungen, Trachteigentümlichkeiten und vor allem aus den Frauenfrisuren, die sich an die Mode der jeweiligen Zt halten, gewonnen werden. Stilistische Besonderheiten (etwa der antoninisch-severischen Epoche und der Tetrarchenzeit), so schwach sie auch ausgeprägt sein mögen, müssen mitberücksichtigt werden. Tönerne Lampen mit vollplastischen Figuren sind aufgrund einer genaueren Kenntnis der typologischen Entwicklung der Gattung z.T. besser datierbar[47].
Ferner können Datierungen aus der Konzentration bestimmter Darstellungstypen abgeleitet werden, wenn diese sich überzeugend mit bestimmten historischen Ereignissen oder sonstigen zeitlich einzugrenzenden Gegebenheiten kombinieren lassen[48]. Als hilfreich erweisen sich in dieser Beziehung die Papyri und v.a. die alexandrinischen Billon- und Bronzeprägungen der Kaiserzeit, die als politische Propagandainstrumente historische Aussagen bzw. Anspielungen eines Typus deutlicher als die T. erkennen lassen und zudem auf das Jahr genau datierbar sind[49]. Eine Fundvergesellschaftung von datierten Münzen und Fajjum-Terrakotten ist unseres Wissens bislang nicht nachgewiesen.
Mit dem Absterben der äg. und anderen heidnischen Kulte und dem allgemeinen kulturellen Niedergang gegen 400 n. Chr. war auch das Ende der eigentlichen Fajjum-Terrakotten erreicht. Die Produktion ist zwar noch im sog. kopt. Stil über einen längeren Zeitraum in bescheidenem Rahmen und mit stark eingeschränktem Typenrepertoire fortgeführt worden, aber die Zt der gräko-äg. T. war mehr oder weniger vorbei[50]. Die T. seit dem 5. Jh. n. Chr. sind nur noch ein schwacher Abglanz der einstigen Produktion: Die Figuren werden stark schematisiert, die Modellierung beschränkt sich auf das Notwendigste; die Bemalung ersetzt die plastische Gliederung, die durch einen dicken Engobeüberzug zusätzlich nivelliert wird.
Immerhin ist bemerkenswert, daß unter der immensen Zahl von Fajjum-Terrakotten christliche Motive gänzlich zu fehlen scheinen, was für die lang anhaltende Durchschlagskraft und Zählebigkeit des alten Glaubens spricht[51].

Stil[52]. Der Stil der Fajjum-Terrakotten zeigt sowohl griech. wie äg. Komponenten, die sich in vielen Fällen zu einer bemerkenswerten Homogenität verbinden. Dieser Mischstil ist geradezu kennzeichnend für die gesamte Produktion; er ist Teil einer größeren kulturellen Bewegung, die sich fast zwangsläufig aus dem Zusammenleben zweier sehr verschiedener Bevölkerungsteile ergeben mußte[53]. Sollten die alteingesessene äg. Bevölkerung und die griech. Erobererschicht zu einem festen Gefüge zusammengeschlossen werden, so mußten beide sehr unterschiedlichen Traditionsströme zusammengeführt werden. Das Ergebnis dieser von der Spitze des Staates aus gelenkten Bestrebung ist eine Mischkultur, die in allen Bereichen des staatlichen, religiösen und künstlerischen Lebens des Landes zu fassen ist. Die T. haben an diesem höchst interessanten Durchdringungsprozeß vollen Anteil. Äg. Kunst und Religion erscheinen in einer *interpretatio graeca,

während griech. Frömmigkeit äg. ikonographischen Vorstellungen angepaßt wird.
Konservativismus und Traditionsbewußtsein, die auch während der hell.-röm. Epoche in vielen Bereichen der Kunst des Nillandes die bestimmenden Faktoren blieben, haben sich, was die T. anbelangt, nur z.T. behaupten können. An griech. Vorbildern orientierte Figurentypen und völlige Neuschöpfungen stehen im Vordergrund.
Der Stil spiegelt in provinzieller Brechung zunächst in der ptol. Frühzeit mehr oder weniger die Entwicklung der hell. Formensprache, um dann zunehmend äg. Elemente aufzunehmen und in der fortgeschrittenen Kaiserzeit und erst recht in der sog. kopt. Periode „zu barbarisieren". Man hat diesen Vorgang als „äg. Vulgarisierung" bezeichnet[54].
Rein röm. Motive finden sich relativ selten, wie überhaupt die röm. Bevölkerungsschicht immer stark in der Minderzahl gegenüber der griech. Volksgruppe blieb. Das schließt nicht aus, daß röm. Stilmerkmale Eingang in die Terrakotten-Produktion gefunden haben. So kann man z.B. durchaus an den T. jene blockhaft-kubische Kopf- und Körperbildung wiederfinden, die uns von der tetrarchischen Groß- und Kleinplastik aus den anderen Provinzen des röm. Reiches, aber auch aus Äg. selbst vertraut ist[55]. Ferner ist es erlaubt, die unruhig mit dem Modellierholz eingetieften kleinen Löcher, die Haarstruktur angeben sollen, als Reflex jener auf Schattenwirkung angelegten Bohrarbeit bei Marmorporträts zu verstehen, wie sie seit den Antoninen in Mode kam.

Werkstätten[56]. Daß die T. nicht nur in der namengebenden Oase gefertigt worden sind, ist seit langem bekannt. Aufgrund der Fülle des Materials aus dem Fajjum (bedingt durch eine bes. Fundsituation) wird man annehmen dürfen, daß allein dort mehrere Werkstätten (auf unterschiedlich hohem Niveau) zur Deckung des regionalen Bedarfs ansässig waren, ohne daß bislang Ateliers mit ihrer Ausstattung ausgegraben worden wären. Die überaus ergiebigen Fajjum-Funde haben jedoch ein wenig verdeckt, daß das Zentrum der Terrakotten-Produktion bis in die Spätantike in Alexandria, der übermächtigen Metropole, gelegen haben muß, nur ist die Fundausbeute dort geradezu dürftig, gemessen an der Bedeutung der Stadt[57]. Deren kontinuierliche Überbauung seit dem Altertum hat größere Funde des einschlägigen Materials unmöglich gemacht. Für vereinzelte Exemplare sind die Metropolis und ihre Nekropolen als Ausgrabungsort gesichert; die Händlerangabe „Alexandria" ist in aller Regel mit Vorsicht zu betrachten.
Die Stadt war seit ihrer Gründung *das* internationale, griech. geprägte Zentrum des Landes, Mittelpunkt für Verwaltung, Handel, Produktion, Kunst und Kultur[58]. Von hier gingen die Direktiven und Strömungen aus, die das religiöse Leben in den übrigen Gauen entscheidend mitprägten. Alexandrinische Interessen werden bei der Motivwahl der Koroplasten auch in den Gebieten fern der Hauptstadt mitbestimmend gewesen sein. Die Internationalität der Stadt manifestiert sich in einem bunten Völkergemisch aus Ägyptern, Orientalen, Griechen, Römern, Juden u.a., die teils friedlich, teils in gespanntem Verhältnis miteinander lebten. Auf einem solchen Nährboden muß die Nachfrage nach T. des „Fajjum-Typus" groß gewesen sein. Witz und Spottlust der Alexandriner waren im Altertum bekannt und gefürchtet. So verwundert es nicht, schon unter den frühen T. eine Fülle von körperlich Mißgestalteten, Karikaturen, Genrefiguren, Sklaven, Gauklern, Tänzern u.a. zu begegnen. Nimmt man an, daß die gängigen T. aus dem Fajjum das künstlerische Vermögen und die religiösen Intentionen der Hauptstadt auf ihre Weise reflektieren, so gibt es eine Reihe von T., die gewissermaßen auf einer zweiten (niedrigeren) Stufe provinzieller Brechung angesiedelt sind. Zu ihnen gehören z.B. teilweise die T. aus den amerikanischen Ausgrabungen in *Karanis (jetzt zu einem Teil in Ann Arbor), die – obwohl auch Ware aus dem nördlichen Fajjum – sich in ihrer handwerklichen Schlichtheit und typologischen Enge deutlich von den „klassischen" Fajjum-Terrakotten abheben[59]. Auch aus anderen Städten Mittel- und O.Äg. liegen ähnliche anspruchslose Produkte vor, die aus den jeweils ortsansässigen Ateliers hervorgegangen (und wohl auch vergleichsweise spät zu datieren) sind.

Fundorte[60]. Hier überragt – wie mehrfach betont – das Fajjum (seit ptol. Zt Arsinoitischer *Gau genannt) alle anderen Nomoi des Landes bei weitem, auch wenn man berücksichtigt, daß manches moderne Etikett „Fajjum" nicht der Wirklichkeit entspricht. Die dortigen Städte, Heiligtümer und Nekropolen sind besonders intensiv (von offiziellen und illegalen Ausgräbern) durchsucht worden (*Krokodilopolis, *Tebtynis, *Theadelphia, *Karanis, *Hawara, *Herakleopolis magna, Sanhûr, Sinnûris, Itsa u.a.). Auch heute noch stammt, soweit verfolgbar, das neuerdings im internationalen Kunsthandel in einiger Zahl auftauchende Material aus den Ortschaften der Oase. Die heutzutage in größeren Mengen im israelischen Kunsthandel angebotenen gräko-äg. T. sind ausnahmslos äg. Provenienz und erst in jüngster Zt nach Israel gebracht und in den dortigen Handel eingeschleust worden.

Neben dem Fajjum sind als Fundregionen das Nildelta (mit Alexandria und den Nekropolen, dazu *Kanopus, *Naukratis, *Bubastis und andere Orte) und das Gebiet um *Memphis–*Saqqara besonders zu nennen, ferner Mittelägypten (z.B. mit *Oxyrhynchos und *Hermupolis) und O.Äg. mit den Fundplätzen *Abydos, *Dendara, *Antinooupolis, *Koptos, *Theben, *Elephantine u.a. Insgesamt wird man feststellen dürfen, daß die T. in der nördlichen Landeshälfte stärker verbreitet waren als im Süden.

Vereinzelt sind Fajjum-Terrakotten auch außerhalb von Äg. gefunden worden (so in Italien und im östlichen Mittelmeerraum, z.B. in Palästina). Aber es handelt sich nicht um Exportstücke im eigentlichen Sinn, dafür waren die Themen der Darstellungen vermutlich zu stark an das religiöse Denken und das kulturelle und alltägliche Leben in Äg. gebunden (was auch für die äg. Lampenproduktion gilt), auch wenn gelegentlich außerhalb des Nillandes lokale (z.B. kyprische) Imitationen von Typen des gräko-äg. Repertoires anzutreffen sind[61]. Händler und Soldaten werden v.a. in hell. und röm. Zt für diese überregionale Verbreitung gesorgt haben, Berufsgruppen, denen auch bei der inner-äg. Verbreitung der T. ein gewisser Anteil zugemessen werden darf. So stammt bezeichnenderweise eine Lampe in Form eines hockenden Negers – zweifellos eine äg. Arbeit des 2. Jh. v. Chr. – von der Insel Thera, in hell. Zt ein Hauptstützpunkt der ptol. Seeherrschaft mit einer Garnison und einem Nauarchen[62].

Typenrepertoire[63]. Die Typenvielfalt der Fajjum-Terrakotten ist derartig groß, daß an dieser Stelle nur ein summarischer und damit zwangsläufig lückenhafter Überblick gegeben werden kann. Bei einer nicht zu engen Auslegung des Begriffs „Typus" wird man ohne weiteres auf ein Statuettenrepertoire von Hunderten von Einzelmotiven (wenn nicht mehr) kommen, ein einzigartiger Quellenfundus, der Einblicke in alle Bereiche des öffentlichen, privaten und religiösen Lebens des Nillandes und in das künstlerische Spannungsfeld von Tradition und Neuschöpfung gestattet[64].

Die Mischung der einzelnen Volksteile führte, nachdem beide religiösen Hauptströme in der ptol. Frühzeit zunächst nebeneinander herflossen, zu einer Angleichung und Verschmelzung der Gottheiten. Z.T. ist die gegenseitige Durchdringung so vollkommen, daß nicht zu klären ist, ob die jeweilige griech. Gottheit oder das äg. Pendant gemeint ist. Die Attribute mehrerer Gottheiten werden häufig einer einzigen Figur zugeordnet, eine Erscheinung die charakteristisch für volkstümliche Frömmigkeit ist. Dadurch sollte ein Höchstmaß göttlicher Kräfte und göttlichen Schutzes auf den Besitzer der jeweiligen Statuette gelenkt werden. Daß dieses Kombinieren von Attributen, Extremitäten u.a. heutigen Interpreten eine sichere Identifizierung oft erschwert, versteht sich von selbst.

Im Vordergrund des Interesses der Koroplasten bzw. der Käuferschicht, die das Repertoire der Darstellungen bestimmte, steht die Trias *Sarapis, *Isis und das Horuskind *Harpokrates[65]. Die ikonographische Sarapis-Überlieferung ist relativ einheitlich: Die Sitzbilder und Büsten des Gottes halten sich eng an das kolossale, beherrschende Kultbild im Sarapieion zu Alexandria[66], dessen Wirkung bis in den letzten Winkel des Landes verfolgt werden kann. Viele fromme Pilger aus allen Teilen der Chora und den großen Städten werden sich miniaturartige Terrakotta-Nachbildungen des verehrten Gottes aus den Devotionalienhandlungen der Sarapieia, die – ausgehend von Alexandria – über das ganze Land verstreut waren, mit in ihre Heimat gebracht haben. Ikonographisch folgt die Darstellung griech. Tradition, während in sein Wesen, in den religiösen Kompetenzbereich des Gottes, der ja ein „Gott aus der Retorte"[67] ist, äg. „Erbgut" einfloß, ganz abgesehen von der Namensgebung[68]. Die äg. Komponente kommt äußerlich in einem Nebentypus mit Harpokrates (anstelle des Kerberos) und Atefkrone (für den Kalathos) zum Ausdruck (als Osirapis bezeichnet)[69].

Eine geringere Zahl von T. zeigt den stehenden Sarapis[70], ohne daß der Überlieferungsstrang so einheitlich ist wie beim thronenden Gott. Der Typus des liegenden Sarapis tritt unter den Fajjum-Terrakotten kaum in Erscheinung. Auf tönernen Sparbüchsen mit Schlitz (und kleinen Terrakotten als Votivgegenstände ohne Büchsenfunktion) lagert der Gott zum Sarapis-Schmaus zusammen mit anderen Gottheiten auf dem Speisesofa[71]. Die Gläubigen bewirten die verehrten Götter, wobei zwischen öffentlichen Theoxenien (in Tempeln und Heiligtümern) und privaten (in Häusern) zu unterscheiden ist. Als Ersatz stellte man verkleinerte Bilder der jeweiligen Götter auf das Sofa[72]. Solche sakralen Mahle zu Ehren des Sarapis hat es nach Ausweis von T. und besonders der Papyri als Teil eines lebhaft entwickelten Vereinswesens in Äg. des öfteren gegeben; die tönernen Büchsen dienten vielleicht dazu, die Teilnehmerbeiträge bzw. Geldspenden zusammenzutragen[73].

Einzelne Motive, denen sich die äg. Töpfer von Tonlampen in späthell. und röm. Zt angenommen haben, fehlen unter den freiplastischen Terrakotten. So bleibt der Kuß des Helios, der Sarapis gilt,

Abb. 1
Isis-Terrakotte
(Museum für Kunst und Gewerbe, Hamburg)

Abb. 2
Harpokrates-Terrakotte
(Museum für Kunst und Gewerbe, Hamburg)

innerhalb der äg. Tonproduktion auf Lampenspiegel beschränkt[74].
Den höchsten Grad der Verschmelzung von äg. und griech. Religion dokumentiert der Terrakotten-Typus mit Sarapis als *Agathos Daimon. Auf einem Schlangenkörper sitzt der Kopf des bärtigen Gottes mit Kalathos[75]. Chthonische Elemente verbinden sich mit Fruchtbarkeitsgedanken.
Das Pendant zum schlangengestaltigen Sarapis stellt *Isis-Thermuthis dar, die auf die schlangengestaltige Fruchtbarkeits- und Erntegöttin *Renenutet zurückgeht[76]. Die Isis-Ikonographie ist insgesamt vielgestaltiger als die des Sarapis. Das hängt zu einem Teil sicher mit der längeren Tradition dieser bedeutendsten weiblichen Gottheit des Nillandes zusammen; Sarapis ist demgegenüber ein „junger" Gott. Die gräko-äg. T. überliefern ein vielfältiges Bild der Göttin, in dem bald das äg. Element, bald die griech. Vorstellung dominiert[77].

Isis als Nährerin bildet ein zentrales Thema der Koroplasten, sei es, daß sie den *Horus-Knaben oder den *Apis-Stier säugt. Isis lactans, das Idealbild der nährenden Göttermutter, ist ein bevorzugtes Sujet in ptol. und röm. Zt[78]. Fruchtbarkeitsgedanken stehen auch hinter dem Typus der Isis auf der trächtigen Sau[79]. Die Göttin auf dem Fruchtkorb (mit oder ohne Kind) ist als Isis-Bastet gedeutet worden[80].
Die T. spiegeln eindrucksvoll die Verschmelzung der Göttin mit anderen weiblichen Gottheiten wie der schon erwähnten Erntegöttin Thermuthis, der Liebesgöttin *Hathor oder *Sothis, der Herrin des Hundssterns Sirius. Die Assimilation äußert sich zumeist in der Übernahme von Kopfschmuck, Attributen u. ä.
Erfährt die Fülle von Sarapis- und Isisstatuetten in ptol. und röm. Zt ihre Begründung durch die Vielzahl von Tempeln und Heiligtümern beider Gottheiten (in und außerhalb Ägyptens)[81], so

steht es mit dem Sohn beider, Harpokrates (d.h. Horus als Kind), anders. An der Zahl seiner öffentlichen Verehrungsorte ist nicht ohne weiteres abzulesen, daß wir es bei ihm mit dem volkstümlichsten Gott in Äg. seit griech. Zt überhaupt zu tun haben, dessen Typenvielfalt und Statuettenzahl innerhalb der Fajjum-Terrakotten von keinem anderen äg. oder griech. Gott auch nur annähernd erreicht wird[82]. Die kultische Verehrung muß sich also vor allem auf privater Ebene vollzogen haben[83]. Diese große Beliebtheit des kindlichen Gottes, der oft puttenhaft gebildet ist[84], muß in Zusammenhang mit dem Wunsch nach Schutz und Wohlergehen der Kinder gesehen werden; man mag ihn geradezu als Kindergott par excellence charakterisieren. Eine Terrakotta-Gruppe in Hamburg illustriert diese Feststellung anschaulich: Der stehende Harpokrates oder einer seiner Anhänger hält an jeder Hand ein kleines Kind, das eine bekleidet, das andere nackt, eine Schreibtafel(?) haltend. Einige Typen überliefern den hieratisch steif thronenden Gott mit Götterkrone und Königshaube, vermutlich auf ein älteres äg. Kultbild zurückgehend.

Die Darstellung des Harpokrates folgt zwar bestimmten Grundtypen (vgl. etwa den Gott auf der Blume, auf dem *Pferd und auf der *Gans oder mit dem Topf), sie ist aber im einzelnen oft unkonventionell, in der Bekleidung fast regellos. Der Gott sitzt bzw. thront, steht oder hockt, trägt häufig die sog. Horuslocke, gelegentlich die Doppelkrone von O. u. U. Äg., als Attribut hält er oft Topf oder Füllhorn. Das beschnittene Glied erreicht z.T. eine beachtliche Länge, wohl Ausdruck einer wie auch immer gearteten, gesteigerten Hoffnung auf Fruchtbarkeit.

Zu den volkstümlichsten Göttern zählt ferner *Bes, Dämon und helfender Schutzgott in einem, Gott des *Tanzes und der *Musik, Patron von Frauen und Kindern. Seine koroplastische Darstellung bleibt im Gegensatz zu Harpokrates, der überwiegend ganz und gar dem griech. Körperideal eines Kleinkindes folgt, der äg. Tradition verhaftet. Die Koroplasten formen ihn tanzend oder in kriegerischem Habitus. Zu den typologischen Raritäten zählt Bes auf einem sich aufbäumenden Pferd[85].

Unverändert bleibt in ptol.-röm. Zt auch das Aussehen des stiergestaltigen Gottes *Apis, der in den Beständen der Fajjum-Terrakotten noch in einiger Zahl vorkommt[86], während Suchos (*Sobek), *Osiris und *Min, der ithyphallisch gebildete göttliche Nothelfer, Hermanubis, Ammon, *Bastet u.a. altäg. Gottheiten nur noch eine Randrolle spielen[87]. Osiris erscheint gelegentlich in der Gestalt seines in Kanopus verehrten Bildes[88].

Einen zweiten wichtigen Typenkomplex innerhalb der gräko-äg. T. stellen die griech. Gottheiten dar[89], deren Kulte teilweise schon vor der Herrschaft der Lagiden-Dyn. bestanden und von dieser dann energisch gefördert wurden. Ihr Ansehen blieb während der ganzen Kaiserzeit erhalten, gleichwohl tritt die griech.-röm. Götterwelt doch quantitativ deutlich innerhalb des Terrakottenmaterials hinter der äg. zurück[90]. Zeus, Demeter, Helios, Hermes und Apollon begegnen natürlich ebenso wie Dionysos und sein Kreis, Ares und Aphrodite. Eine T. zeigt Pan auf seiner Höhle vor dem Pharos, gemeint ist also das alexandrinische Paneion[91]. Die Darstellungen des Eros knüpfen – wie viele andere Typen – unmittelbar an griech. Vorbilder an[92]. Herakles, die Dioskuren und vor allem Athena galten offenbar als besondere Schutzgottheiten der Griechen in Ägypten. Athena hat sich durch ihre Vermischung mit der kämpferischen *Neith von *Sais Anerkennung und Verehrung verschafft[93].

Der Fülle der T. nach zu urteilen, hat Priapos, das griech. Pendant des *Min, einen bemerkenswerten Verehrerkreis besessen, der sich vermutlich in erster Linie aus der griech. geprägten Landbevölkerung rekrutierte. Das phallische Element, die „Zurschaustellung männlicher Potenz"[94] – Priap eo ipso eigen – findet sich auch sonst in einem Maße ausgebildet, wie es unter den T. anderer Kunstlandschaften kaum vorkommt[95]. Aus dem Phallischen entwickelt sich eine übelabwehrende Kraft, die mit anderen (glückbringenden) Eigenschaften (z.B. durch einen Buckel angedeutet) in ein und derselben Statuette kombiniert werden kann. Neben vielen kultisch bedingten Darstellungen (man denke z.B. an die Phallosprozessionen) begegnen krasse Obszönitäten mit z.T. groteskem Charakter. Die Darstellung sexueller Themen macht nicht vor der Tierwelt halt[96].

Bukolische wie überhaupt größere szenische Darstellungen sind verständlicherweise der Flächenkunst – in diesem Fall den Spiegeln äg. Lampen – vorbehalten[97]. Die Lampen mit Stadtpanoramen – immer wieder auf Alexandria gedeutet – sind jüngst der Nilmetropole abgesprochen worden[98].

Die Koroplasten haben sich z.T. sehr präzise an die griech. Vorbilder gehalten, die sie im Miniaturformat nachmodellierten. So war z.B. die Eros-und-Psyche-Gruppe[99] ebenso gefragt wie der Ausruhende Herakles des Lysipp im Typus Farnese[100] und manches andere griech. opus nobile[101]. Den Koroplasten werden Modelle und Musterbücher zur Verfügung gestanden haben.

Unter den dämonischen und magischen Wesen sind in erster Linie *Patäken, die sog. Totenbräute und die verschiedenen sog. Baubo-Typen zu nennen. Bei den Patäken handelt es sich um zwerghafte Gestalten mit langem, herabhängendem Glied, Fruchtbarkeitsdämonen mit übelabwehrender Funktion. Fruchtbarkeit und Schutz sollen auch die „Baubo-Figuren“ garantieren: hockende, nackte Frauen in fülligen Formen mit gespreizten, angezogenen Beinen, die sich mit einer Hand an die Scham oder auf Bauch und Schenkel fassen. Der Typus, der in der Forschung seit langem diskutiert wird[102], ist relativ einheitlich überliefert; es kommen aber auch Varianten und sogar Gruppenzusammenhänge vor[103]; es handelt sich um ein „Idol der Fruchtbarkeit mit apotropäischer Kraft“[104], nicht um Gebärende, wie ausgehend von der Handhaltung und der Korpulenz immer wieder behauptet wird.

In den gleichen magischen Bereich führen die ebenfalls zahlreich erhaltenen „Totenbräute“, die wohl „für Frauen als Zaubermittel zur Erlangung von Kindersegen“[105] anzusehen sind. Verschiedene Ausdeutungen hat ferner der in der Kaiserzeit beliebte Typus einer hockenden Frau mit adorierend erhobenen Händen erfahren („Orantin“, „Totenweib“ oder „Dienerin“)[106]. Denselben Adorationsgestus zeigen u.a. auch hockende pummelige Knaben mit sog. Horuslocke (und Kranz oder Amulett um den Hals).

Ein z.T. in sehr qualitätvollen Ausformungen überlieferter Figurentypus zeigt eine stehende und meist nur knapp bekleidete Frau mit einer Fruchtschüssel auf dem Kopf. Der statuarische Typus folgt dem der griech. Aphrodite Anadyomene, die endgültige Deutung bleibt – wie in vielen anderen Fällen auch – unsicher. Sie ist u.a. als „Totenernährerin“ angesprochen worden[107].

Bei so vielen Darstellungen von äg. und griech. Göttern überrascht es nicht, auch eine Fülle von Kultpersonal unter den T. zu finden: Priesterinnen und *Priester (Propheten und *Pastophoren), Tempelsklaven und Kultbildträger, Tänzerinnen, *Musikanten und Musikantinnen, Orantinnen und viele andere. Die Isis-Priesterinnen sind oft nicht von der Göttin selbst zu unterscheiden[108]. Beide tragen den typischen Fransenmantel, die Zeremonialperücke und dieselben Attribute. Das „Isisgewand“ entwickelt sich zu einem vielfach von Frauen getragenen Kleid.

*Musik spielt nicht nur im Kult eine Rolle. Straßen- und Wandermusikanten begegnen allerorten. Die Papyri in Verbindung mit den T. vermitteln ein anschauliches Bild. *Sistrum, Tamburin, *Harfe, *Rasseln, Auloi, *Panflöte und *Tuba sind die Musik- bzw. Rassel- und Rhythmusinstrumente[109]. Schauspielerfiguren und Masken dokumentieren das Interesse am Theater in der Stadt und auf dem Land; sie ergänzen das Bild von der Theaterfreudigkeit des hell. und röm. Äg., das die anderen Quellen zeichnen.

Zirkustypen, *Akrobaten, Gladiatoren, Reiter und viele andere Figurentypen aus diesem Milieu erfreuten sich bei der Kundschaft größter Beliebtheit. Die Koroplasten waren an allem interessiert, was sie im Alltagsleben vor Augen hatten, auch wenn einschränkend gesagt werden muß, daß Bürger und Handwerker und v.a. die Beamtenschaft, die in der älteren äg. Kunst eines der zentralen Darstellungsthemen bildete, kaum vorkommen. Die Modelleure bevorzugen das Besondere, z.T. Kuriose, die Außenseiter der Gesellschaft; sie lieben genrehafte Motive und Karikaturen, Jugend- und Altersdarstellungen, die Schilderungen von körperlichen Deformationen und von verschiedenen Rassen mit den jeweils charakteristischen Merkmalen (von *Negern, Ägyptern, Makedonen u.a.)[110], von bunt zusammengewürfelten Straßentypen wie Sklaven, Händlern und Sänftenträgern. Das Familienleben fehlt ebensowenig wie das Militär, dem als Garant der Macht eine wichtige Aufgabe zukam.

Ein besonderer Hinweis gilt den umfänglich erhaltenen kaiserzeitlichen Frauenköpfchen mit aufwendigen, raffinierten Modefrisuren[111]. Die glatte Schnittfläche auf der Unterseite des Halses weist sie als selbständige Arbeiten aus, deren genaue Verwendung unsicher bleibt. Man hat an Zierstücke aus dem hausfraulichen Bereich gedacht; eher handelt es sich um Frisurenmodelle en miniature, vielleicht um Opfergaben. Jedenfalls werden Frauen und keine Göttinnen gemeint sein.

Tierdarstellungen nehmen einen breiten Raum ein[112]. Zu unterscheiden ist zwischen kultisch verehrten und den Haus- und Nutztieren. Die Verehrung von Tieren, für die die unteren Schichten billige Votivgaben benötigten, war auch im griech.-röm. Äg. weiterhin stark verbreitet; man denke an die *Katze, das Tier der Bastet, den Stier, ein Sinnbild für physische Stärke und Zeugungskraft als Verkörperung des Apis, ferner an *Schakal, *Ibis, *Pavian, *Krokodil, *Hund und *Löwe, die Mischwesen (wie *Sphinx) nicht zu vergessen. Die Menagerie der Haus- und Nutztiere ist umfangreich: Hund, Katze, *Maus, Pferd, *Esel, *Taube, *Schwein, Eber, *Widder, Dromedar (als Last- und Nutztier, s. *Kamel), Hahn und Henne (*Huhn), *Gans, *Igel, Delphin, *Fische und viele andere. Vielfach mag es sich bei den Tier-Terrakotten um Kinderspielzeug gehandelt haben; einzelne Motive – wie der *Affe als Wagenlenker, Gladiator oder ein affenähnlicher Geldwechsler[113] – haben parodistischen Charakter.

Von den Geräten bzw. ihren Nachbildungen seien erwähnt: Räucheraltärchen, figürliche Gefäße mit

Henkeln oder reliefierten Figuren, Spanhalter, Öllampen und Lichthäuschen[114], Nachbildungen von Tempeln und Häusern, die bei Götterprozessionen und Totenfeiern mit einem kleinen separaten Lämpchen im Inneren Verwendung fanden. Nachbildungen von Architektur sind ansonsten relativ selten; vereinzelt haben sich Sofas[115], Stühle, Boote und Schiffswagen in Miniaturformat erhalten.

Verwendung[116]. Die Frage der Verwendung gehört zu jenen Grundproblemen der Fajjum-Terrakotten, die die Forschung seit langem beschäftigt. Da die Masse der Statuetten aus unkontrollierten Grabungen stammt, scheiden die Fundorte weitgehend zur Bestimmung der einstigen Verwendung aus. Nachdem jene Meinungen längst erledigt sind, die in den T. entweder ausschließlich Grabbeigaben oder aber ebenso einseitig Votive erkennen wollten, hat sich die Einsicht durchgesetzt, daß man den T. nur gerecht werden kann, „wenn man ihnen mannigfaltige Zwecke zuschreibt, sie bald als Weihgaben oder Totenbeigaben faßt, mal aber auch von jeder religiösen Deutung absieht, sie als Erzeugnisse der Lust, genrehafte Motive zu gestalten, der Freude an der Wiedergabe des im täglichen Leben Auffallenden, an der Karikatur auffaßt und so einfach Zier- oder Gebrauchsgegenstände in ihnen sieht“[117]. D.h., ein und derselbe Terrakotta-Typus kann durchaus für verschiedene Zwecke eingesetzt bzw. eine Statuette kann nacheinander verschiedenen Verwendungsbereichen zugeführt worden sein. Liegen keine gesicherten Fundbeobachtungen vor, so ist von Fall zu Fall – ausgehend vom Motiv und eventuell der Art der Zurichtung – die einstige Verwendung zu bestimmen.
Eindeutig ist der Befund z.B. bei den durch die amerikanische Expedition in Karanis ausgegrabenen T.: Hier handelt es sich um Funde aus Häusern[118], was nicht ausschließt, daß die Götterfigürchen später in einer sekundären Verwendungsphase in die Gräber Verstorbener oder als Weihgaben in Heiligtümer hätten gelangen können. Zunächst aber waren diese T. Teil der Hausausstattung. Aufhängeösen auf den Köpfen oder Rückseiten von Figuren (seien es Menschen, Götter oder Tiere) weisen darauf hin, daß diese Stücke primär für Häuser und Heiligtümer bestimmt waren, sekundär aber durchaus aus Gräbern zutage gefördert werden können. Dasselbe gilt für tönernes Kinderspielzeug (wie z.B. Spielwürfel und Tiere auf Rädern zum Ziehen in der Hamburger Slg.), Öllampen[119], Spanhalter, Figurengefäße mit Henkeln und anderes Gerät. T. in Form einer geflügelten Büste eines Papposilen (= Bes) gehen auf bronzene Gerätfüße zurück[120], die sich weit häufiger erhalten haben als ihre tönernen Imitationen (sie sind losgelöst von der ursprünglichen Funktion solcher Geräte teils als billige Surrogate produziert worden).
Spardosen, z.B. in Form eines Theoxenion, in denen Geld für die Sarapis-Mahle oder Spenden gesammelt wurden, müssen in ihrer Ursprungsverwendung den Lebenden gedient haben, ehe sie möglicherweise der Gottheit geweiht oder einem verstorbenen Sarapis-Anhänger mit in das Grab gelegt wurden[121].
Sepulkrales Gedankengut verraten jene Statuetten, die eine sog. Handgirlande halten, wobei jedoch einschränkend zu sagen ist, daß die Koroplasten dieses Todes- und Jenseitssymbol, ursprünglich Requisit des Symposion, vielfach nicht mehr verstanden haben. Wie in der Sarkophagkunst „dringt die Handgirlande in Darstellungen ein, in denen sie eigentlich nicht mehr erklärt werden kann“[122].
Statuetten von Göttern stammen aus häuslichen Kapellen, den Opfergruben von Heiligtümern und aus Gräbern. Vielfach mag es sich bei den Figürchen um Wallfahrtsbilder handeln, Erinnerungsstücke, die von frommen Pilgern in hlg. Bezirken Zeugnis ablegen. Tönerne Räucheraltärchen sind Surrogate großformatiger Opferstätten, Götterbildchen (etwa von Aphrodite und Priapos) in Lauben spiegeln offenbar beliebte größere Monumente in Gärten bzw. ländlichen Gebieten wider, wie sich überhaupt viele Götterstatuetten auf bestimmte Kultbilder im Nilland (z.B. die berühmte kolossale Sarapisstatue in Alexandria) zurückführen lassen.
Lichthäuschen und Laternen, mit kleinen Lampen bestückt, erfüllten ihren Zweck bei Götterprozessionen (Lampenfest der Athena-*Neith[123]) und Totenfeiern. Patäkenfigürchen sollten Übel vom Besitzer fernhalten, Karikaturen und Grotesken fungierten als Glücksbringer.
Eine Vielzahl der T. steht im Dienst der *Magie. Als Objekte mit schützendem, amuletthaftem Charakter waren sie dazu bestimmt, im Diesseits und Jenseits böse Dämonen zu vertreiben. Sie reflektieren die starke Sehnsucht der Menschen nach Glück und Wohlergehen, während das unter den T. stark vertretene phallische Element Hoffnungen auf Fruchtbarkeit und Potenz und auf apotropäische Kräfte ausdrückt.
Zusammenfassend ergeben sich folgende Verwendungsbereiche der gräko-äg. T.: religiöser Hausrat, Maskottchen, Kinderspielzeug und „Nippesfiguren“ (aus Häusern), Kultsymbole (aus Tempeln, Häusern und Gräbern; in letzteren nur selten nachgewiesen), Votivgaben (aus Opfergruben von Heiligtümern) und magische Objekte zur Bannung böser Mächte und Beschwörung von Glück und

Fruchtbarkeit, zugleich Garanten für die körperliche Unversehrtheit im Jenseits (aus Häusern und Gräbern).

[1] Reynold A. Higgins, Catalogue of the Terracottas ... British Museum I, London 1954, 404; ders., Greek Terracottas, London 1967, 56. – [2] Higgins, Greek Terracottas, 93. Tonmodel eines qualitätvollen Negerkopfes aus dem 5. Jh.: C. E. Vafopoulou-Richardson, Greek Terracottas, Ashmolean Museum Oxford, 1981, Nr. 26 a. b. – [3] Memphis I, 15 ff., Tf. 35–44; II, 16 ff., Tf. 28–34; III, 46, Tf. 42–46; Gisela M. A. Richter, Greek Portraits III, Collection Latomus 48, Brüssel–Berchem 1960, 29 ff., Abb. 109–132; Scheurleer, in: RdE 26, 1974, 83 ff., Tf. 7–9 (S. 99 Auflistung der hell., röm. und kopt. T. in Memphis I–III). Zur Topographie von Memphis in hell. Zt s. Dorothy J. Crawford, in: Alessandria e il mondo ellenistico-romano. Studi in onore di Achille Adriani I (Studi e materiali 4), Rom 1983, 16 ff., zur Lokalisierung der Ausländerquartiere ebd. 18 ff., bes. 20. – [4] Gerhard Kleiner, Tanagrafiguren, JDAI Ergänzungsheft 15, 1942, 30 ff. 51 ff.; Higgins, a.a.O., 129 ff.; Nikolaus Himmelmann, Alexandria und der Realismus in der griechischen Kunst, Tübingen 1983, 27 ff. (dazu und zum folgenden vgl. ders., in: Proceedings of the British Academy London 67, 1981, 197 ff.; hier nicht mehr im einzelnen zitiert). – [5] Zur Datierung s. Kleiner, a.a.O., 31 ff.; Dorothy Burr Thompson, in: Hesperia 21, American School of Classical Studies at Athens 1952, 120. 157 mit Anm. 227; Himmelmann, a.a.O., 28 mit Anm. 41. – [6] Kleiner, a.a.O., 44 f. 65; Higgins, a.a.O., 132 (mit Betonung der führenden Rolle Athens); Peter M. Fraser, Ptolemaic Alexandria I, Oxford 1972, 64. Möglicherweise bötischer Import ist eine Gewandfigur aus Mudros bei Abu Mena: Higgins, in: The British Museum Quarterly 33, 1968–9, London 1969, 119 Nr. 6, Tf. 55 a (= ders., Greek Terracottas, Farbtf. D). – [7] Evaristo Breccia, La necropoli di Sciatbi I. II, CG, Kairo 1912, Tf. 62–71; ders., Terrecotte figurate greche e greco-egizie del Museo di Alessandria, Monuments de l'Égypte gréco-romaine II. 1, Bergamo 1930, 27 ff. Nr. 1 ff., Tf. A–P. 1–13; Kleiner, a.a.O., 51 ff. 58 ff. 61 ff.; Himmelmann, a.a.O., 28. – [8] Breccia, La necropoli di Sciatbi, Tf. 70–74; ders., Terrecotte figurate I, 36 ff., Nr. 104 ff., Tf. Q. R. S. 14 u. a.; Himmelmann, a.a.O., 29. – [9] Himmelmann, a.a.O., 28 f.; Evangelia-Lila Marangou, in: AA 1968, 459 f. Zur Verwendung einheimischen Tons s. Fraser, a.a.O. I, 138; II, 244 f. Anm. 47 mit weiterer Lit. – [10] Farbabb.: Breccia, Terrecotte figurate I, Tf. A–U; Higgins, Greek Terracottas, Tf. D (s. aber Anm. 6); Götter – Pharaonen, Ausstellung Essen–München–Rotterdam–Hildesheim 1978–79, Mainz [1979], Nr. 98. 101. 102. – [11] Helmut Kyrieleis, Bildnisse der Ptolemäer, Archäologische Forschungen 2, Berlin 1975, 166 Nr. B 4, Tf. 10, 6. 7; 169 f. Nr. C 13, Tf. 26, 4. 5; 172 Nr. D 8, Tf. 39, 5; Nr. D 9, Tf. 39, 3. 4; Nr. E 5, Tf. 42, 5; 176 Nr. H 10, Tf. 65, 4; Lunsingh Scheurleer, in: Das ptolemäische Ägypten, hg. von Herwig Maehler und Volker Michael Strocka, Mainz 1978, 1 ff., Abb. 1. 2. 5–12. – [12] Z. B. Hanna Philipp, Terrakotten aus Ägypten, Bilderheft der Staatl. Museen Berlin, Heft 18/19, Berlin 1972, 18 f. Nr. 3, Abb. 1; Nr. 5, Farbtf. IV. – [13] Marangou, in: AA 1968, 458 ff. Abb. 1–4. – [14] Himmelmann, a.a.O. (s. Anm. 4), 30 ff., Tf. passim (Einzelfiguren); 47 ff. 58, Tf. 16–25 (Ras el Soda, mit neuer Frühdatierung). – [15] Ebd., 53; zum äg. Hintergrund der Typologie ebd., 61 ff. – [16] So Kleiner, a.a.O. (s. Anm. 4), 255 ff., bes. 257; dagegen Himmelmann, a.a.O., 27 f. 43. 45. – [17] Zur Gattung zuletzt: Françoise Dunand, Religion populaire en Egypte romaine, EPRO 76, 1979, 1 ff. – [18] Neben der im Artikel „Fajjum" in diesem Lexikon II, 92 f. genannten Lit. sei noch hingewiesen auf: Winfried J. R. Rübsam, Götter und Kulte im Faijum während der griechisch-römisch-byzantinischen Zeit, Bonn 1974 und Froriep, in: Antike Welt 12. 2, Feldmeilen 1981, 27 ff. – [19] Evaristo Breccia, Monuments de l'Egypte gréco-romaine I, Bergamo 1926, 68 ff. – [20] Willem D. van Wijngaarden, De grieks-egyptische terracotta's in het Rijksmuseum van Oudheden, Leiden 1958, IX; Ilona Skupinska-Løvset, The Ustinow Collection, Terracottas, Oslo–Bergen–Tromsö 1978, 104. – [21] Schon 1914 hat Wilhelm Weber die Gesamtzahl aller Fajjum-Terrakotten auf ca. 5000 geschätzt, seitdem hat sich das Material vervielfacht. Wenn die Forschung diese enorme Vermehrung bisher kaum registriert hat, so resultiert dies in erster Linie aus dem ungenügenden Publikationsstand und aus der Tatsache, daß ein Großteil der T. ein Schattendasein in Museumsmagazinen führt. – [22] Verschiedene Bestandskataloge befinden sich in Vorbereitung (s. Lit.). Es ist zu hoffen, daß daraus eine neue Gesamtdarstellung der gräko-äg. T. hervorgeht. – [23] Wilhelm Weber, Die ägyptisch-griechischen Terrakotten. Königliche Museen zu Berlin, Mitteilungen aus der ägyptischen Sammlung II, Berlin 1914, 13. – [24] Joseph Vogt, Terrakotten, Sieglin Exp. 2.2, Leipzig 1924, XI f. Ein Gesamtpanorama von der Kunst und Gesellschaft im röm. Äg. entwirft Castiglione, in: Acta antiqua Academiae scientiarum hungaricae 15, Budapest 1967, 107 ff. Vgl. auch Naphtali Lewis, Life in Egypt under Roman Rule, Oxford 1983. – [25] Vgl. Vogt, a.a.O., XI f. – [26] Castiglione, a.a.O., 131. – [27] Zur Bedeutung der alexandrinischen Münzen: Castiglione, a.a.O., 112 f. – Grundlegende Kataloge, denen weitere Hinweise zu entnehmen sind: Giovanni Dattari, Monete Imperiali Greche, Numi Augg. Alexandrini, Kairo 1901; Joseph Vogt, Die alexandrinischen Münzen, Stuttgart 1924; Angelo Geissen, Katalog Alexandrinischer Kaisermünzen der Sammlung des Instituts für Altertumskunde der Universität zu Köln I–III, Opladen 1974–1982. – [28] Vgl. Carl-Maria Kaufmann, Graeco-ägyptische Koroplastik, Leipzig–Kairo [2]1915, 15 ff.; Weber, a.a.O., 4 ff.; Françoise Dunand, a.a.O. (s. Anm. 17), 16 ff.; Hanna Philipp, Terrakotten aus Ägypten im Ägyptischen Museum Berlin, Bilderheft der Staatlichen Museen Preußischer Kulturbesitz Berlin 18/19, Berlin 1972, 6 f. – [29] Campbell C. Edgar, Greek Moulds, CG, 1903, XIII ff., Tf. 23 ff. – [30] So enthält z. B. die Hamburger Slg. neben Gipsmodeln auch eine Reihe von Terrakotta-Matrizen. – [31] Hanna Philipp, a.a.O. (s. Anm. 28), 6 f. – [32] Reynold A. Higgins, Greek Terracottas, London 1967, 132 f. – [33] Evaristo Breccia, Monuments de l'Egypte gréco-romaine II. 1, Bergamo 1930, 21 ff. – [34] Hanna Philipp, Terrakotten (s. Anm. 28), 7. – [35] Weber, Terrakotten (s. Anm. 23), 7 f.; Hanna Philipp, a.a.O., 7. – [36] Hanna Philipp, a.a.O., 15. – Zum oft mißverständlich benutzten Begriff „koptisch" vgl. Parlasca, in: Studien zur spätanti-

ken und frühchristlichen Kunst und Kultur des Orients, GOF II. 6, 1982, 19. – [37] Am ausführlichsten zu den Inschriften: Paul Graindor, Terres cuites de l'Egypte gréco-romaine, Antwerpen 1939, 19ff. – Zur Zweisprachigkeit im ptol. Äg.: Peremans, in: Egypt and the Hellenistic World, in: Proceedings of the International Colloquium Leuven 24.–26. Mai 1982, Studia Hellenistica 27, Löwen 1983, 253ff. – [38] Graindor, a.a.O., 19ff. – [39] Eva-Maria Cahn-Klaiber, Die antiken Tonlampen des Archäologischen Instituts der Universität Tübingen, Tübinger Studien zur Archäologie und Kunstgeschichte 2, Tübingen 1977, 125ff. passim. – [40] Graindor, a.a.O., 23. – [41] Weber, Terrakotten (s. Anm. 23), Nr. 131, Tf. 12. – [42] Vgl. Weber, a.a.O., Nr. 12, Tf. 1. – [43] Weber, a.a.O., 16f.; Graindor, Terres cuites (s. Anm. 37), 54ff.; Hanna Philipp, Terrakotten (s. Anm. 28), 12ff.; Françoise Dunand, Religion populaire (s. Anm. 17), 18ff. – [44] Gerhard Kleiner, Tanagrafiguren, JDAI Ergänzungsheft 15, 1942, 255. – [45] Nikolaus Himmelmann, Alexandria und der Realismus in der griechischen Kunst, Tübingen 1983, 45. 58. – [46] Vgl. bes. die Datierungen von Eva-Maria Cahn-Klaiber, Tonlampen (s. Anm. 39), 297ff. (Katalog). – [47] Vgl. ebd., 125ff., bes. 169ff. Nr. 137ff. (Statuetten mit Froschlampen und Traglampen). 327f. Nr. 137ff. – [48] So ist eine einzelne Terrakotta-Statuette (ehemals Äg. Abt. der Staatlichen Museen in Berlin) von Castiglione, in: ZÄS 90, 1970, 90ff. mit einem bestimmten Ereignis unter *Diocletian in Verbindung gebracht worden. Zum Typus s. Hornbostel, in: Hommages Vermaseren II, 514ff., Tf. 114–115 (Caracalla); Zsolt Kiss, Etudes sur le portrait impérial romain en Egypte, Warschau 1984, 75f. Abb. 189–190 (Septimius Severus). Die Statuette einstmals Berlin ebd., Abb. 231. Die Porträts röm. Kaiser sind unter den äg. T. selten, vgl. die Statuette T 286 im Archäologischen Institut der Universität Leipzig: Kiss, a.a.O., 74 Abb. 187; ders., in: ET 12, 1985, 149 Abb. 5 (mit nicht akzeptabler Deutung auf Septimius Severus). – [49] Vgl. die in Anm. 27 gegebene Lit. – [50] Zum Nachleben der äg. Koroplastik in kopt. Zt s. Elbern, in: Jb. Preußischer Kulturbesitz 19, Berlin 1982, 179ff. – [51] Weber, Terrakotten (s. Anm. 23), 14f. – [52] Weber, a.a.O., 10ff.; Hanna Philipp, Terrakotten (s. Anm. 28), 12ff.; Françoise Dunand, Terres cuites (s. Anm. 17), 13ff.; Hanna Szymánska-Wasylewska, Styles dans la coroplastique égyptienne à l'époque gréco-romaine, in: Recherches archéologiques. L'Institut d'archéologie de l'Université de Cracovie, Krakau 1980, 100ff. – [53] Vgl. z.B. Hornbostel, in: Hommages Vermaseren II, 502ff. mit Literaturnachweisen S. 504, Anm. 6. Zum Thema Mischkultur vgl. ferner: Alan E. Samuel, From Athens to Alexandria: Hellenism and Social Goals in Ptolemaic Egypt, Studia Hellenistica 26, Löwen 1983; Maehler, in: Egypt and the Hellenistic World, in: Proceedings of the International Colloquium Leuven 24.–26. Mai 1982, Studia Hellenistica 27. Löwen 1983, 191ff. („Die griechische Schule im ptol. Ägypten"). – [54] Das negative Urteil von Himmelmann über die Fajjum-Terrakotten in: Proceedings of the British Academy London 67, 1981, 197 kann nicht geteilt werden („perhaps the most ugly products of ancient art"). – [55] In jüngster Zt hat ein Typus, der entgegen anderen Vermutungen wohl doch aus tetrarchischer Zt stammt, das besondere Interesse der Forschung erregt. Gezeigt wird ein glatzköpfiger, bärtiger Mann in kurzem Gewand, der sein Kinn auf die rechte Hand stützt. Er steht neben einer Säule mit einem Topf darauf. Die alten Deutungen auf „Zirkusdiener", „Zirkusfahrer" oder „Markthändler" sind aufgegeben worden, ohne daß ein überzeugender neuer Vorschlag gemacht wurde; vgl. Weber, Terrakotten (s. Anm. 23), Nr. 332, Tf. 31; Hanna Philipp, Terrakotten (s. Anm. 28), Nr. 48, Abb. 45–46; Himmelmann, Alexandria (s. Anm. 4), 79f., Tf. 59b. Ein neues Exemplar dieses Typus im Museum für Kunst und Gewerbe in Hamburg. – [56] Konkrete Angaben über die Zahl der Werkstätten, aus denen gräko-äg. T. hervorgegangen sind, über die Struktur, Größe, Produktionsdauer u. a. des jeweiligen Ateliers können kaum gemacht werden. Vgl. was Eva-Maria Cahn-Klaiber, Tonlampen (s. Anm. 39), 260ff. zu den Werkstätten der Tonlampen schreibt. – [57] Bezeichnenderweise hat Achille Adriani, Lezioni sull' arte alessandrina, Neapel 1972 einige Fajjum-Terrakotten in seiner Arbeit aufgenommen, ohne daß in jedem Fall deren alexandrinische Provenienz gesichert wäre. – [58] Vgl. Peter M. Fraser, Ptolemaic Alexandria I–III, Oxford 1972. – [59] Elaine K. Gazda, Guardians of the Nile, Ausstellung Ann Arbor 1978, 58ff., bes. 62ff. Nr. 57ff. – [60] Alle gesicherten Fundorte können hier nicht aufgezählt werden. Vgl. für das hell. Material: Higgins, Greek Terracottas (s. Anm. 32), 157. Für die Fajjum-Terrakotten s. die Angaben in den Katalogen von Weber, Terrakotten (s. Anm. 23) und Françoise Dunand, Religion populaire (s. Anm. 17); die T. in der Arbeit von Kaufmann, Koroplastik (s. Anm. 28) stammen großenteils aus dem Fajjum, speziell aus Krokodilopolis. Für Herakleopolis magna s. William M. Flinders Petrie, Roman Ehnasya. Herakleopolis Magna, EES Supplement 26, 1905. Für Kanopus: Evaristo Breccia, Monuments (s. Anm. 19) I, 68ff. Die T. in London (Henry B. Walters, Catalogue of the Terracottas in the Department of Greek and Roman Antiquities, BM, London 1903, 248ff.) stammen vorwiegend aus Naukratis. – [61] Vgl. z.B. Oliver, in: Report of the Department of Antiquities Cyprus 1983, Nicosia 1983, 247. 253 Nr. 25, Tf. 40, 1 (aufbewahrt in Limassol, Museum). – [62] Exhibition of Ancient Greek Art from the N.P. Goulandris Collection, Ausstellung Athen 1978, Nr. 197; Hommes et dieux de la Grèce antique, Ausstellung Brüssel 1982, Nr. 171. – Zur Rolle des Militärs im röm. Äg.: Castiglione, a.a.O., 114ff. – [63] Am besten die Überblicke bei Weber, Terrakotten (s. Anm. 23), 19ff. und Vogt, Terrakotten (s. Anm. 24), 7ff.; Françoise Dunand, Religion populaire (s. Anm. 17), 46ff. behandelt nur die äg. Götterwelt, und davon auch nur einen Teil. – [64] Rübsam, Götter und Kulte (s. Anm. 18), 7. Vgl. ferner Quaegebeur, in: Egypt and the Hellenistic World, in: Proceedings of the International Colloquium Leuven 24.–26. Mai 1982, Studia Hellenistica 27, Löwen 1983, 303ff.; s. auch ebd., 75ff. (Françoise Dunand). – [65] Vgl. zuletzt Tran Tam Tinh, in: Aufstieg und Niedergang der römischen Welt II. 17.3, Berlin–New York 1984, 1710ff.; s. auch Vidman, in: Maarten J. Vermaseren, Die orientalischen Religionen im Römerreich, EPRO 93, 1981, 120ff. Literaturlisten zu den gräko-röm. Mysterienreligionen bei Metzger, in: Aufstieg und Niedergang der römischen Welt II. 17.3, Berlin–New York 1984, 1259ff. – [66] Wilhelm Hornbostel, Sarapis, EPRO 32, 1973. – [67] Hornbostel, in: Hommages Vermaseren II, 507. – [68] Hornbostel, Sarapis, 43. – [69] Tran Tam Tinh, in: Echos du monde classique – Classical Views 28, N.S. 3, Calgary 1984. 2, 271 ff. Zum Sarapis-Typus mit Atef-Krone im Hinblick auf die Frühzeit des Sarapisbildes s. Castiglione, in: Hommages Vermaseren I, 208 ff., ebd., 231 f., Nr. 63–74: Sarapis-Terrakotten mit Atef-Krone. – [70] Vincent Tran Tam Tinh, Sérapis debout, EPRO 94, 1983 (relativ wenige Terrakotten). Vgl. zum stehenden Sarapis ferner: Tran Tam Tinh, in: Mythologie gréco-romaine, mythologies périphériques, Colloques internationaux du Centre national de la recherche scientifique 593, Paris 1981, 145 ff. – [71] Grundlegend der Artikel von Castiglione, in: Acta antiqua Academiae scientiarum hungaricae 9, Budapest 1961, 287 ff., speziell 294 ff., Nr. 4 ff. Vgl. auch Castiglione, in: Bulletin du Musée Hongrois des Beaux-Arts 50, Budapest 1978, 18 f., Nr. 16 (mit Nachträgen). Eine neue kleine T. (ohne Büchsenfunktion) in Hamburg, Museum für Kunst und Gewerbe. – Zum auf der Kline liegenden Sarapis allgemein: Kraus, in: JDAI 94, 1979, 566 ff. – [72] Zumeist ist nicht genau zu erkennen, ob die Götter in ganzer Figur auf der Kline lagern oder nur, wie im Falle der Hamburger T., ihre Büsten aufgestellt sind. – [73] Castiglione, in: Acta antiqua (s. Anm. 71), 301. – [74] Tran Tam Tinh, in: Alessandria e il mondo ellenistico-romano. Studi in onore di Achille Adriani II (Studi e materiali 5), Rom 1984, 318 ff. – [75] Françoise Dunand, in: Lexicon Iconographicum Mythologiae Classicae I, Zürich–München 1981, 277 ff. (T. 280 Nr. 40–43); s. auch Castiglione, in: Bulletin du Musée Hongrois des Beaux-Arts 50, Budapest 1978, 18 Nr. 14 mit Abb. 17 (Sammlung L. Kákosy); Spätantike und frühes Christentum, Ausstellung Frankfurt a. M. 1983–84, 522 f. Nr. 130 (jetzt Hamburg, Museum für Kunst und Gewerbe); Fraser, in: Alessandria e il mondo ellenistico-romano. Studi Adriani II, Rom 1984, 348 ff. Vgl. auch Pietrzykowski, in: Hommages Vermaseren III, 959 ff.; Daniela Gallo, in: La Soteriologia dei culti orientali nell' Impero romano, EPRO 92, 1982, 139 ff. – [76] Gisèle Deschênes, in: Hommages Vermaseren I, 305 ff.; dies., in: Mélanges d'études anciennes offerts à Maurice Lebel, Quebec 1980, 363 ff. Eine Zusammenstellung der Lit. bei Fraser, in: Studi Adriani II (s. Anm. 74), 349 Anm. 6. – [77] Ausgehend von einer Statue aus Laodikeia hat Tran Tam Tinh einen besonderen Isis-Typus behandelt, der auch unter den T. vertreten ist (in: Mélanges ... Lebel, Quebec 1980, 339 ff.). – [78] Vincent Tran Tam Tinh, Isis lactans, EPRO 37, 1973; ders., in: Hommages Vermaseren III, 1231 ff. – Zur Göttermutter Isis in Äg. vgl. auch Ethelbert Stauffer, in: Aufstieg und Niedergang der römischen Welt II. 17.3, Berlin–New York 1984, 1466 ff. – [79] Neugebauer, in: AA 1929, 195 ff.; Bergmann, in: Boreas 6, Uppsala 1974, 81 ff. – [80] Eva-Maria Cahn-Klaiber, Tonlampen (s. Anm. 39), 207 f. Vgl. dazu auch: Spätantike und frühes Christentum, Ausstellung Frankfurt a. M. 1983–84, 514 Nr. 120. – [81] S. Wild, in: Aufstieg und Niedergang der römischen Welt II. 17.4 Berlin–New York 1984, 1739 ff. – [82] Diese Tatsache ist oft gesehen worden, vgl. z. B. Vogt, Terrakotten (s. Anm. 24), 8. – [83] Zum griech.-äg. Privatkult am Beispiel des Bes vgl. Castiglione, in: Acta antiqua Academiae scientiarum hungaricae 5, Budapest 1957, 220 ff. – [84] Zu Harpokrates und anderen äg. Kindergottheiten vgl. Emma Swan Hall, in: JARCE 14, 1977, 55 ff. – [85] Zuletzt Emma Brunner-Traut und Hellmut Brunner, Osiris, Kreuz und Halbmond, Ausstellung Stuttgart–Hannover, Mainz 1984, Nr. 118; Parlasca, in: Studien zur spätantiken und frühchristlichen Kunst und Kultur des Orients, GOF II. 6, 1982, 21 Anm. 1, Tf. 13,2; ebd., Tf. 13,1 der falkenköpfige Horus mit Lanze zu Pferde. – Zu Osiris vgl. zuletzt die Statuette bei Emma Brunner-Traut und Hellmut Brunner, Osiris, Kreuz und Halbmond, Ausstellung Stuttgart–Hannover, Mainz 1984, Nr. 118. – [86] Vgl. G. J. F. Kater-Sibbes und Maarten J. Vermaseren, Apis I–III, EPRO 48, 1975–77; Vermaseren, in: Lexicon Iconographicum Mythologiae Classicae II, Zürich–München 1984, 177 ff. (die T. ebd., 179 ff. verzeichnet). – [87] Z. B. Anubis: Jean-Claude Grenier, Anubis alexandrin et romain, EPRO 57, 1977 (nur wenige Terrakotten). – Zu einigen der alten äg. Gottheiten in der Kaiserzeit: Hölbl, in: Maarten J. Vermaseren, Die orientalischen Religionen im Römerreich, EPRO 93, 1981, 157 ff. Vgl. dazu auch Rübsam, Götter und Kulte (s. Anm. 18), 4. – [88] Das Bild des Gottes in Form eines Gefäßes mit menschlichem Kopf behandelt Castiglione, in: Acta antiqua Academiae scientiarum hungaricae 5, Budapest 1957, 209 ff. Ein schönes Terrakotta-Exemplar jetzt auch in Hamburg, Museum für Kunst und Gewerbe. Eine qualitätlose Ausformung: Karanis – An Egyptian Town in Roman Times, Ann Arbor 1983, 40 Abb. 70. – [89] Am übersichtlichsten zusammengestellt in den Katalogen von Weber, Terrakotten (s. Anm. 23) und Vogt, Terrakotten (s. Anm. 24). – [90] Vogt, a.a.O., 18. – [91] Castiglione, in: Acta archaeologica Academiae scientiarum hungaricae 29, Budapest 1977, 351 ff. mit Abb. 1. – [92] S. Hausmann, in: Alessandria e il mondo ellenistico-romano. Studi in onore di Achille Adriani II (Studi e materiali 5), Rom 1984, 283 ff. Ein schönes Alabastron wie Alexandria 28852 jetzt auch in Hamburg, Museum für Kunst und Gewerbe. Zu den sog. keltischen Schilden in Äg. s. Salzmann, in: Schweizer Münzblätter 30, Heft 118, Lausanne 1980, 33 ff. – [93] Zu den Athenadarstellungen innerhalb der äg. Koroplastik s. Helène Cassimatis, in: Lexicon Iconographicum Mythologiae Classicae II, Zürich–München 1984, 1044 ff. Dazu: Kunst der Antike – Schätze aus norddeutschem Privatbesitz, Ausstellung Hamburg 1977, Nr. 155; Eva-Maria Cahn–Klaiber, Tonlampen (s. Anm. 39), 170 f. 327 Nr. 138, Tf. 11. – [94] Eva-Maria Cahn-Klaiber, a.a.O., 154. – [95] Für das phallische Element bietet die Hamburger Slg. bes. zahlreiche Beispiele. – [96] Vgl. z. B.: Terrakotten der Antike usw., Sonderliste P der Münzen und Medaillen A. G., Basel Febr. 1976, Nr. 45. 50; Kunst der Antike – Schätze aus norddeutschem Privatbesitz, Ausstellung Hamburg 1977, Nr. 160. – [97] Vgl. zuletzt Kiss, in: Alessandria e il mondo ellenistico-romano. Studi in onore di Achille Adriani II (Studi e materiali 5), Rom 1984, 296 ff. – [98] Bailey, in: Alessandria e il mondo ellenistico-romano. Studi in onore di Achille Adriani II (Studi e materiali 5), Rom 1984, 265 ff. – [99] S. z. B. Roger Peyrefitte, Un Musée de l'amour, Monaco 1972, 155 (Abb.). Ein neues schönes Exemplar jetzt auch in Hamburg, Museum für Kunst und Gewerbe. – [100] Moreno, in: Mélanges de l'Ecole française de Rome, Antiquité 94, Rom 1982, 491 f. A. 3.7 und A. 3.9/10; 496 B. 1.13 und 512 B. 6.1. S. auch Gercke, in: Kunst in Hessen und am Mittelrhein

22, Darmstadt 1982, 35. – [101] Mehrfigurige Bilder, die der griech. Ikonographie entnommen sind, finden sich in erster Linie auf äg. Tonlampen. Vgl. z.B. Europa auf dem Stier: Klaus Stähler, Heroen und Götter der Griechen, Münster 1980, Nr. 39; Eva Zahn, Europa auf dem Stier, Würzburg 1983, 175, Kat. 307, 1–5. – [102] Vgl. z.B. Graindor, Terres cuites (s. Anm. 37), 100 ff. Nr. 30, Tf. 12; Schefold, in: AA 1954, 217 ff.; Ilona Skupinska-Løvset, The Ustinow Collection. Terracottas, Oslo–Bergen–Tromsö 1978, 107. 132 ST 133; Georges Devereux, Baubo – Die mythische Vulva, Frankfurt 1981: gräko-äg. T. ebd., 45 Abb. 5; 51 Abb. 6. Vgl. auch Ghalioungui und Wagner, in: MDAIK 30, 1974, 192, Tf. 62e; id., in: ASAE 69, 1983, Tf. 6a. – [103] So sitzt in einem Fall – bei einer Statuette in Hamburg – eine sog. Baubo auf dem Kopf eines stehenden Mannes in Fransenmantel. Er balanciert ihre Beine mit ungleicher Armstellung. Die weibliche Figur faßt sich mit der Rechten an die Scham und hält im linken Arm eine Keule. Über den Kopf ist ein Tierfell gezogen, dessen Vordertatzen über den Brüsten zusammengeknotet sind. Zu den Heraklesattributen vgl. auch die Statuette Graindor, a.a.O., 100 Nr. 30, Tf. 12. – [104] Eva-Maria Cahn-Klaiber, Tonlampen (s. Anm. 39), 154 Anm. 128. – [105] Hanna Philipp, Terrakotten (s. Anm. 28), 9. – [106] S. zuletzt die Statuette: Götter – Pharaonen, Ausstellung Essen–München–Rotterdam–Hildesheim 1978/79, Nr. 175. – [107] Vogt, Terrakotten (s. Anm. 24), 48 f. – [108] Zu den Problemen der Identifizierungen s. Françoise Dunand, Religion populaire (s. Anm. 17), 31 ff., bes. 35 ff. – [109] Vgl. Hans Hickmann, Ägypten, Musikgeschichte in Bildern II. 1, Leipzig 1961, 136 ff. Abb. 108 ff.; Ellen Hickmann, in: Kunst und Antiquitäten V, Okt./Nov. 1979, 48 ff. S. auch Christiane Ziegler, Catalogue des instruments de musique égyptiens, Musée du Louvre, Départment des Antiquités égyptiennes, Paris 1979, 75. – [110] S. z.B. Vogt, a.a.O., 61 f. Zu Negerdarstellungen hell. Zt vgl. Hausmann, in: Mitteilungen des Deutschen Archäologischen Instituts, Athenische Abteilung 77, Berlin 1962, 255 ff.; s. ferner: Frank M. Snowden, Jr., Blacks in Antiquity, Cambridge, Mass. 1970, 68 f. Abb. 40; 248 Abb. 113–114. – Eine Reihe von Makedonenstatuetten neuerdings in Hamburg, Museum für Kunst und Gewerbe. – [111] Weber, Terrakotten (s. Anm. 23), 215 ff.; Vogt, Terrakotten (s. Anm. 24), 67 ff.; Graindor, Terres cuites (s. Anm. 37), 118 ff. Zuletzt: Castiglione, in: Bulletin du Musée Hongrois des Beaux-Arts Nr. 50, Budapest 1978, 18 Nr. 13 mit Abb. 16a/b. – [112] Neben dem in den großen Katalogen aufgeführten Material s. Das Tier in der Antike – 400 Werke ägyptischer, griechischer und römischer Kunst aus privatem und öffentlichem Besitz, Ausstellung Zürich 1974, 18 ff. Nr. 102 ff. – [113] Weber, a.a.O., Nr. 410–412, Tf. 37; Vogt, a.a.O., 147, Tf. 60, 4. – [114] Vgl. zuletzt: Meisterwerke altägyptischer Keramik, Ausst. Höhr–Grenzhausen 1978, Nr. 420; Osiris, Kreuz und Halbmond, Ausst. Stuttgart–Hannover, Mainz 1984, Nr. 139–140; Françoise Dunand, in: Dialogues d'histoire ancienne 2, Annales litteraires de l'Université de Besançon 188, Besançon 1976, 71 ff. (Laternen griech.-röm. Zt aus Ägypten). Einige Laternen nun in Hamburg, Museum für Kunst und Gewerbe. – [115] Gisela M. A. Richter, The Furniture of the Greeks, Etruscans and Romans, London 1966, Abb. 558–559; Hanna Philipp, Terrakotten (s. Anm. 28), 31 Nr. 42, Abb. 37 (Sofa mit zusammengerollt liegendem Hund; ein zweites Tier wird vermutet). Ein weiteres Exemplar in Hamburg, das möglicherweise zusammen mit einer hockenden Frau („Orantin") gefunden worden ist (vgl. Anm. 106). Beide Teile fügen sich gut zusammen, und so mögen manche dieser Figuren mit erhobenen Armen ursprünglich auf Möbeln (Sofas, Stühlen u. ä.) gesessen haben. – [116] Kaufmann, Koroplastik (s. Anm. 28), 30 ff.; Weber, Terrakotten (s. Anm. 23), 15 f.; Hanna Philipp, Terrakotten (s. Anm. 28), 11 ff.; Ilona Skupinska-Løvset, Ustinow Collection (s. Anm. 102), 106 ff.; Françoise Dunand, Religion populaire (s. Anm. 17), 8 ff. – [117] Otto, in: Gnomon 4, Berlin 1928, 261. – [118] Elaine K. Gazda, Guardians of the Nile, Ausstellung Ann Arbor 1978, 58 ff. – Zu Häusern und ihren Bewohnern im Fajjum in der Kaiserzeit mit einer Liste der griech. Kaufverträge über Gebäude und Höfe: Maehler, in: Das römisch-byzantinische Ägypten. Akten des internationalen Symposions 26.–30. September 1978 in Trier, Aegyptiaca Treverensia 2, Mainz 1983, 119 ff. – [119] Unter den Lampen, die nachweislich aus dem Fajjum stammen, sei ein bes. großes Exemplar hervorgehoben: John W. Hayes, Ancient Lamps in the Royal Ontario Museum I: Greek and Roman Clay Lamps, A Catalogue, Toronto 1980, Nr. 448, Tf. 52 (letztes Viertel 1. bis frühes 2. Jh. n. Chr.). Als Griff eine plastisch ausgearbeitete Sarapisbüste. Hayes vermutet, daß es sich aufgrund der Größe des Gerätes möglicherweise um eine „Tempellampe" handelt, ein Typus, der nur in kleinen Stückzahlen hergestellt wurde. – [120] Kunstwerke der Antike, Auktion 51 der Münzen und Medaillen A. G., Basel, 14./15. 3. 1975, Nr. 264; Auktion Christie's, London 14. 6. 1978, Nr. 370; ebd. 10. 12. 1981, Nr. 203; Wichert's Kunstauktion XXI, Bonn 10. 9. 1982, Nr. 104. Ebd. Hinweise auf die tönernen Beispiele; ein neues Exemplar in Hamburg. – [121] Vgl. Anm. 71. – [122] Hellmut Sichtermann, Späte Endymion-Sarkophage, Baden-Baden 1966, 30 ff. Rezension: Borbein, in: Gnomon 40, München 1968, 599 ff., ebd., 601 das Zitat. Vgl. auch Eva-Maria Cahn-Klaiber, Tonlampen (s. Anm. 39), 208. – [123] Zu Lampen mit Athena-Neith: Quaegebeur, in: Egypt and the Hellenistic World, in: Proceedings of the International Colloquium Leuven 24.–26. Mai 1982, Studia Hellenistica 27, Löwen 1983, 319 mit Anm. 73. S. auch Eva-Maria Cahn-Klaiber, a.a.O., 126.

Lit.: Wichtige Publ., die über die reine Materialvorlage der jeweiligen Slg. hinaus allgemeine Erörterungen z.B. über die Herstellung, Datierung und Verbreitung, die Werkstätten, das Material oder das Typenrepertoire der T. (v. a. der gräko-äg. T.) enthalten: Wilhelm Weber, Die ägyptisch-griechischen Terrakotten. Königliche Museen zu Berlin, Mitteilungen aus der ägyptischen Sammlung II, Berlin 1914; Carl-Maria Kaufmann, Graeco-ägyptische Koroplastik, Leipzig–Kairo ²1915; Paul Perdrizet, Les terres cuites grecques d'Egypte de la Collection Fouquet, Nancy–Paris–Straßburg 1921; Deonna, Terres cuites gréco-égyptiennes, in: RAr 20, 1924, 80 ff.; Joseph Vogt, Terrakotten, Sieglin Exp. 2.2, Leipzig 1924; Evaristo Breccia, Terrecotte figurate greche e greco-egizie del Museo di Alessandria, Monuments de l'Égypte gréco-romaine II. 1–2, Bergamo 1930–1934;

Paul Graindor, Terres cuites de l'Egypte gréco-romaine, Antwerpen 1939; Gerhard Kleiner, Tanagrafiguren, JDAI Ergänzungsheft 15, Berlin 1942, 26ff., bes. 30ff.; 51ff.; 255ff.; Willem D. van Wijngaarden, De grieksegyptische terracotta's in het Rijksmuseum van Oudheden, Leiden 1958; Hanna Philipp, Terrakotten aus Ägypten im Ägyptischen Museum Berlin, Bilderheft der Staatlichen Museen Preußischer Kulturbesitz Berlin 18/19, Berlin 1972; Ilona Skupinska-Løvset, The Ustinow Collection, Terracottas, Oslo–Bergen–Tromsö 1978, 101ff.; Françoise Dunand, Religion populaire en Egypte romaine, EPRO 76, Leiden 1979; Nikolaus Himmelmann, Alexandria und der Realismus in der griechischen Kunst, Tübingen 1983, 27ff. (ähnlich ders., in: Proceedings of the British Academy 67, London 1981, 197ff.). – Die Arbeit von Weber bietet nach wie vor die beste Übersicht über alle mit den sog. Fajjum-Terrakotten verbundenen Fragen; vgl. dazu jetzt auch die nützliche Monographie von Françoise Dunand. Gleichwohl bleibt der gegenwärtige Publikationsstand hinter den Erfordernissen der Zeit zurück. Daran hat sich seit Otto (vgl. seine Feststellung in: Gnomon 4, Berlin 1928, 262) nichts geändert. Eine kurze Behandlung der äg. T. auch bei Reynold A. Higgins, Greek Terracottas, London 1967, 129ff. 157.

T. in Museumssammlungen (alphabetisch nach Ländern geordnet). Nur der kleinere Teil aller erhaltenen T. ist bislang veröffentlicht, so daß die nachfolgende Auflistung notwendigerweise lückenhaft sein muß. Es ist davon auszugehen, daß jede Slg. äg. Kunst, aber auch viele klassisch-archäologischen Slgg. T. des Fajjum-Typus in mehr oder minder großer Zahl enthält. *Ägypten:* Breccia, a.a.O.; ders., Monuments de l'Egypte gréco-romaine I, Bergamo 1926; Françoise Dunand, a.a.O.; dies., Le culte d'Isis dans le bassin orientale de la mediterranée I. Le culte d'Isis et les Ptolemées, EPRO 26, 1973; Günter Grimm und Dieter Johannes, Kunst der Ptolemäer- u. Römerzeit im Ägyptischen Museum Kairo, Mainz 1975, Nr. 66–67; Henri Riad u. a., Alexandria – An Archaeological Guide to the City and the Graeco-Roman Museum, Alexandria o. J., 149ff.; Götter – Pharaonen, Ausstellung Essen – München – Rotterdam – Hildesheim 1978/79, Mainz [²1979], Nr. 77. 97–102. 140–142. 156/57. 175. – *Belgien:* Graindor, Terres cuites (s. o.); Violette Verhoogen, Terres cuites grecques aux Musées Royaux d'Art et d'Histoire, Brüssel 1956, 38 mit Abb. 35. – *Dänemark:* Valdemar Schmidt, Ny Carlsberg Glyptotek, den aegyptiske samling, Kopenhagen 1908, 494ff.; ders., De graesk-aegyptiske terracotter i Ny Carlsberg Glyptotek, Kopenhagen 1911; ders., Graesk-aegyptiske statuetter og lignende i Nationalmuseets Antikensamling, Kopenhagen 1911. – *Deutschland:* Weber, a.a.O.; Ägyptisches Museum Berlin, Staatliche Museen Preußischer Kulturbesitz, Berlin 1967, 104ff.; Hanna Philipp, a.a.O. – Die Bestände des Liebieghauses in Frankfurt sind durch die Publ. von Kaufmann, a.a.O. nicht vollständig erfaßt worden. Ein neuer Gesamtkatalog in Vorbereitung. – Ellen Hickmann, in: Kunst und Antiquitäten V, Okt./Nov. 1979, 48ff. (Altägyptische Musikinstrumente und musizierende Terrakotten – Über eine ehemalige Privatsammlung an der Universität Göttingen). – Eine der reichhaltigsten und qualitätvollsten Slgg. von Fajjum-Terrakotten besitzt seit kurzem das Museum für Kunst und Gewerbe in Hamburg (Stiftung aus Privatbesitz, ca. 800 T.); ein Katalog in Vorbereitung. Einzelne Statuetten sind publiziert: Kunst der Antike – Schätze aus norddeutschem Privatbesitz, Ausstellung Hamburg 1977, Nr. 137–141. 143–149. 151–160 und: Spätantike und frühes Christentum, Ausstellung Frankfurt 1983/84, Nr. 117. 120. 122–124. 126. 130. – Gleichfalls der Veröffentlichung harren noch die T. im Kestner-Museum in Hannover, auf deren Bedeutung zuletzt Castiglione, in: Acta Archaeologica Academiae Scientiarum Hungaricae 29, Budapest 1977, 351 hingewiesen hat. Ebd. 352 Abb. 1 eine interessante Pan-Terrakotte. – Günter Roeder und Albert Ippel, Die Denkmäler des Pelizaeus-Museums zu Hildesheim, Berlin–Hildesheim 1921, 163ff.; Hans Kayser, Die ägyptischen Altertümer im Roemer-Pelizaeus-Museum, Hildesheim 1966, 119ff.; The Image of the Black in Western Art I, Fribourg 1976, 234 Abb. 318; Meisterwerke altäg. Keramik – 5000 Jahre Kunst und Kunsthandwerk aus Ton und Fayence, Ausstellung Höhr-Grenzhausen 1978, 428ff., Nr. 409–412. 414. 417 und 418. Weiteres unpubliziertes Material vorhanden. – Die Slg. von Fajjum-Terrakotten im Badischen Landesmuseum in Karlsruhe wird z.Z. katalogisiert. – Die Prinz Johann Georg-Sammlung des kunstgeschichtlichen Instituts der Johann Gutenberg-Universität Mainz, Dauerleihgabe im Mittelrheinischen Landesmuseum Mainz, Mainz 1981, 54ff. (Abb.). – Der Katalog von Vogt, a.a.O. enthält Objekte aus der Slg. Ernst von Sieglin in Dresden, Stuttgart und Tübingen, daneben einige T. aus den Slgg. in Berlin, Leipzig, Alexandria und Kairo, v.a. auch die T. ehemals in der Slg. von Theodor Schreiber. – Zu den äg. T. im Archäologischen Institut der Universität Leipzig: Eberhard Paul, Antike Welt in Ton, Leipzig 1959, 52ff. 94ff. Nr. 282ff., Tf. 76ff. – *Frankreich:* Die Bestände im Louvre sind nur ganz unzureichend bekannt. Vgl. z.B. Jean Leclant, Ägypten III, München 1981, 228ff., Abb. 219–220; The Image of the Black in Western Art I, Fribourg 1976, 279 Abb. 379. Neuankäufe: Vandier, in: La revue du Louvre et des Musées de France, Paris 1972, 186ff. (ex Slg. Fouquet). – Benoît Fayolle, Le livre du Musée Guimet de Lyon, Lyon–Paris 1958, 66ff. – *Griechenland:* Die Bestände des Benaki-Museums in Athen werden derzeit katalogisiert. Vgl. dazu Michaud, in: BCH 98, 1974, 587 mit Abb. 31ff.; Angelos Delivorrias, Guide to the Benaki Museum, Athen 1980, 30f. – *Großbritannien*: Henry B. Walters, Catalogue of the Terracottas in the Department of Greek and Roman Antiquities, British Museum, London 1903, 248ff. – *Italien*: Facenna, Terrecotte greco-egiziane del Museo Egizio Vaticano, in: Rendiconti della Pont. Accademia romana di Archeologia 29, Rom 1956/57, 181ff. – *Niederlande*: van Wijngaarden, a.a.O.; Hans D. Schneider, Beelden van Behnasa, Zutphen 1982, 22f. Abb. 18a–d. – Gods and Men in the Allard Pierson Museum, Amsterdam 1972, Tf. 16. 20. 27. 37. 42 und 44ff.; Griekse, etruskische en romeinse kunst, Allard Pierson Museum Amsterdam, Noorduijn–Culemborg 1976, 77ff. und 176; The Image of the Black in Western Art I, Fribourg 1976, 214 Abb. 279. – *Norwegen*: Ilona Skupinska-Løvset, The Ustinow Collection, Terracottas, Oslo–Bergen–Tromsö 1978, 101ff. – *Schweden*: Vgl. z.B. Medelhavsmuseet, en introduction, Stockholm

1982, 102f.; Bergman, in: From the Gustavianum Collections in Uppsala, in: Boreas 6, Uppsala 1974, 81ff. – *Schweiz*: Deonna, in: RAr 20, 1924, 80ff. – *Ungarn*: Zu der Sammlung gräko-äg. T. im Nationalmuseum vgl. Zoltán Oroszlán, Antik terrakotta gyűjteményének. Katalógusa, Budapest 1930, 64ff. Nr. 19ff.; Castiglione, in: Acta antiqua Academiae scientiarum hungaricae 5, 1957, 220ff. mit Abb. 6; 219 Abb. 5; Parlasca, in: Studien zur spätantiken und frühchristlichen Kunst und Kultur des Orients, GOF II. 6, 1982, 21 Anm. 1, Tf. 13,2. – *USA*: Nur wenige T. in nordamerikanischen Museen sind publiziert (so fehlt etwa ein Katalog der Bestände im Brooklyn Museum, New York). Am besten bekannt sind die Funde aus Karanis in Ann Arbor: The Gods of Egypt in the Graeco-Roman Period, Ausstellung Ann Arbor 1977, passim, bes. 19ff. 31ff. 45ff.; Elaine K. Gazda, Guardians of the Nile, Ausstellung Ann Arbor 1978, 58ff.; Ménil-Foundation in Houston: The Image of the Black in Western Art I, Fribourg 1976, 214 Abb. 278; 274 Abb. 373. – *T. in Privatslgg.*: Zahlreiche gräko-äg. T. befinden sich unpubliziert in äg., europäischen und amerikanischen Privatslgg. Manche urspr. in Äg. entstandene Privatslg. ist nach dem 2. Weltkrieg außer Landes gebracht worden, wie etwa die Slg. von L. Benaki. Vgl. z. B. Evangelia-Lila Marangou, in: AA 1968, 458ff. Die berühmte Slg. Fouquet (s. oben) ist aufgelöst worden; manches kam in Privathand, manches in öffentliche Slgg. (vgl. o. die Slg. im Louvre). Vgl. ferner: Roger Peyrefitte, in: BIE 33, 1952, 198ff., Tf. 2; ders., Un Musée de l'amour, Monaco 1972, passim; Antiken aus rheinischem Privatbesitz, Ausstellung Bonn, Köln 1973, Nr. 296, Tf. 132; Ghalioungui und Wagner, in: MDAIK 30, 1974, 189ff., Tf. 60ff.; Klassieke kunst uit particulier bezit, Ausstellung Leiden 1975, Nr. 365ff.; Castiglione, in: Bulletin du Musée Hongrois des Beaux-Arts 50, Budapest 1978, 7ff. Nr. 1ff. – *Kunsthandel*: In jüngster Zt ist eine beachtliche Zahl von Fajjum-Terrakotten im internationalen Kunsthandel aufgetaucht. Dies spricht dafür, daß es immer noch erhebliche Neufunde (v. a. wohl im Fajjum selbst) gibt. Eine Auswahl aus den letzten Jahren: Werke ägyptischer Kunst, Auktion 46 der Münzen und Medaillen A. G., Basel 28. 4. 1972, Nr. 140–143. 150; Nomos AG., Kriens, Katalog 6, Herbst 1975, Nr. 229; Terrakotten der Antike usw., Sonderliste P der Münzen und Medaillen A. G., Basel Febr. 1976, Nr. 45 und 50; Auktion Christie's, London 20. 3. 1978, Nr. 201ff.; ebd. 26. 10. 1984, Nr. 142; Kunst der Antike, Galerie Günter Puhze, Freiburg, Katalog 1979, Nr. 194 und 339ff.; ebendort, Katalog 1981, Nr. 105ff. und ebd., Katalog 3, o. J., Nr. 273; Terres cuites grecques usw., Galerie Nina Borowski, Paris 1979/80, Nr. 31; Terrakotten – Antike Gemmen, Sonderliste S der Münzen und Medaillen A. G., Basel Okt. 1980, Nr. 55; Auktion Christie, Manson & Woods Ltd., London 13. 7. 1983, Nr. 320ff.; Alte Kunst, 597, Math. Lempertz'sche Kunstversteigerung, Köln 23. – 26. 11. 1983, Nr. 1279. 1281ff.; Jacques Schulman B. V., Amsterdam, Verkaufsliste 208, Okt. 1984, Nr. 40ff.
Äg. Tonlampen griech. und röm. Zt (z. T. in Form von bzw. mit plastischen Statuetten getöpfert): Eva-Maria Cahn-Klaiber, Die antiken Tonlampen des Archäologischen Instituts der Universität Tübingen, Tübinger Studien zur Archäologie und Kunstgeschichte 2, Tübingen 1977, 125ff.; L. A. Shier, Terracotta Lamps from Karanis, Ann Arbor 1978; John W. Hayes, Ancient Lamps in the Royal Ontario Museum I: Greek and Roman Clay Lamps, A Catalogue, Toronto 1980, 93ff.

W. Ho. und H. P. L.

Terrassentempel. Tempel, dessen Boden vom Eingang zum *Allerheiligsten stufenweise ansteigt. Dabei bildet die Terrasse nicht, wie bei mesopotamischen Zikkurats und präkolumbianischen Tempelpyramiden, einen eigenständigen Baukörper, sondern nur ein überhöhtes Fundament, das lediglich durch eine *Hohlkehle als wichtiger Teil des Tempels gekennzeichnet wird. Dementsprechend dürfte in Äg. die Vorstellung eines Berges, auf dessen Gipfel der Tempel steht, oder die Deutung der Tempelterrassen als verschiedene Himmelsregionen keine Rolle gespielt haben. Die Erhöhung des Tempelhauses gegenüber dem Vorhof ist aber in Äg. nicht nur eine Anpassung an den zur Wüste gewöhnlich ansteigenden Baugrund, sondern auch in der Bedeutung des Tempels begründet. So werden Hügel als Wohnung oder Erscheinungsform erdhausender Götter angesehen, die den Tempel gründen und schützen (*Geb, *Tatenen[1], *Sokaris). Daher werden schon in der FrZt Kultstätten auf natürlichen oder künstlichen, ovalen „hohen Sanden" angelegt[2]. Bezeichnend ist aber, daß echte T. in großer Zahl im NR errichtet werden, gleichzeitig mit der Zunahme an Belegen für die Vorstellung des Tempels als *Urhügel[3]. Infolge dieser Erscheinungen wird die Bezeichnung „Gott XY auf seiner *Treppe (*ḫtjw*)" zu einem wichtigen Beinamen von *Amun, *Min, *Osiris usw.[4]
Bereits der auf einer 5 m hohen Terrasse stehende *Mentuhotep-Tempel von *Deir el-Bahari dürfte als Urhügelstätte verstanden worden sein[5]. Von ihm leitet sich der *Hatschepsut-Tempel mit seinen beiden je 7 m hohen Terrassen ab sowie der 20 m über dem Talgrund von Deir el-Bahari errichtete Tempel *Thutmosis' III. In der Folge werden alle „Millionenjahrhäuser" in *Theben-West als T. angelegt, aber auch die zentralen Teile der Tempel des *Month, Amun und *Chons von *Karnak, der *Luxor-Tempel und die Tempel von *Abydos (seit dem *Kenotaph *Sesostris' III.) sind terrassenförmig konstruiert, so daß der Urhügel-Aspekt in praktisch allen Tempeln des NR verwirklicht ist. Möglicherweise wird er auch durch den erhöhten Sockel von Barkenstationen und anderen Tempeln mit Säulen- und Pfeilerumgängen angestrebt[6], die jedoch nicht im engeren Sinn als T. anzusprechen sind.

[1] Hermann Alexander Schlögl, Der Gott Tatenen, OBO 29, 1980, 70ff. – [2] Ricke, in: ZÄS 71, 1935, 109ff. –

[3] Saleh, in: MDAIK 25, 1969, 110ff. Besonders deutlich vom Edfu-Tempel: Eve A. E. Reymond, The Mythical Origin of the Egyptian Temple, Manchester 1969, 300ff.; ead., in: JEA 48, 1962, 81ff. – [4] Saleh, a.a.O., 118f.; Wb, Belegst. III, 349, 1–4. – [5] Dieter Arnold, Der Tempel des Königs Mentuhotep von Deir el-Bahari, AV 8, 1974, 77f. Vielleicht Zusammenhang mit Vorformen in *Medamud: Clement Robichon und Alexandre Varille, Description sommaire du temple primitif de Médamoud, RAPH 11, 1940. – [6] Ludwig Borchardt, Ägyptische Tempel mit Umgang, Beiträge Bf 2, 1938. D. A.

Teschup, hurritischer Wettergott, besonders in *Aleppo verehrt; als solcher wird er im Hethitervertrag mit „*Seth“ übersetzt[1] „von der Stadt *Ḫ-al-pá*“. Als „Tešup“ erscheint er in Äg. nur in Umschreibungen fremder Namen, wie des hethitischen Boten im Friedensvertrag Tili-tešup (äg. *Ti-l()-tí-s-bu*)[2] oder des Königs von *Karkemisch Ini-tešup (*'In-n()-tá-b-šá*)[3].

[1] Kitchen, Ram. Inscr. II, 230,2. – [2] Ebd. II, 226,10; vgl. Edel, in: JNES 8, 1949, 44; E. Laroche, in: Claude F.-A. Schaeffer, Ugaritica III, Mission de Ras Shamra VIII, Paris 1956, 135ff. – [3] CG 25807. W. H.

Testament s. Imet-per

Teti wird allgemein als erster Herrscher der 6. Dyn. geführt, was vermutlich auf die Anordnung im *Turiner Königspapyrus (IV, 1) zurückgeht[1]. Die dort erhaltene Regierungsdauer von 6 Monaten und 21 Tagen ist sicherlich unvollständig. Nach Afrikanus nannte Manetho 30 Jahre, nach Pseudo-Eratosthenes 33 Jahre[2]. Das höchste nachgewiesene Datum ist das „Jahr nach der 6. Zählung“[3]; jeglicher Hinweis auf ein Jubiläum fehlt. Nachrichten über seine Regierung sind wenig. Des Königs Horusname *Sḥtp-t3wj* „der die Beiden Länder zufrieden stellt“ deutet auf Spannungen im Lande, die er auszugleichen hoffte. Die Verheiratung der Königstochter Sescheschet mit dem Wesir *Mereruka war vielleicht ein Versuch, die Polarisierung im Lande zu überbrücken[4]. Manethos Nachricht, daß T. ermordet wurde, läßt vermuten, daß die Ausgleichspolitik fehlschlug, was durch die nachfolgenden Wirren bestärkt wird. Seine Königin hieß *Iput.

T. erließ ein Schutzdekret für den Abydostempel[5]; er ist der erste durch eine zeitgenössische Inschrift mit dem Hathorkult in *Dendara verbundene König[6]. Sein Name ist mehrfach in *Byblos nachgewiesen, vielleicht ein Hinweis auf Handelsbeziehungen[7]. Weder im *Sinai noch im *Wadi Hammamat ist T. genannt.

Seine *Pyramide *Dd-jswt-Ttj* liegt nahe der Nordostecke des *Djoser-Komplexes in *Saqqara. Die relativ kleine Pyramide hat beschriftete Innenräume (*Pyramidentexte)[8]. Vom davor gelegenen *Totentempel sind nur Fragmente erhalten[9]; Aufweg und *Taltempel sind völlig zerstört. Im frühen MR und insbesondere in der 19. Dyn. erfreute sich der König als *Ttj-mr.n-Ptḥ* erneuter Bedeutung[10].

[1] Helck, Geschichte, 69. – [2] Helck, Manetho, 56f.; Barta, in: ZÄS 108, 1981, 25. – [3] Hatnub, Tf. 9. – [4] Stock, 1. Zwischenzeit, 5. – [5] Urk. I, 207f.; Goedicke, Königl. Dokumente, 37ff. – [6] Henry G. Fischer, Dendera in the third Millennium B. C., New York 1968, 37; Davies, in: JEA 6, 1920, 69ff., Tf. 8. – [7] PM VII, 390. – [8] Pyr. (Sethe), III, 16ff. – [9] Jean-Philippe Lauer und Jean Leclant, Le temple haut du complexe funéraire du roi Téti, BdE 51, 1972. – [10] Kairo JE 40032 = Wildung, Rolle äg. Könige I, 126; Jéquier, Deux pyramides, 14f., Abb. 12 = Wildung, op. cit., 72f.; Marseille Nr. 11 = Naville, in: ZÄS 16. 1878, 69ff. H. Goe.

Tetischeri, fille de personnages non royaux[1]; grand-mère du roi *Ahmose et d'*Ahmose Nofretere (Nefertari); mère de la reine *Ahhotep[2] I. et de *Séqénenré Taa (*Königsmutter) et d'une fille, Ahmose, dont on connaît un prêtre funéraire[3]; grande épouse royale d'un prédécesseur de Séqénenré Taa, peut-être *Sénachtenré[4].

Le *nom* pourrait se traduire Téti la petite[5] ou la jeune[6]. T. a encore joué un *rôle* sous Ahmose (comme régente?[7]), mais est morte sous son règne[8].

La *momie* de T. pourrait être Caire CG 61056[9]; ce serait alors le plus ancien personnage identifié de la *Cachette Royale.

Monuments: Selon la stèle CG 34002, sa tombe (*jz*) était à Thèbes et une chapelle d'offrandes (*mꜥhꜥt*) se trouvait à *Abydos[10], assurément le monument même où fut trouvée cette stèle, à michemin entre la falaise et la plaine cultivée[11]; le temple (*ḥwt*) et la pyramide (*mr*) qu'Ahmose, toujours selon cette stèle, se propose d'édifier pour T. dans la nécropole (d'Abydos) à proximité de ses propres monuments[12] sont très probablement le temple et la pyramide dits d'Ahmose[13] situés à l'est du désert, près de la plaine cultivée[14]; la ville et le petit cimetière découverts respectivement au nord et au sud de ces deux édifices sont sans doute nés de l'organisation par Ahmose du culte de T.[15].

Le bas d'une statue de T. assise, dédiée par le *mr⟨-pr?⟩Sn.j-snb* existait dans les collections de l'Institut Français d'Archéologie Orientale[16]. Une statue identique, mais complète, est au British Museum (22558)[17]; l'authenticité de l'œuvre a toutefois été récemment mise en doute[18]. Il n'est pas exclu que le scarabée de type hyksos d'une “grande épouse royale Téti“ puisse concerner la reine T.[19].

[1] Daressy, dans: ASAE 9, 1908, 137–138; Winlock, dans: AE 1921, 14–16. – [2] Sur l'identité exacte de cette

Ahhotep, cf. Vandersleyen, dans: SAK 8, 1980, 237–241. – [3] Stèle MMA 25. 184. 2, cf. Hayes, Scepter II, 11. 170, qui voulait y voir une petite-fille de T., par exemple Ahmose Nefertari. – [4] Tout cela se déduit de la stèle CG 34002, l. 8 = Urk. IV, 27, 14–15 où Ahmose dit: "la mère de ma mère, la mère de ⟨mon⟩ père, la grande épouse royale, mère de roi Tétischeri justifiée", à condition qu'Ahmose soit bien le fils de Séqénenré. – [5] Selon Erman, dans: ZÄS 38, 1900, 150. – [6] Selon Ranke, PN I, 384, 8. La lecture *šrj* du signe de l'enfant est parfois donnée phonétiquement, cf. ibid. II, 398. – [7] Sur le rôle possible de cette reine, avant Ahhotep et Ahmose Nefertari, pendant la minorité d'Ahmose, cf. Claude Vandersleyen, Les Guerres d'Amosis, MRE 1, Brüssel 1971, 195–196, en corrigeant ce qui concerne Ahhotep par l'article cité n. 2 ci-dessus, 240, 3. 4. – [8] T. figure seule derrière Ahmose sur la stèle London, U. C. 14402 (cf. H. M. Stewart, Egyptian Stelae, Reliefs and Paintings I, Londres 1976, 1.); un compte concernant sa "maison", du début de la 18e dyn., confirmerait qu'elle vivait encore au début du règne (Erman, dans: ZÄS 38, 1900, 150); mais dans la stèle Caire CG 34002, sous Ahmose aussi, elle est une défunte dont on veut honorer la mémoire par un culte. – [9] Weeks, in: LÄ III, 536 et n. 10. – [10] Urk. IV, 27, 16. Sur *mꜥḥꜥt* "chapelle d'offrandes", cf. William K. Simpson, The Terrace of the Great God at Abydos: The offering Chapels of Dynasties 12 and 13, New Haven–Philadelphia 1974, 2 (Propositions 1). 7, fig. 2. – [11] Cf. Abydos III, 35–38. – [12] C'est-à-dire le temple sur terrasse et le cénotaphe situés tous deux près de la falaise, cf. Abydos III, 29–34; Vandier, Manuel II, 218–219 et fig. 152. – [13] Vandier, o. c. avait déjà attribué cette pyramide à T., l'attribution à Ahmose ne reposant que sur le fait – logique – que les briques qui la formaient étaient estampillées au nom du roi; cf. déjà El Amrah and Abydos, 75–76 et Abydos III, 37. – [14] Sur l'ensemble de ces monuments, cf. PM V, 92; Vandier, o. c., 218–223, et Kemp, dans: LÄ I, 37 E d. – [15] Urk. IV, 28, 6. 9. 10; c'est dans ces environs qu'il faudrait chercher un lac et un verger annoncés aussi dans la stèle (Urk. IV, 28, 3–4). – [16] PM I. 2², 612. – [17] Ibid. – [18] W. V. Davies, The Statuette of Queen Tetisheri. A Reconsideration, BM Occasional Paper 36, 1984. – [19] Newberry, dans: PSBA 36, 1914, 170, pl. 10 a.

Lit.: LR II, 159–160; Claude Vandersleyen, Les Guerres d'Amosis, MRE 1, Brüssel 1971, 193 et n. 4. 5; 195–196; 199; 209–210. C. V.

Teuzoi s. el Hibe

Textilien s. Stoffe

Texttradierung, -kritik. A. *Texttradierung.* 1. Allgemeines: Produktive versus reproduktive Tradition. – Texte, die über eine längere Zeit tradiert werden, stehen anfangs in einer produktiven Tradition. Die Tradierung eines Textes ist in dieser Phase durch zwei Charakteristika bestimmt, die sich wechselseitig bedingen: Textverständnis und kreative Auseinandersetzung mit den Vorlagen. Die produktive Tradition mündet, sofern sie nicht überhaupt abbricht, in reproduktive Tradition, in das bloße Kopieren von Texten. Die Tradierung eines Textes ist in dieser zweiten Phase durch zwei andere Charakteristika bestimmt, die sich ebenfalls wechselseitig bedingen: mangelndes Textverständnis und zunehmende Textverderbnis [1]. – Das produktive Interesse verlagert sich fortwährend. Texte in produktiver Tradition und solche in reproduktiver Tradition stehen gleichzeitig nebeneinander. – Beispiele: Seit dem MR finden sich in der Textgruppe *Pyramidentexte/*Sargtexte/*Totenbuch stets (mehr oder minder) verständliche, der zeitgenössischen Textproduktion (noch) angehörende Sprüche/Kapitel neben unverständlichen, nur mehr reproduzierten. In der Ramessiden-Zt steht neben dem weitgehend abgeschlossenen Textkorpus des Totenbuchs die produktive Tradition der Sonnen-*Hymnen, neben dem abgeschlossenen Textkorpus des *Amduat die Produktion neuer *Unterweltsbücher (*Pfortenbuch, *Höhlenbuch, Buch von der *Erde), neben der reproduktiven Tradition der Texte der „klassischen" *Literatur die produktive Tradition der „neuägyptischen Erzählungen".

2. Der Fall der „klassischen" Literatur. – a) Kanonisierung und Verschulung. – In der Ramessiden-Zt wird ein Kanon der „klassischen" Literatur festgelegt [2]; die „klassischen" Autoren werden kodifiziert [3]. Mit der Kanonisierung geht die „Verschulung" der Texte einher. Während diese bis in die 18. Dyn. hinein nur in wenigen und relativ sorgfältigen Kopien überliefert sind, setzt mit der Ramessiden-Zt die Flut der von Fehlern wimmelnden „*Schülerhandschriften" ein. Die „klassischen" Literaturwerke dienten jetzt lediglich noch als Stoff für Schreibübungen. Auf Verständlichkeit des Textzusammenhangs kam es dabei nur mehr wenig an; wichtig war nur die Les- und Schreibbarkeit der Schriftzeichen und der Wörter, deren Form bzw. Orthographie anhand der „klassischen" Texte eingeübt wurde [4].

b. Spätzeitliche „Kopier"-Tätigkeit. – Eine mehr produktive Einstellung zur „klassischen" Literatur zeigt erst wieder die SpZt, die „klassische" literarische Texte als Reservoir für Formulierungen verwendet [5]. Sie greift im allgemeinen auf vorramessidisches Textgut zurück [6].

c. Mündlichkeit versus Schriftlichkeit/Diktat vs. Abschrift [7]. – Für die Texttradierung ist Schriftlichkeit charakteristisch. Mündliche Tradierung (und daran anschließende Niederschrift aus dem Gedächtnis) wurde für die frühe Zeit der Tradierung der *Lehre des Ptahhotep wahrscheinlich gemacht (Indiz: unterschiedliche Folge der Textteile in verschiedenen Niederschriften). In der schriftlichen Tradition ist die Abschrift nach Textvorlagen das gewöhnliche Verfahren (Indiz:

Fehler, die sich nur aus graphischen Eigenheiten der Texte erklären lassen). Diktat tritt demgegenüber zurück.

B. *Stand der Textkritik*[8]. – Die ägyptologische Praxis der Textkritik orientiert sich zwar an den großen Disziplinen, in denen die Textkritik längere Tradition hat, zumal an Altphilologie und historischen theologischen Disziplinen; im großen und ganzen besteht jedoch im methodischen Ansatz und in der praktischen Aufarbeitung des Materials noch ein erheblicher Nachholbedarf. Abgesehen vom Umfang der zu leistenden Arbeit dürfte ein Grund hierfür darin liegen, daß die überlieferten äg. Texte vielfach längere Zeit in einer produktiven Tradition standen, die Arbeit sich folglich nicht auf die möglichst weitgehende Rekonstruktion eines originalen Wortlauts beschränken kann, sondern zusätzlich die Stadien einer lebendigen Textentwicklung zu verfolgen hat.

Der erste Schritt der Textkritik, die Feststellung dessen, „was als überliefert gelten muß und darf"[9] (recensio), beschränkt sich in der Ägyptologie im allgemeinen auf die synoptische Darstellung der Textzeugen[10]. Eine Verteilung der Lesarten auf Haupttext und Apparat, wie er in den großen philologischen Disziplinen gang und gäbe ist, wurde nur gelegentlich versucht[11] (es stellt sich einer solchen Darstellung der Überlieferung schon das elementare Problem der orthographischen Normierung in den Weg). Die Konstruktion von Stemmata wurde neuerdings begonnen[12].

Längere Tradition in der Ägyptologie hat der zweite Schritt der Textkritik, die Prüfung, ob die im ersten Schritt bestimmte Überlieferung „als Original gelten darf"[13] (examinatio). Grundsätzlich haben sich zu den einschlägigen Fragen geäußert besonders Volten, van de Walle, Burkard[14]. Neben der Rückgewinnung des originalen Wortlauts hatten diese Untersuchungen zum Ziel, aus der Art der Textverderbnisse auf die Art und Weise der Texttradierung Rückschlüsse zu ziehen, d.h. zu entscheiden, ob die vorliegenden Textzeugnisse, die alle keine Autographen sind, aus dem Gedächtnis, nach Diktat oder anhand einer geschriebenen Vorlage niedergeschrieben wurden. *Überlieferung, literarische.

[1] Hierzu und zum folgenden vgl. Jan Assmann, Re und Amun, OBO 51, Freiburg–Göttingen 1983, 7–14. – [2] Vgl. Baudouin van de Walle, La transmission des textes littéraires égyptiens, Brüssel 1948, bes. 9f. 12–16. 31; Jan Assmann, Gibt es eine „Klassik" in der ägyptischen Literaturgeschichte? in: Akten des 22. Deutschen Orientalistentages (im Druck). – [3] pChester Beatty IV, vso 3, 5–7; Fragm. Daressy (s. Dietrich Wildung, Imhotep und Amenhotep, MÄS 36, 1977, 25–29). – [4] Günter Burkard, Textkritische Untersuchungen zu ägyptischen Weisheitslehren des Alten und des Mittleren Reiches, ÄA 34, 1977, 317. 319. – [5] Beispiele bei Petosiris I, 36; Schenkel, in: ZÄS 92, 1965, 69f.; ähnlich der Befund bei den biographischen Texten, s. Otto, Biogr. Inschr., 121f. – [6] Vgl. Assmann, a.a.O. (s. Anm. 2); ähnlich der Befund bei den spätzeitlichen „Kopien", s. die Aufstellungen von Manuelian, in: SAK 10, 1983, 221–245. NB: Bei nichtliterarischen Texten werden in der SpZt auch ramessidische Vorlagen benutzt, z.B. bei der Sonnenlitanei (s. Wolfgang Schenkel, Das Stemma der Sonnenlitanei, GOF IV. 6, Wiesbaden 1978, 61–69; ders., in: GM 37, 1980, 37–39). – [7] Hierzu zuletzt eingehend Burkard, a.a.O. (s. Anm. 4), zusammenfassend S. 320f. Wichtige ältere Diskussionsbeiträge: Aksel Volten, Studien zum Weisheitsbuch des Anii, Det. Kgl. Danske Videnskabernes Selskab, Historisk-filologiske Meddelelser 23.3, Kopenhagen 1937–38, 7–36; van de Walle, a.a.O. (s. Anm. 2), 22–26. 51–63. – [8] Vgl. Blumenthal, in: OLZ 78, 1983, 229–239. – [9] Paul Maas, Textkritik, Leipzig[3] 1957, 6. – [10] Z.B. Blackman, MES; CT. – [11] So Maspero, in: BdE 1, 1908; 5, 1912; 6, 1914; Helck, Der Text des „Nilhymnus", KÄT, Wiesbaden 1972; Bernd Sledzianowski, Textkritische und überlieferungsgeschichtliche Untersuchungen zu den Pyramidentexten der Unaspyramide (Sprüche 226–245), Magister-Arbeit Göttingen [1976] (Ms.). – [12] So bei Helck in verschiedenen Heften der KÄT; Sledzianowski, a.a.O. (s. Anm. 11); Schenkel, Stemma (s. Anm. 6); Ursula Rößler-Köhler, Kapitel 17 des ägyptischen Totenbuchs, GOF IV. 10, Wiesbaden 1978. – [13] Maas, a.a.O. (s. Anm. 9). – [14] Volten, a.a.O. (s. Anm. 7); van de Walle, a.a.O. (s. Anm. 7); Burkard, a.a.O. (s. Anm. 4).

Lit.: Zur Texttradierung: Baudouin van de Walle, La transmission des textes littéraires égyptiens, Brüssel 1948; Günter Burkard, Textkritische Untersuchungen zu ägyptischen Weisheitslehren des Alten und Mittleren Reiches, ÄA 34, 1977. – Zur Textkritik: Elke Blumenthal, in: OLZ 78, 1983, 229–239. W.Sch.

Thaanach, äg. *tʿnk* (*ta-ʿa-na-k*), hebräisch תַּעְנַךְ, heute Tell Tiʿinnik, Stadt 8 km ö. von *Megiddo, zuerst erwähnt in den *Ortsnamenlisten *Thutmosis' III.[1], später bei *Scheschonq[2]. In den „Annalen" Thutmosis' III. wird der Weg, der in T. endet, als die s. Alternative für den Anmarsch der äg. Armee gegen Megiddo angegeben[3]. Etwa aus derselben Zt stammen die akkadischen Briefe, die in T. gefunden wurden. Einen von ihnen richtet der Kommissar (rabiṣu) von *Gaza Amunḥatpe (*Jmn-ḥtp*) an Rewassa (*Rʿ-wsr*), den Fürsten von Thaanach[4]. Im pLeningrad 1116 A vso, ebenfalls aus der Zt Thutmosis' III., ist unter den nach Äg. gesandten Boten ein *Marijannu aus T. erwähnt[5]. T. erscheint auch im Tempel von *Soleb auf Säule VII A 1[6]. EA 248 berichtet die Vertreibung des Fürsten von T. aus seiner Stadt[7].

Während der Ausgrabungen von T. sind zahlreiche äg. Gegenstände ans Licht gekommen, vor allem *Skarabäen. Bemerkenswert ist ein Grab, das im Stil der äg. 3. Dyn. errichtet wurde. Im AT spielt T. vor allem im Deborah-Lied (Ri. 5, 19) eine Rolle[8].

[1] Simons, Topographical Lists, I a, b, c, 42. – [2] Ebd., XXIV, 14. – [3] Urk. IV, 650, 34; 653, 10. – [4] Friedrich Hrozný, in: DAWW 52, 1905, 36. – [5] Claire Epstein, in: JEA 49, 1953, 53. – [6] Giveon, in: VT 14, 1964, 248. – [7] Der Name ist teilweise zerstört; es ist nicht sicher, ob T. gemeint ist. – [8] A. E. Glock, in: M. Avi-Yonah und E. Stern (Hg.), Encyclopedia of Archaeological Excavations in the Holy Land IV, London 1978, 1138–1147.

R. G.

Thamphthis s. Ptah-djedef

Theadelphia (Karte 2a), j. Batn Iḥrît, Ortschaft s. des Qarun Sees, Bezirk Themistes im *Fajjum, gegründet von *Ptolemaios II., im 3. Jh. n. Chr. aufgegeben. Belegt sind folgende Tempel: Tempel des Pnepherōs (*Nepherōs) erbaut im Jahr 34 Ptolemaios' II., seit 57 v. Chr. mit Asylrecht ausgestattet[1]; Tempel der *Isis Σαχῦψις, mit Asylrecht seit 93 v. Chr.[2]; Tempel der Eseremphis (= *Jst-jr(t)-rn-nfr?*), mit Asylrecht seit Jahr 70 v. Chr.[3]; im gleichen Jahr hatte Asylrecht erhalten der Tempel des Herakles Καλλίνικος[4]. Ferner gab es Heiligtümer der Isis Σασόφεως (Genetiv!)[5] und des Reitergottes Heron[6]. Südlich des Pnepherōs-Tempels lag ein Bubastieion, nördlich davon die Nekropolen der *Krokodile. Belegt ist auch ein Gymnasium[7].
Bekannt ist Th. durch den Fund des Papyrus des Idios Logos und zahlreicher libelli aus der Zt der diokletianischen Christenverfolgung.

[1] CG 40727–8 = Lefebvre, in: ASAE 10, 1910, 162; CG 46087 = Lefebvre, in: ASAE 19, 1920, 55. – [2] CG 46085–6. – [3] Breccia, in: BSAA 15, 1914–15, 39. – [4] Ebd. – [5] Breccia, in: BSAA 16, 1918, 273. – [6] Bernhard P. Greenfell, Arthur Hunt, J. Gilbart Smyly und Edgar J. Goodspeed, The Tebtunis Papyri II, London 1907, 298, 60; Darstellung: CG 46790 = Lefebvre, in: ASAE 21, 1921, 163. – [7] CG 46084 = Lefebvre, in: ASAE 19, 1920, 62.

Lit.: Annibale E. Breccia, Teadelfia e il tempio di Pneferōs, Monuments de l'Egypte gréco-romaine I, Bergamo 1926, 85 ff.; Kees, in: RE, 2. Reihe V, 1340–1; W. L. Westermann und C. W. Keyes, Tax Lists and Transportation Receipts from Theadelphia, New York 1932; Pierre Jouguet, Papyrus de Théadelphie, Paris 1911 (Neudruck 1973). W. H.

Theater. Eine Bezeichnung für T. existiert in der ägyptischen Sprache nicht. Das griechische Wort θέατρον – abgeleitet von dem Verb θεᾶσθαι = anschauen – bedeutet ursprünglich die Zuschauermenge, später die Schaustätte[1]. Im heutigen Sinne versteht man unter T. in erster Linie den Bau, in welchem Aufführungen stattfinden. In Ägypten ist allerdings ein solcher Theaterbau nicht nachzuweisen[2], obwohl wir zahlreiche Hinweise auf priesterliche Spiele haben, die aber in verschiedenen Tempeln des Landes im Rahmen eines Gottesdienstes stattfanden[3]. Wandernde Theatertruppen – wie sie etwa Etienne Drioton annimmt – sind nicht sicher zu belegen[4]. Zum Begriff T. gehören ferner die Zuschauer, die einer Aufführung beiwohnen. Diese konnten in Ägypten manchmal aktiv am Spiel teilnehmen[5], waren aber mitunter von den Aufführungen ganz ausgeschlossen[6]. So ist die Bezeichnung T. für Ägypten nur sehr eingeschränkt anwendbar und kann lediglich für das szenische Umsetzen von dramatischen Texten verwendet werden. Die Aufführungen solcher Spiele, in denen Priester (*Schauspieler) eine mythologische Erzählung mit verteilten Rollen darstellten, fanden an bestimmten Festtagen (*Feste) statt. Dabei konnten die Schauplätze je nach Bedarf wechseln: Szenen wurden manchmal im *Tempel[7], während einer Prozession[8] oder auf dem heiligen *See[9] gespielt. In einigen Städten hatten die Spiele einen größeren Umfang und mehr Bedeutung (z. B. die Osirismysterien von *Abydos)[10], in anderen waren sie bescheiden und zeigten oft nur eine theatralische Szene[11]. Vermutlich waren die Darsteller maskiert (*Maske). Eine wichtige Rolle spielten bei den Aufführungen *Musik, *Gesang und *Tanz. Das prominente religiöse Drama von Edfu hat Herbert W. Fairman übersetzt, bearbeitet und unter dem Titel „The Triumph of Horus" dem modernen T. zugänglich gemacht[12].

[1] Kleiner Pauly V, 660. – [2] Etienne Drioton, Le théatre égyptien, Kairo 1942, 1. – [3] Vgl. Drioton, op. cit., 3 ff.; RÄRG, 187–189; Günther Roeder, Ägyptische Mythen und Legenden, Zürich 1960, 85 f.; Altenmüller, in: LÄ I, 1132 ff. (*Dramatischer Ramesseumspapyrus); Derchain, in: LÄ III, 856 ff. (*Kultspiele). – [4] Drioton, op. cit., 15 f. schließt aufgrund der Stele des *M-ḥb* auf, eine umherziehende Theatergruppe. Gegen diese Auffassung: Černý, in: MDAIK 24, 1969, 87 ff. Allerdings lassen sich reisende musizierende Tänzerinnen nachweisen, vgl. pWestcar, 10, 1. – [5] Vgl. Herodot II, 63.– [6] Z. B. RÄRG, 494 und Derchain, in: LÄ III, 856. – [7] Drioton, op. cit., 6. – [8] Herbert W. Fairman, The Triumph of Horus, London 1974, 2. – [9] Vgl. Beatrix Geßler-Löhr, Die heiligen Seen ägyptischer Tempel. Ein Beitrag zur Deutung sakraler Baukunst im alten Ägypten, HÄB 21, 1983, 443 ff. – [10] Heinrich Schäfer, Die Mysterien des Osiris in Abydos unter König Sesostris III., UGAÄ IV. 2, 1904; Anthes, in: Fs Mus. Berlin, Berlin 1975, 1 ff.; Geßler-Löhr, op. cit., 139 ff. – [11] Z. B. Plutarch, De Iside, 39. – [12] Fairman, op. cit.

Lit.: Etienne Drioton, Le théatre égyptien, Kairo 1942.

H. Schl.

Theben. Alt *wꜣst*, später auch *wꜣst nḫtt* „*Siegreiches Theben" oder „die Stadt" (*nwt*) par excellence (Karte 4c). Griechisch Thebai erklärt sich aus dem Namen des Stadtteils Djeme = ϫⲏⲙⲉ [1]. Paläolithische und neuerdings auch neolithische Funde der Naqadekulturen bezeugen die frühe Besiedlung des thebanischen *Gaues [2]. Während des AR spielt dieser jedoch nur eine untergeordnete Rolle gegenüber seinen bedeutenderen Nachbarn im Süden, dem 3. Gau mit der alten Residenzstadt Nechen (*Hierakonpolis), und im Norden, dem 5. Gau von *Koptos. Er ist erstmals auf einer der *Mykerinos-Triaden inschriftlich genannt [3] und als männlicher Gaugott dargestellt, obgleich das Gauzeichen *wꜣst* fem. ist und spätere Personifikationen des Gaues bzw. der Stadt T. stets eine Göttin *wꜣst nḫtt* „Siegreiches Theben" abbilden [4], z.B. unter den Jahreszeitenreliefs der Weltkammer des *Niuserre [5]. Der gleiche König hatte eine Statue in das bescheidene Heiligtum von *Karnak gestiftet [6]. Die Aufzählung unter den Gauen Oberägyptens, in den Koptos-Dekreten M (= Urk. I, 301, 8) und I [7], gehört schon an das Ende des AR und den Beginn der 1. ZwZt. Sicher älter sind die leider unbeschrifteten, großen Ziegelmastabas der Nekropole von Taref, die vielleicht dem Ende der 4. Dyn. angehören [8]; später, am Ende der 6. Dyn., wechselte der Friedhof nach Chocha, wo die Felsgräber der *Gaufürsten Unasanch, Henti und Ihi entdeckt wurden [9].

Die Gaugrenzen lagen [10] während der älteren Zt im Süden bei eṭ-*Ṭod am Ostufer und *Sumenu (*Sw-mnw*)/Rizaqat auf dem Westufer, im Norden wohl unmittelbar nördlich der Linie *Medamud, *Karnak und Taref, wo die Ebene sich schließt. Die Hauptstadt war anfänglich im AR *Hermonthis im Süden des Gaues; schon seit Ende der 4. Dyn. muß sich im Norden um Karnak jedoch ein zweites Zentrum gebildet haben, dessen Herren in den Ziegelmastabas von Taref bestattet waren und die in der späteren 6. Dyn. auch die Titel der Gaufürsten (*ḥrj tp ꜥꜣ n spꜣt*) und selbst den eines *Vorstehers von Oberägypten (Unasanch) beanspruchten [11]. Die Wohnstadt dieser Herren lag sicher auf der Ostseite, wahrscheinlich südlich des späteren Karnaktempels, wo ein primitiver Ziegeltempel inzwischen durch die Statue des *Niuserre und spätere Statuenstiftungen sicher zu sein scheint [12]. In der 11. Dyn. verschieben sich durch Eroberungen die Gaugrenzen nach Süden und Norden, deren neue Ausmaße auf dem Kiosk *Sesostris' I. festgelegt waren [13]. Ob die Verwaltung tatsächlich noch dem Gouverneur von Hermonthis unterstand oder nicht vielleicht dem *Wesir des Südens direkt, ist fraglich. Eine Neuordnung der Gaugrenzen und eine Aufteilung des Gebietes erfolgten dann in persischer und römischer Zeit [14].

Die Machtverschiebungen in der 1. ZwZt und die Übergriffe von Machthabern wie *Anchtifi im Süden des Gaues stärkten die Rollen von T. im nördlichen Gauteil, wo gegen Ende der 8. Dyn. ein *Antef herrschte, der Vorfahre der Antef-Könige der 11. Dyn., die mit Horus *Shr-tꜣwj* *Antef I. den Königstitel beanspruchten. Die Betonung des *Month-Kultes in der 11. Dyn. auch in den Königsnamen bedeutet nicht, daß die Familie aus Hermonthis stammen müßte, da der thebanische Gau durch alte Month-Kultorte bestimmt wurde; Hermonthis und eṭ-Ṭod im Süden, Medamud und vielleicht Karnak/Nord im Norden. Demgegenüber wird der engere Stadtbereich von T. durch das Quadrat *Karnak-*Deir el-Bahari im Norden, *Luxor-*Medinet Habu im Süden begrenzt, die durch Götterbesuche (Amenemopet vom Luxortempel nach dem Urhügel von Medinet-Habu [15]) und Prozessionsfeste (*Opetfest: zwischen Karnak und Luxor, *Talfest: zwischen Karnak und Deir el-Bahari) verbunden sind, die spätestens auf die Zeit *Mentuhoteps II. zurückgehen.

Die Könige der 11. Dyn. dürften weiterhin südlich und östlich des Karnaktempels gewohnt haben; ihre Nekropole lag wieder, wie die der 4.–5. Dyn., gegenüber dem Karnaktempel in Taref mit einer NW- und NO-Ausdehnung um die drei *Saffgräber der Antefkönige [16]; die ca. 250 bis 400 Saffgräber der Oberschicht der frühen 11. Dynastie [17], aus denen der Großteil der thebanischen Stelen der 1. ZwZt kommt, bezeugen die wirtschaftliche Blüte und den Bevölkerungsreichtum in einer andernorts unsicheren Zeit, Grundlage und Voraussetzung für die Eroberungspolitik Thebens, die unter Mentuhotep II. schließlich zur erneuten Reichseinigung führte. Mentuhotep II. verlegte seine Nekropole schon vor der Reichseinigung in das Tal von Deir el-Bahari, wo seine Würdenträger anfänglich im Asasif und dessen südlichen Hängen bis nach *Scheich Abd el-Gurna hin saff-ähnliche Fassadengräber anlegten, die später in seiner Regierung durch Korridorgräber mit glatter Fassade und großen, am Felshang angelegten Höfen abgelöst wurden.

Die Verlegung der Residenz durch die Könige der 12. Dyn. von T. weg nach Norden beeinträchtigte zwar das weitere Wachstum der „Südlichen Stadt", wie T. offiziell im MR heißt, doch haben die Könige Sesostris und Amenemhet die Tempel von T. und der Gaustädte nicht vernachlässigt, wie die zahlreichen Kapellen, Tore und Spolien in Karnak, Luxor, Hermonthis, eṭ-Ṭod und Medamud beweisen. Die Bezeichnung *nwt* = die Stadt [18] für T., neben *ẖnw*, der wechselnden (?) Residenz im Norden, bedeutet wohl, daß T. zu

Beginn und noch während des MR die einzig bedeutende städtische Siedlung Ägyptens war. Teile dieser MR-Stadt sind unter mächtigen Schichten von Siedlungsresten des NR am Kom Abu 'l-Goud, südlich des *Mut-Tempels, zutage gekommen[19]. Auch die Könige *Sobekemsaf und *Sobekhotep haben T. besucht; dort zeitweise residiert[20] und gebaut und stammen nach eigenen Angaben sogar aus Theben[21]. Dies trifft sicher auf die 17. Dyn. zu, die nach dem Verlust des Nordens T. wieder zu einer bescheidenen Hauptstadt macht. Wie beschränkt die Verhältnisse waren, zeigen die heute verschwundenen *Königsgräber der 17. Dyn., einschließlich der Befreierkönige der Taᶜa-Familie, mit kleinen Ziegelpyramiden und unterirdischen Grabkammern, die am Hang von Draᶜ Abu'l-Nagaᶜ lagen[22]. Die Gräber der Großen der späten 17. Dyn. und der beginnenden 18. Dyn., große Pfeilergräber, deren Dekor vollständig verloren ist[23], säumten in mehreren Terrassen die steilen Hänge von Draᶜ Abu'l-Nagaᶜ mit direktem Blick nach Karnak und dem Prozessionsweg der Barke des Amun beim Talfest nach Deir el-Bahari. Später legten die Hohenpriester und Würdenträger der Ramessidenzeit um Draᶜ Abu'l-Nagaᶜ ihre Felsgräber mit den bis zu 150 m langen und tiefen Grabgängen an[24].

Mit der erneuten Reichseinigung beginnt die Blüte und Ausdehnung der Stadt T., die schon zu Beginn der 18. Dyn. mit dem Ortsteil *Ḥft-ḥr-nb.s*, auch *wꜣst ḥft-ḥr-nb.s*, „Waset, das seinem Herrn (= Amun) gegenüberliegt" auf das Westufer übergreift[25]. Dort liegt auch der Regierungspalast mit der „Thronhalle (*dꜣdw*) der Residenz im Westen"[26], in der schon *Thutmosis I. die Wahl der *Hatschepsut zur Königin verkündet haben soll und die unter *Thutmosis III. bis *Thutmosis IV. der offizielle Regierungspalast war[27]. Daneben gab es noch den Palast *nn wꜣ.j r.f* „Nicht-entferne-ich-mich-von-ihm" nordöstlich des Karnaktempels[28], in dem Hatschepsut den Besuch des Amun empfing und in dem noch später Könige geboren sein wollen; vermutlich ist dieser, auch „Palast von *Ipt-swt*" genannt, kein Regierungs- oder Residenzpalast gewesen, sondern der Ritualpalast des Karnaktempels, in den der König ausschließlich zum Besuch des Tempels einzog, vergleichbar den Tempelpalästen der *Totentempel des NR. Nach Süden dehnte sich die Stadt T. nun über den Mut-Tempel bis zum Luxortempel, dem *Jpt rsjt*, aus, so daß der alte Stadtteil um den Karnaktempel ausdrücklich *dmj n Jpt-swt* genannt wird[29]. Auf der Westseite hat Hatschepsut die Wohnstadtgrenzen durch eine Ziegelmauer, deren *Ziegel den Stempel „Hatschepsut, die T. (*wꜣst*) ummauert" tragen[30], auf der ganzen nordsüdlichen Ausdehnung von *Ḥft-ḥr-nb.s* an über Deir el-Bahari bis nach Medinet Habu gegen die Nekropole abgegrenzt[31]. Die Büros der Landesverwaltung und auch das des Wesirs lagen aber in der 18. Dyn. wohl noch auf der Ostseite beim Karnaktempel, wo auch später noch die höchsten Gerichtssitzungen stattfinden, selbst wenn sie die Westseite betreffen[32].

Der Aufstieg des *Amun-Re zum Reichsgott und Weltgott, der schon im MR mit dem Titel „König der Götter" programmatisch begonnen hatte und nun durch die Deutung von T. als Urhügelstätte und Karnaks als „Oberägyptisches Heliopolis" vollendet und abgerundet wurde, muß hier nicht nachgezeichnet werden, da er in eigenen Artikeln dargestellt ist, ebenso wie die Entwicklung der Tempel von Karnak und Luxor.

Die Nekropolen reichen während der Blütezeit vom nördlichsten Seitental Draᶜ Abu'l-Nagaᶜs am Eingang des *Königsgräbertales bis zu den südlichen Ausläufern des Hügels von Gurnet Murrai. Eine große, weitreichende Entscheidung hat *Amenophis I. mit der Aufgabe der bescheidenen Pyramidengräber getroffen, an deren Stelle die Felsengräber im Tal der Könige treten (Grab Amenophis' I. nicht identifiziert), deren Wände mit dem *Amduat beschriftet und mit Götterszenen bemalt waren.

Die Totentempel der Könige wurden dann – sehr thebanisch – vom Grabzusammenhang gelöst und hatten gleichzeitig die Funktion eines Totenopfertempels, eines *Taltempels und eines *Stationstempels für Amun beim Talfest[33]. Der Totentempel der Hatschepsut, *Dsr-Dsrw* in Deir el-Bahari, ersetzte als Zielheiligtum beim Talfest den des Mentuhotep. Die Königinnen waren anfänglich in fernen, südwestlich gelegenen Wüstenwadis in Schachtgräbern bestattet; erst mit dem Ende der 18. Dyn. und dem Beginn der 19. Dyn. wurden die Königinnen und Prinzen im *Königinnengräbertal in bemalten oder reliefierten Felsgräbern bestattet. Die Gräber der hohen Beamten orientierten sich an den Totentempeln ihrer Könige[34], von deren Opfertischen sie ihre Totenopfer erhofften, auf die sie deshalb blicken, wobei anfänglich der Blickkontakt nach Karnak und auf die Prozessionsstraße des Talfestes nahe dem Totentempel ihres Königs besonders geschätzt wurde. Das Asasif war als Prozessionsstraße für die privaten Grabanlagen gesperrt, weshalb die Höhenlage, besonders der Nordosthang von Scheich Abd el-Gurna, sehr begehrt war (*Senenmut, User, Hapuseneb). Für eine lange Zeit war der Totentempel Thutmosis' III. namens Henket-Anch Blickpunkt und Landmarke des westlichen T., bis er von dem barocken Totentempel Amenophis' III. mit seinen hohen Ziegelpylonen, den *Memnonskolossen und den gewaltigen Säulenhallen in Schatten gestellt wurde. Amenophis III. hat der Stadt durch ein neues

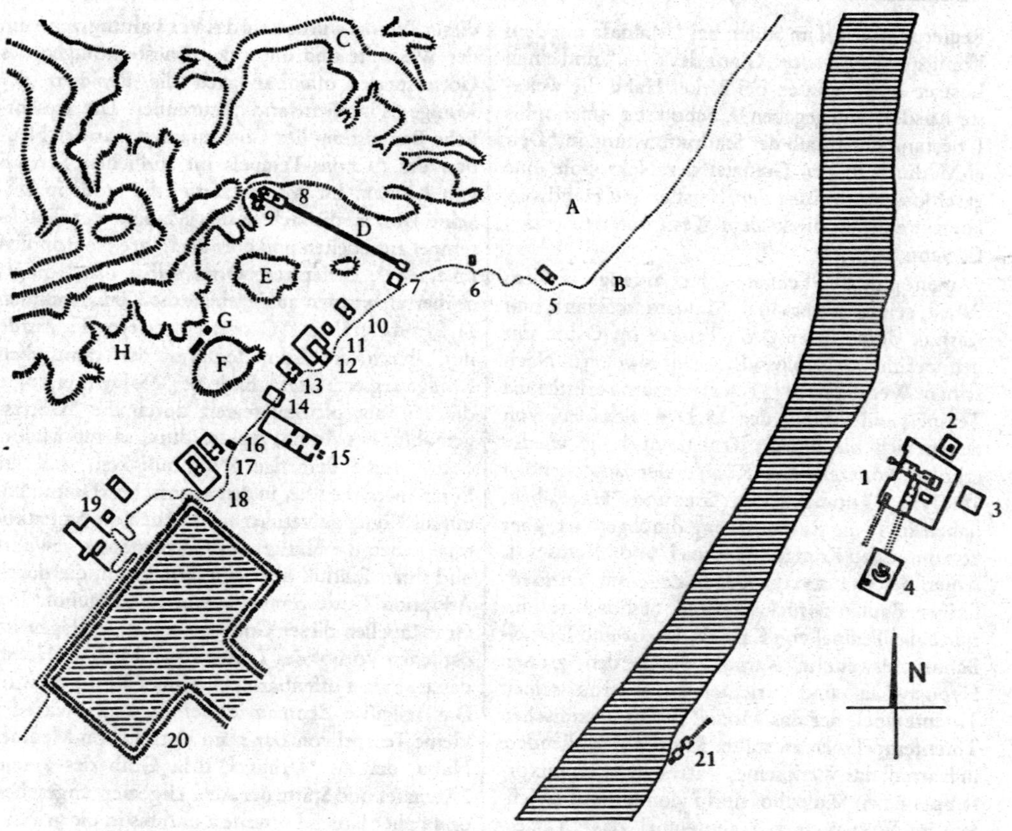

1. Amuntempel von Karnak
2. Month- und Maattempel
3. Atontempel
4. Muttempel
5. Totentempel Sethos' I.
6. Totentempel der Ahmesnofretere
7. Unfertiger Totentempel für Ramses IV.–VI.
8. Totentempel der Hatschepsut von Deir el-Bahari
9. Totentempel Menthuhoteps II.
10. Totentempel Thutmosis' III.
11. Totentempel Amenophis' II.
12. Totentempel Ramses' II. („Ramesseum")
13. Totentempel Thutmosis' IV.
14. Totentempel Merenptahs
15. Totentempel Amenophis' III.
16. Totentempel des Amenophis, Sohnes des Hapu
17. Totentempel des Haremheb (vorher Tutanchamun und Eje)
18. Totentempel Ramses' III. in Medinet Habu
19. Palastanlage Amenophis' III. in Malqata
20. Seeanlage Birket Habu
21. Opet-Tempel des Amun von Luxor

A Friedhof von Taref
B Stadt *Ḥft-ḥr-nb.s*
C Tal der Könige (Königsgräbertal)
D Asasif
E Scheich Abd el-Gurna
F Gurnet Murrai
G Deir el-Medineh
H Königinnengräbertal

Regierungsviertel im Süden bei *Malqata mit dem Königspalast Ṯḥn-Jtn „Glanz des Aton“ und einen Lustsee und Nilhafen bei Birket Habu die weiteste Ausdehnung gegeben[35]. Schon seit Amenophis I. bestand außerhalb der Stadtumfassung in *Deir el-Medineh in den Grenzen der Nekropole eine geschlossene Siedlung der Künstler und Handwerker mit eigener, direkt dem Wesir unterstehenden Gerichtsbarkeit[36].

*Amenophis IV./Echnaton hat anfangs in dem Palast seines Vaters bei Malqata residiert und Karnak durch einen Aton-Tempel im Osten mit den berühmten Kolossalstatuen erweitert. Nach seinem Wegzug nach (*Tell el-)Amarna erlitten die Tempel und Gräber der 18. Dyn. Schäden, von denen sich die älteren Totentempel nie wieder erholen konnten. Die Könige der ausgehenden 18. Dyn., *Tutanchamun, *Eje und *Haremheb, haben in T. die Restaurierung durchgeführt, aber erst unter den Königen *Sethos I. und *Ramses II. schien der Glanz vergangener Zeiten in repräsentativen Bauten zurückzukehren. Sethos I. restaurierte die Tempel von Karnak, Luxor und Deir el-Bahari, erweiterte Karnak durch den großen Hypostylsaal und errichtete in Gurna seinen Totentempel, der das Modell der ramessidischen Totentempel werden sollte. Ramses II. vollendete in Karnak das Werk seines Vaters, fügte im Luxortempel einen Säulenhof und Pylon an und errichtete im Westen einen Totentempel, das *Ramesseum, erstmals mit einem steinernen Pylon, dessen Wände wie die des Luxorpylons mit Darstellungen der *Qadeschschlacht geschmückt waren. Gleichzeitig veränderte aber die endgültige Verlegung der Residenz in das Delta den Charakter der Stadt: T. wurde die Heilige Stadt des Amun, eine Stadt der Tempel und Priesterschaft, die den Glanz der kgl. Anwesenheit nur mehr selten anläßlich der Tempelfeste erlebte und wenn der tote König zur Bestattung in sein Grab ins *Königsgräbertal gebracht wurde. Damit begannen der Verfall und das Auseinanderbrechen der Stadtbezirke. Die Weststadt mit ihren Handwerkern und Totenpriestern gewann zusehends an Bedeutung[37], während im Osten sich die Wohnbezirke um die beiden Tempel Karnak und Luxor konzentrierten. Die kgl. Verwaltung, vornehmlich die des Totentempels des regierenden Königs, überwog im Westteil der Stadt, der nun einen eigenen Gouverneur (Bürgermeister) erhielt, der jedoch dem der Oststadt unterstand[38]. Ob der König anfänglich bei Besuchen in T. noch im Palast Amenophis' III. in Malqata residierte, ist nicht sicher. *Ramses III. erbaute jedenfalls bei seinem Totentempel in *Medinet Habu einen Absteigepalast, das sog. „Hohe Tor“. Auch der Wesir hatte ein Büro im Tempelbereich Ramses' III. in Medinet Habu; dieser Tempel wurde bald das Verwaltungszentrum der Westseite und unter den Priesterkönigen des Gottesstaates offenbar auch die Residenz der Könige *Pinodjem und *Psusennes. Die wesentliche Bauleistung des Gottesstaates war der Neubau des *Chons-Tempels im südlichen Bereich von Karnak. Im Westen zerfiel die Stadt in einzelne Dörfer, die sich in den Mauern der Totentempel ansiedelten und dort auch ihre Nekropolen anlegten[39]; entferntere Orte, selbst das Königsgräbertal, wurden aufgegeben, die Königsmumien in Sammelgräber (*Cachette) verlegt. T. wurde nun durch die Sekundogenitur der tanitischen Könige regiert. Gegen Ende der 25. Dyn. erlangte die Thebais, offiziell regiert durch die *Gottesgemahlin des Amun, realiter durch deren Majordomus, eine derartige Selbständigkeit, daß ihr Fürst *Monthemhet in den assyrischen Dokumenten als König aufgeführt wird. Auch die Saitenkönige haben die Fiktion des Gottesstaates gewahrt und ihren Einfluß über eine Prinzessin, die durch Adoption Gottesgemahlin wurde, ausgeübt. Die Grabkapellen dieser Gottesgemahlinnen lagen im östlichen Vorhof des Tempels von Medinet Habu, dessen Palast offenbar noch immer Residenz war. Das religiöse Zentrum dieser Zt in T. war der kleine Tempel von *Ḏsr-st* im Vorfeld von Medinet Habu, der als *Urhügel, d.h. Grab des Amun *Kematef und Stätte der Acht Urgötter, angesehen und daher laufend erweitert und bis in die griech.-röm. Zt ausgeschmückt wurde. Im Vorfeld von Medinet Habu wurde der *Thot-Tempel von *Qasr el-Aguz dem Urgöttertempel beigefügt. Den südlichsten Punkt der westlichen Thebais markiert der kleine Stationstempel der *Isis von *Deir esch-Schelwit. Eine Neuordnung des thebanischen Gaugebietes trat in ptol. Zt. in Kraft: der Gau wurde zweigeteilt, der Süden Gebelein/Pathyris zugeschlagen, während der Norden sich auf die engere Thebais beschränkt[40].

[1] Otto, Topographie, 6–11; Kees, in: RE V A. 2, 1556–58; anders AEO II, 25*–26*. Zum ältesten Beleg von T. in der Ilias IX, 382 vgl. Wolfgang Helck, Beziehungen Ägyptens und Vorderasiens zur Ägäis, Darmstadt 1979, 232. – [2] Boleslaw Ginter, Janusz Kozlowski und Barbara Drobniewicz, Silexindustrien von El-Târif, AV 26, 1979. – [3] Kairo JE 40678. – [4] Helck, in: MDAIK 23, 1968, 119–120. – [5] Elmar Edel und Steffen Wenig, Die Jahreszeitenreliefs, Berlin 1974, Tf. 5. – [6] Bothmer, in: MDAIK 30, 1974, 165–170. – [7] Goedicke, Königl. Dokumente, 172–177. Koptosdekret M: ebd., 184–189. – [8] Dieter Arnold, Gräber des Alten und Mittleren Reiches in El-Tarif, AV 17, 1976, 11–18. – [9] Mohamed Saleh, Three Old-Kingdom Tombs at Thebes, AV 14, 1977. – [10] Helck, Gaue, 78 ff. – [11] Mohamed Saleh, op. cit., 12. – [12] Bothmer, in: MDAIK 30, 1974, 168 gegen Wildung, in: MDAIK 25, 1969, 212 ff. Vgl. auch Daumas, in: BIFAO 65, 1967, 201 ff. Siedlungsreste des AR

sind unter den östlichen Bauten in Karnak zutage gekommen: Leclant, in: Or 47, 1978, 289–291. – [13] Helck, Gaue, 79. 83. – [14] Ebd., 81–82; Kees, in: RE V A. 2, 1574–82. – [15] Sethe, Amun, § 106ff. – [16] Arnold, Gräber des AR und MR (s. Anm. 8), 19ff. – [17] Ebd., 42–44. – [18] Otto, Topographie, 8–10. – [19] Kom Abou'l Goud; Leclant, in: Or 41, 1972, 261; 42, 1973, 408–9. – [20] Pap. Boulaq 18 = Scharff, in: ZÄS 57, 1922, 51ff. Vgl. auch pBrooklyn 351446 und Helck, Verwaltung, 3–4. – [21] Stele Sobekhoteps IV.: Helck, in: MDAIK 24, 1969, 194–200. – [22] Winlock, in: JEA 10, 1924, 217ff. – [23] PM II², Index, 477. – [24] Bell, in: MDAIK 37, 1981, 51ff. Zum Grabtypus vgl. Assmann, in: MDAIK 40, 1984, i. Dr. – [25] Otto, Topographie, 48–49; Helck, in: MDAIK 23, 1968, 119–120; ders., in: MIO 2, 1954, 204–6. – [26] Ebd. – [27] Urk. IV, 256–7; vgl. Gardiner, in: JEA 38, 1952, 9, Tf. 4 Col. 1; Helck, in: Fs Grapow, 108, Z. 1–2. – [28] Gitton, in: BIFAO 74, 1974, 63–73. – [29] De Morgan, Cat. des Mon. I, 66. – [30] Hölscher, Medinet Habu II, 6–7; Hayes, Ostraka, 45ff.; Stadelmann, in: LÄ III, 1258. – [31] Die Häuserliste Pap. BM 10068 = Peet, Tomb Robberies, 83ff. schließt *Ḥft-ḥr-nb.s* nicht ein, sondern beginnt mit dem Totentempel Sethos' I. Die Zahl der Wohnhäuser ist relativ beschränkt, was sich aber daraus erklären könnte, daß die Liste nur die Siedlungen im Nekropolengebiet erfaßt. – [32] Z. B. die Grabräuberprozesse. – [33] Stadelmann, in: MDAIK 35, 1979, 303ff. – [34] Helck, in: JESHO 5, 1962, 225–243; Aldred, in: LÄ II, 859–862. – [35] PM I. 2², 778–781; Stadelmann, in: LÄ III, 1173–77. – [36] Černý, Community. – [37] Ebd., passim. – [38] Helck, Verwaltung, 237. – [39] pBM 10068. – [40] Otto, Topographie, 3ff.; Helck, Gaue, 81ff.; Kees, in: RE V A. 2, 1574ff. R. St.

Theodizee, die Rechtfertigung einer Gottheit (vornehmlich des *Schöpfergottes) gegenüber dem Vorwurf[1] der Menschen, das Böse (*Sünde) geschaffen zu haben bzw. es zuzulassen. Die „klassische" Antwort des Schöpfergottes gibt den Menschen die Schuld[2]: „Ich habe (den Menschen) nicht geboten, daß sie Unrecht tun; ihre Herzen waren es (vielmehr), die verletzten, was ich angeordnet hatte."[3] Damit ist der Mensch in die Freiheit des eigenen Willens entlassen; er selbst muß entscheiden und seinem Gewissen (*Herz)[4] folgen, zugleich aber auch das Risiko tragen, für seine (bösen) Taten im *Jenseitsgericht zur Verantwortung gezogen zu werden.

[1] Eberhard Otto, Der Vorwurf an Gott, Vorträge in Marburg, Hildesheim 1951; Gerhard Fecht, Der Vorwurf an Gott in den „Mahnworten des Ipu-wer", AHAW 1972. 1. – [2] „Es bedarf keiner Rechtfertigung Gottes gegen die Ungerechtigkeit und das Böse in der Welt", meint Hornung, Der Eine, 208, weil das Böse ein Element des Nichtseins ist und damit älter als die Götter. – Ein Schöpfergott aber, der als *Urgott behauptet, in der Zeit der „Welt vor der Schöpfung" bereits existiert zu haben (Morenz, Religion, 26), setzt sich dem Vorwurf aus, daß mit seiner Schöpfung auch „Streit und Tod" in die Welt kamen (vgl. Assmann, in: LÄ V, 678 s. v. *Schöpfung). – [3] CT VII, 464 a–b. – [4] S. auch Assmann, in: LÄ IV, 969 s. v. *Persönlichkeitsbegriff.

Lit.: Morenz, Religion, 60ff.; Hornung, Der Eine, 208f. W. W.

Theodosius I. (the Great: A. D. 379–395) in A. D. 380 set the seal of official approval on the Christian orthodoxy of Athanasius[1] and in A. D. 391 he issued an edict imposing a ban on all forms of pagan cults; sacrifices, worship in temples, and adoration of images were prohibited.[2] Later in the same year a similar ban was specifically addressed to civil and military authorities in Egypt.[3] The closure of pagan temples therefore resulted; and in some cases their destruction also occurred, as with the grandiose *Serapeum of *Alexandria,[4] which had been occupied by pagan defenders led by a philosopher, Olympius. Eventually a church was built on the ruins of this temple – a sequence paralleled elsewhere in Egypt.[5] Yet the success of the edicts of 391 may be questioned.[6] Alexandria and L. E. showed their impress,[7] but the old religion persisted in parts of U. E.[8] and remained vigorous for some time even in *Memphis.[9]
Theodosius II (A. D. 401–450). It was he who in A. D. 435 arranged the codification of edicts from Constantine (*Konstantin) I onwards. This Theodosian Code was published in A. D. 439. Book XVI treats of religious matters and includes the edicts of Theodosius I in A. D. 391.

[1] Arnold H. M. Jones, The Later Roman Empire I, Oxford 1964, 165; cf. Emma Brunner-Traut, Die Kopten, Köln 1982, 19–20. – [2] Clyde Pharr, The Theodosian Code. The Corpus of Roman Law I. Princeton 1952, 473, Sections 16. 10. 11. – [3] Ibid. Cf. Hans Lietzmann, A History of the Early Church IV. The Era of the Church Fathers, London 1961, reprint 1967, 90; and the accounts by Rufinus and others in Hopfner, Fontes, 626. 662–663. 722. 743. 757. Cf. Thissen, in: LÄ III, 320. – [4] Rufinus, in: Hopfner, Fontes, 626–631. Lietzmann, loc. cit., locates the event in A. D. 389, but most of the evidence presents it as the end of a struggle which was decided by the second edict of 391; see Adolf Lippold, in: RE Suppl. XIII, 1973, 892. Cf. Tito Orlandi, Storia della chiesa di Alessandria I, Milano 1967, 119. – [5] Rees, in: JEA 36, 1950, 93. – [6] A. H. M. Jones, op. cit. I, 169: "The law was not very efficiently enforced." – [7] Joseph Grafton Milne, A History of Egypt under Roman Rule, London ³1924, 96–97. – [8] The cult of *Isis in *Philae is attested in A. D. 452: see Jaroslav Černý, Ancient Egyptian Religion, London 1952, 150; and it endured until the middle of the sixth century, when Justinian ordered its abolition: see Procopius, in: Hopfner, Fontes, 708. T. I is, however, said to have removed a Theban obelisk of *Thutmosis III (in the temple of *Amûn) from Alexandria to Constantinople. See Wilmer Cave Wright, The Works of the Emperor Julian III, Loeb

Classical Library, London 1923, 153n.; Erik Iversen, Obelisks in Exile II, The Obelisks of Istanbul and England, Copenhagen 1972, 12. Cf. Barguet, in: LÄ III, 346. – [9] See Kees, in: RE XV, s.v. Memphis, 666, citing a festival of *Apis under Arcadius in A. D. 398 portrayed by Claudian (= Hopfner, Fontes, 592) and an allusion in Jerome (ibid., 642) to Memphis as *usque hodie metropolis ... superstitionis Aegyptiae*, with its temple and oracle of Apis.

Lit.: Hopfner, Fontes; Hans Lietzmann, A History of the Early Church IV, The Era of the Church Fathers, London 1961, reprint 1967; Arnold H. M. Jones, The Later Roman Empire, 284–602, 3 Vols., Oxford 1964; Adolf Lippold, "Theodosius I", in: RE Suppl. XIII, 837–961, and „Theodosius II.", ibid., 961–1044. J.G.G.

Theophanie, die in der Ägyptologie (statt Epiphanie) gebräuchlich gewordene Bezeichnung für das Erscheinen (*ḫ*ᶜ*j*, *prj*, *wbn*) einer Gottheit in eigener Gestalt bzw. einer besonderen Manifestation, z.B. *Offenbarung im *Traum; Begegnung mit dem *Götterbild (*Kultstatue) oder in der Erscheinungsform als Tier (*Götter, Tier-); als Naturerscheinung, insbesondere beim Aufgang der *Sonne, aber auch im Wind, im Sturm, im Gewitter sowie im Feuer; als Element der Pflanzenwelt (*Baum, heiliger; *Lotos); schließlich in der Person des Königs, insbesondere bei der Königskrönung (*Krönung).
Das Erscheinen der Gottheit (*Götterprozession, *Feste) und die Reaktion des Menschen darauf (Ergriffenheit, Schauder, Ehrfurcht, Staunen, Angst, Freude, Jubel) werden in stereotypen Wendungen beschrieben [1].

[1] Assmann, in: LÄ III, 854 s.v. *Kultlied.

Lit.: Assmann, Liturgische Lieder, 380 Register s.v. Epiphanie; Hornung, Der Eine, 118. 192. W.W.

Therapie s. Heilkunde

Thermuthis s. Renenutet

Thinis. The exact site of the ancient city of *Ṯnj* (Thinis, Greek θίς, Coptic ϯⲛ), the metropolis of the 8th U. E. or "Thinite" nome (*Gaue) is unknown.[1] If not at Girga, it was probably located at El-Birba further to the west (Karte 3g).[2]
*Manetho calls the first and second historical dynasties "Thinite" (v. *Thinitenzeit),[3] and in ancient times the Thinite nome lay in the heart of the area where the predynastic Naqada cultures flourished.[4] The cemeteries of T. near *Naga (Nagᶜ)-ed-Dêr on the east bank of the Nile opposite Girga represent a long period of time extending from the Predynastic Period to the Middle Kingdom. The inscribed material from the Naga-ed-Dêr cemeteries reveals a great deal about T. and its relationship to the pharaonic government and the rest of Egypt in the period between the end of Dyn. VI and the reunification of Egypt under *Mentuhotep II.[5] *Beit Challaf and er-*Raqâqna probably also served as necropoleis for T. in the Early Dynastic Period and Old Kingdom.[6]
The broad floodplain north of *Abydos is at present in the richest stretch of Upper Egypt. The area is highly productive, well above the national average in barley and wheat, the best onion (*Zwiebel) district of Egypt, and among the best in millet, lentil, fenugreek and beans.[7] If this was so in ancient times, it would help explain the early prominence of T. In addition, one of the caravan routes connecting the oases of el-*Dachla and el-*Charga ends–and probably did so in antiquity–at Girga.[8] The products of Africa were obtained by way of the oases (*Oase), and on his third journey to Yam (*Jam) in the reign of *Merenre, Harkhuf (*Herchuf) left the Nile valley in the neighborhood of Thinis.[9] In one way or another, T. may well have benefited from the trade.[10]
The important city of Abydos was not the capital of the nome, but here the kings of the first dynasties were interred.[11] The precise relationship of the two cities is problematic at all times,[12] but Abydos was a center of the Upper Egyptian administration in Dyn. VI and later, a seat of the Overseers of Upper Egypt (*Vorsteher von Oberägypten),[13] while T. by the late OK was the residence of the nomarchs (*Gaufürst) of the 8th nome.[14] Stock's theory that the seat of the Eighth Dyn. was in the Thinite nome is generally discredited,[15] but in the reign of *Neferkauhor, penultimate ruler of the dyn., the scribes of the fields of the Denderite, Coptite, Diospolite, Thinite, and Panopolite nomes (U. E. 5–9) were ordered to cooperate with the vizier Shemai in assigning fields in these nomes for a new religious foundation at *Koptos.[16]
The local god (*Stadtgott) of T. was the warrior and huntsman *Onuris.[17] By the late OK also, there was a temple of his at T. with a full complement of priests and other officials (*Tempelpersonal AR).[18] Onuris' prominence is coincident with the rising fortunes of his town of T. at this time.[19] In the First I. P., Onuris is explicitly called "lord of T.," [20] and citizens of the town ascribe their fortunes or successful careers to his favor, while passers-by are exhorted to pray for the dead with threats of his displeasure.[21] His local importance is evident too from his prominence in personal names.[22] Outside the Thinite nome he is virtually unknown before the Middle Kingdom.[23]
Under the Heracleopolitans (*Herakleopoliten) T. prospered, and virtually every area of the Naga-ed-Dêr cemeteries is occupied by the shafts and

rock-cut tombs of the period.[24] The Thinite nome played an important part in the struggles that preceded the reunification of Egypt by the Theban Eleventh Dyn., but T. remained loyally in the Heracleopolitan camp until it was taken by force by Intef (*Antef) II of Thebes late in his reign.[25] Khety (*Cheti) of *Herakleopolis, however, claims to have won it back.[26] King Khety, the father of Merykare (*Merikare), is generally counted a contemporary of Intef II,[27] and the Heracleopolitan victory seen against the background of the latter's Thinite wars.[28] However, the complete passage from the Teaching for Merykare reads: "I attacked T. [right up to] its southern boundary at Taut.[29] I took it like a cloudburst. King [...]-*rʿ*, justified, had not done it." [30] That an earlier sovereign was unable to capture T. presupposes the loss of that city to the Heracleopolitans. Since there is every reason to believe that the Heracleopolitan rulers of Dyn. IX held the Thinite nome and its metropolis along with the rest of southern U. E.,[31] this earlier king must have been one of the ephemeral predecessors of Merykare and his father in Dyn. X.[32] Intef II claims to have held the Thinite nome to the end of his days.[33] Therefore, the successful attack and capture of its metropolis by King Khety may well correspond with the "rebellion of Thinis" in year 14 of *Mentuhotep II.[34]

It is not clear for how long the Heracleopolitans reoccupied T.,[35] but it is apparent from the Abydene stele of the Overseer of Priests, Rudjahau (*Rwḏ-ʿḥ3w*), which is in the style of the middle part of the reign of Mentuhotep II, that the Thinite nome was recaptured in a campaign that antedated the reconquest of the rest of Egypt.[36] With the final Theban victory, T. seems to have been eclipsed by the religious center of Abydos.[37]

It is difficult to ascertain whether the ascendancy of Abydos was a consequence of a deliberate policy of suppression by Mentuhotep II and his successors, who desired to punish T. for its role in the civil wars, or was the outcome of contemporary theological developments and the increasing popularity of the cult of *Osiris at Abydos or proceeded from both these factors. Whichever, in the White Chapel of Senusert (*Sesostris) I at *Karnak, Khentyamentiu (*Chontamenti) of Abydos appears as the principal deity of the Thinite nome rather than Onuris.[38] Mayors (*ḥ3tj-ʿ*) (*Bürgermeister) of Abydos are known in Dyn. XII,[39] and their presence at that city but not at T., if not just an accident of preservation, suggests that Abydos became for a time in the MK not merely the chief of Egypt's sacred places but also nome capital of the Thinite region, while T. was reduced to the status of a provincial town.[40]

Nonetheless, Senusert (*Sesostris) I or one of his name saw fit to donate silver, bronze, and copper vessels and censers to "Onuris in Thinis." [41] Officials of the temple at T. are known, including the Overseer of Priests and Overseer of the Sacred Cattle (of Onuris), Nakhti (*Nḫtj*),[42] the Scribe of the Temple of T., Dedu (*Ddw*),[43] and the Chief of the Maidservants of Onuris, Senebankhu (*Snb-ʿnḫw*).[44] To the reign of Senusert I belong the Reisner Papyri, discovered lying on one of the three wooden coffins in a tomb at Naga-ed-Dêr. *Pap. Reisner I and III concern the organization of a work project for the construction of a temple in the vicinity of T. or *Koptos or a region between these two towns.[45] The finding place of the papyri and the frequency of personal names with Onuris and names incorporating *Ṯnj* imply that the workmen came from T., which was also their base of operations.[46] Pap. Reisner II consists of the records of the royal dockyard at T., evidently under the control of the vizier.[47]

T. is mentioned in one of two passages in the *Admonitions which seem to reflect the breakup of Egypt into its component parts toward the end of the Thirteenth Dynasty.[48] Several Thinites of humble station are included in a list of fugitives from justice contained in a papyrus of the late MK in Brooklyn.[49] More prominent citizens likewise mentioned by name are a *wʿb*-priest of T., Senbebu (*Sn-bbw*), the Commander of Soldiers of T., Hepu (*Ḥpw*), and a Scribe of the Fields of T., Sianhur (*Z3-Jnḥrt*), but also a "man of T.," Senusert (*Z-n-Wsrt*).[50] Yet another individual was attached to a place called "Orchard (*wʿb-ḫt*) of Thinis." [51]

In the NK, as in the MK , the provincial officials consisted chiefly of the mayors (*ḥ3tj-ʿ*) of the principal towns of Egypt, whose jurisdiction extended not only over the towns themselves and their harbors (*Hafen) on the Nile, but also over the rural districts, including the cultivated fields, adjoining the towns.[52] The "mayor of T." (*ḥ3tj-ʿ n Ṯnj*) is represented among the local officials of U. E. paying their dues to the vizier in the tomb of Rekhmire (*Rechmire) under Thutmose (*Thutmosis) III.[53] Several incumbents of the office during the Eighteenth Dynasty are known. The earliest of these, Satepihu (*Z3-tp-jḥw*),[54] also directed the transport from *Assuan of two *obelisks erected by Queen *Hatschepsut at the beginning of her reign in the eastern part of the temple of *Karnak.[55] Thutmose III appointed his old comrade-in-arms, the Great Herald Intef (*Jn-jt.f*) as Mayor of T.[56] His successor in office, Min (*Mn*),[57] was tutor (*Prinzenerzieher) to the future king Amenhotep (*Amenophis) II, and taught the boy-prince archery (*Ausbildung).[58] Min's successor, Amenhotep (*Jmn-ḥtp*),[59] is evidently represented in the tomb of his brother *Kenamun Chief Steward (*Domänenvorsteher) of Amenhotep II.[60] The last attested New Kingdom mayor of T., Amenemhat Haty (*Imn-m-ḥ3t Ḥ3tj*) under Amenhotep (*Amenophis) III, is known only from an *uschebti in Leiden.[61]

The mayors of provincial towns in the NK were also responsible for the local temples.[62] Satepihu bore the title Overseer of Priests in T.,[63] while Min and Amenhotep were Overseers of Priests of Onuris,[64] and at the same time functioned as Stewards of Onuris.[65] Since no mayors of Abydos are known for the NK,[66] it may be that Abydos was administratively subordinate to T. during that period.[67] Such a circumstance would help explain why Min is also Overseer of Priests of *Osiris,[68] as well as Festival-leader (*Festleiter) of Osiris,[69] while Amenemhat Haty acted as Steward of Osiris.[70]

By the early NK, Egypt was in full control of the Sahara oases, which were placed under their own mayors.[71] In the reign of *Thutmose III, the Great Oasis (Dachla-Charga) was united from an administrative point of view with the Thinite nome and placed under the jurisdiction of the mayor of Thinis.[72] This is evident from the titulary of Intef, who styled himself "Overlord of the Oasis in its Entirety" (*ḥrj-tp n wḥ3t mj-qd.s*),[73] while Min bore the title "Mayor of the Oasis" (*ḥ3tj-pꜥt n wḥ3t*).[74]

The office of Mayor of T. was, thus, an important, and possibly lucrative, post in Dyn. XVIII, regularly awarded to intimates of the king. The hereditary principle, however, seems never to have been established, for in no instance can it be definitely established that an incumbent was the son or nephew of his predecessor.[75]

After the second half of the Eighteenth Dyn. no further overseers of priests of Onuris are known.[76] Thereafter, the highest grade in the priestly hierarchy is filled by the High Priest of Onuris (*ḥm-nṯr tpj n Jnḥrt*). Unlike their predecessors, the high priests were not mayors of Thinis. They include Amenhotep (*Jmn-ḥtp*)[77] and (?) Nebseni (*Nb-snj*)[78] under Thutmose (*Thutmosis) IV, *Nebwenenef (*Nb-wnn.f*),[79] Hori (*Ḥrj*),[80] and Minmose (*Mn-msjw*)[81] under *Ramses II, Inhermose (*Inḥrt-msjw*)[82] under *Merenptah, and Sashepset (*Z3-špst*)[83] and Siese (*Z3-3st*)[84] under *Ramses III. Like their predecessors, few of the appointees had an ecclesiastical background and training, several of them having been, rather, old comrades-in-arms of the king.[85]

In the NK Onuris was merged with the air-god Shu (*Schu) and the syncretic deity referred to as "Onuris-Shu, son of *Re."[86] In consequence, the high priests of Onuris were styled "Priest of Shu," "Chamberlain of Shu and *Tefnut," and even "Greatest of Seers (of Re) in Thinis."[87] The lioness-headed goddess *Mehit (*Mḥjt*) was the consort of Onuris-Shu in T. and also at Mesheikh (*Mescheich), the *Bḥdt-j3b* (*tt*) of the geographical lists.[88] At *Medinet Habu "Onuris-Shu, son of Re, residing in T." appears in human form wearing a crown of four feathers, and is accompanied by "Mehit residing in T.," with lioness head.[89] Minmose under *Merenptah was "High priest of Onuris and Mehit."[90] Merneptah built or rebuilt a mud-brick temple for Mehit at Mesheikh.[91] The tomb of the high priest Inhermose was cut in the cliffs behind.[92] Otherwise, the high priests of Onuris, like the overseers of priests who preceeded them, were buried at *Thebes or Abydos.[93]

In his first year Ramses II journeyed to Thebes and Abydos.[94] At the latter place, he found the temple of his father, Seti (*Sethos) I, unfinished and its endowment in disarray. Orders were given for its completion and the reorganization of the endowment and mortuary services.[95] The visit to the Thinite nome gave Ramses II the opportunity to appoint Nebwenenef, then high priest of Onuris, as new high priest of Amun (*Hoherpriester des Amun).[96] *Ramses III built a temple at T. called "The-House-of Ramses-Ruler-of-Heliopolis, l.-p.-h.,-the-Judge-in-the-House-of-Onuris."[97] He richly endowed this new foundation, donating to it 457 slaves, while the temple of "Onuris of the tall plumes, residing in T." received 160 slaves.[98] Simultaneously, Ramses III. surrounded the temple with a great defensive enclosure wall of brick provided with turrets, bastions, and fortified gates,[99] in order to hold in check "the foreigners and Tjehenu who transgressed their boundaries of old,"[100] this last almost certainly a reference to Libyan incursions which penetrated U. E. at this time and even threatened Thebes.[101] In the time of *Ramses V the "House of Onuris, lord of T.," owned pasturage in Middle Egypt near Sharope (*Scharpet).[102]

Numerous priests and lay personnel of Onuris during the NK are known.[103] Ladies of rank served as musicians (*šmꜥjt*) in his temple,[104] while the wife of the high priest of Onuris was often "chief of the concubines of Onuris."[105]

T. provided at least one other tried and trusted servant to the Empire.[106] This was the "royal envoy at the head of the armies, the scribe Nakht (*Nḫt*) of T.," son of the *wꜥb*-priest of Onuris Tununa (*Tnn*) and his wife Tau (*T3wj*), who visited the mines and quarries of *Serabit el-Chadim on *Sinai at the behest of his sovereigns, Hatshepsut and Thutmose III.[107] Local functionaries include the "overseer of the granaries containing all the property of T., Inhermose" [108] and the "deputy in T. of the Thinite nome, Nebiry (*Nb-jrj*)." [109]

Little is known about T. in the Third Intermediate Period or the Late Period. Queen *Henut-taui, the wife of *Pinodjem I, was endowed with a plurality of livings, including the office of priestess of Onuris-Shu at Thinis.[110] Psusennes, the third son of the high priest of Amun Menkheperre (*Mencheperre), besides being high priest of Amun at Karnak and "priest of *Min-Hor and *Isis of *Koptos," was also "priest of Amun of T.," "priest of Amun-Her of Maker," and "priest of Onuris-Shu, son of Re." [111] Istemkheb (*Jst-m-ꜣḫ-bjt*), wife of *Pinodjem II, and the latter's daughter Nesitanebtashru (*Nsj-tꜣ-nbt-Jšrw*) also had the title of priestess of Onuris-Shu.[112] *Nespamedu (*Nsw-pꜣ-mdw*), vizier of U. E., who resided at T. in the time of Mentuemhat (*Monthemhet), is one of twenty local rulers called "king" in the so-called Rassam cylinder of *Assurbanipal.[113] He was evidently one of the local princes ruling from Thebes, T., *Assiut, *Hermupolis, and probably *Herakleopolis, who divided Egypt amongst themselves before the accession of *Psammetich I.[114] It is of some interest to note that the Saite vizier Djedkare was also "major of Abydos" (*ḥꜣtj-ʿ Tꜣw-wr*) and "chamberlain of Shu and Tefnut," [115] the last title a traditional prerogative of the high priests of Onuris.[116]

Under the Ptolemies, T. was superseded as metropolis of the Thinite nome by the new foundation of *Ptolemais Hermiu, which was one of three Greek cities (*poleis*) in Egypt and seat of the *strategos* or provincial governor.[117] Nevertheless, the temple at T. evidently continued to function for priests and other officials of Onuris are known from this period.[118] In particular, De Meulenaere has investigated a priestly family of the Abydos-Thinis region in the early Ptolemaic period and the different cults they served.[119]

T. is absent from the geographical lists of Byzantine times.[120] Still, the historical designation of the nome as "Thinite" continues until Islamic times.[121]

[1] Manetho uses the adjective Thinite; the corresponding "Thinis" is absent from Greek texts but is demanded by the Egyptian original; see Gardiner, Egypt, 430 n. 1; AEO II, 38*. – [2] Ibid. A black granite statue fragment of Ramses II, "beloved of Onuris, lord of T.," is said to derive from El-Birba, s. Daressy, in: RecTrav 16, 1894, 125, § CX; Kitchen, Ram. Inscr. II, 507. – [3] Manetho, 27–41, Fr. 6–10. – [4] Hermann Kees, Ancient Egypt. A Cultural Topography, Chicago 1961, 231 ff. Cf. Kaiser, in: Archaeologia Geographica 6, Hamburg 1957, 73. – [5] Cf. Caroline Nestmann Peck, Some Decorated Tombs of the First Intermediate Period at Naga-ed-Dêr, Ann Arbor, Michigan 1970, 133. 137. – [6] The owner of tomb K 5 at Beit Challaf was evidently an official named Nedjemankh (*Nḏm-ʿnḫ*), a contemporary of King *Djoser, who is represented by two fine statues of hard stone in Paris and Leiden (Smith, in: CAH I³, pt. 2, 152). – [7] Wilson, in: JNES 14, 1955, 215. – [8] Černý, in: Fs Rosellini, Studi II, 30. – [9] Edel, in: Fs Grapow, 73–75. – [10] See Valloggia, in: Bulletin du Centenaire, supplément BIFAO 81, 1981, 185–190. – [11] Kemp, in: Antiquity 41, Cambridge 1967, 22–32. – [12] Cf. O'Connor, in: LÄ I, 29. – [13] Fischer, in: JAOS 74, 1954, 33 and n. 57; id., Dendera, 201–203. – [14] Id., in: LÄ II, 412; Brovarski, in: LÄ IV, 306–307. 308–309. – [15] Stock, 1. Zwischenzeit, 32 ff. S. e. g., reviews by Posener, in: BiOr 8, 1951, 165 ff.; Wilson, in: JNES 10, 1951, 132; Faulkner, in: JEA 39, 1953, 123 f., and also Fischer, in: JAOS 74, 1954, 34 n. 65; id., Dendera, 129, n. 569; Peck, op. cit., 138. – [16] Goedicke, Königliche Dokumente, 165–171, fig. 17 (Koptos L); Fischer, Dendera, 128. – [17] On the character of Onuris in the Old and Middle Kingdoms, see Peck, op. cit. (s. n. 5), 136–137. – [18] S. ibid., 135. – [19] Onuris is associated with *Pepi I on a cylinder seal in the British Museum that provides the earliest evidence for his existence in the OK; see Peter Kaplony, Die Rollsiegel des Alten Reiches II^A, MonAeg 3A, 1981, 370–371; II^B, pl. 100 (4.). – [20] Dows Dunham, Naga-ed-Dêr Stelae of the First Intermediate Period, London 1937, no. 46; as well as later, e. g., CG 34145; Mariette, Abydos, no. 1139; Petrie, in: Ancient Egypt 1930, 100–101 (no. 24). – [21] E. g., Vandier, in: RdE 2, 1936, 43–51, pl. 1 (1); Dunham, op. cit., nos. 69. 78. – [22] See e. g., Fischer, in: JAOS 74, 1954, 29 n. 29; Peck, op. cit., 135; Dunham, op. cit., 109–115. – [23] Deir el-Gebrâwi I, pl. 18; Naguib Kanawati, The Rock Tombs of El-Hawawish III, Sydney 1982, 38, fig. 27. – [24] Cf. Brovarski, in: LÄ IV, 307. – [25] TPPI, § 16. – [26] pLeningrad 1116B vso. – [27] E. g., Hayes, in: CAH I³, pt. 2, 466–467. – [28] For Intef's Thinite campaigns, s. TPPI, §§ 16. 18. – [29] Edel, in: Fs Grapow, 74. – [30] The name of the king is in lacuna and only the sun-disk (Gardiner, EG³, Sign-list, N 5) at the beginning of the cartouche remains. Vladimir Golénischeff (Les papyrus hiératiques nos. 1115, 1116 A et 1116 B de l'Ermitage Impérial à St. Petersbourg, 1913, E. 74) thought he could make out traces of the group *mr*-hoe (Gardiner, EG³, Sign-list, U 6/7) at the beginning of the name, and Alexander Scharff's suggestion (Der historische Abschnitt der Lehre für König Merikarê, SBAW 1936. 8, 18. 23. 29) was generally accepted before v. Beckerath, in: ZÄS 93, 1966, 15, expressed his doubts; cf. López, in: RdE 25, 1973, 183 ff. – [31] See e. g., Hayes, in: CAH I³, pt. 2, 464–465; Wolfgang Schenkel, Frühmittelägyptische Studien, Bonn 1962, 150; Goedicke, in: MDAIK 24, 1969, 139–140; Fischer, Dendera, 187–188; Brovarski, in: LÄ IV, 307–308. – [32] Turin Kings' list IV, 22–V, 6/7. – [33] TPPI, §§ 16. 18. 20. Cf. Hayes, op. cit., 477. – [34] TPPI, § 23. For this reconstruction of the events preceeding the establishment of the MK, see Edward Brovarski, The Inscribed Material of the First Intermediate Period from Naga-ed-Dêr, Ph. D. dissertation, University of Chicago, 1985, Chapter 2. – [35] Unpublished material from the Naga-ed-Dêr cemeteries suggests that the Heracleopolitans did

indeed retain T., perhaps for some years after its reconquest in year 14 of Mentuhotep; s. ibid., Chapter 14. – [36] BM 159 [96]: BM Stelae I, pls. 46–47; Faulkner, in: JEA 37, 1951, 47–52, pl. 7. The lion-headed couch in BM 159, for example, is met with in the Dendara chapel of *Nṯr-ḥḏt* (Habachi, in: MDAIK 19, 1963, fig. 7, pl. 8) and at Deir el-Bahari in the sarcophagus of *ꜥꜣšjt* and *Kmzjt* (Naville, Deir el-Bahari, XIth Dyn. Temple II, pl. 20; H. E. Winlock, Excavations at Deir el Bahri, New York 1942, pl. 8; for the date, s. Dieter Arnold, The Temple of Mentuhotep at Deir el-Bahari, PMMA 21, 1979, 41), while the manner of holding the lotus at the bottom of the stem also occurs in the shrine of *ꜥꜣšjt* (Naville, op. cit. I, pl. 18; II, pls. 11. 16. 17B). Another stele of the same man is CG 20514, s. Brovarski, in: LÄ IV, 317 n. 142. The Great Steward Henenu "taxed for him (= Mentuhotep II) T. of the Thinite nome and the Lower Aphroditopolite nome;" s. Hayes, in: JEA 35, 1949, 43, pl. 4. – [37] There are few steles in the Theban style of Dyn. XI at Naga-ed-Dêr, where local artisans continued to produce steles in the style of the preceding period; s. Brovarski, in: LÄ IV, 310; Rita E. Freed, in: Fs Dunham, 68. For Dyn. XI steles from Abydos, see e. g., Fischer, in: ZÄS 100, 1974, 20 n. 8. – [38] Lacau-Chevrier, Sésostris Ier, 226, pl. 3. – [39] CG 20025. 20724. Cf. O'Connor, in: LÄ I, 30. – [40] Cf. Helck, Gaue, 92. A MK stele (Louvre C 30) refers to Osiris "who is mourned by the multitudes in T.;" see Miriam Lichtheim, Ancient Egyptian Literature I, Berkeley–Los Angeles–London 1973, 204. – [41] Daressy, in: ASAE 4, 1903, 102; BAR I, § 500. It is possible that the inscription in question is a Late Period copy; s. e. g., Redford, in: BES 5, 1983, 77 n. 76. – [42] Warner, in: The Art News, New York 9 December 1933, 56; cf. Dunham, Steles (v. n. 20), 24. – [43] CG 20604b. – [44] CG 20380b. Cf. William A. Ward, Index of Egyptian Administrative and Religious Titles of the Middle Kingdom, Beirut 1982, no. 969. – [45] pReisner I, 63; III, 31. – [46] pReisner I, 31. 38, n. 4. – [47] pReisner II, 17. 40. – [48] Admonitions, 34; John van Seters, The Hyksos, New Haven and London 1966, 119. For a negative view of the historicity of the composition, see Luria, in: Klio 22, 1929, 405–431, cited by Miriam Lichtheim, Ancient Egyptian Literature I, Berkeley–Los Angeles–London 1973, 149–150. – [49] William C. Hayes, A Papyrus of the Late Middle Kingdom in the Brooklyn Museum, New York 1955, 19. 23–25. – [50] Ibid., 25. 26. 30. 64. 144. – [51] Ibid., 29. – [52] Helck, Verwaltung, 223–226. 235–236; AEO I, 31*; Hayes, op. cit., 357. – [53] Davies, Rekh-mi-Rēꜥ, pl. 34 (I, 4). For the date of this "Abgabenliste" s. AEO I, 47; Helck, op. cit., 113–114. – [54] Abydos tomb D 9: El Amrah and Abydos, 83, pl. 24 (bottom right and center) MMA 00.4.6: ibid., 71. 95, pl. 34 (1); Urk. IV, 516–517; Hayes, Scepter II, 113. Philadelphia Univ. Mus. E. 9217: El Amrah and Abydos, 65. 71. 84. 94–95, pls. 32 (bottom). 33 (1.2); Urk. IV, 517–520; Hermann Ranke, in: UMB 15, nos. 2–3, November 1950, 34, fig. 22; CG 34080. Cf. PM V, 67–68; Helck, Materialien, 170. – [55] Naville, in: ARp 1895/1896, frontispiece and pp. 6–7; Urk. IV, 517; Kees, Ancient Egypt (v. n. 4), 244; Labib Habachi, The Obelisks of Egypt, ed. Charles C. Van Siclen III, New York 1977, 60; PM II², 218. – [56] TT 155: Torgny Säve-Söderbergh, Four Eighteenth Dynasty Tombs, PTT 1, 1957, 11–21, pls. 10–19; PM I. 1², 263–265; Louvre C. 26: Urk. IV, 963–975 (280); PM I. 1², 265; Davies-Macadam, Funerary Cones, nos. 139. 182; Urk. IV, 975 (281). – [57] TT 109: Philippe Virey, Sept Tombeaux thébains, MMAF V. 2, 1891, 326–370; Urk. IV, 976 ff.; PM I. 1², 226–227; Davies-Macadam, op. cit., nos. 109. 122; Helck, Materialien, 170. – [58] Virey, op. cit., 367–368, fig. 4; Urk. IV, 976–977. 981, 13; J. Gardner Wilkinson, Manners and Customs of the Ancient Egyptians II, London 1837, 188 (no. 155 [left]); PM I. 1², 227 (5). – [59] Brooklyn 37. 29 E: LD, Text I, 7–8; Thomas G. H. James, Corpus of Hieroglyphic Inscriptions in the Brooklyn Museum I, Brooklyn 1974, 100–101 (no. 238), pls. 9. 56. Leiden D 59: Boeser, Leiden XII, 5, pl. 7 (no. 25). CG 46537; Davies-Macadam, Funerary Cones, no. 482. – [60] Davies, Ḳen-Amūn, pl. 38. The identity of the figure in TT 93 was suggested by Charles C. van Siclen III, in a paper "The Identity of a Figure in the Tomb of Kenamun and the Chief Priests of Onuris," presented at the annual meeting of the American Research Center in Egypt, Inc., in Boston, November 9, 1974. Van Siclen also suggested that Amenhotep is the anonymous owner of TT A. 19 (PM I. 1², 453); cf. Helck, Materialien, 170. Pace Helck, ibid.; id., in: LÄ I, 877, Nebirep (*Nb-jrp*), the father of Amenhotep named on Brooklyn 37.29E (v. n. 59) is not mayor of Thinis or overseer of priests, but only "dignitary" (*zꜣb*). – [61] Hans D. Schneider, Shabtis II, Leiden 1977, 89–90; III, fig. 26, pls. 34. 108 (3.2.9.1). – [62] Helck, Verwaltung, 236; Hayes, in: CAH II³, pt. 1, Chapter IX, 357. – [63] Urk. IV, 517, 1; 519, 12. – [64] Urk. IV, 978, 11; 981, 15. 16; 982,4; Davies, Ḳen-Amūn, pl. 93; Leiden D 59 (v. n. 59); Davies-Macadam, op. cit., no. 482; PM I. 1², 453. Amenhotep was, in addition, *jmj-rꜣ kꜣt m pr Wsjr* and *ḫrp kꜣt m pr ꜣst*; see Boeser, Leiden XII,5, pl. 7. – [65] Urk. IV, 978, 17; Brooklyn 37.29E (v. n. 59). – [66] Helck, Verwaltung, 220 ff.; id., Materialien, 165 ff. – [67] Davies, Rekh-mi-Rēꜥ, 106, and Helck, Verwaltung, 212, restore *ḥꜣtj-ꜥ n ꜣbḏw* in the "Abgabenliste" in the tomb of Rekhmire (Davies, op. cit., pl. 35 [IV, 6]), but the list may antedate the New Kingdom, s. n. 53. – [68] Urk. IV, 981, 16; 982, 5. – [69] Urk. IV, 981, 12. The Overseer of the Heifers (*nfrt*) of Onuris was likewise Festival-leader of Osiris (Urk. IV, 1645). – [70] S. n. 61. – [71] Redford, in: Newsletter SSEA 7, no. 2, May 1977, 2; Limme, in: CRIPEL 1, 1973, 39–58; Valloggia, in: Bulletin de Centenaire, supplément BIFAO 81, 1981, 186–187 with nn. 8 and 10. – [72] Kees, Ancient Egypt (v. n. 4), 244. – [73] Urk. IV, 963, 14; 969, 13. – [74] Urk. IV, 982, 5; Davies-Macadam, op. cit., no. 222; cf. ibid., no. 109, where he is *ḥꜣtj-pꜥt n Ṯnj*. For the title *ḥꜣtj-pꜥt*, see Edel, in: Serapis 6, 1980, 41–46. – [75] Cf. Hayes, in: CAH II³, pt. 1, 353–354. – [76] S. Helck, Verwaltung, 223. – [77] BM 902: BM Stelae VIII, 8–9, pl. 9; Urk. IV, 1615. – [78] TT 108: PM I. 1², 225–6; Davies-Macadam, op. cit., no. 298; MMA 41.2.3–4: Hayes, Scepter II, 154; PM I. 1², 226. – [79] TT 157: PM I. 1², 266–268. On the person and career of Nebwenenef, s. Lefebvre, Grand Prêtres, 117–123. 248–249. – [80] Kitchen, Ram. Inscr. III, 470, 9–10; 471, 10–11; 472, 5; 474, 1; 477, 1. – [81] Ibid. III, 470–477, including Abydos tomb chapel fragments discovered by Amélineau, Abydos, 1895/96, 38 ff. Minmose was related to the two viziers (Pa-)Rahotep under

Ramses II, see De Meulenaere, in: CdE 41, no. 82, 1966, 223–232. – [82] Kitchen, Ram. Inscr. IV, 141–147. – [83] Auguste Mariette, Catalogue général des monuments d'Abydos, Paris 1880, no. 76. Cf. Helck, Materialien, 170. – [84] Morris L. Bierbrier, The Late New Kingdom in Egypt (c. 1300–664 B.C.), Warminster 1975, 8. – [85] Urk. IV, 1617, 16ff. (cf. BAR II, § 818); Kitchen, Ram. Inscr. IV, 143, 15ff. Cf. Hayes, in: CAH II³, pt. 1, 353. – [86] S. e.g., CG 582; Inscr. Sinai, no. 181; Nims, in: JEA 38, 1952, 42 (E 105); Kitchen, Ram. Inscr. IV, 145, 3. Already in CT II, 171; IV, 89, there is reference to Re in Thinis. – [87] Kitchen, Ram. Inscr. III, 470, 9; 471, 10. 11; 475, 10; 477, 1; IV, 142, 12; 143, 2, etc. – [88] See e.g., CG 582. 34145; Kitchen, Ram. Inscr. IV, 145, 3; Inscr. Sinai, no. 191. Cf. AEO II, 37*. – [89] Nims, op. cit. (v. n. 86); cf. Amélineau, Abydos, 1895/96, 45 (no. 49) = Pehr Lugn, Ausgewählte Denkmäler aus Ägyptischen Sammlungen in Schweden, Leipzig 1922, 18, pl. 13 (Uppsala no. 6). – [90] Kitchen, Ram. Inscr. III, 473, 10. – [91] Clarence S. Fisher, in: BMFA 11, 1913, 22; PM V, 29. – [92] Sayce, in: RecTrav 13, 1890, 62. 65; Mariette, Mon. Div., pl. 78; Kees, in: ZÄS 73, 1937, 77–90; PM V, 28–29; Kitchen, Ram. Inscr. IV, 141–144. – [93] See nn. 54. 56. 57. 60. 78. 79. 81. – [94] Kitchen, Ram. Inscr. II, 325, 5ff. – [95] Ibid. II, 326, 3ff. – [96] Kitchen, Ram. Inscr. III, 283; Gardiner, Egypt, 257–258; Lefebvre, op. cit. (v. n. 79), 118–119. See also Černý, in: Richard A. Parker, A Saite Oracle Papyrus from Thebes in the Brooklyn Museum (Papyrus Brooklyn 47.218.3), Providence 1962, 36. – [97] pHarris I, 57, 11ff.; BAR IV, § 355. – [98] pHarris I, 61a, 3–4; BAR IV, § 365. – [99] pHarris I, 57, 12–13; BAR IV, § 355. Cf. Patricia Spencer, The Egyptian Temple, A Lexicographical Study, London–Boston–Melbourne–Henley 1984, 282. – [100] pHarris I, 57, 13; BAR IV, § 355. The author of the Instruction of Amenemope (*Lehre des Amenemope), a citizen of Akhmim in the neighboring Panopolite nome, who possessed a tomb at Akhmim and a cenotaph at Abydos, also refers to himself as "the truly silent one in T. of the Thinite nome;" see Lichtheim, Literature II, London 1976, 149. – [101] Hayes, in: CAH II³, pt. 2, 616–619. – [102] pWilbour A 69, 46; A 51, 26. – [103] Helck, Materialien, 169–170. The list should be amended in several regards. The "Aufseher der *mȝsw* des Onuris-Tempels" dates to the late Old Kingdom; see LÄ VI, 391. The God's Father of Onuris, *Mnṯw-(ḥr)-ḫpš.f* is later than the New Kingdom; see n. 116. In Paul Pierret, Recueil d'inscriptions inédites du Musee Egyptien du Louvre II, Paris 1878, 55 (Louvre C 87), *Sbȝ* is *sḏm-ʿš* (?) (cf. Bogoslovski, in: ZÄS 101, 1974, 81) *n Wsjr*, not "Bürgermeisters von Thinis," but Prof. Helck may have had access to unpublished photographs since a "Hirt des Onuris" *Jwnj*(?), unrecorded by Pierret, is also listed (Anm. des Hg.: "nach eigener Abschrift"). Additional references are: El Amrah and Abydos, 71. 84. 94. 97, pl. 31; Kitchen, Ram. Inscr. III, 475, 14; Mariette, Cat. d'Abydos (v. n. 83), no. 1138; ÄIB II, 186–187 (Berlin 2081). 401 (Berlin 13456); CG 34145. – [104] To the list in Helck, Materialien, 171 should be added Jacques F. Aubert and Liliane Aubert, Statuettes Egyptiens; Chaouabtis, Ouchebits, Paris 1974, 125, fig. 42. – [105] E.g., Khatnesut/Buia, wife of Minmose, and Taywenesh, wife of Siese; s. De Meulenaere, op. cit. (v. n. 81), 229; Bierbrier, op. cit. (v. n. 84); Andrews, in: JEA 64, 1978, 90. – [106] Kees, Ancient Egypt (v. n. 4), 244. – [107] Inscr. Sinai, nos. 181. 183. 184. 191. 257. – [108] El Amrah and Abydos, 72. 90, pls. 40 (9). 49. – [109] Egypt's Golden Age: The Art of Living in the New Kingdom, 1558–1085 B.C., MFA Boston 1982, cat. no. 390. – [110] Kitchen, Third Interm. Period, § 217. – [111] El Amrah and Abydos, 78. 106, pls. 31. 34 (8); AEO II, 276*; Kitchen, Third Interm. Period, § 227. For N-makher(-n-Tjeny), see Černý, in: Fs Rosellini, Studi II, 29–31. – [112] Kitchen, Third Interm. Period, § 232. – [113] Leahy, in: GM 35, 1979, 31ff.; De Meulenaere, in: LÄ IV, 463–464. Cf. Fecht, in: MDAIK 16, 1958, 114. – [114] Leahy, o. c., 36. – [115] Walter Wreszinski, Aegyptische Inschriften aus dem K.K. Hofmuseum in Wien, Leipzig 1906, 181 (VII, 1); Kurt Sethe, Zur Geschichte der Einbalsamierung bei den Ägyptern und einiger damit verbundener Bräuche, SPAW 1934. 13. – [116] See n. 87. Cf. De Meulenaere, in: CdE 29, no. 58, 1954, 227 n. 3. For other priests of Onuris at this time, see e.g., ÄIB II, 232. 233; CG 946. 23107: Ernest A. Wallis Budge, Some Account of the Collection of Egyptian Antiquities in the Possession of Lady Meux, of Theobold's Park, Waltham Cross, London ²1896, 108–109 (no. 50 A), pl. 9A; also Leahy, op. cit., 23 n. h. – [117] AEO II, 37*–38*; Helck, Gaue, 92; Lewis Naphtali, Life in Egypt under Roman Rule, Oxford 1983, 261. – [118] E.g., Giuseppe Botti and Pietro Romanelli, Le sculture del Museo Gregoriano Egizio, Vatican 1951, no. 126. – [119] De Meulenaere, op. cit. (v. n. 116), 221–236; CG 22041. – [120] Kees, in: RE VI, 2 ser., 285. – [121] Ibid.

Lit.: Kees, in: RE VI, 2 ser., 282–285; Gauthier, DG VI, 59. E. Br.

Thinitenzeit. Mit *Manetho bezeichnet man die beiden ersten geschichtlichen Dynastien Äg. wegen der Herkunft wenigstens der Herrscher der 1. Dyn. aus *Thinis als thinitische. Diese Bezeichnung wird durch die Anlage der *Königsgräber in der Nähe von Thinis bei *Abydos untermauert. Allerdings müssen auch die dort durch Grabanlagen belegten Könige vor *Menes, mit dem Manetho wie auch die äg. *Königslisten die 1. Dyn. beginnen, der thinitischen Dynastie zugerechnet werden; der Einschnitt vor Menes dürfte mehr zufällig auf die Erhaltung der „Annalen" zurückzuführen sein[1].

Nach dem Ende einer hierakonpolitanischen Dynastie, zu der wohl der König *„Skorpion" gehörte, beginnt die thinitische mit einem König, der sich „Falke auf Mund" schreibt[2] und der mit Grab B 1/2 in der abydenischen Nekropole von Umm el-Gaab das erste Königsgrab anlegte. Bemerkenswert ist, daß bei ihm bereits die ältesten Abgabennotizen auf Gefäßen erscheinen, die die Einteilung Äg. in Ober- und Unterägypten erkennen lassen; es besteht also bereits ein Einheitsreich[3].

Diese Notizen setzen sich unter dem Nachfolger fort, dessen Namenshieroglyphe vielleicht ein „Fellumhang" ist (*Sechen) und dessen Grabanlage in Abydos die Doppelanlage B 7/9 ist. Auch er ist im N belegt (*Tarchan, *Heluan)[4].
Vielleicht müssen wir in den Umkreis dieser beiden Herrscher noch einen weiteren einordnen, dessen Horusnamen aus Tarchan belegt, aber nicht zu deuten ist[5]. Seine „Steuervermerke" auf den Gefäßen passen zu den beiden genannten ältesten thinitischen Königen[6].
Die Reihe der thinitischen Könige vor „Menes" schließt dann der Herrscher ab, dessen Name mit „Wels + Dechsel" geschrieben wird und den man gewöhnlich als *Narmer überträgt. In Abydos ist ihm die Doppelanlage B 17/19 zuzuweisen; sonst ist er im memphitischen Raum wie im Ostdelta belegt[7]. Seine bekannte Prunk-*Palette zeigt an, daß er den (letzten?) Herrscher der auch noch im *Turiner Königspapyrus erkennbaren „Papyrusdickicht-Dynastie"[8] im Westdelta besiegt und damit die Einigung Äg. beendet hat.
Sein Nachfolger war nun Horus *Aha, dessen Geburtsname *Mn* = „Menes" war, den die späteren Listen aufführen[9]. Mit ihm begann der Annalenstein die Reihe der Eintragungen der Jahresbezeichnungen. Für ihn lassen sich aus dem Annalenstein etwa 33–34 Regierungsjahre ableiten[10].
Die gleiche Quelle gibt nach Horus Aha anscheinend eine kurze Regierung von Jahr 1 und 45 Tagen an, die dem *Jt(t)* bzw. *Ttj* der ramessidischen *Königslisten zugewiesen werden kann, der dort auf Menes folgt. Vielleicht amtierte für ihn seine Mutter *Ḥtpwj*-Neith[11] (*Neith-hotep).
Das Fragment Kairo 1 des Annalensteins zeigt an, daß der König *Jt.tj* der späteren Listen mit dem Horuskönig identisch ist, dessen Hieroglyphe *Ḏr* gelesen wird[12]; ihm sind möglicherweise 53 Regierungsjahre zuzuweisen.
Bestimmte Indizien[13] zeigen an, daß auf ihn der Horus „Schlange" gefolgt ist, der in den späteren Listen den Geburtsnamen *Jtȝ* trägt und etwa 13 Jahre regiert hat.
In dieser ersten Gruppe von Herrschern der T. zeigt sich die Entwicklung der inneren Verwaltung. Siegel mit der Darstellung eines Großzeltes und eines „Feliden"-Numens, das später das Numen der Schreiber ist, lassen die älteste Verwaltung des Palastes erkennen, die in dieser Form mit „Schlange" aufhört[14]. Daneben dürften Siegel mit Tierreihungen und Fallen auf eine eigene Verwaltung von Jagdbeute hinweisen. Andersartige Anlieferungen sind mit zwei Königssiegeln gesiegelt und dürften unter die Aufsicht der „Siegler des Königs von U. Äg." fallen, die anscheinend für die Versorgung des Palastes zuständig waren.
Sie sind ab *Ḏr* zuständig für die damals zum ersten Mal eingerichteten sog. „Wirtschaftsanlagen", d.h. für jede Regierung erscheint eine neue, die anscheinend auch für die Versorgung des toten Königs gedacht war, wie sich aus den Namen ergibt[15]. Diese Einrichtung wird erst mit *Djoser in der 3. Dyn. beendet und damals dann durch die Einrichtung zahlreicher Domänen im Lande abgelöst.
Ebenfalls mit *Ḏr* erscheint zum ersten Mal der Palast „Sitz des harpunierenden Horus" (*P-Ḥr-msn*), wohl Vorläufer des späteren Ortes *P* bei *Buto, wie auf einem Öltäfelchen aus Abydos aus dieser Zeit lokalisiert[16]. Da von dem Palast keine Siegel bekannt sind, handelt es sich um den Empfangsort und nicht – wie die „Wirtschaftsanlage" – um eine Lieferungsstätte.
Zu den großen Grabanlagen der Könige in Abydos s. *Königsgrab, für die Anlagen der höchsten „Beamten" s. *Saqqara-Nord.
Mit dem König Horus *Dwn* (*Dewen = „Flügelspreizer"?), mit Geburtsnamen *Ḫȝstj* („Wüstenbewohner") zeigen sich deutliche Veränderungen innerhalb der Verwaltung. Ihm sind wohl etwa 42 Regierungsjahre zuzurechnen[17].
Die erste Epoche der Regierung des *Dwn* umfaßt die Zeit, in der seine Mutter *Mrt*-Neith die Regierung für ihn führte, woraus sie dann Anrecht auf ein Königsgrab in Abydos ableitete. Jetzt verschwinden die Zeltsiegel, d.h. die Schreibergemeinschaft am Palast wird aufgelöst. In der zweiten Epoche wird die Verwaltung der „Wirtschaftsanlage" mindestens zweimal umorganisiert, wobei in einigen Fällen Modernisierung der Schreibungen erkennbar ist[18]. Außerdem erkennt man eine Überhöhung der Herrschergestalt daran, daß die Erwähnungen von eigenen Haushalten der Königin und der Prinzen verschwinden; sie hängen nun wirtschaftlich völlig vom Palast ab. Dort entwickeln sich eigene Verwaltungen der Wüsten (d.h. der Jagd)[19] sowie einiger Verarbeitungsbetriebe (Fellhaus[20], Schweinekonservenhaus[21], Schusterhaus[22]); auch die Rinderverwaltung wird ausgebaut[23]. Auch tritt zum ersten Mal das „*Schatzhaus" auf, zunächst in der Benennung *pr-ḥḏ*[24], um dann in *pr-dšr* umgetauft zu werden.
Auf *Dwn* folgte Horus *ʿḏ-jb* (*Adjib) mit Geburtsnamen *Mr-p-bjȝ* (Miebis), dessen belegtes Sedfest[25] wahrscheinlich für ein besonderes Unheil (*qsn*) gefeiert wurde, da ihm nach dem Annalenstein höchstens 11 Jahre zugerechnet werden können. Seit seiner Regierung wird ein weiterer Palast genannt namens *Zȝ-ḥȝ-Ḥr* „Schutz um den Horus" o.ä., dessen Lokalisierung allerdings unbekannt ist.
Sein Nachfolger Horus *Smr-ḫt* (*Semerchet) mit einem *nswt-bjtj*-Namen, der mit einem Mann in

König	Öllieferung O. Äg.	U. Äg.	Wirtschaftsanlage	*P-Ḥr-msn*	*Z3-ḥ3-nb*	Zelt-siegel	Prinzen-siegel	Tier-siegel	Unterteilungen der Wirtschaftsanlage 1.–7.	Form der Siegel-abrollung
	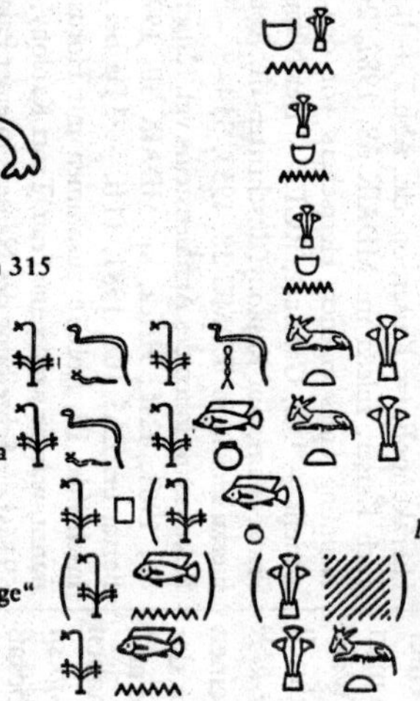									
Tarchan 315										
Narmer										
Hor Aha									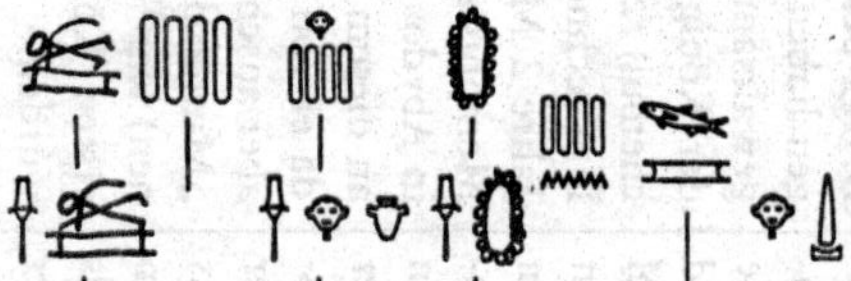	Kreuz: König – König
Ḏr			*Ḥr-sḫntj-ḏw*							Kreuz: König – *ʿm-k3* + Ort
„Schlange"			*W3ḏ-Ḥr*							Kreuz: König – *ʿḏ-mr* + Name
Dwn			*Ḥr-tpj-ḫt*							Kreuz: König + Titel – *ʿḏ-mr* + Domäne + Titel
ʿḏ-jb			*Ḥr-sb3-ḫt*		*Z3-ḥ3-Ḥr*					Kreuz: König + Titel – *ʿḏ-mr* + Titel
Smr-ḫt			*Ḥr-ḏsr-nbw*		–					keine Versiegelung
Q3-ʿ			*Ḥr-nbw-ḫt*		*Z3-ḥ3-nb*					Kreuz: König + Titel – König + Titel Basis: *ḫrj-wḏ3*
Ḥtp-sḫmwj			*Ḥr-ḫʿ-m-sb3*		*Z3-ḥ3-nb*					Ebenso
Nb-rʿ			–		*Z3-ḥ3-Ḥr-Nb-Rʿ*					
Nj-nṯr (Süd)			*Ḥr-tpj(?)-sb3w*							
Prj-jb.sn			*Jtj-wj3w*							Kreuz: *ʿḏ-mr* + *ḫrp*-Titel Basis: *ḫrj-wḏ3*
Sḫm-jb			–							
Ḫʿ-sḫm.wj			*Ḥr-sb3-b3w*							Kreuz: *ʿḏ-mr* Basis: *ḫrj-wḏ3*

feierlicher Tracht geschrieben und später *smsm* (Semempses) gelesen wurde, hat nach dem Fragment Kairo 1 des Annalensteins 9 Jahre regiert. Andeutungen auf dynastische Gegensätze sind aus Auskratzungen seines Namens geschlossen worden, doch sind diese fraglich[26].

Die 1. Dyn. endet mit dem Horus *Qa-a mit gleichem *nswt-bjtj*-Namen, der vielleicht 33 Jahre regiert hat, wie aus dem Annalenstein zu erschließen. Nach ihm erkennt man einen starken Einschnitt, der wohl auf Unruhen hinweist. Gefäße des Qa-a sind von einem Horus *Snfr-kꜣ*[27] und einem Horus, der den Namen mit einem Vogel schreibt[28], usurpiert worden, so daß man in ihnen vielleicht Gegenkönige sehen kann, die aber in den Annalen nicht erscheinen. In Abydos enden zunächst die Königsgräber, in Saqqara-Nord werden die Beamtengräber der 2. Dyn. hinter denen der 1. Dyn. angelegt. Auch ist die Form der Königsnamen anders geworden. So heißt der 1. König der 2. Dyn. Horus *Ḥtp-sḫmwj nswt-bjtj Ḥtp-nbtj* was betont auf den angestrebten „Frieden" zwischen den beiden „Mächten", d. h. Horus und Seth als Vertreter der beiden Bevölkerungsschichten der *pꜥt* und *rḫjt*, hinweisen soll[29].

Ihm folgte Horus *Nb-Rꜥ* („Herr der Sonne") (*Nebre), dessen *nswt-bjtj*-Name unbekannt ist; die späteren Listen nennen ihn *Kꜣ-kꜣw* (Kaiechōs). Nach der Rekonstruktion des Annalensteins haben diese beiden ersten Könige der 2. Dyn. zusammen etwa 42 Jahre regiert. Wenigstens das Grab eines der beiden (wohl des *Nb-Rꜥ*) lag nach Siegelabdrücken in Saqqara und ist später von Onnos (*Unas) überbaut worden[30].

Dort lag auch die Grabanlage des folgenden Königs Horus (und *nswt-bjtj*) *Nj-nṯr*, dem 44 Jahre zugerechnet werden können. Teile seiner Jahre sind auf dem Palermo-Fragment des Annalensteins erhalten (*Ninetjer).

Nach ihm scheint nach inneren Unruhen (das Sedfest konnte trotz Vorbereitungen nicht gefeiert werden[31]) das Reich in ein Seth-Reich im Süden unter *Prj-jb.sn* (*Peribsen) und dem Nordreich unter einem Horus, der seinen Namen mit einer besonderen Pflanze schreibt (*Uneg) und den man später Tlas nennt, aufgeteilt worden zu sein. Während sich aber im Norden die Herrscher schnell folgten („Tlas"[32], *Snd*[33] (*Sened) und *Nfr-kꜣ*[34] sind mit etwa 33 Jahren anzusetzen, und für einen folgenden *Nfr-kꜣ-Zkr* (*Nefer-Ka-Sokar) gibt der Turiner Königspapyrus 8 Jahre und 3 Monate und für eine Wirrenzeit 1 Jahr und 8 Monate), haben im Süden nur 3 Könige geherrscht. Seth *Prj-jb.sn* legte sich wieder in Abydos sein Grab an, besaß aber in der Grabanlage des u. äg. Königs *Snd* eine Kultstätte, was auf friedliche Zustände hinweist[35]. Sein Nachfolger *Sḫm-jb-prj-n-mꜣꜥt* (*Sechem-ib) kann wegen der geringen Bezeugung[36] kaum lange regiert haben, auch ist von ihm kein Grab in Abydos bekannt.

Der dritte der südlichen Herrscher war *Ḫꜥ-sḫm*, der anscheinend in *Hierakonpolis residierte, wo er sich auch zunächst sein Grab anlegte[37]. Von ihm in den Tempel des *Horus von Hierakonpolis gestiftete Statuetten feiern aber einen Sieg über U. Äg., bei denen er 47209 Unterägypter erschlagen haben will. Die Spaltung des Landes ist also gewaltsam beendet worden; daraufhin nennt sich der König Horus und Seth *Ḫꜥ-sḫmwj* (*Chasechemui) „die beiden Mächte sind erschienen". Ihm rechnet der Turiner Königspapyrus noch 25 Jahre 2 Monate und 1 Tag Gesamtherrschaft in Memphis zu. Sein endgültiges Grab legte er wieder in Abydos an, es ist jedoch das letzte Königsgrab an diesem Ort, denn mit ihm endete die 2. Dyn., da er von einer *Nj-mꜣꜥt-Ḥp* (*Ni-maat-Hap), die aber anscheinend nicht erste Königin, sondern nur „Mutter der Königskinder" (d. h. von Prinzessinnen) war[38], allein zwei Töchter hatte, die mit den ersten Königen der neuen, 3. Dyn. verheiratet wurden.

Zur Verwaltung s. *Palastverwaltung A.

[1] Die Annalen sind weitgehend nach lokaler memphitischer Tradition aufgestellt; daher kann ihr Beginn mit der Gründung der „Weißen Mauer" durch Menes zusammenhängen. – [2] Kaiser, in: MDAIK 38, 1982, 232, der auch Bartas Lesung in: GM 53, 1982, 11–13 *Jrj-Ḥr* übernimmt, die jedoch willkürlich ist. – [3] Dieser Herrscher ist auch aus *Saujet el-Arjan belegt: Kaplony, Inschriften III, Abb. 13. – [4] Tarkhan Grab 261; Heluan Gräber 1651 H2 und 1676 H2, vgl. Kaiser, in: ZÄS 91, 1964, 113 Abb. 7 n. o. – [5] Tarkhan Grab 315 und 1549 = Kaplony, Inschriften III, Tf. 1–2 (dort Skorpion zugeschrieben). – [6] Der von Fischer, in: JARCE 2, 1963, 46 ff. veröffentlichte Krug mit einem Horusnamen ist nicht sicher zuzuordnen (*Ḏr*?). – [7] Kaplony, Inschriften III, Abb. 26; Tarkhan Grab 1100 (= Kaiser, op. cit., Abb. 7 q); Katalog „Ägypten vor den Pyramiden", Mainz 1981, 37 Abb. 33. Sicherlich gehören ihm auch die abgekürzten Schreibungen von Horusnamen aus *Tura Gräber 19 g 1 und 16 g 9, Tarkhan Grab 1702 und aus Hierakonpolis (= Kaiser, op. cit., Abb. 7 h–l), wenn sie auch Kaiser, zuletzt in: MDAIK 38, 1982, 26 für die Nennung eines eigenen Herrschers vor den Thiniten ansieht. – [8] Cf. Gardiner, RCT. – [9] Der Name *Mn* als Prinzenname auf Kaplony, Inschriften III, Abb. 77, vgl. hierzu Helck, in: ZDMG 28, 1953, 354–9. – [10] Zu den Rekonstruktionen des Annalensteins vgl. Kaiser, in: ZÄS 86, 1961, 42 ff.; Helck, in: MDAIK 30, 1974, 31 ff.; Barta, in: ZÄS 108, 1981, 11 ff. – [11] Da bei Kaplony, Inschriften III, Abb. 16 zusammen mit Horus Aha genannt, war sie wohl seine Frau. Trotz Kaplony, op. cit. I, 591 ist die Schreibung des Namens in einer Palastfassade mit dem „Neith"-Zeichen anstelle des Horus eines Königs als Hinweis auf kgl. Macht anzusehen. Zur Möglichkeit, statt „Neith" „Hemuset" zu lesen, vgl.

Helck, in: ZÄS 79, 1954, 27ff. – [12] Die Hieroglyphe ähnelt bei guter Ausführung eher einem Schurz als einem Rohrbündel (= *ḏr*). – [13] Seine „Öltäfelchen" haben noch die alte Form; in Saqqara 3504 kommen Siegelabdrücke mit seinem Namen und dem des *Dwn* vor (dessen Öltäfelchen eine andere Gestalt zeigen). – [14] S. Tabelle. – [15] S. ebenfalls Tabelle. – [16] Petrie, RT II, Tf. 5 Nr. 25 (= Berlin 18026). – [17] Hier hat sich bei allen Rekonstruktionen des Annalensteins eine Schwierigkeit ergeben: Für *Dwn* ist auf ihm ein Sedfest erhalten, das auch sonst belegt ist (Petrie, RT I, Tf. 14 Nr. 2; Emery, Hemaka, Abb. 26), aber auch von seinem Nachfolger *ꜥḏ-jb* kennen wir Nennungen eines Sedfestes. Für beide Herrscher aber findet sich kein Raum mit Regierungszeiten über 30 Jahre in der Rekonstruktion des Steines. Daher möchte Barta, in: ZÄS 108, 1981, 11ff. eine kürzere Zeit bis zum Sedfest annehmen, was aber methodisch bedenklich ist. Wahrscheinlich liegt die Lösung des Problems darin, daß bei *ꜥḏ-jb* immer das Wort *qsn* „Unheil" in den Sedfestsockel geschrieben ist: Hier dürfte ein Sedfest aus besonderem Anlaß vorliegen. – [18] Es wird ein Zeichen der sog. „butischen" Schrift durch das moderne „Herz"-Zeichen ersetzt im Ausdruck *ḥrj-jb* „Mitte". – [19] Kaplony, Inschriften III, Nr. 182. – [20] Ebd., Nr. 185. – [21] Ebd., Nr. 110. – [22] Ebd., Nr. 249. – [23] Ebd., Nr. 118 (im Westdelta). – [24] Petrie, RT I, Tf. 5 Nr. 257; Tf. 18 Nr. 154. – [25] PD IV, Tf. III Nr. 7; Tf. 7 Nr. 35. – [26] Vgl. etwa Vandier, Manuel I, 855. – [27] Emery, Tombs of the First Dynasty III, Tf. 28: Oberflächenfund(!) bei Saqqara 3505; PD IV, Tf. 17 Nr. 86. – [28] PD IV, Tf. 4 Nr. 6 (= Petrie, RT II, Tf. 8 A, Abb. 6). 7. – [29] Später ist dieser eine Name in sowohl *Bḏꜣw* wie *Bꜣw-nṯrw* verlesen worden, was bei Manetho zu den beiden Königen Βοηθός und Βιηνεχής führte. – [30] Maspero, in: ASAE 3, 1902, 105ff.; S. Hassan, in: ASAE 38, 1938, 521. – [31] Die dafür vorbereiteten Steingefäße konnten nur z. T. fertig beschriftet werden und wurden nicht verteilt, vgl. Helck, in: ZÄS 106, 1979, 120–132. – [32] Das Zeichen einer Blume, mit dem der Horusname geschrieben wird, ist sonst nicht bekannt; gewöhnliche Lesung *Uneg (*Wng*). – [33] Uvo Hölscher, Das Grabdenkmal des Königs Chefren, Sieglin Exp. 1, Leipzig 1912, 106. – [34] Vielleicht identisch mit dem *nswt-bjtj Nbw-nfr* PD IV, Tf. IV Nr. 3–4. – [35] Mariette, Mastabas, B 3. Die Gleichsetzungen von Wildung, Rolle äg. Könige I, 44–45 sind überholt. – [36] Da sich Siegelabdrücke mit seinem Namen (Petrie, RT II, Tf. 21 Nr. 164–172) in dem äußeren Umgang des Grabes des Periibsen gefunden haben, hat er ihn begraben. – [37] Erhalten das „Statuenhaus", gewöhnlich „Fort" genannt: PM V, 196–7. – [38] Kaplony, Inschriften III, Nr. 325.
W. H.

Thinites s. Gaue, 8. o. äg.

Thmuis (Karte 1b). Tell Timai, known to the Greeks as θμοῦις and to the Copts as ⲐⲘⲞⲨⲒ, is the modern name of an old site in the Eastern Delta which the Egyptians called *tꜣ mꜣw* "the new land".[1] It is situated about one-half kilometer south of the smaller Tell el Rubꜥa (*Mendes) and is about seven kilometers in perimeter. Although Herodotus (II, 166) attests the existence of a Thmuite nome (*Gaue), the town of Thmuis itself is first mentioned by Josephus (IV, 659). By the second century A.D., when it appears in administrative documents, it seems to have definitely supplanted Mendes as capital of the nome. At the end of the third or the beginning of the fourth century A.D., it became an episcopal see. For some centuries it maintained its position as one of the most important towns in Egypt. There are several references to Thmuis as an administrative division of Egypt in the first centuries of Islam. However, the town was soon to fall into almost total obscurity. Its decline began in the ninth century A.D.

A series of discoveries made in the past accentuates the importance of Thmuis as an archaeological site. Many groups of carbonized Greek papyri came to light at the end of the previous century and were dispersed in various collections.[2] An important hoard of marble sculptures of the late Hellenistic period, including ten fine heads, was found in 1908. Some remarkable Hellenistic and Roman mosaics were transferred from Thmuis to the Alexandria Museum in the earlier part of this century.[3] One of the four known *aurei* of Quietus is said to have come from Thmuis.[4]

In 1965–1966, a preliminary examination of the site and a limited area excavation were carried out by the Mendes Expedition of the Institute of Fine Arts of New York University. In addition to producing a number of small finds, they have established the fact that the mound is considerably older than the Ptolemaic period.[5]

[1] Jean Yoyotte, in: GLECS 8, 1961, 100–101; 9, 1962, 5–9. For a description of the site, see Robert K. Holz et alii, Mendes I, Cairo 1980, 25–26; objects from Thmuis are listed and described in Herman De Meulenaere and Pierre MacKay, Mendes II, Warminster 1976 (including Addenda and Errata). – [2] Sophie Kambitsis, in: Proceedings of the XIVth International Congress of Papyrology, Oxford 24–31 July 1974, London 1975, 78; ead., in: CdE 51, no. 101, 1976, 130–140; ead., in: BIFAO 76, 1976, 225–230. – [3] Wiktor Andrzej Daszewski, Corpus of Mosaics from Egypt, Mainz (im Druck). – [4] Georges Gautier and Jean-Claude Grenier, in: ASAE 68, 1982, 103–110 (Cairo JE 47515). – [5] Edward Ochsenschlager, in: JARCE 6, 1967, 32–51; 7, 1968, 55–71; id., in: Annales Archéologiques Arabes, Syriennes 21, Damascus 1971, 185–191.
H. De M.

Thoeris. 1. *Name:* θόηρις, θούηρις u. a.[1] aus *Tꜣ-wrt* „Die Große" (s. 4a) ist Sammelbezeichnung für nilpferdgestaltige Göttinnen[2] (s. 2.3). Ikonographisch sind die Nilpferdgöttinnen Kompositfiguren: Leib eines trächtigen *Nilpferds, Krokodilsrücken, Löwenfüße, Menschenhände[3] (zu menschengestaltigen oder -köpfigen Nilpferdgöttinnen s. 4a). Hauptattribut ist die *z3*-Schleife (s.u.)[4].

2. *Nilpferdgestaltige Göttinnen im allgemeinen:* a. Die wichtigsten Funktionen dieser Gottheiten sind die einer *Mutter (trächtige Gestalt, *Schwangerschaft) und *Amme[5]; daran läßt sich die Funktion als Nahrungsgöttin anschließen[6]. Sie haben daher auch apotropäische Funktion (*Apotropaikon; oft zusammen mit *Bes) bei Heirat und *Geburt (vgl. Szene IX der *Geburtslegende in *Luxor). Sie assistieren folgerichtig auch beim Sonnenaufgang[7]. Sie erscheinen daher auf *Zaubermessern[8], als Einlegesymbole bzw. Einritzungen an *Stühlen[9], *Kopfstützen[10] und *Betten[11].

b. Während der Aspekt des Zerstörerischen bei der „lebenden T." [12] singulär angesprochen wird, ist die Verbindung zu *Seth zunächst nicht negativ bewertet worden[13]. Die Verfemung des Seth (vgl. Seth als Nilpferd in Edfu) wirkte sich aber negativ auf die nilpferdgestaltigen Göttinnen aus[14].

c. Im NR erscheinen sie als Sternbild des Nordhimmels oft mit einem *Krokodil auf dem Rükken[15]: u.a. in TT 353[16], TT 232[17], in der Osiriskapelle in *Medinet Habu[18].

d. Ab 26. Dyn. dienen nilpferdgestaltige Göttinnen als Monatsgöttinnen[19], z.B. im *Hathor-Kiosk von *Dendara[20] und in den Mammisi (*Geburtshaus) von *Kom Ombo[21], *Philae[22] u.a.

e. Verbreitung außerhalb Ägyptens: Nilpferdgestaltige Göttinnen sind seit Mittelminoisch I auf Kreta belegt (zunächst in Phaistos)[23], aber auch in Vorderasien[24], in *Kerma[25] und *Meroe[26].

3. *Die individuellen nilpferdgestaltigen Göttinnen. Jpt* (wohl „Amme")[27], *Rrt* („Sau")[28], *Ḥḏt* (Die „Weiße")[29] und *T3-wrt* sind ikonographisch nicht geschieden. Ohne Namensbeifügung ist also eine sichere Identifizierung nicht möglich[30]. Aus der 22. Dyn. stammt der Versuch einer Systematisierung mit paralleler Nennung von *Rrt, T3-wrt* und *Jpt*[31] (*Ipet).

4. *T3-wrt* a. der Name dürfte eine Schöpfung des frühen NR sein: er ist gegenüber den anderen Namen der nilpferdgestaltigen Göttinnen (s. 3) insignifikant und rührt vermutlich aus der Assoziation dieser an die „großen" Muttergottheiten Hathor, *Isis u.a. her, mit denen oder an deren Stelle sie auftreten. Demzufolge kann *T3-wrt* wie *Jpt* tier- und menschengestaltig sein.

b. Die Verbindung zu Hathor ist vielfach belegt; *T3-wrt* trägt oft das Hathorgehörn mit Sonnenscheibe[32]. In *Gebel es-Silsile-West vertritt sie als lokale Muttergottheit menschengestaltig die Hathor (*Haremheb-Speos, Szene 33)[33]. In *Abu Simbel empfängt sie das Blumenopfer des Königspaares[34] parallel zur Krönung der Königin durch Hathor von Faras und Isis, der „Gottesmutter"[35]. Mit Hathor ist *T3-wrt* vornehmlich in *Theben[36] verbunden (Kultzentrum in Deir el-Medineh, s. 5). Dort u.a. ist auch ihre Verbindung zu Isis bezeugt[37], desgleichen im Isis-Tempel von *Deir esch-Schelwit[38].

c. Eine besondere Rolle spielt *T3-wrt* in Gebel es-Silsile (s. auch 4b), wo sie als *jmjt-nnw* („die im Urozean Befindliche") mit der *Überschwemmung verknüpft ist[39] und in mehreren Felskapellen menschenköpfig mit Hathor-Kopf-Schmuck erscheint[40]. Die Ortsangabe *„p3 mw wʿb"* (= Gebel es-Silsile) trägt sie bisweilen in Deir el Medineh[41].

5. *Kultorte der T3-wrt.* Tempel der *T3-wrt* sind nur in geringer Zahl bekannt: a) *Pap. Wilbour nennt einen in Temet, Bezirk *Hardai[42]. b) Ein Tempel ist für Theben erwähnt[43], wohl das Heiligtum in *Deir el-Medineh: hier sind u.a. zahlreiche Libationsgefäße[44] erhalten sowie Stelen[45]: *T3-wrt* mehrfach parallel zur kuhgestaltigen[46] oder menschengestaltigen[47] Hathor[48] dargestellt. c) Aus griech.-röm. Zt sind einige Heiligtümer der T. schriftlich belegt, und zwar in *Oxyrhynchos (neben Seth) als Thoeris-Athene[49], im *Fajjum[50] und in *Papremis[51].

[1] Rusch, in: RE, 2. Reihe VI, 303–5. – [2] Von den Nilpferdgöttinnen sind wohl die Nilpferdfiguren eines „Zoos" im *Totentempel Amenophis' III. zu trennen (vgl. Gerhard Haeny, Untersuchungen zum Totentempel Amenophis' III, Beiträge Bf 11, 1981, 103). – [3] Abb. z.B. Hans Bonnet, Bilderatlas zur Religionsgeschichte, Leipzig 1924, Nr. 41; Günther Roeder, Ägyptische Bronzefiguren, Berlin 1956, Tf. 58d, Abb. 609. In CT VI, 274 ist eine Schlange (statt Krokodil?) auf Kopf und Rücken der Nilpferdgöttin. – [4] In der Vignette zu Tb 137 B ist *Jpt* als *nbt-z3* bezeichnet. – [5] Hierzu vgl. Borchardt, Sahure I, 130; Morenz, Religion, 113. – [6] *T3-wrt* ist auch *ḥnwt-ḥtpw ḥnwt dfȝw*: Deir el-Médineh (1934–35), FIFAO 16, 319. – [7] Medinet Habu VI, 420. 433. – [8] Hartwig Altenmüller, Die Apotropaia I, Diss. München 1965, 148ff.; Hayes, Scepter I, 248–9; Bonnet, Bilderatlas (s. Anm. 3), Nr. 161. – [9] Z.B. CG 51111–51113 aus KV 46 (PM II², 563). – [10] H.G. Fischer, in: LÄ III, 688 mit Anm. 19. – [11] Nilpferdköpfe als Bettschmuck bei *Tutanchamun (KV 62) symbolisieren wohl den Mutteraspekt der Nilpferdgöttinnen (vgl. Wolfhart Westendorf, Das alte Ägypten, Baden–Baden 1968, 147). – [12] pMag. Harris 501, XI, 6. – [13] Stele in Turin aus Deir el-Medineh mit Seth und T. als Nilpferde s. Mario Tosi und Alessandro Roccati, Stele e altre epigrafi di Deir el Medina, CGT Serie 1, Seconda 1, Turin 1972, 93. 286. – [14] Hierzu vgl. Kees, Götterglaube, 356. – [15] Z.B. an der Decke der Sarkophaghalle des Grabes Sethos' I. (LD III, 137). – [16] PM I. 1², 418. – [17] PM I. 1², 329. – [18] Medinet Habu VI, Tf. 477; S. XI. – [19] Dazu grundsätzlich Daressy, in: RecTrav 34, 1912, 189–193; ders., in: BIFAO 11, 1914, 29–33; CG 70027 (= Roeder, Naos, CG, 106ff., bes. §§ 396. 400); dazu gehört CG 39145. – [20] PM VI, 103. – [21] PM VI, 199. – [22] Junker–Winter, Philae II, 206–211.

– [23] Wolfgang Helck, Die Beziehungen Ägyptens und Vorderasiens zur Ägäis, Darmstadt 1979, 19–20; Fritz Schachermeyr, Ägäis und Orient, DÖAW 93, 1967, 31. – [24] Helck, a.a.O.; PM VII, 371. – [25] Wenig, in: Africa in Antiquity II, Brooklyn 1978, 146 Nr. 45. – [26] Kapellen Nr. 11 und 12 (PM VII, 248–9). – [27] Meeks, in: LÄ III, 173. – [28] Wb II, 438. – [29] Wb III, 212, 3. – [30] Die T. auf der Votivstele MMA 47. 105. 4 aus Deir el-Medineh wird von Hayes, Scepter II, 384–6 (zu Abb. 242) überdies als *Jpt* interpretiert; eine Reihe von T.-Statuen stellen die *Jpt-wrt* dar, z. B. CG 39147 aus 26. Dyn. – [31] Statue Louvre E. 25479; vgl. Altenmüller, Apotropaia (s. Anm. 8). – [32] Z. B. Stele Florenz 6400 (Sergio Bosticco, Le stele egiziane II, Rom 1964, Abb. 57) und Stele Kairo JE 27824 aus dem Totentempel des Wadjmose (PM II², 445; hier zusammen mit Amon-Re). – [33] LD III, 120c. – [34] Szene G 7: Christiane Desroches-Noblecourt und Charles Kuentz, Le petit temple d'Abou Simbel, CEDAE, Kairo 1968, Tf. 109. – [35] Szene G 1: op. cit., Tf. 99. – [36] Vgl. Vignette zu Tb 186. – [37] Vgl. Münster, Isis, 154–5; Dominique Valbelle, Satis et Anoukis, Mainz 1981, 33. 125; Bruyère, in: ASAE 50, 1950, 515ff. – [38] PM II², 531; Champollion, Notices Descr. I, 379. – [39] Vgl. Desroches-Noblecourt, a.a.O., 111–113. – [40] Felskapellen Nr. 18 (Ramses II.) und 21 (Merenptah): PM V, 217. – [41] S. Zitat in Anm. 47. – [42] Helck, Materialien, 180. 220. – [43] Im Chonstempel: PM II², 232 (23); auf einem Libationsbecken aus Deir el-Medineh (Deir el-Médineh [1934–35], FIFAO XVI, 319). – [44] Op. cit. – [45] Vgl. Tosi und Roccati, Stele (s. Anm. 13), 224. – [46] Stelen des *Jrj-nfr* (TT 290): BM 284. 815 (BM Stelae VII, 33. 32). – [47] Stele Louvre E. 16374 des *Pn-bwj* (Deir el-Médineh [1934–35], FIFAO XVI, 335). – [48] Auf Louvre E. 16374 (s. Anm. 47) ist es die *Ḥwtḥr-Jst-wrt*. – [49] Roberts, in: JEA 20, 1934, 20ff.; Walter Otto, Priester und Tempel im hellenistischen Ägypten I, Leipzig–Berlin 1905, besonders S. 21. – [50] Winfried J. R. Rübsam, Götter und Kulte im Fajjum während der griechisch-römisch-byzantinischen Zeit, Bonn 1974, 242 (Index) s. v. – [51] Herodot II, 71.

Lit.: RÄRG, 530–535; Rusch, in: RE, 2. Reihe VI, 303–5 s. v. Thoeris; Kees, ebd., 1643–6 s. v. Toeris.

R. Gu.

Thot (Schatzhausvorsteher) s. Djehuti

Thot (*Ḏḥwtj*)

A. Schreibung
B. Etymologie
C. Der Ursprung des Thot
D. Zum Wesen des Thot
E. Thot in den Augen der Gläubigen
F. Thots Beziehungen zu anderen Göttern
G. Kultorte
H. Ikonographie
J. Priestertitel

Dieser Gott hatte innerhalb des ägyptischen Pantheons eine herausragende Bedeutung[1]. Er tritt in hist. Zt bereits relativ früh in Erscheinung, und sein Ansehen bleibt ungebrochen bestehen bis hin in die Zt, in der Ägypten eine Provinz des Römischen Reiches wird. Getragen von dem griechischen Gott Hermes, überleben einzelne Züge seiner Persönlichkeit den Untergang Ägyptens um Jahrhunderte und beschäftigen schließlich noch europäische Gelehrte des Mittelalters und der beginnenden Neuzeit. Die Ausstrahlung des T. bzw. des Hermes-Thot läßt sich fernerhin sowohl im Bereich des frühen Christentums als auch im Bereich der jüdischen Religion nachweisen.

Doch nicht erst in der Endphase der äg. Religion greifen Ansehen und Verehrung des T. über die Grenzen Äg. hinaus. Schon im NR wird der Kult des T. in *Nubien begründet, und seine Bedeutung nimmt dort noch zu während der napatanischen und der meroitischen Periode; in Nubien allerdings unterliegt die Persönlichkeit des T. einer sich im Laufe der Zt verstärkenden Wandlung. – Auf der Halbinsel *Sinai ist die Verehrung des T. bereits seit dem AR zu belegen.

A. *Schreibungen* und lautliche Wiedergaben des Namens. Hieroglyphisch: Mindestens seit Anfang der 4. Dyn. mit dem Bilde des auf einer Standarte stehenden *Ibis[2]. Dieser Schreibung begegnet man auch stets in den Pyramidentexten; sie ist zu allen Zeiten häufiger als die Schreibung mit dem sitzenden *Pavian[3] und die phonetische Schreibung[4]. Letztere findet sich im AR im Namen des Thot-Festes[5]. Koptisch: ⲑⲟⲟⲩⲧ(S), ⲑⲱⲟⲩⲧ(B), ⲑⲁⲩⲧ(Sa)[6]. Griech. θευθ, θουθ, θωυθ, θωθ u. a. m.[7]. Lateinisch: Theuth, Thoyth[8]. Neubabylonisch: Tiḫut[9]. Aramäisch: תחות[10]. Arabisch: توت[11].

B. *Etymologie.* 1. Einer äg. Etymologie zufolge „kam T. aus seinem Herzen (d. h. dem Herzen des *Re), als es bitter (*dḥr*) war"; „und so nannte man ihn Thot"[12]. Die Basis dazu bildete wohl der annähernde Gleichklang der Wörter *dḥr* und *Ḏḥwtj*[13]. 2. Die Vielzahl der innerhalb der Ägyptologie angebotenen unterschiedlichen Etymologien[14] beweist, daß die heutige Wissenschaft an dieser Stelle nicht weiter vorangekommen ist als die Ägypter. Boylan favorisiert eine Nisbebildung zum Namen einer – nicht belegten – Stadt *Ḏḥwt*[15]. Wessetzky[16] schlägt eine Ableitung von *ḥw(w)tj* (mit *ḏ*– Präfix) vor und gelangt damit zur Bedeutung „Der Bote". Helck[17] verweist auf das Wort *ḏḥ*ꜣ und kommt damit zur Bedeutung „Der Auswählende". Bleeker[18] denkt bei der Namenschreibung mit der Brot-Hieroglyphe an das Verb *tj* „zerstampfen" und erinnert an den kämpferischen Charakterzug des Thot.

C. Der *Ursprung* des Thot. 1. Die altägyptischen Theologen haben sich vor allem mit der Frage beschäftigt, auf welche Weise T. in die Welt gelangte. Die Antworten sind sehr verschieden ausgefallen, und unter ihnen überwiegen diejenigen, welche die Entstehung des T. auf andere Gottheiten zurückführen. Die Verschiedenartigkeit der zur Entstehung des T. überlieferten Vorstellungen hat eine generelle Ursache darin, daß die Kultzentren Altägyptens einerseits in großer Selbständigkeit religiöse Ideen entwickeln konnten und daß es andererseits von einer Zeit an für diese Ideen gewissermaßen einen „offenen Markt" gab, dessen intellektuelles Angebot an etlichen Kultzentren nicht nur Aufnahme fand, sondern in unterschiedlichen Zusammenhängen theologisch verarbeitet wurde [19].

Nach einer Überlieferung entstand T. aus einem Stein oder einem *Ei: „Der Sohn des Steines, der aus den Eischalen hervorging." [20] Roeder [21], der den Ursprung dieser Vorstellung in *Bᶜḥ* (15. u. äg. *Gau) sucht, erkennt hier die Idee eines „urweltlichen Ibis" [22].

Wenn man den „großen Thron" in einer in ihrer Interpretation sehr umstrittenen Stelle der Pyramidentexte [23] als Bezeichnung des Himmels auffaßt [24], dann hätte der Himmel den T. erzeugt.

Als *Urgott, der sich selbst gebar, wird T. nur selten bezeichnet, und zwar in späten Texten [25], welche ja in bestimmtem Zusammenhang nahezu jede Gottheit zum Urgott aufwerten [26].

Zahlreicher, wie schon gesagt, sind die Textstellen, in denen wir etwas über die Entstehung des T. aus anderen Gottheiten erfahren. So erzählt ein Papyrus der 20. Dyn. [27], daß die (*Mond-)Scheibe aus Gold, das Emblem des T. in seiner Rolle als „Mondgott", aus der Stirn des *Seth geboren wurde, nachdem zuvor der überlistete Seth zusammen mit seinem Lieblingsgemüse *Lattich den Samen des *Horus gegessen hatte; T. habe sich daraufhin die Mondscheibe auf den Kopf gesetzt. Aus etlichen Anspielungen in älteren und jüngeren Texten [28] wird deutlich, daß diesem Mythos die Vorstellung zugrunde liegt, T. sei der Sohn des Horus, geboren von Seth [29].

Im sog. *Denkmal memphitischer Theologie entsteht T. als Zunge des *Ptah, und zwar gleichzeitig mit Horus, der zum Herzen des Ptah wird [30]. Dieser Teilinhalt einer lokalen Theologie findet sich in Anspielungen griech.-röm. Tempelinschriften wieder [31], wenn es dort z. B. von T. heißt, er sei „Herz des *Re, Zunge des (Ptah-)*Tatenen, Kehle des Der-seinen-Namen-verbirgt (*Amun)" [32].

Im Kontext der Vignetten zum *Totengericht wird T. gelegentlich als Sohn des *Osiris bezeichnet [33].

Von der 26. Dyn. an finden sich Belege für T. als Sohn der *Neith [34], und zwar nicht nur in *Sais, sondern vor allem auch in *Armant [35].

Ab der 18. Dyn. wurde T. sowohl als Sohn des Re aufgefaßt als auch als Sohn anderer Götter, die als Re auftraten [36]. Damit erklärte man die Unterschiede in der Erscheinung der beiden dominierenden Himmelskörper mit Hilfe irdischer Genealogie, so wie man sie ebenso treffend bereits früher mit Hilfe irdischer Hierarchie erklärt hatte (der Mond [Thot] als Stellvertreter der Sonne [Re]).

Einige wenige Texte scheinen T. als Sohn der Himmelsgöttin *Nut anzusprechen [37]. Wenn dies zutreffen sollte, dann könnte man hier eine Analogiebildung zur gut bezeugten zyklischen Geburt des Re aus dem Schoße der Himmelsgöttin erkennen [38]. Abschließend hierzu sei noch auf eine schwer zu deutende Vorstellung hingewiesen, derzufolge T. aus einem Bein hervorging [39].

2. Innerhalb der Ägyptologie ist bereits intensiv nach dem Ursprung des Thotkultes geforscht worden. Dabei konnte bisher keine Einigung erzielt werden, weder im Hinblick auf den Ort noch im Hinblick auf die Zeit. Die Quellenlage läßt keine Entscheidung zu [40]; zu einer Stellungnahme genötigt, möchte der Verfasser des vorliegenden Artikels betonen, daß diese keinenfalls als „geglaubte Wirklichkeit" betrachtet werden darf, im Unterschied also zu den äg. Vorstellungen über den Ursprung des Thot.

Um nur zwei gegensätzliche Auffassungen zu nennen: Bonnet [41] ist der Ansicht, daß wir die Heimat des T. „im Delta zu suchen haben". Der Thotkult im o.äg. *Hermupolis (15. o.äg. Gau) sei dort nicht ursprünglich, sondern sei das Ergebnis einer frühen Kultübernahme; im o.äg. Hermupolis geprägte Züge des T. lassen sich „kaum aufweisen". – Roeder [42] lehnt einige der dazu vorgebrachten Argumente ab und nimmt eher an, ein ursprünglich in den Hasengau eingewanderter Stamm habe den Kult des T. bereits mitgebracht und dort im Hasengau ausgeprägt, und zwar anfangs ohne allzu große Beeinflussung durch andere Kultorte [43].

Nur eine umfassende Studie über die innerägyptische Kultausbreitung hätte eine gewisse Chance, dieses Problem einer akzeptablen Lösung zuzuführen. Denn die bisher vorgebrachten Argumente sind keinesfalls zwingend: Dem Argument, die Existenz anderer, älterer Kulte im o. äg. Hermupolis weise auf eine Einwanderung des T., kann man entgegenhalten, daß doch auch eine sukzessive Schöpfung verschiedener Gottheiten an ein und demselben Kultort denkbar ist; auch liefert die Ibisgestalt des T. kein sicheres Argument für eine u.äg. Herkunft, denn der Ibis war wohl im ganzen Niltal heimisch [44]; auf der anderen Seite darf man auch die Dominanz des o.äg. Hermupolis in hist. Zt nicht als sicheres Argument für einen Ursprung des T. aus diesem Ort ansetzen, da spätere Träger eines Kultes bei dessen Ausbreitung erfolgreicher sein können als die ursprünglichen

Träger. – Ferner ist, ausgehend von der Prämisse der unabhängigen Entwicklung etlicher lokaler Kulte[45], auf eine Anzahl von Faktoren hinzuweisen, die theoretisch auch sukzessiv wirksam sein konnten, als die Entstehung größerer politischer Gebilde auf ägyptischem Boden eine großräumigere Kontaktaufnahme unter den lokalen Kultzentren mit sich brachte: Ausgangspunkte und Zielrichtungen einer innerägyptischen Kolonisation; militärisch-politische Dominanz einzelner Kultorte[46]; der Vorbildcharakter der Landeshauptstadt; die Überzeugungskraft einer Konzeption in einer für sie reifen Zeit – ein kaum zu überschätzender Faktor[47].

Einige der wichtigsten Quellen zum Kult des T. in der FrZt und im AR seien kurz vorgestellt:

a) In spätvorgeschichtlich-frühgeschichtlicher Zt bereits finden wir die Darstellung des Ibis auf der Standarte. Auf der Schlachtfeld- und der Stierpalette greift dieser standartengetragene Ibis zusammen mit anderen Göttern aktiv zugunsten des Königs ins Geschehen ein. Obwohl dieser Ibis damit als göttliche Macht anzusehen ist, so ist es doch nicht sicher, daß es sich bei ihm bereits um die später so geläufige Erscheinungsform des T. handelt; doch die Wahrscheinlichkeit spricht dafür, wie Kaiser[48] überzeugend dargelegt hat – wer käme auch als Alternative zu T. in Frage? Allerdings muß man mit der Möglichkeit eines von T. unabhängigen Ibiskultes rechnen.

b) Eine komplexe Bildkomposition aus der Zt des Königs *Aha (1.Dyn.) könnte nur vielleicht die Darstellung eines Ibis enthalten[49]. Auch andere aus dieser frühen Zt angeführte Quellen besitzen in bezug auf die Identifizierung und Zuweisung der abgebildeten Tiere oft ein erhebliches Maß an Unsicherheit[50].

c) Aus der 4. und 5.Dyn. sind belegt ein „*Prophet des T." (Ende 3./Anfang 4.Dyn.; der Kontext bezeugt vielleicht einen Thotkult im Delta), fünf Prophetinnen des T., allesamt Königsgemahlinnen (meist 4.Dyn.; aus *Gisa und *Saqqara), neun „Größter-der-Fünf"-Priester vom „Haus des T." (meist 4.Dyn.; aus Gisa, *Meidum und *Dahschur), ein Personenname (*Nj-ꜥnḫ-Ḏḥwtj*; 5.Dyn.; aus Gisa) sowie zahlreiche Belege für das *Thotfest aus den Privatgräbern der 4./5.Dyn.[51]. Hinzu kommen der Stiftungsgutname „*Ḥrj-Ḏḥwtj*" (= Petrie, Medum, Tf.21; wohl Anfang 4.Dyn.)[52] und der mit T. gebildete Name eines kgl. Stiftungsgutes (Ende 5.Dyn.; aus Saqqara)[53].

d) In den Sinaiinschriften tritt T. von der Zt des *Cheops an in Erscheinung, und zwar im Bild als stehender Mann mit Ibiskopf und in der Schrift als stehender Ibis auf der Standarte[54].

e) Das Grabmal des *Sahure hat neben Darstellungen des T. auch die früheste Erwähnung von *Ḫmnw*, Hermupolis Magna, bewahrt[55]; als Herr der Stadt wird T. bezeichnet[56].

f) Das Gauzeichen des 15. u.äg. Gaues, der Ibis auf der Standarte, erscheint zum ersten Male in der Zt des *Niuserre; das fragliche Zeichen ist arg beschädigt, aber leidlich sicher. Ein eventuell älterer Beleg bezeichnet nicht eindeutig den Gau, aber in *Domänen(aufzügen) der 6.Dyn. ist das *Gauzeichen zweifelsfrei belegt. Ferner weisen Stellen der Pyr. und auch schon ältere Quellen auf die Existenz mindestens eines weiteren Deltakultortes des Thot[57].

Für die Frage nach der Entstehungszeit des Thotkultes ergibt sich eindeutig aus diesen und weiteren, nicht einzeln aufgeführten Quellen, daß T. spätestens vom Beginn der 4.Dyn. an einen Kult empfing; Art und Anzahl der Belege weisen auf das schon in dieser Zt hohe Ansehen des Gottes hin[58]. Die Herkunft der Belege läßt ferner darauf schließen, daß der Kult des T. bereits im AR in ganz Äg. verbreitet war[59], so wie es dann für das MR ein Priestertitel belegt: „Größter-der-Fünf in den Tempeln des T. in Ober- und Unterägypten."[60] Davon ausgehend und mit Blick auf die zu allen Zeiten geläufigste Schreibung des Gottesnamens (mit dem Ibis auf der Standarte) ist es nicht auszuschließen, daß die Verehrung des T. bereits in spätvorgesch.-frühgesch. Zt einsetzte. Dann aber müßte man die Existenz dieses Gottes auch für den Zeitraum voraussetzen, der zwischen diesem frühest möglichen Ansatz und den sicheren Belegen aus der 4.Dyn. liegt; die hierzu angeführten Quellen, teils mit erheblicher Unsicherheit behaftet (s.o.), erscheinen unter diesem Blickwinkel in etwas freundlicherem Licht.

Die Frage nach dem Ursprungsort des Gottes ist, wie schon gesagt, nicht zu beantworten[61]. Wenn aber dazu Hypothesen aufgestellt werden, dann darf neben den bisher mit ernstzunehmenden Argumenten favorisierten Deltakultorten des T. der 15. o.äg. Gau mit Hermupolis Magna nicht übersehen werden[62]. Für diesen Ursprungsort spricht zum einen die gesamte Tradition ab MR, welche neben Hermupolis Magna als Kultort des T. keine gleichrangige Alternative erkennen läßt. Zum anderen scheinen die Texte des AR nur „einen einzigen T." in Äg. zu kennen, denn die Anzahl der Stellen, die einen Kultort des Gottes aufführen, ist verschwindend gering[63]; wird aber einmal ein Kultort dem T. zugeordnet, dann handelt es sich um Hermupolis Magna[64]. – Diese Hypothese impliziert, daß der Ibis bereits in Hermupolis Magna mit T. verbunden wurde, und weiterhin, daß der Kult des T. von Hermupolis Magna sich bereits recht früh innerhalb des AR sowohl im Delta[65] als auch in Mittelägypten[66] ausbreitete.

D. *Zum Wesen* des Thot. 1. Als lokaler Hauptgott, mit den für diese Rolle charakteristischen, alle Lebensbereiche umfassenden Zuständigkeiten, ist T. im AR kaum greifbar. Doch neben wenigen anderen Wesenszügen wird man auch die Streitbarkeit des Gottes aus einem alten Lokalkult herleiten dürfen[67]. Eine Felsinschrift aus dem Wadi Charig (*Sinai) nennt T. ausdrücklich den „Herrn des Gemetzels, der Asien niederwirft“[68]. In einer Szene aus *Maghara, in welcher der König Feinde Ägyptens (die *Jwntjw*) erschlägt, ist T. anwesend[69]; in einer anderen, am gleichen Orte, trägt er das Epitheton „Herr der Fremdländer“[70]. Neben einer Darstellung im *Totentempel des Sahure, die zeigt, wie der König in Gestalt eines Raubtieres seine Feinde tötet, lesen wir: „T., Herr der *Jwntjw*“; unmittelbar anschließend: „*Sopdu, Herr der Fremdländer, der die Asiaten niedertrampelt.“[71] In dieser frühen Zt treten Sopdu und T. einige Male in gleicher kriegerischer Rolle nebeneinander auf[72]. Als starker Kämpfer tritt T. zu allen Zeiten in Erscheinung[73], und zwar in den verschiedensten Zusammenhängen: im *Totenbuch heißt es, daß T. die Feinde des Verstorbenen köpfen soll; in Hymnen wird er u. a. als ein Gott des Gemetzels beschrieben, der die Rebellen fällt[74]; schon die Pyramidentexte sprechen von einem Messer des T., „das die Köpfe abtrennt und die Herzen herausschneidet“[75]; einige spätzeitliche Texte lassen T. von der Sonnenbarke aus die Feinde des Re töten – dies ist eine Aufgabe, die sonst meist Seth übernimmt[76]; hier verwendet T. aber auch eine ihm als Magier eigene Kampfesweise: „Dich zerschneidet T. mit seinen Zaubersprüchen“[77]; innerhalb des Mythos vom *Streite des Horus und Seth agiert T. nicht nur als der weise Schlichter, vielmehr deuten verstreute Anspielungen darauf hin, daß er als aktiver Teilnehmer am Kampf eine Verletzung oder gar den Verlust seines Armes davontrug[78]; an T. als seinen Berufsgott (s. u.) wendet sich der Schreiber, wenn er damit droht, daß T. denjenigen bekämpfen wird, der Schlechtes über seine Arbeit sagen sollte[79]; in besonderem Maße treten in Nubien die kriegerischen Züge des T. von *Pnubs[80] hervor[81].

2. Den entscheidenden Anteil an der Ausbreitung der Thotverehrung hatte vielleicht diejenige lokale Priesterschaft, welche die Erfindung der Kulturtechniken Rechnen und Schreiben auf T. zurückführte und unter seine Leitung stellte. Von dieser zentralen Kompetenz aus lassen sich nämlich nahezu alle weiteren Zuständigkeiten des T. begreifen: sein enges Verhältnis zur *Maat, seine Verbindung mit den Himmelskörpern, seine Sorge für die Toten, seine Rolle als Magier und Bote sowie sein Auftreten in allen möglichen Zusammenhängen, in denen es auf Genauigkeit im weitesten Sinne ankam. Diese Darstellungsweise ist aus heutiger Sicht recht attraktiv, doch man muß damit rechnen, daß etliche der genannten Zuständigkeiten des T. nicht primär für ihn geschaffen wurden, sondern auf sekundäre Zuordnungen zurückgehen.

Unter diesem Blickwinkel könnte man annehmen, daß die Verbreitung des Thotkultes eng mit der wachsenden Rolle der *Verwaltung innerhalb des äg. Staatswesens verbunden ist. Auf der anderen Seite brachte die große Bedeutung dieser einen Rolle des T. mit sich, daß der Gott anscheinend in die Nähe eines Begriffs gerückt wurde, ohne jedoch jemals zu einem Begriffsgott zu werden (*Götter, Begriffs-); dieser Eindruck stellt sich jedenfalls ein, wenn man die Gesamtheit der theologischen und profanen Kontexte betrachtet, in denen T. auftritt. Davon auszunehmen sind natürlich die Zeugnisse *persönlicher Frömmigkeit (s. u.).

a) Seit dem MR ist ein besonders enges Verhältnis des T. zu Maat zu belegen, zu jenem Begriff (und zu seiner Personifikation), der die Richtigkeit und rechte Lenkung aller Dinge und Wesen beinhaltet. T. verfügt über Maat, bringt Maat, und beider Verhältnis wird auch mit der Formel umrissen: T., „der Stier der Maat“[82]. Maat ist der Brustschmuck des T.[83], er ist der, „der die Maat schreibt“[84], und in ptolemäerzeitlichen Ritualszenen[85] erscheint Maat als Göttin neben Thot[86].

b) T. Beziehung zum *Mond ist recht komplex: Auf der einen Seite ist der Mond das Objekt seines Wirkens, auf der anderen Seite erscheint T. selbst als Mond. Die in griech.-röm. Tempelinschriften gut zu greifende Vorstellung vom Einfangen und Schützen des Mondes mit einem Netz[87] hat Vorläufer in den Pyramidentexten[88], ohne daß hier bereits von T. die Rede ist. In der griech.-röm. Fassung handeln T. und *Schu gemeinsam zum Schutz des Mond-Osiris. – Nach Aussagen der *Sargtexte wird das Mondauge (*Augensagen) von T. gesucht, geholt und geheilt[89]. – Wenn in griech.-röm. Tempelinschriften die dem Vollmond vorangehenden Mondphasen mit dem Bild einer 14-stufigen Treppe dargestellt werden, dann ist auch T. zugegen, der wohl den Ablauf des Geschehens überprüft und seine Regelmäßigkeit garantiert[90].

Gleichzeitig fassen aber schon die Pyr. den T. als Mond auf: T. wird neben Re angerufen[91], und Re und T. sind „die beiden Genossen, die den Himmel überqueren“ (Pyr. 128 b–c). Sowohl in den Sargtexten als auch im *Totenbuch heißt es explizit: „Ich kenne das, was klein ist am 2. Tag und groß ist am 15.: das ist Thot.“[92] Von diesen und ähnlichen Stellen ausgehend, mag man darauf schließen, daß T. von Anfang an Mondgott war. Andererseits ist T. in weit stärkerem Maße als Iah und *Chons für einen speziellen Aspekt des Mondes zuständig: T., der Rechner par excellence, verkörpert den Mond, der monatlich als Himmelskörper Subtraktion und Addition vorexerziert – also den dynamischen Aspekt des Mondes. In den Götterverbindungen Iah-Thot und Chons-Thot ist es T., der das Wesen der beiden jeweils erstgenannten Götter bereichert, im aufgezeigten Sinne, jedoch auch darüber hinausgehend [93]; aber keiner der drei Götter verliert in solchen Verbindungen seinen eigenen Charakter [94].

So wie in ptol. Tempelinschriften T. als Regulierer der Mondphasen angesehen wurde [95], so galt er in dieser Zeit auch als derjenige, der „den Lauf der Sterne regelt" [96]. Ältere Texte nennen ihn den „Stier unter den Sternen" [97]. Seit den Pyr. wird T. – in Kontaktstellung zu Re – dem Tagesgestirn häufig untergeordnet: T. ist die Nachtgestalt des *Sonnengottes [98], der „Stellvertreter des Re" [99], oder auch „der Herold des Re am Himmel" [100].

c) Könige und gewöhnliche Sterbliche erhoffen nach ihrem Tode die Hilfe des Thot. Der Gott ist in dieser Rolle überaus häufig anzutreffen, und eine Aufzählung aller Aufgaben, die er dabei wahrnimmt, ist an diesem Orte nicht möglich [101]. Der bedeutsamste Anknüpfungspunkt für die Hoffnung der Toten war wohl die allmonatlich vor Augen geführte Regenerationsfähigkeit des Mondgottes Thot. Der Verstorbene möchte den Himmel durchziehen wie T. [102], er nennt sich einen Bruder des T. [103] und will im „Gefolge des T." über den Himmel wandern [104]. Zuvor aber soll neben *Anubis auch T. für das Begräbnis sorgen; bezeichnenderweise ist T. dabei „der Vorlesepriester (*Cheriheb) der Götter" und somit für die genaue Ausführung der Totenriten zuständig [105]. Ferner kümmert er sich auch um die Reinigung und Bekleidung des Verstorbenen, und er öffnet seinen Mund (*Mundöffnungsritual) [106]. T. vereinigt die Glieder des Toten [107] und gibt ihm Atemluft [108].

Unter die Obhut des T. fällt auch das Totenopfer. T. garantiert seine Rechtzeitigkeit [109], und in der 12. Dyn. gilt die *Opferliste als „Schrift des Thot" [110]. Von der 6./8. Dyn. an erscheint auch er unter den Göttern der *Opferformel [111].

Szenen des Totengerichtes zeigen T. als denjenigen, der den Verstorbenen an der Hand zu den richtenden Göttern führt [112].

Im Totenglauben gilt T. nicht als Herrscher der Toten und der Unterwelt [113]; er steht also in diesem Bereich dem *Anubis näher [114] als dem Osiris [115]. Er verdankt seine große Bedeutung innerhalb des Totenglaubens (*Rituale, *Opfer, *Feste) vor allem seinem großen Ansehen als Hüter der Regeln und Garant der Rechtmäßigkeit wie auch der Rechtzeitigkeit [116]. – In diesem Zusammenhang müssen aber auch gewisse Vorwürfe erwähnt werden, welche in älterer Zeit nur in Anspielungen vorliegen [117], die aber später in aller Deutlichkeit erhoben werden: T. sei ein Dieb der Opferspeisen, stehle das Eigentum des Re und störe den Lauf der Zeit; er hindere den Gang der Sterne; er habe Körperglieder des Osiris gestohlen [118]. Vielleicht handelt es sich hierbei um eine Ausdeutung der Ungenauigkeiten im äg. Kalenderwesen.

d) Weisheit, Allwissenheit und Erfindungsgabe werden häufiger als anderen Göttern dem T. zugeschrieben. Beredte Texte dazu finden sich vom MR an [119], und auch den griech.-röm Autoren waren diese Fähigkeiten des T. noch durchaus geläufig [120].

Viele der spezifischen Epitheta des T. entsprangen dem Wunsch, gerade dieses Wesen des Gottes zu erfassen [121]. „Zähler des Herzens (*jp jb*)", „Herz des Re" oder auch nur „Herz" sind dabei von zentraler Bedeutung [122], denn das *Herz war für die Ägypter der Sitz des Verstandes und der Gefühle. Somit gilt T. sogar als das zentrale Organ des großen Schöpfergottes Re; er kann deshalb in bestimmten Kontexten *Sia, der Personifikation der Verständigkeit, gleichgesetzt werden, beide erscheinen aber auch selbständig nebeneinander [123]. – Die theologische Annäherung der beiden vergöttlichten Weisen *Imhotep und *Amenhotep an T. ist von daher verständlich; eine direkte Gleichsetzung ist hier nicht zu belegen [124].

Die genannten Qualitäten empfahlen T. für die Rolle eines göttlichen *Wesirs. Als solcher handelt er vor allem für Re [125], aber auch für Horus [126]. Funktionen eines Wesirs werden T. bereits in den Sargtexten zugeschrieben, direkt als Wesir bezeichnet wird er aber erst von der 18. Dyn. an.

Die wichtigsten Erfindungen werden auf T. zurückgeführt. Er ist derjenige, der „das Schreiben begann am Uranfang" [127]. Späte Texte nennen ihn „Thot-Schreibpalette" [128]. Ab NR war es bei den *Schreiber(n) Sitte, vor Beginn ihrer Arbeit T., dem *Schutzgott ihres Berufes, ein Trankopfer darzubringen [129]. – Vom NR an bis hin zu den griech.-röm. Schriftstellern erkannte man auch in T. den Gott, der die *Sprache erfand [130]; dementsprechend erhielt er dann den Beinamen „Dolmetscher der beiden Länder (d.h. Ägyptens)" [131]. – Das Epitheton „der alle Dinge berechnet" [132] kennzeichnet T. als Erfinder der Rechenkunst.

e) Ausgestattet mit diesen für den geordneten Fortbestand eines Staatswesens entscheidenden Fähigkeiten ist T. im profanen wie im religiösen Bereich überall dort anwesend, wo es auf genaues Wissen, auf die richtige schriftliche Form, auf das wirksame Wort und auf die exakte Messung ankommt. T. ist Hüter der Gesetze und als gerechter Richter Mitglied in den verschiedensten göttlichen Richterkollegien [133]. Könige des NR nennen sich „weise wie T."; oder „jauchzend über die Maat wie T."; Beamte bezeichnen sich schon ab MR als „wahrhaft rechtschaffen wie Thot" [134].

Im Kreise der Götter ist T. der Schreiber schlechthin; dabei wird er gelegentlich als Gerichtsschreiber dem Re untergeordnet [135], doch in manchem Kontext ist er nicht nur für die richtige Form eines Schriftstückes oder Buches zuständig, sondern auch für den Inhalt [136].

T. als Schreiber der Gottesworte [137] und Kenner aller Rituale [138] fungiert auch als Vorlesepriester [139].

Das hohe Wissen des T. und seine Kenntnis der richtigen Worte mögen der Ausgangspunkt für seine bedeutende Rolle in der *Magie gewesen sein. Bereits im AR wird T. neben *Heka abgebildet [140]. Den Verfassern der Sargtexte war seine Zauberkraft bereits bestens vertraut [141]. Auch auf *Zaubermessern des MR tritt der Gott in seiner Paviangestalt in Erscheinung [142]. Ab NR trägt T. den Beinamen „groß an Zauberkraft". Des Gottes Rolle in der Magie wird von der SpZt an immer besser greifbar, und vor allem in dieser Gestalt überlebt T. den Untergang der äg. Götterwelt. Er erscheint nun auf *Horusstelen und gilt als Schützer vor Skorpionstich und Schlangenbiß; er bewahrt vor dem bösen Blick und wird sogar im Liebeszauber angerufen [143]. Im Zauber sind auch die Schriften und Bücher des T. von Bedeutung [144].

In den medizinischen Texten begegnet T. nur in den magischen Begleitsprüchen. Immerhin jedoch betrachten ihn die *Ärzte des frühen NR als ihren Schutzgott: „Sein (d.h. des Arztes und zugleich des Kranken) Führer ist Thot; er veranlaßt, daß die Schrift redet; er macht die (medizinischen) Sammelhandschriften; er gibt nützliche Kenntnis den Sachkundigen, den Ärzten, die in seinem Gefolge sind." [145]

Von der SpZt an steht T. in hohem Ansehen als Gott, der *Orakel gibt. Als Orakelstätten des T. seien z.B. genannt *Theben (Orakel des Hermes), *Dakke und vor allem *Qasr el-Aguz; in dem letztgenannten Tempel trägt T. die Epitheta „T., der hört" und „Das Gesicht des Ibis spricht" (*Teephibis) [146]. Diese Rolle des T. läßt sich mindestens bis ins NR zurückverfolgen, denn schon in dieser Zt kannte man ihn als den „Wissenden, der das Morgen verkündet und die Zukunft ausspäht, ohne sich irren zu können" [147].

Von hier ist es nur ein kleiner Schritt zu dem Gott, der „die Lebenszeit berechnet, der die Jahre zählt, der *Schai (das Schicksal des einzelnen) bei der *Geburt bestimmt" [148]. Als Herr des Schicksals, der die Lebenszeit des Kindes auf den Geburtsziegel schreibt [149], rückt T. in die Nähe der Gottheiten Schai und *Renenutet. Seine Anwesenheit in den Mammisis [150] (*Geburtshaus) der griech.-röm. Zt ist auch von hierher zu erklären; hinzu kommt sein guter Ruf als Schutzgott.

T. spricht als der Wissende, wenn er in griech.-röm. Tempelinschriften die Eigennamen, Kulteinrichtungen, *Tabus u.a.m. auf ihren Ursprung zurückführt (*Ätiologie) [151].

Etliche Funktionen des T. lassen sich herleiten von seiner Fähigkeit, alles exakt zu berechnen [152]. So gilt er als Herr der Zeitmessung, der die Jahreszeiten, Monate und Jahre unterscheidet [153]. In dieser speziellen Rolle haben wir vor allem T. als Mondgott vor uns. Nach Plutarch (de Iside, 12) hat T. (Hermes) im *Brettspiel dem Mond (Selene) Zeitspannen abgewonnen, aus denen er dann die fünf Zusatztage des Jahres bildete (*Epagomenen) [154]; eine Anspielung auf diese Erzählung findet sich auch in einer Inschrift des Tempels von *Esna [155]. – T. ist nicht zuletzt auch deshalb mit *Onuris und *Schu an der Rückführung des Sonnen- bzw. Mondauges beteiligt (*Augensagen), weil er als Kenner der Wanderungen der Himmelskörper die Rechtzeitigkeit der Aktion garantiert.

Norm und Einteilung der äg. Elle werden zur „Schrift des T." gerechnet [156].

In den Vignetten zum Totengericht führt T. gelegentlich nicht nur die Aufsicht über den Wiegevorgang, sondern er bedient die Waage [157].

Das Ergebnis stimmt mit Sicherheit, wenn T. selbst das Zählen und Notieren der aus *Punt mitgebrachten Produkte übernimmt [158].

Anders, als man es nach dem Bisherigen erwarten würde, läßt sich eine Verantwortung des T. für das rechtzeitige Kommen der Nilflut kaum nachweisen [159].

Nicht nur als Leiter der Rituale, sondern auch als Garant der Genauigkeit hat T. neben *Seschat einen Platz in den *Gründungszeremonien [160].

Seine Verläßlichkeit wie auch seine Schreibfähigkeit empfehlen ihn als Boten der Götter [161]. Andererseits sendet er selbst Boten aus [162].

Vor allem im Bereich kgl. Rituale werden die genannten Fähigkeiten des T. in Anspruch genommen. Der Gott schreibt den Namen des Königs auf die Blätter des *Ischedbaumes [163]. In einer dieser Szenen [164] sagt T. zum König: „Ich tue, wie es dein Vater, der Herr der Götter, befohlen hat. Ich habe deine *Annalen dauerhaft gemacht in Millionen von Jahren und Hunderttausenden von *Sedfesten." [165] – Zu den Vögeln, die als Boten und Verkünder der Königskrönung fliegengelassen werden, gehört auch der Ibis als Erscheinungsform des Thot[166]. So wie T. bei der Reinigung der Toten[167] und der Totenopfer[168] mitwirkt, so reinigt er auch im Tempelritual (ab NR) gemeinsam mit Horus oder Seth den König[169]. Er vertritt dabei den südlichen Landesteil[170]. Im Tempelritual des Einfangens der Sumpfvögel (bzw. Feinde) in einem Schlagnetz[171] hat neben anderen Gottheiten (z.B. *Seschat) auch T. seinen Platz; manchmal gibt er das Zeichen zum Zuziehen des Netzes[172].

E. In den Augen des Gläubigen, der sich in Gebeten und Hymnen[173] an ihn wendet, ist T. jedoch nicht der Gott einer bestimmten Spezialfunktion. Ihm ist T. alles, der Schreiber, der Herr der Maat, der Herr der Gesetze, der Verteidiger gegen Feinde, der Zauberer, der Allwissende, der Messer der Zeit, das Zünglein an der Waage, der Bote, der Mond, der Gott in der Barke des Re, der Urgott[174], der alle Dinge ins Leben rief u.a.m.; als Schöpfer bedient sich T. auch des Wortes: „Ich bin T., ... und alles, was aus meinem Mund kommt, verwirklicht sich, wie (es bei) Re (der Fall ist)."[175] Der Gläubige kennt T. als denjenigen, „der das Gebet erhört"[176]. Er schreibt T. Briefe, um von ihm Schutz z.B. gegen einen übelwollenden Kollegen zu erhalten[177].

Als der für alles zuständige Gott erscheint T. natürlich auch an seinen jeweiligen Hauptkultorten[178]. Für Hermupolis Magna bezeugen das auch die Sargtexte, in denen er u.a. vorgestellt wird als „der, der über den Göttern ist"[179] oder als der „*Allherr (*nb-r-ḏr*)"[180].

F. T. vielfältige *Beziehungen* zu anderen Göttern sind im bisherigen bereits öfters angesprochen worden. Diese Beziehungen sind von recht verschiedener Art und können nur im jeweiligen Kontext verstanden werden. Es ist nicht möglich, am vorliegenden Ort ein auch nur annähernd vollständiges Bild zu geben; eine kleine Liste, die längst nicht alles enthält, muß genügen: *Achtheit der Urgötter[181]; *Amun[182]; *Anubis[183]; *Anuket[184]; *Apis[185]; *Atum[186]; Banebded[187]; *Chons[188]; *Dunanui; *Geb[189]; *Hathor; *Horus[190]; *Iah[191]; *Isden; *Isdes; Isis[192]; *Min[192]; *Nechbet[193]; *Neith[194]; Onuris[195]; Osiris[196]; *Sachmet[197]; Seschat[198]; Seth[199]; *Tefnut[200].

Göttergruppen: Re, Thot, Schu und Tefnut setzen Horus auf den Thron seines Vaters[201]. – Der großen Neunheit von *Heliopolis schließt sich T. nur lose an, in anderen Neunheiten findet man ihn aber als prominentes Mitglied[202]. – In der Sonnenbarke, die T. als Steuermann[203] richtig lenkt[204], befindet er sich häufig in Begleitung von Maat, *Hu und *Sia[205]. – Im *Lebenshaus wird Osiris verklärt von Re, Schu, Tefnut, Geb, Nut, Isis, Nephthys und Thot[206]. – Vielleicht war T. der älteste einer Götterfünfheit von Hermupolis[207]. – In einem der vielen göttlichen Richterkollegien erscheint T. neben Re-(Horus)-*Behedeti, Maat, Hu, Sia, Seh-Gott, Hör-Gott, der Großen Sefchet-abui und der Kleinen Sefchet-abui[208].

*Nehemet-awai ist schon ab NR als Gefährtin des T. zu belegen; in griech.-röm. Zt gilt sie im ganzen Lande als seine Gemahlin[209]. Mit Hornefer als Sohn bilden T. und Nehemet-awai eine *Triade[210]. Eine seltene, erst ab NR bezeugte Triade, bestehend aus T., *Schepsi und Nehemet-awai, ist vermutlich nicht im Sinne einer „Vater-Mutter-Sohn"-Verbindung aufzufassen[211].

Zwischen dem griech. Gott Hermes und T. gab es schon von Hause aus etliche Berührungspunkte[212]. Die Verbindung beider (*Hermes [Trismegistos][213]) ermöglichte ein langes Weiterleben des äg. Gottes in anderer Gestalt; von der Persönlichkeit des T. ging innerhalb dieser Verbindung jedoch das meiste verloren (*Hermetische Schriften)[214]. – Die Interpretatio Judaica des Thot-Hermes führte zu einer Angleichung an Moses[215]. – Trotz strittiger Punkte in der Diskussion lassen sich einige der dem Erzengel Michael innerhalb des koptisch-abessinischen Christentums zugeschriebenen Eigenschaften von T. herleiten[216].

G. Der angesehenste *Kultort* des T. in Oberägypten war vermutlich schon seit dem AR, mit Sicherheit aber seit dem MR, *Hermupolis Magna[217], wo der Gott mehrere Heiligtümer besaß[218]. Im Delta hatte von allen überlieferten Verehrungsorten des T. Hermupolis im 15. u.äg. Gau (*Bꜥḥ*)[219] die größte Bedeutung[220]; hier lautet das spezifische Epitheton des Gottes: „Der-die-Streitenden-trennt (*wp-rḥwj*)." Szenenfolgen aus Edfu, die o. und u.äg. Kultorte einander zuordnen, verbinden *Bꜥḥ* mit Hermupolis Magna[221]. Das hohe Ansehen, das T. schon im AR auf dem *Sinai genoß, verringerte sich auch in der Folgezeit nicht[222].

Vom NR an läßt sich mit Hilfe der nun reichlicher fließenden Quellen der Kult des T. im ganzen Lande nachweisen[223]. Dazu eine kleine Auswahl: *Abydos[224]; *Armant; *Assiut; *Bubastis; *Dendara; (*Tell) Edfu[225]; *Heliopolis; *Hierakonpolis[226]; *Karnak[227]; *Memphis; *Philae; *Qusae; *Sais[228]. – Als indirektes Zeugnis für das Ansehen des Gottes in der SpZt und in griech.-röm. Zt sind wohl die im ganzen Lande anzutreffenden Ibisnekropolen zu werten (cf. Zivie, in: LÄ III, 118).

In Nubien wurde unter *Haremheb in *Gebel Adde ein Felstempel angelegt, geweiht dem Amun-Re und Thot[229]. Die Göttin Anuket befand sich an der Seite des T. in einem benachbarten Heiligtum, das den Namen „Amun-ist-zufrieden" trug[230].

Amun-Rê, T., Horus von Wawat und alle Götter Nubiens können im NR miteinander angerufen werden[231]. Einen Kult empfing T. auch in *Derr und *Gerf Hussein.

Was die späteren Epochen Nubiens anbelangt[232], so finden sich Darstellungen des T. u.a. in *Amara, *Dakke, *Debod, *Gebel Barkal, *Kawa, el-*Kurru, *Meroe, *Musawwarat es Sufra, *Naga[233].

Weite Verbreitung fand der Kult des T. von *Pnubs[234]. Ihm war der Tempel von Dakke geweiht[235], aber er wurde auch in Debod, Dendur, *Kalabscha und Philä verehrt. Der T. von Pnubs erscheint meist in Gestalt des Onuris mit der Vier-Feder-Krone; häufige Epitheta sind z.B. „Der aus Nubien kommt, der Löwe des Südlandes, mit großer Kraft" und „Der Herr des Weines, der viel trinkt". Da T. von Pnubs oft auch mit Schu gleichgesetzt wird und in Ritualszenen nur selten die für den äg. T. charakteristischen Opfergaben erhält, hat man angenommen, daß der T. von Pnubs eine Abspaltung des Onuris sei und daß sich seine theologische Konzeption vor allem von der Legende der fernen Göttin herleite[236]. Das mag richtig sein, doch der Ursprung des nubischen T. aus Hermupolis Magna wurde nicht vergessen; denn an manchen Stellen der genannten Tempel sehen wir T. mit all seinen aus Äg. vertrauten Wesenszügen vor uns.

H. Zur *Ikonographie*. Am häufigsten wird T. in Menschengestalt mit Ibiskopf dargestellt; es war wohl der lange Schnabel des Ibis, der ihm den Beinamen *Fnḏj*, „Der-mit-der-Nase", einbrachte[237]. Als Kultempfänger erscheint der Gott oft in Gestalt eines hockenden[238] oder stehenden[239] Ibis sowie in Gestalt eines Pavians[240]. Erwähnt seien noch folgende, teils seltene Erscheinungsformen: T. in Amtstracht eines *Wesirs[241], als stehende weibliche Figur mit Ibiskopf[242], als stehender Mann mit Paviankopf[243], auf einem Ibis reitend[244], ganz in Menschengestalt[245], als *Sechem-Zepter[246], als Löwe und Löwe mit Ibiskopf[247].

J. An *Priestertiteln* seien genannt: *wr djw*; *ḫrp nstj*; *wꜥb ꜥꜣ*[248]. Für Hermupolis (*Bꜥḥ*) sind in ptolemäischer Zeit belegt: Priester: *wp-rḥwj*; *fk* (der Kahle); Priesterin: *wp(t)-rn*[249]. In der gleichen Zeit taten ihren Dienst in Hermupolis Magna: Priester: *wr djw*; *ḫrp nswt*; *ꜥb nṯr*; Priesterin: *mr(t)*[250]. – Mit T. gebildete theophore Namen waren bei den Königen der frühen 18. Dyn. besonders beliebt[251].

1 Claas J. Bleeker, Hathor and Thot, Two Key Figures of the Ancient Egyptian Religion, Studies in the History of Religions 26, Supplement to Numen, Leiden 1973. Bleeker betont zu Recht die Schlüsselrolle des T. innerhalb der äg. Religion. – 2 Barbara L. Begelsbacher-Fischer, Untersuchungen zur Götterwelt des Alten Reiches, OBO 37, 1981, 190; Junker, in: ZÄS 75, 1939, 70. – 3 Die Schreibung mit dem Pavian ist aber in griech.-röm. Zt recht beliebt, s. Derchain, in: CdE 30, Nr. 60, 1955, 257, Anm. 4 (zu 4); zu den Lautwerten der Ibis- und Pavianhieroglyphen s. De Meulenaere, in: BIFAO 54, 1954, 73 ff.; zum Lautwert *nṯr* des Ibis auf der Standarte s. Hermann Junker, Über das Schriftsystem im Tempel der Hathor in Dendera, Diss. Berlin 1903, 7–8. – 4 Patrick Boylan, Thoth, the Hermes of Egypt, London 1922, 2 (das gilt aber nicht im gleichen Maße für die Sargtexte); eine chronologische Zusammenstellung der hieroglyphischen Schreibungen findet man bei Boylan, o.c., 1–3. – 5 Boylan, o.c., 1, Anm. 1; zur in griech.-röm. Zt nicht selten zu belegenden Schreibung mit Schilfblatt und Gottesdeterminativ s. Boylan, o.c., 3 (dahinter steckt mehr als eine falsche Wiedergabe aus dem Hieratischen, s. das Verbum *j*, sagen, Wb I, 25); zur noch ungeklärten Namensschreibung mit der Hieroglyphe für Brot und Gottesdeterminativ – in den Sargtexten häufig (s. z.B. CT IV, 377 d), aber auch im Totenbuch zu belegen – s. Boylan, o.c., 3, Anm. 1; s. auch Parlebas, in: SAK 4, 1976, 273 ff. – 6 Boylan, o.c., 3–4. – 7 Recht ausführliche Darstellung bei Rusch, in: RE, 2. Reihe, XI, 351–352. – 8 Boylan, o.c., 5. – 9 Hermann Ranke, Keilschriftliches Material zur altägyptischen Vokalisation, APAW 1910. 2, 41. – 10 Boylan, o.c., 4. – 11 KoptHWb, 261 (im Monatsnamen). – 12 Sauneron, in: Mél. Mar., 234–235 (aus Esna, Zt des *Trajan); dieselbe Etymologie findet sich früher bereits in einem Turiner Papyrus, s. Boylon, o.c., 10, Anm. 2; s. auch Alain-Pierre Zivie, Hermopolis et le nome de l'Ibis, BdE 66. 1, 1975, 193. – 13 Cf. auch Grundriß der Medizin VII, 1010. – 14 Eine Zusammenstellung der älteren Bemühungen bis etwa zum Jahre 1920 findet sich bei Boylan, o.c., 5–10. – 15 Boylan, o.c., 5. 10; Roeder, Hermopolis, 163 lehnt diese Etymologie ab; cf. auch Rusch, o.c., 352. – 16 Wessetzky, in: ZÄS 82, 1958, 152–154. – 17 Helck, in: SAK 4, 1976, 131–134; T. sei der „Auswählende" im Sinne eines göttlichen „Steuerbeamten". – 18 Bleeker, Hathor and Thot, 107; wenn auch – von der lautgeschichtlichen Problematik einmal abgesehen – die Verfechter der jeweiligen Etymologie bestimmte Wesenszüge des T. zu ihren Gunsten anführen können (zu Helcks Vorschlag s. auch die Namensschreibung mit der Brot-Hieroglyphe; Wessetzkys Vorschlag kann sich auf die gut bezeugte Rolle des T. als Bote stützen), so muß man doch eingestehen, daß die Herkunft des Namens T. mit dem bis heute vorhandenen Material nicht geklärt werden konnte. – 19 Ziele dieser theologischen Arbeit sind z.B. Übernahme und Anpassung einer (neuen) überzeugenden Konzeption an einem bestimmten Kultort oder der Nachweis der Vorrangigkeit einer lokalen Hauptgottheit. – 20 Tb (Hornung), 260, Z. 17f. 496f. (Kap. 134); vgl. Kees, in: ZÄS 60, 1925, 14f.; Mussies, in: Fs Zandee, 110. – 21 Roeder, Hermopolis, 165. – 22 Man denkt hier aber auch an die in Hermupolis geläufige Vorstellung von der Entstehung des Sonnengottes aus einem Urei (s. RÄRG, 162–164) – wenn wirklich ein Ei und nicht ein Stein gemeint sein sollte. – 23 Zur Diskussion s. Bergman, in: LÄ III, 187. – 24 Das ist nicht mehr als ein Vorschlag; –

nach Pyr., Übers. V, 51f. hätte Isis den T. erzeugt, neben Horus und den anderen Göttern. – [25] Boylan, o.c., 119; die Aussage, daß T. keine Mutter habe (Pyr. 1271b), ist sicher nicht hierauf zu beziehen (s. Anm. 28). – [26] Zu T. als Schöpfergott – eine Rolle, die in bestimmtem Kontext seine Konzeption als Urgott impliziert – s. u. – [27] pChester Beatty I, S. 22f. – [28] pChester Beatty I, 23, Anm. 1; Pyr. 84a. 1271b (T. wird als jemand beschimpft, der keine Mutter hat). Pyr. 1999c; CT I, 231e/f; 229g–230b; VI, 209d: „Sei gegrüßt, Thot, Geschöpf der beiden Brüder." 307h/i; auf einer Statue der 26. Dyn. wird T. zweimal genannt: „der Sohn der zwei Herren (Horus und Seth), der aus der Stirn hervorkam" (pChester Beatty I, 23, Anm. 1); deutliche Anspielungen finden sich auch in ptolemäerzeitlichen Tempelinschriften: Edfou I, 82, 5–7; II, 44 (Übersetzungen: pChester Beatty I, 23, Anm. 1, und Philippe Derchain, La lune, Sources Or 5, 1962, 22f.); weniger deutliche Anspielungen: Edfou IV, 270, 6–8; VII, 169, 13/14; Urk. VIII, 89, Nr. 104f. – [29] Hinter diesem Mythos steht vielleicht der Versuch, das Kommen und Schwinden des Mondes (im Mythos: T.) zu begreifen, und zwar als Doppelnatur, geboren aus dem Streite zweier gegensätzlicher Götter; damit fänden auch die beiden Stellen der Pyr. (Pyr. 425e. 690) eine Erklärung, die einen Kampf „der beiden Stiere im Inneren des Ibis (*tḫn*; der wäre dann Thot)" erwähnen. – [30] Nach Sethe, Dramatische Texte, 50–54. – [31] S. Eberhard Otto, Gott und Mensch, AHAW 1964. 1, 58. – [32] de Wit, Temple d'Opet, 119. 167; s. auch Goyon, Rituels funéraires, 261 („der Ibis, der aus Ptah hervorkam"). – [33] Christine Seeber, Untersuchungen zur Darstellung des Totengerichts im Alten Ägypten, MÄS 35, 1976, 149; „Sohn" scheint in diesem Falle nicht mehr zu sein als eine Metapher für das innige Verhältnis des T. zu Osiris, bei gleichzeitigem Vorrang des Osiris. – [34] Ramadan El-Sayed, La déesse Neith de Saïs, BdE 86. 1, 1982, 114f. – [35] Ders., in: RdE 21, 1969, 71–76; in Armant galten jeweils als Mutter des T. wie auch des *Isden (in griech.-röm Zt als Erscheinungsform des T.) sowohl *Neith als auch *Rattaui-Neith; für Neith als Mutter des T. gibt es auch Belege aus dem Hathortempel von *Dendara. – [36] Boylan, o.c., 118f.; ÄHG, 463ff.; Kees, in: ZÄS 60, 1925, 14, Anm. 2; in Edfu sah man den T. auch als Sohn des *Atum (Boylan, o.c., 187) und des *Behedeti (Edfou VI, 181, 2/3). – [37] CT III, 379b; cf. auch Edfou I, 265, 11 (T. „der aus der Grossen hervorging") und Kees, in: ZÄS 60, 1925, 11f.; s. auch Anm. 24. – [38] T. wäre an diesen Stellen als Mond aufgefaßt worden. – [39] S. Kees, in: ZÄS 60, 1925, 11ff. (u. a. zu Pyr. 1963). – [40] Cf. in diesem Sinne Kees, Götterglaube, 305ff.; Kaiser, in: ZÄS 85, 1960, 126. – [41] RÄRG, 805. – [42] Roeder, Hermopolis, 163ff. – [43] Weitere Ansichten und Argumente zu diesem Problem lassen sich in den entsprechenden Kapiteln der unten zusammengestellten Basisliteratur finden. – [44] S. Roeder, o.c., 185. – [45] Cf. Kees, Götterglaube, 127ff.; das langgestreckte Niltal bot m. E. eine günstige Voraussetzung für eine lange Zeit relativ ungestörter Entwicklung. – [46] Cf. z. B. Boylan, o.c., 151; Grieshammer, Jenseitsgericht, 77. – [47] Das sicher datierte archäologische Material ist für die Frage nach dem Alter des Kultes an einem Orte nur von begrenztem Wert, da jedes neue Zeugnis für ein höheres Alter des Kultorts N.N. nur bis auf weiteres gelten kann. – [48] Kaiser, in: ZÄS 84, 1959, 119–132. 131; 85, 1960, 118–137. 126. – [49] Petrie, RT II, Tf. 10, 2; der Vogel zeigt nach Vergleich mit anderen frühen Darstellungen nicht gerade große Ähnlichkeit mit einem Ibis, für diese Identifizierung sprechen vielleicht aber die Position des Tieres und die vor ihm stehende Hieroglyphe des Brotes, cf. Roeder, Hermopolis, Tf. 17b, z. B. Nr. k. p. q. t. – [50] S. Boylan, o.c., 147f.; der Hierakonpolis I, Tf. 26B abgebildete Vogel (Zt des Königs *Narmer) sieht nicht gerade wie ein Ibis aus, eher wie ein Reiher; auf der von Boylan zitierten Narmerpalette (Hierakonpolis I, Tf. 29) ist kein Ibis zu entdecken; Boylans Zitat „Royal Tombs I, pl. I" weist ins Leere. – [51] Begelsbacher–Fischer, Götterwelt (s. Anm. 2), 190–197. – [52] O. c., 191f. (dieser auch Pyr. 1271c belegte Ort ist vermutlich ins Delta zu lokalisieren). – [53] O. c., 195. 197: „Es wünscht T., daß Djedkare lebe." – [54] Inscr. Sinai II, 26f. (Nr. 7, Zt des Cheops; Nr. 10, Zt des Niuserre – nicht des *Snofru, wie Boylan, o. c., 150 fälschlich angibt); zu weiteren Belegen s. u. – [55] Borchardt, Sahure II, Tf. 21 (Die Tafelangabe in: LÄ II, 1142, Anm. 2 ist falsch): die Stelle ist leicht beschädigt, aber dennoch eindeutig. – [56] Borchardt, o. c., Tf. 20 nennt T. in gleicher Weise den „Ersten des Hauses der Vogelfalle"; zu diesem Heiligtum, im Bereich von Hermupolis Magna gelegen, s. Pyr. 1377a–1378c.; Pyr., Übers. V, 311ff.; Grdseloff, in: ZÄS 74, 1938, 138f. – [57] Zivie, Hermopolis (s. Anm. 12), VIIff. 3ff.; cf. auch Montet, Géographie I, 137ff.; Helck, Gaue, 190f.; Kees, in: ZÄS 60, 1925, 14f.; RÄRG, 294f.; s. auch oben, Anfang des Gliederungspunktes c) im Text, sowie Anm. 52. – [58] Einschränkend ist allerdings zu bemerken, daß mit dem Namen des T. gebildete Personennamen bis zum Ende des AR noch relativ selten sind, s. Ranke, PN I. II (s. v.). III (140f.); Begelsbacher–Fischer, Götterwelt (s. Anm. 2), 191. – [59] Für Hermupolis Magna selbst s. Roeder, Hermopolis, 167 (zu *Scheich Said, der AR-Nekropole der Stadt). – [60] El Bersheh I, 16. – [61] Die Hinzunahme des Pavians und des Ibis, jener beiden Erscheinungsformen des T., kann zur Lösung des Problems nichts beitragen; zwar weist der Pavian auf einen Kultort in Mittelägypten, der Ibis ist jedoch über ganz Äg. verbreitet. Zum Problem des *Hedjwer und seiner möglichen Beziehung zu T. wurde schon viel geschrieben, doch mit jeder Lösung wurden nur neue Fragen aufgeworfen, so daß keine Basis für ein weiteres Vorankommen gegeben ist (die Identifizierung des Hedjwer mit T., so Kaplony, in: LÄ II, 1079, ist keinesfalls gesichert, s. z. B. Mercer, Pyr. III, 808); – auch die Bodenfunde geben für die Lösung des Problems nichts her: die ältesten aus Hermupolis Magna stammen – abgesehen von frühzeitlichen Streufunden – aus der Zt ab MR, und der früheste sichere Bodenfund aus *Bꜥḥ* (15. u.äg. Gau) gehört in die Zt *Ramses' II. (s. Zivie, Hermopolis, 51ff.). – [62] Cf. in diesem Sinne auch Hartwig Altenmüller, Die Apotropaia und die Götter Mittelägyptens, Diss. München 1965, 54. 156. – [63] Die Privatgräber erwähnen lediglich ein „Haus des T."; in den Pyramidentexten erscheint *Ḫmnw* nicht ein einziges Mal, den Ortsnamen *Wnw* nennen nur zwei Stellen (Pyr. 190a. 191a; Pyr., Übers. I, 95f.) – und hier wird nicht einmal mit Sicherheit der 15. o.äg. Gau angesprochen; auch in den Sargtexten begegnen die auf T. weisenden Ortsnamen *Ḫmnw* und *Wnw* nur äußerst selten, s. Brigitte Altenmüller, Synkretismus, 314. 311; andererseits wird auch Heliopolis als Kultort des T. genannt, o. c., 243; – dabei ist natürlich auch das diesbezüglich generelle Vorgehen innerhalb der beiden Textgruppen zu berücksichtigen. – [64] S. Anm. 55. 56. – [65] S. Anm. 57. – [66] S. z. B. oben die Belege für die Nekropolen im Bereich von Memphis. – [67] Cf. RÄRG, 806. – [68] Giveon, in: BASOR 226, 1977, 61–63 (Zt des Sahure). – [69] Inscr. Sinai II, 26 f. (Nr. 7; Zt des Cheops). – [70] O. c., Nr. 10, Zt des Niuserre. – [71] Borchardt, Sahure II, Tf. 8; in Tf. 12 trägt auch T. das Epitheton „Herr der Fremdländer". – [72] Was die Sinaiinschriften anbelangt, so mag man darauf hinweisen, daß der Kultort des Sopdu, wie auch derjenige des T. aus dem 15. u.äg. Gau, im Ostdelta lagen; – sollte der auch in den soeben genannten Inschriften erscheinende Unterbau der Ibisstandarte auf die später belegte Schreibung des Ortsnamens *Bꜥḥ* zu beziehen sein? Cf. dazu Roeder, Hermopolis, Tf. 17 b, aber auch S. 164 (Roeder denkt dabei an den Urhügel von Hermupolis – andererseits findet sich eine der von ihm aufgezeigten Schreibungen, l. c., Nr. X tatsächlich noch in der 26. Dyn. in einem aus *Bꜥḥ* stammenden Text, s. Zivie, Hermopolis, 105). – [73] S. generell Kees, in: ZÄS 60, 1925, 2–5; Boylan, o. c., 129; Derchain, La lune (s. Anm. 28), 62; Jan Zandee, Death as an Enemy, Studies in the History of Religion 5, Supplement to Numen, Leiden 1960, 216 f. – [74] Tb (Hornung), 260, 17 (Kap. 134); ÄHG, 463 ff. 631 f. (Ende 18. Dyn.). – [75] Kees, in: ZÄS 60, 1925, 5 (zu Pyr. 962; s. auch 1999 c); ein mit Messern bewaffneter T. erscheint auch in einer Vignette des pJumilhac, 253, Tf. 7 (ptol.); s. auch Lewczuk, in: GM 69, 1983, 52 f., der die Darstellung eines mit Messern bewaffneten T. anführt (die Anm. 87 ist natürlich gegenstandslos). – [76] S. H. Altenmüller, Apotropaia (s. Anm. 62), 117; der Verweis auf eine entsprechende Darstellung aus Edfu ist zu streichen, denn zum einen muß es LD IV, 46 a heißen (statt LD IV, 462), zum anderen hat Lepsius die Figur des T. mit derjenigen des Onuris vertauscht (s. Edfou VI, 143, Anm. 1; X, Tf. 149). – [77] pBremner-Rhind 31, 20; cf. auch Bouriant, in: RecTrav 9, 1887, 88, Z. 8; 87, Z. 10/11 (aus *Achmim). – [78] Cf. A. P. Zivie, in: BSFE 79, 1977, 28–29 (Belege vom AR bis in die griech.-röm. Zt). – [79] pD'Orbiney 19, 9–19, 10; doch auch in anderem Kontext wird Frevlern angedroht, daß sie dem Zorn des T. verfallen: Siût, Tf. 4, Z. 223. – [80] S. Junker, Onurislegende, 8 ff. – [81] Für eine Bildkomposition, die T. im Zusammenhang mit niedergeworfenen Feinden zeigt, s. v. Bissing, in: ZÄS 57, 1922, 81 (wohl römerzeitlich). – [82] B. Altenmüller, Synkretismus, 237; die Sargtexte enthalten das Epitheton des T. „Stier der Maat" nur an einer Stelle (CT IV, 21 c. e), doch gibt es vom MR an viele weitere Belege, s. z. B.: Hatnub, 43–44 (Graffito 20, 6–7). 54–55 (Graffito 24, 4). 85; Zivie, Hermopolis (s. Anm. 12), 58 (18./19. Dyn.); Calverley–Gardiner, Abydos III, Tf. 7; Junker–Winter, Philae II, 331, 15; – es mag sein, daß das Epitheton „Stier der Maat" den T. als potenten Gatten der Göttin Maat anspricht, der mit dieser die „Substanz Maat" erzeugt (cf. in diesem Sinne Brigitte Altenmüller, Synkretismus, 70. 237; Kurth, „Same des Stiers" und „Same", zwei Bezeichnungen der Maat, in: Fs Westendorf I, 273 ff.); T. wird aber auch in anderen Kontexten als Stier bezeichnet: CT VII, 367 a („der Stier der Sterne"); CT VII, 25 h („der große Stier"); Derchain, La lune (s. Anm. 28), 37; ÄHG, 463 ff. („der Stier in Hermopolis"); Boylan, o. c., 159; Roeder, Hermopolis, 167 (21. Dyn.); Schott, in: ZÄS 95, 1969, 65 (in bestimmtem Kontext erscheinen nebeneinander Ibis, *Apis und *Mnevis; ptolemäerzeitlich); Faulkner, Book of Hours, 21, 21 („der Stier der Stiere"); Edfou III, 207, 13 („der heiße Stier", d. h. T. als Mond). – [83] Boylan, o. c., 61 (NR); Grdseloff, in: ASAE 40, 1940, 194: Maat wird genannt „der Brustschmuck des Herrn von Hermupolis". – [84] Tb (Hornung), 390, 3 (Kap. 182). – [85] Dominique Mallet, Le Kasr El-Agoûz, MIFAO 11, 1909, 86. – [86] Epitheta, die die enge Beziehung zwischen T. und Maat angeben, finden sich häufig auch in den Vignetten zum Totengericht, s. Seeber, o. c. (s. Anm. 33), 147–154; für die griech.-röm. Zt s. besonders Maria-Theresia Derchain-Urtel, T. à travers ses épithètes dans les scénes d'offrandes des temples d'époque gréco-romaine, Rites Égyptiens 3, Brüssel 1981, 95–126 (z. B. das Epitheton *sḥn*, das T. als Hüter der Regeln und Überwacher der Ausführung von Maat bezeichnet). – [87] Derchain, in: RdE 15, 1963, 11–25. – [88] Derchain, La lune (s. Anm. 28), 26. 54, Anm. 197; 56 (Pyr. 99 c. 105 a); ein Wortspiel zwischen *ꜥḥ/jḥ* (mit dem Netz umspannen) und *Jꜥḥ* (Mond) mag diese Vorstellung mitbegründet haben. – [89] Brigitte Altenmüller, Synkretismus, 238; s. z. B. CT III, 343 b–g (ähnliche Aussagen finden sich auch im NR und in griech.-röm Zt). – [90] S. Derchain, in: RdE 15, 1963, 23 ff. – [91] Pyr. 329 a/b; Pyr., Übers. II, 14; s. auch Pyr. 130. – [92] CT II, 322 c–324 b; Tb (Hornung), 223, 15–20 (Kap. 114); cf. aber auch Tb (Hornung), 226, 12–16 (Kap. 116). – [93] Cf. Derchain, La lune (s. Anm. 28), 40–44; als Schöpfer der verschiedenen Sprachen gilt u. a. Iah-Thot, aber eben nicht Iah, s. Černý, in: JEA 34, 1948, 121 f.; außerdem betrachtete man den Mond auch als *Ba des T.: Zivie, Hermopolis (s. Anm. 12), 58. – [94] Cf. CT VII, 380 a/b: „Dies ist T., der am Himmel ist; das Auge des Horus ist auf seinen Händen im Hause des Iah"; s. dazu auch Tb (Hornung), 166, 13 (Kap. 80); Personennamen wie z. B. „Thot-Iah" (Ranke, PN I, 409, 3; 18. Dyn.) setzen wohl zwei selbständige Größen voraus. – [95] S. Barguet, in: RdE 29, 1977, 14–20. – [96] Edfou VII, 44, 13 f. – [97] Derchain, La lune (s. Anm. 28), 37 (NR); cf. auch CT VII, 367 a; im NR wird auch gesagt, daß die Sterne im Gefolge des T. sind: Zivie, Hermopolis (s. Anm. 12), 58. – [98] Brigitte Altenmüller, Synkretismus, 238. – [99] Pyr. 709 a/b; Pyr., Übers. III, 301; CT, Spr. 1093 und 1094; Erik Hornung, Der ägyptische Mythos von der Himmelskuh, OBO 46, 1982, 22–24. 45. 66–67; Boylan, o. c., 81 f. – [100] Tb (Hornung), 347, 95 f. (Kap. 169). – [101] S. generell Boylan, o. c., 62 ff.; Grieshammer, Jenseitsgericht, 77–81; B. Altenmüller, Synkretismus, 235 f. – [102] Pyr. 130 d; CT III, 192 d–193 a; V, 73 m (der Tote will auf den Flügeln des T. den Himmel überqueren). – [103] CT VI, 363 c/d; der Tote setzt sich mit T. gleich: CT IV, 22 a–c; Tb (Hornung), 389 ff. (Kap. 182). – [104] CT IV, 19 a. – [105] Jean J. Clère und Jacques Vandier, TPPI, 25 (3) (11. Dyn.). – [106] Brigitte Altenmüller, Synkretismus, 240. – [107] L. c. (schon in den Pyr. zu belegen); innerhalb der *Gliedervergottung werden in den Sargtexten Finger, Zunge oder Fleisch des Toten mit T. verbunden, beim Aufflug zum Himmel die Flügelspitzen und der Arm,

o. c., 242 (statt CT III, 353 e lies 358 e); im Totenbuch ist T. im gleichen Kontext für den Schutz des ganzen Körpers zuständig, Tb (Hornung), 114, 33 (Kap. 42). – [108] S. Schott, in: ZÄS 99, 1972, 23 ff.; Goyon, Rituels funéraires, 219 (als Verfasser des Buches vom Atmen wird der T. aus Hermupolis Magna genannt, s. *Atmen, Buch vom); Tb (Hornung), 338 f. (Kap. 161). – [109] Brigitte Altenmüller, Synkretismus, 239; neben T. erscheinen dabei auch die „Bau von Hermupolis"; zu diesen s. auch Tb (Hornung), 223 f. (Kap. 114); 225 f. 486 f. (Kap. 116). – [110] Schott, in: ZÄS 90, 1963, 103–110; cf. auch schon Pyr. 905 a. – [111] Barta, Opferformel, 227. – [112] Seeber, Totengericht (s. Anm. 33), 147–154 (22.–26. Dyn.); schon im Grab Ramses' III. erscheint T. in dieser Rolle, s. Friedrich Abitz, König und Gott, ÄA 40, 1984, 146–148. – [113] T. regiert allenfalls einen Bereich der Unterwelt: Erik Hornung, Ägyptische Unterweltsbücher, Zürich–Münster 1972, 116 f. 122 (6. Stunde des *Amduat). – [114] S. schon Pyr. 796 c. – [115] S. B. Altenmüller, Synkretismus, 239 f. – [116] Das Thotfest wurde zu allen Zeiten am 19. Tage des 1. Monats gefeiert, und in alter Zeit wurden bei diesem Fest vor allem Fleischopfer dargebracht (Begelsbacher, Götterwelt [s. Anm. 2], 192–194); nach Plutarch, De Iside, 68 aß man bei diesem Fest *Honig und *Feigen und rief sich zu: „Süß ist die Maat" (cf. dazu auch Edfou VII, 169, 10–170, 9; 169, 13 f); – zu T. als Hüter der rechten Ordnung im Zusammenhang mit Opfergaben s. auch Goyon, in: BIFAO 75, 1975, 376 (ein ptolemäerzeitlicher Text). – [117] Zu einer negativen Darstellung des T. cf. z. B. auch Pyr. 1271 a. – [118] S. Schott, in: CRAIBL 1971, 547–556. – [119] S. z. B. CT V, 306 a. d. – [120] Zu diesen Quellen siehe vor allem Rusch, o. c. (s. Anm. 7), 356–364. – [121] S. dazu besonders Derchain–Urtel, o. c. (s. Anm. 86), 51–63 (*ꜥm-tȝwj; rḫ-sw*). – [122] O. c., 69–94; Boylan, o. c., 111 ff. (Im Denkmal memphitischer Theologie bezieht Boylan allerdings irrtümlich das Herz anstatt der Zunge auf T., s. Anm. 30); Posener, in: Annuaire Collège de France 64, 1963–1964, 301 f.. – [123] S. Zandee, in: Verbum (Festschrift H. W. Obbink), Utrecht 1964, 59 f. – [124] S. Dietrich Wildung, Imhotep und Amenhotep, MÄS 36, 1977, 172 ff. 209 ff. 301. – [125] Hornung, Himmelskuh (s. Anm. 99), 45. 67, Anm. 169; Eberhard Otto, Gott und Mensch, AHAW 1964. 1, 22 f.; ÄHG, 463 ff.; Ulrich Luft, Beiträge zur Historisierung der Götterwelt und der Mythenschreibung, Studia Aegyptiaca 4, Budapest 1978, 131 ff.; Boylan, o. c., 61. – [126] Tb (Hornung), 285, 85 f. (Kap. 145). – [127] Edfou V, 91, 3 f. (T. aus *Bꜥḥ*); Platon, Philebus, 18 b–d; Phaedrus, 274 c–275 b. – [128] Zivie, Hermopolis (s. Anm. 12), 141 (Doc. 38; 30. Dyn.); Faulkner, Book of Hours, 21, 14. – [129] S. Manfred Weber, Beiträge zur Kenntnis des Schrift- und Buchwesens der alten Ägypter, Diss. Köln 1969, Kap. I. 2 c. – [130] Boylan, o. c., 101, Anm. 1; 184. 197.; Černý, in: JEA 34, 1948, 121 f.; Sauneron, in: BIFAO 60, 1960, 31–41; ÄHG, 580 (85 f.). – [131] Tb (Hornung), 244, 208 ff. (Kap. 125); cf. auch das Epitheton „Zunge des Atum", Faulkner, Book of Hours, 21, 8. – [132] Faulkner, o. c., 21, 12. – [133] Pyr. 1523 a/b; Pyr., Übers. V, 477 f. (T. als „Siegelbewahrer der Götter"); Pyr. 126 a; Grieshammer, Jenseitsgericht, 77–81; B. Altenmüller, Synkretismus, 235 ff.; Tb (Hornung) 78 ff. (Kap. 18); Edfou VI, 310, 8–311, 15; VIII, 122, 6–123, 14; 82, 4–83, 15; s. aber auch Ursula Kaplony-Heckel, Die demotischen Tempeleide, ÄA 6, 1963, 24–26: innerhalb der sakralen Schwurformel, die sich meist an den Gott des Ortstempels wendet, spielt T. keine größere Rolle als andere lokale Gottheiten. – [134] Grapow, Bildl. Ausdrücke, 181 ff.; s. auch Bauer B 1, 268 f. (*Bauerngeschichte). – [135] pChester Beatty I, 13–26. – [136] Zu Literaturangaben und zur Diskussion über die Frage, ob T. nur als Sekretär oder auch als Autor gegolten habe, s. Luft, o. c. (s. Anm. 125), 131 ff. – [137] S. z. B. CT III, 240 b. – [138] Boylan, o. c., 88–91; B. Altenmüller, Synkretismus, 235 f.; Derchain–Urtel, o. c. (s. Anm. 86), 51 ff. – [139] S. Anm. 105; pSalt (Derchain), 140 (VII, 3). 66 ff.; Junker, Philae I, 107, 2; cf. pChester Beatty I, 13, Anm. 4; eine bildliche Darstellung des T. als Priester zitiert Lewczuk, in: GM 69, 1983, 53. – [140] Borchardt, Sahure II, Tf. 20. – [141] Brigitte Altenmüller, Synkretismus, 242; s. u. a. CT V, 315 e; VII, 98 n (Abwehr von Schlangen); VI, 278 h. (ev. wird hier Heka als Sohn des T. bezeichnet); T. gibt den Toten Schutzamulette. – [142] Altenmüller, Apotropaia (s. Anm. 62), 54. – [143] Boylan, o. c., 124–135; Rusch, o. c., 364 ff.; Kákosy, in: Acta Archaeologica Academiae Scientiarum Hungaricae 15, Budapest 1963, 123 ff.; Joris F. Borghouts, Ancient Egyptian Magical Texts, Nisaba 9, Leiden 1978, 116 (Index, s. v.); zu T. Auftreten in einem Papyrusamulett s. Dieter Kurth, in: Kölner Äg. Papyri 1, Pap. Colon. IX, Opladen 1980, 46 f., Tf. 3. – [144] Kákosy, l. c. – [145] Grundriß der Medizin V, 532 und IV, 308; V, 535 und IV, 310 (T. ist „Arzt" des Horusauges); VII, 1011; zu Darstellungen des T. mit einem Was-Zepter, um das sich neben einem Skorpion eine Schlange ringelt (Dendûr, Abb. 42. 46. 116, 2) s. Wildung, Imhotep (s. Anm. 124), 234. 264; Mussies, in: Fs Zandee, 107. – [146] S. dazu die von Quaegebeur zitierte Literatur, in: LÄ V, 40 f. – [147] Tb (Hornung), 391, 33–35 (Kap. 182). – [148] Quaegebeur, Shai, 103–105. – [149] RÄRG, 208. – [150] S. Adolphe Gutbub, Textes fondamenteaux de la théologie de Kom Ombo, BdE 47, 1973, 325. – [151] Gutbub, o. c., 3; Edfou VI, 111 ff. – [152] Faulkner, Book of Hours, 21, 12; 21, 20; Goyon, in: BIFAO 75, 1975, 376. – [153] Boylan, o. c., 183. – [154] S. J. Gwyn Griffiths, Plutarch's De Iside et Osiride, University of Wales Press 1970, 291–308. – [155] Sauneron, in: RdE 15, 1963, 56 f.; s. auch ÄHG, 463 ff.; Derchain–Urtel, o. c. (s. Anm. 86), 27–36. 37–50; – zu T., der in Paviansgestalt vor der Wasseruhr (?) hockt, s. Daumas, in: RdE 22, 1970, 70 f.; Kaplony, in: LÄ II, 1080, Anm. 11–13; Dieter Kurth, Die Dekoration der Säulen im Pronaos des Tempels von Edfu, GOF IV. 11, 1983, 161 ff. – [156] Adelheid Schlott-Schwab, Die Ausmaße Ägyptens nach altägyptischen Texten, ÄUAT 3, 1981, 47 (Dokument 5). 60; s. auch Zivie, in: BSFE 79, 1977, 22–41, der die Angabe des Aelianus (De natura animalium II, 29), die Schrittlänge eines gehenden Ibis betrage eine Elle, mit Erfolg auf ihren äg. Hintergrund hin überprüft. – [157] Seeber, Totengericht (s. Anm. 33), 147 ff.; siehe dazu schon CT I, 209 d. – [158] Urk. IV, 336. – [159] S. Drioton, in: Egyptian Religion 1, New York 1933, 39 f.; Hermann, in: JAC 2, 1959, 45; de Wit, Temple d'Opet, 58 („T., der den Hapi schuf"); Tb (Hornung), 375, 38 f. (Kap. 178) (Boylan, o. c., 184 verweist dazu auf Pyr. 126 und CG 20520, 32); CT V, 10 l/m; Derchain, La lune (s. Anm. 28), 34 ff.; cf. auch Wessetzky, in: WZKM 49, 1942, 161 ff. Bei den Varianten in CT II, 324b und III, 84a, die anstelle von T. die Göttin *Sothis einsetzen, handelt es sich wohl um Verschreibungen (die Hieroglyphe der Sothis für diejenige des Brotes). – [160] Sanaa Abd El-Azim El-Adly, Das Gründungs- und Weiheritual des ägyptischen Tempels etc., Diss. Tübingen 1981, 268ff.; Alexandre Moret, Du caractère religieux de la royauté pharaonique, Paris 1902, 130ff. 133; Montet, in: Kêmi 17, 1964, 74ff. 82 (Edfu VII, 44,13f.). 95 (Edfu VII, 49,4ff.). – [161] Pyr. 157a; ÄHG, 463ff.; cf. pChester Beatty I, 13–26; s. Brunner, Geburt des Gottkönigs, 190–194; Faulkner, Book of Hours, 21, 16; Otto, Gott und Mensch (s. Anm. 31), 66. 99. – [162] S. Michel Valloggia, Recherche sur les „messagers" (WPWTYW) dans les sources égyptiennes profanes, Centre de recherches d'histoire et de philologie de la IVe section de l'EPHE, Hautes Études Orientales 6, Genf–Paris 1976, 60–63 (einige Stellen wurden allerdings mißverstanden, da in ihnen T. nicht Bote, sondern Richter ist); pLeiden I 346,4f. – [163] Für eine Abbildung siehe z.B. Harold Hayden Nelson und W.J. Murnane (Hg.), The Great Hypostyle Hall at Karnak I.1, OIP 106, 1981, Tf.192. – [164] Helck, in: ZÄS 82, 1957, 134. – [165] Zu T. als Geber von Sedfesten s. z.B. Abitz, König und Gott (s. Anm. 112), 146–148; Zivie, Hermopolis (s. Anm. 12), 73 (Document 14); – innerhalb der Riten zur jährlichen Erneuerung der Krönung wird der König u.a. mit T. identifiziert: „er lebt, wie (T.) lebt", Jean-Claude Goyon, Confirmation du pouvoir royal au nouvel an (pBrooklyn 47. 218. 50), BdE 52, 1972, 55 (I, 15). – [166] Schott, in: ZÄS 95, 1969, 54–65; Othmar Keel, Vögel als Boten, OBO 14, 1977, 109f. 141f. – [167] Brigitte Altenmüller-Kesting, Reinigungsriten im ägyptischen Kult, Diss. Hamburg 1968, 20ff. 60ff. 66ff.; seit den Pyramidentexten handelt T. hier zusammen mit Horus, Seth und Dunanui. – [168] Brigitte Altenmüller, Synkretismus, 240; schon im AR erscheint T. auch außerhalb des Totenkultes als Geber einer Wasserspende, s. Inscr. Sinai II, 26f. (Nr. 10). – [169] Altenmüller-Kesting, o.c., 90ff.; cf. auch CG 39249. – [170] Wenn die vier Reinigungsgötter jeweils einer Himmelsrichtung zugewiesen werden, erhält T. den Westen; für die Verbindung des T. mit verschiedenen Himmelsrichtungen s. Dakke I, 181f.; II, Tf.75 („Löwe der Südländer"); Lewczuk, in: GM 69, 1983, 53ff. (T. in Nubien an der Stelle des Seth, für O.Äg. bei der Vereinigung der beiden Länder); Tb (Hornung), 149, 13 (Kap. 71) (T. am Nordhimmel); im Grab Sethos' I. gibt T. dem König alle vier Himmelsrichtungen, s. Abitz, König und Gott (s. Anm. 112), 146ff. – [171] Belegt ab Thutmosis III., s. Dino Bidoli, Die Sprüche der Fangnetze, ADAIK 9, 1976, 16, Anm. 7; Alliot, in: RdE 5, 1946, 57–118; pSalt (Derchain), 164, Anm. 58; Abbildungen: z.B. Nelson und Murnane, Hypostyle Hall (s. Anm. 163), Tf. 44 (Zt Ramses' II.); Esna, Nr. 531 (2. Jh. n. Chr.). – [172] Einerseits ist T. damit für den genauen Ablauf des Rituals zuständig; andererseits besaß er in Hermupolis Magna ein Heiligtum, das den Namen „Haus der Vogelfalle" trug. – [173] S. z.B. ÄHG, 463ff. (Ende 18. Dyn.); Turajeff, in: ZÄS 33, 1895, 121–125 (dazu: Günther Roeder, Urkunden zur Religion des Alten Ägypten, Jena 1915, 13f.; Vernus, in: BIFAO 75, 1975, 24); Zivie, Hermopolis (s. Anm. 12), 58; Tb (Hornung), 389ff. (Kap. 182); pAnast. V, 9,2–10,2; pSallier I, 8,2–8,7; pSallier IV, vso 5,1–5,7; cf. auch Goyon, Rituels funéraires, 248ff. – [174] S. dazu auch Roeder, Hermopolis, 165; Esna, Nr. 531,18; de Wit, Temple d'Opet, 58; Edfou VI, 277, 4.8 (T. als Erheber des Himmels). – [175] Goyon, in: BIFAO 75, 1975, 376. – [176] Faulkner, Book of Hours, 21,17; Boylan, o.c., 132. – [177] Hughes, in: JNES 17, 1958, 1–12 (ca. 500 v. Chr.); weitere Literatur zu den an T. gerichteten Briefen zitiert Quaegebeur, in: Enchoria 5, 1975, 19 Anm. 4. – [178] S. Zivie, Hermopolis (s. Anm. 12), 51ff. (zu T. aus *Bʿḥ*); Roeder, Hermopolis, 164f. (zu T. aus Hermupolis Magna). – [179] CT VI, 325j. – [180] CT VI, 164h; die große Rolle des T. im Zweiwegebuch ist wohl damit zu begründen, daß sämtliche Textträger aus el-*Berscheh stammen, s. Leonard H. Lesko, The Ancient Egyptian Book of Two Ways, University of California Publications – Near Eastern Studies 17, Berkeley 1972, 6. – [181] Zu ihr tritt T. nur in lose Beziehung: Sethe, Amun, § 72. – [182] S. z.B. Zivie, Hermopolis (s. Anm. 12), 51ff. (Document 6); RÄRG, 203 (*Gebel Adde). – [183] Brigitte Altenmüller, Synkretismus, 241; Seeber, Totengericht (s. Anm. 33), 147ff. – [184] RÄRG, 203 (Gebel Adde). – [185] RÄRG, 806 (Felderweihe). – [186] Tb (Hornung), 226, 16 (Kap. 116); Faulkner, Book of Hours, 21,8; 21,22. – [187] Zivie, Hermopolis (s. Anm. 12), 51ff.; Document 6 (benachbarte Kultorte). – [188] S.o.; auch in Personennamen: Boylan, o.c., 174. – [189] T. steht Geb als Richter nahe; er kann auch Titel des Geb übernehmen: B. Altenmüller, Synkretismus, 235ff.; CT IV, 376g: „*Iripat der Götter". – [190] S.o.; Tb (Hornung), 285, 85f. (Kap. 145) (T. als Wesir des Horus); B. Altenmüller, Synkretismus, 240 (bei Reinigung und Bekleidung); Marciniak, in: BIFAO 62, 1964, 87ff. (ein Priester des Horus–Thot; spätptol.-frühröm.); Quaegebeur, in: Enchoria 5, 1975, 23, Anm. 36 (Falke als Tier des T.). – [191] Thot-Iah belegt ab NR; s. auch David Randall-Maciver und Charles Leonard Woolley, Buhen I, Philadelphia 1911, 25; II, Tf. 11 (Priester des Iah-Thot). – [192] Münster, Isis, 21f.; in griech.-röm. Zt werden die Beziehungen zwischen T. und Isis/Osiris sehr eng; T. galt u.a. als Vater der Isis, s. Kákosy, in: Acta Archaeologica (s. Anm. 143); Isis galt auch als Maat, Wesirin und Tochter des T., s. Dendara II, 221, 9f. Zu Isis und T., die gemeinsam die Leiche des Osiris suchen, s. Rusch, o.c., 371f. – Zu Min s. Derchain, La lune (s. Anm. 28), 47. – [193] Keel, Vögel als Boten (s. Anm. 166), 109f. 141f. – [194] S.u., Kultorte (Sais). – [195] S.u., Kultorte (Nubien). – [196] T. verklärt Osiris und rechtfertigt ihn gegenüber seinen Feinden, s. Grieshammer, Jenseitsgericht, 77–81; Luft, Historisierung (s. Anm. 125), 136ff.; zu T., dargestellt als Feind des Osiris, s. Pyr. 175a; Pyr., Übers. I, 86. Zu einer Darstellung des T. auf der Osirisbahre s. Norman de Garis Davies, The Temple of Hibis III, New York 1953, Tf. 3, V. Im Sanktuar des Tempels von Hibis finden sich viele, zum Teil ungewöhnliche Darstellungen des T., deren Interpretation im Gesamtkontext eine noch zu leistende Aufgabe ist. – [197] Junker, Onurislegende, 122f. – [198] T. als Schreiber und Seschat stehen sich schon „von Berufs wegen" sehr nahe, s. z.B. CT VII, 54g–h; diese Nähe wurde auch dadurch zum Ausdruck gebracht, daß man Seschat sowohl als Schwester des T. als auch als Tochter des T. ansah, Boylan, o.c., 210ff. – [199] S. Herman Te Velde, Seth, God of Confusion, PÄ 6, 1967, 43ff. – [200] S. z.B.

Dendûr, 84f. – [201] pSalt (Derchain), IV, 6; im Streit zwischen Horus und Seth können Schu und T. einander ersetzen: Münster, Isis, 13. – [202] Barta, Neunheit, 53ff. – [203] Pyr. 272a–274c; Pyr., Übers. I, 283ff. – [204] *Ichernofret, Z. 18f. – [205] Boylan, o.c., 58ff.; Goyon, Confirmation (s. Anm. 165), 58 (II, 15); 91 Anm. 72; pLeiden I 348, 146 Anm. 348; s. z.B. die Abbildung zu Esna, Nr. 399–401. – [206] pSalt (Derchain) IV, 1. – [207] S. De Meulenaere, in: JEA 68, 1982, 142ff. – [208] Edfou VIII, 122, 6–123, 14; cf. auch 82, 4–83, 15; VI, 310, 8–311, 15. – [209] Boylan, o.c., 208f.; Roeder, Hermopolis, 175f.; anstelle der Nehemet-awai begegnen auch Maat und *Mehet-weret, Rusch, o.c. (s. Lit.), 368. – [210] Zivie, Hermopolis (s. Anm. 12), 85ff. – [211] Parlebas, in: SAK 8, 1980, 227–232; zu T. und Schepsi s. auch Abitz, König und Gott (s. Anm. 112), 146. – [212] Kamal Sabri Kolta, Die Gleichsetzung ägyptischer und griechischer Götter bei Herodot, Diss. Tübingen 1968, 134–139. – [213] Der ägyptische Ursprung des Epithetons Trismegistos (ab 3. Jh. v. Chr. ist sogar *ʿꜣ ʿꜣ ʿꜣ ʿꜣ ʿꜣ wr* belegt) dürfte nun als gesichert gelten, s. Ritner, in: GM 49, 1981, 73ff.; 50, 1981, 67f. – [214] Cf. auch Derchain–Urtel, o.c. (s. Anm. 86), 136–146. – [215] S. Mussies, in: Fs Zandee, 89–120. – [216] Lanczkowski, in: MDAIK 14, 1956, 117–127; ders., in: Roeder, Hermopolis, 141–143; Hermann, in: JAC 2, 1959, 45; wie Kákosy, o.c. (s. Anm. 143) ausführt, bot die bedeutende Rolle des T. in der römerzeitlichen Religion Ägyptens durchaus eine Basis für die Übernahme seiner wichtigsten Wesenszüge. – [217] Es ist m.E. durchaus denkbar, daß T. im AR auch in Memphis, Heliopolis und an anderen Orten Kultstätten hatte. – [218] *Ḥwt-Jbt*; *Ḥsrt*; *Iw-nsrsr* (*Flammeninsel, *Flammensee). – [219] Die Gleichsetzung von Hermupolis Parva mit *Baklija (Eggebrecht, in: LÄ I, 606) ist nach den Ergebnissen von Zivie (s.u.) nicht richtig. – [220] Zivie, Hermopolis (s. Anm. 12), VII–XII. 3–30; Bodenfunde seit dem späten NR. – [221] S. Kurth, Dekoration (s. Anm. 155), 133–137. 325–327. – [222] Inscr. Sinai II, 28f. (Nr. 23; MR); 41ff. (z.B. Nr. 263; Zt Ramses' II.; T. führt den Beinamen „Herr von *Punt"). – [223] Boylan, o.c., 147–172; Rusch, o.c., 377–382. – [224] S. z.B. Calverley–Gardiner, Abydos III, Tf. 7. – [225] S. auch Svetlana Hodjash und Oleg Berlev, The Egyptian Reliefs and Stelae in the Pushkin Museum of Fine Arts, Moscow, Leningrad 1982, 94–96 (Nr. 43; NR). – [226] Münster, Isis, 161; zu Amarna s. ebd., 187. – [227] Zu den in jüngster Zeit gefundenen spärlichen Resten einer kleinen Kapelle des „T., der die Götter des Hauses des Amun (Karnak) zufriedenstellt", s. Goyon und Traunecker, in: Cahiers de Karnak VII, Kairo 1982, 355–366 (Kartuschen des *Haremheb und eines Osorkon); außer dem genannten sind in Karnak bisher nur noch ein oder zwei weitere kleine Heiligtümer des T. archäologisch nachzuweisen, o.c., 362, Anm. 22. – [228] S. dazu Ramadan El-Sayed, Sais (s. Anm. 34), 114f.; vor allem ab der 26. Dyn. ist in Sais ein nicht unbedeutender Kult des T. zu belegen (er hatte dort eigene Priester, und sein Fest wurde am 18. Tag des 1. Monats gefeiert). – [229] RÄRG, 203. – [230] S. auch Hodjash und Berlev, o.c. (s. Anm. 225), 140–142, Nr. 83 (19. Dyn.). – [231] Habachi in: Kush 9, 1961, 219f. – [232] 7. Jh. v. Chr. – 1. Jh. n. Chr. – [233] Lewczuk, in: GM 69, 1983, 46f. – [234] Sauneron und Yoyotte, in: BIFAO 50, 1952, 157ff.; in Pnubs ist der Kult des Amun wohl älter als der des T., s. dazu auch Bonnet und Valbelle, in: BIFAO 80, 1980, 1–12. – [235] T. führt hier u.a. den Beinamen *Pautnuphis, dessen Etymologie noch nicht geklärt ist; s. dazu Dakke I, 379f.; RÄRG, 585; Rusch, o.c., 382; LÄ IV, 915; Griechen und Römer erkannten in ihm den Hermes oder Merkur wieder, RÄRG, 146. – [236] Junker, Onurislegende, 8ff.; Sauneron und Yoyotte, o.c., 164ff. – [237] Pyr. 1305c; Pyr., Übers. V, 237; Wb I, 578, 3. – [238] Philippe Derchain, Zwei Kapellen des Ptolemäus I. Soter in Hildesheim, Zeitschrift des Museums zu Hildesheim, Neue Folge, Heft 13, 1961, Tf. 17; ein hockender Ibis mit Atefkrone: Parlasca, in: Fs Mus. Berlin, Tf. 87b (zur Bildkomposition s. auch Spiegelberg, in: ZÄS 62, 1926, 32ff.; Quaegebeur, in: Enchoria 5, 1975, 23 Anm. 36); v. Bissing, in: ZÄS 57, 1922, 81; – die genannten Belege stammen aus griech.-röm. Zt. – [239] Calverley–Gardiner, Abydos III, Tf. 7; H.M. Steward, Egyptian Stelae III, Warminster 1983, Tf. 16 Nr. 29 (SpZt); – zur menschengestaltigen Mumie mit Ibiskopf s. Morenz, in: ZÄS 88, 1962, 42ff., Tf. 2 Nr. 1. – [240] Steward, o.c., Tf. 16 Nr. 26. 27; Seeber, Totengericht (s. Anm. 33), Taf. 17; cf. auch Erik Hornung und Elisabeth Staehelin (Hg.), Skarabäen und andere Siegelamulette aus Basler Sammlungen, Ägyptische Denkmäler in der Schweiz, Bd. 1, Basel 1976, 100. – [241] Lowle, in: Fs Fairman, 53, Tf. 1. – [242] Wiedemann, in: RecTrav 17, 1895, 15 (SpZt); Lewczuk, in: GM 69, 1983, 59. – [243] Derchain, Zwei Kapellen (s. Anm. 238), Tf. 10. – [244] Günther Roeder, Die Denkmäler des Pelizaeus-Museums zu Hildesheim, Berlin–Hildesheim 1921, 166 (Terrakotte). – [245] Roeder, Hermopolis, 182, Tf. 63a (19. Dyn.); Seeber, o.c., 149 (21. Dyn.). – [246] Calverley–Gardiner, Abydos III, Tf. 7. – [247] Constant de Wit, Le rôle et le sens du lion dans l'Egypte ancienne, Luxor (o. J., 2. Auflage), 274ff. (T. von Pnubs); Kurth, Dekoration (s. Anm. 155), 235. 246f. 270 (aus Edfu). S. generell: Rusch, o.c. (s. Lit.), 373ff.; Günther Roeder, Ägyptische Bronzefiguren, Staatliche Museen Berlin, Mitteilungen aus der ägyptischen Sammlung 6, Berlin 1956, § 106–109; CG 38648–38682. 39249–39250; zur Ikonographie des T. in Nubien (von Ägypten übernommen, aber auch modifiziert) s. Lewczuk, in: GM 69, 1983, 45ff. (Manche Angaben sind allerdings nicht richtig; so erscheint z.B. T. nicht als Himmelsträger, sondern es handelt sich dabei um Illustrationen zu Tb Kap. 161). – [248] Kessler, in: LÄ II, 1254ff.; zu *wr djw* s. auch De Meulenaere, in: JEA 68, 1982, 143; Begelsbacher–Fischer, Götterwelt (s. Anm. 2), 191. Zu Priestern des T. siehe generell Roeder, Hermopolis, 190ff.; für das MR: William A. Ward, Index of Egyptian Administrative and Religious Titles of the Middle Kingdom, Beirut 1982, Nr. 280. 405. 662. 689. 735. 736. 939. 1035. – [249] Zivie, Hermopolis (s. Anm. 12), 176 (Document 58). Die Lesung *rn* ist allerdings nicht gesichert. – [250] Montet, Géographie II, 149f. – [251] Eine Liste von Personennamen findet man bei Boylan, o.c., 173ff.; s. auch Quaegebeur, in: Enchoria 5, 1975, 21ff.

Lit.: Patrick Boylan, Thoth, the Hermes of Egypt, Oxford 1922; Rusch, in: RE, 2. Reihe, Bd. 11, 1936, 351–388 (enthält Angaben zu älterer Literatur); RÄRG, 805–812; Roeder, Hermopolis, 163–197; Claas J. Bleeker, Hathor and Thot, Leiden 1973 (s. auch die

Rezension von Derchain, in: BiOr 32, 1975, 350ff.); Brigitte Altenmüller, Synkretismus, 235–243; Maria-Theresia Derchain-Urtel, Thot, Rites Egyptiens 3, Brüssel 1981.

Korrekturzusatz zu Anm. 173: S. vor allem André Barucq und François Daumas, Hymnes et prières de l'Egypte ancienne, Paris 1980, 349ff.; Claas J. Bleeker, The Rainbow, Supplements to Numen, Leiden 1975, 143ff.

D. Ku.

Thotfest, memphitisches Residenzfest, das seit der 5. Dyn. mit *Neujahr, *Wagfest, *Sokar- und *Minfest als Totenopfertag in der Opferformel genannt wird. Dabei geht es in der Nennung im AR dem Wagfest voraus, später folgt es ihm[1]. Im zivilen Kalender lag es auf dem 19. des 1. *ꜣḫt* nach der Opferliste von *Medinet Habu[2]. Nach dem T. erhielt im NR der 1. Monat des Mondkalenders die Bezeichnung Thot anstelle von *Ṯḫj*[3]; in kopt. Zt hieß danach der 1. Monat des zivilen Kalenders ⲑⲱⲟⲩⲧ[4]. Vom Wesen des T. wissen wir nichts[5].

1 Parker, Calendars, § 151. – 2 Medinet Habu, Tf. 686. Der Ansatz auf den 20. des 1. *ꜣḫt* bei der Rekonstruktion der Opferliste aus dem Sonnenheiligtum des Niuserre (Helck, in: SAK 5, 1977, 57) ist wegen des fragmentarischen Erhaltungszustandes des Textes sehr unsicher. – 3 Nach Urk. IV, 44,7 lag dieser Monat im 9. Jahr Amenophis' III. im 3. *ꜣḫt* des zivilen Jahres. Auch das Wagfest hatte eine Position im zivilen wie im Mondkalender, s. *Wagfest. – 4 Černý, in: ASAE 43, 1943, 174. – 5 Ob die Angabe Plutarchs, De Iside, 68 hierhergehört, man habe beim Fest des Thot Feigen und Honig gegessen und ausgerufen: „Süß ist die Maat", ist sehr unsicher.

W. H.

Thron, zählt zusammen mit *Krone und *Zepter zu den ureigentlichsten Herrschaftssymbolen. In Gegensatz zu bildlichen Darstellungen von Investiturthemen, unter denen, statt der *Thronbesteigung, die *Krönung durch *Amun[1] eine besonders sinnfällige Ausdrucksmöglichkeit des „Gottesgnadentums" äg. Königswürde erlaubt, belegt das Textmaterial überwiegend, daß den Ägyptern insbesondere der T. als wichtigstes Symbol einer göttlich legitimierten Herrschaftsübung galt[2]. Höchstwahrscheinlich ist dies auf die besondere Bedeutung zurückzuführen, die gerade hockende Völker der durch *Sockel und Estraden zusätzlich steigerbaren Erhöhung vermittels eines Sitzmöbels als Zeichen von über die Masse erhobener Vornehmheit und Macht beimessen[3].

Mit dem T. verbindet sich aufs engste die Vorstellung, daß sein Besitzer die Perpetuierung der paradiesischen Weltenordnung (*Maat) garantiere, die während der zur Historizität erhobenen mythischen Urzeit[4] unter der Herrschaft der Königsgötter existierte. Prinzipiell basiert die Garantie auf dem Konsens der Götter, vornehmlich der großen Königsgötter *Re, *Atum, *Amun, *Geb und *Horus, einem menschlichen Stellvertreter (*stj*)[5] ihren spezifischen Segen und Beistand bei der Amtseinführung zu gewähren. Wird einem König diese göttliche Anerkennung versagt[6], bleibt er zur richtigen, segensreichen Ausübung der Herrschaft unbefähigt. Die Realisierung der göttlichen *Legitimation knüpft an die in traditioneller Gewohnheit verankerte Rechtsgepflogenheit an, wonach der (älteste) *Sohn[7] natürlicher *Erbe des väterlichen Besitzstandes und, zumindest außerhalb des Beamtentums, a priori auch dessen sozialer und beruflichen Stellung ist. Ausdrücklich erklären daher die Götter den König zum legitimen Erbsohn der göttlichen Institution „Königtum"[8] und vermachen ihm mit der tausendfach versicherten Formel „Dir gebe ich meinen T."[9] deren Hauptinsignie. Sie ist es, an die als Symbol einer von Gott erwünschten und daher behüteten Herrschaft die Hoffnung auf stetige Neubelebung der ursprünglichen Weltenordnung anknüpft, wie die Bezeichnung des T. als „Beleber der Maat"[10] zu erkennen gibt.

Lexikalisches. Das Ägyptische kennt keine dem Wort „T." in seinem heutigen, dem Sinnbezirk der Herrschaft verhafteten Inhalt entsprechende Bezeichnung. Der T. wird vielmehr mit den verschiedensten äg. bzw. aus dem Semitischen entlehnten Ausdrücken belegt, die, wie *st*[11], *nst*[12], *jsbt*[13] oder *mnbjt*[14] etymologisch entweder auf Begriffe wie „sitzen", „ruhen" oder, wie bei *ḫndw*[15], auf Formkriterien (gebogene Strebe) zurückzuführen sind. Daneben spielt die Tatsache seiner Aufstellung auf einem Podest bzw. einer Estrade eine wichtige Rolle, wie an Bezeichnungen wie „Der-auf-der-Treppe" (*tpj-rdww*)[16] und besonders der gängigen Wortverbindung *st wrt*[17] „der hohe T." ersichtlich ist. Auf die *Sänfte nehmen Bezeichnungen wie *wtzt*[18] (*ṯzj/wṯz* „erheben"), *ḥmr*[19] (semit. *ḥml* „tragen") oder *zpꜣ*[20] (semitisch *zbl/sbl* „tragen", „Korb") Bezug. Das in ptol. Zt auch für „T." gebräuchliche *pj*[21] scheint sich von *wpj* „trennen, spalten" herzuleiten und auf eine ursprüngliche Bedeutung als „Matte" oder aus gespaltenem Rohr (Palmrispen?) hergestellte Hockerart zurückzugehen; *srḫ*[22] nimmt offensichtlich auf den *srḫ*-T. (s. u.) Bezug, während *hdmw*[23] Lehnwort (הדם) ist und ursprünglich den Fußschemel des Königs bezeichnete. Weitere Ausdrücke wie *ṯnṯꜣt* für die T.-Estrade[24], *bhdw*[25], *bdj*[26], *skꜣ*[27], *bkr(t)*[28] und *ndm*[29] sind bislang nicht genauer erklärt.

Form. Das T.-Möbel präsentiert sich in der Hauptsache in zwei Formen. Seit dem AR bis in spätäg. Zt begegnet der „Blockthron", ein würfelförmiger Kasten mit kurzer Lehne, dessen Seiten in der Regel nach Art der einen Tempel-Palastgrundriß wiedergegebenen *ḥwt*-Hieroglyphe[30] (*ḥwt*-Blockthron) oder mit dem ebenfalls hieroglyphisch gebräuchlichen Muster der *Palastfassade (*srḫ*-Blockthron) verziert sind. Ab der 4. Dyn. tritt in der Rundplastik auch schon der „Löwenthron" auf[31], der die Gestalt des sog. salomonischen Thrones beeinflußt hat[32]. Morphologisch den *Balsamierungsbetten und *Totenbahren mit Löwen-, Geparden-, Kuh- oder Nilpferdfiguren an den Seiten[33] vergleichbar, leitet er sich aus einem *Stuhl mit Rückenlehne ab, neben dem rechts und links ein Löwe stehend gedacht ist, dessen Beinpaare (AR; NR: Einzelbein) die Stuhlbeine ersetzen, während der hochgestellte Schweif in der Rückenlehne aufgeht. Originale könnten ev. bereits im AR auch Armlehnen aufgewiesen haben[34], die in Darstellungen erst ab dem NR überwiegen[35]. Löwen-Throne ohne Armlehnen weisen im NR nur noch selten Löwenköpfe auf, die beim Sessel mit Armlehnen dagegen die Regel sind. Eine besondere Thron-Sänfte existierte bis zum NR nicht. Sollte der König zu feierlichen Anlässen getragen werden, stellte man eine der beiden Thron-Formen auf einen Untersatz[36]. Erst in der Amarnazeit kommt, mutmaßlich durch das königliche *Erscheinungsfenster beeinflußt, eine zusätzlich mit Architekturelementen sowie Löwen- und Sphingenplastiken versehene Form der Löwen-Thron-Sänfte in Gebrauch[37]. Bei Inaugurations- und Jubiläumsfeierlichkeiten (*Sedfest) scheint man den Untersatz in Korbform (*zpꜣ*) bevorzugt zu haben[38], vermutlich, weil damit die Möglichkeit zur Anspielung auf die Korb-Hieroglyphe für „Fest" (*ḥꜣb*) gegeben war[39].

Götter-Thron-Königs-Thron. Von einer nicht recht erklärlichen Sondersituation abgesehen[40], tritt als typischer Götter-Thron nur der Block-Thron in Erscheinung. Als Königs-Thron ist derselbe stets dann in Gebrauch, wenn dem Szenenzusammenhang vornehmlich sakraler Charakter zukommt, doch tritt er daneben ebenso in profanen Situationen (Empfang von Bouqets, Geschenken/Tribut, Einsetzung des *Wesirs) in Erscheinung.

In Gegensatz dazu scheint der Löwen-Thron ein von sakralen Implikationen ursprünglich unbeeinflußtes „Repräsentationsmöbel" gewesen zu sein. Es verdankt Entstehung und Gebrauch nicht der Tradition der Urzeit, sondern den Realitäten der menschlichen Welt, in der die Abwehr feindlicher Einflüsse von der Person des Königs und die Dokumentation seines auf unbesiegbarer physischer Macht basierenden Herrschaft die wesentliche Rolle spielen. Gott, dem Menschen eo ipso überlegen und unangreifbar, braucht sich dagegen nicht mit Schutz- und Machtsymbolen zu umgeben; die Insignie seiner Herrschaft bleibt daher traditionellerweise der schlichte Block-Thron.

Symbolik. Die Vielzahl symbolischer Attribute, die T. und Thron-Kiosk an Estrade, *Säulen und *Baldachin umgeben, lassen sich in drei Hauptgruppen unterteilen: 1. auf das Königsdogma bezogene Motive, 2. Herrschaftssymbole, 3. *Apotropaia.

Die dogmatische Rolle des Königs als Stellvertreter (*stj*) oder „Doppelgänger" (*mjtj*)[41] Gottes (insbesondere des Re) auf Erden hebt die Dekoration der Blockthronseiten mit dem *ḥwt*- bzw. *srḫ*-Muster hervor. In beiden Fällen kommt im Prinzip offenbar das „Besitztum" des (Tempel-)Palastes als mythischer Wohnort der göttlichen Vorfahren zum Ausdruck. Insbesondere aufgrund der Analogie zur Symbolik des *Horus-Namens in der kgl. *Titulatur muß man dabei ganz den Eindruck gewinnen, als sei beim *srḫ*-Thron speziell die Nachfolge im Horuskönigtum Gegenstand der Bildaussage gewesen[42], was sich anhand des üblichen, in bunten Streifen angeordneten Federplättchen-Dekors (Falkenfedern??) am *ḥwt*-Thron nicht mit gleicher Wahrscheinlichkeit folgern läßt, da dasselbe Muster auch für Kleiderstoffe gebräuchlich ist[43]. Die dem König von den Göttern zusammen mit dem T. überwiesenen quasi-göttlichen Qualitäten „Leben", „Dauer" und „Wohlfahrt"[44], auf denen sich seine Herrschaft gründen soll, erscheinen als hieroglyphische Symbole 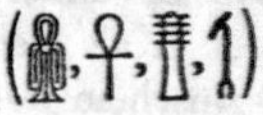 in Friesen an den Podesten wieder[45].

Zur Gruppe der Herrschaftssymbole zählen in erster Linie die an den Seiten des Thron-Podestes und der -Estrade angebrachten *Fremdvölkerdarstellungen[46], über denen der König ebenso beherrschend thront, wie er sie bzw. ihr hieroglyphisches Abbild, die (Neun-) *Bogen, auf Fußschemel und Thron-*Sockel in den Staub tritt[47]. Hierher gehört, als Symbol der unter einem Herrscher vereinten Landeshälften, auch das Emblem der verknoteten *Wappenpflanzen (*zmꜣ-tꜣwj*) von O.Äg. und U.Äg., *Lilie und *Papyrus, die beim Löwen-Thron ab dem NR durch Vertreter der Süd- bzw. Nordvölker ergänzt werden können[48]. Auf den Armlehnen angebrachte Darstellungen des die Feinde niedertrampelnden Königs in *Sphinx-Gestalt[49] ergänzen dieses Thema, das nichts anderes als eine Umgestaltung der schon im AR begegnenden Darstellung von Löwen am Thron-Podest ist[50]. Ebendort angebrachte Friese anbetender *Rechit stellen eine Versicherung der Treue ägyptischer Untertanen gegenüber dem König dar[51].

Wie die Ersetzung der Löwenköpfe des Königs-Throns durch Menschenköpfe am T. der Königin lehrt[52], ist, zumindest im NR, der in den T. inkorporierte Löwe ebenfalls als Sinnbild des/der Thronenden aufgefaßt worden. Ab dieser Zeit übernehmen daher des öfteren gesondert an der zum T. emporführenden Treppe abgebildete Löwen Schutzfunktionen.

Zu den apotropäischen Attributen zählten, wie ursprünglich der Löwe neben dem T., die Löwen-, *Bes- und ev. auch Stierprotome (*Bukranion) an den Aufbauten des Thron-Kiosks[53]. Göttlichen Schutz gewährten ferner die Landesgötter *Uto, *Nechbet und *Horus in *Schlangen-, *Geier- bzw. *Falkengestalt auf den Thron-Lehnen[54], sowie die geflügelte Sonnenscheibe (Re) (*Flügelsonne), Uräenfriese und Hathorköpfe am *Baldachin[55].

Mit der Kioskestrade verband sich sehr wahrscheinlich die Vorstellung vom *Urhügel[56], d.h. der Welt als mythischem Ort, an dem der *Sonnengott bei der *Schöpfung (*zp tpj*) Sitz nahm, um sein für alle Zeiten als Vorbild gereichendes Regime in der Welt auszuüben.

*Weintrauben am *Baldachin[57] scheinen Symbole des „glücklichen Herrschers" sowie der Prosperität der Welt unter seiner Führung zu sein[58].

Außerhalb der Betrachtung als Herrschaftszeichen lassen sich weitere Symbolbezüge denken. Insbesondere ist man der Funktion von Sitz- und Liegemöbeln im Bereich des Totenglaubens nachgegangen und hat dort im Löwen-Thron eine Nachbildung des Himmels, d.h. ein Symbol für die Wiederauferstehung erkennen zu können geglaubt[59].

Vergöttlichung/Kult. In Gegensatz zu anderen altorientalischen Kulturen[60] hat der T. als Herrschaftszeichen in Ägypten allem Anschein nach keine Vergöttlichung oder kultische Verehrung erfahren. Insbesondere liefert das Belegmaterial bisher keine eindeutigen Indizien, geschweige denn Beweise für die Annahme einer Primärbeziehung des T. zur Göttin *Isis[61]. Als Gegenstand, mit dem der König in Berührung steht, und als Symbol seines heiligen Amtes erfährt der T. durch illegitime Benutzung zwar eine Entweihung und bedarf daher erneuter kultischer Reinigung[62], wird aber nie Gegenstand besonderer Verehrungsriten oder eines eigenen Thron-Amtes.

[1] Nicht mit der Thronbesteigung zusammenfallend, s. Barta, in: SAK 8, 1980, 33–51. – [2] Zur Phraseologie vgl. Blumenthal, Königtum, 37–50. – [3] Hahn, Thronende Herrscher u. hockende Völker, in: ZfE 50, 1918, 216ff. – [4] Ulrich Luft, Beiträge zur Historisierung der Götterwelt und der Mythenschreibung, StudAeg 4, Budapest 1978. – [5] Wb I, 8. – [6] *m ḫm Rʿw* „im Nicht(aner)kennen seites des Re", vgl. Urk. IV, 390. – [7] Anscheinend auch der Adoptivsohn, vgl. Mrsich, Hausurkunde, §§ 39. 47–48. – [8] Z.B. Urk. IV, 563. 1675; pHarris I, 75, 7. – [9] Z.B. Urk. IV, 563. 571; Edfou I, 421. – [10] Pyr. 1079c. – [11] Kopt. ⲤⲈ/ⲤⲒ; ab AR, s. Wb IV, 1. – [12] Kopt. ⲚⲎⲤⲈ (daraus προνησιον, s. Kuhlmann, Thron (s. Lit.), 38; ebenso Husson, in: CdE 51, Nr. 101, 1976, 167f.); ab AR, s. Wb II, 321. – [13] Ab Amarna, s. Wb I, 132. – [14] Ab 18. Dyn., vgl. AEO I, 36*; s. Wb II, 63. – [15] Ab AR, s. Wb III, 314. – [16] AR, s. v. Bissing, Re-Heiligtum III, 36. – [17] Ab AR, s. Wb IV, 7. – [18] Ab AR, s. Wb I, 384. – [19] Ptol., s. Wb III, 96. – [20] Ab AR, s. Wb III, 441; ptol. auch für den T. gebräuchlich, z.B. Edfou VII, 13; Daressy, in: RecTrav 16, 1894, 54. – [21] Kopt. ⲠⲞⲒ, s. Wb I, 489. – [22] Ab NR, s. Wb IV, 200. – [23] Wb II, 505; ptol. auch für T. gebräuchlich, z.B. Edfou I, 28; II, 40. – [24] Ab MR, s. Wb V, 384. – [25] Ab Ende 18. Dyn. bzw. Anfang 19. Dyn. s. Drioton, in: RdE 1, 1933, 15; vgl. Wb I, 470. – [26] Ab äthiopisch, s. Wb I, 487. – [27] Ab äthiopisch, s. Wb IV, 316; vgl. aber Westendorf, in: Fs Vycichl, Bulletin de la Société d'Egyptologie Genève 4, Genf 1980, 101. – [28] Kopt. ⲂⲈⲀⲔⲈ; ptol., s. Wb I, 482. – [29] Ptol., s Wb II, 368. – [30] Gardiner, EG³, 493 (D 6); vgl. Labib Habachi, Tell Basta, SASAE 22, 1957, 41; Tb (Naville) I, Kap. 176. 145. – [31] CG 1–1294, I, 9. 13. 15; Abb. 9. 13. 14. – [32] Canciani und Pettinato, in: ZDPV 81, 1965, 88ff. – [33] Vgl. dazu Westendorf, Darstellungen des Sonnenlaufs, 53. – [34] Vgl. dazu den Sessel der Königin Neith: Jéquier, Pyramides des reines Neit et Apouit, Tf. 4–5. – [35] Z.B. Deir el-Bahari IV, Tf. 88; V, Tf. 125; Davies, Menkheperrasonb, Tf. 42–43; Torgny Säve-Söderbergh, Four 18th Dynasty Tombs, PTT 1, 1957, Tf. 30. – [36] v. Bissing, Re-Heiligtum II, Bl. 15. 16. 39; Medinet Habu IV, Tf. 197; Calverley–Gardiner, Abydos II, Tf. 36; Edfou XIV, Tf. 552. – [37] Davies, Amarna II, Tf. 37; III, Tf. 3; Emma Brunner-Traut, Die altägyptischen Scherbenbilder (Bildostraka), Wiesbaden 1956, Tf. 12 (28). 13 (30); Medinet Habu IV, Tf. 197. – [38] v. Bissing, Re-Heiligtum II, Bl. 19; III, Beiblatt A; Gayet, Temple de Louxor, Tf. 75, Abb. 185; Calverley–Gardiner, Abydos II, Tf. 36; Naville, Festival Hall, Tf. 6; Edfou I, Tf. 46c; XIV, Tf. 552. – [39] Ähnlich beim Fußschemel, s. The Tomb of Kheruef, OIP 102, 1980, Tf. 24; Medinet Habu V, Tf. 291; Reliefs II, Tf. 101. – [40] Theodore M. Davies, The Tomb of Harmhabi and Toutankhamanou, London 1912, Tf. 53 (Pfortenbuch, 5. Pforte, Szene 33). – [41] Z.B. Urk. IV, 1324; ähnlich: „Abbild" (*tjt*)" des Re, z.B. Urk. IV, 275. 1283. 1667. – [42] Kuhlmann, in: GM 50, 1981, 39–46. – [43] Schon ab 11. Dyn. bei Dienerinnenfiguren, s. Breasted, Servant Statues, Tf. 58b. 59b. 60. 61b. – [44] Z.B. Urk. IV, 298. 559. 560. – [45] Z.B. Step Pyramid II, Tf. 58; Borchardt, Sahure II, Bl. 44; Evers, Staat I, Tf. 10; LD III, 62b. – [46] Schon unter Chasechem, s. Wolf, Kunst, Abb. 34–36; sonst z.B. Davies, Menkheperrasonb, Tf. 33; Säve–Söderberg, a.a.O. (s. Anm. 35), Tf. 30. 34; Davies, Ramose, Tf. 29. – [47] Step Pyramid II, Tf. 58; Licht, Tf. 10. 12; Christiane Desroches-Noblecourt, Tutankhamen, London ⁹1972, Tf. 11a.b. – [48] Zum Emblem s. Schäfer, in: MDAIK 12, 1943, 73ff. Relativ selten treten über die ganze Seitenfläche sich erstreckende Vereinigungssymbole auf (Monumentalplastik), vgl. Licht, Abb. 28–37; Kurt Lange und Max Hirmer, Ägypten, München ⁴1967, Abb. 163. Zur Ergänzung durch Feindfiguren s. z.B. Radwan, Darstellungen des regierenden Königs, Tf. 12; Wresz., Atlas I, 88b. 203; Davies, Menkheperrasonb, Tf. 42–43. – [49] Z.B. Säve-Söderbergh, a.a.O. (s. Anm. 35), Tf. 30; Wresz., Atlas I, 88b. 203; Cyril Aldred, Akhenaton, London 1968, Abb. 32. – [50] Pongracz, in: MDAIK 15, 1957,

213ff. – [51] Z.B. Davies–Gardiner, Huy, Tf. 4. 20. 22; Kheruef (s. Anm. 39), Tf. 24; auf Fußschemel: Jean V. Scheil, Sept tombeaux thébains, MMAF 5, 1894, Tf. 3. – [52] Kheruef (s. Anm. 39), Tf. 47. – [53] Säve-Söderbergh, a.a.O. (s. Anm. 35), Tf. 1; Radwan, Darstellungen des regierenden Königs, Tf. 14; Marcelle Baud, Les dessins ébauches de la nécropole Thébaine, MIFAO 63, 1935, 92 Abb. 39; Kuhlmann, Thron (s. Lit.), Tf. 3, Abb. 8. – [54] Z.B. Hayes, Scepter II, 243, Abb. 147 (selten); Säve-Söderbergh, a.a.O. (s. Anm. 35), Tf. 3; Kheruef (s. Anm. 39), Tf. 24. 47; Davies, Ramose, Tf. 29; Christiane Desroches-Noblecourt, Tutankhamen, London [9]1972, Tf. 10. – [55] Davies, Menkheperrasonb, Tf. 3 (selten). – [56] Brunner, in: VT 8. 4, 1958, 426ff. Die Estrade, auf der Min steht, kann entsprechend als *mꜣꜥt* bezeichnet werden (Medinet Habu IV, Tf. 205, Z. 10; LD III, 162); CT VI, 139 wird eine Gottheit als „hoch auf seiner *mꜣꜥt*(-Treppe)" angerufen. – [57] In TT 188 mit Weinlaub sogar zur Rebe erweitert, s. Nina de Garis Davies, in: JEA 9, 1923, Tf. 26. – [58] Vgl. dazu Alföldi, in: NouvClio 1–2, 1949–50, 537ff.; ders., in: Atlantis 24 (Jg. 2), Zürich 1952, 76ff. – [59] Vgl. insbesondere Westendorf, Darstellungen des Sonnenlaufs, 53ff. Eine andere solare Symbolfunktion glaubte Constant de Wit, Le role et le sens du lion dans l'Egypte ancienne, Leiden 1951, 158ff. im Löwen-Thron wiederzuerkennen. – [60] Archi, in: Studi micenei ed egeo-anatolici 1, Rom 1966, 76ff. – [61] Sethe, Urgeschichte, § 102. Angesichts der Wege und Möglichkeiten, die ein solcher Zusammenhang der theologischen Spekulation eröffnet hätte, sind alle unterschiedlichen Bemühungen zur Klärung der etymologischen Zusammen- oder Nicht-Zusammenhänge zwischen *st* „Sitz" und *ꜣst* „Isis" (neuere Ansätze: Osing, in: MDAIK 30, 1974, 91ff.; Kuhlmann, in: SAK 2, 1975, 135ff.; Barta, in: MDAIK 34, 1978, 9ff.; Westendorf, in: GM 25, 1977, 95ff.; 48, 1981, 55ff.) gegen die Tatsache aufzuwiegen, daß theologisches Textmaterial und andere Zeugnisse absolut frei von entsprechenden Anspielungen sind. Hinzu kommt, daß Sitzmöbel den ethnographischen Zeugnissen zufolge a priori Insignienfunktion für die Lebenden ausüben und eine ev. muttergottheitliche Symbolik für den Toten daher, wenn überhaupt, eher sekundären Ausdeutungen entspringen dürfte. – [62] pHarris I, 75, 8–9; ähnlich kann auch eine Stadt wieder kultisch rein gemacht werden, s. Urk. III, 35.

Lit.: Klaus P. Kuhlmann, Der Thron im Alten Ägypten, Untersuchung zur Semantik, Ikonographie und Symbolik eines Herrschaftszeichens, ADAIK 10, 1977. K. Ku.

Thronbesteigung. Die T. ist ein von der Königskrönung zeitlich sowie dogmatisch zu differenzierendes Ereignis. Sie beinhaltet die reale Übernahme der Macht beim Tode des Königs durch seinen Nachfolger, verkörpert also den Amtsantritt des neuen Königs als einmaliges, historisches Ereignis, welches zu jedem beliebigen Zeitpunkt des Jahres eintreten kann. Die Krönung dagegen als geplantes Fest nach der Bestattung des verstorbenen Königs wird mit einem für den Beginn der Herrschaft kosmisch relevanten Datum verbunden, im NR offenbar mit dem Wiedererscheinen des Mondes (*tp ꜣbd*, der 2. Mondmonatstag), so bei *Amenophis I., *Thutmosis I., *Amenophis II., *Amenophis IV. und *Ramses II.[1]; im MR dagegen spiegelt die Krönung die Erneuerung des Jahres wider und fällt somit auf den Neujahrstag des Kalenderjahres I. *ꜣḫt* 1[2]. Dieser Neujahrstag kann wohl einheitlich als 1. Tag der Koregentschaften (*Mitregentschaft) der Könige des MR gelten; und in enger Anlehnung daran, entgegen der später geübten Praxis des NR, verlegt auch *Hatschepsut den Beginn ihrer (fiktiven) Koregenz mit Thutmosis I. auf den I. *ꜣḫt* 1[3].

Eine Kalendernotiz aus *Medinet Habu überliefert für *Ramses III. ein „Erscheinen des Königs" am I. *prt* 1[4], welches nicht sein Thronbesteigungs-Tag sein kann (dieser ist für den I. *šmw* 26 gesichert)[5]. Auch dieser erste Tag des Wintermonats verkörpert einen Neubeginn des Zyklus der Natur, welcher mit einer Königskrönung gleichgesetzt werden konnte, zumal diesem besonderen Tag (I. Tybi 1) das Beerdigungsfest des Osiris, d.h. des verstorbenen Königs, vom 26. Choiak an voraufging, das der Krönung des neuen Königs den Weg ebnete[6].

Dieses Datum nun ist in der Liturgie zur jährlich sich wiederholenden Krönung des neuen Falken als Bild der zyklischen Verjüngung der Königsgewalt auf Erden in den Festkalendern von Edfu festgehalten, wobei aber ausdrücklich betont wird, die dabei zu vollziehenden Zeremonien haben „wie die des I. *ꜣḫt*" zu sein[7]. Es ist dies das „Fest des Beginns des (Herrschafts-)Jahres des Horus", welches auch hier die Kontinuität der Herrschaft nach dem Tode und der Bestattung des Osiris im *Choiakfest garantiert, dieses jährlich wiederholte Fest vom 1. (bis wahrscheinlich 5.) Tybi[8] aber kein Erinnerungsfest, sondern einen realen Neubeginn darstellt[9]. – Der Brooklyn Pap. 47.218.50, dessen Ursprung wahrscheinlich bis in das MR zurückreicht[10], bestätigt und ergänzt in Form einer Ritualanleitung die Angaben der Festkalender von Edfu und hebt dabei besonders die Zeremonie der „Bestätigung des Erbes (*smn jwꜥ*)" hervor, die in Edfu auch als Fest (*ḥꜣb*) ihren Niederschlag gefunden hat[11].

T. und Krönung stehen somit ursächlich in gleichem Zusammenhang zueinander wie Tod und Bestattung des vorhergehenden Königs, als zwei funktionell miteinander verbundene Ereignispaare, wobei Tod und T. den realen Regierungswechsel ausdrücken, Bestattung und Krönung dagegen den Vollzug einer verbindlichen göttlichen Weltordnung durch Abschluß des alten sowie Beginn des neuen Königtums dokumentieren. Daraus resultiert, daß zur Berechnung der Regierungsjahre eines Herrschers sein Thronbesteigungs-Tag als Ausgangspunkt berücksichtigt wird, da, schon aus Gründen einer funktionierenden Verwaltung, keine undatierbare Zeit in Kauf genommen werden konnte. Dieser Tag der T. gilt auch, so noch für Ramses X. belegt, als Feiertag, über seinen Tod hinaus[12]. – Die T., durch *ḫꜥj* „erscheinen (wie Re)" ausgedrückt, fand gemäß diesem Kausalitätsprinzip am frühen Morgen statt, so belegt für *Amenophis II., welcher bei Sonnenaufgang des auf den Todestag Thutmosis' III. (IV. *prt* 1) folgenden Morgens die Regierung antrat[13]. Auch gibt es Hinweise darauf, daß die zeitliche Festlegung des *Sedfestes vom Datum der T. abhing[14]. So spiegelt der *Dramatische Ramesseumspapyrus[15] nicht die 1. T. des Königs wider, sondern wiederholt im Rahmen des Sedfestes diese als ein Inthronisationsspiel, das an dessen Morgen aufgeführt wurde. Das dabei dem König zum Zeichen der realen Machtübernahme überreichte Diadem sind die Doppelfedern (*wꜣḥ šwtj*) (Zeile 83), die nur in einem Stirnband befestigt sein konnten. Soweit bisher feststellbar ist, sind diese Doppelfedern als einziger Kopfschmuck bei der T. zu betrachten, mit welchem der neue Horus, individualisiert in der Person des neuen Königs, in diesem entscheidenden Augenblick auf dem Thron „erscheint" (so Osorkon, Naville, Festival Hall, Tf. 25. VI, auch 14, 1: *ḫꜥj Ḥr šzp.n.f šwtj nt njswt* „es erschien Horus, nachdem er die zwei Federn des Königs [= des Königtums] empfangen hat"). Die zu erwartende *sḫmtj*-*Krone dagegen wird bei den seltenen Zeugnissen aus dem Kreis von T. und Krönung in eine zu diesen Doppelfedern komplementäre Position gerückt, indem sie die zur Krönung erforderliche Legitimierung von der Urzeit, von *Atum her, liefert. So stehen *šwtj* und *sḫmtj* in dem Spannungsverhältnis zwischen der in der Person des Königs zusammenfließenden irdischen, d.h. zeitlich von Beginn und unausweichlichem Ende begrenzten Macht und dem im Dogma vorgegebenen Modellfall „König", den dieser zyklisch wiederholt. So besteht auch trotz der von L. Stern und H. Goedicke vorgebrachten Argumente wenig Anlaß, in der in der Berliner Lederhandschrift genannten Person des Königs (*Sesostris I.) aufgrund der Nennung zweier verschiedener Arten des Kopfschmuckes zwei verschiedene Personen zu vermuten[16]: die bei der Beratung des Königs mit den Großen seines Landes wegen eines Tempelbaues in *Heliopolis erwähnte *sḫmtj*-Krone stellt die Beziehung her zu dieser Handlung, die dem dogmatisch verankerten Königsbild mit der Pflicht zum Tempelbau für die Götter entspricht. Die konkrete Grundsteinlegung danach als einmaliges Ereignis erfolgt durch den zur Regierung auf Erden legitimierten Herrscher, der seit dem Augenblick seiner T. die Doppelfeder als Ausdruck dieser Gewalt trägt. Auch die Verwendung der in ihrer Bedeutung deutlich unterschiedenen Termini *njswt bjtj* als Funktionsträger bzw. *ḥm* als individuell handelnde Person im Zusammenhang mit *sḫmtj* bzw. *šwtj* legt diesen Schluß nahe[17].

Unter *Ptolemaios IV. wurde diese subtile Unterscheidung im liturgischen Rahmen in Edfu beibehalten, der bei der Verleihung dieser Königsinsignien die Doppelfeder mit dem „Erscheinen" auf dem Königsthron[18], in der gegenüberliegenden Szene aber die *sḫmtj*-Krone mit dem „Amt(?) des *Atum" in einem allgemeingültigen dogmatischen Kontext verknüpft[19].

[1] Barta, in: SAK 8, 1980, 47. – [2] Ibd., 38 f. – [3] Ibd., 38 f.; Suzanne Ratié, La reine Hatchepsout, Leiden 1979, 119. – [4] Medinet Habu III, Tf. 163, Z. 1191. – [5] Barta, a.a.O., 48. – [6] Henri Frankfort, Kingship and the Gods, Chicago 1948, 102 ff. – [7] Edfou V, 351, 3–4; 399, 7. S. dazu Maurice Alliot, Le culte d'Horus à Edfou au temps des Ptolémées, BdE 20, 1949–54, 56 ff. – [8] Ibd., 562. – [9] Ibd., 675 f. – [10] Jean-Claude Goyon, Confirmation du pouvoir royal au Nouvel An, BdE 52, 1972. – [11] Ibd., 46 ff.; 48, 2. – [12] Barta, a.a.O., 37. – [13] Urk. IV, 896, 1–8; Barta, a.a.O., 35; Frankfort, a.a.O., 103. – [14] Barta, a.a.O., 37 mit Anm. 24. – [15] Sethe, Dramatische Texte, 83 ff.; Helck, in: Or 23, 1954, 383 ff.; Altenmüller, in: JEOL 19, 1965–66, 421 ff. – [16] Stern, in: ZÄS 12, 1874, 85 ff.; Goedicke, in: Fs Mus. Berlin, 87 ff., bes. Anm. c. ay. – [17] Hans Goedicke, Die Stellung des Königs im AR, ÄA 2, 1960, 52. 78 f. – [18] Edfou I, 148, s ff. – [19] Ibd., 147, 7 ff.

Lit.: Barta, in: SAK 8, 1980, 33 ff.; Henri Frankfort, Kingship and the Gods, Chicago 1948, bes. Kap. 8 und 9, S. 101 ff.; Suzanne Ratié, La reine Hatchepsout, Leiden 1979; Maurice Alliot, Le culte d'Horus à Edfou au temps des Ptolémées, BdE 20, 1949–54. M.-Th. D.-U.

Thronbesteigungsdaten. Aus den Angaben des *Palermosteins lassen sich einige T. für Könige der Thinitenzeit und des Alten Reichs gewinnen[1]: „Athotis I." (Nachfolger des *Menes): Menes hat in seinem letzten Jahr noch 6 Monate und 7 Tage regiert[2], so daß sein Nachfolger am 3. *prt* 8 die Regierung angetreten haben muß.

*Djer: Da Djer in seinem ersten Jahr 4 Monate und 13 Tage amtiert hat[3], muß er am 4. *prt* 22 den Thron bestiegen haben.

*Djoser: Sein Vorgänger *Nebka hat von seinem letzten Regierungsjahr nur noch 2 Monate und 23 Tage erlebt[4]. Daher fand der Regierungsantritt des Djoser am 3. *ꜣḫt* 24 statt.

*Schepseskaf: Seine Thronbesteigung am 1. *prt* 25 ist sicher[5].

*Neferirkare: Er hat am 2. *šmw* 29 die Regierung angetreten[6].

Die Könige des Mittleren Reichs wurden am 1. *ꜣḫt* 1 zu Mitregenten erhoben[7]. Nur bei zwei Königen

lassen sich auch die Daten für den Antritt der Alleinherrschaft fixieren:
*Sesostris I.: 3.ꜣḫt 8[8]
*Sesostris III.: 4.*prt* 15[9].
Problematisch bleibt die Ermittlung der T. der Könige der 18. Dyn. Nachdem zuletzt Barta die Daten der oft belegten „Erscheinungsfeste" nicht auf die *Thronbesteigung, sondern auf die Krönung des Königs bezogen hatte[10], können nur noch wenige T. sicher bestimmt werden.
*Amenophis I.: Das Erscheinungsfest Amenophis' I. wird zu sehr unterschiedlichen Zeiten gefeiert, so daß diese Daten nicht die Thronbesteigung des Königs anzeigen müssen[11]. Barta versucht, mit Hilfe des Datums des *Pap. Ebers, die T. auf den 3.*šmw* 9 festzulegen[12], was jedoch ungewiß bleiben muß.
*Thutmosis I.: Am 3.*prt* 21 wurde das Erscheinungsfest dieses Königs gefeiert. Während Helck dieses Datum als T. ansieht[13], wird es von Barta als Krönungsdatum beansprucht. Gleichzeitig läge dann – nach Barta – das T. in der ersten Dekade des 1. *prt*[14].
*Thutmosis II.: Sein T. ist ganz unsicher[15].
*Thutmosis III.: Er hat am 1.*šmw* 4 seine Regierung angetreten[16].
*Amenophis II.: Da der Todestag Thutmosis' III. sicher ist, legt Barta den Regierungsantritt Amenophis' II. auf den 4.*prt* 1[17], während er das von Helck[18] als T. angesehene Datum des Erscheinungsfestes am 4.ꜣḫt 1 als Krönungstag dieses Königs interpretiert.
*Thutmosis IV.: Sein T. kann nicht ermittelt werden.
*Amenophis III.: Aufgrund der Sedfestdaten am 2.*šmw* 1 wurde versucht, dieses Datum als T. zu verifizieren[19], was jedoch recht hypothetisch erscheint, da ungewiß ist, ob die *Sedfeste wirklich an den Thronbesteigungstagen gefeiert wurden.
*Amenophis IV.[20] – *Ramses I.: Keine Bestimmung der T. möglich.
*Sethos I.: Aus den Datenreihen der Rechnungen aus der Zt Sethos' I. läßt sich bestimmen, daß das T. im Intervall 3.*šmw* 18 – 4.*šmw* 23 liegen muß[21].
*Ramses II.: Das exakte T. Ramses' II. bleibt ungewiß[22]. Nach den Datenreihen des oChicago 17007 (unpubliziert) muß das T. im Intervall 3.*šmw* 18–3.ꜣḫt 11 liegen[23]. Unter Berücksichtigung weiterer Datenserien[24] kann dieses Intervall auf die Spanne 3.*šmw* 21–4.*šmw* 16 oder 2.ꜣḫt 27 – 3.ꜣḫt 6 reduziert werden. Larson hat zuletzt versucht, aufgrund der Daten der Absentenliste Černý–Gardiner, Hierat. Ostraca, 83/84 die Thronbesteigung Ramses' II. auf die Zeit 1.ꜣḫt 16–3.ꜣḫt 21 zu legen[25], was jedoch unsicher bleiben muß, da der Aufbau dieser Liste völlig singulär ist und die Daten daher nur bedingt relevant sein können[26]. Helck hat wegen der Nennung eines Erscheinungsfestes Ramses' II. am 3.*šmw* 27 dieses Datum als T. angesehen[27], was denkbar, aber ebenfalls nicht sicher ist.
*Merenptah: Das T. liegt in der Zeitspanne 1. ꜣḫt 19–2.ꜣḫt 13[28].
*Amenmesse: Das Datum seiner Thronbesteigung am 3.*šmw* 18 ist als sicher anzusehen[29].
*Sethos II.: Er kann im 1. oder 2. *prt* den Thron bestiegen haben, da die Meldung des Regierungswechsels am 2. oder 3. *prt* in Theben angekommen war[30].
*Siptah: Er hat mit einiger Sicherheit am 4.ꜣḫt 28 seine Herrschaft angetreten[31].
*Sethnacht: Das Datum seiner Thronbesteigung kann nicht festgestellt werden.
*Ramses III.: Sein T. ist der 1. *šmw* 26[32].
*Ramses IV.: Er hat seine Regierung am 3. *šmw* 15 angetreten[33].
*Ramses V.: Das Datum seiner Thronbesteigung ist noch umstritten. Helck datiert den *Pap. Amiens in die Zt Ramses' V. und erhält als Intervall, in dem der Regierungsantritt gelegen haben muß, die Zeit 3. *prt* 29–1.*šmw* 7[34]. Aufgrund der Rekonstruktion des Wachhabendenturnus dieser Zeit und der Analyse weiterer Texte hat Gutgesell den 3. *prt* 29 favorisiert[35], während Pestmann zuletzt aus den Daten des Testaments der Naunachte die Zeitspanne 3. ꜣḫt 11–17 für möglich gehalten hat[36].
*Ramses VI.: Als T. ist das Intervall 1.*prt* 18–2. *prt* 11 sehr wahrscheinlich[37]. v. Beckerath, in: GM 79, 1984, 7 verkürzt jetzt auf 1. *prt* 28–2. *prt* 11.
*Ramses VII.: Seine Thronbesteigung liegt im Zeitraum 2.*prt* 20–1./2.*šmw* 5[38].
*Ramses VIII.: Sein Regierungsantritt lag in der Zt 1.*prt* 3–1.ꜣḫt 12[39].
*Ramses IX.: Ramses IX. hat seine Herrschaft in der Zt 1. ꜣḫt 18–23 angetreten[40]. v. Beckerath, in: GM 79, 1984, 8 legt das T. jetzt auf den 1. ꜣḫt 21 fest.
*Ramses X.: Sein Regierungsantritt lag mit einiger Sicherheit am 1.*prt* 18[41].
*Ramses XI.: Aufgrund der Verwaltungsurkunden aus dieser Zt konnte Helck die Thronbesteigung Ramses' XI. auf die Zt 4. *šmw* 17–23 festlegen[42].

[1] Heinrich Schäfer, Ein Bruchstück altägyptischer Annalen APAW 1902. – [2] Schäfer, op. cit., 15, Nr. 2; zur Zuweisung dieser Stelle an Menes vgl. Helck, in: MDAIK 30, 1974, 34. – [3] Schäfer, op. cit., 15, Nr. 3. – [4] Schäfer, op. cit., 27, Nr. 7. – [5] Barta, in: SAK 8, 1980, 35 Anm. 10. – [6] Barta, op. cit., 35 Anm. 11. – [7] Zuletzt Barta, op. cit., 38. – [8] Barta, op. cit., 35 Anm. 15. –

[9] Borchardt, in: ZÄS 37, 1899, 91; vgl. auch Barta, op. cit., 35f. Anm. 16. – [10] Barta, op. cit., 35ff. – [11] Vgl. Franz-Jürgen Schmitz, Amenophis I., HÄB 6, Hildesheim 1978, 23ff. Danach wird das Erscheinungsfest am 1.*ꜣḫt* 29/30 und am 3.*šmw* 11/13 gefeiert. Dazu noch Pap. Turin 1906 + 2047/132 + 1939 (unpubliziert), wo ein Erscheinungsfest Amenophis' I. am 2.*prt* 20 + x erwähnt wird. – [12] Barta, op. cit., 45. – [13] Helck, in: Studia Biblica et Orientalia 3, Rom 1959, 115. – [14] Barta, op. cit., 46. – [15] Vgl. Helck, op. cit., 115f., der die Zt Ende 4.*ꜣḫt*/Anfang 1.*prt* als T. in Erwägung zieht aufgrund der Angaben bei Manetho, wobei er jedoch vom 3.*prt* 21 als T. für Thutmosis I. ausgeht. – [16] So Helck, op. cit., 116f. – [17] Barta, op. cit., 35 nach Urk. IV, 895, 16 gegen Krauss, Das Ende der Amarnazeit, HÄB 7, Hildesheim 1978, 175, der das Todesdatum Thutmosis' III. in 3.*ꜣḫt* 30 emendiert hatte. – [18] Helck, op. cit., 117 nach Urk. IV, 1343. – [19] So van Siclen, in: JNES 32, 1973, 290ff. – [20] Vgl. Barta, op. cit., 41ff., wo er ältere Versuche, das T. Amenophis' IV. näher zu bestimmen, überzeugend zurückweist. – [21] Murnane, in: Serapis 3, 1975/6, 23ff.; anders Helck, op. cit., 117f. – [22] Vgl. zuletzt Larson, in: Serapis 3, 1975/6, 17ff. mit älterer Literatur; besonders Redford, in: JEA 57, 1971, 110 und v. Beckerath, in: ZÄS 81, 1956, 1ff. – [23] Rto Col. I, 2–7: Jahr 35, 3.*prt* 18–1.*šmw* 20; rto Col. I, 8–32; II, 1–11: Jahr 37, 3.*ꜣḫt* 11–3.*prt* 30; vso 1–12: Jahr 35, 3.*prt* 19–3.*šmw* 17. – [24] oGardiner Fragment 20 (unpubliziert): Jahr 44, 3. *ꜣḫt* 6–3.*ꜣḫt* 13 ohne Wechsel in der Zählung; oVarille 20 (unpubliziert): Jahr 32, 4.*šmw* 29–2. *ꜣḫt* 26 ohne Wechsel in der Zählung; Gardiner–Černý, Hier. Ostraca, 32,2: Jahr 35, 4. *šmw* 16–1. *ꜣḫt* 2 ebenfalls ohne Wechsel in der Zählung. – [25] Larson, op. cit., 17f. – [26] Diese Liste notiert nicht wie sonst üblich Daten, an denen die Arbeiter abwesend waren, sondern sie listet die Arbeiternamen auf und gibt dahinter die Tage ihrer Abwesenheit an. Damit müßte beim Jahreswechsel in jeder einzelnen Spalte eine neue Datierung erfolgt sein, was jedoch recht aufwendig ist und daher nicht getan wurde. – [27] Helck, op. cit., 118ff. – [28] Helck, op. cit., 120ff., anders Krauss, in: SAK 4, 1976, 165f., der das T. Merenptahs auf den 1.*ꜣḫt* 18 oder davor verlegt. Dagegen aber Osing, in: SAK 7, 1979, 265. – [29] Helck, op. cit., 121ff., nach oCairo 25780. 25782/4. – [30] Helck, op. cit., 123 mit Belegen. – [31] Vgl. zuletzt Drenkhahn, Die Elephantine-Stele des Sethnacht und ihr historischer Hintergrund, ÄA 36, 1980, 2. – [32] Nach oDeM 55 und oTurin 57033, rto 1 und 2; vgl. Helck, op. cit., 124. – [33] Nach oDeM 44, vgl. auch Helck, op. cit., 124f. – [34] Helck, op. cit., 125. – [35] Manfred Gutgesell, Die Datierung der Ostraka und Papyri aus Deir el Medineh und ihre ökonomische Interpretation I: Die 20. Dyn., HÄB 18/19, Hildesheim 1983, 81ff. und bes. auch 227ff. – [36] Pestman, in: Demarée und Janssen, Gleanings from Deir el-Medîna, Leiden 1982, 173ff. – [37] Janssen, in: GM 29, 1978, 45. – [38] Janssen, in: JEA 52, 1966, 92. – [39] Vgl. Amer, in: GM 49, 1981, 9ff. Eine Reduzierung dieser langen Zeitspanne ist nicht möglich. – [40] So Helck, op. cit., 128 nach den Datenreihen des „Giornale". – [41] Gutgesell, op. cit., 148. – [42] Helck, op. cit., 128f.

M. Gut.

Thronname s. Königsnamen

Thutmosis I., 2. König der 18. Dyn., Nachfolger *Amenophis' I.[1]. Thronname: *ꜥꜣ-ḫpr-kꜣ-Rꜥ*, Geburtsname: *Ḏḥwtj-msjw*; erster König, dessen *Horusname durch den programmatischen Beinamen *Kꜣ-nḫt* eingeleitet wird[2]. Weder über seine Mutter Seniseneb[3] noch über seine Hauptgemahlin *Ahmose läßt sich eine Verbindung zu der Familie Amenophis' I. oder dessen Vorgänger nachweisen[4]. Aus der Ehe mit Ahmose entstammen die spätere Königin *Hatschepsut[5] und die früh verstorbene Tochter *Nfrw-bjtj*[6]. Zwei ebenfalls früh verstorbene Söhne, Amenmose[7] und Wadjmes[8], sowie der Nachfolger *Thutmosis II. entstammen einer früheren Ehe mit einer Nebenfrau Mutnefret[9].

Nach Manetho bei Josephus regierte T. I. 12 Jahre und 9 Monate[10], wozu sein höchstes überliefertes Datum aus einem 9. Jahr[11] gut paßt. *Thronbesteigungsdatum war der 21. III. *prt* (ca. 1496[12]), erhalten auf 2 Kopien der Thronbesteigungsanzeige an den *Königssohn von Kusch Turi auf zwei Stelen aus *Wadi Halfa[13] und *Quban[14].

Aus seinem 2. Jahr[15] ist die Unterwerfung eines Aufstandes in *Nubien überliefert, über den die Offiziere *Ahmose[16] und *Ahmose Pennechbet[17] berichten. Die äg. Grenze wurde bis zum 3. *Katarakt vorgeschoben[18], obwohl weitere Vorstöße über den 4. Katarakt hinaus erfolgten[19]. Damit brach das *Kerma-Reich zusammen. T.I. errichtete Festungen in dem eroberten Gebiet[20] und ließ das Land von fünf einheimischen Fürsten verwalten[21]. Inschriften aus dem Jahr 3[22] berichten über die erfolgreiche Rückkehr des Heeres und die Wiederherstellung des Schiffahrtsweges bei *Sehel (*Kanal)[23]. Bei dem anschließenden Zug durch *Palästina und *Syrien, der mehr der Demonstration der äg. Stärke als Nachfolger der *Hyksos galt, kommt es am *Euphrat erstmals zu Kämpfen zwischen *Mitanni und Ägypten, über die wiederum Ahmose[24] und Ahmose Pennechbet[25] berichten. T.I. errichtete am Euphrat in der Gegend von *Karkemisch eine Siegesstele (*Grenzsteine)[26]. Auf dem Rückweg jagte er bei *Nija *Elefanten[27]. Über die Verwaltung der syrischen Gebiete, wie sie seit *Thutmosis III. belegt ist, gibt es keine Hinweise, so daß sich nicht mit Sicherheit sagen läßt, ob dieser Feldzug zur Unterwerfung Syriens geführt hat.

Als Folge der neuen Interessen Ägyptens in Vorderasien zeichnet sich die beginnende Verlagerung des politischen Schwergewichts nach Norden durch die Gründung einer Gutsanlage T.I. mit angeschlossenem Palast[28] sowie die Anwesenheit des Kronprinzen Amenmose in *Memphis ab (*Residenz).

Unter T.I. beginnt der Ausbau des Amuntempels in *Karnak. Er umgab den MR-Tempel mit einer

Mauer, die einen pfeilerumstandenen Vorhof einschloß. Davor errichtete sein Baumeister *Ineni[29] zwei *Pylone (4. und 5.), die einen hypostylen Saal einschlossen, sowie zwei *Obelisken vor dem 4. Pylon[30]. Aus Theben sind ferner die Vollendung des *Stationsheiligtums Amenophis' I.[31], ein Tor in Karnak-Nord[32] sowie ein Gebäude östlich des Monthtempels[33] belegt. Ein von Thutmosis III. übernommenes Stationsheiligtum findet sich in *Deir el-Bahari[34]. Außerhalb von Theben findet sich sein Name in *Abydos[35], *Aniba[36], *Armant[37], *Buhen[38], *Elephantine[39], *Gisa[40], el-*Hibe, *Medinet Habu[41], *Ombos[42], *Qasr Ibrim, *Sai[43], *Semna[44] und *Serabit el-Chadim[45].

T.I. war der erste König, der sein Grab im *Königsgräbertal anlegen ließ. Baumeister war wiederum Ineni[46]. Ein *Sarkophag T.I. fand sich in KV 38[47], ein zweiter, ursprünglich für Hatschepsut bestimmter, im Grab der Hatschepsut (KV 20)[48]. Das Grab war erstmals dekoriert und mit Texten des *Amduat versehen. Auch die Gründung der zugehörigen Handwerkersiedlung von *Deir el-Medineh geht auf T.I. zurück. Die Mumie T.I. (CG 61065) wurde in einem von *Pinodjem usurpierten Sarg (CG 61025) in der *Cachette von Deir el-Bahari gefunden (*Königsmumien)[49].

Der *Totentempel T.I. *Ḫnmt-ʿnḫ*[50] läßt sich archäologisch nicht nachweisen[51]. Sein Kult reicht bis in die Ramessidenzeit[52]. Hatschepsut errichtete später für ihren Vater einen eigenen Totenkultraum in Deir el-Bahari, ausgestattet mit einer *Scheintür aus Granit (Louvre C 48)[53].

[1] Urk. IV, 34, 5ff. – [2] Zur vollständigen Titulatur s. v. Beckerath, in: LÄ III, 550. – [3] Sie ist nur *mwt nswt*, vgl. LR II, 209. Anders v. Beckerath, Abriß, 35 (Sohn einer Nebenfrau, Neffe oder Vetter Amenophis' I.). Die für seine Mutter nicht belegten Titel *zꜣt nswt* und *ḥmt nswt* sowie der für die Dyn. bis dahin nicht belegte Name „Thutmosis" machen eine kgl. Abkunft wenig wahrscheinlich. – [4] Anders Seipel, in: LÄ I, 101, der in ihr eine Schwester Amenophis' I. vermutet. Der bei Ahmose fehlende Titel *zꜣt nswt* sowie die Tatsache, daß sich der Titel *snt nswt* bei Königinnen, die gleichzeitig *ḥmt nswt* sind, immer auf ihren Gemahl bezieht, sprechen dafür, daß Ahmose eine leibliche Schwester T.I. ist, die er bei der Thronbesteigung geheiratet hat. Vgl. Robins, in: GM 62, 1983, 68f. Ahmose ist auch nicht *ḥmt nṯr*: so Seipel, op. cit. gegen Gitton und Leclant, in: LÄ II, 794, Anm. 26. – [5] Urk. IV, 193, 2f. – [6] PM II², 365 (132). 366 (133); Index (562) als Tochter Thutmosis' II. und der Hatschepsut bezeichnet! – [7] LR II, 211 (Sohn Amenophis' I.). Im Jahr 4 seines Vaters als ältester Königssohn und Oberbefehlshaber in Memphis belegt: Christiane M. Zivie, Giza au deuxième millénaire, BdE 70, 1976, 52f. Im Grab des *Paheri als Bruder des Wadjmes bezeichnet: Urk. IV, 110, 12. – [8] LR II, 209f. (Sohn Amenophis' I.!). Zu seinen Erziehern s. *Prinzenerzieher. Er besaß einen eigenen Totentempel (PM II². 444ff.). – [9] Sie ist *ḥmt nswt* (nicht *wrt*) und unter Thutmosis II. *mwt nswt*, vgl. LR II, 234f. Wenn T.I. seine leibliche Schwester Ahmose bei der Thronbesteigung geheiratet hat, kann sie nicht Mutter des Kronprinzen Amenmose gewesen sein, der im 4. Jahr als Oberbefehlshaber belegt ist. Die von Thutmosis II. in den Totentempel des Wadjmes gestiftete Statue der Mutnefret (CG 572) deutet gleichfalls auf Mutnefret als Mutter der Söhne T.I. (vgl. Helck, Geschichte, ²1982, 152 Anm. 12). Zu einer Tochter Mutnefret (II!) s. *Thutmosis II., Anm. 7. – [10] Helck, Manetho, 64. – [11] Mariette, Karnak, Tf. 32f. Zweifel an diesem Datum äußern Wente und van Siclen, in: Fs Hughes, 226 (7jährige Regierungszeit) und William F. Edgerton, The Thutmosid Succession, SAOC 8, 1933, 33 (4–5 Jahre). – [12] Helck, Geschichte, ²1982, 151. – [13] Urk. IV, 79f. (CG 34 006). – [14] Urk. IV, 79f. (Berlin 13726). Das Datum Jahr 1, III. *prt* (21. Tag) auch in der von Thutmosis III. über eine Krönungsinschrift der Hatschepsut eingesetzten Krönungsinschrift T.I. in Deir el-Bahari genannt (Deir el-Bahari VI, Tf. 166), vgl. Redford, Eighteenth Dyn., 75. – [15] Urk. IV, 82, 9ff. – [16] Urk. IV, 8, 3ff. – [17] Urk. IV, 36, 5–8. – [18] Inschriften aus Jahr 2 bei Tombos (Urk. IV, 82–88) und Tangur (Birch, in: PSBA 7, 1885, 121; Vandersleyen, in: BIFAO 69, 1971, 260f.). – [19] Inschrift bei Hagar el-Merwa: Arkell, in: JEA 36, 1950, 36f.; Vercoutter, in: Kusch 4, 1956, 67f. – [20] Bericht Thutmosis' II.: Urk. IV, 138, 15ff.; Säve-Söderbergh, Ägypten und Nubien, 150. – [21] Urk. IV, 139, 6; Säve-Söderbergh, op. cit., 184. – [22] Urk. IV, 88, 6ff. – [23] Urk. IV, 89, 10ff. – [24] Urk. IV, 9, 7ff. – [25] Urk. IV, 36, 9–11. Über diese Kämpfe berichtet auch der Uhrmacher Amenemhet (Wolfgang Helck, Historisch-biographische Texte der 2. ZwZt, KÄT, 1975, 110ff.), vgl. Brunner, in: MIO 4, 1956, 323. – [26] Bericht seines Enkels Thutmosis III. (Urk. IV, 697, 5ff.). – [27] Urk. IV, 103, 6ff. – [28] Helck, Verwaltung, 96f.; ders., Materialien, 201. – [29] Urk. IV, 55, 16–56, 12. – [30] Das Fragment eines weiteren Obelisken aus Assuan (PM V, 244) muß *Thutmosis IV. zugeschrieben werden (Karl Martin, Ein Garantsymbol des Lebens, HÄB 3, 1977, 176 Anm. 2). – [31] Chevrier, in: ASAE 47, 1947, 165ff. – [32] PM II², 16. – [33] Karnak-Nord V, PIFAO 30. 1, 1983, passim. – [34] PM II², 378. – [35] PM V, 44; Urk. IV, 95ff. – [36] Georg Steindorff, Aniba II, Glückstadt–Hamburg–New York 1937, 20. – [37] Robert Mond und Oliver H. Myers, Temples of Armant, London 1940, 3. – [38] Harry F. Smith, The Fortress of Buhen, EES, EM 48, 1976, 210 Anm. 1. – [39] Kaiser, in: MDAIK 26, 1970, 112. – [40] PM III. 1², 41. – [41] Hölscher, Medinet Habu II, 6 Anm. 4. – [42] Naqada and Ballas, 67, Tf. 77. – [43] Vercoutter, in: CRIPEL 1, 1973, 28; ders., in: Kush 4, 1954, 78 Anm. 71. – [44] Dunham und Jannsen, Semna-Kumma, 8 Anm. 4. – [45] PM VII, 361. – [46] Urk. IV, 56, 1ff. – [47] Kairo JE 52 344. Nach William C. Hayes, Royal Sarcophagi of the XVIIIth Dynasty, Princeton 1935, 52ff. ist dieser Sarkophag erst unter Thutmosis III. angefertigt worden und T.I. ist ursprünglich in einem Holzsarg bestattet worden. – [48] MFA 04.278. Zur Frage, ob KV 38 oder KV 20 das ursprüngliche Grab T.I. war, siehe zuletzt mit ausführlicher Lit. Altenmüller, in: SAK 10, 1983, 25ff. – [49] Die Zuweisung der Mumie an T.I. ist ungewiß (CG 61051–61100, 26), zumal es sich

nach neuesten Untersuchungen um die Mumie eines 18–20jährigen handelt (James E. Harris und Edward F. Wente, An X-Ray Atlas of the Royal Mummies, London 1980, 202). – [50] Urk. IV, 136. – [51] Otto, Topographie, 71. – [52] Helck, Materialien, 88f. – [53] PM II², 361.

Ch. Me.

Thutmosis II., Manethos Chebron [1], 3. König der 18. Dyn., Nachfolger und Sohn *Thutmosis' I.[2] und seiner Nebenfrau Mutnefret[3]. Thronname: *ꜥꜣ-ḫpr-kꜣ-Rꜥ*, Geburtsname: *Ḏḥwtj-msjw*[4]. Verheiratet mit seiner Stiefschwester *Hatschepsut[5], Mutter seiner Tochter *Neferure. Nebenfrauen Isis[6], Mutter seines Nachfolgers *Thutmosis III., und Mutnefret (II.)[7]. Zwei ältere Brüder, Amenmose und Wadjmes, sind früh verstorben[8].

Sein höchstes überliefertes Datum aus einem Jahr 1[9] läßt sich mit der von Manetho und seinen Benutzern übereinstimmend überlieferten Regierungszeit von 13 Jahren sowie der geringen Zahl von Denkmälern in dieser sonst gut dokumentierten Zeit nicht vereinbaren. Ein Jahr 18 auf einem heute verschwundenen Statuenfragment aus dem *Totentempel des Wadjmes[10] ist vielfach angezweifelt worden[11]. Allgemein gibt man ihm eine Regierungszeit von ca. 3 Jahren[12] (ca. 1482–1479)[13]. Sein *Thronbesteigungsdatum ist nicht bekannt[14].

Aus seinem 1. Jahr ist ein Aufstand in *Nubien belegt, der blutig niedergeworfen wurde[15]. T. II. leitete die Strafexpedition nicht selbst[16]. Über einen weiteren Feldzug gegen die *Schasu-Beduinen berichtet *Ahmose Pennechbet[17].

Die Bautätigkeit T. II. ist gering. Aus *Karnak stammen im 3. *Pylon verbaute Blöcke eines Kalksteintores[18], ein Türsturz aus Sandstein[19], Blöcke eines Gebäudes aus dem *Cachette-Hof, das ihn mit Hatschepsut als Königsgemahlin zeigt[20], Reste zweier *Obelisken[21], zwei Kolossalstatuen (*Königsplastik) vom 8. Pylon[22] sowie Blöcke eines *Naos aus Karnak-Nord[23].

Sein Name ist ferner belegt in *Argo, *Buhen[24], *Elkab[25], *Kumme[26], *Koptos[27], *Semna[28], *Serabit el-Chadim[29] und et-*Tod[30].

Ein Grab im *Königsgräbertal läßt sich inschriftlich nicht zuweisen; typologische Kriterien sprechen für KV 42[31], in dem ein unbeschrifteter kgl. *Sarkophag gefunden wurde[32]. Die Mumie T. II (CG 61066) aus der *Cachette von *Deir el-Bahari war die eines 25–30jährigen Mannes[33] (*Königsmumien).

Der Totentempel T. II. *Šzpt-ꜥnḫ*[34], nördlich von *Medinet Habu gelegen, wurde von Thutmosis III. umgebaut[35]. Auffallenderweise fehlt er in der Aufzählung der Totentempel auf der „Chapelle Rouge" der Hatschepsut. Diese Tatsache sowie das unvollendet gebliebene Grab, der unbeschriftete Sarkophag und das Fehlen einer Grabausstattung bezeugen die weitgehende Ignorierung der Regierungszeit T. II. durch Hatschepsut, die sich als direkten Nachfolger Thutmosis' I. betrachtet hatte.

Zur Stiftung zweier Statuen T. II. durch seine „Schwester" Hatschepsut – sicher nach seinem Tod – in Elephantine s. jetzt Dreyer, in: SAK 11, 1984, 489ff.

[1] Helck, Manetho, 40. – [2] Urk. IV, 34, 5ff. 143, 5f. – [3] Urk. IV, 143, 11f.; vgl. *Thutmosis I. Anm. 9. – [4] Zur ausführlichen Titulatur vgl. v. Beckerath, in: LÄ III, 550. – [5] Urk. IV, 143, 15ff. – [6] LR II, 235. – [7] Dargestellt auf einer Statue T. II. vom 8. Pylon (PM II², 176 (O); Index 562 als Tochter T. II. bezeichnet!). Die zerstörte Inschrift *zꜣt nswt* [...] *nswt mrjjt.f* wurde von Sethe, Urk. IV, 154, 12 zu *snt nswt*, von William F. Petrie, History of Egypt, London [11]1924, 71 zu *ḥmt nswt* ergänzt. Da *mwt nswt* aus Platzmangel entfällt (James E. Harris und Edward F. Wente, An X-Ray Atlas of the Royal Mummies, London 1980, 129), *snt nswt* nie in der Verbindung *snt nswt mrjjt.f* belegt ist, muß man *ḥmt nswt* ergänzen und in Mutnefret eine weitere Gemahlin T. II., Tochter Thutmosis' I und der Mutnefret (?), sehen. – [8] Vgl. Thutmosis I. Anm. 7. 8. – [9] Urk. IV, 137, 9. – [10] Daressy, in: ASAE 1, 1900, 99. – [11] Ablehnend zuletzt Helck, Geschichte, ²1982, 153 gegen Wente und van Siclen, in: Fs Hughes, 226f. – [12] Verschreibung aus 13 Jahren: Helck, in: MDAIK 17, 1961, 109. Für eine längere Regierungszeit Wente und van Siclen, op. cit., 226f.; Redford, in: JNES 25, 1966, 117ff. – [13] Helck, Geschichte, ²1982, 153. – [14] Das Datum vom 8. II. *ꜣḫt*, Jahr 1 (Urk. IV, 137, 9) ist nicht Thronbesteigungsdatum: Helck, Manetho, 66 Anm. 1 gegen Gardiner, in: JEA 31, 1945, 25. – [15] Urk. IV, 137ff. – [16] Säve-Söderbergh, Ägypten und Nubien, 152. – [17] Urk. IV, 36, 12–15. – [18] Barguet, Temple d'Amon-Re, 85 (7) Anm. 3; 307 Anm. 4. – [19] Barguet, op. cit., 85 (8). – [20] PM II², 135ff.; Winlock, in: JEA 15, 1929, 60 Anm. 4; Grimm, in: GM 65, 1983, 33ff. – [21] Barguet, op. cit., 138–39, Anm. 6. – [22] PM II², 176 (O). 177 (P). – [23] Karnak-Nord V, PIFAO 30. 1, 1983, 56. 102f. – [24] Ricardo A. Caminos, The New Kingdom Temple of Buhen I, ASE 33, 1974, 11; II, ASE 34, 1974, 4f. – [25] Clarke, in: JEA 8, 1922, 37. – [26] Dunham und Jannsen, Semna-Kumma, 118f.; Caminos, in: Kush 13, 1965, 74. – [27] Petrie, Koptos, 15, Tf. 13, 1. – [28] Dunham und Jannsen, op. cit., 8 Anm. 4. – [29] PM VII, 361. – [30] PM V, 167. – [31] So zuletzt Hornung, in: RdE 27, 1975, 125ff. mit Lit. – [32] William C. Hayes, Royal Sarcophagi of the XVIIIth Dynasty, Princeton 1935, 48–51. – [33] James E. Harris und Edward F. Wente, An X-Ray Atlas of the Royal Mummies, London 1980, 202. – [34] Zur Namensgleichheit mit dem Totentempel *Amenophis' II. vgl. Helck, Materialien, 97. – [35] Robichon und Varille, Temple Amenhotep, fils de Hapou, 28. 31–34; Tf. 3–7. 23–24; Helck, Materialien, 91.

Ch. Me.

Thutmosis III. Fifth king of the 18th Dynasty, as traditionally numbered, and son of *Thutmose II by one Isis, a lesser conjugal partner.[1]

Virtually nothing is known of his childhood, though it is possible that, as *Thutmose II approached the end of his life, the young prince underwent some sort of appointment in his father's court.[2] Later he was to make use of the story of the discovery of the young acolyte by the god;[3] but there is enough evidence to suggest that in this case the motif was purloined from his predecessors.[4] While his father may have survived long enough to enjoy a formal association with Thutmose III,[5] the latter began to count his own regnal years from the day in May (ix, 4) when he acceded to the throne.[6]

The first year passed uneventfully. Seven months after his accession he was in Thebes "making memorials for Amunre,"[7] and early in his second year he authorized the viceroy of Kush (*Königssohn von Kusch) to refurbish the cult of Dedwen (*Dedun) at *Semna.[8]

When, probably late in his second year,[9] the young king witnessed the coup of the dowager *Hatshepsut, the initial impression was that it had occurred to Thutmose's detriment.[10] This, however, is not the message of the monuments. Very frequently in art T. III is shown with Hatshepsut and, while she takes precedence over him, he is never deprived of the royal regalia.[11] In fact it is Hatshepsut that eschews certain accoutrements (e.g. the double crown) when Thutmose is present; and in business documents she remains simply "king's-wife," T. III himself being "king."[12] Affairs of government are by no means in Hatshepsut's hands alone: as early as year 5 T. III is found installing a new vizier,[13] and soon after the turn of his sixth year the scribe Tjemhy can draft a stela in the king's name alone.[14] Thereafter, in his own name and without Hatshepsut's, we hear of T. III establishing offering endowments in years 7[15] and 15,[16] authorizing expeditions to *Sinai in year 13,[17] commissioning contracters in year 15,[18] and commanding sole allegiance in graffiti of years 16, 17 (?), 18[19] and 20,[20] official stelae (year 20),[21] and indentures in year 21.[22] That he had untertaken, also independent of Hatshepsut, at least two military expeditions to Nubia (*Nubien) and Palestine (*Palästina), is strongly supported by circumstantial evidence.[23]

For two decades following Hatshepsut's death on the tenth day of the sixth month of his 22nd year,[24] T. III gave himself almost wholly to military campaigning in Western Asia.[25] T. III's expressed motivation for his military activity in Asia was couched in jargon suggestive of a pre-emptive strike;[26] and the circumstances of an incipient Canaanite invasion within weeks of Hatshepsut's death militates in favour of a modicum of truth in the claim. He also uses, however, the "imperialist" expression "widening the boundaries;"[27] and invokes divine sanction on his work.[28]

Political power in the Levant in T. III's 22nd year was distributed among three centres: Kadesh (*Qadesch) on the middle *Orontes (commanding initially allegiance as far south as central Palestine),[29] *Tunip somewhere in the basin of the lower Orontes whose influence extended to the Mediterranean coast,[30] and *Mitanni beyond the Euphrates.[31] The extraterritorial power of Kadesh was shattered at the battle of *Megiddo on the first campaign in the 23rd year,[32] and the city itself attacked on the 6th campaign in year 30.[33] A third assault in year 42 resulted in the siege and capture of Kadesh,[34] after which it ceased to figure prominently among Egypt's Asiatic enemies. Tunip seems to have filled the vacuum created by Kadesh's initial defeat, and attempted to subvert the Phoenician coast, a move thwarted in the 5th campaign of year 29,[35] and again in year 31.[36] Thereafter, in year 42, it too was attacked and its environs laid waste.[37] The city henceforth seems to have become the object of special attempts to tie it to the Egyptian crown, and four generations later the erstwhile presence of T. III in Tunip and the Egyptian cult installations there were remembered fondly by the inhabitants.[38] The direct engagement of Mitanni came in year 33 (in what would have been the 8th campaign), and again in year 35 on the 10th campaign.[39] The forethought behind the 8th campaign, involving the prefabrication of ships in the Lebanon, resulted in the surprise of the Mitannian forces and the precipitous flight of the king. The banks of the Euphrates were ravaged by the Egyptians at will, a boundary stela was set up,[40] and the returning king indulged in the hunt,[41] and archery[42] at his leisure. The victory cannot have been as complete, however, as the sources imply, for two years later T. III met a substantial Mitannian army again in North Syria. Nonetheless, to judge from their biographies, contemporaries seem to have considered the 8th campaign the king's chief accomplishment.[43]

The publication of the day-book account (*Kriegstagebuch) of the northern foreign wars is dated to year 42,[44] and whether the last decade of the reign witnessed any further military activity on this front is a moot point. Scattered references mention battles in the region of Takhsy (*Tachsi),[45] but these could have been conducted by *Amenophis II, late in his father's reign or early in his own.[46]

Thutmose's activity, both civil and military, within the Nile valley is more difficult to order chronologically than that pertaining to Asia. The king may have been wholly occupied in the north

during the third and fourth decade of the reign but, as the annals indicate, the production and importation of gold from Nubia went forward uninterrupted and with vigour.[47] Some building activity is attested in the south during the period of the Asiatic wars: at *Buhen in year 23,[48] at *Sai in years 25[49] and 27[50] (when the fortress was under construction),[51] and at Buhen again in year 35.[52]
But the major part of the engineering projects of the king will undoubtedly have occupied the last decade of the reign. To this period probably belong such Nubian temples as those at *Faras,[53] *Dakkeh,[54] and *Argo,[55] the rock-chapel at Dosha,[56] and possibly some work at *Quban[57] and Semna.[58] Embellishment of the cult installations at *Gebel Barkal must date from around year 47,[59] as presumably also the work at *El-kab.[60] Interest in *Heliopolis is attested from the period of the third jubilee when *obelisks and *pylon were erected,[61] from year 45 when land donations were made,[62] and two years later when the temenos wall was erected.[63] Of the extensive projects elsewhere in the Delta cited by Minmose[64] little survives,[65] but these too are probably to be dated to the decade under discussion.
In the area around *Thebes T. III built extensively: a gate (?) at *Kom Ombo,[66] a peripteral shrine at eṭ-*Ṭod, additions to the *Montu temples at *Armant,[67] and *Medamud,[68] and installations of undisclosed nature at *Esna and *Dendara.[69] On the west of Thebes work on *Ḏsr-ꜣḫt* and *Ḏsr-mnw* was under way by the late winter of the 43rd year V, 24 and VI, 1).[70] *Ḥnkt-ꜥnḫ*, the mortuary temple (*Totentempel) on the west bank, was already in existence under Hatshepsut[71] and in use in year 23;[72] but was significantly added to after year 30 and probably in years 49–50.[73] The "Baugeschichte" of *Karnak, though reflected in many texts,[74] is less well known and its chronology uncertain. Late in the 24th year the delapidated walls of the MK east of the old temple were removed, and a start made at constructing the *ꜣḫ-mnw*.[75] Possibly just prior to the jubilee in year 30 are to be dated the circumference wall,[76] and the small kiosk *Jmn mn mnw* between pylons 7 and 8;[77] while the erection of the Constantinople obelisk can date no earlier than the 33rd year.[78] Construction within the old temple proper (6th pylon, shrine, hall of annals and the north and south block of ancestral shrines) are not easy to date, and Borchardt's choice of year 24 is open to doubt.[79] Certainly they existed by year 42.[80] Four years later, in year 46, a compilation of the king's benefactions to *Amun and *Mut was set up in granite.[81]
Possibly in year 49 a minor punitive campaign took T. III to Nubia,[82] whence he returned early in his 50th year;[83] and shortly thereafter some work is attested from Ellesiyeh[84] and *Amada.[85] It must have been upon his return that, perhaps because he was ailing, he associated his son Amenophis (II) with himself as coregent (*Mitregentschaft);[86] and it may have been pursuant to his new status that he undertook the Takhsi campaign.[87]
T. III passed away on the last day of the seventh month of his 53rd year, within five weeks of attaining his 54th on the throne.[88] The obsequies were performed by his son,[89] and the burial took place in tomb 34 of the Valley of the Kings (*Königsgräbertal).[90] The king's mummy shows him to have been a little over 5 feet tall, stocky and afflicted with few dental problems.[91] His representation in art display the fine features characteristic of the Thutmosids.[92]
The family of T. III is imperfectly known.[93] There is no evidence that he was linked in marriage with *Neferure,[94] and one of the earliest of his known wives is *Zꜣt-jꜥḥ*, already great royal wife early in the third decade of the reign.[95] Although only the daughter of the king's nurse Ipu,[96] she is undoubtedly the mother of the "king's eldest son [Amun]-em-hat."[97] By the middle of the fourth decade she was dead, and her place taken by Meryetre-*Hatshepsut (II) of uncertain parentage,[98] seen together with her predecessor and an otherwise unknown *Nbt-w* in T. III's tomb.[99] She it was that, probably in year 33 or 34, gave birth to Thutmose's eventual successor Amenophis II.[100] Of lesser wives there appear to have been many, some of them undoubtedly singled out from the daughters of vassal princes.[101] Six royal children, including the princes named above, are known at present.[102]
Several texts indicate T. to have been something of a savant and artist. *Rechmire admired his ability to handle the hieroglyphic script,[103] and compared his skill with that of Seshat (*Seschat) and *Thot; and with the latter the king was formally indentified and worshipped in Nubia.[104] Vessels were designed by the king himself,[105] and the collection of plants in year 25 must betray an interest in botany.[106] The king delved into ancient documents including those related to public welfare;[107] and a renewed interest in the Pyramid Texts (*Pyramidentexte) may be evidenced for his reign.[108] Thutmose's reverence for the ancestors is found elsewhere among the Thutmosids; but his numerous acts of commemoration make his interest explicit. These include careful construction so as not to conceal the work of his grandfather,[109] conservation of the images of ancestral kings,[110] and construction of the "Chamber of Ancestors."[111] If he did engage in the defacement

of Hatshepsut's monuments, it was done relatively late in the reign, and was partly due to his construction programme.[112]

T. III was assigned a place of prominence in the collective memory of the state as "the father of the fathers,"[113] and continued to be revered in scenes of private devotion until Ptolemaic times.[114] His exploits and his person became the ingredients of legend: the crossing of the Euphrates on his 8th campaign lived on in folklore for a millennium and a half,[115] and some incidents of his life can be dimly discerned behind the "Sesostris" sagas.[116] Prescriptions from his time were preserved and followed long afterwards.[117]

[1] LR II, 235, though later credited by her son having been "great king's-wife, his beloved, mistress of south and north, great heiress, god's-wife and king's-mother": Redford, Eighteenth Dyn., 73, n. 83. On the problem of the "heiress", see Robins, in: GM 62, 1983, 67ff. – [2] Urk. IV, 180, 11–12; Hayes, in: CAH II². 1, 317. – [3] Urk. IV, 157,7–159,9. – [4] Redford, op. cit., 74ff. – [5] Cf. Berlin 15980 = ÄIB II, 389; William Murnane, Ancient Egyptian Coregencies, SAOC 40, Chicago 1979, 116f. – [6] On the accession date s. Helck, in: Studia Biblica et Orientalia 3, Rom 1959, 116; Hornung, Chronologie, 32ff.; Redford, in: JNES 25, 1966, 119. – [7] Firth-Quibell, Step Pyramid I, 80 (D). – [8] Urk. IV, 193 (71); Dunham–Janssen, Second Cataract Forts I, pl. 30. – [9] Lacau–Chevrier, Hatshepsout, 133; Schott, Festdaten, 97; id., in: NAWG 1955, 212; Helck, op. cit., 116f.; the reigns of Thutmose I and II have also been suggested, cf. Yoyotte, in: Kêmi 18, 1968, 85ff.; cf. Redford, review of Suzanne Ratié, La reine Hatchepsout, in: JAOS (forthcoming). The question is moot. – [10] Cf. Ineni's assessment: Urk. IV, 59f. – [11] On T.'s fate under Hatshepsut, see Redford, Eighteenth Dyn., 76f.; Suzanne Ratié, La reine Hatchepsout. Sources et problèmes, Leiden 1979, 136ff. – [12] Hayes, in: JEA 46, 1960, 34. 41. – [13] Helck, in: Fs Grapow, 107ff.; Urk. IV, 1384. – [14] Hans Goedicke and Edward F. Wente, Ostraca Michaelides, Wiesbaden 1962, pl. 41 no. 59. – [15] Gardiner, in: JEA 38, 1952, pl. 5, l. 26; Urk. IV, 1256. – [16] Urk. IV, 172. – [17] Inscr. Sinai, pl. 61 no. 180 (though the queen's name appears in the *ḥtp-dj-nsw*-Formula). – [18] Jamunedjeh: Hayes, in: ASAE 33, 1933, 11; Urk. IV, 940. – [19] Hintze, in: Kush 12, 1964, 41, pl. 8b; id., in: Kush 13, 1965, pl. 3a; Habachi, in: Kêmi 18, 1968, 55, fig. 5. – [20] Firth-Quibell, Step Pyramid I, 80 (F). – [21] Säve-Söderbergh, Ägypten und Nubien, 207ff.; Urk. IV, 1375f. – [22] CG 27815 = Urk. IV, 1066 (324). – [23] Redford, Eighteenth Dyn., 60ff.; Ratié, op. cit., 219ff. On T.'s training in the army, see Hayes, in: CAH II². 1, 318. – [24] Robert L. Mond and Oliver H. Myers, The Temples of Armant, London 1940, 103. 182f. (Drower), pl. 88; Helck, Beziehungen², 121; contrast Alt in: ZDPV 70, 1954, 35. – [25] For source discussion see especially Noth, in: ZDPV 66, 1943, 156ff.; Hermann Grapow, Studien zu den Annalen Thutmosis des Dritten, ADAW 1947. 2, 1949; Yeivin, in: BiOr 23, 1966, 18ff.; Helck, Beziehungen², 119ff.; Spalinger, in: JARCE 14, 1977, 41ff.; id., in: GM 33, 1979, 47ff.; id., Aspects of the Military Documents of the Ancient Egyptians, New Haven 1983. – [26] "Smiting the foreign rulers who had attacked him": Barguet, Temple d'Amon-Rê, 161; cf. Gebel Barkal stela, line 3; Maspero, in: ASAE 10, 1910, 9; "defeating all lands as they marched against him": Gebel Barkal stela, line 7 (= Urk. IV, 1230, 13); the coalition at Megiddo was "intent on destroying Egypt": Urk. IV, 1255, 9; "the lands of Fenkhu who had sunk so low as to violate my frontiers": Urk. IV, 758, 6–7. – [27] Urk. IV, 186, 10–11; 648, 14–15; 699, 1; 702, 2. – [28] Urk. IV, 184, 4–8; 649, 1. – [29] Noth, in: WdO 3, 1948, 223ff.; Epstein, in: JNES 22, 1963, 242ff.; Horst Klengel, Geschichte Syriens II, Berlin 1969, 139ff.; Helck, Beziehungen², 300f. – [30] Klengel, op. cit., 75ff.; Helck, Beziehungen², 295f.; Redford, in: JAOS 99, 1979, 281 n. 13 (already an enemy earlier in the dynasty: ibd., 271). – [31] Redford, in: LÄ III, 149ff. – [32] Urk. IV, 648ff.; to the sources listed above, add Faulkner, in: JEA 28, 1942, 2ff. – [32] Christophe, in: RdE 6, 1951, 89ff.; Yeivin, in: JNES 9, 1950, 101ff.; id., in BiOr 23, 1966, 18ff.; Spalinger, in: MDAIK 30, 1974, 221ff. – [33] Urk. IV, 689, 7–10. – [34] Urk. IV, 730, 8–10. – [35] Urk. IV, 686. – [36] Urk. IV, 691, 3. – [37] Urk. IV, 729, 15–730, 1. – [38] Cf. EA 59; for the identity of Manaḫpirja with *Mn-ḫpr-Rꜥ*, see now Rolf Krauss, Das Ende der Amarnazeit, HÄB 7, 1978, 158ff., where earlier references are cited. – [39] Urk. IV, 696ff.; 709ff.; Faulkner, in: JEA 32, 1946, 39ff. – [40] Urk. IV, 697, 3–5; 698, 17; 1232, 11–12; 1246, 2; Spalinger, in: JNES 37, 1978, 35ff.; Helck, in: CdE 56, no. 112, 1981, 241ff. – [41] Urk. IV, 1233f. 1245, 18ff.; cf. 893, 14f. (Amenemheb: Redford, in: Studies in the History and Archaeology of Jordan I, Amman 1982, 115f.); Redford, in: LÄ III, 222. – [42] Urk. IV, 188f.; on the sporting tradition, see Hayes, in: CAH II². 1, 333ff. 765; Edel, in: SAK 7, 1979, 23ff. – [43] Urk. IV, 1370. 1441. 1466f.; possibly 997, 4 (Nebenkemet), and Berlin 10756 = ÄIB, no. 584 (Sennefer); cf. Urk. IV, 587 (obelisk in Constantinople). – [44] Urk. IV, 734; but see Grapow, Studien (s. n. 25), 7 n. 2. – [45] Urk. IV, 1442, 16–20; 893, 6. – [46] Charles Kuentz, Deux stèles d'Amenophis II, Cairo 1925, 20; cf. Helck, Geschichte², 162; id., Beziehungen², 270f.; Rainey, in: JARCE 10, 1973, 71ff. – [47] Hayes, in: CAH II². 1, 350f.; on this southern gold-production, see Vercoutter, in: Kush 7, 1959, 120ff.; Posener, in: Ägypten und Kusch (Fs Hintze), Berlin 1977, 337ff. – [48] Urk. IV, 806f.; D. Randall-MacIver and C. Leonard Woolley, Buhen, Philadelphia 1911, 27ff., pl. 13. – [49] Vercoutter, in: Kush 4, 1956, 74f. – [50] Vercoutter, in: Kush 6, 1958, pl. 46a. – [51] Cf. Vercoutter, in: CRIPEL 1, 1972, pls. 2–3. – [52] Ernest A. W. Budge, The Egyptian Sudan I, London 1907, fig. on p. 576; for T. fragments from Buhen, see Ricardo A. Caminos, The New Kingdom Temples at Buhen I, London 1974, 92ff. (index); Harry S. Smith, The Fortress of Buhen. The Inscriptions, London 1976, index D. – [53] Michalowski, in: Kush 10, 1962, 220ff. – [54] Maspero, in: ASAE 10, 1910, 8f. – [55] Helen Jacquet-Gordon et alii, in: JEA 55, 1969, 107f. 110. – [56] PM VII, 167. – [57] Donadoni, in: OrAnt 1, 1962, 134f., pl. 43, 2. – [58] Dunham–Janssen, Second Cataract Forts I, 8f. – [59] Reisner, in: ZÄS 69, 1933, pl. 3 line 1; Dows Dunham, The Barkal Temples, Boston 1970, pl. 3; for re-used material elsewhere in Nubia, see

Dows Dunham, Second Cataract Forts II. Uronarti, Boston 1967, 14; PM VII, 50. – [60] Weigall, in: ASAE 9, 1909, 108; PM V, 173f. – [61] Urk. IV, 590. 940, 12; Labib Habachi, The Obelisks of Egypt, New York 1977, 164ff. – [62] Cairo 65830 = Urk. IV, 1373. – [63] Urk. IV, 830f. 832; William M. Flinders Petrie, A History of Egypt II, London 1924, 126; id., Heliopolis, Kafr Ammar and Shurafa, pls. 4–5; PM IV, 61. – [64] Urk. IV, 1443. – [65] Cf. PM III, 217 (Mitrahineh): Petrie, History II, 126, fig. 78 (Jamu); Seton–Williams, in: JEA 55, 1969, 21 (Buto); Pascal Vernus, Athribis, BdE 74, 1978, 22ff. (Athribis). – [66] PM VI, 199ff. – [67] Mond and Myers, Temples of Armant (s. n. 24), pls. 9. 40. 88 and passim. – [68] Urk. IV, 1441ff. – [69] S. n. 117. – [70] Lipinska, in: JEA 53, 1967, 27 and n. 6; Jadwiga Lipinska, Deir el-Bahari II. The Temple of Thutmosis III, Architecture, Warsaw 1977; pBerlin 10615. 10621; Černý–Gardiner, Hier. Ostraca, 56.5. – [71] Ricke, Totentempel, 36, no. 15; Lacau–Chevrier, Hatshepsout I, 80. – [72] Urk. IV, 741. – [73] Ricke, op. cit., 19; Hayes, in: JEA 46, 1960, pl. 13 no. 21, cf. rto 16. – [74] Breasted, in: ZÄS 39, 1901, 55f.; Ludwig Borchardt, Zur Baugeschichte des Amonstempels von Karnak, UGAÄ 5, 1905, 13f. 21ff.; Barguet, Temple d'Amon-Rê, passim; id., in: LÄ III, 342f.; Urk. IV, 155ff. 178ff. 833ff. 839f. 932f. 1251ff.; Nims, in: Fs Wilson, 69ff. – [75] Urk. IV, 836; cf. Gardiner. in: JEA 38, 1952, pl. 5, line 50; Gerhard Haeny, Basilikale Anlagen in der äg. Baukunst des Neuen Reichs, BeiträgeBf 9, 1970, 14. 90 n. 44; Barguet, Temple d'Amon-Rê, 33; Lauffray, in: Kêmi 19, 1969, 179ff.; François Daumas, in: Karnak VI, Kairo 1980, 274ff.; for use of pillaged Hatshepsut blocks, see Varille, in: ASAE 50, 1950, 132ff. – [76] Barguet, Temple d'Amon-Rê, 220. – [77] Borchardt, Tempel mit Umgang, 90ff.; Nims, in: JNES 14, 1955, 113. – [78] Urk. IV, 586f.; Habachi, Obelisks (s. n. 61), 145ff. – [79] Borchardt, Baugeschichte (s. n. 74), 21f.; Barguet, Temple d'Amon-Rê, 116 n. 1. The year "24" in a graffito near the 5th pylon is probably not from Thutmose III's reign, as the associated graffiti are all from the Late Period: Legrain, in: ASAE 5, 1904, 41. – [80] Urk. IV, 735, 14. – [81] Now south-west of the barque-shrine. For T.'s dedications, see Ahmed S. Taufik, Untersuchungen zur großen Liste der Weihgeschenke, Diss. Göttingen 1966; Taufik, in: MDAIK 25, 1969, 179ff. – [82] Urk. IV, 1441, 18 (Minmose). – [83] Urk. IV, 814. – [84] Urk. IV, 811; Christine Desroches-Noblecourt, and others, Le speos d'El-Lessiya, CS, CEDAE, Cairo 1966; see also Ricardo A. Caminos, The Shrines and Rock-Inscriptions of Ibrim, ASE 32, 1968, 41 n. 3; 43 n. 3; Dewachter, in: RdE 28, 1976, 151ff. – [85] Paul Barguet and Michel Dewachter, Le temple d'Amada II, CEDAE, Cairo 1967, and III, 1ff. and passim. – [86] Parker, in: Fs Wilson, 75ff. – [87] See n. 45. – [88] Urk. IV, 895. – [89] Maspero, Momies royales, 548. – [90] PM I².2, 551ff.; Romer, in: MDAIK 31, 1975, 315ff. – [91] Maspero, Momies royales, 547f.; Grafton E. Smith, The Royal Mummies, CG, Cairo 1912, 34; James E. Harris and Kent R. Weeks, X-Raying the Pharaohs, New York 1973, 137. – [92] Karol Myśliwiec, Le portrait royal dans le bas-relief du Nouvel Empire, Warsaw 1976, 50ff. – [93] LR II, 270ff. – [94] Ratié, op. cit. (v. n. 9), 314. – [95] Ptah-temple stelae: Urk. IV, 604, 9. – [96] Mariette, Abydos, pl. 53b. – [97] Urk. IV, 1262, 1. – [98] Ratié, op. cit. (s. n. 9), 64; LR II, 270ff.; Hayes, Scepter II, 128. – [99] Loret, in: BIE 3e serie 9, 1899, 96, pl. 6. – [100] LR II, 287; 18 years at his accession: Urk. IV, 1279, 10. – [101] Cf. the Syrian princess brought to Egypt in year 40: Urk. IV, 669, 1–3; Schulman, in: JNES 18, 1959, 182f.; Herbert E. Winlock, The Treasure of Three Egyptian Princesses, PMMA 10, New York 1948; Hayes, Scepter II, 130ff.; see, however, the important reservations of Dorman, in: ARCE Annual Meeting. Abstracts, 1983, 19. – [102] Bettina Schmitz, Untersuchungen zum Titel sꜣ-njśwt „Königssohn", Bonn 1976, 291f.; Troy, in: GM 50, 1981, 89 n. 6; Robins, in: GM 56, 1982, 85. The dating of Nebetya (?) and her father Si-Atum (?) to this reign is doubtful: Petrie, History II, 145, fig. 90, 1. – [103] Urk. IV, 1074, 2–9, a skill shared by others of the period: Urk. IV, 415, 14–16; LD III, 25i (Senenmut); Urk. IV, 1082, 2–5 (Rekhmire); Dietrich Wildung, Imhotep und Amenhotep, MÄS 36, 1977, 281 (Amenophis son of Hapu). – [104] Säve-Söderbergh, in: Kush 8, 1960, pl. 15. – [105] Urk. IV, 173. 637; Davies, Menkheperrasonb, pl. 10. – [106] Urk. IV, 777; Barguet, Temple d'Amon-Rê, 198. – [107] pBerlin 3049 vso, XIX, 1: Vernus, in: Or 48, 1979, 176ff. – [108] Cf. Berlin 3057, XXI, 15: Georg Möller, Über die in einem späthieratischen Papyrus des Berliner Museums erhaltenen Pyramidensprüche, Berlin 1900, 2; Luft, in: ZÄS 99, 1973, 109. – [109] Urk. IV, 846, 17–847, 4. 12–16. – [110] Urk. IV, 839, 10ff.; for T.'s reverence for the ancestors, see Gardiner, in: Fs Rosellini, Studi, pl. 10 no. 3; Donald B. Redford, King-lists, Annals and Daybooks, Toronto 1984, chapter 5 passim. – [111] Wildung, in: MDAIK 25, 1969, 214ff.; id., in: GM 9, 1974, 42ff.; Redford, op. cit., chapter 1. – [112] Nims, in: ZÄS 93, 1966, 97ff. – [113] Urk. IV, 2135. – [114] Louis Speleers, Recueil des inscriptions égyptiens ... Bruxelles, Brussels 1923, 37 no. 133 (as son of Amun); Maria Mogensen, La collection égyptienne, Copenhagen 1930, pl. 74 (A 582); Caroline Williams, in: JEA 5, 1918, pl. 31; Koefoed–Petersen, Cat. des cerceuils, pl. 48 (as Osiris); Kees, in: RecTrav 36, 1914, 51ff.; Deir el Médineh IV.3, 1927, 8 n. 3; for further examples see Redford, op. cit., chapter 5, n. 35–38. – [115] Redford, in: SSEAJ 10, 1979, 63ff. – [116] Diodor I, 53, 5 (hunting tradition); I, 58, 3 (length of reign); Waddell, Manetho, 66ff. (Asiatic conquests). – [117] Cf. the annual progress at the feast of Opet: Horemheb Decree, 28–29 = Jean-Marie Kruchten, Le décret d'Horemheb, Brussels 1982, pl. 11; cf. the *sntt wr* at Dendara, reputed to have been found by T.: Dendara VI, pls. 583. 591; Luft, in: ZÄS 99, 1973, 112; Henry G. Fischer, Dendera in the 3rd Millennium B. C., Locust Valley 1968, 45ff.; offering list at Esna: Sauneron, in: ASAE 52, 1954, 37; Esna III, 287. D. B. R.

Thutmosis IV. (1401–1391 v. Chr.)[1], 8. König der 18. Dyn., Sohn *Amenophis' II. und der *Tjꜥꜣ* (*Tiaa) (s. B 1).

A. *König und königliche Familie.* 1. Grab und *Totentempel: Grab KV 43 (*Köngsgräbertal)[2], inspiziert von *Maja im Jahr 8 des *Haremheb[3]; die Mumie (Alter: ca. 30 Jahre [*Königsmumien B 8]) wurde von *Pinodjem I. in das Grab KV 35

Amenophis' II. gebracht (*Cachette). Der Totentempel T.IV.[4] (Ziegel und Blöcke im *Ramesseum verbaut)[5] wurde der Aufreihung der 18. Dyn.-Totentempel entsprechend s.w. des Totentempels Amenophis' II errichtet.

2. Königinnen: Hauptfrau war *W3djt* (oder *Jˁrt*[6]), wohl Tochter Amenophis' II.; Nebenfrauen u.a. Nofretere (in *Gisa belegt)[7] und *Mutemwia (Mutter *Amenophis' III.).

3. Kinder: Namentlich bekannt sind 5 Söhne[8]: *Amenophis (III.), Thutmosis, Amenemhet, *ˁ3-ḫprw-Rˁw* und ein weiterer Amenophis (zu den Töchtern s. Übersicht bei LR II, 304–305)[9]. Amenophis (III.) wurde von *Ḥq3-r-nḥḥ* (*Heqaerneheh) erzogen[10] (*Prinzenerzieher).

B. *Thronfolge und Titulatur*. 1. Thronfolge: Als Sohn der „Königstochter" *Tjˁ3*[11] und Ehemann der „Königstochter" *W3djt*[12] ist die Thronfolge doch wohl problemlos gewesen[13]. Durch eine Reihe gemeinsamer ikonischer Wiedergaben T.IV. mit *Tjˁ3*[14] knüpft T.IV. an seine Mutter an. Die zur Thronfolge erforderliche göttliche Erwählung (*Königsberufung, *Königswahl) verlegt T.IV. nach *Memphis, wo er als *Kronprinz stationiert war (aus der Erzählung auf der Großen *Sphinxstele auf Schwierigkeiten bei der Thronbesteigung zu schließen, erscheint unnötig; s. auch C3). Eine *Mitregentschaft mit Amenophis II. ist unwahrscheinlich[15].

2. Titulatur (übereinstimmend belegt in den Jahren 1 auf der Großen Sphinxstele und 7 und 8 auf den *Konosso-Stelen): Horus-Name *k3-nḫt twt-ḫˁw* „Starker Stier, vollkommen an Erscheinung" (in Memphis parallel dazu *k3-nḫt z3 Jtmw* „Starker Stier, Sohn des Atum"[16] und *k3-nḫt mrj-W3st* „Starker Stier, Geliebter von Theben"[17]); Nebti-Name *ḏd-njswt mj Jtmw* „Dauernd an Königtum wie *Atum" (in Memphis parallel dazu *sḫm-ḫˁw m t3w nbw* „Mächtig an Erscheinung in allen Ländern"[17]); Goldhorus-Name *wsr-ḫpš dr-pḏt-9* „Stark an Kraft, der die Neunbogenvölker vertreibt"; Thronname *mn-ḫprw-Rˁw* „Bleibend an Gestalten ist Re" (mit Zusätzen); Eigename *Ḏḥwtj-msjw* (Zusatz *ḫˁj-ḫˁw* „Erscheinend an Erscheinung", auch *wsr-ḫˁw* „Stark an Erscheinung"[18]). Die Nebti-, Goldhorus- und Thronnamen sind in Anlehnung an die entsprechenden Namen Thutmosis' III. gebildet.

C. *Bautätigkeit*. 1. Außerhalb der großen Zentren: vornehmlich in a) *Serabit el-Chadim[19] (*Sinai); b) *Abydos: u.a. Totentempel T.IV.[20] (nach T.IV. wurde die Bautätigkeit erst wieder unter *Eje aufgenommen); c) *Dendara[21]; d) *Medamud[22]; e) Gebiet von *Assuan/*Elephantine[23]; f) *Amada: T.IV. setzte die Arbeiten seiner beiden Vorgänger fort: der Vorhof des Tempels wurde zu einer Pfeilerhalle ausgebaut (mit *Sedfest-Wunschvermerken)[24]; g) *Gebel Barkal (*Napata): u.a. Kapelle[25].

2. *Karnak: hier errichtete T.IV. einen Barkenschrein[26], dekorierte Teile des Nordflügels des 4. Pylons[27] und erbaute davor einen Portikus[28]. Zudem stellte T.IV. den von Thutmosis III. nicht aufgerichteten (Lateran-)*Obelisken auf und dekorierte ihn[29] (Anknüpfung an Thutmosis III.).

3. *Memphis/*Gisa: Abgesehen von kleineren Bauten[30], bezeugt u.a. durch ein Gründungsdepot[31] im *Ptah-Tempel, hat T.IV. vornehmlich das Gebiet des Großen *Sphinx ausgestaltet. Er benutzte den von Amenophis II. errichteten *Harmachis-Tempel weiter[32], errichtete zwischen den Vordertatzen des Sphinx die Große Sphinx-Stele (*Traum) mit dem Erwählungsbericht (s. B1) und baute für den Sphinx eine Schutzmauer[33]. In die Schutzmauer sind Stelen eingelassen, auf denen T.IV. Lokal- und Reichsgöttern opfert[34]. Vielleicht stellen die meisten dieser Gottheiten die Neunheit des Großen Sphinx dar. Zweifellos sollte mit dieser Pflege des Harmachis-Kultes (in diesen Zusammenhang gehört auch die Übereignung von Landbesitz in Djahi (Retenu) an den Großen Sphinx)[35] ein Gegengewicht zu Karnak geschaffen werden (Vorläufer der Amarnazeit).

D. *Außenpolitik*. 1. Asien[36]: Zwei Asienfeldzüge sind belegt: eine Opferliste aus Karnak[37] berichtet von einem Feldzug nach Naharina und eine Stele aus dem Totentempel T. IV. von einer militärischen Aktion gegen *Gezer („Gründung" T.IV. mit gefangenen Syrern aus Gezer)[38]. Im übrigen setzte T.IV. die *Mitanni-Politik seines Vaters fort, unter dem es mindestens schon zu Verhandlungen gekommen war. Der Friede wurde mit der Heirat zwischen T.IV. und einer Tochter des Mitanni-Königs *Artatama besiegelt[39].

2. Nubien: Aktivitäten in Nubien sind mehrfach bezeugt, zunächst durch eine Reihe von Graffiti aus dem Gebiet des 1. Katarakts: Graffito des *Königssohnes von Kusch Amenophis[40] sowie Graffiti bei *Konosso; die Namen des Erziehers T.IV. *Ḥq3-ršw*, des Erziehers seines Sohnes Amenophis (III.) *Ḥq3-r-nḥḥ* sowie mehrerer Prinzen sind belegt[41]. Die wichtigsten Quellen sind jedoch die Konosso-Stelen aus den Jahren 7 und 8 (Große Konosso-Stele)[42]. Der durch letztere geschilderte Feldzug gegen Nubien ist möglicherweise fiktiv[43].

[1] So u.a. Erik Hornung, Grundzüge der ägyptischen Geschichte, Darmstadt [2]1978, 162; Ansatz von Rolf Krauss, Das Ende der Amarnazeit, HÄB 7, 1978, 200–202: 1400–1390. – [2] PM I.2[2], 559–562; CG 46001–46529. – [3] Urk. IV, 2170–1 (849). – [4] PM II[2],

446–7; William M. Flinders Petrie, Six Temples at Thebes, London 1897, 7–9, Tf. 24; vgl. Ricke, Totentempel, 13, Tf. 11. – [5] Vgl. PM II[2], 443. 683. – [6] So LR II, 303 Anm. 2; vgl. Harris, in: SAK 2, 1975, 95 ff. (Tochter T. IV.). – [7] Christiane M. Zivie, Giza au deuxième millénaire, BdE 70, 1976, 340 s. v., besonders 270; s. auch Urk. IV, 1562, 15. Vgl. Harris, in: SAK 2, 1975, 95 ff. (Ahmose Nofretere). – [8] Vgl. die Aufreihung in TT 64, s. LD III, 69 a; Newberry, in: JEA 14, 1928, 82–85, besonders Tf. 12; Urk. IV, 1572–3; vgl. jedoch Redford, in: JEA 51, 1965, 112–115. – [9] Vgl. dazu Redford, a.a.O., 113 Anm. 2. – [10] TT 64; Sohn des Erziehers T. IV. *Ḥqꜣ-ršw*. *Ḥqꜣ-r-nḥḥ* war wohl auch der Erzieher der übrigen Söhne T. IV., s. Urk. IV, 1574, 1. – [11] Wohl Tochter Thutmosis' III. (Redford, in: JEA 51, 1965, 115; Hayes, Scepter II, 146); vgl. auch die Darstellung der Tiaa als Prinzessin in TT 63 (Urk. IV, 1583). – [12] Kleine Konossostele: Urk. IV, 1555, 13. – [13] Anders Hayes, in: CAH II. 1[3], 320–1; Hornung, Grundzüge (s. Anm. 1), 88 u. a. – [14] Vgl. die Aufstellung bei Christiane M. Zivie, Giza (s. Anm. 7), 270 mit Anm. 3. – [15] Helck, in: LÄ IV, 158 Nr. 6 sowie William J. Murnane, Ancient Egyptian Coregencies, SAOC 40, 1977, 117–123. 231. – [16] Urk. IV, 1563. – [17] Urk. IV, 1558. – [18] LR II, 296. – [19] Inscr. Sinai, Nr. 207–9, ferner Nr. 58 (Jahr 4) und Nr. 60 (Jahr 7). – [20] Kemp, in: LÄ I, 38; s. Nr. 17 auf Abb. auf Sp. 30; vgl. auch PM V, 44. – [21] PM V, 109. – [22] PM V, 147. – [23] PM V, 266 = Urk. IV, 1561 (496); PM V, 244. 225; s. auch PM V, 226 (Nilometer). – [24] Erik Hornung und Elisabeth Staehelin, Studien zum Sedfest, AH 1, 1974, 33. 46 Anm. 31. 63–4. – [25] Dows Dunham, The Barkal Temples, Boston 1970, 63, Tf. 56 a; s. zudem PM VII, 215; Dunham, a.a.O., 25 (4). 26 Abb. 19, Tf. 24 b; PM VII, 222. – [26] PM II[2], 71–72. – [27] PM II[2], 78 (195?). 79 (202 c.g.). – [28] PM II[2], 72. – [29] Urk. IV, 1548–1552 (488). – [30] Vgl. auch PM III. 1[2], 333. – [31] PM III. 2[2], 842; Urk. IV, 1561 (498). – [32] Stelenfragment: Christiane M. Zivie, Giza (s. Anm. 7), NE 35; vgl. auch NE 33. – [33] U. a. Ziegel T. IV.: Kairo JE 72371; allgemein: PM III. 1[2], 38; Ch. M. Zivie, a.a.O., 145–6. – [34] Ebd., 332–3 u. a. – [35] S. Giveon, in: JNES 28, 1969, 56 mit Anm. 16–17. – [36] Zur Asienpolitik vgl. Giveon, a.a.O. – [37] Urk. IV, 1554, 17–18. – [38] Urk. IV, 1556, 10–11; Petrie, Six Temples (s. Anm. 4), Tf. 1 Nr. 7; zur Unternehmung gegen Gezer vgl. noch Helck, Beziehungen[2], 168. – [39] S. hierzu Helck, Beziehungen[2], 163–4; zur Heirat speziell EA 29, 16–18. – [40] Zu diesem vgl. jedoch Habachi, in: LÄ III, 632 Nr. 10 und 11 mit Anm. 57–58. – [41] PM V, 254–5; Urk. IV, 1575 (514). 1597 (523). 1601 (526); Newberry, in: JEA 14, 1928, 82 ff.; Redford, in: JEA 51, 1965, 112–5. – [42] Urk. IV, 1545–1548 (487). – [43] Vgl. zur Schilderung des Feldzuges Gundlach, in: Acts 1st ICE, 265–270; vgl. auch die auf einer Stele im Totentempel T. IV. bezeugte „Gründung" mit Leuten aus Kusch, „die Seine Majestät bei seinen Siegen erbeutet hatte" (Urk. IV, 1556, 15).

Lit.: B. M. Bryan, The Reign of Tuthmosis IV, Diss. Yale University 1983. R. Gu.

Ti (*Ṯjj*) [1], Hofbeamter der 5. Dyn., bekannt durch seine gut erhaltene Mastaba in *Saqqara. Er war „Oberhoffriseur" (*ḫrp jrjw-šn pr-ꜥꜣ/njswt*, *Friseur) im Rang eines „Einzigen Freundes" (*smr-wꜥtj*)[2]. Seine ausführlichen Titulaturen weisen ihn darüber hinaus als Vorsteher zweier Pyramidenanlagen (*Neferirkare, *Niuserre) und von 4 *Sonnenheiligtümern (*Sahure, Neferirkare, *Neferefre, Niuserre) aus. Die Einsetzung in diese Ämter verdankte Ti sicher seiner bedeutenden Stellung bei Hof, die aus seiner Tätigkeit in der unmittelbaren Umgebung des Königs resultierte[3]. Die Einkünfte aus seinen Ämtern und seinem nicht unerheblichen Privatbesitz[4] erlaubten ihm den Bau einer großen, vollständig mit Relief dekorierten Grabanlage[5] für sich und seine Familie[6]. Der Oberbau besteht aus Vorhalle, Pfeilerhof und Korridor (mit Seitenkammer), der zur Kultkammer mit dem *Serdab des Ti führt[7]. Die sehr feinen, z.T. in ihrer ursprünglichen Farbigkeit erhaltenen Reliefs stellen in der Vollständigkeit des Szenenrepertoires und mit einer Fülle von Beischriften versehen einen idealen Querschnitt durch alle Bereiche des Lebens eines Beamten der 5. Dyn. dar[8].

[1] Ranke, PN I, 389, 30. – [2] Wenn Ti nur einen Titel nennt, dann meist diesen: so auf Statue CG 20. Vgl. Helck, Beamtentitel, 25. – [3] Vgl. Helck, op. cit., 130. – [4] Ti nennt 108 Domänen, deren Namen mit „*Ṯjj*" gebildet sind und damit Privatbesitz anzeigen. Die Anzahl der Güter sagt allerdings nichts über ihre Größe und damit die Höhe des Einkommens aus. Vgl. Helck, Wirtschaftsgeschichte, 68 ff.; Gutgesell, in: Göttinger Miszellen 66, 1983, 67 ff. – [5] 1860 von Mariette entdeckt, vgl. Wild, in: Mél. Mar., 177; Veröffentlichungen s. u. Lit. – [6] Für seine Frau *Nfr-ḥtp.s* und den *zꜣ.f smsw Dmḏ* sind eigene *Scheintüren und Grabschächte vorhanden: Steindorff, Ti (s. Lit.), 4 f. – [7] Plan: LÄ V, 405, Abb. 4. – [8] Zur Datierung des Ti: Grabbau unter Niuserre (Tintenaufschriften auf Blöcken: Steindorff, Ti, 6 f.); im Amt unter Niuserre (letzter Königsname in der Titulatur; evtl. im Totentempel dieses Königs dargestellt: Borchardt, Ne-user-reꜥ, 71 ff.); dagegen nicht mehr unter den zahlreichen Beamten, die in Abusir-Papyri aus der Zt des *Asosi bezeugt sind. Ein im Totentempel des Sahure genannter *Ṯjj* bleibt außer Betracht, da kein Titel erhalten ist (Borchardt, Sahure II, 59. 120).

Lit.: Georg Steindorff, Das Grab des Ti, Veröffentlichungen der Ernst von Sieglin Expedition in Ägypten 2, Leipzig 1913; Epron–Wild, Tombeau de Ti; PM III. 1[2], 468–78. B. Sch.

Tiaa (*T[ꜣ]-ꜥꜣ[t]*)[1]. La reine T.[2] fut une des épouses principales d'*Aménophis II, sinon la seule grande épouse[3], et la mère de *Thutmosis IV, avec lequel elle est plus fréquemment représentée qu'en compagnie de son époux. On ignore quels furent ses parents et s'ils appartenaient à la famille royale. Cela paraît toutefois peu probable: sur aucun des monuments qui nous sont parvenus, T. ne porte le titre de "fille royale" (*zꜣt nsw*)[4]. De même on ignore tout des circonstances de sa vie, comme pour beaucoup d'autres reines du NE d'ailleurs.

La reine est connue par un certain nombre de documents dont la majorité provient de la région thébaine.

Un fragment de stèle a été retrouvé dans la *cachette de *Karnak[5]: la grande épouse royale y accompagne Aménophis II. Sur un linteau remployé dans des constructions postérieures à Karnak-Nord, elle est également représentée en compagnie d'Aménophis II[6]. Son nom visiblement en surcharge recouvre celui de la mère du roi, Merytrê (*Hatschepsut II.).

La statue de reine[7] provenant de la cour qui s'étend entre le 8ème et le 9ème pylônes, statue à laquelle il faut ajouter une partie du siège d'un colosse, est anonyme. Cependant d'après les inscriptions mentionnant les titres de la reine et les noms d'Aménophis II et Thoutmosis IV, il s'agit sans aucun doute de T. accompagnant Aménophis II; par la suite la statue a été restaurée par Thoutmosis IV.

Le célèbre groupe en granit noir de Thoutmosis IV et de sa mère T.[8] a été trouvé dans la partie sud de la cour péristyle du 6ème pylône. Les plus récentes analyses stylistiques de deux figures de ce groupe, alliées au fait que le prénom de Thoutmosis IV semble être en surcharge dans un cartouche préalablement gratté, ont conduit à proposer une datation différente[9]. Il s'agirait en fait d'un portrait d'Aménophis II accompagné de son épouse, qui aurait été ensuite réutilisé par Thoutmosis IV. Les tenants de cette hypothèse n'ont cependant pas tenu compte de la présence du titre *mwt nsw*, "mère royale", dans la titulature de T. qui ne peut réellement se justifier que si la reine est représentée avec son fils; à moins que cette inscription ne soit également postérieure à la statue elle-même.

Sur les fragments qui subsistent du "porche doré" [10] qui précédait le 4ème pylône avant d'être détruit et remployé pour la construction du 3ème pylône d'* Aménophis III, la reine apparaît également en compagnie de son fils.

Une stèle partiellement conservée et relativement dégradée a été retrouvée aux abords du môle est du pylône du temple de Louxor[11]. Le registre supérieur figure une double scène où Thoutmosis IV suivi de sa mère dans un des cas et sans doute de son épouse dans l'autre fait face à *Amun-Rê.

Un petit panier de faïence bleue, partie de l'équipement d'un ouchebti (*Uschebti), est marqué au nom de la reine[12]. Il est d'origine inconnue. On peut toutefois supposer qu'il provient de sa tombe qui n'a pas été localisée jusqu'à présent. Cette sépulture se trouvait sans doute dans la Vallée des Reines (*Königinnengräbertal), à l'instar de celles des autres épouses royales de la XVIIIe dynastie[13].

Dans la tombe TT 76 de Gournah appartenant à Tjenuna[14], contemporain de Thoutmosis IV, des représentations aujourd'hui disparues montraient des statuettes en or de Thoutmosis IV et de sa mère.

Hors de la région thébaine, il faut encore citer quelques rares vestiges portant le nom de la reine. Un fragment de groupe en granit[15] provient sans doute de Crocodilopolis (*Medinet el-Fajjum), étant donné la mention de Chedenou. La reine était vraisemblablement accompagnée de Thoutmosis IV.

Enfin deux fragments de statue, le socle avec les restes des pieds, grandeur nature, et un morceau du pilier dorsal, ont été découverts par Selim Hassan dans le temple d'Aménophis II à *Gisa[16]. C'est là qu'on peut lire la titulature la plus détaillée de la reine; seul Thoutmosis IV est mentionné dans ces textes.

Pour finir on rappellera que le *papyrus Wilbour fait référence à une "maison de T. dans la maison d'Amon", qui est inconnue par ailleurs. Il serait fait allusion à une chapelle au nom de la mère de Thoutmosis IV, sise dans l'enceinte du grand temple de Karnak et encore en usage à la XXe dynastie[17].

La reine apparaît le plus fréquemment avec le titre de "grande épouse royale", *ḥmt nsw wrt*, souvent accompagné de "souveraine du Double Pays", *ḥnwt t3wj* (var. *nbt t3wj*) (*Königinnentitel) et celui de "mère royale", *mwt nsw* (*Königsmutter). Elle est aussi qualifiée de *ḥmt nṯr* et *ḏrt nṯr*, "épouse du dieu" (*Gottesgemahlin) et "main du dieu", titres qui lui confèrent une fonction sacerdotale au sein du domaine d'Amon; il faut noter qu'ils ne semblent pas être très fréquemment attribués à des princesses ou des reines à partir du milieu de la XVIIIe dynastie[18]. Le long texte du socle de statue de Giza offre également une importante série d'épithètes plus ou moins fréquentes, soit archaïsantes, soit en relation avec sa fonction d'"épouse divine".

[1] Pour ce nom, cf. Ranke, PN I, 354, no. 13 et 14. Le signe *tj* sert à noter l'article féminin *t3*. De nombreux noms féminins de ce type présentent la même variante orthographique. – [2] Voir LR II, 287–288. 300–301. Une des filles de Thoutmosis IV, une petite-fille de T., porte le même nom que sa grand-mère: voir LR II, 304. Il est vraisemblable que les autres princesses portant ce même nom et citées par LR II, 125. 402. 398, soient en fait une seule et même personne que la fille de Thoutmosis IV. Deux fragments de canope ont été retrouvés au nom d'une fille royale Tiʿaa et ils appartiennent sans doute à la même princesse. Enfin on a récemment mis en lumière l'existence d'une autre homonyme de Tiʿaa, la

seconde épouse d'Amenmes (*Amenmesse) et mère de *Siptah: voir n. 13. – [3] Voir l'étude récente de Helck, dans: GM 53, 1982, 23–25, à propos des épouses d'Aménophis II. – [4] Redford, dans: JEA 51, 1965, 115 n. 3, la présente comme "presumably a daughter of Thutmosis III", bien qu'il reconnaisse que le titre *z3t nsw* n'apparaisse pas sur les documents à son nom. – [5] Conservé au Musée du Caire sous le no. temporaire 6/11/26/6. Cf. bibliographie dans PM II², 166. – [6] PM II², 6. – [7] PM II², 176. – [8] CG 42080 = Le Caire JE 36336; cf. PM II², 96. – [9] Voir Tefnin, dans: CdE 49, no. 97, 1974, 17–19; Vandersleyen, dans: JEA 69, 1983, 101 et n. 27. – [10] PM II², 72. – [11] PM II², 538. – [12] Conservé au Musée de Brooklyn sous le no. 59.33.2. Voir Elizabeth Riefstahl, Ancient Egyptian Glass and Glazes, WM I, 1968, 19 (fig.) et 95. On ignore s'il a été retrouvé dans la Vallée des Rois comme l'affirment Jacques-F. et Liliane Aubert, Statuettes égyptiennes, Paris 1974, 34. Si tel était effectivement le cas, cet objet aurait peut-être appartenu non pas à la mère de Thoutmosis IV, mais à celle de Siptah dont quelques éléments du matériel funéraire ont été mis au jour dans la Vallée des Rois: voir n. 13. – [13] Les restes d'un modèle de sarcophage anthropoïde en faïence ainsi qu'un fragment d'ouchebti au nom d'une reine T., aujourd'hui conservés au MMA, ont été découverts dans la Vallée des Rois à proximité de la tombe KV 47 de Merenptah-*Siptah. On les a généralement attribués à l'épouse d'Aménophis II et mère de Thoutmosis IV, sans pouvoir d'ailleurs expliquer leur raison d'être à cet endroit; cf. PM I². 2, 588; Hayes, Scepter II, 146; J. et L. Aubert, op. cit., 34. Cependant Aldred, dans: JEA 49, 1963, 42 n. 2 et 46 n. 3, rapproche ces objets d'un fragment de canope et d'une partie d'une herminette trouvés dans la tombe même de Siptah et portant eux aussi le nom d'une reine Tiʿaa. L'ensemble de ce matériel appartiendrait à la seconde femme d'Amenmes et mère de Siptah qui aurait été enterrée dans la tombe même de son fils. – [14] PM I². 1, 150. – [15] PM IV, 99. – [16] PM III². 1, 40; Christiane M. Zivie, Giza au deuxième millénaire, BdE 70, 1976, 160–164. 270; ead., dans: Mélanges G. Mokhtar (sous presse). On ignore l'emplacement actuel de ces deux fragments. – [17] Voir pWilbour II, 132, § 57 (25, 15); Aldred, dans: JEA 49, 1963, 41 n. 5. – [18] Cf. à ce sujet Gitton et Leclant, dans: LÄ II, 794. 803.

C. M. Z.

Tiberius Julius Caesar Augustus, the son of Tiberius Claudius Nero and Livia, was born in 42 B. C. In A. D. 4 with his grandsons having died, *Augustus was forced to recognize T. as his likely successor, with the stipulation that T. adopt as his stepson his nephew *Germanicus. T. became emperor in A. D. 14 and ruled until A. D. 37. Although he was sometimes associated with Dionysus,[1] his Horus name (*Ḥr Ṯm3-ʿ ʿ3-pḥtj Ḥwn Nfr-bnr-mrwt*) may have affinities with that of Augustus and shows a further development as *k3-njswt sḫm-ḫntj-pr-dw3t* (*Königstitulatur). In A. D. 19 Germanicus embarassed T. by visiting Egypt without first obtaining his consent. There Germanicus was accorded divine honors, which he diplomatically rejected;[2] nevertheless, he was strongly censured by T. for his actions.

Although not personally interested in Egypt, pOxyr. 2435 seems to record the name of his favorite as Seianon.[3] The earliest graffiti on the Colossus of Memnon (*Memnonskolosse) date to his reign, as does the earliest known attestation of the title arabarch (*Araber in Ägypten). The country seems to have prospered under his reign and there were no repercussions as a result of the conspiracy of Sejanus.[4] When he received revenues from Egypt in excess of the prescribed quota, T. exclaimed that he wanted his sheep shorn, not skinned alive.[5] Year 7 of his reign witnessed the resumption of silver coinage at the mint in *Alexandria with the weight of a silver tetradrachm equivalent to that of a Roman denarius.[6]

Monuments inscribed for T. are found throughout Egypt: at *Abydos; at *Philae on the gateway of Ptolemy (*Ptolemaios) II Philadelphus[7] as well as on the Temple of *Ptah[8] and that of *Arensnuphis; at *Berenike in the Temple of *Serapis; at *Dakke where his scenes are in conjunction with those of *Ergamenes; at *Debod where he appears to have completed the temple; at *Karnak where he worked on the Temple of *Osiris of Coptus (*Koptos) and on the enclosure wall of the Temple of *Mut; at *Kom Ombo; at *Dendara where he worked on the enclosure wall, ostensibly completing the work begun there by *Schabaka,[9] and on the crypt (*Krypta) which is tentatively attributed to him; and at *Medamud where he erected the precinct's gateway, the inscriptions of which are sportive.[10] An inscription in Cairo credits him with building activities at Coptus dedicated to *Isis, *Harpokrates, and Pan (= *Min).[11] At Karnak several Greek inscriptions have been found which date to his reign[12] and another was found at the Great *Sphinx in *Gisa, dated to Year 9 and erected in honor of Gn. Pompeius Sabinus, the strategos of the Letopolite nome.[13] Recently, at *Assuan to the south of the Temple of Isis decorated blocks inscribed for T. have come to light[14] and a cult to Hercules Kallinikos is attested during his reign at el-Qasr.[15]

Among the more interesting sculptural monuments from his reign are the *Buchis Bull stelae[16] from *Armant; those[17] recording his work on the enclosure wall of the Precinct of *Mut at Karnak; and several which show typically Egyptian scenes accompanied with inscriptions in Greek.[18] His portraiture from Egypt includes a marble in Alexandria[19] and his ubiquitous image on the coinage of the country.[20] An interesting statue of a seated official, from *Dime in the *Fajjum, with a representation of a camel on its side, is dated to the reign of T. by its accompanying Demotic inscription.[21]

[1] Becher, in: ZÄS 103, 1976, 93. – [2] Naphtali Lewis, Life in Egypt under Roman Rule, Oxford 1983, 88 n. 4, citing and translating BGU, 362. – [3] Heichelheim, in: Studien zur Papyrologie und antiken Wirtschaftsgeschichte, Fs Oertel (H. Braunert, ed.), Bonn 1964: pOxyr. 2435, vso 4: Σ(ε)ιανου. – [4] Murnane, in: Serapis 2, 1970, 36f. – [5] Lewis, op. cit., 188. – [6] Joseph G. Milne, A History of Egypt under Roman Rule, London 1924, 14f. – [7] Dietrich Wildung, Imhotep und Amenhotep, MÄS 36, 1977, 168f., section 118. – [8] Ibd., 206ff., section 143. – [9] Leclant, Sacerdoces, 37(f.). – [10] Drioton, in: RdE 2, 1936, 21ff.; Dominique Valbelle, in: BSFE 81, 1978, 18ff. – [11] CG 9286: André Bernand, Pan du désert, Leiden 1977, 198ff., no. 78. – [12] Kiss, in: MDAIK 31, 1975, 298; Legrain, in: RecTrav 22, 1900, 63; G. Wagner, in: BIFAO 70, 1971, 21ff. – [13] Edgar, in: ASAE 29, 1929, 77ff. – [14] Pernigotti, in: SCO 21, 1972, 314ff. – [15] G. Wagner, in: BIFAO 74, 1974, 21f. – [16] De Meulenaere, in: CdE 42, no. 84, 1967, 303; Toronto, Royal Ontario Museum 932.10.1: Bucheum II, 14. 33, no. 14; III, pl. 44. – [17] Blok, in: Bulletin van de Verenigung tot Bevordering der Kennis von de Antieke Beschaving 4.2, s'Gravenhagen 1929, 6ff.; Fakhry, in: ASAE 37, 1937, 25ff.; De Meulenaere, in: OLP 9, 1978, 69ff.; Traunecker, in: BIFAO 72, 1972, 200. – [18] Caire 9286: Joseph G. Milne, Greek Inscriptions (CG), Oxford 1905, 28f. – [19] Catalogue "Götter und Pharaonen", Hildesheim Pelizaeus-Museum, Mainz 1979, no. 136 (= Alexandria 22237). – [20] Kiss, in: StudAeg 3, 1978, 75ff. – [21] Caire 1191: v. Bissing, Denkmäler, text to pl. 3. R. S. B.

Tier, Verhältnis zum. Das Verhältnis des Ägypters zum Tier war von früh an so vertraut, wie es sich ähnlich nur bei Naturvölkern findet. Davon zeugen u. a. der hohe Anteil der Tiere an den *Hieroglyphen und bei den *Gauzeichen. Die Ägypter waren seit der Vg. vom Wild der „Wüste" (damals noch Steppe bis Savanne) und nach der Landnahme am Nil ebenso von gezähmten Tieren umwimmelt. Entsprechend dem Wesen der Tiere war das Verhältnis des Menschen zu ihnen verschieden. Je gefährlicher und aggressiver sie waren, desto größer Furcht und Scheu, besonders in der Vg., da man sie noch weniger zu bändigen verstand. Allmählich wurde das Verhältnis freier, in der SpZt endlich entwickelte sich eine Art dekadenter Verehrung und andererseits Entfremdung. Immer aber wurde das Tier als Geschöpf einer Einheit alles Lebendigen geachtet bis verehrt, wenn auch gleichzeitig genutzt, verfolgt, geschlachtet, gejagt. Zu manchen Arten hatten die Ägypter ein gespaltenes Verhältnis – Folge des Beieinander von mysterium fascinans und mysterium tremendum alles Heiligen (R. Otto). Einige Tiere standen für das schlechtweg Böse.

Zwar haben die Ägypter das Tier nicht in die Trinität „Gottheit–Mensch–Tier" einbezogen (Thomas Mann, Josephsroman), aber viele als Träger numinoser Kräfte göttlich *verehrt*: *Falke, *Geier, *Ibis, *Stier, Kuh, *Widder, *Caniden, *Löwe, *Katze, *Pavian, *Ichneumon, *Spitzmaus, *Schlangen, *Frosch (Kröte), Mistkäfer (*Skarabäus), *Nilpferd, *Krokodil, *Aal, *Fische; in der klassischen Zeit nur Einzelexemplare (*Apis, *Mnevis, *Buchis, *Bock, *Sobek), in der SpZt ganze Gattungen wie *Affen, *Katzen, *Falken, *Ibisse u. a. Vögel, Schlangen, Fische und sogar Krokodile sowie eine Menge Kleintiere, die mumifiziert und auf Tierfriedhöfen bestattet wurden; die Verehrung konnte von Gau zu Gau wechseln (*Tierkult, *Vergöttlichung) und nahm nicht selten abstruse Formen an.

Tiere haben Teil am Lobpreis Gottes (*Strauß, Pavian) und werden selber in Hymnen einbezogen. Sie bestreiten einen großen Teil mythischer Gestalten, viele gelten als Sinnzeichen von Regeneration[1].

Die *domestizierten* Tiere (*Domestikation) wurden je nach Tauglichkeit genutzt, Kühe, *Schafe und *Ziegen als Milchgeber, Ochsen als Zugtiere, *Esel als Lastenträger und wie (in der SpZt) die *Schweine zum *Dreschen und Eintreten der Saat (*Aussaat); Affen halfen in Feld und Garten und bei der Weinpresse. Der Esel fehlte auf keinem Hof – wer ihn sich nicht leisten konnte, lieh ihn aus –, das *Kamel (Dromedar?) ist nach der Vg. nur sporadisch nachgewiesen, ehe es im Hellenismus wieder eingeführt wurde. Auch eingefangene Tiere, selbst *Hyänen, hielt man im *Stall, hat sie gemästet (*Mästen) und geschlachtet; die Hyäne scheint sogar Jagdhelfer gewesen zu sein. Als Schlachtvieh (*Schlachten) bevorzugt waren *Rinder, *Antilopen, *Gazellen, (gestopfte) *Gänse, *Enten, *Tauben und (zuvor genudelte) *Stelzvögel. Schweine dienten zwar seit der Vg. als Nahrung, auch in Palästen und Tempeln, aber der Umgang mit ihnen war verpönt, ihre Darstellung so gut wie tabuisiert (*Tabu); zum *Opfer waren sie fast ebenso wenig tauglich wie Fische, wenngleich diese eine Hauptnahrung (*Ernährung) des Volkes darstellten. Nur in dem (literarischen) Mythus (Sternsage) der *Nut kam die ferkelwerfende und gelegentlich ihre Jungen auffressende Sau zu Ehren, und *Amulette in Form eines Schweines waren glücksverheißend.

Das Wüstenwild: Kuh-, Säbel- und Mendesantilopen, *Steinböcke, Isabella- und Dorkasgazellen, *Hirsche (selten), Mähnenschafe, Hyänen, Füchse und Hasen wurden zur Nahrungsbeschaffung gejagt (*Jagd); Großwild: *Löwen, *Leoparden, Zorillas, Wildrinder, Wildesel und Strauße (selten) waren Reservat des Königs, der durch seinen „Sieg" über die Tiere symbolisch das Land von „Feinden" freihielt. Herren jagten zu sportlichem

Vergnügen (fingen Fische durch Speeren, Vögel mit dem *Wurfholz), im Zusammenhang mit dem Tempelkult war Jagd Ritual (*Jagdritual). Dem gefährlichen Wasserwild ging man durch Harpunieren (*Nilpferd) und Zauber (*Krokodil) zu Leibe.

Jedoch jagte man nicht ohne Verantwortungsbewußtsein. Mit der gewissensentlastenden Erklärung des zu jagenden[2] oder zu opfernden[3] Tieres zum „Feind" kommen die Ägypter der ethischen Forderung Albert Schweitzers entgegen, sich über die, wenn schon nötige, Tötung von Tieren Rechenschaft zu geben. Auch mag es das Schlachten und Jagen erleichtert haben, daß sich die Ägypter der Entzweiung der Natur (Hegel) bewußt waren, d.h., daß sich das Leben nur durch Töten erhält. Diese Erkenntnis ist in der Geschichte „Vom Sehvogel und vom Hörvogel" thematisiert[4] und klingt als Naturlehre (?) in den Sargtexten (CT II, 42b/c u.a.) an[5]. Daß man Tiere nicht mißhandelt habe, ist in dem Sünden erkennenden Beichtspiegel (*Totengericht) zu versichern (Tb [Naville] 125 Confessio, Z.13), und bereits in den Pyr. (386a–b, von *Unas bis *Pepi II.) haben Gans und Rind stellvertretend bezeugt, daß sie keine Klage gegen den Verstorbenen (König) vorzubringen hätten.

Teile von Tieren (Giraffenschwänze, Elefanten- und Nilpferdzähne, Felle, Haare [nicht Schaf-*Wolle!], *Fett) und für die *Heilkunde beinahe alles, einschließlich der Exkremente (*Heilmittel, *Salben), machte man sich zunutze.

Mit der *Liebe* zum Tier (*Liebe, VII, des Menschen zum Tier) paart sich eine scharfe Beobachtungsgabe, die nicht allein die Erscheinung des Tieres (*Tierdarstellung) genau ins Auge faßte, sondern auch sein Verhalten: Äsen, Rauben, Beutemachen, Wegschnappen eines Wurfs, Schlafen, Ins-Loch-Schlüpfen, Sich-Paaren (auch unter Wasser), Gebären, Füttern der Jungen, Tierkampf und Tierspiele. Das Wesen der Tiere wurde überwiegend freundlich interpretiert: Die nicht wegzujagende, lästige *Fliege inspirierte den Fliegen- = Tapferkeitsorden (*Tapferkeit, *Auszeichnung); in der Witterhaltung (= „Männchenmachen") der Viverridae sah man eine Gebetsgeste, im Flügelschlag der Strauße einen Tanz, im Gekreisch der Affen bei Sonnenauf- und untergang vernahm man ein Jubellied. – Als kleinstes Tier galt der sicher nicht seltene *Floh, auch er ein Geschöpf, das Gott ernährt. – Besondere Liebe, ja Zärtlichkeit, galt dem Jungtier[6]. Nachbildungen von Tieren dienten als *Spielzeug, lebende Tiere waren Spielkameraden der Kinder, für die Kleinsten vor allem Vögelchen.

Als Haustiere geliebt waren *Hund, *Katze, Gans und Affe, später auch die Gazelle[7]; sie begleiten ihren Herrn oder sitzen unterm Stuhl[8] (*Lieblingstier), schlafen im Bett[9], Affen tanzen zur Belustigung und treiben allerlei Späße[10]. Was dem Herrn der Hund, war dem König der (gezähmte) Löwe, der Pharao sogar in die Schlacht begleitete. – Im Gehöft duldete man *Mäuse wie als Schlangenvertilger Ichneumonen. *Hunde und (seltener) Kühe (auch Pferdegespanne, doch nicht das einzelne Pferd) hatten Eigennamen, Menschen waren nach Tieren benannt. Kühe konnten (nicht nur im Märchen) sprechen. Dankgebete rufen dazu auf, den Fischen und Vögeln das Lob Gottes zu *verkünden, wie es nachmals den Tieren durch Franz von Assisi widerfuhr. Gazellen beten in der Not[11], eine andere zeigte ein Wasserreservoir in der Wüste an[12].

Wegen ihrer Gelehrigkeit (*Dressur*) sind Tiere in Schultexten (*Schülerhandschriften) gerühmt als Muster guter Schüler (*Löwe, *Stier, Pferd, Affe u.a.m.)[13]. Eigenschaften und Verhalten sind in Metaphern eingegangen (*Bildliche Ausdrücke); so wurde die ihr Kälbchen leckende Kuh, die das Junge „ruft, wenn es von ihr fern ist", zum Sprachbild von Mutterliebe und zur Hieroglyphe *ꜣms* = *Freude.

Selbstverständlich waren Tiere medizinisch betreut, ein Veterinärpapyrus (*Tiermedizin) ist analog den humanmedizinischen Papyri[14] angelegt. Über die Sorgfalt, die einem Tier (Pferd) im Bestfall angedieh, berichtet eine Stele *Amenophis' II.[15].

Seit dem NR unterhalten Könige *Zoologische Gärten (für exotische Tiere), Echnaton (*Amenophis IV.) in seinem Palast Volièren und Tiergehege[16]. In der 18.Dyn. kam eine Art Leidenschaft bis Schwärmerei – auch analysierende Betrachtungsweise (*Nashorn) – für Tiere auf, die als Kehrseite großangelegte Jagden evozierte.

Nicht weniger als die Wirklichkeit war das Reich der *Phantasie* (Märchen [*Märchenmotive], *Fabel) von Tieren bevölkert. Um ins Jenseits zu gelangen, wünschte man sich nach dem Tode die Verwandlung in jene Tiere, die größere Chancen hatten, in den Himmel aufzufahren (*Himmelsaufstieg), wie die *Heuschrecke oder Vögel. Ein Vogel, meist mit personalem Kopf, bezeichnete die menschliche Seele (*Ba), ein anderer den (verklärten) Geist (*Ach). Die grundsätzlich liebevolle Einstellung zum Tier erhellt sich schließlich daraus, daß das Tier mit ins Paradies eingeht.

Neben der ambivalenten Einschätzung gewisser Tiere stand die einhellige Deklarierung bestimmter Tiere zu *Feinden*. So war der Esel durch die ganze Zeit der Geschichte Prügelobjekt; er hat dem Gotte *Seth (vielleicht durch Verwechslung mit einem in der Vg. ausgestorbenen Tier) Gestalt verliehen. Zauberstelen und spätzeitliche Formulierungen anderer Texte zählen zu den feindlichen Tieren: Schlangen (sie wuseln auch in der Unterwelt als Schreckgestalten), *Skorpione, Krokodil und Löwe, aber auch Gazelle und *Schildkröte; die Gazelle vermutlich, weil sie sich nicht zähmen ließ, die Schildkröte, die als Sonnenfeind galt, vielleicht, weil ihr (kreisrunder) Schild als (dunkles) Gegenbild der Sonne erschien. Das Höllentier, auch „Sau" genannt, setzt sich zusammen aus Löwe, Krokodil und Nilpferd (*Fresserin), der Götterfeind *Apophis wird durch eine Riesenschlange verbildlicht. Krokodil und Schlange als die Feinde zu Wasser und zu Land fliehen das königliche Grab (Titelvignette der *Sonnenlitanei) und stehen sich noch im Physiologus, wo viele äg. Tiere mythologisch-naturkundlich gedeutet sind, in gleicher Eigenschaft gegenüber [17].

[1] Erik Hornung und Elisabeth Staehelin, Skarabäen und andere Siegelamulette aus Basler Sammlungen, Mainz 1976, 106–163. – [2] Otto, in: JNES 9, 1950, 164ff.; ders., Mundöffnungsritual II, 74ff. – [3] Hermann Kees, Bemerkungen zum Tieropfer der Ägypter und seiner Symbolik, NAWG 1942. 2. – [4] Brunner-Traut, Märchen, Nr. 21. – [5] Morenz, in: WZKM 54, 1957, 119ff. – [6] Hermann, Liebesdichtung, 28f. – [7] Im Grab des Pabasa, TT 279: Smith, Art and Architecture, 181; Ibi, TT 36: Klaus Kuhlmann und Wolfgang Schenkel, Das Grab des Ibi, AV 15, Mainz 1983, Tf. 14. 85. – [8] Für Affen hat das Material Jeanne Vandier d'Abbadie gesammelt, in: RdE 16, 1964, 166–168; 17, 1965, 183–184; 18, 1966, 160–184. – [9] CG 20506. – [10] Emma Brunner-Traut, Altäg. Tiergeschichte und Fabel, Darmstadt [6]1980. – [11] pAnast. IV, 10,5. – [12] Schenkel, Memphis, Herakleopolis, Theben, 263. – [13] Brunner, Erziehung, 60. 132. – [14] pKahun LV. 2, s. LÄ IV, 712. – [15] Urk. IV, 1281f. – [16] Henri Frankfort, The Mural Painting of el-ʿAmarneh, London 1929, 58ff. – [17] Emma Brunner-Traut, Ägyptische Mythen im Physiologus, in: Fs Schott, 13ff.

Lit.: Hornung, in: StG 20.2, 1967, 69–84. E. B.-T.

Tierbestattung s. Tierkult

Tierdarstellung bestreitet in der äg. Ikonographie einen wesentlichen Anteil und trägt entscheidend zum Ruhm der äg. Kunst überhaupt bei. In nahezu allen Kunstgattungen werden Tiere von der Vg. bis in späteste Zeiten dargestellt: als Tierembleme, -gottheiten, Fabeltiere, Wüsten-, Wasser- und Flugwild, Stall- und Weidevieh, Haus- und *Lieblingstiere, ja die gesamte *Fauna Ägyptens sowie die eingeführten (exotischen) Tiere der Umwelt. Sie finden sich auf Tempel- und Grabwänden, zu Studienzwecken oder im Zusammenhang mit Tiergeschichten und mythischen Erzählungen auf *Ostraka und *Papyri, plastisch als Kultstatuen und Votivgaben, *Spielzeug und *Amulette, geben *Gefäßen ihre Form, schmükken Kleingegenstände sowie *Thron und andere *Möbel, machen einen markanten Teil der *Hieroglyphen aus, stehen in *Gauzeichen, gehören zu *Sternbildern so gut wie zur *Unterweltsliteratur – der Arten und Zahl ist kein Ende.

Von einigen tiergestaltigen Unterweltsdämonen und seltenen Ausnahmen (*Vorderansicht) abgesehen, werden Tiere in der Flachkunst im Profil wiedergegeben, mit knappstem Umriß und einem Minimum an Binnenzeichnung derart präzis, daß sie (zumindest im AR) eindeutig zu bestimmen sind. Sie halten zwischen Naturwiedergabe und Abstraktion die genaue Mitte, erfassen nicht nur die Merkmale der Kreatur, auch das ihr eigene numinose Wesen. Solche T. können nur auf Grund hingebender Beobachtung gelingen, besser: durch Einsfühlen mit dem künstlerischen Objekt, wie es Goethe bewußt angestrebt hat [1]. Die analysierende Auseinandersetzung mit dem Tier als Phänotyp geben die Ägypter erst in der 18. Dyn. im Zuge allgemeiner wissenschaftlicher Neigungen zu erkennen (*Nashorn) [2].

Zur Erklärung der hohen Qualität der T. genügt es nicht, auf einen Kanon oder Musterbücher mit einmal erarbeiteten vorbildlichen Darstellungen hinzuweisen, denn es wurden auch unübliche Besonderheiten angegeben wie die verlängerten Hufe bei Stallochsen oder eingepferchtem Wüstenwild [3]. Das Repertoire wurde grundsätzlich laufend erweitert. Andererseits muß es so etwas wie einen Kanon gegeben haben, und zwar scheint er in U.Äg. (*Memphis) im AR festgelegt worden zu sein, wie beispielsweise das Fehlen des Storches im Bildprogramm nahelegt [4]. Der Storch kommt alljährlich nach Ägypten, doch nimmt er seinen Zug nicht übers Mittelmeer – Störche meiden das Überfliegen von großem Gewässer –, sondern über Vorderasien und erreicht Ägypten über die Ostwüste, so daß er in U.Äg. nicht beobachtet werden konnte und vermutlich deshalb keine Aufnahme in den Kanon fand. Dagegen sind erst im Laufe der Geschichte eingeführte Tiere – wie das *Pferd und das *Huhn – in die Thematik einbezogen worden, das Pferd deutlich nach tastenden Versuchen bzw. Studien (s. Anm. 46). Andererseits bestanden zweifellos *Tabus, etwa für die Darstellung von *Schweinen, die zwar seit alters, auch und gerade in U.Äg., gehalten wurden, aber höchst selten dargestellt sind [5].

In der *Vg. und FrZt* sind T. im künstlerischen Schaffen beherrschend. Auf Gegenständen wird das Wild der Wüste [6] und des Wassers (*Nilpferd) [7] dargestellt, auch später nach Süden abgewanderte oder vertriebene Arten wie *Elefant [8] und *Giraffe [9]. Als Symbol des Herrschers erscheint der Wildstier [10]. Selbständige Kleinplastiken gehen quer durch die Fauna [11], den Rekord hält der *Affe. Ein stilisierter Stierkopf ist häufiges *Amulett (?) [12]. Die frühen Kultbilder in Tiergestalt sind in der Regel von überragender Güte und beinhalten in nuce, was für die grandiose Entwicklung bereitgehalten war. So das Falkenidol von Berlin [13], der *Pavian des *Narmer [14] oder die Löwen aus Stein und Ton [15]. Der *Falke als Beherrscher des Himmels tritt in seine Rolle auf dem frühzeitlichen Grabstein des Königs *Schlange [16] und steht als Sinnzeichen gottheitlichen Wesens auf der Palette des Narmer, wo er dem König Feinde zuführt [17]. Die frühen T. bezeugen die Verehrung der Tiere als numinose Mächte, welche Hochschätzung sich auch in der Darstellung von (übernatürlichen) Fabeltieren ausdrückt (*Schlangenhalspanther). Bemerkenswerterweise gibt es vereinzelte Wiedergaben von *Kamelen [18].

Die meisten T. der Vg. bilden einen Dekor, wenn auch einen auf die Sache bezogenen. Die Tiere sind abbreviativ gestaltet oder durch detaillierte Binnenzeichnung attributiv gekennzeichnet. Im Laufe der beiden ersten Dyn. bildet sich ein Kanon heraus. Streuung weicht einer Ordnung, Haltungen werden gestrafft und aufgerichtet (Falke), Konturen knapper, Binnenzeichnungen gehen zugunsten präziserer Umrißzeichnung zurück: Das Tier ist gebändigt. Das Maul des Löwen wird geschlossen [19], der Falke auf dem Grabstein des Königs Schlange sogar bereits in den Goldenen Schnitt eingeformt. Triumph menschlichen Geistes.

Im *AR* hält so gut wie jedes Grab Szenen aus Landwirtschaft und Viehzucht bereit, mit *Rindern, Kuh und Kälbchen [20], *Esel [21] und Geflügel [22] in ihren verschiedenen Rollen; außerdem Schlacht- [23] und Opferszenen [24]. Im *Stall oder Käfig [25] steht eingefangenes Wüstenwild (nach dem *Mästen) zum Schlachten bereit, daneben werden Sumpfvögel gestopft [26].

Das aus der Vg. bekannte Wüstenwild ist um die ausgerotteten bzw. vertriebenen Tiere reduziert, erscheint aber in seinem friedlichen wie feindlichen Beieinander und, vom Slugi-Hund verfolgt, in den ersten geschichtlichen Jagdbildern [27]. Jagden auf das Wild des Wassers bringen Nilpferd [28] und *Krokodil [29] ins Bild und die Mannigfaltigkeit an *Fischen (*Fischer und *Fischerei), Vogelfang das Flugwild mitsamt seiner Umwelt, auch der räuberischen (*Fischotter [30], *Ginsterkatze [31], *Ichneumon); bei der Furtdurchquerung einer Rinderherde lauern Krokodile [32].

Einen Höhepunkt der T. bietet die Jahreszeitenkammer im *Sonnenheiligtum des *Niuserre, wo sich das jahreszeitlich bedingte Verhalten der gesamten Tierwelt wie in einem Musterbuch ausbreitet [33]. Die Erinnerung an den Elefanten war bereits so weit geschwunden, daß seine Darstellung nicht mehr gelang [34].

In Tempeln weitet sich das Gesichtsfeld entsprechend dem kgl. Horizont bis zu den *Bären in Syrien [35]. Die Tempelplastik des wohl aus der 6. Dyn. stammenden *Hierakonpolis-Falken [36] ist zu einer Art Signet der Goldschmiedekunst geworden. Der scharfäugige, die Welt mit seinen Schwingen umfangende Vogel ist im kgl. Grab wie in der *Königsplastik Beschützer des Herrschers [37].

Die T., in frühgeschichtlichen „Studien" erarbeitet, entwickeln sich aus mehr isolierten Tierfiguren (*Gänse von *Meidum) [38] zu immer komplizierteren Kompositionen; die Tiere häufen sich [39], die einfache, feststellende Wiedergabe ihrer Erscheinung, reihend, rhythmisch gegliedert, auch in freier Symmetrie, weicht einer Verflochtenheit von Beziehungen. Die Beobachtung der Tiere erstreckt sich (außer auf Verhalten und Lebensweise) auf kleinste Details (Federn, Hautbildung), Merkmale sind mit nicht zu überbietender Differenzierungsgabe und kritischem Blick für das Wesentliche erfaßt. So unterschied man z.B. 30 verschiedene Fischarten. Im Verlauf des AR nimmt die Größe der Tiere im Verhältnis zum Menschen ab, Zeichen der Bewußtwerdung des homo sapiens [40].

Im *MR* treten bei gundsätzlich gleichem Themenschatz T. zurück gegenüber Bildern aus dem Sozialleben. Der Blick des Künstlers ist nicht nur auf das Normative gerichtet, er sucht nach Besonderheiten [41]; *Fabeltiere und Monstren [42] drängen sich vor. Während Phantasiegestalten in der Vg. Übernatürliches psychographisch zum Ausdruck brachten, sind sie nun Zeugnis dafür, daß die Kenntnis von ausgewanderten oder vertriebenen Arten noch vager geworden ist [43] als im AR.

Vgl. auch *Apotropaikon.

Gemäß der Gewichtsverlagerung der Kunst des MR (infolge eines niedrigeren Lebensstandards) auf Kleingegenstände finden sich T. häufig bei *Schmuck [44] und kunstgewerblichen Gegenständen [45], dabei auffallend oft die *Ente [46]. Eine eigene Gattung von T. umstrittener Deutung sind die Kleinplastiken aus Holz und Fayence: *Maus, Nilpferd, *Igel, *Hase [47] (vgl. *Spielzeug). In den tradierten Szenen von Landwirtschaft, Viehzucht und Wüstenwild erscheinen Tiere steif bis hölzern, stehen oft verloren und ohne Standlinie in der Gegend, ohne Beziehung zu einem Ganzen. In beinahe konstruierten Jagdbildern [48] dominiert liebloser Realismus, der die grausame Seite der Handlung kaltherzig bloßlegt. Die etwaige psychologische Verschiebung und der künstlerische Abfall mögen darauf zurückzuführen sein, daß aus dem MR keine Residenzkunst, sondern Werke aus der Provinz vorliegen. Trotz allem trägt der Kanon durch und die Beobachtung stößt auf neue Motive [49].

Im *NR*, da durch die Residenzverlagerung nach *Theben der feine *Kalkstein mit gröberem, porösem eingetauscht wurde und die dadurch nötig gewordene Stuckauflage fast durchweg zur *Malerei aufrief, wird die sich entfaltende Eleganz schwungvoller Gestaltung und bis zur Raffinesse ansteigende Schönheit der Linienführung durch die Leichtigkeit der Pinselführung zur Gefahr, der „Eigenschönheit der Linie" den Vorrang zu lassen vor der Exaktheit der Naturwiedergabe.Dazuhin waren die Leute von Stand am Ende der 18. und in der 19. Dyn. weniger naturverbunden als im AR, eher dem Parfüm der Salons ergeben, die Maler von *Deir el-Medineh gar sahen überhaupt nichts Grünes mehr um sich. Außerdem waren die für den Kanon erforderlichen Studien erbracht, so daß sich der Maler stärker auf gefällige Komposition und Augenweide besinnen konnte. So mag es kommen, daß zwar in der 18. Dyn. noch Wunderwerke an T. gelangen, aber gegen die 19. Dyn. hin und später die Arten nicht mehr getreu unterschieden werden[50]. Die Erscheinung des Tieres ist dem Zauber des Bildes untergeordnet, die Malerei ist flott und kursiv[51], neigt zur Flüchtigkeit und führt in der SpZt geradezu zum Verrat. Thematisch treten Szenen von Landwirtschaft und Viehzucht gegenüber Bankettszenen und – in Tempeln – historischen Ereignissen zurück. Die Jagd wird zu exzessivem Vergnügen, durch Einführung von Pferd und Wagen wird die Jagdtechnik gesteigert und die T. reicher bis kompliziert.

Das neue Thema des Pferdes – meist vor dem Streitwagen in Jagd- und Kampfszenen[52] – wird mit Leidenschaft ergriffen, seine Lösung bald verfehlt[53], bald meisterhaft gelöst[54]. Bei der Jagd gehören die Tiere der Feindwelt und damit dem Chaos an, das sich in Häufigkeit von Überschneidungen und Richtungswechsel bei totaler Bedekkung des Malfeldes äußert. Alles, was vier Füße hat, tummelt übereinander, in jedem Tier steckt ein Pfeil, Flucht- und Schmerzhaltung der Verwundeten sind unnachahmlich getroffen. Dem Schicksal einzelner Tiere wird nachgegangen, so eines Fuchses, der im Geäst verendet[55].

Zum Standardrepertoire gehören Fisch- und Vogelfang des vornehmen Herrn als Jagdvergnügen. Bei diesen Fahrten durchs Papyrusdickicht fällt die Freude an der Vielartigkeit von Fischen und Vögeln auf[56] und ebenso an den Variationen von Bewegung oder Flügelhaltung, für deren Wiedergabe neue Lösungen gefunden sind[57]. Geradezu im Gegensatz zu den MR-Bildern sind die Tiere jetzt eingebettet in ihre landschaftliche Umgebung, in der alle dort denkbaren Pflanzen und Tiere, Freund wie Feind, verdichtet zu einer Einheit verschmelzen und eine stark berührende Atmosphäre ausstrahlen[58]. Der Künstler vermittelt die Fülle und bindet sie ein in lichtvolle Farbharmonie. Dabei spürt er idyllischen Szenen aufmerksam nach und ist dem Zuge der Zeit entsprechend bemüht, das Räumliche mitzuerfassen, wie es im Grabe des Kenamun mit den wohl schönsten T. innerhalb der Aspektive optimal gelingt[59].

Recht stereotyp sind Tiere in landwirtschaftlichen Szenen – auch im Jenseits – von wohl gelangweilten Künstlern wiedergegeben[60], die 1000jährige Wiederholung scheint als alte Leier empfunden worden zu sein. Dagegen sind Lust und Phantasie wachgerüttelt bei der Darstellung von exotischen Tieren, die als Tribut von Ausländern eingeführt wurden (Giraffe, Bär). – Eine Sonderstellung nimmt *Tell el Amarna ein, da Tiere wie niemals sonst in die religiöse Vorstellung einbezogen waren[61]. Die T. werden künstlerisch nur noch übertroffen von den Jagdschilderungen in *Medinet Habu[62].

Eine neue Gattung von T. bieten die Märchenpapyri bzw. Bilderbogen und die sie begleitenden Bildostraka[63]. Im übrigen werden Ostraka genutzt für Tierstudien, auch seltene Motive wie Chamäleon, *Fledermaus und *Skorpion[64].

Der Wohlstand des NR gestattete es, Großplastiken von tiergestaltigen oder tierköpfigen Göttern herzustellen, die meisten sind vollendete Kunstwerke, jedoch (durch Stilisierung zu einem höheren Wesen) gelegentlich weniger der Naturbildung verpflichtet als ihrer gottheitlichen Strahlkraft. So die *Schlange der Meretseger (*Meresger)[65], die Löwengestalten der *Sachmet oder der Löwen als Wächter[66], die unnahbare *Hathor-Kuh von Deir el-Bahari[67] oder der Riesenskarabäus in *Karnak[68].

Neben diesen Meisterwerken gelingen bezaubernde Kleinplastiken wie die Gazelle aus Elfenbein[69], unter der Unmenge an *Skarabäen gelegentlich kleine Kunstwerke[70] von Käfergestalten, bei Schmuckgegenständen stilisierte Vögel (Falken[71], Geier[72], Kobra[73]), als häufige Verzierung von Schmuck und Geräten (Entenköpfe[74], Pferde[75], aufsteigende *Ziege als Henkel[76], *Steinbock[77] u.a. Wild). Gefäße werden in Tierform gebildet (Fisch[78], Steinbock)[79] oder mit (*Symbol-)Tieren bemalt[80], reliefiert[81] bzw. mit Tieren plastisch ausgeziert[82] wie die Gefäße des *Tutanchamun[83]. – Die Palastwände der 19. Dyn. waren ähnlich denen in Amarna mit *Kacheln mit T. bedeckt[84]. Allenthalben finden in den T. des NR Luxus wie Négligeance, aber auch künstlerischer Anspruch und Versiertheit ihren Ausdruck.

In der *SpZt* treten T. nur noch in religiösen Zusammenhängen oder aber archaisierend (*Archaismus) auf. Das Verhältnis zur Natur war ziemlich erloschen. Großplastik von Tieren (Kultbilder) aus den Händen der damals besten Künstler sind zwar routiniert und durch raffinierte Technik bestechend, durch geleckte Oberflächen eindrucksvoll, doch oft vergleichsweise leer[85]. Gelungene Tierplastiken sind z.B. die beiden Wiener Stücke: *Ichneumon des *Atum[86], Löwe, der ein Rind reißt[87] oder der Falke des *Nektanebos in New York[88], schwächlich dagegen die Löwenfiguren der 30. Dyn.[89].

Daneben schuf die SpZt (im Zuge der *Tierverehrung) eine Masse an Kleinbronzen, bei denen die Merkmale, besonders bei Kleinsäugern wie Ichneumon, *Fischotter und *Spitzmaus, ja sogar bei Affen, nicht mehr präzisiert, gelegentlich sogar gemischt werden[90], wenn darunter auch exzellente Figuren entstehen[91]. Kleine Gefäße in Tierform: meist *Igel, Vögel, auch ein Hahn, Fische[92] und Phantasiegestalten[93].

Die retrospektiven Szenen der Landwirtschaft[94] oder der Wüstenjagd[95] sind leblos bis lächerlich[96]. Wie die Verehrung der Tiere pervertiert war, so war die Auseinandersetzung der Künstler mit dem Thema oft zu einem akademischen Gedankenspiel verblaßt („Lehrbuchwissen" statt Anschauung) oder war trivialisiert. – Als *Lieblingstier steht unterm Stuhl eine Gazelle[97]. – Die zahlreich erhaltenen Bildhauermodelle sollten der schwindenden Kenntnis der Künstler nachhelfen.

Die *Horusstelen sind sprechendes Zeugnis für die Art, wie der Mensch, der in der Vg. vor der Macht der Tiere erschauerte, sich nun souverän über sie erhebt bzw. sie sich untertan macht oder ratlos vor ihnen steht. Gefährliche und aggressive Tiere werden (am Schwanz) gepackt und in Siegerpose bezwungen – jedenfalls der Idee nach[98]. Der Bändigung der Vg. tritt in der SpZt mehr eine Vergewaltigung gegenüber.

[1] Mitgeteilt von Karl Philipp Moritz in seinem Roman „Anton Reiser", 3. Teil. – [2] „Botanischer Garten" Thutmosis' III. und das Nashorn von *Armant: Lothar Störk, Die Nashörner, Diss. Hamburg 1977, 286–296. – [3] Z.B. Davies, Amarna I, Tf. 14; Luxor: PM II², 308 (29 II), dazu Leclant, in: MDAIK 14, 1956, 129 Anm. 7; Kawa II, Tf. 1 a. – Eine Antilope mit solchen Hufen schon im AR: Hildesheim 2971 = CAA Hildesheim 3, 179 ff. – Wenn Tiere in ihrer Bewegung gehindert sind, wachsen sich die Hufe zu langschnäbligen Schuhen aus, und das Tier muß, wenn die Hufe nicht beschnitten werden, an Fußerkrankung sterben; in modernen Zoos wird durch eine extrem fordernde Bodenbeschaffenheit die Abnützung der Hufe begünstigt. – [4] S. Schüz, in: Die Vogelwarte 23, Stuttgart 1966, bes. 275 f. – [5] S. Helck, in: LÄ V, 763 f. mit Anm. 6. 8. 13–15. 17; dazu das Schwein in der Barke im Pfortenbuch, 5. Stunde. – [6] Jean Leclant (Hg.), Ägypten I, München 1979, Abb. 46; Kurt Lange und Max Hirmer, Ägypten, München ⁴1967, Tf. I; Leclant, a.a.O., Abb. 255 f.; Baumgartel, Prehistoric Egypt II, Tf. 3 Nr. 6–10. – [7] Ebd., Tf. 5 Nr. 5–7; Leclant, a.a.O. I, Abb. 50. – [8] Vandier, Manuel I, Abb. 361. 363–365. – [9] Leclant, a.a.O. I (s. Anm. 6), Abb. 57; Vandier, Manuel I, Abb. 180 f.; oft in Felszeichnungen. – [10] Leclant, a.a.O. I., Abb. 58 f. – [11] Frosch: Leclant, a.a.O. I, Abb. 269; Hund: ibd., 61; dieselben Tiere und Geier: Christiane Desroches-Noblecourt, in: Revue du Louvre 29, Paris 1979, Abb. 1–11. Oft auch Löwen, Rinder u. a., z.B. Vandier, Manuel I, Abb. 279. 309. – [12] Leclant, a.a.O. I, Abb. 64; Vandier, Manuel I, 397. – [13] Emma Brunner-Traut u. a., Osiris, Kreuz, Halbmond, Katalog Mainz 1984, Nr. 7 = Belser Kunstbibliothek: Die Meisterwerke aus dem Ägyptischen Museum Berlin, Stuttgart–Zürich 1980, Nr. 3. – [14] Berlin 22607 = Alexander Scharff, Die Altertümer der Vor- und Frühzeit Ägyptens II, Berlin 1929, Nr. 95, Tf. 19; zur Inschrift vgl. Erika Schott, in: RdE 21, 1969, 77–83. – [15] Vandier, Manuel I, 976 f. – [16] Bénédite, in: MonPiot 12, 1905, 5 ff., Tf. 1 = Lange–Hirmer, Ägypten (s. Anm. 6), Abb. 6 u. ö. – [17] Oft abgebildet, z.B. Lange–Hirmer, a.a.O., Abb. 4–5. – [18] Belege bei Beatrix Midant-Reynes und F. Braunstein-Silvestre, in: LÄ III, 304 f. Anm. 3–6. Die dort angemeldeten Zweifel erscheinen unberechtigt. – [19] Kees, in: ZÄS 67, 1931, 56–59. – [20] Z.B. Lange–Hirmer, a.a.O., 68–69; Leclant, a.a.O. I, Abb. 127. 132. 305. – [21] Leclant, a.a.O. I, Abb. 133. 310; Lange–Hirmer, a.a.O., 68 oben. – [22] Berlin 14642; Wresz., Atlas III, 80. – [23] Lange–Hirmer, a.a.O., 72; Leclant, a.a.O. I, Abb. 145. 301. – [24] Besonders Geflügel: Lange–Hirmer, a.a.O., Tf. VIII. – [25] Pitsch, in: LÄ III, 1130 f. Anm. 15. – [26] Belege: Pitsch, in: LÄ III, 1130 Anm. 10 f.; Hyänen auch bei Leclant, a.a.O. I, 166. – [27] Petrie, Medum, Tf. 9. 27; Borchardt, Sahure, Bl. 17. – [28] Am bekanntesten und schönsten die Nilpferdjagd im Grab des Ti: Leclant, a.a.O. I (s. Anm. 6), Abb. 148; vgl. Klebs, Reliefs I, 70; Wolfgang Schürmann, Die Reliefs aus dem Grab des Pyramidenvorstehers Ii-nefret, Karlsruhe 1983, Abb. 6 a–b. – [29] Wobei Jagd auf das Krokodil in geschichtl. Zt nicht mehr dargestellt wird (Emma Brunner-Traut, in: LÄ III, 793 mit Anm. 43). – [30] Leclant, a.a.O. I, Abb. 154. – [31] Ebd., Abb. 149. – [32] Klebs, Reliefs I, 60 (II, 3). – [33] Elmar Edel und Steffen Wenig, Die Jahreszeitenreliefs aus dem Sonnenheiligtum des Königs Ne-user-Re, Mitteilungen äg. Slg. 8, Berlin 1974; dazu Elmar Edel, Zu den Inschriften auf den Jahreszeitenreliefs der Weltkammer, NAWG 1961. 8; 1963. 4–5. – [34] Edel und Wenig, a.a.O., Tf. 15. 38; Edel, in: NAWG 1963. 4, 129 ff. – [35] Leclant, a.a.O. (s. Anm. 6) I, Abb. 131 = Borchardt, Sahure II, Bl. 3. – [36] Lange–Hirmer, a.a.O. (s. Anm. 6), Tf. X. Die Datierung ins AR wird angezweifelt von Ursula Rößler-Köhler, in: MDAIK 34, 1978, 117 ff. – [37] Leclant, a.a.O. I, Abb. 135. 182. 202. – [38] Lange–Hirmer, a.a.O. (s. Anm. 6), Tf. III. – [39] So wird beispielsweise nicht nur der Mann, der vor dem Grabherrn eine Gans opfert, vervielfacht, sondern auch die Zahl der Vögel, die jeder in den Händen hält: Emma Brunner-Traut, in: MDAIK 15, 1957, 27 ff.; Lange–Hirmer, a.a.O., Tf. VIII unten. – [40] Z.B. Lange–Hirmer, a.a.O., Tf. VIII oben. – [41] So die Geburt eines Affen: Meir II, Tf. 7 (*Uchhotep); Meir I, Tf. 6 ff. mit Raritätensammlung. Dabei fußt die T. auf genauer Beobachtung: In einem Grab der 1. ZwZt greift der Raubfisch hydrocyn

forskalii – und nur dieser – einen anderen Fisch und einen Menschen an: Vandier, Moʿalla, 143, Tf. 40. – [42] Leclant, a.a.O. I, Abb. 254; Hayes, Scepter I, Abb. 143. – [43] So der „Elefant“ in Beni Hasan II, Tf. 4 r.o.; vgl. auch Hirsch und Giraffe in Meir: Meir II, Tf. 8 = Leclant, a.a.O. I, Abb. 330. – [44] Leclant, a.a.O. I, Abb. 220. 231–4 u.ö. – [45] Ibd., Abb. 258. – [46] Ibd., Abb. 249. – [47] Das Alte Ägypten, Propyläen Kunstgeschichte 15, Berlin 1975, 364b. c, Tf. 50; Hayes, Scepter I, Abb. 140. – [48] Vgl. die in Anm. 41 zitierten Darstellungen. – [49] Und zwar besonders in der Provinz: Hermann Kees, Studien zur altägyptischen Provinzialkunst, Leipzig 1921. – [50] Man vgl. aber auch schon das Krokodil bei Menena (TT 69): Arpag Mekhitarian, Ägyptische Malerei, Genf–Paris–New York 1954, 89 mit einem beliebigen des AR, z.B. v. Bissing, Gem-ni-kai I, Tf. 17. – [51] TT 78: Annelies und Artur Brack, Das Grab des Haremheb, AV 35, 1980, Tf. 12b (Heuschrecke); Tf. 23 (Tauben); Tf. 21a (Reiher). Dabei sind die Tiere in ihrem Wesen hervorragend getroffen. – [52] Wüstenjagd: TT 56 (Userhet) = Lange–Hirmer, a.a.O., Tf. XX; Jagd und Kampf auf der Truhe Tutanchamuns; Kampf: auf dem Wagenkasten Thutmosis' IV. = Leclant, a.a.O. II, Abb. 105 und auf ramessidischen Tempelreliefs. – [53] So bei der ältesten Pferdedarstellung aus der Zt Thutmosis' I.: Christiane Desroches-Noblecourt, in: RdE 7, 1950, Tf. 9, Abb. 8; auch die Pferde im Grab TT 78 (Haremheb) sind, da zu kurz, wenig glücklich: Annelies und Artur Brack, Das Grab des Haremheb, AV 35, 1980, Tf. 9. 48; verunglückt ist auch die Pferdedarstellung auf dem Tongefäß Berlin 14412 = Heinrich Schäfer und Walter Andrae, Die Kunst des Alten Orients, Berlin ³1942, Tf. 19 Nr. 2. – [54] Auf der Schießstele Amenophis' II. in Luxor: Leclant, a.a.O. II (Anm. 6), Abb. 59; besonders in ramessidischen Schlachtbildern. Einen Höhepunkt bildet der Pferdekopf auf einem Bildhauerlehrstück der Amarna-Zt aus der Slg. v. Bissing: Berlin 23717 = Emma Brunner-Traut u.a., Osiris, Kreuz, Halbmond, Mainz 1984, Nr. 71. – [55] Arpag Mekhitarian, Ägyptische Malerei, Genf 1954, 59. – [56] In vielen thebanischen Gräbern, vor allem TT 52 (Nacht); TT 69 (Menena); TT 78 (Haremheb); TT 146 (Nebamun) (?) = BM 37977 (PM I. 2², 817). – [57] Leclant, Ägypten (s. Anm. 6) II, Abb. 65 aus TT 93 (Kenamun). – [58] Man vgl. die Gänse von Meidum (Lange–Hirmer, a.a.O., Tf. III) mit Henri Frankfort, The Mural Painting of el-ʿAmarneh, London 1929, Tf. 10f. und Meir II, Tf. 7 mit Davies, Ḳen-Amun, Tf. 48. 48A. – [59] TT 93 = Davies, Ḳen-Amun, Tf. 48, 48A. Beachte, wie die Tiere in Löcher rein- und rausschlüpfen; zum Idyll: Hase und Reh schlafend bzw. ruhend. – [60] Das gilt sowohl für die Vignetten zu Spr. 110 des Tb auf Papyri wie in Gräbern (dazu s. Mohammed Saleh, Das Totenbuch in den Thebanischen Beamtengräbern des NR, AV 48, 1984, 58ff.) als auch für die seltener werdenden landwirtschaftlichen Szenen des Diesseits in den Gräbern: Pflügende Rinder sind nicht nur in der Provinz (Elkab) einfallslos und öfters hölzern gezeichnet bzw. gemalt. – [61] „Green Room“ im Nordpalast von Amarna: Henri Frankfort, The Mural Painting of El-ʿAmarneh, London 1929, Tf. 2–9; zur Funktion dieses Raumes als Volière im Palast s. dort S. 58ff. – Vögel und Kälber auf den Fußböden: Friedrich W. v. Bissing, Der Fußboden aus dem Palaste des Königs Amenophis IV. zu El-Hawata, München 1941. Entsprechende Kacheln: Leclant, Ägypten II, Abb. 97. 277–8. – Fliegende Vögel an der Decke des Ankleidezimmers Amenophis' III. in el-*Malqata: Smith, Art and Architecture, 121B. – Von den zahlreichen Resten von Wandmalerei mit Tieren sei nur auf Smith, a.a.O., 122 (aus dem Palast von Malqata) verwiesen. – [62] Leclant, a.a.O. (s. Anm. 6) II, Abb. 113f. – [63] Das Alte Ägypten, Propyläen Kunstgeschichte 15, Berlin 1975, 334–336, Tf. XLII; Leclant, a.a.O. II, 122; hervorragende Tierskizzen auf Ostraka z.B. oDeM 2157 und Emma Brunner-Traut, Die Alten Ägypter, Stuttgart ³1981, Tf. 1b. – [64] oDeM 2235. 2232. 2240f. – [65] Den König Amenophis II. schützend: Vandier, Manuel III, 309, Tf. 100 Nr. 4. – [66] Die Prudhoe-Löwen Amenophis' III. aus Soleb: PM VII, 212. – [67] Die Kuh Amenophis' II. aus Deir el-Bahari: PM II², 380f. Besonders gute Aufnahme bei Hermann Ranke, Meisterwerke der ägyptischen Kunst, Basel 1958, Tf. 38f. – [68] PM II², 221. – [69] Leclant, a.a.O. II (s. Anm. 6), Abb. 188. – [70] Cyril Aldred, Die Juwelen der Pharaonen, München 1976, Abb. 107. 109. 110. – [71] Leclant, a.a.O. II, Abb. 215; Aldred, a.a.O., Abb. 104 u. – [72] Aldred, a.a.O., Abb. 102. 103. 105; Leclant, a.a.O. II, Abb. 220–1. – [73] Leclant, a.a.O. II, Abb. 221; Tutanchamun, Ausstellungskatalog Berlin 1980, Mainz 1980, Nr. 55. – [74] Jeanne Vandier d'Abbadie, Catalogue des objets de toilette égyptiens, Paris 1972, Nr. 1–3. 50. 75. 77–82; Leclant, a.a.O. II, Abb. 224. – [75] Leclant, a.a.O. II, Abb. 226. – [76] Ramsès le Grand, Ausstellungskatalog Paris 1976, Nr. 60. – [77] Auf einem Kamm Louvre N. 1359 = Leclant, a.a.O. II, Abb. 230. – [78] Glas: Birgit Nolte, Die Glasgefäße im alten Ägypten, MÄS 14, 1968, Tf. 29 Nr. 1–2; Nr. 2 farbig bei Leclant, a.a.O. II, Abb. 237. – Steinschalen: Gamer-Wallert, Fische und Fischkulte, Tf. 13 Nr. 4; 14 Nr. 1. – [79] München ÄS 2729 = Meisterwerke altägyptischer Keramik, Ausstellungskatalog Höhr–Grenzhausen 1978, Tf. 7; mit Jungem: Louvre E 12659 = Rita E. Freed, in: Egypt's Golden Age, Boston 1982, Nr. 41. – [80] Trinkschalen mit Fischen: Krönig, in: MDAIK 5, 1934, 157–161; Leclant, a.a.O. II, Abb. 242; mit Vögeln: Leclant, a.a.O. II, Abb. 245; München ÄS 1575 = Kat. Höhr–Grenzhausen (s. Anm. 79), Nr. 223, Abb. auf S. 151. – [81] Trinkschale des Generals Thot: Louvre N 713 (PM I. 1², 23f.). – [82] Christiane Desroches-Noblecourt, Tut-ench-Amun, Berlin 1963, Tf. 47. – [83] Ibd., Tf. 43. – [84] Ramsès le Grand (s. Anm. 76), 278f. – [85] Man vgl. die Kuh von Deir el-Bahari (hier Anm. 67) mit der des Psammetich: PM III. 2², 670f. – [86] Sethe, in: ZÄS 63, 1927, 51; Emma Brunner-Traut u.a., Osiris, Kreuz, Halbmond (s. Anm. 13), Nr. 10. – [87] Ibd., Nr. 9 = Jean Capart, Documents pour servir à l'étude de l'art égyptienne II, Paris 1931, Tf. 86. – [88] Das alte Ägypten, Propyläen Kunstgeschichte 15, Berlin 1975, Tf. 227a. – [89] Roeder, in: Misc. Gregoriana, Rom 1941, 179–192; Scharff, in: ebd., 195–203. – [90] S. z.B. die Feststellungen von Emma Brunner-Traut, in: NAWG 1965. 7, 139f. – [91] So die Elefantenspitzmaus Tübingen 1101 = Emma Brunner-Traut und Hellmut Brunner, Die Ägyptische Sammlung der Universität Tübingen, Mainz 1981, 65, Tf. 135 (dagegen haben die Spitzmäuse ebd., Nr. 1102 „falsche“ Schwänze!). Hinzuweisen ist auf vorzügliche Ibis- und Fischbronzen. – [92] Jeanne Vandier d'Abbadie, Catalogue des objets de toilette égyptiens, Paris 1972, Nr. 365–387; Leclant, Das Alte Ägypten III, Abb. 187–190. Auch Tierfiguren, die nicht als Gefäße dienten: Ausstellungskatalog Höhr-Grenzhausen (s. Anm. 79), Nr. 379 f. – [93] Jeanne Vandier d'Abbadie, a.a.O., Nr. 376. – [94] Klaus Kuhlmann und Wolfgang Schenkel, Das Grab des Ibi, AV 15, 1983, Tf. 59. – [95] Ibd., Tf. 122 b, nach dem Vorbild von Deir el-Gebrawi: Deir el-Gebâwi I, Tf. 11. – [96] So die Nilpferde im Grab des Petosiris in Tuna el-Gebel: Lefebvre, Petosiris II, Tf. 51. – [97] TT 279 (Pabasa): Smith, Art and Architecture, 181; TT 36 (Ibi): Kuhlmann und Schenkel, a.a.O. (s. Anm. 94), Tf. 14. – [98] Lit s. Kákosy, in: LÄ III, 62 s.v. *Horusstele.

E.B.-T.

Tierfabel s. Fabel

Tiergötter s. Götter, Tier-

Tierhaltung s. Domestikation, Viehwirtschaft

Tierkreis s. Sternbilder

Tierkult: A. In allgemeiner Definition ist der äg. T. eine in geregelten rituellen Formen ablaufende Verehrung einer Statue in Tierform, Tierverehrung dagegen die persönliche Beziehung des Gläubigen zu einem lebenden Tier, das neben der Tierstatue gehalten wird[1]. Eine Zoolatrie ohne Kultbild gab es nicht. Die Tierverehrung wird als ein Mißverständnis des ungebildeten Gläubigen erklärt, der die Tierstatue als Abbild göttlicher Präsenz durch das lebende Tier ersetzt habe[2].

Die lebenden „Heiligen Tiere" sind in drei Gruppen aufgespalten worden[3]: 1. Einzelne heilige Tempeltiere, in denen sich eine bestimmte Gottheit dauernd verkörpern soll, das sog. Inkorporationstier; 2. Artgenossen des heiligen Tieres, die sakrosankte Tiere waren; 3. sog. Fetischtiere, d.h. einzelne Exemplare der heiligen Art, die im Privathaushalt gehalten wurden und die bei der Bestattung in das Grab der Privatperson mitgegeben wurden[4]. Tierstatuen hat es demnach nur für Inkorporationstiere gegeben.

Das tote heilige Tier ist wie jeder Mensch nach der Verklärung ein Gott (in der Form *Osiris-*Ibis; Osiris-*Pavian; Osiris-*Falke; Osiris-*Katze usw.)[5]. *Strabo berichtet, daß die einen die Tiere als Heilige Tiere (ἱερὰ ζῷα), die anderen sie als Götter (θεοί) bezeichnen[6]. Meist wurde darin eine Unterscheidung zwischen heiligem Einzeltier und heiligen Artgenossen gesehen[7].

Die äg. Quellen verwenden „Heiliges Tier" und „Gott" nebeneinander[8]. „Heiliges Tier" (*ʿwt* oder *ʿwt nṯrj*) ist hochtheologische Bezeichnung für Einzeltier und Artgenossen. *Apis ist der König aller heiligen Tiere[9]. In Büchern der heiligen Tiere wurden ihre speziellen äußeren Merkmale festgehalten[10]. Der heilige Falke von *Philae oder (*Tell) Edfu ist das „Heilige Tier des *Re-*Harachte"[11], *Mnevis und *Buchis sind heilige Tiere des Re[12]; das *Krokodil von *Kom Ombo ist das heilige Tier des (*Sobek-)Re[13] usw. Das heilige Tier ist grundsätzlich nicht das Tier des Gottes, in dessen Tempel es gehalten wird: der *Buchis nicht der Stier des *Month, der Falke nicht Horus, die Kuh nicht *Hathor usw.[14]. Im Zyklus der solaren Idee der Regeneration ausgedrückt, steht das lebende Tier der jugendlich-königlichen Form des Gottes nahe.

Das Verhältnis des heiligen Tieres zur Gottheit wird durch die *Ba-Prädikation ausgedrückt. Der Falke ist der „Ba" des *Ptah, des Apis, des Re(?), des *Schu, der *Tefnut, des *Geb, des Osiris, kurz der Ba des Osiris, des Horus und der *Isis[15]; Ba der Isis und der *Nephthys ist der weibliche Falke. Der Ziegenbock von *Mendes ist der Ba des Re, Ba des Geb, Ba des Osiris und Ba des Schu[16]. Der Ibis ist der Ba des *Thot des Zwei- oder Dreimalgroßen[17]. Im Gegensatz zum NR, wo das *Krokodil nur der Ba des Sobek[18] oder der Apis der herrliche Ba des Ptah ist[19], haben die spätzeitlichen Tiere als junges lebendes, totes und verklärtes Wesen verschiedene Ba-Formen. Die Ba-Benennung wird oft mit der temporären Einwohnung des jeweiligen Gottes im Tier erklärt[20]. Verf. sieht dagegen darin die Wesenhaftigkeit (Ba) des jungen, verstorbenen und wiedergeborenen Gottes im lebenden Tier beschrieben. Apis ist, im kgl. Ritual der Krönung und Herrschaftserneuerung, bei der *Schöpfung wesenhaft ein *Urgott wie Ptah. Theologisch im solaren Zyklus von Tod und Leben beschrieben, ist er „Horus-Atum-Osiris, die beiden Hörner auf seinem Kopf in einem"[21].

Dem Wesen nach ist das heilige lebende Tier kein Gott, sondern hat nur Urgotteigenschaften. Für die Gläubigen ist aber funktional das Kultbild des Tieres „Gott (*nṯr*)". Die Akten der Kultgemeinschaften sprechen griechisch vom Heiligen Tier, demotisch von Göttern[22]. Das lebende Einzeltier wird außerhalb des Sanktuars mit der Tierstatue gehalten[23], der Apis trat z.B. nur bei rituellen Umzügen in Erscheinung. Lebender Apis ist für die Ägypter als Gott die Statue des schreitenden Apis im Apieion von *Memphis, während das Ritualtier Apis nur durch ein Fenster im Apieion sichtbar ist.

Die Kultstatue des Tieres ist, auch wenn viele den di minores zugerechnet werden, denjenigen anderer Götter gleichrangig. Oft wird mit Blick auf die *wḥm-n-Ptḥ*-Bezeichnung des Apis das heilige Tier als *Mittler zwischen Mensch und Gottheit angesehen und *wḥm* mit Vermittler, Dolmetscher, Herold übersetzt, beeinflußt von Vorstellungen, daß lebende Tiere Orakelwesen gewesen sind[24].

Lebende Tiere, die *Orakel in geregelten Formen gaben, sind nicht nachgewiesen, auch nicht *Widder[25] oder Ibisse[26]. Inoffizielle Formen der Ausdeutung des Tierverhaltens, z.B. beim Apis, gehören in die spätere ptol. und röm. Zt[27]. Wiederholer (*wḥm*) scheint uns die wesenhafte, im kgl. Ritual ausgedrückte Rolle des Apis oder Mnevis als Urgott bei der Schöpfung wiederzugeben.

Orakelgottheiten sind allein die Statuen der toten Tiere. Sie wirken von der unterweltlichen Situation (Tierkatakombe) aus für die Lebenden. Die toten Tiere sind nach der Sammlung der Gottesglieder „lebend" wie die Statue des ruhenden Tieres. Die Theologie hat eine noch feinere Unterscheidung zwischen dem Osiris-Tier NN und dem Zustand nach der Vereinigung (*dmḏ*) mit Osiris bzw. Re im *Ḥwt-bnbn* entwickelt. Orakel gibt theologisch nicht Osiris-Ibis, bei dem die Petitionen eingereicht werden, sondern Thot der Zweimalgroße bzw. Hermes Trismegistos in der Unterwelt[28], oberirdisch repräsentiert durch die Ibisstatuen bzw. Pavianstatuen des *Ḏd-ḥr-pꜣ-hb* (*Teephibis)[29] oder *msḏr-sḏm* (Mestasytmis, s. *Ohrenstelen)[30], die wiederum theologisch als Thot-der-Hörende oder Thot-Palette erscheinen können. Bei der Statue des Osiris-Apis werden Petitionen eingereicht, theologisch aber gibt unterirdisch der König „Apis-Osiris, an der Spitze des Westens" Traumorakel aus, der auch als lebend bezeichnet werden kann[31].

B. *Kultformen:* Kgl. Tiere wie Falken oder die heiligen Stiere wurden inthronisiert und hatten eine feste Jahreszählung[32]. Sie wurden nach ihrer Heimatstadt bzw. ihrer Kuhmutter unterschieden oder trugen Kultnamen wie die Paviane[33]. Die Umzüge der heiligen Einzeltiere erfolgten zeremoniell. Bei den Aufzuchtstätten der heiligen Tiere standen Altäre und Statuen[34]. Bei der Fütterung halbzahmer Ibisse durch einen Gehilfen agierte ein Ibiswärter mit einem *Räucherarm[35].

Vorschriften für die Behandlung des toten Stieres sind für den Apis erhalten[36]. An den Tiermumien wurde die *Mundöffnung vollzogen und die Tiere verklärt[37]. Auszüge der Verklärungssprüche sind auf Tiersärgen[38] und an den Scheintürstelen und Wänden der Tiergalerie von *Tuna el-Gebel erhalten[39]. Die Sprüche sind umgearbeitete Auszüge aus der Totenliteratur (*Pyramidentexte, *Totenbuch usw.). Für den Buchis wurde spät das Buch des Atmens (*Atmen, Buch vom) verwendet[40]. Ritualszenen wiesen die Wände der Apis- und Mneviskammern des NR auf[41].

Ritualhandlungen fanden alle 10 Tage statt[42]. Sie wurden entweder im oberirdischen Sanktuar des toten Tieres oder unterirdisch in den Tiergalerien vor dem einzelnen Tier vollzogen. Die Ritualszenen an den Wänden der Paviankammern von Tuna betonen Weihrauchopfer und *Libation[43]. Während der Nachtfeiern (*wrš*) fanden Inkubationsträume (*Heilschlaf) statt. Lampenanzünden, *Brandopfer, *Milch- und Wasserspende sind durch Funde von Tonlampen, Opferständern, Libationstafeln und Gefäßen nachzuweisen[44]. Bronzene Opfergeräte wurden in den Falkengalerien von *Saqqara-Nord entdeckt[45]. *Ostraka verzeichnen *Myrrhe-, *Natron- und *Milchlieferungen[46] usw. Demotische Proskynemata von den Teilnehmern an der Bestattung oder denen, die die Nachfeiern abhielten, sind in *Armant und *Theben erhalten, griech. und dem. Ostrakanotizen über die Bestattung von Ibissen und Falken durch Mitglieder einer Kultgemeinschaft in Kom Ombo[47].

C. *Die Entwicklung des Tierkultes:* Ausgehend von den vor- und frühgesch. Tierstandarten ist für die Vorgeschichte die Vorstellung eines Totemismus einzelner Stammesverbände entwickelt worden[48]. Die Tiere des Standartengeleits lassen sich allerdings nicht mit den vorgeschichtlichen Tierfriedhöfen verbinden[49]. Rinderbegräbnisse fanden sich bereits bei el-*Badari[50]. Erwähnenswert ist ein Fischfriedhof von *Heluan[51]. Gazellen und andere Tiere wurden bei *Heliopolis beigesetzt[52]. Die Aufnahme lokaler vorgesch. Tierkulte am kgl. Hof bleibt weitgehend hypothetisch. Viele Tierkulte dürften erst später von der Residenz aus in die Provinz übertragen worden sein.

Der spätvorgesch. Tierfriedhof von *Hierakonpolis gehört vielleicht zu einem nahen Häuptlingsgrab[53]. Stiere, Kühe und Jungstiere, die im Ensemble erscheinen, und Paviane wie „Der Große Weiße" wurden kgl. Tiere[54]. Ihre Eigenschaften (Stärke, Fruchtbarkeit) waren zur Sicherung der Herrschaft im Ritual notwendig. Wildstier (*ngꜣw*-Rind), Wildkuh im Dickicht, Pantherkatze, Paviane usw. werden vom König „gebändigt", der sich in Jagd-[55] und Opferzeremonien[56] Tiermasken aufsetzt. Eigenschaften der Palasttiere werden auf den König übertragen. Seit der FrZt gehört ein kgl. *Zoo zur Herrschererscheinung[57]. Weihgaben in Form von Tierfigürchen könnten bereits den Gedanken der Herrschaftserneuerung in sich tragen[58].

Im AR wird die rein tierische Form durch *Anthropomorphismus, Tierstatuen, Pfeiler mit Stierköpfen und *Standarten ersetzt. Die Haltung lebender Tiere schränkt sich auf im Ritual und am Festtag verwendete Tiere ein. Manche Forscher rechnen aber mit einer Vielzahl im Verborgenen bleibender populärer Tierwesen in der Provinz[59].

Die heiligen Herdentiere, Apis und die Apiskuh (*ḥpt*)[60], Mnevis[61], die Rinder der Hathor von

*Qusae und *Dendara[62], die Rinder (*kmw*) des Thot[63], der Bock von Mendes u. a. werden für die Feste als Exempel der Fruchtbarkeit und Geburt ausgewählt. Im kgl. Ritual erneuern sie symbolisch den Herrscher. Theologisch wird ihr Sterben und Geborenwerden mit dem solaren Zyklus verglichen oder in mythischer Sprache mit der Götterfamilie Osiris-Isis-Horus gleichgesetzt. An den Wänden der *Sonnenheiligtümer sichert der solare Kreislauf der Natur und der Jahresablauf des Tierlebens die Erneuerung. Die gleiche Idee werden die Tiersiegel des AR enthalten[64].

*Spitzmaus und *Ichneumon werden als (kgl.) Symboltiere auf einer Statuenbasis *Amenemhets III. genannt[65]. Solare Tiersymbolik ist im NR auf *Skarabäen und *Siegeln abundant. Einfache Naturvorgänge wie das Herauskommen aus der Erde oder plötzliches Aufspringen drücken die Idee der zyklischen Regeneration aus[66]. Die *Hesatkuh gehört unter *Hatschepsut zur Geburtslegitimation[67]. Thutmosis III. läßt dem Mnevis Ländereien zukommen[68]. Der wachsende Ideeneinfluß von Memphis-Heliopolis auf die Königsideologie ist bei den Tieren spürbar. Aus der Zt *Amenophis' III. ist die erste Apisbestattung erhalten[69]. Das Aufkommen der Tierkulte ist daher mit einer weltanschaulichen Krise des NR begründet worden[70]. Die Tierrudel auf den Stelen des NR, so die *Schlangen der *Meresger von *Deir el-Medineh, Widder und Gänse des *Amun, Gazellen der *Anuket usw. werden gerne als eine jetzt ans Licht kommende Unterströmung volkstümlicher Tierverehrung angesehen[71]. Zu beachten ist, daß die Meute von Hunden und Schakalen auf den Assiutstelen neben der kgl. Standarte des *Upuaut erscheint[72]. Unter *Chaemwese wurden die Apisstiere gemeinsam in einer Gruft beigesetzt und ein Tempel des Osiris-Apis bzw. des lebenden Apis errichtet[73]. Die Tierstatue des Buchis wird in der 20. Dyn. von einem Priester versorgt[74]. Ein Schreiber der 20. Dyn. läßt einen Ibis begraben[75].

Die isolierte Entwicklung des Deltas in der 3. ZwZt führt zu einer neuen Betonung des Tierkultes in den Krönungsstädten Memphis, *Bubastis, *Buto, wo auch die ältesten Tierbegräbnisse, abgesehen von den Rinderkultzentren und Mendes, nachzuweisen sind[76].

Unter *Amasis erfolgte bei den Apisgrüften ein Neubau mit Bubasteion, Anubieion, Iseion und Serapeion als Komplexen, bei denen entsprechende heilige Tiere gehalten und bestattet wurden[77]. Die Anlagen sind im Zusammenhang mit dem kgl. Totenkult zu sehen, bei dem die Standartentiere des Hebsed (*Sedfest) und des Totengeleites Ibis, Falke, Katze und Hund im Ensemble erscheinen[78]. Die lebenden Tiere werden theologisch mit Horus/König, Thot-*Chons, Bastet und *Anubis/Upuaut verknüpft[79]. Die Tiere symbolisieren, aufgeteilt nach O. u. U.Äg., „die Götter Ägyptens"[80], die zur Erneuerung des Herrschers dienen. Neben den Tieren des kgl. Totenkultes in Saqqara treten in den großen Tempelzentren die heiligen Einzeltiere bei den Tempelfesten hervor[81]. Die Tiere an den bedeutendsten Landestempeln nehmen durch Stellvertretertiere am Krönungsritual des Herrschers teil.

*Darius I. richtete den kgl. Kult des Darius-der-Falke (und wahrscheinlich auch den des Ibis-der-Pharao) ein, dem *Nektanebos I. und II. folgten[82]. Der memphitische Statuenkult des Herrschers wird in der 30. Dyn. durch systematische Neugründungen in allen Gauen Äg. installiert. Personal und Felder werden dazu gestiftet, die aus kgl. Besitz kommen und im Sinne des Staates an den Landestempeln wirken[83]. Die Betreuung der lebenden und toten Tiere ist staatliche Aufgabe. *Ptolemaios I. erneuert die staatlichen Kultgemeinschaften und gibt ihnen Regeln für Griechen und Ägypter, die den unterschiedlichen Kultformen Rechnung tragen. Die Griechen werden an *Serapis, die Ägypter an den Kult des Osiris-Apis gebunden. Hermes Trismegistos ist dem Thot dem Zweimalgroßen an die Seite gestellt, Asklepios dem *Imhotep. Bei beiden Gruppen ist der Statuenkult der Ptolemäer und der toten Tiere traditionell verbunden. Dies bestätigen Kanopus- und Mendes- bzw. Pithom-Dekret auch für die Königin, die die Rolle der Isis übernimmt. Die Ausstattung der Tierkulte wird durch spezielle Lieferungen von Byssos für die Bestattung des Apis und durch Geldzahlungen des Pharao unterstützt[84]. Beiträge haben auch die Teilnehmer an den Bestattungsprozessionen der hlg. Tiere zu zahlen[85].

Dadurch, daß auch die kleinen Leute in die Kultgemeinschaft aufgenommen werden, die z.B. im *Fajjum eine große Anzahl Dorfbewohner umfassen kann[86], wird die Hinwendung zum Tier intensiviert. Die Namen vieler Ägypter sind mit Tieren zusammengesetzt (Form: „Der der Schlange, des Frosches, des Ibis usw."[87]). Meistens gehören sie zur Institution des entsprechenden Tieres. Bei den gebildeten Griechen und Ägyptern der staatlichen Gemeinschaften entsteht eine spekulative Theologie, die die Tiere symbolisch ausdeutet. Die hermetische Literatur und viele von der äg. Theologie abweichende Überlieferungen der antiken Autoren haben hier ihren Ursprung[88].

Die Tierbestattungen wurden durch die inneren Unruhen um 200 v. Chr. gestört. Hor von Saqqara bemühte sich um eine Reorganisation[89]. Immer stärker tritt der religiöse Partikularismus der Gaue und Tempel hervor. Die Tabuvorschriften (*Tabu), die vorher Priestern das Essen bestimmter *Fische oder das Töten bestimmter Tiere untersagten, werden auf die gesamte Bevölkerung ausgedehnt. Blutige Volkskämpfe sind die Folge. Das vorher separat gehaltene Einzeltier wird jetzt vorgezeigt und zum Identifikationsobjekt, das neben das Kultbild tritt[90]. Die antiken Autoren überliefern groteske Formen einer übersteigerten Tierverehrung[91].

Die Tierkulte werden in der Römerzeit mit deutlich reduziertem Aufwand von seiten des Staates weitergeführt. Dagegen ist das hlg. Einzeltier an vielen Orten wie *Philae, *Memphis, *Oxyrhynchos usw. von einer Volksbewegung getragen, die dem Christentum lange Widerstand entgegengesetzt hat. Aus ihr wird das Tier in die mittelalterliche Symbolik weitergetragen[92]. Zuerst erlöschen die staatlichen Kulte der Falken und Ibisse mangels Interesse der Herrscher an ihren eigenen Kulten[93]. Die Tempeltiere werden erst von den Christen gewaltsam beseitigt[94].

D. *Die Institutionen der lebenden Tiere:* Die heiligen Tiere im Tempelbezirk wurden in einem *mȝrw*-Gebäude gehalten[95], die Krokodile in Bassins[96]. Der Apis wurde in Ställen gehalten (sēkos), abseits des *Ḥwt-Ḥp*, der Buchis im *pr-Bḫ*. Mythologisch wohnten Apis und Buchis an der Urhügelstätte (*Ṯnn*). In den Tiersanktuaren der Tempel herrschte die Geburtsthematik vor[97].

Die Masse der heiligen Ibisse[98], Falken und anderer Vögel, Paviane, Krokodile, Kleintiere usw. wurde an Sümpfen, Seen[99] und Stellen im flachen Land unterhalten. Kultischer Mittelpunkt war die Geburtskapelle (*ꜥḫjt n ms*)[100]. Zuständig waren Ibiswärter, Falkenwärter, Krokodil- oder Hundewärter, die Leiter der Aufzuchtstätten (Ibiotropheion, Saurieion usw.)[101]. Ihnen stand *sḏm*(-*ꜥš*)-Personal aus den umliegenden Dörfern zur Seite[102]. Zur Stätte gehörten vom König gestiftete Felder (*tȝ ḫrt n pȝ hb* bzw. *nȝ hbw* usw.)[103] und Zuwendungen aus der Syntaxiszahlung des Pharao an das Personal[104]. Die *sḏmw-ꜥš* wurden von der staatlichen Administration kontrolliert, den *mštw*[105], die wiederum dem Epistates (*rwḏ*)[106] unterstanden.

Die Tierstatuen hatten eigene Propheten (Titel *ḥm-nṯr* + Tier). Am besten bekannt ist das Personal des Apis. Im AR ist der Titel Wärter des Apis (*ḥm Ḥp*) bei Beamten belegt[107], die vielleicht mit dem kgl. Ritual betraut waren. Die gewöhnlichen *sḏm*(-*ꜥš*) des Apis stellten auch monatlich die Arbeiter für die Apisgalerien (Titel *bjj* des Osiris-Apis bzw. *wšb*, *mnḫ* oder einfach Diener [*bȝk*]). Apiswärter und anderes Personal traten nach dem Tod des Tieres in den Dienst des Osiris-Apis ein[108].

Die Tiere wurden von einer staatlichen Gemeinschaft betreut. An der Spitze stand die Gauadministration. Sie sind die Großen Leute (*rmṯw ꜥȝ*) der Gemeinschaft (*rmṯw*; *mšꜥ*). Religiöser Leiter der Gemeinschaft ist der Porthotes bzw. Porembykis für Ibis und Falke, dem ein Verwalter (Prostates bzw. *Lesones) zur Seite stand, dazu ein Oikonomos[109]. So teilte sich die Gemeinschaft in *wꜥbw*, die auch kultische Aufgaben in den Tiersanktuaren verrichteten, und Pastophoren (*wnw*). Die Bezeichnung Pastophoren wird allgemein auch für die *wꜥbw* verwendet, um sie als staatliche Leute von den Tempelpriestern abzuheben[110]. So ist z. B. der Leiter des *Serapeums auch Leiter aller Pastophoren, die am Dromos des Osiris-Apis für den Statuenkult der Könige wirkten. Der *ḥm-nṯr* des Osiris-Apis ist folgerichtig auch „*ḥm-nṯr* der Götter von *Tȝ-dhnt*", hinter denen sich die Statuen der Könige verbergen[111]. Die Kultgemeinschaft wirkte an den Festprozessionen des hlg. Einzeltieres mit[112].

Die Bestattung der heiligen Tiere: Starb das Tier bzw. ging wie der Apis zum *Qbḥ*-Himmel[113], wurde es unter umfangreichen Zeremonien in die *wꜥbt* gebracht. Unter Darius I. und *Necho wurden für den Apis neue Bauten errichtet[114]. Djedhor von *Athribis überwachte den Bau einer *wꜥbt*-Anlage für die Falken[115]. Die *wꜥbt* für die massenhaft gehaltenen hlg. Tiere lagen meist vor der Bestattungsstätte[116]. Zu ihr gehörten ein Sanktuar des Osiris-Tieres[117], Aufenthaltsräume für die Teilnehmer, Magazinbauten und ein Archivraum. Wohl im Freien fand die Behandlung der Mumie statt[118].

Beim Apis vollzog der *Hohepriester des Ptah die Mundöffnung[119]. Bei anderen Tieren stand an der Spitze der „*ḫrj-hb* + Tier" als Leiter des Rituals[120]. Das *sḏm-ꜥš*-Personal verrichtete die Schmutzarbeit. Bei der ideell 70tägigen Trauer waren beim Apis die Staatsspitze (Kronprinz, Generäle und Priester aus anderen Landesteilen) anwesend[121], bei anderen Tieren die Gauverwaltung und die Gemeinschaft[122]. Wenn auch z. B. Falken in der „Kammer der 70 (Tage)" lagen[123], so dürfte sich die Trauer auf die 4 Tage des harten Fastens beschränkt haben[124]. Die Trauerprozession erfolgte unter Teilnahme der Mitglieder der Gemeinschaften der Tiere und der Tempelpriester. Die Mitglieder zahlten dafür Beiträge an die *sḏm-ꜥš*-Arbeiter, je nachdem wieviele „Götter" sie vollständig oder unvollständig abgeliefert hatten[125].

E. *Die Institution der toten Tiere:* Sie bestand aus der „Ruhestätte (*pȝ ꜥwj n ḥtp*)" des jeweiligen Tieres und dem oberirdischen Sanktuar des wiederbelebten Tieres[126]. Die Ruhestätten der hlg. Einzeltiere erfuhren *Choachyten-Dienst. Der *ḫrj-hb* der Bestattung wirkte wohl auch für das tote Tier. Den Liturgiendienst, z. B. für hlg. Paviane in Tuna, teilten sich Familien[127].

Für die Betreuung des Sanktuars des „Osiris-Tieres" war ein *ḥm-nṯr* zuständig. Er konnte diese vom Staat eingerichtete, mit Felderbesitz versehene Prophetie auch mit Zustimmung der Gauadministration kaufen[128]. Die Gläubigen, die in diesen Sanktuaren mehr und mehr die Götterfamilie Osiris-Isis-*Harpokrates dargestellt sahen, stifteten (Bronze-)Figuren und (Bronze-)Särge, die entweder oberirdisch[129] oder unterirdisch deponiert wurden[130]. Die Gläubigen selbst durften die Tiergalerien nicht betreten. Die Orakel gab aber nicht der *ḥm-nṯr* des Sanktuars aus, sondern bestimmte abgeordnete Mitglieder der religiösen Gemeinschaften. Sie ließen sich bei den Nachtfeiern im *Traum inspirieren. Ihren Traum, den sie der Gemeinschaft vortrugen, ließen sie von Schreibern protokollieren[131]. Wenige Reste der Sanktuare der toten Tiere sind erhalten (*Saqqara, *Tuna, *Hu). Aus den Texten ist das *Pr-Wsjr-Ḥp* am besten bekannt, dessen Mittelpunkt das *Ḥwt-nṯr Wsjr-Ḥp* bildete[132].

F. *Tiermumien und Tierbestattung.* Lieblingstierbestattungen von *Hunden, *Meerkatzen, *Gazellen, *Katzen kommen seit der Frühgeschichte vor. Der Hohepriester Thutmosis läßt eine Katze im Steinsarg verklären[133]. Bei Pavianen oder Ibissen im Tal der Könige (*Königsgräbertal) und später in Privatgräbern könnte ein religiöser Hintergrund vorliegen[134]. Andere mumifizierte Tiere sind lediglich Opfergaben[135]. Tierzergliederung kommt immer wieder vor. Hörner und Rinderschädel haben apotropäische Wirkung[136]. Die Bestattung von *Eseln oder später *Pferden als *Lieblingstieren ist vereinzelt[137]. Davon zu trennen ist die Bestattung von Pferden, Rindern und später *Kamelen bei den Kuschiten, bei denen Körper und Kopf getrennt werden[138].

Seit Amenophis III. wird die Bestattung hlg. Tiere vom König ausgerichtet. Abgesehen von den Mnevisgräbern sind erst wenige Tierfriedhöfe vor die 30. Dyn. zurückzuführen. Die bekanntesten Tierfriedhöfe sind[139]: *Elephantine (Widder), *Kom Ombo (Krokodile, Schlangen, Falken, Ibisse u. a.), Kommir (Gazellen), Esna (Fische, Krokodile), *Gebelein (Krokodile), *Theben (Ibisse, Falken, Krokodile u. a.), *Koptos (Hunde, Katzen), *Hu (Ibisse, Falken, Katzen, Hunde), Dendara (Ibisse, Falken u. a.), Abydos (Ibisse, Falken) *Schashotep (Schafe, Ibisse, Falken), *Assiut (Hunde, Schakale), Tuna el-Gebel (Ibisse, Falken, Paviane, u. a.); *Speos Artemidos (Katzen, Hunde), Roda (*Tell el Amarna/Wadi Deir el-Bersche), *Tehne (Widder, Krokodile), *Hardai-Kynopolis (Hunde), Saujet Barmascha (Fische); el-*Hibe (Krokodile), Medinet Gurab (Rinder, Fische), Hawara (Krokodile), Krokodilopolis, *Medinet Madi, Ghoran, *Tebtynis u. a. Fajjumdörfer (meist Krokodile, Widder u. a.), *Lischt (Hunde), *Atfih (Hesatkuh), *Gisa/*Saujet el-Arjan (Vögel u. a.), *Saqqara, Tell el-*Kom el-Ḥisn (Rinder), Kom Ausim/*Letopolis (Spitzmäuse, Krokodile), *Sais (Kleintiere), Bubastis (Katzen, Spitzmäuse), Heliopolis (Mnevis, Ibisse u. a.), Tell er-Robʿ/Mendes (Widder), Tell *Baklija (Ibisse), Tell Abu Yasin (Stiere, Ibisse), *Alexandria, *Kanopus (Ibisse), *Taposiris Magna usw.

Grundsätzlich beschränkt sich die Beisetzung nicht auf ein oder zwei Arten von Tieren. Falken sind häufig Kleintiere mitgegeben, meist in Bündeln oder in kleine Särge plaziert[140]. Die Liste der Tiere umfaßt zahlreiche Vogelarten[141]: Ibis (Threskiornis aethiopicus), Brauner Sichler (Plegadis falcinellus), Turmfalke (Falco tinnunculus), Rötelfalke (Falco naumanni), Feldeggsfalke (Falco biarmicus), Wüstenfalke (Falco pelegrinoides), Baumfalke (Falco subuteo), Würgfalke (Falco cherrug), Sperber (Accipiter nisus), Gabarhabicht (Melierax gabar), Wespenbussard (Pernis apivorus), Gleitaar (Elanus caeruleus), Schreiseeadler (früher Seeadler, Haliaetus vocifer), Steppenbussard (Buteo rufinus cirtensis), Adlerbussard (Buteo rufinus rufinus), Falkenbussard (Buteo buteo vulpinus), Schwarzmilan (Milvus migrans aegyptius), Rotmilan (Milvus milvus), Schlangenadler (Circaetus gallicus), Kaiseradler (Aquila heliaca), Schreiadler (Aquila pomerina), Zwergadler (Hieraaetus pennatus), Fischadler (Pandion haliaetus), Gänsegeier (Gyps fulvus), Ohrengeier (Torgos tracheliotus), Schmutzgeier (Neophron percnopterus), Rohrweihe (Circus aeruginosus), Kornweihe (Circus cyaneus), Steppenweihe (Circus macrourus), Wiesenweihe (Circus pygargus), Uhu (Bubo bubo ascalaphus), Zwergohreule (Otus scops), Waldohreule (Asio otus), Sumpfohreule (Asio flammeus), Schleiereule (Tyto alba), Ziegenmelker (Caprimulgus), Kuckuck (Cuculus canorus), Triel (Burhinus oedicnemus), Nilgans (Alopochen aegyptiacus), Tropfenflughuhn (Pterocles senegallus), Blauracke (Coracias garrulus), Rauchschwalbe (Hirundo rustica). Im Gegensatz zur bisherigen Meinung, daß alles, was nach Raubvogel aussah, beigesetzt wurde, ist durch den Befund in Tuna klargeworden, daß Gruppen der Vögel zu den *sr(t)*-Vögeln des Rituals[142] gehören und auch Geier, Adler, Milan usw. bestimmte Bedeutungen haben[143].

Die Liste der übrigen Tiere: Paviane, Meerkatzen, Husarenaffen, Hunde, Schakale, Füchse, Katzen, Widder, *Schafe, *Ziegen, Stiere, Kühe, Ochsen[144], Krokodile, Schlangen, Gazellen, *Antilopen, Fische, Ichneumon, Spitzmaus, *Mäuse, Ratten, Käfer, *Eidechsen, Fliegen, *Frösche, *Kröten, *Skorpione, Flußpferd (?), *Hase,

Löwe[145], Wiesel (?), *Fischotter (?), *Bär (??)[146]. Die Tiermumie (auch ihre Eier) wurde oft mit Artgenossen in Kalkstein-, Bronze- oder Holzsärgen, in Töpfen[147] oder Holzkästchen beigesetzt. Eier und (oft juvenile) Tiermumien galten der zyklischen Interpretation der Tiere (Tag- und Nachttiere, Erdtiere, die aus dem Nun kommen usw.). Katzen sollen stranguliert worden sein[148]. Gewickelt wurden nicht nur vollständige Mumien, sondern auch Teile der Tiere, Federn, Nester u. a. Oft wurden Knochen verschiedener Tiere vereinigt. Neben kunstvollen Wicklungen, teils mit Applizierungen, begegnen lose Bündel mit nicht mumifizierten Knochen. Anzuzweifeln ist die Behauptung, daß, um den Bedarf an Mumien für Gläubige zu befriedigen, nachlässig gewickelt wurde und Pseudomumien hergestellt worden seien.

[1] Vgl. Hornung, Der Eine, 127, der von Tierkult erst bei der Verehrung aller Exemplare einer Tiergattung sprechen will. Morenz, in: ZÄS 88, 1962/3, 42ff. möchte das Wort „Tierkult" ganz vermeiden. – [2] Vgl. Hornung, a.a.O., 127; Bonnet, in: ZÄS 75, 1939, 51; vgl. Otto, Biogr. Inschr., 125, der die Tierkulte dem Volksglauben zurechnet und sie von der priesterlich spekulierenden Theologie trennt. – [3] Hopfner, Tierkult, 12. – [4] Zum Problem der Privatkulte der Tiere s. Hopfner, a.a.O., 120; Kákosy, Problems of the Thot Cult in Roman Egypt, in: Studia Aegyptiaca 7, 1981, 44f. Zu Ibissen in Privatgräbern in Abusir el Meleq s. Rubensohn und Knatz, in: ZÄS 41, 1904, 8. Zu einer mumifizierten Hauskatze aus Quseir el-Qadim s. Boessneck und Angela von den Driesch, in: Spixiana 6, München 1983, 211ff. – [5] Vgl. Morenz, in: ZÄS 88, 1963, 42ff. – [6] Strabo XVII, 807. – [7] Hopfner, a.a.O., 12. – [8] Vgl. Friedrich Preisigke und Wilhelm Spiegelberg, Die Prinz-Joachim-Ostraka, Straßburg 1914, wo demot. *nṯr* und griech. „Heiliges Tier" nebeneinander verwendet werden. Die heiligen Rinder sind θεοὶ (ἀεὶ) ζωοί. – [9] Häufig an den ptol. Tempelwänden, doch auch schon für Apis-Osiris beim Iseion von Saqqara unter Nektanebos II. belegt, s. Geoffrey T. Martin, The Sacred Animal Necropolis at North Saqqara, London 1981, Nr. 363. – [10] Vgl. Hopfner, a.a.O., 12f.; Otto, Biogr. Inschr., 145; auf einen entsprechenden Buchtitel in Medamud wies A. Grimm, München (unpubl. Magisterarbeit 1983) hin. – [11] Vgl. Junker, in: WZKM 26, 1912, 42ff.; id., Philae I, 73. Der Falke ist der Ba des Re. – [12] Vgl. Bucheum III, Tf. 49, Nr. 26: Ba des Re, Wiederholer (*wḥm*) des Re. – [13] De Morgan, Cat. des Mon., Kom Ombo I, Mon. 58; vgl. Adolphe Gutbub, Textes fondamentaux de la théologie de Kom Ombo I, BdE 47.1, 1973, 467. – [14] Dieses grundlegende Mißverständnis beherrscht viele Darstellungen der altägyptischen Religion. – [15] J.D. Ray, The Archive of Ḥor, EES, London 1976, Text 19, rto 6/7; 20, x + 5–6; 25, 3. – [16] Vgl. Erik Hornung, Der ägyptische Mythos von der Himmelskuh, Göttingen 1982, Vers 280 (hier Ba des Osiris). – [17] Ray, The Archive of Ḥor, Text 19, rto 5. – [18] Hornung, a.a.O., Vers 283. – [19] pHarris I, 44, 9; vgl. Jan Bergman, Ich bin Isis, Uppsala 1968, 250. – [20] Vgl. Hornung, Der Eine, 127; ders., in: StG 20, 1967, 76; Morenz, Religion, 165f.; Zimmermann, Der Tierkult (s. Lit.), 51 u.a. – [21] Auf vielen Serapeumsstelen. – [22] Vgl. Friedrich Preisigke und Wilhelm Spiegelberg, Die Prinz-Joachim-Ostraka (s. Anm. 8), Nr. 25/26; auch Apis ist König der Götter und König der Heiligen Tiere. – [23] Vgl. Hopfner, a.a.O., 14f. – [24] Vgl. Hornung, Der Eine, 128; Otto, Stierkulte, 25f.; Bergman, Ich bin Isis, 254. Bergman deutet *wḥm* teilweise als Orakelvermittlung, teilweise als „Vermittler, der die Maat zu Ptah aufsteigen läßt". Das „Apis ist Ptah" der demot. Chronik deuten wir als „Apis ist wie Ptah". – [25] Vgl. Kákosy, Prophecies of Ram Gods, in: Studia Aegyptiaca 7, Budapest 1981, 139ff. – [26] Quaegebeur, in: Enchoria 7, 1977, 103ff. weist die Vorstellung zurück, daß der Gott Teephibis ein lebender, Orakel gebender Ibis sei. Auch in den anderen „*Ḏd-ḥr* + Tier"-Formen sehen wir Statuen. – [27] Vgl. die Zusammenstellung bei Alfred Wiedemann, Herodots Zweites Buch, Leipzig 1890, 550; Hopfner, Tierkult, 81ff. – [28] Vgl. Ray, The Archive of Ḥor, Text A, 2–4. – [29] Quaegebeur, in: Enchoria 7, 1977, 103ff. – [30] Wagner und Quaegebeur, in: BIFAO 73, 1973, 42ff. – [31] In der Regel wird zwischen Apis-Osiris und Osiris-Apis kein Unterschied gesehen, vgl. aber Otto, Stierkulte, 29. Zur Begründung der Unterscheidung muß auf die in Vorbereitung befindliche Arbeit des Verfassers „Die Heiligen Tiere und der König" verwiesen werden. Der Apis-Osiris ist theologisch mit dem griech. Serapis zu vergleichen. – [32] Vgl. Junker, in: WZKM 26, 1912, 42ff. – [33] Paviannamen sind aus den Paviangalerien von *Saqqara, aus den Ibis- und Paviangalerien von Tuna (Namen sind in den Ritualszenen der Kammern der Galerie C eingeschrieben) und aus Papyri in Tuna (unpubl.) bekannt. – [34] Bekannt durch die röm. Nillandschaften. – [35] Edda Bresciani, Kom Madi 1977 e 1978, Pisa 1980, Tf. 17. – [36] Spiegelberg, in: ZÄS 56, 1920, 1ff. – [37] Vgl. Otto, Mundöffnung II, 28ff.; Morenz, in: ZÄS 88, 1963, 42ff.; Jean Vercoutter, Textes biographiques du Sérapéum de Memphis, BEHE 316, Paris 1962, 57. – [38] Die wichtigsten Textgruppen sind die Tell Abu Yassin-Stiersarkophage (unpubl.), vgl. Abdel Salam, in: ASAE 38, 1938, 609ff.; Gourlay, in: Hommages à Serge Sauneron (BdE 81), Kairo 1979, 363ff.; die Serapeumssärge, vgl. Gunn, in: ASAE 26, 1926, 82ff.; Kákosy, in: Studia Aegyptiaca 7, 1981, 207ff. zu den Kartonagen der Widder von Elephantine; der Sarg einer Hesatkuh s. PM IV, 76; ein Bucheumssarg, s. Bucheum III, Tf. 48; ein Widdersarg aus Mendes (CG 29792). – [39] Unpubliziert. – [40] Bucheumstelen Nr. 13 und 14, Zt des Augustus, vgl. Bucheum II, 14; Goyon, Rituel funéraires, 197ff. – [41] Lit. PM III. 2^2, 782; IV, 59. – [42] Vgl. Otto, Stierkulte, 44; Bucheum III, Tf. 49 A (Nr. 36). – [43] Philippe Derchain, Zwei Kapellen des Ptolemäus I. Soter in Hildesheim, Hildesheim 1961; Karig, in: ZÄS 88, 1963, 17ff. und weitere unpubl. Kammern. – [44] Vgl. Bucheum I, Kap. VII–IX. Vor jeder Tiermumie war eine Kultstelle, Libationstafeln und Opferständer auch vor den einzelnen Pavianen in Tuna. Die Widder von Elephantine hatten dagegen nur eine gemeinsame Kultstelle. – [45] Emery, in: JEA 57, 1971, 3ff. – [46] *ḥzmn*, *ḥrt*, *sntr* z.B. Bucheum I, 193ff.; II, 53f., wo auch Wasser- und Milchbringer vorkommen; vgl. auch UPZ I, 101. – [47] Die Prinz-Joa-

chim-Ostraka (s. Anm. 8). – [48] Vgl. Hopfner, Tierkult, 7 (Fetischismus); Victor Loret, L'Egypte au temps du totémisme, Paris 1905. – [49] Ablehnende Haltung bei Hornung, in: StG 20, 1967, 73. – [50] Badarian Civilisation, 7. 12. 28; zu den Friedhöfen zusammenfassend Behrens, in: ZÄS 88, 1963, 75 ff. – [51] Vgl. Gamer-Wallert, Fische und Fischkulte, 107 Anm. 223. – [52] Debono, in: ASAE 52, 1954, 635 ff. (Gazellen und Hunde). – [53] Michael A. Hofmann, The Predynastic of Hierakonpolis – An Interim Report, Egyptian Studies Association Publication 1, Oxford 1982, 56 ff.; die Datierung des Felsgrabes Nr. 2 aus Loc. 6 ist nicht gesichert. – [54] Vgl. Hofmann, a.a.O., 62 Abb. 1, 18 „stoßender Stier über Boot". – [55] Altenmüller, in: LÄ III, 231 ff. s. v. *Jagdritual. – [56] Jagd und Opferriten gehören zusammen, vgl. Kees, Opfertanz. – [57] Löwen waren bei Horus *Aha in Abydos beigesetzt (unpubl.); ein ramessidischer Zoo befand sich im Palast von Qantir (unpubl.); vgl. Hornung, in: StG 20, 1967, 79. – [58] Meist aus Abydos oder Elephantine bekannt (Löwen, Frösche bzw. Kröten u. a.). – [59] Vgl. Hornung, a.a.O., 75. – [60] Apis, Apiskuh (später die Mutter des Apis) und Jungtiere bilden seit dem AR ein festes Ensemble. Die Kuh wird theologisch an Hathor angeglichen, vgl. Stele Florenz Inv. Nr. 2541, s. Sergio Bosticco, Le stele Egiziane del Nuovo Regno, Rom 1965, Nr. 53. 59 ff.; Martin, in: JEA 69, 1983, 28; SSEA Journal 13 Nr. 1, Winter 1983, 46. Zur theologischen Ausdeutung der wesenhaften Urgottrolle vgl. die 4 lebenden Urgottstiere (und 4 Kühe) in Memphis bei Wolja Erichsen und Siegfried Schott, Fragmente memphitischer Theologie in demotischer Schrift, AAWM 1954. 7, 383. Zur Herde des Apis vgl. pHarris I, 49, 4–5. Die *kmw*-Rinder haben einen eigenen Kult; s. Ray, in: JEA 58, 1972, 308 ff.; Guilmot, in: CdE 37, Nr. 74, 1962, 366 (Ruheplatz des Kem), vgl. pLouvre E 3266 (de Cenival, in: BIFAO 71, 1972, 60), wo „Menschen der Herde" genannt werden; vgl. auch Emile Chassinat, Le mystère d'Osiris au mois de Khoiak I, PIFAO, Kairo 1966, 175–79 und Personennamen *P3-km* usw. – [61] Vgl. Otto, Stierkulte, 34 ff.; Moursi, in: SAK 10, 1983, 247 ff.; Louis Lortet und Claude Gaillard, La faune momifiée 8, Lyon 1903, 64; M. Essam Salah el-Banna, Recherches sur le culte à Heliopolis: Le Phénix, le Benben, le taureau Mnévis, Doctorat d'Etat, Paris 1981. Zur Herde s. pTurin LVIII, 2–3; pHarris I, 30, 3. – [62] Vgl. Meir II, 25 ff.; Fischer, Dendera, 184. – [63] CG 20025, Z. 7. – [64] Material bei Peter Kaplony, Die Rollsiegel des Alten Reiches, Brüssel 1977–1981. Regenerationssymbole können auch eine apotropäische Verwendung erfahren. – [65] Berlin 1195, s. Emma Brunner-Traut, Spitzmaus und Ichneumon, in: NAWG 1965. 7, 147 Abb. 4a. – [66] Erik Hornung und Elisabeth Staehelin, Skarabäen und andere Siegelamulette aus Basler Sammlungen, Basel 1976, 106 ff. – [67] Vgl. Otto, Stierkulte, 35; Brunner, Geburt des Gottkönigs, 131 f. – [68] Urk. IV, 1373. – [69] Was vorher mit den heiligen Tieren geschah, wissen wir nicht. Für den Apis des AR ist ein ritueller Verzehr behauptet worden, s. auch Bucheum I, 7 ff. Die These vom rituellen Tod (so Chassinat, in: RecTrav 38, 1917, 33 ff.) wird allgemein abgelehnt. – [70] Kákosy, in: ZÄS 100, 1973, 3 ff.; vgl. Hornung, in: StG 20, 1967, 75. – [71] Kultbild und Tiergruppe gehören aber auch hier zusammen, vgl. z. B. die Stele London, U.C. 14403 und die Kairener Widderstele bei Munro, in: ZÄS 88, 1963, 48 ff., Tf. 6. – [72] Die früheste der unpublizierten Stelen ist unter Thutmosis III. datiert (Kairo JE 68587), eine andere unter Haremheb. Vgl. auch Brunner, in: MDAIK 16, 1958, 5 ff.; Munro, in: ZÄS 88, 1963, 48 ff. – [73] Vgl. Vercoutter, in: LÄ I, 341, der nur von einem Tempel des Apis-Osiris spricht. – [74] Svetlana Hodjash und Oleg Berlev, The Egyptian Reliefs and Stelae in the Pushkin Museum of Fine Arts, Moscow, Leningrad 1982, Nr. 92 (*jt nṯr ḥm nṯr n P3-j.b3-ẖt*); vgl. Otto, Mundöffnungsritual II, Nr. 86 (Mundöffnung für Buchis?). – [75] Wilhelm Spiegelberg, Neue Urkunden zum altägyptischen Tierkultus, SBAW 1928. 3, 14–17. – [76] Statuen und Särge in Katzenform schon in der 22. Dyn. in Bubastis; Bronzesärge des Horus und der *Uto (Wadjet) von Buto mit Teilen von Tieren (sog. Reliquiare). – [77] Zum Statuenkult des Amasis im Anubieion vgl. Statue Berlin 14765, s. Erman, in: ZÄS 38, 1900, 114 ff.; die älteste Kuhbestattung in Saqqara fällt unter Amasis; Grundsteinbeigaben des Amasis im Anubieion (unpubl.). – [78] Vgl. z. B. Manfred Bietak und Elfriede Reiser-Haslauer, Das Grab des ʿAnch-Hor II, Wien 1982, 285 ff. – [79] Zur Begründung muß auf die angekündigte Arbeit des Verfassers verwiesen werden (s. Anm. 31). – [80] Vgl. Ray, The Archive of Ḥor, Text 7, 4; 11, vso 60. – [81] Zunächst sind nur die Tierstatuen bekannt, vgl. die Kultbilder des Tempels von Hibis unter Darius I. – [82] Vgl. Yoyotte, in: Kêmi 15, 1959, 73; Holm–Rasmussen, in: AcOr 40, 1979, 21 ff. – [83] Vgl. Dimitri Meeks, Le Grand Texte des Donations, BdE 59, 1972, 66 ff.; allgemein zur Religionspolitik Johnson, in: Enchoria 4, 1974, 8. – [84] Vgl. Wilfried Rübsam, Götter und Kulte im Faijum während der griechisch-römisch-byzantinischen Zeit, Bonn 1974, 74 f. 98. 155 (pMichigan 573, 8; SB 9346, 21; pGenève 36, 8, 18); PSI, 328 u. a.; vgl. auch Diodor I, 84. Bereits zur 26. Dyn. waren die *ḥ3tj-ʿ* der Gaue zu Leistungen verpflichtet, s. Stele SIM 4017 aus der Zeit des Amasis, bei Jean Vercoutter, Textes biographiques du Sérapéum, Paris 1962, 33; vgl. Walter Otto, Priester und Tempel, Leipzig–Berlin 1905, 391 ff.; von dem Beitrag der Gläubigen zum Unterhalt der lebenden Tiere berichtet Herodot II, 67. – [85] Françoise de Cenival, Les associations religieuses en Egypte d'après les documents démotiques, BdE 46, 1972, 186 f. – [86] Vgl. de Cenival, in: Enchoria 7, 1977, 1 ff. – [87] Vgl. Ranke, in: ZÄS 60, 1925, 76 ff. Von den Personennamen kann nicht einfach auf eine Tierverehrung geschlossen werden. Zu den Buchisnamen s. Clarysse, in: Grammata Demotika (Fs Lüddeckens), Würzburg 1984, 25 ff. – [88] Vgl. Ray, The Archive of Ḥor, 20, Anm. 2. – [89] Ray, a.a.O.; es geht bei den Reformpapyri in erster Linie um die Regelung der Auszahlung der syntaxis. Verhindert werden soll der Mißbrauch durch die *sḏm-ʿš* und *mštw*-Leute. – [90] Die antiken Schriftsteller heben die Gegensätze der Gaue topisch heraus. Auf den Nomosmünzen der röm. Zt treten die Tiergestalten neben die Hauptgötter des Tempels. – [91] Vgl. z. B. Hopfner, Tierkult, 120 zu den Krokodilen. – [92] Vgl. z. B. Emma Brunner-Traut, in: Antaios 10, 1969, 184 ff. – [93] Die römerzeitliche Phase ist fast unbekannt. In Tuna fanden sich in den Tiergalerien christliche Grabinschriften (1983), auch in Saqqara-Nord gab es eine christliche Ansiedlung. Der letzte Buchis wurde unter Diokletian bestattet. – [94] Zum Ende des Philäfalken s. Wallis Budge,

Miscellaneous Coptic Texts in the Dialect of Upper Egypt, London 1915, 445; Spiegelberg, in: AfP 7, 1924, 186ff. – [95] Vgl. Maurice Alliot, Le culte d'Horus à Edfou au temps des Ptolémées II, BdE 20.2, 1949, 575. 581f.; Hodjash und Berlev, The Egyptian Reliefs and Stelae (s. Anm. 74), Nr. 147. – [96] Beatrix Geßler-Löhr, Die heiligen Seen ägyptischer Tempel, HÄB 21, 1983, 469ff.; vgl. Strabo XVII, 1, 38. – [97] Kein einziges Tiersanktuar ist erhalten. – [98] Smelik, The Cult of Ibis (s. Lit.) hat den Zusammenhang der Tierkulte nicht erkannt, die Falken sind nach ihm nur organisatorisch zu den Ibissen gestellt. – [99] Z.B. der See von Abusir (*š n pr-ꜥꜣ*) bei Saqqara-Nord oder der See bei Tuna. – [100] Ray, The Archive of Ḥor, Text 15, vso 6. – [101] Wahrscheinlich sind die Wärter der Tiere mit den *sḏm-ꜥš* identisch. – [102] pLouvre E 3266, s. de Cenival, in: BIFAO 71, 1972, 11ff. – [103] Vgl. Ray, a.a.O., Index S. 189; Meeks, Le Grand Texte des Donations (s. Anm. 83), 68; el-Amir, in: ASAE 53, 1955, 135–136. – [104] Vgl. Ray, The Archive of Ḥor, 145. – [105] Ray, The Archive of Ḥor, 142f.; Preisigke und Spiegelberg, Die Prinz-Joachim-Ostraka (s. Anm. 8), 14 Nr. 5. – [106] Ray, The Archive of Ḥor, 141. – [107] Barbara Begelsbacher-Fischer, Untersuchungen zur Götterwelt des Alten Reiches im Spiegel der Privatgräber der 4. und 5. Dynastie, Freiburg 1981, 32f. – [108] Abgesehen von den Serapeumsinschriften s. auch UPZ I, 44ff.; Otto, Priester und Tempel (s. Anm. 84), 108ff.; 113ff. – [109] Vgl. de Cenival, Les associations religieuses (s. Anm. 85), 153ff. und die Prinz-Joachim-Ostraka. – [110] Vgl. Ray, The Archive of Ḥor, 136; unsere Bestimmung der Pastophoren weicht von der üblichen Deutung als Kapellenträger und niederes Personal ab, vgl. z.B. Hans Bernhard Schönborn, Die Pastophoren im Kult der altägyptischen Götter, Beiträge zur klassischen Philologie 80, Meisenheim 1976. – [111] Berlin 14765. – [112] De Cenival, Les associations religieuses, 181ff. – [113] Das Formular für den Apis und Buchis ist fast gleich, vgl. aber Bucheum Stele Nr. 17–19. – [114] Vgl. Vercoutter, Textes biographiques du Sérapéum de Memphis (s. Anm. 84), 121; el-Amir, in: JEA 34, 1948, 51ff.; Dimick, in: Archaeology 11, New York 1958, 183ff. Neue Grabungen haben eine zweite *wꜥbt* freigelegt. – [115] Eva Jelínková-Reymond, Les inscriptions de la statue guerisseuse de Djed-Ḥer-Le-Sauveur, BdE 23, 1956, 96ff. – [116] Ray, The Archive of Ḥor, Text 21, rto 14/15 (*tꜣ wꜥbt n pꜣ hb*; *tꜣ wꜥbt n pꜣ bjk*). – [117] Abgesehen von den Resten des Pavian- und Kuhmuttersanktuars in Saqqara sind von den vielen Kultstellen nur aus Hu (Osiris-der-Ibis) und Tuna (Osiris-der-Pavian) Blöcke erhalten. – [118] Oder im sog. Reinigungszelt (*pr-nfr*) vor der *wꜥbt* des Apis; vielleicht auch in der *hꜣjt*-Halle der Falken-*wꜥbt* von Athribis. – [119] Vgl. Otto, Mundöffnung II, 30. – [120] Auch als oberster Leiter *ḫrj ḥb ḥrj tp*, vielleicht der griech. architaphiastēs; vgl. den *ḫrj-ḥb* des Pavians pRylands XI u.a. – [121] Die Teilnehmer waren *ḥrj sštꜣ*, vgl. Jelínková-Reymond, a.a.O., 99 Anm. 10. – [122] In der Regel der Gaustratege (*mr mšꜥ*) oder sein Stellvertreter, dann Toparch und Komarch, demot. „Dorfschreiber". – [123] Vgl. Jelínková-Reymond, a.a.O., 96ff.; Paul Vernus, Athribis, BdE 74, 1978, 170. – [124] Die Bestattung des Buchis erfolgte nach den Daten der Stelen oft innerhalb vier Tagen. Zum Fasten vgl. Vercoutter, Textes biographiques (s. Anm. 84), 37ff.; Hornung, in: StG 20, 1967, 75. – [125] Ray, The Archive of Ḥor, 21; unpubl. Saqqarapapyri enthalten Angaben über die Zahl der abgelieferten Götter; vgl. auch Gizeh and Rifeh, 36f. – [126] Die griech. Übersetzung von *pꜣ ꜥwj n ḥtp* + Tier ist ibiotapheion, ailurotapheion, krokodilotapheion usw. Im Horarchiv wird von den *ꜥwjw n ḥtp* von Saqqara gesprochen (Text 21, rto 7–8). Andere Namen sind „die obere Kapelle (*gꜣt ḥrt*)", Text 3, rto 15, vielleicht der Schrein bei Emery, in: JEA 52, 1966, 3ff., „Die Kapelle der Altvorderen" (vgl. Anm. 116) oder einfach *wꜥbt*. – [127] Zu einem Choachyten des Ibisbestattungsplatzes vgl. pBerlin 3075 u.a., s. Otto, Priester und Tempel I (s. Anm. 84), 110; Hopfner, Tierkult, 21. – [128] UPZ II, Nr. 153–155. – [129] Zu den saitischen Bronzedepositen vor den Apisgrüften vgl. Olivier Masson und Jean Yoyotte, Objets pharaoniques à inscription Carienne, BdE 15, 1956, 40ff. – [130] Zu den Bronzedepositen von Saqqara-Nord s. Henry S. Smith, A Visit to Ancient Egypt, Warminster 1974, 49ff. – [131] Ray, The Archive of Ḥor, 130ff.; vgl. UPZ I, 348ff.; Zauzich, in: AfP 27, 1980, 91ff. – [132] Stele vom Jahr 52 des Psammetich (Chassinat, in: RecTrav 22, 1900, 164 Nr. LXXXIX). – [133] Borchardt, in: ZÄS 44, 1907–8, 97. – [134] Vgl. KV 50 und 51 (Zt Amenophis' III.); vgl. Lortet und Gaillard, La faune (s. Anm. 61) 10, 1909, 2ff. – [135] Vgl. Lortet und Gaillard, a.a.O. 10, 1909, 297ff. – [136] Die Sitte ist besonders in der FrZt (*Saqqara) und bei der *C-Gruppe und der *Kerma-Kultur zu beobachten. – [137] Zu den Pferdebestattungen s. Clutton–Brock, in: Journal of Archaeological Science 1, New York 1974, 89ff.; Boessneck, in: MDAIK 26, 1970, 43ff.; Paul Ducas, in: Soleb II, Les Necropoles, Florenz 1971, 260ff.; Quibell und Olver, in: ASAE 26, 1926, 172ff. – [138] Auf den Friedhöfen von el-*Kurru, *Nuri und *Meroe. Vgl. allgemein zu den Tierbestattungen in Nubien Inge Hoffmann, Die Kulturen des Niltales von Aswan bis Sennar, Hamburg 1967, 124. 145ff. 171f. 218ff. 251ff. 314f. 477ff. – [139] Eine vollständige Liste der Tierfriedhöfe enthält die angekündigte Arbeit des Verfassers (s. Anm. 31). – [140] Gerne als Nahrung des Falken angesehen, vgl. Smith, A Visit to Ancient Egypt (s. Anm. 130), 54. – [141] Die Vogelliste basiert auf den Ergebnissen von J. Boessneck und Angela von den Driesch, in: Tuna el Gebel I, Die Tiergalerien, HÄB (im Druck). Ältere Listen s. Joachim Boessneck, Gemeinsame Anliegen von Ägyptologie und Zoologie aus der Sicht des Zooarchäologen, ABAW 1981. 5, 11–12; Richard Meinertzhagen, D. S. O. Nicoll's Birds of Egypt, London 1930, 75–76; vgl. Lortet und Gaillard, La faune momifiée 8, 1903, 123ff. – [142] Meeks, Le Grand Texte des Donations, 70f.; vgl. auch Othmar Keel, Vögel als Boten, OBO 14, 1977. – [143] Geier in Saqqara s. H.S. Smith, in: BSFE 70–71, 1974, 16; in Tuna vgl. Mellaart, in: JEOL 10, 1945–48, 323. – [144] Bearbeitung der Ochsenmumie München ÄS 60 ist in Vorbereitung. – [145] Stelen des Osiris-Löwen kommen aus *Leontopolis; zu einem Papyrus aus Saqqara, der trophē und taphē der Löwen nennt, s. Ray, The Archive of Ḥor, 154 Anm. 2. – [146] Die Liste nach Hopfner, Tierkult, 10f., Wiesel, Fischotter und Bär nach Herodot II, 72. – [147] In Saqqara ist nach der Devise „Ein Gott in ein Gefäß" nur eine Vogelmumie beigesetzt, vgl. Ray, Ḥor, Text 21, rto 18. In Tuna sind in den bauchigeren Töpfen durchschnittlich 4–5 Ibisse beigesetzt, doch oft auch Reste von bis zu 50 Tieren. Da in vielen Töpfen nur Teile von Mumien vorkommen, sind alle Schätzungen über die Millionen von Ibissen mit großer Skepsis zu betrachten. – [148] Vgl. Morrison und Scott, The Mummified Cats of Ancient Egypt, Proceedings of the Zoological Society, London 1951, Teil IV, 861 ff.; Armitage und Clutton-Brock, in: Journal of Archaeological Science 8, New York 1981, 185 ff.

Lit.: Hopfner, Tierkult; Hornung, in: StG 20, 1967, 69–84; Bonnet, RÄRG, 812–14; Friedrich Zimmermann, Der Tierkult nach der Darstellung der Kirchenschriftsteller und die ägyptischen Denkmäler, Diss., Kirchenhain 1912; Karl A. Wiedemann, Le culte des animaux en Egypte, in: Le Muséon 8, Löwen 1889, 211 ff. 309 ff.; ders., Quelques remarques sur le culte des animaux en Egypte, in: Le Muséon N.S. 6, Löwen 1911, 113 ff.; ders., Der Tierkult der alten Ägypter, AO 14. 1, Leipzig 1912; ders., Zu dem Thierkult der alten Ägypter, in: Mélanges Charles de Harlez, Leiden 1896, 372 ff. Allgemeine Zusammenfassungen auch Kees, Götterglaube, 4 ff.; Morenz, Religion, 20 f.; Adolf Erman, Die Religion der Ägypter, Berlin 1934, 333 ff.; Wallis Budge, The God of the Egyptians, New York ²1969, 345 ff.; Morenz, in: Religion in Geschichte und Gegenwart VI, Tübingen 1962, 896–899; E. Otto, Altägyptischer Polytheismus, in: Saeculum 14, 1963, 249 ff.; Dimitri Meeks, Le grand texte des donations au temple d'Edfou, BdE 59, 1972, 66 ff.; Walter Otto, Priester und Tempel im hellenistischen Ägypten, Leipzig 1905–1909; Camille Sourdille, Hérodote et la religion de l'Egypte, Paris 1910, 235 ff.; Alfred Wiedemann, Herodots Zweites Buch mit sachlichen Erläuterungen, Leipzig 1890, 272 ff.; Alan B. Lloyd, Herodotus Book II, Commentary 1–98, EPRO 43, Leiden 1976, 291 ff.
Spezielle Untersuchungen zu Tieren s. Emma Brunner-Traut, Spitzmaus und Ichneumon als Tiere des Sonnengottes, NAWG 1965. 7; Eberhard Otto, Beiträge zur Geschichte der Stierkulte in Aegypten, UGAÄ 13, 1938; Constantin de Wit, Le rôle et le sens du lion dans l'Egypte ancienne, Luxor ²1980; K.D.A. Smelik, The Cult of Ibis in the Graeco Roman Period with Special Attention to the Data from Papyri, in: M.J. Vermaseren (Hg.), Studies in Hellenistic Religions, EPRO 78, Leiden 1979, 225 ff.; Ingrid Gamer-Wallert, Fische und Fischkulte.
Siehe neben der Lit. zu den einzelnen Tieren im LÄ auch Smith, Animal Domestication and Animal Cult in Dynastic Egypt, in: Peter Ucko und G.W. Dimbleby, The Domestication and Exploitation of Plants and Animals, London 1969, 307 ff.; te Velde, A few Remarks on the Religious Significance of Animals in Ancient Egypt, in: Numen 27, 1980, 76–83; John D. Ray, The Archive of Ḥor, London 1976 (zum Ibis- und Falkenkult). D.K.

Tiermedizin. Die Behandlung erkrankter Tiere war wohl vornehmlich eine Anwendung praktischer Erfahrungen der Tierhalter. T. ist jedoch durch ein in Kahun (*Lahun) gefundenes Papyrusfragment nachgewiesen. Wie der Pap. med. Kahun wurde es um ca. 1850 v. Chr. niedergeschrieben. Es umfaßte Behandlungen von *Fisch, *Gans, *Hund und *Rindern; nur von 3 Fällen ist der Text erhalten. In Aufbau und Formulierung entspricht er den Texten über Krankheiten des Menschen[1]. Es gibt keinen Hinweis auf einen Beruf des Veterinärs noch läßt sich entscheiden, ob das MR-Fragment zur Annahme einer kontinuierlichen T. berechtigt.

[1] Grundriß der Medizin II, 88; Hermann Grapow, Untersuchungen über die altäg. Papyri I, MVAeG 40. 1, 1935, 18–22.

Lit.: Francis Ll. Griffith, Hieratic Papyri from Kahun and Gurob. The Petrie Papyri, London 1897, 12, Tf. 7; Grundriß der Medizin IV. 1, 317–319; IV. 2, 237–240; V, 546–549; Oefele, in: ZÄS 37, 1899, 55 ff.; H. Neffgen, Der Veterinär-Papyrus von Kahun, Diss. Berlin 1904. H. Goe.

Tiernamen. A. *Bildung:* Die äg. T.[1] sind etymologisch durchschaubar, sofern sie eine markante Eigenschaft des Tieres für die Benennung zu Grunde legen, z.B. *ḥfȝw* „der sich Windende = Schlange"[2], *gmjt* „die Zustoßende = Ibis"[3], *ḏdbt* „die Stechende = Skorpion"; hierher gehört auch das erschlossene **jmw* „der Klagende = Eule"[4]. – Mitunter ließe sich jedoch fragen, ob die Zusammenhänge nicht auch umgekehrt gesehen werden können, d.h. ein (etymologisch nicht analysierbarer) T. liefert den Grundbegriff, von dem ein Verbum „sich wie das Tier NN verhalten" abzuleiten ist, etwa *dšr* „wie der Flamingo (= rot) sein"[5] oder *sr* „wie die Giraffe etwas früher sehen = vorhersehen, verkünden". Gesichert in dieser Hinsicht sind solche Fälle, in denen der T. gleichsam „urverwandt" in benachbarten Sprachen auftritt, z.B. *zȝb* „Schakal" (Wb III, 420 seit Pyr.), dazu die innerägyptische Ableitung *zȝb* „(wie ein Schakal) herumziehen" (ebenda, seit MR).
Einige T. sind deutlich *Onomatopöie-Bildungen, z.B. *mjw* „Kater" oder *jꜥȝ* „Esel".
Eine besondere Bildung erfolgt durch Reduplikation des letzten Radikals, z.B. *ḫprr* „der Entstehende = *Skarabäus"; *wnšš* „Wolf" oder „Wölfchen"[6]; *ḥfnnt* als „Weibchen"[6] zu *ḥfnw* (Lautvariante von *ḥfȝw* „der sich Schlängelnde", demot. *ḥfllt* und kopt. ϩⲁϥⲗⲉϭⲗⲉ „Eidechse"[7]); total redupliziert ist *ꜥmꜥm* „Vielfresser" = *Spitzmaus.
In der Regel treten – dem natürlichen Geschlecht entsprechend – maskuline und feminine Parallelbildungen auf, z.B. *mjw-mjt* „Kater-Katze", *rrj-rrt* „Schwein-Sau", *ṯzm-ṯzmt* „Windhund-Windhündin". Oft ist aber nur eine der beiden Formen belegt und dient als Gattungsbezeichnung, z.B. *ȝbw* „Elefant", *jw* „Hund", *ꜥȝḏw* „Meeräsche"[8], *njȝw* „Steinbock" bzw. *mnwt* „Taube", *nrt* „Geier"[9], *nṯrt* „Gepard"[10], *ḏrt* „Weihe".

B. *Gebrauch als Personennamen:* Das Wiedererkennen menschlicher Eigenschaften bei Tieren (Otto, in: LÄ I, 312 s. v. *Anthropomorphismus) bzw. mehr noch tierischer Merkmale beim Menschen führt zur Verwendung von T. als Personennamen, anfänglich wahrscheinlich als Beinamen (*Namengebung; Ranke, PN II, 182–185[11]). Hervorzuheben ist die Beobachtung, daß T. kaum als *Schimpfwörter auftreten[12]; Ausnahmen sind „Esel" und „Hase"[13].

C. *Individuelle T.:* Das besonders enge Verhältnis des Ägypters zum Tier, (*Tier, Verhältnis zum; *Lieblingstier; *Liebe VII)[14] führte zur Benennung von Einzelexemplaren mit persönlichen Namen. Insbesondere war es der *Hund (*Hundestele), der als Begleiter des Menschen in ein persönliches Verhältnis trat: An die 70 Hundenamen sind bisher bekannt, darunter solche, die auf die besonderen Eigenarten und Fähigkeiten des Tieres zielen (z.B. „Antilope", „Flinkbein", „Guter Wächter") oder das innige Verhältnis zum Menschen ausdrücken („Liebling seiner Herrin"). – Der Name einer Kuh „guter Rat" (*zḫ nfr*)[15] erinnert an die ratgebenden Kühe im *Pap. D'Orbiney (1,10; 5,8; 6,1). – Nur erschlossen aus zwei sich entsprechenden Stelen desselben Mannes ist der Name *tꜣ-mrꜣj* (?) für einen Affen[16]. – Die königlichen *Pferde bzw. Gespanne der Ramessidenzeit hießen z.B. „Der Sieg ist in Theben", „Mut ist zufrieden" oder „Amun ist stark"[17].

[1] Zusammenstellung Wb VI, 197 Gruppe 6 (Tierwelt); Störk, in: LÄ II, 130 ff. s. v. *Fauna. – [2] Osing, Nominalbildung, 166; zum *Sprachtabu hierbei vgl. Loprieno, in: LÄ VI, s. v. – [3] Von *gmj* „auf etwas stoßen = finden", zum Wortstamm vgl. *wgm* „zerstoßen" (Wb I, 377,9), *s(w)gm* „zermahlen" (Med. Wb, 734) und *gmgm* „zerbrechen" (Wb V, 172). – [4] Elmar Edel, Zu den Inschriften auf den Jahreszeitenreliefs aus dem Sonnenheiligtum des Niuserre II, NAWG 1963.4, 99 ff. – [5] Siegfried Schott, in: AWLM 1950.24, 76–77 geht davon aus, daß der Flamingo „der Rote" hieß. – [6] Edel, Altäg. Gramm., § 222 f. und Nachtrag dazu S. LXII; möglicherweise Diminutivform. – [7] Osing, Nominalbildung, 297. – [8] Elmar Edel, Zu den Inschriften ... II, NAWG 1963.5, 157. – [9] Im Koptischen dann grammatisch geschieden, vgl. Westendorf, KoptHWb, 125 mit Anm. 1. – [10] Edel, Zu den Inschriften ... I, NAWG 1961.8, 244. Bemerkenswert ist, daß daneben (a.a.O., Abb. 12) die werfende Pantherkatze mit dem maskulinen (defektiv?) *bꜣ* bezeichnet wird. – [11] Siehe auch schon Ranke, in: ZÄS 60, 1925, 76–83. – [12] Kees, Kulturgeschichte, 85 Anm. 3. – [13] Störk, in: LÄ V, 636. – [14] Grundlegend Hornung, Die Bedeutung des Tieres im alten Ägypten, in: StG 20.2, 1967, 69–84. – [15] Faulkner, in: JEA 37, 1951, 52, Tf. 7. – [16] Schulman, in: JARCE 2, 1963, 77 (= Tf. 14) und 79 (= Tf. 16). Vgl. den libyschen Namen Ranke, PN I, 163, 2. – [17] Hilde von Deines, in: MIO 1, 1953, 8.

W. W.

Tiernamen (individuell). The domesticated animals that most frequently received personal names (*Name) were dogs (*Hunde). At least 77 examples are known, all but 17% antedating the NK.[1] In all periods such names were frequently identical to those applied to men and women,[2] although some were of foreign origin, notably the five listed on the stela of *Wꜣḥ-ꜥnḫ* Antef II (*Hundestele). Only one theophoric name (*zꜣ-jꜥḥ*) is included among dogs' names prior to the NK,[3] whereas three names of this type occur among those dating to the NK or later.[4] In some cases the later theophoric names may have been propagandistic (*Propaganda), as were many of the names given to horses (*Pferd) in the NK, emphasizing victory in war.[5] A similar name is given to the lion (*Löwe), which is shown accompanying *Ramses II on his campaigns: *Smꜣ-ḫrw.f* "Slayer of His Foes."[6] The onomastic evidence for other domestic animals is meager. Some oddly-named pet baboons (*Pavian) appear on a curious MK monument in the Louvre,[7] but baboons and monkeys (*Affe) are not otherwise known to have been given names. Cats (*Katze) too were rarely given a distinctive name, although a cat is evidently represented in an NK tomb where it bears the name *Nḏm* (or *Nḏmt*) "The Pleasant One."[8] In at least a few cases cattle (*Rind) were also given personal names, but here again there is relatively little evidence.[9]

[1] Jozef M. A. Janssen, in: MDAIK 16, 1958, 176–182; H. G. Fischer, in: JEA 47, 1961, 152 f.; MMJ 12, 1977, 173–178. – [2] Unlike the purely descriptive Greek names in the long list of Actaeon's hounds: Ovid, Metamorphosis III, lines 206 ff. – [3] Janssen, o. c., no. 28. – [4] Fischer, in: MMJ 12, 1977, 176–177. – [5] Ibid., p. 178. – [6] Ibid., with n. 29. – [7] Ibid., 175 f., referring to Louvre E 25485. – [8] Ibid., 178. – [9] *Zḫ-nfr* "Good Counsel" is known from two early MK stelae belonging to the same individual: Cairo CG 20514 and BM 159 (for which see Faulkner, in: JEA 37, 1951, 52). Four NK names are cited by Waltraud Guglielmi, Reden, Rufe und Lieder, Bonn 1973, 23, as well as a possible Ptolemaic example, ibid., 28. And she notes at least one of the NK names is attested for a person: Ranke, PN I, 193, 25. In the more recent tradition of Upper Nilotic tribes, men have conversely been given the names of their cattle, and these names are descriptive of the animal (e.g. Brenda Z. Seligman, Pagan Tribes of the Nilotic Sudan, London 1932, 70. 168–170. 222. 322; E. E. Evans-Pritchard, The Nuer, Oxford 1940, 46). Descriptive names of cattle are likewise known from other countries (a good series of examples in: Marguerite Gurgand, Nous n'irons plus au bois, Paris 1979, 105).

Lit.: Jozef M. A. Janssen, Über Hundenamen im pharaonischen Ägypten, in: MDAIK 16, 1958, 176–182; Henry G. Fischer, A supplement to Janssen's list of dogs' names, in: JEA 47, 1961, 152 f.; id., More Ancient Egyptian Names of Dogs and Other Animals, in: MMJ 12, 1977, 173–178.

H. G. F.

Tieropfer s. Opfertier

Tierplastik s. Tierdarstellung

Tierschwanz. Auf der spätvorzeitlichen Palette mit der Löwenjagd[1] tragen die Jäger Fellkappen[2] sowie einen Caniden-Schwanz[3], um sich magisch in jagende Caniden zu verwandeln und ihre jägerische Kraft aufzuladen. Dieser T. gehört also zur *Jagdtracht der *Naqada-II-Leute, die später die herrschende Schicht des frühen Einheitsreiches darstellen. Deshalb gehört dieser Caniden-Schwanz auch zum *Ornat des äg. Königs, der in manchen Ritualen als der „Große Jäger" erscheint. Aber auch die *ḥꜣtjw-ꜥ* von *Ṯḥnw*, die frühen westlichen Nachbarn der Ägypter, zeigen diesen Caniden-Schwanz in ihrer Bekleidung, da sie ursprünglich eng mit den Naqada-II-Leuten im Niltal verwandt gewesen sein dürften[4] (*Fremdvölkerdarstellung, *Libyer). Vom König wird dieser T. dann auch in die Darstellungen von Göttern übernommen.
Spätestens im NR ist dieser Caniden-Schwanz zu einem Stierschwanz umgedeutet worden, wie die Armantstele *Thutmosis' III. anzeigt[5], wohl um den König als „Starken Stier" zu charakterisieren.
Haare aus *Giraffenschwänzen wurden zu einem Band verarbeitet, das der König im u.äg. Nilpferdjagd-*Ritual trug.
Meist 3 zusammengebundene Fuchsschwänze benutzte man (neben Kleintierfellen) als *Fliegenwedel, woraus sich später ein privates „Hoheitszeichen" entwickelte (*Fächer und Wedel).
Der Leopardenschwanz deutet etwa beim König als *Priester oder auf einem Stuhlsitz *Tutanchamuns das vollständige Leopardenfell an (*Ikonographie).
Besonders gefürchtet war der Krokodilschwanz[6]; wer auf ihn trat, spielte mit seinem Leben[7].

[1] Vandier, Manuel I, 573 Abb. 380. – [2] Vandier, a.a.O., 574 sieht in diesen wohl fälschlich die Haare der Jäger. – [3] Dabei bleibt offen, ob es sich um Hunde, Schakale oder (weniger wahrscheinlich) Füchse handelt (a.a.O., 574). – [4] Wilhelm Hölscher, Libyer und Ägypter, ÄF 4, 1937, 12ff. Wenn auf einem Relief *Mentuhoteps II. aus *Gebelein (Habachi, in: MDAIK 19, 1963, 38 Abb. 16) anstelle des T. ein Hecht erscheint, so darf daraus nicht zuviel geschlossen werden (etwa Hinweis aufs *Fajjum); es zeigt nur, wie sehr die o.äg. Handwerker dieser Zt die Verbindung mit der Tradition verloren hatten. – [5] Urk. IV, 1245, 15–17: „Er (= der König) erjagte eine Herde von 12 Wildstieren in einer Stunde, ..., wobei ihre Schwänze für seinen Hinteren gedacht waren". – [6] pMag. Harris 501, VI, 4–7; VII 10–11. – [7] Vandier, Moʿalla, Inscription 5 II β 2. W. H.

Tiglatpileser (Tukultī-apil-Ešarra) **I.**, König von Assyrien, regierte 1115–1077 v. Chr.; unter ihm erreichte das mittelassyrische Reich seine größte Ausdehnung nach Feldzügen nach NW bis zum Van-See, nach W in die ehemaligen hethitischen Reichsgebiete des südlichen Kilikiens und bis an die Mittelmeerküste (Tribute u.a. von *Byblos), jenseits des mittleren Euphrat in Abwehr der *Aramäer (Ahlamû) u.a. bei Palmyra. In seinen Annalen rühmt er seine Jagdbeute im Lande *Mitanni[1].

[1] A. K. Grayson, Assyrian Royal Inscriptions II, Wiesbaden 1976, 1ff.; vgl. Riekele Borger, Einleitung in die assyrischen Königsinschriften I, HdO I, Ergänzungsband 5.1.1, 1961, 108ff. H. M. K.

Tiglatpileser III., König von Assyrien, regierte 744–727 v. Chr., schuf durch Eroberungszüge, umfangreiche Deportationen und Reorganisation von Heer und Verwaltung die Grundlagen für das assyrische Weltreich. Zwischen Feldzügen nach Babylonien und nach NW gegen Urartu unterwarf er 740 erneut N-Syrien (u.a. *Karkemisch), 738 Hamath und erhielt Tribute u.a. von Raṣunnu (Rezin) von *Damaskus und Maniḫimme von Samaria (Menahem von Israel)[1]. Sein Zug 734 bis nach S-Palästina über die phönikischen Küstenstädte (u.a. *Byblos) bis zum Wādī al-ʿAriš (Aufstellung seines Bildes in Naḫal-Muṣur „Wadi Ägyptens") veranlaßte Ḫanunu (Hanno) von *Gasa zur Flucht nach Ägypten[2]. Nach der offenbar freiwilligen Unterwerfung des Jauḫazi (Ahas) von Juda eroberte er 733 Israel, ersetzte dessen König Paqaḫa (Pekah) durch ʾAusiʾ (Hosea), deportierte die Bevölkerung nach Assyrien und teilte Israel in drei assyrische Provinzen[3]. 732 nahm er auch *Hazor und Damaskus ein. Unter den Tributpflichtigen erscheinen auch *Askalon, Gasa, Ammon, Moab und Edom.

[1] 2. Kön. 15, 17ff., unter dem babylonischen Thronnamen des T. Pūlu/Phul. – [2] R. Borger, in: Kurt Galling (Hg.), Textbuch zur Geschichte Israels, Tübingen [3]1979, 56–59. Zur Problematik der Inschriften s. Wolfgang Schramm, Einleitung in die assyrischen Königsinschriften II, HdO I, Ergänzungsband 5.1.2, 1973, 125–139. 141. – [3] 2. Kön. 16, 7–9. H. M. K.

Tija (), *Schatzmeister, der unter *Hatschepsut eine Expedition nach *Nubien führte[1] und im 25. Jahr *Thutmosis' III. in *Serabit el-Chadim als Organisator einer *Expedition genannt wird, die ein „Vorsteher der Nilmündungen am Meer und kgl. Gesandter" (Name verloren) durchgeführt hatte[2]. T. wird auch in dem Briefdossier des Bauleiters *Ahmose Peniati genannt[3]. Sein Nachfolger[4] war Schatzmeister *Sennefer.

[1] Habachi, in: JNES 16, 1957, 99ff. – [2] Urk. IV, 886. – [3] Peet, in: JEA 12, 1926, 70ff. (= Louvre 3230b – Beschwerde wegen Wegnahme eines Sklavenkindes). – [4] Zu beider zeitlichem Verhältnis s. Helck, in: GM 43, 1981, 39–41. W.H.

Tilapia (*jnt, jmskꜣ, wꜣḏ, dšr*), zusammen mit dem Abdu-Fisch Begleiter und Schützer der Sonnenbarke, als „von selbst entstandenes Tier" (Maulbrüter) heiliges Tier des *Re, zuweilen selbst eine seiner Erscheinungsformen, daneben Garant der Wiederbelebung. Heiliges Tier auch der *Hathor und Fruchtbarkeitsfisch. *Tabu im 16. u.äg. *Gau und im 6. o.äg. Gau. *Götter, Tier-; *Götterpaarbildung.

Lit.: Dambach und Wallert, in: CdE 41, Nr. 82, 1966, 273–294; Ingrid Gamer-Wallert, Fische und Fischkulte im Alten Ägypten, ÄA 21, 1970, 24f. 53f. 109ff. 124ff. I.G.-W.

Timnaᶜ, vom biblischen תמנע (Genesis 36,40), das einen Ort in Edom bezeichnete. Der Name ist eine moderne Hebraisierung des arabischen Wadi Meneᶜije, etwa 25 km n. von Elat (Golf von Aqaba) (Karte 9 m). Schon im Chalkolithikum (4. Jt. v. Chr.) wurde hier *Kupfer abgebaut und verhüttet (*Kupferverhüttung); dann wieder im NR, durch äg. Expeditionen. Ein Passus im *pHarris I (78,2) mag sich hierauf beziehen: „Ich sandte meine Boten in das Land ᶜAtak (*ᶜꜣt[j]k[ꜣ]*), zu den großen Kupferbergwerken". Laut pHarris I ging der Transport des Erzes zu Schiff und auf Eselsrücken vor sich, was für T. zutreffen könnte, welches über das *Rote Meer und über Wüstenstraßen, durch den *Sinai, erreichbar ist. Funde in T. aus der Zt des NR zeigen, daß dort Ägypter und örtliche Bevölkerung zusammengearbeitet haben. Gemalte Keramikreste ließen sich auf die Midianiter bestimmen; der Ursprung des Materials ist Quraje, in Saudiarabien[1]. In T. wurde ein Hathortempel ausgegraben, einer der wenigen äg. *Tempel in Kanaan. Er bestand aus einem etwa 7 m zu 9 m großen Hof, der einen *Naos (2,7 m zu 1,7 m) umschloß. Der Naos lehnte sich an eine der sog. „Säulen Salomons" an, eine bekannte Felsgruppe in der Arawa. Der Naos war abgeschlossen durch eine in den Felsen gehauene Nische. Zu beiden Seiten der Nische sind Vertiefungen im Felsen erkennbar, die für Architrave bestimmt waren. Auf der Innenseite wurden diese wahrscheinlich von Hathorpfeilern gestützt; zwei solcher Pfeiler wurden, nicht in situ, im Tempel gefunden. Außer den Hathorpfeilern wurde im Tempel noch eine Reihe von Bruchstükken von Figuren und Reliefs ausgegraben, die *Hathor in ihren verschiedenen Erscheinungsformen darstellen. Perlen, Glasbruchstücke und vor allem Fayence-Gegenstände, im Tempel von T. gefunden, gleichen in allen Einzelheiten den Weihgeschenken, die Hathor im Tempel auf dem Sinai dargebracht wurden. In T. wird Hathor „Herrin des *Türkis" genannt, obwohl in T. ausschließlich Kupfer gewonnen wurde. Auf dem Sinai war Hathor als „Herrin des Türkis" schon im MR bekannt. Als die Verehrung der Göttin im NR nach T. gelangte, war diese Bezeichnung fester Bestandteil ihres Namens geworden[2].

Einige dieser Weihgeschenke tragen Königsnamen. Mangels genau datierbarer Architekturreste ermöglichen allein diese Funde eine Chronologie des Tempels, von seiner Gründung unter *Sethos I.[3] bis zu dem letzten erwähnten Pharao *Ramses V. Die Könige, deren Namen auf Fayence- und Glasgegenständen erscheinen, sind: Sethos I., *Ramses II., *Merenptah, *Sethos II., *Tausret, *Ramses III., *Ramses IV., Ramses V.[4] Außerhalb dieser Gruppe fand sich im Tempel ein Relief mit dem Namen *Thutmosis' III., das vielleicht aus einem anderen Gebäude des Kupferabbaugebietes in T. stammt[5]. In der Nähe des Tempels wurde eine Felsstele mit den Kartuschen Ramses' III. und Namen und Titel des *Truchseß Ramses-em-per-Re gefunden[6]. Die beiden Kartuschen Ramses' III. erscheinen auch in einer *Felsinschrift weiter s., etwa 4 km n. von Elat, im Naḥal Roded (Wadi Radadi)[7]. Diese Inschrift mag ein Anzeichen dafür sein, daß der Landweg, von dem im pHarris I die Rede war, an dieser Stelle eine Richtungsänderung vornimmt: von N–S geht der Weg jetzt O–W.

[1] Beno Rothenberg und Jonathan Glass, in: Eretz Israel 15 (Y. Aharoni Memorial Volume), Jerusalem 1981, 85–114, bes. 109. – [2] Raphael Giveon, The Impact of Egypt on Canaan, Freiburg–Göttingen 1978, 61–67. – [3] Über Inschriften Sethos' I. und der übrigen Könige der 19. und 20. Dyn. in T. wurde erstmalig berichtet bei Giveon, in: Proceedings of the Fifth World Congress of Jewish Studies, Jerusalem 1969, 1972. Dieses Material mit der Liste der Könige wurde vom Ausgräber Beno Rothenberg, Timna, London 1972, 163–166 übernommen. Schulman, in: JARCE 13, 1976, 126 Anm. 2 verweist auf sein Kapitel in der noch ausstehenden endgültigen Veröffentlichung des Tempels für seine Gründe, in Ramses II. den ersten in T. erwähnten Pharao zu sehen. Statt Sethos I. las er *Amenmesse, der aber aus historischen Gründen für T. ausfällt; vgl. Rothenberg, in: Rechavam Zeevy (Hg.), Israel, People and Land, Haaretz Museum Yearbook I (19), 1983–1984, Tel Aviv 1984 (Hebräisch), Abb. 30. Rothenberg folgte ihm z.B. in: Antikes Kupfer im Timna-Tal (s. Lit.), 32 Anm. 40. Letztlich hat er jedoch Sethos I. wieder als ersten König in T. akzeptiert, vgl. seine Beiträge in: BASOR 252,

1983, 69 und in: Rechavam Zeevy (Hg.), Israel (s. oben), 122. Im Herbst 1984 wurde eine weitere Inschrift Sethos' I. auf Fayence im Tempel von T. entdeckt (Avner, in: Archaeological Newsletter 1984 [Hebräisch]). – [4] Die von Rothenberg in: Antikes Kupfer im Timna-Tal (s. Lit.), 25. 31. 212 wiederholt behauptete Ausbeutung der Bergwerke von T. während der 22. Dyn., möglicherweise durch *Scheschonq I., ist durch das veröffentlichte Material nicht gerechtfertigt. Die Keramik von Site 30, Stratum 1 (ebd., Abb. 213), die dafür zitiert wird, ist „lokal gefertigte normale Keramik". – [5] Kitchen, in: Or 45, 1976, 262–264. In T. fand sich außerhalb des Tempels schon 1955 ein *Skarabäus mit dem Thronnamen Thutmosis' III.: Othmar Keel, in: Scripta Hierosolymitana 28 (Hg. Sarah Israelit-Groll), Jerusalem 1982, 459. 511f., Tf. 6, 21. Es scheint jedoch, daß dieses Stück (Oberflächenfund) in die Zt Ramses' II. datiert werden muß. – [6] Ventura, in: Tel Aviv 1, Tel Aviv 1974. 60–63; Schulman, in: JARCE 13, 1976, 117–130; s. auch Anm. 3. – [7] Avner, in: IEJ 22, 1972, 158, Tf. 27C.

Lit.: Beno Rothenberg, Timna, Das Tal der biblischen Kupferminen, Bergisch Gladbach 1973 (englisches Original: London 1972); id., The Mining Sanctuary of Timna, Excavations 1969–79, London 1980 (angekündigt); Hans Günter Conrad und Beno Rothenberg, Antikes Kupfer im Timna-Tal, Beiheft 1 zu „Der Anschnitt", Bochum 1980. R. G.

Tinte. Zum Schreiben und Zeichnen auf *Papyrus und *Ostraka benutzte man üblicherweise schwarze T. und zum Hervorheben besonderer Textstellen rote T. (*Akten I in: LÄ I, 121; *Auszeichnung durch graphische Mittel in: LÄ I, 585; *Rubrum). Schwarze T. wurde aus *Ruß bzw. Karbon (*Holzkohle) und rote T. aus rotem *Ocker gewonnen (*Farben). Die Pigmente wurden mit *Gummi als *Bindemittel und Wasser angerührt und in Form kleiner runder oder länglicher Farbstücke getrocknet[1]. Zahlreiche Schreib-*Paletten und Tiegel zeigen die beiden eingetieften Mulden zur Aufnahme der roten und schwarzen Farbstücke[2]. Bei Benutzung feuchtete der Schreiber seine *Binse an und rieb damit die gewünschte Farbe von den Stücken ab[3] (*Schreibmaterialien, *Schrift). Äg. Bezeichnung *rjt*, *zšw*.

[1] Lucas, Materials[4], 362ff. – Entsprechend unseren heutigen Tuschkästen mit Wasserfarben. Daher wäre es präziser, nicht von T., sondern von Tusche zu sprechen, da es sich um feste Farbstücke handelt, die erst bei Gebrauch angefeuchtet werden. – [2] Petrie, Objects of Daily Use, Tf. 56–58. – [3] Hayes, Scepter I, 292, Abb. 193. R. D.

Tintenfisch. Ein Exemplar dieser Kopffüßler ist bei der *Punt-Expedition der *Hatschepsut in *Deir el-Bahari unter den Bewohnern des Roten Meeres dargestellt[1].

[1] Deir el-Bahari III, Tf. 72–77; Einzelphoto bei Meyer, Fremdvölker, Photo Nr. 609. W. H.

Tisch s. Möbel F

Tischlerei s. Holz(bearbeitung)

Tit-Amulett s. Isisblut

Titel und Titulaturen. I. Titel sind festgefügte Bezeichnungen, die Aufgabenbereich und Stellung einer Person erkennen lassen. Entwicklungsmäßig steht die Bezeichnung einer Beauftragung am Anfang, woraus sich im Laufe der Zeit Hofrangtitel, Gruppenzugehörigkeitstitel, akademische Titel, Versorgungstitel und Beititel entwickeln.

A. Beauftragungstitel unterscheiden sich darin, ob sie ein in der Bürokratie fest installiertes, mit Büro und Untergebenen ausgestattetes Amt bezeichnen (Amtstitel) oder ob sie eine Aufgabe umschreiben, die auf Grund bestimmter Umstände (oft des Willens des Königs) über den Befehlsbereich eines solchen Amtes hinausgreift. Während „Vorsteher des weißen Hauses" (*mr pr-ḥḏ*) oder „Oberdomänenvorsteher" (*mr pr wr*) eindeutige Amtstitel sind, sind „Vorsteher der 6 großen Häuser" und „Vorsteher der beiden weißen Häuser" im AR oder in allen Epochen „Vorsteher aller Arbeiten des Königs" typische Titel einer ressortübergreifenden Tätigkeit oder einer auf Grund einer Spitzenstelle (etwa als *Wesir oder „General") sich aus dem Amt ergebenden Oberaufsicht. Dieser ist kein eigenes Büro usw. zugeordnet. Für ein Verständnis des Verwaltungsaufbaus in Äg. ist eine genaue Unterscheidung dieser beiden Arten von Beauftragungstiteln von großer Wichtigkeit.

B. Aus – oft präthinitischen – Beauftragungstiteln des urtümlichen Königshofes sind schon früh Rangtitel entstanden, wie *mjtr*, *jrj-ḫt-nswt* (später als *rḫ-nswt* umgedeutet), *smr*, *sḏꜣwtj* (oder *ḫtmtj*)-*bjtj*, *ḥꜣtj-ʿ* (*Hatia), *rpʿt* (*Iri-pat). Im Laufe der Zt, so besonders am Ende des AR, werden immer mehr Amtstitel zu Rangtiteln, und es entsteht eine sehr differenzierte Hofrangordnung[1]. Im MR wird diese wieder auf die alten Haupttitel, so besonders *sḏꜣwtj-bjtj* und *ḥꜣtj-ʿ*, eingeschränkt. Im NR ist *smr* ein häufig genannter Hofrangtitel, während die anderen, höheren Bezeichnungen kaum noch lebendig erscheinen; die im NR jeder Titulatur vorausgestellten Ketten zahlreicher alter Hofränge, angefangen von *rpʿt*, sind bedeutungslos geworden.

C. Gruppenzugehörigkeitstitel sind ebenfalls einige wenige sehr alte Bezeichnungen, die den Träger einer bestimmten Personengruppe ohne Rücksicht auf ein Amt zuweisen. Hierzu gehört der Titel „Königssohn" bzw. „Königstochter" seit dem Ende der 2. Dyn., aber auch der Titel „einer der 10 Großen von O.Äg.", eine ehemalige Bezeichnung vordyn. Kleinhäuptlinge. Da diese Bezeichnung im MR für die Berater des Wesirs gebraucht wird, mag der Titel mit einem „Hofrat" gleichgesetzt werden, ohne aber daß etwa im AR eine echte Aufgabe damit verbunden war. Im AR ist auch der Titel eines *ʿḏ-mr n zꜣb* (mit Beititeln) ein Gruppenzugehörigkeitstitel.

D. Akademische Titel sind im AR der Titel eines *mḏḥ-zš-nswt*, eines „Meisters der kgl. Schreiber", und wohl auch der eines *mr zšw-ʿ-nswt* „Vorstehers der kgl. Aktenschreiber". Im NR ist „kgl. Schreiber" eine Bezeichnung für Personen, die ihre Schreiberausbildung positiv beendet hatten – etwa in Ansehen und Wesen unserem Doctor-Titel vergleichbar.

E. In vielen Fällen kann man im AR, aber auch bis ins NR, Priestertitel als Bezeichnungen ansehen, die angeben, woher der Träger seine zusätzlichen Bezüge erhält, die ihm auch nach Aufgabe seines Amtes in der Staatsbürokratie erhalten bleiben. Allgemein anerkannt ist dies im AR für die zahlreichen Gottesdiener- und Web-Titel bei kgl. *Totentempeln oder in der 5. Dyn. bei *Sonnenheiligtümern in den Titulaturen mittlerer Beamter. Aber auch Gottesdienertitel bei Gottheiten sind im AR wie im NR eindeutig Versorgungstitel, bei denen der Träger in keiner Weise am Gottesdienst teilzunehmen hat. Nur ganz wenige Titel kommen wirklichen „Priestern" zu, wobei bezeichnend ist, daß im AR die Titel von Priestern der bedeutenderen Götter sich aus Amtstiteln entwickelt haben, wie „Großer der Leiter der Handwerker" bei *Ptah oder „der den Großen schaut" bei *Re (ab 6. Dyn.!). Aber auch ein Titel wie *ḥqꜣ-ḥwt* „Gutsvorsteher" ist seit der 3. Dyn. bis in die 6. Dyn. ein solcher Versorgungstitel, der anzeigt, daß der Träger als nomineller Gutsherr aus Domänen Einkünfte bezieht (ausführlich bei *Metjen und *Pḥ-r-nfr* erkennbar[2]). Im NR werden dafür gern der nicht mehr eine Funktion bezeichnende Titel eines „Vorstehers der Gottesdiener" eines Gottes, aber auch einfache „Gottesdienertitel" verliehen, wobei oft erkennbar ist, daß der Betreffende diese Einkünfte in seinem Heimatort erhält; Bauleiter erhalten sie als Belohnung an den Orten ihrer Tätigkeit[3].

F. Hervorzuheben ist die große Gruppe der Beititel, die in Titulaturen besonders des AR auftreten. Es handelt sich dabei um alte Tätigkeitstitel, die obsolet geworden sind, sich aber nun mit einem modernen Tätigkeitstitel verbinden und somit „Sequenzen" ergeben. In manchen Fällen kann dann die Nennung eines dieser Titel für die ganze Sequenz stehen. Dies ist im MR besonders bei den Gaufürsten gut zu beobachten. So gehören als Beispiel zum alten Titel eines „Leiters des Palastes" (*ẖrp-ʿḥ*) Titel wie „Vorsteher der Sitze", „Leiter der Speisehalle" (*ẖrp zḥ*) u. a. Der Grund dafür ist unter Titulatur darzustellen.

II. *Titulatur.* Folgende Grundsätze lassen sich für die äg. Titulaturen aufstellen, wobei sie mindestens bis ans Ende der Ramessidenzeit gelten:

A. Eine Titulatur gibt immer nur den Stand im Augenblick der Aufzeichnung wieder, nie Stufen innerhalb einer Karriere der Vergangenheit. Man kann also aus einer Titulatur nicht die Laufbahn einer Person rekonstruieren. Beispiele für völlig geänderte Titulaturen bei Beförderung gibt es genügend (*Kawab[4], Seschathotep[ti])[5]. Wird einmal ein Titel aus der persönlichen Vergangenheit weitergeführt, so kann angenommen werden, daß an ihm noch ein Anspruch auf irgendwelche Einkünfte hängt.

B. Titulaturen führen zu dem eigentlichen Amtstitel auch gern die Titel der unmittelbaren Untergebenen innerhalb der Hierarchie auf, so besonders im AR (Beispiel: *Pḥ-r-nfr*[6]); damit soll die unmittelbare Befehlsgewalt ausgedrückt werden. Ferner werden in manchen Fällen, so besonders gern bei Bauleitern, die einzelnen unterstellten Verwaltungen einzeln aufgeführt mit z.T. ins einzelne gehenden Nennungen (*ʿꜣ-ꜣḫtj*[7]), so daß die Befehlsgewalt „mosaikartig" zusammengesetzt erscheint.

C. Dabei können die Titel einer Titulatur „Sequenzen" bilden, die erkennbar gegeneinander abgesetzt werden können, wie etwa auf den Pfosten einer *Scheintür. Genauere Untersuchungen lassen aber auch im AR erkennen, daß in den meisten Fällen nur ein einzelner Amtstitel genannt wird – alle anderen Titel bilden Sequenzen, die meist aus angeschlossenen Beititeln (in Sequenzenabfolge) oder Versorgungstiteln bestehen.
Besonders jüngere Gruppenzugehörigkeitstitel können aus Sequenzen alter Tätigkeitstitel, die obsolet geworden sind, gebildet werden; ein Beispiel ist der Beginn der Titulatur des oben genannten *ʿꜣ-ꜣḫtj* mit den beiden Sequenzen *ʿḏ-mr n zꜣb, jwn-knmt, ḥrj-wḏb n zꜣb* (*wḏ-mdw*) sowie *ẖrp-zḥ, ẖrp nswt, ḥrj-wḏb (n) ḥwt-ʿnḫ, ẖrp-mrtj* (?), die ihn als zugehörig zur Gruppe der „Staatsbeamten" und „Höflinge" ausweisen, begründet in der Tatsache, daß in frühester Zeit ein *ʿḏ-mr* ein Verwaltungsleiter am Königshof (besonders für die Versorgung mit Lebensmitteln, Fleisch und Wildbret) war, ein *ẖrp-zḥ* aber der Zuständige für die Verteilung der Speisen (= *ḥrj-wḏb*). Diese Titel sind im AR durch andere ersetzt worden,

bleiben aber als Bezeichnungen für Personengruppen erhalten.

D. Gruppenzugehörigkeitstitel sind im AR innerhalb einer Titulatur auffallend frei: Sie können am Anfang einer Titulatur, an ihrem Ende, aber auch zwischen zwei Sequenzen als „verbindende Titel" stehen. Das gilt auch für einen übergreifenden Titel wie „Vorsteher aller Arbeiten des Königs".

E. Im MR und NR wird meist nur ein Amtstitel genannt, der vor dem Namen steht. Alle sonstigen Bezeichnungen der meist überlangen „Titulaturen" sind im NR entleerte Rangbezeichnungen oder ehrende Phrasen. Nur wenige echte Rangtitel wie „*Wedelträger zur Rechten des Königs" (ab *Amenophis II.) oder Versorgungstitel (= Priestertitel) finden sich noch daneben.

F. In der 1.–3. Dyn. stehen auf Statuen nur Versorgungstitel (bestes Beispiel: Metjenstatue[8]), keine Amtstitel; das gilt auch noch für einige Opfertischplatten der frühen 4. Dyn. (*Wp-m-nfrt*[9]). Auch an den prominenten Stellen der Scheintür (Rolle) steht gern der Hauptversorgungs- oder der Hofrangtitel.

G. Die wichtigsten Titel haben jederzeit die Tendenz, so nahe wie möglich beim Namen zu stehen.

H. Dagegen streben mit einem Königsnamen zusammengesetzte Titel – wie in der 5. Dyn. die Priestertitel bei kgl. Tempeln und Sonnenheiligtümern – zum Anfang der Titulatur. Bei Scheintüren ist der Anfang am Pfosten rechts (vom Betrachter), innere Kolumne oben. Der linke Pfosten hat manchmal deutlich niedrigere Titel als der rechte.

III. *Entwicklung*. Ausgehend von einer zunächst primitiven, späterhin bereits in der 1. Dyn. komplizierteren *Palastverwaltung, entsteht im Laufe der ersten 2 Dynastien eine Landesverwaltung. Diese Umstrukturierung gipfelt in der Einrichtung des Wesirats als Spitze einer hierarchisch aufgebauten Bürokratie, in das auch die nun vom König abgetrennte Rechtsprechung eingeht. Im Titel des *ṯ3tj* vom Tor des Königs in seiner Gestalt als richtender und das Land durchziehender Schakal (*ṯ3tj t3jtj [n] z3b*)[10] lebt der alte Titel des Zauberers der Narmerpalette (*ṯt* geschrieben) fort. Bereits in der 3. Dyn. bilden sich die typischen AR-Titulaturen heraus mit der mosaikartigen Titelzusammenfügung zur Umschreibung der Befehlsgewalt, aber auch den zahlreichen Beititelsequenzen. Diese Titulaturgestaltungen setzen sich in der 5. Dyn. fort, in der allerdings das Hinzutreten der Priestertitel an Totentempeln der Könige und Sonnenheiligtümern den Titulaturen einen charakteristischen Zug gibt. Zwischen *Niuserre und *Unas ist auch in diesem Bereich ein tiefer Einschnitt (parallel zu dem im Totenglauben): Die Sonnenheiligtümer-Titel verschwinden schnell, eine Umorganisation in der Verwaltung der kgl. Totenanlagen bringt neue Titel, die mit höchsten Beamten verbunden werden (*sḥḏ* der Priester)[11], der Titel *ḥq3 ḥwt* als Versorgungstitel tritt wieder auf. Besonders aber ist die Annektion alter, obsolet gewordener Titel der Vergangenheit für diese Epoche bezeichnend, indem man zur Stärkung des persönlichen Selbstgefühls „sich mit Titeln wie mit Amuletten behängt"[12]. Gleichzeitig beginnt aus dem Streben nach individueller Freiheit heraus die Übernahme von Titeln der Vorgesetzten, um von deren Befehlsgewalt ausgenommen zu sein[13]. Dies führt zu den zahlreichen Titulaturwesiren oder Vorstehern von O.Äg. „ehrenhalber", die wir in dieser Zt antreffen. Die gerade gegen diese Erklärung vorgebrachten Zweifel[14] scheinen mir zu sehr von der Vorstellung einer unveränderlichen Gleichsetzung Titel = Amt auszugehen und das irrationale Streben nach dem Ansehen bestimmter Titel zu übersehen (vergleichbar der zeitgenössischen Expansion des Professorentitels). In diesen Übernahmen drückt sich die auch sonst deutliche Auflösung des „Staates" unter Phiops (*Pepi) II. aus.

Im MR setzt sich diese Entwicklung zunächst in bestimmten Gruppen, etwa den sog. „*Gaufürsten" (in Wahrheit Beamte, die ihre Vorgänger kopieren, die wirklich „Gaufürsten" waren[15]), fort, jedoch erscheinen diese alten AR-Titel nur noch wie schmückende Beiworte. Bedeutsam ist nur noch die Amtsbezeichnung unmittelbar vor dem Namen und gegebenenfalls ein Hofrang.

Auch im NR steht der Haupttitel unmittelbar vor dem Namen, etwaige Beititel, die Nebenbeauftragungen erkennen lassen oder einen Rang (Wedelträger zur Rechten des Königs[16]), stehen davor oder dahinter; auf alle Fälle sind diese echten Bezeichnungen einer Tätigkeit immer mit dem Namen eng verknüpft. Jedoch sind selbst bei Personen mit weitem Wirkungskreis (*Senenmut, *Amenophis, Sohn des Hapu) immer nur wenige Titel zusammen genannt – die überlangen Titulaturen des AR werden vermieden.

Besonders in der 20. Dyn. findet sich eine Besonderheit, indem zeitweise Beauftragungen hinter den Namen gestellt werden: So finden wir z. B. bei der Beschreibung der Belohnung des Hohenpriesters Amenophis unter *Ramses IX. (Kitchen, Ram. Inscr. VI, 455, 16ff.) den „Schatzhausvorsteher und kgl. Truchseß *Jmn-ḥtp*" genannt, aber anschließend den „kgl. Truchseß *Ns-Jmn*, der (*p3*!) Schreiber Pharaos" und den Truchseß Pharaos *Nfr-k3-Rʿ-m-pr-Jmn*, der (*p3*!) Herold Pharaos".

Diese 3 werden später mit *pꜣ mr pr-ḥḏ pꜣ wdpw* 2 *n Pr-ꜥꜣ* wieder aufgenommen. Diese Teilung des Titels findet sich auch bei Zufügung von Ortsangaben, wie etwa *mr-pr* n. p. *n pr-Jmn*.

[1] Helck, Beamtentitel, 111–119. – [2] Während Imhotep unter Djoser nur den Titel *ḥqꜣ-ḥwt* nennt, hat man beim Übergang von 3. zu 4. Dyn. die einzelnen Anlagen mit Namen aufgeführt, bei denen der Betreffende nomineller „Gutsvorsteher" und damit Bezieher von Einkommen war. Dann lösen die Güteraufzüge diese Auflistung in den Titulaturen ab. – [3] Ein gutes Beispiel Urk. IV, 1444, 11–14 („... Man gab mir die Gottesdiener- und Webämter in denjenigen Tempeln, in denen ich Arbeiten geleitet hatte"). – [4] William K. Simpson, The Mastabas of Kawab, Khafkhufu I and II, Giza Mastabas 3, Boston 1978, Tf. 17 der Zeichnungen Nr. 34-4-1 („Großer der 10 von O.Äg."), aber „ältester leiblicher Königssohn" auf Sarkophag (Abb. Tf. 8). – [5] Man vgl. die Titel im Grab (Junker, Gîza II, 172–195) mit den Titeln auf der im Serdab gefundenen Statue, auf der er den Wesirtitel trägt (ebd., 178–9) – allerdings ist der Name auf der Statue abgebrochen. – [6] Junker, in: ZÄS 75, 1939, 63 ff. – [7] Raymond Weill, Des monuments et de l'histoire des IIe et IIIe dynasties égyptiennes, Paris 1908, 262–273. – [8] Ägyptisches Museum Berlin-Charlottenburg Nr. 1106 = LD II, 120. – [9] Reisner, Giza I, Tf. 17a. – [10] So beim ersten Auftreten (unter *Qa-a) dieses Titels auf einem Abdruck aus dem Grab Saqqara 3504 (Emery, Tombs of the First Dynasty II, 58) geschrieben. Zu der Lesung „*n zꜣb*" im allgemeinen vgl. Fischer, in: JNES 18, 1959, 265. – [11] Eine besondere Rolle in dieser Umstrukturierung spielt der Friseur *Ti, der Besitzer des bekannten Saqqara-Grabes. – [12] S. Helck, Beamtentitel, 111–2. – [13] Ebd., 115 ff. – [14] E. g. Goedicke, in: MIO 4, 1956, 1 ff. Anders Eva Martin-Pardey, Untersuchungen zur äg. Provinzialverwaltung bis zum Ende des AR, HÄB 1, 1976, 161 ff. – [15] Helck, Verwaltung, 208 ff. – [16] Auffällig ist die wenig feste Stellung dieses Titels, der z. B. Urk. IV, 1394, 18 unter den Ehrenbezeichnungen erscheint, Urk. IV, 1406, 6 aber sogar hinter dem Hauptamtstitel.

W. H.

Titel der Spätzeit. Bei den Titulaturen von Privatleuten aus der Saitenzeit und den letzten einheimischen Dynastien fallen zwei merkwürdige Erscheinungen ins Auge. Einerseits wird, im Bereich der Verwaltung, eine Fülle uralter T. planmäßig wieder aufgegriffen[1], andererseits nimmt die Anzahl der in den Inschriften aufgeführten Priesterstellen wesentlich zu[2]. Die Verwendung altertümlicher Bezeichnungen aus der memphitischen Vergangenheit für die staatliche Beamtenschaft und die militärischen Funktionen beruht aber kaum auf einer Erneuerung der Gesellschaft; vielmehr als eine Wiedereinführung längst vergangener Verwaltungsformen, ist sie, im Rahmen der angestrebten Renaissance, als eine orthographische Mode zu betrachten. Übrigens beginnt sie sich schon in der späteren Äthiopenzeit durchzusetzen. Seinerseits spezialisiert sich der Gottesdienst auf vielerlei Sonderkulte; sie verbergen sich oftmals unter geheimnisvollen Titeln (*Priester [-tum] [SpZt]), welche, sowohl nach ihrer Form wie nach ihrem Charakter, den Wesensgehalt der einzelnen lokalen Gottheiten widerspiegeln und also ein wertvolles Material für unsere Kenntnis der Kulttopographie liefern.

[1] Der Gouverneur von Memphis und Letopolis als *ꜥd-mr (n) zꜣb* dieser Orte betitelt: Florenz, Cat. (Schiaparelli) 1614; „Großes Oberhaupt von Heliopolis" bei Hamada, in: ASAE 37, 1937, 135. Vgl. bes. István Nagy, in: Acta antiqua Academiae scientiarum hungaricae 21, 1973, 57–59. – [2] S. z. B. E. Otto, in: ZÄS 81, 1956, 111.

H. De M.

Tithoes. Τιθοῆς est le nom d'un des demi-dieux d'une dynastie mythique compilée par Manéthon (*Manetho) (passage transmis par Syncelle)[1]. Cette transcription grecque se retrouve régulièrement dans des textes documentaires romains, où elle remplace la forme plus ancienne Τοθοῆς. Ces deux vocalisations, dont existent de nombreuses variantes, sont attestées comme nom divin par des sources épigraphiques et papyrologiques grecques[2] et elles sont bien représentées dans l'anthroponymie qui nous permet d'y reconnaître le nom du dieu *Twt*(*w*)[3], Cette appelation est peut-être à interpréter comme "der Bildhafte"[4]. Les inscriptions hiéroglyphiques des temples de la période gréco-romaine et celles de plusieurs stèles ou autres monuments des époques tardives caractérisent T. comme un dieu-lion (*Löwe), puissant (*ꜥꜣ pḥtj*), fils de *Neith et chef des génies de *Sachmet et de *Bastet[5]; sa fête (*Feste) à *Esna se situe le 14 du mois Thot et le 10 du mois d'Athyr (fête de Neith et de son fils Toutou)[6]. Bien que diverses figurations de T. soient accompagnées de légendes hiéroglyphiques, démotiques ou grecques, souvent seule l'iconographie permet d'identifier le dieu. A côté de représentations dans les temples tardifs[7], sur un naos perdu du règne de Domitien (*Domitianus)[8], sur une cuve d'un taureau sacré de *Horbeit/Pharbaithos (Kom Abou Yassine)[9] et sur de nombreux reliefs et stèles cultuels ou votifs[10], T. se retrouve, aux époques hellénistique et romaine, dans les peintures murales d'une maison à *Karanis[11] et de deux tombes à Qaret El-Muzawwaqa[12], dans des dessins rupestres (*Felsbilder)[13] et parmi les figures magiques sur une plaque de bronze[14]. T. se présente comme amulette[15] et il apparaît sur des monnaies de l'époque romaine[16], peut-être aussi sur des gemmes[17]. Dans le domaine de la ronde bosse, on peut mentionner plusieurs statues[18] et une terre-cuite[19].

T. est le plus souvent représenté sous forme d'un *sphinx passant, mais à l'occasion il est figuré comme un lion[20] ou comme un dieu anthropomorphe (*Anthropomorphismus) à tête humaine[21] ou à tête de lion[22]. L'apparence féminine de quelques figurations est problématique[23]. L'évolution de T. vers un dieu-panthée se manifeste dans le caractère composite de nombreuses représentations (*Fabeltiere; *Mischgestalt). Le corps du sphinx passant est souvent pourvu de têtes complémentaires: une tête de crocodile[24] (*Krokodil) ou de lion[25] peut sortir de sa poitrine et dans sa nuque on reconnaît quelquefois une tête de bélier[26], de lion[27] ou encore des têtes de lion et d'*ibis[28]. Aussi certains auteurs ont-ils fait un rapprochement entre T. tricéphale et le Cerbère alexandrin[29]. Il arrive également qu'une tête de faucon (*Falke) soit ajoutée sur le dos du dieu-sphinx[30]. La présence occasionnelle d'un crocodile[31] ou d'un faucon entier[32] montre que ces têtes représentent des divinités apparentées dont T. s'attribue les puissances divines. Le sphinx peut être muni d'ailes[33] et sa queue prend normalement la forme d'un serpent, coiffé dans quelques cas d'une couronne divine[34]. Au bout des pattes, on voit parfois de petits serpents (*Schlange) ou des scorpions (*Skorpion), ou bien les griffes sont armées de couteaux ou/et de haches; ailleurs encore ces différentes armes se combinent[35]. Le grand serpent, souvent le cobra, qui se trouve à côté, et non pas vraiment en dessous des pattes du dieu-sphinx, ne doit pas être interprété comme une incarnation du mal piétinée par T., mais comme la figuration de deux compagnons qui escortent le dieu à sa droite et à sa gauche et qui, vus de profil, se confondent (à l'exemple des cobras accompagnant le sphinx monté sur un pavois à la proue des barques: *Barke)[36]. Sur les reliefs cultuels , la tête est régulièrement rendue de face (cf. *Nepheros) pour établir un lien avec l'adorateur[37], qui est même une fois représenté[38]. Ainsi, T. se présente comme un dieu abordable, auquel s'adressent les petites gens[39]. Comme dans le cas des représentations anthropomorphes, la tête du sphinx est pourvue d'attributs soulignant le caractère royal et divin de T.: nemes, *uraeus, barbe-postiche (*Bart) et très souvent une couronne (*Krone), qui est soit l'anedjti (*Federkrone) soit une autre couronne. T. peut aussi être coiffé du disque solaire[40] qui prend quelquefois la forme d'un nimbe radié[41]. Les différentes têtes animales (normalement 7) que l'on distingue parfois autour du visage de T. représentent les génies (*Dämonen), mentionnés dans les inscriptions, qui apparaissent comme une équipe armée sur un monument à Brooklyn[42]. Une figuration particulière montre T. muni de bras éliminant un ennemi, symbole des puissances néfastes; elle met bien en évidence le caractère apotropaïque du dieu (*Götter, Apotropäische). Sa nature protectrice et rétributrice est encore illustrée par la présence d'autres êtres divins, tels le griffon (*Greif)[43], incarnation de *Petbe-Nemesis, le serpent Agathodémon (*Agathos Daimon)[44] et le crocodile à tête de faucon (?*Horus imischenut)[45]; en outre, il est associé avec *Bes habituellement armé[46] et avec *Neith-Athéna[47], sa mère, qui lui présente à plusieurs reprises la couronne de la victoire[48]. Comme ces deux dernières divinités, il est censé protéger ses fidèles pendant le sommeil (*Schlaf) contre tout danger[49].

A en juger d'après la répartition des lieux de provenance ou de localisation des documents, la vénération de T. s'est diffusée sur toute l'Egypte, de *Mendes jusqu'à *Kalabscha et de *Koptos à l'oasis de *Charga. Les attestations les plus anciennes d'attendants du culte de T. remontent à l'époque saïte et se rapportent à *Saïs[50]. En raison de sa descendance de Neith, Saïs et *Esna sont naturellement les lieux de culte par excellence de T.; mentionnons aussi *Per-udji dans le 10eme nome de Haute-Egypte[51] et le *Fajjum[52]. Les documents figurés datables couvrent une période qui va du règne de Ptolémée Evergète II (*Ptolemaios VIII: 2ème moitié du IIème siècle av. J.-Chr.)[53] au IIIeme siècle après J.-Chr.[54] et montrent que la popularité généralisée de T. est un phénomène très tardif. L'onomastique permet toutefois de suivre le développement du culte à partir du IIIème siècle av. J.-Chr. En dehors de l'Egypte, il faut citer spécialement la stèle d'Amphipolis en Thrace[55]. T. semble encore connu en Italie romaine[56] et une statuette en bronze figurant peut-être T. a été trouvée dans le *Sinaï[57].

[1] William G. Waddell, Manetho, Loeb Classical Library, London 1940, 16–17. – [2] Giulia Ronchi, Lexicon theonymon ... III, Milano 1975, 703; V, 1977, 1086–1088; Picard, dans: MonPiot 50, 1958, 58–59; Mariangela Vandoni, dans: Rendiconti Istituto Lombardo – Accademia di Scienze e Lettere, Classe di Lettere 102, Milano 1968, 438–439; Guy Wagner, dans: BIFAO 73, 1973, 177–179. – [3] Spiegelberg, dans: ZÄS 64, 1929, 135–136; Jozef Vergote, Les noms propres du P. Bruxelles inv. E. 7616, Papyrologica Lugduno-Batava 7, Leiden 1954, 13. 19–20; Yoyotte, dans: BIFAO 55, 1955, 135–138; André Bernand, De Koptos à Kosseir, Leiden 1972, 156–158. 188–189; Quaegebeur, dans: Enchoria 7, 1977, 106–107. – [4] Comparer Spiegelberg, op. cit., 136 qui y voit une forme-nisbé. – [5] Cf. Sauneron, dans: JNES 19, 1960, 270–272; Sigrid-Eike Hoenes, Untersuchungen zu Wesen und Kult der Göttin Sachmet, Bonn 1976, 209–210; El-Sayed, Neith (v. Lit.), 116. – [6] Sauneron, op. cit., 271 nos. 9–10; Esna V, 11. – [7] Liste dans Sauneron, op. cit., 270–272, nos. 1–8. 11–13. Pour les scènes d'Esna (nos. 4–6) on se reportera maintenant à la publication du temple; pour no. 13, cf. Pascal Vernus, Athribis, BdE 74, Le Caire 1978, 200–201; ajouter

Junker–Winter, Philae II, 70–71; PM VI, 234 (279 = Photo 1362: information E. Winter). – [8] Sauneron, o.c., no. 14. 15, le fragment de naos Bruxelles E. 5818 est un document incertain; voir cependant Ramadan El-Sayed, Documents relatifs à Saïs et ses divinités, BdE 69, 1975, 218. – [9] Abdel Salam, dans: ASAE 38, 1938, 617, pl. 112, cf. Gourlay, in: Hommages Sauneron I, BdE 81, 1979, 369 (fig. 1). – [10] Liste dans Sauneron, op. cit., 272–277, nos. 16–35. 37–45. 47–48. 52–53, complétée par Castiglione, dans: Fs Mus. Berlin, 472, nos. 3–9. Compléments d'information: nos. 23–24. 26, cf. Svetlana Hodjash et Oleg Berlev, The Egyptian Reliefs and Stelae in the Pushkin Museum of Fine Arts, Moscow, Leningrad 1982, nos. 149–151; no. 27 = Bruxelles MRAH A 1505, cf. Ingeborg Flagge, Untersuchungen zur Bedeutung des Greifen, Sankt Augustin 1975, 220 (fig. 145); no. 33 = Leiden F 1959/5/1; no. 37, cf. Flagge, op. cit., 221 (fig. 146) et infra n. 36; no. 43 = Castiglione, op. cit., no. 2 (Alexandrie 22951 = 22981), cf. Herman De Meulenaere et Pierre MacKay, Mendes II, Warminster 1976, no. 150; no. 47, cf. n. 56; no. 52, cf. Bothmer, Egyptian Sculpture, no. 139; Castiglione, dans: Fs Mus. Berlin, no. 9, cf. Peterson, dans: Opuscula Atheniensia 9, Lund 1969, 122–123. Il y a lieu d'ajouter les pièces suivantes: Copenhague AEIN 314, cf. Maria Mogensen, La Glyptothèque Ny Carlsberg. La collection égyptienne, Copenhague 1930, I, 83; II, pl. 85 (A 653); Collection Eid, cf. Abdel-Hamid Zayed, Egyptian Antiquities, Le Caire 1962, 15 no. 977, fig. 19; London, U.C. 16591, cf. H. M. Stewart, Egyptian Stelae, Reliefs and Paintings III, Warminster 1983, 15 no. 48, pl. 21; Louvre E 27129, cf. Vandier, dans: La Revue du Louvre 23, 1973, 114–115, fig. 15; id., Les animaux dans l'Egypte ancienne. Le Louvre présenté au Muséum de Lyon 1977–78, 119–120 no. 143; Lund KM 32. 385, cf. AEB 65377; lieu de conservation inconnu, cf. Abbé de Guasco, De l'usage des statues chez les anciens, Bruxelles 1768, pl. 12 (pour un dessin voir op. cit., n. 43). Plusieurs documents sont encore inédits. – [11] Sauneron, dans: JNES 19, 1960, 273, no. 36; pl. 10c. – [12] Ahmed Fakhry, Denkmäler der Oase Dachla. Aus dem Nachlaß herausgegeben von J. Osing, AV 28, 1982, 74. 85. 86. 89, pls. 20–21. 25. 27. 33. – [13] Par exemple William M. Flinders Petrie, Diospolis Parva, EEF 20, 1901, 57 (92), pl. 44 no. 12. – [14] Castiglione, op. cit. (v. n. 10), no. 10. – [15] Ibd., nos. 11–12. – [16] Picard, dans: MonPiot 50, 1958, 80–83; Sauneron, dans: JNES 19, 1960, 274. – [17] Par exemple M. Henig, The Lewis Collection of Gemstones in Corpus Christi College, Cambridge 1975, nos. 28. 93. – [18] Sauneron, op. cit., nos. 49–51 et n. 55; Bothmer, Egyptian Sculpture, nos. 125. 137. Ajouter Aberdeen no. 1447, cf. R. W. Reid, Illustrated Catalogue of the Anthropological Museum, Aberdeen 1912, 184–185 (fig.). – [19] Sauneron, op. cit., no. 46. – [20] Berlin Est 20914 = Castiglione, dans: Fs Mus. Berlin, pl. 73. – [21] Sauneron, op. cit., nos. 2. 3 bis. 5. 6. 11. 12. 13. – [22] Sauneron, op. cit., no. 1. – [23] Voir surtout la déesse à tête de lionne accompagnée de la légende démotique *Twtw* sur une plaquette à Hanovre no. inv. 1935. 200. 712, cf. Kestner Museum Hannover. Ägyptische Kunst, 1958, 82 no. 85. – [24] Par exemple Sauneron, op. cit., nos. 16. 17. 18 etc.. – [25] Par exemple, Sauneron, op. cit., no. 23. – [26] Par exemple Sauneron, op. cit., nos. 27. 38. 39 et alia. – [27] Collection Eid (v. n. 10). – [28] Sauneron, op. cit., no. 52. – [29] Picard, dans: MonPiot 50, 1958, 53. – [30] Sauneron, op. cit., nos. 17. 46; Castiglione, op. cit., pl. 74a. – [31] Sauneron, op. cit., nos. 30. 50. – [32] Castiglione, op. cit., pl. 72c; exemple plus clair Berlin Est 12659 (inédit). – [33] Sauneron, op. cit., nos. 17. 29; Castiglione, op. cit., pl. 74a. – [34] Sauneron, op. cit., nos. 18. 37. – [35] Par exemple Sauneron, op. cit., nos. 17. 20. 21 etc. – [36] Voir Jan Quaegebeur, Divinités égyptiennes sur des animaux dangereux, dans: L'animal, l'homme, le Dieu dans le Proche-Orient ancien. Actes du colloque de Cartigny 1981, Cahiers du CEPOA 2 (sous presse). – [37] Castiglione, dans: Fs Mus. Berlin, 471 insiste sur l'influence de l'art gréco-égyptien. – [38] Sauneron, dans: JNES 19, 1960, 273, no. 29. – [39] Quaegebeur, dans: Enchoria 7, 1977, 103–108. – [40] Par exemple Sauneron, op. cit., nos. 4. 5. 6. 18 et alia. – [41] Ibid., nos. 26. 36. 46. – [42] Ibid., no. 53. – [43] Cf. Quaegebeur, dans: Mélanges J. Duchemin, Paris 1983, 48–50. – [44] Sauneron, dans: JNES 19, 1960, 272, no. 18. – [45] Ibd., no. 24. – [46] Par exemple ibd., nos. 32. 47. 50 et alia. – [47] Cf. Quaegebeur, dans: Egypt and the Hellenistic World, Stud. Hellen. 27, Leuven 1983, 308–309. – [48] Cf. Derchain, dans: CdE 30, no. 60, 1955, 225–287. – [49] Kákosy, dans: Bulletin du Musée Hongrois des Beaux-Arts 24, Budapest 1964, 9–11. – [50] Sauneron, op. cit., 286 et n. 102; AEB 60617; El-Sayed, Sais (v. n. 8), 257. – [51] AEO II, 66*. – [52] Cf. Mariangela Vandoni, dans: Rendiconti Istituto Lombardo – Accademia di Science e Lettere, Classe di Lettere 102, Milano 1968, 438sq.; Quaegebeur, La désignation "porteur(s) des dieux" et le culte des dieux-crocodiles dans les textes des époques tardives, dans: Fs Gutbub, 161–176. D'après Pline, Hist. nat. XXXVI, 19, le labyrinthe serait construit par le roi Tithoes. – [53] Sauneron, op. cit., no. 3. – [54] Picard, dans: MonPiot 50, 1958, 58. – [55] Ibd. et Kákosy, op. cit. (v. n. 49). – [56] Cf. stèle Munich, Glyptothèque (= Sauneron, op. cit., no. 47) dans: Anne Roullet, The Egyptian and Egyptianizing Monuments of Imperial Rome, EPRO 20, 1972, 65 no. 52, pl. 51 fig. 68; cette provenance est mise en doute par Parlasca, dans: OLZ 73, 1978, 552. Voir aussi le sphinx passant dans une peinture murale dans la villa dei Misteri à Pompéi, cf. Mariette De Vos, L'Egittomania in pitture e mosaici romano-campani della prima età imperiale, EPRO 84, 1980, 11, pl. B, III, V 2; comparer ibd., 13 et pl. 10. – [57] Cf. Schulman, dans: Museum Haaretz Yearbook 15–16, Tel Aviv 1972–73, 69–76 et fig. 28–31.

Lit.: RÄRG, 747–748; Sauneron, dans: JNES 19, 1960, 269–287; Kákosy, dans: Bulletin du Musée Hongrois des Beaux-Arts 24, Budapest 1964, 9–16; Castiglione, dans: Fs Mus. Berlin, 469–472; Quaegebeur, dans: Enchoria 7, 1977, 103–108; Heinz Demisch, Die Sphinx, Stuttgart 1977, 34–39. 242–243; Ramadan El-Sayed, La déesse Neith de Saïs, BdE 86, 1982, 116 et passim. Une monographie est en préparation par le soussigné.

J. Q.

Titus Flavius Vespasianus was the son of *Vespasian and the brother of *Domitian. His reign was too short (A.D. 79–81) to affect the course of Egypt's history with any substance. Upon his ascension, he adopted the Horus name *Ḥwn Nfr-bnr-mrwt* (*Königstitulatur) and monuments were erected in his honor at *Karnak, at *Kom Ombo, at *Esna, and at Deir el-Hagar in the *Dachla Oasis. R.S.B.

Tjaisepef (*Ṯ3j-zp.f*), ein *Stiergott, wahrscheinlich schon in der 1. Dyn. dargestellt[1] und während des AR in einem „Gottesdiener"-Titel von Königinnen genannt[2], weshalb man T. als Verkörperung des vergöttlichten Königs angesehen hat[3]. Dabei übersetzte man den Namen als „Männlichsten seiner Art", jedoch dürfte auch eine Deutung als „Männlicher seiner Tenne" zu erwägen sein (*Dreschen, *Minfest). Bildlich wird T. als Stier auf einer Standarte dargestellt, vor ihm ein Zeichen, das entweder wie eine Stele[4] oder wie zwei schräge Pfosten[5] aussieht.
Kees[6] verband auch eine Zeichengruppe „*ṯ* + liegender Widder + *zp*" auf einem Siegelabdruck der 1. Dyn.[7] mit T. und sah darin eine „religionsgeschichtlich bemerkenswerte Variante". Jedoch dürfte es sich hierbei um einen Titel handeln, der etwa „Mann des *B3-zp(.f)*" bedeutete und mit dem bereits in 3. Dyn. belegten[8] und später auch in einem „Gottesdienertitel" einer Königin[9] genannten Widdernumen zusammenzubringen ist. Da die weiteren Titel des genannten Abdrucks auf die Getreideverwaltung hinweisen, würde hier – aber auch bei T. – die Deutung von *zp* als „Tenne" gestützt.

Die letzte Nennung von T. scheint in CT VI, 281 t („ich bin ... der Dritte des T.") vorzuliegen.

[1] Emery, Hemaka, Tf. 18 A. – [2] Dows Dunham und William K. Simpson, The Mastaba of Queen Mersyankh III, Giza Mastabas 1, Boston 1974, Tf. 15 c (*Ḥtp-ḥr.s* II.); Mariette, Mastabas, D 5 (*Mrj.s-ʿnḫ* IV.); Urk. I, 155, 13 (*Ḥʿ-mrr-nbtj*); Hassan, Gîza III, 190, Abb. 152 (*Bw-nfr*); Jean-Philippe Lauer und Jean Leclant, Le temple haut du complexe funéraire du roi Téti, BdE 51, 1972, 95 f., Tf. 33 G (*Zšzšt*). – [3] Eberhard Otto, Beiträge zur Geschichte der Stierkulte, UGAÄ 13, 1938, 9; Kees, Götterglaube, 6. – [4] So bei Hemaka und *Ḥʿ-mrr-nbtj*. – [5] So bei *Mrj.s-ʿnḫ* IV. und *Zšzšt*. – [6] Kees, in: OLZ 54, 1959, 566. – [7] Kaplony, Inschriften III, Nr. 366 (aus Grab des *Mrj-k3*, Zt des Qa-a). – [8] PD V, Nr. 46. – [9] Dunham und Simpson, Mersyankh (s. Anm. 2), Tf. 7. 15 a. W.H.

Tjau-Spiel (*ṯ3w*)[1]. Aus zwei Belegen[2] der SpZt bekanntes „Kugelspiel". Mit Sicherheit nicht[3] identisch mit dem *Zwanzig-Felder-Spiel[4]. Kombiniertes Geschicklichkeits- und Ratespiel, bei dem es gilt, die Kugeln möglichst schnell von Hand zu Hand gleiten zu lassen, während der Partner die Zahl der Kugeln rät[5]. Im Falle des Erkennens der richtigen Anzahl wird die betreffende Zahl an den Partner übergeben. Das T. ist letztendlich eine Umdeutung von Spielern am *Schlangenspiel, zu deren Spielutensilien ebenfalls Kugeln gehören[6].

[1] Wb V, 343, 1. – [2] TT 36 (*Jbj*) = PM I. 1[2], 65; *ʿnḫ.f-n-Sḫmt*: Baltimore, W.A.G. 22.152 + 22.153: Capart, in: Journal of the Walters Art Gallery 1, Baltimore 1938, 13 ff., Abb. 1–3; Georg Steindorff, Catalogue of the Egyptian Sculpture in the Walters Art Gallery, Baltimore 1946, 80, Tf. 54. 274. – [3] So ursprünglich vorsichtig Birch, in: RAr N.S. 12, 1865, 64 f., dann von ihm wiederholt in: ZÄS 4, 1866, 99 f. und in: TRSL 9, 1870, 269; aufgegriffen von Nash, in: PSBA 24, 1902, 341 f. und von dort verschleppt trotz Hermann Ranke, Das altäg. Schlangenspiel, SHAW 1920. 4, 11 Anm. 1; korrigiere entsprechend Petersen, in: LÄ I, 853. – [4] Pusch, in: SAK 5, 1977, 199 f., bes. 211 (tilge „1:1" bei Abb. 1); ders., in: ASAE (im Druck). – [5] So bereits richtig bei Ranke, a.a.O., 12 vermutet, obwohl die Kugeln in TT 36 nicht wiedergegeben sind; vgl. Pusch, a.a.O. – [6] Dazu demnächst ausführlich Pusch, a.a.O., wo das Verhältnis zwischen Schlangen-, Zwanziger- und Tjauspiel diskutiert wird. E.B.P.

Tjebu (*ṯbw*) (die Sandale; geschrieben auch *ṯbwj* – die beiden Sandalen), griech. Ἀνταίου πόλις. In mehreren geographischen Listen und Einzeldenkmälern belegte Hauptstadt des 10. o.äg. *Gaues[1]. Hauptgötter von T. sind die beiden Götter *Horus (*Anti/*Nemti) und *Seth zusammen als biuner Gott (*nbwj* – die beiden Herren, *nṯrwj* – die beiden Götter) oder auch einzeln als *Anti/*Nemti (bzw. deren Dual) oder als Seth (*swtj-nbt*)[2]. Seth wird in einem Fall als *Nilpferd bezeichnet und dargestellt[3]. Der Ortsname findet sich auch in mythologischen Texten im Zusammenhang mit dem 10. o.äg. Gau wieder: „Die Haut des Rebellen wird zu einem Sandalenpaar (*ṯbwj*) verarbeitet."[4] Die genaue Lokalisierung von T. ist bisher nicht gelungen[5]. Die Identifizierung von T. mit *Qau el-Kebir (*dw-q3*) ist nicht bewiesen, aber auch nicht ausgeschlossen[6].

[1] Gauthier, in: RecTrav 35, 1913, 9–12; Daressy, in: Sphinx 18, 1914/15, 109 f.; Gauthier, DG VI, 75; AEO II, 49* ff.; III, Tf. 26; Montet, Géographie II, 115–118; Helck, Materialien, 173. 577 f. et passim; Edfou I, 339; pHarris 61 a, 13; RAD, 3, 6; 5, 15; 69, 14; 70, 4; Nims, in: JEA 38, 1952, 37 f. 43; Erhart Graefe, Studien zu den Göttern und Kulten im 12. und 10. oberägyptischen Gau, Freiburg 1980, 28 f. – [2] AEO II, 54*; Qau and Badari III, pl. 32–33. – [3] Qau and Badari, a.a.O.; aus Qau sind auch Funde von Nilpferdknochen bekannt, vgl. Qau and Badari III, Kap. 10. – [4] Mariette, Dend. IV, Tf. 60. –

[5] Zusammenfassend referiert z.B. bei AEO II, 49* ff.; Helck, Gaue, 96. – [6] Das alte *dw-q3* könnte z.B. die Nekropole von T. sein. Vgl. LÄ, s. v. *Qau el-Kebir.

H. Be.

Tjehenu s. Libyer

Tjeku (*Ṯkw*) ist als geographische Bezeichnung von der Regierung *Thutmosis' IV. bis in die Ptolemäerzeit belegt[1]. In den älteren Nennungen als „Gebiet" identifiziert[2], läßt die spätere Verwendung mit „Stadtdeterminativ" (⊗)[3] an einen spezifischen Ort denken. Die Lokalisierung ist grundsätzlich im *Wadi Tumilat, vermutlich vom Ras el-Wadi ostwärts, zu suchen. Die Nennung eines „Truppenobersten von Tjeku" (*ḥrj-pḏt n Ṯkw*) in *Serabit el Chadîm (*Sinai) im 7. Jahr Thutmosis' IV.[4] läßt in Analogie zur nubischen Titelbildung gleicher Art an ein Grenzgebiet denken. Dies paßt zu den ramessidischen Belegen aus *Tell el-Retabe, während die späteren Nachweise durchwegs aus *Tell el-Maschuta stammen. Von der Ramessidenzeit an ist *Atum als „Herr von Tjeku" belegt[5].
Die Identifizierung von Tjeku entspricht den beiden Schreibungen. Während die älteren Erklärungen, und neuerdings W. Helck[6], darin einen bestimmten Ort sehen, identifizierte D.B. Redford[7] T. als Bezeichnung eines Gebiets. Die geographische Lokalisierung schwankte stets zwischen Tell el-Retabe und Tell el-Maschutta; die jüngsten Grabungen haben eindeutig erstellt, daß nur Tell el-Retabe im NR besiedelt war[8]. Identifizierungen mit den Angaben des Exodus-Berichts sind mit Sukkoth, aber auch mit Pithom[9] vorgenommen worden.

[1] Gauthier, DG VI, 83. – [2] William M. Flinders Petrie, Hyksos and Israelite Cities, BSAE 12, 1906, Tf. 30 f.; pAnast. V, 19,6; VI, 4,14; 5,1. – [3] Urk. II, 84 ff.; Edfou I, 332; Gauthier, DG VI, 83; eine Mischschreibung im Raphia-Dekret Ptolemaios' IV. = Henri Gauthier und Henri Sottas, Un décret trilingue, Kairo 1925, 4 f.; 13 ff. – [4] Die Nennung ist Teil von Inscr. Sinai, Nr. 60, s. Giveon, in: Tel Aviv 5, 1978, 171 ff. Für die Ramessiden-Zt s. auch Beno Rothenberg, in: Bible et terre sainte 150, Paris 1974, 14, Abb. 12. Eine Nennung in pAnast. V, 19,2 ist unsicher. Zum Titel vgl. Schulman, Military Rank, 54. – [5] Karol Mysliwiec, Studien zum Gott Atum II, HÄB 8, 1979, 116 ff. – [6] Helck, in: VT 15, 1965, 35 ff. – [7] Redford, in: VT 13, 1963, 401 ff. – [8] John S. Holladay, Tell el-Maskhuta, Malibu 1982, 19. 51. – [9] Zur Identifizierung mit Sukkoth s. Naville, in: JEA 10, 1924, 33 ff.; BAR III, § 638 Anm. a; Redford, a.a.O., 407 f.; Helck, a.a.O., 35 f.; dagegen Gardiner, in: Fs Champollion, BEHE 234, Paris 1922, 231; Alexis Mallon, Les Hébreux en Egypte, Rom [2]1924, 165; Gardiner, in: JEA 5, 1918, 266 f.

H. Goe.

Tjenenet. Die Göttin T. ist als Gemahlin des *Month ab dem MR in et-*Tôd, *Armant und *Medamud, später auch in *Karnak, *Dendara, (*Tell) Edfu und *Esna belegt. Nach Vordringen des Amonkultes an fast allen äg. Kultstätten führt Month, noch vor *Atum, die aus der heliopolitanischen *Neunheit erweiterte „Thebanische Neunheit" an; T. (sowie mitunter *Iunit, welche in Armant an die Stelle der Gemahlin des Month treten kann, wie auch *Rattaui in späterer Zeit) beschließt dieses Götterkollegium. Äußerlich getrennt, runden beide als entgegengesetzte Pole das zyklische Geschehen ab, bei welchem die Neunheit in Erscheinung tritt, d.h. bes. Sonnen- und Mondaufgang sowie die Krönung, die wesenhaft als „Neu-Geburten" betrachtet werden. T. trägt dabei das 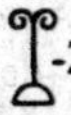-Zeichen (Uterus einer Kuh, Gardiner F 45), welches sie unter besonderen Voraussetzungen mit der Göttin *Mesechenet teilt, da diese als real und irdisch wirkende Macht als kgl. Geburtshelferin fungiert, wohingegen T. bei gleichem Anlaß über diese hinaus dem kosmischen Ereignis „Königsgeburt" in ihrer historisch wichtigen (wenn auch lokal relativ begrenzten) Stellung an der Seite des Month die zeitlich unendliche Perspektive garantiert. – Neben dem 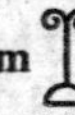-Zeichen trägt T. andere Attribute, deren Auswahl ganz von dem Kontext bestimmt ist, in welchem sie handelnd erscheint (dabei nicht immer in Months Gegenwart): so die *Geierhaube bei der Krönung des Seanchkare-*Mentuhotep in et-Tôd, die *Uräusschlange (an der Seite der Iunit) auf der westlichen Außenseite des *Naos in Edfu oder aber die Krone der *Mut im griech.-röm. *Geburtshaus in Armant, worin, wie auch bei den anderen Attributsübertragungen, deutlich eine ad-hoc-Verbindung zu erkennen ist. Diese ad-hoc-Verbindungen sind aber jederzeit wieder auflösbar; ihr eigenes Attribut ist das -Zeichen.

Lit.: Maria-Theresia Derchain-Urtel, Synkretismus in ägyptischer Ikonographie. Die Göttin Tjenenet, GOF IV. 8, 1979; Farid, in: MDAIK 39, 1983, 59 ff., bes. 62–64.

M.-Th. D.-U.

Tjesemet (Göttin) s. Turm

Tjeset-Hor s. Gaue, 2. o.äg.

Tlas s. Uneg

Tochter. I. Die übliche Bezeichnung für die weiblichen Nachkommen eines Mannes und einer Frau in der 1. Generation ist *z3t* (*sĕt), im MR auch geschrieben  (*Sesostris I.[1]) und 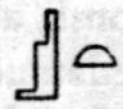 (seit *Amenemhet II.[2]). *Z3t* kann in erweiterter Bedeutung auch „Enkelin" und einfach „weiblicher Nachkomme" bedeuten[3].

Im NR wird *z3t* oft durch das allgemeinere *šrjt* („kleines Mädchen") ersetzt[4], im Kopt. hat sich diese Bezeichnung allein erhalten[5]. Durch Zusätze können Rang und/oder Alter der T. hervorgehoben werden[6].

II. Die Rechte und Pflichten der T. entsprechen denen des *Sohnes, ihre Stellung ist jedoch – entsprechend dem allgemein ungleichen Verhältnis zwischen Mann und Frau in der äg. Gesellschaft – durch soziale Normen und Tradition eingeschränkt.

Eine Entwicklung der Stellung der T. im Verlauf der äg. Geschichte auszumachen, ist bisher kaum möglich. Ebenso kann nur allgemein festgestellt werden, daß die Rolle der T. in den verschiedenen sozialen Schichten der Gesellschaft auch jeweils differenziert zu betrachten sein wird.

III. Die Tochter wird erzogen von den Eltern, auch vom *Vater[7], ihr stand aber wohl kein Besuch der *Schule zu (*Erziehung). Sie wird im Haushalt auf ihre Rolle als (Ehe-)Frau vorbereitet (*Frau, *Ehe, *Familie). Als Teil der Familie konnte sie wie alle Familienmitglieder von staatlichen Instanzen und lokalen Machthabern zur Arbeit herangezogen werden[8].

„Freie Berufswahl" bestand für die T. wohl kaum[9]. Sie konnte erben von Vater und *Mutter[10] sowie den *Totenkult für die Eltern durchführen[11]. Da das Heiratsalter der Mädchen sehr niedrig war, trat die T. im allgemeinen schon früh in die Rolle der Ehefrau ein[12]. Sie erhielt dann von ihrer Familie eine *Mitgift[13] und blieb auch weiterhin Mitglied ihrer „alten" Familie. Dies war nicht nur erbrechtlich wichtig, sondern Söhne und T. waren auch verpflichtet, ihre Eltern im Alter zu unterstützen[14]. Da vielleicht auch ein Brautpreis zu zahlen war[15], konnten T. aus ökonomischen und politischen Gründen Mittel zu einer *Heiratspolitik sein: Der König verheiratet T. an verdiente Beamte[16] und nimmt Beamten- und Höflingstöchter zur Frau. Die frühe Heirat der T. ist vielleicht ein Grund, warum es keine eindeutige Bezeichnung für „Jungfrau" im AR und MR gibt, erst später hat vielleicht *rnnt/rnwt* diese Bedeutung[17].

IV. In bildlichen Darstellungen wird die T. allgemein ähnlich wie der Sohn dargestellt, der jedoch eine klare Vorzugsstellung hat[18].

S. *Kind, *Kinderarbeit, *Erbe, *Nacktheit, *Verwandtschaftsbezeichnungen, *Berufsbewertung, *Königstochter, *Gottestochter, *Eid (LÄ I, 1192).

[1] Z.B. CG 20542 (ANOC 4). – [2] Z.B. London BM 569–570 (BM Stelae II, Tf. 19–20; ANOC 9); BM 839. 574 (BM Stelae II, Tf. 7–9; ANOC 42). – [3] Detlef Franke, Altägyptische Verwandtschaftsbezeichnungen im Mittleren Reich, HÄS 3, 1983, 43 ff. 155 ff. Im NR auch für „Schwiegertochter" belegt: Bierbrier, in: JEA 66, 1980, 101. – [4] Seit Hatschepsut? Vgl. pLouvre 3230 b, Z. 2. 4. 7 = Peet, in: JEA 12, 1926, 70 f.; Gardiner, Inscr. of Mes; ders., in: JEA 26, 1940, 23 ff. Entspricht dem Gebrauch von *z3* („Sohn") und *šrj*, z.B. Kitchen, Ram. Inscr. II, 234, 13; 236, 1. – [5] KoptHWb, 324 f.; Fecht, Wortakzent, § 269, Anm. 404; Osing, Nominalbildung, 408. – [6] *Z3t smswt* (Rang?) und *z3t wrt* (Alter?), s. Wb III, 412, 3–4; Mrsich, in: LÄ I, 1259 Anm. 197; BM 832 (BM Stelae IV, Tf. 32); Kitchen, Ram. Inscr. II, 234, 15 u.ö. Zur Deutung vgl. Bettina Schmitz, Untersuchungen zum Titel *s3-njśwt*, Königssohn, Bonn 1976, 98 ff.; Karin Gödecken, Eine Betrachtung der Inschriften des Meten, ÄA 29, 1976, 244 ff.; Henry G. Fischer, Egyptian Studies I: Varia, New York 1976, 87 ff. – [7] „Seine Ziehtochter": Franke, a.a.O., 45. 58, Belege D 14–15. Man denke auch an die besonderen Beziehungen zwischen den Gottestöchtern *Isis und Hathor und ihrem Vater *Re, z.B. Metternichstele, Z. 57–58 = Brunner, Erziehung, 185, Quelle LVI. – [8] Beispiele: Urk. I, 77, 4. 16 = Schenkel, Memphis, Herakleopolis, Theben, 42 f.; CG 20001, Z. 4–5 = Schenkel, a.a.O., 57 = Miriam Lichtheim, Ancient Egyptian Literature I, Berkeley 1973, 89; pSallier I, 7, 3 = pAnastasi II, 8, 2 = LEM, 16 f. 84 = Caminos, LEM, 51. 318 f. = Erika Endesfelder, in: ZÄS 106, 1979, 50 Anm. 62 = Helck, in: LÄ IV, 63 Anm. 18; pLansing, 7, 4–5 = pSallier I, 6, 7–8 = pAnastasi V, 17, 1 = LEM 105. 65 = Caminos, LEM, 390. 247. – [9] Obwohl in der *Lehre des Cheti von den Kindern des Wäschers gesagt wird: „Ich gehe weg, mein Vater, vom strömenden Wasser", so sagen sein Sohn und seine Tochter, „zu einem Beruf, in dem ich glücklicher sein kann als in irgendeinem anderen Beruf" (pSallier II, 8, 3–4 nach Variante Louvre, vgl. Wolfgang Helck, Die Lehre des Dw3-Ḫtjj II, KÄT, 1970, 107–111; anders übersetzt bei Miriam Lichtheim, Literature I [s. Anm. 8], 189). – [10] Franke, Verwandtschaftsbezeichnungen (s. Anm. 3), 270 Anm. 1–2; Mrsich, in: LÄ I, 1241 Anm. 75–76; Feucht, in: LÄ IV, 255 Anm. 45. – [11] T., die den „Namen belebt": Franke, a.a.O., 45 Anm. 5. – [12] Franke, a.a.O., 341 Anm. 2; Allam, in: LÄ I, 1163 f. „Ich gab die jungen Mädchen (*ḫrdwt*) an Ehemänner": = Kairo JE 46848, Z. 5 = Vandier, Moʿalla, 223 Anm. g. – [13] Allam, in: LÄ I, 1169 ff.; Lüddeckens, in: LÄ IV, 152 ff.; Franke, a.a.O., 352. – [14] Stele aus Amara-West: Fairman, in: JEA 24, 1938, 155, Tf. 11, 3 = Helck, Materialien, 239 = Theodorides, in: RIDA 11, 1964, 45 ff.; Naunachte-Dokumente: Allam, Ostr. u. Pap., 268 ff., Dokument 262; s. auch Janssen und Pestman, in: JESHO 11, 1968, 165 ff. – [15] Janssen, in: R. J. Demarée und J. J. Janssen (Hg.), Gleanings from Deir el-Medîna, Leiden 1982, 119 f. (pDeM 27). – [16] Z.B. Urk. I, 52, 2. – [17] S. Urk. II, 148, 4 (*rnnt* entspricht παρθένος) und die „Jungfrauengabe" (*šp rnwt sḫmt*) in der SpZt (Allam, in: LÄ I, 1169). Dabei ist aber zu bedenken, daß alle äg. Bezeichnungen, die das Wb mit „Jungfrau" übersetzt, meist einfach nur „kleines Mädchen" bedeuten. Die Übersetzung mit „Jungfrau" ist also eine moderne

Interpretation! Über eine *Beschneidung der jungen Mädchen ist nichts bekannt. S. auch Tanner, in: Klio 49, 1967, 9; Westendorf, in: LÄ III, 415. – [18] S. auch Belege bei Feucht, in: LÄ III, 426f.; IV, 258. Umarmung zwischen Mutter und T.: CG 1414; Tochter folgt in einer Aufreihung nach den Söhnen: H. G. Fischer, Varia I (s. Anm. 6), 88, Abb. 8. D. F.

Tod. A. Die Bezeichnung für den T. als physiologischen Prozeß (= Sterben) sowie für die Personifizierung[1] als Schicksalsmacht (*Schai) ist das semito-hamitische *m(w)t* (Wb II, 166), koptisch ΜΟΥ, ΜΟΟΥΤ (Crum, CD, 159). *Bildliche Ausdrücke[2] vermeiden die Formulierung der unerwünschten Realität (*Sprachtabu) und verschleiern oder verschönen durch euphemistische Umschreibungen. – Als *Symbol-*Farbe für die Sphäre des T. dient Schwarz[3]. – Zur Erscheinungsform als mischgestaltiges Urwesen (geflügelte Schlange auf Beinen) s. Hornung, Der Eine, 72 und Westendorf, Darstellungen des Sonnenlaufes, 49 mit Anm. 46 sowie *Petbe als *Greif.

B. Der Eintritt des natürlichen Todes wird als Entzug der Atemluft verstanden[4]. Nach der Auffassung der anatomisch-physiologischen Lehrbücher (*Gefäße, med.), in denen die Luft (nicht das Blut) als der lebenserhaltende Stoff angesehen wird, macht sich die Störung im Herz-Gefäß-System in den Beinen bemerkbar, die zuerst absterben[5]. Als Eintrittsöffnung des Todes-Hauches wird das linke *Ohr bzw. die linke Oberarmpartie (*qꜥḥ*) angegeben[6]; auch der *Mund wird genannt (Med. Wb, 511). – Zu den Todesursachen[7] zählen die lebensbedrohenden Un-Ordnungen[8] der Körperfunktionen, wie *Krankheit oder *Durst, auch die Einwirkungen von *Dämonen und spukenden Toten[9]; die Lebensunfähigkeit von Neugeborenen wurde durch *Prognosen (med.) ermittelt. Unnatürliche und gewaltsame Todesarten waren Verletzungen durch Tiere (*Krokodil; *Prinzenmärchen) oder Unfälle, Gewalteinwirkungen durch Krieg oder Verbrechen, *Strafe durch *Hinrichtung (*Hinrichtungsgerät); gefürchtet (wegen des Verlustes des Körpers) war der T. durch *Feuer und (bis zum NR) durch *Ertrinken/Ertränken. – Der *Selbstmord stellt einen Ausnahmefall unter den Todesarten dar. Die Ägypter deuteten das Determinativ am Wort für T. (sowie für „Feind"), den „sterbenden Mann" (Gardiner, EG, Sign-list A 14), als einen sich selbst tötenden Feind (vgl. pJumilhac, XVI, 20). – Schließlich konnte der T. durch die Begegnung mit der geheimen und gefährlichen Macht eines Gottes ausgelöst werden[10]. – Die Ankündigung des T. erfolgte durch *Götterboten, vornehmlich die Boten der *Sachmet[11].

C. Der Körper im Zustand des T. wird in *Totendarstellungen gezeigt und entsprechend der Wertung (*Mumie bzw. Feind) unterschiedlich behandelt.

D. Die gelegentliche Erwähnung des Todestages[12] erlaubt eine vorsichtige Schätzung der *Sterblichkeit, die unter den Kindern erheblich gewesen sein dürfte[13].

E. Nach den *Jenseitsvorstellungen stellt der T. den notwendigen Übergang bzw. den Beginn der Umwandlung zu einer neuen Lebensform nach dem T. dar. Die Praktiken zur Erreichung dieses Ziels (*Totenkult und -ritual; Verewigung des Lebens durch die Mittel der *Kunst) waren der Versuch, die durch den T. drohende Vergänglichkeit zu überwinden und das Leben für die Zukunft zu bewahren (*Leben und Tod).

F. Der Erneuerung und damit dem T. waren auch die Götter unterworfen, sofern sie dem Bereich der männlichen Ewigkeit (Neheh) zugeordnet waren[14].

[1] Grapow, Der Tod als Räuber, in: ZÄS 72, 1936, 76–77; Jan Zandee, Death as an Enemy according to Ancient Egyptian Conceptions, Suppl. Numen, Leiden 1960; Waltraud Guglielmi, in: LÄ IV, 979. 984 Anm. 21. – [2] Grapow, Bildl. Ausdrücke, 18–19. – [3] Emma Brunner-Traut, in: LÄ II, 123; Elisabeth Staehelin, in: LÄ II, 1069f. – [4] Westendorf, in: LÄ I, 517; Kurth, in: LÄ III, 1098. – [5] pEbers, Nr. 856h = pBerlin 3038, Nr. 163h. – [6] pEbers, Nr. 854f. g. – Obwohl links grundsätzlich die negative Seite darstellt (*Rechts und Links, Symbolik), wäre zu fragen, ob sich hinter dem Auftreten des T. in der Region der linken Schulter- und Oberarmpartie nicht frühe Erfahrungen des Herzinfarktes verbergen. Vgl. auch pEbers, Nr. 191a = 194a das linksseitige Auftreten von Schmerzen in Verbindung mit dem Auftreten des Todes. – [7] Wb II, 166, 13; Gizeh and Rifeh, Tf. 27 o; pTurin 54052 (1993) vso, 7, 5–9, 10 (= pTurin 120, 5–122, 10); pChester-Beatty XV ro, 1, 1–5. – [8] Zum Terminus *smꜣꜥ* „wieder in Ordnung bringen" vgl. Westendorf, in: Krankheit, Heilkunst, Heilung (Hg. H. Schipperges u.a.), Freiburg/Br. 1978, 134–135. – [9] Vgl. auch die *Briefe an Tote (Grieshammer, in: LÄ I, 864f.) sowie die Inanspruchnahme von Göttern bei der Durchsetzung der *Drohformeln (Waltraud Guglielmi, in: LÄ I, 1146). – [10] Emma Brunner-Traut, in: LÄ I, 287. – In den Bereich der Magie gehört der Glaube an den T. durch *Namenstilgung. – [11] Firchow, in: Fs Grapow, 85–92. – [12] Hermann Grapow, Grundriß der Medizin III, 15. – [13] Erika Feucht, in: LÄ III, 428f. – [14] S. dazu Westendorf, in: Fs Brunner, 423. Daraus erklärt sich auch, daß „nur männliche Kindergötter bekannt sind" (Brunner, in: LÄ II, 648).

Lit.: Alan H. Gardiner, The Attitude of the Ancient Egyptians to Death and the Dead, Cambridge 1935; Constantin E. Sander-Hansen, Der Begriff des Todes bei den Ägyptern, Det. Kgl. Danske Videnskabernes Selskab, Meddelelser 29.2, Kopenhagen 1942; Helck-Otto, Kleines Wb, 377–378; Morenz, Religion, Kap. 9 „Der Tod und die Toten", 192–223; Alan J. Spencer, Death in Ancient Egypt, Harmondsworth 1982. W. W.

et-Tôd (الطود, Karte 4c), Dorf am ö. Nilufer, ca. 20 km s. von *Luxor, liegt an der Stelle des äg. *Ḏrtj* „Stadt des Falken" im Südteil des thebanischen Gaues (*Gaue, 4. o. äg.); kopt. hieß der Ort ⲧⲟⲟⲩⲧ/ⲧⲁⲟⲩⲧ/ⲧⲁⲩⲧ[1]. Die Bedeutung von T. beruht hauptsächlich auf dem Ortstempel, dessen älteste Bauteile auf die 11. Dyn.[2] (*Mentuhotep II. und III.) oder vielleicht auf ältere Zeiten[3] zurückgehen. Die Herrscher der 12. Dyn. (*Amenemhet I. und *Sesostris I.) errichteten einen neuen Tempel[4]; unter dessen Grundsteinopfern fand man mehrere Bronzekästen mit Namen *Amenemhets II., die Gold- und Silbergefäße aus der *Ägäis sowie *Rollsiegel aus Mesopotamien enthielten[5]. Während der 13. Dyn.[6] und des NR wurde der Tempel vergrößert[7] und von König *Hakoris und *Nektanebos I. restauriert[8]. Später errichteten die Ptolemäer einen großen Tempel, der in röm. Zt erweitert wurde[9], wie die dort gefundenen Blöcke mit Namen des *Antoninus Pius zeigen[10]. Ebenfalls aus der röm. Zt stammt der am ö. Steilufer des heiligen Sees (*See, hlg.) errichtete *Kiosk[11]. Hauptgott von T. war *Month, der als „Herr von *Ḏrtj*" bezeichnet wird[12]. Als seine Gefährtin wurde dort die Göttin *Tjenenet verehrt[13]. An ihre Stelle tritt später die Göttin *Rat-taui „die (weibliche) Sonne der Beiden Länder", die *ḥrjt-jb Ḏrtj* genannt wird[14]. Als heiliges Tier des Month galt ein Stier, der seit der 11. Dyn. als der Stier von T. bzw. „der herabgestiegen"[15] oder „herausgekommen ist" aus T.[16] bezeichnet wird; vielleicht galt daher T. als Heimat des Monthstiers. Seit dem NR ist ein *Ḥwt-kꜣ* „Stierhaus" in T. bezeugt[17]. Andere Gottheiten wie *Sachmet[18], *Astarte[19] und *Amun[20] besaßen in T. einen Kult. T. war in kopt. Zt und später noch besiedelt[21]. Die Ortsnekropole liegt ö. des jetzigen Dorfes (unbeschriftetes Grab der 18. Dyn. sowie andere Schachtgräber)[22]. Vielleicht gehört auch die bei Salamija ausgegrabene Nekropole aus dem MR zu dem Ort et-Tôd[23].

[1] Gauthier, DG VI, 130f.; AEO II, 21* f.; Otto, Topographie, 84; Montet, Géographie II, 71. Der bei Ptolemäus IV, 5, 22 erwähnte Ort τούφιον, der manchmal als Name von *Ḏrtj* verstanden wurde, so Gauthier, a.a.O. und Otto, a.a.O., ist, wie Gardiner festgestellt hat, als der des s. von T. gelegenen *Ḥfꜣt* (*Hefat = Moʿalla) aufzufassen; s. AEO II, 15*. – [2] Tôd, 62ff.; s. auch Vandier, in: BIFAO 36, 1936, 101ff. mit Tf.; Arnold, in: MDAIK 31, 1975, 175ff., Tf. 53–56. – [3] Vgl. das in T. gefundene Säulenfragment mit dem Namen *Userkafs aus der 5. Dyn.; Tôd, 61f., Abb. 5. – [4] Tôd, 104ff., pl. 2. – [5] Tôd, 113ff.; Fernand Bisson de la Roque, Trésor de Tôd, CG, 1950; ders., Le trésor de Tôd, DFIFAO 11, 1953; v. Beckerath, in: LÄ I, 190; Störk, in: LÄ II, 726; Letellier, in: LÄ II, 907; Helck, in: LÄ II, 947 Anm. 21; Liepsner, in: LÄ IV, 172; s. auch Barry J. Kemp und Robert S. Merrilles, Minoan Pottery in Second Millennium Egypt, Mainz 1980, 290ff. – [6] Tôd, 125ff.; v. Beckerath, in: LÄ I, 193. – [7] Bauten von *Thutmosis III., *Amenophis II., *Sethos I., *Ramses II. und *Ramses III.; s. Tôd, 128ff.; Vercoutter, in: ASAE 47, 1947, 217ff.; ders., in: BIFAO 50, 1952, 75. 78f., Tf. 2; Barguet, in: BIFAO 51, 1952, 81ff., Tf. 1ff. – [8] Tôd, 142ff. – [9] Tôd, 147ff.; cf. auch Jean-Claude Grenier, Tôd, Les inscriptions du temple ptolémaïque et romain, FIFAO XVIII. 1, 1980. – [10] Tôd, 152f.; s. auch Schwartz, in: BIFAO 50, 1952, 89ff. – [11] Barguet, a.a.O., 105ff.; zu den heiligen Seen, u. a. auch denen von T., s. Beatrix Geßler-Löhr, Die heiligen Seen äg. Tempel, HÄB 21, 1983. – [12] Legrain, in: BIFAO 12, 1916, 101ff.; cf. auch Bisson de la Roque, in: BIFAO 40, 1941, 6ff. – [13] Vgl. z. B. Tôd, 80. 82. 86. 88. 92f.; cf. Maria-Theresia Derchain-Urtel, Die Göttin Tjenenet, GOF IV. 8, 1979, 37ff. 68. – [14] Vgl. Grenier, a.a.O., 120. 134. 168. 213; auf einem Block aus dem Karnaktempel erscheint die in Hermonthis verehrte Göttin *Iunit als *ḥrjt-jb Ḏrtj*; s. LD III, 284b; cf. Otto, a.a.O., 85 mit Anm. 4. – [15] Tôd, 70. 72. – [16] Mond-Myers, Temples, Tf. 99; zum Month-Stier s. Eberhard Otto, Beiträge zur Geschichte des Stierkultes, UGAÄ 13, 1938, 40ff. – [17] Legrain, a.a.O., 114; Otto, a.a.O., 41 mit Anm. 4. – [18] Tôd, 105 – [19] Legrain, a.a.O., 119. – [20] Daressy, in: RecTrav 32, 1910, 65. – [21] Tôd, 162ff. – [22] Barguet, in: BIFAO 50, 1952, 17ff.; Málek, in: LÄ IV, 428. – [23] Gomaà, in: LÄ IV, 415. F. G.

Todesstrafe s. Strafen, Hinrichtung

Töpferei, Töpferwerkstatt, Töpferöfen, Töpferscheibe. A. *Werkstatt:* Vollständige Töpferwerkstätten sind aus pharaonischer Zt in Äg. bisher nicht gefunden. Reste beschränken sich auf Töpferöfen und verworfen gefundene Töpferscheiben (s. u.). Eine Anlage des MR in Nag Baba, Sudan[1], ist bisher nicht ausführlich publiziert. Sollte sich die Deutung als T. bewähren, so wäre sowohl der ephemere Charakter solcher Anlagen mit unsymmetrischen, z. T. abgerundeten Räumen, wie die Aufteilung auf verschiedene Werkplätze für die Stadien der *Keramik-Herstellung (Zubereitung des *Tons, Aufbau der Gefäße, Trocknen, Oberflächenbearbeitung) gut belegt. Das Brennen geschieht hier – wie in der Regel bei heutigen Anlagen vorindustrieller Art[2] – in einiger Entfernung von der eigentlichen Töpferwerkstatt. Die Werkplätze sind teils unter freiem Himmel (Treten und Mischen des Tons), teils unter schattengebender Bedachung zu denken. Letztere kann ebenfalls von ganz ephemerer Art (Mattendach o. ä.) sein[3]. Die Zugehörigkeit der T. zu bestimmten Wirtschaftseinheiten[4] ist eher von organisatorischer Bedeutung. Für die räumliche Lage möglichst außerhalb der Wohnbereiche sprechen archäologische Befunde[5], heutige Praxis[6] und weitere Hinweise[7].

Auch die mangelhafte Auffindung wird so zu begründen sein.

B. *Werkzeuge:* Eindrücklichstes und technologisch kompliziertestes Werkzeug des Töpfers ist die Töpferscheibe. Sie wird von Völkerkundlern[8] als „hochkulturliches Element" angesehen, „das über Eurasien und das islamische Nordafrika nicht hinausgelangt" ist. In Äg. ist die Töpferscheibe mit Sicherheit seit der 5. Dyn. belegt[9]. Für ihre Rekonstruktion sind wir trotz einiger neuester Funde immer noch weitgehend auf die bildlichen Darstellungen angewiesen. Hinzu kommt die Beobachtung der technologischen Spuren auf den Gefäßen und Scherben[10]. Wichtig ist die Beachtung der Tatsache, daß es keine von Konstruktion zu Konstruktion fortschreitende Entwicklung der Töpferscheibe gibt, sondern daß die verschiedensten Techniken und Scheibenkonstruktionen nebeneinander bestanden. Neu hinzukommende Techniken bereichern eher die Möglichkeiten, als daß sie frühere ablösen. So gibt es keine Epochenteilung „vor der Erfindung der Töpferscheibe" und „nach Einführung der Töpferscheibe". Vielmehr wurden auch bei Kenntnis der Scheibe viele Töpfe noch in älteren Techniken „von Hand" oder „scheibenunterstützt" hergestellt. Die jeweils angewandte Herstellungstechnik ist nur z.T. chronologisch bedingt. Art und v.a. Größe der Gefäße, Herstellungsort, Tradition der Töpferwerkstatt und Charakter des Tonmaterials sind ebenso wichtige, die Technik bedingende Faktoren. – Für die Töpferscheibe im alten Äg. gilt, daß die eigentliche Töpferscheibe (auch „Fußschubscheibe" genannt) erst in der Perserzeit erstmals zweifelsfrei nachweisbar ist[11]. So gut wie alle früheren Zeugnisse sprechen lediglich für den Gebrauch des „Drehtisches" („turn-table"), d.h. der handgetriebenen Töpferscheibe[12]. Bis zum eindeutigen Beweis des Gegenteils muß daher angenommen werden, daß während des überwiegenden Teils der pharaonischen Geschichte der handgetriebene „Drehtisch" das Instrument war, mit dem die als „Scheibenware" bezeichnete Keramik hergestellt worden ist. Nun umfaßt allerdings – wie die Völkerkunde lehrt[13] – diese einfache Töpferscheibe eine Fülle von möglichen Konstruktionen und Techniken. Perfektion und Charakter der Waren sind dabei oft weniger von der komplizierten „Maschine" als vom Können des Töpfers abhängig[14]. Die dargestellten äg. Töpferscheiben (äg. *nḥp*) lassen sich in 8 Typen einteilen: a. Drehtisch ohne Basisblock, möglicherweise aus flexiblem (Rohrgeflecht?) Material[15], nur einmal in der 5. Dyn. dargestellt, für kleinere Krüge und offene Gefäße verwendet, Gerät mit sicherlich wenig Drehschwung, b. Drehtisch mit Mittelpfahl und Basisblock, wohl aus Holz mit Steinbasis (?), für Krüge, 6. Dyn.[16]; Konstruktion und Handhaltung des Töpfers deuten auf vermehrten Drehschwung gegenüber a., nur einmal dargestellt. c. Blockscheibe, sicherlich aus Holz, dargestellt in Töpferfigur, Chicago[17] und im Grab 15, *Beni Hasan[18], d.h. 6. – späte 11. Dyn., Drehschwung scheint groß genug gewesen zu sein, daß der Töpfer zeitweilig mit beiden Händen arbeiten konnte[19]. d. Schlankere Töpferscheibe, bei der aber wie bei c. auch Achse und Scheibenkopf in einem Stück gearbeitet sind (beide haben dicke Basis), abgerundete Form legt als Material gebrannten Ton nahe, vgl. gefundenes minoisches Exemplar[20], dargestellt im Grab 2, Beni Hasan, frühere 12. Dyn., Drehschwung wohl kaum geringer als bei c., obgleich dargestellte Töpfer nicht die linke Hand vom Scheibenkopf nehmen. Beide Geräte c. und d. noch in SpZt und Römer-Zt in Gebrauch beim Bemalen von getöpferten Figuren[21]. Daraus läßt sich die Wirkung des Geräts wohl der unserer heutigen „Dreherchen" vergleichen. Immerhin wurden in *Gisa und Beni Hasan auf c. und d. offene Gefäße (hemisphärische Trinknäpfe) und mittelhohe Krüge hergestellt, meist „vom Stock". e. Seit der mittleren 12. Dyn. gibt es dann die am häufigsten dargestellte äg. Töpferscheibe[22], bei der sich eine breite, außen beschwerte Scheibenkopfplatte mit einem angearbeiteten Drehkopf in der Oberseite eines kniehohen Achsenpfahls dreht. Der Pfahl seinerseits ist unten fest in einen Basisstein eingelassen. Diese Scheibe hatte offenbar genügend Drehmoment, daß auf ihr hohe Krüge in der routinierten Manier des späteren MR und des NR hergestellt werden konnten[23]. Die Scheibe e. blieb nach Ausweis der Darstellungen bis in die röm. Kaiserzeit – neben der Fußschubscheibe – in Gebrauch[24]. f. In der späten 11. Dyn. sowie in der Zt Amenophis' II. wird eine Töpferscheibe im Flachbild und in Modellen wiedergegeben[25], die wohl der speziellen Technik des kombinierten Wülstens und Drehens[26] diente[27]. Die Scheibe f. ist extrem niedrig, sie dreht sich auf einem ganz kurzen Stamm oder einem Steinpaar, wie sie in Nubien (MR), *Tell el-Amarna und *Tell ed-Dabᶜa[28] gefunden worden sind und in größerer Zahl auch aus *Palästina bekannt wurden[29]. Neben dem Meister sitzt an dieser Scheibe jeweils noch ein Gehilfe, der in der 11. Dyn. die Wülste vorbereitet, im NR selbst Hand an die Scheibe legt. Wie in Kreta heute kniet dieser Gehilfe auf dem Bild im Grab des Kenamūn auf tieferer Ebene[30]. g. Daß es auch zur Zt der schon entwickelteren Scheiben noch primitive Geräte zum Drehen von Gefäßen gegeben hat, zeigt das Bild in Beni Hasan, Grab 3[31]. Neben Holzfällern mit Herdenvieh arbeitet dort ein Töpfer (*sʿnḫ* genannt) an einer sehr kleinen, kurzkopfigen Scheibe mit sicherlich geringem Drehmoment: Ist dies ein nicht fest in einer Töpferwerkstatt installierter Töpfer? h. In der Perserzeit erscheint dann – in frühester Darstellung im Mittelmeerraum überhaupt – die Fußschubscheibe, die allerdings von einem auffallend fremdartig gekleideten Töpfer bedient wird[32]. Entscheidende Weiterentwicklungen der Scheibentechnik sind aber in Äg. bereits mit Beginn des 1. Jt. an erhaltenen Gefäßen festzustellen. Die in Darstellungen überlieferte Scheibe h. besitzt mit Spindel, Schwungrad und Scheibenkopf alle Elemente, die bis heute benutzte fußbetriebene Töpferscheiben aufweisen[33]. – Archäologisch sind bisher nur die oben genannten Steinpaare (der eine der Spurstein, der andere die in jenen eingepaßte Spindel) und ein noch unveröffentlichtes Exemplar des AR aus Abu Sir (tschechische Ausgrabung) nachgewiesen.

C. *Töpferöfen:* Nachdem Töpferöfen der pharaonischen Zt (äg. *tȝ*) bis vor kurzem archäologisch nicht nachweisbar waren, beginnen sie jetzt immer häufiger gefunden zu werden. Trotzdem sind auch diese Funde noch zu sporadisch und zu ungenügend untersucht, um ein wirklich fundiertes Bild altäg. Brenntechniken zu vermitteln. Wie vielfältig die Form der Töpferöfen und so sicher auch die Brenntechniken gewesen sind, zeigen die Darstellungen. In ihnen lassen sich drei Grundtypen von Töpferöfen unterscheiden: a. der einfache Kaminofen[34], b. ein zweistöckiger Töpferofen mit breiterem unterem Stockwerk, der nur in Holzmodellen vorkommt[35], und c. der konische Töpferofen mit leicht konkaven Wänden, dessen Form auch als Hieroglyphe dient[36]. Archäologische Funde zeigen, daß es in Wirklichkeit zahlreiche Variationen dieser Grundtypen gegeben hat. So ist belegt, daß wahrscheinlich die meisten Töpferöfen zum Teil im Boden versenkt waren[37] und daß nicht alle rund, sondern manche auch hufeisenförmig gebaut wurden[38]. Ein Rost, „Hölle“ und Einsetzraum trennend, der schon von der Bauart her bei dem oben genannten Töpferofen b. angenommen werden kann, ist auch archäologisch bereits mehrfach nachgewiesen. Bei einem AR-Töpferofen befand sich in der Mitte der „Hölle“ ein gedrungener Stamm mit einer umlaufenden Nut, in der Ziegel sternförmig aufgelegt waren, deren andere Seite auf einem Vorsprung an der Wandung auflagen[39]. In den Kaminöfen a. wird man z. T. die Töpfe ohne Rost auf Ständer gehängt oder übereinander gestapelt haben. In der SpZt wurde der Zwischenrost von einem Gewölbe gestützt[40]. Der technologisch am weitesten entwickelte Töpferofen der früheren Zt ist sicherlich der konische mit konkaven Wänden c. Hier kam z. T. noch ein Zugkanal hinzu[41]. Dieser wie auch die auffällige Form gewährleisteten sicherlich besonders hohe, gut geregelte Temperaturen, wie sie v. a. der Brand der o. äg. Mergeltone (gut über 1000° C) benötigte. Ob manche der Töpferöfen c. auch noch ein eigenes Einsetzloch besaßen, muß offen bleiben, eine Hieroglyphe[42] scheint es anzudeuten. Normalerweise wurde von oben eingesetzt und ausgenommen[43], beim Brennen dann die Öffnung mit Scherben oder anderem Material abgedeckt[44]. Als primitive, sicher in der Vorgeschichte, aber wohl auch lokal noch später angewandte weitere Brenntechnik gab es den Grubenbrand, der archäologisch jetzt in *Hierakonpolis nachgewiesen ist[45]. Einen „screen kiln“ haben die Schweden in Nag Baba[46] gefunden. Die Töpferöfen ptol.-röm. Zt in Äg. stellen ein eigenes Gebiet dar und müssen im Zusammenhang mit entsprechenden Anlagen sonst im Mittelmeerraum und Römerreich gesehen werden[47].

[1] Rostislav Holthoer, New Kingdom Pharaonic Sites. The Pottery, SJE 5.1, Lund 1977, 16. – [2] Philippe Brissaud, Les ateliers de potiers de la région de Louqsor, BdE 78, 1982, 39 ff. – [3] Z. B. Brissaud, a.a.O., 83, Abb. 25; 97, Abb. 27. – [4] Rosemarie Drenkhahn, Die Handwerker und ihre Tätigkeiten im Alten Ägypten, ÄA 31, 1976, 87; Holthoer, a.a.O., 27. – [5] Holthoer, a.a.O., 16 und hier Anm. 37. 38. 40. 45. – [6] Brissaud, a.a.O., 10–11, Abb. 1. – [7] Z. B. die Anordnung der Töpferei außerhalb der Werkstatt der Tischler im Modell aus Saqqara in Kopenhagen: Holthoer, a.a.O., 11. Vgl. auch die Schilderung in der *Lehre des Cheti, V, 7–9. – [8] Walter Hirschberg und Alfred Janata, Technologie und Ergologie in der Völkerkunde, Berlin [2]1980, 67. – [9] Die früheren Belege der 4. Dyn. bei Holthoer, a.a.O., 6 sind auszuscheiden; es sind keine Töpferdarstellungen. Auch bei den Belegen der 5. Dyn. ebd., 6 betreffen sicher nicht alle die Töpferei. Vor allem muß das Ausschmieren der Töpfe als zur Bierbrauerei gehörig ausscheiden. – [10] Dorothea Arnold, in: MDAIK 32, 1976, 1 ff. – [11] Holthoer, a.a.O., 24. – [12] Hirschberg und Janata, a.a.O., 67; Roland Hampe und Adam Winter, Bei Töpfern und Töpferinnen in Kreta, Messenien und Zypern, Mainz 1962, 93 f. – [13] Hirschberg und Janata, a.a.O., 278 Anm. 3 mit Lit. – [14] Das erstaunliche Können einfacher Töpfer mit primitivsten Hilfsmitteln ist am eindrucksvollsten in Südamerika zu beobachten: Anna O. Shepard, Ceramics for the Archaeologist, Carnegie Institute of Washington Publications 609, Washington 1956 und weitere Auflagen; Gertrude Litto, South American Folk Pottery, New York 1976. – [15] Epron–Wild, Tombeau de Ti, Tf. 71. Detaillierte Wiedergabe der Innenzeichnung der Töpferscheibe bei Holthoer, a.a.O., 32, Abb. 44 Nr. 2. – [16] Harry T. G. James, The Mastaba of Khentikha called Ikhekhi, ASE 30, 1953, Tf. 42; Holthoer, a.a.O., 9, Abb. 8; 32, Abb. 44 Nr. 3–4. – [17] Breasted, Egyptian Servant Statues, Tf. 45. – [18] Beni Hasan II, Tf. 7; Holthoer, a.a.O., 12, Abb. 14. – [19] Vor allem Holthoer, a.a.O., 12, Abb. 14, siebte Figur von links. – [20] Beni Hasan I, Tf. 11; Holt-

hoer, a.a.O., 13, Abb. 15. Minoische Töpferscheibe bei Hampe und Winter, Bei Töpfern (s. Anm. 12), 117. – [21] Holthoer, a.a.O., 23, Abb. 30; 26, Abb. 38. – [22] Früheste Darstellung: El Bersheh I, Tf. 25; weitere bei Holthoer, a.a.O., 18ff. – [23] Dorothea Arnold, in: MDAIK 32, 1976, Tf. 7ff. – [24] Holthoer, a.a.O., 24ff. – [25] Davies, Ḳen-Amūn, Tf. 59. Modelle: Quibell, Excav. Saqq. 2, Tf. 17 Nr. 1.3; Tf. 19 Nr. 4; Firth–Gunn, Teti Pyramid Cemeteries, Tf. 29; Holthoer, a.a.O., 10ff. – [26] Ausführlich dargestellt bei Hampe und Winter, a.a.O. (s. Anm. 12). – [27] Die Modelle bedürfen noch der eingehenden Interpretation. Im hiesigen Zusammenhang beachte man, daß die Gehilfen jeweils Wülste formen, nicht Tonklumpen wie in Beni Hasan, und daß bei zwei Modellen der Topf auf der Scheibe eine obere Abteilung aufweist, die gut den eben aufgelegten Wulst bedeuten könnte. Hope brachte überdies in einem Vortrag beim Keramik-Symposion in Cambridge 1984 den Einwand vor, daß sich die extrem niedrige Scheibe nicht zum Drehen größerer Gefäße eigne. Der Versuch, auf dieser Scheibe zu wülsten, steht noch aus. – [28] Hope, in: SSEAJ 11, 1981, 127ff. Die Kenntnis der unpublizierten Stücke aus Tell ed-Dabʿa verdanke ich M. Bietak. – [29] Ruth Amiran, in: Eretz Israel 4, 1956, 46ff. Weitere Parallelen s. bei Hope, a.a.O. – [30] Vgl. Davies, Ḳen-Amūn, Tf. 59 mit Hampe und Winter, a.a.O. (s. Anm. 12), Tf. 4–6; 15 Nr. 2; 17 Nr. 2. – [31] Beni Hasan I, Tf. 29; Holthoer, a.a.O., 15, Abb. 18. – [32] Norman de Garis Davies, The Temple of Hibis at Khargeh Oasis III, PMMA 17, 1953, Tf. 4, 73; Holthoer, a.a.O., 24, Abb. 32. – [33] Brissaud, Ateliers (s. Anm. 2), 87ff.; Adolf Rieth, Die Entwicklung der Töpferscheibe, Konstanz [2]1960. – [34] Beni Hasan (s. Anm. 18. 20); Holthoer, a.a.O., 36, Abb. 50 Nr. 3–6. – [35] S. Anm. 25. – [36] S. Anm. 15 und 25; Holthoer, a.a.O., 36, Abb. 50 Nr. 7–13. – [37] S. Seidlmayer, in: Kaiser et alii, in: MDAIK 38, 1982, 297f. – [38] Seidlmayer, a.a.O.; ein Beitrag von Hope ist in Vorbereitung. – [39] Ebenfalls ein Beitrag von Hope, in Vorbereitung. – [40] Jacquet, in: Rudolf Anthes, Mit Rahina 1956, Philadelphia 1965, 47f. – [41] Holthoer, a.a.O., 35, Abb. 50 Nr. 9–10; Seidlmayer, a.a.O. (s. Anm. 37); Hope, in: SSEAJ 9, 1979, 197. – [42] Holthoer, a.a.O., 8, Abb. 5 links. – [43] Vgl. die Darstellungen in Beni Hasan: hier Anm. 18. 20. 31. – [44] Dorothea Arnold, in: MDAIK 32, 1976, 8. – [45] Harlan und Hoffman, in: ARCE Newsletter Nr. 125, 1984, 25f. – [46] Holthoer, a.a.O., 16. – [47] Einige Beispiele bei Petrie, Hyksos and Israelite Cities, 65; ders., Memphis I, 14f.; Hope, in: SSEAJ 9, 1979, 197 etc. Do. A.

Töpfermarke s. Topfaufschriften 4

Töpferorakel. Durch drei fragmentierte Papyrushandschriften[1] des 2./3. Jh. n. Chr. überlieferter griech. Text mit den an einen König Amenophis[2] gerichteten Orakelsprüchen (*Orakel) eines Töpfers[3]. Eine Rahmenerzählung berichtet den Anlaß der Prophezeiung (*Prophetie) (Zerstörung eines bei einem *Osiris-Heiligtum auf einer heiligen Insel betriebenen Brennofens und der Töpferware), von der Gerichtsverhandlung gegen den Töpfer, von seinem plötzlichen Tod mitten in der Verteidigungsrede (ἀπολογία)[4] und von seiner Bestattung in *Heliopolis[5]. Die apokalyptischen Visionen des Töpfers künden von Gefahren und Verwüstungen in Ägypten[6], von der Zerstörung Alexandriens durch die „Gürtelträger" selbst und von der Ankunft eines von Helios gesandten Königs, der alles Unheil in Ägypten enden wird.
Im Aufbau und in der Formulierung des Textes sind zahlreiche Ähnlichkeiten mit dem „*Lamm des Bokchoris"[7] zu beobachten, auch wenn dort anstelle der antigriechischen eine antipersische Tendenz vorherrscht. Tatsächlich zitiert das T. ausdrücklich eine Stelle aus diesem Text, die sich kürzlich im demot. Original wiederfinden ließ[8]. Am Schluß einer Handschrift wird das T. als „so gut wie möglich (aus dem Äg.) übersetzt" bezeichnet[9].
Verschiedene Versuche, die Abfassungszeit des Urtextes zu bestimmen (4. Jh. bis Ende 2. Jh. v. Chr.), haben keine allgemeine Zustimmung gefunden[10].

[1] Pap. Graf (Wien G 29787); Pap. Rainer (Wien G 19813); Pap. Oxyr. 2332. – [2] Weissagungen politischer Art gehen unmittelbar den König an. Wenn sie nicht direkt an ihn gerichtet sind, müssen sie ihm sofort mitgeteilt werden (vgl. Anm. 56 in dem in Anm. 7 genannten Aufsatz). – Gegen Schlichting, in: LÄ IV, 1124 geht aus dem Text nicht hervor, an welchen König Amenophis sich das T. wendet. – [3] Der anonyme κεραμεύς mag ebenso wie das Lamm des Bokchoris eine Verkörperung des *Chnum sein (Borghouts, in: RdE 32, 1980, 46). Wildung hält ihn dagegen für „eine Mischung aus Imhotep und Amenhotep" (Dietrich Wildung, Imhotep und Amenhotep, MÄS 36, 1977, 275). – [4] Zur Wertschätzung letzter Worte s. Stricker, De profetie der stervenden, in: Nederlands Theologisch Tijdschrift 8, 1953–54, 271–278. Andere Auffassung: van Rinsveld, La prophétie du moribond. Naissance et mort d'un mythe, in: Aegyptus 60, 1980, 73ff. – [5] Heliopolis gilt vielen äg. Texten als eine für Prophezeiungen prädestinierte Stadt. Letzte Zusammenstellung bei Heinz-J. Thissen, Die Lehre des Anchscheschonqi, Papyrologische Texte und Abhandlungen 32, Bonn 1984, 12. – [6] Hier aber nicht als Folge der „Verfluchung des Re" gekennzeichnet, vgl. jedoch den Titel des „Lamms" *pꜣ sḥwj r.ir* [*pꜣ*] *Rʿ* (*r*) *Kmj* sowie Anchscheschonqi 4,21–5,13. – [7] Vollständige Textbearbeitung jetzt bei Zauzich, Das Lamm des Bokchoris, in: Papyrus Erzherzog Rainer. Fs zum 100jährigen Bestehen der Papyrussammlung der Österreichischen Nationalbibliothek, Wien 1983, 165–174. – [8] Zauzich, op. cit. (s. Anm. 7), 170. – [9] Eine glaubwürdige Angabe, auch wenn man nicht so weit wie B. van Rinsveld (s. Anm. 4) gehen muß, der das T. als eine „adaptation traduite de l'Agneau" ansieht (op. cit., 90). – [10] Vgl. die Ausführungen von Peremans, in: Das ptolemäische Ägypten, Mainz 1978, 40. Jetzt zu ergänzen: Koenen, A Supplementary Note on the Date of the Oracle of the Potter, in: ZPE 54, 1984, 9–13.

Lit.: Hugo Gressmann, Altorientalische Texte zum Alten Testament, Berlin–Leipzig [2]1926, 49f.; McCown, Hebrew and Egyptian Apocalyptic Literature, in: Harvard

Theological Review 18, 1925, 357–411, bes. 397–400; C.H. Roberts, The Oracle of the Potter (P. Oxy 2332), in: The Oxyrhynchus Papyri XXII, London 1954, 89–99; Koenen, Die Prophezeiungen des „Töpfers", in: ZPE 2, 1968, 178–209 (mit Ergänzungen, in: ZPE 3, 1968, 137); ders., The Prophecies of a Potter: A Prophecy of World Renewal Becomes an Apocalypse, in: Proceedings of the Twelfth International Congress of Papyrology, American Studies in Papyrology 7, Toronto 1970, 249–254; ders., Bemerkungen zum Text des Töpferorakels und zu dem Akaziensymbol, in: ZPE 13, 1974, 313–319; ders., Die Adaptation ägyptischer Königsideologie am Ptolemäerhof, in: Egypt and the Hellenistic World. Proceedings of the International Colloquium Leuven, Stud. Hellen. 27, Löwen 1983, 143–190, besonders S. 174ff.; Dunand, L'oracle du potier et la formation de l'apocalyptique en Egypte, in: Etudes d'histoire des religions de l'Université des Sciences Humaines de Strasbourg 3, Paris 1977, 41–67; Griffiths, Apocalyptic in the Hellenistic Era, in: Apocalypticism in the Mediterranean World and the Near East. Proceedings of the International Colloquium on Apocalypticism Uppsala, Tübingen 1983, 273–293, bes. 287–290; Assmann, Königsdogma und Heilserwartung. Politische und kultische Chaosbeschreibungen in ägyptischen Texten, in: David Hellholm (Hg.), Apocalypticism in the Mediterranean World and the Near East, Tübingen 1983, 345–377, bes. 362–363; Lloyd, Nationalist Propaganda in Ptolemaic Egypt, in: Historia 31, 1982, 33–55, bes. 50–54. K.-Th. Z.

Töpferscheibe (im Mythus). Im mythologischen und kultischen Bereich ist die T. eng mit *Chnum verbunden, der die Welt und ihre Bewohner, aber auch die Götter auf ihr getöpfert (*qd*) hat. Diese Vorstellung ist schon in Pyr. 524a belegt[1], kann aber durch die Mythe von der göttlichen Geburt des Königs (*Geburtslegende) bis in das Ende der 3. Dyn. darstellungsmäßig zurückverfolgt werden[2]: in ihr bildet Chnum das Neugeborene zusammen mit seinem *Ka auf dem Drehtisch. Spätere Darstellungen dieser Szene wandeln sich gemäß der technischen Neuerung: So zeigt eine Darstellung im Hibis-Tempel[3] die mit dem Fuß angetriebene T., die auch die späten Inschriften aus *Esna erwähnen[4]. In Esna spielt die T. als engste Begleitung des Chnum eine große Rolle; sie darf nicht von ihm entfernt werden, besonders beim *Fest der Weltschöpfung am 1. des 3. *prt*, „Seine Arme sind auf der T., um Götter, Menschen, Tiere groß und klein, Vögel, Fische und allerlei Kriechtiere zu schaffen, um das Land zu versorgen für seinen Sohn (= den König)"[5]. Mythologisch stellte man sich Chnum die Kinder in der Gebärmutter der Mutter bildend vor[6] oder er habe eine T. in die Gebärmutter eingefügt[7]. Auch scheint eine Verbindung zwischen der Töpferscheibe und dem Recht gezogen worden zu sein, da in Esna Töpferscheiben rechts und links von dem Tor aufgestellt wurden, an dem Recht gesprochen wurde[8].

Literarisch ist die T. das Bild für die Umkehr aller Ordnung[9], wobei die Drehung allerdings im Gegensatz zu unserer Vorstellung (oben-unten) in horizontaler Ebene vor sich geht. Wenn Chnum „vor Müdigkeit stöhnt" und deshalb nicht die T. bedienen kann, gibt es kein neues Leben[10].

[1] Vgl. auch CT VII, 212e–f; 473d–e. – [2] Brunner, Geburt des Gottkönigs, 68ff., Tf. 6. – [3] Norman de Garis Davies, The Temple of Hibis in el Khargeh Oasis III, PMMA 17, 1953, Tf. 5 N I. – [4] Esna V, 194. – [5] Esna V, 147. – [6] Esna III, Nr. 276, 12. – [7] Esna III, Nr. 230, 21. – [8] Esna V, 136ff. – [9] Admonitions 2, 8. – [10] Ebd., 5, 6; vgl. auch 2, 4. W.H.

Toilette. Das Antreffen von kleinen, durch halbhohe Mauern abgeschirmten Toilettenräumen in *Mastaben der 2. Dyn.[1] erlaubt den Schluß, daß bereits Häuser der frühgeschichtl. Zt damit ausgestattet waren. Später lassen sich T. verschiedentlich in Kahun (el-*Lahun) nachweisen[2]. Im NR nimmt die Praxis zu: in *Tell el-Amarna gehört eine Latrine zur Normalausstattung des Hauses[3]. Sie liegt im hinteren Trakt in der Nähe des Schlafzimmers. In der Regel ist sie integrierter Bestandteil des *Bades, von der Badestelle nur durch eine Schirmwand getrennt. Sie kann sich aber auch in einem separaten Raum befinden[4]. Zwei schräge Ziegelmauern, die sich in Sitzhöhe bis auf Schlitzbreite nähern[5] und gelegentlich von einer entsprechend geformten Kalkstein-[6] oder Terracottaplatte[7] bedeckt sind, ermöglichen das Unterstellen einer mit Sand gefüllten Schale[8]. Es waren auch hölzerne Abortsitze in Gebrauch[9]. Dem gleichen baulichen Prinzip wie in Amarna unterlagen T. in kgl. *Palästen[10].

[1] Quibell, Archaic Mastabas, Tf. 31, 2 (Grab Nr. 2307). 3 (Grab Nr. 2302); vgl. auch Tf. 30 (mit der weiteren Grab-Nr. 2337). – [2] Herbert Ricke, Der Grundriß des Amarna-Wohnhauses, Ausgrabungen der Deutschen Orient-Gesellschaft in Tell El-Amarna IV, WVDOG 56, 1932, (Neudruck Osnabrück 1967), Tf. 47f.; vgl. Brinks, in: LÄ II, 1058, Abb. 4 (9b). – [3] Ludwig Borchardt und Herbert Ricke, Die Wohnhäuser in Tell El-Amarna, WVDOG 91, 1980, passim. – [4] Ricke, Grundriß (s. Anm. 2), 35, Tf. 14, Haus 51.4 (so S. 35 zu korrigieren). – [5] Ebd., 35; ein sehr gutes Beispiel liefert Haus O 48. 1: Borchardt und Ricke, Wohnhäuser (s. Anm. 3), 193–195, bes. 195 und 194 Abb. 28, Tf. 21. – [6] So in Tell el-Amarna, Haus T 35.22; vgl. Egypt's Golden Age. The Art of Living in the NK, Boston 1982, 31 Abb. 12. – [7] Bernard Bruyère, Rapport sur les fouilles de Deir el Médineh 1934–1935, FIFAO 16, 1939, 223 Abb. 112; vgl. Honigsberg, in: The Journal of the Egyptian Medical Association 23, Kairo 1940, 214f. 219 Abb. 15. – [8] So Alexander Badawy, A History of Egyptian Architecture. The Empire, Berkeley–Los Angeles 1968, 96; in Amarna wurde diese Vorrichtung aber nur in situ gefunden:

Borchardt und Ricke, Wohnhäuser (s. Anm.3), 195. – [9] Ricke, Grundriß (s. Anm.2), 35 Abb. 33f. = Honigsberg, a.a.O., 218 Abb. 13f. = Badawy, a.a.O., 95 Abb. 53. – [10] Etwa in Medinet Habu: Uvo Hölscher und John A. Wilson, Medinet Habu 1928–29, OIC 7, 1930, 22 Abb. 17.

Lit.: Paul Honigsberg, Sanitary Installations in Ancient Egypt, in: The Journal of the Egyptian Medical Association 23, Kairo 1940, 199–246.
W. D.

Toilettengeräte. Unter die T. werden Gegenstände gerechnet, die bei der täglichen *Körper- und Schönheitspflege Verwendung finden: sog. „curler"[1], *Haarnadeln, *Kämme, *Parfüm-Fläschchen[2], *Pinzetten, *Rasiermesser, *Salb- und *Schminkgefäße, Schminkgriffel[3], Schmink-paletten (*Paletten, Schmink-), *Spiegel und Waschgeschirre (Napf und Kanne)[4], während die *Salblöffel auch den *Kultgeräten zuzurechnen sind[5]. Diese Geräte zeichnen sich durch besonderen Formenreichtum und sorgfältige Ausgestaltung aus, wobei die Wahl der Motive durchaus religiös begründet ist, wenn man auch, besonders im NR, mit der Spielfreude und Fantasie der Handwerker-Künstler rechnen muß[6]. Nahezu alle T. sind bereits seit der Vg. bekannt und durchgängig belegt[7]: als *Grabbeigaben (real bzw. als Scheingefäße und auf den *Gerätefriesen[8]), als *Gründungsbeigaben oder *Votivgaben[9], als *Mitgift (aufgeführt in der Liste der „Frauensachen": allerdings nur Gefäße und Spiegel)[10], in den Opferszenen der Tempel[11] und vor allem bei den Szenen des täglichen Lebens in den Gräbern, die neben den eigentlichen Toilettenszenen[12] auch das Herbeibringen der T. zeigen[13].

Zur Aufbewahrung der T. gab es reich verzierte Kästen aus Holz, die für die Gefäße unterteilt waren, gelegentlich auch ein Extrafach für den Spiegel hatten[14]. Andere Kästen dienten der Aufbewahrung der *Perücken[15].

Auf einige Gottheiten, die mit der kgl. Toilette in Verbindung stehen, sei abschließend nur kurz verwiesen, die *Hypostasen des kgl. Kinnbartes (**Dwꜣ-wr*), des kgl. Gewandes (?*Ḥqꜣ.s*) und der Wedel (*Ḥp.wj*)[16].

[1] Über den genauen Verwendungszweck herrscht noch Unklarheit, fest steht lediglich, daß sie nach den Fundzusammenhängen zu den T. gehören: Jeanne Vandier d'Abbadie, Catalogue des objets de toilette égyptiens, Paris 1972, Nr. 727. 728; Egypt's Golden Age. The Art of Living in the New Kingdom 1558–1085 B. C. Museum of Fine Arts Boston 1982, 193ff. – [2] Seit dem NR sehr häufig aus Glas, vorher aus Fayence oder Stein. Eindeutige Trennung von anderen Gefäßen für Kosmetikartikel oft schwer; vgl. *Gefäße unter A 3; J. Vandier d'Abbadie, a.a.O., 183–188. – [3] Schlanke Stäbchen aus Elfenbein, Glas, Holz oder Metall mit verdicktem, tropfenförmigen Ende, die seit der 11. Dyn. zum Auftragen der Augenschminke benutzt wurden. Das Griffende kann löffel- bzw. schaufelförmig ausgeführt sein. Neben Griffeln ohne Dekor kommen solche mit Ritzmuster oder plastisch ausgeprägtem Griff vor. Einige tragen den Namen des Besitzers: J. Vandier d'Abbadie, a.a.O., Nr. 220. 285; Egypt's Golden Age, Nr. 269–273; Petrie, Objects of Daily Use, Tf. 23. – [4] Wichtig für das Waschen der Hände vor und nach der Mahlzeit, im profanen (pD'Orbiney, 12,9) wie rituellen Gebrauch: „Wasch dich und setz dich zum Mahle" (Junker, Giza VIII, 151, Abb. 72 am Ende der Opferliste). Ab Ende der 2. Dynastie steht das Waschgeschirr auf/unter/neben dem Speisetisch oder wird von den Dienern herbeigebracht: Junker, Gîza II, Abb. 9. 15; III, Tf. 2, Abb. 46; VI, Abb. 72. 93; VIII, Abb. 6; Siegfried Schott, Reinigung Pharaos, NAWG 1957. 3, Tf. III a; Peter Munro, Die spätägyptischen Totenstelen, ÄF 25, 1973, Tf. 45. Das Material der Exemplare aus den Gräbern ist Bronze, Stein und Kupfer: Ali Radwan, Die Kupfer- und Bronzegefäße Ägyptens (Von den Anfängen bis zum Beginn der Spätzeit). Prähistorische Bronzefunde, Abteilung II, Band 2, München 1983, 17ff. und passim. Beispiel aus Elektrum: Petrie, Medum, Tf. 13. Für das Waschen der Füße gab es Wannen mit einer Platte in Form von Fußsohlen: Schott, a.a.O., Abb. 2. 3; vgl. auch die Fußwaschung beim Sedfest: v. Bissing, Re-Heiligtum II, Bl. 9, 19. 20 und den „Träger des Waschgefäßes des Königs": Blackman, in: JEA 21, 1935, 1ff. Ein Beamter opfert „mit reinen Händen und gewaschenen Fingern": Urk. IV, 546f. Herstellung von Waschgeschirr im Grab des *Mrj*: Wresz., Atlas I, 59. – [5] Ingrid Gamer-Wallert, Der verzierte Löffel, ÄA 16, 1967, 49–54. Für einen Teil der Löffel ist die Verwendung als Kult- oder Opfergerät (für Rauchopfer) wahrscheinlich gemacht worden, ebd., 60. Dennoch werden etliche der besonders im NR kunstvoll ausgestalteten Löffel/Näpfe kosmetischen Zwecken gedient haben. Beispiele, ebd., Tf. 1–39; Jean Leclant, Ägypten I, Das Alte und Mittlere Reich. Von der Vorgeschichte bis zum Ende der Hyksoszeit, München 1979, Abb. 246–248. – [6] Vgl. dazu Jean Leclant, Ägypten II, Das Großreich 1560–1070 v. Chr., München 1980, 240–246. – [7] Die Schminkpaletten kommen allerdings nur in der Vg. vor und hören mit Beginn der geschichtlichen Zeit auf. Neben Exemplaren, die dem täglichen Gebrauch dienten, stehen besonders große und prächtig ausgestaltete Paletten, die als Votiv- und Kultgeräte gedeutet werden. – [8] Diese bieten die wichtigsten Gegenstände, die der Ägypter zur täglichen und rituellen Toilette braucht: Utensilien zum Waschen, wie Waschgeschirr und Servietten, Rasiermesser, Spiegel, dazu Salben, Öle und Parfüm, während etwa Kämme und Haarnadeln fehlen: Jéquier, Frises d'objets, 116–155. Scheingefäße: Hans Kayser, Ägyptisches Kunsthandwerk, Bibliothek für Kunst- und Antiquitätenfreunde 26, Braunschweig 1969, 31f. – [9] Die Gründungsbeigaben reichen vom Ende des AR bis zur 18. Dyn.; neben Handwerkszeug finden sich Salbölgefäße aus Alabaster, teilweise auch Nachbildungen aus Ton, dazu Gefäße für Augenschminke mit Griffel und Salblöffel. Votivgaben unterscheiden sich von ihnen durch besondere Größe, kostbareres Material und entsprechende Aufschrift: Georg Steindorff, Aniba II, Glückstadt–Hamburg–New York 1937, Tf. 14,2; Hayes, Scepter II, Abb. 47; Qau and Badari III, Tf. 36, 2c. 2d. 8b;

Vercoutter, in: BSFE 58, 1970, 29f. Zu den Votivgaben gehören auch Prunkschminkpaletten, vgl. Anm. 7 Ende, und vielleicht auch einige der Elfenbeinkämme aus der Frühzeit: Petrie, RT II, Tf. 3, 20; Petrie, Tombs of the Courtiers, Tf. 12. – [10] Pestman, Marriage, 94, Anm. 2. – [11] Betrifft Salbgefäße, Augenschminke und Spiegel: Philae II, 87. 133. 147. 349; Constance Husson, L'offrand du miroir dans les temples égyptiens de l'époque gréco-romaine, Lyon 1977. – [12] Ptahhotep bei der Toilette: Wresz., Atlas III, Tf. 2; Elizabeth Riefstahl, in: JNES 15, 1956, 10–17; M. Gauthier-Laurent, Les scènes de coiffure féminine dans l'ancienne Égypte, in: Mél. Masp. I, 673 ff.; Beni Hasan II, Tf. 13. – [13] Waschgeschirr, Salb- und Schminkgefäße, Spiegel: Klebs, Reliefs I, Abb. 9; Meir II, Tf. 15; Davies–Gardiner, Antefoker, Tf. 30. 32. 33; Junker, Gîza IV, Tf. 16, Abb. 8. Händewaschen und Reichen von Salböl bei Gastmählern: Wresz., Atlas I, Tf. 76a. 90a; Klebs, Reliefs III, Abb. 131; Friedrich W. v. Bissing, Die Mastaba des Gem-ni-kai I, Berlin 1905, Tf. 5 zeigt das Bringen einer Truhe (Kasten), für Toilettengeräte? – [14] J. Leclant, Ägypten I (s. Anm. 5), Abb. 242. 243; Berlin 1177. 1175; James Edward Quibell, Excavations at Saqqara (1911–12) 5, Tomb of Hesy, Kairo 1913, Tf. 21, 70; Hans Kayser, Ägyptisches Kunsthandwerk (s. Anm. 8), Abb. 279; Gizeh and Rifeh, Tf. 24 (Teile eines bemalten Holzkastens (ob für Toilettengeräte?). – [15] Licht, Abb. 48. – [16] Grdseloff, in: BIFAO 45, 1947, 180 ff.; Kees, in: ZÄS 77, 1941, 24 ff.

Lit.: Jeanne Vandier d'Abbadie, Catalogue des objets de toilette égyptiens, Paris 1972; Egypt's Golden Age. The Art of Living in the New Kingdom 1558–1085 B. C. Museum of Fine Arts Boston 1982; CG 44301–44638.

Ch. M.

Toleranz, worunter neben Duldung auch gleichberechtigtes Geltenlassen fremden oder andersartigen Wesens zu verstehen ist[1], war der äg. Hochkultur wohl zu allen Zeiten nicht fremd. Das dafür vorauszusetzende Gefühl des Selbstvertrauens hat der Äg. jedenfalls aus guten Gründen besessen.

T. innerhalb der Gesellschaft äußert sich z. B. gegenüber kleinwüchsigen, also pathologisch verkrüppelten Menschen, die als sog. Kleiderzwerge (*Zwerg) entsprechend ihren körperlichen Möglichkeiten besonders im Haushalt beschäftigt wurden und offenbar stets die gleichen Rechte wie ihre normal gewachsenen Mitbürger genossen haben. Schon im AR konnte daher der Zwerg Seneb hohe Beamtenstellen bekleiden[2]. Soziale T. drückt sich auch im *Zweiwegebuch aus, wenn man den *Schöpfergott betonen läßt, daß die Menschen gleich erschaffen und die Güter der Natur, wie Atemluft oder Wasser, für den Mächtigen ebenso wie für den Geringen bestimmt seien[3].

Während des NR übt der Äg. dann auch Ausländern gegenüber Toleranz. Deutlich zeigt sich das im großen Atonhymnus der Amarnazeit[4]. Denn dort schenkt der äg. *Sonnengott nicht nur Ägypten, sondern auch den Fremdländern sein lebenserhaltendes Licht und läßt den Bewohnern Asiens den Nil am Himmel als Regen entstehen. Alle Menschen werden dabei trotz unterschiedlicher Art, Hautfarbe und Sprache als gleich erachtet. *Fremdsprachen konnten daher als gotterschaffen gelten und wurden vom Äg. auch erlernt (*Dolmetscher). Vom *Pfortenbuch werden dann die verschiedenen Menschenrassen, Äg., Asiaten, Nubier und Libyer, als gemeinsam unter Gottes Schutz stehend charakterisiert sowie als „Vieh des *Re" (*ꜥwt Rꜥw*) bezeichnet[5]. Und wenn man seit der 18. Dyn. asiatische Götter in Äg. verehrt (*Götter, fremde in Ägypten), dann ist auch das ein Zeichen für die Hinwendung zur Pluralität.

Der Äg. kennt jedoch ebenso wie andere Völker nicht nur T., sondern auch Intoleranz. So galt im Gegensatz zu den übrigen Rassen nur der Äg. als „Mensch" (*rmṯ*)[6], und asiatische Arbeitskräfte wurden in Äg. nicht selten als Unfreie behandelt (*Fremdarbeit). Die vor allem seit der Ramessidenzeit zu beobachtende Überfremdung der Bevölkerung führte dann zwangsläufig zu Fremdenhaß (*Fremde in Ägypten, *Fremdherrschaft). Schon vorher hatte man Ausländer generell als Feinde betrachtet[7], weshalb z. B. das Nachtbuch (*Tag- und Nachtbuch) die Vertreter der Fremdvölker gefesselt darstellen konnte und damit anders als das Pfortenbuch die wohl gängigere Meinung widerspiegelte[8]. Weil es anders als das eigene Land, nämlich „unnatürlich" war, wird jedes Fremdland als „elend" (*ḫzj*) bezeichnet und mit Spott bedacht (*Fremde, Verhältnis zur)[9]. Das Gefühl der Überlegenheit des Äg. über andere Völker äußerte sich im übrigen auch darin, daß trotz entsprechender Ersuchen keine äg. Königstochter des NR mit einem fremden Herrscher verheiratet worden ist[10].

[1] Vgl. Justus Streller, Philosophisches Wörterbuch, Stuttgart 1951, 585. – [2] Junker, Giza V, 7 ff.; Wolf, Kunst, 178 ff. – [3] CT VII, 462e–464c. – [4] Sandman, Texts from Akhenaten, 93 ff. – [5] Erik Hornung, Das Buch von den Pforten des Jenseits I, AH 7, Genf 1979, 176 ff. Zur Bezeichnung der Menschen als „Vieh Gottes" vgl. Hintze, in: ZÄS 78, 1942, 55 f. – [6] Wb II, 423, 4. – [7] Z. B. schon Merikare 97–98. – [8] Piankoff, Livre du Jour et de la Nuit, 51 ff., Tf. 6. – [9] Vgl. auch Helck, Beziehungen[2], 337 ff. – [10] J. A. Knudtzon, Die El-Amarna-Tafeln, Aalen 1964, 73 (EA 4).

W. B.

Tômâs (تُوماس), sur la rive gauche du Nil, au cœur de la Basse-Nubie, entre Karanog en amont et *Amada en aval, centre important du trafic à travers la *Nubie antique, escale au long du Nil, point de départ de pistes vers les *Oasis et vers *Assuan par le désert; jusqu'à la récente submersion au début du XXe siècle, ce secteur de la vallée était un des plus opulents de Nubie (palmiers, riches cultures). L'étude de la zone a été effectuée par une mission de l'Université de Strasbourg, en 1961 et 1964. De nombreuses gravures rupestres[1] ont été repérées sur les falaises de T. et, de l'autre côté du Nil, à Tonqala. Les inscriptions hiéroglyphiques appartiennent à toutes les époques: Ve et VIe dyn. (*Pépi Ier designé comme *Nfr-z3-Ḥr*, divers notables[2]), le Pharaon *Qakare, des dignitaires du ME, le fils royal de Koush *Setaou. Sur le plateau désertique, les restes de plusieurs cimetières ont été mis en évidence: groupe A, groupe C, pan-graves (*Pfannengräber). Au Khor Abd el-Hamid a été dégagé un petit sanctuaire d'époque méroïtique[3], avec pied votif; des graffites d'époque tardive montrent des cavaliers et des chameliers. A l'époque chrétienne, le site conserva son importance: fouilles du Cheikh Daoud par la mission espagnole[4], tombe copte de Naga ʿAleya.

[1] J. H. Dunbar, The Rock-Pictures of Lower Nubia, SAE, 1941, figs. 6. 51. 62. 64. 70. 100. 108; Leclant, dans: Fouilles en Nubie (1959–1961) (s. Lit.), figs. 1–5; ibid. (1961–1963), figs. 1–4. – [2] Edel, dans: ZÄS 97, 1971, 53–63, 2 ill. et 3 figs. – [3] La stèle (Musée du Caire JE 90008) et la table d'offrandes (Caire JE 90009 = REM 0321 + 1088) au nom du *peste Bertoye* (vers 253–260 de notre ère) proviennent en fait de la nécropole voisine de Karanog: J. L. et A. Heyler, dans: Actes de la 1ère Congrès internationale de linguistique sémitique et chamito-sémitique (éd. André Caquot et David Cohen), La Haye – Paris 1974, 381–392. – [4] Francisco J. Presedo-Velo, La fortaleza Nubia de Cheikh-Daud, Madrid 1964.

Lit.: Arthur E. P. Weigall, A Report on the Antiquities of Lower Nubia, Oxford 1907, 108–109, pl. 54. 56–59. 75; Leclant, dans: Campagne internationale de L'Unesco pour la sauvegarde des monuments de la Nubie, Fouilles en Nubie (1959–1961), Le Caire 1963, 17–25, 15 figs.; ibid. (1961–1963), Le Caire 1967, 119–122, 13 figs.; Lauer, dans: Symposium international sur la Nubie, Mémoires de l'Institut d'Egypte 59, Le Caire 1969, 35–45, 12 ill.

J. L.

Ton (clay). **A.** *Natural clays and potter's pastes.* The term clay is applied to all fine-grained soils and rock materials being hard and brittle when dry and usually developing some degree of plasticity when mixed with appropriate amounts of water. The physical and chemical properties of clays may be considered from various viewpoints. The geologist may analyse the texture, formation, structure, and age of clays, while a potter or ceramologist may investigate the plasticity and shrinkage of the clay body and the firing colour, hardness, strength, and porosity of the finished ceramic product. The ancient potter's understanding of these properties was acquired through learning and practical experience and different pottery wares were developed, within the parameters set by the available raw materials, under the influence of the functional and aesthetic demands of the society. Nearly always the potter treated the natural clay in some way in order to improve the plasticity and to decrease the shrinkage – this was usually done by adding non-plastic materials (temper, s. below) or by mixing plastic clays of different origin. It is important to differentiate, therefore, between the *natural clays* on the one hand, and the *potter's paste* on the other, the latter being a mixture of various components, a product of the ceramic tradition and the technological requirements of the potter. A potter's paste is principally made up of three kinds of material, (1) clay minerals which form an important component of the fine-grained clay body, (2) water in the form of crystal water, adsorbed water and free water, (3) non-plastic particles of various sizes and shapes, the main kinds being quartz, feldspars, micas, iron oxides and hydroxides, calcium compounds, and organic matter such as fragments of plants. All these non-plastics may occur naturally in the clay or may be part of a temper added by the potter. Common tempering materials in ancient times were sandy soil, crushed rock, ashes, cattle dung, or straw from the threshing floor (*Stroh).

B. *Clays of the Nile valley.* Geological research in the Nile valley combined with more detailed studies of the ancient pottery have resulted in a better understanding of which clays were used for pottery making in Egypt and in Nubia during ancient times. The most important of these clay formations, or groups of formations, are as follows:

(1) *Nile alluvial clays* deposited along the flood-plain in Egypt and the Sudan during Upper Pleistocene and Holocene times, usually having a fairly high content of silica and of finely disseminated iron hydroxide. Organic matter and mica are also significant inclusions. There are local differences in the composition. The Nile clays fire to a brown or red-brown colour in an oxidizing atmosphere.

(2) *Egyptian marl clays* are found along the river valley between *Esna in the south and the Cairo region in the north and originate from various calciferous shales and mudstones that were deposited together with the limestones (*Kalkstein) between Upper Cretaceous and Miocene times (100–38 million years ago). The marls have conspicuous amounts of calcium carbonate (they react therefore to drop tests with hydrochloric acid) while the silica content is generally lower than in the Nile alluvial clays. There are always some inclusions of iron oxides. Most of the marls

fire to a pale red (pink) or light grey colour in an oxidizing atmosphere–they never become red-brown or dusky brown in an ordinary firing at temperatures above 800° C. The well-known *Qene clay used by local potters to-day is no typical marl but rather a late secondary deposit of washed-down and mixed sediments (cf. Butzer, in: JNES 33, 1974, 377ff.).

(3) *Pliocene clays* were deposited at the end of the Tertiary and occur to-day in dissected patches of fine-grained sediments between Esna and Cairo and also in the oases, for example, *Charga. The relationship between these clays and the ancient pottery is yet unclear.

(4) *Kaolin clays* with no carbonate and with inclusions of finely disseminated hydroxides of iron are found in connexion with the Nubia sandstone (*Sandstein) and the Basement rock, for example, at Aswan (*Assuan). They appear to have been used during the Late Period and onwards. Some red or white mudstone is also found in the Nubian sandstone in the Sudan, for example, in the Shendi-Atbara reach. It is possible that it was used for the light red or buff Meroitic fine wares.

(5) *Marls and Pliocene clays* occur in the oases and their relationship with ancient pottery is presently under study.

C. *Fabrics of the ancient Egyptian pottery* (before the end of the New Kingdom). The concept of pottery fabrics refers to the physical and technical properties of the ceramic material, such as clay texture, non-plastic inclusions, colour, porosity, and hardness. A rough classification called "the Vienna System" has been made of the principal fabrics of the ancient Egyptian pottery before the end of the New Kingdom. This division is based on the examination of carefully selected samples of sherds from numerous excavations throughout Egypt. It is divided into two main categories according to the natural clays employed, (I) the Nile fabrics and (II) the Marl fabrics, respectively. The technical descriptions of these fabrics are summarized as follows:

I. *The Nile fabrics. Nile A.* Abundant inclusions of fine-textured sand with additions of medium-textured and, occasionally, coarse sand grains. Micaceous inclusions common. Fracture colour usually brown or greyish-brown. Porosity moderate and structure hard and firm. Typical of some Predynastic pottery from Badarian onwards (cf. Nordström, SJE Publications 3 [s. Lit.], Fabric IE).

Nile B1. Diagnostic are abundant inclusions of fine sand and some occasional inclusions of medium-textured or coarse sand. Scattered fine straw particles (size < 2 mm) always included and are best seen in fractures parallel to the orifice (horizontal fractures). Micaceous particles common. Fractures brown or with black/grey or black/red zoning. Porosity moderate. Common during OK, MK and 2d I.P.

Nile B2. Diagnostic are fine-to-medium-textured sand grains, some rounded, together with conspicious amounts of fine straw, often whitish (size < 2 mm). Fractures usually brown, often with a faint zoning, porosity moderate. Common from 1st I.P. to NK but may occur during all periods. Closely related to the dung-tempered fabrics of Nubian pottery (cf. Nordström, op. cit., Fabric IIB).

Nile C. Diagnostic features are medium-to-coarse sand inclusions (often rounded grains) and fine-to-medium straw (size < 5 mm). Coarse particles of both sand and straw are typically present. Black/brown zoned fracture usual. Porosity fairly conspicious and fracture usually soft and crumbly. May occur during all periods, and common from 1st I.P. onwards.

Nile D. Diagnostic are fine-to-medium sand inclusions in which lime particles (calcium carbonate) always are present in different amounts, probably as a soil admixture to the paste. Fine straw is normally included but may be absent. Occurs in 2d I.P. (*Tell el-Jahudija Keramik) and also in NK.

Nile E. This fabric is characterized by very abundant inclusions of fine-and-medium-textured rounded sand grains in a fairly soft, open and porous groundmass with a crumbly, brown or black fracture. Typical of cooking vessels in the Delta regions, and Memphite, dating in MK or 2d I.P. The technology may be of local origin but its relationship with Palestinian fabrics is currently being studied.

II. *The Marl fabrics.* These are generally harder and denser than the Nile fabrics, partly because they were fired in separate kilns in somewhat higher temperatures, usually between 800 and 1050° C.

Marl A includes several variants of fine or sandy marl fabrics fired to a pink or pale grey colour. The groundmass is generally fine and homogeneous. The variants are as follows:

Marl A1. Pale red fracture, sometimes with a greyish core. Groundmass with fine elongated pores. Conspicious inclusions of fine-grained limestone, some sand and dark mica. The fracture often has a mottled appearance. Typical of Gerzean, Early Dynastic and OK ("Meidum Ware", cf. Nordström, op. cit., Fabric IVA).

Marl A2. Fracture homogeneous, light red or pink, with scattered fine-textured limestone particles, some sand grains and reddish mudstone particles. Porosity not conspicuous. Exterior may be pale red or translucent greyish-white. Common in MK, 2d I.P. and NK.

Marl A3. Fracture homogeneous, pale grey or greenish grey, usually dense, but with irregular voids after decomposed limestone particles. Occasional straw particles may occur. Spots of incipient vitrification may be seen when the firing temperature has been near 1000° C. Common from MK and onwards (cf. Nordström, op. cit., Fabric VA).

Marl A4. Fracture light red or grey, often zoned, sometimes crumbly. Large pores may occur from decomposed limestone in highly fired specimens which may also display nuclei of incipient vitrification. There are always conspicuous amounts of sand (quartz, feldspar, dark rock material) and usually mica, with admixtures of limestone particles. Occasional straw particles may be seen. Common from MK and onwards (cf. Nordström, op. cit., Fabrics IVB and VB).

Marl B. Fracture usually pale red, exterior surface always grey with a gritty texture. Groundmass homogeneous. Very abundant temper of angular to sub-angular, fine-to-medium-textured siliceous grains (quartz, feldspar), often touching each other. The estimated proportion of temper in the paste is around 40%. Dark mica and occasional straw may occur. Typical of Upper Egyptian jars of 2d I.P.

Marl C1. The diagnostic feature is a hard and dense, well-fired groundmass of a light red or greyish colour in which numerous, more or less decomposed limestone particles are embedded, giving the fracture a speckled appearance. Fine sand is always present. There are often streaks or nuclei of partly vitrified clay seen in the fractures, together with elongated pores. The firing temperature may have been ranging between 850 and 1000° C. This variant is typical of MK and 2d I.P. in Lower Egypt.

Marl C2. The fracture colour is pale red or weak brown, the groundmass being dense but not hard and sintered. There are conspicuous amounts of rather intact limestone particles and some fine sand. This variant is regarded as a low-fired equivalent to Marl C1 (temperature range 750–850° C). Date MK and 2d I.P.

Marl D. Fracture usually pale greyish-brown, displaying a fairly hard, homogeneous groundmass. The surfaces are commonly rather gritty. Abundant white or grey inclusions of subrounded to subangular, fine-to-medium-textured limestone and some sand. The amount of limestone temper can be estimated to 25%. The firing temperature may have been about 850° C. NK contexts in Upper Egypt.

Marl E. The groundmass is a marl, grey to greenish grey, with a faint zoning. There are always inclusions of medium-to-coarse-textured sand and no visible limestone particles. Diagnostic are abundant straw particles, 2–5 mm in size, usually orientated parallelly to the surfaces. Recorded from NK contexts in Upper Egypt (*Koptos).

Concluding remark. In addition to the fabrics described above there are numerous local mixtures and variants which do not fit into the classification system presented here, including the fabrics of foreign provenience. The Egyptian pottery from the 1st millennium B.C. and later have not been considered in this context since it displays, in many respects, a new and different technology.

Lit.: Frechen, Maria Hopf, Blauer, Riederer and Dorothea Arnold, in: Dorothea Arnold (Ed.), Studien zur altägyptischen Keramik, Mainz 1981; Dorothea Arnold, in: LÄ III, 392–409 s. v. *Keramik; Janine Bourriau, Pottery from the Nile Valley before the Arab Conquest, Cambridge 1981; Karl W. Butzer, Modern Egyptian Pottery Clays and Predynastic Buff Ware, in: JNES 33, 1974, 377ff.; Hans-Åke Nordström, Neolithic and A-Group Sites, SJE Publications 3.1, Stockholm 1972; Tobia and Sayre, An Analytical Comparison of Various Egyptian Soils, Clays, Shales and some Ancient Pottery by Neutron Activation, in: A. Bishai (Ed.), Recent Advances in Science and Technology of Materials III, New York–London 1974, 99ff. A more detailed description of the clays and various fabrics summarized here will appear in Janine Bourriau (Ed.), Introduction to Ancient Egyptian Pottery (forthcoming). H.-Å. N.

Tontafeln als *Schrift- oder Bildträger kommen in Äg. nur selten vor. Eine Reihe ungebrannter T. mit eingeritzten hieratischen Inschriften (darunter eine Namenliste) aus dem späten AR sowie eine T. mit Planskizze wurden in Ayn Aṣīl (Balat, *Dachla Oase) gefunden [1]. R. Mond erwähnt den Fund von 3 Fragmenten gebrannter T. mit Inschriften im Grab des User (TT 61)[2]. Im diplomatischen Schriftverkehr mit Vorderasien waren im NR T. mit Keilschrift in verschiedenen Sprachen üblich (*Amarnabriefe), auch der *Vertrag *Ramses' II. mit *Hattusilis III. ist in Kopien auf T. erhalten. Eine besondere Gruppe bilden die tafelähnlichen, mit Tinte hieratisch beschrifteten Feindfiguren aus dem späten AR und MR (*Ächtungstexte).

[1] Giddy, in: BIFAO 80, 1980, 264; Grimal, in: BIFAO 81, 1981, 201f. – [2] Mond, in: ASAE 6, 1905, 73.

G.D.

Topfaufschriften. Es lassen sich mehrere Formen von T. feststellen: 1. die allgemein übliche Nennung des Besitzernamens: diese sind während aller Epochen belegbar[1].
2. In vor- und frühthinitischer Zt finden sich T. aus der Zt von „*Ḥr+r*" und König „Ka" („*Sechen") bis Horus *Aha nur auf den zylindrischen Ölgefäßen[2], der letzte Beleg unter König *Djer auch auf einem typischen *Wein- bzw. *Öl-Krug[3], die neben dem *Horusnamen in verschiedener Wortwahl die Herkunft aus O. bzw. U.Äg. nennen (Aufstellung s. *Thinitenzeit, Tafel).
3. Auf großen Weinkrügen der gleichen Epoche finden sich bis *Narmer Ritzungen der Palastfassade, zunächst meist ohne, dann mit dem Horusnamen[4], die „deren Inhalt ebenso als Königsgut bezeichnen sollen" und wie es „erst unter Aha dann durch die *Siegelung" des Topfverschlusses „mit dem Königssiegel geschieht"[5]. Das dabei auftretende Zeichen *ḥḏ* dürfte bereits auf das spätere „Schatzhaus" (*pr-ḥḏ*) verweisen.
4. Neben diesen Königsnamenritzungen finden sich bereits Einritzungen von Einzelzeichen auf diesen Weinkrügen an gut sichtbarer Stelle, die dann bis ans Ende der 1. Dyn. allein weiterbenutzt werden. Belegt sind etwa 230 verschiedene Ritzungen (daneben 4 Tintenzeichen), die meist aus einem oder zwei, selten drei oder vier Einzelzeichen bestehen. Diese sind weitgehend nicht mit den zeitgenössischen Hieroglyphen identisch. Eine große Anzahl der Zeichen(gruppen) sind von der ausgehenden Vg. bis *Qa-a belegt[6]; unter jedem König der 1.Dyn. treten aber neue Zeichen(gruppen) hinzu. Diese lange Benutzungsdauer und die gut sichtbare Anbringung auf den Weinkrügen dürften diese Zeichen als Weingutmarken erklärbar machen.
5. Im NR werden Wein-, *Fett- oder Konservierungsgefäße mit ausführlichen Aufschriften versehen, die feste Formulierungen zeigen[7]. So nennen Weinkrugaufschriften Jahr, Qualität (*nfr*), Institution bzw. *Domäne und (bzw.) Lage, *Winzer, sofern es sich um kgl. Weinberge handelt. Bei Privatweinbergen, die für bestimmte *Feste (etwa das *Sedfest) liefern, finden sich Besitzer und Bestimmung angegeben. Ähnlich sind die Aufschriften für Fett[8]: Jahr, Monat und Tag, Qualität, (ev. Bestimmungsangabe), Herstellungsbetrieb (*ἰḫt, wʿbt*), manchmal mit Angabe des Verantwortlichen und des Herstellers. Auch bei getrocknetem Fleisch[9] werden gewöhnlich Jahr, Bestimmung, Herstellungsbetrieb mit Verantwortlichem und Fleischer genannt. *Weihrauch (*snṯr*) wird in den T. durch Jahresangabe und Nennung des anliefernden Kapitäns sowie des Salbenkochs (*fsw sgnn*) registriert[10], während *nḫḫ*-Öl die sehr ausführliche Registrierung von Jahr, Institution, „aus der Lieferung des Kapitäns NN, gereinigt vom Salbenkoch NN" sowie des verwaltenden Magazinbeamten („Wächter") erhält[11]. Das Moringa-Öl (*bἰq*) wird in den T. nach „süß" (d.h. ranzig) und „frisch" unterschieden und nur die liefernde Institution oder Person genannt; die Jahresangabe am Anfang fehlt oft[12]. Geflügelgefäße können Jahr, Qualität, Institution und anscheinend auch den Schlächter nennen[13], *Honig nur Jahr, Institution, Art und Anlieferer, wenn auch selten[14]. Das aus Honig hergestellte *srmt*-Getränk nennt meist nur den Lieferanten zum Jahr[15]. Sonstige Inhaltsangaben auf Gefäßen nennen meist nur diesen[16].
6. Als Besonderheit ist im AR die Zufügung von Stiftungsangaben zu den Inhaltsangaben auf Gefäßen in den Gräbern von *Elephantine zu bemerken, die wichtige genealogische Angaben machen[17].

[1] Meist auf Kosmetikgefäßen, vgl. schon in der 1.Dyn. Werner Kaiser, Ägyptisches Museum Berlin (Katalog), Berlin 1967, Nr. 177 (Horus Aha); ebd., Nr. 238 (Niuserre); ferner Hayes, Scepter II, Abb. 43. 76. Aus der Beifügung der Phrase „geliebt von ... (Name eines Gottes)" kann auf die Weihung in einen Tempel geschlossen werden. Vgl. für die Thiniten-Zt die zahlreichen T., die oft die Zugehörigkeit zu einem Palast oder zu einer Kapelle anzeigen, vgl. PD IV. – [2] Kaiser, in: ZÄS 91, 1964, 103 (Anm. 1 zu S. 102). – [3] Ebd., aus Tura. – [4] Ebd., 115 mit Anm. 7. Dazu noch Kat. Ägypten vor den Pyramiden, 37 Abb. 33 (Minshet Abu Omar); Fischer, in: JARCE 2, 1967, 44–45 Abb. 1–2. – [5] So auch Kaiser, a.a.O. Unter *Semerchet erhalten die Gefäße ausnahmsweise häufig das Zeichen der „Wirtschaftsdomäne des *Smr-ḫt*" eingeritzt, wobei nur bei ihm die Kappenversiegelung (mit der Angabe der Domäne) wegfällt. – [6] Eine Zusammenstellung fehlt bisher; sie sind aufgeführt bei Petrie, RT I und II; Petrie, Tarkhan I, Tf. 31; II, Tf. 21–22; Abydos I, Tf. 55; Emery, Hemaka, Tf. 38–42; id., Tombs of the First Dynasty, passim; Yacoub, in: ASAE 64, 1981, Tf. 24; Zaki Y. Saad, Royal Excavations at Helwan (1945–1947), CASAE 14, 1951, Tf. 71–7 u. a. – [7] Hayes, in: JNES 10, 1951, Abb. 4–10 (zu S. 35 ff.); CoA I–III, passim; Petrie, Amarna; Quibell–Spiegelberg, Ramesseum; ein Einzelstück: Hayes, Ostraka, Tf. 23 Nr. 129. Vgl. Helck, Materialien, 718–734. – [8] Hayes, in: JNES 10, 1951, Abb. 11; CoA III, Nr. 262–8; Helck, op. cit., 714–5. – [9] Hayes, op. cit., Abb. 12; Petrie, Amarna, Tf. 23, Nr. 43–57; CoA I, Nr. 75–82; II, Nr. 32–33; III, Nr. 179–229 (233–5 Eingeweide); Helck, op. cit., 836–9. – [10] Hayes, op. cit., Abb. 14; CoA II, Nr. 34–36; III, Nr. 288; vgl. Helck, op. cit., 710. – [11] Petrie, Amarna, Tf. 23 Nr. 32–39; CoA III, Nr. 268–274; Quibell–Spiegelberg, Ramesseum, Nr. 321–4 (s. Anm. 7); Helck, op. cit., 693. – [12] Hayes, op. cit., Abb. 13; Petrie, Amarna, Nr. 66 (in CoA nicht belegt!); Helck, op. cit., 699. – [13] Hayes, op. cit., Abb. 13. – [14] Hayes, op. cit., Abb. 14 Nr. 205–9; Petrie, Amarna, Tf. 24 Nr. 58–60; CoA II, Nr. 38; III, Nr. 275–286; Helck, op. cit., 705; Jaroslav Černý, Hieratic Inscriptions from the Tomb of

Tut'ankhamūn, TTSO 2, 1965, 6, Nr. 37. – [15] Hayes, op. cit., Abb. 9; Petrie, Amarna, Nr. 63; CoA I, Nr. 74; II, Nr. 30; III, Nr. 45. 178; Černý, op. cit., Nr. 3. 5. 13; Helck, op. cit., 737. – [16] Vgl. Černý, op. cit., 5 Nr. 28 (Mandeln = *bnn*); Nr. 30–31 (*'wn*-Samen), Nr. 33 (*nbs*); 35 (Weintrauben – hierzu vgl. CoA II, Nr. 37; III, Nr. 304); schwarze *prt* CoA III, Nr. 326; Datteln CoA III, Nr. 303; *mrḫ* CoA II Nr. 44; Gummi (*qmj*) CoA III, Nr. 302 u. a. – [17] Elmar Edel, Die Felsengräber der Qubbet el Hawa bei Assuan, II. Abteilung: Die althieratischen Topfaufschriften, 1.–2. Bd, Wiesbaden 1967 ff.

W. H.

Topfmarke s. Topfaufschriften 4

Tor s. Tür und Tor

Torgötter sind zunächst Götterdarstellungen, die in Tempeltordurchgängen in Relief angebracht waren, damit die Bevölkerung, soweit sie keine Eintrittserlaubnis in die Tempel hatte oder wenn die Tore geschlossen waren, ihre *Gebete und Bitten anbringen konnte. Bekannt ist etwa in *Medinet Habu der „*Ptah vom Großen Tor“ [1], bei dem es sich um die Ptahgestalt im Tor von Medinet Habu handeln dürfte, die durch ein eingelegtes Auge hervorgehoben war [2]. Im 2. Pylon von Medinet Habu ist ein „Amun der Türwange (*wmt*)“ genannt. Pap. Sallier IV vso 1,4 spricht von der *Nebethetepet vom Oberen Tor und vom Ptah vom Alten Tor im Ptahtempel von Memphis [3], Kinder, die nach einem Gebet an einen Torgott geboren wurden, konnten „Der von der Türwange“ genannt werden [4].

Für diese T. konnten aber auch unmittelbar an den Toren Kapellen errichtet werden, wie in Karnak der Osttempel „*Ramses II. und *Amun erhören die Gebete“, der jedoch wahrscheinlich bis in die Zt *Thutmosis' I. zurückgeht [5].

[1] Medinet Habu IV, Tf. 245 C; V, Tf. 262 B; ÄIB II, 199 Nr. 8440; vgl. Maj Sandman-Holmberg, The God Ptah, Lund 1946, 230–1. Das Zitat LÄ II, 674 Anm. 9 Ende aus Deir el-Medineh ist zu streichen. – [2] Medinet Habu VIII, Tf. 608. Vgl. auch Schiff Giorgini, in: Kush 9, 1961, 186 Abb. 3; Sauneron, in: BIFAO 54, 1954, 117–127. – [3] Caminos, LEM, 336 verweist für letztgenannten auf Deir el Médineh (1931–32), FIFAO 10. 1, 1934, 63; also wurde dieser Ptah auch in Theben verehrt. – [4] Ranke, PN I, 111, 16; LRL, 1,2. – [5] Barguet, Temple d'Amon-Rê, 226; Nims, in: Fs Ricke, 107 ff.; id., in: Wilson, 70 (Bauinschrift).

W. H.

Toschqa (توشكة, Karte 6b), probably within the region of *Z3tw*.

A. *Site*. Toschqa-East. North of *Ermenne at the southernmost part of NK *Mj'm*, which was administered from *Aniba to the north opposite *Qasr Ibrim. A once important area, perhaps the birthplace or seat of the two princes of *Mj'm*, Rahotep and Heqanefer, known from graffiti at Toschqa-East. The former is probably earlier and may have built one of the unidentified rock cut tombs (Toschqa-East tomb II or III). The latter, buried in Toschqa-East tomb I, is dated to the end of Dyn. 18 through the occurrence of his name and figure in TT 40 of Amenhotep-Huy, viceroy under *Tutanchamun (*Königssohn von Kusch). Shown as a dark-skinned Nubian at Thebes (*Nubien, *Neger), he represents himself as an Egyptian in his own tomb and shawabtis. At the northern limit of the plain of Toschqa-East the rear wall of a natural ledge look-out shelter on Gebel Agg was smoothed to receive graffiti, including a well cut procession of offering bearers advancing toward the seated gods *Horus, Lord of *Mj'm*, the deified *Sesostris III, and *Reschef. In the area sandstone basin fragments of a Messuwy, a NK stela, and Greek graffiti were found. The region abounds in rock drawings and graffiti, including several of Kings *Qa-ka-re (*Antef) and Ij-ib-chent-re. The major cemetery located at Toschqa-East (A.S.N. 209), excavated by Junker, served as the type cemetery for the C-Group. A second C-Group cemetery, almost completely plundered, was located by the Pennsylvania-Yale Expedition just north of the "schoolhouse" khor; it had substantial circular stonework superstructures.

Toschqa-West. The townsite had long since been submerged by 1960, although a few houses were excavated. Extensive cemeteries attest to a long and varied occupation and prosperity, possibly in connection with the route to the quarries (*Steinbrüche) for diorite and other hard stones to the west (see below). TWB (= Toschqa-West B), a small badly denuded and plundered C-Group cemetery, yielded an intrusive jar sealing with the impressions of a seal of *Ḥt*, an official assignable to the reign of *Aha of Dyn. I. The cemetery called TWA (unpublished) is an extensive cemetery of over 200 graves extending to the west from Meroitic through *X-Group to Coptic times. TWC is a cemetery of over 100 graves, some well preserved, of the classical C-Group. Cemetery TWD, on a ridge to the west of cemetery TWC, is a cemetery of several pan-graves (*Pfannengräber) separated from the main cemetery, in which a *Kerma ware vessel, a dagger, and typical painted goat skulls were found. Illustrations, plans, and descriptions of typical tombs of these cemeteries are included in the preliminary reports (see Lit.).

A reused block with a worn and fragmentary OK text was found in a modern saqia; it includes a mention of *Z3tw*, thereby indicating the ancient name of the district (Simpson) or an area away from it (Lopez). From the same village came a stela of Year 4 of *Amenemhet II with the record of a quarrying expedition with over 1,000 donkeys. It may have been brought to the river at a later date from the quarry site.

B. *Quarries*. An ancient road 80 km long marked by intervisible cairns leading from the quarries to Toschqa-West was used in Dyn. 12, and hence T. is generally used as the designation for the western desert diorite quarries. Initial routes may have passed through the *Kurkur Oasis. At the site stelae, votive falcons, offering tables, and pyramidia were found. Among the kings recorded were *Cheops, *Djedefre, *Sahure (the occasion of his first Sed Festival [*Sedfest]), Djedkare (*Asosi), *Sesostris I, *Amenemhet II, *Sesostris II (year 6 or 8), and *Amenemhet III. The quarries also provided *amethyst and carnelian (*Karneol), as well as *diorite-gneiss (*mntt*). The quarry name was *Ḥmt-Ḫwfw*, Rowe: "the workshop of Cheops." It is likely that the large *Chephren statues from his pyramid complex and the Sahure dyad in the Metropolitan Museum (MMA 18.2.4) were quarried there, as well as the many diorite bowls and other vessels.

Lit.: A) Site: PM VII, 94–95; Arthur Weigall, A Report on the Antiquities of Lower Nubia, Oxford 1907; Hermann Junker, Toschke, DAWW 68. 1, 1926; William K. Simpson, Heka-nefer and the Dynastic Material from Toshka and Arminna, New Haven and Philadelphia 1963; id., in: JARCE 3, 1964, 15–23; Fouilles en Nubie (1959–1961), Cairo 1963, 141–143; Fouilles en Nubie (1961–1963), Cairo 1967, 169–183. 185–194; Expedition, The Bulletin of the University Museum of the University of Pennsylvania 4.2, Winter 1962, 28–38, and 4.4, Summer 1962, 36–46; Discovery, Magazine of the Peabody Museum of Natural History, Yale University 1.1, 1965, 4–11; Bruce G. Trigger, A Meroitic Tomb Inscription from Toshka West, Postilla Yale Peabody Museum of Natural History 72, New Haven 1962; Manfred Bietak, Studien zur Chronologie der Nubischen C-Gruppe, DÖAW 97, 1968; id., Ausgrabungen in Sayala-Nubien 1961–1965. Denkmäler der C-Gruppe und der Pan-Gräber-Kultur, DÖAW 92, 1966; Karola Zibelius, Afrikanische Orts- und Völkernamen in hieroglyphischen und hieratischen Texten, Beihefte TAVO B 1, Wiesbaden 1972; Lopez, in: RdE 19, 1967, 65–66.
B) Quarries in desert: Engelbach, in: ASAE 33, 1933, 65–74; id., in: ASAE 38, 1938, 369–390; Little, in: ASAE 33, 1933, 75–80; Rowe, in: ASAE 38, 1938, 391–398. 678–688; Säve-Söderbergh, Ägypten und Nubien. W.K.S.

Tosorthos s. Djoser

Totalitätsbezeichnungen. The Egyptians used a number of words and phrases to denote or imply totality. The commonest by far was *nb*, used adjectivally in the singular or plural to mean "each," "all." [1] Even words which by their nature imply totality when standing alone, such as *ntt*, "that which is," [2] and *wnnt*, "that which exists," [3] were often reinforced by *nb*.[4] *Tm*, with a basic meaning of being completed, is frequent as a substantive meaning "everything," [5] and the Old Perfective form is often used, much like (and sometimes in addition to) *nb*, in the sense of "entire." [6] The phrases *mj qd(.f)*, "in (its) nature/form", *r ꜣw(.f)*, "to (its) length," and especially *r ḏr(.f)*, "to its boundaries/limits" are widely used, often in contexts much broader than their literal applications, to signify "entire," "all." [7]
Simple plurality, embodied in the number three can connote an indefinite number,[8] and this general sense may be extended to imply totality.[9] The same connotation can inhere in very large numbers.[10] Whether or not the significance of its origin derives from a pluralized plural,[11] the Ennead (*Neunheit; cf. *Achtheit) can stand for all the gods.[12] More often, a totality of the gods is referred to as the Two Enneads (*Götterkreise). Such designations of a whole as consisting of a pair are very frequent, an expression of the dualism (*Dualismus) so deeply ingrained in the Egyptian consciousness. As in this example, the pairs are often complementary,[13] but all-inclusiveness may also be conveyed by contrasting pairs, including the conventional *ntt jwtt*, "that which is and that which is not." [14]
The linguistic usages suggest a tendency to conceive a whole mainly as the sum of its components, and this trait is quite marked in the graphic arts, where totality is typically indicated by explicit enumeration. Thus the microcosmic aspects of a temple are rendered by the presence of elements such as sky signs at the tops of walls and registers, land or water signs at the bases, and intervening elements, such as *wꜣs*-supports or marsh plants, in between. Representations of "complete" buildings in painting or relief include all of their main rooms and other salient features;[15] complex processes, or those extending over time, are conveyed by the depiction of several of the individual acts;[16] contents are portrayed above or in their containers.[17] These visual accumulations vary greatly in detail. They cannot, of course, be themselves complete, and there seem to be few rules governing the selection of components, a choice which would also have been affected by extraneous considerations, such as available space. However, the enumerative intention of such representations, their indication of range and variety as well as number, indicate that the principle of *pars pro toto*, though important in other contexts,[18] played no major role in designating totality.

[1] Wb II, 234,3–236,5. – [2] Wb II, 354,1–4. – [3] Wb I, 310,4. – [4] Wb II, 354,5–6; I, 310,5; note that *jwtt*,

"that which is not," is not modified by *nb*: ibid. I, 46–47,1. – [5] Wb V, 305,5–6. – [6] Wb V, 304, 1–16. – [7] Respectively, Wb V, 77, 1–6; I, 4, 12–13; V, 589,8–591, 10; in the last case, perhaps overstressing the literal, concrete applications: in addition to usages such as Wb V, 589, 10–18 and 590,3–10, cf. Dimitri Meeks, Année lexicographique II, Paris 1978, no. 78. 4937: *km r dr.f*, "entirely black." – [8] Kurt Sethe, Von Zahlen und Zahlworten bei den alten Ägyptern, Straßburg 1916, 37–38. – [9] This may be graphically indicated by varying the plural determinatives: Raymond O. Faulkner, The Plural and Dual in Old Egyptian, Brussels 1929, 10. 14, or by the use of three items in a purely representational context, such as the three *rḫjt* birds before the feet of *Djoser (who stands on the Nine Bows): Gunn, in: ASAE 26, 1926, 185–187. – [10] Sethe, op. cit., 11; cf. Wb III, 153, 3–25 (*ḥḥ* "million"); III, 74, 5–14 (*ḥfn*, "hundred thousand"); V, 566, 1–4 (*db*ʿ, "ten thousand"); III, 219, 5–220, 2 (*ḫ3*, "thousand"). – [11] Griffiths, in: Or 28, 1959, 37 ff. – [12] Cf. the universality sometimes implied in the Nine Bows (*Neunbogen). Ennead, however, could also be pluralized. – [13] Thus Egypt (*Ägypten im Selbstbewußtsein des Ägypters) is *t3wj*, "The Two Lands," or *jdbwj*, "The Two Banks." All of eternity (*Ewigkeit) is expressed by pairing *nḥḥ* and *ḏt*: Wb II, 301, 11–302, 4. The sun and moon may be paired in expressions of geographical or temporal totality: H. G. Fischer, in: MMJ 11, 1976, 126–127. – [14] Wb I, 17, 2. Such expressions are very numerous and varied; for some designating all people or all life, see Assmann, in: SAK 8, 1980, 7. Sometimes the opposites represent an alpha and omega: Henry G. Fischer, Egyptian Studies I, Varia, New York 1976, 58. – [15] Cf. Schäfer, Kunst, 136–141. – [16] Ibid., 231–234, though overemphasizing the temporal element. – [17] Illustrations: ibid., 133, fig. 98; 173, fig. 154 b; also 129–130, figs. 87. 89–90. 92–93. – [18] For example, H. G. Fischer, in: JEA 59, 1973, 224–226.

E. R. R.

Totenbriefe s. Briefe an Tote

Totenbuch. Für die Ägypter der 18.–21. Dyn. und später war das T. (Bezeichnung von Lepsius), was die *Sargtexte für ihre Vorfahren in der *Grabausstattung und im *Totenkult bedeuteten. Sprüche und *Illustrationen (*Vignetten) finden sich seit der 18. Dyn., Sprüche gelegentlich auch in der 17.[1]. Im NR besonders[2] auf *Papyrus- bzw. Lederrollen und *Leichentüchern[3], *Särgen und *Sarkophagen, Wänden von *Gräbern, *Schreinen und *Tempeln, Statuen[4] und Statuetten[5], *Amuletten[6] und *Ostraka[7]. Die hieroglyphischen[8] Papyri weisen senkrechte Zeilen auf, die hieratischen (namentlich[9] aus der 21. Dyn.) waagerechte. Vignetten erscheinen anfänglich sparsam und einfach ausgeführt, seit der Ramessidenzeit immer häufiger und reicher bis zum künstlerischen Gipfel in hieroglyphischen Mss. der 21. Dyn.[10]. Leider wird die *Texttradierung von der 19. Dyn. an wachsend unzuverlässig, mit Ausnahme der hieratischen Mss. der 21. Dyn. Die Mehrzahl der gut 200 Sprüche kennt eine ältere bzw. partielle Fassung in den Sargtexten[11] oder sogar den *Pyramidentexten[12]. Dort nicht belegt sind z. B. die Texte über das *Jenseitsgericht mit dem „negativen *Sündenbekenntnis" (Tb 125) und die *Sonnenhymnen (Tb 15), beide Kategorien ausführlich illustriert[13]. Im Laufe des NR werden noch Sprüche[14] und Vignetten[15] hinzugefügt, seit der 21. Dyn. sogar eine ganze Gruppe, oft eigener Art[16]. In der Regel enthält jedes Exemplar des T. seine eigene Auswahl. Die Entwicklung eines Kanons, in der SpZt markanter als davor, hat nie zu wirklicher Uniformität geführt, auch nicht in der Reihenfolge. Dennoch beginnt das T. des NR oft mit Spruch 1 oder 17 und kommen die Gruppen der Verwandlungstexte[17] und des „Kennen der *Bas"[18] dann schon regelmäßig vor. Die von Lepsius im Jahr 1842 eingeführte (und von anderen fortgesetzte) Numerierung entspricht der Anordnung eines ziemlich systematischen ptol. Papyrus[19]. Einige in der 18. Dyn. belegte Sprüche fehlen in der Ramessidenzeit, werden aber in der 21. Dyn. wiederum kopiert[20]. Außerdem introduziert die 21. Dyn. Miniaturtotenbücher[21] mit wenigen Texten und nur einer Vignette. Zentren für Abfassung und Herstellung[22] waren im NR *Theben und *Memphis.

Themen, heterogener Charakter und Pantheon haben sich seit dem MR nicht wesentlich geändert. Hauptzweck bleibt das „Herausgehen bei Tage"[23] der Toten; *Amun spielt im NR noch keine Rolle. Auch das T. läßt in der *Magie Wort, Bild und Handlung funktionieren. Wichtige Quelle für die Mythologischen Papyri, zeigt das T. in der 21. Dyn. auch Einflüsse von ihnen und vom *Pfortenbuch und anderen *Jenseitsführern[24]. Das späte Buch vom Atmen (*Atmen, Buch vom) schöpft in großem Umfange aus dem Totenbuch.

[1] Sarg der Königin Mentuhotep: pHier. BM (Budge), 1, Tf. 39–48. – [2] Vgl. für Tb 161 Matthieu Heerma van Voss, in: Lauri Honko (Hg.), Science of Religion: Studies in Methodology, The Hague–Paris–New York 1979, 11–15. Auf Opfertafeln (Tb 59), *Stelen (Tb 148. 182) und der Mumienmaske (Tb 151 C): bzw. Tb (Hornung), 450. 505. 521. 508–9. – [3] Z. B. Heerma van Voss, in: Phoenix 20, Leiden 1974, 335–8 (Swansea W 869; Tb 1. 80. 81. 84. 87. 126). – [4] So Tb 56. 61. 106: Tb (Hornung), 448. 451. 481; Tb 168: Alexandre Piankoff, The Wandering of the Soul, BS 40, Princeton 1974, 44 (C). – [5] Tb 5 und 6 auf *Uschebtis. – [6] So Tb 26. 27. 30 A und B auf *Herzskarabäen. – [7] Heerma van Voss, in: Phoenix 14, Leiden 1968, 165–171 (Zusammenstellung; Tb 125 b); Georges Posener, in: RdE 27, 1975, Tf. 18 (Tb 6). Auf einer *Schreibtafel: Berlin 9642; pBerlin III, Leipzig 1911, Tf. 28 (Tb 146). – [8] Zu den *Hieroglyphen: Heerma van Voss, in: Phoenix 23, Leiden 1977, 84–86. – [9] Ein Beispiel aus der frühen 18. Dyn.: ders., in: Fs Parker (im Druck; Papyrus der Hatnefer). Zum *Hieratisch

der 21. Dyn.: ders., in: Phoenix 23, 1977, 86. – [10] Vgl. für die Vignetten, auch zur Datierung, ebd., 84. 87. 88. – [11] So Tb 8 = CT Spr. 97 + 564, mit einem Schluß. – [12] Z.B. Heerma van Voss, in: Klaas R. Veenhof (Hg.), Schrijvend verleden, Leiden–Zutphen 1983, 291 (Pyr. 1652–6). – [13] Vgl. pLeiden T 3, 14–9 (Tb 125); zu Tb 15 (16): Hornung, in: Eranos 1979, Jb. 48, Frankfurt a. M. 1981, 183–237. – [14] Vgl. Tb 161. 162. 183. 193. – [15] Z.B. pLeiden T 2, cf. Heerma van Voss, Een mysteriekist ontsluierd, Leiden 1969, Tf.: Tb 119; pLeiden T 3, 2. 2A. 18–9. 20: bzw. Tb 93. 2–3. 125. 193. – [16] Willem Pleyte, Chapitres supplémentaires du Livre des Morts, Leiden 1881. – [17] Tb 76–88. – [18] Tb 107–9 und 111–6. – [19] Tb (Lepsius). – [20] Vgl. Tb 114. 145. 177. 178. – [21] Heerma van Voss, 21. Dyn. (s. Lit.), 3. 10. – [22] S. für Preise Janssen, Prices, 245–6; Tb (Hornung), 24. – [23] Heerma van Voss, De oudste versie van Dodenboek 17a, Leiden 1963, 47–48. – [24] Ders., in: JEOL 24, 1975–1976, 49.

Lit.: Vgl. Tb (Hornung). Über Vignetten auch: Matthieu Heerma van Voss, Kunst voor de eeuwigheid, Leiden 1966 = Illustrations pour l'éternité, Brüssel 1966; ders., Ägypten, die 21. Dynastie, Leiden 1982; Mohamed Saleh, Das Totenbuch in den thebanischen Beamtengräbern des Neuen Reiches, AV 46, Mainz 1984.
Bücher mit Spruchbearbeitungen: s. Tb (Hornung). Weiter: Ursula Rößler-Köhler, Kapitel 17 des ägyptischen Totenbuches, GOF IV. 10, Wiesbaden 1979 und für die 21. Dyn.: Heerma van Voss, Anoebis en de demonen, Leiden 1978 (Tb 125); ders., De spreuk om de kisten te kennen, Leiden 1971 (Tb 193). M. H. v. V.

Totendarstellungen. Darstellungen des menschlichen Körpers im Todeszustand, die in der auf Dauerhaftigkeit hinzielenden darstellenden *Kunst und aufgrund der *Jenseitsvorstellungen in Äg. nur ganz bestimmte Ausprägungen erfuhren. In der Hauptsache sind bei den T. zwei Darstellungsbereiche voneinander zu trennen, da ihnen zwei unterschiedliche, wenn auch miteinander verbundene Vorstellungen über den Todeszustand zugrunde liegen: a. Der Todeszustand ist ein durch bestimmte Vorkehrungen und ein entsprechendes Vorleben zu begrenzendes Übergangsstadium, dem ein neues, jenseitiges Leben folgt (*Leben und Tod, *Wiedergeburt). – Die übliche Darstellung des in diesem Stadium befindlichen menschlichen Körpers ist die Mumienhülle (s. *Mumie)[1] als Spezialform des zu diesem neuen Leben hin ausgestatteten Menschen (auch in Anlehnung an die für den Gott charakteristische, neues Leben nach dem Tode verheißende Mumienform des *Osiris). Ansonsten wird der Verstorbene nur in schon mit neuem Leben begabter Körperlichkeit wiedergegeben und damit die erwünschte Todesüberwindung vorweggenommen und abgesichert. Entsprechend vermieden wird dagegen jede Darstellung des toten menschlichen Körpers als solchen[2] und damit ein unerwünschtes Andauern dieses Todeszustandes. b. Der Tod ist ein unbegrenzter Dauerzustand, der letztlich „Nicht(mehr)existenz" bzw. ein Sein außerhalb der *Weltordnung bedeutet. Er stellt eine drohende *Strafe dar, die durch das Verwehren eines neuen Lebens nach dem Tode oder durch ein nochmaliges Sterben im Jenseits erfolgt[3]. In diesem dauernden Todeszustand befangen sind – nach göttlichem Willen – einmal die toten bzw. die generell zu tötenden Feinde Ägyptens und der Götter (*Erschlagen der Feinde, *Feindsymbolik) und zum zweiten jene Menschen, die im Jenseits aus welchen Gründen auch immer der Verdammnis anheimgefallen sind. – Die übliche Darstellung all dieser in endlosem Todeszustand befindlichen Wesen zeigt sie sämtlich in einer Form, in der in Ägypten von der FrZt an tote Feinde dargestellt wurden[4]: Die Körper sind mit tödlichen Verwundungen und Verstümmelungen versehen oder befinden sich zumindest in verzerrten bzw. verkehrten Haltungen. Häufig erscheinen auch Darstellungen direkt in der festgelegten Form der sogenannten „Feindhieroglyphe" (Gardiner, EG³, Sign-list A 13. 14; z. B. im *Amduat). Andere Darstellungen dieser Toten, die sie als kleine schwarzausgemalte und skeletthaft umrissene Gestalten (*Skelett) in unterschiedlichen Haltungen und Situationen zeigen, sind erst in der SpZt belegt[5].

Wie die übliche Darstellungsform dieses Todeszustandes erkennen läßt, werden alle derart wiedergegebenen Wesen – ob sie als feindliche Kämpfer auf dem Schlachtfeld den Tod fanden oder erst im Jenseits der Bestrafung anheim fielen – als Feinde der Weltordnung (und damit der Götter, des Königs und der Menschen, s. auch *Dämonen) angesehen. Deshalb sind sie in ihrer Strafe des andauernden Todeszustandes zu halten, was u. a. durch ihre entsprechenden Bezeichnungen[6] und bildlichen Wiedergaben geschieht (s. auch *Ächtungstexte, *Magie, *Magische Literatur, *Vernichtungsritual).

[1] Daneben etwa die kindliche Hockgestalt, wohl eine Entwicklung ausgehend von der Mumiengestalt, s. Christine Seeber, Untersuchungen zur Darstellung des Totengerichtes im Alten Ägypten, MÄS 35, 1976, 102ff., oder nichtmenschliche Formen wie die Fischform, s. Bernard Bruyère, Tombes Thébaines de Deir el Médineh à Décoration Monochrome, MIFAO 86, 1952, Tf. 11. 12. Es sind dies Darstellungsformen, die den Aspekt des neuen Lebens deutlicher hervorheben als die Mumienform. Hierzu gehört auch die Wiedergabe der Körper von Ertrunkenen (*Ertrinken, Ertränken), die ja im *Nun schwimmend gedacht sind, vgl. Hornung, Amduat II, 172f. – [2] Eine sichere Ausnahme findet sich in der Amarna-Zeit: Die Darstellung der toten Prinzessin *Meketaton, s. Gaballa A. Gaballa, Narrative in Egyptian Art, Mainz 1976, 81f. und Fig. 4. – [3] S. dazu im einzel-

nen Erik Hornung, Altägyptische Höllenvorstellungen, ASAW 58.3, 1968 (mit weiterer Literatur). – [4] Etwa die geköpften Feinde auf der Prunkschminkpalette des *Narmer bzw. die Feinddarstellungen auf dem Sockel der Sitzstatuetten von *Chasechem(ui). – [5] Z.B. Seeber, Totengericht (s. Anm. 1), 171f. – [6] Etwa Hornung, Höllenvorstellungen (s. Anm. 3), 34ff. U. Kö.

Totenfahrt s. Abydosfahrt

Totenfeste. Der ägyptologische Terminus T.[1] bezeichnet diejenigen *Feste des äg. *Kalenders, an denen die Bewohner einer Ansiedlung in ihrer Funktion als Nachkommen oder Verwandte eines Verstorbenen mit Opfergaben zur *Nekropole ziehen, um mit, für oder im Andenken an die Toten zu feiern, wobei diese Feste – im *Garten stattfindend – einen wiederbelebend-lebendigen, d.h. eher ausgelassenen Charakter gehabt zu haben scheinen[2] (*Totenkult, *Ahnenkult). Als Daten für eine solche Lieferung von *Totenopfern werden – besonders in *Opferformeln[3], aber auch in *biographischen Inschriften[4] oder *Verträgen für *Opferstiftungen[5] – verschiedene Festtage genannt: „*Neujahr" (*wpj rnpt*)[6], *Thotfest, „Jahresanfang" (*tpj rnpt*)[7], *Wagfest[8], *Sokarfest, „Großes Fest", „Brandfest" (*rkḥ*)[9], „Aufstellen des Feuerbeckens" (*wꜣḫ ꜥḫ*)[10], „Auszug des Min" (*Minfest), Sadfest (*ꜣbd n sꜣḏ*)[11], sodann die fünf *Epagomenen[12], der Monatsanfang, Halbmonatsanfang und Dekadenanfang[13]. Diese T. sind seit dem AR bekannt[14], eine ähnliche Liste gilt wieder in der SpZt[15], in den Zeiten dazwischen gibt es teils lokal[16], teils temporär beschränkte Totenfestdaten[17]. In der ersten Hälfte der 18. Dyn. beinhalten die Totenfest-Aufzählungen neben Wag-, Thot- und Brandfest vor allem sog. „Feste des Himmels"[18]. Beendet werden solche Listen stets mit einer Formulierung wie „und an jedem Fest", „an jedem Fest eines jeden Jahres und einer jeden Jahreszeit"[19] oder „an jedem Fest des Himmels und der Erde"[20]. Dies könnte bedeuten, daß es (abgesehen vom nicht hierher gehörenden *Bestattungsritual) T. im eigentlichen Sinne, also als Feste, die speziell dem Tod oder den Toten gewidmet sind, in Äg. gar nicht gegeben hat[21]. Vielmehr scheint der Sinn dieser Festnennungen zu sein, bei jeder feierlichen Angelegenheit, die die Lebenden mit besonderen Speisen und Zeremonien begehen, auch nach dem Tode noch anwesend, einbezogen zu sein und durch besondere Opfergaben und Riten am Grab an den Festen teilnehmen und aufleben zu können[22] (*Leben und Tod, *Diesseits-Jenseits). In der Realität wird sich das Feiern am *Grab aber doch nur auf einzelne Tage des Jahres beschränkt haben. In seinen Verträgen sichert *Djefaihapi sich bzw. seiner Statue Totenopfer auch nur an Daten um den Jahreswechsel bzw. -anfang herum: am letzten der Epagomenen, in der Nacht vor Neujahr, an Neujahr selbst und am 18. Tag des I. *ꜣḫt*, dem Wagfest[23], das auch sonst als das typischste T. gelten dürfte[24]. Einen lokal ausgeprägten Schwerpunkt scheint das in *Meir mehrfach dargestellte T. mit Riten aus dem Kult der Gottheiten *Hathor und *Uch darzustellen[25]. Entsprechend zu beurteilen ist auch das bekannte, vom MR bis in griech.-röm. Zt belegte thebanische *Talfest, das „schöne Fest vom Wüstental"[26]. Als T. könnten auch Rituale für „gestorbene" Götter gedeutet werden: im kleinen Tempel von *Medinet Habu die Feiern zu Ehren des *Kematef (*Amun), der dort zusammen mit der *Achtheit als bestattet gilt (*Göttervorfahren)[27], und zwar im IV. *prt*, zeitgleich mit den *Choiakfesten, die vor allem die Wiederbelebung des toten Gottes *Osiris zum Ziel haben[28].

Als Zeremonien eines T. sind zu nennen[29]: *Prozessionen, Entzünden und Löschen von *Fackeln, *Musik, *Tanz, *Harfnerlieder[30], das Bringen von *Blumensträußen, *Myrrhen und *Salben, *Brandopfer, Bratenopfer[31] sowie vor allem der Genuß und das Darbieten von Speisen und Getränken (*Totenmahl, *Gastmahl).

[1] Ägyptisch wurden solche Feste eher als „Feste der Nekropole", „Fest des Wüstentales" oder „Fest des Berges" bezeichnet, also lokal durch die Lage der Gräber bestimmt, vgl. z.B. Schott, Das schöne Fest; biographische Inschrift des *Chnumhotep II. (Beni Hasan I, Tf. 25, Z. 96), vgl. BAR I, 285, § 630 mit Anm. c. – [2] Vgl. allgemein Junker, Gîza II, 59ff.; RÄRG, 187 (s. v. „Feste"); Helck–Otto, Kleines Wb, 389 (s. v. „Totenkult"). – [3] Barta, Opferformel, 251. – [4] Z.B. *Biographie des Chnumhotep II., s. o. – [5] Z.B. Hans Goedicke, Die privaten Rechtsinschriften aus dem Alten Reich, Beiheft WZKM 5, Wien 1970, 133. 144f.; zu Djefaihapi s. unten mit Anm. 23. – [6] Zu Darstellungen dieses Festtages siehe PM I. 1², 472, 32b. 33. – [7] Zu dieser Reihenfolge siehe Parker, Calendars, § 151. 176ff.; aber auch Barta, a.a.O., 18. – [8] Bei *Metjen (Text Junker, Gîza II, 60) erhält das Wagfest den Zusatz *ḫrj nṯr*, wodurch es möglicherweise als „wirkliches T." von dem „Wag-Fest der Lebenden" geschieden werden soll, vgl. Junker, a.a.O., 62; zu den Daten dieses Festes: Parker, a.a.O., § 182–5. – [9] Später geschieden in „großes" (*ꜥꜣ*) und „kleines" (*nds*) „Brandfest", z.B. bei Chnumhotep II., s. o. Z. 92f.; vgl. auch Barta, a.a.O., 51. – [10] Anfangs nicht regelmäßig dabei, vgl. Barta, a.a.O., 10 (mit Anm. 10). 18. 32; zum Ritual: Ursula Verhoeven, Grillen, Kochen Backen im Alltag und im Ritual Altägyptens, Rites égyptiens IV, Brüssel 1984, 50. – [11] Es wird entweder als Jahresfest im Monat Epiphi stattfindend gedeutet (H. Altenmüller, in: LÄ II, 179, s. v. „Feste" A., nach Parker, a.a.O., § 176), als Monatsfest (Barta, a.a.O., 10, Anm. 8) oder als Jahreszeitenfest: „in jeder Jahreszeit ein *sꜣḏ*-Fest" (Helck, in: SAK 5, 1977, 57f.). – [12] Ab der 6./8. Dyn., vgl. Barta, a.a.O., 32. – [13] Vgl. Barta, a.a.O., 10 (Anm. 11). 32; zu den Dekadenfesten in späterer Zt in Theben s. Claude Traunecker et alii, La Chapelle d'Achôris à Karnak II, Paris 1981, 130ff. – [14] Barta,

a.a.O., 10. 18. 32; vgl. auch Parker, a.a.O., § 176–181; und z.B. Ahmed M. Moussa und Hartwig Altenmüller, Das Grab des Nianchchnum und Chnumhotep, AV 21, Mainz 1977, 58 (Szene 4.2). – [15] Barta, a.a.O., 251; und z.B. Corteggiani, in: Hommages Sauneron I, BdE 81.1, 1979, 119. – [16] Z.B. in der *Herakleopolitenzeit in *Assiut, vgl. Barta, a.a.O., 41f. – [17] Besonders in der 12. Dyn.: Barta, a.a.O., 68; vgl. auch 51. 79. 84. – [18] Barta, a.a.O., 104; als „Feste des Himmels" sind die mit Bezug zu den Veränderungen der Himmelskörper gemeint, vgl. auch Altenmüller, in: LÄ II, 179f. – [19] Z.B. Moussa und Altenmüller, a.a.O., 58 mit Anm. 108. – [20] Vgl. Barta, a.a.O., 104. – [21] Vgl. dazu bereits C. Jouco Bleeker, Egyptian Festivals, Studies in the History of Religions 13, Leiden 1967, 131f. – [22] Besonders wichtig war dabei der Einfluß der Götter- bzw. Tempelfeste auf die Nekropole, wie z.B. beim Talfest in Theben. – [23] Montet, in: Kêmi 3, 1930–35, 55ff.; BAR I, 258ff.; Schilderung des Ablaufs dieser Feste als „imaginative reconstruction" bei James Henry Breasted, Development of Religion and Thought in Ancient Egypt, New York 1959, 259–269. – [24] So auch Bleeker, a.a.O., 131 mit Belegen. – [25] Vgl. Bleeker, a.a.O., 133f. mit Belegen und Literatur. – [26] Winlock, Rise and Fall, 84ff.; Schott, Das schöne Fest; Traunecker et alii, a.a.O., 134ff. – [27] Sethe, Amun, § 116. – [28] Vgl. auch Esna V, 62f. – [29] Quellen: Grabdekorationen; Inhalt der Verträge Djefaihapis (s. oben); Schott, a.a.O. – [30] Zum Sinn der Harfnerlieder im AR s. Altenmüller, in: SAK 6, 1978, 6. 15. 22f. – [31] Der Unterschied zwischen Braten- und Brandopfer ist nicht immer deutlich, siehe Barta, Opferliste, 89; Verhoeven, a.a.O. (s. Anm. 10), 50f. und passim.

Lit.: C. Jouco Bleeker, Egyptian Festivals, Studies in the History of Religions 13, Leiden 1967, 124–140 (Kapitel VI: Festivals of the Dead); Schott, Festdaten; ders., Das schöne Fest. U.V.

Totengebet. Als T. bezeichnet man ganz verschiedene Sprechsitten; einmal das T., das fürbittend von Dritten (Menschen oder Göttern) für Verstorbene gesprochen wird, zum anderen das *Gebet, das, im voraus aufgezeichnet, dem Toten selbst in den Mund gelegt ist[1] und (meist) aus *Hymnus und Bitten besteht (s.u.). Bis 1968[2] zählte man unbestritten unter die T. die *Opferformel *Ḏj-nswt-ḥtp* bzw. die an sie anschließenden Bitten, die seit dem AR bis in die späteste Zt in Gräbern und auf allen denkbaren Teilen der Grabausstattung aufgezeichnet wurden. Dies lag um so mehr nahe, als auf vielen Denkmälern die Vorbeikommenden aufgefordert wurden, die Opferformel für den Toten nachzusprechen. Dieser Sprachgebrauch „T." wird von Barta abgelehnt[3], da das Rezitieren der Opferformel kein Gebetsvorgang sei – sie könne nicht als ausschließlich auf den Verstorbenen bezogene Kultübung gelten und es würden lediglich Bitten (in der 1. bis 3. Person) für den Toten angeschlossen. – Weiterhin bezeichnet man konventionell als T. Sprüche bzw. Verheißungen, die vom erwünschten Jenseitsschicksal des Verstorbenen handeln und entweder indikativisch oder optativisch übersetzt zu werden pflegen[4]. Sie sind teilweise unter die *Verklärungen[5] zu rechnen, teilweise unter die *Fürbitten[6]. T. im engeren Sinne (zweite der anfangs genannten Kategorien) haben die gleiche Struktur wie kultische Gebete (Kulthymnen, Hymnus), d.h. bestehen aus zwei Teilen: Einer hymnischen Anbetung, in der ein Selbstbezug zur Gottheit vermieden wird, und einem Schlußgebet mit persönlichen Bitten des Beters[7]. Die Bitten, die in den T. enthalten sind, beziehen sich verständlicherweise auf das Fortleben. Man wünscht Namensaufruf und Totenopfer bzw. Speise, Trank und Atemluft im Jenseits, Bewegungsfreiheit für den *Ba, Verklärung des *Ach's, Verjüngung durch den Anblick der Sonne, Mitfahrt in der Sonnenbarke, Aufenthalt im Himmel unter den Sternen etc.[8].

[1] Die Toten beten nämlich wie Lebende: ÄHG, Text Nr. 44; Tb (Naville), 15 B II, Kol. 21–22. – [2] S. Anm. 3. – [3] Barta, Opferformel, XIII. 277. 296; ders., in: LÄ IV, 585. – Der Einwand wird nicht allgemein akzeptiert; vgl. Brigitte Altenmüller, in: LÄ I, 328, wo (s. v. *Anubis) von den Opferformeln als den „T." die Rede ist. – [4] Z.B. Urk. IV, 114–115 (von Brunner in: LÄ II, 645 als „T." bezeichnet) oder *pRhind II, 9, 1–8 (vgl. Günther Roeder, Zauberei und Jenseitsglauben im Alten Ägypten, Zürich–Stuttgart 1961, 358: „Totengebet"). – [5] Z.B. der Text ÄHG, Nr. 39. – [6] Wenn nämlich eine Gottheit seitens eines Dritten direkt angesprochen wird wie im zweiten Beispiel der Anm. 4. – [7] ÄHG, 20; vgl. auch *Hymnus. – [8] Belege findet man in den in Anm. 1 und 3 genannten Werken; solche für die SpZt auch bei Otto, Biogr. Inschr. E.G.

Totengeist (revenant). Zu unterscheiden ist zwischen dem verklärten, ordentlich bestatteten T. *jꜣḫ* und dem unverklärten, unbestatteten und deshalb wie ein Gespenst spukenden, bösartigen[1] T., dem eigentlichen Toten *mt*[2]. Euphemistisch bezeichnet man aber auch diesen als *jꜣḫ*, und zwar schon in *Ächtungstexten gegen Feinde des AR[3]. Die *mt*-T. gelten als Feinde (auch des Königs): Das Wort determiniert man mit der Hieroglyphe des aus dem Kopf blutenden, an den Armen gefesselten Feindes oder Rebellen[4], der vom König kein Grab erhält[5]. Beschwörungen richten sich meist nicht nur gegen Götter, *jꜣḫ*- und *mt*-T., sondern auch gegen Feinde[6]. Im Kopt. existiert nur noch die euphemistische Bezeichnung des bösen T. als *jꜣḫ* = ⲓⲕ[7]. νέκυες im griech. Text *Manethos für verklärte *jꜣḫw*-Könige der Urzeit beruht auf einem Mißverständnis (*Interpretatio graeca). In *Briefen an Tote bittet man *jꜣḫ*-T. von Verwandten um Intervention (*zbj ḥr*)[8] auf Erden, z.B. um Kindersegen[9], vor allem aber um Schutz der Familie vor feindlichen Handlungen[10] von Lebenden und bösen T., welche die guten (_jꜣḫ_-)T. mit Prozessen vor dem *Totengericht (_wḏꜥ-mdw ḥnꜥ_ X _ḥr_[11], _wpj_ X _ḥnꜥ_ Y[12], _jrj-wpt_ X _ḥnꜥ_ Y[13], _smj r_[14], _sḫn ḥnꜥ_ X[15]) und wohl auch eigenmächtig bekämpfen (_ꜥḥꜣ ḥnꜥ_ oder _ḥr_[16]), schlagen (_sqr_, _jrj-sqrw_[17]), hindern (_jrj-ḏr n_ X[18]) und mit ihren den _jꜣḫ_-Vögeln ähnlichen (?) Krallen[19] packen (_nḏr_[20]) sollen. Vor dem Totengericht nach dem Tod schon einmal gerechtfertigt[21], hat der gute T. Aussicht, dort auch die Prozesse zugunsten seiner Familie auf Erden zu gewinnen. Freilich droht ein Ehemann seiner verstorbenen spukenden Frau, sie vor das Totengericht zu laden, um sie wohl zur _mtt_ zu degradieren[22]. Auch ein _mt_-T. kann Anzeige erstatten[23]. Von selbst werden _jꜣḫ_-T. vor allem bei Blutrache[24], Grabfrevel[25] und zwecks Wiederherstellung ihres Grabes[26] aktiv. Ein nach langer Zt wiedergeborener *Zauberer gilt anscheinend als _jꜣḫ_[27]. _mt_-T. bringen dem Menschen Infektionen, aber nicht unbedingt den Tod[28]. Sie suchen den Menschen heim (_mꜣꜣ_)[29] mit bösem Blick[30] und Alpträumen[31]; sie dringen mit ihrem Samen-Gift (_mtwt_, ebenso ambivalent: _ꜥꜣꜥ_)[32] vor allem in seine Leibesöffnungen ein, wie *Auge[33], *Mund[34], *Ohr[35], weibliche Brustwarze[36], Scheide[37] und After[38], und verursachen Schwellungen[39]: Die Infektion ist wegen der sexuellen Potenz[40] der bösen T. und ihrer (bzw. der Feinde) Schlangengestalt Samen und Gift[41], doch verschaffen sich T. auch durch Schläge (Brüche) Eingang (vgl. oben zu den Schlägen der _jꜣḫ_-T.) bes. in den Kopf[42] des Menschen, welchen sie wohl dann in Besitz nehmen wollen, wenn sie selbst keinen Kopf haben (vgl. die enthaupteten Feinde)[43]. Böse T. stehen, wie die feindlichen Schlangen[44], im Dienst des *Seth[45], des „stechenden" (_mr_) Gottes[46] der „stechenden" *Krankheit (_mrt_). Darin unterscheiden sie sich von den Dienern und Boten anderer Götter (*Dämonen). Ein T. des Auslandes gilt als _jꜣḫ_[47]. Man versucht, T. und ihre „Machenschaften" (_jst-ꜥ_, einmal _tꜣr_[48]), ihren „Zorn" (_ḏnd_)[49], ihren „Hauch" (_ṯꜣw_)[50] mit Heilmitteln zum Essen und Trinken[51], zum Salben und zum Räuchern[52], mit Bespeien der schmerzhaften Stelle[53] und mit Zaubersprüchen zu enthaupten (_ḥsq_)[54], zu fällen (_sḫr_)[55], zu beseitigen (_rwj_)[56], abzuwehren (_ḫsf_, _šnꜥ_)[57], wegzunehmen (_šdj_)[58], zu vertreiben (_dr_)[59] und zu entfernen (_sḥrj_)[60]. _sḥrj_ schreibt man mit einem Zauberer, der wohl zwei Hölzer zusammenschlägt[61] und mit diesem Lärm den Mund der T. schließt, d.h. ihre Zaubersprüche bannt[62]. Die T. sollen fernbleiben (_ḥrj_)[63], zurückweichen (_ḥꜣ_ + Suffix)[64], den Körper verlassen (_rwj_, _ḥmj_, _ḫtj_, _zꜣw_, auch _prj ḥr tꜣ_)[65], d.h. durch die Körperöffnungen wieder ausfließen (_bš_, _šp_, _qꜥ_)[66], wie man ebenso ein Zaubermittel nach der Einnahme wieder ausspeien soll[67]. Man kann nicht nur den Mund von T. schließen, sondern sie selbst (d.h. ihre Figuren) in Gefäße einschließen[68], sie mit bösem Blick als Gegenzauber[69], mit Knotenamuletten, Briefen, Bildern und Siegeln meist an Kopf und Hals[70] bekämpfen. Da T. vorzugsweise in der Nacht auftreten (vgl. oben zu den Alpträumen)[71], gilt der *Sonnengott als ihr Hauptwidersacher[72], der in alter Zt der wichtigste Totenrichter ist und den verdammten T. auf seiner Reise durch die Unterwelt entgegentritt[73]. T. verfallen der Damnatio memoriae[74], haben aber _znf_ „Blut"[75], _ḫꜣt_ „Leichnam", _ḥꜥw_ „Leib"[76], _jb/ḥꜣtj_ „Herz"[77], einen *Schatten[78] und einen *Ba[79]. Die Bezeichnung eines T. als „schlechter Ba" ist singulär[80]. T., die Gebäude angreifen, wenden sich natürlich gegen deren Bewohner[81].

[1] _ḏw-jqd_, Piankoff und Clère, in: JEA 20, 1934, 158. Vgl. _ḏw-ḥr_, Joris F. Borghouts, Ancient Egyptian Magical Texts, NISABA 9, Leiden 1978, Nr. 40, ferner Anm. 45. – [2] Zu _jꜣḫ/mt_ vgl. Tb 30. – [3] Gegen Osing, in: MDAIK 29, 1973, 97ff.; 32, 1976, 133ff. bezeichnet man mit _jꜣḫ(w) jqr(w)_ die Gesamtheit der Feindfiguren. In der Variante ist „_mz_" wohl _mt(w)_. Obwohl die *Eule nicht direkt der Totenvogel ist, kann man doch _mt_ mit _m_ schreiben, Pyr. 63b; CT VI, 93a–e (vgl. Kaplony, Beitr. Inschriften, 65). Das „_z_" ist die Hieroglyphe Gardiner, EG[3], Sign-list Z 6. Die dritte Variante bezeichnet die T. als die im Gefäß „Eingeschlossenen" (_ḫtm[w]_). Vgl. Anm. 68. _mt(w)_ kommt dann in der 12. Dyn. mit _nṯrw_ und _jꜣḫw_ vor: Posener, in: MDAIK 16, 1958, 265ff.; _sqr(w)_ begegnen ebenfalls schon im AR: Peter Kaplony, Die Rollsiegel des AR II, Monumenta Aegyptiaca 3, Brüssel 1981, 442f. – [4] Primär ist wohl der gefesselte Feind (kniend) (vgl. Kaplony, Rollsiegel I, Monumenta Aegyptiaca 2, Brüssel 1977, 29), sekundär die kniende Figur mit blutendem Kopf: Fischer, in: Or 29, 1960, 187ff.; Kaplony, Beitr. Inschriften, 65ff. Die „Embryonalstellung" des Feindes geht wohl auf die Wiedergabe von nicht gefesselten, nicht blutenden, „ganz toten" Feinden mit verrenkten Gliedern zurück; Junker, in: Fs Grapow, 162 ff. Feind in Embryonalstellung, gefesselt, mit blutendem Kopf: CT I, 156c. d (Variante: kniende Figur mit Messer am Kopf). 400b; II, 233a. 304d; III, 300f–g; VI, 125e. 157a. i. 266g. 270w; VII, 140f. 142p. 153c. 154g. 156b. d (Variante: kniende Figur mit blutendem Kopf). Gefesselte, wohl zu _mt_-T. degradierte _jꜣḫ_-T.: Kaplony, in: Or 37, 1968, 46f., weniger genau: Schenkel, Memphis, Herakleopolis, Theben, 24. Man sagt „Feinde, Lebende und Tote (= T.)", CT I, 403a–b; Wb II, 167,3. _ḫftjw_ = _mtw_: CT V, 329e; Hornung, Amduat II, 99. Feinde und T. bedrohen den König: pBrooklyn 47.218.156, 18. 23. – [5] Peter Kaplony, Studien zum Grab des Methethi, Monographien der Abegg-Stiftung 8, Bern 1976, 43; Georges Posener, L'enseignement loyaliste, Centre de recherches d'histoire et de philologie de la IVe Section de l'EPHE II. 5, Genf 1976, 30f. Allerdings können auch T., die Gräber besitzen, gefährlich werden: Posener, in: MDAIK 16, 1958, 269 und Anm. 1ff. „Death (= Dead) of being buried, ... of not being buried": Borghouts, a.a.O., Nr. 9; T. „be-

graben oder unbegraben“: László Kákosy, Selected Papers (1956–73), Studia Aegyptiaca 7, Budapest 1981, 241. T. ohne Grab haben kein Totenopfer und müssen sich von Kot und Urin ernähren: Grundriß der Medizin V, 267; Tb 1B. – [6] Deshalb braucht man neben *mtw* noch andere alternative und spezifizierende Bezeichnungen für T., wie *ntjw jm* (Mutter und Kind, 12) oder *k3pw jmnw* (Grundriß der Medizin V, 267). Bei Posener, in: RdE 12, 1960, 75 ff. erscheint ein T. „schwebend“ (*ꜥḫ* mit Himmelszeichen), den Namen des *ꜥḫw*-Dämons (Borghouts, a.a.O., Nr. 23 ff.; Massart, in: Supplement OMRO 34, 1954, 107) schreibt man stets ohne Himmelszeichen. Vgl. auch Anm. 22. 23. – [7] Wolja Erichsen, Demotisches Glossar, Kopenhagen 1954, 34. 42. 57; KoptHWb, 54. 505; Grundriß der Medizin VII, 11 (Ambivalenz des *j3ḫ*-Begriffes). *j3ḫ* „guter“ T. neben *mt* „böser“ T. noch in Lexa, Magie II, 136. Von einer Abwertung des *j3ḫ* zum bösen T. (Thompson, in: JEA 26, 1940, 76) kann insofern die Rede sein, als man sekundär auch Ertrunkene ohne Grab euphemistisch benennt (*Ertrinken/Ertränken). Diese heißen auch *mtw*: Admonitions, 26; Borghouts, a.a.O., Nr. 124 (neben *jmjw-mw*, auch *j3ḫw jmjw-mw* Pyr. 155 c?). Der negative Gebrauch von *j3ḫ* (z. B. pHier.BM [Edwards]), 14; 20 und Anm. 27; 40 und Anm. 67; 58 und Anm. 23; 72 und Anm. 57) ist uralt, außer Pyr. 155 c vgl. Pyr. 403 c. 413 a. 673 a ff. 978 a; CT II, 152 c; IV, 19 b–d (= Posener, a.a.O. [s. Anm. 5], 269 und Anm. 5); 127 a (*j3ḫ* = *sbj*); VI, 92 p ff.; VII, 191 f. 293 a–c. 501 a–c; Grundriß der Medizin VII, 410 f.; Tb 42. 136 A. 148. 149, doch braucht man *nṯr* *Gott nicht weniger negativ. „Neutral“ wertet die *mtw* eine Stele des MR (zitiert auch von Erik Hornung, Altäg. Höllenvorstellungen, ASAW 59.3, 1968, 35 Anm. 1); es gilt die Ansicht, daß die *mtw* mit dem Begräbnis verklärt = zu *j3ḫw* gemacht werden, CT VI, 96 a so, wie die *j3ḫw* *nṯr*-Kräfte annehmen können, CT I, 86–87 b; IV, 74 h. Ein *mt*, der die Chance hat, verklärt zu werden (wohl auch in CT IV, 336 e = Urk. V, 124 f. = Tb 18–20; Piehl, Inscr. II, Tf. 65 f. = Edfou III, 331 f.), kann nicht böse sein, im Unterschied zum *mt*, der immer in diesem unvollkommenen Zustand verharren muß. Demzufolge wird *mt(t)* bei Piankoff und Clère, in: JEA 20, 1934, 162 durch *ḥzw* „Gelobter, Gelobtester“ aufgewertet (vgl. die Totenbezeichnung *ḥzjj*) und würde einem **mt sj3ḫ* entsprechen. – [8] Alan H. Gardiner und Kurt Sethe, Egyptian Letters to the Dead, London 1928, 20; Edel, in: MDAIK 13, 1944, 17. – [9] Gardiner, in: JEA 16, 1930, 20; Schott, in: ZÄS 65, 1930, 23. – [10] Vgl. CT II, 151 a ff. „Beschützen vor“ (*ḫwj m-ꜥ*, *nḥm m-ꜥ*) T.: Pyr. 63 b; CT II, 152 c; Grundriß der Medizin V, 533. 535. – [11] Gardiner und Sethe, a.a.O., Tf. 1 f.; Edel, in: MDAIK 13, 1944, 9 ff. – [12] Gardiner und Sethe, a.a.O., Tf. 3.7 f. – [13] Gardiner und Sethe, a.a.O., Tf. 4. – [14] Piankoff und Clère, in: JEA 20, 1934, 163. 165; Francis Ll. Griffith, Stories on the High Priests of Memphis, Oxford 1900, 136 f. (nach Erichsen, Glossar [s. Anm. 7], 432 „sich beklagen gegenüber“). – [15] Gardiner und Sethe, a.a.O., Tf. 7. Daß auch *mt*-T. einer Ordnung unterworfen sind, entnimmt man Stellen wie CT IV, 32 b; Adolf Erman, Hymnen an das Diadem der Pharaonen, APAW 1911. 1, 35; Tb 152. 185; pSalt 825 (Derchain), 137. – [16] Gardiner und Sethe, a.a.O., Tf. 6. 9; Simpson, in: JEA 52, 1966, 45. Ähnlich bekämpft der Arzt die Krankheit oder genauer den *mt*-T. in der Krankheit: Grundriß der Medizin VII, 149. Wir beschränken die Liste auf die speziellen Übeltaten der Totengeister. – [17] Gardiner und Sethe, a.a.O., Tf. 5; Grundriß der Medizin VII, 805; Kákosy, a.a.O. (s. Anm. 5), 256 Abb. 2, 7–8. – [18] Piankoff und Clère, a.a.O. (s. Anm. 14), 160. Vgl. Fecht, in: MDAIK 24, 1969, 113. – [19] CT VII, 25 k. Vor allem die Ächtungstexte weisen aber auf menschengestaltige *mt*-Totengeister. Sie haben Arme (Mutter und Kind, 12. 44) und Gesichter (*ḥsb-ḥr* „mit berüchtigtem [= vor Gericht registriertem] Gesicht“: Borghouts, Magical Texts [s. Anm. 1], Nr. 9, vgl. Anm. 62 zu *ḥsb-r3*, auch Mutter und Kind, 12). In Alan H. Gardiner, Herbert Thompson und J. G. Milne, Theban Ostraka, University of Toronto Studies, London–Oxford 1913, C 1 hat der *mt*-T. die gleichen Körperteile wie der Befallene. – [20] Simpson, in: JEA 56, 1970, 60. – [21] Zum *m3ꜥ-ḫrw*-Begriff vgl. Gunn, in: JEA 16, 1930, 152; Kaplony, Rollsiegel des AR II, 347; pHier. BM (Edwards), 41. 75; Černý–Gardiner, Hier. Ostraca, Tf. 12, 1: „Er hat die Lebenden und die T. gerichtet (*wḏꜥ*)“ (von *Thot). Es gibt in der SpZt Briefe an Götter in der Tradition der älteren *Briefe an Tote (Caminos, in: LÄ I, 860 und Anm. 6–7; Grieshammer, in: LÄ I, 869 und Anm. 47). Nach Anm. 72 sind Briefe an den Sonnengott zu postulieren. Gegenstück der Briefe an die Götter sind die *Götterdekrete. – [22] Was einem „zweiten Tod“ gleichkäme; vgl. Grieshammer, in: LÄ I, 867 zu oLouvre 698 und Otto, in: LÄ II, 676 s. v. Götterdekret zu dem des *Amun für die Prinzessin Nes-Chons (vgl. Posener, in: MDAIK 16, 1958, 269 und Anm. 4). – *wr(t)*-Dämonen der eigenen Ahnen: pHier. BM (Edwards), 10. 25. Vgl. Anm. 6. – [23] Pyr. 386 a (*srḫ*). *srḫj* als Bezeichnung eines T.: Borghouts, Magical Texts, Nr. 71 (vgl. Anm. 6). – [24] Fecht, in: MDAIK 24, 1969, 105 ff. Gewaltsam umgekommene *mt*-T. zählt der pEdwin Smith 19, 2 ff. auf: Die Erwähnung der im Bett Verstorbenen mag da ein späterer Zusatz sein. – [25] Gardiner und Sethe, Letters to the Dead (s. Anm. 8), 10; Edel, in: MDAIK 13, 1944, 6 ff.; Fecht, in: MDAIK 24, 1969, 113 Anm. 1 zu Urk. I, 260, 17–18. – In CT V, 210 f ff. besucht ein *j3ḫ* von selbst seine Kinder auf Erden und rezitiert das Gottesbuch: Kaplony, in: ZÄS 110, 1983, 143 ff. – [26] *Chonsuemheb und der Geist, vgl. Emma Brunner-Traut, in: LÄ I, 963 f.; Posener, in: RdE 12, 1960, 75 ff. In der Gespenstergeschichte Setne I (*Chaemwese-Erzählungen) kommen die Begriffe *j3ḫ* und *mt* nicht vor, der Text ist aber am Anfang nicht erhalten. Der Tote wünscht zuletzt die Überführung der Leichen von Ehefrau und Sohn in sein Grab (Griffith, Stories [s. Anm. 14], 136 ff.), vgl. Urk. I, 146, 16 ff. – [27] Griffith, a.a.O., 160 f. Vgl. ebd., 150 ff. 204 ff. – [28] Sie bringen nicht unbedingt den Tod, weil man sie vertreiben kann. Das Sterben wegen eines T. erwähnt immerhin Pyr. 1468 d. In Grundriß der Medizin V, 273 soll verhindert werden, daß ein T. jemand tötet (*ḫdb*). Als Tod ist auch zu verstehen, wenn der T. jemand mitnimmt (*jṯj*) (Mutter und Kind, 42) oder kommt, um jemand zu holen (*jj r*) (ebd., 43 ff.); pHier. BM (Gardiner), 72 und Anm. 1. Todesdrohungen der *j3ḫw* (vgl. Anm. 25): Edel, in: MDAIK 13, 1944, 12 ff. In der Liste der Todesarten Borghouts, Magical Texts, Nr. 9 erscheint der Tod, der als Schatten agiert (*jrj m šwt*), aber kein Totengeist. T., die töten (*ḫdb*), auch bei Griffith, Stories (s. Anm. 14), 38 f.

Läßt der T. den Grabbesucher zur Strafe zu Teilen in den Boden des Grabes versinken (ebd., 116ff.), erinnert das an die Wiedergabe des mit dem Oberkörper vom Boden des Grabes aufsteigenden Grabherrn bei William K. Simpson, The Mastabas of Qar and Idu, Giza Mastabas 2, Boston 1976, 27. – [29] *mꜣꜣ*, Simpson, in: JEA 56, 1970, 62, heißt in der Tat „to visit", „aller voir", oder genauer: „heimsuchen". Vgl. auch Anm. 31. – [30] pHier. BM (Edwards), 16 und Anm. 37. Vgl. Pyr. 53a. – [31] Vgl. Simpson, in: JEA 52, 1966, 44f.; Fecht, in: MDAIK 24, 1969, 117f., ferner Posener, in: Syria 43, 1966, 283; ders., in: Annuaire du Collège de France 74, Paris 1974, 400; Serge Sauneron, Les songes, SourcesOr 2, Paris 1959, 55; pHier. BM (Edwards), 124 s. v. *rswt*. Die Tabubu-Episode (Griffith, Stories, 120ff.) ist ein von einem T. geschickter Alptraum. „Laß nicht zu, daß ich ihn (= den T.) (auch nur ein einziges) Mal erblicke (*mꜣꜣ*)": Grundriß der Medizin V, 269. – [32] Grundriß der Medizin V, 255–269; bes. 265; VII, 129ff. 412; Westendorf, in: ZÄS 96, 1970, 145ff. *ꜥꜣꜥ* auch in Borghouts, Magical Texts, Nr. 27. Beide Begriffe nebeneinander bei Borghouts, in: OMRO 51, 1970, 21. 99f. – [33] *Augenheilkunde; Grundriß der Medizin V, 76. 102; VII, 411; Alessandro Roccati, Papiro ieratico n. 54003, CGT, serie prima – monumenti e testi 2, Turin 1970, 31; oDeM 1062 (zusätzlich Kopf). – [34] Grundriß der Medizin V, 153; VII, 411. Vgl. Tb 153 B, 13 (Nu) (*jw jḫbw mt m ḫt.j*); Borghouts, in: OMRO 51, 1970, 21 (*nn wn.ṯn rꜣ.ṯn nn šzp.ṯn ... bš šzp(t).n.ṯn*). – [35] Grundriß der Medizin VII, 410f. Es ist unklar, warum die Variante ebd. V, 3 die Schulter (*qꜥḥ*) als Eintrittsort des T. erwähnt. Die Nase als Eintrittsort wird nicht belegt (vgl. aber Mutter und Kind, 14f.). Zum Ohr als Austrittsort (neben dem Kopf) vgl. pChester Beatty I rto 12,5ff. (*prj r-bl*); Borghouts, Ancient Egyptian Magical Texts (s. Anm. 1), 110 Anm. 282; *Homosexualität. – [36] Grundriß der Medizin V, 489. – [37] A.a.O., 482. – [38] A.a.O., 224f., lies *jst-ꜥmt(t)*? Vgl. Kákosy, Selected Papers (s. Anm. 5), 241. 245 zu *npḥw* „Unterleib". – [39] *sḫnt*, Grundriß der Medizin V, 265. – [40] Darauf bezieht sich der Dämonenname „Männlichster der T.", Borghouts, a.a.O., Nr. 47. Vgl. Störk, in: LÄ II, 7; Westendorf, in: ZÄS 96, 1970, 145ff.; Kees, Totenglauben, 201ff. 216 (zu den weiblichen T.); Westendorf, in: LÄ II, 1273f. Anm. 16 (zur „Männlichkeit" weiblicher T.). – [41] Läßt sich die pejorative Sinnentwicklung des deutschen Wortes „Gift" (< „Gabe") vergleichen? Krankheit = Giftschlange: Mutter und Kind, 15. T. = Giftschlange: Borghouts, a.a.O., Nr. 121. Gift = Schlange: Borghouts, a.a.O., Nr. 23; Suys, in: Or 3, 1934, 70ff. Möglicherweise besteht eine Assoziation T. (*mt*) / Gift / Samen (*mtwt*), Borghouts, a.a.O., Nr. 145 („The poison has died"). – [42] Grundriß der Medizin V, 313. 446. 531; Borghouts, a.a.O., Nr. 39ff.; pChester Beatty V vso, 4,1ff.; oDeM 1062 (zitiert Anm. 33). pLeiden I 348 rto, 6,5 erwähnt das Austeilen von Schlägen (*wdj sqr*) am Kopf, wodurch der T. Eingang erzwingen will (*wdj sꜥqw*), was *sqr n ꜥqt n rwtj* (sc. *ṯꜣw n mt*) „Schlag von etwas, das von außen eintritt (sc. vom Hauch eines T.)" (Grundriß der Medizin V, 311ff.) entspricht. Zu *sqr* vgl. Anm. 17. In Borghouts, Magical Texts, Nr. 41 = Kákosy, Selected Papers (s. Anm. 5), 256 Abb. 2, 2.6 steht *nqm*, s. Anm. 46. – [43] Vgl. Posener, in: MDAIK 16, 1958, 257f.; ders., in: Proceedings of the Fifth World Congress of Jewish Studies, Jerusalem 1971, 146; Kaplony, Rollsiegel des AR II (s. Anm. 4), 442f.; Pyr. 673aff.; Tb 149. Krankheit überhaupt als Schlachtmesser: Mutter und Kind, 22. Nach Anm. 62 dringt der T. in den Kopf des Besessenen ein, um mit dessen Mund Zaubersprüche zu rezitieren. – [44] Kaplony, Beitr. Inschriften, 72ff.; Ward, in: JNES 37, 1978, 23ff. – [45] CT I, 207eff. (mit *nṯr nb jꜣḫ nb*; zu *nḥꜣ-ḥr* ebd. vgl. Grundriß der Medizin V, 450 *ḥzꜣw-ḥr*); CT VI, 269off. (über den von Seth beschützten Ptah haben Menschen, *nṯrw*, *jꜣḫw* und *mtw* keine Gewalt); 327e(?); VII, 451b. – [46] CT III, 276–277a, zitiert von Kaplony, in: Or 34, 1965, 141 Anm. 1. Vgl. Simpson, in: JEA 52, 1966, 44f.; Kákosy, Selected Papers (s. Anm. 5), 244 Anm. y; Borghouts, Magical Texts, Nr. 40 (*nqm*). – [47] *Bentresch-Stele. Andere T. (?) des Auslandes gelten vielleicht als *ꜥḫw*-Dämonen. Vgl. Anm. 6. – [48] Grundriß der Medizin V, 482. – [49] Pyr. 63b. – [50] Vgl. Anm. 42. Wahrscheinlich nicht als *ṯꜣw n rꜣ* (Grundriß der Medizin V, 9 = *hh n rꜣ* Kees, Totenglauben, 221), sondern nach Grundriß der Medizin VII, 965 und Borghouts, Magical Texts, Nr. 9 Anm. 14 allgemeiner zu verstehen. – [51] Grundriß der Medizin V, 255ff. 536; pChester Beatty VIII rto, 5,3; Borghouts, a.a.O., Nr. 46 (wieder auszuspeien, *psg*). – [52] Grundriß der Medizin V, 265ff. 442ff. 447ff.; Mutter und Kind, 12; Borghouts, a.a.O., Nr. 9. Die Salben gelten wohl als Körperflüssigkeiten von Göttern: Massart, in: Suppl. OMRO 34, 1954, 92. – [53] Grundriß der Medizin V, 25. – [54] pLeiden I 348 rto, 8,5. – [55] Mutter und Kind, 39; pLeiden I 348 rto, 8,4–5. – [56] pTurin 122,6. – [57] Grundriß der Medizin V, 482; pLeiden I 348 rto, 8,5; pChester Beatty VIII vso, 6,12. – [58] pChester Beatty V vso, 4,4. – [59] Der häufigste Ausdruck. Der T. kann sich selbst vertreiben, Grundriß der Medizin V, 24. – [60] A.a.O., 107. 447; pChester Beatty VIII vso, 1,9; 7,5. – [61] Vgl. Hickmann, in: BIE 37, 1956, 67ff. – [62] Vgl. Schott, in: ZÄS 65, 1930, 35ff., zitiert von Posener, in: CdE 14, Nr. 27, 1939, 45; Schott, in: MDAIK 14, 1956, 181ff. „Schlechtes, das aus dem Mund eines *nṯr*, eines *jꜣḫ* oder *mt* kommt": CT III, 7b–8a. Öffnen/ Verschließen des Mundes der *jꜣḫw/mtw*: CT III, 304g; IV, 19c; V, 322aff. (Abschneiden des Kopfes = Entzug des Sprechvermögens); 324kff. (ebenso); VI, 92pff. *wdj-rꜣ* „dem Mund wehren": Mutter und Kind, 40ff. Der sprechende Mund von *jꜣḫw* schon in Pyr. 930aff. 2145c. *jꜣḫ*, der nicht auf Zauber hört: CT V, 224e, was positiv wohl als *ḥsb-rꜣ* (vgl. Anm. 19) gilt, Borghouts, a.a.O., Nr. 10. *ḫtm-rꜣ* auch in Mutter und Kind, 51; Borghouts, a.a.O., Nr. 27; pMag. Harris 501 (H. O. Lange), 29. 70 (ertrunkene T.); pBrooklyn 47. 218. 156, 19, auch Otto, Mundöffnungsritual II, 75f. *ḫtm-rꜣ* ist da wohl das Töten und Versiegeln des Schlachtviehs (= des Feindes), Kaplony, Rollsiegel I, 13.47; Wolfgang Boochs, Siegel und Siegeln im Alten Ägypten, Kölner Forschungen zu Kunst und Altertum 4, Sankt Augustin 1982, 23ff. – [63] pEdwin Smith 18,8. – [64] Borghouts, Magical Texts, Nr. 40. 127; Gardiner, Thompson und Milne, Theban Ostraka (s. Anm. 19), C1. – [65] Grundriß der Medizin V, 267 (*rwj sw*); pLeiden I 348 rto, 6,6. *prj ḥr tꜣ* pTurin 122,9 = Borghouts, a.a.O., Nr. 9; pLeiden I 348 rto 6,8 wird ebd., Nr. 40 durch *ḥr tꜣ* ohne Verb variiert; Walther Wreszinski, Die Medizin der Alten Ägypter II, Leipzig 1912, 142. Vgl. Anm. 35. – [66] Grundriß der Medizin V, 25; Mutter und Kind, 43ff.; Borghouts, Magical Texts, Nr. 40–41. Vgl. Anm. 34. – [67] Belege in Anm. 34. 51. – [68] CT VI, 71g (*ḫnr*) = Tb 92 (*ḫtm* Variante *ḫtm ḫr* „versiegeln"), Otto, in: ZÄS 77, 1942, 89 und Anm. 5. Demnach sind auch bei Osing, in: MDAIK 32, 1976, 155 *ḫtmw* „Eingeschlossene" gemeint. Vgl. Fecht, in: MDAIK 24, 1969, 115f.; Simpson, in: JEA 56, 1970, 62 (*zꜣw*). Mit der Beschwörung eines T. beschrifteter Krug: Borghouts, a.a.O., Nr. 27. Es mag auch Briefe an Tote auf Krügen gegeben haben, welche Figuren von Feinden bzw. T. enthielten. Vgl. Lüddeckens, in: Enchoria 1, 1971, 1ff., ferner die *ḫtm*-Vermerke bei Kaplony, Rollsiegel I, 50 Anm. 88 und hier Anm. 78. – [69] pLeiden I 348 rto, 6, 6 (Augenamulett?). – [70] Grundriß der Medizin V, 489; Mutter und Kind, 35ff. 40ff. 50ff.; Borghouts, Magical Texts, Nr. 6. 40; pChester Beatty V vso, 4, 5ff.; Sauneron in: Kêmi 20, 1970, 7ff.; Kákosy, Selected Papers (s. Anm. 5), 240ff. Am Genital: Grundriß der Medizin V, 482. – [71] Vgl. Mutter und Kind, 11ff.; Borghouts, a.a.O., Nr. 6. 40; ders., in: OMRO 51, 1970, 28. Machenschaften der T. am Tag und in der Nacht: CT VI, 92pff.; Tb 148; Massart, in: Suppl. OMRO 34, 1954, 107. – [72] Pyr. 673aff.; CT VI, 96aff.; Grundriß der Medizin V, 442ff. 531; Mutter und Kind, 12ff. 40ff.; Borghouts, a.a.O., 21f.; ders., Magical Texts (s. Anm. 1), Nr. 3. 27. 39ff.; pChester Beatty VIII vso, 6, 12ff.; Lexa, Magie, 50; pBremner-Rhind 22, 5–6; 26, 2 (neben dem König). – [73] Re, der befohlen hat, die Verdammten zu strafen (*njk mtw*): Erik Hornung, Das Buch der Anbetung des Re im Westen I/II, AH 2–3, 1975–76, 12f. bzw. 62. 102. Die Übersetzung von *mtw* mit „Todgeweihte" trifft nicht zu. Die Verdammten sterben ein zweites, drittes usw. Mal, d.h. sie haben wohl wie Seth ein ewiges Leben. Vgl. Kaplony, in: Or 35, 1966, 409 und Anm. 1; zu den *mtw* vgl. noch Christine Seeber, Untersuchungen zur Darstellung des Totengerichts im Alten Ägypten, MÄS 35, 1976, 115. 167ff. *njk mtw* auch bei Hornung, Amduat II, 98. Der Gedanke des Eindringens zu den T. zur Bestrafung existiert schon in Pyr. 969a. 1236aff. – [74] pBrooklyn 35.1446, 57; Posener, in: MDAIK 16, 1958, 268 und Anm. 4; ders., in: Annuaire du Collège de France 77, Paris 1977, 510f. – [75] Hornung, Amduat II, 98. – [76] Tb 127; Hornung, a.a.O., 98; Borghout, a.a.O., Nr. 6. *ḥꜥw* der Totengeister: Hornung, a.a.O., 180. – [77] Tb 181. 185; Borghouts, a.a.O., Nr. 46. Vgl. Anm. 79. – [78] Grundriß der Medizin V, 448. 450. 535; Beate George, Zu den altäg. Vorstellungen vom Schatten als Seele, Bonn 1970, 39. 57ff. (Variante *jꜣḫw* vgl. Anm. 68). 66f.; CT VI, 84c; Hornung, Amduat II, 98. 175. Vgl. auch Nr. 28 sowie Griffith, Stories (s. Anm. 14), 204ff.: T. als Schatten. – [79] CT II, 288–289e; Piankoff, Livre des Portes I, 183. 185. Auf die Vernichtung von *bꜣ* und *ḫꜣt* eines T. bezieht sich pChester Beatty V vso, 5, 3. – [80] pChester Beatty VIII vso, 7, 9 = Posener, in: MDAIK 16, 1958, 269 und Anm. 2 = Dimitri Meeks, Génies, anges et démons, SourcesOr 8, 1971, 49. – [81] Pyr. 1656c; Westendorf, in: ZÄS 96, 1970, 146; Borghouts, Magical Texts, Nr. 11; Klasens, in: OMRO 33, 1952, 54f.: „The bush is hidden. Death (= The Dead) does not penetrate into it."

Korrekturzusatz: *ḫtm ḫr* (s. Anm. 68): Kaplony, in: LÄ IV, 934 und Anm. 3ff. Der Todgeweihte (s. Anm. 73) heißt *ḫrj-mt*, euphemistisch *ḫrj-kꜣ*: Kaplony, in: Mélanges Adolphe Gutbub, Montpellier, 1984, 115ff., bes. 119. *ḫrj-mt* diskutieren auch Borghouts, in: OMRO 51, 1970, 191 und Anm. 2; Ricardo A. Caminos, A Tale of Woe, Oxford 1977, 17 und Anm. 2ff.; Gertie Englund, Akh, Acta Universitatis Upsaliensis Boreas 11, Uppsala 1978 geht auf das Problem *jꜣḫ – mt* – T. nicht ein.

P.K.

Totengericht s. Jenseitsgericht

Totenglauben s. Totenkult

Totengottheit. Die Gottheiten, die im Glauben der Alten Ägypter zum „Lebens"bereich nach dem Tode gehörten, lassen sich in folgende Gruppen einteilen:

A. *Osiris war T. „schlechthin". Der Mythos von seinem Sterben und seiner Wiederauferstehung bzw. -erweckung wurde zu einem Modellfall für das Schicksal des Königs, dann der Menschen (und von Göttern).

B. Eine zweite Gruppe bilden Gottheiten, bei denen der Anknüpfungspunkt zum Tode ganz anderer Natur war; solche, deren Kulte auf dem Westufer des Nils, auf dem man meistens die Nekropolen anlegte, beheimatet waren und/oder als tiergestaltige Höhlenbewohner verehrt wurden wie *Anubis, *Cherti, *Chontamenti, *Hathor, *Meresger, *Sokar, *Upuaut u.a. Aber auch Ostufergötter wie *Sepa konnten wegen der Nähe ihrer Heiligtümer zu einem Friedhof T. werden. Das Ausschlaggebende war, daß man von ihnen glaubte, sie schützten die Toten bzw. die Eingänge zur Nekropole, d.h. zur Unterwelt [1].

C. Auf einer anderen Ebene trifft sich diese Idee des Schutzes der Verstorbenen mit der von der „Geborgenheit" [2], die die große mütterliche (*Himmels)göttin spendet, wenn sie den Toten in sich aufnimmt und am Morgen neu belebt entläßt wie die Sonne (*Muttergottheit, *Nut, *Neith, *Mehet-weret, *Ihet, *Hathor [3]). Diese Jenseitshoffnung ist solar bestimmt und nicht osirianisch.

D. Lokale Bedeutung als T. hatten vergöttlichte Menschen (*Vergöttlichung) wie *Ahmose Nofretere und *Amenophis I.

E. Eine zahlenmäßig im Prinzip unbegrenzte und in der „Qualität" sehr inhomogene Gruppe ist die der „kleinen" T., zu der die verschiedensten *Personifikationen wie *Amentet, der „Westen", oder *Maat als personifizierte Richtschnur beim *Totengericht gehören. In einem vereinzelten Beleg aus der 21. Dyn. wird sogar ein schlangengestaltiges Mischwesen als „Tod, der Große Gott, der Götter und Menschen gemacht hat", abgebildet [4]. Daneben treten Verkörperungen von Begriffen, Geräten etc., die in der Unterweltsliteratur vorkommen. Zu ihnen ist z.B. auch die *Fresserin zu rechnen, die die sündigen Toten verschlingt.

F. Mischformen. Vor allem Osiris konnte man mit anderen Gottheiten „synkretistisch" verbinden, um die Erneuerung durch den Tod auszudrücken, z.B. *Apis(-Osiris) oder *Ptah-*Sokar-Osiris[5]. (Eine solche Ausdrucksweise wurde vermieden bei nur temporärer „Einwohnung" wie zwischen *Re und Osiris[6]).
Die Götter der Gruppen B bis E existierten auch als eigenständige T. neben Osiris, z.B. Anubis als Balsamierer oder Totenrichter.

[1] Kees, Götterglaube, 29–30. – [2] Assmann, in: LÄ IV, 268. – [3] Sie gehört sowohl hierher wie unter B. – [4] Hornung, Der Eine, 72. – [5] Vgl. zu diesem Gott Raven, in: OMRO 69–70, 1978–79, 273ff. – [6] Hornung, a.a.O., 85ff. E.G.

Totenklage, erkennbarer Ausdruck der *Trauer, der in Ägypten vom Weinen über Klagelieder und Trauergesten (*Gesten) bis hin zum *Tanz reichen konnte und für den Verstorbenen und dessen weiteres Schicksal als dienlich und hilfreich galt[1].
A. T. bezeichnet allgemein sämtliche Handlungen und *Gefühlsbewegungen, die bei der *Bestattung als Zeichen der Trauer und Klage um den Verstorbenen dargestellt werden, s. dazu im einzelnen *Bestattungsritual, *Ekstase, *Klagefrau, *Tanz[2].

B. T. bezeichnet speziell „... die dem Toten geltenden Worte aller Personen ..., die an der Bestattung teilnehmen, sofern sie das nicht als *Totenpriester tun"[3]. Bei den hier überlieferten Reden etc. werden hauptsächlich zwei Inhaltsbereiche angesprochen: 1. Die eigentliche Trauer um den Verstorbenen, die sich zunächst (AR) nur in schmerzlichen ad hoc-Ausrufen wie „O, mein geliebter Vater/Herr!"[4] u.ä. Ausdruck verschafft, im Laufe der Zt jedoch eloquenter formuliert wird und spätestens ab der 19. Dyn. auch Raum für die sogenannte „Jenseitsklage" (s.u.) bieten kann. 2. Der *Verklärung des Toten dienende Wünsche und Aussagen meist vorgegebenen Inhalts, die – den jeweils gültigen *Jenseitsvorstellungen entsprechend – auf ein positives weiteres Schicksal für den Verstorbenen hinzielen, wobei im AR noch das schöne Begräbnis mit seiner entsprechenden Versorgung im Vordergrund steht, z.B. „*Anubis hat ein Begräbnis bereitet in Frieden für NN."[5], „O, NN., ... möge dich Anubis verklären (*s3ḫ*)!"[6] u.ä.
Diese beiden in der T. greifbaren Haltungen der aktuellen, im Diesseits verhafteten Trauer und Abschiednahme einerseits und der auf ein vorgegebenes Jenseitsbild ausgerichteten Hoffnung andererseits kennzeichnen die altäg. T. zu allen Zeiten, wenn auch mit im einzelnen wechselnden Inhalten und Gewichtungen. So rufen bei einer Begräbnisdarstellung der 18. Dyn. eine Tochter des Verstorbenen: „Wohin gehst du, mein Vater?", die Ehefrau: „Wohin soll ich gehen ohne meinen Herrn für ewig?", die Freunde dagegen, die den Sarg tragen: „... zum Westen, Westen, ... NN., ... zum Ort, wo deine Sehnsucht weilt!"[7]; und bei einem Begräbnis der SpZt wird den Rindern im Begräbniszug zugerufen: „Ziehet kräftig ... zum Westen, dem Land des angenehmen Lebens!", die Ehefrau jedoch klagt: „Mein Herz weint sehr, während du eilends die Nekropole erreichst ..."[8]. Beide Haltungen schließen einander nicht aus (vgl. auch *Diesseits-Jenseitsbeziehungen); dies ändert sich auch nicht mit dem Auftreten solcher Aussagen bei der eigentlichen Klage um den Toten, die das Jenseits zugunsten des irdischen Lebens herabsetzen. Hier werden – belegt ab dem Übergang 18./19. Dyn., aber mit Ansätzen schon in der frühen 18. Dyn.[9] – Wendungen greifbar wie „... der zu trinken liebte, ist im Land, das ohne Wasser ist!" oder „... er ist geeilt zum Land der Ewigkeit und Dunkelheit, in dem kein Licht ist!"[10]. Solche, meist deutlich dem Diesseits zugewandten[11] Zweifel gegenüber den positiven Jenseitsbildern finden jetzt innerhalb der T. bei der eigentlichen, ja gleichfalls im Diesseits verhafteten Trauerhaltung ihren Platz. Sie sind kennzeichnend für die sogenannte „Jenseitsklage", die wohl den gleichen Ursprung wie die skeptisch-zweifelnde Literatur des MR besitzt, sich jedoch erst im NR insbesondere in den *Harfnerliedern greifen läßt und bis in die SpZt nachweisbar ist[12].
Die Jenseitsklage als Teil der T. verdrängt jedoch im weiteren NR deren überlieferte Inhaltsbereiche nicht, sondern ersetzt sie teilweise bzw. tritt neben sie (zu einer vergleichbaren Situation s. *Harfnerlieder). In der SpZt erscheint dann die Jenseitsklage bevorzugt in den biographischen Inschriften, während die Inhalte der T. wieder hauptsächlich mit den Begriffen Trauer und Verklärung umschreibbar sind, wie dies u.a. noch die mehrfach belegte T. im griechisch-römischen Osirisritual zeigt (s. *Osiris, *Klagefrau, *Stundenwachen), deren Inhalte und Funktion sich prinzipiell nicht von denen der älteren T. unterscheiden.

[1] Vgl. Lüddeckens, in: MDAIK 11, 1943, 172f. – [2] Zusätzlich: Erika Feucht, in: Fs Wolfhart Westendorf II, 1103ff. – [3] Lüddeckens, a.a.O., 1. Aber auch den Rindern können im Begräbniszug des NR entsprechende Reden beigegeben werden, z.B. a.a.O., 73f. – [4] A.a.O., 16ff. – [5] A.a.O., 20f. – [6] A.a.O., 18f. – [7] A.a.O., 35ff. – [8] A.a.O., 161. 164f. – [9] Vgl. etwa die zweifelnde Frage „Wohin gehst du, mein Vater?", a.a.O., 37f. – [10] A.a.O., 134f. – [11] S. dazu etwa die Klagen a.a.O., 112. 136f. – [12] Otto, Biogr. Inschr., 46ff. U.Kö.

Totenkult, Totenglauben. A. *Allgemeiner Überblick.* 1. Totenkult (Tk.) ist der Oberbegriff aller auf den Toten gerichteten Handlungen, Totenglauben (Tgl.) der Oberbegriff aller den subjektiv gemeinten Sinn dieser Handlungen leitenden Vorstellungen. Beide Begriffe, die sich als Totenreligion zusammenfassen lassen[1], sind eng aufeinander bezogen und werden daher gemeinsam behandelt.

2. Der Tgl. ist bestimmt von drei Grundüberzeugungen:

a. die Behandelbarkeit des Todes
b. die Fortdauer der Person
c. die Unsterblichkeit des Königs, dann, darauf aufbauend, der Seele.

Zunächst gilt es zwischen „Fortdauer" und „Unsterblichkeit" zu unterscheiden. Fortdauer verbindet sich im Äg. mit Wörtern wie *ḏd* „dauern", *rwḏ* „fest sein", *mn* „bleiben" und negativen Wendungen wie *nn skj* „nicht vergehen" usw., Unsterblichkeit dagegen mit *ʿnḫ* „leben", *nṯrj* „göttlich sein", *rnpj* „sich verjüngen" usw.[2] Fortdauer bezieht sich auf eine Existenz über den (als solchen nicht geleugneten) Tod hinaus, Unsterblichkeit dagegen auf eine Leugnung des Todes bzw. eine Erlösung vom Sterbenmüssen. Fortdauer ist den Menschen zugänglich, Unsterblichkeit dagegen das Vorrecht der Götter. Diese Unterscheidung gilt es unbedingt festzuhalten, auch wenn sie in der Gestalt des *Königs als eines Gott-Menschen und der sich daraus entwickelnden Gestalt des *Osiris als eines Mensch-Gottes überbrückt und dadurch Unsterblichkeit auch den Menschen zugänglich wird. Sie eröffnet sich ihnen ganz ausgeprägt nicht als ein menschliches, sondern als ein göttliches Schicksal, durch Teilhaben am Wesen der Gottheit.

a. Fortdauer ist – im Unterschied zu Unsterblichkeit – an den Begriff der Person (*Persönlichkeitsbegriff und -bewußtsein, *Anthropologie, religiöse) gebunden, also an eine im geschichtlichen Prozeß gewordene, auf persönlicher Leistung und gesellschaftlicher Anerkennung beruhende Form. Der Begriff der Person erschließt sich aus den auf ihre Fortdauer gerichteten Bemühungen:

1. Konservierung der Leiblichkeit mit den Mitteln der *Balsamierung und der Mumifizierung, aber auch der bildenden Kunst, die das individuelle Aussehen festhält (*Portrait, *Ersatzkopf) bzw. Ersatzkörper aus dauerhaftem Material bereitstellt (*Serdab-Statue, *Uschebti[3]).

2. Aufzeichnung der individuellen Identität, in Form von *Name und Titeln (*Amt und *Rang), *Besitz- und Versorgungsansprüchen (Aktenstücke)[4] und den sich aus diesen Ansätzen entwickelnden biographischen Inschriften in ihren Ausgangstypen der Laufbahn- und der Idealbiographie[5].

Der Begriff der Fortdauer bzw. Person gliedert sich daher in zwei Aspekte: einen physischen (leibliche Fortdauer) und einen sozialen (soziale Fortdauer: als Weiterleben des Einzelnen im Gedächtnis der Gruppe aufgrund der Unvergeßlichkeit seiner Leistung, wie sie die *Biographie aufzeichnet).

b. Der Begriff der Unsterblichkeit des Königs beruht auf anderen Voraussetzungen. Das geht am Klarsten aus dem Fehlen biographischer Inschriften im königlichen Bereich hervor. Der König geht zwar als Träger eines individuellen Namens, aber nicht einer individuellen Geschichte ins Jenseits ein[6]. Das verweist auf tiefgreifende Unterschiede, die bis ans Ende der pharaonischen Kultur nicht verwischt werden. Ihm fehlt der soziale Aspekt, seine Unsterblichkeit ist nicht soziogen, beruht nicht auf „sozialer Fortdauer". Ein „Grabherr" dauert fort aufgrund seiner im Laufe seines irdischen Daseins entwickelten Persönlichkeit, und zwar nach Maßgabe seiner Leistung, die sich nach den (geschichtlichem Wandel unterworfenen) Kategorien biographischer Bedeutsamkeit bemißt. Der König ist solchen Kategorien enthoben. Seine Unsterblichkeit ist nicht abhängig von sozialen Maßstäben, sie hat – in scharfem Gegensatz zu personaler Fortdauer – mit diesseitiger gesellschaftlicher Eingebundenheit nichts zu tun. Sie beruht auf eigener Kraft, auf göttlicher Natur.

Nun zeigen jedoch die auf das Jenseitsschicksal des Königs gerichteten Bemühungen, daß man sich auf eine Unsterblichkeit „aus eigener Kraft" nicht verlassen hat. Einerseits zeigt die auch und gerade am kgl. Leichnam praktizierte Mumifizierung, daß hier zumindest auf die Fortdauer des physischen Aspekts der Person entscheidender Wert gelegt wurde. Zum anderen spricht aus den zunächst wohl ausschließlich kgl. Rezitationstexten, die sich unter dem Begriff *sꜣḫw* „*Verklärungen" zusammenfassen lassen, und deren Aufzeichnung in den *Pyramiden ab *Unas den Ausgangspunkt für die die Institution der *Totenliteratur bildete[7], sehr eindeutig der Wunsch nach sozialer Anerkennung und Einbindung, aber nicht in die diesseitige Gesellschaft, sondern in die Götterwelt. Daher ist mit Bezug auf den König die Idee einer Unsterblichkeit „aus eigener Kraft" in gewissem und vermutlich im Lauf der Geschichte wachsendem Umfang[8] einzuschränken durch die Qualifikation „kraft götterweltlicher Sozialisation", wie sie durch den Vollzug der Verklärungsriten bewirkt wird. So beruht auch die Idee der kgl. Unsterblichkeit auf einem Personenbegriff, der die Konservierung des physischen Aspekts mit der götterweltlichen Einbindung des sozialen Aspekts verbindet. Die Einbindung wird als Übergang von der einen in die andere Welt konzipiert, der einerseits, in der Form des *Himmelsaufstiegs, aus eigener Kraft bewältigt wird, andererseits jedoch auch kultischen Mitvollzugs in Form von „Verklärungs"-Riten im Sinne eines rite de passage bedarf.

3. Die aus der Grundüberzeugung von der „Behandelbarkeit" des Todes resultierenden Handlungen differenzieren sich folglich je nachdem, ob sie mehr auf die Fortdauer der Person oder auf die götterweltliche Sozialisation eines unsterblichen Wesens gerichtet sind.

a. Der Fortdauer der Person dient in erster Linie die monumentale Grabanlage. Das *Grab bewahrt den Leichnam und sorgt kraft seiner Monumentalität für die fortdauernde Einbindung des Verstorbenen in das Andenken der Nachwelt. Das entscheidende Kennzeichen der hierauf bezogenen Handlungen ist, daß der Tote ihnen nicht nur als Objekt, sondern (dann natürlich nicht als Toter, sondern zu Lebzeiten) als Subjekt zugeordnet wird. Der Ägypter baut sich sein Grab selbst, weil die erstrebte Monumentalität nur durch Aufwendungen erreichbar ist, die man der Nachwelt nicht zumuten oder jedenfalls nicht zutrauen will, und weil sie jahrelange Bauzeit erfordert, während derer der Leichnam nicht unversorgt bleiben kann. Dies Prinzip, das z.B. in der *Lehre des Djedefhor explizit formuliert wird[9], findet allenfalls durch die kgl. Monopolisierung des Handwerks eine gewisse Einschränkung in dem Sinne, daß die Anlage eines monumentalen Grabes dem Einzelnen wohl nur im Rahmen eines Amtes möglich war. Das Amt eröffnet Chancen des Zugriffs auf die verstaatlichte Arbeitskraft[10]. Es hat aber nicht nur einen ökonomischen, sondern auch einen sozialen bzw. ideologischen Aspekt: es eröffnet Chancen der Erwerbung biographischer Bedeutsamkeit. Beispiele titelloser Grabherren sind nicht bekannt. Selbst als in der 1. ZwZt das bürokratische Ämtersystem des Königsdienstes zusammengebrochen ist, legt man sich im Grab fiktive Ämter[11] zu.

Das Amt, d.h. die institutionalisierte Beziehung zum Königtum, ist – zumindest im AR – Grundlage der für die äg. Totenreligion entscheidenden Konzeption der „Jenseitsversorgtheit" (*jm3ḫ*)[12]. Darunter versteht der Ägypter eine Relation (man ist *jm3ḫj ḫr* „versorgt bei" jemand): die Beziehung eines Grabherrn zu der seine Fortdauer garantierenden Instanz. Das ist im AR der König. Das monumentale Grab hat als *Statussymbol des „beim König versorgten" Grabherrn daher einen offiziellen Charakter. „Privatgräber" im strengen Sinne sind nur die nicht-monumentalen Gräber der einfachen Leute.

Das zu Lebzeiten errichtete, monumentale Grab erfordert also das Handeln a. des Königs, der das Amt gewährt und damit die Chancen auf biographische Bedeutsamkeit und monumentale Selbstverewigung zuallererst eröffnet, gegebenenfalls den Bauplatz in der Residenznekropole anweist, Handwerker bereitstellt, oft Teile der *Grabausrüstung stiftet[13] und die „Jenseitsversorgtheit" des Grabherrn garantiert[14], b. des Einzelnen, der die sich ihm im Königsdienst eröffnenden Chancen wahrnimmt[15] und c. der Nachwelt, die das Grab respektiert[16] und als Botschaft rezipiert[17].

b. Auf die „götterweltliche Sozialisation" des Toten zielen dagegen die Handlungen, die den Toten zum Objekt haben und die in zwei große Gruppen einzuteilen sind: 1. der Komplex der Funeralien, vom Sterbetag im Wohnhaus über Einbalsamierung, Mumifizierung und *Mundöffnung in der *Balsamierungshalle bis zur *Bestattung im Grab, und 2. der Komplex perennierender Handlungen, des Tk. im engeren Sinne, der in täglichen und Festkult (*Totenfeste) einzuteilen ist. Hier ist es wichtig, daß der (zunächst exklusiv kgl.) Sinn der Einführung des Toten in die Götterwelt erst sekundär einen älteren Bestand an Riten überformt, deren ursprünglicher Sinn nur noch hypothetisch erschlossen werden kann. Die Träger dieser Handlungen sind einmal die *Familie, vor allem der Erbsohn, zum anderen Spezialisten, vor allem der Balsamierer und der *Vorlesepriester. Der Tk. ist weitestgehend die Aufgabe des Erbsohnes. Auch wenn de facto *Totenpriester (*ḥm k3*) den Tk. vollziehen, tun sie es im Auftrag des Sohnes als des Opferherrn. Der *Tempelkult hat dieses Modell übernommen: der König ist als Sohn der Götter der Kult- bzw. Opferherr, in dessen Auftrag die einzelnen lokalen Priesterschaften agieren[18].

Für den äg. Tk. ist die Konstellation von (totem) *Vater und *Sohn konstitutiv[19]. Sie beruht neben dem ökonomischen Interesse der Sicherung des Erbes und der Kontinuität des „Hauses" (*pr*)[20] auf der Idee einer besonderen Befähigung, die Todesschwelle zu überwinden und den Kontakt mit dem Verstorbenen aufzunehmen, wie sie nur der Erbe „mit Herzensbindung" (*tkn jb*) besitzt[21], und die in dem Satz „*3ḫ* (‚strahlkräftig', in magischer, geistiger Weise wirkungsmächtig) ist ein Sohn für seinen Vater"[22] bündigen Ausdruck findet. Als Totenpriester führt der Erbsohn die Titel *Sem-(priester) und *z3 mrj.f* „Sohn, der (ihn) liebt"[23].

Der Tk. ist aber – zumindest theoretisch – nie reiner Familienkult, sondern bildet einen konstituierenden Bestandteil der offiziellen Religion. Zur Rolle des Königs gehört es nicht nur, „den

Göttern Gottesopfer", sondern auch, „den Verklärten Totenopfer zu geben"[24]. In der *Opferformel *ḥtp dj njswt* „ein Opfer, das der König gibt" lebt diese ideelle Funktion des Königs als oberster Opferherr des Tk. weiter. Der Tk. ist auch durch die Institution des *Opferumlaufs an den offiziellen Kult angeschlossen: die Grabherren empfangen Opfergaben, die zuvor dem Gott im Tempel vorgelegt worden waren und bilden so mit ihm eine Tischgemeinschaft. Dadurch wird auch das Totenopfer zum rituellen Vollzug götterweltlicher Sozialisation des Toten umgedeutet[25].

c. Als dritter Ideenkomplex offenbar sehr hohen Alters und zugleich unvermindert andauernder Strahlkraft steht neben der „Fortdauer der Person" und der „Unsterblichkeit durch Eingliederung in die Götterwelt" der Gedankenkreis um Wiedergeburt, Verjüngung, Regeneration. Aus ursprünglichen, nur mehr hypothetisch greifbaren Deutungen der Bestattung als regressus ad uterum, Rückkehr in den Schoß einer *Muttergottheit[26], entwickelt sich der Glaube an die Kindschaft der Toten an der *Himmelsgöttin[27]. Die typisch äg. Identität von Mutter und Himmel führt so zu einer Analogie von Totenschicksal und *Sonnenlauf, die u.a. für den kgl. Tgl. bes. des NR in Gestalt der sog. *Unterweltsbücher ausgearbeitet wurde[28].

B. *Historischer Überblick*

1. *Frühzeit.* Die ersten beiden Dynastien sind die Blütezeit jener Praktiken und Vorstellungen, die auf der Auffassung nachtodlicher Existenz als eines „Wohnens im Grabe" basieren[29]. Die Großgräber dieser Zeit dienen in vorderster Linie der Aufgabe, den Toten – Könige und höchste Beamte – zu beherbergen, und zwar zusammen nicht nur mit einer ungeheuren Fülle an Vorräten – Nahrung, Mobiliar, Waffen und Gerät[30] –, sondern auch zusammen mit seiner Dienerschaft[31]. Dabei handelt es sich vermutlich nur um extrem übersteigerte Ausprägungen eines Grabgedankens, der einerseits in die Vorgeschichte zurückreicht und andererseits in der bescheidenen Form der Grube mit Beigaben den unteren Schichten gemein ist, also um rein quantitative Stratifizierung des Tgl.: alle Toten wohnen im Grabe, nur in verschieden aufwendiger Weise. Daneben sind die kultische (Ausbildung einer Opferstelle) und die kommemorative Funktion des Grabes (das Weiterleben des Toten im Gedächtnis der Nachwelt zu stabilisieren) nur in Ansätzen entwickelt. Die Großgräber enthalten vielräumige Magazin- und Wohnanlagen[32] sowie zwei Namensstelen an der Ostseite als Träger der kommemorativen und der kultischen Funktion (Bezeichnung der Opferstelle), während die kleineren Gräber weniger Beigaben, aber auch eine Opferstelle auf der Ostseite aufweisen (*Grab, LÄ II, 828f.). Auch die Namensstele ist nicht dem König, aber doch wohl der Schicht literater Amtsträger vorbehalten[33]. Der in der 1. Dyn. bezeugte Totenpriestertitel *zḥnw ꜣḫ* „Der den ꜣḫ sucht bzw. umarmt"[34] deutet nicht nur auf einen institutionalisierten Tk., sondern auch darauf hin, daß der als *ꜣḫ* „Lichtstrahl, Geist" (*Ach) bezeichnete Tote (*Totengeist) als ein spirituelles und in irgendeiner Weise jenseitiges Wesen vorgestellt wird, mit dem der Kontakt nicht einfach gegeben ist, sondern rituell hergestellt werden muß, was des Spezialisten bedarf[35]. In die Vorgeschichte(?) und Frühzeit fällt schließlich auch die nur hypothetisch rekonstruierbare nicht-„mythisierte" Grundform des Opferrituals, bei der der Sohn mit einer Nahrungsspende an das Grab des Vaters tritt und diesen auffordert, sich zum Mahle von der linken auf die rechte Seite umzudrehen[36].

2. *Altes Reich.* In der 3. Dyn. beginnen sich, am deutlichsten ablesbar zunächst an der Morphologie der Grabarchitektur (*Grab, *Pyramiden), Tk., Tgl. und *Jenseitsvorstellungen hierarchisch zu differenzieren. Vorstellungen von Unsterblichkeit im vollen Sinne einer Erlösung vom Tode zu ewigem Leben konzentrieren sich nun ausschließlich auf den König und degradieren die Vorstellungen vom „Wohnen im Grabe" zur nicht-königlichen Existenzform der sterblichen Menschen. „Die Menschen verbergen sich, die Götter fliegen auf" (Pyr. 459a). Das Menschengrab wird zur Stätte ihrer Verbergung (vgl. *štꜣw st* „Die mit geheimer Stätte" als Bezeichnung der Toten[37]), das *Königsgrab zur Stätte seines *Himmelsaufstiegs. Indem aber das Königtum die in primitiver Form vermutlich allgemein verbreiteten Unsterblichkeitsvorstellungen monopolisiert und zu der als solcher wohl neuartigen Idee einer Erlösung vom Tode kraft Eingliederung in die Götterwelt in deren himmlischer Sphäre ausarbeitet, gibt es auch den Unsterblichkeitshoffnungen seiner Untertanen Form und Richtung. Mit der Hierarchisierung des Tgl. wird zugleich der gegenläufige Prozeß seiner „Demokratisierung" eingeleitet.

a. *Königliche Formen:* Der König geht als Gott in die Götterwelt ein. Der Tk. bekommt den Sinn ritueller Begehung und Vergewisserung dieses ewigen Lebens kraft götterweltlicher Sozialisation. Der ursprüngliche Sinn der *Rituale – z.B. Konservierung im Falle der Einbalsamierung und Versorgung im Falle des Opferrituals – wird semantisch überformt bzw. „sakramental ausgedeutet"[38] in Hinblick auf die neue Bedeutung eines Eingehens in die Götterwelt. Die Kultkonstellationen (Vater, Sohn, Totenpriester) werden mythisiert (*Osiris und *Horus, *Thot als Totenpriester, die *Neunheit der Götterwelt), die Opfergabe als Lebenssymbol („*Horusauge") semiotisiert (*Opfer). Die Sprache erhält im Kult die Funktion, die sakramentale Bedeutung der Riten über *Wortspiele, dann aber immer mehr auch in zusammenhängenden Schilderungen („*Verklärungen") zu vergegenwärtigen und damit eine dominierende Stellung, die sich in Gestalt und Rolle des *ḫrj-ḥ3bt* „Vorlesepriesters" ausprägt[39]. Der Versorgungskult wandelt sich, ohne seine „naturalistische" Basis jemals ganz aufzugeben, zum symbolischen „Verklärungskult". Indizien wie die ungeheuren Anstrengungen der kgl. Bautätigkeit (Pyramiden), die Bezeichnung des toten Königs als „Großer Gott" (*nṯr ˁ3*)[40] u. a. m. weisen darauf hin, daß der kgl. Tk. im AR die Funktion des offiziellen Staatskults erfüllt, in den nur während der 5. Dyn. auch der Sonnengott in Gestalt der *Sonnenheiligtümer einbezogen wird, und daß sich erst ab der 11. Dyn. der Staatskult und damit das Schwergewicht der kgl. Bautätigkeit auf die Göttertempel verlagert[41]. Damit geht aber auch eine Fülle zentraler Elemente und Vorstellungen des kgl. Tk. in den Götterkult über und prägt die ägyptische Religion in entscheidender und bleibender Weise. Der Götterkult ist ein nach dem Vorbild des Tk. und z. T. unter Verwendung derselben Texte semantisch überformter (sakramental ausgedeuteter) Versorgungskult und die „Einwohnung" der Götter in ihren Tempeln und Kultbildern zum Empfang der Opfer wird in den Formen konzipiert, in denen der Tk. die Toten zum Opferempfang vergegenwärtigt[42].

b. *Nichtkönigliche Formen.* Im Unterschied zum König steigt der nicht-kgl. Tote nicht zum Himmel auf, sondern „wohnt" im Grab. Seine Form nachtodlicher Fortdauer gründet sich nicht auf Göttlichkeit, sondern auf *Gottesnähe, d.h. im AR: Königsnähe, wie sie das vom König gewährte Grab in der Nekropole, äg. *ẖrt-nṯr* („Gottes = Königsbesitz") vermittelt[43]. Diese Gottesnähe wird symbolisiert durch die Grablage, durch vom König gestiftete Elemente der Grabausstattung und durch eine spezifisch kgl. Emblematik wie z. B. die Palastfassade der Prunkscheintür; sie wird aber auch in den biographischen Grabinschriften explizit hervorgehoben. Der König ist der Herr des Begräbnisses und der „Jenseitsversorgtheit" (*jm3ḫ*). Von ihm gehen die Totenopfer aus, wie es die Opferformel – *ḥtp dj njswt* „ein Opfer, das der König gibt" – ausdrückt[44]. Die Wandlungen der *Grab-Architektur weisen auf eine steigende Bedeutung des Kults[45]. Die Opfernische auf der Ostseite wird als kreuzförmige Kapelle oder Nischenkorridor ins Innere der *Mastaba verlegt oder, in *Gîsa, als überwölbte Ziegelkapelle ausgebaut. In der 5. Dyn. setzt sich allgemein der L-förmige Kultraum mit zwei Opfernischen in der Westwand durch. Darstellungen des Opferrituals zeigen meist drei Priester: den *wdpw* („Mundschenk"), kniend mit 2 *nw*-Töpfen, den *wtj* („Balsamierer" vgl. *Ut-Priester) knieend im *hnw*-Gestus (Beischrift meist: *snmt 3ḫ* „den Verklärten speisen") und den *ḫrj-wdb* im Rezitationsgestus (*wdj jḫt* „Zuweisung der Opfergaben", wohl = Ausrufen der *Opferliste)[46]. Im Laufe der 5. Dyn. wird diese Grundform gern durch Räucherungen und Libationen angereichert und gegen Ende der 5. Dyn. dann durch eine jüngere Form des Opferrituals ersetzt, das sich durch seine zahlreichen Reinigungs-, Libations- und Räucherungsriten, vor allem aber durch das Auftreten des *ḫrj-ḥ3bt*-Priesters von der älteren Form unterscheidet[47]. Hier handelt es sich offenbar um die königliche Form des Totenopferrituals, zu der als Kernstück der Ritus „Rezitation vieler Verklärungen" durch drei im *hnw*-Gestus kniende *ḫrj-ḥ3bt*-Priester gehört. Mit diesen „Verklärungen" beginnt nun auch die sakramentale Ausdeutung des Totenopfers in das Opferritual einzudringen mit ihren Vorstellungen von Himmelsaufstieg, Fahrt in der Sonnenbarke und Gemeinschaft mit dem Sonnengott. Die Inschriften sprechen jetzt davon, „aufzusteigen zum Großen Gott, dem Herrn des Himmels"[48]. Gleichzeitig mit der jüngeren Form des Opferrituals setzt sich in den bedeutenderen Gräbern die kgl. Bauform des Totenopferraums in Ost-West-Richtung allgemein durch[49]. Zögernder bahnt sich ein Übergang vom Scheintür- zum Statuenkult an. Die *Scheintür ist der gültigste und sinnfälligste Ausdruck jener Vorstellung, die die Fortexistenz der Toten als „Wohnen im Grabe" deutet. Die Scheintür verweist auf ein Dahinter, aus dem der Tote sie zum Empfang der Opfer durchschreitet. Daran ändert die *Serdab-Statue nichts, weil sie ja in geschlossenen Kammern „hinter" der Scheintür aufgestellt wird. Es handelt sich bei ihr um eine Art „Ersatzkörper" des Toten aus unvergänglichem Material[50]. Erst wo die Statue frei aufgestellt wird bzw. in einem Schrein mit zu öffnenden Türen, wo sie also das Kultziel markiert, tritt sie in Konkurrenz zur Scheintür und bezeugt eine veränderte Konzeption. Das ist in Mastabas des AR nur ganz ausnahmsweise der Fall, dort nämlich, wo nicht nur der kgl. Totenopferraum, sondern auch der „Verehrungstempel" in vereinfachter Form in den Grabgrundriß übernommen werden durfte[51]. In den Felsgräbern des MR hat sich dann aber auch diese Form allgemein durchgesetzt. Jetzt ist der Statuenschrein das Hauptziel des Tk., die Scheintür bezeichnet Nebenkultstellen. Das Grab ist, zumindest in seiner kultischen Funktion, zum Tempel des Toten geworden, wie dies auch in der Felsgrabarchitektur des MR mit ihrer axialen Raumanordnung deutlich hervortritt.

2. *Mittleres Reich*. Der Tgl. des MR ist durch drei entscheidende Phänomene scharf gegen das AR abgehoben: die *Osiris-Religion, die Verjenseitlichung des Totenraumes als „Unterwelt" und die sich mit dem *Ba-Begriff verbindenden Vorstellungen einer unsterblichen Seele.

a. In dem Gott Osiris gewinnt die exklusive Unsterblichkeit des Königs eine Form, an der auch der einfache Mensch teilhaben kann. Er verkörpert die spezifisch kgl. Vorstellungen von Todeserlösung und macht sie dem Einzelnen zugänglich. Denn während immer nur einer zum König werden konnte, indem er die Stelle seines zum Himmel aufgestiegenen Vorgängers einnahm, wurde in der Vorstellungswelt der Osiris-Religion jeder Mensch durch sein Sterben und vor allem durch den Vollzug der Riten zu einem Osiris[52]. Dadurch wird die Hierarchisierung des Tgl. im AR abgebaut und die Idee einer Unsterblichkeit durch Göttlichkeit jedem zugänglich. Nicht Teilhabe am Königtum, in Form von Amt und Königsdienst bei Lebzeiten, und Königsnähe im Grabe garantieren nun nachtodliche Fortdauer, sondern Teilhabe am Osiris-Schicksal durch Vollzug der Riten in ihrer entsprechenden sakramentalen Ausdeutung und Gottesnähe, wie sie am wirksamsten die Anlage einer Stelenkapelle (*mꜥḥꜣt*) in *Abydos an der Feststraße der „Osirismysterien" realisiert[53].
Die Osiris-Religion ist eine Erlösungsreligion im vollen Sinne des Wortes. Es geht um Erlösung *vom* Tode und *zum* Leben in einem Jenseits, das nun entschieden nicht mehr oberirdisch, im Grabe und im „schönen Westen" vorgestellt wird. Der Mensch überwindet den Tod durch rituellen Nachvollzug des Osiris-Schicksals, d.h. vor allem durch Rechtfertigung. So wie in einem mythischen Prozeß Osiris gegenüber seinem Mörder *Seth Recht erhielt und damit, obwohl gestorben, Macht, Herrschaft und göttlichen Rang, so siegt nun auch der Tote über seinen als „Feind" verkörperten Tod und erringt Rang und Würde im Totenreich: das jedenfalls ist der zentrale Sinngehalt von Totenliturgien (äg. *sꜣḫw* „Verklärungen"), deren Rezitation den Übergang des Verstorbenen in das osirianische Jenseits und in den Status der Rechtfertigung (*mꜣꜥ ḫrw*) begleitet[54]. Daneben werden aber bereits Ansätze einer Ethisierung dieser Rechtfertigungskonzeption greifbar: Rechtfertigung also nicht nur gegenüber dem „Feind", sondern gegenüber einem göttlichen Ankläger, vor dem nur der sündlose „Gerechte" (*mꜣꜥ.tj*) bestehen kann[55]. Die gleiche Ethisierung erfahren die im AR entwickelten Formen „sozialer Fortdauer", des Weiterlebens im Gedächtnis der Nachwelt. Während im AR nur der Anspruch auf „Unvergeßlichkeit" erheben konnte, dem seine Karriere im Königsdienst Rang und Bedeutung verschafft hatte, heißt es jetzt, bezeichnenderweise als Sprichwort „im Munde des Geringen": „Das Denkmal des Mannes ist seine Tugend; der Gesinnungslose wird vergessen."[56]

b. Mit dem Durchbruch der Osiris-Religion einher geht eine durchgreifende Verjenseitlichung des Tgl.[57] Der Verstorbene geht nach dem Tode in ein Jenseits über, das in schwer auflösbarer Weise die aus dem AR überkommenen Züge eines „himmlischen Jenseits des Königs" mit der neuartigen Vorstellung von der chthonischen Unterwelt des Osiris vermischt. Vor die ersehnte Gottesnähe bei Osiris, aber auch bei *Re in der Sonnenbarke[58] schaltet sich jetzt die Vorstellung einer Jenseitsreise, die der Tote nur durch Wissen bewältigen kann. Die *Totenliteratur des MR (*Sargtexte) hat weitestgehend den Sinn, den Toten mit diesem Wissen auszustatten[59]. Es soll den Toten schützen gegenüber den vielfältigen Gefahren der anderen Welt und soll ihn für die Prüfungen des Übergangs qualifizieren. Mit der Verjenseitlichung des Totenraums geht seine Dämonisierung einher. Die osirianische Unterwelt ist von schrecklichen Monstren bewacht, denen nur der zu entkommen vermag, den sein Wissen als Befugten ausweist[60]. Entsprechend verjenseitlichen sich die Vorstellungen von der Nahrung der Toten[61]. Die Toten leben vom Tisch des Sonnengottes und bekommen ihre Speisen von den Sonnenbarken gebracht. Die in diesem Sinne sakramental ausgedeuteten Totenopfer vermitteln ihm Gottesnähe und vergewissern ihn seiner Zugehörigkeit zu einer jenseitigen „Versorgungsgemeinschaft"[62].
Ein entscheidender Schritt in der Ausformung der Unterweltsidee scheint in die Zt *Sesostris' II. und III. zu fallen. Jetzt verbindet sich mit der Vorstellung einer chthonischen Tiefenwelt die Idee der Regeneration. Die für das äg. Weltbild zentrale Vorstellung vom *Sonnenlauf erweitert sich nun um das Motiv der mitternächtlichen Vereinigung von Re und Osiris[63] und das Jenseits des Königs entsprechend um eine unterweltliche Tiefendimension[64]. In den Unterweltsbüchern des NR werden diese neuen Ideen einer periodischen Erneuerung des kosmischen Lebens im Zyklus von Tag und Nacht, Re und Osiris, Himmel und Erdtiefe als eine neue Gattung exklusiv kgl. Totenliteratur kodifiziert[65].

c. Träger dieser jenseitigen Existenzform ist der *Ba. Als Ba besteht der Tote die Jenseitsreise[66] und gliedert sich in das Gefolge des Osiris und des Sonnengottes ein. Wie im Begriff des *Ka die AR-Vorstellungen vom Wohnen im Grabe und von „sozialer Unsterblichkeit“ gebunden sind, so verkörpert sich im Ba die Idee einer Unsterblichkeit aus eigener Kraft bzw. kraft göttlicher Erlösung (Rechtfertigung). Die historischen Wurzeln dieser Konzeption liegen einmal in der natürlichen Tendenz zur „Demokratisierung“ kgl. Jenseitsprivilegien[67], zum anderen aber zweifellos auch in der Krise der patrimonialherrschaftlichen Kultur des AR mit dem Zerfall des Königtums und der gesellschaftlichen Solidarität[68]. Wichtig ist aber, daß die neuen Vorstellungen einer unsterblichen Seele, in deren Form der Tote den Übergang aus den diesseitigen Bindungen in die Konstellationen jenseitiger Gottesnähe bewältigt, und die traditionellen Vorstellungen einer Fortdauer als „Grabherr“ und Glied der diesseitigen Gesellschaft sich keineswegs ausschließen, sondern zu einem Ganzen von wachsender Komplexität akkumulieren[69]. Der Tote wohnt als Mumie (*sꜥḥ*) im Grabe, er kommuniziert als Ka mit den Lebenden und bleibt so ein Glied der menschlichen Gesellschaft, und er durchmißt als Ba Himmel und Unterwelt und gliedert sich der Götterwelt ein.

4. *Neues Reich und Spätzeit*. Die vielfältigen und z.T. widersprüchlichen Vorstellungen von Todeserlösung durch Rechtfertigung lösen sich jetzt endgültig von dem mythischen Präzedenzfall des Rechtsstreits um das Erbe des *Geb und gewinnen in der Idee vom Totengericht ihre klassische Form. Dabei ist nicht das möglicherweise sehr viel höhere Alter dieser Idee entscheidend[70], sondern die Tatsache ihrer verbindlichen Kodifizierung in Gestalt des 125. Kapitels des *Totenbuchs und ihrer allgemeinen Durchsetzung. Damit ist der „Demokratisierungsprozeß“ des Tgl. abgeschlossen: vor dem Totengericht hat sich jeder zu verantworten. Über die Rechtfertigung und damit die Unsterblichkeit des Einzelnen entscheidet allein seine Reinheit vom Bösen, das in einer Liste von 42 möglichen Verfehlungen kodifiziert wird. Die Seligkeit, zu der der vor dem Totengericht Freigesprochene eingeht, ist nun zwar einerseits geprägt durch Jenseitigkeit und Gottesnähe, wie sie die Sprüche und Vignetten vom *Binsengefilde und vom Fahren in der Sonnenbarke ausmalen[71] und wie sie nun auch die Grabdekoration mit der Darstellung von Göttern erstmalig zu realisieren beginnt; auf der anderen Seite aber verbinden sich die Vorstellungen von jenseitiger Existenz und der dem Ba eigentümlichen, als „Herausgehen am Tage“ bezeichneten Freizügigkeit[72] immer entschiedener mit der Idee einer Rückkehr ins oberweltliche Diesseits. Sprüche, die der 18. Dyn. eigentümlich sind, reden vom sich-Ergehen des Ba im Teichgarten des Grabes[73], vom Besuch des Wohnhauses[74], von der Teilnahme an Tempelfesten und beschreiben die Totenriten mit mehr Sinn für den tatsächlichen Vollzug als für seine sakramentale Ausdeutung[75]. Diese Tendenz steigert sich in der Amarnazeit bis zur bewußten Ausklammerung jeder sakramentalen Ausdeutung. Thema der Totenwünsche und -sprüche in Amarnatexten[76] ist eine vollkommen diesseitige, oberirdische Existenz, als deren Subjekt meist der Tote, gelegentlich aber auch „sein Ba“ genannt wird[77]: Genuß der Opfer im Grabe, des Teichgartens, allenfalls auch der Tempelopfer, im Tempel selbst oder im Grab, als Vermittlung von Gottesnähe, die Anbetung des Sonnengottes im Grabeingang, die Unvergänglichkeit des Namens[78], die unaufhörliche Königsnähe in Sehen und Hören (wobei nicht immer klar wird, inwieweit hier auch die nachtodliche Existenz gemeint ist)[79] und das „Aus- und Eingehen im Grabe“. Nur ein einziges Mal ist, unter Verwendung einer älteren Formulierung, von den „Toren der Unterwelt“ die Rede[80]. Man geht gewiß nicht fehl, wenn man die radikale Verdiesseitigung des Tgl. in der Amarnazeit als die Verabsolutierung einer Tendenz deutet, die bereits die ganze 18. Dyn. charakterisiert. Die Ramessidenzeit bedeutet hierin eine entschiedene Gegenbewegung. Die diesseitsbezogenen Szenen – der Grabherr in der Ausübung seiner Ämter und standesgemäßer Lustbarkeiten, das Gastmahl usw. – verschwinden bis auf wenige Ausnahmen aus dem Repertoire der Grabdekoration zugunsten rein jenseitiger Themen, die den Grabherrn etwa beim Durchschreiten der Unterweltspforten (Tb 145/146) oder bei der Verehrung verschiedener Gottheiten darstellen. Als Emblem dieser Wende kann die Szene der *Baumgöttin dienen, die jetzt sowohl die Versorgung des Toten als auch das Motiv seines Wohlergehens im Teichgarten wieder ins Jenseits und in göttliche Obhut verlegt[81]. Eine ähnliche Transposition von Totenriten in die Götterwelt äußert sich in der Szene der Reinigung des Toten durch Horus und Thot (statt durch Totenpriester)[82] u.a. Szenen[83]. Hier bahnt sich ein Streben nach Intensivierung der dem Toten verheißenen Göttlichkeit bzw. Gottesnähe an, das darum zur SpZt hin den Tgl. in wachsendem Maße bestimmt[84]. Dazu gehört dann als ein spezifisch spätzeitliches Phänomen auch die „apotheosis by drowning“[85].

Die Tendenz zur Verjenseitigung steigert sich in der 3. ZwZt bis zum Verzicht auf eine monumentale Grabanlage, die ja immer als Botschaft an die Nachwelt der diesseitsbezogenen Konzeption „sozialer Unsterblichkeit“ dient. Demgegenüber sind die typischen Ausdrucksformen des Tgl. der

3. ZwZt der von Texten und Vignetten einer weitgehend neuartigen Jenseitssymbolik überzogene *Sarg und die *Tempelstatue. Gottesnähe, wie sie die Tempelstatue vermittelt, gilt nun als sicherste Grundlage nachtodlicher Fortdauer auch der Könige, deren Grab im Tempelhof angelegt wird[86]. Eigentümlich isoliert stehen scheinbar die riesigen „Grabpaläste", die sich während der 25. und 26. Dyn. thebanische Magnaten (Großgräber vergleichbaren Ausmaßes aber – z.T. geländebedingt – anderen Typs finden sich zu dieser Zt auch in *Saqqara)[87] angelegt haben, in diesem Bild[88]. Es handelt sich um späte Nachfahren des ramessidischen „Kapellen-Grabes"[89], in denen der Baugedanke des Grabes als Tempel am reinsten verwirklicht wird. So ist auch hier Gottesnähe der leitende Gesichtspunkt: in vielen Beispielen bildet ein Götterbild (Osiris) das innerste Kultziel[90] und anstelle von Scheintüren erscheint oft eine Blendarchitektur, die als Tempeldarstellung zu verstehen ist[91].

In die 3. ZwZt und SpZt fällt die Kanonisierung der Totenliteratur. Die Totenbücher enthalten nun weitgehend dieselben Kapitel in festgelegter Reihenfolge. In der späten Perser- oder frühen Ptolemäerzeit kommt die Sitte auf, Totenbüchern Tempelrituale (meist des abydenischen Osiriskults) anzufügen[92]. Besonders deutlich tritt das Verlangen nach Gottesnähe in den spätesten Erzeugnissen der Totenliteratur hervor: den beiden Büchern vom *Atmen und dem Buch vom Durchwandeln der Ewigkeit[93]. In den biographischen Inschriften der 3. ZwZt und der Spätzeit äußert sich jedoch auch eine ausgeprägte Jenseitsskepsis[94]. Themen, wie sie erstmals in den *Harfnerliedern und *Totenklagen der Nachamarnazeit auftreten: der Preis des kurzen Diesseitslebens und die Jenseitsklage (vgl. *Totenklage)[95] bestimmen jetzt zusammen mit dem Hauptthema der biographischen Inschriften der 1. ZwZt und des MR der auf Solidarität gegründeten „sozialen Fortdauer"[96] das Jenseitsbild der Biographien. Hauptthema des Buchs vom Durchwandeln der Ewigkeit ist nicht das Leben im Jenseits, sondern die Teilnahme an den äg. Götterfesten, so als wäre Äg., das ja der Antike als ein hlg. Land und totius mundi templum galt[97], eine sicherere Gewähr der ersehnten Gottesnähe als das himmlisch-unterweltliche Jenseits der kanonischen Totenliteratur.

[1] Entsprechend der Zusammenfassung von Kult und (impliziter) Theologie als Religion, s. dazu Jan Assmann, Ägypten – Theologie und Frömmigkeit einer frühen Hochkultur, Stuttgart 1984. – [2] Es heißt wohl nicht zu weit gehen, wenn man diese begrifflich-lexematischen Linien weiter auszieht und den Begriff der Fortdauer bzw. Unvergänglichkeit mit der *ḏt*-Zeit/Ewigkeit, den der Unsterblichkeit dagegen mit der *nḥḥ*-Zeit/Ewigkeit zusammenbringt (*Ewigkeit; Assmann, a.a.O., 90–97). – [3] In seiner ursprünglichen Bedeutung, s. Hermann A. Schlögl und Michel Sguaitamatti, Arbeiter des Jenseits. Ägyptische Totenfiguren (Uschebtis), Zürcher archäologische Hefte 2, Zürich [2]1984. – [4] Vgl. bes. Karin B. Goedecken, Eine Betrachtung der Inschriften des Meten im Rahmen der sozialen und rechtlichen Stellung von Privatleuten im äg. AR, ÄA 29, 1976. – [5] Vgl. hierzu Assmann, Schrift, Tod und Identität. Das Grab als Vorschule der Literatur im alten Ägypten, in: Aleida und Jan Assmann und Christian Hardmeier (Hg.), Schrift und Gedächtnis, München 1983, 64–93. – [6] Die Darstellungen historischer Ereignisse in kgl. *Totentempeln von *Sahure bis *Ramses III. dürfen nicht als Äquivalent für die biographischen Inschriften der Privatleute angesehen werden. Sie beziehen sich auf die Rolle, nicht auf die individuelle Geschichte, und entsprechen vielmehr den Darstellungen des Grabherrn in der Ausübung seiner Ämter, wie sie in Gräbern der 18. Dyn. üblich werden. – [7] Vgl. hierzu Winfried Barta, Die Bedeutung der Pyramidentexte für den verstorbenen König, MÄS 39, 1981, der allerdings den liturgischen Aspekt dieser Texte als Rezitationsliteratur im Tk. vernachlässigt. – [8] Die Extrempole dieses Prozesses markieren einmal der sog. *Kannibalenhymnus Pyr. 393a–414c als Ausdruck eines Eindringens in die Götterwelt aus eigener Kraft und zum anderen die Unterwerfung auch des Königs unter das Totengericht als Ausdruck götter-gesellschaftlicher Approbation. – [9] Wolfgang Helck, Die Lehre des Djedefhor und die Lehre eines Vaters an seinen Sohn, KÄT, 1984, 6–8. Die von Helck vorgeschlagene Emendation von *zꜣ* „Sohn" in *bꜣ* „Ba" ist von der Sache her unwahrscheinlich. Der Ba wohnt ja gerade nicht im Grabe. Vielmehr wird hier das Grab als das „Haus in der Nekropole" dem diesseitigen Haus für die Nachkommen gegenübergestellt. – [10] Zu gewissen Zeiten bzw. in gewissen Nekropolen, z.B. in Gîza der 4. Dyn. und in Amarna, werden die Gräber offenbar weitgehend zentral gebaut und den einzelnen Grabherren vom König zugewiesen. – [11] „Ämter der Nekropole" (*jꜣwt nt ḫrt-nṯr*), vgl. Vandier, Moʿalla, 242 (V γ 3). Die Arbeiter von Deir el-Medineh nennen sich in ihren Gräbern *sḏm-ʿš m st mꜣʿt*. Offenbar hielten sie ihre alltagsweltliche Berufsbezeichnung als *rmṯ n jzt* nicht für ein eines Grabherren würdiges Amt; s. Černý, Community, 41 ff.; ders., in: Rev. Eg. Anc. 2, 1929, 202 ff. – [12] Vgl. dazu Helck, in: MDAIK 14, 1956, 70; Kees, Totenglauben, 27 f. – [13] H. Altenmüller, in: LÄ II, 837 mit Anm. 1–7. – [14] Georges Posener, L'Enseignement loyaliste, Genf 1976, § 3, 9–12; s. Jan Assmann, in: LÄ I, 1085 f.; ders., Zeit und Ewigkeit, AHAW 1975. 1, 59 Anm. 53; ders., in: Erik Hornung und Othmar Keel (Hg.), Studien zu altäg. Lebenslehren, OBO 28, 1979, 37. 39. Vgl. auch den Schluß der *Sinuhe-Erzählung. – [15] Besonders aufschlußreich ist die Biographie des Uni (*Wnj*), der sofort nach Einweisung in ein Amt ausreichender Bedeutung mit seiner Grabanlage beginnt und den König um die Grabausrüstung bittet: Urk. I, 99 f. – [16] Aus den Grabinschriften des AR spricht die große Sorge des Grabherren um Beschädigung und Entweihung des Grabes, vgl. Elmar Edel, Untersuchungen zur Phraseologie des AR, MDAIK 13, 1944. – [17] Vgl. hierzu Assmann,

Schrift, Tod und Identität (s. Anm. 5); ders., Vergeltung und Erinnerung, in: Fs Westendorf II, 687–701. – [18] Diese Konzeption ist vermutlich nicht ursprünglich und hängt mit der erst im Laufe des AR sich ausbildenden Sohnschaftstheologie und v. a. der erst zum MR hin aufkommenden, sich in der Bautätigkeit der Könige manifestierenden Eingliederung der Ortskulte in die offizielle Staatsreligion zusammen, nach dem Vorgang des Gaufürsten, der als „Sohn, den sein Vater schickt" die Hohenpriesterstelle beim Ortsgott beansprucht, s. Helck, in: LÄ IV, 1088. – [19] Vgl. hierzu Assmann, in: Hubertus Tellenbach (Hg.), Das Vaterbild in Mythos und Geschichte, Stuttgart 1976, 29–49. – [20] Entsprechend dem Grundsatz, daß der Erbe die Verpflichtungen des Tk. übernimmt, als kgl. Gesetz zitiert im pBoulaq 10, vgl. Allam, Urkunden, 289; vgl. auch Helck, in: LÄ V, 1054. – [21] Posener, Enseignement loyaliste (s. Anm. 14), § 12; vgl. auch Assmann, in: Fs Westendorf II, 692–695 sowie, zur Bedeutung des „Herzens", ders., Vaterbild (s. Anm. 19), 33–38. – [22] Ahmed M. Moussa and Friedrich Junge, Two Tombs of Craftsmen, AV 9, 1975, 24f., Tf. 4a; Davies, Rekh-mi-Rēʿ II, Tf. 96. – [23] Diese Konzeption mag „schamanistische" Wurzeln haben, wie besonders von W. Helck unter Bezugnahme auf Szenen des Mundöffnungsrituals betont wurde (MDAIK 22, 1967, 30); diese wären aber darum mit der Übernahme der Schamanenrolle des *Sem durch den Sohn ebenso unterdrückt worden wie andere schamanistisch-ekstatische Formen praktizierter *Gottesnähe. – [24] Assmann, Sonnenpriester, 36. 58–61. – [25] Vgl. Assmann, Tod und Initiation (s. Lit.), 344f. – [26] Zur vermutlichen Ausgangslage vgl. Westendorf, in: LÄ IV, 664f. s. v. Panther mit weiteren Verweisen sowie jetzt auch Hans Peter Duerr, Sedna oder Die Liebe zum Leben, Frankfurt a. M. 1984, 113–127. – [27] Adolf Rusch, Die Entwicklung der Himmelsgöttin Nut zu einer Totengottheit, MVAeG 27, 1922; Assmann, Tod und Initiation, 340f.; ders., in: LÄ IV, 266–71. – [28] Erik Hornung, Ägyptische Unterweltsbücher, Zürich–München ²1984. – [29] Alexander Scharff, Das Grab als Wohnhaus in der äg. Frühzeit, SBAW 1944–46. 6, 1947. – [30] Vgl. Emery, Ḥor-Aḥa. – [31] Zum Problem des Sati-Begräbnisses s. RÄRG, 452f. s. v. Menschenopfer; Reisner, Tomb Development, Index S. 426, s. v. Sati burial. – [32] Der Wohnhausgedanke steigert sich in den Königsgräbern der 2. Dyn. bis zur Einbeziehung von Harim und Bad, s. Arnold, in: LÄ II, 829. – [33] Die Rundbogenstele ist allerdings eine exklusiv kgl. Form, vielleicht wegen ihrer kosmischen Bedeutung? S. dazu Westendorf, Darstellungen des Sonnenlaufs, 24 mit Anm. 12. – [34] Sethe, Dramatische Texte, 193. Zu *ꜣḫ* vgl. Gertie Englund, Akh – une notion religieuse dans l'Egypte pharaonique, Uppsala 1978. – [35] Wie später der *ḫrj-ḥꜣbt* Spezialist ist. – [36] Kees, Totenglauben, 24. – [37] Pyr. 134. 656. 747. 873. 900. 1641. 1936. 1953. 1955. 2023. – [38] Jan Assmann, Ägypten – Theologie und Frömmigkeit einer frühen Hochkultur, Stuttgart 1984, 102–135; ders., in: GM 25, 1977, 7–43. – [39] In der jüngeren Fassung des Opferrituals (dazu Anm. 47) werden die Riten *sꜣḫt* (verklären) und *sdt sꜣḫw ʿšꜣw* (rezitieren vieler Verklärungen) von *ḫrjw-ḥꜣbt* ausgeführt. Der *ḫrj-ḥꜣbt* ist im AR der einzige hauptamtliche Priester, s. Assmann, in: LÄ IV, 1087. – [40] Dazu zuletzt J. Baines, in: GM 67, 1983, 13–28. – [41] Daher sind die Pyramiden des AR nur bedingt als Phänomene des Tk. anzusprechen: insofern sie dem im König verkörperten Staatsgott dienen, gehören sie zum Götterkult. – [42] Der Tempelkult geht wohl in entscheidenden Stücken auf den kgl. Tk. des AR zurück (vgl. auch *Kult). Auch die Vorstellung vom Herabschweben des *Ba auf Kultbild und Wandreliefs, wie sie in späten Tempelinschriften greifbar wird, scheint vom Tk. übernommen (Morenz, Religion, 158–166; Assmann, Ägypten – Theologie und Frömmigkeit, 50–58). Viele Rituale, darunter das *Mundöffnungsritual, sind beiden Bereichen gemeinsam. Die Übereinstimmungen von Tk. und Götterkult werden auch von RÄRG, 828f. hervorgehoben, aber umgekehrt als Beeinflussung des Tk. durch den Götterkult interpretiert. – [43] Kees, Totenglauben, 27–30. 108–131. – [44] Barta, Opferformel. – [45] Herbert Oster, Der Bedeutungswandel des äg. Privatgrabes bis zum Ende des AR, Köln 1963; Reisner, Tomb Development. – [46] Belege bei Junker, Gîza III, 103ff.; Vandier, Manuel IV, 106ff. – [47] Jüngere Form: s. Junker, a.a.O.; Vandier, a.a.O.; Spiegel, in: MDAIK 14, 1956, 190ff.; Hartwig Altenmüller, Die Texte zum Begräbnisritual in den Pyramiden des AR, ÄA 24, 1972, 85–90. – [48] Kees, Totenglauben, 27 mit Anm. 70. – [49] = Typ VII bei Reisner, Gîza I, 266–272. – [50] Vgl. Ersatzkopf. Experimente mit frei aufgestellten Statuen bzw. Büsten in Dyn. 4: *Kꜣ-wʿb, Mnw-ḫʿ.f, ʿnḫ-ḥꜣ.f*, s. *Serdab. – [51] Z. B. *Špss-Rʿw*, Abusir; Mereruka. – [52] „Mögest du dir deine Wärme zu Boden schütten, mögest du zu Osiris werden": CT I, 12c–d. Man könnte auch übersetzen: „zu *einem* Osiris". Durch die Mumifizierung wird der Tote dem Gott ebenbildlich. „Deine Ebenbilder, die zu dir geworden (*ḫprw jmj.k* = ‚aus dir entstanden') sind" nennt das *Amduat die Toten in einer an Osiris gerichteten Rede (Hornung, Amduat I, 60; II, 74. 78 Nr. 45, vgl. Assmann, Liturgische Lieder, 100 mit Anm. 42). Sargtext Spr. 227 trägt den Titel „Zu einem Stellvertreter (*s.tj*) des Osiris werden". Die Beziehung des „Osiris NN" zum Gott Osiris ist für den Ägypter (im Gegensatz zu Siegfried Morenz, Religion und Geschichte, Weimar 1975, 248–252) nicht problematisch. Warum soll der eine Gott nicht Millionen Ebenbilder haben und sie kraft solcher Ebenbildlichkeit an seinem göttlichen Wesen teilhaben lassen? Wichtig ist, daß der Gott als „Osiris Chontamenti" und die einzelnen Toten als „Osiris NN" in dieser Ebenbildlichkeit ihre Identität nicht aufgeben. Vielleicht darf man diese Konzeption in Beziehung setzen zu der gleichzeitig (1. ZwZt, z. B. *Anchtifi) aufkommenden Vorstellung, daß auch der Lebende in seinem Wirken die Eigenschaften bestimmter Götter verkörpern kann, vgl. dazu Jan Assmann, Re und Amun. Die Krise des polytheistischen Weltbilds im Ägypten der 18.–20. Dyn., OBO 51, 1983, 277–282. – [53] William K. Simpson, The Terrace of the Great God, PPYE 5, 1974. – [54] Vgl. z. B. CT, Spr. 1–9 bei Assmann, Ägypten (s. Anm. 38), 164. S. allgemein, Grieshammer, Jenseitsgericht, Abb. 20. – [55] Zuerst Merikare bei Wolfgang Helck, Die Lehre für König Merikare, KÄT, 1977, 31–33; vgl. dazu Joachim Spiegel, Die Idee vom Totengericht, LÄS 2, 1935; Grieshammer, Jenseitsgericht, 46–70. – [56] Stele des Mentuhotep, London, U. C. 14333, vgl. Goedicke, in: JEA 48, 1962, 26, Z. 16; Schenkel, in: JEA 50, 1964, 11f. Zum Zusammenhang s. Assmann, in: Fs Westendorf II, 687ff., bes. 690, sowie ders., in: Aleida und Jan Assmann und Christian Hardmeier (Hg.), Schrift und Gedächtnis, München 1983, 82f. – [57] S. dazu Kees, Totenglauben, 132ff. – [58] Z.B. Lebensmüder, 143ff., s. Winfried Barta, Das Gespräch eines Mannes mit seinem Ba, MÄS 18, 1969. – [59] Kees, Totenglauben, 287ff.; Assmann, Tod und Initiation (s. Lit.), 342f.; Hornung, in: Erik Hornung und Othmar Keel (Hg.), Studien zu altäg. Lebenslehren, OBO 28, 1979, 217–224. Neben ihrer Funktion als magische Ausrüstung muß man jedoch auch mit der kultischen Rezeption vieler der Sargtexten zugrundeliegenden Spruchfolgen („Liturgien") rechnen, wie sie uns etwa in den Pap. Gardiner erhalten sind. – [60] Diesen Aspekt hat v. a. Kees, Totenglauben, 287ff. herausgestellt. Vgl. auch Jan Zandee, Death as an Enemy, Leiden 1960; Erik Hornung, Höllenvorstellungen, ASAW 59.3, 1968. – [61] Zusammenfassend: Assmann, Tod und Initiation (s. Lit.), 344. – [62] CT III, passim. – [63] Schon in den Sargtexten greifbar, s. Assmann, Re und Amun (s. Anm. 52), 89f. mit Anm. 138. – [64] S. Erik Hornung, Das Totenbuch der Ägypter, Zürich–München 1979, 29, 21f. Vgl. auch ders., Verfall und Regeneration der Schöpfung, in: Eranos Jb. 46, Frankfurt a. M. 1981. – [65] Erik Hornung, Ägyptische Unterweltsbücher, Zürich–München ²1984. Zu ihrer wahrscheinlichen Herkunft s. Assmann, Re und Amun, 22–53. – [66] Vgl. pWestcar VII, 23–26; Merikare E 127–128; s. Louis V. Žabkar, A Study of the Ba Concept, SAOC 34, 1968, 115ff. – [67] Vgl. *Übernahme kgl. Rechte und Pflichten. – [68] Zur Deutung von Maat als „Solidarität" s. Assmann, in: Schrift und Gedächtnis (s. Anm. 5), 64–93 sowie ders., in: Fs Westendorf II, 687–701. Das Aufkommen einer von gesellschaftlicher Solidarität unabhängigen Seelenvorstellung in einer Periode gesellschaftlicher Vereinzelung wird man im Hinblick auf analoge Prozesse im archaischen Griechenland nicht für einen Zufall halten. – [69] Vgl. z.B. die funktionelle Differenzierung der Grabanlage, wie sie sich im thebanischen Felsgrab des NR dann in der Dreiheit der Kultziele: Scheintür, Stele und Statue ausgedrückt, s. Hermann, Stelen; Jan Assmann, Sonnenhymnen in thebanischen Gräbern, Theben 1, Mainz 1983, XV–XVII. – [70] Vgl. bes. Hermann Junker, Pyramidenzeit, Einsiedeln–Zürich–Köln 1949 für Ansätze im AR. – [71] Tb 109–110 (Binsengefilde). 100–102. 131–136 (Sonnenbarke). – [72] Vgl. dazu Matthieu S. H. G. Heerma van Voss, De Oudste Versie van Dodenboek 17a, Leiden 1963, 47 mit Anm. 7–9; RÄRG, 826f.; Hermann, Stelen, 109ff. – [73] Ergehen im Teichgarten: TT 82 (Davies–Gardiner, Amenemhēt, Tf. 27); TT 110 (Davies, in: Fs Griffith, Tf. 40); Barta, Opferformel, Bitte 160. – [74] Besuch des Wohnhauses: Tb 132 (Titel und Vignette); Davies, The Town House in Ancient Egypt, MMS 1.2, 1929, cf. schon CT VI, 331. – [75] S. z.B. Davies, in: Fs Griffith, Tf. 40 (TT 110). – [76] Die einschlägigen Texte wären sicher weit zahlreicher, wenn nicht die meisten Gräber gerade im dafür entscheidenden hinteren Bereich unfertig geblieben wären. – [77] Z.B. Sandman, Texts from Akhenaten, 34. 49. 102. – [78] Z.B. Sandman, a.a.O., 19. 20 u. ä., vgl. allgemein Schott, in: MDAIK 25, 1969, 131ff. – [79] Sicher aber in der Sarginschrift Sandman, a.a.O., 169, 13–19. Vgl. zum Motiv des Hörens in Amarna Assmann, in: SAK 8, 1980, 28f. und in einem Brief der Abimilki-Korrespondenz: Albright, in: JEA 23, 1937, 199. – [80] *sbꜣw dꜣt*: Sandman, a.a.O., 101, 17 = TT 82, Davies, Amenemhēt, Tf. 27 *wsṯn.k ḥr sbꜣ n dꜣt*. – [81] So nach der überzeugenden Deutung von Spiegel, in: MDAIK 14, 1956, 190–207. – [82] Z.B. TT 5: Jacques Vandier, La tombe de Nefer-Abou, MIFAO 69, 1935, Tf. 18f.; ähnlich auch im saitischen Grab TT 410: Jan Assmann, Das Grab der Mutirdis, AV 13, 1977, 56, Tf. 20. – [83] Z.B. die Szene der Horussöhne: Assmann, in: JEA 65, 1979, 54ff.; Kákosy, in: Religion en Egypte hellénistique et romaine, Bibliothèque du centre d'études et d'histoire des religion de Strasbourg 1967, Paris 1969, 65–68. – [84] Vgl. dazu bes. Siegfried Morenz, Religion und Geschichte des alten Ägypten, Weimar 1975, 231–262. Morenz zufolge erfährt diese in der Ramessiden-Zt einsetzende Tendenz dann in der Begegnung mit griech. bzw. hellenistischer Religiosität eine ins Qualitative umschlagende Steigerung: von „Gottesnähe" zur „Geborgenheit in der Existenz des Gottes, dessen Wesen man im Ritual erlangt". – [85] Kees, in: Fs Griffith, 402ff.; Posener, in: MDAIK 16, 1958, 268; Christine Strauß, in: LÄ II, 18f. – [86] Stadelmann, in: MDAIK 27, 1971, 110–123. – [87] Edda Bresciani, in: Egitto e Vicino Oriente 1, Pisa 1978, 1–20. – [88] Nancy K. Thomas, A Typological Study of Saite Tombs at Thebes, Los Angeles 1980; Klaus P. Kuhlmann und Wolfgang Schenkel, Das Grab des Ibi, AV 15, 1983; Manfred Bietak und Elfriede Reiser-Haslauer, Das Grab des ʿAnch-Hor I, Wien 1978; Jan Assmann, Das Grab des Basa, AV 6, 1973. – [89] Alan J. Spencer, Death in Ancient Egypt, Harmondsworth 1982, 238–242. – [90] Jan Assmann, Das Grab des Basa, AV 6, 1973. – [91] Ebd. – [92] J.-C. Goyon, in: Textes et Langages III, 77–81. – [93] Zur Totenliteratur der SpZt s. Jean-Claude Goyon, Rituels funéraires de l'ancienne Egypte, Paris 1972, 18f. (Balsamierungsritual). 185ff. (Buch vom Atmen). – [94] Otto, Biogr. Inschr., 43–65. – [95] Assmann, in: Gs Otto, 55–84. – [96] Ders., in: Fs Westendorf II, 687–701. – [97] Hermes Trismegiste. Corpus Hermeticum, Collection Budé, hg. von Arthur D. Nock und André-Jean Festugière, Paris 1954–60, II S. 326: Asclepius, Kapitel 24, vgl. Derchain, in: RHR 161, 1962, 175–198; Krause, in: ZDMG Suppl. I, 1969, 48–57.

Lit.: Kees, Totenglauben; Siegfried Morenz, Ägyptischer Totenglaube im Rahmen der Struktur ägyptischer Religion, in: Eranos Jb. 34, 1965 (1967), 399–446; Hartwig Altenmüller, Grab und Totenreich im alten Ägypten, Hamburg 1976; Alan J. Spencer, Death in Ancient Egypt, Harmondsworth 1982; Jan Assmann, Tod und Initiation im altägyptischen Totenglauben, in: Hans Peter Duerr (Hg.), Sehnsucht nach dem Ursprung. Zu Mircea Eliade, Frankfurt a. M. 1983, 336–359; Alan H. Gardiner, The Attitude of the Ancient Egyptians to Death and the Dead, Cambridge 1935; Constantin E. Sander-Hansen, Der Begriff des Todes bei den Ägyptern, Kopenhagen 1942. J.A.

Totenliteratur (Totentexte). Die ältesten ausführlichen Texte stehen zwar in Gräbern, haben aber primär juristischen und ethischen Inhalt und können noch nicht als T. bezeichnet werden. Dies trifft erst auf die *Pyramidentexte zu, die als kgl. T. am Ende der 5. Dyn. zusammengestellt werden. In der späten 6. Dyn. werden sie auch für Königinnen, ab der 11. für Beamte verfügbar, dann überwiegend vom neuen Corpus der *Sargtexte verdrängt, auf welches das *Totenbuch des NR und der SpZt folgt, in der spätesten Phase seinerseits durch die Bücher vom *Atmen und einige weitere rituelle Totenliturgien (Buch vom Durchwandeln der Ewigkeit, Buch von der Erhaltung des Namens) teilweise verdrängt.

Es handelt sich hier um lockere, aus einzelnen Sprüchen bestehende Kompendien der T., die seit dem Ende des AR für jeden verfügbar sind und keine festgelegte Form haben; die Bezeichnung T. ist kein Gattungs-, sondern ein Sammelbegriff für formal wie inhaltlich sehr verschiedenartige Texte, die Abgrenzung ist insbesondere gegen die übrigen Ritualtexte fließend.

Im NR entsteht daneben eine neue T., die ausschließlich kgl. Grab- und Tempelbauten vorbehalten ist (*Jenseitsführer) und erst mit der 21. Dyn. allgemein verfügbar wird, zunächst auf *Papyri und *Särgen. In der 25./26. Dyn. werden einzelne Beamtengräber (in *Theben vor allem *Petamenophis, für *Memphis vgl. LD III, 280–282 und die im *Nilometer von *Roda verbauten Blöcke), später auch *Sarkophage zu „Sammelhandschriften" der älteren und jüngeren T., deren jahrtausendelange Überlieferung ideale Voraussetzungen für Untersuchungen zur Textgeschichte schafft.

Seit dem NR ist die T. reich illustriert, Bild und Text ergänzen sich zu möglichst systematischer und detailreicher Beschreibung des *Jenseits, die sich aus dem Nachvollzug des *Sonnenlaufes ergibt. Den Toten in diesen Lauf und damit in die ständig erneuerte Regeneration einzubeziehen, ist der Hauptzweck der jüngeren T.; daneben wirken aber die alten Ziele weiter, den Weg durch Räume und Tore des Jenseits zu bahnen, dämonische Wächter gnädig zu stimmen, Gefahren abzuwenden und Hindernisse zu überwinden, dazu noch den materiellen Bedarf der Toten zu sichern.

Lit.: Kees und Altenmüller, in: HdO 1. Abt. Bd 1, 2. Abschnitt; Textes et Langages III, 47–81. E. H.

Totenmahl. Eins der ältesten und historisch konstantesten Anliegen des äg. *Totenkultes ist die real oder magisch zu bewirkende Ausstattung des *Grabes bzw. seines Bewohners mit Nahrung. In diesem Zusammenhang ist auch die äg. Vorstellung eines T. zu sehen[1], die einerseits durch archäologische Reste einer bei der *Bestattung mitgegebenen *Mahlzeit überliefert ist[2], andererseits in den Darstellungen äg. Privatgräber sichtbar wird, die den Verstorbenen, z. T. mit Frau und Kindern (*Kind), bei einem üppigen Mahl zeigen[3]. Das eigentliche, ritualisierte[4] T. beinhaltet – mit epochalen Varianten[5] – eine besondere Speisenabfolge, spezielles Mobiliar[6], das Aufdecken und Einnehmen der Mahlzeit[7] sowie weitere begleitende Zeremonien, wenn das T. in den Rahmen eines *Totenfestes gestellt ist. Daneben existieren aber auch nur Andeutungen oder Kürzel desselben Themas, die sich teilweise mit dem Begriff des T. überschneiden, jedenfalls nicht eindeutig von diesem zu trennen sind: seit der prähist. Zt schon die verschiedensten Speisebeigaben im Grab (*Grabausstattung und -beigaben), dann auch *Scheinbeigaben sowie die bloße Namensaufzählung von Lebensmitteln auf Grabwänden (*Opferliste), als abgekürzte, formalisierte Darstellung des T. schließlich die *Speisetischszene (siehe auch *Toter am Opfertisch, *Scheintür). In den berühmten, detailfreudigen Bildern ausgelassener Bankette, wie sie bes. in den thebanischen Privatgräbern ab der 2. Hälfte der 18. Dyn. zu sehen sind, hat sich der Schwerpunkt der Speisungsszenen in eine andere Richtung verschoben: statt eine Mahlzeit für den Toten im Jenseits existent zu machen, ist es zum Inhalt dieses Teils der *Grabdekoration geworden, ein *Gastmahl des Diesseits mit vielen Teilnehmern, Dienerschaft und musikalischen Darbietungen festzuhalten, das beim *Talfest am Grab bzw. im *Garten jährlich zu wiederholen war[8].

Für den kgl. funerären Bereich ist die Idee des T. nicht so konkret faßbar: Die Speisung des toten Königs im AR wird durch die diesbezüglichen Ritualsprüche in den *Pyr. gesichert[9]; für das NR ist nur durch die besonderen Fundumstände bei *Tutanchamun überliefert, daß auch den verstorbenen Königen Nahrungsmittel mit ins Grab gegeben wurden[10].

[1] Der Zweck einer Mahlzeit im Grab dürfte sich vor allem aus der *Jenseitsvorstellung des Weiter-„Lebens" in Grab/Unterwelt ergeben, wozu essentiell auch die *Ernährung nötig ist. Die Art und Weise, nämlich die Mitgabe oder Darstellung besonders reichhaltiger und nicht gerade alltäglicher Menüs, ist durch den Aspekt, Besitz und Status des Grabherrn für die Ewigkeit zu demonstrieren, geprägt. – [2] Z. B. Walter B. Emery, A Funerary Repast in an Egyptian Tomb of the Archaic Period, Leiden 1962; Junker, Gîza VII, 56 ff.; Joachim Boessneck und Angela von den Driesch, Studien an subfossilen Tierknochen aus Ägypten, MÄS 40, 1982, 120 ff.; Dieter Arnold, Gräber des Alten und Mittleren Reiches in El-Tarif, AV 17, 1976, 31; Schiaparelli, Cha, 146–167; auch Modellbeigaben für ein T. sind belegt: Junker, Gîza V, Frontispiz. 105. – [3] Z. B. Junker, Gîza II, 21. 64 ff., Tf. 5 a; III, 58 ff.; VI, 121 ff., Abb. 38 a. b. 39; IX, 64 f., Abb. 26; XI, 58 f., Abb. 35; vgl. allgemein Vandier, Manuel IV, 81 ff.; Klebs, Reliefs I, 128 ff. 136 ff.; II, 29 ff. 165 ff.; III, 207.

217. 222. – [4] D.h. es wird verbunden mit einem von *Priestern durchgeführten „Ritual für die Darbringung der Opfergaben", einer sog. „Opferliturgie" (vgl. RÄRG, 554ff.), die mit Reinigungsriten beginnt und dem „Verwischen der Fußspur" (*Inet-red) beendet wird (*Tägliches Ritual). Vgl. dazu auch die Speiseopferzeremonien beim *Mundöffnungsritual (Szene 64ff.), die z.B. von Goyon, Rituels funéraires, 165 auch als „repas funéraire" bezeichnet werden. Sie sind aber von dem täglichen Opfer bzw. dem festtäglichen T. zu unterscheiden. – [5] Vgl. Kees, Totenglauben, 121; unten Anm. 8; für das AR siehe z.B. die Gîza-Belege (Anm. 3), wobei eine besondere Akzentverschiebung in der 5. Dyn. zu beobachten ist, vgl. Junker, Gîza III, 58ff. Die Familiarisierung setzt sich dann im MR fort (RÄRG, 555) und gipfelt in den thematisch eigentlich bereits abweichenden Szenen des Gastmahls. – [6] Vgl. Vandier, Manuel IV, 82ff. (Sitzmöbel). 93ff. (Tische). – [7] Das Aufdecken der Speisen auf Tonteller, die – aufgeheizt – diese längere Zeit warm halten können, bei Emery, a.a.O., 7. Der Verstorbene selbst wird selten essend gezeigt, vgl. Junker, Gîza III, 58; VI, 124. Meist beschränkt sich die Darstellung darauf, daß er seine Hand zu den Broten oder Speisen ausstreckt. – [8] Vgl. dazu Spiegel, in: MDAIK 14, 1956, 200ff.; Schott, Das schöne Fest, 828ff. (64ff.). – [9] Pyr. Spruch 223; zu der angeblich „barbarischen" Mahlzeit des toten Königs im sog. „*Kannibalenhymnus" (Pyr. Spruch 273/4) siehe jetzt Ursula Verhoeven, Grillen, Kochen, Backen im Alltag und im Ritual Altägyptens, Rites égyptiens IV, Brüssel 1984, 103f. 190ff. – [10] Carter, Tut-ench-Amun I, 135 zu Tf. 13; vgl. auch Erik Hornung, Tal der Könige – Die Ruhestätte der Pharaonen, Zürich–München 1982, 194.

U.V.

Totenopfer s. Totenkult

Totenpriester. Nach dem kgl. Gesetz der Ramessidenzeit[1] (und wohl schon längst vorher[2]) ist *Erbe, wer die *Bestattung übernimmt. „Erbe" scheint eigentlich den *Sohn, der seinem *Vater das Rinderbein opfert, zu bezeichnen. Nach der *Horusmythe ist *Horus als Sohn T. seines Vaters *Osiris. Dennoch nehmen Privatleute nicht nur eigene Kinder, sondern auch Fremde in größerer Zahl zu Berufs-Totenpriestern[3], z.T. aus Mißtrauen gegenüber den eigenen Kindern, z.T. in Nachahmung des von Berufs-Totenpriestern (*Beamtentum) ausgeübten kgl. *Totenkultes. Die T. erhalten ein ewiges Nutzrecht am Stiftungsvermögen des Totenkultes, welches sie nicht veräußern, sondern nur ihren Nachkommen oder Kollegen von der gleichen *Phyle weitergeben dürfen.

Auf Grab-*Stelen von Hofleuten des kgl. Friedhofs in *Abydos erscheinen die T. zum ersten Mal (1. Dyn.). Sie heißen als kgl. T. *ẓḫn(t)-ỉ3ḫ* „*Geist-Sucher(innen)"[4]. Die auf *Rollsiegeln der 1.–2. Dyn. belegten Geist-Sucher(innen)[5] sind wohl auch T. von Privatleuten, da tote Privatleute immer schon als *ỉ3ḫ(w)* „Geist(er)" gelten. Der häufige Aufsatz der *ẓḫn*-Hieroglyphe ahmt das Dach, das Paar der Arme der *ẓḫn*-Hieroglyphe die Wände des „Gotteszeltes" nach[6]. Einen anderen Titel der FrZt, *ḥrj-sšt3* „Geheimrat", schreibt man mit *Anubis über dem Gotteszelt: Dieser T. gilt als Abbild des Anubis (*Geheimnis)[7]. Seit der späten 2. bzw. der 3. Dyn. heißen die T. der Privatleute *ḥm-ẓḫn(-ỉ3ḫ)* „Diener des (Geist-)Suchens", die des vergöttlichten Königs (und seiner Angehörigen) *ḥm-nṯr* „Gottesdiener" und *wʿb* „Reinigungspriester" (*Priester)[8]. Später nehmen am Kult des Königs auch *ḫntjw-š* „Domänenarbeiter" teil: Am Ende der 5. Dyn. ordnet man sie bestimmten *Pyramiden zu[9]. Auf Bildern von Privatgräbern des AR überweisen *wtj (-Jnpw)* „Bandagierer (des Anubis)" (*Ut-Priester) (= der frühere „Geheimrat"), *wdpw-ḫntj-wr* „Mundschenk des Großen (kgl.) Kellers" und *ḥrj-wḏb* „Speisemeister (des Königs)" wohl ein erstes Opfer des Königs an den privaten Grabherrn[10]. Beim permanenten Totenkult rezitieren die *ḫrjw-ḥb* „*Vorlesepriester", während die *ḥm-ẓḫn*-Totenpriester (auch mit Zusatz *[pr-]ḏt* „der [privaten] Ewigkeitsstiftung"[11]) weihräuchern, Wasser und Naturalopfer spenden, welche sie nach der Opferung in der Regel verzehren (*Opferumlauf). Bei der Errichtung des Grabes ziehen die *ḥm-ẓḫn*-Totenpriester die *Schlitten mit den *Grabstatuen, was ihre bes. Bindung an den Statuenkult erkennen läßt[12]. *ḥm-ẓḫn*-Totenpriester sind im AR häufig selbst als Grabherren nachgewiesen[13].

Im kgl. Totenkult des MR werden auch Vorlesepriester fest mit Pyramiden assoziiert, wo sie vorübergehend die *ḥm-nṯr*-Priester verdrängen[14]. Der private Grabherr hat im MR nurmehr einen einzigen T., mit dem und für den er Verträge (*Vertrag) abschließt, so daß der T. das Totenopfer der Kultstatue(n) des Grabherrn in vollem Umfang erhält[15]. Dem einzigen T. helfen Leute ohne Totenpriester-Titel[16] sowie die Priester der Götter und toten Könige, in deren Tempeln nun viele Kultstatuen von Privatleuten stehen[17]. Der T. heißt im MR wie im AR *ḥm-ẓḫn*; daneben kommt eine jüngere Form *ḥm-k3* „Diener des *Ka" vor: *ẓḫn* und *k3* sind Variantenformen ders. Hieroglyphe[18].

Im NR deutet man *ḥm-k3* zu *ḥnk* „Versorger" um[19]. *ḥnk*-Totenpriester gibt es aber nur von Statuen der toten Könige und ihrer toten Angehörigen[20]. Der *ḥnk*-Totenpriester bezieht den Opferumlauf einer dieser Statuen für seine eigene private Statue. Die vom *ḥnk* versorgten Statuen der kgl. Familie befinden sich in den Tempeln der Götter und den Totentempeln der kgl. Familie[21], doch sind die *ḥm-nṯr-*, *ḫrj-ḥb-* und *wʿb*-Priester der letzteren keineswegs ex officio *ḥnk*-Priester. Nach Ableben des *ḥnk*[22] mußten sich wohl die Tempelpriester um seinen privaten Totenkult kümmern, was kaum befriedigte[23]. Wahrscheinlich hat der König des NR nicht nur die Bezeichnung von T. der Privatleute als *ḥnk*, sondern auch das Wirken von T. der Privatleute überhaupt verboten, weil er den Umfang von Totenstiftungen der Privatleute stark einschränken wollte. Außerdem wollte der König ein Übergreifen des Prinzips der *Amtserblichkeit des Totenpriester-Amtes, welches allgemein anerkannt war, auf andere (Priester-)Ämter verhindern. Als Bezeichnung von T. der Privatleute kommt aber schon in der Ramessiden-Zt der bescheidene Titel *wꜣḥ-mw* „Wasserspender“ (*Choachyt) auf[24]. Daneben gab es Wasserspender *wꜣḥ-mw* auch von Göttern und toten Angehörigen der kgl. Familie (Var. *ꜥꜣ [n] mw*) (ältere Titelformen *zꜣṯ* AR und *jbḥ* MR–18. Dyn.)[25].

Die Bezeichnung *wꜣḥ-mw* für die T. der Privatleute[26] und der kgl. Familie[27] (da neben *ḥm-nṯr* und *wꜥb*[28]) setzt sich in der SpZt allgemein durch, obwohl die *wꜣḥ-mw*-Totenpriester sicher auch Naturalopfer spenden[29]. Eine Bezeichnung *wꜣḥ-jḫt* „Mahlzeitenspender“ würde also eher zutreffen[30]. Die *wꜣḥ-mw* der SpZt konzentrieren sich auf die Gräber[31] und sind auch für das Begräbnis der Toten durch die zu „Taricheuten“ umfunktionierten *ḫrj-ḥb*-Vorlesepriester (!)[32] verantwortlich[33]. Manchmal sind sie Tempeln von Göttern angeschlossen[34]. Der private Grabherr hat in der SpZt wohl nur einen *wꜣḥ-mw*-Totenpriester, dieser betreut aber mehrere private Grabherren zugleich (vgl. Anm. 5). Das *wꜣḥ-mw*-Totenpriester-Amt kann man nicht nur an Kinder (Verwandte), sondern auch an Kollegen weitergeben, wobei man es den letzteren wohl auch (im Unterschied zur Regelung bei früheren T.) weiterverkauft[35]. Die Erwähnung von *ḥm-zḫn*/*ḥm-kꜣ* in hieroglyphischen Texten der SpZt ist nicht unbedingt ein Archaismus für *wꜣḥ-mw*, da in dem. Texten nicht nur *wꜣḥ-mw*, sondern auch *ḥm-kꜣ* belegt sind[36].

[1] Seidl, Äg. Rechtsgeschichte, 59; Allam, Ostr. u. Pap., 292. – [2] Seidl, a.a.O.; Hans Goedicke, Die privaten Rechtsinschriften aus dem AR, Beihefte WZKM 5, Wien 1970, 122ff.; Elmar Edel, Hieroglyphische Inschriften des AR, ARWAW 67, Opladen 1981, 38ff. Entsprechend der Befund der Gräber: Fremde T., Kinder und weitere Personen bringen Opfer: Silvio Curto, Gli scavi italiani a El-Ghiza, Rom 1963, Abb. 6ff.; Sohn als Vorsteher der T.: Curto, a.a.O., Abb. 19. Fremde T. opfern, Kinder schauen zu: Curto, a.a.O., Abb. 20. (Leibliche) Kinder und Kinder der Ewigkeitsstiftung schauen zu, ältester Sohn als Vorlesepriester rezitiert: Curto, a.a.O., Abb. 52, Tf. 25. Kinder keine T., fremde T.: Hassan, Gîza I, 73. Nur ein Enkel T., aber weder die Söhne noch die Urenkelinnen: Hassan, a.a.O. III, Abb. 84. Allein ältester Sohn nachweisbar; er räuchert dem Vater, ohne Totenpriester-Titel zu führen: Hassan, a.a.O. III, Abb. 109. Der Sohn spendet Wasser für die Mutter: Alan H. Gardiner und Kurt Sethe, Egyptian Letters to the Dead, EES, 1928, Tf. 3 (ohne Totenpriester-Titel). Kinder und Fremde als T.: Junker, Gîza XI, 129. 137. Die Künstler, die das Grab errichten, als T.: ders., Die gesellschaftliche Stellung der äg. Künstler im AR, SÖAW 233.1, 1959, 50ff. Rangniedrige Berufskollegen des Grabherrn als T.: Ahmed Moussa und Hartwig Altenmüller, Das Grab des Nianchchnum und Chnumhotep, AV 21, 1977, 25ff. Aus dem MR vgl. Albert Gayet, Musée du Louvre, Stèles de la XIIe dynastie, BEHE 68, Paris 1889, Tf. 1 = William K. Simpson, The Terrace of the Great God at Abydos, PPYE 5, New Haven–Philadelphia 1974, Tf. 14 (Sohn, Vorsteher des Arbeitshauses und Hausvorsteher beim Opfern). 23 (Söhne und fremde Vorlesepriester *n wbꜣ* [sic] opfern). 24 (*wbꜣ*- und *ꜥḥꜥ[t]*-Diener[innen] opfern, Kinder schauen zu). 28. 32 (Kinder opfern, andere Kinder schauen zu). – [3] Goedicke, a.a.O.; vorher: Kaplony, in: Asiatische Studien 18/19, Bern 1966, 294. *ḥm-zḫn n jt.f*: Junker, Gîza X, 179 (neben seiner Gattin als *ḥm[t]-zḫn*); ders., Die gesellschaftliche Stellung der äg. Künstler im AR (s. Anm. 2), 65. Die Formulierung erinnert an Helck, Beamtentitel, 22. 24 (*ḫrj-ḥb*). Vgl. Revillout, in: ZÄS 18, 1880, 142f.; Blackman, in: JEA 3, 1916, 32 (Sohn und Ehefrau als *qbḥ(t)*-Wasserspender; vgl. Anm. 28) und bes. André Bataille, Les Memnonia, RAPH 23, 1952, 264. 280 (Verbot des Totenkults von Privatleuten durch fremde T. in der Römer-Zt, also Wiederherstellung des Primärzustandes). Ähnlich wird der private Totenkult wohl im NR eingeschränkt (vgl. unten im Text). Aufhören der *wꜣḥ-mw*-Totenpriester: Bataille, a.a.O., 262f. Aufhören der Tempelstatuen in der Römer-Zt: Bothmer, Egyptian Sculpture, 182. Der Kult dieser Tempelstatuen durch *wꜣḥ-mw*-Totenpriester ist aber nicht sicher (vgl. Anm. 34). – [4] Ebenso im *Dramatischen Ramesseumspapyrus, dessen Redaktion in die 12. Dyn. fällt. Unklare Stelle betreffend die *zḫn(w)-jꜣḫ* ders. Zt.: CG 20425. Ein scheinbar ähnlicher SpZt-Titel ist *ḥm (n) jꜣḫt* zu lesen: De Meulenaere, in: CdE 29, Nr. 58, 1954, 227 Anm. 1. Vgl. Peter Munro, Die spätäg. Totenstelen, ÄF 25, 1973, 300f.; 315 (*sjꜣḫ-wḏꜣt*) und die entsprechenden Titel Wb III, 471, 11/12. – [5] Zu *ḥm(t)-zḫn* vgl. Henry George Fischer, Varia, Egyptian Studies I, New York 1976, 70 und Anm. 15, zu weiblichen Choachyten unten Anm. 35, zur Frage der Haupt- oder Nebenamtlichkeit der T. in der SpZt: Françoise De Cenival, Les associations religieuses en Egypte, BdE 46, 1972, 144 Anm. 1; 150ff. Ein *ḥm-zḫn* des AR kann wahrscheinlich wie ein *wꜣḥ-mw* der SpZt mehrere private Grabherren zugleich betreuen (Inventare der betreuten Grabherren unten Anm. 35). Vgl. vorläufig Kaplony, in: Asiatische Studien 18/19, Bern 1966, 295, ebenda und hier Anm. 2 zu anderen Berufen von AR-Totenpriestern. Ein AR-Totenpriester konnte ebensowenig wie ein SpZt-Totenpriester von den Einkünften einer einzigen privaten Totenstiftung leben. Das Verbot, einen anderen Dienst anzunehmen (Goedicke, a.a.O. [s. Anm. 2], 45f. 75. 133. 144f. 211; Moussa und Altenmüller, a.a.O. [s. Anm. 2], 87), scheint nur so viel zu besagen, daß die temporäre Arbeit zeitlich nicht mit einer anderen zusammenfallen soll. Das scheinen die Stellen Goedicke, a.a.O., 82. 133 deutlich zu machen (Ersatzleistung durch den Sohn des T. oder die Kinder des Stifters). Vgl. Bataille, a.a.O., 258f. zur „corvée aux digues“. – [6] Kaplony, Inschriften, 368f. –

[7] Vgl. Kaplony, a.a.O.; ders., Beitr. Inschriften, 51 f. und unten Anm. 32. Weitere T. der FrZt: Kaplony, a.a.O., 43; ders., Inschriften, 368 ff. 392 f. Vgl. ferner ders., Die Rollsiegel des AR II, MonAeg 3, Brüssel 1981, 177. 246. 298 f. 313. 443 f. Man erinnert sich der Priester in Anubismasken. *ḥrj-sštȝ* im MR z.B. Montet, in: Kêmi 3, 1930–1935, 58; CT IV, 344 b, in der SpZt s. Anm. 32. Bataille, a.a.O., 206 redet von Anubis als dem Taricheuten (*jmj-wt*, auch in Georg Möller, Die beiden Totenpapyrus Rhind, Dem. Stud. 6, Leipzig 1913, 42 f. 56 f. 60 f. 64 f.). Ähnlich deutet der SpZt-Titel „Vorlesepriester des Affen" (Bataille, a.a.O., 204; Stephen R. K. Glanville, Catalogue of Demotic Papyri in the British Museum I, London 1939, 21) eine Gleichsetzung des Priesters mit seinem Gott (*Thot) an. Vgl. ferner s. v. *Klagefrau (Christine Seeber, in: LÄ III, 444 ff.). – [8] *zẖn-jȝḫ* mit Zusatz *-njswt* (Kaplony, Inschriften, 369 und Anm. 1813; ders., Beitr. Inschriften, 52) erinnert an den etwa gleichzeitig entstehenden Titel *wˁb-njswt*. Nach ders., Die Rollsiegel des AR I, MonAeg 2, 1977, 293 ff. Anm. 546 gilt im bes.: Für kurze Zt existierten kgl. *ḥm-zẖn* neben kgl. *ḥm-nṯr* / *wˁb*, und zwar wohl vor *ˁȝ-jȝḫtj*, der *ḥm-nṯr* des Königs *Nebka und *ḥm-zẖn* von Privatpersonen (?) ist, Kaplony, Rollsiegel I, 146 und Anm. 249 = Raymond Weill, Des monuments et de l'histoire des IIe et IIIe dynasties égyptiennes, Paris 1908, Tf. 6 f. In der 1. ZwZt besitzt ein Gaufürst einen *wˁb*: Schenkel, Memphis, Herakleopolis, Theben, Nr. 42 (gleichzeitig auch Mundschenk und Schlächter, gemäß den Bildern der Leute, a.a.O., welche dem Grabherrn dort Trinknapf und Rinderbein reichen). Zur Vergöttlichung von Privatpersonen vgl. Kaplony, in: Or 37, 1968, 47 f.; ders., Die Rollsiegel des AR II, 4; Verner, in: SAK 8, 1980, 259 f. *ḥm-zẖn* des Palastes: Kaplony, Rollsiegel I, 12. – [9] Kaplony, Rollsiegel II, 340. – [10] Belege: Junker, Gîza II, 62 ff.; III, 57 f.; X, Abb. 25; ders., Die gesellschaftliche Stellung der äg. Künstler im AR (s. Anm. 2), 51; Gardiner, in: JEA 24, 1938, 85 f.; Helck, Beamtentitel, 51; Kaplony, Studien zum Grab des Methethi, Monographien der Abegg-Stiftung, Bern 1976, 72; LD II, 86; Ahmed M. Moussa und Hartwig Altenmüller, The Tomb of Nefer and Ka-hay, AV 5, 1971, 36, Tf. 32; dies., Das Grab des Nianchchnum und Chnumhotep (s. Anm. 2), 54, Tf. 15; Dows Dunham und William K. Simpson, The Mastaba of Queen Mersyankh III, Giza Mastabas 1, Boston 1974, Abb. 9 (neben dem *ẖrp-zḥ ḥm*[*w*]*-zẖn*); William K. Simpson, The Mastabas of Qar and Idu, Giza Mastabas 2, Boston 1976, Abb. 22. 24. 25. 29; ders., The Mastabas of Kawab, Khakhufu I and II, Giza Mastabas 3, Boston 1978, Abb. 31; ders., Mastabas of the Western Cemetery I, Giza Mastabas 4, Boston 1980, Abb. 33. Den Unterschied zwischen dem ersten Opfer und dem permanenten Opfer verwischt man schon im AR: Nach Edel, in: MDAIK 13, 1944, 29 wird der Tote täglich (!) nicht nur von Vorlesepriestern, sondern auch von Bandagierern verklärt. In der SpZt gelten beide Klassen als Taricheuten. Für das MR vgl. Klebs, Reliefs II, 169 f., für das NR Spiegel, in: MDAIK 14, 1956, 190 ff. – [11] *ḥm-zẖn* des *pr-ḏt*, Variante des *ḏt*: Urk. I 11, 11; Duell, Mereruka, Tf. 106; Goedicke, Private Rechtsinschriften (s. Anm. 2), Tf. 6. 8. 9; Hassan, Gîza VI. 3 Abb. 14 f.; Junker, Gîza III, 94; IX, Abb. 26; Mariette, Mastabas, 281; Montet, Scènes, 151; Quibell, in: ASAE 3, 1902, 257. *ḥm-zẖn-pr*: Junker, Gîza XI, Abb. 68. *jmj-rȝ-pr* und *jmj-rȝ* / *sḥḏ-ḥm*(*w*)*-zẖn*: Dunham und Simpson, Giza Mastabas 1, Abb. 12; Junker, Gîza XI, 130; ders., Die gesellschaftliche Stellung der äg. Künstler im AR, 66. Sekundär auch „Vorlesepriester des (*pr-*)*ḏt*", Kaplony, in: Or 37, 1968, 344 und Anm. 6; 345 und Anm. 2; ders., Studien zum Grab des Methethi, 89 und Anm. 215 (mit Verweis auf den Vertrag mit dem Vorlesepriester s. Anm. 15, ferner mit Verweisen auf die Brüder/Schwestern und Kinder (Söhne/Töchter) der Ewigkeitsstiftung; zu *jsw* des (*pr-*)*ḏt* vgl. Goedicke, a.a.O., 184). – [12] Die T. ziehen auch den Opfergabenschlitten zum Grab. Vgl. Kaplony, in: Asiatische Studien 18/19, Bern 1966, 293; Montet, Scènes, 385 ff.; Vandier, Manuel VI, 201 f.; Moussa und Altenmüller, Nianchchnum (s. Anm. 2), 61 ff., Tf. 16 f. 19 (die T. hier aber auch im ganzen Verlauf des Bestattungsrituals anwesend, a.a.O., 46 ff., Tf. 6 ff.); Marianne Eaton-Krauss, The Representations of Statuary in Private Tombs of the Old Kingdom, ÄA 39, 1984, 67 und Anm. 329. Nachleben: Settgast, Bestattungsdarstellungen, 109 f. Zum *Serdab als *Ka-Haus vgl. Blackman, in: JEA 3, 1916, 250 ff. und unten Anm. 17. – [13] Im AR sehr häufig. Aus dem MR keine Nachweise (trotz nachgewiesenen Reichtums der Totenpriester). SpZt: Zauzich, Schreibertradition, Nr. 15. T. der SpZt als Eigentümer von Totenstelen: Munro, Totenstelen (s. Anm. 4), 263 f. – [14] CG 20001/20780 III, 68; Winlock, in: AJSL 58, 1941, 146 ff.; Geoffrey Thorndike Martin, Egyptian Administrative and Private-Name Seals, Oxford 1971, 183 (*ẖrj-ḥb* auch mit Göttern direkt assoziiert). Das Dekret *Sesostris' III. zugunsten des *Totentempels *Mentuhoteps II. richtet sich an den *ḥm-nṯr* des *Amun-Tempels, aber an die *ẖrjw-ḥb* und *ḫntjw-š* des Mentuhotep-Tempels: Naville, Deir el-Bahari, XIth Dyn. Temple I, Tf. 24 (zu den *ḫntjw-š* ebd. auch Ahmed Fakhry, The Monuments of Sneferu at Dahshur II. 2, Kairo 1961, 16). Die Stundenpriesterschaften beider Tempel sind *wˁbw* (= *nḏsw*, Kees, in: ZÄS 87, 1962, 127). Kees, a.a.O. = Quibell, Excav. Saqq. (1907–1908), 1909, 113 f. belegt einen *sm* (vgl. Helck, Materialien, 80) / *ẖrj-ḥb ḥrj-tp* des Totentempels von König *Teti im MR, Fakhry, a.a.O., 15 f. 21. 69 ff. 83 (*sm* und) *ẖrj-ḥb ḥrj-tp* des Totentempels Königs *Snofru im MR (altertümlich / altertümelnd *sḥḏ-* und *jmj-rȝ ḥm*(*w*)*-nṯr* ebenda). *ẖrj-ḥb ḥrj-tp* und *sḥḏ-ḥm*(*w*)*-nṯr* zweier kgl. Totentempel im MR: Kees, a.a.O., 126 f. = Firth-Gunn, Teti Pyramid Cemeteries I, 280 ff.; *ẖrj-ḥb ḥrj-tp* und *jmj-rȝ ḥm*(*w*)*-nṯr* = *jt-nṯr* des Amuntempels: CG 20359. Ernst zu nehmen ist nur die Singularform *ḥm-nṯr Ḥr-zmȝ-tȝwj* eines *ẖrj-ḥb ḥrj-tp* des Totentempels Mentuhoteps II. Im AR scheint der *ẖrj-ḥb* außerhalb der Phylen-Ordnung der kgl. Totentempel und Privatgräber zu stehen, d. h. nicht ihr direkter Angehöriger, sondern eher ihr „freier Mitarbeiter" zu sein, Kaplony, Die Rollsiegel des AR I, 328; ders., Studien zum Grab des Methethi, 86. Die Bindung des *ẖrj-ḥb* an die (Ewigkeitsstiftung der) Privatgräber ist sekundär (s. Anm. 11). Für die SpZt vgl. Mustafa El Amir, A Family Archive from Thebes II, Kairo 1959, 123 und Anm. 9 f. – [15] Kaplony, in: Asiatische Studien 18/19, Bern 1966, 297 ff.; 301 und Anm. 39–42, hinzuzufügen ist der Vertrag eines weiteren *Djefaihapi: Montet, in: Kêmi 6, 1936, 135 (Beinlich, in: LÄ I, 1107 Anm. 12). Vertrag mit bzw. für T.

und Vorlesepriester: TPPI, § 33 = Schenkel, Memphis, Herakleopolis, Theben, Nr. 379, entsprechend Vertrag mit bzw. für Vorlesepriester auch auf der Stele Sethe, Lesestücke, Nr. 31 = Simpson, Terrace (s. Anm. 2), Tf. 43 (Louvre C 34). Erste (?) Erwähnung von T. und Vorlesepriester als Partner: Thomas G. H. James, The Mastaba of Khentika Called Ikhekhi, ASE 30, 1953, 37f. Vgl. Klebs, Reliefs II, 179ff. *ḫtmt* „Vertrag" im AR: Goedicke, Private Rechtsinschriften (s. Anm. 2), 117f. 159. 184. 202f. 222ff.; Gizeh and Rifeh, Tf. 7A; *Siegelung = Kaplony, in: LÄ V, 934f. und Anm. 14. Die NR-Formulierungen „Dann wird der *ḥm-kꜣ*-Totenpriester meiner Statue und ihr (sic) Vorlesepriester zu mir kommen": Davies, Neferhotep I, Tf. 28 = PM I². 1, 92 = Schott, Das schöne Fest, 48. 95 (späte 18. Dyn.) und „Meine Seele geht hinaus auf die Stimme ihres *ḥm-kꜣ*-Totenpriesters": Clère, in: Mél. Masp. I, 755 = PM I². 2, 378 (Ramessiden-Zt) sind Archaismen, ebenso wie die Anrufungen bzw. Erwähnungen von *zḫn-ḥm-*/*ḥm-kꜣ*-Totenpriestern (mit Vorlesepriestern) in der 18. Dyn. z. B. Urk. IV, 28, 9; 1034, 13. – [16] Neben dem *jbḥ* unten (Text und Anm. 25) der *ḫnt-wr* (nach der Geste der alte *wdpw-ḫntj-wr*) und der *mḥwn* (nach der Geste der alte *Ut-Priester), Schenkel, a.a.O. *mḥwn* „Jüngling" (vgl. Wb II, 128, 3; III, 55, 3–4) mag eine Spaltform des *Upuaut im abydenischen Osirisritual sein, welcher für den Toten = den toten Osiris mit dem Messer ein Stück Fleisch abschneidet. Vergleichbar wäre der *ḥrj-sštꜣ* als Abbild des Anubis. Viele *nj-dt*, aber kein *ḥm-zḫn* bzw. *ḥm-kꜣ*: ÄIB I, 124; CG 20161. Abb. von *ḥm-zḫn* im MR: Beni Hasan I, Tf. 17ff. 35; BM Stelae IV, Tf. 33; Boeser, Leiden II, Tf. 19, 28; CG 20025 (Sohn des Grabherrn). Bei Abb. scheint im MR die Namensform *ḥm-kꜣ* kaum vorzukommen (Ausnahme Fischer, in: Artibus Asiae 22, Ascona 1959, 240ff. Abb. 1). Vgl. Anm. 17. – [17] Daneben immer noch (auch im NR) in Gräbern: Kaplony, in: Asiatische Studien 18–19, Bern 1966, 300ff. (*Grabstatue), sowie in *Kenotaphen. Wahrscheinlich haben immer auch Stelen mit dem Bild des Toten, nicht nur Statuen, einen Kult gehabt. Deshalb bittet man (im MR) Schreiber, Vorlesepriester, vertraglich verpflichtete *wꜥb*-(Tempel-)Priester, T. (und alle anderen Passanten) um die Rezitation von Opferformel bzw. Opfergebet: ÄIB I, 179. 205; Beni Hasan I, Tf. 41 (ohne *wꜥb*); BM Stelae II, Tf. 32; III, Tf. 13. 23. 48*; IV, Tf. 14; Boeser, Leiden II, Tf. 7. 17, 19*; CG 20030 (ohne *wꜥb*). 20043. 20093 (und andere). 20100 (ohne Schreiber, Vorlesepriester, *wꜥb*[*w*], d. h. diese sind da die *sr*[*w*]-*nb*[*w*]). 20303* (ohne Schreiber und Vorlesepriester). 20394 (ohne *wꜥb*). 20748* (ohne *wꜥb*, aber mit *ḥm-nṯr* u. a.); Koefoed–Petersen, Stèles, Tf. 11b (u. a). Dabei kann der T. selbst ausgelassen sein: BM Stelae III, Tf. 8. 12. 16 (ohne *wꜥb*); IV, Tf. 5 (ohne Schreiber, Vorlesepriester, aber mit *ḥm-nṯr*); CG 20141 (mit *ḥm-nṯr*). 20174 (mit *ḥm-nṯr*). 20335. 20458. Seltener: BM Stelae II, Tf. 34 („Lebende" und *ḥm-nṯr*); III, Tf. 40 (nur „Lebende"); Gayet, Stèles (s. Anm. 2) Tf. 36 (nur „Lebende"); Schenkel, Memphis, Herakleopolis, Theben, Nr. 387 (mit *ḥm-nṯr* u. a.). Ein und derselbe Mann als *wꜥb ꜥꜣ* und *ḥm-kꜣ*: Martin, Seals (s. Anm. 14), Nr. 199. Analog zu *wꜥb ꜥꜣ* einmal *ḥm-kꜣ ꜥꜣ*: Winlock, in: AJSL 58, 1941, Tf. 6 Nr. 81. An den oben mit * bezeichneten Stellen *ḥm-zḫn*, sonst aber (viel häufiger) *ḥm-kꜣ*. Gegenteiliger Befund s. Anm. 16. In den Texten Verträge betreffend (s. Anm. 15) erscheint *ḥm-kꜣ* (TPPI, § 33 und bei Djefaihapi) oder *ḥm-zḫn* (Urk. VII, 29, 13ff.). Die Texte der Ḥeḳanakhte Papers schreiben *ḥm-kꜣ*. Zum Umlaufopfer, das T. von Privatleuten schon im AR aus Göttertempeln erhalten (als „reine" Opfer), vgl. Kaplony, in: Asiatische Studien 18/19, Bern 1966, 297; ders., Rollsiegel (s. Anm. 8) II, 178; Gardiner, in: JEA 16, 1930, 22; Fischer, in: JEA 65, 1979, 181 (in Urk. I, 37, 5ff. nicht als „reine" Opfer bezeichnet; ein Umlaufopfer aus dem Göttertempel erhalten wohl auch die T. des *Nj-kꜣ-ꜥnḫ* in *Tehne). Das Vorkommen eines *ḥm-nṯr* beim Schlachten im AR (Montet, Scènes, 169) spricht für Lieferungen von „reinem" Fleisch aus dem Tempel einer Gottheit. Schlachtende *ḥm-zḫn* des AR sind ganz ungewöhnlich: Arne Eggebrecht, Schlachtungsbräuche im Alten Äg., München 1973, 142 und Anm. 9; Duell, Mereruka, Tf. 109 (zum MR vgl. Anm. 16 (*mḥwn*) und Montet, Scènes, 167). T. beim Opfern von Fleisch: Mariette, Mastabas, 281; Montet, Scènes, 177. Der „Vorsteher des *Ka-Hauses" bei Montet, in: Kêmi 3, 1930–1935, 58 wird der Vorgesetzte der dem Tempel einer Gottheit oder eines toten Königs angeschlossenen *Ka-Diener (*ḥm-kꜣ*; vgl. oben), Borchardt, in: ZÄS 40, 1902/3, 114f., sein. Zu deren Ka-Häusern vgl. unten Anm. 36 und Kaplony, in: Asiatische Studien 18/19, Bern 1966, 297 und Anm. 35; Goedicke, Private Rechtsinschriften, 122f. 175; Brovarski, in: LÄ V, 874ff. Nach Kaplony, a.a.O., 300 und Anm. 38 ist der T. auch des MR „Vorsteher der Ewigkeitsstiftung" (vgl. Anm. 11). Nach dems., in: Or 41, 1972, 78 ist der „Bruder der (privaten) Ewigkeitsstiftung" in den kgl. Totentempeln des AR der Vorgänger des einzigen T. des Privatmannes im MR (vgl. Kaplony, Asiatische Studien 18/19, Bern 1966, 294f.; Goedicke, a.a.O., 68. 123. 212; Moussa und Altenmüller, Nianchchnum, 87). Die eingangs angerufenen Schreiber werden Schreiber der *ḥwt-nṯr* (Djefaihapi; Borchardt, in: ZÄS 40, 1902/3, 114f.) sein, die in CG 20538. 20539 angerufenen *ḥꜣtj-ꜥ jmj-rꜣ ḥm*(*w*)-*nṯr* der *jmj-rꜣ ḥm*(*w*)-*nṯr* von Djefaihapi und der *ḥꜣtj-ꜥ jmj-rꜣ ḥwt-nṯr* Borchardt, a.a.O., zumal dieser bei Simpson, Terrace (s. Anm. 2), Tf. 58 dem privaten Toten opfert. CG 20538. 20539; Simpson, a.a.O., Tf. 43 (Louvre C 34) erwähnen (auch) Verträge mit *ḥm-nṯr*, was der Anrufung der *ḥm-nṯr* in CG 20538. 20539 und oben entspricht. Djefaihapi schließt mit dem *jmj-rꜣ ḥm*(*w*)-*nṯr* Verträge. Der Bandagierer „in seinem Monatsdienst" Borchardt, a.a.O. (Anruf des Bandagierers: CG 20538. 20539; vgl. Anm. 32) verrichtet nach Anm. 10 oben einen ständigen Dienst für den toten König(?) und vielleicht auch für die assoziierten toten Privatleute nach ihrer Beerdigung. – [18] Vgl. Montet, Scènes, 397. Ursula Schweitzer, Das Wesen des Ka im Diesseits und Jenseits der Alten Ägypter, ÄF 19, 1956, 86 Anm. 52 verweist auf Mariette, Mastabas, A 1 = PM III², 453 (*ḥm-kꜣ* ausnahmsweise schon im AR; da Ka-Zeichen durchweg auf der Standarte). Ungenaues Zitat der Stelle: Kaplony, Beitr. Inschriften, 52. Archaischer Personenname *Ḥm-kꜣ*: ders., Inschriften, 573 (vgl. Ranke, PN I, 239, 28 und unten Anm. 35). Der *Ka scheint in *ḥm-kꜣ* primär den *Totengeist zu bezeichnen, Schweitzer, a.a.O., 81ff.; Fischer, in: Or 29, 1960, 188 Anm. 2; Kaplony, in: Fs Gutbub, 115ff. Das Nebeneinander von *ḥm-zḫn* und *ḥm-kꜣ* charakterisiert das MR (s. Anm. 16–

17). Auf eine Form *ḥm-zḫn-kꜣ* (vgl. **ḥm-zḫn-jꜣḫ*) deuten Schreibungen der SpZt (s. Anm. 36). **zḫn-kꜣ* würde den MR-Ausdruck *ḫꜣm/ẖꜣm-jḫt* „sich eine Mahlzeit aneignen" umschreiben. *ḫꜣm/ẖꜣm* wird mit *zḫn*-Armen determiniert, Wb III, 231,8; 362,10. Weitere Diskussion: Kaplony, in: LÄ III, 278 Anm. 2; Blackman, in: JEA 17, 1931, 60 und Anm. 1; Schenkel, Memphis, Herakleopolis, Theben, 106 und Anm. d; 246 und Anm. a. An der letzten Stelle übersetzt Winfried Barta, Das Selbstzeugnis eines altäg. Künstlers, MÄS 22, 1970, 59 ff. *ḥqt-ẖꜣmt* / *ẖꜣmt* (Wb III, 362,11) mit „Bier des Opferbesitzes". In Piehl, Inscr. I, Tf. 82 erscheint der Ausdruck neben *ẖꜣm-jḫt*. Im MR deutet man *kꜣ* von *ḥm-kꜣ* wohl als „Nahrung" (vgl. Kaplony, in: LÄ III, 278 Anm. 4), was das Wortspiel mit *ḥnk* bzw. die Umdeutung von *ḥm-kꜣ* zu *ḥnk* (vgl. Anm. 19) erklärt. *zḫn* ist wie *ḫꜣm/ẖꜣm* später ein zielsicheres Suchen und sich Bemächtigen des Gesuchten, so wie man *Ba- und *Ach-Vögel fängt (vgl. *zḫn-jꜣḫ* und Kaplony, in: OrSu 7, 1959, 54 ff.; 62 und Anm. 7; ders. in: MIO 11, 1967, 153 f., auch vom *Horusauge, d. h. der Opfergabe schlechthin). Die *zḫn-* und *kꜣ*-Arme erinnern an die Arme des Grabherrn, welche die Opfergaben entgegennehmen: Simpson, Giza Mastabas 2 (s. Anm. 10), Tf. 29 a–c. – [19] Wortspiel *ḥnk* „versorgen": *ḥm-kꜣ* „T." schon im MR, Montet, in: Kêmi 1, 1928, 55: *ḥnk ṯw ḥmw-kꜣ.k* „Mögen dich deine *ḥm-kꜣ*-Totenpriester versorgen". Der Plural bezieht sich hier auf den einen *ḥm-kꜣ*-Totenpriester und seine Helfer: Kaplony, in: Asiatische Studien 18/19, Bern 1966, 302 und Anm. 46 f.; 303 und Anm. 50. *ḥnk*-Titel der SpZt: Munro, Totenstelen, 194. 199. 224. 243 f. 296. *ḥnk-nww* wird ein Libationspriester (Wasserspender) sein; vgl. Kaplony, Die Rollsiegel des AR II, 490 f. (*jbz-nw, wr-jdt*). *ḥnk-Zkr m jswt.f nbt*: Ernesto Schiaparelli, Museo Archeologico di Firenze, Antichità egizie, Rom 1887, 376 erinnert an *ḥm-kꜣ* (*ḥnk*) *m pr-Mnṯw* unten Anm. 23. – [20] Helck, Materialien, 193 ff.; 226 ff.; Kaplony, Asiatische Studien 18/19, Bern 1966, 303 ff. – [21] Z. B. Helck, Materialien, 195 Nr. 11; 229 f. (pWilbour). – [22] Helck, Materialien, 196. 229 spricht von einer Altersversorgung des *ḥnk*, a.a.O., 226 von einer Vererbung von Sohn an Sohn. Ein solcher Fall liegt a.a.O., 227 f. Nr. 11 vor (Vater und Sohn *ḥnk* des Königs *Amenophis I.). Vgl. Anm. 23, zu Titeln der Priester an kgl. Totentempeln im NR Helck, Materialien, 79 f. 81 ff. – [23] Helck, Materialien, 199 f.; Kaplony, in: Asiatische Studien 18/19, Bern 1966, 304 f. Der *wꜥb* der Totenstiftung des Vezirs Rahotep (pWilbour A § 10) mag dessen wirklicher T. gewesen sein, obwohl er auch ein Feld bearbeitet (pWilbour bearbeitet noch ein Bauer ein Feld dieser privaten Totenstiftung). An der Stelle Helck, Materialien, 197 f. erwähnt ein Handwerker (?) einen Soldaten, den der König zum Bearbeiten der Felder der Totenstiftung seines Vaters eingesetzt hat; vorher erwähnt er Statuenstiftungen seiner Väter (sic) für *Ramses II., *Ramses III. und andere Könige. Wahrscheinlich ist er der *ḥnk* dieser Königsstatuen und hat dieses Amt von seinen Vätern bzw. von seinem Vater geerbt. Tempel-*wꜥb* als *ḥnk*: vgl. Urk. IV, 29,7 ff.; Kees, in: ZÄS 85, 1960, 46 f. Hieran erinnert *wꜥb ḥm-kꜣ* (*ḥnk*) *m pr-Mnṯw* (Ende der 18. Dyn.): Daressy, in: RecTrav 14, 1893, 171 f. = Erhart Graefe, Untersuchungen zur Verwaltung und Geschichte der Institution der Gottesgemahlin I, ÄA 37, 1981, 147. Das private *Ka-Haus von *Amenophis, Sohn des Hapu, hat nur „Diener" und „Dienerinnen": Clément Robichon und Alexandre Varille, Le temple du scribe royal Amenhotep fils de Hapou, FIFAO 11, 1936, 2 ff. (vgl. aber genauer a.a.O., 20: *wꜣḥ-mw* = *wꜥb*, und Anm. 24). – [24] Helck, Materialien, Indexband, 40. 97; Wb I, 257, 8–9; Peet, Tomb Robberies, 49. 60. 106. 108. 133. 147; Capart, Gardiner und Van de Walle, in: JEA 22, 1936, 172; Jean Capart und Alan H. Gardiner, Le papyrus Lépold II et le papyrus Amherst, Brüssel 1939, Übersetzung: Leclant, Sacerdoces, 22 f. Dem Titel entspricht im NR bei den Tempeln *ꜥꜣ* (*n*) *mw*, Helck, Materialien, Indexband, 10. 56. 76. *jn-mw* bezeichnet im NR den profanen Wasserträger. Vgl. Eve A. E. Reymond, in: JEA 60, 1974, 194 zu dem. *fꜣj-mw*, ferner Munro, Totenstelen (s. Anm. 4), 222, *ḥrj-fꜣj(w)-ḥnm*, welcher Titel allerdings die Libation betreffen wird. Vgl. Anm. 19; Wb III, 377,3 und etwa das Bild Svetlana Hodjash und Oleg Berlev, The Egyptian Reliefs and Stelae in the Pushkin Museum, Leningrad 1982, Nr. 152. – [25] *zꜣṯ* Kaplony, Beitr. Inschriften, 61; *jbḥ* Wb I, 64,9, MR: Borchardt, a.a.O. (s. Anm. 17); CG 20712 (auch *wꜥb*); Martin, a.a.O. (s. Anm. 14), Nr. 1597; oben Anm. 16. 18. Dyn.: Helck, Materialien, 62. Vgl. auch Borghouts, in: LÄ III, 1014 f. (*Libation). – [26] Man setzt den Namen des betreuten Toten zu dem des *wꜣḥ-mw*: Richard A. Parker, A Saite Oracle Papyrus from Thebes, Brown Egyptological Studies 4, Providence 1962, 24, ebenso schon in den Belegen oben Anm. 24. *wꜣḥ-mw n dwꜣt-nṯr*: Graefe, a.a.O. (s. Anm. 23) II, 146. – [27] Christine Insley, in: JEA 65, 1979, 167 ff. (*wꜣḥ-mw njswt-bjtj Ḥr-zꜣ-Jst*); Graefe, a.a.O. I, 62 (*ḥrj-wꜣḥ(w)-mw njswt-bjtj* […], Variante *ḥrj-wꜣḥ(w)-mw pr-ꜥꜣ Ḥr-zꜣ-Jst*). – [28] Verschiedene Formulierungen: *wꜥb* (*njswt* + Königsname oder ptol. Königsbeiname oder *ḥmt-nṯr* + Name der *Gottesgemahlin), *ḥm-nṯr* (*njswt-bjtj* + Königsname oder ptol. Königsbeiname oder *ḥmt-nṯr* + Name der Gottesgemahlin, auch mit Hinzufügung eines Tempelnamens) oder *ḥm-nṯr ḫntj* / (*n nꜣ*) *twtw(j)* (*njswt-bjtj* / (*n*) *pr-ꜥꜣ* + Königsname oder *dwꜣt-nṯr* + Name der Gottesgemahlin, auch mit Hinzufügung eines Tempelnamens) oder *ḥm-nṯr* (*n*) *tꜣ ḥwt* / *pr* (*njswt-bjtj* + Königsname), Graefe, a.a.O. II, 146. 154; De Meulenaere, in: CdE 35, Nr. 69, 1960, 92 ff.; Munro, Totenstelen (s. Anm. 4), 258. 338 f.; Otto, in: ZÄS 81, 1956, 109 ff.; Eve A. E. Reymond, From the Records of a Priestly Family from Memphis I, ÄA 38, 1981, 250. 273 f.; Günter Vittmann, Priester und Beamte im Theben der SpZt, Veröffentlichungen der Institute für Afrikanistik und Ägyptologie der Universität Wien, Beitr. zur Ägyptologie 1, Wien 1978, 72 f. In Giovanni Kminek-Szedlo (Hg.), Museo Civico di Bologna, Catalogo di Antichità egizie, Turin 1895, 207 f. erscheint ein *wꜥb n qbḥ*, Variante *qbḥ* der Großen Königsgemahlin (SpZt) (= Graefe, a.a.O. I, 72), was *ḥrj-qbḥ n njswt* [….] El Amrah and Abydos, Tf. 35, 1; *ḥm-nṯr-qbḥ* Graefe, a.a.O. II, 63 Anm. 205 und *qbḥ n Ḫnsw-m-Bnnt* Graefe, a.a.O. I, 112 f. entspricht. In Anbetracht von Anm. 3 oben werden diese *qbḥ*-Titel *wꜣḥ-mw* entsprechen. *qbḥ*-Titel sind selten. *wꜣḥ-mw* im kgl. Totenkult ist nichts anderes als die moderne Form von *wꜥb* / *ḥm-nṯr*, welche allerdings den König und seine Familie den Privatleuten gleichstellt. Diese Gleichstellung war in der archaischen Zt und beim spätarchaischen *ḥm-zḫn*, der auch mit Königsnamen vorkommt, auch vorhanden. Vgl. ferner die sekundären Totenpriester-Ämter bei Wildung, Rolle äg. Könige I, passim. *ḥrj-ḥb* scheint im kgl. Totenkult der SpZt wegen der Entwicklung zum Taricheuten nicht belegt zu sein. – [29] In Nathaniel Reich, Pap. juristischen Inhalts aus dem BM, DAWW 55.3, 1914, 38f. spendet der *wꜣḥ-mw tꜣ*-Opferbrote. Vgl. ähnlich die *ḥtpw* unten Anm. 35. Dennoch mag der Titel *wꜣḥ-mw* eine bescheidenere Dotation der Totenstiftungen der SpZt (s. Anm. 3) gegenüber früher andeuten, gemäß der Beobachtung, daß auf den Opfertischen von Göttern und Toten der SpZt oft nur Libationsgefäße stehen (*Toter am Opfertisch). In diesem Sinn vgl. auch Blackman, a.a.O. (s. Anm. 3), 33. – [30] Zu *wꜣḥ-jḫt* vgl. Wb I, 257,7; Junker, Gîza II, 63; III, 57f.; 108ff. (*wdj-jḫt, wdn-jḫt*); Pyr. 101a–c (*wdn-jḫt* = *ḥmkt-nbt wꜣḥt-nbt*, Junker, Gîza III, 113 Anm. 1); Moussa und Altenmüller, Nianchchnum (s. Anm. 2), 55 (*wꜣḥ-prt-ḫrw jn -wtj*). *wꜣḥ-jḫt* als MR-Titel: Louvre C 34 = Simpson, Terrace (s. Anm. 2), Tf. 43, *ḥm-nṯr nb ḫrj-ḥb nb wꜣḥ-jḫt nb ḏd.tn* etc. und Francis Ll. Griffith, Hieratic Papyri from Kahun and Gurob, London 1898, Tf. 26, 39. Der Titel (oder eher eine allgemeine Bezeichnung?) scheint auch im NR und in der SpZt vorzukommen. Die SpZt-Statue eines *wꜣḥ-jḫt* BM 14403 zitiert auch Bothmer, Egyptian Sculpture, 11. 28. Nach Helck, Materialien, passim heißen die Opferträger des NR in Götter- und kgl. Totentempeln (einschließlich der Totentempel der kgl. Angehörigen) (*ḥrj-*)*wdn*, auch *mz-wdn, fꜣj-wdn* und *fꜣj-ḥtpwt*. Zu *wdn* s. zu Beginn dieser Anm. – [31] *wꜣḥ-mw* mit Zusätzen *n tꜣ jnt, n ḫꜣt pꜣ ḏw, n tꜣ jmnt Wꜣst, n tꜣ ḫꜣst* (*n*) *Ḏmꜣ* („des Wüstentales", „des Grabes im Gebirge", „von Theben-West", „von der Wüste von Djeme") s. Reich, Pap. juristischen Inhalts (s. Anm. 29), 27. 31; Michel Malinine, Choix de textes juridiques en hiératique „anormal" et en démotique I, BEHE 300, 1953, Nr. 2. 8. 11. 16. 17; El Amir, Family Archive (s. Anm. 14) I, 110; De Cenival, Associations (s. Anm. 5), 103ff.; Pernigotti, in: Scritti in onore di Orsolina Montevecchi, Bologna 1981, 287 Anm. e. Ähnliche Gebietsaufteilung bei den Vorlesepriestern: *n tꜣ ḫꜣst n Nwt Ḏmꜣ* „des Gebirges von Theben und Djeme": Zauzich, Schreibertradition, Nr. 126; *n tꜣ ḫꜣst Ḏmꜣ* „des Gebirges von Djeme": Griffith, Cat. of Dem. Pap. III, 263; El Amir, Family Archive (s. Anm. 14) I, 45; *n jst-mꜣꜥt* „der Stätte der Gerechtigkeit": Möller, Totenpapyrus (s. Anm. 7), 16f.; Malinine, Choix, Nr. 15, entsprechend *n* (*tꜣ ḫꜣst n tꜣ-ꜥnḫ*) *Zꜣwtj* „(der Wüste der Nekropole) von Assiut": Herbert Thompson, A Family Archive from Siut, Oxford 1934, 8. 10. 39. 57 (*zš-mḏꜣt-nṯr tꜣ ḫꜣst n Zꜣwtj* ebd., 29 Anm. 155), *n Šꜣs-ḥtp jrm nꜣj.f mꜣꜥw* „von Schashotep und seinen Orten" ebd., 37. *Pꜣ wꜣḥ-mw bjkw* (Eve A. E. Reymond, Embalmers' Archives from Hawâra, Cat. Dem. Pap. in the Ashmolean Museum I, Oxford 1973, 82f.) scheint nach Spiegelberg, in: ZÄS 62, 1927, 27ff. die zu Falken gewordenen verklärten Toten zu bezeichnen. Vgl. auch De Meulenaere, in: CdE 35, Nr. 69, 1960, 99f.; Eve Reymond, Records (s. Anm. 28) I, 250. 274? – [32] Die Vermischung der Choachyten- und Taricheuten-/Paraschistenfunktionen (vgl. RÄRG, 583. 768f.; El Amir, Family Archive II [s. Anm. 14], 118ff.) ist nicht statthaft (vgl. Anm. 10 und Bataille, Les Memnonia [s. Anm. 3], 205). Anscheinend wird *ḫtm-/sḏꜣwtj-nṯr* als Oberbegriff für *wꜣḥ-mw* und *ḫrj-ḥb* gebraucht: Revillout, in: ZÄS 18, 1880, 115 (nach Bataille, a.a.O., 251 Anm. 1 = 272 Anm. 2). – Der *ḫtm-/sḏꜣwtj-nṯr* ist schon im AR Berufskollege von *wtj* und *ḫrj-ḥb*: Sauneron, in: BIFAO 51, 1952, 137ff. Vgl. auch Settgast, Bestattungsdarstellungen, 90. In der SpZt sind *ḫtm-/sḏꜣwtj-nṯr, wtj* und *ḫrj-ḥb* praktisch identisch. Die funeräre Deutung des „weltlichen" Titels *ḫtm-/sḏꜣwtj-nṯr* (*nṯr* = der König, vgl. Kaplony, Rollsiegel II, 74) ist Folge der Umdeutung von *nṯr* zu Osiris (a.a.O. I, 72ff.; vgl. Kaplony, Inschriften, 562). Der *ḫtm-/sḏꜣwtj-nṯr* bringt primär verschlossene und versiegelte Gegenstände als Geschenk des Königs zum Grab (vgl. Junker, Gîza II, 71). Der *wtj* und der *ḫrj-ḥb* stehen sich nahe (vgl. Anm. 10): Hieratisch *wtj* übersetzt man mit dem. *ḫrj-ḥb* (Möller, Totenpapyrus [s. Anm. 7], 16f.). Der Gottesbeiname lautet in beiden Fassungen *jmj-wt*, wobei *wtj* im wesentlichen = *jmj-wt* ist (s. Anm. 7), sofern hier *jmj* „tragend, im Besitz von" bedeutet (Fischer, in: Or 29, 1960, 180). Nims, in: MDAIK 16, 1958, 240 und Eve Reymond, Embalmers' Archives (s. Anm. 31), 8ff. (vgl. auch 11 Anm. 1; 23ff.) belegen *ḫtm-nṯr wtj*, Variante *ḫtm wtj*(sic)-Priester, Variante *zš-mḏꜣt* des Osiris (= *nṯr*), Variante *ḫrj-ḥb* (Eve Reymond, a.a.O., 28; dies., in: CdE 43, Nr. 85, 1968, 55ff.; s. ferner Anm. 35). Sie sind in einem Tempel, dem Anubieion (Eve Reymond, Embalmers' Archives, 19ff. und hier Anm. 34), angeschlossen, arbeiten aber „in der Wüste" (*ḥr tꜣ ḫꜣst*; vgl. Anm. 31) von Hawara (Eve Reymond, a.a.O., 36. 62). Daß auch sie Wasser spenden (*stf*; a.a.O., 31), bezieht sich wohl auf ein erstes Opfer. *Zš-ḫtm-nṯr* (Eve Reymond, From the Records of a Priestly Family from Memphis I, ÄA 38, 1981, 163. 190. 192. 203. 229) ist wahrscheinlich wieder = *zš-mḏꜣt-nṯr* (im Ptah-Tempel von Memphis(?) und in *Wn-ḥm*); vgl. Nims, in: MDAIK 16, 1958, 243 (*zš-ḫtm-nṯr Sbk*); Kaplony, Rollsiegel I, 337ff.; II, 214. 490f. (Verwandtschaft zwischen *ḫrj-ḥb* und *ḥm-nṯr-Sbk*, ebenso wie bei Eve Reymond, in: CdE 43, Nr. 85, 1968, 55ff.: beide sind Libationspriester). Nach Sauneron, in: BIFAO 51, 1952, 154 ist der *ḫtm-/sḏꜣwtj-nṯr* primär auf die Region von Memphis beschränkt. *wtj*(*-Jnpw*) allein: Malinine, Choix (s. Anm. 31), 16f.; Seidl, in: Aegyptus 49, 1969, 43f. Vgl. auch Graefe, Gottesgemahlin (s. Anm. 23) I, 103; II, 65. Eine Alternativbezeichnung ist *zjnw* „Arzt" (Reich, Papyrus juristischen Inhalts, [s. Anm. 29], 47); De Cenival, Associations (s. Anm. 5), 118; vgl. Kaplony, Rollsiegel II, 195: *ḫrj-ḥb* und *zjnw pr-ꜥꜣ*). Zu nennen ist noch der *ḫrj-*(*s*)*štꜣ* Wb IV, 98, 12ff. (als Beamtentitel umgekehrt zu *ḫtm-/sḏꜣwtj-nṯr* primär funerär, sekundär „weltlich", vgl. Anm. 7), z.B. Bataille, Les Memnonia (s. Anm. 3), 278; De Cenival, Associations (s. Anm. 5), 186; Malinine, Choix (s. Anm. 31), Nr. 19; Möller, Totenpapyrus (s. Anm. 7), 16f.; Eve Reymond, Embalmers' Archives, 28. Sauneron, in: BIFAO 51, 1952, 154 und Zauzich, Schreibertradition, 110f. mit Anm. 833 halten den *ḫtm-nṯr*/*ḫrj-sḏꜣwtj*(*w*) für den griech. Archentaphiastes; nach Bataille, Les Memnonia (s. Anm. 3), 121 ist dieser der „Vorsteher der Wüste" (*jmj-rꜣ-ḫꜣst*), auch bei El Amir, Family Archive II (s. Anm. 14), 122; Glanville, Catalogue (s. Anm. 7), 15f.; Malinine, Choix, 86f. 100f.; Eve Jelínková-Reymond, in: BIFAO 55, 1958, 33ff.; dies., in: CdE 43, Nr. 85, 1968, 72. Dieser wird der *jmj-rꜣ ḫrt-nṯr* oder bzw. der *ꜣtw n zmt* der Djefaihapi-Verträge sein, während die *tpjw-dw* dort die Polizisten der Nekropole (s. Bataille, Les Memnonia, 278f.) sein mögen. – [33] Vgl. Bataille, Les Memnonia (s. Anm. 3), 247ff.: „Les choachytes entrepreneurs des pompes funèbres." Diese Aufgabe läßt sich auch für die T. (AR) bzw. den einzigen T. (MR) vermuten (s. Anm. 12.15), aber nicht beweisen. Bei Malinine, Choix, Nr. 5 sind *wꜣḥ-mw* und *ḥm-kꜣ* (s. Anm. 36), ebd., Nr. 15 (in der Art von Anm. 15?) *wꜣḥ-mw* und *ḫrj-ḥb* assoziiert. – [34] Die Choachyten (*wꜣḥ-mw*) der Wüste von Djeme (s. Anm. 31; vgl. De Cenival, Associations [s. Anm. 5], 103ff.) bilden einen Kultverein des Amun von Opet (*Luxor). Bei El Amir, Family Archive I (s. Anm. 14), 110ff. wird einem Pastophoren (*wn*) dieses Gottes „im Westen von Theben" eine Choachytenstelle „verpachtet", d.h. er wird vom „Verpächter" mit Kindern und Erben zu einem T. eingesetzt (vgl. Anm. 35). Bataille, Les Memnonia (s. Anm. 3), 258f. 269f. belegt die Tätigkeit der Choachyten während des Talfestes. Die Beziehung des Talfestes zu Theben ist evident, auch wenn die Choachyten von dort vertrieben werden (Bataille, a.a.O., 260, auch UPZ, Nr. 160). Nach Reich, Papyrus (s. Anm. 29), 31 wären die Choachyten mit den Pastophoren direkt gleichgesetzt; die Lesung der Stelle ist nach Anm. 31 umstritten. Nach Malinine, Choix, 103. 106 gehören Choachyten zur Kapelle des Amenophis, Sohnes des Hapu (Lokalisation bei Bataille, a.a.O., 86ff.; Verbindung mit dem Totenkult der Privatleute: Kákosy, in: L'Egyptologie en 1979 I, Paris 1982, 117ff.). Nach Malinine, Choix, 105 verpachten die *wꜥb*-Priester von *Armant eine Choachytenstelle. Die „Einkünfte des Osiris" für den Choachyten bei Malinine, Choix, 107. 116; Pernigotti, in: Scritti ... Montevecchi (s. Anm. 31), 285ff. Anm. f; Malinine, Choix, 117: „Les fondateurs déclarent en avoir fait une donation (*ḥnk*) au dieu Osiris maître d'Abydos, en mettant ces terres à la disposition d'un choachyte et des esclaves vraisemblablement chargés du service du culte funéraire et de l'entretien de la tombe de Peteêse." Diese Sklaven (*ḥmw-šrjw*) erinnern an die Sklaven (*ḥmw-ḫlw* sic) bei De Cenival, Associations (s. Anm. 5), 126 (ebenfalls bei Choachyten) und den *ḥmw* bzw. *ḥmwt* hier Anm. 23. „*Wꜣḥ-mw* (des Hauses des Osiris)" in *Gisa: Gizeh and Rifeh, 29, Tf. 37 A. Ähnlich Eve Reymond, in: CdE 43, Nr. 85, 1968, 70f. Anm. 1 („control exercised over the necropolis officials"). Vgl. Anm. 28 (Totenkult des Königs der SpZt im Tempel eines Gottes) und bes. Anm. 32 zur Assoziation von T. mit den Tempeln von Göttern. – [35] Zu den Choachytenverträgen vgl. Malinine, Choix, 102ff.; Seidl, Rechtsgeschichte der Saiten- und Perserzeit, 43f. 51; ders., Ptol. Rechtsgeschichte, 147. Der Choachyt erhält eine *ḥnk*- (vgl. die vorangehende Anm. = Malinine, Choix, Nr. 18 „für alle Ewigkeit", also als Ewigkeitsstiftung) oder *ḥtp*-Stiftung (Malinine, Choix, Nr. 13. 14; vgl. Bataille, a.a.O. (s. Anm. 3), 256; El Amir, a.a.O. II (s. Anm. 14), 121; De Cenival, a.a.O., 151; Revillout, in: ZÄS 18, 1880, 111ff. und Anm. 29). Die beiden Begriffe sind in der gleichen Urkunde wohl Varianten (Malinine, Choix, Nr. 19). Die Stiftungen können an Bauern verpachtet werden (Malinine, Choix, Nr. 13. 14; vgl. Kaplony, in: Asiatische Studien 18/19, Bern 1966, 299, hier Anm. 23). Die Teilungen der Einkünfte zwischen zwei Choachyten bzw. einem Choachyten und einem Taricheuten (Malinine, Choix, Nr. 15. 16; vgl. Anm. 33) entsprechen etwa Goedicke, a.a.O. (s. Anm. 2), 45f. 75. 83. 113. 132f., zumal auch die *wꜣḥ-mw*-Totenpriester der SpZt in Körperschaften organisiert sind (Revillout, a.a.O., 119f. 136ff.; Hughes, in: MDAIK 16, 1958, 147ff.; De Cenival, a.a.O., 140f.; Zauzich, Schreibertradition, 47. 50. 97), welche etwa den AR-Phylen entsprechen. Die Teilung des Choachytenamtes zwischen den Choachytenkindern (UPZ, Nr. 178. 180; Pernigotti, a.a.O. [s. Anm. 31], 285ff.) entspricht der Teilung des Taricheutenamtes zwischen den Taricheutenkindern: Thompson, a.a.O. (s. Anm. 31), 37 (vgl. El Amir, a.a.O. II [s. Anm. 14], 120). Gerade eine solche Aufteilung, Aufsplitterung war wohl auch im AR möglich: Hatte ein Grabherr mehrere T., konnten diese ihr Amt wohl weiter aufteilen. Die Aufteilung in der zweiten usw. Generation soll im MR verhindert werden: Das Totenpriester-Amt soll für immer ungeteilt erhalten bleiben (Montet, in: Kêmi 3, 1930–1935, 54f.) samt seinem Amtsvermögen (freie Verfügungsgewalt des zukünftigen Erblassers hingegen in Sethe, Lesestücke, 90,24–91,1). Es gibt viele weibliche Choachyten, Reich, a.a.O. (s. Anm. 29), 37 = LÄ IV, 865 zu dem. pLouvre E. 3231a; Glanville, a.a.O. I, 21; Bataille, a.a.O. (s. Anm. 3), 260f.; De Cenival, a.a.O. (s. Anm. 3), 150f. (Personenname *Tꜣ-wꜣḥt-mw*: Zauzich, a.a.O., Nr. 74; vgl. Anm. 18), hingegen kaum weibliche Taricheuten (eine Ausnahme bei El Amir, a.a.O. II, 119 und Anm. 6). Dies entspricht dem Befund des AR (s. Anm. 5). Weibliche Vorlesepriester sind vor der SpZt nicht nachgewiesen. Vererbung des Choachytenamtes von Vater bzw. Mutter auf Sohn bzw. Tochter: Bataille, Les Memnonia, 259; El Amir, Family Archive (s. Anm. 14) II, 120; Revillout, in: ZÄS 18, 1880, 114. Liste der vom Choachyten-Vater auf den Choachyten-Sohn vererbten Toten: Erichsen, in: Aegyptus 32, 1952, 10ff. Hingegen ist es verboten, die von Toten besetzten Begräbnisplätze zu verkaufen: Girgis Mattha und George R. Hughes, The Demotic Legal Code of Hermopolis West, BdE 45, 1975, 42 = Stefan Grunert, Der Kodex Hermopolis, Leipzig 1982, 88. Das Verbot betraf sicher (auch) die zuständigen Choachyten. Ob Choachyten über ihre Ämter nur unter sich verfügen und ob die Geldbezahlungsschriften, die sie sich ausstellen, nur fiktiven Charakter haben (Seidl), ist nicht klar. Mumien als angebliche Hypotheken: Bataille, Les Memnonia, 224. Verkauf eines Choachytenamtes von einem an einen anderen Choachyten: Malinine, Choix, Nr. 17; Zauzich, Schreibertradition, Nr. 94. Bei Griffith und Wilcken, in: ZÄS 45, 1908–9, 103ff., zitiert von Bataille, Les Memnonia, 257 (= UPZ, Nr. 177), fehlen die Titel von Verkäufer und Käufer. Vgl. noch die folgenden Geldbezahlungsschriften bzw. Abstandsschriften: *ḥtm-/sḏꜣwtj-nṯr* an titellose Frau: Zauzich, Schreibertradition, Nr. 157 (Halbschwester); *ḫrj-ḥb* an titellose Frau: Wilhelm Spiegelberg, Ägyptische Verpfründungsverträge, SHAW 1923. 6, Nr. C; *jt-nṯr-Jmn* an *wn* des *Jmn-jpt* im Westen: Reich, Papyrus (s. Anm. 29), 56ff.*; *wn* des *Jmn-jpt* im Westen von Theben an *wn* des *Jmn-jpt* im Westen von Theben: Zauzich, Schreibertradition, Nr. 42 (Brüder). 52–53 = Seidl, a.a.O., 138; *wn* des *Jmn-jpt* im Westen von Theben an titellose Frau: Reich, Papyrus, 73ff. (Geschwister); Spiegelberg, Verpfründungsverträge, Nr. D; El Amir, Family Archive I, 82ff. (Geschwister); Zauzich, a.a.O., Nr. 14*. 108*. 109*. 118. Titellose Frau an titellose Frau:

Stefan Grunert, Demotische Papyri aus den Staatlichen Museen zu Berlin II, Berlin 1981 (dem. pBerlin P. 3096). Zu Zauzich, Schreibertradition, Nr. 118 vgl. jetzt ebd., Nr. 34 = Grunert, a.a.O. (dem. pBerlin P. 3112). Titellose Frau an *wn* des *Jmn-jpt* im Westen von Theben: El Amir, Family Archive I, 86 ff.; Zauzich, Schreibertradition, Nr. 11* (Mutter–Sohn). 15. 20. Die titellosen Frauen werden da Verwandte oder Frauen von Kollegen sein. Vgl. Erwin Seidl, Rechtsgeschichte Ägyptens als römischer Provinz, St. Augustin 1973, 17 zur Verbindung von *wn-* (Pastophoren-) und Choachytenamt an den mit * bezeichneten Stellen hier in Anm. 34 sowie Zauzich, Schreibertradition, Anm. 376. Ähnlich erwähnt z. B. die Geldbezahlungsschrift bei Kurt Sethe und Josef Partsch, Demotische Urkunden zum äg. Bürgschaftsrechte, ASAW 1920. 32, 737 ff. (Frau eines *ḫtm-/sḏꜣwtj-nṯr* an ihre Tochter) *ḥrj-ḥb*-Einkünfte. Vgl. Pestman, in: OMRO 44, 1963, 15 f. und hier Anm. 32. – [36] Vgl. Anm. 33. El Amir, a.a.O. I (s. Anm. 14), 1 belegt einen *zš-ḫtm* (*zš-ḫtm-nṯr* s. Anm. 32?) *ḥm-kꜣ*. *ḥm-kꜣ* von Königen: Griffith, a.a.O. (oben Anm. 31), 132 und Anm. 10; 248 und Anm. 5; 266 und Anm. 12; 430; Zauzich, a.a.O., Nr. 66. 71. 75 (?) (lies *ḥm-zḫn*?). Archaisierend stellt man auf Bildern von SpZt-Gräbern nicht *ḥm-kꜣ*, sondern *ḥm-zḫn* dar, zumindest in den von uns kontrollierten Belegen (vgl. entsprechend Anm. 16). Archaisierend, vorher nicht belegt, sind die SpZt-Titel *jmj-rꜣ-prw ḥmw-zḫn*, Variante *jmj-rꜣ-pr(w) ḥmw-kꜣw*, Variante *jmj-rꜣ-prw ḥm(w) zḫn-kꜣ(w)* sc. des Totenkultes einer Privatperson, Graefe, a.a.O. I (s. Anm. 23), 77. 131. 149; II, 55 f. 99. Der Titel gehört bei der *Gottesgemahlin eng zu *ḥm-nṯr m ḥwt-kꜣ.s* (zu *ḥwt-kꜣ* *Ka-Haus vgl. Anm. 17); beim Fürsten *Monthemhet schreibt man *prwj* und erweitert den Titel um *n ḥwt* (= *ḥwt-kꜣ*?) *n ḥꜣtj-ꜥ pn n ḏt*. Ferner lautet die MR-Formel *ḥnk ṯw ḥmw-kꜣ.k* (s. Anm. 19) während der SpZt *ḥnk-tw ḥmw-kꜣw nb*, Graefe, a.a.O. II, 53 Anm. 145 = Ramadan El-Sayed, Documents relatifs à Sais et ses divinités, BdE 69, 1975, 77 Anm. b (*tw* „dich" > *tw*-Passiv [*Opferumlauf]; *k* > *nb*). Vgl. auch Kaplony, a.a.O. (s. Anm. 35), 302 und Anm. 46. 47. Da im MR sowohl *zḫn-ḥm* als auch *ḥm-kꜣ* vorkommen, ist eine Mischform *ḥm-zḫn-kꜣ* denkbar und nach Anm. 18 schon für das MR zu postulieren. In der SpZt ahmt die Schreibung des Priestertitels *ḥzk(w)* (Wb III, 164, 1–2) die von *ḥm-kꜣ* nach: *kꜣ* umarmt statt *ḥm* das ähnliche Zeichen *ḥz*.

Korrekturzusatz: Im MR-Beleg Anm. 19 (Djefaihapi) steht zwar *ḥm-zḫnw*, das Wortspiel wurde aber zweifellos für *ḥm-kꜣ* geschaffen, welche Bezeichnung in den Verträgen des gleichen Grabes erscheint. Die Bezeichnung *tpj-ḏw* Anm. 32 gehört zum Anubisbeinamen *tpj-ḏw.f*, Variante *tpj-ḏw*: Der Gott wird einmal mehr durch den ihn vertretenden Menschen (s. Anm. 7) verkörpert.

P. K.

Totenschiffe. Bereits in der 1. Dyn. finden sich neben den Grabanlagen hoher Funktionäre Boote beigesetzt[1], die wahrscheinlich die Beweglichkeit des Toten garantieren und ihm die Möglichkeit offen halten sollten, an den großen *Festen, d. h. Lebensmittelverteilungen zunächst am kgl. Palast, später an Göttertempeln teilzunehmen. Dabei handelt es sich wohl um die Hauptkultorte der Landesteilgötter *Buto und *Hierakonpolis sowie den des (späteren) Gesamtheiligtums von *Heliopolis, wie z. B. im Grab des *Kꜣ-nj-nswt*[2] erkennbar. Spätestens seit der 4. Dyn. finden sich diese Schiffe auch bei den *Königsgräbern, so an der *Pyramide des *Cheops 5 (von denen eins erhalten ist)[3], bei *Chephren[4] ebenfalls 5, während bei *Djedefre, *Schepseskaf und der Königin *Chentkaus nur 1 Bootgrube, bei *Unas nur 2 (am Aufweg) erkennbar sind[5].

Mit dem Aufkommen des Osirisglaubens am Ende der 5. Dyn. werden diese T. umgedeutet zur *Abydosfahrt, die endlich beim Begräbnis nur noch „symbolisch" durchgeführt wird. Dazu werden Modellboote mitgegeben, so bei der Königin *Neith der 6. Dyn. 16, die vor der Pyramide begraben wurden[6]; später finden wir sie in der Grabkammer selbst wie bei Meketre[7] oder bei *Tutanchamun.

Auch das aufgemauerte Boot beim *Sonnenheiligtum des *Niuserre[8] ist als T. anzusehen (und nicht als Sonnenboot), da der *Re des Sonnenheiligtums der Dynastieahne und das Sonnenheiligtum selbst ein Ahnengrab ist.

[1] Emery, Tombs of the First Dynasty I, 75, Tf. 19 A; Zaki Saad, Royal Excavations at Saqqara and Helwan (1941–45), CASAE 3, 1947, Tf. 40. 59. – [2] Junker, Gîza II, 156 (Buto und Heliopolis genannt). – [3] Abd el Moneim Abubakr und Ahmed Youssef Mustafa, in: Fs Ricke, 1–16, Tf. 1–9, Faltplan 1–2. Auch an der Königinnenpyramide G 1 a (zugehörig zu Cheops) war ein Boot beigesetzt. Vgl. auch Černý, in: JEA 41, 1955, 75–80. – [4] Černý, a. a. O., 78 Abb. 2. – [5] PM III. 2², 420 (Unas). Zu Djedefre s. Plan PM III. 1², Plan I; zu Schepseskaef Jéquier, Mastabat Faraoun, Frontispiece. – [6] Jéquier, Pyramides des reines Neit et Apouit, Tf. 33–35, Abb. 17–21. – [7] Herbert E. Winlock, Models of Daily Life in Ancient Egypt from the Tomb of Meket-Re at Thebes, PMMA 18, 1955, Abb. 45–48. 78–81. – [8] v. Bissing, Re-Heiligtum I, Abb. 46–48, Bl. 5.

W. H.

Totenstiftung s. Opferstiftung

Totentempel I. 1.–4. Dyn. Wie das ummauerte *Grab die Erhaltung der körperlichen Existenz sichern sollte, so diente gleichfalls unerläßlich die Totenopferstätte am Grab dem lebenswichtigen Unterhalt des Toten im Jenseits. Aus der Opferstelle entwickelt sich zu Beginn der 1. Dyn. der Prototyp des T., erstmals vielleicht schon nördlich der großen Nischenmastaba S 3357 des Hor *Aha in *Saqqara archäologisch nachweisbar[1] und am Ende der 1. Dyn. an der Nordseite der Mastaba S 3505 des *Qa-a in Saqqara mit allen Kultraumeinheiten der späteren T., einem offenen Hof (Verehrungshof, Schlachthof), Statuenkapelle mit zwei Holzstatuen und einer geschlossenen Toten-

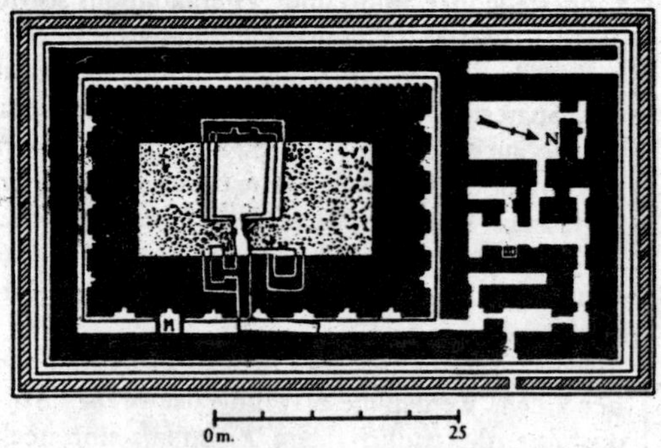

Abb. 1: Totentempel des Qa-a, S 3505 Saqqara

opferstätte mit *Scheintür(?), en miniature erhalten (Abb. 1)[2]. An den *Königsgräbern/*Kenotaphen[3] der 1. Dyn. in *Abydos fehlt ein T. am Grab – die *Stelen sind Namensmale! –, dagegen sind Opferkulteinrichtungen in den sog. Talbezirken anzunehmen. Die T. der Königsgräber der 2. Dyn. in Saqqara sind archäologisch bisher nicht festgestellt, textlich werden später die T. der Könige *Sened und *Peribsen erwähnt[4]. Im Pyramidenbezirk des *Djoser ist einzig der Tempel nördlich der Stufenpyramide als T. anzusehen[5]. Zweifelsohne verunklärt der unfertige Zustand des Baues, der durch Massivbauten und Vermauerungen verborgen wurde, unser Verständnis. Die bauliche Entwicklung aus dem Prototyp des T. der 1. Dyn. läßt sich am Eingang im Osten und den mehrfach abknickenden Zugängen erkennen; im übrigen weist er schon deutlich die Zweiteilung der späteren T. in einen öffentlichen Tempelteil (Verehrungstempel) mit einem offenen Hof und zwei Schlachthöfen im Westen sowie den durch einen großartigen Portikus aus Doppelsäulen abgeschirmten intimen Tempel (Totenopfertempel) mit Statuenkapellen und Totenopferraum (mit Scheintür?) auf (Abb. 2). Ein sehr viel kleinerer und einfacher T. mit einer kreuzförmigen Totenopferkapelle im Inneren liegt in dem Massiv mit Uräenfries an der Nordseite des Südgrabes vor[6]. Die T. der späteren 3. Dyn. sind nicht fertiggestellt (z. B. *Sechemchet[7]) oder nicht eindeutig festgestellt worden[8].

Bis zum Ende der 3. Dyn. liegen die T. ausnahmslos auf der Nordseite der *Pyramiden und verschließen damit gleichzeitig im Endzustand den Schacht, der zum Grab führt. Die Opferstelle liegt damit mehr oder weniger über dem Weg, den die Seele des toten Königs bei ihrem Aufstieg zum Nordhimmel zu nehmen wünscht. Dies ändert sich zu Beginn der 4. Dyn. unter *Snofru in *Meidum: der Pyramidenbezirk wird erstmals dem *Sonnenlauf angepaßt und ostwestlich orientiert.

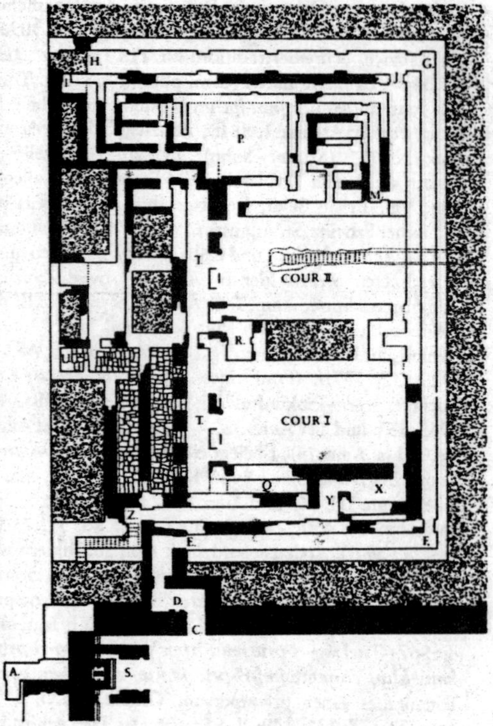

Abb. 2: Totentempel des Djoser

Der T. rückt damit auf die Mitte der Ostseite als Ziel des gleichfalls neu geschaffenen *Aufwegs. An der Nordseite übernimmt eine Nordkapelle, die später gleichfalls eine Scheintür erhält, unter dem nun hochverlegten Eingang einen Teil der Funktionen des T. bei den Bestattungsfeierlichkeiten. Allerdings sind weder die Kapelle an der Ostseite der Meidumpyramide noch die vor der Knickpyramide in *Dahschur T., sondern Stelenheiligtümer[9], vergleichbar den Reichsheiligtümern, da diese Pyramiden nicht als Grabpyramiden vollendet wurden. Der T. vor der Ostseite der Roten Pyramide von Dahschur-Nord ist unvollendet geblieben und nach dem Tod des Snofru eilig in Ziegeln fertiggestellt worden. Er bestand aus einem offenen Hof mit zwei in Stein ausgeführten, reliefierten Statuenkapellen jeweils im Norden und Süden sowie im Westen einem Totenopferraum mit Scheintür und Magazinräumen zu beiden Seiten[10].

Dieser Raumbestand, nur in den Ausmaßen erheblich erweitert und in Stein ausgeführt, liegt auch dem T. des *Cheops in *Gisa zugrunde[11]. Der weite, offene Verehrungshof besaß im Osten, Süden und Norden einen einfachen, im Westen einen dreifach gestuften Pfeilerumgang, der den Durchgang zu der Totenopferkapelle mit Schein-

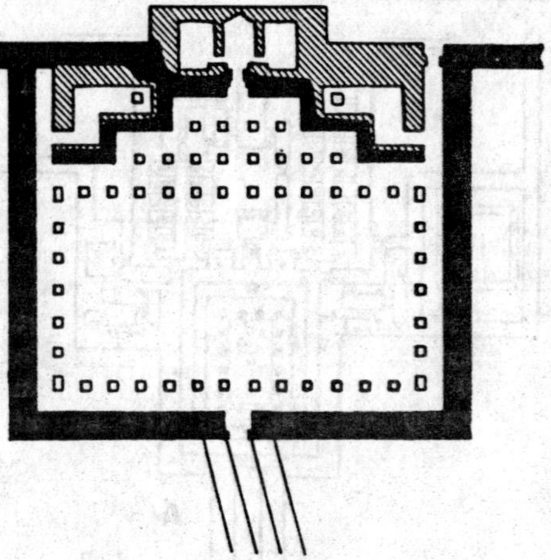

Abb. 3: Totentempel des Cheops in Gisa

tür und ev. zwei seitlichen Magazinen bildete (Abb. 3). In der Südwest- und Nordwestecke des Hofes ist je eine Statuenkapelle anzunehmen. Unter dem gestuften Portikus im Westen dürften Statuen gestanden haben; die Seitenwände des Hofes waren erstmals mit Reliefs dekoriert, von denen Fragmente gefunden worden sind[12]. Der T. des *Djedefre in *Abu Roasch ist zu zerstört und ungenügend aufgenommen[13], doch dürfte die Scheintür im Totenopferraum hinreichend gesichert sein. Bemerkenswert ist jedenfalls die große Zahl der Königsstatuen (*Königsplastik) aus kostbaren Hartgesteinen in diesem T., darunter die ersten Familiengruppenstatuen. Unter *Chephren wird der bisherige Raumbestand erheblich erweitert und umgestaltet[14]: aus dem westlichen, abgestuften Portikus entwickeln sich fünf Statuenkapellen; deshalb mußte der Zugang zu dem Totenopferraum seitlich von Süden herangeführt werden (Abb. 4), eine Lösung, die in den T. der 5. und 6. Dyn. zur Regel wird. Auch die Magazinräume werden bedeutend vermehrt und aufgegliedert. Vor den offenen Verehrungshof wird ein langgestreckter Pfeilersaal, das Vestibül = *pr-wrw*, mit einer quergelegten Eingangshalle gelegt (Vortempel). *Mykerinos kehrt dagegen mit dem Plan seines T. wieder zu dem einfachen Grundschema des Cheops, bestehend aus Verehrungshof, westlichem Portikus und Totenopferraum, zurück[15], das *pr-wrw*-Vestibül wird allerdings als fester Baubestandteil beibehalten. Später ist der westliche Portikus durch eine Mauer geschlossen und damit Raum für Statuenkapellen geschaffen worden. Auch *Schepseskaf hat das einfache Raumschema des offenen Hofes mit anschließender, gewölbter Totenopferkapelle mit Scheintür für seinen kleinen T. vor der Mastabat el-Faraoun verwirklicht[16].

Dieses Raumprogramm, bestehend aus einem langen Eingangskorridor, später *pr-wrw*-Vestibül, dem offenen Verehrungshof mit Pfeilerumgang (seit Cheops) und einem abgestuften Portikus als westlichem Abschluß = öffentlicher Tempel oder Verehrungstempel, auf den der intime Tempel = Totenopfertempel mit dem Totenopferraum mit einer Scheintür und Statuenkapellen sowie Opfermagazine folgen, läßt sich somit von der 1. Dyn. bis ans Ende der 4. beobachten. Es wird vervollständigt durch anfänglich eine, später bis zu vier Schiffsgruben zu beiden Seiten des T., in denen wahrscheinlich Lastschiffe mit der Verpflegung des T. begraben waren (*Totenschiffe).

[1] Emery, Tombs of the First Dynasty II, 171, Tf. 57–66, dort allerdings als Scheunenmodell angesehen. – [2] Emery, op. cit. III, 10, Tf. 24–27; Lauer, in: BIFAO 80, 1981,

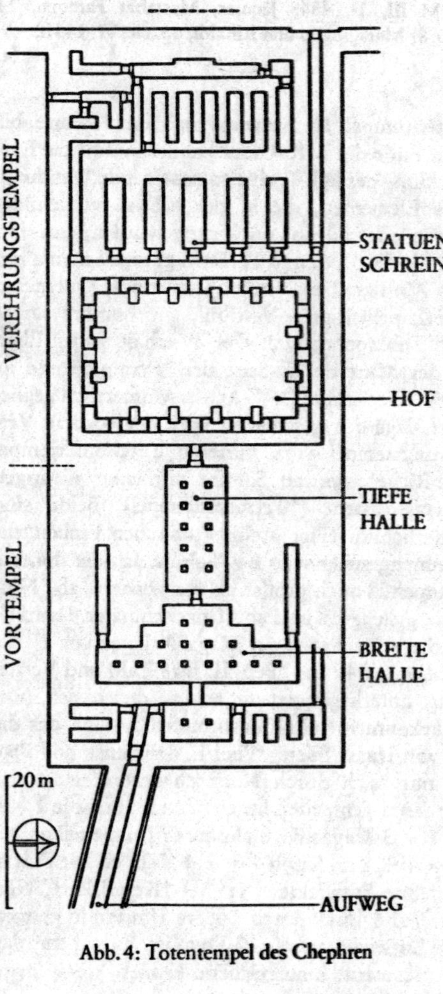

Abb. 4: Totentempel des Chephren

60ff. – [3] Zur Frage s. Arnold und Hornung, in: LÄ III, 496–7; Stadelmann, in: LÄ IV, 1206–7; Helck, in: LÄ V, 394–6. – [4] Moret, in: MonPiot 25, 1921–22, 273, Tf. 21; Grdseloff, in: ASAE 44, 1944, 294–5. – [5] Lauer, Pyramid à Degrès, 72–78, Tf. 22. – [6] Ibd., 94–96, Tf. 39. – [7] Jean-Philippe Lauer, Histoire monumentale des pyramides d'Egypte, BdE 39, 1962, 186–187. – [8] Ibd., 208; vgl. Nabil Swelim, Some Problems on the History of the 3rd Dynasty, Kairo 1982, Chapter II 3 D. – [9] Stadelmann, in: MDAIK 39, 1983, 237–241. – [10] Noch unveröffentlichter Grabungsbefund der Kampagne 1984 des DAI in Dahschur. – [11] PM III. 1², 11–12; Lauer, in: ASAE 46, 1947, 245–258; id., in: ASAE 49, 1949, 111–123; Vito Maragioglio und Celeste Rinaldi, L'architettura delle piramidi menfite IV, Rapallo 1966, 60ff., Tf. 9–10. – [12] Zur Dekoration vgl. Smith, Sculpture, 20–21 (Statuenfragmente). 157–158; Hans Goedicke, Re-used Blocks from Lisht, PMMA 20, 1971, 29–46, Fragm. 10–22; PM III. 1², 12. – [13] PM III. 1², 1; Maragioglio und Rinaldi, op. cit. V, 18–23. 36–39, Tf. 2–4. – [14] PM III. 1², 20–21; Uvo Hölscher, Das Grabmal des Königs Chephren, Sieglin Exp. 1, 1912, 50ff.; Maragioglio und Rinaldi, op. cit. V, 64–73. – [15] PM III. 1², 32. – [16] PM III. 2², 434; Jéquier, Mastabat Faraoun, 14 Abb. 8; Maragioglio und Rinaldi, op. cit. VI, 144ff.

R. St.

Totentempel II. Entwicklung von *Sahure bis zum Ende des MR. Unter Sahure nimmt die Entwicklung der kgl. T. eine entscheidende Wendung. Aus Elementen, die in der 4. Dyn. vorgebildet waren oder ad hoc entwickelt wurden, entstand das für die 5., 6. und 12. Dyn. gültige Schema mit der Abfolge Tiefe Halle, Statuenhof, Quergang, Fünfkapellenraum, Vestibül, antichambre carrée und Totenopferraum. Der T. erhält seinen Platz in der Mitte der O-Seite der *Pyramide und ist meist durch seine O-W-Achse symmetrisch gegliedert. Deutlich geschieden wird der vordere Verehrungstempel vom hinteren Totenopfertempel (H. Ricke), der ab Sahure auf einer niedrigen Terrasse steht (*Terrassentempel). Beide sind äußerlich zu einer architektonischen Einheit zusammengeschlossen. Bei Sahure ist der hintere Tempelteil noch größer als der vordere, ab *Niuserre gleichgroß und ab *Unas schmäler. Deutlich ist die Vermehrung der Magazinräume von 27 bei Sahure auf 49 bei *Pepi II. Ihre Zahl und Verteilung unterliegen einem festen, durch den (uns unbekannten) Inhalt bestimmten System, das die T. von Unas, *Teti, *Pepi I., *Merenre und Pepi II. nur noch durch Nuancen unterscheidet. Im vorderen Tempelteil liegen n. und s. meist je 2 × 6 + 1 + 3 Magazine, im hinteren Tempelteil immer 5 + 4 + 1 im S und 4 + 2 + 5 im N. Die durchlaufende Entwicklung ist bei *Neferirkare, Niuserre und Unas durch äußere Umstände gestört. Die Entwicklung der 12. Dyn. ist, da wir nur den T. *Sesostris' I. ausreichend kennen, wenig deutlich. Drei Tendenzen sind zu erkennen: a) Fortentwicklung des Schemas des AR, b) Rückorientierung zu Bauten des frühen AR und c) Reduktion auf die elementaren Bestandteile Statuenhof + Totenopferraum. Letztere Tendenz bestimmt schließlich auch die T. der 13. Dyn., die jedoch meist unvollendet geblieben sind.

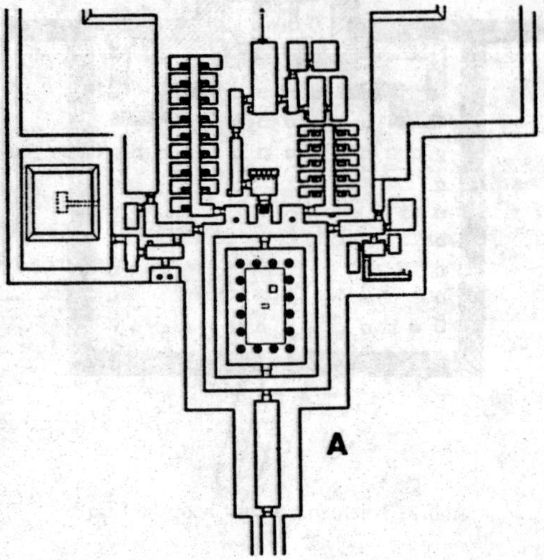

Abb. A: Totentempel des Sahure

Die Deutung der T. bleibt, nachdem sich die Ricke-Schottschen Versuche als unhaltbar erwiesen haben, im Allgemeinen [1]. Das Schwergewicht wird weniger auf den Bestattungsriten gelegen haben als auf verschiedenen Formen des Königs(statuen)kultes, wenn nicht überhaupt die *Symbolik der kgl. Jenseitsresidenz auch ab der 5. Dyn. noch im Vordergrund stand. Neue Erkenntnisse sind erst von weiteren Papyrusfunden (*Papyri Abusir) und der Rekonstruktion des Statuen- und Reliefprogrammes zu erhoffen.

Der Totenopfertempel ist durch Abgeschlossenheit und erhöhte Lage als besonders geheiligte Stätte gekennzeichnet. Der eigentliche *Totenkult konzentriert sich auf den Totenopferraum [2], der durch gewölbte Decke, festes Bildprogramm und *Scheintür an der W-Wand definiert ist, aber zumindest bei Sahure und Merenre auch eine Königsstatue beherbergte. Der Hauptstatuenkultraum ist der Fünfkapellenraum hinter dem Eingang des Totenopfertempels, bereits unter *Chephren faßbar, aber erst seit Sahure in seiner endgültigen Form. Nachgewiesen sind die Statuen des Königs als *Osiris sowie als König von O. und U. Äg. [3] Fünfkapellenraum und Totenopferraum sind seit Sahure/Niuserre durch zwei spezifische Räume getrennt. Im vorderen Vestibül sind ausschließlich „Riten der Erhaltung" (W. Barta) der

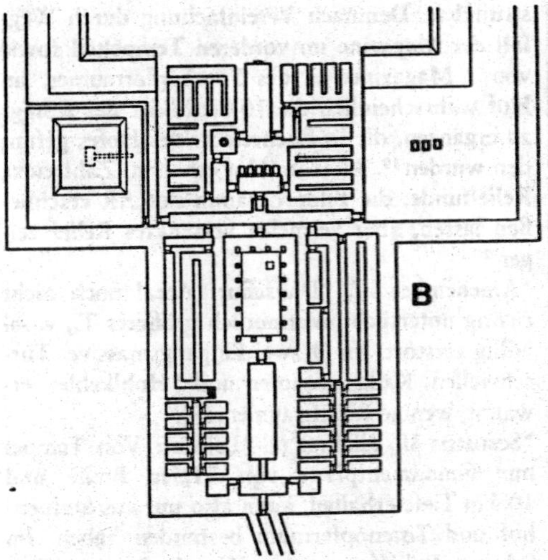

Abb. B: Totentempel des Pepi II.

Königsmacht in Form von Kampf- und Jagdriten dargestellt, im folgenden quadratischen Raum mit oktogonalem Mittelpfeiler (bei Unas Palmsäule), im „antichambre carrée", herrschen die „Riten der Erneuerung" mit Hebsed-Aspekten vor, repräsentiert durch die Huldigung der Götter und des Hofstaates beim *Sedfest. Als Kultempfänger weisen Bildprogramm und eine Statuenbasis bei Niuserre den König aus. Die Bedeutung der durch solche Riten erneuerten Göttlichkeit des Königs für den Totenopfertempel wird zudem betont durch die regelmäßig an der Eingangstreppe dargestellte Szene des Säugens des jungen Pharaos durch eine Göttin.

Der vordere „Verehrungstempel" ist durch den Statuenhof und dem ihm östlich vorgelagerten *Pr-wrw* („Haus der Großen") geprägt, einer hohen Halle, deren gewölbte Decke auf massiven Seitenwänden ruht. Ab Pepi I. ist ihr ein Vorraum mit zwei Flügelkammern vorgelagert. Im *Pr-wrw*[4] dürfte eine Anlage monumentalisiert sein, die wie das Vestibül durch Kampf- und Jagdriten bestimmt war, an denen die „Großen" mitwirkten, also eine Art Festhalle, die an einen Festplatz angegliedert war, der hier im Statuenhof weiterlebt. Denn auch im *wsḫt*-Hof steht im Bildprogramm die Feindvernichtung im Mittelpunkt. Während die Höfe vor Sahure und nach Unas von Pfeilerhallen umgeben sind, treten von Sahure bis Unas Pflanzensäulen auf, die zwar ein besonderes (durch den Sonnenkult bestimmtes?) Bauprogramm widerspiegeln, den Hof aber keineswegs zu einem „butischen Ort" oder Sonnenkulthof verwandeln. Denn im Mittelpunkt stehen die den Hof umgebenden kgl. Sitzbilder und der dem Königskult geweihte *Altar in der NW-Ecke. Ein bei Sahure den Hof allseitig umgebender Korridor wird bereits ab Niuserre auf seinen westlichen Arm reduziert. Die Dekoration dieses Korridors schließt zwar auch wieder Themen der Feindvernichtung, des Festlaufes und des Verkehrs des Königs mit den Göttern ein, demonstriert aber mit Schiffsszenen (Sahure), der *Min-Gerüstaufstellung (*Klettern für Min), kgl. Aufzügen mit Tänzerinnen usw. seinen auf die Außenwelt bezogenen Charakter.

Einzelbeschreibung: Sahure, *Abusir: Architektur und Dekoration besonders gut erhalten. Zur Neugestaltung des Konzeptes s. o. An N-Seite des Hofes Rampe zu einer Dachkultstätte (*Dachtempel, *Sonnenheiligtum?). Im S monumentaler Nebeneingang zur Nebenpyramide. Zweistöckige Magazinreihen. Statuenhof mit Palmsäulen, an vier Seiten von Korridor umzogen[5].

Neferirkare, Abusir: Nur Totenopfertempel nach ursprünglichen Plänen in Stein vollendet. Rest von Niuserre in Ziegel und Holz nach abgeänderten Plänen fertiggestellt, z. B. *Pr-wrw* mit 2 × 6 Säulen. *Taltempel von Niuserre okkupiert und *Aufweg zu dessen Pyramide umgeleitet. Dadurch zahlreiche Abweichungen vom Schema. In Magazin-

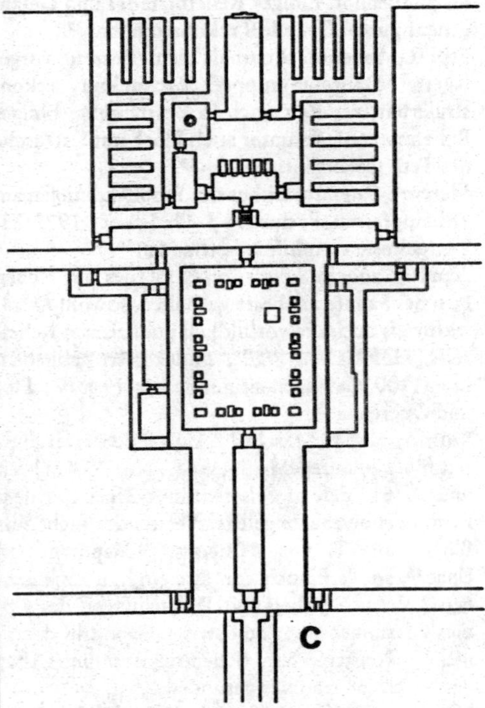

Abb. C: Totentempel Sesostris' I.

gruppe s. des Totenopferraumes Abusir-Papyri gefunden[6], die u.a. Namen und Inhalt einiger Tempelteile überliefern[7].

*Neferefre, Abusir: Obgleich Pyramide unvollendet, bedeutender T. allerdings aus Ziegeln mit zahlreichen Funden, darunter weiteren Papyri[8].

Niuserre, Abusir: Wegen *Mastaba-Gruppe ö. der Pyramide muß Verehrungstempel vom Totenopfertempel getrennt und 25 m nach S verschoben werden, woraus sich diverse Unregelmäßigkeiten ableiten, z.B. Lage der Magazine, Ausgang aus Fünfkapellenraum nach N. Grundriß genau rekonstruierbar. Funde von Gefangenenfiguren und einigen Wandreliefs[9].

Djedkare (*Asosi), *Saqqara: Zwei große Steinmassive (*Pylone?) flankieren den Zugang. Zahlreiche *Graffiti der 6. Dyn.; Grundriß rekonstruierbar. Wichtige Statuenfunde (Gefangene, Sphingen, Widder, Stiere, Löwen) sowie Relieffragmente, einige bei Unas verbaut[10].

Unas, Saqqara: Grundriß rekonstruierbar. Palmsäulen erhalten, zahlreiche Reliefreste, umfangreicher jedoch die des Aufweges (überwiegend unveröffentlicht)[11].

*Teti, Saqqara: Aus topographischen Gründen mündet Aufweg in SO-Ecke und muß als Korridor zum Mitteleingang geführt werden. Erstmals auch s. des *Pr-wrw* Magazinreihe. Ob pylonartige Tempelfront? Erstmals seit Userkaf wieder Pfeiler im Statuenhof. Einiges Reliefmaterial und Gefangenenfiguren. Grundriß rekonstruierbar[12].

Pepi I., Saqqara: Erstmals dem *Pr-wrw* vorgelagerte Dreiraumgruppe. Architektur rekonstruierbar, zur Zeit noch in Bearbeitung. Einiges Reliefmaterial, darunter auch Block mit Kartusche des Teti. Gefangenenfiguren[13].

Merenre, Saqqara: Bisher nur Probegrabungen am Totenopferraum durch J.-Ph. Lauer 1972/73. Tempelreste vermutlich vorhanden[14].

Pepi II., Saqqara: Letzter großer T. des AR. Neben dem des Sahure am besten erhalten, sowohl Architektur als auch die vorbildlich publizierten Reliefreste. Hof bis auf Pfeiler undekoriert geblieben. Etwa 100 Gefangenenfiguren aus *Pr-wrw*, Hof und Quergang[15].

*Amenemhet I., *Lischt-N: Unstabile Regierungszeit führt zu unregelmäßigem T.: Nur 20,4 m breit und 31,6 m tief, in Felseinschnitt 2 m unter dem Pyramidenniveau angelegt. Verwendet nicht nur Blöcke aus T. von *Cheops, *Chephren und Unas[16], sondern auch von älterem Bau Amenemhets I.[17] Auch Reliefs mit Darstellungen des Königs zusammen mit *Sesostris I. Grundriß des T. nicht rekonstruierbar. Scheintür-Rest und Altar des Totenopferraumes gefunden[18].

*Sesostris I., Lischt-S: Nach Vorbildern der 6. Dyn. nachempfunden. Architektur rekonstruierbar. Demnach Vereinfachung durch Wegfall der Magazine im vorderen Tempelteil sowie von 2 Magazinen n. des Totenopferraumes. Im Hof wahrscheinlich die 10 Sitzbilder des Königs zu ergänzen, die in Cachette n. des Hofes gefunden wurden[19]. Altar im Hof erhalten. Zahlreiche Relieffunde, die Bildprogramm des AR erschließen lassen, aber vermehrt versenktes Relief zeigen[20].

*Amenemhet II., *Dahschur: Areal noch nicht richtig untersucht. Vermutlich größerer T., wohl völlig zerstört. Im O zwei Eingangsmassive. Türschwellen, Kalksteinsäulen und *Hohlkehlen erwähnt, wenige Relieffragmente[21].

*Sesostris II., Illahun (el-*Lahun): Von Tempel nur Fundamentplatte von 21,5 m Breite und 10,5 m Tiefe erhalten, kann also nur aus Statuenhof und Totenopferraum bestanden haben. Im Schutt Relieffragmente, Granittrümmer von „Schreinen", Türrahmen[22].

*Sesostris III., Dahschur: Areal noch nicht richtig untersucht. T. kann aus Raumgründen aber nur etwa 49 m tief und 26 m breit gewesen sein, möglicherweise in „*Djoser-Tradition" stehend[23]. Reliefblöcke, Säulenreste und gewölbte Sternendecke von Totenopferraum erwähnt[24].

*Amenemhet III., Dahschur: T. restlos zerstört. Kann bei Breite von 26 m und Tiefe von 49 m nur aus Statuenhof und Totenopferraum bestanden haben. Grundriß nicht näher rekonstruierbar. Relieffunde sowie Papyrusbündelsäule aus Granit[25]. N. des Aufweges steinerne Totenopferkapellen der in einer Pyramide begrabenen Königinnen nachweisbar[26].

*Amenemhet III., *Hawara: *Labyrinth. Vermutlich in Djoser-Tradition stehender, steinerner Tempelbezirk aus Einzelbauten bestehend. Vom eigentlichen T. am Pyramidenfuß nur zwei Granitnaoi mit je 2 Königsfiguren erhalten. Plan trotz antiker Beschreibungen nicht rekonstruierbar, da Petries Grabung keine brauchbaren Ergebnisse erzielte[27].

Unbekannt, *Masghuna-Süd: Da Erbauer vorzeitig verstarb, an Pyramiden-N-Seite temporäre Ziegelkonstruktion, bestehend aus Hof, Totenopferraum und Nebenkammern[28].

Unbekannt, Masghuna-Nord: Keine T. festgestellt, Areal von kopt. Friedhof überbaut.

Ameni-Aamu (*Jmnj-ʿ3mw*), Dahschur-Süd: Ausbuchtung im Fundamentgraben im N der Pyramide für 8 m breiten Bau. Wegen Platzmangel und Aufwegseinmündungen von NO keine weitere Kultstelle im O vorgesehen[29].

*Chendjer (*Ḫnḏr*), Saqqara: T. bis in Fundamente zerstört, etwa 27 m breit und 28 m tief. Fragmente von Granittürrahmen, Reliefs und Papyrussäulen[30].

Unbekannt, Saqqara (neben Chendjer): Kein T. nachgewiesen.
Völlig außerhalb der Entwicklungsreihe steht der T. des Königs *Mentuhotep Nebhepetre in *Deir el-Bahari, der Elemente des o.äg. Tempel- und Grabbaues in sich vereint, aber erst im Dekorationsprogramm Einflüsse memphitischer T. der 6.Dyn. erkennen läßt. Nur der w. Teil der Anlage kann als T. angesprochen werden, bestehend aus Mittelhof/Hypostyl mit Scheintüren und Königsstatuen. Das nachträglich eingefügte Sanktuar (*Allerheiligstes) mit seinem Doppelkult Amunre-König bildet die Vorform der späteren Millionenjahrhäuser.

1 Jüngere Deutungsversuche: Hartwig Altenmüller, Die Texte zum Begräbnisritual in den Pyramiden des Alten Reiches, ÄA 24, 1972; Jürgen Brinks, Die Entwicklung der kgl. Grabanlagen des Alten Reiches, HÄB 10, 1979; ders., in: CdE 56, Nr.111, 1981, 5–14; Arnold, in: MDAIK 34, 1978, 1–13. – 2 Barta, in: MDAIK 22, 1967, 48–52. – 3 Paule Posener-Kriéger, Les archives du temple funéraire de Néferirkarê-Kakaï II, BdE 65.2, 1976, 544ff. – 4 A.a.O., 496ff. – 5 Borchardt, Sahure; Vito Maragioglio und Celeste Rinaldi, L'architettura delle piramidi menfite VII, Rapallo 1970, 54–74. 193f. (mit älterer Lit.). – 6 Paule Posener-Kriéger, a.a.O. I–II; dies. und Jean L. de Cenival, Hieratic Papyri in the British Museum, 5th Series, London 1968. – 7 Borchardt, Neferirkere; Maragioglio und Rinaldi, a.a.O. VII, 120–138. 194 (mit älterer Lit.). – 8 A.a.O. VII, 180; jüngste Grabungen (M. Verner) noch unveröffentlicht. – 9 Borchardt, Neuserre; Maragioglio und Rinaldi, a.a.O. VIII, 1977, 16–30. 121 (mit älterer Lit.). – 10 A.a.O. VIII, 74–82. Reliefs: Goyon, in: BIFAO 67, 1969, Tf.39; Audran Labrousse, Jean-Philippe Lauer und Jean Leclant, Le temple haut du complexe funéraire du roi Ounas, BdE 73, 1977, 125ff. – 11 Labrousse et alii, a.a.O. – 12 Jean-Philippe Lauer und Jean Leclant, Le temple haut du complexe funéraire du roi Téti, BdE 51, 1972. – 13 Leclant, in: Or 40, 1971, 233, Tf.31ff.; ders., in: RdE 21, 1969, 55ff., Abb.1ff., Tf.8ff.; ders., in: Livre du Centenaire IFAO, 1980, 49ff., Tf.2. – 14 Erwähnt bei Leclant, in: Or 43, 1974, 184. – 15 Jéquier, Pepi II, II, 11–69; III, 17–29. Die eigentliche Bauaufnahme steht noch aus. – 16 Hans Goedicke, Re-Used Blocks from the Pyramid of Amenemhet I, EEMM 20, 1971. – 17 William K. Simpson, The Pyramid of Amen-em-het I at Lisht, Yale University 1954 (unveröffentlicht). Vgl. auch Joseph E. Gautier und Gustave Jéquier, Mémoire sur les fouilles de Licht, MIFAO 6, 1902, 94ff., Abb.108ff. – 18 Vorberichte BMMA pt. II, April 1907; July 1907; October 1908; October 1914; November 1921; December 1922. – 19 Gautier und Jéquier, a.a.O., 30–38, Abb.23ff., Tf.9ff. – 20 A.a.O., 16–26; BMMA pt. II, September 1908; July 1909; February 1915; July 1920; December 1924; March 1926; April 1933; November 1933; 1934; Hayes, Scepter I, 182ff., Abb.112ff. – 21 Dahchour II, 38, Abb.87ff. – 22 Illahun, Kahun, Gurob, 4; Lahun II, 5, Plan Tf.8. – Die Säulen wurden möglicherweise von *Ramses II. in Ehnasya el-Medina wiederverwendet, vgl. William M. Flinders Petrie, Ehnasya 1904, EEF 26, 1905, 10, Taf.8. 10. – 23 Arnold, in: MDAIK 35, 1979, 2f. – 24 Howard Vyse, Operations carried on at the Pyramids of Gizeh in 1837 III, London 1842, Tf. gegenüber S.60 und S.63 Abb.3–10; Dahchour I, 51, Abb.111ff. – 25 LD, Text I, 210f. – 26 Dahchour I, 86 Abb.205; Barsanti, in: ASAE 8, 1907, 192; Arnold und Stadelmann, in: MDAIK 31, 1975, Tf.111b. – 27 Sog. Labyrinth. Zum Befund: Gerzeh and Mazghuneh, 28ff., Tf.23ff. Vgl. auch Arnold, in: MDAIK 35, 1979, 1ff. – 28 Gerzeh and Mazghuneh, 48, Tf.41. – 29 Leclant, in: Or 27, 1958, 81f. – 30 Jéquier, Deux Pyramides, 3ff., Tf.2. 3. 5, Abb.1–5; Relieffragmente Abb.14f.

D.A.

Totentempel III, NR. Gegen Ende des MR waren die T. größtenteils ihrer Kultfunktionen entleert, allein der Totenopferraum hatte seine Bedeutung erhalten. Daher ist zu Anfang des NR ein echter Neubeginn zu beobachten. Dieser zeigt eindeutig o.äg.-thebanische Züge, z.B. in der Trennung von *Grab und Kulteinrichtungen des T., der fernab am Rand zwischen Wüste und Fruchtland lag und damit gleichzeitig auch Funktionen des alten *Taltempels übernahm. Die T. der frühen 18. Dyn. von *Ahmose bis *Thutmosis I. sind nur namentlich bekannt[1], wobei eine neue Bezeichnung: *ḥwt nt ḥḥw m rnpwt*, „Haus der Millionen von Jahren", für die T. geläufig wird[2]. Unter *Hatschepsut und *Thutmosis III. wird mit den T. *Ḏsr-ḏsrw* und *Ḥnkt-ʿnḫ* die Form der T. geschaffen, die bis zum Ende des NR gültig blieb und nur mehr in den Maßen und dem Baumaterial und in dem Verhältnis der Raumeinheiten untereinander Veränderungen erfuhr[3]. Dabei hatte der T. der Hatschepsut aufgrund seiner Lage im Wüstental von *Deir el-Bahari und seiner weiteren Funktion als Endstation des *Talfestes als letzter T. einen *Aufweg und einen Talbau. Seine Terrassenform verdankt er aber weniger dem vermeintlichen Vorbild des benachbarten T. *Mentuhoteps II. als vielmehr der Konzeption einer Prozessionsstraße, der „Treppe des großen Gottes" von *Abydos, die gleichermaßen die *Terrassentempel der 18.Dyn. am Fruchtlandrand geprägt hat und in der stufenförmigen Erhöhung der Höfe der T. der 19.Dyn. noch sichtbar wird. In *Theben verbindet sich diese Vorstellung mit dem Talfest, der Barkenprozession des *Amun zur westlichen Nekropole, und zwar in der Form, daß die kgl. T. gleichermaßen *Stationstempel der Barkenprozession wurden[4]. Diese Assoziierung formte nachhaltig die Architektur und Raumgliederung der T., indem die Tore, Höfe und das Tempelhaus auf den dominierenden Barkenkult des Amun zugeschnitten wurden, der den mittleren Teil des Tempelhauses einnahm[5]. Damit wurden die T. gewissermaßen Amuntempel[6], was sich in ihrer Namensform: Tempel (*ḥwt*) des Königs NN *m pr-*

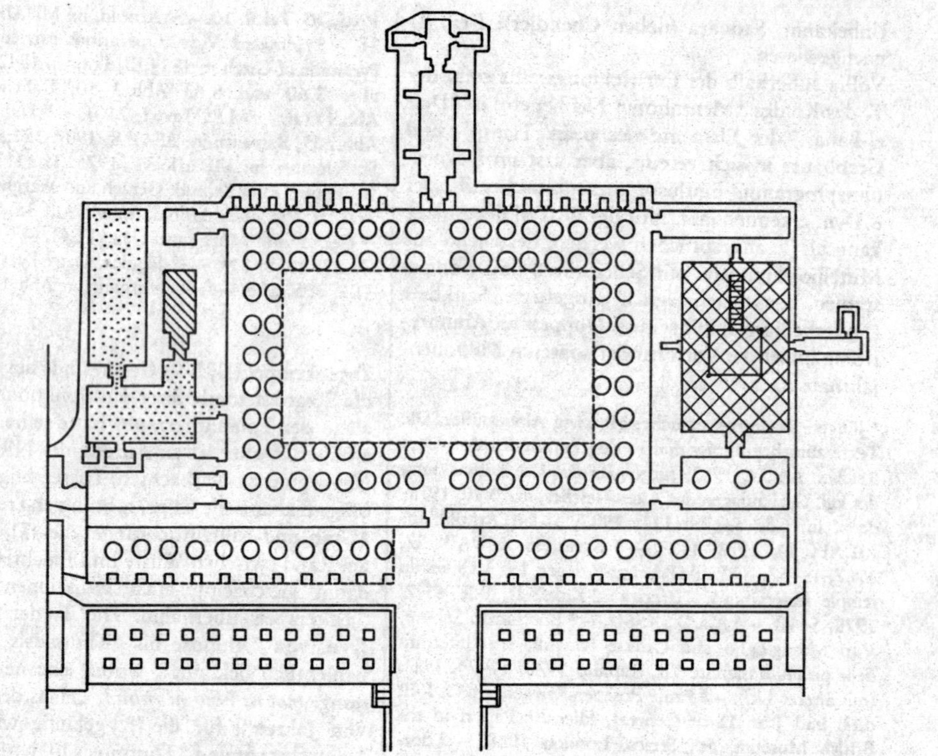

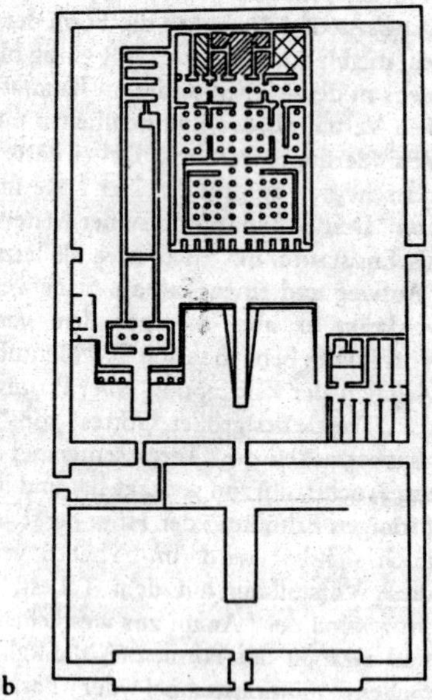

Abb. 1: Totentempel der frühen 18. Dyn. Ohne Maßstab. a) Hatschepsut, b) Thutmosis III.

Jmn und ihrer wirtschaftlichen Unterstellung unter den Amuntempel von *Karnak ausdrückt[7]. Doch ist der jeweilige Gott der T. eine Sonderform des Amun, eine Verbindung von Amun mit dem toten, vergöttlichten König[8]. Der eigentliche T. nimmt mit einem oder mehreren Opfertischräumen und dem Totenopferraum den südlichen Teil des Tempelhauses ein. Seine Westwand nahm die weiterhin wesentliche *Scheintür ein. Dem kgl. Totenopferraum war von Anfang an, seit Hatschepsut inschriftlich bezeugt, eine Kapelle des kgl. Vaters und Vorgängers beigesellt, die gleichfalls eine Scheintür besaß[9]. Den nördlichen Teil des Tempels nimmt ein *Re-Heiligtum mit einem offenen Sonnenhof und *Altar für die täglichen Opferspenden ein, der *šwt-Rꜥw*/*Sonnenschatten. Die Höfe mit ihren *Pylonen und Toren sind zwar vordergründig auf das Kultgeschehen der Barkenprozession bezogen, dienen dabei jedoch ebenso der Darstellung und Verewigung der kgl. Macht (1. Hof = Königshof, Schlachtendarstellungen) und seiner Vereinigung mit der Götterwelt über Götterfeste (2. Hof = Festhof)[10]. Auf der Südseite des 1. Hofes, bei Hatschepsut in der SW-Ecke der oberen Terrasse, findet sich der Tempelpalast[11], die Residenz des toten Königs während der Tempelfeste, dessen Thronsaal durch eine Scheintür dessen jenseitige Disposition verdeutlicht[12]. Die

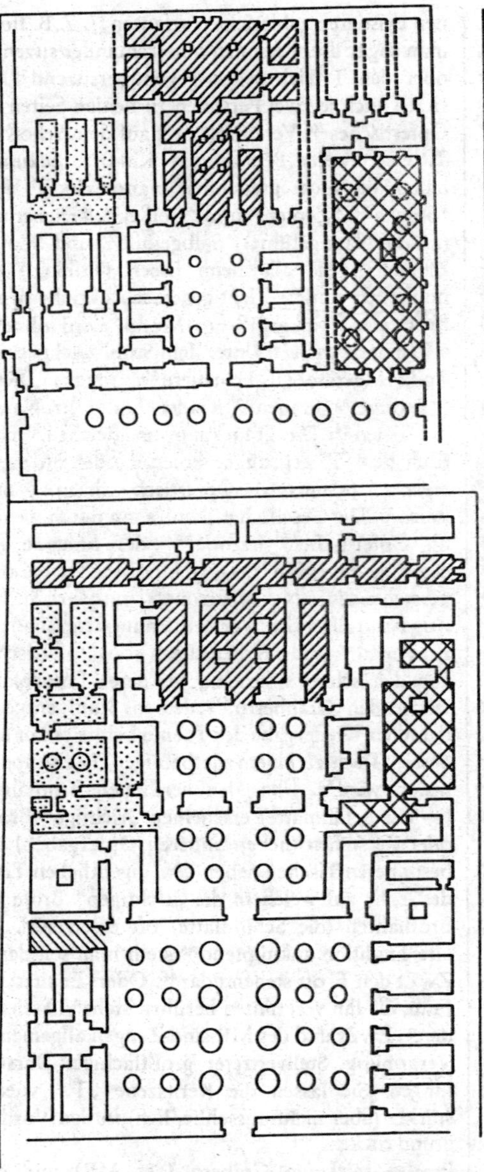
a
b

Abb. 2: Totentempel der Ramessiden-Zt. Ohne Maßstab. a) Sethos I., b) Ramses III.

Scheintüren in den Haupträumen des T. bestimmen eindeutig die jenseitsbezogene Funktion der Anlagen einschließlich der mittleren, dem Amunskult zugeordneten Räume, deren wesentlichster jeweils eine Scheintür enthält, durch die der tote König von seinem Grab kommend den Tempel betreten konnte, um an der Barkenprozession teilzunehmen[13].

Neben dem Barkenkult des Amun in der Mitte, den Totenopferräumen im Süden, dem Re-Hof im

Norden und dem Tempelpalast gehört anfänglich in der 18. Dyn. noch eine eigenständige Kapelle der *Hathor im Vorhof zum Kultbestand der Totentempel[14], vielleicht eine Reminiszenz an die *mrt*-Taltempel des AR[15], wahrscheinlicher aber eine sehr thebanische Totenkulteigenheit. In der 19. Dyn. scheint dieser Hathorkult in einen der Pfeilerräume des Grabes abgewandert zu sein.

Ein wesentlicher Bestand der T. sind die Magazine, die, anfänglich bescheiden, seit der 19. Dyn. Tempelhaus und Höfe auf allen Seiten umgeben. Die T. umgab eine Ziegelmauer, die seit *Sethos I. wieder eine archaisierende Gliederung in Türme und Rücksprünge aufwies[16].

Die in Theben durchgeführte Trennung von Grab und T. bringt es mit sich, daß auch an anderen bedeutenden Nekropolen kgl. T. errichtet werden konnten. Schon im MR wurde es Sitte, in *Abydos T. zu erbauen, was bis in die frühe 18. Dyn. praktiziert wurde. Sethos I. belebte diese Tradition wieder mit seinem prachtvollen T., der gleichsam auch als T. der Reichsgottheiten bei *Osiris in Abydos gedacht war. *Ramses II. folgte ihm darin. Seit der Mitte der 18. Dyn. gab es T. am Ptah-Tempel in *Memphis[17] ebenso wie in *Heliopolis am Re-Tempel[18].

Namen der kgl. Totentempel in Theben, soweit bekannt[19]:

Amenophis I.: *H̱nmt-mn* oder *H̱nmt-Jmn*[20]
Königsmutter Ahmose-Nofretere: *Mn-jswt*
Thutmosis I.: *H̱nmt-ʿnḫ*
Thutmosis II.: *Šzpt-ʿnḫ*
Hatschepsut: *Ḏsr-ḏsrw* (Taltempel *Ḫʿj-ꜣḫt-Jmn*?)
Thutmosis III.: *Ḥnkt-ʿnḫ*
Amenophis II.: *Šzpt-ʿnḫ* (*Jʿb-ꜣḫt*?)
Amenophis III: *Šzpt-Jmn-wṯzt-nfrw*(?)
Eje: *Mn-mnw*
Ramses II.: *H̱nmt-Wꜣst*
Ramses III.: *H̱nmt-nḥḥ*

[1] Stadelmann, in: MDAIK 34, 1978, 172–173. – [2] Černý, in: JEA 26, 1940, 127; Gardiner, in: JEA 38, 1952, 14–15. Vgl. auch Stadelmann, in: MDAIK 34, 1978, 172 Anm. 9. – [3] PM II², 340 ff. 426 ff. (Thutmosis III.); Arnold, in: MDAIK 34, 1978, 1–8; Stadelmann, in: MDAIK 35, 1979, 303–310. – [4] Stadelmann, in: MDAIK 34, 1978, 176–177; id., in: MDAIK 35, 1979, 306. – [5] Hölscher, Medinet Habu III, 22 ff., Tf. 2. – [6] Nelson, in: JNES 1, 1942, 127 ff. – [7] Helck, Materialien, 79–81. – [8] Nelson, op. cit. – [9] Stadelmann, in: MDAIK 35, 1979, 308 ff. – [10] Hölscher, Medinet Habu III, 22 ff.; Stadelmann, in: MDAIK 35, 1979, 310–313. – [11] Stadelmann, in: MDAIK 29, 1973, 221 ff.; 35, 1979, 312 mit Anm. 68. – [12] Hölscher, Medinet Habu III, 27–28; Stadelmann, in: MDAIK 35, 1979, 312. – [13] Stadelmann, in: MDAIK 35, 1979, 316–317. – [14] PM II², 380 (Hatschepsut). 427 (Thutmosis III.). – [15] Vgl. dazu

Arnold, in: MDAIK 33, 1977, 13. – [16] Stadelmann, in: MDAIK 38, 1982, 396–397. – [17] Helck, Materialien, 137–139. – [18] Ebd., 128–129. – [19] Nach Helck, Materialien, 82ff. – [20] S. Stadelmann, in: MDAIK 34, 1978, 172 Anm. 14. R. St.

Totentexte s. Totenliteratur

Toter am Opfertisch. Der auf einem Stuhl sitzende T. ist wichtigstes Bildelement des äg. Grabes, man findet ihn aber auch auf Gedenk-*Stelen (*Abydos, *Sinai [1]). Zuerst (seit Mitte der 1. Dyn.) begegnet die Gruppe als Totentitel *šps* „Ehrwürdiger" auf *Rollsiegeln zur *Siegelung von *Grabbeigaben als kleines Schriftzeichen, das auch später die älteste Wiedergabeart konserviert: Nicht nur Frauen, sondern auch Männer tragen eine über die Schulter fallende, große Perücke (als heliopolitanische Totentracht?)[2]. Da die Figuren nach rechts blicken, greifen sie mit dem vorderen = linken Arm nach segmentförmigen Broten auf dem einbeinigen Tisch. Der hintere = rechte Arm ist unsichtbar und ruht wohl auf dem Oberschenkel. Diese Stellung der Arme (= die ältere Armhaltung) findet man auf vielen rechteckigen Steinplatten mit T. und *Opferliste (Sp > Sp II)[3] an der Opferstelle des Grabes (seit Ende der 1. Dyn., *Scheintür, *Speisetischszene). Der T. ist das Porträt des Grabherrn, die Haartracht ist dann irrelevant[4]. Männer und Frauen tragen als Totentracht das lange *Pantherfell-Gewand[5]. Die segmentförmigen Brote sind durch vertikale Hälften konischer Brote ersetzt, welche der Ägypter später auch als Schilfblätter, d.h. als Schilfmatte auf dem Tisch, deutet[6]. Auf den Sp > Sp II setzt sich die jüngere Armhaltung (an der Brust gewinkelter vorderer = linker und greifender hinterer = rechter Arm) durch. Die sog. Große Opferliste (seit der 5. Dyn.) beansprucht eine große Wandfläche des Grabes und ermöglicht damit eine größere Darstellung des T. Die große Wandfläche verführt allerdings zu naturalistischen Wiedergaben, welche die Große Opferliste überflüssig machen. Deshalb (?) behält die Kernszene des T. ihren alten Platz auf der rechteckigen Platte der Scheintür, wo man die Opferliste zu einem kurzen Opfergebet reduziert[7]. Gelegentlich überträgt man die Kernszene auf die Architrave[8], Türrollen[9] und seitlichen Nischenwände[10] der Scheintür[11], auf die Opfertafeln davor[12], später auf die Wände der *Sargkammer und des *Sarges[13], im NR ferner auf *Grabkegel[14]. Seit dem Aufkommen der Großen Opferliste erscheint der männliche T. meist in „weltlicher" *Tracht (im kurzen Schurz)[15]. Hinter ihm oder ihm gegenüber kann eine Frau sitzen, welche dann die ältere Armhaltung hat, aber – da sie nach links blickt – rechtshändig greift[16]. Zu diesen Positionen existieren zahlreiche Varianten[17]. Z.B. findet man sogar drei Personen hintereinander sitzend[18] oder den T. sich selbst gegenübersitzend[19]. Es sitzen auch je zwei Personen zu beiden Seiten des Opfertisches[20]. Vereinzelt sitzt auf dem Schoß des T. eine zweite Person (ein Kind)[21]. Sekundär halten die nicht greifenden Hände des T. auch *Stöcke[22], *Zepter[23] und *Geißel[24], *Fächer und (an die Nase geführt) *Salbgefäße[25] und *Lotos-Blumen[26], die alle beim Essen (Trinken) nur hinderlich sind[27]. Richtiges Essen (Trinken), mit Brot oder Trinkgefäß am Mund, wird ohnehin selten dargestellt[28]. Unter dem Stuhl zeichnet man Toilettengeräte[29], Haustiere[30], auch Diener (*Zwerge)[31], Frauen[32], Kinder[33] oder den Namen des Toten[34]. Die Frau kann am gleichen Opfertisch dem T. gegenüber knien[35] oder an einem eigenen (kleineren) Opfertisch sitzen[36] oder knien[37]. Die Gesellschaft kann man durch weitere an Opfertischen sitzende[38] oder kniende Angehörige erweitern[39]. Der Opfertisch ist bei (fernerstehenden) Nebenpersonen entbehrlich. Im Zug naturalistischer Verweltlichung zeigt man das Zurichten[40] und Herbeitragen von Opfertischen vor den schon sitzenden, an einer Lotosblume riechenden Grabherrn[41], dessen Stuhl entgegen der alten Wiedergabe des T. eine Lehne erhält und dessen Tisch zu einem vierbeinigen Tisch modernisiert wird[42]. Über den vertikalen Brothälften (= der Schilfmatte) erscheinen „richtige" Brote, oder sie stehen (neben anderen Opfergaben) auf besonderen Tischen neben dem eigentlichen Tisch des T.[43], auf welchem die „richtigen" Brote die Brothälften (die Schilfmatte) oft ersetzen[44]. An alte Tradition anknüpfend[45] stellt man seit der 1. ZwZt den T. oft stehend dar[46]. Oder: Er sitzt; die Frau, die ihn von hinten berührt, steht[47]. Stelen[48] der 1. ZwZt und des MR sind Zeugen allgemeiner Verarmung, Stellvertreter großflächiger Darstellungen: Sie lassen die Kernszene „T." wieder stärker (aber nicht ausschließlich) in den Vordergrund rücken.

In den reicheren Gräbern (des MR) und der 18. Dyn. ist die alte Zechgemeinschaft des T. mit Frau und Angehörigen ohnehin wieder gegenwärtig[49]. Trotz der späteren Sitte, die Opfergaben des Grabes den Göttern zu weihen und dem T. erst im Umlauf zukommen zu lassen[50], bleibt die Kernszene „T." in erstaunlicher Kontinuität erhalten. T. auf *Leichentüchern des späteren NR von *Deir el-Medineh stellen die alte Frage nach der Selbstversorgung des Toten. Auf den Rollsiegeln der FrZt erscheint der Totentitel *šps* statt oder neben dem bekannteren Totentitel *ỉ3ḫ* (*Ach). Später schwindet *šps* als selbständiger Totentitel, man redet aber noch vom *ỉ3ḫ šps*[51]. Tritt mit dem selbständigen Totentitel *šps* auch die heliopolitanische (?) Idee von der magischen Selbstversorgung des T. zurück?[52] Ursprünglich sind ja Grabsteine ohne T., welche man noch in der 4. Dyn. für Könige braucht und welche nach dem Erstlingsopfer am Grab weitere Naturalopfer durch *zẖn-jꜣḫ*-*Totenpriester voraussetzen. Meint man, daß die magische Wirkung (das Rezitieren der Großen Opferliste) durch *Vorlesepriester die magische Selbstversorgung überflüssig macht[53]? Der König als T. trug wohl in der Regel das Königs-*Kopftuch[54], das an die große, über die Schulter fallende Perücke (Rollsiegel) bzw. an das lange, offene Haar der Männer (St, Sp, Sp II und sonst) erinnerte. Der König erschien so wohl seit dem Aufkommen der Großen Opferliste (5. Dyn.); Götter am Opfertisch sind erst seit dem MR/NR bekannt[55]. Plastische Wiedergaben des T. sind nicht nachgewiesen[56]. Plastische Figuren von Königen mit Opfertafeln lassen die Könige als Opferträger, nicht als Opferempfänger, erkennen[57].

[1] Inscr. Sinai, Nr. 93. 94. 100. 103. 120. 121. 122. 126. 142. 167 (z. T. ohne Arme; vgl. die archaischen Wiedergaben und Anm. 54). Stehend: ebd., Nr. 108 und S. 127 Abb. 12. Götter am Opfertisch: s. Anm. 55. – [2] Zur Herkunft der Gruppe T. aus *Heliopolis vgl. Kaplony, Inschriften, Anm. 1773; CT VII, 228 v ff. Nach Kaplony, in: MIO 11, 1966, 151 f. 159 f.; Mohamed I. Moursi, Die Hohenpriester des Sonnengottes ..., MÄS 26, 1972, 154 ff. scheint den *mꜣ-wr* ursprünglich eine Frauenperücke (> Frauenlocke?) zu charakterisieren so, wie den *Sem-Priester und den *Iunmutef das Pantherfell charakterisiert. Beide Trachten wurden ursprünglich wohl auch von den Gefolgsleuten (= den *Totengeistern?) dieser Priester getragen. – [3] Archaische Speisetischszenen (Sp) und Speisetischszenen des frühen AR (Sp II) sowie archaische Grabstelen (St) nach Kaplony, Inschriften I, 179 ff. 230 ff. 235 ff. – [4] Vgl. im einzelnen Kaplony, Inschriften I, 37 ff., 235 ff.; ders., Beitr. Inschriften, 1 ff. Brothälften auf dem Tisch: ders., Inschriften I, 40 und Anm. 99; Thomas G. H. James, Corpus of Hieroglyphic Inscriptions in the Brooklyn Museum I, Brooklyn 1974, Nr. 25. Der Opfertisch ohne Bein erscheint auch in den Gräbern. Die AR-Rollsiegel mit T. diskutiert Peter Kaplony, Die Rollsiegel des AR I, Monumenta Aegyptiaca 2, Brüssel 1977, § 7.9 (F 1. 46. 71. 77. 80. 82. 84. 106. 134): Zu zwei/drei hintereinander sitzenden Figuren vgl. den Text. Ob die Lotosblumen der Figuren z. T. den Tisch „ersetzen", bleibt offen: Seit der 5. Dyn. besteht in der Wiedergabe zwischen dem T. und der sitzenden Figur ohne Opfertisch kaum mehr ein Unterschied. – [5] Vgl. bes. Staehelin, Tracht, 48. Ausnahmen: Kurzes Pantherfellgewand von Männern: Kaplony, Inschriften I, 236 (Sp II, 20. 24. 27); William K. Simpson, Mastabas of the Western Cemetery, Giza Mastabas 4, Boston 1980, 35, Tf. 61 a = Abb. 47(?) = Kaplony, a. a. O., 236 (Sp II, 33); auch 230 ff. (Sp 4. 30. 39. 51?). Langes Trägerkleid von Frauen: Kaplony, a.a.O., 236 (Sp II, 7); auch 230 ff. (Sp 5. 11. 41). Langer Schurz eines Mannes: Kaplony, a.a.O., 230 ff. (Sp 23); kurzer Schurz eines Mannes: Kaplony, a.a.O., 236 (Sp II, 28). Auch nach der Zeit der archaischen und AR-Speisetischszenen (Sp, Sp II) kommt das Pantherfellgewand beim T. und auch sonst im Grab vor. Vgl. Anm. 53. – [6] Vgl. Borchardt, in: ZÄS 31, 1893, 1 f.; Schäfer, Kunst, 175; Hassan, Gîza V, 170 ff.; CG 20001–20780 IV, Tf. 98 ff. – [7] Große Opferliste ebd. ausnahmsweise bei Mariette, Mastabas, 366 (setzt sich auf der Fläche rechts davon fort); CG 1423 (ebenso) (vgl. CG 1422). Stehender Mann mit Stock ohne Opfer ebd.: Hassan, Gîza II, Abb. 222 (vgl. die folgende Anm.); Mariette, a.a.O., 399. 446; Kaplony, Inschriften I, 357 ff. S. Anm. 22. – [8] Firth-Gunn, Teti Pyramid Cemeteries, Tf. 55, 1 (mit Lotosblume); Hassan, Gîza II, Abb. 94. 222; III, Abb. 104 (mit Stock); V, Abb. 142; VI. 3, Abb. 170; BM Stelae I², Tf. 21, 2. – [9] CG 1495. – [10] Hassan, Gîza VII, Abb. 50–51; Jéquier, Tombeaux, Abb. 112(?). 115. 116 (nur auf einer Seite); LD II, 25. 31. 86 b; CG 1394. 1418. 1491–1492, ähnlich im NR an den Schmalwänden: Davies, Tombs of Two Officials, Tf. 35 (T. auch stehend); ders., Neferhotep, Tf. 19; Davies–Gardiner, Huy, Tf. 36 (auch mit Göttern am Opfertisch). Vgl. Anm. 49–50 und Hayes, Scepter I, Abb. 134. – [11] Als Architrav zum Eingang ins Grab gilt auch Meir IV, Tf. 5 („Forecourt: West Wall: South End of Frieze"). – [12] Hassan, Gîza V, Abb. 33 (mit Lotosblume, Variante ohne Opfertisch); IX, Abb. 34; Jéquier, Tombeaux, Abb. 59–60 (Variante mit Lotosblume). 130 (Variante ohne Opfertisch); Junker, Gîza V, Abb. 28; Mariette, Mastabas, 435. 441 (= CG 1343); Quibell, Excav. Saqq. 1905–1906, Tf. 18, 3; CG 1331. 1357. 1358. 1367. 57030; BM Stelae I², Tf. 27, 2; Emma Brunner-Traut und Hellmut Brunner, Die ägyptische Sammlung der Universität Tübingen, Mainz 1981, Nr. 370 (auch ohne Opfertisch); Maha M. F. Mostafa, Untersuchungen zu Opfertafeln im AR, HÄB 17, 1982, 117 Anm. 273. Je kleiner die Figuren hier und in den Belegen oben Anm. 8. 9. 11. sind, um so mehr gelten sie als Schriftzeichen (Determinative). Vgl. oben zu den Rollsiegeln und die folgende Anm.: Die Opfertafel Habachi, in: MDAIK 19, 1963, 32 Abb. 12 zeigt einen Opfertisch ohne Figur. – [13] Die Große Opferliste der Sargkammer Sheikh Said, Tf. 26 schließt mit einer Figur des T., welche auch auf den Särgen Naville, Deir el-Bahari, XIth Dyn. Temple I, Tf. 20; II, Tf. 2; Edward L. B. Terrace, Egyptian Paintings of the Middle Kingdom. The Tomb of Djehutynekht, London 1968, Tf. 1, einfacher bei Georg Steindorff, Grabfunde des MR in den Kgl. Museen zu Berlin II, Mittheilungen aus den Orientalischen Sammlungen 9, Berlin 1901, Tf. 3 vorkommt. Die Figur weist vielleicht auf Selbstversorgung: Auf der Wand der Sargkammer und auf dem Sarg sollte nur der Opfertisch (mit und ohne Schilfblätter) vorkommen (Brovarski, in: JEA 63, 1977, 178 [+ leerer Stuhl]; Jéquier, Tombeaux, Tf. 6. 7. 12. 14. 16; ders., Frises, 287 ff.; *Ḥtj*, PM I. 2², 387, Wissenschaftliche Farbdiapositive Ägypten, Uni-Dia-Verlag, Grosshesselohe 1960, 35). Das Fehlen der Figur auf der Opfertafel Anm. 12 ist unerklärlich. – [14] Macadam, Corpus, Nr. 582. 589(?). 599. 606. 607. 611. – [15] Staehelin, Tracht, 227 ff. – [16] Grundsätzlich gehört die Frau gegenüber dem T. auf die rechteckige Platte der Scheintür, die Frau hinter (= neben) dem T. auf die große Grabwand. Mann und Frau hintereinander ausnahms-

weise auf der rechteckigen Platte der Scheintür: Hassan, Gîza I, Abb. 148; II, Abb. 105; III, Abb. 84; LD II, 10–11. Das Gegenüber von Mann und Frau an eigenen Tischen auf der rechteckigen Platte der Scheintür ist vielleicht älter als ihr Gegenüber an einem einzigen Tisch; vgl. Petrie, Medum, Tf. 15; BM Stelae I², Tf. 11; CG 1392; auch Hassan, Gîza II, Abb. 35; Junker, Gîza VI, Abb. 32 = XII, Abb. 3, 12. Ganz ungewöhnlich Svetlana Hodjash und Oleg Berlev, The Egyptian Reliefs and Stelae in the Pushkin Museum of Fine Arts, Moscow, Leningrad 1982, Nr. 24 (Mann und Frau sich umarmend, Opfertisch daneben). Mann und Frau einander gegenüber an der großen Wand des Grabes, an einem Tisch, Variante: an zwei Tischen: Ahmed M. Moussa und Hartwig Altenmüller, The Tomb of Nefer and Kahay, AV 5, 1971, Tf. 28 (a.a.O., Tf. 26 ebenfalls ungewöhnlich, T. klein an den *Serdab-Schlitzen). – [17] Z. B. die ältere Armhaltung bei dem nach rechts blickenden Mann, BM Stelae I², Tf. 26, 1; Hodjash und Berlev, a.a.O., Nr. 1 C. 6 A. 22, mit stärker erhobenem vorderen Arm LD II, 38b; CG 1439. 1500: Bei dieser Blickrichtung kann man den hinteren rechten Arm zum Greifen erheben und ihn mit dem linken Arm auf dem Knie kreuzen lassen, Hassan, Gîza I, Abb. 182; Junker, Gîza VI, Abb. 58 A; William K. Simpson, The Mastabas of Kawab, Khafkhufu I and II, Giza Mastabas 3, Boston 1978, Abb. 31 = Smith, Sculpture, Abb. 142; BM Stelae I², Tf. 18, 1 (diese beiden Armhaltungen bei nach links blickenden Männern Meir II, Tf. 6. 10. 12; Junker, Gîza III, Abb. 9; Hilda Flinders Petrie und Margaret A. Murray, Seven Memphite Tomb Chapels, BSEA 65, 1952, Tf. 10–11 bzw. BM Stelae III, Tf. 3). Nach rechts blikkender Mann mit beiden (gekreuzten) Armen greifend: Beni Hasan II, Tf. 17. Nach rechts blickender Mann in der jüngeren Armhaltung, mit geballter Faust statt greifender Hand: Simpson, Mastabas of Kawab, Khafkhufu I and II, Abb. 50 (vgl. Junker, Gîza IV, Abb. 6 oben). Nach rechts blickende Frau in der älteren Armhaltung: BM Stelae I², Tf. 13, 2. Diverse Unregelmäßigkeiten der Armhaltung bei Paaren, die einander an einem Opfertisch gegenübersitzen: Abdel-Moneim Abu-Bakr, Excavations at Giza 1949–1950, Kairo 1953, Abb. 95 A. B. D (beachte auch die z. T. fehlenden Brote); Hassan, Gîza II, Abb. 94; VI. 3, Abb. 119; Junker, Gîza IX, Abb. 36; Petrie, Medum, Tf. 15. – [18] Selten, Boeser, Leiden II, Tf. 2 (+ 2 auf der Gegenseite); CG 20456 Rs.; Albert Gayet, Musée du Louvre: Stèles de la XIIe dynastie, BEHE 68, 1889, Tf. 55 (MR); BM Stelae VI, Tf. 46; Sergio Bosticco, Museo archeologico di Firenze, Le stele egiziane II, Rom 1965, Nr. 5 (+ Mädchen unter dem Stuhl); Catalogue du Musée Guimet, Galerie égyptienne, Annales du Musée Guimet 32, Paris 1909, Nr. 4 (+ 1 auf der Gegenseite); Davies, Ramose, Tf. 12 (NR). Verschiedene Blickrichtung: Charles F. Nims, Thebes of the Pharaohs, London 1965, Abb. 3 (MR). Für das AR vgl. Anm. 4. Häufiger sind Wiedergaben von 2 + 1 Personen zu beiden Seiten des Opfertisches: Samuel Birch, Catalogue of the Collection of Egyptian Antiquities at Alnwick Castle, London 1880, Tf. 12; BM Stelae II, Tf. 22 (+ Mädchen unter dem Stuhl); III, Tf. 44. 45; V, Tf. 45; Boeser, Leiden II, Tf. 17. 22; an zwei Tischen: BM Stelae III, Tf. 11. Vgl. auch Gayet, Stèles, Tf. 28. Ausnahmsweise vier Personen hintereinander: Bruyère–Kuentz, Tombes Thébaines, Tf. 18 (ebd. auch drei Personen hintereinander). – [19] An einem Opfertisch: Hassan, Gîza V, Abb. 108; IX, Abb. 29a; Junker, Gîza IX, Abb. 17; LD Erg.bd., 9; Mariette, Mastabas, 269f.; Meir IV, Tf. 12; William K. Simpson, The Mastabas of Qar and Idu. G. 7101 and 7102, Giza Mastabas 2, Boston 1976, Abb. 40; CAA Pelizaeus-Mus. Hildesheim III, Mainz 1978, Nr. 4; CG 1436. An zwei Opfertischen: Jean Capart, Une rue de tombeaux à Saqqarah, Brüssel 1907, Tf. 11; Junker, Gîza VI, Abb. 32; VII, Abb. 87; diese Wiedergaben scheint es nur im AR zu geben (Ausnahme CG 20423, ein Opfertisch), später sitzen zwei Personen des gleichen Geschlechts so: BM Stelae II, Tf. 50; III, Tf. 39; Boeser, Leiden II, Tf. 13. 39; Bosticco, Le stele II (s. Anm. 18), 32 (mit stärker erhobenen vorderen Armen, s. Anm. 17). 42; CG 20284. 20570 = William K. Simpson, The Terrace of the Great God at Abydos, PPYE 5, 1974, Tf. 69, in Nachahmung der Kollektivsiegel Kaplony, Inschriften I, 25ff. (auch mit T.). Zwei solche Personen hintereinanderzusetzen (Davies, Five Theban Tombs, Tf. 21; BM Stelae V, Tf. 49; IX, Tf. 4, danach Davies, Ramose, Tf. 8) ist ungeschickt. Zur Deutung im AR vgl. Friedrich W. v. Bissing, Die Mastaba des Gem-ni-kai II, Berlin 1911, Tf. 16. 27; Hassan, Gîza VI. 3, Abb. 131; Petrie and Murray, Seven Chapels (s. Anm. 17), Tf. 13: Der Grabherr schaut, an separaten Opfertischen sitzend, sich selbst in Distanz an, während das bei Ahmed M. Moussa und Hartwig Altenmüller, Das Grab des Nianchchnum und Chnumhotep, AV 21, 1977, Tf. 50. 69 (+ Frau; vgl. die Dreiergruppen der vorangehenden Anm.). 86ff. zum ersten Mal zwei Grabherren tun. – [20] Entstanden wohl aus Zweiergruppen, die man um stehende Frauen hinter den zwei T. (und diese berührend) erweiterte, Bosticco, Le stele I, Rom 1959, Nr. 47; CG 20568. Varianten weisen zwei mehr oder weniger voneinander getrennte Opfertische auf: Boeser, Leiden II, Tf. 9. 17, 19; CG 20526. Bei Boeser, Leiden II, Tf. 9 haben zwei weitere kniende Frauen unter den Stühlen einen dritten gemeinsamen Opfertisch. Solche Erweiterungen sind typisch. 2 + 2 durchweg sitzende T. an einem gemeinsamen Opfertisch: Birch, Alnwick Castle (s. Anm. 18), Tf. 17; BM Stelae III, Tf. 5. 19 (+ 2 + 2 kniende T.); V, Tf. 46 (+ 1 + 1 kniende Figuren – Sohn und Tochter – unter den Stühlen); VI, Tf. 45 (+ 2 + 3 kniende T.); Boeser, Leiden II, Tf. 39 (+ 1 + 1 sitzende T.); Musée Guimet (s. Anm. 18), Nr. 22 (+ 1 sitzender T.); Gayet, Stèles (s. Anm. 18), Tf. 59 (+ 1 kniende Frau zu Füßen des ersten T. rechts). Zwei Opfertische: BM Stelae II, Tf. 27. Die weitere Entwicklung zur Gesellschaft der T. kann hier nicht verfolgt werden. – [21] CG 20596; BM Stelae V, Tf. 50; Annelies und Artur Brack, Das Grab des Haremheb. Theben Nr. 78, AV 35, 1980, Tf. 32a. 85. Vgl. Vandier, Manuel IV, 536ff., jedoch nur in zwei Belegen (a.a.O., Abb. 290. 294) mit Opfertisch. – [22] Vgl. Anm. 7 (bes. *Ḥzj-Rꜥ* CG 1426), ferner Hassan, Gîza III, Abb. 104 (AR); BM Stelae III, Tf. 22; Bosticco, Le stele I (s. Anm. 20), Nr. 18 (MR); Davies, Five Theban Tombs, Tf. 21; ders., Seven Private Tombs, Tf. 33; Heike Guksch, Das Grab des Benja. Theben Nr. 343, AV 7, 1978, Tf. 10. 12 (Variante ohne Stock) (NR). – [23] Hassan, Gîza III, Abb. 127; BM Stelae I², Tf. 6f.; 11, 1; 16;

III, Tf. 31; VII, Tf. 12. 18; Davies, Neferhotep, Tf. 19. Stock und Zepter: Torgny Säve–Söderbergh, Four Eighteenth Dyn. Tombs, PTT 1, 1957, Tf. 33. – [24] Erst ab MR: Beni Hasan I, Tf. 35; II, Tf. 30; Meir VI, Tf. 17; BM Stelae II, Tf. 46; III, Tf. 29; CG 1477 (MR). 20336. 20459. 20544; H. W. Müller, in: MDAIK 4, 1933, Tf. 34, 2. Geißel ungewöhnlich nach innen gewendet: Birch, Alnwick Castle, Tf. 8. – [25] Bei Männern und Frauen: Hassan, Gîza VII, Tf. 50 (wegen der älteren Armhaltung nicht auf dem Parallelstück Abb. 51); Paget-Pirie, Ptah-hetep, Tf. 38; Petrie und Murray, Seven Chapels (s. Anm. 17), Tf. 5; Simpson, Qar and Idu (s. Anm. 19), Abb. 30; ders., Mastabas of the Western Cemetery (s. Anm. 5), Abb. 16 (Frau a.a.O., Abb. 17 mit Lotosblume); CG 1404. 1457. 1459, auch Hayes, Scepter I, Abb. 91; Hodjash und Berlev, a.a.O. (s. Anm. 16) Nr. 26 (Frau mit Spiegel in der gesenkten Hand) bzw. Firth-Gunn, Teti Pyramid Cemeteries II, Tf. 70, 2; Naguib Kanawati, The Rock Tombs of El-Hawawish II, Sidney 1981, Abb. 23; Macramallah, Mastaba d'Idout, Tf. 14f. 17. Vgl. Davies, Ramose, Tf. 16. Der T. hält das Salbgefäß nach Einführung der Großen Opferliste, welche ja mit der Liste der sieben Öle beginnt. Diese erscheinen auch auf der Platte der Scheintür (vgl. CG 1465), zumindest als „1000 Alabastergefäße" des Opfergebetes. – [26] Im AR fast nur bei Frauen (vgl. Anm. 41), Hassan, Gîza III, Abb. 38 b; Junker, Gîza VII, Abb. 106 (mit langem Stengel); Meir IV, Tf. 9 (zweite Lotosblume in der gesenkten Hand); V, Tf. 46; Simpson, Mastabas of the Western Cemetery (s. Anm. 5), Abb. 15. 17. 18. 21. 25. Die Frau kann die Lotosblume auch nur in der gesenkten Hand halten, Junker, Gîza VI, Abb. 32; IX, Abb. 105; später CG 20016. 20017 = Simpson, The Terrace of the Great God at Abydos, Tf. 20 (mit langem Stengel); Hans Wolfgang Müller, Die Felsengräber der Fürsten von Elephantine aus der Zt des MR, ÄF 9, 1940, Tf. 35 (mit langem Stengel); Davies, Rekh-mi-Rēʿ, Tf. 75. 77. 95. 103. 114. 115; Säve-Söderbergh, a.a.O. (s. Anm. 23), Tf. 21 (mit langem Stengel). Frauen können auch mit Lotosblumen am Kopf bekränzt sein. Männer mit Lotosblume in der erhobenen Hand erscheinen dann in der 1. ZwZt: CG 1458; Hayes, Scepter I, Abb. 82 (neben Salbgefäß); Junker, Gîza VI, Abb. 104. Eine Lotosblume mit langem Stengel in der erhobenen Hand beim Mann Birch, Alnwick Castle, Tf. 13. Lotosblumen reicht man im AR Männern und Frauen vor dem Essen, doch auch in dieser Vorbereitungsszene (vgl. Anm. 41) riecht fast nur die Frau an der Lotosblume. An der Lotosblume riechende Frau mit ungewöhnlicher Haltung des hinteren Arms: CG 1512. Lotossträuße in der erhobenen und gesenkten Hand erst im NR, z.B. Davies, Five Theban Tombs, Tf. 27; ders., Ḳen-Amūn, Tf. 54. 56; El Sayed Aly Hegazy und Mario Tosi, A Theban Private Tomb. Tomb No. 295, AV 45, 1983, Tf. 3ff. – [27] Das kleine Segel bei Henri Wild, La tombe de Néfer.hotep (I) et Neb.néfer à Deir el-Médîna II, MIFAO 103.2, 1979, Tf. 12 = Eva Martin-Pardey, in: LÄ V, 825, Anm. 11 ist gewiß ein Fächer. Zum gefalteten Tuch in der nicht greifenden Hand (*Taschentuch) vgl. Staehelin, Tracht, 163. Das Riechen an Salben und Lotosblumen leitet das Essen ein, deshalb steht die Liste der sieben Öle an der Spitze der Großen Opferliste (vgl. Anm. 25. 26). Stöcke, Zepter und Geißeln werden von der Wiedergabe der sitzenden Figur ohne Opfertisch übernommen. – [28] Bei der Hauptperson (dem T.) wohl nur in Anlehnung an die Wiedergabe von Nebenpersonen, Capart, Rue de tombeaux (s. Anm. 19), Tf. 101 = Smith, Sculpture, Abb. 126 a = Junker, Gîza VI, Abb. 39 a (auch die kleine Frau, Junker, Gîza X, Abb. 45); Smith, Sculpture, Abb. 140 = Caroline Nestmann Peck, Some Decorated Tombs of the First Intermediate Period at Naga ed-Dêr, Ann Arbor 1971, Tf. 5 (und a.a.O., Tf. 2); BM Stelae I[1], Tf. 53; Bosticco, Le stele I, Nr. 55; CG 20596; Clère, in: RdE 7, 1950, 23ff.; H. G. Fischer, in: Kush 9, 1961, 46; Hodjash und Berlev, Pushkin-Museum (s. Anm. 16), Nr. 40; Junker, Gîza III, 58ff.; ders., Die gesellschaftliche Stellung der äg. Künstler im AR, SÖAW 233.1, 1959, 38ff.; Vandier, Manuel IV, 216ff.; *Eß- und Trinksitten. Essende und trinkende Geister: s. Anm. 53. Dem Reichen des Trinknapfes entspricht das ältere Motiv des Reichens der Lotosblume unten Anm. 41 (ohne Opfertisch, dann des Lotossstraußes über den Opfertisch). Das Reichen des Trinknapfes über den Opfertisch ist im NR häufig: Annelies und Artur Brack, Haremheb (s. Anm. 21), Tf. 32 a. 85; Davies, Rekh-mi-rēʿ, Tf. 64; ders., Tombs of Two Officials, Tf. 23; Davies-Gardiner, Amenemhēt, Tf. 15f. 24; Säve-Söderbergh, a.a.O. (s. Anm. 23), Tf. 21 (auch Reichen eines *Spiegels über den Opfertisch). 23. Einzelne Brote bekommt der Grabherr ohne Opfertisch in Duell, Mereruka, Tf. 113. 120 (vgl. das Reichen von Lotosblumen ohne Opfertisch und Bosticco, a.a.O. I, Nr. 48). Diener mit Trinknapf und Brot: Gayet, Stèles, Tf. 5 (s. Anm. 31. 32). – [29] Waschgerät: Deir el-Gebrâwi II, Tf. 11. 13 (später anscheinend nicht mehr, Wasserflasche allerdings in Birch, Alnwick Castle, Tf. 12); Kasten: Deir el-Gebrâwi II, Tf. 9; Kanawati, El-Hawawisch III, Sidney 1982, Abb. 26; Hayes, Scepter I, Abb. 91; H. W. Müller, in: MDAIK 4, 1933, 187 Abb. 11; Kasten und Spiegel: Simpson, Mastabas of the Western Cemetery (s. Anm. 5), Abb. 21; Fischer, Coptite Nome, Nr. 26; CG 1450; Boeser, Leiden II, Tf. 2; Bosticco, Le stele I, Nr. 9. Kasten und Hund: Fischer, Coptite Nome, Nr. 18; Spiegel: Boeser, Leiden II, Tf. 2. 3; Spiegel und Hund: Boeser, Leiden II, Tf. 4; Spiegel und Sandalen: Boeser, Leiden II, Tf. 28; Spiegel und Salbgefäß: Birch, Alnwick Castle, Tf. 13; BM Stelae V, Tf. 14; Bosticco, Le stele II, Tf. 17; Joseph J. Tylor, The Tomb of Renni, London 1900, Tf. 8. 16; Salbgefäß: BM Stelae V, Tf. 14. Es erscheinen auch runde Salbgefäße, zum Riechen braucht man aber nur zylindrische. Die Toilettengeräte unter dem Stuhl begegnen erst am Ende der 6. Dyn. Lotosblumenstrauß bzw. Schreibgerät unter dem Stuhl: Davies, Ramose, Tf. 9f. 19; Säve-Söderbergh, a.a.O. (s. Anm. 23), Tf. 23 (entspricht der Schreibpalette im gewinkelten vorderen Arm a.a.O., Tf. 21). Das Reichen der Sistren über den Opfertisch, Davies, Rekh-mi-Rēʿ, Tf. 63 (vgl. Davies, Ramose, Tf. 18) erinnert an das Reichen des Trinknapfes oben Anm. 28. Das *Sistrum kommt sonst nicht vor, ein Harfenspieler hingegen schon im MR, Boeser, Leiden II, Tf. 33. Der Grabherr beim Brettspiel, daneben Opfertisch: Bernard Bruyère, La tombe no 1 de Sen-nedjem à Deir el-Médineh, MIFAO 88, 1959, Tf. 17, 2. – [30] Vor allem Hunde (vgl. schon die vorangehende Anm.); Deir el-Gebrâwi II, Tf. 4; Junker, Gîza XI,

Abb. 35; LD II, 52; Meir IV, Tf. 9. 12; Simpson, Mastabas of the Western Cemetery (s. Anm. 5), Abb. 32, dann Beni Hasan II, Tf. 17.30; BM Stelae II, Tf. 6; Bosticco, Le stele I, Nr. 18. 23; CG 20009 = H. W. Müller, Felsengräber (s. Anm. 26), Tf. 31; Davies, Five Theban Tombs, Tf. 4 (und Affe). 25 ff.; H. G. Fischer, in: Artibus Asiae 22, Ascona 1959, 240 ff., Abb. 1.5; Petrie, Season, Tf. 14 Nr. 359; Simpson, The Terrace of the Great God at Abydos, Tf. 48 f. 51; Tylor–Griffith, Paḫeri, Tf. 7. Affen (z. T. an Speisekörben naschend): Bosticco, Le stele II, Nr. 21; CG 1777; Deir el-Gebrâwi I, Tf. 7. 19; Junker, Gîza X, Abb. 44. 45; Tylor–Griffith, a.a.O., Tf. 6; Affen auf dem Opfertisch naschend: Joseph J. Tylor, The Tomb of Sebeknekht, London 1896, Tf. 5. Vereinzelt: Ziege, Annelies und Artur Brack, Haremheb, Tf. 32 a. 85; Katze: Birch, Alnwick Castle, Tf. 15; Bosticco, Le stele II, Nr. 15; Katze mit Gans: Davies, Ramose, Tf. 12; Gans: Davies, a.a.O., Tf. 10. 16. Wahrscheinlich gehen alle Wiedergaben von Haustieren unter dem Stuhl auf die seitliche Verzierung des Königsthrones mit Löwen zurück: Kaplony, Die Rollsiegel des AR I, 204: Man denkt an lebende Löwen neben (unter) dem Thron. Das Motiv wird von der Königin (Dows Dunham und William K. Simpson, The Mastaba of Queen Mersyankh III. G 7530–7540, Giza Mastabas 1, Boston 1974, Abb. 7) übernommen und dann von anderen Privatleuten mit anderen (Haus-)Tieren variiert. Vgl. Dunham und Simpson, Mersyankh, Abb. 8 (Hund zu Füßen der thronenden Königin); Kaplony, in: RdE 22, 1970, 105 (zur kgl. Herkunft des Affen unter dem Stuhl des Toten). – [31] Deir el-Gebrâwi I, Tf. 17 (Zwerg mit Spiegeln, Stöcken[?] und Kasten; hier ersetzt die Scheintür den Opfertisch); Junker, Gîza VIII, Abb. 38 (Zwerg mit Affen); Meir IV, Tf. 9 (drei Diener); CG 20016. 20017. 20435. 20459 (= Simpson, The Terrace of the Great God at Abydos, Tf. 20. 27) (Zwerg, Diener bzw. Dienerin mit Trinknapf, Krug/Krügen und Spiegel). Ausgerechnet die zwei Frauen hintereinander BM Stelae IX, Tf. 4 (s. Anm. 19) haben einen Diener mit Stock (einen Hausvorsteher?) unter dem ersten Stuhl. Vgl. auch die folgende Anm. (Gayet, Stèles, Tf. 5). – [32] Primär wohl durchweg kniend: Simpson, Qar and Idu (s. Anm. 19), Abb. 39. 41; BM Stelae VII, Tf. 18 (sowie mit Mann zu Füßen des T.). 21 (greift an den Oberschenkel der T.); Boeser, Leiden II, Tf. 9 (s. Anm. 20). 13. In Gayet, Stèles, Tf. 5 Frau kniend zu Füßen und unter dem Stuhl des/der T., ebd. auch ein Diener kniend unter dem Stuhl einer Toten. In Nims, Thebes (s. Anm. 18), Abb. 54 ragt der Kopf der knienden Frau über der Sitzfläche des Stuhles des T. (vgl. Gayet, a.a.O., die Frau zu Füßen des T.): Mit der sozialen Aufwertung der Frau im NR hängt zusammen, daß sie unter dem Stuhl des T. einen Stuhl zum Sitzen bekommt und größer erscheint: BM Stelae VI, Tf. 44; Davies, Tombs of Two Officials, Tf. 21. 23(?); ders., Ramose, Tf. 9; Hegazy und Tosi, Tomb No. 295 (s. Anm. 26), Tf. 4. – [33] Primär wohl durchweg kniend, LD II, 10 (Mädchen); Meir VI, Tf. 15 (Mädchen). 17 (Mädchen); Birch, Alnwick Castle, Tf. 5 (Junge und Mädchen greifen an die Unterschenkel der Eltern); BM Stelae II, Tf. 22 (Mädchen, greift an das Stuhlbein, s. Anm. 18); III, Tf. 3 (Mädchen); V, Tf. 46 (Junge und Mädchen greifen an die Unterschenkel der Eltern, wie Birch, a.a.O., vgl. Anm. 20); VII, Tf. 20 (Mädchen); Bosticco, Le stele II, Nr. 5 (Mädchen, s. Anm. 18); Musée Guimet, Nr. 18 (Mädchen = Tochter des T., ebenso da auch die Schwester des T.); Davies, Tombs of Two Officials, Tf. 4 (großes Mädchen); ders., Amarna II, Tf. 23 (große Mädchen stehend und auf dem Stuhl sitzend); Hegazy und Tosi, a.a.O. (s. Anm. 26), Tf. 7–8 b (großer stehender Junge); Tylor–Griffith, Paheri, Tf. 10 (großer stehender Junge, greift an Unterarm der Frau, kaum der Prinz a.a.O., Tf. 4; vgl. Anm. 21 als ikonographische Parallele). Zum Größerwerden von Figuren im NR – wohl vor allem auf Grabwänden – vgl. die vorangehende Anm. – [34] BM Stelae II, Tf. 2. 48; Bosticco, Le stele II, Nr. 18; Georges Foucart, Marcelle Baud und Etienne Drioton, Le tombeau de Roÿ, MIFAO 57. 1, 1928, 39 Abb. 20; Musée Guimet, Nr. 20. Schon oben Anm. 30–33 begegnen die Namen der Hunde, der Diener, Frauen, Schwestern und Kinder. – [35] Vgl. BM Stelae III, Tf. 21; Boeser, Leiden II, Tf. 12. 36; Bosticco, Le stele I, Nr. 38. 39; II, Nr. 21; Hayes, Scepter I, Abb. 195. Man versucht, diese Anordnung zu vermeiden; die Frau kniet eher klein zu Füßen vor dem T.: BM Stelae I², Tf. 28; Duell, Mereruka, Tf. 57; Firth-Gunn, Teti Pyramid Cemeteries II, Tf. 54; Gayet, Stèles, Tf. 59 (s. Anm. 20); oder klein, dem T. gegenüber, unter dem Opfertisch, BM Stelae IV, Tf. 36. Typischer als BM Stelae IV, Tf. 46; Boeser, Leiden II, Tf. 21, 25 (die Frauen haben winzige eigene Opfertische) (vgl. die folgende Anm.); Boeser, Leiden II, Tf. 34. 38 (mit überweisenden Priestern hinter den Frauen) sind wohl BM Stelae III, Tf. 3; Boeser, Leiden II, Tf. 37; Bosticco, Le stele I, Nr. 31. 34 (im zweiten Beleg mit winzigem eigenen Opfertisch); CG 20520; H. W. Müller, Felsengräber, Tf. 34, 2; Simpson, Terrace, Tf. 4 (ANOC 1. 10), wo dem einen T. zwei oder mehrere Frauen (Personen) gegenüberknien, oder BM Stelae III, Tf. 15. 23; Boeser, Leiden II, Tf. 14, 13; Bosticco, Le stele I, Nr. 46, wo die gegenüberkniende Frau durch den überweisenden Priester vom T. getrennt ist. Ausnahmsweise knien sich Mann und Frau als Hauptfiguren (T.) gegenüber, BM Stelae IV, Tf. 43; Boeser, Leiden II, Tf. 36, 49. T. als Einzelfigur kniend: Boeser, Leiden II, Tf. 32, 44 (vgl. Simpson, Terrace, Tf. 56, ANOC 38.1 und 38.2); Kaplony, Inschriften I, Anm. 99. Knien auf dem Stuhl: BM Stelae VII, Tf. 10. – [36] Junker, Gîza IX, Abb. 93; Kanawati, El-Hawawish II (s. Anm. 25), Abb. 25; Gayet, Stèles, Tf. 37, in Meir IV, Tf. 25 noch um den Vater als T. erweitert. Danach handelt es sich auch bei den Gebilden der vorangehenden Anm. um winzige eigene Opfertische. Setzt man die kleine Frau am kleinen Opfertisch sitzend vor den Grabherrn (Junker, Gîza VI, Abb. 39 a = Capart, Rue de tombeaux, Tf. 101, s. Anm. 28), kann man den Tisch weglassen sowie auch den Stuhl, daß sie zu Füßen des Grabherrn kniet (s. Anm. 35). In BM Stelae II, Tf. 19 sitzt die Frau auf einem kleineren *ỉst*-Stuhl vor einer (eigenen) Opfermatte mit richtigem Brot und anderen Opfergaben (am gleichen Opfertisch ebenfalls auf kleinerem Stuhl gegenüber oder vor/hinter dem Grabherrn: Bosticco, Le stele I, Nr. 23. 48; Simpson, Terrace, Tf. 48; Davies, Tombs of Two Officials, Tf. 4; ders., Ramose, Tf. 10, was Fischer, Coptite Nome, Nr. 18 entspricht). In Birch, Alnwick Castle, Tf. 5 sitzen Mann und Frau am gleichen Tisch einander gegenüber (vgl. Anm. 16), die Frau ist deutlich kleiner. – [37] Junker, Gîza X, Abb. 44–45 (noch um die Tochter erweitert); Lutz, Stelae, Tf. 39, 76.

In BM Stelae II, Tf. 31; III, Tf. 15 hat die Frau die Opfermatte mit richtigem Brot und anderen Opfergaben. Vgl. auch Säve-Söderbergh, Tombs (s. Anm. 23), Tf. 21? – [38] Alexander Badawy, The Tombs of Iteti, Sekhemᶜankh-Ptah, and Kaemnofert at Giza, University of California Publications. Occasional Papers 9, Berkeley–Los Angeles–London 1976, Abb. 11; Mariette, Mastabas, 200f. (auf der Scheintür; vgl. Hassan, Gîza VI. 3, Abb. 119). – [39] Junker, Gîza VI, Abb. 38; Ahmed Moussa und Hartwig Altenmüller, The Tomb of Nefer and Ka-hay, AV 5, 1971, Tf. 29ff. Fragment: BM Stelae I², Tf. 20, 1. – [40] Junker, Gîza XI, Abb. 13f.; Beni Hasan I, Tf. 19f. 36f.; Gayet, Stèles, Tf. 15f. 38; Meir II, Tf. 8. Spätere Variante: Säve-Söderbergh, a.a.O., Tf. 22? Das Zurichten des Opfertisches erinnert an die Zeremonien der Totenpriester vor dem T. (bes. Junker, Gîza III, 109). Vgl. ferner Anm. 12. 13 und die Vignette Tb Kapitel 106. Die Szene Settgast, Bestattungsdarstellungen, Tf. 13 gehört wohl zur Wiedergabe des T. zu Schiff, Nims, Thebes (s. Anm. 18), Abb. 8. – [41] So anscheinend – mit langem Stengel – nur in Hassan, Gîza V, Abb. 105–106; LD II, 52; Dunham und Simpson, Mersyankh (s. Anm. 30), Abb. 8 (Königin), also zweimal(?) bei zwei(?) Männern. Diese bes. ausführlichen Darstellungen sind die zwei(?) einzigen AR-Belege für Männer, die an Lotosblumen riechen (vgl. Anm. 26). Selbst der Grabherr Hassan, a. a. O., hält aber die Lotosblume weit von der Nase entfernt. Man stellt die AR-Grabherren sonst nur Lotosblumen empfangend dar. Brote werden, wie in den ersten drei Belegen, auf Tischen herbeigebracht oder stehen bereit. Der Grabherr kann (so schon LD II, 52) in einer Halle mit Lotossäulen sitzen: Badawy, a.a.O. (s. Anm. 38), Abb. 27; LD II, 53 (Parallelszene zu LD II, 52); Simpson, Giza Mastabas 3 (s. Anm. 17), Abb. 49; Giza Mastabas 4 (s. Anm. 5), Abb. 6. 32; zu ergänzen auch in Alexandre Varille, La tombe de Ni-ankh-Pepi à Zâouyet el-Mayetîn, MIFAO 70, 1938, Tf. 9. 14. In Sheikh Said, Tf. 9f.; Beni Hasan II, Tf. 30 erscheint der Grabherr als T. ohne Lotosblume (weder riechend noch empfangend) in der Halle mit Lotossäulen; Brote werden herbeigebracht oder stehen bereit. Weitere Vereinfachungen: Hans Kayser, Die Mastaba des Uhemka, Hannover 1964, 24f.; William K. Simpson, The Offering Chapel of Sekhem-ankh-Ptah in the Museum of Fine Arts Boston, Boston 1976, Tf. A (Bringen von Opfertischen mit Broten zum T. ohne Lotosblume); BM Stelae I², Tf. 12, 1 (Reichen der Lotosblume, darunter Brotopfer, Grabherr nicht als T.); Hassan, Gîza VII, Abb. 21 (Stock aus Lotosblume verzeichnet?). Vgl. ferner die Hallen H. W. Müller, Felsengräber, Tf. 31; Tb Kapitel 125; Nina de G. Davies, Scenes from Some Theban Tombs, PTT 4, 1963, Tf. 2; sowie das Reichen von Opfertischen BM Stelae II, Tf. 10; IV, Tf. 33; Bosticco, Le stele I, Nr. 56; Hodjash und Berlev, Pushkin Museum, Nr. 35. – [42] Die hohe Lehne erscheint beim *jst*-Sitz (vgl. Kaplony, Inschriften I, 230 [Sp4]), dann beim Stuhl, Junker, Gîza IX, Abb. 26 (vgl. Smith, Sculpture, Abb. 141 links und das Material der vorangehenden Anm.); Meir VI, Tf. 15. 17; BM Stelae II, Tf. 44. 48; Bosticco, Le stele I, Nr. 23 und oft im NR. Wiedereinführung des *jst*-Sitzes im MR: BM Stelae II, Tf. 19 (zitiert oben Anm. 36); Boeser, Leiden II, Tf. 18, 18; Bosticco, Le stele I, Nr. 44. 61. Vierbeiniger Tisch in Ligatur unter dem einbeinigen Tisch: Hassan, Gîza III, Abb. 57. 70; V, Abb. 24ff.; VI. 3, Abb. 131; CG 1414. 1416. Auf den niedrigen vierbeinigen Tisch legt man weitere Opfergaben, primär aber nur das Waschgerät. Der niedrige vierbeinige Tisch steht in diesem Fall direkt beim einbeinigen Tisch. Sekundär stellt man den einbeinigen Tisch auf den niedrigen vierbeinigen Tisch. Vgl. Beni Hasan II, Tf. 17. Der vierbeinige hohe Tisch anstelle des einbeinigen Tisches im MR/NR: Bosticco, Le stele I, Nr. 18; A. und A. Brack, Haremheb (s. Anm. 21), Tf. 32a. 85; Davies, Five Theban Tombs, Tf. 26; ders., Rekh-mi-Rēᶜ, Tf. 63; Säve-Söderbergh, Tombs (s. Anm. 23), Tf. 21ff. (bes. Nebenpersonen); Schott, Das schöne Fest, Abb. 18. Tisch ohne Bein: Kaplony, Inschriften I, Anm. 99, sonst erst später, Boeser, Leiden II, Tf. 23; CG 20055; Musée Guimet, Nr. 33; Joseph J. Tylor, The Tomb of Sebeknekht, London 1896, Tf. 5; es wird sich durchweg um eine Opfermatte handeln. Wie im Fall oben Anm. 35 nehmen die Siegel eine Wiedergabeart vorweg, welche auf anderen Denkmälern erst viel später vorkommt. Zur Opfermatte vgl. auch oben Anm. 36. – [43] Vgl. Anm. 41. Auch in einfacheren Wiedergaben sehr häufig (AR), Duell, Mereruka, Tf. 57ff.; Said Amer el-Fikey, The Tomb of the Vizier Rēᶜ-wer at Saqqara, Egyptology Today 4, Warminster 1980, Tf. 5f. 9; Hassan, Gîza II, Abb. 25. 27; VI. 3, Abb. 9. 131. 161. 220; VII, Abb. 20; Thomas G. H. James, The Mastaba of Khentika Called Ikhekhi, ASE 30, 1953, Tf. 14; Junker, Gîza VI, Abb. 9. 11. 62. 72; VIII, Abb. 92; Kayser, Uhemka (s. Anm. 41), 32; LD II, 10; Mariette, Mastabas, 269f. 569; Meir V, Tf. 34; VI, Tf. 17; Moussa und Altenmüller, Nefer (s. Anm. 16), Tf. 3. 50. 69. 87ff.; Murray, Saqqara Mastabas I, Tf. 23. 29f.; Georg Steindorff, Das Grab des Ti, Sieglin Exp. 2, 1913, Tf. 126. Später: vgl. Birch, Alnwick Castle, Tf. 5. Auch in der Szene des Anschauens des Verzeichnisses des Opfers: Junker, Gîza VI, 114. Vgl. die Vignette Tb Kapitel 94. – [44] CG 1533. 1777; Ahmed Fakhry, Sept tombeaux à l'est de la grande pyramide de Guizeh, Kairo 1935, Abb. 15 (+); Hassan, Gîza I, Abb. 182; II, Abb. 104. 193; III, Abb. 57; VI. 3, Abb. 17; IX, Abb. 21a; Junker, Gîza VI, Abb. 62; IX, Abb. 36; LD II, 10 (+). 11, Abb. 38b; Sheikh Said, Tf. 4; Simpson, Mastabas of Qar and Idu, Abb. 17–18; später: BM Stelae II, Tf. 12; Musée Guimet, Nr. 14ff. 18. Die einbeinigen Tische, die man herbeiträgt und beim einbeinigen eigentlichen Opfertisch deponiert, scheinen z.T. aus organischem Material zu bestehen. Tische mit Brothälften werden nie herbeigetragen oder beim eigentlichen Opfertisch (= mit Brothälften) deponiert. Mischformen des Opfertisches mit Brothälften, mit „richtigen" Broten und anderen Opfern: Hassan, Gîza II, Abb. 105; Hodjash und Berlev, Pushkin Museum, Nr. 1C; Junker, Gîza V, Abb. 40. 48; Beni Hasan II, Tf. 17. An den Stellen mit (+) zusätzlich Tische mit „richtigen" Broten. Im Grab Abu-Bakr, Gîza I (s. Anm. 17), 103ff. sind die Brothälften z. T. aufgegessen, die Tischplatte ist also z. T. leer. – [45] Vgl. Kaplony, Inschriften I, 357ff. und oben Anm. 7. Die stehende Figur mit Stock oder zwei gesenkten Händen vor einem Opferhaufen ohne Opfertisch (*Ḥzj-Rᶜ*; John Garstang, The Third Egyptian Dynasty, Westminster 1904, Tf. 28) kommt seit der 1. ZwZt wieder vor, normalerweise sollte aber ein Opfertisch vorhanden sein (Vorbild aus dem AR: Hassan, Gîza V, Abb. 88). – [46] Allein mit Stock (und

Zepter): Boeser, Leiden II, Tf.4a; Davies, Five Theban Tombs, Tf.5; Dows Dunham, Naga-ed-Dêr Stelae of the First Intermediate Period, London 1937, Tf.5,2; 7,1; 14,1; 29,2; Hodjash und Berlev, Pushkin Museum (s. Anm.16), Nr.27; Lutz, Stelae, Tf.20,39; 24,46. Allein mit Köcher und Bogen: Fischer, Coptite Nome, Nr.27. Allein mit gesenkten Armen: BM Stelae IV, Tf.34 (als Vorlesepriester); Thomas G. H. James, An Introduction to Ancient Egypt, London 1979, Abb.12; Gayet, Stèles, Tf.2.11. Allein mit vorn an der Brust gewinkeltem, hinten gesenktem Arm: BM Stelae IV, Tf.44; Bosticco, Le stele I, Nr.55. Allein mit vorn erhobenem, hinten gesenktem Arm: Simpson, Terrace (s. Anm.19), Tf.45. Allein mit zwei erhobenen Armen: Boeser, Leiden II, Tf.6; Simpson, Terrace, Tf.76. Neben diesen Wiedergaben von Männern auch Frauen allein, an der Lotosblume riechend: Bosticco, Le stele I, Nr.27; Dunham, Naga-ed-Dêr, Tf.12,1; 34,1; Lutz, Stelae, Nr.30.37 (Mann ebenso: BM Stelae IV, Tf.45). Mann und Frau beisammen, in verschiedenen Positionen: BM Stelae II, Tf.13 (2 ×). 29; III, Tf.26.32; IV, Tf.19.27; Bosticco, Le stele I, Nr.7. 14. 57. 60; Dunham, Naga-ed-Dêr, Tf.7,2; Lutz, Stelae, Nr.36. 38. 47. Mann und Mann beisammen: BM Stelae IV, Tf.21.46; Gayet, Stèles, Tf.7.41. Größere Kompositionen: BM Stelae II, Tf.17; Boeser, Leiden II, Tf.29ff.; Bosticco, Le stele I, Nr.5; Fischer, Coptite Nome, Nr.28. – [47] Meir VI, Tf.15. 17; BM Stelae II, Tf.21; III, Tf.36; IV, Tf.30; Boeser, Leiden II, Tf.10. 33; CG 20526. 20566. 20567 (= Simpson, Terrace, Tf.57). 20568. 20697. Vgl. Hodjash und Berlev, Pushkin Museum, Nr.38 (Variante zu Mann und Frau sitzend). 39 (neben sitzender Frau); BM Stelae II, Tf.3; IV, Tf.5 (keine Berührung); Gayet, Stèles, Tf.26 (Mann berührt von hinten sitzende Frau). – [48] Auch sog. „stèles-maisons", Gustave Jéquier, La pyramide d'Oudjebten, Fouilles Saqq., 1928, Abb.34. 36–37. – [49] Im MR anscheinend nur auf Stelen: Birch, Alnwick Castle, Tf.5. 13; BM Stelae III, Tf.9. 12. 25. 29. 40. 49; IV, Tf.39; V, Tf.14; Boeser, Leiden II, Tf.7. 22. 36. 38. 40; Bosticco, Le stele I, Nr.32. 38; Gayet, Stèles, Tf.5ff. 13. 29; Musée Guimet, Nr.13 (mit Überreichen des Trinknapfes). Zur Zechgemeinschaft im NR (mit Dienern und Musikanten) in Gräbern vgl. Schott, Das schöne Fest, 65ff. 72ff.; Spiegel, in: MDAIK 14, 1956, 190ff. und etwa Annelies und Artur Brack, Haremheb, Tf.32a. 85; Davies, Tombs of Two Officials, Tf.4ff.; Hegazy und Tosi, Tomb No.295 (s. Anm.26), Tf.3ff.; Säve-Söderbergh, Tombs (s. Anm.23), Tf.21. 33. In Davies, Ramose, Tf.6ff. überweist der Grabherr den Gästen das Opfer zum Verzehr und Reharachte einen Teil davon als *Brandopfer. In Davies, Rekh-mi-Rēᶜ, Tf.9f. 63ff. überweist der Totenpriester = der Sohn das Opfer an die Gäste; der Grabherr weilt im Kreis seiner Gäste. In Davies–Gardiner, Amenemhēt, Tf.4ff. 7f. 14ff. weilt der Grabherr im Kreis seiner Gäste; er überweist das Opfer an sie; bzw. der Totenpriester = der Sohn überweist das Opfer an den Grabherrn und seine Gäste. In Nina de G. Davies, Scenes frome Some Theban Tombs (s. Anm.41), Tf.2.6 weilt der Grabherr im Kreis seiner Gäste bzw. er bringt *Renenutet ein Brandopfer dar (auf diesem Bild sitzt er in der Halle vor dem Haufen der Opfergaben ohne Opfertisch). In Tylor-Griffith, Paheri, Tf.6f. 10 überweist der Totenpriester = der Sohn das Opfer an den Grabherrn und dessen Gäste (zur Position des zweiten Bildes in der Nische vgl. Anm.10). „Kurzfassungen" des NR auf Stelen setzen zur Zechgemeinschaft oft auch Götter an eigene Opfertische: BM Stelae V, Tf.45; VII, Tf.19. 21 (zusätzlich König und Königin am Opfertisch). 43ff.; VIII, Tf.41; IX, Tf.20 (nur Verehrung von Göttern). 21. 25. 50; Bruyère–Kuentz, Tombes Thébaines, Tf.11. 18 (zusätzlich König und Königin am Opfertisch); Mario Tosi und Alessandro Roccati, Stele e altre epigrafi di Deir el Medina n. 50001–n. 50262, CGT 2.1, 1972, 264ff. Musikant bei einem T. des MR: s. Anm.29. – [50] Vgl. die vorangehende Anm., Spiegel, in: MDAIK 14, 1956, 202f. und *Totenpriester. In der Kurzfassung der Stelen des NR symbolisiert durch die doppelte Darstellung Gott am Opfertisch / T. (auch ohne Zechgemeinschaft, mit und ohne Frau, Birch, Alnwick Castle, Tf.15; BM Stelae VII, Tf.20; VIII, Tf.36; IX, Tf.23; Bosticco, Le stele II, Nr.28; Annelies und Artur Brack, Das Grab des Tjanuni, Theben Nr.74, AV 19, 1977, Tf.45; Tosi und Roccati, Stele [s. Anm.49], 263, auch König). Die Darstellung des Brandopfers an die Götter ist wohl sekundär. – [51] Vgl. Otto, in: LÄ I, 50; CT VI, 159d; Schott, Das schöne Fest, 13. 95. 123; Fayza Mohamed Hussein Haikal, Two Hieratic Papyri of Nesmin, BAe 14, 1970, 32. 35; Wolja Erichsen, Demotisches Glossar, Kopenhagen 1954, 42; Francis Ll. Griffith, Stories on the High Priests of Memphis, Oxford 1900, 150ff. – [52] Dazu gehört wohl die Umgestaltung des Opfertisches zur *Ka-Standarte im NR: Davies, Ramose, Tf.19; ders., Seven Private Tombs, Tf.28; ders., Neferhotep, Tf.19; Ursula Schweitzer, Das Wesen des Ka, ÄF 19, 1956, 70f. Im Gegensatz dazu Opfergaben (in Haufen und auf Tischen) vor Mumie, Sarg und Grab: Davies, Seven Private Tombs, Tf.26; ders., Neferhotep, Tf.25; ders., Ḳen-Amūn, Tf.40; ders., Rekh-mi-Rēᶜ, Tf.87. Vgl. Settgast, Bestattungsdarstellungen, 107. – [53] Die Selbstversorgung wird wohl durch das Pantherfell-Gewand (als heliopolitanischer Göttertracht?) gesichert, auch durch das Pantherfell auf dem Sarg: Anna Maria Donadoni-Roveri, I sarcofagi egizi dalle origini alla fine dell'Antico Regno, Rom 1969, Tf.40? Der T. erscheint später noch im AR im Pantherfell-Gewand, um so mehr erstaunt es, daß der Sem-Priester im Pantherfell erst im MR/NR das Totenopfer an den T. überweist. Belege des MR: CG 1486; Gayet, Stèles, Tf.55; Hassan, Gîza IX, Abb.12f.; Simpson, Terrace (s. Anm.19), Tf.58. Im AR überweist ein kgl. Beamter, dann der *Vorlesepriester (Totenpriester) (ebenso auch im MR als Varianten-Figur zum Sem-Priester: BM Stelae IV, Tf.32; Gayet, Stèles, Tf.23; H.W. Müller, Felsengräber, 187 Abb.11; Simpson, Terrace, Tf.46f. 74) das Totenopfer an den T., der sich selbst als Vorlesepriester bezeichnet und sich als *Ach selbst versorgt: Edel, in: MDAIK 13, 1944, 20. 26. 29; Peter Kaplony, Studien zum Grab des Methethi, Monographien der Abegg-Stiftung 8, Bern 1976, 39, entsprechend Pyr. 930aff. 1353aff. Der T. mit der Schärpe des Vorlesepriesters: Z.B. Hassan, Gîza III, Abb.182; Junker, Gîza X, Abb.25; Mariette, Mastabas, 269f. – [54] Jéquier, Pepi II, II, Tf.61ff. (mit Nilgöttern und bereitstehenden Broten auf den Tischen). 81f. (wegen der Blickrichtung nach rechts mit der jüngeren Armhaltung zu rekonstruieren). Reste der Großen Opferliste auf kgl. Denkmälern: Borchardt, Sahure II, Tf.63;

ders., Neferirkere, Abb. 32; ders., Neuserre, Abb. 59; Barta, Opferformel, 97f. 114f. Da war der König wohl durchweg am Opfertisch abgebildet. Vgl. ferner in beiden Blickrichtungen mit richtigen Armhaltungen Traunecker, in: Karnak VII, 1982, 123. 126ff., Tf. 2b; PM II², 111f. (mit überweisendem König nach Art des überweisenden Grabherrn: s. Anm. 49. 50. 55); Deir el-Bahari I, Tf. 4. 6f.; IV, Tf. 110; V, Tf. 129. 135f. 146f. (z. T. mit überweisendem Iunmutef-Priester im Pantherfell; Variante *Thot als Vorlesepriester oben Anm. 53) (vgl. Kaplony, Die Rollsiegel des AR II [s. Anm. 4], 531; Lacau–Chevrier, Sésostris Ier, Tf. 13 mit Opfern auf der Matte, welche Iunmutef, Thot und *wr-zjnw(w)* als Veterinär dem stehenden König überweisen); George Foucart, Tombes thébaines. Le tombeau d'Amonmos, MIFAO 57.4, 1935, Tf. 12; Vandier, in: RdE 23, 1971, Tf. 10 (Szene T. auf einer Statue). König überweist an Königin am Opfertisch: Vgl. Hellmut Brunner, Hieroglyphische Chrestomathie, Wiesbaden 1965, Tf. 14. König am Opfertisch im *Sedfest-Gewand mit am Leib anliegenden Händen und Geißel: Petrie, Season, Nr. 359 = Schenkel, Memphis, Herakleopolis, Theben, 250 Nr. 404 (entsprechend Privatpersonen: BM Stelae IV, Tf. 45; V, Tf. 14). Vgl. ferner Inscr. Sinai, Nr. 72. 95 und oben Anm. 1. BM Stelae VIII, Tf. 22 leitet zu den naturalistischen Bildern der kgl. Familie beim Essen und Trinken über, wie Davies, Amarna III, Tf. 4. 6 (zum Hund Petrie, a.a.O.) bzw. zu den Speisekörben und den Prinzessinnen unter dem Stuhl/ zu Füßen der Speisenden Davies, a.a.O. (vgl. Anm. 30. 33). – [55] Vgl. Kaplony, Rollsiegel II (s. Anm. 4), 472 (Gott *Min). Frühe sichere Belege, ebenfalls Min(/Amun) betreffend: Habachi, in: MDAIK 19, 1963, 26 Abb. 8; Simpson, Terrace, Tf. 29; Naville, Deir el-Bahari, XIth Dyn. Temple I, Tf. 24 (der König überweist). Götter am Opfertisch auf Privatstelen (NR-SpZt). Für das NR sind auch Kombinationen mit T. (vgl. Anm. 49. 50) und kultisch verehrten Königen/Königinnen (vgl. Anm. 54) typisch. Nur Götter (Könige/Königinnen) am Opfertisch: BM Stelae VI, Tf. 32ff.; VII, Tf. 16f.; VIII, Tf. 46; IX, Tf. 31. 46ff.; X, Tf. 6. 44f.; Bosticco, Le stele II, Nr. 48; III, Nr. 2. 5f. 8ff. 18f. 21ff. 28ff.; Hodjash und Berlev, Pushkin Museum, Nr. 56. 75f. 81ff. 107f. 127. 130ff.; Lutz, Stelae, Nr. 56f.; Musée Guimet, Nr. 24. 27. 32. 34. 39. 43. 50; Tosi und Roccati, Stele (s. Anm. 49), 261ff. 272ff. 281ff. Nur Götter am Opfertisch in Privatgräbern des NR: Z. B. Bernard Bruyère, Tombes thébaines de Deir el Médineh à décoration monochrome, MIFAO 86, 1952, Tf. 5f. (auch in der Halle); Davies, Ḳen-Amūn, Tf. 44; ders., Neferhotep, Tf. 28. 55; ders., Seven Private Tombs, Tf. 14. 23. 27; Säve-Söderbergh, Tombs (s. Anm. 23), Tf. 55; Henri Wild, La tombe de Néfer.hotep (I) et Neb.néfer à Deir el Médîna (No. 6) II, MIFAO 103.2, 1979, Tf. 20. 22. In Tempeln: Z. B. Pillet, in: ASAE 23, 1923, Tf. 3, 1 zu S. 114; Deir el-Bahari IV, Tf. 98 (vgl. ebd. I, Tf. 16; II, Tf. 36; Borchardt, Sahure II, Tf. 19. 38. 47). Auf Votivtüchern in Tempeln: Naville, Deir el-Bahari, XIth Dyn. Temple III, Tf. 30f., ferner Tb Kapitel 82. 113. 119. 125. 127. 141–143. 148 und auf dem Sinai, Inscr. Sinai, Nr. 94. 125. 235. 236. 255. 273 (z. T. mit Brandopfer). In Habachi, in: MDAIK 19, 1963, 24 Abb. 7 erhält der König am Opfertisch Opfer von der Feldgöttin (MR), analog dazu der T. von der Baumgöttin (NR), Spiegel, in: MDAIK 14, 1956, 203ff.; BM Stelae VII, Tf. 23; Bosticco, Le stele III, Nr. 46; Davies, Seven Private Tombs, Tf. 29; Jeanne Vandier d'Abbadie, Deux tombes ramessides à Gournet-Mourrai, MIFAO 87, 1954, Tf. 32; Wild, a.a.O., Tf. 23. Vgl. Birch, Alnwick Castle, Tf. 17; Nims, Thebes (s. Anm. 18), Abb. 54. – [56] Anders Martin, in: LÄ V, 1130f. – [57] Vgl. Altenmüller, in: LÄ III, 566, Anm. 152; Vandier, Manuel III, 208f. und oben Anm. 54 (Szene T. auf einer Statue).

Korrekturzusatz: Zu den Sp / Sp II (s. Anm. 3) vgl. jetzt Kaplony, in: Fs Westendorf II, 521ff. – Anm. 21: Königskind auf dem Schoß der * Renenutet vor dem Opfertisch: Säve-Söderbergh, Tombs (s. Anm. 23), Tf. 42. – Anm. 33: Tochter als Harfenspielerin (s. Anm. 29) unter dem Stuhl: Wilson, in: JNES 13, 1954, 244 Abb. 1 (AR).

Lit.: Vandier, Manuel I, 724, ff.; IV, 58ff. 81ff. P.K.

Tracht. Zur T. im weitesten Sinne gehört all das, was der Mensch um und auf seinen Körper legt oder an sich trägt; es ist dies in erster Linie die hier behandelte Kleidung, dann auch die Kopftracht mit *Haar, *Jugendlocke, *Perücken und sonstigen Bedeckungen (*Geierhaube, *Kopftuch, *Kronen, *Stirnband), der *Bart, der *Schmuck (*Amulett, *Arm- und Fußreife, *Gürtel, *Halsschmuck, *Pektorale, *Ohrringe) und die *Sandalen. Die Bedeutung der T. ist vielfältig: sie bedeckt nicht nur die Blöße und gewährt Schutz gegen die Witterung, gegen Hitze, Kälte und Wind, sondern sie bietet auch in apotropäischem Sinne Schutz und zeigt außerdem den sozialen Status des Menschen an; sie kann auszeichnen – „Kleider machen Leute" – und kann durch magische Wirkung die Macht des Trägers steigern (z. B. durch Übernahme kgl. Elemente in die Privattracht), wohingegen die *Nacktheit normalerweise Statusrespektive Machtlosigkeit bedeutet (*Kind, Feind).

Unsere Vorstellungen von der äg. T. bleiben aus diversen Gründen recht unvollkommen. Denn die Quellengruppen, die vorliegen, Originalfunde, Texte und Darstellungen, sind von sehr unterschiedlicher Aussagekraft. Eine Schwierigkeit der Interpretation ergibt sich nicht nur aus dem antiken Material, sondern auch aus dem Umstand, daß die Tracht-Terminologie, derer sich die Ägyptologen in ihren jeweils verschiedenen Sprachen bedienen, keine einheitliche ist, so daß schon aus den verwendeten Bezeichnungen Mißverständnisse entstehen können [1].

A. Originale Kleiderfunde gibt es mit unterschiedlicher Häufigkeit aus den verschiedenen Epochen der äg. Geschichte. Sie stammen vorzüglich aus Gräbern; doch sind nur wenige ungestörte Bestattungen auf uns gekommen. Im kgl. Bereich hat deswegen nur das Grab des *Tutanchamun Textilien in größerer Menge geliefert [2], während das

Grab des Architekten Cha[3] in *Deir el-Medineh für den privaten Sektor besonders ergiebig war.
Ein Teil der Problematik der Rekonstruktion der äg. T. besteht darin, daß die Originale und das Bild, das die Darstellungen vermitteln, keineswegs übereinstimmen[4]. Gewisse Trachtstücke, die aus Funden bekannt sind, werden überhaupt nicht oder anders wiedergegeben, und umgekehrt vermißt man aus dem Bild bekannte Elemente unter den Originalen[5]. In der Bildwelt spielt der soziale Status der dargestellten Leute eine bedeutende Rolle, denn das Gewicht der Grabdekoration und der Statuen liegt auf den höheren Ständen, und die Auswahl hängt mit der besonderen Situation der Gräber und Tempel zusammen. Auch wo dort einfache Leute und „Szenen aus dem täglichen Leben“ gezeigt werden, spiegeln sie nicht unbedingt die reale Wirklichkeit wider, sondern richten sich nach dem Darstellungsort, können verändern und beschönigen, ja müssen nicht einmal die zeitgenössische Kleidung abbilden.
Das Fundmaterial ist ambivalent, kann sowohl im Leben gebrauchte als auch für das Grab bestimmte Textilien umfassen[6]. Bei den Texten zeigt sich sowohl im sakralen (religiöse Texte) wie im profanen Bereich des täglichen Lebens (*Ostraka, *Papyri) die Schwierigkeit, die gebrauchten Bezeichnungen mit den real getragenen Elementen der T. zu verbinden[7]. Dazu kommt, daß die wirklich verwendete äg. T. nur wenige geschneiderte Formen besitzt, die als ausgeführte Kleidungsstücke zu finden sind, dafür viele ad hoc aus einem Stück *Stoff um den Körper gelegte und ev. geknotete Trachtelemente kennt, deren Form aus den Textilfunden nicht nachzuweisen, sondern nur aus Darstellungen zu erschließen ist.
Zu den Funden gehören, außer den unverarbeiteten Tüchern aus *Leinen, mehrere lange, z.T. mit *Plissee verzierte und mit Ärmeln versehene hemdartige Kleidungsstücke[8], die vielleicht seit der FrZt, mindestens aber seit dem AR[9] und im MR belegt sind, und die man mit der modernen Galabiyeh[10] verglichen hat. Über ihre Verwendung ist nichts wirklich Sicheres bekannt, und sie fehlen in den bildlichen Darstellungen[11]. Eine davon zu unterscheidende, aber nahe verwandte Form, ein sackartiges Hemd, das in der Ägyptologie häufig mit dem Ausdruck Tunika (englisch: bag-tunic) bezeichnet wird[12] und das die Alten *mss* nannten, besteht aus einem langrechteckigen, in der Mitte einmal quergefalteten Stück Stoff, das auf beiden Seiten zusammengenäht, nur oben ein Stück für die Arme freiläßt und für den Kopf in der Mitte des Stoffbruchs eine Öffnung mit einem Schlitz ausspart. Dieser konnte vorn am Hals zusammengebunden werden. Das Kleidungsstück wurde von beiden Geschlechtern aller Stände getragen und erscheint sowohl als täglicher Gebrauchsgegenstand[13] wie auch als kgl. Gewand[14] und in entsprechend verschiedenen Stoffqualitäten. Für kühlere Tage wurden separat angefertigte lange Ärmel angenäht[15]. Obwohl der früheste Beleg aus dem Grab der Mektire aus der 11. Dyn. stammt[16], ist der Gegenstand bis in die 18. Dyn. nicht abgebildet worden[17]. Zu den Kleidungsstücken mit charakteristischer Form gehören ferner die leinenen Dreiecksschurze, wie sie in großer Menge in den ungestörten Gräbern von Tutanchamun[18] und Cha[19] angetroffen wurden. Die im NR öfter abgebildeten Netzschurze sind ebenfalls durch Originale belegt[20]. Nur ein kleinerer Teil der gefundenen Textilien ist gemustert oder bunt[21].

B. Die Darstellungen der T., die auf den ersten Blick den Eindruck von guter Beobachtung und getreulicher Wiedergabe der Einzelheiten machen, entziehen sich bei näherer Betrachtung oft einer überzeugenden Erklärung ihrer Form und der Art, wie sie umgelegt wurden. Starke Stilisierung und Idealisierung erschweren die Interpretation. Es kommt dazu, daß bei den komplizierteren Gewandformen, wie sie etwa in der faltenreichen Frauentracht des NR abgebildet werden, kaum ein Beispiel dem anderen gleich ist[22]. Das hängt damit zusammen, daß bei einer T., die weitgehend ad hoc gelegt ist, aber nur wenige geschneiderte und genähte Formen besitzt, einerseits mit einer Vielzahl von Varianten am realen Kleidungsstück zu rechnen ist, und andererseits die Künstler am Kunstwerk die Gegebenheiten, nicht auch zuletzt dem Zeitgeschmack entsprechend, beliebig verändern können. Das Faltenspiel, das jetzt zur Wiedergabe kommt (*Körper und Gewand), entwickelt ein Eigenleben weitgehend unabhängig vom Vorbild und bietet mannigfaltige Möglichkeiten der Darstellung.
Das Rundbild, das wie der menschliche Körper dreidimensional ist, eignet sich vergleichsweise besser zum Studium der daraufliegenden Kleidungsstücke als Relief und Malerei, die in ihrem Bestreben, möglichst typische Ansichten zu zeigen, durch eine Mischung von Frontal- und Profilelementen zu einem reinen Denkbild gelangen. Ein solches kann aber auch Ideen von Trachtstücken wiedergeben, die niemals so getragen worden sein können[23]. Demgegenüber steht die Tatsache, daß das Flachbild ein viel reichhaltigeres Trachtenangebot aufweist als die sich stärker auf bestimmte Züge beschränkende Plastik.
Bei der zeitlichen Einordnung – etwa innerhalb der 18. Dyn. – ist zu berücksichtigen, daß die verschiedenen Denkmäler- und Darstellungskategorien Veränderungen im Trachtenbild unter-

schiedlich behandeln. Der kgl. Bereich ist am konservativsten, im privaten werden Wandlungen dagegen früher angezeigt, wobei die Flachbildkunst, voran die Malerei, Neuerungen zuerst registriert. Im Rundbild sind es die kleineren Statuen, vor allem in der Holzplastik, die sich flexibler zeigen als die beharrlichere Steinskulptur.

Die aus den Darstellungen greifbare Entwicklung der „Mode" ging nur sehr langsam vor sich. Eine erste große Periode umgreift das AR und das MR und dauert bis in die 18. Dyn. Sie reduziert die Kleidung auf ganz knappe Formen. Meist wird bei den Männern nur ein *Schurz gezeigt, während der Oberkörper nackt bleibt. Dies trifft allerdings nicht zu auf die *Göttertracht und nur beschränkt auf den *Ornat des Königs. Einzelne Ausnahmen sind auch bei Privatleuten zu vermerken[24], ganz abgesehen natürlich vom *Mantel[25]. Seit der Thutmosidenzeit zeichnet sich die Tendenz ab, bei den oberen Ständen den Oberkörper stärker verhüllt wiederzugeben, was zuerst in der Grabdekoration greifbar wird. Zunächst wird im Flachbild beim Grabherrn ein über die eine Schulter drapierter Shawl[26] angegeben, der bald auch über das oben beschriebene Hemd gelegt wird. Dieses erscheint unter *Hatschepsut noch selten beim Grabherrn[27], wird unter ihren Nachfolgern immer häufiger und kommt dann auch bei den in den Gräbern dargestellten Beamten vor[28]. Unter *Amenophis II. fangen die bis dahin knappen Formen an, größeres Volumen anzunehmen, was sich z.T. an Schurz und Hemd zeigt[29]; vor allem aber bahnt sich ein Umbruch in der Frauentracht mit ihrem von altersher bis anhin fast unverändert gebrauchten engen und glatt gehaltenen Trägerkleid[30] an, dessen Saum ein Stück oberhalb der Knöchel endet. Das Frauengewand wird weiter und bis auf die Füße verlängert[31], auch hält ein über die linke Schulter geworfener und den Oberarm verhüllender Shawl, der unter der gegenüberliegenden Achsel durchgeführt und unter der Brust verknotet werden kann, seinen Einzug in die neue Kleidung der Damen[32]. Statt des ehemals glatt gezeigten Stoffes beginnen nun Falten den Busen zu umspielen[33]. Was sich unter *Amenophis II. angekündigt hatte, entwickelt sich unter *Thutmosis IV. weiter: die Damen werden in der Grabmalerei in fußlangen weiten und fließenden Gewändern mit umgelegtem Shawl dargestellt, wobei mindestens am Oberkörper eine reiche Faltenbewegung sichtbar wird[34]. Die Plastik nimmt die neuen Trachttendenzen langsamer auf. Der Shawl der Männer scheint sich zunächst kaum niedergeschlagen zu haben[35] und auch später eher selten zu sein[36]; das Hemd kommt auch erst zögernd vor und zeigt zunächst keine oder nur wenig Fältelung an den anliegenden Ärmeln[37]. Die neue Damenmode erscheint in der Plastik ebenfalls später als im Flachbild[38], wobei sich die Falten zuerst nur am Shawl am Oberkörper bemerkbar machen, der untere Teil der Kleider zunächst jedoch glatt bleibt[39]. Die ersten vollständig von Falten durchzogenen Frauengewänder finden sich an zwei Holzfiguren aus Medinet Gurob, die Damen aus der Umgebung von *Amenophis III. darstellen und die bereits der Amarnazeit nahestehen[40]. Einen Höhepunkt bilden dann in dieser Epoche die Frauenstatuen mit ihren durchsichtigen Faltengewändern, die sich dem Leibe so anschmiegen, daß sie mehr entblößen als verhüllen und die weiblichen Körperformen überdeutlich heraustreten lassen; als Hauptvertreterinnen seien der Torso einer Amarnakönigin im Louvre und die Schutzgöttinnen aus dem Tutanchamun-Grab genannt[41]. Sie tragen über ihren Faltengewändern jeweils noch einen großen gefältelten Shawl, der, über die linke Schulter geworfen, den rechten Arm freiläßt und unter der rechten Brust verknotet wird. Bei den Göttinnen ist am rechten Arm noch ein Ärmel sichtbar, und es kommt ein gerippter Gürtel hinzu, ein Trachtelement, das seit der Königin *Teje begegnet, sich noch in der Ramessidenzeit findet[42], aber nicht zur Privattracht gehört. Amenophis III. ist der erste König, der abweichend vom bisher üblichen *Ornat in langem, unten in Fransen ausgehendem Hemd dargestellt wird, mit einem großen, als Umhang über die linke Schulter geworfenen und unter der rechten Achsel durchgeführten Shawl, der unter der Brust verknüpft wird. Dieses Kleidungsstück wird vom Faltenspiel erfaßt, im Gegensatz zu dem bis auf die Brustpartie und den Ärmelsaum glatt gelassenen Hemd[43]. Eine damit verwandte, mit durchgehendem Faltenwurf versehene T. hat eine Statue Echnatons in Oxford[44], ebenfalls mit einem langen Shawl. Damit ist eine T. erreicht, die sich auch noch in der Ramessidenzeit neben dem Ornat mit Königsschurz und unbekleideten Oberkörper hält; das Paradebeispiel ist der Turiner Ramses mit seiner fein gefältelten Tracht[45]. Auch die Privatleute[46] der höheren Stände werden in der späten 18. Dyn. und der Ramessidenzeit in der T. abgebildet, die sich noch vor Echnaton durchgesetzt hatte; die Männer mit (verschiedenen) Schurzen und oft mit dem Hemd, wobei sich ein reiches Faltenspiel zeigt, nicht nur am Schurz, sondern auch an den weitgewordenen Ärmeln[47]. Die Damen tragen die elaborierten stoffreichen Kleider bis auf die Füße und oft einen großen, als Umhang meist über die linke[48], seltener über beide Schultern[49] drapierten und unter der Brust verknüpften Shawl. Oft zeigt der davon freigelassene Arm einen Ärmel, der wie das übrige Gewand reiche Fältelung aufweist und zuweilen flügelartig absteht[50]. Da diese T. nur aus Abbildungen bekannt ist, läßt sich nicht mit letzter Gewißheit sagen, inwieweit die in dieser Zeit dargestellte Kleidung beider Geschlechter in der Realität aus plissiertem Stoff bestand, und bis zu welchem Grade man im Kunstwerk mit einer überstilisierten Wiedergabe natürlichen Faltenwurfes zu rechnen hat. Vergleicht man überdies den eher plumpen Eindruck, den die mit einem Leinenstoff bekleideten kgl. Statuen aus dem Grabe des Tutanchamun machen[51], mit der Wirkung, die die eleganten Trachtdarstellungen derselben Zeit hervorrufen, so kann man vielleicht erahnen, wieweit Idee und Wirklichkeit ausandergeklafft haben mögen.

Es ist außerdem auch nicht einfach, den großen Umbruch in der Mode innerhalb der 18. Dyn. genau zu fixieren, weil er sich nicht abrupt, sondern schrittweise vollzieht, und wir im übrigen nicht wissen, wie sich diese Veränderungen im realen Trachtbild abgespielt haben und mit welchen vielleicht großen Verzögerungen sie sich in der bildenden Kunst widerspiegeln. Das Beispiel des aus der 11. Dyn. gefundenen Hemdes sollte zur Vorsicht mahnen[52].

Das erste Jahrtausend zeigt dann in den Darstellungen ein uneinheitliches Bild. Einerseits führt man die reiche Trachtgestaltung der vorhergehenden Epochen weiter, andrerseits greift man archaisierend auf die knappen Formgebungen viel weiter zurückliegender Zeiten zurück. In der 21. Dyn., in der als Quellen Särge und Papyri zur Verfügung stehen, findet sich immer noch die weite schwingende Tracht bei Männern und Frauen; sie wird sowohl mit als auch ohne Falten gezeigt[53]. In der Plastik kommt die 3. ZwZt wieder auf strengere zurückhaltendere Formen zurück. Zwar weist die Großbronze der *Gottesgemahlin *Karomama aus der 22. Dyn. am Oberkörper noch eine feine Fältelung auf, die auf Brust, Rücken und an den abstehenden falschen Ärmeln sichtbar wird, doch der untere Teil des mit einem Federmuster versehenen Gewandes endet wieder ein Stück oberhalb der Knöchel[54]. Ähnliche, allerdings glatte Ärmel am unten ebenfalls glatten Frauenkleid begegnen in der Zeit auch sonst[55]; man scheut sich auch nicht, jetzt Götterfiguren und Inschriften auf dem Stoff anzubringen, ein Vorgehen, das dann seinen Höhepunkt in der Statue der Takuschit in Athen[56] findet, deren anliegendes Kleid keinerlei Eigenwert hat und nur als Untergrund für die Darstellungen dient. Die SpZt greift in der Frauentracht auch wieder auf die alte Form des einfachen Trägerkleides zurück, so werden bisweilen die Gottesgemahlinnen[57] abgebildet, es kann aber auch im privaten Bereich vorkommen[58]. Damit verwandt ist auch das enge Frauenkleid mit einer kleinen Masche am Saum unter der entblößten Brust, das an Statuetten der 25. Dyn. begegnet[59].

Die dreiteilige Frauentracht der ptolemäischen Statuen mit untergezogenem Hemd, einem darüber drapierten Gewand und einem zuoberst getragenen Shawl, der mit diesem verknotet sozusagen als Gegengewicht fungiert, um es am richtigen Platz zu halten, konnte als eine in äg. Tradition stehende Kleidung erwiesen werden[60]. Der Shawl spielt hier wie in der Damenmode der späteren 18. Dyn. und der Ramessidenzeit eine wichtige Rolle, nur daß dem Knoten eine andere Funktion zukommt. Diese einheimische äg. Frauentracht wird mit der Göttin *Isis erst sekundär in der griech.-röm. Bildwelt in Verbindung gebracht, nicht aber in der äg., so daß die zuweilen verwendete Bezeichnung als Isis-Gewand im Grunde nicht zutreffend ist[61].

Auch im männlichen Rundbild der SpZt ist häufig ein Rückgriff auf die frühere einfachere Schurztracht festzustellen, die ohne Oberkörperbedekkung dargestellt wird[62]. Außerdem kommt auf vielen Statuen der SpZt eine Art bis auf den Oberkörper geführter Wickelschurz vor, dessen eines hochgezogenes Ende, wie eine Rolle gestaltet, am Saum unter der linken Brust erscheint, während das andere daneben auf der rechten Körperseite über den Brustsaum herabhängt[63]. Dieses Kleidungsstück wird allein getragen[64] oder auch kombiniert mit einer Ärmeljacke[65] und einem Unterhemd. Man hat diese Mode, weil man sie auf persischen Einfluß zurückführen wollte, als Persertracht bezeichnet; sie ist jedoch bereits in der 26. Dyn., also noch vor der Zeit der *Perser in Ägypten, zu belegen[66]. Die dreiteilige Männertracht der Ptolemäerzeit[67] sodann stellt eine Parallele zur dreiteiligen Frauentracht dieser Epoche dar. Auch sie besteht aus drei übereinandergetragenen Elementen, die alle als einheimisch äg. erwiesen werden können: aus einem Unterhemd, einem darüber drapierten Umhang und einem über den Oberkörper gelegten Shawl, der dieser T. ihr typisches Gepräge verleiht. Der Rand dieses Shawls wird oft so dargestellt, als ob er in regelmäßigen Abständen mit Einschnitten versehen wäre; es dürfte sich aber doch eher um die Stilisierung eines angefügten Fransenabschlusses handeln, bei dem die Fäden in kleine Gruppen zusammengefaßt zu denken sind. Auch der darunterliegende Umhang hat manchmal einen solchen Rand, der dann in der Längsachse der vorderen Körpermitte erscheint. Ein Schlüsselstück bildet ein Bildhauermodell aus der Sammlung Schimmel[68]; das früheste datierte Beispiel eines solchen Shawls stammt von einem Zeitgenossen *Nektanebos' I.[69] Eine Vorstufe kann man in dem großen drapierten Umhang sehen, den *Pabasa aus der 26. Dyn. auf einem Relief seines Grabes trägt[70]. Zeigen die aufwendigen Gräber der Saitenzeit archaistische Tendenzen, auch in der T., so trifft man in den bescheideneren spätäg. Totenstelen ein breites Spektrum von nebeneinander hergehenden verschiedenartigen Trachtelementen, die kein einheitliches Bild ausmachen[71].

Eine Untersuchung zur sozialen Schichtung der T. muß sich gezwungenermaßen hauptsächlich auf bildliche Darstellungen stützen, sollte der im vorhergehenden angesprochenen Problematik der Quellen Rechnung tragen und hat mit Vorteil auszugehen von einer zeitlich abgegrenzten Periode. Eine Studie, die am relativ homogenen Material der Privatgräber von Amarna ausgeführt wurde, hat als Ergebnis gebracht, daß die Verwendung der T. in Amarna die interne Sozialstruktur widerspiegelt und daß die künstlerische Freiheit durch eine Art Kleiderordnung eingeschränkt war[72].

Zur Kleidung des arbeitenden Volkes (*Arbeitstracht) ist zu bemerken, daß die Darstellungen dem Umstand, daß es in Äg. auch manchmal kühl sein kann, keine Rechnung tragen, so daß die fast durchwegs angegebene leichte Bedeckung nicht genügt und nicht der Realität entsprochen haben dürfte[73]. Die Angehörigen des *Militärs[74] zeigt man im allgemeinen mit *Schurzen mit einem Mittelstück, das im NR Herzform annehmen kann[75]. Im Kampf schützt ein *Panzerhemd Wagenkämpfer und Bogenschützen. Zu den Angehörigen fremder Völker vgl. *Beduinen, *Fremdvölkerdarstellung, *Libyer B; zur Bekleidung der Jäger *Jagdtracht. Eine spezifische *Amtstracht kommt vor allem dem *Wesir zu und einigen *Priestern, vgl. *Halsschmuck, *Hoherpriester von Memphis B, *Jugendlocke, *Kahlköpfigkeit, *Leopard, *Panther C 4, *Priestertracht, Sem(priester). Für die kgl. T.s. *Ornat; die kgl. Gemahlin (*Königin) unterscheidet sich normalerweise kaum in ihrer Kleidung von derjenigen der vornehmen Damen, es sei denn, sie lasse sich in der Art von Göttinnen (*Göttertracht) im Federgewand darstellen, wie etwa *Teje[76]. Eine besondere zylindrische *Krone trägt *Nofretete. Zur T. der *Gottesgemahlinnen s. dort u. oben Sp. 731.

[1] Eine Begriffsliste, wie sie etwa R. Gundlach, J. S. Karig und D. Wildung herausgegeben haben: Die Begriffslisten der Dokumentation ägyptischer Altertümer, Berlin–Darmstadt–München 1970, Nachrichten zur ägyptologischen Dokumentation, Sonderheft 2, P66–P70 sollte mit Vorteil von Anfang an mit verschiedensprachigen Spezialisten festgelegt und mehrsprachig abgefaßt sein. – [2] Nur ein kleiner Teil davon ist publiziert: Pfister, in: Revue des arts asiatiques 11, Paris 1937, 207–218. – [3] Schiaparelli, Cha, 90ff. – [4] Vgl. dazu auch Janssen, Prices, 249ff. – [5] So ist besonders auffällig, daß nicht eine einzige Krone gefunden wurde. Diese Divergenz macht sich auch sonst bemerkbar, z. B. werden im NR oft Statuen ohne *Sandalen abgebildet; daß die Leute aber normalerweise beschuht waren, zeigt die getreulich wiedergegebene Fußform mit weitem Abstand zwischen großer und zweiter Zehe, der durch ständige Benützung des Zehenriemens entstanden sein muß: Leiden AST 1–3: Vandier, Manuel III, Tf. 167, 2. 4. 6; Leiden AST 13: Ebd., Tf. 152, 2; Leiden AST 22: Ebd., Tf. 152, 4; Louvre N. 435: Ebd., Tf. 152, 5. – [6] Eine in Tübingen aufbewahrte Tunika: Emma Brunner-Traut und Hellmut Brunner, Die Äg. Slg. der Univ. Tübingen, Mainz 1981, Nr. 1591, S. 206f. hat mit ihren 3.18 × 1.70 m übermenschliche Maße, kann also nicht im Leben getragen worden sein. Nach einer ansprechenden Vermutung von E. Hornung passen solche Maße aber für einen *Ach, der nach Tb Kap. 149 sieben, respektive neun Ellen groß sein kann. Man vgl. auch die überlangen Kleider bei Petrie, Deshasheh, 32 und Rosalind Hall, in: JEA 67, 1981, 169. – [7] Vgl. dazu auch Janssen, Prices, 254ff. – [8] Elizabeth Riefstahl, in: BMFA 68, 1970, 244–259; Rosalind Hall, in: JEA 67, 1981, 168–171; dies., in: Textile History 13, Newton Abbott 1982, 27–45. – [9] Zur Problematik der Datierung der „Tarkhân Tunic" London, U.C. 28614 B[1] vgl. Hall, in: Textile History 13, Newton Abbott 1982, 29f. – [10] So schon Petrie, vgl. Rosalind Hall, in: JEA 67, 1981, 168. – [11] Vgl. die Diskussion bei Riefstahl und Hall in der in Anm. 8 angeführten Lit.; zu einer singulären Darstellung s. Rosalind Hall, in: GM 40, 1980, 33; dies., in: JEA 67, 1981, 170; vgl. auch Ogdon, in: GM 68, 1983, 81–84. – [12] Bonnet, Tracht (s. Lit.), 51ff.; Riefstahl, in: BMFA 68, 1970, 253ff.; Hall, in: GM 43, 1981, 29–38; dies., in: Textile History (s. Anm. 8) 13, 1982, 34ff. – [13] Vgl. Janssen, Prices, 259ff. Zu den Funden s. Rosalind Hall, in: GM 43, 1981, 30f. – [14] Pfister, in: Revue des arts asiatiques 11, Paris 1937, 212f.; Crowfoot und Davies, in: JEA 27, 1941, 113–130. Eventuell auch CG 46526 von Amenophis II. aus dem Grab Thutmosis' IV. – [15] Vgl. Lit. in Anm. 14 sowie Rosalind Hall und Janssen, in: GM 45, 1981, 21–26. – [16] Hayes, Scepter I, 240. – [17] Vgl. Elizabeth Riefstahl, in: BMFA 68, 1970, 254. – [18] Handlist, 43 o. 46 d–g. l. ss. uu; 79 f. m; 101 g. – [19] Schiaparelli, Cha, 91f. mit Abb. 62. 64. – [20] Zwei besonders schöne Exemplare aus Leder aus dem Grab des Mai-her-peri: Carter, in: ASAE 4, 1903, 46f. mit Tf. o. Nr. Vgl. dazu Annelies und Artur Brack, Das Grab des Tjanuni. Theben Nr. 74, AV 19, 1977, 45 mit Lit. – [21] Elizabeth Riefstahl, Patterned Textiles in Pharaonic Egypt, Brooklyn 1944. – [22] Vgl. auch Tefnin, in: CdE 46, Nr. 91, 1971, 41. – [23] Z. B. ganz komplizierte Kronen; enger Schurz, über weiten gelegt, vgl. *Ornat, Anm. 14; langes Pantherfellgewand: Staehelin, Tracht, 78 usw. – [24] Schulterumhang: El Bersheh I, Tf. 11f. 19f. – [25] Vgl. auch den Umhang: El Bersheh I, Tf. 7; Meir III, Tf. 18. 35; VI, Tf. 18. – [26] Mackay, in: JEA 10, 1924, 41–43. Bei Männern in Trauer wird auch ein als langer Umhang über die eine Schulter geführter Shawl verwendet: Annelies und Artur Brack, Das Grab des Haremheb, AV 35, 1980, Tf. 63 c; Davies, Two Sculptors, Tf. 19–22. 25. – [27] TT 110 (Djehuti): Davies, in: Fs Griffith, 279–290, bes. Tf. 35. 41; TT 353 (Senenmut): Winlock, in: BMMA,

pt. II, Feb. 1928, 36, Abb. 35; Smith, Art and Architecture, Tf. 97 (B). Es kommt auch schon bei einigen in Deir el-Bahari dargestellten Funktionären vor: Naville, Deir el-Bahari, Tf. 72 f. 88–91. 125. 153. 155. – [28] Z. B. TT 100: Davies, Rekh-mi-Rēʿ, Tf. 21 f. 39. 49. 56 f. – [29] TT 93: Davies, Ḳen-Amūn, Tf. 18. 22 A. 23. – [30] Auch das Trägerkleid kennt zeitbedingte Varianten in Einzelheiten, z. B. Form und Ansatz der Träger; im AR in der Mitte zusammenstoßend und spitzen Ausschnitt bildend: Staehelin, Tracht, 167; im MR Zwischenraum freilassend: Evers, Staat, § 669; eine besondere Form der 1. ZwZt mit eingebuchteter Innenlinie: Fischer, Coptite Nome, 53 und 52 Abb. 5; nur ein Träger: Staehelin, Tracht, 168; Vandier, Manuel III, 148 f. u. a. m. – [31] In der Sargkammer des Sennefer (TT 96) findet sich noch durchwegs das alte Trägerkleid, meist mit der bis dahin üblichen Länge bis oberhalb der Knöchel; vereinzelt wird es aber bereits bis auf die Füße reichend gezeigt: Wegner, in: MDAIK 4, 1933, Tf. 10 b. So wohl auch in TT 93: Davies, Ḳen-Amūn, Tf. 9. 10. 10 A. – [32] Ein Schulterumhang wird selten schon früher gezeigt, so bei den Königsfrauen der 11. Dyn.: Deir el-Bahari XIth Dyn. Temple I, Tf. 17 C. 20; II, Tf. 17 B. 20; Kazimierz Michalowski, L'art de l'ancienne Egypte, Paris 1968, Abb. 271. 273. Man vgl. auch den ungewöhnlichen Umhang der Sat-Snofru aus der 12. Dyn. MMA 18. 2. 2: Vandier, Manuel III, Tf. 82, 6. Für Frauen begegnet das Hemd in einer langen Ausführung und mit Ärmeln erstmals bei Dienerinnen: TT 100 (Davies, Rekh-mi-Rēʿ, Tf. 64 f. 67); bei Erntearbeiterinnen: TT 52 (Davies, Nakht, Tf. 18 f.); Mose: Giulio Farina, La pittura egiziana, Mailand 1929, Tf. 173 (TT 254, nicht 13!). Vgl. dazu auch Elizabeth Riefstahl, in: BMFA 68, 1970, 254–256. – [33] Davies, Ḳen-Amūn, Tf. 9. 9 A. 10. 10 A. 51; vgl. auch Tf. 68 A. – [34] Z. B. TT 78: A. und A. Brack, Haremheb (s. Anm. 26), Tf. 2. 3. 4 a. 29 a. 30 a. 31. 32 a. 36 a. 37 a; Davies, Nakht, Tf. 11 f. 16 f. 22–25; Davies, Tombs of Two Officials, Tf. 2. 14. 18. 20–23. – [35] Ein Beispiel an der knienden Statue CG 910; Davies, Puyemrê II, Tf. 65. – [36] BM 51101: Farid, in: MDAIK 39, 1983, Tf. 13; CG 772. – [37] Z. B. Louvre N 4196 (wohl Amenophis II.): Vandier, Manuel III, Tf. 156, 1; Louvre A 116: Vandier, Manuel III, Tf. 143, 4 (wohl Thutmosis IV.); Florenz 1506 [1791]: Propyläen Kunstgeschichte XV, 1975, Abb. 195 a; Kairo JE 87911: Labib Habachi, Tell Basta, CASAE 22, 1957, Tf. 39 a (beide Amenophis III.), ebenfalls Amenophis III. selbst MMA 30. 8. 74: Vandier, Manuel III, Tf. 106, 4 mit etwas mehr Falten am Ärmel. – [38] Datierte Fälle erst unter Amenophis III., vgl. Tefnin, in: CdE 46, Nr. 91, 1971, 35–49, bes. 40. – [39] Die Dame Berlin 8041: Vandier, Manuel III, Tf. 141, 5, die auch unter Amenophis III. gehören dürfte, zeigt auch Kleiderfalten über der Bauchpartie. – [40] Privatsammlung und Brooklyn 47. 120. 3: Vandier, Manuel III, Tf. 172, 1; 173, 4. – [41] Louvre E 25409: Cyril Aldred, Akhenaten and Nefertiti, New York 1973, 82. 108 Nr. 22; Das ptolemäische Ägypten (Hg. H. Maehler und V. M. Strocka), Mainz 1978, Abb. 64. Die Schutzgöttinnen Tutanchamuns (Vandier, Manuel III, Tf. 116, 6) sind die einzigen Göttinnen, die statt des für sie üblichen Trägerkleides die Faltengewänder der Zeit tragen. – [42] Aldred, in: JEA 56, 1970, 195 f. Teje mehrfach, z. B. TT 120: Cyril Aldred, Akhenaten, London 1968, Abb. 32, dort ebenso Abb. 40 f.; The Tomb of Kheruef, OIP 102, Chicago 1980, Tf. 8 f. 11. 13. 24. 27. 41 f. 46–49. 55–57. Königin Nefertari: Gertrud Thausing und Hans Goedicke, Nofretari, Graz 1971, passim. – [43] MMA 30. 8. 74: Vandier, Manuel III, Tf. 106, 4. Zwei weitere Statuen aus Kôm el-Hettân (Kairo JE 33900. 33901: Daressy, in: BIFAO 11, 1914, 25–28, Tf. 3) tragen einen Mantel, der wegen der stark betonten Körperformen so ungewöhnlich erscheint; daß man Ärmel zu erkennen glaubt, hängt mit der Stilisierung zusammen. – [44] Oxford 1924. 162: Griffith, in: JEA 10, 1924, Tf. 35; 17, 1931, Tf. 23. – [45] Turin 1380: Vandier, Manuel III, Tf. 126, 1. 3. – [46] In der Amarna-Zt kann praktisch nur das Flachbild als Quelle dienen, da es nur wenig Privatplastik und gar keine gut erhaltene weibliche gibt; zur Privatplastik vgl. Vandier, Manuel III, 518 f. – [47] Z. B. Leiden AST 1. 3: Vandier, Manuel III, Tf. 167, 6. 2; MMA 15. 2. 1: ebd., Tf. 144, 3; Wien 34: ebd., Tf. 161, 5 und öfter. – [48] Wenn die Frau rechts vom Mann sitzt, eventuell umgekehrt: München, ÄS 28: Vandier, Manuel III, Tf. 171, 2. – [49] Berlin 6910: Vandier, Manuel III, Tf. 144, 2; BM 565 [36]: Vandier, Manuel III, Tf. 146, 1. – [50] Leiden AST 2. 3: Vandier, Manuel III, Tf. 167, 4. 2; CG 622. Das müßte bedeuten, daß unter dem Shawl ein Hemd (bag-tunic) getragen wird, dessen zweiter Ärmel aber vom Shawl bedeckt ist. Diese T. bereits bei der Dame aus Gurob: Brooklyn 47. 120. 3: Vandier, Manuel III, Tf. 173, 4; Bianchi, in: BES 2, 1980, 25 Abb. 4; ebenso bei Nofretete: Louvre E 15593: Vandier, Manuel III, Tf. 111, 1 und bei den Tutanchamun-Göttinnen: ebd., Tf. 116, 6. Es handelt sich dabei um „falsche" Ärmel, die dadurch entstehen, daß das Hemd weiter ist als die Schulterbreite, so daß über den Oberarmen ein Überhang entsteht. – [51] Christiane Desroches-Noblecourt, Toutankhamon, Paris 1976, Abb. 158 f. – [52] S. Anm. 16. – [53] Mit Falten z. B. Piankoff, Myth. Pap., Tf. 3. 8 f. 11 f. 22; ohne Falten ebd., Tf. 6 (r. außen). 14 f. 23. 25; nebeneinander, ebd., Tf. 16 f. 18–20. – [54] L'Egypte du crépuscule, Paris 1980, Abb. 105. 108. 176; Hedwig Fechheimer, Kleinplastik der Ägypter, Berlin 1921, Abb. 98–100. – [55] CG 42228; L'Egypte du crépuscule, Paris 1980, Abb. 113; Berlin 71/71: Kunst der Welt in den Berliner Museen, Äg. Museum, Stuttgart–Zürich 1980, Nr. 41; Osiris-Kreuz-Halbmond, Stuttgart 1984, Nr. 48. Die Männerstatue aus Bronze Berlin 23732 (Katalog Äg. Museum Berlin, 1967, Nr. 814 d) zeigt ein glattes Hemd bei gefälteltem Schurz. – [56] L'Egypte du crépuscule, Abb. 275; Hedwig Fechheimer, Die Plastik der Ägypter, Berlin 1920, Abb. 90. Zur Datierung vgl. Yoyotte, in: Mél. Masp. I. 4, 160 f. – [57] Omaha 1953. 80: Bothmer, Egyptian Sculpture, Nr. 1; CG 42200; Leclant, Mon. Thébains, Tf. 62. 85; Gustave Jéquier, Les temples ramessides et saites, Paris 1923, Tf. 77. 78, 3. 4. – [58] Richmond, Va. 55–8–13: Bothmer, Egyptian Sculpture, Nr. 92; BM 37901. – [59] Kansas City 47–25 und Edinburgh 1954. 40: Bothmer, Egyptian Sculpture, Nr. 11. 12 und bes. Kommentar S. 14; Brooklyn 49. 166: Cooney, in: JNES 9, 1950, Tf. 18; Flachbild Brooklyn 48. 17: Cooney, op. cit., Tf. 14 und bes. S. 202 f. Entblößter Busen kommt sonst bes. bei Klagefrauen vor und ist dort natürlich Zeichen der *Trauer, vgl. Marcelle Werbrouck, Les pleureuses dans l'Egypte ancienne, Brüssel 1938, mit vielen Beispielen, bes. Abb. 10. 18. 28 f. 33. 38.

40. 49. 59. In anderem Zusammenhang: Piankoff, Myth. Pap., Tf. 1. 2. 18 (landwirtschaftliche Szene). – [60] Zu dieser T. zuletzt ausführlich Bianchi, in: BES 2, 1980, 9–31. Sie ist zuerst bei Frauen auf den nicht eben glücklich sog. neomemphitischen Reliefs belegt, für die ein adäquater Begriff fehlt: Bianchi, op. cit., 15 ff., auch mit Lit. zu der Reliefgruppe. – [61] Bianchi, op. cit., 10. 17 ff., bes. 19. – [62] Zahlreiche Beispiele bei Bothmer, Egyptian Sculpture. – [63] Ebd., 75 f. und bes. Abb. 167. – [64] Ebd., Nr. 63. – [65] Ebd., Nr. 64–66. 74 mit Abb. 181 f. Eine Ärmeljacke ohne Schurz auch bei George Steindorff, Catalogue of the Egyptian Sculpture in the Walters Art Gallery, Baltimore 1946, Nr. 276, Tf. 56. Ein anliegendes Gewand mit langen engen Ärmeln: Bothmer, op. cit., Nr. 68 und bes. S. 84. – [66] Edda Bresciani, in: SCO 16, 1967, 273–280; Leahy, in: GM 70, 1984, 45–58. Vgl. auch De Meulenaere, in: Bothmer, Egyptian Sculpture, 76. – [67] Zuletzt dazu ausführlich Bianchi, in: Das ptolemäische Ägypten, Mainz 1978, 95–100 und seine dort in Anm. 2 erwähnte Dissertation New York 1976; ebd. in Anm. 2 wird auch frühere Lit. zitiert. Vgl. weiter Bianchi, in: BES 2, 1980, 14 f. – [68] Bothmer, Egyptian Sculpture, Nr. 86; Das ptolemäische Ägypten, Mainz 1978, Abb. 69. – [69] Bothmer, op. cit., Nr. 74, Tf. 71, hier allerdings mit glattem Rand. – [70] Smith, Art and Architecture, Tf. 181; Das ptol. Ägypten (s. Anm. 68), Abb. 58. – [71] Vgl. Peter Munro, Die spätägyptischen Totenstelen, ÄF 25, 1973. – [72] Nadine Cherpion, Les usages vestimentaires de la société amarnienne d'après les tombes privées, Mémoire de licence, Février 1976, Zusammenfassung in: Revue des archéologues et historiens d'art de Louvain 9, Löwen 1976, 266 f.; vgl. Nadine Cherpion, op. cit. 10, 1977, 18–25. – [73] Vgl. auch Janssen, Prices, 249 ff. – [74] Für die Kriegsbilder im AR und MR vgl. Brigitte Jaroš-Deckert, Das Grab des Jnj-jtj.f, Mainz 1984, 44 ff. und für die Beschreibung der T. des Militärs dort ebd., 28–30. 37–44. Zu den nubischen Söldnern und ihrer T. s. Fischer, in: Kush 9, 1961, 44–80. – [75] Bonnet, Tracht (s. Lit.), 7 f.; z. B. Davies, Amarna I, Tf. 8. 15. 20; Roeder, in: ZÄS 61, 1926, 59, Tf. 5,2; Clère, in: Kêmi 11, 1950, 25, Tf. 3 A. – [76] Cyril Aldred, Akhenaten, London 1968, Tf. IX.

Korrekturzusatz zu Anm. 54: Die „falschen" Ärmel sind in diesem Fall (anders als in Anm. 50 beschrieben) dadurch entstanden, daß plissierter Stoff über die Oberarme drapiert und vorn und hinten in den unteren Teil des Gewandes eingesteckt wurde.

Lit.: Cartland, in: BMMA 11, 1916, 166–171. 211–214; Hans Bonnet, Die äg. Tracht bis zum Ende des Neuen Reichs, UGAÄ VII. 2, Leipzig 1917; Léon und Jacques Heuzey, Histoire du costume dans l'antiquité classique. L'Orient, Paris 1935, 11–41; Elizabeth Riefstahl, Patterned Textiles in Pharaonic Egypt, Brooklyn 1944; Mary G. Houston, Ancient Egyptian, Mesopotamian and Persian Costume and Decoration, London ²1954; Vandier, Manuel III, Text; Bothmer, Egyptian Sculpture; Staehelin, Tracht; Rita Freed, in: Egypt's Golden Age. The Art of Living in the NK, Boston 1982, 170–172. E. St.

Traditionsbewußtsein. Die geographisch relative Abgeschlossenheit Äg. begünstigte bei autarken Zügen des nach Staatwerdung und Zusammenfassung autochthoner Elemente weitgehend auf sich selbst bezogenen Gemeinwesens jenes Beharrungsvermögen, das – noch vor jeder reflektierten ethnisch signifikanten Unterscheidbarkeit – grundsätzlich teilhat am Streben nach diachronischer Selbigkeit kulturell-zivilisatorischer Einheiten.

Tradition[1] im eigentlichen Sinne als übernehmende Weitergabe kultureller Formen und Inhalte an Erfahrungen, Kenntnissen, Einsichten, Fähigkeiten, an Sitte, Brauch, Konvention in allen Bereichen von Generation zu Generation ist abzugrenzen vom starren Traditionalismus „veränderungsloser Tradition" wie von „traditionsloser Veränderung"[2] eines orientierungslosen Progressismus[3]. Tradition ist weiter zu unterscheiden von *Archaismus, der im „Rückgriff über die Tradition hinweg"[4] Obsoletes repristiniert. Rein statistische Häufigkeit auftretender Inhalte begründet die Annahme von Tradition nicht, soweit – wie etwa bei *Arbeitstracht – adäquates Verhalten gegenüber dem gleichbleibenden Gegenstand für die Kontinuität seiner Erscheinung ist. Tradition vollzieht sich weitgehend unbewußt, gewohnheitsmäßig, unterstützt durch *Tabus. So bleibt das *Kanopusdekret zur Einführung eines am Naturjahr orientierten *Kalenders gegen traditionalistische Widerstände wirkungslos, regelt die Spannung zwischen *Aufzeichnungsbedürfnis und -meidung die Auswahl des Überlieferungsfähigen, zeigen *Ornat des Königs und *Amtstracht die zeitlosen Elemente legitimationsbegleitender Überhöhung der Autoritätssymbolik, wird die Unmittelbarkeit der in einem einzigen Arbeitsgang ausgeführten *Malerei aus Traditionsgebundenheit „nur ausnahmsweise ausgenutzt"[5], prägt die einmal gefundene und festgelegte Form die Darstellungsweise der menschlichen Gestalt (*Bild, Menschenbild in Darstellungen, *Kanon) und ihrer *Gesten, tradiert in nicht erhaltenen, jedoch zu postulierenden *Musterbüchern[6], bevorzugt *Schmuck traditionelle Formen[7], behält die *Speisetischszene ihre Funktion im *Totenkult stets bei, erscheint das bei *Thutmosis IV. eingeführte Bildprogramm in den zeitlich folgenden Grabanlagen bis *Ramses III.[8], projiziert Autoritätsbewußtsein alter Familien *Ahnentafeln (bis zu 60 Vorfahren)[9], beruft pharaonischer Gebietsanspruch sich auf Besitzrechte unvordenklicher Zeiten (*Hungersnotstele), bleiben Einzelszenen aufgelöster Rituale „als heilige ‚Hieroglyphe' stehen"[10], werden „for religious or magical reasons"[11] „Sternuhren" kgl. Grabanlagen beigegeben, die von der astronomischen Wirklichkeit Jahrhunderte abweichen.

Wie sehr T. im Unangefochtensein geistiger Besitzstände unbeweglich werden kann, zeigt der Versuch des *Chacheperreseneb, Tradition mit dem Ziel von Bewußtseinsschärfung und Betroffenheit zu hinterfragen: „Ach hätte ich doch unbekannte Worte, seltene Sprüche“ [12]. Angesichts der „Last der Tradition“ einer historisch gewachsenen Religion schufen die ägyptischen Theologen „die Verankerung jeder einzelnen Göttergestalt im tiefen Grund der einen göttlichen Wesenheit“ [13]. War das MR nach den Vorgängen der Ersten *Zwischenzeit auf Stabilisierung durch Traditionen bildendes Beamtentum bedacht, neigte die 18. Dyn. zur Öffnung gegenüber Neuem [14]. Doch auch unabhängig davon stellten technologische *Neuerungen sich als Fortschritt ins Licht, wie etwa die vom Uhrmacher Amenemhet „für jede Jahreszeit“ berechnete *Wasseruhr: „Niemals ist etwas Ähnliches seit der Urzeit geschaffen worden“ [15].

Ein weitgehender Bruch [16] mit den religiösen Grundlagen [17] der Tradition erfolgte durch *Amenophis IV. (*Tell el-Amarna). Diskontinuität gewiß nicht nur hinsichtlich der baulichen Aspekte der Grabanlage verbinden sich bereits in der 4. Dyn. mit der *Mastabat el-Faraun [18].

Tradition wird sich in ihrer Weitergabe ihrer selbst bewußt etwa im (1000 Jahre über die Sprachstufe des Mittelägyptischen hinaus bewährten) [19] Schulbüchlein *Kemit, wo die Rede ist vom Sohn (Schüler), der zu den Schriften erzogen wird: „Mich hat mein Vater (d.h. vielleicht auch „Lehrer“) ebenfalls zu den nützlichen Schriften erzogen, die ihm überkommen waren“ [20], oder in Einleitungen zu den *Lehren: „X für seinen Sohn“ [21].

Wurden die Lehren auch außerhalb der *Schule als Literatur [22] – in aller Regel schriftlich [23] – tradiert, erfolgte die Grundlegung des Überlieferungsvollzuges in der Erziehung. Als „wichtigster Stoff“ [24] für Schreib- und Formulierungsübungen stammen die meisten Bezeugungen von *Schülerhandschriften. Es spricht für die Lebendigkeit dieser Überlieferung, wenn der Wortlaut der Lehren durch die traditionsbildende Kraft der Einzelpersönlichkeit die Texte mit der eigenen Erfahrung anreichert und so verändert [25]. Dies gilt allgemein vom geistvollen Umgang der *Zitate mit (bis zu den koptischen Mönchen vererbtem) [26] literarischem Gut [27]. Dabei zeigen textkritische Bemerkungen von Schreibern, daß man im Verhältnis von Vorlage und Abschrift in hohem Maße Sorgfalt walten ließ [28]. Zentrale Institution „verbürgter“ Traditionsermöglichung war das *Lebenshaus.

Die Tradition stellt *Udjahorresnet in den Dienst der Erhaltung des Gemeinwesens seines Landes, wenn er *Kambyses eine Übernahme durch Überlieferung geheiligter Legitimationshandlungen äg. Königtums im Tempel als der persischen Herrschaft dienlich erscheinen läßt, und Kambyses im Tempel der *Neith zu *Sais als Liturge agiert, „wie jeder König seit Anbeginn (*ḏr bꜣḥ*) getan“ [29]. Das Bestreben der Erkennbarkeit des Gewohnten im Übergang wird deutlich in der Übertragung von Strukturelementen [30] des *Rohrbaues in die Steinarchitektur im Bezirk der Stufenpyramide [31] des *Djoser.

In der Diskrepanz zwischen der Pflege der Tradierung der *Pyramidentexte und dem Zerfall der Kultstätten der *Pyramiden wird die Geschichtsauffassung des äg. Volkes sichtbar, das „sich der immensen Zeiträume seiner nationalen Vergangenheit nicht bewußt geworden ist“ [32]. Das Geschichtsbewußtsein orientiert sich weniger an linearer Kontinuität, wie die annalistische Aufreihung der Könige besonders für juristische Zwecke und zur chronologischen Einordnung von *Akten – deshalb auch die Erwähnung verfemter Könige [33] – vordergründig es erscheinen lassen könnte. Die Jahreszählung endet vor dem Regierungsantritt des jeweiligen Nachfolgers, um mit einem „Jahr 1“ wieder an ihren Beginn zurückzukehren. Mit dem Thronfolger, einem „Vertreter der *nḥḥ*-Ewigkeit“ [34], hebt der Zyklus des sterbenden und als *Horus wiederauferstehenden *Osiris neu an, und mit ihm ist – im Einklang mit der leitenden [35] göttlichen Ordnung (*Maat) – das Land „wie an seinem Uranfang (*mj zp.f tpj*)“ [36]. So „basierte der klare Blick des alten Ägypters für die Realitäten der Gegenwart ... auf einem selbstverständlichen T., das kein Epigonentum aufkommen ließ, sondern die Gegenwart stets als Erneuerung und Wiederholung der Vergangenheit sah, nicht als deren Ergebnis und Folge“ [37].

[1] Vgl. Hötzel, in: Lexikon für Theologie und Kirche X, hg. von Josef Höfer und Karl Rahner, Freiburg [2]1965, 299. – Vgl. auch Lexikon der Pädagogik IV, hg. von Heinrich Rombach, Freiburg usw. 1971, 238 sowie Wörterbuch der philosophischen Begriffe, hg. von Johannes Hoffmeister, Hamburg [2]1955, 615 f. – [2] Meyers Enzyklopädisches Lexikon XXIII, Mannheim usw. [9]1978, 627. – [3] Vgl. Lexikon der Psychologie III, hg. von Friedrich Dorsch, Bern usw. [10] 1982, 696. – [4] Brunner, in: LÄ I, 386. – [5] Maja Müller, in: LÄ III, 1171. – [6] S. Anm. 5. – [7] Erika Feucht, in: LÄ IV, 668. – [8] Friedrich Abitz, König und Gott, ÄA 40, 1984, 207. – [9] Brunner, in: LÄ I, 16. – [10] Helck, in: LÄ IV, 272. – [11] Neugebauer–Parker, Astronomical Texts III, 149. – [12] Otto, in: LÄ I, 896. – [13] Siegfried Morenz, Gott und Mensch im alten Ägypten, Leipzig 1964, 116. – [14] Vgl. Helck, in: OrAnt 8, 1969, 296. – [15] Rosemarie Drenkhahn, in: LÄ IV, 466. – [16] John A. Wilson, The Culture of Ancient Egypt, Chicago 1951, 193. – [17] Helck, in: LÄ III, 1117 f. – [18] v. Beckerath, Abriß, 18. – [19] Brunner, Erziehung, 89. – [20] Ebd., 84. – [21] Brunner, in: LÄ III, 964. – [22] Ders., Erziehung, 85. – [23] Ders., in: LÄ II, 25. – [24] Ders., in: LÄ

V, 743. – [25] Ders., Erziehung, 85. – [26] Emma Brunner-Traut, in: Studien zu altägyptischen Lebenslehren, hg. von Erik Hornung und Othmar Keel, OBO 28, 1979, 176. – [27] Brunner, in: Studien zu altäg. Lebenslehren (s. Anm. 26), 171; Jan Assmann, Zeit und Ewigkeit im Alten Ägypten, AHAW 1975. 1, 65 ff. – [28] Manfred Weber, Beiträge zur Kenntnis des Schrift- und Buchwesens der alten Ägypter, Diss. Köln 1969, 141 f. – [29] Posener, Première domination Perse, 18. – [30] Details bei Kuhlmann, in: LÄ IV, 290 f. – [31] Lauer, Pyramide à Degrés II, Tf. 65, 3. – [32] Wildung, Rolle äg. Könige, 233. – [33] Helck, in: LÄ I, 279. – [34] Westendorf, in: ZÄS 100, 1974, 140. – [35] Ders., in: ZÄS 97, 1971, 143 ff. – [36] Urk. IV, 2026, 19. – [37] Wildung, op. cit., 233. E. He.

Tragsessel s. Sänfte

Tragstangen (*nbꜣ*)[1] finden sich zum Transportieren von *Sänften[2], bei Bergwerksarbeitern zum Tragen von Wasserkrügen[3], ebenso bei Gärtnern[4]; bei der *Ernte werden Getreidesäcke mit Hilfe von T. getragen[5] sowie *Ziegel bei Bauarbeitern[6]. Als *Statussymbol spielen sie bei den Prozessionsbarken der Götter und der vergöttlichten Könige eine Rolle[7].

[1] Wb II, 243, 5–9; vgl. dem. *mbꜥ*, kopt. ⲙⲃⲁⲓ „Spindel", KoptHWb, 519. Die NR-Schreibung *nù-bì* zeigt die Verbindung mit dem griech. Längenmaß ναύβιον (= „Stangenlänge"), vgl. Hayes, Ostraka, 36. Die Bezeichnung T. für *jꜣt* (Wb I, 26, 7) und für *wṯzw* (Wb I, 384, 4) bezieht sich auf Traguntersätze hlg. Bilder. – [2] pWestcar, 7, 12 (ältester Wortbeleg). – [3] Couyat–Montet, Inscr. du Ouâdi Hammâmât, Nr. 114. – [4] TT 103 = Davies, Five Theban Tombs, Tf. 31 Nr. 2 (MR). – [5] Tylor–Griffith, Paheri, Tf. 3, 1. – [6] Davies, Rekh-mi-Rēꜥ II, Tf. 59; auch dargestellt auf *Talatat aus *Karnak (unpubl.). – [7] E.g. Urk. IV, 2028, 14–16 (*Tutanchamun): Die Prozessionsbarke des *Amun erhält 12 T. statt bisher 11, die des *Ptah 11 anstatt bisher 7. Cf. pHarris I, 46, 9 und Belege bei *Kultstatue. W. H.

Trajan. Marcus Ulpius Traianus (A.D. 53–117) was born to Marcus Ulpius and his Spanish wife at Italica in Baetica, Spain. Adopted by *Nerva as his successor in A.D. 97, T. married Plotina shortly before his accession in A.D. 98. Late in his reign, T. adopted as his ward and successor *Hadrian, who became emperor when T. died in Cilicia in A.D. 117.

The building activities in Egypt carried out in the name of T. were extensive. His fortress at *Babylon contributed to the eclipse of *Heliopolis.[1] T. may have reopened the canal (*Kanal, Nil – *Rotes Meer) which linked the River Nile to the Red Sea.[2] At *Ptolemais T. is associated with at least one stela, a paean in Greek, and with the Temple of *Asklepios and Hygieia.[3] His cartouches have been found in *Achmim[4] and at the Temple of Deir el-Chelout (*Deir esch-Schelwit).[5] The Temple of *Isis at Myos Hormos was erected in Year 15 when M. Rutilius Lupus was prefect.[6] T. was active at Douch (*Qasr Dusch)[7] and was responsible for the final enlargement of the Temple at *Kalabscha.[8] At *Luxor T. is associated with the Temple of *Serapis.[9] His *kiosk at *Philae is well-known as is the rock art (*Felsbilder) on its walls.[10] T. was also responsible in part of a temple on *Elephantine.[11] Inscriptions associated with his reign are known from Kom el-Ahmar (*Hut-nesut)[12], *Pathyris, *Gebelein, and *Alexandria, the latter linked to the prefect Ubius Maximus who ultimately fell into disgrace.[13] Coins minted during his reign have been recovered from Sa el-Hagar (*Sais).[14] At *Dendara his wife Plotina, although refusing the title of Augusta in A.D. 100, is nevertheless there associated with Nea Aphrodite identified as *Hathor. In the mammisi (*Geburtshaus) at that site T. is assimilated with the divine son *Ihi and elsewhere at Dendara becomes one with *Hapi (= *Nil) (*Ikonographie). During the reign of T. one encounters the most recent version of the procession of nomes (*Gauprozession) as it was first introduced under Ptolemy VIII (*Ptolemaios VIII.). Far from marking a decline, the reign of T. is one of religious, artistic, and iconographic vitality. Deities such as *Nebet-uu and Triphis (*Repit),[15] the consort of *Min/Pan, appear at *Esna and at *Achmim, respectively, while Isis-*Sothis is portrayed as a dog for the first time during his reign.[16] Nephotes[17] and Heron,[18] the latter associated with the Dacian campaigns of T.,[19] gain in popularity. At *Kom Ombo T. was responsible not only for the columns of the court but also for the appearance of a cultic relief (= relief cultuel).[20] The surest indicator, perhaps, of these progressive, vital tendencies during the reign of T. is the extremely high aesthetic quality of the relief decoration executed in his name at Esna.[21]

T. formed a new legion which he assigned to Egypt and was ultimately forced to conscript peasants from the nomes into the number of his troops in order to offset the reallocation of men required for his Parthian campaign.[22] In A.D. 114 and again in A.D. 115 a rigorous uprising between Greeks and Jews weakened the internal peace of the empire and spread from Cyrene and Egypt into the Levant and Cyprus.[23] Emotions ran so high that the anniversary of the triumph of the Greeks was still celebrated at *Oxyrhynchos some eighty years after the rebellion had been quelled.

[1] Yoyotte, in: BIFAO 54, 1954, 83 ff.; Loukianoff, in: BIE 23, 1940–41, 171 ff. – [2] Kaposzko, in: Meander 11–12, Warzaw 1967, 541 ff. – [3] Daressy, in: ASAE 26, 1926, 1 ff. – [4] Al-Masri, in: ASAE 69, 1983, 7 ff.; com-

pare v. Bissing, in: ASAE 50, 1950, 547ff. – [5] Marianne Doresse, in: RdE 23, 1971, 113ff. – [6] Couyat, in: BIFAO 7, 1910, 15ff. – [7] Dominique Valbelle, in: BIFAO 78.1, 1978, 10ff. – [8] Siegler, in: Bonner Jahrbücher des Rheinischen Landesmuseums in Bonn 164, Kevelaer–Bonn–Graz 1964, 27ff. – [9] Daressy, in: ASAE 19, 1920, 159ff. – [10] Kákosy, in: Acta Antiqua Academiae Scientiarum Hungaricae 16, Budapest 1968, 39ff., who maintains that the name for this site was *p jw rk*. For the architecture s. Abou El Naga Abdalla, in: ASAE 46, 1947, 385ff. – [11] Honroth et alii, in: ZÄS 46, 1909–10, 14ff. – [12] Smolenski, in: ASAE 9, 1908, 190. – [13] De Morgan, in: BIE 6, 1895, 107ff. – [14] Daressy, in: ASAE 2, 1901, 230ff.; Milne, in: JEA 31, 1945, 85ff. – [15] Gauthier, in: BIFAO 3, 1903, 165ff. – [16] Clerc, in: Hommages à Maarten J. Vermaseren (eds. M. B. de Boer and T. A. Edrige) I, Leiden 1978, 247ff. – [17] Sayce, in: RecTrav 20, 1898, 112. – [18] The Egypt Exploration Society, Report for the Year 1977–78, London 1978, 6. – [19] A. Gutbub, in: Das ptolemäische Ägypten (eds. H. Maehler and V. M. Strocka), Mainz 1978, 165ff. – [20] Ibd. – [21] Esna VIII, 6, and passim. – [22] Jean Lesquier, L'armée Romaine d'Egypte d'Auguste à Dioclétian, MIFAO 41, 1918, 1ff.; Meinardus, in: BSAC 23, 1976–78, 5ff. – [23] Harold I. Bell, Cults and Creeds in Graeco-Roman Egypt, Liverpool 1953, 41; Naphtali Lewis, Life in Egypt under Roman Rule, London 1983, 30ff. R.S.B.

Transportwesen. Zum Transport von Gegenständen und auch Menschen stehen verschiedene Mittel zur Verfügung:

1. Menschenkraft. Leichtere Lasten, wie Opfergaben, werden von einzelnen, größere, wie etwa eine *Sänfte mit Person, durch mehrere Menschen getragen. Dabei sind die einzelnen Gegenstände in Kästen[1], Gefäße in *Netzen untergebracht. Ob die Goldkarawanen aus den *Steinbrüchen aus Trägern bestanden oder das Material auf Tieren abtransportiert wurde, ist unbekannt[2].

2. *Esel. Das übliche Transportmittel zu Lande war der Esel. So trug er besonders die Getreidesäcke[3], war bei Expeditionen auf den *Sinai[4] oder ins *Wadi Hammamat[5] zum Transport der Geräte und Vorräte eingesetzt, konnte aber auch zum Tragen einer Sänfte[6] Verwendung finden. Auch eine asiatische Karawane benutzt Tragesel[7].

3. Schwere Lasten wurden auf *Schlitten transportiert, „Wölfe" (*wnš*) genannt[8]. Sie finden sich besonders bei Steinbruchexpeditionen und wohl auch beim Pyramidenbau. Er ist das gewöhnliche ägyptische Transportgerät, das auch rituell beim Begräbniszug eingesetzt wird. Dabei können Menschen[9], aber auch Rinder als Zugmittel fungieren, etwa in Steinbrüchen[10]. Vierrädrige Transportwagen sind selten belegt: in 2. ZwZt bei einem Modell eines Sargtransports oder in den Annalen Thutmosis' III. beim Transport der Boote des Euphratüberganges[11] (*Wagen).

4. Als Transporthilfsmittel erscheinen ferner Rollen, wie beim Transport der 6m hohen Statue des Thotnacht in Berscheh[12]. Dort ist vielleicht auch ein „Hebebaum" erkennbar, wie ihn Herodot II, 175 erwähnt.

5. Auf dem Nil und auf dem Meer ist das Schiff (*Schiff, Last-) das einzige Transportmittel, mit dem nicht nur *Holz aus dem *Libanon[13], sondern auch *Obelisken aus den Steinbrüchen[14], Getreide von den Hafentennen[15] und jegliche Art von Handels[16]- und Verteilungsware[17] transportiert wird (*Treideln). Auf kurzen Strecken benutzte man seit vorgesch. Zt Papyrusbündelboote[18].

[1] Beni Hasan I, Tf. 17 (K). 35 (Q). – [2] Siegfried Schott, Kanais, NAWG 1961. 6, 177 verweist auf Georges Goyon, Nouvelles inscriptions rupestres du Wadi Hammamat, Paris 1957, 103ff. Nr. 89, Z. 10f., wo *mstw* genannt werden, die er als „Träger" übersetzt. Dieser Titel ist bereits in 3. Dyn. belegt. – [3] Vgl. Kleinplastik bei Hayes, Scepter II, 26 Abb. 11. – [4] Inscr. Sinai II, 18. – [5] Couyat–Montet, Inscr. du Ouâdi Hammâmât, Nr. 113. 152. – [6] Hassan, Gîza V, 245 Abb. 104. – [7] Beni Hasan I, Tf. 28–31. – Vgl. allgemein für Expeditionen noch Urk. I, 126, 17, für den Oasenhandel Bauer R. 7. – [8] Beni Hasan II, 4.13; vgl. Wb I, 324, 16. – [9] E.g. Goyon, op. cit., Nr. 61 (vgl. S. 18): „Jeder Stein wurde gezogen von 2000 Leuten etc.". – [10] LD III, 30. – [11] Urk. IV, 1232, 4. – [12] El Bersheh I, Tf. 12–15. – [13] Petrie, RT II, Tf. 10 Nr. 2 (thinitisch); *Wenamun. – [14] Naville, Deir el-Bahari VI, Tf. 154. – [15] E.g. Pap. Amiens = RAD, 1ff.; vgl. Helck, Materialien, 555ff. – [16] Vgl. das Bild syrischer Händler im Hafen von Theben in TT 162. – [17] Jacobus J. Janssen, Two Ancient Egyptian Ship's Logs, Leiden 1961. – [18] *ḥnk*, s. Wb III, 120, 7. Vgl. die Vogeljagddarstellungen in den Gräbern des NR und die Erwähnungen in den Pyr. W.H.

Trauer. A. Bewußtwerdung einer tiefen Betrübnis (*Gefühlsbewegungen), ausgelöst durch den Verlust von Personen und Dingen, zu denen ein besonders enges Verhältnis bestand. – Eine Durchmusterung der zahlreichen Wörter für T. (einschließlich Traurigkeit, Trauernde, traurig sein bzw. werden, trauern)[1] ergibt nach Etymologie und Determinierung eine Ansiedlung des Begriffs in den Bereichen *Schmerz (*mr*), Betrübnis (*jnd*), Niedergeschlagenheit (*mgꜣ*, *nqm*[2], *gmw*), Seufzen (*jhm*), verdeutlicht durch die Determinative ,  und [3]. Das sehr häufige Determinativ  leitet bereits zu den Formen über, dem Gefühl T. Ausdruck zu verleihen (siehe C). Die Beteiligung des *Herzens, des Sitzes der Empfindungen, wird durch die Verbindung *ḏwt-jb*[4] deutlich.

B. Die Anlässe zur T. sind vornehmlich der *Tod eines Angehörigen, der Verlust von Stellung und

Besitz[5], auch der relative Verlust durch Nichterfüllung eines Wunsches (z.B. bei *Kinderlosigkeit). – Im staatlichen und religiösen Bereich wurde die T. durch *Ritual und *Kultspiel verordnet bzw. bewältigt: beim Tode des Königs[6] oder des *Apis[7]; bei *Erntezeremonien, beim *Erdaufhacken; vor allem aber bei den Trauer- und Klageriten um *Osiris.

C. Die Äußerung des inneren Gefühls erfolgte durch bestimmte Körperhaltungen (*Gesten, Abschnitt 7)[8], durch unordentliche *Tracht sowie ungepflegtes Haupt- und *Bart-*Haar, durch außergewöhnliche Verhaltensweisen wie Gefühlsausbrüche (*Ekstase)[9], durch Einschränkung der persönlichen Bedürfnisse (*Armut, *Enthaltsamkeit, *Keuschheit). – Besonders auffällige Formen nahm die ritualisierte T. bei den *Klageweibern während der *Bestattung an (*Totenklage; siehe auch *Harfnerlieder, *Maneroslied); doch läßt ihr Handeln erkennen, daß neben dem Ausdruck der T. auch der Versuch vorlag, dem Toten zu neuem Leben zu verhelfen (Erweckung aus dem Todes-*Schlaf durch Geschrei; Aufstieg zum Himmel in der Wolke der *qmꜣ*-*Worfel- bzw. Klageweiber). – Ebenfalls in den Bereich der Verklärung des Toten gehört die Verwendung symbolhaltiger Pflanzen bzw. Blumen bei der T. um einen Verstorbenen[10].

[1] Zusammengestellt Wb VI, 158. – [2] Das Determinativ in Urk. VI, 79, 14 scheint eine Nebenform der Klagehaltung (wie bei *ḥꜣjtj* Wb III, 7, 7) zu sein. – [3] Nur bei *snm* (Wb IV, 165). – [4] Wb V, 549, 23; vgl. auch 548, 16 und 549, 20. – [5] Z.B. Ricardo A. Caminos, A Tale of Woe. Papyrus Pushkin 127, Oxford 1977. – [6] Z.B. Sinuhe R 8–11. – [7] Vercoutter, in: LÄ I, 339. – [8] Erika Feucht, in: Fs Westendorf II, 1103–11. – [9] Fast hemmungslos dargestellt bei der kgl. Familie von Amarna (Wenig, in: LÄ I, 175). – [10] Emma Brunner-Traut, in: LÄ I, 835; Vivi Täckholm, in: LÄ II, 273. W. W.

Traum. A. Le terme égyptien usuel pour désigner le T. est *rswt*[1], Copte ⲣⲁⲥⲟⲩ[2], formé sur *r(j)s*, „veiller", le T. étant considéré comme un état de veille pendant le sommeil. Ce paradoxe, la littérature égyptienne n'a pas manqué de l'exploiter, ainsi, dans un passage de l'Enseignement pour Mérykarê (*Lehre für Merikare) où l'allusion au T. se joue au second degré: „il (= dieu) leur a crée la magie comme arme pour parer le coup des événements sur lesquels on est vigilant (*rst*) de nuit comme de jour"[3]. Par ailleurs dans la littérature, le T. constitue un terme de comparaison pour illustrer l'illusion[4], la fugacité de l'instant[5], ou encore, au plus extrème, la vie terrestre elle-même[6]!

Mais, au dela de la métaphore, le T., à travers le sommeil (*Schlaf), est un moment de contact entre le monde des vivants et celui des morts et des divinités. Dans le Rituel de l'ouverture de la bouche (cf. *Mundöffnungsritual), le prêtre-*sm* (*Sem) narre aux assistants sa rencontre, pendant son sommeil aux pieds de la statue, avec l'âme de celui qu'elle représente[7]. De même, *Mr-jrtj.fj* passe la nuit dans la tombe de sa défunte épouse dans l'espoir de la voir en rêve prendre sa défense devant le tribunal de l'au-delà[8]. De leur côté les divinités se manifestent aux mortels à travers le T. pour leur signifier leurs desiderata[9], leur prédire un événement à venir, – accession au trône[10], succès militaire[11], naissance d'un enfant[12], durée de vie[13], leur indiquer un remède[14], et, plus généralement, pour les éclairer de quelque manière[15]. Ainsi le T. constitue-t-il, avec l'oracle (cf. *Orakel) un mode de la relation entre la divinité et l'homme (cf. *Gott-Mensch-Beziehung), non seulement, bien évidemment le roi, – au demeurant, le T. est entré dans la topique de l'idéologie monarchique[16] –, mais aussi les simples particuliers. Le T. peut être spontané, ou provoqué par la pratique de l'incubation (*Tempelschlaf, *Sanatorium). Cette pratique a été considérée comme le fruit d'une évolution tardive[17], parce qu'elle est abondamment documentée à l'Epoque Ptolémaique, en particulier comme moyen de guérison (*Heilschlaf) dans les sanctuaires de *Dendara, d'*Abydos, du *Sérapeum, etc. ... En fait, il semble bien qu'elle ait été déjà mise en œuvre au moins dès la Première Période Intermédiaire et au Nouvel Empire[18].

Le T. n'est pas toujours valorisé positivement; la crainte, et, en conséquence, la conjuration des mauvais T. (ou, inversement, le désir de bons T.) hante la littérature magique depuis le Moyen Empire[19].

Les principales mentions de T. dans les sources égyptiennes sont les suivantes:

– T. de *Mr-jrtj.fj*: désir de voir son épouse défunte[20]. – T. de *Ḥnj*: désir de se voir avec son patron[21]. – T. de *Sésostris I: la divinité lui signifie de prendre soin du temple d'Éléphantine[22]. – T. d'*Aménophis II: annonce d'un victoire[23]. – T. de *Thoutmosis IV: le *Sphinx lui promet l'accession au trône s'il le dégage des sables[24]. – T. de *Merenptah: annonce d'une victoire[25]. – T. de *Ḏḥwtj-m-ḥb*: *Hathor lui révèle l'emplacement de sa tombe[26]. – T. de Tanoutamon (*Tanutamun): annonce de son accession au trône[27]. – T. de *Zmꜣ-tꜣwj-tꜣj.f-nḫtt*: le dieu promet sa sauvegarde dans la bataille[28]. – T. de Psentais (stèle de *Taimhotep): promesse d'un enfant mâle en échange de travaux pieux[29]. – T. de Thotertais: incubation à la suite d'une cécité[30]. – T. de *Ḥr*: archive démotique d'un prêtre du *Sérapéum consignant de nombreux rêves[31]. – T. de Harsiésis: annonce de la durée qu'il lui reste à vivre[32]. – T. de *Ptolémée IV: annonce de la victoire[33]. – T. de *Djoser (apocryphe): annonce d'une crue abondante[34]. – T. du prince de Bakhtan (*Bentreschstele): le dieu manifeste son désir de revenir en Egypte[35]. – T. de Méhytouskhet et de Setne: promesse d'un enfant mâle[36]. – T. de *Ḥr*, fils de *Pꜣ-nḥs*: révélation de l'emplacement d'un grimoire[37]. – T. d'un pharaon au Sérapéum: les dieux lui signifient de prendre soin de leur culte[38].

D'autres T. égyptiens sont conservés dans la Génèse[39] (*Josephsgeschichte), dans les sources papyrologiques et chez les auteurs grecs et latins[40].

B. Traumdeutung (und Traumbuch). Si le contenu de certains rêves est immédiatement compréhensible, – paroles, voire dialogues "en clair" –, beaucoup d'autres exigent d'être déchiffrés; ainsi, Tanoutamon, à son réveil, demande le sens de son rêve. D'où constitution, au moins depuis le ME, d'une T. qui se manifeste à travers des clefs des songes. La plus ancienne connue, le *pChester-Beatty III, rto 1–11 (manuscrit ramesside, mais composition antérieure) présente, par un système d'accolades, les situations dans lesquelles se voit le rêveur, leurs valeurs bonnes ou mauvaises, et leurs significations[41]. Par ailleurs, beaucoup de clefs des songes en démotique regroupent les rêves par thème[42]. Le rapport entre le rêve et sa signification varie. Souvent, il est analogique, que l'analogie soit naturelle, médiatisée par la culture[43], rétrospective[44], ou *a contrario*; il passe aussi par le symbole[45], parfois par l'assonance, la paronomase, le jeu de mots et l'association d'idées[46]. On a soupçonné une influence babylonienne sur la T. tardive[47].

Quoique des particuliers tentassent occasionnellement d'interpréter leurs rêves, la T. était l'affaire de lettrés laics ou religieux, hiérogrammates (*Hierogrammat), *ḥrj-tp* (hartummim)[48], parfois attachés comme spécialistes (ἐνυπνιοκρῖται) à un sanctuaire où se pratiquait l'incubation[49]; le Copte a conservé encore ⲣⲉϥⲟⲩⲉϩⲣⲁⲥⲟⲩ "l'interprète des rêves"[50].

[1] Wb II, 452, 1–4. – [2] KoptHWb, 166. Autre terme: *qdt*, voir pHier. BM (Edwards), 36, n. 5. Pour le débat sur *wp mꜣꜥt*, cf. Grapow, dans: ZÄS 79, 1954, 98–99; Posener, Littérature et politique, 71–72; Wolfgang Helck, Der Text der "Lehre Amenemhets I. für seinen Sohn", KÄT, Wiesbaden 1969, 13 (b); Dietrich Wildung, Imhotep und Amenhotep, MÄS 36, Munich 1976, 72 n. 1. – [3] Wolfgang Helck, Die Lehre für König Merikare, KÄT, Wiesbaden 1977, 86 (= pErmitage 136–7). Le mot *rst* ne désigne pas directement le T.; cf. Posener, dans: Annuaire du Collège de France 66, 1967, 344; Miriam Lichtheim, Ancient Egyptian Literature I, Berkeley–Los Angeles–Londres 1975, 109 n. 31; mais l'allusion au T. est présente au second degré, cf. Fecht, dans: MDAIK 24, 1969, 117. – [4] Sinuhe B 225. – [5] Zbyněk Žába, Les maximes de Ptahhotep, Prague 1956, 139 (pPrisse 287. 359). – [6] Černý–Gardiner, Hier. Ostraca, pl. 39, 1, rto 9–10, avec le très profond commentaire de Jan Assmann, Zeit und Ewigkeit im Alten Ägypten, AHAW 1975. 1, 16. – [7] Otto, Mundöffnungsritual II, 57–58. – [8] Wente, dans: OLP 6/7, 1976, 600. – [9] T. de Sésostris I, du prince de Bakhtan, d'un pharaon au Sérapéum, cf. infra, respectivement, n. 22. 35. 38. – [10] T. de Thoutmosis IV, de Tanoutamon, cf. infra, respectivement, n. 24. 27. – [11] T. d'Aménophis II, de Merenptah, de Ptolémée IV, cf. infra, respectivement, n. 23. 25. 33. – [12] T. de Psentais, de Méhytouskhet et de Setné, cf. infra, respectivement, n. 29. 36. – [13] T. de Harsiésis, cf. n. 32. – [14] T. de Thotertais, cf. n. 30. John Ray, The Archive of Ḥor, Texts from Excavations 2, Londres 1976, 130. – [15] Cf. pInsinger 32, 13: "(Dieu) a créé le rêve pour montrer le chemin à toute personne qui en a, lorsqu'elle est aveugle." – [16] Hermann, Königsnovelle, 23–24. 43–44; Heinz-Joseph Thissen, Studien zum Raphiadekret, Meisenheim am Glan 1966, 52–53; Antony Spalinger, Aspects of the Military Documents of the Ancient Egyptians, Yale Near Eastern Researches 9, Yale 1982, 116. – [17] John Ray, o. c., 130. – [18] Wente, o. c.; BM 278 = Bruyère, Mert Seger, 23, figs. 15–16; Černý, dans: JEA 31, 1945, 45–46; ÄHG, 359–360, no. 155: "j'ai passé la nuit dans ton avant-cour". – [19] Kurth Sethe, Die Ächtung feindlicher Fürsten ..., APAW 1926. 5, 72; pRam. (Gardiner), XVI, 21, 1; pChester-Beatty III, rto 10, 10–19 = J. F. Borghouts, Ancient Egyptian Magical Texts, Nisaba 6, Leyde 1978, 3–4; pHier. BM (Edwards), 119 (index); pMag. LL, vso XVII; Westendorf, in: ZÄS 92, 1966, 145. – [20] Wente, o. c. – [21] Simpson, dans: JEA 52, 1966, 39–52; id., dans: JEA 56, 1970, 62; Roccati, dans: RSO 42, 1967, 323–8; Fecht, dans: MDAIK 24, 1969, 105–128. – [22] Schenkel, dans: MDAIK 31, 1975, 118 (a). – [23] Urk. IV, 1306, 12–1307, 2; Helck, dans: OrAnt 8, 1969, 316. – [24] Christiane Coche-Zivie, Giza au deuxième millénaire, BdE 70, Le Caire 1976, 128, 1. 8–9. – [25] Kitchen, Ram. Inscr. IV, 5, 10–13. – [26] Assmann, dans: RdE 30, 1978, 44. – [27] Urk. III, 61, 4–62, 7. – [28] Tresson, dans: BIFAO 30, 1930, 381, 1. 11–13; Miriam Lichtheim, Ancient Egyptian Literature III, Berkeley–Los Angeles–Londres 1980, 41; Limme, dans: Schrijvend Verleden (éd. Veenhof), Leiden 1983, 324–329. – [29] BM 157 = Wildung, o. c., 69; Quaegebeur, dans: Ancient Society 3, Louvain 1972, 94–95; id., dans: Studies in Ptolemaic Memphis, Stud. Hellen. 24, Louvain 1980, 69; Miriam Lichtheim, o. c., 60. – [30] oBrooklyn 37. 1821 E = Malinine, dans: AcOr 25, 1960, 250–265; Volten, dans: AcOr 26, 1962, 129–131; Ray, dans: JEA 61, 1975, 188 n. 1. – [31] John Ray, The Archive of Ḥor, Texts from Excavations 2, Londres 1976, 130–6. – [32] pLeyde T 32, VII, 28–35 = Vernus, dans: RdE 32, 1980, 126–134. – [33] Heinz-Joseph Thissen, o. c., 52. – [34] Barguet, Stèle de la famine, 26, pl. V, l. 18–23; Miriam Lichtheim, o. c., 98–9. – [35] Louvre C 283 = Kitchen, Ram. Inscr. II, 286, 13; Miriam Lichtheim, o. c., 93. – [36] Setne II, 1–20: Lichtheim, o. c., 138–9. – [37] Lichtheim, o. c., 146. – [38] Spiegelberg, dans: ZÄS 50, 1912, 33–34; 51, 1913, 137–8. A cette liste il faut peut-être ajouter Ricardo Caminos, The Chronicle of Prince

Osorkon, AnOr 37, Rome 1958, 28 (f); J.C. Goyon, dans: Karnak VI, 1980, 142. – [39] Jozef Vergote, Joseph en Egypte, Orientalia et Biblica Lovaniensia 3, Louvain 1959, chap. IV. – [40] Serge Sauneron, Les songes et leur interprétation dans l'Egypte ancienne, SourcesOr 2, 1959, no. 4. 5. 8. 12. 20 à 23; ajouter Heinz-Joseph Thissen, o.c., 52–53, no. 12 à 16. P. Grandet signale aussi Suetone, Vie d'Auguste, chap. 94. – [41] Sauneron, o.c., 33–38. – [42] Aksel Volten, Demotische Traumdeutung (Pap. Carlsberg XIII et XIV vso), AnAe 3, Copenhague 1942, 3–5; pBologne 3171 et 3173, cf. LÄ IV, 786; W. Tait, Papyri from Tebtunis in Egyptian and in Greek, Texts from Excavations 3, Londres 1977, 56–61, no. 16. 17; Zauzich, dans: AfP 27, 1980, 91–98. Nombreux inédits. – [43] Vernus, dans: RdE 33, 1981, 104 n. 41. – [44] Borghouts, dans: Gleanings from Deir el Medina, Leyde 1982, 56 n. 101. – [45] Volten, o.c., 56–58; RÄRG, 835; Sauneron, o.c., 32. – [46] Volten, o.c., 59–64. – [47] Richard Parker, A Vienna Demotic Papyrus on Eclipse and Lunar-Omina, Providence 1959, 53 n. 1; W. Tait, o.c., 59. – [48] Vergote, o.c., 66–73. – [49] Ray, o.c., 135. – [50] Crum, CD, 302b; Ray, o.c., 45.

Lit.: RÄRG, 835–8; Aksel Volten, Demotische Traumdeutung (Pap. Carlsberg XIII et XIV vso), AnAe 3, Copenhague 1942; Serge Sauneron, Les songes et leur interprétation dans l'Egypte ancienne, SourcesOr 2, Paris 1959; Sarah I. Groll, dans: Pharaonic Egypt. The Bible and Christianity (éd. Sarah I. Groll), Jerusalem 1985, 71–118. P.V.

Traumstele (stèle du songe), 132 × 72 cm große Granitstele mit 42 Zeilen Text, zusammen mit vier weiteren Königsstelen 1862 am *Gebel Barkal (Tempel B. 500) gefunden, seit 1864 in Kairo (JE 48863), aus dem 1. Regierungsjahr des Königs *Tanutamun (= 664 v.u. Z.), beschreibt einen *Traum des Prinzen, der ihm die Wiedereroberung Ägyptens prophezeit, weiterhin die Übernahme der Herrschaft, die Krönungsfahrt nach *Napata (wohl von *Meroe aus), die Fahrt nach Ägypten mit Eroberung von *Memphis und des Deltas, was die Assyrer zum Gegenzug veranlaßt, dabei folgenreiche Zerstörung *Thebens. Damit endet die kuschitische Herrschaft über Ägypten. Allerdings wurde Tanutamun noch bis 656 tatsächlich in Theben anerkannt. St. W.

Treiben der 4 Kälber. A. Die Belege für die Ritualszene T., äg. *ḥwt bḥzw*[1], stammen aus dem AR[2], dem NR[3], der SpZt[4] und der griech.-röm. Epoche[5]. Während dieses langen Zeitraumes bleibt der Aufbau der Szene gleich, abgesehen von Varianten bei einigen Details[6]: Der König treibt vier Kälber[7] zu einem Gott[8] hin; nach den Beischriften[9] handelt es sich stets um ein schwarzes, ein weißes, ein rotes und ein buntes Kalb[10]. Der Führstrick ist jeweils an einem Bein des Kalbes befestigt; die in ein *Anchzeichen auslaufenden Enden der Führstricke hält der König zusammen mit einem senkrecht stehenden, meist gewellten Stab in der einen Hand, während die andere einen langen, geraden Stock in schräger Lage hält, so daß dessen zu einem Schlangenkopf gestaltete Spitze sich abwärts dem Rücken der Kälber zuneigt[11].

Der Gott der Ritualszene T. ist in *Theben[12] im NR meistens *Amun-Re oder Amun-Re-*Kamutef, teils ithyphallisch dargestellt und mit der Ikonographie des *Min; in ptolemäischer Zeit begegnet Min-Amun-Re-Kamutef[13]. In *Kawa (25. Dyn.) und in *Hibis (27. Dyn.)[14] erscheint der widderköpfige, nicht ithyphallische Amun-Re. In *Dendara ist zweimal *Harsiese und einmal *Osiris der Gott der Szene[15]. In Edfu dominiert *Horus *Behedeti; Min-Kamutef, Amun-Re-Kamutef und Osiris treten jeweils nur in einer Szene auf.

Die Szene des AR aus *Abusir gehört in den Kontext des kgl. Totenkultes, ebenso wie die Szenen aus *Meroe[16]. Für den Bereich des privaten Totenkultes kann nur auf zwei Särge des späten NR verwiesen werden; auf einem von ihnen [17] ist mit Sicherheit Osiris der Empfänger des *Rituals. Alle anderen mir bekannten Ritualszenen T. sind Bestandteil der Tempeldekoration.

B. Die vielschichtige Bedeutung des Rituals kann hier nur versuchsweise dargestellt werden, da eine umfassende Bearbeitung bis heute fehlt[18].

Ein relativ klares Bild ergibt sich wegen der in dieser Zeit umfangreicheren Szenenbeischriften für die griech.-röm. Epoche. Hier mischen sich in den meisten Texten eine „agrarische", eine „osirianische" und eine „legitimistische" Thematik; nur einige wenige Szenen widmen sich jeweils ausschließlich der agrarischen und der legitimistischen Thematik[19].

Nach den Texten mit agrarischer Thematik[20] werden die vier Kälber über die *Tenne des Gottes getrieben, um für ihn Korn zu dreschen; als Gegengabe erhält der König, der auch als guter Viehzüchter und Hirte angesprochen wird, vom Gott reiche Ernten und zahlreichen Nachwuchs bei seinem Vieh. Ferner erwähnen die Texte das Töten von *Schlangen, die den Kälbern hätten gefährlich werden können; Stab und Stock des Königs (s.o.) werden also als die Hälften einer zerschnittenen Schlange dargestellt[21].

Die Texte mit osirianischer Thematik[22] lassen den König mit den Kälbern das Grab des Osiris aufsuchen (*ḥḥ*), um es vor den Feinden des Osiris zu verbergen. Bedenkt man, daß eben diese Szenen zugleich auch die agrarische Thematik enthalten, der König Sohn des Nilgottes genannt wird und die Texte außerdem noch die Gliedervereinigung des Osiris ansprechen, dann liegt die Vermutung nahe, daß die Tenne mit dem Grab und das Korn

mit dem Leib des Osiris gleichgesetzt wurde, daß das *Dreschen und das nachfolgend anzusetzende Einstampfen des Kornes durch die vier Kälber als Verbergen des Osirisleibes[23] und als Voraussetzung für die Auferstehung des Osiris in der Vegetation (*Kornosiris) gedeutet wurde. – Ferner wird in den gleichen Szenen die legitimistische Thematik behandelt: Der König als Verkörperung des Horus besorgt, wie einst Horus und Min in *Heliopolis, das Begräbnis seines Vaters Osiris, indem seine Kälber den Korn-Leib des Osiris mit ihren Hufen beerdigen; der König übernimmt die Aufgabe des Harsiese[24], und das legitimiert ihn zum Thronerben sowie zum Herrn Ägyptens und der Welt.
Nur zwei Szenen befassen sich ausschließlich mit der legitimistischen Thematik[25]. – Welche Thematik auch vorherrschen mag, die Vierzahl der Kälber demonstriert die Totalität des Geschehens[26]; weitere Farben sind ja bei Kälbern kaum vorstellbar[27], und die Texte selbst stellen nicht selten den Bezug zu den vier *Himmelsrichtungen her[28].

C. Für die Frage nach Ursprung und Entwicklung der Ritualszene T. sind wir mangels ausführlicher Beischriften zu den älteren Szenen vorwiegend auf den bildlichen Kontext angewiesen. Ein landwirtschaftlicher Vorgang, vielleicht das Dreschen, vielleicht das Vorführen von Jungtieren, bildete die konkrete Basis des Rituals.
In der einzigen Quelle des AR (5. Dyn.) haben wir schon eine völlig ritualisierte Handlung vor uns, und zwar mit dem später üblichen Aufbau der Szene, den Farben der Kälber und der Angabe, daß das Treiben der Kälber im Tempel stattfand[29]. Hier bereits befindet sich das Ritual offensichtlich im Kontext des *Sedfestes; vielleicht ist es als Demonstration königlicher Leistungsfähigkeit auf einem speziellen Gebiet[30] in den Komplex des Sedfestes übernommen worden, welches ja die Erneuerung der Königsmacht feiert und unter Beweis stellt. Und auch fortan, vom NR bis in die griech.-röm. Zt[31], treffen wir die Szene häufig im Zusammenhang des Sedfestes an sowie im Zusammenhang mit der Königskrönung und der sog. „Taufe Pharaos"; dabei steht die Szene T. besonders gerne in unmittelbarer Nähe oder in Symmetrie zur Szene der Übergabe der vier *Meretkästen[32]. Während die Gegengabe des Gottes in den Szenen des NR, ohne Erwähnung von Osiris, in der Verleihung von Gesundheit, ewigem Königtum und Sieg über alle Länder besteht, erhält der König in den Szenen griech.-röm. Zt seine Herrschaft meist nur bei gleichzeitiger Identifizierung mit Horus, Sohn der Isis und des Osiris; die griech.-röm. Zt bringt also hier nichts grundsätzlich Neues, sie stellt das Ritualgeschehen nur auf die zu ihrer Zeit generell dominierende Grundlage[33].
Der in den Texten griech.-röm. Zt ausformulierte Bezug auf einen landwirtschaftlichen Vorgang ist szenenintern wohl auch im NR vorhanden, dafür spricht jedenfalls das stets gleiche Szenenbild wie auch die konstante Bezeichnung des Rituals[34].
In den Bereich des Totenkultes gelangte die Ritualszene T. anscheinend gemeinsam mit den anderen regenerationshaltigen Sedfestritualen; auf einem der beiden Privatsärge des späten NR steht sie im Kontext eines Sedfestes für Osiris[35]. Das T. wurde nach Texten des Tempels von Edfu auch für die verstorbenen Urgötter Edfus ausgeführt[36], was auf eine gewisse Verselbständigung hinweist[37].

1 Die Femininendung „*t*" wird im NR gelegentlich ausgeschrieben, s. z. B. Helmut Brunner, Die südlichen Räume des Tempels von Luxor, AV 18, 1977, Tf. 148; als Variante findet sich auch der Singular *bḥz* und der Zusatz *zp fdw*, „viermal", s. Blackman und Fairman, in: JEA 35, 1949, 99–103 und Harold H. Nelson, The Hypostyle Hall at Karnak I. 1, OIP 106, 1981, Tf. 146. – 2 Borchardt, Sahure II, 115 f., Tf. 47. – 3 Alabasterschrein Amenophis' I. in Karnak, PM II², 63; Tempel Ramses' III. in Karnak, PM II², 31; Barguet, Temple d'Amon-Rê, 132. 188. 215. 230. 267. 275; Brunner, o. c., Tf. 148; Nelson, o. c., Tf. 68 (cf. auch Tf. 259). 146 (cf. auch Tf. 262); s. auch die bei Blackman und Fairman, in: JEA 36, 1950, 76 zitierte Literatur; Möller, in: ZÄS 39, 1901, 71 ff., Tf. 4.5; CG 6016 (Tf. 5); diese Zusammenstellung ist ebensowenig vollständig wie die nachfolgenden. – 4 Kawa II, Tf. 22 a; Leclant, in: BIFAO 53, 1953, 138 (25. Dyn.); Norman de Garis Davies, The Temple of Hibis III, PMMA 17, 1953, Tf. 12 (27. Dyn.); Claude Traunecker, in: Claude Traunecker, Françoise Le Saout und Olivier Masson, La Chapelle d'Achôris à Karnak II, Texte, Paris 1981, 120–124 (29. Dyn.). – 5 Blackman und Fairman, in: JEA 35, 1949, 98 ff.; JEA 36, 1950, 63 ff. (elf Szenen aus Edfu); Dendara I, 114. 147; IV, 92; Kees, Farbensymbolik, in: NAWG, 1943. 11, 471, Anm. 292 zitiert eine Szene aus Philä (Photo 290); Pierre Clère, La Porte d'Évergète à Karnak, MIFAO 84, 1961, Tf. 44; Barguet, o. c., 139 (PM II², 100; Sanktuar des Philipp Arrhidaios in Karnak); – für Nubien cf. RCK III, Tf. 20 und vielleicht auch Tf. 7. – 6 So wird z. B. der Führstrick in einer Szene am Vorderfuß, in einer anderen am Hinterfuß befestigt (Blackman und Fairman, in: JEA 36, 1950, 76 f. möchten darin eine zeitliche Differenzierung erkennen; dagegen spricht aber z. B. die bei Nelson, o. c., Tf. 146 publizierte Szene); in der Szene Edfou IX, Tf. 64 ist der schräg gehaltene Stock gewellt, der senkrecht gehaltene Stab jedoch gerade (sonst meist umgekehrt); der König trägt in nahezu allen Szenen eine *Atefkrone, in einer Szene des großen Hypostylsaales von Karnak jedoch die Rote Krone, s. Nelson, o. c., Tf. 146. – 7 Es sind stets männliche Kälber; gelegentlich erscheinen in Text oder Darstellung Stiere anstelle der Kälber, s. Blackman und Fairman, in: JEA

36, 1950, 72 Anm. 54. – [8] In allen mir bekannten Fällen; erscheint zusätzlich eine Göttin (s. z. B. Nelson, o. c., Tf. 146; Edfou IX, Tf. 64), dann nimmt diese nur die zweite Position ein; – der Gott (bzw. seine Begleiterin) wird meist stehend, aber auch sitzend abgebildet (s. z. B. Edfou X, Tf. 113. 152). – [9] Gelegentlich haben sich auch entsprechende Farbreste erhalten, s. z. B. Brunner, op. cit. – [10] Das angebliche grüne Kalb und auch das blaue Kalb (so Blackman und Fairman, in: JEA 36, 1950, 70 Anm. 45 zu Text 4) sind zu streichen: „grün" ist ein Kopierfehler (s. Edfou I², 101, 18), und *jrtjw* bezeichnet u. a. auch die rote Farbe (s. Kees, o. c., 463 ff.); – wenn auch an bestimmtem Orte und zu bestimmter Zeit eine bevorzugte Abfolge der Farben festzustellen ist (z. B. in Edfu: bunt, rot, schwarz, weiß), so wurde die Reihenfolge der Farben doch nie generell festgelegt, und man findet eine Vielzahl von Varianten. – [11] Der König benutzt den Stock also zum Treiben der Kälber und nicht etwa zum Schlagen als Strafe (so Kees, o. c., 474); in einem Text wird überdies *ḥwj* mit *jj*, „kommen lassen", paraphrasiert (Dendara IV, 93, 1–3). – [12] Der Gott in der AR-Szene aus Abusir ist leider nicht mehr erhalten. – [13] Clère, op. cit. (s. o. Anm. 5). – [14] S. Anm. 4. – [15] S. Anm. 5. – [16] Wenn es sich bei ihnen (RCK III, Tf. 20, 7) überhaupt um die Ritualszene T. handelt. – [17] Möller, in: ZÄS 39, 1901, 71 ff., Tf. 4.5; der andere Sarg: CG 6016. – [18] Die Ergebnisse der bisherigen Studien (Kees, Farbensymbolik, in: NAWG 1943. 11, 470 ff.; Blackman und Fairman, o. c.; Emile Chassinat, Le mystère d'Osiris au mois de Khoiak, Kairo 1966–1968, 655 ff.) stimmen in einigen größeren Bereichen überein, zeigen aber auch erhebliche Unterschiede (die solideste Textbearbeitung findet man bei Blackman und Fairman; die Übersetzungen bei Kees sind insgesamt nicht besonders zuverlässig); – leider geht keine der drei Studien genügend auf die zahlreichen Quellen des NR ein; man darf aber demnächst weiteren Aufschluß erhoffen, denn in GM 72, 1984, 89 wird von L. M. J. Zonhoven auf die in den Niederlanden entstehende Dissertation von A. Egberts hingewiesen: „Dragging the *mrt* chests" and „Driving the calves". An investigation of two Egyptian rites. – [19] Die Gründe für die Bevorzugung der einen oder anderen Thematik lassen sich vermutlich nur ermitteln, wenn man einmal die „Semantik" jeder einzelnen Ritualszene T. auf die ihr jeweils übergeordnete Ritualszeneneinheit bezieht. – [20] S. vor allem die drei Szenen in Blackmans und Fairmans „Category I", welche sich nur auf diese Thematik beschränken. – [21] D. h.: Das Negative wird entschärft und ins Positive umgewandelt. – [22] Siehe Blackmans und Fairmans „Category II". – [23] Manchmal wird das Dreschen auch als Niedertrampeln der Feinde gedeutet. – [24] Dendara I, 115, 4; 147, 14; Edfou VI, 286, 13. – [25] Das sind die Texte 11 und 12 in Blackmans und Fairmans Zusammenstellung; man sollte hier also m. E. nicht, wie die beiden Autoren es tun (in: JEA 36, 1950, 80 f.), ein Unverständnis der äg. Verfasser ansetzen; Text 10 gehört im weiteren Sinne zu „Category II", denn in ihm wird der Tempel von Edfu als nächtlicher Aufenthaltsort des Horus Behedeti angesprochen, der wie die Unterwelt des Osiris vor den Feinden verborgen werden muß (vom Grab des Horus ist also nicht die Rede). – [26] S. z. B. Emma Brunner-Traut, in: LÄ II, 125; Berlandini, in: LÄ IV, 92. – [27] Einige Texte reden auch von den vier Kälbern „jeglicher Farbe". – [28] Die Textstelle Dendara IV, 93, 1–3 begründet die Wahl der vier Farben jedoch anders (der König spricht zum Gott): „Ich habe ausgesucht, was du liebst, und ich habe zu dir kommen lassen das schwarze Kalb, um für dich nach deinem Belieben zu arbeiten, das weiße Kalb, um dein Gesicht zu erheitern, das bunte Kalb in gleicher Weise, um deine Gewalt abzuwenden, das rote Kalb, um deine Wut zu vertreiben" (cf. auch Edfou IV, 241, 16 ff.). – [29] Diese Angabe findet sich auch noch in der 25. Dyn. (Kawa II, Tf. 22 a); – die den Symbolgehalt der Szene unterstreichenden Anchzeichen an den Enden der Führstricke sind m. E. auch in der AR-Szene zu ergänzen. – [30] Im Bereich der Versorgung der Menschen und auch der Götter (mit Opferspeisen; ein Ernteritus, ursprünglich vermutlich für Min ins Leben gerufen, s. Helck, in: LÄ III, 455; Emma Brunner-Traut, in: LÄ IV, 142 f.); oder vielleicht auch im Bereich der persönlichen Vitalität, indem der Symbolgehalt der Ritualhandlung auch denjenigen erfaßte, der sie ausführte. – [31] S. z. B. Nelson, op. cit. (s. Anm. 1. 3); Kawa II, Tf. 22 a. b. 21 c; Davies, op. cit. (s. Anm. 4). – [32] Auch die Beischriften beider Szenen zeigen viele Gemeinsamkeiten; – weitere Nachbarszenen sind z. B. die des Ruderlaufes, des Vasenlaufes oder in einem Falle (Traunecker, o. c., 122) die des Erdaufhackens. – [33] Obwohl die religionsgeschichtliche Basis dafür viel weiter zurückreicht, erfolgte die explizite Ausrichtung der Szenentexte auf den Osirisglauben wohl nicht vor der SpZt; ob der Bezug auf Osiris implizit schon in den Szenen des AR und des NR vorhanden war, ist ohne weiteres nicht zu entscheiden – für das späte NR muß man aber m. E. damit rechnen. – [34] Manche Szenentitel des NR sagen, daß das T. für (*n*) den Gott stattfinde. – [35] Möller, in: ZÄS 39, 1901, 71 ff. – [36] S. Traunecker, op. cit., 123 Anm. 163. 164. – [37] S. dazu auch Maurice Alliot, Le culte d'Horus, BdE 20. 2, 1954, 463–465.

Korrekturzusatz: Zur Beziehung der Ritualszene T. zum Sedfest cf. auch Bruno H. Stricker, De oorsprong van het Romeinse circus, Amsterdam–London 1970.

Lit.: Hermann Kees, Farbensymbolik in altäg. religiösen Texten, NAWG 1943. 11, 470 ff.; Blackman und Fairman, in: JEA 35, 1949, 98 ff.; 36, 1950, 63 ff.; Emile Chassinat, Le mystère d'Osiris au mois de Khoiak, Kairo 1966–68, 655 ff.; Maurice Alliot, Le culte d'Horus, BdE 20. 2, 1954, 463 ff.

D. Ku.

Treideln (*sṯȝ*[1], *jtḥ*[2], *sṯȝ(s)ṯ*[3], *sȝsȝ*[4]), das Ziehen von *Schiffen vom Ufer aus durch Menschen (oder durch Tiere?), scheint in der äg. *Schiffahrt, vorwiegend stromaufwärts, zu allen Zeiten eine große Rolle gespielt zu haben[5], wenngleich schriftliche Hinweise darauf in profanen Quellen selten zu belegen sind[6] und außerhalb der religiösen Sphäre Darstellungen dafür fehlen[7]. Eine besondere Bedeutung scheint das T. bis in die Neuzeit bei der Durchfahrt durch die *Katarakte besessen zu haben[8]. Die große Rolle, die das T. für den Schiffsverkehr spielte, wird auch dadurch unterstrichen, daß das größte Längenmaß (*Maße und Gewichte), der *jtrw*, augenscheinlich vom T. abgeleitet ist und die Strecke bezeichnet, die eine Treidel-Mannschaft bis zu ihrer Ablösung zurücklegte[9]. In dem Ausdruck *mškbwjw* scheint im NR eine Bezeichnung für die Treidel-Mannschaft vorzuliegen[10]. Auch scheint, zumindest zu gewissen Zeiten, das T. eine vom Staat auferlegte Pflicht gewesen zu sein[11].

Eine bildliche Wiedergabe des T. findet sich in der Darstellung des *Opetfestes in *Luxor, wobei die Teilnahme am Ziehen der *Amunsbarke eine besondere Ehre darstellte[12]. Besonders häufig wiedergegeben wird das T. seit dem AR in Darstellungen des *Bestattungsrituales (B Sargprozession zur Balsamierungshalle, D Saisfahrt, G Sargprozession nach Heliopolis)[13]. Getreidelt wird auch die Sonnenbarke (*Sonnenlauf) in der Unterwelt in den Abbildungen zu den *Jenseitsführern (*Amduat, *Erde, Buch von der, *Höhlenbuch, *Pfortenbuch, s.a. *Tag und Nacht, Buch von). In den meisten Fällen wird die Barke von anthropomorphen göttlichen Wesen gezogen (z.B. die vier „Unterweltlichen" im Pfortenbuch); es treten aber auch Seelenvögel[14], *Uräen[15] und *Schakale[16] auf. Diese Darstellung vom T. des Sonnenschiffes findet sich auch auf *Särgen[17], magischen Papyri[18] und *Stelen[19].

Hinweise auf T. in religiösen Texten gibt es seit den Pyramiden-Texten[20]. Nicht als T. gedeutet werden darf das Ziehen der Barke des *Sokar[21]. Sie ist auf einen Schlitten montiert, und auch sonst zeigt der Gott eine viel engere Beziehung zu Sandregionen als zu Gewässern, vgl. z.B. die 4. und 5. Stunde des Amduat.

[1] Wb IV, 351,10; 352,1–3, wie auch das folgende sowohl für T. wie für das Schleppen von Schiffen durch Schleppschiffe verwendet; der Ausdruck bezieht sich also in erster Linie, seiner Grundbedeutung gemäß, auf den Vorgang des Ziehens und nicht so sehr darauf, auf welche Weise bzw. durch wen (oder was) dies geschieht. – [2] Wb I, 148,12 und Schenkel, Memphis, Herakleopolis, Theben, 42, so auch Charles Boreux, Etudes de nautique égyptienne. L'art de la navigation en Egypte jusqu'à la fin de l'Ancien Empire, MIFAO 50, 1924–25, 429, der ebenfalls hierin einen Ausdruck für T. sieht und *hjj* als Bezeichnung für Schleppen betrachtet. Zu letzterem s. auch Wb II, 483,19 ohne eindeutige Festlegung, und Faulkner, in: JEA 57, 1971, 202: „to make a rope fast". – [3] Jacobus J. Janssen, Two Ancient Egyptian Ship's Logs, Leiden 1961, 35. – [4] Černý, in: Fs Michalowski, 51–52 – weitere mögliche Bezeichnungen für T.: *sspr* (Wb IV, 275,12); *mꜣꜥ* (Wb II, 23,7; vgl. Hornung, Amduat II, 86, aber auch Pyr., Übers. I, 315 zu 279d). Zweifelhaft erscheint *nwḥ* mit der Bedeutung T. (so Goyon, in: RdE 20, 1968, 66. 91, Nr. 20; anders Faulkner, in: JEA 23, 1937, 13 und 15, Nr. 18. 26). Zu *nwḥ* als Schiffstau, Zugseil s. Wb II, 223,10. – [5] Herodot II, 96; Janssen, op. cit., 50; Helck, Wirtschaftsgeschichte, 268; Adelheid Schlott-Schwab, Die Ausmaße Ägyptens nach altägyptischen Quellen, Ägypten und Altes Testament 3, 1981, 116–117. – [6] Für Belege s. die unter Anm. 1–4 gegebene Lit.: Janssen, Schenkel, Černý. – [7] Gegen Klebs, Reliefs III, 206. Die Darstellung im Grab des Huy (Davies–Gardiner, Ḥuy, Tf. 10. 18) scheint eher ein Landemanöver wiederzugeben. – [8] Herodot II, 29; Černý, op. cit.; Vandersleyen, in: BIFAO 69, 1971, 260–261; Fourtau, in: ASAE 6, 1905, 3–4. – [9] Schlott-Schwab, op. cit., 116–117. 122. – [10] Janssen, op. cit., 34–35. – [11] Schenkel, op. cit.; Deir el Gebrâwi II, Tf. 24, Z. 7–8 (Urk. I, 77,1–2). – [12] Urk. IV, 895, 10–13. – [13] S. Settgast, Bestattungsdarstellungen, Tf. 6. 7. 11. 12; vgl. auch z.B. die Darstellung des getreidelten Totenschiffes in der Vignette zu Tb Kap. 99 (Naville, Tb I, Tf. 112 l.k.), auf Sarg CG 41038, gezogen von menschlichen Wesen bzw. Rindern, oder die Stele CG 22049. – [14] Erik Hornung, Ägyptische Unterweltsbücher, München und Zürich, 1972, 444; Piankoff, Myth. Pap., Nr. 29. 30. – [15] Hornung op. cit., 444–445, Abb. 93; Piankoff, op. cit., Nr. 20. 26. 29. – [16] So op. cit., Nr. 11. 19. 21; Sarg CG 41040; vgl. auch Jan Assmann, Re und Amun. Die Krise des polytheistischen Weltbilds im Ägypten der 18.–20. Dynastie, OBO 51, 1983, 87. – [17] Alexandre Moret, Sarcophages de l'époque bubastite à l'époque saïte, CG, 1913, passim. – [18] Piankoff, op. cit., Nr. 11. 19. 20. 21. 26. 28–30. – [19] Peter Munro, Die spätägyptischen Totenstelen, ÄF 25, 1973, Nr. 156. 174. – [20] Pyr. 303c; z.B. CT VI, 313q, wo der Tote selbst das T. des Sonnenschiffes übernimmt; weitere, nicht immer ganz sichere Beispiele auch da, wo vom Bugtau gesprochen wird (Raymond O. Faulkner, The Ancient Egyptian Coffin Texts III, Warminster 1978, 203, s.v. *ḥꜣtt*); die Möglichkeit, daß es sich bei den genannten Tätigkeiten z.T. auch um ein Anlegen des Schiffes handelt, ist nicht immer sicher auszuschließen. Tb Kap. 15; Tb (Naville) II, 27 (A.f.); vgl. auch Barguet, Tb, 45. 50 sowie Thomas G. Allen, The Book of the Dead or Going Forth by Day, SAOC 37, 1974, 16. 23. 24. – [21] Zu Belegen (Darstellungen und Text) s. Gottfried Wohlgemuth, Das Sokarfest, Diss. Göttingen 1957, passim. E. M.-P.

Trepanation. In Ägypten selten angewandter, intra vitam ausgeführter operativer Eingriff zur Eröffnung der Schädelkapsel. Keine Erwähnung im *med. Schrifttum oder sonstigen Quellen. *Paläopathologisch problematische Indikation und Differentialdiagnostik. Operationstechnisch handelt es sich bei den 4 zur Zeit gesicherten T. um Schabe- und Meißel-Trepanation (Datierung: Prädynastisch; Neues Reich – Spätzeit) (Sammlung: Duckworth Laboratory, Cambridge; Anatomisches Institut der Universität Kairo; Institut für Anthropologie und Humangenetik, Universität Tübingen). Trepanations-*Instrumente wurden bisher nicht nachgewiesen: eventuell waren Mehrzweckgeräte aus Stein und Metall in Gebrauch. Das auf dem sogenannten „Instrumentenfries" von *Kom Ombo (3. Reihe von unten, zweiter Gegenstand von rechts) abgebildete und gelegentlich als Trepan bezeichnete Instrument bleibt – ungeachtet der Richtigkeit der Interpretation – für die altäg. Trepanationsfrage von untergeordneter Bedeutung: erste schriftliche Belege der Operation und des hierbei verwendeten Instrumentariums finden sich bereits im Corpus Hippocraticum, lange vor der Entstehung des Tempelreliefs in nachchristlicher Zeit. Unter Berücksichtigung charakteristischer Elemente äg. *Heilkunde, insbesondere der frühen *Chirurgie, sowie zum Teil entsprechender radiologischer Befunde dürfte den äg. T. eher medizinische als magisch-rituelle Indikation zukommen. Dagegen sind die aus Nubien berichteten „Symbolischen oder Inkompletten T." (ohne Penetration der Tabula interna) - primär paramedizinisch zu bewerten.

Lit.: Paul Ghalioungui, La médicine des pharaons, Paris 1983, 111–112; Jean Dastugue, Pathologie des crânes d'Aksha, in: Aksha III, Paris 1976, 159–161; ders., Pathologie des crânes de Mirgissa, in: Mirgissa III, Paris 1976, 75–95; ders., Les restes humains des nécropoles pharaoniques de Soleb (Nubie soudanaise), in: L'Anthropologie 85.2, Paris 1981–82, 251–268; F.P. Lisowski, A Report on the Skulls from Excavations at Sesebi, in: Actes 4e Congrès International des sciences d'anthropologie et ethnologie, Wien 1952, 1954, 228; ders., Trépanation en ancienne Egypte, in: VIe Congrès fédératif internationale d'anatomie, Paris 1955, 143; ders., Ägyptische Trepanationen, in: Homo, Supplement 6, Göttingen 1959, 147; Wolfgang M. Pahl, Altägyptische Trepanationen. Untersuchungen zur Frage der Realisierung neurochirurgischer Operationen in einem elaborierten prähippokratischen Medizinsystem (in Vorbereitung); ders., Palaeopathological Findings on a Head of a Mummy from Dynastic Egypt. Preliminary Report, in: Antropologia contemporanea 3, Turin 1980, 27–33; ders., Skull Surgery in Ancient Egypt, in: Proceedings of the 29th International Congress of the History of Medicine, Kairo 1984–5 (im Druck). W.M.P.

Treppe (*rdw* [1]). Eine T. ist zunächst eine Folge von Stufen, die man in die Erde „stampft" (*sqr*)[2]; erst später wird sie aus *Ziegeln oder *Stein errichtet. Seit *Dewen (1.Dyn.) erscheinen T. als Zugänge zu den *Königsgräbern in *Abydos und in den Beamtengräbern von *Saqqara-Nord; in den *Pyramiden verschwinden sie mit *Snofru und treten erst unter *Amenemhet III. wieder auf[3]. Rituell spielen T. beim *Sedfest-Podest[4] und bei den Sonnenaltären[5] eine Rolle. In den Wohnhäusern verbinden sie die einzelnen Stockwerke[6]; sie sind „gerade oder gewinkelt mit Absatz in der Mitte, oft über Bogen geführt und mit darunter liegenden Vorratsräumen, gelegentlich mit ovalen Tonnen überwölbt"[7] (*Gewölbe). Weiterhin finden sich T. als Zugänge zu Festungsmauern[8], an *Kaianlagen[9], aber auch bei *Palästen als Freitreppe[10].

Eine wichtige Rolle in Zeremonien spielen die T., die in Tempeln aufs *Dach führen: Die Prozessionen ziehen auf einer Ost-Treppe hinauf und einer West-Treppe hinab, etwa wenn man die Statue des Gottes zum *Dachtempel bringt[11]. Innerhalb des Tempels führt meist eine kleine T. zum *Naos bzw. zum *Allerheiligsten[12]; ähnliches sieht man bei Abbildungen von Verwaltungsbüros bei der *Kapelle des „Berufsnumens"[13].

In einem weiteren Sinn bezeichnet man mit *rdw* aber auch die Zugänge zu Tempeln. Bekannt ist die „Große Treppe des Herrn von Abydos", d.h. der Prozessionsweg vom Osiristempel nach Umm el-Gaab in Abydos, an dem die *Stelen und *Kenotaphe der Privatleute stehen. Auch *Thutmosis III. errichtete „Stelen an der T. des Herrn von *Jpt-jswt*"[14]. Auch bei anderen Tempeln wird der Zugang „Treppe" genannt[15], ebenso die Zugänge zu Felsgräbern des MR[16].

Nicht als „Treppe" darf jedoch die Bezeichnung *ḫtjw* bei *Min übertragen werden: es handelt sich um die „*Tenne", die später die Nebenbedeutung „Podest" annehmen kann.

1 Wb II, 409,9–15 unter *rwd*; *rdw* in Wb II, 462,16 ist nicht „Treppe" wie in Wb, sondern Stuhlfüße. – 2 Pyr. 1090. 1108. 1325. 1717. – 3 Arnold, in: LÄ IV, 1266. Bei den nubischen Pyramiden erscheint die T. zuerst bei *Pianchi (Karola Zibelius, in: LÄ III, 888 Anm. 6). – 4 Bereits bei *Narmer: Hierakonpolis I, Tf. 26 B. – 5 Die T. führt vom Westen auf den Altar, vgl. *Deir el-Bahari; zu *Tell el-Amarna vgl. Stadelmann, in: MDAIK 25, 1969, 162–3. – 6 Vgl. TT 104 (Thutnefer): Abb. 2 bei Badawy, in: LÄ I, 405–6 (seitenverkehrt!). – 7 Nach Arnold, in: LÄ II, 1063. – 8 Vgl. Badawy, in: LÄ II, 198–200. – 9 Zu den verschiedenen Möglichkeiten der Anbindung der T. an die Kaianlage s. Schenkel, in: LÄ III, 294. – 10 So in *Ballas: Smith, Art and Architecture, Tf. 120 A; Illahun, Kahun, Gurob, Tf. 14. 16. – 11 Zur Symbolik der T. im Tempelbau s. Willem B. Kristensen, Het leven uit den dood, Harlem 1926, 76–110. Zur Ausschmückung der T. in *Medinet Habu s. Stadelmann, in: MDAIK 25, 1969, 171. In (*Tell) Edfu und *Dendara führten 14 Stufen zum Platz, wo der Mond gefüllt wird (Philippe Derchain, La lune, SourceOr 5, Paris 1962, 25–26). – Auch die T. innerhalb der *Pylone hatten rituelle Bedeutung. – 12 E.g. in *Luxor. – 13 Vgl. Emma Brunner-Traut, in: LÄ I, 483–4, Tf. 2 Abb. 11 (TT 23). – 14 Urk. IV, 164, 11. – 15 Urk. IV, 342 (Herr der *Neunheit); CG 23601 (*Upuaut); Louvre C 15 (*Hathor); Florenz Cat. 1505 (*Sokar); Urk. IV, 1031 (*Min). – 16 Siut I, 308. W.H.

Treueverhältnis. Wenn auch der Ägypter anscheinend kein Wort für den Begriff „Treue" besitzt, so kann er dieses besondere Verhältnis zwischen zwei Personen doch ausdrücken. Seit dem MR[1] befindet sich, handelt (*jrj*) oder geht (*mšʿ*, *šm*) der eine (meist der Rangniedere) „auf dem Wasser (*ḥr mw*)" bzw. „Kanal" (*mr*) oder „Flut" (*mḥj*) des

anderen (meist des Königs oder eines Gottes)[2]. In der Zt *Amenophis' II. befindet sich aber auch einmal[3] *Amun *ḥr mw* des Königs, d.h. hält ihm die Treue im Kampf.
Auch der Ausdruck, daß sich jemand „zu Füßen" (*r rdwj*) einer Person befindet, der ebenfalls seit MR belegt und in der 18. Dyn. besonders häufig ist[4], dürfte ein besonderes T. bedeuten. Dieses spielte in der ersten Hälfte der 18. Dyn. als staatstragendes Element eine besondere Rolle.
Aus der 1. ZwZt kennen wir eine etwas ungewöhnliche Beschreibung eines T., wenn ein Untergebener sagt, er sei ein „*jwjw*-*Hund, der im *Zelt schläft, ein Windhund des Bettes, den seine Herrin liebt"[5]. Vielleicht hat auch bei dem Ausdruck *r rdwj.fj* das Bild des treuen Hundes Pate gestanden.

[1] Sinuhe B 75. – [2] Wb, Belegst. II, 52, 17; auch Urk. IV, 1301, 16: der König „gibt Dinge dem, der *ḥr mw.f*" ist; Urk. IV, 53, 2: Treue gegenüber *Thot (beim Schreiber). – [3] Urk. IV, 1291, 3. – [4] MR: BM 574 (= Sethe, Lesestücke, 75, 3). NR: Urk. IV, 1598, 16–17: „Wächter der Füße des Herrn beider Länder, der Nacht wie Tag nicht weicht von den Füßen des Herrn beider Länder"; ähnlich e.g. Urk. IV, 911. – [5] CG 20506 (= Schenkel, Memphis, Herakleopolis, Theben, 299 f.).

Lit.: Westendorf, in: GM 11, 1974, 47–48. W.H.

Triade s. Götterkreise (bes. LÄ II, 692–3)

Triakontaschoinos. Τριακοντάσχοινος, sc. χώρα[1], Dreißigmeilenland. Die T. ist nur in einigen wenigen Texten bezeugt, und erst die Zusammenschau der Belege ermöglicht eine hinreichend sichere topographische Zuordnung.
Die 1896 bei Ausgrabungen vor dem Augustustempel in *Philae entdeckte[2] trilingue Dedikationsinschrift[3] (hieroglyphisch/lateinisch/griechisch[4], vom 20. Tag des 4. Wintermonats im Jahre 1 des Augustus[5] = 15. April 29 v. Chr.[6]) des ersten röm. Präfekten in Ägypten C. Cornelius Cn. F. Gallus[7], der in Philae nach Empfang von Abgesandten des meroitischen Königs[8] die Einsetzung eines einheimischen τύραννος über die τοπαρχία T. in tutelam[9] verfügt, initiierte die ägyptologische Diskussion zu dem bis dahin lediglich lexikographischer[10] (T.: „nördlichster Teil Äthiopiens, Ptolemaios, Geographia IV, 7, 32")[11] und geographiehistorischer[12] Treuhänderschaft anvertrauten Begriff Triakontaschoinos. Man hatte sich orientiert an den Angaben des wohl in *Alexandria bis unter *Marc Aurel (161–180 n. Chr.)[13] wirkenden Astronomen und Geographen Klaudios Ptolemaios, der die T. s. des Großen (Zweiten)[14] *Kataraktes ansetzt.
Die Veröffentlichung[15] der Inschrift des (in der Trilingue zwar nicht unmittelbar als Dedikant selbst auftretenden, aus Reiterdarstellung und Text sekundär in dieser Funktion wohl erschließbaren)[16] Präfekten Cornelius Gallus regte die rasche Einbringung von Bezeugungen zu T. an, so daß Wilcken bereits 1897 in seinen Einlassungen zu ersten Darstellungen zur Inschrift – wie von etwas, dem allgemeinen Bewußtsein bisher Entlegenem, sprechend – feststellt: „Dieser Triacontaschoenos jetzt auch in einer Inschrift aus der Zt des Philometor"[17]; und in einer Nachschrift: „Ἡ τριακοντάσχοινος begegnet, wie Mommsen ... bemerkt, auch bei Claudius Ptolemaeus I, 9, 9 und IV, 7, 32"[18]. Die von der Gründung zweier πόλεις (Φιλομήτορις[19] und Κλεοπάτρα[20]) in der T. durch den στρατηγός der Thebais Boethos – wohl einen Karer[21] – unter *Ptolemaios VI. Philometor berichtende Stele ist zum Zeitpunkt ihrer Veröffentlichung[22] – nach Privatbesitz in den Louvre gelangt – zwar seit geraumer Zeit zugänglich[23], als Quelle für T. aber war der Text ungenutzt geblieben.
In Überschätzung der vermeintlich deutlicheren Aussage zur T. wertet Sethe Ptolemaios, Geogr. IV, 7, 32 als „die einzige genauere Angabe über die Lage der T. ..., wo er in der Aufzählung der s. von der Linie Bazion akron – Großer Katarakt ansässigen Völkerschaften Äthiopiens οἱ τὴν Τριακοντάσχοινον κατανεμόμενοι als erstes Volk westlich vom Nil nach dem großen Katarakt nennt, auf das dann weiter südlich die Εὐνυμῖται folgen"[24]. Sethe lehnt ausdrücklich ein wörtliches Verständnis von Ptolemaios, Geogr. I, 9, 9 (οἱ τὴν ἐκτὸς Συήνης Τριακοντάσχοινον οἰκοῦντες) ab; dies dürfe „nicht so verstanden werden, daß die T. bei Syene begann ..."[25]. Kees spricht sich für eine Zuordnung der T. zum Gebiet zwischen dem Ersten und dem Zweiten Katarakt aus und folgt darin Griffith[26] „auf Grund der politischen Lage im nubischen Grenzgebiet zur Ptolemäer- und Römer-Zt"[27]. Bereits 1898 jedoch entscheidet Milne sich für „The region beyond the First Cataract ... the border territory known as the Triakontaschoinoi ... a Roman protectorate"[28], noch bevor Weigall eine hieroglyphische Felsinschrift[29] veröffentlicht, die (beim Dorfe Khartûm zwischen Tafa und *Kalabscha, somit in der *Dodekaschoinos) *Isis von Philae mit einem Feld (*sḫt*) von „*30 jtrw*" (= 30 σχοῖνοι)[30] in Verbindung bringt, eine Ausdehnung, die bei einer durchschnittlichen Länge von 10,5 km und deren Schwankungen vorzüglich als Wegemaß zwischen zwei Schiffszieherstationen[31] der Stromlänge von 360 km zwischen dem Ersten und Zweiten Katarakt in etwa entspricht[32]. T. und Dodekaschoinos können so als „partiellement identique"[33] bezeichnet werden, wobei die ersten zwölf σχοῖνοι von Philae nilaufwärts bis Maharaqa[34] rechnen. Der bis zur Auffindung der Gallusinschrift mit Klaudios Pto-

lemaios in Verbindung gebrachten, von Ptolemaios so jedoch nicht ausdrücklich angesprochenen oder durch räumliche Aufzählungsfolge getroffenen Analogiebildung der Begriffe T. und Dodekaschoinos fügt Sethe die Entfernungsangabe Πεντάσχοινος (5 σχοῖνοι von Pelusion)[35] hinzu. Terminus a quo für die Felsinschrift von Khartûm/Mudenebila dürfte die *Hungersnotstele (wohl unter *Ptolemaios V.)[36] sein, die gegen den wachsenden Anspruch der Isis von Philae die Dodekaschoinos für *Chnum reklamiert. Dies entspricht der von Schlott-Schwab festgestellten orthographischen Einordung von *jtrw* dieses Textes ab Ptolemaios V. (bis *Ptolemaios VIII.)[37] ebenso wie dem Festhalten an der Zuordnung „Ptolemäer- oder Römerzeit"[38]. Aufgrund der Bedeutung der Felsinschrift für die T. jedoch ist diese aus der Liste der „Texte über die Dodekaschoinos"[39] auszugrenzen. Ist der fragmentarischen Erhaltung des Textes die Verbindung „Ufer" (*wdb*) sowie „Westen und Osten" (anders Weigall: „... the two *wepwat*, which in this case means ‚frontiers'")[40] abzugewinnen, läßt sich die Zuordnung der T. durch Claudios Ptolemaios zum Westufer des Nils (Τὴν δὲ ἀπὸ δυσμῶν τούτου τοῦ τμήματος τοῦ Νείλου ποταμοῦ χώραν ...)[41] auch für das Ostufer verifizieren. Bringt Claudios Ptolemaios die allmählich einsetzende dunkle Hautfarbe der Äthiopen mit den Bewohnern der T. – s. von Syene (*Assuan) – in Verbindung („... χρόας ... Αἰθιόπων ... ἠρέμα τυγχάνουσι μέλανες, ὡς οἱ τὴν ἐκτὸς Συήνης τριακοντάσχοινον οἰκοῦντες ...")[42], steht dies durchaus im Einklang mit den Gegebenheiten jenes s. des Ersten Kataraktes gelegenen Teiles des „von den Griechen Αἰθιοπία"[43] genannten Nubien, der als Unternubien zwischen dem Ersten und Zweiten Katarakt – die Bezeugungen zusammengenommen – der T. entspricht.

[1] A Greek-English Lexicon, compiled by Henry G. Liddel and Robert Scott, Oxford [9]1940 (Reprint 1977), 1866. – [2] Lyons und Borchardt, in: SPAW 1896. 1, 469–482 mit A. Erman – Kommentar zum hieroglyphischen Text der Trilingue – und O. Hirschfeld – Kommentar zum lat. und griech. (= OGI, Nr. 654) Text. – [3] Wilcken, in: ZÄS 35, 1897, 71. 76. – [4] Zum inhaltlichen Unverhältnis zwischen dem hieroglyphischen und dem lat.-griech. Text vgl. Erman, l. c., 477 f. – [5] Erman, l. c., 470; Wilcken, l. c., 71: Erstes Amtsjahr des Cornelius Gallus; dagegen Hanslik, in: Der Kleine Pauly, Lexikon der Antike I, Stuttgart 1979, 1317, Z. 5: Stele vor Ernennung zum Präfekt (30 v. Chr.); im griech. Text zu erwartende Entsprechung ἔπαρχος zu praefect[us Alex]andreae et Aegypti ausgefallen (vgl. Hirschfeld, l. c., 481); Wilcken, l. c. 86 bezieht das Datum des 20. Pharmuthi auf Urkunden- und Publikationsbeschluß des Priesterkollegiums in Philae gegen Erman, l. c., 477, Stelenerrichtungstag. – [6] Hanslik, l. c., 1317, Z. 7. – [7] Burck, in: Lexikon der Alten Welt, Zürich–Stuttgart 1965, 1023 f. – [8] Walter B. Emery, Egypt in Nubia, London 1965, 225. – [9] OGI, Nr. 111; vgl. William Y. Adams, Nubia. Corridor to Africa, London 1977, 340. Zur Person des τύραννος (vielleicht Qeper, Vater der Brüder Pahôr und Peteêse, der Heroen des in der Dodekaschoinos gelegenen Tempels von Dendûr/Tutzis) vgl. Kees, in: RE, 2. Reihe VI, 2377, im Anschluß an Griffith, in: JEA 4, 1917, 167 f. – [10] Θησαυρὸς τῆς Ἑλληνικῆς γλώσσης. Thesaurus Graecae linguae, ab H. Stephano constructus, edd. C. B. Hase, W. und L. Dindorf (Genf 1572) VII, Paris [3]1848–54, 2406. – [11] Wilhelm Pape's Wörterbuch der griechischen Eigennamen, 2. Hälfte, Braunschweig [3]1884, 1549. – [12] Vgl. Dyer, in: A Dictionary of Greek and Roman Geography II, ed. by William Smith, London 1872, 1228; vgl. Albert Forbinger, Hb. der Alten Geographie II, Hamburg [2]1877, 819. – [13] Sambursky, in: Lexikon der Alten Welt, Zürich–Stuttgart 1965, 2478. – [14] Kees, l. c., 2377. – [15] Vgl. OGI, Nr. 654, Einleitung. – [16] Wilkken, l. c., 71. 76. – [17] Wilcken, l. c., 71, zu Z. 8 des in Anm. 1 wiedergegebenen lateinisch-griechischen Textes. – [18] Wilcken, l. c., 87. – [19] OGI, Nr. 111, Anm. 7; vgl. Volkmann, in: RE XXIII, 1717. – [20] OGI, Nr. 111, Anm. 8. – [21] Edwyn Bevan, The House of Ptolemy. A History of Egypt under the Ptolemaic Dynasty, Chicago [2]1968, 294; Griffith, in: AAA 11, 1924, 118; OGI, Nr. 111, 9 mit Anm. 4. Herkunft der Stele aufgrund der Götternamen wohl *Sehel, vgl. Kees, l. c., 2377. – [22] Max L. Strack, Die Dynastie der Ptolemäer, Berlin 1897, 251, Nr. 95 (= OGI, Nr. 111). Zu Fragen meroitischer und ptol. Herrschaftsinteressen und Versuchen eines einheimischen Potentaten, in Mirgissa durch Imitation ptolemäischer Münzen „Anschluß an die hell. Geldwirtschaft" zu gewinnen, vgl. Hofmann, in: GM 9, 1974, 29 f. – [23] Strack, l. c., 251, Einleitung zu Nr. 95; OGI, Einleitung zu Nr. 111. – [24] Sethe, in: UGAÄ 2, 1901, 86 f. mit 82 Anm. 2. – [25] Sethe, l. c., 87 Anm. 2. – [26] Griffith, l. c., 118. – [27] Kees, l. c., 2377 f. – [28] Joseph G. Milne, A History of Egypt, London 1898, 18 f. – Vgl. Auguste Bouché-Leclercq, Histoire des Lagides II, Paris 1904, 355 Anm. 1. – [29] Arthur E. P. Weigall, A Report on the Antiquities of Lower Nubia, Oxford 1907, 67 mit Tafel 27, 5. – [30] Adelheid Schlott-Schwab, Die Ausmaße Ägyptens nach altägyptischen Texten, ÄUAT 3, 1981, 119. – Vgl. ebd., 106, Nr. 48 der Belegliste für *jtrw*, Felsinschrift von Mudenebila (PM VII, 10 = „Khartûm of Weigall"). – [31] Schlott-Schwab, l. c., 119–122. – [32] Kees, l. c., 2378. – [33] Jean Lesquier, L'armée romaine d'Egypte d'Auguste à Diocletian, Kairo 1918, 463 mit Anm. 1 von S. 462. – [34] Vgl. Forbinger, l. c., 819. – [35] Sethe, l. c., 86. – [36] Zibelius, in: LÄ III, 84. – [37] Schlott-Schwab, l. c., 112. – [38] Vgl. Weigall, l. c., 68; vgl. Kees, l. c., 2378. – [39] Schlott-Schwab, l. c., 109. – [40] Weigall, l. c., 67. – [41] Ptolemaios, Geogr. IV, 7, 32. – [42] Ptolemaios, Geogr. I, 9, 9. – [43] Helck, in: Lexikon der Alten Welt, Zürich und Stuttgart 1965, 2103. E. He.

Tribut ist eine Sachleistung, die der König zwangsweise besiegten und unterworfenen Fremdvölkern als politische Strafe, Kriegsentschädigung oder dafür auferlegt hatte, daß er ihr Leben und Vermögen verschonte.

Abzugrenzen sind die T. von *Abgaben, Geschenken und Handelslieferungen. Von den Abgaben unterschieden sie sich dadurch, daß sie nicht von Untertanen, sondern von Fremdvölkern erhoben wurden[1]. Im Unterschied zu den Geschenken erfolgten sie nicht freiwillig[2] und unentgeltlich, sondern zwangsweise und vielfach im Austausch gegen eine immaterielle Gegengabe, die Gewährung des Lebenshauches (*ṯ3w-n-ʿnḫ*). Dieser vor allem in den Königsinschriften verwendete Topos ist dahin zu verstehen, daß der König das Leben des besiegten Volkes schonte, von der Plünderung seiner Städte absah und ihm Schutz für die Zukunft versprach[3]. Anders als die Handelslieferungen waren die T. kein Entgelt für eine besondere materielle Leistung[4].

Als T. sind uns folgende Wirtschaftsgüter überliefert: Edel- und Nutzmetalle (*Gold, *Silber, *Kupfer), Vieh (*Rind, *Pferd, *Huhn), wilde Tiere (*Affe, *Bär, *Gazelle, *Gepard, *Giraffe, *Leopard, *Nashorn), Tierprodukte (*Elfenbein, *Felle, *Straußenfedern), Edel- und Schmucksteine (*Lapislazuli, *Malachit[5]), Hölzer, (*Ebenholz), *Gewürze, *Myrrhe[6], *Weihrauch, gewerbliche Produkte wie *Gefäße, *Matten, *Waffen, *Dolche, *Schwerter, *Panzerhemden, Gespanne und *Wagen[7].

Zur Bezeichnung der Tributlieferungen wurden die Termini *jnw*[8], *b3kw*, *b3kt*[9], *g3wt*[10] und *ndt-ḥr*[11] verwendet. Tributbringer waren *Asiaten[12], Westbewohner (*Libyer)[13] und Südländer (*Nubien)[14]. Auf Darstellungen sind sie schon durch ihre Kleidung und Haartracht als Angehörige von Fremdvölkern erkennbar[15].

Als Überbringer von T. (*Tributbringer) werden sowohl einzelne Länder als auch Einzelpersonen wie Fürsten (*wrw*)[16] oder allgemein Gabenbringer[17] genannt. Häufig erschienen sie in unterwürfiger Haltung, in *Proskynese (*sn-t3*)[18], sich verneigend (*m ksw*)[19], mit gesenkten Köpfen (*m w3ḥ-tpw*)[20] oder sogar in Fesseln[21] vor dem ägyptischen König. Ihre T. trugen sie in Säcken, Bündeln oder Ballen auf den Schultern oder in Krügen und Körben[22].

Die Tributerhebung war ein Strafmittel im Sinne einer politischen Vergeltung nach einem siegreich beendeten Feldzug oder diente als Kriegsentschädigung dazu, die durch den Krieg entstandenen Schäden und Kosten auszugleichen. Zugleich sollte sie die politische und militärische Macht des Königs dokumentieren. Die Erhebung von T. gehörte insoweit wie die Führung von Kriegen zu den außenpolitischen Aktivitäten des Königs, die häufig weder einer militärischen noch einer politischen Notwendigkeit entsprachen.

Die Aktivitäten wurden vom Gesetz von der Erweiterung des Bestehenden[23] bestimmt und sind wie überhaupt der Ablauf der äg. Geschichte vielfach rituell zu verstehen[24]. Da sich der König diesen Pflichten bei Antritt seiner Herrschaft nicht entziehen konnte, sind die Berichte über Kriegszüge und Tributerhebungen in vielen Fällen symbolisch aufzufassen[25]. Im Unterschied zu den Abgaben waren die Tributlieferungen keine dauerhafte und sichere Einnahmequelle, da die ordnungsgemäße Zahlung sowie die Eintreibungsmöglichkeiten zu sehr von den politischen und militärischen Verhältnissen abhingen.

[1] Vgl. Helck, in: LÄ I, 3ff.; Aldred, in: JEA 56, 1970, 105–116; Redford, Eighteenth Dyn., 120–128. – [2] Vgl. Renate Müller-Wollermann, in: GM 66, 1983, 81ff., bes. 83, wonach *jnw* von den Ägyptern niemals als T., sondern als Geschenke aufgefaßt wurden; anders Boochs, in: GM 71, 1984, 61ff. Geschenke waren offenbar die Gaben der Fremdvölker anläßlich von Königsfesten, vgl. Aldred, a. a. O. – [3] Nach Ansicht von Müller-Wollermann, a. a. O., 86 spricht schon der Erhalt einer Gegengabe gegen die herkömmliche Auffassung von T., derzufolge er eine Ausbeutung der besiegten Völker darstellt; anders Boochs, a. a. O. – [4] Keine T., sondern Handelslieferungen oder ein Austausch von Geschenken waren die Lieferungen anläßlich der Puntexpedition der Königin Hatschepsut (Urk. IV, 326,3). – [5] Vgl. Urk. IV, 1007,8ff. – [6] Wenig, in: LÄ IV, 528; Wresz., Atlas I, 284. – [7] Ebd. I, 269. 276. – [8] Nach Ansicht von Renate Müller-Wollermann, in: GM 66, 1983, 90 ist *jnw* niemals mit T., sondern in den meisten Fällen mit Geschenk zu übersetzen; anders Boochs, in: GM 71, 1984, 61ff. – [9] Vgl. David Lorton, The Juridical Terminology of International Relations through Dyn. XVIII, Baltimore 1974, 99ff. Die von Renate Müller-Wollermann, a.a.O., 82. 90 vorgeschlagene Übersetzung „Steuern" widerspricht dem Steuerbegriff nach unserem Sprachgebrauch, der nur auf Geldleistungen, nicht jedoch auf Naturalleistungen angewendet wird. – [10] Wb V, 153,5; Urk. IV, 334,9. – [11] Wb II, 373,9. – [12] Syrien, Palästina (*Rṯnw*: Urk. IV, 668,16; 671,12; 689,17; 691,13; 699,4; 705,17; 712,7; 717,8); Westasien (*Sngr*: Urk. IV, 700,16); Hatti (*Ḫt3 ʿ3t*: Urk. IV, 701,11; 727,13); *Jsj* (Urk. IV, 707,16; 719,13). – [13] *Ṯḥnw*: Urk. IV, 809,9–11. – [14] Vgl. Inge Hofmann, Der Sudan als äg. Kolonie im Altertum, Beiträge zur Ägyptologie 2, Wien 1979, 23ff.; Wawat: Urk. IV, 709,5; 721,2; Kusch: Urk. IV, 708,9; 715,10; 720,9. – [15] Eggebrecht, in: LÄ II, 370. – [16] Renate Müller-Wollermann, a.a.O., 84. – [17] Eggebrecht, in: LÄ II, 370. – [18] Wb IV, 154,11; Wresz., Atlas I, 273. 285. 288. 290. 292. 373. – [19] Wb V, 139,9ff.; Urk. IV, 1098, 15. – [20] Urk. IV, 1098,15. – [21] Wresz., Atlas I, 224. 288. – [22] Eggebrecht, in: LÄ II, 370; Wresz., Atlas I, 163. 224. 225. 247. 248. 265. 269. 270. 273–5. 284. 285. 288. 290. 292. 327. 328. 334. 335. 340. 348. 373. – [23] Hornung, in: Eranos Jahrbuch 50, 1980, 404. – [24] Hornung, Geschichte als Fest; ders., in: Saeculum 22, 1971, 54–56. – [25] Helck, in: LÄ II, 315–6; Hornung, in: Saeculum 22, 1971, 54–56. W. Bo.

Tributbringer. Das Motiv der Tributbringerszenen findet sich 1. in Privatgräbern und 2. in Tempeln des NR.

1. *Privatgräber* (*Grab): Diese Szenen sind belegt in Gräbern der 18. Dyn. von *Hatschepsut/*Thutmosis III. an in *Theben (Ausnahmen: Grab des *Haremheb in *Saqqara [1] und Gräber des Meryre II.[2] und des Huya [3] in *Tell el-Amarna). Sie finden sich auf der Rückseite der ersten Querhalle bzw. auf beiden Seiten des Durchgangs zur Grabkammer. Dargestellt sind entweder T., die dem König in Anwesenheit des Grabinhabers Gaben darbringen [4], oder T., die nur zusammen mit dem Grabbesitzer in Erscheinung treten [5]. Die T. stammen zum einen aus den Südländern *Nubien [6] und *Punt [7], zum anderen aus dem syrisch-palästinensischen Raum [8], bisweilen näher spezifiziert, aus *Retenu [9], *Tunip [10], dem *Mitanni-Reich [11], dem *Hethiter-Reich [12] und aus Kreta [13]. Im allgemeinen setzen sich die Szenen aus einer Reihe T. zusammen, die von Häuptlingen angeführt werden und denen Frauen mit Kindern nachfolgen. Die südländischen Häuptlinge sind im Adorationsgestus ohne Gaben dargestellt, während syrische Häuptlinge Vasen darbringen [14]. Die nachgeordneten eigentlichen T. tragen oder führen die Gaben herbei. Diese sind niemals Massengüter, sondern immer Luxusobjekte, häufig seltene Tiere. Typische Lieferungen der Südländer sind *Gold [15], *Elfenbein [16] und *Weihrauch [17]. Zu den mitgeführten Tieren zählen *Affen [18], *Giraffen [19], Vieh [20] u.a. Hingegen bestehen die Gaben der Syrier immer aus Vasen, darüber hinaus *Wagen und *Pferden [21], gelegentlich wilden Tieren wie *Löwe [22], *Bär [23] und *Elefant [24].
Die Interpretation der Tributszenen ist umstritten. Während die traditionelle Meinung, daß es sich um historische Tributlieferungen (*Tribut) handelt [25], wohl als unzutreffend gekennzeichnet werden kann, bleibt unsicher, ob in allen Fällen eine ideologisch verbrämte Darstellung von Außenhandel vorliegt [26] oder ob in einigen oder sogar allen Fällen Geschenklieferungen zu besonderen Anlässen wie *Krönung, *Sedfest oder *Neujahrsfest wiedergegeben werden [27].

2. *Tempel:* Belege hierfür finden sich in der Punthalle des Totentempels der Hatschepsut in *Deir el-Bahari [28], am *Pylon des Tempels Thutmosis' III. in *Armant [29] und in der Vorhalle des Tempels *Ramses' II. in *Beit el-Wali [30]. In allen drei Fällen werden südländische T. dargestellt. Während die Szene im Totentempel der Hatschepsut in Aufbau und Beischrift denen der Privatgräber gleicht, erscheinen die beiden anderen zusammen mit Kriegsszenen. Im Gegensatz zu den Szenen in Grabbauten werden also in Tempeln die Folgen der kriegerischen Unterwerfung der Feinde dargestellt.

[1] Robert Hari, Horemheb et la reine Moutnedjemet ou la fin d'une dynastie, Genf 1964, Tf. 36. – [2] Davies, Amarna II, Tf. 37. – [3] Davies, Amarna III, Tf. 14f. – [4] TT 40. 42. 78. 84. 85. 86. 89. 90. 91. 100. 143. 239. 256, Haremheb, Meryre II., Huya. – [5] TT 17. 39. 63. 65. 71. 80. 81. 127. 130. 131. 155. 162. 276. – [6] TT 39. 40. 63. 65. 78. 80. 81. 84. 86. 89. 91. 100. 127. 130. 131. 276, Meryre II., Huya. – [7] TT 39. 89. 100. 143. – [8] TT 17. 39. 40. 42. 78. 84. 85. 86. 89. 90. 100. 131. 155. 239. 276, Haremheb, Meryre II., Huya. – [9] TT 39. 40. 85. – [10] TT 86. – [11] TT 91. – [12] TT 86. 91. – [13] TT 39. 71. 85. 86. 100. 131. 155. – [14] Rosemarie Drenkhahn, Darstellungen von Negern in Ägypten, Diss. Hamburg 1967, 23. 31. – [15] TT 39. 40. 65. 80. 89. 143. 276, Meryre II., Huya. – [16] TT 39. 80. 91, Meryre II. – [17] TT 89. 100. 143. – [18] TT 39. 84. 89. 100, Huya. – [19] TT 40. 84. 100. – [20] TT 39. 78. 100. – [21] TT 42. 84. 86. 100, Haremheb, Meryre II., Huya. – [22] TT 40, Meryre II. – [23] TT 84. 100. – [24] TT 100. – [25] S. zuletzt Redford, Eighteenth Dyn., 128. – [26] Helck, in: LÄ II, 946; Janssen, in: SAK 3, 1975, 163f. – [27] Aldred, in: JEA 56, 1970, 105–116. – [28] Deir el-Bahari III, Tf. 77. – [29] Sir Robert Mond und Oliver H. Myers, Temples of Armant II, London 1940, Tf. 9. – [30] Bet El-Wali, Tf. 32–34.

Lit.: Aldred, in: JEA 56, 1970, 105–116; Rosemarie Drenkhahn, Darstellungen von Negern in Ägypten, Diss. Hamburg 1967; Wegner, in: MDAIK 4, 1933, 58–63.

R.M.-W.

Tridacna-Muscheln sind Riesenmuscheln, von denen die Art Tridacna maxima elongata 21 cm Länge und 12,5 cm Höhe erreicht, Tridacna squamosa nur 13 cm Länge und 8 cm Höhe; beide kommen im Indischen Ozean und im *Roten Meer bis in den Golf von Suez vor. T. maxima ist als Weihegabe (*Votivgaben) aus Karnak [1] wie aus Samos [2] bekannt; T. squamosa ist im 1. Jt. v. Chr. gern zu Schminkdosen umgearbeitet worden, indem das Scharnier der Schalen als Menschenkopf gebildet wurde und die Schalen fein ziseliert wurden. In dieser Gestalt sind sie von Mesopotamien (Assur, Ninive, Uruk, Babylon, el-Obeid, Sippar) über Palästina (Bethlehem), Ägypten (Naukratis, Daphnai, Memphis), Rhodos (Lindos, Kamiros), Kos, Samos, Ägina bis Vulci belegt [3]. Sie sind wahrscheinlich im südphönizischen Bereich hergestellt worden [4].

[1] Locard, in: Louis Lortet und Claude Gaillard, La faune momifiée de l'ancienne Egypte I, Lyon 1903, 197; II, 1909, 118. – [2] Stucky, in: Dédalo 10, Heft 19, Sao Paulo 1974, 14. 57; Boessneck, in: Athener Mitteilungen 58, Berlin 1983, 22ff. – [3] Zusammenstellungen bei Stucchi, in: Bolletino d'Arte, 4. serie 44, Rom 1959, 158ff.; Stucky, a.a.O.; Diehl, in: AA 1965, 823ff.; Wolfgang Helck, Die Beziehungen Ägyptens und Vorderasiens zur Ägäis, Darmstadt 1979, 203 mit Anm. 219 auf S. 317–8. – [4] Frederic Poulsen, Der Orient und die frühgriechische Kunst, Leipzig–Berlin 1912, 59ff.

W.H.

Trinksitten s. Eß- und Trinksitten

Triphis s. Repit

Trochilus s. Krokodil

Trogodyten (Troglodyten)[1]. Die aufgrund einer „alteingewurzelten ägyptischen Tradition"[2] Wb I, 55 als „die sogen. ‚Trogodyten'" wiedergegebenen *jwntj(w)* (nicht-ägyptische Stämme der Sinai-Halbinsel – *Cheops, Wâdi *Maghâra: „Schlagen (*sqr*) der *jwntjw*"[3] –, der Ostwüste – *Mentuhotep IV., *Wâdi Hammamât: „Min von Koptos, Herr der Bergländer, Oberhaupt der *jwntjw*"[4] –, der Südvölker – 19./20. Dyn., Hymnus an *Schu: „Du vernichtest die *jwntjw* Nubiens (*tꜣ Stj*)"[5]), seit der 1. Dyn.[6] gut bezeugt[7], haben mit diesen „auch nicht das Geringste gemein"[8].

[1] Zur sekundären Form „Troglodyten" s. Wilhelm Schulze, Kleine Schriften, Göttingen o. J., 413; Jahn, in: RE, Zweite Reihe, 14. Halbband, Stuttgart 1948, 2497; Die von Jahn, ebd., als etymologisch noch ungeklärt angesprochene ältere Bezeichnung Τρωγοδύται wird in Hjalmar Frisk, Griechisches etymologisches Wörterbuch II, Heidelberg 1970, 938 f. wie Τρωγλοδύται, „Höhlenkriecher", mit τρώγω in Verbindung gebracht (s. auch Pierre Chantraine, Dictionnaire Étymologique de la Langue Grècque, Histoire des mots, Paris 1968, 1141 f.); vgl. zur reichen griech.-lat. Tradition Lasserre, in: Der Kleine Pauly, Lexikon der Antike V, München 1979, 977; vgl. Jahn, l. c., 2497–2500. – [2] Steindorff, in: Fs Griffith, 364. – [3] Wb I, 55, 3 (Inscr. Sinai, Tf. 3, 7 links). – [4] Wb I, 55, 4 (Couyat–Montet, Inscr. du Ouâdi Hammâmât, 99). – [5] Wb I, 55, 6 (Hans O. Lange, Der Magische Papyrus Harris, Kopenhagen 1927, 21 [II, 10]). – [6] Heinrich Schäfer, Ein Bruchstück altägyptischer Annalen, Anhang zu APAW 1902, 18 zu Zeile 3 Nr. 2. – [7] Vgl. Säve-Söderbergh, Ägypten und Nubien, unter *jwn.tjw* und *jwn.tj stj*; vgl. Steindorff, l. c., 358–368. – [8] Steindorff, l. c., 368. Eine Würdigung der Belege vermag sich den Ergebnissen der Untersuchung Steindorffs nicht zu entziehen. E. He.

Trommel. Trommeln (zweifellige) und Pauken (einfellige) sind Schlaginstrumente und bilden organologisch die Klasse der *Membranophone. Zur Klangerregung versetzt man die Membran(e) durch Aufschlag mit den Händen und/oder mit Schlägel(n) in Schwingungen. Die mehr oder weniger straff gespannte Membran aus Tierhaut oder -fell wird zur Befestigung aufgeklebt, aufgeschnürt oder aufgenagelt, bedeckt dann vollständig eine oder beide Öffnungen des im pharaonischen Äg. aus Holz oder Ton gefertigten Korpus, das zylindrisch bzw. röhren- oder faßförmig ist, besonders vom NR an häufig von geringer Zargenhöhe (Rahmentrommel bzw. Tamburin, rund oder vierkantig, ein- oder zweifellig). T. bzw. Pauken können auch die Gestalt eines Gefäßes mit gerader, gewölbter oder eingezogener Wandung haben.
Die Spielhaltung variiert mit dem Instrumententyp: große Röhren- oder Faßtrommeln werden um den Hals gehängt, kleinere mit beiden Händen gehalten, auch unter den Arm geklemmt, Rahmentrommeln nicht selten auf Schulter oder Oberarm gestützt, vielfach auch zum Tanz oder zu lebhafter Körperbewegung geschwungen. – Membranophone sind in Äg. seltener bildhaft wiedergegeben als Klangwerkzeuge der anderen Klassen (*Idiophone, *Chordophone, *Aerophone). Das mag damit zusammenhängen, daß T. in erster Linie zu den Volksmusikinstrumenten gehörten, die man nicht oder nur selten erwähnte und in Händen von Volksmusikanten erst, wie diese selbst, im hell.-röm. Äg. darstellte (*Terrakotten). Zuweilen kommen T. im Militärwesen vor, selten im Kult. Faßtrommeln werden manchmal von fremdländischen Musikern, von Schwarzafrikanern, geschlagen wiedergegeben (*Opetfest); Gefäß- und Rahmentrommeln sind Instrumente bzw. Attribute des Gottes *Bes; Tänzerinnen handhaben in verschiedener Weise Rahmentrommeln. Durchweg alle Szenen, in denen T. vorkommen, fallen durch die Darstellung ausgeprägt lebhafter, zuweilen recht ungewöhnlicher Körperbewegungen auf.
Die Geschichte der T. in Äg., die die Entwicklung des Instrumentes und seiner Varianten, seine Typologie und Verbreitung berücksichtigt, steht noch aus. Zu lückenhaft ist immer noch das Material. Die Gefäßtrommel scheint für das AR in einer ihrer Ausprägungen belegt und kommt dann im Verlaufe der äg. Geschichte als flach-muldenförmige, tief gewölbt-kesselförmige, langgestreckte, einem Pokal oder großem Becher gleichende, schließlich einem großen Pilz ähnelnde, mit einem oben ausladenden Fellträger versehene Form des Instruments vor (*Darabukkah), in der SpZt und in hell.-röm. Zt nebeneinander in allen formalen Abweichungen. Die zweifellige Faßtrommel, erstmals im MR belegt, ist von der Röhrentrommel nicht immer eindeutig zu unterscheiden: abgesehen von den sehr großen Instrumenten, die sich der Spieler umhängt, bestehen die Belege zum größten Teil in organologischen Grenzfällen.
Die Rahmentrommeln (Tamburin), als vierkantiges und auch rundes Instrument in der Zt Thutmosis' III. zuerst dargestellt, waren, wenn auch nicht kontinuierlich nachweisbar, in offenbar recht verschiedenen Brauchzusammenhängen bis in hell.-röm. Zt in Äg. heimisch und blieben immer populäre und beliebte Instrumente. Mit der Zeit, doch ohne erkennbare Regelhaftigkeit, änderte sich auch die Terminologie für Trommel-Instrumente. Die große Faßtrommel hieß durch-

gehend *qmqm*, die kleine *bʿ*; aber auch die Gefäßtrommel wird zuweilen *qmqm* genannt. Die runde Rahmentrommel wird bei ihrem frühen Auftauchen mit *tbn* bezeichnet, von der 19. Dyn. an als *sr*. Für die vierkantige Rahmentrommel ist kein Name überliefert.

Alle Trommel-Formen sind im Musikleben des alten Äg. wesentliche und wichtige Elemente gewesen, ihre Bedeutung als virtuose Rhythmeninstrumente, aber auch als klangliche Faktoren, hat in der rezenten äg. Musik eher noch zugenommen.

*Begleitung, musikalische, *Gesang, *Götter, Musik-, *Heterophonie, *Koptische Musik, *Musik, Militär-, *Musiker, *Musikinstrumente, *Musizierpraxis, *Musik, *Notenschrift, *Tanz, *Trompete.

Lit.: Ellen Hickmann, Altäg. Musikinstrumente und musizierende Terrakotten, in: Kunst und Antiquitäten 5, Okt. Nov. 1979, Hannover; Hans Hickmann, Die Gefäßtrommeln der Ägypter, in: MDAIK 14, 1956, 76–79; ders., Ein improvisiertes Trommelduett, in: Pro Musica, Wolfenbüttel 1957. 1, 6–8; ders. und Charles Grégoire Duc du Mecklembourg, Catalogue d'enregistrement de musique folkloristique égyptienne, Straßburg–Baden-Baden 1958; ders., Rythme, mètre et mesure de la musique instrumentale et vocale des anciens Egyptiens, in: Acta Musicologica 32, Basel 1960, 11–22; ders., Militärmusik (II. Altertum), in: Die Musik in Geschichte und Gegenwart 9, Kassel–Basel 1961, 306–309; ders., Der ägyptische Zar, in: The Folklorist 6 (6), Manchester 1961, 576–579; ders., Musikgeschichte in Bildern II: Musik des Altertums 1: Ägypten, Leipzig 1961; ders., Die altäg. Röhrentrommeln, in: Oriens 17, 1964, 172–181; ders., Trommeln und Pauken, in: Die Musik in Geschichte und Gegenwart (B. Außereuropa und europäische Frühgeschichte) 13, Kassel–Basel 1966, 735–740; Lise Manniche, Ancient Egyptian Musical Instruments, MÄS 34, 1975; Heide Nixdorff, Zur Typologie und Geschichte der Rahmentrommeln, Baessler-Archiv N.F., Beiheft 7, Berlin 1971; Artur Simon, Studien zur ägyptischen Volksmusik, 2 Bde, Beiträge zur Ethnomusikologie 1, hg. von Kurt Reinhard, Hamburg 1972; Christiane Ziegler, Catalogue des instruments de musique égyptiens au Musée du Louvre, Paris 1979.

E. Hi.

Trompete. Trompeten sind *Blasinstrumente aus der Klasse der *Aerophone mit Schwingungserzeugung durch die angespannten Lippen des Bläsers, die auf das Anblasende so aufgestützt werden, daß sie teilweise frei schwingen können („Polsterzungen"). Tonhöhen, Tonvorrat, Ambitus, Klangfarben sind, außer vom Bläser selbst, abhängig von der Beschaffenheit der bei der T. eher zylindrischen Schallröhre. Altäg. Metalltrompeten (Gold- bzw. Silberlegierungen) haben gerade, 50–60 cm lange, sich an einem Ende zu einem Schalltrichter (-becher, Stürze) erweiternde Schallröhren, besitzen keine Spielhilfen, kein eigentliches Mundstück: der obere Rohrrand endet in einem wulstartigen Ring. – Drei Instrumente sind erhalten: zwei der T. stammen aus dem Grabe des *Tutanchamun (Museum Kairo: CG 69850. 69851), ein weiteres ist unbekannter Herkunft und als „Trompete" offenbar nicht gesichert (Musée du Louvre, Paris, N 909) (nach Ziegler). Die beiden Instrumente des Grabfundes tragen auf ihren Schalltrichtern die Bezeichnungen der vier Armeekorps des Pharao, sind außerdem mit je einem hölzernen Einsatzstück versehen, in Form von Lotosblüten angefertigt und genau in die zugehörigen T. passend. Die dritte T. weist einen weiten, ausladenden und flach geschwungenen Schalltrichter auf, ein Wulst am Anblasende ist nicht zu erkennen, ein Einsatzteil nicht vorhanden. – Zwei, höchstens drei verschiedene Töne im Abstand einer Dezime (bzw. Duodezime) kann der Bläser auf den T. des Tutanchamun hervorbringen, jedoch keine melodische Linie. Altäg. T. sind mithin zur Signalgebung einzusetzen, auch zur rhythmischen Untermalung geeignet. Von dieser Zweckbestimmung zeugen auch die erhaltenen ikonographischen Belege (vgl. Hans Hickmann, La trompette [s. Lit.], 3–16) sowie auch die äg. Vorstellung, nach der der Spieler durch sein Instrument „spricht", also Befehle des Vorgesetzten weitergibt. Abgesehen von diesem Gebrauch erscheinen T. häufig paarweise in den bildlichen Szenen (wie ja auch in dem Grabfund), wahrscheinlich Hinweis auf die in allen Lebensbereichen als Dualität (*Dualismus) gedeutete Gegensätzlichkeit der Erscheinungen, denen die T. zugeordnet wird (Krieg–Frieden, Tag–Nacht etc.). – T. sind vereinzelt für das AR belegt; im NR erscheinen sie in militärischen, aber auch in kultischen Darstellungen, manchmal zusammen mit *Trommeln, vereinzelt mit zusätzlichen *Klappern. Trompeter standen im Heeresdienst, wirkten im Palast, im Tempel, hatten Zugang zu den Nekropolen. Ihre Mitwirkung im Toten-, auch im Osiriskult, ist belegt. – In der Volksmusik scheinen T. zu keiner Zt der altäg. Geschichte eine Rolle gespielt zu haben. In der Hand volkstümlicher Musikanten, als *Terrakotten im hell.-röm. Äg. dargestellt, kommen sie so gut wie nicht vor.

In röm. Zt wird die altäg. T. *šnb* offenbar von der ähnlich gestalteten röm. *Tuba verdrängt bzw. abgelöst.

Die Form der sog. „Aida"-Trompete in Verdis gleichnamiger Oper ist der der altäg. T. nachempfunden.

*Cornu, *Götter, Musik-, *Heterophonie, *Horn, *Musik, Militär-, *Musiker, *Musikleben.

Lit.: Christiane Desroches-Noblecourt, Toutankhamon et son temps, Paris 1967; Hans Hickmann, La trompette dans l'Egypte ancien, in: CASAE I, 1946; ders., Militärmusik (II. Altertum), in: Die Musik in Geschichte und Gegenwart 9, Kassel–Basel 1961, 306–309; ders., Musikgeschichte in Bildern II: Musik des Altertums 1: Ägypten, Leipzig 1961; ders., Trompeteninstrumente, in: Musik in Geschichte und Gegenwart 13, Kassel–Basel 1966, 771–776; P. Holmes und J. M. Coles, Prehistoric Brass Instruments, in: World Archaeology 12.3, Oxford 1981, 280–286; Christiane Ziegler, Catalogue des instruments de musique égyptiens au Musée du Louvre, Paris 1979; Emma Brunner-Traut, in: BiOr 35, 1978, 101–2. E. Hi.

Truchseß ist neben Mundschenk die übliche Übersetzung für den Titel *wbꜣ*[1], der im MR für Männer (und Frauen, *wbꜣjt*) belegt ist, die im Privathaushalt Oberaufsicht über *Küche und vor allem *Keller ausüben[2]. Seit 18. Dyn. auch in der Palastverwaltung zu belegen (als *wbꜣ (n) njswt*[3], *wbꜣ m stp-zꜣ*[4]); bezeichnet zunächst den Beamten, der persönlich dem König bei Tisch aufwartet, seine Versorgung überwacht und *Feste arrangiert[5]. T. bilden aber auch persönliche Begleitung des Herrschers auf Feldzügen, während der sie vom König Sonderaufträge erhalten, die weit über ihren eigentlichen Aufgabenbereich und ihre Stellung hinausgehen[6]. Das sich daraus entwickelnde besondere Vertrauensverhältnis[7] bewirkt gelegentliche Einsetzung des T. in einflußreiche Ämter wie Vermögensverwaltung (*Domänenvorsteher) des Königs/der Königin[8], Oberste Bauleitung (*Bauleiter) und Prinzenerziehung (*Prinzenerzieher)[9]. T. stehen als Sonderbeauftragte außerhalb der eigentlichen Beamtenschaft, als Gruppe bereits unter *Amenophis IV. selbständig neben den Offizieren genannt; unter *Haremheb bilden Kammerherren und T. die unmittelbare Begleitung des Königs[10].

Im Laufe der Ramessidenzeit werden T. in wachsendem Maße als Sonderbeauftragte eingesetzt, wodurch normaler Instanzenweg, unter Umgehung des erstarrten und zunehmend funktionsunfähigen Beamtenapparats, außer Kraft gesetzt wird. Diese Entwicklung ist schon unter *Ramses II. erkennbar, wenn T. als Bauleiter und Obervermögensverwalter des Königs erscheinen und Sonderaufträge während der *Qadesch-Schlacht sowie im Wirkungsbereich des Vizekönigs von Nubien (*Königssohn von Kusch) erhalten[11]. Jetzt wird auch an Personennamen ablesbar, daß T. überwiegend nichtäg., wohl syrischer (*Syrer) Herkunft sind[12]. Nach der Zt Ramses' II. üben T. zunehmend die eigentliche Macht im Staat aus, da sie mit Hilfe der Sonderaufträge zu Kontrolleuren der einzelnen Verwaltungen werden und dabei nur dem König verantwortlich sind: Sie können schließlich kommissarisch zeitlich begrenzte Leitung fast jedes Staatsamtes übernehmen[13]. So beaufsichtigen T. Bau und Ausstattung des *Königsgrabes, kontrollieren andere Bauarbeiten in der Nekropole von *Theben, nehmen an Steinbruchexpeditionen teil und fungieren unter *Ramses III./IV. als beigeordnete *Richter im sog. Harimsprozeß[14] (*Harimsverschwörung).

Am Ende der 20. Dyn. spielen T. bei den großen *Grabräuberprozessen als kgl. Beauftragte in Untersuchungskommissionen sowie Richterkollegien eine bedeutende Rolle[15]. Gegen Ende der Ramessidenzeit scheint das offensichtliche Versagen des Beamtenapparats den normalen Ablauf der Staatsgeschäfte so weit blockiert zu haben, daß die Durchführung wichtiger staatlicher Angelegenheiten nur noch unter Einsatz der zahlreichen T. möglich war.

[1] Zu den Schreibungen vgl. Wb I, 292 und AEO I, 43*. Im NR nicht immer deutlich unterschieden von Schreibungen für *wdpw*, Wb I, 388. – Im Englischen wird meist die Übersetzung „(Royal) Butler" benutzt. – [2] Erman, Ägypten, 117f.; Helck, Verwaltung, 257. – [3] So lautet der Titel in der Mehrzahl der Fälle, meist um das bezeichnende Epitheton „mit reinen Händen" (*wꜥb ꜥwj*) erweitert. – [4] *Nb-Jmn*, Urk. IV, 153,5. – [5] Dieses Berufsbild ergeben Darstellungen und Inschriften bei *Ḏḥwtj*, TT 110, Zt der *Hatschepsut: Helck, Verwaltung, 269; weitere Beispiele AEO I, 43*. – [6] Vgl. dazu als Beispiel die Inschrift des *Mnw-msw*, Urk. IV, 1441ff. – [7] Geht auch auf die Tatsache der gemeinsamen Erziehung zurück: T. der 18. Dyn. stammen aus den Reihen der Pagen (*ẖrdw n kꜣp*) wie *Nfr-prt* (Urk. IV, 1020,2), *Mꜣꜣ.n.j-nḫt.f* (Urk. IV, 1484, 10), *Dwꜣ-r-nḥḥ* (Berl. Inschr. II, 302). – [8] Vgl. Werdegang des *Nb-Jmn* unter *Thutmosis III., Urk. IV, 150f. – [9] Beide Ämter bei *Mnw-msw* unter Thutmosis III./*Amenophis II.: Urk. IV, 1443f. 1447. – [10] Urk. IV, 2178,5: „Kammerherren und T., die den König an jeden Ort begleiten." – [11] *Stḫ-ḥr-wnm.f*: Kitchen, Ram. Inscr. III, 181; Schulman, in: JARCE 13, 1976, 123. – [12] Sie erhalten neben dem eigenen, ausländischen Namen einen äg. Hofnamen, der mit Königsnamen gebildet ist; vgl. Helck, Verwaltung, 273f. Es gibt außerdem textliche Hinweise, daß bestimmte syrische Sklaven bevorzugt für den Beruf des T. ausgewählt wurden. – [13] *Schatzhaus: *Sbk-ḥtp* unter *Ramses IV. (Kitchen, Ram. Inscr. V, 85f.); *Jmn-ḥtp* unter *Ramses IX. (Brugsch, Thesaurus, 1318); *Ns-Jmn* unter *Ramses IX. (vgl. Helck, Verwaltung, 520 Nr. 36). Schatzhaus und *Scheune: *Mn-mꜣꜥt-Rꜥ-nḫt* unter *Ramses XI. (vgl. Helck, Verwaltung, 505 Nr. 22). – [14] Beispiele bei Helck, Verwaltung, 274–6. 325. 333f. und Schulman, in: JARCE 13, 1976, 117ff. Auch der mächtige *Schatzmeister *Bꜣj* (*Bai) am Ende der 19. Dyn. scheint ursprünglich ein solcher T. mit Sondervollmacht gewesen zu sein, vgl. Černý, in: ZÄS 93, 1966, 35ff. – [15] Beispiele bei Helck, Verwaltung, 275f. 336f. 343.

Lit.: AEO I, 43*–44*; Helck, Verwaltung, 269–76; Jocelyne Berlandini-Grenier, in: BIFAO 74, 1974, 1ff.; Schulman, in: JARCE 13, 1976, 117ff. B. Sch.

Trug des Nektanebos s. Alexander der Große

Truhe s. Möbel

Trunkenheit, *tẖt* (*tẖj* „sich betrinken"), *nwḥ*; *ˁt ḥnqt* „Bierhaus" = Gelage[1], *mzwr* = „Trinkstätte" (*Opetfest).

Daß die T. fast durchweg positiv bewertet wird (zu den negativen Urteilen s.u.), mag darauf beruhen, daß die Ägypter auch in diesem Zustand friedlich waren – in keinem Fall wird von aggressiven Ausschreitungen Betrunkener berichtet. T. ist ebenso wie Musik und Tanz ein Mittel, Götter wie Menschen zu besänftigen (*Besänftigung).

1. Bei *Festen wird oft bis zum Rausch getrunken, und zwar *Bier und *Wein in ihren vielfältigen Sorten. Mit Festen verbindet sich die Vorstellung der T. so eng, daß T. für „Festfreude" stehen kann[2]. Vorwiegend, wenn auch nicht ausschließlich, gehört die T. zu den Festen der *Hathor, die „Herrin der T." heißt[3] und der in *Dendara ein „Fest der T."[4] am 20.I. *ꜣḫt* gefeiert wird[5]. Auch das von Herodot (II, 60) geschilderte Fest der *Bastet in *Bubastis, bei dem „mehr Wein verbraucht wird als im ganzen übrigen Jahr", wird mit dieser Seite der Hathor zusammenhängen[6], ebenso das thebanische *Talfest, das offenbar zunächst ein Besuch des *Amun bei der Hathor von *Deir el-Bahari war[7]. Bei diesem Fest ist sowohl die Göttin selbst[8] betrunken wie ihre Priester[9] und die Festteilnehmer. Besonders gut ist uns aus den Grabtexten und -bildern das Talfest bekannt, mit dem die in den Privatgräbern bei Nacht gefeierten Gelage eng verbunden waren[10]. – Beim Opetfest wird Hathor immerhin in einem der beiden Trinklieder der Schiffsmannschaften (aus *Sais?) erwähnt[11].

2. Gelage bildeten in Ägypten neben den Festen Höhepunkte des Lebens. Unsere Quellen sind freilich fast ausschließlich die Bilder der thebanischen Gräber und einiger Provinzgräber der 18. Dyn. – in Texten werden solche Veranstaltungen allenfalls in den *Autobiographien erwähnt. Es ist Aufgabe der Dienerinnen und Diener, die Gäste immer wieder zum Trinken aufzufordern (*Eß- und Trinksitten), was u.U. bei Teilnehmern, die nicht mehr möchten, zu Dialogen führt[12]. Das lebhafteste Gespräch steht in dem Provinzgrab des *Paheri in *Elkab und wird zwischen vier Frauen geführt, einer Dienerin, zwei Ammen und der „Tochter der Schwester der Großmutter" des Grabherrn[13]. Diese alte Dame nimmt den Mund sehr voll: „Gib mir 18 Krug Wein, ich möchte mich betrinken, mein Inneres ist (trocken wie) Stroh." Eine der Ammen sträubt sich gegen das Einschenken, und die Dienerin beharrt: „Zum Wohl! Trink und sträube dich nicht, ich werde nicht von dir ablassen. Trink und feiere nur und hör auf das, was deine Freundin da sagt, und hör nicht gegen alle Regel schon auf!", und auch ihre Kollegin, die andere Amme, schlägt den gleichen Ton an: „Trink und stör nicht die Geselligkeit! Laß den Krug nur zu mir kommen – man ist es doch dem Grafen (d.h. dem Grabherrn) schuldig zu trinken."

Auch die Folgen solch kräftigen Zechens werden gelegentlich dargestellt, auch hier wieder mehr bei Frauen als bei Männern: Dienerinnen oder Diener halten die Stirn des sich Übergebenden[14]. Das Ehepaar, dem das Fest gilt, wird vor allem von Töchtern, auch einmal von einem Sohn, bedient und entsprechend aufgefordert, bis zum Rausch zu trinken.

Ein literarisch fingiertes Fest im Freien schildert ein *Liebeslied: „Sie macht ihn trunken und folgt dem, was er sagt, während sich das ‚Bierhaus' in Trunkenheit verwirrt[15], und sie mit ihrem Geliebten zurückbleibt."[16]

Auch im Anschluß an eine Beerdigung betranken sich die Trauernden: Ein Klagelied leitet die Wende ein mit den Worten: „Ich habe geweint, ich habe geklagt; ihr Leute alle, denkt (jetzt) daran, euch mit süßem Wein zu betrinken."[17]

Es kann keinem Zweifel unterliegen, daß äg. Gelage keineswegs so geordnet verlaufen sind, wie es die Wandbilder darstellen, bei denen auch noch das Erbrechen in aller Zucht vor sich geht.

3. Mit und ohne Geselligkeit, die Ägypter betrachteten die T. als einen begehrenswerten Zustand – so sehr, daß der Lebensmüde den begehrten Tod mit dem „Sitzen am Ufer der T." vergleicht (135 f.). „Der die T. liebt" ist denn auch ein häufiges Prädikat in den Biographien, vor allem, aber nicht ausschließlich, in der SpZt[18]. Manchmal werden auch ausführlichere Umschreibungen der Trinkfreudigkeit gebraucht, bei Frauen ebenso wie bei Männern[19]. *Totenklagen machen Gebrauch von dem Gegensatz des „Einst-Jetzt": „Der die T. liebte, ist im Land ohne Wasser."[20]

Könige zechen offenbar gerne allein: *Amenophis II. trank am Abend seines Thronbesteigungs-Jubiläumsfestes und schrieb dabei an einen alten Kriegskameraden einen Brief, dem man den Wein anzumerken glaubt[21], und von *Amasis weiß ein Schwank zu berichten, daß er sich gegen den Rat seiner Höflinge mit schwerem Wein betrunken hat – ob griechischer Einfluß diese Erzählung färbt, ist nicht sicher[22].

Daß T. als Kriegslist angewandt wird, erzählt eine Kriegsanekdote der 18. Dyn.[23]. Im *pWestcar ist zwar nicht von T. die Rede, aber der Erzähler stellt sich den weisen Djedi offenbar als vitalen Zecher vor, wenn er ihn – bei einem Alter von 110 Jahren! – täglich 100 Krug Bier trinken läßt (7,3).

Schließlich sei noch das „Privatfest“ erwähnt, daß die Richter im Prozeß der *Harimsverschwörung mit den angeklagten Frauen aus dem Harim heimlich gefeiert haben[24].

Wie in allen Ländern, so auch in Ägypten, ist ein siegreiches Heer im eroberten Land nicht enthaltsam: „Damals aber war das Heer Seiner Majestät trunken ... Tag für Tag, wie (sonst) nur an Festen in Ägypten.“[25]

4. Die Medizin wertet die narkotische Wirkung des Rauschtrankes als Betäubungsmittel aus[26].

5. In der religiösen Welt spielt, bei aller ägyptischen Nüchternheit, die T. ebenfalls eine gewisse Rolle, und zwar dient sie der Besänftigung der Gottheit (neben *Musik, vor allem dem Geräusch des *Sistrums, und dem *Tanz). Aus diesem Zusammenhang stammen die ältesten Belege des Wortes *tḫ*: Namen von Arbeitertrupps der Pyramidenzeit lauten etwa „Wie trunken ist *Mykerinos“, womit gemeint ist, daß der König freundlich, also gnädig ist[27].

Im NR aber ist Hathor die Göttin der T., wie sie überhaupt dem Rausch, dem Blutrausch wie dem Liebesrausch, zugeordnet ist. Zu ihren Festen s.o. Ziffer 1[28]. – Im Mythos von der Himmelskuh schickt Re sein Auge als Hathor hinab, um die Menschen zu vertilgen, und als er einen Rest retten will, wandelt er ihren Blutrausch in einen Bierrausch, indem er Bier die rote *Farbe des *Blutes gibt – so wird die gefährliche Göttin besänftigt[29]. Dieselbe Rolle spielt die T. bei der Heimholung der Hathor-*Tefnut aus Nubien: Neben anderen Mitteln ist es die T., die die Göttin bei Laune halten muß[30], und als sie in Ägypten ankommt, werden ihr zuliebe in allen Tempeln, in denen sie einkehrt, Feste mit Wein gefeiert.

Neben dieser unzweifelhaften Bedeutung der T. als Mittel zur Besänftigung mag auch die Vorstellung eine Rolle gespielt haben, daß sie die Grenze zwischen Menschen- und Götterwelt durchlässig mache[31], s.u. Anm. 38.

6. Eine kritische Haltung gegenüber der T. finden wir vor allem in den *Schülerhandschriften – vielleicht weniger als Zeichen für die Ramessidenzeit[32] als vielmehr als Warnung vor der Gefahr, daß die Studenten „verbummeln“ könnten, indem sie den Wein oder das Bier höher schätzten als die Schreibübungen. In diesem Sinne dürfte auch die schlecht überlieferte und schwer verständliche Stelle bei Ani (VI, 6–11) zu interpretieren sein[33].

Eine sonderbare, aus äg. Quellen nicht bekannte Begründung für eine ablehnende Haltung gegen Wein und T. gibt Plutarch unter Berufung auf Hekataios und Eudoxos: Erst seit der Zeit *Psammetichs hätten die Priester angefangen, Wein zu trinken; vorher hätten sie ihn für das Blut derer gehalten, die dereinst die Götter bekämpft hätten, da aus diesem Blut Weinstöcke gesprossen seien[34].

7. In der *Prinzengeschichte setzt die treue Frau die *Schlange, die ihren Mann bedroht, dadurch außer Gefecht, daß sie sie mit Schalen voll Wein und Bier trunken macht[35].

8. Schließlich steht T. für das Außersichsein[36], das zugleich ein Vollsein von Gott ist, ein Enthusiasmos. Ein solcher Rausch kann ein Liebesrausch sein[37] oder ein Ergriffensein von Gott[38]. Ähnlich wie bei *Blindheit läßt sich in literarischen Werken nicht immer entscheiden, ob es sich bei der T. um einen Alkoholrausch oder solch metaphorischen Gebrauch des Wortes handelt.

[1] Zu diesem Ausdruck s. Petosiris I, 50. – [2] Ani III, 9. – [3] Z.B. Davies, Puyemrê, Tf. 54; sehr oft im Tempel von Dendara, der selbst *st tḫt* genannt wird, s. Dimitri Meeks, L'Année lexicographique II (1978), Paris 1981, Nr. 78. 4599 und Daumas, in: LÄ II, 1032 Anm. 37. – [4] Daumas, in: RdE 22, 1970, 75f. – [5] Daumas, in: LÄ II, 1035; dazu Dendara VIII, 9,12; 45,13; 66,14; 82,5 u.ö.; Altenmüller, in: LÄ II, 173f. – [6] Jan Bergman, Isis-Seele und Osiris-Ei, Acta Universitatis Upsaliensis Historia Religionum 4, Uppsala 1970, 21f. – [7] Schott, Das schöne Fest, 76f. 92f. – [8] Ob mit dem Lied „... betrunken, sie sitzt außen vor dem Heiligtum, das Haar gelöst auf ihre schöne Brust fallend“ (Davis-Gardiner, Amenemhēt, Tf. 15) Hathor gemeint ist, bleibt unsicher, ist aber wahrscheinlich. – [9] Otto, Biogr. Inschr., 195; dazu Daumas, in: ZÄS 95, 1968, 16 und Derchain, in: RdE 21, 1969, 24ff., die den Zusammenhang mit dem Hathorkult betonen. Bei Bisson de la Roque, in: BIFAO 25, 1925, 47f. möchte ein Priester des Amun seine T. für Mut – Hathor als Verdienst bei der Göttin angerechnet haben (Zt des *Schabaka). – [10] Schott, Das schöne Fest, passim. – [11] Sethe, in: ZÄS 64, 1929, 3f.; Barguet, Temple d'Amon-Rê, 175. – [12] Z.B. Davies, Rekh-mi-Rēᶜ, Tf. 64, dazu S. 62 und Henry George Fischer, The Orientation of Hieroglyphs, Varia. Eg. Studies II, 1977, 90f. – Auch Trink- und Vorratsgefäße fordern zu berauschendem Trinken auf, dann freilich ohne Dialog: CG 18435; Ingrid Gamer-Wallert, Ägyptische und ägyptisierende Funde von der iberischen Halbinsel, Beihefte TAVO B 21, 30f. (Gefäß G 39). – [13] Joseph John Tylor, Wall Drawings and Monuments of El Kab. The Tomb of Paheri, EEF, London 1895, Tf. 11–12. – [14] Davies, Neferhotep, Tf. 18; Wresz., Atlas I, 392 = Brüssel E 2877; Wresz., Atlas I, 179 = Schott, Das schöne Fest, Tf. 11 aus TT 53, Amenemhet. Alle drei Darstellungen aus der Zt um Thutmosis III. – [15] *tḫtḫ*, die reduplizierte, also intensivierende Form von *tḫj* „sich betrinken“. – [16] Schott, Liebeslieder, 60. Zur Verbindung von T. und Liebe s. Alfred Hermann, Altäg. Liebesdichtung, Wiesbaden 1959, 176 s. v. Trunkenheit. – [17] Lüddeckens, in: MDAIK 11, 1943, 149f., Nr. 74; G. A. Gaballa, The Memphite Tomb-Chapel of Mose, Warminster 1977, Tf. 35 (19. Dyn.). – [18] Otto, Biogr. Inschr. 71f. – [19] Z.B. Jan Assmann, Das Grab der Mutirdis, AV 13, 1977, 25. – [20] Lüddeckens, in: MDAIK 11, 1943, 134, Nr. 64. – [21] Urk. IV, 1343, dazu Helck, in: JNES 14, 1955, 22ff. –

[22] Emma Brunner-Traut, Märchen, 153. Zu Amasis als Zecher vgl. auch Herodot II, 173f. Der Name eines anderen Königs der 26. Dyn., Psammetich, wird als „Mann des Mischweins" etymologisiert, s. Erich Lüddeckens, Demotisches Namenbuch I, Wiesbaden 1980, 212. – [23] Emma Brunner-Traut, Märchen, 147f. – [24] Papyrus judiciaire Turin VI, 1. – [25] Urk. IV, 688, 15f. – [26] Grundriß der Medizin IX, 233 s. v. Rauschtrunk. – [27] Brunner, in: ZÄS 79, 1954, 81ff. – [28] Vgl. auch W. Guglielmi, in: LÄ IV, 985, Anm. 53. – [29] Erik Hornung, Der äg. Mythos von der Himmelskuh, OBO 46, 1982. – [30] Hermann Junker, Der Auszug der Hathor-Tefnut aus Nubien, APAW 1911. 3, 31 („deren tägliches Bedürfnis der Rausch ist"), 61. 73. – [31] So Daumas, in: RdE 22, 1970, 75f. – [32] So Wolfgang Helck, Das Bier im Alten Ägypten, Berlin 1971, 71ff., dort auch Belege für die Warnungen vor Trunkenheit. – [33] Freier Übersetzungsversuch bei Helck, Bier, 73. – [34] De Iside et Osiride, Kap. 6; dazu den Kommentar von John Gwyn Griffiths, Plutarch's De Iside et Osiride, Cardiff 1970, 274ff. – [35] Brunner-Traut, Märchen, 27. – [36] Vgl. dazu die Anm. 34 genannte Stelle bei Plutarch. – [37] „Man ist trunken, wenn man zu dir eilt, noch ehe man getrunken hat": Schott, Liebeslieder, 60. – [38] ÄHG, Nr. 147, 8–9; Jan Assmann, Sonnenhymnen in thebanischen Gräbern, Mainz 1983, 35, Text 26,5 mit Anm. a. – Dazu Daumas, in: RdE 22, 1970, 75f. „L'ivresse est un moyen d'abolir les barrières entre ce monde et celui des dieux." So kann man umgekehrt von T. sprechen, wenn diese Grenzen aus anderen Ursachen überschritten werden.

Lit.: Wolfgang Helck, Das Bier im Alten Ägypten, Berlin 1971, 66–76. H. B.

Tuba. Die röm. T. ähnelt der altäg. Trompete: ein langes, gerades Metallrohr endet in einem mehr oder weniger ausladenden, geschwungenen Schalltrichter. In späthellenist.-röm. Zt Ägyptens taucht die T. im Niltal auf, ist vor allem aus Erwähnungen in lateinischen Texten bekannt, ebenso wie die übrigen röm. Blasinstrumente (*Cornu, Lituus, Buccina). Die Funktionen der T. dürften in Äg. dieselben gewesen sein wie überall im röm. Reich: sie erklangen bei Staatsakten, bei Opferhandlungen und im Kampf.
*Aerophone, *Blasinstrumente.

Lit.: Günter Fleischhauer, Musikgeschichte in Bildern, Bd II: Musik des Altertums, Lfg. 5: Etrurien und Rom, Leipzig 1964; Günther Wille, Musica Romana. Die Bedeutung der Musik im Leben der Römer, Amsterdam 1967. E. Hi.

Tuch el-Meleq, äg. wohl *Ḥwt-Jmn*, Ort 12 km s. von *Athribis (Benha), an dem *Schu in Stiergestalt verehrt wurde[1].

[1] Statue des Schu mit Stierkopf CG 42193 = Daressy, in: ASAE 17, 1917, 45. W. H.

Tuch el-Qaramus (Karte 1g), located in the western part of the 20th L. E. Nome (*Gaue), has tentatively been identified with the site named *Pr-b3w*, an important cult center in the *Delta for *Amun, *Mut, and Khonsu (*Chons). The site was explored in the nineteenth century and yielded a foundation deposit dated to the time of Philip Arrhidaeus (*Philipp Arrhidaios).[1] More recently its mudbrick structures have been integrated into a study of such architecture in Egypt.[2]
The site is famed for a treasure of precious objects, the most complete description of which is that of Edgar,[3] although others have treated pieces from the group singly.[4] The relationship of some of the objects in this treasure, particularly of the rhyton, to Achaemenid works[5] is a hotly debated issue, particularly since the objects have been found in a purely Ptolemaic context from a time when the Persian Empire (*Perser in Ägypten) was no longer a political entity. The true place of this treasure within the framework of Alexandrian art is yet to be determined,[6] despite its close affinities with the find from *Thmuis.[7] All discussions about the dating and significance of this treasure will be tentative until a complete study is made of the Demotic inscription which came to light on one of the cups from the treasure during a recent cleaning of the objects.[8]

[1] Edouard Naville and Francis Ll. Griffith, The Mound of the Jew and the City of Onias, EEF 7, 1890, 28ff. 53ff.; Edgar, in: ASAE 7, 1906, 205ff. – [2] A. Jeffrey Spencer, Brick Architecture in Ancient Egypt, Warminster 1979, 77. – [3] Edgar, in: Le Musée Egyptien 2, Kairo 1907, 57ff., pl. 22ff. – [4] Milne, in: JEA 27, 1941, 135f.; Cyril Adred, The Jewels of the Pharaohs, New York 1971, 13; Alix Wilkinson, Ancient Egyptian Jewellery, London 1971, 186. 201; Emile Vernier, Bijoux et orfèvreries, CG 29, 1922, 480ff.; Silvio Curto and Alessandro Roccati, Tesori dei Faraoni, Milan 1984, 185ff. – [5] Parlasca, in: Akten des 7. Internationalen Kongresses für iranische Kunst und Archäologie, München 7.–10.9. 1976 (= Archäologische Mitteilungen aus dem Iran, Ergänzungsband 6, 1979), 317ff.; contra, Muscarella, in: Ancient Persia. The Art of the Empire (ed. Denise Schmandt-Besserat), Austin 1978, 35, and n. 25. – [6] Achille Adriani, Lezioni sull'arte Alessandrina, Naples 1972, 72f. – [7] Shore, in: BMQ 29, 1964–65, 21ff. – [8] Saleh and Ramadan, in: MDAIK 37, 1981, 421ff.; s. also Amandry, in: Antike Kunst 11, Basel 1959, 51, and n. 101. R. S. B.

Tür und Tor. Für unsere Kenntnis von Türen (mit schmaleren Öffnungen) und (größeren) Toren (*sb3* oder auch *r3*, s. LÄ IV, 223) stehen uns überreiche, noch nicht zusammenhängend bearbeitete Quellen archäologischer, aber auch literarischer Art zur Verfügung. Eine vollständige Auswertung würde den Rahmen dieses Artikels so weit überschreiten, daß sie nicht beabsichtigt werden kann. Für den archäologischen Befund wären fast alle Grabungsberichte sowie Gräber- und Tempelpublikationen heranzuziehen. Sie ließen sich durch altäg. Darstellungen von Türen ergänzen. Zahlreiche Bauinschriften, aber auch andere Texte technischen, wirtschaftlichen, juristischen und erzählenden Charakters kommen hinzu.

A. *Technik und Namen der Teile*[1]. Die meisten äg. Häuser waren aus Lehmziegeln erbaut; dort verbot sich aus statischen Gründen das unmittelbare Anbringen von Türflügeln, so daß ein Türrahmen (*ḫtr*) aus Holz oder Stein eingesetzt werden mußte. Türpfosten (*bnš*) aus Stein sind vielfach erhalten. Sie bilden zusammen mit dem *Architrav oder Türsturz (*ʿrjt*)[2] den Türrahmen (in der 18. Dyn. *sbꜣ*)[3]. Über dem Türsturz oft eine *Hohlkehle.
Pfosten und Sturz werden als Einheit empfunden, was aus der Wahl stets gleichen Materials für die senkrechten und waagerechten Balken hervorgeht. Dieser Rahmen steht meist ein wenig vor der Wand vor, doch finden sich auch Rücksprünge. Ein solcher Türrahmen hat seinen konstruktiven Sinn nur in Lehmmauern, doch wird er regelmäßig auch auf Steinbauten, vor allem *Tempel und *Gräber, übertragen und bei Bauten im Fels aus diesem ausgearbeitet – er gehört in Ägypten fest zur Idee der Tür. Bei Bauten aus *Kalkstein wird oft ein Rahmen aus hartem Stein, etwa *Granit, eingesetzt (*Materialkombination). Türschwellen (*bnnt*, *zꜣṯw/sꜣt*)[4] waren bei Wohnhäusern meist aus Holz[5], auch aus Ziegeln, bei bedeutenderen Bauten, vor allem bei Tempeln und großen Gräbern, aus hartem Stein, meist Granit. Sie überragten das Bodenniveau um einige Zentimeter, so daß die Türflügel gegen die Schwelle schlugen, wohl um das Eindringen von Regenwasser zu verhindern. Auch seitlich gingen sie über die Türöffnung hinaus, so daß die Seitenpfosten noch auf die Schwelle gesetzt werden konnten. Der Türschluß scheint in früher Zt nur aus einer *Matte bestanden zu haben, die sich nach oben aufrollen ließ[6]. Sie hat sich nur in *Scheintüren als *Rundbalken erhalten, in Gebrauchstüren tritt sie nicht mehr auf. Die Öffnung wird vielmehr durch ein oder zwei Türflügel (*ʿꜣ*, *ʿꜣwj-rꜣ*, ab Ramessiden-Zt auch *sbꜣ*) verschlossen[7]. Deren Material ist meist Holz, bei Tempeln oft Zedernholz mit Metall beschlagen, gelegentlich wohl auch ganz Metall[8]. Das Türblatt bestand in der Regel aus senkrecht gestellten Brettern, die durch waagerechte Leisten oder Dübel zusammengehalten wurden, doch gab es auch Türflügel aus einem einzigen Brett[9]. Neben Originalen[10] sind steinerne Nachbildungen und Darstellungen wichtige Quellen. Die Türflügel hatten oft erstaunlich große Ausmaße, bis zu 4 m × 8 m für einen Flügel.
In der Wand befestigt war dieser um die Längsachse drehbare Verschluß oben durch einen runden Stabzapfen, der sich in einem Lager des Architravs drehte[11]; unten ruhte er in einer Pfanne und bewegte sich teils auf dem harten Stein unmittelbar, teils auf einem dort eingelegten Metallstück[12]. Singulär ist die Gestaltung der Drehpfanne in der FrZt als gefesselter Feind, in dessen Rücken sich der Türpfahl einbohrt[13].
Diese Zapfen oben (rund) und unten (dreieckig, Spitze nach unten) waren in der Regel aus dem Türpfahl, an dem die Bretter befestigt waren, ausgearbeitet und wurden bei größeren Türflügeln durch Metallbeschläge verstärkt[14]. – Zum Verschluß der Tür s. *Riegel und *Schloß.
Für die Aufnahme der offenen Türflügel werden Nischen in der Türlaibung (*wmt*) bzw. dem anschließenden Wandstück vorgesehen[15]; diese „Türschatten" zeigen manchmal in Reliefzeichnung die Muster der Türbalken[16].
Die Größe der Türöffnungen richtete sich bei Wohnhäusern wohl nach dem Ansehen des Eigentümers, dienten also auch der Repräsentation: Bei Beförderung scheinen sie erweitert worden zu sein[17].
Die Größe der Durchgänge bei *Königsgräbern unterlag der Regel, daß jeder seine Vorgänger übertreffen sollte; bei Königen waren sie stets größer als bei Königinnen oder Prinzen[18].

B. *Vorkommen*. Türen haben in Ägypten immer die gleiche Konstruktion, ob sie an Wohnhäusern und Palästen, an Gräbern, in Stadtmauern (die freilich kaum erhalten sind[19]) oder auch an Festungen saßen. Bei *Festungsanlagen wird zur größeren Sicherheit stärkeres Holz[20] genommen und die Zahl der Türen erhöht[21], ebenso wie dem eigentlichen Tor ein längerer und möglichst schmaler Gang vorgelegt wird, in dem ein Angreifer bekämpft werden kann[22]. Im NR ermöglicht zudem ein *Fenster über dem Tor, den Feind, der durch das Tor eindringen will, von oben zu beschießen[23].
Gräber waren in aller Regel durch Türen verschlossen, die sich nur für Zeremonien und Feiern öffneten[24].
Die besondere Bedeutung der Tempeltore geht schon aus ihrer Größe, ihrem Dekor und ihrem kostbaren Material hervor, von dem die Texte immer wieder berichten. Tempeltore tragen Namen[25] und haben eigene *Gründungsbeigaben[26], ja es wird sogar ein eigener *Priester für ein Tempeltor erwähnt[27].

C. *Dekor*. Türrahmen an Häusern tragen Darstellungen, Namen und Titel des Eigentümers, auch die seiner Familie. Entweder bringen die Kinder den Eltern Blumen dar oder die Eltern beten und opfern einer Gottheit, auch dem König[28]. Bei den reich geschmückten Palasttoren werden in der Regel die *Rechit im Akt der Anbetung dargestellt. Der Dekor der Grabtüren entspricht dem der Haustüren, Türflügel tragen gelegentlich das Bild des Grabherrn (vgl. Anm. 10), mit oder ohne Beischrift.

Ein spezielles Motiv für Türen ist die sitzende Katze in der „Lunette" – offenbar der Natur entsprechend, da Katzen gewiß gerne im oberen, durchbrochenen Teil einer Tür gesessen haben werden, von wo sie nach außen wie nach innen springen und viel beobachten konnten[29].

Auf die Gestaltung von Tempeltoren wird besonderer Wert gelegt, sowohl auf die Ausschmückung des monumentalen Durchgangs für die Gottheit, wobei die eigentlichen Tore oft in *Pylone eingebunden waren[30] und ihnen noch ein „Propylon" vorgelagert wurde, als auch auf die Größe, besonders die Höhe des Tores. Neben der Funktion, die Bedeutung des Gottes und seines Tempels zu betonen, kommt Tempeltoren noch eine zweite Rolle zu: Sie sind Orte des *Gebets. Auf den in der Regel geschlossenen Türflügeln war ein Bild des Herrn des Tempels besonders kostbar eingelegt[31], das die Bezeichnung „*Gottesschatten" trug[32], aber auch ohne ein solches Götterbild waren Tempeltore kunstvoll ausgestaltet. Ob die steinernen Türen, z.B. an der Rückwand der sieben Kapellen im Tempel *Sethos' I. in *Abydos, Nachbildungen von Tempeltoren waren, bleibt fraglich[33].

Zu Verzierungen (*Fayence-Einlagen, *Rosetten u.ä.) s. *Bauschmuck. Über Türen, bes. in Tempeln, oft die *Flügelsonne. Einen Sonderfall stellt die Tür zum Schatzhaus im Tempel von *Medinet Habu dar. Dieser Eingang sollte, wie eine Tapetentür, verborgen bleiben, und so lief das Relief von der Mauer über die Tür hinweg ohne jede Betonung des Rahmens. Dabei war das Relief so angebracht, daß nicht die Figur des Königs durchschnitten wurde, wenn man die Tür öffnete, sondern die der von ihm geführten Gefangenen[34].

D. *Die Funktion irdischer Türen.* Erst in zweiter Linie hat die äg. Tür etwas Verbindendes zwischen draußen und drinnen[35]; in erster Linie stellt sie eine notwendige, aber eher unerwünschte Lücke in einer *Grenze dar; unbefugtes Durchschreiten gilt es ebenso abzuwehren wie Überschreiten der Grenze. Ihre Bedeutung zeigen die Türen nur dem von außen Kommenden, nicht dem Hinausgehenden, d.h. sie haben nur eine Ansichtsseite, die äußere. Unberechtigtes Durchschreiten wird sowohl durch Türwächter verhindert[36] wie durch magische Mittel[37]. Auf dieser Abwehrfunktion der Tür basieren auch die *Liebeslieder des Typus „Türklage" (Paraklausithyron)[38], in dem in einem Fall die einzelnen Türteile angerufen und – literarisch – mit Opfern bedacht werden (*Personifikation). Zum abweisenden Charakter der Tore in Tempeln und in der Unterwelt s.u.

Besonders wichtig ist die Funktion mancher Tempeltore als Ort des Gebets[39]. Außerdem ist das Tor, wie im ganzen alten Orient, Gerichtsstätte[40]. In dieser Funktion wird es „Portal, an dem man Gerechtigkeit austeilt" genannt oder, in Edfu: „Ort, an dem man die Bitten eines jeden Bittstellers entgegennimmt, um Recht und Unrecht zu unterscheiden, die große Stätte, an der man den Schwachen stützt, um ihn vor dem Starken zu schützen."[41] In *Medamud läßt sich eine solche Gerichtsstätte archäologisch nachweisen[42]. Auch hier dürfte der Gedanke an die Abwehrfunktion des Tores mitspielen: Frevel darf die heilige Stätte nicht besudeln[43].

In diesem Sinne ist denn auch die seit dem NR unendlich häufige Inschrift an Tempeltoren: „Jeder, der (oder alles, was) eintritt, sei rein, rein" zu verstehen: Nur Reines darf eintreten. Der Gedanke, daß Tore entsühnen können, ist nicht klassisch-ägyptisch und läßt sich erst in hellen.-röm. Zt nachweisen; er ist mit der Siebenzahl von Toren eng verbunden[44]. Jeder, der ein Tempeltor durchschreitet, hat seine *Reinheit, d.h. sowohl kultische wie ethische, zu beweisen oder zu versichern[45], und diese „Tempeleinlaßliturgie" mag der Sitz im Leben des 125. Spruches des *Totenbuches sein.

Auffallenderweise werden bei Teilverkauf eines Hauses die Türen eigens in den Verkaufsvertrag aufgenommen[46], und bei mehreren Benutzern wird das Durchgangsrecht durch Türen vertraglich geregelt[47].

Schließlich seien noch zwei Türen erwähnt, bei denen den Verschluß ein Stein bildet, der zur Seite geschoben werden kann, und zwar mit einer komplizierten, von außen zu bedienenden Vorrichtung. Das eine Mal scheint der Mechanismus der Versorgung eines heiligen *Krokodils zu dienen[48], das andere Mal bleibt der Zweck rätselhaft, zumal es sich nur um einen kleinen Durchschlupf (67 cm × 47 cm) neben dem Kultbildraum des *Month in Karnak handelt[49].

E. *Himmelstore.* Die irdische Welt ist von der himmlischen durch Grenzen getrennt, die lebende Menschen nicht überschreiten können. Dennoch sind beide Bereiche verbunden, überschreitet doch täglich der *Sonnengott am Morgen und am

Abend diese Grenze. Das geschieht durch je ein Tor[50], nach einigen Texten auch durch mehrere[51].
Diese Himmelstore für die Sonne können zugleich als die betrachtet werden, durch die der Verstorbene in das Totenreich der Unterwelt eintritt und durch die er es verlassen kann. Einige Vignetten zu dem einschlägigen Spr. 68 des Tb zeigen diese Tür[52]. In manchen Illustrationen sind zwei Türflügel in gemeinsamem Rahmen gezeigt, aber mit dem Angelpfahl in der Mitte, so daß offenbar Ost- und Westtor gemeint sind[53]. Einmal wird das Tor ausdrücklich „das große geheime Tor der Dat" genannt[54]. Durch dieses Tor müssen nach ihrem Tode alle Menschen gehen, ja es besteht die Gefahr, daß man es nicht findet und so der Unsterblichkeit verlustig geht[55], und von alten Menschen, die „an der Schwelle des Todes" sind, sagt der Ägypter, daß sie „am Tor des Horizontes stehen"[56].
„Tore des Himmels" werden kultisch auch die Tempel- und Schreintore genannt, LÄ III, 853.

F. *Unterweltstore*. Nicht nur die Bereiche Himmel und Unterwelt sind durch Tore getrennt, auch innerhalb des Totenreiches gibt es zahlreiche Tore. Das Hervorstechendste an ihnen ist auch hier die Abwehr – sie verweigern grundsätzlich den Durchgang und geben ihn nur solchen frei, die sich durch Rang oder Wissen ausweisen.
In den Pyr. ist es noch das Tor selbst, das zu dem Durchlaß Begehrenden spricht (Spr. 272 und 360). Daß die Tore zwischen beiden Welten dem Toten geöffnet seien, daß sie ihn nicht zurückhalten, ist ein durchgehender Wunsch aller Totentexte – so häufig, daß sich Beispiele erübrigen. Nach dem AR ist es nicht mehr das Tor selbst, das abwehrt, sondern es sind Torwächter, *Schlangen oder *Dämonen, meist mit *Messern bewehrt. Der Eintritt Begehrende weist sich als „*Horus" oder „Bote des Horus" aus, auch als ein anderer Gott, oder er muß seine Macht dadurch beweisen, daß er die Namen der Tore und ihrer Wächter kennt[57].
Undurchschreitbar für Menschen, Lebende wie Tote, sind aber die Tore, die die einzelnen Räume der Unterwelt voneinander trennen. Das *Amduat wie besonders das *Pfortenbuch malen diese trennenden Tore, die sich nur für das Schiff des Sonnengottes öffnen, aus[58]. Dabei fällt die Höhe der Tore auf, der gegenüber sich das Einlaß begehrende Menschlein winzig ausnimmt[59]. So sagt denn auch schon in den Pyr. das Tor, altertümlich noch selbst sprechend: „Ist der Kleine da der König?"[60].

G. *Bildlicher Gebrauch*. „Das Tor eures Lebens", von dem *Pi(anchi) zu den belagerten Memphiten spricht[61], meint einfach die Nasen – der Äthiope bedient sich einer gewählten Sprache, vielleicht eines *Zitates, um seine Bildung zu beweisen. Im übrigen zielt der bildliche Gebrauch auf die wichtigste Funktion, die Abwehr, wenn ein Beamter sich „Tor des Horus für sein (des Horus) Haus" nennt, womit er meint, daß er sich schützend und abwehrend vor seinen König stellt[62].

[1] Zur Technik: Otto Koenigsberger, Die Konstruktion der äg. Tür, ÄF 2, 1936; Clarke–Engelbach, Masonry, Kap. 14. Zu den äg. Namen der Teile: Carter und Gardiner, in: JEA 4, 1917, 147f.; Sethe, in: ZÄS 67, 1931, 116f.; Patricia Spencer, The Egyptian Temple, London 1984, Kap. 6. – [2] Zu dem Ausdruck *zꜣ* s. Paule Posener-Kriéger, in: Fs Ricke, BeiträgeBf 12, 1971, 76f. In den Abusir-Papyri sind die Architrave aus Holz. – [3] Einige Original-Türrahmen bzw. Teile davon: Aus Amarna: Maria Cramer, in: MDAIK 9, 1940, 120ff.; Herbert Ricke, Der Grundriß des Amarna-Wohnhauses, WVDOG 65, Leipzig 1932, Reg. s. v. Tür; Ludwig Borchardt und Herbert Ricke, Die Häuser von Tell-el-Amarna, WVDOG 91, Berlin 1980, passim; Türpfosten in situ: a.a.O. Tf. 11. 14; Türrahmen: Tf. 26; Türsturz: Tf. 27; Bruchstücke weiterer Türen aus Amarna, die in *Hermupolis gefunden wurden: Günther Roeder, Hermopolis 1929–1939, Hildesheim 1959, Kap. XVI § 9; ders., Amarna-Reliefs aus Hermopolis, Hildesheim 1969, 107–117. – NR: Georg Steindorff, Aniba II, Kairo und Glückstadt 1937, 28. 34f., Tf. 13; Torgny Säve-Söderbergh, Einige äg. Denkmäler in Schweden, Upsala 1945, 25ff. mit Abb. 4; Emma Brunner-Traut und Hellmut Brunner, Die äg. Sammlung der Universität Tübingen, Mainz 1981, 76f., Tf. 93 (vielleicht von einem Grab? Diese beiden letztgenannten Stücke stammen sehr wahrscheinlich aus der Deltaresidenz, gehören vielleicht dem gleichen Manne). Sicher aus der Ramsesstadt: Labib Habachi, in: ASAE 52, 1954, 489–500. – Von Priester-Wohnungen der 3. ZwZt in Karnak: Anus und Saʿad, in: Kêmi 21, 1971, 220. 230 und Abb. 7 (dort ist der Türsturz mit Stricken an die Mauer gebunden). Aus Athribis: Gauthier, in: ASAE 21, 1921, 17–21 = Kitchen, Ram. Inscr. III, 238f. – Aus *Deir el-Medineh: FIFAO. 16, 1939, 40–45 u. ö. – In einer Inschrift des AR steht auf einem Türsturz, daß der signierende *Ḫnmtj* „diese Tür (*sbꜣ pn*) für seinen Herrn für einen kleinen Schurz gemacht" habe. Es bleibt fraglich, welche Teile (außer dem Oberbalken) gemeint sind: Grdseloff, in: ASAE 42, 1943, 26ff. und Hans Goedicke, Die privaten Rechtsinschriften aus dem AR, Beihefte zur WZKM 5, Wien 1970, 178ff. – [4] Arnold, in: LÄ II, 1063. – [5] Kahun, Gurob, Hawara, 24. – [6] Firth und Quibell, Step Pyr., Tf. 17. 39. 43. – [7] *Chnumhotep II. von *Beni Hasan erwähnt bei seinem Grab eine einflügelige Holztür von 3,66 m und eine Doppeltür von 2,75 m vor seinem Schrein im Inneren: Urk. VII, 34, 17–20. – [8] Erschlossen aus den Darstellungen des Gusses, z. B. Wresz., Atlas I, 82 aus TT 86; a.a.O., 317 aus TT 10 (Türflügel für den Amun-Tempel in Theben). Bei Textangaben mag es sich ebensogut um Beschläge handeln, wie oft ausdrücklich angegeben: Urk. IV, 168,2–5; 169,17–170,2; 423,2–3 u. ö.; Lehre des Königs Amenemhet, pMillingen III,

5 = KÄT, § XIII c. – [9] So die Originaltür aus dem Grab des Ka-em-heset in *Saqqara, 6. Dyn.: PM III², 542 f., mit Künstlersignatur: „Der Vertraute, der es gemacht hat, der Schnitzer Itju", dazu Edel, in: ZÄS 85, 1960, 76. – [10] Beispiele: Nefermaat in Medum, 4. Dyn.: William M. Flinders Petrie, The Labyrinth, Gerzeh and Mazghuneh, London 1912, 25, Tf. 16; einfache einflügelige Holztür in situ vor einem Grab der 11. Dyn.: BMMA 1923, pt. II, Eg. Exped. 1922–1923, 15, Abb. 5; oberer Teil einer beschrifteten Holztür aus dem Totentempel *Thutmosis' I., gestiftet von *Hatschepsut: Hayes, Scepter II, 82 f., Abb. 44; Türflügel eines Ebenholzschreines aus dem Terrassentempel der Hatschesput: Deir el-Bahari II, Tf. 26. 29 = CG 70001; eine Tür *Osorkons I. aus Illahun in Kairo: Clarke und Engelbach, Masonry, Anm. 186, dazu Koenigsberger, Konstruktion (s. Lit.), 17 (Türflügel mit einem festen Rahmen). – [11] Zu Einzelheiten der vielfältigen Lösungen der Halterung und der Einführung des Türflügels s. Koenigsberger, Konstruktion (s. Lit.), 24–40. – [12] Koenigsberger, a.a.O., 39 f. – [13] Hierakonpolis I, Tf. 3 = PM V, 196 = UMB 15, 1950, 30, Abb. 14. – [14] Koenigsberger, a.a.O., 20 ff.; Clarke und Engelbach, Masonry, Abb. 188; Petrie, Objects of Daily Use, Tf. 44, Nr. 57–60. – [15] Hellmut Brunner, Die südlichen Räume des Tempels von Luxor, AV 19, Mainz 1977, Tf. 3 (r.) u.ö. – [16] Medinet Habu V, Tf. 304–306 u.ö. – [17] CoA II, 63 f. – Zu Türumrahmungen in Amarna s. Seidlmayer, in: MDAIK 39, 1983, 184–206. – [18] Erik Hornung, Tal der Könige, Zürich und München 1982, 38. – [19] FrZt-Stadttor in der Mauer von Elephantine: Stadelmann, in: MDAIK 28, 1973, 164 f., Tf. 42 b. Ein Tor von Amara-West: Fairman, in: JEA 25, 1939, 143 f. Zu den Toren in der Mauer von *Elkab s. Badawy, Architecture II, 41. Bei den von Homer erwähnten 100 Toren Thebens (Ilias IX, 381) dürfte es sich um Tempeltore handeln, vgl. Burkert, in: Wiener Studien 89, Wien 1976, 5–13, bes. 12. – [20] Dows Dunham, Uronarti, Shalfak, Mirgissa (Second Cataract Forts II), Boston 1967, 12. Reste eines Holztores sind auf Tf. 8 A und B zu sehen. – [21] A.a.O.: 3 Tore. 2 Tore in Schalfak: a.a.O., 119, und in Mirgissa: a.a.O., 151 ff. Ähnlich in allen Festungen des MR in Nubien. Die meisten Festungen hatten auch ein schmales, oft verstecktes Flußtor. Gute Zusammenfassung des Baubefundes bei äg. Festungen: Lawrence, in: JEA 51, 1965, 69–94 mit Bibliographie. – [22] A.a.O. – [23] So auf einem Relief *Assurbanipals, das die Eroberung einer äg. Festung zeigt: Brunner, in: AfO 16, 1953, 256 mit Abb. 1 und S. 154. Zu einem entsprechenden Fenster im Hohen Tor von Medinet Habu s. Haeny, in: ZÄS 94, 1967, 71–78. – [24] Deutlich z.B. in einem Lied in TT 69, Menena, s. Schott, Das Schöne Fest, 106, Nr. 61 und S. 28. Vgl. auch die hier Anm. 10 genannte Original-Tür aus der 11. Dyn. – [25] Barguet, Temple d'Amon-Rê, 343 f.; für Luxor: Nims, in: JNES 14, 1955, 119. Eine Sammlung und Bearbeitung fehlt. – [26] S. z.B. Ricke, Kamutef-Heiligtum, 29. In einem Fall wurde eine fragmentarische ältere Figur in einer eigens zu diesem Zweck in den Granit der Torschwelle geschlagene Nische an der (unsichtbaren) Unterseite beigesetzt: Karnak-Nord IV, 31 f., Tf. 35, dazu Brunner, Rolle (s. Lit.), 52 Anm. 38. – [27] Wien 4 = Walter Wreszinski, Äg. Inschr. aus dem k. k. Hofmuseum in Wien, Leipzig 1906, 155 (III 2). Es mag sich freilich mehr um Prahlerei als um ein reales Amt handeln. – [28] H. S. Smith, The Fortress of Buhen, The Inscriptions, EES 48, 1976, Tf. 25, 1. Tübingen Nr. 2, s. Anm. 3. – [29] Hermann, in: ZÄS 73, 1937, 68 ff.; dazu oCambridge EGA 4298. 1943 = Emma Brunner-Traut, Eg. Artists' Sketches, Leiden 1979, 22 ff., Tf. 1. – [30] Man vergleiche die zahlreichen Tempel-Veröffentlichungen. Eine gründliche Untersuchung des Durchgangs im 1. Pylon in Karnak: Lauffray, in: Kêmi 20, 1970, 101 ff. – [31] Hierzu und zum „Ptah von der Türlaibung (*wmt*)" in Medinet Habu sowie zur Dekorationstechnik dieser Figuren s. Brunner, Rolle (s. Lit.), 38 ff. – [32] Der Versuch einer Deutung dieser Bezeichnung bei Brunner, Rolle (s. Lit.), 38. – [33] Calverly–Gardiner, Abydos I, Tf. 21. 29; II, Tf. 9. 17. 25. 34. Übersicht: ebd. I, Tf. 1 B. Dazu das Ostrakon Cambridge, s. Anm. 29. – [34] Medinet Habu V, Tf. 317. – [35] Zu diesem Gedanken bei Tempeltoren s. Sauneron, in: BIFAO 54, 1954, 117–127 und Dietrich Wildung, Imhotep und Amenhotep, MÄS 36, Berlin 1977, 42. In beiden Arbeiten scheint dieser Gedanke aber überbetont. – [36] Türhüter, *jrj-ꜥꜣ*, spielten im Altertum eine ebenso große Rolle wie heute die Bawabs. S. z.B. Helck, Materialien, 49. Vgl. Eva Jelínková-Reymond, in: CdE 28, Nr. 55, 1953, 39 ff. und dazu De Meulenaere, in: CdE 31, Nr. 62, 1956, 299 ff. – Auch hochgestellte Personen wünschten, nach ihrem Tode „Türhüter" am Tempel zu werden (in Form ihrer Statue), um in der Gottesnähe Opfergaben und Gebete Vorübergehender zu erhalten: Clère, in: JEA 54, 1968, 135 ff. – [37] Vor allem durch „böse Augen", vgl. Pyr. 1266, wo sie geradezu als „Verschluß" (*ḫtm*) bezeichnet werden (Altenmüller, in: LÄ I, 356). Vgl. auch Kaplony, Beitr. Inschriften, 179, Anm. 254. – [38] pHarris 500 rto II, 11–13; pChester Beatty I rto 17, 4–6. 6–7; dazu Alfred Hermann, Altäg. Liebesdichtung, Wiesbaden 1959, 132–136; Meeks, in: LÄ III, 1049. – [39] S. Brunner, in: LÄ II, 454 mit Anm. 35; Wildung, in: LÄ II, 673 f., dazu: Nims, in: JNES 14, 1955, 119; Fischer, in: AJA 63, 1959, 196–198. Hervorgehoben sei nur das „Tor des Beki", ein Torbau des *Bekenchons in Karnak-Ost, „wo *Ramses II. Gebete erhört", s. Spiegelberg, in: ZÄS 65, 1930, 123 f.; Barguet, Temple d'Amon-Re, 300 f. – [40] Daumas, in: BIFAO 50, 1952, 149 ff. und vor allem Sauneron, in: BIFAO 54, 1954, 117 ff. Dazu Brunner, Rolle (s. Lit.), 45 f. – [41] Edfou VIII, 162 f. – [42] Sauneron, a.a.O. (Anm. 40). – [43] Stricker, in: OMRO 39, 1958, 59 Anm. 24. – [44] Siegler, in: MDAIK 25, 1969, 139–153. Anders Barguet, in: RdE 21, 1969, 7 ff. – [45] Grieshammer, in: ZDMG Suppl. II, 1974, 19–25; Brunner, Rolle (s. Lit.), 47–49. – [46] James, Ḥekanakhte, Brief XVII Z. 9; Helck, in: LÄ II, 1062. – [47] Zauzich, Schreibertradition, Urk. 14, Z. 3 und Urk. 15, Z. 3. – [48] Bakry, in: MDAIK 27, 1971, 138 f. – [49] Badawy, Architecture III, 164 f. – [50] Zum Ost- und Westtor des Himmels s. Assmann, in: LÄ III, 4. Beste äg. Darstellung beider Tore in einem Bild: Medinet Habu VI, Tf. 422. Drei verschiedene Darstellungen des Osttores aus Papyri zu Spr. 17 des Tb: Tb (Naville) I, Tf. 28 (offen und geschlossen); Piankoff, Livre du jour et de la nuit, 80. Texte: z.B. Tb Spr. 15 = ÄHG, Nr. 43, 19; Jan Assmann, Sonnenhymnen in thebanischen Gräbern, Mainz 1983, Text 37, Z. 15 f. und Parallelen; Z. 26; Text 244, Z. 3 = 245, Z. 3. Allgemein: Assmann, Sonnenpriester,

29f. 54. – [51] Assmann, in: LÄ III, 4. – Vier Himmelstore, eines nach jeder Himmelsrichtung, schon Pyr. 1252c. – [52] Zweiflüglig: Jacques Vandier, La tombe de Nefer-Abou, MIFAO 69, 1935, Tf. 19 (TT 5); Deir el Médineh (1928), FIFAO VI. 2, 1929, Abb. 44 (TT 356). – [53] TT 1, Sennodjem: Bernard Bruyère, MIFAO 89, 1959, Tf. 25. Die r. Tür, vor der der Verstorbene steht, ist das Westtor, vgl. die Textzeile darunter, in der Re-Harachte unter dem l., Atum unter dem r. Tor steht. Ferner Louis Speleers, Le papyrus de Nefer Renpet, Brüssel 1917, Tf. 13. Die hier vorgeschlagene Deutung des Drehpunktes in der Mitte verdanke ich Herrn Jürgen Schmitz. – [54] Deir el Médineh, FIFAO III. 3, 1926, Abb. 94. In den Pyr. steigt der verstorbene König durch ein Tor von der Erde zum Himmel auf: Pyr. 796b. – [55] pWestcar 7, 25f. – [56] Esna, Inschrift 355,5. – [57] Tb Spr. 144–148; TT 296 nach Hermann, in: MDAIK 6, 1936, 10 u. ö. Am bekanntesten ist das „Verhör" in Tb (Hornung), 125, Z. 183–199. – [58] Erik Hornung, Tal der Könige, Zürich und München 1982, 120f. – [59] Oft im Pfortenbuch, z. B. Piankoff, Livre des Portes I, 221, Abb. 26. – [60] Spr. 272 und 360. – [61] Urk. III, 24,9. – [62] Grapow, Bildl. Ausdrücke, 165.

Lit.: Otto Koenigsberger, Die Konstruktion der ägyptischen Tür, ÄF 2, 1936. – Brunner, Die Rolle von Tür und Tor im Alten Ägypten, in: Symbolon N. F. 6, 1982, 37–52. H. B.

Türhüter (*jrj-ꜥꜣ*[1], in der SpZt auch *wn* gelesen[2]) treten zum ersten Mal anscheinend im MR auf[3]; sie sind aber bes. im NR häufig. Wir finden sie im Privathaus[4] wie in der kgl. Eigenverwaltung[5] und *Palästen[6], dort etwa in der Empfangshalle[7], im *Harim[8], im *Schatzhaus[9], in der *Wache[10], in der *Scheune[11] und in Büros[12], wie dem Wesirbüro[13]. In den Webhäusern bewachen sie die Arbeiter[14]. Daneben erscheinen sie bes. im Amuntempel[15] bei der Tempelscheune[16], im „*Goldhaus"[17] oder in der „nördlichen Säulenhalle"[18] und im Vorhof[19]. T. sind auch aus dem *Ramesseum[20] und aus *Medinet Habu[21] bekannt. In Amarna sind sie als Bewacher der kgl. Harimsmädchen abgebildet[22], auf den *Talatat-Blöcken von Karnak verbeugen sie sich hinter dem zum Opfer schreitenden König, wobei sie Wassergefäß und Besen in der Hand halten. Aber auch wenn hohe Beamte den Palast betreten, „stehen die T. gebeugt"[23]. Aus dem Tempel von *Heliopolis erfahren wir, daß die T. des Vorhofs in *Phylen eingeteilt waren[24].

Bei der Eintreibung der Ernteabgaben „tragen die T. Stöcke (*šbd*) und die Polizisten Palmruten"[25]. Diese Teilnahme der T. bei der Erntebesteuerung ist auch aus Papyri bekannt[26], die aus der Verwaltung der Handwerkersiedlung von *Deir el-Medineh stammen. Dort spielen die T. eine wichtige Rolle; es gab meist 2 – für jede „Seite" einen, doch sind auch 3 oder 4 gleichzeitig erkennbar[27]. Allerdings sind ihre Bezüge (*Löhne) gegenüber denen der Handwerker sehr gering: monatlich 1–1 1/2 Sack *bdt* und 1/2–1 Sack *jt*[28]. Auch im MR ist diese geringe Bezahlung belegt[29]. Sie bilden aber nicht nur eine Torwache, sondern verteilen die angelieferten Versorgungen[30], bestimmen die abhängigen Arbeiter (Holzträger, Gärtner, Wasserträger usw.: *smdt*)[31] und sind als Gerichtsvollzieher[32] und Briefträger[33] eingesetzt. In der SpZt scheinen die T. gerade für die Überwachung der Naturalienanlieferungen für die Tempel zuständig gewesen zu sein[34].

In der religiösen Sphäre spielen bes. die T. an den Toren der *Unterwelt eine wichtige Rolle; der Tote muß sie durch Wissen ihres Namens oder über Dinge hinter ihrer *Tür überwinden[35]. Pyr. 1440e streckt die Göttin des *Mꜣtt*-Baumes als „Türhüterin des Himmels" dem Toten ihre Arme entgegen[36]. Pyr. 416a. 1266c erscheinen die beiden stierkopfartigen Türgriffe(?) als göttliche Türhüter.

[1] Zu der Frage, ob kopt. ⲁⲣⲁ „Türhüter" von *jrj-ꜥꜣ* abzuleiten ist, vgl. Fecht, Wortakzent, § 197. – [2] Anscheinend hat man die in ramessidischer Zt viermal so häufig anzutreffende Abkürzung  für  später *wn* gelesen, vgl. Černý, Community, 161–173; Eva Jélinková, in: CdE 28, Nr. 55, 1953, 39ff. Ausgeschrieben findet sich *wn* CG 23160. – [3] Abgesehen von CT (s. u.) pKahun and Gurob, Tf. 13. 14 Z. 53; Tf. 26 Z. 47; Scharff, in: ZÄS 59, 1924, 20ff.; Borchardt, in: ZÄS 40, 1902–03, 113ff. Ferner CG 20041. – [4] Liebeslieder (pHarris 500), 2,12. – [5] „T. des *pr* Pharaos" pBM 10383, II, 4–5 (= Peet, Tomb Robberies, Tf. 22); das Haus des T. Pharaos pBM 10068 vso 8,4 (= Peet, op. cit., Tf. 16). – [6] Im *pr* Thutmosis' I.: Florenz Cat. 1566. – [7] BM 249. – [8] Vgl. Helck, Verwaltung, 261. – [9] Memphis I, Tf. 12, 21; pMayer A 13 C 6,8. – [10] pKahun and Gurob, Tf. 30, 43; in der Wesirdienstvorschrift: Urk. IV, 1117,1. – [11] pBM 10053 rto II,5; IV,8; VII,9 (= Peet, op. cit., Tf. 17). Der *mr pr wr* Amenophis' II. *Kenamun war „Vorsteher der T. der Scheune". – [12] Urk. IV, 129,13. – [13] CG 20184k. 20103. – [14] pSallier II, 7,3–4 (Satire des métiers). – [15] E. g. CG 42131; Urk. IV, 30, 2.6; Davies–Macadam, Funerary Cones, Nr. 273. 565. Obertürhüter: TT A 15; pBM 10053, 3, 20. – [16] ÄIB II, 3 Nr. 2298; Davies–Macadam, Funerary Cones, Nr. 513. – [17] TT 348. – [18] BM Stelae VII, 19. – [19] Davies–Macadam, op. cit., Nr. 383. – [20] Ober-Türhüter: Deir el Médineh, FIFAO XX. 3, 1933–40, 15 Grab 7. – [21] RAD, 40, 14. – [22] Davies, Amarna VI, Tf. 19. 28 (mit Besen). – [23] Griffith, in: PSBA 18, 1896, 195f. – [24] pHarris I, 28,7–8. – [25] pAnastasi V, 16,5–6. – [26] RAD, 35–44. – [27] Hierzu vgl. Černý, Community, 162–167 mit Lit. – [28] E. g. oDeM 148. 177. 184. 252. 376–7. 381. 384. 387; oKairo 25608. – [29] In den Kahunpapyri (s. Anm. 3) erhalten sie nur 1/4 Opferanteil. – [30] Cf. Černý, op. cit., 173 Anm. 7. 9. – [31] RAD, 49, 4ff. – [32] oGardiner 140,2; oTurin 6628, 1–2; pBM 10053, 1, 7 (nach Černý, op. cit., 172–3). – [33] oBerlin 10663, 3; oPetrie 73, 3–4; Giornale, 52, 11; oBerlin 12654 vso, 8 (nach Černý, op. cit., 173). – [34] Hierzu Eva Jélinková, in: CdE 28, Nr. 55, 1953, 52ff. – [35] CT V, Spr. 404–405

(= D. Mueller, in: JEA 58, 1972, 99 ff.); 629. – [36] Vgl. auch CT II, 401 a die „beiden Kinnladen der *Mꜣtt*", d. h. die Türflügel, vgl. Edel, in: ZÄS 96, 1969, 9–14. W. H.

Türkis A. *Definition:* T. (auch Kalait [Kallait])[1] ist ein himmelblauer, blaugrüner bis grüner, manchmal blasser, nur schwach durchscheinender, sonst opaker *Halbedelstein der Zusammensetzung: $CuAl_6[(OH)_2PO_4]$[2]. Häufig ist er von braunen bis schwarzen Flecken und Adern durchzogen[3] und füllt, sekundär entstanden, die Lücken seines Muttergesteins. Er ist wachsglänzend, aber sehr spröde[4]. Gegenüber Lauge (Seife, s. *Technik, 2), Säure, Hitze und Licht empfindlich, wandelt oder verliert er leicht seine Farbe[5]. Natürlicher T. ist häufig porös und wenig farbkräftig. Deshalb wird heute T. gern mit farbigem Kunstharz überzogen oder künstlich aus Türkispulver und Kunstharz hergestellt[6]. Man verwechselt T. oft mit Knochentürkis (Odontolit), *Chrysocolla, *Glas oder glasierter *Fayence[7].

B. *Name:* T. heißt auf Ägyptisch: *mfkꜣt*[8] > *fkt*[9], früher als *Malachit interpretiert[10]. Im übertragenen Sinne wurde mit *mfkꜣt* häufig auch die *Farbe „türkis"[11] oder der Zustand der „Freude"[12] bezeichnet. Mit den Ausdrücken: *nfr mfkꜣt*[13], *mfkꜣt mꜣʿt*[14] oder *mfkꜣt mꜣt*[15] wurde wohl der frischgebrochene, noch farbintensive T. bezeichnet[16]; im Gegensatz dazu *mfkꜣt wḏḥ*[17]. *Mfkꜣt ḫꜣrw*[18] oder *mfkꜣt jmntt*[19] stehen für Türkissorten aus verschiedenen Ländern (Fundstellen?). *Ḥḏ, nbw, ḥsbḏ, mfkꜣt*[20] kann wohl als Topos für „Wertvolles" angesehen werden[21]. Hebräisch: נֹפֶךְ für T. ist unsicher[22].

C. *Vorkommen:* Äg. Türkisvorkommen liegen im *Sinai bei *Maghara[23], *Serabit el-Chadim[24] und in den benachbarten Wadis[25].

D. *Gewinnung:* Um T. zu fördern, wurden *Expeditionen mit 400–500 Mann[26] in den Sinai geschickt. Anfangs kamen diese Expeditionen mit militärischer Begleitung; später arbeiteten die dort lebenden Semiten bei der Förderung von T. mit[27]. Die Expeditionen konnten über Land oder per Schiff über das *Rote Meer geführt werden[28]. Einen äg. Umschlaghafen für das Türkisfördergebiet fand man in der Bucht von Merkah[29]. T. wurde im Tage- und im Bergbau gewonnen (*Bergbau, *Technik, 6.2). In der näheren Umgebung liegen geologisch bedingt auch Kupfererzgruben, vor allem von Malachit und Azurit[30]. Sie wurden neben der Farbpigmentherstellung[31] hauptsächlich als Rohstofflieferant wohl nur für die zur Türkisförderung benötigten Kupferwerkzeuge ausgebeutet und verarbeitet[32]. Ob die daneben ebenfalls zu findenden Manganerze schon in pharaonischer Zt gefördert wurden, ist noch nicht geklärt[33]. – Gehandelt wurde T. in Form von runden Klumpen[34] oder Ziegeln(?)[35].

E. *Verwendung:* Das sehr brüchige, im Sinai kaum in größeren, einwandfreien Aggregaten zu findende Türkismaterial konnte von den Ägyptern nur zu Einlagen (*Einlegearbeiten, *Goldschmiedekunst, *Technik, 5.3) oder zu kleineren Schmuckstücken (*Perlen, *Skarabäen) verarbeitet werden. Schon in prähist. Zt finden sich Perlen[36] und Scheibchen aus T., die zu Halsketten (*Kette) verarbeitet wurden[37]. Als Einlage in *Schmuck wie: Armreifen[38], Fingerring[39], *Halsschmuck (Halsreif, Halskragen), *Ohrring[40], Halskragen für eine Amunsbarke[41] und an *Altären[42], *Gefäßen[43], *Harfen[44], Kultstatuen[45] und *Türen[46] ist T. beliebt. *Amulette[47], Skarabäen[48] und Siegel[49] aus T. sind selten. Billigere(?)[50] Fayence der gleichen Farbe soll wohl T. (aber auch *Lapislazuli) nachahmen (*Imitation).

F. *Bedeutung:* Die blaue bis grüne Farbe des T. spielt eine besondere Rolle in der äg. *Materialmagie und -symbolik. Sie ist die Farbe der Rekreation. Metaphorisch wird T. gleichgesetzt mit „Freude"[51] im Gegensatz etwa zum *Karneol. Das Veränderliche an der Farbe des T. (von blau nach grün)[52] drückt sich auch in der Ambivalenz der Farbbezeichnung „türkis" aus[53]. So können sowohl Gewässer[54] als auch *Gärten[55], *Sykomoren (*Baum, heiliger) und Himmelsgefilde[56], ja sogar Götter[57] aus *mfkꜣt* bestehen. Ein weiterer Aspekt dieser Grün/Blau-Ambivalenz könnte auch in der Entwicklung der äg. Farbenbenennung zu finden sein[58]. Die Göttin *Hathor wird die Herrin des T.[59] genannt. Dies ist aber wohl ein Topos für „Göttin des Bergbaues"[60]. Auch die Scheibe und die Strahlen der Sonne werden mit T. gleichgesetzt[61]. Zumindest die mit T. bezeichnete Sonnenscheibe dürfte ursächlich auf die Erscheinung des optischen Sukzessivkontrastes zurückzuführen sein[62].

[1] Der Name T. leitet sich von Französisch: turquoise < Altfranzösisch: turkoys her, da der T. seit dem 12. Jh. von Persien über die Türkei eingeführt wurde. Der synonyme Name Kallait kommt von Griechisch: κάλαϊς, καλλαϊς (= schöner Stein) > καλλάινος (= blau und grün schillernd). Lateinisch: callaina, vgl. Plinius, Hist. nat. XXXVII, 110. Vgl. Hans Lüschen, Die Namen der Steine, Thun 1979, 336 f. oder Joseph E. Pogue, The Turquois, in: Memoirs of the National Academy of Sciences 3, Vol. 12. 2, Washington, D. C. 1915, 1–207. – [2] Ein kupferhaltiges, basisches Aluminiumphosphat mit ca. 10% Kupfergehalt. Vgl. Anatolij Betechtin, Lehrbuch der speziellen Mineralogie, Leipzig 1971, 460–464; Margret Gary, Robert MacAfee jr. und Carol L. Wolf (Hg.), Glossary of Geology, Washington D. C. 1972, 761; Walter Schumann, BLV-Bestimmungsbuch, Edelsteine und Schmucksteine, München 1976, 170 f.; Fried-

rich Klockmann, Lehrbuch der Mineralogie, Stuttgart [16]1978, 649ff. – Kristallstruktur von T. s. Cid-Drescher, in: Zeitschrift für Kristallographie 121, Frankfurt 1965, 87–113. – [3] Limonit-, Sandstein-, Jaspis- oder Psilomelanadern, vgl. Schumann, op. cit. Das Muttergestein des sinaitischen T. ist Sandstein. – [4] Mohshärte 5–6 (wird vom Messer geritzt, ritzt selber aber Glas); Dichte 2,6–2,8. – [5] Der im T. enthaltene färbende Kupferanteil (Kupferkomplex) reagiert leicht auf äußere Einflüsse wie: Hautschweiß (Fett), Öle und Kosmetika, aber auch auf Licht und Hitze. Bei ca. 250° C schlägt die Farbe in ein unansehnliches Grün um, was durch den Verlust des Kristallwassers erklärt werden kann. Daher muß der Goldschmied beim Löten, aber auch beim zu heftigen Sägen oder Feilen aufpassen, daß sich der Stein nicht erhitzt. Vgl. auch Anm. 6 und 52. – [6] Die Versiegelung der Oberfläche und die Herstellung von künstlichem T. ist vor allem deswegen erwünscht, da durch die Poren Fremdstoffe eindringen und reagieren können. So entstehen nämlich in Verbindung mit Kosmetika, Fetten, Ölen, Seife oder Spülmitteln leicht Verfärbungen, die nicht mehr reversibel sind. Vgl. Wilhelm F. Eppler, Praktische Gemmologie, Stuttgart 1973, 301f.; Schmetzer und Bank, in: Journal of Gemology 18.8, London 1983, 734f.; Lind, Schmetzer und Bank, in: Zeitschrift der deutschen Gemmologischen Gesellschaft 32.1, Idar-Oberstein 1983, 69–74; Lind, Schmetzer und Bank, in: Gems and Gemology 19, Santa Monica 1983, 164–68. – Eine „Farbverbesserung" durch Behandeln von T. mit Öl oder Dung kannten auch die Beduinen: Vgl. Davey, in: Transactions of the Royal Geological Society of Cornwall 16.2, Penzance 1929, 42–65, bes. 64. Die Behandlung mit Öl beschreibt auch Plinius, Hist. nat. XXXVII, 110ff. – [7] Odontolit ist ein durch Eisen verfärbter fossiler Knochen oder Zahn. Vgl. Pogue, Turquois (s. Anm. 1), 132; Andrée Rosenfeld, The Inorganic Materials of Antiquity, New York 1969, 69; Lucas, Materials[4], 111. – Chrysocolla, ein Kupfersilikat, kann dem T. täuschend ähnlich sein. Er wird im Sinai, bei * Timna oder häufig bei Kupfererzminen gefunden. Er ist farblich meist gescheckter, aber weicher als T. Zur Kupfergewinnung muß er aber erst kompliziert aufgeschlossen werden, so daß er in der Antike als Rohkupfererz nicht in Frage kommt. Eine Verwendung als Einlage müßte aber erst noch untersucht werden. – [8] Wb II, 56, 1–4; Harris, Minerals, 102f. 106–10. – [9] Raphael Giveon, The Impact of Egypt on Canaan, OBO 20, 1978, 67 mit Anm. 1. – [10] Harris, a.a.O., 102–4. 106–10 und vgl. die dort zitierte Lit. Neuerdings ist Iversen, in: Fs Westendorf I, 516ff. wieder zur Übersetzung „Malachit" zurückgekehrt. – [11] Urk. IV, 638; vgl. Anm. 52ff. – [12] Wb II, 56, 14; Harris, a.a.O., 117. Weitere Belege: Constance Husson, L'offrande de miroir dans les temples égyptiens de l'époque gréco-romain, Lyon 1977, 87 Anm. 12; 132 Anm. 6 bis; Dendara VIII, 36, 8–9; 37, 8; 43, 12; 84, 11; 86, 3; 92, 7; 101, 14; 106, 1; 115, 9. – [13] Richard A. Parker, Jean Leclant und Jean-Claude Goyon, The Edifice of Taharqa by the Sacred Lake of Karnak, London 1979, 59 Anm. 48, Tf. 24f. – [14] Wb II, 56, 5; Harris, a.a.O., 108; Helck, Materialien, 996; Urk. IV, 932. 1213; pHarris I, 52, 4; 62b, 13; Inscr. Sinai II, 10. S. auch Anm. 52. – [15] Wb II, 56, 6; Helck, a.a.O., 995; Urk. IV, 932. 1213; pWestcar 6, 3; Sethe, Lesestücke, 27 Z. 5. 11. 18. 21. S. auch Anm. 52. – [16] S. Anm. 5. – [17] Wb II, 56, 7; pHarris I, 64b, 9; wohl eine Bezeichnung für künstlichen T., d.h. türkisfarbige Fayence. S. auch Anm. 53. Vgl. auch Birgit Nolte, in: LÄ II, 613 und Luft, in: ZÄS 104, 1977, 46–75, bes. 49. – [18] Harris, a.a.O., 108. 231; Mariette, Dend. IV, 39. 87. 140. – [19] Harris, a.a.O., 108. 231; Mariette, Dend. IV, 87. – [20] Annelies und Artur Brack, Das Grab des Tjanuni, TT 74, AV 19, 1977, 40 (Text 29), Tf. 31; Gaballa, in: JEA 63, 1977, 122–6, Tf. 22, Z. 5; Kitchen, Ram. Inscr. II, 147, 10; 207, 14; 285, 2; 620, 7; 626, 1. – [21] Vgl. Fuchs, in: LÄ V, 943 Anm. 31 Mitte. – [22] Exodus 28, 18; 39, 11; Ezekiel 27, 16; 28, 13. Lambdin, in: JAOS 73, 1953, 145–55, bes. 152 sieht eine Parallele zu *mfkꜣt*. Quiring, in: Sudhoff's Archiv für Geschichte der Medizin und Naturwissenschaften 38, Wiesbaden 1954, 193–213, bes. 199f. will nōphek eher als Hämatit übersetzen. – [23] 28° 51′N, 33° 22′O. Gegenüber dem Gebel Abu Alaqa. Übersichtskarte s. Thomas, in: Cairo Scientific Journal 6, Kairo 1912, 56–60. Hier lebte von 1857–66 (nicht 1854–64, wie häufig behauptet) ein Schotte: Major MacDonald, um dort erneut T. zu fördern. Da es sich aber nicht lohnte, gab er nach 9 Jahren wieder auf. Wahrscheinlich war die Qualität des T. nicht ausreichend (vgl. Anm. 52). Vgl. dazu Cooney, in: JEA 58, 1972, 280–85. – [24] 29° 5′N, 33° 27′O. Karte s. Lake, Barrois, New und Butin, in: Harvard Theological Review 25.2, Cambridge, Mass. 1932, 95–129; Barrois, in: RB 39, Paris 1930, 578–98, Tf. 25. – [25] In der umfangreichen Literatur über die Türkisgewinnung in diesem Gebiet des Sinai wird häufig zwischen Türkis- und Kupfererzminen nicht nach geologischem Befund getrennt, sondern ob eine Inschrift vorhanden ist, die Hathor als Herrin des T. erwähnt. Dies muß aber nicht bedeuten, daß dort T. zu finden ist! Vgl. Anm. 60. – In der Literatur werden Türkisvorkommen auch im Wadi Schellal, Wadi Kharit, Um Bogma und Abu Hamed erwähnt. Diese Fundstellen liegen sämtlich in der Nähe von Maghara und Serabit el-Chadim, sind aber namentlich nur vereinzelt auf Karten zu finden. Über die sinaitische Türkisförderung vgl.: Antonio Figari, Studii Scientifici sull'Egitto e sue adiacenze compressa la Peninsola dell'Arabia Petrea, Lucca 1864, 185; Heinrich Brugsch, Wanderung nach den Türkisminen und der Sinai-Halbinsel, Leipzig 1866, bes. 60–88; William M. Flinders Petrie, Researches in Sinai, London 1906; Thomas, op. cit. (s. Anm. 23); Pogue, op. cit. (s. Anm. 1); Max Blanckenhorn, Handbuch der regionalen Geologie VII. 9, Ägypten, Heidelberg 1921, 201; Ministry of Finance, Egypt, Mines and Quarries Department, Report on the Mineral Industry of Egypt, Kairo 1922, 38; Davey, op. cit. (s. Anm. 6); Lake, Barrois, New und Butin, op. cit. (s. Anm. 24); Gommaire Louis Dykmans, Histoire économique et sociale de l'ancienne Egypte III, Paris 1937, 136f.; Albright, in: BASOR 109, 1948, 5–20; Inscr. Sinai II; Haschmi, in: Zeitschrift der deutschen Gesellschaft für Edelsteinkunde 34, Idar-Oberstein 1960/61, 16–24; Gerster, in: Du 20 (September), Zürich 1960, 43–51; Georg Gerster, Sinai, Zürich 1970, bes. 40–66; Tosi, in: Studi di Paletnologia, Paleantropologia, Paleontologia e Geologia del Quaternario 2 (nuova serie), Rom 1974, 147–162, bes. 148f.; Giveon, in: Tel Aviv 1, Tel Aviv 1974, 100–108; Rothenberg, in: Bible et Terre Sainte

150, Paris 1974, 6–16, bes. 13f.; Weisgerber, in: Die Technikgeschichte als Vorbild moderner Technik, Schriften der Agricola Gesellschaft 2, Essen 1976, 27–44; Gübelin, in: Lapis 2.2, München 1977, 14–19; Ora Lipschitz, Sinai I, Tel Aviv 1978; Storm, in: Die Karawane, 20.4, Ludwigsburg 1979, 3–59. S. auch *Sinai. – [26] Eine Inschrift erwähnt 1400 Mann. S. Inscr. Sinai II, 14–20. – [27] Černý, in: ArOr 7, 1935, 384–89. – [28] Inscr. Sinai II, 11–13. – [29] Albright, op. cit. (s. Anm. 25), 14, Abb. 2. – [30] Lucas, a.a.O., 202ff. Weitere mögliche Kupfererzminerale vgl. Beno Rothenberg, Timna, Bergisch Gladbach 1973, 252–4. – [31] Lucas, a.a.O., 204f. 401. – [32] Inschriftlich ist an diesen Orten fast nichts über einen äg. Kupferabbau überliefert. Allerdings sind einige riesige Kupferschlackehaufen gefunden worden, die aber nicht sicher datiert werden können. Sie sind wohl aus römischer oder byzantinischer Zt. Vgl. Lucas, a.a.O., 202–210. – [33] Mangan ist in einigen äg. Kupfergeräten zu finden. Vgl. Lucas, a.a.O., 209. Auch wurde es als Pigment, als Kohl und zum Färben von Glas und Glasuren verwendet. Vgl. Lucas, a.a.O., 262; A. Jeffrey Spencer, Catalogue of Egyptian Antiquities in the British Museum 5, Early Dynastic Objects, London 1980, Nr. 394f.; Alexander Kaczmarczyk und Robert E. M. Hedges, Ancient Egyptian Faience, Warminster 1983, 30–35. Eine Verwendung von Mangan für Weißkupfer (Mangan–Kupfer–Bronze, s. *Technik 5.6) ist seit der 2. Dyn. nachzuweisen. Vgl. Spencer, op. cit., 88, Nr. 596f. 608. Über die Weißkupferherstellung in der antiken Welt s. Leopold Gmelin, Handbuch der Anorganischen Chemie, System Nr. 56, A 1, Mangan, Berlin [8]1980, 11–23. – Über die äg. Manganvorkommen im Sinai: Inscr. Sinai II, 5ff.; Lake, Barrois, New und Butin, op. cit. (s. Anm. 24), 97ff.; Shazly und Saleeb, in: Economic Geology 54, New Haven Connecticut 1959, 873–888; Mart und Sass, in: Economic Geology 67, New Haven Connecticut 1972, 145–55. – [34] Helck, Materialien, 995. – [35] Die Darstellung von T. in Ziegelform ist unüblich. Vgl. Med. Habu V, Tf. 328. – [36] Die Perlen sind rund, doppelkonisch und zylinderförmig. Zur Herstellungstechnik s. *Perle; s. Tosi, op. cit. (s. Anm. 25). – [37] CG 52894–7; Carol A. R. Andrews, Catalogue of Egyptian Antiquities in the British Museum 6, London 1981, Nr. 60. 128. 132. 140. 209. 235. 400. 417. 429. 471. 473. 526. 545; Mutter u. Kind, 1, 1.3; Hayes, Scepter I, 24. 237. 307; II, 135; London, U.C. 4392f. 5388. – [38] Petrie, RT II, 17–19; Keimer, in: ASAE 34, 1934, 177–211, bes. 194f., Tf. 15, 7; Reisner, Giza II, 44, Tf. 37f.; Cyril Aldred, Die Juwelen der Pharaonen, München [3]1976, Abb. 3 (= Armband der Königin *Hetepheres). – [39] Hayes, Scepter I, 235; pHarris I 65a, 15; 70a, 10; H. W. Müller, in: Pantheon 37, München 1979, 237–46, Tf. 1. – [40] Aldred, op. cit., Abb. 1.7f.; Hayes, Scepter I, 235f.; Erika Feucht, Die königlichen Pektorale, Diss. München, Bamberg 1967, Nr. 1f. 4. 8. 35. 44. 46. 59. – [41] Helck, in: CdE 38, Nr. 75, 1963, 37–48, bes. 44ff. – [42] Urk. IV, 1795, 17. – [43] Urk. IV, 637, 2; 744, 12. – [44] Urk. IV, 174, 14. – [45] Urk. IV, 1937, 11; pHarris I, 40b, 10; 73, 13; vgl. Helck, Materialien, 996. – [46] Urk. IV, 1260, 18. – [47] Hayes, Scepter I, 237. – [48] Lucas, a.a.O., 405, Anm. 6; pHarris I, 15b, 2; 33a, 13; 52b, 8; Mariette, Dend. IV, 87. – [49] Hayes, Scepter I, 127. – [50] Unsere heutigen Wertvorstellungen gelten sicher nicht für das alte Äg. Daher sind Bezeichnungen wie „billig" und „teuer" sehr vorsichtig zu gebrauchen. Mir erscheint eher, daß das leichtere Verarbeiten von Fayence für Einlagen den Anlaß für eine Imitation von T. gegeben hat. Gerade bei kleinen Einlagen ist ein Zurechtschleifen und Einpassen in die Vorlage mit Sicherheit schwieriger als das Einlegen von Fayenceabdrücken. Die noch weiche Fayencemasse wurde in die Vorlage gepreßt, wodurch die Umrisse genau wiedergegeben wurden. Nach dem Brand passen diese Fayencestücke wieder ziemlich genau in die Vorlage. Vgl. hierzu die Cloisonné-Technik: s. Aldred, Juwelen, 35f. – [51] Vgl. Anm. 12. – [52] Der frischgebrochene, noch farbintensive (blaue) T. wurde besonders geschätzt. Wie in dem Zaubermärchen des pWestcar zu lesen ist, verliert eine der Ruderinnen des Königs ihren Türkisanhänger. Da dieser aus „neuem T." ist, will sie keinen Ersatz, sondern nur den ihr sehr wertvoll erscheinenden Anhänger selbst. – Wie schon in Anm. 5 erwähnt, bleicht T. in Licht und Wärme aus. So läßt sich dann erklären, warum sich *Ḥr-wr-Rʿ*, der Leiter einer Expedition in den Sinai (vgl. Inscr. Sinai, Nr. 90), darüber beklagt, daß er zu spät, nämlich im heißen Sommer zu den Türkisminen gesandt worden sei, da es „schwierig war für mich das Finden der richtigen Farbe". An der Oberfläche der T. führenden Gesteinschichten verwittert das Mineral nämlich zu einer weißen, blaßblauen Masse, die es dem *Prospektor erschwert, den T. zu finden. – [53] Selbst heute werden Personen, nach einem Farbsynonym von „türkis" befragt, sowohl grün als auch blau antworten. – [54] Wb II, 57,2; Tb 39,19; Christiane Desroches-Noblecourt, in: MonPiot 47, 1953, 1–34; dies., in: Kêmi 13, 1954, 33–42. – [55] Wb II, 56,9; Kees, Totenglauben, 194. Vgl. Assmann, Liturgische Lieder, 127. – [56] Wb II, 56,11; Assmann, op. cit., 127. 153. – [57] Wb II, 56,10; 57,3; vgl. Assmann, Liturgische Lieder, 127. – [58] S. Fuchs, Grüne und blaue Fritte (in Vorbereitung). – [59] Wb II, 56,4; 57,1.10; Kitchen, Ram. Inscr. II, 339,6; 342,10.16; 343,4.8.10; Harry M. Stewart, Egyptian Stelae, Reliefs and Paintings from the Petrie Collection II, Warminster 1979, Tf. 32,1; Inscr. Sinai I und II. – [60] Dieses Epitheton der Hathor wird auch an Stellen erwähnt, wo kein T. gefördert wurde. Selbst bei Kupferminen sind Tempel der „Hathor, Herrin des T." zu finden (s. *Timna). Daher scheint sich der Ausdruck „Herrin des T." zu allgemein: „Herrin des Bergbaues" gewandelt zu haben. – Es wäre aber auch zu erwägen, ob nicht die Kenntnis der Herstellung der ersten, schon in prähist. Zt bekannten blauen bis blaugrünen (= T. ähnlichen) Glasur, die aus Kupferabfällen hergestellt worden sein könnte (vgl. *Technik 13.2), zu einer Verbindung zwischen Kupfer und T. und somit zur Bivalenz des Ausdruckes „Hathor, Herrin des *mfkȝt*" hätte geführt haben können. – [61] Wb II, 56,8. Dieser Ausdruck hat zu einer langen Diskussion geführt, wie es zu der äg. Vorstellung einer türkisfarbenen Sonne kommen konnte. Früh schon wurde vermutet, daß dies ursächlich auf eine Naturerscheinung zurückzuführen wäre. Wenn nämlich viel Staub und Sand in der Luft enthalten ist, wie z.B. bei einem Sandsturm, wird das Sonnenlicht an diesen Staubpartikeln gebrochen und erscheint grün. Dies vor allem bei niedrigem Sonnenstand. – Vgl. Groff, in: BIE sér. 3.4, 1894, 149–56;

360–364; ders., in: BIE sér. 3. 6, 1896, 243–62; Franceschi, in: BIE sér. 3. 7, 1897, 271–7; Groff, in: BIE sér. 3. 7, 1897, 279–301. Erst vor hundert Jahren konnte eine solche Naturerscheinung auch in Europa beobachtet werden. Nach dem Ausbruch des Vulkans Krakatau (1883) wurde soviel Asche in die Atmosphäre geschleudert, daß abends die Sonne sogar noch in Europa grün oder blau erscheinen konnte. Vgl. Schröder, in: Geowissenschaften in unserer Zeit 1.5, Weinheim 1983, 155–59, bes. 158. – Daneben sind Gleichsetzungen: grün/blau = toter *Sonnengott (Sonne in der Unterwelt) im Gegensatz dazu rot/gelb = lebender Sonnengott (Sonne am Himmel) zu finden. Vgl. Groff, in: BIE série 3.5, 1895, 179–81; 221–3. – [62] Aus dem durch das Betrachten der Sonne entstehenden Sukzessivkontrast erscheint die Sonne in der komplementären Farbe: grün/blau. Beim direkten Betrachten der gelben bis roten Sonnenscheibe entsteht nach einer Weile beim Wegschauen durch optische Täuschung der Farbrezeptoren des menschlichen Auges ein komplementär gefärbter, nämlich blau bis grün leuchtender Fleck. Diese Naturbeobachtung kann wie die Naturerscheinung der Lichtbrechung (vgl. Anm. 61) zur Bezeichnung der türkisfarbenen Sonne geführt haben. Vgl. Daressy, in: BIE sér. 3.5, 1895, 253–6; Brunner, in: Fs Edel, 54–59.

Korrekturzusatz zu Anm. 7: In der Mine Teuler, Cala bei Sevilla wurde ein Kalbszahn, der durch Kupfer gefärbt war, gefunden und als antikes Analysenmittel auf Kupfererz gedeutet. Es handelt sich wohl eher um gefälschten T., um Odontolit. Vgl. Hasso Moesta, Erze und Metalle – ihre Kulturgeschichte im Experiment, Berlin 1983, 67 f., Farb-Tf. 3. R. Fu.

Türöffner des Himmels (*wn ꜥꜣwj nw pt*)[1]. Seit dem NR Titel von Priestern, die Zutritt zum *Allerheiligsten haben[2] und gemäß ihrem Titel die symbolisch als „Türflügel des Himmels" verstandene Schreintür[3] öffnen und – Höhepunkt des Tempelrituals – das Antlitz des Gottes schauen[4]. Der Titel kommt zunächst dem König als Mittler zwischen Gott und Mensch und oberstem Priester ex officio zu[5]; dann speziell dem *Hohenpriester des Amun von Karnak[6] und schließlich etwa von der Bubastidenzeit bis in die 26. Dynastie zahlreichen thebanischen Priestern, die dadurch offensichtlich als berechtigt zum Vollzug des Tempelrituals bezeichnet werden[7]. Im Hinblick auf Einweihung[8] und Funktion können diese Priester auch den Titel *mꜣꜣ sštꜣ ꜣḫt*[9] „der das Geheimnis des Horizonts sieht" (vgl. auch die singulär belegte Zwischenform *wn ꜥꜣwj ꜣḫt*![10]) führen.

[1] Wörtlich „Öffner der Türflügel des Himmels"; vgl. Wb I, 164, 16. – [2] Vgl. den Titel *wꜥb ntj ꜥq*, *Stolist. – [3] Vgl. Černý, in: JEA 34, 1948, 120. Zu einer anderen Bedeutung von *ꜥꜣwj pt* in funerärem Kontext vgl. Brovarski, in: Or 46, 1977, 107 ff. – [4] Alexandre Moret, Le rituel du culte divin journalier en Égypte, Paris 1902, 49 f.; vgl. auch Maurice Alliot, Le culte d'Horus à Edfou I, BdE 20.1, Kairo 1949, 77 f. – [5] Vgl. das Tempelritual (s. Anm. 4) und weitere Belege bei Eberhard Otto, Gott und Mensch nach den äg. Tempelinschriften der griechisch-römischen Zeit, Heidelberg 1964, 71. 118. – [6] Vgl. Lefebvre, Grands Prêtres, 262. 265. 270. – [7] Die Priesterliste von Edfu führt den *wn ꜥꜣwj nw pt* als den thebanischen Priester par excellence (Edfou I, 338, 7). Belege für diesen Titel (häufig mit dem Zusatz *m Jpt-swt* „in Karnak") finden sich beispielsweise bei Legrain, in: RecTrav 22, 1900, 60 (Nr. 26/27) und 61 (Nr. 32); Alexandre Moret, Sarcophages de l'Époque Bubastite à l'Époque Saite (CG), Kairo 1913, Index S. 325; Günther Vittmann, Priester und Beamte im Theben der Spätzeit, Wien 1978, 11. 57–59. 106 f. (15. 17). 109 (52). 110 (55. 58); Peter Munro, Die spätägyptischen Totenstelen, ÄF 25, 1973, 187 (Kairo A 9422). 206 (Hilton Price 2025). Nach der Saitenzeit ist der Titel (in bezug auf Privatpersonen) anscheinend außer Gebrauch gekommen, wie aus seinem Fehlen im Index von Prosopographia Ptolemaica IX: Willy Clarysse, Addenda et Corrigenda au Volume III (1956), Stud. Hellen. 25, Löwen 1981, erschlossen werden kann (der dort S. XIII aufgeführte Titel *wn-ꜥꜣwj* ist eigenständig und hat mit dem „Türöffner des Himmels" nichts zu tun). – [8] Hierfür ist die von Kees, in: ZÄS 84, 1959, 66 und Anm. 4 (mit Literatur) zitierte Inschrift eines Priesters aus der 22. Dynastie bedeutsam. – [9] Jan Assmann, Das Grab des Basa, ADAIK 6, Mainz 1973, 19; Erhart Graefe, Untersuchungen zur Verwaltung und Geschichte der Institution der Gottesgemahlin II, ÄA 37, 1981, 60 ff. Wie Graefe gezeigt hat, ist *mꜣꜣ sštꜣ ꜣḫt* aber auch Variante zu *ḥrj sštꜣ* und bezieht sich dann auf den funerären Bereich (vgl. dazu analog den Gebrauch von *ꜥꜣwj pt*, s. oben Anm. 3). – [10] Assmann, a.a.O., 19 (links), Tf. 32.

Lit.: Gauthier, in: BIFAO 13, 1917, 21 ff.; Kees, in: ZÄS 84, 1959, 65 f.; Aufrère, in: ASAE 68, 1982, 31 f. G. V.

Tuja (Touy ou Mout-Touy, äg. *Mwt-Twj*), épouse de Séthi 1er (*Sethos I.) et mère de *Ramses II. Titres: épouse du dieu (*Gottesgemahlin), grande épouse du roi (*Königin, *Königinnentitel), mère du dieu et mère du roi. Parents d'origine non royale: Raia, lieutenant de la charrerie et [...] ouya[1]. Enfants: Ramsès II et une fille Tia, chanteuse d'Amon, honorable sœur royale[2], épouse du trésorier Tia[3]. Filitation de Henout-mi-Rê non attestée: elle n'est connue que comme fille et grande épouse de Ramsès II, jamais comme sœur[4].

Du temps de Séthi 1er, une tête de statue à Gourna (*Qurna) est attribuée à T.[5]; une inscription la mentionne à *Sesebi[6]. Ramsès II lui consacra au *Ramesseum, où elle est représentée jouant aux sistres[7], un monument décoré de scènes de la theogamie[8]; une statue de T., mentionnée par Diodore, flanquait le colosse royal dans la cour du temple[9]. On connaît en outre de T. une statue de *Tanis au Caire (JE 37484)[10], une au Vatican (22678)[11], une au Louvre (E 27.132)[12], des fragments à *Abydos[13] et deux statues près des colosses royaux d'*Abu Simbel[14]. Une statue porte-enseigne lui est attribuée[15].

La participation de T. à une correspondance officielle avec la cour du roi hittite en l'an 21 de Ramsès II[16], montre le rôle important joué par la reine-mère (*Königsbriefe). Le tombeau de T. (QV 80) dans la Vallée des Reines (*Königinnengräbertal), très endommagée, vient de livrer outre un bouchon de vase canope (*Kanopen) et des chaouabtis (*Uschebti), une jarre à vin datée de l'an 22 de Ramsès II[17], dernière date connue avant la mort de la reine.

[1] Catalogue "Ramses le Grand", Paris 1976, 21–23 et bibliographie. – [2] Habachi, dans: RdE 21, 1969, 42sq.; Málek, dans: JEA 60, 1974, 161. – [3] Ibd., 161sq.; PM III². 2, 654 (tombe); Myśliwiec, dans: SÄK 6, 1978, pl. 40. – [4] Hourig Sourouzian, dans: ASAE 69, 1984, 365–371, pls. 1–2. – [5] Ead., dans: MDAIK 37, 1981, 445–455, pls. 68–69. – [6] LD III, 141n. – [7] Christiane Desroches-Noblecourt, dans: L'Egyptologie en 1979 II, 233 et fig. 64. – [8] Habachi, dans: RdE 21, 1969, 28–29, pls. 1–2 A, figs. 2–11. Voir aussi blocs à *Deir el-Bahari et à *Deir el-Medineh: ibd., 28 (7.8) et cf. montant de porte Vienne Inv. 5091 (Miramar 1152): Radwan, dans: SAK 6, 1978, 157–161, fig. p. 158. – [9] Diodore I, 47–49, cf. Helck, dans: Opus Nobile, Fs Jantzen, Wiesbaden 1969, 70. Fragments in situ. Mention de T. sur le colosse royal: Kitchen, Ram. Inscr. II, 845, 10–12. – [10] Catalogue „Ramses le Grand", Paris 1976, 25–26. – [11] Giuseppe Botti et Pietro Romanelli, Le sculture del Museo Gregoriano Egizio, Rome 1951, 18–21, no. 28, pls. 19–20; Mauro de Felice, Miti ed allegorie egizio in Campidoglio, Bologna 1982, 21, pls. 5. 11. 12. – [12] Christiane Desroches-Noblecourt, dans: Revue du Louvre 1, 1974, 43sq., fig. 1–4; partie inférieure à Medinet Habou: Habachi, dans: GM 31, 1979, 47–49, fig. 1. – [13] Petrie, Abydos II, pl. 39; Kitchen, Ram. Inscr. II, 845, 6–8; 543, 14: mention de T. dans le temple de Ramsès II. – [14] Ibd. III, 752. 754; PM VII, 100 (24) (27). – [15] Christiane Desroches-Noblecourt, dans: L'Egyptologie en 1979 II, 239 fig. 65. – [16] Edel, dans: SAK 1, 1974, 127 sq. – [17] Christiane Desroches-Noblecourt, dans: Courier du CNRS 9, Paris 1973, 36sq.; ead., dans: L'Egyptologie en 1979 II, 232sq.; "Ramses le Grand", 264–266.

Lit.: Habachi, dans: RdE 21, 1969, 27–47; Christiane Desroches-Noblecourt, dans: L'Egyptologie dans 1979 II, Paris 1982, 232–243. H. Sou.

Tuja (Mutter der Teje) s. Juja

Tula s. Niello

Tuna el Gebel (Karte 3 a). Name eines Dorfes am westlichen Wüstenrand gegenüber *Hermupolis Magna (el Aschmunein), griech. θῦνις, kopt. ⲐⲰⲚⲈ, äg. etymologisch *tꜣ-ḥnt* (der Sumpf)[1], namensgebend für die Nekropole von Hermupolis (*sṯꜣt n Ḫmnw*), die früher auch unter Hermupolis-West oder im Südteil unter Dirwa verzeichnet wurde. Der ptol. Bezirksname war *Ḫmnw-pꜣ-mk*[2].

Belegungsbeginn der Nekropole 2 km südlich T. ab der 18. Dyn. (Statue des *ḥꜣtj-ꜥ* von *Neferusi und Hohenpriesters des *Thot von Hermupolis *Jmꜣw-nfr*[3]; Stelen von Militärführern[4]; Gräber des Tempelpersonals von Hermupolis[5]). Südlich davon liegt die nördlichste der westlichen Grenzstelen des Echnaton (*Amenophis IV.)[6]. Neue Gräberbezirke entstehen ab der 26. Dyn. im Norden (Grab des Hohenpriesters *Jꜥḥ-ms*) und südlich der Amarnagrenzstele[7]. Dort wird etwa unter *Amasis ein Bestattungsplatz für die hlg. *Ibisse (*Tierkult) unterirdisch im Fels angelegt[8]. In röm. Zt ist die Kette der Flachgräber am Wüstenrand bis 7 km lang[9]. Im Norden entstand später das Kloster Der Nazlet Tuna.

Bauten der Südnekropole (el Fasagi): Vielleicht in der Nähe eines Dorfes *Pꜣ-bwj-šꜥ*[10] am Rand des Sees von T. liegt das Ibiotapheion. Die ältesten Funde daraus sind ein Heiratsskarabäus *Amenophis' III.[11], eine *Elle Amenophis' III.[12] und eine später für eine Pavianbestattung verwendete Holzkiste mit Inschriftenteilen aus der Zt *Ramses' II.[13], alles sekundär verwendet. Eine andere Holzkiste aus Tuna trägt den Namen des *Eje (Berlin 17555). Ibisse und *Paviane sind dort ab der 26. Dyn. unterirdisch beigesetzt worden, wie demotische Papyri und Tonsiegel (mit Kartusche eines *Psammetich) aus dem westlichen Gangbereich (Galerie D–A) belegen[14]. In einem soll ein Pharao *Wꜣḥ-jb-Rꜥ* die Mumifizierung eines Ibis aus dem *Fajjum angeordnet haben[15], was mit *Herodots Bericht[16] übereinstimmt, daß zu seiner Zt alle hlg. Ibisse in Hermupolis bestattet worden seien. Aus der Galerie C–D stammt ein Topf mit aramäischen Papyri (ca. 400 v. Chr.), die Korrespondenz durchreisenden Militärs[17]. In Galerie C–D fand sich ein bemalter Holzkasten für eine Tiermumie mit Namen eines Pharao *Darius[18]. Demotische Petitionen an Thot, den Zweimalgroßen, sind ab der Perserzeit erhalten[19]. Eine Gruppe Orakelanfragen aus ptol. Zt wendet sich an den Gott *Teephibis (*Ḏd-ḥr-pꜣ-hb*), eine Ibisstatue[20]. Unter *Ptolemaios I. erweitert sich die Zahl der beigesetzten Tiere erheblich. In bestimmten Gruppen wurden über 35 Vogelarten (*Falken, Adler, Milane, *Geier, die in besonderen Töpfen steckten, usw.) neben *Krokodilen, *Hunden, *Katzen, *Rindern, *Widdern usw. beigesetzt[21]. Die Ibisse wurden zu mehreren in Gefäße oder einzeln in Kalksteinsarkophage (seltener aus Holz oder Ton) gesteckt, die oft Aufschriften des „den Gott", d. h. die Mumie des Vogels, an einen Schreiber des Hermaion abliefernden „Balsamierers (*sḏm-ꜥš*)" samt Datum der Ablieferung enthalten[22]. Die Galerieteile C–C und C–A sind

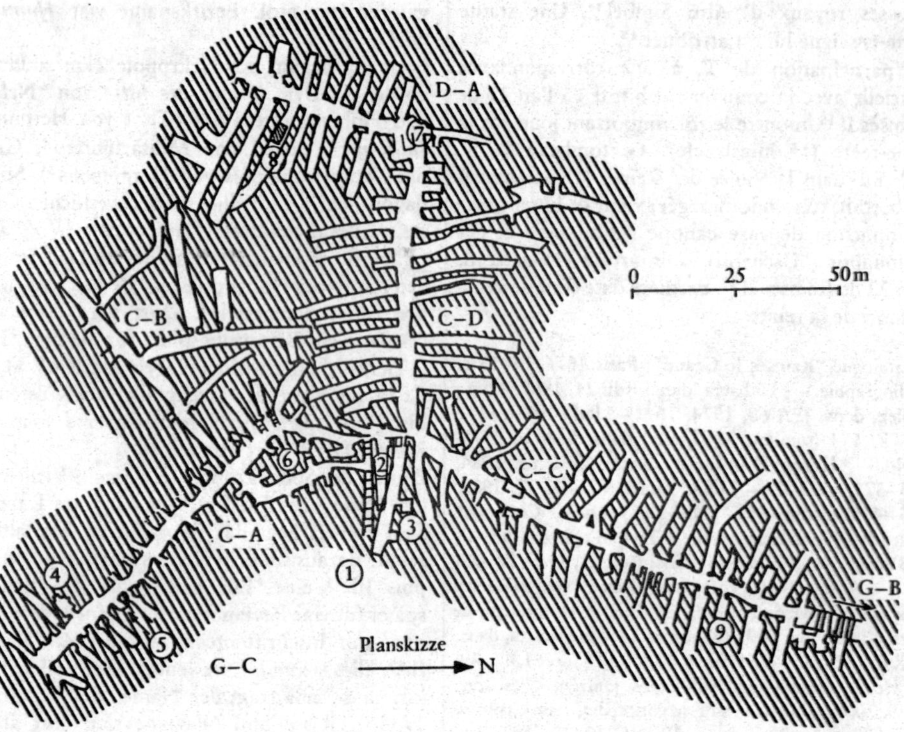

1 Eingang in C–C und Sanktuar des Osiris-Ibis und Osiris-Pavians
2 C–C–2: Kultbildraum Ptolemaios' I.
3 C–C–4 a: bemalte Paviankammer
4 C–A–31: Paviankammer mit Nut-Decke, Zeit Ptolemaios' I.
5 C–A–28: Paviankammer, Zeit Ptolemaios' I.
6 C–B–2: Paviankammer, Zeit Ptolemaios' II.
7 Treppenzugang zu D–A (saitisch?)
8 Grab des Anch-Hor
9 C–C–34: Paviankammer, Zeit Ptolemaios' I.

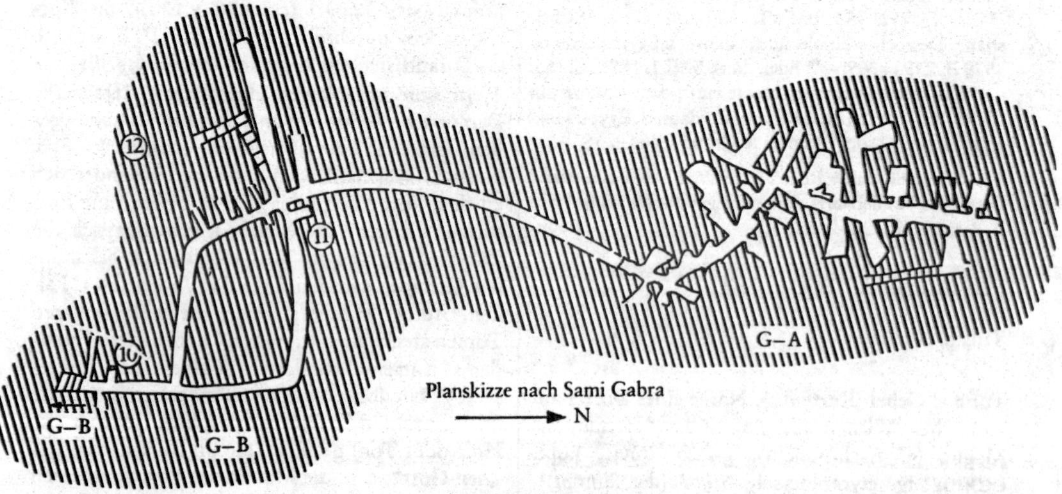

10 bemalte Paviankammer
11 „Teephibiskammer"
12 Eingangsbau mit Hörneraltar

durch Kartuschen Ptolemaios' I., Galerie C–B durch die *Ptolemaios' II. datiert[23]. Sie waren durch einen neuen Treppeneingang vom darüber liegenden Bestattungssanktuar aus erreichbar, der wahrscheinlich schon unter *Alexander IV. oder noch früher angelegt wurde. Im Norden wurden unter Ptolemaios II. ein neuer Eingangsbau mit vorgebautem Hörneraltar und das ausgedehnte Gangsystem von Galerie B errichtet, deren Hauptgang sich mit dem von Galerie C trifft[24]. Eine bemalte Kammer der Galerie B zeigt das Bild des Gottes *Osiris-Teephibis (*Wsjr-Ḏd-ḥr-pꜣ-hb*) in Form einer Ibisstatue[25]. Der ptol. Galerieteil weist zwischen den Seitenarmen für die Ibisgefäße einzelne bemalte Kammern mit astronomischen Decken und Ritualszenen an den Wänden auf[26], denen sogar der individuelle Name des hier beigesetzten, in den Binden mit Amuletten versehenen Pavians beigeschrieben wurde („Osiris NN, der Pavian"). Zu den Paviannischen führten oft Treppenstufen. Davor befanden sich zwei Opferständer und Libationsplatten. Andere Paviane und Ibisse wurden in Nischen hinter Scheintürplatten oder dekorierten Lehmziegelverschlüssen, oft mit den Namen der Tiere und kurzen Verklärungssprüchen, beigesetzt. Eine langgestreckte Kammer am Fuße der Eingangstreppe zu Galerie C (Galerie C–C–2)[27] diente, ursprünglich für eine Pavianbestattung angelegt, mit einer hinteren, nicht zugänglichen Kultstatue eines Granitpavians und einer Granitstatue eines schreitenden Ibis den *wꜥb*-Priestern des Hermaion auch zu nächtlichen Versammlungen. Die auf einem Sockel umlaufende Reliefdekoration mit Ritualszenen Ptolemaios' I., an der Decke der Rest einer astronomischen Darstellung[28], nennt, wie in fast allen Kammern auch, neben den Göttern der Osirisfamilie, Thot und anderen hermupolitanischen Göttern, den Osiris-Ibis und Osiris-Pavian. Die nördlichste, zeitlich jüngste Galerie A ist wenig bekannt. Die jüngsten Funde sind christliche Grabinschriften[29].

Über dem Eingang zu Galerie C liegt das Sanktuar des Osiris-Pavians (und Osiris-Ibis)[30], in der letzten Bauphase aus der Zt Alexanders IV., mit Balsamierungsräumen und dem Archivgebäude, wo sich das dem. Rechtshandbuch (auf der Rückseite mathematische Aufgaben)[31] gefunden hat. Beim Osirissanktuar der Tiere wurden wohl die Petitionen eingereicht, die dann der Hochgott „Thot, der Zweimalgroße, griech. Hermes Trismegistos (auf einem Topf als Ibissarg *Ḏḥwtj ꜥꜣ ꜥꜣ ꜥꜣ*[32])" dem schreibkundigen Inkubanten und Mitglied des Hermaion an den Festtagen beantwortete.

Zur Gesamtanlage gehört der „Große Tempel" im Süden, mit dem Bestattungssanktuar durch einen Dromos verbunden[33]. Der Zweck einer steinernen Balustrade aus einzelnen Pfeilern zwischen Tempel und Bestattungsplatz ist unbekannt. Der auf einem erhöhten Untergrund angelegte Tempel ist bisher nur durch seine Überreste der spätesten römerzeitlichen Bauphase bekannt. Der vordere Hof bestand aus einem großen Säulenumgang. Im hinteren offenen Teil befand sich zentral eine Gartenanlage mit Trögen für die Haltung hlg. Tiere. Bewässert wurden sie und ein Brunnenbau durch eine Zisternenanlage mittels einer *Sakiya. Das Grundwasser wurde zuvor aus einem zylindrischen Brunnenschacht, der über eine Treppe zugänglich war, mit Eimern hochgezogen, bevor es in die Zisterne abfloß[34].

Über den Tierbegräbnisstätten auf der Anhöhe des Felsen liegen ein weiterer, nur in den Grundmauern erhaltener, spätzeitlicher Tempel[35] und andere, bis in spätrömische Zt reichende Ziegelbauten.

Neben und hinter dem Großen Tempel erstreckt sich eine ausgedehnte Nekropole, die räumlich mit der ersten Bauphase des Tempels zusammenhängt. Ein Naosfragment *Nektanebos' II. (CG 70014) soll aus einem Lehmziegelgebäude am Wüstenrand kommen. Bisher das älteste Grab ist der Grabbau des hermupolitanischen Beamten und Lesonespriesters *Petosiris, der im Pronaos bewußt „weltliche Szenen mit griechischer künstlerischer Beeinflussung" anbringen ließ, in denen z.B. die Bevölkerung „griech. Gewänder" trägt. Im Inneren ist die Thematik ausschließlich funerär und in äg. Stil gehalten. Die Datierung des Petosiris mit ihrer (für einen vom König bezahlten Lesones typischen) Betonung der Wirren, die vorher geherrscht haben, wird neuerdings weiter in die Regierungszeit Ptolemaios' I. gerückt[36]. Nördlich des Petosiris liegt der Grabbau seines ältesten Bruders *Ḏd-Ḏḥwtj-jw.f-ꜥnḫ*[37], östlich der des ptolemäerzeitlichen Dorfschreibers und Verantwortlichen für die Tiersanktuare *Pꜣ-dj-km* mit den Särgen seiner Familie. Hinter dem Grab des Petosiris erstrecken sich die regelrecht nach Straßen geordneten Grabbauten aus Kalkstein oder Lehmziegeln mit teils griech., teils äg. Wanddekoration (etwa ab mittelptol. Zt)[38]. Am bekanntesten ist der Bau mit der Mumie und dem Grabepigramm (der Nymphen) auf eine Isidora. Weitere Grabanlagen (2. Jh. n. Chr.) liegen beim Kom el-Ahmar Dirwa[39], an dem vorbei eine Karawanenstraße nach der Oase *Bahrija führt.

[1] Yoyotte, in: MDAIK 16, 1958, 428 hat auf den heute trockengelegten See von T. am Wüstenrand verwiesen, vgl. auch Abu Seif, in: ASAE 28, 1928, 61 ff. mit Plan. Allgemein zur Topographie s. Paul Timme, Tell el Amarna vor der deutschen Ausgrabung im Jahre 1911, Leipzig 1917, 55 ff. und Karten. – [2] Die Nekropole bildete einen eigenen Unterbezirk (*tšš*), s. Sami Gabra, Rapport

sur les fouilles (s. Lit.), 6f. 12. – [3] Zivie, in: BIFAO 75, 1975, 321ff.; vgl. CRAIBL 1903, 399–401; EEF Archaeological Report 1903–4, 31–33. Sie stammt aus der Grabung von Gombert 1903, der auch vor der Grenzstele des Echnaton graben ließ. – [4] Edda Bresciani, in: MDAIK 37, 1981, 85ff. (Stelen eines kgl. Schreibers und Soldatenschreibers *Snw* aus der Zt Amenophis' III.). – [5] Grabung Weill 1911–12, s. Weill, Fouilles à Tounah et à Zaouiét el-Maietin (Moyenne Empire), in: CRAIBL 1912, 484ff.; ders., Catalogue sommaire des antiquités égyptiennes exposées au Musée Guimet (Campagne de 1912), Paris 1912; ders., in: MonPiot 25, 1921–22, 419ff. Zu Funden in Turin s. Kessler, Topographie (s. Lit.), 113; zur Lage des Friedhofs des NR s. die Karte bei Timme, a.a.O. – [6] Zu Blöcken Echnatons s. Kessler, a.a.O., 112. – [7] Abu Seif, in: ASAE 28, 1928, 61ff.; Gabra, in: ASAE 28, 1928, 66ff.; vgl. auch Boulos, in: ASAE 10, 1910, 285f.; in das 4. Jh. v.Chr. und nicht in die Saiten-Zt gehört CG 29315 (*Ḏḥwtj-jr-dj-sw*), vgl. Weill, in: RecTrav 36, 1914, 92. – [8] Zur Lage vgl. die Karte bei Timme, a.a.O. – [9] Die späten Nekropolen sind unpubliziert; zu einer Grabung von Zaki Aly östlich der Tiergalerien s. Lüddeckens, in: Die Mumienbilder des Kestnermuseums zu Hannover, Jb. der Akademie der Wissenschaften und Literatur Mainz 1955, Tf. 1; vgl. Zaki Aly, in: Proceedings of the IX International Congress of Papyrology, Oslo 1961, 329. – [10] Eine Dienerin der Ibisse aus dem Dorf *Pꜣ-bwj-šꜥ* begegnet auf einer Topfaufschrift (Berlin Inventar-Nr. 5/66), s. Lüddeckens, in: Enchoria 1, 1971, 1ff. Die Herkunft aus T. ist nicht ganz gesichert. – [11] Gabra, in: BSFE 1, 1949, 18; 30, 1959, 48. 51; ders., Chez les derniers adorateurs du Trismégiste (s. Lit.), 190; Hishmat Messiha und Mohamed A. Elhitta, Mallawi Antiquities Museum, Catalogue, Kairo 1979, 365. – [12] Gabra, in: MDAIK 24, 1969, 129ff.; Messiha und Elhitta, a.a.O., 18 Nr. 390, Tf. 20. – [13] Vgl. JEOL 10, 1945–48, 323, heute Mallawi Museum Nr. 197. – [14] Vgl. Kessler, in: MDAIK 39, 1983, 122 Anm. 51. – [15] Gabra, Chez les derniers adorateurs (s. Lit.), 171. – [16] Herodot II, 67. – [17] Vgl. Kamil, in: BIE 28, 1947, 253–257; Gabra, a.a.O., 211; ders., in: BIE 28, 1947, 161–162; Edda Bresciani und Kamil, in: Atti della Accademia Nazionale dei Lincei, Memorie, Classe di scienze morali, storiche e filologiche, Serie 8, XII. 5, Rom 1966, 357ff. – [18] Photos bei Grimm, in: MDAIK 31, 1975, Tf. 66a.b; Gabra, in: BIE 28, 1947, Tf. 2; heute Catalogue Mallawi Antiquities Museum, Tf. 16 Nr. 200. – [19] T. oder Memphis ist offen für die Petition Chicago Nr. 19422, s. Hughes, in: JNES 17, 1958, 1ff.; ders., in: JEA 54, 1968, 176ff.; Lüddeckens, in: Enchoria 1, 1971, 1ff. – [20] Ursula Kaplony-Heckel, in: FuB 14, 1972, 79ff.; Zauzich, in: Enchoria 4, 1974, 163. – [21] Joachim Boessneck, Angela von den Driesch und Dieter Kessler, Tuna el Gebel I, HÄB (i. Dr.). – [22] Schriftträger sind Kalksteinsarkophage und Tongefäße. Neben einer kleinen Gruppe vorptol. Inschriften aus C–D stammt die Masse aus der ptol. Galerie C. – [23] Kessler, in: MDAIK 39, 1983, 111; weiteres Material bei Joachim Boessneck, Angela von den Driesch und Dieter Kessler, Tuna I, HÄB (i. Dr.), Kapitel: Die Galerie C von Tuna: Forschungsstand bis 1983. – [24] Ein neuer Plan (Stand 1983) mit einem nach Sami Gabra verwendeten und ergänzten Numerierungssystem findet sich in Tuna I. – [25] Statue eines stehenden Ibis mit *Atefkrone, vorn Maatfeder; der Gott ist *mꜣꜥ ḫrw*. – [26] Bearbeitet wurden bisher Galerie C–A–37 aus der Zt Ptolemaios' I. mit einer astronomischen Decke = Neugebauer–Parker, Astronomical Texts III, 54ff., Tf. 26 (Hermupolis A Nr. 40); Grimm, in: MDAIK 31, 1975, 236, Tf. 66c; die Kammer gehörte einem Pavian Thotirdis. Weiterhin C–A–28 mit einer weiteren astronomischen Decke = Neugebauer–Parker, a.a.O. III, 58, Tf. 27 (Hermupolis C, Nr. 42) aus der Zt Ptolemaios' I.; Kessler, in: MDAIK 39, 1983, Tf. 21–22; Galerie C–B–2 aus der Zt Ptolemaios' II. mit astronomischer Decke = Neugebauer–Parker, a.a.O., III, 58ff. (Hermupolis D Nr. 43); Kessler, in: MDAIK 39, 1983, Tf. 20. Galerie C–C–34 = Kammer eines Pavians Thotefanch, Zt Ptolemaios' I. mit einer Übermalung in späterer ptol. Zt; zu C–C–4 s. Kessler, in: MDAIK 39, 1983, 113, Tf. 17–19. Weitere Kammern und Dekorationsreste des ausgemalten Hauptganges in C–B wurden photographisch aufgenommen. – [27] Galerie C–C–2 s. Philippe Derchain, Zwei Kapellen des Ptolemäus Soter in Hildesheim, Zeitschrift des Museums zu Hildesheim N.F. 13, Hildesheim 1961; Karig, in: ZÄS 88, 1962, 17ff.; Gabra, in: ASAE 39, 1939, 491, Tf. 87; Kessler, in: MDAIK 39, 1983, 114ff., Tf. 23–24, Plan Abb. 3. – [28] Neugebauer–Parker, Astronomical Texts III, 55f. – [29] Aus C–C–4. – [30] Gabra, Chez les derniers adorateurs (s. Lit.), 158ff.; Kessler, in: MDAIK 39, 1983, 119f., Tf. 24a. – [31] Girgis Mattha, The Demotic Legal Code of Hermopolis West, BdE 45, 1975; vgl. Gabra, in: ASAE 39, 1939, 492; ders., Chez les derniers adorateurs, 169. Zu weiteren Papyri aus T. (jetzt in Kairo) s. Lüddeckens, in: Akten des 13. Internationalen Papyrologenkongresses 1971, Münchner Beiträge 66, München 1972, 112. 235ff.; Lüddeckens und el-Amir, in: Enchoria 3, 1973, 1ff.; andere Papyri des Mallawi Museums und des Kairiner Museums s. Lüddeckens, in: LÄ IV, 831. 851. – [32] Girgis, in: MDAIK 20, 1965, 121; Gabra, Chez les derniers adorateurs, 113 (Photo). – [33] Badawy, in: RAr 48, 1956, II, 140ff. – [34] Ders., in: CdE 31, Nr. 62, 1956, 257ff. – [35] Von Sami Gabra ergraben, vgl. den Vorbericht in: JEOL 10, 1945–48, 325; zu Spuren von Steinbrüchen etc. s. Timme, a.a.O. (s. Anm. 1). – [36] Vgl. Nakaten, in: LÄ IV, 996 s. v. Petosiris, die die Möglichkeit eines Gedächtnistempels andeutet. – [37] Sabottka, Tuna el-Gebel, Grab des Djed-Thot-iw-ef-ankh, Vorbericht, in: ASAE 69, 1983, 147ff. – [38] Sami Gabra, Etienne Drioton, P. Perdrizet und William G. Waddell, Rapport (s. Lit.); Sami Gabra, Peintures à fresques et scènes peintes à Hermoupolis Ouest (Touna el Gebel), SAE, Kairo 1954; Badawy, in: Archaeology 11, New York 1958, 117ff. = RAr 1960, I, 9ff.; Grimm, in: MDAIK 31, 1975, 221ff. – [39] Grabung Hornroth 1913, s. Grimm, a.a.O.

Lit.: Sami Gabra, Etienne Drioton, P. Perdrizet und William G. Waddell, Université Fouad Ier, Rapport sur les fouilles d'Hermoupolis Ouest, Kairo 1941; Sami Gabra, Chez les derniers adorateurs du Trismégiste. La nécropole d'Hermopolis-Touna el Gebel, Kairo 1971; ders., in: ASAE 39, 1939, 483ff.; Grimm, in: MDAIK 31, 1975, 221ff. mit Lit.; Dieter Kessler, Historische Topographie der Region zwischen Mallawi und Samaluṭ, Beiheft TAVO B 30, 1981, 109ff.; PM IV, 169–175.

D. K.

Tunip (EA Tu/Tú/Tu$_4$-ni-ip, hethitisch Tu-ni-ip(-pa/i)[1], äg. gewöhnlich Tu-n-p[2], Tu-n-pu[3], Tunpʾa[4], einmal Tu-ni-pá[5], bei Thutmosis III. auch *ṯ-n-p-w* geschrieben[6]), Stadt Südsyriens, deren Lage noch unbekannt ist; sie wird im Dreieck Hamat-Homs-Tripolis angesetzt (s. Karte)[7], da sie an *Amurru grenzte[8], (über *Nija?) mit *Alalach Verbindung hatte[9] und an einer Straße von Irqata nach *Qadesch gelegen zu haben scheint[10]. Sie erscheint zum ersten Mal in altbabylonischer Zt als Lieferant von *Öl und *Wachs[11]; Leute aus T. werden häufig in Texten aus Alalach genannt[12], zudem ist ein Vertrag zwischen Niqmepa von Alalach und Irtešup von T. bekannt, der beider Unterstellung unter den König von *Miṯanni erkennen läßt[13]. Zu dieser Zt ist wohl auch die älteste Nennung von T. in Äg. anzusetzen, die auf einem Türpfosten eines Sanktuars *Amenophis' I.(?) erscheint[14]. Unter Thutmosis III. verteidigen Truppen unter einem „Ritter (*ḫntj*) des Sohnes des Fürsten von T." zweimal vergeblich die Hafenstadt *Ullaza gegen den Ägypter[15], der in seinem 42. Jahr das Gebiet von T. plündert[16]. Die Bedeutung von T. als Gegner der Ägypter in dieser Zt erkennt man im Grab des Mencheperreseneb[17], wo die Fürsten von Kreta, Hatti, T. und Qadesch „Tribut" bringend dargestellt sind.

Die *Amarnabriefe enthalten die Bitte der Leute von T. um den Sohn des früheren Herren Akitešup, wobei auf die „(Wieder)gründung von T. durch Manachpirija (= Thutmosis III.)" hingewiesen wird[18]. Ebenso zeigen sie den wachsenden Druck des Amurru-Fürsten *Aziru gegen Tunip[19]. Wenig später scheint *Suppiluliuma T. durch Vertrag[20] an Hatti angeschlossen zu haben.

*Ramses II. spricht in Luxor von Kämpfen um den Ort „Dapur im Gebiet von T. im Lande Naharain"[21]. In der *Qadeschschlacht nennen angebliche Überläufer den Standort des Hethiterkönigs bei „Ḫalpa nördlich Tunip"[22]. Seit *Amenophis III. findet sich T. oft in den stereotypen *Ortsnamenlisten[23]. In der *Seevölker-Zt verschwindet T. wie die meisten Orte dieser Region.

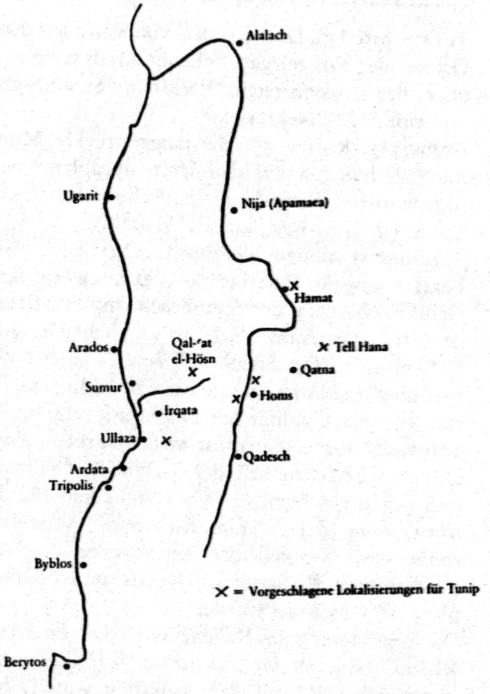

[1] Giuseppe F. del Monte und Johann Tischler, Répertoire géographique des textes cunéiformes VI, Die Orts- und Gewässernamen der hethitischen Texte, TAVO Beiheft B 7/6, Wiesbaden 1978, 440. – [2] Urk. IV, 691,3; 729,15; 1560,15; Kitchen, Ram. Inscr. I, 34,1 (32); II, 175,1 (Tu-n-p-(t)); V, 35,4. – [3] Soleb Säule Vb 2 = Edel, in: Biblische Notizen 11, Bamberg 1980, 65 (in den späteren Parallelen in Akscha und Amara-West steht dafür Qa-nù; kaum, wie Edel will, eine Verschreibung aus T.); Kitchen, Ram. Inscr. II, 169,13; 470 (16). – [4] Redford, in: JAOS 99, 1979, 271, Tf. 1; Kitchen, Ram. Inscr. II, 105, 5–6. 8–9 (Qadesch-Schlacht). – [5] Urk. IV, 788,12 (127). – [6] Urk. IV, 930,3; unter Amenophis II. Urk. IV, 1338,4 (16). Tu-n-bu in Edel, Ortsnamen, Liste B$_N$ rechts 7 (fragend S. 13) und T-ni-p(?) bei Kitchen, Ram. Inscr. V, 78,15 nennen kaum Tunip. – [7] EA, S. 1124: im südlichen Teil des Nosairier-Gebirges; Edouard Dhorme, Recueil, Paris 1951, 130 Anm. 1: Qalʿat el-Hösn; Noth, in: ZDPV 64, 1941, 71: Tell Hana, 3 km ö. Dnebe, 16 km n. ö. Qatna (so auch René Dussaud, Topographie historique de la Syrie antique et médiévale, Paris 1927, 109); Horst Klengel, Geschichte Syriens im 2. Jt. v. u. Z. II, Berlin 1969, 75 f.: In der Ebene n. w. von Homs (so auch id., in: Klio 66, 1984, 10 Anm. 17); Astour, in: Or 38, 1969, 394–5: in oder bei Hamath (so auch Rainey, in: UF 3, 1972, 147); Cazelles, in: Mélanges de la Université Saint Joseph 46, Beirut 1970, 49 f.: südlich Nija und Nuhašše, bei Ullaza; Kuschke, in: ZDPV 95, 1979, 23 ff.: nördlich Homs; Helck, in: UF 5, 1973, 286 ff. im SO von Ullaza und Irqata (Tell Arqa), nördlich des Nahr el-Barid. – [8] EA 161. – [9] Donald J. Wiseman, The Alalakh Tablets, London 1953, AT 2. – [10] Zug Thutmosis' III. im Jahr 42, Urk. IV, 729,15. – [11] A. Parrot und G. Dossin (Hg.), Archives Royales de Mari VI: Georges Dossin, Correspondance de Jasmaḫ-Addu, Paris 1952, 63; Akram al-Zeebari, Altbabylonische Briefe des Iraq-Museums, Diss. Münster 1964, Nr. 20 (nach Klengel, Geschichte II, 79). – [12] Vgl. Klengel, Geschichte II, 79–80: AT *252–3. *269. *276. *280 (Getreidelieferungen). *280 (Silberlieferung). – [13] AT 2, vgl. Klengel, Geschichte I, 220–1. – [14] Redford, in: JAOS 99, 1979, 270 ff. – [15] Urk. IV, 686 (Jahr 29); 691 (Jahr 31). – [16] Urk. IV, 729,15. – [17] Davies, Menkheperrasonb, Tf. 4. – [18] EA 59. – [19] EA 161. 165–7. – [20] KUB II, 16 + 21. – [21] Kitchen, Ram. Inscr. II, 175,1; als „Dapur in Hatti" ebd. II, 173,1.3. Dapur erscheint auch pAnastasi I, 22,4. – [22] Kitchen, Ram. Inscr. II, 105,5. – [23] Simons, Topographical Lists, XII; Kitchen, Ram. Inscr. I, 34,1 (32). 3 (38) u. ö. W.H.

Tura (Karte 1g), Dorf 13 km s. von Kairo auf dem Ostufer des Nils gelegen, bekannt durch seine von alters her ausgebeuteten *Kalkstein-*Steinbrüche und eine FrZt-*Nekropole[1].

Name: äg. *Rꜣ-ꜣw*[2] = „die langgestreckte Mündung"[3], bezogen auf den Untertageabbau, den sogenannten Galerieabbau, des Kalksteins; griech. Τροια (< *Tꜣ Rꜣ-ꜣw*)[4]; arabisch Turah.

T. zählt erst seit dem NR zum 1. u. äg. *Gau[5]. Die Bezeichnung des Unterbezirkes des Gaues auf dem Ostufer, zu dem der Steinbruch von T. *Rꜣ-ꜣw* gehörte, war Ainu (*ʿjn*)[6] bzw. „Scheune von *Memphis"[7]. Der Steinbruch von T. lieferte neben dem 2–3 km s. gelegenen von *Maʿṣara II[8] den von der Qualität her besten aller äg. Kalksteine, der wegen seiner fast weißen Farbe und der glatten Oberfläche seit der 3. Dyn. in *Saqqara und seit der 4. Dyn. in *Gisa vor allem für die Verkleidung der *Pyramiden[9] und *Mastaben sowie den Großteil der Kunstwerke des AR (*Scheintüren[10], Statuen, *Reliefs und *Sarkophage[11]) verwendet wurde.

Die Bezeichnung des Kalksteins als *jnr* (*ḥḏ nfr*) *n Rꜣ-ꜣw*[12] bzw. als *jnr* (*ḥḏ nfr*) *n ʿjn*[13] dürfte ursprünglich wohl auf den Kalkstein von T. beschränkt gewesen sein, später aber auch allgemein für besonders guten Kalkstein, unabhängig von der Herkunft, gebraucht worden sein[14].

*Felsinschriften aus dem Steinbruch über die Eröffnung neuer Steinbruchsäle sind belegt für das MR (Jahr 43 *Amenemhets III.[15]), das NR (Jahr 4 *Amenophis' II.[16], Jahr 1 und 2 *Amenophis' III.[17]) und die SpZt (*Necho II.[18]; dem. Inschriften *Nektanebos' I. und II. und *Hakoris'[19]), aber die große Zahl der aus Tura-Kalkstein gefertigten Bauten sowie inschriftliche Belege für das Brechen von Tura-Kalkstein seit der 4. Dyn.[20] belegen den Abbau seit dem AR.

Seit der 5. Dyn. ist T. Kultort des *Anubis, Herr von *Sepa[21]. Ein Kult bestand ferner für *Ptah vom östlichen Memphis (*jnbw ḥḏ jꜣbtt*)[22] und *Horus von *Rꜣ-ꜣw*[23].

Die von Junker 1909–1910 ausgegrabene, ca. 600 Gräber umfassende, n. des Steinbruchs gelegene Nekropole (Tura Bahnhof)[24] weist eine Belegung von S nach N sowie einen zeitlich anschließenden O-Friedhof auf. Neben einfachen Sandgruben finden sich ein- und mehrkammerige Ziegelgräber mit Holzbedachung, später Ziegelgewölbe, sowie Schachtgräber. Die Toten lagen in der Regel auf der linken Seite, Orientierung überwiegend nach Osten, was anzeigt, daß die seit der 3. Dyn. übliche Blickrichtung nach Osten in U. Äg. ihren Anfang genommen hat (*Bestattung). Die in Grab 19. g. 1 und 16. g. 9 gefundenen Töpfe mit Gefäßaufschriften werden *Narmer zugeschrieben[25]. Durch Funde im ältesten S-Teil des Friedhofes (*Paletten, *Weinkrüge mit Gefäßmarken) läßt sich für das Eindringen der o. äg. *Naqada-Kultur nach U. Äg., heute allgemein als Zeitpunkt der *Reichseinigung gesehen, ein Zeitraum von ca. 100–150 Jahren vor Ka (*Sechen) bestimmen[26].

Ein seit 1957 aufgedecktes zweites großes Gräberfeld (Tura el-Ismant) mit mehr als 400 Gräbern aus archaischer bis in ptol.-röm. Zt ist bisher noch nicht in extenso publiziert[27]. U. a. fanden sich Gefäßaufschriften des Hor *Aha[28] sowie ein Elfenbeintäfelchen des *Semerchet[29].

[1] PM IV, 74. – [2] Wb II, 393, 12; AEO II, 126*; Karola Zibelius, Ägyptische Siedlungen nach Texten des AR, TAVO Beiheft B 19, 1978, 135 f. – [3] Kurt Sethe, Die Bau- und Denkmalsteine der alten Ägypter und ihre Namen, SPAW 1933. 20, 867. – [4] *Pap. Harris 37, b, 3; Sethe, op. cit., 867; vgl. Strabo XVII 1, 34, der Troja auf die Ansiedlung gefangener Trojaner zurückführt, die mit Menelaos nach Ägypten kamen. – [5] Helck, Gaue, 148. – [6] Nach Sethe, op. cit., 869 f. ist *ʿjn* ein nur im Schriftzeichen erhaltenes altes Wort für Auge und im übertragenen Sinn, wie im Semitischen, ein Wort für Quelle und gilt, eingeschrieben im Zeichen des Wasserbeckens, als Bezeichnung eines Gebietes natürlicher Quellen s. von Heliopolis bis Heluan (vgl. auch AEO II, 128* ff. als älterer Name für *Rꜣ-ꜣw*; ferner Montet, Géographie I, 45; Harris, Minerals, 70 ff.). Das Zeichen, üblicherweise gleichfalls *ʿjn* gelesen, ist dagegen weder mit diesem identisch noch schließt es dieses ein, sondern dient zur Bezeichnung eines zeitweiligen Unterbezirkes des 13. u. äg. Gaues mit der Lesung *jnw*(?) (Zibelius, op. cit., 37 f.; AEO II, 136* f.; Gamer-Wallert, Fische und Fischkulte, 106 f.). – [7] Montet, Géographie I, 44; Spiegelberg, in: ASAE 6, 1905, 219 ff. – [8] In der Steinbruchsinschrift Nektanebos' II. gleichfalls als *Rꜣ-ꜣw* bezeichnet, vgl. Habachi, in: ASAE 53, 1956, 475 ff. – [9] Rosemarie und Dietrich Klemm, Die Steine der Pharaonen, München 1981, 12; dies., in: SAK 7, 1979, 108 f. – [10] Urk. I, 20, 15; 38, 11–12. – [11] Urk. I, 66, 5 ff.; 99, 14. – [12] Harris, Minerals, 70 ff. – [13] So im Steinbruch von T. selbst, LD III, 71 a. b. – [14] So auf jeden Fall für den Kalkstein von Maʿṣara, vgl. Urk. IV, 29, 9. – [15] Daressy, in: ASAE 11, 1911, 257. – [16] Daressy, op. cit., 258. – [17] Daressy, op. cit., 259. – [18] Daressy, op. cit., 259 f. – [19] Spiegelberg, in: ASAE 6, 1905, 219 ff.; Devauchelle, in: ASAE 69, 1984, 169 ff. – [20] Ältester Beleg der *sḏꜣwtj-bjtj* unter *Mykerinos, Urk. I, 19–21; vgl. den Brief eines Offiziers einer Steinbruchmannschaft aus Tura, zuletzt Grdseloff, in: ASAE 48, 1948, 505 ff.; ferner Steinbruchmarken aus T. bei Borchardt, Sahure I, 88 ff.; vgl. auch in situ gefundene Kalksteinblöcke auf Holzrollen, Charlton, in: JEA 64, 1978, 128. – [21] Kees, in: ZÄS 58, 1923, 79 ff., bes. 90 f. – [22] Maj Sandman-Holmberg, The God Ptah, Lund 1946, 216 f. – [23] Kees, op. cit., 90. – [24] Hermann Junker, Bericht über die Grabungen ... in Tura, DAWW 56. 1, 1912; Vandier, Manuel I, 681–685; Kaiser, in: ZÄS 91, 1964, 108 ff., Abb. 5. – [25] So Helck, in: LÄ IV, 349 gegen Kaiser, op. cit., 115 Anm. 1. Zur früher dem *Skorpion zugeschriebenen Gefäßaufschrift aus T. (Junker, op. cit., 6 ff.) vgl. Kaiser, op. cit., 102,

Abb. 3. – [26] Kaiser, op. cit., 114ff. – [27] Leclant, in: Or 30, 1961, 104 (3); 39, 1970, 334 (22); 41, 1972, 252 (11); 47, 1978, 274 (19); 48, 1979, 353 (23); CdE 33, Nr. 66, 1958, 202; 34, Nr. 67, 1959, 35; el-Khouli, in: ASAE 60, 1968, 73–76, Tf. 1–14. – [28] Leclant, in: Or 47, 1978, 274 (19). – [29] Leclant, in: Or 30, 1961, 104 (3). Zu einem in einem der Gräber aufgefundenen, in einer Falle gefangenen Grabräuber (!) vgl. „Le Progres Egyptien" vom 28.12.77 in: Bollettino d'Informazioni, Sezione Archeologica, Istituto Italiano di Cultura per la R.A.E. 45, Kairo 1978, 17. Ch. Me.

Turiner Königspapyrus, ein singulärer *Papyrus, aus über hundert, oft in kleine Stücke zerbrochenen Fragmenten zusammengesetzt, jedoch mit z.T. großen Lücken, jetzt im Ägyptischen Museum Turin[1]. Er wurde vermutlich auf der Westseite von Theben zusammen mit dem Hauptteil der Sammlung Drovetti ungefähr 1820 gefunden[2]; seine außerordentliche Bedeutung wurde bald nach der Ankunft in Turin von Champollion selbst erkannt[3], der mit Seyffarths Hilfe eine bereits als gelungen zu bezeichnende Rekonstruktion zu erreichen vermochte, auf der dann die erste Veröffentlichung durch Lepsius beruht[4]. Die durch die Wiederherstellung aufgeworfenen Fragen sind mehrmals behandelt worden[5], doch sind bisher nicht alle Fragen gelöst.

Die Vs. trägt ein *Abgaben-Register mit Schatzhausabrechnungen aus der Zt *Ramses' II., für das das große Format der Verwaltungspapyri verwendet wurde, dessen Maße ca. 44 × 200 cm betragen. Später, als der Papyrus bereits Makulatur geworden war, wurde auf der Rs. eine offizielle Königsliste niedergeschrieben, die von den *Götterdynastien bis vor den Beginn des NR erhalten ist, wo er abbricht. Die Königsliste ist in 11 Spalten eingeteilt, sofern man die vorliegende Rekonstruktion akzeptiert, und wird mehrmals durch Summierungen von Königen und Jahren unterbrochen, hervorgerufen durch die unterschiedliche Gestaltung einer Vorlage[6]. Ferner war neben den einzelnen Königsnamen die Regierungsdauer angegeben, und zwar in Jahren, Monaten und Tagen; zuweilen gab es vielleicht auch Altersangaben.

Der Vergleich mit den übrigen bekannten *Königslisten läßt die Einmaligkeit dieses Denkmals erkennen, das anscheinend eine vollständige und genaue Sammlung aller als legitim anerkannten Machthaber zum Ziel hatte, unabhängig von der Bedeutung einzelner Herrscher. Deswegen bildet der T.K.P. für die Pharaonen der 1. und 2. ZwZt eine einmalige, wenn auch bruchstückhafte Quelle. Die erhaltene Abschrift war für den Privatgebrauch bestimmt, aber sie stellt das einzige Zeugnis einer regelmäßigen Eintragung der verschiedenen aufeinanderfolgenden Regierungen dar. Sie diente besonders der Berechnung größerer Zeiträume, als Kalenderhilfe (s. *Chronologie und Datierung), aber auch zur Festlegung eines Kanons als eines Muster-Nachschlagebuchs aller Könige. In dieser Hinsicht ist der T.K.P. den Listen verwandt, die griechisch durch das Werk *Manethos und seiner Bearbeiter überliefert worden sind[7]. Das ramessidische Datum der vorhandenen Abfassung stellt den Pap. in eine Periode, in der präzise Neigungen zu einer Geschichtsschreibung auftraten, vermutlich nicht ohne Verbindung mit den in der Kultur des Zweistromlandes erstellten Königslisten, da Entsprechungen zwischen diesen beiden Gebieten in dieser Zt mehrfach belegt sind[8].

[1] Cat. 1874 nach der Zählung von Ariodante Fabretti, Francesco Rossi und Ridolfo Lanzone, Regio Museo di Torino, Turin 1882, 239. – [2] Die Fundumstände sind unbekannt. Zur Geschichte des Turiner Museums s. Silvio Curto, Storia del Museo Egizio di Torino, Turin 1976, 44–45. – [3] Hermine Hartleben, Lettres de Champollion le Jeune, Paris 1909, 87. 89–90 (Briefe vom 6.11. und 15.11.1824). – [4] Lepsius, Auswahl. Die Texte auf der Vs. wurden zuerst von Sir John Gardner Wilkinson, The Fragments of the Hieratic Papyrus at Turin, London 1851, veröffentlicht. – [5] Ergebnisse in Giulio Farina, Il papiro dei re restaurato, Rom 1938 und bei Gardiner, RCT. Vgl. v. Beckerath, in: ZÄS 93, 1966, 13–28. – [6] Helck, Manetho, 84, danach Málek, in: JEA 68, 1982, 93–106, dazu Barta, in: GM 64, 1983, 11–13. – [7] Helck, Manetho. – [8] S. Gelb, in: JNES 13, 1954, 209–230.

Lit.: Kitchen, Ram. Inscr. II, 827–844; Pieper, in: ZÄS 47, 1910, 161; 51, 1914, 94–101; Ludwig Borchardt, Die Annalen und die geschichtliche Festlegung des AR, Berlin 1917; Goedicke, in: JEA 42, 1956, 50–53. A. R.

Turm. Es scheint mit verschiedenen Formen von T. zu rechnen zu sein: 1. *Pylon-Türme (*bḫnt*) an den Tempeleingängen; 2. Turmartige Gebäude im Lande (*sgr*)[1]; 3. Mauertürme[2] („Bastionen", *tsmt*). Letztere sind mit runden Zinnen versehen und dienen als Wachtürme[3]; sie umgeben Städte[4] und Tempel[5]. An einer „großen Bastion" (*tsmt wrt*) des Ptahtempels von *Memphis war eine Gebetsstelle für *Ptah, „der die Gebete erhört"[6]. Dieser Schutzturm erscheint einmal als anthropomorphe Göttin Tjesemet in einer Gruppe *Sethos' I. mit Ptah und dem personifizierten Memphis (ebenfalls in Frauengestalt), wobei beide Göttinnen den König auf dem Schoß halten (Schutz = Mutter)[7].

[1] pWilbour A 28,6; 33,35; 37,9.11; 40,21–22; §§ 85.155; B 14,24; 15,16; 16,6.26; 20,13; § 47; pAnastasi V, 19,7; Kairo JE 39410 (= Mél. Masp. I, 823). Vgl. auch Herodot II, 95. Auffallenderweise werden die beiden in der Prinzengeschichte genannten T. als *pr* (*n*

jnt) bezeichnet. – [2] AEO II, 213* Nr. 445. – [3] Kitchen, Ram. Inscr. IV, 18,7 („Israelstele"). – [4] Pianchistele Z. 88–89. – [5] pHarris, I, 57,13; 58,5.10; 59,3; Leclant, Montouemhat, 215, Z. 23–24. – [6] Helen Wall-Gordon, in: MDAIK 16, 1958, 168 ff., bes. 170: „Heil dir (= Ptah) am *ṯsmt wrt*, das ist der Ort, wo Gebete erhört werden." Das dort behandelte Bassin (Jacquet, in: MDAIK 16, 1958, 161 ff., Tf. 12–13) zeigt die Festungsmauer mit ihren „Bastionen"; die einzelne Bastion belegt Jocelyne Berlandini, in: BSFE 99, 1984, 30–31 Abb. 1 a.–b. – [7] Ausführlich bei Jocelyne Berlandini, in: BSFE 99, 1984, 28–49 mit Tf. 2, 1–2 behandelt. W.H.

Tusche s. Tinte

Tusratta (einmal Tu-iš-e-rat-ta[1], in historischem Rückblick auch einmal Tu-uš-e-rat-ta[2] geschrieben, wohl als parallel zu sanskrit tveṣa-ratha „dessen Streitwagen ungestüm vordringt"[3] zu deuten), König von *Mitanni, Sohn des Königs *Suttarna II. und Bruder des Königs Artassumara, der durch einen Laḫḫi (? UD-ḫi geschrieben) ermordet wurde. Der Mörder setzte T. als Kind zum König ein, wurde aber von diesem nach einiger Zeit selbst beseitigt. Gleichzeitig griff ihn (deshalb?) der Hethiterkönig *Suppiluliuma an, der einen (anderen Bruder?) Artatama begünstigte. T. konnte Suppiluliuma schlagen; aus der Beute sandte er 1 Gespann mit Wagen, einen Jungen und ein Mädchen zu *Amenophis III. und knüpfte damit anscheinend abgebrochene Verbindungen mit Ägypten wieder an[4]. Es folgen lange Verhandlungen über die Verheiratung der *Taduhepa, der Tochter des T., mit Amenophis III.[5]; sie ist dann am Hof *Amenophis' IV. belegt[6]. Im 36. Jahr Amenophis' III. sendet T. dem äg. König die *Ischtar von Niniveh (die „hurritische Ischtar") als Heilgöttin[7]. In der 2. Hälfte der Regierung Amenophis' IV. wird T. bei dem Versuch, den abgefallenen Vasallen Sarupse von Ugulzat in den Nuhasse-Ländern zu bestrafen, vom zu Hilfe gerufenen Suppiluliuma geschlagen und er verliert die transeuphratischen Vasallen[8]. Diesem Rückschlag folgt bald seine Ermordung durch einen Sohn, der der Aufstand von Assur und Alse folgt, die seinen Nachfolger, den alten Artatama, und dessen Sohn Suttarna III. zu kapitulationsähnlichen Bedingungen zwingen[9]. Assur versucht sofort, mit Amenophis IV. Verbindung aufzunehmen, was zu babylonischem Einspruch führt. Der Sohn des T., Sattiwaza, flieht erst nach Babylon, dann nach Hethitien, wo ihn Suppiluliuma mit einer seiner Töchter verheiratet und wieder in Mitanni einsetzt. Dieser Vorgang fand parallel zu den Kämpfen statt[10], die aufgrund der Ermordung des Prinzen Zananza ausgebrochen waren, den Suppiluliuma auf Bitten der „Daḫamunzu" (= (*tꜣ ḥmt nswt*) als Königsanwärter nach Äg. geschickt hatte. Da die „Daḫamunzu" mit Wahrscheinlichkeit mit *Kija, der Frau Echnatons am Ende seiner Tage, gleichzusetzen ist, gehört er in die Zeit nach dem Tod Echnatons (und der „Regierung" der *Meretaten?).
Hieroglyphisch ist der Name T. nicht belegt.

[1] EA 17,3. – [2] KBo I,2 (Sattiwaza-Vertrag). – [3] Mayerhofer, Die Sprache 5, Wien 1959, 79; grundsätzlich zweifelnd Annelies Kammenhuber, Die Arier im Vorderen Orient, Heidelberg 1968, 81. – [4] EA 17. – [5] EA 19–22. Tusratta ist im 30. Jahr nach EA 23 in Äg. belegt. Vgl. ferner EA 24 = sog. „Mitannibrief", III, 103; IV, 67. – [6] EA 27,4. 20; 28,8; 29,3. 32. – [7] EA 23, 13 ff. Vgl. Helck, Beziehungen², 458 ff. – [8] Nach dem sog. Tette-Vertrag (KBo I, 4). – [9] Nach dem Sattiwaza-Vertrag (KBo I, 1–3). – [10] Nach den sog. „Annalen des Suppiluliuma" (Goetze, in: JCS 10, 1956, 111). W.H.

Tutanchamun. Last ruler of Dyn. XVIII whose consanguinious relationship to the family of *Amenophis III and IV/Akhenaton is assured; T. succeeded *Semenchkare ca. 1332 B.C. to rule Egypt for at least 9 years.[1] While the identity of his mother remains quite uncertain,[2] T. should be a son of Akhenaton, according to the evidence of the "Hermopolis block".[3] Other documents that can be associated with certainty with T. before his accession are wanting.
The original nomen Tutanchaton was retained at the inception of the reign, only to be changed to T. sometime before the grape harvest of the second regnal year.[4] Simultaneously the epithet *ḥqꜣ-Jwnw-šmꜥj* was adopted to be consistently included in the cartouche with the altered nomen.[5] The complete, five-part titulary is known only in association with the later nomen: Horus *kꜣ-nḫt twt-mswt* Nebti *nfr-hpw sgrḥ-tꜣwj*[6] Goldhorus *wṯs-ḫꜥw sḥtp-nṯrw* Thronname *nb-ḫprw-Rꜥ* Eigenname *twt-ꜥnḫ-Jmn ḥqꜣ-Jwnw-šmꜥj*.
Evidence of T.'s reign at *Tell el-Amarna, from which the court was removed to *Memphis prior to the end of the second regnal year,[7] is limited to a number of small finds, among them many faience ring bezels inscribed for the king[8] and some with the name of his queen *Anchesenpaaton/Anchesenamun.[9] T.'s marriage to this, the third daughter of Akhenaton and Nefertiti (*Nofretete) is documented early in the reign,[10] but the frequently made assertion that it was mandated to secure T.'s claim to the throne (*Königin; *Legitimation) is not well founded.[11] Theories as to the extent of Anchesenamun's influence over her spouse are speculative. In view of T.'s tender age at his accession,[12] it is clear, however, that the course of the reign was determined by others, first

and foremost by the "regent" *Haremheb and by the "god's father" *Eje.[13] Only the cult policy that was promulgated in the text of the so-called restoration stela[14] is readily graspable and well documented by various monuments (see further, below). This represents a continuation[15] and intensification of the reconciliation initiated under Semenchkare to reassert Amun's reeminent position at his cult center *Karnak.[16] Work on unfinished building projects, neglected during Akhenaton's reign, was resumed,[17] and the first restorations of monuments damaged at the hands of Akhenaton's agents were undertaken.[18] Several projects were also initiated, from beyond the southern border in Nubia (*Kawa; *Faras)[19] to the Memphite region (*Gisa; *Hauron)[20] in the north. On the basis of the evidence documented to date, the most impressive work of the reign, however, was undertaken in the Theban area. Deserving of special mention are the decoration of the Processional Colonnade at *Luxor Temple (*Opetfest) and the erection of a chapel(?) named *ḥwt Nb-ḫprw-Rᶜ m Wꜣst* within the Karnak precinct.[21] Presumably the creation of statuary to replace images desecrated during the Amarna Period—above all, figures depicting Amun—was a major priority of the reign,[22] but actual examples that can be confidently attributed on the basis of inscriptional evidence are comparatively few.[23] Other aspects of the reign's course in Egypt remain unelucidated. Foreign policy may have included military activity in the Levant.[24]

Influential personages, apart from Haremheb and Eje, included the viziers Usermonthu and Pentu,[25] the treasurer *Maja, the Nubian viceroy *Hui (I), and the military officer *Nechtmin.

When T. died without issue,[26] the throne passed to *Eje who was responsible for T.'s interment in KV 62.[27] Only a single official can be associated with T.'s short-lived funerary cult[28] that presumably was centered in the neighborhood of *Medinet Habu.

While Eje honored his predecessor's memory and, indeed, seemed to be anxious to associate himself with T.,[29] Haremhab's attitude to the king whom he had served as "regent" can best be described as ambiguous. The persecution of T.'s memory is documented by the treatment of his figure and cartouches on blocks employed in the construction of Pylons II and IX.[30] T.'s statuary was systematically usurped,[31] but the mummy of the king, his funerary equipment and the tomb itself were spared.

[1] See Rolf Krauss, Das Ende der Amarnazeit. Beiträge zur Geschichte und Chronologie des Neuen Reiches, HÄB 7, Hildesheim 1978, 182–183. 202. For a supposed fourteenth year, see Bogoslovskij, in: GM 61, 1983, 62. – [2] For two current suggestions, both with reference to the scenes in suite α–β–γ of the Royal Tomb at Tell el-Amarna, cf. Rolf Krauss, in: Tutanchamun (exhibition catalogue), Mainz 1980, 51–52; Geoffrey T. Martin, in: ILN 6998, Sept. 1981, 66–67. – [3] Roeder, Amarna-Reliefs, pl. 106: 831–VIII C; Meltzer, in: JEA 64, 1978, 134–135. Cf. the comprehensive discussion of arguments bearing on T.'s lineage by Vandier, in: Journal des savants, Paris 1967, 67–71, who decided in favor of Akhenaton without the evidence of the Hermopolis block. Note, however, that Wente, in: JNES 42, 1983, 316, once again advocates Amenophis III's paternity (see n. 12), and that both Redford, in: SSEAJ 9, 1979, 111–115, and Hermann A. Schlögl, Echnaton–Tutanchamun. Fakten und Texte, Wiesbaden 1983, 53, are not certain that T.'s father was necessarily a king.–It goes without saying that the official policy of the reign ignored T.'s "Amarna" filiation, emphasizing instead his association with Amenophis III; cf. Redford, op. cit. – [4] I. e., before Tell el-Amarna as royal residence was abandoned; see n. 7. Significant data derive from the residential quarters of Tell el-Amarna proper; see, e. g., Frankfort, in: JEA 15, 1929, 145.–For the interpretation of the name, see Fecht, in: ZÄS 85, 1960, 90; cf. Ray, in: Antiquity 49, 1975, 46. – [5] The epithet is exceptionally omitted from the cartouche, e. g., in the inscription of CG 42091. It associates T. with Karnak – cf. Stadelmann, in: MDAIK 25, 1969, 174–175 for the localization of *Jwnw-šmᶜj*. – [6] A variant N may be preserved on a wooden "cubit" from Gurob, London, U. C. 16050: Illahun, Kahun, Gurob, pl. 24, no. 12; Angela P. Thomas, Gurob: A New Kingdom Town. Introduction and Catalogue of Objects in the Petrie Collection, Warminster 1981, 37 no. 71. – [7] According to the evidence of the wine dockets: Helck, Materialien, 728. – [8] Petrie, Amarna, pl. 15, no. 108–121; CoA I, 23, no. 21/443; 28, no. 21/20; 30, no. 21/220, etc.; Ludwig Borchardt and Herbert Ricke, Die Wohnhäuser in Tell el-Amarna, WVDOG 91, 1980, 147, 12/13, 33; 178, 11/12, 156; 195, 11/12, 212. etc. The publications of both the English and German excavations do not provide adequate information for a statistical analysis of these small finds. My own survey of the DOG excavation Fundjournal substantiates an anticipated predominance of the praenomen over the nomen (in either form) of approximately 8 to 1 (Cf. CoA II, 114, I. A. 4. a–h, all variants of the praenomen). – [9] E. g., CoA II, 114, I. A. 6. c–d. – [10] E. g., by the "golden throne," Object no. 91, found in T.'s tomb. The inscriptions on the vertical struts supporting the back include reference to Anchesenpaaton as *ḥmt-njswt wrt*. – [11] Marianne Eaton-Krauss and Erhart Graefe, The Small Golden Shrine, Object No. 108, from the Tomb of Tutankhamun, in press. (Cf. Gay Robins' criticism of the "heiress hypothesis" per se, in: GM 62, 1983, 67–77). – [12] The initial examination of the mummy at the time of KV 62's clearance established the king's age at death as approximately 18 years, an estimate since confirmed, see F. Filce Leek, The Human Remains from the Tomb of Tutᶜankhamūn, TTSO 5, 1972, and the preliminary report on the 1968 investigation of the remains by Harrison and Abdalla, in: Antiquity 46, 1972, 8–14 (Cf. also Leek, in: JEA 63, 1977,

112–115). But Wente, op. cit., cited a personal communication from J. E. Harris who "would have no hesitation against placing T.'s age at death as high as twenty-five," on the basis of an examination of the x-rays of the skull alone. According to this estimate, T. would have been a teenager at his accession. See, however, the objection raised by Marianne Eaton-Krauss, in: GM 76, 1984, 10 n. 15. – [13] Concerning the possible rivalry of these two men, see the critical remarks of Schlögl, op. cit. (v. n. 3), 58, and add reference to Otto J. Schaden, The God's Father Ay, Diss. University of Minnesota 1977, 142–143. 278–283. – [14] CG 34183 = Urk. IV, 2025–2032; recently translated anew by Schlögl, op. cit., 85–88. For the date originally borne by the stela but now lost, see the summary of Harris, in: GM 5, 1973, 9–11. – [15] The stela fragment Berlin 14197 depicts Tutanch*aton* venerating Amun and Mut: Erman, in: ZÄS 38, 1900, 113. Note, too, the texts of the so-called ecclesiastical throne, Object no. 351, that describe Tutanch*aton* as "son of Amun, beloved of him more than any other king" (cf. Marianne Eaton-Krauss, in: GM 76, 1984, 8–9, for the assignment of this throne to the very beginning of the reign). – [16] Certainly at the beginning of the reign, Aton continued to be revered as well. Both thrones Object nos. 91 and 351 bear the god's cartouches in the later form. Curiously, the cartouches on the skull cap Object no. 256 4, t enclose the earlier version of the Aton's names (contra the caption to Carter, Tut-ankh-Amen II, pl. 32). – [17] For example, on the sphinx alley leading from Pylon X to the Mut Temple, PM II², 191–192; see now Françoise Laroche–Traunecker, in: Histoire et archéologie, les dossiers 61, Dijon 1982, 39; eadem, in: Cahiers de Karnak VII 1978/1981, Paris 1982, 317. – [18] For example, the reliefs on the east face of Pylon VI, PM II², 89 (240–241), formerly attributed to Haremheb (personal communication from Lanny Bell). – [19] A presumed building activity at *Gebel Barkal cannot be substantiated; cf. Reisner, in: JEA 4, 1917, 222. 227. – [20] Note also the burial of an Apis: Auguste Mariette, Le Sérapéum de Memphis, Paris 1857, 8, pl. 2. – [21] Schaden, op. cit., 153–185; a preliminary report on Schaden's 1978 campaign is forthcoming in NARCE. – [22] Cf. the restoration stela, Urk. IV, 2028 ff., l. 12 ff. – [23] Three examples may be cited here: the statue of Amun (and of his consort Amunet) at Karnak: Schaden, in: GM 38, 1980, 69–73; Louvre E. 11609, PM II², 290–291; Luxor J. 198: The Luxor Museum of Ancient Egyptian Art. Catalogue, Cairo 1979, 126–127 (the inscription on the back pillar includes T.'s cartouches, both untouched). – [24] Cf. Helck, Beziehungen², 181–182. – Some unique features of the reliefs of *ḥwt Nb-ḫprw-Rꜥ m Wꜣst* may be interpreted to substantiate a campaign in Nubia as well as in Asia; cf. also the comments of Vandier, op. cit. (v. n. 3), 86–88. – [25] Labib Habachi, in: Fs Fairman, 36–41, discussed the documents relating to the vizierate during T.'s reign. – [26] The two foetuses found in the so-called Annexe of KV 62 (see Leek, Human Remains, 21–23; Harrison, Connolly, et alii, in: Antiquity 53, 1979, 19–21) may be stillborn offspring of T. and Anchesenamun. – The circumstances surrounding T.s own demise are unknown. The relevance of a bone splinter revealed in the x-rays of T.'s skull is conjectural; see Leek, op. cit. (v. n. 12), 16–20; cf. Harrison and Abdulla, op. cit. (v. n. 12), 11; Harrison, in: Buried History 8, Melbourne 1972, 18–24. – [27] Probably not originally intended for a royal burial; see e.g., the remarks of Hornung, in: ZÄS 105, 1978, 61, but cf. Claude Vandersleyen, in: Studia Paulo Naster Oblata II. Orientalia Antiqua, OLA 13, Leuven 1982, 263–267. – The possibility that T. was first laid to rest in KV 23 and only subsequently removed to KV 62 is considered by Rosemarie Drenkhahn, in: MDAIK 39, 1983, 29 ff. For the tomb and the funerary equipment, see the references cited *Königsgräbertal. A recent account of the tomb's discovery and clearance is found in: John Romer, Valley of the Kings, London 1981, 255–276. – [28] Hayes, Scepter II, 306 fig. 191. – [29] Especially at Karnak; see the summarizing remarks of Schaden, The God's Father Ay (v. n. 13), 190. Cf. also the glass ring Berlin 1920/73 bearing the cartouche of Anchesenamun beside Eje's: Krauss und Ullrich, in: Jahrbuch Preußischer Kulturbesitz 19, Berlin 1982, 199–212. – [30] Schaden, The God's Father Ay, 191; Ramadan Saꜥad, in: Karnak V 1970–1972, Cairo 1975, 104–105. – [31] See, e.g., Robert Hari, Horemheb et la reine Moutnedjemet ou le fin d'une dynastie, Geneva 1964, 271–273.

Addendum to note 1: see J. J. Perepelkin, Kiya and Smenchkare. On the end of the solar cult revolution in Egypt (in Russian, = AEB 79448), Moscow 1979, 228 f. (I am indebted to Rostislav Holthoer for this reference.) – to note 6: This supposed variant, as well as anomalous G documented at Faras (see now J. Karkowski, The Pharaonic Inscriptions from Faras, Faras V, Warsaw 1981, 126 ff.), Kawa (Kawa II, 32 with fig. 5), and Heliopolis (Daressy, in: ASAE 18, 1918, 205) are considered by Eaton–Krauss in an article on Tutanchamun's titulary, in preparation. M. E.-K.

Tutimaios. Bei Josephus (Contra Apionem 1,75), angeblich aus *Manetho zitiert, Name des äg. Königs, zu dessen Zeit die *Hyksos sich der Herrschaft in Ägypten bemächtigten. Die übliche Gleichsetzung[1] mit *Dedumose ist weder lautlich noch historisch begründet[2]. Die griech. Form Τουτίμαιος ließe sich auf hypothetisches *Ḏḥwtj-m-ḥꜣb* zurückführen, oder es handelt sich um eine umschreibende Bezeichnung[3]: [Ἐγένετο βασιλεὺς ἡμῖν] τοῦ τίμαιος ὄνομα (versio Latina: honorabile nomen) „[(Als) wir einen König hatten], dessen Name geehrt ist“, d. h. der an diesem Ereignis persönlich unschuldig war.

[1] Zuerst bei Raymond Weill, La fin du Moyen Empire égyptien, Paris 1918, 79. – [2] Dagegen v. Beckerath, 2. Zwischenzeit, 64. – [3] So FGrH III C, 84–85. J. v. B.

Typhon is originally the name of a monster of chaos in Greek mythology. He is mostly considered as the son of Tartaros and Gaia. He is opposed to the established order and wanted to dethrone Zeus but after a heavy fight he was thrown into the Tartaros by the lightning of Zeus where he rages and occasions earthquakes and volcanic eruptions.[1]

The etymology of the name is uncertain. Greek pseudo-etymologies were "to be crazy" (Plutarch) or "to raise smoke" (Plato).[2] It has been suggested that the name is a Greek form of the Phoenician Zaphon found in *Baal-zephon.[3] Since the 6th century B.C.[4] the name T. was used in Greek language to denote the Egyptian god *Seth. This name-giving confirmed the demonisation of Seth that by that time was already completed in Egyptian religion. It is sometimes suggested[5] that the Egyptians themselves accepted this Greek name in their language to denote the evil character of Seth (Typhon–*tbh*)[6] but this remains very doubtful. Although the Greek T. and the Egyptian Seth are associated with storm the modern English word typhon denoting storm seems to be primarily of Chinese origin.

[1] A complete survey of the Greek myth of T. and its variants is given by Johannes Schmidt, in: Roscher, Lex. Myth. V, 1426–1454. – [2] John G. Griffiths, Plutarch's De Iside et Osiride, Cambridge 1970, 259. – [3] Franz Dornseiff, Antike und Alter Orient, Leipzig ²1959, 410 ff. – [4] Griffiths, o. c., 259 n. 2 with reference to Kranz, in: Hermes 69, Berlin 1934, 114–115. See also Kamal Sabri Kolta, Die Gleichsetzung ägyptischer und griechischer Götter bei Herodot, Diss. Tübingen 1968, 161 ff. – [5] Theodor Hopfner, Plutarch, Über Isis und Osiris II, Prag 1941, 56, cf. Griffiths, o. c., 260. – [6] Wb V, 262.

H. te V.

Tyrus (Karte 9g), äg. *ḏwr* (*ṣur*), *dr*, hebräisch צור, akkadisch Ṣurru, wichtige Hafenstadt an der phönizischen Küste, selbst Mutterstadt von Karthago, ursprünglich eine Inselstadt, erst seit der Zt *Alexanders des Großen mit dem Festland verbunden. Diese Lage gab T. eine vorteilhafte Stellung als Hafen und machte es schwer, sie zu erobern. In manchen Bereichen war T. vom Festland und der verbündeten Stadt *Usu (*wṯw* = *ʾuŝu*, Alttyrus) abhängig, z.B. für die Lieferung von Wasser und Holz. T. ist schon in den *Ächtungstexten des MR erwähnt[1]. Ebenfalls aus dem MR stammt der Kopf einer Königsstatue, die in T. bei Unterwasser-Ausgrabungen gefunden wurde[2]. Unter *Amenophis III. wird T. im Tempel von *Soleb erwähnt, ebenso in den von der Soleb-Liste abhängigen geographischen Listen von *Amara-West und *Akscha[3].

Im *Amarna-Brief EA 89 berichtet Ribaddi, König von *Byblos, die Leute von T. hätten ihren König umgebracht. Zehn Amarna-Briefe aus T. stammen von *Abimilki, dem König der Stadt. Dieser stammte anscheinend aus der Dynastie des getöteten Königs, verdankt aber seine Stellung weitgehend Ägypten. Er erhält auch das Amt eines rabiṣu, eines Kommissars des Pharaos. Er fordert Hilfe von Ägypten gegen seine Feinde, wobei sich die Forderung von 10 bis 80 Soldaten steigert. Die Briefe Abimilkis stammen aus den letzten Jahren Echnatons. Verschiedentlich wird in ihnen Majati = *Meretaten erwähnt. Abimilki nennt sich Diener des Pharaos und der Meretaten, T. ist Stadt der Meretaten. Wenn diese Formulierungen nicht nur Schmeicheleien sind, sondern bedeuten, daß die Einkünfte von T. für Meretaten bestimmt sind[4], dann müssen diese Briefe ganz ans Ende der Regierung Echnatons gerückt werden.

Die Abimilki-Briefe aus T. verwenden äg. Wörter und Redewendungen. Es finden sich auch zwei Gedichte in diesen Briefen, die äg. inspiriert oder sogar aus dem Ägyptischen übersetzt sind. Es ist vermutet worden, daß ein äg. Schreiber, des Akkadischen kundig, dem König von T. diente[5].

In T. fand sich eine Stele *Sethos' I., deren Inhalt Lob auf den siegreichen König ist – ein Zeichen, daß sich zu dieser Zt die Stadt in äg. Hand befand[6]; auch erscheint T. zur Zt Sethos' I. in *Ortsnamenlisten aus äg. Tempeln[7].

In zwei geographischen Listen *Ramses' II. findet sich ebenfalls T.[8], doch sind diese von Listen Sethos' I. abhängig. Ramses II. ist durch ein Stelenbruchstück beurkundet, das in T. gefunden wurde[9]. Etwa gleichzeitig erwähnt der pAnastasi I Usu und Tyrus (21,1). Das „Postregister" in pAnast. III vso 6,3 aus der Zt des *Merenptah erwähnt einen Brief, der an den Fürsten von T. namens *Bʿltrmg* gerichtet war. Der erste Teil des Namens enthält Baal oder Baalat.

Aus der Zt *Ramses' III. ist T. in einer Liste in *Medinet Habu erwähnt[10], doch sind diese Listen weitgehend Kopien von Listen seiner Vorgänger der 19. Dyn. Im Bericht des *Wenamun, der am Ende der 20. Dyn. spielt, ist T. ein Hafen, den der Held auf der Suche nach seinem gestohlenen Geld besucht[11].

An der Mündung des *Nahr el-Kelb befindet sich eine Inschrift *Assarhaddons von Assyrien (680–669 v. Chr.), die seinen Sieg über *Taharqa beschreibt[12]. In ihr ist auch T. erwähnt. Taharqa hatte antiassyrische Bewegungen in der Levante unterstützt; die Einnahme von T. und das Eindringen des assyrischen Heeres in Äg. war für Assarhaddon der gleiche Sieg. Das kommt bildlich in der Zendjirli-Stele[13] und in der Til-Barsib-Stele[14] zum Ausdruck: Ein äg. Herrscher negroiden Typs und recht klein dargestellt ist dort neben einem größeren unterworfenen König abgebildet; der letztere mag Baal, König von T., sein und der Ägypter der im Text von Zendjirli[15] erwähnte Uschanahuru (*Ns-Jnḥrt*), ein sonst nicht belegter Sohn des Taharqa.

Zur Zt der 26. Dyn. bestanden enge Handelsbeziehungen zwischen T. und Ägypten. In Memphis lag nach Herodot II, 112 ein Quartier der Leute von Tyrus. Aus der gleichen Zt stammt ein beschriebenes Gefäßbruchstück, bei Ausgrabungen in T. gefunden, mit dem Namen des Pascheri-.... Der Inhaber war *ḥm-nṯr* des Amun, Herrschers der Götter, und Siegelbewahrer des Herrn der Beiden Länder[16].
Der Prophet Hesekiel spricht von gemusterten Leinensegeln, die auch in Äg. bekannt sind, als Luxus-Import in T. aus Ägypten[17]. Herodot II, 161 berichtet von einem Kampf zwischen *Apries und T. sowie Sidon, die zu seiner Zt unter babylonischer Herrschaft standen. Ein solcher Angriff Äg. auf T. ist aber äußerst unwahrscheinlich. Hesekiel spricht in Kapitel 26–27 vom Fall, der T. durch Babylonien bevorstehe. Es scheint eher, daß Apries den phönizischen Städten helfen wollte so, wie er Juda unterstützte. Die äg. Bemühungen um Phönizien blieben im ganzen erfolglos, und auch die Babylonier blieben nicht lange Herren der Küstenstädte, sondern wurden durch die Perser abgelöst. Im Jahr 332 v. Chr. belagerte *Alexander der Große die Stadt T., die den Persern treu bleiben wollte. Er ließ einen Damm zwischen Festland und Insel und auf ihm eine Straße errichtem, die 2 km lang war. Diese künstliche Verbindung mit dem Festland brachte im Laufe der Zt eine Versandung mit sich, die der Stadt ihr heutiges Aussehen gab.

[1] Georges Posener, Princes et Pays d'Asie et de Nubie, Brüssel 1940, 82 (E. 35). – [2] Dietrich v. Bothmer, Ancient Art from New York Private Collections, New York 1961, Tf. 20 (Nr. 65). – [3] Giveon, in: VT 14, 1964, 251, Säule X, B. 2; Katzenstein, History of Tyre (s. Lit.), 27, Anm. 68 hat mißverstanden, was dort über die Schreibung des Namens von T. ausgesagt ist. In Soleb ist die Form *ḏr*, in Akscha (Zt Ramses' II.) liegt ein Schreibfehler vor: das Wort endet mit ʿ. – [4] Sonst nur von Tempelstiftungen bekannt. – [5] Albright, in: JEA 23, 1937, 198–199. – [6] Kitchen, Ram. Inscr. I, 117. – [7] Simons, Topographical Lists, XIII, 57; XIV, 59; XV, 21; XVI b 3; Kitchen, Ram. Inscr. I, 34, Nr. 21. Dabei sind diese Listen XIII–XIV einerseits und XVI – Kitchen, Ram. Inscr. I, 34 – andererseits voneinander abhängig. – [8] Simons, Topographical Lists, XX, 4; XXI, 6. – [9] Kitchen, Ram. Inscr. II, 401. – [10] Simons, Topographical Lists, XXVII, 121. – [11] LESt, 63, 12. – [12] ANET, 293 b. – [13] Jean Leclant, in: William A. Ward (Hg.), The Role of the Phoenicians in the Interaction of Mediterranean Civilizations, Beirut 1968, Tf. 9 b. – [14] Ibid., Tf. 10 b. – [15] ANET, 293 a. – [16] William A. Ward, in: Patricia Maynor Bikai, The Pottery of Tyre, Warminster 1978, 83. In Stratum XIX, das Ward in die 11. Dyn. datiert, fand sich ein Rollsiegel des AR. – [17] Hesekiel, 27, 7.

Lit.: Nina Jidejian, Tyre, Beirut 1969; H. J. Katzenstein, The History of Tyre, Jerusalem 1973; Helga Weippert, Tyrus, in: Kurt Galling (Hg.), Biblisches Reallexikon, Tübingen ²1977, 349–350; Patricia Maynor Bikai, The Pottery of Tyre, Warminster 1978. R. G.

U-Anti bzw. -Nemti, Ort im 18. o. äg. Gau, wahrscheinlich[1] auf dem Westufer gelegen, im pWilbour genannt[2]. Als Gottheiten erscheinen *Anti bzw. *Nemti (*Nmtj*) und *Hathor[3].

[1] So Helck, Materialien, 322–3; Dieter Keßler, Historische Topographie der Region zwischen Mallawi und Samaluṭ, TAVO Beiheft B 30, 1981, 323; anders Gardiner, AEO II, Nr. 384 B; id., pWilbour Comm., 52; Kees, in: MIO 6, 1958, 161. – pWilbour, §§ 211. 231. 245. 265. – [3] pWilbour, § 267. – *Nmtj*-Tempel dort auch auf Stele Leiden V 1 aus 18. Dyn. (*Ḥ3tj3j*) genannt.

W. H.

Ubienthes s. Qa-a

Uch. A. Ein U. (*wḫ*) genanntes Kultgerät ist seit der V. Dyn. belegt[1]. Das den Namen U. präzisierende Determinativ setzt sich aus den Elementen Papyrusstengel, Doppel-*Straußenfeder und Stoffband zusammen[2]. Erstaunlicherweise zeigt die älteste Beschreibung[3] dieses Kultgerätes schon einen wesentlich komplexeren Aufbau: Hier hat man einen vergoldeten Papyrusstengel, auf dessen Dolde eine ebenfalls vergoldete Sonnenscheibe mit zwei *Uräen gesetzt ist. Die (wohl echten und nicht vergoldeten) Straußenfedern werden nicht erwähnt, dafür jedoch der Ständer für das Kultgerät. Spätere Belege des U. zeigen die Bestandteile dieser Beschreibung dann auch in den Abbildungen (dazu tritt im Regelfall die Königskartusche)[4]. Als Benennungen des Uch-Gerätes finden sich Satznamen: „*Re ist aufgestiegen" und „Re hat (sich) versammelt."[5]

B. U. (*Wḫ*) ist als Name eines (Lokal-)Gottes[6] seit der VI. Dyn. – regional auf *Meir beschränkt – belegt[7]. Wie aus Beischriften ersichtlich wird, zeigt die Gottheit einen Stier-Aspekt[8]. Die vorgetragene Ansicht, daß U. libyscher Herkunft sei, dürfte nicht haltbar sein[9]. Wie beim Kultgerät U. macht auch das Determinativ bzw. Ideogramm des Gottesnamens U. eine Entwicklung durch: zu dem ursprünglichen Papyrusstengel plus Doppel-Straußenfeder plus Stoffband fügt man die Sonnenscheibe mit zwei Uräen[10]. Gleichzeitig funktioniert man das Stoffband zu einem *Menit[11] um, vielleicht als Huldigungsgestus gegenüber der Lokalgöttin *Hathor.

C. Ob und in welcher Weise zwischen dem Kultgerät U. und dem Gott U. Beziehungen bestehen, dürfte ohne neues Material kaum zu klären sein.

[1] Im *Totentempel des *Neferirkare (Paule Posener-Kriéger, Les archives du temple funéraire de Néferirkarê-Kakaï, BdE 65, 1976, 670); im *Sonnenheiligtum des

*Niuserre (Bissing und Kees, Re-Heiligtum III, 50 und Block 501). – [2] pHier. BM (Posener-Kriéger-Cenival), Tf. 13a. 14a. – [3] Posener-Kriéger, a.a.O., 76f. und pHier. BM, a.a.O., Tf. 14a. – [4] Deir el Médineh 1926, FIFAO IV. 4, 1952, Tf. 6 (1.2). 8. – [5] Posener-Kriéger, a.a.O., 61 (die hier gegebene Übersetzung weicht von der Posenerschen ab). – [6] Gegen die Vorschläge, der U. von Meir sei eine „Säule" (Wainwright, in: JEA 21, 1935, 168) oder ein „Kultgerät" (Meir I, 4; Allam, Hathorkult, 29), lassen sich folgende Einwände vorbringen: 1. die Bildung der in Meir belegten PN, z.B. *Wḫ-ḥtp*, *Wḫ-m-zꜣ.f* (vgl. Meir I, 2.3 mit Anm. 1, sowie Chassinat, in: RecTrav 25, 1903, 62ff.; dagegen Meir I, 4), vor allem aber die Tatsache, daß 2. der Name *Uchhotep in Meir mindestens achtmal mit dem Determinativ des „sitzenden Gottes" geschrieben wird (Meir II, Tf. 6. 8 [dreimal]; 11. 15 und Meir III, Tf. 13. 16), denn diese an und für sich seltene Determinierungsweise findet sich sonst nur bei PN, die eine *Gottheit* als Namensbestandteil aufweisen (vgl. z.B. Ranke, PN II, 35. 36. 45. 69). – [7] Meir I, 3. – [8] Bei Kämpfen zwischen Weide-Stieren (*Stierkampf) wird der stärkere Stier einmal beschwichtigend mit dem *Apis-Stier verglichen (Meir I, Tf. 11) und in einem zweiten Fall als „großer U." apostrophiert (Meir II, Tf. 15). Angesichts der Kontexte erscheinen die Beischriften nur sinnvoll, wenn U. einen „Stier-Aspekt" besitzt. – [9] Wreszinski, in: OLZ 35, 1932, 521ff.; die Straußenfeder ist keineswegs ein Beweis für eine „libysche" Herkunft des U. (vgl. *Straußenfeder), die Form der *Phallustasche spricht gegen seinen „libyschen" Ursprung (vgl. die Phallustaschen der Libyer bei Oric Bates, The Eastern Libyans, London 1914 [Nachdruck 1970], 124ff.). – [10] Meir I, 3f., Abb. 2, Tf. 31 (3.4). – [11] Meir I, 4 mit Anm. 2.
P.B.

Uchhotep (*Wḫ-ḥtp(w)*), theophorer, mit dem Bestandteil *Uch gebildeter Personenname[1], der besonders häufig in der Umgebung von Cusae (*Qusae) vorkommt. Im MR sind dort mehrere Träger dieses Namens als „*Bürgermeister" (*ḥꜣtj-ꜥ*) und Priestervorsteher (*jmj-rꜣ ḥmw-nṯr*) der *Hathor von Cusae belegt, deren Gräber in der Nekropole von *Meir liegen.

U. I., Sohn des Senbi (*Snbj*), Grab B2[2]; aufgrund genealogischer Beziehungen[3] zu datieren in die spätere Regierungszeit *Sesostris' I. bzw. frühe Regierungszeit *Amenemhets II. (?). Als einziger der hier amtierenden „Gaufürsten" führt er noch archaisierend den Titel eines „Großen Gauoberhauptes"[4].

U. II., Sohn des U., Grab B4[5], datiert unter Amenemhet II.[6], vielleicht Neffe von U. I.[7]. In seinem Grab ist eine Reihe von Amtsvorgängern bzw. Ahnen wiedergegeben[8].

U. III., Sohn des U., Grab C1[9], wohl Zt *Sesostris' III.[10]. Seine verwandtschaftliche Beziehung zu seinen Vorgängern ist nicht sicher zu ermitteln[11]. Sein Grab weist einige Besonderheiten auf: Auffallend ist die starke Bevorzugung weiblicher Personen in den Darstellungen, auch in Szenen, in denen sonst Männer wiedergegeben sind[12], was in Beziehung zu setzen ist mit dem Kult der *Hathor, deren Priester er ist[13]. Dazu kommen als ikonographische Besonderheiten die Entlehnungen von Themen, die normalerweise dem König vorbehalten sind: das Symbol der Vereinigung der Beiden Länder[14], die Wiedergabe von Gauprozessionen, wie sie in kgl. *Totentempeln vorkommen[15], das *Ka-Emblem auf der Standarte[16]. Eine Beischrift sagt von U.: *ḫꜥj m nswt ḫꜥj m bjtj*[17]. Im Grab sind mehrere Ehefrauen dargestellt, was als ein möglicher Beleg für Polygamie angesehen wird[18] und ebenfalls als Übernahme kgl. Rechte gewertet wird[19]. Aus dem Grab stammen zwei Statuengruppen: eine in Kairo[20], eine in Boston, früher Baltimore[21].

Daneben existiert noch ein weiteres, unfertiges Grab eines U., Sohn des Jam (*Jꜣm*), Grab A3[22], mit Dedikationsinschrift seines gleichnamigen Sohnes (?); bei letzterem handelt es sich um Uchhotep II. (?).

[1] Ranke, PN I, 84, 9. 10; PN I, XXI. – [2] Meir II; PM IV, 250–251. – [3] Zu den verwandtschaftlichen Beziehungen der dortigen „Gaufürsten" s. Meir I, 11–13. – [4] Meir II, Tf. 12. – [5] Meir III; PM IV, 251–253. – [6] Meir III, 19. – [7] S. Anm. 3. – [8] Meir III, Tf. 11; 35, 1; 36, 1; 37, 1.2; vgl. Brunner, in: LÄ I, 15 mit Anm. 20. – [9] Meir VI, 8–37, Tf. 4, 9–32, 1.2; PM IV, 253. – [10] Meir VI, 15. – [11] S. Anm. 3 und Meir VI, 13. – [12] Z.B. Meir VI, Tf. 11. 18. 19. – [13] Ebd., 15; vgl. Fischer, in: Gs Otto, 161–165. – [14] Meir VI, Tf. 13, Architrav; vgl. auch die *Wappenpflanzen von O. u. U.Äg. auf den Statuengruppen (s. Anm. 20. 21). – [15] Meir VI, Tf. 15. 17. – [16] Ebd., Tf. 13 Architrav. – [17] Ebd., Tf. 17. – [18] Simpson, in: JEA 60, 1974, 103. – [19] Ebd. und Henry G. Fischer und Edward L. B. Terrace, Treasures of Egyptian Art from the Cairo Museum, London 1970, 81. – [20] CG 459; vgl. Fischer und Terrace, op. cit., 81–84. – [21] Simpson, in: BMFA 72, 1974, 102–104. – [22] Meir VI, 1–2, Tf. 2 oben (Plan). 5.35; PM IV, 249.
E. M.-P.

Udimu s. Dewen

Udjahorresnet (*Wḏꜣ-Ḥr-rsnt*), priest of *Sais and physician, lived at the time of the conquest of Egypt by Cambyses (*Kambyses).[1] He sided with the victorious Persians after having been a naval officer under *Amasis and *Psammetichus III, and his defection illustrates the Greek traditions which relate the Egyptian support shown to Cambyses.[2] It is known solely from his naophorous statue in the Vatican [158 (113)], upon which he relates his biography. U. notes that Cambyses appointed him chief physician, and that he himself drew up Cambyses' Egyptian titulary (*Königstitulatur).[3] In contradiction to the Greek traditions concerning the violent and antagonistic attitude shown by Cambyses in Egypt, U. stresses the Persian benefices to his temple in the royal city of the then-defunct Dyn. XXVI, Sais.[4] Moreover, Cambyses supported U. in cleansing the temple of *Neith at *Sais–possibly owing to the fact that it still harbored Egyptian nationalists loyal to the former kings–and himself visited the temple. On another section of this statue, U. states that when *Darius was in Elam (possibly on a campaign), he commanded U. (who was presumably with him) to return to Sais when they refurbished the House of Life there. Struve has argued that U. was sent to Elam by Darius' satrap, Asyandes.[5] Although this is unclear, U. probably left Egypt before the anti-Persian revolts had become extensive in the Delta.

Because of the obliquity of the passages relating to the Persians and to disturbances in the *Neith temple at *Sais, it is difficult to determine precisely what U. is saying. Indeed, the chronology for this time (525 B.C.–c. 515 B.C.) is still uncertain, and contains a brief period of rebellion, led by *Petubastis III, against Persian rule.[6] The revolt in Egypt itself took place late in 522 B.C., after Cambyses' death, when the satrap Asyandes controlled Egypt.[7] The revolt in Elam, against which Darius fought and during which U. may have accompanied him, can reasonably be dated to Spring-Summer 520 B.C. However, his statue inscription does not state that U. returned with Darius when the Persian king crushed the Egyptian revolt in the Autumn of 519 B.C.[8] Hence, it is probable that U. returned to his native city after Egypt had already been recaptured, possibly when Darius marched east on a campaign into Western India (c. 514 B.C.). It is remotely possible that U. was involved in the production of the now-famous statue of Darius, recently found at Susa.[9]

[1] Posener, Première domination Perse, 1–26; Otto, Biogr. Inschr., 169–173; Miriam Lichtheim, Ancient Egyptian Literature III, Berkeley–Los Angeles–London 1980, 36–41; Struve, in: Palestinenskij Sbornik, 1, Leningrad 1954, 10–13; Herman De Meulenaere, Herodotos over de 26ste Dynastie, Leuven 1951, 124–134; Lloyd, in: JEA 68, 1982, 166–180. – [2] Cooney, in: The Brooklyn Museum Bulletin 15.2, Brooklyn 1954, 1–16 (= Bothmer, Egyptian Sculpture, 76–77); Spalinger, in: Or 47, 1978, 34–36. – [3] Section on Cambyses: lines 11–15 and 17–27; section on Darius: lines 43–44. In general, cf. Posener, Première domination Perse, 176ff. – [4] On Cambyses in Egypt: most recently, Klasens, in: JEOL 10, 1945–48, 339–349; Inge Hofmann, in: SAK 9, 1981, 179–199; Hennig, in: Rheinisches Museum für Philologie 83, Frankfurt 1934, 201–210; Svetlana Hodjache and Oleg Berlev, in: CdE 52, no. 103, 1979, 37–39; Struve, in: Palestinskij Sbornik 1, Leningrad 1954, 7–13; Lloyd, in: JEA 68, 1982, 166–180. – [5] Struve, op. cit., 11–13. – [6] Yoyotte, in: RdE 24, 1972, 216–223. – [7] On the chronology: Parker, in: AJSL 58, 1941, 285–301. 373–377; Cameron, in: AJSL 58, 1941, 314–325; id., in: JNES 2, 1943, 307–313; 32, 1973, 47–56; id., in: Acta Iranica IIe série 1, Teheran-Liège 1976, 77–88; Balcer, in: Harvard Studies in Classical Philology 76, Boston 1972, 99–132. – [8] Date now disputed by Yoyotte, in: JA 260, 1972, 266, who proposes 513/12–493/92 B.C., equating the latter with the Apis of year 36. – [9] Monique Kervran, Stronach, Vallat, and Yoyotte, in: JA 260, 1972, 235–266. A. Sp.

Udjatauge. Das U. fand als schutzbringende Abbildung, aber auch als Ornament, als religiöses *Symbol, aber auch nur als bildliche Umschreibung, als *Amulett oder auch als bloßes Schmuckelement in der äg. Kultur eine häufige und vielseitige Anwendung; dementsprechend sind dessen Namen, Bedeutungen und Vorkommen komplex.

A. *Aussehen:* Das U. bildet ein um einen (senkrechten) Fortsatz[1] und (nach hinten gekrümmten) Spiralbogen[2] erweitertes menschliches *Auge ab[3] (s. Abb.). Mehrheitlich ist es nach rechts gerichtet[4]. Das Udjataugen-Paar kommt vom späten AR an in der bildenden Kunst häufig vor[5]. Udjataugen-Kombinationen sind vor allem eine Erscheinung des Amulettwesens der 3. ZwZt[6].

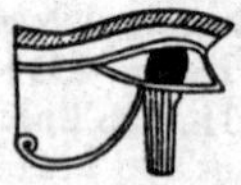

B. *Bezeichnungen und Bedeutung:* Mit dem Namen *wḏꜣt* (*jrt*), d.h. „heiles (Auge)" war in erster Linie auf das (Wieder-)Heil-(Geworden-)Sein[7] des als *Horusauge aufgefaßten Gestirns *Mond[8] oder Sonne[9] angespielt (s. *Augensagen), das in magischer Übertragung für den Träger des Udjataugen-Zeichens bzw. -Amuletts ebenfalls Gültigkeit haben sollte[10]. – Andere Bezeichnungen für das U. wie Horus-, Mond-, Sonnen- bzw. *Re-Auge entstammen demselben mythologischen Kontext, geben aber andere Aspekte des Geschehens wieder[11]. – In übertragener Bedeutung kann das U. (wie das Horusauge) als Metapher für (geliebte) Orte stehen[12].

C. *Vorkommen und Verwendung:* Das (apotropäisch wirkende) Udjataugen-Zeichen[13] und das (schutzbringende[14]) Udjataugen-Amulett[15] sind vom Ende des AR an bis zum Ende der äg. Kultur äußerst beliebt geblieben[16]. Sekundär und erst für das NR bezeugt ist die Deutung der Udjataugen-Teile als Hohlmaß-Einheiten[17] (*Maße und Gewichte).

[1] Der Fortsatz wurde von H. W. Müller, in: MDAIK 4, 1933, 196f. als Anspielung auf das Falkenauge gedeutet,

bei welchem an entsprechender Stelle das Gefieder dunkel gefärbt ist. Die Beziehung zwischen U. und Falke ist auch textlich bezeugt (s. *Horusauge). – [2] Für den Spiralbogen dagegen steht eine treffende Erklärung noch aus; W. Westendorfs Vorschlag, ihn als Tränenkanal eines Gepardenauges zu deuten (in: ZÄS 92, 1966, 138), entbehrt der Grundlage eines bedeutungsmäßigen Bezugs und ist auch formal wenig überzeugend. – Bei den frühesten Udjatauge-Amuletten ist der Spiralbogen (technisch bedingt) nicht durchgezogen, s. dazu Claudia Müller-Winkler, Amulette, OBO 86, 1985, 110. – [3] S. auch die Hieroglyphe Gardiner, EG³, Sign-list D 10. – [4] Die Bevorzugung des rechten U., die vom NR an und dann in der SpZt ausgeprägt war, hatte „praktische", aber auch mythologische und magische Gründe: sie ergab sich einmal aus der häufiger gewählten Schriftrichtung von links nach rechts, wurzelt aber auch in der Deutung des U. als Sonnen- bzw. Re-Auge, die es erlaubte, mit dem U. implicite auch auf die Regenerationssymbolik der Sonne anzuspielen (s. Anm. 9), sowie in der Auffassung, daß die rechte Seite die magisch „bessere" sei (RÄRG, 855). – [5] S. Hermann, Stelen, 54f. – Das Udjataugen-Paar ist wohl eine früh erfolgte Verbindung von U. und Augenpaar, tritt das U. in Bild, Text und als Amulett doch gewöhnlich einzeln auf. Nach RÄRG, 855f. wurde dem Udjataugen-Paar (das vorwiegend auf Türstürzen, Denksteinen und Särgen angebracht wurde) eine hauptsächlich apotropäische Wirkung zugeschrieben; diese wird freilich oft zu rein motivischem (d.h. sinnentleertem) Gebrauch verblaßt gewesen sein. – [6] S. für eine Zusammenstellung der möglichen Kombinationsarten und deren Besprechung Claudia Müller-Winkler, Amulette (s. Anm. 2), 146–151. – [7] Griffiths' These (in: CdE 33, Nr. 66, 1958, 193), U. meine das heilgebliebene (rechte) Auge des Horus, ist allzu „logisch" gedacht und auch darum nicht stichhaltig, weil die Bezeichnung *wḏ3t* im MR – dem Zeitpunkt seiner frühesten Belege (s. Wb I, 401) – bereits in Verbindung mit seiner Verletzung angeführt ist (s. z.B. CT VII, 378c). – [8] S. z.B. Tb 125, 53f. oder den einen Brustschmuck des Tutanchamun (Abb. z.B. bei Iorwerth E.S. Edwards, Tutankhamun. His Tomb and its Treasures, New York ⁴1978, 171). – [9] S. z.B. Tb 167, 1–8 oder die Udjataugen-Kombination mit Uräus (Edwards, a.a.O., 146). – Vielfach steht das rechte Auge für die Sonne und das linke für den Mond; es kann aber auch umgekehrt (s. z.B. Tb 151, 7–9) oder (bewußt) verquickt sein wie bes. gern in der Amarnazeit (s. den eben genannten Brustschmuck in Anm. 8, wo ein *Skarabäus die Mondbarke schiebt). – [10] S. dazu etwa den (lautlich begründeten) Analogieschluß in Tb 100, 15; 44, 2; 137A, 9–17, wo allerdings vom „Horusauge" gesprochen wird. – Im Kontext des Jenseitsgerichts hat das U. die spezifische Funktion des „Rechtfertigens" (s. dazu Christine Seeber, Zur Darstellung des Totengerichts im Alten Ägypten, MÄS 35, 1976, 71. 79). – [11] Daß die Namen schon im MR denselben „Gegenstand" bezeichnen (können), belegt etwa CT VI, 274. Den im Gegensatz zum „Horusauge" seltenen Gebrauch von U. in der Bedeutung „Opfergabe" zeigt Tb 125, 219. – Der Name „Horusauge" ist älter als der des U.: er ist schon in den Pyr. häufig belegt – und zwar bereits in der übertragenen Bedeutung von „Opfergabe" –, während U. als Substantiv erst in den CT vorkommt. – [12] Z.B. für Theben (s. Leidener Amunshymnus, Pap. Leiden I, 350: Fecht, in: ZÄS 91, 1964, 39. 43) oder für ein Schiff (z.B. in CT VII, 409). – [13] Zur apotropäischen Bedeutung s. Anm. 5. Besonders häufig ist das Udjataugen-Zeichen auf *Wurfhölzern, Ruderblättern und überhaupt Schiffsbestandteilen sowie auf Spiegelgriffen; s. aber auch dessen Darstellung auf Scheuklappen (Abb. bei Carter, Tut-ench-Amun II, Tf. 43) oder Vasen (z.B. Lahun II, Tf. 47 Nr. 50 aus Grab 609). Es ist anzunehmen, daß die magische Funktion gegenüber der ornamentalen z.T. zurückgetreten ist. – [14] Die schutzbringende bzw. -erhaltende Wirkung des U. liegt schon in seinem Namen begründet, der vom Wort *wḏ3* „unversehrt, heil" (Wb I, 399) abgeleitet ist. Demgegenüber ist die apotropäische Funktion sekundär und – wenigstens beim Amulett – auch von untergeordneter Bedeutung: Es gibt nur einen Beleg eines U. als Schutz gegen den bösen Blick, s. Schott, in: ZÄS 67, 1931, 106–110: Berlin 23308. – [15] Die Assonanz an *wḏ3w* (Wb I, 401) „Amulett" (ebenfalls eine Bildung aus *wḏ3* und eine Wortschöpfung des MR! s. Wb I, 401) trug neben den mythologischen Bezügen zur großen Beliebtheit des Udjataugen-Amuletts bei, das mit der Skarabäus-Gruppe die verbreitetste Amulett-Form darstellt (in zeitlicher wie lokaler Hinsicht). – [16] Für eine archäologische Untersuchung von Udjataugen-Amuletten aller Perioden und Formvarianten s. Claudia Müller-Winkler, Amulette, OBO 86, 1985, 86–177. – [17] Neugebauer, in: ZÄS 65, 1930, 46–48 (z.T. anders Gardiner, EG³, 197f.). C.M.-W.

Udjebeten (*Wḏbt.n*), Königin *Pepis II. mit eigener Pyramide in *Saqqara neben der ihres Gatten; in ihr waren auch Pyr. angebracht[1]. Ein für sie erlassenes *Dekret ist erhalten[2].

[1] Gustave Jéquier, La pyramide d'Oudjebten, Fouilles à Saqqarah VII, Kairo 1928; vgl. Wilfried Seipel, Untersuchungen zu den äg. Königinnen der Frühzeit und des AR, Diss. Hamburg 1980, 294–299. – [2] Goedicke, Kgl. Dokumente, 155 Abb. 13. Red.

Überlieferung (Literarische). Le texte des œuvres littéraires (tout comme celui des œuvres religieuses et scientifiques) ne nous est jamais connu que par des copies plus ou moins récentes par rapport à la date de leur rédaction première. Si, dans les meilleures conditions, les copies conservées sont encore assez proches de cette date initiale (c'est le cas pour certains papyrus de la XIIe–XIIIe dyn.), dans la majorité des cas, les versions, que nous possédons des textes classiques ne remontent qu'à l'époque ramesside.

Nous ne pouvons donc pas nous rendre toujours compte dans quelle mesure les copies que nous possédons reflètent le texte et les particularités du prototype qui échappe à nos investigations. La plupart des écrits classiques pour lesquels nous disposons d'un nombre suffisant de versions ne semblent pas avoir subi d'altérations importantes au cours de leur transmission. Il en est cependant qui ont subi des modifications au cours de celle-ci, affectant tantôt la structure de l'œuvre (Sagesse de Ptahhotep = *Lehre des Ptahhotep), tantôt l'étendue du texte (Enseignement loyaliste = *Lehre, loyalistische).

La qualité et la fidélité de la transmission des anciens écrits dépend également des conditions dans lesquelles les copies nous sont transmises.

D'une manière générale, ce sont les papyrus qui nous ont conservé les versions les plus complètes des œuvres littéraires, que ce soit le texte intégral ou tout au moins des parties notables de celuici.

Certains papyrus sont d'un si belle exécution et d'une écriture si soignée que l'on peut songer a y voir des exemplaires de bibliothèque (parmi les papyrus conservés ce sont surtout les papyrus médicaux, comme le *pap. Ebers, et les papyrus mathématiques, comme le *pap. Rhind, qui méritent cette qualification; certains papyrus littéraires, comme le pap. du BM portant l'enseignement d'Amenemope, pourraient aussi rentrer dans cette catégorie). Toutefois la plupart des papyrus littéraires se rattachement plutôt à la catégorie des copies dites "scolaires" (*Schülerhandschriften), émanant du milieu des écoles de scribes et devant être utilisés dans le cadre de leurs études [1]. Ces papyrus, qui sont souvent écrits d'une main assez habile, nous ont transmis des versions parfois complètes d' anciens classiques, mais dont le texte est criblé de fautes. On a proposé de voir dans ces copies le travail de jeunes scribes déjà bien entraînés dans leur métier et qui désiraient offrir ce spécimen de leur talent au maître qui leur avait servi de patron. Le texte des auteurs classiques nous est parfois attesté par des planchettes de bois ou des tablettes de calcaire qui tenaient lieu d'ardoises (*Schreibtafeln) [2]. Ces tablettes scolaires reproduisent des passages plus ou moins étendus de l'œuvre originale. L'usage des planchettes a été particulièrement en faveur sous la XVIIIe Dynastie [3]; l'on connaît également de grandes tablettes de calcaire de l'époque ramesside portant des textes très étendus (comme la tablette d'Oxford, donnant la plus grande partie du conte de *Sinuhe) [4].

Mais le principal contingent d'exercices de copie d'après les auteurs anciens est constitué par les "ostraca" (terme par lequel on désigne les tessons de poterie et, par extension, les éclats de calcaire portant des inscriptions), dont certains remontent à la fin de la XVIIIe Dynastie (ostraca du tombeau de Senmout [5]) mais dont la majorité datent de l'époque ramesside (dépôts de la nécropole thébaine, entre autres celui du *Ramesséum et surtout celui du village des artisans de la nécropole royale à *Deir el-Medineh) [6].

L'étude de tous ces témoins, qu'il s'agisse des papyrus scolaires, des tablettes, ou des ostraca n'a pas seulement contribué a faire progresser la connaissance des trésors encore cachés de la littérature égyptienne, elle nous a aussi permis de reconstituer dans une certaine mesure les méthodes dont on s'inspirait dans les milieux scolaires du NE pour initier les jeunes scribes à la connaissance de la langue classique et à son orthographe: en même temps qu'on leur inculquait les règles de bonne conduite que renfermaient les textes sapientiaux qu'ils copiaient, on leur faisait apprécier les qualités littéraires des bons auteurs du passé.

Il semble que dans leur enseignement, les maîtres faisaient intervenir aussi bien la copie à vue que la copie à la dictée, en accompagnant celles-ci de la lecture et de la récitation des passages reproduits [7].

Les nombreuses fautes et incorrections que contiennent ces copies scolaires peuvent s'expliquer aussi bien par des erreurs dans la lecture d'un modèle rédigé dans la langue classique, que par la perception inexacte des mots et des phrases dictées, ainsi que par des déficiences de mémoire.

Comme pensum journalier, le jeune scribe devait reproduire un, ou parfois plusieurs paragraphes ou "péricopes" (comportant une vingtaine de lignes) de l'auteur choisi, remettant à la séance suivante la continuation de son travail. C'est sans doute en vue du repérage de ces passages que l'on avait pris l'habitude de souligner le début de chaque péricope en écrivant la première ligne à l'encre rouge [8]; la ponctuation au moyen de points rouges que l'on relève dans beaucoup de copies scolaires devait faciliter la lecture "modulée" du texte. Pour certaines œuvres on possède des tables d'incipit [9], qui montrent l'importance que l'on attachait à cette division "matérielle" des textes littéraires. Les Egyptiens ne nous ont laissé à aucune époque de leur histoire un répertoire systématique des œuvres constituant le trésor de leur littérature (comparable aux inventaires des *bibliothèques de temples, comme ceux d'Edfou et de Philae); nous ne savons d'ailleurs pas exactement suivant quelles normes ils distinguaient les genres littéraires que nous classons d'une manière un peu empirique en nous inspirant de nos propres principes de classification [10].

Faute de pareils répertoires, nous pouvons cependant recourir, pour ce qui concerne la littérature sapientiale, à un passage du *pap. Chester-Beatty IV verso, où un lettré de la XIXe Dynastie énumère les grands sages du passé dont le nom a survécu grâce aux écrits qu'ils ont laissés [11]. Des indications tout aussi utiles nous sont fournies par deux grandes fragments de bas-reliefs d'époque assez récente représentant à la suite l'un de l'autre les anciens grands prêtres du temple d'*Héliopolis, parmi lesquels figurent quelques uns des auteurs de sagesses qui nous sont déjà connus par des extraits[12].

A la différences des œuvres sapientiales, qui ont l'avantage de se présenter sous le nom du sage qui en est l'auteur (réel ou supposé), les autres œuvres littéraires, qu'elles datent du Moyen Empire ou des époques plus récentes, ne portent aucun nom d'auteur, même s'il s'agissait d'œuvres fort célèbres (Satire des Métiers [*Berufsbewertung], Hymne au Nil [*Nilhymnus], Enseignement d'Amenemhat I [*Lehre Amenemhets I.]) que grâce à d'autres sources d'information, nous croyons pouvoir attribuer à Khety.

Cependant nous pouvons nous faire une idée de la popularité de certaines d'entre elles par le nombre de copies plus ou moins complètes que nous en possédons. Cet indice n'est pas infaillible, étant donné que certaines œuvres de haute qualité ne sont parfois attestées que par un nombre réduit de témoins (parfois même par un seul) et que l'exploitation d'une mine d'ostraca, aussi riche que celle de Deir el-Medineh, peut nous amener à réviser les résultat statistiques précédemment obtenus, et à étendre dans des proportions appréciables la liste des œuvres de tout genre (en prose ou en vers) que lisaient et que recopiaient les lettres du Nouvel Empire. Grâce au dépouillement de toutes les sources d'information et surtout au déchiffrement des ostraca scolaires de Deir el-Medineh, G.Posener est parvenu à rendre une identité à plusieurs œuvres encore inconnues et à en reconstituer le texte (Livre *Kemit, Enseignement loyaliste). Il estime à une soixantaine le nombre d'œuvres que l'on peut inscrire actuellement au bilan des belles lettres égyptiennes[13], nous donnant un échantillonnage assez complet des genres pratiqués par les lettrés aux différentes époques de l'histoire pharaonique.

Parmis ces œuvres, il en est beaucoup qui, grâce à l'esprit tradionnaliste des Egyptiens, ont été transmises de génération en génération de la fin de l'AE jusqu'au-delà de l'époque ramesside.

*Rubrum, *Texttradierung, *Verspunkte.

[1] Adolf Erman, Die ägyptischen Schülerhandschriften, APAW 1925. 2. – [2] Earl of Carnarvon et Howard Carter, Five Years' Exploration at Thebes, London 1912, pls. 77–78. – [3] Piankoff, dans: RdE 1, 1933, 51–74, pl. 6. – [4] John W. B. Barns, The Ashmolean Ostracon of Sinuhe, London 1952; grand ostracon de l'hymne au Nile oDeM 1176. – [5] Hayes, Ostraca. – [6] La découverte fortuite de tablettes et d'ostraca tend à prouver que les mêmes pratiques scolaires avaient cours dans l'ensemble du pays: voir van de Walle, dans: ZÄS 90, 1963, 118–123 (à la note 4 de la p. 123 sont mentionnés quelques autres documents de ce genre). Pour l'ostracon de Licht (Enseignement d'Amenemhat Ier), voir BMMA pt. II, april 1933, 6 fig. 4. – [7] Aksel Volten, Studien zum Weisheitsbuch des Anii, Kgl. Danske Videnskabernes Selskab, hist.-fil. Medd. 23. 3, Copenhague 1937–38; Baudouin van de Walle, La transmission des textes littéraires égyptiens, Bruxelles 1948. Dans les chapitres de conclusion dont il accompagne la publication de textes classiques (dans KÄT), W. Helck fait ressortir les particularités signalées ici. Voir aussi Brunner, Erziehung, 65–80 et, à un point de vue voisin, Siegfried Hermann, Untersuchungen zur Überlieferungsgestalt mittelägyptischer Literaturwerke, Berlin 1957. – [8] Van de Walle, dans: Muséon 59, 1946, 223–232; Assmann, dans: Fs Brunner, 18–41. – [9] Tables des incipit (ou rubriques) signalées par Posener, dans: Fs Korostovtsev, Drevnij Wostok, Sbornik 1 (ed. Katznelson), Moscou 1975, 108 n. 16, auxquelles on peut ajouter les exemples suivants: oDeM 1404 (lettre satirique du *pap. Anastasi I); Hayes, Ostraca, 28, pl. 25 no. 143; Černý–Gardiner, Hier. Ostraca, pl. 8 no. 4 (Satire des Métiers). – [10] Helck, dans: WZKM 63/64, 1972, 6–24; Assmann, dans: OLZ 69, 1974, 117–126. – [11] Pap. Chester Beatty IV vso 3, 5–11 (= pHier. BM [Gardiner] I, 39–40; II, pl. 19). Sur ce fameux passage, voir Wolfgang Helck, Die Lehre des Dwꜣ-Ḫtjj, KÄT, Wiesbaden 1970, 159–160, où des doutes sont émis sur le rôle d'écrivains des personnages cités. Voir aussi Posener, dans: RdE 6, 1951, 34 et Brunner, dans: ZÄS 93, 1966, 31. – [12] Yoyotte, dans: BSFE 11, 1952, 67–72; Kitchen, Ram. Inscr. III, 492–494 (§ 221); cf. v. Beckerath, dans: OLZ 79, 1984, 27. – [13] Posener, dans: RdE 6, 1951, 27–48; 7, 1950, 71–84; 8, 1951, 171–189; 9, 1952, 109–120; 10, 1955, 61–72; 11, 1957, 119–137; 12, 1960, 75–82. B. v. d. W.

Übernahme königlicher Rechte und Pflichten.

Als Garant der gottgesetzten Weltordnung (*Maat) hat der äg. *König Göttern und Menschen gegenüber Pflichten (*Königspflichten) zu erfüllen. Seiner besonderen Beziehung zur Welt der Götter wegen genießt er kraft Amtes Rechte, die ihn den Menschen gegenüber auszeichnen. Schon früh ist aber die Ü. durch Privatpersonen in mehreren Bereichen zu beobachten. Sie entspringt einmal der Aufgabe des Königs, Staat und Gesellschaft in der Praxis zu verwalten, ist mithin legitim, zum anderen dem Wunsch nichtköniglicher Personen nach Unabhängigkeit dem König gegenüber im Diesseits bzw. nach einer gewissen Gleichstellung mit ihm im Jenseits. Hier lassen sich Legitimität und Illegitimität der Ü. nicht immer deutlich trennen.

An erster Stelle ist hier die Übertragung priesterlicher Ämter und Funktionen (*Priester, *Priestertum), besonders im Bereich der Göttertempel, auf Privatpersonen zu nennen[1], da in der Theorie nur der König berechtigt und verpflichtet ist, mit der Welt der Götter in Verbindung zu treten (*Königsdogma, *Königsideologie).

Reich bezeugt ist auch die Nutzung kgl. Rechte durch *Tempel (*Tempelverwaltung) in Form von Abgabenbefreiungen (*Abgaben und Steuern), Zolleinnahmen (*Zollwesen) und anderen, dem König zustehenden Geldquellen (*Bergbau).

Im Unabhängigkeitsstreben der *Gaufürsten (*Beni Hasan, El-*Berscheh) zeigt sich eine widerrechtliche Übernahme königlicher Rechte und Pflichten. Sichtbarer Ausdruck dafür ist die Aneignung von dem König vorbehaltenen Titeln[2] und Epitheta[3], die fallweise vorgenommene Datierung nach eigenen Amtsjahren (*Jahreszählung) und die gelegentlich zu beobachtende Praxis des Schwurs (*Eid) bei ihrem *Namen[4].

Der Eigenart des äg. Quellenmaterials entsprechend läßt sich die Ü. am deutlichsten bei der *Grabausstattung, dem *Bestattungsritual (*Butisches Begräbnis) und den Jenseitswünschen (*Jenseitsvorstellungen) nachweisen.

Schon im AR wird Privatleuten das Recht der Darstellung der Prunkscheintür, die die kgl. *Palastfassade wiedergibt, der *Opferliste und von *Zeptern gewährt[5]. Die *Gerätefriese der folgenden Zeit halten neben der erwünschten Grundausstattung eines Grabes auch ursprünglich kgl. Insignien fest (*Kronen, *Herrschaftsembleme).

Das ursprünglich kgl. Bestattungsritual[6] wird seit dem Ende der 5. Dyn. auch für nichtkönigliche Tote zelebriert. Auch die Sitte der *Doppelbestattung ist im privaten Bereich praktiziert worden. Die kgl. Totenarchitektur hat den privaten Bereich ebenfalls beeinflußt (*Grabbau, *Pyramide), in Einzelfällen sogar ganz entscheidend (*Senenmut). Schließlich richten sich auch die privaten Jenseitswünsche (*Totenglaube) nach kgl. Vorbild. Die Verwendung von *Pyramidentexten auf Särgen und Papyri nichtköniglicher Toter (*Sargtexte, *Totenbuch) ist hierfür ein beredtes Zeugnis[7].

Der grenzenlosen Ü. scheint die sich entwickelnde Vorstellung eines *Jenseitsgerichtes entgegenwirken zu wollen: Nicht die Inanspruchnahme kgl. Rechte, sondern der Nachweis eigenen, der Maat gemäßen Handelns entscheidet über den Eintritt in das Jenseits.

[1] Kees, Priestertum, 1. – [2] Z. B. „Sohn des Thot", Hatnub, 85. – [3] Mehrfach: *ʿnḫ wḏꜣ snb* oder *ʿnḫ ḏt*. – [4] Material bei Kaplony, in: LÄ I, 1193, Anm. 5. – [5] Entwicklung aufgezeigt bei Kees, Totenglaube, 164 ff. – [6] Hartwig Altenmüller, Die Texte zum Begräbnisritual in den Pyramiden des Alten Reiches, ÄA 24, 1972. – [7] Reiches Material bei Kees, a.a.O., 169 ff. 178 ff. 183 ff. R. Gr.

Überschneidung s. Staffelung, Perspektive

Überschwemmung. A. *Natürliche Gegebenheiten.* – Die *Nil-Flut, eine Folge der Sommer-Monsun-Regen in Äthiopien und im südlichen Sudan, führte vor ihrer schrittweisen Eindämmung in der Neuzeit zu einer vielwöchigen Ü. des äg. Kulturlandes. In *Assuan begann der Nil Ende Mai langsam zu steigen, schwoll im Juli rasch an, um Anfang September das Maximum zu erreichen; er fiel dann im Oktober rasch, später langsamer ab und erreichte im Mai wieder den Tiefststand[1]. In der Gegend von Kairo trat diese Wirkung mit etwa 14tägiger Verzögerung ein[2]. Die Differenz zwischen höchstem und niedrigstem Wasserstand betrug bei Assuan durchschnittlich ca. 8 bis 10 m, bei Kairo ca. 6 bis 8 m[3]. Höhe und Dauer der Ü. unterlagen, wie die Nilflut selbst, kurzzeitigen und langfristigen Schwankungen[4].

Nach den Angaben des Kiosks *Sesostris' I. in *Karnak betrug die (ideale) Überschwemmungs-Höhe, „die Ü. (*ḥʿpj*) (berechnet) als das, was über den Feldern ist", in O. Äg. 5 Ellen 2 Handbreiten 3½ Fingerbreiten (ca. 2,8 m); in U. Äg. 4 Ellen 3½ Fingerbreiten (ca. 2,2 m)[5]. Die neuzeitlichen Verhältnisse indes gemahnen zur Vorsicht gegenüber einer allzu wörtlichen Interpretation dieser Daten. Unter den Bedingungen der Bassin-*Bewässerung lag nämlich die durchschnittliche Wassertiefe über sehr ausgedehnten Gebieten nur bei durchschnittlich 1,5 m[6]. Es liegt somit die Vermutung nahe, daß das Felderniveau, von dem aus die Überschwemmungs-Höhen des Kiosks gemessen wurden, tiefer lag als die durchschnittliche Höhe der Felder. In Rechnung gestellt werden muß ferner die Möglichkeit, daß in der Tat die Nilfluten, die den im Kiosk registrierten Überschwemmungs-Höhen entsprechen, mächtiger waren als die neuzeitlichen. Da jedoch für die Daten des Kiosks nur der terminus ante quem gegeben ist, lassen sie sich kaum definitiv beurteilen.

B. *Landwirtschaftliche Nutzung.* – Von der Ü. hängt im (semi-)ariden Klima Äg. die Bewässerung der Felder ab. Zusätzlich bringt die Ü. Nährstoffe, die für die *Düngung der Felder bei der vorneuzeitlichen Wirtschaftsweise (im wesentlichen Einerntenwirtschaft) ausreichten. Die Nutzung des Wassers wurde zu verschiedenen Zeiten durch Einführung künstlicher Hilfsmittel optimiert (*Damm/*Deich, *Kanal, *Schleuse; s. weiter s. v. *Be- und Entwässerung, *Landwirtschaft, *Wasserwirtschaft)[7]. Der Ackerbau war auf mittlere Überschwemmungs-Höhen abgestellt; zu hohe oder zu niedrige Ü. führten zu Rückgang der Produktion (Wasser steht zu lange oder zu kurz auf den Feldern; Verwüstungen durch zu hohe Flut) (*Hungersnot)[8].

C. *Schadenswirkungen.* – Die Folgen der erhöhten Feuchtigkeit und die Kadaver ertrunkener Tiere (*Maus) erhöhen die *Seuchen-Gefahr (vgl. s. v.

*Nilgott, Sp. 486). Die Siedlungen dürften ähnlich wie noch in der Neuzeit auch im Altertum unter hohen Ü. gelitten haben; selbst große repräsentative Bauanlagen konnten bei extremem Flutwasserspiegel überschwemmt werden[9].

D. *Jahresbeginn.* – Der Beginn der Überschwemmungs-Zeit bestimmt den Beginn des *Kalender-Jahres, dessen erste von drei *Jahreszeiten die „Überschwemmung(szeit)" (*ꜣḫt*) ist (*Zeit). Dieses Jahr wurde, um es Schwankungen zu entziehen, offiziell am heliakischen Frühaufgang des Sirius (*Sothis) festgemacht, der zur Zt der Einführung des Kalenders in den Beginn des stärkeren Ansteigens des Nilpegels fiel (Ende Juni).

E. *Religiöse Interpretation.* – Die Nilflut/Überschwemmung (*ḥꜥpj*) wurde als göttliches Wesen personifiziert (*Nilgott). Als Urheber der Nilflut galten vorzugsweise die Götter des Gebietes des 1. *Katarakts (vor allem *Chnum, auch dessen Kultgenossinnen *Satis und *Anuket), bei dem als der Eingangspforte zum eigentlichen Äg. die Quellöcher des Nils (*Nilquelle) angesiedelt wurden. Aber auch andere Götter wurden mit der Ü. in Zusammenhang gebracht, so *Imhotep oder der *Mond. Als Ursprung werden neben dem 1. Katarakt auch die *Dat und der *Nun angegeben. Als Garant der Wiederkehr der Ü. fungiert der *König (*Königsdogma, *Nilhymnus). Das Bild des Weltuntergangs wird u. a. mit dem Ausbleiben der Ü. ausgemalt (*Götterbedrohung, Anm. 38).

[1] Vgl. etwa die Daten bei William Willcocks und James I. Craig, Egyptian Irrigation, London–New York ^{3}1913, 168f. – [2] Willcocks und Craig, a.a.O., 172f. – [3] Jacques Besançon, L'homme et le Nil, Paris ^{2}1957, 70f.; Willcocks und Craig, a.a.O., 180. 182. 533 geben als ein Mittel aus zehn Jahren ca. 8 m bzw. ca. 7 m an. – [4] Vgl. etwa die Daten bei Willcocks und Craig, a.a.O., 184 (mit Analyse in Wolfgang Schenkel, Die Bewässerungsrevolution im alten Ägypten, Mainz 1978, 52); Besançon, a.a.O., 78–83; zu den Flut-Höhen in pharaonischer Zeit siehe s. v. *Nil, ab Sp. 481 unten. – [5] Jaritz und Bietak, in: MDAIK 33, 1977, 54f. – [6] Willcocks und Craig, a.a.O., 305. – [7] Wolfgang Schenkel, Die Bewässerungsrevolution im alten Ägypten, Mainz 1978. – [8] Schenkel, a.a.O., 51f. – [9] So der Tempel von Karnak zur Zeit *Sobekhoteps VIII. (Helck, Historisch-biographische Texte der 2. ZwZt, KÄT, ^{2}1983, 46f.); der Tempel von Luxor zur Zeit *Smendes' I. (Daressy, in: RecTrav 10, 1888, 136) und mehrere Tempel des thebanischen Bereichs zur Zeit *Osorkons III. (Daressy, in: RecTrav 18, 1896, 181). W. Sch.

Übersetzung. – A. *Begriffsbestimmung.* Übersetzen bedeutet zugleich, sich der Verschiedenheit wie der Vergleichbarkeit von Sprecharten bewußt zu sein (*Sprachbewußtsein). Es setzt weiterhin die Ausbildung von Metasprachen voraus, mit deren Hilfe Entsprechungsregeln festgestellt werden können. Diese Bedingungen sind nicht zu allen Zeiten in gleicher Weise gegeben. Im Grunde darf man davon ausgehen, daß die Fähigkeit zum Übersetzen mit dem Aufeinandertreffen verschiedener *Sprachen entsteht. Der Prozeß der Bewußtwerdung wird gefördert durch die Einführung einer Schrift, mit der sich eine Kultur identifizieren kann und die ihre Eigenheiten in besonderer Weise abhebt und bewahrt. Voraussetzung hierzu aber ist die Schaffung einer Literatursprache als Ausdrucksmittel einer erweiterten Gemeinschaft, die diese selbst wiederum stärkt.

Mündliche Ü. unterliegt anderen Regeln als schriftliche Übersetzung. Der Begriff *Dolmetscher bezeichnet eher die Fähigkeit, eine andere Sprache zu verstehen und zu sprechen als sie wörtlich und nach genauen Regeln in einer anderen sprachlichen Struktur wiederzugeben. Im gleichen Sinne muß der MR-Ausdruck *wḥꜥ mdw n ḫꜣswt nb* erklärt werden: „Der die Sprache aller Fremdländer deutet" [1] (was – nebenbei bemerkt – an die Prahlerei eines äg. Boten im NR erinnert[2]). Schließlich wird eine tatsächliche Ü. in der SpZt immer noch als „Deutung" (*wḥꜥ*) bezeichnet[3].

Im folgenden wird „Übersetzung" nur als Ü. von Sprachen betrachtet, nicht jedoch als Umsetzung auf Schriftebene (die Übertragung ein und derselben Sprache in verschiedene Schriften)[4].

B. *Geschichtliche Entwicklung.* Ursprüngliche Spracheinheitlichkeit in der äg. Überlieferung mag aus der Unfähigkeit resultieren, unterschiedliche Sprecharten, die gewiß im Raume des großen Pharaonenreiches vorhanden waren, voneinander getrennt zu halten. Das frühe Ägyptisch ist wohl eine Liturgiesprache, die sich durch die Verschmelzung unabhängiger Kultur- und Spracherfahrungen im Gefolge der Einigung des Landes ergab, und als solche eine erste Stufe einer als Leitbild dienenden Standardsprache. Mangels ausgearbeiteter Entsprechungsregeln kam vermutlich das Bedürfnis nach Wort- und Ausdrucksumsetzungen nicht auf, vielmehr bestanden verschiedene Ausdrucksweisen nebeneinander, ehe die Entwicklung einer Gelehrten- und Literatursprache diesen Zustand von Grund auf änderte. Mutmaßlich hatten die Kulturen des Niltals – dank der Geschlossenheit der Landschaft – einen solchen Vorgang schon in der Frühgeschichte erlebt; auf jeden Fall waren sie insgesamt gleichartiger als diejenigen Mesopotamiens und seines Umfeldes[5]. Noch im NR stellen die Ägypter mit Genugtuung fest, daß libysche Gefangene ihre eigene Sprache verlernt haben[6]. In Sonderfällen – so auf der *Hundestele – begegnet man fremdartigen Na-

men, denen bisweilen eine glossenartige Deutung beigefügt ist[7].
Dieser Unfähigkeit zur Analyse von Sprachunterschieden entspricht das mangelnde Bewußtsein von Sprachveränderungen im Laufe der geschichtlichen Entwicklung. Noch im NR, als das auf der Umgangssprache basierende Neuägyptisch immer stärker in den Vordergrund trat, versuchten die Gelehrten, die Volksmundart mit dem älteren Sprachgut zu vereinbaren, indem sie die beiden Sprachformen auf verschiedene Sprachregister verteilten[8]. Diese Scheidung von Sprachebenen jedoch stellt noch keine gegenseitige Absetzung von Spracharten dar. Das Gefühl einer Zweisprachigkeit tritt aber deutlich in der Ramessiden-Zt in Erscheinung, erkennbar insbesondere am eifrigen Studium älterer Literaturwerke in der *Schule von *Deir el-Medineh. Zu derselben Zt treten in der äg. *Schrift kurze Phrasen aus verschiedenen *Fremdsprachen auf[9], bezeichnenderweise in Zaubersprüchen, in geheimnisvollem, nicht-alltagsweltlichem Zusammenhang also.
Daneben wird der Gebrauch des Akkadischen – aber nur in seiner gleichermaßen fremden Schrift – in der internationalen Kommunikation möglich, wie dies die *Amarnabriefe widerspiegeln. In den *Königsbriefen begegnet man äg. Namen und Ausdrücken, die entweder ins Akkadische übersetzt oder lautlich in der Keilschrift wiedergegeben werden. Dasselbe gilt in der äg. Sprache und Schrift, wo zahlreiche Lehnwörter – geschrieben in „Gruppenschreibung" (*Syllabische Schreibung) – gebräuchlich werden[10]. Im Friedensvertrag Ramses' II. finden sich Abschnitte, die mit Sicherheit aus einer akkadischen Vorlage übersetzt wurden[11]. Zu diesem Zweck müssen Handbücher schulmäßig benutzt worden sein[12], wobei die Ungenauigkeit der Wortanalyse noch zu bedauerlichen Mißverständnissen führen konnte[13]. Anerkannt wird die *Mehrsprachigkeit auf der ideologischen Ebene, selbst für das Jenseits[14]. Religiöse Texte sprechen von der Erschaffung der Sprachen, deren Vielfalt somit empfunden wird.

Trotzdem gibt es kaum literarische bzw. religiöse Werke, die aus einer fremden Sprache bzw. aus einer früheren äg. Sprachstufe wörtlich ins (geläufige) Ägyptisch übertragen worden wären – oder umgekehrt. Man kann annehmen, daß die Sprachenkenntnisse für ein solches kompliziertes Verfahren noch nicht ausreichend entwickelt waren; denn die *Onomastika sind kein Wörterbuch, sondern ein einfaches Sachsammelbuch, und die *Grammatik bleibt noch im NR ganz unvollkommen. Das bedeutet natürlich nicht, daß fremde Stoffe in der äg. Literatur nicht wiedererzählt worden wären[15], und Spuren einer Nachahmung fremder Muster in der äg. Literatur sind über eine lange Zeitspanne zu beobachten, von der *Sinuhe-Erzählung bis zur *Israelstele.
Anders liegen die Dinge später, als demotische Schrift und Sprache aufkommen und das Niltal, beginnend mit der Äthiopen-Zt, wiederholt von Ausländern besetzt wird. Jetzt wird der Gegensatz zwischen Altzeit und Neuzeit, Ägypten und Ausland deutlicher empfunden und ausgedrückt. Die neue Sprachschicht (die auch hieratisch noch geschrieben werden darf) zeigt Texte, die aus einer älteren Sprachstufe[16], wie auch aus einer fremden und wichtigen Kultursprache wie dem Akkadischen[17], übersetzt sind. Dementsprechend scheinen ungefähr zu dieser Zt äg. Texte, u.a. die *Lehre des Amenemope, von den benachbarten Semiten literarisch bearbeitet worden zu sein, was einen deutlichen Schritt über den allgemeinen äg. Einfluß, der im *Alten Testament mannigfaltig ersichtlich ist, hinausführt. Zuerst in der Perser-Zt treten mehrsprachige Inschriften auf, die man dann besonders aus der Griechen- und Römer-Zt kennt. Zweisprachigkeit ist seit der Ptolemäer-Zt verbreitet. Sie öffnet wohl auch den Weg zur schriftlichen Fixierung von Dialektunterschieden, die für die Wiedergabe der kopt. Sprache in alphabetischen Buchstaben kennzeichnend ist.

C. *Praxis.* Den Vergleich zwischen zwei Sprachen kann man folgendermaßen durchgeführt finden:

1. Die Ausdrücke werden übernommen, und ihre Aussprache wird umschrieben:

akkadisch	iḫripiṭa	=	neuäg.	*ḥrj-pḏt*
	šaḫšiḫa			*zẖ-šˁt*[18]
griechisch	ὁ στρατηγὸς ὁ συγγενής		demotisch	*pꜣ strygs pꜣ syngns*
	χρηματισμός			*ghrmtisms*[19]
	εὐεργήτης			*ꜣwrḳts*
	μονογενής		koptisch	ⲠⲘⲞⲚⲞⲄⲈⲚⲎⲤ

2. Die Ausdrücke werden übersetzt:

akkadisch	šu-nu-ma šal-ma na-aṣ-ra	=	äg.	*ˁnḫ wḏꜣ snb*[20]
ägyptisch	*ꜣt tf*		demotisch	*tꜣ wnwt* (kopt. ⲦⲈⲨⲚⲞⲨ)[21]

griechisch	ὁ στρατηγὸς ὁ συγγενής
	χειρόγραφον
	εὐεργήτης
	μονογενής
koptisch	[S]ⲃⲱⲕ
demotisch	*wr mnft, sn n mb3t n Pr-ꜥ3*
	(vgl. altkoptisch ⲥⲛⲛⲙϩⲁⲟⲩⲉ)[22]
	zš n gjḏ
	p3 jr nfr (hochäg. *nb nfrw*)[23]
koptisch	ⲟⲩϣ̄ⲣⲟⲩⲱⲧ [24]
koptisch	[B]ϣⲉ „gehen" usw.

Die erste Möglichkeit steht den Entlehnungen (bei verschiedenen Stufen ein und derselben Sprache auch der Etymologie) nahe und stellt eine ältere Lösung der Verständnisfrage dar.
Die zweite Möglichkeit überdeckt oft die Lehnübersetzungen. Echte und genaue Ü. kann man dann seit der Ramessiden-Zt belegen.
Da man jetzt „freie Übersetzungen" zu vermeiden sucht, spielt von nun an das Problem der semantischen Interferenz, das sich aus der Gleichung von Wörtern mit unterschiedlichen Bedeutungsräumen ergibt, eine wachsende Rolle[25].

[1] CG 20765, vgl. Wb I, 148, 11. – [2] Kitchen, Ram. Inscr. IV, 144, 1. – [3] Urk. VI, 61, 10; Siegfried Schott, Die Deutung der Geheimnisse des Rituals für die Abwehr des Bösen, AAWLM 1954. 5, 180f. – [4] Vgl. Quaegebeur, in: OLP 13, 1982, 125–136. – [5] Auch in der äg. Schrift ist wegen des seltenen Gebrauchs ideographischer Schreibungen und der Bevorzugung der phonetischen Wiedergabe der Wörter der Vergleich zwischen den bedeutungstragenden Einheiten schwieriger als in Mesopotamien, wo das grundlegende Prinzip die Notation auf semantischer Ebene ist. – [6] Kitchen, Ram. Inscr. V, 91, 5–7. – [7] Zu vgl. sind die *Glossen zu den medizinischen Texten: Grundriß der Medizin II, 42; James H. Breasted, The Edwin Smith Surgical Papyrus, OIP 3–4, 1930, 69. – [8] Fritz Hintze, Untersuchungen zu Stil und Sprache neuäg. Erzählungen, Berlin 1950, 75. – [9] *Kftw*-Sprache: Wolfgang Helck, Die Beziehungen Ägyptens und Vorderasiens zur Ägäis bis ins 7. Jh. v. Chr., Darmstadt 1979, 100f. Eines der hier gebotenen Beispiele hat sich als (nordwest)semitischer Dialekt erwiesen, s. Garbini, in: Atti del 1° Convegno italiano sul Vicino Oriente antico, Rom 1978, 172–173; *qḥq*-Sprache: pTurin 54030 (unveröffentlicht). – [10] Helck, Beziehungen², 505–575; Edel, in: Fs Brunner, 215–223; id., in: Fs Otten, 59–70. – [11] Langdon und Gardiner, in: JEA 6, 1920, 179–201; Kitchen, Ram. Inscr. II, 225–232. – [12] Zum keilschriftlichen äg.-akkadischen Wörterbuch aus Amarna s. zuletzt Edel, in: GM 15, 1975, 11f. Andere äg.-akkadische Entsprechungen werden von Elmar Edel, Ägyptische Ärzte und ägyptische Medizin am hethitischen Königshof, Rheinisch-Westfälische Akademie, Vorträge G 205, Opladen 1976, 54f. behandelt. – [13] Liverani, in: Vicino Oriente 3, Rom 1980, 15–31, bes. 25f.; Edel, op. cit., 86. – [14] Sethe, in: Fs Griffith, 432f. – [15] Rainer Stadelmann, Syrisch-Palästinensische Gottheiten in Ägypten, PÄ 5, 1967, 127–133; vgl. Roccati, in: RdE 24, 1972, 154–159; Helck, in: Fs Brunner, 215–223 verteidigt die Verwendung kanaanitischer Ausdrücke im äg. Text. – [16] Urk. VI, 63–143; vgl. Caminos, in: JEA 54, 1968, 114f.; pCarlsberg I, vgl. Parker, in: RdE 10, 1955, 49–59; pCarlsberg IX. – [17] Richard A. Parker und Otto Neugebauer, Demotic Mathematical Papyri, London 1972, 6. 24–31; Richard A. Parker, A Vienna Demotic Papyrus on Eclipse- and Lunar-Omina, Providence 1959, 28–34. – [18] Albright, in: JNES 5, 1946, 14 Nr. 16; 20 Nr. 53. – [19] Spiegelberg, in: ZÄS 53, 1917, 123. 128. – [20] Edel, in: GM 25, 1977, 59f.; id., in: SAK 1, 1974, 112f. – [21] Schott, Deutung des Bösen (s. Anm. 3), 206. – [22] Černý, in: JEA 43, 1957, 95. – [23] Vittmann, in: GM 46, 1981, 21f. – [24] Walter C. Till, Die Gnostischen Schriften des Koptischen Papyrus Berolinensis 8502, Berlin 1955, 101. – [25] Eyre, in: JEA 62, 1976, 183.

A. R.

Ugaef (*Wg3.f*). Erster König der 13. Dyn., der die lange Reihe der verschiedenen Familien entstammenden, meist ephemeren Herrscher der 2. *Zwischenzeit eröffnet (Titulatur: *Ḥr sḫm-ntrw, Nbtj ḫꜥj-b3w, bjk-nbw mrj-t3wj, nj-swt-bjt ḫwj-t3wj-Rꜥ, z3-Rꜥ Wg3.f*). Von U. sind eine Figur[1] und eine Stele[2] aus *Karnak erhalten, aus *Semna eine dorthin geweihte Statuette[3]. Ein Türsturz aus *Medamud[4] trägt seinen Namen zusammen mit dem *Amenemhets VII., der ihn wohl erneuerte. Der *Turiner Königspapyrus (VI, 5) gibt ihm eine Regierung von 2 Jahren, 3 Monaten, 24 Tagen. U. wird auch in der Karnakliste *Thutmosis' III. (*Königsliste) sowie auf einem spätzeitlichen Ostrakon aus *Elephantine (dort zusammen mit einem König *Sesostris)[5] erwähnt. Wir wissen nichts über die Art seiner Herrschaftsübernahme; Beziehungen zur letzten Königin der 12. Dyn. (*Sobeknofru) sind nicht nachzuweisen.

[1] Legrain, in: ASAE 6, 1905, 130. – [2] Id., ibid., 133 und ASAE 8, 1907, 248; Gauthier, in: BIFAO 5, 1906, 45. – [3] Legrain, in: ASAE 10, 1910, 106–107. – [4] Fernand Bisson de la Roque, Médamoud 1927, FIFAO 5, 1928, Nr. 437. – [5] Legrain, in: ASAE 8, 1907, 250–252.

Lit.: v. Beckerath, 2. Zwischenzeit, 30–31. 226 (XIII 1).

J. v. B.

Ugarit, jetzt Ras Schamra (Karte 9b), äg. *jkrjt* = *ꜣá-kú-ri-tá*, akk. u-ga-ri-it, etwa 11 km von Lattaqqiya in Nordsyrien, nahe der Mittelmeerküste, mit dem Hafenviertel Minet el-Beida. U. war ein Knotenpunkt des internationalen Handels mit der ägäischen Welt, mit *Zypern, *Kanaan und Ägypten. Die reichen Archive des Palastes enthielten keilschriftliche Tafeln literarischen und administrativen Inhalts. Ein großer Teil dieser Texte ist in einem westsemitischen Dialekt verfaßt, der U. eigen ist. Sie sind in einer alphabetischen Konsonantenschrift geschrieben. Ausgrabungen in U. seit 1928 haben reiches äg. Material zutage gebracht. Aus dem MR stammen eine Perle und ein *Rollsiegel *Sesostris' I.[1], aus der Zt *Amenemhets II. die Statuette der Chenemet-nefer-hedjet (*Ḫnmt-nfr-ḥḏt*), aus der Zt *Amenemhets III. eine kgl. *Sphinx, die Statuette des Sesostris-anch und ein Rollsiegel.

Über ein Alabastergefäß mit der Kartusche *Thutmosis' III. ist berichtet worden, es ist jedoch nicht dokumentiert[2]. Die Niederwerfung eines Aufstandes von U. gegen Äg. wird vom Feldzug des Jahres 7 *Amenophis' II. erwähnt[3]. Von *Amenophis III. fanden sich ein Hochzeitsskarabäus in U.[4] sowie Scherben von Alabastergefäßen mit seinem Namen[5]. In einer Urkunde aus U. wird *nmry mlk ʿlm* genannt[6], d.h. „Nimmuria (= Amenophis III.), König der Welt". Diese religiöse Redewendung drang auch in das AT ein (Jeremia 10,10). Die *Ortsnamenlisten von *Soleb[7] aus der Zt Amenophis' III. enthalten den Namen von U., ebenso die Kopien dieser Liste aus der Zt *Ramses' II. in *Akscha und *Amara-West. U. ist auch in einer Liste Amenophis' III. aus *Karnak erwähnt[8].

Einige *Amarnabriefe (EA 45–49) stammen aus Ugarit. In EA 45 verlangt der Herrscher der Stadt äg. Hilfe gegen die Hethiter. In EA 46–47 ist davon die Rede, daß schon die Väter des Briefschreibers Ägypten treu waren; das spricht dafür, daß auch zur Zt *Thutmosis' IV. U. in äg. Händen war. Ein *Skarabäus dieses Königs fand sich in der Stadt[9]. In EA 48 hören wir, daß die Königin von U., deren Name nur teilweise als .... -ḫepa erhalten ist, einen Salbtopf an die äg. Königin sendet. In EA 49 bittet Niqmadu von U. um nubische Diener und um einen äg. Arzt[10]. Im Archiv von U. fand sich auch ein Brief, in dem sich der König von U. an „*Amun und die Götter von Äg." wendet[11]. Dieser Brief muß aus der Zt vor der Reform Echnatons stammen; er wurde, in ugaritischer Sprache geschrieben, als Beleg abgelegt, denn der Originalbrief ist sicherlich in akkadischer Sprache verfaßt worden.

Niqmadu, der Herrscher von U. (EA 49), erscheint als der „Große des Landes U." in einer Hieroglypheninschrift auf einem Bruchstück eines Alabastergefäßes, das ihn darstellt, wie ihm eine Frau einen Trank reicht[12]. Man hat in der Frau eine äg. Prinzessin, vielleicht eine Tochter oder Enkelin Echnatons, vermutet, da sie äg. Tracht trägt. Das mag auf ihre äg. Herkunft oder auf eine hohe Stellung (Mode!) hindeuten. Kartuschen mit dem Namen Echnatons und der *Nofretete sind auf Alabasterbruchstücken in U. gefunden worden[13].

Es scheint, daß U. seit dem Jahre 9 Echnatons zum hethitischen Machtbereich gehörte. Die Ausgräber berichten vom Fund einer Inschrift *Haremhebs[14]. Ein Statuettensockel aus U. enthält die übliche Opferformel; statt des Namens des Gottes erscheint aber die Hieroglyphe eines sitzenden Gottes, die für *Seth oder *Baal stehen kann. Vandier vermutete, daß es sich um Seth handelt, und glaubte, daß das Stück in die Zt *Sethos' I. zu datieren sei[15] – Sethos I. ist jedoch zu dieser Zt unwahrscheinlich in Ugarit. Es ließe sich Baal (Zaphon) vermuten, der in einer anderen äg. Inschrift erscheint (s.u.). In der *Qadesch-Schlacht tritt U. als Gegner Äg. auf[16].

Alabastergefäße mit dem Namen Ramses' II. scheinen nach dem Friedenschluß zwischen Äg. und den Hethitern nach U. gelangt zu sein[17]. Aus derselben Zt stammt die äg. Stele des Mami (*Mꜣmj*)[18]. Dieser Ägypter war kgl. Schreiber und Domänenvorsteher des Schatzhauses (*jmj-rꜣ pr n pr-ḥḏ*). Dies dürfte kaum bedeuten, daß damals zur Zt Ramses' II. die Schatzhausverwaltung Besitz in U. hatte. Der dargestellte Gott ist durch Beischrift als Baal Zaphon bezeichnet; so ist er auch in der kurzen Opferszenenbeischrift erwähnt.

In einem Brief lehnt *Hattusilis, König von Hatti, die Verantwortung für den Tod von Babyloniern in U. ab, weil diese Stadt damals nicht mehr von Hatti abhängig war[19]; dies bedeutet jedoch nur, daß U. eine gewisse Selbständigkeit besaß, aber nicht, daß es zum äg. Bereich gehörte. In akkadischer Sprache verfaßte Dokumente dieser Zt aus U. berichten von reger äg. Tätigkeit auf wirtschaftlichem Gebiet. Ägypter namens Ḫeḫea (*Ḫḫ?*)[20] und Paʾaḫu (*Pꜣ-ʿḫ?*)[21] sind erwähnt. Eine Nachricht des Königs von Tyrus an den König von U. berichtet von einem Schiff, das von U. nach Äg. gesandt wurde, in Tyrus in Schwierigkeiten geraten war und sich nun in *Akko befinde[22]. Diese Tafel sowie andere, z.B. solche, die über Lieferungen von *Wein und *Öl an in U. ansässige Ägypter berichten[23], wurden in einem Brennofen gefunden, der bei der Zerstörung von U. verlassen wurde.

Aus der gleichen Zt stammen ein akkadischer Brief aus U., der in *Aphek (Antipatris, j. Ras el-ʿAin) gefunden wurde. Der Schreiber ist Takuḫlinu, ein hoher Beamter in U., der Empfänger *Ḥwj* (*Hui II.), „Bote des Königs in allen Fremdländern"[24]. Es geht um eine Getreidesendung, die von *Joppe nach U. gebracht werden sollte. Der äg. Beamte wird gebeten, seine Macht geltend zu machen, damit das versprochene Handelsabkommen zur Ausführung kommt. Möglicherweise hatte Hui seinen Sitz in Aphek; wahrscheinlicher ist, daß Aphek nur eine Zwischenstation für den

Brief war. Äg. Funde in dieser Stadt zu dieser Zt mögen andeuten, daß Aphek damals in äg. Händen war. Die Dringlichkeit, mit der eine verhältnismäßig kleine Getreidesendung behandelt wird, fügt sich gut in das Bild ein, was uns aus dieser Zt über eine Hungersnot im Lande der Hethiter bekannt ist. Vielleicht war auch U. davon berührt; in jedem Fall nutzten die Hethiter die Möglichkeiten von U. im internationalen Handel aus, um eine Erleichterung der Krise herbeizuführen.

Der letzte datierbare Fund aus U. mag in den Rahmen dieser Hilfeleistung, diesmal von Äg. aus, gehören: es ist dies ein Schwert mit dem Namen des *Merenptah[25]. Dabei ist nicht klar, ob diese Waffe nach U. gesandt wurde, um die Handelsbeziehungen durch ein kgl. Geschenk zu verstärken, oder ob sie in U. gefertigt wurde als Dank an den äg. König. Mit dem Vordringen der *Seevölker endet die Geschichte Ugarits. Es wird jedoch noch diskutiert, ob die Zerstörung der Stadt die Folge einer fremden Eroberung war oder ob sie durch ein Erdbeben verursacht wurde[26]. Jedenfalls bringt die Bewegung der Seevölker das Ende des internationalen Handels, der für U. lebenswichtig war. Was bleibt, sind die literarischen Schöpfungen von U., die uns einen wertvollen Einblick in die Kultur und die Religion Kanaans geben. Die mythologischen Texte aus U. sind eine wichtige Quelle zum Verständnis der biblischen Literatur.

[1] Für diese Funde im einzelnen s. Ward, in: UF 11, 1979, 799–807; Giveon, in: Young (Hg.), Ugarit in Retrospect, Winona Lake 1981, 56–58. – [2] Schaeffer, in: Syria 31, 1954, 41. – [3] Edel, in: ZDPV 69, 1953, 174. 260. 336. Diese Lesung wurde bestritten von Yeivin, in: BiOr 23, 1966, 25; ders., in: JARCE 6, 1967, 122; Astour, in: Young (Hg.), Ugarit in Retrospect, 13–14. – [4] Paule Posener-Kriéger, in: Ugaritica III, 221–6. – [5] Schaeffer, Ugaritica II, 186. – [6] PRU V, 15 Nr. 18. – [7] Leclant, in: Or 32, 1963, Tf. 24 Abb. 25; Simons, Topographical Lists, IX, 132; IXa, 5; Giveon, in: VT 14, 1964, 246 Nr. 5 B. 4. – [8] Simons, Topographical Lists, 135, XII, 12. – [9] Schaeffer, Ugaritica I, 72. 126. – [10] Elmar Edel, Ägyptische Ärzte und ägyptische Medizin am hethitischen Königshof, Rheinisch-Westfälische Akademie der Wissenschaften, Geisteswissenschaften, Vorträge G 205, Opladen 1976, 101. Es muß sich in U. und in ähnlichen Fällen anderswo nicht um einen Mangel an Ärzten allgemein gehandelt haben, sondern um das Begehren, äg. hochangesehene Fachkräfte für wichtige Patienten heranzuziehen. Über Medzin in U. s. auch Cyrus Gordon, in: Young (Hg.), Ugarit in Retrospect, 185. – [11] PRU II, 34 Nr. 18. – [12] Schaeffer, Ugaritica III, 164–168. Einzelheiten und Vergleiche s. Christiane Desroches-Noblecourt, ebd., 179–220. – [13] Schaeffer, Ugaritica III, 167 Abb. 120. – [14] PRU IV, 57. Haremheb ist jedoch bisher in U. nicht dokumentiert. – [15] Schaeffer, Ugaritica IV, 133 Abb. 101. – [16] Kuentz, Bataille de Qadech, 214. 227. 241. 342; Edel, in: Or 48, 1979, 84. – [17] Schaeffer, in: Syria 20, 1939, 287 Abb. 10; id., Ugaritica III, 167 Abb. 121; de Condenson, Courtois et alii, in: Syria 51, 1974, 18 Abb. 4 (= Kitchen, Ram. Inscr. II, 399, 1. 2. 3). – [18] Schaeffer, Ugaritica I, 40 Abb. 40; ANEP, 485; Rainer Stadelmann, Syrisch-Palästinensische Gottheiten in Ägypten, PÄ 5, 1967, 37–39. – [19] Schaeffer, Ugaritica I, 41. – [20] PRU III, 19c – [21] PRU III, 143. – [22] PRU V, 82 Nr. 52. – [23] Carl Philip Weber, The Foreign Relations of Ugarit, Diss. Ann Arbor 1967, 33. – [24] David I. Owen, in: Tel Aviv 8, Tel Aviv 1981, 1–17; Itamar Singer, in: Tel Aviv 10, Tel Aviv 1983, 3–25. – [25] Schaeffer, Ugaritica III, 169–178. – [26] Schaeffer, Ugaritica I, 45; anders id., Ugaritica V, 760ff. Eine entgegengesetzte Meinung bei G. A. Lehmann, in: UF 2, 1970, 39–73.

Lit.: Claude F.-A. Schaeffer, Ugaritica I, Paris 1939; II, 1949; III, 1956; IV, 1962; Charles Virolleaud, Le palais royal d'Ugarit II, Paris 1957; Jean Nougayrol, Le palais royal d'Ugarit III, Paris 1955; IV, 1956; V, 1968; VI, 1970; Drower, Ugarit, in: CAH II. 2³, 1975, 130–160; G. Saadé, Ougarit, Beirut 1979; Gordon D. Young (Hg.), Ugarit in Retrospect, Winona Lake 1981. R. G.

Uhr s. Sonnenuhr, Wasseruhr

Ukem(et). Das Land U. erscheint in Edfou VI, 201/202 (Zt *Ptolemaios' V., 204–182 v. Chr.) in der Schreibung *Wkmtt*[1] als Produzent des Minerals *wꜣḏ*, das nach De Morgan, Kom Ombos II, 125 (Nr. 694) als Produkt aus dem Land *Punt zu gelten hat. Entsprechend ist auch *Wk* ... in Inscr. Sinai 238 + 427[2] zu *Wk*[*m*(*t*)] zu ergänzen, da dies nach Gauthier, DG I, 208 der einzige mit *Wk* anlautende Ländername ist. Auch nach Inscr. Sinai 238 + 427 ist dieses *Wk*[*m*(*t*)] jetzt nicht nur als Lieferant für *hbnj* „Ebenholz", sondern auch als Teilgebiet von Punt erwiesen, wie auch das dort als Lieferant von *qmjt*-*Harz genannte Land Utenet (*Wtnt*) als weiteres Teilgebiet von Punt erscheint und als solches auch in der „Puntliste" *Thutmosis' III. an 17. Stelle genannt wird[3].

[1] Die auslautende Gruppe „*tt*" könnte bedeutungslos sein. – [2] Bearbeitung dieser bisher getrennt veröffentlichten Fragmente bei Elmar Edel, Beiträge zu den äg. Sinaiinschriften, NAWG 1983. 6, 176ff. – Die Lesung des „*k*" ist gegenüber Černýs Lesung („*d*") nach Photo völlig sicher. – [3] Urk. IV, 799, 1. Zu den Schreibungen dieses Namens vgl. noch Edel, in: SAK 4, 1976, 100; Karola Zibelius, Afrikanische Orts- und Völkernamen, Beiheft TAVO, Reihe B Nr. 1, Wiesbaden 1972, 105. Zur „Puntliste" vgl. Heinrich Brugsch, Die altägyptische Völkertafel, Abh. des Internationalen Orientalisten-Congresses Berlin 1881, 60ff. E. Ed.

Ullaza (*Jnrṯ* = *ʾUl-la-šu*), Hafenstadt Nordkanaans, n. von *Byblos, offenbar in der Nähe von *Simyra, als *Jwꜣtj* („Die Asiaten von U.") schon in den *Ächtungstexten des MR erwähnt[1]. *Thutmosis III. berichtet in den Annalen des 5.

Feldzugs (Jahr 29) von Kämpfen um die Stadt, die durch Soldaten aus *Tunip verteidigt wurde; es gelang ihm, U. einzunehmen[2]. Die Beuteliste ist besonders reichhaltig: *Kupfer, *Bronze, *Türkis, *Lapislazuli. 329 *thr*-Soldaten werden als Gefangene verzeichnet. Der 7. Feldzug im Jahr 31 führt Thutmosis III. wieder nach U., sicher wegen dessen Bedeutung als Hafen für den Truppentransport aus Äg. und als Umschlagplatz für Güter aus *Kanaan. Diesmal ist wieder Tunip der Gegner, den Pharao in U. antrifft, und der Bericht des Feldzuges beginnt mit einer Beuteliste aus U.: *Kriegsgefangene, *Pferde und Streitwagen und Waffen aller Art[3]. Die Stele vom *Gebel Barkal berichtet, daß die äg. Armee benutzt wurde, um Tannenholz im Hinterland von U. zu besorgen, das dann aus U. nach Äg. verschifft wurde[4].

In den *Amarna-Briefen wird U. in der Korrespondenz aus Byblos erwähnt. In EA 104 beschwert sich Rib-Addi, Herrscher von Byblos, daß die Söhne des *Abdi-Aschirta, des Fürsten von *Amurru, U. eingenommen haben. Ähnliches berichten EA 105 und EA 109. In EA 60 meldet der Herrscher von Amurru dem König von Äg. seinen Standpunkt: „Ich bewahre Simyra und Ullaza".

In den *Ortsnamenlisten wird U. in der großen Liste Thutmosis' III. erwähnt[5] und dann in 4 Listen *Sethos' I., die voneinander abhängig sind[6]. Sie beziehen sich anscheinend auf Ereignisse aus dem 2. Feldzug im Jahr 2, die vielleicht auf dem oberen, zerstörten Teil des bekannten Reliefs Sethos' I. auf der äußeren Nordwand des großen Säulensaals in *Karnak dargestellt waren[7]. Die Listen *Ramses' II., die U. erwähnen[8], sind von denen Sethos' I. abhängig.

[1] Georges Posener, Princes et pays d'Asie et de Nubie, Brüssel 1940, 96 F 2. – [2] Urk. IV, 685–6. – [3] Urk. IV, 690–1. – [4] Urk. IV, 1237, 15–16. – [5] Simons, Topographical Lists, 113, Liste I, 166. – [6] Ebd., 137, Liste XIII, 56; 141, Liste XIV, 58; 144, Liste XV, 19; Kitchen, Ram. Inscr. I, 34, Nr. 14. 19. – [7] Faulkner, in: CAH II², Chapter XXIII, 6; id., in: JEA 33, 1947, 37. – [8] Simons, op. cit., 155, Liste XXII, b 8; 160, Liste XXIV, 40.

R. G.

Umarmung (*ḫnw-ʿwj, qnj*; umarmen: *jnq, ʿḥ, mḥ-qnj, ḥpt, sbḫ, sḥpt, qnj*) – Ausdruck einer engen, familiären Beziehung zwischen zwei Personen. Bei der Darstellung von Ehepaaren gehört die U. zu den häufigsten Charakteristika[1]. Daneben wird durch die Geste der U. meist eine Eltern-Kind-Beziehung zum Ausdruck gebracht[2]. Auch in religiösen bzw. jenseitsbezogenen Texten und Darstellungen wird das Motiv der U. als Ausdruck eines familiären Verhältnisses verwendet. So können Götterpaare umarmt dargestellt werden[3], vor

allem ist es aber die Eltern-Kind-Beziehung zwischen Göttern und dem König, die durch die U. gekennzeichnet ist. Durch den engen Körperkontakt mit der Gottheit (in der Rolle des *Vaters bzw. der *Mutter) wird der König[4] (in der Rolle des *Kindes) neu belebt[5], verklärt[6] oder erhält die *Ka-Kraft[7]. Bei der U. durch eine Göttin kann im Zusammenhang mit dem Lauf der Sonne und dem Eintritt des Toten ins Jenseits die U. als Überwindung der geburtsbedingten Trennung von Mutter und Kind aufgefaßt werden. Aus dem damit wiederhergestellten Urzustand ergibt sich für den Verstorbenen[8] ebenso wie für den *Sonnengott[9] die Möglichkeit zur Regeneration.

[1] Die Armhaltung ist dabei durchaus unterschiedlich, s. Schäfer, Kunst, 180 ff.; Alfred Hermann, Altägyptische Liebesdichtung, Wiesbaden 1959, 57 ff. Im AR wird der Mann von der Frau umarmt (z.B. CG 51281 [Seneb]; Chufuchaf und Frau, Relief in seinem Grab Gisa G 7140 [Wolf, Kunst, 209 Abb. 174]). Im NR ist die gegenseitige U. häufig (z.B. Vandier, Manuel III, Tf. 143 ff.), wobei die einseitige U. durch die Frau durchaus weiter vorkommt (z.B. Leiden D 35: Maja und Merit [s. Wolf, Kunst, 468 Abb. 443], CG 628 [s. Vandier, Manuel III, Tf. 171]). Die U. der Eheleute in Königsdarstellungen ist seltener, z.B. Boston 11.738 (Mykerinos [s. Vandier, Manuel III, Tf. 5]; Berlin 17812 [Amenophis III. und Teje (?), s. Hermann, a.a.O., Tf. 6]); Relief aus dem Grab des Ahmose (Echnaton und Nofretete auf dem Wagen [z.B. Wolf, Kunst, 513 Abb. 489]). Ehepaare können aber auch durchaus ohne U. dargestellt werden, z.B. Leiden AM 101 (s. Wolf, Kunst, 253 Abb. 222); Louvre 25368 (Vandier, Manuel III, Tf. 27); Kolossalgruppe Amenophis' III. und Tejes in Kairo (s. Vandier, Manuel III, Tf. 108). – [2] Z.B. Boston 30.1456 (*Hetepheres II. und *Meresanch III. [Vandier, Manuel III, Tf. 13]); Kairo JE 45626 (Stele des Amenemhet mit Frau und Sohn oder mit den Eltern(?) [s. Wolf, Kunst, 389 Abb. 336]); CG 42080 (*Thutmosis IV. und Mutter [s. Vandier, Manuel III, Tf. 103]). Einzigartig zumindest für das AR ist die U. des Nianchchnum und des Chnumhotep (Ahmed Moussa und Hartwig Altenmüller, Das Grab des Nianchchnum und Chnumhotep, AV 21, 1977, 149. 163. 171, Tf. 72 f. 90 ff.). – [3] Z.B. Louvre N. 3566 (*Amun und *Mut [Vandier, Manuel III, Tf. 136]); Medinet Habu V, 292 (*Ptah und *Sachmet). 292 (Amun-Re und Mut). 295 (*Atum-*Iu(e)s-aes). – [4] Plastik z.B. Boston 09.200 (Mykerinos und Hathor als Gattin oder Mutter(?) [s. Vandier, Manuel III, Tf. 4]); Luxor J. 155 (Amenophis III. und Sobek [s. Propyläen Kunstgeschichte 15, Berlin 1975, Tf. 185]); CG 42097 (*Haremheb[?] und Amun mit Mut [s. Vandier, Manuel III, Tf. 118]); CG 554 (*Ramses II. und Ptah-*Tatenen [s. Vandier, Manuel III, Tf. 128]). Sehr häufig sind Szenen, bei denen ein Gott oder eine Göttin den König umarmt, auf Pfeilern von Tempeln (z.B. bei *Tempeln mit Umgang) oder in den *Königsgräbern. Die Darstellung der U. mit einer Gottheit scheint ein Privileg des Königs gewesen zu sein, findet sich aber auch im Grab der *Nofretere. Bei solchen Umarmungsszenen auf Pfeilern (auch gern an Durchgängen) dürfte es sich um eine Begrüßung des

Königs durch die Götter handeln. – [5] Vgl. Assmann, Liturgische Lieder, 104. 147. S. auch die Darstellung Luxor J. 155 (s. Anm. 4). In den Darstellungen der *Hatschepsut-Kapelle in *Karnak wird die Umarmungsszene von der Formel „*sḥtp-jb*" begleitet, s. Lacau–Chevrier, Hatshepsout, § 69. – [6] S. Assmann, Liturgische Lieder, 104f. – [7] S. ibd., 104. 270f. (Vereinigung des *Sonnengottes mit der *Maat, seinem *Ka). – [8] S. dazu vor allem die sogenannten *Nut-Texte (Adolf Rusch, Die Entwicklung der Himmelsgöttin Nut zu einer Totengottheit, MVAeG 27.1, 1922. bes. 20ff.), nach denen die Himmelsgöttin Nut als Grab bzw. Sarg den Toten umarmt und beschützt; vgl. Assmann, in: LÄ IV, 269 s.v. *Muttergottheit; Kurth, in: LÄ IV, 535ff. s.v. *Nut. – [9] S. dazu Assmann. Liturgische Lieder, 58. 73f. 147. Auch Tatenen kann den Sonnengott umarmend empfangen (Assmann, a.a.O., 61). H.Be.

Umlauf des Apis s. Rituale 6

Umm el-Gaab s. Abydos

Umm er-Raham (Saujet Umm er-Raham), Siedlung 25 km w. Marsa Matruh; hier wurden 1946 Reste einer Festung *Ramses' II. gegen die Libyer entdeckt. Ausgegraben u.a. ein Tempel mit Pfeilerhof, 2 erhöhten Eingangshallen und drei Sanktuaren, etwa 20 : 12 m. Die Gesamtanlage ist etwa 100 : 80 m groß (W : O zu N : S); ein Tor in der SO-Ecke (A) und ein Durchgang (B) zeigen Reste von Inschriften Ramses' II. und den König vom Wagen steigend. Neben dem Tempel fanden sich in kleinen Magazinräumen Votivstelen (*Votivgaben) von Soldaten (16 Stück), die den König als Libyerbesieger feiern. Erbaut wurde die Anlage möglicherweise vom General und Vorsteher der Wüste Nebre. Reste von Gebäuden und Gräbern späterer Zt wurden ebenfalls festgestellt [1].

U. war wohl Endpunkt der Befestigungskette, die *Merenptah beim Libyerkrieg erwähnt [2] und von denen Reste in el-Garbanijat (4 km s.w. Burg el-Arab) und in Alamein [3] publiziert sind. Ein Granitblock bei km 83 der Straße Alexandria–Alamein mit der Kartusche Ramses' II. dürfte ebenfalls zu einem dieser Posten gehört haben [4].

[1] Habachi, in: RC 175, 1955, 62ff.; id., in: BIFAO 80, 1980, 14–19. Erster Hinweis durch Alan Rowe, A History of Ancient Cyrenaica, CASAE 12, 1958. – [2] Kitchen, Ram. Inscr. IV, 7,3. – [3] Habachi, op. cit., 19–25. – [4] Eigene Beobachtung. W.H.

Umrißzeichnung s. Malerei

Umzug um die Mauern s. Rituale 16

Unas (*Wnjs*, griech. Onnos). Letzter Herrscher der 5. Dyn. (Titulatur *Ḥr wꜣḏ-tꜣwj, nj-swt-bjt wꜣḏ-m-Nbtj, bjk-nbw wꜣḏ, zꜣ-Rꜥ [1] Wnjs*), der nach dem *Turiner Königspapyrus 30, nach *Manetho 33

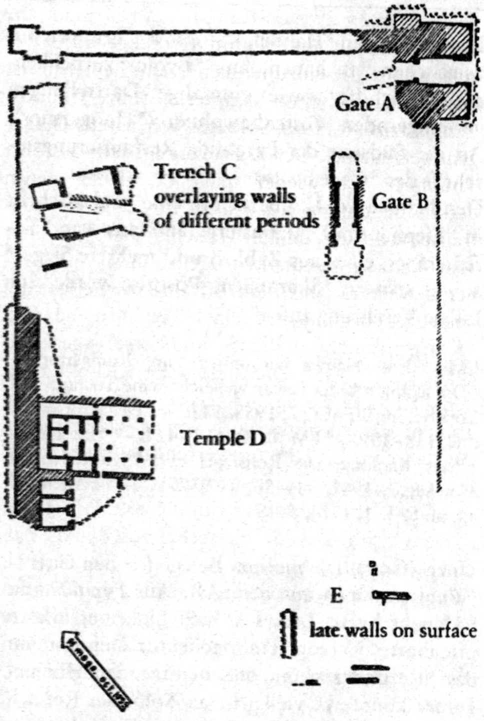

Umm er-Raham (Plan nach Habachi, in: BIFAO 80, 1980, Abb. 3 zu 14–19)

Jahre regiert hätte. Wir wissen weder, ob er Sohn seines Vorgängers *Asosi war, noch weshalb die Überlieferung mit seinem Nachfolger *Teti eine neue Dyn. beginnt [2]. Eine Reihe von Beamten hat den 3 Königen ohne Unterbrechung gedient.

Zwei Gemahlinnen des U., Chenut (*Ḫnwt*) und Nebet (*Nbt*), sind in *Mastabas außerhalb der Pyramidenanlage bestattet. Als *Wesire sind vielleicht Achtihotep-Hemi (*ꜣḫtj-ḥtpj Ḥmj*), Djadjaemanch (*Ḏꜣḏꜣ-m-ꜥnḫ*), Kai (*Kꜣj = Kꜣ-jrj-sw?*), Neferseschemseschat (*Nfr-sšm-Sšꜣt*) und der Ptahhotep (*Ptḥ-ḥtpj*) der Mastaba Lepsius 31 in seine Zt zu datieren [3].

Der König hat seine *Pyramide (*ḏd-jswt-Wnjs*) in *Saqqara s.w. von der des *Djoser angelegt und als erster Ritualsprüche (*Pyramidentexte) in der Sargkammer und den anschließenden Räumen anbringen lassen (*Aufzeichnungsbedürfnis). Von den Wänden des 700 m langen *Aufwegs sind zahlreiche dekorierte Blöcke erhalten [4]. Das nur z. T. traditionelle Bildprogramm umfaßte u.a. den König als Sieger über Feinde und mit Göttern, das *Sedfest, die *Gauprozessionen, die *Jahreszeiten, den Schiffstransport von Granitsäulen aus *Assuan, Szenen von *Jagd und *Landwirtschaft,

Handwerk und *Handel, Kämpfe äg. Truppen mit asiatischen *Beduinen, aus *Byblos zurückkehrende *Schiffe sowie einmalige Darstellungen verhungernder Wüstenbewohner (*Hungersnot). An der Südseite der Pyramide Restaurierungsinschrift des *Chaemwese.

Den Namen des U. überliefern eine *Felsinschrift in *Elephantine[5], Alabastergefäße (aus dem *Totentempel; eines aus Byblos) und mehrere Siegel[6] sowie spätere *Skarabäen. Postum wurde ihm lokale Verehrung zuteil[7].

[1] Mit dem Namen zusammen im Königsring. – [2] Die Königin *Idut I. war vielleicht seine Tochter. Vgl. Yoyotte, in: BIFAO 57, 1958, 91 ff. – [3] Helck, Beamtentitel, 138–139. – [4] PM III. 2², 418–421. – [5] Urk. I, 69. – [6] Peter Kaplony, Die Rollsiegel des Alten Reichs II, MonAeg. 3, 1981, 341–56, Tf. 93/97. – [7] H. Altenmüller, in: SAK 1, 1974, 1–18.
J. v. B.

Uneg (Gott). Die meisten Belege für den Gott U. (*Wng*) stammen aus dem AR. Aus Pyr. 607 und 952 geht hervor[1], daß er sich „in einer Pflanze offenbarte"[2]. Er galt als geliebter Gefolgsmann des *Re und zog mit diesem über den Himmel. Ferner könnte U. vielleicht als Sohn des Re, d. h. als *Schu (u. a. in seiner Rolle als Himmelsträger) aufgefaßt worden sein[3]. Der verstorbene König, im Bestreben, ein Himmelsbewohner zu werden, setzte sich mit ihm gleich, sicherlich deshalb, weil dieser Gott dem Re sehr nahestand.

Wahrscheinlich wurde mit U. der Name eines Königs der 2. Dyn. gebildet[4]; weiterhin erscheint er im theophoren Namen einer Privatperson[5]. – Vielleicht ist eine im MR bezeugte Göttin *Wng(j)t* als weibliches Gegenstück zu U. aufzufassen[6].

[1] S. Pyr., Übers. III, 125 ff.; IV, 235 ff.; es handelt sich um zwei thematisch verwandte, jüngere Sprüche, die nicht in die Überlieferung eingingen. – [2] RÄRG, 841; s. *Götter, Pflanzen-. – [3] Diese Sinnentnahme ist keinesfalls zwingend; andererseits ist jedoch daran zu erinnern, daß Pflanzen als Himmelsträger angesehen werden konnten, und auch daran, daß der als Himmelsträger seit MR belegte Gott *Heh (RÄRG, 268) u. a. „Blume des Re" genannt wurde (cf. Pyr., Übers. III, 126, zu 607 d). Zur Ausdeutung der Stelle s. auch Kaplony, Beitr. Inschriften, 204, Anm. 340; im Vergleich dazu ist aber m. E. Sethes vorsichtig abwägender Kommentar (s. Anm. 1) vorzuziehen. – [4] Grdseloff, in: ASAE 44, 1944, 288 ff.; PD IV, 50–53 (mit leichten Zweifeln); Jürgen von Beckerath, Handbuch der ägyptischen Königsnamen, MÄS 20, 1984, 48 (Nr. 4; sollte man wegen des besseren Sinnes nicht *Wng-Nbtj* lesen? – Cf. o. c., 17). Die Arbeit von Patrick F. O'Mara, The Palermo Stone and the Archaic Kings of Egypt, La Canada, California 1979, 155 ff. trägt m. E. auch hier nicht zur Klärung bei (cf. Helck, in: LÄ IV, 654). – [5] Grdseloff, l. c. – [6] L. c.; cf. Wb I, 325, 12; ebenfalls aus dem MR stammt der m. W. späteste Beleg für den Gott U.: Louvre C 15, s. Paul Pierret, Vocabulaire hiéroglyphique, Paris 1875, 95; Albert J. Gayet, Stèles de la XIIe dynastie, Paris 1886, Tf. 54 (entsprechend Lanzone, Dizionario I, 165 f.).
D. Ku.

Uneg (König), Lesung eines *nswt-bjtj-nbtj*-Namens, der auf Gefäßen aus der Stufenpyramide von *Saqqara[1] und in der Mastaba S 3014 (Saqqara) genannt wird und mit einer unidentifizierbaren Blume geschrieben wird[2]. Die Listen der Ramessidenzt schreiben *Wꜣḏ-ns*, *Manetho nennt ihn Tlas; hier ist die Pflanze zu *wꜣḏ* verlesen. Die Schreibung mit *-ns* läßt eine Identifizierung dieser Person mit dem *wr-mꜣꜣw* 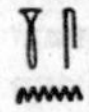 möglich erscheinen, der auf Gefäßaufschriften aus der Stufenpyramide erscheint[3], die unter *Ninetjer zu datieren sind[4]. Er könnte der Thronfolger gewesen sein. Kaplony[5] liest den Namen *Zšn* „Lotos". Als Nachfolger des Ninetjer war er Vorgänger des *Sened; wie letzterer dürfte er nur in *Memphis regiert haben, während im Süden Seth *Peribsen herrschte. Der Horusname des U. könnte *Zꜣ* („Schutz") gewesen sein, sofern sich das *Ḥwt-kꜣ-Ḥr-Zꜣ* auf ihn bezöge, das durch Gefäßaufschriften der Stufenpyramide belegt ist[6].

[1] Lauer, PD IV, Tf. 19 Nr. 105; Tf. 20 Nr. 106–107; diese Gefäße gehörten zur Ausrüstung der Schiffe „Großer" (*ꜥꜣ*), „Wildstier" (*smꜣ*) und *Sbꜣ-tꜣwj* („Stern beider Länder"). – Die Telleraufschriften aus S 3014 ebd., 53 Abb. 5; diese stammten aus dem Magazin des Kronenschreins (*jz-ꜥḥ-nṯr*) bzw. aus dem Satz für die „Opferversorgung (*ḏfꜣ*) der beiden göttlichen Falken". – [2] Die Lesung stammt von Grdseloff, in: ASAE 44, 1944, 288 ff. – [3] PD V, Nr. 13–14; mit Titel *wr-mꜣꜣw* (bzw. *mꜣꜣ-wr*) Nr. 15. – [4] Hierzu vgl. Helck, in: ZÄS 106, 1979, 120 ff. – [5] Kaplony, Inschriften I, 638 f. – [6] Lauer, PD V, Nr. 6. Kaplonys Gleichsetzung (Inschriften I, 409) mit Horus *Nḫt-zꜣ*, dem 2. (?) Nachfolger *Djosers, ist zeitlich unmöglich, da die Gefäßaufschriften mit Sedfestvermerk (PD V, Nr. 14) aus der Zt des Ninetjer stammen, s. Anm. 4.
W. H.

Unendlichkeit s. Ewigkeit, Zeit

Unerforschlichkeit s. Gott C II b

Ungeheuer. A. *Composite creatures*. One must distinguish truly monstrous creations (*Mischgestalt) which would have been recognized as such by the ancient Egyptians, as opposed to theriomorphic avatars of the king (and queen) or the numerous pantheon of animal-headed divinities. The latter are products of a style of representation that was hieroglyphic in its inception. The stylization and elegance of these hieroglyphic composites are proof against their being monstrous, as one may appreciate by comparing them with the more literal reproductions of such divinities from the

Graeco-Roman Period.[1] The hieroglyphic composites of the Pharaonic Period have a logic that is applicable to all of them: the head is consistently the original and essential element, the body the secondary aspect.[2] Thus a lion-headed goddess is a lion-goddess in human form, while a royal *sphinx, conversely, is a man who has assumed the form of a lion. In the case of the king the extent of the human element is more variable: e.g. the royal headcloth (*Kopftuch) of the sphinx may be replaced by a mane, or the forelegs may become human arms, the better to present an offering to the gods. Here there is a suggestion of metamorphosis that is appropriate to the king who is, uniquely, the link between mankind and the gods.

B. *Genuine monsters*. Ceremonial palettes (*Paletten, Schmink-) of the Protodynastic Period show at least three monstrous creatures, all of which probably derive from Mesopotamian iconography: the long-necked serpo-feline (*Schlangenhalspanther) and the griffin (*Greif), both of which appear in later hunting scenes, especially in the MK,[3] as well as the human-faced fetish with bovine ears and horns known as *Bat, for which the Mesopotamian origin, though likely, is more difficult to prove. With the proliferation of magical devices in the MK, the lion-man called *ꜥḥꜣ* "the fighter," and subsequently *Bes, became popular, along with a female counterpart. So too the female monster that combines the head of a hippopotamus, the feet of a lion, and the back of a crocodile; she is called *Jpj* and later *Tꜣ-wrt* (*Thoeris). The lion-man and Toueris became increasingly popular in the NK, when they appeared as familiar guardians of the household, figured on chairs, beds and headrests (*Stuhl, *Bett, *Kopfstütze).

C. *Gods of the Netherworld*. These are treated s.v. "Mischgestalt."[4] In most cases the monsters are allies of the deceased, but there is a notable exception- the "Devourer" or "Devourer of the Dead,"[5] which waits for its prey in the event that *Anubis should condemn the deceased when he weighs his heart (*Jenseitsgericht). The other monsters of the underworld are surprisingly limited in variety. There are a number of snakes, some with multiple heads, two pairs of feet and a pair of wings; any of these may be called *Nehebkau. Another recurrent demon is a human being with two heads, or no arms, or both these features.

D. *Natural teratology* (*Mißbildung). As Lucian claims, the Egyptians had a decided preference for idealized and pleasing forms,[6] but nonetheless tolerated, and even valued certain abnormalities. That is particularly true of dwarfs (*Zwerg), usually of the short-limbed achondroplastic type, who served as jewelers, keepers of the wardrobe, and in some cases as entertainers. The last function was also filled by pygmies, brought from the interior of Africa.[7] In some scenes of the OK[8] and MK[9] dwarfs are associated with hunchbacks or a clubfooted man, and a pair of clubfooted dwarfs is represented in tomb chapels at *Tell el-Amarna.[10] There is much less evidence for giants, although a Dyn. 19 text apparently describes gigantic Bedouin of terrifying aspect.[11]

An interest in human abnormality is probably to be seen in the monstrously obese Queen of *Punt,[12] who is realistically depicted in the funerary temple of *Hatschepsut I, and whose representation was copied on an ostracon by a passing scribe.[13] Another monstrosity of this kind is the rhinoceros (*Nashorn) depicted on the Dyn. 19 relief of a pylon at *Armant built by *Thutmosis III.[14] In this case its monstrosity is emphasized by a series of measurements surrounding the animal, some of which are evidently exaggerated. The best evidence for an interest in natural monstrosities during the NK is to be seen in the so-called "Botanical Garden" of Thutmosis III at *Karnak, recording specimens of flora and fauna brought back from the Syrian campaign of his 25th regnal year, and dedicated to the god *Amun.[15] These include bovines with two tails in one case, and three horns in another. Although such freaks are well known to country veterinarians, they are evidently presented here as exotic wonders.[16]

[1] E.g. Giuseppe Botti and Pietro Romanelli, Le Sculture del Museo Gregoriano Egizio, Vatican City 1951, pl. 80 (nos. 188–189). – [2] Cf. Fischer, in: Gs Otto, 157–158. – [3] Along with *Seth (Beni Hasan II, pls. 4. 13), here called *šꜣ*, who has sometimes been considered a monstrous hybrid: Herman te Velde, Seth, God of Confusion, PÄ 6, Leiden ²1977, 13–16; cf. Arthur Weigall, A Guide to the Antiquities of Upper Egypt, New York and London 1910, 55. The griffin is already to be seen in the desert realm of Seth as early as Dyn. 5: Elmar Edel and Steffen Wenig, Die Jahreszeitenreliefs aus dem Sonnenheiligtum des Königs Ne-user-re, Berlin 1974, pl. 1. – [4] Kákosy, in: LÄ IV, 146. – [5] Wb I, 184 (9) *ꜥm mwt*; 186 (17) *ꜥmmj.t* (f.). – [6] Lucian, Works, Loeb Classical Library VI, Cambridge and London 1959, 423–425. The story in question, referring to *Ptolemaios I, is repeated by Rabelais in the preface of the third book of Pantagruel. – [7] For the OK see Urk. I, 128–131; for the MK see Lansing, in: BMMA, Nov. 1934, pt. II, 30–37. – [8] Epron–Wild, Tombeau de Ti II, pl. 126. – [9] Beni Hasan II, pls. 16. 32. – [10] Davies, Amarna VI, 18 and n. 2. For OK statues of such anomalies, see Engelbach, in: ASAE 38, 1938, 285–296. An even earlier statuette of a hunchback is published by Jonckheere, in: CdE 23, no. 45–46, 1948, 24–25; and another by Zaki Y. Saad, Royal Excavations at Helwan (1945–1947), SASAE 14, 1951, 24, pl. 24. –

[11] pAnast. I, 23,8. – [12] Her condition is attributed to a pathological condition by Ghalioungui, in: ASAE 49, 1949, 303–316; Emma Brunner–Traut, in: Fs Mus. Berlin, 71–85, but is more probably the result of gavage, as described by John Speke's visit to Karagwe in northwestern Tanzania: see Fischer, in: Edward L.B. Terrace and Henry G. Fischer, Treasures of Egyptian Art from the Cairo Museum, London 1970, 101–102. – [13] Schäfer, in: Jb. der Königlich Preußischen Kunstsammlungen 1916, 38. – [14] Robert Mond and Oliver H. Myers, Temples of Armant, London 1940, pls. 9. 93 (6). The authors erroneously date the reliefs to Tuthmosis III (p. 25), as have many other authorities, but the style is conclusive. – [15] PM II, 120 (Room XXXI). – [16] Cf. Fischer, l.c.

Lit.: Henry G. Fischer, The Ancient Egyptian Attitude towards the Monstrous, in: Monsters and Demons in the Ancient and Medieval World (Fs Edith Porada), ed. A.E. Farkas, P.O. Harper and Evelyn E. B. Harrison (in press). H.G.F.

Ungeziefer. „In spring, summer, and autumn, flies are so abundant as to be extremely annoying during the daytime, and musquitoes are troublesome at night ..., and often even in the day; and almost every house that contains much woodwork ... swarms with bugs during the warm weather. Lice are not always to be avoided in any season ...; and in the cooler seasons fleas are excessively numerous."[1] Trotz seiner allgegenwärtigen Realität findet sich U. wie *Fliegen, Stechmücken, *Flöhe[2], Sandflöhe[3], Läuse[4], Wanzen und Zecken[5] gleich anderen Alltagserscheinungen selten erwähnt. Eine erstaunliche Achtung vor dem Leben auch des U. wird bei den christlichen Asketen erkennbar[6].

[1] Edward William Lane, Manners and Customs of the modern Egyptians, London–New York (Everyman 315), 1966, 2f.; Unni Wikan, Life among the poor in Cairo, London 1980, 4; Otto F. Meinardus, Die Wüstenväter des 20. Jahrhunderts, Würzburg 1983, 22f.; Rolf Herzog, Die Nubier, Berlin 1957, 14f. – Folgende Klagen eines Handschriftenkopisten finden sich auf einem Manuskript aus dem Syrerkloster: „Lord, help me to fight against these accursed flies! May God smite these flies, which war with me these days", und schließlich verzweifelt: „This is due to the devils deceit." Hugh G. Evelyn White, The monasteries of the Wadi'n Natrun I, New York 1926, XV. – [2] Enno Littmann, Vom morgenländischen Floh, Leipzig 1925. – [3] *ḥmj*?: *Lehre des Cheti: Helck, Die Lehre des Dwꜣ-Ḥtjj, KÄT, 1970, 50f. – [4] Derchain, in: GM 59, 1982, 12. – [5] *sbw* (Admon. 2,8) = **ϹΙΒ**. Ein koptischer Schadzauber, der Rindern Zeckenbefall zuziehen soll: Emile Chassinat, Le manuscrit magique copte N° 42573, BdEC 4, 1955, 103. – [6] S.H. Leeder, Modern sons of the pharaohs, London–New York–Toronto 1973 (reprint von 1918), 72. Vgl. auch Meinardus, op. cit., 23. L.St.

Uni. A biographical inscription, carved inside a chapel in the Northern Necropolis at *Abydos, in the middle of the 6th Dyn., contains the longest literary record of the OK[1], and unique in its kind even later, the knowledge of which lasted until the LP, when some sentences were used for a Saitic composition[2]. The text reports the main stages in the life of Uni, an important official, chronologically arranged through the reigns of three Pharaohs, *Teti, *Pepi I and *Merenrê I. They are inspired by typical semantic fields: career in the palace administration, including some judicial achievements (*Harimsverschwörung); preparation of the funerary equipment through the generosity of Pharaoh, and on behalf of Pharaoh Merenrê; military campaigning in Phoenicia, with the first description of a battle (*Asiaten); quarrying activity in several and distant places (*Hatnub), and the excavation of some channels (*Kanal) in the rapids of the 1st Cataract (*Katarakt). The conventional description of an Asiatic country is inserted into the Hymn of Victory, which falls in the middle of the composition.

The interest of the inscription lies not only in history, owing to the unique quotation of a number of internal and external affairs of outstanding importance, but also in language, for which it was doubtless recognised as a piece of literature. This is highly dependent on the tradition and style related to temple-writing, and best preserved in the Pyramid Texts, while it shows an effort to adapt to narrative and current expression, though using still a number of rhythmic and poetic features. Altogether, this composition marks a development of interest in narrative and description, that personalize the current ideal "biographical" eulogy. The presence of religion is constant in the continuous dependence of every deed on the Pharaoh and in the belief that every enterprise succeeds or fails through the intervention of a superior power.

[1] Discovered 1860, now in Cairo Museum (CG 1435). For the text, see Maspero, in: Le Musée égyptien I, Cairo 1890, pls. 27. 28 (photo); Paul Tresson, L'inscription d'Ouni, BdE 8, 1919; Urk. I, 98–110. – [2] Ramadan el-Sayed, Documents relatifs à Sais et ses divinités, BdE 69, 1975, 91 (= CG 672a).

Lit.: PM V, 72. Last translation, with updated bibliography and commentary: Alessandro Roccati, La littérature historique sous l'Ancien Empire égyptien, Paris 1982, 187–197. A.R.

Unreinheit s. Reinheit

Unruhen, d.h. innerägyptische kriegerische Auseinandersetzungen einschließlich Thronwirren. Die häufigsten Bezeichnungen: *ḥꜣꜥjt*[1], *ḫnnw*[2] (Aufruhr, innerer Krieg), *shꜣ*[3] (Aufruhr), *ḏꜣjs*[4] (Bürgerkrieg o.ä.) und das Verb *sbj*[5] (sich auflehnen). Besonders eindringliche Schilderungen der

Folgen solcher U. finden sich in der sog. Klageliteratur (*Admonitions, *Neferti u. a.), im einzelnen siehe die angeführten Quellen. Im folgenden sind die bekannten und vermuteten U. chronologisch aufgelistet.

1. Unter *Chasechem(ui) Niederschlagung eines Aufstandes in Unterägypten[6].
2. Die Annahme, die 4. Dyn. hätte in Thronwirren geendet[7], ist nicht erwiesen[8], ebensowenig wie einige Zeit später nach dem Tode des *Neferirkare[9].
3. Nach dem Tode *Tetis, möglich, aber nicht zwingend[10]; für *Pepi I. siehe auch noch *Harimsverschwörung.
4. 1. *Zwischenzeit[11].
5. Ende der 11. Dyn. (?)[12].
6. Beim Regierungswechsel *Amenemhet I. – *Sesostris I.[13] (*Harimsverschwörung).
7. 13. und 14. Dyn. (?)[14].
8. *Hyksos.
9. Nach dem Tode *Merenptahs, die genauen Vorgänge von seinem Tode bis zum Regierungsbeginn *Sethnachts sind noch nicht gänzlich geklärt[15].
10. Arbeiterunruhen unter *Ramses III. (*Streik). Die Behauptung, Ramses III. sei bei einer Harimsverschwörung ums Leben gekommen, ist nicht beweisbar.
11. Ob es unter *Ramses V. oder VI. zu einem Bürgerkrieg kam, ist umstritten[16].
12. Unter *Ramses IX. die *Grabräuberprozesse und Einfälle der *Mšwš* nach Theben[17].
13. Unter *Ramses XI. sind 3 Vorgänge bezeugt, die miteinander zusammenhängen können, aber nicht müssen[18]: 1. Die gewaltsame Absetzung des *Hohenpriesters des Amun *Amenophis[19]. 2. U. in Theben, in deren Verlauf *Medinet Habu erstürmt und geplündert wird[20]. 3. Das Auftreten des *Königssohnes von Kusch *Panehsi in Theben, seine zeitweilige Herrschaft (Jahr 12–17 Ramses' XI.) und seine schließliche Vertreibung (Jahr 19)[21].
14. U. in der 21. Dyn. sind in Theben auf der Stele der Verbannten[22] (*Verbanntenstele) bezeugt, als der Hohepriester des Amun *Mencheperre, der Sohn des *Pinodjem, nach Süden zog, „um das Land zu befrieden und seinen Feind zu vertreiben"[23]; seine Gegner werden in die Oasen verbannt und später begnadigt[24].
15. Im 5. Jahr *Scheschonqs I. gab es U. in der Oase *Dachla[25].
16. Im Jahr 11 *Takeloths II. bricht in Theben eine Rebellion aus, die der Kronprinz Osorkon niederschlagen kann[26], 4 Jahre später bricht ein erneuter Bürgerkrieg aus[27], der sich anscheinend bis zum Jahr 24 hinzog[28].
17. Nach *Tefnachtes Vorstoß gegen *Herakleopolis und *Hermupolis führt *Pi(anchi) seinen bekannten Feldzug gegen Äg. durch, Tefnachte verliert und unterwirft sich, Pi(anchi) kehrt nach Nubien zurück[29].
18. Über die Auseinandersetzung zwischen *Bokchoris und *Schabaka sind keine zeitgenössischen Quellen erhalten; *Manetho berichtet, Schabaka habe seinen Gegner gefangengenommen und lebendig verbrannt.
19. Nach der Niederlage des *Apries in der Kyrenaika meutern seine Truppen und heben den General *Amasis auf den Thron[30]. Es kommt zu einem Bürgerkrieg, Apries wird in der Schlacht bei Momemphis gefangengenommen und verliert einige Zeit später das Leben[31].
20. *Psammetichus III. versucht einen Aufstand gegen *Kambyses; er mißlingt, und Psammetich wird hingerichtet[32].
21. 486 v. Chr. bricht ein Aufstand gegen die Perserherrschaft aus[33], 2 Jahre später können die Perser das Land zurückgewinnen[34].
22. 463/2 v. Chr. Erhebung des *Inaros, die von den Persern erst 454 v. Chr. endgültig niedergeschlagen werden kann[35], das äußerste Westdelta wird nicht unterworfen[36].
23. Zerstörung des Jahwetempels auf *Elephantine[37].
24. 404 v. Chr. Aufstand des *Amyrtaios, die Perser können sich in Ägypten nicht halten[38]. 398 v. Chr. Tod des Amyrtaios[39]. Als sein Nachfolger *Nepherites I. stirbt, brechen erneut U. aus[40], erst *Hakoris konnte sich länger behaupten.
25. 360 v. Chr. Der Usurpator *Nektanebos II. setzt sich gegen einen Gegenkönig aus *Mendes durch[41].
26. 245 v. Chr. *Ptolemaios[42] III. Euergetes kehrt wegen eines Aufstandes vom 3. Syrischen Krieg nach Ägypten zurück[43].
27. 207/6 v. Chr. beginnt unter *Ptolemaios IV. Philopator ein 20jähriger Bürgerkrieg[44], in dessen Verlauf O. Äg. noch einmal selbständig wird, erst 186 v. Chr. wird der König *ʿnḫ-wn-nfr*[45] endgültig geschlagen[46], 184 v. Chr. fiel *Sais[47]; ein Prostagma des gleichen Regierungsjahres sollte die Neuordnung des Landes sichern[48].
28. 165 v. Chr. Meuterei des Dionysios mit 4000 Soldaten gegen *Ptolemaios VI. Philometor in Eleusis[49], Aufstand in Panopolis[50] und Aktenverbrennung in *Soknopaiu Nesos[51]. 163 v. Chr. Aufstand der Alexandriner gegen *Ptolemaios VIII. Euergetes II.[52], der ein Jahr

vorher seinen Bruder Ptolemaios VI. vom Thron verdrängt hat[53]; Ptolemaios VI. wird wieder König.

29. 131 v.Chr. Ausbruch des Bürgerkrieges zwischen den Anhängern Ptolemaios' VIII. und denen *Kleopatras II., der erst 124 v.Chr. wieder zum Erlöschen kommt (wieder gemeinsame Regierung)[54], die Kämpfe werden an einigen Orten noch mehrere Jahre fortgesetzt[55].

30. 88 v.Chr. Aufstand der Alexandriner gegen *Ptolemaios X. Alexander I.[56], nach seiner Vertreibung kam es zu einer Judenverfolgung[57]. Im gleichen Jahr bricht in O.Äg. ein Aufstand aus[58], den *Ptolemaios IX. Soter II. erst 3 Jahre später mit der Eroberung und Zerstörung Thebens niederschlagen kann[59].

31. 80 v.Chr. *Ptolemaios XI. Alexander II. wird nach 18–19tägiger Regierung von den wütenden Alexandrinern wegen seiner Ermordung der *Kleopatra Berenike III. umgebracht[60].

32. 48 v.Chr. Krieg zwischen *Ptolemaios XIII. und seiner Schwester *Kleopatra VII.[61], von *Caesar geschlichtet[62].

[1] Wb III, 30,1–2. – [2] Wb III, 383,16. – [3] Wb IV, 206,2–3. – [4] Wb V, 522,2. – [5] Wb IV, 87,8–13. – [6] Hierakonpolis, Tf. 36ff. 39ff. – [7] So v. Beckerath, in: LÄ V, 582 s. v. *Schepseskaf. – [8] Nur geschlossen aus der Erwähnung eines sonst nicht belegten Θαμφθις (*Ptah-djedef) bei *Manetho; vgl. dazu Smith, in: CAH I, XIV, 34. – [9] Vermutet von Erik Hornung, Grundzüge der Ägyptischen Geschichte, Darmstadt [2]1978, 32; v. Beckerath, Abriß, 19; aus den Quellen geht lediglich hervor, daß auf Neferirkare noch 2 Konige namens *Schepseskare und *Neferefre mit verhältnismäßig kurzer Regierungsdauer folgten, über die nicht allzuviel bekannt ist. – [10] Dafür könnten die Erwähnung bei Manetho sprechen, daß Teti von seiner Leibwache ermordet wurde, und die Tatsache, daß sein Nachfolger *Userkare sicher nur einmal in der Abydosliste erwähnt ist, vgl. dazu Helck, Geschichte, 71f.; eindeutige Belege für U. fehlen jedoch. – [11] Farouk Gomaà, Ägypten während der Ersten Zwischenzeit, Wiesbaden 1980; Stock, 1. Zwischenzeit; Smith, in: CAH I, XIV, 55ff.; Hayes, in: CAH I, XV, 3–20; Hauptquellen: Admonitions; Merikare E 68–109 = Wolfgang Helck, Lehre für König Merikare, KÄT, 1977, 41–67; Schenkel, Memphis, Herakleopolis, Theben, §§ 37. 60. 64. 374, Z. 15. – [12] Unsicher belegt, vgl. v. Beckerath, in: ZÄS 92, 1965, 9; Posener, Littérature et Politique, 45f.; zur Beurteilung der „Prophezeiungen des Neferti" als historischer Quelle vgl. Junge, in: Gs Otto, 275–284; die Deutung von Stock, 1. Zwischenzeit, 90, der *Turiner Königspapyrus (V, 18) bezeuge für das Ende der 11. Dyn. 7 Wirrenjahre, ist nicht zwingend; zur Einschätzung des 2. Heqanacht-Briefes (bes. rto 27–28, Menschenfresserei) vgl. Ḥekanakhte Papers, 35. – [13] Quellen: *Lehre Amenemhets I.; *Sinuhe; vgl. Wolfgang Schenkel, Frühmittelägyptische Studien, Bonn 1962, §§ 33–35. – [14] Wegen der kurzen Regierungszeit der zahlreichen Herrscher dieser Epoche und einer geringen Zahl von Denkmälern wird auf eine ununterbrochene Folge von Thronwirren geschlossen, z.B. v. Beckerath, 2. Zwischenzeit, 86ff.; Walther Wolf, Das alte Ägypten, München 1971, 87; dazu kritisch Hayes, in: CAH II, II, 5; Helck, Geschichte, 117f.; eindeutige Textquellen existieren nicht. – [15] Der eindeutigste Hinweis auf U. befindet sich auf dem pSalt 124 (Černý, in: JEA 15, 1929, 243–258) und auf einigen Ostraka, wo vom „Herabkommen der Feinde" geredet wird, die Feinde selbst werden von Osing, in: SAK 7, 1979, 270 und Spalinger, in: BiOr 39, 1982, 275 als marodierende Libyer gedeutet, gleichzeitig wird die zuletzt von Kraus, in: SAK 4, 1976, 171ff. vorgetragene Meinung, hierbei werde auf einen Krieg zwischen *Sethos II. und *Amenmesse Bezug genommen, als möglich, aber nicht zwingend zurückgewiesen. Umstritten ist die Einschätzung des sog. historischen Abschnittes auf dem pHarris I (75,2–8) als verwertbarer Geschichtsquelle, ablehnend z.B. v. Beckerath, Tanis und Theben, 76–79, als historische Quelle ernstgenommen von Spalinger, a.a.O., 283ff.; Goedicke, in: WZKM 71, 1979, 1–19; sein Vorschlag (13, Anm. 46) allerdings, *Merenptah sei von Amenmesse ermordet worden, scheint das vorhandene Material zu überfordern. Als letzte Quelle sei die Stele des Königs Sethnacht aus Elephantine genannt, Bidoli, in: MDAIK 28, 1972, 193–200, Tf. 49; Rosemarie Drenkhahn, Die Elephantine Stele, ÄA 36, 1980; dazu Spalinger, in: BiOr 39, 1982, 275; Altenmüller, in: JEA 68, 1982, 107–115. – [16] Dafür Černý, in: CAH II, XXXV, 10, dagegen Kitchen, in: LÄ V, 124, s.v. Ramses VI. – [17] Černý, a.a.O., 13–16; Manfred Gutgesell, Die Datierung der Ostraka und Papyri aus Deir el-Medineh und ihre ökonomische Interpretation, Teil I: Die 20. Dynastie, HÄB 18, 1983, 257f. 340. – [18] Allgemein: Černý, in: CAH II, XXXV, 25–31; Kitchen, Third Interm. Period, 247–250; v. Beckerath, Tanis und Theben, 83–98; Kees, Hohenpriester, 2–11. Für den Zusammenhang der Vorgänge 1 und 2 spricht pMayer A 6,4, wo Barbaren (*ꜣꜥꜥw*) einen Tempel erobern (*mḥ m tꜣ ḥwt*), vgl. aber das ungelöste Chronologieproblem (Anm. 19). Für ein Mitwirken des Panehsi an der Absetzung des Amenophis gibt es noch keinen direkten Hinweis, es sei denn, man akzeptiert die Vermutung Černýs, a.a.O., 28, der in pBM 10383,2,5 erwähnte Vorgesetzte (*ḥrj*), dem Panehsi Böses getan haben soll, sei Amenophis. Um Vorgang 2 und 3 zu verbinden, wird pBM 10052 vso ins Feld geführt (z.B. Wente, in: JNES 25, 1966, 84), die Zusammenhänge zwischen dem in I,2 genannten Panehsi in gänzlich verlorenem Kontext und dem Folgenden sind aber völlig unklar. Vgl. zuletzt noch Fecht, in: ZÄS 87, 1962, 12–31, der den Moskauer literarischen Brief als historische Quelle zu deuten versucht, dazu Kitchen, a.a.O., 247 Anm. 24. – [19] pBM 10052, 13, 24; pMayer A, 6,4–11; eine 3. Quelle ist eine Inschrift aus Karnak, veröffentlicht von Wente, in: JNES 25, 1966, 73–87, deren Zugehörigkeit zu Amenophis angezweifelt wurde von Helck, in: JARCE 6, 1967, 138f., wieder bestätigt von Bierbrier, The Late New Kingdom in Egypt, Warminster 1975, 13 und Kitchen, Ram. Inscr. VI, 536, nochmals widersprochen von Helck, in: Or 53, 1984, 52–56. Der Zeitpunkt seiner Vertreibung ist ungewiß, Bierbrier, a.a.O., 13 u. bes. Anm. 94 auf S. 121; ders., in: JEA 58, 1972, 199. –

[20] pBM 10053 vso; pBM 10052, 11,8 (Jahr der Hyäne, als man hungerte); Hölscher, Medinet Habu V, 1f. – [21] *Panehsi als Täter feindseliger Handlungen in pBM 10383,2,5; pMayer A 4,4–5; 13 B, 3; als Zerstörer von *Hardai: pBM 10052, 10,18; dazu(?) pMayer A 13, B 2 (Krieg im Nordbezirk), Černý, in: CAH II, XXXV, 28 denkt an das Delta. – [22] v. Beckerath, in: RdE 20, 1968, 7–36. – [23] Z. 6. – [24] Z. 11. 15ff. – [25] Dachlastele, Z. 4 = Gardiner, in: JEA 19, 1933, 19–30. – [26] Ricardo A. Caminos, The Chronicle of Prince Osorkon, AnOr 37, 1958, §§ 39. 42. 57. 65. – [27] Ebd., §§ 129. 134. 144. 160. 172. – [28] So die Schlußfolgerung von Kitchen, Third Interm. Period, 331; vgl. Caminos, a.a.O., § 288. – [29] Nicolas-C. Grimal, La stèle triomphale de Pi(ʿankh)y, MIFAO 105, 1981; Kitchen, Third Interm. Period, 362–6; Goedicke, in: WZKM 69, 1977, 1–19. – [30] Herodot IV, 159. – [31] Herodot II, 169; Elephantinestele: Daressy, in: RecTrav 22, 1900, 1ff., dazu BAR IV, § 996; Kienitz, Geschichte, 161–5; Herman De Meulenaere, Herodotos over de 26ste Dynastie, Löwen 1951, 74. 77–82. 88–93. – [32] Herodot III, 15. Vielleicht beziehen sich die Erwähnungen von „U." auf dem *Naophor des *Wḏ3-Ḥr-rsnt* (Posener, Première Domination Perse, 18, Z. 33ff.; 20, Z. 40ff.) auf diese Vorgänge, vgl. Spalinger, in: LÄ IV, 1173, s. v. *Psammetichus III.; Lloyd, in: JEA 68, 1982, 177 denkt an den Persereinfall. – [33] Herodot VII, 1,3. – [34] Herodot VII, 7; Kienitz, Geschichte, 67ff. – [35] Thukydides I, 109f.; Herodot III, 12f.; VII, 7; Kienitz, Geschichte, 69–71. – [36] Thukydides I, 110. – [37] Kienitz, Geschichte, 74f.; neueste Übersetzung der wichtigsten Texte: Delsman, in: TUAT I, 254–8. – [38] Kienitz, Geschichte, 76f. – [39] Ob er von Nepherites getötet wurde, geht aus dem einschlägigen Text (pBrooklyn 47. 218. 151 = Emil G. Kraeling, The Brooklyn Museum Aramaic Papyri, Brooklyn 1953, 283ff.) nicht hervor. – [40] *Dem. Chronik III, 21; IV, 6ff. Zur Dem. Chronik als historischer Quelle zuletzt Johnson, in: Enchoria 4, 1974, 1–17. – [41] Plutarch, Agesilaos, 37–40; Diodor XV, 93,2. – [42] Allgemein zu den ptol. U. s. Préaux, in: CdE 11, Nr. 22, 1936, 522–552; Volkmann, in: RE XXIII, 1600ff. s. v. Ptolemaios; Peremans, Les révolutions égyptiennes sous les Lagides, in: Das ptolemäische Ägypten. Akten des Internationalen Symposiums 27.–29. Sept. 1976 in Berlin, hg. von H. Maehler und V. Strocka, Mainz 1978. – [43] Justinian XXVII, 1,9. – [44] Zusammenstellung der Belege bei Alliot, in: Revue belge de philologie et d'histoire 29, Brüssel 1951, 421ff.; Skeat, in: JEA 59, 1973, 172ff. – [45] Zauzich, in: GM 29, 1978, 157 (früher Anchmachis [*ʿnḫ-m-3ḫt*] gelesen). – [46] 2. Dekret von Philae = Urk. II, 221ff.; Sethe, in: ZÄS 53, 1917, 35–49. – [47] Polybius XXII, 17. – [48] SB, Nr. 5675, 8ff. – [49] Diodor XXXI, 15a, Datierung fraglich: F. R. Walton, Diodorus of Sicily XI, London 1957, 349 Anm. 1. – [50] Diodor XXXI, 17b. – [51] pAmherst II, 32f. = Ludwig Mitteis und Ulrich Wilcken, Grundzüge und Chrestomathie der Papyruskunde, Leipzig 1912, 9. – [52] Polybius XXXI, 17; Diodor XXXI, 17c. 20; Ulrich Wilcken, Urkunden der Ptolemäerzeit I, Berlin–Leipzig 1927, 496ff.; weitere U.: Skeat und Turner, in: JEA 54, 1968, 206–7; Uebel, in: AfP 17, 1962, 147–162. – [53] Diodor XXXI, 18. – [54] Justinian XXXVIII, 8,11ff.; Diodor XXXIV–XXXV, 14; Mitteis, Chrestomathie, 10,8ff.; Valerius Maximus IX, 2, ext. 5; Ampelius, Liber memorialis, 35,5; Volkmann, in: RE XXIII, 1729–1733; Koenen, in: CdE 34, Nr 67, 1959, 103–119. – [55] 123 v. Chr.: Krieg zwischen Hermonthis und Krokodilopolis; Mitteis, Chrestomathie, 11; 122–1 v. Chr.: U. im thinitischen Gau: Papiri greci e latini, Pubblicazioni della Società Italiana III, Florenz 1914, 171,34; 118 v. Chr.: U. in der Thebais in Panopolis: Bernhard P. Grenfell und Arthur S. Hunt, The Tebtunis Papyri I, London 1902, 46 zu pTebtunis I, 5,151ff. – [56] Justinian XXXIX, 5,1. – [57] Jordanis, De summa temporum (ed. Mommsen), Kap. 81. – [58] Pausanias I, 9,3; Paul Collart, Les papyrus Bouriant, Paris 1926, Nr. 10–12; O. Krüger, Papyri russischer und georgischer Sammlungen II, Tiflis 1929, Nr. 10; Friedrich Bilabel, Veröffentlichungen aus den badischen Papyrus-Sammlungen II, Heidelberg 1923, Nr. 16. – [59] Pausanias I, 9,3. – [60] Appian, Bella civilia I, 102; FGrH II, 260 F 2. – [61] Caesar, De bello civili III, 103. – [62] Ebd., 106–112. Ch. L.

Unsterblichkeit s. Sterblichkeit; Leben und Tod

Untersuchungsmethoden. Die U. der altäg. Ärzte erweisen in ihrer Vielseitigkeit einen hohen Grad gedanklicher Durchdringung der jeweiligen Möglichkeiten eines Falles. Zum Teil mutet es wie die Methoden der modernen Naturwissenschaften an, wenn in Form eines Experiments bestimmte Situationen herbeigeführt oder konkrete Sachverhalte durch Befragen des Patienten ermittelt werden, um daraus weitere Schlüsse zu ziehen[1], die Diagnose zu stellen und die Therapie festzulegen. Im einzelnen sind folgende U. bekannt:

a) allgemeine Termini: untersuchen (*ḫ3j* „abwägen") (worunter auch das Messen des Pulses zu rechnen ist); betrachten (*m33*); erschließen (*wpj*); betasten und befühlen (*rdj ḏbʿw* bzw. *ḏrt ḥr*; *dʿr*) (insbesondere bei Wunden, Geschwülsten, Magenerkrankungen). Das Ergebnis ist jeweils die Feststellung (*gmj*), daß die Krankheitserscheinung bzw. der betroffene Körper(teil) sich in einem bestimmten Zustand befindet oder von besonderer Art ist.

b) spezielle Untersuchungsmethoden: 1. Anweisungen an den Patienten, bestimmte Handlungen durchzuführen, und Rückschlüsse aus der Reaktion des Patienten (z. B. pSmith, Fall 32 „Blicke auf deine Brust!", vgl. auch pEbers, Nr. 295; oder pSmith, Fall 48: Beine ausstrecken und wieder krümmen im Falle einer Rückenwirbelverletzung). 2. Ansprechen des Patienten zur Prüfung der Bewußtlosigkeit (pSmith, Fall 22). 3. Prüfung durch den Geruch (z. B. pKahun and Gurob 1,5–8 „nach Braten" oder pSmith, Fall 7 „nach Urin von Kleinvieh")[2].

c) Experimentelle Bedingungen werden auch bei den *Prognosen (med.) geschaffen, um das Geschlecht und die Lebensfähigkeit von Kindern vor der Geburt zu bestimmen.

[1] Z.B. pSmith, Fall 8 (4,7) zur Unterscheidung von zwei äußerlich ähnlichen Fällen, die auf zwei grundverschiedene Ursachen zurückgeführt werden. – [2] Zur Feststellung noch guter Milch wird ebenfalls der Geruch herangezogen (pEbers Nr. 788 und 796).

Lit.: Grundriß der Medizin III, 108–116; IX, 29–30.

W. W.

Unterwelt s. Jenseitsvorstellungen

Unut (*Wnwt*), Herrin von *Wnw* (Name der älteren Hauptstadt des 15. o. äg. *Gaus *Wnwt*)[1]. Es handelt sich wegen der Determinierung des Namens mit der Hieroglyphe Gardiner, EG[3], Signlist, I 12 „aufgerichtete Kobra" seit der Zt der Sargtexte[2] um eine Schlangengöttin, nach Assmann bedeutet er „Die Hurtige"[3]. Als *Schlange gerät U. in den Kreis der *Uräen/Kronengöttinnen[4] unter möglicher Aufspaltung in zwei Göttinnen des Namens Unut[5]. In einem Beleg aus *Dendara wird U. hasenköpfig[6] mit Hasenohren dargestellt[7]; es dürfte eine späte Uminterpretation aufgrund der Schreibung des Namens mit dem Zeichen „*Hase" vorliegen[8]. Hasenköpfige Götter und Göttinnen erscheinen mehrfach in Belegen aus der 21. Dyn., aber nie mit Namensbeischrift[9]; ihre Benennung muß daher offenbleiben.

[1] CT IV, 108 f.; V, 205 m; Lacau–Chevrier, Sésostris Ier, 228, Tf. 3.26; Sethe, Amun, §§ 68 ff.; *Hermupolis magna; *Gauzeichen. – [2] CT V, 205 m; I, 210 f; VI, 76 g. 225 m. 349 a. – [3] Assmann, Liturgische Lieder, 306 mit Anm. 25. Er denkt offenbar an eine Ableitung vom Verbum *wn(j)* „eilen". Dazu dürfte *wnwn* Wb I, 318, 1–9 „sich hin und her bewegen" eine Reduplikationsform sein. In Adolf Erman, Hymnen an das Diadem der Pharaonen, APAW 1911. 1, 53–54 wird der Uräus *Wnwnwt* genannt ... *wn(j)t ḥr ḏt.f* „die an seinen Leib eilte". Vgl. CT IV, 108 f. (Wortspiel zwischen *wnwn/nbt Wnw*); Wb I, 314, 6; Dimitri Meeks, Année lexicographique I (1977), Paris 1980, 77.0934; II, 78.0970; 78.0981. – [4] Otto, in: AnOr 17, 1938, 22–23; Gardiner, in: ZÄS 48, 1910, 49–50 mit Anm. 2; Assmann, a.a.O. (Anm. 3). – [5] Belege in Anm. 4; s. auch *Götterspaltung. – [6] Von den meisten Autoren nach Sethe als Löwenkopf verstanden: Sethe, Urgeschichte, § 32; Kees, Götterglaube, 130; AEO II, 82*; RÄRG, 842; Brigitte Altenmüller, Synkretismus, 41; Emma Brunner-Traut, in: LÄ II, 1023. Die Häsin soll über eine Umdeutung als Löwin Uräusgöttin geworden sein (Otto, a.a.O. [s. Anm. 4], 22). Der einzige mehr oder weniger konkrete Hinweis darauf ist die Umzeichnung Mariettes (s. Anm. 7). – [7] Mariette, Dend. IV, Tf. 81 = ? Brugsch, Thes., 807 (so PM VI, 95, jedoch seitenverkehrt dazu); ohne Namensbeischrift ebd., Tf. 83. Nach Vergleich mit einer Löwengöttin weiter rechts im gleichen Register meint Mariette eine Häsin, nicht Löwin. – [8] Die ältere Theorie der Rekonstruktion eines Hasennumens für die Gottheit des 15. o. äg. Gaus (s. Anm. 1; *Gauzeichen) bleibt trotz Meeks, Année lexicographique I (1977), Paris 1980, 77.0917 Spekulation. – [9] Boeser, Leiden VIII, Tf. 2; Piankoff, Myth. Pap., Nr. 10. 11. 12. 24. 25 (nur einmal handelt es sich [in Nr. 24] mit Sicherheit um eine Häsin).

E. G.

Unwetter. Meteorische Störungen wie Blitz[1] und Donner, Wolken, *Wind und Sturm, *Regen und Hagel[2] gelten in dem im allgemeinen milden, sonnigen und wolkenlosen *Klima Äg. stets als außergewöhnlich. Die Intensität und Häufigkeit von U. unterliegt dabei extremen Schwankungen[3]. Die Auswirkungen eines anscheinend besonders verheerenden U. im thebanischen Bereich sind sogar Thema einer Stele aus der Zt *Ahmoses[4]. Die Quellen zeigen eine ambivalente Einstellung des Ägypters zum U., dessen Phänomene durchaus nicht nur negativ und bedrohlich für den Menschen gesehen werden. Das plötzliche Einsetzen eines U., seine Lokalisierung im Himmel und die Wucht und Kraft, die sich in einem Gewitter entladen, sind Eigenschaften, die dies zum Zeichen für göttliche oder königliche Machtfülle werden lassen können: die Nähe eines Gottes kündigt sich z.B. im Donner an[5], als Wundertat können verschiedene Gottheiten Gewitter und Regen entstehen lassen[6] (*Wunder). Die Stärke des Königs wird zuweilen mit dem Wüten eines U. verglichen[7]. Bei dem in den *Pyramidentexten geschilderten *Himmelsaufstieg des verstorbenen Königs dienen Stürme, *Wind und Hagel sogar als Hilfsmittel[8].

Andererseits bedeuten U. aber Bedrohung und Chaos: für die Menschen besonders als Gefahr bei der *Schiffahrt[9] (der man durch Wettervorhersage zu entgehen versuchte[10]), für den *Sonnengott als Hindernis auf seiner täglichen Fahrt über den Himmel[11]. Hierbei ist es vor allem *Apophis, dem die Stürme und Gewitter zugeschrieben werden und den man durch vielerlei magische Sprüche niederzuwerfen hofft[12]. Zu den Göttern, die für *Re auf der Himmelsfahrt die U. abwehren, gehört als stärkster *Seth[13], der ansonsten selbst „Herr des Gewittersturmes" ist und dessen Stimme im Donner vermutet wurde[14]. Als Zeichen für Chaos dürfte auch das neuntägige U. nach dem mythischen Tod des Götterkönigs *Schu zu interpretieren sein, das auf dem Naos von el-Arish beschrieben wird[15]. Literarisch stehen U. in Vergleichen und Metaphern ebenfalls oft für Gefahr und Verwirrung[16]: Der Sieg des Königs über die Feinde ist wie das „Sonnenlicht, das die Wolken vertreibt, die über Ägypten standen" (*Israelstele)[17]; der Tod ist für den *Lebensmüden „wie das sich Entfernen des Regens" und „wie das Entwölken des Himmels"[18].

Die äg. Bezeichnungen für U. sind vielfältig[19], die Determinative verweisen es entweder in die Kategorie der Himmelserscheinungen oder verbinden das Phänomen U. mit Eigenschaften des Seth[20].

[1] Äg. *sšd*, vgl. Faulkner, CD, 249; Erik Hornung, Das Buch der Anbetung des Re im Westen II, ÄH 3, 1976, 130, Anm. 310; zur Textstelle Urk. IV, 615, 13: Gaál, in: Studia Aegyptiaca 3, Budapest 1977, 29ff. – [2] Die entsprechenden äg. Lexeme sind größtenteils bereits in den Pyr. belegt (vgl. Wb VI). Eingehendere Zusammenstellung des Vokabulars bei Roccati, in: Fs Westendorf I, 343ff. – [3] Vgl. Heinrich Schiffers, Die Sahara und ihre Randgebiete III (Regionalgeographie), München 1973, 458ff.; Heinz Schamp, Ägypten, Tübingen–Basel 1977, 28ff. – [4] Vandersleyen, in: RdE 19, 1967, 123ff.; ders., in: RdE 20, 1968, 127ff. – [5] Besonders spezifisch bei *Re, u.a. als die *Schlange im *Schiffbrüchigen (Z. 57ff.), vgl. Maria-Theresia Derchain-Urtel, in: SAK 1, 1974, 96. 99. – [6] Vgl. Posener, in: Revue de philologie 25, Paris 1951, 162ff. mit Belegen; zum Regenwunder *Marc Aurels vgl. auch noch I. Tóth, in: Studia Aegyptiaca 2, Budapest 1976, 101ff.; beachte daneben die biblische Schilderung des Unwetters als eine der Plagen Ägyptens (Exodus, 9, 13–35). – [7] Siehe Grapow, Bildl. Ausdrücke, 38. 40f.; vgl. z.B. Wb III, 363, 9; Ahmed Abdel-Hamid Youssef, in: ASAE 63, 1979, 190. 197. – [8] Pyr. 309b. 326d. 336b; Winfried Barta, Die Bedeutung der Pyramidentexte für den verstorbenen König, MÄS 39, 1981, 137. – [9] Vgl. z.B. Schiffbrüchiger (Z. 32–33. 101–102); Youssef, a.a.O.; weitere Belege bei Maria-Theresia Derchain-Urtel, in: Fs Westendorf II, 754ff. – [10] Schiffbrüchiger Z. 31–32. 97–98. – [11] Vgl. Assmann, Liturgische Lieder, 131. 235f. (mit Belegen); dazu ders., Sonnenhymnen in thebanischen Gräbern, Theben I, Mainz 1983, 211 (Text 158, 54). 248 (Text 180, a 9). – [12] Vor allem *pBremner-Rhind (23, 9–16); mehrfach auch in den Unterweltsbüchern, vgl. Erik Hornung, Ägyptische Unterweltsbücher, Zürich–München 1972, 45ff. – [13] Vgl. dazu Herman te Velde, Seth, God of Confusion, PÄ 6, 1967, 99f., bes. 102. – [14] Vgl. Zandee, in: ZÄS 90, 1963, 144–156; er ist jedoch nicht spezifisch ein Sturmgott, vgl. Hornung, in: Symbolon N.F. 2, Köln 1974, 55. Zur wichtigen, jedoch zweideutigen Rolle des Seth in der *Heiratsstele s. jetzt Borghouts, in: Fs Gutbub, 13ff. – [15] G. Goyon, in: Kêmi 6, 1936, 14–15. 32. – [16] Vgl. allgemein Grapow, Bildl. Ausdrücke, 38f. – [17] Übersetzung nach Hornung, in: Fs Brunner, 226, Vers 15; vgl. auch Fecht, in: Fs Brunner, 114. 126, zu Vers 15. – [18] Übersetzung nach Winfried Barta, Das Gespräch eines Mannes mit seinem BA, MÄS 18, 1969, 28. – [19] Vgl. Wb VI, 166, s.v. Unwetter; AEO I, 5*f.; Roccati, in: Fs Westendorf I, 343ff. – [20] Vgl. dazu te Velde, a.a.O. (s. Anm. 13), 22f. U.V.

Upe (äg. MR *ꜣá-pu-m*[1], NR *u-pí*[2], hethitisch u-pí[3], ú-up-pa[4], a-ba[5], a-bí-na[6] [a-be-na][7], EA ú-bi/-be, hebräisch חוֹבָה[8]), Bezeichnung des Gebietes von *Damaskus. Die *Ächtungstexte des MR teilen es in ein nördliches und ein südliches ein[9]; später ist U. auch in Mari-Texten belegt[10]. In der Amarna-Zt wird es vom Fürsten *Birjawaza von Damaskus beherrscht, der gleichzeitig die äg. Provinzialverwaltung in der Stadt *Kumidi schützt[11], welche ihrerseits dem König *Arawana untersteht[12]. Damals ist U. Angriffen des *Aitakama von *Qadesch und des *Aziru von *Amurru ausgesetzt[13]. Die Stadt Ruhizzi, die zu U. gerechnet wird, geht damals unter ihrem Fürsten *Arzawija zu Aitakama über[14]. Man fordert vom äg. König den Einsatz des *Janhamu, um mit Hilfe des rabisu von U. in Kumidi Amurru zurückzugewinnen[15]. *Suppiluliuma greift nach der Ermordung seines Sohnes Zananza U. und Amqa (*Amka = Beqʿa) an[16].
Unter *Ramses II. stoßen die Hethiter nach der Schlacht von Qadesch nach U. vor[17], doch bleibt es äg. Herrschaftsgebiet. Der Verwaltungssitz Kumidi heißt damals „Riamassesamaiamana, das in U. liegt"[18], unter *Merenptah vielleicht „Stadt des Merenptah im Gebiet des Aramäers"[19].
Nach einem Titel eines „Boten in die Hurri-Länder von *Sile bis Upe"[20] ist U. nördlicher Endpunkt des äg. Gebiets. U. galt auch als Herkunftsort von Wagenteilen[21].

[1] Ächtungstexte, s. Helck, Beziehungen², 56 (33–34). – [2] pAnast. I, 22, 6; III, 1, 10; IV, 16, 11; die Schreibung  ist wohl wegen der in ramessidischer Zt häufigen Vermengung von  und  im Hieratischen als * aufzufassen. – [3] KUB III, 57 vso 4. – [4] KBo I, 4 II 43. – [5] KBo VIII, 38 vso 5'; KUB XXI, 17 I 18–20. – [6] KBo I, 1 rto 40–44. – [7] KBo I, 2 rto 22'; s. Giuseppe F. del Monte und Johann Tischler, Repertoire géographique des textes cunéiformes 6. Die Orts- und Gewässernamen der hethitischen Texte, Wiesbaden 1978, 457. – [8] Gen. 14, 15. – [9] S. Anm. 1. – [10] A-bi-im^{ki} und ^{mat}A-bi-im^{ki}: Dossin, in: Syria 20, 1939, 109. – [11] EA 194–7. – [12] EA 198; als Ariwana, König von Apina, im Sattiwaza-Vertrag (KBo I, 1 rto 43–44) erwähnt; cf. Edward F. Campbell, The Chronology of the Amarna Letters, Baltimore 1964, 131. – [13] EA 174–9; Thureau-Dangin, in: RA 19, 1922, 95; EA 197; cf. auch EA 54–55. – [14] EA 191–192. – [15] EA 107. – [16] KBo VIII, 38. – [17] KUB XXI, 17 I 14ff. (mit Duplikat KUB XXXI, 27 2–8); s. Edel, in: ZA 15, 1950, 212. – [18] Edel, in: Geschichte und Altes Testament. Beiträge zur historischen Theologie 16 (Fs Alt), Tübingen 1953, 44–45. – [19] pAnast. III vso 5, 5. – [20] pAnast. III, 1, 9. – [21] pAnast. IV, 16, 11.

Lit.: Helck, Beziehungen², 271; Shmuel Aḥitov, Canaanite Toponyms in Ancient Egyptian Documents, Jerusalem–Leiden, 1984, 193–4; Jorden A. Knudtzon, Die El-Amarna Tafeln, Leipzig 1915, 1111ff. W.H.

Upset s. Wepset

Upuaut, *Wp(j)-wꜣ(j)wt* („Wepwawet"), canidengestaltiger Gott; Vokalisation des Namens zu erschließen als Upoi < Upwoi aus theophoren

Personennamen auf -οφωις, -(ο)υφωις (und Varianten)[1]. Er bedeutet „Wegeöffner“[2]. U. wird als stehender, seltener als liegender *Hund/*Schakal schwarzer („Erlesenheits“)-Farbe[3] dargestellt. Die Griechen bezeichneten seinen Hauptkultort *Assiut als Λύκων πόλις[4], ihn selbst (fälschlicherweise) also als „Wolf“[5]. Er erscheint meist auf einer Götter-*Standarte; diese besitzt vorn einen *šdšd* genannten „Wulst“ und kann mit einem *Uräus versehen sein[6]. U. vereint in sich zwei ganz verschiedene Eigenschaften, nämlich die einer kämpferischen Gottheit[7] und die eines *Totengottes. Beide werden (hypothetisch) auf von den Ägyptern bei den Caniden beobachtete Eigenheiten dieser Tiere zurückgeführt: Ihr „stürmisches Dahinjagen“ einerseits und ihr euphemistisch als „Bewahren“ umgedeutetes Aufstöbern von im Sand verscharrten Leichen andererseits[8]. Eine weitere Möglichkeit, warum U. Friedhofsherr (von *Abydos) geworden sein könnte, liegt in der Lage und dem Namen seines Hauptkultortes (As)siut: *Z3wt(j)* „Wächter“; es handelt sich um eine strategisch wichtige Stelle im Niltal, deren Name als Eigenschaft auf den Ortsgott projiziert sein könnte[9]. Die Inschriften abydenischer *Stelen des MR lassen erkennen, daß U. zu Anfang der 12. Dyn. in Abydos *Anubis als Herrn der Nekropole ablöste und dort auch noch Lokalgott wurde[10]. Im Rahmen der *Götterspaltung unterscheiden die Ägypter einen o. und u.äg. U.[11]; vielleicht geht letzterer aber auf einen Schakalkult im Delta zurück[12]. Die Götterstandarte des U. versinnbildlicht den kämpferischen Aspekt des Gottes und gehört zu den am frühesten (vordyn. Zt) bezeugten Schutzmächten des Königs[13]; sie wird bei *Götterprozessionen oder kgl. Auszügen (*Horusgeleit, *Sedfest, *Prozession) vorweggetragen, um „den Weg zu öffnen“[14]. In Abydos bedeutet sie bzw. stellt sie die Besiegung der Feinde des *Osiris dar; U. gilt als „streitbarer *Horus“ (*Ḥrw šn(j)*), also als Sohn des *Osiris[15]. U. wird auch sonst als Schutzgottheit empfunden; Beispiele im *Totenbuch[16], im *Amduat, in den *Stundenwachen, im *Geburtshaus; im Notfall kann man von ihm Hilfe gegen ein *Krokodil erbitten[17] (*Wunder). Wegen seiner Rolle als Sohn des Osiris nennt man *Isis Mutter des U.[18]; dagegen entstammt er nach einer älteren *Ätiologie der *jzrt*-*Tamariske bzw. dem „Scheitel“ der *s3rt*-Pflanze[19]. Upuaut-*Re ist eine in Abydos belegte heliopolitanische Form des U.[20], daneben sind Gleichsetzungen mit *Harendotes und Herischef (*Harsaphes)[21] zu erwähnen. Upuaut-Feste: Auszug des U. (*pr(j)t Wp(j)-w3(j)wt*) im I. *3ḫt* (*Feste, *Hakerfest); Prozession von Assiut zu *Anubis von *R3-qrrt* am ersten Schalttag[22] (*Götterbesuch). Weitere Kultorte: *Quban; el-*Hagarsa[23]; *Memphis und *Sais (Gastkulte[24]); fraglich: *Pr(w)-Sḫmj*[25].

[1] Fecht, Wortakzent, § 94 Anm. 150; Osing, Nominalbildung, 623 Anm. 636. – [2] Ursprünglich vielleicht nur ein genereller (Bei)name eines Schakal- oder Hundenumens. Vgl. *Wp(j)t-w3(j)wt* als Beiname der *Neith. – [3] Es handelt sich nicht um eine Naturfarbe, s. Gaillard, in: ASAE 27, 1927, 42. – [4] AEO II, 74*. – [5] Trotz der eindeutigen Aussage von Gaillard, in: ASAE 27, 1927, 33 ff., daß Wolfsmumien (*Djefaihapi) in Äg. nicht gefunden wurden (ebenso *Fauna), wird U. im LÄ s.v. *Anubis als Wolf bezeichnet. – [6] Vgl. Helck, in: ArOr 18, 1950, 130. Der *šdšd* kann auch als Feder umgedeutet werden. – [7] Seine Attribute sind u.a. Bogen und Keule. Vgl. den Hymnus der Stele Michailidis B bei Munro, in: ZÄS 85, 1960, 64, Tf. 5. Häufig erscheint er auch mit dem *Sechem(-*Zepter). – [8] Zuletzt so Barta, in: LÄ V, 526 f. s.v. *Schakal. – [9] Zuletzt so Beinlich, in: LÄ I, 489 f. s.v. *Assiut. – [10] Joachim Spiegel, Die Götter von Abydos, GOF IV. 1, Wiesbaden 1973, 54–59. – [11] Später Reflex davon bei Clemens Alexandrinus V, 7, 43: RÄRG, 843. – [12] Kaplony, Beitr. Inschriften, 189. – [13] Beispiel: Palette des Königs *Narmer. – [14] Die Upuaut-Schakale können auch mehrfach quasi als „Rudel“ dargestellt werden; vgl. Kees, in: ZÄS 57, 1922, 135. – [15] Helck führt (in: ArOr 20, 1952, 72 ff.) diese Episode der sog. Osiris-*Mysterien auf das thinitische kgl. *Bestattungsritual zurück, als Auszug des neuen Königs nach dem Tode seines Vorgängers. In Parallele dazu stehe der sog. Besitzergreifungslauf des *Sedfestes, in dem U. eine ähnliche Rolle spiele. – [16] Kapitel 44. 172. – [17] S. Brunner, in: MDAIK 16, 1958, 5 ff.; *Sched. – [18] Münster, Isis, 118 f. 187. – [19] In *Pyramiden- bzw. *Sargtexten. Belege bei Karola Zibelius, in: LÄ II, 659–60 Anm. 5. – [20] Kees, in: ZÄS 57, 1922, 135 f. – [21] BM 447; ÄHG, Nr. 206. – [22] Vgl. auch Diodor I, 18; Anubis und U. als kriegerische Söhne des Osiris (RÄRG, 844). – [23] Zu dem darin genannten „Ort“ *šn-ḥr* (d.h. *Ḥrw šn(j)*) s.o. und Helck, in: ArOr 20, 1952, 74 Anm. 8. – [24] Brigitte Altenmüller, Synkretismus, 83. – [25] AEO II, 75*.

Lit.: RÄRG, s. v. Upuaut.–Liste von Epitheta (MR): Joachim Spiegel, Die Götter von Abydos, GOF IV. 1, Wiesbaden 1973, 179–180. E. G.

Uputa s. Iuput

Uräus

Uräus, besser weiblich wie im Altäg.: Uräusschlange[1]. Das griech. Wort οὐραῖος[2] ist nur bei *Horapollo belegt[3] und bezeichnet dort die griech. sonst βασιλισκός[4] benannte *Schlange an der Stirn von Göttern und Königen, eine sich aufbäumende, giftspeiende Kobra[5].

Archäologisch ist diese Uräus-Schlange zuerst als apotropäischer Stirnschmuck an der Kopfbedeckung des Königs belegt. Wenn sich auch ihre Ätiologie nicht schlüssig beweisen läßt, so hat doch die Theorie, daß sie, neben anderen Ornatbestandteilen (*Ornat), aus dem libysch-nomadischen Bereich – die Haarlocke, die die *Libyer an der Stirn tragen, transformierend – übernommen wurde[6], eine gewisse Wahrscheinlichkeit für sich[7]. Eine solche Umdeutung wäre nicht vorstellbar ohne religiös-mythische Vorstellungen, wie sie in den Pyr. schon sehr ausgebildet entgegentreten (einerseits die Beziehungen *Horusauge = Sonnenauge zur Stirnschlange, andererseits die der kobragestaltigen u. äg. Kronengöttin *Uto betreffend[8]) und auf lange Überlieferung zurückgreifen.

Wenn auch das Wort U. ursprünglich, wie erwähnt, nur auf die Bezeichnung Horapollos als der goldenen Stirnschlange der Götter zurückgeht, so ist der Begriff U. im altäg. wie ägyptologischen Sprachgebrauch doch sehr viel weiter zu fassen. Zunächst gilt festzuhalten, daß die *Schlange eine Tiermacht (*Götter, Tier-) ist, die wegen ihrer Gefährlichkeit zur Gottheit erklärt wurde (wobei ihre unerwünschten Eigenschaften nur gegen Feindliches gerichtet wurden), deren Regenerationsvermögen (durch die Häutung augenscheinlich) Identifizierung anstreben ließ[9] und die auf den verschiedensten Ebenen Verehrung fand. Eine bemerkenswerte Rolle spielen dabei die Kobras, deren geläufigste Verkörperung die Uräus-Schlange ist.

Ob Uräenfriese[10] grundsätzlich auf die Schlange als (degeneriertes) Sonnentransporttier hinweisen[11] und nicht auch und ursprünglich zunächst apotropäischen Charakter haben, muß zumindest fraglich bleiben, wenn auch eine solche Bedeutung sicher bisweilen sich aufzudrängen scheint.

Die Göttin, die in erster Linie als Kobra gesehen wurde, ist die u. äg. Kronengöttin *Uto. In vielfacher Beziehung steht die U. zu den *Augensagen (*Auge, Horusauge, Sonnenauge, *Mond, *Seth, *Horus, *Re). Die Bezeichnungen der Uräus-Schlange wie *ȝḫt, jȝbt, wʿt, wrt* werden ebenso für die Augen gebraucht. Auch das häufige Beiwort *wrt-ḥkȝw* kommt daher und geht über die Stirnschlange auf die *Kronen über, für die es häufig als Bezeichnung verwendet wird. Die Eigenschaften des Horus-/Sonnenauges, unter denen *Feuer und *Gifte, die sie aussenden, eine wichtige Rolle spielen, sind geradezu typisch für die U.[12] und sind gegenseitig substituierbar.

Verbunden wird die Uräus-Schlange als Stirnschlange mit den Königsgöttern Horus und Seth, v. a. aber mit dem König und dem *Sonnengott, deren *Diadem in besonderer Weise die Uräus-Schlange ist, wobei die jeweilige Priorität sich anhand der textlichen Quellen nicht klären läßt. Über die Verbindung Sonnenauge und Tochter des Re[13] (s. auch *Maat) können fast alle weiblichen Gottheiten mit der U. gleichgesetzt werden (s. v. a. *Bastet, *Chensit, *Hathor, *Iu(e)s-aes, *Mehit, *Menhit, *Nechbet, *Pachet, *Repit, *Sachmet, *Schesemtet, *Sent-Nofret, *Tefnut, *Unut, *Wepset, *Werethekau, die eigentliche Kronengöttin), so daß schließlich die Uräus-Hieroglyphe

als Determinativ für Göttin stehen kann[14].

Wegen ihrer Gefährlichkeit, selbst für den Träger, muß sie ständig durch berauschende *Räucherung[15] und beschwörenden Hymnengesang[16] befriedet werden (*Besänftigung).

Auf bildlichen Darstellungen[17] findet sich schon im AR die U. als Stirnschmuck bei der Göttin Uto[18] sowie beim König, wenn er *Stirnband bzw. *Kopftuch trägt. Im Laufe des MR begegnet die U. auch an den Landeskronen sowie manchmal am Haupt bzw. an der *Geierhaube von Königsgemahlinnen[19], dann auch der *Gottesgemahlinnen, ebenso bei Darstellungen des Sonnengottes, wobei die U. auch nach und nach von den synkretistisch mit diesem verbundenen Göttern getragen wird, bis schließlich nahezu jede Gottheit sie tragen und sie mit jeder Krone verbunden werden kann. Die Uräus-Schlange bleibt auch in der Amarna-Zt, wo derartige Tiermächte sonst rücksichtslos ausgemerzt werden, immer mit den Kronen und dem Strahlenaton verbunden.

Es fehlt auch nicht an Versuchen, die U. zu verdoppeln[20] bzw. zu vervielfachen. Die Zweizahl geht auf die beiden Augen zurück (Tag- und Nachtauge, Sonne und Mond), die beiden Landeshälften und ähnliche dualistische Vorstellungen[21]. Eine Vervielfachung der U. dient der Potenzierung ihrer Macht[22], wobei bestimmte Vielfache immer wieder begegnen, z. B. 7, 9, 12 (*Symbolische Zahlen). Uräen kommen im Königsornat nicht nur an der Stirn vor, sondern auch am Gürtelgehänge, häufig in der Siebenzahl (zum Schutz der *Fruchtbarkeit?). Neben anderen kgl. Insignien wird die Uräus-Schlange auch von Privatleuten usurpiert[23] (s. auch *Halsschmuck), dient als machtgeladenes Zeichen in sinnfälliger Verwendung an Geräten (so z. B. *Krummschwert, *Meßschnur, *Sistrum)[24] und wird nicht zuletzt ein beliebtes *Amulett[25] (s. auch *Herrschaftsembleme). U. werden häufig auch, v. a. wenn sie eine Schutzfunktion erfüllen[26], mit Flügeln versehen[27].

Bei der Fahrt des Königs mit Re im Jenseits begegnen allenthalben hilfreiche Uräen[28]. Feuerspeiende Kobras dienen als Wächter des *Flammensees, der bisweilen auch See der Uräen heißt. Göttinnen, die in Form einer Kobra verehrt werden, aber ursprünglich mit der Stirnschlange nichts zu tun haben, sind z. B. *Kebehut, *Meresger und *Renenutet.

[1] Die U. ist als altäg. stets weiblich, nur mit weiblichen Gottheiten verbunden. Zum Geschlecht wie zur Herkunft des Wortes s. auch Leclant, in: Mél. Masp. I. 4,76–77 Anm. 2. – [2] Früher von *jʿrt* „Die sich aufrichtende (Schlange)" abgeleitet (Erman, in: ZÄS 46, 1909, 99–100. 102–3); vgl. Leclant, op. cit., der eher an eine Etymologie aus dem Griech. denkt. Seit Fecht, Wortakzent, Anm. 490 und Osing, Nominalbildung, 196 mit Anm. 872 leitet man U. von *wrrjt* (Wb I, 333, 13) ab. – [3] Horapollo, Hieroglyphica I, 16 (vgl. dazu van de Walle und Vergote, in: CdE 18, Nr. 35, 1943, 40–41). – [4] Zu dieser Bezeichnung und vor allem zur Beziehung Basilisk-Uräus s. Goosens, in: AIP 2, 1934, vor allem 433–449. – [5] Zur Frage, welche Giftnatter der U. entspricht, s. Störk, in: LÄ V, 646, wobei zu bedenken ist, daß die Ägypter wahrscheinlich nicht streng wissenschaftlich bei der Auswahl vorgegangen sind und nicht eine zoologisch genau bestimmbare Spezies im Auge hatten. – [6] So Helck, z. B., in: Anthropos 49, 1954, 966–967. – [7] Es läßt sich eine frappierende Ähnlichkeit zwischen der Haartracht der Libyer mit langem Haar und Stirnlocke (Borchardt, Sahure II, Bl. 1. 5. 6) und dem Königskopftuch mit dem Stirnuräus feststellen (Inscr. Sinai I, Tf. 1, Nr. 2 rechts und 8 Nr. 14). Und nur auf dem Königskopftuch und an der Stirnbinde (s. dazu Schäfer, in: ZÄS 41, 1904, 62–65) läßt sich die Uräus-Schlange zuerst nachweisen; bei den anderen Kopfbedeckungen des Königs fehlt zunächst die Uräus-Schlange. – [8] Wenn man wie Helck, op. cit. im Königskopftuch den Geierbalg (o. äg. Kronengöttin) sieht, läßt sich mit der fast immer mit ihr verbundenen Uräus-Schlange (u. äg. Kronengöttin) ein symbolisches Verbinden der beiden Kronengöttinnen in einer Kopfbedeckung sehen. – [9] Zur ursprünglichen Bedeutung „Schlangenleib" des Wortes *ḏt* = Leib (auch zum Verhältnis *ḏt*-Schlange – Horusauge – Uräus) s. Anthes, in: Studia Aegyptiaca 9, Budapest 1983, 63–88 (verbesserte Form von id., in: Fs Struwe 1962, 32–49). – [10] Wie sie auf Stelen und Bauwerken erhalten sind (*Alexandria, *Bauschmuck, *Djoser-Südgrab, *Kiosk, *Schranken). – [11] So Westendorf, vor allem in: SAK 6, 1978, 201–225. – [12] Umgekehrt kann z. B. *tkꜣ* = *Lampe mit einem Gefäß, aus dem eine Natter züngelt, determiniert werden (Pyr. 606a oder Abdel-Moneim Abu-Bakr, Excavations at Giza 1949–1950, Kairo 1953, Tf. 30B). – [13] Barta, in: LÄ V, 173. – [14] Schon in den Pyramidentexten (z. B. Pyr. 606b); zu einer anderen Herleitung dieses Determinativs s. Arkell, in: JEA 19, 1933, 176. – [15] Alexandre Moret, Le rituel du culte divin journalier en Egypte, Paris 1902, 233. – [16] Zu solchen Hymnen s. Adolf Erman, Hymnen an das Diadem der Pharaonen, APAW 1911. 1. – [17] Zur Form, die die U. im Laufe der Zeiten hat, s. Evers, Staat II, 22–28; vgl. auch Paule Kriéger, in: RdE 12, 1960, 42–44. – [18] Z. B. Borchardt, Neuserre, Abb. 6 = Bl. 16 oder id., Sahure II, Bl. 21. – [19] Während Nebenfrauen statt dessen bisweilen Gazellen als Diademschmuck tragen (s. Herbert E. Winlock, The Treasure of Three Egyptian Princesses, PMMA 10, 1948, 3 (Anm. 1). 17, Tf. 6. 7. 41) – Gazellenkopf an der Krone statt U. hat auch *Reschef. – [20] Zur Ikonographie des Doppeluräus s. Deonna, in: Artibus Asiae 17, Ascona 1954, 273–274. – [21] Die *Flügelsonne ist seit dem AR mit 2 U. gebildet (s. Werbrouck, in: CdE 16, Nr. 32, 1941, 165–171). Ein Gott, der häufig mit 2 U. dargestellt wird, ist *Month (s. Leclant, op. cit., 76–79). Die Könige der 25. Dyn. tragen fast stets 2 Uräus-Schlangen (s. Edna R. Russmann, The Representation of the King in the XXVth Dynasty, MRE 3, 1974, 35–42). Manchmal kommen statt 2 U. eine U. und ein Geierkopf vor. – [22] Teje trägt z. B. 3 U. (CG 609 u. ö.); manche Königsgemahlinnen tragen einen Uräenkalathos, ebenso wie Göttinnen, die darauf noch gern Kuhgehörn mit Sonnenscheibe gesetzt haben. – [23] Z. B. an der Mumienmaske eines Chnumhotep (Hayes, Scepter I, 310, Abb. 201). Auf Särgen vom NR ab begegnen sehr häufig die Uräen. Nachträglich eingesetzt ist die Uräus-Schlange bei Prinzen, nachdem sie König geworden waren, z. B. *Neferirkare, *Merenptah, *Ramses VI. (s. Sethe, in: Borchardt, Sahure II, 90). Nicht Usurpierung, sondern (moderne) Wertsteigerung eines Objekts liegt z. B. vor bei der Holzstatuette eines Mannes: Marseille Inventar Nr. 217 (Monique Nelson, Catalogue des Antiquités égyptiennes. Collection des Musées d'Archéologie de Marseille, Marseille 1978, 24–25, Nr. 20). – [24] Zu Haarnadeln in Form eines U. s. Hayes, Scepter II, 21. 63. – [25] Sie kommt auch sehr häufig vor auf *Skarabäen (s. Elisabeth Staehelin, in: Erik Hornung und Elisabeth Staehelin, Skarabäen und andere Siegelamulette aus Basler Sammlungen, Mainz 1976, 134–135; schon auf dem Wah-Skarabäus, s. Giveon, in: LÄ V, 969–970 und Abb. f) und auf den *Zaubermessern des MR (Hartwig Altenmüller, Die Apotropaia und die Götter Mittelägyptens, Diss. München 1965, Nr. 1. 10. 20. 26. 27. 56. 59. 66. 77. 93. 101. 103. 120. 122. 127. 128. 132). – [26] Diese Funktion üben sie sicher auch aus, wenn sie paarweise den Königsring einfassen. – [27] Sie können dann auch den Himmel darstellen (*Himmelsvorstellungen). – [28] Etwa im Amduat (z. B. 7. Stunde, 1. Szene; 8. Stunde, 10. Höhle; 9. Stunde, 6. Szene; 11. Stunde, 5. und 8. Szene), im Pfortenbuch (z. B. an den Pforten, 17. 41. 68. 73. 76. 78. Szene), im Höhlenbuch (z. B. 1. Abschnitt, 1. Register) oder im Buch von der Erde (z. B. Teil A, 2., 7. und 10. Szene; 4. Register, Teil D, 2. 4. 8. 9. Szene).

Lit.: Louis Keimer, Histoires de serpents dans l'Égypte ancienne et moderne, MIE 50, 1947, bes. 4–20; RÄRG, 844–847.

K. M.

Urei s. Ei

Urgewässer. Der Name des U. lautet *njw*[1]. Im *Wortspiel mit dem Verbum *njnj* „ermattet, müde sein" wird das U. als bewegungsloses, träges Element charakterisiert[2]. Es ist ein unbegrenztes Wasser und gehört an den Uranfang[3], also zum Chaos, und damit in eine Zeit, als die geordnete Welt noch nicht erschaffen worden war. In ihm lebte die Urschlange *Kematef, und die *Apophis-Schlange entstand dort aus dem *Speichel der Urgöttin *Neith[4]. *Atum und *Ptah hielten sich als Schöpfergottheiten schon vor der Weltentstehung dort auf[5].

Die erschaffene Welt schwimmt als flache Scheibe – einer Nilinsel ähnlich – auf dem U.[6], aus dem sie einst als *Urhügel auftauchte[7]. Auch die von

Urfinsternis umgebenen, zum Chaos gehörigen Randzonen des Kosmos ruhen im Urgewässer[8]. Das U. umspült demnach nicht nur die Erde, sondern dehnt sich auch „zwischen Himmel und Gegenhimmel", also unter ihr, als Grundwasser aus[9]. Ebenso wird das als Überhimmel zu verstehende Leibesinnere der Himmelsgöttin *Nut vom U. durchströmt[10]. Auch der *Nil mit seinem Überschwemmungswasser entspringt ihm, und der *Regen wird als U., das zum Himmel erhoben worden ist, gedeutet[11]. Selbst der alles belebende Lufthauch entstammt dem Urgewässer[12]. Beim Weltende schließlich versinkt die Erde wieder im U.[13], dessen Existenz vom Untergang der *Schöpfung unberührt bleibt. Im U. lebt der *Schöpfergott dann weiter als *Schlange[14]; denn der *Tod besitzt dort keine Macht[15].

In den Fluten des U. schwimmt die Urkuh, die als *Mehet-weret, *Ihet oder Neith[16] das Gewässer selbst verkörpern kann. Allabendlich versinkt auch der *Sonnengott im U., wo er von der Urkuh empfangen und am nächsten Morgen wiedergeboren wird[17]. Auch auf der *Lotos-Blüte kann der Sonnengott am Morgen aus dem U. hervorkommen[18]. Ebenso wie die Sonne tauchen die *Sterne beim Untergehen ins U. ein. Die *Dekansterne halten sich dabei als *Fische jährlich 70 Tage unsichtbar dort auf[19]. Für den Verstorbenen gilt das gleiche wie für den Sonnengott; denn auch er wird im U. empfangen und wiedergeboren[20]. Selbst der Schläfer (*Schlaf) verjüngt sich nachts in ihm[21].

Mythologisch personifiziert sich das U. in *Nun, dem *Urgott, der zusammen mit seinem femininen Komplement Naunet zur *Achtheit von *Hermupolis gehört.

[1] Edel, Altäg. Gramm., § 31. § 50. – [2] CT V, 312e–f; 316f–g; vgl. Wb II, 275,7. – [3] Vgl. LD, Text III, 118; Edfou I, 99,4. – [4] Sauneron, in: Mél. Mar., 235f.; Esna III, 32. – [5] Urk. V, 6,10; 7,5 (Tb 17); Urk. VIII, 117. – [6] BAR IV, § 308. – [7] Zu den kosmologischen Vorstellungen der Ägypter vgl. z.B. Heinrich Schäfer, Ägyptische und heutige Kunst, und Weltgebäude der Alten Ägypter, Berlin–Leipzig 1928, 83ff.; Kurt Sethe, Altägyptische Vorstellungen vom Lauf der Sonne, in: SPAW 1928, 259ff.; Kees, Totenglauben², 59ff.; Hornung, in: ZÄS 81, 1956, 28ff. – [8] Neugebauer–Parker, Astronomical Texts I, Tf. 46 (Text L). – [9] LD III, 150a. – [10] Winfried Barta, Die Bedeutung der Pyramidentexte für den verstorbenen König, MÄS 39, 1981, 85. – [11] Wolf, in: ZÄS 64, 1929, 30f. – [12] Davies–Gardiner, Ḥuy, Tf. 38, C Z. 3. – [13] Tb (Hornung), 175,35–37. – [14] Tb (Hornung), 175,38–40. – [15] Schott, in: NAWG 1957. 3,55; vgl. auch Pyr. 1466d. – [16] Vgl. Pyr. 507a–510d oder Esna III, 33. – [17] CT IV, 244a; Urk. V, 36,15ff. (Tb 17); Urk. IV, 942,15; Esna III, 31; Lanzone, Dizionario II, Tf. 177,1; Sethe, Amun, § 57. §§ 173–177; CG 606. – [18] Erman, in: ZÄS 38, 1900, 24; Drioton, in: ASAE 44, 1944, 117 (Urk. VIII, 114 Nr. 142). – [19] Neugebauer–Parker, Astronomical Texts I, Tf. 53. – [20] Pyr. 132c. 1701a–b; CT IV, 182i–k. – [21] pChester Beatty IV recto 11,8–10; vgl. de Buck, in: MVEOL 4, 1939, 6ff. W.B.

Urgott. A. *Definition:* Der äg. Name *pꜣwtj* „der zur Urzeit Gehörige" (Wb I, 496; dazu fem. *pꜣwt(t)* und Pl. *pꜣwtjw*, a.a.O., 497) leitet sich von *pꜣwt* „Urzeit" (Wb I, 496)[1] ab, womit „die Welt vor der Schöpfung"[2] gemeint ist, eine Zeit, die vornehmlich durch Ausdrücke des „Noch-Nicht" definiert ist, z.B. das Chaos bzw. die Undifferenziertheit („als noch nicht zwei Dinge entstanden waren")[3] oder die *Dunkelheit, als die Urfinsternis[4] herrschte und das *Licht noch nicht geschaffen war (*Urhügel, *Flammeninsel), oder die Bewegungslosigkeit, repräsentiert durch das *Urgewässer *Nun. Es fehlen noch die zyklischen Lebensabläufe des Entstehens und Vergehens (*Leben und Tod), der Wechsel von Geburt und Tod. Diese Charakterisierung der Urzeitlichen deckt sich mit den für die Djet-Ewigkeit[5] definierten Eigenschaften: Für die Repräsentanten der Neheh-Ewigkeit ist die Urzeit nicht nur der Ausgangs- und Entstehungspunkt, sondern auch Ziel- und Regenerationsort nach Ablauf des Zyklus. Sonnenuntergang oder Thronwechsel stürzen den Kosmos bzw. den Staat immer wieder in das Chaos der Urzeit zurück, die Geschöpfe (Sonne oder König) werden wieder „Eins" mit ihrem Ursprung, oder anders gesagt: die Djet-Ewigkeit ist eine Art permanente Prä-Existenz für die Elemente der Neheh-Ewigkeit[5].

B. *Urgott und *Schöpfergott:* Da sich die Urzeit mit ihrem „Noch-Nicht" gegenüber der aus ihr resultierenden Schöpfung dialektisch (*Dualismus) definiert, ist der „Ursprung des Schöpfungsaktes dem Urgott inhärent"[6], d.h. der U., der selbst nicht geboren wurde (*jwtj msjtwf*)[7] und von selbst entstanden ist (*ḫpr ḏs.f*)[8], setzt die Schöpfung in Gang (*šꜣꜥ ḫpr*)[9] in einem Akt des ersten Males (*zp tpj*)[10], er verwandelt sich in die Schöpfung, wird zu seinen Geschöpfen, ist der „Eine, der sich zu Millionen machte"[11]. – Selbst sekundäre Schöpfergottheiten, allen voran der *Sonnengott, der selbst ein Geschöpf der Urzeitlichen ist, reklamieren für sich die Urgott-Eigenschaften[12], denn „Größe und Rang eines Gottes bemessen sich nach seiner Beziehung zum Ursprung"[13]. – Die Grenze zwischen Ur- und Schöpfergott ist daher häufig fließend, mitunter aber auch deutlich als zwei Aspekte desselben Gottes herausgestellt[14].

C. *Repräsentanten der Urzeit:* Der schon erwähnte Nun bildet zusammen mit anderen U. die *Achtheit (*Götterkreis) von *Hermupolis, die ihrem urzeitlichen Wesen gemäß in *Amphibien/Reptilien-Gestalt auftritt: die vier männlichen Mitglieder mit Frosch-, die vier weiblichen mit Schlangenkopf. Ihr wesentlichster Vertreter, *Amun (LÄ I, 244), kann in Verbindung mit *Kematef als *Schlange erscheinen; auch sein Name „Verborgener", d.h. Nicht-Sichtbarkeit, enthält das für die Urzeit typische Negations-Element. – Ebenfalls schon im Namen ist die Urgott-Qualität bei *Atum (Nichts bzw. Alles) ausgedrückt; seine Erscheinungsformen *Aal und Schlange (Tb 175) betonen seinen Urgott-Charakter ebenso wie seine Verbindung zum *Urhügel. – In Schlangengestalt erscheint auch *Nehebkau, der als Schöpfer des Sonnengottes in Konkurrenz zu Atum tritt (LÄ IV, 388). – S. ferner *Chnum, *Heka, *Nefertem, *Phönix, *Ptah-*Tatenen, *Thot (LÄ I, 427,33) sowie die Göttinnen *Ihet, *Mehet-weret, *Neith.

D. *Besonderheiten und Einzelheiten:*

1. Gemäß der Definition „als noch nicht zwei Dinge entstanden waren" sollten die U. hinsichtlich ihres Geschlechtes noch nicht differenziert sein, d.h. entweder ohne Geschlecht bzw. doppelgeschlechtlich. Doch schon die Achtheit tritt paarweise auf, und die Urgott-Eigenschaften beanspruchenden Götter sind entweder männlich oder weiblich, die nur in ihren Beiworten zum Ausdruck bringen, *Vater und *Mutter zugleich zu sein (*Götter, androgyne). Dieser Widerspruch wird noch vermehrt durch den Hinweis auf die oben (unter A) festgestellten Übereinstimmungen zwischen der Urzeit und der weiblichen Ewigkeit Djet. Aus alledem läßt sich schließen, daß die vor der Zweiheit liegende Einheit eine relativ junge Vorstellung ist, die den vorhandenen Größen sekundär (und zum Teil auch künstlich wirkend) beigefügt wurde[15].

2. Obwohl die U. weder geschaffen noch sterblich sind[16], werden sie (insbesondere in der SpZt) in den Neheh-Zyklus einbezogen, d.h. es werden ihre Geburtstage genannt (LÄ II, 478 Anm.5) und ihre Grabstelle in *Djeme vom Kult erfaßt (LÄ II, 725 s.v. *Göttervorfahren).

3. Eine Besonderheit stellen die „partiellen" U. dar, die aus den Repräsentanten der beiden Ewigkeiten synkretistisch zusammengebunden und somit an der Schaffung und Erhaltung des Lebens ebenso beteiligt sind wie am Lebensablauf selbst, z.B. Amun-Re oder *Osiris (als Vereinigung von Himmel und Königtum). – In dieser Hinsicht ist auch *Kamutef kein U., vielmehr eine trinitarische Einheit zur ständigen Wiederholung des Schöpfungsaktes, wobei allerdings die Vaterposition vom U. besetzt sein kann[17].

4. Der Gott von Amarna *Aton ist nach Assmann (LÄ I, 539, Anm. 113. 125) kein U., weil die sonst üblichen Begriffe (*pꜣwtj, šꜣꜥ ḫpr, ḫpr ḏs.f, zp tpj*) fehlen. Tatsächlich ist von Amun-Re nur die Re-Seite mit den Aspekten Sonnenlicht, Tag, Leben (kurzum: Neheh) übernommen worden, während zusammen mit Amun die Djet-Ewigkeit mit den Apekten Dunkelheit, Nacht, Tod ausgemerzt wurde, d.h. die vermißten Begriffe der Urgöttlichkeit waren allzusehr mit dem U. Amun verbunden. Es scheint mir daher eher eine Frage des Vokabulars, nicht des Prinzips vorzuliegen: Denn (um Assmanns eigene Worte noch einmal zu zitieren) „Größe und Rang eines Gottes bemessen sich nach seiner Beziehung zum Ursprung"[13]. So legt denn auch Aton durch sein Beiwort „Mutter und Vater" Wert darauf, als doppelgeschlechtlicher Gott an den Anfang der Schöpfung zu rücken[18].

5. Der Tote als Urgott: Mit Hilfe der Identifikationsformel „Ich bin NN" macht sich der Tote zum U. und gewinnt damit die Verfügungsgewalt über seine eigene Neu-Schöpfung[19].

[1] Ob mit dem Verbum der Vergangenheit *pꜣ* (Wb I, 494,18–19) zusammenhängend? – [2] Grapow, in: ZÄS 67, 1931, 34–38. – [3] CT II, 396; III, 383; s. dazu Otto, in: LÄ I, 1148 s.v. Dualismus. – [4] Hornung, in: StG 18, 1965, 73–83. – [5] Vgl. das Urgott-Beiwort *pꜣwtj ḏt.f ḏt* „Urzeitlicher, dessen Leib die Djet-Ewigkeit ist" (CT IV, 321d; BM 203 [580]); zum Prinzip der beiden Ewigkeiten s. Westendorf, in: Fs Brunner, 423. – Da der Urzeit der Lebensablauf, mithin die Zeit, noch fehlt, ist sie gewissermaßen eine Un-Zeit. – [6] Derchain, in: LÄ III, 750 s.v. Kosmogonie; s. auch Assmann, in: LÄ I, 533: „die traditionellen Schöpfergötter, die stets Urgötter sind". – [7] Wb II, 137,8; vgl. auch 138,8–9 *msj sw* (*ḏs.f*) „der sich (selbst) geboren hat". – [8] Wb III, 261 IV,a. – [9] Wb IV, 406,5 97. – [10] Wb III, 438 D II. – [11] Hornung, Der Eine, 164; Jan Assmann, Zeit und Ewigkeit im Alten Ägypten, AHAW 1975.1,22. – [12] Die ehemaligen Urzeitlichen werden dann entweder zu Feinden oder zu dienstbaren Geschöpfen des neuen U. umfunktioniert (*Achtheit); im *Amduat regeneriert sich die Sonne unter Assistenz der Urgötter. – [13] Assmann, in: LÄ II, 758 s. v. Gott. – [14] So Assmann, in: LÄ III, 107 s.v. Hymnus; id., in: LÄ II, 777–8 Anm. 26. – [15] Westendorf, in: ZÄS 100, 1974, 136–141. – [16] Auch das weist sie als Repräsentanten der Djet-Ewigkeit aus. Von daher ist es auch verständlich, daß nur männliche Kinder-Götter bekannt sind (*Götter, Kinder). – [17] Assmann, in: LÄ IV, 264 s.v. Muttergöttin. – [18] S. dazu *Götter, androgyne; zur Frage der „Urgottgestalt" der Aton-Kolosse siehe Hornung, Der Eine, 165. – [19] Nun: Westendorf, in: GOF IV.3, 1975, 186–187; Assmann, in: LÄ I, 427,19. – Heka: CT III, 382; IV, 31f.

W.W.

Urhitesup, hethitischer König, mit Königsnamen Mursilis III., Sohn des *Muwatallis, regierte in der Zt um Jahr 10 *Ramses' II. Er wurde nach angeblich[1] 7 Regierungsjahren von seinem Onkel *Hattusilis III., der sich von ihm bedrängt fühlte, in Samuha gefangengenommen und nach *Nuhasse verbannt[2]. Es gelang ihm, nach Äg. zu fliehen, wo ihn Ramses II. aufnahm[3], ohne daß er jedoch wegen der sich verbessernden politischen Lage zwischen beiden Staaten eine Rolle spielen konnte.

[1] Liverani, in: Studi sull'Oriente e la Bibblia, Fs Giovanni Rinaldi, Genua 1967, 49ff. sieht in den 7 Jahren eine „symbolische" Zahl. – [2] Nach der sog. „Biographie" Hattusilis' III.; zur Stelle KBo III 6 III 63 = KUB I 8 IV 16. In Nija KUB XVI 32. – [3] Helck, in: JCS 17, 1963, 87. W.H.

Urhügel. Wenn beim Zurückweichen des Überschwemmungswassers (*Überschwemmung) das Land wieder auftauchte und die Lebensfunktionen wieder einsetzten, führte dies den Ägyptern ihre landläufigste Weltentstehungstheorie wieder plastisch vor Augen, nach der aus dem Urozean (*Nun) ein erstes Stück Land hervorkam (*ẖʿj*; davon abgeleitet das neben *qꜣ* oder *qꜣꜣ* – determiniert mit , ,  oder  bzw.  – gebräuchlichste Wort für U.: *ẖʿ* bzw. *ẖʿt* – geschrieben mit der Hieroglyphe , die den U., auf dem die Sonne aufgeht, zeigt)[1], auf dem die eigentliche *Schöpfung (*Weltentstehung) durch ein Ur-*Ei, durch den *Sonnengott und andere *Schöpfergottheiten stattfand. Dieser U., bildlich wiedergegeben als *Insel oder stilisiert als, oft getreppte, Erhöhung, erfuhr dann regional, v. a. an den jeweiligen religiösen Zentren, recht unterschiedliche Ausdeutungen. Am ausgeprägtesten kennen wir sie aus:

1. *Heliopolis[2], wo *Atum selbst als U. erscheint bzw. sein Kultmal, der *Benben. Wenn der *Obelisk auch sicher nicht nur eine Weiterentwicklung von letzterem ist, so bewahrt der Sockel, auf dem er gewöhnlich ruht, wohl noch die Erinnerung an den Urhügel.

2. *Memphis. Hier ist die chthonische Gottheit *Tatenen[3] ein personifizierter U. neben der schon früher belegten, anonymen Gottheit *ẖntj Ṯnnt* (*Tjenenet), die zum U. nur in Beziehung gesetzt ist und die später zu einem bloßen Beinamen, vor allem von *Ptah-Tatenen absank.

3. *Hermupolis[4], in der als der Stadt der *Achtheit mit ihrer Kosmogonie durch vier Urwesenpaare der U. eine wichtige Rolle spielte, und zwar als die oder neben der *Flammeninsel.

Daneben finden wir an vielen Orten, wenn auch z.T. erst in späteren, ja bisweilen erst in ganz späten Quellen belegt, lokale U., z.B. in *Abydos, wo das osirianische Scheingrab (*Osiris XI) einen U. nachbildet und der *Abydos-Fetisch möglicherweise einen U. wiedergibt, in *Karnak[5], das sich spätestens, seitdem es politische Bedeutung erlangte, eine Urhügel-Stätte zulegte[6], in *Armant, dem „o.äg. Heliopolis", aber auch in *Esna[7], dessen Hauptgott der Schöpfergott *Chnum ist, in Edfu[8] (*Tell Edfu) oder *Philae[9], *Deir el-Bahari, *Biahmu.

Wenn in späten Listen von *Gauen neben anderen Dingen jeweils ein „heiliger" bzw. „göttlicher" Hügel aufgeführt wird[10], so könnte das auch den jeweiligen lokalen U. meinen; und selbst wenn man darin, wie es gewöhnlich getan wird, die Hauptnekropole sieht, muß das dem nicht widersprechen, da über Osirisgrab, Neuentstehung (im Jenseits) eine direkte Brücke zum U. geschlagen werden kann[11].

Zwei Örtlichkeiten, an denen sich die Schöpfung stets neu vollzieht, sind es, die besonders eng mit dem U. verbunden sind: der *Tempel[12] und der Thronsitz[13] (*Thron).

Wie sich in jedem Tempel jeden Tag die Weltschöpfung neu wiederholt, so ist der Tempel ein Bild des Urhügels[14]. Häufig läßt sich archäologisch eine Sandschüttung (*Sand) nachweisen, auf die der Tempel (*Tempelbau, -architektur) gebaut ist, in dem wiederum die Kammer mit dem Allerheiligsten, dem Erscheinungsplatz der Gottheit, höher liegt als die auf sie hinführenden Räume.

Der König, Stellvertreter Gottes auf Erden und Vermittler der göttlichen Heilstaten, spielt eine Schöpferrolle im kleinen. Dazu besteigt er, wie die Schöpfergottheit, einen stilisierten Urhügel. Als ein solcher fungiert der meist getreppte Sockel, auf dem der Thronsitz steht. Und jedesmal, wenn der König darauf Platz nimmt, besonders bedeutungsträchtig bei *Thronbesteigung, *Sedfest, wiederholt er symbolisch die Schöpfung.

[1] De Buck, Oerheuvel (s. Lit.), 63–71. – [2] Op. cit., 23–34. Daß Heliopolis, wie bei vielen anderen religiösen Phänomenen, auch im Fall des U. das Primat zugeschrieben wird, liegt nur an der Quellenlage: die stark „heliopolitanisch" geprägten Pyramidentexte sind das älteste erhaltene, umfangreichere religiöse Textgut! Daß in Heliopolis die Idee vom U. entstanden ist und auf andere Orte von hier übertragen worden ist, ist eine kaum beweisbare Hypothese. Vielmehr ist die Idee wohl gleichzeitig an vielen Stellen aufgetaucht und interpretiert worden, ohne daß sich dies durch ältere Quellen nachweisen ließe, und so anscheinend von Heliopolis, wo diese Vorstellung eben schon früh belegt ist, übernommen worden. – [3] De Buck, op. cit., 49–62. – [4] Op. cit., 35–42. – [5] Op. cit., 43–48. – [6] Z.B. im Pap. Leiden I 350 II, 10ff. (s. Jan Zandee, De Hymnen aan Amon van Papyrus Leiden I 350, OMRO 28, 1947, 27ff.). – [7] Z.B. Esna V, 254–256. – [8] S. Eve A. E. Reymond, The Mythological Origin of the Egyptian Temple, New York 1969, passim, z.B. 55ff. – [9] Z.B. Grapow, in: ZÄS 67, 1931, 36–37. – [10] Z.B. William M. Flinders Petrie, Two Hieroglyphic Papyri from Tanis, London 1889, Tf. 10, 11; vgl. dazu auch Yoyotte, in: RHR 159 (Bulletin de la

Société Ernest Renan N. S. 9), 1961, 136. – [11] Zum Grab als U. s. William Brede Kristensen, Het Leven uit de Dood, Haarlem [2]1949, 100–114. – [12] De Buck, Oerheuvel, 72–84; Kristensen, op. cit., 89–100. – [13] De Buck, op. cit., 85–104; zum U. = *Maat als Fundament des Thrones s. Brunner, in: VT 8, 1958, 426–427. – [14] Vgl. auch die Deutung der gewellten Tempelumfassungsmauern als Urmeer bei Barguet, Temple d'Amon-Rê, 32.

Lit.: Adriaan De Buck, De Egyptische Voorstellingen betreffende den Oerheuvel, Leiden 1922 (Besprechungen von Wreszinski, in: OLZ 26, 1923, 147–150; Hall, in: JEA 10, 1924, 185–187); RÄRG, 847–848. K. M.

Urin. A. *Lexikalisches*: Das übliche Wort für U. ist *mwjt* „Flüssigkeit" (Wb II, 53); das daneben verwendete *wzšt* „Ausscheidung" (Wb I, 358) kann auch den Kot bezeichnen (Med. Wb, 221 § 4). Singulär bleiben *sfḫ* „Absonderung" (Wb IV, 117, 11) und *mwj* (s. unten F).

B. *Anatomie, Physiologie und Pathologie*: Zwei *Gefäße (med.) der Harnblase (*šptjt*) leiten den U. (pEbers Nr. 864c und 854n). – Die zahlreichen Rezepte gegen Harnstörungen (Verhaltungen und Stauungen, schmerzhaftes Harnlassen, Harnüberfluß und unkontrolliertes Harnen [1]) werden vornehmlich durch Trankmittel behandelt, ferner durch Klistiere, seltener durch Salben des Bauches oder des Gliedes (Med. Wb, 363).

C. Wie allen Körperausscheidungen wird auch dem U. (von Mensch und Tier [2]) eine besondere Wirkungskraft zugeschrieben und wahrscheinlich auch durch Empirie bestätigt (s. unten E), so daß seine Verwendung als *Heilmittel [3] und im *Zauber [4] verständlich wird. Bezeichnenderweise wird der U. jedoch nicht in Trankmitteln verabfolgt [5].

D. Der U. der Schwangeren wird in *Prognosen (med.) verwendet, um das Vorliegen bzw. den Ausgang einer Schwangerschaft sowie das Geschlecht des zu erwartenden Kindes zu bestimmen (pBerlin 3038, Nr. 199).

E. *Verwendung in der *Technik* (?): Die chemische Zusammensetzung des U. (vor allem Ammoniak) läßt ihn für eine Reihe technischer Verfahren geeignet erscheinen. Das wiederholte Nebeneinander von (rotem) *Ocker (*mnšt*) und U. [6] läßt auf die Verwendung bei der Farbherstellung schließen (ein auch sonst bekanntes Verfahren) [7]. Unsicher bleibt der Gebrauch von U. beim *Gerben von Leder. Bekannt, aber für Ägypten nicht gesichert, ist ferner die Verwendung bei der *Färberei [8] sowie beim Wäschewaschen [9].

F. *Bildlich*: Der eruptive Ausbruch von im Leib aufgestautem Leid und Ärger wird mit dem Harnlassen (*pnq mwj*) verglichen (Bauer, 194; Grapow, Bildl. Ausdrücke, 129).

[1] Nicht als Krankheit, sondern als Begleiterscheinung einer Nackenwirbelverletzung tritt pSmith, Fall 31 eine unbewußte Gliedversteifung sowie ein Erguß (*mwjt* hier Harn und/oder Samen?) ein. – [2] Z. B. Esel (DrogenWb, 236); Schwein (pLeiden 343, 1,3). – [3] Rein magisch bestimmt (Vorahmungs- bzw. Sympathiemittel) ist U. in einem Einlauf gegen eine schmerzhafte Harnerkrankung (pEbers Nr. 706). Ebenfalls magisch bedingt ist die Verwendung von U. gegen eine Reihe von Incubus-Erscheinungen, bei denen der Mensch durch den Gift-Samen eines Dämonen mit Krankheit geschwängert wird (pBerlin 3038, Nr. 60. 64. 109; vgl. auch pKahun and Gurob nach Grundriß der Medizin V, 459 Nr. 5). – Ähnliche Vorstellungen mögen schließlich vorgelegen haben bei der Anwendung von U. gegen wäßrige und eitrige Absonderungen aus Wunden (pEbers Nr. 537 = pHearst Nr. 39; vgl. auch pEbers Nr. 429), Schwellungen und Geschwülsten (pEbers Nr. 562; pMed. London Nr. 3) und Brandblasen (pMed. London Nr. 21), d. h. die eine Absonderung des Körpers beseitigt die andere. – [4] *wzšt* (Wb I, 358,3); *mwjt* (Wb II, 53,8). – [5] Vgl. den Abscheu gegenüber Kot und Harn in der Totenliteratur (z. B. Pyr. 127c; CT III, Spr. 186ff.). – [6] DrogenWb, 248 Anm. 5. – [7] Robert J. Forbes, Studies in Ancient Technology III, Leiden [2]1965, 212 zu prähistorischer Wandmalerei: „The paint was prepared by mixing this powder with urine (as still used by primitive man"). – [8] Forbes, a.a.O. IV, Leiden [2]1964, 133. – [9] A.a.O., 84. – Ob daher vielleicht die Angabe in der *Lehre des Cheti (nach Wolfgang Helck, Die Lehre des Dw3-Ḫtjj, KÄT, Wiesbaden 1970, Abschnitt XIX), die Wäsche sei „gemischt mit Kot (*ḥs*)", ursprünglich nicht den Zustand der Wäsche, sondern das Waschmittel meinte (*ḥs* statt *wzšt*)? W. W.

Urkunden s. Akten

Urkundenarchive. Sowohl private bzw. persönliche Urkundenarchive als auch Amtsarchive (der profanen Verwaltung und der Tempel) sind für alle Epochen des vorislamischen Äg. bezeugt. Zu den Belegen aus dem AR, MR und NR s. Helck, in: LÄ I, 418ff. [1].

Aus der SpZt sind bekannt:

I. *Theben:* A. Archiv des *Jrt=w-r.r=w* (Ithorōs) bzw. der Frau *T3-snt-n-Ḥr* (Tsenyris), Theben, 556–487 v. Chr. [2]: 1. Pap. Louvre E 10935. – 2. Pap. Wien 3853. – 3. Pap. Louvre E 7840 bis. – 4. Pap. BM 10120a–b. – 5. Pap. Bibl. Nat. 216. – 6. Pap. Bibl. Nat. 217. – 7. Pap. Turin Cat. 2122. – 8. Pap. Bibl. Nat. 223. – 9. Pap. Turin Cat. 2123. – 10. Pap. Louvre E 7128. – 11. Pap. Turin 2124. – 12. Pap. Turin Cat. 2125. – 13. Pap. Turin Cat. 2126. – 14. Pap. Louvre E 3231a. – 15. Pap. Louvre o. Nr. – 16. Pap. Turin Cat. 2127. – 17. Pap. Turin Cat. 2128.

B. Archiv des *Jrt=w-rd*, Sohnes des *Ḏd-ḥj*, Theben, 539–534 v. Chr. [3]: Pap. im Louvre: 1. E

7832. – 2. E 7835. – 3. E 7834. – 4. E 7836. – 5. E 7838. – 6. E 7833a(?). – 7. E 7837(?). – 8. E 7843. – 9. E 7839. – 10. E 7854.

C. Archiv des *P3-dj-Ist* (Peteēsis), Sohnes des *Wn-Jmn*, Theben, 634–618 v.Chr., kursivhieratisch[4]: In Turin: 1. Cat. 2118. – 2. Cat. 2119. – 3. Cat. 2120. – 4. Cat. 2121.

D. Archiv des *P3-dj-B3stt* (Petubastis), Sohnes des *P3-dj-Jmn-jpt*, Theben, 703–686 v.Chr., kursivhieratisch[5]: Pap. Louvre E 3228 a. b. e. f. h.

E. Archiv der Frau *T3-hj*, Tochter des *Wn-nfr*, Theben, 549–489 v.Chr.[6]: 1. Pap. Louvre E 7846 (kursivhieratisch). – 2. Pap. Berlin P 3076. – 3. Pap. Louvre E 9293. – 4. Pap. Louvre E 9294. – 5. Pap. Berlin P 3079.

F. Archiv des *Ḏd-ḥj*, Sohnes des *Dj-s-Mntw*, Theben, 570–555 v.Chr.[7]: 1. Pap. BM 10113 (kursivhieratisch). – 2. Pap. Louvre E 7861 (kursivhieratisch). – 3. Pap. Louvre E 7855. – 4. Pap. BM 10432 (kursivhieratisch). – 5. Pap. Louvre E 7844.

II. *Assiut*: Siut-Archiv, saitisch-persisch[8]: Pap. Kairo 50058–50062.

III. *El-Hibeh*: Archiv des *P3-dj-Jst* (Peteēsis), Sohnes des *Ns-zm3-t3wj*, el-Hibeh, 644–513 v. Chr.[9]: Pap. Rylands 1–9.

Aus der Ptolemäerzeit[10]:

I. *Elephantine*: Archiv des Praktors *Mln* (Milon), Elephantine, 225–222 v.Chr.[11], gefunden in einem Tonkrug: Demotische Urkunden: 1. Pap. Berlin P 13528 = Wilhelm Spiegelberg, Demotische Papyri von der Insel Elephantine I, Leipzig 1908, Nr. 6. – 2. Pap. Berlin P 13529 = Spiegelberg, Nr. 5. – 3. Pap. Berlin P 13513 = Spiegelberg, Nr. 7. – 4. Pap. Berlin P 13530 = Spiegelberg, Nr. 8. – 5. Pap. Berlin P. 13527 = Spiegelberg, Nr. 4. – 6. Pap. Berlin P. 13532 = Spiegelberg, Nr. 1. – 7. Pap. Berlin P. 13533 = Spiegelberg, Nr. 2. – 8. Pap. Berlin P. 13523 = Spiegelberg, Nr. 3. – 9. Pap. Berlin P. 13531 = Spiegelberg, Nr. 9. – 10. Pap. Berlin P. 13511 = Spiegelberg, Nr. 10; demotische Unterschriften zu Pap. griech. Elephantine 27a. (Für die griechischen Texte s. Anm. 11!).

II. *Edfu*: Archiv des *P3-bḫt*, Sohnes des *P3-rhw*, Edfu, 265–208 v.Chr.[12]: Pap. Hauswaldt 1–25.

III. *Gebelein*: A. Archiv des *P3-mr-jḥ* (Pelaias), Sohnes des *N3-nḫt=f*, genannt Eunus, Gebelein, 152–88 v.Chr.[13]: Demotische Texte: 1. Pap. Rylands 17. – 2. Pap. Rylands 20. – 3. Pap. Rylands 22. – 4. Pap. Rylands 28. – 5. Pap. Rylands 29. – 6. Pap. Rylands 33. – 7. Pap. Rylands 34. – 8. Pap. Rylands 36. Für die griechischen Texte vgl. Pestman, Nahomsesis[13], 299ff.

B. Archiv des *P3-šrj-n-Jnp* (Psenanūpis), Sohnes des *Ḥr*, Gebelein, 127–108 v.Chr.[14]: 1. Pap. Rylands 31. – 2. Pap. Rylands 18. – 3. Pap. Straßburg 7. – 4. Pap. Rylands 27. Griechische Urkunde: BGU III, 993.

C. Archiv des *P3-dj-ḥr-zm3-t3wj* (Pateharsemteus), Sohnes des *P3-nb-bḫn*, Gebelein, 145–88 v.Chr.[15]: Demotische Texte: 1. Pap. Straßburg 21 = Pestman, Pathyris (s. Anm. 13. 15), Doc. 1. – 2. Pap. BM 10500 = Pestman, Doc. 9. – 3. Holztafel Straßburg 13 = Ursula Kaplony-Heckel, in: MDAIK 21, 1966, 143f. Nr. 3. – 4. Ostrakon New York 21. 2. 123 = ead., in: MDAIK 21, 1966, 144 Nr. 4. – 5. Holztafel Straßburg 228 = ibd. Nr. 6. – 6. Ostrakon Straßburg 218 = ibd. Nr. 5. – 7. Ostrakon Straßburg 179 = ibd., Nr. 7. – 8. Holztafel Straßburg 232 rto = ibd., Nr. 8. – 9. Holztafel Straßburg 232 vso = ibd., Nr. 9. – 10. griech.-dem. Urkunde: L. Mitteis und Ulrich Wilcken, Grundzüge und Chrestomathie der Papyruskunde II, Leipzig–Berlin 1912, 153+ Spiegelberg, in: RecTrav 31, 1909, 101f. – 11. Holztafel Bodleian Library gr. inscr. 2903 = Thompson, in: Bodleian Quarterly Records II. 24, Oxford 1920, 314ff. Vgl. Ursula Kaplony-Heckel, in: MDAIK 21, 1966, 136. – 12. Holztafel Straßburg 14 = Ursula Kaplony-Heckel, a.a.O., 148, Nr. 10. – 13. Ostrakon Straßburg 247 = ibd., Nr. 11. – 14. Ostrakon Bodleian dem. 1363 = Mattha, Ostraca, 228; Pestman, Doc. 27. – 15. Ostrakon Bodleian dem. 1364 rto = Mattha, a.a.O., 228; Pestman, Doc. 30. – 16. Holztafel Straßburg 235 = Ursula Kaplony-Heckel, a.a.O., 149. Nr. 12. – 17. Ostrakon Bodleian dem. 1364 vso = Mattha, a.a.O., 229; Pestman, Doc. 32. – 18. Pap. Adler 9 = Pestman, Doc. 35. – 19. Pap. Straßburg 9 = Pestman, Doc. 37. – 20. Holztafeln Straßburg 231 und 245 = Ursula Kaplony-Heckel, a.a.O., 149f. Nr. 13–14. – 21. Holztafel Straßburg 227 vso und 227 rto = ibd., 150f. Nr. 15–16. – 22. Ostrakon Bodleian dem. 1365 = Mattha, a.a.O., 230 = Pestman, Doc. 45. – 23. Holztafel Bodleian 1457 = Ursula Kaplony-Heckel, a.a.O., 151f. Nr. 17. – 24. Ostrakon Bodleian dem. 1366 = Mattha, a.a.O., 231 = Pestman, Doc. 50. – 25. Pap. Straßburg 43 = Pestman, Doc. 51. – 26. Pap. Philadelphia 16744 = Wendy Cheshire, in: Enchoria 7, 1977, 52f. – 27. Pap. BM 10491 = Ursula Kaplony-Heckel, Die Demotischen Tempeleide, ÄA 6, 1963, Nr. 174 = Pestman, Doc. 60a. – 28. Pap. Straßburg 44 = Pestman, Doc. 61. – 29. Pap. Heidelberg 725; vgl.

Ursula Kaplony-Heckel, in: MDAIK 21, 1966, 137. – 30. Holztafel Straßburg 11 rto = ibd., 152 Nr. 18. – 31. Holztafel Straßburg 12 = ibd., 154 Nr. 21. – 32. Holztafel Straßburg 11 vso = ibd., 153 Nr. 19. – 33. Ostrakon Straßburg 208 = ibd., 153 Nr. 20. – 34. Ostrakon Uppsala dem. 973 = Pestman, Doc. 62. – 35. Ostrakon Straßburg 139 = Ursula Kaplony-Heckel, a.a.O., 154f. Nr. 22. – 36. Ostrakon Bodleian dem. 1455 = Ursula Kaplony-Heckel, Tempeleide, Nr. 95 = Pestman, Doc. 62a. – 37. Ostrakon Uppsala dem. 949 = Sten V. Wångstedt, Ausgewählte demotische Ostraka, Uppsala 1954, 42 = Pestman, Doc. 63. – 38. Holztafel Bodleian 1460 = Ursula Kaplony-Heckel, in: MDAIK 21, 1966, 155 Nr. 23. – 39. Ostrakon Uppsala dem. 884 = Wångstedt, a.a.O., 36 = Pestman, Doc. 65. – 40. Ostrakon Uppsala dem. 602 = Wångstedt, a.a.O., 35 = Pestman, Doc. 66. – 41. Ostrakon BM 29737 = Ursula Kaplony-Heckel, a.a.O., 137. – 42. Ostrakon Spiegelberg, Demotica 1, 44ff. = Pestman, Doc. 68. – 43. Pap. Straßburg gr. II, S. 24 (drei kurze dem. Zeilen) = Pestman, Doc. 69. – 44. Pap. BM 10492–10499, unpubliziert, vgl. Ursula Kaplony-Heckel, a.a.O., 134. – 45. Pap. BM 10501–10503, unpubliziert, vgl. ibd. – 46. Pap. BM 10505 A.B, unpubliziert, vgl. ibd. – 47. Pap. BM 10514, unpubliziert, vgl. ibd. – 48. Pap. BM 10533, unpubliziert, vgl. ibd. – 49. Pap. BM 10534, unpubliziert, vgl. ibd. – Für die griech. Urkunden vgl. Pestman, Pathyris (s. Anm. 13).

D. Archiv des *Ḥr* (Horus), Sohnes des *Nꜣ-nḫṯ=f*, Gebelein, 134–89 v. Chr.[16]: Dem Urkunden: 1. Pap. Adler dem. 1–30. Griech. Urkunden: Pap. Adler gr. 1–21 u. a. von Seidl, Ptol. Rechtsgeschichte genannte Texte. – 2. Holztafel BM 56918. – 3. Holztafel BM 56919. – 4. Holztafel Kairo 51363. Griech. Urkunde: Holztafel BM 56920[17].

E. Archiv der *Tꜣ-šrt-n-Jnp* (Tsenanūpis), Tochter des *Pa-tꜣwj*, Gebelein, 162–124 v. Chr.[18]: Dem. Urkunden: 1. Pap. Straßburg Wissenschaftliche Gesellschaft dem. 16. – 2. Ibd. 19. – 3. Ibd. 18. – 4. Pap. Heidelberg 723. Für die griech. Urkunden s. Anm. 18.

F. Archiv des *Trwtn* (Dryton), Sohnes des Pamphilos, Gebelein, 175–99 v. Chr.[19]: Dem. Urkunden: 1. Pap. Heidelberg 779a. – 2. Pap. Heidelberg 762 + 770 + 774. – 3. Pap. Heidelberg 754c. – 4. Pap. Heidelberg 742a. Für die griech. Urkunden vgl. Anm. 19 sowie Peter W. Pestman, Les archives privées de Pathyris, Leiden 1965, 49 Anm. 12–17; id. und Ernst Boswinkel, Textes grecs, démotiques et bilingues, Papyrologica Lugduno–Batava 19, Leiden 1978, 30ff. Nr. 4; Orsolina Montevecchi, La Papiriologia, Turin 1973, 251 Nr. 14e.

IV. *Theben*: **A.** Archiv des *Jmn-ḥtp* (Amenothes), Sohnes des *Ḥr*, Theben, 171–116 v. Chr.[20]: Dem. Texte: In Turin 1. Cat. 2129 = Pestman, Amenothes (s. Anm. 20), Urk. 1. – 2. Cat. 2131 = Pestman, a.a.O., Urk. 2. – 3. Cat. 2142 = Pestman, a.a.O., Urk. 3. – 4. Cat. 2141 = Pestman, a.a.O., Urk. 4. – 5. Cat. 2146 = Pestman, a.a.O., Urk. 9. – 6. Cat. 2135 = Pestman, a.a.O., Urk. 10. – 7. Cat. 2134 = Pestman, a.a.O., Urk. 11. – 8. Cat. 2138 = Pestman, a.a.O., Urk. 13. – 9. Cat. 2139 = Pestman, a.a.O., Urk. 14. – 10. Cat. 2136 = Pestman, a.a.O., Urk. 15. – 11. Cat. 2143 = Pestman, a.a.O., Urk. 16. – 12. Cat. 2133 = Pestman, a.a.O., Urk. 17. Für die griech. Urkunden vgl. Anm. 20.

B. Archiv des *Pꜣ-šrj-Mnw* (Psemminis), Sohnes des *Bl*, Theben, 314–217 v. Chr.[21]: 1–3. Kairo JE 89361–89363. – 4–6. Pap. Philadelphia 4–6. – 7. Kairo JE 89364. – 8–9. Pap. Philadelphia 8–9. – 10. Kairo JE 89365. – 11. Kairo JE 89366. – 12–13. Pap. Philadelphia 12–13. – 14–18. Kairo JE 89367–89371. – 19–20. Pap. Philadelphia 19–20. – 21–23. Kairo JE 89372–89374. – 24–32. Pap. Philadelphia 24–32.

C. Archiv des *Pꜣ-tmꜣ*[22], Sohnes des *Pꜣ-ḫl-Ḫnsw* (Pchorschonsis), Theben, 330–259 v. Chr.[23]: 1. Louvre N 2439. – 2. Louvre N 2442 + 2420h. – 3. Louvre N 2440. 2427. – 4. Louvre N 2429 bis. – 5. Louvre N 2428. – 6. Louvre N 2434 + Louvre N 2437. – 7. Louvre N 2426. – 8. Louvre N 2424. – 9. Pap. BM 10026. – 10. Louvre N 2433. – 11. Louvre N 2443.

D. Archiv der Frau *Tꜣj-nṯrwj*, Tochter des *Ḏd-Ḥr*, Theben, 324–274 v. Chr.[24]: 1. Pap. Straßburg 1. – 2. Pap. Rylands 10. – 3. Pap. Brüssel E 6032. – 4. Pap. BM 10522. – 5. Pap. BM 10523. – 6. Pap. BM 10528. – 7. Pap. BM 10524. – 8. Pap. BM 10526. – 9. Pap. Rylands 11[25]. – 10. Pap. BM 10537. – 11. Pap. BM 10525. – 12–14. Pap. Rylands 12–14. – 15. Pap. BM 10530. – 16. Pap. BM 10536. – 17. Pap. BM 10535. – 18. Pap. BM 10529.

E. Archiv des *Twt* (Totoēs), Sohnes des *Wsr-mꜣʿt-Rʿ*, Deir el-Medineh, 188–101 v. Chr.[26], in 2 Krügen gefunden: Dem. Urkunden: Pap. Turin Supplement 6068–6119[27]; Turin o. Nr.[28]. Für die griech. Urkunden vgl. Vitelli, in: PSI IX, Nr. 1014–1025; Wilcken, in: AfP 9, 1930, 77ff.

F. Archiv des *Ḏd-Ḥr* (Teōs) und der Frau *Stꜣ-jrt-bjnt* (Stilbōn), Theben 327–310 v. Chr.[29]: In Brüssel 1. E. 8252. – 2. E. 8253. – 3. E. 8254. – 4. E. 8255 A–D. – 5. E. 8256 A–E.

G. Sogenanntes Choachyten-Archiv, Theben, 182–98 v.Chr.[30]: Demotische Urkunden: 1. Pap. Berlin P 3114. 3140. – 2. Pap. Louvre E 3440 II. – 3. Pap. Brüssel E. 6037. – 4. Pap. Louvre N 2416. 2417. – 5. Pap. Berlin P 3070. 3097. – 6. Pap. Berlin P 3119. – 7. Pap. Berlin P 3113. – 8. Pap. Bibl. Nat. 218. – 9. Pap. Berlin P 3090. 3091. – 10. Pap. Berlin P 3098. 5507. – 11. Pap. Neapel 8414. – 12. Pap. Berlin P 3099. 3100. 5508. – 13. Pap. Wien, Kunsthist. Museum 3872. – 14. Pap. Louvre N 2410. 2418. – 15. Pap. Berlin P 3101 A. B und die Kopie Pap. Turin 2144[31]. – 16. Pap. Berlin P 3102. – 17. Pap. Berlin P 3118. – 18. Pap. Berlin P 3303. – 19. Pap. Berlin P 3116. – 20. Pap. Florenz 3667. – 21. Pap. Berlin P 3115. – 22. Pap. Berlin P 3105. – 23. Pap. Berlin P 3104. – 24. Pap. Leiden I 377. – 25. Pap. Berlin P 3107. – 26–27. Pap. Berlin P 3106. 3108. – 28. Pap. Berlin P 3139. Für die griech. Texte vgl. Wilcken, UPZ II, S. 38ff.; Orsolina Montevecchi, La Papirologia, Turin 1973, 52.

V. *Assiut*: Archiv des *Tw=f-Ḥ'pj*, Sohnes des *P3-dj-Jtm*, Assiut, 181–170 v.Chr.[32]: 1. Pap. BM 10575. – 2. Pap. BM 10591 rto und vso. – 3. Pap. BM 10592. – 4. Pap. BM 10589 = Shore und H.S.Smith, in: JEA 45, 1959, 52ff. – 5. Pap. BM 10601. – 6. Pap. BM 10593–4. – 7. Pap. BM 10595. – 8. Pap. BM 10596. – 9. Pap. BM 10597. – 10. Pap. BM 10598–10600.

VI. *Hermupolis*:

A. Archiv des *Ḏd-Ḥr* (Teōs), Sohnes des *Ḥr*, Hermupolis, 191–162 v.Chr.[33], in zwei Krügen gefunden: Pap. 1–14 der Society of Papyrology, Kairo.

B. Archiv des Dionysios, Sohnes des Kephalas, Tehne-Hermupolis, 139–104 v.Chr.: Demotische Urkunden: Pap. dém. Reinach 1–8[34].
Für die griech. Urkunden vgl. Anm. 34.

VII. *Tehne-Akoris*: Archiv des Schreibers *Wsjr-ḫ'w*, Tehne-Akoris, um 310 v.Chr.[35]: Pap. Loeb 4–9. 11. 14. 18. 20–22. 57 und vielleicht 16. 17. 19. 23.

VIII. *Memphis*: A. Archiv des *Ḥr* (Horus), Sohnes des *P3-dj-Wsjr*, Memphis, 201–181 v.Chr.[36]: 1. Pap. Brooklyn 37. 1839 A. – 2. Pap. Brooklyn 37. 1839 B. – 3. Pap. Brooklyn 37. 1781.

B. Archiv des *Ḥr* (Horus) von Sebennytos, Memphis, 2. Jh. v.Chr.[37]: Demotische Urkunden: 70 Ostraka. Für die griech. Urkunden vgl. Skeat und Turner, in: JEA 54, 1968, 199–208.

C. Archiv des *Ḥr-m-ḥ̮j* (Harmachis), Sohnes des *Ḥrj-Jnp*, Memphis, 108 v.Chr.[38]: 1. Pap. Brooklyn 37. 1803. – 2. Pap. Vatikan 22. – 3. Pap. Brooklyn 37. 1802. – 4. Pap. Brooklyn 37. 1796.

D. Archiv des *K3-nfr* (Konouphis), Sohnes des *Pa-Njt*, Memphis, 150–68 v.Chr.[39]: Demotische Urkunden: 1. Pap. Eremitage 112. – 2. Pap. Leiden I 373a. – 3. Pap. Louvre N 3265. 2419. – 4. Pap. Leiden 374 I. II. –. Die griech. Urkunden: UPZ I, 106–109. 114 I. II (sog. Zois-Papyri). 117. 118. 125.

IX. *Fajjum*: A. Archiv des *Pa-n-Jst* (Panēsis), Sohnes des *Nḫt-Ḥr*, Tebtynis, um 233 v.Chr.[40]: Kairo Pap.: 1. 30604. – 2. 31161. – 3. 31215–31217. – 4. 31246–31248.

B. Archiv des *Sbk-m-ḥb* (Sokonopis), Sohnes des *Z3-wr*, Tebtynis, 128–85 v.Chr.[41]: 1. Pap. Kairo 30607 und JE 34662 = Lüddeckens, in: AcOr 25, 1960, 238ff. – 2. Pap. Kairo 30608–30609. – 3. Pap. Kairo 31079. – 4. Pap. Kairo 31254. – 5. Pap. Kairo 30615. – 6. Pap. Kairo 30613. – 7. Pap. Kairo 30626. – 8. Pap. Kairo 30630. – 9. Pap. Kairo 30614. – 10. Pap. Kairo 30631.

C. Tempelarchiv von Tebtynis, 195–137 v.Chr.[42]: 1. Pap. BM 10624. – 2. Pap. Kairo 30606. – 3. Pap. Kairo 30605. – 4. Pap. Hamburg 1. – 5. Pap. Kairo 31179. – 6. Pap. dem. Merton 1. – 7. Pap. Kairo 30618. – 8. Pap. Kairo 30619. – 9. Pap. BM 10622. – 10. 35 weitere unpublizierte Pap. (Hierodulie-Urkunden) im BM[43].

D. Tempelarchiv von Soknopaiu Nesos (Dime), 179–128 v.Chr.[44]: Demotische Urkunden: Griffith Institute Oxford Pap. Nr. 1–73. Für die griech. Urkunden vgl. Anm. 44 sowie Bernhard P. Grenfell und Arthur S. Hunt, The Amherst Papyri II, London 1901 (soweit von Seidl, Ptol. Rechtsgeschichte zitiert).

E. Amtsarchive von Ghoran und Medinet en-Nahas (Magdola im Fajjum, Distrikt Themistos), 3. Jh. v.Chr.[45]: Demotische und griech.-demotische Urkunden: Pap. Lille 1–20. 32–38. 40–96. 99–102. 107–108. Für die griech. Urkunden vgl. O. Gueraud, Enteuxeis, Kairo 1932; Pierre Jouguet, Les papyrus grecs (Lille) Nr. 1–60 I, Paris 1907–1928; II, Pap. de Magdola (2. Auflage von J. Lesquier), Nr. 1–42.

F. Amtsarchiv aus dem Distrikt Polemon des Fajjum[46]: Pap. in Kairo: 1. 30647. – 2. 30660. – 3. 30753. – 4. 30697 + 30780. – 5. 30781. – 6. 30689 + 30701 + 30782. – 7. 30659 + 31191. – 8. 30698.

G. Die Taricheutenarchive von Hawara (Fajjum) bilden 4 Urkundengruppen:

a. Hawara, 239–103 v.Chr.[47] (außer Kairo 50132 unpubliziert): 1. Pap. Carlsberg 34. – 2. Pap. Carlsberg 35. – 3. Pap. Carlsberg 36. – 4. Pap. Carlsberg 37a–b. – 5. Pap. Carlsberg 38a–b. – 6. Pap. Hamburg D 10 + Pap. Kairo 50132. – 7. Pap. Carlsberg 39.

b. Hawara, 129 bis ca. 80 v.Chr. (außer den Stücken im Kairiner Museum und in Oxford unpubliziert): 1. Pap. Hamburg D 14/11. – 2. Pap. Hamburg D 12. – 3. Pap. Kairo 50126. – 4. Pap. Hamburg D 7. – 5. Pap. Ashmolean Museum, Oxford 10. – 6. Pap. BM 10606. – 7. Pap. Kairo 50129. – 8. Pap. Hamburg D 2. – 9. Pap. Kairo 50119–50125.

c. Hawara, 114–67 v.Chr.[48]: 1. Pap. Kairo 50128. – 2. Pap. BM 10603. – 3. Pap. BM 10605. – 4. Pap. Hamburg D 4/8. – 5. Pap. Hamburg D 5/6. – 6. Pap. Kairo 50131. – 7. Pap. Hamburg D 13. – 8. Pap. Hamburg D 9. – 9. Pap. Hamburg D 3. – 10. Pap. BM 10604.

d. Die demot. und griech. Hawara-Papyri Nr. 1–9. 11–13. 16–25 des Ashmolean Museums, Oxford, 138–71 v.Chr.[49], unter denen Nr. 22 (griech., 107 v.Chr.), Nr. 4 und Nr. 5 (demot., 102/1 v.Chr.) ein Archiv des *Pꜣ-sj*, Sohnes des *Z-n-wsr-pꜣ-mꜣj* bilden[50].

H. Archiv des Zenon, Sohnes des Agreophon, Fajjum, 274–227 v.Chr.[51]: Griech.-demot. Texte: 1. Kairo JE 48542 = Wilhelm Spiegelberg, Die demotischen Urkunden des Zenon-Archivs, Dem. Stud. 8, Leipzig 1929 (= im folgenden „Sp."), Nr. 23 = Peter W. Pestman, Greek and Demotic Texts from the Zenon Archive, Papyrologica Lugduno–Batava 20· A–B, Leiden 1980 (im folgenden „P."), Nr. 1. – 2. Florenz: PSI V, 506 = Sp. Nr. 19 = P. Nr. 2. – 3. Florenz: PSI IV, 336 = Sp. Nr. 20 = P. Nr. 3. – 4. Pap. Michigan 3199 = Sp. Nr. 16 = P. Nr. 4. – 5. Florenz: PSI IV, 338 = Sp. Nr. 21 = P. Nr. 5. – 6. Pap. New York, Columbia 215 = P. Nr. 6. – 7. Kairo JE 48550 A = Sp. Nr. 24 = P. Nr. 7. – 8. Florenz: PSI IV, 337 = Sp. Nr. 18 = P. Nr. 8. – 9. Kairo JE 48559 = Sp. Nr. 25 = P. Nr. 11. – 10. Florenz: PSI IX, 1001 = Sp. Nr. 1[52]. – 11. New York, Columbia 224 = P. Nr. 12. – 12. Pap. BM 2756 A vso = Sp. Nr. 22. – 13. Florenz: PSI IX, 1007 + 1004 = Sp. Nr. 11 + 12[53]. – 14. Florenz: PSI IV, 358 = Sp. Nr. 3 = P. Nr. 13. – 15. Florenz: PSI IX, 1002 = Sp. Nr. 2. – 16. Kairo JE 51543 = Sp. Nr. 6. – 17. Kairo JE 51545 + Florenz: PSI IX, 1006 = Sp. Nr. 4 + 8[54]. – 18. Florenz: PSI IX, 1009 = Sp. Nr. 14. – 19. Florenz: PSI IX, 1003 a–b = Sp. Nr. 9 + 10[54]. – 20. Florenz, PSI IX, 1005 = Sp. Nr. 7. – 21. Kairo JE 51542 = Sp. Nr. 5. – 22. Florenz: PSI IX, 1008 = Sp. Nr. 13. – 23. Florenz: PSI V, 546 vso = Sp. Nr. 15. – 24. Kairo JE 51544 = Sp. Nr. 17. Für die über 2000 griech. Urkunden s. Anm. 51.

I. Archiv der demotischen Amherst-Papyri in der Pierpont Morgan Library[55]: Pap. dem. Amherst Nr. 46–59. 62

Aus der Römer-Zt[56]:

Fajjum: A. Tempelarchiv II von Soknopaiou Nesos (Dimeh), 32–117 n.Chr.[57]: 1. Pap. Berlin P 15593. – 2. Pap. Berlin P 15667. – 3. Pap. Wien D 4852[58]. – 4. Pap. Berlin P 23503.

B. Amtsarchiv des γραφεῖον von Tebtynis, 7–56 n.Chr. mit griech. und der demot.-griech. Urkunde PSI VIII, 909 (ed. Spiegelberg).

Aus byzantinischer Zt:

Als Beispiele für koptische bzw. koptisch-griechische Archive seien hier genannt die Publikationen von Orsolina Montevecchi, La Papirologia, Turin 1973, 258 Nr. 70; 260 Nr. 91; M. Green, in: OMRO 64, 1983, 61–122 (aus Teshlot); Martin Krause, Apa Abraham von Hermonthis, Diss. Berlin 1956; Leslie S. B. MacCoul, in: CdE 56, Nr. 112, 1981, 185 ff. (Dioscorus von Aphrodito) und Keenan, in: BSAC 26, 1984, 51 ff.; Revillout, in: RevEg 9, 1900, 133–177; 10, 1902, 55–69; 14, 1914, 22–32 (St. Pesunthius von Koptos); A. Schiller, in: Fs Arangio-Ruiz, Neapel 1952 (Theben); Walter Till, Koptische Rechtsurkunden, Wien 1958, S. X (Schenute). – Für die griech. Urkunden vgl. Orsolina Montevecchi, op. cit., 257 ff.

[1] Ergänzend sei nachgetragen: Zum AR (Königin *Chentkaus) vgl. Verner, in: L'Egyptologie en 1979 II, Paris 1982, 179 ff.; zum MR (*Pap. Kahun): Luft, in: L'Egyptologie en 1979 II, 149 ff.; id., in: Oikumene 3, 1982, 101 ff.; 4, 1983, 12 ff.; zum NR (*Pap. Deir el-Medineh): Pestman, in: Gleanings from Deir el-Medineh, hg. von R. J. Demarée und Jacobus J. Janssen, Leiden 1982, 155 ff. – [2] Die demot. Privat- bzw. Familienarchive werden gern nach dem letzten ermittelbaren Inhaber der jeweiligen, hier „Archiv" genannten Urkundensammlung bezeichnet; vgl. Seidl, Rechtsgeschichte der Saiten- und Perserzeit, 4 f. Nr. 1. Eine Publikation dieses Archivs unter dem Namen der *Tꜣ-snt-n-Ḥr* ist von P. W. Pestman und S. P. Vleeming zu erwarten; s. Thissen, in: Enchoria 10, 1980, 105 ff. Danach ist hier die Aufzählung der Urkunden gegeben. – [3] Vgl. Seidl, a.a.O., 6 Nr. 3, dort irrig *Jrt=w-r-tꜣj* statt *Jrt=w-rḏ*. – [4] Seidl, a.a.O., 7 Nr. 5. – [5] Ibd., 7 Nr. 6. – [6] Ibd., 5 Nr. 2. – [7] Ibd., 6 Nr. 4. – [8] Ibd., 6 Nr. C. – [9] Ibd., 7 Nr. B f. – [10] Nicht aufgeführt werden im Folgenden die rein griech. Urkundensammlungen; zu ihnen vgl. Orsolina Montevecchi, La Papirologia, Turin 1973, 247 ff. – [11] Vgl. Seidl, Ptol. Rechtsgeschichte, 46 f. Nr. 37; Otto Rubensohn, Elephantine-Papyri, BGU Sonderheft, Berlin 1907. – [12] Vgl. Seidl, a.a.O., 31 Nr. 12. Statt *Pꜣ-bw* (Pabus) ist der Name des Archivinhabers *Pꜣ-bḥt* zu lesen, vgl. Erich Lüddeckens,

Demotisches Namenbuch I, Wiesbaden 1980ff., 364. – [13] Vgl. Seidl, a.a.O., 30 Nr. 8; Peter W. Pestman, Les archives privées de Pathyris à l'époque ptolemaique, in: Pap. Lugduno–Batava 14, Leiden 1965, 48; ders., Nahomsesis, una donna d'affari di Pathyris, in: Fs Orsolina Montevecchi, Bologna 1981, 295ff. – Die von Seidl dem Archiv zugewiesenen Urkunden Pap. Rylands 19. 23. 25. 30 schließt Pestman, Nahomsesis, 299ff. aus. – [14] Vgl. Seidl, Ptol. Rechtsgeschichte, 31 Nr. 9. – [15] Vgl. Seidl, a.a.O., 27 Nr. 6; Pestman, Pathyris, 47ff. mit Aufzählung der demot. und griech. Urkunden in zeitlicher Reihenfolge. Das griech. Dokument 29 ist irrtümlich als demotisch angegeben: Pestman, a.a.O., 65. – [16] Vgl. Francis Ll. Griffith u. a., The Adler Papyri. The Demotic Texts, Oxford–London 1939; Seidl, a.a.O., 25 Nr. 5; Pestman, Pathyris, 47 Nr. 2 mit Anm. 5. – [17] Publ. mit 2. 3. 4. von W. Brunsch ist in Vorbereitung. – [18] Vgl. Seidl, Ptol. Rechtsgeschichte, 31 Nr. 10. – [19] Vgl. Seidl, a.a.O., 29 Nr. 7; Pestman, Pathyris, 49 Nr. 4. – [20] Peter W. Pestman, L'archivio di Amenothes, figlio di Horos, Mailand 1981. – [21] Vgl. Mustafa El-Amir, A Family Archive from Thebes, Kairo 1959; Seidl, Ptol. Rechtsgeschichte, 17ff. Nr. 1; Lüddeckens, in: LÄ IV, 874ff. – [22] Die Lesung des Namens ist fraglich (Lüddeckens und Seidl: *Pꜣ-dj-ršj*); vgl. Zauzich, Schreibertradition, Anm. 123. – [23] Seidl, Ptol. Rechtsgeschichte, 20 Nr. 3. – [24] Seidl, a.a.O., 19 Nr. 2; Stephen R. K. Glanville, Catalogue of Demotic Papyri in the British Museum I, London 1939, XVff. – [25] 284 v. Chr. Korrigiere in LÄ IV, 878 die falsche Jahreszahl (303 v. Chr.). – [26] Vgl. El-Amir, in: AcOr 25, 1960, 203–226; Zauzich, in: BiOr 26, 1969, 337ff.; id., in: Enchoria 2, 1972, 85ff. – [27] Bottis Ausgabe (L'archivio demotico da Deir el-Medineh, Florenz 1967) enthält nicht die Urkunde Turin Suppl. 6102 (unpubliziert); vgl. El-Amir, a.a.O., 220 Nr. 25. – [28] Diese auch für *Twt*, Sohn des *Wsr-mꜣꜥt-Rꜥ*, ausgestellte Urkunde war offenbar nicht in den beiden Krügen des Archiv-Fundes enthalten. – [29] Die Publikation durch Jan Quaegebeur ist zu erwarten; vgl. seinen Vorbericht in: Actes du XVe Congrès international de Papyrologie, Brüssel 1979, 4. Teil, 40–48; id., in: Enchoria 8, 1978, Sonderband, 27f. – [30] Vgl. Seidl, Ptol. Rechtsgeschichte, 21ff. Nr. 4. – [31] Korrigiere in LÄ IV, 887 unter 4a die falsche Papyrus-Nr. Berlin P 3102 zu Berlin P 3101. – [32] Vgl. Seidl, a.a.O., 31ff. Nr. 13; Sir Herbert Thompson, A Family Archive from Siut, Oxford 1934: Publikation von Pap. BM 10575. 10591–10600. – [33] Publikation ist in Vorbereitung, vgl. den Vorbericht von Lüddeckens, in: Akten des 13. Internationalen Papyrologenkongresses, München 1974, 235–239. – [34] Wilhelm Spiegelberg und Thédore Reinach, Les papyrus grecs et démotiques, Paris 1905; vollständig jetzt bei Ernst Boswinkel und Peter W. Pestman, Les archives privées de Dionysios, fils de Kephalas, Papyrologica Lugduno-Batava 22, Leiden 1982. – [35] Die Zusammengehörigkeit dieses Archivs ist nicht ganz sicher, vgl. Seidl, Ptol. Rechtsgeschichte, 44 Nr. 25. – [36] Vgl. Peter W. Pestman, Recueil de textes démotiques et bilingues II, Leiden 1977, 3ff. – [37] Publikation: J. D. Ray, The Archive of Ḥor, London 1976. – [38] Vgl. Pestman, Recueil II, 37ff. – [39] Vgl. Seidl, a.a.O., 32 Nr. 14; Pestman, in: OMRO 44, 1963, 8ff.; Sauneron, in: BIFAO 51, 1952, 151f.; Revillout, in: RevEg 1, 1880, 91ff.; id., in: ZÄS 18, 1880, 70ff. 103ff. – Die Datierung setzt die von Wilcken zu UPZ I, 117 vermutete Zugehörigkeit der Zois-Papyri zum Archiv voraus – sonst wäre Pap. Eremitage 1112 (136–5 v. Chr.) die älteste Urkunde. – [40] Vgl. Seidl, Ptol. Rechtsgeschichte, 43 Nr. 23. – [41] Vgl. ebd., 33 Nr. 16 mit irriger Namenslesung *Sbk-ḥtp* nach Spiegelberg, CG Nr. 30631. – [42] Vgl. Seidl, a.a.O., 47 Nr. 38. Die hier gegebene Zusammenfassung der Kultgenossenschaftssatzungen (Kairo und Hamburg), der Hierodulie-Urkunden (BM) und der Priesterzulassung aus Tebtynis beruht auf der Annahme, daß alle diese Urkunden im Archiv des Suchos-Tempels aufbewahrt wurden. – [43] Vgl. Thompson, in: JEA 26, 1940, 68. – [44] Vgl. Seidl, Ptol. Rechtsgeschichte, 46f. Nr. 37. Von der Publikation der demot. Texte des Archivs (LÄ IV, 861 Nr. IV; Zauzich, in: Enchoria 6, 1976, 131ff.) liegt bisher nur der 1. Band vor. Für den 2. Band sind weitere Urkunden und Fragmente in Aussicht gestellt (vgl. Anm. 57). – [45] Vgl. Seidl, a.a.O., 44 Nr. 26–27; Henri Sottas, Papyrus démotiques de Lille, Paris 1921; Françoise de Cenival, Cautionnements démotiques, Paris 1973; ead., Papyrus démotiques de Lille III, MIFAO 110, 1984. – Seidl, a.a.O. hat in dieser Urkundengruppe noch zwei kleinere Archive ermittelt: das des Aristarchos und das des Thrasymedes. – Françoise de Cenival, Cautionnements, 248ff. stellt die Urkunden Lille 45. 76. 77. 82. 84 zu einem Archiv des Artemidoros zusammen, da in allen für ihn Bürgschaft geleistet wird. Aus dem gleichen Grunde erkennt sie in Pap. Lille 35. 49. 69. 71. 72. Inv. 1241. Inv. 1378b Archive des *Qldwn* und des *Ḏḥwtj-m-ḥb*. – [46] Vgl. Seidl, a.a.O., 45 Nr. 28; Sethe, Demot. Bürgschaftsrecht, 3 und Seidl nehmen die Lokalisierung des Archivs in Medinet el-Fajjum (Krokodilopolis) an. – [47] Außer den Kairiner Urkunden sind die hier angeführten unpubliziert; zur zu erwartenden Publikation der Hamburger, Londoner und Kopenhagener Hawara-Papyri vgl. den Vorbericht von Lüddeckens, in: H. Maehler und V. Strocka, Das ptolemäische Ägypten, Mainz 1978, 221ff. – [48] Die Verbindung der Gruppen b und c stellt die Beurkundung eines Hausverkaufs (Pap. Ashmolean Museum 14–15, 71 v. Chr.) dar. – [49] Eve A. E. Reymond, Embalmers Archives from Hawara, Oxford 1973. – [50] Vgl. Zauzich, in: Enchoria 6, 1976, 129. – [51] Vgl. Seidl, Ptol. Rechtsgeschichte, 34–43 Nr. 19; P. W. Pestman, Zenon Archive (s. im Text); id. u. a., A Guide to the Zenon Archive, Papyrologica Lugduno-Batava 21, Leiden 1981. Zur Einteilung des Archivs in Unterarchive wie die des Panakestor, der Eirene und des Eukles s. Seidl, a.a.O., 35ff. – [52] Zu den hier unter P. nicht genannten Texten s. Pestman, Guide, 34. – [53] Ebd., 131. – [54] Innen- und Außenschrift derselben Urkunde. – [55] Die Publikation wird von P. W. Pestman erwartet. – [56] Vgl. Orsolina Montevecchi, La Papirologia, Turin 1973, 247ff.; Erwin Seidl, Rechtsgeschichte Ägyptens als römischer Provinz, St. Augustin 1973, 60ff. – [57] Die hier angegebene Zusammenstellung setzt ein einziges Tempelarchiv in Dimeh unter den Römern voraus. Vgl. auch oben IX D und Anm. 44. – [58] Edda Bresciani, in: Fs Papyrussammlung Wien, 181ff.; Zauzich, in: Enchoria 12, 1984, 87ff. –

E. L.

Uroboros. „Schwanzbeißende" Schlange (griechisch οὐροβόρος[1] oder οὐρηβόρος[2]; οὐρά =

„Schwanz" und βορός = „gefräßig" aus βιβρώσκω „essen"). Die äg. Bezeichnung war *sd m r3* „Schwanz im Maul"[3], doch wird dieser Ausdruck meist metaphorisch verwendet. So wird bei der Belagerung von *Herakleopolis durch das Heer von *Tefnachte die hermetische Abriegelung der Stadt mit dem Satz *jrj.n.f sw m sd m r3* veranschaulicht[4]. Im Text der *Nitokris-Stele steht *sd m r3* in der Bedeutung „umgeben"[5]. Auch die Selbstvernichtung eines feindlichen Wesens[6] oder Heeres[7] kann dadurch bezeichnet werden. In den Tempeln der griech.-röm. Zt ist der Ausdruck ebenfalls noch belegt[8].

Eine Form des U. dürfte der *mhn-t3*, der „Erdumringler", gewesen sein[9]. *T3* dürfte im Kontext des *Amduat auch Unterwelt bedeuten[10].

Auch die *z3-t3*-Schlange kann die Rolle des U. übernehmen. Nach dem Höhlenbuch[11] wird das Gebiet von *Rosetau von einer Schlange umgeben. An den U. knüpft sich eine komplizierte, auch innere Widersprüche enthaltende *Symbolik. Die Schlange galt bei verschiedenen Völkern wegen ihrer Häutung als Sinnbild des sich immer wieder erneuernden Lebens und auch der *Zeit und *Ewigkeit. Durch die Ringform der Schlange, wo Anfang und Ende untrennbar verknüpft sind, wurde dieser Symbolgehalt noch bereichert; die zyklischen Zeitvorstellungen gewannen dadurch ein anschauliches Bild, mit dem auch abstrakte kosmologische Ideen verbunden werden konnten. U. wird in erster Linie in den späten Quellen als Symbol der Zeit bezeichnet[12], doch kann diese Bedeutung sicher wenigstens bis zum NR zurückgeführt werden. Auf einem der goldenen Schreine des *Tutanchamun wird eine Mumie dargestellt; der Kopf und der Unterteil der Beine werden von je einem U. umgeben[13]. Der U. beim Kopf wird *Mhn* genannt. Die kryptographische Inschrift „Der die Stunden verbirgt"[14] bezieht sich sowohl auf den mumienförmigen Gott als auch auf die Schlange.

Die Zeit-Schlange mußte auch zu einem solaren Symbol werden. Diese Entwicklung kommt besonders auf den Illustrationen der sog. mythologischen Papyri der XXI.–XXII. Dyn. zum Ausdruck. Auf dem Pap. der Ḥeri-Ub(en) sitzt das Sonnenkind in einem von einem U. gebildeten Kreis, der auf zwei Löwen gesetzt ist[15]. Anderswo umgibt der U. den *Skarabäus[16]. Dieses Motiv dürfte auf das Amduat (sechste Stunde) zurückgehen, wo der Leichnam des *Chepre von einer fünfköpfigen Schlange umgeben wird[17].

Zur „Erdumringler"-Rolle des U. s. oben. U. ist die symbolische Grenze der vom *Sonnengott regierten geordneten Welt, jenseits der Schlange beginnt das Reich des Chaos. In der gnostischen Schrift Pistis Sophia wird der weltumringelnde U. „äußere Finsternis" genannt[18].

Auch im engeren geographischen Sinne wurde das Uroboros-Symbol gebraucht. Der *Nilgott sitzt auf einer Darstellung des *Abatons in einer von einer Schlange umgebenen Höhle[19]. Wenn auch die Schlange hier den Schwanz nicht in ihren Mund nimmt, bildet sie doch einen Ring. Auch der Name des Gaues von *Hermupolis erscheint im Rahmen des Uroboros[20].

Der U. wurde auch mit *Osiris in Zusammenhang gebracht. Ein Pap. trägt die Abbildung der Uroboros-Schlange, die die Figur des *Thot, das *jmj-wt*-Zeichen und den *Abydos-Fetisch umschließt[21]. Auf einem anderen Bild umgibt U. nur das Abydos-Zeichen[22]. Als Symbol der Verjüngung und des Wiederauflebens wurde U. auch auf Särgen angebracht, z.B. am Deckel des inneren *Sarkophags des *Merenptah[23] und an späteren Särgen[24]. Auch Osiris selbst – zusammen mit den *Sternen – erscheint im Kreis des Uroboros[25]. Hier galt U. als Grenze der Unterwelt und des gestirnten Himmels. So entwickelte sich U. zum Sinnbild des Universums, wobei die Schuppen der Schlange als Sterne gedeutet wurden. Das Abstoßen der alten Haut wird als eine Andeutung auf die jährliche Verjüngung des Kosmos nach einem vollendeten Kreislauf aufgefaßt[26].

Die kosmische *Symbolik liegt der spekulativen Deutung der Kartusche als U. im Werk *Horapollos zugrunde. Nach ihm schreiben die Ägypter den „mächtigsten König" mit einer Schlange mit dem Schwanz im Maul; in die Mitte des Kreises wird der Königsname gesetzt[27]. Wenn man „Weltherrscher" schreiben will, steht *pr-ˁ3* im Kreis der Schlange[28].

Die Bewertung des U. weist im Laufe der Geschichte dieses Symbols eine merkwürdige Ambivalenz auf. Einerseits verleihen ihm die abstrakten Deutungen einen erhabenen Charakter, andererseits wird er eindeutig negativ beurteilt. Die Uroboros-Körperhaltung, das Beißen des eigenen Schwanzes, wurde als Strafe und Selbstverzehrung betrachtet. Schon in den Pyr. werden die an eine Schlange gerichteten Worte „dein Schwanz an dein Maul"[29] als eine Drohung, als ein Mittel, die Schlange unschädlich zu machen, aufgefaßt. Nach pBremner-Rhind wurde *Apophis magisch so vernichtet, daß man eine Schlange mit dem Schwanz im Maul zeichnete und darüber den Namen „Apophis" schrieb[30]. An einer anderen Stelle wird ausgesagt, daß die Schlange sich in dieser Positur selbst verzehren wird[31]. Zwei Uroboros-Schlangen, die auf der *Metternichstele von je einem Gott getötet werden, dürften auch Darstellungen des Apophis gewesen sein[32]. Zuweilen werden böse Tiere von einem U. umgeben, wobei ein pantheistischer Gott auf die Schlange tritt[33]. Wahrscheinlich ist die Schlange auf diesen Darstellungen als ein böses Wesen zu betrachten, doch könnten sie auch dahingehend interpretiert werden, daß die gefährlichen Tiere vom U. gefangen gehalten werden.

Während der langen Geschichte des Uroboros-Motivs, die etwa um 3000 anfängt, sind im religiösen Gehalt wie in der Ikonographie gewisse Änderungen wahrnehmbar. Die unmittelbaren Vorläufer erscheinen beinahe zu derselben Zeit in Elam und in Äg.: Auf einer frühdynastischen Platte aus Bitumen aus Susa sind zwei miteinander verschlungene Schlangen dargestellt mit dem Schwanz im Maul[34]. Eine Ringschlange (der Schwanz ist nicht im Maul) erscheint auf einer äg. Palette im Metropolitan Museum (spät prädyn.)[35]. Sie bildet den zentralen Kreis zum Zerreiben der Schminke. Schriftlich ist U. aus dem AR belegt[36]. Die *Šnṯ*-Schlange soll durch die Uroboros-Körperhaltung unschädlich gemacht werden. Der *Mehen (*Mḥn*), in welcher der Allherr sich zur Zeit der Weltschöpfung befand[37], dürfte als U. interpretiert werden. Die ersten sicheren Darstellungen stammen aus der Zeit der 18. Dyn.: U. oval (später auch einem Rechteck ähnlich) in der sechsten Stunde des *Amduat. Name: Vielgesicht. Im Grab *Amenophis' II. hat er drei Köpfe[38], sonst ist er mit fünf Köpfen abgebildet[39]. Auf der nächsten Darstellung (goldener Schrein aus dem Grab des Tutanchamun[40]) sind die beiden U. kreisförmig. In der Sarkophaghalle *Ramses' III. setzte man den Namen des Königs in den Kreis eines doppelten Uroboros[41]. Innerhalb des Kreises wird der Name von den zwölf Stundengöttinnen umgeben, außerhalb sieht man die Zeichen der Stunden des Tages und der Nacht. Im *Höhlenbuch nimmt U. die Gestalt eines Rechtecks an und umschließt Osiris, einen Widderkopf und ein Auge. Sein Name lautet *Wr ḫntj qrrt.f* „Alter, der vorn in seiner Höhle ist"[42].

Es gibt Beispiele für den Kreis-Uroboros mit wellenartigen Windungen: In der ersten Stunde des *Pfortenbuches umgibt ein solcher U. die Sonnenscheibe und den *Skarabäus[43]. Auch später taucht die Darstellungsweise auf (sog. mythologische Papyri[44], Sarkophag des *Ḏd-ḥr*)[45].

U. mit Wellen-Windungen erscheint auch in Rechtecksform[46]. Auf der Decke des Grabes des Petosiris in der Oase *Dachla[47] (Römerzeit) ist der Kreis um den Zodiakus aus einer Schlange und einem *Krokodil zusammengesetzt.

Auch Ringe wurden in Äg. in Uroboros-Form hergestellt[48].

In den griech.-äg. Zauberpapyri wird U. mehrfach erwähnt, und auch sein Bild erscheint als Illustration zum Text[49]. Den zeitgenössischen Zeit-Spekulationen entsprechend, muß das *Amulett auch den Namen Aiōn als Zauberwort tragen[50]. Das Wort Kmēphis ist ägyptischen Ursprungs (Knēph oder *Km-3t.f*) = „Der seine Zt beendet hat"[51]. Das Amulett schützt den Körper gegen *Dämonen. Die solare Symbolik bleibt in diesen Texten im Vordergrund. Z.B. muß ein Sonnen-*Horus (Hēliōros) mit Löwenkopf in einen Stein geschnitten werden, rings um ihn ein Uroboros[52]. Auf einem Ringstein brachte man das Bild des U. an und innerhalb der Schlange einen mit Strahlen versehenen Skarabäus[53]. Bei einem Zaubermittel zur Schadensabwehr ritzte man in *Blei unter anderem auch einen Skarabäus und unter ihm einen Uroboros[54].

U. wurde auch zu einem *Mond-Symbol. Auf einen Ringstein zeichnete man einen U. und mitten in die Schlange die Figur der Selene[55]. In einem Gebet wird Selene auch als „Schwanzbeißerin" angerufen[56]. Auch als Erdumringler tritt U. in der Zauberei auf: Eine magische Figur soll auf eine Kugel gestellt werden, um die sich eine Schlange windet[57]. Auch der geheime Name des Zauberers kann mit U. geschrieben werden: Er ist ein Herz, von einer Schlange umwunden[58].

Das Uroboros-Motiv wird des öfteren auf den magischen Gemmen der Kaiserzeit verwendet: U. erscheint auch als Rahmen um verschiedene Gottheiten (*Isis[59], *Osiris[60], *Sarapis[61]) oder um gefährliche Tiere[62].

In der späten Kaiserzeit wurde U. von einigen Gelehrten als Hieroglyphe interpretiert[63].

Das Uroboros-Motiv in der koptisch-gnostischen Schrift Pistis Sophia wurde aus der äg. Religion übernommen. Die die Erde umgebende äußere Finsternis wird als ein U. vorgestellt. Diese Schlange ist der Ort der Verdammten und wird entsprechend den äg. *Jenseitsvorstellungen in 12 Räume eingeteilt[64]. Diese Finsternis könnte die Welt nicht ertragen, nur ihr Hauch darf während der Nacht einbrechen[65]. In einem anderen Teil derselben Schrift erscheint die Sonnenscheibe in einer Vision als Uroboros[66]. Auch sonst ist U. in der gnostischen Literatur belegt[67]. In einer koptischen Legende ist U. ein furchtbarer Drache, der vom Osten nach Babylon gekommen ist[68].

Die Uroboros-Vorstellungen der griech.-röm. Literatur stehen unter klarem äg. Einfluß. Die Höhle der Zeit mit einem U. in einem Gedicht des Claudianus[69] dürfte auf eine Darstellung des *Abatons zurückgehen[70]. Saturnus sieht einen U. als Symbol des Jahres[71]. Vielleicht ist auch die phönikische Darstellung der Welt als U. auf äg. Vorbilder zurückzuführen[72]. Bei Joannes Lydus ist U. Symbol des Jahres. Er wird aber auch mit kosmogonischen Konzeptionen in Zusammenhang gebracht: Er wird auf die Pyramiden gemeißelt, weil die

Ägypter einen Abgrund (Abyssos) annehmen und in ihm eine Schlange, aus der die Götter und alles entstanden sind[73]. Äg. hat einen beträchtlichen Einfluß auf die frühe Alchimie ausgeübt[74], und auch U. hat in der alchimistischen Symbolik einen Platz gefunden. Nach Olympiodoros haben die Äg. den U. auf die *Obelisken eingeritzt[75]. U. wurde in der Alchimie auch als Sinnbild der Einheit der Welt verwendet[76]. U. galt auch als Hüter der Geheimnisse und Schätze. Ein Versteck (oder Heiligtum) in Äg., wo ein König die Stelen mit den Lehren des Ostanes verbirgt, hat sieben Tore, und eine von diesen trägt das Bild des Uroboros[77]. Nach einer anderen Schrift muß Isis auf den Befehl eines Engels auch beim Bellen des U. schwören, daß sie die alchimistischen Lehren geheimhalten wird[78]. Die Rolle des Wächters wurde sicher von einer falschen Etymologie gefördert (οὖρος „Hüter"), sie kann aber auch auf altäg. Vorstellungen zurückgeführt werden, z.B. auf das Höhlenbuch[79] und die Setna-Geschichte, wo die Schlange, die das Zauberbuch des Thot umringelt[80], ein U. sein dürfte.

U. spielte in der europäischen Kunst durch das Mittelalter und die Neuzeit bis zur Gegenwart eine bedeutende Rolle[81]. Auch in der Mythologie von verschiedenen afrikanischen Völkern und in der Kunst ist U. mehrfach belegt. Als lebendiges Fundament der Welt und als Regenbogen ist diese Schlange ein Teil des Weltbildes geworden[82].

[1] Henry-George Liddell und Robert Scott, A Greek-English Lexicon, Oxford 1968, 1274. – [2] Ibid., 1273. – [3] Wb IV, 364; Hornung, Amduat I, 110; pBremner-Rhind, 91 (32,44). – [4] Nicolas-C. Grimal, Le stèle triomphale de Pi(ʿankh)y au Musée du Caire. JE 48862 et 47086–47089, MIFAO 105, 1981, § 3, Z.56, vgl. S.17 Anm.38; 292, Z.5. – [5] Caminos, in: JEA 50, 1964, 74. 84–85, Tf.9, Z.11. – [6] pBremner-Rhind, 79 (30,16). – [7] Caminos, a.a.O., 84–85. – [8] Z.B. Edfou IV, 221; vgl. Wb IV, 364, Belegst. zu *sd m rȝ*. – [9] Wb II, 128. – [10] Hornung, Amduat III, 66. – [11] Alexandre Piankoff, Le Livre des Quererts, Kairo 1946, Tf.4 Nr.2 (= BIFAO 41, 1942, 1ff.); vgl. Hornung, Amduat II, 91. – [12] Servius, In Vergili Aeneide V, 85 (Hopfner, Fontes, 614); Martianus Capella, De nuptiis Philologiae et Mercurii I, 70 (Hopfner, Fontes, 649); Joannes Lydus, De mensibus III, 1,4 (Hopfner, Fontes, 697). – [13] Piankoff, Chapelles de Tout-Ankh-Amon II, Tf.4. – [14] Piankoff, in: JEA 35, 1949, 113; Hornung, Der Eine, 173 Anm. 127. – [15] Piankoff, Myth. Pap., Tf.1. – [16] Ibd., Tf.20.27. – [17] Hornung, Amduat I (sechste Stunde, mittleres Register). – [18] Kapitel 126. – [19] RÄRG, 528. – [20] Bruno H. Stricker, De grote Zeeslang, MVEOL 10, 1953, Abb. 4d.f. – [21] Piankoff, in: Samuel Mercer (Hg.), Egyptian Religion 3, New York 1935, 144. – [22] Siegfried Schott, Zum Weltbild der Jenseitsführer des Neuen Reiches, NAWG 1965. 11, Tf.4; Stricker, a.a.O., Abb.4a. c. e. – [23] Erik Hornung, Tal der Könige, Zürich–München 1982, Abb.163; auch der äußere Sarkophagdeckel ist mit einem U. versehen (Assmann, in: MDAIK 28, 1972, 47ff., Abb.1). – [24] Stricker, a.a.O., 10–13; Sokaris-Osiris in U.: BM 22814 (SpZt), vgl. 6690 und 2813; Natali Landa und Irma Lapis, Egyptian Antiquities in the Hermitage, Leningrad 1974, Abb.103 (der Schwanz ist nicht im Mund); U. auf Mumienkartonage: George A. Reisner, Arch. Survey of Nubia. Report for 1907–1908 I, Kairo 1910, 91, Tf.13d; Kákosy, in: Studia Aegyptiaca 7, Budapest 1981, 189. – [25] William M. Flinders Petrie, Koptos, London 1896, Tf.5 Nr.12; Kákosy, in: OrAnt 3, 1964, 15ff. – [26] Horapollo I, 2; vgl. van de Walle und Vergote, in: CdE 18, Nr.35, 1943, 40–42. – [27] Horapollo I, 59. – [28] Ebd. I, 61. – [29] Pyr. 689b. – [30] pBremner-Rhind, 91 (32,44–45). – [31] Ebd., 79 (30,16); vgl. auch 29,22. – [32] Wladimir Golenischeff, Die Metternichstele, Leipzig 1877, Tf.5 (25). – [33] Stricker, Zeeslang (s. Anm.20), Abb.1; CG 9428. 9429; Campell Bonner, Studies in Magical Amulets, Ann Arbor 1950, 158. 255; Armand Delatte und Philippe Derchain, Les intailles magiques gréco-égyptiennes, Paris 1964, 127. 131. 133–4 usw. (Nr.166. 171. 172). – [34] Georges Conteneau, Manuel d'archéologie orientale I, Paris 1927, 441–2; auch auf einem Siegelzylinder: van Buren, in: AfO 10, 1935, 62–63. – [35] Hayes, Scepter I, 29 Abb.22. – [36] Pyr. 689b. – [37] CT VII, 462; Hornung, in: Eranos 46, 1977, 434. – [38] Bucher, Tombes de Thoutmosis III et d'Aménophis II, Tf.33. – [39] Hornung, Amduat I (sechste Stunde). – [40] Piankoff, Chapelles de Tout-Ankh-Amon II, Tf.4. – [41] Hornung, in: Eranos 50, 1981, 466 und Abb.16. – [42] Alexandre Piankoff, Le Livre des Quererts, Kairo 1946, 35, Tf.27. 32 (= BIFAO 41, 1942, 1ff.); Erik Hornung, Ägyptische Unterweltsbücher, Zürich–München 1972, 349. – [43] Hornung, a.a.O., 199. – [44] Piankoff, Myth. Pap., Tf.20. – [45] CG 29304, Tf.2. – [46] Piankoff, Myth. Pap., Tf.22. – [47] Ahmed Fakhry und Jürgen Osing u.a., Denkmäler der Oase Dachla, AV 28, Mainz 1982, Tf.38–39. – [48] CG 52297. – [49] PGM² II, Tf.I, Abb.4. – [50] PGM² VII, 584 (Bd.II, 26). – [51] PGM² VII, 583 (Bd.II, 26); zu Knēph s. Plutarch, De Iside, 21. – [52] PGM² I, 144–6 (Bd.I, 10). – [53] PGM² XII, 274–5 (Bd.II, 76). – [54] PGM² XXXVI, 179–184 (Bd.II, 168–9). – [55] PGM² XII, 201–5 (Bd.II, 71–72). – [56] PGM² VII, 896 (Bd.II, 39). – [57] PGM² IV, 2384–5 (Bd.I, 146). – [58] PGM² V, 186–7 (Bd.I, 186). – [59] Delatte und Derchain, a.a.O. (s. Anm.33), Nr.107. – [60] Bonner, a.a.O. (s. Anm.33), 254 Nr.5. – [61] Delatte und Derchain, a.a.O. (s. Anm.33), Nr.100. – [62] Bonner, a.a.O., 158. 255; Delatte und Derchain, a.a.O., Nr.166. 171. 172 usw. – [63] Horapollo I, 2, 59. 61. 64. – [64] Kap.126. Walter Till, Koptisch-gnostische Schriften I, Berlin 1962, 207–8. – [65] Ibid., Kap.131 (Till, a.a.O., 217). – [66] Kapitel 136 (Till, a.a.O., 233). – [67] Sog. Diagramm der Ophiten. H. Leisegang, Die Gnosis, Leipzig 1924, Abb. zur S.1; Kurt Rudolph, Die Gnosis, Leipzig 1977, 78. – [68] Husselmann, in: JARCE 4, 1965, 82. – [69] De cons. Stilichonis II, 424ff. – [70] Derchain, in: ZÄS 81, 1956, 4ff.; RÄRG, 528 (eine dem U. ähnliche Ringschlange in der Höhle des Nils). – [71] Martianus Capella, De nuptiis Philologiae et Mercurii I, 70; Préaux, in: Collection Latomus 28, Brüssel 1957, 394–410. U. als Jahr auch bei Isidorus Hispalensis, Etymolog. V, 36 (2) (Hopfner, Fontes, 723). – [72] Macrobius, Saturnalia I, 9, 12. – [73] De mensibus II, 4 (Hopfner, Fontes, 697). – [74] François Daumas, L'alchimie a-t-elle

une origine égyptienne?, in: Das römisch-byzantinische Ägypten, Aegyptiaca Treverensia 2, Mainz 1983, 109–118. – [75] Marcellin P. Bertholet, Collection des anciens alchimistes grecs. Texte grec, Paris 1888, 80. – [76] Stricker, a.a.O., Abb. 5 e; eine andere alchimistische Darstellung: Abb. 15 c. – [77] A.-J. Festugière, La révélation d'Hermès Trismégiste I, Paris 1950, 321. – [78] Ibid., 258. Zur übrigen Rolle des U. in der Alchimie s. Hans Biedermann, Handlexikon der magischen Künste, Graz 1968, s. v. Ouroboros und S. 283; Carl Gustav Jung, Psychologie und Alchemie, 1944. – [79] Erik Hornung, Ägyptische Unterweltsbücher, Zürich–München 1972, 349 und Abb. 77. – [80] Francis Ll. Griffith, Stories of the High Priests of Memphis, Oxford 1900, 24. – [81] J. Charbonneau-Lassay, Le bestiaire du Christ, Desclée, De Brouwer 1940, 803 ff.; Jurgis Baltrušaitis, La quête d'Isis. Introduction à l'égyptomanie, Paris 1967, 39–40; Preisendanz, in: Gutenberg-Jahrbuch, Mainz 1935, 143–149. – [82] Geoffrey Parrinder, African Mythology, London 1967, 23. 76 und Abb. auf S. 38. 40.

Lit.: Karl Preisendanz, Aus der Geschichte des Uroboros, in: Brauch und Sinnbild. Eugen Fehrle zum 60. Geburtstag, Karlsruhe 1940, 194–209; Bruno Hugo Stricker, De groote Zeeslang, MVEOL 10, 1953; László Kákosy, Osiris-Aion, in: OrAnt 3, 1964, 15–25; Andrzej Niwiński, Noch einmal über zwei Ewigkeitsbegriffe, in: GM 48, 1981, 41–53.

L. K.

Uronarti („Königsinsel", arabisch Geziret el-Melik), Insel in *Nubien und Teil des Festungsverbundes am 2. *Katarakt (*Festungsanlage). Die äg. Festung (Name: *ḫsf jwntjw*) wurde im Jahr 16 *Sesostris' III. erbaut[1] und gegen Ende der 13. Dyn. als militärischer Stützpunkt aufgegeben. Ein Tempel aus Nilschlammziegeln bestand vermutlich schon im MR[2], ein Palast (?) stammt ebenfalls aus dieser Zeit[3]. Der Wiederaufbau des Tempels erfolgte in der frühen 18. Dyn., möglicherweise durch den *Königssohn von Kusch *Twrj*. Die Ausführung in Stein nahmen *Thutmosis III. und *Amenophis II. vor[4]. Geweiht war dieser Tempel Sesostris III. und *Month, der als Herr von *ḫsf jwntjw* erscheint[5]. Ein kleiner Friedhof existierte ebenfalls auf Uronarti[6]. Zu den wichtigen Funden gehören die Grenzstele Sesostris' III. aus Jahr 16 (Khartoum Nr. 451), die ein Duplikat der *Semna-Stele (Berlin Nr. 1157) ist[7], eine Statue Sesostris' III. sowie eine Osirisstatue[8], die Statue des Königssohn von Kusch *Wsr-Stjt*[9] (*Usersatet), die Stele eines *Jmnj*[10] und die eines *Ḏ3w …*[11] sowie die Inschrift Sesostris' III. am Kai von U., die im Jahr 19 bei der Rückkehr von einem Feldzug gegen *Kusch verfaßt wurde und die Navigationsschwierigkeiten durch den 2. Katarakt erwähnt[12], und die Felsinschrift des *Twrj* aus Jahr 8 Amenophis' I.[13]. Wichtige Kleinfunde sind die 11 hölzernen, beschrifteten Gedenkobjekte, deren Sinn noch unklar ist[14], mehrere Gewichte zum Wägen von *Gold[15] (*Waage), eine große Anzahl von Nilschlammsiegeln[16] sowie Papyrusfragmente unklaren Inhalts (Meldungen von der Art der *Semna-Papyri?)[17].

[1] Dies ist in der Stele aus Jahr 16 Sesostris' III. angegeben. S. J. J. Janssen, in: JNES 12, 1953, 52 Abb. 1 (Z. 1). Doch vgl. Walter B. Emery, Egypt in Nubia, London 1965, der aufgrund bestimmter Konstruktionseigenheiten der Festung die Meinung vertritt, ihr Bau sei von *Sesostris I. geplant und begonnen worden. – [2] Dunham, Second Cataract Forts II, 9. 13; Charles C. van Siclen III, The Chapel of Sesostris III at Uronarti, San Antonio (Texas) 1982, 38 ff. – [3] Dunham, op. cit., 22–31. – [4] Dunham, op. cit., 13; van Siclen III, op. cit., 41 und passim. – [5] Statue des *Wsr-Stjt* (Khartoum Nr. 32), Dewachter, in: Archéologia 72, Paris 1974, 54–58; van Siclen III, op. cit., 47 (G), Abb. 18. – [6] Dunham, op. cit., 31 f. – [7] S. J. J. Janssen, in: JNES 12, 1953, 51–55; s. auch Dunham, op. cit., 32 f.; van Siclen III, op. cit., 43 f. (A). – [8] Ernest A. W. Budge, The Egyptian Sûdân I, London 1907, 492; van Siclen III, op. cit., 36 und Anm. 32; Abb. 17; 38 und Anm. 34. – [9] S. Anm. 5. – [10] Barns, in: Kush 2, 1954, 24 (Nr. 2685). – [11] Dunham, op. cit., 33, Tf. 24 (C. D); van Siclen III, op. cit., 46 (E). – [12] Dunham, op. cit., 33 f., Tf. 25 (A. B). – [13] Urk. IV, 78 (29); Dunham, op. cit., 34, Tf. 26 (A. B). – [14] Wegen der Aufschrift *sḫ3 n trjt* könnte es sich bei diesen Objekten um Erinnerungsstücke an die Ableistung von Gefolgschaftseiden handeln. So auch van Siclen III, op. cit., 45. S. Dunham, op. cit., 34 f., Tf. 27. 28. – [15] Dunham, op. cit., 35 f., Tf. 35 B; s. Vercoutter, in: Kush 7, 1959, 134, Tf. 32 b; Petruso, in: BMFA 79, 1981, 45–47. – [16] Reisner, in: Kush 3, 1955, 26–69; Dunham, op. cit., 36. 64 ff. – [17] Dunham, op. cit., 37. 89–108.

Lit.: PM VII, 143–144; Dunham, Second Cataract Forts II, 3–112; Charles C. van Siclen III, The Chapel of Sesostris III at Uronarti, San Antonio (Texas) 1982.

K. Zi.

Urschlange. A. Ein eigenes äg. Wort für U. gibt es nicht; der Begriff bezeichnet eine Ur- und Schöpfergottheit, die in Gestalt einer *Schlange aus dem chaotischen Zustand der Welt vor der *Schöpfung hervorkommt oder – was wesensgleich zu verstehen ist – nach dem Weltende dorthin zurückkehrt.

B. Die erste Existenz des *Schöpfergottes *Atum ist die Schlangenform[1]. Auf sie wird in den *Sargtexten[2] und im *Totenbuch[3] Bezug genommen, wenn es heißt, Atum sei aus der Erde hervorgegangen. Auch seine Gleichsetzung mit dem Schlangendämon *Nehebkau weist auf die Urform des Gottes hin[4]. Im Tb-Spruch 175 schildert Atum die Endzeit: „Diese Welt wird wieder in das Urgewässer zurückkehren, in die Urflut, wie bei ihrem Anbeginn. Nur ich bin es, der übrigbleibt, zusammen mit *Osiris, nachdem ich mich wieder in andere Schlangen verwandelt habe, welche die Menschen nicht kennen und die Götter nicht sehen."[5] Charaktereigenschaften der U. besitzt der anonyme Schlangengott in der Erzählung des Schiffbrüchigen (*Schiffbrüchiger), ja er scheint geradezu ein Sinnbild des *Re-Atum zu sein[6]. Auch die in der 12. Stunde des *Amduat auftretende Schlange „Leben der Götter"[7] ist als U. zu betrachten, denn sie bewirkt die tägliche Neuschöpfung der Welt: Der *Sonnengott und sein Gefolge treten als Greise in den After der Schlange ein und verlassen sie durch das Maul als Verjüngte. Fraglich bleibt, ob der *Uroboros, der die äußerste Weltgrenze symbolisiert, als U. zu verstehen ist[8].

C. Im religiösen Denken der griech.-röm. Zt tritt die Vorstellung von der U. stark hervor. Erst jetzt belegbar erscheint als Prototyp der U. der thebanische *Kematef (= „dessen Zeit vollendet ist"), der vor allem als Hypostase des *Amun verstanden wird[9]; aber auch der mit Amun eng verknüpfte Gott *Month[10] sowie Osiris[11] und das Urwesen Nehebkau[12] können mit ihm gleichgesetzt werden. Nach den Texten dieser Zeit ist Kematef Stammvater einer Reihe von Urschlangen. Sein Sohn, die Irta-Schlange[13] (*jrj-tꜣ* = „der die Erde schuf"), erhält von ihm den Auftrag, die chthonischen Götter der *Achtheit entstehen zu lassen, welche dann ihrerseits in *Hermupolis den Sonnengott hervorbringen. In dieser Spätphase der äg. Religion können sich auch andere Götter, wie etwa *Tatenen[14] und die *Horusform *Harsomtus[15], als U. manifestieren.

[1] Vgl. Karol Myśliwiec, Studien zum Gott Atum I, HÄB 5, Hildesheim 1978, 95ff. – [2] CT IV, 60. – [3] Tb (Naville), 79, 2–3. – [4] Belege bei Brigitte Altenmüller, Synkretismus in den Sargtexten, GOF IV. 7, 96. – [5] Zitiert nach Tb (Hornung), 367. – [6] Vgl. Derchain–Urtel, in: SAK 1, 1974, 83–104. – [7] Hornung, Amduat I, 199 (869); eine rundplastische Darstellung der Schlange „Leben der Götter" befindet sich im Grabschatz des Tutanchamun (Kairo, Ägyptisches Museum, 60754). – [8] Ebenso bleibt fraglich, ob die „Buntschlangen" (Pyr. 1211; CT I, 14d), die vorweltliche, feindliche Mächte darstellen, als Urschlangen anzusehen sind. Vgl. dazu Borghouts, in: OMRO 51, 1971, 199–209. – [9] Sethe, Amun, § 38/40; Kematef ist bei den antiken Schriftstellern als Kneph bekannt, vgl. Armand Delatte und Philippe Derchain, Les intailles magiques gréco-égyptiennes, Paris 1964, 54ff. – [10] Urk. VIII, 13o. 30b. – [11] Sethe, Amun, § 107. – [12] Sethe, Amun, § 106. 182. – [13] Sethe, Amun, § 38. 110. 114. 124. – [14] *Tatenen wird mehrfach mit der Irta-Schlange gleichgesetzt, z.B. Edfou I, 329. – [15] Vgl. El-Kordy, in: BIFAO 82, 1982, 182ff.

H.Schl.

Urzeit s. Urgott A.

Urzeugung s. Urgott

Usaphais s. Dewen

Uschebti. A. Unter dem Begriff U. versteht man Statuetten, die meist mumienförmig gebildet sind und die seit dem Beginn des MR zur *Grabausstattung gehören. Die Ägypter bezeichnen diese Denkmälergattung mit verschiedenen .Namen: Der älteste ist *šꜣbtj*[1] bzw. die Pluralbildung *šꜣbtjw*[2]; später taucht dann die Form *šꜣwꜣbtj*[3] auf, und schließlich kommt es zu der Benennung *wšbtj*[4]. Die Bedeutungen dieser Namen haben in der Wissenschaft recht unterschiedliche Erklärungen gefunden[5], die aber alle nicht überzeugen können. Lediglich von der Benennung *wšbtj*, die vor allem in der SpZt Verwendung findet, hat sich die Übersetzung „Antworter" oder „Antwortefigur" durchgesetzt. Diese Übersetzung scheint einleuchtend, da die U. laut dem aufgeschriebenen Text auf Arbeitsaufforderungen zu antworten (*wšb*) haben. Man darf annehmen, daß das Wort *wšbtj* in einer Art Volksetymologie entstanden ist[6].

B. Die ältesten U. sind aus *Wachs oder Nilschlamm geformt und zeigen den nackten menschlichen Körper mit deutlich gekennzeichneten Geschlechtsmerkmalen, die mit dem Geschlecht des Grabeigentümers übereinzustimmen scheinen[7]. Diese kleinen Figuren sind einfach modelliert; ihre Arme sind ausgestreckt und liegen an den Körperseiten an. Sie wurden in Mumienbinden gewickelt und in Miniatursärgen beigesetzt[8]. Die U. waren demnach als kleine Abbilder des Verstorbenen gedacht und ursprünglich wohl dazu ausersehen, bei einem Zerfall der Mumie des Toten als Ersatz zu dienen[9]. Schon bald werden die Figuren in einer formellen Weiterentwicklung – jetzt aus Stein, *Holz oder *Fayence – mit ungegliedertem, d.h. mumienförmigem Körper dargestellt[10]. Diese ikonographische Änderung hat ihre Ursache vor allem in der Vorstellung, daß der Verstorbene durch den Akt der Mumifizierung in eine höhere Würde eintritt, die der Ägypter mit *sꜥḥ* bezeichnet[11].

Die frühen U. tragen entweder keine Beschriftung oder sie nennen den Namen des Toten, eventuell mit Filiationsangabe[12]. In der 12. Dyn. wird die Inschrift gelegentlich durch eine *Opferformel erweitert[13]. Erstmals an der Wende von der 12. zur 13. Dyn. zeigt sich auf den Figuren jener Text[14], der sich in einigen Versionen und Kurzformen bis zur ptol. Zt erhält[15] und der auch als Spr. 6 im *Totenbuch Aufnahme findet. Dieser Text erklärt Aufgaben und Zweck der U. und macht deutlich, daß sich die Statuette vom Abbild des Toten zu seinem Stellvertreter gewandelt hat: „O ihr U., wenn ich verpflichtet werde, irgendeine Arbeit zu leisten, die dort im Totenreich geleistet wird – wenn nämlich ein Mann dort zu seiner

(Arbeits)leistung verurteilt wird –, dann verpflichte du dich (zu) dem, was dort getan wird, um die Felder zu bestellen und die Ufer zu bewässern, um den *Sand (Dünger) des Ostens und des Westens überzufahren [16]. ‚Ich will es tun, hier bin ich' sollst du sagen." [17] Die Figur wird also aufgefordert, für den Grabherrn Fronarbeiten im Jenseits zu übernehmen, wenn dieser dazu verurteilt wird. Ein wesentlicher Unterschied zu den *Dienerfiguren ist festzuhalten: Während diese den Anweisungen des Grabherrn Folge leisten müssen, haben die U. die Befehle des Gottes stellvertretend für den Grabeigner auszuführen [18]. Es ist bemerkenswert, daß wichtige Feldarbeiten in der Landwirtschaft, nämlich das Bewässern (*Bewässerung) und Düngen (*Düngung) in der Regel nicht zum Repertoire der bildlichen Darstellungen in den Gräbern gehören, jedoch auf den U. aufgezählt werden.
Seit dem NR wird es auch üblich, den Figuren die notwendigen Arbeitsgeräte mitzugeben, meist Hacken, Handpflug sowie Rucksack, Taschen oder Gefäße [19], die gelegentlich auch an einer *Tragstange am Rücken hängen. Diese Attribute werden zuerst als Modelle [20] gesondert beigelegt, während sie später an den U. selbst angebracht sind, indem man sie aufmalt, einritzt oder reliefartig herausarbeitet.

C. Aus der Epoche des MR sind nur U. von Privatleuten belegt; kgl. U. kennen wir erst vom Beginn der 18. Dyn. an [21]. Für die ikonographische und inhaltliche Entfaltung der U. ist diese Dyn. von großer Bedeutung. Neue Uschebti-Typen entstehen: Doppel-Uschebti [22], U. auf einem Mumienbett liegend [23], kornmahlender U. [24] sowie der kopflose Uschebti [25]. Auf den Figuren können auch neue Textformeln erscheinen [26]. Zum ersten Mal läßt sich nachweisen, daß ein König einem Würdenträger oder aber ein Würdenträger seinem König U. stiftet [27]. Auch U. von kolossaler Größe werden hergestellt, wie etwa der lebensgroße Stein-Uschebti des Kenamun, der aber nicht im Grab, sondern im Tempel aufgestellt war, um die *Arbeitsbefreiung an heiliger Stätte zu dokumentieren [28].

D. Die Anzahl der dem Toten mitgegebenen Figuren scheint zunächst beliebig variabel. Gegen Ende der 18. Dyn. entwickelt sich eine Idealzahl von 365 Statuetten, d.h. eine für jeden Tag im Jahr [29]. Durch die Vermehrung der U. kommt die Dienerkomponente, die dem U. innewohnt, stärker zum Tragen [30]. In der 19. Dyn. tritt zu dem Heer der U. ein Aufseher hinzu [31], der darüber wachen soll, daß jede Figur ihrer Pflicht nachkommt. Dieser Aufseher trägt einen Schurz und hält eine *Geißel oder einen Stock in den Händen. Im Idealfall findet sich einer für jede Dekade, wozu dann noch ein Oberaufseher hinzukommen kann [32]. Der Aufseher ist immer in der Tracht der Lebenden dargestellt und schließt, was den Typus betrifft, an eine Uschebti-Form an, die an der Wende von der 18. zur 19. Dyn. auftaucht [33].

E. Aufgrund des großen Bedarfs an U. entwickelt sich eine Serienproduktion, die für die Bedürfnisse des lokalen Bereichs sorgt, darüber hinaus aber auch für den Export arbeitet [34]. Die Massenherstellung bleibt nicht ohne Einfluß auf die Qualität der Figuren: Nur wenige verdienen, als „Kunstwerk" bezeichnet zu werden. Gegen Ende des NR werden die U. vorwiegend aus Fayence hergestellt [35], erlaubt doch dieses Material durch das Matrizenverfahren eine schnellere Anfertigung der Figuren als die Herstellung aus Stein oder Holz. Auch werden die U. in der Regel nicht mehr in *Särgen, sondern in Kästen untergebracht, die teilweise die Form von *Kapellen aufweisen [36].

F. Um die Gefahr des Mißbrauchs der U. durch Dritte abzuwehren, bedient man sich verschiedener Mittel: So wird der U. durch einen Textzusatz ermahnt, nur seinem Eigentümer zu gehorchen [37]. Eine andere Methode war, durch eine dicke Glasur- oder Pechschicht den Namen des Eigners auf dem U. so zu verbergen, daß keine Veränderungen daran vorgenommen werden konnten [38].
Aus der Zt der 21. Dyn. stammt das berühmte Neschons-Dekret [39], welches Verkündigungen des Gottes *Amun über die U. der Neschons enthält. Hier wird ausgesagt, daß die U., welche der Neschons ins Grab mitgegeben wurden, bezahlt sind und daß dadurch die Figuren zu uneingeschränktem Einsatz für die Eigentümerin verpflichtet sind.

G. Während der ptol. Zt verschwinden die U. allmählich als *Grabbeigaben, obwohl sie sich vereinzelt noch bis in die römische Zt nachweisen lassen [40].
Nicht nur Menschen erhielten U., sondern auch heilige Tiere (*Tierkult), wie etwa der *Apis-Stier. Diese Figuren zeigen einen mumienförmigen menschlichen Körper mit einem Stierkopf [41].

[1] In dieser Schreibung erscheint das Wort auf einer Stele der 11. Dyn. (BM Stelae I, Tf. 51, Nr. 102 [614b]). – [2] Hans D. Schneider, Shabtis I, Leiden 1977, 49. – [3] Louis Speleers, Les figurines funéraires égyptiennes, Brüssel 1923, 116. – [4] Diese Schreibweise taucht erst in der 3. ZwZt auf, vgl. Schneider, op. cit., 138. – [5] Die verschiedenen Deutungsversuche der Namen sind zusammengefaßt bei Schneider, op. cit., 136ff. – [6] Siegfried Morenz, in: Gestalt und Geschichte (Fs K. Schefold), Antike Kunst Beih. 4, Basel 1967, 164. – [7] Eine nicht vollständige Liste dieser frühen U. in Menschen-Form gibt Schneider, op. cit., 178. Ergänzend dazu: Dietrich Wildung, Fünf Jahre Neuerwerbungen der Staatlichen

Sammlung Ägyptischer Kunst München 1976–1980, Mainz 1980, 28f. – [8] Hayes, Scepter I, 326, Abb. 215; Jacques-F. Aubert und Liliane Aubert, Statuettes égyptiennes, Chaouabtis, Ouchebtis, Paris 1974, 13ff. datieren die frühesten U. in die Zeit *Amenemhets III.: Die Autoren wollen die älteren Figuren nicht als U. anerkennen. – [9] Schneider, op. cit., 8ff., sieht in den Ka- und Dienerfiguren des AR die Vorläufer der Uschebti. – [10] Vgl. Hayes, Scepter I, 328, Abb. 216. – [11] Schneider, op. cit., 65f. – [12] Hayes, Scepter I, 327. – [13] RÄRG, 851. – [14] Särge aus el-Bersche (datiert in die 2. Hälfte der 12. Dyn.) überliefern die älteste Version dieses Textes (CT Spr. 472). Zur Datierung der Särge: Brovarski, in: Fs Dunham, 23ff. – [15] Systematische Einteilungen der Versionen und ihre Varianten bei Schneider, op. cit., 81ff. – [16] Vgl. Wessetzky, in: MDAIK 37, 1981 (Fs Habachi), 493ff. – [17] Zitiert nach Tb (Hornung), 48. – [18] RÄRG, 849ff. – [19] Zur Benennung der Arbeitsgeräte vgl. Birgit Schlick-Nolte und Vera von Droste zu Hülshoff, Uschebtis I (CAA, Museen der Rhein-Main-Region), Mainz 1984, 7 sowie Hermann A. Schlögl und Michel Sguaitamatti, Arbeiter des Jenseits, Zürcher Archäologische Hefte 2, Zürich [2]1984, 53. – [20] William M. Flinders Petrie, Shabtis, ERA 57, 1935, Tf. 14; Speleers, op. cit. (s. Anm. 3), Tf. 3. 4; RÄRG, 849. – [21] Aubert, op. cit. (s. Anm. 8), 32. – [22] Z.B. Hans D. Schneider, Shabtis III, Leiden 1977, Tf. 34, 3. 2. 9. 1–3. – [23] Z.B. Schneider, op. cit. III, Tf. 34, 3. 2. 9. 4. – [24] Z.B. Schneider, op. cit. III, Tf. 35f., 3. 2. 9. 5 – 3. 2. 9. 7. – [25] Z.B. Schneider, op. cit. III, Tf. 36, 3. 2. 9. 16. – [26] Vgl. Aubert, op. cit., 46ff.; Schneider, op. cit. I, 270ff. – [27] Schneider, op. cit. I, 299f. 301f. – [28] Schlögl, in: BSGE 8, 1983, 91ff.; Schlögl und Sguaitamatti, op. cit., 46, Anm. 31. – [29] Erman, in: ZÄS 44, 1907, 131. – [30] Die U. werden mitunter als Diener (*ḥm* oder *bꜣk*) des Verstorbenen bezeichnet. Vgl. Speleers, op. cit., 91f.; Schneider, op. cit. I, 148. – [31] Petrie, op. cit. (s. Anm. 20), 11; Aubert, op. cit., 77. – [32] RÄRG, 852. – [33] Schneider, op. cit. I, 206ff. – [34] Zum Export der U. nach Nubien vgl. Georg Steindorff, Aniba II, New York–Hamburg–Glückstadt 1937, 328. – [35] Schneider, op. cit. I, 235ff. – [36] Schneider, op. cit. I, 334ff. – [37] Z.B. ÄIB II, 295. – [38] Speleers, op. cit. (s. Anm. 3), 65. – [39] Černý, in: BIFAO 41, 1942, 118–133; Aubert, op. cit., 146ff.; Schneider, op. cit. I, 323ff.; ein Artikel von Warburton, in: BSGE 9, 1985 behandelt ebenfalls diesen Text. – [40] Schneider, op. cit. I, 346ff. – [41] Schneider, op. cit. I, 288.

Lit.: Louis Speleers, Les figurines funéraires égyptiennes, Brüssel 1923; CG 46530–48575; William M. Flinders Petrie, Shabtis, ERA 57, 1935; Dominique Valbelle, Ouchebtis de Deir el-Médineh, DFIFAO 15, 1972; Jacques-F. Aubert und Liliane Aubert, Statuettes égyptiennes, Chaouabtis, Ouchebtis, Paris 1974; Hans D. Schneider, Shabtis, 3 Bde, Leiden 1977; Hermann A. Schlögl und Michel Sguaitamatti, Arbeiter des Jenseits, Zürcher Archäologische Hefte 2, Zürich [2]1984; Birgit Schlick-Nolte und Vera von Droste zu Hülshoff, Uschebtis I (CAA, Museen der Rhein-Main-Region), Mainz 1984; Jean-Luc Chappaz, Les figurines funéraires égyptiennes du Musée d'Art et d'Histoire et de quelques collections privées, AH 10, 1984. H. Schl.

Userhat-Barke s. Amunsbarke

Userkaf, erster Herrscher der 5. Dynastie. Laut *Turiner Königspapyrus (III, 17) regierte er 7 Jahre; Manetho (nach Africanus) gibt 28 Jahre für den erstgenannten Usercheres[1]. Der Horusname *Jrj-mꜣʿt* „der die Maat tut" deutet auf eine Betonung des Rechtsprinzips als Regierungsprogramm[2]. Aus seiner Regierung sind 5 Jahreseintragungen aus den Annalen teilweise erhalten[3]. Sie betreffen Stiftungen, drei Tempelbauten (zwei davon im Delta)[4] sowie ein besonderes Interesse an Elephantine bzw. der dortigen Festung[5], was mit Manethos Herleitung der 5. Dyn. aus Elephantine zusammenpassen könnte. Von politischen Ereignissen seiner Regierung ist nichts bekannt außer der Anlieferung von 70 Ausländerinnen[6]. Die U. nennenden Stiftungsnamen deuten auf Interesse am Delta hin[7]. In Oberägypten ist U. in et-*Tod nachgewiesen[8].

Nach Pap. Westcar aus der 12. Dyn. war U. einer von Drillingen, die von *Rwḏ-ḏdt* einem Priester des *Re, Herrn von *Sachebu, *Wsr-Rʿ* geboren wurden[9]. Die Fabel mag historische Fakten widerspiegeln[10]. *Chentkaus wird in ihrem Grab, der sog. „4. Pyramide von Giza", als „Mutter" zweier Könige bezeichnet[11]. Von ihr stammt vermutlich U. ab. Die kgl. Grabanlage (*wʿb-swt-Wsrkꜣf* „Rein sind die Stätten des U.")[12] liegt in *Saqqara nahe der NO-Ecke von *Djosers Stufenpyramide. Bis auf karge Reste ist sie ausgeraubt[13].

Der bedeutendste Bau des U. ist der Sonnentempel *(N)ḫn-Rʿ* „Residenz des Re" in *Abusir[14]. In relativ kurzer Zeit mehrfach umgebaut, setzt er das Modell für die Verehrung des Re, die in der 5. Dyn. dominiert.

Die Nachwirkung des U. ist gering[15]; sein Totenkult scheint mit der 5. Dyn. zu enden[16].

[1] Helck, Manetho, 50ff. – [2] LR I, 105ff. U. greift auf Snofrus Horusnamen *Nb(.j)-mꜣʿt* „Mein Herr ist das Recht" zurück. Für die Rechtsausübung (*jrj mꜣʿt*) als Königspflicht vgl. auch Elke Blumenthal, Königtum, 432f. – [3] Urk. I, 240, 1–242, 12; es handelt sich um die Jahre „nach der 1. Zählung" bis zum „Jahr nach der 3. Zählung". – [4] Urk. I, 241, 15. 18. – [5] Urk. I, 241, 3. – [6] Urk. I, 240, 4. Der Name des U. ist in *Byblos nicht belegt. Ein auf Kythera gefundenes kleines Gefäß mit dem Namen seines Sonnentempels ist als historische Quelle bedeutungslos. Vgl. Vercoutter, L'Egypte, 46; Wolfgang Helck, Beziehungen Ägyptens und Vorderasiens zur Ägäis, Darmstadt 1979, 15. – [7] Helen Jacquet-Gordon, Domaines, 142ff. 389. 394. – [8] Fernand Bisson de la Roque, Tôd, FIFAO 17, 1937, 61f. – [9] pWestcar 9, 21ff.; vgl. auch Wildung, Rolle äg. Könige I, 159ff. – [10] Brunner, Geburt des Gottkönigs, 205 und ihm folgend Winfried Barta, Untersuchungen zur Göttlichkeit des regierenden Königs, MÄS 32, 1975, 24ff. sehen darin eine Spiegelung des „kgl. Geburtsrituals", das nach ihnen

erst von *Hatschepsut voll dokumentiert wurde. Siehe auch Helck, Geschichte², 61f.; Altenmüller, in: CdE 45, Nr. 90, 1970, 223ff. – [11] Hassan, Gîza IV, 16; vgl. Junker, in: MDAIK 3, 1932, 139ff.; Borchardt, in: ASAE 38, 1938, 209ff. – [12] Lauer, in: ASAE 53, 1956, 119ff., Tf. 3; Ricke, Bemerkungen AR II, 69 Abb. 27. – [13] PM III², 397f.; Smith, Art and Architecture, 70f. Abb. 31f. – [14] Ricke, Userkaf-SH I–II; PM III², 324f. – [15] Eine scheinbare Ausnahme ist die Nennung von U. im Grab des *Mḥ* der Ramessidenzeit: PM III², 556; Wildung, op. cit., Tf. 5 Nr. 2 (CG 33258). – [16] Vgl. Peter Kaplony, Die Rollsiegel des Alten Reiches I, MonAeg 2, Brüssel 1977, § 109.

H. Goe.

Userkare wird Abydosliste (Nr. 35) und Turiner Königspapyrus (IV, 2)[1] (*Königslisten) zwischen *Teti und *Pepi I. genannt. Die Namensbildung folgt dem Schema der 5. Dyn.; U. wurde als Proponent der Opposition angesehen, die Teti nach *Manetho ermordete[2]. Da U. zumindest ein großes Bauprojekt unternahm[3], war seine Regierung wohl kaum so ephemer, wie gern angenommen wird[4]. Dies wird auch durch 3 Zylindersiegel bestätigt[5]. Das Ende von U. und die Wiederherstellung der politischen Einheit sind nicht geklärt[6].

[1] Ergänzung nach der Abydosliste. Die versuchte Gleichsetzung mit einem König *Jtj* ist nicht haltbar; vgl. W. S. Smith, in: CAH I. 2, 191. – [2] Stock, 1. Zwischenzeit, 30f.; Helck, Manetho, 57ff. – [3] Unter U. gab es eine voll ausgebildete Arbeitsorganisation, wie sich aus einem Kupferdächsel mit der Aufschrift „Phyle Wadjet des (bezahlten) Arbeitstrupps Meru-Userkare vom 10. o. äg. Gau (*Qau el-Kebir)" ergibt; zur Inschrift siehe Kaplony, in: MDAIK 20, 1965, 36ff.; ders., Beschriftete Kleinfunde in der Sammlung Georges Michailidis, Istanbul 1973, 24, Tf. 13 Nr. 58. Zweifel an der Lesung des Königsnamens sind unnötig. – [4] Z. B. Helck, Geschichte, 72. Die Nennung von Qau el-Kebir deutet wohl auf die Herkunft des Arbeitstrupps und hat nichts mit der Lage der unbekannten Grabanlage zu tun. – [5] Peter Kaplony, Die Rollsiegel des Alten Reichs II. A, MonAeg 3, 1977, 361f.; II. B, Tf. 98. – [6] Die auffällige Betonung des sog. „Jubiläums" von Pepi I. im „Jahr nach der 18. Zählung" mag durch die Wiedervereinigung veranlaßt sein.

H. Goe.

Usersatet served *Amenophis II as viceroy and overseer of the southern countries (*Königssohn von Kusch), conceivably continuing into the early part of the reign of *Thutmosis IV. He followed Nehy under *Thutmosis III and preceded Amenhotep under Thutmosis IV, although unattested viceroys may have been his immediate predecessors and successors.[1] U.'s name is suggestive of an origin in the *Elephantine district;[2] his father was the *z3b* Si-Amun and his mother the king's ornament and mistress of the house *Nn-(wn-)ḥr-mnt.s*. He is recorded as clearing 5 channels (*Kanal) in the Aswan (*Assuan) region, an undertaking reminiscent of the project under *Uni in Dyn. 6.[3] From his *Semna stela, discussed below, and other indications, it seems likely that he was raised at the palace as a page (*ẖrd n k3p*) with the future Amenophis II and accompanied him on campaigns in Syria before being appointed to the post of viceroy. He is represented by statues, stelae, graffiti, and memorial chapels. On some of his monuments, mainly the graffiti in the Aswan region, his name and figure have been intentionally defaced, but remain intact on others through the Amarna period and post-Atenist restorations. These erasures may indicate royal displeasure on the part of his sovereign or a later king, but may alternatively represent private animosity on the part of his enemies.[4] U. is attested first as a king's herald and chief spokesman (*r3 ḥrj wr m t3 r ḏr.f*), the latter designation reminiscent of *Senenmut's title *r3 ḥrj n pr.s* under *Hatschepsut. He also served as steward of *Meidum, possibly a royal residence.

An imposing chapel cut in the cliffs at *Qasr Ibrim commemorating Amenophis II has U.'s titles and name (not erased) on the entrance (Urk. IV, 1345–46),[5] and he and his mother are represented by seated statues along with those of others on the rear wall of Shrine 11 at *Gebel es-Silsile.[6] Statues of U. were also found at *Sai,[7] *Uronarti (Khartoum Museum 32),[8] and *Deir el-Medineh (Urk. IV, 1487–89),[9] stelae at Semna (MFA Boston 25.632 = Urk. IV, 1343–44; MFA Boston 25.633)[10], *Amara West (Urk. IV, 1484–86), and *Wadi Halfa (Urk. IV, 1486–87).

The longer of the two Semna stelae (MFA Boston 25.632) provides a high date for the king's reign and the anniversary of his accession (Year 23, IV Akhet 1).[11] U. is shown presenting gold rings, necklaces of fine gold (*ḏʿm*) and wine to the enthroned Amenophis II. In the stela he records the copy of a letter (*Brief, *Königsbrief) written by the king's own hand in which the sovereign warns him of the Nubians and their sorceries as well as of an unnamed and possibly troublesome subordinate. The king writes during the accession anniversary festival to his far away former comrade in arms recalling the booty received by his former chariot soldier during the Syrian campaigns: a woman from Babylon (*Sngr*), a servant girl from *Byblos, a maiden from Alalakh (*Alalach), and an old woman from *Arrapha.[12] Naharain, people of Takhsy (*Tachsi), and a land named *P3ḫ3tj* are also mentioned. The personal tone of the letter and its colloquial language in an early form of Late Egyptian grammar are noteworthy, as is the king's low opinion of the Nubians. Two of U.'s deputies, Sen-nefer and Mahu, are known,[13] as well as U.'s probable work on the temple of *Anuket at Aswan.[14] An unprovenanced shawabti[15] (*Uschebti) and the *Deir el-Medineh statue cited above may indicate that he had a tomb at Thebes in the vicinity of those of the other viceroys of the dynasty. Since it has never been located, there is speculation that it may have been destroyed at the time of the erasures of his name on some of his monuments (*Amtsverlust, *Namenstilgung).

[1] Perhaps a dubious *Mrj*(?)-*Wsjr*, as noted by Habachi, in: Kush 9, 1961, 214–216. – [2] Habachi, in: Kush 7, 1959, 61 n. 81. – [3] Habachi, in: Kush 5, 1957, 20–21. – [4] Schulman, in: JARCE 8, 1969–70, 36–37. Schulman's excellent treatment of damnatio memoriae overlooks the cases in which U.'s name is not erased. – [5] Ricardo A. Caminos, The Shrines and Rock-Inscriptions of Ibrim, ASE 32, 1968, 59–75. A total of 2, 549 men are recorded as bearing various typical products as "tribute" to the king: gold, precious stones, ivory, perfume, chariots, live panthers, hounds, and cattle. – [6] Gebel es-Silsilah I, 33, pl. 25, fig. 1. – [7] Vercoutter, in: Kush 4, 1956, 72, no. 10. – [8] Dewachter, in: Archéologia 72, Paris 1974, 54–58; Charles C. van Siclen III, The Chapel of Sesostris III at Uronarti, San Antonio (Texas) 1982, 37 (fig. 18). 47. – [9] Maystre, in: Mel. Masp. I, 657–663. – [10] Dunham and Janssen, Second Cataract Forts I, 17. 43–44, pls. 39 C, 82; Helck, in: JNES 14, 1955, 22–31; Ronald Leprohon, CAA Museum of Fine Arts, Boston, fascicle 3: Stelae: part 2 (in preparation). – [11] Gardiner, in: JEA 31, 1945, 27. – [12] Ernö Gaál, Women of Alalaḫ and Arrapḫa in Egypt, Studia Aegyptiaca II, Budapest 1976, 207–213; Donald Redford, Akhenaten: The Heretic King, Princeton 1984, 32 regards these as personified place names with female determinatives rather than as captured women. – [13] Habachi, in: Kush 5, 1957, 18, no. 5; 21, no. 11; id., in: Kush 9, 1961, 214–216. – [14] Habachi, in: Kush 5, 1957, 19–20. – [15] Chassinat, in: BIFAO 10, 1912, 161.

Lit.: Bull, in: MMS 2, 1929, 76–84; Barbara Cumming, Egyptian Historical Records of the Later Eighteenth Dynasty, Fascicle 1, Warminster 1982, 43–47. 63–64; Gauthier, in: RecTrav 39, 1921, 179–219; Habachi, in: Kush 5, 1957, 17–22; 7, 1959, 61 n. 81; id., in: JARCE 13, 1976, 113–116; Helck, in: JNES 14, 1955, 22–31; id., Materialien, 155. 959; id., in: Historisch-biographische Texte der 2. ZwZt, KÄT, 1975, 132, no. 139; id., Das Bier im Alten Ägypten, Berlin 1971, 69; Urk. IV, Übersetzung, 50, no. 390; Inge Hofmann, Der Sudan als ägyptische Kolonie im Altertum, Wien 1979; Ahmed Kadry, Officers and Officials in the New Kingdom, Studia Aegyptiaca 8, Budapest 1982, 9–12; Kees, Priestertum, Nachtrag, 78; Peter Der Manuelian, An Historical Analysis of the Reign of Amenophis II, Cambridge, Mass., Senior Thesis 1981 (unpublished); Ingeborg Müller, Die Verwaltung Nubiens im NR, Berlin (im Druck); Donald B. Redford, Akhenaten: The Heretic King, Princeton 1984, 27. 32; Reisner, in: JEA 6, 1920, 28–55. 73–88; Säve-Söderbergh, Ägypten und Nubien, 181. 186. 207; Anthony J. Spalinger, Aspects of the Military Documents of the Ancient Egyptians, New Haven 1982, 105. W. K. S.

Usu (äg. *ꜣu-šu*, akk. u-zu), Alttyrus, die dem Insel-*Tyrus auf dem Festland gegenüberliegende Siedlung, die für Wasser- (und Holz-)Versorgung der Insel wichtig war[1]. Erwähnt in den stereotypen *Ortsnamenlisten aus der Zt *Sethos' I.[2] sowie im pAnastasi I, XX, 9–XXI, 1.

[1] EA 148–150. – [2] Kitchen, Ram. Inscr. I, 29 (63). 32 (58). 33 (22). 34 (22); II, 177 (34). 178 (15). W. H.

Usurpator. Als U. bezeichnet man eine Person, die nicht dem regierenden Königsgeschlecht entstammend den Thron – meist mit Gewalt – besteigt. In Äg. dürfte dies häufiger vorgekommen sein als *Manethos Dynastieeinteilung erschließen läßt, doch sind nur wenige sichere Belege dafür vorhanden. Dies beruht mit darauf, daß für den Ägypter das Prinzip der Abfolge von Vater zu Sohn nur eins unter mehreren Legalitätsprinzipien war. Das führt dazu, daß in der *Lehre für Merikare gesagt werden kann (X, 11–12): „Ein vollendetes Amt ist das Königtum; es hat keinen Sohn, keinen Bruder, der deine Denkmäler dauern läßt, und doch erweist einer dem anderen Gutes ...". Es ist der Erfolg, der legitimiert, was man bes. in der späteren Zt als ein Eingreifen Gottes gedeutet hat. So ist es sein *Stadtgott, der *Haremheb zu *Amun von *Luxor führt, daß dieser jenen zum König einsetze[1]. In der *Lehre des Neferti erscheint der U. in der Rolle eines „Messias". Nach dem pWestcar ist die Usurpation der Könige der 5. Dyn. ein Willensakt des *Re von *Sachebu, der mit der Frau seines Priesters die 3 ersten Könige dieser Dyn. zeugt, „damit sie dieses herrliche Amt im ganzen Land ausüben". Meist begründen aber U. ihre Herrschaftsergreifung damit, daß sie die Welt wieder in Ordnung bringen („*Wiederholung der Geburt"), so *Amenemhet I.[2] und auch *Sethos I.[3] (der zwar kein U. war, aber nicht zur vorausgegangenen kgl. Familie gehörte), aber auch *Sethnacht[4]. Der äg. Ausdruck für „Usurpator" könnte *jrw-sw* („der sich [selbst] gemacht hat"?) gewesen sein, wie der pHarris den „syrischen U.", d.h. *Bija am Ende der 19. Dyn. bezeichnet (*Arsu). Daß die Anbringung der sog. „*Geburtslegende" im Tempel von *Deir el-Bahari als Legitimation der einer Usurpierung nahe kommenden Thronbesteigung der *Hatschepsut gedacht war, wird – vielleicht zu Unrecht – bezweifelt. Hingegen dürfte *Haremheb aus seinem Titel *rpꜥt* (*Iripat), den er unter *Tutanchamun führte[5], eine Berechtigung der Usurpation abgeleitet haben, indem er möglicherweise sogar auf *Geb, den *rpꜥt* der Götter, verwiesen haben mag.

Usurpatoren hat es wahrscheinlich in großer Zahl in der 13. Dyn. gegeben (Militärführer). Bekanntere Usurpatoren sind – außer den meisten Dynastiegründern – *Unas (?), *Amenmesse, *Psammuthis, *Hakoris.

[1] Urk. IV, 2117,4ff. – [2] Horusname *wḥm-mswt*. – [3] LD III, 128a (Bezeichnung für Jahr 1). – [4] Rosemarie Drenkhahn, Die Elephantine-Stele des Sethnacht, ÄA 36, 1980. – [5] Urk. IV, 2088,19; 2090,11, nach der Thronbesteigung ebd., 2116,11. W.H.

Usurpierung von Statuen, Reliefs und Gebäudeteilen. Es lassen sich verschiedene Arten von U. feststellen: 1. Die Übernahme von Denkmälern gestürzter Herrscher durch den Nachfolger: Beispiele sind die Namenseinsetzungen *Thutmosis' III. auf Denkmälern der *Hatschepsut[1] (hier allerdings oft auch Einsetzen der Namen ihrer unmittelbaren Vorgänger *Thutmosis I. und II.), *Haremhebs auf Stücken *Ejes[2] und *Tutanchamuns[3], *Sethos' II. auf einer Statue des *Amenmesse[4], *Ramses' VI. auf Denkmälern *Ramses' IV. und V.[5]. Dabei werden oft der *Horusname, manchmal auch alle drei ersten Namen des primären Namens unverändert gelassen[6].

2. Das Hinzuschreiben von Namen. Dieses findet sich besonders häufig in Gebäuden, wie etwa im Tempel von *Karnak; dies kann nicht als eigentliche U. angesehen werden.

3. Die Übernahme von Statuen früherer Herrscher, wobei der ursprüngliche Name gänzlich oder teilweise beseitigt wird. Diese Art der U. ist besonders von *Ramses II. und *Merenptah durchgeführt worden; als Ramses II. die *Ramsesstadt bei Qantir errichten ließ, holte er aus alten Tempeln, so bes. auch dem Ptahtempel von *Memphis, aber auch aus alten MR-*Totentempeln, Statuen zusammen und beschriftete sie mit seinem Namen. Ähnlich verfuhren dann die Könige der SpZt, etwa *Pinodjem I.[7] u.a. Es handelt sich hierbei eindeutig – wie bei der Verlagerung ganzer Tempel von der *Ramsesstadt nach *Tanis in der 22. Dyn. oder bei der Benutzung alter Architekturstücke bzw. *Sarkophage bei der Anlage der *Königsgräber in Tanis – um Notmaßnahmen, weil die Nachfrage – etwa bei den gewaltigen Bauunternehmen Ramses' II. – auf normale Weise schon aus Zeitgründen nicht gedeckt werden konnte. Es werden kaum ideologische Gründe („alle Könige sind eins"[8]) dahinterstecken. Allein bei den U. der *Hyksos-Könige[9] könnte man an eine Bekundung des Herrschaftsanspruchs denken.

U. geschieht auch im privaten Bereich: So werden alte Gräber schon seit AR immer wieder neu belegt[10], aber auch Statuen und Reliefs übernommen und mit neuen Namen versehen[11].

[1] E.g. Urk. IV, 295,4; Thutmosis I. bzw. II.: Urk. IV, 296. – [2] 2 Kolosse PM II². 2, 58. – [3] Urk. IV, 2025 u.a., s. Altenmüller, in: LÄ III, 599–600 Anm. 315–7. 320–1. – [4] Barguet, Temple d'Amon-Rê, 178 Anm. 4. – [5] Kairo JE 67842; CG 42153. – [6] Horusname bei Hatschepsut erhalten, die 3 ersten Namen bei Tutanchamun. – [7] Gutes Beispiel die 6 *Sphingen aus Tanis CG 393. 394; Petrie, Tanis I, Tf. 4 (29 A–C). (26 A–B; 27 A–G); v. Bissing, Denkmäler, Text zu 26 (vgl. PM IV, 17): aus MR, usurpiert von *Apophis (später ausgekratzt bzw. überschnitten), Ramses II., Merenptah, *Psusennes I., wobei Apophis wohl noch am ursprünglichen Ort seinen Namen einsetzte, die anderen dann nach Verbringen der Stücke nach der Ramsesstadt bzw. später nach Tanis. Weitere Beispiele für U. bei Statuen: *Amenemhet III. durch Ramses II.: CG 392; durch *Osorkon II. (in *Bubastis): CG 383. 540; BM 774 (1063). 775 (1065). Aus 13. Dyn. durch Ramses II.: Louvre A 20; durch Ramses II. und Merenptah: Louvre A 21; Kairo JE 37478 (Sphingen); durch *Sethnacht und *Ramses III.: Petrie, Tanis II, Tf. 29; durch Osorkon II.: CG 540; *Nehesi durch Merenptah: CG 538; *Thutmosis III. durch Ramses IV.: Karnak, am 7. Pylon; durch Sethos I. und Ramses II.: Osirispfeiler im Festtempel in Karnak; *Amenophis II. durch Ramses II.: 11 Exemplare s. PM II². 2, 311; *Amenophis III. durch Ramses II.: BM 30448; Kolosse 10. Pylon Karnak; durch Merenptah: Luxor PM II². 2, 307; Sphingen PM II². 2, 9; Ramses II. durch Merenptah: CG 574; durch Pinodjem: Statue am 2. Pylon PM II². 2, 37; außerdem PM II². 2, 22. – [8] So Junge, in: LÄ III, 161; vgl. auch Wildung, in: LÄ III, 663: „Reaktivierung der Vergangenheit." Zu einem ähnlichen Fall von Recycling von Statuetten s. Helck, in: CdE 59, Nr. 118, 1984, 242ff. – [9] Apophis auf 2 Statuen des Mermescha: Evers, Staat I, Tf. 146–8 (aus Memphis); *Chajan: CG 889 (aus Bubastis); Apophis auf den 4 Mähnensphingen Amenemhets III.: s. Anm. 7 und v. Beckerath, 2. Zwischenzeit, 275 (XV 5 bis, 3). – [10] Im AR z.B. Grab der Idut, usurpiert vom Wesir *Jhjj* (Macramallah, Mastaba d'Idout); Mastaba des *Nj-ꜥnḫ-Ppj* (vgl. Drioton, in: ArOr 20. 3–4, 1952, 351–5, Tf. 36); im MR in Deir Rifeh; im NR in TT 45. 54. 65. 68. 84. 257. 337. 346. – [11] CG 461, Statue des *Amenophis, Sohnes des Hapu, ist ein Stück des MR. Beispiele solcher privater U. bei Fischer, in: Ancient Egypt in the Metropolitan Museum Journal Volumes 1–11 (1968–1976), New York 1977, 115 mit Anm. 10–13. W.H.

Uto. A. *Name*: *Wꜣḏwt* (> *Wꜣḏjt*), **waꜣḏắwˇt*, nomen agentis von *wꜣḏ* „grün sein", also die „Grüne"[1]. Im Kopt.[2] im Gaunamen ⲠⲦⲈⲚⲈⲦⲰ u.ä. als -ⲈⲦⲰ, -ⲈⲦⲞ und -ⲀⲦⲞ erhalten, griech. als *Phthenothes (< *pꜣ-tꜣ-n-Wꜣḏwt*)[3], ferner in der Form βουτώ u.ä. < *prw-Wꜣḏwt* = *Buto[4]. Namentlich belegt erst seit *Chephren in Domänennamen[5]. Als Bestandteil auch in Personennamen[6]. Zur griech. Gleichung U. = Leto s.u.

Bezeichnung der zumeist schlangengestaltigen Landesgöttin von U.Äg. mit der roten *Krone. Ihr Name „Grüne" ist u.a. als euphemisierendes Substitut für *dšrt*, die „Rote (Krone)", gedeutet worden wegen der als gefährlich angesehenen *Farbe Rot[7]. Bisweilen auch „Papyrusfarbene" in der ägyptologischen Literatur genannt[8].

B. *Wesen und Gestalt*: Als u. äg. Pendant zur o. äg. Kronen- und Landesgöttin (*Landessymbole), der geiergestaltigen *Nechbet (*Götterpaarbildung), wird U. in aller Regel als aufgerichtete Kobra (*Schlange) dargestellt[9]. Sie trägt und verkörpert die Rote Krone (*nt*; *dšrt*)[10]. Als *Uräus sitzt sie an der Stirn des Königs wie des *Re und verleiht diesen Schutz vor ihren Feinden. Bezeichnungen wie „Große, Herrin der Flamme"[11] und „feuriges *Horusauge"[12] bezeugen dies. Ihre schützende und abwehrende Macht äußert sich auch in dem sehr häufigen Beiwort, das stellvertretend für U. benutzt werden kann, *Werethekau, die „Zauberreiche"[13]. U. kann sogar in siebenfacher Gestalt erscheinen[14]. Eine gewisse Priorität der U. und der u. äg. Landeshälfte vor Nechbet könnte u. a. aus Epitheta wie „Herrin der Beiden Länder"[15] oder dem in seiner Bedeutung noch nicht hinreichend geklärten *wp(t)-t3wj*[16] „die die Beiden Länder öffnet/richtet/abgrenzt" hervorgehen. Andererseits kann sie auch von Nechbet deren Diademe, wie *Geierhaube mit Schlangenkopf, übernehmen[17].

Eine weitere wichtige Rolle übernimmt sie durch ihre Verbindung mit dem Mythenkreis um das *Sonnen- bzw. Horusauge. Als Tochter des Re kann sie sowohl dessen Stirnschlange[18] wie dessen (linkes) Auge[19] repräsentieren.

Zahlreiche Bronzestücke aus der SpZt stellen U. als auf einem Thron sitzende Frau mit Löwenkopf, Sonnenscheibe und/oder Uräus dar[20]. Diese dienten sämtlich als Sarkophage für *Ichneumone, die als Verkörperung der Sehseite des Horus *Mḫntj-(n-)jrtj* (*Chenti-irti) von *Letopolis neben der *Spitzmaus als der Blind- bzw. Nachtseite desselben ihr heilig waren[21]. Die Verbindung der U. mit Letopolis wurde durch ihre Gleichsetzung mit der dort verehrten *Hathor bewerkstelligt[22]. Manche der genannten Bronzen zeigen sie mit dem Horusknaben in der Haltung der *Isis lactans[23].

Als Mutter des Horuskindes fungiert sie spätestens seit dem NR[24]. In der SpZt erscheint sie häufig als Amme (*mnʿt*)[25] des Götterkindes im Papyrusdickicht von *Chemmis[26].

Ihre Gleichsetzung mit oder ihre Stellvertretung für Isis wurde dadurch begünstigt, daß ihr Hauptkultort Buto und das Dickicht von Chemmis nach der antiken Tradition[27] benachbart gewesen sein sollen. Das dem Herodot (II, 156) mitgeteilte mythische Motiv der „schwimmenden Insel", auf der Horus vor den Nachstellungen des *Seth verborgen gehalten wurde, hat dann zur Gleichung U. = Leto geführt, die doch ihre Kinder Apollon und Artemis auf der Flucht vor der eifersüchtigen Hera bzw. dem Drachen Python auf der im Meer treibenden Insel Ortygia bzw. Delos geboren haben soll. Neben dieser Ähnlichkeit mit dem Isis-*Osiris-Mythenkreis wird auch die weitgehende lautliche Übereinstimmung der beiden Götternamen in der SpZt zur Gleichsetzung beigetragen haben: vgl. griech. (Λ)ητώ mit kopt. -ϵⲧⲟ, -ϵⲧⲱ [s. o.][28]. Herodot zufolge (II, 133. 152) war Buto auch wegen des zuverlässigen *Orakels seiner Göttin U. berühmt[29].

Weitere Gestalten, die U. annehmen kann, sind die als Frau[30] und als *Falke[31]. Dem Verstorbenen soll sie Luft spenden[32] oder seinen Hals befestigen[33].

An synkretistischen Verbindungen geht U. u. a. folgende ein[34]: *Sachmet-Uto[35], Sachmet-Nesret-Uto, Hathor-Sachmet, Herrin der 2 U.[36], Werethekau-Uto[37]. In der *Königsplastik erscheint sie neben Nechbet in einer Dreiergruppe mit *Amenophis III.[38], als Duo mit *Ramses II.[39]. Ein *Fest der U. ist unter dem 20. Tybi (I. *prt*) verzeichnet[40]. In Schiffsteilidentifikationen wird ihre Krone als „vorderer Landepflock" bezeichnet[41].

C. *Heimat*: Ursprungsort der U. ist die Doppelstadt Pe und Dep (Buto) im 6. u. äg. *Gau. Dort seit ältester Zt bezeugt, wird sie insbesondere mit Dep verbunden[42], während ihr Partner Horus Pe vorsteht[43]. Häufig heißt sie „die von Dep und Pe"[44]. Ihr Heiligtum in Pe ist das *Per-nu[45], das nach seiner Vereinigung mit dem *prw-nzr* die Rote Krone beherbergte.

D. *Weitere Kultorte*: U. erfuhr weiterhin kultische Verehrung im 18. bzw. 19. u. äg. Gau von *Imet (Tell Nebescheh bzw. Tell el-Faraʿun)[46]. Spätestens in ptol. Zt erscheint sie hier als *nbt Jmt* in der Triade mit *Min und Harsomtus (*Somtus)[47]. Ihr zu Ehren wurde dort auch ein Fest gefeiert[48]. Eine Tempelmauer von 215 × 205 m Größe umschloß zwei Heiligtümer aus der Zt Ramses' II. und *Amasis'[49]. U. wurde dort als Mutter des Götterkindes *nb-Jmt z3-Mḥtt* angesehen. Herodot[50] nennt den Ort wegen der Göttin fälschlich Buto. Zeugnisse ihres Kultes sind u. a. eine von Ramses II. gestiftete Statue[51] und ein Block *Nektanebos' I.[52].

Durch ihre Gleichsetzung mit *Bastet erhielt U. auch deren Kultort *ḥ3bs* im Delta[53]. Im Nordteil der *Ramsesstadt befand sich nach pAnastasi IV, 6,5 ein Uto-Tempel[54]. In der 5. Dyn. besaß sie einen eigenen Kult in der memphitischen Nekropole von *Anchtaui[55]. Ein (*prw-*)*W3ḏwt* hat es am Westufer des 10. o. äg. Gaues[56] von *Aphroditopolis/*Antaiopolis gegeben (*Kom Ischqau). U. wurde der dortigen Hathor gleichgesetzt. Nach

Angaben des späten *Pap. Jumilhac[57] lag ein Heiligtum der U. in *Hardai (17./18. o.äg. Gau). Ihr dortiger Kult wird auf die Identität der Osirisreliquie von Buto und der im *ꜥntj*-Gau (*Leichensaft) zurückgeführt[58]. Weiterhin wird sie in *Hut-Udjat[59] verehrt.

[1] Osing, Nominalbildung, 758f., Anm. 919, 1. Dagegen Kuhlmann, in: LÄ II, 705 Anm. 27, der „die zum Papyrus gehörige" als Übersetzung vorschlägt, ibid., 701. So bereits Sethe, Urgeschichte, § 178. S. *Götternamen, -bildung, -zusammensetzung. Vgl. Störk, in: LÄ V, 646, der darauf hinweist, daß keine der damals in Äg. heimischen Kobras die Benennung „Grüne" verdient und bezüglich des Bedeutungsspektrums von *wꜢḏ* „an die für äg. Augen bestehende Verwandtschaft von Rot und Grün" erinnert. Allgemein zu äg. Farbbezeichnungen mit Verweisen Weeks, in: Egyptology and the Social Sciences, Kairo 1979, 66ff. – [2] Osing, a.a.O., 669 Anm. 736. – [3] AEO II, 192*; Helck, Gaue, 165. – [4] AEO II, 187* ff. Moderne Bezeichnung der Göttin U. als Buto (nach Stephan v. Byzanz) sollte mit Gardiner, in: JEA 30, 1944, 55 aufgegeben werden. – [5] Jacquet–Gordon, Domaines, 85 (*Chephren). 86 (*Userkaf). 88 (*Teti). Bei der angeblichen „Herrin des Schwimmens" (Decker, in: LÄ V, 765f. Anm. 7) wird es sich nach mündlicher Mitteilung von W. Helck eher um einen Domänennamen *nbj* handeln. U. unter dem Namen „Die von *Imet" bereits auf Weinkrugsiegeln unter *Dewen, s. Montet, in: Kêmi 8, 1946, 208f., Tf. 14. – [6] Z.B. Ranke, PN I, 75, 7–11; II, 348. – [7] Lefebvre, in: JEA 35, 1949, 74. – [8] Sethe, a.a.O., 67 Anm. 1. – [9] Im *nbtj*-Namen des Königs schon seit 1. Dyn. (*Semerchet) mit Nechbet zusammen; Siegfried Schott, Zur Königstitulatur der Pyramidenzeit, NAWG 1956. 4, 60; älteste Darstellung der U. als Frau mit Papyrusstengel in der Hand bei Petrie, RT II, Tf. 23 Nr. 192. – [10] CT VI, 386i. Ihre Krone heißt Pyr. 1374b. 1459a auch *wꜢḏt*. – [11] CT IV, 34b–d; Otto, Mundöffnungsritual II, 116f.: „U., die Herrin von Nebit", wobei Nebit nach Otto eine „Umdeutung des Wortes ‚Flamme'" sein dürfte. S. Tb (Hornung), 17, 373. 388; 149, 44–46; CT IV, 34i. – [12] CT IV, 316 Titel. – *Göttereigenschaften: Schutz- und Abwehrzauber. Dazu und zur Beziehung Horusauge–Uräus–U. s. Emma Brunner-Traut, in: Fs Schott, 38f. U. als flammendes Horusauge z.B. CT VII, 208d–e; Urk. VI, 51, 9–10. – [13] Z.B. bei Adolf Erman, Hymnen an das Diadem der Pharaonen, APAW 1911, 24. 27 (b[5]). – [14] So werden z.B. die „7 Uräen" in CT VI, 225k als die „7. U." gedeutet (CT VI, 225i), wobei nach CT III, 351c ihr „Herr" der Sonnengott ist. Die „7 Uräen" bereits Pyr. 511a; Yoyotte, in: BSFE 87–88, 1980, 73 Anm. 33. – [15] CT IV, 176e–g. Im AR: Sethe bei Borchardt, Sahure II, 128; Jéquier, Pepi II, II, Tf. 39. – [16] Kitchen, Ram. Inscr. II, 150, 12; 288, 8; 433, 15; 479, 13. Auf SpZt-Bronzen, dazu Vandier, Ouadjet (s. Lit.), 16 Anm. 2; 61. Übersetzungsvorschläge bei Pascal Vernus, Athribis. Textes et documents relatifs à la géographie, aux cultes, et à l'histoire d'une ville du Delta égyptien à l'époque pharaonique, BdE 74, 1978, 400 Anm. 4; Christiane Coche, in: RdE 22, 1970, 56ff.: „qui délimite les deux terres"; Christiane Coche-Zivie, in: BIFAO 74, 1974, 118 Anm. 4. Dieses Epithet verbindet U. insbesondere mit ihren Kultorten Buto und Imet (= West- und Ostdelta). – [17] v. Bissing, Denkmäler, Tf. 16 A. Sie trägt auch die „Weiße (Krone)" nach CT VII, 208j. U. als Geierweibchen in CT VII, 170i. – [18] In dieser Funktion auch *Maat angeglichen (CT VII, 279c); Allam, Hathorkult, 111. Ferner auch *Hathor bzw. Unut, CT VI, 225m. 320k; vgl. auch CT VII, Spr. 950–955. U. als Tochter des Re noch im späten *pBoulaq III, 5, 5–7; s. Serge Sauneron, Rituel de l'embaumement, Kairo 1952, 15, 4–7. – [19] Pyr. 301. 302; Mariette, Dend. I, 11. Als „Linkes Auge des Atum" Edfou I, 308–9; dazu Junker, Onurislegende, 160. In der Götterliste CT VI, Spr. 653 zwischen Horusauge, Reauge und Sachmet genannt (CT VI, 274p–s). Als Horusauge z.B. bei Erman, Hymnen (s. Anm. 13), 27 (b[5]). U. von Imet als „Auge des Re in den Feldern" in pBoulaq III, 6, 5. S. Kalabchah I, 94. 116. Zu Sachmet-Uto als Isis-Auge-des-Re Goyon, in: CdE 45, Nr. 90, 1970, 272 Anm. b mit Verweisen. – [20] Vandier, Ouadjet (s. Lit.), passim, wobei ihre sitzende Haltung sie von den gleichzeitigen, stehenden der Sachmet unterscheidet; dazu Bothmer, in: JNES 8, 1949, 123. Weitere Stücke bei Christiane Coche, in: RdE 22, 1970, 51ff. U. als „junge Löwin (*ḥwnt*)" des o.äg. Reichsheiligtums *prw-wr* bereits CT VII, 163j. – [21] Zu „Spitzmaus und Ichneumon als Tieren" der U. s. Emma Brunner-Traut, Spitzmaus und Ichneumon, in: NAWG 1965. 7, 123–163, passim. Ein Spitzmauskult ist in äg. Quellen jedoch nicht dokumentiert. Auch der *Fischotter ist laut Physiologus (26. Kapitel) ihr zugeordnet; dazu Emma Brunner-Traut, in: Fs Schott, 24–28. 38–44. – [22] Vandier, Ouadjet (s. Lit.), 54. – [23] Z.B. die bei Vandier, a.a.O. (s. Lit.), 47 unter i. und j. aufgelisteten. S. CG 39368; Günther Roeder, Ägyptische Bronzefiguren, Berlin 1956, § 688c; dazu wieder Brunner-Traut, a.a.O., 42 Anm. 115 zur ikonographisch realisierten Gleichung Horusauge–Uräus–Uto auf der Sockelrückseite. – [24] Münster, Isis, 114f. (*pChester Beatty I, vso B, Z. 13–14); *pJumilhac XIII, 9–10; Vignette unter II, 1–4. Zu griech.-röm. Quellen s. Gardiner, in: JEA 30, 1944, 56. Im pJumilhac erscheint sie daneben als Mutter des Anubis-Horus (VI, 2–4) und im AR umgekehrt unter dem Namen *Qbḥwt* als Tochter desselben (Pyr. 1180). Dazu Jacques Vandier, Le Papyrus Jumilhac, CNRS, Paris 1961, 151 (94); 155 (130). Ihre von Pyr., Übers. I, 383 vermutete Rolle als Tochter des *Geb (nach Pyr. 309a. 313a) läßt sich textlich nicht belegen; dazu Münster, Isis, 114 Anm. 1263. – [25] *nbt-prw-mnꜥ* bei Gardiner, a.a.O., 56. – [26] pJumilhac XIII, 10; Blackman und Fairman, in: JEA 30, 1944, 20 (41, 5c); Plutarch, De Iside, Kapitel 38b; dazu John G. Griffiths, Plutarch's De Iside et Osiride [Swansea] 1970, 446f.; Debod bis Kalabsche, 60: „U. ..., die Horus mit Leben und Heil säugt (*snq Ḥrw m ꜥnḫ wꜢs*)." – [27] Herodot II, 156; dazu Kamal Sabri Kolta, Die Gleichsetzung äg. und griech. Götter bei Herodot, Diss. Tübingen 1968, 145ff. – [28] Gardiner, a.a.O., 55. – [29] Angeblich schon zu *Mykerinos' Zeiten existent. – [30] S. Anm. 9, ferner Borchardt, Sahure II, Tf. 21. – [31] Tb (Hornung), 66, 4; vgl. CT V, 25c. – [32] CT VII, 163d–f. 166a–c. – [33] CT VI, 407m. – [34] Zum Material der Sargtexte s. Brigitte Altenmüller, Synkretismus s.v. Uto. – [35] Dazu Goyon, a.a.O., 274 Anm. 1, mit Verweisen. – [36] Belege bei Sigrid-Eike Hoenes, Untersuchungen zu Wesen und Kult der Göttin Sachmet, Diss. Münster

1976, 172ff.; Otto, Mundöffnungsritual I, 151 (59Bc). – [37] Otto, a.a.O. I, 150 (59Bb). S. Hathor-Uto in Dendara: Siegfried Morenz und Johannes Schubert, Der Gott auf der Blume, Ascona 1954, 33f. Zu U. und *Neith s. Ramadan El-Sayed, La déesse Neith de Sais, BdE 86, 1982, 138f. – [38] Kairo JE 39507 (PM III. 1², 305); aus Gisa. – [39] PM IV, 25; aus Tanis. – [40] Schott, Festdaten, 94 (Nr. 91, Zt *Thutmosis' III.); Herodot II, 59. 63; dazu Alan B. Lloyd, Herodotus Book II, Commentary 1–98, EPRO 43, 1976, 284. – [41] CT V, 149a–b. – [42] Pyr. 1111c: *ḥrt-jb-Dp*; dazu Anthes, in: ZÄS 84, 1959, 75; Pyr. 1671. 1107 im „Pyramidenweihetext" (Spr. 601) in der „Großen Neunheit von Heliopolis" anstelle von Isis und *Nephthys; s. Barta, Neunheit, 62. 65. 67. 70 (Nr. 59 neben Isis). 72 (Nr. 82, neben Isis). Pyr. 1875a erscheint sie im *Wortspiel mit *wꜣḏ* „Papyrus", in Pyr. 309a wird sie auch *nbt-P* genannt. Allgemein Sethe, Urgeschichte, 144, Anm. 1; 148. S. CT VI, 55d. – [43] Altenmüller, in: LÄ I, 887 Anm. 8. Hesire ist u. a. „Priester des Horus von Pe". Tb (Hornung), 112, 6. U. als „Herrin von Pe" noch CT VII, 169t. 208j. – [44] Sethe bei Borchardt, Sahure II, 101; CT VII, 167d. – [45] Bei Borchardt, a.a.O. I, 52 Abb. 58, heißt sie *Wꜣḏjt Dp P nb(t)-prw-nw nbt-prw-nzr*. Erman, Hymnen (s. Anm. 13), 24 (b[5]). S. den Titel „Diener der Roten (*nt*) im Per-nu" bei Sethe, Lesestücke, 75, 9–10. – [46] S. wieder Montet, a.a.O. (Anm. 5), 208f., Tf. 14. – [47] Petrie, Tanis I, Tf. 15, 3; II, Tf. 10–11. – [48] Stele aus röm. Zt, bearbeitet von Drioton, in: BIE 25, 1943, 1–19. Petrie, a.a.O., Tf. 10 (5a, Z. 2), am „15. des x.ten Monats der x.ten Jahreszeit". Ferner Altenmüller, in: GM 33, 1979, 8. 10 Anm. b. – [49] Petrie, a.a.O., Tf. 14; PM IV, 8. – [50] Herodot II, 75. – [51] Petrie, a.a.O., Tf. 10 Nr. 7. – [52] Petrie, a.a.O., Tf. 42. – [53] CT VII, 167k; die bei Erman, Hymnen (s. Anm. 13), 32 (b[12]) genannte *nbt-ḫꜣbs* wird ebenfalls U. sein. Borchardt, a.a.O. II, 113. – [54] Dazu Manfred Bietak, Tell el-Dabꜥa II, DÖAW 4, 1975, 208f. – [55] Borchardt, a.a.O. II, 128f., Tf. 70. – [56] Lesung vielleicht *wꜣḏt*, s. Helck, Gaue, 95ff. – [57] Vandier, Le Papyrus Jumilhac (s. Anm. 24), VII, 10f. mit Namen *prw-wr*. Edfou VII, 326: *nbt-Ḥrw-ḏj*. – [58] Vandier, Ouadjet (s. Lit.), 58 Anm. 4; pJumilhac, 33. – [59] pJumilhac IV, 18; Kees, in: ZÄS 58, 1923, 100f.; AEO II, 57*–62*.

Lit.: RÄRG, 853f.; Jacques Vandier, Ouadjet et l'Horus léontocéphale de Bouto, Fondation Eugène Piot. Monuments et mémoires publiés par l'Académie des Inscriptions et Belles-Lettres 55, Paris 1967, 7–75.

H.-W. F.-E.

Ut-Priester. 1. *wt*, wohl abzuleiten von *wt* „einwickeln", daher U. determiniert mit einem Wickel (Gardiner, EG³, Sign-list V 38 – später mit Aa2 zusammengefallen). Dieser Priester tritt im AR beim Totenopfer auf[1], wobei er zwischen *ḫrj-ḥbt* (*Cheriheb) und *wdpw* genannt wird. In den altertümlichen *Ritualen findet er sich ebenfalls, wie im *Dramatischen Ramesseumspapyrus, wo mehrere U. Opfertische bringen[2]; im *Begräbnisritual des Mentuherchopeschef[3] schlachtet er zusammen mit dem *wt-jnpw* die roten Rinder am Grab. Urk. I, 138, 2 werden u. a. 2 *wt* und ein *ḫrj-ḥbt* für eine Bestattung geschickt.

Im MR ist seine Tätigkeit beim Begräbnis deutlich, wenn es in den *Admonitions heißt: „Die in der *wꜥbt* (= Balsamierungshaus) sind, sind auf die Höhen gegeben, und das Geheimnis des *wt* ist auf sie geworfen(?)." Er tritt häufig neben dem *ḫrj-ḥbt* auf[4]. Daneben erscheint er aber auch in Kahun als Tempelpriester, genannt in der Reihenfolge „Bürgermeister, Oberster *ḫrj-ḥbt*, *ḫrj-ḥbt* des Monatsdienstes, Phylenvorsteher des Monatsdienstes, *wt* des Monatsdienstes, *jmj-jst-ꜥ* des Monatsdienstes etc."[5]. Seine Aufgaben im Tempel sind nicht bekannt.

2. Neben dem *wt* finden wir im AR und MR auch einen Titel *wt-jnpw*[6], der Pyr. 574a den opfernden *Sohn bezeichnet, der als *Horus überhöht wird. Im *Totentempel *Pepis II. opfert ein Träger dieses Titels zusammen mit dem *Sem, dem kgl. Priestersohn in dieser Zeit[7]. Der älteste Beleg dieses Titels stammt vielleicht aus der Zt des *Djoser[8]; seit der 5. Dyn. findet er sich häufig als Beititel höchster Beamter, wie der *Wesire[9], jedoch nicht als Berufsbezeichnung. Dabei ist er gern mit dem Titel *ḥts-jnpw* verknüpft, dessen Bedeutung jedoch unbekannt ist. In CT III, 312e wird eingeführt ein „Beklagender des *Osiris ..., der die Mumienbinden atmen läßt und die Schwäche einhüllt, ..., der Helfer des *wt-jnpw* beim Behandeln des Leibes des Müden", d. h. wohl der *wt* als Untergebener des *wt-jnpw*, wie er ja auch im Mentuherchopeschef-Ritual (s. o.) erscheint. Der *wt-jnpw* ist auch hier der „Sohn", weshalb man vielleicht den Titel als den „jungen (*jnpw*) Sohn (*wtj*)" deuten kann, wobei nicht ausgeschlossen ist, daß die Ägypter selbst ihn später als „Balsamierer des *Anubis" verstanden haben[10].

3. Die Nähe des *wt-jnpw* und des *wt* in ihrer Tätigkeit beim Begräbnis hat anscheinend im MR bereits zu einem Zusammenfall beider Titel geführt, so, wenn in einem Anruf „jeder Bürgermeister-Gottesdienervorsteher, jeder große Gottesdiener, jeder *ḫrj-ḥbt* – *sḏꜣwtj-ntr*[11] – *wt-jnpw*, jeder einfache Gottesdiener, jeder Phylenvorsteher und jeder Bürger dieser Stadt"[12] angeredet werden, anstelle des nach dem angeführten Kahunpapyrus zu erwartenden *wt*. Zugleich zeigt dieser Text, daß die früher getrennten Personenbezeichnungen beim Begräbnis bereits zusammengefallen sind, wie es dann in den dem.-griech. Bilinguen zu erkennen ist, wo sowohl *ḫrj-ḥbt*, *sḏꜣwtj-bjtj* wie *wt* und sogar *zwnw* (*Arzt) mit ταριχεύτης wiedergegeben werden (vgl. ausführlich unter *Taricheut). Im NR findet sich als Titel nur noch *wt*[13].

[1] Junker, Gîza II, 64–66. – [2] Sethe, Dramatische Texte II, 173. – [3] TT 20 = Davies, Five Theban Tombs, Tf. 8. – [4] LD II, 35. 101; Mariette, Mastabas, D 10; Beni Hasan

I, 19. – Als Titel z.B. Kairo 1460 (AR). 1486 (MR); CG 20184. – [5] Borchardt, in: ZÄS 37, 1899, 94. – [6] Der Titel findet sich ausgeschrieben bei Mereruka und bei *Ṯtj* (Jéquier, Pepi II, III, 67ff. [73]). – [7] Jéquier, Pepi II, II, Tf. 81. 87. – Möglicherweise wurde er auch im pRamesseum E genannt, vgl. Helck, in: SÄK 9, 1981, 154. 161. – [8] Kaplony, Inschriften III, Abb. 315, wobei fraglich ist, ob *wt-jnpw* oder *wt ḥrj-sšt3* zu lesen ist. Der Beleg Kaplony, Inschriften III, Abb. 42 ist sehr unsicher! – [9] Prinz *Sḫm-k3-Rʿ* (LD II, 41–42); Prinz und Bauleiter *Sš3t-ḥtp* (Junker, Gîza II, 172ff. [189]); Prinz und Expeditionsleiter *Mrj-jb* (Junker, Gîza II, 121–135); kgl. Schwager *Ḏʿw* (Urk. I, 118, 11). Später die Wesire *Mereruka mit Sohn *Mrj-Ttj*, *Kagemni, *Ṯtw* (Firth-Gunn, Teti Pyramid Cemeteries, 101); *Ṯtj* (Jéquier, Pepi II, III, 67–76); *Uni. – [10] Helck, Beamtentitel, 51. Zum *wt*-Sohn vgl. Pyr. 593. 1615. – [11] Zur Entwicklung des ursprünglichen Titels eines *Expeditionsleiters zu dem eines Begräbnisse ausstattenden Beamten s. Sauneron, in: BIFAO 51, 1951, 137ff. – [12] Sethe, Lesestücke, 70, 4. – [13] Wb I, 379, 11.

W. H.

Valerianus (P. Licinius V.), röm. Kaiser, 253 n. Chr. ausgerufen, 259 n. Chr. durch den parthischen König Sapor I. gefangengenommen, aus Äg. durch Nennung auf einer *Buchis-Stele aus *Armant[1] belegt.

[1] Bucheum III, Tf. 45 Nr. 18 (= BM 1695). W. H.

Vasenlauf s. Lauf, Sedfest

Vater. In Ägypten war die Rolle des biologischen V.[1] nicht sehr bedeutsam. Bei Filiationsangaben kann auch der Name der *Mutter angegeben werden (*Abstammung A). Bei der Entstehung eines Menschen war die Vorstellung vom Mutterleib vorherrschend[2]. Das mag auch ein Grund dafür sein, daß die äg. Sprache nur wenige *Verwandtschaftsbezeichnungen kennt[3]. Der rein biologische Aspekt der Vaterschaft trat gegenüber dem kulturellen und geistigen in den Hintergrund, d.h. die ägyptische Vater-*Sohn-Beziehung umfaßte weit mehr als die rein verwandtschaftliche. Durch die Erziehung (*Erzieher), die allein Aufgabe des V. war, sollte der Sohn zu dessen geistigem Ebenbild heranwachsen und das im Leben unter Beweis stellen. War dies nicht der Fall, so konnte die Vaterschaft aufgekündigt werden[4].

In Ägypten bestand in der Regel eine neolokale Eheform (*Familie (Struktur) A). In wirtschaftlicher Hinsicht war die ägyptische Familie eine Versorgungsgemeinschaft[5], deren Oberhaupt der V. in seiner ökonomischen Rolle als Ernährer[6] und Beschützer[7] darstellte. Auch Diener und Hausangestellte zählten dazu[8]. Aus der Versorgungsgemeinschaft entwickelte sich im Laufe der Zeit eine Art Patronat (*Iti(u)), das sich besonders in Zeiten staatlicher Krisen bewährte[9].

Die wichtigste Funktion des V. lag auf pädagogischem Gebiet[10]. Durch die Unterweisung, die in literarischer Form als *Lehre erhalten ist, versuchte der V., den Sohn ins Leben[11] und in die Gesellschaft einzuführen. Der in den Lehren erhobene Autoritätsanspruch bezieht sich aber nicht auf die persönliche Autorität des V., sondern auf die der Erfahrung und Tradition[12]. Als Erzieher[13] erfüllte der V. eine gesellschaftliche Pflicht[14], indem er geistigen Prinzipien verantwortlich war. Es ist anzunehmen, daß es zu einer Hypostasierung des V. in pädagogischer Hinsicht kam, da sich die Unterweisung nicht nur an den angesprochenen Sohn allein richtete, sondern an einen weiteren Kreis von Zuhörern[15]. Mit dem Älterwerden des Sohnes verringerte sich der Autoritätsverlust zwischen V. und Sohn, bis schließlich der Sohn das Amt des V. (*Amtserblichkeit) und seine Versorgung übernahm und so zum „Stab des Alters" wurde (*Altersversorgung)[16].

Zum Vaterbegriff gehört auch die Vorstellung vom jenseitigen Vater. Diese wird in zwei Aspekte aufgeteilt: die *Horus- und die *Kamutef-Konstellation[17]. Die erstere bezeichnet die Verbindung des Sohnes mit dem toten bzw. jenseitigen Vater[18]. Mit dem Tode des V. treten V. und Sohn in eine Beziehung ein, die bestrebt war, den Zustand des Todes zu überwinden und die ursprüngliche „Ordnung"[19] wiederherzustellen. Diesseits und Jenseits wurden durch die Tätigkeit des Sohnes, für den verstorbenen V. zu sorgen und ihn zu „rächen", miteinander verbunden[20]. Dieses Rächen[21] umfaßte jede Handlung, die der Sohn vollziehen mußte, um die Unordnung, die durch den Tod des V. eingetreten war, zu beseitigen. Tod und Nachfolge standen in enger Beziehung zueinander, was sich in erster Linie im *Totenkult (u.a. *Fürbitte) manifestierte und ursprünglich auf dem *Mythos von *Osiris und Horus beruht[22]. Im allgemein-menschlichen Kontext handelt jeder Sohn, der die notwendigen Vorkehrungen für das Wohl des V. trifft, wie Horus[23]. Im Rahmen des *Königsdogmas kommt der Osiris-Horus-Mythos voll zur Geltung. Der König ist in Wirklichkeit Horus, der für seinen V. eintritt und dessen *Erbe (Königtum) gewissenhaft verwaltet und sich als würdiger Sohn erweist (*Offenbarung D). Im Rahmen der Vater-Sohn-Beziehung bezeichnet die Kamutef-Konstellation die völlige Identität zwischen V. und Sohn[24].

[1] Zur Lesung *jtj* „Vater" s. Fecht, Wortakzent, 177, § 365. – [2] S. auch *Namengebung A. – [3] Jan Assmann, in: H. Tellenbach (Hg.), Das Vaterbild in Mythos und Geschichte, Stuttgart 1976, 15; vgl. Detlev Franke, Altägyptische Verwandtschaftsbezeichnungen im Mittleren Reich, HÄS 3, 1983. – [4] Ptahhotep 197–219; Berlin 1157/19–20 (vgl. Blumenthal, Königtum, 188; Kaplony, in: Or 35, 1966, 403–412). – [5] S. bes. *Familie (Struk-

tur): LÄ II, 106. – [6] Ḥekanakhte Papers Doc. II, 4–28 = S.32. 38–40. – [7] Otto, Biogr. Inschr. 87–101. – [8] Franke, op. cit., 245–256. 263–265. – [9] Assmann, op. cit., 17f., Anm.30. 31. – [10] Vgl. dazu *Erziehung, *Ausbildung. – [11] S. Djedefhor III, 1–4 nach Wolfgang Helck, Die Lehre des Djedefhor und die Lehre eines Mannes an seinen Sohn, KÄT, 1984; Ankhsheshonqy 17, 23 (vgl. Miriam Lichtheim, Late Egyptian Wisdom Literature in the International Context, OBO 52, 1983, 82; Heinz-Joseph Thissen, Die Lehre des Anchscheschonqi (P. BM 10508), Papyrologische Texte und Abhandlungen 32, Bonn 1984, 30; Stephen R. K. Glanville, Catalogue of Demotic Papyri in the British Museum II: The Instructions of Onchsheshonqy I, London 1955, 40f.). – [12] Brunner, Erziehung. 126–131. – [13] Zum übertragenen Gebrauch von „V." als „Erzieher" s. Brunner, in: ZÄS 86, 1961, 90–100. – [14] pInsinger 8,21 (vgl. Miriam Lichtheim, op. cit., 158. 205; Brunner, Erziehung, 107–110, bes. 108); Hughes, in: Fs Wilson, 43–54. – [15] Assmann, op. cit. (s. Anm.3), 29. – [16] Bes. Anm.2. – [17] Assmann, op. cit., 31–33. – [18] Ebd., 33–38. – [19] Zur „Ordnung" s. Hans H. Schmid, Gerechtigkeit als Weltordnung, Tübingen 1968, 46–61. – [20] Assmann, op. cit., 40 (2), Anm.78; vgl. dazu Siegfried Schott, Der Denkstein Sethos' I. für die Kapelle Ramses' I. in Abydos, NAWG 1964. 1,23 (12). – [21] Vgl. *nḏ* Wb II, 374. – [22] Kitchen, Ram. Inscr. II, 324–336 (vgl. BAR, § 525). – [23] Assmann, op. cit., 40 (3). – [24] Ebd., 31f. 46–49, Anm.72.

Lit.: Jan Assmann, Das Bild des Vaters im Alten Ägypten, in: H. Tellenbach (Hg.), Das Vaterbild in Mythos und Geschichte, Ägypten, Griechenland, Altes Testament, Neues Testament, Stuttgart 1976, 12–49. J. Ho.

Veränderungen. This heading concerns the many kinds of alterations that are to be found in tombs, temples, statuary and inscriptions of all kinds, and includes such topics as repairs, revisions and restorations. The last two are related to the question of forgery, either partial or complete. Since a concise survey has been given elsewhere,[1] the following remarks, presented along somewhat different lines to bring out the abovementioned topics, will summarize and supplement that survey.

A. *Repairs* were often required by imperfections in the material that was used, whether stone or wood. Thus plaster (*Stuck) fills the irregularities in the walls of OK tomb chapels, and particularly those cut in nummulitic limestone (*Kalkstein). Boat-shaped inlays of wood (accordingly called "dutchmen" in English) replace knots and knot-holes in furniture.[2] Whereas wooden statues were in any case pieced together from several parts, stone statuary was normally monolithic, and a pegged or tenoned element may usually be attributed to a flaw or to some accident during manufacture.[3] From protodynastic times[4] as well as later,[5] relatively small objects show another mode of repair: a thin wall of stone was mended by drilling pairs of holes with grooves between them to accomodate a binding of thongs or wires. It is probable, in many such cases, that the breakage occured some time after the object was made. While certain objects were deliberately broken when deposited in a tomb–and notably pots (*Zerbrechen der Töpfe), staves (*Stäbe) and bows[6] (*Bogen)–there is also evidence of imitated repair, which is related to the same practice.[7] Corrections and revisions are likewise attested in abundance from all periods, both in the composition of scenes[8] and in the orthography of inscriptions.[9]

B. *Changes of ownership.* After a tomb chapel or smaller monument was made, its ownership might subsequently have been *eliminated* by removing a name (*Namenstilgung) and by effacing an image.[10] Ownership might also have been *shared* by means of the later addition of names to the figures of attendants or workers depicted in a tomb chapel,[11] in which case the added names might belong to funerary priests of the deceased;[12] their names might also be placed outside the tomb,[13] and in the case of royalty this sort of addition was apt to assume a more prestigious form, e.g. the doorway of *Sethos I that flanks the shrine of *Mentuhotep II from Dendera (*Dendara).[14] Finally, ownership might be *transferred* simply by substituting a new name,[15] in some cases with an appropriate change of titulary or even gender[16] (*Usurpierung). The sharing of a monument could also be accomplished under the guise of a "restoration inscription." One of the earliest examples, placed in the OK tombs at Sheikh Said (*Scheich Said) by an early Dyn. XII official, boasts of having "made firm that which was found ruined and renewed what was found decayed," but there is no evidence of repair,[17] and the same is true of many NK inscriptions of the same kind. Such cases are akin to the more unassuming graffiti left by visitors (*Besucherinschriften).

C. *Magical and religious motivation* has often left its mark on antiquities.[18] The most immediate alterations of this kind are related to the superstitious mutilation of hieroglyphs (*Zeichenverstümmelung) that was first introduced in late OK burial chambers at Saqqara. The Amarna campaign against the cult of *Amun provides the most conspicuous evidence of later alterations; it expunged not only the name of Amun but attacked the figure of the god and any detail associated with him, including a pet goose.[19] At a much later date, after the 8th Century B. C., the name and image of *Seth were also effaced. These depradations are not to be compared with the less selective iconoclasm of Christianity and Islam.[20] Occasionally reliefs were marred for the opposite reason; the images of gods at the entrances and on the outer walls of temples were sometimes surrounded by holes so that they could be covered by a metal overlay, to protect them from the devotions of the laity.[21]

D. *Restoration* of a meaningful kind was sometimes applied to earlier monuments, much more frequently to temples than to tombs,[22] although one thinks of the tourist's entrance which the builders of Hatshepsut's (*Hatschepsut I.) funerary temple provided for the burial chapel of Queen Neferu of Dyn. XI.[23] In the case of temples the renovation might involve as little as fresh paint[24] or as much as total replacement. Restorations of inscriptions–particularly those effaced by the fanaticism of the Amarna Period–are numerous, although not always entirely faithful to the original.[25] A similar problem is encountered by the preservation of texts by recopying on papyrus or on stone.[26] Since earlier monuments were a constant source of inspiration to later generations, it is not surprising that some monuments show "marginalia" in the form of details copied from an adjacent scene or inscription.[27] The same interest is indicated by traces of grids that provided a fairly accurate basis for copying.[28]

E. *Modern restorations* are more frequently a problem than is generally recognized.[29] In some cases this procedure is carried to the point of forgery: statues are recarved or supplied with missing parts;[30] a genuine text may serve to endorse a spurious relief or statue,[31] or a new inscription may be added to enhance the appearance of an antiquity or to heighten its interest.[32] And then there is the forgery as such, which often copies a specific antique model,[33] although the sources may be more varied.[34] Scholarly forgeries are less predictable, but fortunately infrequent,[35] although a few hoaxes may have been perpetrated in ancient tombs and temples by persons with some knowledge of hieroglyphs.[36]

[1] See Lit. below. Hereafter abbreviated MMJ 1974. – [2] Ibid., 12, n. 41; cf. also Aldred, in: Charles Singer, E. J. Holmyard and A. R. Hall, A History of Technology I, Oxford 1954, 685–686. – [3] MMJ 1974, 12, n. 40; also CG 95, an OK limestone statue with head made separately; CG 24, with added figure of child; Abydos I, 28, pl. 55, statue of King Isesi tenoned above seat; BMMA 29, Nov. 1934, Pt. 2, 15, fig. 9, a patched MK sarcophagus. – [4] Fischer, in: Artibus Asiae 21, Ascona 1958, 77 and n. 21 (palettes, disk, bowls, pots); Bakry, in: ASAE 57, 1962, 15–17. – [5] Dows Dunham, Naga-ed-Dêr Stelae of the First Intermediate Period, Oxford 1937, no. 36. – [6] MMJ 1974, 7, n. 16. – [7] Fischer, in: MMJ 13, 1978, 25–27. – [8] MMJ 1974, 5, n. 1; see the complex Ramesside example in Medinet Habu I, pl. 40. – [9] MMJ 1974, 5–6 and n. 2; a sequence of two consecutive revisions is attested by CG 1415, as shown in a forthcoming Supplement to Borchardt's Denkmäler des Alten Reiches. – [10] MMJ 1974, 6–7. In Said Amer el-Fikey, The Tomb of the Vizier Rēʿ-wer, Warminster 1980, there is much evidence for the mutilation of both name and figure (face and hands), but on the reveals of the entrance (pls. 1. 2. 19) the name, in relief, has been restored in large incised hieroglyphs placed below the deletion. – [11] Ibid., pls. 6. 7; MMJ 1974, 7 and n. 14; note also that many of the personal names in the tomb of the dwarf Seneb are incised additions: some visible in Junker, Gîza V, pls. 5a. 6b. – [12] Fischer, in: JARCE 4, 1965, 51. – [13] Meir IV, pl. 3. – [14] Habachi, in: MDAIK 19, 1963, 24, fig. 7; 26, fig. 8. – [15] In one case, Selim Hassan, Excavations at Saqqara 1937–1938 II, Cairo 1975, 1–23, the work of the usurper was later expunged by a coating of plaster; see Fischer, in: JEA 65, 1979, 179. – [16] MMJ 1974, 7. – [17] Sheikh Saïd, 39, pl. 30. – [18] MMJ 1974, 11. – [19] As I have pointed out in Ancient Egypt in the Metropolitan Museum Journal, Supplement: Vols. 12–13, New York 1980, terminal Add. to Vols. 1–11, 114, the mutilation of the figures of Amun on the shrine of *Sesostris I at Karnak are probably to be attributed to the Atenists, but my parallel from Luxor (in: JARCE 13, 1976, 131 f.) is not valid; cf. next note. – [20] See also Hellmut Brunner, Die südlichen Räume des Tempels von Luxor, Mainz 1977, 23–24. – [21] Fischer, in: AJA 63, 1959, 196–198. – [22] For tombs see MMJ 1974, 12 and n. 42; also n. 10 above. – [23] Winlock, in: BMMA 21, March 1926, Pt. 2, 9, fig. 5 and p. 12 f. – [24] Sethe, Lesestücke, 76 (Louvre C 12). – [25] E. g. the restoration of a building inscription of *Amenophis III by Sethos I: CG 34025. For the question of anachronistic restorations see MMJ 1974, 12. – [26] For this question see Osing, in: LÄ I, 149–154. – [27] MMJ 1974, 9; also Meir II, pl. 4; Junker, Gîza II, fig. 19. – [28] Ibid., Firth and Quibell, Step Pyramid, 5 and pls. 15–16; Borchardt, Sahure, pls. 16–17. 24. 28–29. – [29] E. g. a Dyn. XI stela, MMA 57. 95, for which see Fischer, in: JNES 19, 1960, 258–260; and a Dyn. XIII stela, MMA 63. 154 (William K. Simpson, The Terrace of the Great God at Abydos, New Haven–Philadelphia 1974, pl. 81), where the lower transverse crack formerly showed confusing traces of restoration, which could be identified by means of an ultra-violet lamp. – [30] MMJ 1974, 13 and nn. 46–47; 20–21, figs. 25–28. – [31] Ibid., 20–21, figs. 25–28. – [32] Ibid., 12 f., figs. 9–11; 29. 31, figs. 38 and 43. – [33] Ibid., 14 and 15, figs. 12–13. Cf. Quibell, in: Fs Griffith, 481. – [34] Fischer, in: RdE 30, 1978, 82–89. – [35] B. van de Walle, L'histoire véridique des faux scarabées de Néchao, in: B. van de Walle et al., La Collection égyptienne: Les étapes marquantes de son développement, Brussels 1980, 81–92. – [36] It has been reported that Alexander Barsanti was responsible for writing the name Alexander in the tomb of Sen-nufer (MMJ 1974, 8–9 and fig. 4, and the addendum in Ancient Egypt in the Metropolitan Museum Journal, Vols. 1–11, New York 1977, 183). See also the apparently modern cartouche of an "Amarna princess" fabricated prior to 1828: Lanny

Bell, in: The Oriental Museum Annual Report 1980–81, 11–12.

Lit.: Henry G. Fischer, The Mark of a Second Hand on Ancient Egyptian Antiquities, in: MMJ 9, 1974, 5–34 (Ancient Egypt in the Metropolitan Museum Journal, Vols. 1–11, New York 1977, 113–142. 183). H. G. F.

Verbände (med.) sind ein wesentlicher Bestandteil der Therapie bei offen zutage liegenden Krankheitserscheinungen, insbesondere bei Wunden (durch Verletzungen, Verbrennungen, Schläge oder Bisse) (*Chirurgie), ferner bei Geschwülsten, Geschwüren, Vereiterungen und Schwellungen; seltener bei Ausschlägen und sonstigen Hauterkrankungen (die in der Regel nur eingerieben werden), schließlich bei der Behandlung der *Gefäße (med.).
Als Verbandsstoff dient Leinen verschiedener Qualität, das um die zuvor mit *Drogen[1] versorgte kranke Körperstelle gewickelt wird (*wt*)[2]; statt der Drogen wird mitunter auch nur ein Faserbausch verwendet, der zum Aufsaugen des Blutes bzw. des Eiters dient.
Nach dem „Spruch zum Lösen eines jeden Verbandes" (pEbers Nr. 2) scheint die Vorstellung bestanden zu haben, daß sich die Krankheitsstoffe in dem Verband ansammeln[3] und mit dem Verband vom Patienten entfernt werden können.
Das im pSmith Fall 19 zitierte „Buch über den Verbinder" ist nicht erhalten.

[1] Bei einigen Drogen dürften magische Gründe im Spiel sein, so der Wundverband mit frischem Fleisch (*jwf wꜣḏ*, DrogenWb, 16), das offenbar das verletzte bzw. fehlende Fleisch ersetzen sollte. – [2] Med. Wb, 226–232; weitere Termini sind im Grundriß der Medizin IX, 33 (III) und 37 (IX–XII) zusammengestellt. – [3] Vgl. die Hieroglyphe des sogenannten „schlechten Pakets" (Gardiner, EG, Sign-list, Aa 2 und 3).

Lit.: Hermann Grapow, Grundriß der Medizin III, 106–107. W. W.

Verbanntenstele. Granitstele aus *Karnak (21. Dyn.) in Paris (Louvre C 256). Bestätigung eines *Amnestie-Erlasses des *Hohenpriesters des Amun *Mencheperre, Sohnes des ehem. Hohenpriesters und Titularkönigs *Pinodjem I., durch *Orakel des Gottes. Der Text enthält 3 Daten: 1) Jahr 25 (des *Smendes) III. *šmw* 29, Orakel (durch das vermutlich die Verbannung von Gegnern des Mencheperre nach der *Oase *Charga verfügt wurde); 2) Jahr 25 I. *ꜣḫt* 4, Einzug des Mencheperre in *Theben. 3) Jahr [1 (?)] (des *Amenemnesut oder *Psusennes I.) Epagomenen 4, Orakel zur Rückrufung der Verbannten und Verbot weiterer Verbannungen. Letzteres erweist die schwache Stellung des wohl noch minderjährigen Hohenpriesters gegenüber der thebanischen Priesterschaft.

Lit.: v. Beckerath, in: RdE 20, 1968, 7–36, Tf. 1 mit der älteren Lit. J. v. B.

Verbannung s. Strafen

Verbrennung s. Strafen

Verehrung ägyptischer Götter im Ausland, bes. griech.-röm. Zt.

A. Ammon
B. Die Gottheiten des Isiskreises im Ausland
  a. Isis
  b. Sarapis
  c. Anubis
  d. Harpokrates
  e. Osiris
  f. Apis
  g. Die übrigen Götter
C. Träger der V. und die Kultpraxis in der Isis-und-Sarapis-Religion
  a. Priester u. a. Funktionsträger; Gläubige
  b. Kult
  c. Mysterien
D. Verbreitungsgeschichte der Isis-und-Sarapis-Religion
  a. Osten
  b. Italien und der Westen

A. *Ammon.* Der Orakelgott *Amun von *Siwa, griech. Ἄμμων, wurde im 6. Jh. v. Chr. nach *Kyrene übernommen, wo er in der Münzprägung (bärtiger Zeuskopf mit dem runden Gehörn des Amunswidders auf den Schläfen) von 520 v. Chr. bis in die röm. Kaiserzeit erscheint[1] und mit Apollon vergesellschaftet war[2]. Eine sich daraus ergebende Angleichung sowie die überlieferte Vorstellung von einem „Apollon, dem Libyer, Sohn des Ammon"[3], dürften für den Typus des jugendlichen (apollinischen), bartlosen Ammon mit Widdergehörn verantwortlich sein, der auf Münzen von Kyrene (seit 435 v. Chr.) und von anderen Städten abgebildet wurde[4].
Die V. des libyschen Ammon ist wohl seit dem 6. Jh. v. Chr. nach Griechenland gedrungen[5], wobei die Verbindung mit *Zeus (Zeus-Ammon, in röm. Zt Juppiter-Ammon) das Wesen prägt. Gegen 460 v. Chr. hat Pindar, selbst Verfasser eines Hymnus an Zeus-Ammon[6], eine Statue in den thebanischen Tempel (Böotien) des Gottes geweiht[7]. Auf der Peloponnes ist die V. des Ammon, z. T. in eigenen Tempeln, in Gythion, Sparta, Megalopolis (hier in Hermenform), Elis und Olympia bezeugt; in Delphi haben die Kyrenier ein Kultbild geweiht[8]. Durch Lysander kam der

Ammonskult im späten 5. Jh. nach Aphytis (Chalkidike), wo der Tempel ausgegraben ist[9]. In Athen[10]: V. durch Weihinschriften seit 378/377 v. Chr.; Tempel vielleicht seit 363/362 v. Chr. in Piräus, noch vor 332 v. Chr. in Athen, ein weiterer in Oropos (Attika). Im 3. Jh. v. Chr. ist die V. des Ammon auf Rhodos[11], im 2. Jh. innerhalb der Serapeen B und C auf Delos[12] bezeugt. Im Gebiet von Aphytis wurde Kassandreia (als Colonia Cassandrensis) zwischen 44 und 42 v. Chr. vom Proconsul Q. Hortensius unter den Schutz des Ammon gestellt[13]. Die Kontinuität der V. ist hier bis ins 2./3. Jh. n. Chr. belegt[14].

Auf Zypern[15] und in Nordwestafrika erfolgte eine Vermischung mit dem semitischen Baal Hammon, der für die häufige Aspirierung des Namens (Hammon)[16] verantwortlich zu sein scheint; Belege in Karthago[17] und Auziae (Mauretania Caesariensis)[18], während der Tempel in Rās el-Ḥaddāgia (Tripolitana)[19], den der Proconsul Africae L. Aelius Lamia 15–17 n. Chr. errichten ließ, trotz der neupunischen Gründungsinschrift dem ursprünglichen Ammon geweiht gewesen sein dürfte. Weiter ist die V. des Juppiter-Ammon im röm. Reich durch Inschriften in Italien[20] und Spanien[21] sowie innerhalb des Juppitertempels von Epamanduodurum (Mandeure, Germania superior)[22] – hier wahrscheinlich mit eigenem Priester – nachgewiesen. Ein Gott der Soldaten ist er in den Weihinschriften des 2.–3. Jh. n. Chr. am Limes: Pannonien[23], Tripolitanien[24] und Syrien/Arabien[25]. Als Schutzgott der Legio III Cyrenaica hatte er einen Tempel in Bostra (Blütezeit 3. Jh. n. Chr.)[26], wo er mit der Tyche der Stadt vergesellschaftet war und als *Sonnengott äg. Herkunft neben den Widderhörnern eine Scheibe auf dem Kopf trägt. Kontinuität der V. besteht auch in Kyrene[27].

Das Wesen des Gottes erläutern die über das gesamte Imperium verbreiteten Denkmäler, die den bärtigen Gott mit Widderhörnern und Tierohren wiedergeben. Als Symbol des Sieges begegnet sein Kopf auf dem Tempel des Mars Ultor in Rom, auf den Tempeln in Tarraco und Merida (Spanien)[28], auf den Rüstungen von Kaiserstatuen[29] oder auf den Fora des nordadriatischen Raumes[30]. Die Verbindung mit Medusa erweist die Beziehung des Juppiter-Ammon zum Wasser[31], vorrangig scheint jedoch die Jenseitsbedeutung (in Verbindung mit Grabdenkmälern[32]) und die allgemein apotropäische Wirkung des Gottes zu sein; dieser verdankt er seine übergroße Beliebtheit in der Kleinkunst und die Darstellung in Hermenform; auch Doppelhermen in Verbindung mit anderen Gottheiten (Dionysos, Herakles, jugendlicher Gott)[33]. Durch *Alexander den Großen, der in Siwa einen für ihn heimischen Gott (Aphytis!) besucht hatte und als Sohn des Zeus-Ammon bestätigt worden war, hatten Ammon einen dionysischen Aspekt und der jugendliche Typus des Gottes in Verbindung mit dem Herrscher einen neuen Akzent erhalten. Idealisierte, bartlose Köpfe mit dem Widdergehörn und stilistischen Einflüssen von Darstellungen Alexanders des Großen sowie anderer hellenistischer Herrscher fanden weite Verbreitung und wurden auch in röm. Zt kopiert[34]. Die Beziehungen des Ammon zur *Isis-und-*Sarapis-Religion sind wenig ausgeprägt[35], obwohl Sarapis durch Verschmelzung mit Ammon die Widderhörner erhalten kann[36]; das Gemeinsame betrifft vor allem die Fruchtbarkeit und die universalistische Tendenz.

B. *Die Gottheiten des Isiskreises im Ausland*

a. **Isis*. Das Wesen der außerhalb Ägyptens verehrten Isis betrifft den kosmischen Bereich, die irdische Ordnung, das Leben der Natur, im besonderen der Menschheit, vor allem aber das Leben des individuellen Verehrers. Diese im wesentlichen bereits durch inneräg. Entwicklung erreichte Auffassung von Isis, die die äg. Quellen der ptol. und röm. Zt formulieren[37], wurde von den griech. Isis-*Aretalogien mit speziell memphitischem Hintergrund[38] in der griech. Welt verkündet. Die Vielfältigkeit ihres Wesens läßt Isis sowohl in der theologischen Aussage (Aretalogien) wie in der individuellen Verehrung (vor allem durch Weihinschriften[39]) in der Funktion (prinzipiell) aller anderen Göttinnen (äg., griech.-röm., diverse lokale) erscheinen. Dem entspricht die Auffassung von der Vielnamigkeit (*ʿšꜣ rnw*, μυριώνυμος, *myrionyma*) bei Apuleius (Metamorphosen XI, 22) und in Belegen aus dem Osten, Italien und den europäischen Provinzen[40], in summa die Allmächtigkeit[41] der Isis.

Im kosmischen Bereich verkörpert Isis daher entsprechend der äg. Auffassung als *nbt pt* und ihrer Gleichsetzung mit *Nut den Himmel[42], regiert die Sterne[43] und die Götter[44]. Das himmlische Königtum der Isis erstreckt sich auf den irdischen Bereich, so daß die Weltordnung und der Herrscher[45] von ihr abhängig sind. Sie verkörpert *Maat[46], steht in Beziehung zu *Thot[47] und gibt den Menschen Gesetze[48]; sie wird daher in Inschriften aus Delos, Athen und Gerasa [131] als Dikaiosyne[49] angesprochen. Als Herrscherin ist Isis im griech. Raum κυρία[50], im lateinischen Bereich nach ungemein zahlreichen Belegen *regina*, *domina* und *Augusta*[51] – sicher eine direkte Wiedergabe äg. Gedankengutes. Bes. ausschlaggebend für die Attraktivität der äg. Götter in der griech. und röm. Welt wurde die Tatsache, daß sie nicht einem übergeordneten Schicksal unterwor-

Karten zur Verbreitung der Isis-und-Sarapis-Religion im Ausland

I. Westteil

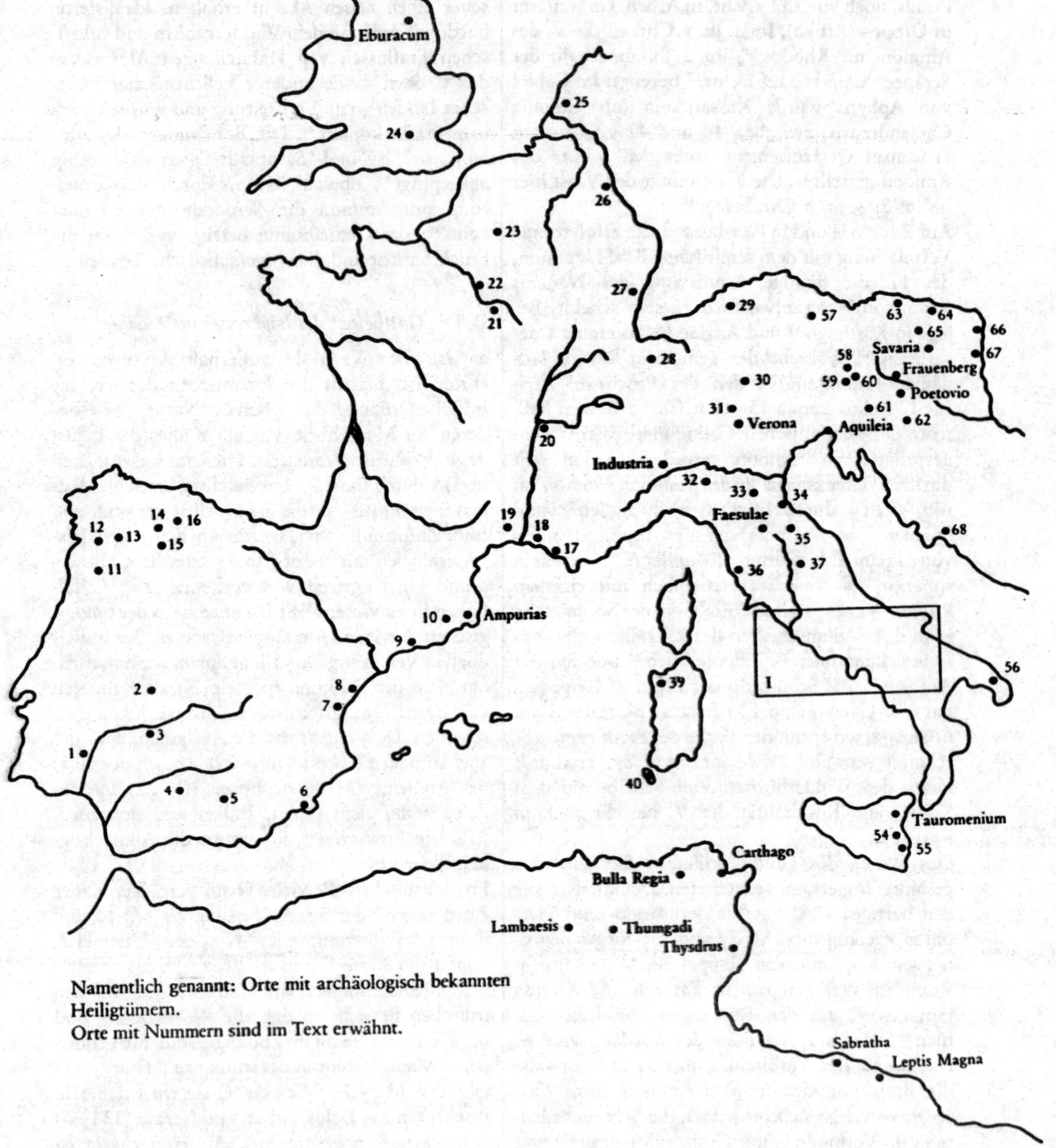

Namentlich genannt: Orte mit archäologisch bekannten Heiligtümern.
Orte mit Nummern sind im Text erwähnt.

Ausschnitt I:
Mittelitalien

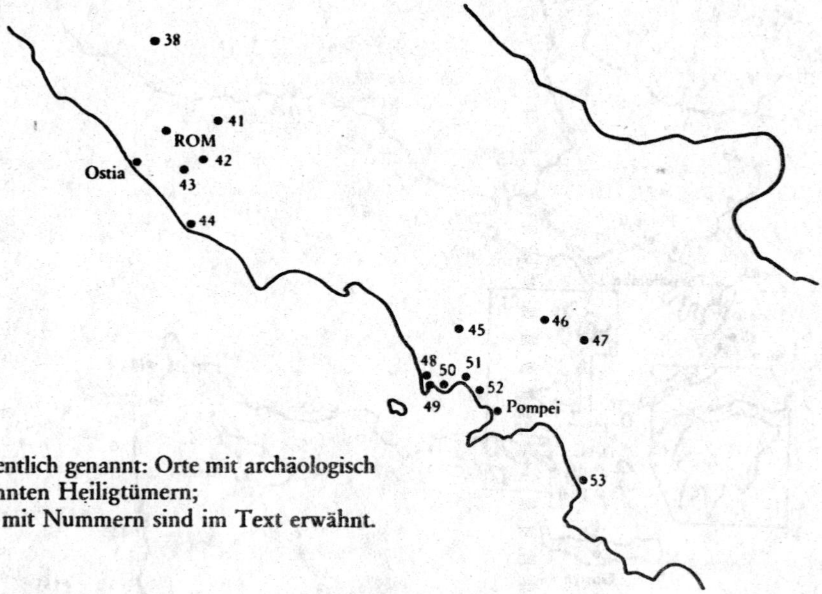

Namentlich genannt: Orte mit archäologisch bekannten Heiligtümern;
Orte mit Nummern sind im Text erwähnt.

1. Pax Iulia
2. Castra Caecilia
3. Emerita Augusta
4. Igabrum
5. Acci
6. Carthago Nova
7. Valentia
8. Saguntum
9. Tarraco
10. Aquae Calidae
11. Panoias
12. Bracara Augusta
13. Aquae Flaviae
14. Asturica
15. Quintanilla de Somoza
16. Legio
17. Massilia
18. Arelate
19. Nemausus
20. Lugdunum
21. Agedincum
22. Metlosedum
23. Noviodunum Suessionum
24. Londinium
25. Forum Hadriani
26. Colonia Agrippina
27. Argentorate
28. Aquae Helvetiorum
29. Augusta Vindelicorum
30. Sublavio
31. Malcesine
32. Veleia
33. Bononia
34. Ravenna
35. Sarsina
36. Faleria
37. Vettona
38. Falerii
39. Turris Libisonis
40. Sulci
41. Tibur
42. Nemus Dianae
43. Aricia
44. Antium
45. Capua
46. Beneventum
47. Aeclanum
48. Cumae
49. Misenum
50. Puteoli
51. Neapolis
52. Herculaneum
53. Paestum
54. Catana
55. Syracusae
56. Brundisium
57. Iuvavum
58. Hohenstein
59. Ulrichsberg
60. Virunum
61. Emona
62. Siscia
63. Vindobona
64. Carnuntum
65. Scarbantia
66. Aquincum
67. Intercisa
68. Salonae

II. Ostteil

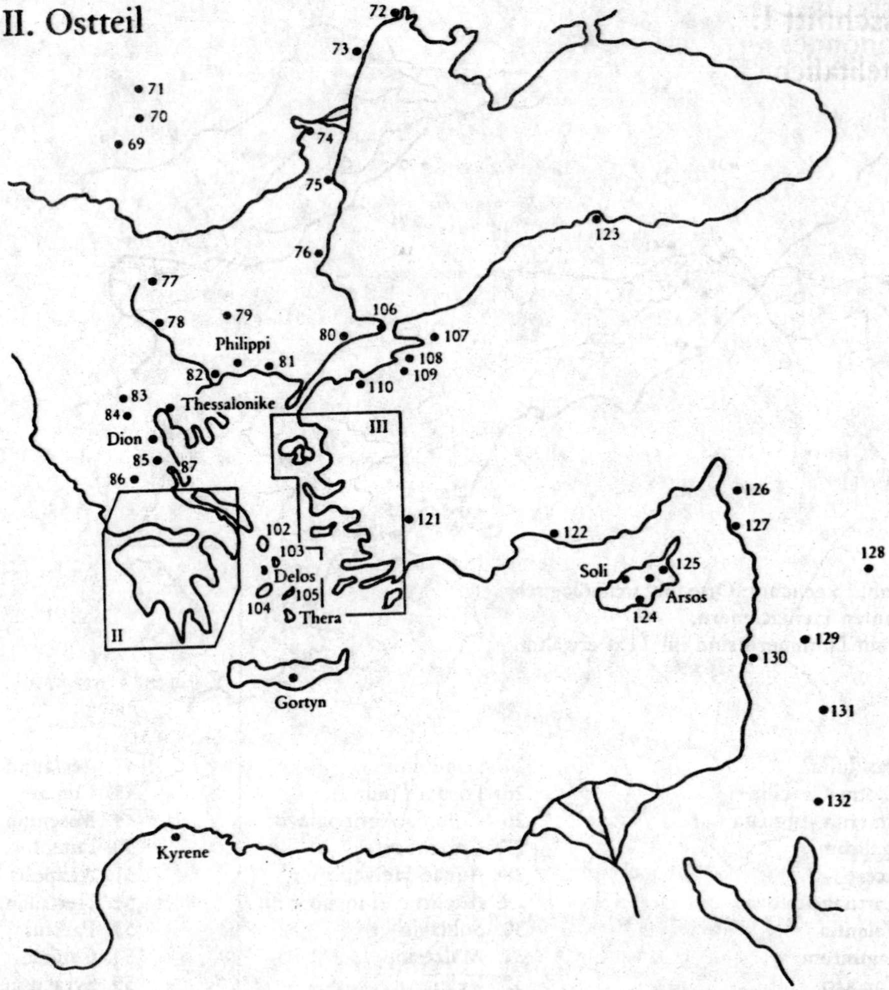

69. Sarmizegetusa
70. Apulum
71. Potaissa
72. Olbia
73. Tyras
74. Troesmis
75. Tomi
76. Mesambria
77. Serdica
78. Neine
79. Philippopolis
80. Perinthos
81. Maroneia
82. Amphipolis
83. Edessa
84. Beroia
85. Larisa
86. Gomphi
87. Demetrias
102. Andros
103. Mykonos
104. Paros
105. Amorgos
106. Byzantion
107. Nikomedia
108. Kios
109. Prusa
110. Kyzikos
121. Stratonikeia
122. Side
123. Sinope
124. Amathus
125. Salamis
126. Antiochia
127. Laodikeia
128. Palmyra
129. Brahlia (etwas westlich v. Damaskus im Antilibanon)
130. Kharayeb (zwischen Tyros u. Sidon)
131. Gerasa
132. Petra

Ausschnitt II: Peloponnes

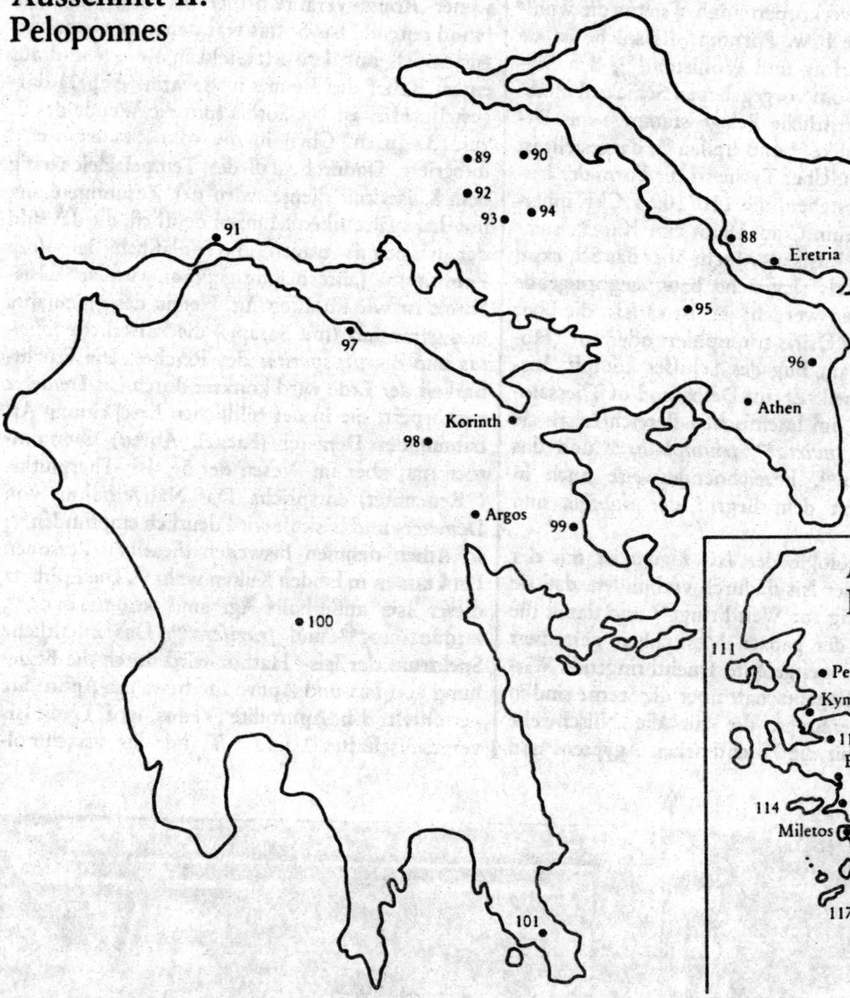

Ausschnitt III: Kleinasien

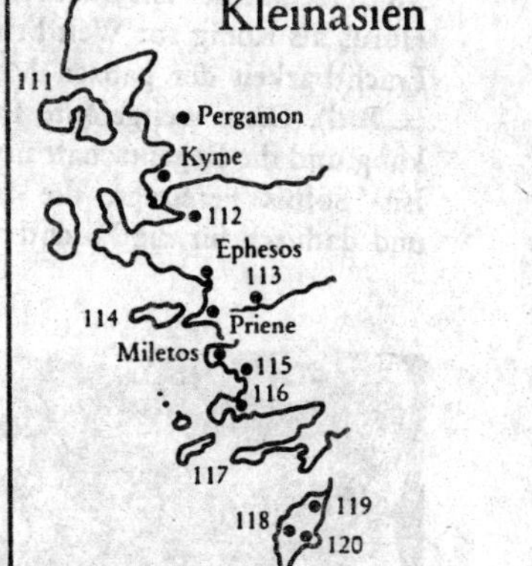

88. Chalkis
89. Tithorea
90. Hyampolis
91. Naupaktos
92. Daulis
93. Chaironeia
94. Orchomenos
95. Tanagra
96. Pikermi
97. Aigeira
98. Phleiûs
99. Epidauros
100. Megalopolis
101. Boiai
111. Lesbos
112. Smyrna
113. Tralles
114. Samos
115. Iasos
116. Halikarnassos
117. Kos
118. Kameiros
119. Rhodos Stadt
120. Lindos

fen waren. Isis verkörperte daher selbst die wohlwollende Tyche bzw. Fortuna; als solche ist sie Garantin für Erfolg und Wohlstand[52]; den Mysten macht sie vom vorgegebenen Schicksal unabhängig[53]; inschriftliche Belege stammen aus Delos[54], Thessalonike[55] und Italien[56]; dargestellt ist sie mit Füllhorn. Über Tyche ist die Form der Isis-Nemesis zu verstehen, die 110/109 v.Chr. innerhalb des Serapeum C auf Delos eine Kapelle samt Priester erhielt[57]. Isis als Macht über das Schicksal kann konkret als siegreiche bzw. siegbringende Kraft verstanden werden; äg. ist es Isis, die über die Feinde des *Osiris triumphiert oder vor *Horus von Edfu am Bug des Schiffes kämpft. Isis-Nike wird in hell. Zt auf Delos und in Thessalonike verehrt[58], im lateinischen Bereich erhält sie die Beinamen *invicta*[59], *triumphalis*[60] und das beliebte *victrix*[61], bezeichnenderweise auch in Verbindung mit dem Begriff der *domina* und *regina*.

Die Königsideologie der *Isis regina* ist mit der Mutterschaft der Isis dadurch verbunden, daß sie Horus als König zur Welt bringt[62] und damit die Fruchtbarkeit der ganzen Menschheit garantiert (s. B.d). Diese weitgefaßte fruchtbringende Wirkung und die Regentschaft über die Sterne sind in Isis-*Sothis vereinigt, die für die Nilschwelle und dadurch für die Fruchtbarkeit Ägyptens und weiter Roms verantwortlich ist. Die auf dem Hund reitende Isis-Sothis war daher im Giebel des Isistempels auf dem Marsfeld in Rom[63] und auf einem Relief des Iseums in Savaria (Abb. 1) dargestellt. Hier ist Isis-Sothis (um die Wende des 2. zum 3. Jh. n. Chr.) in die röm. Staatsgötter[64] integriert. Dadurch, daß der Tempel gleichzeitig dem Kaiserkult diente, wird der Zusammenhang mit den spätantiken Münzen deutlich, die das Bild der Isis-Sothis tragen und anläßlich der Vota Publica am Jahresbeginn geprägt wurden[65]: Isis-Sothis ist wie im alten Äg. Herrin des *Neujahrs und garantiert (mit Sarapis) die kaiserliche *felicitas* und die *prosperitas* des Reiches. Die Fruchtbarkeit der Erde wird konkret durch Isis-Demeter verkörpert, die in der bildlichen Erscheinung Attribute der Demeter (Fackel, Ähren) übernommen hat, aber im Wesen der äg. Isis-Thermuthis (*Renenutet) entspricht. Das Nahverhältnis von Demeter- und Isiskult wird deutlich empfunden[66]: In Athen nehmen bisweilen dieselben Personen Funktionen in beiden Kulten wahr[67]. Die Epitheta dieser Isis außerhalb Äg. sind καρποφόρος[68], καρποτόκος[69] und *frugifera*[70]. Das inhaltliche Spektrum der Isis-*Hathor wird durch die Beziehung von Isis und Aphrodite bzw. Isis-Aphrodite vermittelt; d.h. Aphrodite (Venus) ist z.T. mit Isis vergesellschaftet[71] und z.T. mit ihr verschmol-

Abb. 1: Relief der Isis-Sothis und des Mars vom Iseum in Savaria; Photo Archäologisches Museum in Szombathely.

zen[72]; der Übergang ist fließend[73]. In Kyme hat in einem Tempel des 4. Jh. v. Chr. Isis im 2. Jh. v. Chr. die urspr. Göttin, wohl Aphrodite, ersetzt[74]. Die Verschmelzung der Isis mit der großen Göttermutter auf Delos[75] gibt die entsprechende Auffassung der äg. Quellen wieder (*Muttergottheit). Der beliebteste, volkstümliche Ausdruck dafür sind die im ganzen Mittelmeerraum verbreiteten Statuetten der Isis mit dem Horusknaben (*Isis lactans*)[76] sowie die Darstellung der Isis auf der Sau[77]. Isis als bes. Schützerin der Mutterschaft[78] und der gebärenden Frau wird in den Aretalogien faßbar[79], in der V. der Isis-Bubastis[80] (s. B.g) und der *Isis Lochia*[81] (diese in Makedonien; in Dion[82] scheint in späthell. Zt *Isis Lochia* die Artemis Eileithyia abgelöst zu haben; von dieser ist das Epitheton übernommen). Im Bild der Isis als Kuh, das in der Götterprozession während des Navigium (s. C.b) in Kenchreai mitgetragen wurde, kommt die universelle Fruchtbarkeit der Göttin zum Ausdruck[83]. Dazu gehört Isis-Nymphe in Thessalonike[84] mit der fruchtbringenden Kraft der Nymphen für Erde und Menschen als schönes Mädchen und regenerierendes Wasser. Die Fruchtbarkeit ist auch der Bereich, in dem Isis und lokale Göttinnen einander durchdringen. Die V. der örtlichen Fruchtbarkeitsgöttin von Amathus [124] (Zypern), von der Aphrodite, *Astarte, Isis usw. Aspekte darstellen, wird vom 3. Jh. v. Chr. bis ins 1. Jh. n. Chr. u. a. durch Devotionalien mit dem Formenschatz der Isisreligion geprägt[85]. Die alte Göttin im Heiligtum von Kharayeb [130] (Libanon) wurde in hell. Zt als Isis-Astarte aufgefaßt[86]. Ähnliches gilt auch für Isis-Noreia, obwohl Noreia sich in wesentlich mehr Eigenschaften mit Isis trifft als in der Funktion einer Fruchtbarkeitsgöttin[87].

Der individuelle Verehrer fühlte sich im Schutze der Isis[88] geborgen und verstand sie als Helferin[89] und Retterin[90] in jeder Situation; auch Gemeinwesen kann sie retten[91]. Die helfende und rettende Isis hat im irdischen Leben zwei Aspekte: Heilgöttin (*Götter, Heil-) bei Krankheiten[92] und Schützerin der Seefahrt. Die *Isis pelagia* (oder *pharia* nach Pharos bei *Alexandria)[93] ist die einzige Form, die vom Inhalt her als hellenisierte Isis bezeichnet werden kann, weil äg. Gedankengut[94] zu einer Herrin des Meeres neu interpretiert und auf unäg. Weise betont wurde. Darstellungen (stehend in einem Boot und ein windgeblähtes Segel haltend; nur in der Flachkunst mit Sicherheit bezeugt) und Weihinschriften belegen die V. in zahlreichen Küstenstädten des östlichen Mittelmeeres, in Rom, Ostia, Misenum [49] und Saguntum[95] [8]; sie steht der Isis-Tyche (Fortuna) sehr nahe[96] und wird (z. T. mit Sarapis) gemeinsam mit den Dioskuren (Schiffahrtsgötter) verehrt[97]; ihr gilt das Navigium (s. C.b). Der Helferaspekt weitet sich für den Mysten zur Heilsgöttin im soteriologischen Sinn (s. C.c)[98].

Apuleius, Metamorphoseis XI zeigt, daß derjenige, der in den Genuß der Wohltaten kommen wollte, wie in Äg.[99] zu religiöser Moral, Frömmigkeit und Gebet verpflichtet war. Die äußere Erscheinung der Isis im Ausland (vielfältig wie ihr Wesen) ist der griech.-röm. Kunst verpflichtet[100]; in röm. Zt ist die anmutige, stehende Frau mit *Sistrum und Situla (Abb. 2) sehr beliebt; bei der sog. *Isis panthea* werden die Attribute mehrerer Göttinnen auf Isis vereinigt.

b. *Sarapis*. Obwohl die wesentlichen Elemente der Sarapistheologie den Gott auch in der außeräg. V. geprägt haben müssen[101], geben die hell. Weihinschriften noch wenig Hinweise. Auf Delos[102] und Rhodos [119][103] ist im 2. Jh. v. Chr. die Verschmelzung mit Zeus belegt (Zeus-Sarapis) und die Verbindung mit dem Soter-Begriff[104]. Sonst sind auf Delos Sarapis (speziell als Gott von *Kanopus), Isis und *Anubis Heilgötter[105] und νικηφόροι[106]. Im 1. Jh. v. Chr. weitet sich langsam das Wesen des Sarapis aus, wenn er in Kyzikos [110] (Mysien) als Herrscher des Kosmos und der Unterwelt angerufen wird[107]. Das Wesen des Sarapis wurde sichtlich unter dem Einfluß der Isis, aber auch des Mithras und der Juppitertheologie akzentuiert und bereichert, bis in der Zt von *Hadrian bis *Caracalla ein allgewaltiges[108] Numen entstand, ein *pantheus*[109] und κοσμοκράτωρ[110], der in Christus Pantokrator[111] seine Spuren hinterließ. Vorrangig ist:

1. Die verallgemeinerte Auffassung als Herrscher[112] (in Parallele zu Isis κυρία und *regina*), obgleich auch der speziell osirianische Aspekt eines Herrschers der Unterwelt im Bewußtsein blieb[113].

2. Weiterhin die Beziehung zu Zeus (Juppiter) in den Inschriften seit Hadrian sehr häufig als Sonnengott (Ζεὺς Ἥλιος [μέγας] Σάραπις; Juppiter Sol Sarapis)[114]. Die Entwicklung des unterweltlichen Sarapis zum Sonnengott (in der Ikonographie mit den Sonnenstrahlen in Sizilien bereits im 3.–2. Jh. v. Chr. faßbar[115]) stellt den Anschluß an Isis als Himmelsgöttin her, beruht aber auf der äg. Tradition der Vereinigung von Osiris und *Re in der Unterwelt[116], die in der Isisweihe außerhalb Äg. rituell nachvollzogen wurde (s. C.c). Auch findet sich die V. des bloßen Ἥλιος Σάραπις oder Sarapis Sol[117].

3. Sarapis als *deus invictus* zur Zt des Caracalla, ebenfalls in der Nachfolge der Isis-Nike (*victrix, invicta*) und wohl unter dem Einfluß des Mithras[118]. Wie Isis erhört Sarapis die Bitten des Verehrers (ἐπήκοος[119]), hilft zur See[120] und verschmilzt mit Neptun[121], bringt den Nil[122] und

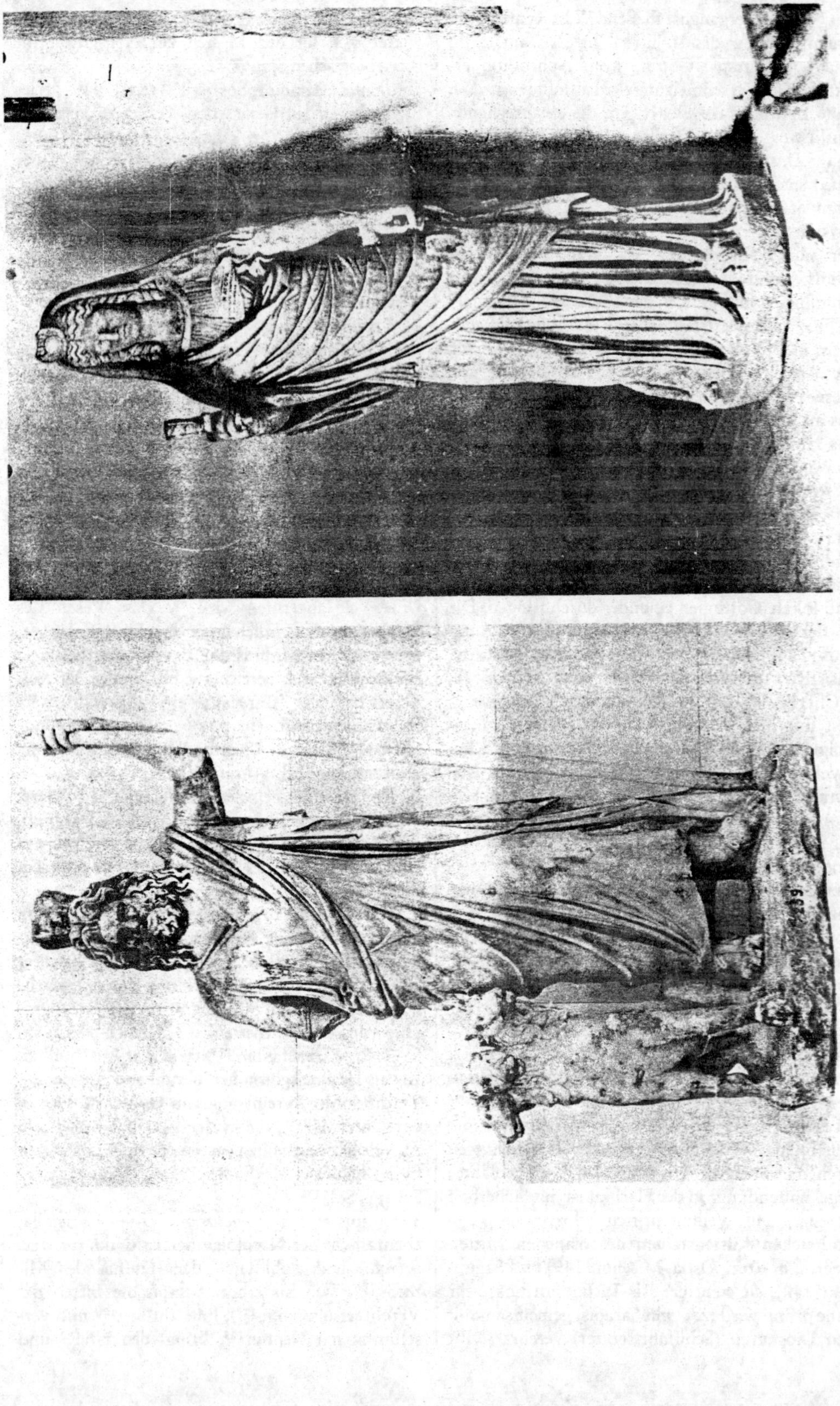

Abb. 2: Isis und Sarapis aus dem Tempel der äg. Gottheiten in Gortyn; Photo Scuola Archeologica Italiana di Atene.

spendet Reichtum [123], ist auch weiterhin zusammen mit Isis und in Verbindung mit Asklepios und Hygieia Heilgott [124]; über Isis wird er wohl *Sarapis Augustus* [125]. Der Einfluß der Juppitertheologie [126] macht Sarapis zum *conservator* (*Augusti*) [127] und *comes Augusti* [128], der für den Schutz des Princeps verantwortlich ist; Isis und Sarapis, verehrt als *dii conservatores* [129], stehen am Limes und im militärischen Bereich im Dienste der Erhaltung des Reiches. Die Beziehung der hell. Herrscher zu den äg. Gottheiten im Ausland setzt sich in röm. Zt im Kaiserhaus fort: a) Weihinschriften zum Wohle etc. der hell. Herrscher [130] und der röm. Kaiser [131]; b) gemeinsame V. mit der vergöttlichten *Arsinoe II. in hell. Zt auf Thera [132] und Halikarnassos [116] [133] (ptol. Besitzungen), im 1. Jh. n. Chr. die Verbindung mit der vergöttlichten Agrippina (Mutter Neros) [134], die Vereinigung des Priesteramtes für die verstorbene Iulia, Tochter des Titus, und für *Isis regina* [135]; c) Verantwortliche des Ptolemäerkultes (auf Thera) [136] und des Kaiserkultes [137] verehren auch äg. Gottheiten; d) ausnahmsweise gemeinsame V. mit dem lebenden Herrscher [138] nach ptol. Muster. Im Serapeum von Ephesos wurde eine Caracallastatue „auf Veranlassung des Gottes Nil“ geweiht [139]: Partizipierte er am Götterkult nach äg. Vorbild? Dazu Annäherung der röm. Kaiserin an Isis bes. im 2. Jh. n. Chr. [140]. Isis und Sarapis werden als Staatsgötter mit der Dea Roma vergesellschaftet [141], Sarapis mit Juppiter Capitolinus und Isis mit Juno identifiziert [142]. In der Nachfolge von Isis und Osiris sind Isis und Sarapis auch im Ausland Schutzgottheiten der Familie und Symbol der ehelichen Liebe [143]. Von den ikonographischen Typen des Sarapis sind das sog. kanonische Sitzbild [144] und die stehende Darstellung [145] (Abb. 2) am häufigsten (beide mit Kalathos).

c. **Anubis*. Während sich die Auffassung von Anubis als Sohn des Osiris durch seine Funktion als Einbalsamierer im äg. Sinne von selbst ergibt (belegt seit Beginn der 19. Dyn.) [146], ist die Abstammung von Isis in den einheimisch äg. Quellen nur selten und sehr spät faßbar [147]. Darauf aufbauend hat man im griech. Milieu des Deltas [148] die hell. Trias Sarapis (der theologisch mit Osiris identisch ist [149]), Isis, Anubis ausgebildet (*Götterkreise); der Anubiskult wurde gerade in Verbindung mit den großen Serapeen von *Memphis und *Alexandria gepflegt [150]. Analog diesen beiden Zentren erhielt der Gott im Serapeum C auf Delos eine Kapelle [151]. Die V. des Anubis vollzog sich außerhalb Ägyptens überwiegend im Zusammenhang mit anderen Gottheiten der Isis-und-Sarapis-Religion (in ca. 135 Inschriften hinter Sarapis und Isis genannt [152]), nur sechs Weihinschriften sind an ihn alleine gerichtet [153]; dazu der Anubishymnus von Kios [108] [154], in dem die neue Mythologie formuliert wird. Den Schwerpunkt der Anubisverehrung auf Delos in hell. Zt unterstreichen die Fragmente einer Marmorstatue aus dem Serapeum A [155]; nach äg. Manier war sie durch Vergoldung „belebt“. Auch sonst zeigen die Anubisstatuen aus Gortyn (Kreta) und Antium [44], Cumae [48], Sarsina [35] und Beneventum [46] in Italien [156], daß der Gott in eigenen Kulträumen (Nischen) innerhalb der Heiligtümer der äg. Religion verehrt wurde. Im Ausland hatte Anubis seine Rolle als Einbalsamierer aufgegeben, blieb aber der altäg. Psychopompos [157], der die Verbindung zwischen der Welt der Lebenden und dem Jenseits herstellte [158]. In dieser Rolle traf sich Anubis mit Hermes; daraus entstand Anubis-Hermes, Hermes-Anubis oder Hermanubis [159]. In der Götterprozession des Navigium (s. C. b) in Kenchreai [160] schritt derjenige, der den Anubis verkörperte, an der Spitze im Sinne eines Wegeöffners (*Upuaut). Charakteristisch ist die anthropomorphe Darstellung des Anubis mit Hundekopf mit den Attributen des Hermes, Caduceus und Palme [161].

d. **Harpokrates*. Nach der feinen theologischen Formulierung der Aretalogie von Kyme (Z. 7–8) ist Harpokrates die Leibesfrucht der Isis [162], verkörpert die Fruchtbarkeit in der menschlichen Welt und ist gleichzeitig König nach der Lehre der äg. *Geburtshäuser. Die Aussage vom Königtum des Gottes (wie auch bei Isis, s. oben) ist um so wichtiger, als die religiösen Funktionen des irdischen Herrschers in der Isis-und-Sarapis-Religion auf Götter und Priester aufgeteilt sind (s. C. a). Als Produkt der fruchtbringenden Kräfte der Isis – volksetymologisch gern Karpokrates (< καρπός: Frucht) genannt [163] – schützt der Gott (*Götter, Kinder-) selbst die Aufzucht der Kinder [164]. Kinder mit der Horuslocke (die Mehrzahl der Belege aus Italien und Gallien) standen unter dem bes. Schutz der Isis [165]; so auch Caesar Valerianus, der ältere Sohn des Gallienus, um 256–258 n. Chr. [166]. In der Götterfamilie von Isis und Sarapis hat Harpokrates weit weniger Gewicht als Anubis, mit dem er sich die Stellung des Sohnes teilt: Von den etwa 40 bekannten Belegen [167], in denen Harpokrates als vierter hinter Sarapis, Isis und Anubis verehrt wird, stammen 34 aus Delos. Daneben ist die V. des Harpokrates in Makedonien auffällig: In Thessalonike [168] und Amphipolis [82] [169] verdrängte er Anubis in einigen Weihungen, hatte in Thessalonike (und in Larisa [85]) einen eigenen Priester [170] sowie einen besonderen Naos in Amphipolis [171]. Innerhalb des Iseum von Pompei wurde er in einem eigenen Sacellum verehrt [172]. Gegenüber dem chthonischen Anubis verkörpert Harpokrates das apollinische Element [173]. Außerdem erscheint er als Herakles (wie schon in Äg.)[174] und Eros[175]; von Osiris und Sarapis erbte er den dionysischen Wesenszug[176]. Diese Verbindungen kamen ikonographisch durch Übernahme von Attributen zum Ausdruck[177]. Die übliche Darstellung zeigt den Gott zumeist nackt, stehend, mit Doppelkrone, in der linken Hand ein Füllhorn, den rechten Zeigefinger an der Lippe. Durch Umdeutung dieser Geste wurde er zu einem Gott der Stille[178]. Die alte Unterscheidung von *Haroëris und dem Isissohn scheint im Gebrauch der Namen Horos und Harpokrates nachzuleben: Horos-Harpokrates kann als eine Form aufgefaßt sein[179]; in einer athenischen Liste des 3. Jh. n. Chr.[180] haben jedoch beide je einen Priester für sich; Horos kann Harpokrates ersetzen[181] und alleine verehrt[182] werden.

e. **Osiris*. Osiris ist im Ausland gegenüber Sarapis der Gott der Theologie[183] und stellt wesentliche Inhalte für Feste, Wasserriten, bes. in röm. Zt für den Jenseitsglauben und die Osirismysterien (s. C. c) bereit. Der funktionale Unterschied im Gebrauch der Namen von Osiris und Sarapis[184] hat außerhalb Ägyptens zur Aufhebung der Identität der beiden geführt. Das besondere Wesen des Osiris tritt auf Delos anfänglich noch nicht hervor: Er steht dem Götterpaar Sarapis und Isis gegenüber[185], erscheint wie diese im *Traum[186] und ist König[187]; im Zuge einer ägyptisierenden Welle seit dem späten 2. Jh. v. Chr.[188] wird er als göttliches Wasser faßbar[189]. In Thessalonike ist im 2. Jh. v. Chr. *Osiris Mystes*[190] belegt; eine Kultbarke zu Ehren von Osiris und Isis zusammen mit der Anspielung auf eine nächtliche Überquerung des Himmelsozeans mag zu den Herbstfesten gehören (s. C. b)[191]; im Jahre 39/38 v. Chr. wurde ein Ὀσιριῆον mit Peristyl[192] geweiht, das offenbar im 2. Jh. n. Chr. einen Dromos erhielt[193]. Weitere V. des Osiris im Osten nach epigraphischen Quellen im kaiserzeitlichen Athen (einmal zusammen mit *Nephthys)[194], Eretria und Chalkis [88][195], Gomphi [86] (Thessalien)[196], Pergamon[197] und Kyme[198] – meistens in Verbindung mit anderen Gottheiten (nicht nur des Isiskreises) und von Sarapis als eigenes Numen unterschieden. Im Westen konzentrierte sich die V. des Osiris auf Italien, bes. Rom und Umgebung, wo Statuen in äg. Stil und äg. Königsikonographie auf ihn bezogen werden müssen[199]; dazu ähnliche Statuen des Osiris-*Antinoos und dessen V. vor allem im Umkreis von Rom nach neugeschaffener hermupolitanischer Theologie unter *Hadrian[200]. In Rom[201] (und in einem Beispiel aus Karthago[202]) enthalten einige Grabinschriften die Formel „Osiris gebe dir das kühle Wasser", ein Ausdruck des Wunsches nach Wiederbelebung durch Osiris. Die äg. Vorstellung, daß Osiris der Herrscher des Jenseits ist und der Tote bei ihm leben soll[203], war in Rom bekannt; ein spezielles Heiligtum für Isis und Osiris ist bezeugt[204] sowie eine Osirispriesterin[205]. Rom war Zentrum der Osirismysterien (s. C. c). Weitere Weihinschriften kommen aus Faesulae (Etrurien)[206] und Veleia [32] (Aemilia)[207]. Malereien des Iseums in Pompei stellen die Anbetung der Osirismumie und die Auffindung des Gottes dar[208]. Die starke Osirisverehrung in Italien ist ein wesentlicher Teil der sog. Hellenisierung der äg. Religion zur Kaiserzeit im Ausland. Aus Italien stammen die meisten außeräg. Nachweise für das Kultbild des Osiris von Kanopus (*Kanopen I)[209] und dessen V.; es ist ein Bild für die Einheit von Osiris und dem Nil sowie für den wiederhergestellten Gott, indem die beiden wichtigsten Reliquien (Kopf und Ausfluß) vereinigt erscheinen. Der funeräre Charakter zahlreicher Statuetten des mumienförmigen Osiris mit Atefkrone, wenigstens in Pannonien[210] und Gallien[211], dürfte gesichert sein, zumal auch lokale Nachahmungen gefunden wurden.

f. **Apis*[212]. Apis behielt gegenüber den kultgeschichtlich mit ihm verbundenen Göttern Osiris und Sarapis (< Osiris-Apis) auch außerhalb Äg. seine göttliche Individualität innerhalb des Isiskreises. Bes. in Rom und Umgebung wird er als Gott der Fruchtbarkeit in Zusammenhang mit der Nilflut[213] und dem Jenseits[214] greifbar, steht in Beziehung zu den Jahreszeiten und zur Ernte[215]. Epigraphische Zeugnisse für die V. des Apis (Chalkis [88][216], Pergamon[217]) sind selten; innerhalb des äg. Kultes von Priene „opfert der Priester auch dem Apis zu bestimmten Zeiten"[218]; in Brahlia [129] (Syrien) fand sich ein Altar aus dem Jahre 187/188 n. Chr. für „Zeus und Apis", der eine Darstellung des Stieres trägt[219]; ebendort war im Jahre 69/70 n. Chr. das Priesteramt der Dea Roma und des Augustus mit dem für Zeus und Apis in einer Person vereinigt[220].

Abgesehen von diesen Inschriften blieb Apis σύνναος von Isis und Sarapis; deutlich zeigen dies z. B. ein der Isis geweihter Apis aus Colonia Agrippina [26][221], ein Apismosaik im Serapeum von Ostia[222] oder ein Relief aus Aricia [43] (Via Appia), das die Apisstatue innerhalb eines Heiligtums der äg. Gottheiten wiedergibt[223]. Eine hadrianische Isis-Apis-Herme aus Tibur [41] wird eine Anspielung auf Isis als Mutter des Apis ausdrücken[224].

g. *Die übrigen Götter*. *Nil, seit vorhell. Zt von den Griechen mit Zeus verbunden[225], wird im Ausland erst im Zusammenhang mit der röm. Getreideversorgung von Bedeutung. Die V. des Nil konzentriert sich daher auf Italien. Der geläufige Typus des liegenden, bärtigen Nils wurde aus der griech. Ikonographie des Okeanos her entwickelt. Zu Symbolen der Fruchtbarkeit, *Sphinx und *Krokodil, kommen 16 kleine Kinder (nicht immer in voller Anzahl dargestellt), die nach altäg. Tradition die ideale Nilhöhe von 16 Ellen repräsentieren. Den ältesten Beleg stellt die Nilstatue dar, die der schon in Ägypten als Pharao und Bringer der Nilflut legitimierte [226] *Vespasian zwischen 75 und 79 n.Chr. im röm. Pax-Tempel aufstellen ließ [227]. Nil und Tiber (mit ähnlicher Ikonographie) genossen V. im röm. Iseum Campense und im Serapeum auf dem Quirinal, wo jeweils die Statuen der beiden gefunden wurden [228]; weitere bedeutende Statuen fanden sich u.a. in der Villa Hadriana (Tibur [41]) [229], in Neapolis [51] als Zentrum der Alexandrinergemeinde [230], in Capua [45] [231]; auch außerhalb Italiens, z.B. Igabrum [4] (Spanien) [232]. Im hadrianischen Rom wurde im Anschluß an die äg. Hapi-Ikonographie ein stehender Nil mit hängenden Brüsten und Schurz geschaffen [233]. Das einzige sichere, außeräg. epigraphische Zeugnis für den Gott Nil stammt aus Ephesos [234].

Da Götterverbindungen nie fest waren, wurde neben Isis-Bubastis [235] auch Bubastis (*Bastet) als eigenständige Göttin in Verbindung mit Isis verehrt: Die fragmentarischen Weihinschriften von Delos [236] werden durch den Beleg eines Priesters der Isis und der Bubastis aus Rhodos-Stadt [119] [237] ergänzt. Dieses doppelte Priesteramt wird der *sacerdos Bubastium* [238] in Rom ausgeübt haben; dagegen ist die Bezeichnung der *Bubastiaca* in Rom und Ostia wahrscheinlich auf Isis-Bubastis zu beziehen [239]; beim Fest der *Bubastia* (Hyampolis [90]; Zt *Trajans) [240] bleibt es offen. In Nemus Dianae [42] (Latium) sind zwei miteinander in Verbindung stehende Heiligtümer, eines für Isis und eines für Bubastis, bezeugt [241]. Weitere V. der Bubastis in Scarbantia [65] (Pannonien; zusammen mit *Isis Augusta*) [242] und Turris Libisonis [39] (Sardinien) [243].

Im Iseum von Savaria erhielten die Sphingen (*Sphinx* bzw. *Spinces Augusti*) Altäre [244]. Auch andere äg. Gottheiten, die nicht in Weihinschriften genannt sind, genossen V., vor allem wenn ihre Bilder in kultischem Zusammenhang auftreten, wie etwa *Bes im Iseum von Pompei [245] oder Thot als *Pavian in den Iseen von Rom und Beneventum [46] sowie im Heiligtum des Reliefs von Aricia [43] [246]; *Ibisse sind hlg. Symbole im Isiskult (Abb. 3). Dagegen läßt die V. des Hermes-Thot [247], der wohl 172 n.Chr. infolge des Regenwunders im Quadenkrieg *Marc Aurels in Rom einen Tempel erhielt, kaum Verbindungen mit den Gottheiten des Isiskreises erkennen; die Statuetten dieses Hermes mit Lotosblatt oder Lotosblume auf dem Kopf sind im ganzen röm. Reich verbreitet.

C. *Träger der V. und die Kultpraxis in der Isis-und-Sarapis-Religion*

a. **Priester u.a. Funktionsträger; Gläubige*

Einer der grundlegenden Unterschiede zwischen der in äg. Tempeln praktizierten pharaonischen Religion und der sog. hellenisierten äg. Religion bestand darin, daß in dieser die religiöse Funktion des Königs fehlte. Die göttlichen Aspekte des irdischen Königs haben die Götter vollständig absorbiert (s. bes. B. d), die kultischen haben die Priester kraft ihres eigenen Priestertums übernommen, d.h. sie vertreten nicht mehr den König im Sinne des äg. *Königsdogmas. Das gilt sicher bereits für die ersten, im griech. Raum (Delos und Demetrias) bezeugten Priester einheimisch-äg. Herkunft (s. D), denen sehr bald Griechen folgten. Nach äg. Usus wurde die Priesterfunktion innerhalb des privaten Kultes zunächst auf Dauer ausgeübt und blieb in der Familie; nach der offiziellen Anerkennung wurden die Priester für eine bestimmte Zeit (jährlich in Athen, Delos, Thessalonike, Lindos [120], Kameiros [118]) vom Staat (Stadt) bestellt [248]. Die schwierigen Spezialfunktionen hat man gerne Ausländern übertragen: Bereits im Serapeum A auf Delos arbeitete ein äg. Traumdeuter zu Heilzwecken [249], und in Priene wachte ein Ägypter über den korrekten Vollzug der Opfer [250]. In der Kaiserzeit ist auch im Osten das lebenslängliche Priesteramt belegt.

Für die Durchführung der Einweihung war ein profundes Studium der altäg. Religion, bis zu einem gewissen Grad auch der Sprache und Schrift, notwendig [251]. Infolge des besonderen äg. Einflusses waren die Priester in Italien von Anfang an nach äg. Muster organisiert, übten ihre Funktion wahrscheinlich das ganze Leben aus und standen in keiner Beziehung zur Staatsgewalt. Durch ihre äußere Erscheinung (Tonsur, weiße Leinenkleider) unterschieden sie sich von ihren Mitbürgern, auch den gewöhnlichen Gläubigen [252]. Der Priester (ἱερεύς, *sacerdos*) hatte die täglichen Riten und Opfer durchzuführen, Kultmähler und Feste zu organisieren sowie insgesamt eine Mittlerfunktion zwischen den Gläubigen und den Göttern auszuüben. Ob der *prophetes* wie in Ägypten unter dem Hohenpriester rangierte oder selbst die oberste Funktion eines *sacerdos* ausübte, ist nach den wenigen Belegen (für Larisa [85] [253], Rom [254] und Kampanien [Abb. 3] [255]) unklar; in den Prozessionen trug er in einem Kultgefäß das heilige Wasser (Nil als Ausfluß des Osiris) [256]. In großen Heiligtümern waren bestimmte Aufgaben Spezialisten übertragen: der *stolistes* (*Stolist) [257] für die äg. Riten der Bekleidung und Schmückung von Statuen; der *Hierogrammateus [258], auch im

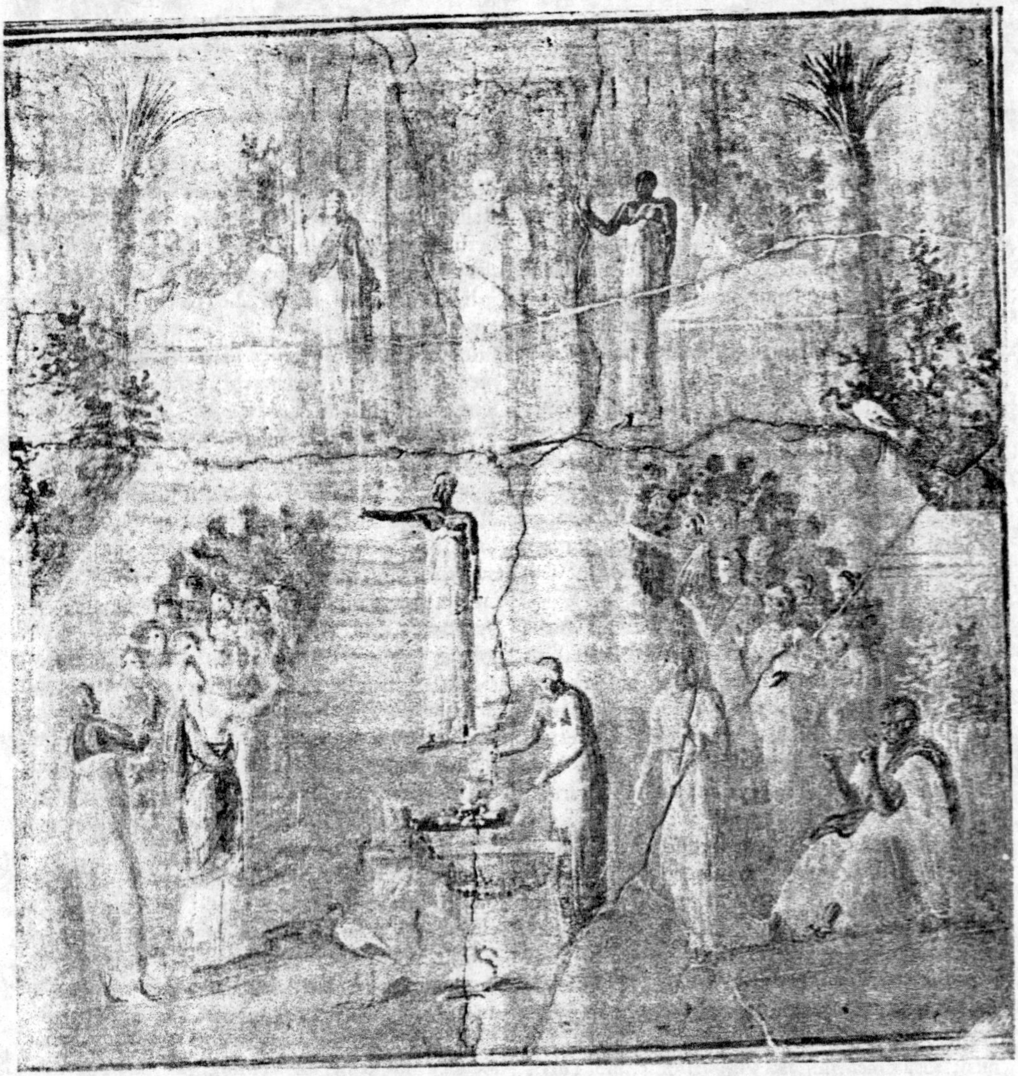

Abb. 3: Fresko aus Herculaneum: Feierlichkeit vor dem Tempel; der Priester hält ein goldenes Gefäß mit dem heiligen Wasser; Photo Museo Archeologico Nazionale, Neapel.

Osten an Hymnen, Aretalogien, Wundererzählungen etc. faßbar, ist in Rom und Pompei mit Federn auf dem Kopf dargestellt[259]; der *grammateus* in Kenchreai[260] war Vorlesepriester; die Aretalogen[261] auf Delos hatten wohl den Gläubigen die Charakterzüge der Gottheiten zu erläutern; der *Stundenpriester, der den richtigen Zeitpunkt für die *Rituale festzusetzen hatte, ist im Ausland nur durch Darstellungen, seine Tätigkeit aber vor allem durch die aus Äg. nach Ephesos und Rom importierten *Wasseruhren bezeugt[262]; der Oneirokrites[263] für die Interpretation von *Träumen; priesterlichen Charakter hatten auch die sog. Melanephoren[264]. Die *Pastophoren, im Osten aus Kenchreai und Tomi [75], vor allem aber aus dem Westen bekannt, wo sie in Rom seit Sulla ein ehrwürdiges Kolleg bildeten, öffneten (< *wn*) vielleicht am Morgen das Tempeltor und zogen die Vorhänge vor dem *Kultbild auseinander[265]. Priesterrang hatten sie offenbar nicht wie auch die verschiedenen Kultbildträger (Hieraphoren u.ä., *pausarii*[266]), Lampenträger(innen)[267], *Musikanten und *Sänger(innen); auf dem Fresko Abb. 3 steht zu beiden Seiten ein Chor, ein Priester in der Mitte ist Chorleiter; häufigstes *Musikinstrument ist das Sistrum[268] (*Sistrum, diffusion gréco-romaine), auch *Flöten, Tamburin, Kastagnetten und *Harfe sind bezeugt[269]. Götterbilder wurden zwar vorrangig von Priestern getragen[270], der Mann mit der Anubismaske (*anuboforus*[271]) hatte offenbar nicht diesen Rang; in Rom war er so geläufig, daß man mit der Maske Verfolgern entkommen konnte[272]. Viele Tempelwächter sind bekannt[273], von denen der (typisch griech.) „Neokoros des großen Sarapis" in der Kaiserzeit ein Ehrentitel vornehmer Persönlichkeiten wurde. Die in Hafenstädten vielbezeugten Nauarchen (Trierarchen, Hieronauten u. ä.)[274] waren engagierte Männer und Frauen, die aktiv am Navigium (s. C. b) teilnahmen. Eine Mittelstellung zwischen den Priestern und einfachen Gläubigen nahmen die *Katochoi (Priene und Smyrna)[275] und Mysten (diese mit priesterlichen Vorrechten[276]) ein. Gewöhnliche Gläubige waren häufig in Kultvereinen[277] organisiert, deren Namen mit Vorliebe die besondere V. von Gottheiten ausdrücken: Sarapiasten, Isiasten, Oseiriasten[278], Synanubiasten[279], Anubiaci[280], Collegium Isidis, Serapis etc.

Die Verehrer der äg. Gottheiten rekrutierten sich aus allen Bevölkerungsschichten[281], im Osten ist jedoch sowohl im Hellenismus wie zur Kaiserzeit der Anteil hochgestellter Persönlichkeiten auffällig; in einigen Städten übten die Priester der äg. Gottheiten wichtige Magistraturen aus. In Italien faßte die Religion zuerst im populären Milieu Fuß (s. D), aber bereits im 1. Jh. v. Chr. drang sie in die städtische Aristokratie und etwa um Chr. Geburt in die hohe röm. Gesellschaft ein. In Italien war die Anhängerschaft wesentlich gemischter als im Osten[282]: Freigeborene und Sklaven sowie Freigelassene waren in gleichem Ausmaß vertreten, allerdings dominierten die unteren Schichten dort, wo viele Ausländer lebten (bes. Rom, Ostia mit Portus oder Aquileia); die Graeco-Orientalen (darunter Alexandriner und Ägypter) machten etwa 43% der Gläubigen aus, aber gleichzeitig etwa 50% der Sklaven und Freigelassenen innerhalb der Isis-und-Sarapis-Religion. Die Mehrheit gehörte dem Mittelstand an, und zwar dem Handwerker- und Händlermilieu. Die italischen Kaufleute waren neben den Orientalen die Träger der Religion in den Westprovinzen; in der Severerzeit kamen am Limes Soldaten und kaiserliche Beamte dazu[283]. Im 4. Jh. n. Chr. vertrat die stadtröm. Aristokratie die Religion im Kampf gegen das Christentum. Der Anteil der Frauen[284] war in hell. Zt eher gering, nahm aber gegen Ende der Epoche zu. Das Auftreten der Priesterinnen zur Kaiserzeit in Ost und West ist als Element der Ägyptisierung zu werten. Die zahlreichen athenischen Grabstelen des 1. und 2. Jh. n. Chr.[285], die Frauen im Isisgewand darstellen, gehören mehrheitlich Töchtern und Gattinnen von Bürgern.

b. **Kult*. Wesentlich war das Wasser: 1. Für Reinigungsriten als Vorbereitung von Kulthandlungen (auch der Einweihung), vollzogen in Reinigungsbecken und Tauchbecken[286] im Heiligtum oder in öffentlichen Bädern[287]. 2. Für Kulthandlungen selbst (z. B. Morgenritual). Dieses Wasser kam aus dem Inneren des Tempels[288] und wurde als Nil betrachtet[289]; entweder war symbolisch eine Nilquelle hergestellt mit festem Bassin (auch Krypta), z. B. Delos A, Gortyn, Ephesos, Pompei, Frauenberg[290], oder das Wasser wurde in tragbaren Kultgefäßen aufbewahrt. Dieser zweite Usus drückt seit der Kaiserzeit in bestimmten Gebieten, wo neuerlicher Einfluß aus Ägypten zur Geltung kam (bes. Rom, aber auch Orte im Osten wie Kenchreai), eine veränderte Ideologie aus: Die Vorstellung vom irdischen Nil, über den Isis und Sarapis gebieten, wurde vernachlässigt zugunsten derjenigen von der Verkörperung des Osiris im Wasser, so daß Osiris im Kultgefäß bei den Prozessionen mitgetragen wurde (Abb. 3)[291]. In röm. Zt hat man echtes Nilwasser für kultische Zwecke exportiert; bezeugt u. a. für das Iseum Campense (Rom)[292]. Die rituelle *Reinheit betraf auch die Kleidung und das Fasten[293]. Der äg. Brauch der Reinigung mittels Weihrauch und Parfüms ist nachgewiesen[294].

Beherrschende Teile des Kultgeschehens sind wie im altäg. Ritus der Alltagskult und der Festtagskult. Beim Morgenritual in Kenchreai[295] wurden zuerst die Vorhänge vor dem Götterbild beiseite geschoben und dieses – im Unterschied zum altäg. Ritus – von den Gläubigen[296] angebetet. Der Priester brachte unter Gebeten auf den Altären *Libationen dar. Danach begrüßten die Gläubigen die aufgehende Sonne und verkündeten die erste Stunde. Im Heiligtum bei Phleiûs [98] (Argolis) durften jedoch nur Priester die Isisstatue sehen[297], in Tithorea [89] (Phokis) nur diejenigen, die die Göttin gerufen hat, d. h. wohl die Mysten[298]. Die Kultstatue scheint auch im Ausland als Sitz der Gottheit angesehen worden zu sein. Die Opfer bestanden aus *Brandopfern und Libationen; beliebtestes Opfertier war die *Gans[299]. Die Gläubigen selbst weihten gerne in Fortsetzung eines einheimisch-äg. Brauches *Ohrenstelen[300] und Platten mit Fußabdrücken[301], die an die Epiphanie der äg. Gottheiten erinnern. Bei den Kultmählern (organisiert durch Priester oder Kultvereine) war der Gläubige Gast des Gottes und gelangte durch Aufnahme der geheiligten Nahrung in dessen besonderen Schutz[302].

Die Feste boten wie in Äg. Anlaß für die Götterbilder, unter freudiger Anteilnahme des Volkes die Heiligtümer zu verlassen (Isisprozessionen[303]) (Abb. 3). Das *Navigium Isidis* (Πλοιαφέσια)[304], dessen Feier (vom 1. Jh. v. Chr. bis ins 4. Jh. n.

Chr.) in Hafenstädten des östlichen Mittelmeeres (bes. Byzantium [106]), Rom, Misenum [49] und Neapolis [51][305] bezeugt ist, war das Fest der Eröffnung der Seefahrt, im röm. Kalender am 5. März. Nach der Beschreibung bei Apuleius (Metamorphoseis XI, 8–17) begab sich die Prozession zur Küste, wo ein mit Opfergaben beladenes Schiff ins Meer hinausgelassen wurde. Trotz der äg. Symbolik[306] am Schiff in Kenchreai wurde dort im Tempel der Stapellauf der Schiffe nach griech. Ritus[307] verkündet. Es könnte demnach ein urspr. griech. Fest (das gleichzeitig der Erneuerung der Natur galt) unter die Patronanz der Isis als Schutzherrin der Seefahrt gestellt worden sein[308]. Dagegen führen die Herbstfeste[309] die äg. *Choiakfeste weiter; sie haben die Passion und den Tod des Osiris, die Trauer und Suche der Isis, die Auffindung und Wiederbelebung des Osiris zum Inhalt und wurden nach Plutarch[310] am 17.–20. Hathyr (*Kalender), d.h. 13.–16. November, gefeiert. Darauf beziehen sich wohl die Belege für die 'Ισίδεια[311], da das Fest in Rom unter dem Namen Isia (wahrscheinlich seit *Caligula) am 28. Oktober bis 1. November gefeiert wurde. Den Abschluß bildete ein Fest der Freude über den wiedergefundenen Osiris, offenbar die Charmosyna der Belege aus Athen, Kios [108] und Tomi [75][312] und die Hilaria in Rom am 3. November[313]. Das Fest der Auferstehung des Osiris wurde in Faleria [36] (Etrurien) noch 417 n. Chr. begangen[314]. Andere Feierlichkeiten bildeten Lampenfeste (Lampadeia in Priene[315], Lychnapsia in Rom[316]), Bubastia in Hyampolis [90][317], Pelusia in Rom[318] und die von Wettkämpfen griech. Art begleiteten Sarapieia[319] in Tanagra [95], auf Amorgos [105] und Lesbos [111]; dazu die Serapia in Rom[320].

c. *Mysterien.* Die Glaubensinhalte der Isisreligion und die V. der äg. Gottheiten in der griech.-röm. Welt bewegen sich auf zwei Ebenen: 1. Die äußere, öffentlich zugängliche Sphäre des Kultes und die individuelle V. durch Gebete, Weihinschriften etc.; 2. die mystische und geistige Sphäre, die durch Initiation (*Initiationsriten) und die dabei vermittelten höheren Einsichten erreicht wird; sie stellt den Kern der Religion dar. Diese Mysterien unterscheiden sich durch die individuelle Weihe grundlegend von den Spielen der Osirispassion nach altäg. Ritus (*Mysterien), die in den Herbstfesten (s. C.b) weitergeführt wurden. Wichtigste Quelle für die Isisweihe ist Apuleius, Metamorphoseis XI, eine autobiographische Erzählung aus der Mitte des 2. Jh. n. Chr. Der eigentlichen Weihe gehen die persönliche Berufung durch die Göttin im Traum und einige Vorbereitungsphasen (Reinigungsriten, Opfer, Fasten u.a.) voraus, die als Elemente der äg. Priesterweihe bekannt sind[321]. Wichtig sind Passagen, die auf ein Fortleben des äg. Jenseitsgerichts in vergeistigter Form hinweisen[322]: Nach einem Sündenbekenntnis verurteilt der Priester die Hauptsünden[323]: *serviles voluptates,* die durch eine auf Isis bezogene *voluptas* ersetzt werden müssen; *improspera curiositas* (unheilvolle Wißbegierde), die auf niedere, magische Praktiken gerichtet war; dafür soll ein *studium veri* (Streben nach Wahrheit) bzw. *desiderium religiosum* (gottesfürchtiges Verlangen) eintreten[324]. Der Priester bittet um Vergebung von seiten der Götter[325]. Das Gericht, das auch in Ägypten mit Priesterdienst und Tempelkult verbunden war[326], erscheint seines alten magischen Gehaltes entkleidet und steht dem christlichen Bußsakrament nahe. Dem Initianden vermittelte der Priester (in Kenchreai, aber sicher auch in Rom und vielleicht in anderen Zentren) das Geheimwissen aus hieroglyphischen und hieratischen Schriften[327], die im *adyton* des Heiligtums aufbewahrt waren. Daraus ergibt sich, daß dieses Wissen altäg. Traditionsgut darstellte[328]. Den Kern der Isisweihe bildet ein nächtliches Ritual, in dem der Initiand symbolisch in die Unterwelt (repräsentiert durch die innersten Räume des Heiligtums) eintritt, „alle Elemente" (also Feuer, Wasser, Luft und Erde) durchwandert, um Mitternacht die Sonne in strahlendem Licht erblickt (sicherlich dank zahlreicher Lampen) und danach die Götter der Unterwelt und des Himmels aus nächster Nähe verehrt[329]. Daraus, daß der neue Myste am nächsten Morgen wie der *Sonnengott erscheint und als solcher geschmückt wird, ergibt sich, daß der Initiand entsprechend dem *Amduat die Reise des Sonnengottes in die Unterwelt rituell nachvollzogen hat. Die Mitteilung des Apuleius[330], daß die Weihe gleichzeitig die Aufsichnahme eines freiwilligen Todes zum Ausdruck brachte, weist auf das Osiris-Schicksal und zeigt uns, daß die im Amduat geschilderte Vereinigung von Osiris und Re als Grundgedanke dahinter stand, die ja den Fortbestand des Lebens sicherte[331]. Das Nachspielen der *Wiedergeburt des Sonnengottes konnte im altäg. Sinne[332] für den Mysten als Neugeburt zu einem vergeistigten und danach glücklichen Leben im Diesseits und künftigen Jenseits verstanden werden (Apuleius feierte zum Abschluß der Weihe Geburtstag), so daß Isis erst durch die Weihe als Heilsgöttin in höchstem Ausmaß wirksam wurde[333].

Die Isismysterien bilden eine Synthese von den kosmischen Inhalten der altäg. Religion und den persönlichen Beziehungen des Einzelmenschen zur Gottheit. Der Myste ist ähnlich dem Priester in die alte Königsideologie einbezogen, und zwar im Hinblick auf den König als Sonnenpriester und dessen Teilnahme am *Sonnenlauf[334]. Der so-

teriologische Aspekt der Isismysterien zerfällt in einen individuellen (bezogen auf das Heil des Mysten) und einen universellen Bereich (bezogen auf die Menschheit und die Weltordnung)[335].
Abgesehen von der Isisweihe wissen wir durch Apuleius[336] von Osirismysterien in Rom, wo der Glaube an Osiris in Verbindung mit der jenseitigen Wiederbelebung durch das Wasser besondere Bedeutung hatte (s. B.e). Nach den Andeutungen des Plutarch[337] scheint der Initiand in der Osirisweihe selbst die Osirispassion erlebt zu haben, um durch Gotteserkenntnis die Unsterblichkeit zu erlangen, d.h. an der unveränderlichen Natur Gottes teilzuhaben.
Der wesentliche Unterschied zum altäg. Ritus besteht darin, daß dort ausschließlich Priester und Priesteranwärter, die aus dem entsprechenden Stand kommen mußten, mit den geheimen Riten befaßt waren, während die Isis- und Osirismysterien der griech.-röm. Welt jedem, der sie sich leisten konnte und der von der Göttin berufen wurde, zugänglich waren. Hierin zeigt sich griech. Einfluß, so wie auch das Auftreten dieser neuen äg. Mysterien (um 100 v.Chr. faßbar[338]) wohl auf die Beispielwirkung[339] der Demetermysterien zurückzuführen sein dürfte. Die Glaubensinhalte sind jedoch altäg. Ursprungs. Erst im 4. Jh. n.Chr. gehen die äg. Mysterien in der gemeinsamen Sphäre der Mysterienreligionen auf.

D. *Verbreitungsgeschichte*

a. *Osten*. Entgegen früherer Annahme[340] waren gebürtige Ägypter die ersten, die die äg. Gottheiten in Privatinitiative nach Griechenland brachten, begünstigt durch Handelsbeziehungen und den ptol. Einfluß. Als deren Heimatorte sind *Busiris[341], *Kanopos[342] und Memphis[343] angegeben. Alexandriner lassen sich erst seit dem 2. Jh. v.Chr. nachweisen, als ein neuerlicher äg. Einfluß (bes. auf Delos) wirksam wurde[344], der zur röm. Zt in den mit Alexandria in Verbindung stehenden Zentren, vor allem in Italien, zur Geltung kam[345]. Chronologisch geht an manchen Orten (Piräus, Eretria, Delos, Demetrias [87]) die Isisverehrung der des Sarapis voraus[346]; bald darauf sind beide nicht mehr zu trennen, auch wenn in der Benennung der Heiligtümer, Priesterämter u.a. häufig der Schwerpunkt auf einer der beiden Gottheiten liegt. In das 4. Jh. v.Chr. gehören der Isistempel von Piräus, den „Ägypter“ vor 333 v.Chr. gegründet haben[347], und die Überlieferung, daß Nikokreon von Salamis [125] (Zypern) Sarapis gekannt hatte[348]; in die Übergangszeit zum 3. Jh. v.Chr. datieren Weihinschriften aus Halikarnassos [116][349], Perinthos [80][350] und Eretria[351]. Hier wurde das um 300 v.Chr. von Ägyptern gegründete Heiligtum sehr bald von den angestammten Bürgern von Eretria besucht; seit dem 1. Jh. v.Chr. traten Italiker aller Gesellschaftsschichten auf[352]. Am Ende des 2. Jh. v.Chr. erhielt die Anlage durch einen neuen Vorhof, der als Dromos fungierte, und durch Schließung der äußeren Porticus mittels Mauern, die zwischen den Säulen errichtet wurden, äg. Wesenszüge[353]. Im frühen 3. Jh. v.Chr. hatte ein memphitischer Priester Sarapis nach Delos gebracht; sein Enkel erbaute im letzten Viertel des 3. Jh. v.Chr. das Serapeum A[354] in Verbindung mit dem als Nilarm betrachteten Inopos. Auch das zweite Heiligtum, das Serapeum B, Sitz mehrerer Kultvereine, existierte seit dem späten 3. Jh. v.Chr.[355]. Isis wurde vielleicht schon vor Sarapis auf Delos verehrt[356], und zwar innerhalb des späteren Serapeum C, wo sie seit etwa 220 v.Chr. einen Tempel hatte[357]. Der gegenüberliegende Sarapistempel stand bereits im frühen 2. Jh. v.Chr. und das Anubideion spätestens seit der Jahrhundertmitte[358]. Diese gesamte Anlage stellt seit etwa 190/180 v.Chr.[359] das offizielle Kultzentrum für die äg. Gottheiten auf Delos dar. In ihr weihten die Athener zwischen 150 und 135 v.Chr. einen zweiten Isistempel[360] und 110/109 v.Chr. ein Priester einen *Naos für Isis-Nemesis[361]. Vielleicht mit ähnlichen Intentionen wie in Eretria wurde am Beginn des 1. Jh. v.Chr. vor dem altem Isistempel in Richtung auf das Serapeum ein fast 40 m langer Dromos äg. Art (flankiert von 16 Kalksteinsphingen, dazwischen jeweils ein Altar, und eingefaßt von zwei niedrigen Mauern) angelegt; der Einfluß des memphitischen Serapeums ist offenkundig; möglicherweise wirkte er von Delos auf die Anlage des röm. Iseum Campense[362]. Sowohl in Eretria[363] wie auf Delos ging der Kultbetrieb im Verlaufe des 1. Jh. v.Chr. zu Ende.
Nach Athen kam die V. des Sarapis zu der seit langem bekannten V. der Isis in der 1. Hälfte des 3. Jh. v.Chr.[364]. In der Kaiserzeit gab es ein Iseum an der Südflanke der Akropolis[365] und ein Serapeum in der Stadt[366]. Im 2. Jh. n.Chr. ist die V. der äg. Gottheiten stark im athenischen Bürgertum verwurzelt[367]. In die Mitte des 4. Jh. n.Chr. gehört noch das Grab eines athenischen Isispriesters[368]. Auf der Peloponnes ist der Kult der äg. Gottheiten in zahlreichen Städten seit hell. Zt archäologisch und durch Pausanias nachgewiesen[369]. Hervorragende Zentren sind Argos[370], Megalopolis [100][371], bes. Korinth (Serapeum in der Südstoa neben dem Buleuterion) und Kenchreai (Hafenheiligtum, noch Mitte 4. Jh. n.Chr. aufwendig restauriert)[372]. Betont wird die Vergesellschaftung mit *Asklepios, bes. in Epidauros [99][373]. In mehreren mittelgriech. Städten (Orchomenos [94], Chaironeia [93], Daulis [92], Hyam-

polis [90], Tithorea [89], Naupaktos [91]) zeugen Sklavenfreilassungen (3. Jh. v. Chr. – 2. Jh. n. Chr.) vor den äg. Gottheiten, namentlich vor Sarapis, von Heiligtümern mit besonderer gesellschaftlicher Funktion [374]. Den Kult in Tithorea (mit dem eleusinischen Brauch des Vergrabens von Opfertieren) beschreibt Pausanias (X, 32, 13–18). In manchen Städten, auch Demetrias [87] (Thessalien), ist die V. der äg. Gottheiten nach der hell. Zt nicht mehr nachgewiesen. Thessalonike [375] bildete vom 3. Jh. v. Chr. bis ins 3. Jh. n. Chr. das wichtigste Zentrum in Makedonien [376] mit besonderen äg. Elementen im Kult. In Dion [377] umfaßte der heilige Bezirk der Isis vier Naoi, die zwar im Endzustand aus dem 2./3. Jh. n. Chr. [378] stammen, aber Weihgaben seit frühhell. Zt enthielten (ein Podiumtempel [!] in der Achse mit Altar davor, vgl. Abb. 3; Tempel III hatte vor der Kultstatue, Isis-Tyche, ein Tauchbecken). An der Mündung des Strymon, in Amphipolis [379], faßten die äg. Gottheiten schon im 3. Jh. v. Chr. Fuß; der Tempel für Isis und Sarapis in dem stromauf gelegenen Städtchen Neine [78] wurde 78 n. Chr. geweiht [380]. Eine besondere Blüte erlebte der Kult während des 2. und 3. Jh. n. Chr. im Heiligtum der röm. Kolonie Philippi [381].

In das küstennahe Thrakien [382], wo es Alexandrinerkolonien in Perinthos [80] und Tomi [75] gab, waren die äg. Gottheiten schon in frühhell. Zt gekommen. Weitere Inschriften (Tyras [73] [383] und Olbia [72] [384]) und Kunstdenkmäler [385] zur äg. Religion stammen von der Nordküste des Schwarzen Meeres.

Auf Kreta bestand das Heiligtum von Gortyn [386] (vgl. Abb. 2) mit Nilwasserkrypta seit hell. Zeit. Die V. äg. Gottheiten auf den Kykladen [387] stand stark unter dem Einfluß der Ptolemäer; im Heiligtum von Thera [388] wurde der Kult entgegen den üblichen Gewohnheiten unter freiem Himmel ausgeübt (ähnlich wie beim äg. Sonnenkult). Auf die Insel Rhodos mußten die äg. Gottheiten im frühen 3. Jh. v. Chr. gekommen sein, da die Priesterlisten in Lindos [120] und Kameiros [118] seit der Jahrhundertmitte den Sarapispriester verzeichnen [389]. Viele Inschriften beweisen uns die Beliebtheit der äg. Religion vom 2. Jh. v. Chr. bis ins 2. Jh. n. Chr. [390]. Auf den Inseln Kos [117], Samos [114] und Lesbos [111] [391] hat die zeitweise Ptolemäerherrschaft während des 3. Jh. v. Chr. das Eindringen der äg. Kulte begünstigt. Sie lassen sich bis in die Kaiserzeit verfolgen.

Begünstigung durch Zugehörigkeit zu Ägypten ist auch in manchen Zentren Westkleinasiens feststellbar, so in Halikarnassos [116] [392], vor allem aber in Priene [393]: Das genau N–S ausgerichtete Heiligtum (aus dem 3. Jh. v. Chr. mit späteren Zubauten) hatte im Zentrum einen freistehenden, großen Altar (mit Wasserzufluß). Der Kult (wie auf Thera im Freien ausgeübt) war durch speziell äg. Züge [394] gekennzeichnet, hatte aber die Ptolemäerzeit nicht lange überlebt (keine Zeugnisse im 1. Jh. v. Chr.). Dagegen ist in Ephesos [395] ein bedeutender Kult für die äg. Gottheiten von der 1. Hälfte des 3. Jh. v. Chr. bis ins 3. Jh. n. Chr. bezeugt, auch hier gefördert durch Verbindungen mit Äg., bes. im 3. Jh. v. Chr., unter Caesar, Antonius und später unter Gordianus III. Das kaiserzeitliche Serapeum war für Wasserriten und abgeschiedene Kulthandlungen konzipiert. Weitere bedeutende Zentren im Westen sind u. a. Stratonikeia [121] (Vergesellschaftung mit dem Kult des lokalen Zeus und der Hera [396]), Milet (im 2. und 3. Jh. n. Chr.; im Serapeum V. des Helios Sarapis mit Phoibos und Nemesis) [397], Kyme [398], Pergamon (vom 3./2. Jh. v. Chr. bis wenigstens spätes 2. Jh. n. Chr.; sog. Rote Halle: kaiserzeitlich, mit Tonnengewölbe, Wassersystem und verschiedenen Becken, Skulpturen in ägyptisierendem Stil) [399], Kyzikos [110] [400]. In Pontus und Bithynien wissen wir von einem Iseum in Nikomedia [107] [401] und von einem Tempel in Sinope [123] [402]. Mysten sind in Tralles [113] und Prusa [109] bezeugt [403]. Weitere verstreute Zeugnisse im übrigen Anatolien [404].

Auf Zypern blühte die Isis-und-Sarapis-Verehrung in ptol. Zt, bes. in Salamis [125] [405], Arsos [406] und Soli [407]: Hier ist ein Heiligtum im 3. Jh. v. Chr. nachgewiesen; archäologische Reste des späthell. Tempels, der im 2. Jh. n. Chr. durch einen Neubau für Sarapis, Isis und Osiris in hydria (von Kanopos, s. B. e) ersetzt wurde; beide Phasen mit großem, äg. Pylon; Sphingen [408]. Im übrigen Vorderasien fand sich die V. der äg. Gottheiten vor allem in Antiochia [126] [409] und Laodikeia [127] [410]; dazu u. a. Palmyra [128] [411], Gerasa [131] [412], Petra [132] [413], Serapeum im 3. Jh. v. Chr. in Hyrkanien am Kaspischen Meer [414].

b. *Italien und der Westen.* In Sizilien [415] beginnen die Zeugnisse für Isis und Sarapis im 3. Jh. v. Chr.; Tempel gab es seit hell. Zt wenigstens in Syracusae [55] (vor 73/70 v. Chr.), Tauromenium (in Resten erhalten) und vielleicht in Catana [54]. Der Einfluß beruht z. T. auf den Verbindungen mit dem ptol. Reich und steht in Wechselwirkung mit Kampanien. Dahin brachten italische Kaufleute von Delos die Isis-und-Sarapis-Religion im Verlaufe des 2. Jh. v. Chr.; das Serapeum in Puteoli [50] wird 105 v. Chr. erwähnt [416]; etwa gleichzeitig mit diesem dürfte das ältere Iseum in Pompei [417] errichtet worden sein (um die Mitte des 2. Jh. v. Chr.), das nach dem Erdbeben des Jahres 62 n. Chr. durch den erhaltenen, für den Kult instruktiven Bau (Podiumtempel mit dem charakteristischen Altar davor, s. Abb. 3; Nilwasserkrypta, Malereien) ersetzt wurde. Weitere Tempel

der äg. Gottheiten als Zentren für Feste und z.T. sicher für Einweihungen standen u.a. in Herculaneum [52], Neapolis [51] und Capua [45] [418].
Von Kampanien kam die Religion rasch nach Rom (Pastophoren seit Sulla; Iseum in der Regio II offenbar aus den Jahren 72–64 v.Chr. [419]). Hier stand sie zunächst im Verbande mit den Popularen in kämpferischer Opposition zur Nobilität [420]: Zerstörung und gewaltsame Wiedererrichtung der Altäre auf dem Kapitol 59 v.Chr.; Zerstörung von Naoi 53, 50 und 48 v.Chr.; Verbot der äg. Kulte innerhalb des Pomeriums 28 v.Chr. Das auf dem Marsfeld erbaute Heiligtum (Iseum Campense) wurde unter Tiberius zerstört, unter Caligula oder Nero wiedererrichtet und 80 n.Chr. nach Brand von *Domitian durch einen großartigen Neubau ersetzt: Iseum und Serapeum wurden durch einen Dromos verbunden, der (ähnlich wie in Memphis und Delos) von Sphingen, Löwen und *Obelisken flankiert war; Porticus mit ägyptisierenden Säulen; eine Fülle von Skulpturen aus Ägypten [421]. Seit Einrichtung der röm. Provinz Ägypten war die äg. Religion in Rom durch den Zustrom von Ägyptern gestärkt worden. *Otho, ein Patrizier, war der erste Kaiser, der den Kult öffentlich praktizierte [422]; danach Förderung durch die Flavier, bes. Domitian, unter dem auch das reich mit äg. Skulpturen (Apisstatuen, *Falken, *Paviane etc.), Obelisken und einer Sphingenallee ausgestattete Iseum in Beneventum [46] [423] errichtet wurde. In Rom war vom 1. Jh. bis in die Mitte des 3. Jh. n.Chr. das auch von Mysten besuchte Iseum auf dem Aventin (bei Santa Sabina) [424] in Betrieb. Seit Hadrian nahm die Popularität der äg. Religion stark zu. Commodus und Pescennius Niger nahmen an Isisprozessionen teil und trugen Götterbilder [425]. Rechtliche Anerkennung (durch Legalisierung des Kultes innerhalb des Pomeriums) und zugleich großzügige staatliche Förderung erhielten die äg. Gottheiten erst unter Caracalla, der das Serapeum auf dem Quirinal [426] erbauen ließ, vielleicht auch das *Iseum et Serapeum* [427] der Regio III, falls dieses nicht von *Diokletian [428] stammt.
Von Rom hatte sich die äg. Religion entlang der großen Straßen nach Etrurien, Umbrien, Samnium, Picenum und weiter nach Norditalien ausgebreitet. Neben Kampanien und Latium bieten Venetien und die Emilia die meisten Zeugnisse, wo zusätzlich direkter Einfluß aus Äg. durch alexandrinische Kaufleute und äg. Matrosen (Ravenna [34]) zur Geltung kam [429]. Bedeutendstes Zentrum im adriatischen Raum [430], bes. im 2. Jh. n.Chr., war Aquileia. Insgesamt sind an 34 Orten in Italien einschließlich Siziliens und Sardiniens (Sulci [40] und Turris Libisonis [39]) Heiligtümer nachgewiesen oder mit Wahrscheinlichkeit annehmbar [431].

An der Ostküste der Adria blühte die äg. Religion in Salonae [68] etwa vom 2. Jh. bis ins 4. Jh. n.Chr. [432]. Von den Zentren Verona und Aquileia breitete sich die Religion vor allem durch italische Kaufleute, aber auch durch Sklaven im Zolldienst usw. nach Rätien (über Malcesine [31] und Sublavio [30] nach Augusta Vindelicorum [29]) [433], Noricum (Verschmelzung mit Noreia seit dem 1. Jh. n.Chr.: Iuvavum [57] [434], Hohenstein [58], Ulrichsberg [59], Virunum [60], Flavia Solva) [435] und Pannonien [436] aus: Im zentralen und südlichen Teil wurden die äg. Gottheiten (vorrangig Isis) vom 1. bis ins frühe 3. Jh. n.Chr. im zivilen Milieu verehrt, bes. in Savaria, Scarbantia [65], Poetovio (hier vornehmlich von den Sklaven der Zolldirektion), Emona [61] und Siscia [62]; am Limes sind es vielfach Militärs, die vorrangig für Sarapis während der Severerzeit Weihinschriften setzten: Vindobona [63], Carnuntum [64] (mit Serapeum) [437], Aquincum [66], Intercisa [67] etc. Im Zuge der Romanisierung Dakiens drang die V. äg. Gottheiten mit staatlicher Unterstützung über die Donau (u.a. Sarmizegetusa [69], Apulum [70], Potaissa [71]) [438]; südlich trifft diese Bewegung in Thrakien (Serdica [77] [439]) und Mösien (Troesmis [74] [440]) auf die von den Alexandrinern an der Schwarzmeerküste gepflegte religiöse Tradition: Während die alexandrinische Komponente an der Küste verharrte, erfaßte die italische Ausbreitung die Territorien des Reiches.
Auf der iberischen Halbinsel [441] bietet das älteste Zeugnis für Sarapis ein Altar aus dem Lager des Metellus, Castra Caecilia [2], von 79 v.Chr. Das Serapeum in Ampurias ist entweder spätrepublikanisch oder augusteisch. Die V. äg. Gottheiten konzentriert sich auf drei Zonen: a) die Baetica entlang der Flüsse Guadalqivir (Igabrum [4], Acci [5]) und Guadiana (Emerita Augusta [3]); b) die Ostküste (südlich von Ampurias: Aquae Calidae [10], Tarraco [9], Saguntum [8], Valentia [7], Carthago Nova [6] [442]); c) der Nordwesten der Tarraconensis (Legio [16], Asturica [14] [443], Quintanilla de Somoza [15], Aquae Flaviae [13], Panoias [11], Bracara Augusta [12]).
In Gallien [444] konzentriert sich die V. der äg Gottheiten auf das Rhônetal: u.a. Massilia [17], Arelate [18], Lugdunum [20]; bedeutendstes Zentrum ist Nemausus [19] (Iseum). Die Inschriften bezeugen uns für diesen Teil Galliens einen organisierten Kult und eine gegliederte Priesterschaft. Vom Rhônetal gelangte der Einfluß an den Rhein (Argentorate [27] mit Alexandrinerkolonie [445]) und ins Seinetal (Agedincum [21], Metlosedum [22]); nur vereinzelte Zeugnisse in der Belgica (Noviodunum Suessionum [23]); dazu Denkmäler aus dem Garonnetal. Die Städte mit dem Fundgut sind zumeist Handelszentren und liegen an Stra-

ßenknoten. Mit den Händlern kamen die äg. Gottheiten nach Britannien[446]: wichtigstes Zentrum war Londinium [24] (mit Iseum[447]). In das militärische Milieu gehört das Serapeum in Eburacum[448] aus der Severerzeit. Durch das Aostatal drangen Isis und Sarapis in die südliche Germania superior ein: Ein Iseum des 2./3. Jh. gab es in Aquae Helvetiorum [28][449]. Der Rhein[450] bot als Verkehrsader eine günstige Voraussetzung für die Etablierung der äg. Gottheiten: Hauptzentrum war Colonia Agrippina [26]; sieben Inschriften[451] und zahlreiche Götterstatuetten legen die Existenz eines Iseums sehr nahe; wahrscheinlich lebten dort Mysten wie auch in Augusta Vindelicorum [29][452]. Die V. von Isis und Sarapis von Seiten eines Legionscenturio in Forum Hadriani [25][453] ist typisch für das Grenzgebiet, obgleich auch in den germanischen Provinzen der zivile Charakter der Religion dominiert.

Trotz der engen Beziehungen des ptol. Äg. zum westlich gelegenen Nordafrika wird die V. von Isis und Sarapis erst seit augusteischer Zt deutlich. Aus dieser Epoche stammt das ältere Iseum in Sabratha, das 77/78 n. Chr. durch einen Neubau ersetzt wurde[454]. In Kyrene[455] genossen Isis und Sarapis spätestens von ca. 100 n. Chr. bis in die Mitte des 4. Jh. n. Chr. V. auf der Akropolis, wo auch ein Isishymnus[456] gefunden wurde; innerhalb des Apollobezirkes hatten sie einen Schrein seit Hadrian[457]. Serapeen standen in Leptis Magna[458] (2.–3. Jh. n. Chr.), Thamgudi[459], Carthago (mit Inschriften des 2. Jh. n. Chr.)[460], wahrscheinlich in Thysdrus (wo auch die Herbstfeste nachgewiesen sind)[461]; um Iseen handelt es sich in Lambaesis (dort Inschriften des 2.–3. Jh. n. Chr.)[462] und in Bulla Regia (Severerzeit)[463].

Nach der Severerzeit ging die Bedeutung der Isis-und-Sarapis-Religion durch die Konkurrenz des *Sol invictus*, insbesondere aber des Christentums, rasch zurück. Im 4. Jh. n. Chr. wurde die Religion in den letzten Bollwerken des Heidentums gepflegt, außerhalb Äg. in Athen[464] sowie Rom und Umgebung. 376 n. Chr. ließen die Kaiser Valens, Gratianus und Valentinianus II. das Iseum von Portus wiederherstellen[465]; im selben Jahr wurden in Rom Altäre geweiht[466]. Es waren die senatorischen Familien in Rom um Symmachus und Praetextatus, die die äg. Gottheiten im Zuge der heidnischen Reaktion öffentlich verehrten, dabei aber Priesterwürden verschiedener Religionen auf sich vereinten[467]. Nach dem Verbot der heidnischen Kultausübung im Jahre 391 n. Chr. bietet ein christliches Pamphlet für 394 n. Chr. das letzte Zeugnis des Isiskultes in Rom[468].

[1] LIMC I (s. Lit.), 666. 679, Nr. 99–103. – [2] Marmorstatue des Ammon im Apollontempel: LIMC I, 670, Nr. 7. – [3] Clemens Alexandrinus, Protreptikos II, 28,3. – [4] LIMC I, 682f. – [5] Zum Folgenden: Classen, in: Historia 8, Wiesbaden 1959, 349–355. – [6] Pindar, Fragment 36. – [7] Pausanias IX, 16,1. – [8] Id. X, 13,5. – [9] Juri, in: Athens Annals of Archaeology IV. 3, Athen 1971, 356–367; Michaud, in: BCH 96, 1972, 730–736; 97, 1973, 348–352. – [10] Woodward, in: Annual of the British School at Athens 57, London 1962, 5–13 (Zeugnisse für die Beziehungen Athens zu Ammon). – [11] Christian Blinkenberg, Lindos II, Berlin 1941, Nr. 77: zu Ehren von Ammon, Parammon (dies der jugendliche Typus) und der Hera (wie Pausanias V, 15,11 für Olympia). – [12] Roussel, Cultes (s. Lit.), Nr. 37. 171. – [13] Münze mit dem Kopf des Gottes und der Beischrift HAMMON; s. bei IG X. II. 1, *112. – [14] IG X. II. 1, Nr. *112: Lateinische Weihung für Iuppiter-Ammon aus Thessalonike von seiten eines Bürgers der Colonia Cassandrensis. – [15] Davon zeugen viele zyprische Steinstatuetten des thronenden bärtigen Gottes mit dem Amunsgehörn: z. B. Vassos Karageorghis, Two Cypriote Sanctuaries of the End of the Cypro-Archaic Period, Rom 1977, 35f. (aus dem Tempel des Baal Hammon in Meniko; 1. Hälfte 6. Jh. v. Chr.); Leclant, in: Or 36, 1967, 218; 37, 1968, 129. – [16] Diese auch in Äg. für Amun, z. B. CIL III, 75: Hammon-Chnubis, Philae, Zt des Septimius Severus. – [17] CIL VIII. 4, 24519 (der Gott wird als fremd empfunden: *barbarus*). – [18] CIL VIII. 2, 9018 (246 n. Chr.; seine Gefährtin dürfte die Dea Caelestis, d. h. Tanit, sein). – [19] Herbert Donner und Wolfgang Röllig, Kanaanäische und aramäische Inschriften II, Wiesbaden [3]1973, 122f. (Nr. 118). – [20] Rom: Malaise, Inventaire (s. Lit.), 116, Nr. 16; 134, Nr. 74 (in letzterem Fall ist die äg. Herkunft bewußt: ὁ ἐν Κανώβῳ Ἄμμων); weiteres aus Italien: CIL XI, 3077; IG XIV, 2406, Nr. 107. – [21] CIL II, 3729 (Valentia); Hispania Antiqua Epigraphica 6–7, Madrid 1955–56, Nr. 882 (Tarraco; nach Leclant, in: Homenaje al Prof. Martin Almagro Basch III, Madrid 1983, 299, Anm. 61). – [22] CIL XIII, 5410. 5415; dazu Hölbl, Orientalische Religionen, EPRO 93 (s. Lit.), 1981, 160f. – [23] CIL III, 3463 (Aquincum). 11128 (Carnuntum; 234 n. Chr.). – [24] Joyce M. Reynolds und J. B. Ward Perkins, The Inscriptions of Roman Tripolitania, Rom 1952, 229, Nr. 920 (Oase Bu-Ngem, s. von Leptis Magna). – [25] Abgesehen von Bostra (s. Anm. 26): CIL III, 13604 (Es Sanamein/Sour); William H. Waddington, Inscriptions grecques et latines de la Syrie, Paris 1870, Nr. 2382 (Epitaph aus Souleim, n. von Souweida); Nr. 2313 (Ἄμμων νικᾷ; Souweida). Für die Denkmäler im Bereiche von Gerasa („gehörnter Zeus") und Amman sowie zur Gesamtproblematik vgl. Dominique Sourdel, Les cultes du Hauran à l'époque Romaine, Paris 1952, 89–92. V. in der Gegend von Beiruth als wasserspendender Gott: CIG, 4535. – [26] Inscriptions grecques et latines de la Syrie XIII, 1: Bostra, Paris 1982, Nr. 9107 (über die Wiederherstellung des Tempels nach der Zerstörung durch die Palmyrener; die Inschrift: 273–275 n. Chr.); weitere Weihungen: Nr. 9010. 9011; zur Ikonographie: Sourdel, loc. cit. – [27] CIG, 5142. – [28] LIMC I, 673, Nr. 38–40. – [29] LIMC I, 677, Nr. 82–86. – [30] Marie Christine Budischovsky, in: Aquileia Nostra 44, Aquileia 1973, 201–216; LIMC I, 673, Nr. 41–44. Zum siegbringenden Ammon vgl. die Inschrift aus Souweida in Anm. 25. – [31] Budischovsky, loc. cit.; LIMC I, 673; vgl. CIG,

4535. – [32] Fasciato und Leclant, in: Revue des Etudes Latines 26, Paris 1948, 32–35; LIMC I, 674f. – [33] LIMC I, 680, Nr. 134–136; 682; Budischovsky, Diffusion (s. Lit.), 20, XVI, 2; Leclant, loc. cit. (Anm. 21), 293–301. – [34] LIMC I, 683f., wichtig vor allem die Rundbilder, Nr. 181–186; außeräg. Fundorte: Cherchel (Algerien), Ephesos, ein Heiligtum nördlich von Avignon (hier ist somit religiöse Bedeutung gesichert; vgl. Emile Espérandieu, Recueil général des bas reliefs, statues et bustes de la Gaule romaine I, Paris 1907, Nr. 525), Uttica oder Karthago: Alexander-Ammon, Kopie severischer Zt (Kopenhagen, Nationalmuseet, Inv. ABb97). – [35] Vgl. SIRIS, 325; die delischen Inschriften hier in Anm. 12; Thomas A. Brady, Sarapis and Isis, Chicago 1978, 115, Nr. 341; Budischovsky, Diffusion (s. Lit.), 137, 62 (Aquileia). – [36] Belege bei Labrousse, in: RAr 40.2, 1952, 93–95; LIMC I, 681f.; Budischovsky, loc. cit., 50/II, 8; 212/47; dazu wohl die in Anm. 20 zitierte Inschrift aus Rom, die Ammon mit Kanopos in Verbindung bringt. – [37] Bergman, in: LÄ III, 198; Junker, in: AnzÖAW 94. Jg., 1957. 18; Esna V, 207f. – [38] Bergman, Ich bin Isis (s. Lit.). Die Isisaretalogien im engeren Sinne: 1. aus Maroneia [81], etwa 100 v. Chr., mit eleusinischem Einfluß: Yves Grandjean, Une nouvelle arétalogie d'Isis à Maronée, EPRO 49, 1975; 2. aus Andros [102], 1. Jh. v. Chr.: IG XII, 5, Nr. 739; Werner Peek, Der Isishymnus von Andros, Berlin 1930; 3. Diodor, Bibl. hist. I, 27, 1. Jh. v. Chr.; 4. aus Kyme, 1.–2. Jh. n. Chr.: IG XII, Supplement 98–99, s. bes. Bergman, Ich bin Isis (s. Lit.); 5. aus Thessalonike, 1.–2. Jh. n. Chr.: IG XII, 2, Nr. 254 (sehr fragmentarisch); 6. aus Ios, 3. Jh. n. Chr.: IG XII, Supplement, 98. Eine Zusammenfassung der verwandten Texte (bes. Apuleius, Met. XI, 5, 1–5; 25, 1–6; pOxyr. 1380; Hymnen in *Medinet Madi) s. bei Grandjean, loc. cit., 10f. Daß der Text von Kyme, wie in Z. 2 behauptet, die Übersetzung eines äg. Originals aus Memphis darstellt, hat Bergman, op. cit. bewiesen. Die anderen Texte stellen Auszüge dar und stimmen in Passagen wörtlich mit dem Kyme-Text überein. In außeräg. Inschriften wird der Bezug der Isis zu Memphis gleichfalls betont (SIRIS, 410. 510. 789. 790), obwohl auch andere Kultzentren im Delta (*Taposiris: Roussel, Cultes (s. Lit.), Nr. 142; SIRIS, 30. 62. 564; *Menuthis: SIRIS, 403. 556a) genannt sind. – [39] Die außeräg. Weihinschriften hell. Zt geben für das Wesen der Isis mit wenigen Ausnahmen nur auf Delos und in Thessalonike Informationen. Im übrigen entspricht das im folgenden skizzierte Bild dem kaiserzeitlichen Befund zur Zt der Hochblüte vom späten 1. Jh. bis zum frühen 3. Jh. n. Chr. in den stark von der äg. Religion durchdrungenen Gebieten Griechenlands und Italiens. – [40] SIRIS, 325 (πολυώνυμος). 351. 505. 639. 656. 692. 698. 721. 749. 808. – [41] Vgl. Roussel, op. cit., Nr. 50 (als Große Mutter πάντων κρατούση); SIRIS, 42: παντοκράτειρα in Megalopolis [100] (2.–3. Jh. n. Chr., entsprechend pOxyr. 1380, vso 20: Ende 1. bis Beginn 2. Jh. n. Chr.). – [42] Vgl. Tran Tam Tinh, Pompéi (s. Lit.), 79f. 148, Nr. 59, Tf. 17; id., in: RAr 1970, 283–296. Wie Isis einen mit Sternen geschmückten Mantel (Apuleius, Met. XI, 4) trägt (auch Hathor auf der Mensa Isiaca aus Rom: Enrica Leospo, La mensa isiaca di Torino, EPRO 70, 1978, Tf. 32, NN), so gelegentlich ihre Priesterinnen: Gwyn Griffiths, Apuleius (s. Lit.), 130f. – Nach der alten Vorstellung von Nut als Mutter der Isis ist im Anubishymnus von Kios [108] (SIRIS, 325, 1. Jh. n. Chr.) Οὐρανός ihr Vater. – [43] Apuleius, Met. XI, 25. – [44] Ibid. XI, 2 (regina coeli); XI, 5 (*elementorum omnium domina*); s. Kákosy, in: Studia Aegyptiaca 1, Budapest 1974, 221–230. – [45] Belege in Rom für *Domitian (Malaise, Inventaire [s. Lit.], 203–207: Obelisk auf der Piazza Navona) und *Commodus (ibid., 242 Rome 449d: Krönung durch Victoria in Anwesenheit von Isis und Sarapis). – [46] In diesem Sinne möchte ich vorläufig die 1977/78 gefundenen 16(!) Weihinschriften von Freigelassenen für Maat in Edessa [83] (Makedonien) deuten: Leclant, in: Or 51, 1982, 490. – [47] = Hermes, Aretalogie von Kyme, Z. 3b. – [48] Ibid., Z. 4. – [49] Roussel, Cultes, Nr. 117. 122. 181. 162 (δικαία); SIRIS, 6. 365. – [50] SIRIS, 261 (Mytilene auf Lesbos [111]). 332. 334 (beide Anatolien). – [51] Vgl. die Belege in SIRIS, Index (S. 344). – [52] SIRIS, 165 (Gortyn): Πλουτοδότειρα („reichtumspendend"); dazu Dunand, Culte (s. Lit.) II, 78. – [53] Apuleius, Met. XI, 6, 15 (*de sua Fortuna triumphat*). – [54] Roussel, op. cit., Nr. 119–120. – [55] IG X. II. 1, Nr. 95. 96. 99. 104. – [56] SIRIS, 412. 492. 634. 614. 510. – Statuetten der Isis-Fortuna sind im ganzen Reich verbreitet. – [57] Roussel, op. cit., Nr. 138; Weihungen sind Nr. 139–140. – [58] Roussel, op. cit., Nr. 3. 4. 5. 121; IG X. II. 1, 82. – [59] SIRIS, 402 (Rom). 609 (Aquileia). 718–719 (Colonia Agrippina [26]). – [60] SIRIS, 413 (Rom). – [61] SIRIS, 474. 479. 588 (Bononia [33]: *domina Isis victrix*). 660. 743 (*Isis victrix* und *Isis regina* auf einem Cippus, Gallien). – [62] Das ist eines der Themen auf der Mensa Isiaca (vgl. Philippe Derchain, in: Das römisch-byzantinische Ägypten, Mainz 1983, 61–66); vgl. Bergman, Ich bin Isis (s. Lit.), 215–219. 230. – [63] Malaise, Inventaire (s. Lit.), 208f., Tf. 19a; zur Isis-Sothis in der röm. Welt: Gisèle Clerc, in: Hommages Vermaseren I, 247–281. – [64] Gemeinsam mit Fortuna, Mars und Herkules dargestellt; Wessetzky, Kulte (s. Lit.), 33. – [65] Zur Verbindung der äg. Götter mit den Vota Publica: Andreas Alföldi, in: JAC 8/9, 1965/66, 53–87. Isis-Sothis begegnet schon unter Hadrian und Antoninus Pius auf röm. Münzen und ist ein beliebtes Thema der Terrakottaplastik. – [66] S. C. c mit Anm. 339. – [67] SIRIS, 8–9 (Mitte 1. Jh. v. Chr.). 16 (etwa 120 n. Chr.). – [68] SIRIS, 317; sehr geläufig für Demeter (Dunand, Culte II (s. Lit.), 104). – [69] SEG 30, 1980, 173 (Athen?). – [70] SIRIS, 379 (Rom). 724 (Forum Hadriani [25], Germania inferior). – [71] Delos: Roussel, Cultes, Nr. 69; SIRIS, 7. 30 (Athen). 38 (Epidauros [99]). 99 (Larisa [85]). 131a (Mesambria [76]). Im Aphroditetempel von Amathus [124] (Zypern) wurden in ptol. Zt Isis und Sarapis offenbar mitverehrt: Marie-Chr. Hellmann und Hermary, in: BCH 104, 1980, 268–272. – [72] Delos: Roussel, Cultes (s. Lit.) Nr. 151. 161(?). 162. 194, vgl. auch 12; SIRIS, 128 (Perinthos [80], Wende 4./3. Jh v. Chr.!). 582 (Vettona [37], Umbrien; möglicherweise sind hier Venus Martialis, Victoria und Isis als ein Numen aufzufassen). – [73] SIRIS, 16 (Athen): Die Weihung einer Aphroditestatue an Isis zeigt, daß Isis bereits als Aphrodite (und umgekehrt) verstanden wurde. Beide Phänomene treffen einander im Serapeum C von Delos (s. Anm. 71f.) – [74] Dunand, Culte III (s. Lit.), 85; s. Anm. 398. – [75] Roussel, Cultes (s. Lit.), Nr. 50. 82. Die Wesensverwandtschaft der Magna Mater mit Isis unter dem bestimmten Aspekt drücken gemeinsame V. (Eretria: Philippe Bruneau, Le sanctuaire et le culte des divinités égyptiennes à Erétrie, EPRO 45, Leiden 1975, 101f.; SIRIS, 557: Portus Ostiae, 580: Falerii [38], Etrurien, 633: Malcesine [31], Gallia Cisalpina) oder Vereinigung des Priesteramtes in einer Person aus (SIRIS, 467: Brundisium [56], 469: Aeclanum [47], Samnium, 543: Ostia, 579: Falerii [38]). – [76] V. Tran Tam Tinh, Isis lactans, EPRO 37, 1973. – [77] Bergman, in: Boreas 6, Uppsala 1974, 81–109. Isis ist selbst das Mutterschwein, aber die Zerlegung in eine Gruppe kommt dem nichtäg. Isisverehrer sehr entgegen. – [78] *Isis mater*: SIRIS, 741 (bei Grenoble). – [79] Andros, 37–39; Ios, 15; Kyme, 19–20; vgl. Dunand, Culte III, 42, Anm. 2. – [80] SIRIS, 274 (Iasos [115], Karien). 534 (Ostia); vgl. 92 (Gomphi [86], Thessalien); die Zeugnisse auf Delos (Roussel, Cultes, Nr. 200–201) sind unklar. – [81] IG X. II. 1, 97 (Thessalonike), SIRIS, 107 (Beroia [84]); zu Dion s. Anm. 82. – [82] Pandermalis, in: AA 1982, 732. Über *Lochia* muß die Vergesellschaftung von Isis und Artemis zu verstehen sein: Delos: Roussel, Cultes, Nr. 36. 127–128. 179; Gortyn: Dunand, Culte II, 79. Vgl. Günther Hölbl, Zeugnisse äg. Religionsvorstellungen für Ephesus, EPRO 73, 1978, 81. 84f. – [83] Apuleius, Met. XI, 11 (*omniparentis deae fecundum simulacrum*). Kleine Rinderstatuetten gab es als Weihgeschenke im Serapeum C von Delos (Roussel, Cultes, 220/B I 14; 221 B/ I 24; 235/A 73) und fanden sich in der Krypta von Gortyn: Wild, Water (s. Lit.), 42f. 72–76 (spätere röm. Zt; im Zusammenhang mit der Zeremonie der Suche nach Osiris, s. C. b). – [84] SIRIS, 111d (1. Jh. n. Chr.); s. auch SIRIS, 761: *Isis puellaris* (Acci [5], Spanien; 2. Jh. n. Chr.). – [85] Aupert, in: BCH 105, 1981, 373–392. – [86] Chéhab, in: Bulletin du Musée de Beyrouth 10, Paris 1951–52; Kaoukabani, in: Bulletin du Musée de Beyrouth 26, Paris 1973, 4–59. – [87] Hedwig Kenner, in: ÖJh 43, 1956–58, 57–100, bes. Tabelle auf 97. – [88] *Isis patrona*: SIRIS, 699 (Dakien). – [89] Isis, die die Bitten erhört: ἐπήκοος (Roussel, Cultes, Nr. 99. 189. 194; SIRIS, 47. 412), εὐάκοος (SIRIS, 34. 259); u. a. – [90] σώτειρα: Roussel, Cultes, Nr. 194; SIRIS, 179. 247. 492 (σώζουσα); dazu Weihungen zum Dank für eine Errettung: Delos: Roussel, Cultes, Nr. 72; SIRIS, 198. 308. 403. – [91] Retterin Athens: Susan Walker, in: Annual of the British School at Athens 74, London 1979, 246f., Nr. 5; Rettung der Stadt Rhodos [119] vor Mithridates: Appian, Mithr. 27. – [92] Auf Delos ist sie daher Hygieia: Roussel, Cultes, Nr. 124; meistens sind Isis und Sarapis gemeinsam als Heilgötter angesprochen: Bulletin Epigraphique 1980, Nr. 327; SIRIS, 261, dazu die große Masse von Weihinschriften nach Traumerscheinungen: SIRIS, 354 (Formulae imperativae); *restitutrix* (*salutis*): SIRIS, 511. 538; *salutaris*: SIRIS, 411. Der Heilgottaspekt der Isis im Ausland ist äg.; abgesehen von den der Isis zugeschriebenen Zauberkräften liegt er in der späten Volksfrömmigkeit und (was Isis u. Sarapis gemeinsam betrifft) wohl im memphitischen Imhotepkult begründet; diese Vergesellschaftung setzt sich außerhalb Ägyptens im Zusammenhang mit dem Asklepioskult fort (s. Anm. 124). – [93] Bruneau, in: BCH 85, 1961, 435–446; 87, 1963, 301–308; 98, 1974, 333–381; Castiglione, in: Bulletin du Musée Hongrois des Beaux-Arts 34–35, Budapest 1970, 37–55. – [94] Dieses betrifft Isis als Bringerin der Nilflut, ihre Funktion am Bug der Barke des Horus von Edfu und als Maat am Bug der Sonnenbarke sowie die Bedeutung der Barken und des Nils bei allen äg. Gottheiten. – [95] Bruneau, in: BCH 98, 1974, 353–355; häufig verbunden mit den Epitheta εὔπλοια (Roussel, Cultes, Nr. 147. 194), ἐπήκοος (u. ä.), σώτειρα (u. ä.), s. Anm. 89f. – [96] Bruneau, in: BCH 98, 1974, 380f.; SIRIS, 358 (Isis-Tyche mit der Aufschrift Εἶσις Φαρία). – [97] Roussel, Cultes, Nr. 110; SIRIS, 313. 335–336. – [98] Retter im Jenseits sind Isis und Sarapis bereits im frühen 2. Jh. v. Chr. auf Delos (Roussel, Cultes, Nr. 49), weil Anubis ausdrücklich als Seelenführer (ἡγεμών) bezeichnet ist. – [99] S. Hornung, in: LÄ II, 788ff., s. v. Gott-Mensch-Beziehung; Dunand, Culte I, 104f. – [100] Tran Tam Tinh, in: ANRW (s. Lit.) II. 17.3, Berlin 1984, 1722–1730. – [101] Hölbl, in: LÄ V, 871. Dionysos und Sarapis stehen einander im Serapeum A auf Delos nahe: Roussel, Cultes, Nr. 13. – [102] Roussel, Cultes, Nr. 126. Vorrangig ist aber die Vergesellschaftung des Zeus mit den äg. Gottheiten: Roussel, Cultes, Nr. 129. 134. 148. 153. 166. 187. 190. 200. – [103] SIRIS, 176 (ein Kultverein für *Zeus Soter Sarapis*). – [104] Ibid. und Roussel, Cultes, Nr. 49 (zur Deutung s. Anm. 98). – [105] Ibid., Nr. 15. 15b. 17 (unter Mithilfe eines äg. Traumdeuters). 157. 164. 199 (Gott von Kanopos). – [106] Ibid., Nr. 4. – [107] SIRIS, 320. – [108] ὕψιστος: SIRIS, 758 (Panoias [11], Spanien); *deus maximus*: SIRIS, 773 (Carthago; 2. Jh. n. Chr.). – [109] SIRIS, 753 (Pax Iulia [1], Spanien; 2. Jh. n. Chr.). 777 (Carthago, 2. Jh. n. Chr.). – [110] SIRIS, 389 (Rom, Caracallathermen); die analoge Auffassung von Isis geht zeitlich voraus: s. Anm. 41. – [111] Hornbostel, Sarapis (s. Lit.), 395. – [112] SIRIS, 26. 172. 306. 325. – [113] SIRIS, 786 (Lambaesis, Numidien; 2.–3. Jh. n. Chr.; ein Priester des *Iuppiter-Pluto-Sarapis*). – [114] SIRIS, Indizes, 343–345. – [115] Giulia Sfameni Gasparro, I culti orientali in Sicilia, EPRO 31, 1973, 22–26. 177–179, Cat. 37. 38. 40. 42; 222, Cat. 188–189, Abb. 14. 43. – [116] Hölbl, loc. cit. (s. Anm. 82), 41f. – [117] SIRIS, 266. 288. 331. 720. – [118] SIRIS, 374. 389. 393. 407. 669. 685. 700. 797. – [119] SIRIS, Indizes, S. 341f. – [120] Malaise, Inventaire, 241/Rome 449; s. oben mit Anm. 97. – [121] SIRIS, 670. 770. Den Giebel des Sarapistempels von Serdica [77] (Sofia) zierte ein Medusenhaupt: SIRIS, 134. – [122] SIRIS, 458 (Νειλάγωγος; Rom). – [123] SIRIS, 389 (πλουτοδότης). – [124] SIRIS, 143–144. 161. 337. 713. 769a; vor allem auf der Peloponnes: Pausanias II, 27,6 (Epidauros [99]); III, 22,13 (Boiai [101]); VII, 26,7 (Aigeira [97]); vgl. Dunand, Culte II, 162–164; dazu die kaiserzeitlichen Belege für Sarapis als Gott von Kanopos: SIRIS, 30 (Athen). 771 (Carthago); Pausanias II, 4,6; wichtig die Sarapisfunde in Asklepiosheiligtümern (wie Iuvavum [57]: Norbert Heger, Salzburg in röm. Zeit, Salzburg 1974, 84–86), die gemeinsame Darstellung oder die Zusammenziehung der für beide Götter charakteristischen Attribute: Hornbostel, Sarapis (s. Lit.), 22, Anm. 3; 200; s. Anm. 92. – [125] Zehn Belege in SIRIS, S. 344. – [126] Vgl. *Sarapis optimus maximus*: SIRIS, 632 (Verona). – [127] SIRIS, 376 (Rom). 666 (Carnuntum [64]), vgl. auch 715; Malaise, Inventaire, 242/Rome 449, b–c. – [128] Claudio Zaccaria, in: Annali dell'Istituto Italiano di Numismatica 23–24, Rom 1976–77, 194–196. – [129] SIRIS, 690. Die Conservator-Funktion kann als politische Umdeutung der mit dem Nil verbundenen, die Menschheit erhaltenden Kräfte verstanden werden. – [130] In erster Linie die

Ptolemäer in ihrem außeräg. Einflußbereich: SIRIS, 39. 139. 140. 270; Roussel, Cultes, Nr. 171; andere Herrscher: SIRIS, 305; Roussel, op. cit., Nr. 41. 138. 160. 161. 163. – [131] SIRIS, 306. 322. 335. 336. 360–362. 366. 370. 375. 403–405. 499. 535. 556. 560. 667. 669. 670. 684. 702. 713. 779. 792. 805. – [132] IG XII. 3, 462 (vgl. Dunand, Culte II, 125). – [133] SIRIS, 270. – [134] SIRIS, 707. – [135] SIRIS, 469. – [136] SIRIS, 137. – [137] SIRIS, 474. 549. 580. 597. 624. – [138] Wahrscheinlich wird in SIRIS, 113 (Amphipolis [82], Makedonien) der lebende Philipp V. mit Sarapis und Isis verehrt; in der Kaiserzeit durch Alexandriner im Ausland: SIRIS, 171 (für Trajan). 708 (für Antoninus Pius Augustus und Marcus Aurelius Caesar). – [139] SIRIS, 303. – [140] Faustina II. trägt auf Münzen sogar selbst den Kopfschmuck der Isis: Dunand, Culte III, 2 Anm. 3; 16–17. 90 Anm. 4; 100. 113f. – [141] Mykonos: Dunand, Culte II, 214. Vgl. Anm. 64 (Relief in Savaria). – [142] SIRIS, 134 (Serdica [77]). Isis-Iuno (SIRIS, 479; in SIRIS, 391 als Iuno Dolichena neben Iuppiter O. M. Dolichenus Serapis) ist sicher eine Folge der Verbindung des Sarapis mit Iuppiter. *Isis Capitolina* in Rom (SIRIS, 377–378) und Ostia (Malaise, Inventaire, 88) hat wohl kulthist. Hintergründe (die V. der Isis auf dem Kapitol). – [143] Tran Tam Tinh, in: RAr 1970, 55–80. – [144] Hölbl, in: LÄ V, 871; Hornbostel, Sarapis (s. Lit.). – [145] Tran Tam Tinh, Sérapis debout, EPRO 94, 1983. – [146] Brigitte Altenmüller, in: LÄ I, 327; Grenier, Anubis (s. Lit.), 18. – [147] U. a. im *Pap. Jumilhac (Ursula Rössler-Köhler, in: LÄ IV, 707); Grenier, Anubis (s. Lit.), 19. – [148] Ibid., 25. – [149] Hölbl, in: LÄ V, 870f. – [150] Grenier, Anubis, 23f. – [151] S. D. a mit Anm. 358; Roussel, Cultes, Nr. 80. – [152] Grenier, op. cit., 108–132, Doc. 74–204 (davon 86 Inschriften von Delos); dazu einige Neufunde. – [153] Vier auf Delos: Roussel, Cultes, Nr. 48. 80. 81. 143; SIRIS, 305 (Smyrna [112]; frühes 3. Jh. v. Chr.). 599 (Aquileia; 2.–3. Jh. n. Chr.; für *Anubis Augustus*). – [154] SIRIS, 325 (1. Jh. n. Chr.). – [155] Grenier, Anubis, 140f., Doc. 212. – [156] Ibid., 141–144, Doc. 213–218. 220. – [157] Roussel, Cultes, Nr. 49 (ἡγεμών). – [158] Apuleius, Met. XI, 11 (*superum commeator et inferum*); ähnlich Plutarch, De Iside, 61. – [159] Grenier, Anubis, 95–98. – [160] Apuleius, Met. XI, 11. – [161] Grenier, op. cit., 137–139; Leclant, in: LIMC I, 862–873. – [162] Vgl. Bergman, Ich bin Isis (s. Lit.), 230. – [163] SIRIS, 88 (Karpokratesaretalogie von Chalkis [88], Ende 3. bis Beginn 4. Jh. n. Chr.); Richard Harder, Karpokrates von Chalkis und die memphitische Isispropaganda, APAW 1943. 14, 1944; John Gwyn Griffiths, Plutarch's De Iside et Osiride, Cardiff 1970, 530f. – [164] SIRIS, 88, Z. 6. – [165] Victorine v. Gonzenbach, Untersuchungen zu den Knabenweihen im Isiskult der röm. Kaiserzeit, Bonn 1957 (die Ansicht, daß alle diese Kinder eingeweiht gewesen wären, ist sehr fraglich). – [166] Zaccaria, loc. cit. (Anm. 128). – [167] Grenier, Anubis, 124–132, Doc. 164–204; S. 169. – [168] IG X. II. 1, Nr. 81. 85. 87. – [169] SEG 27, 1977, Nr. 247 (als Herakles). – [170] IG X. II. 1, Nr. 85; SIRIS, 96; möglicherweise auch in Athen: SIRIS, 30. – [171] SIRIS, 114. – [172] Tran Tam Tinh, Pompéi (s. Lit.), 35. 135, Nr. 29, Tf. 5, 1. – [173] Klar ausgedrückt in Roussel, Cultes, Nr. 18. Weiters für Harpokrates als Apollon: Roussel, Cultes, Nr. 72. 193. 194; SIRIS, 116. 255. 421. 496; IG X. II. 1, Nr. 85. – [174] S. Anm. 169; Meeks, in: LÄ II, 1006f. – [175] Roussel, Cultes, Nr. 5. 194. – [176] SIRIS, 88, Z. 2. 7. – [177] Tran Tam Tinh, loc. cit. (s. Anm. 100), 1731f. – [178] Meeks, in: LÄ II, 1006. – [179] SIRIS, 114. Die Gleichsetzung des Haroeris mit Apollon bei Plutarch, De Iside, 12 sowie ebd. die Vermengung von Haroeris und Harpokrates kommt offenbar in der V. des Horos-Apollon-Harpokrates zum Ausdruck: SIRIS, 116. 496; IG X. II. 1, Nr. 85. – [180] SIRIS, 30; der Horospriester in Athen auch SIRIS, 33b. – [181] SIRIS, 94. – [182] Roussel, Cultes, Nr. 58. – [183] In den Aretalogien im engeren Sinne wird nur Osiris genannt mit Ausnahme von Maroneia (Z. 17), wo infolge des griech. Einflusses Sarapis als Gefährte (σύνοικος) der Isis erscheint; s. Anm. 38. – [184] Hölbl, in: LÄ V, 871. – [185] Roussel, Cultes, Nr. 50a. – [186] Ibid., Nr. 33. 50a. [187] Ibid., Nr. 7. – [188] Vgl. Ladislav Vidman, in: Acta of the 5th International Congress of Greek and Latin Epigraphy 1967, Oxford 1971, 93–99. – [189] Roussel, Cultes, Nr. 152. 173a–b (V. des Osiris als Ὑδρεῖος oder eines ihn verkörpernden Ὑδρεῖον; s. Danielle Bonneau, in: CdE 57, Nr. 114, 1982, 372); zu Osiris auch Nr. 104. – [190] IG X. II. 1, Nr. 107. – [191] Ibid., Nr. 108, eher als zum Navigium nach Dunand, Culte II, 58. – [192] IG X. II. 1, Nr. 109. – [193] Ibid., Nr. 111; auch Nr. 110 belegt die V. im 2. Jh. n. Chr. – [194] SIRIS, 14. 33. 33b. – [195] SIRIS, 82 (1. Jh. v. Chr.). 88 (s. Anm. 163). – [196] SIRIS, 92 (1.–2. Jh. n. Chr.). – [197] SIRIS, 313 (1. Jh. n. Chr.?). – [198] SIRIS, 309. – [199] Klaus Parlasca, in: Les syncrétismes dans les religions grecque et romaine, Paris 1973, 95–102; Hölbl, Orientalische Religionen, 165f. Zwei überlebensgroße Osirisstatuen dieser Art fanden sich offenbar in der Nähe von Marathon (Michaud, in: BCH 94, 1970, 919. 925 Abb. 78–79; im lokalen Museum mit Nr. 1. BE 68–12–1; auf dem Kopf ein modiusartiger Aufsatz). Dazu die Darstellung auf einem Grabaltar aus der Gegend von Bari: Jean-Claude Grenier, L'autel funéraire isiaque de Fabia Stratonice, EPRO 71, 1978, 7, Tf. 6–7. – [200] Hölbl, Orientalische Religionen, 168–174. – [201] SIRIS, 459–462 (1.–3. Jh. n. Chr.). – [202] SIRIS, 778. – [203] Malaise, Inventaire, 137/Rome 87; SIRIS, 463. – [204] SIRIS, 400 (1.–2. Jh. n. Chr.). – [205] SIRIS, 433 (2.–3. Jh. n. Chr.). – [206] SIRIS, 563. – [207] SIRIS, 595. – [208] Tran Tam Tinh, Pompéi, Tf. 10. Zur Darstellung des jugendlichen Dionysos-Osiris: Le Corsu, in: BSFE 51, 1968, 17–31. – [209] Hölbl, op. cit., 167f.; Wild, Water (s. Lit.), 113–123; Françoise Thelamon, Païens et chrétiens au IVe siècle, Paris 1981, 217–219. – [210] Wessetzky, in: Acta antiqua Academiae Scientiarum Hungaricae 15, Budapest 1967, 451–456; id., in: ZÄS 96, 1970, 142–145. – [211] Leclant, in: Studia Aegyptiaca 1, Budapest 1974, 263–285. – [212] Hölbl, Orientalische Religionen, 177–179; Vermaseren, in: Lexicon Iconographicum Mythologiae Classicae II. 1, Zürich 1984, 177–182. – [213] Säulenbasen aus dem röm. Iseum auf dem Caelius: Malaise, Inventaire, 168f. – [214] Kater-Sibbes und Vermaseren, Apis II (s. Lit.), Nr. 292. – [215] Ibd., Nr. 283–284. – [216] SIRIS, 84 (2. Jh. v. Chr.). – [217] SIRIS, 313 (1. Jh. n. Chr.?). – [218] SIRIS, 291 (etwa 200 v. Chr.). – [219] Kater-Sibbes und Vermaseren, Apis III (s. Lit.), Nr. 4; L'Année Epigraphique, Revue des publications épigraphiques relatives à l'antiquité romaine 1979, Paris 1982, Nr. 627. – [220] Kater-Sibbes und Vermaseren, Apis III (s. Lit.), Nr. 3. – [221] Ibd. II, Nr. 350. – [222] Ibd. II, Nr. 286. – [223] Ibd. II, Nr. 293; Malaise, Inventaire, 58f., Tf. 2. – [224] Kater-

Sibbes, a.a.O. II, Nr. 295; diese Thematik in: ibd., Nr. 291 (Ostia). – [225] Danielle Bonneau, La crue du Nil, Paris 1964, 315–360. – [226] Dio 66, 8. – [227] Plinius, Hist. nat. XXXVI, 58. – [228] Malaise, Inventaire, 194/Rome 348–349; 181/Rome 335. – [229] Ibid., S. 102. – [230] Noch heute in situ als corpo di Napoli: Fulvio De Salvia, in: Civiltà dell'antico Egitto in Campania, Napoli 1983, 79. – [231] Vincent Tran Tam Tinh, Le culte des divinités orientales en Campanie, EPRO 27, 1972, 76f. (IS. 29). – [232] Blanco, in: Habis 2, Sevilla 1971, 251–256 (in SIRIS, 757 noch mißverstanden). – [233] Anne Roullet, Rome (s. Lit.), Nr. 140, Tf. 115. – [234] S. B. b mit Anm. 139. – [235] S. B. a mit Anm. 80; Françoise Dunand, in: Revue des Etudes Latines 40, Paris 1962, 83–86. – [236] Roussel, Cultes, Nr. 200–201. – [237] SIRIS, 173 (2. Jh. v. Chr.). – [238] SIRIS, 423. – [239] SIRIS, 422. 534 (Weihung für Isis-Bubastis von seiten einer Bubastiaca). – [240] SIRIS, 67. – [241] SIRIS, 524. – [242] SIRIS, 664. – [243] Contu, in: Bollettino d'Arte 52, Rom 1967, 205; Hölbl, op. cit., 179f. 191 (der Altar trägt Isissymbole; 35 n. Chr.). – [244] CIL, 10913f.; Wessetzky, Kulte (s. Lit.), 36; V. auch in Aquincum [66]: CIL, III 6460. – [245] Tran Tam Tinh, Pompéi, 145f., Nr. 52, Tf. 7, 1; vgl. 101f., Tf. 24. – [246] Malaise, Inventaire, 193/Nr. 345; 198/Nr. 366; 303/Nr. 48f.; S. 58f. – [247] Hölbl, op. cit., 181f. – [248] Dunand, Culte III, 138f. 146f. – [249] Roussel, Cultes, Nr. 15. 15 bis. 16. 16 bis. – [250] SIRIS, 291, Z. 20f. – [251] Apuleius, Met. XI, 22; s. C. c. – [252] Malaise, Conditions (s. Lit.), 112. 136–138. – [253] Apuleius, Met. II, 28 (ein gebürtiger Ägypter). – [254] SIRIS, 383. 384. 434; Malaise, Inventaire, Frontispiz, 234/Rome 441. – [255] Außer unserer Abb. 3: Tran Tam Tinh, Pompéi, 138, Nr. 37; 173, Nr. 138, b. – [256] Clemens, Strom. VI, 4; vgl. Plutarch, De Iside, 36. 38. – [257] In der Kaiserzeit in Athen (SIRIS, 16–17. 19. 25. 27) und Ephesos (SIRIS, 299); dazu die ornatrix in Nemausus [19]: SIRIS, 731. Die Weihgaben an Schmuck und Kleidern bezeugen auch für andere Heiligtümer diese Funktion (Dunand, Culte III, 154): bes. Delos, Thessalonike, Pergamon, Nemus Dianae [42] (Latium; SIRIS, 524) oder Acci [5] (Spanien; SIRIS, 761). Die sog. Hypostolen in Eretria und Demetrias [87] waren jedoch ein Kultverein: Bruneau, loc. cit., (s. Anm. 75), 112–114. – [258] Einziger epigraphischer Beleg ist der ἱερογραμματεὺς τῆς Αἰγύπτου in Aquileia, etwas vor 172 n. Chr.: SIRIS, 613. – [259] S. Anm. 254 (Malaise); Tran Tam Tinh, Pompéi (s. Lit.), Tf. 5, 2. – [260] Apuleius, Met. XI, 17. – [261] Roussel, Cultes, Nr. 60. 119. – [262] Zusammenfassend: Hölbl, in: ÖJh 55, Beiblatt, 1984, i. Dr. – [263] Dunand, Culte III, 155f. – [264] Baslez, in: CdE 50, Nr. 99–100, 1975, 297–303 (sie trugen das schwarze Gewand in Analogie zu dem, in dem man sich Isis selbst vorstellte; vielleicht haben sie bei der Osirispassion den Trauergesang der Isis gesungen). – [265] So Malaise, Conditions, 128–130; vgl. id., in: Hommages Vermaseren II, 1978, 702f.; Belege: Apuleius, Met. XI, 17 (für Kenchreai). 30 (für Rom); SIRIS, 433. 622. 644. 709. 726. – [266] Dunand, Culte III, 157f.; *pausarii* (SIRIS, 400) nach den Stationen der Prozessionen; dazu auch die stets weiblichen Kanephoren (in Athen Bürgerinnen, oft die Tochter des Priesters): Dunand, Culte III, 163f. – [267] Ibid., 165 (Frauen); Apuleius, Met. XI, 10 (ein Mann beim Navigium); Pompei: Tran Tam Tinh, Pompéi (s. Lit.), 136f., Nr. 33. – [268] Sistren sind vor allem in Italien nachgewiesen: Malaise, Inventaire, 370 (s. v. Sistres); für die Moesia inferior vgl. Danov, in: Bulletin de la Société Historique Bulgare 16–18, Sofia 1940, 170, Abb. 1. – [269] Malaise, Conditions, 123. – [270] Apuleius, Met. XI, 11; auf den Säulen des Iseum Campense: Anne Roullet, Rome (s. Lit.), Tf. 26–34. – [271] SIRIS, 742; dazu 33a (Athen); Grenier, Anubis (s. Lit.), 177–180. – [272] Ibid., 74, Documents 36–37; so wohl auch Domitian: Sueton, Domitianus, 1. – [273] SIRIS, Indices, S. 346–349, s. v. ζάκορος, νεωκόρος, ἀρχινακόρος (dazu IG X. II. 1, Nr. 109. 114. 115. 118), *aeditimus, aedituus* (dazu L'Année Epigraphique 1977, Paris 1980, Nr. 28). – [274] Vidman, Isis (s. Lit.), 78–87; Bruneau, loc. cit. (s. Anm. 75), 137–141. – [275] SIRIS, 291, Z. 29; 306; Bedeutungswandel gegenüber Memphis: Dunand, Culte III, 168f. – [276] Malaise, Conditions, 144. – [277] Dunand, Culte III, 175–177; Malaise, a.a.O., 144f.; Vidman, Isis, 66–94. – [278] Nur SIRIS, 248 (Kos [117], 2. Jh. v. Chr.). – [279] Nur SIRIS, 305 (Smyrna [112], 3. Jh. v. Chr.; auch Ägypter darunter). – [280] So Grenier, Anubis (s. Lit.), 176f.; Malaise, a.a.O., 145, Anm. 7 setzt sie dagegen mit den Anubophoren gleich. – [281] Françoise Dunand, in: Religions, pouvoir, rapports sociaux, Paris 1980, 69–148. – [282] Malaise, a.a.O., 67–112; id., in: ANRW II. 17, 3, Berlin 1984, 1629–1632. – [283] Hölbl, in: Spätantike und frühbyzantinische Kultur Bulgariens zwischen Orient und Okzident, Schriften der Balkankommission ÖAW, Antiquarische Abteilung 16, Wien 1985, 51f. – [284] Dunand, Culte III, 163–167; Malaise, in: Hommages Vermaseren II, 700f. – [285] Dunand, Culte II, 144–150. – [286] Die seichten Reinigungsbecken z. B. in Gortyn (Wild, Water [s. Lit.], 40, Abb. 17, „ablution basin") oder Pergamon (ibid., nach S. 56, Abb. 21, M); Tauchbecken: ebenfalls Pergamon (ibid., Abb. 21, N) oder Dion, Naiskos III (s. D mit Anm. 377). – [287] Apuleius, Met. XI, 1, 23; vgl. J. Gwyn Griffiths, Apuleius (s. Lit.), 286. Dazu die archäologischen Zeugnisse des äg. Kultes in Verbindung mit Bädern: SIRIS, 133 (Philippopolis [79]). 538 (Ostia); Leclant, in: Or 39, 1970, 362 (Side [122]); Aupert und Picard, in: BCH 106, 1982, 264–280 (Argos); Marie Christine Budischovsky, in: Aquileia e l'arco alpino orientale, Antichità Altoadriatiche 9, Udine 1976, 214 (Virunum [60]). – [288] Apuleius, Met. XI, 20. – [289] Hölbl, loc. cit. (s. Anm. 82), 38. – [290] Wild, Water (s. Lit.), dazu aber Nicole Genaille, in: RHR 22, 1983, 296. – [291] Wild, Water (s. Lit.), bes. 149–160. – [292] Ibid., 158f.; Iuvenal VI, 526–529. – [293] Roussel, Cultes, Nr. 16. 16 bis. 50; Dunand, Culte III, 192. 197f. – [294] SIRIS, 274 (Iasos [115]); zur Bedeutung des Feuers: Porphyrius, De abstinentia IV, 9 und SIRIS, 350 (Weihung einer ἑστία in Side [122]). – [295] Apuleius, Met. XI, 20. – [296] Apuleius war schon vor seiner Einweihung dabei. – [297] Pausanias II, 13, 7. – [298] Id. X, 32, 13–18. Dazu paßt Apuleius, Met. XI, 17. – [299] Dunand, Culte III, 203–207. – [300] Athen, Delos, Kyme, Thessalonike: Roussel, Cultes (s. Lit.), 65 und Nr. 189; SIRIS, 28. 310; IG X. II. 1, Nr. 100. 101. 119; vgl. Dunand, Culte II, 197 (für Philippi) und Tran Tam Tinh, Pompéi (s. Lit.), 33 mit Anm. 4 (für Pompei); s. B. a–b mit Anm. 89. 119. – [301] Für Delos, Chaironeia [93], Larisa [85] und Thessalonike s. Dunand, Culte III, 208; Neine [78] (Macedonia): Vasilka Gerassimova-Tomova, in: Klio 62, 1980, 96,

Abb. 5; Maroneia [81]: Grandjean, loc. cit. (s. Anm. 38), 119 f.; für Italien: Malaise, Conditions, 106 (einige Beispiele werden als Erinnerung an die Anwesenheit von Pilgern gedeutet); Augusta Vindelicorum [29]: SIRIS, 646. – [302] Dunand, Culte III, 209–212. – [303] Apuleius, Met. XI, 8–11 (zur Deutung der „Anteludia“: Gian Franco Gianotti, in: Civiltà Classica e Cristiana 2, Genua 1981, 315–331); Ovid, Met. IX, 691–694; für Rom: Malaise, Inventaire, 234 f./Rome 441. Castiglione, in: Acta Antiqua Academiae Scientiarum Hungaricae 8, Budapest 1960, 387–404. – [304] Dunand, Culte III, 223–230; Malaise, Conditions, 217–221; s. B. a mit Anm. 93–95. – [305] Sueton, Nero, 20,2; Merkelbach, in: Scritti in onore di P. Montevecchi, Bologna 1981, 217–219. – [306] Apuleius, Met XI, 16. – [307] Ibid., 17: *ritu Graeciensi*. – [308] Zur Diskussion Dunand, Culte III, 228–230. Anders Reinhold Merkelbach, Isisfeste in griech.-röm. Zeit, Beiträge zur Klassischen Philologie 5, Meisenheim 1963, 36–41. 57–59, der den Ursprung des Navigium in den in *Kanopos gefeierten Kikellia sehen möchte. – [309] Dunand, Culte III, 230–238; Malaise, Conditions, 221–228. – [310] Plutarch, De Iside, 39. – [311] SIRIS, 158. 324. – [312] Dunand, Culte III, 237; vgl. IG X. II. 1, Nr. 108. – [313] Malaise, a.a.O., 225 f. – [314] Id., Inventaire, 45. – [315] SIRIS, 291; stehen offenbar im Zusammenhang mit der Λυχνοκαΐη, die Herodot II, 62 für Sais bezeugt. – [316] Malaise, Conditions, 229 f. – [317] SIRIS, 67. – [318] Malaise, a.a.O., 228 f. – [319] SIRIS, 48. 145. 147. 262. Feste mit Wettkämpfen im Zusammenhang mit Isis und Sarapis auch SIRIS, 2. 343–344. – [320] Malaise, a.a.O., 229. – [321] Junge, in: Aspekte der spätäg. Religion, hg. von Wolfhart Westendorf, GOF IV. 9, 1979, 93–115. – [322] Griffiths, in: Ugo Bianchi und H. J. Vermaseren (Hg.), La soteriologia dei culti orientali nell' impero romano, Colloquium Roma 1979, EPRO 92, 1982, 192–222. – [323] Apuleius, Met. XI, 15. – [324] Ibid., 23; Griffiths, Apuleius (s. Lit.), 247. – [325] Apuleius, Met. XI, 23. – [326] Junge, loc. cit., 110; dazu die Gerichtsszene im Tempel von *Deir el-Medineh. – [327] Apuleius, Met. XI, 22; dazu Griffiths, Apuleius, 285 (zu S. 284, 13). Auch nach der Aretalogie von Maroneia, Z. 23–24 (s. Anm. 38) waren die Hieroglyphen für die Mysten bestimmt. – [328] Das spricht dafür, daß die Mensa Isiaca in Rom als Unterlage für Einweihungen gedient haben könnte: Derchain, loc. cit. (s. Anm. 62), 61. – [329] Apuleius, Met. XI, 23. Zur Interpretation des Berichtes: Bergman, in: La soteriologia (s. Anm. 322), 671–708. – [330] Apuleius, Met. XI, 21. – [331] Junge, loc. cit. (s. Anm. 321), 106. – [332] Friedrich Junge, in: Synkretismusforschung, hg. von Gernot Wiessner, GOF, Grundlagen und Ergebnisse 1, Wiesbaden 1978, 102. 104. – [333] Vgl. Aelius Aristides, Sacra oratio III, 49–50; der Erleuchtung des Achu (*Ach) entspricht das durch Isis bewirkte Licht. – [334] Bergman, loc. cit. (s. Anm. 329), 681 f.; id., Ich bin Isis (s. Lit.), 300. – [335] Apuleius, Met. XI, 25,1 begreift Isis nach seiner Weihe als *sancta et humani generis sospitatrix perpetua*. – [336] Ibid. XI, 27–28. – [337] Plutarch, De Iside, 2. 27; Malaise, in: L'Antiquité Classique 50, Brüssel 1981, 483–498. – [338] Durch die Aretalogie von Maroneia: s. Anm. 38 (hier auch der eleusinische Einfluß). Zum epigraphischen Belegmaterial: Vidman, Isis (s. Lit.), 125–138. – [339] Differenzierte Ansicht gegenüber: Françoise Dunand, in: Mystères et syncrétismes, Paris 1975, 11–62; Ugo

Bianchi, in: Perennitas. Studi in onore di A. Brelich, Rom 1980, 9–36. – [340] Morenz, in: ZDMG 111, 1961 (1962), 432–436 (= id., Religion und Geschichte des alten Ägypten, Gesammelte Aufsätze, Köln 1975, 521–526). – [341] SIRIS, 100 (Grabstele eines Isispriesters in Demetrias [87], Mitte 3. Jh. v. Chr.). – [342] SIRIS, 255 (Samos [114], vielleicht 3. Jh. v. Chr.). – [343] S. unten mit Anm. 354. – [344] Ladislav Vidman, in: Acta of the 5th International Congress of Greek and Latin Epigraphy, Cambridge 1967, Oxford 1971, 93–99. – [345] Ich scheue mich daher, die beliebte und sicher nicht unrichtige Bezeichnung „alexandrinische Religion“ zu verwenden, weil sie von den genuin äg. Inhalten ablenkt und der in den Quellen faßbaren historischen Entwicklung nicht gerecht wird. – [346] Bruneau, loc. cit. (s. Anm. 75), 99. – [347] SIRIS, 1. – [348] Macrobius, Saturnalia I, 20, 16–17. – [349] SIRIS, 269. – [350] SIRIS, 128. – [351] SIRIS, 73. – [352] Bruneau, loc. cit. (s. Anm. 75), 106–109. – [353] Ibid., 119–131. Die Höhe der eben genannten Mauern bleibt unklar; man ist versucht, an Säulenschranken nach äg. Muster zu denken (ibid., 43–45); Wild, Water (s. Lit.), 55 f. 174 f. – [354] Die Kultgeschichte berichtet die Sarapisaretalogie auf einer Säule in diesem Tempel: Helmut Engelmann, The Delian Aretalogy of Sarapis, EPRO 44, 1975; Roussel, Cultes, 19–32 und Nr. 1; Bruneau, in Études Déliennes = BCH, Suppl. 1, 1973, 111–136. – [355] Roussel, op. cit., 33–46. – [356] Roussel, op. cit., Nr. 40: Weihinschrift für Isis von seiten einer Ägypterin; Datierung schwankt vom Ende des 4. bis zum Ende des 3. Jh.: Dunand, Culte II, 85; SIRIS, 66. – [357] Der sog. Tempel C: Bruneau, in: BCH 104, 1980, 161–188. – [358] Ibid., 172. – [359] Dunand, Culte II, 90. – [360] Roussel, Cultes, Nr. 74. – [361] Ibid., Nr. 138. Zum Charakter dieser monumentalen Weihegaben: Bruneau, loc. cit. (s. Anm. 357), 175. – [362] Vgl. Anne Roullet, Rome (s. Lit.), Abb. 347–352. – [363] Jedoch gehen in der Nachbarstadt Chalkis [88] die Zeugnisse bis an die Wende 3./4. Jh. n. Chr. weiter: SIRIS, 84–88. – [364] Dunand, Culte II, 8. – [365] Susan Walker, in: The Annual of the British School at Athens 74, London 1979, 243–257. – [366] Dunand, Culte II, 134. – [367] S. C. a mit Anm. 285. – [368] Dunand, Culte II, 144. Für Athen als Ergänzung zu SIRIS: Leclant, in: Or 42, 1973, 438; SEG 30, 1980, Nr. 173. Zum Isistempel in Pikermi [96] (Attika) s. Leclant, in: Or 37, 1968, 130 f. – [369] Dunand, Culte II, 17–21. 155–167. – [370] Aupert und Picard, in: BCH 106, 1982, 264–280. – [371] SIRIS, 42; die *lex sacra*: SEG 28, 1978, Nr. 421 (2. Jh. v. Chr.). – [372] Dennis Edwin Smith, in: The Harvard Theological Review 70, Cambridge, Mass. 1977, 201–231; Wild, Water (s. Lit.), 169 f.; id., in: ANRW II. 17.4, 1984, 1764–1768. – [373] Dunand, Culte II, 162. – [374] SIRIS, 55. 56. 60. 64. 67. 69–71; aus Chaironeia [93] etwa 100 Belege: Dunand, Culte II, 32–35. Weiters SEG 25, 1971, Nr. 606. Für Mittelgriechenland als Ergänzung zu SIRIS: Leclant, in: Or 41, 1972, 283. – [375] Dunand, Culte II, 53–61. 182–191; Ergänzung zu SIRIS: IG X. II. 1, Nr. 75–123. – [376] Ergänzung zu SIRIS für Makedonien abgesehen von den Angaben in Anm. 375–381: Leclant, in: Or 51, 1982, 490; für Thessalien: SEG 29, 1979, Nr. 503. – [377] Pandermalis, in: AA 1982, 727–735; id., Ἡ ἱερὴ πόλη τῶν Μακεδόνων στούς πρόποδες τοῦ Ὀλύμπου, Thessaloniki 1983; zur Geschichte s. B. a mit Anm. 82. – [378] Mitteilung Pandermalis. – [379] SIRIS, 113–114; SEG

27, 1977, Nr. 247; Touchais, in: BCH 106, 1982, 580f. mit Abb. 93. – [380] V. Gerassimova-Tomova, in: Klio 62, 1980, 19–26. – [381] Dunand, Culte II, 191–198; Wild, Water, 19f. 179f. – [382] Dunand, a.a.O., 63–69. 199–204. Ergänzung zu SIRIS, für Thrakien s. bei Hölbl, loc. cit. (s. Anm. 283), 45; für Maroneia [81], wo es auch ein Heiligtum gab: Grandjean, loc. cit. (s. Anm. 38), 118–121 (inschriftliche Belege vom 2. Jh. v. Chr. bis ins 2./3. Jh. n. Chr.). – [383] SIRIS, 712 (2.–1. Jh. v. Chr.). – [384] SIRIS, 713 (Zt des Alexander Severus). – [385] Marija Kobylina, Divinités orientales sur le littoral nord de la Mer Noire, EPRO 52, 1976, 34–52. – [386] S. Anm. 83; Dunand, Culte II, 73–79. 205f.; Ergänzung zu SIRIS: SEG 28, 1978, Nr. 737. – [387] Dunand, Culte II, 115–130; Ergänzung zu SIRIS: SEG 26, 1976–77, Nr. 967–969 (Paros [104]); Marie-Therèse Couillard, in: BCH 94, 1970, 661–666, Nr. 2 (Mykonos [103]; dazu eine ebendort ausgestellte Dedikation eines Naos [?]). – [388] Wild, Water, 13f. 185f. – [389] SIRIS, 200; Ladislav Vidman, in: Listy filologické 91, Prag 1968, 31–38. – [390] SIRIS, 173–245; dazu Xenophon von Ephesos, V, 13. – [391] SIRIS, 247–262. – [392] SIRIS, 269–272. – [393] SIRIS, 290–293; Wild, Water, 20f. 180f.; Dunand, Culte III, 54–60. – [394] S. B. f mit Anm. 218; C. a mit Anm. 250 und 275. Zur Isisverehrung in Privathäusern: Dunand, Culte III, 59. – [395] Hölbl, loc. cit. (s. Anm. 82); s. B. b mit Anm. 139. – [396] SIRIS, 279–282; dazu aber Robert A. Wild, in: ANRW II. 17.4, 1984, 1832–1834. – [397] SIRIS, 286–288; Dunand, Culte III, 49–53; Wild, in: ANRW II. 17.4, 1791–1793. – [398] Ibid., 1767–1770; Leclant, in: ANRW II. 17.4, 1696f.; s. B. a mit Anm. 74. – [399] SIRIS, 312–315; Wild, Water, 57f. 178f. – [400] SIRIS, 318–321. – [401] Plinius, Epistulae X, 42. – [402] SIRIS, 328–331. – [403] SIRIS, 295. 326. – [404] Dunand, Culte III, 4–17; Leclant, in: Florilegium Anatolicum, Paris 1979, 207–217. Ergänzung zu SIRIS: Leclant, in: Or 39, 1970, 362; 43, 1974, 223. – [405] SIRIS, 352; SEG 30, 1980, Nr. 1641. – [406] SIRIS, 353. 353a; SEG 30, 1980, Nr. 1604. – [407] SIRIS, 354–355; Wild, Water (s. Lit.), 14–16. 184f.; id., in: ANRW II. 17.4, 1984, 1821–1823. – [408] Weitere Ergänzungen zu SIRIS für Zypern: SEG 23, 1968, Nr. 683; Marie Chr. Hellmann und Antoine Hermary, in: BCH 104, 1980, 268–272. – [409] Norris, in: Harvard Theological Review 75, Cambridge, Mass. 1982, 189–207. – [410] SIRIS, 356. – [411] Bulletin Epigraphique 6, 1968–70, Nr. 586. – [412] SIRIS, 365–367. – [413] SIRIS, 368. – [414] SIRIS, 369. – [415] Sfameni Gasparro, loc. cit. (s. Anm. 115), 1–113. 167–263; SIRIS, 513–518. – [416] SIRIS, 497. – [417] Tran Tam Tinh, Pompéi (s. Lit.); Wild, Water (s. Lit.), 44–47. – [418] Tran Tam Tinh, EPRO 27 (s. Anm. 231); id., Le culte des divinités orientales à Herculanum, EPRO 17, 1971. – [419] S. C. a mit Anm. 265; Filippo Coarelli, in: La soteriologia dei culti orientali nell'impero romano, EPRO 92, 1982, 53–57 (*Isium Metellinum*). – [420] Zum Folgenden: Malaise, Conditions, 365ff. – [421] Malaise, Inventaire, 187–214; Anne Roullet, Rome (s. Lit.), 23–35. – [422] Sueton, Otho, 12,2. – [423] Hans Wolfgang Müller, Der Isiskult im antiken Benevent und Katalog der Skulpturen aus den äg. Heiligtümern im Museo del Sannio, MÄS 16, 1969; Malaise, Inventaire, 294–305. Trotz hell.-röm. Einflüsse in der Architektur hat der Komplex eher pharaonischen Charakter: In den hierogl. Obeliskeninschriften ist Domitian Pharao (mit Titulatur), Residenz ist Rom; Sarapis ist nicht bezeugt; daher erschiene mir die Bezeichnung „alexandrinischer Kult" für Benevent unrichtig, obwohl Isis als Herrin des Meeres präsent ist. – [424] Wild, Water (s. Lit.), 182f.; Malaise, Inventaire, 225–227; Heikki Solin, in: La soteriologia (s. Anm. 322), 132–138; Rita Volpe, ibid., 145–149. – [425] Dazu und zum Folgenden: Malaise, Conditions, 432–449. – [426] SIRIS, 374; Malaise, Inventaire, 180–182. – [427] Ibid., 171–176. Zusammenfassend zu den Heiligtümern in Rom: Coarelli, loc. cit. (s. Anm. 419), 53–65. – [428] Ägypter in Rom sind nach wie vor unter den Förderern der Religion: SIRIS, 398 (299 n. Chr.). – [429] Malaise, Conditions, 335–354. Für Ravenna [34] und die Emilia bes. Leclant, in: ANRW II. 17.3, 1984, 1705–1709. – [430] Budischovsky, Diffusion (s. Lit.). – [431] Nach der Tabelle bei Malaise, Conditions, 336–340; dazu jetzt Paestum [53]: L'Année Epigraphique 1975, Paris 1978, Nr. 267. Ergänzungen zu SIRIS für Italien: in Malaise, Inventaire und id., in: Hommages Vermaseren II, 627–717; L'Année Epigraphique 1977, Paris 1980, Nr. 28; 1981, Nr. 95 (beide Rom), Nr. 180 (Portus Ostiae); unklar ist 1974, Nr. 328, weil mit SIRIS, 804 (Kyrene) identisch. – [432] Budischovsky, op. cit., 192–222; SIRIS, 677. Für Dalmatien in Ergänzung zu SIRIS: L'Année Epigraphique 1981, Paris 1983, Nr. 696. – [433] SIRIS, 633. 638–639. 646; Budischovsky, Aquileja, 207–227 (zur Ausbreitung über die Alpen). – [434] Leclant, in: Or 40, 1971, 262. – [435] SIRIS, 647–650; Wild, Water (s. Lit.), 59f. 175f. – Materialsammlung: Elisabeth Schweditsch, Die Umwandlung ägyptischer Glaubensvorstellungen auf dem Weg an die Donau – ihre Kenntnis in Raetien, Noricum und Pannonien, Diss. Graz 1951. – [436] Wessetzky, Kulte (s. Lit.); Hölbl, loc. cit. (s. Anm. 283), 45–56; SIRIS, 651–674; Bernarda Perc, Beiträge zur Verbreitung ägyptischer Kulte auf dem Balkan und in den Donauländern zur Römerzeit, München 1968. – [437] Mathilde Grünewald, in: Fundberichte aus Österreich 18, Wien 1979, 430 (zum Serapeum); Marie Chr. Budischovsky, in: Mitteilungen der Gesellschaft der Freunde Carnuntums 1984. 2, 30–44. – [438] SIRIS, 680–699. – [439] SIRIS, 134. – [440] SIRIS, 710. – [441] Für die ganze Halbinsel: A. García y Bellido, Les religions orientales dans l'Espagne romaine, EPRO 5, Leiden 1967, 106–139; Alvar, in: La religion romana en Hispania, symposio 1979, Madrid 1981, 309–319; C. G. Wagner und Alvar, ibid., 321–333; SIRIS, 752–769a; L'Année Epigraphique 1978, Paris 1980, Nr. 386 (weitere Ergänzungen s. Anm. 442–443). – [442] Michael Koch, in: Madrider Mitteilungen 23, Heidelberg 1982, 347–352 (Nachweis eines privaten Heiligtums im 1. Jh. n. Chr.). – [443] L'Année Epigraphique 1968, Paris 1970, Nr. 230. 232. – [444] Leclant, loc. cit. (s. Anm. 211); Malaise, in: ANRW II. 17.3, 1984, 1651–1659 (zitiert alle Inschriften und sehr viele Kunstdenkmäler); SIRIS, 725–749 (ganz Gallien). – [445] Leclant, in: Or 30, 1961, 406. – [446] Eve und John R. Harris, The Oriental Cults in Roman Britain, EPRO 6, 1965, 74–95. – [447] Neben SIRIS, 751a jetzt L'Année Epigraphique 1976, Paris 1978, Nr. 363 (ein kaiserlicher Legat hat im 3. Jh. n. Chr. den verfallenen Tempel wiederherstellen lassen). – [448] Wild, in: ANRW II. 17.4, 1984, 1827–1829; SIRIS, 750. – [449] SIRIS, 714; Malaise, in: ANRW II. 17.3, 1984, 1662f. – [450] Leclant, in: Mélanges offerts à Polys Modinos, Paris 1968, 71–84; Günther Grimm, Die Zeugnisse ägyptischer Religion und Kunstelemente im römischen Deutschland, EPRO 12, 1969. – [451] SIRIS, 717–723. – [452] Grimm, loc. cit., 81.84, Kat. Nr. 34 A. 139. – [453] SIRIS, 724. – [454] Gennaro Pesce, Il tempio d'Iside in Sabratha, Rom 1953; zum Neubau: L'Année Epigraphique 1968, Paris 1970, Nr. 551. – [455] Wild, in: ANRW II. 17.4, 1984, 1770–1775. – [456] SIRIS, 803. – [457] SIRIS, 804–805. – [458] Wild, loc. cit. (s. Anm. 455), 1787–1789. – [459] Ibid., 1826. – [460] Ibid., 1763; SIRIS, 770–778. – [461] Wild, loc. cit. (s. Anm. 455), 1826; Leclant, in: Or 35, 1966, 174. – [462] Wild, loc. cit. (s. Anm. 455), 1787; SIRIS, 785–788. – [463] Leclant, loc. cit. (s. Anm. 461): innerhalb eines monumentalen Baubezirkes zusammen mit dem Tempel der kapitolinischen Trias. – [464] Dunand, Culte II, 143 f. – [465] SIRIS, 562. – [466] SIRIS, 457; Malaise, in: Hommages Vermaseren II, 642/Rome 21 a. – [467] SIRIS, 447. 450; zusammenfassend: Malaise, Conditions, 450–455. – [468] Carmen adversus Flavianum 95. 98–100; dazu J. Wytzes, Der letzte Kampf des Heidentums in Rom, EPRO 56, 1977, 164. 169. 191 f. Vgl. C. b mit Anm. 314.

Lit.: ANRW = Aufstieg und Niedergang der römischen Welt, Berlin; Apis I–III = G. J. F. Kater-Sibbes und M. J. Vermaseren, Apis I–III, EPRO 48, Leiden 1975–1977; Jan Bergman, Ich bin Isis, Studien zum memphitischen Hintergrund der griechischen Isisaretalogien, Acta Universitatis Upsaliensis, Historia Religionum 3, Uppsala 1968; Marie-Christine Budischovsky, La diffusion des cultes isiaques autour de la mer Adriatique 1, EPRO 61, 1977; Françoise Dunand, Le culte d'Isis dans le bassin oriental de la Méditerranée I–III, EPRO 26, 1973; Jean-Claude Grenier, Anubis alexandrin et romain, EPRO 57, 1977; John Gwyn Griffiths, Apuleius of Madauros, The Isis-Book, EPRO 39, 1975; Günther Hölbl, in: Die orientalischen Religionen im Römerreich, EPRO 93, 1981, 157–192; Wilhelm Hornbostel, Sarapis, EPRO 32, 1973; IG = Inscriptiones Graecae; LIMC I = Lexicon Iconographicum Mythologiae Classicae I, Zürich 1981; Michel Malaise, Les conditions de pénétration et de diffusion des cultes égyptiens en Italie, EPRO 22, 1972; Michel Malaise, Inventaire préliminaire des documents égyptiens découverts en Italie, EPRO 21, 1972; Anne Roullet, The Egyptian and Egyptianizing Monuments of Imperial Rome, EPRO 20, 1972; Pierre Roussel, Les cultes égyptiens à Délos du IIIe au Ier siècle av. J.-C., Nancy 1916; V. Tran Tam Tinh, Essai sur le culte d'Isis à Pompéi, Paris 1964; Ladislav Vidman, Isis und Sarapis bei den Griechen und Römern, RVV 29, 1970; Vilmos Wessetzky, Die ägyptischen Kulte zur Römerzeit in Ungarn, EPRO 1, 1961; Robert A. Wild, Water in the Cultic Worship of Isis and Sarapis, EPRO 87, 1981. Die dem Autor bis Mitte 1984 bekannt gewordenen Ergänzungen zu SIRIS sind den Anmerkungen in Abschnitt D beigefügt.

Korrekturzusatz: Zu Anm. 41: Ferner Derksen und Vermaseren, in: Alessandria e il mondo ellenistico-romano, Studi in onore di A. Adriani III, Rom 1984, 430–432, Tf. 76. – Auf Karte „Ausschnitt II" ostwärts Korinth „Kenchreai" einfügen! G. Hö.

Verehrung früherer Könige. I. *Allgemeines*

1. *Die kultische Verehrung* früherer Könige ist zu trennen vom normalen *Totenkult, vom Kult kgl. Statuen zu Pensionszwecken[1] und von der Anknüpfung an Könige der Vergangenheit durch entsprechende Gestaltung der kgl. Titulatur[2]. Dagegen gehört zur V. früherer Könige die Wiederaufnahme von Kulten[3] bzw. deren Verpflanzung (s. III. 3).

2. *Klassifikation* früherer Könige unter dem Aspekt der kultischen Verehrung. Frühere Könige können als Lokalgottheiten auftreten, und zwar im Anschluß an ihren Totenkult (s. II. 1) oder an denkwürdige Aktivitäten (s. II. 2). In diesen Fällen ist der frühere König vergöttlicht worden (*Vergöttlichung). Als Gott ist er zwar nach Titel und Namen identisch mit der entsprechenden historischen Gestalt, verfügt aber über ein Eigenleben, das beschränkt ist auf den Ort bzw. die Orte der göttlichen Verehrung. Eine zweite Gruppe von früheren Königen besteht aus einzelnen Amtsvorgängern des regierenden Königs. Meistens handelt es sich um den Vater (s. III. 1), als der auch ein entfernterer Vorgänger figurieren kann (s. III. 2). Daneben sind besonders solche Vorgänger zu nennen, deren Kult wiederaufgenommen oder verpflanzt wurde (s. III. 3). Solche einzelnen Amtsvorgänger erfuhren eine Vergöttlichung lediglich als *Osiris. Neben der V. einzelner früherer Könige steht die von Gruppen von früheren Königen (s. IV.).

II. *Frühere Könige als Lokalgottheiten*

1. *Beispiele zur Verehrung im Anschluß an einen Totenkult.* a) *Snofru: Funde aus der 12. Dyn. belegen in *Dahschur einen Kult des Snofru (vornehmlich im *Taltempel der Knickpyramide lokalisiert), der als Erscheinungsform des Osiris galt oder als Mittler zwischen Weihendem und und Osiris[4].

b) *Unas: Im Bereich des Taltempels des Unas-Bezirkes entsteht gegen Mitte der 6. Dyn. der Kult des vergöttlichten Unas als „*Ptah-*Sokar-König Unas"[5]. Der Kult ist bis in die 12. Dyn. belegt.

c) *Mentuhotep II.: In *Deir el-Bahari entwickelt sich durch Identifizierung Mentuhoteps II. mit *Amun der Kult des Königs als Lokalgottheit des „Tales", dessen *Totentempel erster Zielort des *Talfest-Zuges war[6].

d) *Amenophis I.: Die V. Amenophis' I. als Gründer von *Deir el-Medineh und (seit Beginn der Ramessidenzeit) als Schutzgottheit dieser Stadt könnte sich vom möglicherweise nahegelegenen Grab des Königs herleiten[7]. Amenophis I. wird durch *Orakel tätig und zusammen mit seiner Mutter *Ahmes Nofretere als Fürsprecher angebetet[8].

2. *Beispiele zur V. im Anschluß an besondere Aktivitäten.* a) Snofru: In der 12. Dyn. tritt Snofru als lokaler Gott im Minengebiet des westlichen *Sinai auf[9]. Er ist der *Hathor als Herrin des

Türkisgebietes nachgeordnet und dem *Sopdu nebengeordnet[10]. Die äg. Expeditionstätigkeit im Sinai begann nach Anschauung der 12. Dyn. mit der *Expedition des Snofru. Die Formulierung „... die vielen (Expeditions-)Leiter, die nach Snofru, dem Seligen, kamen ..."[11] kann verstanden werden als „seit der Urzeit"[12]. Vielleicht ist eine der beiden Sinai-Stelen des Snofru[13] als Ausgangspunkt seiner V. im Sinai anzusehen[14]. Entscheidend dürfte aber die Rolle des Snofru in der 12. Dyn. gewesen sein[15], möglicherweise jedoch schon seine hervorgehobene Rolle in der 6. Dyn. (*wʿrt Ḥrw Nb-Mɜʿt* = Sinai)[16].

b) *Sesostris III.: Ausgehend[17] von der Errichtung der Grenzstelen bei *Semna[18], in denen Sesostris III. sein „*twt*" (wohl die Namen des Königs im Stelengiebel)[19] errichten ließ, wird er bereits im MR im Grenzgebiet des äg. Nubien göttlich verehrt, und zwar in *ḥtp-ḏj-njswt*-Formeln in Felsinschriften genannt[20]. Ihm werden im NR Tempelbauten errichtet (Semna und *Kumma). In *Buhen-Süd[21] tritt er als Mitglied der Landesgötter dem König gegenüber. Als Vertreter der Südgrenze Unternubiens erscheint er auch im *Felstempel von Ellesija[22] (*Qasr Ibrim).

c) *Amenemhet III.: Die Kolonisierung des *Fajjum durch Amenemhet III. wurde magisch gesichert durch die Errichtung zweier Kolossalstatuen des Königs am nördlichen Eingang des Fajjum (*Biahmu), zwischen denen eine Straße zum Tempel des *Sobek in *Medinet el-Fajjum führte. Durch diese Wächterstatuen und den Damm um das kolonisierte Gebiet herum wurde dieses tempelgleich zu einem Ordnungsbezirk gemacht. An diese Tätigkeit Amenemhets III. schließt sich eine V. des Königs als Lokalgottheit an, die ihn in enge Beziehung zu Sobek *Šdtj* setzte[23].

Amenophis I.: Zu diesem König als Gründer von Deir el-Medineh (obwohl erst sein Nachfolger dort nachgewiesen ist)[24], vgl. oben (II. 1 b).

III. V. *einzelner Amtsvorgänger des regierenden Königs*

1. *Beispiele zur V. des Vaters:* Die Kapellen *Thutmosis' I. im Totentempel der *Hatschepsut[25], *Ramses' I. in den Bauten *Sethos' I. in Gurna[26] und in *Abydos[27] sowie Sethos' I. im *Ramesseum und im Tempel *Ramses' II. in Abydos[28].

2. *V. eines entfernteren Vorfahren statt des Vaters*[29]: Wie es auch sonst üblich war, daß ein entfernterer Vorfahr als Vater des Königs bezeichnet werden konnte, nimmt im Totentempel *Ramses' III. in *Medinet Habu Ramses II. die Stelle des Vaters ein[30].

3. *Wiederaufnahme oder Verpflanzung von Kulten früherer Könige:* Die (meistens nur vorübergehende) Wiederbelebung von Kulten früherer Könige ist am besten durch die Aktivitäten des *Chaemwese belegt. Sie sind unter dem Generalnenner der erhofften Fürsprache im Jenseits zu begreifen. Einen Sonderfall der V. früherer Könige stellt die Verpflanzung der zu Beginn des MR in *Memphis noch existierenden kgl. Totenkulte nach *Karnak dar, wo sie Filialkulte des Amun-Tempels wurden. Die Könige erhielten dort wahrscheinlich eigene Kultstellen[31]. Als diese aufgelöst wurden, trat unter *Thutmosis III. an deren Stelle eine Art Inventarliste mit Königsnamen als Empfänger von Opfergaben[32] (*Königsliste von Karnak[33]).

IV. V. *von Gruppen von Amtsvorgängern*

Stellte die Karnak-Liste noch eine zufällige Auswahl von früheren Königen dar, war mit den Königslisten in Abydos (in den Tempeln Sethos' I.[34] und Ramses' II.[35]) Vollständigkeit angestrebt mit dem Ziel einer Verbindung des regierenden Königs mit der Urzeit[36]. Gemäß den bildlichen Darstellungen (*Tempelrelief) wurde ihnen vom regierenden König geopfert. Im Tempel Ramses' II. scheinen die Kulthandlungen aber einer Statue Sethos' I. gegolten zu haben[37]. Die Vorfahrenreihe wird in abgekürzter Form im *Minfest in Medinet Habu wiedergegeben, in dem, abgesehen von Statuen der Könige des NR, als Vertreter früherer Epochen nur solche der Gründer des Einheitsstaates, des *Menes, des Mentuhotep II. und des *Ahmose, mitgeführt wurden[38].

[1] Vgl. Helck, in: JNES 25, 1966, 32–41. – [2] S. *Vergangenheit, Verhältnis zur, III 2 a. – [3] Ebd., III 2 c. – [4] Wildung, Rolle äg. Könige I, 119–127; zur V. des Snofru in Meidum vgl. Wildung, in: RdE 21, 1969, 135–145; Stadelmann, in: MDAIK 36, 1980, 437–449, bes. 449. – [5] Altenmüller, in: SAK 1, 1974, 1–18; Moussa und Altenmüller, in: MDAIK 31, 1975, 93–97. – [6] Vgl. Dieter Arnold, Der Tempel des Königs Mentuhotep von Deir el-Bahari I, AV 8, 1974, 92–95; II, AV 11, 1974, 33; Manfred Bietak und Elfriede Reiser-Haslauer, Das Grab des ʿAnkh-Hor I, DÖAW 6, 1978, 25. – [7] Franz-J. Schmitz, Amenophis I., HÄB 6, 1978, 231. – [8] Vgl. Davies, Two Sculptors, 33, Tf. 9. 10. Zu den verschiedenen Formen der V. Amenophis' I. vgl. F.-J. Schmitz, a.a.O., 116; Černý, in: BIFAO 27, 1927, 159–197; Kees, Priestertum, 140–141; Wente, in: JNES 22, 1963, 30–36. – [9] Zusammenstellung des Materials bei Wildung, Rolle äg. Könige I, 128–137; vgl. auch Gundlach, in: Kairos 5, Salzburg 1963, 214. – [10] Vgl. bes. Inscr. Sinai, Nr. 28. 124 a; dazu vgl. Wildung, a.a.O., 129–130. 132. – [11] Inscr. Sinai, Nr. 124 b u. ö. – [12] Vgl. Wildung, a.a.O., 131–132. – [13] Inscr. Sinai, Nr. 5. 6. – [14] So Wildung, a.a.O., 137. – [15] Vgl. *Vergangenheit, Verhältnis zur, III. 2. – [16] Urk. I, 103; s. Gundlach, in: Kairos 5, Salzburg 1963, 214; andere Erklärungen bei Gauthier, DG I, 188; Wildung, Rolle äg. Könige, 108; Helck, Geschichte[2], 73 Anm. 12. – [17] Wildung, a.a.O.,

87 Anm. 9. – [18] Sethe, Lesestücke, 83–85. – [19] Barta, in: Fs Mus. Berlin, 51–54. – [20] Wildung, a.a.O. – [21] Ricardo A. Caminos, New Kingdom Temples at Buhen I, ASE 33, 1974, Tf. 91, Szene 36. – [22] Hassan El-Achiery u.a., Le Speos d'El-Lessiya II, Kairo 1968, Tf. 33, Szene D 12; vgl. Rolf Gundlach, Studien zu den äg. Felstempeln, HÄB 13–14 (in Vorbereitung). – [23] BM Stelae IV, 15; Brovarski, in: LÄ V, 999. – [24] F.-J. Schmitz, a.a.O., 230. – [25] PM II², 361. – [26] PM II², 417–419. – [27] Herbert E. Winlock, The Temple of Ramesses I at Abydos, MMA Papers 1, New York 1921–1937. – [28] Zu den ramessidischen Kapellen vgl. Stadelmann, in: MDAIK 35, 1979, 303–321, bes. 314–315; zur Kapelle Sethos' I. im Tempel Ramses' II. in Abydos s. neuerdings Kuhlmann, in: MDAIK 38, 1982, 355–362, bes. 355–356. – [29] Vgl. die Anknüpfung an Könige der mittelbaren Vergangenheit (s. *Vergangenheit, Verhältnis zur, III. 2). – [30] Im Raum 14; vgl. Stadelmann, in: MDAIK 35, 1979, 314 sowie auch *Vergangenheit, Verhältnis zur, Anm. 17. – [31] Wildung, in: MDAIK 25, 1969, 212–219. – [32] Wildung u.a., in: GM 9, 1974, 41–48. – [33] PM II², 112 (342) = Louvre E. 13481 bis. – [34] PM VI, 25 (229–230). – [35] Raum II, s. Anm. 37. – [36] S. *Vergangenheit, Verhältnis zur, III. 1. – [37] Kuhlmann, in: MDAIK 38, 1982, 356. – [38] Medinet Habu IV, 196 (auch bei Claas J. Bleeker, Die Geburt eines Gottes, Leiden 1956, Tf. 3). R. Gu.

Verehrung verstorbener Privatleute. Pour des raisons que nos connaissances actuelles ne permettent pas d'entrevoir, la mythologie égyptienne a admis au rang des divinités des êtres terrestres qui se sont distingués durant leur vie par des actes remarquables. Ce n'étaient pas uniquement des rois (*Königskult) mais aussi de hauts fonctionnaires et même des hommes au sujet desquels l'histoire nous apprend très peu. Dans certains cas, leurs noms sont liés à des réalisations exceptionnelles dans le domaine de l'art ou de la littérature à tel point que leur culte s'est rapidement répandu à travers toute l'Egypte; dans d'autres, il s'agit plutôt de saints locaux dont la vénération n'a pas dépassé les limites d'un nome ou d'une ville. Ils sont invoqués par les dévôts pour combler en partie le large fossé qui les séparait de leurs dieux. La piété populaire s'est emparée d'eux afin d'obtenir des grâces concrètes, telles que la guérison des maladies que la médecine était incapable de combattre ou la protection contre des êtres nuisibles. Ces simples mortels qui furent l'objet d'une dévotion particulière sont désignés par le terme *nṯr* et, à la basse époque, par *ḥrj* ou *ḥzj*; leurs noms apparaissent dans les proscynèmes et les fidèles se proclament leur *jmꜣḫ*[1].

Issue du culte funéraire (*Totenkult), la vénération des hommes divinisés variait donc considérablement selon la réputation que ceux-ci avaient acquise durant leur vie. Par l'ampleur de la dévotion que les Egyptiens leur témoignaient et le nombre des sources qui l'attestent, les célèbres architectes *Imhotep et Amenhotep (*Amenophis, Sohn des Hapu) dominent de la tête et des épaules le monde des demi-dieux[2]. Le nombre de ceux qui furent, jusqu'à un certain degré, leurs émules est si impressionnant qu'il est impossible d'en donner un aperçu systématique. Il comprend entre autres, pour l'Ancien Empire, le fils même du roi Khéops (*Cheops), *Djedefhor, auteur d'un enseignement (*Lehre des Djedefhor)[3], le vizir *Kagemni, pour qui fut composée une sagesse (*Lehre für Kagemni) et les gouverneurs de nome *Isi et *Heqaib dont le culte posthume se développa respectivement à Edfou (*Tell Edfu) et à *Eléphantine[4]. A *Qau el-Kebir, les nomarches Ibou et Ouahka furent divinisés au Moyen Empire[5]. Les vizirs Khay (*Chai) et *Parahotep[6], contemporains de *Ramsès II, accédèrent aux mêmes honneurs et, à la basse époque, des hommes dont la célébrité est plus entourée de mystère, tels que Djedhor (*Tachos) à *Athribis[7], Nespamedou à Eléphantine[8] et Horemheb à *Naukratis[9], s'étaient assuré une place dans le panthéon de ces villes. Ce sont là seulement quelques noms parmi les demi-dieux les plus renommés; de beaucoup d'autres, adorés dans un cercle restreint, seule l'onomastique permet plus ou moins d'apprécier le rôle de saint local[10]. *Vergöttlichung.

[1] Très bon état des questions chez Jan Quaegebeur, dans: OLP 8, 1977, 129–143. – [2] Dietrich Wildung, Imhotep und Amenhotep. Gottwerdung im alten Aegypten, MÄS 36, 1977. – [3] Wolfgang Helck, Die Lehre des Djedefhor und die Lehre eines Vaters an seinen Sohn, KÄT, 1984. – [4] Anna-Maria Donadoni Roveri, dans: OrAnt 13, 1974, 53–56. – [5] Hans Steckeweh und Georg Steindorff, Die Fürstengräber von Qâw, Sieglin Exp. 6, 1936, 7. – [6] Moursi, dans: MDAIK 37, 1981, 321–329. – [7] Elizabeth Sherman, dans: JEA 67, 1981, 82–102. – [8] Sauneron, dans: BIFAO 58, 1959, 36–38. – [9] Yoyotte, dans: RdE 34, 1982/83, 148–149. – [10] Henry G. Fischer, Varia, Egyptian Studies I, New York 1976, 64–66; Leahy, dans: GM 60, 1982, 67–79. H. De M.

Vereinigung beider Länder. A. *Das Ritual. Zmꜣ-tꜣ.wj*, „Vereinigung beider Länder", ist ab der 1. Dyn. (*Djer) Bestandteil des Krönungsrituales. Es folgt, soweit die frühen Belege dies erkennen lassen, direkt dem „Erscheinen des Königs", d.h. der *Thronbesteigung selbst, wobei diese Etappe seit dem MR durch Verschlingung der beiden *Wappenpflanzen von O. u. U.Äg. oder die Landesgötter *Horus und *Seth vollzogen wird (dies auf bildlicher Ebene; die gelebte Realität ist nicht erfaßbar, und es bestehen berechtigte Zweifel, die Konkretisierung der *zmꜣ-tꜣ.wj*-Idee im Bild in dieser Form auf die Realität zu übertragen)[1]. Diese symbolische Übergabe der beiden Landeshälften ist ein punktuell politischer Akt, der ein Zeichen einer starken, das gesamte Land beherrschenden Zentralgewalt setzen soll. Als solcher ist er aber nicht im Sinne Sethes als ausschließlich zeitidentisch gleichzusetzen mit der *Reichseinigung[2], sondern in seiner Wiederholbarkeit, dem äg. Geschichtsbild entsprechend, legitimiert das *zmꜣ-tꜣ.wj*-Ritual jede neue Königsherrschaft als „zeitlose Größe, die immer wieder ... im Koordinatensystem der Geschichte mit seiner Zeit- und Raumachse ... zu gegenwärtiger Wirklichkeit erhoben wird"[3].

Das Ritual der Krönung und der „Vereinigung beider Länder" überlagern sich in griech.-röm. Zt, so z.B. in der *zmꜣ-tꜣ.wj*-Kammer von *Dendara: der Überreichung der o. und u.äg. *Kronen an Horus durch *Nechbet und *Uto auf der Ebene des Textes entspricht die V. nur auf der Ebene des Bildes durch Darstellung des *zmꜣ-tꜣ.wj*-Vorganges selbst seitens der o. und u.äg. *Nilgötter, und das Thema der „Länder" klingt nur noch kurz in der Rede des Königs an, d.h. der ursprüngliche aktuelle politische Aspekt des Rituals wird zugunsten einer nachdrücklich betonten Erhaltung des Königtums abgeschwächt, mit Hinweis auch auf das Neujahrsfest (*Neujahr), welches virtuell einer Erneuerung der Königsherrschaft entspricht (*Königskrönung)[4]. Ähnliches geschieht in *Esna, wobei bei der „Inthronisation royale" durch Nechbet und Uto das göttliche Kind *Heka auf einem *zmꜣ-tꜣ.wj*-Zeichen in Größe eines Podestes steht, die textliche Referenz dazu aber fehlt[5]. Der Text einer Krönungsszene, ebenfalls aus Esna[6], stellt beide Ereignisse nebeneinander, läßt aber dafür die Darstellung des *zmꜣ-tꜣ.wj*-Zeichens vermissen.

B. *Ikonographie.* Die Verknüpfung der beiden Wappenpflanzen Äg., der o.äg. *Lilie und des u.äg. *Papyrus, um die *zmꜣ*-Hieroglyphe herum als vertikale Symmetrieachse, erscheint, abgesehen von Darstellungen, die Krönungstexte begleiten (s.o.), zumeist an den Außenseiten eines Thronsessels, wobei die Zahl der jeweiligen Blüten variieren kann; so z.B. auf der Sitzstatue des Königs *Chephren aus *Gisa[7]. Die Wucht der Darstellung läßt hierbei auf eine gezielte programmatische Aussage schließen, die als wichtiger Teil der *Königsideologie zu verstehen ist. Ganz reduziert dagegen erscheint das Bild bereits im MR, da es wie stets in der Folgezeit in das untere, hintere Viertel der rechteckigen Thronsesselseite gerückt erscheint und wohl eher als dekoratives denn als programmatisches Element zu betrachten ist. Dazu noch, und entgegen der allenthalben in äg. Ikonographie zu beobachtenden Tendenz, die Aufteilung eines symmetrischen Bildes mit Inhalten, die auf O. und U.Äg. gerichtet sind, dementsprechend zu gestalten, richtet sich die Verteilung der Wappenpflanzen nicht unbedingt und immer nach diesem Postulat, so auf dem Bild des Thronsessels *Sesostris' III. in seinem Hebsed-Pavillon aus *Medamud: das Bild des Königs, doppelt dargestellt mit der o.äg. Krone (rechts) und der u.äg. Krone (links), weist keine durch eventuelle Umordnung der Wappenpflanzen anzudeutende Verbindung zu diesen auf[8].

Das *zmꜣ-tꜣ.wj*-Zeichen ist zu allen Epochen immer frei erkennbar; nur die *Amarnakunst lehnt auch für diesen Teil der implicite suggerierten Königsideologie die traditionelle Darstellungsweise ab, da sie bewußt dieses Zeichen, korrekt unter dem Sitz des Königs (aber auch der Königin) angebracht, durch ein Kleiderband und Füße teilweise überdecken läßt und ihm somit seine volle programmatische Bedeutung vorenthält[9].

[1] Winfried Barta, Untersuchungen zur Göttlichkeit des regierenden Königs, MÄS 32, 1975, 48f. (Die „Binse" als o.äg. Wappenpflanze steht hier fälschlich für „Lilie"). – [2] Kurth Sethe, Beiträge zur ältesten Geschichte Ägyptens, UGAÄ 3, 1905, 13. – [3] Hornung, Fest, 13. – [4] Dendara II, 170, Tf. 144–145. – [5] Esna II, 147–149, Nr. 70. – [6] Esna II, 183–185, Nr. 88. – [7] Kurt Lange und Max Hirmer, Ägypten, München [4]1967, Tf. IV. – [8] Ibd., Tf. 106. Zur reduzierten Darstellung vgl. Dendara II, Tf. 123, wobei das *zmꜣ-tꜣ.wj*-Zeichen an dieser Stelle mit dem *Udjatauge, *Lotos u.ä. wechseln kann. – [9] Eléonore Bille-de Mot, Die Revolution des Echnaton, München 1965, Tf. 45–46. M.-Th. D.-U.

Verfemung als Ächtung und Verfolgung von Lebenden oder Verstorbenen, aber auch Göttern, Kulten, Tieren, Gegenständen, Handlungen und Eigenschaften hat es in Äg. immer gegeben. Im Falle von Göttern und Menschen – den König und seine Angehörigen miteinbegriffen – äußert sich V. in damnatio memoriae (*Namenstilgung und -verfolgung). Beispiele sind die V. des *Amun unter Echnaton[1] (*Amenophis IV.), die des *Seth[2] und des *Apophis[3] sowie „typhonischer" Tiere (z.B. *Antilope, *Gazelle, *Krokodil[4] und *Schildkröte; vgl. auch unter *Götterfeinde), in besonderem Maße in der SpZt, vereinzelt aber auch schon früher, ferner die damnatio memoriae des Echnaton und seiner Familie unter den Ramessiden[5], die V. der *Kuschitenherrschaft unter den Saiten[6] und der Sturz des *Senenmut[7].

Einen Sonderfall stellt die kultisch bedingte V. von Speisen (z.B. *Fischen[8]) und Gegenständen (z.B. *Gold[9]) dar (vgl. unter *Tabu[10], *Speisege- und -verbote).

Bestimmte Handlungen verschiedenen Charakters wie z.B. das Betreten eines Grabes in unreinem Zustand[11] (*Reinheit, kultische) oder der Ehebruch[12] galten als verfemt. Sowohl die Handlung als auch die Person (bzw. der Gott) können mit dem terminus technicus *bwt*[13] „Abscheu" bezeichnet werden.

[1] Vgl. Lit. bei Hermann Alexander Schlögl, Echnaton – Tutanchamun. Fakten und Texte, Wiesbaden 1983, 33f. – [2] Zur Chronologie der V. des Seth vgl. Soukiassian, in: GM 44, 1981, 59ff. – [3] Vgl. vor allem die *Verfluchungen im „Book of Overthrowing of ʿApep" (Pap. Bremner-Rhind, XXIIff., ed. Faulkner, BAe 3, 1933, 42ff.; Übersetzung ders., in: JEA 23, 1937, 166ff.). – [4] Kákosy, in: LÄ III, 805. – [5] Vgl. Schlögl, a.a.O., 65. 67. – [6] Vgl. Yoyotte, in: RdE 8, 1951, 216ff. – [7] Vgl. dazu Christine Meyer, Senenmut. Eine prosopographische Untersuchung, Hamburger Ägyptologische Studien 2, Hamburg 1982, 264ff. – [8] Ingrid Gamer-Wallert, Fische und Fischkulte, 75ff.; vgl. auch Christiane Desroches-Noblecourt, in: Kêmi 13, 1954, 33ff. – [9] Gold ist das Tabu des 12. o.äg. Gaues, vgl. Otto, in: LÄ I, 319. – [10] Dazu ausführlich Montet, in: Kêmi 11, 1950, 85ff. – [11] Vgl. Edel, in: MDAIK 13, 1944, 4ff. (AR-Beispiele). – [12] Vgl. oDeir el-Medineh 439, vso 6, wo der Ehebruch bzw. der Ehebrecher als *bwt Mnṯw* „Abscheu des Month" bezeichnet wird, vgl. dazu Borghouts, in: RdE 33, 1981, 11ff. Zur Sache s. Allam, in: LÄ I, 1174f. – [13] Wb I, 453f.; Montet, a.a.O., 85ff.; Gamer-Wallert, a.a.O., 77f. Seth wird in Urk. VI, 13,13 als *bwt Rꜥ bwt nṯrw* „Abscheu des Re, Abscheu der Götter" bezeichnet. Vgl. auch die in Anm. 12 angeführte Lit.

Lit.: Vgl. im einzelnen unter den zitierten Stichwörtern.

G. V.

Verfluchung als „Unheilswunsch, der einem Menschen oder einer Sache Vernichtung oder Schaden bringen soll"[1], hat es auch in Ägypten gegeben[2]. Selbst Götter waren vor V. nicht sicher[3]. Dabei ist grundsätzlich zwischen nur angedrohter (*Drohformeln) und effektiv vollzogener, also eigentlicher V. zu unterscheiden. Erstere gilt einem allgemeinen, nicht eindeutig bestimmten, potentiellen feindlichen oder schadenbringenden Gegenüber, letztere einem ganz konkreten, oft namentlich genannten Individuum (bzw. einer gleichsam personifizierten Sache), das dann an sich nicht notwendigerweise feindlich gesinnt sein muß.

Androhung von V. ist in Ägypten durch seine ganze Geschichte hindurch gut belegt[4], während explizite Fälle tatsächlicher, „individueller" V. – läßt man die *Ächtungstexte beiseite – in älterer Zeit erstaunlich selten sind[5] und erst seit der SpZt häufiger werden[6].

Drohung und V. können aber in gewisser Weise ineinander übergehen, d.h. eine für den Fall bestimmter Vergehen mit *Fluch bedrohte Person(engruppe) verfällt, wenn sie sich des angesprochenen Vergehens schuldig macht, automatisch diesem Fluch, ohne daß dieser – so scheint es wenigstens – ad hoc erneuert werden müßte[7].

V. war meist untrennbar mit Religion und *Magie verknüpft: Um einen Fluch wirksam werden zu lassen, mußten transzendentale Mächte[8] – oft unter Zuhilfenahme eines bestimmten *Rituals[9] – bemüht werden.

V. zielte im günstigsten Falle auf temporäre Schädigung des Betroffenen im Diesseits ab[10], häufig darüber hinaus auf Tilgung des Andenkens im Bewußtsein der Nachwelt (*Namenstilgung und -verfolgung, *Verfemung) und Vernichtung der jenseitigen Existenz[11]. Daneben bestand aber auch die Vorstellung, daß ein Mensch – offenbar im Falle schlechten Lebenswandels – vom „Fluch Gottes" getroffen werden konnte und dann mit schlimmen Strafen im Jenseits zu rechnen hatte[12].

Gott, König, Vater, seinen Vorgesetzten, aber auch fremde Leute zu verfluchen, wird in ethisch-moralisch gestimmten Texten als etwas Negatives hingestellt[13].

In einem späten Weisheitstext findet sich die Warnung, in einem von Gott verfluchten Haus zu wohnen[14].

[1] „Großer Brockhaus" VI, Wiesbaden 1968, 363. – [2] Äg. Terminologie: a) *sḥwr* (Wb IV, 213, 4–6), demot. *sḥwr*, *sḥwj* u. ä. (Wolja Erichsen, Demot. Glossar, Kopenhagen 1954, 445), kopt. ⲥⲁϩⲟⲩ etc. (Crum, CD, 387); bedeutet in allen Sprachstufen nicht nur „verfluchen", sondern auch abgeschwächt „schmähen". b) Dasselbe gilt für *šnṯ*, für das Wb IV, 519 nur die Bedeutungen „jemanden schmähen, lästern" angibt. *šnṯ* und *sḥwr* sind Synonyme, wie die Übertragung von *n{n} šnṯ.j ḥr njswt n{n} šnṯ.j ḥr jt.j* (Tb 125 [Lepsius], S. XLVII, 27) durch *bn-pw.j sḥwr pr-ꜥꜣ bn-pw.j sḥwr pꜣj.j jt* in der demotischen Tb-Version (Franz Lexa, Das demotische Totenbuch, Demotische Studien 4, Leipzig 1913, 20), aber auch der parallele Gebrauch dieser beiden Ausdrücke in Urk. VI, 27, 12ff. und 29, 1ff. deutlich zeigt. Schotts (a.a.O.) Deutung von *šnṯ* (das in Schreibung und Bedeutung bisweilen offenbar mit *šnj* „beschwören" [Wb IV, 496, 4–6] kontaminiert wurde) als „verwünschen" wird dem Kontext eher gerecht als das zu allgemeine „schmähen, lästern". – c) *wꜣ* (Wb I, 246, 14–16) hat früh die Sonderbedeutung „verfluchen, Verfluchung" entwickelt, vgl. G. Posener bei William C. Hayes, A Papyrus of the Late Middle Kingdom, Brooklyn 1955, 57 und Osing, in: MDAIK 29, 1973, 119 Anm. 53. – d) Im Demotischen wird *ẖjṯ* (Erichsen, Demot. Glossar, 350) auch im Sinne von „Fluch, Verfluchung" gebraucht (vgl. dazu Spiegelberg, in: RecTrav 26, 1904, 164; ders., in: Friedrich Preisigke und Wilhelm Spiegelberg, Ägyptische und griechische Inschriften und Graffiti aus den Steinbrüchen des Gebel Silsile (Oberägypten), Straßburg 1915, 17 Anm. 5 mit richtiger Interpretation), bedeutet aber, wie es kürzlich von Henry S. Smith und W. J. Tait, Saqqâra Demotic Papyri I, Texts from Excavations 7, London 1983, 82 (cu) formuliert wurde, eigentlich „the spell a deity may wield over a human being: ‚doom'", kann also Fluch wie Segen bezeichnen. Natürlich kann aber auch V. vorlie-

gen, wo diese oder andere termini technici nicht gebraucht sind. – [3] Abgesehen von den in der SpZt detailliert ausgemalten V. des *Seth (vgl. besonders Urk. VI, passim) sind besonders die „Bedrohungen der Götter durch den Verstorbenen" zu nennen, vgl. Grapow, in: ZÄS 49, 1911, 48ff. Vgl. auch Anm. 13. – [4] Vgl. ausführlich unter *Drohformeln. – [5] Mir sind nur drei sichere Beispiele bekannt, die sich auf Personen beziehen; sie sind zitiert von Altenmüller, in: LÄ III, 1158 Anm. 21; Borghouts, ibd., 1149 Anm. 100 (Černý–Gardiner, Hier. Ostraca, 7,5; 14,1; Shorter, in: JEA 22, 1936, 165ff.). Eine Krankheit wird verflucht in dem ramessidischen Pap. Leiden 343 + 354, vso I, 1–6 (Adhémar Massart, The Leiden Magical Papyrus, Supplement OMRO 34, 1954, 32. 101, Tf. 8). V. von Städten und Stätten, wie sie koptisch bezeugt ist (vgl. Alexis Mallon, Grammaire copte, Beyrouth [4]1956, Chrestomathie S. 93, letzter Absatz), ist im Falle von *Tell el-Amarna zu vermuten, vgl. Adolf Erman, Die Religion der Ägypter, Berlin–Leipzig 1934, 130: „Auf dieser verfluchten Stätte sollte auch in Zukunft nichts Lebendes mehr gedeihen". – [6] Wilhelm Spiegelberg, Die demotischen Denkmäler II, CG, Straßburg 1908, 237, Tf. 80 publizierte den dem. Pap. Kairo CG 31045 als „Verwünschung" und „das erste und älteste Schadengebet, das in der äg. Literatur bekannt wird". Die Deutung als Verwünschung und Schadengebet wurde bestritten von Seidl, in: Essays in Honor of C. Bradford Welles, New Haven 1966, 61ff., vgl. aber dagegen mit guten Gründen Hughes, in: Fs Wilson, 43f. (die demotischen „Briefe an Götter", zu denen auch der zitierte Pap. Kairo CG 31045 gehört, sollen in einer Würzburger Dissertation von A. G. Migahid eingehend untersucht werden). – Weitere Fluchtexte: Urk. VI (gegen Seth); *Pap. Bremner-Rhind, XXIIff. (ed. Raymond O. Faulkner, BAe 3, 1933, 42ff.; Übersetzung: ders., in: JEA 23, 1937, 167ff.; JEA 24, 1938, 42ff.; gegen *Apophis); *Pap. Salt 825, IX, 8–9 (Philippe Derchain, Le papyrus Salt 825 II, Brüssel 1965, 12*; gegen Feinde); Holztäfelchen Berlin 23308 (Schott, in: ZÄS 67, 1931, 106ff.; gegen den „bösen Blick"); Holztäfelchen BM 20775 (Vittmann, in: ZÄS 111, 1984, 164ff.; Amulett zum Schutz gegen Feinde, die prophylaktisch verflucht werden); Holztäfelchen Spiegelberg, in: Demotica I, München 1925, 39ff. (auch publiziert von Edgerton, in: ZÄS 72, 1936, 77ff.; demot. Verfluchung eines *ꜣq/rrw*); demot. V. Pap. Kairo CG 31167 vso (Spiegelberg, a.a.O., 266); Stele Kopenhagen AEIN 307 (Koefoed-Petersen, Stèles, 43 Nr. 57, Abb. 57, mit dem Text *wꜣ n.w nꜣ ntj jw.w thj Bꜣstt* „Verfluchung [evtl. auch: ‚wehe'] denen, die sich an Bastet vergreifen werden"). Weitere Belege und Literatur s. unter *Drohformeln. Die angeführten Beispiele zeigen, daß nicht nur Schaden-, sondern auch Schutzzauber mit V. zusammenhängen können: um vor einem Feind oder Übeltäter geschützt zu sein, bedroht man ihn mit Fluch und Vernichtung. Schutzzauber ist aber nicht notwendig mit unheilbringenden Flüchen gekoppelt. So enthält der von Schott, in: ZÄS 65, 1930, 35ff. behandelte Text (Pap. BM 10081) keine V., sondern beschränkt sich darauf, schädliche Handlungen potentieller Feinde durch Versiegelung (*ḫtm*) ihrer Körperteile magisch zu bannen (sog. Bindezauber, den es auch noch in kopt. Zt gibt, vgl. Brunsch, in: Enchoria 8.1, 1978, 151ff.). – Befristete V. liegt vor in der griechisch geschriebenen „Klage der Artemisia" (Ulrich Wilcken, Urkunden der Ptolemäerzeit I, Berlin–Leipzig 1927, 97ff., Urk. 1): die im Tempel (und nicht etwa im Grab!) deponierte V. soll nur wirksam sein, solange die betroffene Person dem bestimmten Anliegen, das Grund der V. ist, nicht nachkommt. Ein demotischer Text, der mit der „Klage der Artemisia" sehr starke Ähnlichkeit aufweist, wurde von Hughes, in: Fs Wilson, 43ff. publiziert (Pap. Michaelides). – Koptische Fluchtexte sind übersetzt bei Angelicus M. Kropp, Ausgewählte koptische Zaubertexte II, Brüssel 1931, 225ff.; vgl. auch zur Interpretation ibid. III, Brüssel 1930, 1972; Hengstenberg, Koptische Papyri, in: Beiträge zur Forschung. Studien und Mitteilungen aus dem Antiquariat Jacques Rosenthal, München 1914, 98ff.; Drescher, in: ASAE 48, 1948, 267ff. – [7] Dies ist sicherlich etwa bei den in Anm. 6 genannten Fluchtexten Berlin 23308, BM 20775 und Kopenhagen AEIN 307 der Fall, trifft aber im Grunde vielleicht für alle Drohungen, also auch die der älteren Zeit, zu (*Drohformeln). – [8] Vgl. die Formulierung unter *Drohformeln. Gewöhnlich handelt es sich um Götter, die angerufen werden, die V. zu erwirken. In den koptischen Fluchtexten werden oft Totendämonen und die Geister von Abgeschiedenen als Mittler beschworen, vgl. Drescher, in: ASAE 48, 1948, 267ff. und zuletzt die von M. Weber, in: Kölner Ägyptische Papyri I, Opladen 1980, 109ff. publizierte Bleitafel Köln T 10 (dazu Berichtigungen in: Enchoria 11, 1982, 126f.). – [9] Zu dem Nebeneinander von Rezitation und Ritual in der *Magie vgl. Sauneron, in: SourcesOr 7, Paris 1966, 42ff. Als späte Illustration dazu vgl. die von vielen Pfeilen durchbohrte Figur und die dazugehörige (griech. beschriftete) Fluchtafel Louvre E. 27145, b–c, s. Kambitsis, in: BIFAO 76, 1976, 213ff.; Du Bourguet, in: Livre du Centenaire, MIFAO 104, 1980, 225ff. – [10] Befristete Wirksamkeit sollte der „Klage der Artemisia" (s. Anm. 6, vorletzter Absatz) zukommen. Auch die kopt. V. erstrecken sich nach Drescher, in: ASAE 48, 1948, 275 nicht über das Diesseits hinaus. – [11] Dies gilt vor allem für Seth und Apophis als Götterfeinde (vgl. Anm. 6, 2. Absatz), aber auch für die „prophylaktischen" V. von Feinden und Missetätern, wie sie in Anm. 6 aufgeführt sind. Diese V. sind oft sehr umfassend und detailliert (vgl. Pap. Bremner-Rhind, XXVII 26ff., ed. Faulkner, BAe 3, 65ff.; Übersetzung: ders., in: JEA 23, 1937, 173f.; Urk. VI, 29, 8ff.; BM 20775 [s. Anm. 6, 2. Absatz]). Massive V. potentieller Versager, was seine eigene Grabanlage betrifft, finden sich in dem fiktiven Dekret des Amenothes, Sohn des Hapu, BM 138, s. Georg Möller, Das Dekret des Amenophis, des Sohnes des Hapu, SPAW 1910. 47, 932ff. (Z. 5–13, also fast die Hälfte des ganzen Textes. S. 941ff. stellt Möller Beispiele für Drohungen und Verwünschungen aus Stiftungsinschriften seit dem AR zusammen). – [12] Setne II, II, 18, s. Francis Ll. Griffith, Stories of the High Priests of Memphis, Oxford 1900, 158f., Tf. 2 (*nꜣ ntj jw.w ḫr sḥwr n pꜣ nṯr*). Zur Sache vgl. auch Erik Hornung, Altägyptische Höllenvorstellungen, ASAW 59.3, 1968; Kákosy, in: ZÄS 97, 1971, 95ff. – [13] Vgl. die in Anm. 2 (dort auch zu *šnṯ* als Synonym zu *sḥwr*) zitierte Passage aus Tb 125 und Charles Maystre, Les déclarations d'innocence, RAPH 8, 1937, 95.97; Pap. Louvre 2414 II, 10–11 „Verfluche nicht deinen Vorgesetzten vor dem Gott;

verfluche nicht den, den du nicht kennst" (Volten, in: Fs Rosellini, Studi II, 273, Tf. 34; vgl. jetzt auch Hughes, in: Fs Williams, 53). – [14] Anchscheschonqi XXVII 14, vgl. die (gegenüber Glanvilles editio princeps) verbesserte Lesung und Übersetzung bei Stricker, in: OMRO 39, 1958, 79 und Anm. 172, und Heinz Josef Thissen, Die Lehre des Anchscheschonki, Papyrologische Texte und Abhandlungen 32, Bonn 1984, 39 (vgl. ibid., Index S. 114 s. v. *sḥw(r)*).

Ergänzende Lit.: Wilson, in: ANET², 326 ff.; J. Gwyn Griffiths, Plutarch's De Iside et Osiride, [Cardiff] 1970, 164 (Text = 363 [B]); 416 (Kommentar); Alan B. Lloyd, Herodotus, Book II, Commentary 1–98, EPRO 43.2, 1976, 176f. (II 9); A. Audollent, Defixionum tabellae quotquot innotuerunt tam in Graecis orientis quam in totius occidentis partibus (...), Paris 1904; Richard Wünsch, Antike Fluchtafeln, Kleine Texte für Vorlesungen und Übungen 20, Bonn ²1912. G. V.

Vergangenheit, Verhältnis zur. Die V. ist, abgesehen von der Urzeit (*zp-tpj, pꜣwt*), selten[1] durch einen speziellen Terminus bezeichnet. Repräsentiert wird die V. durch die *Vorfahren. Die V. umfaßt die Zeitspanne zwischen Gegenwart und Urzeit, wobei letztere in historisierter Form (s. II. 3) zur V. gerechnet werden muß.

I. *Die Abgrenzung der Gegenwart.* Die Zeitspanne der Gegenwart im eigentlichen Sinn ist die eines Ereignisses, literarisch repräsentiert durch eine *Königsnovelle. Im Rahmen der Königsideologie kann man die Gegenwart beginnen lassen mit der *Thronbesteigung bzw. Krönung[2]. In biographischen Angaben von Königen der 18. Dyn. wird aber die Jugendzeit des Königs, die in der Regierungszeit des Vorgängers liegt, mit in die Gegenwart einbezogen (Jugend der *Hatschepsut[3], Große Sphinxstele *Amenophis' II.[4] u. a.): Gegenwart im weiteren Sinn. Im privaten Bereich wird die Gegenwart abgegrenzt durch die Regierungszeit des „Königs meiner Zeit" oder durch die selten dokumentierte längere Lebenszeit, die die Regierungszeit mehrerer Könige umfaßt[5]. Diese Gegenwart wird allgemein als linear empfunden und erstreckt sich für den Privatmann zwischen Geburt und Tod, während für den König das Vorherbestimmtsein „im Ei" vor der Geburt hinzukommt.

II. *Die Stufen der Vergangenheit.* Die Möglichkeit der Einbeziehung der Endzeit des kgl. Vorgängers in die „Gegenwart" des Königs und ebenso im privaten Bereich die Überschneidung der Lebenszeit der unmittelbaren Vorfahren mit der „Jetztzeit" erfordern die Ausgrenzung einer unmittelbaren V. aus der Vergangenheit. Trennt man außerdem noch die Urzeit, die eigene Qualität besitzt (s. u.), von der V. ab, bleibt als Mittelstufe die mittelbare V. übrig.

1. Die unmittelbare Vergangenheit. Der regierende König ist mit seinem Vorgänger durch seine Sohnesrolle[6] verbunden. Dieser Fürsorgepflicht steht die von politischen Erwägungen abhängige Einstellung zur unmittelbaren V. gegenüber, die zu deren (Um-)Gestaltung führen kann (s. III. 3). Im privaten Bereich ist im Verhältnis zur unmittelbaren V. zusätzlich zur Sohnespflicht auch ein *Ahnenkult belegt, der aber nicht über die Großeltern hinausgeht.

2. Die mittelbare Vergangenheit. Diese wird durch die Amtsvorgänger des Königs (fallweise auch mit Einschluß des unmittelbaren Vorgängers) repräsentiert. Das *Geschichtsbild der mittelbaren V. ist selektiv gewonnen und wird durch die Aktenlage der Archive bestimmt, die sich ihrerseits beschränkt auf die Aufeinanderfolge und Länge von Regierungszeiten sowie jahreskennzeichnende Ereignisse (*Annalen). Die vorhandenen Archivakten der Jahresbuchführung, die noch *Manetho zur Verfügung gestanden haben müssen, dienten zur Herstellung von Exzerpten verschiedener Art (*Palermostein, *Turiner Königspapyrus [RCT] u. a.). In letzteren schrumpfte die Regierungszeit eines Königs zum Punkt einer Vorfahrenkette (*Königslisten, s. III. 1 a). Durch Periodisierung (im RCT belegt) konnte diese Kette dann noch weiter schrumpfen, um die Epochen des Einheitsstaates (*Thinitenzeit/AR, MR, NR) durch den jeweiligen Gründer zu repräsentieren (*Minfest). Extrem abgekürzt erscheinen sämtliche Vorfahren-Könige dann summarisch als „Könige von Oberägypten" und „Könige von Unterägypten" im *Amduat[7]. Diese Behandlung der mittelbaren V. zeigt ein über ein Desinteresse hinausgehendes ahistorisches Denken.

3. Die ferne Vergangenheit = Urzeit. Die Urzeit, die Zeit der *Schöpfung, tritt uns historisiert und damit erweitert im RCT entgegen. Sie gilt als „Zeit der Götter" u. ä.[8]. Im RCT wurden Götterkreise und Halbgötterkreise, die schon vorher existierten, zu aufeinanderfolgenden Dynastien der Urzeit umgestaltet. Sie nehmen die Stelle von Königen der Dynastie 0 ein[9], die noch auf dem Palermostein zu finden sind[10]. Die Regierungszeiten der Götter ähneln denen der Könige vor der Sintflut der sumerischen Königslisten[11]. Hier wurde eine Wirklichkeit neu erschaffen, da die Vorzeitkönige vor *Menes aus der Aktenlage nicht recht greifbar gewesen sein werden.

III. *Verknüpfung von Gegenwart und Vergangenheit.* Die Gegenwart wird von der V. scharf getrennt, was ideologisch durch den „Zwang zur Erweiterung des Bestehenden“[12] zum Ausdruck kommt. Daneben wird aber auch die Gegenwart mit den verschiedenen Stufen der V. verknüpft.

1. Verknüpfung der Gegenwart mit der Urzeit. Das wichtigste Hilfsmittel, die Gegenwart mit der Urzeit zu verknüpfen, waren die Vorfahren im kgl. Bereich (*Königslisten von *Abydos, vgl. auch *Verehrung früherer Könige). In Abydos wird die Urzeit dabei durch mehrere osirisgestaltige Götter vertreten[13]. Durch die Vorfahrenketten wird der regierende König in seinem Amt legitimiert[14] (zur ebenfalls damit verbundenen Tendenz der Reaktualisierung der Urzeit vgl. IV.). Demgegenüber reichen die privaten Vorfahrenketten, die (fiktiven) Stammbäume (*Abstammung), nicht in die eigentliche Urzeit zurück, sondern nur in die mittelbare V., wenn auch die Interpretation der mittelbaren V. als Urzeit mehrfach zu beobachten ist. Hierher gehören auch die sog. „archaisierenden Tendenzen“, bes. in der 3. ZwZt und der Spätzeit[15].

2. Anknüpfung an Könige der mittelbaren Vergangenheit. Die häufigste Form der Anknüpfung an die mittelbare V. geschieht durch entsprechende Gestaltung der kgl. Titulatur, d.h. in der Art der Namengebung, z.B. die programmatische Anlehnung *Ramses' I. an *Ahmose, *Sethos' I. an *Thutmosis III., *Ramses' III. an *Ramses II.[16] usw. Dieser Bezugnahme verwandt ist die Begründung der Restauration in der 12. Dyn. durch Verlegung der Prophezeiung des *Neferti[17] in die Zeit des *Snofru (vgl. *Wiederholung der Geburten), der zum Leitbild der Dynastie wird (vgl. auch *Verehrung früherer Könige, II. 2. a). Im juristischen Bereich ist die Bezugnahme auf frühere Regelungen zu nennen (z.B. im § 5 des Dekretes des *Haremheb die Bestimmung zur Versorgung des Hofes bei den Reisen Thutmosis' III. zum *Opetfest[18]). Hier kann auch auf Anknüpfungen an die Tätigkeit früherer Könige verwiesen werden (z.B. auf die Abydos-Stele Louvre C 11 aus der Zt des *Chendjer mit Bezugnahme auf *Sesostris I.[19]). Juristische Anknüpfungen können auch Fälschungen legitimieren, vgl. z.B. die *Hungersnotstele (einen frühen Vorläufer der „Pippinschen Schenkung“). Der Anknüpfung an Könige der mittelbaren V. durch Titulaturgestaltung ist die Wiederaufnahme der kultischen Versorgung früherer Könige an die Seite zu stellen: in ramessidischer Zt insbesondere die Aktivitäten des *Chaemwese[20].

3. Gestaltung der unmittelbaren Vergangenheit. Die Verpflichtung zur Erweiterung des Bestehenden (s.o.), zum Übertreffen der Vorfahren, führt zur Abfassung fiktiver Testamente durch die kgl. Nachfolger (*Lehre für Merikare[21], *Lehre Amenemhets I. für seinen Sohn[22], *Papyrus Harris I), durch die diese ihre Regierungsprogramme durch den jeweiligen Vorgänger legitimieren lassen. Die Ablehnung der Politik des oder der Vorgänger kann auch zur Usurpation von Regierungszeit führen und damit zur magischen Auslöschung der historischen unmittelbaren V. und deren Ersetzung durch eine fiktive Vergangenheit. Dadurch wird magisch ein früherer Ausgangszustand „restauriert“[23], als er de facto gegeben war. Das bekannteste Beispiel ist wohl die *Usurpation der Regierungszeit der Könige von *Amenophis IV. bis *Eje durch Haremheb. Einen Sonderfall stellt die Verknüpfung der *Hyksos-Zt mit der Regierungszeit der Hatschepsut dar, deren Beendigung letztere sich zuschreibt, wodurch die Regierungszeit von letztlich 5 Königen (*Kamose bis *Thutmosis II.) eliminiert wird[24].

IV. *Durchbrechung der Zeitlinie der Vergangenheit.* Wichtigster Ausdruck des Verhältnisses des Äg. zu seiner V. war jedoch die Durchbrechung der Zeitlinie. Jede Thronbesteigung stellte durch die „*Vereinigung beider Länder“ eine Reaktualisierung der Urzeit dar, wodurch die gesamte V. bedeutungslos wurde. Diese Reaktualisierung wird gesteigert durch die „Wiederholung der Geburten“. Unabhängig davon sichert die unmittelbare göttliche Abstammung des Königs, fixiert im *Kamutef-Dreieck[25], die Existenz des Königtums unabhängig von der historischen Zeitlinie durch ständige Neuschöpfung.

[1] Vgl. *swꜣt*, Wb IV, 62. – [2] Im Falle der *Mitregentschaft beginnt die Jahreszählung bereits mit der Krönung. – [3] Urk. IV, 245 ff. – [4] Urk. IV, 1282. – [5] Z.B. Urk. IV, 2. – [6] Hierzu vgl. Jan Assmann, Das Bild des Vaters im Alten Ägypten, in: H. Tellenbach (Hg.), Das Vaterbild in Mythos und Geschichte, Stuttgart–Berlin–Köln–Mainz 1976, 12–49. – [7] 6. Stunde, Mittleres Register; s. Hornung, Amduat I, 108–110. – [8] Vgl. Ulrich Luft, Beiträge zur Historisierung der Götterwelt und der Mythenbeschreibung, Studia Aegyptiaca 4, Budapest 1978. – [9] Vgl. hierzu Kaiser, in: ZÄS 86, 1961, 39–61. – [10] Heinrich Schäfer, Ein Bruchstück altägyptischer Annalen, Berlin 1902, 14; Breasted, in: BIFAO 30, 1931, Tf. 1. – [11] Hierzu Thorkild Jacobsen, The Sumerian King List, Chicago 1939. – [12] Hornung, in: Saeculum 22, 1971, 48–58. – [13] Im Raum II des Tempels Ramses' II.: PM VI, 35 (27). – [14] Vgl. hierzu Kuhlmann, in: MDAIK 38, 1982, 355–362, bes. 356–357. – [15] Brunner, in: Saeculum 21, 1970, 151–161. – [16] Zum letzteren Fall vgl. auch das Verhältnis zwischen Ramesseum und Medinet Habu: Nims, in: Fs Hughes, 169–175 und *Verehrung früherer Könige III. 2. – [17] Vgl. neuerdings Elke Blumenthal, in: ZÄS 109, 1982, 1–27. – [18] Urk. IV, 2150; Jean-Marie Kruchten, Le décret d'Horemheb, Leiden 1981, 96 ff. –

[19] Wolfgang Helck, Historisch-Biographische Texte der 2. Zwischenzeit, KÄT, 1975, 9. – [20] Vgl. *Verehrung früherer Könige III. 3. – [21] Vgl. Elke Blumenthal, in: ZÄS 107, 1980, 5–41; zur Autorschaft bes. 38–40. – [22] Ead., in: ZÄS 111, 1984, 85–107; zur Datierung bes. 101 ff. – [23] Zur Restauration vgl. *Wiederholung der Geburten. – [24] S. den Stiftungstext des Speos Artemidos, Z. 35–41, bei Gardiner, in: JEA 32, 1946, 43–56. – [25] Zur Deutung der Kamutef-Konstellation vgl. Assmann, a.a.O. (s. Anm. 6), 46–49. R. Gu.

Vergeltung. L'idée que le(s) dieu(x) rétribue(nt) les actes des hommes apparaît souvent dans les sagesses (*Lehre)[1] et s'intègre au principe plus général de la réciprocité[2], lui-même un aspect de *Maat[3]. Le verbe exprimant cette notion est parfois *ḏbꜣ*: "*Ré dans le ciel regarde celui qui agit (bien ou mal) et lui donne en retour (*ḏbꜣ*) l'action de celui qui l'a faite"[4]. Les textes montrent avant tout l'aspect négatif de la rétribution: "A un coup, on réplique par un coup" (*ḏbꜣ.tw sḫ m mjtt.f*)[5]. Tout manquement à la piété (*Persönliche Frömmigkeit) et aux lois et dispositions garanties par les dieux (*Gott-Mensch-Beziehung) est finalement puni (*Strafen) par ces mêmes dieux, entre les mains desquels est le sort des hommes (*Schai, *Schicksal). Ils infligent au pécheur (*Sünde) la maladie (*Krankheit), la cécité (*Blindheit) et même la mort violente ou prématurée (*Tod)[6]; aussi la vengeance divine prend-elle souvent la forme du feu (*Feuer)[7]. Ces formules imprécatoires relatives au maintien de la propriété (*Besitz und Eigentum), funéraire[8] et autre[9], citent parfois les noms des dieux punisseurs: *Thot; *Sachmet; *Amun, *Mut et *Chons ou *Osiris, *Isis et *Horus[10] e. a. Ils peuvent accomplir leur vengeance en envoyant des démons (*Dämonen), comme le(s) démon(s) de la mort (*ḫꜣtj*) ou le(s) démon(s) rétributeur(s) (*ḏbꜣ*)[11]. A l'époque gréco-romaine, la notion de la rétribution est associée de plus en plus au terme *ḏbꜣ*, comme le montre le pInsinger (*Pap. Dem. Insinger)[12]. On constate aussi que *Petbe (*pꜣ ḏbꜣ*), personnification (*Personifikation) de la vengeance, peut prendre la forme d'un griffon (*Greif), adversaire du Mal, et qu'il est identifié avec Némésis[13].

[1] Références dans les articles cités sous Lit. – [2] Appelé aussi la "règle d'or", voir Thissen, dans: LÄ III, 974–975 n. 5 et Miriam Lichtheim, Late Egyptian Wisdom Literature in the International Context. A Study of Demotic Instructions, OBO 52, 1983, 31–35. – [3] "La récompense de celui qui agit (bien ou mal) est le fait que l'on agit (bien ou mal) pour lui: c'est Maat aux yeux du dieu", cf. Wolfgang Helck, Historisch-Biographische Texte der 2. ZwZt, KÄT, Wiesbaden 1975, 29 (fin). – [4] De Meulenaere, dans: Fs Westendorf I, 555–559. – [5] Merikare 123; cf. Miosi, dans: Studies in Philology in Honour of R. J. Williams (ed. G. E. Kadish et G. E. Freeman), Toronto 1982, 86–87. – [6] Voir, par exemple, Edda Bresciani, dans: Egitto et Vicino Oriente 4, Rome 1981, 217–222. – [7] Voir, à ce propos, Leahy, dans: JESHO 27, 1984, 199–206. – [8] Cf. Henri Sottas, La préservation de la propriété funéraire dans l'ancienne Egypte avec le recueil des formules d'imprécation, BEHE 205, Paris 1913. – [9] Cf. Leahy, dans: RdE 34, 1982–83, 80 et 84. 85 et 89. – [10] Voir, par exemple, à coté de Sottas, op. cit., Siegfried Schott, Kanais. Der Tempel Sethos' I. im Wâdi Mia, NAWG 1961. 6, pl. 19. – [11] Meeks, dans: Génies, anges et démons, SourcesOr 8, 1971, 43–44 et n. 13; Quaegebeur, dans: Enchoria 4, 1974, 24–25. – [12] Cf. Miriam Lichtheim, Late Egyptian Wisdom Literature (v. n. 2), 151–152. – [13] Cf. Quaegebeur, dans: Visages du destin dans les mythologies. Mélanges J. Duchemin, Paris 1983, 41–54.

Korrekturzusatz zu Anm. 4: Vernus, dans: GM 84, 1985, 71–80.

Lit.: Volten, Aegyptische Nemesis-Gedanken, dans: Misc. Gregoriana, 371–379; Assmann, Vergeltung und Erinnerung, dans: Fs Westendorf II, 687–701. J. Q.

Vergleich (similitudo, comparatio), eine in Alltags- und gebundener Sprache vorkommende Stilfigur (*Stilmittel)[1], die in der Rhetorik zu den Tropen gezählt und zusammen mit der Metapher unter dem Oberbegriff „Bild" (*Bildliche Ausdrücke und Übertragungen) erfaßt wird. Im Unterschied zur Metapher ist er keine suggestive Direktfügung; das tertium comparationis wird bei ihm durch eine syntaktische Fügung (so ... wie) verdeutlicht[2]. Charakteristisch für ihn ist das Nebeneinander der Werte in einfacher Grundvorstellung[3] und sinnlicher Bildlichkeit, ferner die Knappheit der Skizzierung im Gegensatz zum breiter ausgeführten *Gleichnis und der Parabel. Seine Funktion besteht im Amplifizieren, Verdeutlichen und Ausschmücken eines Grundgedankens; er dient der Erhöhung der Glaubwürdigkeit (evidentia) und zur Steigerung der poetischen Kraft[4].

Im Äg. drückt man den einfachen V. durch die Präposition *mj* und äquivalente Ausdrücke sowie durch Ineinandergreifen von syntaktischem Parallelismus, den überbietenden V. durch komparatives *r* aus. Prädikatives *m* und verbale Metaphern kommen ihm häufig nahe[5]. In dem bislang einzigen Sammelwerk[6] wird zwischen V. und Metapher nicht unterschieden. Beide sind in der äg. Literatur weit verbreitet, aber nicht gleichmäßig über die Gattungen verteilt. Obwohl genaue Untersuchungen darüber fehlen, scheinen in Biographien, religiösen und funerären Texten (*Hymnen, *Gebeten, Verklärungssprüchen u. ä.) die Metaphern zu überwiegen[7], während in Lebenslehren (*Lehren)[8], Liebesdichtung[9], pessimistischer Literatur[10] und der *Bauerngeschichte Metaphern und V. nebeneinander vorkommen und in propagandistischer Literatur wie der Berufssatire und in ramessidischen Königsinschriften die V. vorherrschen [11]. Textgliedernd verwendet man sie in den Liedern des *Lebensmüden [12]. In sprichwörtlichen Redensarten erhöhen sie ebenso die Anschaulichkeit wie in aphoristischen Sentenzen [13]. Überbietende V. und Vergleichshyperbeln [14] können eine pathetische oder komische Wirkung hervorrufen [15]. Gattungsspezifisch sind überbietende V. für die Berufssatire und die ihr nahestehenden Schülerermahnungen [16]; als Sentenz oder *Sprichwort finden sie sich in Form von „Better-Sayings" in der gnomischen Literatur, häufig auch als Abschluß eines Kapitels [17]. Die Auswahl des zum V. herangezogenen Materials kennt keine Grenzen, wenn auch solche aus der Tierwelt, der Landwirtschaft und der Schiffahrt besonders beliebt waren [18]. Assoziationskraft und Eigenmächtigkeit müssen jedoch in jedem Einzelfall neu bestimmt werden, wobei die Funktion eines V. sich von der Bestätigung und dem Beweis bis hin zur *Ironie, *Parodie und *Satire erstrekken kann. Einen Sonderfall bilden die V. des Königs mit einer Gottheit in Ritualtexten [19].

[1] Guglielmi, in: LÄ VI, s. v. – [2] Heinrich F. Plett, Einführung in die rhetorische Textanalyse, Hamburg [4]1979, 55; Gero von Wilpert, Sachwörterbuch der Literatur, Stuttgart [8]1969, 820; Walter Bühlmann und Karl Scherer, Stilfiguren der Bibel, Fribourg 1973, 65 f. – [3] Ob man den V. wie Quintilian 8, 6, 8 („metaphora brevior est similitudo") als rationale Vorstufe zur Metapher betrachtet oder ihn wie Harald Weinrich, in: Folia Linguistica 1, Den Haag 1967, 3 ff. als erweiterte Metapher beschreibt, es ändert nichts an der Tatsache, daß Metapher und V. grundverschieden sind. Während die Metapher einen sprachschöpferischen Aspekt hat, wird durch den V. „die sprachliche Ordnung nicht verändert, er bestätigt das, was da ist", s. Werner Ingendahl, Der metaphorische Prozeß, Sprache der Gegenwart 14, Diss. Bonn 1970, 22 f. – [4] Heinrich Lausberg, Handbuch der literarischen Rhetorik, München [2]1973, §§ 422–425. §§ 843–847. – [5] Z. B. Bauer B 1, 189 ff.: „Du bist (*mk ṯw m*) (wie) eine Stadt ohne Bürgermeister, wie (*mj*) eine Körperschaft ohne Leiter, wie (*mj*) ein Schiff ohne Kapitän darin"; oGardiner 25 vso = Černý–Gardiner, Hierat. Ostraca, Tf. 38, 1: „Du fährst auf und ab wie ein Mahl (= Reib)stein (*tw.k ḥr jrt mšꜥ n bnwt*) und hin und her wie ein Frachtschiff (*tw.k ḥr jrt qd n jmw*)"; s. Guglielmi, in: ZÄS 112, 1985, 140. – [6] Grapow, Bildl. Ausdrücke. – [7] Mit wenigen Ausnahmen in der „*Persönlichen Frömmigkeit", z. B. ÄHG, Nr. 147. 149. 150; Marek Marciniak, Deir el-Bahari I, Warschau 1974, Nr. 54; im „Städtelob", ÄHG, Nr. 183 und der 2. Stanze des Tb 172, s. Tb (Hornung), 353, s. Hyperbel: Waltraud Guglielmi, in: LÄ VI, 39 Anm. 93. – [8] In den Lehren des AR und MR noch verhältnismäßig selten, nehmen sie in denen des NR, vor allem im Amenemope (Schilderung des „Heißen", z. B. Kapitel 3. 4. 7. 9), an Häufigkeit und Ausführlichkeit zu. – [9] Besonders in der „Ritter"-Travestie zur Veranschaulichung der Schnelligkeit, die der Dichter dem Jüngling auf dem Weg zur Geliebten wünscht, und im „Beschreibungslied", s. Alfred Hermann, Altägyptische Liebesdichtung, Wiesbaden 1959, 111 ff.; John Bradley White, A Study of the Language of Love in the Song of Songs and Ancient Egyptian Poetry, Society of Biblical Literature Dissertation Series 38, Missoula (Montana) 1978, 111. 114 f. – [10] Z. T. von großer poetischer Kraft wie im 1. und 3. Lied des Lebensmüden (*Gespräch eines Lebensmüden) und in den *Admonitions (2, 8 f.: „Die Leute sehen aus wie Ibisse; Schmutz herrscht im Lande"; „Das Land dreht sich wie eine Töpferscheibe"; 4, 5: „Das Land ist seiner Mattigkeit überlassen, wie wenn man Flachs ausgerissen hat"; 9, 2: „Kein Beruf ist an seinem (angestammten) Platz, wie eine umherirrende Rinderherde ohne Hirten"; s. auch das „*Zitat" in Urk. III, 87 (vielleicht gehen beide Stellen auch auf eine sprichwörtliche Redensart zurück, s. D. Müller, in: ZÄS 86, 1961, 126 ff.). – [11] Brunner, Lehre des Cheti, 58; s. auch die NR-Nachfahren wie etwa pLansing 4, 1–5, 7 mit seinen diskriminierenden, „todesbefallenen" V. und die Einzelsatiren des Soldaten: „Das Grünzeug des Feldes bildet seine Nahrung wie bei einem Stück Vieh", pChester Beatty V rto, 5. 12 f.; vor dem Feind ist er „wie ein gerupfter Vogel"; bei seiner Rückkehr ist er „wie ein Stück Holz, an dem die Grabwespe (*tkkt*) nagt", pAnast. III 5, 12 f.; s. Fischer–Elfert, in: GM 66, 1983, 51. Zum Tiervergleich, der den Menschen, vor allem die Feinde Äg., auf eine Stufe mit den verachteten Tieren stellt, s. auch das reiche Material in den Königsinschriften des NR, z. B. 2. *Kamose-Stele, Z. 8 f.; H. S. Smith und A. Smith, in: ZÄS 103, 1976, 63 f.; Tefnin, in: GM 47, 1981, 63; vgl. auch die Schilderung des gebräunten Aussehens eines von der Reise Zurückgekehrten im *pPuschkin 127, Col. 4, 10 f.: „Er war geschwärzt (*skm*) wie gedörrtes Fleisch, das auf dem Wüstenboden ausliegt, oder wie eine gegerbte Rinderhaut", s. Ricardo A. Caminos, A Tale of Woe, Oxford 1977, 57. – [12] Zusammen mit anaphorischem Refrain im 1. und 3. Lied, pBerlin 3024, 86 ff. 130 ff., s. Fecht, in: LÄ IV, 1139. – [13] „Wütend wie ein oberäg. Panther" s. pD'Orbiney 3, 8; 5, 5; Grapow, Bildl. Ausdrücke, 73; „zahlreich (u. ä.) wie der Sand des Ufers", Grapow, a. a. O., 59; „wie der Ochse hinter dem Gras herlaufen", pAnast. II 11, 1 f. (Gebet); Smither, in: JEA 27, 1941, 131 ff. (Liebeszauber); z. B. Aphorismus des Anchtifi: „Das ganze Land ist wie eine Heuschrecke im Wind(!) geworden; der eine fährt stromab, der andere stromauf", s. Vandier, Moꜥalla, 221, Inscription 10; Schenkel, Memphis, Herakleopolis, Theben, 54; oSenenmut 78: „Zahlreicher sind die, die den Aufseher spielen (wörtlich: befehlen), als die Früchte des Perseabaumes", Hayes, Ostraca, 23, Tf. 16 (78. 79). – [14] Guglielmi, in: LÄ VI, 22–41 s. v. Stilmittel (sprachliche). – [15] S. dazu Guglielmi, in: ZÄS 112, 1985, 139 ff. – [16] Im sog. Ergehens- oder Verdammnisurteil: „Er ist übler daran als jeder andere Beruf", s. Wolfgang Helck, Die Lehre des Dwꜣ-Ḫtjj, KÄT, 1970, 115, XXI a. b (vom Fischer); ähnlich: pLansing 5, 4; im herabsetzenden V.: z. B. „Er wühlt sich mehr in den Schlamm hinein als ein Schwein", s. Helck, a. a. O., 54 (IX b); „Du bist schlimmer als die Nilgans vom Ufer"; „... als die Antilope in der Wüste", pLansing 3, 5 ff.; vgl. auch den letzten Ausläufer solcher *Satiren

im Demot. Harfnerlied (III, 17): „Er stürzt zum Blut mehr als eine Fliege, (mehr) als ein Geierweibchen, wenn es Aas sieht", s. Lüddeckens, in: Gs Otto, 335. – [17] S. Miriam Lichtheim, Demotic Proverbs, in: Grammata Demotika, Fs Lüddeckens, Würzburg 1984, 129ff.; dies., Late Egyptian Wisdom Literature in the International Context, OBO 52, 1983, 35f. 80 (15 × 16.17). 167f.; Amenemope Kapitel 6 (dreimaliges „Besser ist ..."); Kapitel 9: „Größer ist die Macht der Korntenne als der Eid beim großen Thron"; Merikare 129: „Lieber wird die Tugend des Gerechten angenommen als das Rind des Sünders". – [18] Zum kulturellen Umkreis s. Othmar Keel, Die Welt der altorientalischen Bildsymbolik und das Alte Testament, Zürich–Einsiedeln–Köln–Neunkirchen 1972. Zur Datierung oder Zuordnung an einen bestimmten Schreiber eignen sich solche V. ohne literar- und formgeschichtliche Untersuchung jedoch nicht; so ist der V. vom König, der als Raubvogel hinter den (kleineren) Vögeln herjagt, wesentlich älter als die Zt Ramses' I., wie Rosemarie Drenkhahn, Die Elephantine-Stele des Sethnacht und ihr historischer Hintergrund, ÄA 36, 1980, 78 annimmt, z.B. 2. *Kamose-Stele, Z.6f.; H.S.Smith und A.Smith, in: ZÄS 103, 1976, 60; Hassan, Gîza VIII, 105; s. Wolfgang Decker, Die physische Leistung Pharaos, Diss. Köln 1971, 48 (Sethos I.); vgl. auch Bauer B 1,174, wo das Bild parodistisch aus der kgl. Sphäre übernommen ist, und oLeipzig 12 = Černý–Gardiner, Hierat. Ostraca, 28,3,4. – [19] Maria-Theresia Derchain-Urtel, in: SAK 3, 1975, 24ff.; Eberhard Otto, Gott und Mensch, AHAW 1964.1,66f.; ders., in: Probleme biblischer Theologie, Fs von Rad, hg. von Hans Walter Wolff, München 1971, 344.

Lit.: Hermann Grapow, Vergleiche und andere bildliche Ausdrücke, AO 21.1–2, 1920, 3–38; ders., Bildliche Ausdrücke; ders., Untersuchungen zur ägyptischen Stilistik I, VIO 10, 1952, 110; Fecht, in: HdO I: 1.2, ²1970, 37; Brunner, Lehre des Cheti, 58. W.G.

„Vergöttlichung", in der Ägyptologie verwendeter Terminus, der wegen des Fehlens grundlegender historischer Untersuchungen des Gottesbegriffes recht vage ist[1]. Man spricht von V. von Privatpersonen und Königen[2], aber auch von V. menschlicher Funktionen, priesterlicher Tätigkeit[3] sowie von Statuen und von Tieren[4]. Eine Basis für die Vorstellung einer „V." ist im Altägyptischen nicht vorhanden. Das dafür in Frage kommende Kausativ *snṯr*, wörtlich „göttlich machen", ist grundsätzlich ein Ausdruck für Reinigung; darüber hinaus wird das Wort auch für die Präparierung des Körpers von Verstorbenen verwendet[5].

Die Verbindung mit Verstorbenen gilt grundsätzlich für jene Fälle, wo deren fortgesetzte Rolle im Leben der Lebenden als „V." bezeichnet wird. Ein spezifischer Akt oder ein Ritual für die Erlangung dieses Status existiert nicht, auch gibt es keine Indizien, unter welchen Voraussetzungen Verstorbenen eine besondere Rolle im Nachleben zuerkannt wird. Als Kriterium, soweit überhaupt erstellbar, kann nur die Rolle bzw. die Bedeutung einer Person während deren Lebenszeit genannt werden. Personen gehobener Stellung haben vermutlich stets Anerkennung auch über den Tod hinaus erhalten[6]. Dies kann im Familienkreis[7], aber auch im Rahmen der Sozialgruppe geschehen[8]. Für dieses Verhältnis gibt es im AR mehrere schriftliche Nachweise als „versorgt bei" (*jmꜣḫw ḫr*)[9]: Djedefhor[10], Ptahhotep[11], Kagemni[12], Isi[13], Pepinacht genannt Heqaib[14]. Obwohl eine fortdauernde Rolle für diese Verstorbenen angenommen wurde, läßt sich jedoch kein Nachweis einer kultischen Verehrung erbringen, wie sie für eine „V." zu erwarten wäre.

Eine kultische Verehrung von Lebenden beginnt mit dem Königskult *Sesostris' III. in *Nubien[15]. Diese ursprünglich auf Nubien beschränkte Form wird durch *Amenophis III. neu belebt und ist ein Ausdruck der von ihm betonten persönlichen Göttlichkeit durch Übernahme der von *Hatschepsut erstmals konzipierten Legitimitätsform[16]. Sie wird von *Amenophis IV. durch einen persönlichen Kult zu seinen Lebzeiten fortgesetzt[17]. Insbesondere *Ramses II. folgt ihm darin, wobei jedoch auch bei ihm eine Unterscheidung zwischen Äg. und Nubien beibehalten wird[18]. Während in Nubien der lebende König Empfänger kultischer Verehrung ist, bleibt in Ägypten die Verehrung auf Königsstatuen beschränkt, die eine Mittlerrolle, auch für den König, ausüben.

Eine *Verehrung früherer Könige als Lokalpatrone nimmt mit der Ramessidenzeit zu, insbesondere die von *Amenophis I. und seiner Mutter *Ahmose Nofretere in der Thebanischen Totenstadt[19]. Sie folgt einer ins MR zurückreichenden Tradition für *Sesostris I. in Nubien und auf dem *Sinai[20], *Amenemhet I. im Ost-*Delta (*Rꜣ-wꜣtj*)[21] und *Amenemhet III. im *Fajjum[22]. Die kultische Verehrung vergangener Könige nimmt in der SpZt breitere Formen an[23].

In der Ramessidenzeit beginnt erneut eine Einbeziehung von Privatpersonen in den Kreis posthumer Anerkennung. Diese Entwicklung geht mit dem historizierenden Interesse an Persönlichkeiten der Vergangenheit zusammen[24]. *Amenophis, Sohn des Hapu, genießt bereits in der Ramessidenzeit eine Verehrung[25], die in der 21.Dyn. zunimmt, aber erst in der SpZt kultische Form als Heilgott annimmt[26]. Parallel dazu kommt es zur Kultverehrung des *Imhotep als Heilgott[27], letzterer vor allem in *Memphis, ersterer in *Theben.

*Ertrinken im Nil führt in der SpZt zu einer Apotheose, die auch kultische Verehrung einschließen kann. Die Bedeutung bleibt jedoch lokal beschränkt[28].

Ob *Anedjti oder *Ptah als vergöttlichte Personen anzusehen sind, läßt sich wegen des Fehlens jeglicher Dokumentation nicht erhärten.

[1] Wichtige Vorarbeiten liegen vor, wie Gerardus van der Leeuw, Godsvorstellingen in de Oud-Aegyptische Pyramidetexten, Leiden 1916; Kees, Götterglaube, 4ff.; Siegfried Morenz, Gott und Mensch im alten Ägypten, Leipzig 1964, 40ff.; ders., Die Heraufkunft des transzendenten Gottes in Ägypten, SSAW 109.2, 1964; Hornung, Der Eine, 20ff. Es fehlen jedoch Untersuchungen zur historischen Entwicklung des Gottesbegriffes. – [2] v. Beckerath, in: LÄ I, 1099; Kuhlmann, in: LÄ II, 681; Assmann, in: LÄ II, 757 etc. – [3] Eggebrecht, in: LÄ I, 1150; E. Otto, in: LÄ II, 642. – [4] Störk, in: LÄ I, 321; Emma Brunner-Traut, in: LÄ I, 1125; dies., in: LÄ II, 1023. – [5] Wb IV, 180. – [6] Eine Widerspiegelung der Bedeutung ist im AR die Größe des Grabes, was auch in den Anlagen der späteren Perioden, wenngleich ohne kgl. Teilnahme, weiterlebt. – [7] Die Verpflichtung, den Vater als Voraussetzung für den Erbantritt zu bestatten, führt zu einer Betonung der Familienbande, die aber in den meisten Fällen auf die Elterngeneration beschränkt bleibt. Auch bei weitergehendem Familienbewußtsein kann von einem „Ahnenkult" in Ägypten nicht gesprochen werden. Die Verstorbenen werden versorgt, aber nicht verehrt. – [8] Dies gilt insbesondere für die Provinz, wo die Stellung des Individuums deutlicher ausgeprägt ist als in den Großsiedlungen Memphis oder Theben. Die Bedeutung der Grabanlagen und des damit verbundenen Totenkults von *Nj-kꜣ-ʿnḫ* in *Tehne oder von Hapdjefai (*Djefaihapi) in *Assiut sind Beispiele dafür. – [9] Zu *jmꜣḫw ḫr* als Ausdruck der Versorgung s. grundsätzlich Helck, in: MDAIK 14, 1956, 63ff. – [10] Goedicke, in: ASAE 55, 1958, 35ff.; Junker, Gîza VII, 25ff. – [11] In Verbindung mit *jmꜣḫw ḫr* s. Selim Hassan, Mastabas of Ny-ʿankh–Pepy and Others, Excav. Saqq. II, 1937–38, 1975, 58ff. 70ff., Tf. 64B; eine V., wie sie Baer, Rank and Title, 74 und Henry G. Fischer, Egyptian Studies I. Varia, New York 1976, 82 annehmen, läßt sich nicht erhärten. – [12] Edel, in: MIO 1, 1953, 224ff.; Helck, in: WZKM 63–64, 1972, 18f. – [13] Alliot, in: BIFAO 37, 1937–38, 93ff.; Engelbach, in: ASAE 22, 1922, 136ff. Der Lokalkult lebt bis Ende der 13. Dyn. fort. – [14] Die Bedeutung von Pepi-nacht unter seinem „schönen" Namen Heqaib entstand während der Ersten ZwZt, wohl als Nachwirkung seiner politischen Rolle unter *Pepi II. Eine Gedächtnisstätte mit Statuen beginnt unter Wahʿanch-*Antef II., wohl als politischer Schachzug zur Stärkung der thebanischen Position in *Elephantine (Habachi, in: ASAE 55, 1958, 177ff.). Aus ähnlichen Gründen kommt es zu erneuter Betonung des Gedenkens an Heqaib am Anfang der 12. Dyn., um Elephantine in das neu erstarkte Staatsgefüge zu verankern. Trotz der politischen Bedeutung des Heqaib kann nicht von einer V. gesprochen werden, da kein Kult bestand. Zur Anlage des Heqaib auf der Insel Elephantine s. Labib Habachi, Heqaib, AV 33, 1985. – [15] So Säve-Söderbergh, Ägypten und Nubien, 75. Ein Kult Sesostris' III. als Patron von Nubien wurde von *Thutmosis III. eingerichtet und wirkte bis in die klassische Zeit; vgl. Säve-Söderbergh, a.a.O., 201ff. – [16] Kultisch verehrte Statuen gab es in *Soleb und *Sedeinga, daneben auch in Ägypten; vgl. Säve-Söderbergh, a.a.O., 203f.; Varille, in: ASAE 34, 1934, 9ff. Die „göttliches Abbild auf Erden" genannte Statue ist mit der im Luxortempel dargestellten Legende der göttlichen Geburt zusammenzubringen; vgl. Brunner, Geburt des Gottkönigs, 6f. – [17] Ein Hoherpriester des Königs (*ḥm-nṯr tpj n Nfr-ḫprw-Rʿ wʿ-n-Rʿ*) ist im Zusammenhang mit der Jubiläumsdarstellung genannt, vgl. Griffith, in: JEA 5, 1918, 62; Sandman, Texts from Akhenaten, 152. – [18] Labib Habachi, Features of Deification of Ramesses II, ADAIK 5, 1969; Dietrich Wildung, Egyptian Saints, New York 1977, 8ff. – [19] Černý, in: BIFAO 27, 1927, 159–203; vgl. auch Franz-J. Schmitz, Amenophis I., HÄB 6, 1978, 221f. 230; Michel Gitton, L'épouse du dieu Ahmes Néfertary, Paris 1975, 76ff. – [20] Inscr. Sinai II, 82f.; Wildung, Rolle äg. Könige, 128ff. – [21] Kees, in: MDAIK 18, 1962, 2f.; ob man von einem Lokalkult sprechen kann, bleibt unsicher, da keine Kulttitel nachgewiesen sind. – [22] Vgl. Hermann Kees, Das alte Ägypten. Eine kleine Landeskunde, Berlin [2]1958, 122. – [23] Beispiele dafür sind der Pap. Chester Beatty IV, 3,5ff.; Dietrich Wildung, Imhotep und Amenhotep, MÄS 36, 1977, § 11; ders., Egyptian Saints, New York 1977, 38, Abb. 27; William K. Simpson, Ancient Egyptian Literature, New Haven 1972, Abb. 6. In diesen Zusammenhang gehören auch die verschiedenen Königslisten. – [24] Rowe, in: ASAE 40, 1940, 37ff. – [25] Seine Statuen versprechen Mittlerdienste, auch ist sein ungewöhnlich großer Totentempel zu nennen, der vermutlich als Siedlungszentrum diente. Ein Kult außerhalb des allgemeinen Totenkults läßt sich nicht nachweisen. Die in den Grabräuberprozessen in Verbindung mit dem „Tempel des Hui" genannten Personen sind Handwerker und nicht kultisches Tempelpersonal; vgl. Wildung, Egyptian Saints, 109 Anm. 17. – [26] Wildung, a.a.O., 92ff. 201ff.; Alexandre Varille, Inscriptions concernant l'architecte Amenhotep, fils de Hapou, BdE 44, 1968, 143ff. – [27] Wildung, Imhotep und Amenhotep (s. Anm. 23), 124ff.; ders., Egyptian Saints, 38. – [28] Rowe, in: ASAE 40, 1940, 3ff.

Lit.: E. Otto, Gehalt und Bedeutung des äg. Heroenglaubens, in: ZÄS 78, 1943, 28–40; Rowe, Newly-Identified Monuments in the Egyptian Museum Showing the Deification of the Dead, in: ASAE 40, 1940, 1ff.; Dietrich Wildung, Egyptian Saints, New York 1977; ders., Imhotep und Amenhotep, MÄS 36, 1977. H. Goe.

Vergolden, Versilbern. In Äg. wurden die verschiedensten Materialien (*Holz, *Metall, Stein, *Wachs) mit einem Überzug aus Edelmetall (*Gold, *Silber, *Elektrum) versehen. In der Regel sollten damit massive Gegenstände imitiert werden (*Imitation)[1].

A. *Herstellung*: Man hämmerte Edelmetallbarren auf einem Amboß mit einem runden Stein zu immer dünneren Blechen. Diese durch das Schlagen nicht nur dünner, sondern auch größer werdenden Bleche wurden zwischendurch in kleinere Stücke geschnitten. Bei der Herstellung von Blattgold (*nbw pꜣq*)[2], das bis zu 0.006 mm dünn sein konnte[3], wurden mehrere Bleche zwischen Leder-

oder Hautlagen[4] gelegt, um zu verhindern, daß die Bleche beim Hämmern reißen oder gar untereinander oder mit dem Untergrund verkleben[5]. Ein undatiertes äg. Vergolderbüchlein ist belegt(?)[6]. Die Goldschläger nannte man: *jrw nbw pꜣq*[7].

B. *Befestigung*: Die Edelmetallfolien wurden meist mit einem *Leim (*Bindemittel) auf dem Untergrund befestigt. War der Untergrund uneben (Holz, *Sandstein, *Kartonage), versah man ihn zuvor mit einer Lage Gips-/Kalk-*Stuck, der selbst armiert (Haare, Leinen etc.) und reliefiert sein konnte. Dickere Bleche nagelte man mit kleinen Nägeln auf, z.B. bei Holztüren oder Möbelteilen[8]. Bei der Verkleidung (*Goldverkleidung) von Steinwänden (*Tempel), *Säulen, *Obelisken und *Fußböden wurden die Bleche mit Holzdübeln befestigt oder in dafür vorgesehene Rinnen gehämmert[9] (s. *Technik, 4.3). Häufig waren Goldperlen (*Schmuck) nicht massiv, sondern es war Goldblech über einen Tonkern getrieben (*Treiben, *Goldschmiedearbeiten) und verbördelt worden[10]. Nicht selten erhielten *Steingefäße auf diese Weise einen Edelmetallrand[11]. Echte Metall-Platierung gab es in Äg. nicht[12], vielmehr wurden Edelmetallfolien mit einem Leim auf die andere Metalloberfläche geklebt und am Rand umgebördelt (s. *Technik 5.6). Nur beim *Tauschieren hämmerte man einen Edelmetalldraht in die vorgesehene Vertiefung. Die besondere Haftfähigkeit von Blattmetall auf jedem Untergrund bringt es mit sich, daß Blattvergoldung/-versilberung mit leichten Klebemitteln (z.B.: *Honig etc.) oder allein durch Aufstreichen[13] ausgeführt werden konnte. Diese Art von Vergoldung/Versilberung findet man an: *Möbeln, *Modellen, Statuen, *Särgen, aus Stuck oder Kartonage modellierten *Mumienportraits, auf *Wachs (Enkaustik[14], *Amulett[15]), auf *Papyrus (seit der 18. Dyn. belegt)[16] und seit kopt. Zt auch auf Ledereinbänden[17]. Seit dem 3. Jh. n. Chr. sind zudem Rezepte für die Herstellung und Fälschung von Gold- und Silbertinten bekannt[18].

C. *Chemische Vergoldung/Versilberung*: Eine Feuervergoldung mittels Goldamalgam[19] oder einer Bleilegierung wird erstmals im pLeiden X (3. Jh. n. Chr.) erwähnt[20]. Goldarme Silberlegierungen (z.B. Elektrum) konnte man durch Zementation (s. *Technik 13.4) mit *Salz in der Oberfläche durch Abreichern von Silber goldreicher machen[21]. Ebenso imitierte man eine versilberte Kupferoberfläche durch Zementation mit Arsen[22]. Durch hauchdünne Metallüberzüge (Zementation?) auf Goldblech wurden (purpurne) Farben erzeugt[23].

[1] Mitanni-König *Tusratta beschwert sich bei *Amenophis IV. in einem Brief (EA 27), daß er anstatt Statuen aus massivem Gold vergoldete Holzfiguren bekommen habe. – [2] Wb I, 499,6 *pꜣq* = fein im Sinne von dünn: vgl. *pꜣqt* (Wb I, 499,8) = Blech. Kopt. ⲡⲟⲕ, ⲡⲁⲕⲉ KoptHWb, 145. Manchmal wird *nbw pꜣq* sinnentstellend mit Feingold = hochkarätiges oder sogar künstliches Gold übersetzt. S. Wb I, 499,6; pBM 9940 = Tb (Naville) (An); Gaballa, in: GM 26, 1977, 13–15. – Weitere Belege: Daressy, in: RecTrav 38, 1916, 175–79, bes. 177, Z. 17; Leclant und Yoyotte, in: BIFAO 51, 1952, 1ff.; bes. 11. *ḥḏ pꜣq* = Blattsilber: nach Dimitri Meeks, Année lexicographique, Egypte ancienne III (1979), Paris 1982, 94 Nr. 79.0969 bei: Graefe u. Wassef, in: MDAIK 35, 1979, 103–118, bes. 104, Z. 19f., Anm. aq. – [3] Lucas, Materials[4], 231. Heute ist Blattgold bis zu 0.00008 mm dünn! – [4] Heute meist Pergament oder sogenannte Goldschlägerhaut (d.h. Haut aus dem Blinddarm eines Kalbes oder Rindes). Für Äg. nur auf einer Darstellung bei Prisse d'Avennes, Histoire de l'Art égyptien d'après les monuments, Atlas II, Paris 1878, Tf. 56 (= TT 100, Rechmire) zu erkennen. S. auch Wilhelm Theobald, Die Herstellung des Blattmetalls in Altertum und Neuzeit, Diss. Hannover 1912, 2ff. – Dioscurides, De Mat. med. V, 91 erwähnt Kupferplatten als Trennmaterial beim Goldschlagen. Das wäre für Äg. auch denkbar, ist aber technisch unmöglich, da die Metallagen (Kupfer/Gold) beim Hämmern, zumindest beim dünnen Blattmetall, plattiert werden würden. S. auch Anm. 12. Neben Häuten könnte auch Papyrus als Trennmaterial gedient haben. Analog zu Theophilus Presbyter, der in seiner Diversarum Artium Schedula I, 23 von „pergamenum graecum", einem Papier aus „lana ligni", spricht, das mit einem Trennmittel aus Ockerpulver zur Blattgoldherstellung Verwendung findet. Vgl. Wilhelm Theobald, Technik des Kunsthandwerks im 12. Jh. des Theophilus Presbyter, Berlin 1933, Reprint Düsseldorf 1984, 183, Anm. 5. Vgl. aber auch Piccard, in: Archivalische Zeitschrift 61, Köln 1965, 46–75. – [5] Bei *Wp-m-nfrt* zeigt eine Darstellung zwei Arbeiter beim Hämmern von Kupferblech. Aus dem beigeschriebenen Dialog ist zu entnehmen, daß der eine die Folie schlägt, währenddessen der andere das Blech dreht, damit es nirgends einreißt. S. Weinstein, in: JARCE 11, 1974, 23–25 mit Anm. 23. Darstellungen von der Herstellung von Edelmetallfolie sind zu entnehmen bei: Klebs, Reliefs I, 85; II, 109; III, 110f. und Junker, in: MDAIK 14, 1956, 89–103, Abb. 1. 5. 6; bei 9 und 10 fehlt die Beischrift. – Neben runden Schlagsteinen scheint auch eine Art Hammer(?) Verwendung gefunden zu haben. S. Wresz., Atlas I, 136. – [6] Gaston Maspero, L'archéologie égyptienne, Paris 1907, 304. – [7] S. pBM 9940 und Gaballa, a.a.O. (s. Anm. 2). – [8] Vgl. z.B. vergoldeten Statuenschrein Tutanchamuns (JE 61481). S. Katalog: Tutanchamun, Mainz 1980, Nr. 28. – [9] Ludwig Borchardt, Allerhand Kleinigkeiten, Leipzig 1933, 1–11; Lacau, in: ASAE 53, 1956, 221–249; über goldverkleidete Türen vgl. Yoyotte, in: CdE 24, Nr. 47, 1953, 28–38; Lucas, Materials[4], 232, Anm. 3. – [10] Heinrich Schäfer, Georg Möller und Walter Schubart, Ägyptische Goldschmiedearbeiten, Berlin 1910, 14; BMMA 10, New York 1915, 117–120. – [11] BM Nr. 24391. 32150–1. – [12] Plattieren bedeutet das feste Verbinden zweier Metalle durch

Hämmern. Dabei durchdringen sich die Kristallgefüge beider Metalle in den obersten Atomlagen. Dies kann aber nur unter sehr hohem Druck erfolgen. – [13] Heute wird mit einem Achat nachpoliert. – [14] Eingebrannte Wachsmalerei s. *Wachs. – [15] Äg. Slg. Wien Nr. 3407. Vgl. Reinhard Büll, Das große Buch vom Wachs II, München 1977, 940, Abb. 690. – [16] Alexander, in: JEA 51, 1965, 48–52. – [17] Gulnar Bosch, John Carswell und Guy Petherbridge, Islamic Bindings and Bookmaking, Catalogue of the Oriental Institute, The University of Chicago, Chicago 1981, 74; Adam, in: Archiv für Buchbinderei 14, Halle 1914, 93. – [18] pLeiden X: Marcellin Berthelot, Archéologie et histoire des sciences, Paris 1906, 286f.; Caley, in: Journal of Chemical Education, London 1926, 1149–1166; Hunt, in: Gold Bulletin 9, Johannisburg 1976, 24–31; Robert Halleux, Les alchimistes grecs, Paris 1981. – [19] Eine Verbindung von Gold mit Quecksilber. – [20] S. Anm. 18. Zu dem Wort ἄσημος, das allgemein die alchemistische Bezeichnung für gefälschte Metalle ist, vgl. Halleux, in: CdE 48, Nr. 96, 1973, 370–380; ders., Les alchimistes (s. Anm. 18), 35–41. – [21] S. Lit. bei *Technik 13.4 und Hasso Moesta, Erze und Metalle – ihre Kulturgeschichte im Experiment, Berlin 1983, 142–148. – [22] Vgl. Lit. bei *Technik 13.4 Anm. 136f. und Moesta, op. cit., 41–48. – [23] Wie bei vielen Goldgegenständen Tutanchamuns, vgl. Wood, in: JEA 20, 1934, 61–65. Vgl. auch römisches Purpurgold: Craddock, in: MASCA Journal 2.2, Applied Science Center for Archaeology, Philadelphia, Pa. 1982, 40–41. R. Fu.

Verhüttung. Drei *Metalle wurden in Äg. verhüttet: *Kupfer, *Blei, *Eisen.

1. *Kupfer*, das älteste Metall der Ägypter, wurde im *Sinai[1], in der Arabah[2], der *Ostwüste[3] und in *Nubien[4] verhüttet. Die Schlackenhalden der Ostwüste[5] sind unerforscht, und auch über die äg. Verhüttungstätigkeiten in *Buhen während des AR ist bisher recht wenig publiziert.

Im Süd-Sinai und in der Arabah wurde Kupfer bereits in vorgeschichtlichen Zeiten verhüttet[6]. Die früheste Verhüttungsanlage[7] war eine kübelförmige, in die Erde eingelassene Schmelzmulde und vermutlich Ziegenfell-Blasebälge. Das Schmelzgut bestand hauptsächlich, wie auch in den späteren Perioden, aus zerkleinerten *Malachitknollen, Eisenoxiden (als Flußmittel) und *Holzkohle (hauptsächlich *Akazien). Ein einstufiger Reduktionsvorgang erbrachte Kupfertropfen, die in zähflüssiger Schlacke eingeschlossen waren und mechanisch, durch Zerschlagen des Ofenschlackeklumpens, separiert werden mußten[8].

Gegen Ende der vorgeschichtl. Zt (etwa *Maadi) wurden bereits steingesetzte *Schmelzöfen benutzt[9]. Kontinuierliches Heizen ermöglichte das teilweise Absinken des Kupfers auf die Ofensohle. Die Schlacke wurde abgestochen und formte eine dünne Platte von Fließschlacke, aus der durch Zerschlagen noch eingeschlossene Kupfertropfen geborgen werden konnten.

In der FrZt[10] und im AR[11] wurde bereits in schachtförmigen, lehm-gefütterten Schmelzöfen, mit Blasebälgen und Windformen, verhüttet und Temperaturen von über 1200° C erreicht. Der Großteil des erschmolzenen Kupfers setzte sich auf der Ofensohle ab, und die flüssige Schlacke wurde abgestochen. Diese bereits hochentwickelte Verhüttungstechnologie des AR – Schachtöfen, Windformen, Fließschlacken, Kupferbarren – war die optimale Basis für die zukünftige Entwicklung der äg. Kupferverhüttung.

Im NR wurde im Sinai[12] und besonders in der Arabah[13] in großangelegten industriellen Schmelzlägern Kupfer verhüttet[14]. Thermodynamisch sorgfältig geplante Schmelzöfen, Membrangebläse[15] und feuerfeste, vorfabrizierte zapfenförmige Windformen[16] ermöglichten einen kontinuierlichen Schmelzvorgang von hoher Nutzleistung.

Im späten NR (22. Dyn.)[17] produzierte *Timna schwere Kupferbarren und fast kupferfreie Fließschlacken; damit erreichte die äg. Verhüttungstechnologie ihre optimale Entwicklung.

2. *Blei* war in Äg. bereits in vorgeschichtlichen Zeiten bekannt[18]. Bleisulfide (Galena) wurden in Äg. abgebaut, aber die Bleibergwerke sind, mit einer Ausnahme, nicht datierbar[19]. Überreste äg. Bleiverhüttung sind bisher nicht dokumentiert.

Die Verhüttung von Bleisulfid[20] ist ein recht einfacher Vorgang, der in einem einfachen Ofen oder sogar auf einem offenen Feuer unternommen werden kann: Das sulfidische Erz wurde zuerst geröstet und das dabei entstandene Bleioxid in einem weiteren Verhüttungsschritt zu metallischem Blei reduziert. Die dabei notwendige Temperatur war etwa 800° C.[21].

3. *Eisen.* Die Zeugnisse für Eisenverhüttung in Äg. sind sowohl unsicher als auch spät[22]. Im Niltal wurden Eisenschlacken in der griech. Handelskolonie *Naukratis gefunden[23], aber nicht metallurgisch untersucht und sind nur mit Vorbehalt in die Saitenzeit (6. Jh v. Chr.) zu datieren[24]. In Tell Defenneh (*Daphne)[25] ist die Evidenz für Eisenverhüttung durch Ägypter nicht eindeutig[26].

Eisen bekam in Äg. erst in der Ptolemäerzeit volle wirtschaftliche Bedeutung[27], aber nur sehr wenig und recht ungewisse Spuren äg Eisenverhüttung dieser Zeit sind dokumentiert[28].

Äg. Eisenverhüttung vom 3. Jh. v. Chr. bis in die Römerzeit wurde in *Meroe nachgewiesen, und hier konnten äg. Verhüttungsanlagen und -verfahren rekonstruiert werden[29]: Geröstetes Hämatit wurde in freistehenden Rennöfen norischer Bauart[29] und mit Membrangebläse verhüttet[30]. Dabei entstand eine Eisenluppe, die nach Abstechen der Schlacke entfernt und in der Schmiede zu nutzbarem Schmiedeeisen verarbeitet wurde.

[1] Lucas, Materials[4], 202ff.; Beno Rothenberg, Sinai, Bern 1979, 137ff.; id., New Researches in Sinai, London (in Vorbereitung). – [2] Beno Rothenberg, Timna, London 1972; Hans G. Conrad und Beno Rothenberg (Hg.), Antikes Kupfer im Timna-Tal, Der Anschnitt 11, Beiheft 1, Bochum 1980. – [3] Lucas, Materials[4], 205f. – [4] Emery, in: Kush 11, 1963, 116ff.; Walter B. Emery, Egypt in Nubia, London 1965, 111ff. Die von Emery publizierten zweistöckigen „Smelting Furnaces" (Kush 11, 1963, Abb. 1, Tf. 24) sind offensichtlich Keramikbrennöfen von einem im Nahen Osten weitverbreiteten Ofentyp, der fürs Kupferschmelzen völlig unbrauchbar war. Unter den metallurgischen Funden von Buhen, die in London, U.C. aufbewahrt werden, befinden sich jedoch neben Überresten von Kupferguß auch hochwertige Kupfererzstücke und verschlackte Ofenwandfragmente, d.h. in Buhen wurde im AR anscheinend Kupfererz verhüttet. – [5] Lucas, Materials[4], 205f.: Abu Seyal, Quban, Um Semiuki. – [6] Rothenberg, Sinai (s. Anm. 1), 139ff.; id., Timna (s. Anm. 2), 26ff.; Rothenberg und Ordentlich, in: Bulletin of the Institute of Archaeology London 16, London 1979, 233ff. – [7] Sinai: Wadi Samra (Rothenberg, Sinai, 139); Arabah: Grabungen Timna Site F2 und 39: Rothenberg, Die Chronologie des Bergbaubetriebs, in: Hans G. Conrad und Beno Rothenberg (Hg.), Antikes Kupfer im Timna-Tal (s. Anm. 2), 183; id., Excavations at Timna Site 39, in: Beno Rothenberg (Hg.), Chalcolithic Copper Smelting. Archaeo-Metallurgy N. 1, London 1978, 7, Abb. 11. 12. 15. 16. – [8] Rothenberg, Excavations at Timna Site 39 (s. Anm. 7), 9; R.F. Tylecote und P.J. Boydell, Experiments on Copper Smelting based on Early Furnaces found at Timna, in: Rothenberg (Hg.) Chalcolithic Copper Smelting (s. Anm. 7), 28. – [9] Sinai: Gebel Samra, Wadi Riqeita, Wadi Shellal, Wadi Nasib und besonders die Grabung Wadi Ahmar (Zaghara) Site 590 (Rothenberg, Sinai, 140. 163; Kingery und Gourdin, in: Journal of Field Archaeology 3, Boston 1976, 351ff.; vgl. auch C.T. Currelley, Gebel Musa and the Nawamis, in: William M. Flinders Petrie, Researches in Sinai, London 1906, 239f.). – [10] Sinai: Grabungen im Wadi Ahmar Site 701 (Rothenberg, Sinai, 140. 151). – [11] Gebel el-Maghara. In den Arbeitslagern des AR (Petrie, a.a.O., 51ff., neu untersucht in 1967–69, vgl. Beno Rothenberg, New Researches in Sinai, in Vorbereitung): hauptsächlich Überreste von Kupferguß, aber auch Verhüttungsschlacken. – Wadi Kharig, datiert durch Inschriften des Sahure und des Sesostris I. (Rothenberg, Sinai, 163ff.; id., L'exploration du Sinai, in: Bible et Terre Sainte 150, Paris 1973, 14f., Abb. 13–14). – [12] Bir Nasib-Grabung Site 350, Wadi Ahmar, Wadi Shellal (Rothenberg, Sinai, 140. 164 Abb. 32). – [13] Timna-Tal, Wadi Amram (Rothenberg, Timna [s. Anm. 2], 63ff.; Hans G. Conrad und Beno Rothenberg (Hg.), Antikes Kupfer im Timna-Tal [s. Anm. 2]). Es wurde vorgeschlagen, die äg. Kupferindustrie der Arabah mit dem „Atika" des Pap. Harris I zu identifizieren (Rothenberg, Timna [s. Anm. 2], 201). – [14] Laut Giveon, in: LÄ III, 882 s. v. Kupfer bestand die Kupferverhüttung in Timna „nur in begrenztem Umfang zur Werkzeug- und Geräteherstellung". Das äg. Grubengebiet in Timna (10 km²), das über 150 Jahre (19.–20. Dyn.) in Betrieb war, zeigt Tausende von Kupfergrubenschächten, 13 Schmelzläger, und im Zentrum dieser äg. Großindustrie stand das Bergbauheiligtum der *Hathor. Den umfangreichen Schlackenhalden entsprechend wurden im äg. Timna etwa 10000 Tonnen Kupfer produziert. – [15] Davey, in: Levant 11, London 1979, 101ff.; Beit Arieh, in: Tel Aviv 5, Tel Aviv 1978, 175ff. – [16] Bachmann und Rothenberg, Die Verhüttungsverfahren von Site 30, in: H.G. Conrad und B. Rothenberg, Antikes Kupfer im Timna-Tal (s. Anm. 2), 220f. – [17] Timna Site 30 Stratum I (s. ebd., 201). – [18] Lucas, Materials[4], 243; Petrie, Prehistoric Egypt, 27. – [19] Lucas, Materials[4], 243f. – [20] Ronald F. Tylecote, Metallurgy in Archaeology, London 1962, 75f. – [21] Lucas, Materials[4], 243 gibt die Fließtemperatur von Blei (327°) als Verhüttungstemperatur an, s. dagegen Tylecote, a.a.O., 75ff. – [22] Hermann Amborn, Die Bedeutung der Kulturen des Niltals für die Eisenproduktion im subsaharischen Afrika, Studium zur Kulturkunde 39, Wiesbaden 1976, 47f. 69ff. 123ff.; Tylecote, in: West African Journal of Archaeology 5, Ibadan 1975, 2; Lucas, Materials[4], 233ff. – [23] Amborn, a.a.O., 70ff.; William M. Flinders Petrie, Naukratis, London 1886, 88, Tf. 40. – [24] Petrie, a.a.O., 39, hingegen Zweifel an diesem frühen Datum bei Amborn, a.a.O., 76f. – [25] Petrie, Tanis II; Amborn, a.a.O., 111ff. – [26] Tylecote, in: West African Journal of Archaeology 5, Ibadan 1975, 2; hingegen Amborn, a.a.O., 111. – [27] Amborn, a.a.O., 115ff. – [28] Rosalind Moss, in: JEA 36, 1950, 112ff.; Lucas, Materials[4], 240; Bovier–Lapierre, in: ASAE 17, 1917, 272f.; Amborn, a.a.O., 125. – [29] Sayce, in: AAA 3, 1910, 53ff. S. die eingehenden Literaturnachweise bei Amborn, a.a.O., 161ff. Der Skeptizismus von Amborn gegenüber den Schlackenhalden von Meroe als Eisenverhüttungsschlacken (a.a.O., 250) ist wohl durch die neuen Ausgrabungen in Meroe (1969–76) überholt. Meroe war vom 3. Jh. v. Chr. bis in die Römerzeit ein großes Zentrum der Eisenverhüttung, vgl. Tylecote, a.a.O. (s. Anm. 22), 2f.; id., Metall Working at Meroe, in: Merotic Studies, Meroitica 6, Berlin 1982, 29ff. – [30] Harald Straube, Bruno Tarman und Erwin Plöckinger, Erzreduktionsversuche in Rennöfen Norischer Bauart, Klagenfurt 1964; Tylecote, Austin und Wraith, in: Journal of the Iron and Steel Institute of Japan, Tokio 1971, 342ff.; Bernhard Osann, Rennverfahren und Anfänge der Roheisenerzeugung, Düsseldorf 1971; Ronald F. Tylecote, Metal Working at Meroe (s. Anm. 29), 39ff.

B. R.

Verkauf s. Kauf

Verkehr s. Transportwesen

Verklärung. A. Terminologie, Quellen. 1. Der äg. Terminus *s3ḫw*, „Verklärung"[1], ist eine Kausativableitung des Eigenschaftsverbs *j3ḫ* „licht, strahlkräftig sein" in seiner speziellen Bedeutung, die sich auf den Zustand eines mit magischer Kraft ausgestatteten *Totengeistes (*Ach) bezieht[2], und bedeutet wörtlich „zu einem Ach machen, in den Zustand eines Ach versetzen". Er bezieht sich auf eine Textgattung, ähnlich wie das Verb *s3ḫ*, „verklären", das sich auf das Rezitieren entsprechender Texte bezieht[3]. Die Frage nach der Extension dieses Begriffs ist umstritten: manche halten sie für eine spezielle Gattung der *Totenliteratur[4], andere für die äg. Bezeichnung für Totenliteratur überhaupt[5]. Offenbar haben die Ägypter selbst von dem Wort einen terminologischen und einen erweiterten Gebrauch gemacht. Die Ermittlung seiner terminologischen Bedeutung hat von zwei Befunden auszugehen: 1. die Verwendung von *s3ḫw* als Gattungsbezeichnung in Spruch- und Buchtiteln, vornehmlich in Ritualpapyri der SpZt[6], 2. der Ritus „Rezitieren vieler Verklärungen durch den Vorlesepriester" in Darstellungen des Totenopferrituals (*Totenkult)[7]. Das erste Kriterium führt auf ein Korpus von Texten, die die Ägypter als V. verstanden und verwendet haben, das hinreichend groß ist, um die grundlegenden Gattungsmerkmale zu ermitteln. Danach handelt es sich bei einer V. um einen Spruch, der mit anderen Sprüchen der gleichen Gattung zusammen eine feste Spruchfolge, eine „Verklärungsliturgie", bildet. Derzeit sind mir 16 derartiger Verklärungs-Liturgien bekannt:

MR:
1. CT Spr. 1–26[8]
2. CT Spr. 44–62[9]
3. CT Spr. 63–74[10], kommt in TT 353 zusammen mit Nr. 7 vor
4. CT Spr. 225–226 + 761–765[11]
5. CT Spr. 443–446 + 556–557[12]
6. CT Spr. 42–43 + 723 + 725 A + 724 + 725 B[13]

NR:

7. TT 353, Eingangswand[14], kombiniert mit Nr. 3
8. TT 100[15], Exzerpte aus einer Liturgie
9. TT 29[16], Exzerpte
10. TT 50[17], Exzerpte aus verschiedenen Liturgien
11. pBM 10819[18], Festrolle (*ḥ3bt*) des Totenkults

SpZt:

12. pBM 10209[19], Festrolle des Totenkults, zum *Talfest
13. Verklärungsbuch I[20], Zeremonial des Osiriskults
14. Verklärungsbuch II[21], Zeremonial des Osiriskults, mit Pyramidentexten
15. Verklärungsbuch III[22], Zeremonial des Osiriskults
16. Verklärungsbuch IV[23], Zeremonial des Osiriskults, mit Klageliedern von *Isis und *Nephthys

Dazu kommt als Nr. 17 (zeitlich aber zwischen 6 und 7 einzuordnen) der pBerlin 10482 aus dem MR offenbar gleicher Zweckbestimmung wie Nr. 11[24], der aber Sprüche deutlich anderer Form als V. verwendet[25].

Alle diese Spruchzyklen hat man sich als Abschriften von „Festrollen" zu denken, wie sie in Nr. 11 und 17 original erhalten sind. Nr. 14 und 15 gehen auf derartige Sammlungen zurück, von denen Kopien bereits auf einigen MR-Särgen vorliegen[26]. Zweifellos sind bereits bei der Beschriftung der Pyramiden des AR in großem Umfang ähnliche Verklärungsliturgien herangezogen worden (*Pyramidentexte), deren Rekonstruktion aber – mit Ausnahme von Pyr. Spr. 213–219[27] – als offen gelten muß[28].

Aus diesem Korpus wird dreierlei klar:

1. V. sind kultische Rezitationstexte und nicht „Totenliteratur"[29].

2. Sie werden als Buchrollen im Toten- und Osiriskult tradiert und wirken von dort auf die Beschriftung von Särgen, Gräbern usw. ein[30].

3. Sie treten in ihrer liturgischen Verwendung – im Unterschied etwa zu *Hymnen – zyklisch auf und nicht als Einzelsprüche.

Außerdem ergeben sich aus diesem Korpus die unter B. beschriebenen Gattungsmerkmale, die es erlauben, auch andere, außerhalb dieser Zyklen überlieferte Einzelsprüche gleicher Form als V. zu identifizieren, die sich in sehr großer Anzahl in den Pyramidentexten, seltener in der späteren Totenliteratur, dafür aber seit dem NR in zunehmendem Umfang auf vielfältigen Denkmälern (Grabwänden, Stelen, Statuen, Särgen u. a. m.)[31] finden und teilweise offenbar aus Liturgien übernommen[32], teilweise aber auch wohl eigens nach dem Vorbild liturgischer V. für diesen Zweck verfaßt worden sind[33].

B. Form und Funktion. 1. Thematische Form. Die V. beschreibt in der Form von Wunschsätzen[34] die ersehnte jenseitige Daseinsform eines „Verklärten" (Ach), wie sie sich in (für ihn und von ihm vollzogenen) Handlungen, Vorgängen und Zuständen manifestiert[35]. Typische Themen sind Opferempfang, *Himmelsaufstieg, Gemeinschaft mit dem *Sonnengott, Rechtfertigung, Jenseitsreise, Empfang göttlicher Mahlzeiten bzw. Speisung an heiligen Orten, Teilnahme an *Festen, Gliedervereinigung, Bewegungsfreiheit usw. Als Generalthema läßt sich der Aufbau einer Personalität feststellen, die sowohl physisch, durch Wiederherstellung aller Körperfunktionen[36], als auch sozial, durch Einbindung in spezifische „Konstellationen" der Götterwelt[37], integriert ist. Dahinter steht der Gedanke einer Aufhebung des Todes als der absoluten Desintegration und Isolation[38]. Spezifischere thematische Formen ergeben sich aus der Verschiedenheit der in 3. beschriebenen „Sitze im Leben". In den auf die „Opfersituation" bezogenen V. ist der Angeredete überwiegend aktiv und frei beweglich in Gemeinschaft des *Sonnengottes[39]:

Es öffne sich dir der Himmel,
es öffne sich dir die Erde,
es öffnen sich dir die Wege im Totenreich![40]
Mögest du ein- und ausgehen mit *Re,
mögest du frei ausschreiten wie die Herren der [Ewigkeit[41].
Empfange Opferspeisen als Gabe des *Ptah,
reines Brot auf dem Altar des *Horus.
Möge dein *Ba leben, deine Gefäße gedeihen,
dein Gesicht aufgetan sein auf den Wegen der [Finsternis[42].
*Hapi, er gebe dir *Wasser,
*Neper, er gebe dir *Brot,
*Hathor, sie gebe dir *Bier,
*Hesat, sie gebe dir *Milch[43].
Mögest du deine Füße waschen auf einem silber- [nen Block
in einem Becken von *Türkis[44].

In den auf die „Balsamierungssituation" bezogenen V. dagegen ist der Verstorbene überwiegend passiv, Empfänger und Objekt göttlicher Handlungen. Der Sonnengott tritt hier fast völlig zurück gegenüber den Konstellationen des *Osiris-Kreises, *Anubis und den Horussöhnen[45] (*Horuskinder).

2. Interpersoneller Bezug. Für die V. ist derselbe Sprechbezug charakteristisch, der auch die Sonnenhymnen kennzeichnet[46]: sie sind stilisiert als Rede eines anonymen, d.h. nie auf sich verweisenden Sprechers, an einen Adressaten, der zugleich auch das Thema fast jeder einzelnen Aussage bildet[47]. Dadurch unterscheiden sie sich von den typischen Totentexten in der Ich-Form, in denen der Tote von sich selbst zu einem anonymen Hörer(kreis) spricht[48], sowie Ritualsprüchen als Begleitung von Kulthandlungen u.a. Sprüchen, v.a. Götterreden, in denen ein Handelnder über sich und sein Handeln zum Adressaten spricht, oder dramatischen Texten, in denen Dritte miteinander reden[49]. In den Pyramidentexten sind eine Reihe von V. in die Er-Form transponiert, in der der weiterhin anonyme Sprecher nicht zum, sondern über den Toten spricht[50]. Einen Grenzfall bilden die Klagelieder für Isis und Nephthys, die eine ganz andere interpersonelle Form aufweisen – Ich-Du-Form, mit sehr starker affektiver Exposition des Sprechers – und als eine eigene Gattung gelten müssen, die aber vom Ägypter entweder ebenfalls als Verklärungs-Liturgie geführt (Nr. 16), oder aber mit eigentlichen V. zusammen zu einer Verklärungs-Liturgie vereinigt wurden (Nr. 2 und 3)[51]. In den *Stundenwachen des ptol. Osiriskults wird jedoch zwischen V. und Klagen klar unterschieden, indem erstere vom *Cheriheb, letztere von der „*Weihe" (*d̲rt*) rezitiert werden. Der Cheriheb erscheint schon in den Gräbern des AR als der Rezitator der V. (Anm. 7). Während die eigentliche V. jeden Bezug auf den Sprecher vermeidet, tritt er in einem Schlußtext hervor und erläutert seine Rolle und Handlung bzw. seine Beziehung zum Toten in der Ich-Du-Form:

Begib dich zu mir, nähere dich mir,
sei nicht fern von mir!
Dein Grab ist deine Grenze gegen mich[52].

3. Funktion. Die V. sind, zumindest in ihrer ursprünglichen kultischen Funktion, heilige Texte, die nur vom Vorlesepriester als dem bevollmächtigten Sprecher[53] und nur in einem genau definierten kultischen Rahmen rezitiert werden dürfen, wenn sie ihre performative Kraft entfalten sollen, das, worauf sie sich thematisch beziehen, auch tatsächlich im Redevollzug zu bewirken[54]. Die V.

„... verkünden wahre Dinge,
wer sie hört, erhebt sich auf seinem Platz.
Er erwacht und erblickt die Sonne,
sie erfreuen sein Herz in der Unterwelt"[55].

Die Liturgie Nr. 1 schließt mit folgender Selbstanpreisung:

ȝḫ-mächtig ist sie, diese Rede,
ein Auftun des Westens ist sie[56].

Die V. ist ein Sprechritus (rite oral)[57], der nicht kultische Handlungen begleitet, sondern selbst eine kultische Handlung darstellt und in der Rezitation vollzieht[58].
Sie bezieht sich auf vorangegangene kultische Handlungen in der Form der „sakramentalen Ausdeutung"[59], indem sie in der diesseitigen Welt der symbolischen Handlungen und Objekte eine götterweltliche Sphäre von Bedeutungen zur Erscheinung bringt[60]. Der Empfang der Opfergaben wird so z.B. ausgedeutet als Himmelsaufstieg und Eintritt in die Gemeinschaft mit dem Sonnengott (Pyr. Spr. 373 und oft sonst), weil die Opfergaben ihrerseits als Speise vom Altar des Re ausgedeutet werden, deren Genuß den Empfänger zum Tischgenossen des Sonnengottes macht[61]. Die Rezitation der V. ist daher ein „rite de passage"[62], der die Elemente der Kultszene, vor allem deren Zentrum, den Verstorbenen, in eine götterweltliche Sphäre transponiert. Unter der Menge möglicher Kultszenen als Aufführungssituationen von V. zeichnen sich besonders zwei ab: 1. die Opfersituation, wie sie in den flachbildlichen Darstellungen des Totenopferrituals dargestellt wird

(Anm. 7), und 2. die Balsamierungssituation. Ort von 1 ist die Kultkammer des Grabes, von 2 die *w῾bt* oder *wrjt* genannte Balsamierungshalle, die in einigen Liturgien explizit als Aufführungsort angegeben ist[63]. Hier werden v.a. die *Stundenwachen als Rezitationsritus vollzogen, aber auch die Sprüche zum Balsamierungsritual der SpZt selbst haben die sprachliche Form von Verklärungen[64]. Über diesen liturgischen Kernbereich haben sich die V. im Laufe der Zeit weit hinaus verbreitet. In Grabinschriften, auf Stelen und Tempelstatuen sollen sie vom Besucher gesprochen und in seinem Munde, unabhängig von jeder kultischen Situierung und Bevollmächtigung, für den Verewigten wirksam werden[65]. Sie erscheinen auch unter den *Harfnerliedern[66] und sogar unter den elaborierten Einleitungsabschnitten literarischer *Briefe, deren Wunschformeln sich ja nicht nur auf das diesseitige, sondern besonders auf das jenseitige Wohlergehen des Adressaten beziehen[67]. Im weiteren Sinne der „sakramentalen Ausdeutung", der sprachlichen Vergegenwärtigung einer jenseitigen Sinnwelt in einem diesseitigen, wenn auch kultisch herausgehobenen Handlungsrahmen, läßt sich V. als eine Grundform religiöser Rede in Ägypten überhaupt feststellen[68].

Konstitutiv für „verklärendes" Sprechen ist das Bewußtsein einer Distanz zwischen Mythos (im Sinne Schotts) und Realität einerseits und ihrer sprachlichen Überbrückbarkeit andererseits: der Distanz zwischen Diesseits und Jenseits, Erde und Himmel, Tod und Leben, Menschen und Göttern. Schotts Untersuchungen zur Mythenbildung haben gezeigt, daß solches Distanz-Bewußtsein sich erst im Laufe des AR herausgebildet hat. Textlich wird es z.B. in der „Dehnung der Verweise" greifbar[69]. Deiktika beziehen sich zunehmend weniger auf ein unmittelbar gegenwärtiges, sondern auf ein jenseitiges Zeigfeld, was zusammen mit anderen Mitteln die „Jenseitigkeit des Themas" betont[70]. Schott zufolge ist mit solcher Dehnung der Wirklichkeit – in das „hier" des Kults und der sinnlich erfahrbaren Realität und in das „dort" der „Mythe" bzw. Götterwelt[71] – ein Schritt zur Entzauberung der Welt getan. Denn in dem vorhergehenden Zustand der „Verzauberung der irdischen Gegenwart kommt es zu einem verwirrenden märchenhaften Dunkel, in welchem Bild und Wirklichkeit, Mensch, Ding und Tier kaum noch zu unterscheiden sind"[72]. Durch die Dichotomisierung in Diesseits und Jenseits wird das Göttliche unterscheidbar und ansprechbar. Die Sprache, die diese Unterscheidung bewerkstelligt, soll aber zugleich auch dazu dienen, die verlorene Einheit wiederherzustellen. Die V. ist ein rückverzaubernder Diskurs, der Diesseitiges und Jenseitiges wieder zur Deckung bringt. Indem die magische Kraft (äg. *ꜣḫw*) des verklärenden Wortes das Jenseitige im Diesseitigen „aufleuchten" läßt – was mit Vorliebe über Wortspiele geschieht[73] – wird Diesseitiges „verklärt", in die Götterwelt transponiert.

[1] Wb IV, 24, 1–10. – [2] Westendorf, in: ZÄS 92, 1966, 147 setzt als Grundbedeutung von *ꜣḫ* „sprießen, wachsen" an; vgl. Winfried Barta, Die Bedeutung der Pyramidentexte, MÄS 39, 1981, 63. – [3] Wb IV, 22, 11–23, 21, mit stark erweiterter Bedeutung. Objekte der V. können neben Toten und Göttern auch Gegenstände sein, die durch die Rezitation heiliger Texte (d.h. V.) mit götterweltlicher Bedeutung investiert und dadurch in die jenseitige Sphäre transponiert werden. – [4] So etwa Schott, Mythe und Mythenbildung; Hartwig Altenmüller, Die Texte zum Begräbnisritual in den Pyramiden des Alten Reiches, ÄA 24, 1972. Ein entsprechender Ansatz wird auch hier vertreten, allerdings mit einer scharfen Trennung zwischen Totenliteratur und Totenliturgie. – [5] Kurt Sethe, Die Totenliteratur der alten Ägypter, SPAW 1931. 4; Barta, op. cit. – [6] S. hierzu J.C. Goyon, in: Textes et Langages III, BdE 64. 3, 1974, 73–81. – Als Titel von Sargtexten erscheint *sꜣḫw* häufig, z.B. CT I, 1 als Titel von Liturgie Nr. 1. Als Titel eines Harfnerlieds: Assmann, in: JEA 65, 1979, 56–58. – [7] S. dazu Barta, Opferformel, 29 mit Anm. 13; 40 mit Anm. 1 usw., s. Index s.v. *sꜣḫ*; Sethe, Totenliteratur, 522. – [8] Auf Särgen aus El Berscheh, Assiut und Theben. Eine Kurzfassung bildet mit Erweiterungen das spätere Tb 169. Der Titel *sꜣḫw* in MC 105[a], MC 105[b]. – [9] Ausschließlich auf Särgen aus El Berscheh. – [10] Särge aus Theben, Saqqara und El Berscheh. In einigen Quellen folgen Sprüche, die auch in Nr. 14 vorkommen (CT, Spr. 837–9). – [11] TlL 342–346, 94–141. Voraus geht Nr. 1. – [12] B4Bo 380–411. Voraus gehen Nr. 1 und Pyr., Spr. 213–7. – [13] B3Bo 338–380. – [14] Veröffentlichung durch das MMA (P. Dorman) in Vorbereitung. – [15] Davies, Rekh-mi-Rē῾, Tf. 76. 86. 96. 104. – [16] Unveröffentlicht. – [17] Vgl. Assmann, in: MDAIK 40, 1985, 284ff. – [18] Veröffentlichung durch T.G.H. James, dem ich für Photographien danke, in Vorbereitung. – [19] Faiza Haikal, Two Hieratic Funerary Papyri of Nesmin, BAe 14, 1970. – [20] Goyon, a.a.O., 79f. mit Anm. 5 auf S. 79; 80 Anm. 1. – [21] Goyon, a.a.O., 80; Georg Möller, Über die in einem spähierat. Papyrus enthaltenen Pyramidentexte, Diss. Berlin 1900. Eine fast vollständige Fassung im Treppengang von TT 196 wird von E. Graefe veröffentlicht. – [22] Goyon, a.a.O., 80; vgl. zu diesem Papyrus auch Siegfried Schott, Die Deutung der Geheimnisse des Rituals für die Abwehr des Bösen, AAWLM 1954. 5, 10; ders., in: MDAIK 14, 1957, 182. – [23] Goyon, a.a.O., 81 mit Anm. 1–2. – [24] Das Dokument ist auf dem Verso als *ḥꜣbt* „Festrolle" bezeichnet, enthält also Totenliturgie und nicht Totenliteratur. S. H. Grapow, Über einen ägyptischen Totenpapyrus aus dem frühen Mittleren Reich, in: SPAW 1915. 27, 379. – [25] Die Sprüche auf dem Recto sind als *sꜣḫw* überschrieben, aber nur der erste (Spr. 225, vgl. Nr. 4) entspricht dieser Gattung. Die anderen sind Nahrungs- und Verwandlungssprüche (169–171. 109. 329. 417. 89. 149). Vgl. Leonard H. Lesko, Index of the Spells on Egyptian Middle Kingdom Coffins and Related Docu-

ments, Berkeley 1979, 72. – [26] Nr. 14 entspricht den Serien E und F bei Altenmüller, Texte zum Begräbnisritual (s. Anm. 4), 49f., mit Pyr., Spr. 373 und 721 B aus Serie D. Nr. 15 enthält Altenmüllers Serie D. – [27] Spruchfolge A bei Altenmüller, a.a.O., 46f. Diese auf MR-Särgen besonders beliebte Totenliturgie erscheint gern in Zusammenhang mit anderen Verklärungs-Liturgien und ist mit Sicherheit derselben Gattung zuzuordnen. – [28] Trotz der verdienstvollen Ansätze von Altenmüller, a.a.O., 10–57. – [29] Im Sinne einer magischen Grabbeigabe (Ausrüstung des Toten mit Jenseits-Wissen), als die sie aber natürlich sekundär benutzt werden können. S. dagegen Barta, Bedeutung (s. Anm. 2), 59ff., bes. 69–99. – [30] Man darf sich also nicht vorstellen, die Liturgien Nr. 14 und 15 seien unmittelbar aus uralten Totentexten zusammengestellt, gar aus den Pyramiden abgeschrieben worden. Quellen waren vielmehr ältere Zeremoniale (Nr. 14 erwähnt als Vorlagen Schriftrollen aus der Zt Thutmosis' III. und Amenophis' III., die ihrerseits auf Vorlagen zurückgehen müssen, die für die MR-Särge herangezogen wurden). Die Texte waren offenbar über die Jahrtausende hinweg im kultischen Gebrauch geblieben – [31] Eine Sammlung solcher Sprüche umfaßt derzeit ca. 500 Texte. – [32] Einzeltexte aus Nr. 13 kommen vor allem auf Särgen der Perser- und Ptolemäerzeit vor, während Nr. 14 besonders auf die thebanischen Gräber der Saitenzeit eingewirkt hat, vgl. Anm. 21. – [33] Vgl. den Parallelfall der Sonnenhymnik: Assmann, Sonnenhymnen in thebanischen Gräbern. Theben 1, Mainz 1983, XVIII–XXXV. – [34] Anzeichen hierfür sind z.B. die Verwendung von Eigenschaftsverben im *sḏm.f* (anstatt Pseudopartizip) und das Fehlen von *jw*. Vgl. auch Assmann, Liturgische Lieder, 358. 360. – [35] Zu dieser Form einer „Status-Charakteristik" s. ÄHG, 33ff. Barta, Bedeutung (s. Anm. 2), 63 versteht diesen Terminus in einem eingeschränkteren (Handlungen ausschließenden) Sinne, der natürlich für die Funktion der V. unangemessen ist. Mit Status ist der rangbedingte Möglichkeitsraum des Toten gemeint, das, was er vermag und was ihm gebührt. – [36] Vgl. Assmann, in: MDAIK 28, 1972, 121–126, vgl. allgemein auch Hornung, in: Eranos 52, 1984, 459–475. – [37] S. Assmann, Liturgische Lieder, 333–359; id., in: LÄ IV, 963–978; id., Re und Amun, OBO 51, 1983, 2. Kapitel; id., Ägypten – Theologie und Frömmigkeit einer frühen Hochkultur, Stuttgart 1984, 117–135. – [38] Vgl. Seibert, Charakteristik, 42–46. – [39] Das früheste Vorkommen dieses im NR und später in weit über 30 Varianten verbreiteten, offenbar beliebtesten Verklärungs-Spruchs trägt den Titel „Spruch zum Niederlegen des Opfers" (Harageh, Tf. 79). J. F. Herbin bereitet eine Veröffentlichung über diesen Text vor. – [40] Zur Form des „Öffnungsliedes" vgl. Assmann, in: LÄ III, 853f. – [41] Diesen Vers zitiert die Lehre für Merikare (Wolfgang Helck, Die Lehre für König Merikare, KÄT, 1977, 33). – [42] Vgl. Assmann, Liturgische Lieder, 191 (4); id., in: JEA 65, 1979, 61 (f). Zum Ausdruck „Weg(e) der Finsternis" s. Liturgische Lieder, 194 Anm. 18. – [43] Vgl. Jan Assmann, Das Grab des Basa, AV 6, 1973, 72f.; id., in: JEA 65, 1979, 72. – [44] Vgl. CT I, 261f–262a. – [45] Diese Bedingtheit verkennt Schott, wenn er in „Mythe und Mythenbildung" das Fehlen von Re als Datierungskriterium verwendet. Bei den „Hymnen mit der Namensformel" scheint der Grund hierfür vielmehr in ihrem Bezug auf die „Balsamierungssituation" zu liegen. – [46] S. hierzu ÄHG, 85f.; Assmann, Liturgische Lieder, 359–372. – [47] Schotts Charakterisierung der Sprecherrolle der „Hymnen mit der Namensformel" (Mythe und Mythenbildung, 38) gilt für die V. insgesamt. Vgl. auch Barta, Bedeutung (s. Anm. 2), 65–67. – [48] Die typische Form der Totenliteratur in Sargtexten und Totenbuch. – [49] Zur Form der Götterrede, die der V. inhaltlich sehr nahe steht, vgl. z.B. Assmann, in: MDAIK 28, 1972, 47–73. 115–139. Viele Götterreden sind umgeformte V., vgl. die aus Tb 169 entnommenen Reden von Schutzgottheiten auf Särgen: Assmann, in: MDAIK 40, 1985, 288 mit Anm. 60. Zur Transposition dramatischer Texte in V. s. Schott, Mythe und Mythenbildung, 37ff. – [50] Vgl. Schott, a.a.O., 46ff. – [51] CT, Spr. 51–59 im Rahmen von Nr. 2, CT, Spr. 74 im Rahmen von Nr. 3. Vgl. auch Tb 172. Zu den Stundenwachen der Sargtexte vgl. Münster, Isis, 24–60. – [52] CT I, 182h–183c, vgl. 190g–191a. 238a–c; Pyr. 216. 645. 1342; pBM 10819, VII, 3–4. – [53] S. Assmann, Liturgische Lieder, 368ff.; Assmann, Sonnenpriester, passim; id., Re und Amun, 24–53; id., in: JEA 65, 1979, 64f. mit Anm. 97–98. – [54] Zum performativen Charakter kultischer Rede s. Assmann, Liturgische Lieder, 13. 233. 362f. 366f.; eingeschränkter Loprieno, in: LÄ V, 1217. Vgl. auch Tambiah, in: Proceedings of the British Academy 65, London 1979, 113–169. – [55] Denkstein Sethos' I. in Abydos: Siegfried Schott, Der Denkstein Sethos' I., NAWG 1964. 1, 80. – [56] CT I, 76. – [57] Jean Cazeneuve, Les rites et la condition humaine, Paris 1958, 368. – [58] Die ihrerseits von nichtsprachlichen Handlungen (bes. Räucherungen und Libationen) begleitet sein können. Nr. 3 ist z.B. besonders reich an Bezugnahmen auf derartige begleitende Handlungen. – [59] Vgl. Assmann, in: GM 25, 1977, 15ff.; id., in: JEA 65, 1979, 75–77; id., Ägypten (s. Anm. 37), 108–112. – [60] Wie sich diese Sphäre im Laufe des AR konstituiert und zu den älteren Riten in Bezug gesetzt wird, hat Schott, Mythe und Mythenbildung dargestellt. – [61] Diese Konzeption liegt den „Nahrungssprüchen" zugrunde, wie sie v. a. in Bd III der CT zusammengestellt sind. – [62] Arnold van Gennep, Les rites de passages, Paris 1909. – [63] Für Nr. 2 vgl. die Verweise in Spr. 49 auf die *wrjt* und *wꜥbt*. Auch Nr. 13 soll nach Angabe des Titels in der *wꜥbt* rezitiert werden. Vgl. auch Jan Assmann, Das Grab der Mutirdis, AV 13, 1977, 101f.; id., in: MDAIK 28, 1972, 127–139. – [64] pBoulaq 3: Serge Sauneron, Rituel de l'embaumement, Kairo 1952. – [65] Vgl. bes. die „Türsprüche" der Saitengräber: Jan Assmann, Das Grab des Basa, Mainz 1973, 95–97; id., Das Grab der Mutirdis (s. Anm. 63), 26–28. – [67] pAnast. I; pMoskau Puschkin Nr. 127. – [68] ÄHG, 26–45; Assmann, Ägypten (s. Anm. 37), Kapitel 4. – [69] Schott, Mythe und Mythenbildung, 33ff. – [70] Schott, a.a.O., 49f. – [71] Vgl. Assmann, in: GM 25, 1977, 7–43; Emma Brunner-Traut, in: LÄ IV, 277–286. – [72] Schott, a.a.O., 87. – [73] Vgl. hierzu bes. Altenmüller, Begräbnisritual (s. Anm. 4).

Lit.: Schott, Mythe und Mythenbildung; Hartwig Altenmüller, Texte zum Begräbnisritual in den Pyramiden des Alten Reiches, ÄA 24, 1972; Winfried Barta, Die Bedeutung der Pyramidentexte für den verstorbenen König, MÄS 39, 1981; Jan Assmann, ÄHG, 26–45; id., Ägypten. Theologie und Frömmigkeit einer frühen Hochkultur, Stuttgart 1984, 102–177.

J. A.

Verkünden (*sr*) wird vom Vorhersehen, nicht dem Schaffen einer Zukunft gebraucht. Da die Welt nach der *Maat abläuft, kann einer, der die Maat durchschaut hat, im voraus wissen, was kommen wird, und es verkünden. Auch bei Göttern wird *sr*, soweit erkennbar, nicht vom Schaffen durch das Wort, sondern vom V. von etwas bereits Beschlossenem, Feststehendem gebraucht.

A. *Götter.* *Schöpfergott: „Der die Zukunft voraussagt für Millionen Jahre, die Ewigkeit steht vor seinem Angesicht wie der gestrige Tag, wenn er vergangen ist."[1] So verkündet auch *Atum dem *Osiris das *Weltende nach Millionen von Jahren im Tb, Spr. 175. *Thot: *Ich bin Thoth, der Wissende, der das Morgen verkündet und in die Zukunft blickt, ohne zu irren."[2] Der Schlangengott im *Schiffbrüchigen verkündet die Ankunft des rettenden Schiffes (Z. 155). Oft wird der Verkünder nicht genannt, vielmehr das Passiv gewählt: „Sieg wurde verkündet, als er (*Ramses II.) noch im Mutterleib war."[3] Besonders häufig wird dem König Herrschaft, langes Leben, Sieg o.ä. verkündet[4]. Ganz allgemein heißt es von Göttern, daß sie v., „was im Lande geschehen wird"[5], „bevor es gekommen ist"[6]. Dabei wird gelegentlich der Ursprung dieser Vorstellung im Orakelwesen deutlich[7].

Wenn *Min *sr bj3w nw Punt* genannt wird, so bedeutet das „Prospektor der Metalle von *Punt": Der Gott sucht und findet Metall-Lagerstätten der Ostwüste[8].

*Paviane verkünden den Sonnenaufgang, sind aber bei der Schaffung der jungen Sonne nicht beteiligt[9].

Der *Pelikan wird mehrfach als V. erwähnt, wobei der Inhalt seiner Botschaft unklar bleibt. Pyr. 278 scheint er den Weltuntergang zu v.[10], im Tb Spr. 68,7ff. dagegen verkündet er dem Toten Gutes.

B. *Menschen* (von Königen wird auffallenderweise nicht berichtet, daß sie etwas verkünden). Das Vorauswissen ist nicht auf göttliche Eingebung zurückzuführen, also keine *Prophetie im Sinne des AT, sondern bei Beamten ein Zeichen für ihre berufliche Tüchtigkeit. Matrosen können auf Grund ihrer Wetterbeobachtung einen Sturm voraussagen[11], in Autobiographien rühmt man sich, etwas „vorhergesagt zu haben, bevor es eingetreten war"[12]. Daneben hat aber V. auch die Bedeutung „einen richtigen Zeitpunkt ermitteln und dann eine entsprechende Amtshandlung vornehmen", etwa – der älteste Beleg – eine Rekrutenaushebung[13].

Hierzu zählt gewiß auch das „V. des *Sedfestes", dessen sich Prinzen und hohe Beamte, sogar der *Wesir, rühmen (die doch gewiß nicht auf Heroldsdienste stolz wären)[14]. Ein Priester kündet „die Nacht nach dem Tage an", so daß Lichter entzündet werden[15].

Tiefer greifen die Verkündungen der Weisen, die den Lauf der Welt genau beobachten und daraus ihre Schlüsse auf die Zukunft ziehen – auch hier ohne jede göttliche Inspiration[16]. „Ich durchforschte die Zeit und sagte voraus, was kommen würde. Ich hatte ein Herz, das Probleme löste, im Blick auf die Zukunft, denn ich hatte das Gestern durchschaut und dachte an das Morgen und verstand umzugehen mit dem, was kommen würde."[17] Diese Feststellung in einer Autobiographie spricht deutlich aus, was die Ägypter unter V. verstanden.

Schott möchte das V. bereits in der späten Vg. erkennen und die beiden *Giraffen, die auf der Rückseite der Tierpalette im Louvre zu beiden Seiten einer Palme stehen, *sr* lesen und das Bild als „Künden friedlicher Jahre" deuten – eine gewagte Hypothese, die sich nicht beweisen oder widerlegen läßt[18].

[1] ÄHG, 127 B, Z. 81f. – [2] Tb (Hornung), 182,33. – [3] Helck, Ritualszenen I, 127, Z. 6f.; ähnlich Urk. IV, 180; 820, 14 u.ö. – [4] Urk. IV, 500,12; Wb IV, 190,1–4. – [5] Dendara II, 20. – [6] Edfou V, 233; VII, 133 u.ö. Auch schon bei *Taharqa: Vernus, in: BIFAO 75, 1975, 3, Abb. 1, Z. 3. Weitere Belege bei Eberhard Otto, Gott und Mensch nach den äg. Tempelinschriften der griech.-röm. Zeit, AHAW 1964. 1, 149. – [7] Ricardo A. Caminos, The Chronicle of Prince Osorkon, AnOr 37, 1958, Inschrift A, Z. 28; Medinet Habu I, Tf. 43,15 = Kitchen, Ram. Inscr. V, 34,9; vgl. Wb IV, 189,20. – [8] Yoyotte, in: RdE 9, 1952, 125–127; Erhart Graefe, Untersuchungen zur Wortfamilie *bj3*, Köln 1971, 112. Dieselbe Bedeutung von *sr* „aufsuchen, entdecken" schon Urk. IV, 1892, 14f., wo freilich statt *bj3* „Metall" *bj3jt* „Wunder" steht, aber im gleichen Sinn. – [9] Z.B. Medinet Habu VI, Tf. 420, 1. 13; vgl. auch CT IV, 75g und Wb IV, 190, 7.8. – [10] Vgl. dazu auch CT VI, 53e. 236i. – [11] Schiffbrüchiger 97. – [12] Urk. IV, 481,16; Leiden V 7 rechts, Zeile 4 senkrecht = Boeser, Leiden II, 4, Tf. 7; Kitchen, Ram. Inscr. III, 480,2. – [13] Urk. I, 149,2. – [14] Kitchen, Ram. Inscr. II, 377–398 (16mal). – [15] pChester Beatty IX, 7,6. – [16] Deutlich so bei *Neferti, vgl. dazu Brunner, in: ZÄS 93, 1966, 29–35; Blumenthal, Königtum, 156f., D 1, 22–24; Fóti, in: Studia Aegyptiaca 2, Budapest 1976, 3–18. – [17] TT 110 = Davies, in: Fs Griffith, Tf. 39, Z. 12. – [18] Siegfried Schott, Hieroglyphen, AMAW 1950. 24, 8, übernommen von Wolf, Kunst, 82.

H. B.

Verlobung, nach deutschrechtlichem Vorgang ist die V. der erste Akt der Eheschließung[1] (*Ehe), nach römischrechtlicher Tradition ist es ein Vertrag auf eine zukünftige Eheschließung[2]. Vergleichbare Verhältnisse lassen sich für Ägypten nicht feststellen, da Aussagen fehlen und kein Formalakt der Eheschließung entwickelt wurde[3].

Von V. spricht man allerdings im Zusammenhang mit bestimmten Ereignissen und Verhandlungen, in denen politische Heiraten (*Heiratspolitik) im Mittelpunkt stehen, die zur Festigung außenpolitischer Machtverhältnisse dienten.

Im Verlauf der Briefwechsel wird von dem Akt der V. berichtet, insbesondere in der Heiratskorrespondenz zwischen Pharao und einem ausländischen Machthaber[4]. In einem Brief *Ramses' II. wird dieser Vorgang folgendermaßen beschrieben: „Als man gutes Feinöl auf das Haupt der Tochter g(oß) ...; an jenem Tage wurden die zwei großen Länder zu einem großen Land und ihr, die beiden Großkönige, wurdet zu einer Brüderschaft."[5]

Die Handlung des Ölausgießens auf den Kopf der Braut ist als wesentlicher Bestandteil der Verlobungszeremonien zu verstehen. Dabei ist von besonderer Bedeutung, daß der Bräutigam für die Beschaffung des *Öls verantwortlich ist[6]. Die *Salbung des Kopfes kennzeichnet nicht nur den Beginn eines neuen Lebensabschnittes[7], sondern ist auch als eine Art Rechtsakt zu begreifen[8].

[1] Dombois, in: RGG VI, 1360. – [2] A.a.O. – [3] Allam, in: LÄ I, 1163. – [4] Helck, Beziehungen², 401. – [5] Edel, in: JKAF 2, 1952–53, 269. – [6] A.a.O. – [7] A.a.O., 273 Anm. 9. – [8] Kutsch, in: RGG V, 1330. R. Sch.

Vermenschlichung s. Anthropomorphisierung

Vermessungswesen s. Feldereinteilung und -vermessung, Meßschnur

Vermögen s. Besitz und Eigentum

Vernichtungsrituale. Der Zustand der Ordnung, der *Maat, setzt einen Zustand der Unordnung, das Chaos, voraus. Dieses zu beenden, „Ordnung" an die Stelle von Unordnung zu setzen[1], ist die wichtigste Aufgabe des äg. Königs, zu deren Bewältigung auf mehreren Ebenen V. eingesetzt werden.

Das V. ist kein selbständiges *Ritual, sondern Bestandteil von Ritualhandlungen, die entweder regelmäßig zu einem bestimmten Anlaß (z.B. *Ernte, *Neujahr) oder zu einem zeitlich nicht exakt vorherbestimmbaren Ereignis (*Bestattung, *Sedfest, *Krönung) durchgeführt werden.

V. richten sich gegen *Götterfeinde, außen- und innenpolitische Feinde (*Ächtungstexte), Feinde des Menschen in Diesseits und Jenseits; bei ihrem Vollzug werden Menschen, Tiere oder Gegenstände als Erscheinungsformen der Bedrohung vernichtet.

Der ritualisierte Kampf des *Erschlagens der Feinde[2] ist wegen der Häufigkeit seiner bildlichen Darstellung in allen Epochen als Bestandteil von Ritualfolgen anzusehen (Sedfest, Krönung, möglicherweise *Gründungszeremonien und tägliches Tempelritual[3] [*Kult B]). *Keulen mit rundplastischen *Fremdvölkerdarstellungen[4] sowie die Stilistik der frühesten Belege[5] verlegen den Zeitpunkt der Entstehung dieses V. in die späte *Vorgeschichte und zeigen die verschiedenen Stufen der Ritualisierung vom *Menschenopfer zur reinen Ersatzhandlung. Die bildliche Fixierung dieses Kampfrituals, vor allem seine monumentale Ausführung, verstärkt die Wirksamkeit und kann an die Stelle des Ritualvollzugs treten; darüberhinaus besitzt sie apotropäischen und propagandistischen Charakter (*Feindsymbolik). Neben dem Erschlagen ist das Erstechen von Feinden als V. belegt, wobei Analogien und Überlagerungen mit Speise- und *Brandopfer möglich sind. Dieses V. ist besonders in der meroitischen Kultur belegt[6].

Als V. sind auch rituelle Kriegszüge im Vorfeld des Sedfestes[7] und im Anschluß an die *Thronbesteigung[8] anzusehen, die unabhängig von einer aktuellen Notwendigkeit durchgeführt wurden, wenn sie auch gleichzeitig einen realpolitischen Effekt (Präventivmaßnahme, Zurschaustellung von Macht) haben können. Die hier vorherrschende Vernichtungsart, das Erschießen des Feindes mit *Pfeil und *Bogen, kann in vordergründig „sportlichen" Handlungen des Königs weiter ritualisiert werden, vor allem im Bogenschießen auf eine Zielscheibe[9] (*Sport). Möglicherweise ist das *Schlagen des Balles in diesen Kontext einzuordnen.

Sämtliche *Jagdrituale sind V., wobei neben dem unblutigen *Fisch- und *Vogelfang im Schlagnetz die sofortige Tötung des Tieres steht (*Harpunieren des *Nilpferds, Jagd auf *Löwe, *Stier, *Wüstentiere). Bis zum Ende des NR vernichtet der König als Vollzieher dieser Jagdrituale überwiegend den außenpolitischen Feind[10], im Zuge der Mythologisierung (*Horusmythos) rückt der Götterfeind in den Vordergrund; mit der Tötung von *Antilope, *Esel, *Krokodil, *Nilpferd, *Schildkröte, *Schwein, *Stier als Verkörperung des Gottes *Seth wird das Böse schlechthin vernichtet wie auch im Erstechen oder Zerstückeln der *Schlange (*Apophis, *Apophisbuch). In diesem Bereich kann zwischen Jagdritual und Schlachtung (*Schlachten) nicht mehr eindeutig unterschieden werden. Auch andere Opferhandlungen tragen Elemente der V.: das Brandopfer, v.a. das *Gänse-Opfer als Ersatz des Menschenopfers, sowie die in der griech.-röm. Zt erfolgte generelle ikonographische Angleichung von Feind und *Opfertier.

Im Komplex der *Erntezeremonien sind Kornschneiden und Korndreschen als V. anzusehen (*Dramatischer Ramesseumspapyrus).

Innerhalb des *Bestattungsrituals des Privatmannes gibt das *Totenbuch[11] und das *Mundöffnungsritual[12] Hinweise auf V., auch wenn diese häufig unklar bleiben (Szene des Strangulierens zweier Nubier in TT 20 und TT 29[13], *Tekenu[14]). Ein weiteres V. bei der Bestattung ist das *Zerbrechen der roten Töpfe. Im kgl. Bestattungsritual weisen die Gefangenenstatuen aus den *Totentempeln des AR[15] sowie einzelne *Pyramidentexte[16] auf V. hin.

Deutlich von V., die stets offiziellen Charakter haben und deren Wirksamkeit an die Person des Ausführenden (König, *Priester) gebunden ist, sind zu trennen die Praktiken der Vernichtungs-*Magie. Diese versuchen eine Übertragung offizieller V. auf den privaten Bereich. Dazu zählen z. B. die Übernahme von rundplastischen Gefangenen in das Privatgrab[17] oder die ikonographische Nachahmung von Haltungen des Königs bei Fisch- und Vogelfang durch den Grabherrn. Zur magischen Vernichtung sind auch gefesselte oder durchbohrte *Wachs-Figuren von Tieren und Menschen zu zählen[18] wie auch die *Ächtungstexte auf einfachen Tonfiguren bzw. Gefäßen. Auf magische Praktiken der Vernichtung des Bösen, Bedrohlichen weisen entsprechende Szenen auf den *Zaubermessern des MR (*Apotropaikon).

[1] Blumenthal, Königtum, 437f. – [2] Vgl. dazu und zum Folgenden Sylvia Schoske, *ptpt ḫ3swt* – Das Erschlagen der Feinde und verwandte Motive, OBO, 1986 (im Druck). – [3] Ein Hinweis auf ein V. im täglichen Tempelkult könnte in der in den Boden eingelegten Steinplatte neben dem Eingang zum großen Säulensaal in *Karnak zu finden sein, deren Dekoration gefesselte *Nubier und *Asiaten zeigt: PM II², 43 (149). – [4] Kairo JE 88 125; Jean Capart, Primitive Art in Egypt, Philadelphia 1905, 94. – [5] *Palette und *Rollsiegel des *Narmer: Hierakonpolis I, Tf. 29 und 15, 1.2.4; Palette des *Djer: Emery, Tombs of the First Dynasty I, 60, Abb. 31: König packt Keule nicht hinten, sondern in der Mitte des Stiels, beugt sich nicht vornüber, sondern steht aufgerichtet da, die Waffe präsentierend – nicht der dynamische Vorgang des Erschlagens der Feinde wird gezeigt, sondern der durch das Ritual bewirkte Zustand der Unterwerfung des Gegners ist festgehalten. – [6] Übernahme des Erstechens auf den Pyramidenpylon bei Meroe Begrawiya N6 (Amanishaheto), LD V, 40; Durchbohrung eines knienden gefesselten Feindes durch eine Götterstandarte auf der Rückseite des Pylons des Löwentempels von Naga, LD V, 60; auf den Ritualvollzug weist eine rundplastische Gefangenenfigur in derselben Haltung, mit Loch in der Brust (Khartoum 24 397, Katalog Africa in Antiquity II, New York 1978, 219, Nr. 140). – [7] Hornung, in: Saeculum 22, 1971, 48–58; Anfang der *Sinuhe-Erzählung: Blackman, MES, 5f. – [8] Hornung, a.a.O., 54f. – [9] Ein Rollsiegel *Ramses' III. (Rowe, Scarabs, 61, Tf. 28) zeigt den König beim Bogenschießen auf eine Zielscheibe, an deren Halterung zwei Asiaten gebunden sind; dieselbe Kombination findet sich bei einem Goldblech des *Eje (Theodore Davis, Gaston Maspero und Georges Daressy, The Tombs of Harmhabi and Toutânkhamanou, London 1912, 127, Abb. 3). In einem entsprechenden Ritualzusammenhang sind möglicherweise drei kleinformatige, rundplastische Gefangenengruppen zu sehen, die jeweils zwei Feinde, Rücken an Rücken an einen Pfahl gebunden, zeigen. Zwei dieser Gruppen weisen eine Bohrung auf, die von oben in den Pfahl hineinläuft und in der eine Zielscheibe aus Metall gesteckt haben könnte: Katalog Tresors d'Art du Musée Borely, Marseille 1970 (ohne Seitenzahl); Scharff, in: ZÄS 63, 1928, 123f., Tf. 2; Brüssel E 8241, unpubliziert. – [10] Parallelität der Jagdszenen und Kämpfe gegen Ausländer auf der Truhe des *Tutanchamun: Kampf gegen Nubier – Löwenjagd, Kampf gegen Asiaten – Wüstenjagd; Rückseite des 1. Pylons von *Medinet Habu: südlicher Turm Wüstenjagd und Wildstierjagd, nördlicher Turm Angriff auf hethitische Festungen und Fesseln libyscher Gegner; Einschalten einer Löwenjagd auf der nördlichen Außenwand von Medinet Habu zwischen Land- und Seeschlacht gegen die *Seevölker. – [11] Z.B. Tb Sprüche 31–37. 39–43. – [12] Otto, Mundöffnungsritual II, 74. – [13] Davies, Five Theban Tombs, Tf. 8 (TT 20). – [14] Griffiths, in: Kush 6, 1958, 110. – [15] Im Bezirk des *Teti: Jean Lauer und Jean Leclant, Le temple haut du complexe funéraire du roi Téti, BdE 51, 1972, 84, Nr. 64, Abb. 73, Tf. 32B; 98 Nr. 16. – *Pepi I.: Lauer und Leclant, in: RdE 21, 1969, 55ff., Abb. 2–6, Tf. 8–10; *Pepi II.: Jéquier, Pepi II, III, 27–29, Tf. 47–48 (in Auswahl). Das Zerschlagen der Statuen im Verlauf des Rituals ist abzulehnen. Zu diesem Komplex gehören die Funde der tschechoslowakischen Grabung in *Abusir, die mehrere Holzstatuetten von gefesselten Ausländern im Totentempel des Raneferef (*Neferefre) im Herbst 1984 erbrachten (unpubl., vgl. Referat M. Verner auf dem 4. ICE München 1985). – [16] Hartwig Altenmüller, Texte zum Begräbnisritual in den Pyramiden des Alten Reiches, ÄA 24, 1972, 104 Anm. 77; 212ff. sieht auch in der Verknotung und in der Libation (a.a.O., 81. 92f. 99ff.) Vernichtungsrituale. – [17] Smith, Sculpture, Tf. 23 e–f. – [18] Zur Vernichtung feindlicher Heere, die in Wachs nachgebildet werden, s. Serge Sauneron, in: SourcesOr 7, 1966, 44–45; hundeartiges Wesen (*Anubis?) beim Verschlingen eines gefesselt unter ihm liegenden Menschen, ebenfalls aus Wachs: Vandier, in: Revue du Louvre 22, 1972.2, 93–94, Fig. 9 a.b. S. Sch.

Verpachtung. The leasing of land – in principle the property of Pharaoh or a deity – is implied in NK ledgers and cadasters, where plots are listed together with the names of their tenants.[1] As a rule, the large sanctuaries leased land to the smaller temples and state offices.[2] Such plots may, in turn, have been worked by another cultivator.[3] This "lease" (sometimes possibly suggested in the word *pš* (< *pzš*), "apportion," "apportionment,")[4] was not customarily confirmed by a contract, although in one case[5] a letter was to serve as a legal instrument. A fee or rent, also designated *pš*,[6] was commonly paid in grain.

First in the Saite Period does the lease (*sḫn*)[7] become documented in Demotic contracts.[8] The

Saite leases were very concise, tacitly assuming[9] many conditions which were explicitly mentioned in the much more numerous Ptolemaic contracts.[10] One document was drawn up,[11] generally by the weaker party,[12] specifying commitments to plow, provide oxen, seed, workers, and utensils. After harvest, a tax (*šmw*)[13] was to be paid to the king, and only after that[14] rent (*ḥw ḥwtj*)[15] was paid to the lessor, generally in wheat. Failure to meet these commitments resulted in a penalty fee.[16] The validity of the lease was strengthened by signatures of witnesses[17] and occasionally by a temple oath.[18] The lease was almost always for a one-year term.[19]

The leasing of other items–slaves or cattle–is also encountered in the NK.[20] Rare demotic contracts lease cattle,[21] work,[22] liturgies,[23] houses,[24] tombs,[25] or an altar.[26]

[1] Helck, Materialien, 266ff.; id., Verwaltung, Index, 39 s.v. "Pachtung"; Bernadette Menu, Le régime juridique des terres et du personnel attaché à la terre dans le papyrus Wilbour, Lille 1970, passim. – [2] Helck, Materialien, 266ff. – [3] Ibd., 270ff.; Helck, Verwaltung, 126. For MK, cf. Thomas G.H. James, The Ḥeḳanakhte Papers, PMMA 19, 1962, 114 (9): *qdb*. – [4] Bernadette Menu, op. cit., 117ff.; pWilbour, Comm., 209. – [5] Spiegelberg, in: ZÄS 53, 1917, 107ff. – [6] B.Menu, op. cit., 119ff.; Helck, Materialien, 272. – [7] Wolja Erichsen, Demotisches Glossar, Copenhagen 1954, 448; Malinine, in: RdE 8, 1951, 139d. – [8] Malinine, op. cit., 127ff.; George Hughes, Saite Demotic Land Leases, SAOC 28, 1952; Michel Malinine, Choix de textes juridiques en hiératique "anormal" et en démotique I, BEHE 300, 1953, nos. 12–14. One abnormal hieratic lease is known (pBM 10432); pLouvre 7860 and 7856A, according to Hughes, op. cit., 79 n.19 as "abnormal hieratic", are better described as archaic demotic. – [9] Hughes, op. cit., 3ff. – [10] Hughes, in: JNES 32, 1973, 152ff.; Erwin Seidl, Bodennutzung und Bodenpacht nach den demotischen Texten der Ptolemäerzeit, SÖAW 291.2, 1973. For the more thoroughly studied Greek leases of Egypt, s. Johannes Herrmann, Studien zur Bodenpacht im Rechte der graeco-aegyptischen Papyri, München 1958; Dieter Hennig, Untersuchungen zur Bodenpacht, Diss. München 1966. – [11] The bilateral contract pDem. Heidelberg Geb. 11 is an exception: Seidl, op. cit., 18. 23. – [12] Seidl, Ptol. Rechtsgeschichte, 129; Hughes, in: JNES 32, 1973, 153 recognizes this also for Coptic leases. – [13] Seidl, Bodennutzung (v.n.10), 12; Hughes, Land Leases (v.n.8), 110; Erichsen, Dem. Glossar (v.n.7), 507. – [14] Hughes, op. cit., 13. – [15] Seidl, op. cit., 15 and n.48; Hughes, op. cit., 110; Erichsen, op. cit., 295. – [16] Seidl, op. cit., 18. – [17] Seidl, Rechtsgeschichte der Saiten- und Perserzeit, 67. – [18] Ursula Kaplony-Heckel, Die demotischen Tempeleide, ÄA 6, 1963, nos. 54. 56. 62. 216. – Leases of royal land, quite rare in relation to those of temple land, employ somewhat differing clauses and often a declaration of sponsorship (cf. Kurt Sethe, Demotische Urkunden zum aegyptischen Bürgschaftsrechte vorzüglich der Ptolemäerzeit, ASAW 1920. 32, Urk. 1–5). – [19] For exceptions, cf. Seidl, Bodennutzung (v.n.10), 27. – [20] Wolfgang Helck, Wirtschaftsgeschichte des Alten Ägypten im 3. und 2. Jt. v.Chr., HdO I.5, 1975, 280; Seidl, Äg. Rechtsgeschichte, 53. – [21] pDem. Reinach 4 (s. LÄ IV, 858, Dém. 4). – [22] pDem. Oxford, Griffith Institute 56 (s. LÄ IV, 861, Nr. 56). – [23] pDem. Malcolm (= pDem. BM 10384, s. LÄ IV, 848, Nr. 13d); pDem. Turin Supplement 6088 (s. LÄ IV, 891, Nr. 12f); 6090 (s. ebd., Nr. 12h). – [24] pDem. Philadelphia 12 (s. LÄ IV, 875, Nr. 12); pTurin Supplement 6089 (s. LÄ IV, 891, Nr. 12g). – [25] pDem. Philadelphia 24 (s. LÄ IV, 875, Nr. 24). – [26] pDem. Cairo 30611 (s. LÄ IV, 808, Nr. 5a).

W. Ch.

Verschlingerin s. Fresserin

Verschwiegenheit, äg. *gr (r)*[1], ideale Charaktereigenschaft, die in den *Lebenslehren zum Ausdruck kommt. Sie beinhaltet die Figur des *Schweigers[2] und ist ihm zugleich als Charakteristik zugeordnet. In der *Ethik spielt die V. im Zusammenhang mit den Oppositionen *Reden und Schweigen eine wichtige Rolle, die die Inbegriffe[3] des zwischenmenschlichen Zusammenlebens darstellen.

V. fungiert als Begriff für die Charaktereigenschaft eines Menschen, über private, ihm zugetragene Geheimnisse, Probleme Stillschweigen zu bewahren und nicht an Außenstehende zu übermitteln.

Aussagen wie „ich hielt meinen Mund verschlossen"[4] oder „verschwiegenen Mundes über alles, was er gesehen hat, der nicht darüber plaudert, sondern nur zum Herrn der beiden Länder spricht"[5] fassen die Bedeutung des Wortes V. zusammen und lassen es als ideale Eigenschaft und Lebensinhalt erscheinen, wie es die biographischen Inschriften widerspiegeln.

[1] Wb V, 180,3; Wb III, 30, 18: *ḫ3p r3/ḫt* „den Mund/Leib verschlossen halten", im Sinne von „verschweigen", mit *ḥr* „über etwas"; nach Otto auch *dns r3*, s. Otto, Biogr. Inschr., 67 Anm. 5: „verschwiegen, gewichtigen Mundes". – [2] Emma Brunner-Traut, in: LÄ V, 759ff. – [3] Ead., in: LÄ V, 195ff. – [4] Otto, Biogr. Inschr., 67. – [5] A.a.O.

R.Sch.

Versiegelung s. Siegelung

Versilbern s. Vergolden, Versilbern

Versorgung. Zu Beginn der äg. Geschichte waren die Ägypter zum größten Teil Selbstversorger, als das dörfliche Leben noch weithin intakt war; nur am kgl. *Palast wurden die dortigen Beschäftigten (zu denen auch die Familienangehörigen gehörten) vom König versorgt, wofür ein *ḥrj-wḏb* Betitelter zuständig war (*Palastverwaltung). Im Laufe der Zt wurde am Palast wegen des Anwachsens der

Zahl der Beschäftigten ein „Büro" des *ḫrj-wḏb* eingerichtet. Inwieweit dieses Büro in der *Thinitenzeit etwa für die kgl. Grabbauten in *Abydos oder *Hierakonpolis verantwortlich war und auf welche Weise die V. der dabei beschäftigen Arbeiter durchgeführt wurde, läßt sich aus Mangel an Belegen nicht sagen. Wahrscheinlich ist ab Mitte der 2. Dyn. schon damit zu rechnen[1], daß im Lande kgl. *Domänen organisiert wurden, die für solche Unternehmen direkt die V. der Arbeiter anlieferten.

Mit dem Beginn der Pyramidenerrichtung seit *Djoser wird diese Erfassung der Ressourcen des ganzen Landes durch Domänen bis zur völligen Zerstörung der alten Dorforganisation durchgeführt. Wie jedoch die Ablieferung der produzierten Güter organisiert und wie die Verteilung an die Arbeiter an den *Pyramiden durchgeführt wurde, läßt sich nicht mehr erkennen; auf Grund eines Beleges[2] dürfte hier das „*Schatzhaus" (*pr-ḥḏ*) federführend gewesen sein.

Gleichzeitig läßt sich die unmittelbare V. der am Palast tätigen „Beamten" nicht mehr durchführen; jetzt werden diesen Zuwendungen aus den neu eingerichteten Domänen und teilweise sogar ganze Domänen zugewiesen, die nun unmittelbar an den betreffenden Beamten zu liefern haben. Zunächst zeigen dies die Titulaturen dadurch an, daß der Betreffende sich *ḥq3-ḥwt* „Leiter eines Gutes" nennt[3]; zu Beginn der 4. Dyn. führen diese so Versorgten dabei auch noch den Namen des Gutes an[4]. In der 4. und 5. Dyn. werden an Stelle des Titels die sog. *Güterprozessionen dargestellt, die die bildliche Umsetzung juristischer Texte darstellen und z. T. sogar angeben, welche einzelnen Lebensmittel aus einem bestimmten Gut geliefert wurden[5]. In der 6. Dyn. kommt wieder die Nennung des Titels *ḥq3-ḥwt* für diejenigen auf, die aus solchen Domänen unmittelbar beliefert wurden.

Mit dem Ende des AR werden diese zugewiesenen Domänen zum Eigentum der einzelnen Beamten und bilden die Grundlage für die Entstehung eines Großgrundbesitzes. Gefördert wird diese Entwicklung einmal durch die Zuweisung von „Bauernland" (*ḫntj-š*) der kgl. Pyramide an hohe Beamte, da dieses von der Regierung eines nachfolgenden Königs nur schwer wiedergewonnen werden konnte, sowie durch die Zuweisung von Tempeldomänen, die ebenfalls weitgehend dem staatlichen Zugriff entzogen waren.

Da mit der 1. ZwZt die bürokratisch geregelte Verteilungswirtschaft des AR zusammengebrochen ist, kehrt Ägypten wieder in den alten Zustand zurück, daß der Hauptteil der Bevölkerung sich selbst versorgte; man schafft sich seine V. „aus eigener Kraft"[6]. Nur die V. der Beamten an der Residenz der Herakleopolitenkönige wird noch in alter Form über Domänen abgewickelt worden sein, doch wissen wir nichts davon.

Das MR kehrt mit Zwang wieder zur Verteilungswirtschaft zurück, doch fehlen wieder weitgehend die Belege. Man erkennt nur, wie die Beamten Zuwendungen von Feldern oder Personen erhalten, die aber jederzeit vom Staat wieder zurückgenommen werden können. Die pReisner lassen erkennen, wie die V. von Zwangsarbeiterabteilungen nach genau festgesetzten „Portionen" (*trzzt*) – 8 *trzzt* pro Mann und Tag – erfolgte; auch hier läßt sich aber weder der Weg der Anordnungen noch der der Anlieferung erkennen. Möglicherweise waren die lokalen Stellen (*Bürgermeister) dafür verantwortlich[7].

Im NR besaßen die Beamten Amtsfelder[8], aber auch Eigentum an Feldern[9]. Dazu kamen Opfereinkünfte wie auch Abgaben von Untergebenen[10]. Für die Altersversorgung sorgten Pfründen, d. h. alte Ämter mit zugehörigen Amtsvermögen, die aber nicht mehr echte Tätigkeiten beinhalteten, wie etwa das Amt eines Prophetenvorstehers eines Tempels, das bes. in der 18. Dyn. als Altersversorgung vergeben wurde[11]. Eine andere Form der Altersversorgung war die Zuweisung einer Königsstatue mit zugehörigen *Opferstiftungen; später auch wurde es Sitte, daß Beamte und Offiziere von sich aus Königsstatuen mit Stiftungen aufstellten, deren Priesterstelle ihnen dann zugewiesen wurde[12]. Auch die V. mit Fleisch kam z. T. aus eigenen Herden[13]; auch finden wir Beamte mit eigenen *Weinbergen[14]. Die V. mit Kleidung kam weitgehend aus eigener Produktion.

Für Arbeitertrupps, etwa Steinbruchsarbeiter und Steinmetzen[15] wie für die Handwerker von *Deir el-Medineh, war der Staat für die V. zuständig: Getreide monatlich aus der staatlichen Scheunenverwaltung, Salben alle 10 Tage, Kleider einmal im Jahr und Sandalen jeden Tag aus dem Schatzhaus. Ferner waren Angestellte (*smdt*) angeschlossen: Fischer, Gärtner, Wasserträger, Holzholer und Töpfer (bes. für die Wasserkrüge).

Aus Deir el-Medineh erfahren wir, daß ein Vorarbeiter monatlich 5½ Sack *bdt* (Emmer) und 2 Sack *jt* (Gerste), ein Schreiber 4½ Sack *bdt* und 1 Sack *jt*, und jeder Arbeiter 4 Sack *bdt* und 1½ Sack *jt* erhielt. Dazu kamen Sonderzahlungen („Belobigung Pharaos")[16] verschiedenster Art.

Als Basisversorgung lassen sich im MR einmal 10 Brote und 2 Krüge Bier feststellen[17] bzw. einmal für einen unversorgten ausgedienten Soldaten 5 Brote und 2 Krüge Bier[18], während für einen Schüler des NR 3 Brote und 2 Krüge Bier belegt sind[19]. Bei Expeditionen sind im NR die Tagesrationen höher: 10 Brote, 3 Krüge Bier, 12 Einheiten Fleisch und 3 Kuchen[20].

[1] Auf Grund der Nennung der *ḥq3-ḥwt* „Gutsleiter" auf Gefäßaufschriften aus der Stufenpyramide von Saqqara, die aus der Zt des *Nj-nṯr* stammen, vgl. Helck, in: ZÄS 106, 1979, 120–132. – [2] Kairo JE 49623 = Gunn, in: ASAE 25, 1925, 245 ff. – [3] Der älteste Beleg beim berühmten *Imhotep unter Djoser (Gunn, in: ASAE 26, 1926, 177–196). – [4] Vgl. Metjen (Urk. I, 1 ff.) und *Pḥ-r-nfr* (Junker, in: ZÄS 75, 1939, 63 ff.). – [5] Jacquet-Gordon, Domaines; Helck, in: MDAIK 14, 1956, 63–75. – [6] Vgl. Schenkel, Memphis, Herakleopolis, Theben, passim. – [7] In der Herakleopoliten-Zt versorgt der Fürst von Deir Rifeh täglich die Zwangsarbeiter (*ḥsbw*) mit einem *nnjw*-Maß Getreide (Siut, Tf. 15 Z. 5). – [8] pWilbour, vgl. Helck, Materialien, 255–6. – [9] Ebd., 237. – [10] Urk. IV, 2008 ff. – [11] Helck, Verwaltung, 222. – [12] Zahlreiche genannt in pWilbour und pHarris I; vgl. Helck, Materialien, 196–199; 226–233. – [13] Wenigstens besaßen Beamte eigene Herden, vgl. Urk. IV, 1020 ff. – [14] Nach Aufschriften aus Malqata, vgl. Hayes, in: JNES 10, 1951, 100–101 und Helck, Materialien, 726–7. – [15] Stele Ramses' II. von Menshijet es-Sadr: Hamada, in: ASAE 38, 1938, 217–230, Tf. 30 = Kitchen, Ram. Inscr. II, 360–2. – [16] „*ʿnḫ* des Amonrasonther, die für Pharao gebracht wird", auf der Inschrift des Hohenpriesters *Jmn-ḥtp* (Helck, in: MIO 4, 1956, 164 ff.). – [17] Bauer B 1, 81 (nach Sethe, Lesestücke, 23, 10–11). – [18] Erman, in: ZÄS 38, 1900, 151. – [19] Lehre des Dua-Cheti: pSallier II, 10, 6. – [20] Georges Goyon, Nouvelles Inscriptions du Wadi Hammamat, Paris 1957, Nr. 81 (Ramses IV.). Ein Text des MR nennt hingegen für jeden Arbeiter nur 10 Brote und 1/3 Krug Bier! Die Zuwendungen an die Beamten sind höher, da diese ihre Diener mit bezahlen müssen.

W. H.

Verspunkte heißen rote Punkte am oberen Rand der Zeile in manchen Hss., seien es *Papyri, *Ostraka oder *Schreibtafeln[1]. Beim ältesten Beleg für V. aus der 12. Dyn. stehen sie unten auf der Zeile[2]. Im Laufe des NR nehmen sie an Häufigkeit zu, in der SpZt wieder ab, und in dem. Texten fehlen sie bis auf eine Ausnahme[3].

V. finden sich vorwiegend in literarischen Texten und in *Schülerhss., also vor allem in *Lehren, *Hymnen[4], auch Musterbriefen, gelegentlich sogar in Wirtschaftstexten der Schülerhandschriften[5]. In punktierten Hss. kann sogar der Kolophon V. haben. Nicht punktiert werden juristische, wissenschaftliche und Wirtschaftstexte, echte *Briefe, selten magische Texte[6]. V. werden nur ans Ende von Haupt- oder Nebensätzen gesetzt. Nachdem V. im AR unbekannt sind und im MR erst allmählich aufkommen, können sie, wenigstens in älterer Zt, nicht zur Komposition gehören, sind vielmehr später von Abschreibern zugefügt worden[7]. Dafür, daß sie in keinem Fall obligat zu einem Text gehören, spricht auch der Umstand, daß manche Hss. beim gleichen Text V. setzen, wo andere sie fortlassen (*pAnast. I, *Sinuhe, *Lehre für Merikare, *Lehre des Amenemhet, List der Isis u. a.), auch, daß manchmal die Punktation mitten im Text aufhört (Merikare Hs. P, *Pap. Chester-Beatty II u. a.), ja sogar aufhört und später wieder einsetzt, ohne daß dafür ein Grund erkennbar wäre[8].

Wenn gesagt wurde, daß sich V. fast nur in literarischen Werken finden, so heißt das nicht, daß sie auf Versdichtung beschränkt sind: Auch Dichtungen ohne Gedankenpaar-Verse, also Prosatexte, können punktiert sein; so etwa die Geschichte vom verwunschenen Prinzen (*Prinzenmärchen)[9].

Eine Deutung der V. brachte sie zunächst mit der Schule in Verbindung; sie seien gesetzt, „um das Lesen und Verstehen zu erleichtern"[10]. Dagegen werden jetzt Stimmen laut, die den V. die Funktion einer Textgliederung zusprechen, seien diese Glieder nun Verse[11], Zeilen von Gedankenpaaren[12] oder „Sinneinheiten, also Sätze oder Teilsätze"[13]. Jedenfalls kommt ihnen bei der Erforschung äg. Dichtung hohe Bedeutung zu.

Schließlich sei noch erwähnt, daß äg. Schreiber sogar Keilschrifttexte rot interpunktiert haben – freilich keine Briefe, sondern mythologische Texte, also Dichtung[14].

[1] Nach dem Vorschlag von Burkard, in: SAK 10, 1983, 106 sollte man den Ausdruck durch „Gliederungspunkte" ersetzen, da er bereits eine Interpretation enthält, s. u. – [2] pRamesseum II. – [3] pWien 3877, s. Lüddeckens, in: LÄ IV, 895, Nr. 6: „Gedicht vom Harfner", wohl 1. Jh. n. Chr. – [4] Z. B. in den großen Amunshymnen in Leiden und Kairo. – [5] pAnast. III A; die Parallele in pAnast. IV ist unpunktiert. – [6] Z. B. pChester Beatty VII. – [7] Es ist bezeichnend, daß die *Lehre des Ptahhotep im pPrisse keine Punkte hat, während die NR-Hss. punktiert sind. Sicher später zugesetzt sind die V. auch in Fällen wie der Bauinschrift *Sesostris' I., die in dem (nicht erhaltenen) Original auf einem Stein keine V. enthalten haben kann, auf der Abschrift des NR aber welche bekommen hat: Berliner Lederrolle, Inv. 3029 = Stern, in: ZÄS 12, 1874, Tf. 1–3. – [8] So im pLansing, wo sie von 10, 2–10, 10 unterbrochen ist. – [9] Burkard, in: SAK 10, 1983, 102 f. – [10] Adolf Erman, Die äg. Schülerhandschriften, APAW 1925. 2, 9 f. Ähnlich Baudouin van de Walle, La transmission des textes littéraires ég., Brüssel 1948, 21 f., auch Brunner, Erziehung, 74. – [11] So ausführlich Gerhard Fecht, Literarische Zeugnisse zur „Persönlichen Frömmigkeit" in Ägypten, AHAW 1965. 1, 23–26. – [12] So z. B. Foster, in: JNES 34, 1975, 7 f.; ders., Thought Couplets and Clause Sequences in a Literary Text: The Maxims of Ptah-Hotep, SSEA 5, Toronto 1977, 8 f. – [13] Burkard, in: SAK 10, 1983, 106. – [14] EA I, 25. 964–974.

H. B.

Versteinerungen, „Naturspiele" und Konkretionen.

A. „Naturspiele": Besonders *Feuerstein-Knollen bilden auf natürliche Weise Formen, die den Betrachter in ihnen bestimmte Objekte sehen läßt.

Sie können in ihm numinose Gefühle hervorrufen. So fanden sich in *Abydos in frühesten Anlagen natürliche, unbearbeitete Feuersteinknollen, die Affengestalten erkennen ließen, zusammen mit künstlichen Affendarstellungen[1]; sie waren in einem Heiligtum geweiht worden. Auch andersgeformte Steine[2] waren deponiert worden, da sie numinose Assoziationen hervorgerufen hatten. Schlangenförmige Steine fanden sich in einer Grube in *Mahasna[3]. Keimer[4] veröffentlichte einen Feuersteinknollen, der einer Katze mit Jungen ähnelte. In anderen Fällen hatten die Bewohner von *Deir el-Medineh durch Bemalen dem Stein die Gestalt eines Embryo gegeben[5]; in einem anderen Fall die eines *Nilpferdes, wobei dieses auf der Rückseite des Steines als „*Seth, groß an Kraft ...“ bezeichnet wird[6].

B. Konkretionen sind Bildungen in Sedmentgestein, die durch zirkulierende Lösungen runde Gebilde mit einem schmalen Randring entstehen lassen[7]. Sie sind in dem *Kalkstein von Theben-West häufig, wobei manchmal am Rand ein kleiner tropfenförmiger Auswuchs sein kann. Diese Bildungen wurden durch Bemalung zu Darstellungen schwangerer Frauen konkretisiert[8]; sie galten also wohl als empfängnisbewirkende *Amulette. Ein Arbeiter von Deir el-Medineh hatte eine Kalksteinplatte, in der eine solche runde Konkretion saß, so umgearbeitet, daß dieses Gebilde als halbplastische Sonne auf der Sonnenbarke saß[9].

C. Ebenfalls aus dem Kalkstein von Theben-West stammen feigenförmige und kleeblattähnliche V. in Feuerstein wie in Kalkstein, die zu Frauenbüsten umgemalt worden sind[10]. V. wurden als Amulette getragen, wie ein (in Bronze gefaßter) Haifischzahn[11] oder ein an eine alte Ahnenfigur erinnernder „Donnerkeil“ (Belemnit)[12].

*Herodots Nachricht von Schlangengerippen auf der Landenge von Suez (II, 75) dürfte auf das Vorhandensein von versteinerten Korallen („Hexenpfennige“) zurückgehen.

[1] Petrie, Abydos II, Tf. 9 Nr. 194–6. – [2] Ebd., Nr. 213. – [3] Garstang, Mahasna, Tf. 5 Nr. 3. – [4] Keimer, in: Etudes d'égyptologie II, Kairo 1940, 19, Tf. 1. – [5] Ebd., Tf. 5. – [6] Ebd., 11 Abb. 8. – [7] Vgl. Alan R. Woolley, A Clive Bishop und W. Roger Hamilton, Der Kosmos-Steinführer, Stuttgart 1974, 204(5)–(8). – [8] Keimer, a.a.O., Tf. 7. – [9] Ebd., Tf. 10. – [10] Ebd., 7 ff. und Abb. 5–6, Tf. 5 Nr. 2a–b. 6a–c. – [11] Ebd., Tf. 3 Nr. 3. – [12] Aus einem Grab von Abusir el-Meleq: Petrie, Amulets, Tf. 2 Nr. 25a = Keimer, a.a.O. III, 1941, Nr. 4.

Lit.: Louis Keimer, in: Etudes d'égyptologie II, Kairo 1940, 1–21, Tf. 1–11.

W.H.

Verstümmelung s. Strafen

Verteilungswirtschaft s. Wirtschaft, Versorgung

Vertrag s. Staatsvertrag; Kaufverträge, Dem.; Werkvertrag

Vertreter (Rechts-). Wie den meisten antiken Rechten[1] so scheint auch dem altäg. Recht[2] das heutige Rechtsinstitut der direkten, unmittelbaren Stellvertretung[3] fremd gewesen zu sein. Statt dessen herrschte die Vorstellung, daß man durch eigenes, rechtsgeschäftliches Handeln Rechtswirkungen immer nur für die eigene Person, nicht jedoch für einen am Rechtsakt unbeteiligten Dritten erzeugen könne. Eine rechtsgeschäftliche Bindung traf immer nur den, der sie eingegangen war. Die Wirksamkeit des rechtlichen Handelns war insoweit an die Person des Handelnden gebunden[4]. Um ein rechtliches Handeln für einen anderen zu ermöglichen, bediente sich das altäg. Recht anderer Denkformen wie des Handelns durch Organe oder des treuhandähnlichen Handelns. Ein Handeln durch Organe[5] war charakteristisch für den öffentlichen Bereich. So handelte der Staat durch seine Beamten, die Tempel durch ihre Priesterschaft.

Im privaten Rechtsbereich, v.a. innerhalb der Familie, erfolgte die Interessenswahrnehmung in Form des treuhandähnlichen Handelns durch einen Familienangehörigen[6]. Diese Art der Interessensvertretung galt sowohl für den Abschluß von Rechtsgeschäften als auch für die Vertretung innerhalb von Prozessen[7]. Dabei nahm das älteste Kind die Interessen seiner jüngeren Geschwister[8], der nächste männliche Verwandte der Frau deren Rechte gegen den Ehemann wahr[9]. Der Interessensvertreter konnte ähnlich wie ein Treuhänder über die Vermögensrechte der übrigen Familienangehörigen kraft eigenen Rechts verfügen.

Treuhandähnlich nahm auch der Vorstand einer Kultvereinigung deren Interessen wahr[10].

Zur Bezeichnung des Interessenvertreters, vielfach gerade im Sinne von Prozeßvertreter[11], wurde der Terminus *rwḏw* verwendet, der außerhalb des Rechtslebens allgemein die Bedeutung Beauftragter, Aufseher oder Verwalter hatte[12]. In ptol. Rechtsurkunden findet man für den Interessenvertreter darüber hinaus Bezeichnungen wie *n-rn*[13] oder *r-ḫrw*[14].

[1] Neubabylonisches Recht: San Nicolo, in: Zeitschrift der Savigny-Stiftung für Rechtsgeschichte 49, Weimar 1929, 51 ff.; Petschow, in: RIDA 1, 1954, 144; ders., in: Zeitschrift der Savigny-Stiftung für Rechtsgeschichte 76, Weimar 1959, 65 f. – Graeco-äg. Recht: Fritz I. Pringsheim, Kauf mit fremdem Geld, Leipzig 1916, 1 ff. 40 ff. 163 ff.; Raphael Taubenschlag, The Law of Graeco-Roman Egypt, Warschau 1955, 317 ff. – Griech. Recht: Achim E. Röhrmann, Die Stellvertretung im altgriechischen Recht, Diss. Würzburg 1968, 127 ff. – Röm.

Recht: Axel Claus, Gewillkürte Stellvertretung im römischen Privatrecht, Berliner Juristische Abh. 25, Berlin 1973; Max Kaser, Römisches Privatrecht, München [11]1979, § 11; ders., Stellvertretung und notwendige Entgeltlichkeit, in: Zeitschrift der Savigny-Stiftung für Rechtsgeschichte 91, Weimar 1974, 146ff.; Paul Jörs, Wolfgang Kunkel und Leopold Wenger, Römisches Recht, Berlin–Göttingen–Heidelberg [3]1949, § 58. – [2] Vgl. Schafik Allam, Das Verfahrensrecht in der altägyptischen Arbeitersiedlung von Deir el-Medineh, Tübingen 1973, 53; andere Meinung insbesondere bei Seidl, Äg. Rechtsgeschichte, 44 unter Hinweis auf pBologna 1086 und pKahun II. 1, die nach Ansicht Seidls Fälle direkter Stellvertretung sind. Für pBologna 1086 schränkt Seidl, a.a.O., Anm. 191 seine Ansicht dadurch wieder ein, daß er einen Fall einer Popularklage für möglich hält; für die direkte Stellvertretung im ptol. Recht haben sich ausgesprochen: Seidl, Ptol. Rechtsgeschichte, 157f. unter Hinweis auf die Zenonkorrespondenz sowie Leopold Wenger, Die Stellvertretung im Reich der Papyri, 1906. Seidl, a.a.O. leitet die direkte Stellvertretung aus dem Prinzip der notwendigen Entgeltlichkeit ab. – [3] Vgl. § 164 Absatz 1 des Deutschen Bürgerlichen Gesetzbuches. – [4] Der Gedanke, daß die Wirkungen eines Rechtsaktes in der Person eines anderen eintreten als in der Person desjenigen, der gehandelt hat, setzt bereits ein juristisches Abstraktionsvermögen voraus, das den antiken Völkern noch fremd war. – [5] Dem Organhandeln liegt die Vorstellung zugrunde, daß jemand sich für ein rechtliches Handeln eines von ihm abhängigen Menschen in ähnlicher Weise bedient wie der Mensch seiner Körperglieder. – [6] Seidl, Äg. Rechtsgeschichte, 44. 57; ders., Ptol. Rechtsgeschichte, 159. – [7] Allam, a.a.O., 53; Seidl, Äg. Rechtsgeschichte, 44. – [8] Ebd., 35. 57 unter Hinweis auf pBerlin 3047; Gardiner, Inscr. of Mes, N 2–3; pBerlin 9010; pTurin 2021; pWilbour II, 76. – [9] Seidl, Ptol. Rechtsgeschichte, 159 unter Hinweis auf Erich Lüddeckens, Altäg. Eheverträge, ÄA 1, 1960, Pap. 10. – [10] Seidl, Ptol. Rechtsgeschichte, 156 unter Hinweis auf Pap. Enteuxeis 20 (= Octave Guéraud (Hg.), Ἐντεύξεις, Publications de la société Fouad I de papyrologie, Textes et documents I, Kairo 1931–32, 20). – [11] pBerlin 3047, 7.8; Gardiner, Inscr. of Mes, N 2–3; pWilbour II, 76. – [12] Wb II, 413, 12ff.; Kurt Sethe und Josef Partsch, Demotische Urkunden zum äg. Bürgschaftsrechte, ASAW 32, Leipzig 1920, 57. – [13] Wb II, 427, 14; Seidl, Ptol. Rechtsgeschichte, 159; Sethe und Partsch, a.a.O., 59. – [14] Wb III, 324, 11–13; Seidl, a.a.O., 159; Sethe und Partsch, a.a.O., 42. 59. 60. 282.

W. Bo.

Verwaltung s. Landesverwaltung

Verwaltung auswärtiger Gebiete ist weitgehend nur in *Nubien und in *Palästina zu erwarten.

1. Nubien. Im AR ist keine V. vorhanden, wie die Berichte der *Expeditionsleiter *Ḥr-ḫw.f* (*Herchuef) und *S3bnj* (*Sabni) erkennen lassen. Noch in der 6. Dyn. erscheinen die nubischen Häuptlinge in *Elephantine vor dem König, um ihm zu huldigen[1].

Auch im MR ist von einer V. des Landes Nubien keine Rede; *Expeditionen werden losgeschickt, „um die Häuptlinge zu zwingen, *Gold zu waschen"[2]. Die großen, damals angelegten *Festungsanlagen sind militärische und Handelsstützpunkte, die aber das umliegende Land nicht verwalten. Es lassen sich auch keine Personen durch Titel festlegen, die etwa eine solche V. durchgeführt hätten[3]. Auch machen die *Ächtungstexte deutlich, daß damals das Gebiet noch durch Häuptlinge beherrscht wurde.

Erst im NR erscheint mit dem Beginn der 18. Dyn. und der Eroberung des Landes durch die Ägypter eine rudimentäre V., die vom *Königssohn von Kusch angeführt wird. Der Titel „Königssohn" macht deutlich, daß dieses Amt aus der Militärverwaltung der 17. Dyn. erwachsen und auf Nubien übertragen worden ist. Er amtierte in *Aniba; ihm unterstanden zwei „Stellvertreter" (*jdnw*), von *Wawat und von *Kusch. Ersterer amtierte in *Derr, der von Kusch wahrscheinlich in *Amara-West. Die militärische Herkunft der nubischen Verwaltung zeigt auch die Tatsache, daß die bedeutendste Gruppe die „Truppenobersten von Kusch" waren. Eine engmaschige V. Nubiens ist nicht zu erkennen; es scheint eher so, als ob weitgehend Beamte der eigentlichen Reichsverwaltung in Nubien tätig waren. So gehörten die „Goldzähler" zum reichsstaatlichen *Schatzhaus[4]. Die Angaben über die Felderstiftungen des „Stellvertreters" *P3-n-nwt* unter *Ramses IV. lassen ferner erkennen, daß das Land wenigstens in der Ramessiden-Zt ebenso organisiert war wie im eigentlichen Reichsgebiet: Es gab kgl. *Domänen und Tempeldomänen, die sicherlich vom „Reich" her verwaltet wurden[5], aber auch Beamtenfelder (Amtsfelder) und an Soldaten oder andere Arbeitergruppen (wie Hirten) verliehene Felder. Wie aber die einheimische Bevölkerung an diese V. angeschlossen war, bleibt weitgehend verborgen; das Auftreten von nubischen Häuptlingen, die weitgehend ägyptisiert waren, weist auf das Weiterbestehen der ursprünglichen Bevölkerungsorganisation hin. Von großer Bedeutung für die verwaltungsmäßige Erfassung des Landes dürften aber die zahlreichen Tempel gewesen sein, die besonders seit *Amenophis III. und dann durch *Ramses II. in Nubien errichtet wurden; sie haben eigene Verwaltungszentren mit den ihnen zugewiesenen Besitzungen und einheimischen Dörfern dargestellt.

2. Im palästinensischen Bereich und darüber hinaus in dem phönizischen Raum scheint die äg. V. etwas anders ausgesehen zu haben. Einmal spielt seit dem AR *Byblos eine besondere Rolle: Der dortige Fürst ist äg. Beamter (*ḥ3tj-ʿ* = *Bürgermeister), der im MR seine Inschriften in Ägyptisch abfaßt. Dies zeigt an, daß es den Ägyptern nur um eine Sicherung ihrer Holzeinfuhr ging und

nicht um ein „imperialistisches" Ausgreifen in fremde Bereiche. Auch hier geben die Ächtungstexte des MR wieder den Hinweis, daß die Bereiche Palästinas von Stadtfürsten beherrscht wurden, deren freundliche Haltung Ägypten gegenüber allein weitgehend durch *Zauber abgesichert werden konnte – von einigen nicht sehr weitreichenden militärischen Sicherungen der Handelsstraßen abgesehen.

Erst mit dem NR und dem Ausgreifen Äg. nach N im Zuge der Übernahme der Hyksosländer entsteht eine Art Verwaltung. Aus den *Amarna-Briefen erkennt man, daß der äg. Herrschaftsbereich in 3 Provinzen untergeteilt war, wobei jeder unter einem Gouverneur (akkadisch rabiṣu, äg. wohl „Vorsteher der nördlichen Fremdländer") stand. Es waren von N nach S *Amurru mit Gouverneurssitz in *Simyra unter dem Schutz des Fürsten von Amurru, *Upe mit Sitz in *Kumidi (Kamid el-Loz) unter dem Schutz des Fürsten von *Damaskus und *Kanaan mit Sitz in *Gasa. Diese Gouverneure wurden ebenso wie die Königssöhne von Kusch durch Überreichen eines kgl. Siegels eingesetzt[6]. In den verschiedenen Orten der Stadtfürsten waren Truppen unter „Truppenobersten" (*ḥrj-pḏwt*) stationiert, mehr zum Schutz des Fürsten als zur Durchsetzung ägyptischer Interessen. Denn die Fürsten waren in ihren außenpolitischen Bewegungen weitgehend frei, sofern sie nur die festgelegten Steuern ablieferten. Auch hier gab es also keine flächendeckende äg. Verwaltung.

Auch hier gab es Königsbesitz, sei es ein ganzer Stadtstaat (wie etwa Gasa) oder Domänen, wie sie von der Jesreel-Ebene durch Amarnabriefe belegt sind. Äg. Tempel spielten aber als Organisationsmittelpunkt hier eine viel geringere Rolle als in Nubien (*Tempel, äg. im Ausland).

[1] Urk. I, 110–111. – [2] BM 569. – [3] Semna Papyri (pRam. C). – [4] S. Säve-Söderbergh, Ägypten und Nubien, 182 Anm. 6. – [5] Man vgl. auch die Angaben des *Nauri-Dekrets, aus dem sich die Abhängigkeit weiter Gebiete Nubiens vom *Totentempel *Sethos' I. in *Abydos ergibt. – [6] Für Nubien dargestellt im Grab des Königssohnes von Kusch Hui TT 40, für den N erwähnt in EA 107, 23.

Lit.: Helck, in: MDOG 92, 1960, 1–13; Abdul Qadr Muhammad, in: ASAE 56, 1959, 105ff.; Liverani, in: RA 61, 1967, 1ff.; Rainey, in: Or 35, 1966, 426ff.

W.H.

Verwandlung. 1. Unter den Begriff „V." lassen sich alle Phänomene subsumieren, die logisch/semantisch eine Transformationsrelation $A_1 \Rightarrow A_2$ abbilden. Lexikalisch besetzt ist das Semantem [VERWANDLUNG] v. a. mit Derivaten der Wurzel *ḫpr*[1], welche ohne oder mit *jrj* konstruiert werden können: *ḫpr m*[2], *ḫprw m*[3], *jrt ḫprw m*[4], *ḫrb/ḫbr*[5], ϩⲣⲃ[6].

2. Was freilich dem Ägypter „eine V. machen" (*jrt ḫprw*) bedeutete, welchen ontologischen Wert also die solcherart angenommenen *ḫprw* in der äg. Semantik besaßen, ist mangels eines kohärenten semantischen Modells von *ḫprw* noch klärungsbedürftig[7].

Zweierlei kann zunächst festgehalten werden:

a) Verwandeln können sich nur Personen, vielleicht auch Objekte, denen eine gewisse Personalität zukommt[8]. Nicht verwandeln sich Qualitäten, Zustände, leblose Materie etc.

b) *ḫprw* ist eine Art „bifocal term"[9], der sowohl den Akt der Transformation („Werdung") als auch das Resultat (das „Transformat") bezeichnet[10]; der Versuch, zwischen „Werden" und „Gestalt" aufgrund graphematischer Erwägungen zu differenzieren, ist problematisch[11].

Welche Teilmenge von Merkmalen des Summenbegriffs „Person" sich durch eine V. gegenüber dem Ausgangszustand verändert, ist bislang umstritten.

Bezogen auf die *götterweltliche* Sinnebene bewegen sich die vorgeschlagenen Äquivalente um den semantischen Pol „Erscheinungsform"[12], setzt doch *Theophanie zwar den Gestaltwandel eines Gottes als Bedingung seiner Wahrnehmbarkeit voraus, ist aber dennoch nur äußerlich, temporär, vielfach, beliebig, eben schein-bar; Theophanie ist Reduktion der Seinsfülle eines Gottes (seines „verborgenen Wesens") auf ein begrenztes Aufscheinen/Er-scheinen, letztendlich also Uneigentlichkeit[13].

Für die V. *„verklärter Toter"* im Jenseits lassen sich die semantischen Merkmale [BELIEBIGKEIT] und [PLURALITÄT] explizit, [TERMINATION] und [ÄUSSERLICHKEIT] mindestens implizit aus Äußerungen wie dieser ableiten: „Mögest-du-machen-jedwede-Verwandlung nach-deinem-Belieben"[14]. Schwierigkeiten bereitet die seit der „älteren Ägyptologie" aufrechterhaltene Option, einige wenige und zudem fragliche Belege von *ḫprw lebender Menschen*[15] als Randbedingungen mit in das semantische Modell aufzunehmen. Zwar mußte die ursprüngliche Interpretation, die *ḫprw* von lebenden und toten Menschen bedeuteten „karmische Existenzen" eines „Seelenwanderungszyklus", alsbald aufgegeben werden[16]. Da jedoch die beliebige Wandelbarkeit der Gestalt dem lebenden Menschen nicht zu eigen ist, für die Belege aus der realweltlichen Ebene also allenfalls noch das Merkmal zeitlicher [TERMINATION] zulässig ist, mußte das Äquivalenzspektrum, ausgehend eben von diesem Merkmal („Entfaltung in der Zeit"), erweitert werden in Richtung [SUBSTANTIALITÄT]; d. h.: „Entwicklung"[17], „Entwicklungsstufen der Persönlichkeit"[18], „Entwicklungsstadien"[19], „Selbstverwirklichungen"[20].

Nicht zu bewähren scheinen sich neuerdings gemachte Versuche, einer möglichen Polysemie dadurch zu entkommen, daß *ḫprw* einerseits auf „Verwirklichung" reduziert und dabei die Bedeutungskomponente [FORMALITÄT] („Gestalt" u.ä.) ganz zugunsten von [SUBSTANTIALITÄT] aufgegeben wird[21], andererseits ein Teil der Belege unter ein nicht existentes Lemma **ḫpr*, „Wesen o.ä." rubriziert wird[22]. Als gescheitert muß m.E. auch der Vorschlag einer „esoterischen" Ägyptologie gelten, welche V. auf der Folie von „*Initiationsriten" oder fernöstlicher Meditationspraktiken zu deuten suchte[23].

3. Extensional lassen sich etwa folgende Funktionen von V. beobachten:

3.1. explizite, d.h. lexikalisierte Verwandlung.

A: der *singuläre* Gestaltwandel.

A1: bewirkt die neue Gestalt eine Statusdegression (logisch: $A \Rightarrow \bar{A}$, wobei $A_1 > A_2$), dann sprechen wir von *reduktiver* Verwandlung.

(1) V. als SPEZIFIKATION; aus der potentiell unbegrenzten Fülle seiner Möglichkeiten auswählend, nimmt ein Gott eine spezifische Erscheinungsform an; z.B.: „*Amun" ⇒ „*Wesir"[24].

(2) V. als TRANSFIGURATION[25]; diese läßt sich begreifen als ausdifferenziertes, weil kontextuell determiniertes, Subsystem der einfachen Gestaltspezifikation: im „Zaubermärchen" verwandelt sich z.B. „*Bata" in einen „Stier"[26]; im „Kampfmythos": „*Seth" ⇒ „*Panther"[27].

A2: führt die neue Gestalt zu einer Statusexpansion (logisch: $\bar{A} \Rightarrow A$, wobei $A_1 < A_2$), dann sprechen wir von *produktiver* Verwandlung.

(3) V. als „DEIFIKATION"; in der Totenliteratur existiert eine ganze Reihe von Texten[28], die offenkundig von der zumindest virtuellen „Vergottung"[29] des Sprechers in alle möglichen Götter/göttlichen Manifestationen[30] handeln. Indizien sprechen für eine eigene Gattung „Verwandlungs-Sprüche"[31].

(4) V. als realweltlicher STATUSWANDEL; *ḫprw* ist möglicherweise der terminus technicus für die soziale Mobilität lebender Menschen[32], wie sie im „Einst-Jetzt-Schema" der „Auseinandersetzungsliteratur" tendenziös negativ thematisiert wird.

B: der *sequentielle* Gestaltwandel.

B1: als Folge von Statusdegressionen „reduktiv" für den Wertebereich „Götter". Es kann unterschieden werden zwischen der synthetischen V. als selbstreflexivem Zyklus (5) und der linearen Gestaltungssequenz (6).

(5) V. konstituieren die PHASENGESTALTEN des *Sonnengottes, die in summa seine METAMORPHOSE[33] abbilden. Klassisch als „Drei-Gestalten-Lehre"[34] ausgebildet und als solche bezeugt seit den Pyramidentexten[35], kann sie z.B. für die Sonnenhymnik in der Form des „Tageszeitenliedes" als nachgerade typuskonstitutiv bezeichnet werden[36]. Von diesem ungefähr als biomorph zu kennzeichnendem Modell („Lebensalter") läßt sich ein in der SpZt belegtes chronomorphes Modell abheben, das auf der Korrelation der 12 Tagesstunden mit 12 Transformaten des Sonnengottes basiert[37]. Ausdifferenziert für die implizierte 4. Phase[38] des *Sonnenlaufs, die „Nachtfahrt", entwickelt die „*Sonnenlitanei" eine Folge von 74 (75) Transformaten[39], wobei allerdings die typologische Zuordnung dieses Modells noch unklar ist.

(6) V. als KOSMOGENESE; im Rahmen transformationeller Kosmogonien[40] werden die Elemente des Kosmos einschließlich der Götter als EMANATIONEN des transzendenten Schöpfergottes interpretiert[41].

B2: In „produktiver" Weise, d.h. den Wertebereich „Menschen" abdeckend, findet man:

(7) V. als „SOLARIFIKATION"; bei der Analogisierung von Sonnentheologie und Jenseitsschicksal[42] wird notwendig auch die „Drei-Gestalten-Lehre" auf den Toten übertragen[43].

(8) Ob schließlich die ENTWICKLUNG eines lebenden Menschen tatsächlich als lineare Sequenz von V. verstanden wurde, ist äußerst zweifelhaft[44].

3.2. Im weiteren Sinn wird eine Transformation ferner immer dann impliziert, wenn gilt: Grundgestalt ist nicht gleich aktueller Erscheinungsform. So ist im „Zaubermärchen" auch die nichtlexikalisierte V. zu belegen[45]. In diesem Zusammenhang wäre auch die „Tiermetaphorik"[46] in königlichem wie v.a. in funerärem Kontext neu zu hinterfragen. Allgemein ist eine kontrastive Analyse der diversen „Bild"-Termini[47] als auch der Person-Komponenten[48] erforderlich, kann doch etwa der *Bȝ* nachgerade als Verwandlungsmotor verstanden werden[49], setzen doch die „Transformate" *jrw*, *sšmw* etc. eine zumindest logische Transformation von Aspekten der Person voraus[50].

4. Zusammenfassung: Will man für die oben unter 3. versammelten Funktionen der V. einen gemeinsamen Nenner finden, dann scheint es naheliegend, das moderne Interpretament „Rolle"[51] im dramaturgischen wie im soziologischen Sinn vorzuschlagen. Ein Akteur schlüpft zeitweilig in eine von kontextuellen, textuellen oder sonstigen Handlungszusammenhängen erforderte Gestalt („Kostüm"). Dieses *ḫprw* spezifiziert, konkretisiert und charakterisiert seine Rolle, da es ihm äußerlich und also sinnlich wahrnehmbar ist. Es läßt sich jedem Handlungszusammenhang anpassen, da es zeitlich terminiert und beliebig veränderbar ist. Mit anderen Worten: es verwandelt sich jeweils nur der *formale* Aspekt (die „Ver-

packung"), während der *essentielle* Aspekt (die Person) sowohl transformations- als auch transformatstranszendent zu denken ist.

5. Unter komparativen Gesichtspunkten sei hier schließlich auf die Existenz von Verwandlungssagen bzw. deren literarische Durchformung in hell. und röm. Dichtung nur eben hingewiesen[52]. Ob es sich hierbei um originäre Vorstellungen handelt, oder inwieweit solche Literaturwerke durch den möglichen Kontakt mit äg. Ideen beeinflußt worden sind[53], soll hier mangels Kompetenz nicht weiter verfolgt werden.

[1] Was ja, ausgehend von der Grundbedeutung „werden", nur verständlich ist: „Werden" ist immer „Werden-zu-etwas", logisch also die Transformation eines Vor- in einen Nachzustand. – [2] Wb III, 261,14–21; cf. Dimitri Meeks, Année Lexicographique I (1977), Paris 1980, 77. 3049; II (1978), 1981, 78. 2988; III (1979), 1982, 79. 2182. – [3] Wb III, 266,10; cf. Dimitri Meeks, Année Lexicographique I, 77.3052; II, 78.2992; III, 79. 2184. – [4] Wb III, 266, 12–17; cf. Dimitri Meeks, a.a.O. (s. Anm. 3). – [5] Wb III, 396,8; Wolja Erichsen, Demotisches Glossar, Kopenhagen 1954, 379. 392; cf. Dimitri Meeks, a.a.O. I, 77. 3279. – [6] Crum, CD, 701b; KoptHWb, 385. 567; cf. Jaroslav Černý, Coptic Etymological Dictionary, Cambridge 1976, 292f.; Werner Vycichl, Dictionnaire étymologique de la langue copte, Löwen 1983, 308a. Zur kaum noch zweifelhaften Ableitung über demot. *ḫbr*/*ḫrb* aus *ḫprw* vgl. Osing, Nominalbildung, 550. Für die SpZt weist Wb VI, 174 noch *jrt sšm.f m* und *jrt sḏḏ.f m* nach: zu ersterem: s. Wb IV, 290,4 mit Verweis auf pSalt 825,7,8; 8,1 (unverständlich die Rubrizierung unter *sšm*, „Leitung; Zustand; Verhalten", Wb IV, 289,10ff.; vgl. dagegen *sšm*, „Erscheinungsform der Götter", Wb IV, 290,14 und cf. Dimitri Meeks, a.a.O. I, 77. 3878; II, 78. 3834; III, 79. 2779); zu letzterem vgl. Wb IV, 396,12 und cf. Dimitri Meeks, a.a.O. II, 78. 4012 (*sḏḏ*, „Bild" bereits pDeM I, vso 2,7). – [7] Zur Semantik von *ḫprw* vgl. demnächst Buchberger, Sargtextstudien I (s. Lit.). – [8] pWestcar 3,13: „Wachskrokodil" ⇒ "Krokodil" (falls die Stelle so zu ergänzen). – [9] Zum Begriff s. Hans Goedicke, The Report about the Dispute of a Man with his Ba, Baltimore 1970, 25; zustimmend rezipiert von Jan Assmann, Re und Amun, OBO 51, 1983, 205 – [10] Eine Tendenz zur Bedeutungserweiterung, die v.a. nomina actionis eignet: Osing, Nominalbildung, 7 und Anm. 24. – [11] So zumindest Osing, Nominalbildung, 552 („keine grundsätzlichen Unterschiede"); sein Versuch, dann doch eine graphematische Opposition von „singularischem" *ḫprw* („Werden, Entstehen, Entwicklung") und pluralfähigem *ḫprw* („Erscheinungsweise, Gestalt") zu konstruieren, dürfte kaum aufgehen: sogar bei enger Kollokation des Substantivs „Werden" verwendet B3L in CT IV, 51d beide Graphien; umgekehrt weist in ein und demselben Text gerade das „Werden" des Spruchtitels (so aufgefaßt von Osing, Nominalbildung, 551) die Graphie mit „Gestaltdeterminativ", die „Gestalten" (Plural!) des Textes jedoch die Semogrammgruppe „Buchrolle + Pluralstriche" auf: CT Spr. 313 (IV, 87a vs. 91 n.q; 92a.d). – [12] Vgl. etwa schon François Chabas, Le papyrus magique Harris, Chalon-sur-Saone 1860, 21: „changements des formes, transformations"; Heinrich Brugsch, Hieroglyphisch-Demotisches Wörterbuch III, Leipzig 1868, 1074; jüngere Vorschläge oszillieren um die Äquivalente „Gestalt", „Erscheinungsform", „Erscheinung"; vgl. z.B. Kees, Götterglaube, ³1977, 3. 47. 157 („Gestalt"); die reine Phänomenalität betont v.a. Ranke, in: ZÄS 79, 1954, 53 und ihm folgend Siegfried Morenz, Ägyptische Ewigkeit des Individuums und indische Seelenwanderung, in: Asiatica. Fs Weller, Leipzig 1954, 421f.; id., Religion, 165f.; zum Kompromiß „Erscheinungsform" s. Erik Hornung, Mensch (s. Lit.), 131ff. – [13] Zum Gestaltwandel als Voraussetzung der Theophanie vgl. Mensching, in: RGG VI, 1389; zur Opposition „verborgenes Wesen" vs. „Theophanie" s. Assmann, in: LÄ II, 760 B. I. a.; Hellmut Brunner, Name, Namen und Namenlosigkeit Gottes im Alten Ägypten, in: Heinrich v. Stietencron (Hg.), Der Name Gottes, Düsseldorf 1975, 46f. – [14] „Buch vom Durchwandeln der Ewigkeit" (hg. von E.v. Bergmann, 1877), Z. 20: *jrj.k ḫprw nb r ḏd jb.k*; locus classicus: Urk. IV, 113,13f. (dazu s. Fecht, in: ZÄS 92, 1965, 15); vgl. schon CT IV, 42e; 51d; 53e: „Transformation in jeden Gott, in den sich der Tote verwandeln will", oder CT IV, 16k: „Transformation in jedwedes Transformat." „Verklärtsein" als conditio sine qua non besonders deutlich in „Spruch 1,2 und 5" der von Grapow, in: ZÄS 77, 1942, 57ff. behandelten „Jenseitswünsche in Sprüchen ungewöhnlicher Fassung". – [15] So schon de Rougé, in: BE 22, 1908, 113 (zuerst veröffentlicht 1851) in bezug auf die Stelle aus der Autobiographie des Ahmose von Elkab (= Urk. IV, 2,9). – [16] Basierend auf Herodot II, 123, der den Ägyptern den Glauben an eine Metempsychosis unterstellte (s. *Seelenwanderung); keine Transmigration scheint für Ägypten anzunehmen Plutarch, Peri Isidos kai Osiridos, 72, 379 E: vgl. J. Gwyn Griffiths, Plutarch's De Iside et Osiride, Swansea 1970, 72; 545 sub „p. 230, 21"; V. im Sinne Herodots interpretiert findet man etwa schon bei de Rougé, a.a.O. (s. Anm. 15), 113; Leo Reinisch, Die Aegyptischen Denkmäler in Miramar, Wien 1865, 17 Anm. 1; François Chabas, a.a.O. (Anm. 12), 21; vgl. noch Richard Lepsius, Aelteste Texte des Todtenbuchs nach Sarkophagen des altaegyptischen Reichs im Berliner Museum, Berlin 1867, 18. 33 Anm. 6 (*ḫprw* = „Existenzen"); Schäfer, in: ZÄS 52, 1914, 103. Bestritten seit Maspero, in: Revue critique d'histoire et de littérature 6. 1, 1872, 340 Anm. 1 (= id., in: BE 2, 1893, 467 Anm. 3); ihm folgen z.B. Ranke, in: ZÄS 79, 1954, 52; Siegfried Morenz, a.a.O. (s. Anm. 12), 421f.; Žabkar, in: JNES 22, 1963, 60. Zur Forschungsgeschichte bis 1960 vgl. Federn, in: JNES 19, 1960, 241ff. – [17] Wb III, 266,14. – [18] Z.B. Hornung, Der Eine, 64. – [19] Vgl. Gerhard Fecht, Der Vorwurf an Gott in den „Mahnworten des Ipu-wer", AHAW 1972.1, 93. – [20] S. Gerhard Fecht, a.a.O., 93. – [21] Barta, in: ZÄS 109, 1982, 86. – [22] Rolf Krauss, Das Ende der Amarnazeit (s. Lit.), 133ff. – [23] Dazu vor allem Gertrud Thausing, Der Auferstehungsgedanke in ägyptischen religiösen Texten, Leipzig 1943, 15; ead. und Traudl Kerszt-Kratschmann, Das große ägyptische Totenbuch (Papyrus Reinisch) der Papyrussammlung der österreichischen Nationalbibliothek, Kairo 1969, 8; ead. und Hans Goedicke, Nofretari, Graz 1971, 22; vgl. auch Federn, in: JNES 19, 1960,

245ff.; Guilmot, in: RHR 175, 1969, 5ff.; id., Le message spirituel de l'Egypte ancienne, Paris 1970, 95. – [24] pAnastasi II, 8,7 = LEM, 17,13 (zur Stelle vgl. Dieter Müller, in: ZÄS 86, 1961, 142 Anm. 6; Gerhard Fecht, Literarische Zeugnisse zur „Persönlichen Frömmigkeit", AHAW 1965.1, 44ff.); pWestcar 9,27: „Götter" ⇒ „Musikantinnen" (*ḫnjt*); Urk. IV, 219,11: „Amun" ⇒ "König" (dazu Brunner, Geburt des Gottkönigs, 50 und Anm. 7); CT Spr. 157 (II, 342b): „Seth" ⇒ „Schwein" (vgl. Sethe u.a., in: ZÄS 58, 1923, 17); CT Spr. 49 (I, 215f.): „Seth" (als Ränkeschmied: *jrj jḫwt r.f*) ⇒ „Floh" (*pj*). Wie die Beispiele für Seth zeigen, ist die Verwandlungsfähigkeit von Göttern mit einer gewissen Ambivalenz behaftet; vgl. noch CT Spr. 406 (V, 211b): der „Dämon" *Nḥz-ḥr*, „der sich ständig verwandelt" (*jrr ḫprw*), soll „umkehren" (*ḥ3.k*); *ḫprw* möglicherweise in der Bedeutung „Geist/Dämon" (vs. „Gott; Göttin"): pChester Beatty VI, vso 2,3; cf. Joris Borghouts, Ancient Egyptian Magical Texts, NISABA 9, Leiden 1978, 36 (54). – [25] Entsprechend der Funktion T[1] bei Vladimir Propp, Die Morphologie des Märchens, Frankfurt/M. 1975, 63. – [26] pD'Orbiney 14,5 = LESt, 24,4 („Handlungseinheit 37" bei Assmann, in: ZÄS 104, 1977, 18). – [27] pJumilhac II, 6; zum Begriff s. Assmann, in: LÄ II, 759 Anm. 37; vgl. z.B. Edfou VI, 121, 5.9: „Horus" ⇒ „jene Gestalt" (*sšmw pn*), „in der Weise, wie es Horus-Behedeti vor ihm getan hatte" und: „Seth" ⇒ „Schlange" (cf. Wolfgang Schenkel, Kultmythos und Märtyrerlegende, GOF IV. 5, 1977, 50f.); Edfou VI, 216, 2.9: „Seth" ⇒ „Nilpferd", „Horus" ⇒ „mannesstarker Riesenjüngling". – [28] Belegt seit AR; z.B. Pyr. 267d: „König" ⇒ „Sia"; Pyr. 272b: „König" ⇒ „großer Gott" (*nṯr ꜥ3*); Pyr. 416c: „König" ⇒ „Sobek" (*wr jm.j Šdt*); Pyr. 1009c: „König" ⇒ „Upuaut"; Pyr. 1777a: „König" „fordert" (*dbḥ*) die Transformation in einen „Falken" (*bjk*). In den CT thematisieren 102 Spruchtitel die V. vorzüglich in „Götter", daneben aber auch „Vögel", „Beamte" bei Göttern u.a.m. (dazu vgl. in Kürze Hanneș Buchberger, Sargtextstudien I; s. Lit.). Die einschlägigen Kapitel des Tb (Naville) sind Kapitel 76–88; vgl. noch die Überschrift von Kapitel 17 und Kapitel 95 (Ad: „Transformation in eine *smn*-Gans"); die Substitution der aufgebahrten Mumie durch einen *3bḏw*-Fisch in der Darstellung von Tb Kapitel 151 in TT 2b ist gegen Gamer-Wallert, Fische und Fischkulte, 131f. keine V.; für die SpZt vgl. noch Georges Legrain, Le livre des transformations (papyrus démotique 3452 du Louvre), Paris 1890. Zu Verwandlungs-Wünschen im Kontext der „Opferformel" s. Barta, Opferformel, 314. 362 (sub „Bitte 101"), für die 18. Dyn. speziell Hermann, Stelen, 115 und vgl. hier Anm. 14. – [29] Überaus häufig beziehen sich Verwandlungs-Sprüche der CT mittels einer Selbstprädikation („Ich bin ...") auf den Gott etc. der Spruchüberschrift. Zwar kommen solche Selbstprädikationen auch in anderen Texttypen vor, etwa in legitimierender Funktion in Sprüchen der „Opferspeisenproblematik" (dazu vorläufig Kadish, in: SSEAJ 9, 1979, 203ff.); auffällig bleibt dennoch der enge thematische Konnex von rubriziertem und textinternem Transformat. Da solcherart „verklärendes" Sprechen (im Sinne von Schott, Mythe und Mythenbildung, 46) die Eingliederung des Toten in götterweltliche Konstellationen zum Ziel haben dürfte, scheint der Terminus „Vergottung" angemessen. – [30] Bei der V. in „Vögel", „Wind" oder „Feuer" dürften kaum die realweltlichen Referenten gemeint sein: daß „Vögel" qua Metonymie „Götter" bezeichnen, macht Buchberger, Sargtextstudien I (s. Lit.) wahrscheinlich; in diesem Zusammenhang vgl. noch die „V. in die Dum-*Palme (TT 290: Deir el Médineh (1935–1940), FIFAO XX. 3, 1952, 79), wo „Dumpalme" den Gott *Min meint: s. Gerhard Fecht, a.a.O. (Anm. 24), 92; zur Beziehung zwischen Min und Dumpalme ebd., 91 Anm. 52. – [31] In CT Spr. 335 (IV, 310a) wird eine „Schrift der Verwandlungen" erwähnt; die äg. Gattungsbezeichnung nicht nur in Spruchüberschriften, sondern auch textintern: CT Spr. 383 (V, 47e) „Ich kenne den ‚Spruch der V.'"; Verwandlungs-Sprüche werden gern zu thematischen Gruppen zusammengefaßt: vgl. Dieter Müller, in: BiOr 20, 1963, 248 und Anm. 15. – [32] Admonitions 7,9 (vgl. Miriam Lichtheim, Ancient Egyptian Literature I, Berkeley 1973, 156 und Anm. 18; Jan Assmann, Königsdogma und Heilserwartung, in: David Hellholm (Hg.), Apocalypticism in the Mediterranean World and the Near East, Tübingen 1983, 347 und Anm. 11); möglicherweise auch Cha-cheper-re-seneb, rto 10 (cf. Kadish, in: JEA 59, 1973, 78; anders bei Gerhard Fecht, a.a.O. [s. Anm. 19], 95). – [33] Die entomologische Metapher speziell für den Sonnenzyklus ist glücklich gewählt, umfaßt sie doch den Zyklus der sich verändernden Formen bei gleichbleibender Identität der involvierten Person, quasi also die prozeßhafte Transformation bei gleichbleibendem genetischen Programm. Zu den Metamorphosen des Sonnengottes vgl. noch Assmann, in: LÄ V, 1089. – [34] S. Assmann, Liturgische Lieder, 42ff. – [35] Pyr. 1695a–c (vgl. Assmann, a.a.O. [s. Anm. 34], 336 und Anm. 8). Daß diese Phasengestalten durch V. entstehen, belegt explizit das Amduat: 1. Stunde, mittleres Register (Hornung, Amduat I, 9): „Sonnengott" ⇒ „Widder" (*zr*; zur Präsupposition der falkenköpfigen Tagesgestalt und zur Textemendation s. Hornung, Amduat III, 60f. = Nachtrag zu Bemerkung 4 und 5); 12. Stunde, Einleitung (Hornung, Amduat I, 192): „Sonnengott" ⇒ "Skarabäus" (*ḫprj*). – [36] Vgl. Assmann, a.a.O. (s. Anm. 34), 333–339; id., ÄHG, 47ff.; id., Re und Amun (s. Anm. 9), 60ff. – [37] S. RÄRG, 730; Assmann, Liturgische Lieder, 43 und Anm. 17. – [38] Dazu vgl. Jan Assmann, Re und Amun (Anm. 9), 56 und Anm. 11. – [39] Erik Hornung, Das Buch von der Anbetung des Re im Westen, AH 2/3, Genf 1975/76. – [40] Lit. gibt Jan Assmann, Re und Amun (Anm. 9), 202 Anm. 38; vgl. noch id., in: LÄ V, 680 und Anm. 45–48. – [41] Zur älteren („monistischen") Konzeption von Amarna (der Schöpfer transformiert sich unmittelbar in die Welt) vgl. Sandman, Texts from Akhenaten, 95, 12–13; s. dazu Fecht, in: ZÄS 94, 1967, 33 Anm. 7; Assmann, in: Saeculum 23, 1972, 125. Zur Konzeption im Rahmen der ramessidischen Weltgotttheologie (der transzendente Schöpfer transformiert sich zunächst in die Götterwelt) vgl. z.B. pTurin, 132,11; s. Jan Assmann, Primat und Transzendenz, in: Wolfhart Westendorf (Hg.), Aspekte der spätägyptischen Religion, GOF IV. 9, 1979, 37 und Anm. 118. – [42] S. *Jenseitsvorstellungen, *Totenglauben, *Wiedergeburt. – [43] Schon Pyr. 1695a–c (s. Anm. 35); vgl. etwa noch Sonnenlitanei (ed. Erik Hornung, Das Buch von der Anbetung des Re im Westen) (s. Anm. 39) I, 262f.: „Als-Re wird-Osiris-NN-gehen, / als-Atum wird-er-kommen (?), / als-Chepri wird-er-sich-verwandeln." Spät ist auch die Übertragung des chronomorphen Modells auf Tote belegt: s. Sarg des Chai-ef (Kairo JE 49531; Brugsch, in: ZÄS 5, 1867, 21ff.; Daressy, in: ASAE 17, 1917, 5ff.), auf dem die 12 Tagesgestalten des Re mit den 12 Verwandlungs-Sprüchen des Tb (Kapitel 76–88) korreliert werden. – [44] Die Diskussion stützt sich auf nur drei Belege: (1) Urk. IV, 2, 9; (2) Tb Kapitel 30B; (3) pAnastasi III, 3, 12. Beleg (3) entfällt, da er sich auf das Jenseits beziehen dürfte: s. Gerhard Fecht, Vorwurf an Gott (s. Anm. 19), 94 und Anm. 55; Fischer-Elfert, in: SAK 10, 1983, 144ff. Beleg (1) ist nicht sicher gedeutet: ob metaphorisch für „Geborenwerden"? Vgl. Leo Reinisch, Miramar (s. Anm. 16), 17 Anm. 1; Schäfer, in: ZÄS 52, 1914, 102; Ranke, in: ZÄS 79, 1954, 53; Osing, Nominalbildung, 551. Oder mit *ḫprw*, „Rekruten" zu verbinden? Cf. Gerhard Fecht, Vorwurf an Gott (s. Anm. 19), 92; vgl. den Kontext: Ahmose wird Soldat als Ersatz seines Vaters. Die Positionen zu Beleg (2) referiert Michel Malaise, Les scarabées de cœur dans l'Egypte ancienne, MRE 4, 1978, 22 sub „f"; vgl. noch Erik Hornung, Das Totenbuch der Ägypter, Zürich 1979, 96 („wechselnde Formen") vs. S. 435 („Entwicklungsphasen"); Gretel Wirz, Tod und Vergänglichkeit – Ein Beitrag zur Geisteshaltung der Ägypter von Ptahhotep bis Antef, Kölner Forschungen zu Kunst und Altertum, Abt. A, Bd 1, Sankt Augustin 1982, 39 („Entwicklungsstufen"). Falls die Variante Tb (Naville), Kapitel 30A: *ḥ3tj.j n.j wn.j tp t3*, „(o)-mein-*ḥ3tj*-Herz meines-Erdendaseins" mit dem *ḫprw* von Beleg (2) tatsächlich eine paradigmatische Substitutionsklasse bildet (– es sind auch andere Lösungen möglich –), wäre damit zunächst nur die Verwendung von *ḫprw* für lebende Menschen erwiesen; eine wie auch immer geartete „Entwicklung" (o.ä.) ist freilich nicht notwendig impliziert, denn Sein ist nicht gleich Werden. – [45] pD'Orbiney 16, 8–17 = LESt, 26, 11–14: „Blut" (des Bata in Stiergestalt) ⇒ „Perseabäume" („Handlungseinheit 41" bei Assmann, in: ZÄS 104, 1977, 19); pD'Orbiney 18, 4–5 = LESt, 28, 5–7: „Holzsplitter" ⇒ „Embryo ‚Bata'" („Oberflächeneinheit 21" bei Assmann, op. cit., 19). – [46] Für die funeräre Literatur bezweifelt den metaphorischen Charakter schon Grapow, Bildl. Ausdrücke, 93f.; vgl. noch J. Gwyn Griffiths, in: Fs Zandee, 50f. – [47] S. jetzt Boyo Ockinga, Die Gottebenbildlichkeit in Ägypten und im Alten Testament, ÄUAT 7, 1984. – [48] Komplexe Begriffe sollten nicht losgelöst, sondern als Elemente von semantischen Feldern untersucht werden (vgl. Renate Müller-Wollermann, in: GM 77, 1984, 54f.). Als fruchtbar könnten sich hierbei Kollokationen mit Personkomponenten erweisen: zu *rn/ḫprw* vgl. etwa Assmann, Liturgische Lieder, 43 Anm. 18f.; Maria-Theresia Derchain-Urtel, in: SAK 1, 1974, 95 und Anm. 67; zu *b3/ḫprw* s. Assmann, Re und Amun (s. Anm. 9), 203f.; zu *jrw/ḫprw* vgl. etwa Sonnenlitanei (Erik Hornung, Das Buch von der Anbetung des Re [s. Anm. 39] I, 88f. 183. 242). Gegen Hermann, Stelen, 152; Beate George, Zu den altägyptischen Vorstellungen vom Schatten als Seele, Bonn 1970, 20; Maria-Theresia Derchain-Urtel, op. cit., 94 und v. a. Rolf Krauss, Ende der Amarnazeit, HÄB 7, 1978, 146 ist es hermeneutisch jedoch wenig förderlich, Texte wie Urk. IV, 1060f. oder CT Spr. 304 als reine Listen zu interpretieren: da er die paradigmatischen Oppositionsrelationen, die dieser Text stiftet, nicht sieht, kommt Rolf Krauss, op. cit., 146 zu der unhaltbaren Auffassung von *ḫprw* als „Teilwesen". – [49] Ba als „Gestaltfähigkeit": Elske Wolf-Brinkmann, Versuch einer Deutung des Begriffes „b3" anhand der Überlieferung der Frühzeit und des Alten Reiches, Diss. Basel 1966, Freiburg 1968 (dazu vgl. Assmann, Re und Amun [s. Anm. 9], 204 und Anm. 43). – [50] Zur paradigmatischen Nähe von *ḫprw*, *jrw* und *sšmw* s. Erik Hornung, Der Mensch (s. Lit.), 126. 131. – [51] Andeutungsweise Kaplony, in: Gs Otto, 292 und Anm. 13. – [52] Zu den Verwandlungs-Sagen der klassischen Antike vgl. allgemein: Carl Wendel, in: RE XVI, 1367ff., s. v. „Mythographie, V. 12 (Verwandlungssagen)"; Eckhart Mensching, in: Kl. Pauly 3, 1543, s. v. „Mythographie" und P. Haendel, in: Lexikon der Alten Welt, Zürich 1965, 1940, s. v. „Metamorphosen". In diesem Zusammenhang besonders erwähnenswert die „Metamorphoseon libri XI" des Apuleius von Madaura (cf. etwa Schwabe, in: RE II, 249ff., s. v. „Appuleius, 9"; Heinrich Dörrie, in: Kl. Pauly 1, 471, s. v. „Ap(p)uleius, 8."; R. Hanslik, in: Lexikon der Alten Welt, Zürich 1965, 232f., s. v. „Apuleius"), ist doch bei ihm Vertrautheit mit äg. Vorstellungen besonders evident; für das „XI. Buch" (hg. von J. Gwyn Griffiths, Apuleius of Madauros. The Isis-Book [Metamorphoses, Book XI], EPRO 39, 1975) hat dies in überzeugender Weise herausgearbeitet F. Junge, Isis und die ägyptischen Mysterien, in: Wolfhart Westendorf (Hg.), Aspekte der spätägyptischen Religion, GOF IV. 9, 1979, 93ff.; bes. 115. Die Akzeptanz der Möglichkeit zauberischer V. erhellt schlaglichtartig die Argumentation zweier röm. Offiziere, denen der Armenierkönig Papa durch die Anwendung „Kirkeischer Zaubersprüche zur Verwandlung und Auflösung von Körpern" entkommen sein soll: Seyfarth, in: Klio 46, 1965, 378 (zu Ammianus Marcellinus, Res gestae, 30, 1, 17). – [53] Für die Literatur s. Morenz, Begegnung, 89–94; id., in: HdO I. 1. 2^2, 235ff.; zur Nachweisbarkeit eines genuin äg. Sinnhorizonts vgl. Friedrich Junge, a.a.O. (s. Anm. 52); mindestens eine der häufiger belegten Verwandlungs-Sagen („Götter" ⇒ „Tiere", auf der Flucht vor Typhon/Seth) bei Plutarch, Peri Isidos kai Osiridos, 72, 379 E im Kontext der Entstehung äg. Tierkulte erwähnt: vgl. J. Gwyn Griffiths, Plutarch's De Iside et Osiride (s. Anm. 16), 545 sub „p. 230, 17–18".

Korrekturzusatz zu Anm. 28: S. jetzt auch Mohamed Saleh, Das Totenbuch in den thebanischen Beamtengräbern des Neuen Reiches, AV 46, 1984, 10 und Anm. 31. 40–50.

Lit.: Federn, in: JNES 19, 1960, 241ff.; Erik Hornung, Der Mensch als „Bild Gottes" in Ägypten, in: Oswald Loretz (Hg.), Die Gottebenbildlichkeit des Menschen, München 1967, 131ff.; Osing, Nominalbildung, 550ff. 883ff.; Rolf Krauss, Das Ende der Amarnazeit, HÄB 7, Hildesheim 1978, 133ff.; Barta, in: ZÄS 109, 1982, 81ff.; Hannes Buchberger, Sargtextstudien I: Die „Verwandlung in Vögel", Diss. Tübingen (in Vorbereitung).

H. Bu.

Verwandtschaftsbezeichnungen. I. Altäg. elementare V. können in ihrer Grundbedeutung, in zusammengesetzten V. („compound kinship terms") und in erweiterter Bedeutung benutzt werden. Aufgrund neuerer Forschungen[1] ist die erweiterte Bedeutung von V. besonders wichtig für die Untersuchung des altäg. Verwandtschaftssystems.

Den Kern der V. bilden: *Jtj* („Vater"), *Mwt* („Mutter"), *Zꜣ/Zꜣt* („Sohn/Tochter") und *Sn/Snt* („Bruder/Schwester"). Affinale (angeheiratete) Verwandte bezeichnen *Ḥjmt* („Ehefrau"), *Hꜣjj* („Ehemann") und *Šm/Šmt* („Schwiegervater/-mutter", vielleicht auch „Schwiegersohn/-tochter")[2].

Für diese V. sind bisher folgende Bedeutungen belegt:

Mwt: Mutter, Muttersmutter (Schwiegermutter?);

Jtj: Vater, Vatersvater, Muttersvater, Schwiegervater;

Zꜣ: Sohn, Sohnessohn[3], Sohnessohnsohn, Tochtersohn, Schwiegersohn;

Zꜣt: Tochter, Tochterstochter[4], Sohnestochter (Schwiegertochter?);

Sn: Bruder, Mutterbruder, Vaterbruder, Vaterbrudersohn, Mutterschwestersohn, Brudersohn, Schwestersohn, Schwager;

Snt: Schwester, Mutterschwester[5], Vaterschwester, Mutterschwestertochter, Schwestertochter, Bruderstochter, Schwägerin.

Weitere erweiterte Bedeutungen können mit Sicherheit erschlossen werden.

Folgende Verwandtschaftsgrade werden gleich bezeichnet:

Eltern der Eltern (usw.) = Eltern (*Jtj/Mwt*);
Kinder der Kinder (usw.) = Kinder (*Zꜣ/Zꜣt*);

Kinder der Geschwister
Geschwister der Eltern
Kinder der Geschwister der Eltern
Geschwister der Ehefrau
Gatten der Geschwister
} = Geschwister (*Sn/Snt*).

Die Verwendung in der Grund- und erweiterten Bedeutung ergibt ein Benennungssystem mit folgenden Merkmalen:

– es ist bilateral: Verwandte väterlicherseits und mütterlicherseits werden gleich bezeichnet;
– es ist deskriptiv, indem strikt zwischen linealen und collateralen Verwandten getrennt wird;
– Geschwister und Cousins werden gleich bezeichnet.

Damit gehört das altäg. Verwandtschaftssystem nicht in die Reihe der sogenannten „Hawaii-Systeme" (da eben Eltern und Geschwister der Eltern nicht gleich bezeichnet werden!). Willems ordnet es in die Reihe der „Systems with intergenerational extension rules" (nach Scheffler) ein wie z.B. auch das Magyar-System (Ausweitung der Bedeutung einer V. auch über Generationsgrenzen hinaus)[6]. Diese Verwendung altäg. V. läßt sich seit dem AR feststellen und ist bisher am besten für das MR belegt, für das NR und die SpZt fehlen bisher eigene genauere Untersuchungen[7].

II. Zur Bezeichnung von Verwandtschaftsgruppen dienen folgende Bezeichnungen:

Mhwt (belegt: 12. Dyn.-kopt.): „Sippe", „Clan"[8];

H̱rjw (1. ZwZt-SpZt): „Angehörige (im Haushalt?)" (inklusive Ehefrau)[9];

Hꜣw (1. ZwZt-ptol.): „Verwandtschaft" allgemein („kindred");

ꜣbwt (6. Dyn.-ptol.): „Großfamilie/Hausgemeinschaft" (extended family/domestic group): Eltern, Geschwister, Kinder[10];

Weitere Bezeichnungen dienen zur Kennzeichnung nicht primär verwandtschaftlich verbundener sozialer Gruppen:

Wḥjt „Dorf", Gruppe von Familien an einem Ort wohnend;

Hnw „Anhänger, Hausbewohner, Freunde"[11];

H̱t „Gruppe"

Wnḏwt „Horde, Gruppe, Bande"[12].

Unlineare Abstammungsregeln lassen sich nicht feststellen. Es gab jedoch eine starke Präferenz für die Patrilinearität, die altäg. Gesellschaft war „Vater-orientiert". Offensichtlich wird die Zugehörigkeit zu oben genannten Verwandtschaftsgruppen väterlicherseits und mütterlicherseits gerechnet, d.h. bilateral oder kognatisch. Ein Mann gehört zur Verwandtschaftsgruppe väterlicherseits und mütterlicherseits, jedoch nicht zur Verwandtschaftsgruppe seiner Ehefrau. Besitz kann an Söhne (*Sohn) und Töchter (*Tochter), an Männer und Frauen vererbt werden, von *Vater und *Mutter.

Der Toten- und Ahnenkult wird für „Väter" und „Mütter" durchgeführt[13], von allen Geschwistern und Nachkommen einer Person, doch hat der Sohn eine besondere Rolle.

Spuren eines (ehemaligen) Matriarchats oder von Matrilinearität lassen sich nicht feststellen[14]. Auch bestimmte Heiratsregeln und -präferenzen lassen sich bisher nicht nachweisen.

Der soziale Kreis, in dem der Einzelne aufwuchs und lebte, bestand aus den im Hause lebenden Verwandten (dies konnten Eltern, Onkel, Tanten, Cousins, Neffen und Nichten sein, die *H̱rjw*) und Bediensteten. Diese Großfamilie (extended family) bildete mit der Dienerschaft eine Hausgemeinschaft (*ꜣbwt*, domestic group) und einen Haushalt (*Pr*). Darüber hinaus konnten Beziehungen zu

weiter entfernten Verwandten bestehen (*Mhwt/ H3w*).
Dieser Hausverband wird in den verschiedenen sozialen Schichten auch verschieden groß gewesen sein. Den Verwandtschaftsgruppenbezeichnungen kommt wohl vor allem im AR und MR reale Bedeutung zu, im Laufe der Zeit tritt mehr und mehr die Kernfamilie in den Vordergrund.
Siehe: *Familie, *Erbe, *Ehe.

[1] H.O. Willems, A Description of Egyptian Kinship Terminology of the Middle Kingdom c. 2000–1650 B.C., in: Bijdragen tot de Taal-, Land- en Volkenkunde 139. 1, Leiden 1983, 152–168; Detlef Franke, Altägyptische Verwandtschaftsbezeichnungen im Mittleren Reich, Hamburger Ägyptologische Studien 3, Hamburg 1983. – [2] Durch Zusammensetzung (Addierung) der elementaren V. läßt sich grundsätzlich jeder Verwandtschaftsgrad exakt beschreiben. Keine V. sind: *ḫnms* „Freund" (Willems, a.a.O., 153; Franke, a.a.O., 355ff.; Helck, in: LÄ V, 887 Anm. 21); *ḥbswt* „Ehefrau"(?) (Heqanacht-Briefe; CG 20649; Wb III, 66, 23–24); *nbt pr* „Herrin des Hauses" (Titel der legitimen Ehefrau); *ṯ3j* „Mann". – [3] Franke, a.a.O., 49; füge hinzu: Stele Wien Inventar-Nr. 90 (Simpson, in: SAK 11, 1984, 157ff.). – [4] Franke, a.a.O., 57; füge hinzu: Stele Moskau I. 1. a 5608 (Svetlana Hodjash und Oleg Berlev, The Egyptian Reliefs and Stelae in the Pushkin Museum of Fine Arts Moscow, Leningrad 1982, Nr. 38). – [5] S. noch Willems, a.a.O., 163 (CG 20043 + 20681). – [6] Willems, a.a.O., 162; Scheffler, in: P. Reining (Hg.), Kinship Studies in the Morgan Centennial Year, Washington 1972, 113–133; Franke, a.a.O., 161ff. – [7] Bis auf Bierbrier, in: JEA 66, 1980, 100–107. – [8] Franke, a.a.O. (s. Anm. 1), 179ff.; Statue Wien Inv. Nr. 62. – [9] S. auch die Personennamen *3ḫ-ḫrjw* und *Ḫrjw.f* (Ranke, PN I, 3,4; 277, 6–7). – [10] Franke, a.a.O., 277ff.; Willems, in: RdE 36, 1985, i. Dr. – [11] Franke, a.a.O., 245ff.; *Nb-ḥnw*: Francis Ll. Griffith, The Inscriptions of Siut and Der Rifeh, London 1888–9, Tf. 17, Z. 60 (Deir Rifeh, Grab IV: *Twtw*, NR). – [12] Franke, a.a.O., 289ff.; Grabräuberpapyri: pLeopold II, 3,7 (Capart, Gardiner und van de Walle, in: JEA 22, 1936, 181 zu 3,7 sowie Tf. 11–14); Tb (Naville), Kap. 17, Z. 103–104, ähnlich CT VII, 155d; Kitchen, Ram. Inscr. I, 350,16–351,1 (Variante von Tb Kap. 30 und 169). – [13] S. jetzt R.J. Demarée, The *3ḫ jḳr n Rˁ*-stelae on ancestor worship in Ancient Egypt, Leiden 1983. – [14] Entgegen Störk, in: LÄ II, 10 Anm. 26 und Allam, in: LÄ II, 107. S. Franke, a.a.O., 326ff.

Lit.: M.E. Mat'e (Matthieu), Iz istorii sem'i i roda v drevnem Egypte, in: ВЕСТНИК 1954. 3 (49), 1954, 45–76; Gay Robins, The Relationships Specified by Egyptian Kinship Terms of the Middle and New Kingdoms, in: CdE 54, Nr. 108, 1979, 197–217; M.L. Bierbrier, Terms of Relationship at Deir el-Medina, in: JEA 66, 1980, 100–107; H.O. Willems, in: Bijdragen tot de Taal-, Land- en Volkenkunde 139.1, Leiden 1983, 152–168; Detlef Franke, Altägyptische Verwandtschaftsbezeichnungen im Mittleren Reich, Hamburger Ägyptologische Studien 3, Hamburg 1983; für Meroe: A.M. Abdalla, A Study of a Meroitic Extended Family from Inscriptions, in: J.M. Plumley (Hg.), Nubian Studies, Warminster 1982, 6–24; K.H. Priese, Matrilineare Erbfolge im Reich von Napata, in: ZÄS 108, 1981, 49–53; Hintze, in: Meroitic Newsletter 14, 1974, 20–32. D.F.

„Verwunschener Prinz" s. Prinzengeschichte

Vespasian. Imperator Caesar V. Augustus[1], geb. am 17. Nov. 9 n. Chr. in Falacrina bei Reate, Vater des *Titus und des *Domitian. Ende 66 n. Chr. übertrug *Nero ihm die Aufgabe, die jüdische Rebellion zu brechen. Am 1. Juli 69 n. Chr. wird V. vom praefectus Aegypti, Tiberius Iulius Alexander, zum Imperator ausgerufen und beginnt damit, trotz der noch andauernden Wirren des Drei-Kaiser-Jahres, die Zählung seiner Herrschaft. Ende 69 n. Chr. kommt V. von Judaea nach Äg. und ist im Januar 70 n. Chr. in Alexandrien, wo er vom Tod des Vitellius erfährt. V. besucht das dortige *Serapeum; der Bericht über die Umstände und den Ablauf ist bei mehreren Schriftstellern erhalten[2] und bot Anlaß zur Quellenanalyse[3]. V. gilt als fromm gegenüber den äg. Göttern[4]; u. a. verbrachte er die Nacht vor seinem Triumphzug, der wegen der Eroberung Judaeas in Rom stattfand, mit seinem Sohn Titus im Isis-Tempel[5] (*Verehrung äg. Götter im Ausland). Bautätigkeit unter seinem Namen in *Deir el-Hagar, *Deir esch-Schelwit, *Kom Ombo. Im Jahr 71 n. Chr. ließ V. den Tempel des *Onias schließen. Er starb am 24. Juni 79 n. Chr.

[1] Vgl. Paul Bureth, Les titulatures imperiales, Pap. Brux 2, Brüssel 1964, 37–40. – [2] Sueton, Vespasianus 7; Tacitus, Historiae IV, 82; Philostrat, Vita Apollonii V, 28. – [3] Derchain und Hubaux, in: Latomus 12, Brüssel 1953, 38–52; Derchain, in: CdE 28, Nr. 56, 1953, 261–279; Henrichs, in: ZPE 3, 1968, 51–80. Insgesamt scheint Sueton die glaubwürdigste Quelle zu sein. – [4] Vgl. Michel Malaise, Les conditions de pénétration et de diffusion des cultes égyptiens en Italie, EPRO 22, 1972, 407–413. – [5] Flavius Josephus, Bellum Judaicum VII, 123; vgl. Henrichs, a.a.O. (s. Anm. 3), 79–80.

Lit.: Herman Bengtson, Grundriß der Römischen Geschichte, Handbuch der Altertumswissenschaften III. 5, München [3]1982, 329ff. H.-J. Th.

Viehwirtschaft. Die Haltung von *Rindern, *Ziegen, *Schafen, *Eseln und *Schweinen ist seit der vorgeschichtl. Zt erkennbar[1]. In der *Thinitenzeit ist das Zentrum der Rinderzucht im Westdelta in *Ḥwt-jḥw* (aus dem sich später die Stadt *Kôm el-Hisn entwickelte), geleitet von einem *ˁḏ-mr*[2] bzw. später *ḥq3-ḥwt*[3]. Von der Organisation der V. im AR ist kaum etwas bekannt. Die Angabe eines *sḥḏ* der *Totenpriester des *Chephren-*Totentempels, daß er 835 Langhornrinder, 220 hornlose Rinder, 760 Esel, 2235 Ziegen und 974 Schafe verwal-

tete[4], mag auf den Besitz dieser Institution (und nicht auf Eigenbesitz) hinweisen. Große Mengen Vieh kamen durch Razzien im Westen und Süden nach Äg.[5].
Die Hauptvorgänge der V. im AR sind gern in den *Mastaben dargestellt: Der „Qualifikationskampf" der Stiere (*Stierkampf), das Werfen der Kälber mit den zugehörigen apotropäischen Handlungen, das Füttern der Tiere, das Melken und das „Herausgehen aus dem Papyrusmarschgebiet" mit dem Motiv der Furtdurchquerung (*Krokodil) beim Rind[6]; bei Ziege, Schaf und Esel haben wir keine Darstellungen über ihre Haltung. Das „Herausgehen" zeigt aber an, daß mindestens für die Rinder schon im AR eine Art Weidewechsel bestanden hat, wie sie aus dem NR ausdrücklich belegt ist[7]. Weidende Tiere werden aber nicht dargestellt[8].
Aus der 1. ZwZt hören wir von Privatherden, die unter eigenen *Hirten organisiert sind[9].
Seit dem MR werden häufig staatliche Herden der verschiedenen Tierarten und Tempelherden genannt; sie unterstehen im MR gewöhnlich den *Bürgermeistern der Städte[10]. In Abrechnungen wurde zwischen eigenen Herden und „staatlichen" (*pr-nswt*) unterschieden[11], ferner werden die Steuerrinder (*nḥbw*) – wohl „Abgaben" (*bꜣkw*) aus Privatherden – von ihm abgerechnet. Abrechnungslisten sind erhalten[12], die anscheinend die verschiedenen Ansprüche an die Tiere durch Bruchzahlen ausdrückten; erkennbar ist die Einteilung der Tiere in ein-, zwei- und dreijährige sowie Zugrinder. Ein- und zweijährige standen in den Ställen, dreijährige waren für König und Opfer vorgesehen, die älteren Zugrinder gaben die Verpflegung des Heeres ab. Letztlich war der *Wesir für die Anlage der Rinderlisten verantwortlich[13]. Auch zu Beginn der 18. Dyn. ist die Verwaltung der Tiere noch in der Hand der lokalen Behörden, jedoch finden wir bald als neue Organisationsform eine eigene Rinderverwaltung unter einem „Großen Rindervorsteher"[14] bzw. „Rindervorsteher Pharaos"[15]. Auch in den großen Tempeln treten nun eigene Rindervorsteher auf[16]. Herden des kgl. Eigenbesitzes wurden durch den Oberdomänenverwalter beaufsichtigt[17].
In der Ramessidenzeit sind in den Tempeln gern ausgediente Offiziere als Rindervorsteher eingesetzt, die dadurch ihre Versorgung erhalten[18]. Bei kleinen Tempeln hingegen übernimmt ein höherer Beamter in der Nähe des Standortes der Herde die Verwaltung[19]. Aus dem pWilbour[20] ist zu erkennen, daß es für Rinder, Schafe und Esel sog. „Futterdomänen" gab, d.h. angesiedelte Soldaten usw. mußten für die Fütterung dieser Tiere Teile ihrer Felderproduktion abliefern („Abgabedomänen").
Der pHarris I registriert Herdenneugründungen, meist an einem der Nilarme („Großer Fluß", „Fluß des Re"), z.T. aus Beuterindern, die eigene Namen besaßen[21]; die Zugehörigkeit der Tiere war durch *Brandstempel abgesichert[22].
Aus diesen Herden, bes. den Rinder- und Eselherden, wurden Tiere an Einzelpersonen als *Leihtiere vergeben; auch konnten anscheinend die Hirten aus Überschüssen verkaufen[23].
Wie bei den Feldern war es Privatpersonen – wenigstens in der 18. Dyn. – möglich, Eigentumsvieh an Tempel zu stiften, wobei die Nutznießung und auch die Verwaltung ihnen blieb; „nicht gebe man sie ins Büro des Rindervorstehers"[24].
*Viehzählung, *Geflügelzucht, *Stall, *Weidewirtschaft

1 Vgl. die Darstellung von Rindern, Eseln und Schafen auf der sog. „Stadtzerstörungspalette" (Vandier, Manuel I, 590 Abb. 388). – 2 Kaplony, Inschriften III, Nr. 118. – 3 Urk. I, 2,4 (Metjen); Junker, in: ZÄS 75, 1939, 63 ff. (Pehernefer). – 4 LD II, 9. – 5 Aus „Libyen" schon auf der Stadtzerstörungspalette; aus Nubien vgl. Palermostein Vs. VI, 2 (*Snofru). – 6 Ausführlich Störk, in: LÄ V, 249–260. – 7 Kamosestele Z. 6: „Unsere Rinder weiden im Papyrusmarschgebiet". – 8 S. aber Elmar Edel, Zu den Inschriften auf den Jahreszeitenreliefs, NAWG 1961. 8, 247 Abb. 11. – 9 Ausführlich Helck, in: LÄ II, 1220 ff.; id., Wirtschaftsgeschichte, 161. – 10 Beni Hasan I, 8; 21, 3; im NR Urk. IV, 75. – 11 „Gaufürst" *Jmnj* in Beni Hasan I, a.a.O. – 12 pKahun and Gurob, 15, 17 ff.; 16, 10 ff. – 13 Dienstvorschrift des Wesirs: Urk. IV, 1115,7. – Die bürokratische Genauigkeit der Ägypter führte auch zu einer Aufschlüsselung der Rinder nach Farbe, vgl. AEO I, 22–23; Helck, Materialien, 479–480. – 14 pTurin (Pleyte-Rossi), 46,16; TT 264; Florenz 2104. – 15 Haremhebdekret: Urk. IV, 2149,1. – 16 E.g. Gizeh and Rifeh, Tf. 27 N, 2; ausführlich bei Helck, Verwaltung, 175 mit Anm. 7 – 176 mit Anm. 1. – 17 E.g. Urk. IV, 1483,2; Kenamun: Urk. IV, 1395, 18 (neben Rindervorsteher des *Amun). – 18 pHarris I, 7,9 ist auch die Personalabstufung innerhalb einer Herde erkennbar: Rindervorsteher – Vorsteher des Hornviehs – Inspektoren – Hirten. – 19 So ist der Bürgermeister *Sn-nfr* bereits unter *Amenophis II. gleichzeitig Rindervorsteher von *Ḏsr-ḏsrw*: Urk. IV, 1418, 13. Pap. Sallier I, 4,3 verwaltet ein Oberarchivar des *Schatzhauses nebenbei eine Herde des *Re-Tempels von *Heliopolis und muß dabei für Ausfälle aus eigenem Besitz Ersatz leisten. – 20 Zusammenstellung: Helck, Materialien, 481. – 21 Ebd., 474. – 22 Vgl. RAD, 59–60. – 23 Gardiner, in: ZÄS 43, 1906, 27 ff. – 24 Urk. IV, 1019–20.

W.H.

Viehzählung. Die Zählung des im Lande vorhandenen Viehs zu Steuerzwecken ist bereits in der *Thinitenzeit belegt[1] und wird auch später noch im AR bei der Jahresbezeichnung benutzt, wobei „Rinder und alles Vieh (*ꜣwt nb(t)*, mit Langhornschaf determiniert)" genannt werden[2]. Diese Besteuerung wird für bestimmte Tempel am Ende des AR ausgesetzt[3].

Im MR läßt sich mit einem „Rinderzählbüro“[4] eine Organisation der V. erkennen; auch eine „Halle des Büros der Viehsteuer“ wird erwähnt[5], wobei man an die Modelle der V. denken kann, wie sie den Vorbeitrieb der Herden am zählenden Beamten mit seinen Schreibern zeigen, die in einer Vorhalle erhöht sitzen[6]. Letztlich ist es der *Wesir, der die Listen der zu zählenden Rinder anlegen läßt[7].
Auch im NR ist die V. ähnlich durchgeführt worden, da mehrmals vom „Kommen des Rindervorstehers (Pharaos) bei der Durchführung der V.“ gesprochen wird[8], wobei der Terminus für V. *jrw* ist[9]. Dabei sind es wieder die lokalen Beamten, wie die *Bürgermeister, die die eigentliche V. organisieren müssen[10]. Eine Sonderaufgabe hatte der „Zähler des Abgabeviehs von *Syrien und *Kusch“ für den kgl. *Totentempel in *Theben[11]. Wie beim Getreide wird terminologisch kein Unterschied gemacht zwischen Steuerabgaben an Vieh bei Privaten und Ablieferungen aus „staatlichen“ Anlagen[12].

1 Der Annalenstein spricht ab *Nj-ntr* allerdings nur von „Zählung“, jedoch ab 3. Dyn. von der „Zählung des Goldes und der Weidegebiete“. – 2 pHier. BM (Cenival-Posener-Kriéger), Tf. 1; Urk. I, 55,15; 112,15, mit Terminus *ṯnwt*. Ausnahmsweise *jpt* bei Goedicke, Königl. Dokumente, 17; Urk. I, 16,14 (beides 4. Dyn.). Zu *jp* „Steuerzählung durchführen“ vgl. Goedicke, Königl. Dokumente, 41. 98; Urk. I, 212,5; 214,17; 284,10; 106,7–8 („Ich zählte alles zweimal“). – 3 Goedicke, Königl. Dokumente, 37 (*Teti). – 4 pKahun and Gurob, Tf. 9, 9 ff. – 5 BM 572. – 6 Herbert E. Winlock, Models of Daily Life, PMMA 18, 1955, 13–19. Vgl. El Bersheh I, Tf. 18. – 7 Wesirdienstvorschrift, Urk. IV, 1115, 7. – 8 pTurin A vso 2,8 = LEM, 122–3 = Caminos, LEM, 453. – 9 pBoulaq 18. – 10 Urk. IV, 75. – 11 Daressy, in: ASAE 22, 1922, 75. – 12 So spricht auch der Oberdomänenvorsteher Kenamun Urk. IV, 1394, 3 von *jrw*, wo es sich sehr wahrscheinlich um Ablieferungen aus staatlichen Herden handelt.
W. H.

Vierheit s. Götterkreise

Vierhundertjahrstele. Die 1863 von Mariette[1] in *Tanis entdeckte, später wieder verlorengegangene und 1932 von Montet[2] wiedergefundene Granitstele *Ramses' II. ist sowohl in bezug auf die Identität und Genealogie der dargestellten und inschriftlich genannten hohen Beamten wie auch aufgrund der Äradatierung[3] in das 400. Jahr des Gottes *Seth, woher sie ihren Namen hat, ein rätselhaftes und heiß umstrittenes Denkmal[4]. Einigkeit besteht heute darüber, daß die Stele ursprünglich in *Auaris/Piramses gestanden hat und in Tanis sekundär verbaut war[5]. Dies erklärt auch den fragmentarischen Zustand der Stele: die

runde Oberkante der Stele ist stark bestoßen, außer dem Sockel fehlen unten mindestens 2, wahrscheinlich sogar 4–6 Zeilen, wie sich aus dem kgl. Protokoll der Seitenflächen errechnen läßt[6]; diese Zeilen sind mit dem Sockel wohl schon beim Abbau in Auaris abgeschlagen worden. Die Rückseite der Stele ist ungeglättet und von oben nach unten abgeschrägt, d.h. sie war vermutlich in einem leicht geböschten Bauwerk – Pylon oder einer Ziegelmauer – eingelassen.
Im oberen Drittel der Stele ist unter der größtenteils abgeschlagenen *Flügelsonne in der Mitte Ramses II. dargestellt, wie er dem im linken Bildfeld stehenden Seth-des-Ramses *Wein opfert[7]. Dieser trägt die spitze, mit einem langen Band und Hörnern geschmückte Kappe des *Baal/*Teschup und den syrischen Quastenschurz, andererseits aber den äg. Götterbart und in den Händen *Lebenszeichen und *Was-Szepter, d.h. er ist das lokale Erscheinungsbild des Seth/Baal von Auaris. Hinter dem König steht in anbetender Haltung ein *Wesir, [...], Königsschreiber und Kommandant der Streitwagentruppe, der Fremdländer und der Festung Sile [Sethi ...], der ein Gebet an den Gott Seth-Sohn-der-*Nut richtet, der damit identisch mit dem Seth-des-Ramses sein muß[8]. Dieser Wesir Sethi, der mit ausführlichen Titeln im unteren Drittel der Stele wieder aufgenommen wird, ist durch die Tracht als hoher Beamter gekennzeichnet, auch wenn er den Stierschwanz trägt, was aber in der Ramessidenzeit üblich zu sein scheint[9], denn auch der Wesir

Neferrenpet trägt in seinem neuentdeckten Grab bei der Anbetung der Götter den Stierschwanz. Die Darstellung eines Privatmannes in gleicher Größe wie der König, auf einer durch Königsprotokoll und Stiftungsurkunde als Königsstele ausgewiesenen Stele, ist ebenso ungewöhnlich wie der der Stiftungsinschrift folgende Hymnus des Beamten. Der Inschriftteil der Stele gliedert sich in vier Zeilen ausführlichen Königsprotokolls Ramses' II., zwei Zeilen des Stiftungsbefehles und seine Begründung, eine Zeile mit dem Datum des „400. Jahres, 4. Monats, Tag 4 der Überschwemmungsjahreszeit des Königs von O. Äg. und U. Äg. Seth-groß-an-Stärke, Sohn des Re, sein Geliebter, Nubti, geliebt von *Re-*Harachte, er existiere ewig und immerdar", und in 5 (ev. 9) weitere Zeilen des leider unvollständigen Berichts eines Kultgeschehens, von dem nur die Titel und die Genealogie des oben dargestellten Wesirs Sethi und die Hymne an Seth-Sohn-der-Nut erhalten sind.

Eine erste Deutung der V. versuchte Sethe[10]. Er glaubte, in dem hinter Ramses II. dargestellten Wesir Sethi dessen Vater und Vorgänger *Sethos I. erkennen zu können und in dessen Vater, dem Wesir Paramses, den ersten König der 19. Dyn. *Ramses I. Als Verbindungsglied dienten ihm dabei die Statuen eines Wesirs und Stellvertreters des Königs Paramses, Sohn eines Obersten (*ḥrj pḏt*) Sethi aus Karnak, in dem man mit großer Wahrscheinlichkeit – aber nicht absolut sicher – den späteren König Ramses I. vermuten darf[11]. Dabei mußte Sethe allerdings eine gravierende Emendierung vornehmen: auf der V. heißt die Mutter des Wesirs Sethi Tja , während auf Denkmälern der Sethoszeit als Mutter Sethos' die Königin *Satre[12] eindeutig bezeugt ist, ein Name, der nicht mit Tja (= Mut-tja?) zusammengebracht werden kann[13]. Hinzu kommt, daß bei Sethes Deutung der König Sethos I. einmal in Z. 6 als verstorbener König (*nswt*) genannt wird, während er im Stelenbild und in Z. 9 als gleichfalls verstorbener Wesir (*mꜣꜥ-ḫrw*!) aufträte. Im übrigen unterscheidet sich die Titelfolge des Wesirs Paramses der V. sehr wesentlich von der des Wesirs Paramses aus Karnak[14]: nur letzterer führt die allerhöchsten Titel eines „*Regenten", nämlich *r-pꜥt m tꜣ r-ḏr f* und *jdnw n ḥm.f m rsj mḥw*, wogegen die beiden Wesire der V. diese Auszeichnung vermissen lassen. Stadelmann[15] verwarf daher die These Sethes und sah in den Wesiren der V. vielmehr die Vorfahren des Wesirs Paramses aus Karnak, dessen Vater ein Offizier (*ḥrj pḏt*) Sethi gewesen ist, wobei Stadelmann allerdings die Wesirstitel der V. als spätere Zutaten erklären muß, eine methodische Schwachstelle dieser Deutung, die aber weniger gravierend erscheint als die gewaltsame Eliminierung der Königin Satre. Dagegen griff Labib Habachi[16] auf die alte Ansicht von E. Meyer[17] zurück, wonach der Wesir Sethi und sein Vater Paramses der V. Wesire Ramses' II. gewesen seien; der Wesir Sethi habe bei der Errichtung der Stele assistiert (doch ist er *mꜣꜥ-ḫrw*, d. h. verstorben!). Einen Beweis für seine Interpretation glaubte Habachi in dem Fragment eines Sitzbildes zu haben, dessen Rückeninschrift einen *r-pꜥt mr-njwt ṯꜣtj Stẖ-tj(j...)* nennt, das jedoch in der Namensform vielleicht unvollständig und jedenfalls undatiert ist[18]. Es ist aber nahezu ausgeschlossen, daß auf einer Königsstele Ramses' II., die einen Königsbefehl enthielt, als Hauptperson und gleichgroß dargestellt ein Privatmann (und sei es ein Wesir) abgebildet wäre, der auch im Inschriftenteil einen so breiten Raum erhalten hätte. Offiziantenstelen, auf denen der König für Privatpersonen opfert, weisen niemals das königliche Protokoll und Königsbefehle auf[19].

Die Zeilen 5–6 enthalten den Befehl des Königs zur Aufstellung einer Stele auf den großen Namen seiner Väter[20], damit der Name des Vaters der Väter erhaben sei (und der) des Königs Sethos ... Damit wird die Stele eingeordnet in die Tradition von Gedenksteinen wie dem des *Ahmose für seine Ahne, die Königin *Tetischeri, oder dem des Sethos für seinen Vater Ramses I. in *Abydos; in ähnlichem Kontext einer historischen Erzählung sollte das „Kommen des Wesirs ... Sethi" und sein Gebet, Z. 8 ff., gesehen werden. Das Gebet und die verlorene Antwort des Gottes Seth waren wohl Anlaß und Zweck der Aufstellung der Stele. Das Jahr 400 des Gottes Seth in Z. 7 bezieht sich damit eher auf den Moment der Aufstellung in der Zt Ramses' II. als auf das vergangene Geschehen, da sonst nicht einzusehen wäre, warum Ramses II. nicht ein 450jähriges Jubiläum gefeiert haben sollte[21]. Daß es sich bei diesen Daten am ehesten um ein Tempeljubiläum des Seth-Tempels von Auaris, vielleicht in einer gesuchten Verbindung mit der Familiengeschichte der Ramessiden, handelt, aber nicht um das historische Datum des Beginnes der Hyksosherrschaft[22], wird heute allgemein angenommen.

[1] Mariette, in: RAr NS 11, 1865, 169–190, Tf. 4. – [2] Montet, in: Kêmi 4, 1931 (1933), 191–215, Tf. 11. – [3] Ramses Moftah, in: CdE 39, Nr. 77–78, 1964, 44–60. – [4] Ausführliche Bibliographie in: Christiane Desroches-Noblecourt et alii, Ramses Le Grand, Galeries Nationales du Grand Palais, Paris 1976, 33 und Stadelmann, in: LÄ V, 915 Anm. 5. – [5] Habachi, in: Actes du XXIXe Congrès International des Orientalistes I, Paris 1975, 41–44; Bietak, in: LÄ V, 129–130. – [6] Montet, in: Kêmi 4, 1931 (1933), 194; Stadelmann, in: CdE 40, Nr. 79, 1965, 46–47. – [7] Zu ergänzen wohl *jt.f jrj.f n.f dj ꜥnḫ*. Zu

„Seth-des-Ramses" s. Goedicke, in: CdE 41, Nr. 81, 1966, 25. – [8] Stadelmann, in: CdE 40, Nr. 79, 1965, 47–48; Montet, in: Kêmi 4, 1931 (1933), 200ff. Die subtile Unterscheidung, die Goedicke, in: CdE 41, Nr. 81, 1966, 34ff. und BES 3, 1981, 29 zwischen dem Seth des Ramses und dem Seth-von-Ombos auf der Stele unternimmt, ist damit hinfällig. – [9] Stadelmann, in: CdE 40, Nr. 79, 1965, 48. – [10] Sethe, in: ZÄS 65, 1930, 85–89. – [11] Cairo JE 44863. 44864; Legrain, in: ASAE 14, 1914, 29–38; Helck, Militärführer 84–86; ders., Verwaltung, 308–310. Vgl. auch Zivie, in: LÄ V, 101–102. Ob diesem Wesir Paramses die Särge JE 72203 (aus *Medinet Habu) und JE 30707 und 46764 aus Gurob zugeordnet werden müssen, ist Zweifeln offen, vgl. Zivie, op. cit., 102. Auszuschließen ist dagegen die Verbindung mit dem *ḥrj-iḥw* […]-*ms* OI 11456 (Cruz-Uribe, in: JNES 37, 1978, 238–244), da die Spuren eine Ergänzung zu Ramses = Paramses nicht erlauben. – [12] Stadelmann, in: LÄ V, 493–494 gegen die Einwände von Helck, in: CdE 41, Nr. 82, 1966, 237–38; vgl. auch Kitchen und Gaballa, in: CdE 43, Nr. 86, 1968, 259–260. – [13] Zu den Namen Tja, Tuja vgl. (Mut-)tuja, Gemahlin Sethos' I. und Mutter Ramses' II., und Tja, Schwester Ramses' II. – [14] Vgl. Montet, in: Kêmi 4, 1931 (1933), 210–213. – [15] Stadelmann, in: CdE 40, Nr. 79, 1965, 46–60. Ebenso Siegfried Schott, Der Denkstein Sethos' I. für die Kapelle Ramses' I. in Abydos, NAWG 1964. 1, 43–45. Dagegen Helck, in: CdE 41, Nr. 82, 1966, 233–241. – [16] Habachi, in: Actes du XXIXe Congrès International des Orientalistes I, Paris 1975, 41–44; 7. – [17] Eduard Meyer, Ägyptische Chronologie, APAW 1904. 1, 65–67. – [18] Der Wesir Sethi dieser Statue könnte durchaus der spätere König Sethos I. zur Zt seines Vaters Ramses I. gewesen sein; vgl. Schott, loc. cit. – [19] Beispiel einer Offiziantenstele der Ramessidenzeit mit opferndem König wäre z.B. der Denkstein des Penre, des Erbauers des Ramesseums, vgl. Nims, in: MDAIK 14, 1956, 146–149, Tf. 9. – [20] Goedicke, in: CdE 41, Nr. 81, 1966, 23–29 und BES 3, 1981, 25–42 gründet seine Deutung der Stele auf ein unsicheres Wort *tfw* (Wb V, 299,2), das er mit dem gleichgeschriebenen Wort *jt* „Vater" als „Vater der Krönung" interpretiert. Während er in CdE 41 noch der Linie von E. Meyer folgt, verbindet er in dem späteren Aufsatz in BES 3 auf einer logisch nicht nachvollziehbaren Ebene das Datum des 400. Jahres und die auf der V. geschilderten Ereignisse mit dem Todestag von *Haremheb und *Hattusilis von Hatti. – [21] Die Errichtung der Stele, die nach dem Königsbefehl eindeutig keine „Erneuerung" war, fällt in die Jahre nach dem 1. *Sedfest, d.h. nach dem 30. Jahr Ramses' II.; vgl. Stadelmann, in: CdE 40, Nr. 79, 1965, 48 Anm. 1; 50 Anm. 1; 53–54. – [22] Stadelmann, op. cit., 58–59; Helck, in: CdE 41, Nr. 82, 1966, 239–240. Redfords unglücklicher Versuch in: Or 39, 1970, 23ff., das Vierhundertjahrdatum erneut mit dem Beginn der Hyksosherrschaft zu verbinden, vermag dagegen nicht zu überzeugen. R. St.

Vignette. V. ist die moderne Bezeichnung einer *Illustration[1] (*sšmw, twt*), besonders im *Totenbuch und in den *Sargtexten, in der *magischen Literatur und in Kompositionen wie in dem Buch vom *Atmen. Es handelt sich in den *Papyri meistens um kleine Bilder, bisweilen um umfangreiche[2], in der 21. Dyn. auch um kühne und prachtvolle[3]. Im NR werden sie anfänglich nur in Umrißzeichnung, später gewöhnlich in vielfarbiger *Malerei ausgeführt[4]. Öfters kann man beobachten, daß sie erst, und zwar an reservierten Stellen des Ms., angebracht und die Sprüche nachträglich hinzugefügt werden[5]. V. können für das Verständnis[6] der Texte, als Gebrauchsanweisung[7], für die Datierung[8] und als künstlerische Leistung wichtig sein. Ihre Träger sind außer Papyri Wände und mehrere andere Grabteile[9]. V. begegnen noch bis tief in die ptol.[10] und die röm.[11] Zt.

[1] In der Regel nur in Werken, in denen der Text überwiegt, also nicht z.B. im *Amduat. – [2] Vgl. Tb 1.15 (16). 110. 125. 148. 149–150. – [3] In hieroglyphischen Exemplaren wie *pAnhai und *pLeiden T 3. – [4] Heerma van Voss, in: Phoenix 23, Leiden 1977, 84. – [5] Ders., Kunst (s. Lit.), 8. 13. 24; cf. Limme, in: Fs Bothmer (s. Lit.), 83. – [6] Vgl. Heerma van Voss, in: Lauri Honko (Hg.), Science of Religion: Studies in Methodology, The Hague–Paris–New York 1979, 11–15; ders., Kunst (s. Lit.), 9; ders., Zwervers (s. Lit.), 11–12. – [7] Z.B. bei Zaubertexten; vgl. auch die Bilder im *pRam. B und im *Mundöffnungsritual. – [8] Heerma van Voss, in: Phoenix 23, Leiden 1977, 84. 87. 88; Limme, in: Fs Bothmer, 81. – [9] *Pektoral mit V. zu Tb 100: Montet, Tanis II, 1951, 145, Tf. 114. – [10] Z.B. Tb und *pJumilhac. – [11] So im zweiten Buch vom Atmen.

Lit.: Matthieu Heerma van Voss, Kunst voor de eeuwigheid, Leiden 1966 = Illustrations pour l'éternité, Brüssel 1966; ders., Zwervers van gene zijde, Leiden 1970; Limme, in: H. De Meulenaere und L. Limme (Hg.), Artibus Aegypti, Studia in honorem Bernardi V. Bothmer, Brüssel 1983, 81ff. S. auch *Magische Literatur, *Sargtexte, *Totenbuch. M. H. v. V.

Vitellius, Aulus, Statthalter von Germania inferior, am 1. 1. 69 n. Chr. zum Kaiser ausgerufen, besiegte am 14. 4. 69 den Gegenkaiser Otho und wurde am 20. 12. 69 bei der Eroberung von Rom durch *Vespasian erschlagen. Er ist aus Äg. nur durch ein griech. Ostrakon bekannt[1].

[1] Préaux, in: Mélanges Smets, Brüssel 1952, 573–8 (nach v. Beckerath, Handbuch der äg. Königsnamen, MÄS 20, 1984, 128), datiert am 16. 6. 69 n. Chr.

W. H.

Vizekönig von Kusch s. Königssohn von Kusch

Vögel, Aussenden der. Das Aussenden der V. ist ebenso wie das Aussenden der *Pfeile in die vier *Himmelsrichtungen Bestandteil eines Proklamationsrituales. Bereits die Texte der *Weltkammer des *Niuserre[1] bezeugen die Beachtung, die die

Ägypter dem Phänomen der *Zugvögel in ihrem Land geschenkt haben, und diese Beobachtung, ihr nicht erklärbarer Zug von N nach S jeden Herbst und von S. nach N. jedes Frühjahr, mag Grundlage für die Idee gewesen sein, V. als Krönungsboten (*Thronbesteigung) auszusenden. Die ikonographischen wie die Textbelege reichen vom NR bis in die griech.-röm. Zt. Im Rahmen des Festes des „Auszuges des *Min" (*Minfest) werden vier V. vor dem überdimensionalen Bild des Königs ausgesandt („Gänse" im *Ramesseum, „*Tauben" in *Medinet Habu und im *Stationstempel Ramses' III. im Vorhof des Tempels von *Karnak[2]). In *Dendara bietet eine Doppelszene zur Inthronisation des *Osiris als König der Unterwelt sowie zur Amtsübergabe an seinen Sohn *Horus das Thema des Aussendens der vier V., welche alle mit Botschaften(?) versehen erscheinen und im letzteren Fall die Köpfe der vier Horussöhne (*Horuskinder) tragen[3]. Diese Ausdeutung ist bereits im Ramesseum und in Medinet Habu angelegt, da die vier V. mit den Namen der Horussöhne benannt werden. Ihr Auftrag ist es zu verkünden, „daß ... Horus ... die weiße und die rote *Krone an sich genommen hat". Min wird hierbei zugunsten der Gleichung König = Horus in den Hintergrund gedrängt. Ein Text aus (*Tell) Edfu[4] weist in die gleiche Richtung, während ein anderer, ebenfalls aus Edfu, in den Themenkreis um den Besuch der *Hathor von Dendara einbezogen ist[5].

Neben den jeweils artgleichen vier V., deren Zahl den vier Himmelsrichtungen entspricht, werden auch drei, dazu verschiedenartige V., *Falke, *Geier und *Ibis, bei ähnlichen Anlässen ausgesandt[6]. Vorläufer zu diesem Typus sieht S. Schott auf zwei Darstellungen *Thutmosis' III. beim Opferlauf vor Hathor mit 3 bzw. 4 Stäben, die mit diesen V. bekrönt sind.

Die Identifizierung der Gattungen, denen die vier Botenvögel angehören, kann als relativ gesichert gelten, entsprechen aber nicht den Beischriften. Im Ramesseum handelt es sich mit Sicherheit um Spießenten (anas acuta), die auch als *Zugvögel bekannt waren. Blaue Farbspuren in Medinet Habu lassen neben anderen Indizien darauf schließen, daß dort sowie im Stationstempel Ramses' III. und in Dendara Blauracken (coracias garrulus) gemeint sind. Eine „Taube" läßt sich nicht eindeutig nachweisen[7].

[1] Elmar Edel, Zu den Inschriften auf den Jahreszeitenreliefs der „Weltkammer" aus dem Sonnenheiligtum des Niuserre, NAWG 1961. 8, 220–232. 234–239; 1963. 4, 92–111; s. dazu auch den Bericht des *Wenamun: LESt, 73 (II, 65f.). – [2] Othmar Keel, Vögel als Boten, OBO 14, 1977, Beleg 1–3. – [3] Ibd., Beleg 4. – [4] Ibd., Beleg 5. – [5] Ibd., Beleg 6. – [6] Euergetes-Tor in Karnak; Edfu und Philae; s. dazu Schott, in: ZÄS 95, 1969, 54ff.; Keel, op. cit., 121f. – [7] Keel, op. cit., 133ff.

Lit.: Othmar Keel, Vögel als Boten, OBO 14, 1977.

M.-Th. D.-U.

Vogel („V." bedeutet: in semiotischen Funktionen).

1. Vögel erfüllen auf allen Ebenen der äg. Welt diverse Funktionen in allen möglichen Handlungs- und Sinnzusammenhängen. Nur diese funktionalen Bezüge sollen im Folgenden thematisiert werden; individualspezifische Daten entnehme man den lemmatischen Vogel-Monographien des LÄ: *Adler, *Ente, *Eule, *Falke, *Gans, *Geier, *Huhn, *Ibis, *Kiebitz, *Kormoran, *Kranich, *Nilgans, *Pelikan, *Phönix, *Pirol, *Rabe, *Schwalbe, *Schwan, *Stelzvögel, *Strauß, *Taube, *Wachtel, *Weihe, *Wiedehopf.

2. Vögel allgemein: Die Klasse *Aves* bildet eine Teilmenge der *Fauna, welche mit *Flora, *Klima und *Landschaft die kontingente Systemumwelt[1] *Natur darstellt, aus der sich die äg. Gesellschaft als System ausdifferenziert hat. Durch zweierlei Strategien versucht das Sozialsystem, Umweltkomplexität zu reduzieren:

a) auf der Ebene der „Realwelt" werden Natursegmente (hier: Vögel) in das soziale System implementiert (vulgo: das System macht sich Natur partiell „untertan");

b) ist eine solche direkte Relationierung nicht möglich, wird die unbestimmte Kontingenz der Umwelt in bestimmte Kontingenz transformiert; Elemente der Umwelt werden als Chiffren symbolischer Sinnwelten[2] im Rahmen des gesellschaftlichen Sinnsystems verortet, der kontingente status quo damit bestimmbar.

Auf beiden Ebenen kann der Funktionsträger (hier: V.) sowohl als reales wie auch als zeichenhaftes Element auftreten.

3. Vögel in realweltlichen Funktionen: Vögel werden, wie andere Tiere auch, gejagt (*Jagd[3]) oder gefangen (*Vogelfang) und im *Geflügelhof gemästet (*Mast) bzw. als domestiziertes (*Domestikation[4]) *Geflügel gezüchtet (*Geflügelzucht), um als Nahrungsmittel zu dienen (*Ernährung[5]). Sie werden, allerdings sehr billig, verkauft[6]; wie andere Besitztümer werden sie besteuert und als Steuerzahlungsmittel verwendet (*Abgaben und Steuern[7]). Vögel, Teile von Vögeln, *Ei und Vogelmist werden offizinell gebraucht[8], Bestandteile des Vogeleis im Handwerk benützt[9].

Auf der Ebene der Kommunikation wird zur Verständigung über reale Vögel (als Referenten) ein lexikalisches Subsystem von „Vogel"-Lexemen entwickelt[10]. „Vögel" fungieren als Schriftzeichen[11]. Bei der Namengebung kann u.a. auf „Vogel"-Lexeme rekurriert werden[12]. „Vogel"-Lexeme als voces memoriae für die Reihenfolge der äg. Konsonanten scheint ein demot. Text zu verwenden[13]. In der Literatur dienen „Vögel" vorzüglich metaphorischen Zwecken (*Bildliche Ausdrücke u. Übertragungen[14]), daneben auch dem *Vergleich; locus classicus aus der *Lehre des Cheti: „Der-Landmann klagt-mehr als-das-Perlhuhn(?) / lauter-ist-seine-Stimme als-die-des-*ʿbw*-Vogels."[15]

Auf der Ebene der Ikonographie finden sich schon früh Darstellungen realer Vögel, sei es als Elemente kontingenter Natur, sei es als Ziel taktischer Interessen der Gesellschaft (als Wild, Geflügel oder Nahrungsmittel)[16]. Als sekundäres semiotisches System darf die Verbildlichung metaphorischen Sinnes gelten: so dürfte z.B. die für die *Liebeslieder postulierte Konnotation der „*Ente" bei *Salblöffeln des NR mitschwingen[17].

4. Vögel im Rahmen der symbolischen Sinnwelt „Religion": Innerhalb einer „Kosmographie der sichtbaren Wirklichkeit"[18] wird die reale Vogelwelt im kosmologischen Weltmodell verortet: Vögel sind, wie alle Lebewesen, vom *Schöpfergott erschaffen; im Schöpfungsplan kommt ihnen die Aufgabe zu, höher hierarchisierten Lebewesen als Nahrung zu dienen[19]; zu diesem Zweck erhält Gott sie auch am Leben[20]. Als Mitgeschöpfe des Menschen können sie Ziel einer „Verkündigung" der Taten Gottes sein[21].

Eine äg. Theorie von den *Zugvögeln bildet einen Teil einer „Kosmographie der unsichtbaren Wirklichkeit"[22]. Für Äg. nur indirekt zu belegen ist die Existenz einer Vogelschau[23].

Der Ernährung des Menschen analog, dienen Vögel als Speise im Opferritual für Götter und Tote (*Opfer, *Opfertier[24], *Gänseopfer).

Basierend auf der „Symbolstruktur des Heiligen"[25] wird Göttlichkeit u.a. von „Vögeln" transportiert; „Vögel" können als *Symbole der *Theophanie, quasi als „Erscheinungsformen" von Göttern, in der Kommunikation der Menschen über Götter verwendet werden[26]. Wenngleich manche dieser Symbole (aus genetischen und/oder lokalen Gründen?) oligosem (nicht: polysem!) sind[27], so sind speziell für die „Vogel"-Gestaltigkeit von Göttern mögliche Alternativen in definiertem Kontext zumindest so begrenzt, daß mittels Metonymie auf die „Vogel"-Gestalt etwa von *Horus, *Thot, *Nechbet oder *Isis und *Nephthys rückverwiesen werden kann[28]. Dem historischen Trend folgend, werden in der SpZt auch Vögel als Inkorporationsexemplare[29] von Tiergöttern (*Götter, Tier-) kultisch verehrt bzw. ganze Arten von solcherart symbolträchtigen Vögeln nach dem Tod als Tiermumien in Tiernekropolen[30] beigesetzt (*Tierbestattung). Eine solche Symbolhaltigkeit realer Vögel dürfte es auch sein, die dem Brauch vom Aussenden von 3 (4) Vögeln als „Krönungsboten"[31] zugrunde liegt (*Vögel, Aussenden von 4).

Um „Ei" und erste Lautgabe eines „Urvogels" scheint sich eine nur noch teilweise zu erschließende *Kosmogonie[32] (*Schnatterer, *Weltschöpfung) zu ranken.

Mutmaßlich „Vogel"-gestaltig ist im Rahmen der äg. *Anthropologie die Personkomponente *Ba konzipiert[33].

Diffizile semantische Bezüge zwischen dem König als Horus und Horus als „Falken" erlauben innerhalb des metaphorischen code, den König selbst und seine Aktionen durch „Vogel"-Lexeme symbolisch zu benennen[34]. Der *Totenglauben (s. auch *Jenseitsvorstellungen) überträgt die in der Theologie angelegte „Vogel"-Symbolik analog auf „verklärte" Tote: „deifizierend" identifiziert sich der Tote mit „Vögeln", welche vermutlich meist qua Metonymie auf Götter/götterweltliche Wesen reduzierbar sind[35]; er agiert als „Vogel"-Gott, wobei das Merkmal [FLUGFÄHIGKEIT], das der semantischen Klasse [VOGEL] aufgrund ihrer Selektionsbeschränkungen eigentümlich ist, einerseits als Vehikel vertikaler „Entrückung" (*Himmelsaufstieg[36]), andererseits zu götterweltimmanenter Distanzüberwindung dient[37]; daneben wird aber auch die „Flugfähigkeit" von „Vogel"-Göttern zur zyklischen Teilnahme an deren Opferspeisungen benützt[38]; Äquivalenzbeziehungen zwischen Gliedern des Toten und solchen von „Vögeln" sind wohl im größeren Rahmen der *Gliedervergottung zu sehen[39]. Ob sich die für einige „Vögel" postulierte Regenerationssymbolik[40] bewährt, bleibt zu untersuchen (*Wiedergeburt).

Daß auf der ikonographischen Ebene bei der Verbildlichung von „Vogel"-Göttern in „Vogel"- oder *Mischgestalt Merkmale der „Vogel"-Symbolik zum Ausdruck gebracht werden, versteht sich von selbst. Für die Emblematik sei auf die sog. *Flügelsonne verwiesen. „Flügel" u.a. „Vogel"-Elemente werden zur Komposition des *Fabeltieres *Greif[41] verwendet. Die „Falken"haftigkeit des Königs als Horus wird zur Statuensonderform des Königs im *Falkenkleid verdichtet. Zur *Feder als ikonographischem Element von Götter- und Königs-*Kronen vgl. noch *Federn und Federkrone; zur *Geierhaube der Königin s. dort; zur Symbolik vgl. auch *Straußenfeder.

[1] Zu Begrifflichkeit und theoretischem Ansatz s. Niklas Luhmann, Soziale Systeme, Frankfurt a.M. 1984. – [2] Hierzu vgl. aus wissenssoziologischer Sicht Peter L. Berger und Thomas Luckmann, Die gesellschaftliche Konstruktion der Wirklichkeit, Frankfurt a.M. 1969,

bes. 98ff., und aus systemtheoretischer Observanz Niklas Luhmann, Funktion der Religion, Frankfurt a. M. 1977 (vgl. Ulrich Berner, Untersuchungen zur Verwendung des Synkretismus-Begriffes, GOF – Grundlagen und Ergebnisse 2, Wiesbaden 1982, 83ff.). – [3] Zur Jagd auf den Strauß: Altenmüller, in: LÄ III, 222 und Anm. 19; 227 und Anm. 39. – [4] S. Emma Brunner-Traut, in: LÄ I, 1125. – [5] Dazu Helck, in: LÄ I, 1268 und Anm. 32; William J. Darby, Paul Ghalioungui und Louis Grivetti, Food: The Gift of Osiris I, London 1977, 265ff. (vgl. freilich die Rez. von Janssen, in: BiOr 35, 1978, 68ff.); nicht verzehrt werden durften offenbar Storch und Kormoran: s. Schlichting, in: LÄ V, 1127 und Anm. 14–18 (s. v. *Speisege- und verbote). – [6] Janssen, Prices, 178. – [7] Helck, in: LÄ I, 5 und Anm. 14; 10 und Anm. 63f. – [8] S. Grundriß der Medizin VI, 625ff. s. v. Balg, Bürzel, Ei, Ente, Feder, Flügel, Flügeldecke, Gans, Geier, Goldamsel, Nest, Pelikan, Rabe, Reiher, Schopffedern, Schwalbe, Strauß, Taube, Teichhuhn, Vogelmist, Wachtel, Weihe; Caminos, in: LÄ I, 1186 und Anm. 17. – [9] Vgl. Caminos, in: LÄ I, 1186 und Anm. 13–16. – [10] Dazu vorläufig Wb VI, s. v. Adler, Ente, Eule, Falke, Falkenweibchen, Falkenpaar, Flamingo, Gans, Geflügel, Geier, Habicht, Ibis, Kiebitz, Kranich, Kuckuck, Pelikan, Phönix, Raubvögel, Regenpfeifer, Reiher, Rohrdommel, Schwalbe, Sperling, Strauß, Sumpfgeflügel, Sumpfvögel, Taube, Vogel, Vögel, Wachtel, Wasservögel, Weihe, Zugvögel. – [11] Gardiner, EG³, Sign-list G. H; Wolfgang Schenkel, Aus der Arbeit an einer Konkordanz zu den altägyptischen Sargtexten, Teil I: Zur Transkription des Hieroglyphisch-Ägyptischen, GOF IV. 12, Wiesbaden 1983, 56ff.; Catalogue de la fonte hiéroglyphique de l'Imprimerie de l'IFAO (nouvelle edition), Kairo 1983, 171ff. – [12] Ranke, PN II, 182ff. – [13] Henry S. Smith und W. J. Tait, Saqqâra Demotic Papyri I (P. Dem. Saq. I), Texts from Excavations 7, London 1983, 198ff. („Text 27"), bes. 212f. – [14] Brunner, in: LÄ I, 809 und Anm. 22; vgl. z. B. (die Belege ließen sich leicht vermehren) oOI 12074 rto 5: Guglielmi, in: WdO 14, 1983, 155 sub „h" (die *mnt*-Schwalbe als „Bild der Freizügigkeit"). – [15] Wolfgang Helck, Die Lehre des Dw꜡-Ḫtjj I, KÄT, 1970, 76 sub XIIIa; cf. Seibert, Charakteristik, 160. – [16] Insofern dabei Abbild und äg. Name als ikonisierter Referent und Signifikant korreliert werden, ist eine zoologische Zuordnung des äg. Signifikats möglich; vgl. Vandier, Manuel V, 400ff.; Geoffrey Thorndike Martin, The Tomb of Ḥetepka, Texts from Excavations 4, London 1979, 13 und Anm. 3; 14 und Anm. 1. – [17] Z. B. „Nofret – Die Schöne. Die Frau im Alten Ägypten", Kat. München 1984, 112 sub „50"; die Lit. zur „Ente" bei Erik Hornung und Elisabeth Staehelin (Hg.), Skarabäen und andere Siegelamulette aus Basler Sammlungen, Mainz 1976, 160 Anm. 509–515. – [18] S. Jan Assmann, Ägypten – Theologie und Frömmigkeit einer frühen Hochkultur, Stuttgart 1984, 70ff. – [19] Vgl. Lehre für Merikare (Wolfgang Helck, Die Lehre für Merikare, KÄT, 1977) XLVI: „Er-hat-ihnen-erschaffen Kräuter (und)-Kleinvieh/Vögel (und)-Fische, und-zwar,-um-sie-zu-ernähren." – [20] Z. B. pBoulaq 17, 6, 4–5: „Der-geschaffen-hat, ⟨wovon⟩-leben-die-Fische [im]-Fluß/(und)-die-Vögel, die-den-Himmel-bevölkern(?)"; zur Stelle vgl. Jan Assmann, Re und Amun, OBO 51, 1983, 173. – [21] S. Brunner, in: Gs Otto, 120f., sub „Text 1", „3" und „4". – [22] So Jan Assmann, Ägypten (s. Anm. 18), 77ff.; vgl. vor allem Elmar Edel, Zu den Inschriften auf den Jahreszeitenreliefs der „Weltkammer" aus dem Sonnenheiligtum des Niuserre II, NAWG 1963. 4, 105ff. – [23] EA 35,26: ù 1 LÚ^MEŠ! ša-i-li erê uš-še-ra-an-ni, „und sende mir 1 Adlerdeuter!" (vgl. v. Soden, AkkHwb III, 1134a, s. v. „šā'ilu(m), I. 4"; zur Lesung erû, „Adler", statt: našru, cf. ebd. II, 761b, s. v. našru); auf diese Anforderung eines „Adlerdeuters" durch den König von Alašia als möglichen Beleg für äg. Vogelschau macht Brunner, in: GM 25, 1977, 45f. aufmerksam. – [24] Vgl. Helck, in: LÄ IV, 594 und Anm. 8–11. – [25] S. Assmann, in: LÄ II, 760ff., sub „B". – [26] Dazu v. a. Assmann, in: LÄ II, 761f., sub „b". – [27] Zur Oligosemie cf. Assmann, in: LÄ II, 760ff.; zur Entstehung der Tiersymbolik nimmt Stellung Kákosy, in: LÄ II, 660f. – [28] Probleme ergeben sich a. beim absoluten Gebrauch des Metonyms „Falke" (vgl. Brigitte Altenmüller, Synkretismus, 59), b. bei seltener belegten „Vögeln" (z. B. *smn*-Gans, *nwr*-Reiher, *zšntj*-Reiher, *mnt*-Schwalbe), deren Relation zu einem Gott zur Antonomasie tendieren kann: vgl. Hannes Buchberger, Sargtextstudien I: Die „Verwandlung in Vögel", Diss. Tübingen (in Vorbereitung). Meist dürfte jedoch die Korrelation eindeutig sein; vgl. CT Spr. 148 (II, 223e; S1P) „Ich-bin-Horus, der-große-‚Falke' etc." (*jnk-Ḥrw bjk-ꜥꜣ* ...) vs. CT II, 219b (S1P) „Durch-Atum, –den-Götterherrn, ist-Schutz-gespendet-worden-dem-Falken, der-in-diesem-meinem-Leib-ist"; zum Text vgl. zuletzt O'Connell, in: JEA 69, 1983, 66ff. Oder vgl. die Rede des *Thot (Kitchen, Ram. Inscr. IV, 28,13): „Ich-will-mich-verwandeln in-den-heiligen-‚Ibis'". S. schließlich CT Spr. 24 (I, 74e–f; B1P): „Geklagt-worden-ist-um-dich durch-die-beiden-‚Weihen'", glossiert als: „Isis-ist-das zusammen-mit-Nephthys"; mutmaßlich dürften sich dann unglossierte Belegstellen (z. B. Pyr. 1254a; CT V, 26g) ebenfalls auf Isis und Nephthys beziehen lassen. – [29] Vgl. *Tierkult; daß damit keine *Inkarnation in unserem Sinn gemeint ist, betont Junge, in: LÄ III, 158ff. – [30] S. z. B. Geoffrey Thorndike Martin, The Sacred Animal Necropolis at North Saqqâra, EM 50, London 1981. – [31] Othmar Keel, Vögel als Boten, OBO 14, 1977, 103ff. – [32] Dazu s. Siegfried Morenz, Ägypten und die altorphische Kosmogonie, in: Religion und Geschichte des alten Ägypten, Köln–Wien 1975, 452ff., bes. 458ff.; Jan Bergman, Isis-Seele und Osiris-Ei, Uppsala 1970, 76ff. – [33] Als „V." mit Menschenkopf dargestellt in Schrift und Bild allerdings wohl erst seit Dyn. 18: Louis V. Žabkar, A Study of the Ba Concept in Ancient Egyptian Texts, SAOC 34, 1968, 144 Anm. 125. – [34] Vgl. Grapow, Bildl. Ausdrücke, 89; s. z. B. Urk. IV, 159,13: Thutmosis III. äußert im Kontext seiner Erwählung durch Amun: „Als-göttlicher-‚Falke' bin-ich-‚geflogen' zum-Himmel"; zur Stelle vgl. Siegfried Schott, Mythe und Geschichte, in: Jb. AWLM 1954, 262; Urk. IV, 161,2: „Als-‚Falken' aus-Gold hat-er-mich-gebildet". – [35] Zur Problematik von Metaphorik vs. Metonymie vgl. Buchberger, a.a.O. (s. Anm. 28); s. z. B. Pyr. 2152a: „Er-ist-die-‚Rohrdommel', die-aus-dem-Fruchtland-hervorgekommen-ist", und vgl. Pyr. 126c, wo die „große ‚Rohrdommel'" (*sdꜣ wr*) nicht nur in rein götterweltlichem Kontext, sondern sogar im Parallelismus mit dem Gott *Upuaut erwähnt wird, also zweifelsohne kein realweltlicher V. gemeint ist. Für die CT vgl. z.B. Spr. 184 (III, 79 f–g; B1L): „Ich-bin-der-*nwr*-Reiher, der-*zšntj*-Vogel, / der-als-*gš*-Vogel-agiert (und)-Ḥeḥ(?)-mit-Furcht-erfüllt-hat(?)"; für möglicherweise götterweltliche Bezüge des *nwr*-Reihers vgl. „Stundenritual, Hymne zur ersten Tagesstunde": TT 183 (Jan Assmann, Sonnenhymnen in thebanischen Gräbern, Theben 1, Mainz 1983, Text 172, V. 19); TT 36 (Klaus Kuhlmann und Wolfgang Schenkel, Das Grab des Ibi. Theben Nr. 36, I, AV 15, 1983, 200 sub „Text T 390"); zum *gš*-Vogel vgl. vielleicht das Metonym *gš.j* des Sonnengottes (dazu Erik Hornung, Das Buch von der Anbetung des Re im Westen (Sonnenlitanei) II, AH 3, 1976, 122 [210]). – [36] S. Assmann, in: LÄ II, 1207 und Anm. 10. 11. 16–19. – [37] Z.B. Pyr. 366b: „Als-‚Vogel' ‚fliegt'-NN-empor. / Als-‚Käfer' ‚schwebt'-er-nieder"; CT Spr. 190 (III, 98 j-k; B9C): „Als-*wr*-(Schwalbe?) bin-ich-‚aufgestiegen'. / Als-*smn*-‚Gans' habe-ich-‚geschrien'. / Auf-jene-große-Anhöhe ‚schwebe'-ich-herab"; zu einem ähnlichen Textem (Pyr. 1770a) vgl. Jean Leclant, in: Fs Zandee, 76ff., bes. 81f. – [38] Belege bietet eine Textemgruppe, die aus linguistischer Sicht behandelt wurde von: de Cenival, in: RdE 24, 1972, 44; Niccacci, in: Liber Annuus 30, Jerusalem 1980, 197ff.; Wolfgang Schenkel, in: Dwight W. Young (Hg.), Studies Presented to Hans Jakob Polotsky, Beacon Hill 1981, 513 und Anm. 20. – [39] Z.B. CT Spr. 105 (II, 114h; S1C): „Mein-Mund-ist der-eines-‚Falken'"; in anderen Fällen wird bereits eine „Vogel"-Gestalt präsupponiert: CT Spr. 979 (VII, 189n) „Mein-‚Schwingenpaar'-ist das-von-Achomen". – [40] Vgl. Erik Hornung und Elisabeth Staehelin (Hg.), Skarabäen (s. Anm. 17), 135ff. – [41] S. Altenmüller, in: LÄ II, s.v. *Fabeltiere; Eva Eggebrecht, in: LÄ II, s.v. *Greif; demnächst Sylvia Schoske, Das Erschlagen der Feinde, OBO, Seria Archaeologica (i. Dr.). H. Bu.

Vogelfang, -jagd, -netz, -steller. Der Vogelreichtum Ägyptens spiegelt sich in vielen Bereichen der altäg. Kultur wider. *Vögel spielen in der religiösen Sphäre (*Götter, Tier-) eine bedeutende Rolle, aber auch auf wirtschaftlichem Gebiet. Seit der prähist. Zt sind Darstellungen des Vogelfanges und der Vogeljagd belegt[1]. Vor allem in den Sumpfgebieten der Deltamarschen (*Delta) und des *Fajjums wurde der Vogelfang mit dem *Schlagnetz[2] betrieben, bei dem hauptsächlich Wasservögel in großen Mengen erbeutet wurden. Diese wurden nur z.T. gleich verarbeitet, die Masse wurde erst noch gemästet (*Geflügelhof, *Mästen). Daneben sind auch andere Fangmethoden belegt: mit verschiedenen *Fallen[3] und *Netzen (der über Sträucher oder Bäume geworfene Vogelherd, speziell zum Fang von Singvögeln, außerdem ein besonderes, im Feld aufgestelltes Netz zum Fangen von *Wachteln)[4]. Gefangen wurden Vögel nicht nur aus ökonomischen Gründen der Nahrungsmittelversorgung, sondern auch zu kulturellen und kultischen Zwecken (*Strauß, *Straußenfeder, *Zoologische Gärten, *Kultsymbole[5]). Verwendet wurden bei jeder dieser Methoden Futterköder und Lockvögel. Da all diese Fang- und Jagdarten mit erheblichem Lärm verbunden waren, war dies sicher einer der Hauptgründe, daß im weiteren Umkreis des *Abaton jegliche Vogeljagd verboten war[6].

Die Vogelfänger[7] galten als Angehörige eines nicht sehr geachteten Berufsstandes[8], die ein beliebtes Opfer für *Karikatur abgaben (*Lehre des Cheti), aber auch einen festen Topos in der Liebeslyrik (*Liebeslieder) einnahmen, v.a. die Vogelfängerin (vergleichbar der Schäferlyrik)[9].

Wenn die Darstellungen von Vogeljagd und -fang auch fast ausnahmslos aus dem Privatbereich stammen, wissen wir doch durch Texte, die von beträchtlichen Vogellieferungen sprechen[10], daß Vogelfang eine nicht unbedeutende Rolle in der *Tempelwirtschaft[11] spielte, da Vögel häufig als *Opfertiere verwendet wurden. Durch die Gleichung Opfertier = Feind (*Feindsymbolik) gelangte der Vogelfang auch in den kultischen Bereich[12] und begegnet unter den *Vernichtungsritualen.

In diesem Bereich ist ursprünglich auch die Vogeljagd mit dem *Wurfholz anzusiedeln, die – mit dem Fischestechen mit dem *Speer meist antithetisch wiedergegeben, häufig auch mit der Jagd auf das *Nilpferd verbunden – zunächst offensichtlich ein kgl. Privileg war und erst im Laufe der 5. Dyn. im Privatbereich belegt ist[13]. Während der Jäger in der Hand des nach hinten ausholenden Armes das Wurfholz schwingt, hält er in der des nach vorn angewinkelten Armes meist einen oder mehrere Vögel, die durch ihr Gezeter die Vögel im Papyrusdickicht (*Papyrus) aufschrecken sollen. Dem gleichen Zweck dient das – bisweilen statt der eigentlichen Jagdszene wiedergegebene – Bild vom Ausreißen und Schütteln der Papyruspflanzen (*Papyrusraufen)[14] – zugleich eine Kulthandlung im Dienste der *Hathor, die, gerade auch in ihrer Form als „Flurgöttin" *Sechet[15], wie *Isis, im Papyrusdickicht eine besondere Kultheimat hat. Begleitet ist der Jäger dabei fast immer von seiner Frau, bisweilen von seinen Kindern. Wenngleich die sportliche Seite (*Sport) speziell dieser „Herren-Jagd" unbestreitbar ist[16], weisen Gesamtposition und Anbringungsort[17] auf den Jenseitscharakter dieser Szenen mit dem zyklischen Vergehen und Werden hin[18] und läßt sich das Jagdbild auch geradezu als Hieroglyphe für den Wunsch deuten, in alle Ewigkeit wiederholbar den Geschlechtsakt zu vollziehen und sich damit ein ewiges Weiterbestehen zu sichern[19].

Zu dem *ḥwt-jbṯt* („Haus der Vogelfalle") genannten Teil des Tempels von *Hermupolis und seiner Beziehung dazu s. *Thot (Sp. 509).

[1] Für das spärliche, nicht immer eindeutige Bildmaterial der frühen Zt s. Vandier, Manuel I, Index, s.v. Chasse et

chasseurs; für die Zt seit dem AR, neben den unten zu den einzelnen Arten jeweils angegebenen Stellen bei Vandier, Manuel, s. Klebs, Reliefs I, 35–36. 70–74; II, 54–56. 57. 96–99; III, 78–84. – [2] Altäg. Bezeichnung *jꜣdt*; das bildliche Material dazu zusammengestellt bei Vandier, Manuel V, 320–398, Abb. 145–175. – [3] Zu Art und Funktion dieser Fallen (altäg. *pḫꜣ*, *jbṯt*) s. Schweinfurth, in: ZE 44 (3/4), 1912, 656–657, Abb. 1. 24; Hornell, in: Ethnos 2, Stockholm 1937, 65–73; Lagercrantz, in: Acta Ethnologica 2, Kopenhagen 1937, 105–130; Grdseloff, in: ZÄS 74, 1938, 52–55. 136–139; Vandier, Manuel V, 307–313, Abb. 140–141. – [4] Dazu s. Vandier, op. cit., 313–320, Abb. 142–144. Der Vogelherd ist auch in den kgl. Tempeln wiedergegeben, z. B. Smith, Interconnections, 145–146, Abb. 181–182 oder Borchardt, Sahure II, Bl. 15 Mitte links. – [5] Darunter können auch Kulttiere verstanden werden, wie sie zumindest in später Zt im Tempel gehalten wurden (für die hlg. Falken in [*Tell] Edfu und *Philae z. B. s. Junker, in: WZKM 26, 1912, 42–62), die natürlich vorher erst gefangen werden mußten. – [6] Hermann Junker, Das Götterdekret über das Abaton, DAWW 56.4, 1913, § 7, S. 22–23. 31. 72. Daß es daneben ein religiös bedingtes Verbot gab, an bestimmten Orten und unter bestimmten Umständen Vögel zu fangen, zeigt die 29. Maxime des negativen Sündenbekenntnisses im Kapitel 125 A des Totenbuches (Tb [Naville] II, 284); vgl. auch die Stele *Ramses' IV. aus *Abydos (Z. 17: Kitchen, Ram. Inscr. VI, 23, 12). – [7] An äg. Bezeichnungen für sie finden sich *wḥꜥ* (Wb I, 350, 6), vom gleichlautenden Wort für Boot (Wb I, 348, 2), allgemein für Fischer und Vogelfänger gebraucht – belegt sind auch Vorgesetzte: *jmj-rꜣ wḥꜥt* (bzw. *wḥꜥw*) sowie *smsw wḥꜥw*; *jbṯtj* bzw. *ḫrp jbṯtjw* (Wb I, 65, 3) von *jbṯt* Vogelfalle; *sḫtj* (Wb IV, 263, 3–5) von *sḫt* (Wb IV, 262, 3 ff.) Vögel fangen; *kꜣpw* (Wb V, 105, 3) von *kꜣp* (Wb V, 104, 4–5) Schutzhütte, hinter der sich der Fänger versteckt? Zu den Beischriften bei ihrer Tätigkeit s. für das AR: Adolf Erman, Reden, Rufe und Lieder auf Gräberbildern des Alten Reiches, APAW 1918. 15, 1919, 36–39; Hermann Junker, Zu einigen Reden und Rufen auf Grabbildern des Alten Reiches, SAWW 221. 5, 1943, 38–48; für die Zt vom MR bis zur SpZt: Waltraud Guglielmi, Reden, Rufe, Lieder, 144–156. – [8] Dabei muß offen bleiben, ob dies eine hauptberufliche Tätigkeit ist oder nur eine saisonal bedingte (z. Z. der Vogelflüge) von Leuten, die allgemein in der Landwirtschaft beschäftigt sind. Es ist auch denkbar, daß die Vogelfänger als Fischer arbeiteten, da sie meist zusammen dargestellt sind und in einem Atemzug genannt werden (*wḥꜥ* bedeutet beides und wird z. T. erst durch das Determinativ spezifiziert). – [9] Zum Komplex Vogelfang/Vogelfänger im erotischen Bereich s. Alfred Hermann, Altägyptische Liebesdichtung, Wiesbaden 1959, bes. 18. 116–120. 139. 142–143. 163–164. – [10] Z. B. Helck, Materialien, 503–508. – [11] Unter kgl. Schutz gestellt wurden, wie andere Angehörige des *Tempelpersonals, die Vogelfänger des Tempels im *Nauridekret, Z. 52–53 (Kitchen, Ram. Inscr. I, 54, 4–7). – [12] S. dazu Alliot, in: RdE 5, 1946, 57–118, wo er dem Vogelfang mit dem Schlagnetz in den kgl. Tempeln nachgeht. – [13] Erstmals belegt bei Sahure (Borchardt, Sahure II, Bl. 16), dann bald auch im privaten Bereich, wobei die Tracht, u. a. mit dem Schurz mit trapezförmigem Mittelstück, von der Königstracht übernommen ist (Staehelin, Tracht, 250–253. 269, Liste 5); vgl. auch Peter Kaplony, Studien zum Grab des Methethi, Monographien der Abegg-Stiftung Bern 8, Bern 1976, 9–20, der u. a. die Parallele zum Erschlagen der Feinde zieht (schon Junker, Gîza XI, 138 ff.), und Hartwig Altenmüller, Darstellungen der Jagd im Alten Ägypten, Hamburg–Berlin 1967, 16–18. 23–24. 30–31. Die ausführlichste Zusammenstellung des bildlichen Materials wieder bei Vandier, Manuel IV, 717–773, Abb. 399–431. – [14] S. dazu Balcz, in: ZÄS 75, 1938, 32–38. – [15] Zu dieser *Personifikation, die als *nbt ḥꜣb* „Herrin des Fisch- und Vogelfangs" Schutzpatronin der Fisch- und Vogelfänger ist – auch werden alle Tätigkeiten in diesem Bereich *kꜣt Sḫt* genannt – s. Waltraud Guglielmi, in: WdO 7, 1974, 206–227. – [16] S. auch die diesbezügliche Bearbeitung des Themas unter diesem Gesichtspunkt in der Literatur, z. B. Caminos, Lit. Frag., 1–39. – [17] Z. B. im Grab des Königs Eje (Piankoff, in: MDAIK 16, 1958, Tf. 21). Auch die Jagdszenen in den NR-Privatgräbern sind meist an den Stellen angebracht, die dem funerären Bereich vorbehalten sind, und es wird dabei ausdrücklich von der Vogeljagd im Jenseits gesprochen; vgl. auch Grapow, in: ZÄS 47, 1910, 152–153. – [18] S. dazu auch Elisabeth Staehelin, in: Spiel und Sport im alten Ägypten. Beiträge und Notizen zur Ausstellung im Schweizerischen Sportmuseum Basel, Basel 1978, 23–32. – [19] Dazu s. Westendorf, in: ZÄS 94, 1967, bes. 142–145. Wenn der König die Zeremonie des Papyrusraufens im Boot ausführt, so tut er dies vor einer ithyphallischen Gottheit (z. B. The Temple of Khonsou I, OIP 100, 1979, Tf. 37, oder De Morgan, Cat. des Mon. I, 50)! Der Vogellauf (Kees, Opfertanz, 4–21; id., in: ZÄS 52, 1914, 61–64) findet vor einer weiblichen Gottheit, in der Regel Hathor, statt, erst später auch vor einer männlichen, meist ithyphallischen!

K. M.

Vokalisation. Von der Lautgestalt äg. Wörter und Namen gibt die traditionelle äg. *Schrift allein die Konsonanten wieder, oft defektiv mit Unterdrückung von *w*, *j* und *ꜣ*, gelegentlich auch anderer Konsonanten. Vokale drücken in einem ganz minimalen Maße nur einige Gruppen in der „Gruppenschrift" und später (mit *w* und *y* für *u*/*o* und *i*/*e*) die demot. Schrift aus. Aufschlüsse über V., Silbenstruktur und Akzentverhältnisse gibt sonst allein die Überlieferung in anderen, vokalhaltigen Schriftsystemen: im Koptischen und in keilschriftlichen (18. und 19. Dyn., neuassyrisch und neubabylonisch), griech., aramäischen, hebräischen und meroitischen Umschreibungen. Da hier vom Gesamtbestand an äg. Wörtern, Wortformen und Namen jedoch nur ein kleiner Teil überliefert ist, sind unsere Kenntnisse von der tatsächlichen Aussprache des Äg. ganz bruchstückhaft, und sie werden dies stets bleiben.

Auf der Grundlage dieses Materials haben sich für das Äg. aber immerhin die gleichen Phonemvokale *a*, *i* und *u* (in kurzer und langer Quantität) wie in den verwandten semitischen Sprachen bestimmen lassen (*Lautsystem). Zumindest in den betonten Silben waren diese Vokale von der ältesten Zt her noch bis in die 18.–19. Dyn. im wesentlichen unverändert erhalten[1]. Ausnahmen: schon vorher genereller Wandel *ĭ́* > *ĕ́* und – den Bereich der späteren kopt. *Dialekte FM ausgenommen – vor Alef *ắ* > *ŏ́*, fakultativ vor ʿ auch *ĭ* > *ĕ*.

Zwischen der Zt *Ramses' II. und der Assyrerzeit haben dann drei bedeutende Lautverschiebungen stattgefunden, nach dem Befund der späteren kopt. *Dialekte (SBHAA$_2$FM) im ganzen äg. Sprachbereich:

ắ > *ŏ́* (> *ŭ́* nach Nasalen, gelegentlich auch sonst) und wohl daraufhin als Ausweichbewegung[2] ein Wandel der alten *u*-Vokale: *ū́* > *ḗ*, *ŭ́* > *ĕ́* und *ŭ* > *ĕ*. Der so erreichte Entwicklungsstand ist bei den Tonvokalen im Bereich der späteren kopt. Dialekte FMAA$_2$ im wesentlichen unverändert geblieben, im Bereich der späteren kopt. Dialekte SBH sind bis 450 v. Chr. jedoch zwei weitere bedeutende Lautverschiebungen eingetreten:

ĕ́ (< *ĭ́* und *ŭ́*) > *ắ* (SBH ⲁ) (in allen Stellungen außer vor Sonoren, *b* und Alef, unter bestimmten Bedingungen auch vor anderen Konsonanten) und *ắ* > *ŏ́* (SB)[3]. Der Lautwandel *ĕ́* > *ắ* hat im Bereich des späteren kopt. Dialektes H zu einem Zusammenfall mit dem primären *ắ* geführt, das hier unverändert als ⲁ erhalten blieb, im Bereich der späteren kopt. Dialekte SB ist dies durch das Ausweichen des primären *ắ* (> *ŏ́*) vermieden worden[2].

In unbetonten Silben sind die ursprünglichen Vokale *ă*, *ĭ* und *ŭ* (> *ĕ*) in der Entwicklung bis zum Koptischen unter dem Druck eines starken expiratorischen Wortakzents stark verändert worden. Im Wortauslaut sind sie im NR meist zu *-a* und im Kopt. je nach Dialekt zu -ⲉ oder -ⲓ vereinheitlicht, in geschlossenen Nachtonsilben und in Vortonsilben sind sie zu *e* (kopt. ⲉ) reduziert oder ganz geschwunden und nur bei ursprünglichem *a* noch teilweise unverändert erhalten[3].

Für abgeleitete Nomina und Verbalformen haben sich ähnlich wie in den semitischen Sprachen eine Reihe von Bildungstypen (mit festen Mustern in V. und Silben- und Akzentverteilung) bestimmen lassen[4] (*Morphologie, *Lexikographie).

Bei den äg. Personen-, Götter- und Ortsnamen ist es oft unerläßlich, sie nicht nur mit ihrem Konsonantenbestand, sondern aussprechbar auch mit Vokalen wiederzugeben. Man ist dabei übereingekommen, soweit wie möglich Namensformen mit authentischer V. zu gebrauchen. Als größte zusammenhängende Gruppe werden dabei die griech. oder gräzisierten Formen bevorzugt, wie Amenophis, Ramses/Ramesses, Amun, Onuris, Memphis – auch dann, wenn inzwischen ältere Namensformen überliefert sind, wie keilschriftlich 18. Dyn. *Amanḫatpi*, 19. Dyn. *Riʿa-masēsa*, *Amāna*, *Anḫāra*, assyrisch *Memfi*. Divergiert die griech. Überlieferung selbst, so wird die ältere der überlieferten Formen bevorzugt (wie Amasis, Cheops, Necho bei *Herodot gegenüber Amosis, Suphis, Nechao bei *Manetho).

Bei den meisten Namen fehlt aber eine entsprechende zuverlässige Überlieferung. Hier folgt die V. nach Konventionen, die sich mit verschiedenen Wandlungen im Laufe der Zeit herausgebildet haben, grundsätzlich dem äg. Konsonantenbestand (Pepi, Unas), orientiert sich bei einzelnen Bestandteilen der Namen aber z. T. auch an authentisch vokalisierten Formen (Merneptah, Sobekemsaf), und es kommt dabei nicht selten zu Namensdubletten (Nofretete-Nefertiti). Nur in Ausnahmefällen stimmen solche künstlichen, oft hybriden V. mit einer authentischen äg. Lautung überein, sie halten sich traditionell aber auch dort, wo inzwischen authentische Überlieferung vorliegt (wie Nefertari, Eje, Meritaton/Meritaten, Paser, Merneptah: *Naftēra*, *Aja*, *Majāti*, *Pisjāri*/*Pasjāra*, *Marneptaḥ*).

[1] Dies ergibt sich aus äg.-semitischen Isoglossen, die bis vor die historische Zeit zurückreichen:

Semitisch –	Äg. >	Kopt. (S)
săpăt „Lippe“	*spt*/**sắpat*	ⲥⲱⲡⲉ „Saum“, ⲥⲡⲟⲧⲟⲩ „Lippe“
mām/*wū* (altassyrisch *mā'ū*, arabisch *mā'*)	*mw*/**mắw*	ⲙⲟⲟⲩ „Wasser“
akkad. *šittā* < **šintā*	*sntj*/**sĕ́nt˘j*	ⲥⲛⲧⲉ „zwei(f.)“
jamīn „rechte Seite“	*jmn(tj)*/**jamĕ́n (t˘j)*	ⲉⲙⲛⲧ „Westen“
lisān „Zunge“	*ns*/**lĕ́s*	SBH ⲗⲁⲥ, AA$_2$FM ⲗⲉⲥ „Zunge“
Nisbeendung	(betont)	
m.-*ī*,	*-j*/*w*/**ĭ́j*/*w*	SB -ⲉ; S -ⲁⲓ, BFMAA$_2$ -ⲏ(ⲉ)ⲓ
f. *-īyat*	*-j*/*wt*/ **ī́j*/*w˘t*,	SB -ⲏ,
	-t/**ĕ́t*	SB -ⲉ

Ähnlich alte Isoglossen, die einen Vokal *u* enthalten, sind bisher nicht nachgewiesen. Da aber noch in der 18.–19. Dyn. neben den im wesentlichen unveränderten Phonemvokalen *a* und *i* (unter bestimmten Bedingungen mit den kombinatorischen Varianten *ŏ́* bzw. *ĕ́* und *ḗ*) allein *u* als weiterer Phonemvokal erscheint, muß auch dieser unverändert von ältester Zeit her überliefert sein. Auch die semit. Sprachen beschränken sich ja auf die drei Qualitäten *a*, *i* und *u* als Phonemvokale. – [2] Aufdeckung und ausführliche Darlegung der Zusammenhänge: Gerhard Fecht, Die geschichtliche Entwicklung der ägyptischen Tonvokale, Habilitations-Schrift Heidelberg 1952 (unpubl.). – [3] Dieser Lautwandel muß zwischen 525 und 450 v. Chr. erfolgt sein: die mit der Perserherrschaft der 27. Dyn. in Äg. eingedrungenen aramäisch-persischen Wörter *mādāj* „Meder“ (als *madắj* entlehnt) und *ardab*

„Artabe“ werden noch hiervon erfaßt (SB **ⲙⲁⲧⲟⲓ** „Soldat“; S **ⲣⲧⲟⲃ, ⲁⲣⲧⲟⲃ**, B **ⲉⲣⲧⲟⲃ**), bei Herodot ist er, wie u.a. aus den Namen Νιτωκϱις *Njt-jqrt* und Σεσωστϱις *Z-n-wsrt* hervorgeht, bereits abgeschlossen. – [4] Osing, Nominalbildung; ders., Der spätägyptische Papyrus BM 10808, ÄA 33, 1976, 28ff.

Lit.: s. *Lautsystem. J.O.

Volkserzählungen. Der Begriff stammt aus der Romantik; nach heutigem Verständnis ist er aufgegeben, da niemals ein Volk als Ganzes ein Werk hervorbringen könne, sondern nur ein einzelner. Aber es gibt die „volkstümliche“ Erzählung, deren „Sprache ins Einfache übersteigert“ (Heidegger) und die daher im Volk beliebt ist und munter umläuft, ohne wörtlich fixiert zu sein. Wird sie erst schriftlich fixiert, ist sie bereits keine V. mehr. So gesehen, läßt sich aus Äg. als einer toten Kultur überhaupt keine V. erheben, außer den Tiergeschichten, wie sie allein durch Bilddokumente, Parallelen und Nachleben wahrscheinlich gemacht werden konnten.

Im Sinne des Volkstümlichen zählt man zu V.: Mythenmärchen, *Fabeln, Anekdoten, Sagen, Legenden und Schwänke. Sie spielen oft in einer Welt der *Symbole, in deren Überwirklichkeit *Wunder wie *Zauber die Verstandesebene verlassen, so daß z.B. Tiere sprechen können. Für Äg., das zweifellos reich an V. gewesen ist, liegen einige wenige Aufzeichnungen vor. Bezeichnenderweise sind diese Geschichten aber in der Regel nur in einer einzigen Hs. erhalten. Ein Kennzeichen scheint auch zu sein, daß sich aus ihnen so gut wie nie *Zitate in anderen Literaturwerken finden, noch auch, daß sie selber aus anderen Werken zitieren. Es gehört aber auch zum Grundwissen der Anthropologie, daß (Motive von) V. einer bedeutenden Kultur in hohe Literatur aufgenommen werden, von dort wieder ins Volk zurückstrahlen und erneut als „Fabulae“ umgehen. Prinzipiell können sämtliche Literaturwerke Bausteine liefern für V. wie V. Werkstoff bieten für Kunstliteratur.

Umstrittene V. sind die Tiergeschichten, die nur durch Bilddokumente greifbar geworden sind. Erst gegen Ende der äg. Geschichte ist eine Gruppe von Tierfabeln aufgeschrieben, diese aber zu erkennen als volkstümliches Fabulieren um weisheitliches Lehrgut. Die bedeutendsten erhaltenen V. literarischer Art sind: Die *Hirtengeschichte, die Märchen des *pWestcar, das *Prinzenmärchen, das *Brüdermärchen im *Pap. d'Orbiney, *Wahrheit und Lüge, der *Streit zwischen Horus und Seth (?) und *Chonsuemheb und der Geist, die *Fabel vom Streit zwischen Kopf und Leib, kaum bekannte Pflanzenfabeln, die Tierfabeln des demot. Mythos vom *Sonnenauge; die Schwalbe und das Meer[1]; die „Aufzeichnung von Hi-Hor, dem Zauberer des Königshauses“[2]; die Zaubergeschichte und der Sagenkranz der *Chaemwese-Erzählungen; der Schwank von *Sisenet und Phiops II., der Streit zwischen *Apophis und Seqenenre, die Einnahme von *Joppe[3], die griech. überlieferte Geschichte der *Nitokris und die des Sesostris, das Märchen von dem blinden König Pheros[4], das Schatzhaus des *Rhampsinit, die Rettung der Ägypter durch ein Mäuseheer[5], der Schuh der Rhodopis[6], der Sagenkranz um König *Petubastis (wohl wie der Amazonenfeldzug griechisch inspiriert), dazu kopt. Erzählungen[7].

Morphologisch gekennzeichnet sind die äg. V. – zu je verschiedenem Anteil – durch folgende Kriterien: klar konturierte Zeichnung, assoziative Neuansätze, Nebeneinander von Hell und Dunkel[8]; Minimalaufwand der Charakterisierung, Herausstellen des Wesentlichen, Objektivierung von Innerseelischem, Kennzeichnen der Orte allein durch Namen oder Symbole und ein stummes Verhältnis zur Zeit[9]. Negativ ausgedrückt: Die Szenen werden nicht differenziert ausgemalt, die Gestalten nicht entwickelt, die Farben nicht nuanciert, die Handlungen nicht in ihren Verflechtungen korrelativ verfolgt, Gemütsregungen nicht entfaltet, räumliche wie zeitliche Spannungen nicht thematisiert[10], außer wenn sie ausdrücklich Gegenstand der Erzählung sind wie in der Sage oft die Zeit. Dann aber ist Zeit nicht kontinuierlicher Verlauf, sondern Stufenschritt. Zum Gegenstand erhoben werden kann grundsätzlich jedes Thema, und bei der Welthaltigkeit der V. sind es deren viele. – Die genannten Kriterien entsprechen denen der *Aspektive in der Kunst und stehen mehr oder weniger grundsätzlich für äg. Literaturwerke, sind aber am deutlichsten den narrativen Formen ablesbar.

Die *Sprache* mit zahlenmäßig begrenzten Satzformen und sparsam gebrauchten Stilfiguren ist vergleichsweise schlicht, doch reich an Informationsgehalt. Reihende Diktion herrscht ebenso vor wie die Anwendung von (koordinierenden) Hauptsätzen; dem entspricht die Beliebtheit von Kettenerzählungen. Kennzeichnend sind wörtliche Wiederholungen und formelhafte Wendungen[11], *Wortspiele zeugen Gestalten. Kontraste (Schwarzweißmalerei) gehören zum Wesen, Personen werden durch epithetahafte Attribute wie durch ein signum typisiert. Direkte Rede, sprachlich bewußt abgesetzt, macht die Geschichte unmittelbar gegenwärtig, ihr Verlauf vollzieht sich in der Ebene.

Bilder sind nicht stilistisch, sondern thematisch bedingt. Thematisch bewegen sich die Stoffe der Märchen mit Vorliebe im Zwischenreich von Himmel und Erde, um den Königshof, im Reich der Geister und Toten, der Wunder und Zauber. Die Gestalten haben kein individuelles Antlitz, Orte bleiben unbestimmt. Das Ausland – bis zum NR ausschließlich der Nordosten (Syrien, Palästina, Zweistromland), später auch Nubien als Land des Zaubers – ist das ferne Utopia.

Zur V. gehört auch das abergläubische Spiel mit der *Zahl*, in Äg. sind es die 3 [12] und die 7 [13], denen man besondere Bedeutung zuschreibt (*Symbolische Zahlen).

Die Frage nach dem bevorzugten *Geschlecht* wird eindeutig zugunsten des männlichen beantwortet. Zwar können männliche Figuren unbeherrscht sein [14] oder bewitzelt werden [15], aber böse ist nur die Frau. So die Nixe im Teich, das Göttermädchen und des Anubis Frau im Brüdermärchen, Tabubu [16] und Dame Begierde [17]. *Isis ist listig [18], *Tefnut launisch [19]. Nur in der Prinzengeschichte erweist sich die Frau als hilfreich; Nitokris rächt ihren Mann, bei Seton gilt die Frau als Ratgeberin. Im übrigen ist sie auf die Rolle der Gebärerin oder Geliebten verwiesen.

Wie und wo die V. ihren *Sitz im Leben* haben – in jener Zeit, da es kein anderes Verbreitungsmedium gab als den Sprecher und zudem das Volk nicht lesekundig war –, das beantworten die V. teils selbst, teils die Fundumstände der gelegentlich einmal schriftlich fixierten Texte [20], wobei diese zweite Informationsquelle freilich mit Zurückhaltung ausgewertet werden muß. Danach scheint der Große Zauberer (und Medizinmann) von Dorf zu Dorf gezogen zu sein und die Neuesten Nachrichten verbreitet, seine Salben verkauft und vor allem Geschichten, auch ernste und lehrhafte Literatur, vorgetragen zu haben. Der Zauberer wurde auch an den Hof gerufen, um gekrönte Häupter zu unterhalten oder ihnen durch Erzählen den Katzenjammer zu vertreiben [21]. Wie *Thot als Reisemarschall Tefnut unterwegs durch Geschichten munter hält [22], so werden vornehme Herrschaften auf ihren Fahrten begleitet gewesen sein. Der Fürst von Arabien erzählt Pharao eine Geschichte als politisch „warnendes Beispiel" [23], ein Schreiber schreibt eine Erzählung auf, um damit seinen Vorgesetzten „zu erfreuen" [24]. Das Katze-Mäuse-Epos wurde gewiß nicht erst zu Phädrus' Zeiten an die Schenkenwand gemalt [25] (wie auch später auf die Mauern eines kopt. Klosters [26]). Tierfabeln sollten belehren: „Möge der Hörer lernen, damit sich sein Heil erfülle" [27], oder: „Ich habe diese Geschichte erzählt, um es in dein Herz zu graben" [28]. In einem nur lückenhaft erhaltenen Brief der Ptolemäerzeit findet sich die Wendung: „Eine fabelhafte Geschichte (*sḫfꜣt* (*n*) *mdt*) pflegen alle Leute auf der Straße zu erzählen(?)", sie war demnach, zumindest in einer Phase ihres Lebenslaufs, echte Volkserzählung [29].

[1] Brunner-Traut, Märchen, Nr. 19. – [2] A.a.O., Nr. 36. – [3] A.a.O., Nr. 26. – [4] Griffiths, in: LÄ III, 169 mit Anm. 14. – [5] Emma Brunner-Traut, in: LÄ III, 1251 mit Anm. 30. – [6] Brunner-Traut, Märchen, Nr. 26. – [7] Zu diesen zählen auch die Petrusakten (Krause, in: LÄ III, 704). – [8] Z.B. stehen bei „Wahrheit und Lüge" die gegensätzlichen Eigenschaften ohne Zwischenwerte. – [9] Das Herz des Bata oder der Arm des Diebes bei Rhampsinit sterben nicht ab, nachdem sie vom Körper getrennt sind. – Genau als der Baumeister seinen Söhnen das Geheimnis der Schatzkammer erklärt hat, haucht er sein Leben aus. Seine Söhne trauern nicht erst oder bestatten den Vater, sondern machen sich sofort (!) auf den Weg. „Als der Dieb erkannt hatte, wie übel er dran war, rief er seinen Bruder sogleich (!) herbei ... und hieß ihn, eilends (!) ihm den Kopf abschlagen." – [10] Pharao soll in jedes Ausland Boten schicken, die Frau ausfindig zu machen, aber in das Tal, wo sie ist, viele Leute ziehen lassen, „um sie herzuholen" (pD'Orbiney 11, 5–7); der ältere Bruder findet nach drei Jahren vergeblicher Suche das Herz genau in dem Augenblick, in dem er beschließt, morgen heimzugehen (ebd., 13, 6–8). – [11] Z.B. „Es war einmal" (Verwunschener Prinz, Brüdermärchen, Löwe und Maus, Apophis und Seqenenre, Amasis und der Schiffer), „es begab sich einmal" (Si-Osire u. a.), „sagt man" (Verwunschener Prinz und Osiris-Mythos), „viele Tage danach" (Verwunschener Prinz, Brüdermärchen, Wahrheit und Lüge, Apophis und Seqenenre), „als die Erde wieder hell wurde und der nächste Tag begann" (Hirtengeschichte, pWestcar, Brüdermärchen). Häufig fehlen die Textanfänge, so daß damit wahrscheinlich weitere Belege verloren sind. – [12] Drei Tage war der Schiffbrüchige allein mit seinem Herzen, dreimal fragte ihn der Schlangengott „Wer ist es, der dich hergebracht hat?"; drei Königskinder werden geboren, dreimal wird Bata getötet, dreimal verwandelt er sich, und drei Jahre hat sein älterer Bruder nach seinem Herzen gesucht. Drei Schicksale sind dem Prinzen bestimmt. Dreimal bringt bei Setna das Entwenden der Zauberbücher den Tod, dreimal muß Ninoferka-Ptah die Wehrschlange töten, dreimal Setna im *Brettspiel verlieren. Drei äthiopische Fürsten verzagen vor Pharao und *Amun, drei Tage wünschen sie dem äg. Volk Lichtlosigkeit, drei Jahre lang dem Land Unfruchtbarkeit, dreimal wird der äthiopische Häuptling vom Zauberer geschlagen (Brunner-Traut, Märchen, Nr. 34). – [13] Das Zauberbuch des Ninoferka-Ptah ist siebenfach (6 Kästen und eine Schlange) geschützt, Si-Osire führt seinen Vater durch sieben Hallen, es sind sieben Hathoren, die das Geschick festlegen (Prinzenmärchen), sieben Tage weilte Ubaoner beim König (pWestcar 3, 16), dreimal sieben, also 21 Gotteseilen Wasser hingen über den Ertrunkenen im Seton-Roman, 70 Ellen hoch liegt das Fenster des Turmes im Prinzenmärchen. – [14] *Cheops im pWestcar, Anubis im Brüdermärchen. – [15] Pharaonen in den Schwänken. – [16] Im Seton-Roman. – [17] In „Wahrheit und Lüge". – [18] Horus und Seth u. ö.; in dieser Eigenschaft geachtet wie gefürchtet. – [19] Demot. Erzählung vom Sonnenauge. – [20] Vor allem die V. auf Papyrusrollen aus dem Besitz eines *ḥrj-ḥb* des MR, die im Ramesseum-Bezirk gefunden sind (LÄ IV, 726), sowie die Bücherei, zu der die pChester Beatty gehört haben, aus Deir el-Medineh; zu deren Geschichte s. Pestman, in: Gleanings from Deir el-Medîna, Hg. R. J. Demarée und

J. J. Janssen, Leiden 1982, 155–172. Freilich ist nicht gesagt, daß die Besitzer einer Rolle mit V. zugleich Erzähler gewesen wären. – [21] So ein Priester der *Neith namens Petsotem zu *Amasis (Brunner-Traut, Märchen, Nr. 28); am Hofe des Cheops erzählen angeblich Pharaos Söhne Zaubergeschichten, während Djedi Zauberstücke vorführt und dann Zukunft enthüllt, wie es ähnlich auch *Neferti tut. – [22] Mythos vom Sonnenauge, Brunner-Traut, Märchen Nr. 17. – [23] Brunner-Traut, a.a.O., Nr. 19. – [24] A.a.O., Nr. 35. – [25] „Wie die durch das Heer der Wiesel besiegten Mäuse, deren Geschichte auch in den Schenken aufgemalt ist": Phädrus 4, 6. – [26] Emma Brunner-Traut, in: ZÄS 80, 1955, Tf. 1 Nr. 1. Beischrift s. jetzt Schüssler, in: Enchoria 3, 1973, 33–36. – [27] Emma Brunner-Traut, Märchen, Nr. 22, Nachschrift. – [28] A.a.O., 132, Nr. 23. – [29] Wilhelm, Spiegelberg, Demotische Texte auf Krügen, Dem. Stud. 5, Leipzig 1912, 16f.

Lit.: Emma Brunner-Traut, in: Enzyklopädie des Märchens I, Berlin–New York 1975, s. v. Ägypten; dies., Erzählsituation und Erzählfigur in äg. Erzählgut, in: Fabula 22, Berlin–New York 1981, 74–78; dies., Wechselbeziehungen zwischen schriftlicher und mündlicher Überlieferung im Alten Ägypten, in: Fabula 20, Berlin–New York 1979, 34–36. E. B.-T.

Volksglauben, neben dem Begriff Religion werden noch andere Termini genannt wie Abgötterei, Aberglaube, Volksreligion, V., Vulgärreligion oder primitive Religion, Erscheinungen, die man als zwar auch religiös motivierte betrachtet [1], die aber dennoch nicht dem offiziell theologischen Bereich angehören. Dabei ist bei den gewählten Bezeichnungen eine durchaus negative Tendenz feststellbar, die die Wahl des Begriffs V. als gemäßigt erscheinen läßt. „Selbstverständlich hat diese positive oder negative Bewertung von Religion keine objektive Grundlage." [2] Auch das Wort „Volk" bereitet gewisse Schwierigkeiten, da man den Sinngehalt je nach Standort der Interpreten verschieden auslegt [3].

Betrachtet man aber das Umfeld [4], in dem V. gesucht und abgesteckt wird, so ergeben sich Wirkungskreise, in denen „neue" religiöse Elemente eine Verbindung eingegangen sind mit denen, die ursprünglich vorhanden gewesen sind. Dies zeigt sich im Aufeinandertreffen des Christentums mit einer beliebigen Religion [5] und kann in der Bibelübersetzung zum Tragen kommen [6]. Die sich daraus entwickelnden Ideen findet man z. B. in regionalen Formen der Marienverehrung, wobei die ihr zugeordneten außerchristlichen autochthonen Elemente (Epitheta und Kulthandlungen [7]) nicht in der offiziellen, schriftlich festgelegten Theologie erscheinen, sich aber in Bevölkerungsschichten erhalten haben, die Zugang und Erinnerung haben an das ursprünglich vorhandene religiöse Substrat. Dieses Wissen und Handeln wird mit dem Begriff V. abgetan, da sie nicht zur offiziellen Theologie gehören, und sie geraten deshalb ins Zwielicht und in das Umfeld von Abgötterei.

Im Gegensatz dazu findet man innerhalb der äg. Religionsgeschichte dieses Auseinanderfallen zwischen offizieller Theologie und gewachsener Religion nicht. Es lassen sich zwar vergleichbare Erscheinungen nachweisen wie vergöttlichte Gegenstände (*Baum, hlg.) oder vergöttlichte Personen, z. B. *Ahmose Nofretere und *Imhotep, aber man kann nicht von V. in Abstufungen bis hin zur Nichtreligion reden; denn es sind durchaus religiöse Formen, die es erlauben, mit der Gottheit Verbindung aufzunehmen. So erscheint zwar der König als alleiniger Offenbarungsträger (*Offenbarung), der den Willen der Götter an die Bevölkerung weitergibt, aber der Einzelne hat auch die Möglichkeit, mit Hilfe von *Mittlern oder direkt (*Ohrenstelen), die Verbindung zu Gott aufzunehmen (*Persönliche Frömmigkeit).

[1] Haralds Biezais, Religion des Volkes und Religion der Gelehrten, in: Der Wissenschaftler und das Irrationale II, Hans Peter Duerr (Hg.), Frankfurt am Main 1981, 565. – [2] A.a.O. – [3] Siehe die verschiedenen Arbeiten in: Volksreligion – Religion des Volkes, Karl Rahner (Hg.), Urban Taschenbuch 643, Stuttgart – Berlin – Köln – Mainz 1979. – [4] Z. B. Biezais, a.a.O., 565ff. – [5] S. Anm. 3. – [6] RGG I, 1223. – [7] Biezais, a.a.O. R. Sch.

Vorderansicht. A. *Allgemein.* Die aspektivische Darstellungsweise der äg. Kunst zeigt Menschen und Tiere üblicherweise in Seitenansicht und nur ausnahmsweise – und dann meist nur Kopf oder Brust oder auch beides – in Vorderansicht. Auch wenn hier nicht sämtliche Belege aufgelistet sind, bleiben (im Vergleich zu den abertausend Darstellungen von Menschen und Tieren) die Beispiele für V. (und Rückenansichten) unleugbar seltene Ausnahmen.

Sie beschränken sich auf vor- und frühgeschichtliche, d. h. noch nicht kanonisierte Bilder, deren Formgebung im Hathorkopf (wenn die Göttin ohne Leib dargestellt ist) gleichsam atavistisch beibehalten wurde; bezeichnen das „Gorgohaupt" von dämonischen Fratzen oder Unterweltsgöttern besonderer Mächtigkeit; auch das gutartige „Koboldgesicht" des *Bês; versuchen, bei Gruppen räumliche Ordnung zu demonstrieren, oder betonen durch die V. von Kopf oder Brust (bzw. Körper) bei bestimmten Themen – wie *Tanz, Beugen, verschränktem Hocken – Haltung oder Drehen der Figuren. Weiter wird durch V. das Chaotische einer Gruppe (von Feinden oder Jagdtieren) bezeichnet. Im Sinne schützenden Umfangens erscheinen bei Särgen sowohl auf

dem Wannenboden wie in der Deckelwölbung Gottheiten in V., im Kopfteil des Sarges der Seelenvogel.
Pauschal darf geurteilt werden, daß die V. kaum je voll gelungen ist, meist ist das Gesicht „hathorig" breit. – Anders bei vermenschlichten Symbolzeichen (*Djed, *Anchzeichen o.ä.), die keine organischen, vielmehr symmetrisch-ornamentale Gebilde sind. Ihre Belebung erfolgt in der Regel nur durch Einsetzen von (vorderansichtigen) Augen und eine symmetrische Gebärde der Arme.

B. *Geschichte.* Im AR sind die Beispiele seltener, einige zweifellos als (teils belustigende) Experimente zu erkennen [1]. Im MR nehmen sie – entsprechend der geringeren Anzahl an Dokumenten – noch mehr ab. Im NR, insbesondere da gegen Ende der 18.Dyn. ein neues Raumverständnis aufdämmert, mehren sich die Belege, auch für V. von Tieren [2]. Doch die Amarnazeit bedeutet keinen Einschnitt [3], außer daß der *Uräus des *Aton ausnahmslos in V. erscheint [4], vermutlich, weil die Sonne als Kugel (von der Mistkugel des *Skarabäus inspiriert?) und nicht als Scheibe vorgestellt ist [5]. Alles, was um die (zentrale) Sonne spielt: Das Hochheben aus dem *Nun, ihre Flügelgestalt, bei ihrer vorgeburtlichen Existenz die Himmelsgöttin oder der Kuhkopf, zwischen dessen Hörnern der junge *Sonnengott sitzt [6], läßt eine auffallende frontale bis vorderansichtige *Symmetrie erkennen. In der SpZt nichts Neues, bis sich unter griech. Einfluß perspektivische Ansichten einschleichen bis behaupten. In meroitischer Zt findet sich der Hauptgott im Löwentempel von Nagʿa in einer Raumachse in V. dargestellt [7].

C. *Einzelbeispiele*: Bereits in der FrZt erscheint der Hathorkopf en face, etwa auf der Narmerpalette und dort auch am Königsschurz; ebenso sind in V. wiedergegeben die Klagefrauen auf den Gefäßen der beiden Naqada-Kulturen [8]; auf dem Fragment eines frühzeitlichen Steingefäßes in Berlin die Brust eines Kriegers [9]; seit der Erfindung der Schrift das Gesicht *ḥr* (neben *tp*) [10] und der Kopf der Eule *m*; eine stürzende Figur auf dem Sockel der Statue des *Chasechemui bietet den Rücken [11]. – Die V. eines Mannes in der *Scheintür (AR) bildet offensichtlich eine halbplastische Figur nach [12].
Von „dämonischen" Fratzen, die Schrecken auslösen oder besondere Macht bekunden sollen, wimmelt es in der Unterwelt [13]. Zu den durch seinen Blick Ermächtigten gehört auch der Horoskop, dessen Gesicht sinngemäß dem Betrachter voll zugewandt ist [14]. Der schützende, drollige Bês dagegen soll durch sein Koboldgesicht erheitern, ebenso wie die in V. erscheinenden Gesichter von (Possen reißenden) *Affen [15].
Eine räumliche Gruppierung wird bezeichnet bei dem musikalischen Ensemble, bei dem die einen dem Beschauer in V. zugewendet sind, die links von ihnen dargestellten wohl im rechten Winkel zu ihnen oder aber ihnen gegenüber sitzend vorgestellt sind [16]. Bei der Frau am Mörser (AR) [17] wird durch die V. ihres Körpers ihre Mittelstellung zwischen den beiden Helfern angezeigt, ebenso wie noch bei dem Landarbeiter im Grabe des *Petosiris, doch ist bei ihm auch das Gesicht in V. wiedergegeben [18]. Durch die in V. gezeichneten Köpfe der mittleren Figuren der von Pharao am Schopf gebündelten Feinde in der Triumphalszene ist die kreisförmige Anordnung der Gruppe bezeichnet [19], vergleichbar jenem dem Beschauer zugewendeten Tierkopf der kreuzweise am Gebälk von Baldachinen angeordneten Plastiken [20] (und den *Straußenfedern [21]).
Bei den sportlichen Knaben ist die V. ihres Körpers gewählt, um ihre verschränkten Beine zu zeigen [22], ähnlich bei einem Seiler [23], indes die Brettspieler auf einem Speichermodell des MR [24] oder die Weber in TT 104 [25] als Experimente zu werten sind. Bemerkenswert sind drei Einzelfiguren, die nur den Kopf nach vorn drehen: eine sitzende Dame, ein schläfriger Pförtner (beide NR) und ein Blasebalgtreter (26.Dyn.!) [26].
Auffallende Haltungen von sich (etwa von Burgzinnen oder Schiffsborden aus) herunterbeugenden Personen werden durch V. (oder Rückenansicht) angegeben, wobei aber der Kopf manchmal zur Seite gedreht bleibt [27]. Ähnlich ist die V. (meist nur der Brust oder des Kopfes) das Mittel, Körperdrehungen zu bezeichnen, vor allem bei Tänzerinnen [28]. Diesen Drehungen entspricht bei Tieren [29] die Wendung des Kopfes, so bei Ziegen [30], einem Ochsenkopf (von hinten!) [31], bei Hunden und Raubtieren in Jagdbildern [32]; bei der Geburt eines Kalbes wendet sich das Muttertier halb um, so daß das Gesicht in V. erscheint [33].
Als Element des Chaos wird die V. benützt in Kampfbildern, doch ausschließlich bei Feinden, Fremdländern [34]. Die fremde Herkunft ist es auch, die Gottheiten wie *Qadesch die V. einbringt [35]. Den „chaotischen" Feinden analog blicken in Jagdbildern unter den wild durcheinander wirbelnden Tieren einige in frontaler Zuwendung dem Beschauer entgegen. Diesem Aus-dem-Bild-Herausblicken liegt zugleich der Untersinn des Fliehen-wollens zugrunde.
Die entgegengesetzte Eckposition: das Empfangen, Umfangen, Sich-Vereinen, Zueinander-Streben wird durch die vollkommenste, ungestörte, immer von Kopf bis Fuß durchgeführte V. der *Schutzgottheiten in den Deckeln oder auf dem

Boden der Särge seit der 3. ZwZt ausgedrückt[36]. Diese den Toten erwartenden Göttinnen sind vergleichbar jenen den Schrein, Kanopenkasten oder Sarg mit ihren Armen oder Fittichen umspannenden göttlichen Schützerinnen.

Mit der Gebärde bzw. Haltung der im Sarginnern den Toten empfangenden Göttinnen lassen sich die „frontalen" Gebärden der den *Sonnengott aus dem *Nun aufhebenden und weiterreichenden Himmelsgottheiten vergleichen, die meist nur andeutend (Arme und Brust), allerdings in Aufsicht, in Erscheinung treten[37], in einem kosmographischen Bild besonders sprechend: über dem Erdenrund die Himmelsherrin (oben), der aufsteigende Sonnengott selbst in den Armen des Nun (unten), beide mit Kopf und Armen in Vorderansicht[38]. – Diese betont vorderansichtige Darstellweise zeigt sich ebenso, wenn es nicht Personen, sondern *Symbole sind, die den Sonnengott emporheben bzw. weiterreichen[39], wie auch bei dem Sonnenbild, wenn es mit Menschenkopf gesehen ist[40].

Zu diesem sieghaften, lebenspendenden Himmelsgestirn bilden einen Gegenpol die vier Ertrunkenen, die neben anderen Wasserleichen (im *Pfortenbuch) auf dem Rücken im Wasser treiben, den ganzen Körper dem Betrachter zugewandt[41]. In ihrer Summe bezeichnen die verschiedenen Haltungen das Ungerichtetsein, das Umhergespültwerden der Toten, so daß die vier Vorderansichtigen gewissermaßen eine Komponente des Chaos veranschaulichen. Ebenso noch ohnmächtig-willenlos liegen in V. die (mumifizierten) Toten auf Bahren, lösen sich als Erlöste von ihnen ab, bis sie im Besitz der neuen Lebenskraft agierend wieder in Seitenansicht erscheinen[42].

[1] S. Anm. 24. – [2] John D. Cooney, Amarna Reliefs from Hermopolis, New York 1965, 52f. – [3] Ganz singulär ist die in V. gezeichnete Brust einer Prinzessin auf einem Block aus Hermopolis: Roeder, Amarna-Reliefs, Tf. 8 Block 218/VII; bessere Abb. bei Arne Eggebrecht (Hg.), Das Alte Ägypten, München 1984, 138. – [4] Z.B. Claude Vandersleyen, Das Alte Ägypten, Propyläen Kunstgeschichte 15, Berlin 1975, Abb. 299. – [5] Dazu jetzt Kákosy, in: Fs Westendorf II, 1057ff. – [6] CG 25074 = Erik Hornung, Tal der Könige, Zürich–München 1982, 106; Studie zum „Buch vom Tage": a.a.O., 127, Abb. 91. – Zum Kuhkopf s. Anm. 33 Ende. – [7] Ingrid Gamer-Wallert, in: Antike Welt 15.4, 1984, 40 Abb. 16; 43 Abb. 20. Einmal auch dreiköpfig, dabei der mittlere Kopf in V.: Karola Zibelius, Der Löwentempel von Naqʿa in der Butana, TAVO Beiheft B 48, 1983, Tf. 7. – [8] Z.B. Wolf, Kunst, Abb. 3. 6. – [9] Jean Capart, Primitive Art in Egypt, Philadelphia 1905, Abb. 70. – [10] Smith, Sculpture, Tf. 57e. – [11] Zeichnung bei Wolf, Kunst, Abb. 36; dazu Junker, in: Fs Grapow, 162ff. – [12] MFA 21.961: PM III. 1², 145. – [13] Hornung, Tal (s. Anm. 6), 92 oben und unten; 197; ders., Ägyptische Unterweltsbücher, Zürich–München 1971, Abb. 56. 102, beide Male als „Mächtige" bezeichnet. Ein dämonischer Gott auf einem Sarg z.B. CG 28083 (Pierre Lacau, Sarcophages antérieurs du NE, CG, 1904, Tf. 15); Boeser, Leiden II, Tf. 9, beide MR. Vgl. auch die Abb. bei Niwinski, in: GM 49, 1981, 56 (ohne Herkunftsangabe). – Ob die Ostrakon-Skizze oDeM 3010 einen Dämon (oder Gott) wiedergibt, wie Jeanne Vandier d'Abbadie, oDeM, FIFAO II. 3, 222 meint, ist ungesichert. Es könnte sich auch um eine unbeholfene Skizze für eine Königsstatue handeln, nachdem bei Statuen in jüngerer Zt immer auch die V. auf dem rohen Block gezeichnet worden ist. – [14] Hornung, Tal (s. Anm. 6), Abb. 118 u. a. – [15] Jeanne Vandier d'Abbadie, in: RdE 18, 1966, 178 Abb. 37. – [16] BM 37981 (TT 146?); PM I. 2², 817 und ähnlich TT 90 (Nebamun) = Davies, Tombs of Two Officials, Tf. 27. – [17] Wresz., Atlas I, 404. – [18] Smith, Art and Architecture, Abb. 187. – [19] Jean Leclant (Hg.), Ägypten II. Das Großreich, München 1980, 72 Abb. 57. 58 u.ö. Dem entspricht die en-face-Zeichnung von Asiatengesichtern auf dem Wagenkasten Thutmosis' IV.: CG 46097, Tf. 11 und PM I. 2², 560 oder bei der Asiaten- und Negerschlacht und der Tiere bei den Jagdszenen auf dem Kasten Tutanchamuns, auch der Philister in der Seeschlacht Ramses' III.: z.B. Arne Eggebrecht (Hg.), Das Alte Ägypten, München 1984, 100; vgl. auch Anm. 34. Anders die kreisförmig aufgestellten Spieler im AR: Wresz., Atlas III, 16. 22. – [20] Schäfer, Kunst, 229 Abb. 238. – [21] A.a.O., Tf. 10, 3. – [22] Davies, Ptahhetep and Akhethetep I, Tf. 21; Detail bei Smith, Sculpture, Abb. 201. – [23] MFA 04.1761; PM III. 2², 467. – [24] Blackman, in: JEA 6, 1920, Tf. 20 oben = Leclant, Ägypten I (s. Anm. 19), Abb. 153. – [25] PM I. 1², 218 (5). – [26] Brüssel 831 = Wresz., Atlas I, 91c (10); Berlin 13297 = Wresz., Atlas I, 91c (11); Florenz 2606 (Catalogue 1589) = Wresz., Atlas I, Tf. 36. – [27] AR: Smith, Sculpture, Abb. 202a. b; NR: a.a.O., 202c; Davies–Gardiner, Huy, Tf. 31. – [28] Davies, Nakht, Vorsatzbild und Tf. 15. 16; Quibell–Hayter, Teti Pyramid, Tf. 15 = Kairo JE 44926; PM III. 2², 557. Bei den Drehungen zwischen Leib und Kopf erscheint dann auch die Brust in V.: oDeM 2391; William H. Peck, Drawings from Ancient Egypt, London 1978, Farb-Tf. VII; bei Smith, Sculpture, 323 Abb. 198 (AR!) erscheint der ganze Rumpf in V., doch in TT 78 allein der Kopf in V.: Annelies und Artur Brack, Das Grab des Haremheb, AV 35, 1980, Tf. 29. 84. – [29] S. Anm. 2. – [30] Davies, Two Ramesside Tombs, Tf. 28. – [31] Wresz., Atlas I, 112. – [32] München, ÄS 473 = Staatliche Sammlung äg. Kunst (Katalog), München 1976, 114; Louvre N. 1699 = Jeanne Vandier d'Abbadie, Catalogue des objets de toilette ég., Paris 1972, 43 (Hund); oDeM 2201. 2881. 2809–10 (Katzen mit und ohne Maus). 2844 (Ziege zwischen 2 Füchsen). – [33] Geoffrey T. Martin, The Tomb of Hetepka, Texts from Excavations 4, London 1979, 42 Nr. 129, Tf. 37. – Bereits im MR werden an den Enden der *Apotropaia Tierköpfe in Obersicht gezeigt (wie ähnlich seit jeher Fliegen, Eidechsen und auch Krokodile): Hartwig Altenmüller, Die Apotropaia und die Götter Mittelägyptens, Diss. München 1965, Abb. 1. 2. 3. 7. 13. 21. 27. 29. Der Kopf des Pantherfells als Kleidungsstück wird seit dem AR meist in V. gegeben, s. Schäfer, Kunst, 155, ebenso Ochsenköpfe, vornehmlich

in Ornamenten: Smith, Interconnections, Abb. 53 u. ö.; Pavla Fořtová-Šámalová, Das ägyptische Ornament, Hanau 1963, Abb. 165–168. Wenn zwischen den Hörnern der Himmelskuh der junge Sonnengott sitzt, erscheint dieser Kuhkopf häufig in V., z. B. CG 25019 und Erik Hornung, Der äg. Mythos von der Himmelskuh, OBO 46, 1982, 99, Abb. 9. – [34] Vgl. Anm. 19; dazu auch die gefangenen Philister: PM II², 496 (83). – [35] Bei Stadelmann, in: LÄ V, 26 steht irrtümlich: „im Profil", richtig dagegen Rainer Stadelmann, Syrisch-palästinensische Gottheiten in Ägypten, PÄ 5, 1967, 114. – [36] Z. B. im Sarkophag der Anchnes-nefer-ib-Re, BM 32: PM I. 2², 685; zahlreiche Beispiele bei Valdemar Schmidt, Sarkofager, Mumiekister, Mumiehylstre, Kopenhagen 1919, Abb. 930. 958. 1125. 1177. 1302. 1321. 1329. 1333. 1340. 1344; Brunner und Pitsch, in: Fs Westendorf II, 1095 f., Tf. 1–2; Emma Brunner-Traut und Hellmut Brunner, Die ägyptische Sammlung der Universität Tübingen, Mainz 1981, Tf. 156 (röm. Kaiser-Zt). En-Face-Darstellungen des Osiris, des Verstorbenen, teilweise auch der Nut in Särgen und auf *Leichentüchern ptol.-röm. Zt sind von hellenistischen Porträts beeinflußt: Parlasca, Mumienporträts, Tf. 57–61. – Den Schutzgottheiten entspricht der Seelenvogel mit ausgespannten Flügeln im Kopfteil der Särge: Tb (Naville) I, Tf. 21. – [37] Hornung, Tal (s. Anm. 6), 105 unten. – [38] Heinrich Schäfer, Das Weltgebäude der Alten Ägypter, Berlin–Leipzig 1928, 86, Abb. 2; s. Clère, in: MDAIK 16, 1958, 31. Vgl. auch Anm. 6 (Sonnengeburt aus dem Leib der Himmelsgöttin); außerdem s. Anm. 33 Ende. – [39] Tb (Naville) I, Tf. 21 L.a; auch der *Djed-Pfeiler selbst wird als Osiris dadurch in V. gesetzt, daß ihm zwei Augen eingesetzt werden: Hornung, Tal, Abb. 151 f. u. ö. – [40] Hornung, Unterweltsbücher (s. Anm. 13), 287 Abb. 60. – [41] Hornung, Tal, Abb. 114. 115. – [42] A.a.O., 117.

Lit.: Schäfer, Kunst, 212–219; ihm folgend, etwas erweitert, Smith, Sculpture, 322–326. E. B.-T.

Vorfahren. 1. *Die Bezeichnungen.* a) Die äg. Wörter für *Vater und *Mutter dienen auch als Bezeichnungen entfernterer Vorfahren[1]. Der Terminus *jtj jtjw* bezeichnet den *Urgott[2], aber auch den menschlichen Vater des Königs[3]. Die Parallelbildung *mwt mwwt* „Mutter der Mütter" wird selten und nur im göttlichen Bereich gebraucht[4]. Vom toten König heißt es, er habe „keine Väter und keine Mütter" unter den Menschen[5].

b) Abgesehen von *pꜣwtjw* „Urzeitliche"[6] und *ḏrtjw* „Grenzleute(?)"[7] (diese bedeuten fallweise „Urzeitliche" im Unterschied zu den Königen zwischen Urzeit und Gegenwart[8]), sind die wichtigsten Bezeichnungen für V.: *jmjw-bꜣḥ*, *jmjw-ḥꜣt*, *tpjw-ꜥ*[9], *ḥꜣwtjw* und *tpjw-rdwj* („befindlich vor" bzw. „befindlich am Anfang"), womit lediglich die Positionierung auf der Zeitachse vor der Gegenwart (*Vergangenheit, Verhältnis zur) beschrieben wird[10] (parallel zur Bezeichnung der Nachfahren als *jmjw-ḫt*[11]).

c) Die Pluralformen von *njswt*[12] und *bjtj*[13] (auch *njwswt-bjtjw*[14]) dienen zur Bezeichnung kgl. V. (vgl. auch *Horusdiener).

d) Daneben sind kombinierte Ausdrücke üblich, z. B. *njwswt-bjtjw ḫprw ḫr ḥꜣt* u. a. (auch: *njwswt jmjw-ḥꜣt*[15]), *pꜣwtjw šps̱w jmjw-ḥꜣt*[16] und *ḏrtjw jmjw-ḥꜣt*[17].

2. *Klassen.* Die V. lassen sich einteilen in menschliche V. a) des Privatmannes (Eltern, Großeltern[18]; darüber hinausgehende Stammbäume sind fiktiv [*Abstammung]; *Osiris ist König bzw. Oberer der *tpjw-ꜥ*[19] bzw. der *ḏrtjw*[20]: *tpjw-ꜥ* und *ḏrtjw* hier = *ꜣḫw*[21]), b) des Königs (Eltern und Amtsvorgänger[22]; letztere bilden eine Vorfahrenkette[23] [vgl. oben 1 c]), und in c) göttliche V. des Königs als des Amtsinhabers entweder in Verlängerung der Vorfahrenkette in die Urzeit hinein (Götter- und Halbgötterdynastien im *Turiner Königspapyrus; zu den *Horusdienern vgl. aus der 17. Dyn. eine Stele des *Rahotep[24] [König]) oder in der Götterneunheit von *Heliopolis[25], an die der König als *Horus unmittelbar angeschlossen wird (systematisch ist hier die Sohnesqualität des Königs gegenüber praktisch jeder Gottheit aufzuführen[26] und die *Kamutef-Beziehung zwischen Gott und König, die auf dem Wege der stets unmittelbaren göttlichen Zeugung des Königs die Vorfahrenkette quasi bedeutungslos macht) und in d) Vorfahren von Göttern (z. B. die Göttergenerationen von Heliopolis; vgl. auch *Göttervorfahren).

3. *Funktionen der Vorfahren.* Die V. stellen die Verbindung her zwischen Gegenwart und Urzeit (*Vergangenheit, Verhältnis zur). Sie sind Träger der Überlieferung (*Lehre für Merikare, *Admonitions[27] u. a.[28] und wohl fiktiv in der Einleitung des Schabaka-Steines), Richter des Toten[29] und Fürsprecher im Jenseits[30]. Ansonsten dienen ihre Taten als Maßstab für die Leistungen des Königs, die die der V. zu übertreffen haben[31].

[1] Zu *jtj* s. Wb I, 141, 16; Dimitri Meeks, L'Année lexicographique, Paris 1980–82, 79. 0366; 78. 0536; 77. 0493; zu *mwt* s. Wb II, 54, 5. – [2] Wb I, 141, 17. – [3] Z. B. Kitchen, Ram. Inscr. II, 288, 5. (*Sethos I.). – [4] Wb II, 54, 7 (*Hathor) und 8 (*Neith). – [5] Pyr. 809. – [6] Wb I, 496–7. – [7] Von *ḏr* „Grenze"? *ḏrtjw* vor der griech. Zt in der Determinierung unterschieden von *ḏrtj* „Falke". – [8] Z. B. Urk. IV, 344, 13–14. – [9] *tpj-ꜥ* singulär als Herrschername nachträglich *Mentuhotep I. beigelegt. – [10] Diese Bezeichnungen sind daher gegenüber der Vorfahrenklassifikation (s. u.) „systemneutral". – [11] Vgl. auch Pyr. 829: *tpjw-rdwj.kj* gegenüber *jmjw-ḫt.k.* – [12] Wb II, 329, 13. – [13] Wb I, 435, 11. – [14] Wb II, 331, 9 ff. – [15] Womit die in Abydos bestatteten Könige gemeint sind: Kitchen, Ram. Inscr. II, 325, 14. – [16] Ebd. II, 872, 14. – [17] Urk. IV, 584, 17. – [18] S. *Ahnenkult. – [19] Wb V, 283, 13. – [20] Wb V, 298, 5. – [21] Wb V, 283, 11. – [22] *tpj-ꜥwj.fj* als

Bezeichnung des unmittelbaren Amtsvorgängers in Urk. IV, 405,8. – [23] Vgl. *Vergangenheit, Verhältnis zur B 2. – [24] H. M. Stewart, Egyptian Stelae, Reliefs and Paintings from the Petrie Coellection II, Warminster 1979, Tf. 15 (1), 9. – [25] Vgl. Barta, Neunheit, 61ff. 180ff. – [26] Vgl. z. B. Kitchen, Ram. Inscr. II, 354, 14. – [27] Vgl. hierzu auch Gerhard Fecht, Der Vorwurf an Gott, AHAW 1972. 1, 183 zu Admonitions I, 10: Weissagung der Vorfahren. – [28] Z. B. Urk. IV, 344, 9ff. – [29] Z. B. Urk. I, 46. – [30] S. *Verehrung früherer Könige C 3. – [31] *Vergangenheit, Verhältnis zur C; vgl. z. B. Urk. IV, 85, 11; 500, 12–13. R. Gu.

Vor- und Frühgeschichte. Der historischen äg. Hochkultur gehen im vorgeschichtlichen Befund des Niltales zwei in ihrer räumlichen Verbreitung wie in ihrem materiellen Erscheinungsbild verschiedenartige Kulturabfolgen voraus: eine nördliche, die bisher vor allem im Bereich der Deltaspitze und im nördlichsten Mitteläg. von *Merimde bis Es-Saff[1] und im nördlichen *Fajjum faßbar ist, und eine südliche, deren Ursprungsgebiet offensichtlich das o. äg. Niltal von *Assiut bis *Hierakonpolis gewesen ist[2]. Beide Kulturbereiche werden im Laufe ihrer Entwicklung immer deutlicher mit den historischen „beiden Ländern" O. Äg. und U. Äg. identifizierbar, was (1) deren Entwicklung bis tief in die Vorzeit zurückverfolgen läßt, (2) deutlich macht, daß es sich nicht vorzugsweise oder gar ausschließlich um Begriffe eines dualistischen Ordnungsdenkens (*Dualismus) handeln kann, (3) erlaubt, vorgeschichtliche Befunde und rückübertragbare Aussagen aus dem historischen Bereich überall dort miteinander enger in Verbindung zu setzen, wo für letztere eine klare geographische Zuordnung erkennbar ist.

Der nördliche Kulturbereich ist mit dem Fundort Merimde bis ins Neolithikum des 6. Jt. zurückzuverfolgen[3]. Dem späteren Merimde etwa gleichzeitig sind die Fundplätze im nördlichen Fajjum[4], jünger, d. h. etwa 2. Hälfte des 5. Jt., derjenige von *Omari. Der südliche Kulturbereich wird mit der *Tasa-, *Badari- und frühen *Naqada-I-Kultur erst im späteren Neolithikum bzw. beginnenden Chalcolithikum, d. h. etwa ab Mitte/Ende des 5. Jt., greifbar[5]. Daß ältere, der Merimdekultur zeitlich entsprechende Stufen hier fehlen, kann allein im Forschungsstand begründet sein[6]. Nicht auszuschließen ist aber auch, daß sich bäuerlich-seßhafte Lebensformen im o. äg. Niltal erst um einiges später entwickelt haben als im bzw. an den Rändern des (südlichen) Deltas[7]. Für das mitteläg. Niltal scheint jedenfalls, wenn der gegenwärtige Forschungsstand zutrifft, mit einem mindestens teilweise längeren Fortleben nicht-bäuerlicher Menschengruppen zu rechnen zu sein[8].

An der Bildung beider Kulturbereiche dürfte die zunehmende Verschlechterung der Lebensbedingungen in den heutigen Wüstengebieten etwa ab dem 6./5. Jt. und die dadurch erzwungene Konzentrierung menschlichen Lebens auf den Talbereich des Nils wesentlichen Anteil gehabt haben[9]. Für eine genauere Erfassung der Vorgänge ist der gegenwärtige Forschungsstand noch zu lückenhaft[10]. Auf insgesamt sehr komplexe Abläufe weist jedoch z. B. hin, daß (1) im nördlichen Kulturbereich bereits das früheste Merimde u. a. vorderasiatische Zusammenhänge zeigt[11] und solche in unterschiedlicher Form für die weitere Entwicklung des Nordbereiches charakteristisch bleiben[12]; (2) die bisher faßbaren Anfänge des südlichen Kulturbereiches mit der Badarikultur und Einzelzügen des Naqada I zwar deutlich dem großen nubisch-sudanesischen Kulturkreis zuzuordnen sind[13], andererseits die Tasakultur und weitere Charakteristika des Naqada I aber offenbar auch beträchtliche Einflüsse aus dem Norden erkennen lassen[14]. Sie machen nicht zuletzt verständlich, daß beide Bereiche – unabhängig von stärkeren afrikanisch-„hamitischen" Zusammenhängen hier und vorderasiatisch-„semitischen" dort – im weiteren Verlauf offenbar relativ leicht zur kulturellen Einheit Gesamtägyptens zusammenzuwachsen vermochten[15].

Die weitere Entwicklung des 4. Jt ist im Nordbereich wiederum nur vorzugsweise punktuell, d. h. vor allem mit dem Fundort *Maadi zu verfolgen[16], aber nahezu sicher in gleicher oder ähnlicher Form zumindest für weite Teile des Deltas anzunehmen[17]. Erheblich klarer ist der Befund im Süden, wo das ursprünglich offenbar auf den Bereich *Naqada-*Abydos konzentrierte Naqada I spätestens in seiner letzten Phase das gesamte Niltal von Assiut bis zum 1. Katarakt zu einer einheitlichen Kulturzone zusammenschloß[18]. Sie erfuhr mit der Wende zum Naqada II sehr wahrscheinlich noch einmal eine letzte größere Zuwanderung aus den austrocknenden Wüstengebieten[19], in jedem Fall aber eine weitere Steigerung ihrer Expansionskraft: im frühen Naqada II zunächst in den nubischen Süden bis Dakke an der Einmündung des gold- und kupferreichen *Wadi Alaqi, im mittleren Naqada II nach Norden bis Girza (*Gerzeh), d. h. in die Grenzzone des nördlichen Kulturbereiches und seiner von Maadi dokumentierten engen Handelsbeziehungen mit Palästina und dem weiteren Vorderasien[20]. In beiden Richtungen sind dabei erhebliche Strecken zunächst offenbar übersprungen worden, was deutlich macht, wie sehr Handelsinteressen und in Nubien wohl auch unmittelbare Rohstoffgewinnung ein wesentlicher Anlaß für beide Ausdehnungsbewegungen gewesen zu sein scheinen und welche Rolle dabei die Flußschiffahrt gespielt hat[21].

Auf die zur gleichen Zeit (etwa um 3500 v. Chr.) erreichten politischen Strukturen weist im Südbereich u. a. das bemalte Fürstengrab von *Hierakonpolis hin[22], d. h. der – nach ägyptischer Tradition – vorgeschichtlichen Königsstadt O. Äg. Die Fundkonzentration hier und bereits ab dem Naqada I in Naqada/*Ombos[23] macht darüber hinaus deutlich, wie weit die frühhistorisch belegte Bedeutung u. a. gerade dieser beiden Hauptorte O. Äg. in die Vorzeit zurückreicht. Für den bisher kaum ergrabenen u. äg. Bereich ist grundsätzlich ähnliches anzunehmen[24]. Die enge Konzentrierung des – nach äg. Tradition – Hierakonpolis entsprechenden *Buto (*Butisches Begräbnis) und der frühen Gauhauptstädte *Xois, *Sais, *Busiris, *Sebennytos, *Hermupolis, *Mendes, *Leontopolis und *Athribis auf das mittlere Delta weist zugleich darauf hin, daß dies das eigentliche Kerngebiet U. Äg. gewesen sein muß, demgegenüber Maadi, ungeachtet seiner Bedeutung innerhalb des prähistorischen Grabungsbefundes, nur ein weit nach Süden vorgeschobener Handelsplatz gewesen sein kann[25].

Die Grenze zwischen Nord- und Südbereich bleibt während des weiteren Naqada II unverändert zwischen Girza und Maadi, also genau auf der Linie, die in der gesamten historischen Zt die „beiden Länder" O. Äg. und U. Äg. trennte[26]. Auch ein Vordringen des ausgehenden Naqada II bis Minshat Abu Omar (*Munagat) leitete offenbar noch nicht die „Vereinigung der beiden Länder" (*Reichseinigung) ein, sondern war eher ein weit ausgreifender Vorstoß – ähnlich demjenigen aus O. Äg. bis zur Höhe des Fajjum –, der am eigentlichen U. Äg. vorbei unmittelbare Handelsbeziehungen mit dem palästinensischen Raum herstellen sollte[27]. Im Niltal selbst folgte dem – offenbar mit diesem Vorstoß zusammenhängenden – Ende von Maadi jedenfalls keineswegs eine sofortige Naqada-Besiedlung des später so wichtigen Gebietes von *Memphis. Erkennbar ist vielmehr eine allmähliche Verlagerung des Schwergewichtes: im frühen Naqada III vom bisher bedeutendsten Platz *Abusir el-Meleq zum 30 km weiter nördlich gelegenen *Tarchan und erst ab dem späteren Naqada III (= Dyn. 0) dann in zunehmendem Maß in den Raum von Memphis[28].

Das offenbar gleichzeitige Eindringen der Naqadakultur ins weitere Delta ist bisher vorzugsweise nur in Einzelfunden bzw. kaum publizierten Grabungen zu erfassen[29] und daher in der Art des Vorganges nur schwer zu beurteilen. Frühzeitliche Schriftzeugnisse belegen jedoch zur gleichen Zeit (um ca. 3100 v. Chr.) erste Anfänge eines gesamt-

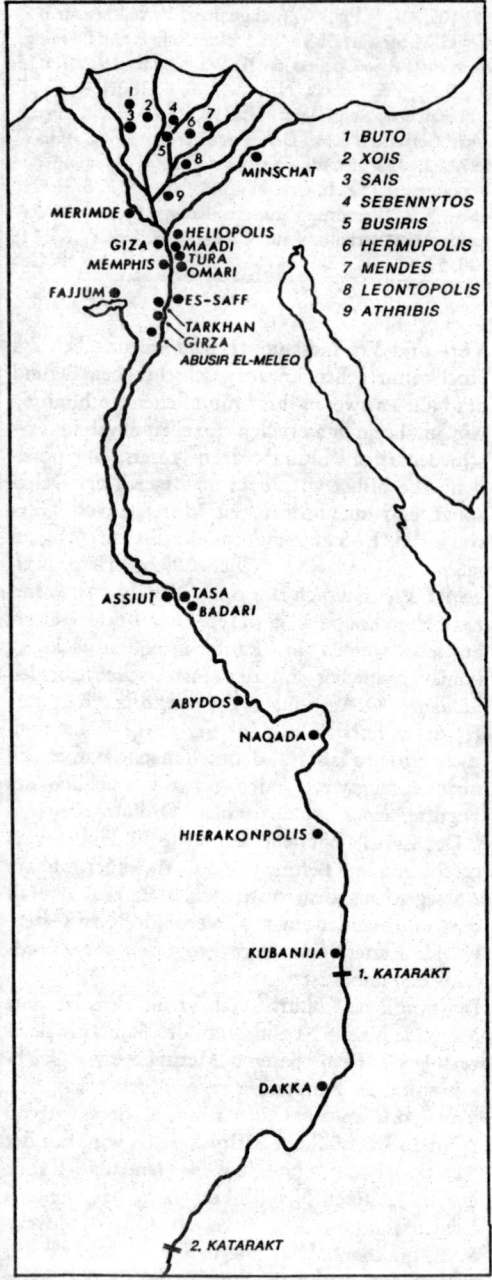

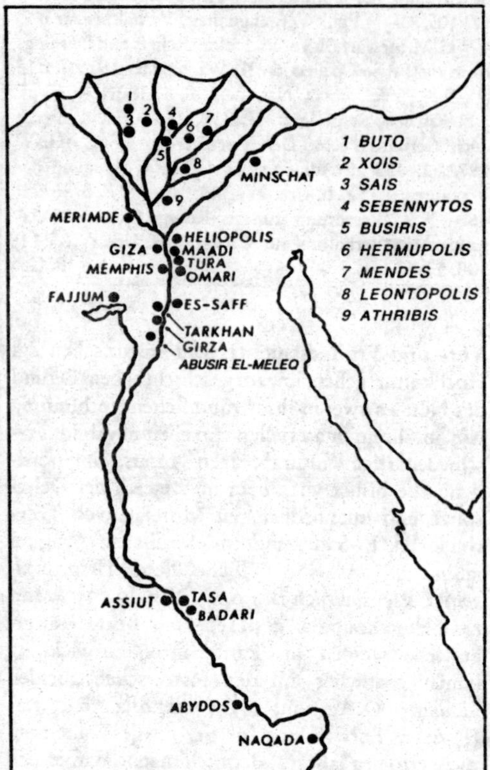

ägyptischen Königtums, das – in Übereinstimmung mit fragmentarisch erhaltenen äg. Überlieferungen – etwa 8–10 Herrschergenerationen vor die 1. Dyn. zurückreicht (daher: Dyn. 0) und in seinem letzten Abschnitt auch mit einzelnen Königsnamen (Iri-Hor, Ka (*Sechen), *Skorpion, *Narmer) faßbar ist[30]. Auf einen Dynastiewechsel, eventuell aber auch nur eine Verlegung des Königssitzes von Hierakonpolis ins weiter nördlich gelegene Abydos weist die Bestattung von Iri-Hor, Ka und Narmer am letzteren Platz hin[31]. Kriegerische Auseinandersetzungen mit bzw. in U. Äg. noch unter Narmer belegt u. a. dessen Prunkpalette in Hierakonpolis, die deshalb jedoch ebensowenig als Zeugnis einer erstmals vollzogenen Reichseinigung gewertet werden darf wie ähnliche Darstellungen des *Chasechemui am Ausgang der 2. Dyn.[32].

Insgesamt bleibt das eigentliche *Geschehen* der Reichseinigung weitgehend im Dunklen, da einerseits Funde aus dem entscheidenden Kerngebiet U. Äg. nahezu völlig fehlen, andererseits die reicher fließenden schriftlichen Quellen der 1. und 2. Dyn. (*Thinitenzeit) bereits einer fortgeschrittenen Periode angehören. Grundsätzlich bemerkenswert ist jedoch selbstverständlich das Fortleben der „beiden Länder" in einem Doppelreich O. und U. Äg. und unter einem in Personalunion ausgeübten Doppelkönigtum – eine Konstruktion, die z. B. schon wegen der frühgeschichtlich bezeugten Bedeutung der alten Königsstädte Hierakonpolis und Buto sicher nicht das Ergebnis dualistischen Ordnungsdenkens sein kann. Nicht auszuschließen ist, daß sie auf einen weitgehend friedlichen Vollzug der Reichseinigung zurückgeht, wahrscheinlicher aber, daß sie einer erheblichen kulturellen und strukturellen Überlegenheit U. Äg. Rechnung trug bzw. ihr zwangsläufiges Resultat gewesen ist[33].

[1] Für den noch unpublizierten Friedhof von es-Saff s. Hermann Junker, Die Politische Lehre von Memphis, APAW 1941. 6, 54. – [2] Zu den Ergebnissen der Feldforschung im Niltal und Delta ist insgesamt zu berücksichtigen, daß die Sedimentation des Nils alle vorgeschichtlichen Reste im Fruchtland mit mächtigen Schlammschichten überdeckt hat. Die bisher bekannten Funde stammen fast ausschließlich von den Wüstenrändern, lassen also nur diejenigen Kulturen erfassen, die nicht nur in der Schwemmlandebene gesiedelt und bestattet haben. Im engen Talbereich Mittel- und Oberäg. können der Forschung trotzdem wohl nur kleinere (aber damit wohl auch älteste!) seßhafte Gruppen entgangen sein, während die Situation im weiten Deltafächer naturgemäß sehr viel ungünstiger ist. Dazu kommt dort – wie auch in Teilen vor allem Mitteläg. –, daß der alte Wüstenrand auf weite Strecken nicht mehr erhalten ist, vgl. Kaiser, in: MDAIK 17, 1961, bes. 43 ff. Um so erfolgreicher war die in den letzten Jahrzehnten sehr intensivierte Feldforschung in den heutigen Wüstengebieten, s. bes. Fred Wendorf und Romuald Schild, Prehistory of the Eastern Sahara, New York 1980 und Martin A. J. Williams und Hugues Faure (Hg.), The Sahara and the Nile, Rotterdam 1980. – [3] Josef Eiwanger, Merimde-Benisalâme I: Die Funde der Urschicht, AV 47, 1984, 63. Die hier und im folgenden gegebenen Datierungen sind Annäherungswerte. Gesichert ist dagegen in großen Zügen das relative Zeitverhältnis der einzelnen Kulturen zueinander, neuerdings durch die Bearbeitung der älteren Maadi-Funde in zunehmendem Maß auch zwischen Nord- und Südbereich, s. Rizkana und Seeher, in: MDAIK 40, 1985 (im Druck). – [4] Zum jüngsten Stand der Fajjum-Forschung s. Janusz K. Kozłowski u. a., Qasr el-Sagha 1980, Warschau – Krakau 1983; Robert J. Wenke, in: Lech Krzyzaniak und Michal Kobusiewicz (Hg.), Origin and Early Development of Food-Producing Cultures in North-Eastern Africa, Posen 1984, 193 ff.; Maria Casini, ebd., 199 ff. – [5] Zur Wahrscheinlichkeit einer teilweisen Gleichzeitigkeit zumindest der Badari- und Naqada I-Kultur s. Kaiser, in: ZÄS 81, 1956, 96 f. – [6] S. o. Anm. 2. Wie im Nordbereich (vgl. Josef Eiwanger, Merimde-Benisalâme I [s. Anm. 3], 62) besteht auch im o. äg. Niltal noch eine erhebliche Forschungslücke zwischen den letzten endpaläolithischen und ersten neolithischen Entwicklungsstufen, s. z. B. Boleslaw Ginter, Janusz K. Kozłowski und Barbara Drobniewicz, Silexindustrien von El Târif, AV 26, 1979, bes. 62 ff. – [7] Zur Entwicklung neolithischer Lebensformen in der südlichen Westwüste eventuell schon früher als im o. äg. Niltal s. zuletzt Fekri A. Hassan, in: Lech Krzyzaniak und Michal Kobusiewicz (Hg.), Origin and Early Development of Food-Producing Cultures in North-Eastern Africa, Posen 1984, 221 ff., und Romuald Schild und Fred Wendorf, ebd., 373 ff. – [8] Die ersten Zeugnisse seßhafter Lebensformen zwischen Assiut und es-Saff reichen z. Zt. nicht vor das mittlere Naqada II oder sogar Naqada III zurück; s. freilich o. Anm. 2. – [9] Die Veränderung der klimatischen Verhältnisse ist in den letzten Jahrzehnten mit zunehmender Genauigkeit erfaßt worden; s. außer der in Anm. 2 zuletzt genannten Literatur bes. Fred Wendorf (Hg.), The Prehistory of Nubia I und II, Dallas 1968 und Karl W. Butzer und Carl L. Hansen, Desert and River in Nubia, Madison 1968. – [10] Trotz zunehmender Kenntnis der endpaläolithischen Kulturentwicklung im und besonders außerhalb des Niltals (s. o. Anm. 2 und 9) sind sichere Verbindungslinien gerade zum Neolithikum des Niltals bisher noch kaum faßbar; s. auch o. Anm. 6. – [11] Josef Eiwanger, Merimde-Benisalâme I (s. Anm. 3), 61 ff.; zu entsprechenden Zusammenhängen bereits der endpaläolithischen Heluan-Funde s. ebd., 62. – [12] Besonders deutlich in Maadi faßbar, s. zuletzt Rizkana und Seeher, in: MDAIK 41, 1986 (im Druck); vgl. weiterhin das Auftreten vorderasiatischen Importgutes in der Naqadakultur vom Zeitpunkt ihrer Ausdehnung ins nördliche Mitteläg. an und die Konzentrierung weiterer vorderasiatischer Zusammenhänge zur Zeit der Reichseinigung (Kaiser, in: ZÄS 91, 1964, 124 f.). – [13] Am offensichtlichsten sind diese Zusammenhänge beim größten Teil der Badari-Keramik und der „Black-topped"-Verzierung der Naqada- und z. T. auch Tasa-Keramik. Wahrscheinlich ähnlich dürften der Beigabenreichtum der Bestattungen und möglicherweise auch die Eigenarten der Siedlungsweise zu verstehen sein, doch ist für eine umfassende Beurteilung der letzteren die Materialbasis noch wenig ausreichend. – [14] Am deutlichsten in den Keramik*formen* der Tasa- und Naqada I-Kultur. Auffallend ist weiterhin die mit dem Naqada I einsetzende Gefäßbemalung. Für die Tasakultur werden Beziehungen zum Nordbereich darüber hinaus durch den anthropologischen Befund eines vergleichsweise kräftigen Menschenschlages nahegelegt; vgl. Guy Brunton, Mostagedda and the Tasian Culture,

London 1937, 26f. – [15] In welchem Umfang diesen beiden Gegensatzpaaren noch ein dritter mit *Nomaden – Bauern hinzuzufügen ist, bedarf weiterer Forschung. Der bisherige Befund – wie auch die geographische Situation an sich – legt die Annahme einer stärkeren Konzentrierung nomadischer Tendenzen im o. äg. Niltal aber jedenfalls nahe. – [16] Weitere Fundorte der Maadikultur außer dem unmittelbar benachbarten Wadi Digla (Amer und Rizkana, in: BFAC 15, 1953, 97ff. 201ff.) sind *Heliopolis (Debono, in: ASAE 52, 1954, 625ff.), *Tura (Hermann Junker, Bericht und Grabungen der Kaiserlichen Akademie der Wissenschaften auf dem Friedhof von Turah, DAWW 56.1, 1912, 2), *Gisa (CG 2001–2152 u.v.a., S.45 und Tf.4, Nr.3351. 3352), Merimde (Eiwanger und A.Badawi, in: MDAIK 36, 1980, 70ff.); s. auch Rizkana, in: Bulletin of the Institute of the Desert 2.2, 1952, 117ff. – [17] Die dichte Konzentrierung der bisher bekannten Fundplätze u. äg. Kulturen im weiteren Bereich der Deltaspitze und ihre scharfe Abgrenzung gegen den südlichen Kulturbereich läßt jedenfalls keinen Zweifel, daß sich der Gegensatz zum Südbereich im mittleren und nördlichen Delta höchstens noch verschärft haben kann; s. im übrigen u. Anm. 24. – [18] Kaiser, in: Archaeologica Geographica 6, Hamburg 1957, bes. 74f. – [19] Der Vorgang ist im einzelnen schwer zu fassen, aber – jedenfalls im äußeren Erscheinungsbild – keineswegs umstürzend verlaufen; vgl. Kaiser, a.a.O., 75. – [20] S. o. Anm. 12 sowie weiterhin, daß ab jetzt im Südbereich sowohl Wellenhenkelgefäße palästinensischer Art (bzw. Nachbildungen) und vorderasiatische *Rollsiegel etc. auftreten (Kaiser, a.a.O., 75, wo rechte Sp., 7. Z. Nildelta statt Niltal zu lesen ist; Helck, Beziehungen[2], 4ff.). Für die Ausbreitung der Naqadakultur nach Nubien und ins nördliche Mittelägypten s. Kaiser, a.a.O., 74, Tf.26. – [21] Für Handelsbeziehungen bereits des Naqada I bzw. spätestens des frühen Naqada II mit Maadi s. Rizkana und Seeher, in: MDAIK 40, 1985 (im Druck). – [22] S. Kaiser und Dreyer, in: MDAIK 38, 1982, 242f. – [23] Gleichfalls mit einem besonderen Bestattungsplatz für Häuptlinge bzw. Fürsten und deren Angehörige bzw. Gefolge, s. Kaiser und Dreyer, a.a.O., 243f. – [24] Die Bedeutung, welcher der „Vereinigung beider Länder“ nicht nur in der äg. Tradition, sondern u.a. auch in den Prunkpaletten und -keulen etc. der Dyn.0 (*Reichseinigung) beigelegt wird, wäre anders nicht zu verstehen. – [25] Vgl. auch die Bezeichnung der westlichen und östlichen Deltarandgebiete in historischer Zt als „West-“ und „Ostgau“, womit beide ähnlich als (nach außen „offene“) Grenzzonen charakterisiert zu sein scheinen wie im äußersten Süden O.Äg. der 1. *Gau mit der Bezeichnung „Nubierland“ (Helck, Gaue, 68ff. 153ff. 187ff.). – [26] Nicht weniger bemerkenswert ist, wie sehr auch die historische Südgrenze O.Äg. mit dem Verbreitungsgebiet der Naqadakultur zusammenfällt, und zwar unverändert bereits seit dem späten Naqada I: ihr Vordringen zunächst bis Dakke und schließlich bis über den 2. Katarakt hinaus führte zur Entwicklung einer naqadoid-nubischen Mischkultur, die nach Norden bis el-*Qubanije, d.h. knapp nördlich des 1. Katarakts, reicht (*Nubien: A-Gruppe). – [27] Vgl. die sonst bis dahin vor allem in Maadi belegten palästinensischen Gefäße (Dietrich Wildung, Ägypten vor den Pyramiden, Mainz 1981, 35 und Abb.31, wozu zweifellos auch das Gefäß Abb.23 zu stellen ist und damit als Anhaltspunkt für eine Datierung des Platzes ins Naqada IIc wegfällt). – [28] Kaiser, in: ZÄS 91, 1964, 105ff. – [29] Kaiser, a.a.O., 109ff. – [30] Kaiser und Dreyer, in: MDAIK 38, 1982, 260ff. – [31] Kaiser und Dreyer, a.a.O., 235ff.; s. weiterhin Kaiser, in: ZÄS 91, 1964, bes. 122f. – [32] Kaiser, a.a.O., 89ff. – [33] Vgl. dazu z.B. die grundsätzlichen Unterschiede in der frühen Architektur U. und O.Äg. (Kaiser und Dreyer, in: MDAIK 38, 1982, 251ff.; Kaiser, in: Mélanges G. Mokhtar, Kairo [im Druck]) oder unter den wenigen Verwaltungstiteln, die speziell u.äg. sind, den „Siegler des Königs von U.Äg.“, aber auch selbstverständlich die in der 3.Dyn. vollendete Verlagerung des Schwergewichtes von Reich und Königtum in den Raum von Memphis; s. auch Kaiser, in: ZÄS 91, 1964, bes. 121ff.

Lit.: Lech Krzyzaniak, Early Farming Cultures on the Lower Nile, Warschau 1977; Michal A.Hoffmann, Egypt before the Pharaos, New York 1979; Lech Krzyzaniak und Michal Kobusiewicz (Hg.), Origin and Early Development of Food-Producing Cultures in North-Eastern Africa, Posen 1984.
Ältere zusammenfassende Lit.: Baumgartel, Prehistoric Egypt; Emile Massoulard, Préhistoric et protohistoire d'Egypte, Paris 1949; William C. Hayes, Most Ancient Egypt, Chicago 1965. W.K.

Vorlesepriester s. Cheriheb

Vormundschaft. Eine V. ist selten erwähnt: sicher in einem Kahun-Papyrus des MR[1], vielleicht in einem Totenbrief[2]. Wenn wir die Angaben des pWilbour verallgemeinern dürfen, so war im NR die Mutter für die Kinder verantwortlich, und es war keine Notwendigkeit für einen Vormund.

[1] pKahun and Gurob, Tf. 12 Z. 14. – [2] Alan H. Gardiner und Kurt Sethe, Egytian Letters to the Dead, London 1928, S. 20, Tf. 4. W.H.

Vorsteher von Oberägypten (*jmj-rꜣ šmꜥw*), ein seit etwa *Asosi belegtes Amt[1], das nach dem großen Einschnitt im Sozialgefüge am Ende der 5.Dyn. die Verwaltung O.Äg. zusammenfassen sollte, nachdem wohl durch Selbständigkeitsbestrebungen der Gauverwalter (der „Großen Oberhäupter“) Auflösungstendenzen erkennbar wurden[2]. Der Sitz dieses Beamten war anscheinend *Thinis[3]. Bekanntere Inhaber dieses Amtes waren die späteren *Wesire *Kꜣj*[4] und *Kꜣ-gm.n.j*[5] (*Kagemni), *Nj-kꜣw-Izzj* (unter Asosi)[6], *ꜥnḫ-Wnjs*[7] sowie *Uni (*Wnj*)[8].
Seit *Merenre tragen auch „Große Oberhäupter“ von Gauen diesen Titel; hier darf dies jedoch nicht als echte Amtsbezeichnung genommen werden[9], sondern als Hinweis auf einen Anspruch dieser Personen, von der Befehlsgewalt der eigentlichen Amtsinhaber exemt zu sein[10].
In einem Koptosdekret der 8.Dyn.[11] bezeichnet der Titel bereits nur noch eine Amtsgewalt in den südlichen 7 *Gauen von O.Ägypten. Die letzte

Erwähnung der Verwaltung durch einen V. scheint die Bemerkung des *Anchtifi von Moʿalla zu sein, daß er „den Stab (*qnbt*) des V. von O. Äg., der im Thinites ist, kommen ließ, um sich zu beraten mit dem *ḥ3tj-ʿ*, Gottesdienervorsteher und Großem Oberhaupt von *Hierakonpolis *Ḥtp*; nicht konnte festgestellt werden, daß so etwas für andere Oberhäupter, die früher in diesem Gau gewesen sind, getan worden ist“ [12].
Im MR und später ist der Titel eines V. von O. Äg. nur noch reiner Ehrentitel, gern bei Wesiren.

[1] Ältester Beleg wohl *Špss-Rʿ* (Wesir unter Asosi): LD II, 60–64 bis. – [2] So Hermann Kees, Beiträge zur altäg. Provinzialverwaltung und der Geschichte des Feudalismus I, in: NAWG 1932, 85 ff.; Helck, Beamtentitel, 109. Anders Goedicke, in: MIO 4, 1956, 1 ff.; Eva Martin-Pardey, Untersuchungen zur äg. Provinzialverwaltung bis zum Ende des AR, HÄB 1, 1976, 153–4. – [3] Nach Vandier, Moʿalla, 186 (II δ 1). – [4] Mariette, Mastabas, D 19. – [5] PM III. 1², 521 ff. – [6] Urk. I, 208. – [7] Winlock, Rise and Fall, Tf. 1. – [8] Urk. I, 98 ff. – [9] So Kees, a.a.O., 89 ff.; Helck, Beamtentitel, 110; Eva Martin-Pardey, a.a.O., 161 ff. Anders Fischer, Dendera, 92; Goedicke, in: MIO 4, 1956, 1 ff. (Beauftragung für begrenzte Gebiete und zeitlich gleichzeitige Amtsführung). – [10] Beispiele: *Q3r* von Edfu (Kees, a.a.O., 89–90); *Ppj-ʿnḫ* von *Qusae (Meir I, 9f.). – [11] Urk. I, 300–301; Goedicke, Kgl. Dokumente, 184 ff. – [12] Vandier, Moʿalla, 186 (II γ 3 – δ 3).

Lit.: Hermann Kees, Beiträge zur altäg. Provinzialverwaltung und der Geschichte des Feudalismus I, in: NAWG 1932, 85–119; Helck, Beamtentitel, 109–110. 116 (Letzte Stufe: Übernahme des Wesirtitels); Eva Martin-Pardey, Untersuchungen zur äg. Provinzialverwaltung bis zum Ende des Alten Reiches, HÄB 1, 1976, 152–170; Goedicke, in: MIO 4, 1956, 1 ff. W.H.

Vorzeichnung s. Bildhauer (I, 802–3), Grabbau (II, 847)

Votivgaben (-stelen) im engeren Sinne sind nur solche Weihgaben an Gottheiten, die aufgrund eines *Gelübdes (votum, „ex voto“) gestiftet worden sind. Dabei lassen sich zwei Arten unterscheiden: Entweder gelobt ein in Not Befindlicher eine Stiftung für den Fall seiner Rettung [1] oder er schenkt der Gottheit sofort etwas und erwartet als Gegenleistung (*m jsw jrj*) seine Errettung [2]. Im weiteren Sinn versteht man darunter oft jede Art von Weihgabe, auch wenn sie nicht mit einem Gelübde verbunden ist [3]. Ob ein Gelübde vorliegt oder nicht, läßt sich allenfalls bei beschrifteten V. erkennen, aber auch da nicht immer, zumal der Text meist formelhaft ist. Daher seien hier beide Arten von V. behandelt.

A. Was wird geweiht? Von Statuen [4] und *Stelen [5] höchster Qualität reicht die Skala über Bild-*Ostraka [6] bis hinab zu allerrohesten selbstgekneteten Lehmfiguren (etwa von Hathorkühen) oder Gliedmaßen, umfaßt aber auch Gegenstände des täglichen Gebrauchs. Dabei treten alle nur denkbaren Materialien auf: *Stein, *Bronze, *Holz, gebrannter und luftgetrockneter Lehm, *Fayence, *Glas, *Stoffe [7]. Die Gegenstände stellen, soweit es sich um Figuren handelt, die angesprochene Gottheit oder ihr *Symbol dar, auch eines ihrer Tiere [8] oder einen Teil ihres Tempels (etwa eine *Treppe). Bei Beschriftung ist der Name der Gottheit der wichtigste Teil, der kaum je fehlt [9]. Andererseits ist auch der Petent dargestellt, ebenfalls oft mit seinem Namen. Schließlich kann aber die V. auch Bezug zum Inhalt der Bitte haben, z.B. menschliche Glieder, um deren Heilung gebeten wird [10] (*Götter, Heil-). Augen und Ohren, häufige Weihgaben, können hierher gehören, können aber auch Organe der Gottheit sein, die sich dem Beter zuneigen (*Ohrenstelen).
Zu den V. gehören alle *Tempelstatuen sowie sämtliche Stelen, die nicht in funerärem Zusammenhang stehen. Dabei stellen Votivgaben-Statuen den Stifter meist in betender oder in weihender Haltung dar (z.B. *Naophoren). Mit ihnen verbindet sich die Hoffnung, in Gestalt der Statue ewig an den Opfern für die Gottheit teilzuhaben (*prrt nbt ḥr wḏḥw, prrt nbt m b3ḥ* u.ä.). Auch kostbare Geräte für den Kultvollzug, vor allem Wasserbecken aus Stein [11] oder Metall, wurden geweiht.
Manche dieser Gaben sind unspezifisch und in allen Tempeln vertreten, andere haben engen Bezug zum Herrn des Tempels (so z.B. Hathorkühe und -symbole in *Deir el-Bahari [12] und im *Hathor-Tempel von *Serabit el-Chadim) [13]. Unspezifisch sind z.B. Tongefäße, die gewiß ihres Inhalts wegen geopfert wurden [14], aber z.T. auch kostbar bemalt oder aus Fayence waren [15].
Bei vielen der einfachen V. handelt es sich um Gegenstände, die im Haushalt oder am Körper des Stifters schon eine Vergangenheit hatten, bevor er sich, gewiß oft schweren Herzens, von ihnen getrennt hat: Weitgehend stimmen diese Funde mit solchen aus Siedlungen überein [16]. Andere V. gehören zu bestimmten Berufsgruppen oder Situationen, so z.B. Anker [17] oder Modelle von *Musikinstrumenten [18].
Die ältesten nachweisbaren V. sind die Prunk-*Schminkpaletten [19] oder die Prunkkeulen der späten Vg. und der FrZt, dann die zahlreichen Bilder von *Affen (*Hedj-wer?) und anderen Tieren, aber auch von Menschen aus *Abydos [20] und dem *Satet-Heiligtum auf *Elephantine [21].
In der SpZt kommen dann ganz neue Arten von V. auf: kleinformatige Köpfe von Königen, Reliefs von Tieren, auch menschliche Glieder in Hochrelief, die man früher wegen eines Maßstabes auf

dem Rand „Bildhauermodelle“ genannt hat, die sicher zum Teil V. darstellen[22].

B. Wer weiht? Es sind alle Schichten der äg. Gesellschaft, vom König bis zum Ärmsten, die Gottheiten ihre Gaben bringen. Bei Königen möchte man nur solche Stiftungen als V. ansehen, die mit einem Wunsch für das persönliche Wohlergehen verbunden sind, also nicht ex officio vorgenommen werden – doch ist eine solche Unterscheidung of schwer möglich, da das Wohlergehen des Landes an dem des Königs hängt, und wohl überhaupt zu modern gedacht. Sind die *Sachmet-Statuen im *Mut-Tempel und im *Totentempel *Amenophis' III. V. (Hornung, in: LÄ I, 209)? V. von bedeutenden Männern sind zahlreich erhalten, Statuen oder Reliefs hoher Qualität. Im Rahmen der *Persönlichen Frömmigkeit stiften aber auch höchste Beamte V. im Stil armer Leute, wodurch sie sich vor Gott demütigen[23]. Trotz solcher Sonderfälle wird man im allgemeinen aus der Qualität der Gaben auf den sozialen Stand der Stifter schließen können, und die reicht von hervorragenden Kunstwerken zu selbstgefertigten Machwerken. Alle Schichten sind vertreten.

C. Wer ist Empfänger von Votivgaben? Grundsätzlich kommen alle Gottheiten in Frage, doch werden große Götter, deren Macht berühmt war, bevorzugt, wie *Ptah in *Memphis, *Amun von *Karnak oder *Hathor von Deir el-Bahari, letztere wohl vorwiegend von Mädchen und Frauen. Daneben stehen Heilgötter wie *Ischtar. Zu den Göttern treten Könige als Empfänger von V., meist in Form ihrer Statuen. Bekannteste Beispiele sind die Votivgaben-Stelen aus der *Ramsesstadt, die sog. „Horbeit-Stelen“[24]. Schließlich erhalten im NR auch nicht-königliche Personen hohen Ranges, vor allem *Königssöhne von Kusch, Weihstelen – vielfach gewiß bei ihrem Tode oder dem Begräbnis von Untergebenen gestiftet[25]. Das gilt in erhöhtem Maße für göttlich verehrte Männer der Vergangenheit wie *Imhotep oder *Amenophis, Sohn des Hapu[26].
Aber auch verstorbene Angehörige könnte man als Empfänger von V. ansehen, wenn die gelegentlich mit einem *Brief an Tote versehenen Schalen mit Opfergaben (Getreide, Getränk?) gefüllt waren (s. auch Anm. 39).

D. Wo werden V. dargebracht? Zunächst sind es die zugänglichen Teile von Tempeln, bei Privatleuten auch deren Grab, also Plätze, an denen auch gebetet wird, die als Orte für die wirkungsvolle Niederlegung gelten[27]. Gefunden haben sich V. gehäuft eigentlich in allen Tempeln, die sorgfältig ausgegraben, nicht nur ausgeräumt worden sind. Beispiele: Der 11.-Dynastie-Tempel von Deir el-Bahari[28]; der Hathor-Tempel von Serabit el-Chadim im Sinai[29]; Mit Rahineh[30]; die Tempel von Abydos[31]; das Satis-Heiligtum von Elephantine; die Tempel von *Gurob[32]. Beachtlich ist, daß Werkstätten für die Anfertigung von Devotionalien in manchen Tempeln nachweisbar sind, in denen die Gegenstände an Fromme und vor allem Pilger verkauft wurden, die sie dann großenteils in den Tempel stifteten. Dort wurden die Gaben von Zeit zu Zeit abgeräumt und entweder unter dem Tempelpflaster vergraben[33] oder in Gruben zugeschüttet[34], aus den NR-Tempeln vor Deir el-Bahari auch einfach in die tiefer gelegene Ruine des MR-Tempels geworfen[35]. In *Assiut diente ein Grab des MR als Sammelstelle von etwa 600 Weihstelen an *Upuaut und andere Götter (das sog. Salkhana-Grab, ursprünglich *Djefaihapi III. gehörend). Ob sie dorthin gestiftet worden sind oder etwa aus dem Upuaut-Tempel abgeräumt worden sind, bleibt, da ein Grabungsbericht fehlt, unklar[36]. In Deir el-Medineh wurden V. in großer Zahl im Tempelbezirk oder seiner nächsten Umgebung gefunden[37].

E. Aus welchem Grund werden V. gegeben? Darüber geben nur wenige Denkmäler Auskunft, entweder durch ihren Charakter oder durch ihre Inschriften. Auf der Weihstele an Ischtar in Kopenhagen läßt sich der Stifter als Krüppel (Poliomyelitis) abbilden – kein Zweifel, daß Ischtar ihn heilen soll[38]. Heilung von Gebrechen und Krankheiten einerseits, Bitten um ein Kind andererseits sind die häufigsten Anlässe für Votivgaben. Die zahlreichen nackten Frauenfiguren mit oder ohne Kind, die sich in Tempeln gefunden haben, dürften den Wunsch nach Kindern ausdrücken – in zwei Fällen sagen die Inschriften das ausdrücklich[39]. Die meisten beschrifteten V. aber, also Statuen und Stelen, tragen allgemeine Wünsche vor: Gesundheit und Frische, Kraft auf Erden, Verklärtheit im Himmel, schönes Begräbnis nach hohem Alter, Rechtfertigung in der Unterwelt u. ä. Ob sich konkrete Anliegen hinter diesen Formeln verbergen und welche, bleibt uns verschlossen.

[1] Einziges Beispiel: Berlin 20377, Stele des Neb-Re: ÄHG, Nr. 148, Z. 61 f. – [2] Dietrich Wildung, Imhotep und Amenhotep, MÄS 36, 1977, § 179. – [3] Gegen diese Ausweitung der Wortbedeutung wendet sich Jean Yoyotte, Les pélerinages, SourcesOr 3, 1960, 22. – [4] Wildung, in: LÄ IV, 1116. – [5] *Ohrenstelen. – [6] Emma Brunner-Traut, Die altägyptischen Scherbenbilder, Wiesbaden 1956, 7. – [7] Eine Auswahl z. B. Deir el-Bahari, XIth Dyn. Temple III, Tf. 30 f. – [8] Wildung, in: LÄ II, 673. – [9] Stifter unterer Volksschichten weihten auch zurechtgeschlagene Reliefspolien, die dann aber in aller Regel ein Bild oder den Namen der Gottheit enthalten: Schulman, in: JARCE 6, 1967, 154 f., Tf. 1. – [10] Liepsner, in: LÄ IV, 170 mit Anm. 69. – [11] Z. B. FIFAO XXIX. 3,

Tf. 10; Ebba Kerrn-Lillesø, in: SAK 6, 1978, 100ff.; Jadwiga Lipinska, in: ASAE 59, 1966, 72 mit Tf. 5 Nr. 2; Hecker, in: ZÄS 73, 1937, 36ff. – [12] Deir el-Bahari, XIth Dyn. Temple III, Tf. 24. 32. – [13] William M. Flinders Petrie, Researches in Sinai, London 1906, Kapitel 10. – [14] Auf einem hieratischen Ostrakon gelobt ein Mann, bei Erfüllung seiner Bitte dem Amun von Karnak verschiedene Getränke darzubringen: Kitchen, Ram. Inscr. III, 797, Nr. 2. – [15] Z.B. Deir el-Bahari, XIth Dyn. Temple III, Tf. 26f. – [16] Z.B. *Spielzeug: ein hölzernes fahrbares Pferd aus dem Tempel von Gurob: Gurob, Tf. 47 Nr. 15. – [17] Sayed, in: JEA 66, 1980, 154–156; Emma Brunner-Traut, in: GM 39, 1980, 7; Nibbi, in: GM 56, 1982, 59. – [18] Dorothea Arnold, in: LÄ III, 394 mit Anm. 37. – [19] Westendorf, in: LÄ IV, 654 mit Anm. 7. – [20] Kaplony, in: LÄ I, 1110 Anm. 5. – [21] Kaiser et alii, in: MDAIK 32, 1976, 82–87, Tf. 21–25; id., in: MDAIK 33, 1977, 74ff., Tf. 19–21. – [22] Zuletzt Bianchi, in: MDAIK 35, 1979, 15–22; Liepsner, in: LÄ IV, 171–174. – [23] Z.B. die nur handgroße rohe Stele des *Königssohnes von Kusch Huj: Brunner, in: LÄ I, 447 mit Anm. 14. – [24] Eggebrecht, in: LÄ II, 1276 mit Anm. 10. – [25] Habachi, in: Kush 9, 1961, 210ff.; Emma Brunner-Traut und Hellmut Brunner, Die ägyptische Sammlung der Universität Tübingen, Mainz 1981, 99 zu Nr. 1684; Kitchen, Ram. Inscr. I, 304, Nr. 119. – [26] Material bei Dietrich Wildung, Imhotep und Amenhotep, MÄS 36, 1977; ders., Egyptian Saints, New York 1977. – [27] Altenmüller, in: LÄ IV, 582: „Vor den Pylonen oder im Vorhof des Tempels oder vor der Rückwand des Tempelgebäudes." – [28] Deir el-Bahari, XIth Dyn. Temple III, 1ff. 13ff. – [29] Petrie, Sinai (s. Anm. 13), Kapitel 10. – [30] Rudolf Anthes, Mit Rahine 1955 und 1956, Philadelphia 1959 und 1965, passim. – [31] Abydos I und II, passim. – [32] Illahun, Kahun, Gurob, Tf. 17–20; Arnold, in: LÄ II, 922. – [33] Schulman, in: JARCE 6, 1967, 153; Memphis I, 7; Illahun, Kahun, Gurob, 16 rechts; Tempel von Hierakonpolis (s. Anm. 19); Satis-Tempel auf Elephantine (s. Anm. 21). – [34] *Cachette von Karnak. – [35] Deir el-Bahari, XIth Dyn. Temple III, 13. – [36] Munro, in: ZÄS 88, 1963, 48 mit Anm. 3. – [37] Deir el Médineh, FIFAO XX, 1935–40, passim. – [38] NCG AEIN 134 = Ranke, in: Fs Griffith, 412ff., Tf. 66. – [39] Desroches-Noblecourt, in: BIFAO 53, 1953, 7ff.; Schott, in: JEA 16, 1930, 23. In diesem letzten Fall richtet sich die Bitte an den Vater der Frau, so daß die Figur wie ein Brief an Tote an dessen Grab deponiert gewesen sein mag. H.B.

Waage (*mḫ3t*[1], *jwsw*[2]). Die in Ägypten gebräuchliche W. ist eine Hebel-Waage, und zwar eine doppelarmige Balken-Waage[3]. Zu unterscheiden sind Stand- und Hand-Waage, letztere einfacher konstruiert (Aufhängung, Waage-Balken und -Schalen) und seltener dargestellt. Die Stand-Waage besitzt einen auf einem Untersatz (*p*) ruhenden Ständer (*wṯst*), an dem der Waage-Balken (*rmnwj*, *jwsw* oder *m3wt*) frei beweglich aufgehängt ist. An den Balkenenden hängen jeweils die Waagschalen (*ḫnkw*) für die Gewichte bzw. das zu wiegende Gut. Am Ständer befestigt ist das Lot (*ḫ3j* mit *tḫ*), am Balken der Zeiger (äg. Bezeichnung unbekannt)[4]. Die Parallelität von Lot und Zeiger gibt die waagerechte Stellung des Balkens und somit die Ausgewogenheit der Waagschalen an. Besonders bei Darstellungen im Zusammenhang mit dem *Jenseitsgericht kann der obere Abschluß des Ständers mit einem Bild des *Anubis, des *Horus, der *Maat oder des *Thot verziert sein[5].

Die (römische) Schnellauf-Waage, ebenfalls eine Hebel-Waage, bei der der Gewichtsausgleich durch Verschieben des in seiner Masse unveränderlichen Gewichtstückes erreicht wird, mit nur einer Waagschale und einem mit einer Skala versehenen Balken, scheint in altäg. Zt unbekannt zu sein[6]. Erhaltene Beispiele dieses Types stammen aus röm. oder späterer Zeit[7]. Vereinzelt zu allen Zeiten auftretende bildliche Wiedergaben von W. mit nur einer Waagschale sind nicht als solche zu interpretieren, zeigen sie doch auch den für diesen Typ ungebräuchlichen Ständer, während andererseits das Gewicht fehlt[8].

Darstellungen von W. (Stand- und Hand-Waage) sind seit der Zt des AR (5. Dyn.) belegt bis in die späteste (römische) Zt, und zwar sowohl aus dem profanen wie auch aus dem religiösen Bereich[9]. Einige W. oder Teile davon sind erhalten[10]. Einen indirekten archäologischen Hinweis auf die Existenz von W. stellen die zahlreichen, z.T. bereits aus früherer Zt stammenden Gewichte dar.

Gewichte sind normalerweise von einfach geometrischer Form: rechteckig mit mehr oder minder stark gerundeten Ecken und Kanten, zylindrisch, konisch o.ä.; Gewichte in Tierform (Ente, *Nilpferd, *Löwe, *Steinbock und bes. *Rind und Rinderkopf) sind ab frühem NR belegt. Sie wurden in erster Linie aus den verschiedensten Gesteinsarten hergestellt, daneben finden sich aber auch Exemplare aus *Bronze (mit *Blei gefüllt), *Fayence oder *Keramik[11].

In den meisten Fällen finden sich bildliche Wiedergaben von W. im Zusammenhang mit der Metallverarbeitung. Es waren also in erster Linie zu allen Zeiten kostbare Materialien wie Metalle, Edelmetalle, Halbedelsteine etc., die im Rohzustand wie auch nach der Verarbeitung gewogen wurden[12]. Dies wird bestätigt durch schriftliche Quellen (Gewichtsangaben[13], Aufschriften auf Gewichten); dabei darf allerdings das Problem, ob es sich dabei um wirkliche Gewichts- oder um Wertangaben (*Preise) handelt, speziell während des NR, nicht außer acht gelassen werden[14]. Üblich war anscheinend das Wiegen von metallenen Handwerksgeräten bei der Ausgabe an die Arbeiter durch deren vorgesetzte Institutionen[15]. Andere Produkte wie z.B. landwirtschaftliche Erzeugnisse wurden auch für die Besteuerung in der Regel nicht gewogen, sondern abgemessen[16], das gilt im besonderen Maße für Getreide[17]. Eine dominierende Rolle im Alltagsleben der Ägypter hat das Wiegen und die W. demnach nicht gespielt; trotzdem darf man, zumindest während des NR, die Benutzung von W. im Alltagsgebrauch nicht unterschätzen: in TT 217 wird z.B. das Wiegen von Fleisch gezeigt[18], außerdem liegen Hinweise auf das Wiegen von Fischen, Stoffresten für die Herstellung von Lampendochten, Fellen etc. vor[19]. Erhalten ist auch eine *Markt-Szene, die Händler (*Handel) mit Hand-Waage zeigt[20].

In der *Medizin/Pharmazie wurde augenscheinlich während pharaonischer Zt bei der Zubereitung von Medikamenten (*Heilmittel) die W. nicht benutzt; die einzelnen Bestandteile wurden abgemessen[21]. In medizinischen Texten aus griech.-röm. Zt lassen sich auch Gewichtsangaben in Rezepten finden, was die Benutzung einer W. voraussetzt[22]. Ebenfalls aus röm. Zt stammt die Darstellung einer „Apotheker"-Waage in *Kom Ombo[23].

Der Wiegemeister wird als *jrj-mḫꜣt* bezeichnet[24]. In staatlicher Funktion gehört er zum *Schatzhaus[25] – der Institution, die gerade kostbare Materialien bezieht, verwaltet und verteilt. Nachweislich seit dem frühen MR verfügt diese Institution über W.[26], und nachweislich zumindest für die Zeit des NR gehören sie auch zu Tempeln[27], in erster Linie wohl im Zusammenhang mit deren Schatzhäusern[28].

Funde von Gewichten aus dem MR im nubischen Raum (*Mirgissa, *Uronarti, *Quban) zum Abwiegen von *Gold und *Kupfer zeigen an, daß auch die hier vertretenen Institutionen über W. verfügen, sei es zum Abwiegen nubischer Goldlieferungen oder (bei Kupfer) zum Wiegen von Handwerksgerät[29]. Auch andere Institutionen, die für die Zuteilung von Werkzeugen zuständig waren, benutzten W. für die Gewichtsbestimmung dieser Geräte: so die thinitische „Werft" (*wḫrt*)[30], das Büro der an den *Königsgräbern tätigen Arbeiterschaft. Dort wurde ein dem ausgegebenen Werkzeug entsprechendes Gewichtstück als Beleg (Pfand) hinterlegt[31]. Metallverarbeitende Werkstätten besaßen W., augenscheinlich im NR auch Einrichtungen wie die Palastbäckerei[32]. Eine Existenz von W. an den im MR belegten, als *mḫꜣwt* bezeichneten Zollstationen oder Stapelplätzen[33] kann trotz des gleichlautenden Begriffes, und obgleich es durchaus denkbar ist, nicht bewiesen werden.

Von W. in Privatbesitz muß im NR ausgegangen werden. Ihre Benutzung auf dem Markt, aber auch die zahlreichen, aus dem Privatbereich stammenden Gewichtsangaben in *Deir el-Medineh deuten darauf hin. Ebenso angedeutetet wird die private Nutzung von W. in den Grabräuberpapyri (*Grabräuberprozeß) zur Verteilung der Diebesbeute[34].

Das Manipulieren der W. galt als Vergehen; es wird als nicht begangenes Unrecht im negativen Sündenbekenntnis genannt[35].

Mit dem ausgehenden 3. Jt. tritt die Verbindung von W. und Recht auf, zum ersten Mal in der *Bauerngeschichte, wo *bildliche Ausdrücke sich der W. und ihrer Funktionen bedienen[36]. Die W. dient als Symbol für die Richtigkeit, das Rechttun[37]. Ebenfalls zum ersten Mal findet sich in dieser Zt (ausgehendes 3. Jt) die Vorstellung von der W. als Instrument zur Rechtsfindung beim Jenseitsgericht[38]. Bildliche Wiedergaben des Wiegevorganges, bei dem meistens das *Herz des Verstorbenen gegen die Maat aufgewogen wird, sind seit dem NR belegt[39]. Als Wiegemeister fungieren Thot, der auch sonst eine enge Beziehung zur W. hat[40], Anubis oder manchmal auch Horus. In diesem Zusammenhang existiert auch eine *Personifikation der W.; dargestellt wird dies in der Gerichtshalle des *Pfortenbuches[41].

Das Auftreten der W. als Symbol für das Recht zu einem relativ frühen Zeitpunkt (vor dem NR) ist kaum auf die zu diesem Zeitpunkt nicht zu belegende Alltäglichkeit des Wiegevorganges zurückzuführen (s.o.), vielmehr steht die Präzision, mit der dieses Instrument arbeitet, im Vordergrund. Im Falle des Jenseitsgerichtes mag auch die Vorstellung vom Herzen, dem Sitz des Gewissens, als kostbarem Gut eine Rolle gespielt haben.

Die Bezeichnung „W. der beiden Länder" für *Memphis, bezogen auf die geographische Lage zwischen O. u. U.Äg., die von hier aus in einem gerechten Verhältnis der Ausgewogenheit zueinander gehalten werden, findet sich bes. in der SpZt, gern in archaisierenden Texten.

Sehr späte Darstellungen eines dem *Bes ähnlichen Gottes mit der (Hand-)Waage als Attribut können aufgrund eines *Wortspieles ein Hinweis auf *Atum bzw. seinen demiurgischen Akt sein (*jwsw/jwsꜣw*)[42].

Das Sternbild W., in Zodiakdarstellungen der griech.-röm. Zt belegt[43], ist wie alle diese Tierkreis-Zeichen nicht ägyptischen Ursprungs; es stammt aus Mesopotamien und wurde erst nach der Begegnung mit der hell. Gedankenwelt von den Ägyptern übernommen. Dagegen geht das heute noch gebräuchliche astronomische Zeichen ≏ augenscheinlich auf die in dem. Texten (*Horoskopen) dafür speziell geschaffene, nicht aus dem Griechischen übersetzte, ägyptische Bezeichnung als *Horizont 𓈌 (also nicht W.!) zurück[44].

¹ Wb II, 130; deverbales Substantiv (nomen instrumenti) mit präfigiertem *m* von *ḫꜣj* „messen, wiegen". Für den Ägypter bestand also kein grundlegender Unterschied

zwischen Messen (Feststellung von Längen-, Flächen- oder Raummaßen) einerseits und Wiegen (Feststellung von Gewicht bzw. Masse) andererseits. – [2] Wb I, 57; häufig, aber nicht ausschließlich, für die Hand-Waage gebraucht. Vereinzelt kommt auch die Bezeichnung *ḥmꜣg* vor: Wb III, 94. – [3] Vgl. das Ideogramm Gardiner, EG[3], Sign-list U 38. – [4] Zu den äg. Bezeichnungen für die einzelnen Teile der W. s. Wb II, Belegst., 130,8; Christine Seeber, Untersuchungen zur Darstellung des Totengerichts im Alten Ägypten, MÄS 35, 1976, 68–70; vgl. auch Gardiner, in: JEA 9, 1923, 10 Anm. 4; Stracmans, in: NouvClio 6, 1954, 379 Anm. 1. – [5] Seeber, a.a.O., 68. Eine W. in Gestalt eines Mädchens im Grab des *Kꜣ-jrr* (5.–6. Dyn.): Smith, Art and Architecture, Tf. 51 a. – [6] Petrie, Weights and Measures, 29. – [7] Petrie, op. cit., 31–32, Nr. 25; CG 31492: Arthur E. P. Weigall, Weights and Balances, CG, 1908, 63, Tf. 8. 9. – [8] Die in allgemeiner Literatur (so z. B. Meyers Enzyklopädisches Lexikon 24, Mannheim 1979, 740) anzutreffende Behauptung, dieser Waage-Typ sei bereits während des NR in Ägypten belegt – womit gleichzeitig eine ägyptische Herkunft postuliert wird –, trifft so nicht zu. – [9] Ducros, in: ASAE 9, 1908, 46–53; Klebs, Reliefs I, 84; II, 102; III, 107–108; PM I. 1[2], 466 Nr. 13 c. e. Zu den Darstellungen beim Jenseitsgericht s. Seeber, op. cit.; zu denen im Zodiak: Neugebauer–Parker, Astronomical Texts III, 64–104 passim; 210. – [10] CG 31489–31492: Weigall, op. cit., 62–63, Tf. 8. 9; Ducros, in: ASAE 9, 1908, 2 Tf.; id., in: ASAE 10, 1910, 245–253, 1 Tf.; id., in: ASAE 11, 1911, 251–256; Petrie, op. cit., 42. – [11] Weigall, op. cit.; Petrie, op. cit., zu den einzelnen Formen speziell: 4–7; Hayes, Scepter I, 71–72. 176–177. 195. 297; II, 220, 413; Daressy, in: ASAE 17, 1917, 39 ff. Zur Wiedergabe tiergestaltiger Gewichte im Flachbild s. z. B. Deir el-Bahari III, Tf. 81; William M. F. Petrie, Qurneh, BSAE 16, 1909, Abb. 35; Klaus Kuhlmann und Wolfgang Schenkel, Das Grab des Ibi. Theben Nr. 36, Bd I, AV 15, 1983, Tf. 30. – [12] So noch bei Petosiris: Petosiris III, Tf. 8. – [13] Helck, Materialien, passim, für das NR. – [14] Janssen, Prices, 300. – [15] Černý, in: CAH II. 2, 621; Dominique Valbelle, Catalogue des poids à inscriptions hiératiques de Deir el-Médineh. Nos 5001–5423, DFIFAO 16, 1977, 5 mit Anm. 8; 12–17 für das NR. Für das MR s. pReisner II, 25–26. 31; Vercoutter, in: Fs Hintze, 445. – [16] Z. B. Paule Posener-Kriéger, Les archives du temple funéraire de Néferirkarê-Kakaï I, BdE 65. 1, 1976, 228 (AR); Ḥeḳanakhte Papers, passim (MR); Helck, Materialien, passim (NR). (Hohl-)Maßangaben wie Sack, oipe, heqat, hin etc. sind keine Gewichtsangaben, auch wenn bei feststehender Größe dieser Maße für den modernen Gebrauch ein Gewicht daraus errechenbar ist. Das Feststellen dieses Maßes setzt keinen Wiegevorgang und damit keine Benutzung einer W. voraus. – [17] S. Paule Posener-Kriéger, op. cit.; Ḥeḳanakhte Papers; Helck, Materialien, 541–641. Zu Darstellungen s. Vandier, Manuel VI, 228–229. 278–279. Bezeichnenderweise ist augenscheinlich bisher nur ein Beleg für das Wiegen von Weizen bekannt: Valbelle, op. cit., 22. Auch in mathematischen Aufgaben zur Berechnung von Speicherinhalten wird bei Getreide ein Ḥohlmaß als Berechnungsgrundlage verwendet: Reineke, in: MIO 9, 1963, 152–153. – [18] PM I. 1[2], 315,2, IV. In TT 131 (op. cit., 246,2, II) und TT 254 (op. cit., 338,4 im Zusammenhang mit Scheune) bleibt unklar, was gewogen wird. – [19] In der Form von hinterlegten Gewichtspfändern: Valbelle, op. cit., 5–6. 21–25. Für Fische vgl. auch die Gewichtsangaben zusammengestellt bei Helck, Materialien, 816–832. Vereinzelte Gewichtsangaben z. B. für Holz, Natron, Leder, Wachs, Myrrhen, Weihrauch bei Helck, op. cit., 706. 848. 939. 942. 709. 711–712. Auch finden sich bei der Brotherstellung in Angaben zum Backverhältnis bei Broten Gewichtsangaben: op. cit., 634–641. – [20] In TT 162: Davies und Faulkner, in: JEA 33, 1947, Tf. 8. – [21] Grundriß der Medizin IX, 1–16. – [22] Eva A. E. Reymond, A Medical Book from Crocodilopolis, From the Contents of the Libraries of the Suchos Temples in the Fayyum, Mitteilungen aus der Papyrussammlung der Österreichischen Nationalbibliothek N. S., 10. Folge, Wien 1976, 242 (Index); dort, in Texten, bei denen vieles auf eine Entstehung in griech.-röm. Zt und eine Niederschrift in röm. Zt hindeutet und die deutlich griech. bzw. hell. Einflüsse zeigen. – [23] Z. B. Alexandre Badawy, Kom Ombo, Sanctuaires, Imprimerie de l'IFAO, Kairo o. J., Abb. 29. – [24] Wb II, 130, 10–11; Wb, Belegst. II, 188–189. – [25] Helck, Verwaltung, 190. – [26] Im Grab TT 103 des *Dꜣgj* werden kostbare Materialien abgewogen, offensichtlich im Zusammenhang mit dem Schatzhaus: Davies, Five Theban Tombs, Tf. 33; Gauthier, in: BIFAO 6, 1908, 167 Z. 5 (Baki TT 18). – [27] Vgl. den Titel *jrj-mḫꜣt n Jmn*: Davies–Macadam, Funerary Cones, Nr. 526. Hölzerne Teile von W. werden unter den Tempelstiftungen Ramses' III. im pHarris I aufgeführt, z. B. 34 a, 14; 34 b, 2. Bei der dort 26,11 genannten *mḫꜣt šps(t) n ḏꜥm* muß es sich um eine Weihgabe handeln. – [28] Vgl. z. B. TT 178: PM I. 1[2], 285,11 und 12,6. – [29] Vercoutter, in: Fs Hintze, 437–445, bes. 444–445. Kupfergewichte dort in der Nähe von Werkstätten gefunden wie auch in Lahun, Medum, auf dem Sinai, loc. cit. – [30] Pap. Reisner II, 25–26. 31. – [31] S. Anm. 15 (Černý und Valbelle). – [32] Helck, Materialien, 634–641. – [33] El Bersheh I, 14,11. – [34] Peet, Tomb Robberies, Tf. 27,1; Tf. 29,1 (pBM 10052, 3,8; 5,20). Zweifel an der Benutzung von W. bei Peet, op. cit., 160 Anm. 19. – [35] Vgl. Herrmann, in: ZÄS 79, 1954, 111. – [36] Herrmann, op. cit., 106–115; Stracmans, in: NouvClio 6, 1954, 378–386 zur Quban-Stele. Zu den mit der W. gebildeten bildlichen Ausdrücken allgemein s. Grapow, Bildliche Ausdrücke, 168–169. – [37] Die W. mit diesem Symbolgehalt als Attribut der Justitia oder des Erzengel Michael geht auf äg. Vorstellungen zurück: Gardiner, in: JEA 9, 1923, 10 Anm. 4; Siegfried Morenz, Die Begegnung Europas mit Ägypten, Berlin 1968, 135. – [38] Stele des Generals Mentuhotep: Clère, in: BIFAO 30, 1931, 425–447; auch in den Sargtexten: Reinhard Grieshammer, Das Jenseitsgericht in den Sargtexten, ÄA 20, 1970, 46–48. – [39] Seeber, op. cit. (s. Anm. 4); zur W. speziell op. cit., 67–83. – [40] Herrmann, op. cit. – [41] Seeber, op. cit., 68–69. 188–189. – [42] Derchain, in: Religions en Egypte hellénistique et romaine. Colloque de Strasbourg 16–18 mai 1967, Bibliothèque des Centres d'études supérieures spécialisés, Paris 1969, 31–34, Tf. 1, bes. Abb. 2. – [43] Neugebauer–Parker, Astronomical Texts III, 210. – [44] Neugebauer, in: JAOS 63, 1943, 122–123.

E. M.-P.

Wache (*ꜥrrjt*), als Sicherungsanlage vor dem Komplex der kombinierten Regierungsgebäude und des kgl. Palastes, ist seit dem AR bekannt; in ihr sind Vorsteher[1] und Schreiber[2] belegt. Aus dem MR kennen wir ebenfalls Vorsteher[3], Sprecher (*wḥmw*)[4], *jmj-rȝ w*[5] sowie Abteilungen[6], Schiffe[7] und Türhüter[8]. Letztere „melden was draußen geschieht, drinnen, und was drinnen geschieht, draußen"[9]. Der Vorsteher der Wache wird damals unmittelbar vom *Wesir eingesetzt[10]; die W. selbst fungiert auch als Untersuchungsgefängnis[11]. In der W. werden Urkunden deponiert[12], für die der Vorsteher der W. verantwortlich ist[13].

Im NR spielt der 1. Sprecher der W., der gern aus dem Kreis ausgedienter Soldaten kommt[14], als *Herold eine große Rolle, der nicht nur im Feld die Taten der Soldaten meldet[15], sondern zu Haus auch für das Zeremoniell zuständig ist[16]. Neben dem 1. Sprecher gab es auch einen 2. Sprecher der Wache[17].

In der W. wurden auch Gerichtssitzungen abgehalten[18]. Nach der *Lehre des Ptahhotep (8,2ff.) „geht die W. nach ihrer Regel und alles läuft nach der Richtschnur", so daß jedermann steht und sitzt nach seinem Rang, wie es am ersten Tag befohlen ist.

[1] Junker, Gîza XI, 70; Hatnub, 15,8; 21,1; Davies, Five Theban Tombs, 38. – [2] Hatnub, 25,19. – [3] CG 435. 20296. 20288; Louvre C4; Wien 57; Riqqeh and Memphis VI, Tf. 25; Erman, in: ZÄS 20, 1882, 203; Lahun II, Tf. 29. – [4] Inscr. Sinai, Nr. 79. 80; Couyat-Montet, Inscr. du Ouâdi Hammâmât, Nr. 19. 104. 108; pKahun and Gurob, Tf. 15,34. – [5] CG 20229. – [6] CG 20880. 20734. 20086 (*šmsjw*). – [7] Bauer B 1,35. – [8] pKahun and Gurob 30,43. – [9] Urk. IV, 1117,1 (Wesirdienstvorschrift). – [10] Urk. IV, 1114,5. – [11] Urk. IV, 1107,5. – [12] Gardiner, Inscr. of Mes, S 6 (19. Dyn.). – [13] Urk. IV, 1021,1 (18. Dyn.). – [14] Z.B. TT 22. – [15] Urk. IV, 3. – [16] Allgemein zur Tätigkeit s. etwa Intef (Louvre C 26 = Urk. IV, 963ff.), *Ȝmw-nḏh* (Urk. IV, 940–1); vgl. auch die Schilderung bei Rechmire (Gardiner, in: ZÄS 60, 1925, 64): „Ich erreichte das Tor der *ʿrrjt*, die *smrw* verneigten sich und die Hallenältesten fand ich, wie sie mir den Weg freimachten." – [17] Davies, Ramose, Tf. 27. – [18] Erman, in: ZÄS 17, 1879, 72 „in der *ʿrrjt* Pharaos in der Südresidenz neben der großen Tür Ramses' III. in *Ḥrj-ḥr-Jmn*". Vgl. auch Urk. IV, 1369, 11: Jemand „ist nicht bestraft worden an einem Tor des Königs" (diese Urkunde wird ebenfalls vom *jmj-rȝ ʿrrjt* bestätigt).

Lit.: Gardiner, in: ZÄS 60, 1925, 64ff.; Helck, Verwaltung, 65–70. W.H.

Wacholder (*wʿn*). In Äg. selbst wachsen keine W.-Arten. Nur auf dem *Sinai kommt in einem ganz kleinen Gebiet der W. Juniperus phoenicea L. vor[1], der außer in Äg. sonst im ganzen Mittelmeerraum verbreitet ist. Nach Täckholm[2] sind von dieser Art jedoch keine Funde aus dem Alten Äg. belegt, alle bisher in der Literatur als J. phoenicea bezeichneten Wacholderbeeren aus altäg. Gräbern sollen der im Mittelmeerraum außer Äg. und Süd-Palästina beheimateten Art J. oxycedrus L. angehören[3]. Dieser W. ist ein bis etwa 8 m hoch werdender Nadelbaum, der kugelige, fleischige, im Durchmesser ungefähr 1,5 cm große Beerenzapfen trägt, die erst bläulich und bei der Reife dann rötlich-braun sind.

Beeren des J. oxycedrus L. sind als Grabbeigaben von der 3. Dyn. an belegt[4]. Die aromatischen Wacholderbeeren wurden bei der Mumifizierung (*Balsamierung) verwendet, einige fand man direkt am Körper von *Mumien[5], und eine Mumie des MR hielt sogar einige Wacholderbeeren in der Hand[6]. Mit Wacholdersubstanzen[7] aromatisierte Salböle (*Öl) konnten an einer Mumie des 3. Jh. v. Chr. nachgewiesen werden. Wacholderbeeren, äg. *prt wʿn*, waren auch ein beliebtes *Heilmittel[8], und in der äg. Tischlerei verwendete man importiertes Wacholderholz[9], wenn auch wohl nur in geringem Umfang[10]. Außer den Beeren von J. oxycedrus L. fand man in Gräbern des MR und NR auch einige wenige des Pflaumenwacholders (Arceuthos drupacea Antoine et Ky.)[11], der in Griechenland, Kleinasien und Syrien beheimatet ist.

[1] Vivi Täckholm, Students' Flora of Egypt, Beirut ²1974, 50. – [2] Vivi und Gunnar Täckholm, Flora of Egypt I, BFAC 17, 1941, 75ff. – [3] Dieser Ansicht war auch schon Schweinfurth; vgl. dazu Renate Germer, Flora des Pharaonischen Ägypten, AV Sonderschrift 14, Mainz 1948, s.v. Juniperus. – [4] Vgl. Anm. 2. – [5] Lucas, Materials⁴, 310ff. – [6] Vivi Täckholm und Mohammed Drar, Flora of Egypt II, BFAC 28, 1950, 81. – [7] Aidan und Eve Cockburn, Mummies, Disease and Ancient Cultures, Cambridge 1980, 62. – [8] Renate Germer, Untersuchungen über Arzneimittelpflanzen im Alten Ägypten, Diss. Hamburg 1979, 20ff. – [9] Wb I, 286 II a. – [10] Lucas, Materials⁴, 430. 437. 499. – [11] Vivi und Gunnar Täckholm, op. cit., 79. R. Ge.

Wachs (Bienenwachs). **A.** *Definition*: Wachse sind Gemische aus mehr oder weniger langkettigen organischen Verbindungen: Estern, Fettsäuren, Alkoholen und Paraffinen[1]. Sie können mineralischen[2], pflanzlichen[3] und tierischen[4] Ursprungs sein. In Äg. verwendete man nur das Bienenwachs.

Die äg. *Imker hielten sich Bienenvölker (*Biene) in Bienenkörben, die aus waagrecht liegenden Tongefäßen bestanden (s. Abb.). Ein Teil des Bienenvolkes, die sogenannten Baubienen, schwitzen[5] beim Honigwabenbau ein helles, schwachgelbes W., das auch Jungfernwachs[6] genannt wird, aus. Nach dem Auspressen des *Honigs in

Bienenzucht (nach Percy E. Newberry, The Life of Rekhmara, Westminster 1900, Tf. 14)

einer Sackpresse (*Presse, *Technik 1.2) wird das W. durch Ausschmelzen oder Auskochen gewonnen[7]. Dieses W. ist nun stark braun-gelb und riecht intensiv nach Honig. Es kann in der Sonne gebleicht werden[8].

Zum Kitten der Waben, zum Ausbessern von Rissen und zum Mumifizieren, d. h. Einwickeln von im Stock verendeter und nicht mehr entfernbarer Eindringlinge produzieren die Bienen das stark harzhaltige Propolis[9].

W. ist bei Zimmertemperatur weich und knetbar[10]. Punisches W. wird ein mit Alkalien[11] (*Natron, Soda, Pflanzenasche) oder Erdalkalien[12] (Meerwasser) behandeltes W. genannt. Man erhält damit zwei Sorten: Punisches W.-(1), ein erdalkaliwachsseifenreiches, gehärtetes, und ein Punisches W.-(2), ein alkaliwachsseifenreiches, wasserlösliches Wachs[13]. Beide Wachsarten haben besondere Vorteile bei ihrer Anwendung[14].

B. *Name*: W. heißt auf Äg. *mnḥ*[15]; Kopt.: ⲙⲟⲩⲗϩ̄, ⲕⲩⲣⲟⲩ[16]; Griechisch: κηρός[17]; Arabisch: قيرس[18] bzw. شمع[19]; Persisch: موم[20]; Lateinisch: cera[21].

C. *Verwendung*: Das elastische, weiche W. diente den Äg. in erster Linie als Klebe-[22] und *Bindemittel in der *Kosmetik (*Schminke[23], *Salbkegel[24], *Parfüm[25]), bei *Perücken als Haarfestiger[26] und in der *Malerei (Enkaustik). Zur enkaustischen Malerei vermischte man die Farbpigmente mit Wachs. Das W. bewirkt durch seinen hohen Brechungsindex eine Farbvertiefung[27]. Nach Plinius[28] soll die enkaustische Malerei schon früh (in Äg.?) erfunden und zuerst für die Bemalung von *Schiffen herangezogen worden sein. Archäologisch ließ sich dies bisher nicht nachweisen, außer in einer undatierten Materialbeschaffungsliste[29]. Die einzigen uns erhaltenen antiken enkaustischen Malereien sind die *Mumienporträts[30] und eine bemalte Tonschale[31]. Die Farben wurden heiß gemischt und mußten noch heiß mit einem spatelähnlichen Instrument (cestrum, cauterium)[32] oder mit dem *Pinsel verarbeitet werden. Enkaustische Wandmalereien sind in Äg. nicht zu finden[33]. Die Verwendung von Wachsfirnis[34] ist fraglich[35].

Das leicht knetbare W. eignete sich hervorragend zum Versiegeln (*Rollsiegel)[36] und zum Belegen von *Schreibtafeln (*Schreibmaterial)[37]. Bei der *Balsamierung und Mumifizierung wurde W. selten angewandt[38]. Man verschloß in der Regel nur die Körperöffnungen mit Wachs[39]. Erst in griech.-röm. Zt zählten W.[40] und Honig[41] zu den Balsamierungsmitteln.

Als *Heilmittel (*Rezepte) wird W. gerne auf Wunden gelegt[42] und Pillen, *Salben und Zäpfchen zugegeben, meist mit Öl, selten mit Wasser[43]. Wachsstücke unbekannter Verwendungsart waren vielleicht Heilmittel[44]?

Die Verwendung von W. beim Reservedruck (Batik) mit einem Holzmodel (*Model) läßt sich erst spät (etwa 4. Jh. n. Chr.?) nachweisen[45].

Das weiche, knetbare Material ließ sich gut zu Figuren verarbeiten. Sie wurden in der schwarzen und weißen *Magie während der *Vernichtungsrituale gefesselt, bespien, zerstochen, zerschnitten und verbrannt[46]. Im Metallguß formte man massive kleinere Gegenstände in W., die man danach mit Ton ummantelte und brannte. Der durch das ausfließende W. hinterlassene Raum wurde mit Metall ausgegossen (Wachsausschmelzverfahren – cire perdue). Bei größeren Gegenständen wurde ein Tonkern vorgeformt und gebrannt. Darauf wurden Wachsplatten der Dicke aufgelegt, die der Wandstärke des gegossenen Gegenstandes entsprechen sollte[47]. Nach dem Modellieren, Ummanteln mit Ton und nach dem Ausschmelzen des W. konnte der Hohlraum ausgegossen werden (s. *Technik 5.6)[48].

*Fackeln oder Kerzen aus W. sind erst in röm. Zt belegt[49].

D. *Bedeutung*: In W. steckt nicht nur kreative Potenz, es gehört vornehmlich zu den organischen Ursubstanzen[50] (*Materialmagie). W. ist ein Symbol der Wiederauferstehung (Rekreation)[51], daneben aber auch Symbol für die Vernichtung[52]. Die göttliche Biene, entstanden aus den Tränen des *Re, produziert W. und Honig, Materialien, die selbst wieder Tränen des Gottes sind[53]. Somit sind die Biene und mit ihr die Materialien W. und Honig helfende Kraft bei der *Schöpfung. In der defensiven, destruktiven und produktiven *Magie[54] sind Wachsfiguren[55] (*Amulette, *Horuskinder, *Krokodile, *Phönix, *Uschebti) wichtige Requisiten für magische Rituale (*Apotropaikon, *Feindsymbolik, *Namenstilgung, *Liebeszauber, *Vernichtungsritual).

E. *Nachweis*: W. läßt sich durch seine heterogene chemische Zusammensetzung aus chemisch sehr verschiedenen organischen Verbindungen schwer nachweisen. Bei genügend großen Probenmengen (Tafelgemälde) kann man eine Schmelzpunktanalyse[56] durchführen. Bindemitteluntersuchungen an Gemälden (Firnis) sind bei den kleinen Probenmengen trotz modernster Untersuchungstechniken auch heute noch problematisch[57].

[1] Gustav Hefter, Technologie der Fette und Öle II, Berlin 1908, 836–890; Reinhard Büll, Das große Buch vom Wachs, München 1977, bes. 191–318. – [2] Ceresin, Ozokerit, vgl. *Teer, Anm. 8. – [3] Carnauba W., Japan W. – [4] Bienenwachs, Schellack, Walrat. – [5] Für die Menschen des Altertums sammelten die Bienen das Wachs von den Pflanzen! S. Varro, Res rusticae III, 16. 24f.; Plinius, Hist. nat. XI, 18; XI, 14; Columella, De re rustica IX, 14,20. – Erst im 19. Jh. wurde erkannt, daß das W. ein Verdauungsprodukt der Bienen ist. S. Büll und Moser, in: RE Supplementband XIII, München 1973, 1347–1415, bes. 1351. – [6] Cera virginis. Vgl. Brückner, in: Zeitschrift für Volkskunde 59, Stuttgart 1963, 233–253. – [7] Plinius, Hist. nat. XXI, 83. – [8] Plinius, Hist. nat. XXI, 84; Dioscurides, De materia medica II, 105. – [9] πρόπολις wird schon bei Dioscurides, De materia medica II, 106 erwähnt. Es ist im Gegensatz zu W. in Alkohol gut löslich und besteht zu 84% aus Harzen. Vgl. Mercier, in: Mémoires de la Société Nationale des Antiquaires de France, 9ème sér., 2, Paris 1951, 127–160; Büll, Wachs (s. Anm. 1), 216; Hefter, Fette (s. Anm. 1), 861f. – [10] Es schmilzt zwischen 63–66° C – eines der Hauptkriterien der Definition von Wachsen. Vgl. Otto-Albrecht Neumüller (Hg.), Römpps Chemie-Lexikon VI, Stuttgart [7]1977, s. v. Wachs. – [11] Verbindungen mit Natrium, Kalium. – [12] Verbindungen mit Calcium, Magnesium. – [13] Durch die Alkalien werden Wachsseifen gebildet ähnlich wie bei der Herstellung von Seife aus Fett und Alkalien. Die Eigenschaften dieser wachsseifenreichen Punischen Wachssorten sind mit denen der Haushaltsseifen vergleichbar: Kommt Seife mit hartem Wasser zusammen, bildet sich eine unlösliche Kruste von Erdalkaliseife. Ganz ähnlich verhalten sich die Wachsseifen. Die Erdalkaliwachsseifen sind wasserunlöslich, die Alkaliwachsseifen sind wasserlöslich. Vgl.: Büll, Das große Buch vom Wachs (s. Anm. 1), 328f. 340–346. – Zu Beginn des Jahrhunderts entzündete sich der wissenschaftliche Streit um die richtige Erklärung von Punischem W. vor allem an den beiden nicht klar verständlichen Stellen bei Plinius, Hist. nat. XXI, 84 und bei Dioscurides, De materia medica II, 105. Dort wird von einer Behandlung des W. mit Meerwasser und mit „nitrum" gesprochen. S. auch Robert Fuchs, Enkaustik in: Reclams Handbuch der künstlerischen Techniken II (in Vorbereitung). – [14] Vgl. Anm. 33 und 37. – [15] Wb II, 83, 4–7; Jaroslav Černý und Georges Posener, Papyrus hiératiques de Deir el Medineh I, DFIFAO 8, 1978, Tf. 13,2; 25,7; CG 25680. – [16] KoptHWb, 91; Walter Till, Die Arzneikunde der Kopten, Berlin 1951, 99f., Nr. 160. – [17] pHolm., Nr. 240f. 282. 293. 296. 554, vgl. Robert Halleux, Les alchimistes grecs I, Paris 1981, 216; Dioscurides, De mat. med. II, 105. Mit dem Beinamen: διαυγής = durchscheinend in pHolm., Nr. 235 oder ποντικός? pLeiden 160, vgl. Halleux, op. cit. κήρωμα = Wachssalbe s. Dioscurides, De mat. med. I, 52; III, 11 (13). – [18] Till, a.a.O., 99f. – [19] Till, op. cit.; Al-Kindī, Aqrābādhīn, in: Martin Levey, The medical Formulary of Aqrābādhīn of Al-Kindī, Madison 1966, 294, Nr. 172. – [20] Levey, a.a.O., 338, Nr. 296. Es ist anzunehmen, daß das Wort „Mumie" von Arabisch mūmiyāʾ letztlich auf dieses persische Wort mūm > Mittelpersisch *mōm zurückgeht. Das letztere ist belegt durch ein armenisches Lehnwort. Vgl. H. Hübschmann, Armenische Grammatik I, Leipzig 1897, 196. Man beachte, daß Honig und W. im persischen Raum Balsamierungsmittel waren! S. auch Anm. 41. – [21] Plinius, Hist. nat. VIII, 215; XXI, 83f.; XXX, 70. – [22] Um einen Handspiegel in den Griff zu kleben (11. Dyn.): Herbert E. Winlock, Treasure of El Lahun, PMMA 4, 1904, 63; Lucas, Materials[4], 2. 3. 7 (Vasendeckel). – [23] Lucas, a.a.O., 82–84; H. G. Wiedemann, in: Analytical Chemistry 54, Washington, D. C. 1982, 619 A–624 A, bes. 621 A f. – [24] Lucas, a.a.O., 84f. – [25] Lucas, a.a.O., 85. – [26] Lucas, a.a.O., 30f. – [27] Wie bei Öl und Fett bei Türkisen. Vgl. *Türkis, Anm. 6. Allerdings muß nicht alles im Überzug gefundene W. antik sein. Häufig werden die gefundenen Objekte sofort mit einer konservierenden Wachsschicht überzogen. Vgl. Howard Carter, Tut-ench-Amun I, Leipzig 1924, 28. – [28] Plinius, Hist. nat. XXXV, 122; vor dem 5. Jh. v. Chr. – [29] Plinius, Hist. nat. XXXV, 49. 149; pLondon 2305. Vgl. Rostovtzeff, in: University of Wisconsin Studies in the Social Sciences and History 6, Madison 1922, 123. – [30] S. die dortige Lit. und Simon, in: Jahrbuch des römisch-germanischen Zentralmuseums Mainz 9, Mainz 1962, 68–75, Tf. 12f. (Vorzeichnung für ein Mumienporträt); Arthur F. Shore, Portrait Painting from Roman Egypt, London 1962. – Diese Maltechnik setzt sich noch einige Zeit in den frühen sinaitischen und russischen Ikonen fort. Vgl. Fuchs, Enkaustik (s. Anm. 13). – [31] CG 26347. – [32] Plinius, Hist. nat. XXXV, 147. 149 und im Index zu Buch XXXV; Varro, De re rustica III, 17,4. Vgl. auch Nowicka, in: CdE 53, Nr. 106, 1978, 150–157. – [33] Diese sind maltechnisch nicht einfach durchzuführen. Das erwähnte W. stockt sofort auf der kalten Wand. Praktisch wären diese Wandmalereien daher nur mittels Wachspasten auszuführen. Die Pasten könnte man erhalten aus W. und Terpentin oder Öl oder aus Punischem W.-(2) und Wasser. Sichere Hinweise für eine dieser Mischungen gibt es nicht. Zusammenfassende Lit. s. Büll, Wachs (s. Anm. 1), 325; Fuchs, Enkaustik (s. Anm. 13). – [34] Einige Autoren berichten von Wachsfirnissen auf Wänden äg. Gräber: Mackay, in: Ancient Egypt, 1920, 38; Spurell, in: Archaeological Journal 52, London 1895, 239; Davies, Puyemrê I, 11. – [35] Diesen Beobachtungen kann man nicht trauen, da 1. Wachsanalysen bis zum heutigen Tage sehr schwierig sind (vgl. Anm. 56f.), 2. aus konservatorischen Gründen viele Objekte von vornherein nach Auffindung zur Sicherheit mit W. überzogen werden, vgl. Carter, Tut-ench-Amun (s. Anm. 27) I, 197; II, 120. 164 und 3. weil z. B. Eibner, in: Technische Mitteilungen für Malerei 50, München 1934, 93–100, bes. 97 und Prisse d'Avennes, Histoire de l'Art égyptien, Paris 1878/79, Textband, 289 nicht beachteten, daß die Wachsspritzer und der Wachsfirnis auf den Wänden des Grabes Sethos' I. durch Belzoni verursacht worden waren, der hundert Jahre zuvor von der Wand Wachsabgüsse nahm. Vgl. Giovanni Belzoni, Narrative of the Operations and Recent Discoveries within the Pyramids, Temples, Tombs and Excavations in Egypt and Nubia, London 1821, 294. – [36] Hayes, Scepter II, 209. – [37] In Äg. erst ab röm.-griech. Zt belegt. Die Holztafeln waren mit einer

Harz/Pech/Wachs-Mischung (Lateinisch: malte) beschichtet. Das normale W. ist für Wachstafeln zu klebrig und zu weich. Daher scheint der Mischung das gehärtete Punische W.-(1) (s. Anm. 13) zugegeben worden zu sein; vgl. Büll, Das Buch vom Wachs (s. Anm. 1), 808–815. – Frühester Beleg dieser Wachstafeln in Etrurien, 7. Jh. v. Chr.: Büll, op. cit., 796–820; Abb. 557. In Mesopotamien (6. Jh. v. Chr.) vgl. San Nicolo, in: Or 17, 1948, 59–70; Wiseman, in: Iraq 17, London 1955, 3–13; Howard, in: Iraq 17, 1955, 14–20; M. E. L. Mallowan, Nimrud and its Remains I, London 1966, 149–163. – [38] Eine weibliche Mumie aus der 11. Dyn., die mit einer 1–2 Millimeter dicken Schicht W. eingehüllt war. Vgl. Lucas, Materials[4], 297. – [39] Lucas, a.a.O., 301. Auch der zum Entnehmen der inneren Organe in der Leistengegend angebrachte Schnitt wird gerne mit W. abgedeckt. Als Heilmittel s. Anm. 43. – Seit der 21. Dyn. gibt man der Mumie Wachsfiguren der 4 Horussöhne und des Phönix mit: Kákosy, in: LÄ IV, 1035. – [40] Dies scheint ursprünglich eine persische Balsamierungsart zu sein, wobei allerdings dem Honig der Vorzug gegeben wurde. Statius (40–96 n. Chr.), Carmina III, II, 117, vgl. Mercier und Seguin, in: Thalès 4, Paris 1939, 121–131, bes. 123, berichtet, daß Alexander der Große mit Honig balsamiert worden sei. Vgl. Ernest A. Wallis Budge, The History of Alexander the Great, London 1889, 141. – Cornelius Nepos (100–24 v. Chr.) erzählt in seinen Biographien berühmter Männer, daß Agesilaos I., König von Sparta (395–359 v. Chr.), auf der Heimfahrt von Äg. gestorben, mangels Honig in W. balsamiert zurücktransportiert worden sei, vgl. Mercier und Seguin, a.a.O., 124. – Weitere Belege s. Dawson, in: Aegyptus 9, Mailand 1928, 106–112. – [41] Die Texte nennen weißen Honig, solange er noch nicht geschmolzen ist. Vielleicht Jungfernwachs? S. Anm. 6. – Abd al-Latif, ein Reisender des 12. Jh. n. Chr., berichtet von dem Fund eines alten, versiegelten Tongefäßes nahe der Pyramiden. Er öffnete es und fand es voll mit Honig. Er kostete von dem Honig, den er noch ausgezeichnet erhalten fand, bis seine Finger den Kopf eines toten Kindes ertasteten, das darin mumifiziert war. Vgl. Sacy, Abd el Latif, Relation de l'Égypte, Paris 1810, 199f. – [42] Vgl. Anm. 39! – [43] H. Joachim, Papyros Ebers, Berlin 1890, 9, Nr. XIV; pEbers Nr. 44. 153, vgl. Grundriß der Medizin V, 124. 142f. – Berger, in: Münchner kunsttechnologische Blätter 9. 1, Leipzig 1912/13, 4 berichtet, daß in äg. medizinischen Texten häufig der Ausdruck vorkomme: „Nimm Wachs so es in Wasser löslich ist ...". Er und nach ihm alle weiteren Autoren nehmen dies als Beweis dafür, daß die Äg. das wasserlösliche Punische W.-(2) gekannt hätten. Leider ist dieser Ausdruck nirgends zu finden! Die Rezepte erwähnen immer wieder W., häufig in Verbindung mit Fett oder Öl. In den oben zitierten drei Rezepten wird W. zusammen mit Wasser erwähnt. Sie enthalten wenig W. mit gleichviel Öl und sehr viel mehr Wasser, also eher eine Wachs/Öl-Emulsion in Wasser. – [44] CoA I, 25 (N. 49. 33); Hayes, Scepter I, 247. – [45] Plinius, Hist. nat. XXV, 150; R. Forrer, Die Kunst des Zeugdrucks, Straßburg 1898, 7–10, Abb. 1–2. – [46] Raven, in: OMRO 64, 1983, 7–47. Dimitri Meeks, Année lexicographique II (1978), Paris 1981, Nr. 78. 1740 erklärt *mnḥ* (Determinativ: „sitzendes Kind") als Umschreibung für „mauvais sort" (nach Andreu-Cauville, in: RdE 30, 1978, 14). – Formen für Wachs-Figuren s. Varga, in: Bulletin du Musée hongrois des Beaux-Arts 25, Budapest 1964, 3–17. Vgl. z. B. CT I, 157a; Urk. VI, 4–5 Z. 6f.; pLee I, 4; pRollin, passim; pSalt 825 V, 3–4; weitere Lit. bei Philippe Derchain, Le papyrus Salt 825, Brüssel 1965, 161ff. (41). – Spielzeugpuppen aus W. über Rohr- oder Holzkern s. Werner Kaiser, Katalog Ägyptisches Museum Berlin, 1967, Nr. 456. Privatfigur aus W.: München ÄS 6085, vgl. Wildung, in: LÄ IV, 1113. – [47] Eine solche innere Form ist wohl die von Büll und Moser, RE Supplement XIII, 1356 Z. 48–52 erwähnte magische Figur. – [48] Dabei mußte der Gießer nur das Gewichtsverhältnis von W. zu dem entsprechenden Metall kennen, um genau die richtige, dem ausgeschmolzenen W. entsprechende Menge Metall zu erschmelzen. – [49] Nach äg. Texten werden Fackeln und „Kerzen" aus zusammengedrehten Leinendochten gefertigt, die nicht mit W., sondern mit frischem Fett (*ʿḏ mꜣw*) getränkt werden. Vgl. Nelson, in: JNES 8, 1949, 310–345, bes. 321. 323. 337. 339. – [50] Raven, in: OMRO 64, 1983, 30–32. – [51] Besonders gut in den grüngefärbten Wachsmasken bei den *Kornosiris-Figuren, vgl. Raven, in: OMRO 63, 1982, 7–32 und Tiermumien, vgl. Lortet und Gaillard, in: Archives du Muséum d'histoire naturelle de Lyon, Lyon 1907, 75. – [52] Durch das rückstandsfreie Verbrennen des Wachses? – [53] pSalt 825 (Derchain), II 5 = S. 137. – [54] Raven, in: OMRO 64, 1983, 24–27. – [55] Zu diesen Figuren muß man wohl auch die Wachspuppen (s. Anm. 46 und *Puppe, Anm. 5) hinzuzählen. Vgl. das Wachskrokodil, pWestcar 3, 13; CT I, 63c–d; pEbers 94, 8 (Ibis). – [56] W. schmilzt bei 63°–66° C. Derartige Analysen s. Dow, in: Technical Studies in the Field of Fine Arts, Cambridge, Massachusetts 5, 1936/37, 3–17. – [57] Neuere Untersuchungen s. Coche de la Ferté, in: BSFE 13, 1953, 69–78; Kühn, in: Studies in Conservation 5. 2, London 1960, 71–81; Maschelein-Kleiner, Heylen und Tricot-Marckx, in: ebd. 13, 1968, 105–121; White, in: ebd. 23, 1978, 57–68; Sack, Tahk und Peters, in: ebd. 26, 1981, 15–23.

R. Fu.

Wachtel (Coturnix coturnix, *pʿrt*, kopt. ⲡⲏⲣⲉ[1]), ein zur artenreichen Ordnung der Hühnervögel (Familie: Phasanidae, *Fauna) gehörender *Zugvogel, wird vom AR an auf Grabbildern, zumeist im Ährenfeld, dargestellt[2]. Trotz seiner Verwendung als Nahrungsmittel, Toten-[3] und Götteropfer – im pHarris sind 21700 W. als zusätzliche Opfer für *Amun bestimmt[4] – stellt man den Fang mit dem einem Vogelherd ähnelnden *Netz nur selten dar (*Vogelfang)[5]. Hauptjagdzeit war der Erntemonat Paophi[6]. W., an Ährensträuße oder Spitzbrote angebunden, bilden ein typisches Opfer für die schlangengestaltige *Renenutet[7], kommen jedoch auch in den *rnpwt*-Opfern für Königsstatuen in Nilgestalt vor[8]. Von einer vermuteten toxischen Wirkung war äg. Quellen nichts bekannt[9].

[1] KoptHWb, 150; zur Nebenform *pꜣʿ(wt)*, Caminos, LEM, 452; Alan H. Gardiner und Kurt Sethe, Egyptian Letters to the Dead, London 1928, 19; s. Fecht, Wort-

akzent, § 363; KoptHWb, 63. Das Wachtel-Küken bildet das Vorbild für die Hieroglyphe *w*, Gardiner, EG[3], Sign-list, G 43. – [2] Meir IV, 38, Tf. 14; Vandier, Manuel VI, 110; Duell, Mereruka II, Tf. 168. 169; Smith, Sculpture, 198, Abb. 73 (G 1029). – [3] Walter B. Emery, A Funerary Repast in an Egyptian Tomb of the Archaic Period, Leiden 1962, 6 (18); Hayes, Scepter II, 52; vgl. Macdonald, in: Egypt's Golden Age, MFA, Boston 1982, 111, Nr. 94. – [4] Helck, Materialien, 426. 505; vgl. Caminos, LEM, 212: pAnast. IV, 15, 19. – [5] Vandier, Manuel V, 318f.; VI, 110; Diodor I, 60. – [6] Cérès Wissa Wassef, Pratiques rituelles et alimentaires des Coptes, BdEC 9, 1971, 46. – [7] Vermutlich, weil Schlangen W. fressen, s. die Darstellungen in PM I. 1[2], TT 38 (3), 52 (1), 57 (8), 93 (24), 226 (3); Spitzbrot mit W., Davies, Ramose, Tf. 15. 44 (Gabe an den Toten); Guglielmi, in: ZÄS 103, 1976, 102f. – [8] CG 550. 42056; Barguet, Temple d'Amon-Rê, Tf. 24. – [9] Numeri 11, 31–33.

Lit.: Otto Keller, Die Antike Tierwelt II, Hildesheim 1963, 161ff.; William J. Darby, Paul Ghalioungui und Louis Grivetti, Food: The Gift of Osiris I, London-New York–San Francisco 1977, 309–314. W.G.

Wadi Abbad verläuft von (*Tell) Edfu aus in o.n.ö. Richtung (nach ca. 20 km die Brunnenstation Bir Abbad[1], einige km weiter an der Einmündung des n. abgehenden Wadi el-Shagab[2] Graffito des *Wadj), geht dort über in das Wadi Miyâh[3] (mit dem *Kanais-Tempel *Sethos' I.). Von diesem zweigt das Wadi Barramije ab, das zu den *Goldminen von *Barramije führt[4]. Die *Wüstenstraße des W.A. wurde (wegen der *Goldgewinnung?) schon in der 1. Dyn. (s.o.) benutzt, sicher seit *Amenophis III. (Kanais), dann bes. unter Sethos I. (s.o.)[5]. In röm. Zt führte die Straße von Apollinopolis nach *Berenike durch das W.A. mit einer Station in Gihâd[6].

[1] Vgl. Karte bei Clère, in: ASAE 38, 1938, 85. – [2] Clère, a.a.O., 85–93; in 28 km Entfernung von Edfu, s. Zbyněk Žába, The Rock Inscriptions of Lower Nubia, Prag 1974, 239–240; das Graffito ist dort als Text A 30 beschrieben: die Lesung des Textes „*Sḫm-kꜣ-Ḥr-Wꜣḏ*(?)" erscheint Verf. angesichts des Größenunterschiedes zwischen „*Sḫm*(?)-*kꜣ*" und dem Königsnamen unmöglich (vgl. hierzu das a.a.O. angeführte Vorbild bei Kaplony, Inschriften III, Abb. 197 u. a.). *Sḫm*(?)-*kꜣ* ist wohl Beamter des Wadj, der sich neben dem Namen seines Königs aufgeführt hat. – [3] *Goldminen III 3 a. – [4] *Goldminen III 3 b. – [5] Ein Block des *Tutanchamun (LD, Text IV, 74) ist möglicherweise nur verschleppt (Green, in: PSBA 31, 1909, 248; vgl. LR II, 366 III). – [6] Murray, in: JEA 11, 1925, 138ff., bes. 145 und Tf. 11. R.Gu.

Wadi Allaqi: *Goldminen-Gebiet in der Ostwüste Unternubiens[1]. Der Goldabbau erfolgte bereits im AR (spätestens seit *Pepi I.[2]), wurde im MR[3] fortgesetzt und erlebte seine Blütezeit in der 18.–19. Dyn.: belegt ist der Vizekönig Merimose (Zt *Amenophis' III.)[4] und ein Jahr 40, vermutlich *Ramses' II.[5]. Die äg. *Expeditionen hinterließen am Unterlauf des W.A. ca. 50–60[6] Inschriften (soweit bekannt), z.T. mit Darstellungen (u.a. des *Horus von *Quban[7], einmal mit einem knienden NR-König[8]). Der Goldabbau wurde seit MR durch die *Festung von Quban (vgl. auch *Ikkur) gesichert, in der wohl die eigentliche *Goldgewinnung stattfand. Der Sicherung des Abbaues gegen die Wüstenbewohner dienten möglicherweise Polizeiaktionen der 18. Dyn. (u.a. der Feldzug des Jahres 5 Amenophis' III.)[9]. Schwierigkeiten mit der Wasserversorgung[10] werden aus der Quban-Stele Ramses' II. ersichtlich[11]. Agatharchides[12] berichtet über den Abbau im W.A. in der Ptol. Zt.

[1] Zu den einzelnen Minen vgl. *Goldminen III 6 a/b. – [2] Der *jmj-rꜣ ꜥw Twꜣw* (Piotrowskij, in: Drevnaja Nubija [s. Lit.], 231–232) ist aus der Expedition Pepis I. in das *Wadi Hammamat bekannt: Georges Goyon, Nouvelles inscriptions rupestres du Wadi Hammamat, Paris 1952, Nr. 19 und 27. – [3] Vgl. z.B. Piotrovskij, a.a.O., 234, Inschrift Nr. 4 und Černý, in: JEA 33, 1947, 56. – [4] Vgl. Habachi, in: LÄ III, 633 mit Anm. 65. Der Schreiber des Merimose, *Mḫ*, ist wahrscheinlich auch in *Barramije belegt (Zbyněk Žába, The Rock Inscriptions of Lower Nubia, Prag 1974, Nr. A 17). – [5] Černý, a.a.O., 55, Nr. 27 und 56 sowie Piotrovskij, a.a.O., 246 (U. 26). – [6] Černý, op. cit. und Piotrovskij, op. cit.; eine Reihe von Inschriften ist von beiden Autoren publiziert. – [7] Z.B. Piotrovskij, a.a.O., 247 (vgl. auch 242). – [8] Op. cit., 241. 244. 245. – [9] Vgl. die unveröffentlichte Dissertation von Ingeborg Müller (Berlin), Die Verwaltung der nubischen Provinz im Neuen Reich. – [10] Vgl. *Goldgewinnung D. – [11] Photo und Literatur s. bei Gabrielle Kueny und Jean Yoyotte, Grenoble, musée des Beaux-Arts. Collection égyptienne, Paris 1979, 37. 40–41. – [12] Diodor III 12 = GGM 1, 124.

Lit.: Černý, in: JEA 33, 1947, 52–57; B.B. Piotrovskij, in: id. (Hg.), Drevnaja Nubija, Moskau–Leningrad 1964, 229–260. R.Gu.

Wadi el-Fawachir: Teil der *Wüstenstraße des *Wadi Hammamat von *Koptos nach *Qosseir ö. der Einmündung des Wadi Atalla. Diese Gebirgsregion besteht vornehmlich aus *Granit, u.a. mit Quarzadern (vgl. *Prospektoren)[1]. Am Bir el-Fawachir (26°01′ n.Br., 33°36′ ö.L.) alte *Goldmine[2] mit Resten von Goldarbeiterhütten und eines Tempels[3]. Der Goldminenabschnitt des „Goldminenpapyrus" in Turin dürfte diese Abbaustelle wiedergeben (er verzeichnet einen Tempel des *Amun vom „Reinen Berg" (*ḏw wꜥb*), eine Stele *Sethos' I. und eine Wassergewinnungsanlage; s. *Landkarte) und nicht das (w. vom W.F. gelegene) Haupttal des Wadi Hammamat (*Grauwacke), das oft auch als W.F. bezeichnet wird[4].

[1] William F. Hume, Geology of Egypt II. 1, Kairo 1934, 157. 206–207 u.a.; zum Abbau von Granit in röm. Zt

vgl. Rosemarie Klemm, in: LÄ V, 1280. – [2] Vgl. Gundlach, in: LÄ II, 742, III2a; s. Hume, op. cit., II. 3, Kairo 1937, 732 und Max Blanckenhorn, Ägypten, Handbuch der Regionalen Geologie VII. 9, Heidelberg 1921, 197, Bezirk 2f. – [3] Vgl. Murray, in: BIE 24, 1942, 81–86, insbesondere Lageplan „Umm Fawakhir"; s. auch Engelbach, in: ASAE 31, 1931, 134. – [4] Zur Benennung des Wadi Hammamat als W.F. vgl. Arthur E.P. Weigall, Travels in Upper Egyptian Deserts, 1909, 36ff. R.Gu.

Wadi Garawi (Karte 2b). Ein Trockental, das s. von *Heluan mündet. In ca. 13km Entfernung vom Nil entdeckte Schweinfurth dort 1885 Reste eines Staudamms, den Sadd el-Kafara, und 3km weiter oberhalb einen Alabastersteinbruch. Der *Damm sollte vermutlich Verladeanlagen von *Steinbrüchen, Siedlungen oder Ackerland am Wadiausgang vor Regenfluten schützen, scheint aber vor der Fertigstellung überströmt und zerstört worden zu sein. Von der ursprünglich 110m langen Sperre sind nur die Ansätze an den Wadirändern erhalten. Danach bestand der Damm aus einem 33m breiten Erdkern zwischen zwei Stützkörpern, die außen geböscht und mit Hausteinen treppenförmig abgedeckt waren. An der Basis betrug die Breite 98m, an der Krone 56m, die Höhe lag bei 14m. Nach Keramikfunden aus nahegelegenen Arbeiterunterkünften, die in Massenquartieren und kleinen Einzelbauten etwa 450 Personen aufnehmen konnten, ist er in die 3.–4. Dyn. zu datieren.

Lit.: Garbrecht, Bertram et alii, Der Sadd el-Kafara, Mitteilungen aus dem Leichtweiß-Institut für Wasserbau der TU Braunschweig 81, Braunschweig 1983. G.D.

Wadi Gawasis (وادي جواسيس [Gasus] Karte 4e). The Dyn. 12 dhow harbor of Mersa Gawasis, perhaps ancient Philoteras, lies on the Egyptian side of the Red Sea, approximately 22km. south of the modern port of *Safaga, 2km. south of Mersa Gasus, and 60km. north of *Qosseir (*Hafen B). Gasus is a medieval term for a "spy" boat and gawasis its plural. At the Roman watering station (*Brunnen) in the W. G., some 7km. inland from the harbor, Burton discovered a basalt stela of the official Wer-Khenty-khety dated in Year 28 of *Amenemhet II, shown before the god *Min of *Koptos, and recording his successful return with an expeditionary force from *Punt and the landing of his ships (*ḥꜥww*) at *Zꜣww* (stela Durham, formerly Alnwick Castle no. 1934). Wilkinson recovered from the western building at the same station a basalt stela of the chancellor Khnumhotep represented before the god *Sopdu and dated in Year 1 of *Sesostris II (Durham/Alnwick Castle no. 1935). Both stelae are thought to have been brought to the station in Roman times. Texts of Psamtik I (*Psammetich) are also known from the area, with reference to the votaresses *Amenirdas (I), *Nitokris (I), and her "mother" *Schepenupet I. Excavations at the W. G. in 1976 and 1977 extend our knowledge of the site considerably. Several stelae and ostraka mention *Pwnt* and *Bjꜣ (n) Pwnt*: a fragmentary stela of the official *Jj-mrw*, the shrine of the chancellor Ankhu of the time of *Sesostris I, a stela of the vizier *Antefoqer dated in Year 24 of Sesostris I, and potsherds. The shrine stela of the chamberlain Ankhu is set on a base constructed of substantial anchors, as are the inscribed jambs. Deities cited are *Haroeris, *Chentechtai, and *Hathor, mistress of *Punt. The official bears several titles connected with ships and their crews. The title *zꜣb ꜥḏ mr nww* and the term *šn-wr* are used. The stela of the vizier Antefoqer records an expedition (*Expeditionen, *Karawanenwege) of 3200 sailors, apart from other personnel, with the herald Mentuhotep's son Ameny charged with fitting out the boats on the shore of the great green (*jdb n wꜣḏ wr*). It is probably the same herald Ameny who was later charged with a major mission to the Wadi Hammamat in the king's 38th regnal year (*Wadi Hammamat G 61). The ships come from the dockyard workshops of *Koptos, with which the same vizier is concerned in the decrees from *Pap. Reisner II. In view of the excavations conducted by the University of Alexandria, there is now little doubt that the harbors of the area were used for ships sent to Punt.

Lit.: Samuel Birch, Catalogue of the Collection of Egyptian Antiquities at Alnwick Castle, London 1880, 267–270, pls. 3–4; Christophe, La double datation du Ouadi Gassons, in: BIE 35, 1954, 141–152; Erman, Stelen aus Wadi Gasus bei Qoser, in: ZÄS 20, 1882, 203–205; Honor Frost, Egypt and stone anchors; some recent discoveries, in: Mariner's Mirror 65, London 1979, 201–208; Kitchen, Punt and how to get there, in: Or 40, 1971, 184–207; David Meredith, The Roman remains in the eastern desert of Egypt, in: JEA 38, 1952, 94–111; JEA 39, 1953, 95–106; G.W. Murray, The Roman roads and stations in the eastern desert of Egypt, in: JEA 11, 1925, 138–150; Alessandra Nibbi, Some remarks on the two monuments from Mersa Gawasis, in: ASAE 64, 1981, 69–74; ead., The two stelae from the Wadi Gasus, in: JEA 62, 1976, 45–56; PM VII, 338–339; Abdel Moneim A.H. Sayed, Al-Kashf ꜥan mawqiꜥ al-usrah ath-thâniyah ꜥashrah al-Firꜥ awnîyah fi minṭaqat Wâdî Gawâsîs ꜥalâ sâḥil al-Baḥr al-Aḥmar (The Discovery of the location of the harbor of the Twelfth Pharaonic Dynasty in the zone of the Wadi Gawasis on the shore of the Red Sea), Alexandria, 1978; The recently discovered port on the Red Sea shore, in: JEA 64, 1978, 69–71; id., Discovery of the site of the 12th Dynasty port at Wadi Gawasis on the Red Sea shore, in: RdE 29, 1977, 138–178; Observations on recent discoveries at Wadi Gawasis: I The stone anchors; II The mortised blocks, in: JEA 66, 1980, 154–156; New Light on the Recently Discovered Port on the Red Sea Shore, in: CdE 58, 1983, 23–37; Georg Schweinfurth, Alte Baureste und hieroglyphische Inschriften in Uadi Gasus, APAW, 1885; Vladimir Vikentiev, Les divines adoratrices de Wadi Gasus, in: ASAE 52, 1952, 151–159; id., Les trois inscriptions concernant la mine de plomb d'Oûm Huetat, in: ASAE 54, 1957, 179–189. W.K.S.

Wadi Halfa (Karte 6b), jetzt im Stausee verschwundener Ort auf dem Ostufer, 240 km s. Assuan; nur Streufunde (PM VII, 240–1).

Wadi Hammamat. A. *Allgemeines.* Das W.H. ist mit weit über 400 hieroglyphischen und hieratischen Inschriften, z.T. mit bildlichen Darstellungen versehen (*Flachbild)[1], mehr als 40 demotischen[2] und über 100 griechischen[3] Texten das am besten bezeugte Zielgebiet äg. *Expeditionen.

I. *Topographie.* Das Haupttal des W.H. (mit fast allen Texten) mit dem *Grauwacke-Vorkommen (s. B) liegt zwischen 33° 32′ und 33° 35′ ö. L. zwischen dem Bir Hammamat (im SW) und dem Bir Fawachir (im NO)[4]. Einige Texte sind an Stationen westlich des Haupttales zu finden, z.B. in Lakeita, Qasr el Banat, Abu Kueh, Mueh, Wadi el-Schagg[4]. Westlich vom Bir Fawachir zweigt das Wadi Atalla nach N. ab: *Goldminen (III 2 a) Umm Had und Atalla. Das Haupttal des W.H. ist gemäß dem Textvorkommen von Goyon in Lageorte eingeteilt worden (A–Z auf der „Süd"wand und AA–AO auf der „Nord"wand)[4]. Wenn auch die frühesten Texte (s.u. E1) am Ort „S" zu finden sind, dürfte der zentrale heilige Bezirk (des *Min) die Südwand zwischen „H" und „M"[5] gewesen sein. In der SpZt (vgl. E 44) trat die „Kapelle des Nektanebos" (in „G") an ihre Stelle, die dann in der *Interpretatio Graeca zum Paneion wurde[6]. Eine Zisternenanlage(?) im Wadi el-Schagg (Text G 46) erhielt wohl unter *Pepi I. (s. E4) die Bezeichnung *ḥbt-X-Mrj-Rꜥw* („Festhalle Pepis I." o.ä.). Gegenüber der Kapelle des Nektanebos ist am Ort „AH" eine kleine Tempelanlage lokalisiert, über die nichts Näheres bekannt ist.

II. *Äg. Bezeichnungen.* Der früheste belegte Name des Haupttales des W.H. ist *Jꜣḫt*, der in der Formulierung des Ergebnisses der ersten Expedition (s. E1) „Hell machen (*sbꜣq*) von *Jꜣḫt* durch seinen Herrn" in G23 zu finden ist (ob die Eröffnung der Brüche damit gemeint ist?)[7]. Anläßlich der Beschreibung seines Zuges nach *Punt gibt *Ḥnnw* in M114 (s. E13) eine Reihe von Ortsbezeichnungen: auf dem Hinweg zum *Roten Meer werden die Brunnenstationen *Bꜣt*(?), *Jdꜣht* und *Jꜣhtb* genannt (Lokalisierung unmöglich). Auf dem Rückweg durchzieht die Expedition *Wꜣg* östlich vom Haupttal, bevor sie dieses erreicht, das hier *Rꜣ-hnw* heißt. Diese Bezeichnung wird in der 12. Dyn. durchgehend verwendet, aber eigenartigerweise nicht in den ausführlichen, die Topographie einschließenden Aussagen der Texte *Mentuhoteps IV. (s. E14). Unter ihm gehört das Haupttal (im folgenden W.H.) zum „Gottesland", dem Herrschaftsgebiet des *Min[8]. Seit der 19. Dyn. ist in den Texten des W.H. die Bezeichnung *pꜣ ḏw* (*n*) *bḫn* (bzw. *bḫn*)[9] geläufig.
Während die Südwand des W.H. vor der SpZt einfach *ḏw* „Berg" genannt wurde, hieß die Kapelle des Nektanebos in ptol. Zt *pr-Mn* „Haus (= Tempel) des Min" (Th20) und in den griech. Texten der Kaiserzeit Paneion (s.u. C VIII).

III. *Götter des Wadi Hammamat.* Min war die wichtigste Gottheit des W.H. Mit ihm zusammen wurden fallweise *Isis und *Horus bzw. *Harpokrates (die Triade von *Koptos) verehrt. Seit dem NR ist mehrfach *Amun-Re zu finden (der „Amun vom Reinen Berg" ist wahrscheinlich im Goldabbaugebiet des *Wadi Fawachir zu lokalisieren; vgl. E31). Weiterhin begegnen *Month, z.B. unter *Amenemhet I. (s. E15), Horus, der „Herr der Fremdländer", unter *Sobekhotep IV. (s. E25) und *Ptah (Zeit des *Amasis, s. E43). Die Triade des Paneion bestand in röm. Zt aus Hathor-Isis (Aphrodite), Horus-Harpokrates und Amun-Pan[10].

B. *Zur Frühzeit des Wadi Hammamat.* Das W.H. ist wohl das einzige Abbaugebiet für *Grauwacke, das in äg. Zeit ausgebeutet wurde. Da dieses Material aber bereits seit spätvorg. Zt Verwendung fand[11], kann mit einem zumindest sporadischen Abbau bereits zu dieser Zeit gerechnet werden.
Ähnlich wie in anderen Rohstoffliefergebieten setzte der organisierte Abbau durch Expeditionen auch im W.H. wesentlich später ein. Nachdem in einer ersten Stufe die Holzeinfuhr aus dem *Libanon (wohl seit *Aha)[12] und die *Goldgewinnung in der SO-Wüste (wohl seit *Wadj, s. *Wadi Abbad) organisiert worden war, folgte zu Beginn der 3. Dyn. die Türkisgewinnung im Wadi *Magharah im westl. *Sinai (seit *Sanacht) und in einer dritten Stufe (4. Dyn.) die Eröffnung der *„Diorit"[13] (Anorthositgneis)-Brüche n.w. *Toschqa (seit *Cheops) und der Grauwacke-Brüche im Wadi Hammamat.

C. *Die Expeditionen in das Wadi Hammamat.* Als Expeditionsziel war das W.H. nicht isoliert. Wenn auch der Großteil der belegten Expeditionen sicher oder wahrscheinlich die Aufgabe hatten, Grauwacke aus dem W.H. zu holen, diente es aber gleichzeitig als Durchmarschgebiet für Expeditionen zur Goldgewinnung in der Nähe (s.o. A I)

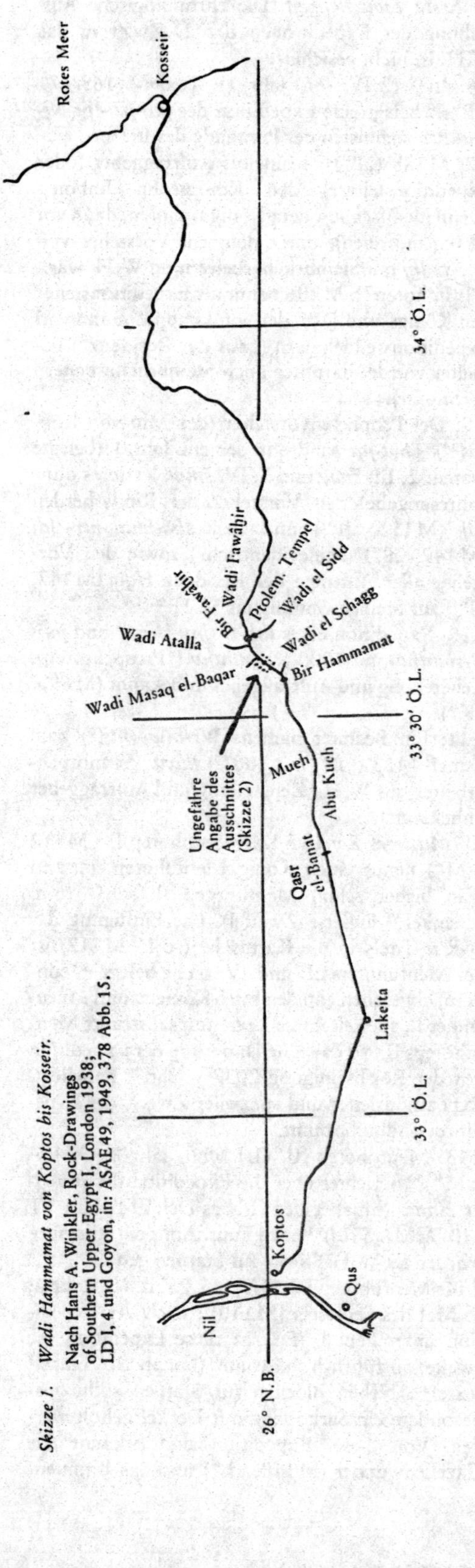

Skizze 1. Wadi Hammamat von Koptos bis Kosseir.
Nach Hans A. Winkler, Rock-Drawings of Southern Upper Egypt I, London 1938; LD I, 4 und Goyon, in: ASAE 49, 1949, 378 Abb. 15.

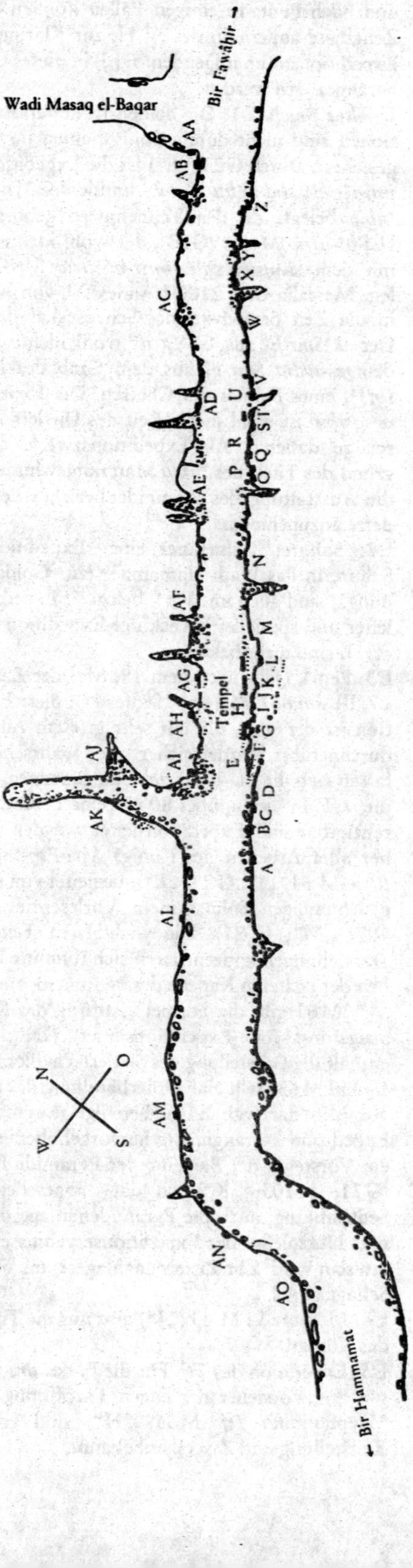

Skizze 2. Wadi Hammamat, Hauptal (Ausschnit aus Skizze 1).
Nach Goyon (Nouvelles Inscriptions).

und nach Punt. In einigen Fällen können daher Zeugnisse außerhalb des W.H. zur Klärung von Expeditionen (im folgenden: E [.]) in dieses Gebiet herangezogen werden.

I. *Altes Reich.* E1: Die beiden frühesten Expeditionen sind nicht durch Königsnamen im W.H. gesichert. Durch G23 („S") ist die Expedition des *jmj-r3-mš^c sḥḏ-w^cbw* der Pyramide des *Djedefre *^cnḫw* belegt. Zu den Teilnehmern gehörte der *sḥḏ-b^c-nṯrw Mr ...* (G23), der wohl identisch ist mit dem *z3-njswt sḏ3wtj-nṯr-b^c-nṯrw Mr-jb* (belegt Mastaba Giza 2100-I-Annexe[14], von Reisner in die Zeit des Mykerinos/Schepseskaf datiert). Der *zš Smr-k3* aus G38a ist wohl identisch mit dem *zš-wdnt Smr-k3* aus dem Grab des *Nb-m-3ḫt*[15], eines Sohnes des Chefren. Die Expedition des *^cnḫw* ist wohl in die Zeit des Djedefre/Chefren zu datieren. Als Expeditionszweck ist aufgrund des Titels des *^cnḫw* Materialgewinnung für die Ausstattung des Pyramidenbezirkes des Djedefre anzunehmen.

E2: Sahure: Teilnehmer einer Expedition des Sahure in das Wadi Hamama[16] (zur Goldgewinnung?) sind auch im W.H. belegt[17]. Expeditionsleiter und spezieller Zweck der Expedition in das W.H. sind nicht bekannt.

E3: Pepi I. (Jahr nach dem 18. Mal der Zählung, 27. III. *šmw*; 1. Mal des *Sedfestes): diese Expedition ist die erste, die mit sehr großem Aufwand durchgeführt wurde: sicher oder wahrscheinlich lassen sich ihr ca. 40 Einzeltexte zuordnen, durch die, z.T. in Listen, über 80 einzelne Beamte differenzierbar sind. Expeditionsleiter war der Vorsteher aller Arbeiten des Königs *Mrj-Ptḥ-^cnḫ-Mrj-R^cw* (M 61, „J"; G 21, „L"), begleitet von seinem gleichnamigen Sohn, einem Vorlesepriester (M 107, „M"; G 21). Die wichtigsten Texte mit Darstellungen konzentrieren sich (unmittelbar neben der späteren Kapelle des Nektanebos) im Ort „J": M61 gibt die Formel „Auftrag des Königs, ausgeführt von (Expeditionsleiter) NN", M 62 enthält die Darstellung des Sedfest-Pavillons Pepis I., und M63 stellt eine Opferhandlung des Königs vor Min dar (vgl. E14). Beteiligt waren an der Expedition an rangmäßig hervorgehobener Stelle ein Vorsteher der Bauleute der Pyramide Pepis I. (G21; M103, „K"), so daß, abgesehen vom Sedfestbezug, auch die Pyramidenanlage des Königs Nutznießer der Expeditionsergebnisse gewesen sein wird. Zur Zisternenanlage(?) im Wadi el-Schagg s. A I.

E4: Merenre I.: M 60 („J") gibt nur die Titulatur des Königs.

E5: Expedition des *Ttj*: Für die E. des *jmj-r3 r3-^c3-g3w*[18] („Vorsteher der engen Türöffnung", d.h. *Elephantine) *Ttj* (M35, „H") sind genauere Zeitstellung und Zweck unbekannt.

II. *Erste Zwischenzeit.* Die chronologische Aufreihung der Expeditionen der 1. ZwZt in das W.H. ist nicht gesichert.

E6: Iti[19] (2.IV. *3ḫt*, Jahr 1): Text M 169/171 („P")[20] belegt eine Expedition des *jmj-jrtj-^cpr Nj-k3w-Ptḥ* zugunsten der Pyramide des Iti[21].

E7: M188 („P")[22] nennt als Auftraggeber (oder Expeditionsleiter?) den Königssohn Imhotep (wenn identisch mit dem König Imhotep, dann vor E8 einzuordnen), unter dem ein Vorsteher von O.Äg. *Jḫj* mit Steinbrucharbeitern im W.H. war.

E8: Imhotep[23]: M206 nennt als Expeditionsleiter den Königssohn *D3tj*, der von knapp 2½ tausend Expeditionsteilnehmern („aus der Residenz") begleitet wurde, darunter auch Steinbrucharbeitern (*ḫrtjw-nṯr*).

E9: Der Prophetenvorsteher (des Min von Koptos[24]) *T3wt-jqr* sandte in seinem Jahr 1 (belegte Daten: 2. III. *šmw* und 3. IV. *šmw*, letzteres ohne Jahresangabe) den Vorsteher der Rinderherden *Jdj* (M152, „P") und den *sḥḏ-ḥmw-nṯr Jdj* (M149, „P") (beide identisch?) sowie den Vorsteher aller Aufträge der Residenz *Hqq* (M147, „P") zur Steingewinnung ins W.H.[25].

E10: Expedition eines *Ftk-t3* (*jmj-r3-mš^c* und *jmj-r3-smntjw*) mit 1000 (?) *smntjw* (*Prospektoren). Zeitstellung und Auftraggeber unbekannt (M69a, „K").

E11: Ein Beamter namens *Wr-b3wj-^cntj*(?) kam gemäß M83 („L") mit 100(?) *jkww* (Steinbrucharbeiter) ins W.H.; Zeitstellung und Auftraggeber unbekannt.

III. *Mittleres Reich.* E12: Mentuhotep II.: M112 („M") nennt einen König Mentuhotep, in dem man bisher schon Mentuhotep II. sah[26] (u.a. Schenkel[27] äußerte Zweifel). Die Einfügung des *z3-R^cw*-Titels in die Kartusche (so in M112) ist bei Mentuhotep III. und IV. nicht belegt[28], sondern, abgesehen von den Intef-Königen und Amenemhet I., speziell im 2. Regierungsabschnitt Mentuhoteps II., so daß eine Datierung der Expedition vor der Reichseinigung 2037 v.Chr.[29] naheliegt. Expeditionsleiter und spezieller Zweck der Expedition sind unbekannt.

E13: Mentuhotep III. (3.I.*šmw*, Jahr 8): M114 („M")[30] berichtet über die Expedition des *jmj-r3-pr Ḥnnw* (Inhaber des Grabes Deir el-Bahari TT 313 [MMA 510])[31] nach Punt. Auf dem Rückweg wurden im W.H. Blöcke für Statuen geholt.

E14: Mentuhotep IV. (3[?]. 15.23. II. *3ḫt*, Jahr 2; 1. Mal des Sedfestes [M110]): nach der Expedition unter Pepi I. (E3) ist diese Expedition die zweite ausführlich bezeugte (knapp 30 Einzeltexte)[32]. Neben Blöcken für Statuen sollte insbesondere ein Sarkophag mit Deckel geholt werden. Von dieser Expedition sind bekannt das Gazellenwunder (M110, „L") und das Brunnenwunder (M191, „Q"). Beide Berichte hängen inhaltlich zusammen mit einem Bericht über die Errichtung einer Felsstele (M192a, „Q"), in der die Beziehung zwischen Min und dem König sowie eine ausführliche Charakterisierung des W.H. als Wohngebiet des Min gegeben wird (alle drei Texte wurden von Elke Blumenthal[33] als Besonderheit aus einer Textgattung „Expeditionsbericht" ausgesondert). Unter Leitung des Wesirs Amenemhet (wohl des späteren Königs Amenemhet I.) gestaltete sich diese Expedition, ausgehend vom Sarkophagstein und den beiden Wunderereignissen, zu einem Unternehmen, das Mentuhotep IV. die kgl. Legitimation als Horusknabe und Sohn des Min sichern sollte[34].

E15: Amenemhet I. (2. Regierungsabschnitt, da *wḥm-mswt*-Name): der Prophetenvorsteher des Min und *wpwtj-njswt* Intef[35] holt im Auftrag des Königs Steine aus dem W.H., M199 („R") berichtet von Kulthandlungen zugunsten des Min und (nach einer achttägigen Suche nach dem richtigen Gestein) zugunsten des Month[36].

E16: Sesostris I., 1. Expedition (20. III. *prt*, Jahr 2): G 67 („L") nennt den *jmj-rꜣ-pr Jnj-jtj.j*[37] (ob Expeditionsleiter?). Spezieller Zweck der Expedition unbekannt[38].

E17: Sesostris I., 2. Expedition (3. III. *ꜣḫt*, Jahr 16): Expeditionsleiter ist der *jmj-rꜣ-mšꜥ Ḥqꜣ-jb*, der mit ca. 5000 Teilnehmern wohl zur Steingewinnung (*ḫrtjw-nṯr* und *jkww* u.a.) im W.H. war (M123 = G64; „L")[39].

E18: Sesostris I., 3. Expedition (25. 27. III. *ꜣḫt*, Jahr 38 [G61] und 4. 6. 20. IV. *ꜣḫt*, Jahr 38 [M87])[40]: gemäß G61 („K") hatte der *wḥmw Jmnj*[41] mit einer Mannschaft von über 17000 Teilnehmern 60 Sphingen und 150 Statuen zu beschaffen. Gemäß M87 („K") hatte der *wr-30-Šmꜥw* Amenemhet 80 Steinblöcke zu transportieren[42].

E19: Sesostris II. (8. IV. *ꜣḫt*, Jahr 2): M104 („L") vermerkt als Ankunftstag im W.H. den 2. II. *ꜣḫt* und als Aufbruchsdatum den 4. I. *prt*, Jahr 2. Zweck der Expedition: Abbau von 200 Steinblöcken.

E20: Sesostris III. (16. IV. *ꜣḫt*, Jahr 14): Der Expeditionsleiter *jmj-rꜣ-pr n wḏꜣ n ḫrp kꜣt Ḫwj*[43] hat gemäß M47 („J") Grauwackesteine (*jnrw nfrw n bḫnw*) als „Denkmal" für *Harsaphes von *Herakleopolis zu holen. Direkter Auftraggeber dürfte das Schatzamt des Königs gewesen sein[44]. Weitere Texte dieser Expedition sind G68 („H") und G69 („H")[45].

E21: Amenemhet III., 1. Expedition (1. III. *ꜣḫt*, Jahr 2): in M43 („I") vermeldete der *jmj-rꜣ-mnftjw* und *sḥḏ-šmsw* Amenemhet seine Ankunft durch die *bꜣw* des Min[46]. Der spezielle Zweck der E. ist nicht bekannt.

E22: Amenemhet III., 2. Expedition (3. III. *ꜣḫt*, Jahr 3): durch M96 („K") belegt[47]. Expeditionsleiter war möglicherweise der *jmj-rꜣ-zꜣ-jkww* (Steinbruchtätigkeit) Mentuhotep[48].

E23: Amenemhet III., 3. Expedition (15. I. *prt*, Jahr 19): gemäß M48 („I") waren unter der Leitung (M19, „D") des *ḫrp-kꜣt* und *wḥmw-n-ꜥrrjt Mrj*[49] 10 Statuen für den Tempel *ꜥnḫ-Jmnm-m-ḥꜣt* im Sobek-Tempel in Krokodilopolis zu holen. Nach M19 beläuft sich die Teilnehmerzahl auf über 2000[50].

E24: Amenemhet III., 4. Expedition (12.[?] III. *ꜣḫt*, Jahr 20): belegt durch M42 („H"; sehr fragmentarisch). Expeditionsleiter und spezieller Zweck nicht ersichtlich[51].

IV. *Zweite Zwischenzeit.* E25: Sobekhotep IV.[52]: an einem nicht näher bezeichneten Ort des W.H. befand sich eine Stele aus dem Jahr 7 oder 8 Sobekhoteps IV.[53] (jetzt in Kairo). Sie ist eine Familienstele (Namen des Königs, seines Vorvorgängers Neferhotep I., ihrer Eltern und der Kinder Neferhoteps I., u.a. von Sahathor[54] und wohl von Sobekhotep V.[55]). Expeditionsleiter war wohl der Wesir *Jj-mrw* (G87, unbekannter Ort). Die Kairener Stele wurde errichtet vom *jmj-rꜣ-pr-wr Zꜣ-rmnj* und verknüpft Sobekhotep IV. und dessen Familie mit Horus, „Herrn der Fremdländer". Zweck der Expedition ist unbekannt.

In der Nähe der Kairener Stele befand sich ein Text mit kgl. Namen aus der 4. Dyn. (Cheops, Djedefre, Chefren, Hordjedef und Baefre; alle Namen in Kartuschen, aber Könige waren nur die ersten drei)[56]. Da mehrere Handwerker des Ptah unter der Königsliste genannt sind, vermutete Drioton eine memphitische Demonstration gegen Könige der 12. Dyn. Wegen der Nähe zur Kairener Stele[57] dürfte m.E. eher eine Verbindung mit Sobekhotep IV. und dieser Expedition naheliegen[58], also der Versuch einer Anknüpfung der Familie Neferhoteps I./Sobekhoteps IV. an die Giza-Könige.

E26: Sobekemsaef I.[59] (Jahr 7): in M 111 („M") wird der König vor Min gezeigt, desgleichen in LD II, 151k (mit dem Datum). Letzterer Text und LD VI, 23,9 sind nicht lokalisierbar.

V. *Neues Reich.* Abgesehen von 2 bzw. 3 Expeditionen stammen alle NR-Texte aus der Ramessidenzeit. Die früheste Expedition ist vielleicht die Punt-Expedition der *Hatschepsut, die zwar den Hafen von Mersa Gawasis benutzte[60], vielleicht aber wie *Ḥnnw* (s. E13) durch das W.H. marschieren ließ. Wegen dieser Unsicherheit wird ihre Expedition hier nicht gezählt. Ebenfalls ausgelassen ist die Expedition Ramses' III. nach Punt: der Bericht im Pap. Harris I ist fiktiv (da nach dem Tode Ramses' III. angefertigt); zudem ist nur zu vermuten, daß das W.H. als Landweg diente.

E27: Amenophis II. (?): M203 („V") nennt einen „Vorsteher der Stadt" (wohl so zu verstehen; Montets Textwiedergabe ergibt keinen Sinn) *Sn-nfr*, zuständig für das „Goldland des Amun". Dabei dürfte es sich um den Bürgermeister von Theben *Sn-nfr*[61] unter Amenophis II. handeln (Inhaber von TT 96), der auf dem Durchzug zum Goldabbaugebiet (beim Bir Fawachir?) gewesen sein mußte.
E28: Amenophis IV. (10. III. *ꜣḫt*, Jahr 4): G90 („M", mit dem Datum) berichtet über die Expedition des 1. Amunspropheten *Mj* (ebenfalls genannt in G91 [„M"]), um einen Statuenblock zu holen. Weitere Texte vielleicht M251 und M252 (Abu Kueh) mit teilweise zerstörten Kartuschen, G93 (wegen der Amarnaform der *ʿnḫ*-Zeichen) und M94 (s. E29). Hornung vermutet als politischen Hintergrund dieser Expedition, daß der Hohepriester eine Zeitlang aus Theben entfernt werden sollte[62].
E29: Sethos I.: die Expedition usurpierte den Text M94 (s. E28) („K")[63] und hinterließ am Ort „AF" dem Min (M213) und dem Amun-Re (M214) gewidmete Darstellungen. Expeditionsleiter und spezieller Zweck der Expedition sind unbekannt. Möglicherweise stand sie in Zusammenhang mit einer Gold-Expedition Sethos' I. in das Gebiet von Bir Fawachir[64].
E30: Ramses II.: M22 („F") enthält nur eine Titulatur des Königs.
E31: Sethos II. (Jahr 5: G95, „M"): der Wesir Pareemheb (M46, „I"; M239, „AH"; M246, westlich AO) ließ Grauwacke abbauen. M247 gehört wegen Personengleichheit mit G99 (Titulatur Sethos' II.) ebenfalls zu dieser Expedition und nennt den „Amun vom Reinen Berg"[65].
E32: Ramses IV., 1. Expedition (4. II. *prt*, Jahr 1): mit G89 („M") ließ der *smꜣtj* des Min *Wsr-mꜣʿt-Rʿw-nḫt* für sich eine Opferszene vor Min, Isis und Horus anbringen. Über diese Expedition ist sonst nichts bekannt.
E33: Ramses IV., 2. Expedition (5. III. *šmw*, Jahr 1)[66]: M86a („K") verzeichnet die Expedition eines Prophetenvorstehers und 1. Propheten des Month. Auch über diese E. ist nichts bekannt.
E34: Ramses IV., 3. Expedition (2. III. *ꜣḫt*, Jahr 2): M240 (westlich AN) stellt den König, begleitet von Maat, bei Kulthandlungen vor Amun-Re, Min und Isis dar; Thot (mit dem der König im Text geglichen wird) vor Onuris, Osiris von Koptos, Isis und Harsiese. Sonst ist nichts über diese Expedition bekannt.
E35: Ramses IV., 4. Expedition (26. I. *šmw*, Jahr 3: M223, „AL"; 27. II. *šmw*, Jahr 3: M12, westl. AN; II. *šmw*, Jahr 3: M222, „AG-AL"): der ausführlichste Text dieser Expedition ist M12: auf dem Giebelfeld steht der König zwischen der Triade von Koptos (im N) und der von Karnak (mit Bastet) (im S). Die Expedition (über 8000 Teilnehmer) wurde vom 1. Amunspropheten Ramsesnacht geleitet. Gemäß der Zusammensetzung der Expedition dürfte ihre Aufgabe der Abbau von Grauwacke gewesen sein.

VI. *Dritte Zwischenzeit und Spätzeit.* Aus der 3. ZwZt ist nur eine Expedition belegt, zwei aus der 25. und 6 aus der 26. Dyn., während die 27. Dyn. 15 belegte Expeditionen aufzuweisen hat. Die 30. Dyn. ist dann wieder mit 2 Expeditionen vertreten.
E36: Mencheperre[67]: Die Texte M58 und M65 („J"), M 98 („K"), M 132 („M") und M 212 („AF") nennen einen *nṯr-nfr nb-tꜣwj* Mencheperre, bei dem es sich aller Wahrscheinlichkeit nach nicht um *Thutmosis III., sondern um den Hohenpriester des Amun aus der 21. Dyn. handelt. In der Götterprozession von M58[68] wird Harpokrates mit Mencheperre verknüpft (ob identifiziert?). Wenn die Texte M4 und G113 mit der Expedition verbunden werden können, hätten wir mit dem Jahr 6 das Datum dieser Expedition[69].
E37: Schabaka (Jahr 12)/Amenirdas I.: M187 („P") (hierzu gehört wegen der Titelform *„jkw n pr-dwꜣt-nṯr-Jmnw"*[70] auch G128). Die Nennung der *jkww* weist auf Steinbruchtätigkeit.
E38: Taharqa: M176 und M189 („P") belegen durch Kartuschen des Taharqa eine Expedition dieser Zeit. M70 und M102 („K") nennen Söhne des *ḥrj-jkww* des *pr-dwꜣt-nṯr-Jmnw Pꜣ-sn-n-Ḫnsw* (der als *jkw* unter Schabaka belegt ist), gehören also wohl zur Expedition des Taharqa.
E39: Psammetich I., 1. Expedition: M51 („J") nennt (wohl als Auftraggeber) den 4. Amunspropheten *Monthemhet (Expeditionsleiter wäre dann der *ḥrj-kꜣt-n-pr-Jmnw Pꜣ-ḏj-Jst*, Sohn des nach M70 unter Taharqa belegten *Qrj.f-r-Jmnw*). M51 scheint mit M52, M53, M54, M57 und M59 eine größere Gruppe von Texten („J") zu bilden, die wegen des Horusnamens Psammetichs I. in M59 alle in die Zeit dieses Königs und damit dieser Expedition zu datieren wären[71]. Da Monthemhet 656 v. Chr. Psammetich I. anerkannt hat und 648 gestorben ist[72], dürfte diese Expedition in diese Zeit gehören. Die in der Inschriftengruppe mehrfach vorkommenden *jkw*-Bezeichnungen weisen auf Steinbruchtätigkeit. M54 und M57 nennen den Titel *jrj-n-bjꜣ-n-pt* („Verfertiger von Eisenwerkzeugen"[73])[74].
E40: Psammetich I., 2. E.: M2 (westlich von B)[75] nennt (wohl als Auftraggeber) den 4. Amunspropheten Nesptah, Sohn des Monthemhet, und enthält die Titulatur Psammetichs I. Diese Expedition, von der wir sonst nichts wissen, ist also in die Zeit ab 648 v. Chr. zu datieren (vgl. E39).

E41: Necho II. (Jahr 8): M99 („K") gibt außer dem Datum nur die Titulatur Nechos II.

E42: Psammetich II. (Jahr 3): M100 („K") gibt nur Titulatur und Datum[76]. Dazu gehört die Darstellung eines Amunwidders.

E43: Amasis, 1. Expedition: M88 („K") zeigt den König in Anbetung des Min und nennt den Expeditionsleiter(?) *Ḫnsw-m-zꜣ.f.* Dieser Expedition möchte ich eine Reihe von Min- und Ptah-Darstellungen gleichen Typs zuordnen: G114 („J"), G116 („V"), G118 und G119 („J"). Verbunden mit G114 ist G111a (mit einem „Jahr 25", das m.E. als Datum dieser Expedition in Frage käme).

E44: Amasis, 2. Expedition (Jahr 44): M137 („N") nennt (wohl als Expeditionsleiter) den Vorsteher der Arbeiten von O. u. U.Äg. *Ḫnm-jb-Rꜥw*[77]. In die Zeit der 2. Expedition des Amasis fällt wahrscheinlich die Eröffnung der „Kapelle des Nektanebos". Die Texte und Darstellungen (Beter vor Min, Ptah im Schrein) M25, M27 und M28 („G") bilden eine Einheit und sind vor M26 (Nektanebos I., s. E 60) zu datieren (für die Zeit der 27. Dyn. ist keine Benutzung der Kapelle des Nektanebos belegt).

E45–E59: Perserzeit (27. Dyn.): Die Expeditionen der 27. Dyn. sollen im folgenden mit den belegten Daten und Hauptinschriften aufgezählt werden (Expeditionsleiter von E46–E51 ist *Ḫnm-jb-Rꜥw* (s. E44)[78], ab E52 sind es persische Beamte[79]):

E 45: Kambyses (Jahr 6): in M164 (s. E56) erwähnt.

E 46: Darius I., 1. Expedition (10. II. *šmw*, Jahr 26): M18 („D").

E 47: Darius I., 2. Expedition (IV. *šmw*, Jahr 26): M91 („K"); ob mit E46 identisch?

E 48: Darius I., 3. Expedition (III. *ꜣḫt*, Jahr 27): M193 („Q").

E 49: Darius I., 4. Expedition (13. IV. *prt*, Jahr 27): M14 (westlich B).

E 50: Darius I., 5. Expedition (10. I. *šmw*, Jahr 28): M134 und M135 („M").

E 51: Darius I., 6. Expedition (15. IV. *prt*, Jahr 30): M186 („P"), M190 („Q").

E 52: Darius I., 7. Expedition (Jahr 36): M146 („P"); E. auch erwähnt in M164 (E56) und M13 (E57).

E 53: Xerxes, 1. Expedition (19. I. *ꜣḫt*, Jahr 2): M50 („I"),

E 54: Xerxes, 2. Expedition (Jahr 6): M266 (unbekannter Ort).

E 55: Xerxes, 3. Expedition (Jahr 10): M106 („L").

E 56: Xerxes, 4. Expedition (Jahr 12): M148 und M164 („P").

E 57: Xerxes, 5. Expedition (Jahr 13): M13 (westlich B).

E 58: Artaxerxes I., 1. Expedition (Jahr 5): M144 („P").

E 59: Artaxerxes I., 2. Expedition (Jahr 16 und 17): M72 („K") enthält beide Daten, M145 („P") nur „Jahr 16": ob Expedition am Übergang von *šmw*, Jahr 16 zu *ꜣḫt*, Jahr 17 stattgefunden hat? Sonst wäre noch eine dritte Expedition des Artaxerxes I. anzusetzen).

E60: Nektanebos I. (IV. *ꜣḫt*, Jahr 3): bei dieser Expedition wurde die „Kapelle des Nektanebos" wieder(?) eröffnet (die Amun-Darstellung von M26 überschneidet den Rahmen von M25 (s. E44). Ab jetzt konzentrieren sich die Texte (demotisch[2] und griechisch[3]) auf diese Kapelle.

E61: Nektanebos II: M29 („G") zeigt den König vor Min, Harpokrates und Isis. Auf diese Darstellung bezogen sind die demotischen Texte Th 1 (frühe griechische Zeit) und Th 2 (nach Jahr 3 des Nektanebos)[80].

VII. *Ptolemäische Zeit.* In der ptol. Zt sind die Steinbrüche des W.H. wohl mit verminderter Intensität ausgebeutet worden[81]. Chronologische Fixpunkte gibt es kaum: Th 19 in der Kapelle des Nektanebos ist ca. 300 v.Chr. anzusetzen[82] und Th35 in das 20. Jahr *Ptolemaios II. Philadelphos (266/265 v.Chr.)[83]. Th 35 nennt als Zweck einer Expedition, eine Statue des Pharao und ein Bild von *Arsinoë II. zu holen[84].

VIII. *Römische Zeit.* Aus der röm. Zt sind mindestens 19 Expeditionen belegt, und zwar größtenteils durch griechische Inschriften im Paneion (zu den Teilnehmern zählte öfters römisches Militär) (Ortsangaben bei Texten [B] nur, wenn sie nicht in dem Paneion angebracht sind):

Augustus:	Jahr 3 (B3: Qasr el Banat), 39 (? = 9 n.Chr.?; B38), 43 (= 14 n.Chr.; B 39);
Tiberius:	Jahr 2 (= 15/16 n.Chr.; B 40), 7 (= 20 n.Chr.; B 43), 10 (? = 24/25 n.Chr.?; B 44), 14 (= 27 n.Chr.; B 45), 16 (= 29 n. Chr.; B 46), 17 (= 30 n.Chr., B 47);
Claudius:	B1 (Lakeita);
Nero:	Jahr 11 (= 64/65 n.Chr., B 50);
Titus:	Jahr 1 (= 79 n.Chr., B 51);
Domitian:	Jahr 10 (= 91 n.Chr., B 53);
Trajan:	? B 19 (El-Mueh);
Hadrian:	Jahr 3 (= 119 n.Chr., B4: Qasr el-Banat), 9 (= 125 n.Chr., B5: Qasr el-Banat); zusätzlich Hadrian-Texte im Paneion: B54 und B55;
Antoninus:	Jahr 3 (= 140 n.Chr., B 56);
Maximinus:	Jahr 3 (= 238 n.Chr., B 57).

D. *Zur Überlieferung der Expeditionen.* Abgesehen davon, daß die Rohstoffversorgung Ägyptens wegen der relativ geringen Zahl der Expeditionen wohl kaum (auch hinsichtlich der Ausbeutung des W.H.) nur mit offiziell durchgeführten Expeditionen abgewickelt wurde[85], ist mit Sicherheit davon auszugehen, daß speziell im W.H. nicht alle durchgeführten Expeditionen auch durch Texte bekannt sind, auch wenn sie solche hinterlassen haben. Die Zerstörung der Wadi-Wände aus klimatischen Gründen (auch in diesem Jahrhundert[86]) ging im Altertum sicher Hand in Hand mit dem Jahrtausende währenden Abbau des Gesteins, bei dem auf schriftliche und bildliche Zeugnisse früherer Expeditionen sicher keine Rücksicht genommen wurde.

[1] Veröffentlicht vornehmlich von Couyat-Montet, op. cit. (s. Lit.) (im folgenden mit „M" + Nr. zitiert) und G. Goyon, op. cit.(s. Lit.) (im folgenden mit „G" + Nr. zitiert). – [2] Veröffentlicht von H.-J. Thissen, op. cit. (s. Lit.) (im folgenden mit „Th" + Nr. zitiert). – [3] Veröffentlicht von A. Bernand, op. cit. (s. Lit.) (im folgenden mit „B" + Nr. zitiert). – Die demotischen und griechischen Texte außerhalb des Paneions sind im folgenden nicht berücksichtigt. – [4] Vgl. die Karte; auf die einzelnen Orte wird im folgenden mit „(Ortsbezeichnung A–Z, AA–AO)" verwiesen. – [5] Vgl. z. B. die Verbreitung der Texte Pepis I. (s. E 3); in „Q" wird in M 192 a (s. E 14) der Berg der Südwand als „Palast des Gottes (Min)" bezeichnet. – [6] Vgl. unten C VII und VIII. – [7] Vgl. zum Namen Karola Zibelius, Afrikanische Orts- und Völkernamen, TAVO Beihefte B 1, 1972, S. 91; der Name (ob derselbe?) erscheint später in einer Völkerliste Thutmosis' III. (Urk. IV, 802 Nr. 155). – [8] Hierzu s. Gundlach, in: SAK 8, 1980, 107–112. – [9] Grauwacke; vgl. neuerdings D. und Rosemarie Klemm, in: SAK 7, 1979, 122–123. – [10] André Bernand, De Koptos à Kosseir, London 1972, 58. – [11] Lucas, Materials[4], 419. – [12] Helck, Geschichte, 29–30. – [13] Wildung, in: LÄ I, 1096. – [14] PM III. 1[2], 71. – [15] Gisa (Lepsius) Nr. 86 = PM III. 1[2], 230–232. – [16] Zu den Wadi Hamama-Texten s. Green, in: PSBA 31, 1909, Tf. 54. – [17] Personenidentität zwischen Wadi Hamama Nr. 34 + 28, durch Lage Zuordnung von Nr. 27 zu Nr. 28, Personenidentität zwischen Nr. 27 und G 43 (sowie M 211), ferner zwischen G 43 und G 10 und zwischen G 10 und Wadi Hamama Nr. 34 (mit Kartusche des Sahure). – [18] Text bei Couyat-Montet, Ouâdi Hammâmât ist wohl so zu verstehen. – [19] Bei Jürgen v. Beckerath, Handbuch der äg. Königsnamen, MÄS 20, 1984, Nr. VIII c. – [20] Schenkel, Memphis-Herakleopolis-Theben, Nr. 14. – [21] Hierzu vgl. auch Jocelyne Berlandini, in: RdE 31, 1979, 3–28, bes. 12–13. – [22] Schenkel, a.a.O., Nr. 16. – [23] v. Beckerath, a.a.O., Nr. VIII d. – [24] Vgl. Farouk Gomaà, Ägypten während der Ersten Zwischenzeit, TAVO Beihefte B 27, 1980, 50. – [25] 2 Steinblöcke à 10 × 8 Ellen (M 149) und 1 Block à 12 Ellen (M 152). – [26] LR I, 218. – [27] Schenkel, a.a.O. (s. Anm. 20), § 454. – [28] Vgl. v. Beckerath, Königsnamen (s. Anm. 19), 194–195. – [29] Absolutes Datum nach Barta, in: ZÄS 108, 1981, 23–33, bes. 32–33. – [30] Karl-Joachim Seyfried, Beiträge zu den Expeditionen des MR in die Ostwüste, HÄB 15, 1981, 243–245; zum Text s. Breasted, BAR I, § 427–433; Schenkel, a.a.O., § 426; Kaplony, in: MDAIK 25, 1969, 22–32, bes. 25–27. – [31] Vgl. Hayes, in: JEA 35, 1949, 43–49. – [32] Schenkel, a.a.O., § 411–447; Seyfried, a.a.O., 245–247. – [33] Elke Blumenthal, in: Gs Otto, 85–118, bes. 105–107. – [34] S. Gundlach, in: SAK 8, 1980, 89–114. – [35] Vgl. Detlef Franke, Personaldaten aus dem MR, Hamburg 1984, Dossier 132. – [36] Zur Expedition s. auch Seyfried, Beiträge (s. Anm. 30), 247. – [37] Zum Namen s. PN I, 34, 15. – [38] Zur Expedition s. Seyfried, a.a.O., 247. – [39] Ebd., 247–248. – [40] Ebd., 248–253. – [41] Franke, a.a.O., Dossier 105. – [42] Unter seiner Mannschaft war auch der Bürgermeister von Edfu. – [43] Vgl. Seyfried, a.a.O., 253–254. – [44] Ebd., 253. – [45] Franke, a.a.O., Dossier 271. 474. 481. 695. – [46] Zur Expedition vgl. Seyfried, a.a.O., 254. – [47] Ebd., 254–255. – [48] Franke, a.a.O., Dossier 271. – [49] Ebd., Dossier 277. – [50] Zum Text vgl. auch Goedicke, in: JARCE 3, 1964, 43–50, bes. 49–50. – [51] Vgl. Seyfried, a.a.O., 255. – [52] v. Beckerath, Königsnamen (s. Anm. 19), Nr. XIII, 25. – [53] Simpson, in: MDAIK 25, 1969, 154–158; Habachi, in: Fs Nims, 47 ff.; zum Text G 87 (= M 242, unbekannter Ort) s. Spalinger, in: RdE 32, 1980, 95–116, bes. 101. – [54] v. Beckerath, a.a.O., Nr. XIII, 23. – [55] Ebd., Nr. XIII, 25. – [56] Drioton, in: BSFE 16, 1954, 41–49. – [57] Ebd. – [58] Vgl. auch zum Vorkommen des Namens *Rmnj* Simpson, in: MDAIK 25, 1969, 158 Anm. 1. – [59] v. Beckerath, Königsnamen, Nr. XVII, 3. – [60] Vgl. Kitchen, in: Or 40, 1971, 192. – [61] Zu *Sn-nfr* vgl. Helck, Verwaltung, 423–424. – [62] Erik Hornung, Grundzüge der äg. Geschichte, Darmstadt [2]1978, 94. – [63] Hierzu vgl. Couyat-Montet, Inscr. du Ouâdi Hammâmât, 69. – [64] Die Turiner Landkarte verzeichnet dort eine Stele Sethos' I. – [65] Hinweis auf den Goldabbau am Bir Fawachir? Dort ein Tempel des *Jmnw-n-dw-wꜥb* (s. *Landkarte). – [66] Die Daten von E 32 und E 33 liegen 5 Monate auseinander und sind daher zu trennen. – [67] v. Beckerath, Königsnamen, Nr. XXI A, 4. – [68] Couyat-Montet, a.a.O., Tf. 15. – [69] Hiermit würde zusammenpassen, daß die Turiner Landkarte frühestens aus der späten Ramessiden-Zt stammt und ebenfalls ein Expeditionsdatum „Jahr 6" enthält. Damit wäre die Landkarte eine Orientierungskarte für das Grauwackegebiet des W.H. für diese Expedition; das Goldminengebiet des Wadi Fawachir wäre dann nur zu Orientierungszwecken mit aufgezeichnet worden. – [70] Im W.H. nur hier und zur Zt des Taharqa belegt. – [71] Anders Leclant, Montouemhat, 191. – [72] Bierbrier, in: LÄ IV, 204. – [73] Wb I, 436, 17. – [74] Eisenwerkzeuge sind schon vorher in der 25. Dyn. belegt, s. Lucas, Materials[4], 239. – [75] Leclant, Montouemhat, Document 41. – [76] Zum Text vgl. auch Yoyotte, in: RdE 8, 1951, 215–239, bes. 238. – [77] Dieser ist weiterhin belegt in M 18 (s. E 46), M 91 (s. E 47), M 193 (s. E 48), M 14 (s. E 49), M 134 und M 135 (s. E 50), M 186 und M 190 (s. E 51) sowie in M 92–93 („K"). – [78] Vgl. Posener, Première domination perse, 88–116. – [79] Ebd., 117–130. – [80] Zu Harpokrates in dieser Darstellung s. Ballet, in: BIFAO 82, 1982, 75–83, bes. 77. – [81] Thissen, in: Enchoria 9, 1979, 90. – [82] Vgl. die Genealogie ebd., 82. – [83] Ebd., 84. – [84] Ebd., 84 Anm. 5 zu Th 35. – [85] Vgl. allgemein zur Rolle der Expeditionen bei der Rohstoffbeschaffung Gundlach, in: ZDMG 111, 1961, 385–386. – [86] Ein Vergleich der

Photos bei Couyat-Montet, Inscr. du Ouâdi Hammâmât mit modernen Aufnahmen zeigt deutlich die schnelle Veränderung: z.B. ist der Block mit dem Großteil von M94 (s. E29) aus der Wand herausgeplatzt und heruntergefallen, ebenso der Block mit M99 (s. E41).

Lit.: Couyat-Montet, Inscr. du Ouâdi Hammâmât; Georges Goyon, Nouvelles inscriptions rupestres du Wadi Hammamat, Kairo 1957; Thissen, Demotische Graffiti des Paneion im Wadi Hammamat, in: Enchoria 9, 1979, 63–92; André Bernand, De Koptos à Kosseir, London 1972, 75–213; Rolf Gundlach, Die Datierung der hieroglyphischen und hieratischen Inschriften aus dem Wadi Hammamat, Diss. Heidelberg 1959, unpubl.; Schenkel, Memphis-Herakleopolis-Theben; Karl-Joachim Seyfried, Beiträge zu den Expeditionen des Mittleren Reiches in der Ostwüste, HÄB 15, 1981. R. Gu.

Wadi el Hudi (وادى الهودى, Karte 5 d) is an area of several mining and quarrying sites (*Bergbau und Steinbrucharbeit) approximately 35 km. southeast of *Assuan, to which the Egyptians travelled to seek barytes (site 1), gold (sites 3, 13, 14; *Gold, *Goldgewinnung, *Goldminen), mica, and especially *Amethyst (various sites).[1] One of the texts of Dyn. 13 records the search for garnet, greenstone, black and white quartz, and green felspar as well (el-Hudi, no. 23). A kind of fort, possibly of MK date, served as quarters for the expedition personnel (*Expedition[en], *Festungsanlage, *Militärkolonie); traces of a Roman camp were also noted. Dated graffiti and free-standing stelae range from the end of Dyn. 11 (years 1 and 2 of Nebtowyre *Mentuhotep IV) through Dyn. 12 (*Sesostris I, *Amenemhet II, *Sesostris III, *Amenemhet III, and *Amenemhet IV) and into Dyn. 13 (Khaneferre *Sobekhotep IV) (*Expeditionsinschriften, *Felsinschriften). The amethyst mines were especially exploited in the reign of Sesostris I, with many expeditions, as well as frequently in the reigns of Sesostris III and Amenemhet III. Among personnel working at the site, the steward Hor in the reign of Sesostris I (el-Hudi, no. 143) and the royal acquaintance Rehuankh in the reign of Sobekhotep IV (el-Hudi, no. 24) are known from cenotaphs they erected at Abydos.[2] Henenu of the earlier reign worked at the diorite/carnelian quarries at *Toschqa (el-Hudi, nos. 144. 145; Cairo JE 59483[3]), while the treasurer Senbebu travelled to el Hudi and the *Sinai (el-Hudi, no. 17; Inscr. Sinai, no. 170). A large scale expedition of over 1500 men including detachments from *Elephantine (200 men) and *Kom Ombo (100 men) is attested in the reign of Sesostris I (el-Hudi, no. 6), but this scale is relatively small in comparison with the figures from the *Wadi Hammamat, the large blocks of stone there evidently requiring more manpower than the extraction of gemstones. Deities attested in the texts include *Hathor, Lady of the Amethyst, and Satis (*Satet), Lady of the Valley, or Lady of Elephantine.

[1] Harris, Minerals, 121–2; Lucas, Materials[4], 388–9. – [2] William K. Simpson, The Terrace of the Great God at Abydos, PPYE 5, 1974, ANOC 29 and 22. – [3] Engelbach, in: ASAE 33, 1933, 71 no. 5; Rowe, in: ASAE 39, 1939, 191–193 (cf. Edel, in: GM 78, 1984, 51 ff.; id., in: GM 81, 1984, 65–66).

Lit.: Berlev, in: BiOr 40, 1983, 355–357; Elke Blumenthal, in: Gs Otto, 85–118; V.L. Davis, in: JAOS 103, 1983, 791–2; Ahmed Fakhry, The Inscriptions of the Amethyst Quarries at Wadi el Hudi, Cairo 1952; PM VII, 319–320; Ashraf I. Sadek, The Amethyst Mining Inscriptions of Wadi el Hudi I: Text, Warminster 1980; Schenkel, Memphis – Herakleopolis – Theben, passim; Karl-Joachim Seyfried, Beiträge zu den Expeditionen des Mittleren Reiches in die Ost-Wüste, HÄB 15, 1981; id., in: GM 81, 1984, 55–63; Rowe, in: ASAE 39, 1939, 187–194. W. K. S.

Wadi Mija s. Kanais

Wadi 'n-Natrun, äg. *sḫt-ḥmꜣt* „Salzfeld"[1], griech. Σκιατικὴ χῶρα[2], Σκῆτις = kopt. ϣιΗτ[3], eine Depression westlich des *Deltas, im Altertum zugängig bes. von *Therenutis aus, aber auch durch das Wadi Qarem bei *Abu Roasch. W.N. wird hauptsächlich als Herkunftsort des „u.äg. *Natrons" (*nṯrj*) im Gegensatz zum o.äg. aus *Elkab genannt, wobei als Hauptort ein *štpt* erwähnt wird[4]. In späteren topographischen Listen ist das W.N. die 6. der 7 kanonischen *Oasen der Westwüste. In griech. Zt bildete das W.N. einen eigenen *Gau Nitriōtēs[5]; in ptol. Zt wird dort ein „geheimer Berg des *Osiris" erwähnt[6]. Als Hauptgötter dieses Gebiets galten damals die der thebanischen *Triade[7].
In der Literatur spielt das W.N. als Herkunftsort der Hauptperson der sog. *„Bauerngeschichte" eine Rolle. Dabei zeigt sich, daß im MR das W.N. Lieferungsgebiet für Natron (*ḥzmn*) und *Salz, Leopardenfelle und Wolfspelze sowie einer großen Zahl von Heilpflanzen (*Heilmittel) war, die jedoch meist nicht zu identifizieren sind: *nšꜣw* (Laichkraut?)[8], *ḫpr-wr*[9], *jbzꜣ* (eine Ölpflanze)[10], *jnbj*[11], *gngnt* (als Abführmittel benutzt)[12], *šnj-tꜣ* (ebenfalls Abführmittel)[13]; hierzu sind sicher auch die hapax legomena *tnm*[14], *sꜣhwt*[15], *sꜣkswt*[16], *mjswt*[17], *wbn*[18] und *tbsw*[19] zu rechnen. *jꜣꜣ*[20] und *rdmt* (?)[21] scheinen außermedizinische Nutzpflanzen zu sein. Auch *Tauben, *Strauße(?) und die sonst unbekannten *wgs*-Vögel werden geliefert sowie Mineralien, wie *ꜥnw* (kugelförmige Steine?)[22] und *znt*, eine Art gelber *Ocker[23]. *Stöcke aus *Farafra kamen im Zwischenhandel über das W. Natrun[24].

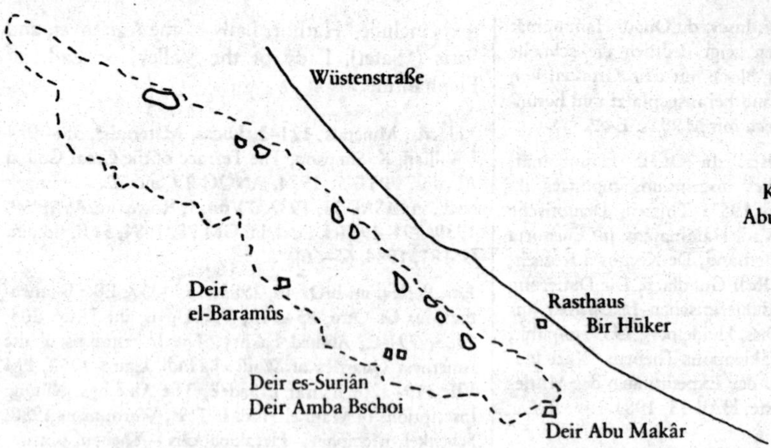

In christlicher Zt war das W.N. bevorzugter Platz für Eremiten, wodurch früh über 40 Klöster entstanden, von denen heute nur noch 4 bestehen:[24] Von N nach S:

1. Deir el-Baramus, der Legende nach von den angeblichen Söhnen des Kaisers Valentinian II. Maximus und Domitius in der 2. Hälfte des 4. Jh n. Chr. gegründet.
2. Deir es-Surjân, von einem mesopotamischen, aus Syrien stammenden Kaufmann Tebrit an der Stelle einer ursprünglich zum Kloster Deir Amba Bschoi gehörigen Kirche der Theotokos im Anfang des 8. Jh. n. Chr. für syrische Mönche gegründet. Erst im 17. Jh. wurde dieses Kloster koptisch.
3. Deir Amba Bschoi, um 390 n. Chr. gegründet.
4. Deir Abu Makâr, am Ende des 4. Jh. n. Chr. um die Einsiedlerzelle des Mönches Makarius entstanden.

Alle diese Anlagen wurden am 5. und Beginn des 9. Jh. n. Chr. mehrmals von den Beduinen zerstört (so kamen 444 n. Chr. 49 Mönche um), aber immer wieder neu errichtet. Um 567 n. Chr. war Deir Abu Makâr Zufluchtsort des monophysitischen Patriarchen, als er unter Justinian aus Alexandria vertrieben wurde.

[1] Gauthier, DG V, 56. – [2] Ptolemaios IV, 5,12. – [3] S. Kees, in: RE XVII, 774–5 s.v. Nitriae; id., in: RE 2. Reihe III, 519–520 s.v. Skiathis 2. – [4] Karola Zibelius, Ägyptische Siedlungen nach Texten des Alten Reiches, Beihefte TAVO B 19, 1978, 235. – [5] Strabo XVII, 803; vgl. Helck, Gaue, 171–2. – [6] Sethe, in: ZÄS 56, 1920, 51. – [7] Wenn Pyr. 580. 638. 1607 *Nut mit *štpt* genannt wird („in ihrem Namen *Št-pt*"), so dürfte das kaum auf eine Verehrung der Nut im W. N. hinweisen, sondern ein *Wortspiel sein wegen *Nwt* = *pt* „Himmel". – [8] Wb II, 338,18 Potamogaton lucens nach Keimer, in: REA 1, 1927, 180ff.; 2, 1929, 210ff.; vgl. Renate Germer, Untersuchungen über Arzneimittelpflanzen im Alten Ägypten, Diss. Hamburg 1979, 286: „unspezifisch". – [9] Wb III, 267, 3–4; Germer, a.a.O., 292. – [10] Wb I, 64,15–16; Germer, a.a.O., 233: „hoher Gehalt alkalischer Öle". Ein *Öl der alten Ölliste heißt *jbz3*. – [11] Wb I, 95, 13–15; Germer, a.a.O., 237: „Füllpflanze" bei Medikamenten; vgl. Wb, Belegst. s. v. mit Hinweisen auf *Ti und späte Tempelinschriften. – [12] Wb V, 177, 8–10; Germer, a.a.O., 340; Keimer, Gartenpflanzen I, 159; im pEbers wird diese Pflanze mit „*Bohnen aus Kreta" verglichen. Hinweis Westendorf: Vgl. ϭⲓⲛϭⲓⲛ „Senfkohl", KoptHWb, 461. – [13] Wb IV, 502, 1–3; Germer, a.a.O., 199: „schlechtschmeckend"; nach pEbers „Frucht der *mnwḥ*-Pflanze". – [14] Wb I, 312,10. – [15] Wb IV, 19,16. Zur Gleichsetzung *s3ḥwt* – *sḥ3wt* – *sḥrt* und der Deutung als Mineral vgl. Harris, Minerals, 130; Edel, in: ZÄS 96, 1969, 7–8; Grundriß der Medizin VI, 459 (Hinweis Westendorf). – [16] Wb IV, 27,1. – [17] Wb II, 45,1. – [18] Wb I, 295,3. – [19] Wb V, 262,8. Hinweis Westendorf: Vgl. ⲧⲱⲃⲥ „Dornbusch", KoptHWb, 223. – [20] Ludwig Keimer, Die Gartenpflanzen im alten Ägypten II, DAIK, Mainz 1984, 74 Nr. 4: „Nutzpflanze"; Wb I, 27,9. – [21] Wb II, 469,2 (oKairo 25572 und pHarris I, 65b,6 werden hieraus Matten gefertigt). Gardiner, in: PSBA 35, 1913, 265 lehnt an unserer Stelle aber die Lesung *rdmt* ab (vgl. Caminos, LEM, 168). – [22] Wb I, 189,18. *Pianchi-Inschrift Z. 32: „Schleudermaschinen, um *ʿnw* zu werfen." – [23] Wb III, 458,5; vgl. Harris, Minerals, 181. – [24] Zur möglichen Lesung der vor diesen Stöcken genannten „Hölzer" als aus der Gegend *Ḥstjw* stammend s. Edel, in: ZÄS 96, 1969, 7. – Vgl. Hugh G. Evelyn-White, The Monasteries of the Wadi 'n Natrûn, PMMA 2, New York 1926. W. H.

Wadi Qitna. A tumulus cemetery located in a tributary valley of the same name on the left bank of the Nile 65 km south of Aswan (*Assuan), 5 km south of *Kalabscha and west of Nagʿ Wadi Siyala el-Gibli. It was discovered by the Nubian mission of the Czechoslovak Institute of Egyptology in 1964.[1] Excavated in its whole extent a year later, it yielded 520 tumuli and 56 non-funeral structures.[2] The tumuli were either of heaped hemispherical superstructures (95.2%) or of built cylindrical dry masonry (4.8%), both types occurring either isolated (66.2%) or in clusters (33.8%) of 2–16 tumuli. Built tumuli were bigger than the isolated heaped ones, clustered heaped tumuli being the smallest.[3] Dimensions of the superstructures were dependent on the age of the dead. In cases of multiple burials they were slightly (heaped type) or strikingly bigger (built type). Burial chambers were completely built (55.4%), leaning against ground rocks (20.2%) or set in rock clefts (24.4%). The first type was most frequent in built tumuli, the other types prevailed in heaped tumuli. Dimensions of the burial chambers were dependent on size of the bodies placed in flexed position (most often with head to the east)[4] without an increase in multiple burials. Some tumuli, mostly of the built type, were provided with supplementary structures (enclosure walls, gates, stelae, short walls, flights of steps and pillars). The non-funeral structures were represented by stone curbs (44.6%), platforms tiled with stone slabs and surrounded by a low wall (30.4%), small enclosures (12.5%), rows of upright stone slabs (8.9%) and others (3.6%).

The most frequent and abundant finding was pottery,[5] which could be divided into Red-brown, White-washed, Brown, Cream, Buff and Hand-made Wares, each consisting of several types. Some vessels were marked with graffiti and dipinti. Analogies can be found in the *X-Group (*Ballana) pottery, but there are differences in the presence and frequency of several types in comparison with sites south of the *Dodekaschoinos, The Hand-made Ware, however, is quite unique[6] and according to the physico-chemical investigation it was most probably produced locally.[7]

Further findings included stone vessels and objects, glass vessels, wooden burial beds and articles, textiles, wicker-work, leather articles, products, remainders of food and animal bones.[8] Archaeological dating according to the published analogies was confirmed by two radiocarbon dates, one numismatic date and two epigraphical dates, pointing to the range from the second half of the 3rd up to the end of the 5th century A.D.[9]

The settlement, not found by previous survey, could have been located between the mouths of the Wadi Qitna and the 300m northerly lying Wadi Siyala. According to the botanic finds, the climate was desertic with an adequate supply of underground water enabling crops and grazing in the bottoms of the valleys. Most articles were produced locally, but some were brought by local (Lower Nubian) or distant (Egyptian, Roman-provincial) trade (luxurious pottery, glass vessels, glass and stone beads, ornate textiles). The assemblage may be characterized as a peripheral variant of the X-Group (Ballana) culture.[10]

The society was stratified into three social groups, i.e. chiefs and their families (11.5%), members of the heterogenous middle stratum (12.3%) and the common people (76.3%).[11] Out of the total of 609 individuals, 43% were immatures (including 17.2% of infants) and 57% adults, showing a dominance of females over males.[12] Life expectancy at birth was 21.4 years. The settlement consisted of 60–100 inhabitants, living in mono- and polygamous marriages.[13] Physically the population was a White-Black mixture, similar to the X-Group and Meroitic series from Qustul.[14] There was a rare incidence of injuries which could be attributed to a military activity as well as a conspicuous lack of weapons in the findings.[15] W.Q. was most probably the burial-ground of an immigrated Nobadian community of agrarians, herdsmen and craftsmen not engaged in the Blemmyan (*Blemmyer) attacks on Egypt.[16]

A cemetery of the same type was revealed in the tumuli of Kalabsha.[17]

[1] Strouhal, in: Current Anthropology 9, Chicago 1968, 539–541; Strouhal, in: Akten des Anthropologischen Kongresses 1965, Brno 1967, 225–226; Strouhal, in: Acts of the First ICE 1976, Schriften zur Geschichte u. Kultur des alten Orients 14, Berlin 1979, 609–613; Vachala, in: Meroitica 7, Berlin 1984, 554–556. – [2] Eugen Strouhal, Wadi Qitna and Kalabsha South, vol. I. Archaeology, Prague 1984, chapters 1 and 2. – [3] Strouhal, Statistical Evaluation of the Tumuli Dimensions at W. Q., in: Akten der Tagung in Steinförde 1983 (in the press); Strouhal, Wadi Qitna I, chapter 5. – [4] Strouhal, Wadi Qitna and Kalabsha South, vol. II. Anthropology, chapter 2 (in preparation). – [5] Strouhal, Wadi Qitna I, chapter 6. – [6] Strouhal, in: Praehistorica VIII, Univerzita Karlova Praha 1981, 249–253; Strouhal, in: Nubian Studies, Warminster 1982, 215–222; Strouhal, Wadi Qitna I, chapter 6, G. – [7] Strouhal, Čejka, Kaprálová and Urbanec, in: Wadi Qitna I, chapter 7; Urbanec, Čejka and Strouhal, Cluster Analysis of the X-Group Pottery from Wadi Qitna and Kalabsha South, in: Akten der Tagung in Steinförde 1983 (in the press). – [8] Strouhal, Wadi Qitna I, chapters 8. 9. 11–14. – [9] Vidman, in: Wadi Qitna I, chapter 10; Kurz, in: Wadi Qitna I, 230; Šilar, in: Wadi Qitna I, chapter 12, E; Strouhal, Wadi Qitna I, chapter 15, A. – [10] Strouhal, Wadi Qitna I, chapter 15, C; Strouhal, in: Acts of the 5th Conference of the Society for Nubian Studies, Heidelberg 1982 (in the press). – [11] Strouhal, in: Meroitica 7, Berlin 1984, 522–542; Strouhal, Wadi Qitna II, chapter 6 (in preparation). – [12] Strouhal, in: Actes du VIIe Congrès International des Sciences Préhistoriques et Protohistoriques 1966, vol. II, Prague 1971, 1272–1275; Strouhal, Wadi Qitna II, chapter 3 (in preparation). – [13] Strouhal, in: Demografie 24, Prague 1982, 99–100; Strouhal, Wadi Qitna II, chapters 4–5 (in preparation). – [14] Strouhal, in: Anthropologie und Humangenetik. Fs K. Saller, Stuttgart 1968, 84–92; Strouhal, in: Anthropological Congress dedicated to Aleš Hrdlička, Prague 1971, 541–547; Strouhal, in: Rassengeschichte der Menschheit, 3. Lie-

ferung, München–Wien 1975, 20.40; Strouhal, Wadi Qitna II, chapters 8–12 (in preparation). – [15] Strouhal, Wadi Qitna I, 268; II, chapter 13 (in preparation). – [16] Strouhal, in: Meroitica 10 (in the press); Strouhal, Wadi Qitna II, chapter 14 (in preparation). – [17] Herbert Ricke, Ausgrabungen von Khor-Dehmit bis Bet el-Wali, Chicago 1967; Strouhal, Wadi Qitna I, chapters 3 and 4 and passim. E. Str.

Wadi es-Sabua s. Sebua

Wadi Schatt er-Rigale (وادى شط الرجالة; Karte 4h) lies in a waste of sheer sand and rock in the modern province of *Assuan, on the west bank of the Nile, about 135 km. south of *Luxor and 75 km. north of the First Cataract (*Katarakt).[1] The modern Arabic name of the barren valley means "the shore (or embankment) of the men" and is of unknown origin.[2] Also unknown is whether the wadi, which lay in the 1st nome of Upper Egypt (*Gaue),[3] had a name in ancient times; if it had, the old designation either has not come down to us or has escaped notice hitherto. The wadi winds away from the river westward into the desert for a distance of about 1800 m and then peters out, bounded on the north and south sides by sandstone cliffs varying in height from 4 to 30 m; the average width of the wadi is 40 m. There is no self-standing building in it, no temple or shrine of any description in the wadi proper; but carved on the steep cliff walls that flank it on either side and also high up on the surrounding plateau are to be found a host of graffiti and rock-drawings as well as a few ancient Egyptian royal reliefs with short hieroglyphic dockets attached to them. There is a total of over 800 different records; of these only about 160 have been published to date (July 1984).[4]

A large number of pre-dynastic rock-carvings show the place to have been a haunt of early semi-nomadic desert hunters. The petroglyphs are animal figures for the most part: quantities of giraffes, ibexes, oryxes, oxen and other horned quadrupeds; elephants and hunting dogs are much rarer. There are several representations of animal traps and corrals; also human figures, including huntsmen armed with bows, arrows, spears, lassos;[5] a female figure in outline is shaped and posed in the manner of a *Naqada dancer.[6]

Among carvings of the historical period are quarry marks, some of which have been noticed in the large sandstone quarries at *Gebel es-Silsile and el-Hosh;[7] also footprints, many drawings of boats, a variety of game-boards, and non-descript patterns and designs.[8]

It may be doubted that any writing in the wadi antedates the twenty-second century B.C.[9] The great majority of the inscribed records are of the MK, and of these the most remarkable is the great relief of the Eleventh Dyn. Pharaoh Mentuhotep I Nebhepetrēʿ (*Mentuhotep II) in the company of his father *Antef III, his mother Iaḥ, and his seal-bearer Khety.[10] Mentuhotep appears once more in a much smaller scene wearing the white crown (*Kronen) and the archaic royal tunic of the sed-festival (*Sedfest), with Khety again in attendance;[11] the reliefs are, of course, no proof that the king and his parents ever visited W.S.R.[12] Sʿankhkarēʿ Mentuhotep is also depicted with the white crown and in sed-festival attire, as a seated Osiride figure, on a rock in the wadi.[13] Represented not pictorially but only by their crudely cut names are *Neferhotep I[14] and *Sobekemsaf (I or II?).[15]

The bulk of the MK graffiti are hieratic and consist of names and titles of officials.[16] The prevailing titles are seal-bearer (*sḏ3wtj*), overseer of the place or seat (*jmj-r st*), scribe (*zš*), and retainer or follower (*šmsw*); what all those MK officials were doing in that most out-of-the-way locality will probably never be known.[17]

Only three texts are undoubtedly of the NK: a short hieroglyphic line that mentions King Djeserkarēʿ (*Amenophis I) 'beloved of *Horus lord of Beḥdet',[18] and two records commemorative of Peniaty, 'overseer of works in the temple (or estate) of Amūn' in the early Eighteenth Dynasty, who might have visited the wadi prospecting for building stone;[19] his records mention the five rulers under whom he served: Amenophis I, *Thutmosis I and II, *Hatschepsut, and *Thutmosis III.

Extremely uncertain is the date of a king represented in the wadi only by his Horus name of Wadje (*W3ḏ*).[20] Also of problematic date is the record of a king whose badly damaged prenomen cannot be read with any degree of confidence.[21] The identity of a Horus Sʿankhtaui (*Sʿnḫ-t3wj*) is no less of a crux.[22] A pair of cartouches maliciously defaced in antiquity and again in recent times[23] hold non-royal names in all probability.[24]

There is a very small number of Carian[25] and Greek[26] graffiti, and one in an unidentified script.[27] Up on the plateau by the wadi are two shallow graves, both plundered; they have each a slab inscribed with a name by way of tombstone.[28]

Only a bare minimum of quarrying (*Steinbruch) was ever done at W.S.R. and might have been limited to trial-workings, for the sandstone cliffs of the wadi, unlike those of neighbouring el-Hosh and Gebel es-Silsile, are scarred by deep fissures, faulty seams, and other flaws that render them unsuitable for profitable quarrying operations on a large scale.[29] Repeated reconnaissance of W.S.R. and vicinity failed to reveal the least evidence either in the form of inscriptions or otherwise to support the view that the wadi was the river-end of a road to the south,[30] a view also made decidedly untenable by the very nature and physical peculiarities of the terrain of the entire region.[31]

1 Sketch-map showing W.S.R. and neighbouring localities: Pavel Červíček, Felsbilder des Nord-Etbai, Oberägyptens und Unternubiens, Wiesbaden 1974, 25, Text-Abb. 6. The wadi immediately north of W.S.R. designated Chor es-Salaam on Červíček's map is invariably called Khor Tangura by the few people who live in the area, cf. Karl Baedeker, Egypt and the Sûdân. Handbook for Travellers, Leipzig [8]1929, 358. – 2 Cf. Friedrich Wilhelm von Bissing, Vom Wadi Es Sᶜaba Rigâle bei Gebel Silsile, SBAW 1913. 10, 3 n. 1. The explanation of the origin and significance of the name offered by Winlock, Rise and Fall, 58, was considered incorrect by Labib Habachi. – 3 Cf. Helck, Gaue, 71; id., in: LÄ II, 386. – 4 See PM V, 206–208 for a full bibliography up to 1937. The most significant additions to it since are Winlock, in: AJSL 57, 1940, 137 sqq.; id., Excavations at Deir el Baḥri 1911–1931, New York 1942, 87 sq. 117 sqq., pl. 22; id., Rise and Fall, 58 sqq. with pls. 9–12. 35–39. Reliable succinct account from personal observation: Arthur E.P. Weigall, A Guide to the Antiquities of Upper Egypt from Abydos to the Sudan Frontier, New York 1910, 350 sq., followed by James Baikie, Egyptian Antiquities in the Nile Valley, London 1932, 666. All the W.S.R. records published until December 1982 were collated and copied afresh by an expedition of the Egypt Exploration Society in 1983. The expedition (Ricardo A. Caminos and Jürgen Osing) carried out an exhaustive epigraphic survey of the entire wadi and also weighed in situ all statements about the wadi as such and its records made by the authorities quoted in notes 5–31 below. Information obtained by the expedition has been used in the present article by kind permission of the EES, for which the undersigned is deeply grateful; cf. The Egypt Exploration Society, Report for the Year 1982/1983, London 1983, 7 sq.; Caminos, in: JEA 69, 1983, 3 sq.; Leclant, in: Or 53, 1984, 387. – 5 Petrie, Season, 15 (20); von Bissing, Wadi Es Sᶜaba Rigâle, 19 with Beiblatt 4, no. 16; Hans H. Winkler, Rock-Drawings of Southern Upper Egypt II, EES, London 1939, 5 (Site 36); Winlock, in: AJSL 57, 1940, 139 with fig. 4: id., Rise and Fall, 60 sq. with pl. 35 (upper and middle); Karl W. Butzer and Carl L. Hansen, Desert and River in Nubia. Geomorphology and Prehistoric Environments at the Aswan Reservoir, Madison 1968, 192. – 6 EES reference WSR Field Bk. 1, p. 23, loc. 11 extra E. Cf. Naqada and Ballas, 45 (lower right). 49 (upper right) and pls. 59 (No. 6). 67 (No. 14); El Amrah and Abydos, 42 (middle right) and pl. 14 (D 46); Baumgartel, Prehistoric Egypt II, 69 with nn. 4–6, pl. 5, fig. 4; Alexander Scharff, Grundzüge der ägyptischen Vorgeschichte, Morgenland 12, 1927, 61, pl. 13; Emma Brunner-Traut, Der Tanz im alten Ägypten nach bildlichen und inschriftlichen Zeugnissen, ÄF 6, 1938, 11 sq. with figs. 1–2; Emile Massoulard, Préhistoire et Protohistoire d'Egypte, Paris 1949, 83. 494 and pl. 16 (46 D); Vandier, Manuel I, 286 sqq. 430 sqq., fig. 292 (upper). – 7 Legrain, in: PSBA 28, 1906, 17 sqq., pls. 1–3. – 8 Cf. Petrie, Season, pl. 14, no. 386; v. Bissing, Wadi Es Sᶜaba Rigâle, 16 with Beiblatt 3, no. 11. – 9 Cf. Winlock, in: AJSL 57, 1940, 140 sq. nn. 6–10; id., Rise and Fall, 61 sq. with nn. 6–10. – 10 EES reference WSR Field Bk. 1, p. 41, loc. 19–I. Cf. PM V, 207, no. 489; adding Wilkinson Mss. XI, 184 (upper); Winlock, in: AJSL 57, 1940, 142 sqq. with fig. 7; id., Excavations at Deir el Baḥri, 87 sq., 118 sqq., and pl. 22 (lower); id., Rise and Fall, 62 sqq., pls. 12. 36 (A–D); Jean Capart, L'art égyptien. Choix de documents accompagnés d'indications bibliographiques III: Les arts graphiques, Brussels 1942, pl. 466; Stock, 1. Zwischenzeit, 82 sqq., pl. 14, fig. 20; Gardiner, in: MDAIK 14, 1956, 45 sqq.; Labib Habachi, in: MDAIK 19, 1963, 47 sq. with fig. 23; Schenkel, Memphis, Herakleopolis, Theben, 207 sq., nos. 318. 320; Winfried Barta, Das Selbstzeugnis eines altägyptischen Künstlers. Stele Louvre C 14, MÄS 22, 1970, 25 (Document 5), 42 sq., pl. 11, no. 24; Oleg D. Berlev, in: Dwight W. Young (ed.), Studies Presented to Hans Polotsky, East Gloucester, Mass. 1981, 361 sqq.; Goedicke, in: SSEAJ 12, 1982, no. 4, 157 sqq. References to previous discussions of the relief will be found in Schenkel's book and in the articles by Berlev and Goedicke; see also Weigall, Guide to the Antiquities of Upper Egypt, 350. – 11 EES reference WSR Field Bk. 1, p. 55, loc. 26–B. Cf. PM V, 207, no. 443; adding LR I, 229 (v) with n. 4; Winlock, in: The Egyptian Expedition 1925–1927, BMMA, pt. II, Febr. 1928, 18 sq.; id., in: AJSL 57, 1940, 143 with fig. 8 (left); id., Excavations at Deir el Baḥri, 118 f.; id., Rise and Fall, 62 sqq., pl. 37; Schenkel, Memphis, Herakleopolis, Theben, 208, nos. 319. 320; Barta, Das Selbstzeugnis eines altägyptischen Künstlers, 25 (Document 6). 42, pl. 12, no. 25; Erik Hornung and Elisabeth Staehelin, Studien zum Sedfest, AH 1, 1974, 26; Goedicke, in: SSEAJ 12, 1982, no. 4, 159 with nn. 15–16. – 12 Not the slightest allusion, let alone explicit reference, to such a visit has been found among the extant records of ancient Egypt in the wadi itself or elsewhere. – 13 EES reference WSR Field Bk. 1, p. 127, loc. 62–B. Cf. PM V, 207, no. 359; Winlock, in: AJSL 57, 1940, 154 with n. 67; id., Rise and Fall, 70 with n. 48; Schenkel, Memphis, Herakleopolis, Theben, 250, no. 405. For Sᶜankhkarēᶜ again represented as an Osiride figure seated and clothed in the jubilee tunic cf. William M. Flinders Petrie, Qurneh, ERA, London 1909, 5 f., pl. 7, quoted by Erik Hornung and Elisabeth Staehelin, Studien zum Sedfest, AH 1, 1974, 26. – 14 EES reference WSR Field Bk. 1, p. 41, loc. 19–J. Cf. PM V, 207, no. 479; adding Winlock, in: AJSL 57, 1940, 155 sq.; id., Rise and Fall, 72 with n. 62; v. Beckerath, 2. Zwischenzeit, 245, no. 17; Dewachter, in: RdE 28, 1976, 66 n. 7. – 15 EES reference WSR Field Bk. 1, p. 41, loc. 19–G. Cf. Petrie, Season, pl. 16, no. 490; Winlock, in: AJSL 57, 1940, 156 with fig. 13; id., Rise and Fall, 72 with n. 63; 132 sq. with n. 2, pl. 38 (F). – 16 A few of them, copied in 1869, were published by Eisenlohr, in: PSBA 3, 1881, 101 sq. with pl. 2 opposite p. 98. Many more were recorded by Petrie and Griffith in 1887, s. Petrie, Season, pls. 14–16. Cf. also v. Bissing, Wadi Es Sᶜaba Rigâle (v. n. 2), 14 sqq. with Beiblätter 2–5; Winlock, in: The

Egyptian Expedition 1925–1927, BMMA, pt. II, February 1928, 19 sqq.; id., in: AJSL 57, 1940, 147 sqq., figs. 10–12. 14; id., Excavations at Deir el Baḥri, 118 sqq.; id., Rise and Fall, 66 sqq., pls. 38–39. – [17] One text alone in the entire wadi mentions the motive that brought a man there: EES reference WSR Field Bk. 1, p. 41, loc. 19–H. Cf. Petrie, Season, pl. 15, no. 483 (copy neither full nor accurate), and Winlock, in: AJSL 57, 1940, 158 with n. 89 (transcription faulty at end); id., Rise and Fall, 73 with n. 69 (incomplete rendering and faulty restoration). Collation of the one-line hieroglyphic text shows that Winlock's description of the man as a visitor that came to see Mentuhotep's great relief (above, n. 10) is correct, though his attribution of the inscription to the 18th Dyn. is open to serious doubt. – [18] EES reference WSR Field Bk. 1, p. 41, loc. 19–H. Cf. PM V, 207, no. 480; adding Winlock, in: AJSL 57, 1940, 158 with n. 86; id., Rise and Fall, 73 with n. 66. Griffith's copy in Petrie, Season, pl. 15, no. 480, is defective; Horus' epithet reads *nb Bḥdt*. – [19] The two records are hieroglyphic. For the westernmost of them (EES reference WSR Field Bk. 1, p. 129, loc. 63 added 2) see PM V, 207, no. 357; adding Wilkinson Mss. IX, 184 (middle left); Urk. IV, Übers., 28 (18. B) with n. 1; Winlock, in: AJSL 57, 1940, 158 with n. 88; id., Rise and Fall, 73 with n. 68. Griffith's faulty copy (for ☥ read ☥ beneath Hatschepsut's cartouche) in Petrie, Season, pl. 14, no. 357, lead to conclusions which must be either revised or discarded altogether: id., ibid., 14; Urk. IV, 52 n. a, with Übers., 28 n. 1; Glanville, in: JEA 14, 1928, 295 sq. with nn. 1–2 on p. 296; William J. Murnane, Ancient Eg. Coregencies, SAOC 40, 1977, 41 sq. nn. 49–50; Suzanne Ratié, La reine Hatchepsout: Sources et problèmes, Leiden 1979, 270 with n. 43. Griffith's misreading was rightly suspected to be for *ʿnḫ.tj* by Kurt Sethe, Die Thronwirren unter den Nachfolgern König Thutmosis' I, ihr Verlauf und ihre Bedeutung, UGAÄ 1, 1896, 19 (§ 28) n. 2; 84 (§ 12, b), and accordingly translated "sie lebe"; id., Das Hatschepsut-Problem, noch einmal untersucht, APAW 1932, 70 (§ 91). The inscription was maliciously damaged in 1970 (v. n. 23). For the other record of Peniaty (EES reference WSR Field Bk. 1, p. 41, loc. 19–R) see PM V, 207, no. 476; adding Urk. IV, Übers., 27 (no. 18. A) with n. 6; LR II, 199 (IX). 216 (IX). 228 (III); Winlock, in: AJSL 57, 1940, 158 with n. 87; id., Rise and Fall, 73 with n. 67; cf. also Sethe, Thronwirren, 19 (§ 28). 84 (§ 12, a); id., in: ZÄS 36, 1898, 56 f.; id., Das Hatschepsut-Problem, 70 (§ 91); Glanville, in: JEA 14, 1928, 295; William F. Edgerton, The Thutmosid Succession, SAOC 8, 1933, 38 (§ 91). – [20] EES reference WSR Field Bk. 1, p. 77, loc. 37–A. Cf. PM V, 207, no. 414; adding Winlock, in: AJSL 57, 1940, 140 f. with fig. 5; id., Rise and Fall, 61 with nn. 6–9, pl. 35 (bottom left). Winlock calls attention to King Wadjed who is known from scarabs only, though without equating him with the Horus Wadje of W. S. R., which would be questionable in the extreme; cf. Stock, 13. bis 17. Dyn., 43 with n. 259, fig. 64; v. Beckerath, 2. Zwischenzeit, 138 sq. 277 (XVI B). – [21] EES reference WSR Field Bk. 1, p. 55, loc. 26–B. Cf. PM V, 207 (bottom), no. 444; adding v. Bissing, Wadi Es Sʿaba Rigâle, 14 sq. with n. 1 on p. 15; Winlock, in: AJSL 57, 1940, 155 with n. 80; id., Rise and Fall, 72 with n. 61. – [22] EES reference WSR Field Bk. 1, p. 43, loc. 20–AF. Cf. PM V, 207, no. 466; Winlock, in: AJSL 57, 1940, 154 with n. 68; id., Rise and Fall, 70 with n. 49; Stock, 13. bis 17. Dyn., 50 with n. 291; v. Beckerath, 2. Zwischenzeit, 39 with n. 1; 299 (XIII 4, no. 4); Schenkel, Memphis, Herakleopolis, Theben, 250, no. 406. – [23] EES reference WSR Field Bk. 1, p. 71, loc. 34. Cf. PM V, 207, no. 430, adding Winlock, in: AJSL 57, 1940, 141, fig. 6; id., Rise and Fall, 61, pl. 35 (bottom right). The ancient damage is undatable; the cartouches suffered further damage in 1970, probably by the same hands that defaced the record referred to above, n. 19. – [24] For private names in cartouches see, for instance, Jesus López, Las Inscripciones rupestres faraónicas entre Korosko y Kasr Ibrim (orilla oriental del Nilo), Madrid 1966, 30, no. 29 with pl. 18, 1. 2 (early Twelth Dyn.); Annelies and Artur Brack, Das Grab des Tjanuni. Theben Nr. 74, AV 19, 1977, 75, text 86; 77, fig. 29; pl. 56, fig. a (Eighteenth Dyn.). – [25] EES references WSR Field Bk. 2, pp. 19. 21. 23. 25, locs. 5–B, C, E and F. Cf. Sayce, in: PSBA 28, 1906, 171 sqq. with pl. 1 (Nos. I–IV) opposite p. 172; Johannes Friedrich, Kleinasiatische Sprachdenkmäler, Berlin 1932, 102 sqq., nos. 57–60; Vitelij V. Ševoroškin, Исследования по дешифровке карийских надписей, Moskau 1965, 141 sqq.; 310, IV, → 65–68; 315, IV, 65–68 (both Friedrich and Ševoroškin wrongly attribute the graffiti to Gebel es-Silsile); Olivier Masson, Carian Inscriptions from North Saqqâra and Buhen, Texts from Excavations 5, London 1978, 98 sqq. (Si. 57–60 F). Note also Masson, in: BSFE 56, 1969, 32 (3°); id., in: LÄ III, 336 (6); 337 n. 18. – [26] EES references WSR Field Bk. 1, p. 19, loc. 7 extra C, and p. 101, loc. 49–AB. Cf. Petrie, Season, pl. 14, no. 393. – [27] EES reference WSR Field Bk. 2, p. 145, loc. 86–OO. – [28] EES references WSR Field Bk. 1, p. 19, loc. 7 extra C, and Field Bk. 3, p. 87, loc. 86–H. The two burials are in no way connected with the nameless graves south of the entrance to the wadi reported by Legrain, in: ASAE 4, 1903, 223; on the dating of the necropolis south of W. S. R. cf. Kessler, in: LÄ IV, 346 (4.–8.); 405 n. 10. – [29] Cf. Winlock, in: AJSL 57, 1940, 158 with n. 70; id., Rise and Fall, 73. – [30] Weigall, Guide (v. n. 4), 350; v. Bissing, Wadi Es Sʿaba Rigâle (v. n. 2), 3 sq.; Winlock, in: The Egyptian Expedition 1925–1927, BMMA pt. II, February 1928, 20 sq.; id., in: AJSL 57, 1940, 159 sqq.; id., Rise and Fall, 74 sqq.; id., Excavations at Deir el Baḥri, 120 sqq.; Säve-Söderbergh, Ägypten und Nubien, 57; Stock, 1. Zwischenzeit, 83; William C. Hayes, in: CAH II³. 1, 47; Gundlach, in: LÄ II, 67 with n. 46; Kessler, in: LÄ III, 331 with n. 79. – [31] So rightly Sayce, in: PSBA 28, 1906, 171; Goedicke, in: SSEAJ 12, 1982. 4, 158 sq.

R. A. C.

Wadi Tumilat ist eine natürliche Senke zwischen *Saft el-Henna und dem Timsah See im Isthmus von Suez[1]. Gesamtlänge 55 km. Ras el-Wadi (bei *Tell er-Retabe) teilt es in zwei fast gleich große Hälften. Der Westteil wurde früh dem Nilsystem angeschlossen; es wurde von der jährlichen Überschwemmung erreicht, was anscheinend zur Tradition über einen „See" im W.T. führte[2]. Der Ostteil war landschaftlich bis zur Anlage des Süßwasserkanals kaum verwendbar. Im letzten Jahrhundert wesentliche geographische Veränderungen. Der Westteil wurde erstmals unter den Herakleopolitenkönigen (IX.–X. Dyn.) dem äg. Herrschaftsbereich eingegliedert und durch eine Grenzbefestigung gesichert[3]. Nach Verlust in der XI. Dyn. Kontrolle erneut unter *Amenemhet I. erstellt. Anlage einer neuen Grenzfeste („Herrschermauern")[4]; Renovierungsarbeiten unter *Amenemhet III.[5] Wohngebiet von Syro-Palästinensern während der 2. ZwZt.[6] Situation während der XVIII. Dyn. unbekannt. Erneute Bautätigkeit in der Ramessidenzeit. *Atum-Tempel von *Ramses II.[7], Festungsbau durch *Merenptah I.[8], Erweiterung unter *Ramses III. Politische Situation während der 3. ZwZt ungeklärt. Unter *Necho Verschiebung des Zentrums im Wadi Tumilat von Tell er-Rataba nach *Tell el-Maschuta als Folge des Kanalbaus vom Pelusischen Nilarm zum *Roten Meer[9]. Das Bestehen eines solchen Kanals während der XVIII. Dyn. ist unbestätigt[10]. Nach Necho Erneuerung des Kanals unter *Darius I.[11] Die Anlage versandete rasch, die neu entstandenen Handelsrouten blieben.

Während in der frühen XII. Dyn. das W.T. als 8. u. äg. Gau zumindest bis zur Grenzfeste am Ras el-Wadi gesichert ist[12], fehlen sichere Angaben über die Kultsituation. Die Sesostrisliste[13] nennt ein unverständliches *Wꜥ-m-ḥww* „Einer unter den *Ḥww*", was auf ein Fehlen eines äg. Kultes hinweist. In der Ramessidenzeit Etablierung eines Atumkults in Tell er-Rataba[14]. Dieser Kult wird nach Auflösung der Grenzfeste zur wichtigsten Institution im W.T. und führt zur Benennung *Pithom (*pr-Jtm*) des Zentralorts des Wadi Tumilat[15]. Pithom findet sich erst vom 6. Jh. v. Chr. an und bezeichnet Tell el Maschuta[16]. Sicher unter *Pi(anchi), vermutlich bereits etwas früher, kommt es zu einer Angliederung des W.T. an Saft el-Henna und damit an den *Sopdu-Kult. Als Per-Sopdu erscheint es unter Pi(anchi), bzw. Pišapti unter Assurbanipal[17]. Wie weit es sich nach Osten erstreckte, läßt sich nicht sagen. Bei Ptolemaios wird das Gebiet als Arabia (20. u. äg. Gau) genannt, was die noch heute bestehende ethnische Situation widerspiegelt[18].

Nach dem Versanden des Kanals zum Roten Meer verliert das W.T. an Bedeutung; Tell el-Maschuta (Heroōnpolis) existiert jedoch bis in die byzantinische Zt als Handelszentrum weiter[19].

[1] Claude Bourdon, Anciens canaux, anciens sites et ports de Suez, Mémoire de la Société de geographie d'Egypte 7, 1925, passim. – [2] Manfred Bietak, Tell el Dabꜥa II, DÖAW 4, 1975, 26. 88f. – [3] Merikare P. 102; Alexander Scharff, Der historische Abschnitt der Lehre für König Merikare, SBAW 1936. 8, 32; William A. Ward, Egypt and the East Mediterranean World, Beirut 1971, 34. – [4] Genannt in Sinuhe B 17 und Neferyt (Neferti) E. 66; vgl. Hans Goedicke, The Protocol of Neferyt, Baltimore 1977, 92. 137; Ward, op. cit., 65f.; Posener, Littérature et politique, 36; ders., in: Le fonti indirette della storia egiziana, Studi Semitici 7, Rom 1963, 15. – [5] Goedicke, in: BES 4, 1982, 71ff. – [6] John S. Holladay, Jr., Tell el-Maskhuta, Malibu 1982, 44ff. – [7] William M. Flinders Petrie, Hyksos and Israelite Cities, BSAE 12, 1906, 28ff. – [8] pAnastasi VI, 4, 15; vgl. Goedicke, in: JNES (forthcoming); Montet, Géographie I, 214. – [9] Herodot II, 158; kurzlebige Erneuerung unter *Trajan, vgl. John Ball, Egypt in the Classical Geographers, Kairo 1942, 110. – [10] Vgl. Hermann Kees, Das Alte Ägypten, Berlin 1955, 62. Das Bestehen eines älteren Kanals wurde von William Shea, in: BASOR 226, 1977, 33ff. erneut vorgeschlagen; vgl. auch Sneh, Weissbrod und Perath, in: American Scientist 63, 1975, 542ff. Dagegen jedoch Bietak, a.a.O., 84ff.; ders., Avaris and Piramesse, in: Proceedings of the British Academy 1979, 280. – [11] Diodor I, 33; Posener, Première domination perse, 50ff.; Kienitz, Geschichte, 65f. – [12] Helck, Gaue, 172f. setzt die Erstellung äg. Rechtshoheit am Ende der 5. Dyn. an, mit dem ältesten Nachweis unter Pepi II. aufgrund von Helen Jacquet-Gordon, Domaines, 189. – [13] Lacau–Chevrier, Sésostris Ier, 234. – [14] Petrie, a.a.O. (s. Anm. 7), 29f., Tf. 19f. – [15] Gardiner, in: JEA 5, 1918, 268; Karol Myśliwiec, Studien zum Gott Atum II, HÄB 8, 1979, 116f. – [16] Redford, in: VT 13, 1963, 401ff. – [17] Urk. III, 46,7. – [18] Helck, Gaue, 197f. – [19] Vgl. Holladay, Tell el-Maskhuta (s. Anm. 6), 43. H. Goe.

Wadj, konventionelle Lesung des Horus-Namens des 4. Königs der 1. Dyn., der mit dem Bild einer „Schlange" geschrieben wird. Sein Grab liegt in *Abydos[1]; in altertümlicher Weise bestand es aus einer Holzkammmer in einer Grube, wobei der Zwischenraum zwischen Kammer und Grubenwand durch Trennwände in Magazine umgewandelt war. 174 Nebenkammern, z. T. für Mitbeisetzungen (25 Stelen sind erhalten), sind erkennbar. Eine der kgl. Namenstelen ist jetzt im Louvre[2].

Seine Regierungszeit ist auf dem Annalenstein nicht mehr erhalten; es lassen sich mit Wahrscheinlichkeit 12 Jahre rekonstruieren[3]. Aus seiner Regierungszeit stammt ein sog. „Öltäfelchen" mit Jahresangabe in zweifacher Ausfertigung[4]. In *Saqqara-Nord gehört das Grab S 3504 des *Swḏ-kꜣ* in die Zt des Wadj[5].

Seine „Wirtschaftsanlage" hieß *Wꜣḏ-Ḥr*; Leiter waren ein *Jrj-ꜥꜣwj*[6] und der erwähnte *Swḏ-kꜣ*[7].

Ein Graffito von W. fand sich im Wadi Schagab (beim *Wadi Abbad)[8]; ein weiteres im *Wadi Schatt er-Rigale wird jedoch als spätere Nennung des MR oder NR angesehen[9]. Sonstige Hinweise auf die Zt des W. sind spärlich[10].

[1] Petrie, RT I, Tf. 61. Vgl. Reisner, Tomb Development, 23; Kaplony, Inschriften I, 218; Kemp, in: Antiquity 41, Cambridge 1976, 22ff. – [2] Kurt Lange und Max Hirmer, Ägypten, München [4]1967, Tf. 6. – [3] Helck, in: MDAIK 30, 1974, 31ff.; Barta, in: ZÄS 108, 1981, 11ff. – [4] Vikentiev, in: ASAE 56, 1959, 6ff.; Emery, Tombs of the First Dynasty II, Tf. 105. – [5] Emery, op. cit., 5ff. – [6] Kaplony, Inschriften III, Abb. 176. – [7] Ebd., Abb. 32B × 99B; 86 bzw. 87 × 99A. – Die Wirtschaftsanlage des Vorgängers *Ḏr Ḥr-sḫntj-ḏw* bestand noch unter W.: Ebd., Abb. 32B × 189. – [8] Clère, in: ASAE 38, 1938, 85ff.; Zbyněk Žába, Rock Inscriptions of Lower Nubia, Prag 1974, Nr. A30; vgl. Gundlach, in: LÄ VI, s.v. *Wadi Abbad. – [9] Legrain, in: ASAE 4, 1903, 221 Abb. 7 (geschrieben ). Die Zweifel bei Jürgen v. Beckerath, Handbuch der äg. Königsnamen, MÄS 20, 1984, 47; Caminos, in: LÄ VI, s.v. *Wadi Schatt er-Rigale Anm. 20. – [10] Kaplony, Inschriften III, Abb. 16. 81 (Prinzensiegel). 85 (*pr-ʿnḫ*). 459 („Scheune"?). W.H.

Wadj-Amulett, A. *Name und Bedeutung:* Das W. ist einem *Papyrus-Stengel nachgebildet[1]. Dieser hat zur Mächtigkeit des W. nicht direkt (d.h. in seiner Eigenschaft als Pflanze) beigetragen[2], sondern in der Verwendung als Schriftzeichen für „Grün" u.ä.[3] – ein Begriff, der im Ägyptischen auch die Dimension von „Jung (Sein bzw. Werden)" hat[4]: Das W. verkörpert ihn gleichsam als „objekt-gewordene" Hieroglyphe[5] und garantierte damit das Jung-Sein seines Trägers[6]. Daneben war für die Entwicklung des *Amuletts der Gebrauch des Papyrus-Stengels als *Zepter gewisser Göttinnen nebensächlich[7].

B. *Form und Aussehen*: Es gibt W. in „Zepterform" (diese entsprechen im Umriß der Hieroglyphe) und solche in Gestalt von Täfelchen mit Wadj-Zeichen[8]. Das Material ist meist entweder grüne *Fayence (Wadj-Zepter) oder Grünstein (Wadj-Täfelchen)[9].

C. *Verbreitung*: Während das Papyrus-Zepter als Attribut von Göttinnen bereits frühdynastisch bezeugt ist[10] und die Wadj-Hieroglyphe als heilbringendes Zeichen vom Ende des AR an manche Anwendung erfuhr[11], wurde das W. erst in der 18. Dyn. entwickelt. Größere Verbreitung fand es in der 26. Dyn.[12]; von da an zählte es zu den beliebtesten Amulett-Gruppen[13].

[1] Wb I, 263. – [2] Ein sekundärer Bezug zum Papyrus – und damit auch zum Schreiben und zu *Thot – findet sich aber z.B. in Tb 160, 1 und 7: Das dort erwähnte Papyrus-Amulett ist eigentlich kein W. (s. die dazugehörige *Vignette und CT II, 160c), wird durch Titel und die Materialangabe „*Feldspat" aber als solches bezeichnet. – [3] Gardiner, EG[3], Sign-list M 13; s. Wb I, 264–270. – [4] Wb I, 265. Damit liegt die Bedeutung des W. nahe bei der des *Udjat-Amulettes, das „Heil-Sein" versprach. Diese Affinität wurde für den Ägypter „bestätigt" durch die lautliche Ähnlichkeit der beiden Wörter *wꜣḏ* und *wḏꜣt* (s. z.B. die Lautspielerei in Tb 160, 4–6) und u.a. zum Ausdruck gebracht durch die häufig gleiche grüne Färbung. – [5] Derartige „Hieroglyphen-Amulette" (d.h. Formen, deren Wirksamkeit mit dem – jeweils geläufigsten – Wortsinn des dargestellten Schriftzeichens begründet wurde) sind mehrfach belegt (z.B. das Nefer- oder Sema-Amulett). Gewöhnlich sind sie eine Erscheinung des NR; s. dazu Claudia Müller-Winkler, Amulette, OBO (i. Dr.), 1986, 209. 494f. – [6] Jung bzw. heil zu sein war dem Ägypter vor allem in Hinblick auf das Leben nach dem Tod wichtig (Regeneration); die W. sind m.W. nur funerär bezeugt. – In diesem Kontext sei auch auf Gegenstände hingewiesen, deren Regenerationscharakter bekannt ist und die das Wadj-Zeichen ganz oder teilweise in ihre Form aufgenommen haben, z.B. Kohl-Töpfchen und Spiegelgriffe; s. Petrie, Objects of Daily Use, Tf. 22. 27. – [7] Anders sah es H. Bonnet, der darin eine „Vorläufer-Funktion" für die Amulettbedeutung vermutete (RÄRG, 583). – In religiösen Texten wurde die Beziehung zwischen W. und dem Papyrusstab von Göttinnen dann aber ausgedrückt: s. z.B. Wilhelm Spiegelberg, Der äg. Mythos vom Sonnenauge, Straßburg 1917, Col. VII, 6–11 und die Belege bei Philippe Germond, Sekhmet et la protection du monde, AH 9, 1981, 311–315. – [8] Für Beispiele beider Formvarianten s. Petrie, Amulets, 12f. Nr. 20. 21; CG 5218–6000. 12001–13595, Nr. 5394–5447. 5493–5495. – Formkombinationen sind beim W. äußerst selten; für ein Beispiel s. Objekt Nr. 1717 bei Emma Brunner-Traut und Hellmut Brunner, Die ägyptische Sammlung der Universität Tübingen I, Mainz 1981, 154; II, Tf. 136. Für eine ausführliche Beschreibung s. Claudia Müller-Winkler, a.a.O., 257–260. – [9] Die grüne Farbe lag in Anbetracht der allgemeinen Vorliebe für grüne Amulette, der Beziehung zum Udjat-Amulett sowie der Bedeutung des Zeichens (Gardiner, EG[3], Sign-list, M 13) nahe. Zum Grünstein s. Harris, Minerals, 103. – Daß W.-Zepter aus Fayence hergestellt wurden, hatte wohl technische Gründe: Die langgezogene Form ließ sich nur schwer aus Stein herausarbeiten (vgl. dazu die *Djed-Amulette, die ebenfalls mehrheitlich aus Fayence gefertigt sind). – [10] S. Junker, Gîza IV, 77f. Diese Verwendungsart bleibt bis in ptol. Zt in Gebrauch; s. Germond, a.a.O. (s. Anm. 7), 311–315. – [11] S. die Calzit-Sistren des *Teti mit wadjgestaltigen Griffen: Henry G. Fischer, Dendera, Locust Valley 1968, frontispiece. S. auch die Verwendung auf Skarabäen (s. Erik Hornung und Elisabeth Staehelin, Skarabäen und andere Siegelamulette aus Basler Sammlungen, Mainz 1976, Nr. 75. 76. 290). – [12] Genauer: Der früheste Beleg für das W. in Zepter-Form findet sich im Schatz des Tutanchamun (Carter, Tut-ench-Amun II, 168, Tf. 78 A.B.), Wadj-Täfelchen kamen erst in der Saiten-Zt auf. Es scheint, daß das W. zu Beginn ein kgl. Amulett gewesen ist, das erst in der 3. ZwZt eine Demokratisierung erfuhr; s. dazu bei Claudia Müller-Winkler, a.a.O., 261f. – Die Beliebtheit des W. gerade in der 26. Dyn. könnte mit seinen „u.äg. Beziehungen" (s. die Göttin *Uto mit dem Papyrusstab; vgl. Anm. 10) zusammenhängen, die zur Herrschaftszeit der ebenfalls u.äg. Saiten Beachtung fand. – [13] Mit dem Udjat-, dem Djed- und dem Tit-(= *Isisknoten)-Amulett. Die Verbreitung des W. zeigt sich nicht nur in der großen Zahl der erhaltenen Belege, sondern auch daran, daß sein Platz auf der

Mumie unspezifisch war, ja, es sogar mehrfach in derselben zusammenhängenden Gruppe vorkommen konnte; s. Petrie, Amulets, 12f. Nr. 20. 21, Tf. 50, 1. C. M.-W.

Wadjnes s. Tlas

Wäscher(ei), (*rẖtj, jʿj*)[1]. In der Titulatur des AR ist das Amt des Wäschers schon gut bezeugt[2]. Dank der Vorliebe zumindest der wohlhabenden Ägypter für immer feinere, meist weiße Leinenarten als Material für ihre Kleidung und Wäsche ist die Tätigkeit des W. zu allen Zeiten sehr gefragt. Über den Arbeitsvorgang unterrichteten die Grabdekorationen mehr oder minder ausführlich[3]: Die Wäschestücke werden naßgemacht, am Kanal/Flußufer[4], später auch in Bottichen, mit einem Entfettungsmittel (*Natron)[5] zur Entfernung der Rückstände von *Salben[6] bzw. *Salbkegeln eingerieben und mit Holzkeulen[7] zur Lösung des Schmutzes auf einer Unterlage geklopft. Anschließend werden sie ausgewaschen und gespült. Zum Auswringen wird die Wäsche um einen im Boden verankerten Holzpflock gewunden und zusammengedreht. Danach wird sie zum Trocknen ausgelegt und gleichzeitig durch die Sonne gebleicht. Nach dem Zusammenlegen und Falten kommen die Wäscheteile in Bündel verpackt in die Wäschekästen/truhen[8].

Die Figur des W. fand auch Eingang in die Literatur, wobei auf die Schwere seiner Tätigkeit hingewiesen wird[9], andererseits der Umgang mit den Kleidungsstücken der Geliebten wünschenswert schien[10].

Außerdem werden in den Rezepten der medizinischen Texte Spülwasser des W. (= Natronlauge?) und auch die Keule des W. genannt, wobei allerdings der Zusammenhang etwas unklar bleibt[11].

[1] Wb II, 448, 9–11; I, 39, 18 (NR). – [2] AR: Berl. Inschr. I, 47 (Nr. 7716); Mariette, Mastabas, 70; T. G. H. James, Hieroglyphic Texts from Egyptian Stelae etc. I, London [2]1961, Tf. 14 (Nr. 130); MR: Meir I, Tf. 2; II, 6, Tf. 10; Beni Hasan I, 49, Tf. 29; NR: Berl. Inschr. II, 152 (Nr. 7314); pD'Orbiney 11, 1; Turiner Streikpapyrus: RAD, 45, 6; 47, 4; 49, 10; oDeM 578. – [3] Deir el-Gabrâwi I, Tf. 7; Beni Hasan I, Tf. 11. 29; II, Tf. 4. 13; Wresz., Atlas I, Tf. 57. – [4] pAnast. IV, 10, 5; pD'Orbiney 11, 1; Cheti 8, 3; Wresz., Atlas I, Tf. 57. – [5] „Seife" = Natron in der Körperpflege: Grundriß der Medizin III, 8. – [6] pD'Orbiney 10, 10; CG 25218; pAnast. III, 3, 2–3; W. Max Müller, Die Liebespoesie der Alten Ägypter, Leipzig 1932, 43 (Nr. IX). – [7] Wb III, 87 *ḥm*; von der Keule leitet sich auch der Titel des frühen AR *imj-rꜣ ḥm* ab, den H. Junker, in: ZÄS 75, 1937, 64 mit „Vorsteher des Hofes der Wäsche(rinnen)" wiedergibt; weitere Belege: LD, Text I, 188; Lauer, Pyramide à Degrés V, Nr. 212. 219; ob es sich dabei wirklich um Wäscherinnen handelt, möchte ich bezweifeln, da die Tätigkeit offenbar, wie in heutiger Zt, mehr von Männern ausgeführt wurde, wobei in den einzelnen Haushalten vielleicht auch Frauen damit beschäftigt waren. – [8] LD II, 96. – [9] Cheti 8, 3. – [10] W. Max Müller, op. cit.; vgl. auch Grapow, Bildl. Ausdrücke, 174 = Bauer, 194f. – [11] *tꜣ n rẖtj* pEbers, Nr. 105; pHearst, Nr. 169; *mrḥt nt rẖtj* pEbers, Nr. 688; *šꜣmjt nt rẖtj* pEbers, Nr. 856e; pBerlin 3038, Nr. 163e; *mwt ḥmt nt rẖtj* pBerlin 3038, Nr. 54.

Ch. M.

Waffen s. Axt, Bogen, Helm, Keule, Köcher, Lanze, Panzer, Pfeil, Schild, Speer, Wagen

Wagen (*wrrt, mrkbt, ʿgrt, ṯprt*)[1]. Der von zwei *Pferden[2] gezogene, einachsige W., der um die Mitte des 2. vorchr. Jt. die soziale und politische Geschichte des Alten Orients in Bewegung brachte und auf die Randkulturen ausstrahlte[3], wurde in Äg. durch Vermittlung der *Hyksos bekannt[4]. Ihre Oberherrschaft über große Teile Äg. ist vermutlich mit auf die frühere Kenntnis des Gespanns gegründet. In Äg. bewirkte er einen sozialen Wandel[5] und wurde geradezu zum Statussymbol des Adels und Pharaos im NR. Die Adelskultur des gesamten Orients war über die Grenzen hinweg durch das Ideal des Wagenkriegers geprägt. Man sollte die strategische Bedeutung des W. jedoch nicht überschätzen, die neben einem Überraschungseffekt vor allem in seiner Funktion einer „schnellen, mobilen Plattform für Bogenschützen" bestand[6]. Je nach Geländebeschaffenheit war die Einsatzmöglichkeit der Wagentruppe jedoch erheblich eingeschränkt. Berge, Flüsse und sandiger Grund behinderten ihren Aktionsradius beträchtlich, während sie ihre Überlegenheit in offenen Steppengebieten voll zur Geltung bringen konnte. In der Schlacht bei Qadesch[7] (*Qadeschschlacht) spielten auf beiden Seiten die Streitwagenkorps offensichtlich eine große Rolle.

Neben dem militärischen Gebrauch ist der Transport von wichtigen Personen im täglichen Leben die eigentliche Aufgabe des Wagens[8]. Der hohe Beamte läßt sich immer zu W. an den Ort seiner Beschäftigung fahren[9]. In der Amarnazeit gleicht die Wagenfahrt des Königs (oft mit Königin, Kind) zum Tempel einer hochoffiziellen Zeremonie[10]. Trotz der Verbreitung des W. bediente man sich bei Reisen aus Gründen der Bequemlichkeit und größeren Ladekapazität des *Schiffes. Das schließt aber nicht aus, daß man W. und Pferde auch auf Schiffsreisen mitnahm[11], damit das Gefährt an jedem beliebigen Ort zur Verfügung stand und zum Sozialprestige seines Besitzers beitragen konnte[12]. Während der Schiffahrt waren die W. auf dem Kabinendach abgestellt[13].

Im Gegensatz zu anderen Kulturen des Alten Orients sind aus Äg. außer Darstellungen[14] nicht nur Fragmente wirklicher W.[15], sondern darüber hinaus eine Anzahl von vollständigen Originalen erhalten geblieben: Ein W. der frühen 18. Dyn. aus dem Grab eines Privatmannes[16] (heute in Florenz), der W. der Schwiegereltern *Amenophis' III.[17] sowie sechs W. aus dem Grab des *Tutanchamun[18] (heute in Kairo), unter denen sich zwei kgl. Prunkwagen befinden[19]. Alle diese Wagen zeugen von der hohen Kunst der äg. Wagenbauer, deren Tätigkeit in verschiedenen Phasen oft abgebildet ist[20]. Ihre intime Kenntnis der Beschaffenheit der unterschiedlichen Holzarten setzte sie in den Stand, die einzelnen Wagenteile aus der Spezies herzustellen, die der jeweiligen Funktion des Stückes am besten entsprach. So wurden für den W. in Florenz insgesamt sieben verschiedene Holzarten verwendet[21].

Die Grundform des äg. W. ist gekennzeichnet durch folgende Elemente: Zwei etwa 1 m große *Räder (mit ausgeklügelter Nabenkonstruktion)[22] tragen eine stabile Achse. Der Radstand beträgt etwa 1,50 m. Breit ausladende Nabenflansche sorgen für optimale Spurtreue[23]. Auf die Achse ist in hinterständiger Anordnung der Wagenkorb aufgesetzt, dessen aus einem Ledergeflecht bestehender Boden für die nötige Federung sorgt. Einfache Wagenkörbe waren mit Brüstungsholmen ausgestattet[24], während kgl. Prunkwagen kunstvoll verzierte Wagenwände aufweisen[25]. Der vordere Teil des Wagenkorbes ruht auf der Deichsel, die ihn durch einen charakteristischen Knick sichert. Das Joch ist mit Hilfe eines Drehstiftes mit der Deichsel verbunden. Das Gewicht eines normalen W. ohne *Bogen-, *Pfeil- und Speerköcher beträgt 24 kg[26]. Sein Preis ist 5 Deben, wovon die Deichsel allein 3 Deben ausmacht[27]. An Zubehör kennt man außer dem *Zaumzeug (Zügel, Trense, Dornrad, *Peitsche, Scheuklappen)[28] am kgl. W. die goldene Sonnenscheibe, die am vorderen Teil der Deichsel befestigt ist und die Pferderücken überragt[29]. Das Gefährt macht einen eleganten Eindruck und läßt auf eine ausgereifte Konstruktion schließen, die wohl schon zu Beginn der 18. Dyn. gefunden war. Ob die äg. Lösung technisch der vorderasiatischen überlegen war, läßt sich aus Mangel an Vergleichsmaterial nicht feststellen.

Die übliche Besatzung des äg. Streitwagens bestand aus dem Krieger (*znn*), dessen Hauptwaffe der Bogen war, und dem Wagenlenker (*kṯn*)[30] (*Streitwagenfahrer). Der König ist normalerweise allein im W. dargestellt, wobei er das Führen der Pferde mit um die Hüfte geschlungenen Zügeln vornimmt[31]. Daß dies nur der künstlerischen Konvention, nicht aber der Wirklichkeit entspricht, läßt sich z. B. an der Erwähnung des kgl. Wagenlenkers Menna ersehen, der in den Berichten der Schlacht bei Qadesch namentlich erscheint[32].

Das Aufkommen des W. bewirkt auch eine Änderung der *Jagdmethoden, weil der Jäger jetzt in der Lage war, das schnelle Wild zu verfolgen. So ist eine kurze Zeitspanne der zu W. fahrende Jäger Motiv in den Privatgräbern der 18. Dyn.[33]. Später scheint diese Darstellungsweise Vorrecht des Königs geworden zu sein. Ihre monumentale Ausprägung hat die Jagd zu W. am großen *Pylon von *Medinet Habu erfahren, wo *Ramses III. *Wüstentiere, Wildstiere[34] und *Löwen[35] von diesem Gefährt aus erlegt.

Eng verwandt mit dem Gebrauch des Jagdwagens ist die sportliche Nutzung. Obwohl sich noch keine eigentlichen Wagenrennen nachweisen lassen, hat die neue Erfahrung von Schnelligkeit eine Art Geschwindigkeitsrausch hervorgerufen, der sich auf der *Sphinx-Stele *Thutmosis' IV. niederschlägt[36]. Eindeutig sportlichen Charakter haben auch die spektakulären Demonstrationen im Bogenschießen auf die Zielscheibe (*Schießscheiben) vom fahrenden W. aus, eine komplexe Übung, die in der 18. Dyn. geradezu zur kgl. Paradedisziplin wird[37]. Die eindrucksvollste Quelle hierzu liegt ohne Zweifel in der Schieß-Stele *Amenophis' II. vor[38].

Neben dem zweirädrigen, von Pferden gezogenen W. kommen gelegentlich andere Gefährte in Äg. vor[39]. Ein zweiachsiger mit Scheibenrädern versehener W., der von einem Rinderpaar gezogen wird, dient dem Transport des Sarges[40]. Ungeklärt ist noch das Modell eines vierrädrigen Wagengestells aus dem Grab der Königin *Ahhotep, das ein Boot mit Besatzung trägt[41]. Obwohl in Äg. mit *wrrt* bezeichnet, müssen die von Rindern gezogenen W., die *Thutmosis III. für den Schiffstransport zum Euphrat verwendete[42], von den üblichen einachsigen W. unterschieden werden[43]. Vierrädrige W. trifft noch *Herodot im Kult der Stadt *Papremis an[44]. Mit Skepsis muß dem „Segelwagen" aus dem *Fajjum begegnet werden, wenn ein Gestell mit kleinen Scheibenrädern als „windgetriebenes Landfahrzeug" des MR interpretiert wird[45].

[1] Zu den einzelnen Termini Hilde von Deines, in: MIO 1, 1953, 3–15; besonders zu *ṯprt* Edel, in: Fs Brunner, 99–105. – Die vielen Ausdrücke für Wagenteile, deren Identifizierung häufig unsicher ist, sind zusammengestellt in Wb VI, 179; wichtig dazu ein Text, der nicht ganz korrekt als „Lied auf den Streitwagen" bezeichnet wird; zu diesem besonders Dawson und Peet, in: JEA 19, 1933, 167–74; zuletzt dazu Waltraut Guglielmi, in: Fs Westendorf I, 495 f. (eine neue Bearbeitung durch A. R. Schulman wird erwartet). – [2] Von Rindern wird ein zweirädriger W. gezogen, mit dem eine nubische Prinzessin im Grab des Hui fährt: Davies–Gardiner, Huy, Tf. 28. – [3] Allgemein dazu Littauer und Crouwel, Wheeled Vehicles (s. Lit.); Wiesner, Fahren und Reiten (s. Lit.); Nagel, Streitwagen (s. Lit.). – [4] Zusammenfassung

des Standes der Forschung bei A. R. Schulman, in: SSEAJ 10, 1980, 105ff. – Trotz der Skepsis von Schulman, a.a.O., 112f. könnte die älteste textliche Erwähnung des W. eine Stelle auf der *Kamose-Stele, Z. 13 sein: Labib Habachi, The Second Stela of Kamose, ADAIK 8, 1972, 36. Ein anderer früherer Beleg ist Urk. IV, 3, 4. Vgl. auch Alessandra Nibbi, in: ZÄS 106, 1979, bes. 160ff. – Die erste bildliche Darstellung im Grab des Paheri in *Elkab: Tylor-Griffith, Paheri, 3. Der von Helck, in: JNES 37, 1978, 337–40 vorgenommenen Frühdatierung des gelegentlichen Aufkommens des W. in die 13. Dyn. möchte ich mit Schulman, o. c., 110f. widersprechen. – [5] Auf die sozialhistorischen Konsequenzen, die die Einfuhr des W. auslösten, hat insbesondere hingewiesen W. Helck, Militärführer; ders., Geschichte, 131ff.; ders., in: OrAnt 8, 1969, 281–327, bes. 291ff.; ders., Beziehungen², 582ff. – [6] Littauer und Crouwel, Wheeled Vehicles, 92f.; Schulman, o. c., passim, Zitat S. 144, vgl. auch 121f. – [7] Siehe dazu Kuschke, Qadesch-Schlacht, in: LÄ V, 31–37; Littauer und Crouwel, Wheeled Vehicles, 93; Schulman, o. c., 131–34. Zuletzt dazu Jan Assmann, Krieg und Frieden im Alten Ägypten: Ramses II. und die Schlacht bei Kadesch, in: Mannheimer Forum 1983/84, 175–231 und Thomas von der Way, Die Textüberlieferung Ramses' II. zur Qadeš-Schlacht, HÄB 22, 1984. – [8] Schulman, o. c., 145: „Its main non-military use was hardly anything else than that of serving as a taxi." – [9] Inspektion der Felder: BM 37982 – Nina M. Davies und Alan Gardiner, Ancient Egyptian Paintings II, Chicago 1936, Tf. 68. Rapport: Grab des Mahu: Vandier, Manuel IV, 708, Abb. 394. Fahrt zur Verleihung des Ehrengoldes: Grab des Neferhotep: Vandier, Manuel IV, 704 (mit Abb. 391, 2 auf S. 705); Grab des Tutu: Vandier, Manuel IV, 710 (mit Abb. 361b auf S. 659). Fahrt zum Gastmahl: Grab des Amenhotep-Sise: Vandier, Manuel IV, 230 (mit Abb. 98 auf S. 229). – [10] Vandier, Manuel IV, 674ff. – [11] Zusammenstellung der Szenen bei Vandier, Manuel V, 968f. – [12] Vgl. auch Urk. IV, 1739f. (Wildstierjagd Amenophis' III.) und Urk. III, 16 (*Pi[anchi]), wo der Schiffstransport von W. und Pferd textlich belegt ist. – [13] Vandier, Manuel V, 970. – [14] Zusammenstellung einschlägiger Szenen in militärischem Kontext bei Schulmann, o. c., 120 Anm. 43 (ramessidische Zt) und Anm. 44 (18. Dyn.), des Königs zu W. auf Skarabäen bei Bertrand Jaeger, Essai de classification et datation des scarabées Menkhéperrê, OBO, Series Archaeologica 2, Fribourg–Göttingen 1983, 199–202. – [15] Wagenteile aus dem Grab Amenophis' II. (Achsnägel): CG 24675. Wagenkasten und -teile aus dem Grab Thutmosis' IV.: CG 46097–46118. Teil eines Wagenrades aus dem Grab *Amenophis' III.: Western, in: JEA 59, 1973, 91–94. Wagenteile des *Eje: Reeves, in: GM 46, 1981, 11–19. Wagenrad aus einem unbekannten Privatgrab bei *Dahschur, Spätzeit: Littauer und Crouwel, in: JEA 65, 1979, 107–20. Nabe eines Wagenrades, wohl aus Privatgrab Theben: ibd., 112 und Tf. 14, 2–3. – [16] Botti, Il carro del sogno, in: Aegyptus 31, 1951, 192–98, wiederabgedruckt in: Omaggio a Giuseppe Botti, Mailand 1984, 105–13. – [17] CG 51188. – [18] Carter, Tut-ench-Amun II, 108–17 („Die Prunkwagen"), Tf. 17–21. 37–44. In Vorbereitung: M. A. Littauer und J. H. Crouwel, Chariots (s. Lit.) – Zu einer Wageninschrift siehe Decker, in: Fs Westendorf II, 869–77. – [19] Der herausragende Prunkwagen ist detailliert beschrieben in: Christiane Desroches-Noblecourt, Ramsès le Grand (Ausstellungskatalog), Paris 1976, Nr. LI, S. 242–263. – [20] Die Szenen zusammengestellt und besprochen bei Rosemarie Drenkhahn, Die Handwerker und ihre Tätigkeit im Alten Ägypten, ÄA 31, 1976, 128–132. Viele Szenen des Lederhandwerkes haben auch mit dem Wagen zu tun, vgl. ibd., 7–9, Szenen IX–XVII. Vgl. auch Robert J. Forbes, Studies in Ancient Technology V, Leiden ²1966, 34; Sauneron, in: BIFAO 54, 1954, 7–12. – [21] Botti, in: Aegyptus 31, 1951, 196f. und Abb. 2; Littauer und Crouwel, Wheeled Vehicles, 81 mit Lit. – [22] Vgl. dazu Decker, in: SAK 11, 1984, 475–488. – [23] Auf den Darstellungen ist diese Eigenart des äg. W. nie zu sehen, da die Nabe hier immer von der Seite gesehen ist. – [24] So der W. Florenz und vier W. aus dem Grab des Tutanchamun. – [25] So zwei W. des Tutanchamun, der Wagenkasten von Thutmosis IV. (CG 46097) und auch der Wagen von Juja und Tuja (CG 51188). – [26] Gewicht des Florentiner W., gewogen Oktober 1981. Achse und Räder zusammen 13 kg, Deichsel und Wagenkorb 11 kg. Gewicht des Nachbaues eines äg. Gefährtes ohne Kenntnis dieses Umstandes erstaunlich genau: J. Spruytte, Etudes expérimentales sur l'attelage. Contribution à l'histoire du cheval, Paris 1977, 39 : 34, 1 kg einschließlich Metallüberzug der Speichen und des Bogenköchers. – [27] pAnast. III, 6, 7f.; vgl. Caminos, LEM, 95ff.; Schulman, Military Rank, 100f., Nr. 96. – [28] Krauß, in: Jahrbuch Preußischer Kulturbesitz 20, Berlin 1983, 119–32. – [29] Ramsès le Grand (s. Anm. 19), 257. – [30] Die Hethiter fuhren in der Schlacht bei Qadesch mit drei Mann Besatzung (Poem, § 68 = Kitchen, Ram. Inscr. II, 25; § 87 = ebd. II, 32), was die Ägypter im 1. Jt. nachgeahmt haben: Spalinger, in: Or 43, 1974, 305f.; ders., in: SSEAJ 11, 1981, 56f. Zur Theorie, äg. W. wären zeitweise für einen einzigen Mann gebaut worden, siehe Littauer und Crouwel, Wheeled Vehicles (s. Lit.), 76; Hoffmeier, in: JARCE 13, 1976, 43–45. – [31] So auch bei Privatleuten in der 18. Dyn., die bei der Jagd zu W. dargestellt sind, z. B. Userhet: A. D. Touny und Steffen Wenig, Der Sport im alten Ägypten, Leipzig 1969, Tf. 55. – [32] Poem, § 205–13 (= Kitchen, Ram. Inscr. II, 66–68); § 272 (= ebd. II, 83). – [33] Von *Hatschepsut/Thutmosis III. bis Amenophis II., vgl. Heike Guksch, Die Szenen der Wüstenjagd in den thebanischen Gräbern der 18. Dyn., Magisterarbeit Heidelberg 1974 (unveröff.), bes. 3. 9–15; Vandier, Manuel IV, 825ff. – [34] Medinet Habu II, 116f. 130. – [35] Medinet Habu I, 35. Vgl. Walter Wreszinski, Löwenjagd im alten Ägypten, Morgenland 23, Leipzig 1932. – [36] Urk. IV, 1541, 8–14. Christiane M. Zivie, Giza au deuxième millénaire, BdE 70, 1976, 135f. – [37] Zusammenstellung der wichtigsten Quellen Decker und Klauck, in: Kölner Beiträge zur Sportwissenschaft 3, Schorndorf 1974, 23–55. – [38] Touny und Wenig, Sport (s. Anm. 31), Tf. 26; Text: Urk. IV, 1321, 15–1322, 8. – [39] Überblick bei Dittmann, in: MDAIK 10, 1941, 65–69. – [40] Joseph J. Tylor und Somers Clarke, The Tomb of Sebeknekht, London 1896, Tf. 2; vgl. Wiesner, Fahren und Reiten (s. Lit.), 85 mit Anm. 286; Petosiris III, Tf. 30. 34. Weitere Beispiele bei Dittmann, o. c., 67ff. – [41] CG 52666. 52668. – [42] Urk. IV, 1232. – [43] Edel, in: Fs Brunner, 104 versteht darunter Lastwagen mit vier Rädern. Ob vergleichbar mit den von Rindern gezogenen

W. wie bei Hayes, Scepter II, Abb. 90? – [44] Herodot II, 63. Vgl. Alan B. Lloyd, Herodotus Book II, EPRO 43, 1976, zur Stelle. – [45] Dittmann, in: MDAIK 10, 1941, 60–78.

Lit.: Mary A. Littauer und J. H. Crouwel, Wheeled Vehicles and Ridden Animals in the Ancient Near East, HdO VII. 1. II B. 1, Leiden–Köln 1979; Mary A. Littauer und J. H. Crouwel, Chariots and Related Equipments from the Tomb of Tut'ankhamūn, TTSO VIII (i. Dr.); Wolfram Nagel, Der mesopotamische Streitwagen und seine Entwicklung im ostmediterranen Bereich, BBV 10, Berlin 1966; Joseph Wiesner, Fahren und Reiten, Archaeologia Homerica F, Göttingen 1968; U. Hofmann, Der Wagen im Alten Ägypten, Diss. Bonn (in Vorbereitung). W. D.

Wagenkämpfer s. Streitwagenkämpfer

Wag-Fest. La fête W. qui est attestée comme fête funéraire (*Totenfest)[1] dès les Textes des Pyramides[2] fait partie des célébrations auxquelles les défunts souhaitaient avoir part dans les inscriptions des mastabas[3]. Au cours de cette fête des offrandes alimentaires[4] et peut-être des offrandes de vin (*Weinopfer)[5] étaient présentées aux morts, comme à l'occasion de maintes autres cérémonies sans qu'il soit question d'une fête d'ivresse[6]. Aucune indication concernant les célébrations elles-mêmes n'est donnée dans les textes de l'AE. D'après les archives du temple funéraire de Rêneferef (*Neferefre), où la fête W. est attestée à diverses reprises[7], de grandes quantités d'étoffes étaient distribuées aux *phylés du temple à la suite de cette fête; certaines de ces étoffes étaient des étoffes *sfḫ* provenant du changement de costume d'une ou plusieurs statues cultuelles (*Kultstatuen)[8]. On rapprochera cette distribution du souhait exprimé sur la statue du grand majordome de Memphis, Imenhotep[9], de recevoir des bandelettes vertes ou pourpres à l'occasion de la fête Wag, de celui exprimé sur la stèle de l'architecte Hori[10] de recevoir des bandelettes en cette même fête et du vœu d'Ankhenenkhonsou[11] de recevoir des étoffes de la main des deux sœurs à *W-Pqr* et une guirlande le jour de la fête Wag. Aucune des représentations des mastabas de l'AE n'atteste formellement de pélerinage (*Wallfahrt) en barque vers Bousiris (*Busiris) ou *Abydos à l'occasion de la fête Wag. Les contrats que *Djefai-Hapi, nomarque de Siout (*Assiut) sous *Sesostris Ier, passa avec le personnel du temple d'*Anubis et du temple d'Oupouaout (*Upuaut) de cette localité[12] parlent uniquement d'offrandes faites au cours de la nuit précédant la fête W., de glorifications (*s3ḫ*) et d'illuminations au profit de la statue du défunt dans sa chapelle, ainsi que d'une visite de cette statue au temple d'Oupouaout le jour de la fête W., où une torche est allumée pour elle, tandis que des offrandes sont faites, à la suite desquelles une procession, glorifiant le défunt, la ramène à sa chapelle funéraire[13]. Il semble qu'il s'agisse de faire participer le défunt à une cérémonie et de réciter des formules destinées à favoriser son accession à l'état de bienheureux. Les papyrus d'Illahun (*Kahun-Papyri) sont encore plus laconiques puisqu'ils ne citent que des offrandes pour la fête W.[14], ou des manifestations de joie[15], mais ne donnent aucun détail sur les rites à accomplir. Sur la stèle du général Imeni[16] un voyage à Abydos est mis en relation avec la fête W., mais aussi avec diverses autres fêtes de sorte que le pélerinage abydénien ne paraît pas spécifique de cette fête. Ce n'est qu'au Nouvel Empire qu'apparaît nettement l'idée du voyage à Abydos (*Abydosfahrt) pour la fête W., au cours de laquelle le mort souhaite "suivre le Premier des Occidentaux"[17] prendre place dans la barque *Nšmt*[18] (*Barke B) ou naviguer dans les barques solaires[19]. Il apparaît que l'antique fête Wag ait été nettement influencée par la panégyrie d'*Osiris dont la Grande Sortie est de peu postérieure à la fête Wag[20].

D'après le chapitre 169 du Livre des Morts (*Totenbuch), le matin de la fête W. est la fête Sed d'Osiris[21], dont le triomphe et l'entrée dans l'assemblée divine de la Douat (*Dat) sont proclamés à ce moment[22]. La couronne de justification lui est donnée[23] et c'est sans doute à cette occasion que des acclamations ont lieu[24] et que l'on voit le dieu[25]. Que la participations des défunts à la fête W. ait été mise en pratique ou ait été un simple souhait[26], la tombe de Neferhotep dans la nécropole thébaine[27] donne, sur les rites accomplis à Thèbes en cette occasion, les renseignements les plus précis: des barques, sans doute des modèles, sont placées sur la superstructure des tombes et sont pointées en direction d'Abydos[28] pour un jour entier, la veille de la fête; au milieu de la nuit, le prêtre ritualiste s'éveille en pleurant et fait des offrandes et le 18 au milieu de la nuit, il retourne les barques dans la direction opposée, pour un retour symbolique au tombeau, brûle de l'encens (*Weihrauch) et fait des *libations. Comme dans les contrats de Siout et le calendrier de *Medinet Habou[29] les offrandes paraissent plus abondantes au cours de la nuit précédant la fête qu'au jour même de la fête. Dans cette tombe, deux bateaux sont représentés l'un à voile pleine, l'autre à voile repliée, disposés en directions opposées, ayant le propriétaire du tombeau et son épouse à bord. Il est difficile de dire si le deuil de la nuit de la fête W. est originel ou influencé par la passion d'Osiris; les manifestations de joie, lorsqu'Osiris est déclaré juste de voix, reflètent sans doute les rites les plus anciens. La fête W., bien attestée dans la littérature funéraire jusqu'à l'Epoque Romaine[30] est absente des inscriptions des temples ptolémaïques et romains de sorte que l'on est en droit de se demander si le rite de la présentation de la couronne de justification, dans ses éléments abydéniens, n'est pas une autre façon de désigner la fête Wag[31].

La date de la fête W. nous est connue par les contrats de Siout, les papyrus d'Illahun, la tombe de Neferhotep et le calendrier de Medinet Habou[32]; elle avait lieu dans le calendrier civil au cours de la nuit du 17 au 18 du premier mois de la saison *ꜣḫt* et le 18 du même mois. Les papyrus d'Illahun[33] montrent qu'elle était aussi fêtée dans l'année lunaire naturelle par rapport à laquelle l'année civile se décalait à raison d'un jour tous les quatre ans, de sorte qu'au ME il existait deux fêtes W., l'une liée à l'année naturelle réglée par le lever héliaque de *Sothis, l'autre située à date fixe dans le calendrier civil[34]. Cette fête était au ME suivie de la fête Djehoutit (*Thotfest) comme ce sera le cas plus tard, alors qu'à l'origine, d'après la liste chronologique des fêtes des mastabas, la fête Djehoutit la précédait, étant située entre l'apparition de Sothis et le début de l'année civile[35]. Les archives du temple funéraire de Rêneferef montrent qu'il existait aussi deux fêtes W. à l'AE, l'une située dans le calendrier naturel (le 28 du troisième mois d'une saison en lacune en une année non précisée) et l'autre dans un autre calendrier. Cette dernière pouvait être couplée avec la fête Djehoutit, sans doute lorsque le mois intercalaire éponyme n'existait pas[36]. La date de cette seconde fête W. est antérieure au 23 (25, 26 ou 29) du premier mois de *ꜣḫt*, jour où se fait distribution des étoffes au personnel du temple. A moins de supposer qu'à l'AE la fête W. était placée dans le calendrier civil à une date différente de celle qui est la sienne au ME, ou qu'un long intervalle se soit écoulé entre la fête et la distribution des étoffes consécutive à celle-ci, on doit considérer que la fête W. à l'AE était placée dans le calendrier lunaire secondaire[37] peut-être en raison des implications lunaires de la fête[38].

Le nom de la fête a été expliqué de diverses façons: le mot W. s'écrivant au NE avec le signe du bois, Brugsch[39] a rapproché le nom de la fête de la navigation vers Abydos et proposé d'y reconnaître la fête de la carène de bateau, explication à laquelle se rendent Bissing, Krall et Legrain[40]. Clère[41] a proposé de voir dans la façon dont est désignée la fête sur la stèle du sculpteur Shen[42] (*jw nṯr wꜣgj*, le dieu vient étant en état d'exaltation) le début d'un hymne chanté au cours de la fête qui aurait donnée son nom à celle-ci[43]. Posener[44] rapproche le nom de la fête du mot *gꜣw*, *gw*, bruit, sifflement, et du mot *wꜣg* attesté dans pWestcar 12, 1, déterminés par un homme portant la main à la bouche. On peut aussi rapprocher le nom de la fête du verbe *wꜣg* utilisé dans les Textes des Pyramides[45] qui paraît vouloir dire être approvisionné.

A bien des égards encore mystérieuse la fête W. fut une des plus importantes pour les défunts mais ce qu'on en sait ne permet pas de comprendre le sens et la teneur des cérémonies qui de l'Epoque des Pyramides à l'Epoque Romaine ont subi des variations et reçu des interprétations nouvelles au gré de l'évolution des croyances et du développement du syncrétisme religieux.

[1] Le déterminatif de la nécropole apparaît dans l'écriture du nom de la fête dans la tombe de Metjen (*Mṯn*), cf. Junker, Gîza II, 62. – [2] Pyr. 716. 820. 1880. 2185. – [3] Parker, Calendars, § 176–7, sur la chronologie des fêtes énumérées dans les mastabas de l'Ancien Empire. – [4] Pyr. 716. 1880; CT III, 159 b. Le déterminatif de la fête, écrit avec trois vases ronds et le coffret à offrandes, suggère des dons de nourritures et de boisson. – [5] Pyr. 820, où Osiris est dit seigneur du vin dans la fête Wag. – [6] Theodor Hopfner, Plutarch, Über Isis und Osiris I, Prague 1940–41, 145. – [7] Caire JE 97348, inédits, partiellement utilisés par P. Posener-Kriéger, dans: Ägypten. Dauer und Wandel, SDAIK 18, 1985, 35–43. – [8] Sur ces étoffes voir Erika Schott, dans: ZÄS 98, 1970, 47–48. – [9] Urk. IV, 1803, 9–11; Jean Yoyotte, Les pélerinages, SourcesOr 3, Paris 1960, 36, traduit "diadèmes" ayant sans doute en vue la couronne de justification. – [10] Urk. IV, 1947, 15. – [11] Blackman, dans: JEA 4, 1917, 124, pl. 26, col. 11 et 4. – [12] Siût, pls. 7. 8. – [13] Reisner, dans: JEA 5, 1918, 91–98. – [14] Berlin P. 10016; Scharff, dans: ZÄS 59, 1924, 24, pl. 1; Ursula Kaplony-Heckel, Ägyptische Handschriften I. Katalog der orientalischen Handschriften in Deutschland XIX. 1, Wiesbaden 1971, no. 13. – [15] Borchardt, Mittel zur zeitl. Festlegung, 34, n. 3; Ursula Kaplony-Heckel, op. cit., no. 304 (Berlin P. 10282). – [16] BM Stelae IV, pl. 33. – [17] Boeser, Leiden VI, pl. 19, fig. 29, ligne 7. – [18] Urk. IV, 1803, 10; Davies, Neferhotep, pl. 58. – [19] Hermann, Stelen, 48. Les deux villes saintes d'Osiris, Bousiris et Abydos étant déjà identifiées au ME, la confusion entre les barques solaires et la *nšmt* est fréquente. – [20] Heinrich Schaefer, Die Mysterien des Osiris in Abydos unter König Sesostris III, UGAÄ 4, 1905, 20–21; la durée de la panégyrie osirienne, qui s'est développée au ME, ne nous est pas connue; il est possible qu'elle ait finalement englobé la fête Wag. – [21] Tb (Naville) I, pl. 190. – [22] Chapitre 181 du Livre des Morts: Tb (Naville) II, pl. 446. – [23] Budge, BD I, 104, début du chapitre 19 (papyrus de la reine Nedjemet). A partir de la XXIème dynastie, le don de la couronne de justification à la fête W. est bien attesté. – [24] Stèle d'Imenmès, Louvre C. 286: Moret, dans: BIFAO 30, 1930, 735, attestation qui rejoint les acclamations (*jhhj*) des papyrus d'Illahun. – [25] Livre des Respirations: Budge, BD III, 138, 14. – [26] Yoyotte, op. cit. (v. n. 9), 33 sq. – [27] Georges A. Bénédite, Le Tombeau de Neferhotpou, MMAF 5, 1894, pl. 3; Schott, dans: OIC 18, 1934, 79. – [28] Le chapitre étant intitulé "aller en remontant au sud vers Abydos", il est clair que les

directions sont inversées dans ce texte dont le modèle était sans doute originaire du nord. Dans la tombe d'Inherkhaou (Deir el Médineh 1930, FIFAO VIII. 3, 1933, 41) est cité le chapitre de "descendre le courant vers Abydos le ler mois de *3ḫt*, jour 17", comme dans LD, Text III, 295; les représentations sont aussi inversées dans le tombe de Neferhotep. – [29] Medinet Habu III, The Calendar, OIP 23, 1934, pl. 154. – [30] Papyrus Leiden I 32 (Möller, Paläographie III, pl. 7); BM 10051, 15,4. – [31] Derchain, dans: CdE 30, no. 60, 1955, 234–238. – [32] Avec une erreur d'un jour de sorte que la fête W. et la fête Djehoutit (*Thotfest) s'y confondent. – [33] Berlin P. 10016 (le 17, II *šmw*), v. n. 14; Berlin P. 10419a (Kaplony-Heckel, op. cit. [v. n. 14], no. 631) signale la fête W. le 5, II *šmw*; Caire 56065 (Parker, Calendars, §§ 336–337, pl. 6B) donne la date du 29, II *šmw*; en revanche Berlin P. 10282 (v. n. 15) cite une fête W. le 18, I *3ḫt*, donc une date de l'année civile. – [34] Borchardt, Mittel zur zeitl. Festlegung, 34–35; Parker, Calendars, §§ 182. 336–338. – [35] Parker, op. cit., § 151. – [36] Ibd. – [37] Sur ce calendrier lié au calendrier civil et servant de toile de fond aux fêtes liées aux phases de la lune voir Parker, Calendars, §§ 270–271. – [38] Borchardt, Mittel zur zeitl. Festlegung, 34. – [39] Heinrich Brugsch, Hieroglyphisch-demotisches Wörterbuch, Leipzig 1868–1882, V, 352. – [40] v. Bissing, Die Mastaba des Gem-ni-kai II, 26; Jakob Krall, Studien zur Geschichte des alten Ägypten I, SAWW 98, 1881, 43; Legrain, dans: ASAE 6, 1905, 130. La célébration est certes, à partir du NE, essentiellement une fête de navigation, fictive ou réelle, mais le rapprochement entre la date de la fête W. et l'inondation propice aux voyages en barque au cours du premier mois de l'année, n'est valide que s'il s'agit d'une date située dans l'année naturelle; dans l'année civile, au cours des temps, la fête W. se déplaçait par rapport aux saisons et pouvait parfaitement être fêtée à un moment où les eaux étaient basses. – [41] Communication inédite au Congrès des Orientalistes de Cambridge dont on trouvera un résumé par A. Badawy, dans: BFAC 16.2, 1955, 122–123. – [42] Faulkner, dans: JEA 38, 1952, 3–6 et frontispice. – [43] Faulkner, op. cit., 4, traduit "la fête Djehoutit, lorsque le dieu vient, la fête W." etc. – [44] Posener, dans: RdE 11, 1957, 128 n. 3. – [45] Pyr. 2185. 2114.

Lit.: Siegfried Schott, dans: Harold H. Nelson et Uvo Hölscher, Work in Western Thebes 1931–1933, OIC 18, 1934, 79; Schott, Festdaten, 44–48. 68. 81–82; Parker, Calendars, §§ 182. 336–338; Erich Winter, Das äg. Wag-Fest, Diss. Wien 1951 (inédit); cet ouvrage a éte largement utilisé ici. P. P.-K.

Wahlkönigtum. Die Unsicherheit einer Erbfolge und das Fehlen eines legitimistischen Prinzips machen es wahrscheinlich, daß Ägypten über gesellschaftliche Mechanismen verfügte, jemanden für das Königsamt auszuwählen [1]. Im NR wird mehrfach auf göttliche „Erwählung" verwiesen [2], doch setzt auch diese konstitutionelle Praktiken voraus. Hinweise auf deren Form fehlen weitgehend für die ältere Zeit [3]. Eine Ausnahme scheint *Mentuhotep-Nebhepetre' zu sein mit seiner Erhebung zum Monarchen des ganzen Landes [4]. Ähnliche politische Versuche unter *Tefnachte schlugen fehl [5]. *Aspelta gibt einen ausführlichen Bericht über seine Wahl zum König, an der das Militär und die Priesterschaft des *Amun von *Napata teilnahmen [6].

Die Bedeutung der Krönung (*Thronbesteigung) als konstitutioneller Akt ist gut bekannt [7]. Sie setzt jedoch eine Auswahl des zukünftigen Herrschaftsträgers voraus, die besser fundiert gewesen sein muß als das Postulat einer Gottessohnschaft an Stelle einer ursprünglich direkten Abstammung. Das Wenige, was über die frühe Geschichte bekannt ist, schließt letztere genauso aus wie jeder Dynastiewechsel, Usurpation etc. [8]. Die Frage eines W. in Äg. ist bisher nicht gestellt worden, obwohl reichlich Material dafür vorhanden ist.

[1] Die weite Verwendung des Titels „*Königssohn" verdeutlicht das Fehlen eines legitimistischen Konzepts; vgl. Bettina Schmitz, Untersuchungen zum Titel s3-njśwt „Königssohn", Bonn 1976, 159ff. – [2] Insbesondere *Hatschepsut und *Thutmosis III., aber auch *Thutmosis IV. und *Haremheb. Daraus entsteht das Epithet *stp. n-R'* (bzw. *Jmn*), das erstmals von Thutmosis III. geführt wird. – [3] Wohl nennen die AR-Annalen die Mutter des Königs, doch führt sie keinen Titel, der auf eine Bedeutung der matrilinearen Abstammung für das Königtum schließen ließe. – [4] Vgl. Goedicke, in: SSEAJ 12, 1982, 157ff. – [5] Goedicke, in: WZKM 69, 1977, 1–17. – [6] Urk. III, 81ff. – [7] Gardiner, in: JEA 39, 1953, 13ff. – [8] Gerade die Einrichtung der *Mitregentschaft, die die Nachfolge prädeterminiert, zeigt deutlich, daß eine direkte Nachfolge vom Vater auf den Sohn keinesfalls gesichert war. Auch die Darstellung im *Pap. Westcar über die wunderbare Geburt der ersten drei Könige der 5. Dyn. verdeutlicht, daß das Königsamt von Personen nicht-königlicher Abkunft erlangt werden konnte. Da sowohl die Mutter der drei Kinder sowie deren Ehemann nicht-königliche Bürger sind, kann nicht von einer göttlichen Geburt gesprochen werden, obwohl *Re ausdrücklich als Vater genannt wird. Für die Erlangung der Königswürde müssen konstitutionelle Konzeptionen existiert haben. H. Goe.

Wahrheit s. Maat

"Wahrheit und Lüge". A story of Ramesside date (XIXth Dynasty) found on a hieratic papyrus now in the British Museum (No. 10682) and first published by Alan H. Gardiner in 1932.[1] Its preservation is fragmentary, but allows a general grasp of the events. Several translations have appeared.[2]

It may be inferred that the lost beginning introduced the two brothers, Truth and Falsehood, of whom the younger brother, Falsehood, had complained to the Ennead (*Neunheit) that Truth had failed to give back to him a huge and wonderful knife which Truth had borrowed. For this, claimed Falsehood, Truth should be blinded and made his brother's doorkeeper. The Ennead agreed to do this. Then comes a narrative of the procreation, birth, and education of Truth's son, who is not named. He is derided by his schoolmates for having no father. Eventually Truth's son brings before the Ennead a charge against his uncle, Falsehood, of having stolen his wonderful ox.[3] The Ennead upholds the charge, and the damaged end probably referred to the blinding of Falsehood in an act of full retribution.[4]

The name of the "Lady" who seduces the blinded Truth happens to be missing each time she is mentioned. Schott suggested "Goodness" as the likely name, tallying with the other abstract names; Emma Brunner-Traut accepted the idea,[5] but improved on the suggestion with "Desire". Truth, his son, and Falsehood clearly reflect, in an allegorical style, *Osiris, *Horus, and *Seth, although the judicial scene mirrors a situation more often applied to Horus and Seth.[6] The Osirian theme was popular in stories,[7] but here the "Lady" consort of Truth does not fit *Isis very well. The use of abstract names is a further allegorical ploy; there are a few precedents in Egyptian literature, as in Peasant B 2, 98–99 (*Bauerngeschichte), where *Grg*, 'Falsehood', is likewise personified.[8] This use of abstractions is not, however, fully sustained, although the moral allegory is plain: Truth is bound to triumph, pravda vitezi.

Among the folk-tales of the nations a vast number of parallels to this story have been noted.[9] For the most part the style of the Egyptian tale is unimpressive,[10] but a few episodes, notably the scene of the schoolmates' ridicule of Truth's son, are presented with welcome vitality.[11]

[1] LESt, 30–36. An improved transcription appeared in: Alan Gardiner, Hieratic Papyri in the British Museum I, Third Series, London 1935, 2–6; II, pls. 1–4. – [2] Gardiner, Hieratic Papyri etc. I, 2–6; Gustav Lefebvre, Romans et contes égyptiens, Paris 1949, 159–168; Siegfried Schott, Altägyptische Liebeslieder, Zürich 1950, 205–208; Günther Roeder, Mythen und Legenden um ägyptische Gottheiten und Pharaonen, Zürich 1960, 74–84; Emma Brunner-Traut, Märchen, 40–44 with 261–263; Edward F. Wente, in: William K. Simpson (ed.), The Literature of Ancient Egypt, New Haven 1972, 127–132; Miriam Lichtheim, The Literature of Ancient Egypt II, London–Berkeley–Los Angeles 1976, 211–214. – [3] Its fantastic size is compared by Smither, in: JEA 27, 1941, 158–159, to that of the Spartan bull described in Plutarch, V. Lycurgi, 15, 10. – [4] For emendations which make slight alterations to the juridical form of the end see Théodoridès, in: RdE 21, 1969, 85–105. – [5] Cf. M. Lichtheim, op. cit., 213 n. 2; Roeder, op. cit., 78: 'Frau Nofru "Schönheit"'. – [6] John Gwyn Griffiths, The Conflict of Horus and Seth, Liverpool 1960, 83. – [7] Cf. the Demotic tales about *Chaemwêse; and "The Vengeance of Isis" in H. S. Smith and W. J. Tait, Saqqâra Demotic Papyri I, Texts from Excavations 7, London 1983, 70–109. – [8] G. Lefebvre, Romans et contes égyptiens, 160; on the allegorical facets cf. J. Gwyn Griffiths, in: JEA 53, 1967, 89–91. – [9] Max Pieper, in: ZÄS 70, 1934, 92–97; Emma Brunner-Traut, Märchen, 262–3 and in: Enzyklopädie des Märchens I, Berlin 1977, 195–7. The equation of Osiris and Truth is found in a Greek magical papyrus, PGM V, 148, where Osiris Onnophris says, "I am the truth". Cf. Reinhold Merkelbach, Roman und Mysterium in der Antike, München 1962, 70 n. 4. – [10] Gardiner, Hieratic Papyri etc. I, 3: "pedestrian and monotonous". – [11] Cf. Hellmut Brunner, Grundzüge einer Geschichte der altägyptischen Literatur, Darmstadt 1966, 80.

Lit.: LESt, 30–36; Alan H. Gardiner, Hieratic Papyri in the British Museum I, Third Series, London 1935; Emma Brunner-Traut, Märchen, 40–44. J. G. G.

Waise, äg.: *tfn(t)*[1] und *nmḥ*[2]. Seit den Wirren der 1. ZwZt wird in Biographien immer wieder erwähnt, man habe sich um die Verelendeten gekümmert, wobei meist die *Witwe und das *Kind[3] (bzw. die W.[4]) oder der Alte und das Kind (bzw. die W.[5]) genannt werden[6]. Während bis zum NR der Schwerpunkt der Sorge um die W. im Ernähren und Aufziehen gesehen wurde, wird im NR[7] und in der SpZt[8] mehr die führende, helfende und schützende Funktion hervorgehoben, wenn auch diese vor allem weitgehend im am Leben erhalten der Kinder bestanden haben wird[9]. Einem kinderlosen Geizhals wird angeraten, eine W. aufzuziehen, damit sie später an Kindes Statt für ihn sorge[10] (*Adoption, *Kinderlosigkeit). Aus den Aussagen geht nicht hervor, ob es sich um Halb- oder Vollwaisen gleichermaßen handelt. Kinder, deren Väter gestorben waren, blieben, soweit es die Verhältnisse erlaubten, in der Obhut ihrer Mütter[11], die sie allerdings zur Arbeit vermieten konnten[12]. Die Mütter bzw. ältere Geschwister oder andere Verwandte nahmen die Rechte verwaister Kinder wahr[13]. Die Aussage im Tb 125: „Ich habe kein Waisenkind an seinem Eigentum geschädigt"[14] sowie der Brief zweier Kinder, die von ihrem *Vater bei dessen Wiederheirat verstoßen und um das Erbe ihrer *Mutter gebracht worden waren[15], deuten auf den schweren Stand von Waisen. Manch eine wird ohne Heim herumgestreunt[16] oder auf die schiefe Bahn gekommen[17] sein.

Vielleicht deuten der *Name „Sie-haben-ihn-dem-Gott NN-hingelegt"[18] und die Aussage über einen Gott, er sei der Vater dessen[19] oder erteile dem Rat[20], der keine Mutter mehr hat, er komme auf die Stimme der W.[21] oder ziehe auf die W.[22], sowie der Brief der von ihrem Vater verstoßenen Kinder an den Gott *Thot[23] darauf, daß W. in *Tempeln Zuflucht finden konnten. *Vormund.

[1] Wb V, 299,3–4. – [2] Seit MR: Wb II, 368,8. – [3] Stele London, U.C. 14.333, Z.9f. (Griffith, in: PSBA 18, 1896, 196f.; Goedicke, in: JEA 48, 1962, 25; Schenkel, in: JEA 50, 1964, 12; Irene Grumach, Untersuchungen zur Lebenslehre des Amenope, MÄS 23, 1972, 101); El Bersheh II, 19; Siût V, 9f.; Statue Berlin 8163. – [4] Stele London, U.C. 14.333, Z.14f.; Hatnub, Graffito 24,5; Stele Louvre C 1 (Sethe, Lesestücke, 82,4); Louvre C 26 (Urk. IV, 972); Robert Hari, Horemheb et la Reine Moutnedjemet, Genf 1964, 52, Z.10f. – [5] Stele London, U.C. 14.333, Z.6 (s. Anm.3); Hatnub, Graffiti 20,7f.; 12a,11; Louvre C 1 (Sethe, Lesestücke, 82,3f.). – [6] Nur W. bzw. Kind erwähnt: Lehre des Amenemhet (zuletzt Wolfgang Helck, Der Text der „Lehre Amenemhets I. für seinen Sohn", KÄT, 1969, 23.25); Beni Hasan I, Tf.15; Urk. VII,4,17; pAnast.V,9,7. – [7] Fraglich, ob bereits Siût III,3; Urk.IV, 972,2.9 (Intef); CG42155,4 (Bekenchons). – [8] Statue Berlin 8163; Klaus P. Kuhlmann und Wolfgang Schenkel, Das Grab des Ibi. Theben Nr.36, I, AV 15, 1983, 74, Tf.24, Z.5 Text 99; Petosiris, Inschrift 128,6. S. auch Otto, Biogr. Inschr., 94f. – [9] Louvre C 112 (nach Wb-Zettel Louvre 40). – [10] Erman, in: ZÄS 42, 1905, 100f. (pBerlin P 10627). – [11] Das religiöse Vorbild ist *Isis mit ihrem Sohn *Horus. S. auch die Predigt des Pseudo-Demetrius von Antiochia (C. Detlef G. Müller, Die alte koptische Predigt, Diss. Heidelberg 1954, 53); Seidl, Ptol. Rechtsgeschichte, 179. – [12] Z.B. pLouvre 3230b (Peet, in: JEA 12, 1926, 72; Glanville, in: JEA 14, 1928, 310f. Hierzu Erika Feucht, Spiegeln die Darstellungen die wirkliche Lage der Kinderarbeit wider, in: Stellung des Kindes [s. Lit.]); Seidl, Ptol. Rechtsgeschichte, 179; Jack Lindsay, Daily Life in Roman Egypt, London 1963, 71 Anm.1. – [13] Seidl, op. cit., vgl. auch S.88; Scharff–Seidl, Äg. Rechtsgeschichte, 57. – [14] Tb 125,21, Übersetzung Erik Hornung, Das Totenbuch der Ägypter, Zürich–München 1979, 234,21. – [15] Hughes, in: Fs Wilson, 43ff., Übersetzung Emma Brunner-Traut, Die Alten Ägypter, Berlin–Köln–Mainz 1974, 12f. – [16] oMMA Field no.36112 rto 13–14; Hayes, in: JNES 7, 1948, 9, Tf.2, Z.13–14; Ricardo A. Caminos, A Tale of Woe, Oxford 1977, 38 Anm.6. – [17] pMayer A, vso 2, 19. – [18] Ranke, PN II, 227. – [19] Amun: Hari, Horemheb (s. Anm.4), 52, Z.10f. In der *Bauerngeschichte B1,62 (nach Übersetzung von Miriam Lichtheim, Ancient Egyptian Literature I, Berkeley–Los Angeles–London 1975, 172) schreibt der Bauer dies dem Obergütervorsteher Rensi zu. Ob seine Worte auf den Schöpfergott zielen, wie es S. Hermann, in: Gs Otto, 270 annimmt, mag dahingestellt sein. – [20] Thot: pAnast. V, 9,7. – [21] Berlin 20377; vgl. Dominique Valbelle, in: BIFAO 72, 1972, 189 mit Anm.h. – [22] Amun: Berlin 6910. – [23] S. Anm.4.

Lit.: Erika Feucht, Die Stellung des Kindes in Familie und Gesellschaft nach altäg. Texten und Darstellungen, Kap. „Sorge um die Waise", Habilitationsschrift Heidelberg 1982. E.F.

Wald. Dans l'Egypte pharaonique, toute la surface cultivable n'était sans doute pas effectivement cultivée[1]. Il y avait de nombreuses zones couvertes de brousailles, d'arbustes et d'arbres, en particulier les hauteurs et les buttes[2]. Plus encore, il y avait des étendues boisées[3], vestiges des W. prédynastiques, et qu'il faut soigneusement distinguer des vergers ou des plantations artificielles. Ces étendues sont désignées, à partir du NE, par le terme *šṯꜣw*, dont le champ sémantique va de "bosquet, couvert", à "Wald"[4]. Elles se répartissaient dans toute l'Egypte; certaines sont connues près de Coptos[5] (*Koptos), de Kasr el-Sayad[6], de Kafr Ammar[7], dans le nome prosopite, près de *Saft el-Henna, et aussi dans les *Oasis; mais c'est en Moyenne Egypte, dans la partie de la plaine que n'atteignait pas l'indondation, entre *Hermupolis et *Oxyrhynchos, en particulier sur la *qꜥḥt* de *Hardai, qu'elles étaient les plus importantes et le demeuraient encore sous les Fatimides; les toponymes *Pꜣ-šṯꜣ-n-Jmn*, près d'Ashruba, peut-être le Πεστα ἐποίκιον des sources papyrologiques, et *Pꜣ-šṯꜣ-n-Rꜥ* en sont les attestations[8]. Bosquets, couverts, taillis, bois et W. semblent avoir été toujours contrôlés par l'administration[9] parce que le bois qu'ils fournissaient, même médiocre, était un produit recherché (*Holz)[10]; à partir de la Troisième Période Intermédiaire, on connaît des "directeurs des étendues boisées" (*mr šṯꜣw*); Cambyse (*Kambyses) supprima les versements de bois au bénéfice des temples en leur donnant à charge de se les procurer eux-mêmes dans les *šṯꜣw*. A l'extérieur les égyptiens connaissaient les W. libanaises[11], et les W. soudano-éthiopiennes, ces dernières désignées par le même terme *šṯꜣw*.

[1] Ainsi la superficie des terres recensées dans le pWilbour est bien inférieure à celle de la zone couverte par la commission d'arpentage; voir Vernus, dans: RdE 29, 1977, 179 n.2. – [2] Essartage d'une hauteur couverte d'arbres: pLeiden 370, vso 8–9 = LRL, 11; Théodoridès, dans: RdE 22, 1970, 151 n.9; voir aussi les toponymes *jꜣt-ꜣꜥnw*, Gauthier, DG I, 26; *Tꜣ-qꜣjt-(nt)-tꜣ-šnḏ*, Alain-Pierre Zivie, Hermopolis et le nome de l'Ibis, BdE 66, 1975, 94 (o); *jꜣt-nfrt*, remarquable par son arbre *jšd*, Daressy, dans: ASAE 16, 1916, 226 (VIII, 3); une autre *jꜣt-nfrt* comporte des terrains boisés (*šṯꜣw*), Vernus, o.c. (v.n.1), 183 n.43. – [3] Pour les traces dans la toponymie, cf. Vernus, o.c. (v.n.1), 190 n.96. L'ideologie a inséré ces particularités géographiques dans la religion avec les arbres ou les bosquets sacrés; voir Marie-Louise Buhl, dans: JNES 6, 1947, 80–97; Ingrid Gamer-Wallert, dans: LÄ I, 658–660. – [4] Vernus, o.c. (v.n.1), 177–192. – [5] Vandier, Moꜥalla, 219 (k). Pline XIII, 19, et Théophraste, Historia plantarum IV, 2,8, s'inspirant vraisemblablement de la même source, mentionnent une grande étendue boisée (δρυμὸς μέγας) de chênes, de perséa et d'oliviers dans le nome thébain (références dues à P. Barguet). – [6] Le nom égyptien est *Nꜣ-šnj-n-Stḫ*, "Les arbres de Seth"; or, un papyrus du NE mentionne l'approvisionnement en bois près de *Hu, à proximité immédiate de Kasr el Sayad, voir Caminos, dans: JEA 49, 1963, 37. – [7] Yoyotte, dans: RdE 13, 1961, 100. – [8] Vernus, o.c. (v.n.1), 181. 186 n.66a; 189. – [9] Titre *mr šnḏ nb n š rsj*: Hans Goedicke, Re-used Blocks from the Pyramid of

Amenemhet I at Lisht, PMMA 20, New York 1971, 149; vizir responsable du coupage des arbres: Urk. IV, 1113; coupage de bois pour le chef de la taxation: pBM 10412, vso 3 = LRL, 56. – [10] Jean-Marie Kruchten, Le décret d'Horemheb, Université Libre de Bruxelles, Faculté de Philosophie et Lettres LXXXII, Bruxelles 1981, 75–6. – [11] Giveon, dans: LÄ III, 1013. P. V.

Wallfahrt. „Unter W. versteht man das Verlassen der heimatlichen Umgebung und Rückkehr aus einem religiösen Motiv[1]. Der Besuch eines Kultortes innerhalb des täglichen Lebenskreises ist keine Wallfahrt[2]. Daß man in die „Fremde" geht (peregrinari), gehört dazu; Entfernung und Zeitdauer spielen keine Rolle."[3] Die Existenz von Wallfahrtsorten setzt den Glauben voraus, daß eine Gottheit „an bestimmten Plätzen in besonderer Weise gegenwärtig ist oder angesprochen werden kann und daß man daher durch eine W. einen besonderen Segen, etwa in Gestalt einer *Offenbarung oder einer Heilung erlangen kann"[4].

Die Sitte einer W., die mit dieser Definition in Einklang steht, läßt sich vor der SpZt in Äg. nicht nachweisen[5], wenngleich der Besuch von religiösen Stätten nicht ungewöhnlich war, wie sich aus zahlreichen *Besucherinschriften und *Votivgaben[6] nachweisen läßt. Die Teilnahme an Götterfesten, z. B. an der Prozession des *Osiris in *Abydos oder der *Bastet in *Bubastis[7] könnte, muß aber nicht mit einem Wallfahrtsgedanken zusammenhängen[8]. Im Zuge des stärkeren Hervortretens von Elementen des *Volksglaubens in der SpZt und durch das Zusammentreffen von äg. und griech.-röm. Kultur wird in Ägypten die Sitte der W. gefördert[9].

[1] Das schließt die Verwendung des terminus „W."beim Besuch von religiösen Orten während anders motivierter Reisen (Reisen in kgl. Auftrag, *Expeditionen) aus. Die „pèlerinages occasionnels" (Yoyotte, in: SourcesOr 3, 1960, 19–74 pass.) sind also keine Wallfahrten. – [2] Besucherinschriften stammen meist von Ortsansässigen, sind also keine Belege für W., s. Wildung, in: LÄ I, 766f. s. v. *Besucherinschriften. – [3] RGG, s. v. W. und Wallfahrtsorte. – [4] Lexikon der Alten Welt, Zürich–Stuttgart 1965, s. v. Wallfahrt. – [5] Gegenteiliger Meinung ist Yoyotte, a.a.O. – [6] Die meisten Besucherinschriften stammen von Ortsansässigen (s. o.), die definitionsgemäß keine Wallfahrer sind. Auch die meisten Inhaber der Stelen von *Abydos sind, soweit es sich nachweisen läßt, ortsansässig, andere sind auf der Durchreise nach Abydos gekommen, wieder andere (z. B. *Ichernofret) im Auftrag. Es war sogar möglich, eine Stele durch Mittelsmänner aufstellen zu lassen, ohne daß der Stelenbesitzer dazu nach Abydos reisen mußte. S. dazu: Yoyotte, a.a.O., 38. Zur Realität der sogenannten Abydosfahrt und der Busirisfahrt, s. Altenmüller, in: LÄ I, 42 s. v. *Abydosfahrt bzw. LÄ I, 884 s. v. *Busiris, Fahrt nach. – [7] Herodot II, 60. – [8] Ähnliches gilt für die Beziehung zwischen dem Einholen von Orakeln und dem terminus „W." (s. RÄRG, 862). – [9] Deutlich z. B. bei W. zum Kultort des *Imhotep, s. Dietrich Wildung: Imhotep und Amenhotep, MÄS 36, 1977, 43. S. weiter: Yoyotte, a.a.O., 54ff.; RÄRG, s. v. Wallfahrt.

Lit.: RÄRG, s. v. Wallfahrt; Yoyotte, in: SourcesOr 3, 1960, 19–74. H. Be.

Wandbehang s. Teppich

Wappenpflanze(n). Als W. der Beiden Länder Ägyptens gelten *swt* (O. Äg.)[1] und *wꜣḏ* „Papyrusstengel" (U. Äg.)[2]. Heraldisch treten sie vor allem in der Ligatur der „*Vereinigung der Beiden Länder" (*zmꜣ-tꜣwj*) auf[3]. In Aussehen und Bedeutung der zwei W. bestehen wesentliche Unterschiede. In der *Königstitulatur schreibt man den o. äg. König mit der *swt*-Pflanze, den u. äg. König aber nicht mit dem Papyrus, sondern der *Biene. Der Name der u. äg. Kronengöttin Wadjet (*Uräus) ist als die „Papyrusfarbige" oder „Die Papyrusähnliche" eine Ableitung von *wꜣḏ* „grün", „Papyrusstengel", der Name der o. äg. Kronengöttin *Nechbet hat zu *swt* keine direkte Beziehung. Eine *nnt*-Pflanze ist mit der *swt*-Pflanze (fast) identisch. Daß man *swt* mit fünf, *nnt* – verdoppelt – mit drei unten zusammenlaufenden Stengeln schreibt (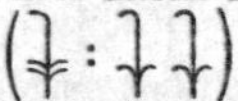), ist Konvention[4]. Im Gegensatz dazu schreibt man *wꜣḏ* nur mit einem einzelnen Stengel. Allerdings gibt es daneben die Hieroglyphe der drei unten zusammenlaufenden Papyrusstengel als Art Plural (?) für die geographischen Begriffe *ḥꜣ* „Papyrusstumpf"[5] und *mḥw* „Überschwemmtes Land = U. Äg.", zwei Orte, an denen viel Papyrus wächst. Die Beziehung von *wꜣḏ* „Papyrusstengel" zu U. Äg. ist evident, nicht so der *swt*-Pflanze zu O. Äg. Die Zeremonie „Zusammenschmiegen der Beiden Papyrusstengel" (*zšš-wꜣḏwj*)[6], d. h. der Beiden Deltahälften (Deltareiche), scheint das spätprähistorische Vorbild der „Vereinigung der Beiden Länder", da allerdings nicht mit *swt* und *wꜣḏ*, sondern ihren pflanzlichen Variantenformen *šmꜥw* und *mḥw*, zu sein: *šmꜥw* und *mḥw* bezeichnen nicht die Pflanzen selbst, sondern symbolisieren O. und U. Ägypten. Als W. ist *swt* m. E. nur eine künstliche Schöpfung des Schrifterfinders, eine Folge seines Entscheids, den Namen der o. äg. Hauptstadt *Nḫb* *Elkab mit vier einzelnen Stengeln (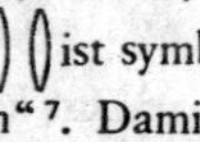) der *swt-/nnt*-Pflanze zu schreiben. 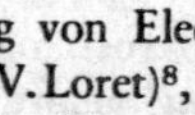 ist symbolisches Ideogramm für *nḫb* „sprießen"[7]. Damit empfiehlt sich die Gleichsetzung von Eleocharis nicht nur für die *nnt*-Pflanze (V. Loret)[8], sondern auch für die *swt*-Pflanze. Das im Unterschied zu Papyrus ganz Äg. umfassende Verbreitungsgebiet von Eleocharis palustris (= m.E. der *swt*-Pflanze) würde den bekannten Anspruch des *swtj* oder *nj-swt* „Dem die / Der zur *swt*-Pflanze gehört", König nicht nur Oberägyptens, sondern ganz Äg. zu sein, sinnfällig machen. Eleocharis caduca oder caribaea (mit einem engeren Verbreitungsgebiet, vor allem im Delta) wäre dann *nnt*. Aus *nḫb* wird am Ende der 1. Dyn. [9], klassisch . Die Gruppe *nn* erinnert an die alte Vierfachschreibung. Man unterscheidet zweimal zwei Formvarianten für das konkrete (*swt*:*nnt*) und das symbolische (*šmꜥw*:*nḫb*) Ideogramm [10]. Das symbolische Ideogramm *šmꜥ*(*w*) „Dünnes Land = O. Äg.", „dünn (allgemein)" [11] zeigt Eleocharis palustris mit Blüten und/oder dem Landzeichen (, ,). Eine FrZt-Variante von *šmꜥ*(*w*) zeigt die Wurzel (*n*) [12], sie ist Vorbild für die ähnlich aussehenden Ligaturen *ms*(*w*)-*njswt* „Königskinder" [13] und (*wr*-)*mḏw-šmꜥw* „(Großer der) Zehn von O. Ägypten" [14]. Altertümlich schreibt man O. Äg. nur mit *sw* oder aber mit drei *šmꜥ*, wohl zur Wiedergabe der Endung *w* des Abstraktums „O. Ägypten" [15]. Die Dreifachsetzung erinnert außerdem an , , . Hierher gehören auch die drei (nicht fünf) einzelnen o. äg. Pflanzen mit Blüten auf den *Chephren-Statuen von Gizeh, welche unten nicht zusammenlaufen, sondern mit Schnüren zusammengebunden sind. Einmal steht da als Variante mit Blüten (ausnahmsweise für *šmꜥw*) [16]. Auch sonst können : Blüten zeigen [17]. Anders als bei *sw*:*šmꜥw* sind die Blüten von *nn*:*nḫb* nicht differenzierendes Merkmal einer besonderen Lesung. Analog zu der aus dem Landzeichen herauswachsenden *swt*-Pflanze *šmꜥw* „O. Äg." schafft man schon am Ende der 1. Dyn. die aus dem Mund *r* herauswachsende *swt*-Pflanze, die Ligatur *rsw* „Süden" [18], da O. Äg. im Süden liegt. Der einzelne Stengel *wꜣḏ* (mit deutlicher Dolde) steht frei [19], er kann auch zwei Seitentriebe ohne Dolden haben, dann frei stehen [20] oder in einem Hügel stecken [21]. *wꜣḏ* erinnert so nicht nur an *ḥꜣ*/*mḥw*, sondern auch an *ḫꜣ* (die Hieroglyphe der *Lotos-Pflanze). Wegen der besseren Differenzierung setzt sich die freistehende Form von *wꜣḏ* ohne Seitentriebe, eben , durch. Umgekehrt können die drei unten zusammenlaufenden Papyrusstengel mit Dolden der Hieroglyphe *ḥꜣ*/*mḥw* ursprünglich frei stehen [22] oder in einem „Land" [23] oder in einem Hügel [24] stecken. Hier setzt sich die Wiedergabe mit dem Hügel durch. Der Ideogrammwert ist zweifellos *ḥꜣ*; deshalb schreibt man das Abstraktum *mḥw* niemals (vgl. oben zu *šmꜥw*). Steht die Hieroglyphe allein für *mḥw*, ist sie eine Abkürzung. Vergleicht man *sw* als Abkürzung von *šmꜥw*, scheint das eigentliche FrZt-Ideogramm *mḥw* fünf unten zusammenlaufende Papyrusstengel mit Dolden zu haben [25] (vgl. :); die zwei äußeren davon weisen nach unten (vgl. : :). Der Ideogrammwert dieses Zeichens ist im AR vielleicht *jꜣḫ*, doch bezeichnen *mḥw* und *jꜣḫ* beide „Überschwemmtes Land" [26]. Unter König *Narmer erscheint das „Land" mit einem Männerkopf an einem Ende (= der Gott *Aker) [27]. Aus dem „Land" wachsen Papyrusstengel mit Dolden. Diese Wiedergabe ist Vorläufer der symbolischen Menschenfiguren mit W. als Kopfschmuck (seit Ende der 2. Dyn.) [28].

1 Kaplony, Beitr. Inschriften, 247. Renate Germer, Untersuchung über Arzneimittelpflanzen im Alten Äg., Hamburg 1979, 193 ff. und Gérard Charpentier, Recueil de matériaux épigraphiques relatifs à la botanique de l'Eygpte antique, Paris 1981, 920 f. wollen *swt* nicht identifizieren. *nnt* als Eleocharis palustris: Charpentier, a.a.O., 618 f. Nach Helck, in: LÄ II, 878 ist *swt* Juncus maritimus, doch kommt diese Pflanze in Äg. nicht vor, vgl. Vivi Täckholm und Mohamed Drar, Flora of Egypt II, Bulletin of the Faculty of Science 28, Kairo 1950, 464. Nach der Stelle Helck, a.a.O. wird *swt* „gebrochen" (*sḏ*). Nach Helck, in: Fs Westendorf I, 251 ff. wäre *nj-swt*, *swtj* „o. äg. König" eine Herrscherbezeichnung in der nichtäg. Sprache der Deltabewohner, doch ist die Zuordnung der Pflanze *swt* zu *nj-swt*, *swtj* wohl unangreifbar. Skepsis gegenüber der Identifizierung von *swt* auch bei Keimer, in: CdE 28, Nr. 55, 1953, 107 f.; ders., in: BIE 37. 1, 1956, 238 f.: S. auch *Binse, *Blume, *Landessymbole, *Lilie und *Papyrus. – 2 Diskussion von Papyrus bei Kaplony, in: ZÄS 110, 1983, 143 ff., von *wꜣḏ* zusammenfassend S. 170 und Anm. 218. – 3 Diskussion bei Peter Kaplony, Die Rollsiegel des Alten Reichs I, Monumenta Aegyptiaca 2, Brüssel 1977, 206 ff. 209 f. S. Kuhlmann, in: LÄ VI, 526 (*Thron). Die Lunge *zmꜣ* steht zwar schon ursprünglich zwischen den beiden W., ihre Stengel sind aber nicht an *zmꜣ* geknotet. Im Unterschied zur geschmeidigen Pflanze Eleocharis palustris konnte man den steifen Papyrusstengel nicht anknoten, sondern nur mit einer Schnur anbinden (s. unten Anm. 6). *tꜣwj* ist eine zusammenfassende Bezeichnung, wie *nbtj* für Nechbet und Wadjet. Ursprünglich las man vielleicht nicht *zmꜣ-tꜣwj*, sondern *zmꜣ-šmꜥw-mḥw*, wie in den frühen Belegen *šmꜥw-mḥw* (ohne *zmꜣ*) Kaplony, Inschriften, 595; ders., Beitr. Inschriften, 66 und Anm. 257; ders., Rollsiegel des AR I, 47 (ein anderes Vereinigungssymbol der ältesten Zt a.a.O., 282 Anm. 524). Die zwei halbplastischen W. auf den zwei *Pfeilern der 18. Dyn. in *Karnak symbolisieren trotz Fehlens von *zmꜣ* die Vereinigung der Beiden Länder: Barguet, Temple d'Amon-Rê, 130.

322. Die zwei W. als Träger der Beiden Kronengöttinnen und ihrer Nester: Kaplony, a.a.O., 185 Anm. 314 (ebenfalls ohne *zmꜣ*): Die sich auf einem Papyrusstengel *wꜣḏ* hochringelnde Wadjet-Schlange und die auf den Dolden der Papyrusstengel nistenden Vögel sind die Vorbilder. Profanation des Symbols der Vereinigung der Beiden Länder: Kaplony, a.a.O., 26. 209; Kessler, in: LÄ IV, 17 und Anm. 46 ff. – [4] Kaplony, Beitr. Inschriften, 81 f.; ders., in: CdE 41, Nr. 81, 1966, 88 f. – [5] Kaplony, in: ZÄS 110, 1983, 166 und Anm. 160. – [6] Kaplony, a.a.O. passim; nachzutragen die Stellen H. W. Müller, in: Ägypten. Dauer und Wandel, SDAIK 18, 1985, 17. Die n.ö. Gaue, d.h. das Ostdelta, als Verwaltungseinheit unter König *Djer: Kaplony, Inschriften, 569. Analog zu *zšš-wꜣḏwj* möchte man eine Übergangsform *zmꜣ-swt-wꜣḏ* postulieren, die aber nicht belegt ist. Anscheinend hat man sofort *zmꜣ-šmꜥw-mḥw* oder *zmꜣ-tꜣwj* (s. Anm. 4) gesagt, da man sich bewußt war, daß man Papyrus selbst nicht knoten kann. Allenfalls hätte man die zwei W. mit einer Schnur zusammenbinden können, wie man es mit den zwei Papyrusstengeln tut (vgl. Ahmed M. Moussa und Hartwig Altenmüller, The Tomb of Nefer and Ka-hay, AV 5, 1971, Frontispiz; Balcz, in: MDAIK 1, 1930, 58 Abb. 11 mit Schäfer, in: MDAIK 12, 1943, 78). Die Verknotung des Papyrus an *zmꜣ* (eine Lunge!) ist so etwas Originelles, aber auch sehr Künstliches. S. auch Anm. 19. – [7] Kaplony, Inschriften, 389, zur Inkongruenz *swt*/*Nḫbt* s. oben im Text. Von der klassischen Schrift her muß [Hieroglyphe] = [Hieroglyphe] sein. Schreibt man *Nḫn* allein mit vier Stengeln, sind diese eine Abkürzung, d.h. man braucht das Determinativ wie ein Ideogramm. Die vier Stengel mit Lesehilfe „*n*" gelten dann als sog. unechtes Ideogramm, eine Funktion, die die FrZt kennzeichnet: Kaplony, in: CdE 41, Nr. 81, 1966, 61. Die Vollschreibung wäre [Hieroglyphe] „jung", analog zu [Hieroglyphe] *rn* „jung". Die vier Stengel könnten aber (auch wenn sie später [Hieroglyphe] entsprechen) in der FrZt einen anderen Ideogrammwert, nämlich *nḫn*, haben; denn hinter der Vierfachschreibung steckt ein mit der Stadt *Nḫn* assoziierter Dual. In diesem Fall wären die vier Stengel mit Lesehilfe „*b*" ein unechtes Ideogramm *Nḫb*. Dafür spricht, daß die vier Stengel ohne Lesehilfe zweifellos *Nḫn* schreiben. Danach wäre *Nḫn* primär die Stadt des Kindes (nicht Festungsstadt; *Hierakonpolis) und *Nḫb* sicher die sprießende, blühende Stadt (s. auch Kaplony, in: Fs Mus. Berlin, 124). – [8] Loret, in: Fs Griffith, 304 ff. S. auch Täckholm und Drar, Flora II (s. Anm. 1), 32 ff.; Vivi Täckholm, Students' Flora of Egypt, Beirut ²1974, 778 ff. Eleocharis palustris wächst an „moist places" (Täckholm und Drar, a.a.O., 33) und soll vermutlich Wasserstellen in der Steppe oder Wüste kennzeichnen. Gardiner, EG, 483 zu M 26 nennt die Jagdszene in der Steppe oder Wüste mit blühenden *swt*-Pflanzen bei Jéquier, Pepi II, II, Tf. 43; diese symbolisieren dort trotz der Szene mit der Oryx-Antilope (Kaplony, Rollsiegel des AR I, 147 ff. 242; Philippe Derchain, Le sacrifice de l'oryx, Rites égyptiens 1, Brüssel 1962, 13 ff.) sicher nicht O. Äg. Das Bild besagt, daß die *swt*-Pflanze während der Jagdsaison blüht. An einer Wasserstelle lassen sich die Tiere gut jagen. Blühende *swt*-Pflanzen der Steppe oder Wüste sind jetzt auf weiteren Jagd-, Paarungs- und Geburtsbildern der Tiere dort belegt sowie auch bei weidenden und sich paarenden Ziegen (in Äg.), Germer, a.a.O. (s. Anm. 1), 194; Edel, in: NAWG 1963 Nr. 4/5, 1964, Abb. 4. 11 = Elmar Edel und Steffen Wenig, Die Jahreszeitenreliefs aus dem Sonnenheiligtum des Königs Ne-user-re, Staatliche Mus. zu Berlin, Mitt. aus der äg. Slg. 7, Berlin 1974, Tf. 9, 256; 14, 252 (ferner a.a.O., Tf. 17, 707. 725). Die Paarungs-, Jagd- und Geburtszeit (vgl. Edel) der Steppen-/Wüstentiere würde sich mit der Blütezeit von Eleocharis palustris von Oktober bis Mai (Täckholm und Drar, a.a.O., 33) decken. Geburt einer Antilope bei einer Wasserstelle der Steppe/Wüste: Couyat-Montet, Inscr. du Ouâdi Hammâmât, Nr. 110. Der Text redet überhaupt von Tieren, die zu einer Wasserstelle in der Steppe/Wüste ziehen. Das ergibt auch der Vergleich mit den anderen Texten dieser Expedition. S. a. Edel, a.a.O., 165 und Wolfgang Helck, Die Prophezeiung des Nfr.tj, KÄT 1970, 33. Zur Farbe der Blüten von Eleocharis palustris und caduca/caribaea vgl. Loret, a.a.O. 306 (rot). 308 (rotbraun); Borchardt, Sahure I, 33 und Anm. 4 zu II, Tf. 17 (= Schäfer, a.a.O. [s. Anm. 6], 80 Abb. 11) (blau); Emery, Tombs of the First Dynasty II, Abb. 109. 113. 123; Täckholm und Drar, a.a.O., 32 (braun). 35 (blaßbraun oder grünlich); Täckholm, a.a.O., 778 (braun). 780 (blaßbraun oder grünlich); dies., in: LÄ II, 268 (innen rot/gelb, außen blau/violett). – [9] Kaplony, Beitr. Inschriften, Anm. 82 (lies *nḫbt*(*t*) oder nach Anm. 7 oben *nḫn*(*t*)), nach ders., Inschriften, 389 in dieser Zt bereits eine archaisierende Schreibung. – [10] Vgl. Kaplony, in: CdE 41, Nr. 81, 1966, 89 ff.; ders., in: Gs Otto, 290 f. – [11] Edel, in: SAK 1, 1974, 121 f. und Anm. 14. – [12] Vgl. Kaplony, Inschriften, 314 f. und Anm. 1586. 1654; Petrie, RT I, Tf. 51; II, Tf. 55 B, 180; Emery, Tombs of the First Dynasty II, Abb. 102; Charpentier, a.a.O. (s. Anm. 1), 585 f. – Die Wurzel *wꜣb* der *swt*-Pflanze diskutiert Kaplony, Beitr. Inschriften, 79 und Anm. 338 ff. – [13] Diskussion bei Kaplony, Rollsiegel des AR I, 191 Anm. 325 (seit Mitte der 1. Dyn.). – [14] Wohl erst kurz vor der 3. Dyn.; Kaplony, Inschriften, 582. 622. Signifikant ist die Fehlschreibung *mḏw* statt *ms*(*w*) Goedicke, in: MDAIK 21, 1966, Tf. 3 (vgl. a.a.O., Tf. 2. 7. 9). – [15] *sw* für *šmꜥw*: Abydos I, Tf. 1, 4. 7; Garstang, in: ZÄS 42, 1905, 61 Abb. 2; Emery, Hemaka, Tf. 17 a (zweimal); ders., Tombs of the First Dynasty II, Abb. 105; III, Tf. 20. 22; Kaplony, Inschriften, Abb. 36 (unklar). 104. 849; ders., Beitr. Inschriften, Abb. 1112. Drei *šmꜥ*-Pflanzen: Kaplony, Inschriften, 314. Vgl. Ahmed M. Moussa und Hartwig Altenmüller, Das Grab des Nianchchnum und Chnumhotep, AV 21, 1977, 106 ff. – [16] CG 9. 10. 14. 15. 17. Zu den Schnüren vgl. oben Anm. 6; Schäfer, a.a.O. (s. Anm. 6), 81; Germer, a.a.O. (s. Anm. 1), 194 (Fehldeutung). Die *swt*-Pflanzen analog zu den zwei *wꜣḏ*-Pflanzen zu verschnüren war wohl nur eine ad-hoc-Idee, in CG 11 (= Schäfer, a.a.O., 84 Abb. 17) erscheinen die drei (sic) unten zusammenlaufenden Stengel mit Blüten; nur in CG 13 sind auch die drei Papyrusstengel ohne Hügel, sondern mit Schnüren zusammengebunden. – [17] Vgl. die vorangehende Anm.; Loret, a.a.O. (s. Anm. 8), 305 Abb. 1 (Blüten als eiförmige und kugelige Rundungen), entsprechend Täckholm und Drar, a.a.O. (oben Anm. 1), 35 zu E. caribaea: „Spike ... smaller (als bei E. palustris), ovoid or almost globose"; Täckholm, Students' Flora of Egypt², 780: „Spike small, ovoid to

globose". – [18] Zuerst auf der *Mr-kꜣ*-Stele, Ende der 1. Dyn., Emery, Tombs of the First Dynasty III, Tf. 23 b. 39 = Kaplony, Inschriften, 502 f. S. auch Goedicke, a.a.O. (s. Anm. 14), Tf. 4. – [19] So in der Ligatur *zšš-wꜣḏwj* (s. Anm. 6); *wꜣḏ* bezeichnet allerdings dann lange Zt nicht mehr die u. äg. W.; denn die Formulierungen *zmꜣ swt m wꜣḏ, dmḏ swt n wꜣḏ* „die *swt*-Pflanze mit dem Papyrusstengel vereinigen" sind nicht alt (Wb I, 263, 8 f.; IV, 59, 1 f.). Wb IV, 58, 15 überliefert den älteren Ausdruck (MR) *ꜣbẖ swt n bjt*, doch muß hier *bjt* = *bjtj* und entsprechend *swt* = *swtj* sein („die Ämter des Königs von O. und U. Äg. vermischen"). Blumenthal, Königtum, 178, erklärt die Stelle wohl nicht richtig und nennt auf S. 49 f. einen unsicheren Beleg für *wꜣḏ* „Papyrusstengel". Spät ist auch das Bringen von je einem *swt*(!)- und *wꜣḏ*-Stengel: John Baines, Fecundity Figures, Warminster–Chicago 1985, 328 f. Abb. 186, bzw. die Schreibung von *zmꜣ-tꜣwj* mit je einem *swt*(!)- und *wꜣḏ*-Stengel: Wb III, 449, 12 ff. Um so auffallender ist der einzelne halbplastische *swt*-Stengel im Stufenpyramidenbezirk von König Djoser als Parallele zu drei weder unten zusammenlaufenden noch verbundenen Papyrusstengeln (vgl. die unverbundenen Krüge als *ḫnt*: Peter Kaplony, Steingefäße mit Inschriften der Frühzeit und des Alten Reichs, Monumenta Aegyptiaca 1, Brüssel 1968, 25. 42 ff.), Vandier, Manuel I, Abb. 610. 615. Die halbplastische Wiedergabe der W. da erinnert an die auf den Karnak-Pfeilern oben Anm. 3. *wꜣḏ* freistehend ohne Seitentriebe als Hieroglyphe der FrZt: Kaplony, Inschriften Abb. 35. 186. 378. 424. – [20] A.a.O., Abb. 506. 662; Petrie, RT I, Tf. 8, 8; Kaplony, in: MDAIK 20, 1965, Tf. 5, 39; Emery, Tombs of the First Dynasty III, Tf. 83, 13/14. Vereinfacht kann man auch die Dolde des mittleren Papyrusstengels fortlassen; das Zeichen sieht so wie ein *sn* aus (Gardiner, EG³, sign-list T 22), Petrie, RT I, Tf. 8, 12; Kaplony, Inschriften, Abb. 877; ders., Beschriftete Kleinfunde in der Slg. Georges Michailidis, Uitgaven van het Nederlands Historisch-Archaeologisch Instituut te Istanbul / Publications de l'Institut historique et archéologique de Stamboul 32, Istanbul 1973, Nr. 31 A. – [21] Petrie, RT I, Tf. 31/33, 2. Landzeichen statt Hügel vielleicht bei Kaplony, a.a.O., Nr. 31 B. – [22] Petrie, RT II, Tf. 10, 2; Abydos I, Tf. 3; Emery, Ḥor Aḥa, Tf. 20 f.; Kaplony, Inschriften, Foto-Abb. 1/2 und Abb. 148. – [23] Petrie, RT II, Tf. 3, 4; Kaplony, Inschriften, Abb. 144. 160 (in diesen drei Belegen analog zu parallelem *šmꜥw*). 187. 405. – [24] Petrie, RT I, Tf. 8, 11; 9, 3; Garstang, in: ZÄS 42, 1905, 61 Abb. 2; Emery, Hemaka, Tf. 17 a; Lauer, Pyramide à Degrés IV, Tf. III, 2 und Nr. 33; Kaplony, Inschriften, Abb. 201. 238. 239. 250 (mit Lesehilfe *ḫ*). 289. 542 bis. 602; Suppl., Abb. 1064 (mit Wurzeln). – [25] Die einzige FrZt-Wiedergabe dieser Art ist Kaplony, Inschriften, Abb. 134, doch gehören auch Abb. 226. 367 sowie die Oxforder Keule des Königs *Skorpion hierher, mit unregelmäßig angeordneten nach oben und unten weisenden Stengeln mit Dolden, sowie Abb. 188 und die große Palette des Königs *Narmer, mit fünf bzw. sechs nach oben weisenden Stengeln mit Dolden in Landzeichen. S. auch unten Anm. 27. – [26] Dieses Zeichen hat klassisch fünf Stengel, die drei mittleren mit Dolden weisen nach oben, die zwei äußeren mit Knospen nach unten (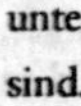). Sie weisen nach unten, weil sie noch schwach sind. Auf ihm stehen bzw. klettern Vögel und vierfüßige Tiere mit Vorliebe, Petrie, Medum, Tf. 22; Epron-Wild, Tombeau de Ti, Tf. 119. Die klassische Form der Hieroglyphe z. B. a.a.O., Tf. 124; Davies, Ptahhetep and Akhethetep II, Tf. 13. Bei Moussa und Altenmüller, Nianchchnum und Chnumhotep (vgl. oben Anm. 15), Abb. 6. 8, Tf. 5. 20 f. 75. 77 haben wir fünf Stengel: Sie weisen mit Dolde nach unten / mit Knospe nach oben / mit Dolde nach oben / mit Knospe nach oben / mit Dolde nach unten. Kaplony, Inschriften, Abb. 367 (s. Anm. 25) entspricht genau Dows Dunham und William Kelly Simpson, The Mastaba of Queen Mersyankh III, Giza Mastabas 1, Boston 1974, Abb. 4: Nur drei Stengel sind vorhanden, mit Dolden, die Dolden der zwei äußeren Stengel weisen nach unten, die Dolde des mittleren Stengels weist nach oben. Übrigens steht noch im AR „*ḥꜣ*" als Abkürzung für *mḥw*; vgl. Edel und Wenig, Jahreszeitenreliefs (s. Anm. 8), Tf. 3, 845; 9, 255. 266 (mit bezeichnenderweise altertümlicher Schreibung *sw* für *šmꜥw*); 11, 254; 13, 704. – [27] Kaplony, in: Or 34, 1965, 160 Anm. 3. – [28] Symbolische Figur „U. Äg." auf einer (?) Statue von König *Cha-sechem(ui) (mit *fünf* nach oben weisenden Stengeln mit Dolden auf dem Kopf). U. Äg. ist hier Feindfigur, deshalb erscheinen einerseits Gottheiten mit W. auf dem Kopf (bzw. als Helfer der Vereinigung der beiden Länder) (Jocelyne Berlandini, in: LÄ IV, 80 ff. *Meret; Altenmüller, in: LÄ III, 65 ff. *Hu; Kurth, in: LÄ IV, 487 *Nilgott; Kaplony, in: Fs Mus. Berlin, 125 Anm. 30), andererseits braucht man die Ligatur der „Vereinigung der beiden Länder" auch als Feindsymbol, oder man bindet Feinde an die Ligatur, d.h. man verbindet die besiegten u. (?) äg. Untertanen (Kaplony, in: LÄ III, 417 ff. *Kiebitz[e]) mit den besiegten Feinden des Auslandes, vgl. Wildung, in: LÄ II, 16; Helck, in: LÄ III, 788; Godron, in: CdE 43, Nr. 85, 1968, 34 f.; Hierakonpolis, Tf. 58 oben = Kaplony, in: LÄ I, 910 f. mit Anm. 6 (Zt ebenfalls von König Chasechem[ui]) entspricht wohl Edel, a.a.O. (s. Anm. 8), 123 (Aker mit nubischem Bogen auf dem Kopf = Land mit Elefantenkopf des 1. o. äg. „nubischen" Gaus): „Nubien" als Teil Äg. ist da ebenso ambivalent wie U. Äg. P. K.

Was-Zepter. Das *wꜣs*-Zeichen ist ein Stab, dessen oberes Ende einen stilisierten Tierkopf zeigt und dessen gegabeltes unteres Ende Körper und Beine dieses Tieres vorstellt, während der Hauptteil aus seinem geraden oder gewellten Hals besteht:  oder  [1]. Es begegnet schon auf frühgesch. Denkmälern sowohl als Götterzepter (*Götterinsignien, *Zepter) als auch als Himmelsstützen. Es läßt sich weder die Theorie schlüssig beweisen, daß es sich von einem Stock herleitet, mit dem man ursprünglich Esel angetrieben hat und dessen einem Ende man den Kopf eines *Fabeltieres gegeben hat, das sich vom Esel herleitet [2], noch diejenige, daß es durch die Stilisierung von Himmelsträgertieren wie *Giraffe und *Schlangenhalspanther entstanden ist [3]. Auch die Herleitung von einem Gerät zum Schlangenfang ließe sich denken [4].

Ob als Himmelsstütze oder *Kultsymbol, das W. fungiert als Machtzeichen[5] und als solches tragen dieses Zepter die Götter[6], auch *Aton[7] und auch weibliche (die später meist nur das Papyruszepter halten)[8]. Als seine Besitzer geben sie es weiter an den König[9], was unzählige Male dargestellt wird und in der Formel hinter dem Königsnamen 𓏙𓋹𓊽𓌂 o.ä. enthalten ist; 𓋹 und 𓌀 sind es auch, die sich bei der sog. „Taufe Pharaos" über ihn ergießen[10]. Neben dieser traditionellen Gott-König-Beziehung, wo die Gottheit diese Symbole übergibt, zeigen ptol.-röm. Tempelszenen und -texte auch deren Umkehrung[11].

Wie andere Kultsymbole wird auch das W. vergöttlicht und personifiziert, so daß es selbständig agieren kann[12]. Das W. im *Gauzeichen tragen der 19. o.äg. „Doppelzeptergau" und der 4. o.äg. thebanische Gau (*Theben). W. bezeichnen die Gottheiten *Wꜣst*[13], *Wꜣstjw*[14], *Jgꜣj* (*Igai) und *Jꜣt* (*Iat).

Andererseits erscheint auch das W. wie andere Machtzeichen im privaten Bereich, und zwar im Totenkult[15]. Wenn darüber hinaus Was-Zepter-artige Stöcke etwa bei *Hirten auftreten[16], mag dies auf eine der Wurzeln hinweisen, von denen sich das W. herleitet; ähnliche Stöcke sind noch heute in Verwendung[17]. Dies gilt auch für einen bei Szenen der Landvermessung (*Feldereinteilung und -vermessung, *Vermessungswesen) häufig vorkommenden Stab in Form eines W.[18]; vielleicht ist dessen Formgebung auch ganz bewußt gewählt, um diesen Handlungen besonderes Gewicht zu verleihen.

Nicht nur in Darstellungen, auch als Originale sind W. erhalten, und zwar als Tempelweihgaben[19], *Grabbeigaben[20] und als *Amulette[21]. Auch als Bezeichnung für eine Unterphyle (*Phyle) wird das W. verwendet[22].

[1] Die Lesung für letzteres Zeichen ist gewöhnlich *ḏˁm*; oft wird dafür aber auch das einfache 𓌀 gebraucht. – [2] So z.B. Helck, in: Anthropos 49, 1954, 971–972. – [3] Dafür tritt Westendorf ein, z.B. Darstellungen des Sonnenlaufes, 12–14. 22–24; id., in: ZDMG 118, 1968, 252–254. Auch die Fleckung des W. entspricht diesen beiden Tieren. – [4] Gegabelte Stöcke wurden auch in Ägypten zum Schlangenfang verwendet, s. z.B. Pfortenbuch, Szene 34 – ein solcher Stab ist eo ipso dann machtgeladen. – [5] Zur Bedeutung von *wꜣs* = Macht s. Gardiner, in: Fs Grapow, 2 und Erich Winter, Untersuchungen zu den ägyptischen Tempelreliefs der griechisch-römischen Zeit, DÖAW 98, 1968, 84–85. – [6] Oft ist das W. mit anderen Göttergaben wie 𓋹 und 𓊽 kombiniert – so in der Regel bei *Ptah. Zur möglichen besonderen Beziehung des Gottes Seth zum W. s. Herman te Velde, Seth, God of Confusion, PÄ 6, ²1977, 89–91. – [7] S. dazu Malaise, in: GM 50, 1981, 47–64. – [8] S. dazu Sethe, in: ZÄS 64, 1929, 6–9. – [9] Der es schon im AR selbst in Händen hält, z.B. v. Bissing, Re-Heiligtum II, Tf.2, Bl.16 (39). 17 (42). 18 (44c). 19 (45a u. b). 20 (46 u. 47). 21 (50b). 22 (52); III, Bl. 19 (311/313); Jéquier, Pepi II, II, Tf.46. 50. Stets führt der König auch beim Vogellauf neben anderen Zeptern ein W. mit sich. Daß es vom vorgesch. Herrscher von den Göttern übernommen wurde, wie es häufig postuliert wird (z.B. Ali Hassan, Stöcke und Stäbe im Pharaonischen Ägypten, MÄS 33, 1976, 170. 171. 174), läßt sich anhand von Denkmälern und Texten nicht verifizieren. – [10] Dazu s. Gardiner, in: JEA 36, 1950, 3–12. – [11] Dies hat ausführlich Winter untersucht, op. cit., 69–102, wo er auch die Gleichung 𓋹 = *Schu und 𓌀 = *Tefnut (= Himmelsstützen) eingeht; dazu s. zuletzt Westendorf, in: Fs Gutbub, 239–244. – [12] Z.B. Abydos I, pl.62. – [13] Dazu s. RÄRG, 839–840. – [14] Zu dieser Personifikation der thebanischen Himmelsbewohner s. Ewa Laskowska-Kusztal, Le sanctuaire ptolémaïque de Deir el-Bahari, Deir el-Bahari III, Warschau 1984, 85, Abb.39, Tf.10. – [15] Auf Gerätefriesen (Jéquier, Frises d'Objets, 176–180), aber auch als Grabbeigaben (Hassan, op. cit., 82–88. 92. 96, Abb.23–29. 36, Tf.8, Nr.3) und auf Darstellungen, wo hohe Beamte ein W. halten (Hassan, op. cit., 189–192, Abb.40–42; Jean Capart, Documents pour servir à l'étude de l'art égyptien I, Paris 1927, Tf.63; Jan Assmann, Das Grab des Basa [Nr.389] in der thebanischen Nekropole, AV 6, 1973, Tf.9; Klaus Kuhlmann und Wolfgang Schenkel, Das Grab des Ibi, Obergutsverwalters der Gottesgemahlin des Amun [Thebanisches Grab Nr.36] I, AV 15, 1983, Tf.29 [= 102 rechts]. 61). Zum W. in den Händen von Privatleuten s. auch Fischer, in: MMJ 13, 1978, 21–23. – [16] Davies, Two Ramesside Tombs, Tf.30. 31A. 34. – [17] Und zwar zu verschiedenen Verwendungszwecken, s. etwa Seligman, in: JEA 3, 1916, 127; Daressy, in: ASAE 17, 1917, 183–184; Newberry, in: Fs Rosellini, Studi I, 271. – [18] S. dazu Berger, in: JEA 20, 1934, 54–55, pl.10. – [19] Vielleicht schon Brüssel 7295 (Kaplony, Beitr. Inschriften, Anm. 326 auf S. 200 und Tf.28 Nr.1119); außerdem z.B. Abydos II, pl.2 Nr.11; 8 Nr.133–135; Naqada and Ballas, pl.78. – [20] S. Anm.15. – [21] S. dazu Schäfer, in: ZÄS 43, 1906, 66–67. Sie sind z.B. auch in einer Amulettliste aufgeführt (Capart, in: ZÄS 45, 1908, 17 [Nr.28], Tf.2). Amulettcharakter haben W. etwa auch als sinnfälliger Dekor z.B. an Kopfstützen (Davies, op. cit., Tf.31B. 38) oder Gefäßen (schon Petrie, RT I, pl.38 Nr.4). – [22] Rowe, in: ASAE 41, 1942, 339–341; Paule Posener-Kriéger, Les archives du temple funéraire de Néferirkarê-Kakaï, BdE 65, 1976, 61. 64. 565. 566.

Lit.: RÄRG, 840–841. K.M.

Waschungen s. Reinigung

Waset s. Siegreiches Theben, Theben

Wasser s. Nachtrag

Wassersack. Eindeutig ist die Bedeutung „W." bei *ḫnt* in der Israelstele[1]: „so daß sie ihre W. aufbanden, die zur Erde ausliefen" (parallel dazu *gwnt*

als Sack für die Utensilien = „Tornister"). Ableitungsmäßig handelt es sich um einen Sack aus *Leder (Fell, *ḥnt*). Auch in „*Wahrheit und Lüge" 7,2 (= LESt, 33,15) kann es sich bei *ẖn* um einen W. handeln: „Er nahm 10 Brote, einen Stab, ein Paar Sandalen, ein *ẖn* und ein Messer"[2].
Das pChester Beatty V rto 6,5 als Soldatenausrüstung genannte *ẖʿr* könnte ebenfalls wegen der Herkunft von *ẖʿr* „Leder" als W. interpretiert werden. Dagegen sind die in anderen Soldatenleben-Schilderungen[3] genannten *ẖ3r* wohl „Tornister", da *ẖ3r* auch ein Getreidemaß (*Maße und Gewichte) ist und somit wohl aus Stoff bzw. Mattenwerk besteht.

[1] Kitchen, Ram. Inscr. IV, 14,8 = „Israelstele" 6. Vgl. Fecht, in: Fs Brunner, 127. – [2] Urk. I, 212 handelt es sich um Wasserbeutel am Wasserhebegerät (*Schaduf), vgl. Goedicke, Königl. Dokumente, 72 (30). – [3] pLansing, 10,5; pKoller, 1,3; vgl. Sauneron, in: Kêmi 18, 1968, 17ff. (24) zur Variante in pDeM 35,6. Als *ẖʿr* auch pChester Beatty IV vso 6,2. W.H.

Wasserspeier. Das Regenwasser wird vom *Dach unterhalb der *Hohlkehle durch die Tempelmauer hindurch und durch eine vorkragende Steinrinne von U-förmigem Querschnitt ins Freie geleitet[1]. Aufwendigere W. tragen einen rundplastischen *Löwen, der zu einem Drittel aus der Wand hervorragt und mit ausgestreckten Pranken auf der Wasserrinne liegt, so daß das Wasser unter seiner Brust hindurch fließt[2]. Im Gegensatz zum Bauschmuck nicht-äg. Architekturen fließt das Wasser nicht durch das Löwenmaul. Bei ptol. Beispielen[3] ruht der W. auf einer mächtigen, abgetreppten Konsole, deren Reliefs und Inschriften auf die apotropäische Bedeutung des *Löwen Bezug nehmen[4]. Auch seine äg. Bezeichnung *šnʿ* „Abwehrer, Wächter"[5] zeigt, daß seine Hauptaufgabe nicht im Ausspeien von Wasser gesehen wurde, sondern in der Verteidigung der durch die Wasserrinne entstandenen Öffnung in der Tempelwand.

[1] Einfache Beispiele: Uvo Hölscher, Das Grabdenkmal des Königs Chephren, Sieglin Exp. 1, 1912, 47, Abb. 34; A. Labrousse, Jean-Philippe Lauer und Jean Leclant, Le temple haut du complexe funéraire du roi Ounas, Mission Archéologique de Saqqarah II, BdE 73, 1977, 45, Abb. 30; Dieter Arnold, Der Tempel des Königs Mentuhotep von Deir el-Bahari, AV 8, 1974, 58, Abb. 36. Konstruktion sichtbar: Karl G. Siegler, Kalabsha, AV 1, 1970, 25, Abb. 11. – [2] Borchardt, Neuserre, 64, Abb. 44; v. Bissing, Re-Heiligtum I. Der Bau, 55, Abb. 49f.; Lacau-Chevrier, Sésostris Ier, Tf. 2ff.; Hayes, in: BMMA pt. II, Nov. 1934, Abb. 17. 21; Henri Chevrier, Le temple reposoir de Ramsès III à Karnak, SAE, Kairo 1933, 8, Tf. 4; ders., Le temple reposoir de Séti II, SAE, Kairo 1940, 3, Tf. 3. – [3] Jean-Louis Cenival und Henri Stierlin, Ägypten, Zürich–Freiburg 1964, 162f. – [4] Serge Sauneron und Henri Stierlin, Die letzten Tempel Ägyptens. Edfu und Philae, Zürich–Freiburg 1978, 54f. – [5] Borchardt, Neuserre, 17; vgl. Wb IV, 504ff. D.A.

Wasserstandsmarken s. Nilstandsmarken

Wasseruhr. La clepsydre se présente habituellement comme un vase contre la base duquel est adossé un petit babouin (*Pavian), animal du dieu *Thot qui préside à la mesure du temps (*Zeitmessung); par le phallus de celui-ci s'écoule l'eau. Sur la surface externe du vase sont figurés les dieux personnifiant les mois (*Monatsgötter) et parfois aussi d'autres représentations astronomiques (voir, par exemple, *Dekane). A l'intérieur, douze séries de dix points verticaux surmontant alternativement les signes *ʿnḫ* et *ḏd* servent de repère pour les heures selon les mois de l'année.
La clepsydre apparaît en Egypte au NE; un certain Amenemhat, ayant vécu au début de la XVIIIe dyn., passe pour en être l'inventeur[1]. Le premier exemplaire connu est daté d'*Aménophis III et provient de *Karnak (Caire JE 37525)[2]. Il semble que l'identification proposée avec l'offrande *wnšb/šbt/wtṯ* (*Schebet) doive être rejetée[3]. On a pu penser que *mrḫt*, qui désigne habituellement l'horloge solaire (*Sonnenuhr)[4], était également employé comme nom de la clepsydre[5], mais ce serait là un sens exceptionnel; il faut chercher ailleurs[6].
A la liste des clepsydres – ou des fragments de clepsydre – dressée par L. Borchardt[7], on peut ajouter: Caire JE 67096 (*Tanis, *Nécho II)[8]; – collection Thorwaldsen, Copenhague, n° 351 (Rome?; Ptolémée II)[9]; – OrInst Chicago n° 16875 (Memphis; Ptolémée II)[10]; – Bruxelles E 4782 (provenance?; époque ptol.?)[11]; – Florence n° 12290 (Saqqarah?; époque ptol.?)[12]; – lieu de conservation inconnu (Alexandrie; Ptolémée III?)[13] – New York, collection de F. Elghanayan[14] – Ephèse (Ptolémée II)[15]. Quatre modèles de clepsydre ont été recensés, dont trois par L. Borchardt[16]: ajouter MMA 86. 1. 96[17].

[1] Wolfgang Helck, Historisch-biographische Texte der 2. ZwZt, KÄT, Wiesbaden [2]1983, 110–112. – [2] Ramsès le Grand, catalogue d'exposition, Paris 1976, 139–149, pl. 33; noter une représentation de clepsydre sur les parois de la tombe de Ramsès VI: Barguet, dans: RdE 30, 1978, 53 et n. 10. – [3] Ricardo A. Caminos, The New Kingdom Temples of Buhen II, ASE 34, 1974, 82 n. 4; Erhart Graefe, dans: Fs Westendorf, 895–905. – [4] Borchardt, dans: ZÄS 48, 1911, 9–17, pls. 1. 2; id., Altägyptische Zeitmessung, Leipzig 1920, 26–53; G. Goyon, dans: BIFAO 76, 1976, 297–300. – [5] Drenkhahn, dans: LÄ IV, 466; le terme copte ⲙⲣⲱϣⲉ (Crum, CD, 184a)

pourrait désigner, dans une unique attestation, un modèle de clepsydre n'apparaissant que tardivement en Egypte. – [6] Clère, dans: BiOr 8, 1951, 178b–179a. – [7] Borchardt, Altäg. Zeitmessung (v.n.4), 6–10. 22–25. – [8] Montet, dans: Kêmi 8, 1946, 35–39, pl. 1–2 n° R66; Neugebauer–Parker, Astronomical Texts III, 42–44 fig. 9; 152–153, pl. 22B. – [9] Danneskïold-Samsøe, dans: Actes du XXIXe congrès international des orientalistes 1973, section Egyptologie I, Paris 1975, 33. – [10] Quaegebeur, dans: JNES 30, 1971, 259–262, pl. 2–3; id., dans: IFAO, Livre du centenaire, 1980, 62sq. – [11] Louis Speleers, Recueil des inscriptions égyptiennes des Musées Royaux du Cinquantenaire à Bruxelles, Bruxelles 1923, 94. 186 n° 353. – [12] Neugebauer–Parker, Astronomical Texts III, 60–61, pl. 22D. – [13] Alan Rowe, Discovery of the Famous Temple and Enclosure of Serapis at Alexandria, CASAE 2, 1946, 40–41. 50 (addenda 12); Montet, Géographie I, 70. – [14] Bianchi, dans: LÄ V, 492–3 n. 16. – [15] Langmann, Hölbl et Marie Firneis, dans: JÖAI 55, 1984 (1985), Beiblatt 4–67. – [16] Borchardt, op. cit. (v. n. 7), 25–26. – [17] Pogo, dans: Isis 70, Bruges 1936, 417–418 n° 26, pl. 4.

Lit.: Daressy, dans: BIE, série 5. 9, 1916, 5–16; Ludwig Borchardt, Altägyptische Zeitmessung, Leipzig 1920; Sloley, dans: AE 1924, 43–50; Pogo, dans: CdE 11, No. 22, 1936, 484–485; id., dans: Isis 70, Bruges 1936, 403–415; Capart, dans: CdE 12, No. 23, 1937, 45–49. D. D.

Wasserwirtschaft. **A.** *Bewässerung.* – Ansätze zu einer staatlichen W. finden sich bei der Bewirtschaftung des *Überschwemmungs-Wassers (*Be- und Entwässerung, *Landwirtschaft). Zur Zeit der ersten größeren Bewässerungsarbeiten, in der 1. ZwZt, liegt die Initiative bei Anlage von *Kanälen, *Schleusen und bei der Zuteilung des Wassers gänzlich in der Hand lokaler Potentaten, namentlich der *Gaufürsten [1]. Noch zur Zt des NR ist die Bewässerung hauptsächlich eine Angelegenheit untergeordneter lokaler Behörden [2]. Beamte, die speziell für wasserwirtschaftliche Aufgaben zuständig sind, tragen niedrige Titel [3]. Lediglich die langfristige Planung, d.h. Planung und Anlage bedeutenderer bewässerungstechnischer Anlagen, ist Aufgabe höherer Beamter, nämlich die von Bauleitern (*jmj-rꜣ kꜣt*) [4].
Undeutlich bleibt der Zuständigkeitsbereich des *Wezirs, der nach seiner *Dienstanweisung „die Distriktskollegien (*qnbtjw njw ww*) aussendet, um im ganzen Land den *ꜥw* zu machen". Je nachdem, wie man den Ausdruck *ꜥw* übersetzt, als „Durchlaß" oder als „*Kanal" (ersteres m.E. zutreffend), wäre er entweder verantwortlich für den „(Wasser-)Durchlaß", d.h. wohl für das ordnungsgemäße Einlassen des Wassers in die Bewässerungsbassins [5], oder aber für die Anlage von Kanälen. In jedem Falle bleibt jedoch unklar, ob die Mitglieder der „Distriktskollegien" ins einzelne gehende Anweisungen erhalten, d.h. eine zentrale Steuerung der Bewässerung intendiert ist, oder aber im Rahmen eines pauschalen Auftrags die lokalen Probleme nach eigenem Ermessen regeln sollen.
Mit dem Namen von Königen läßt sich die Großtat der Kolonisierung des *Fajjum durch Regulierung des Wasserzuflusses verbinden. Zum einen steht die *Pyramide *Sesostris' I. wohl kaum zufällig bei *Illahun unmittelbar oberhalb des *Deiches, der das Fajjum gegen das Niltal abschließt. Zum anderen kann die Form des *Urhügels, den die Anlage *Amenemhets' III. bei *Biahmu aufweist, wohl nicht anders denn als Denkmal für die Gewinnung von Kulturland aus dem Fajjumsee interpretiert werden [6].
Keiner wasserwirtschaftlichen Maßnahme scheinen *Brunnen unterworfen gewesen zu sein. Sie zählen zum Grund-*Besitz, können wie dieser besteuert werden und Gegenstand eines Rechtsstreites sein (Belege s. v. *Brunnen). Mutmaßlich war der bewässerungstechnische Wert der Brunnen im Vergleich zu dem der Nil-Überschwemmung aufs Ganze gesehen unbedeutend.

B. **Schiffahrt.* – Eine Verfahrensweise, die der bei der Bewirtschaftung des Überschwemmungswassers entspricht, ist für Anlage und Betrieb eines Schiffahrts-Kanals nachweisbar: Eine Fahrrinne durch den 1. *Katarakt wird bei Gelegenheit der Rückkehr von einer *Expedition vom kgl. Heer passierbar gemacht, ihre Instandhaltung dagegen wird den lokalen *Fischern als jährliche Dienstleistung übertragen [7].

[1] Siûṭ, V, 2–8 (vgl. Wolfgang Schenkel, Die Bewässerungsrevolution im Alten Ägypten, DAIK, Mainz 1978, 29–36); Krakau MNK–XI–999 (Černý, in: JEA 47, 1961, 5–9) (vgl. Schenkel, a.a.O., 36). – [2] Erika Endesfelder, in: ZÄS 106, 1979, 46–51. – [3] Sie tragen Funktionstitel wie *ꜥꜣ mw, ḥrj mw, ꜥꜣ n bꜥḥw, ḥrj bꜥḥw, jmj-rꜣ bꜥḥw*, s. Endesfelder, a.a.O., 47f. – [4] Endesfelder, a.a.O., 49. – [5] Urk. IV, 1113,4; vgl. Schenkel, a.a.O., 33. – [6] Vgl. Dieter Arnold, in: LÄ s. v. *Fajjum, Sp. 91; Schenkel, a.a.O., 65f. – [7] Urk. IV, 814,10–815,2.

Lit.: Erika Endesfelder, in: ZÄS 106, 1979, 37–51, bes. 46–51; Wolfgang Schenkel, Die Bewässerungsrevolution im Alten Ägypten, DAIK, Mainz 1978. W. Sch.

Wawat (*Wꜣwꜣt*) bezeichnet im AR das nördlichste der drei unternubischen Länder: W., Jrtjet (*Jrṯt*) und Satju (*Zꜣṯw*). Seine Nordgrenze lag in der Gegend des 1. *Kataraktes [1], die Südgrenze vermutlich in der Nähe von *Dakke [2].
Im Reisebericht des *Ḥrw-ḫwj.f* (*Herchuf) spiegelt sich eine antiägyptische Koalition zwischen den Ländern *Jrṯt* und *Zꜣṯw* [3], in die schließlich auch W. einbezogen wird, so daß im MR, nachdem in den zunächst ägyptenfreundlichen obernubischen Ländern unter dem Einfluß der

*Kerma(-kultur) das Reich *Kusch entstand, das ganze Gebiet südlich des 1. Kataraktes erobert werden mußte. Von den Ägyptern des MR wird W. zur Bezeichnung des gesamten unternubischen Raumes verwendet, vielleicht zeigt sich aber in der Scheidung „Oberes und [Unteres] W."[4] noch die oben angedeutete Zweiteilung Unternubiens in W. und die beiden Länder *Jrṯt* und *Zꜣṯw*.
Mit dem Beginn des NR wird der gesamte Raum südlich des 1. Kataraktes unter dem Begriff Kusch subsumiert[5], der von einem Vizekönig (*Königssohn von Kusch) – mit Amtssitz in *Aniba (im Gebiet von W.!) – regiert wird. In Beamtentiteln ist noch die Zweiteilung des MR in Kusch/W. faßbar[6].
Die wirtschaftliche Bedeutung von W. lag seit alters neben seiner Funktion als Durchgangsland für die „afrikanischen Produkte" und seinen Ressourcen an Mensch und Vieh[7] vor allem in seinen *Goldminen[8]. Die Bewohner von W. tragen neben der Nisbebildung *Wꜣwꜣtjw* die ethnographisch nicht näher eingrenzbare Bezeichnung *Nḥsjw*[9].

[1] Die Angabe: „Wir haben das Ende von W. erreicht, wir haben Biggeh passiert" (Schiffbrüchiger Z. 8–10) stammt zwar aus dem MR, wird aber auch, vor allem nach den Ausführungen Edels, in: Or 36, 1967, 140 für das AR Geltung haben; vgl. ferner Posener, in: Kush 6, 1958, 51. – [2] Edel, loc. cit., 145 ff., davon abweichende Vorschläge s. bei: Karola Zibelius, Afrikanische Orts- und Völkernamen in hieroglyphischen und hieratischen Texten, TAVO Beihefte B 1, 1972, 101 ff.; Teilgebiete von W. von Süd nach Nord sind: *Wṯk*, *Tmṯr* und *Wṯt*, s. Edel, in: Fs Grapow, 70. – [3] Mit Edel, in: Or 36, 1967, 147 ff. ist u. U. der Auslöser dieser Bewegung in der sog. C-Gruppe zu sehen, die gegen Ende des AR bis zum Beginn des MR in die Stammesgebiete der A- und (B)-Gruppe eindringt; vgl. auch Manfred Bietak, Studien zur Chronologie der Nubischen C-Gruppe, DÖAW 97, 1968, bes. 141 ff. – [4] Unpubl. Kalksteinblock aus der Zt Sesostris' I.: „Smiting Upper-Wawat and exterminating their seed": Hayes, Scepter I, 190. – [5] Vgl. z. B. den das Gebiet s. des 1. Kataraktes beherrschenden „*ḥqꜣ n Kꜣš*" in der Kamosestele Z. 20: Labib Habachi, The Second Stela of Kamose, Glückstadt 1972; Säve-Söderbergh, in: Kush 4, 1956, 54 ff. – [6] So war dem Vizekönig von Kusch je ein *jdnw* (Stellvertreter) von Kusch und W. untergeordnet, vgl. Säve-Söderbergh, Ägypten und Nubien, 182. – [7] Vgl. Säve-Söderbergh, op. cit., 20. 213 ff. – [8] Besonders die Minen des *Wadi Allaqi; vgl. Vercoutter, in: Kush 7, 1959, 128 f.; das „Gold von W." stellte dabei, wie z. B. die Annaleninschrift Thutmosis' III. zeigt, den größten Anteil aller Goldlieferungen; *Goldgewinnung. – [9] Rosemarie Drenkhahn, Darstellungen von Negern in Ägypten, Hamburg 1967, 14; in ptol. Zt wird die Bezeichnung *Wꜣwꜣt(jw)* für äg. gehalten und mit Feinden, die sich in Nubien gegen den „König" Re-Harachte empörten (*wꜣwꜣ*), in Zusammenhang gebracht, s. Maurice Alliot, Le culte d'Horus á Edfou au temps des Ptolémées I–II, BdE 20. 1–2, 1949–54, 710.

Lit.: Zusammenstellung von Belegen und Lit. bei Karola Zibelius, Afrikanische Orts- und Völkernamen, TAVO Beihefte B 1, 1972, 101 ff. K.-J. S.

Web-Priester s. Priester

Webstuhl. Grundsätzlich wird zwischen zwei Arten unterschieden:
1. Der horizontale, einfach konzipierte W., der, wie eine in Badari gefundene Schale mit einer entsprechenden Darstellung belegt[1], bereits zu dieser Zt bis in das NR hinein, schwerpunktmäßig jedoch im MR, Verwendung fand[2]: Die Kette des Gewebes wurde zwischen zwei mit Pflöcken am Boden befestigten Webbäumen eingespannt. Zwei zwischen die Kettfäden geschobene Stäbe bildeten das Fach. Das Hindurchziehen des Schußfadens und das Anschlagen des Gewebes geschah mit einem gekrümmten Holz[3].

Abb. 1: Darstellung eines horizontalen Webstuhls aus Beni Hasan II, Tf. 4 (Grab Nr. 15).

2. Der vertikale, technisch weiterentwickelte W., der im Verlauf des NR neben den horizontalen tritt, diesen jedoch nicht völlig verdrängt: Die Webbäume sind an einem senkrecht stehenden Rahmen befestigt; statt des Holzes benutzte man

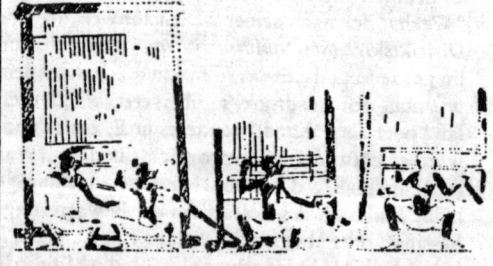

Abb. 2: Darstellungen von vertikalen Webstühlen in TT 133 aus Carl H. Johl, Altägyptische Webstühle, UGAÄ 8, 1924, Abb. 39.

Abb. 3: Darstellung eines vertikalen Webstuhls in TT 49 aus Davies, Nefer-Hotep, Tf. 60.

erstmals einen Webekamm zum Festdrücken des Gewebes[4].

Mit dem Auftreten dieses W. einher geht eine vermehrte Fertigung buntfarbiger Gewebe, die sicherlich z. T. darauf zurückzuführen ist, daß sich nun Techniken wie die der Bunt- und Brettchenweberei herausbilden konnten[5].

Erwähnenswert ist noch, daß offensichtlich bis zum NR, in welchem neben den Frauen auch Männer den W. bedienten, diese Tätigkeit ausschließlich von Frauen ausgeübt wurde. Hinweise darauf geben Szenen in Gräbern des MR (el-*Berscheh und *Beni Hasan), Grabmalereien in Gräbern der 18. Dyn. (z. B. Grab des Neferhotep) und Dienermodelle aus dem MR. Die Texte des AR beziehen sich nur auf Weberinnen, in denen des MR werden jedoch bereits Weber erwähnt[6].

S. auch *Stoffe und Webarten.

[1] Badarian Civilisation, 54. – [2] Lucas, Materials[4], 142. – [3] Hans Kayser, Ägyptisches Kunsthandwerk, Braunschweig 1969, 322. – [4] Robert J. Forbes, Studies in Ancient Technology IV, Leiden 1964, 228. – [5] Op. cit., 230. – [6] Op. cit., 229.

Lit.: Carl H. Johl, Altäg. Webstühle und Brettchenweberei in Altägypten, UGAÄ 8, 1924; Klebs, Reliefs III; Herbert E. Winlock, Models of Daily Life in Ancient Egypt, PMMA 18, 1955. S. Ha.

Wechselgesang s. Alternierendes Musizieren

Wedel s. Fächer und Wedel

Wedelträger gehören im NR zur Begleitung des Königs bei seinem Erscheinen in der Öffentlichkeit; mit Fächern an langen Griffen, mit mehreren *Straußenfedern (*bḥt* „Fächer")[1] oder einer einzelnen Straußenfeder (*ḫw* „Wedel")[2] bekrönt, fächeln sie dem König Kühlung zu, während er in der Sänfte getragen wird[3], am *Erscheinungsfenster steht[4], eine Ausfahrt auf dem Wagen macht[5] oder von Beamten Opfer empfängt[6].

Für das Amt des W. wurden gern Ausländer ausgewählt[7]; sie konnten es wie *Mꜣj-ḥr-prj*[8] unter *Hatschepsut zu hohem Ansehen am Hof bringen. Der mit dem Amt verbundene Titel lautet in der frühen 18. Dyn. *ḥbs bḥt*[9], ist daneben aber seit Hatschepsut in der später allein gültigen Form *ṯꜣj ḫw*[10] belegt. In seiner ausführlichen Form „W. zur Rechten des Königs" (*ṯꜣj ḫw ḥr wnmj n njswt*) wird er zu einem für das NR typischen Ehrentitel (*Hofrang, *Rang), der jedem hohen Beamten verliehen werden konnte, besonders aber bei Männern mit engen beruflichen oder persönlichen Beziehungen zum Herrscher zu finden ist. Die dem König direkt unterstellten Vizekönige von Nubien (*Königssohn von Kusch) sind seit *Thutmosis IV. alle „W. zur Rechten des Königs", der Rang zeichnet einige *Prinzenerzieher[11], Obervermögensverwalter des Königs[12] und „Gottesväter"[13] aus; *Eje[14] und *Haremheb[15] tragen ihn vor ihrer Thronbesteigung. Auch der „weise" *Amenophis, Sohn des Hapu, besitzt als Vertrauter *Amenophis' III. diesen Rang[16]. In der Ramessidenzeit gehört „W." zur Titulatur vieler *Wesire[17] und *Schatzhausvorsteher[18].

„W. zur Rechten des Königs" lassen sich gern mit dem Zeremonialwedel (kurzer Griff, einzelne Straußenfeder), in der Hand gehalten oder über die Schulter gelegt, abbilden, v. a. wenn sie sich in Gegenwart des Königs befinden (Opfer vor dem König, der im Kiosk thront[19]; Verleihung des Ehrengoldes[20]). Seit der Amarnazeit gehört der Zeremonialwedel fest zur Ausstattung des Hofstaates, v. a. Hofdamen[21], und gelegentlich auch die Prinzessinnen[22] tragen ihn bei öffentlichen Auftritten als Zeichen ihres Ranges. Noch die Harimsdamen *Ramses' III. benutzen diesen Fächer[23], und er gehört seit *Ramses II. zur Ausrüstung der ramessidischen Prinzen, wenn sie in langen Reihen listenmäßig erfaßt auftreten[24] oder den kgl. Vater zu Fuß oder im Streitwagen auf Kriegszügen begleiten[25]. Die wenigen Prinzen, für die eine ausführliche Titulatur überliefert ist, weisen dann auch den Ehrentitel „W. zur Rechten des Königs" auf[26]. Der Zeremonialwedel als Rangabzeichen ist noch für die Beamten des Hofstaats der *Gottesgemahlin in *Theben während der 26. Dyn. belegt[27]. – Darstellungszusammenhänge und überwiegend aus der zivilen Verwaltung stammende Trägerschaft zeigen, daß es sich bei dem Amt des „W. zur Rechten des Königs" im Gegensatz zu dem des *Standartenträgers (*ṯꜣj srjt*) nie um ein militärisches Amt gehandelt hat[28].

In der 3. ZwZt erscheint der Titel eines W. auch unter den Priestertiteln[29].

[1] S. v. *Fächer B; Gardiner, EG[3], Sign-list, S 35; vgl. zu Fächern zusätzlich Redford, in: Essays on the Ancient Semitic World, Toronto 1970, 29ff. – [2] S. v. *Fächer E; Gardiner, EG[3], Sign-list, S 37. – [3] Kees, Kulturgeschichte, Abb. S. 181; Champollion, Mon., Tf. 209–211; LD III, 100. – [4] PM I. 1[2], 105ff. Szene 13 (TT 55, Zt Amenophis' IV.); Champollion, Mon., Tf. 224 (Zt Ramses' III.); LD III, 97 (Zt Amenophis' IV.); PM I. 1[2], 266ff. Szene 8 (TT 157, Zt Ramses' II.). – [5] LD III, 93 (Zt Amenophis' IV.). – [6] PM I. 1[2], 327 (TT 226, Zt Amenophis' III.); PM I. 1[2], 87f. Szene 4 (TT 48, Zt Amenophis' III.); PM I. 1[2], 430f. Szene 5 (TT 367, Zt Amenophis' II.); Annelies und Artur Brack, Das Grab des Haremheb, AV 35, Mainz 1980, 30f., Tf. 39. 40 (TT 78, Zt Thutmosis' III. – Amenophis' III.). – [7] Vgl. Helck, Verwaltung, 281; Rosemarie Drenkhahn, Darstellungen von Negern in Ägypten, Diss. Hamburg 1967, 104f. – [8] Am Hof erzogener (*ẖrd n kꜣp*) Nubier, der ein Grab im Tal der Könige erhielt (KV 36: PM I. 2[2], 556f.); vgl. Helck, op. cit., 281. – [9] Wb III, 65; I, 467. – [10] Wb V, 348. – [11] Z. B. *Ḥqꜣ-ršw* (Urk. IV, 1574), *Sbk-ḥtp* (Urk. IV, 1584). – [12] Z. B. *Ṯnwnꜣ* (Helck, Verwaltung, 282. 482), *Qn-Jmn* (ibid., 282. 479ff.), *Jmn-m-ḥꜣt Swrr* (ibid., 282. 482f.). – [13] Z. B. *Ṯwnꜣ* (Urk. IV, 1613). – [14] Urk. IV, 2002; Davies, Amarna VI, Tf. 24. – [15] Urk. IV, 2088. 2091. 2094. 2099. 2102 und häufiger. – [16] Z. B. Urk. IV, 1828. 1831. 1838. 1839. – [17] Z. B. *Pꜣ-sr*, Anfang 19. Dyn. (Helck, Verwaltung, 447ff.); *Pꜣ-nḥsj*, Zt Merenptahs (LD III, 200; Champollion, Mon., Tf. 121). – [18] Z. B. *Ṯjꜣ*, Schwager Ramses' II. (Helck, Verwaltung, 516); *Pꜣ-nḥsj*, Zt Ramses' II. (BM Stelae X, 22, Tf. 49–51); *Pjpj*, Zt Siptahs (Helck, op. cit., 518). – [19] *Ḥwj*, Vizekönig unter Tutanchamun (LD III, 115); *Jmn-msw* (TT 89; PM I. 1[2], 181ff. Szene 15. Allerdings ist für ihn der Titel „W". nicht belegt!). – [20] Schatzhausvorsteher *Mj* trägt Wedel bei Verleihung des Ehrengoldes an *Nfr-ḥtp* durch Haremheb (TT 50; PM I. 1[2], 95ff. Szene 2). – [21] Z. B. Cyril Aldred, Akhenaten, [London] 1968, Abb. 53. 104; LD III, 91. 93. 101. – [22] Z. B. Aldred, op. cit., Abb. 52. – [23] Champollion, Mon., Tf. 199. 200. – [24] Z. B. LD III, 168a. b. – [25] Z. B. LD III, 154; Champollion, Mon., Tf. 297. – [26] Z. B. Champollion, Mon., Tf. 215. 216. – [27] Champollion, Mon., Tf. 303, 3. – [28] Vgl. dazu AEO I, 23*; Helck, Verwaltung, 284. Die ältere Auffassung, es handle sich um ein militärisches Amt, findet sich bei Kees, Kulturgeschichte, 180. 234. 236. – [29] Zt Takeloths III.: Erhart Graefe, Untersuchungen zur Verwaltung und Geschichte der Institution der Gottesgemahlin des Amun I, ÄA 37, 1981, 113 (falsch *tꜣj-srt* gelesen).

Lit.: Erman, Ägypten, 84; AEO I, 22*–23*; Helck, Verwaltung, 281–284. B. Sch.

Weg. Da es keine ausgebauten Straßen gab, kann man in Äg. nur von W. sprechen. Diese sind in der Wüste durch Beiseiteräumen der Steine entstanden und oft von großer Breite (*Karawanenwege; *Landkarte), im Lande selbst meist Trampelpfade, wie in der ältesten Form der Hieroglyphe 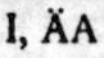 zu erkennen[1]. Später laufen sie meist auf dem Deich am Kanal (in der Bauerngeschichte R 44–45 als *zmꜣ-tꜣ n rꜣ-wꜣt* bezeichnet, der zwischen Getreidefeld und Kanal verläuft und eng ist = Treidelpfad?[2]). Sie sind jedoch – wie der gleiche Text R 51–52 erkennen läßt – öffentlich: *wꜣt nt rmṯw nb.*

Weglosigkeit ist ein Charakteristikum des Chaos[3] vor und nach der Schöpfung, aber auch der Fremdländer.

[1] Siegfried Schott, Hieroglyphen, AWLM 1950. 24, 42, Abb. 8 Nr. 28 nach RT I, Tf. 4 Nr. 3. – [2] Faulkner, CD, 52: „riverside path". – [3] Pyr. 279b. W. H.

Wegaf s. Ugaef

Weide. Die Ägyptische W. (Salix subserrata Willd. = Salix safsaf Del.) ist ein in Äg. häufig an Kanalufern, z. T. auch im Wasser wachsend, anzutreffender Baum. Er erreicht eine Höhe bis zu 10 m, trägt schmale, lanzettförmige Blätter und in Kätzchen stehende Blüten. Da es heute in Äg. fast nur weibliche Weidenbäume gibt und die Pflanze sich rein vegetativ durch Schößlinge vermehrt, ist es unklar, ob die W. überhaupt zur ursprünglichen *Flora Äg. gehört. Sie könnte auch in vorgeschichtl. Zt vom Nahen Osten aus, wo der Baum fertile Samen entwickelt, durch den Menschen ins Niltal gebracht worden sein. Der früheste Beleg[1] für die W. in Äg. ist ein aus Weidenholz gefertigter prädynastischer Messergriff. Im NR verarbeitete man Weidenblätter sehr häufig zu Blumengirlanden[2] und pflanzte W. auch in den *Gärten an den Teichen an[3]. Wegen ihres Gehaltes an entzündungshemmendem Salicin waren Produkte der W., äg. *ṯrt*[4], ein geschätztes *Heilmittel[5], und das *Holz wurde in der Tischlerei genutzt[6].

In einigen Landesteilen Äg. galt die W. als hlg. Baum (*Baum, heiliger); aus *Medinet Habu, *Dendara und *Kom Ombo ist eine Zeremonie des Aufrichtens der Weide (*Weide, Aufrichten der) belegt[7], und in der SpZt verehrte man die W. in *Heliopolis als Sitz des *Phönix[8].

[1] Lucas, Materials[4], 448. – [2] Keimer, in: BIFAO 31, 1931, 177ff. – [3] Urk. IV, 73, 15 Nr. 22; Davies, Two Ramesside Tombs, Tf. 29. – [4] Ob der von Barta, Opferliste, 33 erwähnte Begriff *ṯr* das Material Weidenholz oder die Angabe „rotbemalt" beinhaltet, läßt sich zur Zt nicht entscheiden. – [5] Renate Germer, Untersuchungen über Arzneimittelpflanzen im Alten Ägypten, Diss. Hamburg 1979, 106ff. – [6] Wb V, 386; Lucas, op. cit. (s. Anm. 1). – [7] Keimer, op. cit. – [8] Kees, Götterglaube, 86. R. Ge.

Weide, Aufrichten der. Le rite de l'érection du saule (*sꜥḥꜥ ṯrt*) (*Weide) n'est, en fait, mentionné que par trois documents[1] fournissant des renseignements qui nous apparaissent peu concordants quant à la date de l'année, au bénéficiaire, aux détails et au sens à donner au rite, à *Médinet

Habou, à *Héliopolis, à *Dendara, ce dernier seul nous transmettant un rituel (*Rituale). Le plus ancien, celui de Médinet Habou, fourni par le calendrier des fêtes (*Festkalender) de *Ramsès III, donne le rite pour le 29 Tybi[2]; rien ne permet de considérer les fêtes de ce mois comme formant un tout, de sorte que le lien de l'érection du saule avec l'inscription du nom royal sur les feuilles du perséa (dans le temple de *Ptah!) n'est pas attesté expressément et le caractère de fête de couronnement (*Thronbesteigung) ou de jubilé n'apparaît pas dans ce document. Pour Héliopolis, l'érection du saule est attestée par la mention non d'une fête, mais par celle d'une chapelle destinée à ce rite[3], une *gꜣjt n(t) sꜥḥꜥ ṯrt*. On ne peut décider si le rite est accompli en l'honneur d'une *Hathor (à laquelle est consacré le recto du document), ou d'un dieu[4]. Le rite pourrait donc bien provenir d'Héliopolis, avoir été adopté ensuite par *Amun (surtout si à Héliopolis il s'adressait déjà à un dieu), puis à Dendara (rapports nets à la Basse Epoque de Dendara avec la théologie héliopolitaine, plus faciles dans ce cas si à Héliopolis le rite était pratiqué en l'honneur d'une Hathor). La cérémonie à Dendara pourrait cependant être relativement ancienne, surtout que deux textes de monographies du temple mentionnent le saule comme arbre sacré[5]. A la Basse Epoque, Dendara connaît à la fois les guirlandes ou couronnes de saule, mentionnées dans une partie de crypte dont la fête de l'ivresse (*Trunkenheit) est un des principaux thèmes (offrande du vase ménou ou du vin [*Weinopfer])[6], les bouquets (*ꜥnḫ*) de jujubier (*jmꜣ*)[7] et de saule[8] (au lieu du perséa), présentés lors de la fête de la „Bonne Réunion" de la nouvelle lune d'Epiphi (voyage d'Hathor à [*Tell] Edfou; *Götterbesuch), avec association probable à une manifestation d'ivresse, la présentation de ces bouquets pouvant être l'adaptation du rite héliopolitain[9] à un rituel de Dendara, enfin l'érection du saule[10], rite qui, dans la formule, rappelle les bouquets à la manière de Dendara et est associé à une fête de l'ivresse célébrée dans la saison des récoltes: le contexte du rite semble assez composite, rapport explicite avec les bouquets *ꜥnḫ*, manifestation de joie, fête de l'ivresse, souffle de vie, apparition lumineuse qui crée la vie, jardins, vignes, nourriture, même déesse universaliste. Par contre il faut distinguer du rite la mention du saule dans le calendrier d'*Haroëris à *Kom Ombo[11], avec la fête appelée à la fois "apporter (offrir) le saule"[12] ou simplement "fête du saule" et "manger le chevreau"[13], du 9 au 13 Méchir, et d'autre part la mention des saules en rapport avec *Sobek (entre autres, chapelles du saule au Fayoum [*Fajjum]), dans les versions du papyrus du Fayoum[14].

[1] Le Wb n'en mentionne que deux, Wb, Belegst. V 385, 15, et pas encore celui d'Héliopolis. – [2] Brunner, dans: LÄ II, 338; Medinet Habu III, pl. 163, l. 1322; pl. 165, après la fête de Néhebkaou, le premier du mois, la commémoration de la victoire de l'an 11 sur les Méchaouech (calendrier superposé sur l'ancien) et, avec la reprise de l'ancien calendrier, le 6 Tybi, fête d'Amon, l'inscription du nom du roi sur les feuilles du perséa, et enfin, le 22 du mois, fête des deux grands déesses (les uréus de la couronne); cf. Schott, Festdaten, 93–95, surtout 95 no. 96 – [3] Alexander Badawy, dans: LÄ I, 410; Ingrid Gamer-Wallert, dans: LÄ I, 659–660; Ricke, dans: ZÄS 71, 1935, 111–133, pls. 2–3; le plan du revers de la tablette place, certainement comme petit édifice accollé au temple à la deuxième cour à droite, une chapelle pour (lit.: "de") l'érection du saule. – [4] Cela dépend, mais non d'une façon exclusive, de la destination du temple principal dont le plan se trouve sur le verso de la tablette, plan d'un temple qui peut être celui d'une déesse, par exemple celui de la Hathor du recto, ou celui du grand temple d'Atoum (*Atum) ou de *Re. – [5] Mariette, Dend. II, 20b; III, 78f (crypte des archives) = Dendara VI, 154, 6. – [6] Mariette, Dend. III, 76j = Dendara VI, 114, 8, cf. scènes p. 112–114. 115–116. – [7] Identification faite par F. Daumas. – [8] Heinrich Brugsch, Drei Fest-Kalender des Tempels von Apollonopolis, Leipzig 1877, pl. 10, col. 8 = Edfou V, 125, 4; cf. Maurice Alliot, Le culte d'Horus à Edfou, BdE 20, 1949–54, 461; les bouquets *ꜥnḫ* de Dendara, comprenant le jujubier et le saule, variante locale des bouquets héliopolitains, en usage aussi à Edfou. – [9] Les bouquets *ꜥnḫ* de Rê sont offerts, à Edfou, à *Horus de Nékhen (Edfou I, 497), à Horus d'Edfou (Edfou II, 50), sans spécialisation géographique (Edfou IV, 387. 356; V, 74. 170; VII, 80). – [10] Mariette, Dend. I, 24. – [11] De Morgan, Cat. des Mon. III, no. 596, col. 6–7. – [12] *zbj ṯrt*. – [13] *wnm jb*; les deux désignent une fête d'Haroëris. – [14] Ridolfo V. Lanzone, Les papyrus du Lac Moeris, Turin 1896, pl. 7, registre intermédiaire, où il est question d'une chapelle du saule à Crocodilopolis et d'un saule dans lequel Rê cache son corps; cf. aussi Giuseppe Botti, La glorificazione di Sobk e del Fayyum, AnAe 8, 1959, pl. 3, 11 (traduction p. 34).

Lit.: Keimer, dans: BIFAO 31, 1931, 177–227; Kees, Götterglaube, 86–87. 215; RÄRG, 86–87 s. v. Baumkult.
A. G.

Weidewirtschaft. Das Weidegebiet, bes. für die Rinder, waren die marschähnlichen Gebiete des *Deltas und auch an den Niltalrändern (*sḫt*), die gleichzeitig als Jagd- und Vergnügungsgebiete galten[1]. Es bestand ein Weidewechsel bei Rindern, die im Sommer ins Delta und im Winter zurückgetrieben wurden[2]. Eine Darstellung scheint in der *Weltkammer des *Sonnenheiligtums des *Niuserre vorzuliegen[3], wo die Weiden anscheinend *zꜣpr* heißen[4].

Im Haremhebdekret[5] werden zwei Heeresabteilungen im Weidegebiet genannt, die eine im Süd-, die andere im Nordteil des Landes, welche widerrechtlich Häute von Rindern requirieren.

Über eine besondere Verwaltung dieser Gebiete ist kaum etwas bekannt; in der 18. Dyn. ist ein „Vorsteher der Weidebewohner" belegt[6].
*Viehwirtschaft.

[1] Kees, Kulturgeschichte, 18; für Mittelägypten David O'Connor, in: Peter Ucko (Hg.), Man, Settlement and Urbanism, London 1972, 695; für die ptol. Zt Michael Schnebel, Die Landwirtschaft im hellenistischen Ägypten, München 1925, 211. 242–5. – [2] Zu der Darstellung des „Zurückkommens aus dem Papyrusmarschgebiet" in den *Mastaben des AR s. e.g. Ahmed Moussa und Hartwig Altenmüller, Das Grab des Nianchchnum und Chnumhotep, AV 21, 1977, 155. – [3] Elmar Edel, Zu den Inschriften der Jahreszeitenreliefs, NAWG 1961. 8, 247–8. – [4] Die Übersetzung „Herde" nach Moussa und Altenmüller, a.a.O., 153 zu Szene B 1.2, Anm. 1. – [5] Urk. IV, 2147, 17–19. – [6] Oberdomänenverwalter *M33.nj-nḥt.f*: Urk. IV, 1483, 3. W. H.

Weihe. Die W. (Circinae), eine Unterfamilie der Familie Accipitridae (Habichtartige; *Fauna) sind in Äg. mit folgenden Arten vertreten, die aber nur Wintergäste, nicht Brutvögel sind: Circus aeruginosus (Rohrweihe), Circus cyaneus (Kornweihe), Circus macrourus (Steppenweihe), Circus pygargus (Wiesenweihe). Ob die bei der *Trauer um *Osiris (*Bestattungsritual) in Vogelgestalt agierenden *Klagefrauen *Isis und *Nephthys W. waren, ist mehr als fraglich. Wegen des „sifflement plaintif"[1] der Weibchen käme hier am ehesten die Rohrweihe in Frage. Die Bezeichnung *drt*, ˢⲧⲣⲉ ᴮⲑⲣⲉ wurde von Loret als Milvus ater bestimmt[2]. Milvus ater (heute Milvus migrans) ist aber keine W., sondern der zur Unterfamilie der Milvinae (Milane) zählende Schwarzmilan, der gängigste Raubvogel Nordafrikas.

[1] R. D. Etchécopar und François Hüe, Les oiseaux du Nord de L'Afrique, Paris 1964, 147. – [2] Loret, in: ZÄS 30, 1892. 29. L. St.

Weihgaben s. Votivgaben

Weihrauch ist die Bezeichnung für das Gummiharz (*Harz) mehrerer Boswellia-Arten, das zu Räucherzwecken verwendet wird. Bei Anschnitt der Rinde dieser meist als kleiner Baum oder großer Strauch wachsenden Pflanzen treten milchigweißliche Harztränen aus, die sofort erstarren und eine grünlich-weißliche Färbung annehmen. Das heutige Vorkommen der W. liefernden Boswellia-Arten ist auf ein relativ kleines geographisches Gebiet beschränkt[1]: Boswellia sacra Flueckiger wächst in der Küstenregion der südöstlichen Arabischen Halbinsel, Boswellia frereana Birdwood sowie Boswellia carteri Birdwood im Norden Somalias und Boswellia papyrifera (Del.) Hochst. im mittleren Sudan und nördlichen Äthiopien.

Die altäg. Texte liefern uns vom AR an ein recht genaues Bild von der Herkunft, der Menge des Verbrauches und den Nutzungsarten des W., äg. *sntr*[2]. Benötigt wurde der W. in der *Medizin[3], zur *Balsamierung und Parfümherstellung (*Parfüm). Vor allem aber nutzte man ihn wegen seines intensiven Geruches beim Verbrennen als Räuchermittel (*Räucherung), bei rituellen Handlungen aller Art, und er war ein unentbehrlicher Bestandteil aller *Opfer. In einigen *Opferlisten und -darstellungen erscheint W. in Brot-, Rinder-, Gänse- oder Obeliskenform[4]. Es ist möglich, daß sich im pharaonischen Äg. das Vorkommen von Boswellia papyrifera etwas weiter nach Norden erstreckte und so ein geringer Anteil an W. im südlichen Äg. gewonnen werden konnte. Ein Relief des AR[5] zeigt die Ernte von W. in einem äg. *Garten, und eine Stele des MR[6] nennt W. als Produkt eines in Äg. wachsenden Baumes. Trotz der Darstellung in einem Garten waren W. liefernde Bäume nie Kulturpflanzen, es kann sich nur um eine Pflege und Nutzung der natürlichen Bestände gehandelt haben. Der größte Anteil an W. wurde bis zur 18. Dyn. aus südlich von Äg. liegenden Gebieten wie *Nubien, dem „*Gottesland" und *Punt angeliefert[7]. Im *Totentempel der Königin *Hatschepsut in *Deir el-Bahari ist W. unter den Produkten Punts aufgeführt[8]. Der nubische Gott *Dedun galt als Bringer des Weihrauchs. Erst als Folge der großen palästinensischen Eroberungszüge der 18. Dyn. kamen große Mengen von W. aus *Syrien[9]. Es handelte sich hierbei um den südarabischen W. von Boswellia sacra, der auf der durch die arabische Halbinsel führenden Weihrauchstraße nach Norden verhandelt wurde und dann nach Äg. gelangte. *Ramses III. versuchte, W. liefernde Bäume nach Äg. zu verpflanzen und dort zu kultivieren[10]. Dieser Versuch muß aber aus klimatischen Gründen fehlgeschlagen sein. Aus pharaonischer Zt stammende Weihrauch-Reste konnten bisher nur im Grab des *Tutanchamun nachgewiesen werden[11].

[1] Hepper, in: JEA 55, 1969, 66 ff. – [2] Die Deutung des Wortes *sntr* als W. ist nach dem heutigen Stand des Wissens wahrscheinlicher als die von Loret, La résine de térébinthe (SONTER) chez les anciens Egyptiens, IFAO 9, 1949 vorgeschlagene als Terebinthenharz. Siehe dazu Renate Germer, Untersuchungen über Arzneimittelpflanzen im Alten Ägypten, Diss. Hamburg 1979, 69 ff. – [3] Renate Germer, op. cit., 69 ff. – [4] Helck, Materialien, 713. – [5] Ägyptisches Museum, Staatliche Museen Preußischer Kulturbesitz, Berlin, Inventar-Nr. 3/65. – [6] Loret, op. cit. (s. Anm. 2), 29 ff. – [7] Wb IV, 180. – [8] Deir el-

Bahari III, Tf. 74; die von dort mitgebrachten *ʿntjw*-Bäume sind vermutlich *Myrrhe liefernde Commiphora-Arten. – [9] Helck, Materialien, 709 ff. – [10] pHarris I, 7, 7. – [11] Lucas, Materials[4], 92. R. Ge.

Weihung s. Opferstiftung

Wein. A. *Name.* Der aus Trauben gekelterte W. hieß äg. *jrp* (kopt. ⲏⲣⲡ, [F]ⲏⲗⲡ), altnubisch ⲟⲣⲡⲓ, bei Sappho ἔρπις[1], wobei es sich vielleicht um ein vorgeschichtliches fremdes Kulturwort handelt, wie wohl auch die Bezeichnung der *Weintrauben, äg. *jꜣrrt* (kopt. [S]ⲉⲗⲟⲟⲗⲉ, [A]ⲉⲗⲁⲁⲗⲉ, [B]ⲁⲗⲟⲗⲓ)[2].

B. *Botanisch.* Die Kulturrebe Vitis vinifera L. stammt höchstwahrscheinlich von der in Eurasien beheimateten wilden Weinpflanze Vitis sylvestris Gmel. ab. Sie wächst als holzige Liane kletternd mit verzweigten Ranken, rundherzförmigen, 3–5-lappigen Blättern und in Rispen stehenden, zwittrigen Blüten. Die saftigen Früchte, die Weinbeeren, enthalten 2–4 Samen.

Die ältesten bisher in Äg. gefundenen Reste von Kulturweintrauben stammen aus dem prähistorischen el *Omari[3], aus *Abydos der 1. Dyn.[4] und *Saqqara der 3. Dynastie[5]. In Gräbern des MR und des NR wurden Weinbeeren als häufige *Grabbeigaben gefunden. Es läßt sich in diesen Fällen nicht mehr feststellen, ob die Weinbeeren in frischem Zustand als Tafelobst oder getrocknet als Rosinen in den Gräbern niedergelegt wurden.

Da die wilde Weinpflanze Vitis sylvestris Gmel. nicht zur äg. *Flora gehört und auch keine anderen Weinarten dort wachsen, kann die Domestikation des Weinstocks nicht in Äg. selbst erfolgt sein. Die Weinkultur kam vermutlich schon in vordyn. Zt aus dem syrisch-palästinensischen Raum nach Ägypten.

C. *Anbau.* Wahrscheinlich aus klimatischen Gründen hat sich das Hauptanbaugebiet des W. auf U. Äg., vor allem auf das *Delta, und die *Oasen beschränkt. Noch in späterer Zt loben die antiken Autoren die besonders gute Qualität des äg. W. aus dem Nildelta[6]. Thebanische Lagen lassen sich aus den Texten und den Krugaufschriften nicht belegen. Bei den in den thebanischen Gräbern des NR dargestellten Weingärten dürfte es sich um staatliche oder zu Tempeln gehörende Weingärten des Deltas handeln, wie die häufig benachbarte Darstellung des Papyrusmarschlandes sowie die ausdrückliche Ablieferung von W. aus dem Delta in Tempelmagazine vermuten läßt[7]. Erst in ptol. Zt scheint sich der Weinanbau weiter nach Süden ausgebreitet zu haben[8].

Die Anbauweise und die Gewinnung von W. sind aus zahlreichen Darstellungen seit dem AR bekannt[9]. *Herodots (II, 77) Aussage, es habe in Äg. keine Weinstöcke gegeben, entbehrt jeder Grundlage. Weinstöcke wurden im Zentrum von Obstgärten (*Garten) gezogen, von den übrigen Bäumen durch eine Mauer getrennt[10]. Man pflanzte sie in mit fruchtbarem Schlamm gefüllte Pflanzlöcher, um die ein Gießrand gebildet wurde[11]. Die kletternd wachsenden Weinpflanzen wurden entweder über eine Pergola aus zwei gegabelten Stangen[12], seit dem späten AR auch zwei Säulen[13], und einer darüber liegenden Querstange gezogen[14], oder sie bildeten eine natürliche, mit gegabelten Stangen abgestützte Laube[15], so daß die Wurzeln unter einem Blätterdach vor dem Austrocknen geschützt waren. Die Weinstöcke wurden gegossen[16] und mit dem Mist von *Tauben, die man in den Weingärten hielt, gedüngt (*Düngung). Zur Reifezeit wurden die Vögel von Kindern vertrieben[17]. Die reifen Trauben wurden von Männern, Frauen und Kindern mit den Händen in Körbe gepflückt (*wḥꜣ jꜣrrt*)[18] und zur *Kelter gebracht[19]. Als Kelter diente ein Trog aus Stein, Ton oder Holz(?)[20]. Ein darüber angebrachtes Gerüst aus zwei Gabelstangen[21] bzw. Säulen und einer darüber liegenden Querstange, häufig mit den daran hängenden Stricken versehen, diente den Kelterern, die die Trauben mit den Füßen traten, als Halt[22]. Seit dem NR fließt der so gewonnene Most meist durch einen Abfluß in ein darunter stehendes Gefäß[23]. Auf dem Abfluß befindet sich oft eine Statuette der *Renenutet, der ein Erstlingsopfer dargebracht wird[24]. Den gleichen Zweck erfüllen kleine Opferaltäre neben der Kelter[25]. Anläßlich eines Weinlesefestes spielte man das sog. Weinlaubenspiel[26].

Die neben der Kelter befindliche Szene zeigt häufig das Auspressen (*jʿf jꜣrrt/jrp*)[27] in einer Sackpresse (*Presse). Sie besteht aus einem sackartigen Gebilde[28], an dessen Enden zwei Stangen in Schlaufen befestigt sind, die von mehreren Männern in entgegengesetzter Richtung gedreht werden, so daß der Most in ein darunter stehendes Gefäß fließt. Ein weiterer Mann drückt die Stangen mit Händen und Füßen auseinander, um den Druck zu verstärken[29]. Seit dem MR wird der Sack an einem festen Gestell befestigt[30].

Der eigentliche Vorgang der Weingewinnung ergibt sich aus den Darstellungen nicht eindeutig. Da der aus der Sackpresse oder Kelter fließende Most in altäg. Zt immer rot dargestellt wird[31], Rotweinfarbstoff aus den Schalen durch einfaches Keltern nicht freigesetzt wird, muß man von einer Rotweinmaischegärung noch in der Kelter ausgehen. Dabei wird der rote Farbstoff aus den Schalen durch den sich bildenden Alkohol herausgelöst. Nicht angegorene Maische ergäbe beim Abpressen weißen Most[32]. Im AR erfolgt die Trennung der Maische von den Trestern durch das anschließende Abpressen in der Sackpresse. Der so gewonnene klare Most wird in Amphoren abgefüllt, im AR fast immer mit Gefäßen mit Tülle[33].

Im NR, wo der ebenfalls rote Most durch eine kleine Rinne des Keltertroges in ein Gefäß fließt, muß man gleichfalls von einer Maischegärung ausgehen, wobei der Abfluß zunächst verschlossen gewesen sein muß[34]. In der Sackpresse wurde anscheinend nur der Trester ausgepreßt. Daß dieser Preßmost und der reine Fruchtmost des Vorlaufes gemeinsam vergoren wurden, ist wahrscheinlich, da Qualitätsunterschiede kaum vorhanden sind. Auch bei heutigen hochqualifizierten W. werden beide Moste zusammengegeben[35]. Darstellungen zeigen nur das Abfüllen des Mostes aus der Kelter, der im NR aus Gefäßen ohne Tülle in die bereitstehenden Amphoren abgefüllt wird[36].

Ein Abpressen der gesamten Maische läßt sich aber auch im NR noch belegen. In TT 188 wird der Kelterinhalt in große Gärbottiche umgefüllt, dann in der Sackpresse gepreßt und in Amphoren abgefüllt[37]. Einige Darstellungen zeigen wie im AR die Kelter ohne Abfluß und das Abfüllen in die Amphoren erst nach dem Pressen[38].

Vielleicht hat man durch nochmaliges Pressen des vorher mit Wasser erhitzten Tresters eine Art „Hauswein" von minderer Qualität gewonnen[39].

In den Amphoren erfolgt die eigentliche „stürmische Gärung", bei der die Hefen, die sich auf der Oberfläche der Beeren befinden, den Zucker des Mostes in Alkohol und Kohlendioxyd zersetzen[40]. Die Nachgärung erfolgt unter Luftabschluß[41]. Dazu wurden die Amphoren mit Tüchern oder Häuten[42] (so fast immer im AR), mit Deckeln[43] oder Pfropfen aus pflanzlichem Material[44] verschlossen, mit Nilschlammverschlüssen überzogen und versiegelt[45]. Zum Entweichen des sich noch entwickelnden Kohlendioxyds wurden in den Hals der Amphora oder in den Krugverschluß Löcher gebohrt, die nach beendeter Gärung wieder versiegelt wurden[46]. Ein weiteres Umfüllen ist nicht belegt. Erst beim Abfüllen aus den Amphoren[47] bzw. beim Einschenken wurde der W. durch ein *Sieb[48] geseiht, um die Trübstoffe auszufiltern. Da die Gärung in verschlossenen Räumen stattfand, dürfte der angeblich in einem Weinkeller schlafende Junge wohl eher ein Opfer des ausströmenden Kohlendioxyds geworden sein[49].

Für weißen W. gibt es vor der griech.-röm. Zt keinen Hinweis aus Darstellungen und Texten[50]. Ebenso fehlen Anzeichen dafür, daß *Weinkrüge vor dieser Zt geharzt wurden[51]. Über Zusätze wie Zucker oder Gewürze ist nichts bekannt. Lediglich *Kyphi scheint mit W. vermischt worden zu sein. W. hat sich möglicherweise über einen längeren Zeitraum gehalten[52].

Neben W. scheint man auch reinen Fruchtmost genossen zu haben. Opferrituale der SpZt belegen das Auspressen von *Weintrauben in Wasser (*ḫrw-ᶜ* Getränk)[53].

In der Medizin wird W. als *Droge und *Heilmittel verwandt[54].

D. *Geschichte und Verwaltung*. Bereits in der ausgehenden Vorgeschichte und in der 1. Dyn. lassen sich *Weinkrüge in den Gräbern der Könige in Abydos und der hohen Angehörigen des Königsclans in Nord-Saqqara feststellen, erkennbar an ihrer typischen bauchigen Form (äg. *mnt*) und den sehr hohen, aus gelbem *Ton gefertigten Verschlußkappen (Emerys „Typ II")[55]. Sie wurden aus den 3 Versorgungsanlagen dieser Zt angeliefert: *Nbj*[56], „Mitte" und der jeweiligen Totenopferdomäne des Königs, die alle von ein und derselben Person verwaltet wurden, wie sich aus der Versiegelung ergibt[57]. Bereits seit *ᶜḏ-jb* (*Adjib) war am Palast ein „*Schatzhaus" eingerichtet worden (*pr-dšr*), dem Weinberge unterstanden[58]; in der 2. Dyn. läßt sich eine Zuordnung von Weinbergen zu Domänen (*Grgt-nb.tj, Jnbw ḥḏ, Ḏr* = „Mauer" und dem alten Palast „Sitz des harpunierenden Horus" in *Buto)[59] erkennen, die ihrerseits zum „Versorgungsbüro" (*jz-ḏfꜣ*) des *pr-dšr* des kgl. Haushaltes (*pr-nswt*) gehörten. Schutzgöttin dieser Weinberge war die Schlangengöttin *Uto[60].

Außerhalb der Weinkrugsiegel ist der älteste Beleg wohl im Titel des Palastleiters *Sꜣb.f* z. Zt des *Qa-a *ḥrj-sštꜣ zḥ-(j)rp* „Geheimnisträger in der Weinhalle"[61], der also beim Gelage Verschwiegenheit bewahrte. Ferner erscheint der W. bereits früh auf den Grabplatten mit der *Speisetischszene[62], meist mit dem Bild des einfachen, zweifachen oder dreifachen Weinkrugs. Der Doppelkrug ist immer, der einfache manchmal im Netz dargestellt; die Beischriften lauten *jrp, j(r)p, jr(p)*, oft mit dem Determinativ des Weinstockes[63].

In den *Opferlisten wird seit der 5. Dyn.[64] dem W. der Herkunftsort beigefügt:

1. u. äg. Wein
2. W. aus *ḥꜣmw* = wohl Χιμῶ, j. el-Burdân in der Mareotis[65], auch zusammen genannt mit dem
3. W. des Westens, der aus *Ḥwt-jḥw* = *Kôm el-Hisn im 3. u. äg. *Gau geliefert wird[66]
4. W. aus Nebescheh (*Jmt*)[67]
5. W. aus *Sile (*Sjnw*)[68]
6. W. aus den Sumpfgebieten (*sḫtj*), seit 6. Dynastie[69].

In einer altertümlichen Weinliste im Sethos-Tempel von Abydos, die diese alten Herkunftsorte nennt, wird auch noch einmal die Totenopferdomäne des Königs *Djoser als Herkunftsort erwähnt (*Ḥr-sbꜣ-ḫntj-pt*) sowie „Wein aus Asien"[70].

Daneben findet sich in den AR-Opferlisten auch ein Hinweis auf „offenen" Wein (*jrp ᶜbš*)[71]. Im *Mundöffnungsritual wiederum wird W. in Steingefäßen registriert: *jrp mnw-ḥḏ ḥts, jrp mnw-km ḥts* und *jrp mnw-ḥḏ ḥmwt*[72].

Die Weingefäßaufschriften des NR[73] geben gewöhnlich an: Jahrgang, Lage, Besitzer (bzw. besitzende Institution), Oberwinzer. Auch jetzt liegen die Hauptherkunftsorte am „Westfluß", d.h. am westlichen Nilarm im Delta, aber auch bei Sile, *Behbeit el-Hagar und *Memphis sowie in den *Oasen[74]. Daneben sind zahlreiche kleinere Anlagen belegt, die aber ebenfalls an den Deltanilarmen liegen („Wasser des *Amun, des *Ptah, des *Re"), darunter der berühmte Weinberg *Kꜣ-n-kmt* *Ramses' II. Die Neuanlage von Weinbergen wird mehrmals erwähnt[75].

Die Schilderung im *pHarris I, 8,5ff. macht deutlich, daß die Weinreben zwischen Obstbäumen gepflanzt und gezogen wurden: so lag *Kꜣ-n-kmt* im „Olivengebiet", war mit einer Mauer umgeben, und die Weinreben rankten sich von Olivenbaum zu Olivenbaum. *pAnast. IV, 6,11 ist die Belegschaft zusammengesetzt aus 7 Männern, 4 Jungen, 4 Greisen und 6 Kindern und lieferte pro Jahr 1500 *mnt* W., 50 *mnt šdḫ*[76], 50 *mnt pꜣwr*, 50 *pḏr*-Körbe *Granatäpfel und 50 *pḏr*- sowie 60 *karḫata*-Behälter Weintrauben. Die verantwortlichen Oberwinzer (*Winzer) heißen bis ins Jahr 13 Echnatons (*Amenophis' IV.) *ḥrj-kꜣmw*, dann bis ins Jahr 1 *Tutanchamuns *ḥrj-bᶜḥ*[77].

E. *Weingenuß*. W. galt als Getränk von Göttern, Königen und Vornehmen, vor allem bei Festlichkeiten (*Trunkenheit). Daß Darstellungen der Weingewinnung zu allen Zeiten weit häufiger sind als die des *Bieres, zeigt die Wertschätzung, die man dem W. entgegengebracht hat.

W., der zum Festmahl gereicht wird, steht in großen Amphoren, die häufig mit Weinlaub verziert sind[78], auf Tischen oder auf dem Boden auf Untersätzen bereit[79]. Fächer[80] wie auch Zweige[81], mit denen man sie umgibt, mögen zum Kühlen gedient haben[82]. Aus diesen füllen Diener kleine henkellose Gefäße, aus denen sie einschenken[83]. Dazu bediente man sich vielleicht eines Saughebers[84]. Sowohl beim Abfüllen wie beim Einschenken wurde der W. gesiebt[85]. Ob das Abfüllen aus drei verschiedenen Amphoren in ein einziges Gefäß mittels Saugheber ein Verschneiden oder nur das Probieren von W. bedeutet, läßt sich nicht entscheiden[86]. Häufig tragen Diener(innen) beim Einschenken des W. neben dem henkellosen Gefäß ein zweites kleineres Henkelkrüglein in der Hand, in denen man meist eine Essenz vermutet hat[87]. Es ist nicht auszuschließen, daß hier W. mit Wasser vermischt wurde, eine weit verbreitete Sitte im Vorderen Orient[88].

Während man Bier aus Krügen trank[89], wurde der W. in flachen oder mit einem kurzen Fuß versehenen Schalen oder in Bechern[90], oft aus kostbarem Material[91], gereicht, die auf Ständern bereitstanden[92]. Dabei saß man häufig in kühlenden Weinlauben[93]. Das Trinken mit dem Saugrohr ist eine im NR aus Vorderasien übernommene Sitte (*Eß- und Trinksitten), findet sich aber bei vornehmen Ägyptern nur selten[94].

Auch der König und seine Familie werden in Amarna trinkend dargestellt[95]. Wenn Plutarch (De Iside, 6) berichtet, Könige tränken erst seit *Psammetichus W., ist das unrichtig.

Nach Herodot (II, 37) erhielten Priester neben Bier W. für ihren täglichen Bedarf, was sich aus den *Opferstiftungen für Tempel ablesen läßt.

Die Versorgung der Arbeiter von *Deir el-Medineh nennt dagegen keinerlei Weinlieferungen. Der hohe Preis für W. hatte zur Folge, daß W. kein populäres Getränk geworden ist und vornehmen Kreisen vorbehalten blieb[96].

Das äg. Heer ist sowohl mit Bier als auch mit W. versorgt worden. Darstellungen von Proviantierungen von Truppen zeigen Offiziere mit Weinkrügen und Weinschalen. Die dazugehörigen Texte sprechen vom „Herbeiführen der Truppe zur Residenz, um sie mit W. auszustatten"[97]. Im *pAnast. I, 17,6 und den *Amarnabriefen[98] erhalten die ausländischen Truppen des Pharao ebenfalls Wein.

F. *Kult*. Die Rolle, die der W. im Kultgeschehen spielt, spiegelt seine Wertschätzung wider. So gibt es vor der SpZt mit seltenen Ausnahmen keine Darstellung, in der ein König oder Privatmann ein Bieropfer zelebriert[99].

In die FrZt zurück reichen Darstellungen des weißen *Pavians (*Hedjwer) mit Weinkrügen und Schalen in der Hand, die er in seiner Rolle als alter König dem neuen als Zeichen der Herrschaftslegitimation zum Trunk überreicht[100].

Die *Pyramidentexte schildern den Himmel als göttlichen Weingarten[101]. W. wird als göttliche Nahrung[102] und Getränk der Toten im Jenseits bezeichnet[103]: „Das Wasser des NN ist wie der Wein des *Re". Am Tor zur *Dat wird der Tote mit W. und *Milch überschwemmt[104]. *Weinopfer spielen daher eine bedeutende Rolle im Kult und bilden einen festen Bestandteil der *Opferlisten. Seit der 2. Dyn. ist W. wichtigstes Getränk der Getränkelisten der Speisetischszenen[105], wird allerdings seit dem Ende der 4. Dyn. in den Opferlisten vom Bier aus seiner bevorzugten Stellung verdrängt[106]. W. findet sich dort seit der 5. Dyn. als eine Abfolge mehrerer Weinsorten[107], wie sie ähnlich in Pyr. 92b–94b beim viermaligen Opfer belegt ist. Die übliche Ausdeutung der Opfergabe W. als „*Horusauge"[108], in der SpZt besonders

häufig als „Grünes Horusauge“[109], läßt diesen Begriff zu einem synonymen Wort für W. werden[110]. Im *Dramatischen Ramesseumspapyrus sind es die als Königskinder bezeichneten Frauen, die den W. auftragen[111].
Einen neben dem als reinem Nahrungsopfer bestehenden Sinn gewinnt das Weinopfer aus dem Charakter von Festen, an denen es gereicht wird. Der W., der *Hathor beim Fest der Trunkenheit gereicht wird, ist Freudenbringer[112]; der W., der Hathor-*Tefnut und *Sachmet als Rauschtrunk zur *Besänftigung gereicht wird, steht ganz unter dem Symbol der *Feindsymbolik, indem er als Symbol für das *Blut der Feinde der erzürnten Göttin gereicht wird[113]. In diesem Gedanken an eine physiologische Zusammengehörigkeit gehen die Ägypter so weit, daß sie aus dem Blut der erschlagenen Feinde den Weinstock entstehen lassen[114]. In einem dem. Liebeszauber gibt *Osiris *Isis und *Horus sein Blut mit W. vermischt, um sie an sich zu binden[115].
Als Nahrungsopfer an Götter findet sich in Tempeln durch Könige (*Weinopfer) und in Gräbern durch Privatleute die Darbringung von W. in *mnw*-Krügen[116]. In der *Königsplastik ist das Weinopfer mit 2 *mnw*-Krügen ein beliebtes ikonografisches Motiv. Wein-*Libationen im Götterkult durch Könige sind vergleichsweise sehr selten[117]. Szenen im Tempelkult, wo Priester aus Amphoren W. in neben dem Brandopferaltar stehende Lotoskelche gießen, dürften über das reine Nahrungsopfer hinausgehen und Mittel zur Reinigung und Weihe darstellen[118]. Ähnliche Szenen finden sich in Privatgräbern[119]. Eine Besprengung des Opfertieres vor dem Schlachten, wie es Herodot (II, 39) als in ganz Äg. gebräuchlich berichtet, läßt sich m.W. nicht belegen.
Libationsformeln vereinen häufig Wasser- und Weinlibationen[120]. Im Ritual der *Stundenwachen wird Osiris eine Weinlibation, verbunden mit Milch, dargebracht[121].
Enthaltsamkeit von W. im Kult ist für Äg. nicht belegt. Wenn Plutarch (De Iside, 6) berichtet, daß Priester im Sanktuar von *Heliopolis während der Fastenzeiten keinen W. genießen durften, dürfte diese Vorschrift allerdings in Richtung eines asketischen Ideals gelegen haben[122]. Nur bei Trauer, so beim Tod Pharaos, enthielt man sich des Weins[123].

G. *Religion*. Eine Verehrung und Vergottung des W. wie in Griechenland fehlt in Ägypten[124]. Die klassischen Schriftsteller bezeichnen Osiris als Spender des W. und Lehrer des Weinbaus in seiner Rolle als Vegetationsgott[125]. Plutarch (De Iside, 6) und Herodot (II, 42) setzen Osiris mit Dionysos gleich. Obwohl sich eine solche Gleichsetzung aus äg. Texten nicht belegen läßt, ist die Beziehung des Osiris zum W. gleichwohl sehr alt[126]. Schon Pyr. 1524 wird Osiris als „Herr des Weines im Überfluß“ bezeichnet. In Pyr. 819 erfolgt die Bezeichnung als „Herr der Weinbereitung beim *Wagfest“ über die Identifizierung mit *Orion, der die Weinlese mit sich brachte.
Darstellungen belegen ferner die enge Verbindung des Osiris zum W., wodurch insbesondere die Weintraube zum Symbol des sterbenden und auferstehenden Gottes wird. Der eine Weinlaube bildende Weinstock im Grab des Sennefer[127], der seine Wurzeln hinter der Figur des Osiris hat[128] und der den Toten mit seinen Ranken umfängt[129], steht für die Hoffnung des Toten auf *Wiedergeburt. In der Vignette zum Tb 15 neigt sich ein traubenbehangener Weinstock aus einem Teich zum thronenden Osiris hin[130]. Tb 173 thront Osiris unter einem Baldachin mit Weintraubenfries[131]. Diese Traubenfriese finden sich auch sonst häufig in jenseitsbezogenen Darstellungen[132].
W. als göttliche Gabe ist auch sonst häufig belegt. So gilt *Nun als Quelle des Weins[133]. In Pyr. 1082 gilt der W. als Kind des Himmels. Wenn *Nut ihre Tochter, den *Morgenstern, gebiert, wird der Himmel damit verglichen, als ob er schwanger sei von Wein. Andere Texte bezeichnen den W. als Schweiß des Re[134] oder aus den Augen des *Horus entstanden[135].
Als Schutzgötter des W. gelten häufig Götter, die Ortsgötter von Gebieten waren, die wegen der Güte ihres W. bekannt waren. Wenn der König in (*Tell) Edfu Horus W. von *Charga als Gabe des *Seth darbringt[136], so tritt er hier in seiner Eigenschaft als Herr der Oasen als Spender von W. auf[137].
Auch *Hathor ist als „Herrin von *Jmꜣw*“[138] (*Kom el Hisn) Herrin eines bedeutenden Weinbaugebietes[139]. In der Mythe von der Heimholung der Hathor-*Tefnut (*Augensagen, *Sonnenauge, Demotischer Mythos vom) bedarf sie der stetigen Besänftigung in Form von Wein[140]. Bei ihrem Fest der Trunkenheit, das in *Dendara am 20. I. *ꜣḫt* (*Hathorfeste, *Fest) gefeiert wird, feiert man ihre Rückführung mit Überreichen von *mnw*-Weinkrügen[141]. Häufige Epitheta der Hathor sind daher „Herrin der Trunkenheit“[142] und „Herrin der Weinkrüge“[143]. In einer spätzeitlichen Parallele zum *Kuhbuch wird in einem Ritualtext in Edfu Hathor statt mit Bier mit W. besänftigt[144].
Auf Siegeln der FrZt erscheint eine Göttin mit und ohne Uräus[145] als Schutzgöttin der Weinberge von *Grgt-nb.tj*[146]. Als „Herr des W., der viel trinkt“ gilt *Thot von *Pnubs[147]. In der Mythe vom Sonnenauge ist er es, der die Wut der Göttin bricht, indem er sie mit W. besänftigt[148]. Andererseits gilt

er selbst als „Herr der Trunkenheit", dem im reichen Maße Weinspenden dargebracht werden[149]. So wird er als Herr dessen, was ihm dargebracht wird, zum „Herrn des Weins"[150]. Hierin gleicht ihm *Onuris, der in dem Mythus die gleiche Rolle spielt[151].

Auch Isis wird, wenn ihr W. dargebracht wird, als „Herrin des W." bezeichnet[152]. *Schesemu, die vergöttlichte Weinpresse und der Keltergott, überreicht dem Toten Pyr. 1552a Wein. Schutzgöttin des W. und der Weinlese muß auch Renenutet genannt werden, wenn ihr anläßlich der Weinlese Erstlingsopfer dargebracht werden[153].

[1] KoptHWb, 46. – [2] KoptHWb, 34. – [3] Jane M. Renfrew, Palaeoethnobotany, London 1973, 127. – [4] Botanisches Museum Berlin-Dahlem, Slg. Schweinfurth, Listen-Nr. 348. 351. 354. – [5] Täckholm, in: BIE 32, 1951, 133. – [6] Plinius, Hist. nat. XIV, 75; Strabo XVII, 1, 14; Athenaeus, Deipnosophistae I, 33 D–E. – [7] So bei Davies, Rekh-mi-Rēʿ I, 42. 45; ders., Puyemrê I, 65. 81f. Doch dürften hohe Beamte auch im Besitz privater Weingärten gewesen sein, vgl. schon *Metjen (Urk. I, 4, 7ff.). – Ob der Siegelabdruck auf einem Weinkrug aus *Buhen „*jrp Ḫʿ-m-mꜣʿt m Kꜣš*" (Harry S. Smith, The Fortress of Buhen. The Inscriptions, EES EM 48, 1976, 164 Type 12, Tf. 54, 11) auf Weinanbau in Nubien unter *Amenophis III. hinweist, ist zu bezweifeln. Es handelt sich hier lediglich um W. aus (für ?) der Tempelverwaltung (?) von *Ḫʿ-m-mꜣʿt* in *Soleb, unabhängig davon, aus welchem Weinbaugebiet dieser W. geliefert wurde. Vgl. eine ähnliche Krugaufschrift aus *Malqata bei Hayes, in: JNES 10, 1952, 92, Abb. 5 Nr. 20: „W. vom westlichen Fluß *n pr Nb-mꜣʿt-Rʿ*", wo nur der W. vom westlichen Fluß stammt, das *pr* aber nicht dort liegt. – Versuche, den Weinanbau in Nubien einzuführen, sind möglicherweise schon unter *Taharqa erfolgt (Kawa I, 36, Inscription VI, Z. 20f.). – [8] Schnebel, Landwirtschaft (s. Lit.), 241. Zum Weinanbau bei Elephantine vgl. *jrp ḥsp*, Montet, Géographie II, 22; Gauthier, DG I, 93. – Die von Theophrast, Hist. plant. I, 3, 5 gemachte und von Plinius, Hist. nat. XIV, 81 wiederholte Bemerkung, der Weinstock würde in Äg. das Laub nicht abwerfen, ist nicht richtig. Einige weitere Fehler bei Theophrast (Hist. plant. IV, 2, 8; 8, 2) hinsichtlich der Flora der Thebais zeigen, daß er dieses Gebiet nicht kannte und fehlerhafte Informationen erhielt. – [9] AR: PM III. 1², 355 s. v. Vintage; III. 2², 904 s. v. Vintage; Klebs, Reliefs I, 56ff.; MR: Klebs, Reliefs II, 79ff.; NR: PM I. 1², 467 s. v. Vintage; Klebs, Reliefs III, 51ff.; SpZt: Manfred Bietak und Elfriede Reiser-Haslauer, Das Grab des ʿAnch-Hor I, DÖAW 6, 1978, 129ff., Tf. 66. 68. 69; PM I. 1², 358f. C.D (Pabasa); Petosiris I, 59ff., Tf. 12; aus Darstellungen in Tempeln ist nur ein kleines Fragment einer Kelterszene bei Borchardt, Sahure II, Bl. 51 sowie die Darstellung einer Weinpresse im Abydostempel Sethos' I. (PM VI, 27 [248]), bekannt. – [10] Davies, Ḳen-Amūn I, Tf. 47. – [11] Mackay, in: JEA 3, 1916, Tf. 14 (TT 261). – [12] Davies, Ptahhetep and Akhethetep I, Tf. 21. 23. – [13] Davies, Two Officials, Tf. 30. – [14] Modelle von Weingärten bei Quibell, Excav. Saqq. 1906–07, 1908, 81, Tf. 13. 19, 2. – [15] Torgny Säve-Söderbergh, Four Eighteenth Dynasty Tombs, PTT 1, 1957, Tf. 14, wo die Stützen, wie häufig, fehlen. Vgl. auch die Hieroglyphe für „Wein, Weinstock" bei Gardiner, EG, Sign-list, M 43. – Ein einzelner Weinstock bei Davies, Ptahhetep and Akhethetep I, Tf. 21; Davies, Neferhotep, Tf. 42. – [16] Davies, Ptahhetep and Akhethetep I, Tf. 23; Mackay, in: JEA 3, 1916, Tf. 14. – [17] Außer einer Darstellung im NR (Wilkinson, Manners I [s. Lit.], 381 [TT A 25]) nur im AR dargestellt: LD II, 53. – [18] Mackay, in: JEA 3, 1916, Tf. 14 (Kind); Tylor-Griffith, Paheri, Tf. 4 (Frau). – [19] Säve-Söderbergh, op. cit., Tf. 14. – [20] Aus altäg. Zt: Tell ed-Dabʿa, s. Falt-Tf.; vgl.: The Luxor Museum of Ancient Art. The Catalogue, Kairo 1979, 180 Nr. 281 (ptol.); Kawa II, Tf. 108d; Text II, 233f. (griech.). S. auch Lesko, Wine-Cellar (s. Lit.), 17. – [21] Davies, Ptahhetep and Akhethetep I, Tf. 21. 23. – [22] Davies, Two Officials, Tf. 30. – [23] Ahmed Moussa und Hartwig Altenmüller, The Tomb of Nefer und Ka-Hay, AV 5, 1971, Tf. 1. – [24] Davies, Two Officials, Tf. 30. – [25] Mackay, in: JEA 3, 1916, Tf. 14; Wresz., Atlas, I, 253. – [26] Davies, Ptahhetep and Akhethetep I, 9, Tf. 23; Vandier, Manuel IV, 518; Montet, Scènes, 371. – [27] Äg. *nmw* (Wb II, 265, 1); vgl. auch Urk. IV, 687, 12. – Beni Hasan I, Tf. 12; Ahmed Moussa und Hartwig Altenmüller, Das Grab des Nianchchnum und Chnumhotep, AV 15, 1977, Tf. 34, Abb. 16; El Bersheh I, Tf. 31. – Die älteste Darstellung einer Presse auf Siegeln der FrZt (Kaplony, Inschriften III, Abb. 238–240; II, Anm. 1584) läßt sich wegen des darunterstehenden zylindrischen Gefäßes mit Henkeln nicht eindeutig als Weinpresse identifizieren; vgl. auch die Ölpresse LD II, 49. – [28] Ursprünglich wohl nur ein rechteckiges Stück Tuch mit Schlaufen, in welches das zu pressende Gut gegeben wurde. Nach dem Durchlaufen des freien Saftes wurde es zusammengerollt oder genäht (?); vgl. Beni Hasan II, Tf. 6. – [29] Montet, in: RecTrav 35, 1913, 117ff.; ders., Scènes, 268ff.; bei Moussa und Altenmüller, Nefer und Ka-Hay (s. Anm. 23), Tf. 12 drückt ein Pavian die Stangen auseinander. – [30] Beni Hasan II, Tf. 6. – [31] S. Lesko, Wine-Cellar (s. Lit.), 17f. – [32] Friedrich Gollmick, Harald Bocker und Hermann Grünzel, Das Weinbuch, Leipzig ³1970, 280. 330. – [33] LD II, 111. – [34] Die Beobachtung, daß sich die Qualität des Mostes (Farbe und Bukett) bei längerem Stehen an der Luft veränderte, könnte der Grund für das Ablassen eines Teils des Mostes gewesen sein, da weniger safthaltige Maische sich schneller abpressen läßt. Vgl. das heute praktizierte „Vorentsaften" der Maische: Gerhardt Troost, Die Technologie des Weines, Handbuch der Kellerwirtschaft 1, Stuttgart ²1955, 35ff. – [35] Troost, op. cit., 61; s. aber Lucas, Materials, 17; Lesko, Wine-Cellar (s. Lit.), 20. – Ob das häufige Fehlen der Sackpresse im NR ein Verzicht auf das Auspressen des Tresters bedeutet, läßt sich nicht entscheiden. – [36] Mackay, in: JEA 3, 1916, Tf. 14; Davies, Rekh-mi-Rēʿ II, Tf. 45. – [37] Davies, in: JEA 9, 1923, Tf. 26. – [38] Z.B. Davies, Puyemrê I, Tf. 12. – [39] Beni Hasan II, Tf. 6. – [40] Offene, überschäumende Amphoren bei Davies, Two Officials, Tf. 30 könnten diesen Vorgang darstellen. – [41] Vgl. Troost, op. cit., 82. 115. – [42] Moussa und Altenmüller, Nianchchnum (s. Anm. 27), 112, Tf. 39, Abb. 16. – [43] Davies, in: JEA 9, 1923, Tf. 26. – [44] Davies, Seven Private Tombs, Tf. 4. – [45] Davies, in: JEA 9, 1923, Tf. 28C. – [46] Darby et alii, Food (s. Lit.) II, Abb. 14. 9. –

[47] Davies, Neferhotep, Tf. 60 E; Wresz., Atlas I, 356; auch das kleine Gestell bei Davies, Rekh-mi-Rēᶜ, Tf. 64, an dem ein oben offener Sack befestigt ist, diente sicherlich wegen der danebenstehenden Weingefäße zum Durchseihen von W. und nicht von Bier, wie Davies, op. cit., 5 vermutet. – [48] Davies, Amarna II, Tf. 35. Zu den Sieben s. Lesko, Wine-Cellar, Abb. auf S. 40; vgl. auch Trude Dothan, in: National Geographic 162.6, Washington, D.C. December 1982, 755. – [49] Säve-Söderbergh, Four Tombs (s. Anm. 15), Tf. 15. – [50] Lesko, Wine-Cellar, 17; Lucas, Materials, 19. – [51] Lucas, op. cit. – [52] Helck, in: MIO 2, 1954, 196 ff.; Lesko, Wine-Cellar, 23. – [53] Edfou VI, 112. 133 (s. auch Wb III, 124, 11); vgl. auch 1. Mose 40, 11, wo der Mundschenk dem Pharao im Traum einen Trank aus ausgepreßten Weintrauben reicht. – [54] Grundriß der Medizin VI, 47 ff.; IX, 54. – Gleichfalls bei der Mumifizierung von Tieren (Eve Jelínková-Reymond, Les inscriptions de la statue guérisseuse de Djed-Ḥer-Le-Sauveur, BdE 23, 1956, 109 Z. 41). – [55] Zu den Verschlüssen s. Kaplony, Inschriften I, 50–54; Emery, Ḥor Aḥa, 19, Abb. 10. – [56] Geschrieben mit dem „schwimmenden Mann“. Daß es sich (gegen Kaplony, Inschriften I, 105 ff.; II, Anm. 625) um einen Ort handeln muß, zeigt die Nennung der „Uto, Herrin von *Nbj*“ bei Borchardt, Sahure II, Bl. 72 Mitte (Es handelt sich nicht um eine „Herrin des Schwimmens“, wie Decker, in: LÄ V, 764 meint!). – [57] So nennt sich ein *Stȝw* auf der Siegelabrollung Kaplony, Inschriften III, Nr. 277 gleichzeitig „Leiter“ aller drei Abteilungen. – [58] Ebd., Nr. 213. – Wahrscheinlich ist diese Zuordnung schon älter, wenn wir die Topfritzungen „Königsname + *ḫd*“ unter Vergleich mit dem Siegelabdruck ebd., Nr. 180 „Weinkrüge im *ḫḏ*-Raum“ vergleichen (e. g. aus Minschet Abu Omar: Dietrich Wildung, Katalog „Ägypten vor den Pyramiden“, Mainz 1981, 37, Abb. 33; Fischer, in: JARCE 2, 1963, 44 Abb. 1; 45 Abb. 2). – [59] Kaplony, Inschriften III, Nr. 309–11. 317–319. 748. 764. – [60] Wenn wir die auf den Abdrücken ebd., Nr. 309. 749 dargestellte Göttin wegen des in Anm. 56 genannten Belegs als Uto identifizieren dürfen (vgl. Anm. 146). – [61] RT I, Tf. 30. 31. 36. – [62] S. Kaplony, Inschriften I, 255 ff. – [63] Ebd., 259. – [64] Barta, Opferliste, 62; vgl. Pyr. 92 b–94 b. – [65] Karola Zibelius, Äg. Siedlungen nach Texten des AR, Beiheft TAVO B 19, 1978, 148; Hassan, Gîza VI. 2, 407 f.; Rowe, in: CASAE 12, 1948, 4; Kitchen, Ram. Inscr. I, 94, 10. – [66] Daressy, in: ASAE 16, 1916, 225; vgl. schon Anfang 4. Dyn. bei *Pḥ-r-nfr* (Junker, in: ZÄS 75, 1939, 63 ff.), der als *ḫrp kȝmw* auch die Beititel *ᶜḏ-mr* der Wüste und *ᶜḏ-mr* des Westens trägt. – [67] Zibelius, op. cit., 36; Kitchen, Ram. Inscr. I, 94, 9. – [68] Zibelius, op. cit., 211; vgl. Hassan, Gîza VI. 2, 409 f. Helck, Gaue, 188 setzt *Sjnw* mit Sile und nicht – wie Zibelius, op. cit. – mit *Pelusium gleich. Zustimmend Wendy Cheshire, in: GM 84, 1985, 19–24. – [69] In der archaisierenden Darstellung bei Mariette, Abydos I, Tf. 35 a werden die einzelnen lagenmäßig unterschiedenen W. von *sḫtjw* gebracht, d. h. die Weinberge lagen in den *sḫt*-Gegenden, den Sumpfgebieten; vgl. hierzu Zibelius, op. cit., 37. 212 mit der Ableitung des Ortsnamens *Jmt* von *jm* „Schlamm“ und von *Sjnw* von *sjn* „Ton“. Es ist also *sḫt* nicht als „Oase“ zu übersetzen! – [70] Mariette, Abydos I, Tf. 35 a; Kitchen, Ram. Inscr. I, 94, 12 als „*Dwȝ-Ḥr-ḫntj-pt*“ mißverstanden. Syrischer W. ist auch im NR belegt: In den Annalen Thutmosis' III. (Urk. IV, 687, 11; 688, 8; 707, 5; 712, 16; 718, 8; 722, 12; AEO I, 180*; pAnast. III A, 2 = IV, 16, 1); W. von syrischen Reben aus äg. Weinberg: Spiegelberg, in: ZÄS 58, 1923, 26; W. aus Amurru: AEO I, 187*. In Darstellungen asiatischen „Tributs“ erscheinen die typischen Weinkrüge nicht zu häufig: TT 17 (Säve-Söderbergh, a.a.O. [s. Anm. 15], 23); TT 39 (Wresz., Atlas I, 150); TT 42 (Davies, Menkheperrasonb, Tf. 33. 36); TT 100 (Davies, Rekh-mi-Rēᶜ II, Tf. 16–23). – [71] Barta, Opferliste, 49. 75 Anm. 112 u. a. – auch im Dual. – [72] Barta, op. cit., 78 ff. – [73] Wichtigste Gruppen sind die Aufschriften aus Malqata (Hayes, in: JNES 10, 1951, 38 ff.); aus Amarna (Petrie, Amarna; CoA I–III) und aus dem *Ramesseum (Spiegelberg, in: ZÄS 58, 1923, 25 ff.). Bearbeitung bei Helck, Materialien, 717 ff. Vgl. auch Colin Hope, Malkata and the Birket Habu, Egyptology Today 5. 2, Warminster 1977; M. A. Leahy, Excavations at Malkata and the Birket Habu, Egyptology Today 4. 2, Warminster 1978; Harry S. Smith, The Fortress of Buhen. The Inscriptions, EES EM 48, 1976, 162 ff. – [74] *Pr-wsḫ* in Oase Chargeh: Hayes, in: JNES 10, 1951, 89. 97, aber auch einfach „aus der Oase“ (Malqata Nr. 19. 73). Anlieferung dargestellt: Torgny Säve-Söderbergh, Four Eighteenth Dynasty Tombs, PTT I (s. Anm. 15), Tf. 12 B; Davies, Menkheperrasonb, Tf. 7; id., Puyemrê I, Tf. 31. 33 B; id., Rekh-mi-Rēᶜ I, Tf. 50 (mit Aufschrift *jrp* auf Gefäß); Meyer, Fremdvölker, 749 (Ineni); Fakhry, Bahria I, Tf. 6 a; cf. Lisa L. Giddy, in: Livre du Centenaire, MIFAO 104, 1980, 123. – [75] Vgl. Hamada, in: ASAE 47, 1947, 20; Hamza, in: ASAE 30, 1930, 44. – [76] *šdḫ* = Granatapfelwein? AEO II, 235*. – [77] Helck, Materialien, 728; die Aufschrift CoA III, Nr. 122(!) stammt aus Jahr [1]6; CoA I, 63 G aus Jahr 17 (beide mit *ḥrj-bᶜḥ*). – [78] Davies, Two Officials, Tf. 6; Annelies und Artur Brack, Das Grab des Tjanuni. Theben Nr. 74, AV 19, 1977, Tf. 15. – [79] Säve-Söderbergh, Four Eighteenth Dynasty Tombs (s. Anm. 15), Tf. 21 D. – [80] Davies, Amarna VI, Tf. 4; Säve-Söderbergh, op. cit., Tf. 22. – [81] Davies, Two Officials, Tf. 6. – [82] Schott, Das schöne Fest, 68. – [83] Davies, Rekh-mi-Rēᶜ II, Tf. 64; Rostislav Holthoer, New Kingdom Pharaonic Sites. The Pottery, SJE 5. 1, 1977, 171, Tf. 41. 68. – [84] So vielleicht in den Marktszenen bei Davies, Two Ramesside Tombs, Tf. 30 zu verstehen und nicht als Saugrohr. – [85] S. Anm. 47. 48. – [86] Erman, Ägypten, 228 Abb. 74. – Vgl. dazu den Titel *wbȝ dp jrp* Pap. Leyden 348, vso 10, 5 = Caminos, LEM, 498 = AEO I, 43*. W. scheint allerdings schon vor der Abfüllung in Amphoren verschnitten worden zu sein: Hayes, in: JNES 10, 1951, 89 (*jrp zmȝ* = verschnittener W. (?); vgl. auch Plinius, Hist. nat. XIV, 9. – [87] Davies, Two Sculptors, Tf. 6; Schott, op. cit.; Janine Bourriau, in: Egypt's Golden Age, Boston 1982, 82 Nr. 162. – [88] Vgl. Schott, in: Die Weinzeitung 84, Mainz 1948, 332; Robert J. Forbes, Studies in Ancient Technology III, Leiden 1965, 80. – [89] Wolfgang Helck, Das Bier im Alten Ägypten, Berlin 1971, 74. – [90] Davies, Two Sculptors, Tf. 6; Holthoer, op. cit. (s. Anm. 83), 173, Tf. 41. 68, 4; Janine Bourriau, in: Egypt's Golden Age, Boston 1982, 129 Nr. 119. – [91] Lesko, Wine-Cellar (s. Lit.), 42 f. – [92] Davies, Two Officials, Tf. 4. – [93] Davies, Two Ramesside Tombs, Tf. 15. – [94] Vgl. Erik Hornung und Elisabeth Staehelin (Hg.), Skarabäen und andere

Siegelamulette, Äg. Denkmäler in der Schweiz 1, Basel 1976, 94, Anm. 44. 45 mit weiterer Lit. – [95] Davies, Amarna III, Tf. 6; Cyril Aldred, Akhenaten, London 1968, Abb. 82; Kurt Lange und Max Hirmer, Ägypten, München ²1955, Tf. 83. – [96] Janssen, Prices, 350 Anm. 43. – [97] Wresz., Atlas I, 94. 186. 245–46. – [98] Anson F. Rainey, El Amarna Tablets 359–379. Supplement to J. A. Knudtzon, Die El-Amarna-Tafeln, AOAT 8, ²1978, 37 (EA 367 Z. 15). – [99] Helck, Bier (s. Anm. 89), 87, Anm. 17. 18; Nelson, in: JNES 8, 1949, 211 (Episode 8). – [100] Kaplony, Beitr. Inschriften, 91 ff.; Helck, in: MDAIK 28, 1972, 97 f. – [101] Pyr. 1112 d. – [102] Pyr. 816 c; 1511 b; 1723 a–b; Junker–Winter, Philae II, 219 Z. 20. – [103] Pyr. 130 c; vgl. auch Tb (Hornung), 178, 57. – [104] Urk. IV, 1521, 9 ff. (Großer Stelentext). – [105] Kaplony, Inschriften I, 255 ff. – [106] Barta, Opferliste, 35. 44. 49. – [107] Barta, Opferliste, 62. 75. – [108] Pyr. 92 c. – [109] Junker–Winter, Philae II, 205 Z. 2; 263 Z. 10. – [110] Edfou I, 553, 14 ff. – [111] Sethe, Dramatische Texte, 177 ff. – [112] Junker, in: ZÄS 43, 1906, 101. – [113] RÄRG, 863; Hermann Junker, Der Auszug der Hathor-Tefnut aus Nubien, APAW 1911. 3,7. – [114] Plutarch, De Iside, 6. – [115] Morenz, in: ZÄS 84, 1959, 138 Anm. 2. – [116] Davies–Gardiner, Amenemhēt, Tf. 27; Philippe Virey, Sept tombeaux thébain, MMAF 5, 1891, 198, Abb. 10. – Vgl. auch Dunham–Janssen, Second Cataracts Forts I, Tf. 39 (Überreichen eines Weinkruges an *Amenophis II. durch *Usersatet). – [117] Einzig mir bekanntes Beispiel im Tempel *Sethos' I. in Abydos: Nelson, in: JNES 8, 1949, 212 (Episode 12); Mariette, Abydos I, Tf. 36. – [118] Medinet Habu IV, Tf. 229; Schott, Das schöne Fest, 19. – [119] Schott, op. cit., 19; bei Säve-Söderbergh, Four Eighteenth Dynasty Tombs (s. Anm. 15), Tf. 50 wird ein Krug, der auch sonst zum Einschenken von W. benutzt wird, über einem Opfertisch entleert (ob W.?); vgl. auch die Stele Davies, Amarna V, Tf. 22 (*qb-jrp*). Ingrid Wallert, Der verzierte Löffel, ÄA 16, 1967, 61 vermutet, daß auch Löffel zum Übergießen von W. über *Brandopfer verwandt wurden. – [120] Blok, in: AcOr 8, 1930, 200 f.; v. Bissing, in: RecTrav 30, 1908, 180 f. – [121] Hermann Junker, Die Stundenwachen in den Osirismysterien, DAWW 1910. 54, 82. – [122] Vgl. auch *Pap. Demotischer Dodgson: Hermann Junker, Das Götterdekret über das Abaton, DAWW 56.4, 1913, 82 ff., wo mit nächtlichen Weingelagen gegen das Dekret über das Abaton verstoßen wird, so daß man, obwohl dort nicht ausdrücklich verboten, auf ein Weinverbot für die Priester während der Totenwachen für Osiris schließen darf. – [123] Wolja Erichsen, Eine demotische Erzählung, AAWLM 1956. 2, 60. – [124] *Jrpjt* ist keine *Personifikation des W., sondern ein Aspekt der Hathor: Waltraud Guglielmi, in: LÄ II, 185 Anm. 53. – [125] Diodor I, 17; Tibull I, 7, 32 ff. – [126] Vgl. allerdings Grimal, in: BSFE 53–54, 1969, 42 ff. – [127] Virey, in: RecTrav 20, 1898, 211 ff.; 21, 1899, 127 ff. 139 ff.; 22, 1900, 83 ff. – [128] Virey, in: RecTrav 21, 1899, 132 Abb. 13. – [129] Virey, op. cit., 144 Abb. 17. – [130] Grimal, in: BSFE 53–54, 1969, Tf. 4–5. – [131] Tb (Hornung), 362 Abb. 87. – [132] S. LÄ VI, s. v. Weintraube, Anm. 14–21. – [133] Blok, in: AcOr 8, 1920, 200 f.; vgl. auch Hornung, Der Eine, 178; v. Bissing, in: RecTrav 30, 1908, 181 f. – [134] Junker–Winter, Philae II, 409 Z. 1. – [135] Junker, Stundenwachen (s. Anm. 121), 82. – Vgl. auch Jacques Vandier, Le Papyrus Jumilhac, 126 (XIV, 15): „W. als Tränen des Horus"; vgl. auch Sethe, Dramatische Texte, 177 Z. 70. – [136] Edfou I, 469. – [137] Herman te Velde, Seth, God of Confusion, PÄ 6, 1967, 115. – [138] Edfou III, 253. – [139] Montet, Géographie I, 59. – [140] Junker, Auszug (s. Anm. 113), 7. – [141] Daumas, in: LÄ II, 1035. – [142] Junker, Auszug, 73. – [143] Daumas, in: LÄ II, 1027. – [144] Kurth, in: L'Egyptologie en 1979 I, Paris 1982, 129 ff. – [145] Kaplony, Inschriften III, Abb. 309. 748; II, Anm. 673. – [146] Ob diese Göttin mit Uto (Siegfried Schott, Hieroglyphen, AAWLM 1950. 24, 33) oder vielleicht mit der Lokalgöttin *Jmtt* von *Imet, einem bedeutenden Weinbaugebiet (s. Anm. 67), die allerdings – wenigstens später – mit Uto gleichgesetzt wird und die auf weiteren Siegeln namentlich genannt wird (Kaplony, Inschriften III, Abb. 195. 196), identifiziert werden kann, muß offen bleiben. S. auch Anm. 60. – Dagegen ist *Asch entgegen Otto, in: LÄ I, 459 nicht Schutzgott der Weinberge. Bei den auf den Siegeln genannten Domänen handelt es sich nicht um Weinberge, sondern Totenopferdomänen der betreffenden Könige (Helck, Beamtentitel, 83 f.). – [147] Junker, Auszug (s. Anm. 113), 44. – [148] Junker, Auszug, 7. – [149] Junker, Auszug, 43 ff.; ders., Onurislegende, 10. – [150] Maria-Theresia Derchain-Urtel, in: SAK 3, 1975, 26. – [151] Junker, Onurislegende, 10. – [152] Junker, Philae I, 41 Z. 8; ebd., Z. 15 wird Pharao als Herr der Trunkenheit bezeichnet. – [153] S. Anm. 24. 25.

Lit.: AEO I, 180* ff.; II, 235*–237*; Gérard Charpentier, Recueil de matériaux épigraphiques relatifs à la botanique de l'Egypte, Paris 1981, s. v. *jrp*; William J. Darby, Paul Ghalioungui und Louis Grivetti, Food. The Gift of Osiris II, London–New York–San Francisco 1977, 551 ff.; Robert J. Forbes, Studies in Ancient Technology III, Leiden 1965, 72 ff. 111 ff.; Waltraud Guglielmi, Reden, Rufe und Lieder, 82 ff.; Hayes, in: JNES 10, 1951, 53 ff. 82 ff. 156 ff. 231 ff.; Helck, Materialien, 777 ff.; Hermann Kees, Das Alte Ägypten. Eine kleine Landeskunde, Berlin ²1958, 41 ff.; ders., Kulturgeschichte, 49 ff.; Ludwig Keimer, Die Gartenpflanzen im Alten Ägypten I, Hamburg–Berlin 1924, 62 ff. 157 ff.; Klebs, Reliefs I, 56 ff.; II, 79 ff.; III, 51 ff.; Leonard Lesko, King Tut's Wine-Cellar, Berkeley 1977; Lucas, Materials, 16 ff.; Henry F. Lutz, Viticulture and Brewing in the Ancient Orient, Leipzig 1922 (veraltet); Montet, Scènes, 265 ff.; ders., in: RecTrav 35, 1913, 117 ff.; Karlheinz Ossendorf, 6000 Jahre Weinbau in Ägypten, Schriften zur Weingeschichte 55, Wiesbaden 1980; Siegfried Schott, Weinbau im alten Ägypten, in: Die Weinzeitung 84, Mainz 1948, 330–333; Michael Schnebel, Die Landwirtschaft im hellenistischen Ägypten, München 1925, 239 ff.; Alfred Wiedemann, Das alte Ägypten, Heidelberg 1920, 303 ff.; John Gardner Wilkinson, Manners and Customs of the Ancient Egyptians II, London 1837, 142 ff.; Ricke, in: BiOr 11, 1954, 101 („Krönungssaal" des Semenchkare in Amarna ist Weinberg-Pergola); Traunecker, in: BSGE 9–10, 1984–5, 285–307.

Ch. Me.

Weinberg s. Wein

Weinkrug. Der äg. W. der FrZt ist ein länglich-eiförmiger Tonkrug, der in seiner älteren Form

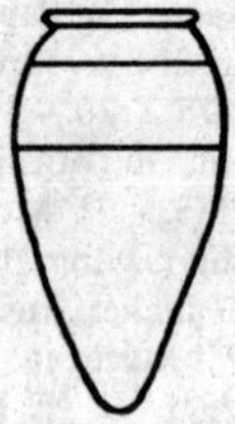

1

Abb. 1 Weingefäß des AR (s. Anm. 1)

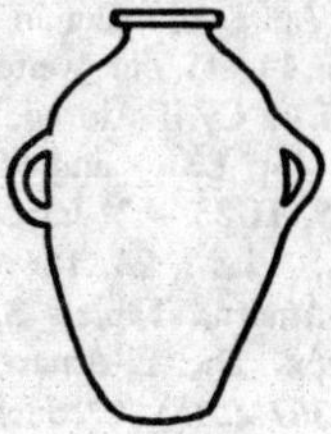

2

Abb. 2 Syrischer W. des AR (s. Anm. 8)

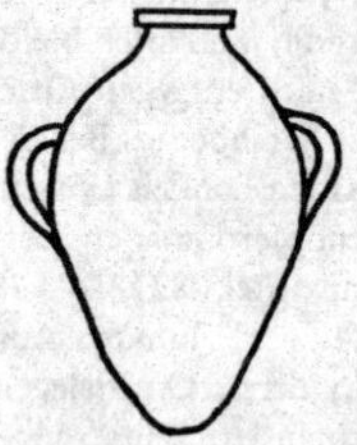

3

Abb. 3 W. aus Gaza, MR (s. Anm. 13, S. 89 Abb. 6 Nr. 1)

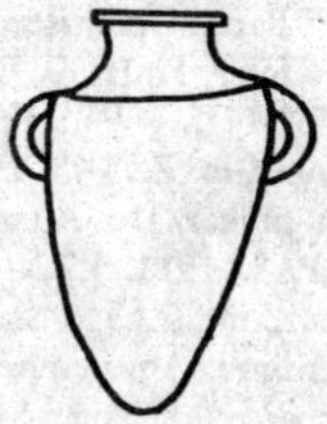

4

Abb. 4 Syrischer W. des NR (schematische Zeichnung)

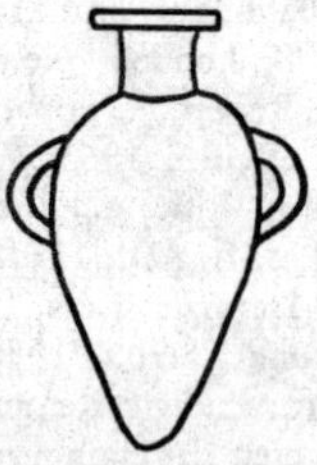

5

Abb. 5 Ägyptischer W. des NR
(schematische Zeichnung)

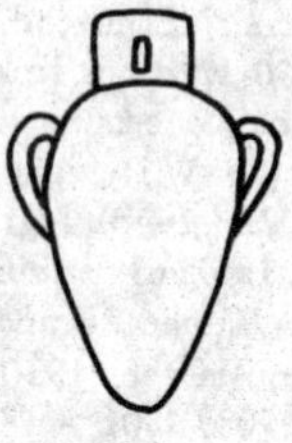

6

Abb. 6 Ägyptischer W. mit Verschluß des NR
(nach Davies, Two Officials, Tf. 30)

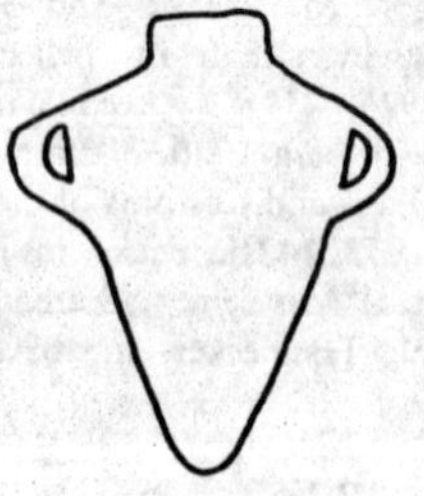

7

Abb. 7 Syrischer W. aus Menidi (Griechenland)
(s. Anm. 13, S. 89 Abb. 6 Nr. 4)

8

Abb. 8 Syrische(?) Weinkanne

noch ein bis zwei Querrippen zeigt[1] (Abb. 1). Als Determinativ für „Wein" werden in dieser Zt gern zwei miteinander verbundene W. dieser Form geschrieben bzw. einer mit einem Netz um den oberen Teil[2]. Weinkrüge sind in der *Thiniten-Zt mit konischen (gelben) Lehmverschlüssen verschlossen worden, die sich weit auf die Schulter herunterziehen; sie sind zunächst niedrig und klein, werden von *Dewen an höher und schlanker, bis sie unter *Adjib bis zu 40 cm hoch sein können. Von da an gehen sie wieder in ihrer Höhe zurück und sind dann unter *Djoser sehr schmal und steil[3]. Im AR sind diese Verschlüsse grauschwarz; eine Variante hat eine stark herausgearbeitete Spitze[4].

Die Verwendung dieser Gefäße als W. zeigt die Darstellung des Überreichens eines solchen (ohne Verschluß!) an den Grabherrn beim Opfer mit Beischrift *sḥt jrp* „Überreichen des Weines" im Zweibrüdergrab[5]. Sonst werden sie häufig im Zusammenhang mit Weinleseszenen dargestellt[6]. Diese einfache Form von W. kann man bis in den Beginn der 18. Dyn. verfolgen[7].

Daneben erscheinen bereits im AR ähnlich geformte W. mit zwei Henkeln, die als asiatischer Import anzusehen sind[8] (Abb. 2). Sie finden sich selten zu Beginn der 1. Dyn. und dann häufig ab *Cheops bis in die 6. Dyn.[9]. Sie sind aus einem mit kleinen Kalksteinsplittern versetzten *Ton hergestellt; gleiche W. fanden sich in *Megiddo[10]. Ein im Gisa-Grab des Bauleiters *Sndm-jb Jntj* gefundenes Exemplar trug eine Siegelabrollung, die Tiere mit spitzen Ohren und erhobenem Schwanz in Reihung zeigt, wie sie aus zahlreichen syrisch-palästinensischen Fundorten belegt ist (*Byblos, Tell el-Judeideh, Hamat, Megiddo, Jericho usw.)[11] (Abb. 3).

Diese Henkelkrüge verdrängen im NR weitgehend die alten henkellosen W.; dabei läßt sich der echte syrische Import[12] von imitierten äg. Exemplaren leicht dadurch unterscheiden, daß die syrischen die Henkel aus der oberen Rundung heraus bilden, die äg. nicht. Außerdem zeigen die syrischen einen scharfen Knick an der breitesten Stelle an der Schulter (Abb. 4)[13], während die äg. Hals und Körper durch einen Knick absetzen (Abb. 5)[14]. Die Schulter ist hier rund, der Hals kann kurz oder länger sein. Die Verschlüsse sind trapezoid mit Stempelversiegelung[15] (Abb. 6).

Die asiatischen W. sind in gleicher Gestaltung auch häufig im ägäischen Raum anzutreffen (Mykenai, Menidi [Abb. 7], Agora von Athen)[16] und zeigen damit die Bedeutung der syrischen Weinausfuhr sowohl nach Ägypten wie in die Ägäis.

In Ägypten sind auch Nachahmungen in *Alabaster bekannt[17].

Neben diesen großen W. finden wir durch Aufschriften gesichert ein weiteres Behältnis: ein verhältnismäßig kleiner, birnenförmiger Körper mit einem überlangen Hals und einem Henkel (Abb. 8)[18]. Seine – wegen des Henkels naheliegende – syrische Herkunft ist jedoch nicht gesichert[19]. Bemerkenswerterweise zeigen die Aufschriften auf derartigen Krügen aus *Malqata (angebracht unter dem Henkelansatz am Körper) Angaben über besondere Weinarten. Ihnen ähneln in kleinerem Format die Kännchen, die in Darstellungen in der Hand der Dienerinnen zu sehen sind und aus denen sie (zusätzliche Flüssigkeit?) zugießen.

[1] Vgl. Emery, Tombs of the First Dynasty I, 148 Abb. 80–81; Typ 1–4, B 1–4. – [2] Kaplony, Inschriften I, 253. – [3] Ebd. I, 50–51; II, Anm. 126–128. – [4] Ebd. II, Anm. 124. – [5] Ahmed Moussa und Hartwig Altenmüller, Das Grab des Nianchchnum und Chnumhotep, AV 21, 1977, Abb. 13 oben links. – [6] E. g. Beni Hasan (Vandier, Manuel V, 112 Abb. 68). – [7] Torgny Säve-Söderbergh, Private Tombs at Thebes I. Four Eighteenth Dynasty Tombs, Oxford 1957, Tf. 15 (*Jntf*). – [8] Helck, Beziehungen², 30–31 (Q) mit Abb. auf S. 32. – [9] Ebd., 33 (Tabelle). – [10] Geoffrey M. Shipton, Notes on the Megiddo Pottery of Strata VI–IX, SAOC 17, 1939, 4. – [11] Helck, a.a.O., 34 Anm. 39. – [12] Ein solcher ist etwa dargestellt im Grab des Arztes *Nb-Jmn*: Säve-Söderbergh, a.a.O., Tf. 23; Davies und Faulkner, in: JEA 33, 1947, Tf. 8. – [13] Virgina R. Grace, in: The Aegean and the Near East. Fs Hetty Goldman, Locust Valley 1956, 88, Tf. 9 Nr. 3; vgl. das Exemplar aus Tell Abu Hawwam: ebd., Tf. 10 Nr. 11. – [14] Aus Amarna: ebd., Tf. 9 Nr. 7; Carter, Tut-ench-Amun III, Tf. 48 A. B; Davies, Amarna I, Tf. 32. 33; II, Tf. 12; IV, Tf. 25; VI, Tf. 4; TT 100 (*Rḫ-mj-Rˁ*) u. a. – [15] Z. B. bei den Tutanchamun-Exemplaren erkennbar. Im Gegensatz dazu waren im AR Rollsiegel benutzt worden. – [16] Virginia R. Grace, a.a.O. (s. Anm. 13), 80 ff.; Wolfgang Helck, Die Beziehungen Ägyptens und Vorderasiens zur Ägäis, Darmstadt 1979, 115–116. – [17] Carter, Tut-ench-Amun III, Tf. 76 A. – [18] Hayes, in: JNES 10, 1951, 89; Carter, Tut-ench-Amun III, Tf. 48 C. – [19] Vgl. Egypt's Golden Age, Boston 1982, Nr. 61–62. W. H.

Weinopfer. 1. The use of wine (*Wein) in funerary rituals: In the royal funerary rituals preserved in the Pyramid Texts (*Pyramidentexte), wine was mentioned inter alia[1] in the food offering ritual.[2] Wine was said to be able to "open the mouth" of the deceased. Five different kinds of wine were used: *Jrp mḥw, jrp ˁbš, jrp Imt, jrp Ḥ3m, jrp Snw*. These different kinds of wine were henceforth to be mentioned in the offering lists (*Opferliste), whether of royal or of private nature, throughout Egyptian history.[3] One may say that, at least theoretically, wine was always part of the food offering in the funerary rituals. The presence of wine jars (*Gefäß, *Weinkrug) in the Early Dynastic tombs[4] also suggests this ritual use of wine.

A different use of wine in funerary settings is shown in the tombs of *Haremheb,[5] *Ramses I,[6] *Sethos I,[7] *Merenptah,[8] *Sethos II,[9] and *Ramses III.[10] The kings are depicted as offering wine to various deities: *Hathor(-of-the-West), *Isis, *Osiris, *Nefertem, *Ptah, *Re-*Harachte, *Thot, *Anubis, *Harsiese. The inscriptions accompanying the scenes indicate that the king was granted "the throne of Osiris"[11] for offering wine. There are no depictions of offering scenes in royal tombs prior to Haremhab.

2. *The use of wine in temple rituals:*

Although in the daily rituals (*Tägliches Ritual) wine is not mentioned,[12] there is no doubt that it was part of the food offerings.[13] A text at Edfu mentioned that wine was offered at every "open-the-face" ceremony,[14] i.e. presumably at the daily opening of the shrine.

W. constitutes an episode in the ritual of *Amenophis I, as partially depicted on the walls of the temples of *Karnak, *Abydos, and *Medinet Habu[15] and also preserved in three papyri in London,[16] Cairo,[17] and Turin.[18] The W. constitutes the twelfth episode of the ritual.[19]

W. is represented as part of the foundation ceremony on the exterior wall of the bark-chapel of *Thutmosis III in Medinet Habu[20] (*Gründungszeremonie). It appears that this W. was not a part of the regular ritual.[21] This also applies to a W.-scene on the exterior wall of the bark-shrine of *Hatschepsut at Karnak.[22]

In the festival of Min (*Minfest), wine was offered during the "*Prt*" procession, according to pictorial[23] and textual evidence.[24] It is difficult to tell in which part of the ceremony the W. took place.[25]

Wine was offered to *Amun during the coronation ceremony as depicted on the wall of the great Hypostyle Hall at Karnak.[26] In the coronation ceremony depicted at Edfu, after the king presents *Maat, he gives wine and myrrh to Amun.[27]

Wine offering scenes are found in the Heb-sed hall of *Sesostris I,[28] and in the temple of *Amenophis II at Karnak.[29] W. are also found on the obelisks of *Thutmosis I,[30] and *Ramesses II,[31] commemorating the royal jubilee (*Sedfest).[32] Wine-jar labels from *Malqata indicate that special wine was prepared for the Heb-sed.[33]

On the north wall in the sanctuary at *Deir el-Bahari, Hatshepsut (later changed into Thutmosis III) is shown offering wine before the bark of Amun[34] as part of the Valley Festival (*Talfest).[35] The same may be depicted in the bark shrine of Thutmosis III in Medinet Habu,[36] *Amenophis III offering wine to the bark of Amun in *Luxor,[37] or Sethos I at Karnak.[38] In the Valley Festival wine was offered not only to the deity by the king, but also to the deceased by their kinsfolk.[39]

In the small temple at *Abu Simbel, Ramesses II is shown offering wine to Amun-Re[40] and Re-Harakhty[41] in the celebration of the New Year (*Neujahr) or the coming of the inundation.[42]

The W. is depicted twice in the Mammisi (*Geburtshaus) of *Isis at *Philae[43] in connection with the decree of Amun-Re concerning the birth and enthronement of *Horus.[44]

A larger number of W. scenes cannot be associated with a specific event, such as: Sethos I offering wine to Amun and *Amaunet at Karnak;[45] two W.–scenes on the southern exterior wall of Hatshepsut's bark-shrine at Karnak, to Amun[46] and to *Tefnut.[47] Sethos I is shown offering wine to Amun at Karnak.[48]

In the sanctuary of the small temple at Medinet Habu, Thutmosis III offers wine to Amun.[49] It is uncertain whether these offerings belong to a ritual or if they were independent acts. The same ambiguity prevails when Ramesses III is shown offering wine to Amun and *Weret-hekau in the shrine of *Ptah in the Great Temple at Medinet Habu.[50]

When W. scenes are depicted in rooms with known cult functions such as the "offering room",[51] the "slaughter room",[52] the "purification room",[53] or the "clothing room",[54] W. should be part of the preparation of offering of food or the rituals for vestment and purification without being able to establish the exact relationship between the W. scenes and the ritual performed.

W. as a decorative theme occurs, e.g. in 7 out of the 9 storage chambers in Thutmosis III's festival temple.[55] Against Alliot's thesis[56] that ritual scenes represent the rites performed at that spot,[57] the W. shown on columns are clearly decorative.[58] According to Osing[59] they are part of two decorative patterns in the NK temple reliefs, one with the sequence wine-milk-incense-water; the other Maat-wine-water-food.[60] This also applies to the scenes depicted on the lintels and jambs of doorways, arranged as double scenes[61] or symmetrically on the door jambs.[62]

3. *The recipient deities of wine offering:*

Almost all of the deities were featured in W.–scenes as recipient; except for a few deities, there was no special relationship between wine and the deities.[63] *Osiris has the epithet of "Lord of wine during the *Wag-festival" (Pyr. 820 a), and "Lord of wine through the inundation" (Pyr. 1524 a). Diodorus reports that in an Egyptian legend Osiris was the inventor of wine.[64] In a text from the temple of Edfu, wine is said to be the gift of *Seth,[65] which might be linked with the interpretation of the god's name as "the one causing drunkenness (*Trunkenheit)."[66] According to a

Graeco-Roman cycle of mythological tales concerning Hathor-Tefnut,[67] the goddess was brought back to Egypt from the Nubian desert by command of Re. Even after her return, her wild and bloodthirsty nature remained unchanged, so that she needed to be appeased by music, dance, and the offering of wine.[68] One of Hathor's epithets, "Mistress of Drunkenness"[69] reflects her relationship with wine. As Hathor was identified with the inundation,[70] the red color of the Nile during the inundation[71] suggests the color of wine. In the Hathor-Tefnut myth, *Thoth of *Pnubs, called "Lord of wine", is in charge of the offering of wine to Hathor.[72] In a widely used W. liturgy, this close relationship between Thot and the inundation is probably a reflection of the beginning of the inundation season in the month "Thot", in which falls also the festival of drunkenness.[73]

[1] Pyr. 36a–b.c; 39a–b; Barta, Opferliste, 78–79. – [2] Pyr. 92–94. 106b; Barta, op. cit., 69ff. – [3] Barta, op. cit., passim. – [4] Emery, Archaic Egypt, 134ff.; id., Tombs of the First Dynasty I, 148ff.; II, 68ff. 159ff.; III, 15ff., pl. 109; id., A Funerary Repast in an Egyptian Tomb of the Archaic Period, Leiden 1962, 7. – [5] Hornung, Haremhab, pls. 3. 7. 14. 15. 18. 20. – [6] PM I. 2², 534 (5). – [7] PM I. 2², 537 (12), 3; 537 (13), 3; 540 (30), 3; 540 (30), 5; 540 (31), 3. 5. – [8] PM I. 2², 509 (17) A (d). – [9] PM I. 2², 532 (2), 2. – [10] PM I. 2², 525 (49)–(54), pillar A (d)–(c). – [11] Barta, op. cit., passim. – [12] Alexandre Moret, Rituel du cult divin journalier en Egypte, Annales du Musée Guimet, Bibliothèque d'études 14, Paris 1902; Blackman, in: JMEOS 8, 1919, 27–33. – [13] Barta, op. cit., passim. – [14] Maurice Alliot, Le culte d'Horus à Edfou, BdE 20. 1, 1949, 38f.; Edfou II, 153. – [15] Nelson, in: JNES 8, 1949, 202. – [16] pHier. BM (Gardiner), 78–106. – [17] CG 58001–58036, 134–156. – [18] Ernesta Bacchi, Il Rituale di Amenhotepe I, Turin 1942. – [19] Nelson, loc. cit. – [20] PM II², 468 (42), 5. – [21] Montet, in: Kêmi 17, 1964, 74–100. – [22] PM II², 69. 183. – [23] Medinet Habu IV, 202. 207. 210; Henri Gauthier, Les fètes du dieu Min, RAPH 2, 1931, 132. 252; Claas J. Bleeker, Die Geburt eines Gottes, Studies in the History of Religion, Supplements to Numen III, Leiden 1956, fig. 17. – [24] Gauthier, op. cit., 26. 159. – [25] Cf. n. 23. – [26] PM II², 49 (160), II 6. – [27] Mohiy I. A. Ibrahim, The Chapel of the Throne of Re of Edfu, BAe 16, Brussels 1975, 18–19. Ibrahim suggests that the offering of wine is a fertility rite (p. 20) without giving further evidence or explanation. – [28] Lacau-Chevrier, Sésostris Ier, pls. 20. 22. – [29] PM II², 185 (568), 2; 186 (571). – [30] LD III, 6. – [31] Kitchen, Ram. Inscr. II, 412. 423. 598. 601. – [32] Labib Habachi, The Obelisks of Egypt, New York 1977, 3–14. – [33] Hayes, in: JNES 10, 1951, 89ff.; Helck, Materialien, 726ff. – [34] Deir el-Bahari V, pl. 141 (= PM II², 365 [132], 2). – [35] Schott, Das schöne Fest, 842. – [36] PM II², 469 (46), I 3. – [37] Nelson, in: JNES 8, 1949, pl. 19. – [38] PM II², 45 (155), V 1. – [39] Schott, op. cit. – [40] Christiane Desroches-Noblecourt and Charles Kuentz, Le petit temple d'Abou Simbel II, CEDAE, 1968, pl. 105. – [41] Ibd., pl. 113. – [42] Ibd. I, 122. – [43] Junker-Winter, Philae II, 28. 42. – [44] Ibd., 11ff. – [45] PM II², 45 (155), II 5. – [46] PM II², 67, IV 84. – [47] PM II², 67, VI 105. – [48] PM II², 44 (153), II 8. – [49] PM II², 469 (47), II 3. – [50] PM II², 506 (120), (h) I. – [51] PM II², 471 (57), 5. – [52] PM II², 506 (126), I. – [53] PM II², 472 (74). – [54] PM II², 508 (138), (j). – [55] For the plan, cf. PM II², pl. XII. 2. The rooms in which W. are depicted are rooms VIII. IX. XI. XII. XIV. XV; cf. Barguet, Temple d'Amon-Rê, 158f. – [56] Alliot, Le culte d'Horus à Edfou (v. n. 14), 3. – [57] Arnold, Wandrelief, 127. – [58] This is apparent in the numerous W. scenes on columns at Medinet Habu (Medinet Habu V, 260ff.; VI, 373ff.), the Ramesseum (PM II², 435 A–F) and Abu Simbel (PM VII, 105 I–VI). – [59] Jürgen Osing, Der Tempel Sethos' I. in Gurna, AV 20, 1977, Exkurs I, pp. 65ff. – [60] In the latter seems to prevail a juxtaposition of esoteric offerings (Maat and wine) and ordinary ones (water and bread). – [61] PM II², 106 (327); 80 (207) (a)–(b); 200 (19). (24); Deir el-Bahari V, pl. 137; PM II², 411 (27)–(32) (a)–(b). – [62] PM II², 188 (585) (b), IV; 307 (19) (f)–(g); 418 (105) (a)–(b), I–III. – [63] Mu-Chou Poo, The Offering of Wine in Ancient Egypt, Diss. Baltimore 1984 (unpublished), chapter III. IV. – [64] Diodor I, 15, 8. – [65] Edfou I, 469. – [66] Herman te Velde, Seth, God of Confusion, PÄ 6, 1967, 6–7. – [67] Hermann Junker, Der Auszug der Hathor-Tefnut aus Nubien, APAW 1911. 3. – [68] Junker, op. cit., 7; Daumas, in: RdE 22, 1970, 63–78. – [69] Edfou V, 380. – [70] Desroches-Noblecourt, op. cit. (v. n. 40) I, 116; Philippe Germond, Sekhmet et la protection du monde, AH 9, 1981, 226–233; Poo, op. cit., 213–215. – [71] Danielle Bonneau, La crue du Nil, Etudes et commentaires 7, Paris 1964, 65ff. 291. 304–305; Desroches-Noblecourt, op. cit. I, 115f. – [72] Junker, op. cit. (v. n. 67), 44. – [73] Schott, Festdaten, 39. 42. M.-Ch. P.

Weintrauben, äg. *jꜣrrt*, *jꜣꜣ/jꜣt*, *jrr(t)*[1], kopt. ⲈⲖⲞⲞⲖⲈ[2], zählen zu den Grundnahrungsmitteln[3]. Sie finden sich häufig als *Grabbeigaben[4], sind Bestandteil der *Opferlisten und *Opferformeln noch fehlen sie in Opferszenen, wo sie in *Körben[5], auf Tragen, in Beuteln[6], einzeln, oft auch als Ranken mit Weinlaub[7] und Trauben, zu den Opfertischen herbeigetragen werden[8]. Gabenbringer führen häufig ein Gebinde aus W. und *Granatäpfeln mit sich[9]. In *Opferstiftungen werden sie meist mit anderen Früchten zusammen genannt[10]. Mit *jꜣrrt* beschriftete Töpfe dürften wohl eher Rosinen[11] enthalten haben[12]. In Marktszenen wird mit W. gehandelt[13].

W. spielen in der *Ornamentik eine bedeutende Rolle. Als Fries aus stilisierten W. oder aus Lotosblüten und W. schmücken sie Götterschreine[14], Königskioske[15], *Baldachine in Privatgräbern[16], Prozessionskapellen[17], Stelen[18], *Scheintüren[19] und bilden häufig den oberen Abschluß von Szenen des *Gastmahls[20] oder des *Begräbnisrituals[21]. Die häufige Verwendung der W. in jenseitsbezogenen Szenen, vor allem im Zusammenhang mit *Osiris[22], dürfte sie als Symbol des Osiris und damit als *Wiedergeburts-Symbol ausweisen[23]. W. schmücken Weinamphoren[24]. Sie dienen als Schmuckelemente[25] wie als selbständige Anhänger und *Amulette[26]. Sie sind Bestandteil der Decken-[27] und Wandornamentik[28] in Gräbern und von Wand- und Fußbodendekoration in Palästen[29] und Tempeln[30].

Im *Mundöffnungsritual steht das Darreichen von W. im Zusammenhang mit Szenen, in denen sonst Ritualgegenstände überreicht werden[31]. Im *Dramatischen Ramesseumspapyrus werden W. unter den Materialien zur Krönung in Verbindung mit kosmetischen Produkten für die Augen genannt[32]. Auch sonst sind sie in der Kosmetik als *Augenschminke belegt[33].

In der *Medizin werden W. als *Heilmittel verwandt[34]. W. sind ein Bestandteil von *Kyphi. Herodot II, 40 berichtet, daß ausgeweidete Opfertiere mit getrockneten W. gefüllt wurden. Aus röm. Zt ist die Verwendung der W. beim Kochen bekannt[35]. Ein Ritualtext aus *Dendara beschreibt die Zubereitung eines Weißbrotes mit Weintrauben[36].

W. gelten als die Pupille des Auges des *Horus[37], aus dem der Wein quillt[38].

[1] Gérard Charpentier, Recueil de matériaux épigraphiques relatifs à la botanique de l'Egypte antique, Paris 1981, 72f.; zur Wortform s. Gunn, in: ZÄS 59, 1924, 71; Edel, Altäg. Grammatik I, §§ 130. 229. – Auch von Beeren anderer Fruchtbäume gebraucht (?): *ỉ3rrt snb* (Pap. Harris I, 40a, 10; 55b, 9); *ỉ3rrt sšp* (Pap. Harris I, 39,4; nur *sšp*: Pap. Harris I, 40a, 1.2; 56a, 1); da *sšp* griech. als Bezeichnung für „Wein, Weintraube" gilt (Edfou I, 71. 109), ist *ỉ3rrt sšp* bzw. *sšp* möglicherweise aber auch die Bezeichnung einer, vielleicht sogar hellen, Weintraubensorte (vgl. *sšp* „hellfarbig" [Wb IV, 282, 9. 10] für helle Milch oder Gerste). Vgl. noch *šspt nt ỉ3rrt* der med. Texte als „Kerne der W.": Renate Germer, Untersuchungen über Arzneimittelpflanzen im Alten Ägypten, Diss. Hamburg 1979, 89f. – [2] KoptHWb, 34. – [3] S. Athenaeus, Deipnosophistae I, 33D. – [4] S. *Wein A; Darby et alii, Food (s. Lit.), 713. 714 Abb. 18.6. – [5] In den Körben werden sicherlich häufig einzelne Weinbeeren gewesen sein. Vgl. Beni Hasan I, Tf. 12, wo das Abstreifen der Beeren in Körbe dargestellt wird, sicherlich aber nicht das Aufreihen von Trauben an Schnüren zum Trocknen (so Klebs, Reliefs II, 82). – [6] Annelies und Artur Brack, Das Grab des Tjanuni. Theben Nr. 74, AV 19, 1977, 48 Anm. 280, Tf. 12c. – [7] Die Darstellung des Weinlaubs ist stark stilisiert. Zu einem geometrischen Element erstarrt werden die Blätter meist als kreisrunde Scheiben mit 3 oder 4 Einschnitten wiedergegeben, vgl. Klebs, Reliefs III, 52f. – [8] Davies, Nakht, Tf. 10. – [9] Annelies und Artur Brack, Das Grab des Haremheb. Theben Nr. 78, AV 35, 1980, Tf. 7; Davies, Nakht, Tf. 8. – [10] Helck, Materialien, 754. – [11] Die seit Ebbell gebräuchliche Bezeichnung der Rosine als *wnš* (Grundriß der Medizin VI, 136; Wb I, 335) ist fraglich. Bei Ahmed Moussa und Hartwig Altenmüller, Das Grab des Nianchchnum und Chnumhotep, AV 15, 1977, 102 (Szene 15. 1), Tf. 34, Abb. 13 finden sich *wnš* als kleine hellblaue Beeren mit Stil (also kaum Rosinen) neben dunkelblauen *ỉ3rrt*-Weinbeeren, ebenfalls mit Stil (Rosinen müßten eigentlich dunkler dargestellt sein). In SpZt-Texten werden dagegen Früchte des *š3*-Weinstockes als *wnš* bezeichnet (Dendara IV, 19 u. ö.), so daß es sich bei *wnš* sicherlich nicht um weinbeerenähnliche Früchte handeln wird. Da *wnš* seit dem AR mit *ỉ3rrt* zusammen in Aufzählungen erscheint (Firth-Gunn, Teti-Pyramid Cemeteries I, 120; LD III, 200d; Meir IV, 49, Tf. 20 [12]), dürfte es sich eher um eine Traubensorte handeln. Medizinische Texte verwenden beide als Drogen, jedoch nicht im gleichen Rezept, aber in verschiedenen Rezepten gleicher Zusammensetzung entweder *wnš* oder *ỉ3rrt* (Renate Germer, Arzneimittelpflanzen [s. Anm. 1], 91), was gegen die Deutung als Rosine spricht. Vgl. auch kopt. ⲈⲀⲈⲀϢⲞⲨⲰⲞⲨ „Rosine": Wb IV, 429; KoptHWb, 34. – [12] Helck, Materialien, 754. – [13] Moussa und Altenmüller, op. cit., 84 (Szene 11. 4. 2), Tf. 24, Abb. 10. – [14] Davies, Two Sculptors, Tf. 15. 19 (Osiris); Wresz., Atlas II, 119. 125 (Amun). – [15] Torgny Säve-Söderbergh, Four Eighteenth Dynasty Tombs, PTT 1, 1977, Tf. 30. 31; Davies, Two Sculptors, Tf. 10. – [16] Davies, Two Sculptors, Tf. 18. – [17] Wresz., Atlas II, 195–196. – [18] A. und A. Brack, Tjanuni (s. Anm. 6), 17. 19, Tf. 7. 42. – [19] Davies, Two Officials, Tf. 35. – [20] Davies, Two Officials, Tf. 21. 23. 24. – [21] Davies, Two Sculptors, Tf. 22. 25. – [22] S. *Wein G mit Anm. 127–131. – [23] Auch in der kopt. Kunst gilt die W. – in der Hand der sog. Isismysten als Symbol des Dionysos-Osiris – als Wiedergeburtssymbol und wird infolge synkretistischer Strömungen schließlich Christus zugeordnet (Arne Effenberger, Koptische Kunst, Wien 1975, 141. 152). – [24] A. und A. Brack, Tjanuni (s. Anm. 6), Tf. 15b; Davies, Two Officials, Tf. 1. – [25] CoA II, 18, Tf. 36, 2; Pap. Harris I, 64b, 14. – [26] Petrie, Amarna, 30, Tf. 19, Nr. 441–448. – [27] Deir el Médineh 1924–25, FIFAO III. 3, 1926, Abb. 42. 43. – [28] In TT 15 (Earl of Carnarvon und Howard Carter, Five Years' Excavation at Thebes, London 1912, Tf. 3, 2) ist eine Nischenwand als Weinlaube gebildet, in der eine männliche Person W. pflückt. – [29] Newton, in: JEA 10, 1924, Tf. 32, 1; Wilhelm von Bissing, Der Fußboden aus dem Palaste des Königs Amenophis IV. zu El Hawata, München 1941, Tf. 1. – [30] Rainer Hanke, Amarna-Reliefs aus Hermopolis, HÄB 2, 1978, 62ff., Tf. 22. 23. – [31] Otto, Mundöffnungsritual, 98f. (Szene 38). – [32] Sethe, Dramatische Texte, 204ff. – [33] Deir el Médineh 1934–35, FIFAO XV, 1937, 109; Firth-Gunn, Teti Pyramid Cemeteries II, Tf. 80. – [34] Renate Germer, Arzneimittelpflanzen (s. Anm. 1), 85ff. – [35] Darby et alii, Food (s. Lit.), 715; vgl. auch Vivi Täckholm in: LÄ II, 271 über die Verwendung von Weinblättern. – [36] Dendara I, 51, 16ff. – [37] Jacques Vandier, Le Papyrus Jumilhac, 126 (XIV, 14–15). – [38] Sethe, Dramatische Texte, 177 Z. 70, vgl. *Wein, Anm. 135.

Lit.: William J. Darby, Paul Ghalioungui und Louis Grivetti, Food. The Gift of Osiris II, London–New York–San Francisco 1977, 711ff.; Helck, Materialien, 754.

Ch. Me.

Weisheit, demotische. It is difficult to offer more than a provisional assessment of demotic wisdom literature as a whole. A number of potentially important texts have yet to be published. Of those which are available for study, the majority are very brief or very badly preserved. Necessarily, most of our information is drawn from a small number of relatively long, well-preserved texts, and there is danger in making broad generalizations on the basis of such a restricted body of evidence.

Sapiential works written in demotic have been found on both papyri and ostraca.[1] The earliest known date from the middle of the 2nd century B.C.,[2] the latest, from the 2nd or, possibly, the 3rd century A.D.[3] Sites at which such texts have been discovered include *Memphis,[4] *Tebtynis,[5] *Achmim,[6] *Gebelein,[7] and *Thebes (*Deir el-Bahari).[8]

Little is known about the authors of these works. A prologue attributes the instructions preserved in Pap. BM 10508[9] to Ankhsheshonqy, the son of Tjanefer, a Heliopolitan priest (*Lehre des Anch-Scheschonqi). According to this prologue, he wrote the instructions for his son while imprisoned after having been implicated in a plot against the king.[10] Originally, *Pap. Dem. Insinger[11] had a prologue as well, but only fragments of it have been preserved.[12] These present the author speaking in the first person and exhorting his audience to hearken to him. The work ends with a prayer on behalf of a Phebhor, the son of Djedherpaan, who is perhaps identical with this person. The instructions of Pap. Louvre 2414[13] are said to have been written by a *Pꜣ-wr-ḏl*[14] for his son; those of oBM 50627,[15] by an anonymous scribe of the House of Life (*Lebenshaus). This is the extent of our information.

The wisdom expounded in the works which have been preserved takes the form of injunctions and precepts, both positive and negative, and aphorisms, whether folk proverbs or literary formulations.[16] Typically, these are brief, and cast in the form of single sentences. But they may be combined in various ways to form larger units of composition. Two or more sentences which are thematically related, or which have the same grammatical structure, may be placed in juxtaposition.[17] Several sentences beginning with the same word may be joined together to form an anaphoric chain[18] (*Stilmittel).

Most demotic wisdom texts are relatively loosely structured; it is not unusual to find in them abrupt shifts from one topic to another. The exception is Pap. Insinger, which is divided into thematically ordered chapters. There are twenty-five of these, each one numbered and given a title indicative of its contents.[19]

Common to all exemplars of demotic wisdom literature is a belief in a principle of causality, the idea that there is a fixed and certain connection between a deed and its effect.[20] This principle proceeds from the universal order of *mꜣꜥt* (*Maat) and is operative both in nature and in society. Broadly speaking, the purpose of the demotic instructions is to make men aware of the existence of such a principle and to teach them how they should live in consequence.

Every person occupies a position in a hierarchy which is, at once, a natural and a social one. The acquisition of wisdom consists in learning how properly to conduct oneself, as an individual and in relation with the other members of this hierarchy, whether the gods, the king, one's fellow townsmen, one's superiors and inferiors, or one's family: parents, wife, siblings, daughters and sons.[21] The texts distinguish two types of person, the wise man and the fool. The former is patient, reverent, temperate, and prudent; the latter, careless, unreliable, and lacking in self-control.[22]

The law of causality so regulates matters that good results in good and evil in evil. Thus, the proper conduct of one's life results in happiness and prosperity, while bad conduct produces misery and ruin. But in reality, this does not always happen, as the writers of demotic wisdom texts were well aware. They explained this seeming paradox by reference to the twin powers of fate (*Schicksal) and fortune. These were conceived, not as independent forces, but rather as divine agents. Through them, the gods could intervene in mens' lives and reverse the normal causal process.[23]

There is no real contradiction here, however, since both fate and fortune and the causal process proceed from the same divine source. The proper response of the wise man is not to question the justice of this design, but rather to accept with fortitude the inscrutability of the gods' will.

Altogether, the role played by the Egyptian gods in the latest sapiential works is both an important and a striking one. Divinities mentioned by name in them include Pre (*Re),[24] *Thot,[25] *Hapi,[26] *Horus,[27] *Hathor,[28] *Mut,[29] and *Isis.[30] In addition, there are many references to the activities of an unspecified god or gods.[31] In studying demotic wisdom texts, one is constantly aware of the pervasive influence of traditional Egyptian religious belief.

As noted above, Pap. Insinger, in comparison with other works, is organized with a higher degree of sophistication. Equally, it is distinguished by a greater concern with spiritual values and the thoroughness of its elucidation of particular themes. Various explanations have been offered to account for the differences between it and the other demotic instructions, particularly Pap. BM

10508. It has been suggested that, whereas Pap. Insinger is a unified composition, the others are anthologies drawn from disparate sources;[32] or that they reflect a folk or peasant morality, as opposed to a higher wisdom.[33] The difference has been explained in terms of genre as well. Pap. Insinger, according to this view, is a *sbꜣjt*, a work of a theoretical nature; Pap. BM 10508, a *mtrt*, "testimony", which is based on practical experience.[34] It may be, however, that the distinctive features of the former work reflect no more than the particular concerns and attainments of its author.

The demotic instructions have close connections with earlier Egyptian works of wisdom. There are differences, innovations, and shifts of emphasis, but these are only to be expected. Some themes or compositional elements which figure prominently in the earlier works are less important in the later ones;[35] others, previously insignificant, are given a new prominence.[36] Despite this, it is clear that both groups of texts are products of the same cultural tradition.[37]

There are also similarities between the demotic instructions composed in Egypt and those written elsewhere and in other languages at approximately the same time. These are more difficult to explain. Some argue that particular Egyptian works were influenced heavily by the foreign ones.[38] Others argue for an equally sweeping influence in the opposite direction.[39] The correct answer probably lies somewhere in between these two extremes. Unfortunately, direct influence, in either direction, is all but impossible to demonstrate.[40]

Wisdom, in the Graeco-Roman Period, was not the preserve of a few initiates. It was thought proper that people should receive instruction, and even the foolish were to be taught or upbraided. Failure to do so, it was felt, provoked divine anger.[41] There does not exist, in demotic at any rate, a corpus of secret or hermetic wisdom. That a group of demotic texts has been designated as such is the result of a misunderstanding by their editor.[42]

Subjoined is a list of published demotic wisdom texts with relevant bibliography. A number of other works still await publication. Among these are papyri in Berlin,[43] Oxford, Vienna,[44] and Michigan,[45] as well as an ostracon in Strasbourg.[46] Such instructions are not the only demotic texts which preserve sapiential material, however. The dialogues between Siosiris and his father Setne in Pap. BM 604 (*Chaemwese-Erzählungen) contain much that falls into this category,[47] as do the conversations of Thoth and *Tefnut in Pap. Leiden I 384[48] (*Sonnenauge). On a less elevated level, proverbs and aphorisms occur in a number of literary and non-literary demotic texts.[49]

[1] For the latter, v. n. 46 and Register of Texts, no. 14. Compare also Edda Bresciani et alii, Ostraka demotici da Narmuti 1, Quaderni di Medinet Madi 1, Pisa 1983, 32–35, pls. 11–12, nos. 25. 26. – [2] Register of Texts, nos. 18–20. – [3] Register of Texts, no. 24. – [4] Ibd., nos. 18–20. – [5] Ibd., nos. 2–7. 10–11. 23–24. – [6] Ibd., nos. 1. 13. It is striking that the two longest demotic wisdom texts should share the same provenience. Among earlier works, the Instruction of Amenemope was also written by a citizen of Akhmim. – [7] Ibd., nos. 15. 16. – [8] Ibd., no. 14. – [9] Ibd., no. 13. Cf. Thissen, in: LÄ III, 974–975. – [10] Pap. BM 10508, I–V. – [11] Register of Texts, no. 1. Cf. Zauzich, in: LÄ IV, 898–899. – [12] For these, see Register of Texts, no. 6 (1st fragment). – [13] Ibd., no. 20. – [14] For the interpretation of the name, see Hughes, in: Studies in Philology in Honour of Ronald James Williams, Toronto 1982, 54. – [15] Register of Texts, no. 14. – [16] See Miriam Lichtheim, in: Fs Lüddeckens, 125–140. – [17] E. g. Pap. BM 10508, XIII, 6–7: "The friend of a fool is a fool, the friend of a wise man is a wise man. The friend of a stupid man is a stupid man." – [18] E. g., Pap. Insinger, X, 10–XI, 18 (initial word: *tm*); Pap. BM 10508, X, 11–XI, 4 (initial word: *ḥmj*). For further examples of such compositional devices, see Miriam Lichtheim, Late Egyptian Wisdom Literature in the International Context, OBO 52, 1983, 1–6. 10–12. 63–65. – [19] On the structure of this work, see Miriam Lichtheim, op. cit., 109–116. – [20] Ibd., 37–42 (with particular reference to Pap. BM 10508). – [21] For specific instructions relating to these and other categories of people, see tables in Lichtheim, op. cit., 54–55. 170. – [22] On the sage-fool dichotomy, see Lichtheim, op. cit., 45–48. 116–128. Pap. Insinger also contrasts a related pair, the pious and the impious man. – [23] See Lichtheim, op. cit., 138–150; ead., in: Erik Hornung and Othmar Keel (Ed.), Studien zu altäg. Lebenslehren, OBO 28, 1979, 293–300. – [24] Pap. BM 10508, V, 2–13; X, 24; XXV, 4; Pap. Insinger, XX, 17. – [25] Pap. BM 10508, X, 12; Pap. Insinger, IV, 17; IX, 6; XVIII, 3; XXI, 11. – [26] Pap. BM 10508, XVII, 23; XVIII, 24; XXIII, 20; Pap. Insinger, XVI, 21. – [27] Pap. Insinger, XX, 18. – [28] Ibd., VIII, 11. 18. – [29] Ibd., VIII, 18. – [30] Ibd., XX, 19. – [31] E. g., s. Heinz-Joseph Thissen, Die Lehre des Anchscheschonqi, Bonn 1984; František Lexa, Papyrus Insinger, Paris 1926, glossaries, s. v. *nṯr*. – [32] So Stephen Glanville, The Instructions of ʿOnchsheshonqy, London 1955, p. XIV; Hellmut Brunner, Grundzüge einer Geschichte der altäg. Literatur, Darmstadt 1966, 119–120. – [33] So William McKane, Proverbs: A New Approach, London 1970, 117–150; Gemser, in: Supplements to VT 7, 1960, 102–128. – [34] So Thissen, op. cit. (s. n. 31), 1–8. – [35] E. g., the virtues of the scribal profession, as set forth in the Instructions of Ani and Kheti the son of Duauf (Dua-kheti). – [36] E. g., the so-called monostich or short self-contained sentence. For examples of this in a Pharaonic wisdom text, s. John Barns, Five Ramesseum Papyri, Oxford 1956, 11–14, pls. 7–9 (= Alan H. Gardiner, The Ramesseum Papyri, Oxford 1955, pls. 3–6). – [37] More direct links are difficult to establish, however. For the suggestion that Pap. BM 10508, XVII, 23 is a

quotation from the earlier Instruction of Hordjedef (*Lehre des Djedefhor), see Brunner, in: E. Hornung and O. Keel, Studien (v. n. 23), 119–122. – [38] E. g., Walcot, in: JNES 21, 1962, 215–219; Miriam Lichtheim, Late Eg. Wisdom Literature (v. n. 18), passim. – [39] E. g., Jack T. Sanders, Ben Sira and Demotic Wisdom, Chico 1983, 61–106. – [40] Fragments of a demotic translation of the Book of Ahikar have been preserved on papyri in Berlin and Cairo (Register of Texts, nos. 12. 17), but these include portions of the narrative prologue only. It is not known whether the sapiential sections of the book would have been of interest to the Egyptian translator(s). There is also extant a Greek ostracon inscribed with precepts attributed to Amenotes, that is to say, Amenophis the son of Hapu (For bibliography, s. Lichtheim, op. cit. (v. n. 18), 104, n. 98). This constitutes no real evidence for cross-cultural influence, however, since, in spite of their attribution to an Egyptian god, the precepts are purely Greek in character. – [41] So Pap. Insinger, XIV, 13: "The god is wrathful when the fool is left in stupidity." – [42] The texts in question are those published by Eve A. E. Reymond, From Ancient Egyptian Hermetic Writings. From the Contents of the Libraries of the Suchos Temples in the Fajjum II, Mitteilungen aus der Papyrussammlung der Österreichischen Nationalbibliothek (Papyrus Erzherzog Rainer), N. S. 11, Vienna 1977. – [43] Pap. Berlin P 15658: Zauzich, in: Enchoria 8. 2, 1978, 34; Pap. Berlin P 15709 + 23505: Zauzich, in: Enchoria 5, 1975, 119 n. 6. For translations of the former text, see Max Küchler, Frühjüdische Weisheitstraditionen, OBO 26, 1979, 335–337; J. Lindenberger, The Aramaic Proverbs of Ahiqar, Baltimore 1983, 311–312. – [44] See Eve A. E. Reymond, in: Papyrus Erzherzog Rainer. Fs Papyrussammlung der Österreichischen Nationalbibliothek, Vienna 1983, 50–52. – [45] Reported by Williams, in: JAOS 101, 1981, 3. – [46] oStrasbourg 621 according to Spiegelberg's numeration. – [47] S. Edda Bresciani, in: LÄ I, 899–901. – [48] See M. Smith, in: LÄ V, 1082–1087. A somewhat similar text is published by Revillout, in: Corpus Papyrorum Aegypti I, Paris 1885–1902, pls. 30–33. – [49] For a selection, s. Miriam Lichtheim, in: Fs Lüddeckens, 125–140.

Register of Texts:

A. Pap. Insinger and parallel texts.

1. Pap. Insinger. Date: 1st century A. D. (s. Worp, in: OMRO 63, 1982, 39–41). – Provenience: Akhmim. – Length: The main text, now in Leiden, comprises 33 complete columns with an average of 23 lines in each column, as well as 2 partially preserved columns, one of them containing the greater part of 25 lines of text; the other, fragments of 21 lines. Of the lost beginning, there are 3 fragments in the Cairo National Library containing parts of 4 + 6 + [14 + 6] lines of text; 2 fragments in the Museum of the University of Pennsylvania with parts of 25 lines; and a number of fragments in Paris (Pap. de Ricci), of which 5 have been published. These contain parts of [20 + 14] + 23 + [21 + 9] + 21 + 19 lines of text. Two of them can be joined with the fragments in Pennsylvania.

2. Pap. Carlsberg 2. Date: Roman Period (2nd century A. D.?). – Provenience: Tebtunis. – Length: Parts of 10 columns of text with an average of 23 lines preserved in each. There are 2 further fragments in Berlin (s. nos. 10–11). For the correspondences between nos. 2–5 and Pap. Insinger, s. the books of Volten, cited in Lit.

3. Pap. Carlsberg 3 vso. Date: Roman Period (2nd century A. D.?). – Provenience: Tebtunis. – Length: 2 fragments (after joining) containing parts of [3 + 20] + 3 lines. There is a further fragment in Florence (s. no. 7).

4. Pap. Carlsberg 4 vso. Date: Roman Period. – Provenience: Tebtunis. – Length: Fragments containing parts of 26 lines and traces of several others.

5. Pap. Carlsberg 5. Date: Roman Period (2nd century A. D.?). – Provenience: Tebtunis. – Length: 6 fragments containing parts of 6 + 18 + 8 + 11 + 9 + 8 lines of text. There are 11 further fragments of this papyrus in Florence (s. no. 6).

6. Pap. Florence fragments 1. 3–12. Date: Roman Period (2nd century A. D.?). – Provenience: Tebtunis. – Length: The published fragments contain parts of 9 + 9 + 5 + 4 + 11 + 6 + 6 + 5 + 7 + 6 + [1 + 12] + 7 lines of text. There are also four unpublished fragments with traces of a few words. Originally, all were part of Pap. Carlsberg 5. For the correspondences between these fragments and Pap. Insinger, s. Botti and Volten, in: AcOr 25, 1960, 29–42.

7. Pap. Florence fragment 2. Date: Roman Period (2nd century A. D.?). – Provenience: Tebtunis. – Length: Parts of 10 lines of text are preserved. Originally, this fragment was part of Pap. Carlsberg 3 vso.

8. Pap. Berlin P 23726. Date: Roman Period. – Provenience: Unknown. – Length: Parts of 18 lines (= Pap. Insinger, X, 21–XI, 13).

9. Pap. Berlin P 23728. Date: Roman Period. – Provenience: Unknown. – Length: Parts of 5 lines (Pap. Berlin P 23728, x + 4–5 = Pap. Insinger, V, 15–16).

10. Pap. Berlin P 23824. Date: Roman Period (2nd century A. D.?). – Provenience: Tebtunis. – Length: Parts of 10 lines. Originally, this was part of Pap. Carlsberg 2. The top line of the Berlin fragment is actually the beginning of Pap. Carlsberg 2, IV, 16. Pap. Berlin P 23824, x + 1–7 = Pap. Insinger, VIII, 17–22.

11. Pap. Berlin P 23825. Date: Roman Period (2nd century A. D.?). – Provenience: Tebtunis. – Length: Parts of 8 lines. Originally, this was part of Pap. Carlsberg 2, probably column VII. Pap. Berlin P 23825, x + 2–3 = Pap. Insinger, XXI, 4–5; Pap. Berlin P 23825, x + 5–7 = Pap. Insinger, XXI, 7–9.

Publications and studies nos. 1–11:

Friedrich W. v. Bissing, Altägyptische Lebensweisheit, Bibliothek der Alten Welt, Zürich 1955, 91–120. Translation.

Boeser, Transkription und Übersetzung des Papyrus Insinger, in: OMRO N. R. 3. 1, 1922, I–XLVIII. 1–40 with pl. opposite p. 40 (= Internationales Archiv für Ethnographie 26, Leiden 1925, XXXIII–LXXX. 1–40 with pl. opposite p. 40). Transliteration, translation, glossary. Also, transliteration, translation and photographs of the de Ricci fragments. Review: Junker, in: OLZ 28, 1925, 371–375. – Id., Ein demotischer Papyrus moralischen Inhalts im Leidener Altertumsmuseum, in: AcOr 1, 1923, 148–157. General description, translation of chapter 20. – Id., Some Observations on a Moral Text in Demotic, in: Egyptian Religion 2, New York

1934, 1–5. Translation of selected lines. – Id., Demotic Papyrus from the Roman Imperial Time, in: Egyptian Religion 3, New York 1935, 27–63. Translation.

Botti and Volten, Florentiner-Fragmente zum Texte des Pap. Insinger, in: AcOr 25, 1960, 29–42, pls. 1–2. Transliteration, translation and comments, photographs.

Edda Bresciani, Letteratura e poesia dell'Antico Egitto, Turin [2]1969, 585–610. Translation.

Gilula, The Negation of the Adverb in Demotic, in: JAOS 92, 1972, 460–465. Discussion of Pap. Insinger, XIII, 23.

Giron, Nouvelles maximes en démotique appartenant au papyrus moral de Leyde, CRAIBL 1908, 29–36. Photograph of column XI of Pap. Insinger; description of de Ricci fragments with photographs of two (fragments 4 and 5), hieroglyphic transcription and translation of 7 lines.

Janet H. Johnson, The Demotic Verbal System, SAOC 38, 1976. Contains 23 citations of Pap. Insinger and one of Pap. Carlsberg 2.

František Lexa, Beiträge zum demotischen Wörterbuche aus dem Papyrus Insinger, Prague 1916. Glossary. – Id., Papyrus Insinger, Paris 1926. Facsimile, transliteration, translation, comments, glossary. Review: Spiegelberg, in: OLZ 31, 1928, 1025–1037. Many new readings. – Id., Réponse à la critique de M.W. Spiegelberg de mon "Papyrus Insinger", in: ArOr 1, 1929, 111–146. Rebuttal of remarks in Spiegelberg's review.

Miriam Lichtheim, Observations on Pap. Insinger, in: E. Hornung and O. Keel (Ed.), Studien zu altäg. Lebenslehren, OBO 28, 1979, 283–305. Discussion of numerous passages. – Ead., Ancient Egyptian Literature III, Berkeley–Los Angeles–London 1980, 184–217. Translation with comments. – Ead., Some Corrections to my Ancient Egyptian Literature I–III, in: GM 41, 1980, 73–74. Discussion of Pap. Insinger, XXIII, 17. – Ead., On the Participle *iir* in Demotic, in: D. W. Young (Ed.), Studies Presented to Hans Jakob Polotsky, East Gloucester, Mass. 1981, 463–471. Translation of many passages. – Ead., Late Egyptian Wisdom Literature in the International Context, OBO 52, 1983, 107–234. Translation and detailed study. – Ead., Demotic Proverbs, in: Fs Lüddeckens, 125–140. Includes discussion of proverbs in Pap. Insinger.

Willem Pleyte and Pieter A. A. Boeser, Suten-Xeft, le livre royal. Papyrus démotique Insinger, Monuments égyptiens du Musée d'Antiquités des Pays-Bas à Leide 34, Leiden 1899. Facsimile with introductory comments. Supplément: Leiden 1905. Photographs.

Revillout, Les drames de la conscience, in: Académie des Sciences Morales et Politiques: Comptes rendus 156, 1901, 55–116. Translation and discussion. – Id., Le nouveau papyrus morale de Leide, in: RevEg 10, 1902, 1–34. Translation. – Id., Le papyrus morale de Leide, in: JA 5, 1905, 193–249; 6, 1905, 275–332; 8, 1906, 83–148; 9, 1907, 429–508; 11, 1908, 243–314 (= L'ancienne Egypte d'après les papyrus et les monuments IV, Paris 1907). Hieroglyphic transcription, translation with comments.

Ritner, A Misinterpreted Passage in Insinger, in: Enchoria 11, 1982, 113–114. Discussion of Pap. Insinger, XVI, 11–13.

Sobhy, Miscellanea, in: JEA 16, 1930, 3–5, pls. 3–8. Photographs of Cairo National Library fragments (pl. 8) with brief description (p. 4).

Spiegelberg, Die Schlußworte des demotischen Papyrus Insinger, in: OLZ 3, 1900, 268–269. Discussion of Pap. Insinger, XXXV, 13–15. – Id., Die Schlußzeilen des demotischen Papyrus Insinger, in: OLZ 19, 1916, 70–72. Reconsideration of Pap. Insinger, XXXV, 13–15.

Aksel Volten, Kopenhagener Texte zum demotischen Weisheitsbuch, AnAe 1, 1940. Transliteration and translation of Carlsberg parallels to Pap. Insinger with glossary. – Id., Das demotische Weisheitsbuch, AnAe 2, 1941. Translation and general discussion. Review of AnAe 1 and 2: Kees, in: OLZ 46, 1943, 16–19. – Id., Ägyptische Nemesis-Gedanken, in: Misc. Gregoriana, 376–379. Transliteration and translation of selected passages.

Ronald Williams, The Morphology and Syntax of Papyrus Insinger, University of Chicago Ph. D. diss., Chicago 1948. – Id., Grammatical Notes on the Demotic of Papyrus Insinger, in: JEA 38, 1952, 62–64. Discussion of vetitive *tm*, the attributive use of *nꜣ-nfr*, and other grammatical pecularities of the text.

Worp, The Greek Text on the P. Dem. Insinger: a Note on the Date, in: OMRO 63, 1982, 39–41. Photograph (p. 41), discussion of the date of the Greek text and its implications for the dating of the Egyptian text to which it is attached.

Zauzich, Berliner Fragmente zum Texte des Pap. Insinger, in: Enchoria 5, 1975, 119–122, pls. 36–37. Photographs, transliteration, translation with comments. – Id., Neue literarische Texte in demotischer Schrift, in: Enchoria 8.2, 1978, 34–35. Description of University of Pennsylvania fragments.

B. Other texts.

12. Pap. Berlin P 23729. Date: 1st century A.D. – Provenience: Unknown (Fayum?). – Length: 1 fragment containing parts of [9 + 4] lines.

Publications and studies:

Max Küchler, Frühjüdische Weisheitstraditionen, OBO 26, 1979, 333–335. Translation with comments.

John Lindenberger, The Aramaic Proverbs of Ahiqar, Baltimore 1983, 311. Translation.

Zauzich, Demotische Fragmente zum Ahikar-Roman, in: Folia Rara. Fs Wolfgang Voigt, Wiesbaden 1976, 183–185. Transliteration, translation, and comments; photograph (Abb. 1) between pp. 184 and 185.

13. Pap. BM 10508. Date: Late Ptolemaic(?). – Provenience: Akhmim. – Length: 28 columns of text with an average of 23 lines preserved in each. For parallels, s. nos. 16. 19. 20. 22.

Publications and Studies:

Edda Bresciani, Letteratura (v. nos. 1–11), 563–584. Translation.

Stephen Glanville, The Instructions of ʿOnchsheshonqy, Catalogue of the Demotic Papyri in the British Museum II, London 1955. Photographs, transliteration, translation and comments. Reviews: Parker, in: RdE 13, 1961, 133–135; Volten, in: OLZ 52, 1957, 125–128; de Wit, in: CdE 32, no. 64, 1957, 258–260.

Janet H. Johnson, Demotic Verbal System (v. nos. 1–11). Contains 168 citations of Pap. BM 10508.
Miriam Lichtheim, Literature III (v. nos. 1–11), 159–184. Translation with comments. – Ead., in: GM 41, 1980, 70–73. New renderings of several passages. – Ead., Wisdom Literature (v. nos. 1–11), 13–92. Translation and detailed study. – Ead., in: Fs Lüddeckens (v. nos. 1–11), 125–140. Includes discussion of proverbs in Pap. BM 10508.
H. Smith, The Story of ʿOnchsheshonqy, in: Serapis 6, 1980, 133–156. Transliteration and translation of the first four columns, with comments. Photograph of reconstruction of first three columns opposite p. 156.
Stricker, De wijsheid van Anchsjesjonq, in: OMRO 39, 1958, 56–79. Translation with comments. – Id., De wijsheid van Anchsjesjonq, in: JEOL 15, 1958, 11–33. Translation.
Heinz-Joseph Thissen, Die Lehre des Anchscheschonqi, Papyrologische Texte und Abhandlungen 32, Bonn 1984. Translation with comments and glossary.

14. oBM 50627. Date: Late Ptolemaic – Early Roman Period. – Provenience: Deir el-Bahari. – Length: 7 Lines.
Publications and studies:
Jean-Jacques Hess, Der demotische Teil der dreisprachigen Inschrift von Rosette, Freiburg 1902, 56. Facsimile, partial transliteration and translation of lines 2–4.
Miriam Lichtheim, Wisdom Literature (v. nos. 1–11), 103–104. Partial translation and discussion.
Williams, Some Fragmentary Demotic Wisdom Texts, in: Fs Hughes, 270–271. Transliteration and translation with comments. Hess's facsimile is reproduced on p. 271 (fig. 52). – Id., The Sages of Ancient Egypt in the Light of Recent Scholarship, in: JAOS 101, 1981, 3. 19. Report of the identification of the text by J. Ray.

15. Pap. Cairo 30672 (?). Date: Ptolemaic. – Provenience: Gebelein. – Length: Parts of 8 lines.
Publication and studies:
Wilhelm Spiegelberg, Die demotischen Papyrus, CG, Strassburg 1906–1908, 102–103. Facsimile, transliteration of preserved traces. This may be a fragment of an instruction, but too little of the text survives to permit one to be certain.

16. Pap. Cairo 30682. Date: Ptolemaic. – Provenience: Gebelein. – Length: parts of 4 lines.
Publications and studies:
H. Smith, A Cairo Text of the "Instructions of ʿOnchsheshonqy," in: JEA 44, 1958, 121–122. Transliteration, translation with comments. The text parallels Pap. BM 10508, VII, 16–20; IX, 10. 14.
Spiegelberg, CG (v. no. 15), 107, pl. 50. Photograph, partial transliteration and translation.

17. Pap. Cairo National Library (unnumbered). Date: 1st century A. D. – Provenience: Unknown (Fayum?). – Length: Parts of 13 lines.
Publications and studies:
Max Küchler, Frühjüdische Weisheitstraditionen, OBO 26, 1979, 333–335. Translation with comments.
John Lindenberger, The Aramaic Proverbs of Ahiqar, Baltimore 1983, 310–311. Translation.
Sobhy, in: JEA 16, 1930, 3–4, pl. 7 (2). Brief description and photograph.
Spiegelberg, Achikar in einem demotischen Texte der römischen Kaiserzeit, in: OLZ 33, 1930, 961. Identification of text and suggested provenience (Fayum).
Zauzich, Demotische Fragmente zum Ahikar-Roman, in: Folia Rara. Fs Wolfgang Voigt, Wiesbaden 1976, 180–183. Transliteration, translation, and comments; facsimile (fig. 2) between pp. 184 and 185.

18. Pap. Louvre 2377 vso. Date: Mid-2nd century B. C. – Provenience: Memphis. – Length: 1 column of 13 lines + part of one further line.
Publications and studies:
Théodule Devéria, Catalogue des manuscrits égyptiens conservés au Musée égyptien du Louvre, Paris 1874 (²1881), 250, no. 42. Brief description.
Jean A. Letronne, Papyrus grecs du Louvre et de la Bibliothèque Impériale. Notices ... 18, second part, Paris 1865, pl. 35 no. 54. Facsimile.
Miriam Lichtheim, Wisdom Literature (v. nos. 1–11), 100–102. Transliteration, translation with comment, lines 1–4. 13 only.
Eugène Revillout, Quelques textes traduits à mes cours, Paris 1893, LXXIII–LXXVII. Hand copy, transliteration, hieroglyphic transcription, translation.
Williams, in: Fs Hughes (v. no. 14), 264–266. Transliteration, translation, and comments; photograph, p. 265 (fig. 50).

19. Pap. Louvre 2380 vso. Date: Mid-2nd century B. C. – Provenience: Memphis. – Length: Parts of 2 columns containing [11 + 10] lines of text.
Publications and studies:
Devéria, Catalogue (v. no. 18), 250, no. 44. Brief description.
Jasnow, An Unrecognized Parallel in Two Demotic Wisdom Texts, in: Enchoria 11, 1982, 111. Pap. Louvre 2380 vso I, 6 = Pap. BM 10508, XXIV, 18.
Letronne, Papyrus grecs (v. no. 18), pl. 36 no. 53. Facsimile.
Revillout, Les drames de la conscience, in: Académie des Sciences Morales et Politiques. Comptes rendus 155, 1901, 762–764. Translation and brief discussion.
Williams, in: Fs Hughes (v. no. 14), 267–270. Transliteration, translation with comments; photograph, p. 267 (fig. 51).

20. Pap. Louvre 2414. Date: 2nd century B. C. – Provenience: Memphis. – Length: 3 columns containing [14 + 14 + 15] lines. There are several correspondences between Pap. Louvre 2414 and Pap. BM 10508. For these, s. Miriam Lichtheim, Wisdom Literature, 93 sq.
Publications and studies:
Edda Bresciani, Letteratura (v. nos. 1–11), 611–612. Translation.
Devéria, Catalogue (v. no. 18), 193–194, no. 9. Partial translation.
Hughes, The Blunders of an Inept Scribe, in: Studies in Philology in Honour of Ronald James Williams, Toronto 1982, 51–67. Translation with comments.
Janet H. Johnson, Demotic Verbal System (v. nos. 1–11). Contains 8 citations of Pap. Louvre 2414.
Letronne, Papyrus grecs (v. no. 18), pl. 37 no. 56. Facsimile.
Miriam Lichtheim, Wisdom Literature (v. nos. 1–11), 93–100. Translation with comments.

Malinine, A propos de ḥrj = "saint", in: RdE 16, 1964, 210–211. Discussion of Pap. Louvre 2414, I, 4–6.
Pierret, Préceptes de morale: extraits d'un papyrus démotique du Musée du Louvre, in: RecTrav 1, 1870, 40–46, with 2 pls. following p. 46. Facsimile, hand copy, transliteration, hieroglyphic transcription, partial translation with comments.
Revillout, Le reclus du Sérapéum, in: RevEg 1, 1880, 160–163. Hand copy, partial translation. – Id., Textes traduits (v. no. 18), XII–LXXIII. Hand copy, transliteration, hieroglyphic transcription, translation with comments. – Id., Les drames (v. no. 19), 757–762. Translation with brief discussion.
Thissen, Anchscheschonqi (v. no. 13), 46–142. Glossary.
Vleeming, Een kleine demotische Wijsheidstekst, in: Schrijvend verleden, Leiden 1983, 382–386. Translation with comments.
Volten, Die moralischen Lehren des demotischen Papyrus Louvre 2414, in: Fs Rosellini, Studi II, 271–280. Photograph, transliteration, translation with comments.

21. Pap. Michaelides (unnumbered). Date: 2nd–1st century B.C. – Provenience: Fayum (?). – Length: Parts of 20 lines.
Publications and studies:
Edda Bresciani, Testi demotici nella Collezione Michaelidis, in: OrAnt 2, 1963, 1–4, pl. 1. Photograph, transliteration, translation with comments.
Miriam Lichtheim, Wisdom Literature (v. nos. 1–11), 102–103. Comments only.

22. Pap. inv. Sorbonne 1260. Date: Ptolemaic. – Provenience: Magdola (Fayum). – Length: 3 fragments containing parts of [3 + 11] + 6 + 6 lines of text.
Publication and studies:
Pezin, Fragment de sagesse démotique, in: Enchoria 11, 1982, 59–61, pl. 7. Photograph, transliteration, translation with comments. Pap. inv. Sorbonne 1260, II, 1–4 resembles Pap. BM 10508, VI, 13–15; II, 9 possibly = Pap. BM 10508, XII, 24 or XVI, 16; II, 11 = Pap. BM 10508, IX, 23.

23. Pap. Tebtunis Tait 7 (?). Date: 2nd century A.D. – Provenience: Tebtunis. – Length: Parts of 5 lines.
Publication and studies:
W. John Tait, Papyri from Tebtunis in Egyptian and in Greek, London 1977, 33–35, pl. 2. Photograph, transliteration, translation, comments. The text may contain a quotation from the Instruction of Hordjedef.

24. Pap. Tebtunis Tait 15. Date: 2nd or 3rd century A.D. – Provenience: Tebtunis. – Length: Parts of 15 lines.
Publication and studies:
Tait, Tebtunis (v. no. 23), 53–56, pl. 4. Photograph, transliteration, translation, comments.

25. Pap. Vindobona D. 6343 (?). Date: Roman Period. – Provenience: Fayum. – Length: Parts of 4 columns containing 16 + 19 + 24 + 10 lines of text; 1 unplaced fragment with parts of 3 lines.
Publication and studies:
Eve A. E. Reymond, From the Content of the Libraries of the Suchos Temples in the Fayyum II, Mitteilungen aus der Papyrussammlung der Österreichischen Nationalbibliothek (Papyrus Erzherzog Rainer) N.S. 11, Vienna 1977, 35–36. 125–142. 189–197, pl. 5. Photograph, transliteration, translation, comments, glossary. Perhaps a wisdom text, but too little is preserved to permit one to be certain. M. J. S.

Weisheitsliteratur, Weisheit s. Lehren

Weiterleben von Motiven[1]. Die Geschichte der Erforschung des „Weiterlebens altägyptischer Elemente" ist – betrachtet man als charakteristisches Beispiel einmal die Beziehung zwischen pharaonischem und christlichem Ägypten, besonders auf dem Gebiet der religiösen Vorstellungen – in ihren Anfängen gekennzeichnet durch eine Auseinandersetzung zwischen ägyptologischer und christlicher Apologetik, denen, die eine weitgehende Fortexistenz pharaonischer Glaubensinhalte unter einem dünnen christlichen Anstrich vertreten, und denen, die diesem Standpunkt auf das energischste widersprechen[2]. In der Frage des Weiterlebens einzelner Motive herrscht dabei allerdings ein verbreiteter Konsens[3]. Während die grundlegende „Neuheit" des Christentums im Vergleich zur älteren Religion im weiteren Verlauf der Diskussion nicht mehr bezweifelt wird, handelt es sich nunmehr darum, das Ausmaß des pharaonischen Erbes zu definieren[4]. In der neueren Forschung rückt man etwas von der Frage des reinen W. überhaupt ab hin zu Untersuchungen zur „Kontinuität des ägyptischen Denkens"[5].

A. *Ägypten und *Altes Testament*[6]. Beziehungen und Abhängigkeiten sind auf dem Gebiet der literarischen Gattungen wie auch der Einzelmotive herausgearbeitet worden[7]. So hat das *carpe-diem*-Motiv in einigen Passagen bei Koheleth Parallelen in der äg. Lit., den *Harfnerliedern, Texten des *Petosiris-Grabes oder der Stele der *Taimhotep[8]. Die im AT mehrfach auftretende Sicherung des Wortlauts gegen Wegnahme, Hinzufügung oder Änderung findet sich schon in der äg. Weisheitsliteratur[9]. Das „Sammeln feuriger Kohlen auf dem Haupt" (Prov. 25,23; Röm. 12,20)[10] und der Name „Eilebeute" bei Jesaja (8,1.3)[11] gehen wahrscheinlich auf äg. Vorbilder zurück. Abweichungen der Septuaginta gegenüber dem hebräischen Urtext in Einzelfällen hat man durch den Einfluß der äg. Umgebung, in der sie entstanden ist, erklären wollen[12]. Äg. Einwirkungen gibt es jedoch nicht nur im AT, sondern auch in den jüdischen Apokryphen[13].

B. *Ägypten und die griechische Welt*. Für die literarischen Beziehungen zwischen Äg. und dem älteren Hellas ist die Quellenlage nicht sehr ergiebig (*Ägäis)[14]; zwei interessante Beispiele seien erwähnt: das Motiv des „windbefruchteten Eis" im System der Orphiker[15] und der Vergleich der äg. Tierkriege mit der griech. Batrachomyomachie[16]. Erwartungsgemäß zeigen sich in hellenist. Zeit zahlreiche griech. Texte von der äg. Lit. beeinflußt (und umgekehrt[17]; *graeco-ägyptische Literatur). Äg. Motive finden sich in griech. *Aretalogien[18] und *Hymnen, in der *Zauber-Literatur[19], im griech. Alexanderroman[20] oder im sog. „Traum des *Nektanebos". Von den Schriften der religiösen Gemeinschaften, die in den ersten nachchristlichen Jh. auf äg. Boden florierten, zeigen sich die *hermetischen Texte[21] und z.T. die Gnosis[22] (man denke etwa an das Motiv der Himmelsreise der Seele, das des öfteren diskutiert wurde[23], oder das der *Uroboros-Schlange in der Pistis Sophia[24]) empfänglich für älteres Gedankengut.

C. *Ägypten und koptisches Christentum*[25]. Äg. *survivals* lassen sich vor allem in den Begräbnissitten im weitesten Sinne[26] und in den *Jenseitsvorstellungen[27] aufzeigen, dazu gesellen sich vereinzelte Motive in der Kunst[28] und in der Literatur[29]: das *Anch-Zeichen findet sich in der christl. *crux ansata* wieder[30], der *Frosch, äg. Symbol der *Wiedergeburt, erscheint auf zahlreichen kopt. Tonlampen[31]. Ein Einfluß äg. Weisheitsliteratur ist auch auf das frühe kopt. Mönchtum nachzuweisen: in den Apophthegmata[32] und bei Pachom[33] finden sich Spuren äg. Gedankenguts (*Lehre des Amenemope, *Lehre des Ptahhotep). Was die Unterweltstopographie der kopt. Texte betrifft, so gibt es einige Motive, über deren äg. Hintergrund ein verbreiteter Konsens besteht: die Tore der Unterwelt und ihre Wächter[34], der Feuerfluß[35], der Fährmann, der die Toten übersetzt[36], der „Tod als Reise"[37]. Zahlreiche weitere Parallelen zwischen äg. und kopt. Vorstellungen und Bräuchen werden in der Literatur diskutiert[38].

D. *Ägypten und *Afrika*. In den verschiedensten Gebieten Afrikas hat man Überbleibsel der pharaonischen Kultur lokalisieren wollen[39]. Mit einiger Sicherheit kann man jedoch nur das Weiterleben weniger Motive feststellen sowie vor allem die Verbreitung einiger Techniken wie die der „verlorenen Form" auf äg. Ursprünge zurückführen, wobei die Verbreitung im allgemeinen über *Meroe erfolgte[40]. Einen Sonderfall bildet das islamische Äg., wo es sich mehr als um ein Weiterleben von Motiven um ein Weiterleben einiger Bräuche unter der Landbevölkerung handelt, so die Verehrung von besonderen *Bäumen[41] und das Aufstellen von Bootsmodellen[42] auf Scheichgräbern. Überreste äg. *Tagewählerei lassen sich in kopt. Almanachen der Neuzeit feststellen[43].

E. *Ägypten und nachantikes Europa*. Wie schon die äg. *survivals* in der frühchristlichen Zeit sehr stark im Bereich des Totenwesens und der Jenseitsvorstellungen zutage treten, so zeigen sich auch im Mittelalter noch Fernwirkungen äg. Höllenvorstellungen. Erwähnt sei das Descensus-Motiv[44] und die Gestalt einiger *Dämonen des Mittelalters[45]. Äg. Ursprungs sind außerdem einige Kapitel des Physiologus[46]. Die äg. *Dekane leben in veränderter Gestalt noch auf Renaissance-Fresken weiter[47]. Selbstverständlich spielt auch später Äg. als Motivlieferant in der europäischen Kunst und Literatur – nehmen wir als Beispiel den *Obelisken und seine Funktion als Grabschmuck[48] oder die Verwendung äg. Szenerien im historischen Roman[49] – eine nicht unbedeutende Rolle; neben dem eigenständigen Weiterleben von Motiven hat auch der bewußte Rückgriff auf äg. Lokalkolorit eine lange Tradition[50].

[1] Wollte man die Behandlung dieses Stichworts auf die Suche nach „Motiven" im literarischen Sinne (für eine Definition vgl. etwa Elisabeth Frenzel, Stoff, Motiv und Symbol, Stuttgart [4]1978, 29ff.) eingrenzen, so müßte man eine Reihe interessanter *survivals* von vornherein ausschließen. So lassen sich Übergriffe in verwandte literarische Problembereiche auf der einen Seite, auf das Gebiet der religiösen Vorstellungen und der Bräuche auf der anderen Seite nicht vermeiden. – Für das W. innerhalb der pharaonischen Kultur selbst, das hier nicht Gegenstand der Diskussion ist, vgl. auch *Nachleben, *Traditionsbewußtsein. – [2] Für die ältere Lit. vgl. die Diskussion bei Jan Zandee, Death as an Enemy, Studies in the History of Religions (= Supplement to Numen) 5, Leiden 1960, 303–307. – [3] So etwa Hallock, in: Egyptian Religion 2, New York 1934, 6–17, ein Vertreter der strukturellen Überlegenheit des Christentums, der nichtsdestoweniger aber zahlreiche Motive ohne weitere Diskussion als eindeutig altäg. gelten läßt. E.A. Wallis Budge, Legends of Our Lady Mary the Perpetual Virgin and Her Mother Hannâ. Translation from the Ethiopic Manuscripts, Oxford und London 1933, L–LX, arbeitet die Unterschiede zwischen Isis- und Marienkult heraus, erstellt aber an anderer Stelle einen Katalog äg. *survivals* in einem kopt. Text, von denen etliche schon auf den ersten Blick auf AT und NT zurückzuführen sind (ders., Coptic Apocrypha in the Dialect of Upper Egypt, London 1913, LXI–LXXII). – [4] Im allgemeinen wird dabei betont, daß pharaonische *survivals* zum einen in den apokryphen Schriften und andererseits, was den Kontext angeht, in Schilderungen des Jenseits besonders häufig anzutreffen sind, so Burmester, in: Or 7, 1938, 355–367; Morenz, in: HdO I. 1.2[2], 246f.; C. Detlef G. Müller, Die Engellehre der koptischen Kirche, Wiesbaden 1959, 96f. – [5] Theofried Baumeister, Martyr invictus. Der Martyrer als Sinnbild der Erlösung in der Legende und im Kult der frühen koptischen Kirche. Zur Kontinuität des ägyptischen Denkens, Münster 1972; Wolfgang Schenkel, Kultmythos und Märtyrerlegende. Zur Kontinuität des ägyptischen Denkens, GOF IV. 5, Wiesbaden 1977, 11–16. 121–132; Horn, in: ZDMG Supplement VI (Akten des 22. DOT Tübingen 1983), 1985, 53–74. – [6] Im Falle der griech. Welt und des AT handelt es sich

zwar um eine Wechselwirkung Äg. mit Zeitgenossen mehr als mit der Nachwelt, aber durch den Beitrag des Hellenismus und des Judentums zur Ausbildung christlichen Gedankenguts können zum einen auf diese Weise Motive erhalten geblieben sein, zum anderen ist durch die ungebrochene Tradition des AT seine Gedankenwelt auch eigenständig bis heute lebendig geblieben. – [7] Für die Weisheitsliteratur, in der die meisten Berührungspunkte festgestellt worden sind, vgl. Paul Humbert, Recherches sur les sources égyptiennes de la littérature sapientale d'Israel, Mémoires de l'Université de Neuchâtel 7, Neuchâtel 1929. S. dazu Weill, in: Cahier complémentaire à la RdE 1950, 43–61; Glendon E. Bryce, A Legacy of Wisdom, Lewisburg und London 1979. Für einen allg. Überblick s. Morenz, in: Die Religion in Geschichte und Gegenwart 1, ³1957, 117–121; ders., in: HdO I. 1.2², 1970, 226–239; Williams, in: J.R. Harris (Hg.), The Legacy of Egypt, Oxford ²1971, 257–290. Die Josephsgeschichte, in der sich, wie zu erwarten, viel Ägyptisches findet, wird eingehend daraufhin untersucht von Jozef Vergote, Joseph en Egypte, Orientalia et Biblica Lovaniensia 3, 1959. – [8] Weill, a.a.O., 56–60. – [9] Morenz, in: HdO I. 1.2², 1970, 231. – [10] Ders., in: ThLZ 78, 1953, 182–192. – [11] Ders., in: ThLZ 74, 1949, 697–699. – [12] Ders., in: JAC Erg. Bd 1 (Fs Th. Klauser), Münster 1964, 250–258. – [13] So wird ein im äthiopischen Henochbuch erwähnter Feuerfluß mit der äg. *Flammeninsel (*jw nsrsr*) in Beziehung gesetzt: Loprieno, in: Henoch 3, Turin 1981, 289–320. – [14] Morenz, Begegnung, 52–78; Zucker, in: Fs Schubart, 146–165. – [15] Morenz, in: Fs Schubart, 64–111; Parlasca, in: Trierer Zeitschrift für Geschichte und Kunst des Trierer Landes und seiner Nachbargebiete 20. 1–2, Trier 1951, 109–125. – [16] Morenz, in: Reinhard Lullies (Hg.), Neue Beiträge zur klassischen Altertumswissenschaft (Fs B. Schweitzer), Stuttgart und Köln 1954, 87–94. – [17] Barns, Egypt and the Greek Romance, in: Akten des VIII. Internationalen Kongresses für Papyrologie, Mitteilungen aus der Papyrussammlung der Österreichischen Nationalbibliothek, N.S. V, Wien 1956, 29–36. – [18] Dieter Müller, Ägypten und die griechischen Isis-Aretalogien, ASAW 53.1, 1961; vgl. Jan Bergman, Ich bin Isis. Studien zum memphitischen Hintergrund der griechischen Isis-Aretalogien, Uppsala 1968. – [19] Morenz, in: Koptische Kunst. Christentum am Nil. 3. Mai bis 15. August in Villa Hügel, Essen 1963, 59. – [20] Griffiths, in: David Hellholm (Hg.), Apocalypticism in the Mediterranean World and the Near East, Tübingen 1983, 273–279. – [21] Derchain, in: RHR 161, 1962, 175–198; Doresse, in: Encyclopédie de la Pléiade. Histoire des Religions II, Paris 1972, 442–450; Daumas, in: Julien Ries (Hg.), Gnosticisme et monde hellénistique. Actes du Colloque de Louvain-la-Neuve (11–14 mars 1980), Publications de l'Institut Orientaliste de Louvain 27, Löwen 1982, 3–25. Über Derchain hinausgehend werden äg. Motive und Topoi in der Apokalypse des Asklepios zusammengestellt von Krause, in: ZDMG Suppl. 1, 1969, 48–57. – [22] Bleeker, in: Ugo Bianchi (Hg.), Le Origini dello Gnosticismo, Colloquio di Messina 13–18 aprile 1966, Studies in the History of Religions (= Suppl. to Numen) 12, Leiden 1967, 229–237; Kákosy, ebd., 238–247; Säve-Söderbergh, in: Bibliothèque copte de Nag Hammadi, Etudes 1, Québec–Löwen 1981, 71–85; Beltz, in: Hallesche Beiträge zur Orientwissenschaft 5, Halle 1983, 71–87. Für das interessante Motiv der Polymorphie eines Gottes, das auch in christlichem Kontext eine Rolle spielt (Christus als Jüngling-Greis) s. auch Junod, in: Gnosticisme et monde hellénistique (s. Anm. 21), 38–46. – [23] Kákosy, a.a.O. – [24] Ders., Selected Papers, Studia Aegyptiaca VII, Budapest 1981, 185–194. – [25] Die Literatur zu diesem Thema ist sehr umfangreich. Sicherlich ließe sich die folgende Aufstellung noch ergänzen: Jacoby, in: Sphinx 7, 1903, 107–117; Zimmermann, in: Theologische Quartalsschrift 94, Tübingen 1912, 592–604; Hallock, in: Egyptian Religion 2, New York 1934, 6–17; Burmester, in: Or 7, 1938, 355–367; Siegfried Morenz, Die Geschichte von Joseph dem Zimmermann, TU 56, Berlin 1951; Zandee, in: Nederlandse theologisch tijdschrift 9, Wageningen 1955, 158–174; Lanczkowski, in: ZRGG 8, 1956, 14–32; Hammerschmidt, in: Ostkirchliche Studien 6, Würzburg 1957, 233–250; Morenz, in: RGG I, ³1957, 121–124; Detlev G. Müller, Engellehre (s. Anm. 4), 89–102; Jean Doresse, Des hiéroglyphes à la croix, Leiden 1960 (vgl. dazu Zandee, in: OLZ 112, 1962, 21–27); Zandee, Death (s. Anm. 2), 302–342; Morenz, in: Koptische Kunst (s. Anm. 19), 54–59; Zandee, in: CdE 46, Nr. 91, 1971, 211–219; Säve-Söderbergh, in: Bibliothèque copte de Nag Hammadi, Etudes 1, Québec–Löwen 1981, 71–85; Bresciani, in: Corsi di cultura sull'arte ravennate e bizantina 28, Ravenna 1981, 21–30. – [26] Krause, in: Aegyptiaca Treverensia 2, Mainz 1983, 85–92. – [27] Müller, a.a.O. (s. Anm. 4), 93f. 96f. und Morenz, Begegnung, 129–131 betonen die Liebe zum Detail in den kopt. Jenseitsschilderungen, die das durch die Zurückhaltung der Bibel in dieser Hinsicht entstandene Vakuum auf dem äg. Hintergrund ausfüllen. – [28] Zum äg. Einfluß auf die kopt. Kunst allg. vgl. Alexandre Badawy, L'art copte. Les influences égyptiennes, Kairo 1949; du Bourguet, in: Koptische Kunst (s. Anm. 19), 122–130. – [29] Ein vereinzeltes, recht hübsches Beispiel ist das des *Krokodils als Transportmittel, um über einen Fluß zu gelangen, in den Apophthegmata und an anderen Stellen, s. Kaiser, in: Peter Nagel (Hg.), Probleme der kopt. Literatur, Wissenschaftliche Beiträge der Universität Halle 1968. 1, 133–136. Vgl. auch Zandee, in: CdE 46, Nr. 91, 1971, 216. – [30] Maria Cramer, Das altägyptische Lebenszeichen im christlichen (koptischen) Ägypten, Wiesbaden 1955; Doresse, a.a.O. (s. Anm. 25), 24–26. – [31] Doresse, a.a.O., 39; Ristow, in: Ägyptisches Museum Berlin, Forschungen und Berichte 3/4, 1961, 60–69. – [32] Brunner, in: ZÄS 86, 1961, 145–147; Kaiser, in: ZÄS 92, 1966, 102–105; ders., in: Probleme (s. Anm. 29), 125–144; Baumeister, in: Zeitschrift für Kirchengeschichte 88, Stuttgart 1977, 159f.; Emma Brunner-Traut, in: Othmar Keel (Hg.), Studien zu den altägyptischen Lebenslehren, OBO 28, 1979, 173–216. – [33] Lefort, in: Muséon 40, 1927, 65–74. Für andere kopt. Texte vgl. Brunner, in: ZÄS 99, 1973, 88–94; Funk, in: ZÄS 103, 1976, 8–21. – [34] Zandee, Death (s. Anm. 2), 316–318. – [35] Burmester, in: Or 7, 1938, 359–361; Müller, Engellehre (s. Anm. 4), 98–100; Vycichl, in: AÄA 1, 1938, 263f. weist ein Weiterleben dieses Motivs im heutigen Äg. nach. Zandee, Death, 307–310 denkt allerdings an einen iranischen Ursprung. – [36] Burmester, a.a.O., 361–364; Müller, a.a.O., 99f. –

[37] Badawy, in: BSAC 10, 1964, 8f.; Baumeister, Martyr invictus (s. Anm. 5), 82f. Auch in anderen orientalischen Kulturen bzw. in der griech. Lit. treten ähnliche Motive auf, die man zur Klärung der Problematik herangezogen hat (Zandee, a.a.O.), der äg. Hintergrund der Unterweltsschilderungen tritt jedoch zutage. – [38] Einige Beispiele: Das Motiv der *Galaktotrophusa* und seine Verbindung zur *Isis lactans*: vgl. die ausführliche Behandlung bei Wessel, in: SAK 6, 1978, 185–200; die *Geburtslegende und ihr Einfluß auf den röm. Kaiserkult und die christl. Geburtsgeschichte: s. Emma Brunner-Traut, Gelebte Mythen. Beiträge zum altägyptischen Mythos, Darmstadt 1981, 34–54; äg. und christl. Trinitätstheologie: vgl. Morenz, Religion, 271; Westendorf, in: ZÄS 100, 1974, 140f.; Krause, in: Aegyptiaca Treverensia 1, Mainz 1981, 56f. – [39] S. die Kritik und ausführliche Bibliographie von Leclant zum Stichwort *Afrika. – [40] Shinnie, in: J.R. Harris (Hg.), Legacy (s. Anm. 7), 434–455; Kronenberg, in: Meroitica 5, 1979, 173–176. – [41] Blackman, in: JEA 11, 1925, 56f. – [42] Seligmann, in: E.C. Quiggin (Hg.), Essay and Studies presented to William Ridgeway, Cambridge 1913, 452–455. Ebd. S. 449–451 behandelt Seligmann auch die bei den Fellachen verbreitete Vorstellung eines „Doppelgängers" (*Ka). – [43] Daressy, in: BIE 5, 1912, 153–162. – [44] Morenz, Begegnung, 129–131. – [45] Emma Brunner-Traut, Gelebte Mythen (s. Anm. 38), 86f. verweist auf die Ähnlichkeiten in der Unterweltstopographie zwischen äg. Texten und der *Divina Commedia* (u.a. Schlangen, Strafengel, Feuerstrom). – [46] Ebd., 99–113; dies., in: SAK 11, 1984, 559–568. – [47] Wilhelm Gundel, Dekane und Dekansternbilder, Studien der Bibliothek Warburg 19, Glückstadt 1936, bes. S. 175–216. – [48] Morenz, Begegnung, 141–144. – [49] Ebd., 186–196. – [50] In dieser Hinsicht haben schon seit der Antike zahlreiche Motive und Topoi in Äg. ihren Ursprung genommen (z.B. Nillandschaft als *locus amoenus*, vgl. Hermann, in: JAC 2, 1959, 52–69); zu Ägyptischem in der lat. Poesie s. Trenczényi–Waldapfel, in: Savaria 3, Budapest 1965, 136–139. H. Beh.

Weizen. Von vorgesch. Zt an wurde im Niltal eine besondere Art des W., der *Emmer (Triticum dicoccum Schübl.), äg. *bdt*, angebaut. Vom 5. Jt. v. Chr. an ist Emmer durch zahlreiche Funde in Äg. belegt[1]. Da der wilde Emmer (Triticum dicoccoides Körn.), die Stammpflanze des Kulturemmers, nicht zur äg. Flora gehört, muß die Emmerkultur vom Nahen Osten aus nach Äg. gekommen sein. Emmer ist eine Weizen-Art mit einer sehr dichten, seitlich zusammengedrückten, schmalen Ähre, deren Spindel leicht zerbricht. Beim Dreschen zerfällt die Ährenspindel in die jeweils 2 Samen tragenden Ährchen. Da die Spelzhülle das Samenkorn fest umschließt, muß sie durch Stampfen nach dem Dreschen entfernt werden.

Bis zur Ptolemäerzeit war Emmer die einzige im Niltal angebaute Weizenart und neben Gerste das wichtigste Nahrungsmittel (*Getreide). Da Emmer mehr Klebereiweiß als Gerste enthält, eignet er sich besonders gut zum Brotbacken[2] (*Brot). Man verwendete Emmer aber auch zur *Bier-Herstellung und in der *Medizin als Drogengrundlage, für Umschläge und für einen Schwangerschaftstest[3].

Erst in ptol. Zt scheint sich die Kultur des schon im 6. Jt. v. Chr. im Nahen Osten[4] nachgewiesenen Saatweizens (Triticum aestivum L.) in Äg. ausgebreitet zu haben. In röm. Zt spielte er in Äg. eine wirtschaftliche Rolle. Äg. *zwt* sollte nicht mit „W." übersetzt werden; es dürfte sich um eine Emmer-Varietät handeln[5].

[1] Vivi und Gunnar Täckholm, Flora of Egypt I, in: Bulletin of the Faculty of Science, Fouad I University, 17, Kairo 1941, 242ff.; Stemler und Falk, in: Fred Wendorf und Romuald Schild, Prehistory of the Eastern Sahara, New York – London – Toronto – Sydney – San Francisco 1980, 393ff. Die Datierung 7000 v. Chr. dieser in Nabta Playa gefundenen Emmerreste ist aber umstritten. – [2] Die in LÄ I, 871 gegebene Übersetzung von *bdt* als Spelt ist nicht richtig. Speltweizen (Triticum spelta L.) wurde nie in Äg. angebaut. – [3] Renate Germer, Untersuchungen über Arzneimittelpflanzen im Alten Ägypten, Diss. Hamburg 1979, 149ff. – [4] Jane M. Renfrew, Palaeoethnobotany, London 1973, 47. – [5] Renate Germer, op. cit., 309–310.

Lit.: Renate Germer, Flora des Pharaonischen Ägypten, AV Sonderschrift 14, 1985, 210ff. R. Ge.

Wels. Als *Fisch dunkler Gewässer war der W. mit der Nachtsonne verbunden. Vier, auch sieben welsköpfige *Dämonen stehen dem *Aker zur Seite, wenn er die Sonne auf ihrer Bahn bewegt (*Sonnenlauf)[1]. Ähnliche Gestalten zeigt bereits die Bemalung von Lederresten eines wohl vorgeschichtlichen Gewandes[2]. Auch das Vorkommen des W. im Namen des Königs *Narmer anstelle des Skorpions oder der Schlange in anderen Königsnamen der gleichen Dyn. läßt auf dessen religiöse Bedeutung schon in der FrZt schließen, die zudem auf einem Elfenbeintäfelchen des <u>Dr</u> (*Djer) gesichert zu sein scheint[3]. Für den 15. u.äg. *Gau[4] bzw. *Bubastis[5] ist sie noch in ptol.-röm. Zt belegt. Im Märchen von den Zwei Brüdern (*Brüdermärchen) ist es ein W., der das Glied des *Bata verschluckt[6]; bei Plutarch, De Iside et Osiride[7] taucht dies Mythologem wieder auf. In der Medizin (*Heilmittel) wird der Schädel eines W. als „Sympathie-Mittel" gegen *Migräne empfohlen.

[1] Dazu Gamer-Wallert, Fische und Fischkulte, 116f., Anm. 321. – [2] Capart, in: CdE 14, Nr. 28, 1939, 213. – [3] Emery, Hemaka, 35 Abb. 8, Tf. 17 und 18 (A). – [4] Edfou I, 334 Z. 1. – [5] Gamer-Wallert, a.a.O., 118. – [6] LEM, 17. – [7] Gamer-Wallert, a.a.O., 93f.

Lit.: Gamer-Wallert, Fische und Fischkulte, 9ff. 116ff. I. G.-W.

Weltbild. A. *Allgemeines*: Aus praktischer Erfahrung und theoretischen Überlegungen bzw. Deutungsversuchen sowie religiösen Konzeptionen entstandenes Bild von der Welt als Ganzheit[1]. Umfaßt in zeitlicher Dimension Entstehung, Erhaltung und Ende der Welt (*Schöpfergott; *Schöpfung; *Leben und Tod; *Weltende), in räumlicher Dimension die Bezirke Himmel, *Erde und *Unterwelt. Die periodische Vereinigung der Prinzipien von Zeit und Raum (identisch mit den Prinzipien des Männlichen und des Weiblichen)[2] ergibt in einer Art Perpetuum mobile die Erhaltung des Kosmos, ausformuliert in der „Lehre von den zwei Ewigkeiten", die im Zusammenwirken ihrer Prinzipien eine umfassende Erklärung für alle diesseitigen und jenseitigen Phänomene und Prozesse bieten. Diese dualistische Struktur der Grundvorstellungen (*Dualismus) prägt sämtliche Bereiche der Welt, vornehmlich die ständigen Erneuerungsvorgänge im Kosmos, im Königtum und im Totenglauben.

Obwohl das äg. W. ein offenes System darstellt und Veränderungen (besser: Verfeinerungen) zuläßt, wird es von einem starken *Traditionsbewußtsein getragen und greift an die Anfänge der Kultur zurück, wodurch die einzelnen Aussagen als uralt bzw. „ewig" erwiesen werden (*Archaismus). Nicht zu verwechseln mit Veränderung ist die Variierung der Aussage- bzw. Darstellungsversuche hinsichtlich ein und desselben Prinzips („multiplicity of approaches"), d.h. trotz der komplexen Fülle der Einzelphänomene stehen dieselben Grundprinzipien dahinter[3].

Das äg. W. ist national geprägt und macht Äg. zum Zentrum und den *König zum Herrn der Welt[4]. Mitgestaltend und ordnend bei der Ausprägung des W. wirkt der *Anthropomorphismus, paradigmatisch etwa die Vermenschlichung der alten Tiermächte beim Aufkommen der neuen Gottesvorstellungen[5].

Ob eine Trennung in „physikalisches" und „religiöses" W. (Otto, in: LÄ I, 1263 s.v. *Erde) über erste Ansätze naturwissenschaftlichen Denkens hinaus aufrechtzuhalten ist, bleibt zweifelhaft[6]; letztlich stehen auch „wissenschaftlich" ausgeführte Darstellungen der Natur im Dienste religiöser Aussagen[7].

B. *Einzelheiten*: 1. Der Kosmos: Über der Erde erhebt sich der Himmel mit der Sonne (*Himmelsvorstellungen), getragen von vier Stützen als den Eckpunkten der Welt (*Himmelsrichtungen) und hochgehoben vom Luft- und Lichtgott *Schu. Als Regionen des Übergangs von der diesseitigen in die jenseitige Welt dienen die *Horizonte (*Jenseitsvorstellungen; *Bachu, *Manu; *Unterwelt, *Dat, *Aker). Umschlossen wird die Welt vom Urwasser *Nun, das sich am Himmel als Weg für die Sonnenbarke und als Herkunftsort des *Regens manifestieren kann. Eine andere Vorstellung setzt die in sich selbst zurückkehrende Schlange (*Uroboros) als Umgrenzung der Welt an[8].

Die Erfassung, Darstellung, Ordnung und Erklärung der Elemente des W. leisten die Kosmographie[9] (*Amduat, *Unterweltsbücher) und die *Onomastika.

2. Ägypten und seine Nachbarn: Die beiden Hauptachsen Ägyptens, der Nil (S–N) und die Bahn des *Sonnenlaufs (O–W), teilen das Land in je zwei Teile: die beiden Länder Ober- und Unterägypten, begrenzt durch die jeweiligen Quellöcher des Nils bzw. das Mittelmeer, und die beiden Uferstreifen, begrenzt von den Randgebirgen. Jenseits der äg. Grenzen beginnen die Bezirke der Unordnung, der Wüste und der Fremdländer, bewohnt von den Feinden (*Feindsymbolik). Permanente Aufgabe des Pharaos ist es daher, die äg. Herrschaft bis an die Grenzen der Welt auszudehnen (real oder rituell)[10], um die Horizonte zu beherrschen und die Wiederkehr der Sonne und des Nils zu garantieren[11]. – Die Erfassung dieser Teile der Welt erfolgte durch *Ortsnamenlisten; vgl. auch *Landkarte.

3. Der Kosmos in irdischen Abbildern (*Symbolik B 7): Das sinnfälligste Abbild der Welt bietet die *Architektur des Tempels, der mit *Krypten (= Unterwelt), *Pylon (= Horizont), *Säulen (= Himmelsstützen) und *Dach (= Himmel) den Kosmos repräsentiert. Die zweidimensionale Entsprechung bietet die *Stele[12]. – Teilbezirke werden z.B. durch das *Königsgrab (= Unterwelt), den *Thron (= Himmel) oder Attribute wie das *Was-Zepter (= Himmelsstütze) wiedergegeben und kultisch verfügbar gemacht[13].

[1] Sprachlich entspricht am ehesten *tm* „das All" (Wb V, 305), sodann *šnw* „der Erdkreis" (Wb IV, 492–493; vgl. Anm. 10); erst spät tauchen Ausdrücke für „Welt" auf (Wb VI, 183 s.v.). – [2] Westendorf, in: Fs Brunner, 422–435; ders., in: GM 63, 1983, 71–76. – [3] Ders., in: GM 13, 1974, 59–61; Henfling, in: Fs Westendorf II, 735–740. – Verblüffend die Übereinstimmung mit der modernen Naturwissenschaft: „Wir finden im Bereich der Lebenserscheinungen allenthalben komplexe Strukturen, hinter denen einfache Bildungsalgorithmen stehen. Komplexität in den Strukturen der Wirklichkeit bedeutet nicht unbedingt Komplexität der Prinzipien, die die Wirklichkeit gestalten" (Manfred Eigen, in: Bursfelder Universitätsreden 3, Göttingen 1984, 36). – [4] Morenz, Religion, 44ff.; ders., Gott und Mensch im alten Ägypten, Leipzig o.J., 16ff. – Schon die frühen *Paletten (Schmink-) zeigen den Königspalast im Zentrum des Kosmos. – [5] Wolfhart Westendorf, Das Aufkommen der Gottesvorstellung im Alten Ägypten, NAWG 1985. 2, 17ff. – [6] Zur Rückkehr zum Primat der Religion vgl. Morenz, Gott und Mensch, 111; Wolfhart Westendorf, Papyrus Edwin Smith, Bern–Stuttgart 1966, 14–15. – [7] Dargelegt z.B. an der zoologisch einwandfrei abgebil-

deten Tierwelt durch Jan Assmann, Ägypten. Theologie und Frömmigkeit einer frühen Hochkultur, Stuttgart 1984, 69. – [8] Während Nun nur das Djet- Prinzip repräsentiert, vereinigt der Uroboros Neheh und Djet in einem Bilde (Westendorf, in: GM 63, 1983, 75). – [9] Assmann, a.a.O., 68ff. – [10] Häufigster Terminus: *šnnt-jtn* „was die Sonne umkreist" (Wb IV, 490 C. I). – [11] Westendorf, in: Fs Gutbub, 240–242. – Analog dringt das Königtum durch die *ntr*- bzw. Osiris-Konzeption (s. Anm. 5) in die Bereiche des Chaos und der *Dunkelheit vor und errichtet dort die kgl. Ordnung. – [12] Westendorf, Darstellungen des Sonnenlaufes, 67. – [13] Zu dieser Methode, kosmische Tiermächte durch Nachbildungen gleichsam „einzufangen", vgl. *Horusauge (LÄ III, 49). W. W.

Weltende. Das W. wird in der äg. religiösen Literatur nur selten erwähnt, weil es negativ bewertet wird und durch die Aufzeichnung Realität erhalten könnte (*Aufzeichnungsbedürfnis und -meidung). Welchen Rang es in den Vorstellungen der Ägypter wirklich hatte, können wir nicht beurteilen (*Gefährdungsbewußtsein). Jedenfalls gibt es – außerhalb der *Magie, s. u. – nur wenige Texte, die davon sprechen. Vor allem ist es das Zwiegespräch zwischen *Atum und *Osiris im Tb Kap. 175, wo Atum verkündet, er werde nach vielen Millionen Jahren alles zerstören, was er geschaffen habe, und die Welt werde wieder in der Urflut, dem *Nun, bestehen, wie vor der *Schöpfung. Nur er, Atum, werde in Gestalt einer *Schlange übrig bleiben[1]; auch Menschen und Götter werde es dann nicht mehr geben – der *Schöpfergott ist wieder allein wie vor der Welterschaffung[2]. In den *Sargtexten sagt Atum, daß er nach „Millionen" von Jahren mit dem anderen Pol der Götterwelt, mit Osiris, „zusammen an einem Ort" wohnen werde und daß „die Hügel zu Städten, die Städte zu Hügeln werden" und daß „ein Haus das andere zerstören" werde[3]. Das W. entspricht also teilweise dem Zustand vor der Schöpfung, indem die Vielheit wieder der Einheit weicht; sie ist aber auch Umkehrung und innere Zerstörung. Jedenfalls stellten sich die Ägypter vor, daß diese geschaffene Welt so wie einen Anfang auch ein Ende habe[4]. In literarischer Übertreibung beschreibt *Neferti (Z. 22) eine Zeit innerer Wirren fast als W.: „Das Geschaffene ist wieder zu Ungeschaffenem geworden, so daß *Re mit der Schöpfung erneut beginnen muß." Das *Kuhbuch dagegen schildert kein W., sondern nur eine Phase in der Entwicklung der Welt, die Entfernung des *Sonnengottes von den Menschen, bedingt durch den Abfall der Menschen. Von der Sündhaftigkeit der Erde als Grund für das W. ist aber nie die Rede[5]. – Einen „kleinen Weltuntergang" prophezeit der Schlangengott im *Schiffbrüchigen (Z. 154).

Entspringt das W. in den bisher genannten Fällen dem Willen der Gottheit oder wird von ihr herbeigeführt, so droht in der Magie der *Zauberer mit dem W. oder mit Elementen des W., wenn ihm sein Wille nicht wird. Die Belege sind zahlreich von den Pyr. bis in die ptol. Zeit[6]. Freilich sind diese Quellen trübe, übertreibend, prahlerisch, auch widersprüchlich; sie sagen nicht, wieweit mit diesen Vorstellungen die eines wirklichen W. verbunden ist und wieweit nur eine mehr oder weniger schwere, vorübergehende Störung des Weltlaufs mit ihm verbunden ist wie etwa das zeitweilige Stillstehen der Gestirne oder der ebenfalls begrenzte Ausfall der Götteropfer[7]. Wenn die Rede von einem Zusammenfallen der beiden Ufergebirge ist, womit das Niltal unpassierbar wird (Pyr. 277ff.), oder davon, daß der Himmel auf die Erde fällt, da der Zauberer dem Stützgott *Schu die Arme wegschlagen will (Pyr. 299), so dürften Vorstellungen vom W. vorliegen – im ersten Fall wohl von einem Ende des für die Welt konstitutiven *Dualismus. Ein später Text zählt 18 Fälle auf, die an das W. erinnern oder dazu gehören[8]. Deutlich ist die Aussage, daß *Apophis über *Re triumphieren wird, womit das Ende jeder Schöpfung klar bezeichnet ist[9]. Eine nicht voll verstandene Umkehrung der Schöpfung liegt auch in dem Gedanken vor, daß aus der Erde (oder dem ausgetrockneten Bett des Nils) eine Flamme hervorkomme und die Erde verbrenne – so wie die „Flamme" der über der *Flammeninsel aufgehenden Sonne einst die Weltschöpfung eingeleitet hat[10].

Schließlich droht – in der SpZt – das W., wenn das Ritual nicht eingehalten wird[11].

[1] Die Erwähnung des Osiris als zweiten Gott erweckt den Eindruck eines unorganischen Einschubs. Vielleicht ist als Urtext ein Monolog ohne Erwähnung des Osiris vorauszusetzen. – [2] Zur Überlieferung des Textes und zu Parallelen (Sargtexte bis ptol. Zt) s. Otto, in: CdE 37, Nr. 74, 1962, 249–256. – [3] CT VII, 467e–468f. – [4] Jan Assmann, Zeit und Ewigkeit im Alten Ägypten, AHAW 1975. 1, 23f.; Hornung, Der Eine, 156ff. – [5] Anders Kákosy, Schöpfung (s. Lit.), 57f. – [6] Genannt bei Schott, Altäg. Vorstellungen (s. Lit.) und bei Kákosy, a.a.O. sowie bei Brunner, in: LÄ II, 481; Altenmüller, in: LÄ II, 666. – [7] Jan Assmann, Re und Amun, OBO 51, 1983, 78f.; ders., in: Apocalypticism in the Mediterranean World, Hg. David Hellholm, Tübingen 1983, 345–377. – [8] Urk. VI, 121, 18ff. – [9] pTurin 122, 2f. – [10] Schott, Altäg. Vorstellungen (s. Lit.), 327f.; Kákosy, Schöpfung (s. Lit.), 62f. – [11] Otto, in: LÄ II, 36.

Lit.: Siegfried Schott, Altäg. Vorstellungen vom Weltende, in: Studia Biblica et Orientalia 3, Analecta Biblica 12, Rom 1959, 319–330; László Kákosy, Schöpfung und Weltuntergang in der äg. Religion, Acta antiqua academiae scientiarum Hungaricae 11, Budapest 1963, 17ff., abgedruckt in: Studia Aegyptiaca 7, Budapest 1981, 55–68 (nach dieser Ausgabe zitiert). H. B.

Weltentstehung s. Schöpfung

Weltkammer ist die Bezeichnung des im Inneren der Basis des *Obelisken im *Sonnenheiligtum des *Niuserre in *Abu Gurâb herumlaufenden aufsteigenden Korridors mit den Darstellungen der sog. „Jahreszeitenreliefs", d.h. der Vorgänge in der Natur während der *ꜣḫt*- und der *šmw*-Jahreszeit.

Lit.: PM III. 1², 319–324; Edel, in: NAWG 1961. 8; 1963. 4–5; 1965. 6; Elmar Edel und Steffen Wenig, Die Jahreszeitenreliefs aus dem Sonnenheiligtum des Neuser-re I, Berlin 1974; zu den Gaudarstellungen: Fischer, in: JNES 18, 1959, 139–142 Abb. 4. W.H.

Weltordnung s. Maat

Wenamun. Im Winter 1891–92 erwarb Golenischeff in Äg. einen Papyrus, den er kurz darauf publizierte[1]; der Text enthält die Schilderung der Reise eines Hallenältesten des Amuntempels von *Karnak namens W. (*Wn-Jmn*) nach *Byblos, um für die hlg. Barke des Gottes Holz einzuhandeln. Der Vorgang spielt zur Zt des Priesterkönigtums des Hohenpriesters *Herihor (datiert in die „*Wiederholung der Geburt"), die Niederschrift stammt aber nach der Paläographie[2] aus der 22. Dyn. und stammt wohl aus el-*Hibe, der damaligen Nebenresidenz der thebanischen Hohenpriester. Der Text ist nach Art eines Verwaltungstextes geschrieben[3], bricht aber am Ende der 2. Kolumne mitten im Satz ab, wobei mehrere Zeilen ungeschrieben bleiben.
Die Schilderung beginnt zunächst knapp mit der Ausreise am 16. des 4. *šmw* im Jahr 5 (der *wḥm-mswt*-Periode) und der Abfahrt von Tanis nach Byblos mit Unterstützung des *Smendes und der Tentamun, den eigentlichen Herren in U. Äg. Größeren Raum nimmt die Episode des im Hafen von Dor geschehenen Diebstahls des „Geldes" des W. ein und des Verhaltens des dortigen Sikkar-Fürsten. Dann kommt die Erzählung schnell zur Landung in Byblos, bei der sich W. am Eigentum der Schiffseigner(?) schadlos hält. Der Fürst von Byblos weist W. aus, doch im letzten Augenblick führen die ekstatischen Forderungen eines „Propheten" zur Unterredung zwischen dem Fürsten und W., die breit und in direkter Rede dargelegt wird. Dabei betont W. die Macht „seines" Gottes, den er in einer Figur mit sich führt. Es kommt zu einem Vorvertrag über die Lieferung des Holzes; als die notwendigen Gegenwerte von Smendes geschickt werden, wird das Holz verladen. Im Augenblick der Ausfahrt wollen Sikkar-Kapitäne das Auslaufen verhindern, um W. wegen des einem ihrer Berufsgenossen gestohlenen „Geldes" zur Rechenschaft zu ziehen. Er entkommt aber und wird nach *Zypern (Alašia) verschlagen, wo er durch räuberische Strandbewohner in Lebensgefahr gerät, doch die von ihm angerufene Herrin der Stadt greift ein. Hier bricht der Text ab.
Die Schilderungen äußerlicher Vorgänge zeigen gute Kenntnis der damaligen syrischen Verhältnisse bis in für den Gang der Geschichte unwesentliche Kleinigkeiten hinein. Daher hat man auch diesen Text als einen echten Ereignisbericht angesehen, von dem uns eine spätere Kopie vorläge. Sosehr auch der Leser den Eindruck hat, unmittelbar wirkliche Ereignisse mitzuerleben, so wäre dies jedoch der einzige größere Text, der uns einen auf geschehenen Ereignissen beruhenden Bericht überlieferte – denn auch der *„Sinuhe" ist ja ein politischer Text. Wahrscheinlich ist auch der „Bericht des W." als eine solche Fiktion anzusehen, deren Zweck es gewesen sein könnte, die Macht des ägyptischen Gottes *Amun auch über die Landesgrenzen hinaus darzustellen. Es wäre dies ein Versuch, die räumlich beschränkte Machtwirkung eines Gottes zur Weltmacht auszuweiten und dies durch eine fiktive, aber sehr realistisch wirkende Erzählung zu „beweisen". Ähnliche Benutzung historischer Vorgänge zur Darlegung einer Idee finden wir auch im NR etwa in den Erzählungen von der Macht, aber auch Ohnmacht der Könige: Eroberung von *Joppe, andererseits das Fragment, das Botti, in: JEA 41, 1955, 64ff. veröffentlicht hat und das *Thutmosis III. in einem Anfall von Schwäche zeigt.
Der „Bericht des W." dürfte also fiktiv und eine Tendenzschrift sein, die in der 22. Dyn. geschrieben eine etwa 150 Jahre zurückliegende Zeit zum Schauplatz nimmt. Man darf es nur insoweit als „contemporary historical document" nehmen, als der Verfasser bestrebt war, die Umwelt, in der er seine Geschichte geschehen ließ, so historisch richtig wie möglich zu schildern, wobei allerdings es nirgends erkennbar ist, wo Einzelheiten aus der Epoche der 22. Dyn. in die Zeit der ausgehenden 20. Dyn. transponiert worden sind, und wo überhaupt falsche Züge vorliegen, die rein erfunden sind.

[1] Erste Erwähnung Golenischeff, in: Recueil d'articles des élèves du professeur V. R. de Rosen, St. Petersburg 1897. – [2] Möller, Hier. Lesestücke II, 29 Anm. 2. – [3] Jaroslav Černý, Paper and Books in Ancient Egypt, London 1952.

Lit.: Text: Golenischeff, in: RecTrav 21, 1899, 74–102; Möller, Hier. Lesestücke II, 27ff.; M. A. Korostovzeff, Puteschestwie Un-amuna w Bibl, Moskau 1960; LESt, 61–76.

Übersetzungen: W. Max Müller, Der Papyrus Golenischeff, MVAeG 5, 1900, 14–29; Hans O. Lange, Wen-Amon's Beretning om haus Rejse til Phonizien, in: Nordisk Tijdskrift 1902, 515ff.; Breasted, in: JASL 21,

1905, 100–109 = BAR IV, §§ 557–591; Gaston Maspero, Contes Populaires, Paris [3]1906, 214ff.; Adolf Wiedemann, Altägyptische Sagen und Märchen, Leipzig 1906, 94–111; H. Ranke, in: Hans Gressmann, Altorientalische Texte und Bilder zum AT, Leipzig 1909, 225–230; Erman, Lit., 225–237; Günther Roeder, Altägyptische Erzählungen und Märchen, Jena 1927, 74–85; Ernest A.T.W. Budge, Egyptian Tales and Romances, London 1931, 128–141; Gustave Lefebvre, Romans et contes égyptiens, Paris 1949, 204–220; J.A. Wilson, in: ANET, 25–29; E. Edel, in: K. Galling, Textbuch zur Geschichte Israels, Tübingen [3]1968, 41–48; Sir Alan Gardiner, Egypt of the Pharaohs, Oxford 1961, 306–313; E.F. Wente, in: W.K. Simpson, The Literature of Ancient Egypt, New Haven 1972, 142–155; Hans Goedicke, The Report of Wenamun, Baltimore 1975.

Zu *Einzelstellen* (in Auswahl): Allgemein: Fritz Hintze, Untersuchungen zu Stil und Sprache neuägyptischer Erzählungen, Berlin 1950–52; Nims, Second Tenses in Wenamūn, in: JEA 54, 1968, 161ff.; zu den Fremdnamen: Albright, in: Studies presented to David Moore Robinson I, St. Louis, Miss. 1951, 223–231. Zu 1,1 (Zeitangaben): Lefebvre, in: CdE 11, Nr. 21, 1936, 97; zu 1,12 (Rechtsprobleme): Green, in: ZÄS 106, 1979, 116–120; zu 1,38 (Prophet): Scharff, in: ZÄS 74, 1938, 147; Posener, in: RdE 21, 1969, 147; zu 1,49–50 (Bildhorizont): Schaefer, in: OLZ 32, 1929, 812–9; 34, 1931, 921–2; zu 1,58f.: Edgerton, in: AJSL 48, 1931, 40; Nims, in: JEA 54, 1968, 162 n. 2; zu 1,59 (*ḫbr*): Eisler, in: ZDMG 78, 1924, 61ff.; Hintze, Untersuchungen, 77; Albright, op. cit., 229f.; zu 2,71 (*moʿed*): Wilson, in: JNES 4, 1945, 245; Gardiner, in: Mél. Masp. I, 493.

W.H.

Weneg s. Uneg

Wenen-nofer s. Osiris

Wenet s. Gaue, 15. o. äg.

Weni s. Uni

Wen-schepsef (*Wn-šps.f*), ein „göttlicher *Phönix“ im 7. o. äg. Gau[1].

[1] Sauneron, in: Kêmi 16, 1962, 40–1. Red.

Wenti, *wntj*[1], Krokodilgott[2], Sonnenträger[3], der dank seiner Reptiliengestalt die Fähigkeit besitzt, die Sonne oder den *Sonnengott durch die Wasser- und Sumpfgefilde der Unterwelt zu befördern, indem er sie trägt oder in seinen Körper aufnimmt und vor Beginn des Sonnenaufgangs wieder ausspeit bzw. durch die Bauchdecke entläßt[4].

W. kann mit *Apophis[5] gleichgesetzt werden und damit als Sonnenfeind auftreten, denn die Aufnahme der Sonne in den Krokodilskörper kann auch als Bedrohung der Sonne aufgefaßt werden[6].

[1] In Texten der ptol.-röm. Zt findet sich auch die Benennung *dwntj*, s. Blackman und Fairman, in: JEA 29, 1943, 30f. – [2] Rein menschengestaltig s. Calverley und Gardiner, Abydos III, Tf. 10. – [3] In Pyr. § 661 nimmt W. den toten König in die Sonnenbarke auf. – [4] Emma Brunner-Traut, in: Fs Schott, 35 und Anm. 96. – [5] Anderer Meinung sind Blackman und Fairman, in: JEA 29, 1943, 31 und Faulkner, in: JEA 23, 1937, 176. – [6] Zur ambivalenten Einschätzung der Sonnentiere s. Westendorf, Darstellungen des Sonnenlaufs, 99 s. v. Sonnentier. R. Sch.

Wepset, one of the many names of the fire-spitting *uraeus and of the goddess in the myth of the Eye of *Re who returned from Nubia (*Augensagen, *Sonnenauge). Her name “She who burns” is probably derived from a verb *wps* “to burn” attested since the NK.[1] An alternative explanation proposed by Sethe, who analysed *wps(t)* as *wp.t* “brow” + the nominal affix *-s*[2] is unlikely, not only because Sethe wrongly denied the existence of a verb *wps*,[3] but also since the earliest attestations of the goddess already write her name with the fire-determinative (Gardiner, EG[3], Sign-list, Q 7).[4]

W. is usually depicted as a uraeus[5] but in the Graeco-Roman temples of Lower Nubia she appears as an anthropomorphic goddess wearing a uraeus on top of her head,[6] in which case she does not wear the vulture-cap (*Geierhaube).[7] Occasionally the uraeus is supplied with *Hathor or *Tefnut symbols such as a sundisc between cow’s horns[8] or a lion’s head.[9]

Already in CT Spell 75 W. is associated with the mythical complex of the Eye of Re: Shu (*Schu) is said to have calmed (the Ba of) W. “who is in the midst of her rage” and to have “made her to travel,” sc. from Nubia back to Egypt.[10] In the NK Guides to the Hereafter (*Jenseitsführer) she prepares the way for the resurrection of Re-*Osiris by destroying his enemies. Thus in the *Amduat she is one of a group of 12 apotropaeic uraei (*Götter, apotropäische) “who illumine the darkness of the Netherworld”,[11] whereas in the Book of Caverns (*Höhlenbuch) W. and her consort *Nsrt* “kindle the fire under the cauldrons which contain the enemies of Osiris” and “their fire opens up the Netherworld”.[12] As a goddess who annihilates the enemies of Osiris and Re she appears also in a hymn to Osiris in the Memphite tomb of *Haremheb[13] and in LP ritual texts.[14]

In *Philae and other Graeco-Roman temples of Lower Nubia W. appears both as a deity on her own and as a “determinative-goddess”[15] of Tefnut and related goddesses.[16] Her most frequent epithet is “Mistress of the Flame in *Bigga” (*nbt nbj m Snmt*). Owing to the ruinous state of the temple structures of Bigga no traces of her cult have been found on the island itself, but texts from other temples, notably Philae, make it clear that this was the place where Tefnut settled in the form of W.[17] after Shu and *Thot had brought her back from Nubia. At Bigga W. "purified her body", i.e., cooled her rage;[18] here she was pacified (*Besänftigung) by Thot, who is called *sḥtp nsrt* and who receives a scribe's palette in her presence.[19] Here too she dwells in the Chapel of the Flame (*Ḥwt-Nbj*) surrounded with flames (*nbj m pḫr.s*[20]) and burns the enemies of god and king with the blast of fire from her mouth.[21] In the Mammisi (*Geburtshaus) of Philae W. appears as a hypostatization of the apotropaeic aspect of the mother-goddess Hathor[22] while she herself is never called "mother of the god". That she was nevertheless an active force in the (re)birth of the child-god is documented by texts in the temple of *Kom Ombo. Here she is associated with the local form of Tefnut, Tasentnefret (*Sent-nofret) and with *Nechbet.[23] The latter is called "Ba of W." who "flies up to the sky as incense"[24] to join the Ba of Dewenʿawy (*Dunanui) representing Shu, and as Gutbub has shown the unification of air and incense symbolizes the theogamy of Shu and Tefnut resulting in the birth of the child-god.[25] A similar concept may have existed at Philae[26] and the Chapel of the Flame of W. may be compared with the Island of Fire (*Flammeninsel) of Egyptian funerary literature which is both the place where Re is engendered and the place where his enemies are destroyed.[27] The parallelism between the annual return of the Eye of Re from Nubia and the daily return of the Sungod (*Sonnengott) from the Netherworld is likewise found in earlier religious texts and indeed forms the background of the passage from CT Spell 75 quoted above.[28]

[1] Wb I, 305,8. – [2] Kurt Sethe, Zur altägyptischen Sage vom Sonnenauge das in der Fremde war, UGAÄ 5.3, 1912, 13–14. – [3] Cf. Junker, Onurislegende, 82. – [4] CT I, 378/9 b. 382/3 a; Hornung, Amduat I, 15. See also Osing, Nominalbildung, 872 n. 1415. It seems rather unlikely that a group consisting of the *wp*-sign (Gardiner, EG³, Sign-list, F 13) and the throne-sign (Q 1) found on certain archaic vases should be interpreted as (a personal name containing) the name of the goddess W., cf. F. Ll. Griffith, in: Petrie, RT I, 38, pl. 4,5; II, 49, pl. 25,2; Kaplony, Inschriften I, 465; III, pl. 149 (no. 859); Dieter Jankuhn, Das Buch "Schutz des Hauses", Bonn 1972, 115. In any case W. does not appear in later theophorous names. – [5] E.g., Bucher, Tombes de Thoutmosis III et d'Aménophis II, pls. 2. 14. 27; Piankoff, Ramesses VI, pl. 117. – [6] E.g., Junker, Philae I, 228, fig. 132; Junker–Winter, Philae II, 54. 158. 176 etc.; Dakke II, pls. 51. 63. 74 etc. – [7] Cf. Maria-Theresia Derchain-Urtel, Synkretismus in ägyptischer Ikonographie, GOF IV. 8, 1979, 50–51. – [8] Dakke II, pl. 100; Debod bis Bab Kalabsche II, pl. 33; LD IV, 74 b (Philae). – [9] Junker–Winter, Philae II, 216; cf. Junker, Onurislegende, 85. – [10] See n. 4 and Kees, Totenglauben, 192; Zandee, in: ZÄS 99, 1973, 52. – [11] Hornung, Amduat I, 15; II, 29. – [12] Piankoff, in: BIFAO 43, 1945, pls. 97–98. 100; cf. Erik Hornung, Ägyptische Unterweltsbücher, Zürich–München 1972, 392–393; id., Altägyptische Höllenvorstellungen, ASAW 59. 3, 1968, 24–27. S. also the Book of the Earth (*Erde, Buch von der), where W. and *Nsrt* guard the place of execution when Re passes: Alexandre Piankoff, La Création du disque solaire, BdE 19, 1953, 26; Hornung, Unterweltsbücher, 445–446. – [13] Jacobus van Dijk, in: Geoffrey T. Martin, The Memphite Tomb of Ḥoremḥeb I (forthcoming). – [14] pBremner-Rhind 24,11; 25,5.9; 31,20, cf. Faulkner, in: JEA 23, 1937, 169–170; 24, 1938, 45; J.-Cl. Goyon, Textes Mythologiques II, 216, 8–9 = BIFAO 75, 1975, 381; Edfou I, 490. – [15] Kurth, in: SAK 5, 1977, 175–181. – [16] Hathor: Junker, Onurislegende, 110–111; *Sachmet: ibid., 82 (Philae Phot. 329); *Repit: ibid., 86–89; *Mut: Hermann Junker, Der Auszug der Hathor-Tefnut aus Nubien, APAW 1911. 3, 34. – [17] Junker, Philae I, 196–197, 1–8; Junker–Winter, Philae II, 44–45, 16–23; Dakke I, 331–332; cf. Junker, Auszug, 30–32. – [18] Junker–Winter, Philae II, 44–45, 20; cf. Junker, Onurislegende, 126–128. – [19] E.g., Junker–Winter, Philae II, 176; Dakke II, pl. 54. Cf. Junker, Onurislegende, 93; Emma Brunner-Traut, in: Gs Otto, 137; Maria-Theresia Derchain-Urtel, Thot, Rites égyptiens 3, Brussels 1981, 1–26. 62–63. 134–135. – [20] Junker, Onurislegende, 84 (Philae Phot. 465). – [21] E.g., Junker–Winter, Philae II, 216–217, 11–16; 320–321, 14–17; Dakke I, 153. There may be a connection between this aspect of W. and the human sacrifices that seem to have been practised at Bigga for Pharaoh-of-Bigga (*Bigga, *Menschenopfer), cf. H. Junker, in: ZÄS 48, 1910, 70; Griffiths, in: ASAE 48, 1948, 409–423; Yoyotte, in: EPHE 89, 1980–1981, 31–102. W. is sometimes shown as consort of Pharaoh-of-Bigga, e.g. LD IV, 74 b; Dakke II, pl. 74. – [22] Cf. Junker–Winter, Philae II, 44 (Hathor-Wepset with child-god) and ibid., 320. 398 (Hathor with child-god protected by W.). W. is also mentioned in the Birthhouse of Edfu (Chassinat, Mammisi d'Edfou, 175,6 = Edfou VI, 150,11), with reference to her own primaeval birth from Atum. – [23] Adolphe Gutbub, Textes fondamentaux de la théologie de Kom Ombo, BdE 47.1, 1973, 191–193. 230–231. – [24] Gutbub, o.c., 387. – [25] O.c., 299–300. 347–348. 392. See also De Morgan, Cat. des Mon. II, 146 where the king is said to have been "begotten by Shu and born by W. the Great". – [26] Cf. the allusion to the theogamy of Shu and Hathor-Wepset at Bigga, Junker–Winter, Philae II, 44–45, 22: *Šw ḥnʿ.s ḥr qmꜣ nfrw.s* (cf. in Kom Ombo De Morgan, Cat. des Mon. III, 31: *Tfnt … Wpst wrt ḥnʿ sn.s*). – [27] Cf. van Dijk, in: JEOL 26, 1979–1980, 12–14. It should be noted that *ḥwt-nbj* may not only be translated as "Chapel of the Flame" but also as "Chapel of the Creation", cf. Gutbub, o.c., 14. – [28] See nn. 4 and 10; cf. already Pyr. 698 d: "I am that Eye of Re which is conceived by night and born every day". The parallelism is also evident from the hymns in the Berlin Ritual of Mut, see J. van Dijk, in: K. R. Veenhof (ed.), Sprekend Verleden, MVEOL 24, 1983, 233–246.

Lit.: Junker, Onurislegende, 82–94. 110–111; Adolphe Gutbub, Textes fondamentaux de la théologie de Kom Ombo, BdE 47.2, 1973, 31 s.v. Oupeset (but add: pp. 347–348).

J. v. D.

Wepwawet s. Upuaut

Wer (*Wr*), „Der Große = Größte, Älteste", Beiwort mächtiger Götter wie *Horus, *Re u.a. Der Wechsel von „*wr*" und „*Ḥr*" in Titeln der FrZt (z.B. ) sowie Namen wie *Rꜥ-wr* im AR könnten darauf verweisen, daß *Wr* den Dynastieahnen bezeichnen soll. Der immer wieder[1] aus dieser Bezeichnung abgeleitete Monotheismus der Urägypter gilt jetzt[2] als widerlegt.

[1] Bes. Junker, Giza II, 47ff.; id., Die Götterlehre von Memphis, APAW 1939. 23 (1940), 25ff.; id., Die Geisteshaltung der Ägypter in der Frühzeit, SÖAW 237. 1, 1961, 133ff. – [2] Kees, Götterglaube, 270ff.; ausführliche Betrachtung bei Hornung, Der Eine, 4–16. 181ff. im Rahmen der Monotheismus-Diskussion mit ausführlicher Literatur. W.H.

Werethekau, äg. *Wrt-ḥkꜣw*[1], wird allgemein als „die Zauberreiche" übersetzt[2] und dient sowohl als Epitheton zahlreicher Göttinnen als auch zur Bezeichnung einer eigenständigen Gottheit.

I. W. als Epitheton. Vom AR bis in die SpZt ist W. als Beiname der *Kronen belegt, wobei sowohl die o.äg. und die u.äg. Krone den Namen allein führen können[3] als auch die beiden Kronen zusammen als W. bezeichnet werden[4]. Dementsprechend führt auch die Kronengöttin *Uto (im NR und in der SpZt) das Beiwort Werethekau[5]. Als Beiwort der Uräusschlange taucht W. vom MR bis in die SpZt auf, die dabei als *Schlange, die sich an der Stirn des Königs befindet[6], auftreten kann oder als die beiden *Uräen[7], die den König ernähren[8] oder aus seinem Kopf wachsen[9]. Als Beiname des *Horusauges ist W. in den *Pyr. und in den *Sargtexten belegt, zum einen für das Horusauge allein[10], zum anderen bezeichnet die Dualform die beiden Horusaugen[11]. Vor allem im NR erscheint W. als Beiname der löwengestaltigen Göttinnen *Sachmet[12] und *Pachet[13], von denen W. wohl auch als eigenständige Göttin ihre häufigste Erscheinungsform übernommen hat (s.u.). Ebenfalls können die mit löwengestaltigen Gottheiten in Verbindung stehenden Göttinnen *Meresger[14] und *Mut[15] als W. bezeichnet werden. Nur einmal belegt ist der Beiname für *Hathor[16] und *Anuket[17] in der SpZt.

Am häufigsten aber tritt W. im NR und in der SpZt als Epitheton der *Isis auf[18], die ja die Lebenden und die Toten durch ihre Zauberkräfte beschützt, aber auch mit ihrer Hilfe den geheimen Namen des *Re erfährt[19]. So tritt Isis-Werethekau als Vertreiberin von *Krankheiten[20] und als Ernährerin des Horuskindes[21] auf. Häufig trägt sie dabei noch die Titel *wrt*, *mwt-nṯr* und *nbt-pt*[22]. Sie kann sowohl löwenköpfig[23] als auch menschenköpfig mit *Skorpion auf dem Kopf[24] dargestellt werden. In den Sargtexten tritt die Dualform *wrtj-ḥkꜣw* als Bezeichnung für Isis und *Nephthys auf[25].

In der maskulinen Form von W. kann *wr-ḥkꜣw* als Epitheton des *Thot[26], des *Seth[27] und des *Amun[28] auftreten. Ebenso können Halskragen den Namen *wr-ḥkꜣw* tragen[29]. Im *Mundöffnungsritual wird ein Stab so genannt[30], den man wohl nicht als Werkzeug benutzt hat[31].

II. W. als eigenständige Göttin ist nur im NR belegt[32]. Sie wird meistens löwenköpfig dargestellt und trägt zuweilen Sonnenscheibe und Uräus auf dem Kopf[33]. Daneben tritt sie aber auch schlangenköpfig bzw. rein schlangengestaltig auf und fungiert in diesem Aspekt als Ernährerin des Königskindes[34]. In den meisten Darstellungen steht sie in Verbindung mit der *Thronbesteigung des *Königs. So führt sie den König zu Amun[35], hält ihm das *Anch-Zeichen an die *Nase[36] und erhält Opferungen von ihm[37]. In einer Darstellung, die als Krönungsszene gedeutet wird, steht W. hinter dem König, der vor *Re-*Harachte kniet, und hält ihre Hand über seinen Kopf[38].

Von W. sind zwei *Statuen erhalten: Eine davon ist eine Holzstatue, die bewegliche Arme hat[39]. Bruyère vermutet, daß sie im Besitz eines Zauberers war und vielleicht dazu gedient hat, durch Bewegung der Arme *Orakel zu verkünden[40]. Die zweite ist eine kleine Opferstatue, die von einer Frau gestiftet wurde[41].

Durch ihre Verbindung zur Uräusschlange übernimmt W. auch deren Funktion. So spricht W. in einem Text: „Ich ringele mich empor zwischen deinen Augenbrauen. Mein Hauch ist Feuer gegen deine Feinde."[42] Mit der Gleichsetzung von Uräusschlange und Sonnenauge[43] wird W. ebenfalls zur Tochter des *Sonnengottes[44].

Auf einer Stele erscheint der Ortsname *pr-wrt-ḥkꜣw*, den Habachi als religiösen Namen der alten Ansiedlung ansieht, auf der das heutige Dorf Kafr ed-Deir gebaut ist[45]. *Priester der W. sind nicht bekannt.

[1] Wb I, 328. – [2] Erman hält die Übersetzung für ungenau. Für ihn scheint *ḥkꜣw* die übernatürliche Kraft zu symbolisieren, die auch außerhalb des *Zaubers wirkt, s. Erman, Hymnen an das Diadem der Pharaonen, APAW 1911. 1, 13. – [3] O.äg. Krone: Pyr. 1832; Erman, op. cit., 17,2; 18,1; CT VI, 118n; Edfou I, 56. U.äg. Krone: Pyr. 194. 196; CT VI, 1181; Erman, op. cit., 2,2. – [4] Pyr. 823. 1624; CT I, 183g. 185g; Urk. IV, 288; Christiane Zivie, Giza au deuxième millénaire, BdE 70, 1976, 66,6; Jan Assmann, Sonnenhymnen in thebanischen Gräbern, Mainz 1983, Text 75,12. – [5] LD III, 124c; Daressy, in: RecTrav 16, 1894, 53; Champollion, Notices Descr. I,

523; Mariette, Dend. III, 17e; Otto, Mundöffnungsritual I, Szene 59Bb; W. als Epitheton der *Nechbet ist jedoch nicht belegt. – [6] Erman, op. cit., 9,1; pHarris I, 22,6; BAR IV, 39. – [7] CT I, 131b. 144b. 147b. – [8] Urk. IV, 361. – [9] pBerlin 3055, 15,5/6; Adolf Erman, Ein Denkmal memphitischer Theologie, SPAW 1911, 14c. – [10] Pyr. 195d–e. 1795a; CT VII, 58j. – [11] CT VII, 63m–n. – [12] Champollion, Notices Descr. I, 894; Constant De Wit, Le rôle et le sens du lion dans l'Egypte ancienne, Leiden 1951, 316; in der Verbindung Sachmet-*Bastet: Medinet Habu IV, Tf. 241A; Wolfgang Helck, Die Ritualdarstellungen des Ramesseums I, ÄA 25, 1972, 138. – [13] De Wit, op. cit., 341. – [14] RÄRG, 456. – [15] Louis-A. Christophe, Les divinités des colonnes de la grande salle hypostyle et leurs épithètes, BdE 21, 1955, 35 Nr. 40; pBerlin 3053, 19,2; CG 606; im MR nur einmal belegt: Couyat-Montet, Inscr. du Ouâdi Hammâmât, 192,9; in der Verbindung *Mut-*Uto: Christophe, op. cit., Nr. 249. – [16] Mariette, Dend. III, Tf. 73c. – [17] Junker, Onurislegende, 93. – [18] Kitchen, Ram. Inscr. II, 553,6; Urk. IV, 1317; Davies, Neferhotep, Tf. 58p; Christophe, op. cit., Nr. 65; Edfou V, 173; Mariette, Dend. I, Tf. 28c; CG 38884. – [19] pChester Beatty XI, rto 3,10. – [20] Grundriß der Medizin V, 533; Sander-Hansen, Metternichstele, Z. 60. – [21] Lanzone, Dizionario III, Tf. 310,3. – [22] Christophe, op. cit., Nr. 60. 148. 152. 155. – [23] LD III, 221a. – [24] Lanzone, Dizionario III, Tf. 310,3; CG 9402. – [25] CT VI, 384c. – [26] Patrick Boylan, Thoth, The Hermes of Egypt, London 1922, 125; pBerlin 3055, 24,5–6; Urk. IV, 20; Mariette, Dend. III, 67a. – [27] Kees, Götterglaube, 24; Jan Assmann, Ägypten. Theologie und Frömmigkeit einer frühen Hochkultur, Stuttgart u.a. 1984, 158; CT II, 218a. 383a; CT VI, 414s; Pyr. 204a. – [28] Hans O. Lange, Der magische Papyrus Harris, Kopenhagen 1927, IV, 2. – [29] Jécquier, Frises d'objets, 66; CG 28083. – [30] Otto, Mundöffnungsritual II, 22. 81. 84–87; Davies, Ḳen-Amūn, Tf. 61; Davies, Tombs of Two Officials, Tf. 35. – [31] Otto, Mundöffnungsritual II, 19. – [32] Hoenes dagegen ist der Ansicht, daß sich W. erst in der SpZt zu einer eigenständigen Göttin entwickelt habe: s. Sigrid Hoenes, Untersuchungen zu Wesen und Kult der Göttin Sachmet, Bonn 1976, 182. Belege dafür gibt sie jedoch nicht an, und es ließen sich auch keine finden. – [33] LD III, 14. 15; William S. Smith, Ancient Egypt as Represented in the Museum of Fine Arts, Boston [3]1952, 112 Abb. 68; Urk. IV, 2132–3; Deir el-Bahari IV, Tf. 101; Torgny Säve-Söderbergh, Four Eighteenth Dynasty Tombs, PTT 1, Oxford 1957, Tf. 3. – [34] CG 42002; Kate Bosse-Griffiths, in: JEA 59, 1973, Tf. 35; El-Raziq, Die Darstellungen und Texte des Sanktuars Alexanders des Großen im Tempel von Luxor, AV 16, 1984, 59 (ohne Darstellung der W.); nur einmal erscheint sie rein menschengestaltig: s. Eugène Lefébure, Les hypogées royaux de Thèbes I, MMAF 3, 1890, 4. – [35] Barguet, Temple d'Amon-Rê, 262; LD III, 15; Champollion, Notices Descr. I, 92; Urk. IV, 286. – [36] LD III, 14. – [37] Medinet Habu V, Tf. 343; LD III, 71b; Gustave Legrain, Les temples de Karnak, Brüssel 1929, Abb. 127. – [38] Richard Hamann, Ägyptische Kunst. Wesen und Geschichte, Berlin 1944, 272 Abb. 298. – [39] Quibell–Spiegelberg, Ramesseum, Tf. 3 Nr. 12. – [40] Bruyère, Mert Seger, 174. – [41] v. Bergmann, in: RecTrav 7, 1886, 196. – [42] Urk. IV, 286, 15. – [43] Kurt Sethe, Zur altägyptischen Sage vom Sonnenauge, das in der Fremde war, UGAÄ V. 3, Neudruck 1964, 19f. – [44] Sethe, in: ZÄS 44, 1907, 35f.; Gardiner, in: JEA 39, 1953, 13–31. – [45] Habachi, in: CdE 42, Nr. 83, 1967, 35.

Lit.: RÄRG, 848 s. v. Urt-hekau. I. N.

Werft. Durch die Nutzung des *Nils als Verkehrsweg spielten *Schiffahrt und *Schiffbau eine bedeutende Rolle. Entsprechend muß es an zahlreichen Uferstellen Plätze gegeben haben, an denen Boote gebaut, ausgerüstet und repariert wurden. – Je nach ihrer topographischen Lage und wirtschaftspolitischen Bedeutung waren es einfache Schiffszimmerplätze oder große W., die – mit einem *Hafen verbunden – auch als Stapel- und Umschlagplatz für Handelsgüter dienten. Eine solche W. des Hafens *Peru-nefer bei *Memphis ist inschriftlich bekannt: Das sog. Werfttagebuch (pBM 10056)[1] aus dem 30. Jahr *Thutmosis' III. läßt erkennen, daß die W. dem derzeitigen Kronprinzen Amenophis unterstellt war und hier die kgl. *Barke wie auch Transportschiffe für Soldaten gebaut wurden. Die Zimmermannsarbeiten auf einer W. des *Palastes (*pr-ꜥꜣ*) bei *Thinis aus der 12. Dyn. (15.–18. Jahr *Sesostris' I.) sind im *Pap. Reisner II aufgezeichnet[2]. Die äg. Bezeichnung für W. lautet *wḫr(t)*[3]. Mehrfach sind Berufsbezeichnungen von Holzhandwerkern in Verbindung mit *wḫrt* belegt[4]. Die Bedeutung der in den Listen des *Pap. Harris I zwischen Schiffen und Orten genannten *wḫrwt*[5] wird eher einer tempeleigenen Anlegestelle und/oder einem Stapelplatz für *Holz[6] entsprechen als einer Werft.

[1] Glanville, in: ZÄS 66, 1931, 105–121, Tf. 1*–8*; ders., in: ZÄS 68, 1932, 7–41. – [2] pReisner II, S. 17. – [3] Fischer, Dendera, 211f.; Rosemarie Drenkhahn, Die Handwerker und ihre Tätigkeiten im Alten Ägypten, ÄA 31, 1976, 123f. – [4] Vgl. Anm. 3; AEO I, 215*; pAnastasi IV, 8,6; pLansing 5,2. – Ältester Beleg „Siegler der W.", Ende 2. Dyn., bei Kaplony, Inschriften III, Nr. 325. – [5] pHarris I, 10,1; 31,1; 51a, 1; 61a, 1; 62a, 10; 67,2. – [6] pHarris I, 11,9 und 32a, 4 nennen *Tannen- und *Akazien-Holz hinter *wḫrt*. R. D.

Werkstatt. Zahlreiche Darstellungen in Gräbern[1] sowie erhaltene *Modelle[2] (*Grabausstattung und -beigaben[3], *Dienerfiguren) veranschaulichen die altägypt. Werkstatt. Es sind Räumlichkeiten (sog. Handwerksstuben), in denen die Arbeitsmittel wie Werkzeug, Rohstoffe (*Holz, *Metall, *Leder, *Stein) und die *Handwerker an einem Ort zusammengefaßt sind, um Erzeugnisse in Einzel- oder Serienanfertigung herzustellen. Sämtliche Tätigkeiten des Be- und Verarbeitungsprozesses innerhalb eines Handwerkszweiges werden abgebildet.

Anhand der Darstellungen ist zu beobachten, daß eine W. sich aus verschiedenen Handwerksabteilungen zusammensetzt, d.h. Schreiner, Lederhandwerker, Metallarbeiter, *Bildhauer, Töpfer usw. arbeiten jeweils als Berufsgruppe für sich, aber alle sind innerhalb einer einzigen W. tätig. Die notwendige räumliche Trennung der verschiedenen Arbeiten in einer W. kann durch *Säulen oder Wände angedeutet werden[4].
Die W. (*jz, jz n kȝt*) wird von einem Vorsteher (*jmj-rȝ jz*) geleitet, der die verschiedenen Arbeiten (*kȝt nt jz*) beaufsichtigt[5]. Organisatorisch kann eine W. zum *Palast, *Tempel, zur *Nekropole oder zu einem Privathaushalt gehören[6].

[1] Klebs, Reliefs I–III, s. dort unter den einzelnen Abschnitten Kunst und Handwerk. – [2] Herbert E. Winlock, Models of Daily Life in Ancient Egypt from the Tomb of Meket-Rēʿ at Thebes, PMMA 18, 1955, Tf. 24–29; Breasted, Egyptian Servant Statues, 51, Tf. 46 b. – [3] Altenmüller, in: LÄ II, 838. – [4] Hermann Junker, Die gesellschaftliche Stellung der äg. Künstler im Alten Reich, SÖAW 233. 1, 1959, 35 f. Abb. 1; 28 f. (zu Wiedergabe bzw. Fehlen der Räumlichkeiten). – [5] Rosemarie Drenkhahn, Die Handwerker und ihre Tätigkeiten im Alten Ägypten, ÄA 31, 1976, 135 f. – [6] A.a.O., 136 ff. R.D.

Werkverträge und andere Privatverträge. Bei den privaten Urkunden lassen sich verschiedene Gruppen unterscheiden, die man als Verträge im engeren und weiteren Sinn unterscheiden kann. Verträge im engeren Sinn erscheinen mir die eigentlichen Werkverträge, d.h. juristisch bindende Abmachungen zwischen Personen, die die eine Seite zu bestimmten Leistungen, die andere zu festgesetzten Zahlungen verpflichten. Hierzu dürften auch Kaufverträge (*Kaufurkunden, Demotische) zu rechnen sein.
Außerhalb dieser engeren Gruppe stehen die Eheverträge und die sog. Testamente; erstere sind unter *Eheverträge, Demotische, letztere unter *Imet-per abgehandelt.
Eigentliche Werkverträge: Besonders in der 2. Hälfte des AR finden sich Texte, die von „Verträgen" (*ḫtm* – eig. „gesiegelte Urkunde") sprechen; es handelt sich dabei zunächst um festgelegte Absprachen zwischen Handwerkern und Personen, die sich von diesen ein Grab errichten lassen wollten. Dabei wird die Tatsache des Vertragsabschlusses und die Zustimmung des durch den Vertrag verpflichteten Handwerkers besonders hervorgehoben: „Der Steinmetz Pepi war mit dem Vertrag (*ḫtm*) zufrieden, den ich mit ihm geschlossen habe."[1] Ein Vertrag kann also nicht unter Zwang geschlossen werden[2], sondern setzt freiwillige Zustimmung beider Seiten voraus.
Weiterhin werden in dieser Zt und auch späterhin noch W. geschlossen mit *Totenpriestern. Sie unterscheiden sich von den etwas älteren des AR[3] insofern, als diese den Haushaltsangehörigen aufgezwungen zu sein scheinen. Später werden solche Verträge ausgehandelt: „Ich schloß mit dem Totenpriester *Nḫtw* einen Vertrag für Wasserspenden und Opfer, wobei ein Assistent von ihm ‚den Arm ausstreckt' (d.h. die Arbeit tut). Außerdem habe ich mit dem Vorlesepriester *Jntf* einen Vertrag abgeschlossen", der die Verklärungen sprechen soll[4]. Solche Verträge schloß man auch mit Tempelangestellten ab, die das nahe gelegene Grab versorgen sollten: „Ich schuf dieses Kenotaph, stellte seinen Standort fest und schloß mit den Gottesdienern von *Abydos einen gesiegelten Vertrag."[5] Hierzu gehören auch die ausführlichen Verträge des Bürgermeisters und Prophetenvorstehers von *Assiut Upuautaa mit den Tempelbediensteten, wobei nun auch die Versorgung von Statuen abgesichert wurde[6]. Diese so gesicherten Statuen nannte man „unter Lehm(siegel)" (*ḫr sjn*) stehend[7]. Die letzte Entwicklung dieser W. sind dann die mit Gottheiten abgeschlossenen Schutzverträge der SpZt[8].
Kaufverträge unterscheiden sich von den eigentlichen W. dadurch, daß es sich nicht um meist länger andauernde Handlungen der einen Seite zugunsten der anderen handelt, sondern um die einmalige Weggabe eines Gegenstandes „gegen Entgelt" (*r jsw*). Aber auch hier ist die Erwähnung der Zustimmung (von seiten des Verkaufenden) von Anfang an wichtig und macht den Text als Vertrag erkennbar. Das gilt für die Hausverkaufurkunde[9] des ausgehenden AR wie für die *Stèle juridique (hier verbunden mit notariellen Urkunden) bis hin zur Verkaufsurkunde der *Ahmes-Nofretere[10]. Unter den Ostraka von *Deir el-Medineh finden sich solche Kaufverträge nicht (s. *Kauf).

[1] Gizeh and Rifeh, Tf. 7 A Abb. 1–2. – Die Zustimmung der Handwerker wird durch „dabei zufrieden sein" ausgedrückt: Urk. I, 23, 8–9: „Ob Handwerker oder Steinarbeiter – ich stellte ihn zufrieden"; Hassan, Gîza II, Tf. 61; Ahmed Fakhry, Sept Tombeaux à l'est de la grande pyramide à Guizeh, Kairo 1935, 21; Abdel Moneim Abu Bakr, Excavations at Giza, Kairo 1953, 73; Edel, in: MIO 1, 1953, 329. Die Handwerker preisen dafür für den bezahlenden Grabinhaber den Gott bzw. die Götter; vgl. dazu auch Urk. I, 70, 5 ff. – [2] Urk. I, 50, 1 ff.: „Ich errichtete dieses Grab wirklich aus eigenen Mitteln und nicht nahm ich jemals Dinge von irgendjemand weg. Jeder, der mir dabei etwas hergestellt hat, denen machte ich (auch etwas, d.h. ich bezahlte ihn), und sie priesen für mich deshalb sehr den Gott. Sie haben dies (= das Grab) hergestellt für Brot, für Bier, für Kleider, für Salbe, für Gerste und Emmer – sehr viel. Nicht wurde etwas jemals unter Zwang durch jemand getan." – [3] Urk.

I, 11ff., vgl. Helck, Wirtschaftsgeschichte, 90ff.; hier heißt der Erlaß ein „Befehl" (*wḏ*: Urk. I, 11,14). – [4] Lange, in: SPAW 1914, 991. Vgl. auch Abd el-Mohsen Bakir, Slavery in Pharaonic Egypt, SASAE 18, 1952, Tf. 1: „Die Lohnempfänger meines Zugewiesenen – ich holte sie für Entgelt, gesiegelt mit gesiegelter Urkunde, damit sie mir Totendienst tun." Die Phraseologie („geholt gegen Entgelt") dürfte darauf hinweisen, daß es sich hier um gekaufte Personen handelt (der Verkäufer bleibt unklar). – [5] Karl Dyroff und Wilhelm Spiegelberg, Ägyptische Grabsteine und Denksteine II, Straßburg 1904, Tf. 2. Vgl. auch CG 20538. 20539 sowie Louvre C 34: „Ich gab einen gesiegelten Vertrag den Propheten und großen Web, die in diesem Tempel des Chontamenti sind, damit mein Name in Abydos sei, mit Silber, Gold, Kupfer, Bleiglanz, Kleidern, Nordgerste und Emmer – gemacht in Zehnerteilen (= für zweimal 5 *Phylen?)." – [6] Zuletzt behandelt von Spalinger, in: JAOS 105, 1985, 7–20 (mit älterer Lit.). – [7] Urk. IV, 1207, 10 und Wolfgang Helck, Historisch-biographische Texte der 2. ZwZt, KÄT, Wiesbaden [2]1983, 38,2 (Die spätere Lesung der Stelle durch Labib Habachi, in: Bulletin du Centenaire, Supplement au BIFAO 81, 1981, 30 Abb. 1 ist nicht richtig!). – [8] Thompson, in: JEA 41, 1955, 83–95. – [9] Urk. I, 157ff. – [10] Helck, Historisch-biographische Texte (s. Anm. 7), 100ff. W. H.

Werteinheiten s. Maße und Gewichte, Zahlungsmittel

Wesir, Wesirat. Mit W., einer aus dem Arabischen (وزر) übernommenen Bezeichnung, wird der äg. *Titel *ṯꜣtj*[1] oder vollständiger *tꜣjtj zꜣb ṯꜣtj*[2] wiedergegeben. Sie bezeichnet den Beamten, der an der Spitze der äg. (Beamten-)Hierarchie stand[3]. Das Amt des W. existierte mindestens seit der Regierungszeit des *Djoser[4] bis in die Zt der 30. Dyn.[5].

W. der 4. Dyn. waren in der Regel Prinzen[6] (*Königssohn, *Nefermaat, *Hemiunu, *Kawab). Eine Vielzahl von Titelträgern im späten AR war Anlaß dafür, eine Zweiteilung des Wesirates zumindest für die Zt *Pepis II. anzunehmen, und zwar die Existenz eines W. für O.Äg. und eines W. für U.Äg.[7], bzw. sogar eine Dreiteilung mit unterschiedlichen Kompetenzen[8], doch scheint bisher mehr für die Annahme zu sprechen, daß der Wesir-Titel von anderen hohen Beamten auch in der Provinz übernommen (bzw. ihnen verliehen) wurde[9] und somit von der Existenz nur eines amtierenden W. (neben Titulatur-Wesir) in dieser Zt mit Amtssitz in *Memphis ausgegangen werden muß[10]. (Zu W. des AR s. auch *Kagemni, *Mereruka, *Ptahhotep, *Ptahwasch). Die Verleihung der Wesir-Titulatur an Nebet, die Mutter der beiden Königsgemahlinnen *Anchnesmerire[11], wird eine besondere Auszeichnung dieser Frau darstellen[12]; sie kann kaum als Kronzeugin für die staatspolitische Gleichstellung der *Frau dienen.

Auch während des MR muß bis in die 13. Dyn. von der Existenz nur eines W., der für das gesamte Land zuständig war, mit Amtssitz zunächst in Theben, dann in *Itj-taui ausgegangen werden[13]. Der W. Amenemhet unter dem letzten König der 11. Dyn.[14] dürfte identisch sein mit dem späteren König *Amenemhet I. In der 13. Dyn. wird das Wesirat dann möglicherweise geteilt, wobei ein W. in *Theben, der andere weiter in Itj-taui amtierte[15]. Das Wesir-Amt war zeitweilig in den Händen einer Familie, wurde also „vererbt". Im Unterschied zu den z.T. schnell aufeinander wechselnden Königen dieser Zt stellten sie ein gewisses Element der Kontinuität und einen gewissen Machtfaktor dar[16] (*Antefoqer, *Anchu). Aus der Zt der *Hyksos-Könige sind keine W. bekannt; vielleicht wurde ihre Funktion von den *Schatzmeistern übernommen[17]. In der Verwaltung der thebanischen 17. Dyn. blieb das Amt in Theben erhalten (z.B. *Stèle juridique).

In der Zeit des NR wurde das Wesirat geteilt; mit Sicherheit läßt sich dies seit der Zeit *Thutmosis' III. nachweisen[18]. Ausnahmen von dieser Regel lassen sich immer nur für kurze Zeit belegen (*Ta). Theben war weiterhin Amtssitz, und für den u.äg. W. lag dieser in Memphis, zeitweilig in der *Ramsesstadt[19], augenscheinlich nach Aussage der Mes-Inschrift kurzzeitig in *Heliopolis[20] und in der späten Ramessidenzeit wieder in Memphis[21]. Eine Begründung für diese Zweiteilung findet sich in äg. Texten nicht. Sie dürfte ihren Grund in einer Neuordnung der Administration zur Schaffung einer strafferen und effektiveren Bürokratie speziell in O.Äg. haben und kann vielleicht zusammenhängen mit der Verlegung der Residenz nach Memphis unter Thutmosis III.[22] Beim Übergang von der 18. zur 19. Dyn. wurde das Amt des W. von den designierten Thronfolgern bekleidet und war damit neben dem Amt *jrj-pꜥt* eine *Legitimation für den Herrschaftsanspruch (*Ramses I., *Sethos I.)[23]. Zu W. des NR s. auch *Amenophis, *Chaemwese, *Chai, *Hapu, *Hapuseneb, *Imhotep, *Neferrenpet, *Panehsi, *Parahotep, *Ramose, *Rechmire.

Aus der folgenden Zt (*Zwischenzeit, dritte) sind W. nur für den o.äg. Raum belegt. Daher hat die Überlegung, der nur in der Bubastidenzeit nachzuweisende „Königssohn des Ramses" habe die Funktion des W. in U.Äg. übernommen, einiges für sich[24]. Ob diese Amtsinhaber in dieser Zeit noch die große Rolle spielen konnten wie ihre Amtsvorgänger des 3. und 2. Jt. muß mangels eindeutiger Hinweise offen bleiben[25]. Gleiches gilt auch für die W. der 26. Dyn. und der folgenden Zeit, die dann wiederum im Norden ihren Amtssitz hatten, während Titelträger aus der Thebais dann fehlen[26] (*Nespamedu).

Seit der Zt des MR tragen W. eine eigene *Amtstracht, einen bis unter die Achseln reichenden langen Schurz mit um den Hals gelegten Trägern[27]. Im NR führt der W. als Machtzeichen manchmal den *Krummstab. Am Ende der pharaonischen Zt können W. auch eine Kette mit einer Figur der Göttin *Maat als Anhänger tragen[28].

Die Aufgaben des W., am besten bekannt durch die *Dienstanweisung für den Wesir[29], waren vielfältig. Für die Zt des AR wird dies deutlich in den ausführlicheren Titulaturen, wie sie in der 5. Dyn. aufkommen. Sie zeigen ihn, wie auch die Dienstanweisung, als den obersten Beamten der *Landesverwaltung, den Leiter der „Exekutive", die auch juristische Funktionen mitbeinhaltet[30]. Trotzdem kann die Annahme, daß der W. ursprünglich (nur) die Rechtssprechung als Aufgabe vom König übertragen bekommen habe (*Richter, *Richtertitel), als nicht ganz gesichert angesehen werden; dennoch ist an einer juristischen[31] Tätigkeit des W. auch im AR nicht zu zweifeln, wie sich aus der gerichtlichen Untersuchung bei der *Harimsverschwörung unter *Pepi I. ergibt (*Uni)[32]. Sie läßt sich auch für die folgende Zt feststellen: sie wird in der Dienstanweisung[33] genannt und findet ihren Niederschlag in zahlreichen Papyri des NR, bes. in den Dokumenten der *Grabräuberprozesse[34]. Wird der W. in *Dekreten (*Tempeldekrete) als Adressat aufgeführt (*Akten I), ist dies nicht nur mit seiner juristischen Funktion zu erklären (durch die Dekrete wird verbindliches Recht geschaffen), sondern, da sie in erster Linie finanzpolitische Fragen behandeln, die Befreiung von Abgaben und Arbeitsleistung, tangieren sie seine Funktion als „Finanzminister", der für den Einzug von *Abgaben und Steuern zuständig ist. Seit der 5. Dyn. belegt, ist der W. *Scheunen-Vorsteher, *Schatzhaus-Vorsteher[35] und Vorsteher aller kgl. Aktenschreiber. Als Vorsteher der *Pyramidenstadt unterstand ihm die Verwaltung dieser Anlage (dieser Titel *jmj-rꜣ nwt* wird zu einem festen Bestandteil der Wesir-Titulatur bis in die SpZt)[36].

Seit der 4. Dyn. war der W. auch „Vorsteher aller kgl. Arbeiten" (*jmj-rꜣ kꜣt nbt nt nswt*) und war damit für alle größeren Bauvorhaben und sonstigen Arbeiten verantwortlich und damit auch für den Bau der kgl. Grabanlage[37]. Im NR untersteht ihm die Arbeiterschaft von *Deir el-Medineh, ist er verantwortlich für deren Versorgung[38] (*Streik) und die Anlage der *Königsgräber. Als Garant der Ordnung untersteht dem W. die *Polizei[39]. Auch hat er laut Dienstanweisung eine gewisse Oberaufsicht über das Militär (*Krieg)[40]. Eine aktive militärische Rolle bei der Kriegsführung scheint er nicht gespielt zu haben – so wird er bei einem Kriegsrat, auch wenn er bei der Schlacht von *Qadesch z. B. zugegen war, nicht besonders hervorgehoben[41]. Er war für die *Schifffahrt zuständig[42]; dennoch muß bezweifelt werden, daß ihm auch der Außenhandel unterstand. Darstellungen vom Bringen ausländischer Produkte, wie im Grab des W. Rechmire (TT 100), haben keine Aussagekraft (immerhin ist er auch Schatzhausvorsteher des Amuntempels und als W. untersteht ihm das staatliche Schatzhaus, an die diese Produkte geliefert werden), da sie auch in Gräbern von Männern, die nicht W. sind, vorkommen[43]. Überhaupt sind außenpolitische Aktivitäten kaum nachzuweisen. *Nubien wird verwaltet von dem *Königssohn von Kusch, der – wie es schon derTitel ausdrückt – augenscheinlich dem König unterstellt ist und nicht dem Wesir. Dies wird z.B. deutlich bei einem Vergleich des *Nauri-Dekretes mit anderen Tempeldekreten. Dort wird im eigentlichen Dekrettext der W. nicht genannt[44]. Auch mag die (fiktive) Übernahme des Titels Königssohn von Kusch bei *Herihor zusätzlich zu seinem Wesir-Titel ein Hinweis sein. Nur hierdurch konnte er seinen Anspruch auf Nubien aufrechterhalten, nicht durch sein Wesirat[45].

Auch für die unterworfenen syrischen Gebiete scheint er keine Bedeutung gehabt zu haben[46]. Wenn unter *Ramses XI. ein Bote des W. in *Byblos auftritt[47], liegt hier eine Ausnahme vor, die eher mit der schwachen Position des Königs zu erklären ist.

Der Kompetenzbereich des W. ist somit auf das eigentliche Ägypten beschränkt; dort allerdings unterstehen ihm auch die Tempel[48]. Durch Befreiungsdekrete werden sie expressis verbis dem Zugriff des W. entzogen[49]. Laut Dienstanweisung war er für die Gottesopfer verantwortlich[50] und konnte nachweislich in der Ramessiden-Zt zumindest die unteren Priesterränge besetzen[51]; außerdem konnten Priester von ihm auch zur Rechenschaft gezogen werden[52].

Von den eigentlichen Funktionen des W. zu trennen sind die Aufgaben, die nicht unmittelbar mit dem Wesirat verbunden waren und durch Sonderauftrag ihm durch den König übertragen wurden. Dazu gehören die Aufgabe, *Festleiter zu sein bei Götterfesten[53], die Ankündigung von *Sedfesten[54] bzw. der Auftrag, die Götterbilder für die Feier dieses Festes zur Residenz zu bringen[55]. Einen Sonderauftrag stellt auch der Titel des W. Parahotep als kgl. Bote ins Ḫatti-Land dar.

Die Kompetenzen des W. erstrecken sich auf nahezu alle Bereiche äg. Bürokratie. In Stellvertretung des Königs, der sie einsetzte[56], dem allein sie verantwortlich waren und der sie, falls ein Vergehen vorlag, auch absetzte[57], waren sie verantwortlich für den ordnungsgemäßen, maatgerechten Ablauf des Lebens in Ägypten und für die Einhaltung der Gesetze. An der Schaffung dieser Gesetze waren sie zumindest offiziell nicht beteiligt. Das war Sache des Königs; ob sie eine inoffizielle, beratende Funktion dabei hatten, wieweit sie am Meinungsbildungsprozeß beteiligt waren, bleibt unbekannt und hing im Einzelfall auch von der Persönlichkeit und der persönlichen Beziehung zum König ab. Zu den Beratern des Königs nach Aussage der *Königsnovelle haben sie nicht gehört; zumindest wird ihnen dort keine prominente Stellung eingeräumt[58]. Auch im Fall der Amtseinsetzung des W. User gehört der W. nicht zu den Beratern des Königs, sondern wird erst später hinzugeholt[59].

W. gerade des AR genossen später eine gewisse Verehrung (*Vergöttlichung von Privatpersonen), so die W. *Kagemni, *Ptahhotep, der Titular-Wesir *Isi, der W. *Mḫw*[60]. Ihnen wurde die Autorenschaft bedeutender Weisheitslehren zugeschrieben (*Lehre des Ptahhotep, *Lehre für Kagemni; *Lehre, loyalistische). Es wurde auch versucht, eine Verehrung des ramessidischen W. Parahotep nachzuweisen[61].

Analog zu den Verhältnissen auf Erden existiert auch die Vorstellung vom W. im Götterstaat, im Pantheon. Diese Rolle kommt in erster Linie *Thot[62] zu, aber auch *Amun und *Horus können so bezeichnet werden.

Zu den „Spottwesiren" s. *Karikatur.

[1] Wb V, 343–344. – [2] Op. cit., 344; vielleicht aber nach Fischer, in: JNES 18, 1959, 265 *ṯ3tj ṯ3tj (n) z3b* zu lesen (vgl. Emery, Tombs of the First Dynasty II, 58). – [3] Die enge verwandtschaftliche Beziehung zum regierenden König bei den frühen Amtsinhabern, die besondere Auszeichnung durch hohe bzw. höchste Rangtitel zeigen dies ebenso wie die Tatsachen, daß z.B. bei *Niuserre und Pepi II. der W. jeweils die Reihe der im Totentempel dargestellten Würdenträger anführt, im *Papyrus Boulaq 18 bei der Verteilung besonderer Festspeisen der W. als erster genannt wird (Scharff, in: ZÄS 57, 1922, 65–66) oder daß der W. Paser in dem Gratulationsschreiben der hohen Würdenträger des Landes an den Hethiterkönig als einziger namentlich genannt wird (Edel, in: NAWG 1978. 4, 120–129). Die Bedeutung findet sich noch im Geographischen Papyrus Tanis, wo der W. an prominenter Stelle genannt wird (Francis Ll. Griffith und William M. Flinders Petrie, Two Hieroglyphic Papyri from Tanis, London 1889, Tf. 13). – [4] PD V, Tf. 1, 1–7; vgl. Kaplony, Inschriften I, 488–489. Die Annahme, in dem als *ṯt* bezeichneten, auf der Prunkpalette dargestellten Gefolgsmann des Königs *Narmer einen Vorläufer des W. zu sehen (so z.B. Gardiner, AEO I, 19*), wird bezweifelt (Helck, Beamtentitel, 16). Für *Imhotep ist der Titel zeitgenössisch nicht belegt (Dietrich Wildung, Imhotep und Amenhotep, MÄS 36, 1977, 8. 12). – [5] De Meulenaere, in: MDAIK 16, 1958, 230–236. – [6] Helck, op. cit., 134–135. – [7] Kees, in: NGWG N.F. 1940. 4. 2, 39–54. – [8] Naguib Kanawati, Governmental Reforms in Old Kingdom Egypt, Warminster 1980, passim; dagegen Eva Martin-Pardey, in: BiOr 41, 1984, 65–67. Eine derartige Annahme würde die doch wohl begründete Idee vom W. als oberster Instanz der Landesverwaltung (s. dazu oben Anm. 3 bzw. unten zu den Funktionen) ad absurdum führen. Ist ein „Unter-Wesir" mit eingeschränktem Verfügungsrecht denkbar? – [9] Helck, op. cit., 116–117. – [10] Zu den W. des AR s. Helck, op. cit., 134–142; Kanawati, op. cit., 13. 16–17. 24. 30–32. 34–35. 78–79. 98. – [11] CG 1578. Zu der weiblichen Bezeichnung *ṯ3tt* „Wesirin" s. Wb V, 344, 10 und 11 als Beiwort der Königin oder der Hathor. – [12] Henry George Fischer, Varia, Egyptian Studies I, New York 1976, 75; anders Kanawati, op. cit., 31–32. – [13] Helck, Verwaltung, 19; vgl. auch pReisner II, 40. Zu den W. des MR s. Simpson, in: JEA 43, 1957, 26–29; id., in: JEA 41, 1955, 129–130; Valloggia, in: BIFAO 74, 1974, 123–134, der zwischen realen Amtsinhabern und „Honorar-Wesiren" unterscheiden möchte. Als letztere möchte er auf alle Fälle die Titelträger in der Provinz (El-*Berscheh, *Hatnub) klassifizieren, wobei er den Datierungsvorschlägen Schenkels, Frühmittelägyptische Studien, in die 12. Dyn. folgt. Diese müssen aber stark bezweifelt werden (s. Brovarski, in: Fs Dunham, 14–30), so daß aus dieser Quellengruppe für die Situation während der 12. Dyn. keine Schlüsse gezogen werden dürfen. Unklar bleiben muß die Stellung der zwei im pLythgoe genannten W.: Simpson, in: JEA 46, 1960, 65–70, id., in: JEA 49, 1963, 172. – [14] Couyat–Montet, Inscr. du Ouâdi Hammâmât, Nr. 110. 113 etc. – [15] Helck, Verwaltung, 19–20; vorsichtiger v. Beckerath, 2. Zwischenzeit, 95–97. 100. Hayes zieht ein Nebenbüro des W. in Theben in Erwägung (William Christopher Hayes, A Papyrus of the Late Middle Kingdom in the Brooklyn Museum, Brooklyn 1955, 74). Zu den W. der 13. Dyn. s. v. Beckerath, op. cit., 97–100; Habachi, in: Bulletin du Centenaire, Supplément au BIFAO 81, 1981, 29–39, Tf. 3–9; id., in: SAK 11, 1984, 113–126. – [16] Simpson, in: JEA 43, 1957, 28; v. Beckerath, op. cit., 99–100; Habachi in: Bulletin du Centenaire, Supplément au BIFAO 81, 1981, 39. Ähnliches mag auch für den W. *Djau, den Onkel Pepis II., gelten: Eva Martin-Pardey, Untersuchungen zur ägyptischen Provinzialverwaltung bis zum Ende des Alten Reiches, HÄB 1, Hildesheim 1976, 149. – [17] Helck, op. cit., 79–80; vorsichtiger v. Beckerath, op. cit., 150. – [18] Helck, op. cit., 21–25. – [19] Op. cit., 22–23. 27. – [20] Op. cit., 26–27; vgl. auch op. cit., 309. – [21] Zu den W. des NR s. Helck, op. cit., 285–344. 433–465; Černý, in: BiOr 19, 1962, 142–143; Habachi, in: Fs Fairman, 35–41. – [22] Das Problem wird angesprochen bei Megally, in: Actes du XXIXe Congrès International des Orientalistes Paris 1973, Paris 1975, 76–81. – Mit Sicherheit ist damit keine Machtbeschränkung verbunden, da beide W. nicht in einer Konkurrenzsituation mit gegenseitiger Kontrolle zueinander stehen, sondern jeder unabhängig von seinem Kollegen allein dem König verantwortlich in seinem eigenen Amtsgebiet amtiert. – [23] Helck, Militärführer, 85. – [24] Meeks, in: State and Temple Economy in the Ancient Near East (Hg. E. Lipiński), OLA 6, 1979, 631–632 mit Anm. 105. – [25] Zu den W. bis zum Ende der 25. Dyn. s. Kitchen, Third Interm. Period, 483–484; vgl. auch Günther Vittmann, Priester und Beamte im

Theben der Spätzeit, Beiträge zur Ägyptologie 1, Wien 1978, 143–170; Bierbrier, in: SSEAJ 12, 1982, 153–154. – [26] Vittmann, op. cit., 145–148; De Meulenaere, in: MDAIK 16, 1958, 230–236. – [27] Vgl. dazu die Bemerkung Anthes', in: ZÄS 67, 1931, 4. – [28] De Meulenaere, loc. cit.; vgl. auch Grdseloff, in: ASAE 40, 1940, 185–202. – [29] Ein neuer Datierungsvorschlag bei van den Boorn, in: Or 51, 1982, 369–381, der in ihr nicht die archaisierende Kopie längst überholter Verhältnisse des MR sieht, sondern ihr auch für die Zeit der Niederschrift im NR (zumindest bei Rechmire) einige Bedeutung beimißt. – [30] In Ägypten existiert keine Trennung zwischen Verwaltung und Rechtssprechung (Kees, Kulturgeschichte, 189) und wohl auch kein „Berufsjuristentum"; vgl. auch die Theorie von John Locke, der ebenfalls nur von zwei Gewalten ausgeht und die Judikative nicht als eigene Gewalt ansieht. – [31] Diese Bezeichnung scheint besser als der eingeengte Begriff Richtertätigkeit, da die Aufgabe des W. anscheinend darüber hinaus geht. So spricht Hayes, op. cit., 141 vom W. als „Attorney General". Eine Trennung zwischen Richtern und Staatsanwalt existiert nicht. Dazu kommen noch notarielle Aufgaben. – [32] Urk. I, 99,5–6. Hinweise finden sich auch in den Titulaturen durch Epitheta wie *ḥrj sšt3 n wḏ*ᶜ*-mdw nb, jmj-r3 wḏ*ᶜ*-mdw nb*. Weniger beweiskräftig ist der Titel „Priester" der Maat, da Maat nicht nur Recht im juristischen Sinn, sondern die „richtige Ordnung" im weiteren Sinn bezeichnet, deren Existenz der W. in Stellvertretung des Königs garantiert. Gleiches gilt für den Titel „Priester des Thot". Ist doch Thot nicht nur Richter im Pantheon, sondern auch Schreiber wie der W. als Schreiber schlechthin. – [33] Helck, Verwaltung, 30. 32–35. 37–39. – [34] Izidore Michailowitsch Lurje, Studien zum altägyptischen Recht des 16. bis 10. Jahrhunderts v. u. Z., Forschungen zum römischen Recht 30, Weimar 1971, 190ff.; Schafik Allam, Das Verfahrensrecht in der altägyptischen Arbeitersiedlung von Deir el-Medineh, Untersuchungen zum Rechtsleben im Alten Ägypten 1, Tübingen 1973, 29–32. – [35] Die Unterstellung des Schatzhauses unter den W. ist auch deutlich im Papyrus Louvre E 3226 (Mounir Megally, Recherches sur l'économie, l'administration et la comptabilité égyptiennes à la XVIIIe dynastie d'après le papyrus E 3226 du Louvre, BdE 71, 1977, 222. 226. 245. 278–279). – [36] Vittmann, Priester und Beamte (s. Anm. 25), 162–168. – [37] Auch in dem Fall, daß man mit Helck, Beamtentitel, 137; id., Wirtschaftsgeschichte, 127, in den Bauleitern der (späten) 5. Dyn. nur „Honorar-Wesire" sehen will. Dadurch wird impliziert, daß in letzter Instanz der W. dafür verantwortlich war, dem man durch Gleichrangigkeit nicht mehr unterstellt ist. Ob Graffiti des W. Nachtmin (Borchardt, Neferirkere, 53; Paule Posener-Kriéger, Les archives du temple funéraire de Néferirkarê-Kakaï, BdE 65, 1976, 389. 396. 568–569. 590) in diesem Sinn zu verstehen sind, muß offen bleiben: Haeny, in: Ricke, Userkaf-SH II, 37–39. Ein möglicher Hinweis auf diese Funktion kann auch vorliegen in dem Beschwerdebrief aus Saqqara, in dem es um eine Anweisung des W. zur „Bezahlung" von Steinbrucharbeitern geht (Gunn, in: ASAE 25, 1925, 242–255; Gardiner, in: JEA 13, 1927, 75–78; vgl. auch Grdseloff, in: ASAE 48, 1948, 505–512). Für die Zeit des MR und NR s. Helck, Verwaltung, 44–45. – [38] Op. cit., 46–47. – [39] Op. cit., 73–76. – [40] Urk. IV, 1112, 12–16. – [41] Thomas von der Way, Die Textüberlieferung Ramses' II. zur Qadeš-Schlacht, HÄB 22, 1984, 344–345, §§ 72–74; vgl. Gardiner, in: JEA 3, 1916, 98ff. (Kamose); Christophe, in: RdE 6, 1951, 98ff. (Megiddo-Schlacht). – [42] Helck, Verwaltung, 39–40. – [43] PM I. 1², 464. – [44] S. dazu z. B. Griffith, in: JEA 13, 1927, 193–208. – [45] Ein indirekter Hinweis auch dadurch, daß bei Ingeborg Müller, Die Verwaltung der nubischen Provinz im Neuen Reich (in: EAZ 23, 1982, 465–470), der W. nicht genannt wird; vgl. auch Edgerton, in: JNES 6, 1947, 155; Säve-Söderbergh, Ägypten und Nubien, 181–182. – [46] Siegelungen eines Wesir-Schreibers in Jericho sind in ihrer Deutung nicht ganz sicher (Helck, Beziehungen², 74). – [47] Op. cit., 234. – [48] Eine Trennung zwischen Staat und Tempel kann für die meiste Zeit der äg. Geschichte nicht durchgeführt werden. Sie geht zurück auf eine (mißverstandene) Übertragung mittelalterlicher europäischer Verhältnisse auf Ägypten und trifft nicht zu. Auch Tempel waren „staatliche" Institutionen, vgl. Otto, in: MDAIK 14, 1956, 158–159. – [49] S. z. B. oben Anm. 44; so, als Hinweis auf ein Tempeldekret, auch pHarris I, 59, 11–60,1 zu verstehen: Pascal Vernus, Athribis, BdE 74, 1978, 50–52. – [50] Urk. IV, 1114,8. – [51] Pap. Bologna 1094, 5, Z. 2–3 (Caminos, LEM, 16.17) und Peet, in: JEA 10, 1924, 121. – [52] Loc. cit. Zu Priestertum und Wesirat im NR s. Kees, Priestertum, 96–106; Helck, Verwaltung, 48. Davon zu trennen ist das Amt eines Vorstehers aller Götter von O. Äg. und U. Äg., das einige W. innehatten (loc., cit.; dazu s. auch Anthes, in: ZÄS 67, 1931, 7–8). Zum Tempelgericht unter Vorsitz des W. s. Allam, in: ZÄS 101, 1974, 3. – [53] Kees, loc. cit.; Helck, op. cit., 50. – [54] Op. cit., 49–50. – [55] Op. cit., 49. – [56] Z. B. Einsetzung des W.: Faulkner, in: JEA 41, 1955, 18–29; Helck, in: Fs Grapow, 107–117. – [57] Černý, in: JEA 15, 1929, 255; und zwar auf eine Initiative des Vorarbeiters der Arbeiterschaft von Deir el-Medineh. – [58] Hermann, Königsnovelle, passim. – [59] Helck, in: Fs Grapow, 107–117. – [60] Fischer, in: JARCE 4, 1965, 49–53. – [61] Altenmüller, in: JEA 61, 1975, 154–160; dagegen: Kitchen, in: SSEAJ 9, 1978, 17–19. – [62] Ulrich Luft, Beiträge zur Historisierung der Götterwelt und der Mythenschreibung, Studia Aegyptiaca IV, Budapest 1978, 16–19. 131–136; Maria-Theresia Derchain-Urtel, Thot à travers ses épithètes dans les scènes d'offrandes des temples d'époque gréco-romaine, Rites Égyptiens III, Brüssel 1981, 95–106. 209–214.

Korrekturzusätze: Zu Anm. 10: Für die W. des AR s. jetzt Nigel Strudwick, The Administration of Egypt in the Old Kingdom, London 1985, bes. 300–335. Auch Strudwick geht von der gleichzeitigen Existenz mehrerer W., vor allem seit der späten 5. Dyn., aus. – Zu Anm. 20: Anders Lurje, Studien (s. Anm. 34), 43–45. – Zu Anm. 25: Für die Zt der 25. Dyn. scheint es auch in U. Äg. W. gegeben zu haben: s. neben Vittmann und Bierbrier auch De Meulenaere, in: CdE 57, Nr. 114, 1982, 225–7. Ob eine strikte Zweiteilung des Wesirats für diese Epoche zu postulieren ist, ist weniger sicher. – Zu Anm. 34: Das Recht des W., Verurteilte zu begnadigen, wird von Théodoridès, in: Studia Paulo Naster Oblata II, Orientalia Antiqua, OLA 13, 1982, 231–243 negiert. Das alleinige Recht des W., Disziplinarverfahren einzuleiten und Disziplinarstrafen zu verhängen, betont van den Boorn, in: JNES 44, 1985, 19. 23–24. – Zu Anm. 37: Zur Rolle des W. bei der Arbeitsorganisation, bes. für das MR, vgl. Bernadette Menu, Recherches sur l'histoire juridique économique et sociale de l'ancienne Egypte, Versailles 1982, 114–167.

Lit.: Arthur Weil, Die Veziere des Pharaonenreiches, Straßburg i. E. 1908 (veraltet); Helck, Verwaltung, 17–64. 285–396. 433–46. E.M.-P.

Westen (*jmnt*), die „rechte" *Himmelsrichtung (im Gegensatz zu Osten = links = ungünstig), personifiziert in der Göttin *Amentet, gilt als das Totenreich: man „Geht zum Westen", wenn man unter dem Ruf „Zum Westen, zum Westen" begraben wird; die Leichen blicken (meist) gen W.; im W. liegen die thinitischen *Königsgräber von *Abydos, die *Pyramiden des AR mit ihren Privatfriedhöfen, die *Sonnenheiligtümer der 5. Dyn. (als Gräber des Dynastieahnen?) und die *Nekropolen von *Theben-West. Im W. aber geht auch *Atum unter als Sonne in den Armen seiner Mutter *Nut (CG 41002); dabei spielt der Westberg *Manu eine Rolle. *Seth kämpft dort gegen die *Apophis-Schlange, deren *Blut den Westhimmel rot färbt. *Augensagen, *Jenseitsvorstellungen, *Westwüste. W.H.

Westwüste. The Western or Libyan Desert extends westward from the Nile Valley (*Nil) to beyond the border of Libya and south into the adjacent Sudan. It represents a great erosional landscape developed in Cretaceous and younger sedimentary rocks (*Geographie).[1] In the south and west, Nubian Sandstone (*Sandstein) is characteristic, generally forming featureless plains veneered by sand sheets and fields of longitudinal dunes;[2] unusual relief is only provided by the Gilf Kebir and other sandstone plateaus and the Precambrian mass of the Gebel Uweinat. In the east and north, Eocene to Mio-Pliocene limestones (*Kalkstein) dip towards the Mediterranean Sea; rough, cuesta escarpments delimit their southern margins, above which are flat to undulating high plains.[3] Mineral resources (*Bergbau) in the Libyan Desert are few, a key exception being the Chephren Quarries (40 km NW of *Abu Simbel), where *amethysts and carnelian (*Karneol) were mined from dykes intruding a dark-blue Precambrian gneiss with quartz veins (*Granit).[4] Instead, the key resources are artesian or ground waters (*Brunnen) tapped in the *Oasis basins, that were eroded by wind or running water or both.[5] These oasis waters are "fossil," reflecting recharge from greater Pleistocene rainfall well before 8000 B.C. and, to a lesser degree, mid-Holocene rainfall c. 5000 B.C. (*Klima).[6]

Since 1972 the previously obscure, prehistoric archaeology of the Libyan Desert has been studied on a large scale.[7] There is no record of settlement c. 25,000–8000 B.C. Subsequently, greater rainfall led to accumulation of mud pans and lake beds 8200–3800 B.C. (calibrated radiocarbon dates), with interruptions, in many Egyptian oases and the northern Sudan (*Wüste).[8] Such improved water resources allowed settlement of small groups of Terminal Paleolithic hunter-gatherers, with a microlithic industry resembling the Capsian of northwest Africa, in *Siwa, the Fayum (*Fajjum, *Birket el-Qarun), *Charga,[9] *Dachla, the Dyke area 175 km south of Dachla, and Nabta Playa (22° 31′ N, 30° 46′ E, 330 km south of Charga), c. 8000–6600 B.C. (calibrated). This terminal Paleolithic differs from the contemporaneous El-Kabian, Shamarkian, and Qadan industries used by hunter-fisher-gatherers in the Nile Valley before 5000 B.C. (calibrated).[10] In Dachla, Charga and *Bahrija there is an aceramic Neolithic with arrowheads (transverse, tanged or unifacial) and grinding stones, that has some lithic affinities to later, Nile Valley Neolithic traditions (*Feuersteingeräte); at Dachla there also were domesticated cattle; calibrated dates are 6150 and 5800 B.C. The earliest true Neolithic, notable for impressed or wavy-line pottery of Early Khartum type,[11] domesticated cattle and sheep/goat[12] as well as grinding stones, is firmly dated 7000 B.C. (calibrated) at Nabta and in the Gilf Kebir (Wadi Bakht).[13] At Nabta there also is domesticated barley,[14] making it the oldest, confirmed agricultural site complex in Africa. The background, lithic industry of Nabta resembles the Terminal Paleolithic, but after 5650 B.C. there are some bifacial pieces, including stemmed arrowheads. At Dachla, the ceramic Neolithic has Khartoum-style pottery, tanged and concave-base arrowheads, more grinding stones, and domesticated goat. Later Neolithic occupations, with local undecorated pottery, are verified in Dachla and the Fayum, as well as until 5170 B.C. around Nabta and until 3565 B.C. in Charga,[15] where spring-fed ponds continued to accumulate and remained a focus of settlement into OK times. Charga seems to be unique in regard to oasis settlement continuity into historical times. C-Group pottery has been found only at *Dungul (2030 B.C. calibrated), confirming the paucity of late prehistoric occupation in the Libyan Desert Oases.

The Saharan Neolithic of Khartum Tradition, represented at Nabta and extending west to southern Algeria, derives only its pottery and grinding stones from the hunting-fishing-gathering Khartum Complex of the central Sudan.[16] The acquisition of domesticated sheep/goat (not native to Africa) and cattle (native to the Nile Valley and Northwest Africa) (*Domestikation) in the interior Sahara[17] 2000 years before the Nile Valley or any of the coastal regions remains problematical. Unifacial, stemmed arrowheads probably derive from localized, Saharan Terminal Paleolithic roots,[18] rather than the Pre-Pottery Neolithic "B" of the Sinai.[19] Agricultural origins in northern Africa were therefore multilineal, and the new Libyan Desert data do little to clarify the staging areas for the first Neolithic that appeared in the Fayum and at *Merimde shortly after 5000 B.C.[20]

[1] Karl W. Butzer and Carl L. Hansen, Desert and River in Nubia, Madison 1968, 203ff. 338ff. 431ff.; Issawi, in: Annals Geological Survey of Egypt 1, Cairo 1971, 53–92; id., in: Geographical Review 146, London 1980, 72–75. – [2] Gifford, Warner and El-Baz, in: NASA Special Publication 412, Washington 1979, 219–236; Haynes, in: Science 217, Washington 1982, 629–633. – [3] Caton–Thompson and Gardner, in: Geographical Journal 80, London 1932, 369–409; Butzer and Hansen, op. cit., 338ff. – [4] Murray, in: Geographical Journal 94, London 1939, 97–114. – [5] Pfannenstiel, in: AAWL, Math.-Naturw. Kl., 1953, 335–441; Yallouze and Knetsch, in: BSGE 27, 1953, 168–207. – [6] On radiocarbon dating of ground waters, see: Münnich and Vogel, in: Geologische Rundschau 52, Stuttgart 1963, 611–624; Edmunds and Wright, in: Journal of Hydrology 40, London 1979, 215–241; Sonntag, Thorweihe, Rudolph, Löhnert, Junghans, Münnich, Klitsch, El-Shazly and Swailen, in: Palaeoecology of Africa 12, Rotterdam 1980, 159–171. On different patterns of late Quaternary rainfall trends in the Egyptian deserts, Tibesti, and the Upper Nile Basin, see Butzer, in: Geographical Magazine 51, London 1978, 201–208. – [7] Fred Wendorf and Romuald Schild, Prehistory of the Eastern Sahara, New York 1980; Wendorf and Hassan, in: Williams and Faure, The Sahara and the Nile, Rotterdam 1980, 407–420; McDonald, in: SSEAJ 10, Toronto 1980, 315–329; 12, 1982, 115–138; 13, 1983, 158–166. – [8] Haynes, in: Wendorf and Schild, op. cit., 355ff.; Hassan, Nature, in press, London; Haynes, Mehringer and Zaghloul, in: Geographical Journal 145, London 1979, 437–445; Gabriel and Kröpelin, Palaeoecology of Africa 16, Rotterdam 1984, 295–300; *Dungul. Undated studies in Charga and Dachla also deserve mention: Caton–Thompson and Gardner, op. cit. (v.n. 3); Gardner, in: Geological Magazine 69, London 1932, 386–425; Churcher, in: SSEAJ 11, 1981, 193–212; 13, 1983, 178–187. All radiocarbon dates have been calibrated to calendar years according to the tables of Klein, Lerman, Damon and Ralph, in: Radiocarbon 24, New Haven 1983, 103–150; stated accuracies tend to be in the + or – 250 year range. – [9] The "Bedouin Microlithic" of Gertrude Caton–Thompson, Kharga Oasis in Prehistory, London 1952, 145ff. – [10] Fred Wendorf and Romuald Schild, Prehistory of the Nile Valley, New York 1976; Vermeersch, in: CdE 45, no. 89, 1970, 42–67, id., in: L'Anthropologie 80, Paris 1976, 509–514. – [11] Banks, in: Fred Wendorf and Romuald Schild, Prehistory of the Eastern Sahara, New York 1980, 299–316. – [12] Gautier, in: Wendorf and Schild, op. cit., 317–344. – [13] McHugh, in: JNES 34, 1975, 31–62; id., in: Geographical Journal 146, London 1980, 64–68; Wendorf and Schild, op. cit., 216ff. – [14] Stemler and Falk, in: Wendorf and Schild, op. cit. (v.n. 11), 393–400. Wendorf's claim for domesticated barley at 16,000 B.C. in Wadi Kubbaniya has recently been retracted (Wendorf, in: Science 255, Washington 1984, 645–646) in view of accelerator dating of these cereal grains to 3620 B.C. (calibrated). – [15] Including the "Peasant Neolithic" of Caton–Thompson, op. cit. (v. n. 9), 165ff., with concave-based arrowheads and evidence for domesticated sheep/goat (Gautier, in: Wendorf and Schild, op. cit., 317–344). Unfortunately the sites at Charga excavated and dated by Wendorf and Schild, op. cit., include none of the fine bifacial work of the Peasant Neolithic, which therefore remains undated. It is still uncertain whether the concave-based arrowheads of the Fayum (*Birket el-Qarun), now dated 4630–3950 B.C. (calibrated) (see Fred Wendorf and Romuald Schild, Prehistory of the Nile Valley, New York 1976, 163ff.), are younger or older than those of Charga or Dachla. There is no evidence of late prehistoric settlement in the *Wadi el-Natrun. – [16] Clark, in: Clark and Brandt, From Hunters to Farmers, Berkeley 1984, 113–131. – [17] Smith, in: Williams and Faure, op. cit. (v. n. 7), 451ff.; Gautier, in: Palaeoecology of Africa 16, Rotterdam 1984, 305–309. – [18] Clark, in: Williams and Faure, op. cit., 527–582; Camps, in: Fred Wendorf and Marks, Problems in Prehistory, North Africa and the Levant, Dallas 1975, 181–192; Gabriel, in: Berliner Geographische Arbeiten 27, Berlin 1977, 1–111. – [19] Bar-Yosef, in: Annual Review of Anthropology 9, Washington 1980, 101–133; Moore, in: BASOR 246, 1982, 1–34; this "Neolithic 2" dates c. 8000–7000 B.C. – [20] Karl W. Butzer, Early Hydraulic Civilization in Egypt, Chicago 1976, 4ff.

Korrekturzusatz zu Anm. 7: Fred Wendorf, Romuald Schild and Angela Close, Cattle-keepers of the Eastern Sahara, Dallas 1984; Angela Close, in: Journal of African History 25, London 1984, 1–24. K.W.B.

Wettkampf. In der Tradition Jacob Burckhardts, der das Prinzip des Agonalen singulär für Griechenland reklamierte und es zum Motor der hellenischen Kultur stilisierte[1], hat eine idealisierende Sicht des Griechentums bis weit ins 20. Jh. dazu beigetragen, daß man anderen Völkern der Alten Welt die Praxis des sportlichen W. absprechen wollte[2]. Forschungsergebnisse neueren Datums legen es dagegen nahe, diese Einrichtung weltweit und durch alle Zeiten als eine „anthropologische Konstante" zu bewerten[3]. Für Äg. läßt sich diese These schon dadurch untermauern, daß die Kampfsportarten *Ringen, Stockfechten[4] und *Boxen[5], in denen sich das Prinzip des W. niederschlägt, zum Teil sehr gut belegt sind. Dem lassen sich die zahlreichen Szenen des *Fischerstechens, aber auch bestimmte Formen des *Ballspiels[6] und eine von zwei Gruppen ausgetragene Art des Tauziehens[7] an die Seite stellen. In archetypischer Weise tritt der W. noch in der Geschichte des *Sinuhe auf (*Zweikampf). Die vielleicht weltweit älteste literarische Fassung eines Brautagons[8] ist im äg. Märchen „Der verwunschene Prinz" erhalten[9]: Der äg. Prinz erwirbt durch eine sportliche Leistung gegen einheimische Konkurrenz die Hand einer syrischen Königstochter. Bedeutenden Erkenntniszuwachs zum antiken Wettkampfwesen überhaupt hat die kürzlich entdeckte Lauf-Stele (so auch der äg. Titel) des *Taharqa vermittelt, die von einem W. im Langlauf handelt[10]. Elemente des Stelentextes sind u.a. Training, Laufdistanz, Zeit, Preisstaffelung[11]. Wie verwurzelt die Anschauung des sportlichen W. im äg. Denken war, lehrt seine Funktion im Mythos: *Horus und *Seth wollen ihren Streit um die Weltherrschaft durch einen (unterbrochenen) Tauchwettkampf, anschließend durch einen Schiffswettkampf entscheiden[12]. Trotzdem wundert sich *Herodot (II, 91), daß den Ägyptern außer den Chemmiten Agone griechischer Art fremd waren[13]. In der Tat bereitet es terminologische Schwierigkeiten, die einschlägigen Passagen des Totenagons, den Hadrian dem im Nil ertrunkenen Antinoos ausrichtet, im Hieroglyphen-Ägyptischen adäquat auszudrücken[14].

Ausgenommen vom W. ist qua *Königsdogma die Person Pharaos, obwohl dieser etwa zur Zt der 18. Dyn. außergewöhnliche athletische Leistungen demonstriert[15]. Die Idee des W., nach der in einem offenen Leistungsvergleich der Sieger festgestellt wird, ist mit dem Wesen des Königs, der unumstritten die Weltordnung garantiert, nicht vereinbar. Als einzige Ausnahme von dieser Regel scheint eine fragmentarische Inschrift aus *Medamud[16] ausgerechnet *Amenophis II., den überragenden Athleten auf dem äg. Königsthron, in einem Wettbewerb zu nennen, den er vermutlich glanzvoll besteht[17]. Der Ausschluß menschlicher Konkurrenten, die gegen den König angetreten wären, führte zu der Konsequenz, daß der W. unter Königen zeitlich gesehen ein Fernkampf war, in dem der Rekord des Vorgängers nach dem Prinzip des „Erweiterns des Bestehenden"[18] vom Nachfolger übertroffen wurde. Das läßt sich an den Leistungen im Bogenschießen auf die Zielscheibe zur Zeit der 18. Dyn. nachweisen[19] (*Schießscheibe).

[1] Jacob Burckhardt, Griechische Kulturgeschichte IV (Gesammelte Werke VIII, Hg. J. Oeri), Darmstadt 1962, 55ff., bes. 82ff. – [2] Z.B. Julius Jüthner, Die athletischen Leibesübungen der Griechen I, SÖAW 249. 1, 1965, 54; ähnlich E. Norman Gardiner, Athletics of the Ancient World, Oxford 1930, Nachdruck 1955, 8. – [3] Ingomar Weiler, Der Sport bei den Völkern der Alten Welt, Darmstadt 1981, 3ff. 53ff. – Ein markantes Beispiel aus jüngster Zt: G. Kenntner und M. Ernst, Die Kampfspiele der Danis (Westirian) – ein wesentlicher Bereich ihrer Spielformen, in: Sportwissenschaft 15, Schorndorf 1985, 69–82. Zu Ausnahmen vgl. etwa H. Eichberg, Spielverhalten und Relationsgesellschaft in West Sumatra, in: Stadion 1, Köln–Leiden 1975, 1–48. – [4] Grundlegend dazu Jeanne Vandier d'Abbadie, in: ASAE 40, 1940, 467–488. – [5] Inzwischen ist die Publikation der wichtigsten äg. Quelle erfolgt, die bei Abfassung des Stichwortes noch nicht vorlag: Charles F. Nims et alii, The Tomb of Kheruef. Theban Tomb 192, OIP 102, 1980, Tf. 47. 59–63. – [6] So vermutlich bei einer Art Reiterballspiel (d.h. die ballspielende Person reitet auf einer anderen): Beni Hasan II, Tf. 4, 4. Register v. unten; Tf. 8 A; Tf. 13, 3. Register v. unten. Vgl. dazu und zu einem weiteren kleinen Mannschaftsspiel mit dem Ball Decker, in: Institut für Leibeserziehung der Universität Wien (Hg.), Beiträge zur Geschichte der Leibeserziehung und des Sports 1, Wien 1974. 1, 2f. – [7] A. D. Touny und Steffen Wenig, Der Sport im Alten Ägypten, Leipzig 1959, Tf. 30 oben links (Mereruka). – [8] Zum Genus s. Ingomar Weiler, Der Agon im Mythos. Zur Einstellung der Griechen zum Wettkampf, Impulse der Forschung 16, Darmstadt 1974, Index (Sachen) s.v., bes. 294ff. – [9] Die entscheidende Passage pHarris 500 vso 4, 13–6, 7; vgl. Wolfgang Decker, Quellentexte zu Sport und Körperkultur im alten Ägypten, St. Augustin 1975, Dokument 29. – [10] Moussa, in: MDAIK 37, 1981, 331–338; Altenmüller und Moussa, in: SAK 9, 1981, 57–84. – [11] Ein sporthistorischer Kommentar zur Stele: Decker, in: Kölner Beiträge zur Sportwissenschaft 13, St. Augustin 1984, 7–37. – [12] Die einschlägigen Passagen pChester Beatty I, 8, 9–9, 7 sowie 13, 2–11. Vgl. Decker, Quellentexte (s. Anm. 9), Dokument 36. Außerdem Goedicke, in: JEA 47, 1961, 154; Miosi, in: SSEAJ 9, 1979, 75–78; Goedicke, in: SSEAJ 10, 1979–80, 59–61. – [13] Vgl. Alan B. Lloyd, Herodotus II, II, EPRO 43, 1976 zur Stelle mit viel Lit. – [14] Decker, in: Kölner Beiträge zur Sportwissenschaft 2, Schorndorf 1973, 38–56; ders., ebd. 4, 1975, 213f. – [15] Die wichtigsten Stellen bei Decker, Quellentexte, Dokument 10, 13–26; vgl. auch ders., Die physische Leistung Pharaos. Untersuchungen zu Heldentum, Jagd und Leibesübungen der ägyptischen Könige, Köln 1971. – [16] Urk. IV, 1322, 15–1323, 6. – [17] H. Schäfer, in: OLZ 32, 1929, 233. – [18] Hornung, in: MDAIK 15, 1957, 125f.; ders., in: Saeculum 22, 1971, 48–58; ders., in: Eranos-Jb. 49, 1980, 393–427, bes. 406ff. – [19] Decker, Physische Leistung (s. Anm. 15), 105; Edel, in: SAK 7, 1979, 38.

Lit.: W. Decker, Das sogenannte Agonale und der altägyptische Sport, in: Fs Edel, 90–104. W.D.

Wettlauf s. Sport

Wettschießen s. Schießscheibe

Wetzstein (Schärfer, Schleifer). A. Die äg. Kultur entwickelte sich von der Steinzeit (in prähistorischer Zt) über die Kupferzeit (ab protodynastischer Zt), Bronzezeit (etwa ab MR) erst sehr spät zur

Eisenzeit (in römischer Zt). Dementsprechend hatten die *Messer und *Werkzeuge zuerst *Feuerstein-, dann Metallklingen. Feuersteinklingen verschwanden nie vollständig, sondern wurden beim *Schlachten und bei kultischen Handlungen bis in das NR, ja sogar bis in die SpZt(?) verwendet.
Zum Schärfen dieser unterschiedlichen Klingen benötigte man verschiedene Werkzeuge: 1. Schärfer zum Schärfen von Feuersteinmessern (vgl. Abb.), 2. Wetzsteine zum Schleifen von Metallklingen. Die Schlächter trugen die Schärfer oder W. an einer Schnur am Gürtel. Dafür war am hinteren, wulstförmigen Abschlußteil des Schärfers eine Schlaufe angebracht[1]. Wetzsteine hatten häufig ein gebohrtes Loch zur Befestigung[2].

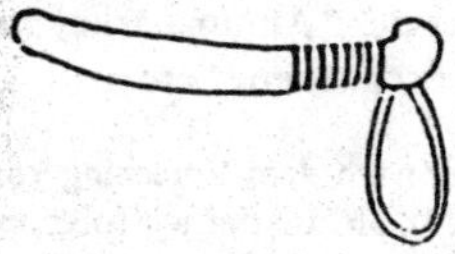

Aus: Montet, in: BIFAO 7, 1910, 46.

Das Schärfen mit einem W. beruht auf dem Effekt des Abschleifens von Metall durch die im Material enthaltenen Quarzkörner (C1). Dieses Abschleifen nutzte man auch bei der Edelmetallprobe (*Gold, *Silber). Dabei wird mit dem zu untersuchenden Metall auf einem Probierstein[3] ein Strich gemacht[4]. Daneben streicht man Metallstifte bekannten Goldgehaltes ab. Durch Vergleich der Strichfarbe kann man so den Goldgehalt bestimmen[5].
Es sind uns auch Radiersteine (*jnr spdw*)[6] bekannt, mit denen man auf *Papyrus radieren konnte[7] (*Schreibmaterial).
Beim Schärfen von Feuersteinklingen wurde der Schärfer derart auf die Kante der Klinge gedrückt, daß flache Splitter abgingen und so eine scharfe Kante entsteht[8]. Dies hätte man auch durch Feuereinwirkung und anschließendes Abschrecken erreichen können, ist aber in Äg. nicht sicher belegt[9].
Als Schleifmaterial beim Bohren von Steinen diente Quarzsand und wohl auch Pulver härteren Gesteins (Doleritsand?). Man ließ Kupferhülsen oder -spitzen in dem nassen Schleifmittel laufen. Die spitzen Kristalle des Schleifmaterials setzen sich immer wieder in der weichen Kupfermatrix fest und fräsen so Rille für Rille in den harten Stein (*Technik, 5.3)[10].

B. *Name*: Der äg. Name für W. ist *jnr n dm*[11] (für Schärfen und scharf sein: *dm*[12]; Koptisch: ⲧⲱⲙ[13]); Griechisch: ἡ ἀκόνη[14]; Lateinisch: cos, cotis[15]. – Das Ideogramm[16] (vgl. Abb.) für den Schärfer von Feuersteinklingen: *sšm*[17].

C1. *Material*: Für W. eignen sich Gesteine, die vor allem fein verteilten Quarz in einer weicheren Matrix enthalten. Die weiche Gesteinsmatrix nutzt sich beim Schleifen ab und läßt so immer wieder die scharfkantigen Quarzkörner an die Oberfläche treten, die dann das Klingenmaterial abschleifen. Der Sandstein mit seinen groben Quarzkörnern eignet sich eher als Polierstein[18] für Polierarbeiten an Stein und Holz. Quarzglimmerschiefer oder Kieselschiefer sind bei feinem Quarzkorn für Wetzsteine geeignet[19]. Probiersteine sind aus Kieselschiefer mit feinem Quarzkorn, der durch die enthaltenen organischen Reste schwarz gefärbt ist[20]. Schärfer für Feuersteinklingen sind wohl aus hartem Holz, Elfenbein oder Knochen. Das sehr harte Korundpulver[21], d.h. Schmirgel[22], war in Äg. wohl erst ab röm. Zt bekannt[23].

C. 2. *Vorkommen:* Kieselschiefer und Quarzglimmerschiefer sind in Äg. zu finden im *Wadi Hammamat am Gebel Fawakhir[24], am Gebel Adurma[25], bei Bir Dagbad[26] und am Gebel Umm Khariga[27]. Korund (Schmirgel) ist in Äg. kaum zu finden, dafür auf Naxos und in Kleinasien[28].

[1] Das Tragen eines Schärfers am Gürtel ist auf vielen Darstellungen zu erkennen. Vgl. Emma Brunner-Traut, Die altägyptische Grabkammer Seschemnofers III. aus Gisa, Mainz 1977, Tf. 3. S. Lit. zu *Schlachten. – [2] W. mit Loch: Äg. Slg. Tübingen Nr. 994, vgl. Emma Brunner-Traut und Hellmut Brunner, Die ägyptische Sammlung der Universität Tübingen, Textband, Mainz 1981, 201. – W. ohne Loch: Weigall, in: ASAE 7, 1906, 121–141, Abb. 3. – [3] Lateinisch: coticula = Wetzsteinchen, s. Plinius, Hist. nat. XXXIII, 126; Griechisch: βάσανος, s. Pindar, Pythia X, 67 = Plinius, Hist. nat. XXXVI, 147: lapidus basanitus oder auch: λιθος Ἡρακλεία bzw. λιθος λυδή. Ob im Hebräischen der bohan – Stein (בֹּחַן) damit zu tun hat, ist fraglich. Vgl. Ernst Jenni (Hg.), Theologisches Handwörterbuch zum Alten Testament I, München 1971, 272–275; G. Johannes Botterweck und Helmar Ringgren (Hg.), Theologisches Wörterbuch zum Alten Testament I, Stuttgart 1973, 588–592, bes. 591. – [4] Daher im Englischen der Name: touchstone. – [5] Zur Geschichte der Technik der Strichprobe s. Karl Hradecky, Geschichte und Schrifttum der Edelmetallstrichprobe, Berlin 1942. Über Probiersteine der merowinger Zt s. Zedelius, in: Der Anschnitt 1, Bochum 1981, 2–6. – [6] Wb I, 97, 16; Harris, Minerals, 25. – [7] Drioton, in: ASAE 41, 1942, 91–95; Lucas, Materials[4], 365. – [8] Vgl. Arne Eggebrecht, Schlachtungsbräuche im alten Ägypten und ihre Wiedergabe im Flachbild bis zum Ende des Mittleren Reiches, Diss. München 1973, 119–122, Abb. 12. – [9] Vgl. *Technik, 13.1 mit Anm. 128. Über Untersuchungen an behandelten Feuersteinklingen s. Olausson und Larsson, in: Journal of Archaeological Science 9, London 1982, 275–285 und Meeks, Sieveking, Tite und Cook, in: ebd., 317–340. – [10] Durch die Wahl des geeigneten Schleifmaterials ist auch das Bohren in das Material von W. (Quarzglimmerschiefer) möglich. Hier bin ich anderer Meinung als

Brunner, Sammlung (s. Anm. 2), 201. – [11] Wb V, 448, 15. – [12] Wb V, 448, 7 ff. – [13] KoptHWb, 232. – [14] Theophrast, 44. – [15] Plinius, Hist. nat. XXXVI, 164f. – [16] Gardiner, EG[3], Sign-list, T 33. – [17] Wb IV, 292, 9 ff. – [18] Bisher wurde angenommen, daß *Bimsstein hierfür Verwendung fand. Dieser kommt aber in Äg. in zu geringer Anzahl vor, so daß es viel wahrscheinlicher ist, daß zum Polieren Sandstein und andere quarzhaltige Gesteine genommen wurden. – [19] Plinius, Hist. nat. XXXVI, 136. 147. 164f. und XVIII, 261 unterscheidet W., die mit Wasser oder mit Öl anzuwenden sind. – [20] Dadurch ist die Strichfarbe besser zu differenzieren. Vgl. Anm. 3 passim. – [21] Mohshärte 9! Das ist viel härter als Quarz und somit auch geeignet, Edelsteine zu schleifen. – [22] Griechisch: σμύριδος, vgl. Dioscurides, De Materia medica V, 165 (166); Plinius, Hist. nat. XXXVI, 54. – [23] Vgl. Lucas, Materials[4], 70. 73. 260. – [24] 26°N, 33° 35'O; vgl. William F. Hume, Geology of Egypt II, Kairo 1935, 206, Tf. 74. – [25] 21°40'N, 31°20'O; Hume, a.a.O., 235, Tf. 16. – [26] 25°20'N, 33°45'O; Hume, a.a.O., 203, Tf. 16. – [27] 24°50'29"N, 34°38'3"O; Hume, a.a.O., 198, Tf. 74. – [28] Lucas, Materials[4], 70. 73. 260. R. Fu.

Widder. A. Entgegen allgemein verbreiteter Ansicht sind es die W. *dreier* Schafrassen (*Schaf)[1] – zweier afrikanischer und einer asiatischen –, die im Bereich religiöser Vorstellungen seit der FrZt eine große Rolle spielen. Als Namen finden sich *zr*[2], zur generischen Bezeichnung der W. aller drei Rassen, daneben *bꜣ*[3] und deskriptiv *šf*[4] für den „*Chnum-Widder" sowie *rhn*[5] und deskriptiv *šf* für den „*Amun-Widder" (= Fezzanschaf).

B. Der Grund, bestimmten Göttern als Hauptcharakteristikum einen Widder-Aspekt zu verleihen, dürfte primär in der *Fruchtbarkeit des Tieres zu suchen sein[6]. Mit der Wahl des W. als Ikon eines Gottes gewinnt dann aber ein weiteres Merkmal des W. an Bedeutung: die beeindruckende Hals- und Schultermähne[7] (= *šf*[8]), durch die sich sowohl der „Chnum-Widder" wie auch der „Amun-Widder" (= Fezzanschaf)[9] auszeichnen. Sie dürfte das Konkretum sein, aus dem sich das ursprünglich nur in Verbindung mit w.aspektigen Göttern gebrauchte Abstraktum *Schefit (*šfšft* = „Würde, Majestät")[10] entwickelt.

C. Götter, die mit dem Aspekt „Chnum-Widder" etikettiert sind, gehören zum Kreis der ältesten belegten Gottheiten Ägyptens[11]. Topographisch erstrecken sich ihre Kulte auf Gesamtägypten: Chnum in *Elephantine und in *Esna (wo er in der SpZt allerdings durchgängig als „Amun-Widder" dargestellt wird) sowie in *Hermupolis und *Antinoe[12]; *Harsaphes in *Herakleopolis; *Cherti in *Letopolis; der anonyme „Ba" (= W.) in *Mendes. Die in Herakleopolis und in Mendes bezeugte Assoziierung des „Chnum-Widders" mit solaren Aspekten (*Re) möchte man dabei als lokal und sekundär ansehen[13]. Der Grund, warum der *Sonnengott bei seiner Nachtfahrt (*Amduat) mit dem Kopf oder ganz in der Gestalt des „Chnum-Widders" dargestellt wird, ist ungeklärt.

D. Der mit Beginn des MR aus dem Süden nach Ägypten eingeführte „Amun-Widder" (= Fezzanschaf)[14] stellt neben der anthropomorphen eine weitere und wohl gleichwertige Charakterisierungsmöglichkeit des Gottes Amun dar. Ihre Bedeutung erhellt die Tatsache, daß sich das Ikon „Amun-Widder" nicht nur auf den Toren des Tempels als *Gottesschatten[15] findet, wenn Amun als Amun-Re die Rolle des *Sonnengottes verkörpert, sondern auch als Kopf auf den Löwenkörpern der Sphinxalleen (*Sphinx C), als Bug- und Heckzier der *Amunsbarke, auf *Feldzeichen und an *Meßschnüren[16] etc.

[1] So prinzipiell nach dem Vorschlag von Werth, in: ZE 73, 1941 (1944), 307ff., der wie folgt unterteilt: (1) Ovis longipes palaeoaegyptiacus (= „Chnum-Widder"), ein afrikanisches Haarschaf mit seitlich vom Kopf abstehenden, schraubenförmigen Hörnern; die W. dieser Rasse zeichnen sich durch eine ausgeprägte Schultermähne aus. (2) Ovis aries palaeoatlanticus – nach Werth, a.a.O., 315 –, das in der Literatur auch als „Fezzanschaf" bezeichnet wird (= „Amun-Widder"), ein afrikanisches Haarschaf mit am Kopf anliegenden, um den Ohransatz gedrehten Hörnern, deren Spitzen nach vorne weisen; die W. zeigen ebenfalls starke Schultermähnen. (3) Ovis aries platyura (= „sekundärer Amun-Widder"), ein asiatisches Wollschaf mit am Kopf anliegenden, nach vorn gedrehten Hörnern; der Fettschwanz dieser Rasse ist unterschiedlich stark entwickelt. Die heutige Beleglage erweist die Stichhaltigkeit der gegenüber anderen Autoren differenzierteren Werthschen Klassifizierung. Der „Fezzan-Widder" (mit Mähne, ohne Fettschwanz) als ikonographischer Aspekt Amuns findet sich wie folgt belegt: CG 34153; Pap. Ny Carlsberg 1, Tf. 52; Elrazik, in: MDAIK 27, 1971, 224, Tf. 63c; Piankoff, Myth. Pap., Tf. 9 (linker Rand, W. auf Standarten); in weniger kanonisierter, wohl realitätsnäherer Darstellung auf Ostraka: Emma Brunner-Traut, Die altägyptischen Scherbenbilder, Wiesbaden 1956, Tf. 29; Werner Forman und Hannelore Kischkewitz, Die altägyptische Zeichnung, Prag 1971, Tf. 9. Deutlich heben sich demgegenüber die Abbildungen des „sekundären Amun-Widders", des W. des wollfelligen Fettschwanzschafes, ab: Ägyptisches Museum Berlin, Berlin 1967, Tf. 1006; Keimer, in: ASAE 38, 1938, 306, Abb. 35; LD V, 71b; Francis L. Griffith, Meroitic Inscriptions I, ASE 19, 1911, Tf. 15. Zur geographischen und zeitlichen Distribution liegen folgende Daten vor: Der „Chnum-Widder" ist für Äg. von der FrZt bis ins MR belegt (William M. Flinders Petrie, Ceremonial Slate Palettes, BSEA 66 (A), 1953, Tf. G 20; Beni Hasan I, Tf. 30); der „Amun-Widder" wird in der FrZt auf saharanischen Felsbildern gefunden (Region Tassili, in: Sahara, Katalog der Museen der Stadt Köln, Köln 1978, 424–425; Region Sahara-Atlas, in: Leo Frobenius und Hugo Obermaier, Hadschra Maktuba,

Reprint Graz 1965, Abb. 121. 135), dann im Bereich der *Kerma-Kultur (Tieropfer in Bestattungen, vgl. Lucien Jourdan, Sacrifices de moutons et leur signification rituelle, Memoires archéologiques 1, Valbonne 1980, 66; in plastischer Darstellung vgl. Steffen Wenig, Africa in Antiquity II, New York 1978, Nr. 44. 65) und zu Beginn des MR in Äg. (Beni Hasan I, Tf. 30). Der „sekundäre Amun-Widder", der W. des wollfelligen Fettschwanzschafes, dürfte sich für Äg. wohl erst in der SpZt nachweisen lassen; um 450 v. Chr. war er zumindest noch extrem selten, denn Herodot sind Fettschwanzschafe expressis verbis nur aus Arabien bekannt (III, 113, zweite der erwähnten Schafrassen). – [2] Wb III, 462. – [3] Wb I, 414. – [4] Wohl „Der Mähnige", vgl. Anm. 8. – [5] Wb II, 441. – [6] Als Vergleich: pChester Beatty VII vso, 1,6; metaphorisch: Urk. II, 34,1; vgl. dazu auch Hopfner, Tierkult, 89f. – [7] Joachim Boessneck, Die Haustiere in Altägypten, München 1953, 17; als Hieroglyphe: Beni Hasan III, Tf. 3 Nr. 35. – [8] *šf* und *šft* werden vom Wb (IV, 456) als „widderköpfig" aufgefaßt, Hornung übersetzt *šf* als „widdergehörnt" (Hornung, Amduat II, 69 Nr. 232). Plausibler – weil im Einklang mit dem biologischen *und* dem linguistischen Befund – erscheint dagegen eine Interpretation *šf* bzw. *šft* = „Mähne". Dem äg. Lexem entsprechen Semitisch: *śfit* = „Haar" (Mehri), *śfe(h)* = „Haar" (Soqotri), *zeftā* = „Haar" (Syrisch), *zippā* = „Borste" (Aramäisch), *zappū* = „Borste, Haar" (Akkadisch); und Berber: *ta-hiffa* = „ungeflochtene Haare" (Touareg-Ahaggar; das /*h*/ entspricht hier */*s*/). Die Belege finden sich in: Wolf Leslau, Lexique Soqotri, Paris 1938, 432; von Soden, AkkHwb, 1511; Charles de Foucauld, Dictionnaire Touareg-Français II, Paris 1951, 545. – [9] Der W. des Fettschwanzschafes (= „sekundärer Amun-Widder") besitzt keine Mähne. – [10] Zur Verbindung von *Schefit (*šfšft*, Pyr. 1096) und w.-gestaltigem Gott: Sethe, Amun, 23; Kees, in: ZÄS 65, 1930, 66; Assmann leitet *šf* (= „eine Widderart") und *Schefit aus der Wurzel *šf* (= „schwellen") ab, gibt für seine Ansicht aber leider keine Begründung (LÄ V, 549). – [11] Eine unbenannte Widdergottheit am Ende der 1. Dyn. und *Ḫrtj* (*Cherti) seit dem Ende der 2. Dyn. (beide in: Kaplony, Inschriften III, Abb. 301. 782). – [12] Vollständige Aufzählung der Chnum-Kulte bei Otto, in: LÄ I, 951. – [13] Vgl. Brigitte Altenmüller, in: LÄ II, 1016f. (Herakleopolis); CT IV, 278–79b (Mendes). – [14] Angesichts des Geographischen Vorkommens dieser Rasse (vgl. Anm. 1) sind andere Möglichkeiten wohl ausschließbar. – [15] Vgl. Helck, in: LÄ II, 820, Anm. 6; weitere Belege bei Beate George, in: WdO 14, 1983, 130ff., wo in einem Falle die ursprünglich nur für Amun sinnvolle Darstellung auch auf Re übertragen wird (S. 133). – [16] Helck, in: LÄ II, 151, Anm. 6. P. B.

Widderallee s. Sphinx C

Wiedehopf (*qq*[1]; dem. *qwqwpt*, *qqpt*, ^S^**κωκωπατ**, ^B^**κογκογφατ**[2]; ^S^**κραπεπ**, ^B^**καραπηπ**; ^B^**πετεπηπ**). Der W. (Upupa epops; *Fauna) ist ein in Äg. sehr häufig vorkommender *Vogel, der mit seinem charakteristischen Aussehen leicht auf Darstellungen auszumachen[3] und auch unter den Schriftzeichen vertreten ist[4]. Er zählt seit dem AR zu den *Lieblingstieren (*Kind), wird aber auch beim *Vogelfang erbeutet. Nach *Horapollo ist er Sinnbild der Dankbarkeit und Elternliebe, weshalb auch die *Zepter der Götter mit ihm geschmückt seien[5]. Teile des W. wie *Blut, *Herz, Kopf und Federn finden in der *Magie von der Spätantike bis zur Gegenwart Verwendung[6].

[1] AEO I, 9; Davies, Menkheperrasonb, 25f. – [2] Thompson, in: Fs Griffith, 252f. – [3] Beni Hasan I, Tf. 33; IV, Tf. 6. – [4] Gardiner, EG, Sign-list G 22. – [5] Horapollo I, 55; van de Walle und Vergote, in: CdE 18, Nr. 35, 1943, 81. 83; vgl. auch Aelian, De natura animalium X, 16; Physiologus, Kap. 8. – [6] PGM I, 50; pMag. LL III, 34; IV, 24; X, 31; XXV, 24; XXVII, 9; vso XXII, 5; Emile Chassinat, Le manuscrit magique Copte N° 42573, BdEC 4, 1955, 99; Winifred S. Blackman, The Fellāhīn of Upper Egypt, London 1927, 66. 188. 313.

Lit.: Keimer, in: BIFAO 30, 1930, 305ff.; W. R. Dawson, in: The Ibis 1, London 1925, 31ff.; Dupree, in: Folklore 85, London 1974, 173ff. L. St.

Wiedergeburt. A. "*Wiedergeburt" als ägyptologischer Begriff.* Der häufig und gern verwendete Begriff „W." bezieht sich, wie die teilweise promiscue[1] gebrauchte Synonymik (Regeneration, *Auferstehung, Wiederauferstehung, Neubelebung, Wiederbelebung, Verjüngung u.ä.) unschwer erkennen läßt, in intensionaler Hinsicht auf die Wiederaufnahme bzw. Fortführung des Lebens nach dem Tod. „W." und/oder seine Synonyme werden undefiniert eingesetzt a) bei der Klassifizierung von Phänomenen und Sachverhalten aus den Bereichen *Jenseitsvorstellungen und *Totenglauben, daneben auch der Theologie; b) bei der Dechiffrierung einer Vielzahl von ikonischen Objekten und Inhalten, sofern sie meist auch funerären Charakters sind.

B. *Entwurf eines systematischen Modells.* 1. Der Tod ist auf gesellschaftlicher, personaler oder der Ebene der belebten Natur selbstevident, auf kosmischer zumindest denkbar; denn alles, was einmal begonnen hat, und sei es „in illo tempore", impliziert durch seine Zeitlichkeit auch ein mögliches Ende. Genauer: Zeitlichkeit bedeutet Altern, Alter aber impliziert Tod. Von daher ermangelt allen Systemen-in-Zeit garantierte Kontinuität. Solche Systeme sind z. B. der Kosmos, insofern er erschaffen ist; die Gesellschaft, insofern Geschichte eine Abfolge von sterblichen Königen darstellt; zuallererst jedoch das Individuum, insofern es ein sterbliches ist[2].

2. Die Faktizität des Todes hat akzeptiert zu werden, nicht jedoch die mögliche Definition vom Tod als Nicht-mehr-Sein. Diese wird vielmehr eliminiert zugunsten der Alternativdefinition vom

Tod als Übergang in ein neues Dasein[3]. Diese Definition hat für das religiöse Teilsystem der Individualeschatologie als Axiom zu gelten; erst von ihm ausgehend gewinnt der Bereich der Jenseitsvorstellungen und des Totenglaubens seine logische Fundierung. Die Vorstellung, der Tod sei keine Endstation, sondern nur ein Durchgangsstadium, darf als logische Präsupposition bereits für nur archäologisch bezeugte Praktiken der Bestattungssitten[4] und des Totenkults seit der Vorgeschichte postuliert werden. Seit den *Pyramidentexten finden sich dann auch explizite Formulierungen des basalen Axioms:

„Du-bist-zwar-weggegangen, aber-nicht,
indem-du-nun-tot-bist./
Indem-du-lebst, bist-du-weggegangen.“ [5]

Oder: „Steh'-du-auf zum-Leben! Du-bist-nicht-gestorben./
Erhebe-dich zum-Leben! Du-bist-nicht-gestorben.“ [6]

Als ungefähres Äquivalent dieser Basisvorstellung einer personalen Jenseitshoffnung kann der quellensprachliche Ausdruck *wḥm-ʿnḫ*[7] eingeführt werden: bezogen auf Personen, seien diese nun Menschen oder Götter, ist der Tod also immer nur Ausgangspunkt für die Wiederaufnahme des Lebens, wobei freilich für Menschen dieses „neue Leben“ nicht mehr von dieser Welt, sondern allenfalls ein „verklärtes“ Dasein in der Götterwelt sein kann, zumindest was die äg. Verhältnisse betrifft.

3. Da nun das Axiom von der schlechthinnigen Überwindbarkeit des Todes alles andere als selbstevident ist, bedarf es der Plausibilisierung. Diese kann beispielshalber geschehen durch 1. Naturalanalogie oder 2. Entwicklung respektive Rekurs auf Kontinuitätsmodelle.

3.1. Muster für die Hoffnung, daß auf jedes „Stirb“ ein „Werde“ folgt, daß also ein *Leben aus dem Tod[8] möglich ist, soll in vielfältiger Weise die Natur[9] bieten:

– die Vegetation, insofern etwa das Getreidekorn „begraben“ wird, im Frühling jedoch zu „neuem Leben“ erwacht[10]; der *Lotos, insofern seine Blüte des Abends im Wasser versinkt, sich am Morgen jedoch wieder zum Himmel erhebt[11].

– die Fauna, insofern bestimmte Tiere etwa periodisch verschwinden und wiederkehren, sich auf unerklärliche Weise fortpflanzen, einen Winterschlaf halten oder sonstige regenerative Eigenschaften aufweisen[12].

– die Himmelssphäre, insofern Sonne (*Sonnenlauf), *Mond und *Sterne in ewigen Zyklen auf- und untergehen.

3.2. Theologisch plausibilisiert wird der Glaube an die prinzipielle Überwindbarkeit des Todes hauptsächlich durch Kontinuitätsmodelle[13]. Dieser Terminus bezeichne im Rahmen symbolischer Sinnkonstitution[14] alle Vorstellungskomplexe, welche ein Merkmal [+ kontinuierlich] aufweisen, wobei Kontinuität gegen ∞ tendieren soll, also *Ewigkeit impliziert. Dem Ansatz einer „gesellschaftlichen Konstruktion der *Wirklichkeit“[15] entsprechend, liegt die Funktion solcher Modelle in erster Linie in der Garantie der Kontinuität; sie reduzieren die Komplexität der Systemumwelt, indem sie Kontingenz (hier: die denkbare Möglichkeit von Non- respektive Diskontinuität) eliminieren.

Im Kontext der Individualeschatologie lassen sich mindestens zwei Weisen der Relationierung von Individuum und Kontinuitätsmodellen unterscheiden, die sich ungefähr als *wḥm-ʿnḫ* vs. *wḥm-mswt* beschreiben lassen[16].

a) Eine erste Stufe individueller transmortaler Existenzversicherung ergibt sich via *Analogie* zu götterweltlichen Präzedenzfällen von Todesüberwindung. Insofern sie sich auf Götterpersonen beziehen, sei vorläufig die Bezeichnung „Auferstehungsmodelle“ [17] vorgeschlagen.

Die „Behandelbarkeit“ [18] des Todes verdichtet sich v.a. im mythischen Präzendenzfall des **Osiris*, der, seit der Wende von der 4. zur 5. Dyn. als Herrscher des Totenreiches belegt[19], im Zuge der „Demokratisierung des Jenseitsglaubens“ [20] zur paradigmatischen Hoffnung aller Toten wird, was sich etwa an der Bezeichnung „Osiris NN“ [21], aber auch an der Bedeutung der Osiris-Wallfahrt (*Abydosfahrt[22]) erkennen läßt. Durch die differenzierende Forschung v.a. von Griffiths[23] und Assmann[24] hat das Bild vom osirianischen Modell erheblich an Transparenz gewonnen; eine Charakterisierung als „Muttergott“ [25] scheint kaum mehr möglich, ebensowenig die als „Vegetationsgott“ [26]. Die Verbindung des Osiris mit vegetabilischen „Stirb und Werde“-Prozessen (*Kornosiris, *Neper) ist klärlich sekundär[27], läuft doch eine Wesenscharakterisierung des Osiris als Vegetationsgott analog den „sterbenden und auferstehenden“ Vegetationsgöttern Attis, Adonis oder Tammuz[28] dem Auferstehungsmodell des Osirismythos zuwider: die „Auferstehung“ des Osiris umfaßt zwei Generationen; er ersteht im Sohn auf, kehrt aber nicht in das Diesseits zurück, sondern verbleibt als „toter Vater“ im Jenseits[29].

Eine weitere Analogie der Vorläufigkeit des Todes bietet sodann der **Sonnengott*. Wird der Phasenzyklus begriffen als biomorphes Modell („Lebensalter“ [30]), dann „stirbt“ der Sonnengott jeden Abend[31], ersteht jedoch jeden Morgen „neu“ und „verjüngt“ [32] wieder auf. Sein tägliches „Auferstehen“ macht die Auferstehung des Toten möglich und plausibel; die Texte drücken diesen Sachverhalt so aus:

„Möge-sie-weiterleben[33] nach-dem-Sterben/
so-wie-es-*Atum-tut Tag-für-Tag"[34].
Oder: „Ich-will-leben nach-dem-Sterben/
so-wie-*Re-lebt Tag-für-Tag."[35]

b) Eine quasi sekundäre Kontinuitätsgarantie ergibt sich via *Identifikation* des Toten mit Re[36], die nun nicht mehr der Plausibilisierung eines Lebens nach dem Tode, sondern gesicherter Kontinuität des neuen Lebens dient. Mit allem Vorbehalt (s.u. D) kann diese Vorstellung als „Wiedergeburtsmodell" bezeichnet werden, führt sie doch durch die „Sozialisation"[37] des Toten in die Götterwelt (hier: in die Rolle des Re) in eine Mutter-Sohn-Relation zur „Mutter Himmel" (*Muttergottheit, *Nut, *Ihet, *Mehetweret)[38], welche die Sonne (wie im übrigen alle kosmisch-astralen Phänomene) im Rahmen der „Ikonographie des *Sonnenlaufs"[39] täglich von neuem „gebiert":

„Daß-du-ja-sitzen-wirst auf-diesem-Thron des Re/
(und)-Befehle-erteilen-wirst den-Göttern, ist/
weil-du-ja-Re-bist,
der-aus-Nut-hervorgekommen-ist,/
welche-Re-zu-gebären-pflegt Tag-für-Tag./
Wie-Re wird-dieser-NN-geboren-werden Tag-für-Tag."[40]

Man beachte: insofern jede „W." des Sonnengottes eine Restitution der Schöpfungsordnung ist, eine Wiederholung des *zp-tpj*[41], evoziert das scheinbare quellensprachliche Äquivalent von „W.", *wḥm-mswt*[42], zunächst anderes und mehr, nämlich die Komplexion von „Geburts-Ikon" auf ikonographischer und „Wiederholung der Schöpfung" auf funktionaler Ebene. Die „W." des Sonnengottes ist zunächst die Garantie der kosmischen Kontinuität; die Identifikation des Toten mit Re führt über einen virtuell ewigen Zyklus von „Wiedergeburten" unmittelbar zur Teilhabe am „kosmischen Leben"[43].

Anm.: Der speziell bei dieser „W."-Vorstellung häufig herangezogene Begriff der „Selbstzeugung" (scil. in einer *Muttergattin) oder des *Kamutef[44] sollte in diesem Zusammenhang vermieden werden; soweit sich absehen läßt, scheint der Begriff vor der 18. Dyn. nicht belegt zu sein[45]. Bei der Kamutef-Konstellation handelt es sich um ein genuin königliches[46] Kontinuitätsmodell, das möglicherweise die Leistung des alten osirianischen Modells substituieren sollte, welches zwar einmal als königliches Kontinuitätsmodell fungiert haben könnte, dann aber durch seine Expansion als allgemeines Auferstehungsmodell diese Leistung nicht mehr adäquat vertrat.

C. *„Wiedergeburt" in Ikonographie und Symbolik.* Durch die Klassenmitgliedschaft in einem der naturallegoretischen Felder (s.o. B.3.1.), die Verknüpfung mit Elementen der Sonnentheologie oder die Zugehörigkeit zu anderen Kontinuitätsmodellen wird die Reduktion einer Vielzahl von Ikonen, Ikonemen[47] oder Symbolen auf den Regenerationsgedanken möglich. Da sich das semantische Generationspattern in vielen Fällen aus divergierenden erkenntnisleitenden Merkmalsselektionen ergibt[48], sind viele Begründungen nicht kompatibel. Weil darüber hinaus die sich an der archetypischen Sexusdichotomie MÄNNLICH vs. WEIBLICH orientierende „W."-Theorie Westendorfs[49], welche die „periodische körperliche Vereinigung der Repräsentanten der beiden Ewigkeiten"[50] als Kamutef-Relation kurzschließt und damit zu einem ewigen Zyklus von Tod, Selbstzeugung in einer Muttergottheit und „W." dynamisiert, für die Dechiffrierung eines Teils der „W."-Symbolik (via Sexualsymbolik auf Selbstzeugung verweisend) verantwortlich zeichnet[51], eine solch „sexualistische" Interpretation ikonischer Phänomene jedoch mancherorts abgelehnt wird[52], darf die folgende Zusammenstellung nicht im Sinne einer communis opinio interpretiert werden. Allgemein scheint eine Nachrekonstruktion der jeweiligen Aufdeckungsprozedur dringend geraten, kann doch bei einem dermaßen „produktiven" Interpretationsmuster der Verdacht des Reduktionismus nicht leicht abgetan werden[53].

Vegetabilische "W."-Symbolik wurde zugesprochen: Blüten[54], Getreidekörnern[55], dem Keimen der *Gerste[56], *Lotos[57], Mandragora (*Alraune)[58], *Palme[59], *Papyrus[60], dem Stabstrauß der *Sechet[61], *Weintraube.

Aus dem *faunalen* Feld wurden als „W."-Symbole benannt: *Affen[62], *Antilope[63], *Ba-Vogel[64], Damhirsch (*Hirsch)[65], *Eidechse[66], *Ente[67], *Falke[68], *Fisch (*Tilapia)[69], *Fliege[70], *Frosch[71], *Fuchs[72], *Gazelle[73], *Greif[74], *Hase[75], *Heuschrecke[76], *Igel[77], *Katze[78], Kauroid[79], *Kröte[80], *Krokodil[81], *Löwe[82], *Nilpferd[83], Panther (*Leopard)[84], Pantherkopf[85], *Pavian[86], *Pferd[87], *Phönix[88], Raubkatzen[89], Reiher[90], *Schlange[91], *Schwalbe[92], *„Schwan"[93], *Skarabäus-Käfer[94], *Skorpion[95], *Steinbock[96], Stier[97], *Storch[98], *Strauß[99], *Straußenei[100], *Uräus-Schlange[101], *Uroboros[102], Wildstier[103], *Zugvögel[104]. Mutmaßlich in diesen Kontext gehört dann auch die regenerative Kraft der Fellumhüllung des Toten (*Tekenu[105]) und der *Imiut-Tierbalg[106].

„Regenerations*fluida*" sind etwa *Milch[107], *Wasser[108], *Wein[109], aber auch der *Leichensaft"[110].

Im Bereich der *Material-* und *Farb*symbolik sei auf „*Alabaster“ [111] und die *Farbe „Grün“ [112] verwiesen.
Eine Fülle von Regenerationssymbolik ist dann in *Kunst* und handwerklicher Produktion zu entdecken; neben der Ikonisierung bereits erwähnter Elemente habe noch mit „W.“ zu tun:
a) in der Architektur: allgemein die Symbolik des Sonnenlaufs [113]; der *Garten beim Grab [114], der *Obelisk [115] und der „heilige *See“ [116].
b) in der Rundplastik: die Kolossalstatuen *Amenemhets II. in *Biahmu [117]; *Sphinx [118] und Würfelstatue [119] (s. *Würfelhocker).
c) in der Ikonographie gelten als regenerationsverdächtig:
– Elemente der Tracht: Doppelkrone (*Krone) [120], Galaschurz [121], *Menit [122], Nacktheit (als Abwesenheit von *Tracht) [123], Pantherfell [124], *„Taschentuch“ [125], „Vorbauschurz“ [126];
– Toilettenartikel: *Salbe [127], *Salbkegel [128], *Schminke [129], Schmink-*Paletten [130], *Spiegel [131];
– Ikoneme anderer Art wie *Keule [132], *Pfeil [133], Raubkatzenbett und -thron [134], *Schen-Ring [135], *Sechem-Szepter [136];
– ferner mindestens folgende Ikone: „Bogenschießen“ [137], *„Brettspiel“ [138], „Fischespeeren“ [139], „Gießen“ [140], „*Jagd mit dem *Wurfholz“ [141], „Säugung durch Kuh, Gazelle oder Göttin“ [142], „Toilette“ [143].
d) aus dem Bereich handwerklicher Produkte seien angeführt: Hypokephalos [144], *Kornosiris [145], Nun-Schale [146], *Pektorale [147], *Rassel [148], *Reinigungsgefäß [149], *Sarg [150], *Senet-Spiel [151], *Sistrum [152], „Totenkonkubinen“ [153];
e) schließlich als „W.“-Amulette: *Djed-Pfeiler [154], *Herzskarabäus [155], *Isis-Knoten [156], *Skarabäus [157], Skaraboide [158] (vgl. oben „faunales Feld“), *Udjat-Auge [159].

D. "W." *als metasprachlicher Terminus.* Terminologisch kann die Verwendung von „W.“ oder Regeneration als metasprachlichem Überbegriff altäg. Kontinuitätshoffnungen, trotz der scheinbaren Nähe zum quellensprachlichen Gebrauch im Rahmen des „Geburts-Ikons“ der Sonnentheologie, nur als unglücklich apostrophiert werden.
Denn „W.“ ist 1. begriffsgeschichtlich zurückzuführen auf griechisch Palingenesia, welche 2. bereits in hell. Zt in divergenten Diskursfeldern mit unterschiedlicher Intension in Gebrauch war, 3. im frühen Christentum dann eine spezifisch christliche Bedeutung bekam, wobei nun 4. die Religionsphänomenologie in undefinierter Weise meist auf die heidnischen, mitunter aber auch auf die christliche Bedeutung rekurrierte, jedoch 5. entweder die unter 2., 3. oder gar 4. subsumierten Phänomene die äg. Sachverhalte nicht treffen oder in der christlichen Intension einseitig theologisch prädisponiert sind.
1. Es bezeichne Palingenesia$_0$ das griech. Äquivalent [160] von deutsch „W.“ in seiner etymologischen Grundform. Die Verwendungsweisen der vorchristlichen Zt [161] bewegen sich auf zwei Achsen: der wörtlichen, insofern eine postmortale Rückkehr in das Leben vermittels einer realen Geburt stattfindet, und der übertragenen, insofern die „Erneuerung“ eines Zustandes den „Tod“ des alten status quo impliziert. Eine W. kann dabei auf kosmischer wie auf individueller Ebene thematisiert werden.
2. a) W. des Kosmos. Begriffsgeschichtlich scheint Palingenesia$_1$ aus dem Diskurs der Stoa [162] über Zeit und Welt zu stammen und bezeichnet dort im eschatologischen Kontext die zyklische Erneuerung der Welt in identischer Reduplikation nach der zyklischen Vernichtung des Kosmos [163]. Ganz im Sinne Heraklitscher Dialektik wird der Rhythmus der Welt begriffen als stufenweise Verschlechterung der Zustände, bis im großen „Weltbrand“ schließlich die Gegensätze aufgehoben werden im dialektischen Umschlag, in der Wiederkehr des Αἰὼν μέλλων, dem Neubeginn des „goldenen Zeitalters“.
b) W. des Individuums. Auf individueller Ebene kann W. bezeichnen (1) eine wörtlich zu verstehende Wieder-Geburt in das Diesseits oder (2) eine seelisch-geistige Erneuerung im Diesseits, wobei ersteres zyklisch, letzteres freilich nonzyklisch aufzufassen ist.
(1) Möglicherweise auf Pythagoras und die sog. „orphische“ Mysterientheologie zurückgehend, ist eine griech. „Seelenwanderungslehre“ belegt [164]. Bereits Platon bezeichnet den Vorgang der Reinkarnation als „πάλιν γίγνεσθαι“ [165]. Wiewohl das Griech. durchaus andere Lexeme für diese Art von W. besaß (etwa metempsychosis, metensomatosis), wird Palingenesia$_2$ offensichtlich bald zum Synonym dieser Ausdrücke [166], wenngleich die Übertragung des philosophischen Terminus Palingenesia$_1$ auf die pythagoräisch-platonische Seelenwanderungslehre bereits in der Antike nicht unwidersprochen blieb [167].
(2) Endgültig spiritualisiert und entzeitlicht begegnet Palingenesia$_3$ sodann in den hellenistischen Mysterienkulten, wo W. die seelisch-geistige Erneuerung der Person durch die *Initiation in die Mysterien meint [168].
3. Obgleich selbstverständlich theologisch divergent, dürfen die christlichen Verwendungsweisen, etwa des NT [169], in strukturaler Analogie [170] zu den heidnischen Intensionen gesehen werden. An die Palingenesia$_3$ der Mysterien erinnert die

paulinische Formulierung von der „Taufe als Bad der Wiedergeburt“ [171]. In Analogie zu Palingenesia$_1$ wiederum ist Mt. 19,28 [172] zu setzen, insofern dort, freilich unter Absehen von der stoizistischen Zyklentheorie, die eschatologische Bedeutung von der „Welterneuerung“ gemeint ist. Da nun die Taufe dem Täufling durch die Gemeinschaft mit Tod und Auferstehung Christi die Hoffnung des ewigen Lebens zuteil werden läßt, die eschatologische Bedeutung bei Mt. zudem die „Auferstehung des Fleisches“ am „Jüngsten Tag“ evoziert, kann Palingenesia$_4$ spätestens in der patristischen Literatur [173] die generalisierte Bedeutung „Auferstehung des Fleisches“ erhalten.

4. Da der Religionsphänomenologie systematisch-terminologische Exaktheit relativ fern liegt, insofern sie dem „Wesen“ der Phänomene eher intuitiv-„verstehend“ nachspürt [174], bleibt die Verwendung von „W.“ in der „verstehenden Religionswissenschaft“ einigermaßen diffus. Immerhin lassen sich zwei Tendenzen angeben:

a) eine Orientierung an der quellensprachlichen Diversifikation der „Wiedergeburten“ [175] mit ansatzweiser Binnendifferenzierung v.a. in bezug auf den doch eher abweichenden Komplex der „Seelenwanderung“ [176] und der durchgängigen Bezeichnung „Auferstehung“ [177] für generalisierte Palingenesia$_4$.

b) eine totalisierende Verwendung von „W.“ im Sinne „eines neuen Lebens nach dem Tode in dieser oder in einer anderen (bzw. zukünftigen) Welt“, wobei „fortgesetztes Leben für die Toten“, „erneute Existenz des Individuums nach dem Tode“ oder „neue(s) Leben ... in einem Totenreich“ den Begriff explizieren [178].

5. Konfrontiert man die oben unter 2. und 3. versammelten Intensionen des Begriffs „W.“, die sich in den unterschiedlichsten Diskursfeldern entfalten, mit altäg. Vorstellungen, so läßt sich feststellen:

a) im Gegensatz zu Palingenesia$_1$ kennt Ägypten keine Vorstellung von Weltzeitaltern (Äonen) [179], die sich in Permanenz wiederholen. Eine „Kosmotelie“ ist zwar belegt [180], doch trägt sie nicht die Verheißung eines Neubeginns. Umgekehrt ist Apokalyptik äg. Theologie unbekannt, ist doch sowohl kosmische wie staatliche Kontinuität dadurch garantiert, daß einerseits der Sonnenlauf „behobene Krisis“, „realisierte Eschatologie“ ist, jede Königsherrschaft andererseits „realisierte Heilszeit“ darstellt [181]. Garantie der Kontinuität, nicht: drohendes Diskontinuum unterscheidet äg. von stoizistischer Theorie.

b) Palingenesia$_2$ im Sinne von „Seelenwanderung“ wurde, basierend auf dem bekannten dictum Herodots, von einem Teil der „älteren Ägyptologie“ als Interpretament altäg. Totenglaubens

eingesetzt; diese Position wurde alsbald angegriffen und dürfte heute aufgegeben sein [182].

c) *Initiationsriten [183], *Mysterien [184] und Schamanismus [185], alles Phänomene, die eine „W.“ im Sinne von Palingenesia$_3$ aufweisen können, werden immer wieder, vorzüglich im Kontext „esoterischer Ägyptologie“, virulent, sind bislang jedoch nur schwer nachweisbar. Mutmaßlich in diesen religionsphänomenologischen Bereich wäre eine etwaige mystische „W.“ des Königs beim *Sedfest [186] einzuordnen.

d) Freilich scheint es nun gerade die genuin frühchristliche, generalisierte Begriffsvariante zu sein, die ähnlich der totalisierenden Verwendungsweise in der Religionswissenschaft (s.o. D. 4. b) ägyptologischerseits, gegebenenfalls unreflektiert, verwendet wird. Die Christianisierung des in Rede stehenden Terminus macht ihn jedoch per se ungeeignet zur Klassifizierung altäg. Glaubensinhalte [187].

Aus diesen Gründen dürfte der oben eingeführte Terminus „Kontinuitätsmodelle“ die äg. Sachverhalte adäquater beschreiben, da er begriffsgeschichtlich unvorbelastet ist und somit weder eurozentristische Präsuppositionen birgt noch zu religionswissenschaftlichen Mißverständnissen führen sollte.

[1] Vgl. z.B. Erik Hornung und Elisabeth Staehelin, Skarabäen und andere Siegelamulette aus Basler Sammlungen, Äg. Denkmäler in der Schweiz 1, Mainz 1976, passim; Westendorf, Darstellungen des Sonnenlaufes, passim. – [2] Zur „Sterblichkeit“ von Göttern s. Hornung, Der Eine, 143 ff.; Assmann, in: LÄ II, 51 u. Anm. 50; id., in: LÄ II, 757 u. Anm. 15; Westendorf, in: LÄ VI, 11. Zur Sterblichkeit des Individuums vgl. v.a. Jan Zandee, Death as an Enemy, Studies in the History of Religions (Supplements to Numen) 5, Leiden 1960. Die Vorstellung einer „Kosmotelie“ freilich scheint kaum thematisiert worden zu sein: s. Jan Assmann, Zeit und Ewigkeit im alten Ägypten, AHAW 1975. 1, 23 ff.; id., Königsdogma und Heilserwartung. Politische und kultische Chaosbeschreibungen in ägyptischen Texten, in: David Hellholm (Hg.), Apocalypticism in the Mediterranean World and the Near East, Tübingen 1983, 352 f.; id., in: LÄ II, 49 u. Anm. 21. – [3] Vgl. Hornung, Der Eine, 153. 171; Jan Assmann, Zeit und Ewigkeit (s. Anm. 2), 19. – [4] Dazu vgl. z.B. Altenmüller, in: LÄ I, 743 ff. – [5] Pyr. 134 a; s. auch Pyr. 1975 b; vgl. noch Mordechai Gilula, Enclitic Particles in Middle Egyptian, Diss. Jerusalem 1968, 78 ff., v.a. 83 ff. (mit Verweis auf Pyr. 350 a–b. 833 a. 1385 b; CT I, 187 d–e. 286 j; VI, 380 e–f). 92 f. (mit Verweis auf Pyr. 810 a; CT VII, 341 l–m). – [6] CT I, 190 a–b (B 13 C); s. auch CT I, 233 e; vgl. z.B. Wb I, 200, 4: *wḏꜣ n ꜥnḫ*, „zum Leben gehen“ (als Ausdruck für „sterben“). Zur Nonakzeptanz des Todes s. Jan Zandee, a.a.O. (s. Anm. 2), 46. – [7] Vgl. den überaus häufigen Gebrauch als Epitheton von Stelen- und Grabinhabern: Wb I, 341, 3–5; Fischer, in: ZÄS 100, 1973, 24 Anm. 37; Harry S. Smith, The Fortress of Buhen. The Inscriptions, EM 48, EES, 1976,

86f., Excursus A; Dimitri Meeks, Année Lexicographique, Nr. 77. 1010; 78. 1061; 79. 0738; Svetlana Hodjash und Oleg Berlev, The Egyptian Reliefs and Stelae in the Pushkin Museum of Fine Arts, Moscow, Leningrad 1982, Nr. 36, B (2) und „l"; Barta, Opferformel, 362, sub „Bitte 111". – [8] S. Westendorf, in: LÄ III, 951ff. – [9] So zumindest bei Hornung und Staehelin, Skarabäen (s. Anm. 1), 106–165; Westendorf, in: LÄ III, 952; Hellmut Brunner, Grundzüge der altägyptischen Religion, Grundzüge 50, Darmstadt 1983, 127f.; vgl. schon Jan Zandee, a.a.O. (s. Anm. 2), 1. – [10] Hellmut Brunner, a.a.O. (s. Anm. 9), 127. – [11] Emma Brunner-Traut, in: LÄ III, 1092 u. Anm. 11. – [12] Vgl. Hornung und Staehelin, Skarabäen, 142; Hellmut Brunner, a.a.O. (s. Anm. 9), 127 u. Anm. 1; Erik Hornung, Verfall und Regeneration der Schöpfung, in: Eranos Jb. 46, 1977, 442ff. – [13] Zum Begriff „Kontinuität" als Alternative zu „Unsterblichkeit" s. Jan Assmann, Das Bild des Vaters im alten Ägypten, in: Hubertus Tellenbach (Hg.), Das Vaterbild in Mythos und Geschichte, Stuttgart 1976, 30; id., in: LÄ IV, 265; id., Zeit und Ewigkeit (s. Anm. 2), 28ff. – [14] Dazu v.a. Niklas Luhmann, Funktion der Religion, Frankfurt a.M. 1977; id., Soziale Systeme, Frankfurt a.M. 1984. – [15] Peter L. Berger und Thomas Luckmann, Die gesellschaftliche Konstruktion der Wirklichkeit, Frankfurt a.M. 1969. – [16] Vgl. Siegfried Morenz, Ägyptische Ewigkeit des Individuums und indische Seelenwanderung, in: id., Religion und Geschichte des alten Ägypten, Köln–Wien 1975, 219ff. – [17] Womit ausdrücklich keine religionswissenschaftliche oder gar christliche Begrifflichkeit gemeint sei; nicht die metasprachliche, sondern die quellensprachliche Ebene betreffend, sei mit einer solchen wissenschaftlichen Metaphorik den Umständen Rechnung getragen, daß a) die für den ursprünglichen Totenkult so fundamentale Formel „Steh auf!", „Erhebe dich!" lautet (cf. Jan Assmann, Ägypten. Theologie und Frömmigkeit einer frühen Hochkultur, Stuttgart etc. 1984, 155), b) es eben diese ursprüngliche Situation des Totenkults zu sein scheint, die sich im Osirismythos verdichtet hat (vgl. Jan Assmann, Bild des Vaters [s. Anm. 13], 32ff.); c) die Auferstehung des Osiris ikonisiert werden kann (vgl. etwa Mariette, Dend. IV, Tf. 72. 90; cf. dazu E. A. Wallis Budge, Osiris and the Egyptian Resurrection II, London 1911, 40. 43. 58; Émile Chassinat, Le mystère d'Osiris au mois de Khoiak I, PIFAO, Kairo 1966, 63 u. Anm. 1), und es d) immerhin als Stützargument gelten darf, daß der *Frosch im NR als Schriftzeichen für *wḥm-ʿnḫ* benützt wird, die kopt. Froschlampen jedoch die griech. Aufschrift tragen können: „Ich bin die Auferstehung" (vgl. Anm. 71). – [18] S. Jan Assmann, Ägypten, (s. Anm. 17), 156. – [19] Vgl. etwa Barbara L. Begelsbacher-Fischer, Untersuchungen zur Götterwelt des Alten Reiches, OBO 37, Freiburg–Göttingen 1981, 121f. – [20] Morenz, Religion, 58. 214. – [21] Vgl. etwa Fischer, in: ZÄS 90, 1963, 35ff.; Morenz, Religion, 220; Hornung, Der Eine, 87; Brigitte Altenmüller, Synkretismus, 42 u. Anm. 1. – [22] Dazu s. v. a. Helck, in: ArOr 20, 1952, 72ff.; Altenmüller, in: LÄ I, 42ff. – [23] John Gwyn Griffiths, The Origins of Osiris and his Cult, Studies in the History of Religions (Supplements to Numen) 40, Leiden 1980; id., in: LÄ IV, 623ff. – [24] Jan Assmann, Bild des Vaters (s. Anm. 13), 29ff.; id., Ägypten (s. Anm. 17), 149ff. – [25] So v.a. Westendorf, in: Fs Will, 211 u. Anm. 38; id., Darstellungen des Sonnenlaufes, 2ff.; id., in: ZÄS 100, 1974, 139f.; vgl. auch Barta, Neunheit, 106f., 142ff. Kritik bei John Gwyn Griffiths, a.a.O. (s. Anm. 23), 105f. 238; id., in: LÄ IV, 625 sub (12). (13); Jan Assmann, Zeit und Ewigkeit (s. Anm. 2), 30 Anm. 86. Zur Kritik wiederum Westendorf, in: GM 48, 1981, 55–58; 63, 1983, 71–76. – [26] So z.B. Eberhard Otto, Die Religion der alten Ägypter, in: HdO, 1. Abt., Bd 8, 42ff. 70. – [27] Vgl. v. a. John Gwyn Griffiths, a.a.O. (s. Anm. 23), 159ff.; zum *Kornosiris vgl. zuletzt Raven, in: OMRO 63, 1982, 7ff.; v.a. 31 u. Anm. 282. – [28] Diese Auffassung wohl zurückgehend auf James Frazer, Adonis, Attis and Osiris, London [2]1907, 330ff. (cf. John Gwyn Griffiths, a.a.O. [s. Anm. 23], 159 u. Anm. 40); vgl. z.B. G. Bertram, in: RAC I, 919ff., s. v. „Auferstehung I (des Kultgottes)"; Wolfram von Soden, in: RGG I, 688f. s.v. „Auferstehung I. Sterbende und auferstehende Götter"; S. G. F. Brandon, in: id. (Hg.), A Dictionary of Comparative Religion, London 1970, 536f., s. v. „Resurrection"; Alfred Bertholet, Wörterbuch der Religionen (neubearbeitet, ergänzt und hg. von Kurt Goldammer), Stuttgart [3]1976, 60f., s.v. „Auferstehende Götter". – [29] Jan Assmann, Ägypten (s. Anm. 17), 157. – [30] Lit. bei Buchberger, in: LÄ VI, s.v. „Verwandlung", Anm. 36; vgl. noch Assmann, in: LÄ V, 1088 u. Anm. 8. – [31] Zu den Komponenten des „descensus ad inferos" des Sonnengottes s. Jan Assmann, Re und Amun. Die Krise des polytheistischen Weltbilds im Ägypten der 18.–20. Dyn., OBO 51, Freiburg–Göttingen 1983, 83ff., v.a. 89f. – [32] S. Jan Assmann, a.a.O. (s. Anm. 31), 64ff.; zum „Sonnenkind" als „typische(m) Morgenikon" (Jan Assmann, op. cit., 65) vgl. noch Erika Feucht, in: SAK 11, 1984, 411. 416; zur Sonderform des Sonnenkindes auf der Blüte s. Hermann Schlögl, Der Sonnengott auf der Blüte. Eine ägyptische Kosmogonie des Neuen Reiches, AH 5, Genf 1977, 20ff. 45ff. – [33] *wḥm.s ʿnḫ*. – [34] CT V, 291k (zur Stelle vgl. Barta, Opferformel, 315 u. Anm. 6). – [35] CT II, 265a (B9C); zu ähnlichen Stellen vgl. Hornung, Amduat II, 194 u. Anm. 3. – [36] Cf. Buchberger, in: LÄ VI, s.v. „Verwandlung", Anm. 43. – [37] Zum Begriff vgl. Jan Assmann, Ägypten (s. Anm. 17), 83. – [38] Zum „Geburts-Ikon" s. z.B. Assmann, Sonnenpriester, 40ff. – [39] Zum Begriff s. Jan Assmann, Re und Amun (s. Anm. 31), 54ff. – [40] Pyr. 1688a–c; weitere Belege aus der Totenliteratur gibt Assmann, Liturgische Lieder, 119; Erika Feucht, in: SAK 11, 1984, 412ff. 417. – [41] Vgl. Morenz, Religion, 174ff.; Erik Hornung, Verfall (s. Anm. 12), 438; Assmann, Liturgische Lieder, 316ff.; id., in: LÄ V, 685. – [42] Wb II, 141,2–5; Dimitri Meeks, Année Lexicographique Nr. 77. 1010; 78. 1061; 79. 0738; vgl. allgemein Siegfried Morenz, a.a.O. (s. Anm. 16), 220f.; zur Verwendung im Kontext des Königtums s. Brunner, in: LÄ I, 388 u. Anm. 10; von Beckerath, in: LÄ I, 1233f.; Barta, in: LÄ III, 491 u. Anm. 54f.; Elke Blumenthal, in: LÄ III, 528. – [43] Zum Begriff s. Assmann, in: LÄ IV, 269 u. Anm. 35 (mit Verweis auf Westendorf, Darstellungen des Sonnenlaufes); id., Zeit und Ewigkeit (s. Anm. 2), 32f. – [44] Vgl. Westendorf, in: Fs Will, 218; id., Darstellungen des Sonnenlaufes, 2 u. Anm. 5; Barta, Neunheit, 149f. 203; daß die Verbindung des Toten mit der Himmelsgöttin eine Selbstzeugung bedeute, betont, ausgehend von der wörtlichen Auffassung des Begriffs „W.", auch

Brunner, in: LÄ II, 342. – [45] „Auf eine frühe Verbindung von Kamutef und Sonnengott" sollen nach Assmann, Liturgische Lieder, 317 u. Anm. 4 (cf. id., in: LÄ IV, 266 Anm. 9) CT I, 237 b; II, 60 c hindeuten. Der zweite Beleg ist zu streichen, da es sich dort eindeutig um den „Ka seiner Mutter" handelt. Der erste Beleg stammt aus einem genuin kgl. Totentext (vgl. Raymond O. Faulkner, The Ancient Egyptian Coffin Texts I, Warminster 1973, 50 Anm. 1) und lautet: „Es-ist-so, daß-du-Leben-besitzt, (o)-Herr-des-Westens, / (o)-Sohn-des-Harachte, des-Stieres-seiner-Mutter-Nut." „Herr des Westens" (= Osiris) und „Sohn des Harachte" (= Sohn des Re) beziehen sich klärlich auf einen toten König. Die Stierprädikation des Harachte ist nun zunächst im Rahmen des semantischen Feldes der „Stiernamen" zu sehen (zu diesen vgl. Brigitte Altenmüller, Synkretismus, 221 ff.), wobei eine eindeutige Entscheidung für die Teilfunktion „Begatter" und gegen die häufig bezeugte Funktion „Herrscher" gerade in diesem kgl. Kontext schwierig sein dürfte; im übrigen verbietet die Singularität des Beleges jede Generalisierung. Zum ausgesprochen asexuellen Charakter der „Vereinigung" (*ḫnm*) mit der Mutter vgl. v.a. Assmann, in: LÄ IV, 268 u. Anm. 18 ff. – [46] Zum „enge(n) Zusammenhang mit dem göttlichen Königtum" s. v.a. Jacobsohn, in: LÄ III, 308 f.; Lit. bei Assmann, in: LÄ IV, 265 Anm. 2. – [47] Zur Begrifflichkeit vgl. vorläufig Buchberger, in: GM 66, 1983, 35 f. – [48] So kann etwa die dem Lotos innewohnende Regenerationssymbolik abgeleitet werden 1. via Interpretation als Vulva-Symbol (s. Westendorf, in: LÄ VI, 124 sub 8 b u. Anm. 23) oder 2. aufgrund einer Naturalallegorese (s. Anm. 11). – [49] Dazu s. zuletzt Westendorf, Raum und Zeit als Entsprechungen der beiden Ewigkeiten, in: Fs Brunner, 422 ff. – [50] So Westendorf, in: LÄ III, 952 u. Anm. 9. – [51] Vgl. z.B. Westendorf, in: ZÄS 94, 1967, 139 ff.; id., Schießen und Zeugen, in: Fs Hintze, 481 ff. – [52] Vgl. z.B. Wolfgang Helck, Die Lehre des Dwꜣ-Ḫtjj, KÄT, 1970, 162; Brunner, in: AfO 28, 1981/82, 186; id., Religion (s. Anm. 9), 7; id., in: LÄ II, 342 u. Anm. 37; Buchberger, in: GM 66, 1983, 11 ff. (dazu cf. freilich Derchain, in: GM 73, 1984, 85 ff.). – [53] Typische Verfahren scheinen zu sein: 1. Merkmalsselektion und Generalisierung; etwa: „Erotik" im Flachbild wird eingeengt auf „Zeugung", „(Selbst-)zeugung" sekundär generalisiert zum „Kamutef" modell (vgl. vorläufig Buchberger, in: GM 66, 1983, 11 ff.). 2. ex-post-Reduktion: weil Eidechse, Phönix oder Frosch in römischer oder christlicher Zt „Auferstehungssymbole" sind, wird dieser Sinn rückwärts transponiert (s. z.B. Hornung und Staehelin, Skarabäen [s. Anm. 1], 110 u. Anm. 46; 112 u. Anm. 89); daß ein solch reduktionistisches Verfahren die Bedeutungsvielfalt z.B. des Phönix (vgl. die semantische Bandbreite des *bnw*-Vogels: Kákosy, in: LÄ IV, 1030 ff.) verfehlen muß, ist evident; 3. Schematismus, z.B. die Reduktion auf „archetypische" Sexusdichotomie: wenn die „Femininität" von Wörtern wie *ḥwt*, „Haus", *nwt*, „Stadt" oder *zmjt*, „Wüste" auf ihrem Status als Symbole der Mutter beruhen soll (so Westendorf, in: Fs Brunner, 429), wie ist dann die Maskulinität der entsprechenden Reihe *prw*, „Haus", *dmj*, „Ortschaft" oder *tꜣ*, „Erde" zu erklären? Vgl. zu reduktionistischen Verfahren in der Symbolhermeneutik Eckhard Neumann, Herrschafts- und Sexualsymbolik. Grundlagen einer alternativen Symbolforschung, Stuttgart etc. 1980. – [54] Westendorf, in: LÄ VI, 125 sub 8. b u. Anm. 25. – [55] Christine Seeber, in: LÄ III, 744 u. Anm. 1. – [56] Daumas, in: LÄ I, 959; Westendorf, in: LÄ VI, 123 sub 3. c. – [57] Hornung und Staehelin, Skarabäen (s. Anm. 1), 15. 141. 164 f.; Munro, in: LÄ I, 584; Emma Brunner-Traut, in: LÄ III, 1091 ff.; Claudia Müller-Winkler, in: LÄ V, 578 Anm. 26; Westendorf, in: LÄ VI, 123 sub 5. c u. Anm. 10; 124 sub 8. b und Anm. 23; Barguet, in: BIFAO 52, 1953, 104. – [58] Derchain, in: CdE 50, Nr. 99, 1975, 85; Westendorf, in: LÄ VI, 125 sub 8. b u. Anm. 26; vgl. auch Kate Bosse-Griffiths, in: Fs Brunner, 72. – [59] Hornung und Staehelin, Skarabäen (s. Anm. 1), 164. – [60] Ebd., 164. – [61] Guglielmi, in: LÄ V, 778 u. Anm. 6. – [62] Hornung und Staehelin, Skarabäen, 107 f. – [63] Ebd., 139. – [64] Ebd., 136. – [65] Ebd., 139. – [66] Ebd., 110. – [67] Ebd., 137. – [68] Ebd., 136 f. – [69] Ebd., 110 f.; Ingrid Gamer-Wallert, in: LÄ II, 233; ead., Fische und Fischkulte, 124 ff. – [70] Hornung und Staehelin, Skarabäen, 111 f. – [71] Ebd., 112 f.; Ingrid Gamer-Wallert, in: LÄ I, 225; Kákosy, in: LÄ II, 335 f.; Westendorf, in: LÄ VI, 124 sub 8. a. – [72] Hornung und Staehelin, Skarabäen, 113 f. – [73] Ebd., 139. – [74] Ebd., 143. – [75] Ebd., 115. – [76] Ebd., 116. – [77] Ebd., 117 ff.; vgl. Vera von Droste zu Hülshoff, Der Igel im alten Ägypten, HÄB 11, 1980, 21; 44 u. Anm. 1; 46 u. Anm. 1. – [78] Hornung und Staehelin, Skarabäen, 120 f. – [79] Ebd., 122; Seyfried, in: LÄ V, 671 u. Anm. 18. – [80] Hornung und Staehelin, Skarabäen (s. Anm. 1), 122 f.; Ingrid Gamer-Wallert, in: LÄ I, 225; Vera v. Droste, in: LÄ III, 790; Westendorf, in: LÄ VI, 124 sub 8. a. – [81] Hornung und Staehelin, Skarabäen, 123; Emma Brunner-Traut, in: LÄ III, 796; Westendorf, in: LÄ VI, 126 Anm. 1. – [82] Hornung und Staehelin, Skarabäen, 126 f. 139; Ursula Rössler-Köhler, in: LÄ III, 1081 f. – [83] Hornung und Staehelin, a.a.O., 128 f. – [84] Westendorf, in: LÄ IV, 665. – [85] Hornung und Staehelin, a.a.O., 129 f. – [86] Störk, in: LÄ IV, 918; Hornung und Staehelin, a.a.O., 107. – [87] Ebd., 131. – [88] Ebd., 136; Kákosy, in: LÄ IV, 1033. 1037; Westendorf, in: LÄ VI, 124 sub 8. a. – [89] Westendorf, in: LÄ V, 1101. – [90] Hornung und Staehelin, Skarabäen, 136. – [91] Störk, in: LÄ V, 648; Westendorf, in: LÄ V, 1101. – [92] Hornung und Staehelin, Skarabäen, 136; Wassermann, in: LÄ V, 754. – [93] van de Walle, in: LÄ V, 756 mit Verweis auf Friedrich Abitz, Statuetten in Schreinen als Grabbeigaben in den äg. Königsgräbern der 18. u. 19. Dyn., ÄA 35, 1979, 93 (eigentlich ist die Gans gemeint, in deren Darstellung als Statuetten jedoch Formelemente des Schwans, als „Supergans", eingeflossen seien); zur Garantie der „W." durch die Gans s. ibd., 107. – [94] Hornung und Staehelin, Skarabäen, 14 f.; Giveon, in: LÄ V, 969. – [95] Hornung und Staehelin, a.a.O., 132. – [96] Ebd., 139. – [97] Das Prädikat *wḥm* könnte den *Apis-Stier als (Re)inkarnation des *Ptah bezeichnen; vgl. Assmann, in: LÄ II, 781 Anm. 95; s. freilich Junge, in: LÄ III, 158 u. Anm. 12. – [98] Angedeutet durch Schlichting, in: LÄ V, 1127 u. Anm. 16; Störk, in: LÄ VI, 10. – [99] Hornung und Staehelin, Skarabäen, 139; Westendorf, in: SAK 6, 1978, 204 f. – [100] Finét, in: Studia Paulo Naster Oblata II, Orientalia Antiqua, Löwen 1982, 76 f.; ablehnend Behrens, in: LÄ VI, 76 u. Anm. 20. – [101] Hornung und Staehelin, Skarabäen, 134 f. – [102] Westendorf, in: LÄ VI, 123 sub 3. d u. Anm. 6. – [103] Hornung und Staehelin, Skarabäen, 139. – [104] Ebd.,

136. – [105] Vgl. z. B. Westendorf, Darstellungen des Sonnenlaufes, 41. – [106] S. Ursula Köhler, Das Imiut. Untersuchungen zur Darstellung und Bedeutung eines mit Anubis verbundenen religiösen Symbols, GOF IV. 4, Wiesbaden 1975, 526 s. v. „Regeneration", „-zyklus", „-hilfen"; ead., in: LÄ III, 150; Westendorf, in: LÄ VI, 125 sub 9. u. Anm. 30. – [107] Zur „verjüngenden" Wirkung der Milch einer Göttin s. z. B. Münster, Isis, 67 u. Anm. 830; Seipel, in: LÄ V, 339f. u. Anm. 23. – [108] Zum Zusammenhang zwischen Libationswasser und „W." vgl. etwa Münster, Isis, 68 u. Anm. 835; 69 u. Anm. 842; vgl. noch Brigitte Altenmüller-Kesting, Reinigungsriten im Ägyptischen Kult, Diss. Hamburg 1968; Grieshammer, in: LÄ III, 379. – [109] Hornung und Staehelin, Skarabäen (s. Anm. 1), 94 u. Anm. 46 mit Verweis auf Grimal, in: BSFE 53/54, 1969, 47f. – [110] Störk, in: LÄ III, 994. – [111] Westendorf, in: LÄ VI, 125 sub 10. – [112] Vgl. z. B. Erika Feucht, in: LÄ II, 1169; Fuchs, in: LÄ V, 881 u. Anm. 30; Giveon, in: LÄ V, 972; Fuchs, in: LÄ V, 1273 Anm. 27. – [113] Westendorf, in: LÄ VI, 124 sub 7. c u. Anm. 18. – [114] Wildung, in: LÄ II, 376f. – [115] Eingeschränkt auf ikonisierte Vorkommen: Martin, in: LÄ IV, 544 u. Anm. 39. – [116] Beatrix Geßler-Löhr, in: LÄ V, 793. – [117] Vgl. Eggebrecht, in: LÄ I, 783 u. Anm. 6. – [118] Hornung und Staehelin, Skarabäen, (s. Anm. 1), 143; Ursula Rössler-Köhler, in: LÄ III, 1090 Anm. 100. – [119] Arne Eggebrecht, in: Fs Will, 163; vgl. etwa Radwan, in: GM 8, 1973, 28 u. Anm. 5; Dietrich Wildung, Sesostris und Amenemhet. Ägypten im Mittleren Reich, München 1984, 97f. – [120] Wildung, in: Fs Westendorf II, 980. – [121] Hornung und Staehelin, Skarabäen, 135 u. Anm. 478; vgl. Staehelin, Tracht, 29. – [122] Barguet, in: BIFAO 52, 1953, 108f.; Elisabeth Staehelin, in: LÄ IV, 53 u. Anm. 17; Westendorf, in: ZÄS 94, 1967, 145f. u. Anm. 34ff. – [123] Junker, Gîza VII, 42ff.; Behrens, in: LÄ IV, 292 u. Anm. 9. – [124] Westendorf, in: LÄ VI, 124 sub 6. b. – [125] Westendorf, in: LÄ VI, 124 sub 6. b; id., in: ZÄS 92, 1966, 151 Anm. 3. – [126] Westendorf, in: ZÄS 94, 1967, 143 Anm. 21. – [127] Hornung und Staehelin, Skarabäen, 141 u. Anm. 561ff. – [128] Ebd., 141 u. Anm. 568ff. – [129] Ebd., 140f. – [130] Claudia Müller-Winkler, in: LÄ V, 578 Anm. 26. – [131] Hornung und Staehelin, Skarabäen, 141; Claudia Müller-Winkler, in: LÄ V, 578 Anm. 26; Ch. Müller, in: LÄ V, 1148 u. Anm. 15. – [132] Westendorf, in: LÄ VI, 123 sub 5. c; id., in: ZÄS 94, 1967, 147 u. Anm. 49f. – [133] Westendorf, in: LÄ VI, 123 sub 5. c; id., in: ZÄS 94, 1967, 142 u. Anm. 11–13; id., in: Fs Hintze, 485. – [134] Ursula Rössler-Köhler, in: LÄ III, 1090 Anm. 104. – [135] Claudia Müller-Winkler, in: LÄ V, 578 u. Anm. 25f.; Westendorf, in: LÄ VI, 123 sub 3. d u. Anm. 6; Barta, in: ZÄS 98, 1970, 5ff. – [136] Westendorf, in: LÄ VI, 123 sub 5. c; id., in: ZÄS 94, 1967, 146f. – [137] Westendorf, in: LÄ VI, 124 sub 5. c u. Anm. 11; id., in: ZÄS 94, 1967, 142. – [138] Pusch, in: LÄ V, 852 u. Anm. 26; Westendorf, in: ZÄS 94, 1967, 146. – [139] Gamer-Wallert, Fische und Fischkulte, 129; vgl. Erika Feucht, in: LÄ III, 434; Pitsch, in: LÄ III, 925 Anm. 3. – [140] Westendorf, in: LÄ VI, 124 sub 5. c u. Anm. 11; id., in: ZÄS 94, 1967, 141. – [141] Westendorf, in: ZÄS 94, 1967, 142f.; vgl. Pitsch, in: LÄ III, 925 Anm. 3. – [142] Seipel, in: LÄ V, 339f.; Othmar Keel, Das Böcklein in der Milch seiner Mutter und Verwandtes, OBO 33, 1980, 54ff.; v. a. 86ff.; zum Zusammenhang zwischen Säugung und „W." vgl. noch Münster, Isis, 67 u. Anm. 830; s. allgemein Jan Assmann, Re und Amun (s. Anm. 31), 66. – [143] Westendorf, in: LÄ VI, 124 sub 5. c u. Anm. 11; id., in: ZÄS 94, 1967, 149 Anm. 58. – [144] Kessler, in: LÄ III, 693. – [145] Christine Seeber, in: LÄ III, 744. – [146] Elisabeth-Christine Strauß, Die Nunschale. Eine Gefäßgruppe des Neuen Reiches, MÄS 30, 1974, 9. 71. 74. – [147] Erika Feucht, in: LÄ IV, 923; ead., Pektorale nichtköniglicher Personen, ÄA 22, 1971, 58 s. v. „Wiedergeburt"; ead., Die königlichen Pektorale. Motive, Sinngehalt und Zweck, Diss. München, Bamberg 1967, 89ff. – [148] Hornung und Staehelin, Skarabäen (s. Anm. 1), 118 u. Anm. 216; Hickmann, in: ZÄS 79, 1954, 122. – [149] Arnold, in: LÄ V, 218, sub C. 4. – [150] Zur Beziehung zwischen Sarg und „W." vgl. Otto, in: LÄ I, 317 u. Anm. 19; Brunner, in: LÄ I, 810 u. Anm. 24; Assmann, in: LÄ I, 1088 u. Anm. 49; Niwiński, in: LÄ V, 461 sub E. 6.–8. – [151] S. Anm. 138. – [152] Ziegler, in: LÄ V, 961. – [153] Christiane Desroches-Noblecourt, in: BIFAO 53, 1953, 17ff.; vgl. Behrens, in: LÄ IV, 293 u. Anm. 23. – [154] Altenmüller, in: LÄ I, 1103 sub D. – [155] Erika Feucht, in: LÄ II, 1169. – [156] Westendorf, in: LÄ III, 204 sub D. – [157] Hornung und Staehelin, Skarabäen (s. Anm. 1), 17. 88. – [158] Ebd., 15. – [159] Ebd., 15. 141; vgl. auch Christine Beinlich-Seeber, in: LÄ V, 233 (das „*Horusauge, umfassendstes Symbol aller lebenserhaltenden und regenerierenden Kräfte"). – [160] Vgl. z. B. Henry George Liddell and Robert Scott, A Greek-English Lexicon. Revised and Augmented Throughout by Sir Henry Stuart Jones with the Assistance of Roderick McKenzie, Oxford, reprint 1977, 1291 s. v. (παλιγ) – γενεσία. – [161] S. z. B. H. Leisegang, in: RE 18. 2, 139ff.; Heinrich Dörrie, in: Kleiner Pauly IV, 428f. – [162] Cf. Leisegang, a.a.O., 141 sub 2.; Dörrie, a.a.O., 428, Z. 5ff. – [163] Dazu s. z. B. Mircea Eliade, Kosmos und Geschichte. Der Mythos der ewigen Wiederkehr, Rowohlts Deutsche Enzyklopädie 260, Reinbek bei Hamburg 1966, 102f. – [164] S. etwa Leisegang, a.a.O. (s. Anm. 161), 140, Z. 53ff.; 145f. sub 3.; Olof Gigon, in: Lexikon der Alten Welt, Zürich–Stuttgart 1965, 2754f.; Dörrie, a.a.O. (s. Anm. 161), 428, Z. 17ff. – [165] Platon, Menon, 81 B (cf. Leisegang, a.a.O. [s. Anm. 161], 140, Z. 5ff.). – [166] Offenbar in diesem Sinn verwendet von Plutarch, Περὶ Ἴσιδος καὶ Ὀσίριδος, 35, 364 E. 72, 379 F: John Gwyn Griffiths, Plutarch's De Iside et Osiride, Swansea 1970, 72. 434f. 545f. – [167] S. z. B. Nemesios, De natura hominis, 2, der das Werk des Pythagoräers Kronios, Περὶ παλιγγενεσίας zitiert, den Terminus jedoch sogleich modifiziert: „So nämlich nennt er die Reinkarnation (μετενσωμάτωσις)"; zitiert in: G. W. H. Lampe, A Patristic Greek Lexicon, Oxford ^{5}1978, 998, s. v. παλιγγενεσία, III. B, u. vgl. Dörrie, a.a.O. (s. Anm. 161), 428, Z. 25ff. – [168] Cf. Leisegang, a.a.O. (s. Anm. 161), 147, Z. 21ff.; Dörrie, a.a.O. (s. Anm. 161), 428, Z. 30ff.; zum Gebrauch von *renatus* etwa bei Apuleius vgl. John Gwyn Griffiths, Apuleius of Madauros. The Isis-Book (Metamorphoses, Book XI), EPRO 39, 1975, 51f. 258f. – [169] S. z. B. Henry George Liddell und Robert Scott, a.a.O. (s. Anm. 160), 1291, s. v. (παλιγ)-γενεσία, III.; Walter Bauer, Griechisch-Deutsches Wörterbuch zu den Schriften des Neuen Testaments und der übrigen urchristlichen Literatur, durchgesehener Nachdruck der 5., verbesserten und

stark vermehrten Auflage, Berlin 1963, 1201f., s.v. παλιγγενεσία. – [170] Zu den inhaltlichen Abgrenzungen vgl. etwa Joseph Heuschen, in: Herbert Haag (Hg.), Bibel-Lexikon, Einsiedeln ²1968, s.v. „Wiedergeburt", v.a. 1889f.; cf. auch Leonhard Goppelt, in: RGG VI, 1697ff. s.v. „Wiedergeburt, II.". – [171] Tit. 3,5; vgl. Joseph Heuschen, a.a.O. (s. Anm. 170), 1889 sub II. B. 1. – [172] Cf. Joseph Heuschen, a.a.O. (s. Anm. 170), 1890 sub II. B. 2. – [173] Vgl. G. W. Lampe, a.a.O. (s. Anm. 167), 999 sub III. A. 2. – [174] Zur Kritik s. z.B. Berner, in: GM 18, 1975, 57ff.; zur Forderung nach einer „systematischen Religionswissenschaft" und zur „Unexaktheit der Terminologie" s. id., Untersuchungen zur Verwendung des Synkretismus-Begriffes, GOF-Grundlagen und Ergebnisse 2, 1982, X f. u. Anm. 8–13. – [175] Vgl. z.B. Alfred Bertholet, Wb der Religionen (s. Anm. 28), 641f., s.v. „Wiedergeburt"; Brandon, in: id., Dictionary (s. Anm. 28), 534, s.v. „Regeneration". – [176] S. etwa Brandon, a.a.O., 439, s.v. „Metempsychosis"; Friedrich Heiler, Erscheinungsformen und Wesen der Religion, Die Religionen der Menschheit 1, Stuttgart 1961, 520ff. sub d; Helmuth von Glasenapp, in: RGG V, 1637ff.; Gerardus van der Leeuw, Phänomenologie der Religion, Tübingen ²1956, 338ff. sub 2. – [177] Vgl. z.B. G. Bertram, Wolfram von Soden, S. G. F. Brandon, Alfred Bertholet (zu ihnen s. Anm. 28); A. Oepke, in: RAC I, 930ff., s.v. „Auferstehung II (des Menschen)"; Alfred Bertholet, a.a.O. (s. Anm. 28), 61, s.v. „Auferstehung"; Gerardus van der Leeuw, a.a.O. (s. Anm. 176), 367; Carl-Martin Edsman, in: RGG I, 689ff., s.v. „Auferstehung II. Auferstehung des Menschen, religionsgeschichtlich". – [178] So v.a. Åke Hultkrantz, in: RGG I, 1696, s.v. „Wiedergeburt, I.". – [179] S. Red., in: LÄ IV, 938f., s.v. „Periode"; vgl. Jan Assmann, a.a.O. (s. Anm. 2), 1975, 34 u. Anm. 114. – [180] Zur „Kosmotelie" s.o. Anm. 2. – [181] Dazu s. v.a. Jan Assmann, Königsdogma (s. Anm. 2), 1983, 345; id., in: LÄ II, 49 u. Anm. 30f. – [182] Die Lit. bei Buchberger, in: LÄ VI, s.v. „Verwandlung", Anm. 16. – [183] S. etwa Federn, in: JNES 19, 1960, 250ff.; Max Guilmot, Les initiés et les rites initiatiques en Egypte ancienne, Paris 1977; Christian Jacq, Pouvoir et sagesse selon l'Egypte ancienne, Monaco 1981, 157ff.; vgl. freilich Helck, in: LÄ III, 157, s.v. „Initiationsriten"; Staehelin, Tracht, 29; Jan Assmann, Tod und Initiation im altägyptischen Totenglauben, in: Hans Peter Duerr (Hg.), Sehnsucht nach dem Ursprung, Frankfurt/M. 1983, 336ff.; allgemein z.B. Mircea Eliade, Birth and Rebirth, New York 1958. – [184] Dazu vgl. Gwyn Griffiths, in: LÄ IV, 276f. – [185] S. v.a. Helck, in: LÄ V, 272f. u. Anm. 3; id., in: LÄ V, 884 u. Anm. 7; id., Schamane und Zauberer, in: Fs Gutbub, 103ff.; vgl. allgemein etwa Mircea Eliade, Le Chamanisme et les techniques archaiques de l'extase, Paris 1951. – [186] Vgl. Kaplony, in: LÄ II, 479 Anm. 21; Martin, in: LÄ V, 785; zur sog. „Löwenmöbelfolge" s. v.a. Werner Kaiser, in: Fs Ricke, 104f. – [187] Zu ähnlichen Problemen vgl. z.B. Junge, in: LÄ III, s.v. „Inkarnation", v.a. 159f.; id., in: LÄ III, s.v. „Kausales Denken", v.a. 376. H.Bu.

Wiederholung der Geburt. A. *Allgemeines.* Das nomen actionis[1] *mswt* „Geburt"[2] weist eine ähnliche Bedeutungsbreite auf wie das Verbum *msj*[3]: biologischer Vorgang im menschlichen und göttlichen Bereich, Erschaffen von Gebäuden, Statuen (hier z.B. im *Mundöffnungsritual)[4] und im kosmischen Bereich[5]. Die Formel *wḥm-mswt* („Wiederholung der Geburt") zur Bezeichnung göttlicher und königlicher Handlungen (s. bes. B) ist im Zusammenhang zu sehen mit parallelen Formulierungen, insbesondere mit *twt-mswt* „vollkommen an Geburt"[6], in der *mswt* aktiven oder passiven[7] Sinn haben kann: in der Restaurationsstele des *Tutanchamun[8], „der Denkmäler schafft in Rechtschaffenheit für seinen Vater *Amun, vollkommen an ‚Geburt', der Ägypten gegründet hat", ist *mswt* wohl als „Erschaffung, Schöpfung" aufzufassen[9], entsprechend im Horusnamen des Tutanchamun (*kꜣ-nḫt twt-mswt*) und im Herrinnen-Namen des *Ahmose (*twt-mswt*)[10].

Die WdG ist nicht vor dem MR belegt. Sie bezeichnet die regelmäßige *Wiedergeburt der Sonne und des Mondes[11], die von Gottheiten durch Baumaßnahmen usw.[12] sowie des Königs in Parallelisierung mit dem göttlichen *Schicksal[13], unmittelbare Dankeshandlungen von Göttern zugunsten des Königs[14], und sie kann sich auch auf die jährliche Feier der *Geburt des Königs im Rahmen des *Chemmis-Rituals beziehen[15].

B. *Die wḥm-mswt-Formel* als Programmpunkt königlichen Handelns ist belegt unter *Amenemhet I., Tutanchamun, *Sethos I. und *Ramses XI. Anzunehmen ist eine einheitliche Bedeutung der Formel, die an Nahtstellen der äg. Geschichte auftritt. Während bei Tutanchamun sehr wahrscheinlich eine Qualifizierung kgl. Handelns vorliegt (*wḥm-mswt* steht im gleichen Zusammenhang wie *twt-mswt*[16]), ist dieses sicher der Fall bei Ramses XI.: WdG Ägyptens und damit der Welt[17]. Jeder Einzelfall muß aus der jeweiligen politischen Situation erklärt werden.

C. *Die WdG bei Amenemhet I.* Die Regierung Amenemhets I. stand unter dem Zeichen eines Neubeginns (u.a. durch Verlegung der Hauptstadt in den großmemphitischen Raum)[18], der durch die in die Zt des *Snofru verlegte Prophezeiung des *Neferti legitimiert wurde. Die für den 2. Regierungsabschnitt[19] Amenemhets I. charakteristischen Horus-, Herrinnen- und Goldhorusnamen „*wḥm-mswt*"[20] stehen im Zusammenhang mit der Prophezeiung des Neferti[21] „*šꜣꜥ Rꜥw m grg* (*Re muß mit der Gründung [= Schöpfung] [wieder]beginnen)" und ist als Beschreibung der Wiederholung der Schöpfung seitens des Königs („der die Schöpfung wiederholt") aufzufassen. Damit beendet Amenemhet I. quasi die chaotische Zeit (der 1. ZwZt) unter Rückgriff auf das Königtum des Snofru.

*Sesostris I. betont mit seinen Horus-, Herrinnen- und Goldhorusnamen *ʿnḫ-mswt* („lebend an Schöpfung", d.h. die Schöpfung lebt unter ihm) die Kontinuität der Politik.

D. *Die WdG bei Sethos I.* Während unter Tutanchamun die *wḥm-mswt*-Formel nicht in die kgl. Titulatur aufgenommen wurde, nimmt Sethos I. wiederum den *wḥm-mswt*-Namen an (als Herrinnen-Name)[22], zweifellos im Zuge der Liquidierung des Amarnaerbes[23].

E. *Die WdG bei Ramses XI.* Die Ausrufung einer regelrechten *wḥm-mswt*-Ära (ohne entsprechende Gestaltung der kgl. Titulatur) mit Einführung einer eigenen Jahreszählung erfolgte im Jahr 19 Ramses' XI. Über Ursache, Anlaß und Bedeutung dieser Maßnahme ist seit E. Meyer[24] viel gehandelt worden. Den neuesten Stand der Forschung dürfte Kitchen repräsentieren[25]: In der Zeit Ramses' X./Frühzeit Ramses' XI. fand der Aufstand gegen den *Hohenpriester des Amun, Amenophis, statt, der vom Vizekönig (*Königssohn von Kusch) *Panehsi (wohl auf königliche Anweisung hin) beendet wurde. Amenophis wurde (unter Panehsi) wieder in sein Amt eingesetzt, und ihm folgte wohl sein Sohn Ramsesnacht II.[26] Zwischen der kgl. Regierung und Panehsi muß es zu schweren Differenzen gekommen sein, die zu seiner Absetzung führten. Daraufhin wurde das Land administrativ unter *Herihor (im Süden) und *Smendes (im Norden) aufgeteilt. Entfernung des Panehsi und Neustrukturierung des Landes dürften als Neuanfang gewertet worden sein mit folgender Ausrufung der „Wiederholung der Geburt". Die Datierung nach der neuen Ära wurde wahrscheinlich später wieder aufgegeben[27].

F. *Die WdG als Restauration.* Die Annahme des *wḥm-mswt*-Namens bzw. Ausrufung der *wḥm-mswt*-Ära ist unter Amenemhet I. deutlich als Restauration(sversuch)[28] zu erkennen, desgleichen unter Sethos I. (Namensmäßige Anknüpfung an *Thutmosis III.; Restaurationsvermerke[29]), während unter Ramses XI. eigentlich nur der Versuch einer Neuordnung zu sehen ist.

[1] Edel, Altäg. Gramm., § 240. – [2] Wb II, 140–141. – [3] Wb II, 137–138. – [4] Otto, Mundöffnungsritual II, 3–4. – [5] Vgl. Wb II, 138, 6.7 u.a. – [6] Vgl. Wb V, 258, 15. 16; zur Parallelbildung *ʿnḫ-mswt* vgl. C. – [7] Urk. IV, 161, 10. – [8] Urk. IV, 2031, 11–13. – [9] Vgl. den parallelen Beleg für Amun in Wb V, 258, 15 (Beleg Luxor). – [10] Vgl. zu *msj* als kgl. Handlung bei Regierungsantritt Heinrich Schäfer, Ein Bruchstück altäg. Annalen, APAW 1902, 39; hierzu s. Siegfried Schott, Zur Krönungstitulatur der Pyramidenzeit, NAWG 1956. 4, 74; Kaplony, in: LÄ II, 479 Anm. 20. – [11] Wb II, 141, 2.3. – [12] Wb II, 141, 6; s. auch Blumenthal, Königtum I, 78, Beleg B 3.1; Urk. IV, 1698, 1ff. – [13] Urk. IV, 2161, 6 (Haremheb); Calverley–Gardiner, Abydos II, Tf. 30 (Sethos I.). – [14] Edfou I, 77. – [15] Urk. IV, 305, 6; vgl. zum Chemmis-Ritual Rolf Gundlach, Studien zu den vorramessidischen Felstempeln, HÄB 13/14 (in Vorbereitung). – [16] Urk. IV, 2031, 1; vgl. Anm. 8. – [17] Vgl. Fecht, in: ZÄS 87, 1962, 12–31, bes. 26 Anm. 1. – [18] Vgl. hierzu v. Beckerath, in: ZÄS 92, 1965, 4–10. – [19] Jürgen v. Beckerath, Handbuch der ägyptischen Königsnamen, MÄS 20, 1984, 197. – [20] Der *msj*-Beleg des Goldhorusnamens Urk. VII, 26 dürfte ein Schreibfehler sein. – [21] Wolfgang Helck, Die Prophezeiung des Nfr.tj, KÄT, Wiesbaden 1970, 19. – [22] In Abydos auch als Horusname (Mariette, Abydos I, 42c3). – [23] Vgl. zusammenfassend Erik Hornung, Grundzüge der äg. Geschichte, Darmstadt ²1978, 102. – [24] Eduard Meyer, Gottesstaat, Militärherrschaft und Ständewesen in Ägypten, SPAW 1928. 28. – [25] Kitchen, Third Interm. Period, §§ 206–212. – [26] Vgl. Bierbrier, in: JEA 58, 1972, 105–199. – [27] Eine Stele aus Abydos vom 8. des 4. *šmw* Jahr 27 ist wieder nach der alten Zeitrechnung datiert (LR III, 221, VI). – [28] S. *Vergangenheit, Verhältnis zur. – [29] Kitchen, Ram. Inscr. I, 227–230.

R. Gu.

Wiederverwendung von Architekturteilen (im weitesten Sinne) und *Usurpierung können in manchen Fällen ineinander übergehen, so etwa, wenn ältere Statuen mit neuem Namen versehen erneut aufgestellt werden. W. im eigentlichen Sinn ist die Benutzung von Bauteilen bei der Errichtung neuer Bauten, wobei ursprüngliche Ausschmükkung in ihrem Zusammenhang zerstört und auch unsichtbar wird. Beispiele dafür finden sich besonders bei Tempelbauten, wobei die wiederverwendeten Teile gern in den Fundamenten oder in Pylonen[1] verbaut werden. Bekannt ist auch die Verwendung von Teilen der *Totentempel der 4. Dyn. in *Gisa beim Bau der *Pyramiden des MR[2]. In diesem Fall wie etwa auch z.T. in *Tanis[3] steht der neue Verwendungsort in keinem Zusammenhang mit dem ursprünglichen; in anderen Fällen, wie etwa besonders deutlich beim *Satet-Tempel in *Elephantine[4], werden die Bauteile des älteren Tempels in die Fundamente des neuen verbaut. Man hat diese Verwendung so deuten wollen, als stecke dahinter ein tieferer Sinn, indem Tempel von Zt zu Zt erneuert werden mußten und die Kraft des alten Baues als Fundament des neuen gelten solle[5]. Die Verwendung der Bausteine (*Talatat) des als politisch und religiös nicht mehr tragbaren *Aton-Tempels von Karnak im 2. bzw. 9. Pylon spricht eindeutig gegen diese Theorie; die Bauteile abgerissener Bauten sind nichts anderes als billigeres (weil schon bearbeitetes) Baumaterial.

In ähnlicher Weise hat man etwa in der Ramessiden-Zt Königsstatuetten aus kostbarerem Material eingezogen und neu verarbeitet[6]. Schon im AR stellt man das Wegnehmen von Bauteilen von

Gräbern unter göttliche Strafe[7], und verbietet die Lehre für Merikare VII, 9 das „Zerstören Denkmäler anderer". Die häufige Beteuerung von Königen, sie hätten das Alte bewahrt und wiederhergestellt[8], dürfte die Häufigkeit des Gegenteils andeuten. Lag doch in dem Anspruch, die Werke der Vorfahren übertreffen zu wollen, die Berechtigung, jene abreißen zu können.
Ein Sonderfall scheint die Wiederverwendung von alten (Königs-)*Sarkophagen bei den Königsgräbern von Tanis zu sein.

[1] Hierfür finden sich zahlreiche Beispiele in *Karnak, vgl. ausführlich Gun Björkman, Kings at Karnak, Acta Universitatis Upsaliensis, Boreas 2, Uppsala 1961. – [2] Hans Goedicke, Reused Blocks from the Pyramid of Amenemhet I at Lisht, PMMA 20, 1971. – [3] Die Verschleppung von Statuen und ganzer Tempel aus der Ramsesstadt nach Tanis ist allerdings als Usurpation anzusehen, da diese als Statuen und als Tempel im ursprünglichen Zweck wiederverwendet wurden. – [4] Während hier die Anlagen des MR und der 18. Dyn. abgerissen und dann verbaut wurden, sind die Teile eines Bauwerkes der 11. Dyn. anscheinend einer zerstörten Anlage entnommen worden. – [5] Eine bes. von Varille vertretene Theorie: Karnak I, 16f. – [6] Helck, in: CdE 59, Nr. 118, 1984, 242–247. – [7] Edel, in: MDAIK 13, 1944, § 7. – [8] Z.B. Amenophis III.: „ohne etwas zu beschädigen, was vorher gebaut worden war" (Urk. IV, 1667, 16). W.H.

Wildstier s. Rind, Stiergott

Willensfreiheit. Auch wenn die Ägypter kein Wort für W. hatten, so war ihnen die Sache doch gut bekannt[1]. Die Menschheit (= Ägypter) sowohl als auch der Einzelne hatten die Möglichkeit, sich frei zu entscheiden.
Bei der Menschheit ist ein Abfall von Gottes Ordnung möglich, wie das *Kuhbuch zeigt oder auch die Rede des *Schöpfergottes von den vier Wohltaten (CT, Spr. 1130).
Ebenso hat das Individuum die *Freiheit, von Gottes Ordnung der Welt, der *Maat, abzuweichen oder sich ihr einzufügen. Wäre es anders, wäre das *Schicksal eines Menschen in allen Einzelheiten vor oder bei seiner *Geburt bestimmt, so wären alle *Lehren und jede *Erziehung sinnlos.
Dennoch gibt es Grenzen der W. – die Ägypter haben in der Frage der W. und des Determinismus sowenig ein geschlossenes System geschaffen wie andere Völker oder Religionen: Die Frage ist unlösbar. Der Erzieher erkennt bei manchen Kindern Lernunfähigkeit, sei sie durch geistige Behinderung oder durch minderwertigen Charakter (*Charakterschilderung) bedingt. In solchen Fällen ist das Verderben des Menschen von Gottheiten vor der Geburt bestimmt[2]. Hier wird das einem Menschen bei seiner Geburt mitgegebene Schicksal für sein ganzes Leben bestimmend, während es sich sonst auf den Zeitpunkt und die Art seines Todes beschränkt – und dazu noch abänderbar ist[3], also die W. wenig tangiert.

[1] Zum Fehlen von Ausdrücken bei bekannter und auch gedanklich erfaßter Sachlage s. Théodoridès, in: LÄ II, 297. – [2] Ptahhotep 217f., dazu Brunner, Erziehung, 112ff.; ders., in: LÄ II, 23f. – [3] S. Irene Grumach-Shirun, in: LÄ V, 599. H.B.

Wind. A. Viele äg. Wörter des Wortfeldes W. können auch die *Luft bezeichnen[1]. Begrifflich eindeutig festgelegt ist aber das Wort für Luft im extrem bewegten Zustand: *ḏʿ*, „Sturm"[2]. *ḏʿ* steht öfters parallel zu *nšnj*, „Unwetter"[3], und begegnet, wie auch *ṯ3w*, „Wind"[4], neben Wörtern der Bedeutung „*Regen"[5].

B. *Wahrnehmung* des Windes: Äg. Texte stellen die Hörbarkeit des W. seiner Unsichtbarkeit gegenüber: „..., dessen Stimme (*ḫrw*) man hört, ohne daß man ihn sehen kann"[6]. Man hört die Stimme des W., wenn dieser ein Feuer anfacht[7], oder wenn ein Wurfholz geschleudert wird[8]. Beschrieben wird die Stimme des W. mit „Singen" (*šmʿ*)[9] und „Schreien" (*sgb*)[10].
Man sieht das Wirken des W. in der Bewegung der Baumwipfel[11] und darin, daß er Dinge herbeiweht[12], treibt[13] oder zerstreut[14]. Gerüche werden vom W. transportiert[15], und man spürt seine Kühle[16] oder seine dörrende Hitze[17].
Den Einsatz (*nhp* „Aufspringen") des W. nimmt man wahr[18], und man weiß, daß er am Morgen und am Abend das Kommen und Gehen des Sonnengottes begleitet[19]. Doch man erfährt auch seinen Widerstand als Gegenwind[20], man erlebt ihn als eine Komponente des Unwetters[21] und fürchtet seine Zerstörungen[22].

C. *Nutzung* des Windes: Ein nach Norden ausgerichteter Windfang auf dem Dach (Mulqaf) leitete den kühlen Nordwind ins Hausinnere[23]. Man bediente sich des Windes beim Worfeln[24] und erzeugte ihn zum Schmelzen des Metalles künstlich mit Blasrohr und *Blasebalg.
Früh bereits wurde der W. zum Segeln genutzt[25]. Die Seeleute lenkten ihre Schiffe geschickt[26] im günstigen W. (*m3ʿw*)[27], doch erfuhren sie auch den Gegenwind (*sbjt*)[28]. Dem Sturm versuchten sie mit Hilfe von Unwettervorhersagen aus dem Wege zu gehen[29].

D. Dem W. zugeschriebene *Qualitäten* und Fähigkeiten: Der W. ist unvergänglich[30], stark[31], schnell[32], er öffnet die Wege des Himmels[33] und erreicht die Grenzen der Welt[34]. Der W. hebt und trägt den Himmel[35], die Sonne, den Mond und die Sterne[36].

Wenn auch in manchen Texten dem W. die Rolle zugeschrieben wird, Krankheiten zu bringen[37], so sieht man ihn dennoch insgesamt positiv: Er bringt die Atemluft für die Lebenden[38], aber auch für diejenigen, die im Totenreich weiterleben wollen[39]. Die Toten möchten dem W. Befehle erteilen[40], und der verstorbene König steigt auf zum Himmel mit dem Wind[41]. So wie der W., der zwischen oberem und unterem Himmel weht[42], möchten die Toten ungehinderte Bewegungsfreiheit haben[43]. – Schließlich wollen *Horapollo und andere Autoren der Antike wissen, daß das Geierweibchen (als hlg. Tier äg. Göttinnen) vom W. befruchtet wird[44].

Die vier W.[45] besitzen im einzelnen folgende Eigenschaften: Den Nordwind[46] nennen die Texte weitaus am häufigsten, und er wird stets positiv gewertet[47]. Er kommt mit „süßer Luft"[48], belebt die Nasen von Menschen[49] und Göttern[50], und in seiner Gestalt errettet *Amun einen Kranken[51]. Der Nordwind erreicht die Grenzen der Welt[52], er staut den Nil auf[53], bringt die Überschwemmung auf die Äcker[54] und läßt sie gedeihen[55].

Der Südwind[56] läßt zum Vorteil der Ernteerträge den Nil aus den Quellöchern hervorkommen[57], bringt den Toten Kleinvieh[58], stärkt das Ei der Schwangeren[59], hebt die *Bas der Götter an den Himmel[60] und tötet im Dienste des Re den *Apophis[61].

Der Ostwind[62] öffnet die Öffnungen des Himmels, bereitet den Weg für *Re[63] und hebt Sonne und Mond an den Himmel[64]. Er läßt die Pflanzen erblühen[65].

Der Westwind[66], der älteste der vier W.[67], empfängt die Bas der Götter, wenn sie im Westen untergehen[68]. Er läßt die Vegetation aufsprießen[69].

Wenn auch die vier W. Gemeinsamkeiten aufweisen, so hat doch jeder von ihnen besondere Eigenschaften und Fähigkeiten, welche sich u.a. von bestimmten Naturphänomenen seines Herkunftsortes ableiten lassen.

E. Der W. in *bildlichen Ausdrücken* und in Vergleichen: Das Segeln im richtigen W. steht für die richtige Lebensführung[70], der „Sturm der Worte" für das laute Durcheinanderreden[71] und das „Wenden auf (d.h. in ?) den W." für das Einnehmen einer milden Haltung[72].

Wie der W. kommen des Königs Truppen[73], des Königs Pferde sind schneller als der W.[74], und *Month „läuft (schneller) als der W. weht"[75]. Der kräftige Atem wird mit dem W. verglichen[76], die Kampfeswut mit dem Sturm[77], und die versöhnte Rede einer Göttin ist „süßer als der schöne Nordwind des Meeres"[78]. *Hathor soll „sich niederlassen auf den Rücken (der ältesten [Götter]), nachdem sie ihre Kleider gepackt hat, so wie der W. in die Baumwipfel fährt"[79]. Jemand soll (so vollständig) vor dem verstorbenen König zurückweichen, wie der Ostwind dem Westwind weicht, und er soll dann derartig (positiv gewandelt?) nachfolgen, wie der (angenehme) Nordwind dem Südwind folgt[80]. Der zügellose Mensch ist wie eine Wolke, die der W. treibt[81]. (Wie beim Worfeln) soll (die Asche) verbrannter Feinde im W. zerstreut werden[82]. Die Stimme des Month ist rauh wie ein Feuer im Sturm[83]. – Der König ist „ein Berg, der den Sturm abwehrt"[84]. Der Nordwind selbst wird dem Rauch des Opferaltars gleichgesetzt[85].

F. Die *Personifikationen* des Windes: Schon in den Pyramidentexten werden die vier W. und wahrscheinlich auch vier Windwesen genannt[86]; mit ihrer Zuordnung zu den vier Himmelsrichtungen[87] soll die Gesamtheit des W. erfaßt werden[88]. In den Sargtexten bringen vier Mädchen dem Toten die vier Winde[89]. Oder der Tote ergreift vier Windwesen[90] an den Haaren[91]. Ein Spruch des Totenbuches[92] setzt *Osiris, Re, *Isis und *Nephthys jeweils mit einem der vier W. gleich.

Darstellungen[93] von vier Windpersonifikationen begegnen erst in griech.-röm Zt[94], und zwar in Tempeln und auf Sarkophagen[95]. Sie zeigen entweder Wesen mit einem Tierleib[96] und einem oder vier Widderköpfen oder solche mit Menschenleib und einem oder mehreren Tierköpfen[97]. Nahezu alle diese Wesen tragen eine, zwei oder vier[98] Federn auf dem Kopf, einige die Sonnenscheibe. Zu ihrer Ikonographie gehören ferner ein oder zwei Flügelpaare sowie in Händen gehaltene Segel und/oder *Anchzeichen.

G. *Der W. und die Götter:* Eine Stelle der Sargtexte gibt an, der W. sei am Uranfang, vor allen Dingen und Lebewesen entstanden[99]. Recht einsam steht diese Angabe den vielen anderen gegenüber, die eine Gottheit zum Schöpfer oder Herrn des W. erklären.

Sehr oft erscheint in dieser Rolle Amun von Theben. Er ruft den W. ins Leben[100], sendet W. aus[101] oder treibt den widrigen W. zurück[102]. Er tobt als Sturm auf dem Meer, doch er ist es auch, von dem sich die Seeleute Rettung aus Seenot erhoffen[103]. Im Vergleich zu Amun treten die „Luftgötter" *Schu[104] und *Heh[105] anscheinend seltener als W. auf[106]. Relativ häufig genannt werden als Schöpfer des W. Hathor[107], *Chnum[108] und *Atum; letzterer gilt vor allem als Erzeuger des Nordwindes[109]. Re und Osiris haben zum W. ein eher passives Verhältnis: der W. dient Re[110], und er wird Osiris gebracht[111]. *Seth zeigt als Gebieter des Sturmes[112] nur eine Seite seines generell ungestümen Wesens. Isis[113], *Haroeris-Schu[114] und *Horus Behedeti[115] verfügen über den W. wie auch andere lokale Hauptgötter[116]. Verschiedenartige Beziehungen zum W. lassen sich belegen für die *Hesatkuh[117], *Miysis[118], Month[119], den „*Nb-r-ḏr*"[120] (*Allherr), für *Thot[121] und schließlich auch für den König[122].

[1] *jwn*; *jgb*; *mȝʿw*; *swḥ*; *twȝ*; *ṯȝw*; s. Wb VI, 100. 185. Ein und dasselbe äg. Wort kann neben „Wind" und „Luft" auch „*Atem" bedeuten. Jedoch wird die Mehrdeutigkeit, wenn auch nicht in allen, so doch in den meisten Fällen durch den Kontext aufgehoben. – [2] Zum Weiterleben des Wortes im Koptischen siehe die Verweise bei Dimitri Meeks, Année lexicographique I (1977), Paris 1980, 77. 5162; – das Wort *ḏʿ* bezeichnet übertragen auch den W. des Leibes, s. Grundriß der Medizin VII. 2, 997f. – [3] pKahun and Gurob, 2,19; Schiffbrüchiger, 30–32. 97–98. – [4] pAnast. II, 7,7. – [5] pWestcar, 11,14; zum „meteorologischen Lexikon" Altägyptens s. jetzt Roccati, in: Fs Westendorf I, 343ff. – [6] Sethe, Amun, § 204; Eberhard Otto, Gott und Mensch, AHAW 1964. 1, 153f. – [7] Urk. VIII, Nr. 48; cf. Sethe, Amun, § 197, und Ursula Verhoeven, Grillen, Kochen, Backen, Rites Égyptiens IV, Brüssel 1984, 187f. (Dokument 2). – [8] CT I, 269h–i. – [9] Wb IV, 478,11; Keith C. Seele, The Tomb of Tjanefer at Thebes, OIP 86, Chicago 1959, Tf. 12 (14E); Lichtheim, in: JNES 4, 1945, 206 (10, Anm. b). – [10] Sethe, Amun, § 204. – [11] Dendara VIII, 62,5–7; cf. Wb IV, 529,7. – [12] Wb IV, 106,3. – [13] Amenemope, Kap. 9; Meeks, a.a.O. III, 79. 3459. – [14] Edfou IV, 107,9–10; De Wit, in: CdE 29, Nr. 57, 1954, 31. – [15] Pyr. 877a; Meeks, a.a.O. I, 77. 4893; cf. Jan Assmann, Sonnenhymnen in thebanischen Gräbern, Theben 1, Mainz 1983, 202 (Text 154). – [16] Wb II, 125,8; V, 22 (s. das Determinativ zu *qb*, „kühl sein"). 24,13f. – [17] Wb IV, 529,9. – [18] Wb II, 283,12. – [19] Pyr. 497b–c; Pyr., Übers. II, 338f.; Tb (Hornung), Kap. 64, S. 138, Z. 113f.; Sethe, Amun, § 198; cf. Pyr. 1150. – [20] Wb IV, 89,1. – [21] Die Wörter des Wortfeldes „Unwetter", Wb VI, 166, haben meist das Determinativ des Regens, sehr selten nur das des Windes (Wb V, 58); häufig aber wird mit dem Seth-Tier determiniert (z.B. Wb I, 544,5; II, 340f.; III, 363,8), das auch für den Sturm stehen wird, s. Anm. 112. – [22] Man beschreibt die Gewalt des Windes mit den Verben *ʿḏ*, „hacken" (Wb I, 238,22), *ḫrḫr*, „zerstören" (Wb III, 330,8) und *khȝ/khb*, „hart/rauh agieren" (Wb V, 136,10; 137,11; cf. Esna, Nr. 377,2); cf. auch pKahun and Gurob, 2,19. – [23] S. Haeny, in: LÄ I, 975. – [24] Siehe z.B. Norman de Garis Davies, The Tomb of Nakht at Thebes, New York 1917, Tf. 19. – [25] S. generell Björn Landström, Ships of the Pharaohs, London 1970. – [26] Adolf Erman, Reden, Rufe und Lieder, APAW 1919. 15, 55f.; Wb V, 351, 6–7. – [27] Wb II, 23,15ff. – [28] Wb IV, 89,1. – [29] Vorhersage durch kundige Seeleute: Schiffbrüchiger, 30–32. 97–98; Vorhersage innerhalb der *Tagewählerei: pKairo 86637, rto 14,12 (man soll wegen eines angekündigten Sturmes nicht auf dem Nil fahren); 18,1–2 (man soll nicht bei Wind auf die Straße gehen); vom Voraussagen des Nordwindes ist die Rede: CT VII, 469b–c; zu sonstigen Windvorhersagen s. Roccati, o.c. (s. Anm. 5), 351. – [30] CT VI, 108k–l; cf. Faulkner, Pyr., § 2244f. – [31] CT II, 389ff. (Spruch 162): die vier Winde werden „Stiere des Himmels" genannt. – [32] CT I, 266b–e. – [33] CT III, 311f–g; IV, 81a–b. – [34] Davies, Amarna III, Tf. 29, Z. 6; Edfou I, 287,4–5; Dendara III, 33,5–6; Belegstellen zu Wb V, 351,8; Meeks, a.a.O. III, 79. 3459. – [35] Dieter Kurth, Den Himmel stützen, Rites Égyptiens II, Brüssel 1975, 70ff. – [36] Esna, Nr. 105. 128; Sethe, Amun, § 198; Piehl, Inscr. I, Tf. 162f. (Ostwind und Südwind); – damit läßt sich erklären, warum zur Ikonographie der Windpersonifikationen auch die Sonnenscheibe gehören kann. – [37] Grundriß der Medizin VII. 2,965; Meeks, a.a.O. I, 77. 4893. – [38] CT VII, 462e–463a. – [39] Pyr. 877a (*ṯȝw* neben *mḥjt* auch: Pyr. 1158c. 1551b); CT II, 389ff. (Spruch 162); Tb (Hornung), Kap. 161, S. 338 (Nachschrift); Kap. 172, S. 353, Z. 47–48; Assmann, l.c. (s. Anm. 15); Wreszinski, in: ZÄS 45, 1908, 115 (*Ewigkeit, Buch vom Durchwandeln der); – deshalb erscheinen die Windpersonifikationen auf Sarkophagen der SpZt, s. Adolphe Gutbub, Die Vier Winde im Tempel von Kom Ombo, in: Othmar Keel, Jahwe-Visionen und Siegelkunst, Stuttgarter Bibelstudien 84/85, Stuttgart 1977, 328–353. – [40] Tb (Hornung), Kap. 38A, S. 106, Z. 25. – [41] Pyr. 309b; Pyr., Übers. I, 384. – [42] Wb III, 455,8. – [43] Eine öfters belegte Vorstellung: CT I, 266b–e (der Tote möchte als, oder nach anderer Version, mit dem Nordwind eilen); III, 288a–290b (Spruch 228); Tb (Hornung), Kap. 64, S. 138, Z. 114; Kap. 70; Wreszinski, o.c., 116 (der Tote zieht dahin als Sturm und fliegt als Schatten). – [44] Hopfner, Tierkult, 105. – [45] Sie galten anscheinend auch als Schutzgottheiten, s. Gutbub, o.c. (s. Anm. 39), 351ff. – [46] *mḥwt/mḥjt*, belegt seit Pyr.: Wb II, 125,6–8; *qb*, „der Kühle": Piehl, Inscr. I, Tf. 162 (belegt seit griech. Zt). – [47] Auch im Kontrast zum negativ gewerteten Südwind: Sarg der Panehemisis (Ernst Ritter von Bergmann, Hieratische und hieratisch-demotische Texte, Wien 1886, 36f.; zitiert bei Gutbub, o.c.). – [48] Wb II, 24,4; 125,8 (belegt seit 18. Dyn.). – [49] Piehl, l.c. – [50] Gutbub, o.c., 349. – [51] ÄHG, 353. – [52] CT II, 389ff. – [53] Dendara III, 54,3; Sauneron, in: BIFAO 60, 1960, 11ff.; Danielle Bonneau, La crue du Nil, Études et Commentaires 52, Paris 1964, 151f. – [54] Gutbub, o.c., 349. – [55] Piehl, l.c.; Edfou VIII, 90,9; cf. Tb (Hornung), Kap. 152, S. 324, Z. 20 (der Nordwind bringt Gerste). – [56] *rsw*, belegt seit Pyr.: Wb II, 453,11; *šhb*, „der Dörrende", belegt seit griech. Zt: Piehl, l.c.; Esna, Nr. 105; Wb IV, 529,9. – [57] Piehl, l.c.; Esna, Nr. 105; Gutbub, o.c., 349; schon die Sargtexte kennen den Südwind als Bringer von Wasser und Leben, CT II, 389ff. – [58] Tb (Hornung), Kap. 152, S. 323, Z. 19. – [59] Gutbub, o.c., 349. – [60] Piehl, l.c.; Esna, Nr. 105. – [61] Gutbub, o.c., 349. – [62] *jȝbtj*, belegt seit Pyr.: Wb I, 31,5; *hnw-šzs*, Wb II, 494,6 (im Wb für den Südwind belegt, meist aber Ostwind, s. Piehl, l.c.; Esna, Nr. 128; Gutbub, o.c., 340). – [63] CT II, 389ff. – [64] Piehl, l.c.; Esna, Nr. 128. – [65] Gutbub, o.c., 349. – [66] *jmntj*, belegt seit Pyr.: Wb I, 86,23; *ḥḏȝ*, belegt seit neuäg. (oDeM 1078 vso = Smither, in: JEA 34, 1948, 116); in griech. Zt: Piehl, Inscr. I, Tf. 163; Gutbub, o.c., 340. – [67] CT II, 389ff. (nach einigen Versionen). – [68] Piehl, l.c. – [69] L.c.; Gutbub, o.c., 349. – [70] Wb II, 24,5. – [71] Amenemope, Kap. 1; cf. auch Kap. 3. – [72] Meeks, a.a.O. III, 79.3459. – [73] Altenmüller und Moussa, in: SAK 9, 1981, 66 (26). – [74] Urk. IV, 1541,

13. – [75] Urk. VIII, 21h. – [76] Tb (Hornung), Kap. 172, S. 353, Z. 47f. – [77] Grapow, Bildl. Ausdrücke, 40f. (etliche Belege aus der 19./20. Dyn.). – [78] Wilhelm Spiegelberg, Der ägyptische Mythus vom Sonnenauge, Straßburg 1917, 11. 16–17. – [79] Dendara VIII, 62,5–7. – [80] Pyr. 554. Dieser Vergleich ist schwer zu deuten, cf. die teils anderen Erklärungen bei Grapow, o. c., 41 und Pyr., Übers. III, 42f. – [81] Amenemope, Kap. 9. – [82] Edfou IV, 107,9–10; De Wit, in: CdE 29, Nr. 57, 1954, 31. – [83] Urk. VIII, Nr. 48. – [84] pKahun and Gurob, 2,19. – [85] Pyr. 877a. – [86] Pyr. 554. 497b–c; Pyr., Übers. II, 338f. – [87] Neugebauer–Parker, Astronomical Texts III, 256ff. – [88] Säve-Söderbergh, in: LÄ II, 693. – [89] CT II, 389ff. (Spruch 162); besteht zwischen diesen vier Mädchen und den vier Himmelsstützerinnen Chit, Ahait, Fait und Tuait (s. Kurth, Den Himmel stützen [s. Anm. 35], 90ff.) eine Beziehung? – Zu Spruch 162 s. Blackman, in: ZÄS 47, 1910, 116ff.; Drioton, in: RC 44, Juli 1942, 209ff.; Drioton bezieht Spruch 162 auf eine Szene im Grab 3 von *Beni Hasan (*Chnumhotep II.): Beni Hasan I, Tf. 29 (Mitte oben, links); seine Interpretation ist m. E. nicht überzeugend, ebensowenig wie die von Emma Brunner-Traut, Der Tanz im alten Ägypten, ÄF 6, 1958, 37; denn es könnte sich bei der fraglichen Beischrift ebensogut um eine Aufforderung zum Weitertanzen/Weiterspringen handeln: „Luft unter die Füße!" (zum Ausdruck cf. Pyr. 990b). – [90] Zwei sind weiblich, zwei männlich. – [91] CT III, 288a–290b (Spruch 228); Tb (Hornung), Kap. 70. – [92] Tb (Hornung), Kap. 161, S. 338, Nachschrift. – [93] Zu den Begleittexten s. Anm. 46ff. – [94] Zu diesen siehe die umfassende Bearbeitung von Gutbub, o. c. (s. Anm. 39). – [95] Gutbub hat 18 Quellen zusammengestellt; im Tempel findet man die Windpersonifikationen u. a. auf dem Türsturz (z. B. Esna, Nr. 105), an der Decke (Neugebauer–Parker, Astronomical Texts III, Tf. 41) oder bei den *Fenstern (Dendara VIII, Abb. 8, gegenüber S. 126). – [96] *Widder, *Falke, *Löwe oder *Skarabäus (der Skarabäusleib dominiert beim Ostwind). – [97] *Schlange, Löwe oder Widder; vorherrschend ist der Widderkopf, was auf Amun als Windgott weist (s. u.). – [98] Diese repräsentieren wohl die vier Winde, cf. Borghouts, in: LÄ II, 1085. – [99] CT II, 400a ff. – [100] Sethe, Amun, § 214; Serge Sauneron, Le papyrus magique illustré de Brooklyn, Wilbour Monographs III, New York 1970, 18. – [101] Borghouts, in: LÄ IV, 201. – [102] pLeiden I 350 rto, 3, 19. – [103] Sethe, Amun, § 198ff.; s. auch Derchain–Urtel, in: Fs Westendorf II, 753ff. – [104] Beleg zu Wb II, 283, 12 (aus Dendera); De Morgan, Cat. des Mon., Kom Ombos, Nr. 939, rechts, Zeile 1, unten (Heh-Schu ist hier der Gott); cf. Anm. 116. – [105] In Kom Ombo wird jedoch betont, daß die vier Windgötter Erscheinungsformen des Heh sind, Gutbub, o. c., 348ff. (s. Anm. 39). – [106] Vielleicht aber verzerren Quellenlage und Bearbeitungsstand das Bild; denn immerhin wird Amun auch als Ba des Schu angesprochen, s. Sethe, Amun, § 205. – [107] Seit AR belegt, s. Allam, Hathorkult, 132, Anm. 4; CT IV, 177h; Edfou VI, 279, 15–16 (Herrin des Nordwindes); Dendara III, 54,3 (Hathor läßt den Himmel den Nordwind erschaffen). – [108] Esna, Nr. 106,2; 377,2; cf. auch Nr. 17, 50 und Gutbub, o. c., 349; – als „der mit den geheimen Gestalten in den vier Winden" tritt nicht nur Chnum auf: Esna, Nr. 19,20; 106,2; Sethe, Amun, § 205; De Morgan, Cat. des Mon., Kom Ombos, Nr. 541. – [109] CT II, 30c–d; Tb (Hornung), Kap. 151, S. 319, Z. 23; Kap. 183, S. 394, Z. 7; Friedrich Abitz, König und Gott, ÄA 40, Wiesbaden 1984, 264 (Nr. 206). – [110] Pyr. 497b–c; Tb (Hornung), Kap. 133, S. 257, Z. 8; Sethe, Amun, § 101. 103; De Morgan, Cat. des Mon., Kom Ombos, Nr. 939; Piehl, Inscr. I, Tf. 162; s. Anm. 61; die Windpersonifikationen tragen die Sonnenscheibe. – [111] Tb (Hornung), Kap. 182, S. 390, Z. 13; Kap. 183, S. 398, Z. 122; Sethe, Amun, § 205; Piehl, l. c.; – direkt als W. werden Re und Osiris m. W. weitaus seltener bezeichnet, s. Tb (Hornung), Kap. 161, S. 338, Nachschrift (Osiris als Nordwind, Re als Südwind). – [112] Siehe generell Zandee, in: ZÄS 90, 1963, 144ff.; Herman te Velde, Seth, God of Confusion, PÄ 6, Leiden 1967, 22f. – Zur Entstehung von Luft/Wind aus der Nase des Seth s. Faulkner, Pyr., 72, § 2244 d; über ein negatives Verhältnis des Seth zum W. berichtet Tb (Hornung), Kap. 110, S. 210, Z. 1ff.; cf. auch Kap. 174, S. 363, Z. 18. – [113] Dendara VII, 84,4 (Isis von Dendara ist der „schöne Nordwind"). – [114] De Morgan, Cat. des Mon., Kom Ombos, Nr. 541. – [115] Edfou I, 16, côté est, (4) (die Nase des Horus-Behedeti ist „das Nest des Windes"); III, 19, 17–18. – [116] Z. B. Chnum von Esna und Amun von Theben, s. Anm. 100–103. 108; Schu als Herrscher der Welt ist u. a. König der Winde: G. Goyon, in: Kêmi 6, 1936, 7.21. – [117] CT V, 384e („*nbt ṯ3w*"). – [118] Žabkar, in: LÄ IV, 164 (Gott des Windes und Sturmes; ein griech. Text). – [119] Sethe, Amun, § 196; Borghouts, in: LÄ IV, 201 (in beiden Belegen übernimmt Month diese Rolle anscheinend nur durch die Vermittlung des Amun). – [120] CT VII, 462c–463a (Schöpfer des Windes). – [121] Tb (Hornung), Kap. 161, S. 338, Nachschrift; Kap. 183, S. 398, Z. 122 (Thot versorgt die Toten mit Wind). – [122] Edfou IV, 282,4 (der König als Herr des Nordwindes).

Lit.: Grapow, Bildl. Ausdrücke, 40ff.; Neugebauer–Parker, Astronomical Texts III, 256ff.; Adolphe Gutbub, Die Vier Winde im Tempel von Kom Ombo, in: Othmar Keel, Jahwe-Visionen und Siegelkunst, Stuttgarter Bibelstudien 84/85, Stuttgart 1977, 328–353.

Korrekturzusätze: Zu Anm. 47: So wohl auch pEremitage 1116 B (*Neferti, Prophezeiung des), Z. 28. – Zu Anm. 113: Weitere Belege: Daumas, in: BIFAO 59, 1960, 63ff., Tf. 1; Christiane M. Zivie, Le temple de Deir el Chelouit I, IFAO 579, 1982, 33, Nr. 11 Z. 2. – Zu Anm. 122: Weiterer Beleg: Davies, Amarna VI, 25. – Zu *Sokar und dem Wind/Sturm s. Altenmüller, in: GM 78, 1984, 7ff.

D. Ku.

Winkelharfe s. Harfe

Winzer. Genau genommen gibt es im Äg. keinen speziellen Ausdruck für „Winzer", da die meist so übersetzte Bezeichnung *k3njw* (AR–MR)[1], *k3mjw* (bes. 18. Dyn.)[2] und *k3rjw* (bes. ab 20. Dyn.)[3] deutlich den „Gärtner" im weiteren Sinn bezeichnet, der in den Obst- und Weingärten arbeitet[4], aber auch Gemüse anpflanzt[5]. Da aber der Titel *ḥrj-k3mw* bzw. *-k3mjw* auf den *Weinkrügen des

NR erscheint, kann man diesen als „Oberwinzer" bezeichnen[6]. Kopt. hat sich anscheinend nur *k3mjw* erhalten[7]: ^{SB}ϭⲙⲉ, ϭⲙⲏ, ^{F}ϭⲓⲙⲏ; pl. ^{SAA_2}ϭⲙⲏⲩ, ^{S}ϭⲙⲏⲟⲩ, ϭⲙⲏⲩⲉ, ϭⲙⲉⲉⲩ, ^{Sf}ϭⲙⲁⲩⲉⲓ.

Im NR scheinen diese W. häufig Asiaten zu sein[8]. Unter Echnaton (*Amenophis IV.) heißen die Oberwinzer ab Jahr 13 bis ins 1. Jahr *Tutanchamuns *ḥrj-bʿḥ*[9].

[1] Wb V, 107,8–9 (z.B. Berlin 15071: AR; Beni Hasan I, Tf.29. 35; CG 20088. 20167). – [2] Wb V, 106,10 (z.B. pHarris I, 7,10; 27,10; Nauri-Dekret, Z.39; AEO I, 96* f.). – [3] Wb V, 108,13–16. Es ist darauf hinzuweisen, daß im *Nauridekret in einer Aufzählung (Kitchen, Ram. Inscr. I, 52,7) die *k3mjw* und die *k3rjw* nebeneinander vorkommen, es also einen Unterschied in der Tätigkeit gegeben haben muß. – [4] pAnast. IV, 6,1ff. in der Schilderung eines solchen Obst- und Weingartens werden die Leute *k3mjw* genannt. – [5] Z.B. Kitchen, Ram. Inscr. VI, 618,3 (= pTurin 1881 vso 6,9); ein *k3rj* bringt Gemüse (*sm*). – [6] Zusammenstellung Helck, Materialien, 717ff. – [7] KoptHWb, 456. – [8] Vgl. Helck, Beziehungen[2], 360 (anscheinend weitgehend hurritische Namen). Die Bezeichnung von W. als *ʿprw* „Palästinenser", die Säve-Söderbergh, in: OrSu 1, 1952, 5 nach TT 39 und 155 (= Torgny Säve-Söderbergh, Four Eighteenth Dynasty Tombs, PTT I, 1957, Tf.15) in die Diskussion gebracht hat, ist von Posener in: Jean Bottéro, Le Problème des Hapiru, Paris 1954, 166–7 angezweifelt worden. – [9] Vgl. Helck, Materialien, 728. W.H.

Wirklichkeit, Verhältnis zur. In der äg. Kultur besteht ein tiefgreifender Unterschied im Verhältnis zur W. im Gegensatz zur „Wahrheit" (*Maat). In der frühgeschichtlichen Entwicklung ist begründet, daß der Ägypter sich eine Welt gedanklich aufbauen mußte, die alle jene Verhaltensformen enthielt, die zunächst zur Machterhaltung der herrschenden Schicht o.äg. Eroberer („Naqada-II") notwendig waren: Ausschalten der Emotionen, Selbstbeherrschung, „Schweigen", Verlagerung der Entscheidungsfreiheit auf eine einzige Gestalt, den König. Diese „Wahrheit" wird zum Ziel des Lebens; sie ist lehr- und lernbar und wird allein durch Darstellung und Niederschrift „ewig". Sie wird zwar nie erreicht, jedoch ist in der Spannung zwischen Wirklichkeit und Wahrheit nur die Wahrheit existent, da sie durch Bild und Schrift lebt, während die Wirklichkeit aus Mangel an Festschreibung nur eine Gegenwart und keine Zukunft hat und das Geschehnis unmittelbar nach seinem Eintreten wieder vergeht.

Hauptausdruck der „Wahrheit" ist die sog. Kunst, d.h. mit Hilfe von Darstellungen (Relief oder Rundplastik) wird die gedanklich konzipierte Utopie realisiert und damit existent. Die Darstellung selbst ist ein *Zauber, der „gebiert" (*msjw*) und eine (höhere) Realität schafft, die den Forderungen der gedanklichen Weltkonzeption entspricht. Daher hat die äg. „Kunst" einen strengen Kanon; was dargestellt wird, ist gemäß der Maat und somit „gut": Arbeiter arbeiten freudig, Grabinhaber sind würdig, jeder Jagdpfeil trifft, die Familie ist intakt, der König siegt.

So sind auch die Inschriften grundsätzlich gemäß der Maat, und Wirklichkeit kann nur in den wenigen Fällen in sie aufgenommen werden, wenn sie mit der Maat (der „Wahrheit") gleichgeht. Daher entsprechen Königsinschriften nie den wirklichen Vorgängen – allein die Inschriften der frühen 18.Dyn.-Könige enthalten erkennbare Bruchstücke der Wirklichkeit. Dies gilt besonders für die Annalen *Thutmosis' III., in denen die W. durch die Benutzung der Kriegstagebücher Eingang findet. Aber auch die Privatinschriften sind allein von den Forderungen der Maat geprägt. Hier wie in den Königsinschriften sind die Vorgänge der W. nur in kleinen Einzelheiten erkennbar, da sie nach festgelegten Forderungen der „Wahrheit" komponiert werden. So werden Kämpfe eines Bürgerkrieges z. Zt *Sesostris' I. zu einem Tempelbesuch, wobei die W. nur in den Termini für die Gegner erkennbar wird[1]; in einem anderen Fall wird nur durch die Zeitangaben deutlich, daß eine das Land durchziehende Prozession ein militärischer Überfall ist (*Nitokris-Stele).

Die Möglichkeit, die „Wahrheit" dadurch zu schaffen, daß man sie durch Schreiben verewigt, macht es auch möglich, Dinge der Arbeitswelt in die utopische Welt der Maat einzubeziehen: Ein Amnestie-Erlaß wird durch schöpferische Niederschrift eines fiktiven Präzedenzfalles ersetzt (*Sinuhe-Erzählung). Jedes uns erhaltene sog. Literaturwerk ist eine Zweckkomposition, um die „Wahrheit" auszubauen – daher gibt es keine Literatur in unserem Sinn als Ausdruck eines Menschen, der die Welt durch seine Augen sieht, wie es eben auch keine Kunst im abendländischen Sinn gibt, sondern nur Zauberbilder.

W. gibt es in der altäg. Überlieferung nur im Bereich der Arbeitswelt, d.h. in Abrechnungen (auch *Mathematik), Briefen und juristischen Urkunden, teilweise in der *Medizin. Immerhin kommt die W. auch selbst in diesen Bereichen mit der „Wahrheit" in Konflikt, wenn Abrechnungen „geschönt" oder falsche Urkunden beigebracht werden, die die Verhältnisse so darstellen, wie sie nach der Vorstellung der einen Seite sein sollten (Mes-Inschrift). Hierin spiegelt sich sicher auch dieses Bestreben des Ägypters wider, die Utopie der „Wahrheit" als beständig und existent anzusehen, die „Wirklichkeit" aber als punktuelles, sofort wieder vergehendes Ereignis. Diese Einstellung dürfte auch den Ägyptern in den Augen der Griechen das Ansehen von einem Volk von Weisen eingebracht haben.

[1] Helck, in: Ägypten. Dauer und Wandel, SDAIK 18, 1985, 45–52. W.H.

Wirtschaft. Nach dem heutigen Stand der Forschung [1] darf die altägyptische W. als ein determiniertes System angesehen werden, in dem redistributive Strukturen [2] dominieren. Das bedeutet, daß hier kein marktwirtschaftliches System vorliegen kann [3], da die Charakteristika dieses Wirtschaftssystems nicht oder nur in geringem Maße in Äg. nachzuweisen sind [4]. So waren beispielsweise die Warenpreise über einen längeren Zeitraum hinweg konstant [5] und richteten sich somit nicht nach dem Marktmechanismus von Angebot und Nachfrage, der immer zu variablen *Preisen führt [6]. Auch die meisten privatwirtschaftlichen Aktivitäten wie Akkumulation von Kapital, freie Berufswahl, privater *Handel usw. sind nur in engen Grenzen möglich gewesen [7].
Das Modell einer Redistributionswirtschaft [8] kann einige Phänomene des altäg. Wirtschaftssystems erklären. Grundsätzlich werden nach diesem Modell alle produzierten Güter von einer Zentrale eingezogen und gelagert. Ein Teil dieser Güter wird dann bei Bedarf zur Versorgung an die Menschen zurückverteilt, der Rest, also der gesamtwirtschaftliche Surplus der Gesellschaft, verbleibt zur freien Verfügung des Königs, um dessen vielschichtige Aufgaben zu finanzieren.
Dieses Idealprinzip läßt sich in Äg. in der reinen Form zu keiner Zt belegen, es könnte bestenfalls in der Zt vor dem AR anzunehmen sein [9]. Durch die seit dem Ende der 3. Dyn. zu konstatierende Privatisierung der Produktionsmittel [10] wird das redistributive System erstmals perforiert. Besonders der Boden – das wichtigste Produktionsmittel – gelangte zu einem erheblichen Teil in den *Besitz der Staatsbeamten und später auch in den der Tempel (*Tempelbesitz), d.h. die Zentralgewalt verzichtete auf einen Teil der Surplusabschöpfung zugunsten einer privilegierten Klasse von Eigentümern, von denen im Gegenzug Loyalität und systemerhaltendes Verhalten [11] erwartet wurde. Parallel dazu ist eine immer stärkere Differenzierung im Produktionsprozeß zu beobachten [12], die schließlich zur Herausbildung einer spezialisierten Handwerkerschaft führte, die ihre Arbeit gegen Entlohnung für solvente Auftraggeber ausführte [13].
Gerade die Entlohnung von Arbeit bringt zwangsläufig eine weitere Aufweichung des Prinzips der Redistribution mit sich. Der *Lohn, der zusätzlich zur staatlichen Versorgung gezahlt wurde [14], versetzte jedermann in die Lage, Waren zu kaufen oder zu tauschen [15] (auf lokalen Konsumgütermärkten), und zwar außerhalb der offiziellen Distribution. Damit war in begrenztem Maße eine individuelle Korrektur der staatlichen Verteilung möglich, die Bedürfnisse einzelner konnten nun durch Lohnarbeit individuell befriedigt werden.
Der Warentausch war am Anfang dieser Entwicklung sicher recht einfach, Objekt wurde gegen Objekt getauscht [16]. Mit zunehmender Intensivierung und steigender Komplexität konnte dieses Prinzip nicht mehr reibungslos funktionieren. Daher kam es zur Anwendung von prämonetären Tauschäquivalenten [17], wodurch die Warenwerte leichter komparabel wurden. Als Tausch- bzw. *Zahlungsmittel dienten so unterschiedliche Dinge wie *Getreide, *Öl, Edelmetalle usw. [18] Diese Tauschmittel kann man als *Geld bezeichnen, ohne daß Geld in gemünzter Form in Äg. nachzuweisen wäre (*Tauschhandel) [19].
Der Staat partizipierte an dieser modifizierten Redistributionswirtschaft auf vielerlei Art. Einmal war die Beschaffung von Rohmaterialien völlig unter der Kontrolle des Königs, denn nur auf seinen Befehl konnten *Expeditionen Edelmetalle oder Baumaterial beschaffen [20]. Da besonders Edelmetall schon sehr früh einen Geldcharakter angenommen hatte, ist die ökonomische Bedeutung dieses Königsmonopols (*Monopole und Regale) evident. Zum anderen waren auch der Außenhandel und große Teile des *Transportwesens in der Hand des Königs [21], so daß eine individuelle Akkumulation von Reichtum durch Handelsgewinne außerhalb staatlicher Kontrolle verhindert wurde. Da auch Löhne und Preise fixiert waren, waren privaten ökonomischen Aktivitäten enge Grenzen gesetzt.
In der Regel behielt sich der König darüber hinaus das Recht vor, das Eigentum eines unbotmäßigen Beamten wieder einzuziehen und jenen somit in die Klasse der Nichtbesitzer von Produktionsmitteln zurückzustufen [22]. Außerdem schöpfte der Staat in Form von Steuern und *Abgaben einen gehörigen Prozentsatz des erwirtschafteten Surplus ab.
Zur Kontrolle der Arbeitsleistung im Produktionsprozeß diente das Prinzip der Sollerfüllung, dem jeder Handwerker, Bauer und Beamter unterlag [23].
Durch diesen Katalog von Möglichkeiten war die Zentralgewalt in die Lage versetzt, im Zentrum der ökonomischen Macht zu stehen [24] und die große Masse des äg. Volkes in wirtschaftlicher Abhängigkeit von den wenigen zu halten, die über die Produktionsmittel verfügen konnten.

[1] Vgl. allgemein die Bibliographie von L. J. Zonhoven in: R. J. Demarée und Jac. J. Janssen, Gleanings from Deir el-Medina, Leiden 1982, 269ff. – [2] Auf den redistributiven Charakter der altäg. W. hat besonders Janssen hingewiesen in: Commodity Prices from the Ramessid Period, Leiden 1975, 539ff.; ders., in: GM 48, 1981, 68ff.; ders., in: JEA 68, 1982, 253ff.; vgl. auch Gutgesell, in: GM 56, 1982, 95ff. – [3] Diese Feststellung berechtigt nicht zur Ablehnung der Anwendbarkeit volkswirtschaftlicher Theorien allgemein, wie Janssen, in: GM 48, 1981, 62 das getan hat, sondern nur zur Ablehnung der Theorie einer freien Marktwirtschaft. Das Alternativmodell einer determinierten Wirtschaftsform ist durchaus auch auf altägyptische Verhältnisse anwendbar. – [4] Manfred Gutgesell, Die Datierung der Ostraka und Papyri aus Deir el-Medineh und ihre ökonomische Interpretation, 2 Bde, HÄB 18/19, 1983, bes. II, 553ff. – [5] Vgl. Gutgesell, in: GM 56, 1982, 97f., basierend auf Janssen, Prices. Die Preiskonstanz läßt sich für einige Objekte (bes. *mss*-Hemden, Körbe, Holz) für die gesamte Ramsessidenzeit belegen. Einige Warenpreise aus älteren Zeiten lassen ebenfalls eine enge Übereinstimmung mit dem Deir-el-Medineh-Material erkennen (vgl. besonders den Preis für ein Bett, der seit dem AR unverändert war! Vgl. Janssen, Prices, 239ff. und die sog. Hausurkunde: Hans Goedicke, Die privaten Rechtsinschriften aus dem Alten Reich, Wien 1970, 149ff.). – [6] Artur Woll, Allgemeine Volkswirtschaftslehre, München ⁴1974. – [7] Gutgesell, Datierung (s. Anm. 4) II, 558ff. – [8] Karl Polanyi, Ökonomie und Gesellschaft, Frankfurt 1979, 256, wo er dieses Wirtschaftssystem am Staat Dahomé im 18. Jh. exemplifiziert. – [9] Ein sicherer Beweis für diese Vermutung läßt sich aufgrund des Fehlens inschriftlichen Materials kaum erbringen. – [10] Vgl. dazu allgemein Gutgesell, in: GM 66, 1983, 67ff. – [11] Das kommt bes. in den Phrasen des späteren AR zum Ausdruck, wenn Beamte von sich behaupten, sie gaben Brot dem Hungrigen, Kleider dem Nackten usw.; vgl. dazu Gutgesell, in: GM 66, 1983, 77ff. – [12] Eine Arbeitsteilung läßt sich in allen Bereichen der Produktion erkennen; ohne diese Spezialisierung wäre die Anlage größerer Bauten undenkbar gewesen. Die Spezialisierung läßt sich am besten an den verschiedenen Handwerksbezeichnungen erkennen; vgl. Rosemarie Drenkhahn, Die Handwerker und ihre Tätigkeiten im Alten Ägypten, ÄA 31, 1976. – [13] Handwerkerlöhne sind seit dem AR gut belegt: Gutgesell, in: LÄ III, 1072 s. v. *Löhne. – [14] Daß der Lohn zusätzlich zur Versorgung gezahlt wurde, ist am Beispiel der Arbeiter in Deir el-Medineh am besten zu erkennnen, da parallel zu den Versorgungsgütern die Löhne gezahlt wurden. – [15] Vgl. dazu die Marktszenen in den Gräbern des AR (Altenmüller, in: LÄ III, 1191ff. s. v. *Markt) und die zahlreichen Verkaufsurkunden aus Deir el-Medineh. – [16] Zum Warenaustausch s. Gutgesell, Datierung II (s. Anm. 4), 544ff. – [17] Zum Problem der Existenz von Geld in vorantiken Gesellschaften vgl. Gutgesell, Datierung II, 546ff. Janssen weist dagegen auf die Möglichkeit des Warenaustauschs über reziproke Geschenkbeziehungen hin: Janssen, in: JEA 68, 1982, 253ff. – [18] Vgl. Rosemarie Drenkhahn, Handwerker, 140ff. und *Löhne. – [19] Münzen wurden in Äg. erst seit der Ptolemäer-Zt in größerem Umfang verwendet, doch kann aus der Nichtexistenz von Münzen auf keinen Fall auf das Nichtvorhandensein von Geld geschlossen werden; vgl. Gutgesell, Datierung II, 546ff. – [20] Wolfgang Helck, Wirtschaftsgeschichte, Leiden 1975, 126ff. – [21] Ebd., 120ff.; vgl. Helck, in: LÄ II, 943ff. s. v. *Handel. – [22] Gutgesell, in: GM 66, 1983, 76f. – [23] Zum Arbeitssoll zuletzt Gutgesell, Datierung II, 572. – [24] Janssen, in: GM 48, 1981, 68 Schema 1.

M. Gut.

Wissenschaft. I. *Allgemeines*: Die äg. Sprache kennt kein Wort für W., sofern man mehr darunter verstehen will als das bloße Sammeln und Ordnen von Erkenntnissen und Wissen (*rḫ*). Solche Sammlungen von klassifizierten Einzelbegriffen (z. B. in den *Onomastika) stellen gleichsam die unterste Stufe des Gebäudes W. dar. – Darüber erheben sich die Zusammenstellungen allgemeingültiger Zusammenhänge (*Abstraktionsvermögen), die als gesetzmäßig erkannt und durch Erprobung bestätigt gefunden wurden (z. B. physiologische Abläufe im Körper; Bewegung der Gestirne; mathematische Operationen). Die Aussagen über solche Gesetzmäßigkeiten werden in der Regel durch „Wenn-Dann-Formulierungen" gemacht (*Kausales Denken), woraus Vorhersagen für zukünftige Fälle möglich sind. – Als Ziel wissenschaftlicher Tätigkeit folgen schließlich Erklären, Begründen und Deuten (*wḥꜥ*)[1] der Phänomene und Gesetzmäßigkeiten, wobei je nach der Thematik rationale und theoretische Erklärungsmodelle ineinander übergehen können (*Glossen, *Ätiologie). Insbesondere bei der Erklärung des Kosmos (*Weltbild) kann die W. in Mythologie münden (oder anders gesagt: Mythologie ist die dem Thema adäquate Form der Wissenschaft). Bemerkenswert ist, daß die Aussagen über die Götter, über die Himmels- und Jenseitstopographie ebenso mit dem Terminus *rḫ* „wissen" (nicht: „glauben") verbunden sind, d. h. die religiösen Vorstellungen den Charakter der Wissenschaftlichkeit verliehen bekommen[2].

II. *Organisation*: Die *Erziehung und *Ausbildung zum „Gelehrten" (*rḫ-ịḫt*) erfolgte im *Lebenshaus (I.), einer Art *Schule; die schriftlich fixierte W. wurde in der *Bibliothek aufbewahrt.

III. *Einzel-„Disziplinen"*:

a) *Astronomie (*Sterne, *Sternbilder, *Kalender, *Zeitrechnung).
b) *Mathematik, Geometrie (*Feldereinteilung und -vermessung, *Landvermessung).
c) *Medizin (*Anatomie, *Physiologie, *Krankheitsbeschreibungen, *Heilmethoden, *Chirurgie, *Prognosen).
d) „Rechtswissenschaft": *Gesetze, *Gerichtsbarkeit.

e) Physik und *Chemie: Die Anwendungen der einschlägigen Erkenntnisse sind unter *Technik zusammengestellt.
f) Geographie: *Landkarten; *Listen, topographische; *Ortsnamenlisten.
g) „Soziologie": Die Lebenserfahrungen über das geregelte Zusammenleben der menschlichen Gesellschaft haben in den Weisheits-*Lehren ihren Niederschlag gefunden.
h) „Sprachwissenschaft": Zur „Sprachwissenschaft" der Ägypter s. F. Junge, in: Fs Westendorf I, 257–272; ders., in: LÄ II, 888–889 s. v. Grammatik.
i) Theologie: 1. Systematik: *Götterkreise (Triade, *Achtheit, *Neunheit), *Kosmogonie, *Weltentstehung und -schöpfung, *Jenseitsvorstellungen, *Jenseitsführer, *Unterweltsbücher. – 2. Anwendung: *Rituale, *Astrologie, *Tagewählerei, *Traumdeutung, *Magie[3].
j) Geschichte: *Geschichtsbewußtsein, *Königslisten, *Geschichtsschreibung, *Historizität von Inschriften und Literatur, *Archaismus.

[1] Z. B. Siegfried Schott, Die Deutung der Geheimnisse des Rituals für die Abwehr des Bösen, AAWLM 1954. 5. – [2] Hornung, in: LÄ I, 186 s. v. *Amduat. – [3] Sofern man die Magie als praktische Anwendung der W. vom Zusammenwirken der irdischen und der außerirdischen Sphären anerkennen will (*Zauber).

Lit.: Siegfried Schott, Voraussetzung und Gegenstand altägyptischer Wissenschaft, Jb. 1951 der Akademie der Wissenschaften und der Literatur, Mainz, 277–295; Schott, Grapow und Westendorf, in: HdO, 1. Abteilung, I. 2, ²1970, 201–225. W. W.

Witwe/Witwer. *ḫ3rt/ḫ3rt*[1] als Bezeichnung der Frau, deren Ehemann verstorben ist, ist bis in späte Zt belegt[2]. Dagegen ist die äg. Bezeichnung für den Witwer bisher nicht belegt (**ḫ3r(j)*), nur singulär das maskuline Adjektiv „verwitwet sein" (*ḫ3rj*)[3]. Da der Großteil der altäg. Texte von Männern initiiert ist, spricht man über die W., sie bezeichnet sich aber kaum selbst[4]. Zahlreiche idealbiographische Phrasen sollen den Charakter des Sprechers kennzeichnen, nicht die Eigenschaften einer Witwe. Ihnen läßt sich nur entnehmen, daß die W. in den Kreis der Unterprivilegierten, Armen und sozial Schwachen gehört, die der Willkür anderer ausgeliefert sind und geschützt werden sollen. Der Schutz der Witwen (und *Waisen) ist soziale Norm und literarischer Topos. Das Vokabular, mit dem man über Witwen spricht, ändert sich deshalb kaum im Laufe der Zeiten (von ca. 2000 Jahren!): „Ich bin einer, der zugunsten der W. spricht am Tage des Richtens"[5]; „der steht auf dem Kampfplatz der W., bis er ihre Not vertrieben hat"[6]; „Ich hörte die Bitten der W."[7]; „Ich habe die Angelegenheiten der W. gehört[8] / durchgeführt"[9]; „Ich bin einer, der die W. schützt"[10]; „der atmen läßt die W., die ohne Mann (*h3j*) ist"[11]; „es gibt keine W., der ich Gewalt angetan habe"[12]; „Ich gab der W. wie der Ehefrau (*nbt h3j*)"[13]; man rühmt sich, die W. (der Stadt) am Leben zu erhalten[14] und sie zu salben[15]; dem Vorgesetzten werden die Angelegenheiten der W. gemeldet[16].
Diese Fürsorge für die W. wird zusammengefaßt in der Formel, „Helfer"[17] oder „Gatte (*h3j*)"[18] der W. zu sein, die letzte Phrase wird dann auch vom König und Gott (Amun) benutzt[19].
Die W. bedurfte besonderen Schutzes[20], weil sie nämlich nach den Regeln des äg. Erbrechts nichts vom Vermögen ihres verstorbenen Mannes erbte[21], – es sei denn, dies war vorher vom Gatten durch besondere Verfügung festgelegt worden[22]. Nur die Kinder und Geschwister des Toten hatten Erbrecht, und hier wird es oft – besonders wenn die Kinder noch klein waren – zu Erbstreit gekommen sein. Da die Kinder bei ihrer verwitweten Mutter lebten, bestand die Gefahr der Einmischung und Wegnahme des Erbteils durch Geschwister des Vaters. Eine W. hatte keine „Hausmacht"[23], wenn ihr nicht die eigene Familie oder ihre Kinder halfen. Solche typischen Situationen werden in den *Briefen an Tote oft angesprochen[24].
Eine W. kann Vermögen für ihre Kinder verwalten[25]. Ob es nach dem Tode des Ehemannes eine bestimmte Trauerzeit[26] oder ein befristetes Verbot gab für die W., sich neu zu verheiraten, ist nicht bekannt. Jedenfalls konnten sich Männer und Frauen nach dem Tode ihrer Gatten neu verheiraten[27]. In der Realität waren W. keineswegs Außenseiter der Gesellschaft. Nur wird es „reiche" und „arme" Witwen gegeben haben, und die biographischen Phrasen spielen sicher auf das Los der „armen" W., aus armer Familie, mit kleinem Haushalt, an.
Verwitwete Königsgemahlinnen konnten sich in besonderen Situationen sogar auf den Königsthron setzen[28].
Vom Witwer hören wir wenig, seine soziale Stellung wird sich auch nach dem Tode seiner Ehefrau kaum geändert haben. Von der psychischen Lage eines Witwers berichtet anschaulich der Brief eines Witwers aus dem NR[29].
Siehe: *Armut, *Brief an Tote, *Besitz, *Enthaltsamkeit, *Ethik, *Erbe, *Kind, *Menschenbild.

[1] Beide Schreibungen auf der Stele London, U.C. 14333, Z. 10. 15 (Mentuhotep), gleichzeitig belegt bei Goedicke, in: JEA 48, 1962, 26; Schenkel, in: JEA 50, 1964, 6ff., aus der Zt Sesostris' I.; s. auch Wb III, 232, 2; 363, 4–7. – [2] Wolja Erichsen, Demotisches Glossar, Kopenhagen

1954, 390; KoptHWb, 359. In der SpZt daneben wohl auch *šnt3jt* (Wb IV, 518,1 = LD III, 256a, Z. 6; Urk. VI, 89,16. 19) und *gmḫt* (Wb V, 171,18 = pRhind II, 3,1 = Möller, Totenp. Rhind, 56–57) für Witwe. – [3] Admonitions 7, 14–8,1: „Wer verwitwet (ohne Frau) schlief aus Mangel (an einer Frau), der findet eine vornehme Dame." – [4] Ausnahmen z.B. der Adoptionspapyrus: Gardiner, in: JEA 26, 1940, 23ff.; Alan H. Gardiner und Kurt Sethe, Egyptian Letters to the Dead, EES, 1928, Nr. 5. – [5] Urk. I, 266,16 = Schenkel, Memphis, Herakleopolis, Theben, 39 (1. ZwZt). – [6] Siut III, 5–6 = Schenkel, op. cit., 76f. (1. ZwZt) = TT 34 (Monthemhet) und TT 36 (Ibi) in 26. Dyn. (Klaus P. Kuhlmann und Wolfgang Schenkel, Das Grab des Ibi I, AV 15, 1983, Text 99, Z. 6, Tf. 24, S. 74). S. auch Detlef Franke, Altäg. Verwandtschaftsbezeichnungen im MR, Hamburger Ägyptologische Studien 3, Hamburg 1983, 301. – [7] Siut IV, 63f. = Schenkel, op. cit., 82f. = Elmar Edel, Die Inschriften der Grabfronten, ARWAW 71, 1984, 103f. (1. ZwZt). – [8] Vandier, Mo'alla, 242–247 (Anchtifi V, γ, 3) = Schenkel, op. cit., 53 (1. ZwZt). – [9] CG 42155, Z. 5 = Kitchen, Ram. Inscr. III, 296,10 (Bekenchons, Zt Ramses' II.). – [10] Hatnub, Graffiti, 20,7 (1.ZwZt); Urk. IV, 1045,11 (= Franke, op. cit., 250f.); Urk. IV, 1078,6 (18. Dyn.); in der 22. Dyn. ähnlich vom König (*nḏ-ḥr šnt3jt* (!): LD III, 256a, Z. 6); in ptol. Zt auch von einer Frau (!) benutzt: Wien 172 = Walther Wreszinski, Aegyptische Inschriften aus dem K.K. Hofmuseum in Wien, Leipzig 1906, 111 (I, 130); Wb II, 304,9. – [11] Hatnub, Graffiti, 24,5 (1. ZwZt). – [12] Beni Hasan I, Tf. 8, Z. 18 = Urk. VII, 16,2 (Zt Sesostris' I.); ähnlich *Lehre für Merikare, Z. 47 und *Lehre des Amenemope, Kapitel 6 (VII, 15). – [13] Beni Hasan I, Tf. 8, Z. 20 (Zt Sesostris' I.). – [14] Hatnub, Graffito 17,12 (1. ZwZt); ähnlich BM 504 (= Otto, Biogr. Inschr., 95, Inschrift 26; 26. Dyn.); auch Siut V, 10 = Schenkel, op. cit., 72 (1. ZwZt). – [15] London, U.C. 14333, Z. 10 (Sesostris I.). – [16] Hatnub, Graffito 14,10; London, U.C. 14333, Z. 14f. – [17] MMA 12.184, Z. 11 = Sethe, Lesestücke, 79,14f. = Joachim Spiegel, Die Idee vom Totengericht, LÄS 2, 1935, 35 (Zt Sesostris' I.); Berlin 8163 (Harwa) = Otto, Biogr. Inschr., 95. 152; Miriam Lichtheim, Ancient Egyptian Literature III, Berkeley–Los Angeles–London 1980, 27 (25. Dyn.). – [18] Hannover 2927, Z. 4 = Maria Cramer, in: ZÄS 72, 1936, 85 Nr. 4 (Zt Amenemhets II.); Bauer B1, 62–63; Urk. IV, 972,8 (Zt Thutmosis' III). – [19] König: Kitchen, Ram. Inscr. II, 151,6 (Zt Ramses' II.); *Amun: Gardiner, in: JEA 14, 1928, 10f. = ÄHG, Nr. 147,13 (Ende 18. Dyn.); pChester Beatty IV, rto, 7,13f. = ÄHG, Nr. 195, 138 = Jan Assmann, Re und Amun, OBO 51, 1983, 269ff. (19. Dyn.). Das Verhalten der W. als Gradmesser einer (wieder) stabilen sozialen Lage in Äg.: oTurin 57001 rto, 4–5 (Zt Ramses' IV.). – [20] W. als Synonym für den Schutzlosen: „Ich bin bei ihm wie eine W., er ließ mich werden wie einen Menschen, der ohne Vorgesetzten ist(!)": pAnastasi VI, 32 = LEM, 75 = Caminos, LEM, 281 (Klage eines Beamten über Willkür); „Syrien ist zur W. geworden für das Nilland" (durch die Macht des Königs): Israelstele: Kitchen, Ram. Inscr. IV, 19,7, mit Wortspiel *Ḫ3rw* (Syrien) – *ḫ3rt* (Witwe). – [21] Franke, Altäg. Verwandtschaftsbezeichnungen (s. Anm. 6), 337; Seidl, Äg. Rechtsgeschichte, 43. 55ff.; Tanner, in: Klio 46, 1965, 45ff.; 49, 1967, 5ff.; Janssen und Pestman, in: JESHO 11, 1968, 165ff. – [22] Z.B. in den Urkunden aus dem AR: Urk. I, 16f. 163f.; Grdseloff, in: ASAE 42, 1943, 39ff. Dies stellt auch das häufige Frauen-Epithet *jm3ḫt ḫr h3j.s* (o.ä.), „die versorgt ist bei ihrem Gatten" fest, s. auch Franke, op. cit., 141 Anm. 3; Karin Goedecken, Eine Betrachtung der Inschriften des Meten, ÄA 29, 1976, 185ff. In pTurin 1977 ist eine Frau seit einem Jahr W. und wird von ihrem Bruder versorgt: Allam, Ostr. u. Pap., 318f. Nr. 279 (19. Dyn.). Das heißt also, daß W. keineswegs mittellos und arm sein mußten; dafür spricht auch die Stelle Amenemope, Kapitel 6, VII, 15. Zu Besitz von Frauen s. Franke, op. cit., 269ff. 336f. – [23] Sie hat keine „Anhänger" (*ḥnw*): Urk. IV, 1045, 11 = Franke, op. cit., 250. – [24] Alan H. Gardiner und Kurt Sethe, Egyptian Letters to the Dead, London 1928, Nr. 1; auch pBerlin 9010 = Sethe, in: ZÄS 61, 1926, 67ff. – [25] Z.B. Gardiner, Inscr. of Mes. – [26] Vielleicht spielt das häufige Determinativ der „Haarlocke" auf die *Trauer an. Isis und auch Nephthys werden in der SpZt auch als W. bezeichnet: Petrie, Koptos, Tf. 22 oben, Z. 11; pBremner-Rhind 4,3; Erichsen, Demotisches Glossar (s. Anm. 2), 390. – [27] S. Admonitions 8,1; pTurin 2021 = Černý und Peet, in: JEA 13, 1927, 30ff. = Allam, Ostr. u. Pap., 320ff. Nr. 280 (20. Dyn.); ebd., 268ff. Nr. 262 (Naunachte); *Lehre des Anchscheschonqi 8,12: „Verschaffe dir keine Frau, deren Ehemann (noch) lebt, auf daß er dir nicht zum Feind wird" = Heinz Josef Thissen, Die Lehre des Anchscheschonqi (P. BM 10508), Papyrologische Texte und Abhandlungen 32, Bonn 1984, 22. – [28] Z.B. *Nitokris, *Sobeknofru(re), *Hatschepsut, *Tausret. S. *Königin und Brief der W. *Tutanchamuns (?) an den Hethiterkönig: *Königsbrief. – [29] pLeiden I 371 = Gardiner und Sethe, Letters to the Dead (s. Anm. 4), Nr. 6 = Guilmot, in: ZÄS 99, 1973, 94ff. (19. Dyn.); Gardiner und Sethe, op. cit., Nr. 4 (1. ZwZt): Brief eines Witwers; Witwer als Haushaltsvorstand: pKahun and Gurob, Tf. 10. Eine W. lebt im Haushalt des Sohnes: a.a.O. Tf. 9. Stelenstiftungen von W.(?) für den Ehemann s. Franke, op. cit., 140 Anm. 3; Urk. I, 73,14; Holzstele der *Teje für Amenophis III. aus Kahun (Ludwig Borchardt, Der Porträtkopf der Königin Teje, Leipzig 1911, 19, Abb. 26).

Lit.: I. Weiler, Zum Schicksal der Witwen und Waisen bei den Völkern der Alten Welt, in: Saeculum 31.2, 1980, 157–193. D.F.

Wochenlaube. Ägyptische Frauen haben nicht im Hause, sondern außerhalb, d.h. entweder im *Garten oder auf dem Hausdach entbunden (*Geburt). Dort wurde das Schlafzimmer durch eine ephemere Laube ersetzt[1]: mit Papyrusstengeln[2] als Stützen, einer *Matte[3] als Dach und Winden[4] (vielleicht auch einmal Weinranken[5]) als Wandvorhängen. Gelegentlich war diese Laube mit Blumenkränzen behängt[6]. Ein solch luftiger Naturpavillon, wegen seiner Winddurchlässigkeit geschätzt, wurde errichtet für die Hochschwangere und Gebärende; auch verbrachte die *Wöchnerin dort die „Zeit ihrer Reinigung"[7], was sich

um so mehr empfahl, als ein Ehepaar in der Regel gemeinsam in einem Bette schlief[8]. Anders die *Königin, die ihren eigenen *Palast besaß[9].
Bekannt geworden sind diese Lauben durch *Bildostraka[10], vor allem aus *Deir el-Medineh, während die entsprechenden Wandmalereien (im Schlafgemach)[11] fast alle verlorengingen; textlich bestätigt sind sie durch einen magischen Spruch des NR zur Beschleunigung der Geburt[12]. Auch in die Tiermärchen (Ostraka) sind Szenen dieser „W." eingegangen[13].
Faktisch mag die W. (*j3m nfr*) dieselbe gewesen sein, die man auch bei anderen Anlässen so aufgestellt hat, wie heute im Orient das gleiche *Zelt (auch *j3m* heißt „Zelt" wie überhaupt jedes leichte, ad hoc aufgeschlagene Bauwerk[14]) so gut wie für Beerdigungen als auch für Hochzeiten oder Beschneidungsfeiern aufgeschlagen wird. Symbolwert jedenfalls konnte den „Bauelementen" nicht entnommen werden[15], und gleiche bis ähnliche Lauben sind auch in anderem Zusammenhang nachgewiesen[16].
Dieser Pavillon des Volkes wurde bei den großen Tempeln, insbesondere der SpZt, als Mammisi (*Geburtshaus) für die Geburt des Gotteskindes monumental in Stein erbaut[17].
Ausgestattet war die W. mit einem *Bett – mit der Nährschlange bemalt, von *Besen (*Schutzgott für *Mutter und *Kind) gestützt und mit Decken gepolstert; darunter befanden sich die Toilettenutensilien der Frau, daneben ein Hocker zum Stillen und ein Schemel oder Kissen oder auch nur eine Matte für die Füße[18]. Zur personalen Ausstattung s. *Wöchnerin.

[1] Emma Brunner-Traut, Die Wochenlaube (s. Lit.), 20 mit Anm. 8. – [2] A.a.O., Abb. 3. 4. 5; oDeM 2339. – [3] oDeM 2342(?). 2341. 2352. 2336(?). – [4] oDeM 2341. 2344. 2346. 2349. 2350; vgl. weiter Emma Brunner-Traut, Wochenlaube, Anm. 27. 28. – [5] oBrüssel 6778 (unveröffentlicht). – [6] Emma Brunner-Traut, Die altäg. Scherbenbilder, Wiesbaden 1956, Nr. 69. 70; oDeM 2337; Peterson, in: Medelhavsmuseet Bulletin 7–8, Stockholm 1973, Tf. 69. – [7] pWestcar 11, 18–19; vgl. dazu Leviticus 12, 2. 4. 5. – [8] Emma Brunner-Traut, Wochenlaube, 21 mit Anm. 61. – [9] Herbert Ricke, Der Grundriß des Amarna-Wohnhauses, WVDOG 56, 1932, 54; Davies, The Town Houses in Ancient Egypt, in: MMS 1, 1929, 237 Anm. 9; Emma Brunner-Traut, Wochenlaube, 23. – [10] Emma Brunner-Traut, Scherbenbilder (s. Anm. 6), Nr. 65–71; oDeM 2335–2389. 2858–2867; Werbrouck, in: Bulletin Musées Royaux d'art et d'histoire, 4. série, 25. année, Brüssel 1953, 98 Abb. 9; Peterson, a.a.O. (s. Anm. 6), Nr. 132–137. – [11] Bruyère, FIFAO XVI. 3, 1934–35, Tf. 10 (SE. 1); id., in: BIFAO 22, 1923, 121 ff. mit Abb. 5 und Tf.; Bruyère hat das Bruchstück der Hausmalerei veröffentlicht und erstmals rekonstruiert. Eine eigene Rekonstruktion bei Emma Brunner-Traut, Wochenlaube, Abb. 5. – [12] pLeiden I 348 vso, 12, 11 f.; s. Joris F. Borghouts, The Magical Texts of Papyrus Leiden I 348, OMRO 51, 1971, 30 mit Anm. 393. – [13] Brugsch, in: ZÄS 35, 1897, 140 f., Tf. 1; z. T. in: Encyclopédie photographique de l'art. Le Musée du Caire, (Paris) 1949, Abb. 163; oDeM 2306. 2298. 2307. – [14] S. dazu Kemp, in: JEA 63, 1977, 77 f.; Kitchen, Ram. Inscr. II, 102, 14. – [15] Emma Brunner-Traut, Wochenlaube, 19. – [16] A.a.O. – [17] Ebd., 23. Anders Daumas, Mammisis. – [18] Emma Brunner-Traut, Wochenlaube, 24.

Lit.: Emma Brunner-Traut, Die Wochenlaube, in: MIO 3, 1955, 11–30. E.B.-T.

Wöchnerin. Die W. verbrachte die „Zeit ihrer Reinigung" (14 Tage)[1] in einer *Wochenlaube, d. h. außerhalb des Hauses in einem luftigen, rasch aufzuschlagenden Pavillon. Dargestellt wird sie vornehmlich auf den ephemeren Bildträgern der *Ostraka[2], aber auch auf Wandbildern in Wohnhäusern[3]. Entweder sitzt sie auf ihrem *Bett, das *Kind neben sich oder an der Brust[4], oder das Kind stillend auf einem Hocker (auch Palmklotz)[5]. Einige Darstellungen verzichten auf das Kind[6]. In denselben Zusammenhang dürften die überaus zahlreichen „Modelle" von Frauen auf Betten, mit oder ohne Kind, gehören, die, aus Ton bald fein, bald grob geformt, sich in Häusern, Heiligtümern und – seltener – in Gräbern gefunden haben[7]. Während die Frauen bei diesen kleinen Figuren meist nackt sind, tragen sie auf den Darstellungen der Ostraka häufiger entweder ein Schultermäntelchen (Stillumhang) oder ein langes durchsichtiges Gewand. Einige fallen durch ihre *Frisur auf, die nur in diesem Bildzusammenhang (auch bei Tonfiguren) belegt ist: Das Haar, vielleicht von einem Gestell getragen (?), steht in breiten Wülsten weit vom Kopf ab und fällt in zwei zierlich eingerollten Strähnen auf die Brust. Wie diese Frisur auch technisch zustande kommt – auf alle Fälle wird damit gelöstes Haar gekennzeichnet, im Gegensatz zum festgebundenen der Graviden[8]. Um einen Abort zu vermeiden, wird die Schwangere „gebunden" (Kleider, Haare) und (durch Tampons) verstopft, die Gebärende dann „entbunden", damit die Leibesfrucht leicht austreten kann[9]. Frauen, die die große *Perücke tragen, möchte man einer späteren Zt innerhalb der Reinigungsperiode zuweisen.
Die W. wird von Dienerinnen umsorgt, meist Mädchen, doch auch Nubierknaben; dazu sorgen *Bes oder der Hausaffe (*Affe)[10] für ihre Ermunterung; auch *Tänze scheinen ihr vorgeführt zu werden[11]. Der besonderen Gefährdung von Mutter und Kind während des „Wochenbettes" beugen Bes und *Thoeris und vor allem auch *Hathor vor[12]; demselben Zweck des Schutzes dient die auf die Bettlade gemalte *Schlange. Auch die Dienerinnen tragen eine spezifische Frisur: den

Pferdeschwanz[13], die Nubier dagegen das Haar pagenkopfähnlich kurz geschnitten[14]. Die Dienerschaft hilft der W. bei der Toilette, frisiert sie, reicht ihr Spiegel und Schminke, wäscht ihr die Füße, versieht sie mit Speise und Trank und legt ihr Schmuck an[15]. Wieweit diese Handlungen etwa erst gegen Ende der Abgeschiedenheit die Rückkehr in die Familie vorbereiten, ist ungewiß. Es sind wohl Besuche, die der W. Blumen bringen; schließlich wird für sie gebetet (Brunner, in: LÄ II, 454).

Auch in die Welt der Tiermärchen ist die W. aufgenommen[16]: als *Maus und *Schakal (?).

[1] pWestcar 11, 18f.; s. dazu Kemp, in: JEA 65, 1979, 52f. – [2] Emma Brunner-Traut, Die Scherbenbilder der deutschen Museen und Sammlungen, Wiesbaden 1956, Nr. 65–71; oDeM 2335–2344. 2346–2389. 2858–2867; Bengt Julius Peterson, Zeichnungen aus einer Totenstadt, Medelhavsmuseet Bulletin 7–8, Stockholm 1973, Nr. 132–137; BM 8506 u.a. – [3] Eine einzige sichere Wandmalerei ist aus Deir el-Medineh erhalten: Emma Brunner-Traut, Wochenlaube (s. Lit.), Abb. 5. Zu fraglichen Beispielen aus Häusern in Amarna s. Kemp, in: JEA 65, 1979, 50ff. – [4] Z.B. Emma Brunner-Traut, Scherbenbilder (s. Anm. 2), Nr. 65; oDeM 2339. 2344. Das Kind liegt neben der Mutter auf dem Bett: oDeM 2337. 2340; Peterson, op. cit. (s. Anm. 2), Nr. 135. – [5] oDeM 2339; BM 8506 = Emma Brunner-Traut, Wochenlaube, Abb. 4; William H. Peck, Drawings from Ancient Egypt, London 1978, Abb. 14; zur Hausmalerei in Deir el-Medineh s. Anm. 3. – [6] oDeM 2342. 2343. 2346. – [7] Pinch, in: Or 52, 1983, 405–414. – [8] Dazu Emma Brunner-Traut, in: Fs Galling, 41. – [9] Zum Binden vgl. Westendorf, in: ZÄS 92, 1966, 144ff.; zum „Entbinden" s. Elisabeth Staehelin, in: ZÄS 96, 1970, 125–139. – [10] Z.B. Peterson, op. cit. (s. Anm. 2), Nr. 133; oDeM 2858. – [11] oDeM 2858. 2344; dazu vgl. Pinch, op. cit. (s. Anm. 7), 409f.; Peck, Drawings (s. Anm. 5), Abb. 13. – [12] Pinch, op. cit., 412. – [13] oDeM 2339; Brüssel E 6382 = Emma Brunner-Traut, Wochenlaube, Abb. 3. – [14] BM 8506 (s. Anm. 5). – [15] oDeM 2335. 3787. 2342. – [16] Emma Brunner-Traut, Altägyptische Tiergeschichte und Fabeln, Darmstadt [7]1984, 7, Nr. 2a–d. 3c–d.

Lit.: Emma Brunner-Traut, Die Wochenlaube, in: MIO 3, 1955, 11–30. E.B.-T.

Wolf. W. sind und waren in der äg. *Fauna nicht vertreten. Die Griechen sahen in den Caniden (*Fuchs, *Hund, *Schakal) von Assiut (*Upuaut) W. Das Wort *wnš* „Schakal" nimmt im Koptischen ⲟⲩⲱⲛϣ auch die Bedeutung „W." an. L. St.

Wolle, *sʿrt*[1], gewonnen aus *Schaf- und *Ziegenhaar[2]. Die Art der Gewinnung und Aufbereitung geht aus äg. Quellen nicht hervor[3]. W. wurde gesponnen[4] und zu Knäueln gewickelt[5] (*Spinnen).

W. ist archäologisch nur vereinzelt nachweisbar. Sie wurde zu *Perücken verarbeitet[6], v.a. aber zur Herstellung von Gewändern, Tüchern, Decken u.ä. verwendet. Der älteste Wollstoff stammt aus der späten Vorgeschichte[7]. Aus historischer Zt sind nur wenige Exemplare erhalten[8]. Erst in der 2. Hälfte des 1. Jt. v. Chr. gewinnt W. mit den zunehmend fremden Einflüssen an Bedeutung und ist in ptol. und christl. Zt sehr beliebt. Kunstvolle Gewebe aus z.T. farbiger W. (*Färberei) wurden zur Dekoration von Leinengewändern, aber auch für Kissen, Decken, Möbelbezüge u.ä. verwendet[9]. Sicher wurden Wollstoffe auch im Alltag getragen. Herodot erwähnt Wollmäntel[10], und Diodor betont die schützende und wärmende Eigenschaft der Wolle[11].

Die seltene Erwähnung von W. beruht vielleicht auch auf dem *Tabu, daß es verboten sei, etwas Wollenes in den Tempel zu bringen oder damit bestattet zu werden[12].

Produkte aus W. wurden als Handelsware exportiert[13].

[1] Fremdwort (vgl. Helck, Beziehungen[2], 519 Nr. 188 *śa-ʿa-r-ta*, hebräisch שְׂעָרָה); kopt. ⲥⲟⲣⲧ (KoptHWb, 195). Vielleicht auch *snw, jfd n snj*, s. Helck, Materialien, 929; Janssen, Prices, 292. 443f. 528. – [2] Seit dem MR bes. von dem in Äg. heimisch werdenden Wollschaf, s. Joachim Boessneck, Die Haustiere in Altägypten, München 1953, 17f. – [3] Für das klassische Altertum s. Hugo Blümner, Technologie und Terminologie der Gewerbe und Künste bei den Griechen und Römern I, Leipzig [2]1912. – [4] Unversponnene W. s. Petrie, Kahun, Gurob, Hawara, 28. – [5] CoA III, 109. 246, Tf. 111. – [6] Lucas, Materials, 30. – [7] Naqada and Ballas, 24. – [8] Zusammenstellung von Funden bei Lucas, a.a.O., 147, dazu auch Kaplony, Inschriften I, 216. – [9] Zuletzt Emma Brunner-Traut, in: MDAIK 37, 1981, 97ff. – [10] Herodot II, 81. – [11] Diodor I, 87. – [12] Herodot, a.a.O.; vgl. Zauzich, in: Enchoria 12, 1984, 87. – [13] Helck, Beziehungen, 415f. Ch. St.

Worfeln (*ḫꜣḫꜣ*). Nach dem *Dreschen und Wegräumen des *Strohs ist W. der letzte Arbeitsgang bei der *Ernte. Auf oder in der Nähe der *Tenne wird das *Getreide von Spreu und Schmutz gereinigt. Nach den Darstellungen des AR übernehmen Frauen[1], im NR Männer, die zum Schutz vor dem Staub ein Tuch um ihr Haar gebunden und mit einem Band umwickelt haben (*Arbeitstracht, *Kopftuch), die schmutzige Arbeit, bei der die Staubwolke gelegentlich als dunkler Hintergrund der Szene wiedergegeben wird[2]. Man worfelt das Korn, indem man es mit der hohlen Hand nachgebildeten Worf(el)hölzern oder -kellen[3] in die Höhe wirft, wobei die Spreu vom Wind fortgeweht wird und die schweren Körner auf den Haufen zurückfallen; die restliche Spreu und andere Verunreinigungen kehrt man mit einem aus Reisern zusammengebundenen Besen ab (*jꜣḫj*). Dann schüttet man das Korn zur weiteren Säuberung durch ein *Sieb (*mfḫt jtj*). Mit dieser letzten Erntearbeit sind ein Erntesymbol (*Kornbraut) und ein Opfer an *Renenutet verbunden[4]. Eine zweite Art des W., das Hochwerfen und Wiederaufgreifen mit einer Getreideschwinge, ist lediglich durch ein undatiertes Original[5] bezeugt, auch das einfache Hochwerfen mit den Händen, das bis zur Neuzeit[6] in Gebrauch war, wird nicht dargestellt. Gelegentlich hat man wegen der Ähnlichkeit der Worflerinnen- und *Klagefrauenhaartracht, des in Pyr. 308. 309 erwähnten (Worfel-?) Staubes und der Verwendung der Getreideschwinge (vannus) als Kultgerät in röm. Mysterien eine Beziehung zum *Osiris-Kult vermutet[7].

[1] *d(j)wt* heißt nicht speziell „Worflerin" (so Wb V, 421,1), sondern „Fünfheit" (von Arbeitern). – [2] TT 52. 57. – [3] Originale: Heinrich Schäfer, Altägyptische Pflüge, Joche und andere landwirtschaftliche Geräte, in: Priestergräber und andere Grabfunde vom Ende des Alten Reiches bis zur griechischen Zt vom Totentempel des Ne-user-rê, WVDOG 8, 1908, 172ff. (Berlin Nr. 10773. 12478); Susan Doll, in: Egypt's Golden Age, MFA Boston 1982, 47, Nr. 16 (Royal Ontario Museum. Gift of Th. M. Davis, 906. 6. 9); Kahun, Gurob, Hawara, 29.35, Tf. 9, 11; BM 18 206; die kopt. Bezeichnungen sind ϣⲱⲟⲩϣ (B), ϩⲁ, ϩⲟ (S) und ⲙⲁⲧⲉⲙ (F), s. Kopt. HWb, 105. 337. 348. 521. – [4] Neben der in LÄ III, 743f. aufgeführten Lit. s. auch die Stele Museo Civico Bologna 1912; Klebs, Reliefs III, 14. – [5] Schäfer, a.a.O., Abb. 15 (Berlin 13885), ein aus Palmbast geflochtener schaufelförmiger Korb. – [6] Hans Alexander Winkler, Ägyptische Volkskunde, Stuttgart 1936, 182ff., Tf. 59; Winifred S. Blackman, The Fellahin of Upper Egypt, London–Bombay–Sydney 1927, 173f. 178. – [7] Marianne Eaton-Krauß, in: SAK 5, 1977, 29; Henry George Fischer, Varia. Egyptian Studies I, New York 1976, 41 Anm. 8; Henry Frankfort, Kingship and the Gods, Chicago [2]1955, 186f.; Griffiths, Origins of Osiris, 115.

Lit.: Vandier, Manuel VI, 175ff. 272f.; Junker, Gîza VI, 148; Klebs, Reliefs I, 52; II, 73; III, 14f.; Waltraud Guglielmi, Reden, Rufe, Lieder, 71ff. W.G.

Wortbildung und Wortschatz s. Lexikon

Wortspiel. Im Unterschied zu unserem Sprachgebrauch überwiegt in Äg. die ernsthafte Verwendung des Wortspiels. Es ist kein geistreiches oder heiteres Spiel, sondern bekundet und begründet durch Klangähnlichkeit Wesensähnlichkeit[1]. Der gleiche oder ähnliche Klang zweier Wörter, sei es auch nur der im Konsonantenbau, suggeriert einen Zusammenhang in der Sache[2]. Vom expliziten W. ist das implizite (immanente) zu unterscheiden, das auf der Doppeldeutigkeit *eines* Ausdrucks (Amphibolie) beruht[3]. Einen Sonderfall des expliziten W. stellt das Spiel mit verschiedenen Ableitungsmustern vom gleichen Wortstamm (Figura etymologica, Polyptoton, Paronomasie, *Stilmittel[4]) dar.
Vom AR an bis zur griech.-röm. Zt spielt das W. in religiösen Texten (Pyr., CT, Tb, *Dramatische Texte, Buch von der Himmelskuh (*Kuhbuch)[5], pSalt 825[6], pJumilhac, Horusmythus, Livre du Fayoum[7], Ritual zur Vernichtung von Feinden[8]) eine bedeutende Rolle. Es ist, vor allem in *Ritualen, das sprachliche Instrument schlechthin, mit dem man die kultische (*Kult) und götterweltliche Sphäre aufeinander bezieht: Man deutet Ritualhandlungen, Kultsymbole, Opfergaben, Offizianten u.a. durch ihre „*Namen"[9] sakramental aus und verleiht – entsprechend dem jeweiligen Ritualzusammenhang – den Gegenständen der Realwelt einen neuen Sinn[10]. In seiner Funktion als explanans ist das W. zum großen Teil an festgefügte Wendungen gebunden, wie etwa die Namensformel[11]: „in (diesem) deinen Namen", „Gott NN sprach ... und so entstand"[12], „so entstand sein Name als"[13] oder „Gott NN sprach ... man sagt zu ihm bis zum heutigen Tag"[14]. Bei diesen expliziten W. bilden nicht nur einzelne Wörter, sondern auch Wortgruppen, in abgewandelter Reihenfolge wiedergegebene Wörter und Phoneme und inhibierende Aussagen die Bezugswörter[15]. Die Entstehung der Götter, Menschen[16] und des Kultbedarfs (*Schöpfung) durch Emanationen, Aktionen und Ausspruch des *Urgottes erklärt man seit den Pyr. mit W., die häufig lediglich mit *m* „als" gebildet sind[17]. Auch das Wort des Traumdeuters und Zauberers (*Zauber) erweckt den im Lautzusammenhang enthaltenen Sinnzusammenhang und macht ihn sich durch W. in imitativer *Magie (similia similibus) nutzbar[18]. Neben seiner vorwiegend theologischen Funktion, der einer *Ätiologie, läßt sich das W. auch sprachwissenschaftlich (*Sprache) als Etymologie[19] und „Etymologisation"[20] verstehen.
Das Eindringen des W. in profane Texte kann man seit dem AR verfolgen, zuerst im Spiel mit Personennamen, jedoch keineswegs in witziger Manier[21]. Über W. mit „Sprechenden Namen" in der *Bauerngeschichte[22] und mit Personennamen im *Sinuhe[23] bis zu solchen in *Biographien des NR[24] kommt es dann in der Ramessidenzeit zu einem ironisch-spöttischen Gebrauch[25]. Explizite und implizite W. finden sich auch zu Berufsbezeichnungen[26] und Toponymen[27]. In impliziter Form sind sie ein Motiv schwankhafter Episoden im „*Streit des Horus und Seth"[28] und der „Einnahme von *Joppe"[29]. In größerem Umfang

erscheinen witzige W. in der Berufssatire des MR und NR sowie verwandten Gattungen[30]. Ein amphibolischer Gebrauch als Euphemismus, etwa für „Tod", ist selten[31].
Die literarische Funktion des W. läßt sich in Äg. nicht auf die einer – zur Similarität gehörenden – Stilfigur (*Stilmittel) einengen[32]. Seine literarische Formkraft hat man mit der unseres Reimes verglichen[33]. Das W. kann kürzere oder längere Abschnitte[34], ja sogar – neben der Versgliederung – ganze Texte wie das ramessidische Gedicht auf den kgl. Streitwagen[35] konstituieren. Das W. mit Blumennamen[36] und das Zahlenwortspiel dienen als Textklammer (Inclusio), indem sie wie eine Ringkomposition den Text einleiten und abschließen. Darüber hinaus stellt das Zahlenwortspiel in Amunshymnen und *Liebesliedern ein Ordnungsprinzip von Gedichtzyklen dar und hängt damit phänomenologisch mit der in Alphabetschriften benutzten Akrostichie zusammen, da es wie jene die Textfolge festlegt[37].

[1] Morenz, in: RGG V, 1808f.; ders., Religion, 9f. 192; ders., Wortspiele in Ägypten, in: Religion und Geschichte, hg. von Elke Blumenthal und Siegfried Herrmann, Köln–Wien 1975, 331 (Wiederabdruck aus: Fs Jahn, Leipzig 1957, 23ff.) begründet dies mit der „frühstufigen Identität von Wort und Sache"; s. aber Junge, Zur „Sprachwissenschaft" der Ägypter, in: Fs Westendorf I, 264. – [2] Auch der Romantik erschien die Polarität von dem Rationalen der Bedeutung und dem Irrationalen des Klangs und deren Synthese im W. wie eine wunderbare Verwirklichung psychologischer Fundamentalgedanken und wurde zum Auffinden verborgener Wahrheiten benutzt, s. Beyer, in: Reallexikon der deutschen Literaturgeschichte III, hg. von Paul Merker und Wolfgang Stammler, Berlin 1928/29, 507; Franz Josef Hausmann, Studien zu einer Linguistik des Wortspiels, Beihefte für Zs. für Romanische Philologie 143, Tübingen 1974, 21ff. spricht von der „Beglaubigungskraft" des Wortspiels. – [3] Morenz, Wortspiele (s. Anm. 1), 329f.; in der Linguistik heißt das explizite W., bei dem die Identität des Ausdrucks eine Kontinuität des Ausdrucks auf der Inhaltsebene vortäuscht, auch horizontales W., während das implizite vertikales W. genannt wird, s. Hausmann, a.a.O., 18ff. – [4] Guglielmi, in: LÄ VI, 22ff. – [5] Erik Hornung, Der ägyptische Mythos von der Himmelskuh, OBO 46, 1982, 40ff. 76. – [6] pSalt 825 (Derchain), 29. 93. – [7] Yoyotte, in: EPHE 79, 1971–72, 165ff. – [8] pBM 10081, Schott, in: MDAIK 14, 1956, 184f. – [9] Nach Jan Assmann, Ägypten, Theologie und Frömmigkeit einer frühen Hochkultur, Stuttgart–Berlin–Köln–Mainz 1984, 113 ist *rn* die Bezeichnung für die götterweltliche „Bedeutung", „die heiligen, geheimen ‚Namen' der Dinge und Vorgänge, die der Priester kennen muß, um die Strahlkraft (*ꜣḫw*) des Wortes auszuüben". – [10] Assmann, in: GM 25, 1977, 7ff. 16ff.; Schott, Mythe und Mythenbildung, 59ff.; Eberhard Otto, Das Verhältnis von Rite und Mythus im Ägyptischen, SHAW 1958. 1, 14f.; Altenmüller, in: MDAIK 22, 1967, 9ff.; ders., Die Texte zum Begräbnisritual in den Pyramiden des Alten Reiches, ÄA 24, 1972, 60ff. 170ff. – [11] Schott, a.a.O., 37ff.; Assmann, Ägypten (s. Anm. 9), 102ff.; zur Ausweitung der Namensformel zum „Hymnus mit der Namensformel" s. Assmann, a.a.O., 103ff.; ÄHG, 27. – [12] Z.B. CT II, 278a–286a (Spr. 154); Tb (Hornung), Spr. 115. – [13] Z.B. CT IV, 288b; Otto, in: ZÄS 81, 1955, 65f.; Tb (Budge), Spr. 112, 12. – [14] Horus-Mythus von Edfu, z.B. Edfou VI, 111f. – [15] Morenz, Wortspiele (s. Anm. 1), 334; z.B. Pyr. 1256c (*zj.k jr.j – Zkr*); Pyr. 1257a–d; Pyr. 138c (*nwḥ – jmj ḥnw*); s. Sander–Hansen, in: AcOr 20, 1946, 1ff.; Firchow, Stilistik, 220ff. – [16] Zur Herkunft der Menschen (*rmṯ*) aus dem tränenden Auge (*rmjt* „Weinen") des Schöpfergottes s. Guglielmi, in: CdE 55, Nr. 109–10, 1980, 82ff. – [17] CT VII, 465a; Pyr. 1652 (*qꜣ.n.k m qꜣꜣ, wbn.n.k m bnbn m Ḥwt-bnw m Jwnw, jšš.n.k m Šw, tf.n.k m Tfnt*); Firchow, a.a.O., 235; vgl. auch Pyr. 629. 785; Zibelius, in: Fs Westendorf I, 403ff. – [18] Aksel Volten, Demotische Traumdeutung, AnAe 3, 1942, 16. 59ff.; pChester Beatty III, 2, 1ff.; vgl. Donald B. Redford, A Study of the Biblical Story of Joseph, VT Supplement 20, 1970, 90f. 205 (Kuh = *rnpt* „Jahr"); Joris F. Borghouts, Ancient Egyptian Magical Texts, Leiden 1978, Nr. 30. 65. 121. – [19] Morenz, Wortspiele (s. Lit.), 337; Junge, in: Fs Westendorf I, 267f. – [20] Jan Heller, Namengebung und Namendeutung, Grundzüge der alttestamentlichen Onomatologie und ihre Folgen für die biblische Hermeneutik, in: Evangelische Theologie 27, München 1967, 255ff. bezeichnet damit die sog. Volksetymologien. – [21] Urk. I, 234; Fischer, in: ZÄS 105, 1978, 42ff.; Urk. I, 60f.; Junker, Die gesellschaftliche Stellung der ägyptischen Künstler im Alten Reich, SÖAW 233. 1, 1959, 80ff. (dreimaliges W. auf den Namen *Snḏm-jb*). – [22] *Ḥwj-nj-Jnpw*; *Ḏḥwtj-nḫt*; *Jzrj*, *Mrw*, s. Fischer, in: Gs Otto, 158ff. – [23] B 276 (*Zꜣ-nht, zꜣ-mḥjt*), Brunner, in: ZÄS 80, 1955, 5ff.; Westendorf, in: SAK 5, 1977, 193ff. – [24] Urk. IV, 1384 (*Wsr*); Helck, in: Fs Grapow, 112. 115; s. auch Davies, Tombs of Two Officials, Tf. 33; Waltraud Guglielmi, Reden, Rufe, Lieder, 140; im „Stammbaum memphitischer Priester" aus der 22. Dyn. erscheint ein (*j*)*ꜥꜣ-qnjw* "Starker Esel" als Name eines Königs der 2. ZwZt, s. Bietak, in: LÄ III, 101; v. Beckerath, 2. Zwischenzeit, 28. 54. 240. – [25] pAnastasi I 9, 4–6; Hans-Werner-Fischer, Die Satirische Streitschrift des Papyrus Anastasi I, KÄT, 1983, 87, nach dem paradoxen Wortspielmuster lucus a non lucendo gebildetes W. zwischen *mꜥq* „Bratspieß", „Braten" (als Übernamen) und *bw qmꜣ.f* (**KIM**) „er rührte sich nicht". – [26] Bauer B 1, 168f. 174f.: *ḥnrw nj rḫtj* „ein gemeiner Wäscher" – *ṯnhr n rḫjt ꜥnḫ m ḥnrw nw ꜣpdw* „ein Falke für die Untertanen, der von den Schwachen unter den Vögeln lebt"; pLansing 8, 6–7: *sꜣ.f n jꜣwt.f* „Von-seinem-Amte-wird-er-satt", „wohlsituierter Beamter" impliziert hier „Sein-Rücken-ist-seinem-Amt-zugewandt" (= „Faulenzer"), s. Satzinger, in: JEA 59, 1973, 227f. – [27] pAnast. I 21, 3: „... den Übergang von *Ḏrꜥm* (semitisch: „Hornissen"). Du wirst sagen: ‚Das brennt mehr als ein Stich!'"; vgl. das W. in Sinuhe B 294 mit dem Stammesnamen *nmjw-šꜥ*: „Ich gab den Sand denen, die in ihm sind (*šꜥ n jmjw.f*)". – [28] Horus und Seth 6, 8 – 7, 12 (neuäg. *jꜣwt* „Vieh" = „Amt"); 13, 3ff.: *ꜥḥꜥ n jnr* „Schiff aus Stein" ist kein W., s. Miosi, in: SSEAJ 9, 1978–79, 75ff. – [29] *ꜥwnt* „Keule" (= „Räuberin", „Betrügerin"), s. Goedicke, in: CdE 43, Nr. 86, 1968,

224f. – [30] Z. B. Cheti (pSallier II), 5, 6f. vom Töpfer: „Er gräbt sich mehr als ein Schwein in den Sumpfboden hinein (*šꜣw r šꜣj*)“; 8, 1f. vom Schuster: „Sein Vorratshaus ist vollgepfropft (*wḏꜣ.f wḏꜣw*) mit Kadavern“; vgl. auch den ernsthaften Gebrauch im Amenemope 4, 1f.: „Du wirst meine Worte als ein Vorratshaus (*wḏꜣ*) des Lebens finden, und dein Leib wird heil sein (*wḏꜣ*) auf Erden!“; pAnast. I 4, 7f. (*ṯzw … bn st ṯzw*); vgl. auch das bislang nicht befriedigend erklärte W. in *Wenamun 2, 44ff. – [31] Guglielmi, in: Fs Westendorf I, 502ff. – [32] Guglielmi, in: LÄ VI, 24. – [33] Morenz, Wortspiele, (s. Anm. 1), 336; Schott, Mythe und Mythenbildung, 62; ders., Die Deutung der Geheimnisse des Rituals für die Abwehr des Bösen, in: AAWLM 1954. 5, 170. – [34] Z. B. Pyr. 1256a–1258b; ÄHG, 386f., Nr. 186; Černý–Gardiner, Hier. Ostraca, 39, 1; W. zwischen *Jmnw, mnw* „beständig“, *mnt* „Lebensweise“ und *mnjt.j* „mein Landepflock“ s. Guglielmi, in: Fs Westendorf I, 494. – [35] Dawson und Peet, in: JEA 19, 1933, 167ff.; Guglielmi, a.a.O., 495f. – [36] pHarris 500; Guglielmi, a.a.O., 497f. – [37] oCG 25220; oGardiner 314; oDeM 1408; „Tausendstrophenlied“; Zandee, De Hymnen aan Amon van Papyrus Leiden I 350, in: OMRO 28, 1947, 128f.; Vorläufer in Pyr. Spr. 736–740 (2266a–2270b); CT II, Spr. 120–128; 7 Liebeslieder des pChester Beatty I, Tf. 22–26; Guglielmi, a.a.O., 500ff.; Miriam Lichtheim, Ancient Egyptian Literature II, Berkeley–Los Angeles–London 1976, 182ff.

Lit.: Siegfried Morenz, Wortspiele in Ägypten, in: Fs Jahn zum 22. November 1957, Leipzig 1957, 23–32, wieder abgedruckt in: Elke Blumenthal und Siegfried Herrmann (Hg.), Siegfried Morenz, Religion und Geschichte des alten Ägypten, Köln–Wien 1975, 328–342; Schott, Mythe und Mythenbildung, 59ff.; Guglielmi, Zu einigen literarischen Funktionen des Wortspiels, in: Fs Westendorf I, 491–506; Jan Assmann, Ägypten, Theologie und Frömmigkeit einer frühen Hochkultur, Stuttgart–Berlin–Köln–Mainz 1984, 102–116. W. G.

Worttabu s. Sprachtabu

Würfel s. Brettspiel, Senetspiel

Würfelhocker (statue-bloc). La série statuaire qu'on désigne par le terme de statues-blocs (W.) est caractérisée par la masse géométrique que forme le corps du personnage représenté; celui-ci est assis par terre, les jambes relevées verticalement devant lui et les bras croisés sur les genoux. Ce type de statue a connu une faveur exceptionnelle à partir du ME jusqu'à l'époque gréco-romaine; seuls des personnages privés se sont fait représenter de cette manière [1].

Lorsqu'elles apparaissent pour la première fois, au début de la 12e dyn., les statues-blocs donnent l'impression d'une vigueur toute naturaliste. Les jambes et les bras, détaillés avec soin, se dégagent nettement du bloc de pierre dans lequel ils sont taillés; le corps est particulièrement ramassé [2]. Ce n'est que vers le milieu de la 12e dyn. que commence à se développer le type classique de la statue-bloc. Le sculpteur renonce de plus en plus à faire ressortir le modelé du corps, des bras et des jambes; même les pieds, encore découverts dans quelques cas, finissent par disparaître dans le vêtement qui les recouvre. Le personnage s'adosse rarement à un pilier dorsal (*Rückenpfeiler) [3].

A la 18e dyn. les statues-blocs se multiplient rapidement. Si l'attitude de l'homme accroupi demeure grosso modo la même dans tous les cas, certaines différences se remarquent sur les surfaces. Le pilier dorsal se généralise progressivement, les mains adoptent des positions différentes et on voit apparaître, de temps à autre, entre les jambes du personnage, une statuette de divinité ou un symbole divin sculptés en haut relief et enfermés quelquefois dans un naos (*Naophor) [4].

On peut considérer que le répertoire des formes est épuisé à la fin du Nouvel Empire. Les époques subséquentes ne font que remettre à la mode des types anciennement connus. C'est ainsi que la Troisième Période Intermédiaire, particulièrement attirée par la statue-bloc, imite de préference les modèles du NE, en élargissant considérablement le pilier dorsal [5]. Sous les rois de la 26e et de la 30e dynasties, on assiste à une timide renaissance des conceptions artistiques du Moyen Empire [6]. La période gréco-romaine, qui a produit d'innombrables statues-blocs, mélange toutes les traditions [7].

Fort heureusement, la plupart des statues-blocs sont pourvues d'inscriptions qui permettent souvent de les dater avec précision. Encore brèves au ME, celles-ci ne cessent de s'amplifier au cours des âges au point de recouvrir toutes les surfaces disponibles y compris le pilier dorsal et le socle.

[1] Bonne bibliographie chez Leclant, dans: OLP 6/7, 1975/1976, 355, n. 4. – [2] Le Caire JE 48857. 48858: Vandier, Manuel III, 235–236; Temple haut de Pépi Ier P/T 232: Leclant, dans: OLP 6/7, 1975/76, 355–359; München Leihgabe: Wildung, dans: MDAIK 37, 1981, 503–507 (le fragment de statue-bloc Cambridge, Fitzwilliam Museum E. 16. 1969, inédit, appartient au même personnage). Cf. A. Eggebrecht, dans: Fs Will, 143–163. – [3] Bothmer, dans: The Brooklyn Museum Bulletin 20. 4, 1959, 11–26; id., dans: BMA 2–3, 1960–62, 19–35. – [4] Vandier, Manuel III, 450–462. – [5] Georges Legrain, Statues et statuettes de rois et de particuliers (CG 42001–42250) I–III, 1906–25, passim. – [6] Bothmer, Egyptian Sculpture, passim. – [7] Voir surtout les nombreuses statues-blocs, pour la plupart inédites, sorties de la cachette de Karnak: PM II², 154–161. H. de M.

Wüste. The desert had both symbolic and practical connotations for the Egyptians. The Nile Valley (*Nil) and *Delta represented a life line of water, rich soil, and vegetative growth inhabited by a homogeneous people, sharply demarcated from the hostile and unproductive desert with its spirits and foreigners. Egypt was the fertile black land (*kmt*), juxtaposed on either side with the desert hills (*ḫ3st*). The north-south symmetry of the Two Lands, Upper and Lower Egypt, was opposed to the bilateral symmetry of the Eastern and Western deserts (*Ostwüste, *Westwüste). The eye of the sun, identified with the daughter of *Re (*Sonnenauge), rose in the Eastern and set in the Western Desert, the domain of *Seth and the entrance to the underworld, where the sun and the dead were reborn. Things of the desert were indicated by the determinative 𓈊, representing three hills, sometimes shown in red color with yellow dots, suggesting sand; this was used to identify concepts such as horizon, cemetery, mine or quarry, as well as foreign countries, and implied potential peril in a hostile outside world.

The desert was not as sterile and forbidding in Predynastic and OK times as it is today. The 5.Dyn. reliefs of *Niuserre show oryx, addax, ibex, *gazelle, a large feline, ostrich (*Strauß, *Wüstentiere), and cattle on a hummocky and sandy desert surface, mantled by grass, shrubs and trees.[1] Buried tree roots or trunks have indeed been found in former wadis at *Armant (between a Badarian level and 12.Dyn. graves) and under dune sand near *Merimde (dated 1150 B.C., calibrated),[2] indicating that minor watercourses of the low desert on both sides of the Nile floodplain were once lined by trees and desert shrubs, much like the wadis of southeastern Egypt are today. In part, this can be explained by a greater frequency of sporadic rains (*Regen) in the Egyptian deserts c. 4200–3800 B.C., c. 3500 B.C. and c. 1050 B.C. (calibrated radiocarbon dates).[3] In part, it must be attributed to human "desertification,"[4] specifically the progressive destruction of desert vegetation within walking or donkey-riding distance of the foodplain margins to obtain fuel and building materials.[5] Both of these changes are consonant with the essential disappearance of elephant (*Elefant), *giraffe, Barbary sheep (*Mähnenschaf), and lion (*Löwe) from the Nile floodplain and its margins not long after Dyn. 1, and in *Dachla after the aceramic Neolithic (*Wüstentiere, *Westwüste).[6] The last reliefs to show vegetation on desert surfaces date to Dyn. 5–6 (*Jagddarstellungen, *Jagdmethoden).[7] MK representations of hunt enclosures are barren (*Landschaft).

Sedentary settlement in the Egyptian deserts was restricted to the *oases, where permanent water was available at springs and wells (*Brunnen). Nomadic settlement (*Nomaden, *Beduinen) did of course persist on the coastal plain (west of the Delta), in the Eastern Desert, and *Sinai until modern times. Although the Egyptians perceived the desert as a frontier, peopled by dangerous and hostile outsiders (*Libyen, *Asiaten, *Bedja, *Blemmyer), the settled population of the Libyan oases during the late 19th century was only 30,000, with perhaps 30,000 nomads on the coastal plain and only a few thousand in the *Sinai and the southern half of the Eastern Desert.[8] The combined desert populations in Pharaonic times were therefore considerably less than 75,000, and they can hardly have constituted a serious military threat. However, 3% of the Egyptian population in 1882 (some 200,000) comprised semi-sedentary "beduin" squatting along the floodplain margins.[9] This confirms the impression that the power base for accession of the Libyan dynasties was within the alluvial lands of Egypt, among the descendants of coastal nomads who had settled in the western Delta a century or two earlier.[10]

The Egyptian deserts were subject to persistent royal exploitation, to mine building stone (*Steinbrüche), metals and precious stones (*Goldminen, *Kupfer, *Bergbau). Wells were dug and way stations erected (*Expeditionswesen), to allow sporadic expeditions or sustained mining activities (*Expeditionen) by conscripted peasant or nomad labor (*Frondienst). Security was provided by a special corps of desert police (*njw*) (*Polizei). More persistent were commercial routes into or across the deserts (*Handel, *Karawanenwege). These included trails from *Hermupolis magna, *Seper-meru, Asyut (*Assiut), and *Abydos to the oases (at times administered politically); desert shortcuts such as Nag Hammadi to *Armant; alternative desert routes to Nubia from *Memphis, *Abydos or *Elephantine (*Herchuf); the Red Sea (*Rotes Meer) route to *Punt via the *Wadi Hammamat (*Felsinschriften) and, above all, the major trade arteries from *Heliopolis via the *Wadi Tumilat or directly from the eastern Delta to Sinai and Asia.

[1] Bissing, in: ASAE 53, 1956, XIa. XIb; Elmar Edel and Steffen Wenig, Die Jahreszeitenreliefs aus dem Sonnenheiligtum des Königs Ne-user-Re, Berlin 1974. – [2] Huzayyin, in: Robert Mond and Oliver Myers, The Cemeteries of Armant, EES 42, 1937, 7f.; Hassan, Nature, London 1985 (in press). – [3] Karl W. Butzer, Studien zum vor- und frühgeschichtlichen Landschaftswandel in der Sahara III, AAWLM, Math.-Naturwiss. Kl. 1959. 2, 43–122; id., in: BSGE 32, 1959, 43–87; Karl W. Butzer and Carl L. Hansen, Desert and River in Nubia, Madison 1968; Butzer, in: Williams and Faure, The Sahara and the Nile, Rotterdam 1980, 253–280; Fred Wendorf and Romuald Schild, Prehistory of the Eastern

Desert, New York 1980; Hassan, op. cit. There now are 71 radiocarbon dates for geological and prehistoric materials indicative of greater moisture or better ecological conditions in the Egyptian deserts between 10,000 and 2000 years ago; most of these refer to moist intervals dating c. 7600, 7000–6700, and 5800–5000 B.C. (calibrated to calendar years). These moist spells are similiar but not identical to (and generally briefer than) those experienced in the tropical rainfall belt of the southern Sahara, see Butzer, in: Geo-Journal 7, Helmstedt 1983, 369–374; Williams and Adamson, in: Williams and Faure, The Sahara and the Nile, Rotterdam 1980, 281–304. Even during the wettest of these moist phases, shallow aquifers such as those of Kurkur were not sufficiently recharged to yield spring flow (Butzer and Hansen, op. cit., 378 ff.). Rainfall within Egypt did not coincide with the Nile flood season (ibid., 288 ff., figs. 5–7 to 9), suggesting greater winter or spring rains. – [4] Gabriel, in: Geomethodica 5, Basel 1980, 81–108. – [5] Tree growth persists in those areas of the Eastern Desert (*Ostwüste) conservationally utilized by the Ma'aza and *Bedja. The barren desert stretch east of Middle Egypt today is regularly exploited for fuel by fellahin (J. Hobbs, personal communication). – [6] Butzer, Landschaftswandel III (v. n. 3); id., in: BSGE 32, 1959, 43–87; Churcher, in: SSEAJ 13, 1983, 178–187. – [7] *Ptahhotep I, *Niuserre, *Sahure, *Mereruka. – [8] Karl W. Butzer, Early Hydraulic Civilization in Egypt, Chicago 1976, 97. – [9] Gabriel Baer, Studies in the Social History of Modern Egypt, Chicago 1969, 3. – [10] Černý, in: CAH II.2², 1965, chapter XXXV; Kitchen, Third Interm. Period, 245. 345 ff.; see also T. L. Thompson, The Settlement of the Sinai and the Negev in the Bronze Age, Wiesbaden 1975. K. W. B.

Wüstenstraßen s. Karawanenwege

Wüstentiere. The desert *fauna of Egypt is of interest for both its ecological interferences and as a prehistoric to historical hunting resource (*Jagd). The key herbivorous animals are three large genera–wild donkey (*Esel), Barbary sheep (*Mähnenschaf), ibex (*Steinbock); three medium-sized ones–addax, oryx, hartebeest (*Antilope), in addition to *gazelle and ostrich (*Strauß). Information is provided by the relatively sparse paleontological faunas, the parietal and mobile art of Egyptian civilization (*Jagddarstellungen), and the desert rock art.

The late Pleistocene Nile Valley faunas (*Qau el Kebir, *Kom Ombo, *Nubien)[1] have relatively few open-country forms, viz. wild donkey, Barbary sheep, bubal hartebeest, two gazelles (Gazella dorcas, Gazella rufifrons or leptoceros), and ostrich; it lacks rhinoceros (*Nashorn), elephant (*Elefant) and *giraffe, which presumably only migrated northwards after 9000 B.C. Faunas of the Neolithic Fayum[2] include elephant, hartebeest and dorcas gazelle, while Predynastic and later faunas of southern Egypt and Nubia[3] have little else than dorcas gazelle. Neolithic faunas of *Dachla[4] include rhinoceros (?), elephant, the African buffalo (Syncerus kaffer), zebra, wild donkey, ibex, addax, oryx, hartebeest, two gazelle species, and ostrich. Fragmentary Neolithic faunas from *Charga, Nabta, and the Gilf Kebir[5] are limited to gazelle. The rock art representations of the Eastern Desert (*Ostwüste),[6] which lack paleontological corroboration, emphasize elephant, giraffe, ibex and ostrich, with some oryx and rhinoceros, those of the Gebel Uweinat (*Westwüste)[7] giraffe, oryx and ostrich, with some addax. The Nile Valley art[8] of all categories emphasizes elephant, giraffe, Barbary sheep, ibex, addax, oryx, bubal hartebeest, gazelle and ostrich. This suggests that the representations are qualitatively more or less reliable in their particular contexts, but are quantitatively biased in favor of large and medium-sized forms.

Ecologically this is an Ethiopian fauna characteristic of semidesert environments with localized sources of water and some tree growth, intelligible in the light of slightly more frequent rains and greater spring activity in prehistoric (early to mid-Holocene) times (*Wüste). The impression of stepwise decimation of this fauna (faunal breaks)[9] remains. Elephant and giraffe are increasingly less common in late prehistoric rock art of the Eastern Desert and valley margins; together with Barbary sheep they become rare or absent, in or adjacent to the Nile Valley, after Dyn. 1; by NK times gazelle and hartebeest are the main desert animals.[10] In Dachla, elephant, buffalo and zebra, present in early Neolithic contexts, are rare or absent in the later Neolithic.[11] Increasing climatic desiccation, hunting pressures on small populations, and progressive cultural devegetation explain these changes.

[1] Karl W. Butzer and Carl L. Hansen, Desert and River in Nubia, Madison 1968, 113 f. 148; C. S. Churcher, Late Pleistocene Vertebrates from Archaeological Sites in the Plain of Kom Ombo, Upper Egypt, Life Scientific Contributions, Royal Ontario Museum 82, Toronto 1972, 1–172; Gautier, in: Fred Wendorf and Romuald Schild, Prehistory of the Nile Valley, New York 1976, 349–367. – [2] Gertrude Caton-Thompson and Elinor Gardner, The Desert Fayum, London 1934, 89; Gautier, op. cit.; Wenke, in: ARCE Newsletter 122, 1983, 25–40. – [3] For an overview of recent work, see Gautier, in: Lech Krzyżaniak and Michał Kobusiewicz, Origin and Early Development of Food-Producing Cultures in North-Eastern Africa, Poznan 1984, 44–56. Also, Behrens, in: ZÄS 88, 1963, 75–83; Claude Gaillard, Contribution à l'étude de la faune préhistorique de l'Egypte, Archives du Muséum d'histoire naturelle du Lyon 14, Lyon 1934, 1–125. – [4] Churcher, in: SSEAJ 11, 1981, 193–211; 13, 1983, 178–187. – [5] Gautier, in: Fred

Wendorf and Romuald Schild, Prehistory of the Eastern Sahara, New York 1980, 317–344; id., in: Fred Wendorf, Romuald Schild, and Angela Close, Cattle Keepers of the Eastern Sahara, Dallas 1984, 49–72. – [6] Hans A. Winkler, Rock-drawings of Southern Upper Egypt, London 1938–39; Walther F. E. Resch, Die Felsbilder Nubiens, Graz 1967; Pavel Červiček, Felsbilder des Nord-Etbai, Oberägyptens und Unternubiens, Wiesbaden 1974. – [7] Hans Rhotert, Libysche Felsbilder, Darmstadt 1952; Francis Van Noten, Rock Art of Jebel Uweinat, Graz 1978. – [8] Karl W. Butzer, Studien zum vor- und frühgeschichtlichen Landschaftswandel in der Sahara III, AAWLM, Math.-Naturw. Kl. 1959. 2, 43–122; id., in: BSGE 32, 1959, 43–87; Winkler, op. cit.; Červiček, op. cit.; Philip Smith, in: Zephyrus 17, Salamanca 1966, 31–45; J.H. Dunbar, The Rock Pictures of Lower Nubia, SAE, Cairo 1941; Žába, in: New Orient 4, Prague 1965, 110–113; Kromer, in: Anati, Symposium international d'art préhistorique Valcamonica 1968, Brescia 1970, 315–328; Pontus Hellström and Hans Langballe, The Rock Drawings, SJE 1, Odense 1970; Huard and Leclant, in: Etudes scientifiques, Cairo 1972, 1–93; Davis, in: GM 32, 1979, 59–74; id., in: African Archaeological Review 2, Cambridge 1984, 7–35. – [9] Butzer, Landschaftswandel II, 1958, 20–49. – [10] Ebd. III, 1959, 43–122; Butzer, in: BSGE 32, 1959, 43–87; Davis, in: SSEAJ 8, 1977, 25–34. – [11] Churcher, in: SSEAJ 13, 1983, 178–187. K. W. B.

Wundbehandlung. Ausführliche Angaben über die Wunden (*wbnw*)[1] und ihre Behandlung bieten die medizinischen Texte (*Medizin), insbesondere der *Pap. Edwin Smith (*Chirurgie) sowie das ausführliche Rezept *Pap. Ebers Nr. 522; weitere Aufschlüsse liefern die Untersuchungen der *Mumien (*Paläopathologie)[2].

Entsprechend der Entstehungsart der Wunde (Hieb, Stich, Schnitt, Biß, Knochenverletzung, Verbrennung)[3] bzw. ihrer Beschaffenheit (groß, klein, tief, klaffend) werden die Behandlungsmethoden gewählt: Einfache Wunden erhielten über *Heilmittel gelegte *Verbände (med.); klaffende Wunden wurden erst nach dem Zusammenfassen[4] der Wundränder verbunden; nässende Wunden wurden durch Puder getrocknet; besondere Mittel dienten dazu, „das Blut aus der Öffnung der Wunde zu ziehen" (pEbers Nr. 517) oder einen Überzug entstehen zu lassen (pEbers Nr. 516. 523. 541); Hitzeerscheinungen wurden gekühlt. – In einigen chirurgischen Fällen (Aufschneiden von Geschwülsten) wird die so entstandene Wunde durch eine normale W. geheilt (pEbers Nr. 866–868). – Wunden, die nicht heilen wollen, werden als „fremdartig" (*šmꜣ*) bezeichnet (pSmith, Fall 41).

Bei klaffenden Wunden über komplizierten Splitterbrüchen am Kopf (pSmith, Fall 3–6) sowie ähnlich hoffnungslosen Fällen (pSmith, 17, 13, Fall 47) wird der Wundverband ausdrücklich untersagt[5].

[1] Med. Wb, 172–178. – Das pSmith, Fall 5 und 41 erwähnte „Buch über die Wunde" ist uns nicht erhalten. – [2] *Pap. Edwin Smith I, Tf. IV. – [3] Zu den Wunden rechnen auch die aufbrechenden oder operativ geöffneten Schwellungen und Geschwülste sowie Brandblasen. – [4] Durch eine *jdr*-Naht oder zwei (kreuzweise?) angelegte Bindenstreifen. – [5] Lediglich das Einträufeln von Öl wird angegeben.

Lit.: Hermann Grapow, Grundriß der Medizin III, 125–130. W. W.

Wunder. W. ist ein schillernder Begriff; er setzt den Glauben an die es bewirkende Macht und ein „entmythologisiertes" Bewußtsein voraus: Der Fromme weiß von der Gottheit, daß sie W. (dem Menschen Unmögliches) bewirken kann. Andererseits nennt der Skeptiker (abgeschwächt) „wunderbar", was er (noch?) nicht zu erklären vermag[1]. Unter dieser Prämisse kommen W. in Ägypten nicht vor. Man unterscheidet am besten folgende Fälle:

1. Wunderbare Geschehnisse, die vom Standpunkt des Gläubigen berichtet werden, etwa Rettung aus Lebensgefahr[2]. Sie werden von den Ägyptern rein faktisch geschildert als das jederzeit mögliche Eingreifen Gottes und gelten nicht als Wunder.
2. Sog. „W." (*bjꜣjt*) als ideologische Bezeichnung für göttliche Manifestation in Bezug auf den König. Solche W. sind besser mit „Zeichen", „Omen" wiederzugeben; Spezialfall ist *bjꜣjt*-*Orakel.

Nicht das Wunderbare, Geheimnisvolle, „Übernatürliche" des Vorgangs wird als *bjꜣjt* bezeichnet, sondern die Tatsache seiner Ausführung durch die Gottheit, die als Ausdruck von deren Wohlwollen gegenüber dem jeweiligen König interpretiert wird[3]. Das Orakel ist eine besonders seit der 21. Dyn. „geregelte" Form von *bjꜣjt*, bei der die Gottheit nicht spontan handelt, sondern anläßlich einer Festtags-*Prozession befragt werden kann, und zwar auch von Privatleuten[4].

3. W. im weiteren Sinn von mirabilia (äg. auch *bjꜣjt*).

W., „Wunderdinge" können alles Mögliche sein, angefangen von Bodenschätzen über Bauten, seltenen Tieren bis zu fremdländischen Prinzessinnen[5] oder der „wunderbaren Erscheinung" von Göttern.[6].

[1] Vgl. Anton Anwander, Wörterbuch der Religion, Würzburg [2]1962, 598–600. Zusatz von mir: In mythisch gebundenem Denken kann es kein W. geben, weil der Wille der Götter im Prinzip keinen Beschränkungen unterliegt. – [2] Beispiele: Rettung vor einem *Krokodil: Brunner, in: MDAIK 16, 1958, 5ff.; die Götter strafen

unversehens durch Feuer und Wasser: *Metternichstele (Constantin Sander-Hansen, Die Texte der Metternichstele, AnAe 7, 1956, 37.41); ein Gott verwandelt sich in einen Menschen: pAnast. II, 8,7 (Caminos, LEM, 56); Urk. IV, 1795, 7; der Fromme spürt die Gegenwart Gottes als Wind: ÄHG, Nr. 148; „heilige" Bücher fallen vom Himmel: Erhart Graefe, Untersuchungen zur Wortfamilie *bjȝ-*, Köln 1971, § 28. – [3] So wird z.B. ein vom Himmel gefallenes Buch als *bjȝjt*-„Omen" dem König gebracht, als himmlisches Zeichen. – Im pWestcar 11, 11 schaffen die Götter drei Kronen für die Königskinder unter Sturm und Regen als „Begleitmusik", weil Könige ein Anrecht auf solche Zeichen göttlichen Wohlwollens haben. Weitere Beispiele bei Graefe, a.a.O., §§ 26. 27. 32. – [4] Graefe, a.a.O., (s. Anm. 3), § 33. Zu S. 138, Anm. 120 s. jetzt v. Beckerath, in: MDAIK 37, 1981, 41–49 (bleibt bei „W."). – [5] Graefe, a.a.O. (s. Anm. 3), §§ 21–23. – [6] Von den Ägyptern gebrauchter Ausdruck für die nicht faßbare Gestalt einer Gottheit. E. G.

Wurfholz. (*ʿȝm, ʿmʿȝt, mʿjȝt, ṯnjȝ*[1], *qmȝ*). Als kennzeichnende Waffe erscheint das W. noch in geschichtlicher Zt in den Händen der im Gesichtskreis Äg. wohnenden Wüstenstämme[2], an deren Volksbezeichnungen es oft als Determinativ in der Schrift angehängt wird[3]. Die Ägypter benutzten es in der Regel nur noch als Jagdwaffe bei der Vogeljagd[4], was sicherlich der angemessene Gebrauch des wirbelnden Geräts ist, das im Schwarm der aufflatternden Vögel seine höchste Effizienz entwickeln kann. In der FrZt fand es aber auch sonst auf der Jagd Verwendung[5]. Die Form des W. kann vom fast geraden flachen Stock bis zum nahezu rechtwinklig gebogenen reichen[6], der eine äußere Ähnlichkeit mit dem australischen Bumerang aufweist. Umstritten ist, ob äg. W. ein Rückkehreffekt eigen ist[7]. Originale aus Holz, die in Schlangenköpfe auslaufen können, sind relativ häufig[8]. Modellwurfhölzer aus *Fayence, ausnahmsweise aus *Elfenbein, sind besonders aus den *Königsgräbern des NR bekannt[9]; sie sind oft mit dem Königsnamen beschriftet[10]. Ihre Bedeutung als Grabbeigabe ist entsprechend ihrer Ersatzfunktion der bildlichen Darstellung der Vogeljagd vielschichtig: sportliches Vergnügen, Vernichtung des Bösen, *Wiedergeburt[11].

[1] Edel, in: SAK 11, 1984, 192f. – [2] Ein schönes Beispiel Beni Hasan I, Tf. 30. – Vgl. auch Hans Bonnet, Die Waffen der Völker des alten Orients, Leipzig 1926, 108. Walther Wolf, Die Bewaffnung des altägyptischen Heeres, Leipzig 1926, 7. 13 verneint dagegen den Gebrauch des W. als Kriegswaffe in Äg.; offensichtlich haben definitorische Abgrenzungsschwierigkeiten zwischen W. und Knüppel zu dieser Divergenz beigetragen. – [3] Gardiner, EG[3], Sign-list, T 14–15. – [4] Hierzu bes. Vandier, Manuel IV, 717ff. – [5] Einige Jäger der Löwenjagd-Palette tragen neben anderen Jagdwaffen auch W.: Heinrich Schäfer, Alter und Herkunft der ägyptischen „Löwenjagd-Palette", SHAW 1924–25, 5 mit Abb. 1. – [6] Bonnet, Waffen (s. Anm. 2), 110 Abb. 50. – [7] F. Hess, Boomerangs, Aerodynamics and Motion, Diss. Groningen 1975, 69–73 (Hinweis W. V. Davies). – [8] Beate George, in: Medelhavsmuseet Bulletin 15, Stockholm 1980, 9–11. 15 Anm. 20. – [9] Ebd., 7–9; sie können auch aus Tempeln oder Grundsteinbeigaben stammen: ibd., 9. – [10] Zu den Beispielen ibd., 9 füge das von Bettina Schmitz, in: SAK 6, 1977, 215f. 219 gegebene hinzu. – [11] Gute Zusammenfassung dieser Aspekte bei Beate George, o.c., 11–14. W.(?) in Meroe: Tomandl, in: GM 82, 1984, 68 und Abb. 2 auf S. 69.

Lit.: Beate George, Drei altägyptische Wurfhölzer, in: Medelhavsmuseet Bulletin 15, Stockholm 1980, 7–15.

W. D.

X-Gruppe. Die früher so genannte X-Gruppe ist Träger der Ballana-Kultur, bezeichnet nach ihrem größten Friedhof gegenüber von Qustul in Nubien. Sie wurde nicht durch Einwanderer mitgebracht, sondern ist unternubischen Ursprungs. Die kulturelle Kontinuität zur meroitischen Kultur (*Meroe) wird heute gegenüber der früher vertretenen Ansicht betont; der Unterschied muß eher in dem intensiven Handel mit Äg. und dem anwachsenden kulturellen Einfluß des christlichen Nachbarlandes gesucht werden. Die Ballana-Kultur blühte zwischen dem 4. und 6. Jh. n. Chr. von *Schellal bis *Sesebi und ist gekennzeichnet durch Friedhöfe mit großen Tumuli, die auf den Friedhöfen von Ballana und Qustul einen Durchmesser von 77 m und eine Höhe von 13 m erreichen. Etwa 40 der dort angelegten Gräber scheinen wegen ihrer Größe und ihrer reichen Beigaben Königen gehört zu haben[1]. Sie waren zusammen mit einigen ihrer Frauen, einem Jenseitsgefolge, Rindern, Schafen, Eseln, Kamelen und Hunden in unterirdischen Grabanlagen bestattet, die z. T. Wohnungen nachgebildet waren. In diesen Bestattungsriten griff die Ballana-Kultur auf die *Kerma-Kultur zurück. Obgleich die Siedlungen meist Weiterführungen meroitischer Behausungen sind, gehen die entsprechenden Elemente wie beschriftete Grabstelen, Opfertafeln, *Ba-Figuren auf Äg. zurück; Schmuckgegenstände, besonders die *Kronen, zeigen jedoch ein Weiterleben meroitischer Motive[2].

Ende des 5. oder Anfang des 6. Jh. kam es zu einem Gegensatz zwischen den Noubades (Nobadae) und den im Norden seßhaft gewordenen *Blemmyern, deren vermutlicher Herrscher Kharamadoye noch eine lange meroitische Inschrift in seiner Residenz *Kalabscha hatte anbringen lassen[3]. In die Auseinandersetzungen[4] griff schließlich der aus dem Süden stammende Herrscher Silko ein[5], der sich zum Oberkönig über Noubades und Äthiopen aufwarf und die Blemmyer zurückdrängte.

Südlich des 3. *Kataraktes dehnte sich die Tanqasi-Kultur aus, so genannt nach dem Friedhof gegenüber von el-*Kurru. Träger dieser Kultur waren die Noba, die allmählich das meroitische Kernland in Besitz nahmen[6].

[1] Walter B. Emery und Laurence P. Kirwan, The Royal Tombs of Ballana and Qustul, SAE, Mission archéologique de Nubie 1929–1934, Kairo 1938; Walter B. Emery, Nubian Treasure: An Account of the Discoveries at Ballana and Qustul, London 1948; v. Bissing, in: JDAI 54, 1939, 569–581; William Y. Adams, Nubia. Corridor to Africa, London 1977, Kap. 13. – [2] Trigger, in: JEA 55, 1969, 117–128; L. Török, in: Studia Aegyptiaca 1, Budapest 1974, 361–378. – [3] Millet, in: MNL 13, 1973, 31–49. – [4] Skeat, in: JEA 63, 1977, 159–170; Hägg, in: Nubian Studies, Proceedings of the Symposium for Nubian Studies, Selwyn College, Cambridge 1978, 103–7. – [5] Inge Hofmann, H. Tomandl und M. Zach, Beitrag zur Geschichte der Nubier, 5th International Conference on Meroitic Studies, Rom 1984, im Druck. – [6] Shinnie, in: Kush 2, 1954, 66–85; Kirwan, in: Studies in Ancient Egypt, Boston 1981, 115–119. I.H.

Xerxes (486–465/4 B.C.) succeeded *Darius I to the throne of Egypt after quelling a revolt (*Perser in Ägypten), one of many which were to characterize his reign. A second occurred after X. replaced the satrap Pherendates with his own brother *Achaimenes who then served in the naval encounter described by *Herodotus.[1] The insurrection during the reign of his successor, *Artaxerxes, in which *Amyrtaios of *Sais was aligned with *Inaros, may be linked to the father of the latter, one *Psammetichus IV who is believed to have been a contemporary of Xerxes. Although X. never visited Egypt,[2] he is alleged to have removed to Persia statues looted in Egypt.[3] As a result, the memory of his harsh rule was kept alive during the Ptolemaic Period in the writing of his name determined by the decapitated, bound foe. That memory was then transferred by the Ptolemies in their war of propaganda to the Seleucids.[4]

Although the Demotic Chronicle (*Demotische Chronik) may be regarded as anti-Persian in its sentiments,[5] individual members of the former Persian aristocracy were quite comfortably absorbed into the fabric of Egyptian society of the third century B.C.[6] Moreover, the sequence of graffiti in the *Wadi Hammamat, particularly those belonging to Atiyqwahy, the latest of which is dated to Year 13 of X.,[7] exhibit a progressive Egyptianizing tendency,[8] as do some of the Memphite monuments associated with the Carians (*Karer in Ägypten). On Egyptian monuments the name of X. is rendered *ḫšrjš* (*Königsnamen) and appears in this form on the Stele of the Satrap (*Satrapenstele). Other inscribed monuments associated with X. are few but those do include a garbled inscription on a stele in Berlin,[9] the customary stone vessels with trilingual inscriptions,[10] and a very interesting bronze statuette of an *Apis bull dated to Year 17.[11] One has yet to publish the inscription containing the cartouche of X. at Bir Wassif.[12]

[1] A. B. Lloyd, in: JEA 68, 1982, 170. – [2] Posener, Première Domination Perse, XIII. – [3] Dell'Aqua, in: Aegyptus 56, 1976, 178 ff. contra Roussel, in: Revue des etudes anciennes 43, Paris 1941, 165. – [4] Edda Bresciani, in: Herwig Maehler and Volker M. Strocka (Ed.), Das ptolemäische Ägypten, Mainz 1978, 31 ff. – [5] Johnson, in: Fs Lüddeckens, 107 ff. – [6] W. Clarysse and L. Mooren, in: Maehler and Strocka, op. cit., 57. – [7] Thissen, in: Enchoria 9, 1979, 87 ff. – [8] A. B. Lloyd, in: Bruce G. Trigger et alii, Ancient Egypt: A Social History, Cambridge 1983, 317. – [9] Berlin 7707: Lepsius, in: ZÄS 15, 1877, 127 ff.; Burchardt, in: ZÄS 49, 1911, 73 ff. – [10] Posener, op. cit., 137 ff. – [11] Erika Schott, in: RdE 19, 1967, 87 f. – [12] Posener, op. cit., 130. R.S.B.

Xois (Karte 1 b), copte ⲥϧⲱⲟⲩ, arabe سخا, ville du delta septentrional, à quatre kilomètres de l'actuel Kafr el Cheikh, capitale du 6e nome de Basse Egypte (*Gaue). Le nom ancien de la ville ne se distingue pas de celui de ce nome, dont l'emblème représente un taureau dans une fondrière (*ḫ3sw*); d'où *ḫ3sw. w* > *ḫ3sww* (au NE *P3-ḫ3sww*), "celui de la fondrière"[1]; le nom du nome et de sa capitale évoque donc les bovidés plus ou moins sauvages qui vivaient dans les fourrés marécageux (*Weidewirtschaft). La proximité tout à la fois graphique et phonétique avec *ḫ3st* "pays étranger" a suscité des confusions chez les égyptiens et chez les égyptologues! Les formes coptes et arabes résultent d'une métathèse tardive. Par ailleurs, *Qdm* est peut-être une ancienne désignation de X. à une époque où elle constituait la marche orientale (sémitique קֶדֶם) d'une principauté[2].

Une partie du site ancien se trouve actuellement sous le village moderne. Le reste est presque entièrement arasé. Des fouilles entreprises en 1960 et 1961 ont mis au jour l'agora de la ville gréco-romaine avec, en particulier, deux bains publiques et des ateliers de potiers[3]. Par ailleurs, le site a surtout livré du matériel héllenistique et romain[4] et quelques vestiges pharaoniques tardifs: stèle d'*Auguste[5], stèle d'un pharaon[6] (époque romaine?), blocs de soubassement[7] et bas-relief avec représentation des "sept flèches de *Mut"[8] (époque ptolémaique), élément architectural de *Ptolémée VIII et Cléopâtre II[9], stèle tardive de *P3-dj-Jmn-p3-j3t*[10]. Provenant aussi de X., mais trouvée à Tell el Hufiya, la statue d'un des pharaons Psammetichus[11]. Les données sur l'histoire de X. sont fort maigres; à l'AE, seul le nome est sporadiquement mentionné[12]. Au ME, X. est citée parmi les localités près desquelles on s'adonnait aux plaisirs de la pêche et de la chasse[13]. Selon la tradition manéthonienne, la XIVe dyn. serait originaire de X.[14], mais on a suggéré que cette assertion reposerait sur une confusion phonétique entre *ḫ3sww* et *ḥq3 ḫ3swt*[15]. Au NE, un homme de X. figure parmi les fugitifs d'une équipe de travail du temple d'Amon[16]. Un autre fugitif, dans un texte littéraire, se traîne à X. au cours de son odyssée[17]. La ville fut pillée par les *Libyens à la fin de la XIXe dynastie[18]. Pendant la Troisième Période Intermédiaire, X. appartint au grand royaume d'Occident[19]. On connaît un gouverneur de X. nommé *Jswj* sous la XXVe dynastie[20]. D'importants travaux dans le temple de X. furent entrepris par *Ptolémée II Philadelphe[21].

Le développement des cultes de X. s'explique par les réinterprétations successives de l'emblème du nome. Très anciennement, la fondrière qui sert de bauge au taureau a été considérée comme "la place et le siège d'*Horus"[22]. Au NE, réinterprétation solaire: X. devient la place de *Rê[23], la résidence de ses royautés[24]; une spéculation adventice, fondée sur la graphie hiératique du nom de X. attribue au dieu un règne de 7000 années[25]. Dès lors, la topique du démiurge solaire s'applique à la divinité principale de X., Rê, Harakhtès (*Harachte), *Amun-Rê, qui est qualifiée de "celui qui vient de lui-même à l'existence", "celui qui se cache de ses enfants"[26], "grand de prestige qui frappe ses opposants"[27]. La prépondérance d'Amon-Rê[28], comme dieu local entraîne le culte de *Mut et de *Chons, appelé "l'enfant de Rê-Harakhtès"[29], épithète montrant la rémanence de la théologie d'*Héliopolis, comme les cultes de *Schu et *Tefnut[30]. Par ailleurs, *Thot, *Seschat[31], et *Imhotep[32] étaient vénérés aussi à Xois.

La théologie a, en outre, développé un culte d'Osiris en identifiant comme Osiris-*ww* le taureau emblématique de X.[33] (*Stierkult). La relique osirienne du lieu, ce sont les effluves (*rḏw*) dans la cruche-*nmst*[34]; elle tire son origine du fait que X. constituait une place sainte du cours du Nil ou de ses diverticules[35]. Ultime étape des spéculations osiriennes: en raison de se proximité géographique, *Chemmis a été considérée comme la capitale du nome Xoite[36]!

[1] Pour le nom de X., voir AEO II, *181–7; Vernus, dans: BIFAO 73, 1973, 27–40. – [2] Brunner, Geburt des Gottkönigs, 45; Karola Zibelius, Ägyptische Siedlungen nach Texten des Alten Reiches, Bh. TAVO B 19, 1978, 242–3; Borghouts, dans: OMRO 51, 1971, 216; De Meulenaere, dans: BIFAO 60, 1960, 127. – [3] Abd el Mohsen El Khachab, Τα Σαραπεια à Sakha et au Fayoum, CASAE 25, 1978, 55; voir Leclant, dans: Or 31, 1962, 198; 33, 1964, 340; 37, 1968, 97. – [4] E.g., Farag, dans: ASAE 39, 1939, 321; El Khachab, dans: JEA 50, 1964, 145. – [5] JE 45702 = Dietrich Wildung, Imhotep und Amenhotep. Gottwerdung im alten Ägypten, MÄS 36, 1977, 126–8, pl. 19. – [6] Louvre C 121 = Golénischeff, dans: ZÄS 41, 1904, 92–3. – [7] Daressy, dans: RecTrav 24, 1902, 160, CLXXXVII. – [8] Daressy, dans: ASAE 21, 1921, 2–6; cf. Yoyotte, dans: BSFE 87–88, 1980, 73 n. 34. – [9] Abou Ghazi, dans: BIFAO 66, 1968, 165–9. – [10] Serge Sauneron, Villes et légendes d'Egypte, Le Caire 1974, fig. 1 face à la p. 128. – [11] Caire JE 67845. La statue de *P3-dj-Ḥr-mtnw* provient peut-être aussi de X., voir Yoyotte, dans: RdE 34, 1982–1983, 144, n. 9. – [12] Helck, Gaue, 163. – [13] Caminos, Lit. Frag., 19. Notez un Suchos, "maître des poissons, régent du nome Xoite", Florence 2500 = Sergio Bosticco, Le stele égiziane dall'Antico al Nuovo Regno, Museo Archeologico di Firenze, Rome 1959, 33–5, no. 30. – [14] Hayes, dans: CAH II, chapitre II, 14–5 du tiré-à-part; v. Beckerath, 2. Zwischenzeit, 85 (avec des nuances). – [15] Redford, dans: Or 39, 1970, 21–2. – [16] Hans Goedicke et Edward F. Wente, Ostraka Michaelides, Wiesbaden 1962, pl. XLV, no. 15, rto 11. – [17] Ricardo A. Caminos, A Tale of Woe, Oxford 1977, 35 (pPushkin 127, 3, 2). – [18] pHarris I, 77, 2. – [19] Yoyotte, dans: Mél. Masp. IV, 196; Farouk Gomaà, Die libyschen Fürstentümer des Deltas, Beiheft TAVO B 6, 1974, 37–38. – [20] Caire JE 36576: PM II², 284. Par ailleurs, un chef des chanteurs de Selkis de *Qdm* est connu sous *Necho I, voir De Meulenaere, o.c. (v. n. 2). Le général *Nḫt-ḥr-ḫb*, contemporain de *Psammetichus II, invoque Amon-Rê, maître de X. sur la statue Louvre A 94; pour le personnage, voir De Meulenaere, Le surnom égyptien à la Basse Epoque, Publications de l'Institut historique et archéologique néerlandais de Stamboul, Leiden 1966, 14, no. 44. – [21] A en juger d'après l'inscription des carrières de Maasara (*Maʿsara II): PM IV, 74 (no. 9). – [22] Lacau-Chevrier, Sésostris Ier, pl. 42; Karnak I, pl. 44C: *ḫ3sw jrw m st nst Ḥr*, "la fondrière qui est faite en tant que place et siège de Horus". – [23] *St-rʿ*: Caire JE 45702, Wildung, o.c. (v. n. 5); *Ḥwt-swt-rʿ*: Edfou VI, 39, 5. – [24] X. comme résidence royale: pChester-Beatty I, 25, n. 2; AEO II, 183*; ajouter Norman de Garies Davies, The Temple of Hibis in El Khargeh Oasis III: The Decoration, PMMA 17, 1953, pl. 33, registre médian, col. 30, où il est dit d'Amon: "tes royautés sont dans X". D'où le toponyme *Ḥwt-nswjt* (*nt Rʿ*): De Wit, Temple d'Opet, 191, huitième tableau, col. 2; Dendara II, 134, 5; Edfou V, 92, 12; Edfou VII, 147, 12; Dümichen, GI III, pl. 45; Fayza Haikal, Two hieratic funerary Papyri of Nesmin II, BAe 15, 1972, 63 (46). – [25] Sauneron, o.c. (v. n. 10), 127–30. – [26] Pascal Vernus, Athribis, BdE 74, 1978, 329, en ajoutant Urk. VI, 69 et pLeiden I 346, II, 9; pour cette épithète, voir Jan Assmann, Re und Amun, OBO 51, Fribourg 1983, 199. – [27] Edfou I, 331, 11; Dendara I, 131, 4–5; Edfou IV, 25, 16; Medamoud 1925, 95; Chassinat, Mammisi d'Edfou, 65, 15. – [28] Le bélier figure sur les monnaies du nome Xoite: Abou Ghazi, o.c. (v. n. 9), 168, n. 4. – [29] Louvre C 121 (v. n. 6); Daressy, o.c. (v. n. 8); PM IV, 74 (no. 9). – [30] Dümichen, GI III pl. 32, col. 2; pl. 18, col. 2.; PM IV, 74 (no. 9). – Stèle de *P3-dj-Jmn-p3-j3t*, v. n. 10.

– [32] Wildung, o.c. (v.n.5). – [33] J.C.Goyon, dans: BIFAO 65, 1967, 152–3; Fayza Haikal, o.c. (v.n.24), 64 (57); Dendara II, 134,4–5; Vernus, o.c. (v.n.26). pl.46, col.9; Piehl, Inscr. III, pl.43. – [34] Montet, Géographie I, 93. – [35] De Wit, Temple d'Opet, 191, huitième tableau, col.3 mentionne un *Pr-ḥꜥpj* en relation avec X., et les effluves sorties des fondrières. Plutarque, De Iside, chapitre 43 situe un nilomètre à X. (Jaritz, dans: LÄ IV, 496). Déjà au NE l'eau du nome Xoite est déposée dans les tombes, v. Raven, dans: GM 75, 1984, 27. – [36] Serge Sauneron, La porte ptolémaïque de l'enceinte de Mout à Karnak, MIFAO 107, 1983, pl. 17, col. 17.

Lit.: Montet, Géographie I, 89–95; Helck, Gaue, 163–7; Vernus, dans: BIFAO 73, 1973, 27–40. P.V.

Zahlen, hlg. s. Symbolische Zahlen

Zahlensymbolik s. Symbolische Zahlen

Zahlungsmittel und Münzen. A. *Zahlungsmittel* sind Objekte, deren Hingabe zur Erfüllung einer gesellschaftlich auferlegten Leistung konventionell oder rechtlich garantiert ist [1]. Typische Fälle von Zahlungen sind Steuern, *Löhne, Strafzahlungen (*Strafe) und Brautgeld (*Ehe).
Zur Zahlung von Steuern dienen neben den speziellen Produkten der Abgabepflichtigen hauptsächlich *Getreide, *Rinder, *Silber, *Gold und *Kupfer (im einzelnen s. *Abgaben und Steuern). Löhne werden in *Deir el-Medineh überwiegend in Getreide ausgezahlt [2]; daneben finden sich Entlohnungen von Handwerkern in *Brot, *Bier, *Öl, Kupfer und Kleidung [3].
Normierte Strafzahlungen lassen sich für pharaonische Zt nicht belegen; erst nach Einführung des Münzgeldes werden bestimmte Geldsummen als Strafen festgesetzt [4].
Beim Brautgeld (dem. *šp n sḥmt*) erscheinen als fiktive Z. ab der 22.Dyn. Silber und Getreide [5]; Belege aus früherer Zt fehlen.

B. *Münzen* als offiziell in bezug auf Gewicht und Feingehalt garantiertes Metallgeld (*Geld) existieren seit der 30.Dynastie. Vorläufer stellen vom *Schatzhaus des *Ptah, des *Harsaphes oder von *Theben ausgegebene Silberstücke dar [6]. Die frühesten Münzen wurden geprägt, um an monetäre Bezahlung gewöhnte griechische *Söldner zu entlohnen [7], und sind Imitationen athenischer Eulentetradrachmen mit demot. Legende unter *Nektanebos I. sowie Goldstatere mit der Aufschrift *nbw nfr* seiner Nachfolger *Teos und *Nektanebos II. [8] Eine eigene Münzprägung setzt erst mit den Diadochen ein. Nach anfänglicher Anlehnung an das attische System bilden sich in ptol. Zt eigene Münzbilder (Herrscherporträts auf der Vorderseite, Adler auf einem Blitzbündel auf der Rückseite) und Gewichte heraus [9]. Neben Gold- und Silberprägungen ist bis in römische Zt die Kupferprägung die wichtigste [10]. Ihr schwerstes Stück entspricht einem *dbn* (*Maße und Gewichte).

[1] Max Weber, Wirtschaft und Gesellschaft, Tübingen 1976, 39. – [2] Janssen, Prices, 463. – [3] Urk. I, 50,6f.; Edel, in: MIO 1, 1953, 328; William M. Flinders Petrie, Dendereh, EEF 17, 1900, Tf. 11B. – [4] Mohamed A. A. Nur el-Din, The Demotic Ostraca in the National Museum of Antiquities at Leiden, Leiden 1974, Nr.281. 284f.; pBerlin 3115. – [5] Erich Lüddeckens, Ägyptische Eheverträge, Wiesbaden 1960, 319. – [6] S. Belege bei Helck, in: LÄ II, 519 Anm.6. – [7] Kienitz, Geschichte, 117. – [8] Curtis, in: JEA 43, 1957, 72. – [9] Maria R.-Alföldi, Antike Numismatik I, Mainz 1978, 117. – [10] Op. cit., 118.

Lit.: Curtis, in: JEA 43, 1957, 71–76. R.M.-W.

Zahlwort. 0. Im allgemeinen ist vorauszuschicken, daß eine Erforschung der phonologischen Struktur bzw. des syntaktischen Auftretens äg. Z. durch die schon im AR ausgeprägte Tendenz, das Z. nur in Ziffern wiederzugeben, erschwert wird, so daß oft der Sachverhalt in den „klassischen" Stufen der Literatursprache (Mittel- und Neuäg.) lediglich aufgrund einer prinzipiellen Entscheidung im Sinne einer Kontinuität bzw. einer Zäsur zwischen dem AR und der kopt. Zt rekonstruiert werden kann [1]. Gegebenenfalls müssen die abweichenden Hinweise aus dem MR bzw. dem NR „systemintern" erklärt werden, also möglicherweise durch die Annahme unterschiedlicher graphischer Normen eher als durch die Hypothese satzstruktureller Neuerungen [2]. In diesem Beitrag werden (Kardinal-)Z. als selbständige Wortart aufgefaßt [3].

1. Die äg. Zahlzeichen bringen eine 10^0 … 10^6-Potenz zum Ausdruck (*Dezimalsystem, *Mathematik):

10^0 ≙ 1: senkrechter (ev. auch waagerechter) Strich 𓏺 (*wꜥjw*)
10^1 ≙ 10: stehender (ev. auch waagerechter) [4] Bügel 𓎆 (*mḏw*)
10^2 ≙ 100: Strick 𓍢 (*š(n)t*)
10^3 ≙ 1000: Lotuspflanze 𓆼 (*ḫꜣ*)
10^4 ≙ 10000: stehender Finger 𓂭 (*ḏbꜥ*)
10^5 ≙ 100000: Kaulquappe 𓆐 (*ḥfn*)
10^6 ≙ 1000000: sitzende Gottfigur 𓁨 (*ḥḥ*)

Durch Wiederholung der Zahlzeichen bzw. ihre Zusammensetzung in arithmetisch abfallender Folge bestand die theoretische Möglichkeit, alle natürlichen Zahlen graphisch zu repräsentieren, wobei zu berücksichtigen ist, daß schon seit den

Anfängen die Zahlen ab 10000 entweder außer Gebrauch kommen (*ḥfn*)[5] oder aber ihre unmittelbare arithmetische Referenz mit der Tendenz kombinieren, zu allgemeinen Indikatoren einer „großen Menge" (*ḫꜣ*)[6] bzw. einer unbestimmbaren „Unendlichkeit" (*ḥḥ*)[7] zu werden.

Zahlzeichen (und -worte) sind ebenfalls für folgende Brüche belegt[8]:

1/2: *gs* „Hälfte", ^{S}ϭⲟⲥ; ursprünglich „Seite";
1/4: × *ḥsb* „Bruch" *per definitionem*;
1/3: *ꜥrꜣ* „Teil" *per definitionem*;
2/3: u.ä. *rꜣwj* „2 Teile";
3/4: u.ä. *ḫmtw rꜣw* „3 Teile".

Allgemein wird der Stammbruch 1/n durch die graphische Aufeinanderstellung des Hieroglyphenzeichens *rꜣ* (kopt. ⲣⲉ-) und der Ziffer des n-Nenners wiedergegeben.

Als Zahlzeichen für die (1/2)[1] ... (1/2)[6]-Stammbrüche des Kornmaßes *ḥqꜣt* (ἀρτάβη) werden außerdem die Bilder der entsprechenden Teile des *Udjatauges gebraucht, wobei ihre Lesung der jeweiligen Bruchbezeichnung entsprechen mußte[10]. Die kleinste Einteilung der *ḥqꜣt* (nämlich 1/320) wird durch das absolut gebrauchte *rꜣ*-Zeichen (kopt. ⲣⲟ) repräsentiert.

Ebenfalls in produktivem Gebrauch war in hist. Zt ein Zeichensatz für die (1/2)[1] ... (1/2)[5]-Stammbrüche des Ackermaßes *sṯꜣt* (ἄρουρα):

1/2 : *rmnwj*, ^{S}ⲣⲉⲣⲙⲏ[11]
1/4 : × *ḥsb* (s. oben)
1/8 : *zꜣ*
1/16: *sw*[12]
1/32: *rꜣ-mꜣ*[13]

2. Die phonologische Gestalt und die etymologischen Verhältnisse der Z. lassen sich – unter Berücksichtigung der eingangs erwähnten methodischen Schwierigkeiten und der semitischen bzw. afroasiatischen Zusammenhänge – folgendermaßen rekonstruieren[14]:

„1": *wꜥw* (**wúꜥ(j)uw*), ^{S}ⲟⲩⲁ, $^{AA^2F}$ⲟⲩⲉ; fem. *wꜥjt* (**wuꜥjū́(w)˘t*), ^{S}ⲟⲩⲉⲓ, ⲟⲩⲉⲓⲉ. Die Wurzel *wꜥj* ist auf eine Grundbedeutung „allein sein" zurückzuführen[15].

„2": *snwj* (**s(i)néww˘j*), ^{S}ⲥⲛⲁⲩ, $^{AA^2F}$ⲥⲛⲉⲩ; fem. *sntj* (**sént˘j*, ^{S}ⲥ̄ⲛⲧⲉ bzw. **s(i)nā́t˘j*, ^{B}ⲥⲛⲟⲩϯ). Vgl. sem. *ṮNJ* (ursprünglich wohl *ŠNJ*[16]) und berb. (tuareg) *əssin*[17].

„3": *ḫmt(w)* (**ḫámt(a)w*), ^{S}ϣⲟⲙⲛ̄ⲧ, ^{A}ϩⲁⲙⲧ; fem. *ḫmtt* (**ḫámt(a)t*), ^{S}ϣⲟⲙⲧⲉ, ^{A}ϩⲁⲙⲧⲉ. Eine überzeugende Etymologie liegt nicht vor[18].

„4": *fdw* (**j(a)fdáw*), ^{S}ϥⲧⲟⲟⲩ, $^{AA^2}$ϥⲧⲁⲩ; fem. *fdt* (**j(a)fdát*), ^{S}ϥⲧⲟ. Die Wurzel dieses Z. findet Entsprechungen im kuschitischen und im tschadischen Bereich, etwa Bedja *faḍig* bzw. Hausa *fuɗu*[19].

„5": *djw* (***jadīj-aw* > **dī́j(a)w*), ^{S}ϯⲟⲩ; fem. *djt* (**dij(a)t*), ^{S}ϯⲉ. Die typologische Proto-Struktur dieses Z. läßt sich als Nisbe-Bildung zu **jad* „Hand" deuten, ein Wort des afroasiatischen Sprachgutes, das sich noch im hieroglyphischen Zeichen *d* erkennen läßt: „das zur Hand gehörige". Ein derartiges Konstrukt für das Z. „5" ist im äg. Judäo-Arabisch noch in moderner Zt produktiv gewesen[20]. Ansätze eines auf dem Z. „5" basierenden quinaren Systems[21] lassen sich im kuschitischen Bereich erkennen, wo die Zahlen über 5 durch die Kombination „5 + x" ausgedrückt werden[22], und sind auch im Indogermanischen naheliegend: **dekm̥t* „10" < ***de-km̥t* „zwei Hände"[23].

„6": *sjsw* (***s(a)rsáw* > **s˘ˀsáw*), ^{S}ⲥⲟⲟⲩ, $^{AA^2F}$ⲥⲁⲩ; fem. *sjst* (***s(a)rsát* > **s˘ˀsáˀ*), ^{SA}ⲥⲟ(ⲉ), ^{A}ⲥⲱⲉ, ^{F}ⲥⲁ. Die ursprüngliche Wurzel *srs* begegnet nur beim abgeleiteten Substantiv *srs* „Sechsgewebe"[24]. Sowohl der semitische[25] als auch der berberische[26] Bereich weisen einen ähnlichen Konsonantenbestand auf.

„7": *sfḫw* (**sáfḫaw* > **sáḫf(aw)*), ^{S}ⲥⲁϣϥ, ^{A}ⲥⲁϩϥ; fem. *sfḫt* (**sáfḫat* > **saḫf˘t*), ^{S}ⲥⲁϣϥⲉ, ^{A}ⲥⲁϩϥⲉ. Vgl. semitisch *ŠBꜥ*, ev. berberisch (tuareg) *əssa*[27].

„8": *ḫmnw* (**ḫ(a)mā́n(a)w*), ^{S}ϣⲙⲟⲩⲛ, ^{A}ϩⲙⲟⲩⲛ bzw. **ḫ(a)mū́n(a)w*, ^{B}ϣⲙⲏⲛ; fem. *ḫmnt* (**ḫ(a)mā́n(a)t*), ^{S}ϣⲙⲟⲩⲛⲉ bzw. **ḫ(a)mū́n(a)t*, ^{B}ϣⲙⲏⲛⲓ. Es handelt sich um das Z. mit der eindeutigsten Entsprechung im afroasiatischen Bereich: semitisch *ŠMNJ*, berberisch *əttâm*[28].

„9": *psḏw* (**p(i)sī́ḏ(a)w*), ^{SB}ⲯⲓⲧ (bzw. ^{S}ⲯⲓⲥ durch Assimilation); fem. *psḏt* (**p(i)sī́ḏ(a)t*), $^{SA^2}$ⲯⲓⲧⲉ (bzw. ^{S}ⲯⲓⲥⲉ durch Assimilation). Die einschlägige Wurzel *psḏ* (semitisch *TŠꜥ* mit Alternanz in der Artikulationsstelle des ersten Verschlußlauts labial vs. dental (vgl. berberisch [tuareg] *təẓẓa*)[29] scheint mit dem semantischen Inhalt „neu" verbunden zu sein[30], der auch das indogermanische *newm̥* „9" (vgl. deutsch „neu") charakterisiert[31]. Dieser Sachverhalt könnte in beiden Bereichen einen Hinweis auf ein auf dem Z. „8" basierendes System darstellen.

„10“: *mḏw* (**mū́ḏ(a)w*), **ⲙⲏⲧ**; fem. *mḏt* (**mū́ḏ(a)t*), ^S^**ⲙⲏⲧⲉ**. Die Wurzel *mḏ* bietet neben einigen Entsprechungen (berb. *märaw*)[32] eine interessante Etymologie im allgemeinen Ausdruck des semantischen Inhalts der „Tiefe“: z.B. *mḏ* „tief sein“[33]; phonologische und semantische Entsprechungen zeigt hingegen das sem. *ʿŚR* „10“ mit der äg. Wurzel *ʿš3* „viel sein“[34]. Obwohl das äg. System dezimal ist, spielt das Z. „10“ – im Gegensatz zum indogermanischen Bereich[35] – keine Rolle bei der Bildung höherer Zahlwörter.

Die Zahlen 11–19 (sowie 21–29 usw.) werden durch die enttonte Form der Zehner als Regens und eine besondere *t*-Struktur des Z. als Rektum gebildet. Letztere wird auch für das jeweilige Zahlensubstantiv (z.B. Achtheit, Neunheit) verwendet[36].

„20“: „hieroglyphisch-äg.“ nicht belegt, Wb V, 552 aber aufgrund von Wortspielen als **ḏwtj* rekonstruierbar (***muḏaw-ā-tˇj* > **ḏ(a)wā́tˇj*), ^S^**ϫⲟⲩⲱⲧ**, ^B^**ϫⲱⲧ**[37]; fem. (**ḏ(a)wā́tˇt*), ^S^**ϫⲟⲩⲱⲧⲉ, ϫⲟⲩⲱⲧⲉ** (sicher sekundär entstanden), wohl ursprünglich fem. Dualform von „10“ (***mḏw.tj*)[38], ähnlich wie im semitischen[39] und im indogermanischen Bereich[40].

„30“: *mʿb3* (**máʿbˇ3*), ^S^**ⲙⲁⲁⲃ**, ^B^**ⲙⲁⲡ**, ^F^**ⲙⲏⲡ**, ^A^**ⲙⲁ(ⲁ)ⲃⲉ**, *m*-Bildung der Wurzel *ʿb3*, für die in diesem Fall die Bedeutung „ausgestattet sein“ am besten in Frage kommt; *mʿb3* ist dann ursprünglich etwa „die Komplettheit“[41].

„40“: „hieroglyphisch-äg.“ nicht belegt, Wb III, 82 aber wohl aufgrund von Wortspielen **ḥm* (**ḥˇméʾ*), **ϩⲙⲉ**; ob mit der Wurzel *ḥmw* „herstellen“ bzw. „kunstfertig sein“ verwandt[42]?

„50“–„90“ sind zwar nicht belegt, wohl aber aufgrund der kopt. Formen als (pluralische?) Ableitungen der jeweiligen Einer rekonstruierbar: **dījwˇw*, **ⲧⲁⲓⲟⲩ**; **sˇrséʾ*, **ⲥⲉ**; **sˇfḫéʾ*, **ϣϥⲉ**; **ḫˇmnéʾ*, ^S^**ϩⲙⲉⲛⲉ**, ^B^**ϩⲁⲙⲛⲉ**; **pˇsḏījwˇw*, **ⲡⲥⲧⲁⲓⲟⲩ**. Ihre Bildung entspricht typologisch den semitischen bzw. indogermanischen Strukturen, insofern als es sich um Ableitungen von den jeweiligen Einern handelt[43].

„100“: **š(n)t* (***šent* > **šeʾ*), ^SB^**ϣⲉ**, ^F^**ϣⲏ**, vgl. Bedja *šē*[44]. Die zugrunde liegende Wurzel könnte *šnj* „rund sein, umkreisen“ sein[45], also „runde (Zahl)“.

„200“: entsprechender Dual **š(n)tj* (***šéntˇj* > **šētˇj*), **ϣⲏⲧ**.

„300“–„900“ wurden, wie das Kopt. zeigt, mit einer Fest- oder Genitiv-Verbindung von Einer und Hunderter gebildet[46].

„1000“: *ḫ3* (**ḫaʒ*), **ϣⲟ**.

„10000“: *ḏbʿ* (**ḏˇbáʿ*), ^S^**ⲧⲃⲁ**, ^B^**ⲑⲃⲁ**. Die phonologische Struktur des Z. *ḏbʿ* läßt sich in der semitischen Entsprechung zu dessen Zahlzeichen erkennen: arab. *ʾiṣbaʿ* „Finger“. Allerdings ist der semantische Zusammenhang zwischen dem Ideogramm und dessen arithmetischer Bedeutung nicht geklärt[47].

„100000“: *ḥfn*, wahrscheinlich /*ḥfl*/[48]. Zu /*ḥfl*/ vgl. arabisch *ḥafl* „Menge“[49]. Neben dieser sind zwei andere Etymologien möglich: a) ein Zusammenhang mit der semitischen Wurzel *ʾLP* „1000“[50]; b) eine Verwandtschaft mit der semitischen Wurzel *ḤFN* „Handvoll“[51].

„1000000“: *ḥḥ* (**ḥaḥ*). Das Wort korreliert wahrscheinlich mit *ḥḥj* „suchen“[52].

3. Syntaktische Verhältnisse. Aufgrund der eingangs formulierten Besonderheit muß man bei der Analyse des syntaktischen Auftretens der Z. u.U. mit einer gewissen Kluft zwischen schriftlicher und zugrunde liegender sprachlicher Realität rechnen. Der schriftliche Befund kann folgendermaßen zusammengefaßt werden[53]:

(a) im AR werden die Einer (ab „3“) grundsätzlich ausgeschrieben und substantivisch gebraucht, wobei sie im Genus mit dem Gezählten kongruieren, das stets pluralisch und in appositionellem Verhältnis auftritt: z.B. Pyr. 1250a^N^ *psḏw zpw* „neun Male“. Erhält das Konstrukt ein pronominales Suffix oder ein deiktisches Pronomen, so erscheint dieses, wie zu erwarten, nach dem Z., das ja den Nukleus der Nominalphrase darstellt: Pyr. 511a^T^ *sfḫt.f jʿrwt* „seine sieben Schlangen“ bzw. Pyr. 1207b *(j)fdw.k jpw ḥrww* „diese deine vier Gesichter“. Wird allerdings das Z. in Ziffern ausgedrückt, steht es ständig nach dem Gezählten, wobei pronominale Suffixe bzw. deiktische Pronomina dem Z. angeknüpft und pluralisch konstruiert werden: Pyr. 1355a *šmt 4t.k jptw* „diese deine 4 Wege“; Urk. I, 109,7 *ḫntjw 5 (j)pn mjqd.sn* „alle diese 5 Kanäle“. Diese ist die normale Konstruktion bei höheren Z., die immer singularisch erscheinen: Urk. I, 126,17 *ʿ3 300 3tp.t(j)* „300 beladene Esel“, wobei aber bei phonologischer Wiedergabe die appositionelle Konstruktion mit *m* gebraucht wird: etwa Pyr. 1957c *ḫ3.k m k3 ḫ3.k m 3pd ḫ3.k m (j)ḫt nb bnrt* „deine tausend Rinder, deine tausend Gänse, deine Tausend von allen süßen Sachen“. Die Z. „1“ und „2“[54] beanspruchen insofern eine Sonderstellung als

– beide grundsätzlich adjektivisch nach dem Gezählten stehen;

– „1“ auch partitivisch gebraucht wird, wobei in diesem Fall das Gezählte im Plural steht und von der Präposition *m* eingeleitet wird (Pyr. 1510 a *wꜥ(jw) m (j)fdw jpw nṯrw* „einer von diesen vier Göttern“), oder aber, wenn es im Dual steht, als Rektum eines Status constructus auftritt (Pyr. 522 c *wꜥ(jw) ꜣmswj* „eines von den beiden *ꜣms*-Szeptern“)[55];

– „2“ stets nach dem Gezählten auftritt, wobei bei phonologischer Wiedergabe das Gezählte im Dual steht (Urk. I, 143, 14 *jzwj snwj* „zwei Gräber“), bei Ziffernschreibung hingegen im Singular (Urk. I, 106, 7 *zp 2* „2 Male“)[56].

(b) Im MR ändert sich der schriftliche Befund dadurch, daß die Z. nur noch in Ziffern nach dem Gezählten auftreten, wobei letzteres in einigen Texten singularisch (z. B. Schiffbrüchiger), in anderen wiederum pluralisch (z. B. pWestcar) wiedergegeben wird. Spezifizitätsphänomene scheinen dabei keine Rolle zu spielen[57]. Deiktische Pronomina bzw. Artikel erhalten die singularische Form, und zwar auch in den Texten, in denen das Gezählte im Plural erscheint: pWestcar 3, 17 *pꜣ hrww 7* „die 7 Tage“ oder 9, 7 *pꜣ ẖrdw 3* „die 3 Kinder“. Z. scheinen nunmehr – im Gegensatz zum AR – wie singularische Nomina behandelt zu werden, und zwar nach dem ihnen eigenen Genus, so daß etwa „100“ als Femininum (*š(n)t*), „1000“ hingegen als Maskulinum (*ḫꜣ*) konstruiert wird[58].

(c) im NR und in der SpZt ist die Dokumentation zwiespältig, da neben der schon im MR üblichen Konstruktion „Gezähltes + Z. (in Ziffern)“, die oft bei Maßangaben vorkommt (Griffith, Cat. of Demotic Pap. IX 7, 12 *mḥ-nṯr 40* „40 Gottesellen“; pMag. LL V, 26 *hꜣw 20* „20 Tage“), wieder das AR-Syntagma „Z. (allerdings stets in Ziffern) + Gezähltes“ auftritt (pHarris 500 vso 5, 5 *70 n mḥ* „70 Ellen“; pD'Orbiney 9, 8 *tꜣ 7 ḥwt-ḥrw* „die 7 Hathoren“; pMag. LL XV, 2 *jrm 7 n blbjlt n jt* „mit 7 Gerstenkörnern“). Attribute werden pluralisch geschrieben: pMag. Harris 501 VIII, 8–9 *pꜣ 7 ḫtm ꜥꜣjw* „die 7 großen Schlösser“. „1“ und „2“ behalten ihren Sonderstatus: ersteres wird partitivisch konstruiert – was zur Entstehung des unbestimmten Artikels führt[59] –, „2“ folgt immer dem Gezählten (pD'Orbiney 18, 1 *pꜣj šwb 2* „diese 2 Perseabäume“). Z. von „10“ aufwärts werden durch eine singularische appositionelle Konstruktion ausgedrückt (pAnast. VI 2, 4 *23 n hrw* „23 Tage“), die auch den Artikel aufweisen kann (pMag. Harris 501 VI, 6 *pꜣ 77 n nṯr* „die 77 Götter“). Interessant erweist sich diesbezüglich die im Grabe *Ramses' IV. belegte Struktur[60] *ḥkn n.k bꜣgjw m 70.k 5 n ḫprjw* „mögen dich die Toten in deinen 75 Erscheinungsformen preisen“, die auf die Permanenz des substantivischen Charakters des Z. – in diesem Fall rein graphisch durch das Suffix zerlegt: s. unten – hinweist.

(d) In den spätmittelä g. Texten der ptol. und röm. Zt (anhand des Dendara-Befundes) scheinen die verschiedenen graphischen Konventionen früherer Zt generell vertreten zu sein, wobei ausschließlich Ziffernschreibung in Gebrauch ist: *4t dšrwt nt mw* „4 Krüge Wasser“, *ḥm-nṯr 4* „4 Priester“[61].

(e) Der kopt. Sachverhalt stellt eine unmittelbare Fortsetzung der neuäg. bzw. dem. Konstruktionen dar: „2“ folgt dem Gezählten (ⲡⲣⲱⲙⲉ ⲥⲛⲁⲩ „die zwei Männer“), die anderen Z. gehen ihm als Nuklei einer appositionellen Verbindung voran (mask. ⲡⲥⲁϣϥ ⲛ̄ϩⲟⲟⲩ „die sieben Tage“, fem. ⲧⲥⲟ ⲛ̄ⲣⲟⲙⲡⲉ „die sechs Jahre“); „3“ und „4“ besitzen außerdem noch einen Status constructus: ϣⲙⲧ ϩⲱⲃ „drei Dinge“, ϥⲧⲟⲩ ⲧⲏⲩ „vier Winde“[62]. Das Substantiv steht im Singular.

Die zugrunde liegende syntaktische Realität läßt sich für die gesamte äg. Sprachgeschichte wie folgt zusammenfassen: Zahlausdrücke sind im Äg. Nominalphrasen, deren Nukleus vom Z. selbst[63] (+ ev. Adjektive oder Pronomina) und deren nicht obligatorisch vorhandene[64] Erweiterung vom Gezählten repräsentiert wird. Die syntaktischen Verfahren dieser Erweiterung entsprechen diachronisch und synchronisch unterschiedlichen appositionellen Konstrukten[65]:

Diachronisch ist im Laufe des MR die alte pluralische Bildung des Gezählten bei den Einern zugunsten der singularischen außer Gebrauch gekommen – wobei in diesem Zusammenhang auch die Frage nach dem tatsächlichen Vorhandensein unterschiedlicher morphologischer Strukturen für den Singular und den Plural bei *jedem* äg. Wort aufzugreifen wäre[66]. Als stabil erweist sich hingegen die Konstruktion von „2“, was mit der Rolle dieses Z. als zusätzlichem Merkmal der im Numerus schon enthaltenen Zweiheit zusammenhängt[67], die nach Ausfall der Numerusendungen lediglich durch das somit obligatorisch gewordene Z. ausgedrückt wurde. Bei höheren Z. (wahrscheinlich ab den Zehnern) dürfte die Erweiterung schon immer von einer appositionellen Konstruktion mit *m* bzw. *n* zum Ausdruck gebracht worden sein. Diese Konstruktion hat auf der einen Seite bei „1“ zur Entstehung des neuäg. unbestimmten Artikels geführt, auf der anderen Seite besaß sie einen höheren „Identifikationsgrad“ gegenüber dem einfachen Status constructus, so daß sie sich in der neuäg. (im weiteren Sinne) Phase der Sprachgeschichte auch bei den Einern allmählich durchsetzte[68].

Synchronisch ist die Ziffernschreibung als Ergebnis einer im Laufe der äg. Geschichte stets auftretenden „Kanzleitendenz“ zu betrachten, die sich in jeder Zeit in Richtung auf eine Kodifizierung der schriftlichen Norm auswirkte[69]. Daß diese Normierung allerdings nur die *schriftlichen* und nicht die *sprachlichen* Verhältnisse berührte, zeigen Konstrukte wie *tꜣ tꜣ 100* „die 100 Brote"[70], in denen der Artikel mit dem fem. Z. kongruiert (≙ *tꜣ š(n)t tꜣ*). Generell kann hervorgehoben werden, daß der Unterschied zwischen asyndetischer appositioneller Erweiterung (im AR) und späterer *n*-Konstruktion semantisch insofern irrelevant wird, als infolge der lautlichen Neutralisierung *m* > *n* das *n*-Morphem sich zu einem allgemeinen Indikator des zweiten Gliedes einer Nominalphrase (ob in Genitiv-, Attributiv- oder Appositionsverbindung) entwickelt, wie wir es am kopt. ⲛ̄ ablesen können[71].

4. Ordinalien wurden grundsätzlich durch zwei Verfahren von den entsprechenden Kardinalzahlen abgeleitet:

(a) die Form, die seit dem AR bis vereinzelt in das NR (von „2" bis „9") gebraucht wurde, kennzeichnet sich durch die Anhängung eines *nw*- (fem. *nwt*-)Suffixes an den Stamm des Zahlwortes[72]. Was die Konstruktion anbetrifft, so kann man auch in diesem Fall ähnlich wie bei den Kardinalien von einer Kontinuität der syntaktischen Struktur „Ordinalzahl + Erweiterung"[73] ausgehen, wie sie vom AR (Urk. I, 125,13 *ḫmt.nw zp* „das dritte Mal", Pyr. 1978c *(j)fd.nw.f hrww* „sein vierter Tag") bis in das NR (pHearst 2,3 *ḫmt.nw n hrww* „der dritte Tag") belegt ist. Im stark von Normierungstendenzen gekennzeichneten MR entsteht in der Schrift eine Konstruktion, in der das Ordinalzahlwort in Ziffern wiedergegeben und – ähnlich wie bei den Kardinalzahlen – dem Substantiv nachgestellt wird (Urk. IV, 590,15 *m zp.f 3.nw ḥ(ꜣ)b-sd* „bei seinem 3. Mal des Jubiläums", Urk. IV, 689,5 *m wḏjt 6.nwt* „im 6. Feldzug"). Die zugrunde liegende sprachliche Realität dürfte sich aber kaum geändert haben (≙ *m sjs.nwt (n) wḏjt*), wie auch der syntaktische Aufbau der jüngeren *mḥ*-Konstruktion zeigt – s. unten[74];

(b) die typologisch jüngere Form, die seit dem NR in Gebrauch ist, besteht aus einem aktiven Partizip des Verbs *mḥ* „füllen", das als Regens eines Status constructus auftritt, dessen Rektum vom Stamm des jeweiligen Kardinalzahlwortes dargestellt wird[75]. Das Substantiv wird in pharaonischer Zt schriftlich vorangestellt (Urk. IV, 716,13 *m wḏjt mḥt 13* „im 13. Feldzug", Griffith, Cat. of Demotic Pap. IX, 3,7 *pꜣj.w zp mḥ 5* „ihr 5. Mal"), was auf den attributiven Charakter dieser Bildung hinweist. Wie bei den anderen Attributivkonstruktionen tritt auch in diesem Falle in der späteren Phase der äg. Sprachentwicklung die Tendenz auf, die Erweiterung mit einem *n*-Morphem zu versehen[76] (pDem. BM 604 [Setne II], 5,15 *pꜣ hꜣw n mḥ 2* „am 2. Tag", Ap 2,11 ⲡⲙⲟⲩ ⲙ̄ⲙⲉϩⲥⲛⲁⲩ „der zweite Tod"), wobei im Kopt. die syntaktische Identität von Attribut und Apposition zuläßt, daß das Ordinalzahlwort gegebenenfalls als Nukleus und das Substantiv als Apposition behandelt werden (Num 7,18 ⲡⲙⲉϩⲥⲛⲁⲩ ⲛ̄ϩⲟⲟⲩ)[77]; dieser syntaktische Sachverhalt kann auf der anderen Seite dazu führen, daß das Bildungselement ⲙⲉϩ- als Merkmal des gesamten Konstruktes interpretiert wird, das dadurch seine jeweilige syntaktische Form beibehält; dies wird von Oppositionen des Typs ⲡⲙⲉϩⲥⲟⲡ ⲥⲛⲁⲩ (Kardinalkonstrukt: ⲥⲟⲡ ⲥⲛⲁⲩ „zweimal" > ⲙⲉϩ-[ⲥⲟⲡ ⲥⲛⲁⲩ]) vs. das bei den anderen Z. übliche ⲧⲙⲉϩϯⲉ ⲛ̄ⲣⲟⲙⲡⲉ (Kardinalkonstrukt: ϯⲉ ⲛ̄ⲣⲟⲙⲡⲉ „fünf Jahre" > ⲙⲉϩ-[ϯⲉ ⲛ̄ⲣⲟⲙⲡⲉ]) nahegelegt;

(c) andere Konstruktionen der Ordinalzahlworte sind seltener belegt, etwa im NR die Ersetzung des Partizips *mḥ* durch das Relativpronomen *ntj*: pD'Orbiney 13,5 *tꜣ ntj 4t rnpt* „das 4. Jahr" bzw. durch die Konstruktion *r-mḥ* (Präposition + Infinitiv oder neuäg. Partizip?): pAbbott 3,10 *r-mḥ nj-swt Tꜣ -ꜥꜣj 2* „ein zweiter König Taꜥa"[78].

Gesonderte Aufmerksamkeit verdient das Ordinalzahlwort „erster"[79], das die generelle Tendenz aufweist, als Nisbe-Adjektiv eines semantisch passenden Substantivs bzw. einer Präposition aufzutreten:

(a) im AR und im MR ist die häufigste Bildung *tpj* (**t(a)pij*, altkopt. ⲧⲃⲁⲓ), aus *tp* (**tap*) „Kopf"[80];

(b) im NR wird primär das Wort *ḥꜣtj* (**ḥuꜣitʼj*, Sϩⲟⲩⲉⲓⲧ), aus *ḥꜣt* (**ḥúꜣ(i)t*) „Anfang"[81] gebraucht;

(c) in der SpZt belegt ist außerdem das Adjektiv *ḫntj* (**ḫántʼj*), das aus der Präposition *ḫnt* „vor" abgeleitet ist; ebenfalls in Gebrauch sowohl in hieroglyphischen als auch in dem. Texten ist die Partizipialbildung nach dem regulären Muster *mḥ wꜥ*[82];

(d) im Kopt. ist der normale Ausdruck ϩⲟⲩⲉⲓⲧ (s. oben) oder ϣⲟⲣⲡ̄ (**ḫárp(aw)*), aus *ḫrp* „leiten"[83], wobei das Ordinalzahlwort grundsätzlich als Nukleus der Nominalphrase auftritt.

5. Der Ausdruck von Distributivzahlen erfolgt durch Wiederholung des Kardinalzahlwortes: pSallier III, 4,2 *wꜥ wꜥ* „einzeln", Sir 36,17 ⲥⲛⲁⲩ ⲥⲛⲁⲩ „je zwei"[84].

[1] Z.B. werden die Kardinalzahlwörter von 3 bis 9 grundsätzlich nur im AR und im Kopt. zuweilen ausgeschrieben, wobei auch ihr syntaktisches Auftreten – s. unten 3 – übereinstimmt, während der Ziffernschreibung des MR bzw. des NR andere Konstruktionen zugrunde

zu liegen scheinen. – [2] Man denke etwa an die Opposition zwischen singularischer und pluralischer Form des Gezählten in Texten, die einer verhältnismäßig vergleichbaren Sprachstufe zuzuschreiben sind (z.B. pWestcar und Schiffbrüchiger, s. Kurt Sethe, Von Zahlen und Zahlworten bei den alten Ägyptern und was für andere Völker und Sprachen daraus zu lernen ist, Straßburg 1916, 49), wo man kaum an eine gleichzeitige Alternanz im produktiven Sprachsystem glauben wird. Zur Überwindung der Singular-Plural-Aporie im Sinne von Wolfgang Schenkel, Zur Pluralbildung des Ägyptischen (Aus der Arbeit an einer Konkordanz zu den altägyptischen Sargtexten, Teil II), GOF IV. 12, 1983 s. unten 3. und Anm. 66. – [3] Für die Probleme der Zuschreibung der Z. einer autonomen Wortart-Klasse verweise ich auf eine im Druck befindliche Arbeit von Wolfgang P. Schmid (s. Lit.). – [4] Z.B. (sowohl für 1 als auch für 10) in den hieroglyphischen und dem. Tagesdaten und in der ältesten Epigraphik: Sethe, a.a.O., 2–3; Edel, Altäg. Gramm., § 386. – [5] Vgl. *10 n 10000 n ẖꜣr n jtw* in pHarris I, 7,2. – [6] S. z.B. den Ausdruck *ẖꜣ m tꜣ ḥnqt kꜣw ꜣpdw* in den *Opferformeln: Barta, Opferformel, 300. – [7] Vgl. kopt. ϩⲁϩ „viel". Zu diesem Problembereich vgl. Sethe, a.a.O., 11–13. 15–16; zum breiteren weltbildlichen Zusammenhang Jan Assmann, Zeit und Ewigkeit im Alten Ägypten, AHAW 1975. 1, 42–43. – [8] Sethe, a.a.O., 60ff.; Gardiner, EG³, §§ 265–266. – [9] Die hieroglyphische Form ist nicht belegt, läßt sich aber aufgrund des Hieratischen leicht rekonstruieren; Sethe, a.a.O., 82; Gardiner, EG³, 196. – [10] Sethe, a.a.O., 74; Gardiner, EG³, 198. Hieroglyphisch sind diese Zeichen – bis auf 1/2 – erst seit der XX. Dyn. belegt, hieratisch hingegen seit den Anfängen gebräuchlich. – [11] Vgl. Kuentz, in: BSAC 5, 1939, 245–249. – [12] Nur in ptol. Zt belegt: Sethe, a.a.O., 79. – [13] Nur in der Felderliste von Edfu belegt: Sethe, a.a.O., 79–80. – [14] Die „ur-kopt." Rekonstruktion erfolgt hier auf der Basis des korrigierten Zweisilbengesetzes (Schenkel, a.a.O., [s. Anm. 2], 193–201) – selbstredend als systematisch notwendiger Ausgangspunkt und nicht unbedingt als historisch verwirklichte Größe verstanden. Das doppelte Sternchen dient gelegentlich der Herstellung der typologischen Bestandteile des Zahlwortes. Die „hieroglyphisch-äg." Transkription basiert hingegen auf der vollständigsten philologisch belegten Form. Aus Einfachheitsgründen wird für das Kopt. eine sehr beschränkte Anzahl von Formen und Dialektvarianten angegeben. Manchen Hinweis verdanke ich Jürgen Horn. – [15] Vgl. Osing, Nominalbildung, 699–700, zu verbessern durch Wolfgang Schenkel, Zur Rekonstruktion der deverbalen Nominalbildung des Ägyptischen, GOF IV. Reihe, Bd 13, Wiesbaden 1983, 95. – [16] Für die Trans-Brockelmannsche Hypothese, daß *ṯ* eine typologisch spätere, „amoritische" Phonologisierung einer Variante von *š* darstelle, vgl. Giovanni Garbini, Le lingue semitiche. Studi di storia linguistica, Neapel 1972, 38–65. – [17] Zu den Verwandtschaftsbeziehungen der afroasiatischen Z. s. Vermondo Brugnatelli, Questioni di morfologia e sintassi dei numerali cardinali semitici, Florenz 1982. Zu den semitischen und kuschitischen Z. s. aber grundlegend Hetzron, in: Journal of Semitic Studies 12, Manchester 1967, 169–197; 22, 1977, 167–201. – [18] Die Äquivalenz äg. *ḫmt* „3" ≙ semitisch *ḫmš* „5" (Sethe, a.a.O., 23) vermag ich weder phonologisch noch semantisch zu verstehen. – [19] S. I. M. Diakonoff, Semito-Hamitic Languages, Moskau 1965, 49. Zu diesem Z. s. auch Simon L. Reinisch, Das Zahlwort vier und neun in den hamitisch-semitischen Sprachen, SAWW 121, 1890. – [20] *ʿetidak* < **ʿdud jadaka* „zähle (die Finger) deine(r) Hand": Tomiche, in: André Martinet (Hg.), Le langage. Encyclopédie de la Pléiade, Paris 1968, 1173–1187. Zur Ablehnung der *jad*-Etymologie für äg. ⟨*d*⟩ s. Knauf, in: GM 59, 1982, 29–39; Zeidler, in: GM 72, 1984, 39–43. – [21] Sethe, a.a.O., 24–26; als indirekte Spuren eines solchen könnten (nach Meinung einiger) auch kopt. Konstrukte wie ⲧⲁⲓⲟⲩϫⲟⲩⲧⲥⲛⲟⲟⲩⲥ (50 + 22) „72", ⲧⲁⲓⲟⲩϫⲟⲩⲧⲯⲓⲥ (50 + 29) „79" oder ⲧⲁⲓⲟⲩⲙⲁⲃ (50 + 30) „80" angesehen werden, die auf einem Grundzahlwort „50" zu basieren scheinen: vgl. auch Till, Kopt. Gramm., § 167. – [22] Vgl. Plazikowsky–Branner, in: MIO 8, 1963, 466–483. – [23] Oswald Szemerényi, Studies in the Indo-European System of Numerals, Heidelberg 1960, 69. – [24] Wb IV, 200, 17; s. Jéquier, in: RecTrav 34, 1912, 121–122. – [25] *ŠDŠ* (arab. *SDṮ* sicher durch Dissimilation: vgl. Garbini, a.a.O. [s. Anm. 16]). – [26] Tuareg *sədis* (für die berberischen Formen s. Karl G. Prasse, Manuel de grammaire Touarègue-Tahaggart IV–V, Kopenhagen 1974, 403ff.). Zur lautlichen Alternanz *d* (*ḏ*)/*r* vgl. Reinisch, a.a.O. [s. Anm. 19]. – [27] Zum Lautwechsel *ʿ*/*ḫ* zwischen Semitisch und Äg. vgl. noch *wsḫ* „breit sein" vs. arab. *wasiʿa*. Zur berberischen Proto-Form **swḥ* s. Zyhlarz, in: ZÄS 67, 1931, 137. – [28] Wie auch in anderen Fällen interpretiere ich hier das arabische *ṯ* (*ṯamānja*) als Entwicklung eines *š* und nicht umgekehrt, wie die Communis opinio der Semitisten vorsieht. – [29] Zum Lautwechsel *ḏ*/*ʿ* zwischen Semitisch und Äg. vgl. noch *nḏm* „angenehm sein" vs. arab. *naʿima* oder *sḏm* „hören" vs. arab. *samiʿa*: vgl. Diakonoff, a.a.O. (s. Anm. 19), 48. – [30] *psḏ* „aufgehen (der Sonne), leuchten": Wb I, 556; *psḏ(n)tjw* „Tag des Neumonds": Wb I, 559. S. Sethe, a.a.O. [s. Anm. 2], 20. – [31] Szemerényi, a.a.O. (s. Anm. 23), 173. – [32] Eventuell kuschitisch *tamin* (bedja), *tomo* (hadija) u.a. durch Metathese; für die Formen s. Plazikowsky–Branner, in: MIO 8, 1963, 468–470; Zyhlarz, in: ZÄS 67, 1931, 138. – [33] Wb II, 184. Im Semitischen ließen sich – je nach Interpretation der Entsprechung zum äg. *ḏ* – mehrere Lexeme heranziehen, etwa *MṢṢ* „aufsaugen", *MDD* „lang ziehen, ausdehnen" oder *MṬṬ* „idem". – [34] S. schon Sethe, a.a.O. (s. Anm. 2), 13. 17. – [35] Szemerényi, a.a.O. (s. Anm. 23), 5ff. – [36] Sethe, a.a.O., 42–44; etwa *jfdt* „Vierheit", kopt. ⲙⲛ̄ⲧ-ⲁϥⲧⲉ „14". – [37] Allgemein als *ḏbʿ.tj* (?) rekonstruiert (Sethe, a.a.O., 24), dessen Grundlage aber weder phonologisch noch etymologisch akzeptiert werden kann. Zu den Wortspielen mit *ḏwtj* s. die ausführliche Diskussion bei Fecht, Wortakzent, §§ 246–248. – [38] Als indirekte Spur eines vigesimalen Systems könnten (nach der Meinung einiger) kopt. Konstrukte wie ϥⲧⲟⲟⲩ ⲛ̄ϫⲟⲩⲱⲧ, ϥⲧⲉⲩϫⲟⲩⲱⲧ (4 × 20) „80" oder ϯⲟⲩ ⲛ̄ϫⲟⲩⲱⲧ (5 × 20) „100" angesehen werden, die auf einem Grundzahlwort „20" zu beruhen scheinen: vgl. Till, Kopt. Gramm., § 167. – [39] **ʿaśrā*: Carl Brockelmann, Grundriß der vergleichenden Grammatik der semitischen Sprachen I, Berlin 1908, 490; vgl. hingegen von Soden, in: WZKM 57, 1961, 24–28 zur Meinung, die akkadischen und südsemitischen Formen der Zehner seien fem. Pluralformen. – [40] **wīkm̥tī* < *(*d*)*wī* (*de*)*km̥tī̄* „2–10er": Szemerényi, a.a.O. (s. Anm. 23), 129. – [41] Wb I, 177. – [42] Einen indirekten Hinweis liefert das NR-Wortspiel mit dieser Wurzel: Wb III, 82. – [43] Zu (sicher nicht zwingenden) Spuren anderer Zählsysteme (duodezimal oder sexagesimal) s. Sethe, a.a.O., 27–29. – [44] Plazikowsky–Branner, a.a.O. (s. Anm. 32), 479. – [45] Wb IV, 489 ff. – [46] Etwa kopt. ϣⲙ̄ⲛⲧϣⲉ bzw. ϣⲟⲙⲧⲉ ⲛ̄ϣⲉ „300": Crum, CD, 546–547. – [47] Sethe, a.a.O., 14–15. – [48] Das letzte konsonantische Phonem wird in einer Variante (LD II, 144 s) durch die graphische Folge ⟨*nr*⟩ wiedergegeben, die neben ⟨*r*⟩, ⟨*ꜣ*⟩ und ⟨*n*⟩ eine der möglichen graphischen Realisierungen des Phonems /*l*/ im Äg. darstellt. – [49] Sethe, a.a.O., 13–14 und die Communis opinio. – [50] Im äthiopischen Bereich aber „10000"; ursprünglich wohl „Rinderherde > (große) Menge > Tausend": Ludwig Koehler und Walter Baumgartner, Hebräisches und Aramäisches Lexikon zum Alten Testament, Leiden [3]1967, 57. – [51] Hebr. *ḥop̄najim* „beide hohlen Hände", arabisch *ḥafna* „Hohlraum": Koehler–Baumgartner, a.a.O., 326; diese Etymologie ist um so wahrscheinlicher, als auch der hebräische Personenname *ḥop̄nī* vom äg. Wort „Kaulquappe" abzuleiten wäre (ebd.), das somit ein /*n*/- und kein /*l*/-Phonem besäße. – [52] Wb III, 151–152. – [53] Im allgemeinen s. Sethe, a.a.O., 44–59; Brugnatelli, a.a.O. (s. Anm. 17), 70–72. Zum appositionellen (und nicht partitivischen) Charakter der *m*-Konstruktion s. Spiegel, in: ZÄS 71, 1935, 76–77. – [54] Dazu Schenkel, in: Or 35, 1966, 423–425. – [55] Edel, Altäg. Gramm., § 389. – [56] Ebd., § 391 und insbesondere Schenkel, in: Or 35, 1966, 424, der hervorhebt, daß der Dual bei Paaren o h n e das Z. „2", bei allen anderen Zweiheiten hingegen m i t dem Z. „2" steht. – [57] Sethe, a.a.O. (s. Anm. 2), 49; zur Terminologie s. John B. Callender, Studies in the Nominal Sentence in Egyptian and Coptic, Berkeley – Los Angeles 1984. – [58] S. etwa Sethe, in: ZÄS 31, 1893, 113: *kjt 100 r-sꜣ kjt 100* „ein Hundert nach dem anderen". – [59] *wʿjw m nṯrw > wʿ n ntr*(*w*) *> wʿ ntr*: Erman, NG, §§ 183–185. Zum Verhältnis *m/n* s. unten Anm. 61. – [60] LD, Text III, 196 α. Vgl. auch Fälle wie *mwt.f-rmṯ* „seine Plazenta" vs. *mwt-rmṯ.s* bei Westendorf, Med. Gramm., § 84, die man als graphische und nicht als sprachliche Oppositionen betrachten sollte. – [61] Hermann Junker, Grammatik der Denderatexte, Leipzig 1966, §§ 100–101. Es stellt sich außerdem die Frage, inwieweit das *n*-Morphem, das die appositionelle Erweiterung einführt, ein typologisches *nj* oder *m* ist. Systemmäßig wäre man versucht, die *m*-Konstruktion als Ausgangspunkt zu nehmen, da sie (a) in semantischer Hinsicht eher dazu geeignet ist, eine appositionelle Verbindung zum Ausgangspunkt zu bringen (s. Spiegel, a.a.O.) und (b) durch die durchweg belegte „einfache" Schreibung auch bei pluralischem Nukleus nahegelegt wird. Deshalb möchte ich die *nt*-Erweiterungen, wie die hier angeführte oder das aus klassischer Zt stammende *120* (≙ *št-ḏwtj*) *nt ẖꜣ-tꜣ* „120 *ẖꜣ-tꜣ*-Ackermaße" (Gardiner, EG[3], § 262, 2), zunächst als schriftliche Hyperkorrekturphänomene betrachten (vgl. z. B. Urk. IV, 893, 15 mit einfachem *n*). – [62] Sethe, Von Zahlen (s. Anm. 2), 56–57; Till, Kopt. Gramm., §§ 156–168. – [63] Wolfgang P. Schmid, im Druck (s. Lit.). – [64] Man nehme z. B. den Fall der sog. „Zahlabstrakta", die eben eine selbständige Nominalphrase (Nukleus ohne Erweiterung) darstellen; da sie gegenüber den Kardinalzahlworten einen erweiterten phonologischen Bestand besitzen, könnte man sie als Status-absolutus-Formen eines jeweiligen Status constructus ansehen, was einen wichtigen Beweis für ihre Betrachtung als autonome Wortart – s. oben – liefert. – [65] Vgl. schon Spiegel, a.a.O. (s. Anm. 53), 57 ff., der eine syntaktische Begründung des appositionellen Charakters der ägyptischen Zahlwort-Konstruktionen bietet. – [66] Seit Schenkel, Pluralbildung (s. Anm. 2) dürfte es als gesichert gelten, daß zumindest in der historisch verwirklichten Norm der äg. Pluralbildung nicht in a l l e n Fällen ein /*w*/-Morphem vorhanden war; so könnte es plausibel erscheinen, daß die im Laufe der geschichtlichen Entwicklung allmählich abnehmende Zahl der /*w*/-Plurale zu einer Normierung der „singularischen" Form des Gezählten beigetragen haben. – [67] Schenkel, in: Or 35, 1966, 423–425. – [68] Erst im Kopt. ist sie die Norm geworden (wenn auch mit Status-constructus-Überresten, s. oben), für das „colloquial" Neuäg. kann sie vielleicht angesetzt werden. – [69] Das Bedürfnis nach getreuer Wiedergabe der sprachlichen Realität und die Tendenz auf Erstellung schriftlicher Konventionen müssen wir als stets koexistent betrachten, wobei letztere gerade in den Perioden am stärksten auftritt, in denen der allgemeine kulturgeschichtliche Kontext vereinheitlichende normative Züge aufweist, etwa das MR (seit dem, wohl nicht zufällig, Ziffernschreibung konsequent praktiziert wird): vgl. Posener, Littérature et Politique, 13–20. Ausschreibung der Z. erscheint wiederum in großem Umfang in kopt. Zt, in der wegen der kulturellen Struktur des Landes die Durchsetzung einheitlicher Normen (s. etwa auch den Fall der sog. „Dialekte": Loprieno, in: GM 53, 1982, 75 ff.) auf größere Probleme stößt. – [70] Sethe, a.a.O., 70. – [71] Till, Kopt. Gramm., §§ 111–122. – [72] Grundlegend Sethe, a.a.O., 121–125. Im AR auch *nj* geschrieben: Edel, Altäg. Gramm., § 408. Vgl. Westendorf, Med. Gramm., § 160 zur Möglichkeit, das Suffix *nw* mit dem Determinativpronomen *nj* etymologisch zu verbinden. In diesem Licht könnte auch das *n* bei *psḏntjw* (Anm. 30) erklärt werden. – [73] Die Erweiterung wird auch in diesem Falle (wie bei den Kardinalzahlworten) seit dem NR durch das Morphem *n* eingeführt, gemäß der oben beschriebenen Entwicklungstendenzen. – [74] In CT VII, 108 begegnet ein weiteres interessantes Beispiel der besprochenen Kluft zwischen schriftlicher Konvention und sprachlicher Realität: Ordinalzahlworte werden mit Voranstellung des fem. *nwt*-Suffixes vor das Zahlwort-Ideogramm wiedergegeben: *nwt-2*, *nwt-3* usw. für zugrunde liegendes *2.nwt*, *3.nwt* usw. – Den Hinweis verdanke ich Wolfhart Westendorf. – [75] Sethe, a.a.O., 109–113. – [76] S. Anm. 61. – [77] Till, Kopt. Gramm., §§ 169–173. – [78] Zu *ntj* s. Sethe, a.a.O., 117; zu *r-mḥ* Erman, NG, § 252. Möglicherweise zu streichen ist die von Sethe, a.a.O., 120 angenommene Möglichkeit der Bildung von Ordinalzahlworten durch das Partizip eines denominalen Verbs aus dem jeweiligen Kardinalstamm: bei Pyr. 1152 b *ḫmt n*(*j*) *spdt* könnte es sich um eine *nj*-Schreibung des *nw*-Suffixes handeln: s. Anm. 72. Zu *ḫmt* „Gefährte" als erstarrtem Partizip eines solchen denominalen Verbs s. Edel, Altäg. Gramm., § 409. – [79] Zum allgemeinen Sethe, a.a.O., 113–116. – [80] Osing, Nominalbildung, 313. – [81] Ebd., 311. – [82] Nach Sethe, a.a.O.,

114–115. – [83] Wb III, 326ff. – [84] Sethe, a.a.O., 131–133.

Lit.: Kurt Sethe, Von Zahlen und Zahlworten bei den alten Ägyptern und was für andere Völker und Sprachen daraus zu lernen ist, Schriften der Wissenschaftlichen Gesellschaft Straßburg 25, Straßburg 1916; Karl Menninger, Zahlwort und Ziffer. Eine Kulturgeschichte der Zahl, Göttingen ^{3}1958; Geneviève Guitel, Histoire comparée des numérations écrites, Paris 1975; Oswald Szemerényi, Studies in the Indo-European System of Numerals, Heidelberg 1960; Wolfgang P. Schmid, Zur Wortart der Kardinalia, in: Fs. Schützeichel (i. Dr.). A. L.

Zahn, -behandlung. A. 1. Die äg. Bezeichnungen: *jbḥ* (Wb I, 64)[1], kopt. ⲟⲃϩⲉ[2]; *nḥḏt* > *nḏḥt* (Wb II, 304. 384)[1], Ableitung von *ḥḏ* „weiß"[3], kopt. ⲛⲁϫϩⲉ[2]; *ṯz/ṯzt* (Wb V, 401. 409); *ḫnr* (Wb III, 298), Z. des *Löwen, kopt. ϣⲟⲗ als allgemeines Wort für Z.; *ꜣbw* (Wb I, 7), Z. des *Elefanten.
2. Verwendung: Die Z. (*jbḥ* und *nḏḥt*) von *Esel und *Schwein werden als Drogen verwendet, wahrscheinlich als eine Art Antipathiemittel, denn bei beiden Tieren liegt eine Erscheinungsform des Gottes *Seth vor. – Der Stoßzahn des Elefanten (*Elfenbein) wird zu verschiedenartigen *Schnitzereien verwendet.
3. Verschiedenes: Zum Auftreten von Stoßzähnen in der *Architektur der FrZt s. *Per-wer II (Arnold, in: LÄ IV, 935). – Zum Gott „mit spitzen Zähnen" (Pyr. 201 d; vgl. auch 148 d) s. *Sopdu.

B. 1. Behandlung: Die medizinischen Texte nennen Zahnschmerzen (*tjꜣ*)[4] und Zahnerkrankungen[5]: Die Z. können hohl werden, sich lockern oder ausfallen[6]. Die Behandlung erfolgt entsprechend durch „Befestigen"[7] (*smn*: pEbers, Nr. 739. 743; *srwḏ*: Nr. 748) und „Ausstopfen" (*wšꜣ*: ebd., Nr. 739f.). Von den dabei verwendeten Drogen dürfte vornehmlich das in den hohlen Z. gestopfte „Abgeriebene vom Mühlstein" als eine Art Mörtel- oder Zementfüllung geholfen haben, während der obligate *Honig (ebd., Nr. 740) eher schädlich gewirkt haben wird. – Erkrankungen des Zahnfleisches (Abszesse, Entzündungen, Blutungen) wurden äußerlich behandelt (Auflegen der Drogenmasse, Verband, Kaumittel; z. B. ebd., Nr. 554. 749). – Der einmal als Urheber genannte *fnṯ*-Wurm, der den Z. zernagt (*wšꜥ*)[8], war wahrscheinlich zunächst ein bildlicher Ausdruck für ein wurmartiges Gerinnsel aus Eiter und/oder *Blut[9].
In welch erheblichem Umfang die Ägypter an Zahnerkrankungen gelitten haben, lassen auch die Befunde der *Mumien und Skelette (*Palaeopathologie)[10] erkennen: Karies, Abrieb der Zahnkronen und des Zahnschmelzes, schließlich allgemeiner Zahnverfall (Wurzelvereiterung, Abszeßbildung, Sepsisgefahr).
*Instrumente für die Zahnbehandlung sind bisher nicht identifiziert worden. Erst ein demot. Text behandelt die Extraktion (*jnj r-bnr*) eines kranken Zahnes[11]. Wenn aber behauptet wird[12], die pharaonische Medizin sei über die Behandlung von Zahnschmerzen (durch schmerzstillende Mittel) und von Zahnfleischerkrankungen (lediglich durch Auflegen von Drogen) nicht hinausgekommen, habe wohl auch noch gar keine eigene Disziplin „Zahnheilkunde" und auch noch nicht den Spezialisten „Zahnarzt bzw. Zahnbehandler"[13] gekannt, so scheinen diesem Urteil allzu moderne Maßstäbe und Anforderungen zugrunde gelegt zu sein.
2. Künstliche *Deformierung der Z. ist nur in *Nubien (A-Kultur) und im meroitischen Bereich bekannt, nicht aber in Ägypten.

[1] Von Mensch und Tier, auch Stoßzahn des Elefanten. – [2] Zur möglichen Differenzierung von Schneide- und Reibezahn s. Morenz, in: Westendorf, KoptHWb, 137, Anm. 7. – [3] Edel, Altäg. Gramm., § 256 A, S. XXXIX; *Farben (Emma Brunner-Traut, in: LÄ II, 119). – [4] Med. Wb, 937. – [5] Grundriß der Medizin I, 42; III, 53; V, 111–115. – [6] Nach dem *Traumbuch (pChester Beatty III, 8, 12) ein ungünstiger Trauminhalt: Tod eines Angehörigen. – [7] Der durch Golddraht befestigte Z. (Junker, Gîza I, Tf. 40 c) soll gegen das zahnärztliche Gutachten (a.a.O., 256f.) keine Prothese sein, sondern zu den Instandsetzungsarbeiten der Mumie rechnen (s. Fuchs, in: LÄ VI, 278 mit Anm. 119). – [8] pAnast. IV, 13, 7; vgl. pEbers, Nr. 742 (*wšꜥw r rꜣ ḥꜥw*). – [9] Vgl. Med. Wb, 304 § 1. – [10] Ruffer, Study of Abnormalities and Pathology of Ancient Egyptian Teeth, in: American Journal of Physical Anthropology 3, Washington 1920, 335–382; Leek, in: JEA 52, 1966, 59–64; 53, 1967, 51ff.; 57, 1971, 105ff.; 58, 1972, 126ff.; Schwarz, in: Bulletin Société d'Égyptologie Genève 2, Genf 1979, 37–43. – [11] Eve A. E. Raymond, in: Fs Gutbub, 183–199 (mit kritischen Bemerkungen zur pharaonischen Zahnmedizin und weiterführender Lit.). Auch die kopt. Medizin kennt das Zahnziehen (mit der Zange oder den Fingern): Walter C. Till, Die Arzneikunde der Kopten, Berlin 1951, 20–21 F. 4. – [12] E. A. E. Raymond, a.a.O., 189f.; Schwarz, a.a.O., 43. – [13] Junker, in: ZÄS 63, 1928, 69; Grundriß der Medizin III, 91; Frans Jonckheere, Les Médecins de l'Égypte Pharaonique, Brüssel 1958, 63 Nr. 63; 120 Nr. 14; id., in: CdE 26, Nr. 51, 1951, 245f. W. W.

Zange s. Schmieden, Instrumente (med.)

Zauber(er) (-Mittel, -Praktiken, -Spruch)

A. Zauber. Die als Synonyma[1] aufzufassenden Begriffe Z. und *Magie[2] sind in der außerägyptologischen Literatur Gegenstand völlig unterschiedlicher Auffassungen, von denen sich noch keine als verbindliche Standardmeinung zu qualifizieren vermochte[3]. Negative Folge ist ein derzeitiger

Mangel an Präzision, insbesondere hinsichtlich Denotation, Definition und Terminologie, wobei die problematischen Stellen hauptsächlich vom Verhältnis des Z. zu Religion und Kult[4] oder zu Wissenschaft[5] und Technik[6] verursacht werden. Diese ungeklärte Situation findet erwartungsgemäß ihre Entsprechung auch innerhalb der ägyptologischen Literatur zum Thema Zauber(er).

I. *Variabilität des Denotationsbereiches.* Als Denotate des Begriffes Z. können begegnen z.B. eine bestimmte Art von Handlungen oder Praktiken, eines Mittels, einer Weltsicht, eines Wirklichkeitsbezirkes oder einer Kraft bzw. Macht, aber nicht selten bleibt es unentschieden, welches Denotat intendiert ist[7]. Um dieser Unklarheit entgegenzuwirken, wird der Begriff Z. im folgenden nur noch zugelassen als Bezeichnung einer bestimmten, durch die Benennung von geeigneten Klassenmerkmalen möglichst genau zu definierenden Klasse von Handlungen sprachlicher und/oder nichtsprachlicher Art.

II. *Variabilität der Definition. Kritik.* Zur Definition von Z., mehr oder weniger im hier akzeptierten Sinne einer Handlungsklasse verstanden, sind in der ägyptologischen Fachliteratur im wesentlichen fünf Merkmale (1–5) herangezogen worden, teilweise miteinander kombiniert. Deren Leistungsfähigkeit wird zunächst kritisch überprüft, bevor die Grundlegung einer Definition erfolgen kann.

1.1. Merkmal 1 besteht in einer speziellen Handlungsweise des Menschen den höheren Mächten/Gott gegenüber, die in ihrer extremsten Ausprägung als „Manipulation der höheren Mächte/Gottes" zu charakterisieren ist. Sie soll in Gegensatz stehen zu einer anderen Handlungsweise, die für „Religion" charakteristisch sein soll, mit der extremsten Ausprägung „Unterwerfung unter die höheren Mächte/Gott"[8]. Dabei können diese beiden Handlungsweisen sowohl als sich gegenseitig ausschließende Gegensätze gesehen werden wie auch als die extremen Endpunkte einer kontinuierlichen Linie oder als die Pole eines beide umfassenden Kraftfeldes[9].

Kritik: (a) Gegen Merkmal 1 ist eingewendet worden, daß zum einen nicht allein „Unterwerfung", sondern ebenfalls „Manipulation" prinzipielles Element einer jeden religiösen Praxis sei[10] und daß zum anderen beide Handlungsweisen auch im Bereich dessen anzutreffen seien, was aufgrund von Merkmal 1 als Z. bezeichnet wird. Daraus haben manche den Schluß gezogen, daß zwischen Z. und Religion überhaupt nicht unterschieden werden könne[11]. Aber es fragt sich, ob diese Reaktion dem Befund tatsächlich angemessen ist, denn aus der Beobachtung, daß sich wohl innerhalb einer jeden Religion „magische" Handlungen im Sinne von „Manipulation" finden lassen, folgt nicht zwingend, daß eine Unterscheidbarkeit zwischen „Manipulation" und „Unterwerfung" prinzipiell nicht durchführbar wäre. Das Positive der Kritik liegt vielmehr darin, daß sie darauf aufmerksam gemacht hat, daß auch im Bereich der „Hochreligionen" (einschließlich der jüdisch-christlichen Religion) Handlungen mit der Intention der „Einwirkung/Manipulation" vorkommen und daß dies sogar Kennzeichen nahezu einer jeden religiösen Praxis ist[12]. Konsequenterweise sind Z. bzw. Magie, soweit durch Merkmal 1 definiert, generell nicht als der Religion entgegengesetzt aufzufassen, sondern als ein integrativer Bestandteil derselben[13], wobei das Verhältnis zwischen magischen und nicht-magischen Elementen religionsspezifisch und individuell verschieden ist und die Grenzen fließend sind[14].

(b) Ein zweiter Einwand gegen Merkmal 1 steht in Zusammenhang mit dem besonderen Charakter der äg. Religion, die als eine „Kultreligion" oder zumindest als eine kultisch dimensionierte Religion betrachtet wird[15]. Zu deren konstitutiven Charakteristika gehören aber gerade die Möglichkeit und der Vollzug menschlicher Einwirkung auf die höheren Mächte/Gott, d.h. die Handlungsweise „Manipulation"[16], so daß eine Abgrenzung zu einer Handlungsweise „Unterwerfung" auf das Ganze gesehen nicht gegeben scheint[17]. Doch auch diesem Einwand ist entgegenzuhalten, daß die Schlußfolgerungen zu weit gehen: auch dann, wenn sich das Verhältnis zwischen „Manipulation/Einwirkung" und „Unterwerfung" im Rahmen einer kultisch dimensionierten Religion wie der ägyptischen mehr (oder sogar überwiegend) zugunsten des ersten Handlungstyps bestimmen mag, ist das Vorhandensein des zweiten keinesfalls prinzipiell ausgeschlossen. Problematisch ist vielmehr eine objektive Trennung zwischen den Phänomenen im einzelnen, da selbst bei so „religiösen" Formen wie z.B. *Ethik, *Fürbitte, *Gebet, *Hymnus (vgl. *Sonnenhymnus), *Opfer oder *Persönliche Frömmigkeit Einwirkungen auf höhere Mächte/Gott vorhanden sein können[18].

1.2. Lediglich um eine Variante von Merkmal 1 handelt es sich, wenn als Kriterium für Z. nicht die Handlung als solche ausschlaggebend sein soll, sondern spezifischer die „Gefühlslage" bzw. psychische oder geistige Haltung, die mit jener einhergeht[19]. Im Falle von Z. soll es sich um „Selbstvertrauen" oder „Selbstsicherheit" den höheren Mächten/Gott gegenüber handeln, im Falle von Religion dagegen um „heilige Scheu", „religiöse Ergriffenheit" oder „Ehrfurcht"[20].

Kritik: (a) Kritik an dieser Variante von Merkmal 1 wurde aus der methodologischen Überlegung heraus geübt, daß ja „(die) Geisteshaltung ... nicht von außen her untersucht und bestimmt werden“ könne[21]. In der Tat wird hiermit auf eine Unsicherheitszone bei der Bestimmung von Handlungen als Z. hingewiesen, denn z.B. kann ein Gebet ohne formale Veränderung in eine Beschwörung übergehen. Oft aber wird eine derartige „innere“ Änderung mit wahrnehmbaren „äußeren“ Änderungen korrespondieren, die als Indizien für die Bestimmung der handlungszugehörigen „Geisteshaltung“ durchaus in Frage kommen[22].

(b) Ein anderer Einwand steht in Zusammenhang mit der Auffassung, daß „die Geisteshaltung religiöser Menschen zwischen reiner Unterwerfung unter Gott und einer fordernden Haltung ihm gegenüber oszillier(en)“ würde[23]. Man muß dieser Auffassung nicht in pauschaler Weise zustimmen, um aus ihr zumindest einen weiteren Hinweis auf die Unsicherheit dieses Kriteriums ableiten zu können.

(c) Dementsprechend ist es lediglich Willkür, wenn unter alleinigem Verweis auf die „Gefühlslage“ in Ägypten der Götterkult als „religiös“ vom *Toten- und Alltagskult als „magisch“ abgegrenzt wird[24].

2. Bezugspunkt und Maßstab von Merkmal 2 bildet anscheinend das „Kausalgesetz“[25]: eine Handlung wird dann als Z. identifiziert, wenn sie zwar nach Vorstellung des „magischen Menschen“[26] in einem Kausalzusammenhang die Ursache für eine bestimmte Wirkung ist, jedoch diese Wirkung „nach unserer Meinung“[27] bzw. aufgrund des „natürlichen Kausalgesetzes“[28] nicht als Folge der Handlung eintreten kann. D.h. entscheidend für die Identifikation einer Handlung als Z. soll die Nichterklärbarkeit ihrer unterstellten Wirkung durch das „natürliche Kausalgesetz“ sein.

Kritik: (a) Ungeeignet ist Merkmal 2, um „magische“ von „religiösen“ Handlungen zu unterscheiden, denn auch für letztere gilt prinzipiell eine Nichterklärbarkeit durch das „natürliche Kausalgesetz“.

(b) Es wird bei Merkmal 2 keinesfalls geleugnet, daß auch der „magische Mensch“ sich bei seinen Handlungen von Kausalzusammenhängen leiten läßt, daß er also Kausalzusammenhänge kennt, die ihm im Rahmen seiner eigenen Weltsicht rational, logisch und natürlich erscheinen. Aber soweit diese eigenen Kausalzusammenhänge des „magischen Menschen“ nicht zufällig mit bestimmten „natürlichen Kausalzusammenhängen“ kongruieren, soll es sich um „magische“ Kausalzusammenhänge handeln, die zu „magischen“ Handlungen führen[29]. Nun sind aber „Kausalzusammenhänge“ Vorstellungen von Gesetzmäßigkeiten, die eine ihnen zugrunde liegende Weltsicht (*Weltbild) bereits notwendig voraussetzen und implizieren, und demzufolge geht es letztlich um den Unterschied zwischen zwei verschiedenen Weltsichten: einer „wissenschaftlichen“ Weltsicht zum einen und einer Weltsicht, die „wissenschaftlich“ und „magisch“ zugleich ist, zum anderen. Dabei bildet das „Magische“ lediglich eine Restkategorie, gewissermaßen das an der fremden Kultur mit „wissenschaftlichen“ Strukturen nicht Verstehbare. Weitaus angemessener wäre jedoch dem Verständnis der fremden Kultur eine Interpretation, die auf eine Verabsolutierung des „Wissenschaftlichen“ verzichten kann[30, 31].

3. Merkmal 3 besteht in einem besonderen „Zweck“ der Handlung[32]: nur wenn sie „das Außer-Ordentliche wirken“[33], „das eigentlich nicht Erreichbare erreichen“[34] oder „das Unabwendbare wenden“[35] will, soll es sich um Z. handeln[36]. Dagegen soll eine „Kult“-Handlung, d.h. eine religiöse Handlung vorliegen, wenn bezweckt wird, „das Ordentliche (die Ordnung: *Maat) im Himmel und auf Erden in Gang zu halten“[37].

Kritik: (a) Kritik muß sich vor allem auf den Maßstab richten, mit dem das „Ordentliche“ von dem „Außer-Ordentlichen“ geschieden werden soll. Es ist nämlich nicht immer nur der des Ägypters selbst, sondern auch der des modernen Interpreten, der offenbar von seinem „gesunden Menschenverstand“ ausgeht, dessen Universalität sich freilich als irrtümlich erwiesen hat[38]. Manches von dem, was im Rahmen von modernen Realitätsvorstellungen als „außer-ordentlich“ oder „unmöglich/unerreichbar“ eingestuft würde, kann im Rahmen des äg. Wirklichkeitsverständnisses durchaus als „ordentlich“ oder „möglich/erreichbar“ betrachtet werden[39]. Zwar wird für das „Ordentliche“ die äg. Idee der Maat beansprucht, doch muß sie unangemessen eng aufgefaßt werden, da sie andernfalls auch die meisten Zauberhandlungen umfassen würde[40].

(b) Die Unterscheidungsweise zwischen Z. und Kult bzw. Religion gemäß Merkmal 3 wird von den Befürwortern in gewisser Hinsicht selbst in Frage gestellt, wenn gleichzeitig besonders eindringlich deren Gemeinsamkeiten hervorgehoben werden[41].

4. Merkmal 4 setzt bei den als Z. zu klassifizierenden Handlungen voraus, daß sie „deutliche Implikationen des Geheimnisvollen und Mirakulösen“ besitzen, d.h. daß zu ihrem Vollzug bestimmte wundersame Mächte benötigt werden[42].

Kritik: (a) Auch hier gilt wieder, was schon zum vorangegangenen Merkmal 3 ähnlich gesagt wurde: ob etwas als „geheimnisvoll und wundersam" eingestuft wird, ist von den zugrunde liegenden Realitätsvorstellungen abhängig, und für eine historische Interpretation können allein die der Ägypter selbst maßgebend sein. In deren Rahmen sind aber viele Phänomene, die aufgrund von modernen Realitätsvorstellungen als „geheimnisvoll und mirakulös" erscheinen, eher als „natürlich" zu verstehen, d.h. als in Übereinstimmung mit äg. „Naturgesetzen" befindlich[43]. Konsequenterweise wird von den Vertretern des Merkmals 4 auf einen bestimmten äg. Machtbegriff rekurriert, nämlich auf die *ḥkȝ*-Macht, die in der Tat eine Konnotation des „Geheimnisvollen" besitzt (s. B II). Ob freilich sämtliche nicht-profanen Handlungen für den Ägypter in Verbindung mit dieser *ḥkȝ*-Macht standen, muß spekulativ bleiben, da in der Regel keine explizite Bezugnahme auf sie erfolgt.

(b) Auch unter der Voraussetzung, daß *ḥkȝ*-Macht sowohl Implikationen des „Geheimnisvollen" hat als auch bei allen nicht-profanen Handlungen im Spiel ist, ist es nicht möglich, mit ihrer Hilfe die Handlungen des Alltagskultes von denen des Götter- und Totenkultes abzugrenzen, denn sie ist auf keinen dieser Bereiche beschränkt[44].

5. Merkmal 5 beruht auf der Unterscheidung von „Gesellschaft/offizielle Sphäre" und „(lebendem) Individuum/private Sphäre"[45]: nur wenn der Zweck einer Handlung, teilweise auch der Handelnde selbst[46], unmittelbar dem letztgenannten Bereich zugehört, soll eine Zauberhandlung vorliegen.

Kritik: (a) Da dieses Merkmal für sich allein genommen keinerlei Unterscheidung zwischen „profanen" und „sakralen" Handlungen gestattet, wird es nur in Verbindung mit Merkmal 3 oder 4 angewendet. Aber eine strenge Trennung zwischen jenen „sakralen" Handlungen, die im Interesse der Gesellschaft und von deren Repräsentanten vollzogen werden (s. *Rituale; *Kult), und jenen, die im unmittelbaren Interesse des Individuums und von diesem selbst ausgeführt werden, ist in Ägypten auf das Ganze gesehen wohl nicht durchzuführen: zwar ist der Aktant der ersteren allein der in Götterrolle handelnde König oder seine Stellvertreter, aber auch die Aktanten der letzteren sind ermächtigt, Götterrollen einzunehmen[47]. Zwar ist der Zweck der ersteren tatsächlich ein sehr allgemeiner, die Gesellschaft als Gesamtheit betreffender, insofern es um die Aufrechterhaltung der ganzen Welt geht, aber auch die letzteren tragen ihren Anteil dazu bei, wenn auch nur auf tieferem Niveau (s. D. III. 4). Zwar finden die ersteren meist regelmäßig statt („calendrical rites"), während die letzteren meist bei aktuellem Bedarf ausgeführt werden („critical rites")[48], aber in beiden Fällen geht es um die Abwendung einer Krise[49]. Zwar soll der Handlungsort der ersteren die Heilige Welt (s. *Alltagswelt und Heilige Welt) sein, derjenige der letzteren dagegen die Alltagswelt, aber es ist viel eher so zu sehen, daß durch den sakralen Vollzug der betreffende Handlungsort in der Alltagswelt vorübergehend zur Heiligen Welt wird.

Bei dieser strukturellen Verwandtschaft zwischen den beiden Handlungsarten stellt sich die Frage, ob es angemessen ist, die erstere als Z. von der letzteren als Kult oder Religion abzutrennen, oder ob auf diese Weise nicht viel eher im Grunde Zusammengehöriges zerrissen wird[50].

(b) Als positiv ist hervorzuheben, daß durch die Anwendung von Merkmal 5 ein (religions-)historischer Vorgang akzentuiert wird, nämlich die Privatisierung von ursprünglich königlichen Prärogativen[51].

III. *Grundlegung einer Definition.* Als Ergebnis des vorangehenden Abschnittes kann festgehalten werden, daß offenbar keines der vorgestellten 5 Merkmale geeignet zu sein scheint, Z. von Religion (bzw. Toten- und Götterkult) zu unterscheiden, und selbst dann, wenn man Z. als integrativen Bestandteil von Religion auffaßt, sind magische und nicht-magische Handlungen der Religion nicht problemlos auseinanderzuhalten. Obwohl es eine denkbare Konsequenz sein kann, den Begriff Z. und die entsprechenden Ableitungen aus dem begrifflichen Instrumentarium zur Interpretation der äg. Religion zu streichen, wie es schon vorgeschlagen worden ist, und die bisher als Z. bezeichneten Handlungen als besondere Formen religiöser Praxis zu untersuchen[52], ist im vorliegenden Rahmen ein Kompromiß mit den mehr üblichen Auffassungen einzugehen. Dieser Kompromiß besteht in einer vorsichtigen Anerkennung von Merkmal 1 einerseits (d.h. der Annahme eines „weiten" Zauberbegriffes), wobei die traditionelle Grenze zwischen Z. und Religion konsequent zugunsten des Z. verschoben wird (vgl. A. II. 1.1: Kritik), und andererseits, jedoch beschränkt auf die Behandlung von Zauberer (s. C) und Zauberspruch (s. D. II), in einer Anerkennung von Merkmal 5 (d.h. einem „engen" Zauberbegriff). Des weiteren wird versucht, Z. als die praktische Umsetzung einer magisch-religiösen Weltsicht erscheinen zu lassen.

B. Zauberkraft. Als grundlegende äg. Termini für Z. gelten in der Ägyptologie *ḥkȝ* und *ȝḫw*[53], die weitgehend als Synonyma[54] verstanden und traditionell als „Zauberkraft, übernatürliche Kraft"[55] bzw. „Zaubermacht"[56] interpretiert werden. Sicherlich nicht zuletzt wegen der dargelegten Vieldeutigkeit des Begriffes Z. und seiner irreführenden Konnotationen gibt man mittlerweile zu Recht neutraleren und konkreteren Übersetzungen den Vorzug, in deren Zentrum spezifizierbare „Kraft", „Energie", „Macht" oder „Wirkung" stehen[57].

I. *ḥk3*-Macht[58], die auch personifiziert als der Gott *Heka vorkommt[59], kann – wie *3ḫw* – als eine „Strahlkraft" erscheinen[60], doch auch als eine Art von Substanz gedacht werden[61]. Sie ist die kreative Macht (s. *Machtbegriff), die schöpferische Kraft des *Schöpfergottes[62] (in personifizierter Form eine seiner Emanationen)[63], welche sowohl die *Schöpfung ermöglicht hat als auch weiterhin der Erhaltung der Welt dient[64] (s. *Kosmogonie; *Kosmologie). Zwar besitzen wesensmäßig alle Götter die *ḥk3*-Macht (s. *Göttereigenschaften), aber insbesondere sind es die Gottheiten des Wissens *Thot und *Isis, die mit ihr verbunden sind, und bestimmte weibliche *Schutzgottheiten des Königs (*Werethekau). Für die bereits der göttlichen Sphäre zugehörigen Toten (s. *Ach) ist die *ḥk3*-Macht konstitutiver Bestandteil ihres Wesens, neben *Namen, *Ba, *Schatten u.ä., und kann ihnen wie jene abhanden kommen[65].
Offensichtlich in einem weiteren Umfang noch als die *3ḫw*-Macht steht die *ḥk3*-Macht auch dem irdischen Bereich der lebenden Menschen zu: zufolge der „*Lehre für Merikare" aus dem Mittleren Reich soll der Schöpfergott den Menschen die *ḥk3*-Macht als Waffe gegen Unheil geschenkt haben[66]; im *Amduat gibt es eine Art von theologischer Anmerkung, aus der klar hervorgeht, daß die *ḥk3*-Macht nicht nur in transzendentalen Bereichen, sondern auch auf Erden auslösbar ist[67]; ein besonders herausragender Künstler kann ebenfalls von sich sagen, über die *ḥk3*-Macht (im Sinne von schöpferischer Kreativität und Effektivität) verfügt zu haben[68].

II. In der Regel wird *ḥk3*-Macht durch das „Heilige Wort" aktualisiert, d.h. durch bestimmte sakrale Spruchriten, die man ebenso als *ḥk3* bezeichnen kann[69], während nichtsprachliche Handlungen oder mit diesen in Zusammenhang stehende materielle Mittel weitaus seltener mit *ḥk3* direkt assoziiert werden[70]. Da sich die Spruchriten inhaltlich vorrangig auf Sachverhalte der Götterwelt beziehen müssen, um ihren Adressaten – sei es der verklärungsbedürftige Tote, sei es der hilfsbedürftige, mangelleidende Lebende – in die götterweltliche Sphäre transponieren und die *ḥk3*- oder *3ḫw*-Macht für ihn aktualisieren zu können[71], setzt ihre Anwendung (und d.h. letztlich auch die Verfügbarkeit über *ḥk3*- oder *3ḫw*-Macht) ein bestimmtes „Heiliges Wissen" voraus[72]. Dieses „Wissen", zu dem die Kenntnis einer umfangreichen Spruchliteratur gehörte, war keineswegs jedem Ägypter in gleicher Weise verfügbar und bedurfte vielleicht sogar einer speziellen Einweihung oder Initiation[73]. Tatsächlich findet sich in den Beischriften zu den Spruchriten gelegentlich die Aufforderung zur Geheimhaltung[74]. Angesichts dieser Voraussetzungen einer Anwendung von *ḥk3*-Macht ist es wohl berechtigt, wenn man ihr die Bedeutung einer „geheimnisvollen" Macht zuerkannt hat[75]. Durch profane „Enthüllungen" wird die Wirkung des Z. zunichte gemacht (Admonitions 6,7).

C. Zauberer. I. Das Ausführen von Zauberhandlungen war in Ägypten keine Sache von besonderer, z.B. angeborener, Begabung, sondern allein des richtigen „Wissens", so daß im Prinzip jeder zaubern konnte, der über ein entsprechendes „Wissen" verfügte[76]. Um dennoch zu einer genaueren Bestimmung von Zauberer zu kommen, kann man zwei Gruppen unterscheiden, wenn auch nur unscharf: die eine setzt sich aus jenen Personen zusammen, die nur ein recht spezielles und geringes „Wissen" hatten und nur in besonderen Situationen ihres täglichen Lebens und zu ihrem eigenen Bedarf zauberten, gewissermaßen als „Laien", wie z.B. Hirten[77] oder Jäger[78]. Im weiteren Sinne rechnen hierzu auch all diejenigen, die nur ein *Amulett oder *Apotropaikon o.ä. verwenden[79]. Die andere Gruppe, auf deren Mitglieder der Begriff Zauberer beschränkt werden sollte, besteht aus all jenen, die vor allem aufgrund ihrer Verbindung zum *Lebenshaus (jener Stätte, an der alles „Wissen" entwickelt, kodifiziert und bewahrt wurde)[80] oder vielleicht auch aufgrund mündlicher Überlieferungen und Traditionen zum Ausführen von Zauberhandlungen besonders befähigt waren, wobei manche in dieser Hinsicht eine gewisse Spezialisierung oder „Professionalität" besaßen (z.B. Träger der Titel: *ḥk3w*; *z3w*; *šnw*; *wꜥb Sḫmt*; *ḫrp Srqt*; *Cheriheb).

II. Nun zeigt jedoch der Versuch, den Zauberer beispielsweise gegenüber anderen Angehörigen des Lebenshauses abzugrenzen, daß die bereits bekannte Problematik (s. A. II) des Verhältnisses zwischen Z. und Religion bzw. Z. und *Wissenschaft/Technik wiederkehrt, jetzt in einer soziologisch greifbaren Form als die Problematik des Verhältnisses zwischen Zauberer und *Priester bzw. Zauberer und *Arzt. Traditionell hat man den „Arzt" (*zwnw*) als den „praticien instruit" (ἰατρός) vom „Priester" und „Zauberer" als dem „guérisseur inspiré" (ἱερεύς) getrennt[81], aber in einer jüngst erschienenen gründlichen Arbeit wurde dargelegt, daß z.B. zwischen dem *zwnw*-„Arzt" und dem „*Sachmet-Priester" (*wꜥb Sḫmt*) bzw. dem „Skorpionenbeschwörer" (*ḫrp Srqt*) in keiner Hinsicht ein wesensmäßiger Unterschied besteht[82]. Außerdem kann z.B. ein *zwnw*-„Arzt" auch als *zꜣw*-„Zauberer" bezeichnet werden[83] oder von ihm gesagt werden, daß er Z. ausübt[84], oder kann ein „Schreiber und Cheriheb" sich Zauberhandlungen zuschreiben[85], oder kann sich ein „Sachmet-Priester" (*wꜥb Sḫmt*) als „Vorsteher der *ḥkꜣw*-Zauberer" rühmen[86], oder kann ein *zꜣw*-„Zauberer" auch „ärztliche" Tätigkeiten übernehmen[87].

Dieser Befund[88] kann wohl nur so gedeutet werden, daß die den verschiedenen Titeln entsprechenden „Berufe" nicht widersprüchlich, sondern primär miteinander vereinbar sind, da ihnen letztlich ein und dieselbe Weltsicht und Wirklichkeitsvorstellung zugrunde liegt, wie sie im Lebenshaus vertreten wurde. Diese grundlegende Einheit wird durch die eher modernem Denken verbundene Trias „Arzt-Priester-Zauberer" leicht verschleiert, da sie die Kluft vor allem zwischen (Natur-)Wissenschaft und Religion beinhaltet, die allein für säkularisierte Gesellschaften charakteristisch ist[89]. Erst dann, wenn man dieser wichtigen Tatsache eingedenk ist, kann man sekundär auch bestimmte „berufliche" Spezialisierungen der Ägypter gemäß der genannten Trias interpretieren, und nur in einem solchen eingeschränkten Sinn ist es angemessen, Träger der oben angeführten Titel als „Zauberer" zu benennen, auch wenn sie oft zugleich Funktionen des „Priesters" oder des „Arztes" ausüben.

III. *Typen von Zauberern.* Obwohl sprachlich aus der für Z. wichtigen *ḥkꜣ*-Macht abgeleitet[90], verleiht der Titel *ḥkꜣw* seinem menschlichen Inhaber von sich aus keinen hohen Rang[91]. So trifft man ihn z.B. einem „Hausvorsteher"[92] oder einer „Amme"[93] zugeordnet oder inmitten von niederen Beamten[94], und auch mehrere *ḥkꜣw*-„Zauberer" können einen gemeinsamen „Vorsteher" haben[95].

Nur recht selten begegnet der *zꜣw*-„Zauberer", dessen Bezeichnung mit dem Wort für „Schutz, Amulett" zusammenhängt[96]. Als Mitglied von Wüsten- und Steinbruchexpeditionen steht er in enger Verbindung mit dem *zwnw*-„Arzt"[97], wobei seine Funktion vermutlich in der Abwehr von Schlangen und Skorpionen besteht, sei es mittels apotropäischer Objekte[98], sei es mittels geeigneter Zaubersprüche[99].

Der Herausragende unter den Zauberern ist der *Cheriheb (*ḫrj-ḥbt*) oder „Vorlesepriester"[100], der nicht allein im Toten- und Götterkult eine wichtige Rolle spielt – zu Unrecht wird sein Wirken von manchen Ägyptologen geradezu auf diese beiden Bereiche beschränkt[101] –, sondern ebenso im „Alltagskult", d.h. bei den sog. Zauberhandlungen (Z. im „engen" Sinne verstanden). Häufig gehört er zum Lebenshaus, insbesondere als „Erster Ritualist" (*ḥrj-tp*)[102], und ist der äg. Theologe par excellence, mit der größten Erfahrung im Umgang mit den heiligen Texten, einschließlich der „magischen" Schriften und Sprüche, deren Verfasser oder Bearbeiter er in vielen Fällen sicherlich war[103]. Infolge seines außerordentlichen Wissens ist er besonders dazu geeignet, rituelle Handlungen selbst zu vollziehen oder ihren Vollzug zu kontrollieren[104], doch auch „ärztliche" Tätigkeiten werden von ihm berichtet[105], und sogar prophetische Fähigkeiten schreibt man ihm zu[106].

Somit kann es kaum verwundern, wenn es meist gerade der Cheriheb ist, der in bestimmten literarischen Traditionen den Typ des populären Zauberers und Wundertäters repräsentiert[107], und wenn er es ist, der für jene Zauberer das Vorbild abgegeben hat, von denen im Exodus (7,9–12,34) die Rede ist[108].

D. Zaubermittel, -Praktiken, -Spruch. I. (a) *Voraussetzungen und Hintergrund.* Z. als ein Bestandteil der äg. Religion[109] hat zur Voraussetzung und impliziert eine magisch-religiöse Weltsicht, die bestimmte theoretische Prinzipien umfaßt, welche eng miteinander verflochten sind[110]. Aus ihnen sind gewisse Mechanismen ableitbar, wie sie in den Zauberhandlungen selbst praktisch angewandt werden. Ein solches Prinzip liegt z.B. in der äg. Auffassung vor, daß zwischen menschlicher und göttlicher Sphäre ein Verhältnis derartig besteht, daß von menschlicher Seite her vermittels sakramentaler Handlungen (insbesondere des „Heiligen Wortes") ein sympathetischer Zusammenhang konstruierbar ist[111]. Andererseits gibt es daneben (vor allem seit dem NR) eine Auffassung der *Gott-Mensch-Beziehung, der zufolge der Mensch die göttliche Macht/Gott auch ganz unmittelbar erreichen und auf sie einwirken kann, z.B. durch Gebet, Fürbitte, Gelübde. Ein weiteres wichtiges Prinzip bildet die Auffassung, daß zwischen Wort (vor allem dem Namen) oder Bild einerseits und dem bezeichneten oder abgebildeten Gegenstand/Sachverhalt andererseits ein wesenhafter Zusammenhang besteht. Hiervon lassen sich mehrere der Zaubermechanismen ableiten, z.B. Verwendung des Namens, *Wortmagie und „*Wortspiel", „Vorahmung" (Analogie)[112]. Eng verwandt mit dem vorangegangenen ist das Prinzip der „Sympathie"[113], das zu Mechanismen führt wie z.B. Gleiches bewirkt Gleiches (similia similibus)[114],

Übertragung durch Berührung (kontagiöse „Magie“)[115] oder *Materialmagie.

(b) *Definitionen*. Der nur selten begegnende Ausdruck Zauberpraktik wird fast gleichbedeutend mit Zauberhandlung verwendet, besitzt jedoch eine abwertende Konnotation. Entgegen diesem Gebrauch, der auf überholten Konzepten basiert, empfiehlt sich eine Bestimmung, die das Begriffspaar praxis und lexis zur Grundlage nimmt: Zauberpraktik meint dann die „praktische“/manuelle Seite (d.h. den manuellen Ritus) einer Zauberhandlung, während Zauberspruch für ihre sprachliche Seite steht (d.h. verbaler Ritus bzw. Spruchritus)[116]. Der Ausdruck Zaubermittel bezeichnet in einem weiten Sinne überhaupt alles, was innerhalb der magisch-religiösen Weltsicht als „Instrument“ beliebiger Art zum Erreichen eines Zweckes dient[117]. In einem engen Sinne bezeichnet er dagegen ausschließlich diejenigen materiellen Objekte, die im Rahmen des manuellen Ritus vorkommen.

II. *Zaubermittel und -praktiken*. Die Bestimmung dessen, was im einzelnen als ein Zaubermittel gelten soll, ist abhängig z.B. vom zugrunde gelegten Zauberbegriff oder von der der Bestimmung vorangehenden ägyptologischen Interpretation des Gegenstandes selbst bzw. seines Bezugsrahmens[118], zumal die Qualifikation eines Gegenstandes als Zaubermittel oft nur einen von mehreren seiner Aspekte betrifft[119]. Eine Berücksichtigung dieser Bestimmungsproblematik wird im vorliegenden Rahmen jedoch nicht geleistet, sondern es folgt lediglich eine Zusammenstellung dessen, was als Zaubermittel angesprochen werden kann[120]. Dabei dient die Einteilung in materielle und sprachliche Zaubermittel und in Zauberpraktiken nur als ein grobes Ordnungsschema, bei dem Überschneidungen häufig sind.

1. Materielle Mittel[121]: die Materialien selbst (*Materialmagie und -symbolik) und ihre *Farben (s. *Symbol, Symbolik); Amulette und Talismane oder Apotropaika unterschiedlichster Art (meist ikonisch und/oder ikonographisch und/oder epigraphisch)[122]; die gesamte Ausstattung des Toten (d.h. Mumie, *Grab, -bau, -anlage, -ausstattung, -beigaben)[123]; der gesamte Tempel[124]; Objekte aus *Wachs[125] oder *Keramik, die einen Feind abbilden oder namentlich repräsentieren, an dessen Stelle sie in „Vorahmung“ zerstört o.ä. werden (s. *Ächtungstexte; *Feindsymbolik; *Vernichtungsritual); viele der sogenannten *Heilmittel[126]; Bemalungen[127], *Tätowierungen[128]; bestimmte Bekleidungen[129]; Opfergaben.

2. Sprachliche Mittel: alles Sprachliche in Verbindung mit einem materiellen Zaubermittel, entweder als epigraphischer Bestandteil und/oder als im Zusammenhang mit ihm zu rezitierender Text[130]; verschiedene Textgruppen, z.B. alle Totentexte (s. *Pyramidentexte, *Sargtexte, *Totenbuch[131], *Jenseitsführer)[132] und die enthaltenen Sprüche; die *Magische Literatur für die Lebenden[133]; Ritualtexte (s. *Rituale); *Briefe an Tote; Ächtungstexte; Schutzdekrete (s. *Götterdekret); im weiteren Sinne auch die Texte des Tempelkultes, ebenso *Gebete, Fürbitten, *Hymnen[134].

3. Zauberpraktiken: im weitesten Sinne bereits jede Anwendung eines materiellen Zaubermittels, z.B. das Tragen eines Amulettes oder die Verwendung eines Apotropaikons; im engeren Sinne der Vollzug von manuellen Riten oder Ritualen, z.B. *Räucherungen und *Libationen; Zerschlagen o.ä. von Repräsentationen des Feindes (s. *Vernichtungsritual); symbolische Schlachtungen; bestimmte *Gesten; auch: das gesamte Begräbnis (s. *Bestattung, *Bestattungsritual) und der Totendienst (*Totenkult)[135]; Vermeidungspraktiken (s. *Tabu, *Keuschheit, *Reinheit); im strengen Sinne sind hierher auch Verhaltensweisen aus der Persönlichen Frömmigkeit zu rechnen (z.B. Gelübde und Selbst-Dedikationen, welche die göttliche Macht zu einem erwünschten Verhalten [etwa zu Schutz] vertragsartig verpflichten), und sogar bestimmte Auffassungen von ethischem Verhalten (s. *Ethik) gehören zumindest in die Nähe von Zauberpraktiken[136].

III. *Zauberspruch*. Obwohl im strengen Sinne generell jeder „Spruch“ der reichhaltigen äg. Spruchliteratur, die in der Sphäre der Toten wie der Lebenden überliefert ist, als ein Zauberspruch aufzufassen wäre (s. D. II. 2), werden im folgenden nur diejenigen Sprüche behandelt, die eine Verwendungssituation („Sitz im Leben“) im privaten Bereich der Lebenden hatten (s. *Magische Literatur). Diese konstituieren das Textkorpus der sogenannten Magischen Texte „im engeren Sinne“[137]. Ohne Berücksichtigung der dem.[138], kopt.[139] oder griech.[140] Quellen, die in mancher Hinsicht das ältere Spruchmaterial fortsetzen[141], und unter Beschränkung auf den publizierten Bestand lassen sich etwa 800 solcher Zaubersprüche zusammenstellen, von denen viele lediglich Varianten des gleichen Spruches sind[142]. Aus dem MR nur in geringer Anzahl überliefert[143], nehmen sie im NR sprunghaft zu (häufigster Textträger: Papyrus)[144] und halten auch in der SpZt an (häufigster Textträger: Statuen und *Horusstelen)[145].

1. Terminologie: Der einzelne Spruch wird meist als *rꜣ* („Spruch“)[146] oder *šnt* („Beschwörung“)[147] bezeichnet, selten als *wḏꜣw*[148] bzw. *zꜣw*[149] („Schutzmittel“), *ḥmwt-rꜣ*[150] oder *ḏrt*[151],

während Sammlungen von Sprüchen *mḏꜣt* („Buch")[152] oder einfach *rꜣw* („Sprüche")[153] heißen.

2. Form: Den Kernbestand eines Zauberspruches bildet ein eigentlich zur Rezitation bestimmter Text (a), dem aber sehr häufig eine Überschrift („Spruchtitel") (b) vorangeht und oft, insbesondere bei Papyri oder Ostraka als Textträgern, noch ein anweisender oder kommentierender Begleittext (c) beigegeben ist, meist nachgestellt.

(a) Eine Analyse nach dem „Hörerbezug" des Spruches zeigt, daß die Rezitationstexte vorwiegend entweder direkt an positive Gottheiten gerichtet sind[154], deren Hilfe aktualisiert werden soll – dabei kann auch die Form eines Hymnus oder Gebetes bestimmend sein[155] –, und/oder an den Gegner/Feind (s. *Totengeist)[156], der als Verursacher des zu beseitigenden Mangelzustandes betrachtet wird, und/oder aus einer delokutiven Perspektive heraus die unterstellten Sachverhalte darstellen, z.B. konstatierend, narrativ oder diskursiv[157].

(b) Die in der Regel nur kurze Überschrift kann unterschiedliche spezifizierende Angaben enthalten, z.B. zur besonderen Art des Mangelzustandes, dessen Beseitigung bewirkt werden soll[158], oder der in Frage kommenden Krankheits- bzw. Gefahrenquelle oder der Einwirkung auf diese[159] oder zu den materiellen Mitteln und Praktiken, die mit dem Zauberspruch einhergehen sollen[160], oder zum richtigen Zeitpunkt der Handlung[161].

(c) Der Begleittext bezieht sich hauptsächlich auf den manuellen Ritus; er beginnt fast immer mit einer Rezitationsanweisung[162], der dann meist die Angabe von Materialien, über denen zu rezitieren ist, folgt und/oder von nichtsprachlichen/manuellen Handlungen (in der Art eines Rezeptes: Aufzählung von Materialien, deren Verarbeitung und/oder Anwendung). Nicht so häufig finden sich noch Hinweise zu Funktion, Wirkung oder Qualität der Zauberhandlung[163], und ganz selten sind etwa Bemerkungen zum potentiellen Benutzer[164].

3. Aktualisierung: Ebensowenig wie ihr jeweiliger mythischer Hintergrund sind die Zaubersprüche (und die mit ihnen verbundenen Praktiken) als inspirierte ad-hoc-Bildungen zu verstehen[165], sondern vielmehr als von ermächtigten Personen verfaßte und mehr oder weniger standardisierte sprachliche Muster, die Entwicklungen und Variationen – vergleichbar einem Kunstwerk – durchaus gestatten. Die gewöhnliche Aktualisierung eines solchen sprachlichen Handlungsmusters kann auf unterschiedliche Weise erfolgen: einerseits durch sprachliche Reproduktion, d.h. Rezitation, wobei eingebundene materielle Zaubermittel (z.B. Knoten) die ausgelöste Wirkung

gegebenenfalls zu fördern vermögen, andererseits durch skriptive Reproduktion auf entsprechenden Typen von materiellen Objekten, z.B. Horusstelen, Heilstatuen, Amuletten[166]. Lediglich um sekundäre Formen der skriptiven Aktualisierung handelt es sich, wenn materielle Dinge, die mit der schriftlichen Fassung eines Zauberspruches in Berührung geraten sind oder diese in sich aufgenommen haben, die potentielle Wirkung dieses Zauberspruches enthalten sollen und einem Menschen übertragen können[167].

4. Funktion: Die Funktion der Aktualisierung eines Zauberspruches läßt sich in allgemeiner Weise als die Beseitigung eines Mangelzustandes bestimmen, der sich in bezug auf lebende Menschen artikuliert. Seine Ursache ist abstrakt die „Sinnentleerung oder Sinnentfremdung der Welt, die sich im Fortgang ihrer Geschichte von ihrem (idealen) Ursprung entfernt"[168], aber konkret ist diese Sinnentfremdung dem Ägypter faßbar unter anderem im Wirken von feindlichen Mächten (z.B. Gottheiten mit negativem Aspekt wie *Sachmet; Dämonen; Tote)[169]. Diese werden offenbar auch dann als die letztlichen Verursacher eines Mangelzustandes angesehen, wenn gleichzeitig „natürliche" bzw. empirisch-wissenschaftliche Ursachen vorzuliegen scheinen[170]. Dementsprechend ist die Anwendung eines Zauberspruches nicht eine vordergründige oder „symptomatische" Bekämpfung eines Mangelzustandes, sondern vielmehr eine solche, die auf dessen eigentliche Ursachen abzielt.

Gemeinhin werden die Zaubersprüche in verschiedene Gruppen eingeteilt, z.B. in „Macht-", „Schaden-", „Schutz-" und „Heilzauber"[171], aber angemessener, da mit den Quellen selbst unmittelbar verknüpfbar, ist dagegen eine Klassifikation der Zaubersprüche allein aufgrund der Mangelzustände, die ihre Aktualisierung veranlassen. Dabei werden die grundlegenden Kategorien von „Gefährdung" und „*Krankheit" (im weiten Sinne) gebildet.

Die Gefährung (s. *Gefährdungsbewußtsein), auf die Zaubersprüche reagieren, geht häufig aus von gefährlichen Tieren[172] (v. a. *Schlange, *Skorpion, *Krokodil), von negativen oder ambivalenten Gottheiten, Dämonen und Toten[173], von lebenden Menschen, die auch aufgrund eines „bösen Blickes" gefährlich sein können[174]; sie kann sich aber auch in den verschiedenartigsten kritischen Alltagssituationen konkretisieren (z.B. Geburtsvorgang[175]; medizinische Verrichtungen[176]; *Seuchen)[177], wobei die verursachenden Mächte nicht unbedingt mitgenannt werden müssen.

Krankheit ist eigentlich der Erfolg jener Mächte, denen gegenüber zunächst Gefährdung bestanden hat, doch ist eine strenge Grenzziehung nicht möglich. Mit Zaubersprüchen behandelt man häufig z. B. Krankheiten im Bereich des Kopfes[178], an den inneren Organen[179], nichtlokalisierbarer Art[180], gynäkologischer Art[181], solche speziell von Kindern[182], auch Verletzungen wie v. a. Brandwunden[183], Vergiftungen durch Biß oder Stich von Schlangen oder Skorpionen[184], seltener dagegen Krankheiten an den Gliedmaßen[185], Ausschläge[186], Unfälle[187] oder Impotenz[188] (*Aphrodisiakon).

5. Inhalt: Der zu aktualisierende Inhalt eines Zauberspruches kann teilweise mit dem gewählten „Hörerbezug" (vgl. D. III. 2 (a)) korreliert werden: so werden z. B. segensreiche Gottheiten in der Regel zunächst lobpreisend begrüßt und angerufen[189]; dann wird oft ein götterweltliches Geschehen als Interpretament errichtet, das sie mit einbezieht und zur analogen Beseitigung desjenigen Mangelzustandes eines Leidenden dient, der daraufhin mitgeteilt wird; schließlich wird die Gottheit noch direkt aufgefordert, positiv für den Leidenden zu wirken[189]. Demgegenüber richten sich an den Feind/Gegner neben Anrufungen v. a. Aufforderungen, Befehle und Verbote, die seine Wirkung eindämmen sollen[190]; und/oder er ist das Objekt von negativen Charakterisierungen oder Wünschen, die ihn als machtlos und besiegt bestimmen[191]; und/oder er ist Empfänger von für ihn unangenehmen Mitteilungen, die etwa besonders positive Eigenschaften des Sprechers bzw. Leidenden beinhalten (z. B. dessen Überlegenheit und Stärke aufgrund bestimmter Beziehungen zur Götterwelt)[192], oder von Ankündigungen, daß der Sprecher oder der Leidende bei fortgesetztem Wirken des Gegners Handlungen gegen ihn ausführen, die ihn vernichten[193].

Andererseits gibt es mehrere inhaltliche Elemente, die mit keinem bestimmten „Hörerbezug" in Verbindung stehen: z. B. Identifikationen des Sprechers oder des Leidenden mit Gottheiten; *Gliedervergottung; sog. *Götterbedrohung[194], oft kombiniert mit der „Nicht-Identitäts-Formel"[195]; Verwendung des *Namens; fremdsprachige Formeln[196] (s. *Fremdsprachen). Die wichtigsten Mytheme, die in Zaubersprüchen Anwendung finden[197], gehören einerseits zum Götterkreis um *Osiris und *Isis (z. B. das häufige Harsiese-Isis-Motiv[198]; *Horus-*Seth-Motiv[199]; Osiris-Isis-Motiv)[200]; andererseits zum Götterkreis um *Re (z. B. Vernichtung des *Apophis[201]; Gefährdung bzw. Verletzung des Re und seine Heilung[202]).

[1] Vgl. Leander Petzoldt (Hg.), Magie und Religion. Beiträge zu einer Theorie der Magie, Darmstadt 1978, Einleitung VIII, Anm. 1; Brockhaus Enzyklopädie XI, Wiesbaden [17]1970, 786, s. v. „Magie"; Oswald A. Erich und Richard Beitl (Hg.), Wörterbuch der deutschen Volkskunde, Stuttgart [3]1974, 990, s. v. „Zauber, Zauberspruch, Zauberbuch". – In den selteneren Fällen einer Unterscheidung zwischen „Zauber" und „Magie" ist es meist so, daß „Zauber" eher eine negative Bedeutung hat, vgl. J. G. Ziegler, in: Josef Höfer und Karl Rahner (Hg.), Lexikon für Theologie und Kirche X, Freiburg 1965, Sp. 1314f., s. v. „Zauberei"; Edward E. Evans-Pritchard, Hexerei, Orakel und Magie bei den Zande, Frankfurt 1978, 308 (Originalausgabe: ders., Witchcraft, Oracles and Magic among the Azande, 1937). – In der Ägyptologie wird eine Unterscheidung m. W. nur gemacht von Siegfried Morenz, Gott und Mensch im alten Ägypten, Heidelberg 1965, 140–155 (vgl. auch Anm. 32); zu einer ausdrücklichen Gleichsetzung s. RÄRG, 875f. – [2] Obwohl es zum Thema Z. bzw. Magie eine überaus reichliche und vielfältige ägyptologische Literatur gibt (s. z. B. die folgenden Literaturhinweise), ermangelt es einer umfassenden kritischen Analyse, die sowohl wissenschaftshistorische Zusammenhänge berücksichtigen müßte wie auch den gegenwärtigen Diskussionsstand in den relevanten Disziplinen (wie z. B. Religionswissenschaft; Theologie; Soziologie; Ethnologie; Volkskunde) miteinzubeziehen hätte. Vorarbeiten in Hinsicht auf eine solche Analyse wurden neuerdings von einem Göttinger Forschungsprojekt geleistet, das von der „Stiftung Volkswagenwerk" finanziert worden ist. Projekttitel: „Das Verhältnis von Magie und Religion im Alten Ägypten. Untersuchungen anhand der sogenannten Magischen Texte, insbesondere des NR und der Spätzeit". Dabei entstanden z. B. folgende Arbeiten: Wilfried Gutekunst, Untersuchungen zur Struktur der sogenannten Magischen Texte Ägyptens (in Vorbereitung); Heike Sternberg, Das Verhältnis von Magie und Religion in spätägyptischer Zeit. Untersuchungen zu Text und Darstellungen der Metternichstele (i. Dr.); dies., Mythische Motive in den Magischen Texten. Zur Verknüpfung zwischen Magie und Religion (i. Dr.). – Trotz der Vorarbeiten bleibt die Thematik Zauber/Magie weiterhin ungeklärt, so daß der vorliegende Artikel von gewissen Inkonsequenzen und Widersprüchen (vgl. A. III) nicht frei bleiben konnte, aber er liefert wichtige neue Anhaltspunkte (insbesondere für die notwendige theoretische Diskussion, die auch innerhalb der Ägyptologie unerläßlich ist). – [3] So hat sich an der Meinung von R. R. Marett nur wenig geändert, der 1915 das Definitionsproblem der „Magie" bezeichnete als „a veritable storm-centre in the anthropological literature" (in: Encyclopaedia of Religions and Ethics VIII, hg. von James Hastings, London 1915, 245); vgl. etwa Bertholet, in: RGG IV, 595: „(Magie) ist ein in seiner eigentlichen Bedeutung ... besonders lebhaft umstrittener Begriff"; Petzoldt, op. cit., Einleitung XII: „Die Tatsache, daß keiner der hier vereinigten Beiträge – und selbstverständlich auch keine Untersuchung dieser Thematik, die hier nicht aufgenommen wurde – eine ‚Lösung' des (Definitions-)Problems in dem Sinne anbietet, daß sie ... akzeptabel wäre, darf nicht entmutigen"; s. auch die sozialanthropologische Magie-Diskussion bei Hans G. Kippenberg und Brigitte Luchesi (Hg.), Magie. Die sozialwissenschaftliche Kontroverse über das Verstehen fremden Denkens, Frankfurt a. M. 1978. – [4] Vgl. bes. die

Beiträge von Horton, in: JRAI 90, 1960, 201–226; Goody, in: British Journal of Sociology 12, London 1961, 142–164; ebenso die Anthologie von Petzoldt, op. cit. (s. Anm. 1). – [5] Vgl. z. B. Claude Lévi-Strauss, Das wilde Denken, Frankfurt a. M. 1977, 25. 36 (Originalausgabe: La pensée sauvage, Paris 1962); I. C. Jarvie und J. Agassi, Das Problem der Rationalität von Magie, in: H. G. Kippenberg und B. Luchesi (Hg.), op. cit. (s. Anm. 3), 120–130; Thomas Macho, Bemerkungen zu einer philosophischen Theorie der Magie, in: Hans P. Dürr (Hg.), Der Wissenschaftler und das Irrationale I, Frankfurt a. M. 1981, 330–350, bes. 336f. – [6] Vgl. z. B. Macho, a.a.O. – [7] Man vgl. etwa die Verwendungsweisen von „Zauber" in LÄ I, 141–2. 284. 351. 355. 841. 1080; II, 146. 532. – [8] Außerhalb der Ägyptologie: Eingeführt in die Magie-Diskussion wurde dieses Kriterium von James G. Frazer, The Golden Bough. A Study in Magic and Religion I–XIII, London 1890 (gekürzte deutsche Ausgabe: Der goldene Zweig. Eine Studie über Magie und Religion, Köln–Berlin [2]1968, s. v. a. 72–76); von verschiedenen Autoren wurde es aufgegriffen, fortgeführt und modifiziert, z. B. von K. Zeininger, Das Wesen der Religion und das Wesen der Magie, in: Beiheft 47 zur Zs für angewandte Psychologie, Leipzig 1929, 1–11 (= Petzoldt, op. cit., 135–145, bes. 144f.); Nathan Söderblom, Der lebendige Gott. Nachgelassene Gifford-Vorlesungen, hg. von F. Heiler, München 1942 (vgl. dazu die kritische Beurteilung von E. Ehnmark, Religion and Magic – Frazer, Söderblom und Hägerström, in: Ethnos 21, Stockholm 1956, 1–10 (übersetzt: Petzoldt, op. cit., 302–312, s. bes. 306f.); William A. Lessa und E. Z. Vogt (Hg.), A Reader in Comparative Religion, Evanston 1958 ([4]1979), 332f. (vgl. dazu die Beurteilung von Murray und Rosalie Wax, in: Current Anthropology 4, Glasgow 1963, 495–513 (übersetzt: Petzoldt, op. cit., 325–384, s. bes. 343f.); T. Macho, op. cit. (s. Anm. 5), 335f. Die weite Verbreitung dieses Kriteriums wird am besten dadurch belegt, daß man es geradezu mit „gemeinhin ... die Forschung" identifizieren kann (vgl. Petzoldt, op. cit., Einleitung XI); ähnlich auch O. Pettersson, in: Ethnos 22, Stockholm 1957, 109–119 (übersetzt: Petzoldt, op. cit., 313–324, s. bes. 316). – Innerhalb der Ägyptologie: Adolf Erman, Die Religion der Ägypter, Berlin–Leipzig 1934, 295: „Die Gewalten, die mit des Menschen Schicksal schalten, unternimmt (die Zauberei) zu zwingen"; Brunner, in: Antaios 3, Stuttgart 1962, 534–543 (s. bes. 541f.); ders., Grundzüge der altägyptischen Religion, Darmstadt 1983, 98–102: „Der Unterschied ist der, daß die Magie ... etwas erzwingen will", während die Kulthandlung die Gottheit „gnädig zu stimmen" oder zu verstehen suche; auch Siegfried Morenz, Gott und Mensch im alten Ägypten, Heidelberg 1965, 140–143 ist hierher zu zählen, obwohl er nach einem „Umblick in die Weite der Völkerkunde" den Begriff „Magie" durch „magischen Pol" bzw. „Menschliche Aktivität" ersetzen will, wobei der (religiöse) Pol oder „Macht oder Gott" das Gegenstück bilden. Aber dieser rein begrifflichen Veränderung korrespondiert keine strukturelle, sondern sie hat vielmehr etwas zu tun mit der Unterscheidung eines „weiten", d. h. Religion und Magie umfassenden Religionsbegriffes, dessen Grundlage das „Sakrale" ist, und eines „engen", d. h. Religion/Macht oder Gott und Magie/Menschliche Aktivität kontrastierenden Religionsbegriffes. – Schließlich ist wohl noch J. F. Borghouts anzuschließen mit seiner Magiedefinition in LÄ III, 1137, denn auch hier geht es letztlich um bestimmte – „symbolische" – Verhaltensweisen, mit denen die höheren Mächte zu etwas veranlaßt werden sollen. Vgl. auch RÄRG, 436. – [9] Vgl. William J. Goode, Religion among the Primitives, Glencoe, Ill. 1951, 52; Martin P. Nilsson, Geschichte der griechischen Religion I, München 1955, 52; Ehnmark, op. cit. (s. Anm. 8), 302ff. – In der Ägyptologie S. Morenz, Gott und Mensch (s. Anm. 8), 142f.; vgl. RÄRG, 435. – [10] Ehnmark, op. cit., 305f.; O. Pettersson, in: Ethnos 22, Stockholm 1957, 109f.; vgl. Murray und Rosalie Wax, in: Current Anthropology 4, Glasgow 1963, 495–513. – [11] Z. B. Pettersson, a.a.O.; dieselbe Konsequenz wird auch aufgeführt von: Titiev, in: Southwestern Journal of Anthropology 16.3, Albuquerque 1960, abgedruckt in: Lessa und Vogt, op. cit. (s. Anm. 8), 334–337, bes. 335. – [12] Vgl. z. B. Meyers Enzyklopädisches Lexikon XV, 1975, 434: „Tatsächlich werden ... in den meisten Religionen mag. Praktiken vollzogen, sogar dann, wenn diese von offiziellen religiösen Institutionen verboten sind oder aber als nicht mag. interpretiert werden"; Gerardus van der Leeuw, Phänomenologie der Religion, Tübingen [2]1956, 618f.: „Wo Religion ist, da ist Magie, wenn auch nicht immer in der jeweiligen Haupteinstellung; und wo Magie ist, da ist Religion, wenn auch eine bestimmte Art der Religion." – Wichtig ist in diesem Zusammenhang v. a. die Unterscheidung zwischen theologischer Theorie, d. h. religiösen Idealvorstellungen einerseits, und religiöser Praxis andererseits, insbesondere mit Blick auf das Christentum: vgl. Ehnmark, op. cit. (s. Anm. 8), 305: „... in der Praxis fehlt doch wohl das menschliche Handeln niemals ganz: schließlich werden Gebet, Anbetung ... geistige Wachsamkeit ... im allgemeinen für unerläßlich gehalten"; besonders aufschlußreich bezüglich der magischen Elemente in der christlichen Religion ist G. Hierzenberger, Der magische Rest. Ein Beitrag zur Entmagisierung des Christentums, Düsseldorf 1969: hier wird „im gegenwärtigen Christentum" aufgezeigt: „Wortmagie" (47–65), „Amtsmagie" (66–77), „Sakramentsmagie" (78–174), „Gebetsmagie" (175–201), „Moralmagie" (202–221), „Theologie-Magie" (222–253) (kritisch zu beurteilen ist allerdings das letztlich evolutionistische und wertende Konzept dieses Autors). – [13] In der Ägyptologie ist Notwendigkeit einer Integration der „Magie" in die „Religion" schon mehrfach als richtig erkannt worden, s. z. B. Drioton, in: REA 1, 1927, 133–137, bes. 133; Zandee, in: Verbum. Fs H. W. Obbink, Utrecht 1964, 65f.; Westendorf, in: Die Grünenthal Waage 3.1, Stolberg 1963, 15–22; S. 17: „Für (den Ägypter) war die Magie ja nur eine besondere Seite seiner Religion." Vgl. auch te Velde, in: JEOL 21, 1969–70, 175–186, bes. 176: „Much of what is called magic in Egyptological literature may be termed practical theology." Ferner S. Morenz, Gott und Mensch (s. Anm. 8), 143; jetzt auch Ph. Derchain, De la magie à la méditation, in: Alessandro Roccati und Lászlo Kákosy (Hg.), Beiträge zum Kongreß „La magia in Egitto", Mailand (i. Dr.); W. Gutekunst, Wie „‚magisch' ist die ‚Magie' im alten Ägypten?", ebd. – [14] Vgl. S. Morenz, Gott und Mensch, 140–143. – [15] „Kultreligion": Morenz, op. cit., 19–28; kultisch dimensionierte Religion: Jan Assmann, Ägypten – Theologie und Frömmigkeit einer frühen Hochkultur, Stuttgart usw. 1984, 16. 25–67. – [16] Vgl. z.B. Assmann, Ägypten (s. Anm. 15), 85: „Der Kult hat die Funktion, den Segen zu fördern und das Unheil abzuwenden, schaltet sich also mithandelnd ... ein"; ders., Das Doppelgesicht der Zeit im altägyptischen Denken, in: A. Peisl und A. Mohler (Hg.), Die Zeit, München 1983, 189–223, siehe 215f.; pSalt 825 (Derchain), 4: „Dans un universe qui est à chaque instant sur le point de se dissoudre, le rite assure la conservation. C'est un premier axiome." – Dagegen ist die Charakterisierung des Kultes durch Borghouts, in: LÄ III, 1138, s. v. Magie, zu einseitig geprägt von der theologisch-idealen Auffassung des christlichen „Gottesdienstes", dessen Praxis oft erheblich abweichend ist (s. Anm. 12). – [17] Immerhin zeigt sich offenbar unter historischer Perspektive, daß die Handlungsweise „Manipulation/Einwirkung" in Ägypten immer mehr von „Unterwerfung" unter die göttlichen Mächte/Gott überlagert wird: vgl. S. Morenz, Gott und Mensch (s. Anm. 8), 143; ders., Die Heraufkunft des transzendenten Gottes in Ägypten, SSAW 109.2, 1964. – [18] Vgl. Anm. 12. – [19] Innerhalb der Ägyptologie wird dieses Kriterium vertreten von Bonnet, in: RÄRG, 437, s.v. „Magie": „So liegt das Kriterium für die Scheidung zwischen magisch und religiös weniger in dem Akt an sich als in der Gefühlslage dessen, der ihn ausübt. Gleichartige Handlungen können darum bald unter religiösen, bald unter magischen Vorzeichen stehen." – Außerhalb der Ägyptologie vgl. z.B. Karl Beth, Religion und Magie. Ein religionsgeschichtlicher Beitrag zur Frage nach den Anfängen der Religion, Berlin 1914, z.T. abgedruckt in: L. Petzoldt, Magie und Religion (s. Anm. 1), 27–46. – Vgl. auch die in Anm. 8 aufgeführten Autoren, bei denen Merkmal 1 und seine Variante manchmal vermischt werden. – [20] RÄRG, 436–438. – [21] O. Pettersson, Magie – Religion (s. Anm. 8), 318–320. 322f.; E. Ehnmark, Religion und Magie (s. Anm. 8), 311. – [22] Vgl. Irmgard Hampp, Beschwörung, Segen, Gebet – Untersuchungen zum Zauberspruch aus dem Bereich der Volksheilkunde, Stuttgart 1961, 136–140. – [23] O. Pettersson, Magic – Religion (s. Anm. 8), 319; auch RÄRG, 438 gesteht in diesem Sinne zu, daß sich „magisches Selbstvertrauen und rel. Ergriffenheit trotz aller Gegensätzlichkeit immer wieder zusammen(finden)". – [24] So RÄRG, 437. – [25] Die wichtigsten Vertreter dieses Merkmals 2: Lexa, Magie I, 15–17: Brunner, in: Antaios 3, Stuttgart 1962, 541; vgl. ders., Grundzüge der altägyptischen Religion, Darmstadt 1983, 100. – [26] Brunner, Religion, 100. – [27] A.a.O. – [28] Lexa, Magie I, 15–17. – [29] Lexa, Magie I, 17. – [30] Einen entsprechenden Ansatz hat z.B. Derchain vorgelegt, in: pSalt 825 (Derchain), 4ff.: hier wird – im Kapitel I: „Physique et Théologie" – die äg. „Religion" selbst zwar nicht als eine „Wissenschaft" aufgefaßt, aber als eine „Physik (bzw. Naturlehre)", „die sonderbar an die Ideen des Heraklit von Ephesos erinnert" (Zitat in Übersetzung). – [31] Es ist darauf hinzuweisen, daß insbesondere die Auffassungen von Lexa, Magie I, 15–21 mit dem mittlerweile überholten und widerlegten evolutionistischen Konzept von J. G. Frazer, The Golden Bough (s. Anm. 8) verbunden werden können, demzufolge die „magische" Weltsicht im Lauf der Menschheitsgeschichte zwangsläufig (und vollständig) von der „wissenschaftlichen" abgelöst würde. Im Unterschied zu Frazer kennt Lexa jedoch keine Zwischenstufe „Religion". – Geradezu ironisch mag es einem erscheinen, daß Lexa eine „wissenschaftliche" Weltsicht verabsolutiert, die mittlerweile (ca. 60 Jahre nach Erscheinen seines Werkes) nicht mehr zeitgemäß ist. Denn was er unter „Wissenschaft" und „natürlicher Kausalität" versteht, ist das Resultat einer mechanistisch-materialistischen Philosophie, wie sie v.a. im 19. Jh. vorherrschend war. Sie betrachtete „Kausalität" als einen objektiven Tatbestand der mechanisch-materialistisch verstandenen Welt, aber bereits bei David Hume, Enquiry Concerning Human Understanding, 1777 (Deutsch: Eine Untersuchung über den menschlichen Verstand, 1973), wurde dieser objektive Charakter erfolgreich geleugnet, und seine Anschauungen waren es letztlich, die sich die moderne Naturwissenschaft zu eigen gemacht hat (s. Junge, in: LÄ III, 374f., s.v. Kausales Denken). – [32] Vertreter von Merkmal 3 ist S. Morenz, Gott und Mensch (s. Anm. 8), 140–155; v.a. 147f. 153, wobei es allerdings mit Merkmal 5 kombiniert ist. – Besonders hervorgehoben werden muß die Tatsache, daß Morenz hier zwischen „Magie" und „Zauber" eine implizite Unterscheidung macht: während der „magische Pol", d.h. letzlich die „Magie" (s. Anm. 8), von ihm aufgrund des Merkmals 1 bestimmt und nur zur religionswissenschaftlichen Einordnung der äg. „Kultreligion" als Ganzem verwendet wird (op. cit., 143), wird „Zauber" als ein bestimmter Bereich neben der äg. Religion verstanden, der durch Merkmal 3, d.h. einen besonderen „Zweck", bestimmt sein soll. Daß man diese Unterscheidung zwischen „Magie" und „Zauber" bei S. Morenz bislang nicht erkannt hat, ist auf drei Gründe zurückzuführen: erstens wird der Begriff „Magie" ersetzt durch „magischen Pol" oder „menschliche Aktivität", so daß eine direkte Gegenüberstellung von „Magie" und „Zauber" vermieden ist; zweitens ist die Plazierung der religionswissenschaftlichen Einordnung der äg. „Kultreligion" unter der Rubrik „Die Rolle des Zaubers" irreführend, da sich so der Eindruck einer Gleichheit von „Magie" und „Zauber", wie man sie ja auch gewöhnt ist, besonders aufdrängt; drittens scheinen die implizit unterschiedenen Begriffe teilweise dann doch wieder von S. Morenz selbst gleichgesetzt zu werden, vgl. op. cit., 143–145. – [33] Op. cit., 147. – [34] A.a.O.; vgl. op. cit., 148: „das Unmögliche erreichen". – [35] Op. cit., 147. – [36] Ganz offensichtlich lassen sich Verbindungslinien ziehen zur funktionalistischen „Magie"-Auffassung von Bronislaw Malinowski, Magic, Science and Religion, New York 1925, deutsch in: ders., Magie, Wissenschaft und Religion. Und andere Schriften, Frankfurt a.M. 1973: hier findet sich die entscheidende Feststellung, daß der Eingeborene Magie nur dann gebraucht, „wenn er die Unzulänglichkeit seines Wissens und seiner rationalen Methoden anerkennen muß" (S. 18); deutlicher noch in einem Lexikonartikel s.v. „Culture" in: Encyclopedia of the Social Sciences IV, 1931, 634–642: „Magie wird als etwas benutzt, das über und jenseits des Menschen Ausrüstung und Kraft hinaus ihm hilft, Unglück zu bewältigen und sich des Glückes zu vergewissern" (zitiert nach H. G. Kippenberg, op. cit. (s. Anm. 3), 24f.; s. dort auch die wichtigen Hinweise zur Kritik an Malinowski). – [37] Morenz, op. cit., 153. – [38] Vgl. etwa: aus wissenssoziologischer Sicht: Karl Mannheim, Ideologie und Utopie, Frankfurt a.M. [4]1965, 251. 244. 230. 253; aus sozialwissenschaftlicher Sicht: P. Winch, Was heißt ‚eine primitive Gesellschaft verstehen'?, abgedruckt in: H. G. Kippenberg, Magie (s. Anm. 3), 73–119, siehe v. a. 73–95 („Die Wirklichkeit der Magie"); aus wissenschaftshistorischer Sicht: Thomas S. Kuhn, Die Struktur wissenschaftlicher Revolutionen, Frankfurt a.M. 1973, 123 ff. – [39] Sogar S. Morenz selbst räumt dies im Zusammenhang seiner Bestimmung des „Zaubers" ein, ohne freilich Konsequenzen daraus zu ziehen: „Diese Bestimmung ist freilich nur berechtigt, wenn wir uns bewußt halten, daß nicht alles, was uns normal oder erreichbar scheint, es auch für den Ägypter gewesen ist – und umgekehrt" (Gott und Mensch, 147 f.); vgl. auch: Berner, in: GM 20, 1976, 61; Junge, in: LÄ III, 374 (siehe auch Anm. 43). – [40] Morenz, op. cit., 143; zu einer erheblich weiteren (und m. E. angemesseneren) Auffassung der „Maat", s. Assmann, Ägypten (s. Anm. 15), 11–14: „Maat-Verwirklichung" im dort genannten Sinne umfaßt freilich auch das Beseitigen von Mangelzuständen (d. h. äg.: *jsft*) durch die sog. Zauberhandlungen. – [41] S. die folgenden Zitate: „Vielleicht haben wir ... schärfer geschieden, als es der Sache angemessen ist ..." (Morenz, Gott und Mensch, 148); „... der Zauber (ist) in Ägypten ... in Form und Geist den Ritualen verschwistert ..., so daß man den Zauber als Glied des äg. Ritualismus zu verstehen hat" (op. cit., 141); „Die gleiche Definition (wie für den Ritualismus) trifft für den Zauber zu" (op. cit., 153); „beide vom Ägypter als nächstverwandt empfundene Bereiche" (a.a.O.); „Schon im Hinblick auf ... Verbindungen von ‚lexis' und ‚praxis' hat der Zauber eine fließende Grenze zum kultischen Ritual. ... Man kann die Einheit aber noch tiefer fassen. Sie besteht darin, daß Grundanliegen kultischer Rituale in den Zauber hinüberspielen" (op. cit., 146). – [42] Originärer ägyptologischer Vertreter von Merkmal 4, das von ihm jedoch mit Merkmal 5 kombiniert wird, ist offenbar Gardiner, in: Hastings Encyclopaedia of Religion and Ethics VIII, London 1915, 262–269, s. v. „Magic", s. v. a. 263: „Magical actions may ... be defined as those actions which men performed for their own benefit or for the benefit of other living men, and which demanded certain miraculous powers for their performance"; in der Nachfolge von Gardiner stehen z. B. Dawson, in: Folklore 47, London 1936, 234–263, bes. 235; Jaroslav Černý, Ancient Egyptian Religion, London 1952, 56 f. – [43] Vgl. Hermann Junker, Die Geisteshaltung der Ägypter in der Frühzeit, SÖAW 237.1, 1961, 25–27 (an dieser Stelle häufig zitiertes Werk: Placide Tempels, Bantu-Philosophie, Ontologie und Ethik, Heidelberg 1956); Derchain, pSalt 825, 3–21; Junge, in: LÄ III, 373–376; s. auch Anm. 39. – [44] Vgl. selbst Gardiner, op. cit. (s. Anm. 42), 262 f., der zunächst ebenfalls die Ansicht vertritt, daß *ḥkꜣ* allen sakralen Handlungen zugrunde liegt, und erst an zweiter Stelle diese sakralen Handlungen in "Religion" (= „the cults of the dead and of the gods") und „Magie" unterteilt. Seine Begründung für diesen Schritt beruht allerdings sowohl auf einer allzu vorbelasteten Interpretation von *ḥkꜣ*, das er mit „magic" oder „magical power" übersetzt (vgl. dazu unten: B.), als auch auf einem Ethnozentrismus: letzterer besteht in der irrtümlichen Annahme, den in der heutigen „Umgangssprache" vorhandenen Gegensatz zwischen „Religion" und „Magie" gewissermaßen um jeden Preis auf das alte Ägypten übertragen zu müssen (siehe: op. cit., 263: „Magic defined for Egyptological purposes as privata religio"). – Von daher wird auch wieder die grundlegende Gemeinsamkeit zwischen „Magie" und „Religion" (bzw. „Kult") einsichtig: „magic as ... defined did not differ essentially in its mechanism from the cults of the dead and of the gods" (op. cit., 263). Vgl. Gutekunst, in: A. Roccati und L. Kákosy (Hg.), op. cit. (s. Anm. 54). – [45] Ägyptologische Vertreter von Merkmal 5 sind: Gardiner, op. cit., 263, der es offenbar in die Ägyptologie eingeführt hat, wenn auch in Kombination mit Merkmal 4 (s. Anm. 42); Černý, Ancient Egyptian Religion, 57; Morenz, Gott und Mensch (s. Anm. 8), 147, der Merkmal 5 mit Merkmal 3 kombiniert (vgl. Anm. 32), aber anders als bei Gardiner, a.a.O. muß ihm zufolge nicht nur der Mangelleidende, sondern ebenfalls der Aktant dem Bereich „Individuum/private Sphäre" angehören: „Wenn aber ... Rituale von und für den einzelnen vorgenommen werden, hat man von Zauber zu sprechen" (Morenz, a.a.O.); vgl. auch: Assmann, Zeit (s. Anm. 16), 215: „Der Kult beruht auf den gleichen Prinzipien wie die Magie, verfolgt aber andere, allgemeine Ziele"; ders., Ägypten (s. Anm. 15), 184: „Es scheint sich ... (bei den Zaubertexten und deren Rezitation) um eine Privatisierung der kultischen Konzeption sprachlicher ‚Strahlkraft' (Achu) zu handeln". – In den letzten Jahren ist Merkmal 5 bevorzugt zur Abgrenzung eines Korpus von „Zaubertexten" herangezogen worden, z. B. von: Borghouts, Magical Texts, in: Textes et Langages III, 7; H. Altenmüller, in: LÄ IIII, 1152, s. v. Magische Literatur; s. unten D. III. – Auch außerhalb der Ägyptologie ist die Unterscheidung von „Gemeinschaft" und „Individuum" im Rahmen einer einflußreichen Religionstheorie zur Unterscheidung von „Religion" und „Magie" verwendet worden, jedoch in einem anderen Sinn und mit anderen Implikationen als bei Merkmal 5: s. Emile Durkheim, Die elementaren Formen des religiösen Lebens, Frankfurt a. M. [3]1984, 69–75 (Edition des französischen Originals: 1912). – [46] So z. B. bei: Morenz, Gott und Mensch (s. Anm. 45); Borghouts, in: LÄ III, 1138 (wenn auch nur implizit!). – [47] Am deutlichsten kommt dies in der „Nicht-Identitäts-Formel" zum Ausdruck, die folgendem Schema folgt: Nicht ich bin es, der es gesagt und wiederholt hat, sondern es ist der Gott NN, der es gesagt und wiederholt hat; z. B. pBM 10687 (= pChester Beatty VII), rto 4, 4–7; pBM 10688 (= pChester Beatty VIII) vso, 4, 1–7, 5; pLeiden I 348 vso, 11, 7; pTurin 1993 vso, 4, 4–9 (= Tf. 136, 4–9); pBM 10042 (= pMag. Harris 501) rto, 9, 17–18. – [48] Zur Unterscheidung von „calendrical rites" und „critical rites" im Zusammenhang der Unterscheidung von „Religion" und „Magie", s. Titiev, in: Southwestern Journal of Anthropology 16.3, Albuquerque 1960, 292–298 (abgedruckt in: W. A. Lessa und E. Z. Vogt, Reader [s. Anm. 8], 334–337). – Zu kalendarischen Riten auch im Bereich der Zauberhandlungen, d. h. der Alltagsriten, s. Stricker, in: OMRO 29, 1948, 55–70 (pLeiden I 346). – [49] Vgl. Anm. 16; D. III. 4. – [50] Vgl. z. B. Metternichstele, Spr. 10, Z. 107–115: hier wird eine häufige Funktion der Alltagsriten, nämlich die Unschädlichmachung von gefährlichen Tieren, parallel genannt zur „Befriedigung der Götterwelt" (*sḥtp-nṯrw*) und zur „Erhaltung des Lebens der Menschheit" (*sꜥnḫ rmṯw*), d.h. zu den grundlegenden Funktionen des Götterkults. – [51] Vgl. Morenz, Gott und Mensch (s. Anm. 8), 154; Assmann, Ägypten (s. Anm. 15), 184; Eberhard Otto, Ägypten. Der Weg des Pharaonenreiches, Stuttgart [4]1966, 103; vgl. *Übernahme kgl. Rechte. – [52] te Velde, in: JEOL 21, 1969–70, 176; vgl. Anm. 12. 13. – [53] Vgl. Borghouts, in: LÄ III, 1139; Morenz, Gott und Mensch (s. Anm. 8), 141; RÄRG, 435; Gardiner, in: Hastings Encyclopaedia (s. Anm. 42). – [54] Z.B. te Velde, op. cit. (s. Anm. 52), 177 Anm. 11; Hornung, Der Eine, 204 Anm. 35; Kákosy, in: LÄ II, 1109 s.v. Heka. – Einen deutlichen Unterschied zwischen *ḥkꜣ* und *ꜣḫw* macht dagegen Borghouts, in: LÄ III, 1139; vgl. Grapow, in: ZÄS 77, 1942, 63; s. jetzt auch Borghouts, in: A. Roccati und L. Kákosy (Hg.), Beiträge zum Kongreß „La Magia in Egitto" 29.–31. Oktober 1985 in Mailand (noch unpubl.). – [55] Vgl. Wb III, 175 (*ḥkꜣ*). – [56] Vgl. Wb I, 15 (*ꜣḫw*). – [57] Z.B. Hornung, Der Eine, 202–206. Hier wird die Übersetzung „Zauber" nur noch in Anführungsstrichen verwendet, „um irreführende Gedankenverbindungen ... zu vermeiden", und *ḥkꜣ* als eine „Energie" o.ä. behandelt. Vgl. ferner te Velde, in: JEOL 21, 1969–70, 186; Assmann, Ägypten (s. Anm. 15), 108 („Strahlkraft, Geistesmächtigkeit" für *ꜣḫw*); ders., in: LÄ VI, 1002 Anm. 2. – [58] Zu verschiedenen Etymologien von *ḥkꜣ* s. te Velde, op. cit., 179f.; Gertrud Thausing, in: WZKM 39, 1932, 291; Westendorf, in: OLZ 63, 1968, 137; Borghouts, in: LÄ III, 1147 Anm. 17. – [59] S. die in LÄ III, 1108–1110 (s.v. Heka) angegebene Lit.; außerdem Gardiner, in: PSBA 37, 1915, 253–262; ders., in: PSBA 39, 1917, 134–137. – [60] te Velde, in: JEOL 21, 1969–70, 176f. (*ꜣḫw* ~ *jꜣḫw*). – [61] Hornung, Der Eine, 203f.; Borghouts, in: LÄ III, 1139f. Anm. 29. – [62] Vgl. Kákosy, in: LÄ III, 1108: „... die alles durchdringende Urkraft von elementarer Stärke"; te Velde, op. cit., 176. 180–182; Hornung, Der Eine, 204f.; Zandee, in: Verbum, Utrecht 1964, 33–66. – [63] RÄRG, 301. – [64] S. Anm. 65. – [65] S. z.B. CT IV, 342 = Tb, Kap. 31; CT IV, 349–350; V, 392. 424 = Tb, Kap. 32. Ferner CT V, 175. 234d. – [66] pErmitage 1116, 136f.; s. Axel Volten, Zwei altägyptische politische Schriften, AnAe 4, 1945, 75. – [67] Hornung, Amduat I, 123; s. die Interpretation von te Velde, in: JEOL 21, 1969–70, 175f. – [68] A. Badawy, in: CdE 36, Nr. 72, 1961, 270; vgl. te Velde, op. cit., 185. – [69] Vgl. Wb III, 175f. Bes. klar läßt sich der vorrangig sprachliche Charakter von *ḥkꜣ* erkennen in pBM 10059 (= pMed. London), 14,3 (*ḏdt m ḥkꜣw* „was als ‚Machtspruch' zu sprechen ist"); pEbers, 2,2–3 (*nḫt ḥkꜣw ḥr pḫrt – ṯs pḫr* „wirksam ist der ‚Machtspruch' in Verbindung mit dem materiellen Mittel – und umgekehrt"); oStraßburg H 111, s. Spiegelberg, in: ZÄS 57, 1922, 70ff.: Parallelität von *ḥkꜣw* und *mdw*. – [70] Z.B. pTurin 1993 vso, 4, 4–9 (= Pleyte–Rossi, Tf. 136, 4–9). – [71] Zu einer ausführlicheren Behandlung des diesbezüglichen Mechanismus s. Assmann, Ägypten (s. Anm. 15), 108–122; ders., in: GM 25, 1977, 15–28. – Besondere Beachtung verdient die Tatsache, daß als Adressat der Verklärungen nicht nur der Tote auftreten kann, sondern ebenfalls jeder (mangelleidende) lebende Mensch und zwar in genau dem Handlungsbereich, der durch die sog. Magischen Texte („im engeren Sinne", s. D. III) abgesteckt wird. Dabei ist der in Götterrolle agierende Aktant weder der König noch dessen (explizite) Stellvertretung; vgl. Anm. 51. – [72] Assmann, Ägypten (s. Anm. 15), 113–117; vgl. ders., Tod und Initiation im altägyptischen Totenglauben, in: H.P. Duerr (Hg.), Sehnsucht nach dem Ursprung. Zu Mircea Eliade, 1983, 342f.; te Velde, in: JEOL 21, 1969–70, 175f. – [73] Assmann, in: Duerr, Sehnsucht nach dem Ursprung (s. Anm. 72), 337 und Anm. 7; Gardiner, in: Hastings Encyclopaedia (s. Anm. 42), 268. – [74] Z.B. pBM 10042, 6,10. – [75] Gardiner, op. cit., 263; ders., in: PSBA 38, 1916, 52f.; te Velde, in: JEOL 21, 1969–70, 184–186; vgl. A. II. (4): „Merkmal 4". – [76] Vgl. Assmann, Ägypten (s. Anm. 15), 184; Gardiner, in: Hastings Encyclopaedia (s. Anm. 42), 268. – [77] Vgl. z.B. pBerlin 3024 (= „Hirtengeschichte"), 12–13; oDeM 1266; CG 25218, 13; Adolf Erman, Reden, Rufe und Lieder auf Gräberbildern des Alten Reiches, APAW 1918. 15, 30f.; Vandier, Manuel V, 107ff.; Steindorff, Ti, Tf. 118; Montet, Scènes, 68f.; Schäfer, in: MDAIK 9, 1940, 146–155. – [78] Vgl. z.B. Ahmed Moussa und Hartwig Altenmüller, Das Grab des Nianchchnum und Chnumhotep in Saqqara, AV 21, 1977, Tf. 40; Deir el-Gebrâwi I, Tf. 5. – [79] Vgl. pGenf MAH 15274 vso, 2,1–6 (= Massart, in: MDAIK 15, 1957, 182 mit Anm. 8). – [80] Zum Verhältnis zwischen „Zauberer" und Lebenshaus s. z.B. pSalt 825 (Derchain) I, 56ff.; Gardiner, in: Hastings Encyclopaedia, 268; ders., in: JEA 24, 1938, 157–179; Aksel Volten, Demotische Traumdeutung, AnAe 3, 1942, 17–44; Capart, in: CdE 18, Nr. 36, 1943, 259–262; Posener, in: RdE 10, 1955, 69f. – Man beachte, daß auch die Heiligen Schriften (*mḏꜣt nṯr*) des Lebenshauses als „theologische und magische Bücher" bezeichnet werden: Helck, in: LÄ II, 791. – [81] Vgl. Maspero, in: Revue critique 1, Paris 1876, 223–239; vgl. auch ders., in: PSBA 13, 1891, 502; F. Jonckheere, La place du prêtre de Sachmet dans le corps médical de l'ancienne Egypte, in: Actes du VIe congrès d'histoire des sciences, Amsterdam 1950, 324–333; ders., in: CdE 26, Nr. 51, 1951, 28–45; Lefebvre, in: ArOr 20, 1952, 57–64, Tf. 1–2. – [82] Frédérique von Känel, Les prêtres-ouâb de Sekhmet et les conjurateurs de Serket, BEHE 87, Paris 1984, 235–305. – [83] Inscr. Sinai I, 40, Nr. 117,7; 48, Nr. 121,8; vgl. Grundriß der Medizin III, 94. – [84] pHier. BM (Edwards), P. 3 vso, 8–9 (= Text, 87, Tf. 34 A); pMag. LL, 18,7. – [85] Grundriß der Medizin III, 94. – [86] A.a.O.; Hatnub, Graffito 15. – [87] Grundriß der Medizin III, 94. S. auch die Auffassung von Gardiner, in: PSBA 39, 1917, 31: „It is clear that all priests were potentially also magicians, ..."; „It is unthinkable ... that men bearing the titles of (*zwnw*), ‚physician' ... should not have been versed in the magical arts." – [88] Bisher fehlt eine systematische und diachron strukturierte Zusammenstellung derartiger „Berufs-" bzw. „Titel-" Verschränkungen, um sichere Aussagen machen zu können. – [89] Vgl. Kippenberg, Magie (s. Anm. 3), 9–11. – [90] Vgl. Serge Sauneron, Le monde du magicien égyptien, SourcesOr 7, 1966, 29–65, bes. 33: „l'homme qui dispose de la force (*ḥkꜣ*)". – [91] Vgl. Gardiner, in: PSBA 39, 1917, 33. – [92] Wilhelm Spiegelberg und Balthasar Pörtner, Ägyptische Grabsteine I, Straßburg 1902, Nr. 7, Tf. 4; vgl. Gardiner, op. cit., 32. – [93] Stele Leiden V 105; vgl. Gardiner, op. cit. – [94] Stele Turin, Inventar-Nr. 130; vgl. Gardiner, op. cit. – [95] Hatnub, Graffito Nr. 15;

Louvre 35 (zitiert in Wb, Belegst. III, 39). – [96] Vgl. Wb III, 414f.; Gardiner, op. cit., 33. – [97] Inscr. Sinai, Nr. 117, E 7; 121, 8.9; vgl. Gardiner, op. cit., 33; sowohl mit dem *zwnw* wie dem *wꜥb-Sḫmt* verbunden in Pap. Ebers 99,2–3. – [98] So nach Gardiner, in: PSBA 39, 1917, 33. – [99] So nach Sauneron, Le monde du magicien (s. Anm. 90), 33. Zu weiteren Belegen (*zꜣw bjt* und [*zꜣw*] *nswt*) s. Gardiner, op. cit., 44. – [100] Vgl. RÄRG, 860f. s. v. „Vorlesepriester". – [101] Z. B. RÄRG, 860f.; E. Otto, in: LÄ I, 940f. s. v. „Cheriheb". – [102] Vgl. Kees, in: ZÄS 87, 1962, 119–139; Helck, in: LÄ II, 791f. Anm. 3 (s. v. „Gottesbuch"). – [103] Vgl. te Velde, in: JEOL 21, 1969–70, 181; Sauneron, Le monde du magicien (s. Anm. 90), 33f. – Man beachte auch, daß es ein Cheriheb ist, von dem im Zusammenhang mit einem sog. Göttermittel gesagt wird, daß er einen „göttlichen" Schutzspruch entdeckt hat: pBM 10059 (pMed. London), 8, 12 (zu den sog. Göttermitteln s. Grundriß der Medizin II, 100–102. 119; III, 133). – [104] AEO I, 55 Nr. 129. – [105] Vgl. Grundriß der Medizin III, 93f. – [106] pErmitage 1116B rto, 9; vgl. Johannes Leipoldt und Siegfried Morenz, Heilige Schriften, Leipzig 1953, 197. – [107] Z. B. pWestcar, 3,17–4,18 (*Wbꜣ-jnr*); 4,17–6,22 (*Ḏꜣḏꜣ-m-ꜥnḫ*); zu den Erzählungen von Chaemwese s. Emma Brunner-Traut, in: LÄ I, 899f. s. v. „Chaemwese-Erzählungen"; zur Erzählung von Na-nefer-ka-Sokar aus ptol. Zt s. Spiegelberg, in: Fs Griffith, 171ff., Tf. 21, übersetzt bei Edda Bresciani, Letteratura e poesia dell' antico Egitto, Turin 1969, 675f. – Vgl. Jozef Vergote, Joseph en Egypte, Löwen 1959, 74ff.; Serge Sauneron, Les prêtres de l'ancienne Egypte, Paris 1957, 62. – [108] Der dortige Titel „Ḥartummîm" ist eine sprachliche Umsetzung von (*ḫrj-ḥbt*) *ḫrj-tp* „Oberster (Vorlesepriester)"; s. Anm. 102. – [109] S. A. II. (1. 1): Kritik a, sowie Anm. 13 und 14. – [110] Zu einer magisch-religiösen Weltsicht vgl. man etwa die außerägyptologischen Charakterisierungen von E. Spranger, Urschichten des Wirklichkeitsbewußtseins, SPAW 1934, 622, „daß Mensch und Natur im Wesensgrunde identisch seien und alles in der Natur mit allem verwandt"; Karl H. Ratschow, Magie und Religion, Gütersloh 1955, passim, spricht von einer „unio magica" und Lucien Lévy-Bruhl, Les functions mentales dans les sociétés inférieurs, Paris [5]1912, 68–110 vom „Gesetz der mystischen Partizipation". Von den evolutionistischen und wertenden Konzepten der genannten Autoren ist freilich Abstand zu nehmen. – [111] Vgl. B. II.; Anm. 71; außerhalb der Ägyptologie s. Eliade, in: Paideuma 6, Wiesbaden 1954/58, 194–204; van der Leeuw, in: Zeitschrift für Religionspsychologie 6, Wien 1933, 161–180. – Vgl. auch Brunner, in: LÄ I, 141 (s. v. Alltagswelt und Heilige Welt); ders., in: LÄ I, 305 (s. v. Anthropologie, religiöse); Westendorf, in: LÄ II, 461f. (s. v. Geburt); Altenmüller, in: LÄ II, 624 (s. v. Gliedervergottung); Hornung, in: LÄ II, 684 (s. v. Götterfeind); Westendorf, in: LÄ II, 1098 (s. v. Heilkunde und Heilmethoden); ders., in: LÄ III, 204 (s. v. Isisknoten); Borghouts, in: LÄ III, 1138 (s. v. Magie); Emma Brunner-Traut, in: LÄ IV, 282 (s. v. Mythos). – [112] Als Beispiele seien genannt: das stramme Binden des Haares einer Gebärenden bindet zugleich die ihr feindlichen Götter (Dämonen), vgl. Elisabeth Staehelin, in: ZÄS 96, 1970, 125–139; das Lösen aller Binden und Knoten bewirkt das Lösen des Kindes von der Gebärenden, vgl. a.a.O.; die inszenierte Blendung des feindlichen Tieres mittels einer Geste, vgl. Anm. 77 und 78; durch die Vignetten zu Tb Kap. 30B und Kap. 125 wird das günstige Resultat des Totengerichts „vorgeahmt", vgl. Christine Seeber, Untersuchungen zur Darstellung des Totengerichts im Alten Ägypten, MÄS 35, 1976, 193f.; auch die rundplastischen oder flächigen Abbildungen im Grabbereich (s. *Dienerfiguren; *Gerätefries; *Jenseitsvorstellungen; *Opfer; *Opferliste; *Scheingaben; *Speisetischszene) oder im Tempelbereich (s. *Feindsymbolik) sind vielfach „Vorahmungen" eines erwünschten Zustandes. – [113] Zum Prinzip der „Sympathie", vgl.: Gardiner, in: Hastings Encyclopaedia (s. Anm. 42), 265; Petzoldt, Magie und Religion (s. Anm. 1), Einleitung, VIII–IX. – (In der widerlegten Lehre von J. G. Frazer, The Golden Bough (s. Anm. 8), bildet dieses „Gesetz der Sympathie" das allein „hinreichende und notwendige Merkmal der Magie", vgl. M. Mauss, Entwurf einer allgemeinen Theorie der Magie, in: L'Année sociologique VII, 1902–1903, 1–146, deutsch in: ders., Soziologie und Anthropologie I, 1974, 45–178, zitiert S. 46, vgl. S. 133). Gegenprinzip „Antipathie" vgl. z. B. pEbers Nr. 847: Katzenfett gegen Mäuse. – [114] Beispiele finden sich oft in den „Medizinischen" Texten: rohes Fleisch zum Verbinden einer Fleischwunde, vgl. Grundriß der Medizin III, 128; Blut von Vögeln gegen einen Bluterguß, vgl. pEbers, 88,21–22; Grundriß der Medizin VI, 238f. 447; blutroter Karneol zur Blutstillung, vgl. pBM 10059 (= pMed. London) 13,1–3; Grundriß der Medizin VI, 358; ein Tierschädel gegen Kopfschmerzen, vgl. pEbers 47, 14–15; Grundriß der Medizin IV. 1,36; IV. 2,48. – Siehe auch: Westendorf, in: LÄ II, 1100f., s. v. Heilmittel. – [115] Dieser Mechanismus scheint nicht so häufig vorzukommen; vgl. Schlichting, in: LÄ III, 1053, s. v. Liebeszauber; Westendorf, in: ZÄS 92, 1966, 151 (Kontaktzauber mit der *tjt*-Schleife). – [116] Zur Unterscheidung zwischen einer „sprachlichen" Seite und einer „praktisch-manuellen" Seite der Zauberhandlung, s. Gardiner, in: Hastings Encyclopaedia (s. Anm. 42), 264–267; Dawson, in: Folklore 47, London 1936, 238f.; Lexa, Magie I, 46–68 („les formules magiques"); 69–122 („les remèdes magiques ..."; „le corps subsidiaire"; „les amulettes"; „les rites magiques"); Sauneron, Le monde, (s. Anm. 90), 36–42 („les formules"); 42–43 („les rites parallèles"); RÄRG, 877–879; 879f. – Zu einer detaillierten Untersuchung des Verhältnisses zwischen „sprachlicher" und „praktisch-manueller" Seite, s. Gutekunst, op. cit. (s. Anm. 2). – [117] Vgl. RÄRG, 877; Lexa, Magie I, 43. – Zwischen Zaubermittel (im weiten Sinne) und Zauberpraktik im soeben definierten Sinne besteht ein Inklusionsverhältnis, da auch eine Zauberpraktik ein Zaubermittel ist. – [118] Vgl. etwa den großen Unterschied in der Interpretation einer Grabanlage zwischen einerseits Ursula Rössler-Köhler, in: LÄ III, 255f., s. v. Jenseitsvorstellungen, und andererseits Junge, in: J. Assmann und G. Burkard (Hg.), 5000 Jahre Ägypten. Genese und Permanenz pharaonischer Kunst, Nußloch 1983, 57–60. Während erstere, in Übereinstimmung mit der allgemeinen Meinung, Grabanlage und Totenkult im Rahmen einer vorrangigen Jenseitsorientierung des Toten betrachtet, wobei der Magie eine wichtige Rolle zukommt, anerkennt letzterer ausschließlich eine Diesseitsorientierung „im Sinne eines retrospektiven, zurückblickenden und erinnernden Totenkultes", der Magie erübrigt. – [119] Besonders auffällig und anschaulich ist diese Multifunktionalität von Gegenständen im Falle von „Schmuckstücken", die gleichzeitig den Charakter von Amuletten oder Apotropaika haben können; vgl. Edwards, in: LÄ I, 235 Anm. 12; Westendorf, in: ZÄS 92, 1966, 149. – [120] Dabei muß gleichfalls dahingestellt bleiben, welchem Prinzip oder Mechanismus (s. o. D. I. a) das Zaubermittel seine Wirksamkeit verdankt. – [121] Vgl. Gardiner, op. cit. (s. Anm. 42), 266 f.; Dawson, in: Folklore 47, London 1936, 234 ff.; RÄRG, 879 f.; Lexa, Magie, I, 69–98. – [122] S. im einzelnen unter: *Bukranion; *Götterdekret; *Gründungsbeigaben; *Heilstatuen; *Horusstelen; *Knoten; *Kopftafeln; *Magische Stelen; *Ohrenstelen; *Schlangensteine; *Schutzgott; *Wasserspeier; *Zaubermesser; *Ziegel, magische; vgl. auch: *Halsketten; *Pektorale; *Schmuck. – [123] Vgl. z. B. Ursula Rössler-Köhler, in: LÄ III, 255 f., s. v. Jenseitsvorstellungen. – [124] Vgl. D. Kurth, in: J. Assmann und G. Burkard (Hg.), 5000 Jahre Ägypten (s. Anm. 118), 98 f. – [125] Vgl. Raven, in: OMRO 64, 1983, 7–47. – [126] Die Problematik des Verhältnisses von Zaubermittel zu Heilmittel steht in Zusammenhang mit derjenigen zwischen Zauber und Medizin bzw. Zauberer und Arzt (vgl. C. II). Auch zahlreiche der als Heilmittel klassifizierten Mittel beruhen auf den Prinzipien und Mechanismen einer magisch-religiösen Weltsicht (vgl. D. I. a); s. Westendorf, in: LÄ II, 1100, s. v. Heilmittel. – [127] Lefebvre, in: JEA 35, 1949, 72 ff.; Keimer, in: BIFAO 56, 1957, 118 f.; Hermann Kees, Farbensymbolik in ägyptischen religiösen Texten, NAWG 1943. 11, 413 ff. – [128] Keimer, in: MIE 53, 1948, 73. 96 ff. – [129] Vgl. dazu auch Staehelin, Tracht, 1; H. Altenmüller, in: LÄ III, 236, s. v. *Jagdzauber; Westendorf, in: LÄ IV, 665 (s. v. Panther). – [130] Siehe z. B. die in der sog. Magischen Literatur häufige Formel: *ḏd mdw ḥr* bzw. *ḏd.tw r3 pn ḥr* + materielles Mittel, über dem zu rezitieren ist. Vgl. pBerlin 3027 rto, 1, 3; 6, 5; vso 3, 2; 6, 5–6; pLeiden I 348 rto, 1, 4; 3, 8; 4, 2–3; 4, 7–9; 6, 3; 8, 5–6; 9, 7–8; 12, 6–7; vso 12, 6; 12, 9; 12, 11; 11, 11; 2, 6–7; 3, 4–5; pMag. Harris 501, 6, 8–9; 6, 14; 7, 4; 9, 12. – [131] Innerhalb des Totenbuches selbst gilt insbesondere das sog. Negative Sündenbekenntnis (= Tb 125) als ein Zaubermittel, da es den positiven Ausgang des Jenseitsgerichtes herbeiführen soll; siehe die Zusammenstellung von: Maystre, in: RAPH 8, 1937; vgl. Morenz, Religion, 138 ff.; Westendorf, in: Fs Will, 116. – [132] Zur Beurteilung der Totentexte als Zaubermittel vgl.: Gardiner, op. cit. (s. Anm. 42), 263; Dawson, op. cit. (s. Anm. 42), 236 f.; RÄRG, 437; Morenz, Gott und Mensch (s. Anm. 1), 140 f. (unter Hinweis auf den Ausspruch von H. Junker: „Totentexte sind Zaubertexte"); Borghouts, in: Textes et langages III, 7. – [133] S. die ausführliche Bestandsaufnahme von: Borghouts, in: Textes et langages III, 7–19; ders., Ancient Egyptian Magical Texts, Leiden 1978. – [134] Vgl. oben: A. II. 1. 1: Kritik. – [135] S. z. B. Ursula Rössler-Köhler, in: LÄ III, 255 f., s. v. Jenseitsvorstellungen. – [136] Siehe A. II. 1. 1; eine andere Position vertritt z. B. Morenz, Gott und Mensch (s. Anm. 8), 155. – [137] Mit dieser Beschränkung auf die „magischen" Spruchriten der Lebenden folge ich zwar einer aktuellen ägyptologischen Tendenz (vgl. Borghouts, in: Textes et langages III, 7; H. Altenmüller, in: LÄ III, 1151–1153, s. v. Magische Literatur), aber es muß darauf hingewiesen werden, daß in Wirklichkeit das gesamte Spruchmaterial grundsätzlich zusammengehört (vgl. auch oben A. II. 5). Diese Zusammengehörigkeit bleibt auch dann bestehen, wenn unterschiedliche Verwendungssituationen (z. B. Sphäre des toten Königs oder des privaten Toten oder der Lebenden oder des Götterkultes) zu gewissen strukturellen Unterschieden an der Oberfläche führen mögen. Vgl. Gardiner, in: Hastings Encyclopaedia (s. Anm. 42), 263: „The formulae of the Book-of-Dead differ neither in form nor in substance from the incantations which the Egyptians used to heal their own maladies; and the same general similarity also runs through the daily liturgies of the temples and the tombs." – [138] Wichtigste und umfangreichste dem. Spruchsammlung ist der pMag. LL; zu weiteren dem. Sprüchen und ihrer Bearbeitung s. Borghouts, in: Textes et langages III, 16 f.; Edda Bresciani, I grandi testi magici demotici, in: A. Roccati und L. Kákosy (Hg.), Beiträge zum Kongreß „La Magia in Egitto", 29.–31. Oktober 1985 in Mailand (noch unpubl.). – [139] Wichtigste Zusammenstellung und Bearbeitung durch A. M. Kropp, Ausgewählte koptische Zaubertexte I–III, Brüssel 1930–31; vgl. Donadoni, Testi magici copti, in: A. Roccati und L. Kákosy (Hg.), op. cit. – [140] Siehe v. a. PGM. – [141] Der Zusammenhang zwischen graekoägyptischen Texten und älterer äg. Spruchliteratur wird unterschiedlich beurteilt: nur wenig Zusammenhang sieht Bonnet (RÄRG, 880); dagegen will Morenz, in: OLZ 48, 1953. 8, 352 „den Zusammenhang graekoägyptischer Texte mit älterer äg. Literatur lieber betonen als verkleinern; man kann manches Einzelne finden". – [142] Vgl. etwa die beiden auf Horusstelen häufigen Sprüche, die Daressy als „Text A" bzw. „Text B" benannt hat (CG 9401–9449, Textes et dessins magiques, 1903). – Zu parallelen Sprüchen s. z. B. Drioton, in: ASAE 39, 1939, 57–89; Goyon, in: JEA 57, 1971, 154–159; H. Altenmüller, in: GM 33, 1979, 7–12; Adolf Klasens, A Magical Statue Base (Socle Behague) in the Museum of Antiquities at Leiden, Leiden 1952; H. Altenmüller, in: OMRO 46, 1956, 10–33. Eine systematische Zusammenstellung zahlreicher paralleler Sprüche erscheint in Gutekunst, Untersuchungen (s. Anm. 2). – [143] Alessandro Roccati, Papiro ieratico n. 54003, Turin 1970. – [144] Z. B. pBerlin 3027; pEbers; pHearst; pLeiden I 346; pEdwin Smith; pBM 10059; pBudapest Nr. 51. 1961, s. Kákosy, in: Acta Antiqua Academiae Scientiarum Hungaricae 19, Budapest 1971, 159–177; pBerlin 3038; pChester Beatty III (= pBM 10683); V (= pBM 10685); VI (= pBM 10686); VII (= pBM 10687); IX (= pBM 10689); X (= pBM 10690); XI (= pBM 10691); pTurin 1993 (Pleyte–Rossi, Tf. 31 II. 31 I. 77. 133–131. 138–134); vgl. die Neuedition durch J. F. Borghouts und A. Roccati (noch in Vorbereitung); pTurin 1995 + 1996 (= Pleyte–Rossi, Tf. 125–123. 119–118. 122–120), vgl. Borghouts und Roccati, op. cit.; pLeiden I 348; I 349; pChester Beatty VIII (= pBM 10688); XII (pBM 10692); XIII (= pBM 10693); XV (= pBM 10695); pMag. Harris 501 (= pBM 10042); pLeiden I 343 + I 345; pVatican 19a, s. Suys, in: Or 3, 1934, 63–87; pChester Beatty XVI (= pBM 10696); pGenf MAH 15274, s. Massart, in: MDAIK 15, 1957, 172–185; pDeir el-Medineh 36, s. Sauneron, in: Kêmi 20, 1970, 7–18;

pRam. III. IV. – Statuen z. B. JE 69771, s. Drioton, in: ASAE 39, 1939, 57–89. – [145] Statuen: z. B. Statue des *Ḏd-Ḥrw-pꜣ-šdw*, s. Eve Jelínková-Reymond, Les inscriptions de la statue guérisseuse de Djed-ḥer-le-Sauveur, BdE 23, 1956; Adolf Klasens, A Magical Statue Base (Socle Behague) in the Museum of Antiquities at Leiden, Leiden 1952; vgl. H. Altenmüller, in: OMRO 46, 1956, 10–33; Lacau, in: MonPiot 25, 1922, 189–209. – Stelen: z. B. CG 9401–9449, Textes et dessins magiques, 1903; Sander-Hansen, Metternichstele; Stele Ny Carlsberg Glyptothek AEIN 974, s. Maria Mogensen, La collection égyptienne de la Glyptothèque Ny Carlsberg II, Kopenhagen 1930, Tf. 116 (A 765). – Papyri: z. B. pBrooklyn 47.218.156, s. Serge Sauneron, Le papyrus magique illustré de Brooklyn, WM 3, 1970; pKöln äg. 3547, s. Dieter Kurth, Heinz-J. Thissen und Manfred Weber, Kölner ägyptische Papyri 1, Papyrologica Coloniensia IX, Opladen 1980, 9–53; pBM 10194 und pBM 10241, s. R. A. Caminos, in: A. Roccati und L. Kákosy, in: Beiträge (s. Anm. 138); pBM 10288, s. Caminos, in: JEA 58, 1972, 205–224; pBM 10081, s. Schott, in: ZÄS 65, 1930, 35 ff. – [146] *rꜣ*: Z. B. pTurin 54003 vso, 15; rto, 9.13; pBerlin 3027 vso, 2,2; pEbers, 2,1; pEdwin Smith vso, 18,1; 19,14; 19,18; pLeiden I 348 vso, 11,8; rto, 13,3; pBerlin 3038, 20,9; pHearst, 13,17; 14,2; 14,4; 14,7; 14,10; pBM 10059, 7,1; Metternichstele, Z. 9. – [147] *šnt*: Z. B. pEbers, 30,6; 95,7; pHearst, 11,12; pBM 10059, 14,8; 11,4. – [148] *wḏꜣw*: Z. B. pBerlin 3027 vso, 3,8; vgl. pBM 10059, 8,11. – [149] *zꜣw*: Z. B. pEdwin Smith, 18, 17. – [150] *ḥmwt-rꜣ*: z. B. pBerlin 3027 rto, 2,6. – [151] *ḏrt*: S. Eve Jelínková-Reymond, op. cit. (s. Anm. 145), 9.15. – [152] *mḏꜣt*: Z. B. pLeiden I 348 vso, 2; pChester Beatty VI (= pBM 10686) vso, 2,2; VIII (= pBM 10688) vso, 4,1; vgl. pTurin 54003 rto, 13. – [153] *rꜣw*: Z. B. pBM 10042 vso, 1,1; pTurin 1993 vso, 6,11; Statue Kairo JE 69771, 1,1; 2,1. – [154] Z. B. pEbers, 1,12–2,1; pEdwin Smith vso, 18,1–11; pBM 10059, 8,5–7; 13,3–7; pChester Beatty VI (= pBM 10686) vso, 2,5–9; VII (= pBM 10687) rto, 3,5–7; 6,2–3; pTurin 1993 vso, 4,12–5,4 (= Tf. 136,12–137, 4); pLeiden I 348 rto, 13,3–5; vso, 11,2–8; pLeiden I 349 rto, 3,7–10; 1,9–2,1; pMag. Harris 501 (= pBM 10042) rto, 6,10–7,1; 7,4–7; 7,12–8,1; 8,4–5; 8,9–9,5; Statue Kairo JE 69771, 1,1–7; 1,7–10; 2,1–6; 2,7–11; *Ḏd-Ḥrw-pꜣ-šdw*, 80–84; Metternichstele, Z. 101–125 (= CG 9401–9449, Text „A"); oDeir el-Medineh 1057 (s. Smither, in: JEA 27, 1941, 131 f.); oBrüssel E 3209, 1–4; 4–5 (s. van de Walle, in: CdE 42, Nr. 83, 1967, 13–29). – [155] Z. B. pBM 10042 rto, 3,10–4,8; Metternichstele, Z. 101–125. – [156] Z. B. pTurin 54003 rto, 9–12; 13–16; pBerlin 3027 rto, 1,9–2,6; 2,6–10; pEbers, 90,15–91,1; pHearst, 11,12–15; pEdwin Smith, 18,11–16; 18,19–19,2; 19,2–14; 19,18–20,8; pChester Beatty VI (= pBM 10686) vso, 2,2–5; pTurin 1993 vso, 2,1–3 (= Tf. 134,1–3); vso 5,4–6 (= Tf. 137, 4–6); pLeiden I 348 rto, 4,3–5; 13,5–6; vso, 2; pMag. Harris 501 (= pBM 10042) rto, 8,5–9; pLeiden I 343 + I 345 rto, 4,9–6,2; vgl. vso, 7,5–8,12; oArmytage, 6–9 (s. Shorter, in: JEA 22, 1936, 165–168); oLeipzig 9,4–7 (s. Černý–Gardiner, Hier. Ostraca I, 14.1); oGardiner 300 (s. Černý–Gardiner, Hier. Ostraca, I, 19.1); vgl. oLeipzig 42 (s. Hier. Ostraca I, 3.1) und pBM 10731 (s. Edwards, in: JEA 54, 1968, 155–160); Holztafel Berlin Nr. 23308 (s. Schott, in: ZÄS 67, 1931, 106–110); vgl. Holztafel BM 20775 (s. Vittmann, in: ZÄS 111, 1984, 164–170, Tf. 5); Statue Kairo JE 69771, 3,18–26; Metternichstele, Z. 126–137. – [157] Konstatierend/„verklärend": z. B. pHearst, 13,17–14,2; 14,2–4; pEdwin Smith vso, 19,14–18; pChester Beatty VIII (= pBM 10688) vso, 1,1–2,4; oStraßburg H 111, 1–9. – Narrativ: z. B. pBM 10059, 14,8–14; pChester Beatty XI (= pBM 10691) rto, 1,3–4,2; vgl. pTurin 1993 vso, 6,11–9,5 (= Tf. 131–133; 77; 31); Socle Behague, Spr. I (s. Klasens, op. cit. [s. Anm. 145], 9–19; 52–53); vgl. Metternichstele, Z. 48–71; Socle Behague, Spr. IV (s. Klasens, op. cit., 22–34; 54–58); vgl. Metternichstele, Z. 168–251. – Diskursiv: z. B. pBM 10059, 14,14–15,2; vgl. pEbers 69,3–5; pLeiden I 348 rto, 12,7–11. – [158] Z. B. eine Blutung: pBM 10059, 13,1–3; 13,14–14,1; 14,2–3; eine Brandwunde: pBM 10059, 14,8–14; 14,14–15,2; pEbers, 69,3–5; pLeiden I 348 vso, 3,2–5; ein schmerzender Kopf: pLeiden I 348 rto, 2,9–3,3; ein Geschwür: oBerlin P 1269 (publ. in: pBerlin III, 26–27); die Augenkrankheit „Albugines": pEbers, 58,6–15. – [159] Z. B. Skorpione: pLeiden I 349, 1,9–2,1; 2, 1–4; 2,5–11; Statue Kairo JE 69771, 1,1–7; oDeM 1213 (II, 48); Schlangen: pTurin 54003 rto, 13–16 (*ḥfꜣw*); Statue Kairo JE 69771, 2,1–6 (*fj*); 3,12–7 (*ḥfꜣw*); „Feind" (*ḫftj*): pChester Beatty VIII (= pBM 10688) vso, 4,1–7,5; *ꜥḫw*-Dämon: pBM 10059, 8,5–7; pLeiden I 348 rto, 12,7–11; *nsj-/nsjt*-Dämon: pChester Beatty VI (= pBM 10686) vso, 2,2–5. – [160] Z. B. ein Knoten (*ṯs*): pBerlin 3027 vso, 2,2–7; Honig (*bjt*): pHearst, 14,7–10; Bier (*ḥnqt*): pHearst, 14,10–13; Öl (*mrḥt*): pHearst, 14,4–7; materielles Heilmittel (*pḫrt*) zur äußerlichen Anwendung: pEbers, 1,1–11; vgl. pHearst, 6,5–11. – [161] Z. B. pLeiden I 346, 1,1–2,5: „(Buch) des letzten Tages des Jahres" (*mḏꜣt njt ꜥrqj rnpt*); pBerlin 3027 vso, 3,8–4,3: „Ein Spruch zum Schutz des Leibes, der über einem Kind rezitiert werden soll, wenn die Sonne aufgeht" (*wḏꜣw nj mkt-ḥꜥ šddw ḥr ḫrd wbn šw*). – [162] S. Anm. 130. – [163] Angaben zu Funktion und Wirkung, siehe z. B. in: pLeiden I 346, 1,1–2,5: „Das Retten (*nḥm*) eines Mannes vor der Seuche des Jahres (*jꜣdt rnpt*) (ist dies). Kein Feind (*ḫftj*) kann sich seiner bemächtigen (*sḫm*). Das Besänftigen (*sḥtp*) der Götter, die im Bereich (*jmj-ḫt*) von Sachmet und Thot sind, (ist dies)"; pEdwin Smith vso, 18,1–11: „Dies ist ein Schutz (*zꜣw*) des Jahres. Dies ist etwas, was das Unheil (*dḫrt*) im Jahr der Seuche (*jꜣdt*) vertreibt"; pBM 10059, 13,1–3: „Dies ist ein Abwehren des Blutes (*ḫsf znf*)". – Angaben zur Qualität: mehrfach belegt ist die Formel *šs mꜣꜥ ḥḥ nj zp* „ein ausgezeichnetes Mittel, millionenfach (erprobt)", z. B. in: pEbers, 1,1–11; 1,12–2,1; 2,1–6; 30,6–17; pHearst, 6,5–11; pLeiden I 348 rto, 13,3–5; außergewöhnlich ist die bilderreiche Qualitätsangabe in: pBerlin 3038, 20,9–21,3. – [164] Z. B. pLeiden I 348 rto, 8,6: „Es ist ein Mittel, um Feinde abzuwehren. Wende (es) nicht in bezug auf einen anderen an, außer dir selbst"; vgl. Borghouts, pLeiden I 348, 105 Anm. 201–202. – [165] Die Möglichkeit von ad-hoc-Bildungen vertreten etwa H. Altenmüller, in: LÄ III, 115, und ähnlich auch: Borghouts, in: Textes et langages III, 17, jedoch ist letzterer in jüngerer Zeit zu einer anderen Auffassung gelangt, in: ders., Ancient Egyptian Magical Texts, Einleitung XI: „There is ... not a shred of proof that a specific kind of unorthodox mythology was especially coined *à bout portant* for this genre." – [166] Vgl. Assmann, in: GM 25, 1977, 30; ÄHG, 10f. – [167] Z. B. pTurin 1993 rto, 9,3 (= Tf. 77 + 31. I, 3); vgl. CT II, 44h; siehe auch: Lexa, Magie I, 55f., wo zusätzliche vergleichbare Anwendungen von Sprüchen aufgeführt werden. – Zu den Horusstelen und Heilstatuen, die anscheinend mit Wasser übergossen wurden, dem dadurch eine bestimmte Wirksamkeit eignete, siehe z. B. Lacau, in: MonPiot 25, 1922, 189–209; Lexa, Magie I, 66–68; van Wijngarden und Stricker, in: OMRO 22, 1941, 9. – [168] Assmann, Ägypten (s. Anm. 15), 11; vgl. 14: „Gravitation der Sinnentfremdung." – [169] Vgl. etwa die Beschreibung äg. Weltsicht in: Assmann, Ägypten, 84f.; Sauneron, Le monde du magicien (s. Anm. 90), 30f. – [170] Siehe Westendorf, Magie (s. Anm. 13), 17: „es wird ... auch bei Fällen mit klar ersichtlichem äußerem Ursprung mitunter zusätzlich ein Zauberspruch empfohlen. Dies Verhalten muß wohl so erklärt werden, daß man selbst hinter den scheinbar offen vorliegenden Kausalzusammenhängen doch noch einen versteckten Urheber vermutet, der den Schlag der Waffe lenkte oder den Skorpion zum Zustechen ansporrte"; vgl. die „allgemeinen Begleitsprüche": Grundriß der Medizin IV. 1, 308–311; V, 530–537. – Man beachte in diesem Zusammenhang auch den Spruch Statue Kairo JE 69771, 1,7–10: hier wird vom Gift einer Schlange oder eines Skorpions, welches in einem Gebissenen/Gestochenen wirkt, gesagt, daß es „aus dem Körper eines Gottesleibes herausgekommen" (*prjtj m ḥʿw-nṯr*) sei. – [171] Altenmüller, in: LÄ III, 1153–1155; Borghouts, in: LÄ III, 1142–1145; RÄRG, 876f.; vgl. Gardiner, op. cit. (s. Anm. 42), 263f.; Grapow und Westendorf, in: HdO, 2. Abschnitt: Literatur, ^{2}1970, 110f. – [172] Gefährdung durch Schlangen und/oder Skorpione: Z. B. pTurin 54003, rto, 1–8; 9–12; 13–16; 17–18; pChester Beatty V (= pBM 10685) vso, 3; VII (= pBM 10687) 23 Spr. auf rto; pLeiden I 349, Spr. 1–8; Statue Kairo JE 69771, Spr. 1–9; vgl. Edfou, III, 348: *ḫsf ḏdft* („Abwehr der Schlangen"). – Gefährdung durch Krokodile: z. B. pBM 10042, 2,2–3,3; 3,5–10; 6,4–9 (auch gegen Löwen und Schlangen); 6,10–7,1; 7,1–4; Metternichstele, Z. 138–148; Z. 101–125 (auch gegen Schlangen, Skorpione, Löwen); pBudapest 52.2168 (s. Kákosy, in: GM 11, 1974, 29–32); vgl. Edfou III, 348: *ḫsf mzḥw* („Abwehr der Krokodile"). – [173] Gefährdung durch ambivalente Gottheiten: z. B. pEdwin Smith vso, 19,18–20,8 (Sachmet und ihre *wpwtjw*; Bastet und ihre *ḫ3jtjw*); vgl. die Sprüche, in denen Gott/Göttin/Götter (*nṯr/nṯrt/nṯrw*) parallel zu Dämonen und/oder Toten genannt werden, z. B. pLeiden I 346, 1,3–5; pEdwin Smith vso, 18,17–19; pLeiden I 348 vso, 11,8. – Gefährdung durch Dämonen und/oder Tote: z. B. pChester Beatty VI (= pBM 10686) vso, 2,5–9; VIII (= pBM 10688) vso, 1,1–2,4; pEdwin Smith vso, 18,11–16; 19,2–14. – [174] Gefährdung durch lebende Menschen: z. B. oArmytage, 1–6. 6–9 (s. Shorter, in: JEA 22, 1936, 165–168); Holztäfelchen BM 20775 (s. Vittmann, in: ZÄS 111, 1984, 164–170, Tf. 5); vgl. *Ächtungstexte. – Gefährdung speziell durch den „bösen Blick" (*jrt bjnt*): Holztäfelchen Berlin 23308 (s. Schott, in: ZÄS 67, 1931, 106–110; Günther Roeder, Der Ausklang der ägyptischen Religion. Die ägyptische Religion in Text und Bild IV, Zürich 1961, 124f., Tf. 13). Vgl. zum „bösen Blick" allgemein: Spiegelberg, in: ZÄS 59, 1924, 149ff.; Borghouts, in: JEA 59, 1973, 114–150; Fodor, in: Folia Orientalia 13, Krakau 1971, 51–65 (mit Verweisen auf das alte Ägypten). – [175] Z. B. pBerlin 3027 rto, 5,8–6,8; 6,8–7,1; pBM 10059, 14,5–8; pRamesseum IV, C 17–24; C 25–28; C 28–29; pLeiden I 348, Spr. 28–33 (= rto, 13,9–11; 13,1 – vso 12,2; vso 12,2–6; 12,6–9; 12,9–11; 12,11–11,2); pKöln ägypt. 3547 (= Dieter Kurth, Heinz-J. Thissen und Manfred Weber, Kölner ägyptische Papyri 1, Papyrologica Colonensia IX, Opladen 1980). – [176] S. z. B. die Rubrik „allgemeine Begleitsprüche" im Grundriß der Medizin IV. 1, 308–311; V, 530–537. Vgl. auch Joris F. Borghouts, Ancient Egyptian Magical Texts, Leiden 1978, 44–49, Nr. 71–81. – [177] Z. B. pEdwin Smith vso, 18,1–11; 18,11–16; 18,17–19; 18,19–19,2; 19,2–14; 19,18–20,8; 20,8–12; pLeiden I 346, 1,1–2,5. – [178] Z. B. pEbers, 92,13–16 (*nssq*-Krankheit); 57,17–21 (*špt* „Blindheit"); 58,6–15 (*sḥdw* „Albugines-Augenkrankheit"); 60,16–61,1 (Wasserstauung in den Augen); 90,15–91,1 (*ršw* „Schnupfen"; vgl. Sauneron, in: Kêmi 20, 1970, 7–18); pBudapest 51. 1961, Spr. 2–8 (= 1,5–2,6; 2,6–3,1; 3,1–5; 3,5–8; 3,8–4,5; 4,5–7; 4,8–10); pChester Beatty V (= pBM 10685) vso, 4,1–9; 4,10–6,5; pLeiden I 348, Spr. 3–18; pRamesseum VIII, 10,7ff.; pTurin 54058 (s. Roccati, in: OrAnt 14, 1975, 246); pBoulaq VI, 3,8ff.; oDeM 1062; oMichaelides 97 (s. Hans Goedicke und Eduard F. Wente, Ostraka Michaelides, Wiesbaden 1962, Tf. 32); vgl. Grundriß der Medizin IV. 1, 34–69; V, 59–117. – [179] Z. B. pEbers, 15,16–16,6; 18, 21–19,10, pBM 10059, 5,1–6,1; pBerlin 3038, 21,9–11; pLeiden I 348, Spr. 19–23 (= rto 12,1–2; 12,2–4; 12,4–7; 12,7–11; 12,11–13,3); oDeM 1216. – [180] Z. B. pHearst, 11,12–15 (*t3-njt-ʿ3mw* „Asiaten-Krankheit"); pBM 10059, 3,1–5 (*tmjt*); 3,6–8 (*tmjt*); 4,1–5 (*tmjt*); 11,4–6 (*t3-njt-ʿ3mw* „Asiaten-Krankheit"); 11,6–7 (*smn*); 8,1–7 (*ʿḫw*); pLeiden I 343 + 345: mehrere Sprüche gegen *smn* und/oder *ʿḫw*; pChester Beatty VII (= pBM 10687) vso, 7,1–7 (*srf bjn* „Fieber"; vgl. pMag. Straßburg (unv.), erwähnt in pHier. BM (Gardiner) I, 65 n. 4); pBM 10731 (s. Edwards, in: JEA 54, 1968, 155–160: „Fieber" (?); vgl. Altenmüller, in: LÄ III, 1158 Anm. 25). – [181] Z. B. pEbers, 95,7–14 (für die Brust); pBM 10059, Spr. 40–43 (gegen Blutungen) (= 13,9–14; 13,14–14,1; 14,1–2; 14,2–3); pRamesseum IV, D 2,1–4 (für die Brust). – [182] Z. B. pBerlin 3027: 5 Sprüche gegen die Kinderkrankheiten *nšw* und *tmjt* (= 1,1–4; 1,4–9; 1,9–2,6; 2,6–10; 2,10–5,7); 3 Sprüche gegen *ssmj* und *dḥr* (= 7, 6–8,3; 8,3–9,3; 9,3–7); pRamesseum III, B 14–17 (gegen Durst); B 20–23 (gegen *bʿʿ*); C 12–15 (gegen Verstopfung). – [183] Z. B. pEbers, 69,3–5 (= pBM 10059: 14,14–15,2); 69,6–7; pBM 10059, 14,8–14; 14,14–15,2 (s. o.); 15,2–4; pLeiden I 348, Spr. 37–39 (= vso 3,1; 3,2–5; 3,5); oBrüssel E302 rto, 9 (s. Louis Speleers, Recueil des Inscriptions, Brüssel 1923, 49, 143 Nr. 183). – [184] Z. B. pLeiden I 349 rto, 1,9–2,1; 2,5–11; 3,7–10; pChester Beatty VII (= pBM 10687) rto, 3,5–7; 3,7–4,4; 4,4–7; 4,8–5,2; 5,2–5; 5,5–6,2; 6,7–7,1; pTurin 1993 vso, 2,6–3,6; 3,6–10 (vgl. oDeM 1048); 3,10–4,1; 6,11–9,5 (vgl. pChester Beatty XI = pBM 10691 rto, 1,3–4,2); oStrassburg H 111, 10–11; oBrüssel E 3209, 5–11; Statue *Ḏd-Ḥrw-p3-šdw*, (s.

Anm. 145) Z. 67–69; 80–84; 91–98; Metternichstele, Z. 9–35 (vgl. Statue *Dd-Ḥrw-pꜣ-šdw*, Z. 162–180); 48–71 (= Socle Behague, Spr. I); 71–83; 83–88; 89–100; 168–251 (= Socle Behague, Spr. IV). – [185] Z. B. pLeiden I 343 + 345 rto, 26, 12–27, 6; 27, 6–28, 8; vso, 23, 1 ff.; 23, 7 ff. – [186] Z. B. pHearst, 11, 3–6 (*mšpnt*-Hautflechte). – [187] Z. B. pTurin 54003 vso, 14–16 und 17–18 (gegen eine Fischgräte, die im Hals steckengeblieben ist). – [188] Z. B. pChester Beatty X (= pBM 10690) rto und vso; pChester Beatty XIII (= pBM 10693) (?). – [189] Z. B. in: pBM 10059, 8, 5–7; pBM 10686 (= pChester Beatty VI) vso, 2, 5–9; pBM 10687 (= pChester Beatty VII) rto, 3, 5–7; pLeiden I 348 vso, 11, 2–8; pBM 10042 rto, 8, 4–5; Statue Kairo JE 69771, 1, 1–7; Statue *Dd-ḥrw-pꜣ-šdw* (s. Anm. 145): Z. 80–84. – [190] Z. B. in: pEdwin Smith vso, 18, 11–16 (*jḫtj* „Weicht zurück!"); vso, 18, 17–19 (*ḥrjtjwnj r.j* „Haltet euch fern von mir!"); 18, 19–19, 2 (*m wdj jm.j* „Tue mir nichts an!"); vso, 19, 18–20, 8 (*m hꜣw ḥr.j* „Fallt nicht über mich her!"; *m tkn jm.j* „Kommt mir nicht nahe!"); pBudapest 51. 1961, 2, 6–3, 1 (*šp.k* „Du sollst ausfließen!"); pBM 10059, 13, 1–3 (*ḥꜣ.k* „Zurück!"); 14, 14–15, 2 (*šp.ṯ* „Du sollst ausfließen!"); pLeiden I 348 rto, 6, 4–8, 7 (*ḫtj ḥm* „Weiche zurück! Entferne dich!"; *prj ḥr tꜣ* „Laufe zu Boden!"); pBM 10731 (= Edwards, in: JEA 54, 1968, 155–160) vso, 1, 1 (*ḥꜣ.k* „Zurück!"); oArmytage, Z. 6–9 (*ꜥḥꜥ.k* „Du sollst stillstehen!"); oLeipzig 9, 4–7 (*jgr* „Schweige!"). – [191] Z. B. in: pTurin 54003 rto, 9–12; pLeiden I 343 rto, 4, 9–6, 2 (vgl. vso, 7, 5–8, 12); rto, 6, 2–8, 10 (vgl. vso, 11. 12. 13); pBerlin 3027 rto, 1, 9–2, 6; pLeiden I 346, 1, 1–2, 5; pBM 10686 (= pChester Beatty VI) vso, 2, 2–5; pLeiden I 348 vso, 2; Holztäfelchen Berlin 23308 und BM 20775 (vgl. Anm. 174); oGardiner 300 (s. Černý–Gardiner, Hier. Ostraca I, 19, I; vgl. oLeipzig, op. cit., 3, 1; pBM 10731); oLeipzig 9, 4–7; oArmytage, 6–9. – [192] Z. B. die explizite Identifikation mit Gottheiten, in: pLeiden I 346, 1, 1–2, 5 (Re; Atum); pEdwin Smith vso, 18, 11–16 (Horus); vso, 19, 18–20, 8 (Horus); Statue Kairo JE 69771, 3, 12–17 (Re; *Cheper; *Heh; u. a.); pBM 10042 rto, 8, 5–9 (Amun; Onuris; ...; *Month; Seth; *Sopdu); oArmytage 1–6 (Month; Osiris); 6–9 (Harsiese); vgl. auch: pBM 10687 (= pChester Beatty VII) rto, 4, 8–5, 2 (Sprecher gehört zu den Göttern, die aus dem Hause des Amun hervorgekommen sind). – [193] Z. B. in: pEbers, Nr. 763, 90, 15–91, 1; Nr. 131, 30, 6–17; pLeiden I 348 rto, 3, 3–5. – [194] Der gebräuchliche Begriff „Götterbedrohung" impliziert zu Unrecht, daß der Sprecher des Zauberspruches der direkte und alleinige Verursacher der Katastrophe ist, die in kosmischen oder kultischen Bildern ausgemalt wird. Zu bevorzugen ist dagegen eine andere Interpretation, derzufolge der Sprecher sich vielmehr jene Kohärenz oder „Sympathie" zunutze macht, die nach äg. Weltsicht (vgl. D. I. a.) zwischen allen Ebenen der Wirklichkeit besteht. Wenn also der Sprecher in Götterrolle die „Krise", die im äg. Weltbild immer potentiell gegenwärtig ist, sprachlich aktualisiert, so kann er zu Recht erwarten, daß sie auch wieder behoben wird (vgl. Assmann, Liturgische Lieder, 379 s. v. „Behobene Krisis") und daß diese Behebung der Krise in der irdischen Welt ihre Entsprechung finden muß – kraft seines sprachlichen Eingreifens eben genau in Hinsicht auf den Mangelzustand des Leidenden. Vgl. Jan Assmann, Königsdogma und Heilserwartung. Politische und kultische Chaosbeschreibung in äg. Texten, in: David Hellholm (Hg.), Apocalypticism in the Mediterranean World and the Near East (= Proceedings of the International Colloquium on Apocalyticism, Uppsala 1979), 1983, 345–377, siehe 369 ff.; ders., Das Doppelgesicht der Zeit im altägyptischen Denken, in: Anton Peisl und Armin Mohler (Hg.), Die Zeit, München 1983, 179–223, siehe 214 ff. – [195] Vgl. Anm. 47. – [196] S. die Belegstellen und Literaturangaben bei: H. Altenmüller, in: LÄ III, 1161 Anm. 62 (s. v. Magische Literatur); vgl. zur Sprache der „Kreter" des weiteren: Wainwright, in: JEA 17, 1931, 26–30; Gordon, in: JEA 18, 1932, 67 f.; Jon-Christian Billigmeier, Santas and Kupapa on Crete, in: Yoel L. Arbeitman und Allan R. Bomhard (Hg.), Bono Homini Donum. Essays in Historical Linguistics in Memory of J. A. Kerns II, Amsterdam 1981, 751–760. – [197] Siehe den Katalog der mythischen Motive in: Heike Sternberg, Mythische Motive in den magischen Texten. Zur Verknüpfung zwischen Magie und Religion, GOF (im Druck); vgl. Anm. 2. – [198] Gefährdung oder Verletzung des Horuskindes, das Isis heimlich geboren und vor Seth versteckt hat, in Abwesenheit der Isis durch Schlangenbiß, Skorpionstich, Feuer, Würmer im Leibesinnern u. ä.; nachfolgende Rettung und Heilung durch Isis selbst oder durch Nephthys, Thot oder durch andere Gottheiten, z. B. in: pBerlin 3027 vso, 2, 2–7; pHearst, 14, 2–4; pBM 10059, 14, 8–14; 14, 14–15, 2 (vgl. pEbers, Nr. 499, 69, 3–5; pBM 10683 (= pChester Beatty III) rto, 10, 10–19; pLeiden I 348 rto, 3, 8–4, 3; rto, 12, 7–11; rto, 12, 11–13, 3; vso, 3, 2–5; pLeiden I 349, 1, 9–2, 1; pRamesseum III, B 23–34; pBM 10042 vso, 1, 1–2, 2; Metternichstele, Z. 48–71 (vgl. Socle Behague (s. Anm. 145), Spr. I; pHay 9961 im BM); Z. 71–83; Z. 89–100; Z. 168–251; Socle Behague, Spr. IV. – [199] Kampf zwischen Horus und Seth als feindlichen Brüdern, die um das Erbe des Osiris streiten, z. B. in: pEbers, Nr. 3, 2, 1–6; pBM 10059, 14, 2–3; pBudapest 51. 1961, 3, 2–5; pLeiden I 348 rto, 4, 5–9; außerhalb des Kampf-Motivs, z. B. in: pLeiden I 348 rto, 2, 9–3, 3; pTurin 1993 vso, 2, 6–3, 6. – [200] Hierzu wird auch die Episode gerechnet, in der Osiris vom Horusauge beschützt wird, während sein Leichnam nach *Busiris schwimmt, z. B. in: pBM 10042 rto, 9, 5–14; Metternichstele, Z. 38–48 (= Daressy, CG 9401–9449, Text „B"). – [201] Apophis und alle Feinde des Sonnengottes Re werden von diesem selbst und/oder von anderen Göttern (z. B. Horus; Seth) vernichtend geschlagen, z. B. in: pLeiden I 348 rto, 6, 4–8, 7; Statue Kairo JE 69771, 3, 18–26 (vgl. Stele aus Karnak: Daressy, in: ASAE 17, 1917, 195; pBremner-Rhind, 26, 12–20); *Dd-Ḥrw-pꜣ-šdw* (s. Anm. 145): Z. 2–34. 71–72. – [202] Z. B. in: pTurin 1993 vso, 6, 11–9, 5 (= Geschichte von Isis und Re; vgl. pBM 10691 = pChester Beatty XI rto, 1, 3–4, 2; oPetrie 7, in: Černý-Gardiner, Hier. Ostraca I, 3, 2; oQueen's College 1116 rto, 5, 2–5, in: op. cit., 2, 2; oDeir el-Medineh 1263, in: Posener, oDeM II, 69; siehe Joris F. Borghouts, Ancient Egyptian Magical Texts, Leiden 1978, 122 Nr. 84); pBM 10687 (= pChester Beatty VII) rto, 5, 2–5; 5, 5–6, 2; pLeiden I 348 rto, 12, 2–4.

Lit.: Gardiner, „Magic", in: Hastings Encyclopaedia of Religion and Ethics VIII, London 1915, 262–269; Lexa,

Magie I–III; Warren R. Dawson, The Magicians of Pharao, in: Folklore 47, London 1936, 234–263; Massart, „Magie", in: Dictionnaire de la Bible, Suppléments 5, Paris 1957, 722–732; Westendorf, Magie in der altägyptischen Medizin, in: Die Grünenthal Waage 3. 1, Stolberg 1963, 15–22; Morenz, Gott und Mensch im alten Ägypten, Heidelberg 1965, 140–155 („Die Rolle des Zaubers"); Sauneron, Le Monde du Magicien Égyptien, in: SourcesOr 7, 1966, 29–65; Silvio Curto, Lászlo Kákosy und Alessandro Roccati, La magia in Egitto, Modena 1985. – Repräsentative Auswahl von Zaubersprüchen in Übersetzung: Joris F. Borghouts, Ancient Egyptian Magical Texts, Leiden 1978. W. Gu.

„Zaubermesser", traditionelle Bezeichnung leicht gebogener, schmaler und länglicher Nilpferdzahnstücke, die mit Bildern von Dämonen verziert sind (*Nilpferd, *Schlangenhalspanther, *Schlangen verschiedener Gestalt, *Löwen, *Greif, *Kröte, Kater, *Pavian, *Krokodil, *Bes, Beset, Sonnenscheibe, *Wsr*-Zeichen) und aus dem MR bis zum Beginn der 18. Dyn. belegt sind; etwa 150 Stücke sind bisher bekannt. Sie wurden von schwangeren Frauen zum Schutz des ungeborenen Kindes auf dem Leib getragen, weshalb sie auch in den Händen von Ammen und Wärterinnen erscheinen [1]. Sie galten aber auch als Schutzmächte für die Lebenden und die Toten [2]. In Darstellungen der 1. Stunde des *Amduat wird in der 18. Dyn. vom „Stundendurchfahrer" ein Z. in der Hand gehalten [3], das später zum einfachen Messer und ab *Ramses VI. zu einem Schlangenstab wird, der seinerseits in seiner Wirkung dem Z. verwandt ist [4].

[1] El Bersheh I, Tf. 30; Walter Wreszinski, Bericht über die photographische Expedition von Kairo bis Wadi Halfa, Halle a. S. 1927, 78 f., Tf. 36 (Grab des Bebi in *Elkab). – [2] Altenmüller, in: WdO 14, 1983, 37. – [3] Hornung, Amduat II, 24 Nr. 63. – [4] Den Schlangenstab halten die Ammen der in Anm. 1 genannten Darstellungen neben dem Z. in der Hand.

Lit.: Hartwig Altenmüller, Die Apotropaia und die Götter Mittelägyptens, Diss. München 1965; id., in: WdO 14, 1983, 30–45 (mit Katalogzusätzen). W. H.

Zauberstele s. Horusstele

Zaubertexte s. Magische Texte

Zaumzeug. Die einfache trensenlose Zäumung [1] wie die um den Hals, das Maul oder den Unterkiefer gelegte Schlinge dient der Führung und Kontrolle einzelner oder mehrerer Tiere (*Rinder) durch einen Begleiter [2]. Ähnlich werden die *Esel reitender Beduinen mit Maulstrick von einer vorausgehenden Person geführt [3]. Hingegen macht die körperliche Distanz eines Wagenfahrers zum

Zugtier (*Pferd) die Trensenzäumung unabdingbar. Ihr Vorteil besserer Einflußnahme auf die Motorik des Nutztieres lassen sie auch beim *Reiten Verwendung finden. Vom Riemenverteiler (*Rosette) gehen Backen-, Stirn-, Genick- und Kehlriemen ab (*Leder) [4]. Nasen- und Kinnriemen verhindern, daß sich das Tier dem Zügeldruck durch Maulöffnen entzieht. Drei (in der frühen 18. Dyn.) bzw. zwei Backenriemen zu den Trensenknebeln fixieren die kupferne/bronzene Trense [5] im Maul. Ihre Beißstange kann starr oder eingelenkig sein; die Knebel [6] haben bei Wagenfahrt Stangenform [7], bei ausgespannten Tieren Scheibenform mit einem oder zwei Backenriemen [8]. Die Wirkung des mit Dornrad versehenen und außen an Trense und Joch fixierten starren Hilfszügels [9] auf die Halspartie bei starker Innenwendung des Kopfes soll gegenseitiges Beißen der Gespannhengste verhindern. Andere Hilfen wie Kandare [10] sind unbekannt. Gefahren wird mit vier Zügeln [11] und *Peitsche. Scheuklappen [12] sind seit *Amenophis II. dargestellt.

[1] Wafik Ghoneim, Die ökonomische Bedeutung des Rindes im Alten Ägypten, Bonn 1977, 132–139 mit chronologischer Unterscheidung der Rinderzäumungen. – [2] Auf Rückseite der Narmerpalette. – [3] Z. B. Inscr. Sinai, Tf. 29. – [4] Wegen des zurückgenommenen Kopfes auf Darstellungen nicht immer sichtbar. – [5] Johannes A. H. Potratz, Die Pferdetrensen des Alten Orients, AnOr 41, 1966; Hans G. Hüttel, Bronzezeitliche Trensen in Mittel- und Osteuropa, Prähistorische Bronzefunde XVI. 2, München 1981, 45 ff. 171–8. – [6] Der untere Teil ist in der Ramessiden-Zt verkürzt. – [7] Davies, Ḳen-Amūn I, Tf. 20: Zaumzeug mit Stangenknebeltrense als Neujahrsgabe. – [8] Medinet Habu II, Tf. 20: Ramses III. beim Besuch seines Gestüts. – [9] Rieth, in: MIO 5, 1957, 148–154; Littauer, in: Antiquity 48, London 1974, 293–5 (Halssporen am Geschirr). – [10] Vgl. Junge, in: LÄ II, 323. – [11] Kreuzung der Innenzügel auf dem Wagenkasten Thutmosis' IV.; dazu Mary A. Littauer und J. H. Crouwel, Wheeled Vehicles and Ridden Animals in the Ancient Near East, HdO VII. I. 2 B. 1, 1979, 89 f. Äg.

heißt der Zügel *ʿbjt* (Westendorf, in: GM 29, 1978, 153). – [12] Wohl kaum als Pfeilschutz für das Auge (so Littauer und Crouwel, op. cit., 90), als vielmehr ausschließlich als seitliche Sichtblende, da ein genau gezielter Schuß nicht notwendig ist, um ein Gespann lenk- und kampfunfähig zu machen. – Die Scheuklappe des Gespanns des Künstlers Thutmose in Amarna bei Krauß, in: Jb preußischer Kulturbesitz 20, 1983, 119–132.

Lit.: Mary A. Littauer und J.H. Crouwel, Wheeled Vehicles and Ridden Animals in the Ancient Near East, HdO VII. I. 2B.1 mit ausführlicher Bibliographie; Littauer, in: Antiquity 43, London 1969, 289–300; Wolfram Nagel, Der mesopotamische Streitwagen und seine Entwicklung im ostmediterranen Bereich, BBV 10, 1966. U.H.

Zebu (Buckelrind), verbreitete sich etwa um 1500 v.Chr. von Osten her über den Euphrat in die syrischen Gebiete und galt im NR in Ägypten als typisch syrisches Tier. Als solches bringen es in TT 162 syrische Kaufleute zu Schiff nach Äg.[1]; im Grab des Arztes Nebamun (TT 17) ziehen sie den Reisewagen des syrischen Patienten[2]; gleichzeitig dürfte in Grab TT 343 ein Z. unter den vorgeführten Rindern als Prestige-Tier dargestellt sein[3] (Zt Hatschepsut). Unter Ramses III. ziehen Z. die vierrädrigen Karren der Philister[4].

[1] Faulkner, in: JEA 33, 1947, 40ff., Tf.8. – [2] Torgny Säve–Söderbergh, Four Eighteenth Dynasty Tombs. Private Tombs at Thebes I, Oxford 1957, Tf.23 (die Wagen sind vollständig ergänzt; es könnte sich auch um vierrädrige handeln). – [3] Heike Guksch, Das Grab des Benja, gen. Paheqamen Theben Nr. 343, AV 7, 1978, 19, Tf.11. Weitere Abb.: TT 42 (Davies, Menkhepperrasonb, Tf.36); TT 119 (Wresz., Atlas I, 340). – [4] Medinet Habu I, Tf.32–34. W.H.

Zeder. In einer Höhe von 1200–2000 m wuchsen an den Hängen des *Libanon, Antilibanon und Taurus in pharaonischer Zt große Bestände von Z. (*Cedrus libani* Loud.). Z. können bis 40 m hoch werden und einen Stammdurchmesser von etwa 2,5 m erreichen. Steht die Z. solitär, hat sie einen pyramidenförmigen Wuchs mit im unteren Bereich weit ausladenden Ästen. In dichten Beständen ist aber auch die Z. ein schlanker, hoher *Baum. Auf den Zweigen sitzen aufrecht die 8–10 cm langen und 4–6 cm breiten Zapfen.

Das *Holz der Z. ist rötlich-braun, von aromatischem Geruch und widerstandsfähig gegen Fäulnis und Insektenfraß.

Sicher identifizierte Zedernholzfunde liegen aus Äg. von prädyn. Zt an vor[1]. Die Dachbalken einiger großer Frühzeitgräber[2] sowie Balken im Innern der Knickpyramide von *Dahschur[3] sollen auch aus Zedernholz bestanden haben. Es wurden aber keine mikroskopischen Untersuchungen durchgeführt, die diese Feststellung belegen konnten. Holzuntersuchungen am *Cheops-Boot zeigten, daß schon im AR Zedernholz im *Schiffsbau Verwendung fand[4]. Bei den anderen sicher identifizierten Zedernholzobjekten handelt es sich um *Särge, *Schreine, einen Kasten, Dübel (*Nägel und Dübel) vom Schrein des *Tutanchamun sowie einen *Stuhl aus dem gleichen Grab[5].

Auch Texte belegen schon von der FrZt an den Import (*Handel) von Zedernholz, äg. *mrw*[6]. Die früheste Erwähnung ist auf einem Täfelchen des *Ḥr-ʿḥʿ*[7] (*Aha), und auf dem *Palermostein wird der Import von Zedernholz unter *Snofru aufgeführt[8]. Zahlreiche spätere Texte nennen dann für *mrw*-Holz Verwendungen, die mit den archäologischen Befunden übereinstimmen: Schiffsbau[9], Särge, *Stöcke[10] und *Möbel.

Der Ausfuhrhafen für das Zedernholz war *Byblos.

*Herodot (II, 108) und nach ihm auch *Diodorus, *Strabo und *Plinius[11] nannten ölige Zedernprodukte, die bei der *Balsamierung in Äg. Verwendung fanden (*Harz). Hierbei handelt es sich aber um *Wacholder-Produkte (Juniperus spec.), wie Lucas[11] nachwies, denn die Griechen und die Römer benutzten die Bezeichnung κέδρος bzw. cedrus sowohl für die Z. als auch den Wacholder[12].

Auch die Verwendung von Zedernholz-Sägespänen als Füllmaterial für *Mumien ist nicht bewiesen. Das dafür als Beleg von Loret[13] genannte Sägemehl wurde nie analysiert.

[1] Vivi und Gunnar Täckholm, Flora of Egypt I, BFAC 17, 1941, 66ff. – [2] Walter B. Emery, Ägypten, München 1964, 187. – [3] Stadelmann, in: LÄ IV, 1223. – [4] Lucas, Materials[4], 499. – [5] Lucas, op. cit., 430; Täckholm, op. cit., 66; Russell Meiggs, Trees and Timber in the Ancient Mediterranean World, Oxford 1982, 409. – [6] Die Deutung von *mrw* als Z. ist nicht ganz gesichert. Meiggs, op. cit., 405f. will in *mrw* lieber eine Bezeichnung der *Tanne *Abies cilicica* Carr. und in *ʿš* den Namen der Z. sehen. Seine Begründung beruht auf der relativ seltenen Erwähnung von *mrw* als Importholz im Gegensatz zu *ʿš* und der geringen Nennung in den Schiffsbauakten. Ein weiteres Indiz für die Deutung von *ʿš* als Z. sieht er in der Tatsache, daß der *Sarg eines *mr pr ʿš* aus Zedernholz bestand. Dagegen spricht aber die häufige Erwähnung von Harzprodukten des *ʿš*-Baumes, für die eine Tanne besser geeignet ist, und die rötliche Farbe in der Darstellung einer Holzkopfstütze aus *mrw*-Holz im Gegensatz zu einer gelblichen aus *ʿš*-Holz, siehe dazu Loret, in: ASAE 16, 1916, 38. Auch die Griechen und Römer bevorzugten noch Tannenholz vor Zedernholz für ihre Kriegsschiffe, da es leichter ist, was die seltene Erwähnung von *mrw*-Holz für den Schiffsbau erklären würde. Siehe dazu Theophrast, Hist. Plant. I, 7,1 und Meiggs, op. cit., 56. – [7] Petrie, RT II, Tf. 10,2. – [8] Urk. I, 236,5. – [9] Helck, Materialien, 906ff. – [10] Wb II, 108. – [11] Lucas, in: JEA 17, 1931, 13. – [12] Russell Meiggs, op. cit., 410. – [13] Victor Loret, La flore pharaonique, Nachdruck Hildesheim–New York [2]1975, 42. R.Ge.

Zeichenverstümmelung. Von Z. zu reden, setzt voraus, daß man – unter der impliziten Annahme eines für alle Texte eines größeren Abschnittes der Sprachgeschichte homogenen Schriftsystems – die orthographischen Besonderheiten eines Textes oder eines Textkorpus als Ergebnis einer in bestimmten Anbringungskontexten vorgenommenen Variations*prozedur* behandelt und nicht etwa als Ausdruck unterschiedlicher Graphodialekte[1] für bestimmte Textgattungen und/oder Schreibertrationen[2].

Z. wird gemeinhin als Oberbegriff verstanden für eine textgattungsspezifische, auf magischen Vorstellungen (s. *Magie) beruhende Deletion (Tilgung), Substitution (Ersetzung) oder Mutilation (Verstümmelung) hieroglyphischer Graphe, die keinen Einfluß auf die phonemsprachliche Realisation eines Textes hat und somit von ähnlich motivierten Textveränderungen wie z.B. Tabunamen oder Namenstilgungen (s. *Sprachtabu, *Namenstilgung und -verfolgung) zu differenzieren ist.

V.a. in den *Pyramidentexten sind *Hieroglyphen, welche Menschen oder bestimmte Tiere (Säugetiere und *Fische, seltener Vögel, fast nie *Schlangen oder *Insekten) darstellen, an vielen Stellen, wo sie aufgrund älterer *und* jüngerer Belege zu erwarten wären[3], der Z. unterworfen[4]. Deletion und Substitution scheinen die zuerst benutzten Verfahren zu sein[5], können allerdings – v.a. bei ihrer Anwendung auf Semogramme – die eindeutige Lesbarkeit beeinträchtigen. Dies vermeidet die Mutilation, bei deren Gebrauch nur unerwünschte semantische Komponenten der Zeichen beseitigt werden, andere signifikante Merkmale jedoch bestehen bleiben und somit die notwendige Korrespondenz zwischen Hieroglyphe und Signifikat sicherstellen. Beispiele[6]:

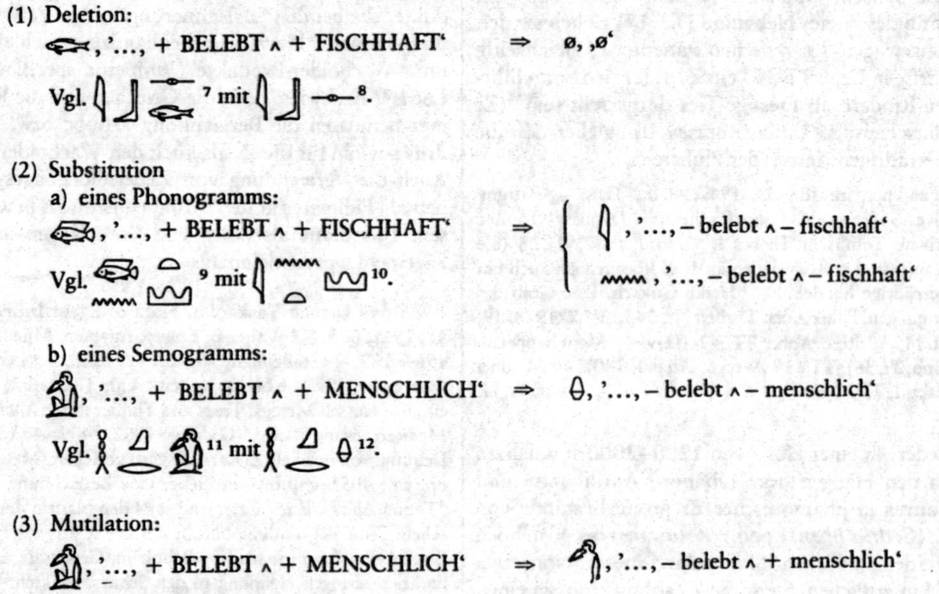
(1) Deletion:
,'…, + BELEBT ∧ + FISCHHAFT' ⇒ ø, ‚ø'
Vgl. [7] mit [8].
(2) Substitution
a) eines Phonogramms:
,'…, + BELEBT ∧ + FISCHHAFT' ⇒
,'…, – belebt ∧ – fischhaft'
,'…, – belebt ∧ – fischhaft'
Vgl. [9] mit [10].
b) eines Semogramms:
,'…, + BELEBT ∧ + MENSCHLICH' ⇒
,'…, – belebt ∧ – menschlich'
Vgl. [11] mit [12].
(3) Mutilation:
,'…, + BELEBT ∧ + MENSCHLICH' ⇒
,'…, – belebt ∧ + menschlich'
Vgl. [13] mit [14].

[1] Zum Begriff des Graphodialektes vgl. R. Harweg, Phonetik und Graphematik, in: W.A. Koch (Hg.), Perspektiven der Linguistik I, Stuttgart 1973, 37–64. – [2] Letztere, zweifellos vorzuziehende Alternative würde nicht zu der Beschreibung der Phänomene als Prozeß führen, sondern von unterschiedlichen Graphinventaren ausgehen, deren Kontrastierung zwar ähnliche Ergebnisse erbringen könnte, jedoch mit einer anderen Beschreibungsterminologie und prinzipiell anderen Rückschlüssen auf historische Realitäten der Schriftentwicklung: die zeitliche Vorrangigkeit der semographisch interpretierten („determinierten") Schreibungen wäre dann nicht mehr grundsätzlich gegeben. – [3] Natürlich nur bei der oben problematisierten Ansetzung eines hochgradig homogenen Schriftsystemes für das Altägyptische. – [4] Zum Befund s. Lacau, in: ZÄS 51, 1913, 1–64; Edel, Altäg. Gramm., §§ 69–82. Zur Z. in späteren Totentexten s. Lacau, a.a.O., 49–64. – [5] Vgl. etwa Pyr. 129a W. T. M. N. und Edel, Altäg. Gramm., §§ 70–78. – [6] Zur Notation: Semantische Komponenten werden von ' ' umschlossen, ‚+ x' bedeutet „besitzt die semantische Eigenschaft x", Majuskelschreibung deutet an, daß diese Seme in den Pyramidentexten unpassend sind; die Verknüpfung ∧ ist konjunktiv. – [7] Urk. I,

87,17. – [8] Pyr. 272c[W.]. – [9] Urk. I, 161,9. – [10] Pyr. 867a[M.N.]. – [11] Urk. I, 204,7. – [12] Pyr. 119a[W.]. – [13] Urk. I, 202,4. – [14] Pyr. 566c[N.]. F.K.

Zeit. Die Z. wurde in Äg., wie bei anderen Völkern, zunächst in ihren Abschnitten als zyklischer Naturlauf (Wechsel von Tag und Nacht, jährliche *Überschwemmung des Nils) wahrgenommen. Die Fragen nach dem Zeit-Kontinuum, nach der Trennung der Inhalte der Z. und der Z. selbst, d.h. nach der Existenz der Z., tauchten sicher erst später auf. Es gab kein dem heutigen Zeit-Begriff entsprechendes Wort, *ꜥḥꜥw, nw, ḥꜣw, tr, rk* usw. sind nur Aspekte oder Abschnitte der Zeit. Trotzdem trifft man in den schriftlichen Quellen als auch in der bildenden Kunst zahlreiche Zeugnisse für hochentwickelte abstrakte Spekulationen über die Zeit.

A. *Natur und Eigenschaften der Zeit.* Die Z. – wenigstens die von den Menschen wahrnehmbare irdische Z. – ist nach äg. Auffassung nicht endlos, sie hat einen Anfang und wird einmal zu Ende kommen. Über den *Anfang* der Zeitlichkeit wird schon durch den häufigen, auf die Weltschöpfung (*Schöpfung) deutenden Ausdruck „das erste Mal" (*zp tpj*) ausgesagt, es gibt aber eine Anzahl anderer Belege für diese Vorstellung. In erster Linie galt der *Sonnengott als *Schöpfer der Zeit. Als *Amun-*Re erschuf er Jahre, Monate; die Tage, Nächte und Stunden existieren gemäß seinem Gang [1]. Die Konzeption lebt noch im Werk von *Manetho weiter: bei dem ersten Götterkönig, Hephaistos (*Ptah), der hier als Sonnengott betrachtet wurde, wurde die Regierungszeit nicht angegeben, weil „er Tag und Nacht schien" [2], d.h. die Sonne ihren himmlischen Lauf (*Sonnenlauf) noch nicht begonnen hatte, es gab noch keine Tage und Nächte. Aus der Schöpfungsgeschichte des Mythos von der Himmelskuh ist ersichtlich, daß die Jahre – nicht am Anfang der Schöpfung – aus der Neḥeḥ-*Ewigkeit entstanden sind [3].

Die erste Geburt der Z. geschah in der mythischen Vergangenheit, sie bedarf aber einer ständigen Neugeburt. Die Entstehung der Z. wiederholt sich regelmäßig oder ist ein permanenter Prozeß.

Der Ort der Regeneration ist die Unterwelt, sie geschieht dort während der nächtlichen Reise des Sonnengottes. In der sechsten Stunde des *Pfortenbuches [4] ziehen zwölf Menschengestalten ein doppeltgedrehtes Seil aus dem Mund eines mumiengestaltigen Gottes, *ꜥqn* [5]. Je eine Windung bedeutet die Geburt einer Stunde. Später verschluckt der Gott das Seil von neuem. Ein anderes Bild zeigt die zwölf *Stundengöttinnen mit einem Zugseil. Der begleitende Text verbindet ihre Geburt mit der des *Re [6]. Die zwölf Stundengöttinnen der Nacht erscheinen neben einer gewundenen *Schlange, sie leben von den zwölf Kindern der Schlange [7]. Auch hier wird also die Entstehung der Z. dargestellt (s. unten). Die Idee, daß die Z. einmal geschaffen wurde, blieb noch in der Theologie des römerzeitlichen Äg. lebendig. *Neith ließ die Zeitabschnitte entstehen [8], und nach einem anderen Text ist die Geburt der Sonne zugleich der erste Neujahrstag [9].

Nach äg. Auffassung war die Z. ein schwaches, von den Vertretern des Chaos verletzliches Element der Weltordnung. Die Anomalien der Zeitrechnung (Divergenz zwischen dem astronomischen und dem Wandeljahr, die unterschiedliche Länge der Tag- und Nachtstunden in den zwölf Monaten) stellten eine vollkommene Verwirrung oder einen Stillstand der Z. als eine reale Gefahr dar. Die Unordnung im Lauf der Z. manifestiert sich in der Verwirrung der *Jahreszeiten und der Monate [10]. Die Ordnung in der Z. ist ein Kennzeichen eines glücklichen Zeitalters [11]. Aus der Tatsache, daß das ewige Licht in Ammons Heiligtum Jahr zu Jahr weniger Öl verbrauchte, zogen die Priester den Schluß, daß die Jahre ständig kürzer werden [12]. Da Z. und ihre Abschnitte nie klar voneinander geschieden wurden, konnte man aus dem vermeintlichen Abnehmen der Länge der Jahre auf ein bevorstehendes Ende der Z. folgern. Vorstellungen über ein Weltende sind aus verschiedenen Perioden der äg. Geschichte belegt [13]. Doch bleibt eine Form der Existenz in der Gestalt zweier Götter (Osiris und Atum oder Re) auch nach dem Zurücksinken ins Urchaos erhalten [14]. Dies ist der Zustand nach dem Neḥeḥ [15], eine Form des Seins, die weder mit der irdischen Zeitlichkeit noch mit den Neḥeḥ- und Djet-Ewigkeiten identisch sein dürfte.

Die Furcht vor einem *Stillstand* der Z. wird schon in den Pyr. bezeugt [16]. Mit derselben Gefahr ist das Verhindern der Geburt der *Sothis verbunden [17]. Nach Tb 108 bringt der lähmende Blick des *Apophis die Sonnenbarke zum Stehen. Dieselbe kritische Situation entsteht in der 7. Stunde des Amduat [18]. Das Aufhalten des Laufes der Sonnenbarke und der Z. wurde als eine Drohung für das Bestehen der Welt betrachtet, doch gab es eine Vorstellung, wonach der Lauf der Sonnenbarke auch durch spontane Pausen abgebrochen werden konnte. Der Stillstand wird im Amduat mehrfach erwähnt, und nach dem Text der 9. Stunde „verweilt" auch die Rudermannschaft der Barke [19]. In diesen Aussagen wird die Diskontinuität der Z. impliziert.

Die Z. ist nach äg. Auffassung nicht im gesamten Universum homogen. Wenn von den Jenseitsrichtern die Lebenszeit als eine Stunde betrachtet wird[20], so müssen sich die Zeitdimensionen jenseits der irdischen Welt, im Reich der Götter, verändern. Noch klarer kommt diese Idee in einem Hymnus an *Amun zum Ausdruck: „die Ewigkeit steht vor seinem Angesicht wie der gestrige Tag, wenn er vergangen ist“[21]. Dieselbe Aussage erscheint auch in einem Hymnus an *Sobek in der Ptolemäerzeit[22]. Die äg. Textstellen weisen eine enge Verwandtschaft mit Psalm 90 (4) auf. Die göttliche Z. wurde als Quelle oder Urheber der irdischen Z. betrachtet. *Horus wird in (*Tell) Edfu folgendermaßen angesprochen: „Dein Jahr gebiert unsere Jahre.“[23]

Die Z., die im *Pfortenbuch von der *Sḥrt*-Schlange geboren wird, darf nicht in ihrer ursprünglichen Form in der Welt zur Geltung kommen. Re befiehlt den Stundengöttinnen, die zwölf Kinder der Zeitschlange zu verschlingen[24]. Es handelt sich um eine Art *Antizeit*, die nur nach einer Umwandlung in die Welt gebracht werden darf. Ein Schöpfungsbericht in *Esna läßt auf eine *vorweltliche* Z. folgern. Obwohl der erste Neujahrstag (*Neujahr), d.h. der Anfang der eigentlichen Z., mit der Geburt der Sonne zusammenfällt[25], wird im früheren Abschnitt des Mythos schon die achte Stunde des Tages erwähnt[26].

Aufgrund eines Bildes im Pfortenbuch dürfte man vielleicht auf die Angst vor der Entfesselung, vom Ausbrechen der Z. schließen. Das Schlangenseil *Mʿʿ*, aus dessen Windungen die Stunden als *Sterne entstehen, wird für Re von zwölf Männern festgehalten[27]. Die Zeitschlange muß im Interesse des regelmäßigen Laufes der Z. unter Kontrolle gehalten werden.

In der Welt ist die Z. stets vorwärts orientiert; im Jenseits kann sie aber auch reversibel sein. Die Jahre des verstorbenen Königs verfließen in verkehrter Richtung[28], und dadurch wird seine *Wiedergeburt ermöglicht.

Die Z. hatte auch einen räumlichen Aspekt. Nach Wörtern mit Zeit-Bedeutung können auf den *Raum* hinweisende Determinative stehen[29]. Auch auf dem semantischen Gebiet kommt die Verwandtschaft von Z. und Raum zum Ausdruck (*hȝw* Nachbarschaft, Nähe, Z.[30]; *rk* Z., neben jemand, um jemand[31]). Im Buch vom Durchwandern der *Ewigkeit wird die Wanderung in bezug auf Z. und Raum beschrieben. Hier dürfte *nḥḥ* auch einen Raum von riesigem Ausmaß bezeichnen.

Die äg. Zeit-Konzeptionen enthalten sowohl Elemente der Periodizität als auch des historischen Bewußtseins; so kann das Leben des Individuums und der Welt nur linear vorgestellt werden[32].

Die Abfolge der Kreise der sich wiederholenden und mythisch interpretierten Naturereignisse (Morgen, Schöpfung usw.) reiht sich längs einer Geraden, die nach der äg. Eschatologie in der letzten Weltkatastrophe ein Ende findet.

B. *Götter und Symbole der Zeit*. Der Sonnengott wurde als Schöpfer der Z. betrachtet, oder aber die Geburt der Z. geschah unter seiner Aufsicht während seiner nächtlichen Fahrt durch die Unterwelt (s. oben). Darüber hinaus wurden die Lebenszeit (*ʿḥʿw*) und die Tageszeiten als seine Namen bezeichnet[33]. Auch die zwölf Formen, die er in den einzelnen Stunden des Tages annimmt, weisen auf seine Herrschaft über die Z. hin[34]. Die zyklische Konzeption der Z. machte auch den *Nilgott zum Herrn der Jahreszeiten[35].

*Osiris erweist sich als Zeit-Gott nicht nur als Herr der Ewigkeit (*ḥqȝ ḏt*)[36] und als Osiris-Aion[37], auch in seinen Ritualen spielt die Zeit-*Symbolik eine beträchtliche Rolle. In der Prozession am Nil während der Feierlichkeiten im Monat Khoiak wurden die Barken des Gottes mit 365 Lampen verziert[38], und im *Abaton wurden ihm 365 Opfertafeln zur Libation aufgestellt[39].

Isis wurde mit der Göttin des Jahres (*Rnpt* s. unten) identifiziert (Eseremphis, s. *Theadelphia)[40]. Auch als Isis-Sothis wurde sie zum Sinnbild des Jahres[41]. Nach einer hellenistischen Etymologie heißt der Name der Isis „Die Alte“[42]. Diese Auslegung steht offenbar mit ihrem Urgöttin-Aspekt im Zusammenhang. Die der Isis gleichgesetzte Athena-Neith umfaßt Vergangenheit, Gegenwart und Zukunft[43]. Auch im Tempel von Esna wird Neith als Schöpferin der Zeitabschnitte und der Ewigkeit gepriesen[44].

Wie Isis wurde auch *Hathor mit Sothis gleichgesetzt[45]. Beide wurden als Kuh dargestellt, und in den Tempelinschriften der griech.-röm. Zt erhielt das Zeichen der Kuh die Bedeutung „Jahr“ (*rnpt*)[46]. In der *Josephsgeschichte treten die wohlgenährten und die mageren Kühe als Sinnbilder der Jahre des Überflusses und der Hungersnot auf[47]. Horus verdankt die Verbindungen mit der Z. den solaren Zügen seines Wesens. In einem magischen Text steht die Anweisung, wonach man beim Sonnenaufgang die 12 Namen des Horus aussprechen sollte[48]. Die *ḏt*-Ewigkeit ist in seinem Griff[49]. Eine späte spekulative Deutung sieht in seinem Namen die alles erhaltene und nährende Z. (ὥρα)[50].

Durch die *Amulette, die *Anubis mit einem *Djed-Pfeiler darstellen, wird wahrscheinlich nicht nur auf Osiris, sondern auch auf den Begriff der Dauerhaftigkeit und der Ewigkeit hingewiesen[51].

Als *Urgott galt Ptah auch als Herr der Zeit. Er trägt den Beinamen „*Nḥj*, Herr der Jahre“[52]. Dies ist natürlich nicht die einzige Beziehung des Ptah zur Zeit. Im allgemeinen kann man feststellen, daß

Die äg. Monate wurden in drei Dekaden aufgeteilt. Aufgrund der Bilder eines Naos aus der Zt *Nektanebos' I. darf man daraus schließen, daß der Kult der Dekane diesen Zeitabschnitten in der SpZt einen religiösen Charakter verliehen hat und den Dekaden auch Schutzgötter zugeteilt wurden [96].

Der Text einer Tafel aus Holz (frühe Dyn. XVIII) gibt eine Liste von Vorzeichen für gute oder böse Ereignisse in den einzelnen Monaten des Jahres [97]. Dabei scheinen die Verzeichnisse der Prognosen für die 365 Tage des Jahres eine weitere Verbreitung gefunden zu haben [98]. Seit dem NR waren die Prognosen mythologisch begründet (s. *Tagewählerei) [99]. Den Tagen wurden Schutzgötter zugeteilt (s. die jüngst publizierte Liste in Edfou XV, 45–62). Auch die Erwähnung von 365 Göttern läßt darauf schließen [100]. In der griech.-röm. Zt brachte man die Chronokrator-Rolle dadurch zum Ausdruck, daß dieselbe Gottheit mit verschiedenen Beinamen versehen über alle Tage des Jahres regierte [101]. Am klarsten erscheint diese Konzeption in *Kom Ombo [102], aber auch die 12 Hathor-Reihen in Edfu wollen die Göttin offenbar als Herrscherin der Jahrestage darstellen [103]. In Dendara findet man in sechs Friesen 360 Götter abgebildet, die mit je einer löwenköpfigen Kobra eine Kartusche bewachen [104]. Auch einige Götterreihen im römerzeitlichen Mammisi von Dendara können möglicherweise als Tagesgötter interpretiert werden [105]. Eine Gruppe von 30 löwenköpfigen Schlangen im Tempel von Dendara dürfte die Monatstage dargestellt haben [106].

Auch die 24 Stunden (12 Stunden des Tages, 12 der Nacht) (*Stundeneinteilung) wurden personifiziert, und jede einzelne von ihnen erhielt einen Namen. Sie wurden in Frauengestalt dargestellt, die Tagesstunden mit einer Sonnenscheibe, die Nachtstunden mit einem Stern auf dem Kopf [107]. Die Nachtstunden spielen in den *Unterweltsbüchern (besonders Amduat, Pfortenbuch und Buch von der Nacht) eine wichtige Rolle. Wie die Namen einiger Stunden im Amduat (z. B. siebente Stunde) zeigen, wurde ihnen eine aktive Teilnahme beim Schutz des Re zugeschrieben (vgl. auch die *Stundenwachen). Die Stunden wurden im sog. Stundenritual auch mit Göttern verbunden [108]. Auch in den Sarg-Dekorationen konnten die Stundengöttinnen verwendet werden [109]. Die ὡρογενεῖς θεοί der römerzeitlichen Magie sind höchstwahrscheinlich die Nachkommen der altäg. Stundengottheiten [110]. Die Vergöttlichung der Zeitabschnitte war nicht immer auf die kalendarischen oder im Ritual verwendeten Zeiteinheiten beschränkt. Wie vereinzelt vorkommende Götterdeterminative zeigen, konnten auch mythische Perioden mit einer Art Heiligkeit ausgestattet werden [111].

In der bildenden Kunst trifft man eine Anzahl symbolischer Darstellungen und Kunstobjekte, die irgendwie auf die Ewigkeit oder die Z. hinweisen. Zu Heh, *Phönix und *Uroboros s. die betreffenden Stichworte. Des öfteren wird in die Tempelbilder das *rnpt*-Zeichen (Palmblattrippe mit Kerbungen) und die Hieroglyphe des *Sedfestes eingebaut.

Tiersymbole waren in diesem Ideenkreis besonders beliebt. Die zwei antithetisch sitzenden *Löwen mit dem Horizont auf den Schultern sind mit Gestern und Morgen identisch [112]. Der *Frosch galt als Bild der Auferstehung und erscheint auch in der Neujahrssymbolik [113]. Zur Kuh als Bild des Jahres s. oben. Wie das Zeichen der Kuh, so erhielt auch die Hieroglyphe des *Geiers die Bedeutung „Jahr" [114]. Auch die Schlange wurde als Zeichen für *rnpt* verwendet [115]. Die Behauptung bei *Horapollo [116], wonach die Ägypter die *Wasseruhren mit einer Affenfigur versahen, wird sowohl durch archäologische Funde als auch durch bildliche Darstellungen bestätigt [117]. Auch das *Krokodil erscheint als Sinnbild der Z. und Ewigkeit [118]. In Verbindung mit dem *Skarabäus gibt Horapollo eine spekulative Deutung [119]. Das Nilpferd (Hieroglyphe *ꜣt*) wurde in der SpZt vielleicht sekundär als Zeit-Symbol aufgefaßt [120]. Die *Katze wurde mit dem Mondmonat und den Stunden in Verbindung gebracht [121]. Katzenfigürchen mit Neujahrswünschen sind belegt [122]. Eine gewisse Popularität scheint der *Steinbock (Capra nubiana) als Symbol des Jahres genossen zu haben [123]. Er erscheint auf Skarabäen und Neujahrsflaschen; aber auch kleine Figuren und prächtige Statuetten (die Alabasterfigur im Grab des *Tutanchamun) wurden in Steinbocksform hergestellt [124]. Auch unter den Neujahrsgeschenken trifft man den Steinbock [125]. Wie die Bezeichnung des Jahres *ꜥb njꜣw* (Horn des Steinbocks) [126] zeigt, wollte man eine Ähnlichkeit zwischen dem *rnpt*-Zeichen und dem Horn des Steinbocks entdecken. Die Zeit-Symbolik wurde auch auf die *Ziege ausgedehnt: auf einer Vase mit dem Henkel in Ziegenform im Schatz von Zagazig steht ein Glückwunsch, in dem Millionen von Jahren erwähnt werden [127].

Vielleicht dürfte man einen Nachklang der äg. Tiersymbolik noch im alexandrinischen Serapiskult suchen: drei Köpfe des Kerberos werden als Vergangenheit, Gegenwart und Zukunft gedeutet [128].

[1] pLeiden I 350, 2, 16–17. S. auch Norman de Garis Davies, The Temple of Hibis in El Khargeh Oasis III, PMMA 17, 1953, Tf. 31. – [2] William G. Waddell, Manetho, London 1956, 226 (nach Synkellos). – [3] Erik

in den henotheistischen *Hymnen und in den stereotypen Epitheten alle großen Götter als Herrscher der Z. und Ewigkeit dargestellt werden. In diesem Stichwort werden nur jene Verbindungen aufgeführt, die für die äg. Zeit-Vorstellungen gewisse Aussagekraft haben.

Als *Mond-Gott wurde auch *Thot als Vorsteher der Z. betrachtet[53]. In erster Linie kontrolliert er die Regierungszeit der Könige, aber auch die Lebenszeit von allen ist ihm unterstellt. Seine Verbindung mit dem *Kalender tritt auch in der bei Plutarch erhaltenen Sage zutage, in der Hermes-Thot als Schöpfer der fünf Zusatztage (*Epagomenen) erscheint[54].

Personifikationen der Ewigkeitsbegriffe[55] und der Zeitabschnitte sind in den schriftlichen Quellen und in der Ikonographie des öfteren belegt. Zu den beliebtesten Symbolen gehört *Heh, meist mit dem Jahreszeichen auf dem Haupt[56]. Statt des *rnpt*-Zeichens kann Heh auch den *Schen-Ring[57] – ebenfalls ein Symbol der Unendlichkeit – tragen. Manchmal wachsen die Jahreszahlen aus dem Schen-Ring hervor[58].

Die Göttin „Jahr“ (*Rnpt*) dürfte ihre Geburt dem Phänomen der *Götterspaltung verdankt haben. Wie eine Stelle in den Pyr. zeigt, war *Rnpt* zuerst ein Name der Sothis[59]. Auch in den *Sargtexten wird Sothis „Jahr“ genannt[60]. Im NR erscheint *Rnpt* im Tempel Sethos' I. in *Abydos als selbständige Göttin[61], aber schon im pEdwin Smith scheint das Jahr personifiziert worden zu sein[62]. Sie trägt in Abydos das Zeichen des Jahres auf ihrem Haupt und wird als „Herrin der Ewigkeit (*nḥḥ*)“ bezeichnet. Auf einem *Altar in Turin, der trotz des Namens *Pepis I. aus der Zt *Sethos' II. stammen dürfte[63], erscheint das Jahr als Göttin zusammen mit *nḥḥ* und *ḏt*[64]. Die Blütezeit ihres Kultes kam in der Ptolemäer- und Römerzeit. Sie erscheint als *Hebamme bei der Geburt des Sonnenkindes (*Hermonthis)[65] und wird in Hymnen gepriesen (Edfu, *Dendara)[66]. In einem Bild gesellt sich die Göttin u.a. zu *Mesechenet und der Personifikation der *Nahrung (*Ka). Sie ist hier Spenderin von unzähligen Jubiläumsfesten und Hunderttausenden von Jahren[67]. Die Jahresgöttin ist die Gebärerin der Götter[68] sowie der Tage, der Monate und der Jahreszeiten[69]. Der Z. wurde also eine schöpferische Kraft zugeschrieben.

Das Jahr wurde mit mehreren Göttinnen identifiziert, so z.B. mit Isis (s. oben), Hathor[70], *Mesechenet[71] und Mut[72], mit dem *Horusauge[73] und dem Auge des Re[74]. Auch als guter Dämon, der Schutz gewährt, wurde das Jahr vorgestellt[75]. Der Jahresdämon wurde mit einem Löwenkopf versehen[76]. Der Jahreswechsel und die fünf Epagomenen wurden als eine gefährliche Periode angesehen. Um sich in dieser kritischen Zeit zu schützen, waren magische Schutzbücher notwendig[77]. Unter den zahlreichen angesprochenen Gottheiten erscheint vor allem *Sachmet als mächtige *Schutzgöttin[78]. Ebenfalls aus magischen Vorstellungen läßt sich erklären, daß man in den Akten vermeiden wollte, das Zeichen *rnpt* rot zu schreiben[79].

Eine Sonderform der Jahresgöttin ist *Rnpt nfrt*[80], die z.B. in *Philae (Hathortempel)[81] und in *Deir el-Medineh[82] erscheint. Im ptolemäischen Sanatorium in *Deir el-Bahari wurde sie als Gemahlin des *Imhotep mit dem *rnpt*-Zeichen auf ihrem Kopf abgebildet[83].

In der Prozession des *Ptolemaios II. Philadelphos kommt schon die griech. Symbolik zur Geltung: dort sah man einen Mann in tragischer Tracht, der ein Füllhorn trug und „Jahr“ genannt wurde. Ihm folgten vier Frauen, die Sinnbilder der Jahreszeiten[84].

Die Personifikation der drei äg. Jahreszeiten erfolgte im AR, sie wurden im *Sonnenheiligtum des *Niuserre[85] und im Grab des *Mereruka[86] abgebildet. Es handelt sich wahrscheinlich mehr um poetische Personifikationen[87], da Götterdarstellungen nicht zur Thematik der Gräber des AR gehören. Die Figuren der Jahreszeiten erscheinen auch in späteren Darstellungen[88]. Sie dürften auch auf der Tazza Farnese der Ptolemäerzeit neben dem Nil als ein Jüngling und zwei Frauen abgebildet worden sein[89].

Während die Jahreszeiten als Personifikation farblos geblieben sind, besaßen die Monate, Tage und Stunden eine größere religiöse Bedeutung. Auch *Herodot berichtet davon, daß jeder einzelne Monat und Tag Göttern gewidmet wurde[90]. Die Monate wurden nach *Festen benannt, die in sie fielen. Zuerst wurden die Monate als Kreise dargestellt (Grab des *Senenmut), etwas später werden die Monate auf astronomischen Tempeldecken und *Wasseruhren durch ihre eponymen Götter versinnbildlicht[91]. Seit der SpZt werden den Monaten 12 *Nilpferdgöttinnen zugesellt, deren Namen auch in der Namensgebung der Frauen eine bedeutende Rolle spielen[92]. Die fünf Mesechenet-Göttinnen mit Frauenkopf, mit denen die Reihe der *Thoeris-Göttinnen ergänzt wurde, dürften die Epagomenen symbolisiert haben[93]. In *Dendara erscheinen die Nilpferdgöttinnen in der Neujahrskapelle an der Decke des Tempels[94]. Wie mit dem Jahr, so waren magische Vorstellungen auch mit den Monaten verknüpft. Die 12 Knoten des aus feinem Leinen hergestellten Amuletts, die gegen die Gefahren des Jahres und die Boten der Sachmet Schutz gewähren sollten, wurden sicher als die zwölf Monate betrachtet[95].

Hornung, Der äg. Mythos von der Himmelskuh, OBO 46, 1982, 26. Hornung gibt eine andere Deutung für diese Stelle (ebd., 46). – [4] Erik Hornung, Äg. Unterweltsbücher, Zürich–München 1972, 243f. Nach der Zählung von Piankoff, Livre des Portes II, 61f. gehört diese Szene zur 5. Stunde; vgl. auch Hornung, in: Eranos 47, Frankfurt a.M. 1978, 285. – [5] *ʿqn* ist schon in der früheren Totenliteratur belegt: CT Spr. 397 passim. – [6] Nach Hornung die 11., nach Piankoff die 10. Stunde: Erik Hornung, Äg. Unterweltsbücher, Zürich–München 1972, 291f.; Piankoff, Livre des Portes III, 88ff. – [7] Hornung, op. cit., 222ff.; Piankoff, op. cit. I, 166ff. – [8] Esna II, 282 (= V, 291); vgl. II, 303. – [9] Esna III, 32 (= V, 264). – [10] pAnastasi IV, 10, 1–2. – [11] pSallier I, 8, 10–11. – [12] Plutarch, De defectu oraculorum, Kapitel 2. – [13] Kákosy, in: Acta Antiqua Academiae Scientiarum Hungaricae 11, Budapest 1963, 17ff. (Neudruck in: Studia Aegyptiaca 7, Budapest 1981, 55ff.); Jan Assmann, Zeit und Ewigkeit im Alten Ägypten, AHAW 1975. 1, 23ff. warnt vor einem Verabsolutieren dieser Vorstellungen. – [14] Tb 175, besonders eine ptol. Version im Opet-Tempel: Otto, in: CdE 37, Nr. 74, 1962, 252; Constant de Wit, Les inscriptions du temple d'Opet à Karnak, BAe 11, 1958, 112. – [15] Assmann, op. cit., 25. – [16] Pyr. 1439 (Anhalten der Sonnenbarke). – [17] Pyr. 1437a. – [18] Hornung, Amduat II, 131ff. – [19] Ebd. II, 160. – [20] Wolfgang Helck, Die Lehre für König Merikare, KÄT, 1977, 31f. – [21] pBerlin 3049, XII, 4–5 (spätramessidisch); s. Assmann, op. cit.; id., ÄHG, 283. – [22] pStraßburg Nr. 2, II, 17; Bucher, in: Kêmi 1, 1928, 50. – [23] Edfou VI, 307; vgl. Maurice Alliot, Le culte d'Horus à Edfou au temps des Ptolemées, BdE 20, 1949, 658. 660. – [24] Hornung, Unterweltsbücher (s. Anm. 4), 222ff.; Piankoff, Livre des Portes I, 166ff. – [25] Esna III, 32; V, 264. – [26] Esna III, 30; V, 259. 264. – [27] Achte Stunde: Hornung, Unterweltsbücher (s. Anm. 4), 259ff.; id., Das Buch von den Pforten des Jenseits, AH 7, 1979, 276ff.; Piankoff, Livre des Portes II, 155ff. – [28] Pyr. 705b–c. – [29] Černý, in: ASAE 42, 1943, 344ff. – [30] Wb II, 477f. – [31] Wb II, 457f. – [32] Morenz, Religion, 79. – [33] Constantin E. Sander-Hansen, Die religiösen Texte auf dem Sarg der Anchnesneferibre, Kopenhagen 1937, 134, Z. 436–438. – [34] Daressy, in: ASAE 17, 1917, 197ff.; vgl. Assmann, Liturgische Lieder, 159ff. – [35] CT IV, 141–142. – [36] Kákosy, in: Oikumene 2, Budapest 1978, 106. – [37] Kákosy, in: OrAnt 3, 1964, 15ff. (Neudruck in: Studia Aegyptiaca 7, Budapest 1981, 69ff.). – [38] Emile Chassinat, Les mystères d'Osiris au mois de Khoiak, PIFAO, Kairo 1966, 64. – [39] Hermann Junker, Das Götterdekret über das Abaton, DAWW 56. 4, 1913, 18. – [40] Jan Quaegebeur, Eseremphis, in: Das römisch-byzantinische Ägypten, Acta Treverensia 2, Mainz 1983, 67ff. – [41] S. z. B. Horapollo I, 3. – [42] Diodor I, 11 (*js* = alt); vgl. Apuleius, Metamorphoseis XI, 5. – [43] Plutarch, De Iside, 9; Proklos, In Plato, Timaios Commentarius, 30D (Hopfner, Fontes, 680). – [44] Esna V, 291f. – [45] Dendara I, 21; II, 252 usw. – [46] Wb II, 429. – [47] Genesis 41, 1–36. – [48] pChester Beatty VIII vso, 10, 8ff. – [49] Ebd., vso, 11, 2. – [50] Plutarch, De Iside, 38. – [51] Z. B. CG 13563. – [52] Maj Sandman–Holmberg, The God Ptah, Lund 1946, 178f. – [53] RÄRG, 807f. – [54] Plutarch, De Iside, 12. – [55] Kákosy, in: Oikumene 2, Budapest 1978, 102ff. – [56] H. Altenmüller, in: LÄ II, 1082ff. – [57] Kákosy, op. cit., 110f.; Christiane Desroches-Noblecourt, Toutankhamon et son temps, Paris 1967, 80; zu Schen vgl. Claudia Müller-Winkler, in: LÄ V, 577ff. – [58] Kurt Lange und Max Hirmer, Ägypten, München 1961, Tf. 102f.; vgl. Jéquier, in: BIFAO 11, 1914, 139. – [59] Pyr. 965a. – [60] CT VII, 38n; vgl. CT VI, 319d–e; Quaegebeur, op. cit. (s. Anm. 40), 72. – [61] Calverley–Gardiner, Abydos IV, Tf. 7. – [62] Westendorf, in: GM 49, 1981, 78. – [63] Labib Habachi, Tavole d'offerta, are e bacili da libagione, CGT, serie seconda vol. II, 1977, 63. – [64] Ebd., 67 Abb. B Z. 7. – [65] LD IV, 60a. – [66] Edfou VI, 95ff.; Chassinat, Mammisi d'Edfou, 113ff. 126ff. 134ff.; Dendara VIII, 56ff. 61f. 64; Daumas, Mammisis de Dendara, 164. – [67] Dendara II, 97. – [68] Edfou VI, 97. – [69] Dendara VIII, 57. – [70] Dendara I, 21. – [71] Chassinat, Mammisi d'Edfou, 119. – [72] Germond, in: BSEG 8, 1983, 47ff. – [73] Chassinat, a.a.O., 139. – [74] Ebd., 143. – [75] Dendara VII, 88; VIII, 34. – [76] Dendara VII, Tf. 605; VIII, Tf. 718. – [77] pLeiden I 346; vgl. die Kommentare von Stricker, in: OMRO 29, 1948, 55ff. und Sir Alan Gardiner, The Ramesseum Papyri, Oxford 1955, 16. – [78] pLeiden I 346 passim. Vgl. Philippe Germond, Sekhmet et la protection du monde, AH 9, 1981, 206ff.; Yoyotte, in: BSFE 87–88, 1980, 47ff. – [79] Helck, Aktenkunde, 56. – [80] Quaegebeur, op. cit. (s. Anm. 40), 72f. – [81] Daumas, in: ZÄS 95, 1969, 6f. – [82] Dietrich Wildung, Imhotep und Amenhotep. Gottwerdung im Alten Ägypten, MÄS 36, 1977, 218. – [83] Naville, Deir el-Bahari V, Tf. 149. – [84] Athenaios, Deipnosophistae V, 198a–b. – [85] Helck, in: LÄ III, 241; Elmar Edel und Steffen Wenig, Die Jahreszeitenreliefs aus dem Sonnenheiligtum des Königs Ne-user-Re I, Berlin 1974. – [86] Duell, Mereruka I, Tf. 6; auch im Grab des Ichechi (Thomas G. H. James, Mastaba of Khentikha called Ikhekhi, ASE 30, 1953, Tf. 10); Barta, in: ZÄS 97, 1971, 1ff. – [87] Waltraud Guglielmi, in: LÄ IV, 984 Anm. 29. – [88] Meeks, in: SourcesOr 8, 1971, 68f. Anm. 35; Simpson, in: JNES 13, 1954, 265ff.; Barguet, Temple d'Amon-Rê, 120. – [89] Danielle Bonneau, La crue du Nil, Paris 1964, 327; andere Deutung bei Merkelbach, in: ZÄS 99, 1973, 117. – [90] Herodot II, 82. – [91] v. Beckerath, in: LÄ III, 299; Osing, in: LÄ IV, 191; RÄRG, 470; Neugebauer–Parker, Astronomical Texts III, passim; Holztafel mit Monatsgöttern und Prognosen bei Vernus, in: RdE 33, 1981, 89ff. – [92] De Meulenaere, in: CdE 38, Nr. 76, 1963, 217ff.; Daressy, in: RecTrav 34, 1912, 189ff. – [93] Daressy, a.a.O., 192. – [94] Dendara VIII, 47ff., Tf. 728ff. – [95] pLeiden I 346 II, 3–4; Stricker, in: OMRO 29, 1948, 63. – [96] Labib Habachi und Banoub Habachi, in: JNES 11, 1952, 251ff. – [97] Vernus, in: RdE 33, 1981, 89ff. – [98] Emma Brunner-Traut, Mythos im Alltag. Zum Loskalender im Alten Ägypten, in: Gelebte Mythen, Darmstadt 1981, 18ff. (= Antaios 12, Stuttgart 1971, 332ff.). – [99] Der besterhaltene Papyrus: Abd el-Mohsen Bakir, The Cairo Calendar 86637, Kairo 1966. – [100] pBoulaq 6 rto, VIII, 1: Yvan Koenig, Le Papyrus Boulaq 6, BdE 87, 1981, 81f.; pTurin 1993: Joris F. Borghouts, Ancient Egyptian Magical Texts, NISABA 9, 1978, 80. – [101] Yoyotte, in: BSFE 87–88, 1980, 56ff. – [102] Ebd., 60 und Abb. 8. – [103] Edfou III, 290–324, Tf. 78–80; tatsächlich sind nur 362 Hathorfiguren abgebildet. – [104] Dendara VII, 54–64, Tf. 628–635; Yoyotte, op. cit., 62. – [105] Yoyotte, op.

cit., 62. – [106] Dendara VII, 107–109, Tf. 637. – [107] RÄRG, 753. – [108] Assmann, Liturgische Lieder, 123. – [109] Z.B. CG 29307: Gaston Maspero und Henri Gauthier, Sarcophages des époques persanes et ptolemaïques I, CG, 1914, Tf. 1. – [110] PGM² XIII, 675 (Bd II, 118); Assmann, Liturgische Lieder, 124. – [111] Gutbub, in: BIFAO 52, 1953, 79 f. (*ḏr bꜢḥ, ḏr pꜢt*). – [112] Tb 17 (Urk. V, 13). – [113] Kákosy, in: LÄ II, 335. – [114] Wb II, 429; vgl. Horapollo I, 11. – [115] Wb II, 429. – [116] Horapollo I, 16. – [117] Capart, in: CdE 12, Nr. 23, 1937, 45 ff.; Wb I, 325; Esna VIII, 134. – [118] Kákosy, in: MDAIK 20, 1965, 116 ff. – [119] Horapollo I, 10 (30 „Finger" als Andeutung für die Monatstage). – [120] Horapollo II, 20. – [121] Plutarch, De Iside, 63; Damascius, Heraiskos I, 2 (Hopfner, Fontes, 690). – [122] Elizabeth Riefstahl, in: The Brooklyn Museum Bulletin 13.2, 1952, 12. – [123] Louis Keimer, Interprétation de quelques passages d'Horapollon, SASAE 5, 1947, 1 ff.; Horapollo II, 21 spricht vom Hirschgeweih als Symbol des Langdauernden; Chairemon vergleicht den Hirsch mit dem Jahr (Hans-Rudolf Schwyzer, Chairemon, Leipzig 1932, 51). – [124] Keimer, op. cit. – [125] Davies, Ḳen-Amūn, Tf. 20. – [126] Wb I, 173, 16. – [127] Edgar, in: Le Musée Egyptien 2, Kairo 1907, 98, Tf. 43. – [128] Macrobius, Saturnalia I, 20, 13–15 (Hopfner, Fontes, 597).

Lit.: Jan Assmann, Zeit und Ewigkeit im Alten Ägypten, AHAW 1975. 1; Brunner, in: StG 8, 1955, 584–590; Hornung, in: FuF 39, 1965, 334–336; id., Der Eine, passim, bes. 162. 173; Kákosy, in: Oikumene 2, Budapest 1978, 95–111; Niwiński, in: GM 48, 1981, 41–53; Otto, in: StG 19, 1966, 743–751; Westendorf, Raum und Zeit als Entsprechungen der beiden Ewigkeiten, in: Fs Brunner, 422–435; id., Die Geburt der Zeit aus dem Raum, in: GM 63, 1983, 71–76. L.K.

Zeiteinteilung, -messung. Die Hauptelemente der Z. sind das Jahr (*rnpt*) und der *Monat (*Ꜣbd*). Zu Beginn der geschichtlichen Zeit wurde ersteres durch den Eintritt der *Überschwemmung bzw. den Frühaufgang des Sirius (*Sothis) eingeleitet, die Monate begannen mit dem auf das Verschwinden der letzten Sichel des *Mondes folgenden Tag (*psḏntjw*). Beide Zeiteinheiten, von Natur aus inkompatibel, wurden durch Schaltung notdürftig in Einklang gebracht. Der wohl im 29. Jh. erfundene äg. *Kalender (Bürgerlicher Kalender, Wandeljahr) setzte an ihre Stelle unveränderliche, schematische Zeitabschnitte: ein Jahr von 365 Tagen ohne Schaltung und 12 Monate von 30 Tagen.

Eine weitere Unterteilung in 10tägige Abschnitte (*Dekaden) ergab sich aus der Beobachtung der Dekangestirne (*Dekane). Im NR galten, wenigstens bei den Leuten der thebanischen Nekropole, der 10., 20. und 30. Monatstag als Feiertage [1].

Der Tag (*hrw* „Helligkeit") umfaßte nur die Zt der Helligkeit im Gegensatz zur Nacht, doch wurde diese im Datum zum vorhergehenden Tag gezählt, d.h. die Ägypter rechneten den Tag im Gegensatz zu den Semiten von Morgen zu Morgen [2]. Die *Stundeneinteilung des Tages war sekundär, ihre Messung durch *Sonnenuhren sehr unvollkommen. Der Begriff „Stunde" (*wnwt*, in älterer Zeit stets mit Stern determiniert) [3] ging zurück auf die Einteilung der Nacht in 12 jahreszeitlich verschieden lange *Stundenwachen (s.a. *Stundenbeobachter, -priester), die durch aufgehende oder kulminierende Dekansterne bestimmt wurden. Auch *Wasseruhren (seit NR) dienten zuerst der Bestimmung der Nachtstunden. Letztere spiegeln sich in den 12 Abschnitten der Unterwelt wider, die die Sonne nächtlich durchfährt (*Jenseitsführer). Ihrer Feststellung durch den Verstorbenen dienten „Dekanuhren" in Sargdeckeln des frühen MR.

Erst in griech. Zt finden sich noch kleinere Zeiteinheiten, die als „Minute" (*Ꜣt*, Wb I, 2,2) und „Sekunde" (*ꜥnt*, Wb I, 188,11) übersetzt werden.

[1] Helck, in: JESHO 7, 1964, 136–166. – [2] Der Monatstag heißt *sw*, ursprünglich „Zeitpunkt" (kopt. ⲥⲟⲩ, ⲥⲟⲩ-). – [3] Auch in der davon abgeleiteten Bedeutung „Dienstleistung".

Lit.: Ludwig Borchardt, Altägyptische Zeitmessung. Geschichte der Zeitmessung und der Uhren, hg. von E. v. Bassermann-Jordan, Berlin–Leipzig 1920; Schott, Festdaten; Sloley, in: JEA 17, 1931, 166–174. J.v.B.

Zeitrechnung s. Kalender und Zeiteinteilung, -messung

Zelt (*jmꜢw*). Ein Z. als temporärer Aufenthaltsort besteht meist aus Holzpfosten (*wḫꜢ*) [1] und Matten (*psšt*) [2] oder Stoffbahnen [3]. In ihm finden wir den König auf Feldzügen [4] oder bei Reisen [5]. Aber auch bei Volksfesten [6], bei der *Jagd [7] oder im *Garten [8] werden Z. aufgeschlagen.

In der *Thiniten-Zt erkennen wir ein großes Mattenzelt als Aufenthaltsort der kgl. Schreiber [9]. Es ist mit Matten bedeckt und hat die Gestalt eines *Nashorns [10]. Daraus hat sich die Gestalt der sog. o.äg. *Kapelle entwickelt. Auch im Bezirk des *Djoser-Totentempels in Saqqara sind „versteinerte" Z. zu erkennen [11]. Traditionell kann man auch Büros als Z. bezeichnen [12], selbst ein „Haus" [13].

Z. sind für Wüstenbewohner charakteristisch [14]: Nicht nur werden Z. von gegnerischen Königen in Asien erwähnt [15], sondern *Sinuhe wohnt wie seine Umgebung in Zelten [16].

Ein Fellzelt (*ḫn*) erscheint bes. im MR [17], auch als typisches Soldatenzelt [18]; im NR wird es als Z. der *Libyer bei *Merenptah genannt [19].

Ab 19. Dyn. benutzt man auch das semitische Wort *ꜣi-h˘-l* (= אֹהֶל) für (fremdartige) Zelte[20]. Beim Königsbegräbnis der Thiniten-Zt in *Abydos bildete man in der Grabgrube Z. aus Holz nach; das setzte sich in den sog. „*Schreinen" um den Sarkophag fort, wie bei *Tutanchamun erhalten. Ein Z. besonderer Art (spitz zulaufendes Rundzelt), das mit Häuten bedeckt war, spielte in einem uralten Kult des *Min eine besondere Rolle (*„Klettern für Min"). Auch das sog. *Reinigungszelt (*jbw*) bei der *Balsamierung ist hier zu nennen.

[1] Urk. IV, 664,7: 6 Pfosten aus Zedernholz (*mrj*) bei einem asiatischen Fürstenzelt; das Z. der *Hetepheres (George A. Reisner, The Tomb of Hetep-heres, Giza Necropolis II, Cambridge 1955, Tf. 5 f.) besaß 4 Eckpfosten (mit Lattenverbindung oben) sowie 6 Stangen. Vgl. *Baldachin. Solche Stangen sind auch erkennbar auf den Malereien des Grabes des *Hzj-Rˁ*: (James E. Quibell, Tomb of Hesy, Excav. Saqq. 1911–12, 1913, Tf. 7). – [2] Wb I, 555,1; am Z.: Urk. IV, 1982, 11 (Amarnagrenzstele). – [3] So wohl bei Hetepheres, wo der Kasten für deren Aufbewahrung erhalten ist. – [4] „Lebend erwachen": Urk. IV, 656,13; Kitchen, Ram. Inscr. II, 102, 11–16 (Qadeschschlacht); Schlafen: Urk. IV, 1303,13; Aufenthalt: Urk. IV, 671,3; Pianchi, 101; Aufschlagen: Pianchi, 31. 106. – [5] Das Zelt, in dem sich Amenophis IV. Urk. 1982, 11 aufhielt, hatte den Namen „Aton ist zufrieden". – [6] Aufschlagen der Z. beim Fest des *Jtw*-Kanals: Liebeslieder pHarris 500. – [7] Caminos, Lit. Fragm., Tf. 22. – [8] Liebeslieder Turin, 2,7 (Bg Wb I, 81,1). – [9] Z.B. RT II, Tf. 16 Nr. 114–7. – [10] Ricke, Bemerkungen AR I, 29 ff. – [11] Etwa Step Pyramid, Tf. 77. 79 A, vgl. aber auch 68,1. – [12] pKahun and Gurob 9,22. – [13] Urk. IV, 60,17. – [14] Admonitions X, 1: „Z. sind es, die wir (!) aufschlagen wie die Wüstenbewohner." – [15] Erbeutet: Urk. IV, 659,6 (Pfosten mit Silber beschlagen). – [16] Sinuhe B 110. 145. In dem berühmten Bild der asiatischen Karawane Beni Hasan (Wresz., Atlas II, 6) ist das Z. (mit den Stangen?) zusammengeschlagen und an einem Esel festgebunden. – [17] Vielleicht schon Urk. I, 130,12 (*Ḥr-ẖwj.f*); CG 20505. – [18] *nḏs* (*qnj*) *n ẖm-ḏꜣmw* Hatnub, 20; 25,5; 27,2; 43,4. Auch das unsichere *smt šnw* Urk. IV, 2,16 dürfte hiermit zusammengehören: „indem ich (als junger Soldat) noch im *smt* des Z. (*šnw* < *ẖn*) schlief". – [19] Kitchen, Ram. Inscr. IV, 9,11. – [20] Kitchen, Ram. Inscr. IV, 3,5 (Merenptah); pHarris I, 76,10. – Die im Wb ebenfalls mit „Zelt" übersetzten Wörter *ḥb* und bes. *zḥ* sollten eher mit „Laube" übertragen werden, da sie im Gegensatz zum Z. stationär sind, vgl. die Belegstellen zu Wb III, 57,4; 464, 3–8. *ˁˁnj*, nach Wb I, 170,1 ebenfalls „Zelt", ist mit „Lager" zu übersetzen, vgl. Urk. IV, 656,6; 661,7; 1512, 18, in Vergleich mit dem Verb *ˁˁnj* „einschließen" (nach Faulkner, CD, 39), das in der Inschrift des Kamose (= Carnarvon-Tablet, 12.16) vorkommt.

W.H.

Zepter. Als Z. gelten *Stöcke und Stäbe im übertragenen, streng eingeschränkten Gebrauch als *Herrschaftsembleme[1] bei Privatleuten, besonders aber bei Königen (*Ornat) und Göttern. Das *Sechem-Zepter () (< *sḫm* „Macht")[2] ist ein dem *Rollsiegel ähnliches Symbol des kgl. Auftrags (*Amtsinsignien). U.a. geben (*ḫnms*-)Privatleute mit dem primär schräg gehaltenen *sḫm* das Zeichen zum Überweisen des Opfers[3] und zum Fahren des Schiffes[4]. Eigentlich ist es wohl ein Knüppel (zum Treiben von Rindern[5]) oder als Arbeitsgerät der Schiffszimmerleute, auch zum Einschlagen des Schiffspflockes, ähnlich dem nicht identifizierten Stock(?) *sqr* (), dem Symbol für „Schlagen", „Weihen", „Opfern". Das Vorkommen von *sḫm*/*sqr* bei *Anubis und *Upuaut hängt mit deren Funktion als Götter des (Toten-)Opfers zusammen[6]. Auch der König weiht mit dem *sḫm* das Opfer[7]. Im *Dramatischen Ramesseumspapyrus erhält er zwei *sḫm* als Macht oder Potenz des *Seth (des Opfertiers). Hierher gehört das *ḥts*-Zepter () (s.u.) als Lattich und als Weihgerät des Opfers (*sqr*)[8]. Götter können *sḫm* „Macht" haben, ohne ein *sḫm*-Zepter zu besitzen[9]. In den *Gerätefriesen heißt das *sḫm*-Zepter alternativ *ˁbꜣ* oder *ḫw-ˁ*[10]. Als Grabbeigabe kommt *sḫm* neben dem *mdw*-Stock () schon im AR vor[11]. Da *sḫm* zwischen Griff und Vorderteil eine Papyrusdolde aufweist[12], kann es als altes u.äg., im Gebrauch auf Privatleute übertragenes Herrschaftsemblem gegolten haben[13]. Auch der Vorderteil des *sḫm* kann aus Pflanzenfasern bestehen[14]. Das *sḫm* wird ferner als Unterarm mit Hand gedeutet[15]. Der Papyrusstengel mit Dolde, das Wadj-Zepter (, *wꜣḏ*)[16], hat zwar das *sḫm* und das *Uch-Zepter (*wḫ*,) als Ableger bei der o.äg. *Hathor von *Qusae[17], gehört aber primär der *Bastet (der u.äg. Hathor). Deshalb kann es sich nicht als Z. der Götter durchsetzen. Götter und Göttinnen stützen sich meist auf das unten gegabelte[18] *Was-(Heils-)Zepter (, *wꜣs*)[19] oder sie reichen es schräg dem König[20]. Das *wꜣs*-Zepter in der Hand des Königs gilt als Göttergeschenk; sekundär reicht der König den Göttern das *wꜣs*[21]. Als Knauf (äg. „Kopf")[22] sollte das *wꜣs*-Zepter einen Hunde- oder (apotropäisch) einen Schakals-Kopf haben und wohl ein Hirtenstock sein. Wegen der alten Träger- und Stützfunktion des Seth hat es aber einen Seth-Kopf und wird deshalb(?) zum Götter- und Himmels-Zepter (Himmelsstütze, belegt seit König *Wadj)[23]. Analog(?) erscheint das *wꜣḏ*-Zepter mit gebogener Dolde (s. Anm. 30) in Träger- und Stützfunktion. Eine nur in der FrZt belegte Himmelsstütze scheint *ˁnḫ* zu heißen[24].

Sie ist ein in der Mitte gedrehter Stab[25] ohne Knauf und ohne (sichtbare) Gabelung auf dem Rücken des Erdgottes *Aker[26]. Das mehrfach gedrehte (= „krumme") *ḏꜥm*-Zepter ( )[27] mit Sethkopf und Gabelung unten wird in der Hand von Göttern genannt, aber nicht abgebildet[28]. Der Erd- und Schlangengott *Geb heißt *Ḏꜥꜥmjw* (Variante *Jmj-ḏꜥꜥmw*) „Träger des *ḏꜥm*-Zepters"[29], wozu wohl das spätere schlangengestaltige Z. in der Hand des *Sonnengottes auf seiner Nachtfahrt gehört[30]. Die Wiedergabe der auf dem Papyrusstengel hochkriechenden Uräusschlange ist Vorbild der auf dem *ꜥwt-* oder *ḥqꜣt*-Zepter ruhenden Uräusschlange , dem chthonischen Symbol *ṯnw* „Grenzmarke"[31]. Im kgl. Ritual tragen Priester/Beamte *wꜣs-* und *wꜣḏ*-Zepter wie sie sonst Standarten tragen[32]. *Wꜣb* bezeichnet die pflanzliche Variante des *wꜣs*-Zepters[33]. Frauen-Zepter (*wꜣḏ* und der geschwungene Stab mit Antilopenkopf) entwickeln sich zu Musikinstrumenten[34].

Beamte mit Fuchs(?)-Bälgen auf dem Kopf (Personifikationen von Füchsen?) halten im AR *wsrt*-Zepter ( ) mit Fuchs(?)-Köpfen ohne Gabelung[35]. Der Name des Schilfblatt-Zepters (-Biotop-Symbol?) des *Sobek in der Hand seiner Priester[36] (sowie von Jugendlichen[37]) ist nicht bekannt. Das Schilfblatt-Zepter in der Hand des *Ptah (1. Dyn.) mag *jwt* „Gerste" symbolisieren[38], denn später hält er den *Djed-Pfeiler ( ), wohl einen Garbenbaum, als Zepter[39], meist zusammen mit dem *wꜣs*-Zepter und dem Lebenszeichen[40]. Diese Kombination erscheint auch als selbständiges heraldisches Element[41]. Pflanzliche Z. sind ferner Ähren ( )[42], *jmꜣ*-Bäumchen ( )[43] und Jahreszeichen ( )[44].

Das *mks*-Zepter (, *mk-s*) des Königs (seit *Dewen und *Adjib)[45] ist ein langer, oben spitzer Stock zum Erstechen der Feinde, welchen man auch wohl selbständig eingesteckt läßt[46]. Beim Halten ruht die Faust des Königs über einer napfförmigen Verdickung in der Mitte[47]; beim Kampf mit der *ḥḏ*-Keule hält er das *mks* ruhend in der vorgestreckten Hand. Beim Kampf mit dem *mks* packt er es mit beiden Händen vor der Verdikkung[48]. Dabei erscheint das *mks* schräg (s. oben bei *sḫm* und *wꜣs*) und symbolisiert als Hieroglyphe *ḏsr* ( ) „(mit dem Stock) sondieren", „abgesondert", „heilig"[49]. Als Sondierstange der Schiffahrt kommt *mks* nicht vor, hingegen das *ꜥwt*-Zepter[50]. Das ist aber sekundär, wie auch der Gebrauch des *wꜣs-* bzw. *ḏꜥm*-Zepters zum Staken (*ḏsr*!) von Schiffen[51].

In seiner pflanzlichen Deutung (vgl. *sḫm*, *wꜣs*, *wꜣb*) heißt das *mks*-Zepter *nḥbt* „Lotosknospe"; es wird auch als *Lattich gedeutet[52]. Der eigentliche Name vom *nḥbt-* oder Lattich-Zepter ist aber *ḥts* (*ḥt-s*)[53]: Dieses hat im Unterschied zum *mks* einen kurzen Griff. Sein Gebrauch (schräg gehalten) in der „ruhenden" vorgestreckten Hand als Weihgerät des Opfers (s. o.) und als Machtsymbol läßt es als Abstraktion der *mks*-Waffe erkennen[54]. Der am unteren (seit *Cheops am oberen) Ende verdickte und abgerundete Stock *mdw* erscheint in der Hand des Königs nur selten[55] und wird wieder gern pflanzlich als Stock mit Lotosknospe gedeutet[55].

Der *mdw*-Stock des Königs heißt *ꜣms* (*ꜣm-s*) ( ) und wird durch eine angebundene Geißel, die die Figur des Königs ersetzt, aufgewertet[56]. „*mdw* des Horus" (= des Königs) und „*ꜣms* (des Horus)" (auch *Ḥr-s*) sind identisch. In der FrZt gibt man zwei *mdw*-Zeptern des *Thot(?) die Spitze des *mks*-Zepters[57]. Das Z. des Thot kann *mdw* heißen[58], obwohl es nicht üblich ist, Götter mit *mdw*-Zeptern abzubilden[59]. *Mdw* + Stadtname bezeichnet die Z. der Beamten und Priester hlg. Städte[60]. Z. können den König während seiner Abwesenheit vertreten (z. B. das *ꜣms*-Zepter, auch als *Gründungsbeigabe)[61]. Im NR erscheinen solche Vertreter als *ꜥwnt-* bzw. *ḫꜥw*-Zepter[62] oder als *mdw-šps*[63].

Der *Ka als Stellvertreter des Königs hält seit dem AR ein Z. mit Königskopf (im Königskopftuch[64]); dieses Z. halten primär wohl kgl. Gefolgsleute[65] als Variante des Krummstabes *ꜥwt* ( )[66]. Der gleiche *Krummstab, in der Mitte mit Bändern umwickelt und mit einem Messer, wird nicht in der Hand von Gefolgsleuten gezeigt, sondern nur als Hieroglyphe für den abstrakten Begriff *šms* „Gefolgschaft" ( ) gebraucht[67]. Der am Knauf des *šms* hängende Kopf (NR) ist nur dem Z. mit Königskopf entliehen[68]. Dieser hat ursprünglich (unter *Snofru) einen Akerkopf und ist ein chthonisches Symbol (Grenzmarke, s. o. zu Aker und *ṯnw*).

Mit Ausnahme einer Statue von König *Ninetjer[69] kommt der Krummstab *ḥqꜣt* ( ) als kgl. Symbol erst bei Snofru vor[70]. Im Unterschied zu *ꜥwt* hat *ḥqꜣt* einen nach hinten geschwungenen Knauf[71]. In der Schrift symbolisiert dieses Z. den abstrakten Begriff *ḥqꜣ* „Lenker, Herrscher"; seit

Ende der 1. Dyn. erscheinen *ḥqꜣ*-Beamte[72], der König als *ḥqꜣ* (trotz Ikonographie bei Ninetjer) jedoch erst unter *Mykerinos[73]. Auch wenn *ꜥwt* bzw. *ḥqꜣt* usrsprünglich Hirtenstöcke darstellen[74], halten die Hirten der FrZt und des AR einen geraden Stock[75], was auch aus den mit *mdw* „Stock" = „Hirt" gebildeten Beamtentiteln[76] hervorgeht. Hirt selbst heißt „Anpflocker (von Vieh)" (*mnjw*). Auf jeden Fall werden *mdw* und *mnjw* im übertragenen Sinne gebraucht (vgl. *ḥqꜣ*?)[77]. Seit der Profanation von *ꜥwt* und *ḥqꜣt* in den Gerätefriesen und Grabbeigaben kommen sie auch bei wirklichen Hirten, in der Hand von Beamten sowie von Uschebtis der Privatleute vor. Das gleiche gilt für *wꜣs*[78]. Ob sich das *ḥqꜣt*-Zepter in den „Wappen" des 9. und des 13. u. äg. Gaus (ebenfalls seit Snofru) auf den König oder einen Gott bezieht, ist nicht klar. Die Bezeichnung des 13. u. äg. Gaues als *ḥqꜣ(t)-ꜥnḏ(t)* „unversehrter Herrscher-(Stab)" erinnert an das *ꜥnḏtj*-Symbol (*Anedjti) des 9. u. äg. Gaues, einem Z. (!) mit Königs- oder Götterkopf, welches selbst *ḥqꜣt* und Geißel hält (vgl. oben zum ähnlichen Z. der kgl. Gefolgsleute)[79]. Der Kult des *ḥqꜣt*-Zepters spiegelt sich im Gott *Ḥqꜣs* (*Ḥqꜣ-s*), dessen Name mit einer Hirtenmatte (sic) determiniert wird[80]. Sekundär ist das *ꜥwt*-Zepter lang, das *ḥqꜣt*-Zepter kurz; in der Schrift werden alle Z. kurz (z. T. also verkürzt) dargestellt[81]. Die Wiedergabe von *ꜥwt* „Kleinvieh" mit dem *ꜥwt*-Zepter weist auf eine (in der FrZt und im AR unterdrückte) profane Funktion als Hirtenstock. Die Assoziation *ꜥwt* „Kleinvieh" > „Vieh" mit *jꜣwt* „Amt"[82] kann hingegen nicht alt sein, da man „Amt" ursprünglich mit einem gabelförmigen Ständer zum Aufwickeln von Schnüren und Bändern schreibt und erst im MR mit Rinderhörnern[83]. *jꜣwt* „Amt", „Stand" ist eine Abstraktion von *jꜣwt* „Ständer" , einem in Unterschied zur verwandten *jꜣt* *(Götter-)Standarte  [84] eher profanes Gebilde (?). Typische Standartengötter, wie Horus, Seth und Upuaut, können zu Z. vereinfacht werden. Schon in der 3. Dyn. halten *ꜥnḫ* und *wꜣs* mit Menschenarmen den *Sonnenschirm des Königs; auch *wꜣs* mit Upuaut-Standarte in den Händen kommt vor[85]. Seit dem MR halten Standartengötter mit Menschenarmen das *wꜣs* (und das Jahreszeichen)[86]. Darstellungen von selbständigen Z. (auch in Gruppen) als Wegweisern (?) sind in den Unterweltsbüchern des NR häufig und für die Rekonstruktion eines älteren Gebrauchs signifikant[87].

[1] Und Symbole der Investitur. Im kanonischen Recht gehören Verleihung bzw. Zerstörung von Bischofsring (Kaplony, in: LÄ V, 297 Anm. 10) und -stab zusammen. S. R. Naz, Dictionnaire de droit canonique II, Paris 1937, 262; Verena Labhart, Zur Rechtssymbolik des Bischofsrings, Rechtshistorische Arbeiten 2, Graz 1963; A. Hassan, Stöcke und Stäbe im Pharaonischen Ägypten, MÄS 33, 1976, 122 ff. und unten Anm. 62. – [2] In Beamtentiteln als Abkürzungsideogramm *ḫrp*. – [3] Kaplony, Beitr. Inschriften, 49; Jéquier, Frises d'Objets, Abb. 839; v. Bissing, Re-Heiligtum, Tf. 13, 33. *sḫm* auch bei Helck, in: LÄ IV, 1105 Anm. 3 = Sauneron, Esna V, 134? In Kaplony, Inschriften, 449 f. ist der Vorlesepriester *mdḥ-ꜣms*. *Sempriester mit *sḫm*: Ders., Die Rollsiegel des AR I, Monumenta Aegyptiaca 2, Brüssel 1977, 277. Bei ders., in: LÄ VI, 712 und Anm. 23 kaum Selbstüberweisung des Opfers. – [4] Kaplony, Rollsiegel des AR I, 277 f.; II, Monumenta Aegyptiaca 3, Brüssel 1981, 353 f.; Fischer, in: MMJ 13, 1979, 16 f.; Kessler, in: LÄ III, 1097 und Anm. 10. – [5] *ḥwj*, Wb III 46, 21–47, 1. – [6] Kaplony, Inschriften, 392; ders., in: MDAIK 20, 1965, 41 Anm. 3; ders., Rollsiegel des AR II, 246 f.; ders., in: LÄ III, 180 Anm. 21. Die Mischform Anubis/Upuaut: Hans Goedicke, Re-Used Blocks from the Pyramid of Amenemhet I at Lisht, PMMA 20, 1971, Nr. 10 mit *sḫm* kennzeichnet den Gott *Sqr*. S. auch Barta, in: LÄ II, 685 f. (*Osiris und *Thot mit *sḫm* sind sekundär.). – [7] Seit der 11. Dyn., Dieter Arnold, Der Tempel des Königs Mentuhotep von Deir el Bahari II, AV 11, 1974, Tf. 19; Habachi, in: MDAIK 19, 1963, 28 Abb. 19. Dann: Lacau-Chevrier, Sésostris Ier, Tf. 17, 11–12; 24, 25–26; 35, 18. Mit *nḫbt*-Zepter: a. a. O. Tf. 31, 10′ = Fischer, a. a. O. (s. Anm. 4), 24 Abb. 38. S. auch Jocelyne Berlandini, in: LÄ IV, 92 und Anm. 3. Original eines kgl. *sḫm* mit Abbildung von Opferrindern: Carter, Tut-ench-Amun III, Leipzig 1934, Tf. 42. – [8] Vgl. Helck, Beamtentitel, 39 f. 38 Anm. 31. 50 f. *ḥts-Jnpw* entspricht älterem *sqr-Jnpw*: Kaplony, Inschriften, 1216. A. a. O., 368 St 33 schreibt *sqr* mit unechtem Ideogramm *ḥts*, a. a. O., 606 *ḫrp* mit unechtem Ideogramm *ḏsr*, ders., in: CdE 41, Nr. 81, 1966, 61. S. Claude Sourdive, La main dans l'Egypte pharaonique, Bern 1984, 511. Analog zu James Karl Hoffmeier, Sacred in the Vocabulary of Ancient Egypt, OBO 59, 1985, 8 wären da *ḥts* und *ḏsr* in der klassischen Schrift Determinative. *nw* bei *ḥts(-Jnpw)* bezeichnet Anubis als Wasserspender: Kaplony, Rollsiegel des AR II, 490 f. – [9] S. Kaplony, Inschriften, 633 ff. „*Sḫm-kꜣ-sḏ*" ist *Sḫm-kꜣ-wꜣḏ*. – [10] Jéquier, Frises d'Objets, 180 ff. S. Ramadan el-Sayed, Documents relatifs a Saïs et ses divinités, BdE 69, 1975, 226. – [11] Ältestes Original: Rosalind Hall, in: GM 64, 1983, 25 ff. Neben den archäologischen Nachweisen vgl. Ahmed M. Moussa und Hartwig Altenmüller, Das Grab des Nianchchnum und Chnumhotep, AV 21, 1977, 136 f. Tf. 62 f.; Rosemarie Drenkhahn, Die Handwerker und ihre Tätigkeiten im Alten Äg., ÄA 31, 1976, 106; Jüngst, in: GM 59, 1982, 26; Scheel, in: SAK 12, 1985, 150. 173 und dazu Petrie, Medum, Tf. 13 (*sḫm* / *mdw* aus *ḏꜥm*); Junker, Gîza VIII, 107. – [12] Staehelin, Tracht, 158 und Anm. 3. – [13] So wie das Begräbnisritual der u. äg. Könige im AR zum Begräbnisritual von Privatleuten wird (*Butisches Begräbnis). – [14] Das gilt auch für *mdw*: Hassan, Stöcke, 197 ff.; Fischer, in: JEA 64, 1978, 161 und Anm. 7; ders., in: MMJ 13, 1979, 16 f.; ders., in: LÄ VI, 54 und Anm. 31 (oder Papyrus mit geschlossener Dolde?), auch Arnold, Mentuhotep III, AV 23, 1981, 55, Tf. 78. 84 = ders., in: LÄ I, 1015 f. *sḫm* ist auch einem Fächer ähnlich, Dows

Dunham und William Kelly Simpson, The Mastaba of Queen Mersyankh III, Giza Mastabas 1, Boston 1974, 8 und Anm. 12, Abb. 3 a. 7. 8; El Bersheh I, Tf. 13. S. auch unten Anm. 55. 61. – [15] Sourdive, La main, 1 ff. 129 ff. (lies *qtꜣjt*). – [16] Kaplony, Inschriften, Anm. 992; ders., in: ZÄS 110, 1983, 159 ff.; H. W. Müller, in: Ägypten, Dauer und Wandel, SDAIK 18, Mainz 1985, 7 ff. Als Z. von Privatleuten: Kaplony, Rollsiegel des AR I, 160 Anm. 132; Hassan, Stöcke, 200 Anm. 24–25; Assmann, in: LÄ II, 177 Anm. 20; Bergmann, in: LÄ III, 189; Liepsner, in: LÄ IV, 178 Anm. 105; Fischer, in: LÄ VI, 56 Anm. 31. Grüne Farbe des Wadj-Zepters: Barta, in: LÄ III, 1235. – [17] Neben Behrens, in: LÄ VI, 820 f. vgl. Kaplony, in: Or 41, 1972, 205 f. und Helck, in: SAK 5, 1977, 63. – [18] Vgl. Cherf, in: ZÄS 109, 1982, 86 ff. und *Was-Zepter Anm. 4. – [19] Bei Otto, in: Gs Otto, 11 = CT VII, 467 d klares Machtsymbol des Schöpfergottes. Original eines *wꜣs*-Zepters der 1. Dyn.: Abydos II, Tf. 2, 11 = Fischer, in: JEA 64, 1978, 159. Namen mit *wꜣs*: Kaplony, Inschriften, 460 f. Der älteste Name *Wꜣs-rḫjt* noch ohne *wꜣs*-Zepter geschrieben. Da es auch auf der *Narmer-Palette zu erwarten ist, Kaplony, in: Or 34, 1965, 160 und Anm. 3, wurde *wꜣḏ* als Hieroglyphe wohl erst unter König *Wadj (s. unten) erfunden. Götter, die sich auf das *wꜣs* stützen, erst in der 2. Dyn.: Kaplony, Inschriften, Abb. 307 (*Asch); Lauer, Pyramide à Degrés IV, Nr. 57. 58 (Bastet); 77 (*Neith). Die hockende Bastet bei George Andrew Reisner, Mycerinus, Cambridge Mass. 1931, Tf. 70 c, hält *ꜥnḫ* und ein schräges *wꜣs* nah beisammen; die Gabelung des *wꜣs* ist nicht gezeichnet. Ausgerechnet Bastet erscheint primär mit *wꜣs*; die u. äg. Göttin *Nḫbt* hält als erste das *wꜣḏ* (s. oben Anm. 16). Normalerweise blicken der Kopf des *wꜣs* und die Gottheit, die es hält, in die gleiche Richtung. Ausnahmen: Habachi, in: MDAIK 19, 1963, 24 Abb. 7 und besonders auf Skarabäen: Stock, 13. bis 17. Dyn., 28; s. unten Anm. 30. – [20] Nach Reisner, a.a.O. (s. Anm. 19) ist auch Petrie, RT I, Tf. 7, 4 + II, Tf. 7, 10 (dazu Peter Kaplony, Beschriftete Kleinfunde in der Sammlung Georges Michailidis ..., Uitgaven van het Nederlands Historisch-Archaeologisch Instituut te Istanbul / Publications de l'Institut Historique et Archéologique de Stamboul 32, Istanbul 1973, 8; Pierre Lacau, Sur le système hiéroglyphique, BdE 25, 1954, 54 ff.) in die 2. Dyn. zu datieren, da auch die *Imiut-Standarte Kaplony, Inschriften, 423 f. der 3. Dyn. *ꜥnḫ* und *wꜣs* wie Reisner, a.a.O. hält. S. auch Petrie, RT II, Tf. 3, 19 ~ Firth-Quibell, Step Pyramid, Tf. 17 (unten Anm. 85) und Kaplony, Rollsiegel des AR I, 171 Anm. 291. – [21] v. Bissing, Re-Heiligtum II, Tf. 16, 39 (vom Sempriester überreicht); 18, 49; III, Tf. 19, 311. 313; Jéquier, Pepi II, II, Tf. 50 f.; Calverley–Gardiner, Abydos II, Tf. 29; nach *Was-Zepter Anm. 9 auch im Vogellauf; Seidl, in: LÄ II, 712 und Anm. 16–17; Fischer, in: MMJ 13, 1979, 21 und Anm. 114. Der König sollte das *wꜣs* nicht allein, sondern neben den eigentlichen Amtsinsignien halten. Ausnahmen: Habachi, in: MDAIK 19, 1963, 37 Abb. 15 (11. Dyn.); Cairo CG 37399 (26. Dyn.). *wꜣs* ohne Zusatz hinter der Königsfigur: Turin Inv. no. 17041 (3. Dyn.). Götter (später König) als Geber des *wꜣs*: Kaplony, Rollsiegel des AR I, 169 ff., auch zum Turiner Beleg; Erich Winter, Untersuchungen zu den äg. Tempelreliefs der griech.-röm. Zt, DÖAW 98, 1968, 69 ff.; (Audran Labrousse), Jean Philippe Lauer und Jean Leclant, Mission archéologique de Saqqarah II, Le temple haut du complexe funéraire du roi Ounas, BdE 73, 1977, Abb. 44. 76. 84 ff.; dies., a.a.O. I, Le temple haut du complexe funéraire du roi Téti, BdE 51, 1972, Abb. 15. 27; Birkstam, in: From the Gustavianum Collections in Uppsala 1974, Acta Universitatis Upsaliensis Boreas 6, Uppsala 1974, 29; Schenkel, in: MDAIK 37, 1981, 427 ff.; Malaise, in: GM 50, 1983, 47 ff. Bei John Baines, Fecundity Figures, Warminster–Chicago 1985, Abb. 43 f. (AR) bringen Fruchtbarkeitsgötter *ḥtp*-Matten und große *wꜣs*-Zepter; a.a.O., Abb. 70 bringen sie kleine *wꜣs*-Zepter auf Schalen (11. Dyn.). Mischform: a.a.O., Abb. 112 (11. Dyn.). S. ferner Calverley–Gardiner, a.a.O. I, Tf. 12; II, Tf. 7. 26; III, Tf. 33. 41, zur Kleinheit des *wꜣs* s. Kaplony, a.a.O. – [22] Vgl. Hermann Junker, Zu einigen Reden und Rufen des AR, SAWW 221. 5, 1943, 52 ff.; Wb V, 265, 18; Kaplony, in: Or 41, 1972, 206 f. 208. 230; Paule Posener-Kriéger, Les archives du temple funéraire de Néferirkarê-Kakaï, BdE 65, 1976, 191 (zu zwei Köpfen unten Anm. 64 und Massoulard, in: RdE 2, 1936, 157 Abb. 11: nur ein Kopf). Der Schaft, die Stange des *wꜣs*, heißt wohl *ꜥꜣ*, vgl. Hassan, Stöcke, 19 und Anm. 46; 20 und Anm. 4; Rosemarie Drenkhahn, Die Handwerker und ihre Tätigkeiten im Alten Äg., ÄA 31, 1976, 107 (dazu Edel, Altäg. Gramm., § 750); Fischer, in: MMJ 13, 1979, 22, auch Hermann Grapow, Die bildlichen Ausdrücke des Ägyptischen, Leipzig 1924, 111 (die zwei Flügelspitzen). – [23] Kaplony, Beitr. Inschriften, 78 ff.; Herman te Velde, Seth God of Confusion, PÄ 6, 1967, 89 ff. Ältester Beleg für zwei *wꜣs* als Himmelsstützen: Vandier, Manuel I, 848 ff. In Anlehnung daran wohl auch die Doppelgruppen Kaplony, Inschriften Abb. 462. 532. Für Westendorf, in: LÄ III, 49 sind die zwei *wꜣs* primär Himmelsstützen.

Zur Hieroglyphe  als Himmelsstütze vgl. Kaplony, in: BiOr 28, 1971, 49, auch *Igai, Fischer, in: LÄ III, 123 f. – [24] Kaplony, Inschriften, 454, identisch mit dem später belegten, allerdings anders aussehenden *(m)ꜥnḫt(j)*-Zepter Fischer, in: JEA 64, 1978, 159 und Anm. 8–9? S. auch Schäfer, in: ZÄS 71, 1935, 20. – [25] Das ergibt auch der Lautwert *ꜥrq* „krümmen" der Hieroglyphe „Zelt mit einmal gedrehtem Stab als Stützstange". – [26] Definitiv Kaplony, Rollsiegel des AR II, 19 (oder *ꜣkrt*), wichtig ders., in: Or 43, 1974, 101 f. Ein Löwe trägt bis zu vier Z. auf dem Rücken, welche oben u. U. mit einem horizontalen Dach (nicht in voller Höhe, Kaplony, in: ZÄS 110, 1983, 158 Anm. 119?) verbunden sind. Man kann ein Löwenpaar oder (eher) -vierheit mit einzelnen Z. annehmen; problematisch ist der Löwe mit drei Z., doch kann man schon mit drei Z. ein Gebiet markieren. Die nach den vier Himmelsrichtungen benannten *mdw*-Stöcke vom „See" Jéquier, Frises d'Objets, 160; Hassan, Stöcke, 106 werden auch einzeln gekauft (Montet, Scènes, 322 f.). Statt „See" ist wohl ein „Areal" *š* (Kaplony, Rollsiegel des AR I, 318 ff.) gemeint, und mit dem Stock ein Grenzpfahl (vgl. unten Anm. 31. 64). Zum *ꜣkr(t)*-Zeichen vgl. die Löwen des Mittelalters mit z. T. gedrehten Säulen im Rücken, Evers, in: ZÄS 67, 1931, 32 und Tf. 5, 1; André Chastel, Die Kunst Italiens I, Darmstadt 1961, Abb. 73. 78. 79. 92. 128. 129. 130. Auch die vier *nḫbt*-Pflanzen (*Wappenpflanzen) lassen sich als solche Grenzmarken verstehen (beliebt ist ja die pflanzliche Deutung von Z.), die vier *sḫm*-Zepter in *ḫrp-ḫrpw-š* (*š* = Areal) bei Kaplony, in: Fs Westendorf, 524 Anm. 15 sind eine sinnreiche Spielerei (?). – [27] Zur Etymologie *ḏꜥm* < kopt. ϭⲱⲱⲙⲉ „verdrehen" vgl. Loret, in: Revue égyptologique 10, 1902, 91; KoptHWb, 422. 456; auch Werner Vicychl, Dictionnaire étymologique de la langue copte, Löwen 1983, 326. – [28] Vgl. die Diskussion Hassan, a.a.O., 171 f. und Hoffmeier, Sacred (oben Anm. 8), 32ff. 64f. In den Pyr. wird *ḏꜥm* stets mit *wꜣs* determiniert (s. auch Hassan, a.a.O., 92 und Anm. 57; 171f.); *wꜣs* erscheint nur an zwei Pyr.-Stellen, und zwar hinter *ḏꜥm*, als nachträglicher Einschub, Pyr. 1456a–1457d; 49–49 + 1 (erst seit Pepi II., gegen Altenmüller, in: LÄ II, 841 und Anm. 62). *ḏꜥm* mit *wꜣs* determiniert auch in Kaplony, Inschriften Suppl., Abb. 994; CT V, 390c. e; 399j–k; VI, 49g (vgl. Heike Behlmer, in: LÄ IV, 609 und Anm. 5); Erik Hornung, Das Buch der Anbetung des Re im Westen I, AH 2, 1975, 220. 233f. *ḏꜥm* mit 𓌀-Determinativ: unten Anm. 42; *wꜣs* als *mdw*: oben Anm. 26 und Kaplony, Beitr. Inschriften, Anm. 340. – [29] Wb V, 535, 14; Raymond O. Faulkner, The Ancient Egyptian Coffin Texts I, Warminster 1973, 98 und Anm. 4 zu CT II, 95d, auch CT VI, 317l (Faulkner, a.a.O. II, Warminster 1977, 252 und Anm. 15); VII, 69l. 98n. Zu *jmj-* „tragend" Pyr. 670a vgl. zuletzt Kaplony, Rollsiegel des AR II, 215. – [30] Vgl. Pyr. 288a (Schu = Sonnengott). Die Form Hornung, Amduat II, 21 und entsprechend Nr. 62. 234. 246. 805. 893; Norman de Garis Davies, The Temple of Hibis III, PMMA 17, 1953, Tf. 2 (sich hochreckende Schlange auf der Schwanzspitze) ist wohl nicht alt und der Wiedergabe auf den *Schlangensteinen entnommen. Bei dem *mdw* (sic) genannten Schlangen-Zepter Nr. 136 verweist Hornung a.a.O. II, 47 auf Otto, Mundöffnungsritual II, 19f. 84ff. Die sich auf dem *wꜣs-/ḏꜥm*-Zepter hochringelnde Uräusschlange hat die sich auf dem Papyrusstengel mit gebogener Dolde hochringelnde Uräusschlange zum Vorbild, vgl. Pyr. 288a mit Kaplony, Rollsiegel des AR I, 185 und Anm. 314; II, 312; Erika Feucht-Putz, Die kgl. Pektorale, Bamberg 1967, Tf. 5, 8–10; Stock, 13. bis 17. Dyn., 28 (oben Anm. 19). An Pyr. 288a erinnert Schu mit *wꜣḏ* (sic) in der Hand; Jan Assmann, Das Grab der Mutirdis, AV 13, 1977, 100 (lies: *tp-m*). *wꜣḏ* mit Stern (statt Himmel): Hornung, a.a.O., Nr. 181. S. auch Kaplony, in: ZÄS 110, 1983, 158 und Anm. 119. Die Trägerfunktion des *wꜣḏ* manifestiert sich auch beim *wḫ*-Zepter oben Anm. 17; der Sonne auf dem *wḫ* entsprechen der ähnliche *Königsring und der (Sonnen-)Falke auf dem *wḫ* (analog zu Kaplony, Rollsiegel I, 185 Anm. 314); Barguet, in: RdE 8, 1951, 11; Radwan, in: SAK 2, 1975, 231; Hermann Schlögl, Der Sonnengott auf der Blüte, AH 5, 1977, 13ff. – [31] Kaplony, Rollsiegel des AR II, 246ff. *Qbḥwt* entspricht wohl *Mnqbjt*: Jéquier, Frises d'Objets, 53ff. Auch Anubis als Partner der *Qbḥwt* ist Gott der Wasserspende (oben Anm. 8). *Qbḥwt* auch bei v. Bissing, Re-Heiligtum III, Tf. 13, 33, chthonische *ꜥwt-/ḥqꜣt*-Zepter als Grenzmarken oder Wegweiser bei Hornung, a.a.O., Nr. 81. 137. 305. 410–418 (mit Kronen – vgl. unten Anm. 64 – und *šms*-Messern); 477–485 (als Schlangen-Zepter mit *šms*-Messern); 589–597 (*šms* unten Anm. 68); 753 (da mit Seth-Kopf). – [32] Bissing, a.a.O. II, Tf. 16, 39 (zweimal; vgl. oben Anm. 21 und Brigitte Altenmüller, in: LÄ III, 47 und Anm. 5). Leute mit *wꜣḏ*-Zeptern vor den Standarten der Göttinnen *Neith und *Seschat a.a.O. II, Tf. 7, 17, was für Neith als Göttin des Westdeltas sicher richtig ist. – [33] Kaplony, Beitr. Inschriften, 78ff. (Aussehen unbekannt, auch *wnb*). – [34] *Klapper, LÄ III, 448; Hassan, Stöcke, 38ff.; Sourdive, Main, 181ff.; Kaplony, in: ZÄS 110, 1983, 160 Anm. 128. Die Ähnlichkeit des *sḫm*-Zepters mit dem *Bat-Emblem und dem *Sistrum des Hathorkultes ist augenfällig; Haeny, in: LÄ II, 1039 meint mit dem Hathor-Zepter (*Hathor-Kapitell) Hayes, Scepter I, Abb. 76 = Henry George Fischer, Dendera in the Third Millennium B.C., New York 1968, Frontispiz. S. auch ders., in: JARCE 1, 1962, 7ff. Abb. 5–6; Abitz, in: LÄ IV, 54f. (*Menkeret). Bei der *ḥnmt* [Kaplony, Inschriften, Abb. 879 = Edel, in: NAWG 1963 Nr. 5, 1964, 206 (vgl. Naville, Festival Hall, Tf. 14. 25)] handelt es sich um einen Schreibfehler. Die Schlaghölzer (Duell, Mereruka, Tf. 13; William Kelly Simpson, The Mastabas of Qar and Idu, Giza Mastabas 2, Boston 1976, Abb. 24) halten auch die *zḫn-jꜣḫ*-*Totenpriester und Trauerfrauen (Sethe, Dramatische Texte, Bild 24–25); fangen sie damit (als mit Wurfhölzern) die Geister-Vögel? S. auch unten Anm. 36. – [35] v. Bissing, Re-Heiligtum III, Tf. 13, 228–229, ferner 232–234, Hirt (sic) von *Hierakonpolis mit Trabanten. *Fuchs: Störk, in: LÄ II, 348, Vermischung *wꜣs / wsrt* auch bei Hornung, Amduat II, 47. *wsrt*-Zepter mit gefesselten Feinden: Piankoff, Livre des Portes II, 93. 104 = Erik Hornung, Äg. Unterweltsbücher, Bibliothek der Alten Welt, Zürich–München ^{2}1984, Abb. 42; Verehrung eines *wsrt*-Zepters. Variante eines Z. mit Widderkopf: Piankoff, a.a.O., 12f. = Hornung, a.a.O., Abb. 15 (im ersten Beleg chthonisch *wsrt* des Geb, im zweiten *wsrt* des Befehls). *wsrt* als Spielfiguren statt ganzer Füchse (?): Vandier, Manuel IV, 508f. S. auch Osing, in: JEA 64, 1978, 189. – [36] v. Bissing, Re-Heiligtum II, Tf. 4, 11; 5, 12; III, Tf. 15, 252, auch bei den *zḫn-jꜣḫ* (oben Anm. 34): Sethe, Dramatische Texte, Bild 17 (Vogeljagd im Binsendickicht?). Vgl. Hornung, Amduat, Nr. 63. 204 (*wꜣḏ* mit Wurfholz). – [37] Sourdive, Main, 49. 54. 70ff. – [38] Tarkhan I and Memphis I, Tf. 3, 1; 37, 81, kein *wꜣs*-Zepter (Maj Sandman Holmberg, The God Ptah, Lund 1946, 12). Vgl. Kaplony, in: ZÄS 110, 1983, 159 Anm. 124? – [39] So schon in Lauer, Pyramide à Degrés V, Nr. 25 (oder eine verzeichnete Ähre?), mit Lebenszeichen? – [40] Auch Osiris als Personifikation des *ḏd*-Pfeilers, z. B. Calverley–Gardiner, Abydos III, Tf. 8 und andere mumiengestaltige Götter, z. B. Davies, Hibis III (vgl. oben Anm. 30), Tf. 32. 38. 40. 45. 47. 51. 56. 62. – [41] Kaplony, Rollsiegel des AR I, 169ff.; bes. Petrie, RT II, Tf. 7a, 13; Fischer, in: MMJ 5, 1972, 39 Abb. 13. 15. 16, ferner Addenda des Sammelbandes Ancient Egypt in the MMJ, New York 1977, 181. Die Ligatur *wꜣs/ꜥnḫ* zuerst auf dem Kästchen Peter Kaplony, Steingefäße mit Inschriften der FrZt und des AR, Monumenta Aegyptiaca 1, 1968, 38 aus dem Grab des *Semerchet. Die gleiche Ligatur auch oben Anm. 19–20, ähnlich Anm. 39 (?). Seit dem MR hängt man *ḏd/ꜥnḫ* klein in einer Achse an das *wꜣs*, wobei *wꜣs* selbst klein sein kann: Lacau–Chevrier, Sésostris Ier, Tf. 14, 5; 16, 9; 19, 15 (+ *šn*-Ring). 16; 37, 22'. Die Stützfunktion von *ḏd* (Bonnet, RÄRG, 150) ist sekundär. – [42] Hornung, Amduat, Nr. 187ff. 385. 683ff.; an der letzten Stelle für *ḏꜥm*-Zepter erklärt und mit 𓌀-Determinativ (vgl. oben Anm. 28). Wegen des Namens *nṯrw sḫtjw* ebenda eigentlich die Z. *ḫt-sḫt* Hassan, Stöcke, 120 Anm. 33 = *mdw n sḫt-Ḥr* Jéquier, Frises d'Objets, 161? Die Ähren sind kurz oder lang. – [43] Sethe, Dramatische Texte, 125. – [44] Hornung, a.a.O., Nr. 170ff. 174ff. (zu den beiden Längen hier und Anm. 21. 41–42 vgl. unten Anm. 52); Kaplony, Rollsiegel des AR I, 206ff. (wie *wꜣs*-Zepter nach außen gewendet: a.a.O., 209); Stock, 13. bis 17. Dyn., 28 und Anm. 117 (oben Anm. 19. 30). Seit dem MR reichen es die Götter dem König: Fischer, in: MMJ 5, 1972, 12 Abb. 12; Kurt Lange und Max Hirmer, Ägypten, München 1978, Abb. 104–105. S. auch unten Anm. 86. – [45] Jéquier, Frises d'Objets, 159ff.; Barta, in: LÄ IV, 20 und Anm. 5. Deutlich auf den *Dewen-Etiketten a. i, sowie in Kaplony, Inschriften, Abb. 364 (vgl. Foto) und auf Steingefäß-Inschriften von Adjib. Zu den *-s*-Bildungen vgl. Osing, Nominalbildung, Anm. 1415. – [46] Nur erschlossen, u. a. aus *ḏsr-tꜣ*, Hassan, Stöcke, 9 = Jéquier, Frises d'Objets, 161. 342. – [47] Sekundär als Papyrusdolde interpretiert. – [48] Als Bild des Königs nicht belegt. – [49] Hoffmeier, Sacred, 2ff. Frühe Belege Kaplony, Inschriften, 538ff. 572ff. 671f.: Das *mks* wird auch nur mit einer Hand gehalten: . Bei Hoffmeier, a.a.O., 78. 81f. wird *ḏsr* mit *sḫm* und *mdw* ausgeführt, was den Wiedergaben oben Anm. 8 (und der Hieroglyphe ) bzw. Kaplony, a.a.O., Abb. 8 = Sourdive, Main, 422 Abb. 1 entspricht. *ḏsr* mit Geißel: Kaplony, a.a.O. Abb. 420 (lies ). Die Bezeichnung „*ḏsr*-Zepter" Hoffmeier, a.a.O., 49. 55 ist sekundär. – [50] Fischer, in: MMJ 13, 1979, 8 Abb. 4. – [51] Hoffmeier, a.a.O., 37ff. 59f. 64f.; Westendorf, in: Fs Edel, 433f. – [52] Hoffmeier, a.a.O., 4, wegen der nur zufälligen Ähnlichkeit zwischen „*ꜥbꜣ*-Zepter" und *ꜥbw* „Lattich"? *mks n nḥbt*: Pyr. 134c. In Pyr. 220b. 224b. 1994b scheint *mdw* = *nḥbt* zu sein. Auch die Standarte von  *Nehebkau müßte ein *nḥbt*-Zepter sein. Zu *nḥbt* vgl. ferner Jéquier, Frises d'Objets, 185ff.; Fischer, in: MMJ 13, 1979, 24, auch das Z. Calverley–Gardiner, Abydos II, Tf. 29? Ein Lotus-Zepter kann lang oder kurz sein, ein Lattich- oder *ḥts*-Zepter muß kurz sein. Mittellange Formen: Lauer, Pyramide à degrés IV, Tf. III, 3; Inscr. Sinai, Nr. 1 (waagrecht neben mittellangem *mdw*). – [53] Wohl richtig vermutet von Richard A. Parker, Jean Leclant und Jean-Claude Goyon, The Edifice of Taharka by the Sacred Lake of Karnak, Brown Egyptological Studies 8, Providence – London 1979, 55 und Anm. 4. Kann ein Verb *ḥts* von *ḥt-s* abgeleitet sein? Vgl. Kaplony, Inschriften, 566; Fischer, in: JEA 60, 1974, 97 Anm. 3. Bei *mḏḥ* „Gürtel" ist das *ḥts*-Zepter genauso ein falsches Determinativ wie die Axt Staehelin, Tracht, 27 Anm. 1: Man denkt an ein aus Holz gezimmertes (*mḏḥ*) *ḥts*. Im Unterschied zu *mks* hat *ḥts* unten keine Spitze. Ein *ḥts* auch bei Feucht–Putz, Kgl. Pektorale, 39ff. – [54] Die Königinnen- und Beamtentitel *wr(t)-ḥts* (Kaplony, Inschriften, 424 und Anm. 1841; Fischer, a.a.O., 97 und Anm. 11; Dunham–Simpson, The Mastaba of Queen Mersyankh III (oben Anm. 14), 25 lauten ursprünglich wohl beide *wr(t)-ḥts-nbtj* (*P*). Bei beiden bezieht sich *ḥts* wohl speziell (auch) auf ein Recht, das Opfer zu überweisen (Kaplony, Rollsiegel des AR II, 168f., bes. das Schlachtopfer), auch wenn die Königin m. W. nie mit *ḥts* abgebildet ist. Die Verbindung zwischen dem **wr-ḥts-nbtj* > *sḫmtj* (a.a.O. II, 279. 282) und dem *ḫnms*  ist nicht sicher. Bei Sethe, Dramatische Texte, 195f. 254 erhält der König ein *sḫm*- und ein *ḥts* (sic)-Paar (für die *sḫmtj*?). *jrj*- oder *zꜣw-wrt-ḥts* a.a.O., 203 ist der *wr-ḥts* als Wächter der Königin *wrt-ḥts*. S. auch Barta, in: LÄ V, 772 und Anm. 5; Helck, in: LÄ V, 1074f. (zwei *wḫ*-Zepter). Dual *sḫmwj*: Kaplony, Steingefäße mit Inschriften der FrZt und des AR (oben Anm. 41), 65 und Anm. 127; *Chasechem(ui); *Hetepsechemui. – [55] *mdw* mit oben verdicktem und abgerundetem Ende in der Hand des Königs schon in der 1. Dyn., in der Hand von Privatleuten seit Cheops, als Schriftzeichen auch bei *jrj* und in den Pyr.-Belegen unten Anm. 66. 77; vgl. Fischer, in: LÄ VI, 50 und Anm. 12f.; Petrie, RT I, Tf. 10, 14 = 14, 2 (s. Hall, a.a.O. (oben Anm. 11), 28 mit Anm. 19ff. „chef"); Inscr. Sinai, Nr. 3. 8; Habachi, in: MDAIK 19, 1963, 35 Abb. 14; 38 Abb. 16; 48 Abb. 23 (Mentuhotep II.), an der letzten Stelle Königin mit gleichem Z. (s. oben Anm. 14); Lacau–Chevrier, Sésostris I, Tf. 13, 3; 24, 25. In ihrer Stützfunktion ist die ähnliche Zeltstangen-*Säule, Jaroš–Arnold, in: LÄ V, 343f. Abb. 3, zu vergleichen. – [56] Jéquier, Frises d'Objets, 160f.; Hassan, Stöcke, 67f. 180ff. Ältester Beleg einer Geißel bei einem Z.: Kaplony, Inschriften Abb. 145 (*tj*-Stößel statt *mdw*). *ꜣms* zum ersten Mal sicher in der 3. Dyn., a.a.O., 449f., *mḏḥ-ꜣms* (vgl. *mḏḥ* und *ḥts* oben Anm. 53). *jmj-rꜣ jz-ꜣms* und vor allem *ḥm-nṯr-ꜣms* [Fischer, in: JEA 64, 1978, 162 und Anm. 5 = Geoffrey Thorndike Martin, The Tomb of Hetepka, Texts from Excavations, London 1979, 6 und Anm. 1 (vgl. unten Anm. 80)] deuten auf eine göttliche Verehrung des *ꜣms*, als Vertreters nicht nur des Königs (vgl. Urk. I, 232, 1ff.), sondern auch der Götter (*ꜣms-nṯr*: Jéquier, a.a.O., 161). Auf den Gerätefriesen sind immer vier *ꜣms* dargestellt (zur Vierheit vgl. oben Anm. 26), bis auf die zwei *ꜣms* auf Cairo CG 28092 = Jéquier, a.a.O., 164 (vgl. Lacau, Sarcophages II, 156, unklare Formulierung Jéquier, a.a.O., 161ff.). *mdw-Ḥr*, *ꜣms-Ḥr*, *Ḥrs* zuerst unter den Opfergaben von Pyr. Spruch 62ff. In Spruch 62–62A wird *ḏbꜣ-Ḥrs* (s. auch Jéquier, a.a.O., 161 und Anm. 1) sowohl mit einem *mks* als auch mit einem *ꜣms* determiniert, ist also eine Garnitur. *ꜣms-Ḥr* ist das *mdw-nfr* des Rê: Dino Bidoli, Die Sprüche der Fangnetze in den altäg. Sargtexten, ADAIK 9, 1976, 60ff. Da man den profanen Begriff *mdw* vermeiden will, gibt man *mdw*-Stöcken auch die Namen *jzr*, *mḫn* und *smꜣ*. – [57] Kaplony, Inschriften, 450. Zur Form  von *mdw* vgl. Wb I, 26, 8: In Pyr. 288c W wird ein entsprechendes Standartenpaar *jꜣtj*  „aufgestellt" (*sꜥḥꜥ*; FrZt-Beleg: *ꜥḥꜥ*; s. auch Hassan, a.a.O., 121), auf welchen in Sethe, Dramatische Texte, 192ff. zwei Falken sitzen (vgl. a.a.O., 240 und Pyr. 522c, zwei *ꜣms* des Horus, zur Verdoppelung oben Anm. 56, Vierheit?). Auf solchen Standarten/Stöcken sitzen auch die Vögel – Thot und Reiher – (Gardiner, EG, Sign-list G 32) auf der archaischen Statue Cairo CG 1 (Kaplony, Inschriften, 506; ders., Rollsiegel des AR I, 308. 317 Anm. 601) und auf der Etikette *Djer b (wegen der Erwähnung des *nb-rḫjt*-Schiffes von *Buto wohl *Djebaut(i), ders., Beitr. Inschriften, 68). Ein *mdw* als *jmt-rꜣ*: Fischer, in: MMJ 13, 1979, 5ff. – [58] Wolf, in: ZÄS 65, 1930, 95. – [59] Ausnahmen: Goedicke, Re-Used Blocks from the Pyramid of Amenemhet I at Lisht, Nr. 10

(oben Anm. 6) und Borchardt, Sahure II, Tf. 20 (*Heka). Ferner Hornung, Amduat, Nr. 745. 804 (da zusätzlich mit kurzem Schlangen-Zepter); Piankoff, Livre des Portes I, 56. 120. 127. 139. 195. 272; II, 1. 67. 118. 127. 131. 159. 185. 202. 210; vgl. CT VII, 407a ff. Demnach gilt Heka als „ältester" Gott; er braucht (vgl.  und oben Anm. 56) einen *mdw*-Stock, erscheint aber bei Borchardt, a.a.O. im Unterschied zu später noch nicht gebückt. *ʿwt*-artiges Schlangen-Zepter als *mdw*: Hornung, a.a.O. I, 47. Gegen Hassan, Stöcke, 196 Anm. 3 sind Göttinnen mit *mdw* m. W. nicht belegt. – [60] Jéquier, Frises d'Objets, 160f.; Hassan, a.a.O., 94. 106f. 119. Mögliche Gleichungen: *mdw* des *ʿḥ-nṯr(t)* (s. Kaplony, in: ZÄS 88, 1962, 10 Anm. 1) = *mdw* des *jrj-nṯr(t)* unten Anm. 77. *mdw* von Heliopolis (Pyr. 46b: *Jwnwj-Ḥrs*) = Z. des *Jwnwj*, v. Bissing, Re-Heiligtum II, Tf. 11, 27 (?). *-Ḥrs* ist zumindest seit dem MR ein Z. mit Horuskopf; vgl. Fischer, in: JEA 64, 1978, 162 und Anm. 6. Ist das große *wꜣs*-Zepter (Naqada und Ballas Tf. 78 = Arnold, Mentuhotep III, 62 und Anm. 201) ein *mdw* von *Ombos? Ein lokales Z. ist auch das *wꜣḏ*-Zepter im Haus der Bastet, Herrin von *Anchtaui, Otto, in: LÄ I, 630 und Anm. 34 in einem Priestertitel. Private mit *wꜣḏ* sonst, mit *wꜣs* bzw. *ḥqꜣt* und *mks*: Anm. 16. 21. 32. 79. – [61] Wie Arnold, Mentuhotep III, 55 Tf. 78. 84 (oben Anm. 14) oder die *sḫm*-Zepter mit *wꜣḏ*-Griff Dreyer, in: MDAIK 31, 1975, 54 und Tf. 25e. – [62] Diese beiden Z. vielleicht identisch: Fischer, in: JEA 64, 1978, 158; ders., in: LÄ VI, 49f. Anm. 9, auch Hassan, a.a.O., 53; Sauneron, Esna V, 43ff. S. auch *Keule, Decker, in: LÄ III, 414f.; Goedicke, in: CdE 43, Nr. 85, 1968, 219ff. 224f. (Deutung von LESt, 82 kaum akzeptabel); Caminos, LEM, 201. 431, die *ḥʿw*-Zepter „Seiner Majestät" vielleicht mit den *ḥʿw*-Zeptern „der Wache" identisch. Die Identität König = Z. auch in der Metapher vom Pharao als zerbrochenem Rohrstab (vgl. oben Anm. 1 und Hassan, Stöcke, 94) im AT, 2.Kg. 18, 21; Jes. 36, 6; Ez. 29, 6. Beim Königs-Zepter (Wildung, in: LÄ II, 146 und Anm. 11) sind die Feindfiguren nicht am Griff, sondern am abgerundeten unteren Ende (Typ Fischer, in: LÄ VI, 54 Abb. 1) angebracht. – [63] Nach Catherine Chadefaud, Les statues porte-enseignes de l'Egypte ancienne, Paris 1982, 155f. und passim; dies., in: LÄ V, 1224ff. (*Stabträgerstatuen) stehen alle heiligen Z., auch wenn sie Götter darstellen, in Zusammenhang mit dem *Ka des Königs und dem *Morgenhaus *pr-dwꜣt* (Kaplony, Rollsiegel des AR II, 357f.; s. auch Spiegelberg, in: RecTrav 25, 1903, 184ff.). Priester bringen dem König *Götterstäbe, Seidl, in: LÄ II, 712 und Anm. 16–17: Sie sind wie die Standartengötter Begleiter des Königs. – [64] Borchardt, Sahure II, Tf. 17; Posener-Kriéger und De Cénival, Néferirkarê–Kakaï (oben Anm. 22), 531 Abb. 34; Jéquier, Pepi II, II, Tf. 41; III, Tf. 37; Lacau–Chevrier, Sésostris Ier, Tf. 15, 7–8; 29, 5'; 30, 9'. S. auch Sourdive, Main, 431 (der Ka des Königs mit *wꜣs* ist sekundär); Barguet, in: ASAE 51, 1951, 205ff.; Ursula Schweitzer, Das Wesen des Ka, ÄF 19, 1956, 55f. (danach mit dem *pr-dwꜣt / pr-ḏbꜣt* assoziiert). Im ältesten Beleg (Ahmed Fakhry, The Monuments of Sneferu at Dahshur II. 1, Kairo 1961, Abb. 149) befand sich vor dem Ka des Königs ein kurzes Z. (das der Ka nicht in der Hand hielt), welches mit einer Kopfhaube ohne Uräus und ohne Bart wohl nicht den König darstellte, sondern als chthonische Grenzmarke den Gott Aker (Aker wohl auch auf dem Ka-Zepter Habachi, in: MDAIK 19, 1963, 37 Abb. 25). Aber „profaniert" auf dem Pfahl = Pranger mit zwei nach Aker-Art in verschiedener Richtung blickenden Menschenköpfen: Duell, Mereruka I, Tf. 36; Capart, in: ZÄS 36, 1898, 125f. Der Pranger hat zwei bartlose Menschenköpfe (Menschenkopf mit Bart: Habachi, a.a.O.) und bezieht sich auf Aker als Beutefänger: Kaplony, Inschriften Anm. 302. Z. mit gekröntem Königs-Kopf: Piankoff, Livre des Portes III, 20. 99 (mit *wꜣs*-Knauf, s. Habachi, a.a.O.). 163 = Hornung, Unterweltsbücher², Abb. 50. 75, dem Pranger ähnlich die Schlange Piankoff, a.a.O. III, 66 = Hornung, a.a.O., Abb. 62. Grenzstelen mit Aker-Kopf: Hornung, Amduat II, 47. – [65] Borchardt, Sahure II, Tf. 32 (*smsw pr-ʿꜣ* ~ *smsw pr-ḏbꜣt*, Kaplony, in: Fs Westendorf I, 528 und Anm. 38; vgl. *ḏbꜣ-Ḥrs* oben Anm. 56 und *pr-ḏbꜣt* oben Anm. 64). – [66] v. Bissing, Re-Heiligtum III, 58 (auch mit erhobenem *sḫm* oben Anm. 3). Die sonst kaum vorkommenden Titel dieser Leute, *jrj-tꜣ* „Landhüter" (chthonischer Aspekt des Z.) und *jrj-zmꜣ* „Hüter der Gemeinschaft" (SpZt: De Meulenaere, in: Fs Bothmer, Brüssel 1983, 38 und Wb III, 451, 1), sind zweifellos Decknamen für *šmsw*. Die Leute bei Fischer, in: MMJ 13, 1979, 7ff. sind durchweg *šmsw*. Auch der *ḫnms* oben Anm. 54 kann ein *ʿwt* halten und so ein *šmsw* sein. – [67] Ausnahme v. Bissing, Re-Heiligtum III, Tf. 14, 248? Wie oft (Kaplony, in: Gs Otto, 290f.) gibt man dem einen Zeichen den Lautwert des konkreten (*ʿwt*), dem anderen – einer Formvariante – den des abstrakten (*šms*) Begriffs. Das um *Mafdet ergänzte *šms*-Zepter ist *Mꜣfdt* zu lesen; dieselbe Göttin heißt auch *Šmst*: Kaplony, Inschriften, 669f. *Mꜣfdt* am *šms* erinnert an Upuaut auf der Standarte und im Nest, ders., Rollsiegel des AR I, 190ff. – [68] Piankoff, a.a.O. III, 66 = Hornung, a.a.O., Abb. 62; Capart, a.a.O. (s. oben Anm. 31. 64). – [69] Simpson, in: JEA 42, 1956, 45ff., aus dem Antikenhandel. S. aber Hassan, Stöcke, 175 zu einem unpublizierten Graffito bei Assuan. – [70] Fakhry, The Monuments of Sneferu II. 1, Abb. 72. 75. Damit gleichzeitig zwei Originale aus Meidum, Hassan, a.a.O., 59. 122 (Mastaba 17), sowie sechs weitere ebenda aus der Mastaba des Nefermaat (Meydum and Memphis III, 20; Petrie meint mit dem Verweis auf „Rahotep" aber Mastaba 17). Die beiden Gruppen bei Hall, a.a.O. (s. Anm. 11), 26f.; das vermeintliche *wꜣs*-Zepter ist aber das schlechter erhaltene von den zwei *ʿwt*-Zeptern der Mastaba 17. Alle sechs Z. scheinen *ʿwt* zu sein. Symbolisieren sie die Präsenz des Königs in zwei Privatgräbern? – [71] Eine Bezeichnung des Krummstabes als *mzt*, Hornung, Amduat I, 27f., ist unklar; *mzt* wird schon in Urk. V, 155, 13 = CT V, 90f. (vgl. Faulkner, Coffin Texts II, 25) mit 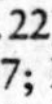 als allgemeinem Stockdeterminativ (?) versehen. – [72] Kaplony, Inschriften, 1211, bes. Anm. 1782. – [73] *ḫrj-ʿ-ḥqꜣ*, Kaplony, Rollsiegel des AR II, 121. Vgl. Fischer, in: MMJ 13, 1979, 23 und Anm. 131. *ḥqꜣ* = König sicher auch in Pyr. 1776c. – [74] Vgl. die prähist. Belege Hassan, Stöcke, 175ff.; bes. Hierakonpolis, Tf. 76. 79; Hayes, Scepter I, Abb. 21 (Parallelen wegen der Reihung der Figuren mit Krummstäben und der Fesselung der Feinde an die Krummstäbe: Piankoff, Livre des Portes III, 115. 118 = Hornung,

Unterweltsbücher[2], Abb. 70f.; Asselberghs, Chaos, Abb. 183). Kombiniert man die Belege Hierakonpolis / Hayes, eilen die Männer des ersten Hierakonpolis-Belegs zu den Gefangenen, um sie zu fesseln. Sie haben Krummstäbe der Form *mḫḥw* (?): Hassan, a.a.O., 176; Jéquier, Frises d'Objets, Abb. 417, auch Kaplony, Inschriften Suppl., 996 (?). Auf dem zweiten Hierakonpolis-Beleg scheinen die beiden Männer neben den Krummstäben noch Fesseln zu halten. Auf dem prähist. Tongefäß (Alexander Scharff, Die Altertümer der Vor- und FrZt Ägyptens I, Staatliche Museen zu Berlin, Mitt. aus der äg. Slg. Berlin 4, Berlin 1931, Nr. 337 = Asselberghs, a.a.O., Abb. 24) führt der „Hirt" Giraffen an Stricken. Die Form des Stockes beim Ziegenhirten (Vandier, Manuel I, Abb. 235) ist unklar. Der Krummstab als Hirtenstock läßt sich also in der prähist. Zt ebensowenig wie in der direkt folgenden Zt nachweisen. – [75] Jéquier, Frises d'Objets, 170; Montet, Scènes, Abb. 20ff. – [76] Helck, in: LÄ II, 1221f. und Anm. 41–42. – [77] So in „Hirt von Hierakonpolis" (*mnjw-Nḫn*) oben Anm. 35, aber auch „Hirt des Afters" (*nrw-kȝw-pḥwt*) und „Hirt aller Mineralien" (*nrw-kȝw-ꜥȝt-nbt*), Junker, in: ZÄS 63, 1928, 66; Frans Jonckheere, Les Médecins de l'Egypte Pharaonique, La Médecine Egyptienne 3, Brüssel 1958, 99; William A. Ward, Index of Egyptian Administrative and Religious Titles of the Middle Kingdom, Beirut 1982, Nr. 834. In v. Bissing-Kees, Re-Heiligtum II, Tf. 6, 13; 19,45; 21,50 erscheinen *jrj-nṯr(t)* und *Hatia als Partner des *mnjw-Nḫn*: dieser trug wohl, wie sie, den Mantel und den Mattenschurz der Hirten. Der *jrj-nṯr(t)* trägt einmal ein kurzes *wȝḏ*-Zepter, das andere Mal eine *ḥḏ*-Keule (?), was ihn als Wächter beider Kronen kennzeichnet (?) (*Semerchet). Allerdings erwartet man (wie beim hatia) eher den Hirtenstock (s. oben Anm. 60), der den Knauf des *mdw*-Stockes am oberen Ende haben kann (= „*ḥm*", Kaplony, Rollsiegel des AR I, 273; auch bei der Mischfigur Hirt/Weberin Davies, Ptahhetep and Akhethetep I, Tf. 4, 10). Auch das *Peseschkef in der Hand des *mnjw-Nḫn* Kaplony, Inschriften Abb. 324 weist auf einen übertragenen Gebrauch. S. auch a.a.O., 426. 431; ders., Beitr. Inschriften, 43 mit Anm. 200 (Inschrift aus dem Kunsthandel, ein leicht gekrümmter Hirtenstock, nicht *ꜥwt/ḥqȝt*, sonst wohl erst in Pyr. N, 391a; 771b; 1260a; 1865; s. aber Firth–Gunn, Teti Pyramid Cemeteries, Tf. 57, 10). – [78] Hassan, Stöcke, 78 ff. 98 ff. 188 ff.; Fischer, in: JEA 64, 1978, 161 und Anm. 6; ders., in: MMJ 13, 1979, 7ff. 21 ff.; Hans O. Schneider, Shabtis I, Collections of the National Museum of Antiquities at Leiden 2, Leiden 1977, 174ff.; Daressy, in: ASAE 17, 1917, 183f.; *Was-Zepter Anm. 15–18. – [79] In v. Bissing, Re-Heiligtum II, Tf. 21,50; 22,51; III, Tf. 3, 118; Naville, Festival Hall, Tf. 19. 21. 23. 24 bringt der *ḫrj-nws* dem König Geißel, *ꜥwt-/ḥqȝt-*, *mks-* und *sḫm*-Zepter (ferner den Sonnenschirm); die Titel *mȝtj-ḥqȝ* und *zȝ-ḥqȝ* (Kaplony, Rollsiegel des AR II, 213. 369. 490) sind wohl auf den Herrscher *ḥqȝ*, nicht sein *ḥqȝt*-Zepter, zu beziehen, ebensowenig wie *ḫrj-ꜥ-ḥqȝ* oben Anm. 73; davon könnte nur (*ḫrj-*)*ꜥ* eine Zepter- oder Zepterträger-Bezeichnung sein (~ (*ḫrj-*) *mdw*)). *ꜥ ḥqȝt*, Helck, Beamtentitel, 37, bezieht sich wohl auf einen Zepter-Kult (dazu vgl. auch oben Anm. 31). In Pyr. 182a N hält *ꜥnḏtj* einen *mdw*-Stock (s. Anm. 59). – [80] Das ist eine Verfremdung. Vgl. Gardiner, EG, Sign-list S 38; Helck, a.a.O., 42 und Anm. 111 (*ḥm-Jȝqs*, nach Anm. 56 oben wäre wohl auch **ḥm-nṯr-Jȝqs* möglich); Faulkner, Coffin Texts (s. Anm. 29) III, Warminster 1978, 192; Labrousse–Lauer–Leclant, Ounas (s. Anm. 21), 104 und Anm. 1. (*J*)*ȝqs* scheint die ältere Form von *Ḥqȝs* zu sein (*ḥqȝt* < *ȝqt*?). Da man *Ḥqȝs* mit *Ḥqȝ* variiert (CT I, 140g), scheint *ḥqȝt* oben Anm. 79 (MR-Determinativ: ) eine weitere Namensvariante von *Ḥqȝs* zu sein. – [81] Naville, Festival Hall, Tf. 10. 13. 26 oder Calverley–Gardiner, Abydos III, Tf. 11. 25. Beide gleich lang: Hornung, Amduat, Nr. 76. Zur Länge der Z. vgl. Hassan, Stöcke, 63. 93. 188f.; Kaplony, Rollsiegel des AR I, 169ff. „Regieren (*ḥqȝ*) mit dem *ꜥwt*-Zepter": Schneider, Shabtis I, 50 gegen Faulkner, Coffin Texts II, 106f. *ꜥwtj* „Hirt", Guillemette Andreu und Sylvie Cauville, in: RdE 29, 1977, 6, existiert ebensowenig wie *ḥqȝ* „Hirt", Junker, Gîza II, 194. – [82] Trotz ÄIB I, 79 gelten Rinder primär nicht als *ꜥwt*. Zu nennen wären Wilhelm Czermak, Die Laute der äg. Sprache, Schriften der Arbeitsgemeinschaft der Ägyptologen und Afrikanisten in Wien, Wien 1931, § 83; Wb I, 29,15–16; pChester Beatty I, 18 und Anm. 1–2; Jacobsohn, in: LÄ III, 308f. (übersieht das Vorkommen von *Kȝ-mwt.f* bei Lacau–Chevrier, Sésostris Ier, 167ff.); Lefébure, in: Sphinx 10, 1906, 67ff.; die Paletten W. M. Flinders Petrie, Ceremonial Slate Palettes, BSEA 66, 1953, Tf. A, 1 = Asselberghs, Chaos, Abb. 117 (Min-Symbol über *ꜥwt*); Guy Brunton, Matmar, British Museum Expedition to Middle Egypt 1929–1931, London 1948, 28 und Tf. 22, 28 (Min-Symbol und Kuhantilope) und die Z. mit Rinderkopf bei Piankoff, Livre des Portes III, 64 (s. Anm. 68) bzw. Rinderhörnern Roeder, Bronzefiguren, § 626; Hornung, Amduat, Nr. 80 und Wb III, 331,3 ff. und Kaplony, in: LÄ V, 295 und Anm. 9f. zu den Hieroglyphen  *ḥḥ* und  *sꜥḥ* (in Zusammenhang mit dem *Rollsiegel). – [83] Sekundär mit o.äg. Wappenpflanze und *wȝḏ* am Schaft (vgl. *wḫ* und *mks*). Maßgeblich: Junker, Gîza I, Abb. 23b, Tf. 17a, schon bei Gardiner, EG, Sign-list O 44; dies. dreizinkige Gabel in BM Stelae I[2], Tf. 17; Dunham–Simpson, The Mastaba of Queen Mersyankh III, Abb. 4 (aufgerollte Schnüre/Bänder ohne/mit Borten); Varianten nur aufgerollte(s) Schnur (Band) Petrie, Medum, Tf. 20 bzw. aufgerollte(s) Schnur (Band) mit Borten Urk. I, 78,7; 223,8 = Deir el-Gebrâwi II, Tf. 25; Meir IV, Tf. 4, bzw. aufgerollte(s) Schnur (Band) auf Stange: Urk. I, 244,13 = Heinrich Schäfer, Ein Bruchstück altäg. Annalen, APAW 1902, 36 Tf. 2. S. auch Irmtraut Munro, Das Zelt-Heiligtum des Min, MÄS 41, 1983, besonders S. 29f. und Wessetzky, in: GM 75, 1984, 57f. Eine *jȝwt* bzw. mehrere *jȝwwt* haben neben Min noch die *Uräusschlange (Pyr. 702a) und Ptah: Maj Sandman Holmberg, The God Ptah (oben Anm. 38), 173f. Nach der Schreibung mit der Schnur (dem Band) könnte das Wort zu *ȝj* „Heftpflaster in Rolle" (Grundriß der Medizin VII, 1) gehören, doch wird nach Montet, in: Kêmi 15, 1959, Tf. 4; 9,5 (vgl. Kaplony, Beitr. Inschriften, 59f.) eine *jȝwt nṯrt* aus Metall gegossen. Gehören die zwei Wortstämme zusammen, ist *jȝwt* ein Ständer zum Aufwickeln von Bändern/Bandagen der mumienförmigen Götter Min und Ptah bzw. der u.äg. Krone der Uräusschlange (vergleichbar mit dem umwickelten Z. oder Standarte *šms* bzw. der *Neith), allenfalls zum

Aufwickeln der Schnüre beim *Klettern für Min. – Mit Pyr. 702a vgl. Pyr. 1459a, ferner Kaplony, in: Fs Mus. Berlin, 132; ders., in: ZÄS 110, 1983, 162 und Anm. 137. – [84] Nach Kaplony, Beitr. Inschriften, 80f.; ders., in: Or 41, 1972, 205 ist *ỉꜣt* „Standarte" eine Ableitung von *ỉꜣt* „Rücken"..„Standarte" wird auch mit dem *wꜣs*-Zepter geschrieben. S. auch oben Anm. 57 und *Iat; Loret, in: Revue égyptologique 10, Paris 1902, 93; 11, 1904, 74f. *ỉꜣꜣt* als Bezeichnung des *sḫm*-Zepters [Wb I 27,10–11; Jéquier, Frises d'Objets, 182; Hassan, Stöcke, 118; Hornung, Das Buch der Anbetung des Re im Westen I (s. Anm. 28), 194f.] gehört zu einem anderen Wortstamm. – [85] Kaplony, Beitr. Inschriften, Anm. 288, auch Fakhry, The Monuments of Sneferu II. 1, Abb. 43f. 71. 277; Lauer–Leclant, Teti (s. Anm. 21), Abb. 31; Jéquier, Pepi II, III, Tf. 32f.; Arnold, Deir el Bahari II (s. Anm. 7), Tf. 12. 15f. 30f.; Sourdive, Main, 423ff.; Baines, Fecundity Figures (s. Anm. 21), 46. 59. Bes. erwähnenswert: *wꜣs* hält Upuaut-Standarte; *wꜣs* trägt Skorpion, *wꜣs* in *hnw*-Geste (Djoser). – Das *ꜥnḫ* als Schirmhalter erinnert an die Stützfunktion oben Anm. 24 (*ꜥnḫ*-Zepter). Das *ꜥnḫ* im Wadj-Beleg oben Anm. 23 hat keine Stützfunktion. Daß man Schu und Tefnut mit *ꜥnḫ* und *wꜣs* identifiziert (vgl. Westendorf, in: Fs Gutbub, 239ff.), ist aus zwei Gründen alt: (a) Aker/Akeret sind das Löwenpaar Schu/Tefnut: Kaplony, in: ZÄS 110, 1983, 164; (b) Die eben zitierten Djoser-Belege erinnern an den mit der Sonne verzierten Halskragen der Götter dieser Zt, den sich der Sonnengott selbst als Gold des Lebens anlegt: Kaplony, in: Asiatische Studien 20, 1967, 110ff., von Erika Feucht in: LÄ II, 731ff. unbeachtet. Zur Personifikation von *ꜥnḫ* und *wꜣs* vgl. noch Sethe, Dramatische Texte, 250f.; Manfred Weber, Beiträge zur Kenntnis des Schrift- und Buchwesens der Alten Ägypter, Köln 1969, 62f. und Hornung, Amduat, Nr. 286. – [86] Sourdive, Main, 422 Abb. 6–7. Vgl. oben Anm. 44. – [87] Vgl. in sehr zahlreichen Anm. dieses Artikels. P.K.

Zerbrechen der roten Töpfe. *Sḏ dšrwt* "breaking the *dšrt*-vessels" is the Egyptian term for a *ritual consisting in the destruction of pottery vases either by crushing them with a pestle,[1] by dashing two of them against each other[2] or by smashing them on the ground.[3] Our understanding of this ritual is hampered by the fact that the archaeological evidence on one side and the textual and iconographical evidence on the other side, though doubtless related, are of a different nature and seem to refer to a different ritual setting in each case. The two categories are therefore best discussed separately.

A. The archaeological evidence is restricted to a number of groups of figurines[4] depicting enemies and fragments of deliberately broken pottery vessels inscribed with the so-called Execration Texts (*Ächtungstexte). Eight groups have so far been found, varying in date from the 6th to the 18th Dynasty.[5] Of these only two consist of inscribed potsherds, both dated to the middle of Dyn. 12, i.e. a group allegedly originating "from a tomb" on the Theban west bank[6] and another found in the desert near the MK fortresses of *Mirgissa.[7] The remaining groups consist of figurines buried loosely in the sand[8] or stored together in a jar. They depict foreign or Egyptian enemies which in most cases have been carefully identified by name and filiation. The connection between sherds and figurines is proven not only by the fact that both are inscribed with the same execration formulae but also by the Mirgissa find which in addition to a large number of sherds contained three limestone figurines. Most finds derive from cemeteries (*Gîsa, *Saqqâra, *Theben), but they do not seem to be related to one particular burial. Four jars each containing a vast quantity of small figurines as well as one larger figure were found buried in four different locations which formed a line running from east to north-west in the northern part of the necropolis of Gîza. According to hieratic dockets on the jars they had been deposited there at short intervals within a period of two months during the reign of an unknown king of Dyn. 6.[9] The Mirgissa find presents a particularly interesting case. Here the execration deposit was not located in a cemetery but in the desert surrounding the MK fortifications. Apart from potsherds and figurines several more objects were found, including figures of animals, a flint knife and human remains, and it has been suggested that an actual human sacrifice (*Menschenopfer) was part of the execration ritual here,[10] a sacrifice more commonly substituted by the symbolic destruction of figurines or pottery vessels. Nothing is known about the occasion that prompted the enactment of the ritual. Perhaps it took place when an area of the desert had to be "conquered" from and protected against the powers of chaos for the laying out of a cemetery or the building of a fortress.[11] As such the figurines may be comparable to the large limestone statues of bound prisoners found in the precincts of OK pyramid temples[12] or to the reliefs depicting similar prisoners on the exterior walls of NK temples.[13] The "execution" of figurines of enemies is well-known from LP rituals (*Vernichtungsrituale) such as the "Book of Overthrowing *Seth and His Gang"[14] or the "Book of Overthrowing Apophis" (*Apophisbuch)[15] and from representations in Graeco-Roman temples.[16] The lack of actual finds from this period and indeed of more finds from earlier times is probably due to the use of figurines of (red) wax (*Wachs),[17] wood[18] and other perishable materials or of drawings on *papyrus[19] which, at least in LP rituals, were "fettered, spat upon four times, trampled with the left foot, pierced with a spear, cut with a knife, thrown into the fire, spat upon several more times while in the fire"[20] and thus effectively destroyed. No reference is made to the breaking of pottery vessels in these late texts, which may indicate that the practice had by then been abandoned.

B. The earliest textual reference to a ritual called *sḏ dšrwt* is found in Pyr. Spr. 244, where it accompanies an offering presented to the king "in order that he may be strong and that he (i. e. the enemy[21]) may fear him."[22] It is also occasionally mentioned at the end of the offering-list (*Opferliste) in some OK and MK tombs,[23] often together with the rite called *jnjt rd* (*Inet-red).[24] The *dšrt*-vessels destroyed at the end of the offering ritual are undoubtedly the same as those occuring in the offering-list itself where they are always said to contain water (*mw dšrt* or *dšrt nt mw*).[25] "Those who carry the *dšrt*-vessels" (*ḫrjw dšrwt*) are also mentioned in the Funerary Liturgy of pRam. E.[26] That the breaking of the red vessels was not restricted to funerals is shown by a unique scene in the temple of *Luxor. On the wall enclosing the door which gives access to the offering room for the cult-image of *Amun *Amenophis III is depicted breaking two *dšrt*-vessels for the god by dashing them against each other.[27] Four *nmst* and four *dšrt*-jars were used in the Ritual of Opening the Mouth (*Mundöffnungsritual)[28] and these are often represented in the so-called Frises d'Objets (*Gerätefries) on MK coffins.[29] Strictly speaking the term *dšrt* refers to a wide conical pot with a round base,[30] but already in Pyr. 249b tall-necked vases are shown among the determinatives of *dšrwt* and the term therefore could probably refer to any vessel showing the red colour (*dšr*) of the earthenware from which it was made.[31] This is also evident from the iconographical material which, apart from the Luxor scene already mentioned, consists exclusively of representations in NK tombs, mainly in the Memphite necropolis.[32] These show a number of funerary booths[33] supported by light poles composed of papyrus-stalks; the entrance is flanked by two palm-branches and grapes are hanging down from the ceiling.[34] In the booths are offering-tables heaped with all kinds of offerings and racks containing a number of jars (usually four) of a type commonly used for the temporary storage of water, with a tall neck and a biconical body with a round base. In front of the booths is a shaven-headed priest displaying various gestures of mourning who takes out the jars one by one. Then he either empties them and subsequently throws them on the floor or he smashes them immediately so that the water is streaming out when the jars break on the ground. Sometimes the burning of incense is also depicted, though it is not clear whether this took place before[35] or after[36] the breaking of the jars. At the end of the ritual the booths were taken down.[37] The latter are also frequently shown in Theban tombs,[38] but the depiction of the breaking of the jars does not seem to have been part of the standard repertory of the tomb decoration here. That the ritual took place at Theban funerals as well, at least in Ramesside times, is suggested by the occasional representation of a priest pouring water from a jar in front of the booth[39] and by a few more explicit scenes;[40] one of these varies from the Memphite examples in that the jars are not broken by a priest but by the last woman of a group of female mourners[41].

The breaking of objects as a funerary rite is widespread and many different reasons for this custom are given in various cultures.[42] In Egyptological literature it is often assumed that the explanation of the breaking of the *dšrt*-vessels as the destruction of the enemies of the deceased is a later mythological interpretation of a custom originally practical, i.e. to prevent the re-use of the ritual vessels for subsequent "profane" or non-ritual purposes.[43] Other explanations given are that the vessels had to be "killed" in order to "assimilate them to the state of the owner"[44] or to render them harmless for the surviving relatives.[45] It has even been maintained that the vessels were filled with "magical potential" through their contact with the demonic powers of the netherworld and that this magical power was released from the vessels by breaking them.[46] It should be stressed, however, that neither of these explanations is supported by Egyptian evidence. The breaking of the red jars takes place at the end of the offering-ritual which itself forms part of the Funerary Ritual (*Bestattungsritual).[47] It is followed by the liturgy of carrying the funerary equipment to the tomb and the two liturgies are terminated by the slaughtering of a bull; then follows the dragging of the sarcophagus into the tomb, accompanied by the song "To the West, to the West, o praised one!" In NK tomb scenes the breaking of the jars in front of the funerary booths is in most cases depicted in the immediate vicinity of the scenes showing the bringing of the funerary equipment and the dragging of the sarcophagus; in one case[48] the words "To the West, to the West, o praised one!" are recited by the priest while removing the jars from the booth in order to smash them. In the Pyramid Texts the *sḏ dšrwt* of Spr. 244 is followed by a libation in Spr. 32;[49] both rites have been explained by Altenmüller[50] as actions carried out simultaneously with the slaughtering of a bull in the slaughterhouse of the pyramid temple, the breaking of the jars and the libation symbolizing the killing of the bull and the cutting up of its body,[51] respectively. This interpretation would seem to be confirmed by the representation of the ritual in the Memphite tomb of Ḥoremḥeb (*Haremheb).[52] Here a long series of booth-scenes is shown and each of these is accompanied by the depiction of a bull which is being slaughtered. The actual killing of the animal is shown to take place at the very moment when the priest takes out the first jar and smashes it. Both the sacrifice of the bull (*Opfertier, *Schlachten) and the breaking of the *dšrt*-vessels with their Sethian red colour (*Farben) symbolize the annihilation of the god's enemy (*Feindsymbolik) and, although this is never said in so many words in Egyptian texts, it is quite possible that the water streaming from the jars represents the blood (*dšrw*, *Blut) flowing out of the bull when its throat has been cut.[53] It seems likely that the destruction of figurines or pottery vases inscribed with the names of enemies and the breaking of the red jars at the end of the offering-ritual are variants of one and the same ritual aimed at the destruction of evil forces lurking beyond the borders of the cosmos. Although the ritual may be described in a technical sense as an act of sympathetic magic it is more likely to be interpreted as a rite of reassurance,[54] enacted to reassure and thereby protect[55] the participants of the ritual when they approach the dangerous borderline between the ordered world and the domain of the powers of chaos (*Gefährdungsbewußtsein).

[1] Pyr. 249b [M]; cf. Kurt Sethe, Die Ächtung feindlicher Fürsten, Völker und Dinge auf altägyptischen Tongefäßscherben des Mittleren Reiches, APAW 1926. 5, 20. – [2] Hellmut Brunner, Die südlichen Räume des Tempels von Luxor, AV 18, Mainz 1977, pl. 71. – [3] Borchardt, in: ZÄS 64, 1929, 12–16. – [4] Usually of sun-dried clay, sometimes of limestone or even alabaster. – [5] See the list given by Posener, in: LÄ I, 67–69. On three of the four finds from Gîza (Posener's no. 1) listed there as unpublished see now Abu Bakr and Osing, in: MDAIK 29, 1973, 97–133; Osing, in: MDAIK 32, 1976, 133–185. – [6] Posener's no. 4. Sethe, o. c., 20–21, connecting the find with the ritual mentioned in Pyr. Spr. 244 (see below), surmised that it derived from the tomb or mortuary temple of one of the kings of Dyn. 11, but this possibility is ruled out by the 12th Dyn. date of the find, see Georges Posener, Princes et pays de l'Asie et de la Nubie, Brussels 1940, 35 n. 1; id., in: Kush 6, 1958, 43. – [7] Posener's no. 5. See now also Vila, in: L'homme hier et aujourd'hui. Recueil d'études en hommage à André Leroi-Gourhan, Paris 1973, 625–639. – [8] Cf. the description of an execution in CT Spr. 23: "You shall not be interrogated, you shall not be arrested, you shall not be imprisoned, you shall not be fettered, you shall not be put under guard, you shall not be taken to the place of execution to which one takes rebels, no sand shall be thrown over your face", CT I, 70b–71a. – [9] Probably *Pepi II; see Osing, o. c., 154–155. – [10] Vila, o. c. (v. n. 7). – [11] In that case the execration deposit would supplement the foundation deposit whose principal function was "to delimit and purify the sacred area within which the temple or tomb was built" (James M. Weinstein, Foundation Deposits in Ancient Egypt, PhD University of Pennsylvania 1973, 433). Contrary to Mesopotamian foundation deposits, which included prophylactic figurines, their Egyptian counterparts had no apparent protective function (o. c., 434–435). – [12] Lauer and Leclant, in: RdE 21, 1969, 55–62. – [13] E. g. on the façade of the eastern high gate of *Medinet Habu (Medinet Habu VIII, pl. 600); cf. William J. Murnane, United With Eternity, Chicago–Cairo 1980, 6–7. – [14] Urk. VI, 1–59. – [15] pBremner-Rhind 22, 1–32, 12. See also pBM 10081, 35, 21 (Schott, in: ZÄS 65, 1930, 35–41); cf. Posener, in: Annuaire du Collège de France, 74e année, Paris 1973–1974, 397–405; 75e année, Paris 1974–1975, 405–412. – [16] Cf. J. Capart, in: Posener, Princes et pays, 6–7. – [17] Urk. VI, 5, 6; 37, 3; pBremner-Rhind 23, 6–7 etc.; see for the use of wax in destructive rituals Raven, in: OMRO 64, 1983, 24–26. – [18] Urk. VI, 5, 11; pJumilhac 18, 9–10. – [19] Urk. VI, 5, 9–10 etc. – [20] Urk. VI, 5, 12–19; 37, 13 ff. – [21] Cf. Pyr. 113a–b; 614c. – [22] Pyr. 249a–b. – [23] Duell, Mereruka I, pl. 67; Meir IV, pl. 18, 1; Deshasheh, pl. 29; unpublished tomb of *Wnjs-ḥ3-jšt.f* at Saqqâra, see Barta, Opferliste, 87. Cf. also CT VII, 128f–k. – [24] Cf. for this rite Gardiner, in: Davies–Gardiner, Amenemhēt, 93–94; H. Altenmüller, in: JEA 57, 1971, 146–153. – [25] Barta, Opferliste, index s. v. *dšrt*. In the NK offering-list of the Daily Temple Ritual one *dšrt*-vessel is sometimes said to contain "Lower-Egyptian wine", ibid., 141. 143. – [26] Gardiner, in: JEA 41, 1955, 16, pl. 6 (c). – [27] Moret, in: RdE 3, 1938, 167; Brunner, Südliche Räume (v. n. 2), pls. 16. 71, and see pp. 79 ff. for the function of this room as "Speisetischsaal für das Kultbild". Whether the scene in Naville, Festival-Hall, pl. 24, 9 has anything to do with the ritual (cf. Borchardt, o. c. [v. n. 3], 16) is very uncertain. – [28] Otto, Mundöffnungsritual II, 37–44. – [29] Jéquier, Frises d'Objets, 311–312. – [30] Cf. Gardiner, EG[3], Sign-list, W 11 and W 13; Wb V, 493. – [31] Jéquier, o. c., 311. Although *dšrt*-vessels of gold or other metals were sometimes made for permanent use in the temple (cf. Kees, Opfertanz, 55–56), there is no evidence to suggest that the ritual originally consisted in the noisy destruction of red copper vessels in order to strike terror into the enemies (thus Dorothea Arnold, in: LÄ II, 487). – [32] The following examples were discussed by Borchardt, o. c.: 1. Berlin 12411 [Ptaḥemḥat Ty], the so-called "Berliner Trauerrelief", PM III[2]. 2, 711–712; 2. Cairo 21. 6. 24. 16 [Apuia], ibid., 555; 3. Cairo JE 43275 [Kyiry], ibid., 668; 4. Cairo JE 8374 [Ḥormin], ibid., 665; 5. Cairo 12. 6. 24. 20 [Khaʿemwaset], PM III[2]. 1, 304. To these may be added: 6. Two walls in the tomb of Ḥoremḥeb, Geoffrey T. Martin, The Memphite Tomb of Ḥoremḥeb I (forthcoming); cf. id., in: JEA 63, 1977, pl. 1, 3; H. D. Schneider, in: Phoenix 22, Leiden 1977, 32 fig. 24 (printed in reverse); see also the following incomplete or damaged scenes: 7. Wall in the tomb of Maja, PM III[2]. 2, 662 (5), see Graefe, in: MDAIK 31, 1975, 200 with n. 1 and 202 fig. 6b; 8. Moscow I. 1. a. 6008 + Detroit 24. 98

[NN], PM III^{2}. 2, 759. 757; Svetlana Hodjash and Oleg Berlev, The Egyptian Reliefs and Stelae in the Pushkin Museum of Fine Arts Moscow, Leningrad 1982, no. 68; 9. Copenhagen ÆIN. 38 [NN], PM III^{2}. 2, 756; 10. Cairo 10. 6. 24. 12 [Ptaḥnefer], ibid., 754; 11. Brussels E 3053–3055 [Neferrenpet], ibid., 752; 12. Block from North-Saqqâra [NN], Geoffrey T. Martin, The Tomb of Ḥetepka, Texts from Excavations 4, London 1979, pl. 37 (127). Cf. also Gaballa A. Gaballa, The Memphite Tomb-Chapel of Mose, Warminster 1977, pls. 34–35. – [33] Since almost all sources consist of incomplete fragments it is difficult to ascertain the number of booths; the arrangement of some scenes (notably those in the tomb of Ḥoremḥeb, no. 6 in the list above) and comparison with depictions of similar booths in Theban tombs suggest that there were only one or two of them (flanking the funerary procession?) and that the various depictions of booths should be taken as successive scenes showing different stages of the ritual performed in front of one and the same booth. – [34] In this respect the booths resemble the throne-*kiosk of the king and of the god *Osiris (Tb [Naville] I, pl. 196) and it has been argued that the booths represent the "vegetation dwelling" from which the deceased arises from the dead, see William B. Kristensen, De loofhut en het loofhuttenfeest in den Egyptischen cultus, Mededeelingen der Koninklijke Akademie van Wetenschappen, Afdeeling Letterkunde, 56. 6, Amsterdam 1923 and the critical review by Kees, in: OLZ 28, 1925, 71–72. – [35] As in no. 4 (s. n. 32). – [36] As in no. 6. – [37] Depicted in no. 1. – [38] See PM I^{2}. 1, 472 s. v. "Booths with offerings and servants". In TT 57 [Khaʿemḥat] they are called "Chapels of the Red Crown" (*ḥwwt nt*) which may point to an ancient Delta origin of the ritual; cf. Lüddeckens, in: MDAIK 11, 1943, 13–14; CT VII, 167 a–f. – [39] TT 341 [Nakhtamun], see Davies, Seven Private Tombs, 36 with n. 4, pl. 25. – [40] TT 13 [Shuroy], Marcelle Werbrouck, Les pleureuses dans l'Egypte ancienne, Brussels 1938, pl. 39; TT 178 [Neferrenpet], M. Abdul-Qader Muhammed, The Development of the Funerary Reliefs and Practices Displayed in the Private Tombs of the New Kingdom at Thebes, Cairo 1966, pl. 76. – [41] TT 44 [Amenemḥeb], Borchardt, o. c., pl. 1, 1; Werbrouck, o. c., pl. 30. Cf. the female mourners in front of the booth in the Memphite examples Brooklyn 37. 1504 E [NN], PM III^{2}. 2, 752 and pLeiden T 4 [BD of Pakerer], Werbrouck, o. c., pl. 29. – [42] See the excellent survey given by Grinsell, in: Folklore 72, London 1961, 475–491; 84, 1973, 111–114, and in: Barrow, Pyramid and Tomb, London 1975, 60–67. – [43] Meir IV, 51; Borchardt, o. c. (v. n. 3), 15–16; Barta, Opferliste, 72; Hartwig Altenmüller, Die Texte zum Begräbnisritual in den Pyramiden des Alten Reiches, ÄA 24, 1972, 99. – [44] Davies, Two Sculptors, 48 n. 1. – [45] Borchardt, o. c., 15–16; Hermann Kees, Farbensymbolik in ägyptischen religiösen Texten, NAWG 1943. 11, 462. – [46] Joachim Spiegel, Das Auferstehungsritual der Unas-Pyramide, ÄA 23, 1971, 37–38. – [47] The offering-ritual is introduced by Pyr. Spr. 311–312 and the same spells are accompanying the pictorial version of the liturgy in the tomb of Khaʿemḥat (TT 57), see Altenmüller, o. c., 110–111; Lüddeckens, o. c., 14. – [48] No. 4 in the list of n. 32 above. – [49] Altenmüller, o. c., 38. Cf. CT VII, 128 j–k. – [50] Altenmüller, o. c., 98–100. – [51] Ibid., 92–93 on Pyr. Spr. 207. – [52] See n. 32, no. 6. – [53] Cf. Kees, Farbensymbolik, 462. – [54] te Velde, in: JEOL 21, 1969–1970, 181. – [55] van Dijk, in: JEOL 26, 1979–1980, 23–25.

Lit.: Borchardt, in: ZÄS 64, 1929, 12–16; Posener, in: Annuaire du Collège de France, 74e année, Paris 1973–1974, 397–405. For a possible echo of the ritual in the biblical Psalm 2, 9 see Kleber, in: Catholic Biblical Quarterly 5, Washington D. C. 1943, 63–67; Othmar Keel, Die Welt der altorientalischen Bildsymbolik und das Alte Testament, Köln–Neukirchen–Vluyn ^{2}1977, 247.

J. v. D.

Zeremonialbart (*ḫbswt, mrt*). The beards (*Bart) with which pharaohs are often represented were artificial and ceremonial beards because Egyptians of the higher classes were not allowed to let natural beards grow because of reasons of purity (*Reinheit), except in case of mourning (*Trauer).[1] The beard of the pharaoh was an element of his dress like the crowns (*Krone) with which it was usually combined (*Ornat).[2] With the blue crown (*ḫprš*), however, the beard was never combined, understandable if that crown was indeed the warhelmet. No artificial beards are preserved in museums, but they are supposed to have consisted of natural hair. Beards of other material are found as grave-gifts (*Grabbeigaben)[3] or *amulets.[4] The royal beard was personified as a god, named *Duawer, "the great morning god". It is suggested[5] that the royal beard (*ḫbswt*) is in origin the tail of an animal (*ḫbsjt*). Pharaohs wear beards because the gods do. The royal beard is usually straight like the beard of the god *Ptah, but sometimes, especially in the MK, pharaohs may be provided with a curved beard, usually called the divine beard. The royal beard was a *symbol of divine authority. *Hatschepsut, although she is not a man, may wear the royal beard, because she is a pharaoh.[6]

That the pharaoh wears not a natural, but an artificial beard is reflected in a myth indicating that his authority is not natural and unbroken, but a cultural achievement of restored order: The authority of the first king *Re-*Atum was shaken on the day of the primeval rebellion when his beard was stolen from him, so that it had to be sought back (CT III, 352 a–e).

The beard of officials was considerably shorter than the straight or curved beards of kings and gods (*Tracht). Nevertheless it is acceptable[7] that these short beards were also artificial and ceremonial, accentuating their authority derived from the pharaoh.

[1] Kees, Ägypten, 90 ff.; Erman, Ägypten, 245 ff.; Christiane Desroches-Noblecourt, in: BIFAO 45, 1947, 185–232. – [2] Karol Myśliwiec, Le portrait royal dans le

bas-reliefs du Nouvel Empire, Varsowie 1976, 21–22; see also B. V. Bothmer, in: Kêmi 19, 1969, 13. – [3] Daressy, in: ASAE 1, 1900, 42. – [4] Capart, in: ZÄS 45, 1908–9, 17, no. 20. – [5] Wildung, in: Fs Westendorf II, 973. – [6] On the beard of *Neferure, the daughter of Hatshepsut, see: Suzanne Ratié, in: BSEG 4, 1980, 77–82. – [7] Staehelin, Tracht, 92–93, but see Winifred Needler, in: CdE 43, no. 86, 1968, 287.

Lit.: Hugo Mötefindt, in: Mitteilungen der Anthropologischen Gesellschaft Wien 50, Wien 1920, 133–140; id., in: Klio 19, 1923, 14–28; id., in: Anthropos 22, 1927, 843–854.
H. te V.

Zeremoniell. Unter Z. ist die Gesamtheit der bei feierlichen Anlässen zu vollziehenden Handlungen zu verstehen, die als Zeremonien an feste Normen und vorgeschriebene Gebräuche gebunden sind. Alle Rituale unterliegen so einem Zeremoniell. Der äg. Ausdruck für Zeremonie lautet *jrjw* „das zu Tuende“[1]. Zeremonien existieren für den Äg. seit der Urzeit[2]. Das in Verbindung mit dem König stehende Z. ist im *Königsdogma verankert.

Da die in Äg. so zahlreichen und unterschiedlichen *Rituale aus Zeremonien bestehen, läßt sich das mit ihnen verbundene Z. auch verschieden charakterisieren. Zu unterscheiden sind z.B.: das staatliche Z. des Geburts-, Krönungs- und Hebsedrituals[3]; das politische Z. des Kampf- und Jagdrituals; das religiöse Z. beim Alltags- und Festtagskult im Tempel; das funeräre Z. beim Balsamierungs-, Mundöffnungs- und Opferritual sowie beim Bestattungsvorgang; das handwerkliche Z. beim Bau- und Statuenritual; das landwirtschaftliche Z. der Ackerbauriten.

All diese Rituale, die am König oder vom König mit bestimmtem Zeremonialgerät zu zelebrieren sind, gehören im weitesten Sinne zum kultisch-zeremonialen Drama des sog. Geschichtsrituals. Der König nahm an diesen Zeremonien wie etwa bei Kampf und Jagd im Wagen teil oder wurde wie beim *Sedfest und beim Tempelbesuch in der *Sänfte getragen. Im religiösen und funerären Bereich konnte sich das Z. in Form von *Prozessionen äußern, wie etwa beim feierlichen Umzug einer Götterstatue oder bei der Begleitung des königlichen Sarges zur Nekropole.

Neben dem ritualen Z. gibt es noch ein höfisches Z. (*Hofzeremoniell). Es orientiert sich nicht an einer fest gefügten Ritualfolge dramatisch gestalteter Einzelhandlungen, sondern an bestimmten Regeln für das Leben am königlichen Hof. Der Palast mit seinen Sälen und Hallen wird dabei zur Kultbühne. Die Regeln umfassen z.B. Bestimmungen über den Verlauf einer Audienz beim König, wie sie etwa *Sinuhe nach seiner Rückkehr aus Asien gewährt wurde[4], oder über das Procedere beim öffentlichen Auftreten des Königs etwa am *Erscheinungsfenster des Palastes. Die Teilnehmer an diesen Empfängen hatten dem König dabei in *Proskynese zu huldigen.

[1] Wb I, 113, 8. – [2] Erik Hornung, Der ägyptische Mythos von der Himmelskuh, OBO 46, Göttingen 1982, 29 (Vers 314). – [3] Zur Existenz der Rituale für Geburt und Krönung vgl. Barta, in: ZÄS 112, 1985, 1ff. – [4] Sinuhe B 248–283.
W. B.

Zeuge. Publizität kennzeichnet seit alters das Rechtsleben; so wird den Rechtsfrieden gefährdende Unklarheit über bestehende Rechtslage ausgeschaltet. Dies wird u.a. erreicht durch Beiziehung von Z. (dritte Personen, die durch Bekundungen von vergangenen Tatsachen die Ermittlung der Wahrheit fördern sollen).

Urkunds-Zeugen kommen bei der Kundmachung gewisser Vorgänge bzw. Abgabe rechtlich bedeutsamer Erklärungen vor[1]; darunter können Beispruchsberechtigte zugegen sein[2]. Ihre Zahl ist meist nach Wichtigkeit des Gegenstandes verschieden[3]. In der SpZt enthält die Urkunde am Ende rto oder auf dem vso die Namen der Z.[4]; oft ist schwierig zu entscheiden, ob die Z. eigenhändig unterschrieben haben. In vorptol. Zt können ein oder mehrere Z. den ganzen Text bzw. das juristisch Wichtigste kopieren oder mit einer Formel auf die Urkunde Bezug nehmen[5]. Im übrigen können (angehende) Notare als Z. fungieren[6].

Der Z. riskiert, daß er vor Gericht (s. *Gerichtsbarkeit) erscheinen, dort einen *Eid leisten und anschließend über den Gegenstand seiner Wahrnehmungen aussagen muß[7]. Der Zeugenbeweis kann von jeder der Prozeßparteien angetreten werden, auch im Gottesurteilsverfahren[8]. Dabei droht dem Z. eine körperliche Strafe (ev. auch eine Vermögenseinbuße)[9], falls sich seine Aussage als falsch herausstellt[10]. Außer Solemnitäts-Zeugen, die der Beurkundung beiwohnten, werden Zufalls-Zeugen im Prozeß beigezogen[11]. Im Strafprozeß können „Unfreie“ (*ḥm*) als Z. auftreten[12]. Im übrigen zeigen Texte (vor allem aus dem NR) die *Frau sowohl als Urkunds- wie auch als Prozeß-Zeugin auf[13].

Der Terminus für Z. *mtrw*[14] wird nicht überall verwendet; ein seltenes Wort dafür ist *jrw*[15].

[1] Fürs AR s. Urk. I, 158, 5; Hassan, Gîza II, Abb. 219; für die SpZt cf. Girgis Mattha und George Hughes, The Demotic Legal Code of Hermopolis-West, BdE 45, 1975, 22 (II, 19). – [2] Z.B. Allam, Ostr. u. Pap., 264; Seidl, Äg. Rechtsgeschichte der Saiten- und Perserzeit, 13. – [3] In einer Eheurkunde (pChicago 17481) zählen sie 36, bei einer Gottesentscheidung über Amtseinsetzung (pBrooklyn 472183) 50. Bei Schreiber- und Zeugenurkunden sind es oft 16; Seidl, Ptol. Rechtsgeschichte, 50ff. – [4] Für

das charakteristische Zeichen, mit dem mitunter die Liste beginnt, s. Nur-el-Din, in: MDAIK 37, 1981, 383 ff. Ferner Pestman, in: Das ptol. Ägypten (Akten des internationalen Symposions in Berlin), Mainz 1978, 203. – [5] Seidl, Äg. Rechtsgeschichte, 14 ff. – [6] Zauzich, Schreibertradition, 5. Für *mtr-zš* „Schreiber-Zeuge" s. Vleeming, in: OMRO 61, 1980, 15 Anm. 55 (pLeiden 1942/5. 15). – [7] Cf. pChicago 17481 (Erich Lüddeckens, Äg. Eheverträge, ÄA 1, 1960, 142 f.); sog. Zivilprozeßordnung (Seidl, Ptol. Rechtsgeschichte, 3 ff.; Mrsich, in: Gs für Wolfgang Kunkel, Frankfurt a. M. 1984, 205 ff.). – [8] Schafik Allam, Das Verfahrensrecht in der altäg. Arbeitersiedlung von Deir-el-Medineh, Tübingen 1973, 92. – [9] Ibid., 61 f.; Allam, Ostr. u. Pap., 217 f.; pKairo 65739 (Gardiner, in: JEA 21, 1935, 142). – [10] Z. B. Gardiner, Inscr. of Mes, N 21 ff. – [11] Allam, Ostr. u. Pap., 101. 217 f.; pKairo 65739 (Gardiner, in: JEA 21, 1935, 142); pMayer A passim (Eric Peet, The Mayer Papyri A & B, London 1920); Seidl, Äg. Rechtsgeschichte, 41. – [12] Cf. Abd El-Mohsen Bakir, Slavery in Pharaonic Egypt, SASAE 18, 1952, 88. – [13] Allam, in: BiOr 26, 1969, 158 Anm. 22; pMayer A 3, 1; s. Anm. 2. – [14] Zur Form: Osing, Nominalbildung, 643 Anm. 672; Vernus, in: RdE 30, 1978, 129. – [15] pBerlin 9010 (Sethe, in: ZÄS 61, 1926, 75). S. A.

Zeugung. Die Zusammenhänge zwischen der Z., der Empfängnis und dem Ausbleiben der Menstruation waren den Ägyptern bekannt, ebenso die Zeitdauer der *Schwangerschaft bis zur *Geburt. Bemerkenswert war die Vorstellung, daß der Same des *Vaters aus den Knochen entsteht und seinerseits die Knochen bildet (während die *Mutter offenbar das Fleisch und die Haut beisteuert)[1]. Umstritten ist, welche physiologische Rolle das *Herz bei Z. und Empfängnis spielen sollte[2]. – Die gängigsten Ausdrücke[3] für „(er)zeugen" sind: *jrj*, *wtṯ*, *msj*, *rdj ḫpr*, *qmȝ*; zahlreich sind – neben dem gewöhnlichen *nk* – die Ausdrücke für „begatten"[4]; eine euphemistische Umschreibung des Zeugungsaktes ist *sḏr* „schlafen (mit bzw. bei)". Während in der Schrift der Zeugungsvorgang völlig natürlich als Bild auftritt (Gardiner, EG, Sign-list, N 41; Wb II, 345, 3–11), wird er in der darstellenden Kunst in der Regel durch besondere Merkmale nur angedeutet (z. B. *Nacktheit) oder durch andere aussagekräftige *Symbole kenntlich gemacht, z. B. durch das Schießen (*stj* auch: erzeugen) mit Pfeil und *Bogen (*Pfeil C); die männliche Potenz kommt z. B. durch das *sḫm*-*Zepter[5] sinnfällig zur Darstellung.

Im außermenschlichen Bereich (Mythologie, *Totenglauben) können die physiologischen Vorgänge wundersam abartig auftreten, z. B. die Z. durch den *Urgott *Atum, der Vater und Mutter in einer Person ist. Göttliche und menschliche (königliche) Sphäre werden vermischt, wenn der Gott mit der *Königin den Thronfolger erzeugt[6]. Als eine Form göttlicher Z. können die Strahlkräfte (*stj* „strahlen" neben „erzeugen") der Gestirne (*Mond 7) wirken. Als Körperteil der Empfängnis fungiert auch der *Mund (*Nut; *Papyrus D'Orbiney). – Der Wunsch nach einer *Wiedergeburt führt physiologisch zu Vorstellungen einer davor anzusetzenden Z., bei der als weibliches Komplement eine *Himmels- bzw. Totengöttin fungiert (*Leben und Tod). Zahlreich sind die im Totenkult als Realisationen dieser Göttin auftretenden Varianten (z. B. Mumienhülle, *Sarg, *Grab, *Pyramide), unter denen selbst die Ehefrau als Rollenträgerin auftreten kann[7]. – Um dem Toten die Z. aus dem Tode zu gewährleisten, wird sein *Phallus bei der Mumifizierung besonders behandelt (*Balsamierung).

[1] Grapow, Grundriß der Medizin I, 20; Sauneron, in: BIFAO 60, 1960, 19–27; Stricker, in: OMRO 42, 1961, 53 (zu pJumilhac XII, 24–25). – [2] Brunner, in: LÄ II, 1159 I. – [3] Daneben *ʿȝʿ*, *wsn*, *bʿ*, *bnn*. – [4] Wb VI, 20 s. v. – [5] Westendorf, in: ZÄS 94, 1967, 145 ff. – [6] Brunner, Geburt des Gottkönigs. – [7] Ausgehend offenbar von der Königin (z. B. auf dem Goldschrein des *Tutanchamun, vgl. Westendorf, a.a.O., 147 Anm. 47. – Zweifel bei Brunner, in: LÄ II, 342). W. W.

Ziege (*ʿwt*, *ʿwt nḏst*, *ʿnḫt*, *ʿrw-ʿrt*, *wʿtj*, **ⲂⲀⲀⲘⲠⲈ**). Von allen Herdentieren (*Esel, *Kamel, *Pferd, *Rind, *Schaf, *Schwein) akzeptiert die Z. (Capra; *Domestikation; *Fauna) die größte Vielfalt an Futterpflanzen, ferner sind ihre große Resistenz gegen *Seuchen und Trockenheit sowie die frühe Geschlechtsreife und große Fruchtbarkeit hervorzuheben[1]. Ihre im Vergleich mit dem Schaf größere Intelligenz macht sie zum Leittier bei gemischten Kleinviehherden[2]. So nimmt es nicht wunder, daß Z. auch in der Tierhaltung (*Landwirtschaft) Ägyptens seit dem Neolithikum (*Merimde-Beni-Salame) eine bedeutende Rolle einnehmen. In dyn. Zt sind sie bedeutend zahlreicher als Schafe. Die einheimischen Bestände wurden durch Beuteherden aus libyschen und asiatischen Feldzügen aufgestockt. Zahlreich sind die Darstellungen von unter und an *Bäumen weidenden Z. (*Hirte, *Weidewirtschaft)[3]. Einmalig oder selten gezeigt werden Paarung[4], *Mästen[5], *Schlachten[6], Stallfütterung[7] oder Verwendung bei der *Aussaat. Ziegenfleisch war ein wichtiger Faktor bei der *Ernährung der einfachen Bevölkerung. Der Balg wurde zur Herstellung von *Leder (*Fell, *Häute) und *Wassersäcken verwendet, wogegen die *Milch nur zu *Heilmitteln herangezogen worden zu sein scheint. *Küche und *Medizin nutzten auch das *Fett, letztere verarbeitete zudem Blut und Galle. Die *Pfannengräber-Kultur stellte ihre *Hörner als

*Bukranien auf den Gräbern auf. Auch unter *Tierbestattungen begegnen Ziegen. Als Schlacht- und *Brandopfer (*Opfer, *Opfertier) symbolisieren sie in der SpZt *Götterfeinde[8] (*Dramatischer Ramesseumspapyrus, *Erdaufhacken, *Seth). Seit dem NR tritt ein Ziegenbock an die Stelle des *Widders von *Mendes (*Erotik). Auch *Amun kann seit dieser Zt durch den verwandten Boviden ersetzt werden[9].

[1] Hans-Georg Schinkel, Haltung, Zucht und Pflege des Viehs bei den Nomaden Ost- und Nordostafrikas, Berlin 1970, 86. – [2] Schinkel, a.a.O.; Johannes Nicolaisen, Ecology and Culture of the Pastoral Tuareg, Kopenhagen 1963, 46. – [3] Vandier, Manuel V, 86ff.; Ahmed M. Moussa und Hartwig Altenmüller, The Tomb of Nefer and Ka-hay, AV 5, 1971, Tf. 19; dies., Das Grab des Nianchchnum und Chnumhotep, AV 21, 1977, 73; Brigitte Jaroš-Deckert, Das Grab des Jnj-jtj.f, Grabung im Asasif 1963–1970 V, AV 12, 1984, 55, Abb. 10. Die Bevorzugung von Busch- und Laubweide dürfte ein wichtiger Faktor bei der Landschaftszerstörung gewesen sein. – [4] Elmar Edel, Zu den Inschriften auf den Jahreszeitenreliefs, NAWG 1963. 5, Abb. 11. – [5] William J. Darby, Paul Ghalioungui und Louis Grivetti, Food: The Gift of Osiris I, London–New York–San Francisco 1977, 3. 18a. – [6] Moussa und Altenmüller, Nianchchnum (s. Anm. 3), 73f. – [7] Giulio Farina, La pittura egiziana, Mailand 1929, Tf. 19. – [8] Zur Ziege als Opfer des kleinen Mannes vgl. Hermann Kees, Bemerkungen zum Tieropfer, NAWG 1942, 71ff. mit ausführlichen Stellenangaben. – [9] Emma Brunner-Traut, Die Alten Ägypter, Stuttgart–Berlin–Köln–Mainz 1974, Abb. 59.

Lit.: Joachim Boessneck, Die Haustiere in Altägypten, Diss. München 1953, 14ff.; H. Epstein, The Origin of the Domestic Animals of Africa II, New York–London–München 1971, 195ff.; Frederic E. Zeuner, Geschichte der Haustiere, München–Basel–Wien 1967, 113ff.

L. St.

Ziegel (*ḏbt*) sind seit spätvg. Zt das wichtigste Baumaterial in *Grab- und *Hausbau[1] (*Architektur). Bereits in der FrZt werden sie auch für Monumentalbauten (*Festungsanlage, *Nischengliederung, *Ziegelarchitektur) verwendet. Wie noch heute sind sie hauptsächlich aus gewässertem Nilschlamm, seltener „**tafl*", mit Sand-, Häcksel-, bisweilen Aschebeimengung hergestellt und nach dem Ausstreichen (*sḫt*) in offenen Holzmodeln an der Luft getrocknet[2] worden (*Maurer). Als Mörtel dient derselbe Werkstoff, für seit der 19. Dyn. vorkommende gebrannte Z. in ptol.-röm. Zt auch *Kalk. Üblich sind Rechteckformate, Seitenverhältnis meist 2:1, H im allgemeinen deutlich geringer als B. In der FrZt werden kleine Z. bevorzugt (L maximal 30 cm), im AR daneben größere Formate, die seit dem MR vorherrschen, in spätröm. Zt wieder kleine Ziegel. In allen Epochen sind aber einfache Wohnbauten und Gräber zumeist aus kleinen Z. errichtet. Für spezielle Zwecke gibt es eine Reihe von Sonderformen, z. B. dünne, leicht geschwungene Z. mit Haftrillen für *Gewölbe (*Kuppel), große quadratische Z. als Fußbodenbelag etc. Seit der 18. Dyn. werden Z. für offizielle Bauten verschiedentlich mit *Kartusche des Bauherren oder Gebäudenamen gestempelt, in Gräbern die gebrannten *Grabkegel und Friesziegel mit Titel und Namen. Als *Gründungsbeigaben werden besonders im MR in Z. beschriftete Täfelchen verbacken[3], später häufig Modellziegel aus *Fayence verwendet (*Gründungszeremonien; *Ziegel, magische).

[1] Hierakonpolis II, 50; Naqada and Ballas, 54. – [2] Davies, Rekh-mi-Rēʿ, Tf. 58ff. – [3] Hayes, Scepter I, 175.

Lit.: A. J. Spencer, Brick Architecture in Ancient Egypt, Warminster 1979. G. D.

Ziegel (magische). Zum *Schutz nach dem Begräbnis werden im NR[1] vier Gegenstände in der Sargkammer aufgestellt oder vorschriftsgemäß in deren Wände eingemauert. Jedes *Apotropaikon ist in einem *Ziegel (*ḏbt*) aus *Ton gesteckt und hat seine eigene *Orientierung[2]. Ein liegender *Schakal (*Anubis) korrespondiert mit dem O, ein *Djed-Pfeiler mit dem W, eine mumienförmige Figur[3] mit dem N und eine Rohrfackel mit dem Süden. Zur Illustrierung: das *Feuer dieser letzteren soll den Wüstensand daran hindern, das *Grab zu versperren. Der betreffende Ritus ist aus Funden bekannt und aus Texten auf den Z. und im *Totenbuch (151 A; 137 A)[4]. Die *Vignette zu Tb 151 A zeigt (idealiter) die ausgestatteten Z. in situ[5]. Im Einzelfall wird der Z. in eine *Stele eingefügt[6].

[1] Und ganz selten in der 26. Dyn. – [2] Mit wiederholten Verwechslungen! – [3] M. E. ein *Uschebti: Matthieu Heerma van Voss, in: Handelingen (s. Lit.), 198; vgl. Maarten J. Raven, in: OMRO 59–60, 1978–79, 255. – [4] S. Lit. – [5] In der 21. Dyn. erlaubt man sich bisweilen Freiheiten: Heerma van Voss, Ägypten. Die 21. Dynastie, Leiden 1982, 7; ders., in: Fs Westendorf II, 805. – [6] Edouard Naville, Les quatre stèles orientées du Musée de Marseille, Lyon 1880; Monique Nelson, Catalogue des Antiquités Egyptiennes, Marseille 1978, 70–2.

Lit.: Matthieu Heerma van Voss, in: Handelingen van het 29ste Nederlands Filologencongres, Groningen 1966, 198; ders., in: JEOL VI/18, 1965, 314–6; RÄRG, 259–260. 851–2; Elisabeth Thomas, in: JARCE 3, 1964, 71–8. M. H. v. V.

Ziegelarchitektur. Brick (*Ziegel) architecture in Egypt first appears in the late Predynastic Period, when brick-lined tomb chambers (*Grabbau) were introduced and the earliest brick buildings were established in settlements. In later periods, the vast majority of buildings were constructed in brick, whilst stone was reserved chiefly for temples and some tombs. Brick structures were built very rapidly but without too much care, with a thick layer of mud-mortar (*Kalk) between each course of bricks. The vertical joins were seldom mortared, except on the outer faces of a wall. Layers of reeds, or baulks of wood, could be built into large walls to improve cohesion, and air-channels were created in thick masses of brick-work to assist drying. The arrangement of the bricks in Dynastic architecture was usually simple, particularly in the interior of a wall, and it was not until the Roman Period that complex and decorative brick-bonds were used on a regular basis. The bonding pattern might be influenced by the pre-determined thickness of the structure, or by the need to create special architectural details, such as panelled facades (*Nischengliederung). Features which were difficult to build in standard-size bricks, such as cornices (*Hohlkehle) and torus-mouldings (*Rundstab), were constructed with the aid of specially-shaped bricks made for the purpose. From the Early Dynastic Period, brick was regularly employed in arches and vaults (*Gewölbe) of small size, and by the NK vaulted roofing was common over spans of anything up to 8 metres. Domes (*Kuppel) were used only occasionally in Dynastic architecture, appearing in tombs as early as the OK, but they were of rough construction. Nearly all Egyptian brickwork was covered by plaster (*Stuck), and important buildings, such as brick-built temples (*Tempelarchitektur) or pyramids, were cased with stone. Brick structures occur throughout the range of Egyptian architecture, from small private houses (*Haus) to large public works. In military projects, extremely sophisticated defensive strongholds were built entirely of mud-brick, incorporating an elaborate design of turrets, bastions and loopholes (*Festungsanlage). Despite the use of stone for the construction of principal temples, extensive use was made of brick for the ancillary buildings of religious complexes, including administrative quarters, storehouses, small chapels and great enclosure-walls. Brick also appears in the foundations of stone buildings and in constructional ramps (*Rampe, *Maurer). In certain religious and funerary structures, the brickwork was hidden beneath a plaster coat imitative of stone masonry, in an attempt to give the impression that the building consisted of more durable material than was in fact the case (*Imitation).

Lit.: Badawy, Architecture; Auguste Choisy, L'Art de Bâtir chez les Egyptiens, Paris 1904, 11–51; Somers Clarke and Reginald Engelbach, Ancient Egyptian Masonry, London 1930, 207–15; Jean Dethier (Ed.), Lehmarchitektur, Die Zukunft einer vergessenen Bautradition, Munich 1982; William M. Flinders Petrie, Egyptian Architecture, BSAE, 1938, 3–21; A. Jeffrey Spencer, Brick Architecture in Ancient Egypt, Warminster 1979; Dietrich Wildung, Lehmbau in Altägypten, in: Hans Wichmann, Architektur der Vergänglichkeit, Basel 1983.

A. J. Sp.

Zimmermann s. Handwerker, Holzverarbeitung

Zimrida, Fürst von *Sidon, Gegner des Ribaddi von *Byblos, bekämpfte aber auch *Tyrus unter *Abimilki in Koalition mit Arwad und *Aziru von *Amurru z. Zt. des Endes der Regierung Echnatons (EA 147–149), wobei er Alttyrus (*Ušu) besetzte.

W. H.

Zink ist ein Metall von bläulichgrauer Farbe und starkem Glanz. Es schmilzt bei 450° C und siedet bei 907° C. Da es leicht oxidiert, verbrennt es beim Erhitzen an der Luft zu Zinkoxid. Diese Eigenschaften verhinderten eine frühe Darstellung und Verwendung des reinen Metalles[1]. Z. herzustellen ist in Indien ab dem 8. Jh.[2], in China etwa ab dem 15. Jh.[3] und in Europa sogar erst am Ende des 18. Jh.[4] möglich. Zinkbeimengungen in *Kupfer sind in Äg. schon seit protodynastischer Zt belegt, wobei aber der geringe Zinkgehalt von weniger als 2% eher auf zufällige Verunreinigungen der Kupfererze schließen läßt[5]. Kupfer wird durch Zumengen von Z. zunehmend gelblich gefärbt, härter, duktiler (schmiedbar) und besser zu gießen[6]. Diese Legierung nennt man auch *Messing (Zinkbronze)[7].

A. *Vorkommen*: Zinkminerale findet man in Äg. beim Gebel Abu Hamamid[8] oder am Gebel Zeit[9]. Als Exportländer für Zinkmineralien oder Messing[10] kommen Zypern[11], Anatolien[12] und Persien[13] in Frage.

B. *Herstellung*: Beim Erhitzen von zinkhaltigen Mineralien an der Luft verflüchtigt sich Z. als weiß-grauer Zinkoxidrauch. Dieser schlägt sich an den oberen Teilen des Ofens nieder und wird daher auch Hüttenrauch genannt[14]. Aus diesem Hüttenrauch läßt sich durch Reduktion mit Kohle im abgeschlossenen Gefäß Zinkmetall gewinnen. Beim reduktiven Erhitzen von zinkhaltigen Kupfererzen oder eines Gemenges von Zink- und Kupfermineralien erhält man Messing. Da sich aus diesem Gemisch Z. verflüchtigen kann[15], ist eine Messing-Legierung mit definiertem Kupfer-/Zink-Verhältnis nur schwer zu erzeugen, daher hatte Messing nie die gleiche Bedeutung wie *Bronze (*Zinn).

C. *Name*: Da das reine Metall Z. im alten Äg. bisher nicht bekannt ist, kann man auch keinen äg. Namen eruieren. Der Name für Messing ist ebenfalls schwer zu fassen. Die alten Metallurgen bezeichneten Metalle nach ihrem Aussehen oder nach deren Eigenschaften, daher gibt es durch die schriftliche Tradition von vor allem metallurgisch nicht sehr kundigen Schriftstellern[16] Verwechslungen, die heute die Deutung erschweren.

Mit Ägyptisch: *ḥtm*[17], *gsfn*[18] wurden vielleicht Zinkmineralien bezeichnet[19]. Die Texte lassen aber nicht entscheiden, wann das unreine Mineral Galmei (Lateinisch: calamina) oder der gereinigte Hüttenrauch[20] gemeint ist. Koptisch: ⲕⲁⲇⲙⲓⲁ(ⲥ)[21], Griechisch: καδμεία[22], Lateinisch: cadmea, capnitis[23] und Arabisch: قليميا[24] oder توتيا[25]. – Messing[26] wurde meist nach dem goldfarbenen Aussehen und/oder nach der Härte[27] bezeichnet und wurde daher regelmäßig mit Bronze (*Zinn)[28] verwechselt. Äg. Namen: *ḥmtj*[29], *ṯḥst*[30], *ḥzmn*[31], *bjꜣ*[32] und *smꜣw nt 6*[33]. Kopt.: ⲃⲁⲣⲱⲧ[34], ⲃⲁⲥⲉⲛⲟⲩ[35]. Akadisch: *elmēšu*, *tuskû*[36] und *erû*, *siparru*[37] sind ebenfalls Bezeichnungen für allgemein: Bronze. Griechisch: ὀρείχαλκος[38], Lateinisch: aurichalcum[39] oder einfach aes[40]. Arabisch: صفر[41] oder شبهان[42].

D. *Verwendung*: Nach Kenntnis der Messingherstellung wurde diese Kupfer-/Zink-Legierung zu *Gefäßen[43], *Ringen[44] und in römischer Zt zu Münzen[45] verarbeitet. Ein römisches Zentrum der Messingherstellung (150–300 n. Chr.) war bei Aachen[46]. Das goldähnliche Messing eignete sich hervorragend zur Goldimitation[47] (*Imitation), so daß es in arabischer Zt gerne zur *Vergoldung von Büchern und Buchmalerei herangezogen wurde[48]. – Z. in *Glas und Glasuren hat natürliche Ursachen und war zumindest in äg. Zt nicht beabsichtigt[49]. – Zinkmineralien bzw. den gereinigten Zinkhüttenrauch verwendete man seit kopt. Zt als *Heilmittel bei Haut- und Augenkrankheiten[50].

[1] Zur Geschichte des Z. und des Messing s. Maréchal, in: Techniques et Civilisations 3, St-Germain-en-Laye 1954, 109–128. – [2] Im Buch Rasarnava aus dem 12. Jh. wird die Darstellung von Z. explizit beschrieben. Dieses kann auf ein früheres Buch Rasaratnakara des Alchemisten Nagarjuna aus dem 8. Jh. zurückgeführt werden, worin allerdings nur die Herstellung von Messing erwähnt wird. Vgl. Prafulla Rây, History of Chemistry in Ancient and Medieval India, Kalcutta 1956, 116f. 129. 138; Craddock, Gurjar und Hedge, in: World Archaeology, 15, Henley-on-Thames 1983, 211–217; Willies, Craddock, Gurjar und Hedge, in: ebd., 1984, 222–233. – Im 12. Jh. besuchte Marco Polo das persische Corbinan und berichtet, daß dort tutiya (s. Anm. 25) gewonnen wird. S. Anm. 50. – Ein Zinkfund in Griechenland aus dem 2. Jh. v. Chr. ist wohl jünger und nicht genügend abgesichert. Vgl. Farnsworth, Smith und Rodda, in: Hesperia, Supplementband 8, Athen 1949, 126–129. – [3] Al-Qazwīnī, ein persischer Kosmograph, erwähnt schon um 1200, daß die Chinesen ein Metall aus „tutiya" (s. Anm. 25) herstellen können, allerdings könnte damit auch Messing gemeint sein. S. H. Ethé, Zakarija ben Muhammed ben Mahmûd el-Kazwînî's Kosmographie, Leipzig 1868, 427. 623. Erster sicherer Beleg sind Zinkmünzen aus dem 15. Jh.; vgl. Leeds, in: Numismatic Chronicle 14, London 1955, 177–185. – [4] Dawkins, in: Chemistry and Industry, London 1949, 515–520; Dutrizac und O'Reilly, in: Canadian Mining and Metallurgical Bulletin 77.869, Montreal 1984, 69–73. – [5] Lucas, Materials[4], 1962, 224f. 488f.; John Dayton, Minerals, Metals, Glazing and Man, London 1978, 257. – [6] Beim Schmelzen von Kupfer lösen sich teilweise Gase aus der Luft im flüssigen Metall. Beim Abkühlen werden sie von der Metalloberfläche unter „Spratzen" wieder abgegeben, wodurch eine unruhige, von Kratern übersäte Oberfläche entsteht. Eine Legierung mit Z. oder *Zinn verhindert dies. – [7] Kupfer-/Zink-Legierungen von 2–30% nennt man Rotguß, von 30–50% Gelbguß und darüber Weißguß. Vgl. Ulrich Hofmann und W. Rüdorff, Anorganische Chemie, Braunschweig 1973, 553f. – [8] 24° 25′N, 34°50′O, vgl. William F. Hume, Geology of Egypt I, Kairo 1934, Tf. 1; II. 1, Tf. 1.3, S. 837ff.; Thomas Barron und Hume, Topography and Geology of the Eastern Desert of Egypt, Kairo 1902, 299, Tf. 1. 2. 5. 6. 7 als Smithsonit, Galmei ($ZnCO_3$), Hydrozinkit, Zinkblüte (basisches Zinkcarbonat) oder Zinkblende (ZnS). – [9] 28°N, 33°30′O; Hume, op. cit. II. 1, Tf. 1; Barron, op. cit., Tf. I. 1. 2. 5. 7 als Galenit; Ministery of Finance, Egypte, Report on the Mineral Industry of Egypt, Kairo 1922, 24. Neue Ausgrabungen dort ergaben einen Zinkgehalt von 10–30%. Erster Grabungsbericht: Castel, Gou, Soukiassian, Levi und Leyval, in: Antike Welt 3, Feldmeilen 1985, 15–28. – [10] Da die Bezeichnungen für Zinkmineralien, Bronze und Messing philologisch nicht eindeutig isoliert werden können, sind äg. Importe schlecht nachzuweisen. S. *Zinn. – [11] Von den *Kftjw* wie bei *Rechmire dargestellt? Vgl. Maréchal, in: OGAM, Tradition keltique 9, Rennes 1957, 184. Auch Plinius, Hist. nat. XXXIV, 1 beschreibt ein Mineral Cadmia aus Zypern. S. Freise, in: Zeitschrift für das Berg-, Hütten- und Salinenwesen im preußischen Staat 56, Berlin 1908, 347–416, bes. 367. und Projektgruppe Plinius, Plinius der Ältere, über Kupfer und Kupferlegierungen, Schriften der Agricola-Gesellschaft, Düsseldorf 1985. – Oder sogar aus Laurion? Vgl. Constantin Conophagos, Le Laurium Antique, Athen 1980, 132, Abb. 5–6. – [12] De Jesus, in: Anatolian Studies 28, London 1978, 97–102. – [13] Wertime, in: Science 159. 3818, Washington D.C. 1968, 927–935. S. auch Anm. 50. – [14] Diese traubenartigen Flocken bzw. Zinken waren wohl die Ursache für die Bezeichnung „Zink". Sie wird erstmals bei Paracelsus, De mineralibus VIII, 359, ca. 1570 erwähnt. Vgl. Karl Sudhoff, Theophrast von Hohenheim, genannt Paracelsus, Sämtliche Werke III, Berlin 1930, 58. – [15] Die Flüchtigkeit von Z. in einer Schmelze zeigt das Sauerstoff-/Kohlendioxid-Diagramm bei: Andrée Rosenfeld, The Inorganic Raw Materials of Antiquity, New York 1965, 152, Abb. 29 und Bachmann, in: Chemie in unserer Zeit 17.4, Weinheim 1983, 120–128, Abb. 8. Damit Z. nicht aus der Schmelze entweichen kann, wird seit Vanoccio Biringuccio, De la Pirotechnia, Venedig 1540 (übersetzt und erläutert: Otto Johannsen, Biringuc-

cios Pirotechnia, Braunschweig 1925, 85) mit Glaspulver überstreut, damit sich die „Farbe" (gemeint ist die gelbe Farbe des Messings) nicht verdampfe! Vgl. auch Hasso Moesta, Erze und Metalle, Berlin 1983, 71–75 und Grothe, in: Erzmetall 24. 12, Stuttgart 1971, 587–592. – [16] Am Beispiel von Plinius dem Älteren: vgl. Ramin, in: Latomus 36, Brüssel 1977, 144–154; Schilling, in: Revue de philologie, de littérature et d'histoire anciennes 52, Paris 1978, 272–283; Projektgruppe Plinius, a.a.O. (s. Anm. 11), 5–8. – [17] Wb III, 199, 1–2. – [18] Wb V, 206, 9–11. – [19] Damit könnten die zum *Schminken (*Farbe) nötigen Manganoxidmineralien gemeint sein. Vgl. Harris, Minerals, 176–178. – [20] Auch Ofenbruch genannt. Bei den Alchemisten: lana philosophica (= Philosophenwolle) bzw. nihilum album (= weißes Nichts). – [21] Harris, Minerals, 177; gereinigtes auch mit Zusatz: ⲕⲉⲕⲁⲩⲙⲉⲛⲟⲩ (= gebrannt), auch ⲁⲕⲁⲛⲙⲓⲁ, ⲑⲕⲁⲛⲙⲓⲁ vgl. Walter Till, Die Arzneikunde der Kopten, Berlin 1952, 59f., Nr. 42. – [22] Dioscurides, Mat. med. V, 74. – [23] Plinius, Hist. nat. XXXIV, 100–105; letzteres von κάπνος = Rauch. S. auch: Projektgruppe Plinius (s. Anm. 11). – Die verschiedenen Qualitäten des Hüttenrauches nannte man bei Dioscurides, Mat. med. V, 75 (Plinius, Hist. nat. XXXIV, 128): πομφόλυξ (pompholyx), ἡ σποδός (spodium, manchmal mit antispodium = Pflanzenasche verwechselt). Vgl. Goltz, in: Sudhoffs Archiv, Beiheft 14, Wiesbaden 1972, 132–134; Projektgruppe Plinius (s. Anm. 11) 61, Anm. 374. – [24] Goltz, a.a.O., 130–132. – [25] Aus dem Persischen: دود (= Rauch). Vgl. Goltz, a.a.O., 257–261. – [26] Etymologisch wahrscheinlich von μοσσύνοικον χαλκός = Kupfer (bzw. Erz) der Mossynoiken (NO-Kleinasien). Vgl. Pseudo-Aristoteles, De mineralibus auscultationibus, Cap. LXIII, s. Johann Beckmann (Übers.), Göttingen 1786, 131. Als Wort (messingh) erstmals bei Peder Måsson, Bergmanskonst, ca. 1520, vgl. Robert Greete, in: Samlingar utgifna af Svenska Fornskrift – Sällskapet 143/4. 146–8, Stockholm 1913/15, 623. – [27] Vgl. Anm. 34. – [28] Auch in unserem Sprachgebrauch werden mit „Bronze" alle möglichen gelben Kupferlegierungen bezeichnet. – [29] Bzw. *ḥmtj stt* vgl. Harris, Minerals, 50–62. – [30] Wb V, 396, 8–10; Harris, Minerals, 65f. – [31] Wb III, 163, 14–24; Harris, Minerals, 63f.; Meeks, L'Année Lexicographique I, 1977, Paris 1980, 259, Nr. 77. 2858; II, 1981, 262, Nr. 78. 2823; III, 1982, 203, Nr. 79. 2066. – [32] Wb I, 436, 1f.; Harris, Minerals, 50–62; Junker, in: MDAIK 14, 1956, 89–103; Erhart Graefe, Untersuchungen zur Wortfamilie *bjꜣ*, Diss. Köln 1971, bes. 26–29; Nibbi, in: JARCE 14, 1977, 59–65. *bjꜣ* scheint ein Sammelausdruck für Erz oder Bronze zu sein, ähnlich wie aurichalkum (s. Anm. 39). Daher erscheint mir die Ansicht von Lalouette, in: BIFAO 79, 1979, 333–353 abwegig, daß die Äg. den Himmel „kupfern" bezeichnen konnten. Da spielt wohl eher die Vorstellung des Himmels als „goldfarben wie Bronze" eine Rolle. Ebenso muß es in den Pyramidentexten (§ 2051c–d) heißen: „Die Knochen des NN sind aus *bjꜣ* = goldfarbener Bronze." – [33] Dies bezeichnet wohl eine Bronzelegierung aus 6 Bestandteilen. Vgl. Harris Minerals, 65. Bronzelegierungen mit vielen verschiedenen Metallen sind ab dem NR üblich. Wie z.B. eine Bronzefigur aus dem NR mit einem Kupfer/Zinn/Blei/Arsen-Gemisch. Vgl. Jedrzejewska, in: Studies in Conservation 21, London 1976, 101–114. S. auch Anm. 38. – [34] KoptHWb, 19.28 von *bjꜣ rwḏ*, also festem, harten Erz. Vgl. Harris, Minerals, 51; Werner Vycichl, Dictionnaire étymologique de la Langue Copte, Löwen 1983, 30f. – [35] Vycichl, op. cit., 32. – [36] Vgl. Goltz (s. Anm. 23), 84–85. – [37] Zaccagnini, in: Oriens Antiquus 10, Rom 1971, 123–144. – [38] pLeiden X, 458. Vgl. Robert Halleux, Les Alchimistes grecs I, Paris 1981, 103f. 224. Hier wird ein Rezept zum Fälschen von Gold beschrieben. Es ist eine Bronzelegierung aus mehreren Metallen: Kupfer, Blei und Arsen. Z. ist sicherlich durch das zyprische Kupfer, das einen hohen Zinkgehalt aufweist, auch enthalten. Dieses Rezept erinnert an die Bronze mit den 6 Bestandteilen. S. Anm. 33. Hier wird ὀρείχαλκος als weiße Legierung (bei Strabo XIII, 1,56 sogar: ψευδάργυρος) geschildert, was auf eine Arsenbronze (s. auch *Technik 13. 1) schließen läßt. Dies zeigt die Ambivalenz des ὀρείχαλκος als gelbe und weiße Bronze, also als Zinn-, Zink- und Arsenbronze. Dies erkannte schon Robert J. Forbes, Studies in Ancient Technology VIII, Leiden 1964, 260–282, ohne daß andere Autoren dies berücksichtigten. Caley, in: Martin Levey (Hg.), Archaeological Chemistry, Philadelphia 1967, 59–73; Halleux, in: Antiquité Classique 42, Brüssel 1973, 64–81; Projektgruppe Plinius (s. Anm. 11), 26, Anm. 25. – [39] Volksetymologisch: Goldkupfer. – [40] „Erz" wird auch noch im Mittelalter bei Theophilus Presbyter, Diversarum Artium Schedula III, 65 verwendet, vgl. Wilhelm Theobald, Technik des Kunsthandwerks im zwölften Jahrhundert, Düsseldorf 1933, Reprint 1984, 124ff. Zu „aes" auch Projektgruppe Plinius (s. Anm. 11). – [41] Von صفر gelb färben, gelb sein. Früher für Bronze und Messing, heute noch für Messing. – [42] Von شبه gleich, ähnlich machen (wie Gold). Vgl. Goltz (s. Anm. 23), 250f. Dies entspricht bezeichnend dem mittelalterlichen: „Conterfey" = Abbild des Goldes, s. Winterhagen, in: Erzmetall 34, Stuttgart 1981, 625–630. – [43] Die Deutung der Materialien für Gefäße ist nicht gesichert. Es wird sich wohl in pharaonischer Zt immer um Bronzegefäße gehandelt haben. S. Lucas, Materials[4], 1962, 223f. S. auch *Zinn. – Der bei Lucas, a.a.O., 224 zitierte Periplus des Erythräischen Meeres transportiert im 1. Jh. n. Chr. nicht Messing aus Äg. durch das Rote Meer, sondern ὀρείχαλκος, s. B. Fabricius, Der Periplus des erythräischen Meeres von einem Unbekannten, Leipzig 1883, 42, Z. 4f., also die nicht näher definierte Bronze (vgl. Anm. 38). – [44] Aus röm. Zt aus Nubien, vgl. Lucas, Materials[4], 224; Charles Leonard Woolley, Karanog I, Philadelphia 1910, 63. 67. – [45] Winter, in: Nachrichtenblatt für deutsche Vorzeit 12, Leipzig 1936, 277–286, bes. Tabelle III; Carter, in: Robert H. Brill (Hg.), Science and Archaeology, Cambridge, Mass. 1971, 114–130. – [46] Forbes, a.a.O. (s. Anm. 38), 279 u. Peltzer, in: Zeitschrift des Aachener Geschichtsvereins 30, Aachen 1908, 235–463. – [47] Ein äg. Kamm mit Einlagen ist wohl aus kopt. Zt? Vgl. Gill, in: Dinglers Polytechnisches Journal 31, Berlin 1829, 150f. – [48] Dies führt heute zu dem schrecklichen Papierfraß, der durch das im Messing enthaltene Kupfer hervorgerufen wird. Vgl. Banik und Stachelberger, Phänomene und Ursachen von Farb- und Tintenfraß, in: Alfred Vendl und Bernhard Pichler (Hg.), Wiener Berichte über Naturwissenschaft in der Kunst 1, Wien 1984, 188–213.

– 49 Die von Alexander Kaczmarczyk, Ancient Egyptian Faience, Warminster 1983, 63–68 gemachten Untersuchungen lassen darauf schließen, daß Z. mit Kobalt mineralogisch verschwistert unbeabsichtigt den Glasuren beigemengt wurde. Vgl. auch Robert Fuchs, in: Berliner Beiträge zur Archäometrie (in Vorbereitung). – 50 Vgl. Till, a.a.O. (s. Anm. 21). Über die Anwendung des „tutiya" (s. Anm. 25) genannten Zinkoxids berichtet auch Marco Polo im 12. Jh., vgl. Marco Polo, Il Milione, Kap. XXXIX (Übers. Elise Guinard), Zürich 1983, 58 – von Alfons Gabriel, Marco Polo in Persien, Wien 1963, 160–162 als Kupfersalz völlig falsch gedeutet. – Die „Tutia" taucht in Europa in den meisten Pharmakopöen auf. Analysen dieser Mittel s. Erika Gerda Hickel, Chemikalien im Arzneischatz deutscher Apotheken des 16. Jh., unter besonderer Berücksichtigung der Metalle, Dissertation Braunschweig 1963 (U 63. 1906), 196–202. 232–240. R. Fu.

Zinn ist ein silberweiß glänzendes, weiches und sehr duktiles (schmiedbares) Metall. Mit *Kupfer zusammen bildet es eine sehr harte Legierung (*Bronze)[1]. Ein Zinngehalt von bis zu 15% verbessert die metallischen Eigenschaften von Kupfer: Bronze läßt sich besser gießen[2] und hat einen niedrigeren Schmelzpunkt[3] als Kupfer. Reines Z. schmilzt schon bei 232° C. Diese Eigenschaft nutzte man zur Reinheitsprüfung: Flüssiges Z. wurde auf ein Papyrusblatt gegossen. Wenn sich dieses entzündete, war das Metall verunreinigt[4]. Diese Probiertechnik ist seit der griechisch-römischen Zt belegbar[5].

A. *Gewinnung*: Z. läßt sich im Gegensatz zu *Zink einfach aus den oxidischen (Zinnstein), schwerer aus den sulfidischen[6] Mineralien durch Reduktion mit Kohle gewinnen. Bronze wurde wohl einfach an den mineralischen Lagerstätten durch Zusammenschmelzen der Kupfer- und Zinnmineralien mit Kohle hergestellt[7]. In Ländern, die auf den Import angewiesen waren, wurde wohl auch das reine Zinnmetall exportiert, wo es dann mit reinem Kupfermetall legiert werden konnte[8]. Ein direkter Handel mit fertiger Bronze ist auch nicht auszuschließen[9].

B. *Vorkommen*: Z. findet man in Äg. als bräunlich gefärbten[10], alluvialen[11] Zinnstein[12] in der *Ostwüste[13] bei: Quseir, am Gebel Muelih[14] und in Nubien beim 5. Katarakt[15]. Es ist aber nicht sicher, ob diese Vorkommen in altäg. Zt ausgebeutet wurden. Weitere Vorkommen liegen in der Türkei, Afghanistan, Indien, Spanien und England und mußten von dort importiert werden.

C. *Name*: Das äg. Wort für Z. ist: *dḥ*, *dḥw*[16], im Gegensatz zu *dḥtj ḥḏ*[17] = weißes Blei[18], *jnꜣwq*[19]. Dagegen ist die Bezeichnung von Bronze schwer zu fassen[20]. Möglich ist: *ḥzmn*[21], *šsw*[22] oder *ḥmtj*, *ḥmtj sṯt*[23], *ṯḥst*[24], *bjꜣ*[25]. – Im Akkadischen ist Z.: annaku[26], Sumerisch: AN.NA[27] und Bronze: siparru, ZABAR[28]. Auf Griechisch heißt Z.: κασσίτερος[29], Lateinisch selten auch als: cassiterum[30], meist als plumbum candidum, bzw. plumbum album[31] bezeichnet[32]. Arabisch: قصدير[33]; Hebräisch: בְּדִיל[34] ist unklar.

D. *Funde*: Objekte aus reinem Z. sind in Äg. selten zu finden[35]: Ein *Ring, eine Pilgerflasche (18. Dyn.), ein *Skarabäus(?) (7. Jh. v. Chr.)[36], ab römischer Zt häufiger: Ringe, beschriebene Zinntafeln und verzinnte Bronzekessel[37]. In Legierungen mit Kupfer, Blei oder Silber ist Z. ab dem MR[38] aufgetreten. Die ersten Bronzelegierungen enthalten so wenig Z., daß man davon ausgehen muß, daß ihre Legierung eine zufällig entstandene ist[39]. – In *Glas ist Z. nachzuweisen, aber eine bewußte Verwendung von Zinnoxid als Opakifizierer muß wohl ausgeschlossen werden[40]. Zinnbarren fand man am Kap Gelydonia[41], an der Küste Spaniens[42] und im Hafen von Haifa[43].

E. *Handel*: Äg. Quellen sprechen für einen Zinnimport. Ob allerdings Zinnmetall, -erz (oder Bronze) gehandelt wurde, ist nicht immer klar, da die äg. Materialbezeichnungen noch nicht alle eindeutig zugewiesen werden konnten. Gehandelt werden Ochsenhautbarren oder Barren mit abgerundeten Ecken[44]. Woher der Zinnimport kommt, ist ebenfalls nicht eindeutig erwiesen. Die Quellen sprechen von Alasia (*Zypern)[45]. Dort gibt es aber nur Kupfer[46] und keine Zinnminerale. Zypern kann also nur Umschlagplatz gewesen sein für die Zinnerze aus Britannien[47] oder Spanien[48]. In Britannien selbst fand der Wechsel von der Arsen- zur Zinnbronze etwa 2200 v. Chr. statt, mithin zu einer Zeit, als es in Mesopotamien schon längst Zinnbronzen gab[49]. Das Z. für den mesopotamischen Raum muß zumindest zu jener Zt aus anderen Gebieten stammen. Kleinere Zinnlagerstätten sind im Kaukasus[50], in der Türkei[51], bei Byblos[52] und im Iran[53] vermutet worden, wobei meist nicht nachzuweisen ist, ob auch sie schon in antiker Zt ausgebeutet worden sind. Neuerdings scheint sich aber die Vorstellung, daß das Z. zusammen mit *Lapislazuli aus Afghanistan über den Persischen Golf oder über den Oman gehandelt wurde, immer mehr zu verdichten[54]. Diese Bezugsquellen kommen auch für Äg. in Frage. – Im 1. Jh. n. Chr. wurde Z. sogar aus Äg. nach Somalia und Indien exportiert[55].

F. *Wert*: Aus dem aus *Ugarit bekannten Silber/Zinn-Wertverhältnis (1:227)[56] ist auf die große Seltenheit und Bedeutung von Z. im Handel zu schließen.

G. *Untersuchungen*: Quantitative physikalisch-chemische Metalluntersuchungen sind mit Vorsicht zu interpretieren! Bei nicht standardisierten Analyseverfahren können, vor allem bei geringen Metallgehalten, bis zu 200% Abweichungen gemessen werden[57]. Dies relativiert manche Schlußfolgerungen von Zinngehalten antiker Bronzen[58].

[1] Coghlan, in: Pitt Rivers Museum, University of Oxford, Occasional Papers on Technology 4, Oxford 1951, bes. 44. – [2] Reines Kupfer bildet Blasen beim Gießen. – [3] Reines Kupfer schmilzt bei 1085° C, Kupfer mit 8% Z. bei 1000° C, Kupfer mit 13% Z. bei 830° C; vgl. Hasso Moesta, Erze und Metalle – Ihre Kulturgeschichte im Experiment, Berlin 1983, 52f. – [4] Papier bzw. Papyrus hat einen Flammpunkt von etwa 260° C. Das bei niedriger Temperatur schmelzende Z. vermag das Papyrusblatt nicht zu entzünden, sondern nur zu verkohlen. Erst durch Verunreinigungen, wie z. B. Blei (Schmelzpunkt 327° C), wird der Schmelzpunkt erhöht, und das Papier (Papyrus) brennt. – [5] Plinius, Hist. nat., XXXIV, 163; pLeiden X, 31, vgl. Robert Halleux, Les alchimistes grecs, Paris 1981, 93. Andere Metallprobiertechniken s. *Silber, mit Anm. 31 und *Wetzstein. – [6] Stannin, Zinnkies, ein Zinn/Kupfer/Eisensulfid. – Diese Mineralien müssen vor dem Schmelzen geröstet werden, eine metallurgische Technik, die in der frühen Metallzeit nicht bekannt war. Sulfidische Mineralien befinden sich meist in größerer Tiefe, was ebenfalls den frühen Abbau verhinderte. Vgl. Isa R. Selimchanow, Enträtselte Geheimnisse der alten Bronzen, Berlin 1974, 73. Dagegen meint Charles, in: Antiquity 49, Cambridge 1975, 19–24, daß – zumindest in Britannien – zuerst das silbrigglänzende Stannin zur Bronzegewinnung verwendet worden sei. – [7] Zur ersten Bronzeherstellung gibt es verschiedene Theorien: 1. Die Kupfermineralien sind wie der Zinnstein häufig bräunlich gefärbt. Eine zufällige Mischung beim Schmelzen ergäbe dann die erste Bronze. 2. Ein zufälliges Feuer (Waldbrand) über einer Kupfer/Zinn-Lagerstätte brachte die Legierung zum Vorschein (dies ist ein gebräuchlicher literarischer Topos). – Am wahrscheinlichsten ist 3. Der Zinnstein, neben Gold alluvial zu finden, fällt durch sein hohes spezifisches Gewicht (6,5–7 g/cm) als metallverdächtig auf. Er kann wie Gold ausgewaschen und erschmolzen werden. Vgl. hierzu: Selimchanow, Bronzen (s. Anm. 6), 62ff. 71ff. Abb. 20; Charles, in: Alan D. Franklin, Jaquelin S. Olin, Theodore A. Wertime (Hg.), The Search of Ancient Tin (= SAT), Seminar of the Smithsonian Institution and the National Bureau of Standards, Washington, D.C., 14.–15. März 1977, Washington, D.C. 1978, 25–32, bes. 28ff.; Muhly, in: SAT, 43–48. – [8] Hierüber gehen die Meinungen auseinander: Sind Zinnmineralien oder Zinnmetall gehandelt worden? Selimchanow, Bronzen (s. Anm. 6), 73 meint, daß Bronze aus Zinn- und Kupfererz erschmolzen wurde. Funde in Italien sprechen für ein Zusammenschmelzen von Zinnerz (Kassiterit) und Kupfermetall, vgl. Cambi, in: Studi Etruschi 27, Serie II, Florenz 1959, 415–432. Aus der Analyse der im Meer gefundenen Zinnbarren (s. auch Anm. 41–43) läßt sich der Schmelzhergang nicht mehr erschließen, da die Zinnbarren im Meer lagen und korrodierten. Vgl. Charles, in: SAT (s. Anm. 7), 26; Maddin, Wheeler und Muhly, in: Expedition 19. 2, Philadelphia, Pennsylvania 1977, 35–47, bes. 44. – [9] Auf einer Darstellung des Gusses einer Bronzetür im Grab des *Rḫ-mj-Rꜥ* (Urk. IV, 1101, 3) liefern Syrer Körbe mit weißen Barren, die mit *šsw* bezeichnet werden. Bis heute konnte nicht geklärt werden: handelt es sich um Z., (Arsen-)Bronze oder Bleiweiß? S. auch Anm. 22. – [10] Mit Eisenoxid verunreinigtes Zinnoxidmineral, das in kleinen „Zinngraupen" auftritt, vgl. Lazarus Ercker, Beschreibung Allerfürnemisten Mineralischen Ertzt und Bergwercksarbeiten, Prag ²1580, 120b. Die braune Farbe könnte bei der Entdeckung der Bronze eine Rolle gespielt haben. S. Anm. 7. – [11] Durch das Wasser aus dem Gestein ausgewaschene Minerale nennt man alluvial bzw. „Seifen". In den äg. Trockenwadis werden diese Seifen selbst durch die selten auftretenden Wassergüsse ausgeschwemmt. Vgl. Muhly, in: SAT (s. Anm. 7), 43–48. – [12] Kassiterit, Zinnoxid, vgl. Andrée Rosenfeld, The Inorganic Raw Material of Antiquity, New York 1965, 138–139; Hans Lüschen, Die Namen der Steine, Thun 1979, s. v. Zinnstein; Leopold Gmelin, Gmelins Handbuch der anorganischen Chemie, System-Nr. 46 A (Sn), Weinheim 1971, 321–337. – [13] William F. Hume, Geology of Egypt II. 3, Kairo 1937, 873. Im gesamten Gebiet zwischen 22°–28° N und 33°–36° O; vgl. Azer, in: Tschermaks mineralogische und petrographische Mitteilungen, Dritte Folge 11, Wien 1966, 41–64, Karte S. 56. Allgemein über die Zinnvorkommen in alter Zeit s. de Jesus, in: SAT (s. Anm. 7), 33–38, Abb. 4. – [14] 24° 53′N, 34° 01′O, vgl. Hume, a.a.O., 856f., Tf. 170. Rushdi Said, The Geology of Egypt, Amsterdam 1962, 259. 261. 263; Azer, a.a.O.; Amin, in: Economic Geology 42, New Haven, Connecticut 1947, 637–671, Abb. 1f.; Muhly, in: SAT (s. Anm. 7), 43–48. – Abu Dabab bei Quseir vgl. Sabet, Chabenenko und Tsogoev, in: Annals of Geological Survey of Egypt 3, Kairo 1973, 75–86, Abb. 1f.; Nibbi, in: GM 19, 1976, 49–50. – [15] A. J. Whiteman, The Geology of the Sudan Republic, Oxford 1971, 246–247. – [16] Wb V, 605,6; Helck, Materialien, 978ff.; ders., Beziehungen, 390. – [17] Wb V, 606,4ff.; Harris, Minerals, 66–68; Muhly, in: Transactions of the Connecticut Academy of Arts and Sciences 43, New Haven, Connecticut 1973, 155–535, bes. 240–247. – [18] Über die Problematik der Blei/Zinn-Verwechslung in der Antike s. Anm. 32. – [19] Harris, Minerals, 62. – [20] Auch in unserem Sprachgebrauch werden mit „Bronze" alle möglichen gelben Kupferlegierungen bezeichnet. Neben der Arsenbronze, die eher weiß ist (Weißkupfer), gibt es gelbe Legierungen wie Zinn-Bronze und Zink-Bronze (Messing). Da *Zink geschichtlich erst sehr spät in der legierten Form als Messing auftaucht, werden die verschiedenen äg. Namen für Bronze am ehesten die Qualität und/oder die Herkunft bezeichnet haben. – Eine gute Schilderung der antiken Metallnamenverwechslung findet man bei: Selimchanow (s. Anm. 6), 21ff. – [21] Wb III, 163, 14ff.; Helck, Materialien, 982–985. – [22] Wb III, 481, 10–13; Helck, Materialien, 988; Harris, Minerals, 149f. – [23] Harris, Minerals, 50–62; Nibbi, in: JARCE 14, 1977, 59–66. – [24] Wb V, 396, 8–10; Harris, Minerals, 65f. – [25] Wb I, 436, 1ff.; Harris, Minerals, 50–62; s. auch *Zink, Anm. 32. – [26] A. Leo Oppenheim und Erica Reiner, The Assyrian Dictionary A, II, Chicago–Glückstadt 1968, 127f. – [27] R. Campbell Thompson, A Dictionary of Assyrian Chemistry and Geology, Oxford 1936, 117; v. Soden,

AkkHwb I, 49; Oppenheim und Reiner, op. cit., A I, 1964, 36b; abāru, A.BAR ist wohl Blei; vgl. Landsberger, in: JNES 24, 1965, 185–196. Zur Verwechslung von Z. und Blei s. Anm. 32. — [28] Oppenheim und Reiner, op. cit., S (1984), 296; E (1958), 321–323; dies wird erzeugt aus erû (= Kupfer, s. Oppenheim und Reiner, op. cit., E (1958), 321–323) und annaku. Vgl. Dietlinde Goltz, in: Sudhoffs Archiv, Beiheft 14, Wiesbaden 1972, 81–84; Zaccagnini, in: Oriens Antiquus 10, Rom 1971, 123–144; Muhly, in: Transactions of the Connecticut Academy of Arts and Sciences 46, New Haven, Connecticut 1976, 77–136, bes. 104–107; ebd. 43, 1973, 240–247. — Ist *jnq* eine äg. Parallele zu annaku? Vgl. Leclant und Yoyotte, in: BIFAO 51, 1952, 1–39, bes. 11. — [29] Herodot III, 115 erwähnt die Kassiteriteninseln (= Britische Inseln, Cornwall?). S. Anm. 47. — [30] Plinius, Hist. nat., XXXIV, 156. — [31] Plinius, Hist. nat., XXXIV, 156–160; stagnum bzw. stannum, das heute die Buchstaben für das chemische Elementsymbol für Z. (Sn) gegeben hat, bezeichnet dagegen silberhaltiges Blei (Werkblei), vgl. Plinius, Hist. nat., XXXIV, 160; Gmelin (s. Anm. 12), 19 ff. — [32] Diese Bezeichnung deutet die häufige Verwechslung von Blei und Z., da beide Metalle weich und duktil sind und grau aussehen. Vgl. Gmelin, op. cit.; Goltz (s. Anm. 28), 243–245. — [33] Auch قلعي, s. Goltz, a.a.O. — [34] Vgl. Gmelin (s. Anm. 12), 16; Fabry, in: G. Johannes Botterweck (Hg.), Theologisches Wörterbuch zum Alten Testament V.3/4, Tübingen 1985, 397–408, s.v. נְחֹשֶׁת (= „Bronze"). — [35] Z. oxidiert sehr leicht, daher sind reine Zinnmetallobjekte schlecht erhalten und im korrodierten Zustand schlecht zu interpretieren. S. Anm. 41. — [36] Lucas, Materials[4], 253 ff. — [37] C. Leonard Woolley und David Randall-MacIver, Karanog (= University of Pennsylvania Egyptian Department of the University Museum. Eckley B. Coxe junior Expedition to Nubia III), Philadelphia 1910, 64, Nr. 8086.67, Nr. 8086.8108. — [38] Für Lucas, a.a.O., 254 beginnt die Bronzezeit in Äg. mit der 18. Dyn., für Muhly, in: SAT (s. Anm. 7), 43–48, Anm. 14 schon ab MR. — [39] Maddin, Stech, Muhly und Brovarski, in: JEA 70, 1984, 33–41, Tf. 8–11. — [40] Heutzutage wird Glas häufig mit Z. bzw. Zinnoxid eingetrübt. Die moderne Opakifizierungstechnik verleitete zur Annahme, daß auch die alten Ägypter dieses Verfahren hätten anwenden können. Vgl. Neumann und Kotyga, in: Zeitschrift für Angewandte Chemie 38, Berlin 1925, 776–780. 857–864, bes. 862–864. Dies ist aber aufgrund der geringen Zinngehalte unwahrscheinlich. Vgl. Farnsworth und Ritchie, Technical Studies in the Field of Fine Arts 6, New York 1937/38, 155–168, bes. 157 ff.; Alexander Kaczmarczyk und Robert E. M. Hedges, Ancient Egyptian Faience, Warminster 1983, 78–94, bes. 81 ff. — Die Trübung stammt vielmehr von kleinen eingeschlossenen Gasbläschen. — Rooksby, in: GEC Journal 29.1, London 1962, 20–26 meint, daß Antimon das äg. Glas getrübt habe, doch woher und wie es in das Glas gekommen ist, konnte bisher nicht geklärt werden. Vgl. auch Kaczmarczyk und Hedges, a.a.O., 94 ff. — [41] Bei Fenike an der anatolischen Halbinsel. Die Zinnbarren waren aber derart korrodiert, so daß nicht mehr geklärt werden kann, ob reines Zinnmetall oder Kassiterit transportiert wurde. Vgl. Bass, in: Transactions of the American Philosophical Society 57, Philadelphia 1967, 3–177 und Tylecote, in: SAT (s. Anm. 7), 49–52. — [42] Bei Pont Vendres, s. Colls, in: Gallia 33, Paris 1975, 61–94 und Tylecote, op. cit. — [43] Muhly, in: SAT (s. Anm. 7), 43–48. — [44] Buchholz, in: Prähistorische Zeitschrift 37, Berlin 1959, 1–40; Leopold Gmelin (s. Anm. 12), 46, Abb. 3; Wheeler, Maddin und Muhly, in: Expedition 18, Philadelphia 1975, 31–39 und Muhly, in: Iraq 39, 1977, 73–82. — [45] pAnast. IV 17, 7; Helck, Beziehungen, 390. — [46] Kupfer aus Alasia wird auf Tontafeln des Archivs von Ebla erwähnt. Vgl. Millard, in: JCS 25, 1973, 211–214. — [47] Von den Britischen Inseln (vor allem Cornwall), die von den antiken Autoren die Kassiteriden genannt werden: Herodot III, 115; Diodor V, 2, 38; Caesar, De bello gallico V, 12; Strabo III, 2, 9; 5, 11; XV, 2, 10; vgl. Eaton und McKerrell, in: World Archaeology 8, Cambridge 1976, 169–191; Piggott, in: Wladimir Markotic (Hg.), Ancient Europe and the Mediterranean, Warminster 1977, 141–145; McKerrell, in: SAT (s. Anm. 7), 7–24; Tylecote, ebd., 49–52. — [48] Allan, in: Royal Anthropological Institute Occasional Papers 27, London 1970, 1–42. S. auch Anm. 43. — [49] McKerrell, op. cit.; Tylecote, op. cit. — [50] Robert J. Forbes, Studies in Ancient Technology 9, Leiden 1964, 126–137; Dayton, in: World Archaeology 3, Cambridge 1971/72, 49–104, bes. 51; Crawford, World Archaeology 6.2, Cambridge 1974/75, 242–247. Im Gebiet von Erevan und Koban sind viele Zinngegenstände gefunden worden. Lange Zeit wurde behauptet, daß dort auch Lagerstätten aufzufinden seien. Dies wird aber von Selimchanow (s. Anm. 6), 71, Abb. 24. 74–76 und ders. in: SAT (s. Anm. 7), 53–58 bezweifelt. Ob allerdings die Vermutung des Autors, daß das Z. aus Burma stamme, richtig ist, möge dahingestellt sein, dann schon eher aus dem an Afghanistan angrenzenden Radjasthan, vgl. Hedges, in: SAT (s. Anm. 7), 39–42. — [51] Forbes, op. cit., 130 ff.; Muhly, in: Transactions of the Connecticut Academy of Arts and Sciences 43, New Haven, Connecticut 1973, 155–535, bes. 256 ff. und de Jesus, in: Anatolian Studies 28, London 1978, 97–102. — [52] Wainwright, in: JEA 20, 1934, 29–32; ders. in: Antiquity 18.70, Cambridge 1944, 57–64; Schaeffer, in: JEA 31, 1945, 92–95. — [53] Crawford, op. cit. (s. Anm. 50); Muhly, op. cit., 260 ff.; Moorey, in: Iran 20, 1982, 81–101. — [54] Cleuziou und Berthoud, in: Expedition 25.1, Philadelphia 1982, 14–19. — [55] Vgl. B. (Pseudonym, eigentlich Dietrich Heinrich Theodor) Fabricius, Der Periplus des Erythräischen Meeres, Leipzig 1883, §§ 7 ff. 28. 49. 56. — [56] Heltzer, in: Iraq 39, London 1977, 203–211. Aus den Angaben zu Eselladungen im mesopotamischen Zinnhandel lassen sich weitere Wertzuordnungen ablesen. S. Veenhof, in: Studia et Documenta ad Iura Orientis Antiqui Pertinentia 10, Leiden 1972, 13–23. 30–35. — [57] Chase, in: Curt W. Beck (Hg.), Archaeological Chemistry, Washington, D.C. 1974, 148–185; Muhly, in: Iraq 39, London 1977, 73–82. — [58] Erschwerend zu den analytischen Untersuchungen kommt, daß der Metallgehalt bei den antiken Metallobjekten nicht homogen über den gesamten Querschnitt ist. Dies ist auf die Bodenkorrosion und auf unterschiedliche Kristallisationsprozesse beim ungleichmäßigen Abkühlen der gegossenen Stücke zurückzuführen. Vgl. Charles, in: Archaeometry 15.1, Cambridge 1973, 105–114.

R.Fu.

Zinzar (so EA; hethitisch[1] Zinzira, in *Ugarit[2] Zinzari, äg. *s( )n-ṣa-r*, in seleukidischer Zt Σεζαρα) j. Qalʿat Se(i)ğar am linken Orontesufer, n. w. Hama[3], Stadtstaat, im 8. Feldzug *Thutmosis' III. Schauplatz einer Schlacht[4]. In Amarnabrief EA 53, 42 als ägyptentreu und Gegner *Suppiluliumas I. erwähnt. Als Gottheit eine Istar genannt[5].

[1] KUB XV 34 I 53. – [2] RS 18.02, 3. – [3] AEO I, 157*. – [4] Urk. IV, 891, 17; fragmentarische Erwähnung Urk. IV, 760, 5. – In einer Liste *Amenophis' II. s. Simons, Topographical Lists, VI. – [5] RS 18. 02, 3. – Ob der PRU IV, 285 ff. (RS 19. 68) genannte König Zizaruwa seines Namens wegen König von Z. war, bleibt unsicher, vgl. Mario Liverani, Storia di Ugarit nell' età degli archivi politici, Rom 1962, 35 Anm. 34.

Lit.: Helck, Beziehungen², 299–300; Astoúr, in: JNES 22, 1963, 226; Honigmann, in: RE, Reihe 2, III, 418.

W.H.

Ziselieren s. Metallbearbeitung

Zitate. A. *Begriff.* Z. ist die Übernahme eines Satzes oder Satzteils aus einem bestimmten Text, dessen Kenntnis bei Angehörigen der Sprachgemeinschaft oder der Bildungsschicht des Zitierers vorausgesetzt werden kann[1]. Dabei kann der Wortlaut bewußt oder unbewußt verändert werden. Beim Erkennen von Z. in Ägypten bestehen erhebliche Unsicherheiten: Soweit sie, wie meist, nicht gekennzeichnet sind, lassen sich Übernahmen nur dann als solche erkennen, wenn der Vorlagetext erhalten ist[2]. Manchmal ist nicht zu entscheiden, welches der nehmende Text ist; auch können beide Texte aus einem dritten, uns unbekannten geschöpft haben. Schließlich ist es schwer, Z. gegen *Sprichwörter oder Redensarten abzugrenzen, zumal Z. über Geflügelte Worte zu Sprichwörtern oder Redensarten werden können[3]. Des weiteren ist, besonders angesichts des sehr freien Umgangs der Ägypter mit dem Wortlaut der Vorlage (s. u.), keine scharfe Grenze zu ziehen zu Anspielung oder vager Reminiszenz (Anlehnung). Im allgemeinen wird man von einem Z. sprechen können, wenn drei, wenigstens aber zwei charakteristische Stichwörter der Vorlage auftauchen und ein gleicher oder ähnlicher Sinn gewahrt ist[4]. Die Beurteilung hat dabei jeweils die Geläufigkeit einer Vokabel, aber auch den vermutlichen Bekanntheitsgrad des gebenden Werkes zu berücksichtigen.

B. *Kennzeichnung.* Wenn die Übernahme mit einem „man sagt" (*ḏd.tw* oder *ẖr.tw*) eingeleitet wird[5], liegt meist ein Z. vor, doch kann es sich auch um eine Redensart handeln. Ganz selten wird die Quelle, aus der das Z. stammt, genannt[6], ein einziges Mal sogar die genaue Fundstelle im zitierten Text[7]. Einmalig ist auch der Hinweis auf den Inhalt: „Du bist in der Lage dessen, der da sagt: ..."[8].

C. *Diskrepanz.* Abweichungen des Z. vom Wortlaut der Quelle können unabsichtlich sein oder bewußt. Im ersten Fall wird es sich um Gedächtnisfehler handeln, wie sie bei Z. in allen Kulturen, einschließlich unserer eigenen, überaus häufig sind[9], in Äg. sicher begünstigt durch das – zumindest bei Lebenslehren (*Lehren) – übliche Auswendiglernen – etwaiges Nachschlagen war auch angesichts der Papyrusrollen und des Fehlens von Seiten- und Zeilenzahlen kaum möglich. Eine häufige Veränderung besteht in anderer Folge von Sätzen, Halbsätzen oder Wörtern[10]. Es legt sich die Vermutung nahe, daß solche „inverted quotations" bewußt als *Stilmittel eingesetzt worden sind, wie es für das AT und NT nachgewiesen ist[11], zumal wenn damit, wie z. B. bei der Übernahme eines *Djedefhor-Zitates durch die *Lehre für Merikare (P 127 f.), eine glatte Umkehrung des Sinnes verbunden ist[12]. Durch den Austausch der beiden Kernwörter *Maat und Isfet macht *Chacheperreseneb aus einer Heilswahrsagung des *Neferti (Z. 68 f.) eine Unheilsprophezeiung (rto 11)[13]. Ptahhotep läßt in seiner Einleitung den König sagen, es sei noch niemand weise auf die Welt gekommen (41); das zitiert Upuaut-aa von *Abydos, setzt aber statt „niemand" sich selbst ein[14] und widerspricht damit dem alten Weisen[15].

Weitere bewußte Änderungen sind moderne Konstruktionen oder der Ersatz einer veralteten Vokabel durch eine zeitgemäße[16], während der Austausch gegen ein Synonym unbewußt als Gedächtnisfehler erfolgt sein wird. – Bei der Übernahme eines Passus aus der Geschichte des Oasenbewohners (*Bauerngeschichte B 1, 28 f.) in den „reiselustigen Sohn"[17] wird „schlagen" zu „töten" übertrieben – den Grund dazu können wir nur vermuten – und zwei Stellen der Vorlage werden kontaminiert. – Eine Anpassung an die neue Umgebung erfordert oft eine Änderung der Pronomina, so etwa die der 2. Person in die 1. bei Übernahme aus Lebenslehren in eine Autobiographie, womit dann auch die Umwandlung eines Begehrssatzes in einen Aussagesatz verbunden ist[18].

Allgemein ist ein freier Umgang mit dem Wortlaut der Vorlage festzustellen. Die Abweichungen reichen vom Austausch einer Vokabel oder der Umstellung von Wörtern oder Sätzen bis zu „versteckten Z.", bei denen die übernommenen Vokabeln sich auf mehrere Sätze verteilen, aber dennoch ein inhaltlich bedeutsamer Hinweis auf den alten Text gegeben werden soll[19]. Der Sinn eines

Z. kann entweder dem der Quelle entsprechen, er kann in geistreicher, also bedeutungsvoller Weise davon abweichen, ja sogar das Gegenteil ausdrücken, aber auch, bei primitiven Schreibern, ganz aus dem Auge kommen.

C. Die *aufnehmenden Texte* sind zunächst Lebenslehren und *Biographien, also literarisch anspruchsvolle Kompositionen, beide innerlich verwandt. Die Lehren empfehlen gelegentlich ausdrücklich, alte Schriften zu lesen und zu beherzigen[20]. Daneben zitieren, erwartungsgemäß, ramessidische Schultexte aus klassischen Schriften[21], dann aber auch kgl. Inschriften (z.B. *Semna-Stele, die Abydos-Stele des *Neferhotep, die *Punt-Inschrift der *Hatschepsut). Besonders ließen es sich die Äthiopen angelegen sein, ihre Inschriften mit Z. zu schmücken, wobei sie wohl ihre äg. Bildung und ihre Verbundenheit mit äg. Tradition herausstellen wollten[22]. Noch in ptol. Zt zitiert die *Mendesstele die *Lehre des Cheti[23], und der *Horusmythos von Edfu enthält einen Satz aus der Erzählung von *Horus und Seth – oder einer verwandten Fassung[24].

D. Die *gebenden Texte*. Vor allem eignen sich die berühmten Lebenslehren, deren Verbreitung auch anderwärts belegt ist[25], zum Zitieren – es gibt keine einigermaßen gut erhaltene Lehre aus älterer Zt, aus der sich nicht Z. nachweisen ließen. Die meisten Z. aber liefert die Geschichte des *Sinuhe; ferner wurden der *Schiffbrüchige, der *Lebensmüde, der Oasenbewohner (*Bauerngeschichte), aber auch religiöse Texte wie die *Sargtexte oder das *Totenbuch, Begräbnisrituale oder der Große Stelentext[26] für Z. benützt. Neuäg. Erzählungen wie das *Brüdermärchen, Horus und Seth, Verwunschener Prinz (*Prinzenerzählung) werden selten oder gar nicht zitiert – sie galten offenbar nicht als „klassisch" und wurden wohl auch nur ausnahmsweise als Schulstoff verwendet. Ähnliches gilt für die demotische Literatur. Aus nicht erhaltenen Lehrbüchern zitiert der medizinische Pap. Smith[27].

E. *Das Motiv des Zitierens*. 1. Der Zitierende kann mit seiner Bildung glänzen wollen, entweder in Briefen[28] oder in Diskussionen[29]. Der Briefempfänger hat dann das Vergnügen, Z. zu erkennen. Wieweit ähnliche Motive in der Literatur wirksam waren, wissen wir nicht.
2. Damit mag sich ein anderes Motiv verbinden: Zur Stützung der eigenen Ansicht beruft sich der Zitierende auf alte Autoritäten. Dabei kann er bewußt oder unbewußt den Sinn der Fundstelle verändern, ja ins Gegenteil verkehren (s.o.).
3. Oft wird er den Kontext der Originalstelle anklingen lassen, der dem Leser sofort in den Sinn kommt, und dadurch den eigenen Worten eine bestimmte Klangfarbe verleihen[30]. Manche dieser Verwendungen können zugleich parodistisch oder witzig sein.
4. Die Äthiopenkönige zitieren, um ihre Traditionsgebundenheit und ihre äg. Bildung zu zeigen, also aus Legitimationsgründen (s. Anm. 22), die Saïten im Rahmen der allgemeinen Tendenz zum *Archaismus[31].

F. Die *Bedeutung* der Z. für die Forschung. 1. Aus der Häufigkeit von Z. aus einem bestimmten Werk läßt sich ein annäherndes Bild von der Beliebtheit der alten Dichtungen und von deren Tradierung (*Texttradierung) gewinnen. Die Geschichte vom Schiffbrüchigen z.B. ist nur in einer einzigen Hs. überliefert, doch wird sie in der Ramessidenzeit (s. Anm. 8) und von Pije (*Pianchi) zitiert, war also noch 1200 Jahre nach ihrer Abfassung bekannt. Die meist zitierten Werke waren Ptahhotep und Sinuhe.
2. Z. können für die Gewinnung des Urtextes wichtig sein, wenn sie einen besseren Text bringen als korrupte Abschriften. Sie können auch für die Aufstellung von Stemmata von Bedeutung sein. Beispiel: Die meisten, auch gerade die frühen Z. aus Ptahhotep stimmen mit der jüngeren Hs. L_2 (BM 10409) überein, nicht mit dem *Pap. Prisse. Gelegentlich werden die getrennt erscheinenden beiden Äste der Überlieferung sogar kontaminiert[32].
3. Z. können, wenn sie in datierten Monumenten auftreten, für das Alter eines Textes wichtige Aussagen machen. So kann Ptahhotep nicht nach der IX./X. Dyn. entstanden sein, wenn die Bauerngeschichte (datiert unter *Nb-k3w-Rʿ*, B 1 256 und 273) ihn zitiert; auch Merikare (P 139) nimmt auf ihn Bezug. *Pap. Ramesseum II zitiert den Lebensmüden[33].
4. Schließlich gibt die Art, wie zitiert wird und zu welchen Zeiten, erwünschten Aufschluß über die Einstellung der Ägypter zu ihrer eigenen literarischen Tradition.

G. Übertragen wird der Begriff Z. auch für die Übernahme von Bildern und Texten in Bauwerken, selten auch von Bauformen aus älteren Perioden gebraucht, s. *Archaismus.

[1] Brunner, Zitate (s. Lit.), 107f.; Waltraud Guglielmi, Adaption (s. Lit.), 348. – [2] So ließ sich bisher kein einziges Z. aus der Lehre des *Imhotep nachweisen, obwohl sie „in aller Munde" war (*Harfner-Lied des Antef, Assmann, in: LÄ II, 973). Bis zur Entdeckung der ersten Handschriften ging es mit der *Lehre des Djedefhor ebenso. – [3] Zu diesem Problem vgl. Guglielmi, Adaption (s. Lit.), 348ff. – [4] S. dazu Brunner, Zitate (s. Lit.), 107f. Guglielmi führt sogar ein zweifelsfreies Z. aus Sinuhe in der Pije-Stele an, bei dem nur ein einziges Wort unverändert übernommen ist: Adaption (s. Lit.), 353. – [5] Černý–

Gardiner, Hier. Ostr., 78/79, vso 2; Faulkner, in: JEA 41, 1955, 20; Ricardo A. Caminos, The Chronicle of Prince Osorkon, AnOr 37, Rom 1958, 51, § 72, vgl. dazu Guglielmi, in: SAK 11, 1984, 351 Anm. 14. – [6] So Pap. Anastasi I, 11,1 (aus Djedefhor); in der Installationsrede des Königs für den Wesir: Faulkner, in: JEA 41, 1955, 20, Z. 9 („Buch [?] von Memphis"). – [7] *Lehre des Cheti II d (nach der Ausgabe von Helck): „Lies doch am Ende der Kemit, du findest folgenden Satz in ihr: ...". – [8] oChicago 12074 = Černý–Gardiner, Hier. Ostr., 78/79. Dazu Waltraud Guglielmi, in: WdO 14, 1983, 147ff., vso 6f. Guglielmi weist auch auf LRL, 67, 13 hin. – [9] Emil Staiger, Entstellte Zitate, in: Trivium 3, Zürich 1945, 11ff. – [10] So z.B. in einem häufigen Z. aus Djedefhor: Brunner, Zitate (s. Lit.), 121f. Nr. 2. – [11] Beentjes, Inverted Quotations in the Bible. A Neglected Stylistic Pattern, in: Biblica 63, Rom 1982, 506–523. – [12] Ein solcher Fall bei Beentjes (s. Anm. 11), 521,2. – [13] Guglielmi, Adaption (s. Lit.), 354. Ein weiteres ins Gegenteil verkehrtes Z. aus Ptahhotep in BM Stelae II, Tf. 24,4. – [14] Leiden V 4 = Sethe, Lesestücke, 72,14f. Vgl., mit anderem Wortlaut, Merikare XLI = P 116 und Urk. VII, 6. – [15] Für die Frage, ob ein Z. vorliegt (von Guglielmi, Adaption [s. Lit.], 356f. verneint), ist der Bekanntheitsgrad der etwaigen Vorlage zu erwägen: Die Lehre des Ptahhotep war zu allen Zeiten so bekannt, daß es kaum vorstellbar ist, sie sei einem Schreibkundigen bei solchen Worten nicht eingefallen. Ganz entsprechend setzt sich Intef, Sohn der Senet, in der frühen 12. Dyn. auf seiner Stele BM 562 = BM Stelae II, Tf. 24 Z. 2 gegen Ptahhotep 56 ab! – [16] So z.B. oChicago 12074 (s. Anm. 8) gegenüber Schiffbrüchiger 30f. oder Pap. Anastasi IV, 5,3 gegenüber Sinuhe B 255. – [17] S. Anm. 16. – [18] Brunner, Zitate (s. Lit.), 169. – [19] Entdeckt von Waltraud Guglielmi, Adaption (s. Lit.), 362–364. – [20] Z.B. Merikare X = P 35f. – [21] Z.B. *Pap. Bologna 1094, 11, 7–9 aus der Lehre *Pap. Chester Beatty IV vso 1,3–4. – [22] Nicolas-C. Grimal, in: Livre du Centenaire 1880–1980, Kairo 1980, 40ff.; Logan und Westenholz, in: JARCE 9, 1971–72, 111. – [23] Seibert, Charakteristik I, 100 Anm. 102. – [24] Derchain, in: RdE 26, 1974, 14f. – [25] Harfnerlied des Antef; Pap. Chester Beatty IV vso 3, 4ff.; vgl. auch die Inschrift T 98 des Ibi-Grabes (TT 36): Klaus Kuhlmann und Wolfgang Schenkel, Das Grab des Ibi I, AV 15, 1983, Tf. 23 Z. 13f.; II, 72. – [26] In der Loyalistischen Lehre § 8, 1–4, dazu Brunner, in: BiOr 35, 1978, 48. – [27] Grapow, Grundriß der Medizin II, 104. – [28] So im Pap. Anastasi I bzw. sein Freund in dem vorausgehenden, nicht erhaltenen oder fingierten Brief. – [29] Fecht, in: MDAIK 37, 1981, 146. – [30] So deutlich Pije mit seinem Z. der Frage des Schlangengottes an den Schiffbrüchigen, s. dazu Waltraud Guglielmi, Adaption (s. Lit.), 360f. – [31] Dazu Nagy, in: Acta Antiqua Academiae Scientiarum Hungaricae 21, Budapest 1973, 56f. mit Belegen. – [32] S. dazu Brunner, Zitate (s. Lit.), 139. – [33] Dabei sind Probleme ungelöst: Wenn der Lebensmüde im zweiten Schlußgedicht die Admonitions zitiert (Williams, in: JEA 48, 1962, 55 Anm. 4), andererseits im Pap. Ramesseum II ein Z. aus dem Lebensmüden vorkommt (Emma Brunner-Traut, in: ZÄS 94, 1967, 14 Anm. 48), dann können die Admonitions nicht nach dem Pap. Ramesseum II, also nicht nach *Amenemhet III. entstanden sein; sie sind wohl erheblich früher! Dazu auch Gerhard Fecht, Der Vorwurf an Gott in den „Mahnworten des Ipu-wer", AHAW 1972. 1, 11f.

Korrekturzusatz zu B Ende: In Kairo JE 37512 heißt es: „Ein Buch sagt: ...", vgl. Karl Jansen-Winkeln, Äg. Biographien der 22. und 23. Dynastie, ÄUAT 8.2, 1985, 562, Zeile 4. Das Zitat könnte aus der Loyalistischen Lehre, § 14, 11 entstellt sein; dann wäre mit dem „Buch" dieses Werk gemeint.

Lit.: Als erster hat wohl Grapow auf Z. hingewiesen, in: FuF 26, 1950, 298; Hellmut Brunner, Zitate aus Lebenslehren, in: Studien zu altäg. Lebenslehren, hg. von Erik Hornung und Othmar Keel, OBO 28, 1979, 105–171; Waltraud Guglielmi, Zur Adaption und Funktion von Zitaten, in: SAK 11, 1984, 347–364. H.B.

Zoll als Abgabe privater Händler beim Überschreiten der äg. Staatsgrenze ist nur möglich, sofern es solchen privaten *Handel aus dem Ausland gibt. Immerhin macht dies die Darstellung im Grab TT 162 wahrscheinlich[1], wobei es offen bleibt, ob die Abgaben, die dem Grabinhaber, einem *Bürgermeister von *Theben, gebracht werden, Handel mit einer staatlichen Stelle, Zoll oder gar nur „Geschenke" darstellen. Immerhin zeigen Angaben auf dem Recto des *Turiner Königspapyrus, daß die Angestellten des *Hafens von *Memphis für jedes gelandete Schiff 1 *dbn* Silber zahlen mußten, das sie vorher wahrscheinlich als „Zoll" einzogen. Auch der Festungskommandant von *Semna zahlt ebd., IV, 20 eine solche „Abgabe" (*šꜣjt*), die sicher auf Grenzzolleinnahmen zurückgeht.

Dabei sind es jedoch nicht allein fremde Händler, sondern auch Schiffe äg. Institutionen und Tempel, die Güter aus dem Ausland (einschließlich der nubischen Besitzungen) nach Äg. einführen, wie aus dem *Nauridekret zu erkennen[2]. Ähnliches führt die aus spätptol. Zt stammende sog. „*Hungersnotstele" für *Elephantine an[3]. Die dort erkennbare 10%ige Abgabe findet sich in der Naukratisstele als Zollabgabe des griech. Emporiums *Naukratis wieder.

[1] Davies und Faulkner, in: JEA 33, 1947, Tf. 8. – [2] Griffith, in: JEA 13, 1927, 193f. Z. 48. 98f. – Vielleicht ist auch der im pBologna 1086, 9ff. einem syrischen (?) Schiff entnommene Sklave eine Zollabgabe. – [3] Barguet, Stèle de la Famine, BdE 24, 1953. W.H.

Zoologischer Garten. Z. G. in unserem Sinne, d.h. Parks, in denen einheimische und fremdländische Tiere zur Schau gestellt und gehegt wurden, hat es in Äg. bis zur ptol. Zt nicht gegeben[1]. Die Haltung einheimischer Wildtiere (*Antilope, *Gazelle, *Hirsch, *Steinbock) in wildparkähnlichen Gehegen[2] (*Jagddarstellung D, *Jagdmethoden) erfolgte ausschließlich zu Nahrungs- und Opferzwecken (*Opfertier). Die in Tempeln in Gefangenschaft gehaltenen Tiere fallen gleichfalls nicht unter den Begriff „Zoologischer Garten" (*Tierkult). Andererseits bezeugen Darstellungen seit dem AR den Import von exotischen Tieren (*Expedition, *Nubien, *Kusch, *Punt, *Syrien, *Tribut, *Tributbringer), die aber in erster Linie die politische und militärische Macht des Königs über die Fremdländer dokumentieren[3] und deren zunehmende Zahl seit der 18. Dyn. in der Vorliebe dieser Könige für die *Jagd auf dieses Großwild ihre Erklärung findet (*Sport). Darüber hinaus dienen diese Tiere meist als Nutztiere. Der *Affe ist Arbeitstier (*Domestikation) und Spielgefährte (*Lieblingstier, *Spielzeug); *Geparden wurden vielleicht für die Wildhetzjagd abgerichtet (*Domestikation D), ihr Fell für Kleidung verwandt; *Löwen wurden als Jagdtiere für kgl. Wildparks importiert und finden sich als gezähmte Begleiter des Königs bei der Jagd und in der Schlacht[4] (*Dressur), was ihre Darstellung in Käfigen zum Zwecke der *Dressur erklärt[5]; *Elefanten waren wegen ihrer Stoßzähne (*Elfenbein), *Leoparden wegen ihrer Felle, *Giraffen wegen ihrer Schwanzhaare begehrt. Lediglich *Bär, *Nashorn und *Nilpferd lassen keinen wirtschaftlichen Nutzwert erkennen, außer daß die Jagd auf die beiden letztgenannten beliebt war. So kann man zwar davon ausgehen, daß diese Tiere vereinzelt in kgl. *Palästen in Käfigen gehalten wurden, von wo sie zum Zwecke der sportlichen Jagd in eingefriedigte Wildparks in der Art der persischen Paradaisoi[6] freigelassen wurden, ohne daß hier aber Z.G. vorliegen. Die im Nordpalast von *Tell el-Amarna gefundenen Stallungen für – allerdings – kleine Tiere[7] schließen dies nicht aus. Ob das mit Größenangaben versehene Nashorn aus *Armant lebend als Palasttier gefangen wurde[8], läßt sich nicht beweisen. Auch die aus dem Palastbereich von Qantir stammenden Knochenreste, u.a. eines Löwen, Elefanten und der seltenen Pferdeantilope, dürfen nicht ohne weiteres als Menagerie gedeutet werden[9], zumal diese im Bereich des kgl. Palastes kaum öffentlich zugänglich gewesen sein wird. Auch das in den Puntreliefs von *Deir el-Bahari[10] dargestellte Großwild und Seegetier des *Roten Meeres sowie die syrischen Tiere im „botanischen Garten" *Thutmosis' III. in *Karnak[11] dokumentieren den Machtanspruch des Königs über die Fremdländer, verbunden mit einem wachsenden Interesse im NR an der ausländischen Fauna[12], sind aber nicht Beweis für vorhandene Tiergärten oder Aquarien. Das sog. „*Gartenzimmer" im Nordpalast von Amarna ist Ausdruck des Naturgefühls der Amarnazeit[13].

Für Z.G. bestimmt waren mit Sicherheit Tiere, die äg. Könige an assyrische und babylonische Herrscher sandten[14]. So erbittet Burnaburias II. von Babylon von *Amenophis IV. neben lebenden Wildkühen sog. „Dermoplastik", d.h. mit Tierhaut überzogene Nachbildungen von Tieren[15]; sein Vorgänger *Kadaschman-Ellil I. erbittet ebenfalls äg. Tiere[16]. Tiglat-Pileser I. von Assyrien ließ sich aus Äg. Affen, *Krokodile und einen „Flußmenschen" (Flußpferd?) bringen[17]. *Ramses XI. schenkte Assurbelkala Krokodile und Affen[18], und *Salmanassar III. erhält aus Äg. ein Nilpferd (alap nâri = Flußrind), einen weiblichen Elefanten, Meerkatzen und Paviane[19].

Eigentliche Z.G. finden sich erstmals in *Alexandria unter *Ptolemaios II. Philadelphos[20], unter dem nachweislich Expeditionen zum Roten Meer und nilaufwärts nach Äthiopien stattgefunden haben[21]. Dieser Z.G., der allen zugänglich war und der auch den naturwissenschaftlichen Studien des Museion diente, hatte einen beachtlichen Tierbestand[22]: 24 Löwen, Leoparden, Tiger, 4 Karakul-Luchse, Büffel, Wildesel, eine Riesenschlange, Giraffe, Nashorn, Bären, Antilopen, Papageien, Pfau, Fasan, Perlhuhn, afrikanische Vögel, Schafe, Ziegen und Rinder. Der gesamte Bestand des Z.G. wurde bei den Festumzügen der Ptolemaia mitgeführt[23].

[1] Die Existenz Z.G. vermuten u.a. Wolf, Kunst, 477; Störk, in: LÄ IV, 352. – [2] Vandier, Manuel IV. 2, 787ff., Abb. 452. 454. 457. 359. – [3] Hornung, Bedeutung des Tieres (s. Lit.), 79; Lothar Störk, Die Nashörner, Hamburg 1977, 250f. – [4] Ursula Schweitzer, Löwe und Sphinx im Alten Ägypten, ÄF 15, 1948, 50ff. – [5] Davies, Ptahhetep and Akhethetep I, Tf. 21. 24; Hammad, in: ASAE 54, 1957, 303, Abb. 6. – [6] Otto Keller, Thiere des Classischen Alterthums, Innsbruck 1887, 143. – [7] Newton, in: JEA 10, 1924, 296, Tf. 26. 30; von Whittemore, in: JEA 12, 1926, 5 als Z.G. gedeutet. – [8] Störk, Nashörner (s. Anm. 3), 286ff.; ders., in: LÄ IV, 352. – [9] Joachim Boessneck und Angela von den Driesch, Studien an subfossilen Tierknochen aus Ägypten, MÄS 40, 1982, 136ff. – [10] PM II², 344ff. – [11] PM II², 120–121. – [12] Ingrid Gamer-Wallert, in: LÄ II, 225. – [13] Wolf, Kunst, 530. – [14] Bruno Meißner, Babylonien und Assyrien I, Heidelberg 1920, 73. 354; II, 380. – [15] EA 10, 29ff. – [16] EA 4, 24. 35. – [17] Meißner, op. cit., 354. – [18] Auf dem sog. „Broken Obelisk" dargestellt, vgl. Millard, in: Iraq 32, London 1970, 168–69; Kitchen, Third Interm. Period, 252 Anm. 46. – [19] Auf dem sog. „Schwarzen Obelisken", Störk, op. cit., 297ff. – [20] P.M. Fraser, Ptolemaic Alexandria I, Reprint Oxford 1984, 15; II, 466 Anm. 39. – [21] Angela Steinmeyer-Schareika, Das Nilmosaik von Palestrina und eine ptolemäische Expedition nach Äthiopien, Bonn 1978, 53ff. 79. – [22] Carl Schneider, Kulturgeschichte des Hellenismus I, München 1967, 535. – [23] Schneider, op. cit., 507f.

Lit.: Erik Hornung, Die Bedeutung des Tieres im alten Ägypten, StG 20. 2, 1967, 69–84; Louis Keimer, Jardins zoologiques d'Egypt, Kairo 1954; George Jennison, Animals for Show and Pleasure in Ancient Rome, Man-

chester 1937, Chapter II (Zoological Magnificance in Egypt under the Ptolemies); Gustave Loisel, Histoire des menageries de l'antiquité à nos jours I, Paris 1912, 30ff.
H.P.

Zopf (= geflochtenes bzw. umeinander gewundenes langes Haar). Die Bezeichnungen *nbdt*, *ḥn(s)kt*, *gmḥt* und *dbnt* stehen für „Haarflechten/Locken", ohne daß die Texte eine erkennbare Differenzierung erlauben[1], während bei den bildlichen Darstellungen vielfältige Zopffrisuren begegnen: Die *Jugendlocke bei Kindern, jugendlichen Göttern und einigen Priestern[2], der Kugelzopf[3], den junge Mädchen/Frauen, auch einige *Tänzerinnen der 5./6. Dyn. tragen (das Haar wird am Hinterkopf in einem Zopf zusammengefaßt, der in einer Kugel/Scheibe/Quaste endet), mehrere Zöpfe bei sonst kahlgeschorenem Kopf[4] bzw. mit kurzem Haar[5], oder das Haar wird in einzelne Flechten aufgeteilt[6]. Auch die schweren Frisuren/Perücken, besonders im NR, können aus zahlreichen Zöpfchen bestehen oder zumindest mit solchen kombiniert werden[7]. Bei den Männern beschränken sich Flechten auf die wenigen Beispiele der merkwürdigen schweren Perücken[8] und die Darstellungen der *Libyer im NR[9], bei denen von einer oder auch beiden Schläfen je ein Zopf herabhängt, der unten meist eingerollt ist. Unter den Grabfunden sind auch Flechten und Perücken mit solchen bezeugt[10]. Abschließend soll nur noch erwähnt werden, daß das Königskopftuch hinten zu einem „Zopf" zusammengedreht wird[11].

[1] Wb II, 246; III, 116. 120; V, 171. 438 (= Qubanstele 16, Kitchen, Ram. Insc. II, 356, einwandfreie Bezeichnung einer Jugendlocke). – [2] Ramses II. als Kind: Jean Leclant, Ägypten, Band 2. Das Großreich 1560–1070 v. Chr., München 1980, Abb. 173. Weitere Belege s. u. *Jugendlocke. Ob die Mumie eines jungen Mannes mit Seitenzopf tatsächlich Merenre I., wie oft behauptet, zugewiesen werden kann, ist fraglich, vgl. CAH I, Kap. XIV, 51. – [3] v. Bissing, in: ZÄS 37, 1899, 75ff.; Meir IV, Tf. 10; Wresz., Atlas I, 406; Waley-el-dine Sameh, Alltag im alten Ägypten, München 1963, 132; Duell, Mereruka, Tf. 8. 23c. 46. 48. 78. 81. 86. 165; Quibell, Excav. Saqq. I, Tf. 20,4 (unten mit Kugel?). Ohne Kugel, nur eingerolltes Zopfende: oDeM 2339. – [4] Vandier, Manuel III, Tf. 49,6 (Cairo 248). 85,2 (Cairo 449); Arne Eggebrecht, Das alte Ägypten. 3000 Jahre Geschichte und Kultur des Pharaonenreiches, München 1984, 152f. – [5] Vandier, a.a.O., 492, Tf. 160,4; 168,3; Fredericq, in: JEA 13, 1927, Tf. 6; Wallert, Verzierte Löffel, Tf. 15 N 12 (Jugendlocke?). – [6] Hall, in: JEA 15, 1929, Tf. 38; oDeM 2447; A. Eggebrecht, a.a.O., 171. 178. 229; Jeanne Vandier d'Abbadie, Catalogue des objets de toilette égyptiens, Paris 1972, Abb. 6. – [7] Hall, a.a.O., Tf. 39,4; Wolf, Kunst, Abb. 443. 444. 446. 555; Irmgard Woldering, Ägypten. Die Kunst der Pharaonen. Kunst der Welt, Baden-Baden ²1964, 151. – [8] Vandier, a.a.O., Tf. 69,2–4; 70,1–4 (= monuments dits „hyksôs"). – [9] Leclant, a.a.O., Abb. 121; Hölscher, Medinet Habu II, Tf. 67–72. 74–78. Die früher geäußerte Verbindung des Libyerzopfes mit der Jugendlocke wird heute nicht mehr akzeptiert: Wilhelm Hölscher, Libyer und Ägypter, ÄF 4, 1937, 35. – [10] Schiaparelli, Cha, Abb. 77; William M. Flinders Petrie, Diospolis parva, The Cemeteries of Abadiyeh and Hu 1898–9, EEF, London 1901, Tf. 25 (Schädelfunde mit Zöpfen); Egypt's Golden Age: The Art of Living in the New Kingdom 1558–1085 B.C., Boston 1982, Abb. 50. – [11] Evers, Staat II, 10.

Lit.: Christa Kriesel, Altägyptische Haar- und Barttrachten, Diplomarbeit Leipzig 1958, passim; Christa Müller, Die altägyptische Frauenfrisur, ungedruckte Diss. Leipzig 1960, passim.
Ch. M.

Zugvögel. Die Existenz von Z. muß den Ägyptern seit jeher bekannt gewesen sein, doch schien lange Zeit die Stelle *Wenamun 2,66 aus dem Neuen Reich der einzige schriftliche Beleg dafür zu sein. Eine allgemeine ägyptische Bezeichnung für „Zugvögel" ist nicht bekannt, denn das so übersetzte Wort im Wenamun (*gš* Wb V, 208,2) begegnet schon in der 8. Dyn. als Femininum *gꜣšt* und bezeichnet eine spezielle Enten- oder *Gänseart, die noch in koptischer Zeit als ϭⲏϣⲉ zur Bezeichnung für eine entsprechende Zugvogelart dient[1].
Ein sehr viel detaillierteres Material erbrachte die Deutung der Jahreszeitenreliefs aus dem *Sonnenheiligtum des Niuserre[2]. Von den dargestellten und namentlich bezeichneten Vögeln wird dort deren „Kommen" nach Ägypten in der Frühlingszeit bildlich und schriftlich festgehalten. Zu den Namen muß auf meine in Anm. 2 genannte Arbeit verwiesen werden. In den Darstellungen des Unasaufweges ist bei der Goldamsel (*gnw*) sogar der Weiterzug („Gehen") „nach Süden" bezeugt[3].

[1] Caroline N. Peck, Some Decorated Tombs of the First Intermediate Period at Naga ed-Dêr, Diss. Ann Arbor 1958, 36/37. Falls die Bezeichnung des Re als *gšj* ihn als „Wanderer" bezeichnen sollte (Hornung, Buch der Anbetung II, 122. 210), hätte *gꜣšt* die Bedeutung „Wander(gans)", was auch im Deutschen eine bestimmte Gänseart bezeichnet. Daß eine solche Bezeichnung für einen bestimmten Zugvogel sekundär zu einer allgemeinen Bezeichnung für „Zugvögel" werden konnte, wäre denkbar. – Wenn O. Goelet, in: BES 5, 1983, 52ff. *qbḥw* „Wasservögel" immer durch „migratory birds" übersetzt wissen möchte, so ist das zumindest nicht die primäre Bedeutung dieses Wortes. Daß sich unter den „Wasservögeln" immer Massen von Zugvögeln befinden, ist eine andere Sache. – [2] Elmar Edel, Zu den Inschriften auf den Jahreszeitenreliefs der „Weltkammer" aus dem Sonnenheiligtum des Niuserre, NAWG Phil.-hist. Kl. 1961. 8; 1963. 4/5. – Gesamtveröffentlichung aller Fragmente: Elmar Edel und Steffen Wenig, Die Jahreszeitenreliefs aus dem Sonnenheiligtum des Königs

Ne-user-re, Staatliche Mus. Berlin, Mitteilungen aus der äg. Sammlung VII (1974). – [3] NAWG 1961, 225: „[Kommen aus dem] Deltagewässer (*qbḥw*) (und) gehen nach dem Süden von seiten des *gnw*-Vogels." E. Ed.

Zunge. A. Die Z., äg. *ns* [1], ideographisch durch eine Tierzunge [2] wiedergegeben, wird in verschiedenen realen Zusammenhängen genannt. *Krankheiten und *Schmerzen der Z. behandelt man mit Medikamenten, die im *Munde bewegt und dann ausgespien werden [3]; andererseits verwendet man die Z. eines *Rindes als *Heilmittel [4].

Rein soll die Z. der Verstorbenen sein, sie verabscheuen *Urin und Kot [5].

Durch Herausstrecken der Z. konnte man Götter und Menschen beleidigen oder verhöhnen [6]. Die herausgestreckte Z. im fratzenhaften Gesicht des *Bes sollte wohl die apotropäische Wirkung verstärken.

Das Abschneiden der Z. gefährlicher Wesen kann in der *Magie ein Teilinhalt der Beschwörung sein [7]. Im Text zum Vernichtungsritual des *Apophis wird auch das Abschneiden der Z. aufgeführt [8]. Die Z. des getöteten und zerlegten *Nilpferdes (im Horusmythos von Edfu eine Erscheinungsform des *Seth) wird den jungen Harpunierern übergeben [9]. – Auch als *Strafe für das Vergehen eines Menschen ist das Abschneiden der Z. belegt [10].

B. Man wußte von der Mitwirkung der Z. beim Schlucken [11], Schmecken [12] und *Sprechen [13]; vor allem letzteres fand seinen Niederschlag in Redewendungen, bildlichen Ausdrücken und *Metaphern. „Mit zwei Z. reden" steht für den Begriff „lügen" [14], „die Z. füttern" für „verleumden" [15], und (der Inhalt) einer Schrift „(liegt) auf der Zunge." [16]

Im übertragenen Sinne bedeutet „Z." u. a. Redefähigkeit in Inhalt und Form [17], Sprache [18] oder auch üble Nachrede [19]. Ein Beamter, der des Königs Befehle weiterleitet, nennt sich Z. des Königs [20]. Die gerechte Rede des Königs wird dadurch versinnbildlicht, daß man sagt, seine Z. sei waagrecht [21]. Die Z. eines Verantwortlichen wird dem Lot der *Waage gleichgesetzt, sein *Herz dem Gewicht [22]. Im Bild von der *Schiffahrt des menschlichen Lebens ist die Z. des Menschen das Steuerruder [23].

Auch Position und Form der Z. hatten Anteil an der Ausprägung von Schrift und Sprache. So kann die Hieroglyphe der Z. eine spielende Schreibung des Ausdrucks „*jmj-rꜣ*" sein, der den Vorgesetzten bezeichnet (wörtlich: „der im Munde ist") [24]. „Z." nennt man einen Teil des Schurzes [25], als „Z. des *Re" gilt eine Pflanze [26], „Z. des Sees" lautet der Name einer Droge [27], und innerhalb der Schiffsteilidentifikationen wird das Blatt des Steuerruders mit der Z. des Re gleichgesetzt [28].

Ausgehend von der Erkenntnis [29], daß die sinnvolle und effektive Rede das Ergebnis eines optimalen Zusammenwirkens von Denken und Sprechen ist, wird in Äg. die Idee einer *Schöpfung durch das Wort entwickelt. Im *Denkmal memphitischer Theologie ist die Schöpfung alles Seienden das Werk des *Ptah, der in seinem Herzen erdenkt und das Erdachte durch den Ausspruch seiner Z. ins Leben ruft [30]. Herz und Z. werden damit zu Schöpfungsorganen des *Schöpfergottes [31]. – Das richtige Zusammenwirken von Herz und Z. setzt man auch bei den Entscheidungen des Königs voraus [32]; es wird den Menschen für eine erfolgreiche Lebensführung angeraten, denn die Z. des Dummen kann großen Schaden anrichten [33].

Bestimmte Gottheiten werden der Z. eines anderen Gottes, des Königs oder eines Menschen zugeordnet. Das ist besonders für *Thot zu belegen, dem ja alles Wissen und höchste Redekunst zugeschrieben werden. Thot ist die Z. des Schöpfergottes Ptah [34], des Re [35] oder auch des *Atum [36]. Ptah wiederum kann als Herz und Z. der *Neunheit erscheinen, *Chons als Z. des *Tatenen [37]. – Von der Z. des Königs heißt es einmal, sie sei „ein Schrein der Göttin *Maat" [38]. – Die Z. des Toten wird innerhalb der *Gliedervergottung dem Schutz des Thot [39] anvertraut; in anderem Kontext ist die Z. des Toten (die des) Ptah [40]. Ein magischer Text [41] identifiziert die Z. mit *Osiris, und im Mythos von der Himmelskuh (*Kuhbuch) findet sich die Anweisung, ein Bild der Göttin Maat auf die Z. eines Mannes zu zeichnen [42], damit seine Rede wahr sei.

[1] Dies ist das seit AR durchgehend belegte eigentliche Wort, von dem die Hieroglyphe der Z. ihren Lautwert *ns* erhielt. Bei den anderen Wörtern mit der gleichen Bedeutung handelt es sich um Bezeichnungen, die von Funktionen der Z. abgeleitet wurden: *wḥm* (Wb I, 344,20) von *wḥm*, „wiederholen"; *snw* (Wb IV, 155,15) von *sn*, „riechen/küssen" (?); *snk* (Wb IV, 177,1), cf. Wb IV, 174,7 ff. 175,2; *šsr* (Wb IV, 547,13 f.), von *šsr*, „verkünden". Als Det. dient die Z. bei Wörtern der Bedeutung „schmecken" (oft auch im übertragenen Gebrauch, Wb V, 444 f.), „saugen", „schlürfen", aber m. W. nicht bei Wörtern des Wortfeldes „sprechen". – [2] Westendorf, in: LÄ I, 261. – [3] Grundriß der Medizin VII. 1,479. – [4] O. c. VI, 313. – [5] Pyr. 2154c. 127; Tb (Hornung), Kap. 178, S. 375, Z. 43 –; Reinheit bzw. Wahrheit der Z. in anderem Zusammenhang: Erik Hornung, Der ägyptische Mythos von der Himmelskuh, OBO 46, 1982, 46 (259) –; unter den Körperteilen, die nicht verwesen sollen, wird auch die Z. aufgeführt: Tb (Hornung), Kap. 154, S. 333, Z. 63. – [6] Wb V, 7,14–15; Adolphe Gutbub, Textes fondamentaux de la théologie de Kom Ombo, BdE 47, 1973, 110, Anm. (1); cf. Erman, Lit., 83. – [7] Sander-

Hansen, Metternichstele, 31f. (42–43). – [8] pBremner-Rhind, 27,11. – [9] Edfou VI, 89,12–90, 1; der zweite Beleg für die Tierzunge, Wb II, 320,9 ist zu streichen, denn es handelt sich um ein Buch, nicht um die Zunge. – [10] Boochs, in: LÄ VI, 69. – [11] Pyr. 243; Pyr., Übers. I, 219f. – [12] Wb V, 443ff. – [13] Wb II, 320,11ff.; davon ausgehend, daß das *Krokodil nur sehr selten einen Laut ausstößt, gelangte man zur irrigen Annahme, daß es keine Z. habe, s. Emma Brunner-Traut, in: LÄ III, 792 und Kákosy, in: LÄ III, 808. – [14] Dimitri Meeks, Année Lexicographique II (1978), Paris 1981, 78. 2218. – [15] Wb IV, 165,3. – [16] Grapow, Bildl. Ausdrücke, 119. – [17] *jqr ns*; *spd ns*; Wb II, 320. – [18] Grapow, o.c., 119. – [19] Meeks, o. c., 78.2218. – [20] Grapow, l. c. – [21] S. Herrmann, in: ZÄS 79, 1954, 111. – [22] Bauer, 165f. – [23] Herrmann, o.c., 106ff.; s. auch Irene Grumach, Untersuchungen zur Lebenslehre des Amenope, MÄS 23, 1972, 128; zum bildlichen Gebrauch des Wortes *šsr*, „Z.“, s. Wb IV, 547,14. – [24] Wb I, 74; Gardiner, EG³, § 79. – [25] Meeks, o.c., 77. 2193. – [26] CT V, 187g; 201j; s. auch Meeks, o.c., 78. 2731. – [27] Grundriß der Medizin VI, 314. – [28] CT V, 229j. – [29] Cf. Otto, in: LÄ I, 20 (*Abstraktionsvermögen). – [30] S. Herrmann, o.c., 112ff. – [31] Herz und Z. stehen in diesem Zusammenhang *Sia und *Hu nahe, s. Altenmüller, in: LÄ III, 65. – [32] Herrmann, o.c., 113. – [33] O.c., 114f. (*Pap. Dem. Insinger). – [34] Sethe, Dramatische Texte, 50–54; de Wit, Temple d'Opet, 119.167 ([Ptah]-Tatenen). – [35] Mariette, Abydos I, Tf.52 (35/36). – [36] Wb II, 320,15 (letzter Beleg; aus Dendara); Faulkner, Book of Hours, 15 (21,8). – [37] Grapow, o.c., 119. – [38] Paul Tresson, La stèle de Koubân, BdE 9, 1922, 7, Z.18. – [39] CT VI, 391l; m.E. könnte es sich bei dem Gott *mꜣʿj*, Pyr., 1306c, ebenfalls um Thot handeln. – [40] Tb (Hornung), Kap.82, S.169, Z.21. – [41] pTurin, 125,8. – [42] Hornung, l.c. (Anm.5).

D.Ku.

Zurata von *Akko[1], angeblich durch *Šuwardatta von Hebron durch Stellung von 50 Streitwagen bewogen, gegen *Labbaja von *Sichem vorzugehen[2]; er ließ Labbaja und *Baʿlu-meḫir von Tenni frei, die er an Ägypten ausliefern sollte[3]. Ihm folgte sein Sohn Zatatna (Zitatna, Šutatna)[4].

[1] Zum Namen s. Mayrhofer, in: IF 70, 1965, 146ff., dagegen Annelies Kammenhuber, Die Arier im Vorderen Orient, Heidelberg 1968, 179 mit Beziehung auf ŠU-ur-ᵈAdad bei Lacheman, in: JNES 8, 1949, 55b. – [2] Amarnabrief bei Thureau-Dangin, in: RA 19, 1922, 106 = Anson F. Rainey, El Amarna Tablets 359–379, AOAT 8, ²1978, 33–34. – [3] EA 245. Eigener Brief EA 232. – [4] EA 243–5.

W.H.

Zwanzig-Felder-Spiel, *Brettspiel. A. *Bezeichnung*. Benennung des Spiels als Z. altägyptisch bisher nicht belegt, jedoch sehr wahrscheinlich aus der Bezeichnung einer Sonderform „Spiel-der-vereinigten-zwei-zwanziger-Spiele“ zu erschließen[1]. Mit Sicherheit nicht *tꜣw* (*Tjau-Spiel) genannt[2], das erst in der SpZt belegt ist und letztlich auf eine Umdeutung des *Schlangenspiels bzw. auf ein Fehlverständnis der Bildhauer zurückgeht[3].

B. *Form*. Spielfläche etwa keulenförmig aus 3 × 4 meist rechteckigen Feldern, von deren mittlerer Reihe ein Steg aus 8 weiteren Feldern ausgeht, dem zwei Freiflächen parallellaufen, die mit Texten beschrieben, mit Darstellungen versehen oder auch leer sein können[4]. Frühester Beleg in der 17. Dyn.[5], mit Blüte in der 18.–19. Dyn., auslaufend in der 20. Dyn.[6], darnach vollkommen verschwunden[7]. Meist auf doppelseitigen Kästen zusammen mit dem *Senet-Spiel, wobei aus der Orientierung von Inschriften und Abbildungen auf den Lateralseiten der Kästen hervorgeht, daß die Spielfläche des Z. sehr häufig als Vs. bzw. Hauptseite angesehen wurde. Fünf bzw. drei Felder in den Positionen (a)–(e) können besondere Bezeichnungen tragen[8], die sich in drei Gruppen unterteilen lassen: I. Kreuz/geometrische Muster/Rosetten[9], II. heilige Symbole[10], III. Titel und Namen der Eigentümer[11]. Von einigen Exemplaren der Gruppe III wurde bisweilen behauptet, daß die Felderbezeichnung eine spieltechnische relevante Aussage enthielte[12], was eindeutig nicht der Fall ist[13]. Die *Tut-anch-Amun-Bretter 393 und 585r heben das letzte Stegfeld (e) dadurch hervor, daß es nicht als Rechteck, sondern als Quadrat ausgebildet ist. Eine ähnliche Abhebung dieses Feldes bietet das Brett 49, wo Feld (e) als Halbrund gebildet ist[14].

C. *Spielregeln*. Das Z. ist ein Positionsspiel für zwei Personen, dessen Grundregeln dem des Senet ähneln dürften, zumal es mit diesem auf dem pTurin 1775 gemeinsam mit dem Großen Brettspieltext vergesellschaftet ist. Jeder Spieler benutzte fünf Spielsteine[15], deren Bewegung auf der Fläche mittels Astragalen bestimmt wurde[16]. Die durch Inschriften/Signaturen gekennzeichneten Felder, nicht die Inschriften, haben eine bisher unbekannte spieltechnische Bedeutung, zumal mesopotamische Spielbretter, die als Vorgänger anzusehen sind, ähnliche Signaturen aufweisen[17].

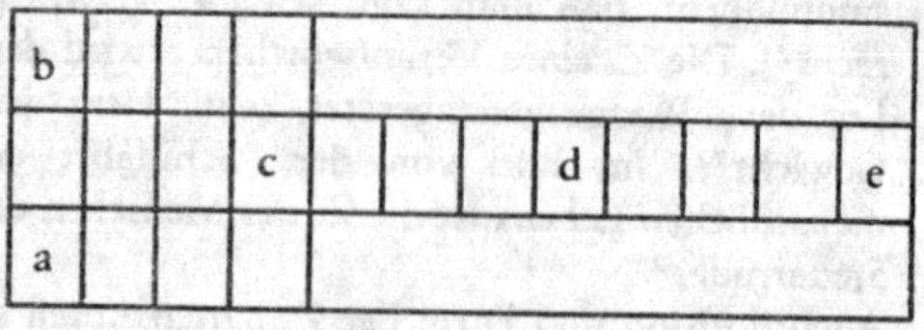

[1] Dazu ausführlich Pusch, in: SAK 5, 1977, 209ff. – [2] Korrigiere demgemäß Petersen, in: LÄ I, 853; vgl. dazu auch Hermann Ranke, Das altäg. Schlangenspiel, SHAW 1920. 4,11 und zuletzt Tait, Game-Boxes (s. Lit.), 42 Anm.2, der ebenfalls betont „... it seems best not to accept the name tjau.“. – [3] Dazu demnächst Pusch, in: ASAE (im Druck). – [4] Siehe dazu z.B. Edgar B. Pusch,

Das Senet-Brettspiel, MÄS 38. 1–2, 1979, Brett 25; 36–37; 22–23; 34–35 in der Reihenfolge der aufgezählten Möglichkeiten. – [5] Siehe Pusch, l.c., Brett 21–23; vgl. Timothy Kendall, Passing through the Netherworld, Boston 1978, 17f. – [6] Vgl. Pusch, l.c., Brett 21ff. ohne Anspruch auf Vollständigkeit; Frühe Phöniker im Libanon (Hg. R. Hachmann), Mainz 1983 (Ausstellungskatalog), 102 Abb. 51. – [7] Ab Mitte der 20. Dyn.; an seine Stelle tritt eine Spielfläche aus 3 × 11 Kreisen (Pusch, l.c., Brett 79–81. 83) oder 3 × 11 Rechtecken (Pusch, l.c., Brett 60) oder 3 × 11 Quadraten auf BM 34.927, fragmentarisch, unveröffentlicht. – [8] Die Anzahl der Belege bei Pusch, l.c. beträgt 14 Bretter mit gegen 15 Bretter ohne besondere Spielfeldhervorhebung. – [9] Z. B. Pusch, l.c., Brett 30, Bonn 941 (unveröffentlicht), Brett 24. 26. 58. – [10] Pusch, l.c., Brett 21. 35. 54 und mit Einschränkung Brett 34. – [11] Pusch, l.c., Brett 25: „Der Page Amenmose, der Gelobte des guten Gottes, der Adjutant des Harim, Amenmose“; Brett 31: „Der Gelobte des Amunre, Benermeret; siehe, Amun (ist) an den beiden Festen“; Brett 40: „Der vollkommen Lebende, der Gelobte und Geliebte, Sennofer“; Brett 47: „Der Aufseher über die Handwerkerschaft, Ptahmaj“; Brett 55: „Der wirkliche Schreiber der Berechnung, der nicht unzuverlässig ist, Chai“; gegebenenfalls auch Brett 34: „Millionen an Sed-Festen, Leben, Dauer und Wohlergehen“, vgl. zu letzterem Anm. 10 und weitere fragmentarische Belege. – [12] So z. B. Pieper, in: ZÄS 66, 1931, 19. – [13] So schon ausgeführt bei Pusch, l.c., 234. 301 und ausführlich id., in: ASAE (i. Dr.). – [14] Pusch, l.c., 286; Tait, l.c. (s. Lit.), 50–51 mit Anm. 1. – [15] Pusch, l.c., Brett 36 auf S. 254; vorsichtiger Tait, l.c., 45f. – [16] Zu den Astragalen, ihrer Zahl und ihrer Relation zu den Wurfstäben s. Tait, l.c., 46ff. – [17] Dazu zuletzt Kendall, Netherworld (s. Anm. 5), „Corrections, with Additional Notes and Comments“ zu S. 17, Anm. 9 mit zahlreicher Literatur und Abb. a–e.

Lit.: S. s.v. *Senet; W. J. Tait, Game-Boxes and Accessories from the Tomb of Tut'Ankhamun, TTSO VII, Oxford 1982; Pusch, ›Zwanzig-Felder-Spiel, Kugelspiel, Mehen-Spiel‹, in: ASAE (im Druck). E. B. P.

Zweikampf. Das klassische Beispiel eines Z. hat die äg. *Literatur in einer Episode der Geschichte des *Sinuhe gestaltet, die den dramatischen Höhepunkt des Geschehens ausmacht und gleichzeitig die Funktion des Wendepunktes der Erzählung vertritt [1]. Trotz des episodenhaften Charakters des Z. lassen sich verschiedene Elemente der literarischen Darstellung analysieren: 1. Die Herausforderung durch den „Starken von Retenu“ (B 109–113)[2], 2. Die Beratung mit dem Fürsten (B 113–117), 3. Monolog Sinuhes über seine Außenseiterrolle (B 118–127)[3], 4. Vorbereitung der Waffen und letztes Training mit diesen (B 127–129)[4], 5. Der eigentliche Zweikampf (B 129–140)[5], 6. Der Sieg Sinuhes (B 140–143)[6], 7. Der Triumph (B 143–147). Auf die Ähnlichkeit des Motivs mit dem alttestamentlichen Z. zwischen David und Goliath wurde häufig hingewiesen [7]. Die äg. Fassung des Z. gehört ohne Zweifel unter die ältesten einschlägigen Ausprägungen des Themas in der Weltliteratur. Auffälligerweise war Pharao nie in einen Z. verwickelt, weil nach dem äg. *Königsdogma seine Überlegenheit nicht in Zweifel zu setzen war. Die ihm angemessene Pose ist die des Siegers und Triumphators, den die Feinde um Gnade anflehen [8] (*Ritterlichkeit).

[1] Dazu zuletzt Fecht, in: Fs Westendorf I, 465–84; Assmann, in: Fs Brunner, 25–27. – [2] Donner, in: ZÄS 81, 1956, 61f.; anders Knauf, in: GM 33, 1979, 33. – [3] Dieses verbale Element ist in den Z. der Ilias in der Regel zu Dialogen bzw. Scheltreden beider Kontrahenten ausgeweitet worden. – [4] Sander-Hansen, in: AcOr 22, 1957, 145; W. V. Davies, in: JEA 61, 1975, 46. – [5] Bes. Behrens, in: GM 44, 1981, 7–11; zuletzt Elke Blumenthal, in: Fs Brunner, 42–46; vgl. auch Baines, in: JEA 68, 1982, 34. 36; Foster, in: JNES 39, 1980, 99–101; Sander-Hansen, in: AcOr 22, 1957, 145f.; W. V. Davies, in: JEA 59, 1973, 224. – [6] W. V. Davies, in: JEA 61, 1975, 46. – [7] Insbesondere von Lanczkowski, in: MDAIK 16, 1958, 214–18; vgl. auch Galling, in: Volume du Congrès Genève 1965, Suppl. to VT 15, 1966, 150–169. – [8] Schäfer, in: WZKM 54, 1957, 168–76; Hornung, in: Eranos-Jb. 51, 1982, 491. W. D.

Zweiwegebuch. Der Name Z. stammt von Schack-Schackenburg, der das erste Exemplar dieser Textgattung veröffentlicht hat [1]. Man unterscheidet zwischen einer Kurzfassung und einer Langfassung, die sich noch weiter unterteilen läßt [2]. Innerhalb der Langfassung läßt sich eine Sarggruppe abheben, die sekundär überarbeitet wurde [3]. Die frühere Einteilung des Z. in 16 Kapitel stammt ebenfalls von Schack-Schackenburg [4], dem nur das Berliner Exemplar B1Be als Repräsentant der Kurzfassung zur Verfügung stand. Leskos Einteilung in neun Sektionen berücksichtigt auch die Langfassung [5]. Der Anbringungsort scheint bei den ältesten Versionen [6] noch nicht festgelegt zu sein, später ist das Z. jedoch ein typischer Bodenspruch. Verschiedene Sprüche des Z. haben eine enge Beziehung zu den späteren Totenbuchsprüchen [7]. Da das Z. bisher nur auf Särgen aus el-*Bersche zu belegen ist, dürfte es an diesem Ort entstanden sein.

Das Z. ist der älteste Versuch der Ägypter, die Jenseitslandschaft kartographisch darzustellen. Diese Karte ist in manchen Fällen von einem Band eingefaßt, das Schack-Schackenburg [8] als *Nun deutet. Man hat sich somit das Z. in den Nun eingebettet zu denken. Die Gesamtkonzeption und ihre einzelnen Kapitel oder Sektionen sind beim heutigen Forschungsstand nur schwer verständlich. Gesamtdeutungen des Z. als Tages- und Nachtfahrt der *Sonnenbarke [9] oder insbesondere als Grundriß eines Tempels [10] dürften kaum haltbar sein. Im Zentrum des Z. steht die Darstellung eines Land- und Wasserweges, die durch einen Feuersee (*Flammensee) getrennt sind. Diese beiden Wege werden als zwei Möglichkeiten aufgefaßt, zwischen denen der Verstorbene wählen kann [11]. Nach einer anderen Deutung soll die Sonnenbarke den Wasserweg bei Tag durchziehen, den Landweg bei Nacht [12]. Es wäre also, ähnlich den Schilderungen der Fahrt der Sonnenbarke in den späteren *Unterweltsbüchern des NR [13] (*Jenseitsführer), ein täglich sich wiederholender Vorgang dargestellt. Als weitere Deutung wäre denkbar, die beiden Bereiche des Land- und Wasserweges als Darstellungen der beiden Nilzustände (Hoch- und Niedrigwasser) anzusehen. Somit wären hier zwei zeitlich aufeinanderfolgende Vorgänge nebeneinander in einem Bilde dargestellt. Das Motiv der zwei Wege wird in dem anschließenden Abschnitt (Sektion V nach Lesko) noch zweimal in abgewandelter Form wiederaufgenommen.

[1] Hans Schack-Schackenburg, Das Buch von den zwei Wegen des seligen Toten (Zweiwegebuch), Leipzig 1903, Vorbemerkung. – [2] Lesko, in: JAOS 91, 1971, 33f.: Gruppe A, A–B, B entspricht der Langfassung, Gruppe C der Kurzfassung. – [3] B1L. B2L. B3L. B2P (Gruppe B nach Lesko, op. cit.); B9C. B1C. Die Sargkammern dieser Sarggruppe sind auf das Grab des *Ḏḥwtj-ḥtp* (PM IV, 179) ausgerichtet (Daressy, in: ASAE 1, 1900, 23; Kamal, in: ASAE 2, 1901, 15) und somit sicher in die 2. Hälfte der 12. Dyn. zu datieren. Die Texte weisen eine Reihe gemeinsamer Textveränderungen auf (z.B. CT VII, 277c. 285b. 421b etc.; vgl. Raymond O. Faulkner, The Ancient Egyptian Coffin Texts III, Warminster 1978, 131: Spr. 1033 Anm. 22; 132: Spr. 1036 Anm. 5; 157: Spr. 1101 Anm. 2), die den Schluß zulassen, daß diese Varianten von der gleichen Papyrusvorlage abgeschrieben wurden, in der die Textveränderung bereits vorlag. – [4] Schack-Schackenburg, op. cit., Tf. 1. – [5] Leonard H. Lesko, The Ancient Egyptian Book of Two Ways, Berkeley–Los Angeles–London 1972, XII = JAOS 91, 1971, 31. – [6] B1Bo (Deckel); B2Bo (West); B4Bo (West). – [7] CT VII, XII f.; Grapow, in: ZÄS 46, 1909–10, 77–81; Waitkus, in: GM 62, 1983, 79–83. – [8] Schack-Schackenburg, op. cit., 6. – [9] D. Müller, in: BiOr 20, 1963, 250. – [10] Barguet, in: RdE 21, 1969, 14–17. – [11] Kees, Totenglauben², 292f. – [12] Lesko, in: JAOS 91, 1971, 38; D. Müller, op. cit., 248f.; Bergman, in: Svensk Exegetisk Årsbok 41–42, Uppsala 1976–77, 51f. (Hinweis B. Lüscher). – [13] Allgemein zur Beziehung des Z. zu den Unterweltsbüchern des NR: Erik Hornung, Ägyptische Unterweltsbücher, Zürich–München 1972, 16.

Lit.: Text: CT VII, 252–521 mit Korrekturen von Allen, in: JNES 22, 1963, 136f.; zu weiteren unveröffentlichten Exemplaren vgl. Lesko, in: JAOS 91, 1971, 30. – *Pläne:* CT VII, Tf. 1–15 mit Korrekturen von Allen, op. cit., 133 Anm. 2; Pierre Lacau, Sarcophages antérieurs au Nouvel Empire I, CG, 1904, Tf. 55–57. – *Photos:* Hans Schack-Schackenburg, Das Buch von den zwei Wegen des seligen Toten (Zweiwegebuch), Leipzig 1903, Tf. 2–11; Zandee, in: JEOL 15, 1957–58, Tf. 4–12; Alexandre Piankoff, The Wandering of the Soul, BS 40, 1974, Tf. 2–9. – *Übersetzungen:* Leonard H. Lesko, The Ancient Egyptian Book of Two Ways, Berkeley–Los Angeles–London 1972, 11–133; Piankoff, op. cit., 12–37; Raymond O. Faulkner, The Ancient Egyptian Coffin Texts III, Warminster 1978, 127–189. – *Allgemeine Lit.:* Schack-Schackenburg, op. cit., 7–15; Kees, Totenglauben², 287–302; Bonacker, in: Imago Mundi 7, Lympne Castle, Kent 1950, 5–17; Zandee, in: AEB 1961, S. 38–44; D. Müller, in: BiOr 20, 1963, 248–250; Barguet, in: RdE 21, 1969, 7–17; Lesko, in: JAOS 91, 1971, 30–43; id., The Ancient Egyptian Book of Two Ways, Berkeley–Los Angeles–London 1972 (mit weiteren bibliographischen Angaben S. 8 Anm. 9). G. L.

Zwerg. A: Zu unterscheiden ist zwischen dem proportionierten, genetisch bedingten, konstitutionellen Zwergenwuchs, wie er bei den Pygmäen [1] vorliegt, sowie dessen pathologischer Form, die durch Hypophysenhypofunktion bedingt ist und dem durch Chondrodystrophie [2] und verschiedenen Wirbelsäulenanomalien [3] ausgelösten disproportionierten Zwergenwuchs. Zu diesem können noch weitere *Mißbildungen, wie Fußdeformationen u.ä., gestellt werden.

B: Bedingt durch fehlende Pleneschreibungen ist die äg. Bezeichnung für Z. während des AR unklar: *dng*/**dlg* [4] scheint nur im Zusammenhang mit den sog. Gottestänzern, den Pygmäen [5] (*Gottestanz), und von Pharao als Tänzer [6] belegbar. Die Bezeichnung *jwḥw* bezieht sich wohl eher auf eine Tätigkeit [7] der Zwerge. Vielleicht ebenso mit einer Tätigkeit verbunden ist die Bezeichnung *s*[///] (+ Det. für Zwerg) [8]. Seit dem MR finden sich neben der häufigen Bezeichnung *nmw*, *nmj*/*nmt* [9] auch die Sonderfälle („Verkrüppelungen") ansprechenden Benennungen *ḏnb* [10] und *ḥwꜥ* [11]. Aufgrund der äg. Darstellungsweise ist, im besonderen im Flachbild, eine Differenzierung der einzelnen Zwerg-Typen und eine Abgrenzung zu Normalwüchsigen erschwert [12].

C: Soziale Stellung. Die Zugehörigkeit der Z. zum kgl. Hofstaat der 1. Dyn. zeigt schon die relativ hohe Zahl ihres Vorkommens in den kgl. Nekropolen (11 nachweisbare Bestattungen und 17 ikono- u. epigraphische Belege [13]) sowie die Qualität ihrer Monumente [14]. Dabei lassen sich u.U. schon die Berufscharakteristika, die dann im AR so deutlich werden, erkennen [15]. Nach einer Beleglücke(?) in der 2.–4. Dyn. treten in der 5. Dyn. (28 Belege) und der 6. Dyn. (21 Belege) [13] die Z. dann auch vermehrt in den Haushaltungen Privater in ihren charakteristischen Rollen auf [16]. Eine besondere Bedeutung erlangten die beiden „Kleider-Zwerge" *Ḫnmw-ḥtp* [17] und vor allem *Snb* [18].

Diese besondere Wertschätzung der Z. läßt sich nur im AR beobachten und ist vielleicht mit der Übernahme höfischer Traditionen aus der Vorgeschichte erklärbar, die dann im MR[19] und NR[20] an Bedeutung verliert. Waren die Z. des AR meist in einen Funktionskontext (Handwerkerszenen, „Kammerdiener") eingebunden, so scheinen sie in den weniger zahlreichen Darstellungen des MR und NR eher von bestimmten Aufgabenbereichen losgelöst, mehr der Wiedergabe des „Merkwürdigen" oder „Belustigenden" zu dienen. Dem entgegenwirken will wohl eine Mahnung, Z., wie auch andere Kranke, nicht zu verspotten[21].
Dessen ungeachtet scheint sich die Tradition der Tanz-Zwerge bis in die SpZt verfolgen zu lassen[22].

D: Ein direktes Wechselverhältnis zwischen diesen „profanen" Zwerg-Vorkommen und den sog. zwerghaften Gottheiten, insbesondere: *Aha, *Bes und anderen apotropäischen Göttern (*Götter, apotropäische, *Dämonen) ist nicht offensichtlich[23], wenn auch gemeinsame Berührungspunkte (Bezüge zum innerafrikanischen Raum z. B. in der „Tracht" des Bes und der wahrscheinlichen Herkunft der erhandelten Pygmäen, ferner die „pittoresk-tänzerische" Komponente des Bes und der Rolle der Pygmäen und Z. als Tänzer) erkennbar sind.

E: Eine besondere Stellung nehmen die Z. im Gefolge von Göttern[24], insbesondere der *Neith[25] und der *Bastet[26] ein. Dabei erreichen diese Z. zum Teil eine gewisse Selbständigkeit[27], die sich auch in *Amuletten[28] und kleinen Zwerg-Plastiken für magische Rituale[29] ausdrückt.

F: Die Verhöhnung des Kultbildes des zwergenhaft dargestellten Gottes *Ptah (= Hephaistos) durch *Kambyses im Tempel zu *Memphis führt über in den Bereich der *Patäken und durch diese *Interpretatio graeca zur Rolle, die die zwerghaften Wesen in der klassischen Antike spielten[30].

[1] Vgl. Rupp, in: CdE 40, Nr. 80, 1956, 265 mit Lit.-Angaben in Anm. 2; Dawson, in: JEA 24, 1938, 185 ff. – [2] Störung der Knorpelbildung infolge Fehlens der Knorpelwachstumszonen, wodurch das Längenwachstum eingeschränkt ist. Das Dicken- und Weichteilwachstum sowie die geistige Entwicklung – im Gegensatz zum Kretinismus (Schilddrüsenhypofunktion) – verlaufen normal. Zur naturalistischen Wiedergabe der Chondrodystrophia foetalis bei Darstellungen von *Patäken vgl. Hückel, in: ZÄS 70, 1934, 103 ff. – [3] Z. B.: Kyphose, Lordose und Skoliose, vgl. Rupp, op. cit., 269. – [4] Zur Lesung **dlg* aufgrund der Schreibungen *dng/dꜣng* u. ä. vgl. Edel, Altäg. Gramm., § 130.4. Desgleichen deutet die Schreibung mit dem Zeichen Gardiner, EG, Sign-list, F 21 (Kuhohr) auf die Lesung **dlg*, wie es der Wechsel bei *jdn/jdr* = **jdl* zeigt, vgl. dazu: Edel, in: Studies presented to H. J. Polotsky, East Gloucester, Mass. 1981, 388. In der SpZt scheint auch die Schreibung *dg/dq* belegbar: De Meulenaere, in: CdE 40, Nr. 80, 1965, 254 f., eine Verbindung von **dlg* zu einem innerafrikanischen Wort scheint sehr wahrscheinlich, vgl. Vycichl, in: Annales d'Ethiopie 2, Addis Abeba 1957, 248 f. – [5] Urk. I, 128, 5. 17; 129, 17; 130, 14 (*Herchuf). – [6] Pyr. 1189. – [7] So schon Wb I, 57 und Junker, Gîza V, 10 f. Zu diesen Belegen kommen jetzt noch klärend hinzu: Kaplony, Inschriften I, 375 und Georges Goyon, Nouvelles Inscriptions du Wadi Hammamat, Paris 1957, Nr. 23, so daß eine Deutung (Jagd-)Hundewärter gesichert scheint. – [8] CG 1652 = H. G. Fischer, in: CdE 43, Nr. 86, 1968, 311 f.; id., in: ZÄS 105, 1978, 47 ff. mit möglichen weiteren Belegen. Fischer, op. cit., 48 denkt an eine mögliche Nisbeableitung *sšrj* „clothier". – [9] Wb II, 267, 4–6; dabei ist auffällig, daß für diesen Zeitraum – ab der 1. ZwZt – ein Eigenname „Z." in den Formen *dꜣg/dꜣgj/dnrgj/dngt* (s. Ranke, PN I, 396. 400) sehr häufig belegbar ist. Inwieweit dabei die Namengebung von der Gestalt des Trägers beeinflußt wurde, wäre zu untersuchen. Dagegen wird in diesem Zeitraum die den Z. klassifizierende Bezeichnung *nmw* zur Bildung von Eigennamen kaum verwendet (Ranke, PN I, 204); zu bemerken ist ferner, daß die in diesem Zeitraum belegbaren Pygmäendarstellungen – vgl. die Zusammenstellung bei Rupp, a. a. O. (Anm. 1), 298 ff. – keine Inschriften aufweisen, so daß eine Opposition: **dlg* – *nmw* = Pygmäe („Rasse-Zwerg") – chondrodystropher u. ä. Z. („Krüppel-Zwerg") nicht nachweisbar ist. *Nmw* dient im NR auch zur Bezeichnung von tanzenden Z.: Settgast, Bestattungsdarstellungen, 43 f.; Spiegelberg, in: ZÄS 64, 1929, 76 ff. – [10] S. die „typologische Zusammenstellung" in Beni Hasan II, Tf. 16. 32 mit je einem disproportionierten *nmw*-Zwerg, einem *ḏnb*-Zwerg mit verkrüppelten Füßen und einem buckligen *jw*(?)-Zwerg (vgl. Anm. 11); ferner den Beinamen *ḏnb* in *Ḥtjj-ḏnb* (Ranke, PN I, 278) sowie das kopt. ϪⲂⲒⲚ „Gebrechen, Makel" (KoptHWb, 414). – [11] Im Ausdruck „mit verkümmerter Sehkraft" ist das Det. ein Zwerg; vgl. Gunn, in: RecTrav 39, 1920, 101 ff.; Beni Hasan II, Tf. 32 (vgl. Anm. 9), vielleicht darf man die ansonsten unverständliche Beischrift *jw*, die den buckligen Z. charakterisiert, zu *ḥwꜥ* emendieren? – [12] Dies besonders durch den sog. „Bedeutungsmaßstab", aber auch durch stilisierte Darstellungsweise – insbesondere in der Vorgeschichte – und aus Raumgründen; vgl. Junker, Gîza V, 8. – [13] Vgl. den Anhang bei Rupp, op. cit., 298 ff. – [14] Kaplony, Inschriften I, 374. – [15] Z. B.: Die Fundassoziation einer Zwerg-Bestattung mit den Stoff-„Magazinen" im Südfriedhof von Abydos (Kaplony, a. a. O., 217), ferner ist vielleicht in der Namengebung (*Dj-wsḫ* = Anleger des Breitkragens; *Sjmꜣ-nṯr* = Der, der den Gott erfreut) eine Anspielung auf den Tätigkeitsbereich des Trägers zu sehen, Kaplony, a. a. O., 375. – [16] Einen Überblick über die Funktionen der Z. im AR bei Junker, Gîza V, 8 ff. mit Abb. 1: 1. In der Rolle des Gefolgsmannes und Leibdieners („Kammer-Zwerg"); 2. Handwerkliche Berufe, insbesondere Schmuckarbeiten; 3. Tierwärter; 4. als unterhaltende Spaßmacher. Zur Rolle des tanzenden Z. vgl. auch Emma Brunner-Traut, Der Tanz im Alten Ägypten, ÄF 6, 1938, 34 ff. – [17] PM III², 722. – [18] Junker, Gîza V, 3 ff.; zur Datierung vgl. jetzt Cherpion, in: BIFAO 84, 1984, 36 f. – [19] Diener-

statuetten in Zwerg-Gestalt: Hayes, Scepter I, 221f.; vgl. ferner: James H. Breasted, Egyptian Servant Statues, Washington 1948, 57ff. 60f., Tf. 50a–c. 53b. – [20] Zu den sog. „Spottwesiren", Z. mit den Namen/Titeln: *ṯ3tj n mwt.f P3-Rꜥw* und *ṯ3tj ḥmt-njswt R-nḫḫ*, s. Waltraud Guglielmi, in: Wort und Bild (Hg. H. Brunner et al.), München 1979, 185. – [21] Lehre des Amenemope XXIV, 9: „Lache nicht über einen Blinden und verhöhne nicht einen Zwerg." – [22] Tanzende Pygmäengruppe aus *Lischt: Lansing, in: BMMA, pt. II, The Egyptian Expedition 1933/34, 30ff. (MR); ferner den bei den Bestattungsfeierlichkeiten des *Apis und *Mnevis tanzenden chondrodystophen *nmw*-Zwerg: Spiegelberg, in: ZÄS 64, 1929, 76ff.; vielleicht darf man eine Verbindung zu einem der Titel des Z. Seneb (Dyn. V) „Priester des großen Stieres, der an der Spitze von *Stpt* ist" (Junker, Gîza V, 16) sehen? – [23] Vgl. dagegen die Ausführungen Wolffs (s. Lit.), in denen der Autor eine sehr enge Verbindung zu einer innerafrikanischen Zwerg-Kultur und deren Einfluß auf die äg. Vorstellungen zu zeigen sucht. – [24] Yvan Koenig, Le Papyrus Boulaq 6, BdE 87, 1981, 69(f). – [25] Spiegelberg, in: ZÄS 56, 1920, 60; Ramadan el-Sayed, La déesse Neith de Sais I, BdE 86, 1982, 130f. – [26] Koenig, op. cit., 70. – [27] Ramadan el-Sayed, in: BIFAO 76, 1976, 93f. 98; vgl. ferner die späte Tb-Fassung Spr. 164 (Edition: Thomas G. Allen, The Book of the Dead, Chicago 1974). – [28] Z.B. William M. Flinders Petrie, Amulets, London 1914, 38, Tf. 31; Borghouts, in: OMRO 51, 1970, 154. – [29] Borghouts, ebd. und 29. – [30] Morenz, Ptah-Hephaistos, der Zwerg, in: Fs Zucker, Berlin 1954, 280ff.

Lit.: Franz Ballod, Prolegomena zur Geschichte der bärtigen zwerghaften Gottheiten in Ägypten, Moskau 1913; Hans F. Wolff, Die kultische Rolle des Zwerges im alten Ägypten, in: Anthropos 33, 1938, 445–514; Junker, Gîza V, 7ff.; Alfred Rupp, Der Zwerg in der ägyptischen Gemeinschaft, in: CdE 40, Nr. 80, 1965, 260ff. K.J.S.

Zwiebel. Trois espèces d'alliacées sont connues en Egypte: l'oignon commun (allium cepa, *ḥḏw, ḥḏt* [1], dém. *mḏl* [2], kopt. ⲙϫⲱⲗ), le poireau (allium kurrat siv. porrum, *j3qt* [3]) et l'ail (allium sativum, *ḫtn / ḫḏn* [4], kopt. ϣϫⲏⲛ), dont la consommation devait être aussi courante dans l'antiquité que de nos jours, quoiqu'il en soit rarement fait mention dans les textes [5] (*Arbeiterversorgung).

La culture en est attestée depuis l'AE [6] (*Gemüse) et a laissé des souvenirs jusque dans les noms de certains domaines funéraires [7]. Rare dans le culte divin [8], l'offrande de bottes d'oignons est fréquente dans le culte des morts [9], depuis les Pyr. [10], parfois associées aux viandes [11] (*Opfer).

On se parait de guirlandes d'oignons autour du cou pour la fête de *Sokaris, et on en mastiquait des bulbes en d'autres occasions solennelles [12].

Dans les papyrus médicaux, l'oignon est souvent mentionné [13] (*Heilmittel). Il peut encore être utilisé à des fins magiques [14], et, selon Pline, on aurait en Egypte prêté serment sur des oignons [15]. Sur un prétendu culte de l'oignon à Péluse, voir *Religio Pelusiaca.

[1] Gérard Charpentier, Recueil de matériaux épigraphiques relatifs à la botanique de l'Egypte ancienne, Paris 1981, 795. 794. – [2] Id., 585. – [3] Id., 74. – [4] Id., 872. – [5] Janssen, Prices, 367, § 121; Helck, Materialien V, 197–198. – [6] Elmar Edel, Zu den Inschriften auf den Jahreszeitenreliefs der „Weltkammer" aus dem Sonnenheiligtum des Niuserre II, NAWG 1963.5, 170. – [7] Jacquet-Gordon, Domaines, 336. 376. – [8] Keimer, Gartenpflanzen II, 56. – [9] Barta, Opferliste, index s.v. – [10] Pyr. 35a. 79b. – [11] Keimer, l.c. – [12] Schott, Festdaten, 101. – [13] Grundriß der Medizin VI, 385–387; Renate Germer, Untersuchungen über Arzneimittelpflanzen im Alten Ägypten, Hamburg 1979, 128–132. – [14] Keimer, l.c. – [15] Plinius, Hist. nat. XIX, 32, d'après Keimer.

Lit.: Keimer, Gartenpflanzen II, §§ 93. 94. 95; Keimer, dans: Egyptian Religion 1, 1933, 52–60; William J. Darby, Paul Ghalioungui, Louis Grivetti, Food, The Gift of Osiris II, London 1977, 656–663. 673–675; Renate Germer, Flora des pharaonischen Ägypten, SDAIK 14, 1985, 191. 193. 194. Ph.D.

Zwilling (twins). The only certain case of human Z. before the late period is Suty and Hor, architects of the *Luxor Temple in the reign of *Amenophis III, who describe their simultaneous birth but do not use a word for Z., referring to each other as "'brothers' (*sn*)". Other possible examples are Niankhkhnum and Khnumhotpe, joint owners of a unique 5th dyn. tomb at *Saqqara, and two women shown on an *Abydos stela of the 12th dyn.; no unlike-sexed pair has been identified or proposed. All three pairs are presented as if they had a single, fused social role, and the men have identical titles (but are discreetly distinguished as senior and junior); they have separate wives and families. The rarity of examples–far rarer than the likely incidence of twin births–the elaborate presentation, and the absence of a term, suggest an avoidance of the phenomenon, which could be transcended and celebrated in a few cases.

From about 800 B.C. the word *ḥtr* "Z." is attested, first in an oracular amuletic decree which shows that the birth of twins was inauspicious. The word becomes very common in the Graeco-Roman period, notably in personal names (Demotic and Greek). Any earlier avoidance of Z. must have ceased. In the LP divine precedents for twinning appear to be *Isis and *Nephthys, and for unlike-sexed pairs *Schu and *Tefnut, who are known in Roman times in the iconography of the sign Gemini, termed *ḥtr* in demotic. The earlier term *snwj/sntj* "sibling pair" could possibly be used for Z. but is not certainly attested with this meaning.[1] *Verwandtschaftsbezeichnungen.

[1] On these forms see now Schenkel, in: GM 84, 1985, 65–70.

Lit.: Baines, Egyptian Twins, in: Or 54, 1985, 461–482.

J.R.B.

Zwischenzeit, Erste. Mit diesem Terminus wird die Zeitspanne zwischen AR und MR bezeichnet. Ihre zeitliche Abgrenzung gegenüber diesen beiden Epochen ist nicht ganz einfach: Aus staatspolitischer Sicht gesehen, wird ihr Ende markiert durch die (erneute) *Reichseinigung unter *Mentuhotep II. Nebhepetre in der 11. Dyn., der damit, nach dem Auseinanderbrechen Äg. in zwei voneinander unabhängige Herrschaftsbereiche, den der Thebaner (11. Dyn.) und den der sog. *Herakleopoliten (9./10. Dyn.)[1], wieder der im *Königsdogma verwurzelten Vorstellung eines geeinten Landes unter Führung eines einzigen Königs Geltung verschaffte. Jedoch war dieser staatspolitische Akt nicht gleichzeitig verbunden mit der Schaffung einer neuen, in Blüte stehenden Hochkultur, so daß in anderen Bereichen (Kunst, Kultur, *Verwaltung etc.) die Grenze zwischen der 1. ZwZt und MR fließender wird. Schwieriger ist es, den Beginn der 1. ZwZt zeitlich zu fixieren. Legt man dasselbe staatspolitische Kriterium zugrunde (nämlich die Frage nach der Einheit des Staates), dürfte man die Grenze erst nach der 8. Dyn. ziehen, deren Herrscher zumindest nominell noch über ganz Äg. herrschten[2]. Da ihr theoretischer Herrschaftsanspruch jedoch mit einer wirklichen Machtausübung nicht mehr korreliert, ist auch dieser Zeitabschnitt noch zur 1. ZwZt zu rechnen. Sie umfaßt also die Regierungszeiten der manethonischen Dyn. 7.–11.[3] und dürfte ihren Beginn in den letzten Jahrzehnten der 6. Dyn. haben[4].

Von den Königen der 1. ZwZt ist in vielen Fällen kaum mehr als ihr Name bekannt, insofern sie in den *Königslisten verzeichnet bzw. erhalten sind[5]. Einige Könige der 8. Dyn. sind belegt in den späten *Koptosdekreten. Von *Qakare I. Ibj ist die Grabanlage, eine kleine *Pyramide, entdeckt worden; die Pyramide von *Merikare wird nur in Inschriften erwähnt. Besser belegt sind die Grabanlagen der Könige der 11. Dyn. in *Theben-West, die von der äußeren Form eher überdimensionierte Privatgräber darstellen als typische *Königsgräber (*Saffgräber). Die zeitlich schnelle Abfolge der einzelnen Könige aufeinander (Ausnahme die Könige der 11. Dyn., bes. die 50jährige Regierungszeit von *Antef II. Wah-anch – was auf eine Konsolidierung ihrer Herrschaft in ihrem Machtbereich hindeutet) sind Hinweis auf Machtkämpfe, Spannungen auf höchster politischer Ebene und auf die Schwäche des Königtums. Eine dynastische Erbfolge muß in vielen Fällen bezweifelt werden[6] (*Wahlkönigtum). Daneben sind vereinzelt Thronprätendenten aufgetreten, so möglicherweise der in *Dara bestattete König Chui (*Ḫwj*)[7]. Selbst die Frage nach der Lage der *Residenz kann, mit Ausnahme der thebanischen 11. Dyn., nicht immer positiv beantwortet werden. Für die 8. Dyn., die nach außen hin noch in den Traditionen des AR steht, ist *Memphis anzunehmen[8]. Ob und, wenn ja, wie lange die Herakleopoliten wirklich in *Herakleopolis magna residierten, bleibt unsicher. Für die spätere Zeit wird auch für diese als Residenz Memphis angesehen, hat doch die Pyramide des Merikare vermutlich in *Saqqara, in der Nähe der Grabanlage von König *Teti, gelegen.

Der sehr dürftigen Quellenlage im kgl. bzw. im Residenz-Bereich steht eine, was die Quellen betrifft, günstigere Situation in der Provinz gegenüber, d.h. in Ober- und im südlichen Mittelägypten[9]. Dieser Sachverhalt ist nicht nur ein zufälliges Überlieferungsprodukt, sondern spiegelt realistisch eine Machtverschiebung vom König und der Residenz hin zur Provinz. Die Schwächung der kgl. Macht, die sichtbar wird im mangelnden Durchgreifvermögen der sie repräsentierenden Administration in der *Landesverwaltung, schafft den dort amtierenden Beamten einen Freiraum, den sie jetzt selbst ausfüllen müssen und können[10]. Sie bewirkt aber auch einen Zusammenbruch der alten Welt- und Sozialordnung sowie der alten Wirtschaftsstruktur, die vom König garantiert war und in der jedermann seinen Platz in der auf den König ausgerichteten Hierarchie besaß. Statt dessen tritt mehr das Individuum in den Vordergrund, der Einzelmensch, der stolz auf seine eigene Leistung ist, selbstherrlich, eigenverantwortlich und statt des vom König übereigneten Gutes das aus eigener Kraft erworbene Eigentum betont[11] (*Persönlichkeitsbegriff und -bewußtsein, *Menschenbild). Als weitgehend unumschränkte Machthaber beherrschten diese „*Gaufürsten" ihr Territorium. Aufgrund seiner ausführlichen biographischen Inschriften (*Biographie) kann *Anchtifi von Moᶜalla als Prototyp dieser neuen Generation gelten. Sie übernehmen ehemals kgl. Privilegien (*Übernahme kgl. Rechte; *Monopole und Regale): den Binnen-*Handel mit Bedarfsgütern (z.B. Getreide), stellen eigene Truppen auf, unter denen sich z.T. auch ausländische „*Söldner" befinden[12]. Manche datieren auch nach ihren eigenen „Regierungsjahren"[13]. Ihr Interesse gilt in erster Linie ihren Heimatterritorien, die nicht immer mehr mit den alten *Gauen als Verwaltungseinheit identisch waren[14]. Ein ordnungsgemäßer Einzug von *Abgaben und Steuern durch Vertreter der fiktiven Zentralregierung war nicht mehr gewährleistet; dies führte zu Versorgungsengpässen und *Hungersnöten. Diese waren vielleicht Anlaß, künstliche *Bewässerung für den Ackerbau einzuführen (*Kanal, *Schleuse). Die innere Ordnung und Sicherheit waren nicht mehr gewährleistet, es gab Bürgerkrieg und einen Anstieg der Kriminalität (*Räuber).

Die 1. ZwZt war geprägt von *Unruhen, sozialen Umwälzungen und dem Zusammenbruch des alten, bis dahin gültigen Weltbildes. Daß derartig einschneidende Veränderungen bis zu einem gewissen Grad ihren Niederschlag in Literaturwerken gefunden haben (*Admonitions, *Bauerngeschichte, *Lehre für Merikare), ist daher anzunehmen; ihre Historizität (sie stellen keine Primärquellen dar) darf nicht überstrapaziert werden, zumal ihre Datierung umstritten ist[15] (*Historizität von Inschriften und Literatur). Zu den religiösen Veränderungen s. *Gerätefries, *Jenseitsführer, *Jenseitsgericht, *Sargtexte. Auch da müssen unterschiedliche zeitliche Ansätze in Betracht gezogen werden[16]. Wieweit man in diesem Fall jedoch von einer „Demokratisierung" alter religiöser Vorstellungen sprechen darf, muß fraglich bleiben, wie auch die Ereignisse der Zeit, trotz ihrer sozialen Veränderungen, kaum als eine Sozialrevolution bezeichnet werden können. Hinweise auf einen irgendwie gearteten „ideologischen Überbau" dafür lassen sich bis heute nicht ausmachen.

Für den Zusammenbruch der Außenhandelsbeziehungen liegt ein schriftlicher Hinweis nur in literarischer Form vor (Admonitions, jedoch s. o.). Die Überlegung, ein innerlich zerrissenes, mit innenpolitischen Schwierigkeiten kämpfendes Ägypten habe kaum die Möglichkeiten, einen schwunghaften Außenhandel durchzuführen, und kaum die Mittel, große Importe zu bezahlen, ist zwar logisch, durch äg. Quellen jedoch nicht zu belegen, allenfalls dadurch, daß Funde dieser Zeit in den vorderasiatischen Handelszentren, bes. in *Byblos, fehlen. Es fehlen auch Hinweise auf äg. Unternehmungen im *Sinai, ebenso für Handelsfahrten nach *Punt.

Die Beziehung zu *Nubien scheint weitgehend abgerissen zu sein; immerhin konnte sich dort die C-Gruppen-Kultur weitgehend ungestört entwickeln. Weitere Aufschlüsse könnten vielleicht die Gräber der beiden Herren gleichen Namens *Jjšmȝj St-kȝ* auf der *Qubbet el Hawa bringen (z. B. die hieratische Inschrift), doch sind beide bisher immer noch nicht publiziert. Grab 110 soll aus der „Herakleopolitenzeit" stammen[17]. Die Annahme, der südliche Teil von O. Äg. sei unabhängig gewesen, die südliche Grenze habe bis zu Mentuhotep II. bei *Gebelein gelegen[18], ist unzutreffend. Immerhin ist bereits Antef II. in *Elephantine belegt (*Heqaib)[19].

Ob beispielsweise die Verwendung spezieller *Farben bzw. eine Vorliebe für diese (z. B. in *Moʿalla oder Gebelein) auch auf das Fehlen bestimmter, sonst importierter Rohstoffe für andere Farben während dieser Zeit zurückzuführen ist, müßte noch genauer untersucht werden[20].

Die archäologische Hinterlassenschaft der 1. ZwZt ist nicht von hoher künstlerischer Qualität. Mit dem politischen Niedergang geht der künstlerische konform. Rundbildnisse sind kaum belegt (*Königsplastik[21], *Privatplastik). Statt großer Flachbildzyklen in den Gräbern werden die für die Weiterexistenz wichtigen Szenen in vielen Fällen entweder in Form von *Modellen in der *Sargkammer beigegeben oder sie werden auf der Grab-*Stele komprimiert wiedergegeben. Die erhaltenen Flachbilder sind plump und wirken oft recht roh und steif. Die menschlichen Figuren werden überlang dargestellt, das Gesicht wird beherrscht durch die übergroßen Augen (*Stilwandel). Der größte Teil der Belege stammt aus der Provinz, wo bereits zur Zeit des AR die künstlerische Produktion mehr oder minder stark „provinziell" war, bes. im südlichen O. Äg. In der 1. ZwZt fehlen aber die Auftraggeber für große künstlerische Unternehmungen, die eine bessere Schulung der tätigen Künstler und Handwerker bewirkt hatten. Zudem sind die einzelnen Machtzentren zu sehr isoliert, bes. von der zu allen Zeiten stilprägenden Residenz. Dies wird auch deutlich in der Form der in den Inschriften verwendeten *Hieroglyphen, die sich z. T. formal sehr weit von ihren „klassischen" Vorbildern des AR entfernen[22].

Da der in „Normalzeiten" stark ausgeprägte stilbildende und damit auch nivellierende Einfluß der Residenz in allen Bereichen fehlt, kommen jetzt auch stärker lokale Traditionen und Eigenentwicklungen zum Tragen[23].

Der Umstand, daß Mentuhotep II. nach der Reichseinigung *Künstler aus der nördlichen Residenz der Herakleopoliten nach Theben holte, zeigt an, daß dort die alten Traditionen besser gewahrt und gepflegt worden waren[24].

In sprachlicher Hinsicht stellt die 1. ZwZt eine Übergangsphase zwischen Altäg. und Mitteläg. dar; auch hier sind die Grenzen fließend[25].

S. auch *Abydos, *Assiut[26], *Cheti, *Gefäße und Gefäßformen, *Koptos[27], *Naga ed-Deir, *Seelenhaus, *Stadtverwaltung, *Tefi-ib, *Theben, *Thinis[28].

[1] Zur Frage der Herakleopolitendynastie als nur einer (9./10.) Dyn., die weitgehend zeitlich parallel läuft mit der 11. Dyn., s. Eva Martin-Pardey, Untersuchungen zur ägyptischen Provinzialverwaltung bis zum Ende des Alten Reiches, HÄB 1, 1976, 203–207, und Gomaà, Erste Zwischenzeit (s. Lit.), 130–157, mit weiterer Literatur. Dort wird auch Stellung genommen zu den

angeblich in Assuan belegten herakleopolitanischen Königsnamen, die eine Herrschaft dieser Könige auch über den Südteil des Landes beweisen sollen. Die Nichtexistenz dieser Königsnamen wurde mündlich bestätigt von Labib Habachi. Zu der Aufnahme des nicht wirklich als König regierenden *Mentuhotep (I.) in Königslisten aus annalistischen Gründen s. Helck, Geschichte, 93, Anm. 1. Dennoch wird von vielen Autoren noch die Existenz zweier herakleopolitanischer Dyn. angenommen, wobei die erstere (9. Dyn.) noch als über ganz Ägypten herrschend betrachtet wird; so zuletzt wieder Spanel, in: SAK 12, 1985, 243–253, bes. Anm. 10. – [2] So werden diese Könige in Abydos genannt, wo nur vollgültige, nach äg. Auffassung voll legitimierte Könige aufgeführt sind. Der Turiner Königspapyrus macht nach diesen Herrschern einen Einschnitt, indem er an dieser Stelle eine Summe der gesamten Regierungsjahre seit der Reichseinigung angibt: Gardiner, RCT, Tf. 2, Sp. 4, Frg. 44. – [3] Zur 7. Dyn., einer Art Interregnum, s. Jürgen von Beckerath, Handbuch der ägyptischen Königsnamen, MÄS 20, 1984, 60, Anm. 1. – [4] So z. B. Helck, Geschichte, 76–78. – [5] Zu den Namen: v. Beckerath, in: LÄ III, 544–546, s. v. *Königsnamen; id., Handbuch, 58–65. 186–196. Der in *Hatnub belegte Name eines Königs Meri-Hathor aus der Herakleopolitenzeit wird jetzt von Brovarski, in: Fs Dunham, 22 und Abb. 11 und 12 auf p. 23, als *Meribre gelesen. – [6] Die Identität des im *Wadi Hammamat belegten *Königssohnes Imhotep mit dem ebenfalls dort belegten gleichnamigen König ist nicht zu beweisen: Bettina Schmitz, Untersuchungen zum Titel sꜣ-njśwt „Königssohn", Bonn 1976, 172–173. Königssöhne spielen während dieser Zeit keine große Rolle: Bettina Schmitz, op. cit., 172–183. – [7] Nicht sicher einzuordnen sind einige weitere namentlich belegte Könige: v. Beckerath, Handbuch, 59–60. – [8] Die Existenz einer Koptos-Dynastie (so Kurt Sethe, in: GGA 1912. 12, 718) oder einer Abydos-Dynastie (Stock, Erste Zwischenzeit, s. Lit., 32 ff.) ist widerlegt durch Hayes, in: JEA 32, 1946, 21 ff.; Caroline N. Peck, Some Decorated Tombs of the First Intermediate Period at Naga ed-Dêr, University Microfilms Inc., Ann Arbor 1970, 137 ff. – [9] Die Quellenlage im nördlichen Mittelägypten ist schlecht. Die Ausgrabungen in Herakleopolis (Lopez, in: OrAnt 14, 1975, 57–78) haben bisher keine historisch relevanten Ergebnisse gebracht; zudem ist hier, wie auch z. B. in Saqqara (Málek, in: LÄ V, 409), die Datierung in diesem Zeitraum nicht ganz gesichert. Zu möglichen Datierungen von Gräbern in Saqqara in die 1. ZwZt s. jetzt Munro, in: SAK 10, 1983, 283–295; id., in: GM 63, 1983, 83–109; 74, 1984, 61–90; 75, 1984, 73–91. Zu den Belegen aus U. Äg. s. z. B. besonders Fischer, in: MMJ 11, 1976, 5–24. – [10] S. dazu Eva Martin-Pardey, Provinzialverwaltung, 202–233; vgl. auch 143–170, mit weiterer Literatur. – [11] Helck, Wirtschaftsgeschichte, 137–138. – [12] Fischer, in: Kush 9, 1961, 44–80; id., in: Kush 10, 1962, 333–334. – [13] Brovarski, in: Fs Dunham, 27. – [14] So Helck, Verwaltung, 205 ff.; Eva Martin-Pardey, op. cit., 212–233; anders z. B. Gomaà, op. cit., passim. – [15] Andererseits sieht Helck, in: WZKM 63/64, 1972, 17–19 Gründe, die Entstehung von Literaturwerken wie die *Lehre des Ptahhotep in die Zeit der Herakleopoliten zu datieren, und zwar als Ausdruck einer bewußten Anknüpfung an die Idealvorstellungen des AR. – [16] Für die *Sargtexte bei Wolfgang Schenkel, Frühmitteläg. Studien (s. Lit.), 116–123: die ältesten Sargtextniederschriften stammen aus dem Ende der 11. Dyn., nicht vor der Reichseinigung durch Mentuhotep; anders bei Brigitte Altenmüller, Synkretismus, 2: älteste Belege sind zeitgleich mit den jüngsten kgl. *Pyramidentexten bei Qakare Ibi der 8. Dyn. – [17] So Edel, in: LÄ V, 54. – [18] So Wildung, in: LÄ II, 448. – [19] Junge, in: MDAIK 31, 1975, 45–49; id., in: MDAIK 32, 1976, 71–73. Zu den Statuen im Hekaib-Heiligtum s. jetzt auch Labib Habachi, Elephantine IV, The Sanctuary of Heqaib, AV 33, 1985, 109–111. 118, Tf. 188–190 (192); vgl. auch Goedicke, in: SSEAJ 12, 1982, 158. – [20] Erste Ansätze bei Heiner Jaksch, Farbpigmente aus Wandmalereien altägyptischer Gräber und Tempel: Technologien der Herstellung und mögliche Herkunftsbeziehungen, Diss. Heidelberg 1985, 68–72. 90. 146–147. – [21] Wobei hier völlig zu Recht von Altenmüller, in: LÄ III, 563–564 auch Statuen der letzten Könige der 11. Dyn., die politisch gesehen bereits zum MR gehören, mitaufgenommen sind. – [22] Dazu s. die Arbeiten von Fischer, z. B. in: WZKM 57, 1961, 59–77; id., in: JAOS 76, 1956, 99–110; id., in: Kush 9, 1961, 44–80; id., Coptite Nome; id., Dendera; id., Egyptian Studies I: Varia, New York 1976, 55–57. – [23] Zu den lokalen Entwicklungstrends allgemein s. Schenkel, Frühmitteläg. Studien. – [24] Stele des Intef-necht: TPPI, 44 § 30; Übersetzung bei Winfried Barta, Das Selbstzeugnis eines altägyptischen Künstlers (Stele Louvre C 14), MÄS 22, 1970, 126–132. Zur Kunst der 11. Dyn. s. op. cit., 65–77. – [25] S. Schenkel, op. cit., und die Tabelle 2 in: LÄ V, s. v. Sprache. – [26] Zu den für die 1. ZwZt relevanten Gräbern s. jetzt auch: Elmar Edel, Die Inschriften der Grabfronten der Siut-Gräber in Mittelägypten aus der Herakleopolitenzeit, ARWAW 1984. 71 (Rekonstruktion der heute verlorenen Inschriften mit philologischem Kommentar). – [27] Zu Koptos s. auch Habachi, in: SAK 10, 1983, 205–213. – [28] Zu *Elkab während der 1. ZwZt s. auch Gabra, in: MDAIK 32, 1976, 45–56.

Lit.: TPPI; Dows Dunham, Naga-ed-Dêr Stelae of the First Intermediate Period, Oxford 1937; Fischer, Coptite Nome; id., Dendera; Farouk Gomaà, Ägypten während der Ersten Zwischenzeit, Beiheft TAVO B 27, 1980; Wolfgang Schenkel, Frühmittelägyptische Studien, Bonner Orientalistische Studien N.S. 13, Bonn 1962; id., Memphis, Herakleopolis, Theben; id., Die Bewässerungsrevolution im Alten Ägypten, Mainz 1978; Stock, 1. Zwischenzeit; Vandier, Moʿalla; id., La famine dans l'Egypte ancienne, RAPH 7, Kairo 1936.

E. M.-P.

Zwischenzeit, Zweite. Unter dieser Bezeichnung wird heute die Zeit der Dyn. 13–17 zusammengefaßt. Die zahlreichen Herrscher dieser Dyn. zwischen dem MR und dem NR werden schon in der Überlieferung des NR (*Königslisten von Abydos und Saqqara) übergangen (als nicht den dogmatischen Vorschriften entsprechend?). Ihre kurzen Regierungen (durchschnittlich 2,5 Jahre) deuten auf ständige, der Soldatenkaiserzeit des Römischen Reiches vergleichbare Machtkämpfe.

Nur selten folgte ein Sohn dem Vater; die meisten Könige waren offenbar *Usurpatoren, die als Beamte oder Militärführer auf den Thron gelangten. Manche nennen, entgegen dem Dogma, ihre nichtkgl. Väter. Einer bezeichnet sich als „Landarbeiter" (Ameni Qemau), ein anderer als Sohn eines solchen (*Harnedjheritef). Einige tragen asiatische Namen (z.B. *Chendjer) oder werden nur als „General" (*Imira-mescha) bezeichnet. Vermutungen über ein *Wahlkönigtum oder zeitlich begrenzte Amtsperioden[1] haben sich nicht bestätigt und sind als unwahrscheinlich anzusehen. Als „Königsmacher" kommen vor allem die Truppen (auch ausländische Söldner) in Betracht oder auch mächtige *Wesire (die Familie des *Anchu hat das Amt in drei Generationen über mehrere Königsregierungen hin inne).
Trotz der Instabilität des Königtums funktionierte der von der 12. Dyn. eingerichtete Verwaltungsapparat zunächst noch einwandfrei. Die politische Einheit des Landes blieb noch rund 80 Jahre lang erhalten; danach scheint sich lediglich das *Delta ganz oder teilweise selbständig gemacht zu haben (14. Dyn.). Auf die Dauer gewannen die Stadtherren wieder größere Unabhängigkeit und konnten auch ihre Ämter vererben[2]. Die Kunst sank rasch von der Blüte herab, die sie am Ende der 12. Dyn. erreicht hatte. Viele Herrscher der 13. Dyn. haben Statuen und Stelen nach *Karnak gestiftet; einige errichteten bei *Saqqara Pyramidengräber[3] (*Königsgrab, *Pyramiden).
In die 2. Hälfte der 2. ZwZt fällt die Fremdherrschaft der *Hyksos, die mit ihrer Vertreibung durch die Brüder *Kamose und *Ahmose endete; der Letztgenannte ist Begründer der 18. Dyn. und des NR. Umstritten ist, ob die Hyksos sich als Anführer kanaanäisch-amoritischer Söldner der Herrschaft bemächtigten oder ob sie als Exponenten einer von Nordsyrien/Nordmesopotamien kommenden Eroberergruppe (Hurriter?) zu gelten haben.
Auch in der 17. Dyn. lassen sich mehrere einander ablösende Herrscherfamilien erkennen (der letzten gehören Tao I. (*Seqenenre), Tao II. (*Senachtenre) und Kamose an; ihre Nachkommen bilden die 18. Dyn.). Diese Könige regierten in *Theben und betrachteten sich anscheinend als rechtmäßige Nachfolger der 13. Dyn., bei deren Sturz durch die Hyksos sie wohl ihr o. äg. Reich gründeten, wobei sie sich gegen andere Stadtfürsten durchsetzen mußten. Trotz zeitweiliger Abhängigkeit von den Hyksos war ihr Reich im Innern völlig unabhängig. Gegen Ende der Hyksoszeit lagen seine Grenzen im S bei *Assuan und im N bei Kusai (*Qusae). Ihre Gräber legten diese Könige in der thebanischen Nekropole bei Draʿ Abu'l-Nagʿa an (kleine Ziegelpyramiden, die heute verschwunden sind; *Königsgrab C); auch sie haben Statuen und Stelen in Karnak hinterlassen.

Die Einteilung der 2. ZwZt in 5 Dyn. (13.–17. bei *Manetho, auch im *Turiner Königspapyrus[4] [= T] in Spuren nachweisbar) muß angesichts der großen Zahl untereinander nicht verwandter Könige (über 170 Namen bei Manetho und im T) historiographische Gründe haben. Es entsprechen sich wahrscheinlich

Manetho

13. Dyn.	60	Diospoliten
14. Dyn.	76	Xoiten
15. Dyn.	6	Hirten (Hyksos)
16. Dyn.	32(?)	Hirten
17. Dyn.	5(?)	Thebaner

Turiner Königspapyrus

50	Könige	(VI, 5–VII, 27)
76	Könige	(VII, 28–X, 13)
6	Könige	(*ḥqꜣw-ḫꜣswt*; X, 14–21)
9 + 15(?)	Könige	(X, 22–30, XI, 16 ff.)
15	Könige	(X, 31, XI, 1–15).

Für viele Könige der 13. Dyn. erweisen Denkmäler ihre Herrschaft über das gesamte Niltal, bei einigen (Anfang und Mitte der Dyn.) auch für das Delta. Diese Herrschergruppe nennt also wohl die Nachfolger der 12. Dyn. in der Zentralregierung von *Memphis/*Itjtaui, keine lokalen Könige[5]. Ihnen folgen im s. O. Äg. unmittelbar die thebanischen Könige der 17. Dyn., Zeitgenossen der Hyksos, denen sie zeitweilig tributär waren. Die Einnahme von Memphis durch die Hyksos bedeutet wohl den hauptsächlichen geschichtlichen Einschnitt; die Dyn. 13–14 dürften daher vor, 15–17 nach diesem Zeitpunkt einzuordnen sein. Während die 16. Dyn., im T anscheinend in verschiedene örtliche Gruppen aufgeteilt (vor und hinter den Thebanern), aus den lokalen Vasallen der Hyksos in U. Äg. und Mitteläg. besteht, muß die 14. Dyn. mit der 13. gleichzeitig sein. Über sie sind wir kaum unterrichtet. Nur ein einziger von den 76 Königsnamen läßt sich inschriftlich belegen: der des *Nehesi, der im Ostdelta herrschte. Demnach werden auch die übrigen Herrscher dieser Gruppe Kleinkönige im Delta gewesen sein. Einige tragen deutlich asiatische Namen, sind also als Vorläufer der Hyksos anzusehen. Etliche Namen (so T IX, 17–22; X, 1–11) sind offenbar erfunden[6]; ein Grund für die Einsetzung solcher Namen, die auch in der Vorlage Manethos vorauszusetzen ist, läßt sich nicht angeben.
Für die Chronologie dieser Zeit ist von den Daten des Endes des MR (12. Dyn.) und des Beginns des NR (18. Dyn.) auszugehen, die nach derzeitiger Berechnung bei 1781 bzw. 1550 v. Chr. liegen. Da

die Hyksos (15. Dyn.), die im 10./15. Jahr des Ahmose gestürzt wurden, nach Angabe des T 108 Jahre regierten, sind sie und die ihnen gleichzeitigen Dyn. 16–17 auf etwa 1650/45–1540/35 festzulegen, während die 13. Dyn. 1781–1650/45 herrschte. Die Könige der 14. Dyn. werden, soweit sie real sind, in verschiedenen Orten des Deltas etwa zwischen 1710/1700 und 1650/45 regiert haben.

Übersicht über die Könige der Zweiten Zwischenzeit[7]

13. Dynastie

1. *Ugaef (_Ḫwj-tꜣwj-Rꜥ_) +
2. *Amenemhet-senebef (_Sḫm-kꜣ-Rꜥ_) +
3. Sechemre-chutaui +
4. *Amenemhet V. (_Sḫm-kꜣ-Rꜥ_) +
5. Hetepibre +
6. Iufni
7. *Amenemhet VI. (_Sꜥnḫ-jb-Rꜥ_) +
8. Semenkare
9. *Sehetepibre
10. Sewadjkare
11. Nedjemibre
12. *Sobekhotep I. (_Ḫꜥj-ꜥnḫ-Rꜥ_) +
13. Reniseneb
14. *Hor I. (_ꜣwt-jb-Rꜥ_) +
15. *Amenemhet VII. (_Sḏfꜣ-kꜣ-Rꜥ_) +
16. *Sobekhotep II. (_Sḫm-Rꜥ-ḫwj-tꜣwj_) +
17. *Chendjer (_Wsr-kꜣ-Rꜥ, Nj-mꜣꜥt-n-Rꜥ?_)
18. *Imira-mescha (_Smnḫ-kꜣ-Rꜥ_) +
19. Anjotef (*Antef) IV. (_Ḥtp-kꜣ-Rꜥ_) +
20. Seth (… _-jb-Rꜥ_)
21. *Sobekhotep III. (_Sḫm-Rꜥ-swꜣḏ-tꜣwj_) +
22. *Neferhotep I. (_Ḫꜥj-sḫm-Rꜥ_) +
23. Sihathor (*Sahathor) (+ als Prinz)
24. *Sobekhotep IV. (_Ḫꜥj-nfr-Rꜥ_) +
25. *Sobekhotep V. (_Ḫꜥj-ḥtp-Rꜥ_) +
26. Ja-ib (_Wꜣḥ-kꜣ-Rꜥ_) +
27. Aja (*Eje) I. (_Mrj-nfr-Rꜥ_) +
28. *Sobekhotep VI. (_Mrj-ḥtp-Rꜥ_) +
29. Sewadjtu (_Sꜥnḫ.n-Rꜥ_)
30. Ined (_Mrj-sḫm-Rꜥ_)
31. Hori (_Swꜣḏ-kꜣ-Rꜥ_)
32. *Sobekhotep VII. (_Mrj-kꜣw-Rꜥ_) +
37. *Dedumose (_Ḏd-ḥtp-Rꜥ, Ḏd-nfr-Rꜥ_) +
38. Ibi II. (… _-mꜣꜥt-Rꜥ_)
39. Hor II. (… _-wbn-Rꜥ_)
40. Se…kare
41. Senebmiu (_Swꜣḥ.n-Rꜥ_) +
44. Sechaenre +
46. Mercheperre +
47. Merkare

a. Pentini (_Sḫm-Rꜥ-ḫwj-tꜣwj_) +
b. Ameni Qemau +
c. Abai
d. Aa-qen
e. Ani (_Mrj-ḥtp-Rꜥ_)[8]
f. *Neferhotep II. (_Mrj-sḫm-Rꜥ_)[9]
g. *Sesostris IV. (_Snfr-jb-Rꜥ_) +

h. Mentemsaf (_Ḏd-ꜥnḫ-Rꜥ_) +
i. *Neferhotep III. Ijchernofre (_Sḫm-Rꜥ-sꜥnḫ-tꜣwj_) +
j. *Mentuhotep V. (_Mrj-ꜥnḫ-Rꜥ_) +
k. Nerkare +
l. Usermont +
m. *Sobekhotep VIII. (_Sḫm-Rꜥ-swsr-tꜣwj_) +
n. Ini (_Mrj-šps-Rꜥ_) +
o. *Mentuhotep VI. (_Swḏꜥ-Rꜥ_) +
p. Senaa-ib (_Mn-ḫꜥw-Rꜥ_) +
q. Sobekhotep IX. (_Mꜣꜥ-Rꜥ_)
r. Upwautemsaf (_Sḫm-Rꜥ-nfr-ḫꜥw_) +

14. Dynastie

2. *Nehesi (_ꜥꜣ-zḥ-Rꜥ_) +
3. Chatire
4. Nebfawre
5. Sehabre
6. Merdjefare
7. Sewadjkare
8. Nebdjefare
9. Ubenre
11. …djefare
12. …ubenre
13. Autibre
14. Heribre
15. Ranebsen
16. Secheperenre
18. Djedcherure
19. Seanchibre
20. Kanefertemre
21. Sechem…re
22. Kakemure
23. Neferibre
24. A…
25. Cha…re
26. Anchkare
27. Semen…re
28. Djed…re
39. Senefer…re
40. Menibre
41. Djed…re
46. Inek…
47. A…
48. Ap…
49. Hibe
50. Aped
51. Hape
52. Schemsi
53. Meni
54. Werqa
57. …kare
58. …kare
60. Hap… (… _-kꜣ-Rꜥ_)
61. …nnat (… _-kꜣ-Rꜥ_)
62. Bebnem (… _-kꜣ-Rꜥ_)
64. Iuf…
65. Seth
66. Sinu
67. Hor
70. Enibef
72. Pensetensepet
73. Cherhemutschepsut
74. Chuhemut

15. Dynastie (Hyksos)

1. Salitis (*Schalek) (+ *Ṡḫꜥj.n-Rꜥ*?)
2. Beon (Bnon)
3. Apachnan
a. Scheschi (*Mꜣꜥ-jb-Rꜥ*) +
b. *Jakob-her (*Mrj-wsr-Rꜥ*) +
4. *Chajan (*Swsr.n-Rꜥ*) +
5. *Apophis (*ꜥꜣ-qnj-n-Rꜥ*, *ꜥꜣ-wsr-Rꜥ*, *Nb-ḫpš-Rꜥ*) +
6. *Chamudi +

16. Dynastie

a. Anat-her +
b. User-anat +
c. Semqen +
d. Beb-anch +
e. Pepi III. (*Snfr-ꜥnḫ-Rꜥ*) +
f. Nebmare +
g. Nikare +
h. Meribre +
i. Nubanchre +
j. Ahotepre +
k. Anetjerre +
l. Cha-userre +
m. Saket +
n. Wadjed +
o. Qur +
p. Jakbeam +
q. Amu +
r. Nia…

17. Dynastie

1. Anjotef (*Antef) V. (*Nbw-ḫpr-Rꜥ*) +
2. *Rahotep (*Sḫm-Rꜥ-wꜣḥ-ḫꜥw*) +
3. *Sobekemsaf I. (*Sḫm-Rꜥ-wꜣḏ-ḫꜥw*) +
4. *Djehuti (*Sḫm-Rꜥ-smn-tꜣwj*) +
5. *Mentuhotep VII. (*Sꜥnḫ.n-Rꜥ*) +
6. *Nebirierau I. (*Swꜣḏ.n-Rꜥ*) +
7. *Nebirierau II.
8. Semenenre
9. Seuserenre (+ Sesostris V.?)
10. *Sobekemsaf II. (*Sḫm-Rꜥ-šd-tꜣwj*) +
11. Anjotef (*Antef) VI. (*Sḫm-Rꜥ-wp-mꜣꜥt*) +
12. Anjotef (*Antef) VII. (*Sḫm-Rꜥ-hrw-ḥr-mꜣꜥt*) +
13. Tao I. (*Snḫt.n-Rꜥ*, *Senachtenre)
14. Tao II. (*Sqnj.n-Rꜥ*; *Seqenenre) +
15. *Kamose (*Wꜣḏ-ḫpr-Rꜥ*) +

[1] Max Pieper, Die große Inschrift des Königs Neferhotep in Abydos, MVAeG 32.2, Leipzig 1929, 48; ders., in: ZÄS 51, 1914, 105; ders., in: Mél. Masp. I, 177ff.; Hermann Junker, Die Ägypter (in: Die Völker des antiken Orients, Freiburg 1933), 104–05; pBrooklyn 351446, 147–48. – [2] Belegt u.a. für die Stadtherren von *Elkab; vgl. Pierre Lacau, Une stèle juridique de Karnak, SASAE 13, 1949. – [3] Chendjer und ein unbekannter König in Saqqara-Süd (Jéquier, Deux pyramides), Ameni Qemau bei Dahschur (Maragioglio und Rinaldi, in: Or 37, 1968, 325–28). Auch das bei Qantir gefundene *Pyramidion des *Mrj-nfr-Rꜥ* Aja (Habachi, in: ASAE 52, 1954, 471–74) stammt wohl von dort. – [4] Hier abgekürzt T. – [5] Grundlegend Hayes, in: JNES 12, 1953, 31–39. – [6] Gardiner, RCT, 17. – [7] Die Numerierung bezeichnet die Stellung der Könige innerhalb ihrer Dynastie aufgrund des T. Mit Buchstaben bezeichnete Könige sind nicht eingeordnet; sie gehören in die Lücken zwischen den im T erhaltenen Namen oder können z.T. auch mit einigen von diesen identisch sein; + sind zeitgenössisch belegte Könige. – [8] Vielleicht identisch mit 29. – [9] Vielleicht identisch mit 30.

Lit.: v. Beckerath, 2. Zwischenzeit (mit der älteren Literatur).

J. v. B.

Zwischenzeit, Dritte. Im Zuge der Systematisierung der ägyptischen Geschichte geprägte Bezeichnung für die Zt der 21. Dyn. bis zur erneuten *Reichseinigung unter *Psammetich I. (26. Dyn.)[1]. Sie ist durch folgende historische Geschehnisse gekennzeichnet:

1. Die Entstehung von Privat-Landeigentum in größerem Umfang in der Ramessiden-Zt bei gleichzeitigem offiziellem Festhalten an der hergebrachten Versorgungswirtschaft dürfte einer der wichtigsten Gründe für den Verfall der staatlichen Autorität gewesen sein: Der entstandene „Freie Markt" unterminierte die Moral der Beamten und das Einkommen des Staates[2]. Die Herrscher der 22./23. Dyn. schwächten das Prinzip der Beamtenbürokratie weiter durch die Einsetzung von Verwandten in wichtigen Zentren, was über kurz oder lang die Gefahr der Etablierung von Nebendynastien bedeutete[3]. Parallel dazu führte das religiöse Empfinden der *Persönliche(n) Frömmigkeit mit der Erkenntnis der individuellen Abhängigkeit von Gott (das auch von Königen geteilt wurde[4]) folgerichtig auf den *Gottesstaat zu (bzw. wurde zu dessen Etablierung ausgenutzt), in dem Gott (*Amun) wie ein irdischer König regiert[5]. Während der Zt der 21. Dyn. übten dann im Süden Militärbefehlshaber, gleichzeitig *Hohe(r)priester des Amun, die Macht aus[6] unter der Oberhoheit von *Smendes und seinen Nachfolgern als Königen der 21. Dyn. im Norden.

2. Aus der Analyse der Stiftungsstelen ergibt sich, daß in der Zt der 22. Dyn. ff. im Delta eine Art von Kolonisierung freier Landflächen erfolgte, und zwar durch die libyschen Stammesfürsten bzw. Kleinkönige, später auch die Kuschitenkönige (25. Dyn.) und ihre Leute[7]. In der Erschließung neuen Bodens lag ihre Machtbasis[8]. Es ergab sich eine Schwerpunktbildung um die Residenzen. Wichtige Orte wurden befestigt, die Unsicherheit auf dem Lande brachte eine Bevölkerungskonzentration in „Städten" mit sich[9]. Ägypten war, sofern der Rückschluß aus den wenigen überkommenen Quellen erlaubt ist, während der Zt der sog. libyschen „Anarchie"[10] kein armes Land, anders als anscheinend unter den Königen der

21. Dyn.: Für *Psusennes I. mußte (?) seine Grabausstattung durch aus *Theben geraubte (?) Stücke ergänzt werden[11]. Auf die wirtschaftlich-soziale Misere dieser Zt wirft der Pap. Puschkin 127 ein bezeichnendes Licht[12].

3. Während der Herrschaft der Kuschiten- bzw. Assyrerkönige von ca. 728 bis nach 663 v. Chr. hatten die Kleinkönige des Deltas bzw. Mittelägyptens je nach militärischer Lage die Oberhoheit der einen oder der anderen anzuerkennen[13]. In O. Äg. blieb die Situation unter der formalen Herrschaft der *Gottesgemahlinnen relativ stabil, abgesehen von der katastrophalen Plünderung Thebens durch die Assyrer 663. Erst Psammetich I. gelang es 656 v. Chr., Ägypten de facto wiederzuvereinen, den Status als assyrischer Vasall abzuschütteln und damit die 26. Dyn. zu begründen[14].
Materielle Hinterlassenschaften aus der Dritten ZwZt sind in Fülle vorhanden, aber sehr unregelmäßig über Raum und Zeit verteilt[15]. Im folgenden kann diese Epoche daher nur punktuell in unvollständiger Weise charakterisiert werden. Wenn man die politische Zersplitterung nicht als die entscheidende Zäsur ansieht und die Geistes- bzw. Religionsgeschichte miteinbezieht, erscheint die 21. als die letzte Dyn. des NR[16]. In ihr erlebte z. B. die bildliche Ausgestaltung von *Totenbüchern einen künstlerischen Höhepunkt, nicht zu reden von schöpferischen Impulsen, wie sie sich in der Erfindung neuer Bildmotive (im Bereich des Jenseitsglaubens[17]) zeigen und/oder dem Auftauchen der Gattung der sog. Mythologischen Papyri[18]. Als besonders kennzeichnend für die Dritte ZwZt muß die Sitte angesehen werden, allfällige (wichtige, aber auch unwichtige) staatliche wie private Entscheidungen durch *Orakel sanktionieren bzw. herbeiführen zu lassen[19]. Trotz des Gebrauchs als Mittel der Politik entsprach es einer religiösen Grundströmung der Zt, nämlich dem schon erwähnten Gefühl der persönlichen Abhängigkeit von Gott. Dieses bestimmte auch die Ethik: Gott leitet den Menschen zu guten Taten an, und dieser baut darauf, durch Gnade und Gerechtigkeit Gottes belohnt zu werden[20]. Trotz des nach wie vor hohen materiellen Aufwandes für die Grabausstattung ist die Oberschicht zunehmend skeptisch gegenüber den alten Vorstellungen vom Fortleben im Jenseits. Die Quellen sind (in der 22./23. Dyn.) hauptsächlich Inschriften auf Statuen von Privatleuten. In manchen wird geradezu die Freude am Leben gepredigt[21].

[1] Herman De Meulenaere, Die Dritte Zwischenzeit und das äthiopische Reich, in: Fischer, WG III, Kapitel 5, 220ff.; v. Beckerath, Abriß, 47; ders., in: OLZ 74, 1979, 5; Walther Wolf, Das Alte Ägypten, München 1971, 272; Kitchen, Third Interm. Period. Die Berechtigung dieser Bezeichnung ist verschiedentlich in Frage gestellt bzw. verneint worden: Kitchen, a.a.O., XI; Helen Jacquet-Gordon, in: BiOr 32, 1975, 358; Uphill, in: JEA 61, 1975, 277; Heerma Van Voss, Ägypten, Die 21. Dynastie, in: Iconography of Religions 16.9, Leiden 1982, 1. Alternativ bezeichnet man die 21. Dyn. ff. als Übergangszeit zur SpZt: Erik Hornung, Grundzüge der Ägyptischen Geschichte, Darmstadt ²1978, 115, oder rechnet sie überhaupt schon zur SpZt: Gardiner, Egypt, 447; implizit SpZt ab 22. Dyn. bei Otto, Biogr. Inschr. Zur Rechnung der 21. als letzte Dyn. des NR s. Anm. 16. – [2] Wolfgang Helck, Wirtschaftsgeschichte des Alten Ägypten im 3. und 2. Jahrtausend v. Chr., HdO I. 1.5, Leiden–Köln 1975, 287. Vgl. eher ablehnend zur Existenz eines freien (Tausch)handels Janssen, Prices, 533ff. 558ff. – [3] O'Connor, New Kingdom and Third Intermediate Period (s. Lit.), 238. – [4] Hymnus Ramses' III.: ÄHG, Nr. 196. Vgl. auch die von Assmann herausgearbeitete Theologie des ramessidischen Weltgottes, in: Aspekte der Spätägyptischen Religion, hg. von Wolfhart Westendorf, GOV IV.9, 1979, 7ff. – [5] Sehr deutlich ausgedrückt im literarischen Reisebericht des *Wenamun: Dieser wird im Namen des Amun ausgeschickt, Holz für dessen Barke zu beschaffen, nicht, wie früher, im Namen Pharaos. Vgl. auch die Herrschertitulatur des Amun aus der 21. Dyn.: ÄHG, Nr. 131; Priester werden nun durch Amun eingesetzt, nicht durch den König: Kees, in: ZÄS 74, 1938, 81. Bezeichnend für den Zeitgeist könnte auch der folgende Name sein (falls so richtig gelesen): *Jmnw-m-nswt* „Amun ist König" (*Amenemnesut). Diese Gedanken waren auch im Delta verbreitet, also außerhalb des eigentlichen Gottesstaates: Wenn die Lesung *Jmnw-m-nswt* richtig ist, trug sogar ein König der 21. Dyn. einen in diesem Sinn „programmatischen" Namen; *Psusennes I. nahm auch noch den Titel eines Hohenpriesters des Amun (von Tanis) an (Kitchen, a.a.O. [Anm. 1], § 220). – [6] In der 22. Dyn. schwor man in Theben „bei Amun, bei Pharao, beim Ersten Propheten des Amun – möge Amun ihm Sieg schenken" (zitiert bei Baer, in: JNES 32, 1973, 5). S. *Amenemnesut, *Amenemope, *Masaharta, *Mencheperre, *Osochor, *Pi(anchi), *Pinodjem, *Psusennes, *Siamun, *Smendes. – [7] Meeks, in: State and Temple Economy in the Ancient Near East II, hg. von E. Lipiński, OLA 6, Löwen 1979, 621f. – [8] *Scheschonq I. konnte die Würdenträger von *Herakleopolis magna bzw. die umliegenden Ortschaften (bei sehr verschiedenen Jahresanteilen) zur Lieferung von täglich einem Rind als Opfer für *Harsaphes verpflichten (Tresson, in: Mél. Masp. I. 3, 817ff.). – Eine Aufstellung von durch *Osorkon I. an verschiedene Tempel gestiftete Mengen Edelmetalls weist sehr beachtliche Summen auf (Helck, Wirtschaftsgeschichte [s. Anm. 2], 245). Es könnte sich z. T. um Reste der Jerusalemer Beute seines Vaters *Scheschonq I. handeln (zu dessen Feldzug s. jetzt Schulman, in: BES 5, 1983, 117ff.). – [9] O'Connor, a.a.O. (s. Anm. 3), 246–48. – [10] S. Anm. 1, sowie Kitchen, a.a.O., passim; *Amenrudj, *Iuput, *Osorkon, *Petubastis, *Scheschonq, *Takelot. – [11] S. Erhart Graefe, Untersuchungen zur Verwaltung und Geschichte der Institution der Gottesgemahlin I, ÄA 37, 1981, 155, Anm. 3. Bekannt ist auch die über das schon immer Übliche hinausgehende Verwendung

von Bauspolien in *Tanis. Auch der Hohepriester des Amun von Theben *Pinodjem I. benutzte einen von *Thutmosis I. übernommenen Sarg. – [12] Ricardo A. Caminos, A Tale of Woe (Papyrus Pushkin 127), Oxford 1977. Das gilt auch dann noch, wenn nach Caminos (S. 78) das Vorbild des Textes aus der Zt um 1300 stammt; die um 1000 v. Chr. anzusetzende Hs. ist immerhin die einzig bekannte. – [13] Zum Feldzug des *Pi(anchi) s. zuletzt Spalinger, in: SAK 7, 1979, 273–301; teilweise korrigiert von Kessler, in: SAK 9, 1981, 227–51. Neupublikation der Pi(anchi)-Stelen: Nicolas C. Grimal, La stèle triomphale de Pi(anchi) au Musée du Caire. JE 48862 et 47080–47089, MIFAO 105, 1981. – [14] *Asarhaddon, *Assurbanipal, *Bokchoris, *Pami, *Pi(anchi), *Schabaka, *Schabataka, *Taharqa, *Tanutamun, *Tefnacht. – [15] Die Überlieferungsbedingungen und der Forschungsstand benachteiligen das Delta. Leider fehlen Verwaltungsakten und dergleichen vor der 25. Dyn. generell. – [16] Hornung, Chronologie, 101; Heerma Van Voss, Ägypten (s. Anm. 1), 1. – [17] Heerma Van Voss, a.a.O., 1; Christine Seeber, Untersuchungen zur Darstellung des Totengerichts, MÄS 35, 1976, 195–196. Vgl. auch Niwiński, in: GM 48, 1981, 41 ff.; 65, 1983, 75 ff. Nur mit Vorsicht zu gebrauchen ist: Beatrice L. Goff, Symbols of Ancient Egypt in the Late Period. The Twenty-first Dynasty, Religion and Society 13, The Hague–Paris–New York 1979. Vgl. die Rezension von Ursula Rößler-Köhler, in: BiOr 39, 1982, 529–533. – [18] Piankoff, Myth. Pap. – [19] S. *Orakel, außerdem Gardiner, in: JEA 48, 1962, 57 ff. (Orakel als Garantie für Eigentumsrechte) (21. Dyn.); Vernus, in: Cahiers de Karnak VI, Kairo 1980, 215–233 (Orakel wegen Benachteiligung des niederen Klerus) (21. Dyn.); Helen Jacquet-Gordon, in: JEA 46, 1960, 12 ff. (eine Art von Orakelpetition auf einer Statue *Osorkons II. mit der Bitte um eine glückliche Regierungszeit); Vernus, in: BIFAO 75, 1975, 26 ff. (eine der vorhergenannten ähnliche Inschrift des *Taharqa). – [20] Otto, Biogr. Inschr., 42; Morenz, Religion, 290. – [21] Otto, a.a.O., 64 f.; Kees, in: ZÄS 74, 1938, 81; Spalinger, a.a.O. (s. Anm. 13), 295–296. Vgl. zum Nebeneinander von traditioneller und Volksreligion (von der hier keine Rede war) bzw. der Skepsis Kákosy, in: ZÄS 100, 1974, 40 f.

Lit.: Kitchen, Third Interm. Period; Morris L. Bierbrier, The Late New Kingdom in Egypt, Warminster 1975; Farouq Gomaà, Die libyschen Fürstentümer des Deltas, Beiheft TAVO B 6, 1974; Helen Jacquet-Gordon, in: Textes et Langages II, 107–122; David O'Connor, New Kingdom and Third Intermediate Period, in: B. G. Trigger, B. J. Kemp, D. O'Connor und A. B. Lloyd (Hg.), Ancient Egypt. A Social History, Cambridge usw. 1983, 232–278; Spalinger, in: CdE 53, Nr. 105, 1978, 22–47. Weitere jüngere Lit. kann nicht vollständig aufgeführt werden. Zur Chronologie s. Kitchen, in: RevEg 34, 1982–83, 59–69; Niwiński, in: JARCE 16, 1979, 49–68; Barta, in: GM 70, 1984, 7–12; Schwab, in: ZÄS 104, 1977, 131–141. E. G.

Zypergras (Cyperus L.). Aus dem alten Äg. sind mehrere Z.-Arten durch Funde belegt. Sie gehörten alle der natürlichen *Flora Äg. an und wuchsen an feuchten Standorten [1]. Einige Arten hatten eine große wirtschaftliche Bedeutung.

1. Cyperus papyrus L. (Papyrus) war eine vielseitig genutzte Pflanze. Aus dem Mark des Stengels stellte man von der 1. Dyn. an das Schreibmaterial *Papyrus und aus der Rinde alle möglichen Arten von Flechtwerk (*Flechten) her. Boote (*Papyrusboot) bestanden aus zusammengebundenen Papyrusstengeln, und die Rhizome dienten als Nahrungsmittel (*Ernährung).

2. Cyperus esculentus L. (Erdmandel), äg. *wꜥḫ*, war von vordyn. Zt an eine wichtige Kulturpflanze. Die Rhizomknollen waren Nahrungsmittel, und aus ihnen gewann man ein gutes Speiseöl (*Öl).

3. Cyperus longus L., Cyperus articulatus L. und Cyperus rotundus L. bilden nicht eßbare Rhizome. Diese enthalten jedoch aromatisch duftende Substanzen, und man verwendete sie vom AR an zum Parfümieren [2] (*Kyphi).

4. Cyperus alopecuroides Rottb. Von vorgeschichtlicher Zt an stellten die Äg. *Matten (*Flechten) aus diesem Z. her [3]. In griech.-röm. Zt wurden mit den Halmen Blumengirlanden gebunden. Aus der Amarnazeit sind schöne Darstellungen von Cyperus alopecuroides Rottb. auf *Fayence-*Kacheln [4] und Fußbodenmalereien [5] erhalten.

[1] Vivi Täckholm und Mohammed Drar, Flora of Egypt II, BFAC 28, 1950, 3 ff. – [2] Op. cit., 69 ff. – [3] Op. cit., 95 ff. – [4] CoA III, Tf. 62, 3. – [5] Friedrich Wilhelm von Bissing, Der Fußboden aus dem Palast des Königs Amenophis IV zu El Hawata, München 1941, Tf. 5. 6. 9. 11.

Lit.: Renate Germer, Flora des pharaonischen Ägypten, SDAIK 14, Mainz 1985, 242 ff. R. Ge

Zypern und Ägypten. A. *Name.* Z. wird meist [1] gleichgesetzt mit dem Alašia der Keilschrifttexte aus der Mitte des 2. Jt. [2], das aufgrund der hieratischen Aktennotiz auf EA 39 mit äg. *ꜣá-la-sa*  identisch ist. Diese Bezeichnung erscheint einige Male in ramessidischen Listen [3]. Die älteste Erwähnung ist jedoch der Name eines „Zyprioten" (*Pꜣ-ꜣá-la-sa*) in einer Flachsabrechnung der Zt *Hatschepsuts [4]. Die Gleichsetzung Zypern = Alašia beruht neben Hinweisen auf eine Insellage Alašias [5] und auf den umfangreichen Kupferhandel [6] auf der Nennung eines Ἀπώλλων Ἀλασιώτης bei Temessos [7].

Die seit *Thutmosis III. belegte Landschaft *ꜣa-si-ja* 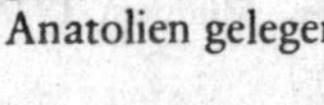 ist nicht, wie häufig vorgeschlagen, mit Z. gleichzusetzen, sondern dürfte in SW-Anatolien gelegen haben [8].

B. *Texthinweise.* Die ältesten Belege für Alašia in Äg. sind die *Amarnabriefe EA 33–40 eines Fürsten von Alašia, die sich mit Kupfersendungen, Holzhandel, Fragen des Handelsrechts (Freigabeforderung für das Eigentum eines zypriotischen Kaufmanns in Äg.), Seeräubertätigkeit der Lukki (wohl = Lyker) (EA 38)[9], Epidemien (EA 35) und vielleicht damit zusammenhängend Zusendung eines „Adlerbeschwörers“ befassen. In der 19. Dyn. nennen Schultexte Lieferungen von *d̲ft*-*Öl[10] und Kühen[11] aus Alašia sowie „vielen Barren von Rohkupfer und Ziegeln von *Zinn auf den Schultern der Leute von Alašia als Gaben für Seine Majestät, wobei die Hörner in ihren Händen voller Moringa-Öl sind aus Ura 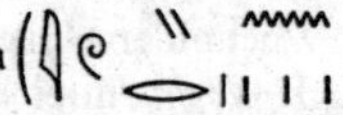 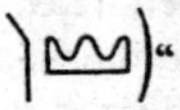“[12]. *Ramses III. meldet dann die Zerstörung Alašias durch die *Seevölker[13], womit vielleicht die Besetzung der Insel durch den letzten Hethiter-Großkönig Suppiluliama II. zusammenhängen mag[14]. Danach findet sich Alašia erst wieder in der *Wenamun-Erzählung, wobei eine Königin Ḥatabi erwähnt wird[15].

C. *Archäologische Verbindungen.* Für die gesamte 18. Dyn. läßt sich das Auftreten einer bestimmten zypriotischen Gefäßart „Basering I und II“ nachweisen, die auf Handel hinweist; dabei dürfte es sich um ein Öl gehandelt haben, wenn man auch an Opium-Einfuhr gedacht hat[16]. In die gleiche Zt gehören anscheinend die meisten äg. Funde auf Z.: ein Ring mit dem Namen *Thutmosis' III. aus Dhima[17] sowie ein Silberring *Amenophis' IV. „geliebt von *Re und *Ptah“ aus Enkomi zusammen mit einem *Skarabäus der *Teje[18]. Ferner sind aufzuführen Bronzeringe[19], ein *Pektoral aus Enkomi[20], Skarabäen[21], skaraboide und froschgestaltige *Perlen[22], Alabastergefäße[23], Glasgefäße[24], Fayencegefäße[25], *Straußeneier[26] und eine ovale Elfenbeinplatte mit einem Neger im Hochrelief[27].

C. *Geschichtliche Hinweise.* Aus den textlichen und archäologischen Zeugnissen erkennt man, daß die Verbindung Ägyptens zu Z. besonders in der 18. Dyn. stark gewesen sein muß, daß aber auch damals Z. in einer einzigen Hand war; das ist auch daraus zu schließen, daß der König von Alašia in den EA mit Pharao gleichberechtigt verkehrt. Die später erkennbare Aufsplitterung in Stadtstaaten scheint noch nicht bestanden zu haben; auch die hethitischen und ugaritischen Texte lassen davon nichts erkennen.

Erst aus der 26. Dyn. erfahren wir durch Herodot II, 182, daß *Amasis „zum ersten Mal Z. eroberte“. Von dort aus scheint er auch nach der Schilderung des Kampfes gegen *Apries[28] seinen ersten Versuch der Rückeroberung der Macht versucht zu haben. Diese äg. Besetzung dürfte die zypriotische Kunst stark beeinflußt haben, die seit dieser Zt äg. Züge trägt. Später ist das Bündnis *Hakoris' mit Euagoras von Salamis (389 v. Chr.) gegen die Perser von größerer politischer Bedeutung gewesen. Von 294 v. Chr. bis 58 v. Chr. herrschten dann die Ptolemäer von Äg. aus über Zypern.

[1] Zuletzt für die Gleichsetzung Holmes, in: JAOS 91, 1971, 426–429, dagegen John Strange, Caphthor/Keftiu, Leiden 1980, 168–184. Ältere Lit. hierzu s. Helck, Beziehungen², 282–3 mit Anm. 56. – [2] Ältester Beleg „Kupfer aus Alašia und Tilmun“ im 5. Jahr Samsuilunas: Millard, in: JCS 25, 1973, 211–213; häufiger in Mari-Texten: Y. Lynn Holmes, The Foreign Relations of Cyprus during the Late Bronze Age, Ann Arbor 1969, 147–209. – [3] Sethos I.: Kitchen, Ram. Inscr. I, 33 Nr. 12; Mineralienliste Ramses' II. aus Luxor: ebd. II, 11–12. Das fragmentarische *ꜣá-la-*… in ebd. II, 211 Nr. 3 (Aksha) ergänzt Edel, in: Biblische Notizen 11, Bamberg 1980, 65 zu *ʾa-r-[š-w]*. – [4] Glanville, in: JEA 14, 1928, 311. – Der Ort *ʾ(a)-ra-sa* in der Liste Thutmosis' III. (Urk. IV, 791 Nr. 236) ist entgegen Strange, op. cit., 169 nicht mit Alašia gleichzusetzen, da der Name in der Reihe von Ortschaften steht, die zwischen Emar und *Karkemisch genannt werden und wohl am Euphrat zu lokalisieren sind (Helck, Beziehungen², 145; j. Tell arres?). – [5] Etwa erkennbar aus der Eroberung durch Suppiluliama II. nach einer Seeschlacht (Otten, in: MDOG 94, 1963, 1 ff.), aus der Wenamun-Erzählung oder aus Hezekiel 27,7: אִיֵּי אֱלִישָׁה, ähnlich Amulett aus Arslan Tash ʾyʾlšyy (Mahoud, in: La Religione Fenicia, Rom 1981, 48 f.). Diese letzteren Angaben können nicht dadurch relativiert werden (Strange, a.a.O., 171. 293), daß אִי auch Küste heißen kann. – [6] Wichtig ist die Bemerkung KBo IV 1, 40, daß Kupfer vom Berg Taggata in Alašia geliefert wird. – [7] Répertoire d'Epigraphie Semitique III, Paris 1916, 24–26, Nr. 1213. – [8] Hierzu zuletzt Helck, in: ZÄS 110, 1983, 29–36. – [9] Diese Bemerkung könnte mit den Überfällen des Madduwattas auf Alašia zusammengebracht werden, die KUB XIV 1 vorliegen und seit Heinrich Otten, Sprachliche Stellung und Datierung des Madduwattas-Textes, StBo 11, Wiesbaden 1969 in die Zt Arnuwandas' I., d. h. in die Zt Amenophis' III. datiert werden. – [10] pAnastasi IV, 15,2. – [11] Ebd., 17,9. – [12] Es handelt sich hier sicher um die Erwähnung jener bedeutenden Handelsstadt bei Korykos im Rauhen Kilikien, deren Einwohner in Ugarit-Texten als besonders wichtig (auch für die Getreideversorgung Hethitiens) genannt werden: Ugaritica V, Paris 1968, Nr. 13. 171. – [13] Kitchen, Ram. Inscr. V, 39,16. – Zu den ugaritischen Zeugnissen über die Bedrohung Alašias (und Ugarits) durch die Seevölker s. die Briefe Ugaritica V, Nr. 22–24. – [14] Otten, in: MDOG 94, 1963, 1 ff. – [15] Hier scheint der Text Alašia als Stadt aufzufassen. – [16] Umfassend behandelt von Robert S. Merrillees, The Cypriote Bronze Age Pottery found in Egypt, Studies in Mediterranean Archaeology 18, Lund 1968. Die Datierungen der Fundumstände sind allerdings zweifelhaft, da er jeden *Mn-ḫpr-Rʿ*-Skarabäus in die Zt Thutmosis' III. datiert. Gegen die von Merrillees behauptete Opium-

Einfuhr s. Renate Germer, in: LÄ IV, 190 s. v. Mohn. – [17] Einar Gjerstad et alii, The Swedish Cyprus Expedition: Finds and Results of the Excavation in Cyprus 1927–1931 I, Stockholm 1934, 360. – [18] A.S. Murray et alii, Excavation in Cyprus, London 1900, Nr. 608. 617 = Harry R.H. Hall, Catalogue of Egyptian Scarabs in the BM I, London 1913, 276. – [19] Lena Åström, Studies on the Arts and Crafts of the Late Cypriote Bronze Age, Lund 1967, 93. – [20] Ebd., 107. – [21] Hall, op. cit., 195. 235. 274; Gjerstad, op. cit. II, 626. 825. 845. 847; Karageorghis, in: BCH 96, 1972, 1031. 1054. – [22] Lena Åström, op. cit., 134–5. – [23] John Myres, Handbook of the Cesnola Collection, New York 1914, 274; Lena Åström, op. cit., 144; Vassos Karageorghis, The Ancient Civilization of Cyprus, New York 1969, 145; vgl. Hans-Günther Buchholz und Vassos Karageorghis, Altägäis und Altkypros, Tübingen 1971, Nr. 1665–6. – [24] Paul Flossing, Glass Vessels before Glass Blowing, Kopenhagen 1940, 30; Barag, in: Journal of Glass Studies 4, Corning N.Y. 1962, 27. – [25] Lena Åström, op. cit., 121. – [26] Ebd., 144; Karageorghis, Civilization (s. Anm. 23), 145. – [27] Myres, op. cit. (s. Anm. 23), 517. – [28] Daressy, in: RecTrav 22, 1900, 1–9.

W.H.

Zypresse. Wenn auch heute einige vereinzelte Exemplare der Z. (Cupressus sempervirens L.) in äg. Gärten wachsen, so gehört dieser Baum doch nicht zur äg. *Flora. Seine Heimat ist der östliche Mittelmeerraum. Die Z. kommt in zwei verschiedenen Wuchsformen vor, der säulenförmigen (var. stricta Ait.) und der kegelförmigen (var. horizontalis Loud.). An den Zweigen sitzen dachziegelartig die schuppenförmigen Nadeln und 2–3 cm große, kugelförmige Zapfen. Das aromatisch riechende, gegen Verrottung widerstandsfähige, rot- oder gelbbraune Kernholz fand zu allen Zeiten in der Möbelherstellung und im Schiffsbau Verwendung (*Holz). Zusammen mit anderen Hölzern importierte Äg. sicher auch Zypressenholz aus dem *Libanon für die Möbel- und Sargtischlerei. Funde liegen von vorgesch. Zt an vor [1], wenn auch eine sichere Abgrenzung gegenüber *Wacholder-Holz oft nicht möglich ist [2]. Vermutlich wegen ihres aromatischen Duftes benutzten die Äg. Späne von Zypressenholz zur Mumifizierung (*Balsamierung). In der Körperhöhle der Mumie *Ramses' II. befanden sich neben anderen Pflanzenmaterialien auch Späne der Zypresse [3].

[1] Lucas, Materials[4], 430. 434. – [2] Lucas, in: ASAE 36, 1936, 2. 4. – [3] Plus, in: Lionel Balout und C. Roubet (Hg.), La momie de Ramsès II, Paris 1985, 167.

R. Ge.